Die russischen Verben

Edmund Daum · Werner Schenk

Die russischen Verben

Grundformen · Aspekte · Rektion
Betonung · Deutsche Bedeutung

Mit einem Aufsatz zur Syntax und Semantik der Verben des modernen Russisch von Prof. Dr. Rudolf Růžička

LANGENSCHEIDT · VERLAG ENZYKLOPÄDIE
Leipzig · Berlin · München · Wien · Zürich · New York

17. Auflage 1994

Druck: Graphischer Großbetrieb Pößneck GmbH
Printed in Germany
ISBN 3-324-00234-6

Vorwort

Das vorliegende Werk enthält etwa 20000 russische Verben. Seiner Bearbeitung lagen insbesondere das 17bändige Wörterbuch der modernen russischen Literatursprache (Словарь современного русского литературного языка), das 4bändige Wörterbuch der russischen Sprache (Словарь русского языка), beide herausgegeben vom Institut für Sprachwissenschaft der Akademie der Wissenschaften der UdSSR, und das Wörterverzeichnis zur Aussprache und Betonung des Russischen (Русское литературное произношение и ударение) von P. I. Awanesow und S. I. Oshegow zugrunde. Großer Wert wurde auf eine übersichtliche Anordnung gelegt, um dem Benutzer eine rasche und zuverlässige Information zu garantieren. Sowohl die Aspektbeziehungen als auch die deutschen Bedeutungen und die Rektionsangaben sind ausführlich und präzise angegeben. Die stilistische Wertung der Verben erfolgte auf der Grundlage des gegenwärtigen Sprachgebrauchs.

Wir danken besonders Herrn Karlfried Leyn, Leipzig, der an der Erarbeitung eines Teils des Manuskripts beteiligt war, für seine Bereitschaft zur Mitarbeit an diesem Werk. Auf Wunsch der Autoren übernahm durch Vermittlung des Moskauer Verlags «Russki jasyk» Herr B. F. Korizki in dankenswerter Weise eine eingehende Überprüfung des Formenbestandes aller aufgenommenen Verben.

Da der syntaktische Aufbau des Satzes weitgehend vom Verb bestimmt wird, erschien es uns sinnvoll, dem Nachschlagewerk einen Aufsatz anzufügen, in dem Herr Prof. Dr. Růžička tiefere Zusammenhänge zwischen der Bedeutung von Verben und der Syntax des Satzes darstellt.

Wir wünschen allen an der russischen Sprache Interessierten, insbesondere Schülern und Studenten, eine erfolgreiche Arbeit mit diesem Buch.

E. Daum *W. Schenk*

Inhalt

Benutzungshinweise

1. Alphabetische Anordnung. Alle Verben sind als Stichwörter mit ihrer Infinitivform in halbfetter Schrift aufgeführt und streng alphabetisch geordnet.

2. Aspektverhältnis. Der Aspekt wird durch die Abkürzungen *v* und *uv* angegeben. Bei Aspektpaaren werden Formenbestand bzw. Ziffern als Hinweis auf die Konjugationsmuster, Rektion und deutsche Bedeutungen in der Regel unter dem Stichwort angeführt, das die vollendete Form des Verbs wiedergibt, z. B.:

нагнои́ть *v* **1.** что *oder* чего́ verfaulen lassen, zum Faulen bringen **2.** что zum Eitern bringen ‖ *uv* нагна́ивать 1a

ft.	нагною, -ои́шь, -оя́т
imp.	нагно́й, ~те
pt.	нагнои́л
g.pt.a.	нагнои́в
p.pt.a.	нагнои́вший
p.pt.p.	нагноённый; нагноён, -ена́

Die unvollendete Aspektentsprechung erhält an ihrer alphabetischen Stelle im Wörterbuch lediglich einen Verweis auf den vollendeten Partner, z. B.:

нагна́ивать *uv zu* нагнои́ть

Bei einer Reihe von unpräfigierten Verben des unvollendeten Aspekts, sind im Anschluß an die Bedeutungen in runden Klammern ein oder mehrere Präfixe angeführt. Hat eines dieser Verben mehrere Bedeutungen, die durch arabische Ziffern getrennt sind, so wird jedes der angegebenen Präfixe durch die ihm nachgestellte Feststellung «*zu* 1», «*zu* 2» usw. einer bestimmten Bedeutung zugeordnet, z. B.:

му́сорить *uv* beschmutzen, Schmutz machen. — (на-)

ме́рить *uv* кого́-что **1.** (aus)messen **2.** anprobieren. — (по- *zu* 2)

точи́ть *uv* что **1.** schärfen, wetzen, schleifen **2.** *tech* drechseln, drehen **3.** *1. u. 2. Pers ungebr* nagen, (zer)fressen **4.** *1. u. 2. Pers ungebr übtr* verzehren, quälen. — (вы́- *zu* 2, на- *zu* 1)

Diese Angaben sind als ein Hinweis auf Verben des vollendeten Aspekts zu verstehen, deren Bedeutungen denen des jeweiligen Stichworts am nächsten stehen und die deshalb als Aspektpartner des Stichworts verwendet werden, ohne daß es sich strenggenommen um ein Aspektpaar handelt.

3. Konjugationsmuster. Die Flexion der Verben, die zu den produktiven Verbalklassen gehören, wird an Konjugationsmustern dargestellt (s. S. 10). Lediglich für die produktiven Verben auf -ить wurde kein Muster aufgestellt, da sie durch den Konsonantenwechsel bei der Formenbildung und durch den häufigen Akzentsprung gewisse Schwierigkeiten bieten. Auf die Angabe von Formen oder den Hinweis auf ein Konjugationsmuster wurde bei reflexiven Verben dann verzichtet, wenn ihnen unmittelbar im Wörterbuch das nichtreflexive Verb voransteht; nach diesem nichtreflexiven Verb werden die Formen des reflexiven Verbs durch Anfügung von -ся oder (nach Vokalen) -сь gebildet; dabei ist zu beachten, daß bei der Bildung der Form des g.pt.a. von reflexiven Verben eine automatische Erweiterung durch das Infix -ши- erfolgt.

доби́ть *v* кого́-что **1.** den Todesstoß geben **2.** *Angeschlagenes* völlig zerschlagen ‖ *uv* добива́ть 2a

ft.	добью́, добьёшь, добью́т
imp.	добе́й, ~те
pt.	доби́л
g.pt.a.	доби́в
p.pt.a.	доби́вший
p.pt.p.	доби́тый

доби́ться *v* чего́ erringen, erreichen ‖ *uv* добива́ться

ergänze:

ft.	добью́сь, добьёшься, добью́тся
imp.	добе́йся, -е́йтесь
pt.	доби́лся, -лась
g.pt.a.	доби́вшись
p.pt.a.	доби́вшийся

торопи́ть *uv* **1.** кого́-что *oder* кого́-что с чем zur Eile antreiben, drängen **2.** что beschleunigen. — (по- *zu* 1)

pr.	тороплю́, -о́пишь, -о́пят
imp.	торопи́, ~те
pt.	торопи́л
g.pr.a.	торопя́
p.pr.a.	торопя́щий
p.pt.a.	торопи́вший
p.pr.p.	торопи́мый*

торопи́ться *uv mit Infinitiv*, с чем *u. ohne Objekt* eilen, sich beeilen, hasten. — (по-)

ergänze:

pr.	тороплю́сь, -о́пишься, -о́пятся
imp.	торопи́сь, -и́тесь
pt.	торопи́лся, -лась
g.pr.a.	торопя́сь
p.pr.a.	торопя́щийся
p.pt.a.	торопи́вшийся

4. Besonderheiten in der Anführung der Grundformen. Beim *Präsens* (des unvollendeten Aspekts) und beim *Futurum* (des vollendeten Aspekts) sind die 1. und 2. Person Singular und die 3. Person Plural angegeben, z. B.:

бере́чь *uv*: берегу́, -ежёшь, -егу́т
погляде́ть *v*: погляжу́, -яди́шь, -ядя́т

Wenn die 1. Person oder die 1. und 2. Person ungebräuchlich sind, werden entweder die 2. Person Singular und die 3. Person Plural oder die 3. Person Singular und die 3. Person Plural vermerkt. Von unpersönlichen Verben werden die 3. Person Singular Präsens und das Präteritum (Neutrum) angeführt, z. B.:

те́плиться *uv*: те́плится, -лятся
спа́ться *uv unpers*: спи́тся; спало́сь

Da die Bildung des unvollendeten Futurums keine Schwierigkeiten bietet und regelmäßig durch das Futurum von быть und den Infinitiv des jeweiligen Verbs erfolgt, wurde auf seine Anführung durchgehend verzichtet.

Der *Imperativ* ist bei Verben mit dem Vermerk *1. u. 2. Pers ungebr* in der Regel nicht angegeben. Imperativvarianten sind stets genannt, z. B.:

испо́ртить *v*: испо́рти, ~те *u. umg* испо́рть, ~те

Ist im *Präteritum* nur die maskuline Grundform angegeben, so werden die übrigen Präteritalformen regelmäßig von ihr abgeleitet, z. B.: дéлал (ergänze: дéлала, дéлало, дéлали). Alle unregelmäßig gebildeten Präteritalformen werden besonders angeführt; dabei gilt der Akzent der letzten Form auch für die übrigen nicht angegebenen Formen, z. B.:

вёз, везлá (ergänze: везлó, везлú)
взял, взялá, взя́ло (ergänze: взя́ли)
рвáлся, рвалáсь, рвáлóсь (ergänze: рвá-лúсь)

Varianten der *Adverbialpartizipien* werden vermerkt, z. B.:

стерéв *u.* стёрши

Die passiven Partizipien können in der Regel nur von transitiven Verben gebildet werden. Beim *Partizip Präsens Passiv* wurde auf die Aufnahme der Kurzform verzichtet, da sie regelmäßig von der Langform gebildet wird, z. B. вúдеть: вúдимый (ergänze: вúдим, ~а, ~о, ~ы). Wenn in der Langform des *Partizips Präteritum Passiv* zweierlei Betonung möglich ist, so sind beide möglichen Formen angeführt, z. B.: напóенный *u.* напоённый. Weicht die Kurzform des Partizips Präteritum Passiv in der Betonung von der Langform nicht ab, so wurde auf ihre Aufnahme verzichtet, z. B.: сдéланный (ergänze: сдéлан, сдéлана, сдéлано, сдéланы). Besonderheiten in der Betonung der Kurzform sind jedoch stets vermerkt. Dabei gilt der Akzent der letzten angegebenen Form auch für die übrigen Formen, z. B.: напоён, -енá (ergänze: напоенó, напоены́).
Bei den Aspektentsprechungen, die nach einem Doppelstrich angeführt sind, wird die Flexion entweder durch eine Typenzahl angegeben oder es steht bei den vom Schema nicht erfaßten Verben der Hinweis: Formen das.; das bedeutet, daß die Grundformen dieses Verbs dort aufgeführt sind, wo es an seiner alphabetischen Stelle als Verweisstichwort erscheint.

5. Die Rektion wird durch folgende russische Pronomen angezeigt: когó-чегó (Genitiv), комý-чемý (Dativ), когó-что (Akkusativ), кем-чем (Instrumentalis), о ком-чём (Präpositiv). Wird das Verb mit einer Präposition verbunden, so ist diese bei der entsprechenden Rektion angegeben: от когó-чегó, с кем-чем usw.

6. Deutsche Bedeutung. Die deutschen Bedeutungen sind ausführlich angegeben worden. Synonyme werden durch Komma, leichte Bedeutungsnuancen durch Semikolon getrennt. Unterschiedliche Bedeutungen werden durch halbfette arabische Ziffern geschieden. Falls es zur Verdeutlichung der Übersetzung erforderlich ist, werden die Bedeutungen durch die im Verzeichnis der Abkürzungen (S. 12) aufgeführten Sachgebietshinweise oder durch erläuternde Zusätze in kursiver Schrift näher bestimmt.

7. Die Betonung ist durch einen Akzent über dem Vokal der Tonsilbe angezeigt. Hat eine Verbform doppelte Betonung, so sind zwei Akzente angegeben, z. B.: вúхрúлся, опорóжнúл.

8. Zeichen. Der Bindestrich (-) ersetzt einen Teil des vorhergehenden Wortes, die Tilde (~) das ganze vorhergehende Wort. Die mit Asteriskus (*) bezeichneten Verben und Verbformen werden selten gebraucht.

Konjugationsmuster

In den nachstehenden Mustern sind die vollendeten und die unvollendeten Formen der Verben getrennt aufgeführt, wodurch es möglich ist, für jedes nach diesen Mustern flektierende Verb den Grundformenbestand schnell und exakt abzulesen. Die vom Konjugationsmuster abweichend gebildeten Grundformen sind im Verzeichnis ausdrücklich vermerkt. Auf die Aufnahme besonderer Muster für reflexive Verben wurde verzichtet, da diese sich ohne Schwierigkeiten durch Anfügung von -ся oder (nach Vokalen) -сь an die nichtreflexive Grundform bilden lassen (vgl. S. 7, Konjugationsmuster). Grundformen reflexiver Verben, die in der Betonung von derjenigen des nichtreflexiven Verbs abweichen, sind unter dem jeweiligen Stichwort angegeben, z. B.:

сорва́ть *v*: сорва́л, -ала́, -а́ло

сорва́ться *v*: сорва́лся, -ала́сь, -а́ло́сь

Neben der Flexion war die Betonung ausschlaggebend für die Gliederung der Konjugationsmuster. Nach diesem Prinzip sind die Verben auf -ать (-ять), -овать wie auf -нуть in je zwei Betonungstypen getrennt worden. Dabei ist zu beachten, daß die endbetonten Verben dieser drei Gruppen im Partizip Präteritum Passiv regelmäßig den Akzent um eine Silbe zurückziehen. Ausnahmen sind im Verzeichnis angeführt.

Verben auf -ать, -ять

1 сде́лать *v*

ft.	сде́лаю, -аешь, -ают
imp.	сде́лай, ~те
pt.	сде́лал
g.pt.a.	сде́лав
p.pt.a.	сде́лавший
p.pt.p.	сде́ланный; сде́лан, ~а, ~о, ~ы

1a де́лать *uv*

pr.	де́лаю, -аешь, -ают
imp.	де́лай, ~те
ft.	бу́ду де́лать
pt.	де́лал
g.pr.a.	де́лая
p.pr.a.	де́лающий
p.pt.a.	де́лавший
p.pr.p.	де́лаемый; де́лаем, ~а, ~о, ~ы

2 разлома́ть *v*

ft.	разлома́ю, -а́ешь, -а́ют
imp.	разлома́й, ~те
pt.	разлома́л
g.pt.a.	разлома́в
p.pt.a.	разлома́вший
p.pt.p.	разло́манный; разло́ман, ~а, ~о, ~ы

2a лома́ть *uv*

pr.	лома́ю, -а́ешь, -а́ют
imp.	лома́й, ~те
ft.	бу́ду лома́ть
pt.	лома́л
g.pr.a.	лома́я
p.pr.a.	лома́ющий
p.pt.a.	лома́вший
p.pr.p.	лома́емый; лома́ем, ~а, ~о, ~ы

Verben auf -еть

3 побеле́ть *v*

ft.	побеле́ю, -е́ешь, -е́ют
imp.	побеле́й, ~те
pt.	побеле́л
g.pt.a.	побеле́в
p.pt.a.	побеле́вший

3a беле́ть *uv*

pr.	беле́ю, -е́ешь, -е́ют
imp.	беле́й, ~те
ft.	бу́ду беле́ть
pt.	беле́л
g.pr.a.	беле́я
p.pr.a.	беле́ющий
p.pt.a.	беле́вший

Für die nicht endbetonten Verben auf -еть ist ihrer Seltenheit wegen kein besonderes Konjugationsmuster aufgestellt worden. Sie behalten die Betonung des Infinitivs in allen Grundformen und flektieren wie die endbetonten Verben, auf deren Muster sie verwiesen sind.

Verben auf -овать

4 посове́товать *v*

ft.	посове́тую, -уешь, -уют
imp.	посове́туй, ~те
pt.	посове́товал
g.pt.a.	посове́товав
p.pt.a.	посове́товавший
p.pt.p.	посове́тованный; посове́тован, ~а, ~о, ~ы

4a сове́товать *uv*

pr.	сове́тую, -уешь, -уют
imp.	сове́туй, ~те
ft.	бу́ду сове́товать
pt.	сове́товал
g.pr.a.	сове́туя
p.pr.a.	сове́тующий
p.pt.a.	сове́товавший
p.pr.p.	сове́туемый; сове́туем, ~а, ~о, ~ы

5 застрахова́ть *v*

ft.	застраху́ю, -у́ешь, -у́ют
imp.	застраху́й, ~те
pt.	застрахова́л
g.pt.a.	застрахова́в
p.pt.a.	застрахова́вший
p.pt.p.	застрахо́ванный; застрахо́ван, ~а, ~о, ~ы

5a страхова́ть *uv*

pr.	страху́ю, -у́ешь, -у́ют
imp.	страху́й, ~те
ft.	бу́ду страхова́ть
pt.	страхова́л
g.pr.a.	страху́я
p.pr.a.	страху́ющий
p.pt.a.	страхова́вший
p.pr.p.	страху́емый; страху́ем, ~а, ~о, ~ы

Verben auf -нуть

6 ау́кнуть *v*

ft.	ау́кну, -нешь, -нут
imp.	ау́кни, ~те
pt.	ау́кнул
g.pt.a.	ау́кнув
p.pt.a.	ау́кнувший

7 столкну́ть *v*

ft.	столкну́, -нёшь, -ну́т
imp.	столкни́, ~те
pt.	столкну́л
g.pt.a.	столкну́в
p.pt.a.	столкну́вший
p.pt.p.	сто́лкнутый; сто́лкнут, ~а, ~о, ~ы

Alle Verben auf -нуть, die im *Präteritum* ihr Suffix -ну- verlieren (Inchoativa), sind im Verzeichnis voll angeführt.

Abkürzungen

a.	auch
arch	Architektur
berg	Bergbau
best	bestimmte Aktionsart
biol	Biologie
bot	Botanik
buchspr	buchsprachlich
chem	Chemie
el	Elektrotechnik
etw.	etwas
f	Femininum
finanz	Finanzwesen
flug	Flugwesen
folkl	Folklore
Formen das.	Formen daselbst (vgl. dazu S. 9)
ft.	Futurum
gbt	gebietsweise gebraucht
geol	Geologie
g.pr.a.	Adverbialpartizip (Gerundium) des Präsens/Futurums
g.pt.a.	Adverbialpartizip (Gerundium) des Präteritums
gram	Grammatik
hist	historisch
imp.	Imperativ
iron	ironisch
itr	intransitiv
j-m, j-n, j-s	jemandem, -en, -es
jur	Rechtswesen
kirch	Kirche
landw	Landwirtschaft
ling	Sprachwissenschaft
lit	Literatur
m	Maskulinum
math	Mathematik
med	Medizin
mil	Militärwesen
mißb	mißbilligend
mom	Verb vollendeten Aspekts mit der Bedeutung der einmaligen Handlung
mus	Musik
n	Neutrum
naut	Schiffahrt, Seewesen
Pers	Person
phil	Philologie
phot	Photographie
phys	Physik
poet	poetisch
pol	Politik
p.pr.a.(p.)	Partizip Präsens Aktiv (Passiv)
p.pt.a.(p.)	Partizip Präteritum Aktiv (Passiv)
pr.	Präsens
pt.	Präteritum
rad	Rundfunk
rel	Religion
s.	siehe
scherz	scherzhaft
Subst	Substantiv
tech	Technik
text	Textilindustrie
theat	Theater
tr	transitiv
typ	Typographie
u.	und
u. ä.	und ähnliche(s)
übtr	in übertragener Bedeutung
u. dgl.	und dergleichen
umg	umgangssprachlich
unbest	unbestimmte Aktionsart
ungebr	ungebräuchlich
unpers	unpersönlich
usw.	und so weiter
uv	unvollendeter Aspekt
v	vollendeter Aspekt
verächtl	verächtlich
vgl.	vergleiche
volksspr	volkssprachlich, der volkstümlichen Umgangssprache angehörend
wirtsch	Wirtschaft
z. B.	zum Beispiel
zool	Zoologie

Verzeichnis der russischen Verben

A

абони́ровать 4 *u.* 4a *v, uv* что *alt* abonnieren

абони́роваться *v, uv* на что *alt* abonnieren

абсорби́ровать 4 *u.* 4a *v, uv* что absorbieren, einsaugen

абсорби́роваться *v, uv* absorbieren, aufsaugen

абстраги́ровать 4 *u.* 4a *v, uv* что abstrahieren

абстраги́роваться *v, uv* от чего́ abstrahieren

аванси́ровать 4 *u.* 4a *v, uv* кого́-что vorschießen, vorstrecken

автоматизи́ровать 4 *u.* 4a *v, uv* что automatisieren

автоматизи́роваться *v, uv* automatisch werden

авторизова́ть 5 *u.* 5a *v, uv* что autorisieren

агити́ровать 4a *uv* **1.** agitieren **2.** кого́-что überzeugen. — (с- *zu* 2)

агонизи́ровать 4a *uv* im Sterben liegen

агони́ровать 4a *uv* im Sterben liegen

адапти́ровать 4 *u.* 4a *v, uv* что adaptieren, anpassen

администри́ровать 4a *uv* administrieren; bürokratisch verwalten

адресова́ть 5 *u.* 5a *v, uv* что adressieren, richten (an)

адресова́ться *v, uv* куда́ *oder* к кому́ sich (schriftlich) wenden (an)

адсорби́ровать 4 *u.* 4a *v, uv* что adsorbieren

аза́ртничать 1a *uv umg* hasardieren, wagen

а́кать 1a *uv* unbetontes o wie a aussprechen

акклиматизи́ровать 4 *u.* 4a *v, uv* кого́-что akklimatisieren, anpassen

акклиматизи́роваться *v, uv* sich akklimatisieren, sich anpassen

аккомпани́ровать 4a *uv* кому́-чему́ на чём *mus* begleiten

аккредитова́ть 5 *u.* 5a *v, uv* кого́-что als diplomatischen Vertreter akkreditieren, bevollmächtigen

аккумули́ровать 4a *uv* что akkumulieren, anhäufen

p.pt.p.	аккумули́рованный

активизи́ровать 4 *u.* 4a *v, uv* кого́-что aktivieren

активизи́роваться *v, uv* lebhafter [aktiver] werden

активи́ровать 4 *u.* 4a *v, uv* что aktivieren

акти́ровать 4 *u.* 4a *v, uv* что eine Akte anlegen

акценти́ровать 4 *u.* 4a *v, uv* что **1.** akzentuieren, betonen **2.** *übtr* betonen

акцентова́ть 5 *u.* 5a *v, uv* что akzentuieren, betonen

алка́ть *uv* чего́ *buchspr alt* dürsten, verlangen. — (вз-)

pr.	а́лчу, а́лчешь, а́лчут *u.* алка́ю, -а́ешь, -а́ют
imp.	алка́й, ~те
pt.	алка́л
g.pr.a.	алка́я *u.* а́лча
p.pr.a.	а́лчущий *u.* алка́ющий
p.pt.a.	алка́вший

але́ть 3a *uv* **1.** *1. u. 2. Pers ungebr* rot schimmern **2.** rot werden, erröten. — (по- *zu* 2)

амальгами́ровать 4 *u.* 4a *v, uv* что *chem* amalgamieren

амнисти́ровать 4 *u.* 4a *v, uv* кого́-что amnestieren, begnadigen

амортизи́ровать 4 *u.* 4a *v, uv* что amortisieren

ампути́ровать 4 *u.* 4a *v, uv* что amputieren

аму́риться *uv* с кем-чем *umg alt* liebeln, flirten (mit)

pr.	аму́рюсь, -ришься, -рятся
imp.	аму́рься, -рьтесь
pt.	аму́рился, -лась
g.pr.a.	аму́рясь
p.pr.a.	аму́рящийся
p.pt.a.	аму́рившийся

аму́рничать 1a *uv* с кем-чем *umg alt* flirten

анализи́ровать 4 *u.* 4a *v, uv* что analysieren

анатоми́ровать 4 *u.* 4a *v, uv* кого́-что sezieren, zergliedern

ангажи́ровать 4 *u.* 4a *v, uv* кого́-что *alt* **1.** engagieren *Künstler* **2.** zum Tanz auffordern

анестези́ровать 4 *u.* 4a *v, uv* что *med* anästhesieren, unempfindlich machen

аннекси́ровать 4 *u.* 4a *v*, *uv* что annektieren, einverleiben

аннoти́ровать 4 *u.* 4a *v*, *uv* что aufzeichnen, eine kurze Inhaltsangabe anfertigen

аннули́ровать 4 *u.* 4a *v*, *uv* что annullieren, rückgängig machen

анонси́ровать 4 *u.* 4a *v*, *uv* что *oder* о чём *buchspr* annoncieren

апелли́ровать 4 *u.* 4a *v*, *uv* **1.** *jur* Berufung einlegen **2.** к кому́-чему́ appellieren (an)

аплоди́ровать 4a *uv* кому́-чему́ applaudieren, Beifall spenden

апперципи́ровать 4 *u.* 4a *v*, *uv* что wahrnehmen

аппрети́ровать 4 *u.* 4a *v*, *uv* что appretieren

апроби́ровать 4 *u.* 4a *v*, *uv* что *buchspr* gutheißen, billigen

аранжи́ровать 4 *u.* 4a *v*, *uv* что *mus* bearbeiten

аргументи́ровать 4 *u.* 4a *v*, *uv* что argumentieren, begründen

арендова́ть 5 *u.* 5a *v*, *uv* что pachten

арестова́ть 5 *u.* 5a *v*, *uv* кого́-что **1.** verhaften, arretieren **2.** beschlagnahmen ‖ *uv a.* аресто́вывать 1a

аресто́вывать *uv zu* арестова́ть

арми́ровать 4 *u.* 4a *v*, *uv* что *tech* armieren, ausrüsten

арта́читься *uv umg* sich sträuben, sich widersetzen

pr.	арта́чусь, -чишься, -чатся
imp.	арта́чься, -чьтесь
pt.	арта́чился, -лась
g.pr.a.	арта́чась
p.pr.a.	арта́чащийся
p.pt.a.	арта́чившийся

артикули́ровать 4a *uv* что artikulieren, deutlich aussprechen

ассигнова́ть 5 *u.* 5a *v*, *uv* что Geld bewilligen

ассигно́вывать 1a *uv* что Geld bewilligen

ассимили́ровать 4 *u.* 4a *v*, *uv* кого́-что assimilieren

ассимили́роваться *v*, *uv* sich anpassen

ассисти́ровать 4a *uv* кому́ *u. ohne Objekt* assistieren, beistehen

ассоции́ровать 4 *u.* 4a *v*, *uv* что *oder* что с чем assoziieren, verbinden

ассоции́роваться *v*, *uv* с кем-чем sich assoziieren, sich verbinden

асфальти́ровать 4 *u.* 4a *v*, *uv* что asphaltieren

атакова́ть 5 *u.* 5a *v*, *uv* кого́-что angreifen

атама́нствовать 4a *uv* Anführer sein

атрофи́роваться 4 *u.* 4a, *1. u. 2. Pers ungebr*, *v*, *uv* schrumpfen, verkümmern

аттестова́ть 5 *u.* 5a *v*, *uv* кого́-что attestieren, empfehlen

ату́кать 1a *uv* Hunde hetzen, Hasen jagen | *v mom* ату́кнуть 6

ату́кнуть *v mom zu* ату́кать

а́укать 1a *uv umg* hallo rufen *im Wald* | *v mom* а́укнуть 6

а́укаться *uv umg* einander hallo zurufen | *v mom* а́укнуться

а́укнуть(ся) *v mom zu* а́укать(ся)

афиши́ровать 4 *u.* 4a *v*, *uv* что zur Schau stellen, prahlen

аффекти́ровать 4a *uv* что *u. ohne Objekt* affektieren, sich den Anschein geben

аффини́ровать 4 *u.* 4a *v*, *uv* что *tech* affinieren, reinigen

а́хать *uv zu* а́хнуть

а́хнуть 6 *v u. mom* **1.** *umg* ach rufen **2.** кого́-что *volksspr* einen Hieb versetzen **3.** *volksspr* krachen, donnern ‖ *uv* а́хать 1a

Б

ба́бничать 1a *uv* **1.** *volksspr* sich weibisch benehmen **2.** *volksspr* ein Schürzenjäger sein **3.** *alt* als Hebamme tätig sein

ба́грить *uv* кого́-что mit dem Haken fischen

pr.	ба́грю, -ришь, -рят
imp.	ба́гри, ~те
pt.	ба́грил
g.pr.a.	ба́гря
p.pr.a.	ба́грящий
p.pt.a.	ба́гривший
p.pr.p.	ба́гримый
p.pt.p.	ба́гренный

багри́ть *uv* кого́-что röten, flammendrot [glutrot] färben. — (о-)
pr. багрю́, -ри́шь, -ря́т
imp. багри́, ~те
pt. багри́л
g.pr.a. багря́
p.pr.a. багря́щий
p.pt.a. багри́вший
p.pr.p. багри́мый
p.pt.p. багрённый; багрён, -ена́

багрове́ть 3a *uv* glutrot werden, sich purpurrot färben. — (по-)

бази́ровать 4a *uv* что на чём basieren, gründen (auf)

бази́роваться *uv* **1.** на чём sich gründen, sich stützen, beruhen (auf) **2.** на что *oder* на чём als Stützpunkt [Versorgungspunkt] haben, stationiert sein

балагу́рить *uv umg* Possen reißen, Spaß machen
pr. балагу́рю, -ришь, -рят
imp. балагу́рь, ~те
pt. балагу́рил
g.pr.a. балагу́ря
p.pr.a. балагу́рящий
p.pt.a. балагу́ривший

баламу́тить *uv volksspr* **1.** кого́-что verwirren; beunruhigen **2.** что trüben *Wasser*. — (вз-)
pr. баламу́чу, -у́тишь, -у́тят
imp. баламу́ть, ~те
pt. баламу́тил
g.pr.a. баламу́тя
p.pr.a. баламу́тящий
p.pt.a. баламу́тивший
p.pt.p. баламу́ченный

[1]**баланси́ровать** 4a *uv* на чём *oder* чем balancieren, das Gleichgewicht halten

[2]**баланси́ровать** 4a *uv* что **1.** Bilanz ziehen **2.** ausgleichen **3.** *tech* auswuchten. — (с-)

баллоти́ровать 4a *uv* кого́-что wählen; zur Abstimmung bringen

баллоти́роваться *uv* gewählt werden

балова́ть 5a *uv* **1.** кого́-что verwöhnen, verziehen, verhätscheln **2.** *ohne Objekt volksspr* unartig [ausgelassen] sein, Unfug treiben. — (из- *zu* 1)
p.pt.p. бало́ванный

балова́ться *uv umg* **1.** unartig sein, Unfug treiben **2.** чем sich vergnügen, sich zerstreuen

бальзами́ровать 4a *uv* кого́-что einbalsamieren. — (на-)

баля́сничать 1a *uv volksspr* scherzen, Witze reißen

банкро́титься *uv* Bankrott machen. — (о-)
pr. банкро́чусь, -о́тишься, -о́тятся
imp. банкро́ться, -тьтесь
pt. банкро́тился, -лась
g.pr.a. банкро́тясь
p.pr.a. банкро́тящийся
p.pt.a. банкро́тившийся

бараба́нить *uv* trommeln
pr. бараба́ню, -нишь, -нят
imp. бараба́нь, ~те
pt. бараба́нил
g.pr.a. бараба́ня
p.pr.a. бараба́нящий
p.pt.a. бараба́нивший

бара́хтаться 1a *uv* zappeln, strampeln

баррикади́ровать 4a *uv* что verbarrikadieren, versperren. — (за-)

баррикади́роваться *uv* sich verbarrikadieren. — (за-)

ба́рствовать 4a *uv* ein müßiges Leben führen

бары́шничать 1a *uv* чем *alt* Zwischenhandel treiben, wuchern

баси́ть *uv umg* im Baßton sprechen, Baß singen
pr. башу́, баси́шь, бася́т
imp. баси́, ~те
pt. баси́л
g.pr.a. бася́
p.pr.a. бася́щий
p.pt.a. баси́вший

бастова́ть 5a *uv* streiken

батра́чить *uv* als Knecht arbeiten
pr. батра́чу, -чишь, -чат
imp. батра́чь, ~те
pt. батра́чил
g.pr.a. батра́ча
p.pr.a. батра́чащий
p.pt.a. батра́чивший

бахва́литься *uv* чем *volksspr* prahlen (mit), aufschneiden
pr. бахва́люсь, -лишься, -лятся
imp. бахва́лься, -льтесь
pt. бахва́лился, -лась
g.pr.a. бахва́лясь
p.pr.a. бахва́лящийся
p.pt.a. бахва́лившийся

баю́кать 1a *uv* кого́-что in den Schlaf singen [wiegen]. — (у-)

бдеть, *1. Pers ungebr, uv buchspr alt* **1.** wachen, nicht schlafen **2.** aufmerksam beobachten

pr.	бдишь, бдят
imp.	бди, ~те
pt.	бдел
g.pr.a.	бдя
p.pr.a.	бдя́щий
p.pt.a.	бде́вший

бе́гать 1а *uv* **1.** *unbest zu* бежа́ть **2.** *volksspr* от кого́-чего́ meiden, ausweichen **3.** *1. u. 2. Pers ungebr* schnell hin- und herlaufen **4.** umherschweifen *Augen*

бедне́ть 3а *uv* arm werden, verarmen. — (о-)

бедоку́рить *uv umg* Unheil anrichten. — (на-)

pr.	бедоку́рю, -ришь, -рят
imp.	бедоку́рь, ~те
pt.	бедоку́рил
g.pr.a.	бедоку́ря
p.pr.a.	бедоку́рящий
p.pt.a.	бедоку́ривший

бе́дствовать 4а *uv* Not leiden, darben

бежа́ть *uv* **1.** *best* laufen, rennen **2.** laufen, rinnen; fließen; vergehen **3.** überlaufen *Kochendes* **4.** *best, a. v* fliehen, die Flucht ergreifen; ausbrechen | *unbest* бе́гать 1а *zu* 1, 4

pr.	бегу́, бежи́шь, бегу́т
imp.	беги́, ~те
pt.	бежа́л
g.pt.a.	бежа́в *zu* 4
p.pr.a.	бегу́щий
p.pt.a.	бежа́вший

безде́йствовать 4а *uv* untätig sein; stillstehen, außer Betrieb sein

безде́льничать 1а *uv* faulenzen, auf der faulen Haut liegen

безмо́лвствовать 4а *uv* schweigen, sich in Schweigen hüllen

безобра́зить *uv* **1.** кого́-что entstellen, verunstalten **2.** *ohne Objekt, volksspr* sich flegelhaft [unanständig] benehmen. — (о- *zu* 1)

pr.	безобра́жу, -а́зишь, -а́зят
imp.	безобра́зь, ~те
pt.	безобра́зил
g.pr.a.	безобра́зя
p.pr.a.	безобра́зящий
p.pt.a.	безобра́зивший

безобра́зничать 1а *uv umg* sich flegelhaft [unanständig] benehmen

безу́мствовать 4а *uv* unvernünftig handeln, toben, rasen; sich wie ein Besessener aufführen

беле́ть 3а *uv* **1.** weiß werden, verbleichen **2.** *1. u. 2. Pers ungebr* weiß schimmern, weiß scheinen. — (по- *zu* 1)

беле́ться, *1. u. 2. Pers ungebr, uv* weiß schimmern

бели́ть *uv* что **1.** weißen, weiß anstreichen **2.** weiß schminken **3.** bleichen. — (по- *zu* 1, на- *zu* 2, вы́- *zu* 3)

pr.	белю́, бе́ли́шь, бе́ля́т
imp.	бели́, ~те
pt.	бели́л
g.pr.a.	беля́
p.pr.a.	беля́щий
p.pt.a.	бели́вший
p.pr.p.	бели́мый
p.pt.p.	белённый; белён, -ена́

бели́ться *uv* sich weiß schminken. — (на-)

береди́ть *uv* что reizen, aufreiben, wundreiben. — (раз-)

pr.	бережу́, -еди́шь, -едя́т
imp.	береди́, ~те
pt.	береди́л
g.pr.a.	бередя́
p.pr.a.	бередя́щий
p.pt.a.	береди́вший
p.pr.p.	береди́мый

бере́менеть 3а, *Betonung bleibt wie im Infinitiv, uv* schwanger werden. — (за-)

бере́чь *uv* кого́-что **1.** hüten, bewachen **2.** (auf)bewahren, verwahren; aufheben, sparen **3.** schonen

pr.	берегу́, бережёшь, берегу́т
imp.	береги́, ~те
pt.	берёг, -егла́
p.pr.a.	берегу́щий
p.pt.a.	берёгший
p.pt.p.	бережённый; бережён, -ена́

бере́чься *uv* кого́-чего́ *u. mit Infinitiv* **1.** sich vorsehen **2.** sich hüten (vor), sich in acht nehmen (vor)

бесе́довать 4а *uv* с кем-чем sich unterhalten, ein Gespräch führen

беси́ть *uv* кого́-что in Wut bringen, rasend machen. — (вз-)

pr.	бешу́, бе́сишь, бе́сят
imp.	беси́, ~те
pt.	беси́л
g.pr.a.	беся́
p.pr.a.	беся́щий
p.pt.a.	беси́вший

беси́ться *uv* **1**. *1. u. 2. Pers ungebr* an Tollwut erkranken *von Tieren* **2.** wüten, rasen, vor Wut toben **3.** *volksspr* ausgelassen sein, herumtoben

бесноваться 5a *uv* rasen, wüten, sich wie ein Besessener aufführen

беспоко́ить *uv* кого́-что **1.** beunruhigen **2.** stören, belästigen. — (о-, по-)

pr. беспоко́ю, -о́ишь, -о́ят
imp. беспоко́й, ~те
pt. беспоко́ил
g.pr.a. беспоко́я
p.pr.a. беспоко́ящий
p.pt.a. беспоко́ивший
p.pr.p. беспоко́имый

беспоко́иться *uv* **1.** о ком-чём besorgt sein (um), sich Sorgen machen (um, wegen) **2.** sich bemühen. — (о-, по-)

беспу́тничать 1a *uv umg* ein ausschweifendes Leben führen

бесчестить *uv* кого́-что entehren, j-m seine Ehre nehmen. — (о-)

pr. бесславлю, -вишь, -вят
imp. бесславь, ~те
pt. бесславил
g.pr.a. бесславя
p.pr.a. бесславящий
p.pt.a. бесславивший

бессты́дничать 1a *uv umg* sich unverschämt benehmen

бесче́стить *uv* кого́-что entehren, schänden. — (о-)

pr. бесче́щу, -е́стишь, -е́стят
imp. бесче́сти, ~те *u.* бесче́сть, ~те
pt. бесче́стил
g.pr.a. бесче́стя
p.pr.a. бесче́стящий
p.pt.a. бесче́стивший
p.pr.p. бесче́стимый
p.pt.p. бесче́щенный *alt*

бесчи́нствовать 4a *uv* Unfug treiben; randalieren

бетони́ровать 4a *uv* что betonieren. — (за-)

p.pt.p. бетони́рованный

бива́ть *uv iterativ zu* бить

pt. бива́л
p.pt.a. бива́вший

бинтова́ть 5a *uv* кого́-что verbinden, einen Verband anlegen. — (за-)

бить *uv* **1**. по чему́ *oder* во что schlagen (auf, an); бить по недоста́ткам Mängel bekämpfen **2.** schlagen, läuten **3.** кого́ schlagen, prügeln **4.** кого́-что schlagen, besiegen **5.** кого́-что schlachten **6.** кого́-что schießen, erlegen **7.** *ohne Objekt* sprudeln, quellen **8.** что zerschlagen, zerbrechen | *uv umg iterativ* бива́ть, Formen das. — (по- *zu* 3, про- *zu* 2, раз- *zu* 8)

pr. бью, бьёшь, бьют
imp. бей, ~те
pt. бил
g.pr.a. бия́ *alt*
p.pr.a. бью́щий
p.pt.a. би́вший
p.pt.p. би́тый

би́ться *uv* **1.** sich schlagen, sich raufen **2.** schlagen, klopfen *Herz* **3**. за что kämpfen (um) **4**. обо что schlagen, stoßen (gegen) **5.** над чем sich abmühen, sich abplagen (mit) **6.** sich zerschlagen lassen, zerbrechen

бичева́ть *uv* кого́-что *uv buchspr* **1.** geißeln **2.** *übtr* brandmarken; anprangern

pr. бичу́ю, -у́ешь, -у́ют
imp. бичу́й, ~те
pt. бичева́л
g.pr.a. бичу́я
p.pr.a. бичу́ющий
p.pt.a. бичева́вший
p.pr.p. бичу́емый

благоволи́ть *uv* к кому́-чему́ wohlwollen, gewogen sein, begünstigen

pr. благоволю́, -ли́шь, -ля́т
imp. благоволи́, ~те
pt. благоволи́л
g.pr.a. благоволя́
p.pr.a. благоволя́щий
p.pt.a. благоволи́вший

благогове́ть 3a *uv* пе́ред кем-чем verehren, emporschauen (zu)

благодари́ть *uv* кого́-что danken, sich bedanken (bei). — (по-)

pr. благодарю́, -ри́шь, -ря́т
imp. благодари́, ~те
pt. благодари́л
g.pr.a. благодаря́
p.pr.a. благодаря́щий
p.pt.a. благодари́вший

благоде́нствовать 4a *uv* im Wohlstand leben

благоприя́тствовать 4a *uv* кому́-чему́ begünstigen

благослови́ть *v* кого́-что **1.** segnen **2.** *alt* dankbar sein ‖ *uv* благословля́ть 2a
ft. благословлю́, -ви́шь, -вя́т
imp. благослови́, ~те
pt. благослови́л
g.pt.a. благослови́в
p.pt.a. благослови́вший
p.pt.p. благословлённый; благословлён, -ена́

благословля́ть *uv zu* благослови́ть

благоустра́ивать *uv zu* благоустро́ить

благоустро́ить *v* что gut [komfortabel] einrichten ‖ *uv* благоустра́ивать 1a
ft. благоустро́ю, -о́ишь, -о́ят
imp. благоустро́й, ~те
pt. благоустро́ил
g.pt.a. благоустро́ив
p.pt.a. благоустро́ивший
p.pt.p. благоустро́енный

блаже́нствовать 4a *uv* sich selig [glücklich] fühlen, in Glückseligkeit schwelgen

бледне́ть 3a *uv* **1.** erblassen, bleich werden **2.** verblassen. — (по- *zu 2*)

блёкнуть *uv* fahl [matt] werden; welken; verschießen. — (по-)
pr. блёкну, -нешь, -нут
imp. блёкни, ~те
pt. блёкнул *u.* блёк, блёкла
g.pt.a. блёкнув
p.pr.a. блёкнущий
p.pt.a. блёкнувший

блесну́ть 7 *v* **1.** *mom zu* блесте́ть erglänzen, erstrahlen **2.** *übtr* aufblitzen; у меня́ блесну́ла мысль ein Gedanke schoß mir durch den Kopf
kein *p.pt.p.*

блесте́ть *uv* glänzen, strahlen, funkeln | *v mom* блесну́ть 7, kein *p.pt.p.*
pr. блещу́, блести́шь, блестя́т *u.* бле́щешь, бле́щут
imp. блести́, ~те
pt. блесте́л
g.pr.a. блестя́
p.pr.a. блестя́щий *u.* бле́щущий
p.pt.a. блесте́вший

бле́ять *u.* **блея́ть***, *1. u. 2. Pers ungebr*, *uv* blöken *Schafe*; meckern *Ziegen*
pr. бле́ет *u.* блеёт, бле́ют
pt. бле́ял
g.pr.a. бле́я
p.pr.a. бле́ющий
p.pt.a. бле́явший

бли́зиться, *1. u. 2. Pers ungebr*, *uv* **1.** nahen, sich nähern **2.** anbrechen. — (при-)
pr. бли́зится, -зятся
pt. бли́зился, -лась
g.pr.a. бли́зясь
p.pr.a. бли́зящийся
p.pt.a. бли́зившийся

блиста́ть 2a *uv* **1.** glänzen **2.** чем *übtr* glänzen, sich auszeichnen

блоки́ровать 4 *u.* 4a *v*, *uv* кого́-что blockieren, sperren

блоки́роваться *v*, *uv pol* einem Block beitreten ‖ *v a.* сблоки́роваться

[1]**блуди́ть** *uv volksspr* ein ausschweifendes [unzüchtiges] Leben führen
pr. блужу́, блуди́шь, блудя́т
imp. блуди́, ~те
pt. блуди́л
g.pr.a. блудя́
p.pr.a. блудя́щий
p.pt.a. блуди́вший

[2]**блуди́ть** *uv volksspr* umherirren
pr. блужу́, блу́дишь, блу́дят
Übrige Formen wie [1]блуди́ть

блужда́ть 2a *uv* **1.** umherschweifen *ohne Ziel*; umherirren **2.** wandern

блюсти́ *uv* что (be)hüten, beschützen; beachten. — (со-)
pr. блюду́, -дёшь, -ду́т
imp. блюди́, ~те
pt. блюл, ~а́
g.pr.a. блюдя́
p.pr.a. блюду́щий
p.pt.a. блю́дший
p.pr.p. блюдо́мый *alt*
p.pt.p. блюдённый; блюдён, -ена́ *alt*

богате́ть 3a *uv* reich werden. — (раз-)

боготвори́ть *uv* кого́-что vergöttern. — (о-)
pr. боготворю́, -ри́шь, -ря́т
imp. боготвори́, ~те
pt. боготвори́л
g.pr.a. боготворя́
p.pr.a. боготворя́щий
p.pt.a. боготвори́вший
p.pr.p. боготвори́мый

бода́ть 2a *uv* кого́-что mit den Hörnern stoßen

бода́ться *uv* **1.** die Angewohnheit haben, mit den Hörnern zu stoßen **2.** einander mit den Hörnern stoßen

бодри́ть *uv* кого́-что ermutigen, ermuntern; stärken. — (о-)
pr. бодрю́, -ри́шь, -ря́т
imp. бодри́, ~те
pt. бодри́л
g.pr.a. бодря́
p.pr.a. бодря́щий
p.pt.a. бодри́вший

бодри́ться *uv* sich Mut machen, Mut fassen. — (о-)

бо́дрствовать 4а *uv* wachen, wach bleiben

божи́ться *uv alt* (bei Gott) schwören ‖ *v* побожи́ться, Formen das.
pr. божу́сь, божи́шься, божа́тся
imp. божи́сь, -и́тесь
pt. божи́лся, -лась
g.pr.a. божа́сь
p.pr.a. божа́щийся
p.pt.a. божи́вшийся

бойкоти́ровать 4а *uv* кого́-что boykottieren

бокси́ровать 4а *uv* boxen

[1]**боле́ть** 3а *uv* **1.** чем krank sein, leiden (an) **2.** о ком-чём *oder* за кого́-что sich sorgen, bangen **3.** за кого́-что *umg* leidenschaftlich Partei ergreifen *für eine Mannschaft oder einen Sportler*

[2]**боле́ть,** *1. u. 2. Pers ungebr, uv* schmerzen, weh tun
pr. боли́т, боля́т
pt. боле́л
g.pr.a. боля́*
p.pr.a. боля́щий
p.pt.a. боле́вший

[1]**болта́ть** 2а *uv umg* **1.** что rühren; schütteln *Flüssigkeit* **2.** чем baumeln, schlenkern | *v mom* болтну́ть 7, kein *p.pt.p.*

[2]**болта́ть** 2а *uv* о чём *u. ohne Objekt umg* plaudern, schwatzen | *v mom* болтну́ть 7, kein *p.pt.p.*

болта́ться *uv* **1.** *umg* baumeln, herunterhängen; schlottern *weite Kleidung* **2.** *volksspr* sich herumtreiben

[1,2]**болтну́ть** *v mom zu* [1,2]болта́ть

бомбардирова́ть 5а *uv* кого́-что mit Artilleriefeuer belegen; bombardieren *a. übtr*

бомби́ть *uv* кого́-что *umg* bombardieren
pr. бомблю́, -би́шь, -бя́т
imp. бомби́, ~те
pt. бомби́л
g.pr.a. бомбя́
p.pr.a. бомбя́щий
p.pt.a. бомби́вший

бормота́ть *uv* что murmeln, brummen
pr. бормочу́, -о́чешь, -о́чут
imp. бормочи́, ~те
pt. бормота́л
g.pr.a. бормоча́
p.pr.a. бормо́чущий
p.pt.a. бормота́вший

борозди́ть *uv* что **1.** furchen **2.** *übtr* durchfurchen, durchpflügen. — (вз-, из-)
pr. борозжу́, -зди́шь, -здя́т
imp. борозди́, ~те
pt. борозди́л
g.pr.a. бороздя́
p.pr.a. бороздя́щий
p.pt.a. борозди́вший
p.pr.p. борозди́мый

борони́ть *uv* что eggen. — (вз-)
pr. бороню́, -ни́шь, -ня́т
imp. борони́, ~те
pt. борони́л
g.pr.a. бороня́
p.pr.a. бороня́щий
p.pt.a. борони́вший

боронова́ть 5а *uv* что eggen. — (вз-)

боро́ться *uv* с кем-чем **1.** kämpfen, ringen **2.** *Sport* ringen
pr. борю́сь, бо́решься, бо́рются
imp. бори́сь, -и́тесь
pt. боро́лся, -лась
g.pr.a. боря́сь
p.pr.a. бо́рющийся
p.pt.a. боро́вшийся

боя́ться *uv* **1.** кого́-чего́ *u. mit Infinitiv* sich fürchten, Angst haben (vor) **2.** *1. u. 2. Pers ungebr* чего́ nicht vertragen
pr. бою́сь, бои́шься, боя́тся
imp. бо́йся, бо́йтесь
pt. боя́лся, -лась
g.pr.a. боя́сь
p.pr.a. боя́щийся
p.pt.a. боя́вшийся

брави́ровать 4а *uv* чем leichtsinnig riskieren; prahlen

бра́жничать 1а *uv alt u. gbt* zechen, schwelgen

бракова́ть 5а *uv* что als unbrauchbar beanstanden, aussondern, zum Ausschuß erklären. — (за-)
p.pt.p. брако́ванный

бра́нивать *uv iterativ zu* брани́ть

брани́ть *uv* кого́-что за что schelten, schimpfen, tadeln | *uv iterativ* бра́нивать* 1a. — (вы́-)
pr. браню́, -ни́шь, -ня́т
imp. брани́, ~те
pt. брани́л
g.pr.a. браня́
p.pr.a. браня́щий
p.pt.a. брани́вший
p.pr.p. брани́мый

брани́ться *uv* **1.** с кем sich streiten, sich zanken **2.** schimpfen. — (по- *zu* 1)

брата́ться 2a *uv* с кем-чем sich verbrüdern, enge Freundschaft schließen ‖ *v* побрата́ться 2

брать *uv* кого́-что **1.** nehmen, ergreifen **2.** mitnehmen **3.** entgegennehmen, übernehmen **4.** einstellen, in Dienst nehmen **5.** leihen, borgen **6.** einfordern, erheben **7.** einnehmen, Besitz ergreifen (von) **8.** *1. u. 2. Pers ungebr*, *übtr* ergreifen, packen *von Gefühlen* **9.** *1. u. 2. Pers ungebr* beanspruchen *Zeit u. ä.* **10.** kaufen ‖ *v* взять, Formen das.
pr. беру́, берёшь, беру́т
imp. бери́, ~те
pt. брал, брала́, бра́ло
g.pr.a. беря́
g.pt.a. брав(ши)*
p.pr.a. беру́щий
p.pt.a. бра́вший

бра́ться *uv* **1.** за что einander anfassen **2.** *mit Infinitiv* übernehmen, auf sich nehmen **3.** за что herangehen, in Angriff nehmen, sich (heran)machen (an) ‖ *v* взя́ться
pt. бра́лся, брала́сь, бра́ло́сь

бре́дить *uv* **1.** im Fieber phantasieren **2.** кем-чем entzückt sein (von)
pr. бре́жу, бре́дишь, бре́дят
pt. бре́дил
g.pr.a. бре́дя
p.pr.a. бре́дящий
p.pt.a. бре́дивший

бре́диться, *1. u. 2. Pers ungebr*, *uv* кому́-чему́ träumen
kein *g.pr.a.*

бре́згать 1a *uv* кем-чем **1.** sich ekeln, Widerwillen haben **2.** *übtr* verachten, verschmähen ‖ *v* побре́згать 1

бре́зжить *uv* **1.** *1. u. 2. Pers ungebr* schwach schimmern **2.** *unpers* dämmern
pr. бре́зжит, -ат
pt. бре́зжило
g.pr.a. бре́зжа
p.pr.a. бре́зжущий
p.pt.a. бре́зживший

бре́зжиться *uv* **1.** *1. u. 2. Pers ungebr* schwach schimmern **2.** *unpers* dämmern, tagen

бренча́ть *uv* klirren, klimpern
pr. бренчу́, -чи́шь, -ча́т
imp. бренчи́, ~те
pt. бренча́л
g.pr.a. бренча́
p.pr.a. бренча́щий
p.pt.a. бренча́вший

брести́ *uv best* **1.** sich schleppen, sich mit Mühe fortbewegen **2.** langsam gehen, schlendern | *unbest* [1]броди́ть
pr. бреду́, -дёшь, -ду́т
imp. бреди́, ~те
pt. брёл, брела́
g.pr.a. бредя́
p.pr.a. бреду́щий
p.pt.a. бре́дший

бреха́ть *uv volksspr* **1.** bellen, kläffen **2.** lügen; aufschneiden | *v mom* брехну́ть 7
pr. брешу́, бре́шешь, бре́шут
imp. бреши́, ~те
pt. бреха́л
p.pr.a. бре́шущий
p.pt.a. бреха́вший

брехну́ть *v mom zu* бреха́ть

брикети́ровать 4 *u.* 4a *v*, *uv* что brikettieren, Briketts herstellen (aus)

брить *uv* кого́-что rasieren. — (по-)
pr. бре́ю, бре́ешь, бре́ют
imp. брей, ~те
pt. брил
g.pr.a. бре́я
p.pr.a. бре́ющий
p.pt.a. бри́вший
p.pt.p. бри́тый

бри́ться *uv* sich rasieren (lassen). — (по-)

[1]**броди́ть** *uv* **1.** *unbest zu* брести́ **2.** huschen, streifen
pr. брожу́, бро́дишь, бро́дят
imp. броди́, ~те
pt. броди́л
g.pr.a. бродя́
p.pr.a. бродя́щий
p.pt.a. броди́вший

[2]**броди́ть,** *1. u. 2. Pers ungebr*, *uv* gären Formen wie [1]броди́ть

бродя́жить *uv umg* sich herumtreiben, vagabundieren
pr. бродя́жу, -жишь, -жат
imp. бродя́жь, ~те
pt. бродя́жил
g.pr.a. бродя́жа
p.pr.a. бродя́жащий
p.pt.a. бродя́живший

бродя́жничать 1a *uv* sich herumtreiben, vagabundieren

бронзирова́ть 5 *u.* 5a *v*, *uv* bronzieren. — (на-)

брони́ровать 4a *uv* что reservieren, sicherstellen. — (за-)
p.pt.p. брони́рованный

бронирова́ть 5*u.* 5a *v*, *uv* что panzern

броса́ть(ся) *uv zu* бро́сить(ся)

бро́сить *v* кого́-что **1.** werfen, hinwerfen, schleudern **2.** verlassen, in Stich lassen **3.** aufhören, aufgeben ‖ *uv* броса́ть 2a
ft. бро́шу, бро́сишь, бро́сят
imp. брось, ~те
pt. бро́сил
g.pt.a. бро́сив
p.pt.a. бро́сивший
p.pt.p. бро́шенный

бро́ситься *v* **1.** einander bewerfen **2.** sich werfen, sich stürzen **3.** hinunterspringen ‖ *uv* броса́ться

брошюрова́ть 5a *uv* что broschieren. — (с-)
p.pt.p. брошюро́ванный

бры́згать *uv* **1.** spritzen, sprühen **2.** на кого́-что *oder* что bespritzen | *v mom* бры́знуть 6
pr. бры́зжу, -жешь, -жут *u.* бры́згаю, -аешь, -ают
imp. бры́зжи, ~те *u.* бры́згай, ~те
pt. бры́згал
g.pr.a. бры́зжа *u.* бры́згая
p.pr.a. бры́зжущий *u.* бры́згающий
p.pt.a. бры́згавший

бры́згаться *uv* **1.** spritzen *itr* **2.** einander bespritzen

бры́знуть 6 *v* **1.** *mom zu* бры́згать **2.** hervorspritzen, herausschießen

брыка́ть 2a *uv* ausschlagen *mit den Hinterbeinen* | *v mom* брыкну́ть 7, kein *p.pt.p.*

брыка́ться *uv* **1.** ausschlagen *mit den Hinterbeinen* **2.** *übtr umg* störrisch [bockig] sein | *v mom* брыкну́ться

брыкну́ть(ся) *v mom zu* брыка́ть(ся)

брюзжа́ть *uv* brummen, nörgeln
pr. брюзжу́, -жи́шь, -жа́т
imp. брюзжи́, ~те
pt. брюзжа́л
g.pr.a. брюзжа́
p.pr.a. брюзжа́щий
p.pt.a. брюзжа́вший

бря́кать *uv zu* бря́кнуть

бря́кнуть 6 *v u. mom umg* **1.** чем klappern, klirren (mit) **2.** что geräuschvoll hinwerfen **3.** herausplatzen, offen sagen ‖ *uv* бря́кать 1a

бряца́ть 2a *uv* чем klirren; klimpern

бубни́ть *uv umg* in den Bart brummen
pr. бубню́, -ни́шь, -ня́т
imp. бубни́, ~те
pt. бубни́л
g.pr.a. бубня́
p.pr.a. бубня́щий
p.pt.a. бубни́вший

буди́ть *uv* **1.** кого́-что wecken **2.** что erwecken, erregen. — (раз- *zu* 1, про- *zu* 2)
pr. бужу́, бу́дишь, бу́дят
imp. буди́, ~те
pt. буди́л
g.pr.a. будя́
p.pr.a. будя́щий
p.pt.a. буди́вший
p.pr.p. буди́мый

будора́жить *uv* кого́-что *umg* aufregen; aufwühlen. — (вз-)
pr. будора́жу, -жишь, -жат
imp. будора́жь, ~те
pt. будора́жил
g.pr.a. будора́жа
p.pr.a. будора́жащий
p.pt.a. будора́живший

бузи́ть, *1. Pers Singular ungebr*, *uv grob volksspr* Unfug treiben, lärmen
pr. бузи́шь, бузя́т
imp. бузи́, ~те
pt. бузи́л
g.pr.a. бузя́
p.pr.a. бузя́щий
p.pt.a. бузи́вший

бу́йствовать 4a *uv* toben, Unfug treiben, Radau machen, Gewalttätigkeiten verüben

букси́ровать 4a *uv* что schleppen, abschleppen

буксова́ть 5a, *1. u. 2. Pers ungebr*, *uv* sich auf der Stelle drehen, rutschen *Räder*

бултыха́ться 2a *uv umg* **1.** ins Wasser plumpsen **2.** klatschen, plätschern *Flüssigkeit* | *v mom* булты́хну́ться 6 *u.* 7

булты́хну́ться *v mom zu* бултыха́ться

бу́лькать 1a *uv* gluckern, glucksen | *v mom* бу́лькнуть 6

бу́лькнуть *v mom zu* бу́лькать

бункерова́ть 5a *uv* что bunkern, in Bunker schütten

бунтова́ть 5a *uv* **1.** *ohne Objekt* sich empören, rebellieren **2.** *alt* кого́-что aufwiegeln

бура́вить *uv* что bohren. — (про-)
pr. бура́влю, -вишь, -вят
imp. бура́вь, ~те
pt. бура́вил
g.pr.a. бура́вя
p.pr.a. бура́вящий
p.pt.a. бура́вивший

буре́ть 3a *uv* (grau)braun werden, sich (grau)braun färben. — (по-)

бури́ть *uv* что *geol* bohren. — (про-)
pr. бурю́, бури́шь, буря́т
imp. бури́, ~те
pt. бури́л
g.pr.a. буря́
p.pr.a. буря́щий
p.pt.a. бури́вший
p.pr.p. бури́мый

бу́ркать *uv zu* бу́ркнуть

бу́ркнуть 6 *v u. mom* что *u. ohne Objekt, volksspr* brummen, knurren ‖ *uv* бу́ркать 1a

бурла́чить *uv* treideln, als Schiffszieher arbeiten
pr. бурла́чу, -чишь, -чат
imp. бурла́чь, ~те
pt. бурла́чил
g.pr.a. бурла́ча
p.pr.a. бурла́чащий
p.pt.a. бурла́чивший

бурли́ть *uv* brodeln, wallen, sieden
pr. бурлю́, -ли́шь, -ля́т
imp. бурли́, ~те
pt. бурли́л
g.pr.a. бурля́
p.pr.a. бурля́щий
p.pt.a. бурли́вший

бурча́ть *uv umg* **1.** brummen, murmeln **2.** *1. u. 2. Pers ungebr* kollern, knurren; brodeln
pr. бурчу́, -чи́шь, -ча́т
imp. бурчи́, ~те
pt. бурча́л
g.pr.a. бурча́
p.pr.a. бурча́щий
p.pt.a. бурча́вший

бути́ть *uv* что mit Bruchsteinen ausmauern. — (за-)
pr. бучу́, бути́шь, бутя́т
imp. бути́, ~те
pt. бути́л
g.pr.a. бутя́
p.pr.a. бутя́щий
p.pt.a. бути́вший

бу́хать *uv zu* [1]бу́хнуть

бу́хаться *uv zu* бу́хнуться

[1]**бу́хнуть** 6 *v u. mom umg* **1.** krachen *Schuß*; knallen *Tür* **2.** что krachend hinwerfen **3.** krachend hinstürzen ‖ *uv* бу́хать 1a

[2]**бу́хнуть,** *1. u. 2. Pers ungebr, uv* (auf)-quellen
pt. бух, ~ла
Übrige Formen wie [1]бу́хнуть

бу́хнуться 6 *v u. mom umg* hinstürzen, hinplumpsen ‖ *uv* бу́хаться 1a

бушева́ть *uv* **1.** brausen, stürmen, tosen; branden **2.** *umg* toben, Radau machen
pr. бушу́ю, -у́ешь, -у́ют
imp. бушу́й, ~те
pt. бушева́л
g.pr.a. бушу́я
p.pr.a. бушу́ющий
p.pt.a. бушева́вший

буя́нить *uv umg* Radau machen, krakeelen, Unfug treiben
pr. буя́ню, -нишь, -нят
imp. буя́нь, ~те
pt. буя́нил
g.pr.a. буя́ня
p.pr.a. буя́нящий
p.pt.a. буя́нивший

быва́ть 2a *uv* **1.** vorkommen, geschehen **2.** zu sein pflegen

бытова́ть 5a, *1. u. 2. Pers ungebr, uv* vorkommen

быть *uv* sein
pr. *nur 3. Person Singular* есть *u. alt 3. Person Plural* суть
imp. будь, ~те
ft. бу́ду, бу́дешь, бу́дут
pt. был, была́, бы́ло (*verneint:* не́ был, не была́, не́ было)
g.pr.a. бу́дучи
g.pt.a. быв(ши)*
p.pt.a. бы́вший

В

ва́бить *uv* кого́-что *Jagd* locken *mit der Lockpfeife*
pr. ва́блю, ва́бишь, ва́бят
imp. вабь, ~те
pt. ва́бил
g.pr.a. ва́бя
p.pr.a. ва́бящий
p.pt.a. ва́бивший
p.pr.p. ва́бимый*
p.pt.p. ва́бленный*

[1]**ва́живать** *uv iterativ zu* води́ть

[2]**ва́живать** *uv iterativ zu* вози́ть

ва́жничать 1a *uv umg* wichtig tun, großtun

ва́ксить *uv* что *umg* wichsen ‖ *v* нава́ксить, Formen das.
pr. ва́кшу, ва́ксишь, ва́ксят
imp. вакс *u.* ва́кси, ~те
pt. ва́ксил
g.pr.a. ва́кся
p.pr.a. ва́ксящий
p.pt.a. ва́ксивший
p.pr.p. ва́ксимый

вала́ндаться 1a *uv volksspr u. gbt* **1.** trödeln, langsam sein [arbeiten] **2.** herumlungern, bummeln

ва́ливать *uv iterativ zu* [1]вали́ть

[1]**вали́ть** *uv* **1.** кого́-что umwerfen, niederwerfen, umstoßen; fällen **2.** что *umg* unordentlich zusammenwerfen, -legen **3.** *übtr* что на кого́ *umg* abwälzen, (die Schuld) auf j-n schieben | *uv umg iterativ* ва́ливать 1a | *v mom volksspr* вальну́ть 7, kein *p.pt.p.* — (по- *zu* 1, с-)
pr. валю́, ва́лишь, ва́лят
imp. вали́, ~те
pt. вали́л
g.pr.a. валя́
p.pr.a. валя́щий
p.pt.a. вали́вший
p.pr.p. вали́мый

[2]**вали́ть,** *1. u. 2. Pers ungebr*, *uv* **1.** *umg* sich (in Massen) bewegen, in Massen herbeiströmen; fallen, fliegen *Schnee, Funken* **2.** *imp.* вали́(те)! *volksspr* los!
pr. вали́т, валя́т
Übrige Formen wie [1]вали́ть

[1]**вали́ться** *uv* (um)fallen, stürzen; sich zur Seite neigen. — (по-, с-)
Formen nach [1]вали́ть

[2]**вали́ться,** *1. u. 2. Pers ungebr*, *uv volksspr* sich (in Massen) bewegen, in Massen herbeiströmen
Formen nach [2]вали́ть

вальну́ть *v mom zu* [1]вали́ть

вальси́ровать 4a *u.* **вальсирова́ть** 5a *uv* Walzer tanzen

вальцева́ть *uv* что *tech* walzen
pr. вальцу́ю, -у́ешь, -у́ют
imp. вальцу́й, ~те
pt. вальцева́л
g.pr.a. вальцу́я
p.pr.a. вальцу́ющий
p.pt.a. вальцева́вший
p.pr.p. вальцу́емый
p.pt.p. вальцо́ванный

валя́ть 2a *uv* кого́-что **1.** wälzen, rollen, schleppen **2.** *volksspr u. gbt* kneten **3.** walken **4.** *volksspr* etw. liederlich [nachlässig] tun **5.** *imp.* валя́й(те)! *volksspr* los!. — (вы́- *zu* 1, с- *zu* 2, 3)

валя́ться *uv* **1.** sich wälzen **2.** *umg* untätig daliegen **3.** *umg* umherliegen. — (вы́- *zu* 1)

вари́ть *uv* что **1.** kochen; sieden **2.** *tech* schweißen. — (с-)
pr. варю́, ва́ришь, ва́рят
imp. вари́, ~те
pt. вари́л
g.pr.a. варя́
p.pr.a. варя́щий
p.pt.a. вари́вший
p.pr.p. вари́мый
p.pt.p. ва́ренный

вари́ться *uv* kochen, sieden *itr*; gar werden. — (с-)

варьи́ровать 4a *uv* что variieren, (ab)wechseln

варьи́роваться, *1. u. 2. Pers ungebr*, *uv* sich ändern, abwechseln

вая́ть 2a *uv* что *Kunst* meißeln, aus Stein hauen; gießen; schnitzen. — (из-)

вбега́ть *uv zu* вбежа́ть

вбежа́ть *v* hineinlaufen, -rennen ‖ *uv* вбега́ть 2a
ft. вбегу́, вбежи́шь, вбегу́т
imp. вбеги́, ~те
pt. вбежа́л
g.pt.a. вбежа́в
p.pt.a. вбежа́вший

вбива́ть *uv zu* вбить

вбира́ть(ся) *uv zu* вобра́ть(ся)

вбить *v* что во что einschlagen, -rammen; вбить себе́ в го́лову что́-н. sich etw. in den Kopf setzen ‖ *uv* вбива́ть 2a

ft.	вобью, вобьёшь, вобьют
imp.	вбей, ~те
pt.	вбил
g.pt.a.	вбив
p.pt.a.	вби́вший
p.pt.p.	вби́тый

[1]**вбра́сывать** *uv zu* вбро́сить

[2]**вбра́сывать** *uv zu* вброса́ть

вброса́ть 2 *v* что *volksspr nach mehreren Ansätzen* hineinwerfen ‖ *uv* вбра́сывать 1a

вбро́сить *v* что во что ein-, hineinwerfen ‖ *uv* вбра́сывать 1a

ft.	вбро́шу, -о́сишь, -о́сят
imp.	вбрось, ~те
pt.	вбро́сил
g.pt.a.	вбро́сив
p.pt.a.	вбро́сивший
p.pt.p.	вбро́шенный

вва́ливать(ся) *uv zu* ввали́ть(ся)

ввали́ть *v* кого́-что во что *umg* hinein-, hereinwerfen; werfen, stürzen (in) ‖ *uv* вва́ливать 1a

ft.	ввалю, вва́лишь, вва́лят
imp.	ввали́, ~те
pt.	ввали́л
g.pt.a.	ввали́в
p.pt.a.	ввали́вший
p.pt.p.	вва́ленный

ввали́ться *v* **1.** во что *umg* hineinfallen, -stürzen **2.** *1. u. 2. Pers ungebr* einfallen *von der Haut, von den Augen* **3.** во что *volksspr* hereinstürzen, -platzen ‖ *uv* вва́ливаться

ввезти́ *v* кого́-что во что **1.** hineinfahren *tr* **2.** einführen, importieren ‖ *uv* ввози́ть, Formen das.

ft.	ввезу́, -зёшь, -зу́т
imp.	ввези́, ~те
pt.	ввёз, ввезла́
g.pt.a.	ввезя́ *u. alt* ввёзши
p.pt.a.	ввёзший
p.pt.p.	ввезённый; ввезён, -ена́

вверга́ть(ся) *uv zu* вве́ргнуть(ся)

вве́ргнуть *v* кого́-что во что (hinein)werfen, (hinein)stürzen (in) *a. übtr* ‖ *uv* вверга́ть 2a

ft.	вве́ргну, -нешь, -нут
imp.	вве́ргни, ~те
pt.	вверг *u. alt* вве́ргнул, вве́ргла
g.pt.a.	вве́ргнув
p.pt.a.	вве́ргший *u. alt* вве́ргнувший
p.pt.p.	вве́ргнутый *u. alt* вве́рженный

вве́ргнуться *v* во что gewaltsam eindringen, sich hineinstürzen ‖ *uv* вверга́ться

вве́рить *v* кого́-что кому́-чему́ anvertrauen (j-m etw.) ‖ *uv* вверя́ть 2a

ft.	вве́рю, -ришь, -рят
imp.	вверь, ~те
pt.	вве́рил
g.pt.a.	вве́рив
p.pt.a.	вве́ривший
p.pt.p.	вве́ренный

вве́риться *v* кому́-чему́ sich anvertrauen ‖ *uv* вверя́ться

вверну́ть 7 *v* что во что **1.** einschrauben **2.** *umg übtr*: вверну́ть слове́чко ein Wort einflechten ‖ *uv* ввёртывать 1a

p.pt.p.	ввёрнутый

ввёртывать *uv zu* вверну́ть

вверя́ть(ся) *uv zu* вве́рить(ся)

ввести́ *v* **1.** кого́-что hinführen, herein-, hineinführen **2.** кого́-что во что einführen, einsetzen **3.** кого́-что во что hineinziehen, bringen **4.** что einführen ‖ *uv* вводи́ть, Formen das.

ft.	введу́, -дёшь, -ду́т
imp.	введи́, ~те
pt.	ввёл, ввела́
g.pt.a.	введя́ *u. alt* вве́дши
p.pt.a.	вве́дший
p.pt.p.	введённый; введён, -ена́

ввести́сь, *1. u. 2. Pers ungebr, v* einführen, üblich werden, sich fest einbürgern [einrichten] ‖ *uv* вводи́ться

ввива́ть *uv zu* ввить

ввинти́ть *v* что во что einschrauben ‖ *uv* вви́нчивать 1a

ft.	ввинчу́, -нти́шь, -нтя́т
imp.	ввинти́, ~те
pt.	ввинти́л
g.pt.a.	ввинти́в
p.pt.a.	ввинти́вший
p.pt.p.	вви́нченный

ввинчивать *uv zu* ввинти́ть

ввить *v* что во что einflechten ‖ *uv* ввива́ть 2a

ft.	вовью, вовьёшь, вовьют
imp.	ввей, ~те
pt.	ввил, ввила́, ввило
g.pt.a.	ввив
p.pt.a.	ввивший
p.pt.p.	ввитый; ввит, ввита́, ввито

вводи́ть *uv zu* ввести́
pr. вво́жу́, вво́дишь, вво́дят
imp. вводи́, ~те
pt. вводи́л
g.pr.a. вводя́
p.pr.a. вводя́щий
p.pt.a. вводи́вший
p.pr.p. вводи́мый

вводи́ться *uv zu* ввести́сь

ввози́ть *uv zu* ввезти́
pr. ввожу́, вво́зишь, вво́зят
imp. ввози́, ~те
pt. ввози́л
g.pr.a. ввозя́
p.pr.a. ввозя́щий
p.pt.a. ввози́вший
p.pr.p. ввози́мый

ввяза́ть *v* во что **1.** что (hinein)stricken (in) **2.** *übtr* кого́-что *umg* verstricken, hineinziehen (in) ‖ *uv* ввя́зывать 1а
ft. ввяжу́, ввя́жешь, ввя́жут
imp. ввяжи́, ~те
pt. ввяза́л
g.pt.a. ввяза́в
p.pt.a. ввяза́вший
p.pt.p. ввя́занный

ввяза́ться *v* во что *umg* sich einmischen (in) ‖ *uv* ввя́зываться

ввя́зывать(ся) *uv zu* ввяза́ть(ся)

вгиба́ть(ся) *uv zu* вогну́ть(ся)

вгляде́ться *v* в кого́-что genau [aufmerksam] betrachten, fixieren ‖ *uv* вгля́дываться 1а
ft. вгляжу́сь, -яди́шься, -ядя́тся
imp. вгляди́сь, -и́тесь
pt. вгляде́лся, -лась
g.pt.a. вгляде́вшись
p.pt.a. вгляде́вшийся

вгля́дываться *uv zu* вгляде́ться

вгоня́ть *uv zu* вогна́ть

вгрыза́ться *uv zu* вгры́зться

вгры́зться *v* в кого́-что *umg* sich verbeißen, sich festbeißen *von Tieren* ‖ *uv* вгрыза́ться 2а
ft. вгрызу́сь, -зёшься, -зу́тся
imp. вгрызи́сь, -и́тесь
pt. вгры́зся, -злась
g.pt.a. вгры́зшись
p.pt.a. вгры́зшийся

вдава́ться *uv zu* вда́ться
pr. вдаю́сь, вдаёшься, вдаю́тся
imp. вдава́йся, -а́йтесь
pt. вдава́лся, -лась
g.pr.a. вдава́ясь
p.pr.a. вдаю́щийся
p.pt.a. вдава́вшийся

вдави́ть *v* что во что (hin)eindrücken, -pressen ‖ *uv* вда́вливать 1а
ft. вдавлю́, вда́вишь, вда́вят
imp. вдави́, ~те
pt. вдави́л
g.pt.a. вдави́в
p.pt.a. вдави́вший
p.pt.p. вда́вленный

вдави́ться *v* (во что) hineingedrückt [hineingepreßt] werden (in); eindringen (in) ‖ *uv* вда́вливаться

вда́вливать(ся) *uv zu* вдави́ть(ся)

вда́лбливать *uv zu* вдолби́ть

вда́ться *v* во что **1.** eindringen, hineinragen, einschneiden **2.** sich (in etw.) einlassen, sich (einer Sache) ergeben ‖ *uv* вдава́ться, Formen das.
ft. вда́мся, вда́шься, вда́стся, вдади́мся, вдади́тесь, вдаду́тся
imp. вда́йся, вда́йтесь
pt. вда́лся, вдала́сь
g.pt.a. вда́вшись
p.pt.a. вда́вшийся

вдвига́ть(ся) *uv zu* вдви́нуть(ся)

вдви́нуть 6 *v* что во что hineinschieben ‖ *uv* вдвига́ть 2а
imp. вдвинь, ~те
p.pt.p. вдви́нутый

вдви́нуться *v* (во что) sich (hin)einschieben lassen; hineingehen ‖ *uv* вдвига́ться

вдева́ть(ся) *uv zu* вде́ть(ся)

вде́лать 1 *v* что во что einsetzen, einfassen ‖ *uv* вде́лывать 1а

вде́лывать *uv zu* вде́лать

вдёргивать *uv zu* вдёрнуть

вдёрнуть 6 *v* что во что einziehen, einfädeln ‖ *uv* вдёргивать 1а
p.pt.p. вдёрнутый

вдеть *v* что во что durchziehen, -schieben, -stecken; einfädeln ‖ *uv* вдева́ть 2а
ft. вде́ну, -нешь, -нут
imp. вдень, ~те
pt. вдел
g.pt.a. вдев
p.pt.a. вде́вший
p.pt.p. вде́тый

вде́ться, *1. u. 2. Pers ungebr, v* (во что) sich einziehen [sich einfädeln] lassen ‖ *uv* вдева́ться

вдове́ть 3а *uv* verwitwet sein

вдо́вствовать 4а *uv* verwitwet sein

вдолби́ть *v* что в кого́-что *oder* кому́-чему́ *volksspr* eintrichtern, einbleuen, einpauken ‖*uv* вда́лбливать 1а
ft. вдолблю́, -би́шь, -бя́т
imp. вдолби́, ~те
pt. вдолби́л
g.pt.a. вдолби́в
p.pt.a. вдолби́вший
p.pt.p. вдолблённый; вдолблён, -ена́

вдохнови́ть *v* **1.** кого́-что begeistern **2.** кого́-что на что anregen; inspirieren (j-n zu etw.) ‖ *uv* вдохновля́ть 2а
ft. вдохновлю́, -ви́шь, -вя́т
imp. вдохнови́, ~те
pt. вдохнови́л
g.pt.a. вдохнови́в
p.pt.a. вдохнови́вший
p.pt.p. вдохновлённый; вдохновлён, -ена́

вдохнови́ться *v* чем sich begeistern (für), entflammen ‖ *uv* вдохновля́ться

вдохновля́ть(ся) *uv zu* вдохнови́ть(ся)

вдохну́ть 7 *v* **1.** что einatmen **2.** что в кого́-что einhauchen, einflößen (j-m etw.) ‖ *uv* вдыха́ть 2а

вдува́ть *uv zu* вдуть

вду́маться 1 *v* во что sich hineindenken sich vertiefen (in) ‖ *uv* вду́мываться 1а

вду́мываться *uv zu* вду́маться

вду́нуть *v mom zu* вдува́ть

вдуть *v* что во что (hin)einblasen, einhauchen ‖ *uv* вдува́ть 2а | *v mom* вду́нуть 6, *imp.* вдунь, ~те, *p.pt.p.* вду́нутый
ft. вду́ю, вду́ешь, вду́ют
imp. вдуй, ~те
pt. вдул
g.pt.a. вдув
p.pt.a. вду́вший
p.pt.p. вду́тый

вдыха́ть *uv zu* вдохну́ть

ве́дать 1 *uv* **1.** что *alt* kennen, wissen **2.** чем verwalten, leiten

везти́ *uv* **1.** *best* кого́-что fahren, bringen, holen *mit dem Wagen* **2.** *unpers* кому́-чему́ в чём *umg* Glück haben (in, bei) ‖ *v* повезти́ *zu* 2, Formen das. | *unbest* вози́ть *zu* 1, Formen das.
pr. везу́, везёшь, везу́т
imp. вези́, ~те
pt. вёз, везла́
g.pr.a. везя́
p.pr.a. везу́щий
p.pt.a. вёзший
p.pr.p. везо́мый

веле́ть *v*, *uv* кому́-чему́ *mit Infinitiv oder* что́бы befehlen, gebieten
pr. u. ft. велю́, вели́шь, веля́т
imp. вели́, ~те
pt. веле́л *nur v*
g.pr.a. веля́
g.pt.a. веле́в
p.pr.a. веля́щий
p.pt.a. веле́вший

великоду́шничать 1а *uv umg* den Großmütigen spielen

велича́ть 2а *uv* кого́-что **1.** кем-чем nennen, titulieren **2.** *alt* rühmen preisen

вентили́ровать 4а *uv* что lüften, ventilieren. — (про-)

венча́ть 2а *uv* **1.** *a. v* кого́-что *meist mit* чем krönen, bekränzen **2.** *übtr* krönen, abschließen, erfolgreich zu Ende führen **3.** кого́-что *oder* кого́ с кем (kirchlich) trauen. — (об- *zu* 3, по- *zu* 3, у- *zu* 1, 2)
p.pt.p. ве́нчанный *u. alt* венча́нный

венча́ться *uv* sich kirchlich trauen lassen. — (об-, по-)

вербова́ть 5а *uv* **1.** кого́-что во что *oder* на что (an)werben (für), einstellen **2.** что gründen, bilden *aus Freiwilligen.* — (за- *zu* 1, на- *zu* 2)
p.pt.p. вербо́ванный

вереди́ть *uv* что *volksspr Wunden* aufreiben, nicht heilen lassen. — (раз-)
pr. вережу́, -еди́шь, -едя́т
imp. вереди́, ~те
pt. вереди́л
g.pr.a. вередя́
p.pr.a. вередя́щий
p.pt.a. вереди́вший
p.pr.p. вереди́мый

вереща́ть *uv* kreischen, schreien; zirpen
pr. верещу́, -щи́шь, -ща́т
imp. верещи́, ~те
pt. вереща́л
g.pr.a. вереща́
p.pr.a. вереща́щий*
p.pt.a. вереща́вший

ве́рить *uv* кому́-чему́ *oder* во что **1.** glauben, vertrauen **2.** glauben (an), Glauben schenken ‖ *v* пове́рить, Formen das.
pr. ве́рю, ве́ришь, ве́рят
imp. верь, ~те
pt. ве́рил
g.pr.a. ве́ря
p.pr.a. ве́рящий
p.pt.a. ве́ривший

вéриться *unpers uv* кому́-чему́ во что glaubhaft erscheinen; не вéрится es ist nicht zu glauben
pr. вéрится
pt. вéрилось

верну́ть 7 *v* когó-что **1.** zurückgeben, erstatten, abgeben **2.** zurückholen, -rufen kein *p.pt.p.*

верну́ться *v* zurückkehren, -kommen

вéровать 4a *uv* **1.** в когó-что glauben (an) **2.** кому́ в чём *alt* zu j-m Vertrauen haben

[1]**верстáть** 2a *uv typ* umbrechen. — (с-)
p.pt.p. вёрстанный

[2]**верстáть** 2a *uv* когó-что *alt* **1.** с кем gleichsetzen, ausgleichen **2.** чем versehen (mit etw.); zuteilen, verleihen *Land, Gehalt* **3.** (*mit Präposition* в *u. der alten Form des Akkusativ Plural*) anwerben, ausheben ‖ *v* поверстáть 2, *p.pt.p.* повёрстанный
p.pt.p. вёрстанный

вертéть *uv* **1.** когó-что *u. umg* кем-чем drehen, herumdrehen **2.** кем-чем *umg* nach Belieben [Laune] verfahren
pr. верчу́, вéртишь, вéртят
imp. верти́, ~те
pt. вертéл
g.pr.a. вертя́
p.pr.a. вертя́щий
p.pt.a. вертéвший

вертéться *uv* **1.** sich drehen, sich herumdrehen **2.** *übtr umg* sich herumtreiben; sich ständig befinden **3.** *übtr volksspr* ausweichen, Ausflüchte machen

верховóдить *uv umg* кем-чем anführen; die erste Geige spielen
pr. верховóжу, -óдишь, -óдят
imp. верховóдь, ~те
pt. верховóдил
g.pr.a. верховóдя
p.pr.a. верховóдящий
p.pt.a. верховóдивший

верши́ть *uv* что *oder* чем entscheiden, verfügen (über), lenken; vollziehen
pr. вершу́, -ши́шь, -шáт
imp. верши́, ~те
pt. верши́л
g.pr.a. вершá
p.pr.a. вершáщий
p.pt.a. верши́вший
p.pr.p. верши́мый

веселéть 3a *uv* lustig werden. — (по-)

весели́ть *uv* когó-что belustigen, erheitern. — (раз-)
pr. веселю́, -ли́шь, -ля́т
imp. весели́, ~те
pt. весели́л
g.pr.a. веселя́
p.pr.a. веселя́щий
p.pt.a. весели́вший
p.pr.p. весели́мый

весели́ться *uv* sich vergnügen, sich amüsieren

вéсить *uv* wiegen, Gewicht haben
pr. вéшу, вéсишь, вéсят
imp. весь, ~те
pt. вéсил
g.pr.a. вéся
p.pr.a. вéсящий
p.pt.a. вéсивший

вести́ *uv* **1.** *best.* когó-что führen, geleiten **2.** *best* что lenken, steuern *Fahrzeug*; anführen *Truppen* **3.** что (an)legen *Weg, Leitung* **4.** чем по чему́ *best* hinweggleiten, -fahren (mit etw. über etw.) **5.** *1. u. 2. Pers. ungebr wohin* führen, gehen *Pfad u. ä.* **6.** *übtr* что lenken, leiten, verwalten; führen **7.** к чему́ *übtr* führen (zu), zur Folge haben ‖ *v* повести́ *zu* 7, Formen das. | *unbest* води́ть *zu* 1, 2, 4, Formen das.
pr. веду́, ведёшь, веду́т
imp. веди́, ~те
pt. вёл, велá
g.pr.a. ведя́
p.pr.a. веду́щий
p.pt.a. вéдший
p.pr.p. ведóмый

вести́сь, *1. u. 2. Pers ungebr, uv* **1.** geführt [geleitet] werden **2.** *umg* üblich sein, Sitte sein ‖ *v* повести́сь

ветви́ться, *1. u. 2.Pers ungebr, uv* sich verzweigen, sich gabeln
pr. ветви́тся, -вя́тся
pt. ветви́лся, -лась
g.pr.a. ветвя́сь
p.pr.a. ветвя́щийся
p.pt.a. ветви́вшийся

ветшáть 2a *uv* alt [baufällig] werden, in Verfall geraten. — (об-)

вечерéть 3a, *1. u. 2. Pers ungebr, uv meist unpers* Abend werden ‖ *v* повечерéть 3

[1]**вéшать** 1a *uv* когó-что **1.** hängen, aufhängen **2.** hängen, henken. — (повéсить)

[2]**вéшать** 1a *uv* когó-что abwiegen. — (с-)

[1]**вéшаться** *uv* **1.** aufgehängt werden *Kleidung* **2.** sich erhängen. — (повéситься)

[2]**ве́шаться** *uv volksspr* sich wiegen, sein Gewicht prüfen. — (с-)

веща́ть 2a *uv* что *u. ohne Objekt* **1.** *hoher Stil alt* verkünden **2.** *1. u. 2. Pers. ungebr, rad* senden

ве́ять *uv* **1.** *1. u. 2. Pers ungebr* blasen, wehen **2.** *1. u. 2. Pers. ungebr* flattern **3.** что *landw* schwingen, worfeln. — (про- *zu* 3)

pr.	ве́ю, ве́ешь, ве́ют
imp.	вей, ~те
pt.	ве́ял
g.pr.a.	ве́я
p.pr.a.	ве́ющий
p.pt.a.	ве́явший
p.pr.p.	ве́емый
p.pt.p.	ве́янный

вжива́ться *uv zu* вжи́ться

вжи́ться *v* во что *umg* sich einleben (in) ‖ *uv* вжива́ться 2a

ft.	вживу́сь, -вёшься, -ву́тся
imp.	вживи́сь, -и́тесь
pt.	вжи́лся, -ла́сь
g.pt.a.	вжи́вшись
p.pt.a.	вжи́вшийся

взаимоде́йствовать 4a *uv* zusammenwirken

взалка́ть 2 *v* чего́ *hoher Stil, jetzt iron* verlangen, heiß begehren

взба́дривать *uv zu* взбодри́ть

взбаламу́тить *v volksspr* **1.** кого́-что in Aufregung versetzen, beunruhigen **2.** что trübe machen *Flüssigkeit*

ft.	взбаламу́чу, -у́тишь, -у́тят
imp.	взбаламу́ть, ~те
pt.	взбаламу́тил
g.pt.a.	взбаламу́тив
p.pt.a.	взбаламу́тивший
p.pt.p.	взбаламу́ченный

взба́лтывать *uv zu* взболта́ть

взбега́ть *uv zu* взбежа́ть

взбежа́ть *v* hinauflaufen ‖ *uv* взбега́ть 2a

ft.	взбегу́, -ежи́шь, -егу́т
imp.	взбеги́, ~те
pt.	взбежа́л
g.pt.a.	взбежа́в
p.pt.a.	взбежа́вший

взбелени́ться *v volksspr* in Wut geraten

ft.	взбеленю́сь, -ни́шься, -ня́тся
imp.	взбелени́сь, -и́тесь
pt.	взбелени́лся, -лась
g.pt.a.	взбелени́вшись
p.pt.a.	взбелени́вшийся

взбеси́ть *v* кого́-что in Wut bringen

ft.	взбешу́, -е́сишь, -е́сят
imp.	взбеси́, ~те
pt.	взбеси́л
g.pt.a.	взбеси́в
p.pt.a.	взбеси́вший
p.pt.p.	взбешённый; взбешён, -ена́

взбеси́ться *v* **1.** an Tollwut erkranken *Tiere* **2.** *volksspr* wütend werden, toben

взбива́ть *uv zu* взбить

взбира́ться *uv zu* взобра́ться

взбить *v* что **1.** (zu Schaum) schlagen **2.** aufschütteln *Kissen* ‖ *uv* взбива́ть a

ft.	взобью́, -бьёшь, -бью́т
imp.	взбей, ~те
pt.	взбил
g.pt.a.	взбив
p.pt.a.	взби́вший
p.pt.p.	взби́тый

взбле́скивать *uv zu* взблесну́ть

взблесну́ть* 7 *v u. mom* aufblitzen ‖ *uv* взбле́скивать 1a

взбодри́ть *v* кого́-что *umg* ermutigen, aufmuntern ‖ *uv* взба́дривать 1a

ft.	взбодрю́, -ри́шь, -ря́т
imp.	взбодри́, ~те
pt.	взбодри́л
g.pt.a.	взбодри́в
p.pt.a.	взбодри́вший
p.pt.p.	взбодрённый; взбодрён, -ена́

взболта́ть 2 *v* что durchschütteln ‖ *uv* взба́лтывать 1a

взборозди́ть *v* что (durch)furchen

ft.	взборозжу́, -зди́шь, -здя́т
imp.	взборозди́, ~те
pt.	взборозди́л
g.pt.a.	взборозди́в
p.pt.a.	взборозди́вший
p.pt.p.	взборождённый; взборождён, -ена́

взборони́ть *v* что (durch)eggen

ft.	взбороню́, -ни́шь, -ня́т
imp.	взборони́, ~те
pt.	взборони́л
g.pt.a.	взборони́в
p.pt.a.	взборони́вший
p.pt.p.	взборонённый; взборонён, -ена́

взборонова́ть 5 *v* что eggen

взбреда́ть *uv zu* взбрести́

взбрести́ *v* на что *umg* (langsam, mühselig) hinaufsteigen; взбрести́ в го́лову [на ум] *umg* einfallen, in den Sinn kommen ‖ *uv* взбреда́ть 2a
ft. взбреду́, -дёшь, -ду́т
imp. взбреди́, ~те
pt. взбрёл, -ела́
g.pt.a. взбредя́ *u. alt* взбре́дши
p.pt.a. взбре́дший

взбры́згивать *uv zu* взбры́знуть

взбры́знуть 6 *v* **1.** кого́-что *umg* bespritzen **2.** что *volksspr scherz* «begießen» *mit Alkohol* ‖ *uv* взбры́згивать 1a
p.pt.p. взбры́знутый

взбудора́живать(ся) *uv zu* взбудора́жить(ся)

взбудора́жить *v* кого́-что *umg* in Aufruhr bringen ‖ *uv* взбудора́живать 1a
ft. взбудора́жу, -жишь, -жат
imp. взбудора́жь, ~те
g.pt.a. взбудора́жив
pt. взбудора́жил
p.pt.p. взбудора́женный

взбудора́житься *v umg* in Aufruhr geraten ‖ *uv* взбудора́живаться

взбунтова́ть 5 *v* кого́-что aufwiegeln

взбунтова́ться *v* sich empören, rebellieren

взбуха́ть *uv zu* взбу́хнуть

взбу́хнуть, *1. u. 2. Pers ungebr*, *v* anschwellen, aufquellen ‖ *uv* взбуха́ть 2a
ft. взбу́хнет, -нут
pt. взбух, ~ла
g.pt.a. взбу́хнув *u.* взбу́хши
p.pt.a. взбу́хший

взва́ливать *uv zu* взвали́ть

взвали́ть *v* что на кого́-что aufladen, aufbürden (j-m) ‖ *uv* взва́ливать 1a
ft. взвалю́, -а́лишь, -а́лят
imp. взвали́, ~те
pt. взвали́л
g.pt.a. взвали́в
p.pt.a. взвали́вший
p.pt.p. взва́ленный

взве́сить *v* кого́-что **1.** (ab)wiegen **2.** *übtr* abwägen, erwägen ‖ *uv* взве́шивать 1a
ft. взве́шу, -е́сишь, -е́сят
imp. взвесь, ~те
pt. взве́сил
g.pt.a. взве́сив
p.pt.a. взве́сивший
p.pt.p. взве́шенный

взве́ситься *v* sich wiegen lassen ‖ *uv* взве́шиваться

взвести́ *v* что **1.** hinaufführen **2.** на кого́ verleumden; grundlos einer Sache bezichtigen ‖ *uv* взводи́ть, Formen das.
ft. взведу́, -дёшь, -ду́т
imp. взведи́, ~те
pt. взвёл, -ела́
g.pt.a. взведя́ *u. alt* взве́дши
p.pt.a. взве́дший
p.pt.p. взведённый; взведён, -ена́

взве́шивать(ся) *uv zu* взве́сить(ся)

взвива́ть(ся) *uv zu* взви́ть(ся)

взви́деть *v* кого́-что *meist mit Negation alt* erblicken; он све́та не взви́дел ihm verging Hören und Sehen
ft. взви́жу, взви́дишь, взви́дят
pt. взви́дел
g.pt.a. взви́дев *u.* взви́дя
p.pt.a. взви́девший

взви́згивать *uv zu* взви́згнуть

взви́згнуть 6 *v* (auf)kreischen, (auf)winseln ‖ *uv* взви́згивать 1a

взвинти́ть *v* кого́-что *umg* **1.** reizen; erregen *Nerven* **2.** *übtr* in die Höhe schrauben *Preise* ‖ *uv* взви́нчивать 1a
ft. взвинчу́, -нти́шь, -нтя́т
imp. взвинти́, ~те
pt. взвинти́л
g.pt.a. взвинти́в
p.pt.a. взвинти́вший
p.pt.p. взви́нченный

взви́нчивать *uv zu* взвинти́ть

взвить *v* что aufwirbeln ‖ *uv* взвива́ть 2a
ft. взовью́, -вьёшь, -вью́т
imp. взвей, ~те
pt. взвил, -ила́, -и́ло
g.pt.a. взвив
p.pt.a. взви́вший
p.pt.p. взви́тый; взвит, -ита́, -и́то

взви́ться *v* aufsteigen, sich in die Höhe schwingen ‖ *uv* взвива́ться
pt. взви́лся́, -ила́сь, -ило́сь

взви́хриться, *1. u. 2. Pers ungebr*, *v* wirbeln, sich aufwirbelnd erheben
ft. взви́хрится, -рятся
pt. взви́хрился, -лась
g.pt.a. взви́хрившись
p.pt.a. взви́хрившийся

взвихри́ться, *1. u. 2. Pers ungebr*, *v umg* (auf)wirbeln *itr*
ft. взвихри́тся, -ря́тся
pt. взвихри́лся, -лась
g.pt.a. взвихри́вшись
p.pt.a. взвихри́вшийся

взводи́ть *uv zu* взвести́
pr. взвожу́, -о́дишь, -о́дят
imp. взводи́, ~те
pt. взводи́л
g.pr.a. взводя́
p.pr.a. взводя́щий
p.pt.a. взводи́вший
p.pr.p. взводи́мый

взволнова́ть 5 *v* кого́-что **1.** bewegen, in wellenartige Bewegung versetzen, Wellen [Wogen] erzeugen **2.** aufregen, erregen

взволнова́ться *v* **1.** in Bewegung geraten, wogen **2.** sich aufregen

взвыть *v* aufheulen
ft. взво́ю, -о́ешь, -о́ют
imp. взвой, ~те
pt. взвыл
g.pt.a. взвыв
p.pt.a. взвы́вший

взгля́дывать *uv zu* взгляну́ть

взгляну́ть 7 *v* на кого́-что anblicken, betrachten, (an)schauen, sehen ‖ *uv* взгля́дывать 1a
ft. взгляну́, -я́нешь, -я́нут
kein *p.pt.p.*

взгрева́ть *uv zu* взгреть

взгреть 3 *v* кого́-что *volksspr* verprügeln; (j-m) den Kopf waschen, einheizen ‖ *uv* взгрева́ть 2a

взгромозжда́ть(ся) *uv zu* взгромозди́ть(ся)

взгромозди́ть *v* что *umg* auftürmen ‖ *uv* взгромозжда́ть 2a
ft. взгромозжу́, -зди́шь, -здя́т
imp. взгромозди́, ~те
pt. взгромозди́л
g.pt.a. взгромозди́в
p.pt.a. взгромозди́вший
p.pt.p. взгромозждённый; взгромозждён, -ена́

взгромозди́ться *v* на что *umg* (mit Mühe) erklettern ‖ *uv* взгромозжда́ться

взгрустну́ться *unpers v* кому́-чему́ *umg*: мне взгрустну́лось es wurde mir wehmütig ums Herz
ft. взгрустнётся
pt. взгрустну́лось

[1]**вздва́ивать** *uv zu* вздво́ить

[2]**вздва́ивать** *uv zu* вздвои́ть

вздво́ить *v* что verdoppeln; вздво́ить ряды́ die Reihen durch Umstellung verdoppeln ‖ *uv* вздва́ивать 1a
ft. вздво́ю, -о́ишь, -о́ят
imp. вздво́й, ~те
pt. вздво́ил
g.pt.a. вздво́ив
p.pt.a. вздво́ивший
p.pt.p. вздво́енный

вздвои́ть *v* что *landw* zum zweiten Mal ackern ‖ *uv* вздва́ивать 1a
ft. вздвою́, -ои́шь, -оя́т
imp. вздвои́, ~те
pt. вздвои́л
g.pt.a. вздвои́в
p.pt.a. вздвои́вший
p.pt.p. вздвоённый; вздвоён, -ена́

вздева́ть *uv zu* вздеть

вздёргивать *uv zu* вздёрнуть

вздёрнуть 6 *v* кого́-что **1.** *umg* nach oben ziehen, hinaufziehen **2.** *volksspr* henken, aufknüpfen ‖ *uv* вздёргивать 1a
p.pt.p. вздёрнутый

вздеть *v* что **1.** *volksspr* aufsetzen, anziehen **2.** *alt* emporheben, erheben ‖ *uv* вздева́ть 2a
ft. взде́ну, -нешь, -нут
imp. вздень, ~те
pt. вздел
g.pt.a. вздев
p.pt.a. взде́вший
p.pt.p. взде́тый

вздо́рить *uv umg* sich zanken, streiten ‖ *v* повздо́рить, Formen das.
pr. вздо́рю, -ришь, -рят
imp. вздорь, ~те
pt. вздо́рил
g.pr.a. вздо́ря
p.pr.a. вздо́рящий
p.pt.a. вздо́ривший

вздорожа́ть 2, *1. u. 2. Pers ungebr*, *v* teurer werden, sich verteuern

вздохну́ть 7 *v* **1.** *mom zu* вздыха́ть **2.** *umg* verschnaufen

вздра́гивать *uv zu* вздро́гнуть

вздремну́ть 7 *v umg* (ein)schlummern; ein wenig schlafen
kein *p.pt.p.*

вздро́гнуть 6 *v* zusammenzucken, -fahren, auffahren ‖ *uv* вздра́гивать 1a

вздува́ть *uv zu* [1]вздуть

вздува́ться *uv zu* взду́ться

взду́мать 1 *v umg mit Infinitiv* (plötzlich, unerwartet) auf einen Gedanken kommen, sich einfallen lassen

взду́маться *unpers v mit Infinitiv* кому́ *umg* einfallen, in den Sinn kommen

[1]**вздуть** *v* что **1.** aufwirbeln **2.** anfachen, anblasen **3.** aufblähen; у меня́ взду́ло щёку meine Wange ist angeschwollen **4.** *umg* übermäßig erhöhen, die Preise in die Höhe treiben ‖ *uv* вздува́ть 2a

ft.	взду́ю, -у́ешь, -у́ют
imp.	вздуй, ~те
pt.	вздул
g.pt.a.	вздув
p.pt.a.	взду́вший
p.pt.p.	взду́тый

[2]**вздуть** *v* кого́-что *volksspr* verprügeln Formen wie [1]вздуть

взду́ться, *1. u. 2. Pers ungebr*, *v umg* **1.** anschwellen, schwellen **2.** übermäßig ansteigen *vom Preis* ‖ *uv* вздува́ться 2a

вздыма́ть 2a *uv* что in die Höhe stieben; aufwirbeln *Staub*

вздыма́ться *uv* hochstieben, sich heben, aufsteigen; aufgewirbelt werden

вздыха́ть 2a *uv* **1.** seufzen **2.** по ком-чём *oder* о ком-чём sich sehnen (nach) | *v mom* вздохну́ть 7 *zu* 1, kein *p.pt.p* .

взима́ть 2a *uv* что erheben, eintreiben, einziehen *Gebühren*, *Steuern*

взира́ть 2a *uv* на кого́-что *alt* schauen, ansehen, betrachten; не взира́я на э́то ungeachtet dessen; не взира́я на ли́ца ohne Rücksicht auf die Person

взла́мывать *uv zu* взлома́ть

взлеза́ть *uv zu* взлезть

взлезть *v* на кого́-что *umg* hinaufklettern; erklimmen ‖ *uv* взлеза́ть 2a

ft.	взле́зу, -зешь, -зут
imp.	взлезь, ~те
pt.	взлез, ~ла
g.pt.a.	взле́зши
p.pt.a.	взле́зший

взлеле́ять *v* кого́-что liebevoll aufziehen, hegen und pflegen

ft.	взлеле́ю, -е́ешь, -е́ют
imp.	взлеле́й, ~те
pt.	взлеле́ял
g.pt.a.	взлеле́яв
p.pt.a.	взлеле́явший
p.pt.p.	взлеле́янный

взлета́ть *uv zu* взлете́ть

взлете́ть *v* **1.** (hin)auffliegen, sich in die Luft erheben **2.** *flug* aufsteigen, starten **3.** *umg* schnell hinauflaufen, -fahren; hinaufstürzen *Treppen* **4.**: взлете́ть на во́здух in die Luft fliegen, explodieren ‖ *uv* взлета́ть 2a

ft.	взлечу́, -ети́шь, -етя́т
imp.	взлети́, ~те
pt.	взлете́л
g.pt.a.	взлете́в
p.pt.a.	взлете́вший

взлома́ть 2 *v* что **1.** aufbrechen, einbrechen; aufreißen **2.** *mil* durchbrechen ‖ *uv* взла́мывать 1a

взлохма́тить *v* кого́-что zerzausen ‖ *uv* взлохма́чивать 1a

ft.	взлохма́чу, -а́тишь, -а́тят
imp.	взлохма́ть, ~те
pt.	взлохма́тил
g.pt.a.	взлохма́тив
p.pt.a.	взлохма́тивший
p.pt.p.	взлохма́ченный

взлохма́титься *v* in Unordnung geraten, zerzaust werden ‖ *uv* взлохма́чиваться

взлохма́чивать(ся) *uv zu* взлохма́тить(ся)

взлущи́ть *v* что *landw* schälen *Boden*

ft.	взлущу́, -щи́шь, -ща́т
imp.	взлущи́, ~те
pt.	взлущи́л
g.pt.a.	взлущи́в
p.pt.a.	взлущи́вший
p.pt.p.	взлущённый; взлущён, -на́

взлюби́ть *v nur verneint*: не взлюби́ть *alt* *s.* невзлюби́ть

взма́ливаться *uv zu* взмоли́ться

взма́хивать *uv zu* взмахну́ть

взмахну́ть 7 *v* чем schwenken, schwingen; schlagen *mit den Flügeln* ‖ *uv* взма́хивать 1a
kein *p.pt.p.*

взма́щиваться *uv zu* взмости́ться

взмести́ *v* что nach oben [in die Höhe] werfen, hinaufwerfen; aufwirbeln ‖ *uv* взмета́ть 2a

ft.	взмету́, -тёшь, -ту́т
imp.	взмети́, ~те
pt.	взмёл, взмела́
g.pt.a.	взметя́
p.pt.a.	взмётший *u. alt* взме́тший
p.pt.p.	взметённый; взметён, -ена́

[1]**взмета́ть** *v* что **1.** hochheben, hoch-, hinaufwerfen; aufwirbeln **2.** *landw* auf-, unterpflügen ‖ *uv* взмётывать 1a

ft.	взмечу́, -е́чешь, -е́чут
imp.	взмечи́, ~те
pt.	взмета́л
g.pt.a.	взмета́в
p.pt.a.	взмета́вший
p.pt.p.	взмётанный

[2]**взмета́ть** *uv zu* взметну́ть

[3]**взмета́ть** *uv zu* взмести́

взметну́ть 7 *v u. mom* **1.** что hoch-, hinaufwerfen **2.** чем schwingen, schlagen ‖ *uv* взмета́ть 2a *u.* взмётывать 1a
kein *p.pt.p.*

взметну́ться, *1. u. 2. Pers ungebr, v* nach oben streben, steil aufsteigen ‖ *uv* взмётываться

[1]**взмётывать** *uv zu* [1]взмета́ть

[2]**взмётывать** *uv zu* взметну́ть

взмётываться *uv zu* взметну́ться

взмоли́ться *v* о чём flehen, flehentlich bitten (um) ‖ *uv* взма́ливаться* 1a

ft.	взмолю́сь, -о́лишься, -о́лятся
imp.	взмоли́сь, -и́тесь
pt.	взмоли́лся, -лась
g.pt.a.	взмоли́вшись
p.pt.a.	взмоли́вшийся

взмости́ться *v* на кого́-что *volksspr* hinaufklettern, -steigen ‖ *uv* взма́щиваться 1a

ft.	взмощу́сь, -ости́шься, -остя́тся
imp.	взмости́сь, -и́тесь
pt.	взмости́лся, -лась
g.pt.a.	взмости́вшись
p.pt.a.	взмости́вшийся

взмути́ть *v* кого́-что **1.** aufwühlen, trüben *Wasser* **2.** *volksspr* aufregen, erregen ‖ *uv* взму́чивать 1a

ft.	взмучу́, -у́ти́шь, -у́тя́т
imp.	взмути́, ~те
pt.	взмути́л
g.pt.a.	взмути́в
p.pt.a.	взмути́вший
p.pt.p.	взмучённый *u.* взму́ченный

взму́чивать *uv zu* взмути́ть

взмыва́ть *uv zu* взмыть

взмы́ливать *uv zu* взмы́лить

взмы́лить *v* кого́-что schaumig machen, mit Schaum bedecken ‖ *uv* взмы́ливать 1a

ft.	взмы́лю, -лишь, -лят
imp.	взмыль, ~те
pt.	взмы́лил
g.pt.a.	взмы́лив
p.pt.a.	взмы́ливший
p.pt.p.	взмы́ленный

взмыть *v* (hin)auffliegen, aufsteigen, sich hinaufschwingen ‖ *uv* взмыва́ть 2a

ft.	взмо́ю, взмо́ешь, взмо́ют
imp.	взмой, ~те
pt.	взмыл
g.pt.a.	взмыв
p.pt.a.	взмы́вший

взнузда́ть 2 *v* кого́-что aufzäumen ‖ *uv* взну́здывать 1a

взну́здывать *uv zu* взнузда́ть

взобра́ться *v* на кого́-что hinaufklettern, -steigen, erklimmen ‖ *uv* взбира́ться 2a

ft.	взберу́сь, -рёшься, -ру́тся
imp.	взбери́сь, -и́тесь
pt.	взобра́лся, -ала́сь, -а́ло́сь
g.pt.a.	взобра́вшись
p.pt.a	взобра́вшийся

взойти́ *v* **1.** hinaufsteigen, -gehen; взойти́ на́ гору einen Berg ersteigen **2.** aufgehen *Sonne* **3.** aufkeimen, aufgehen ‖ *uv* всходи́ть, Formen das.

ft.	взойду́, -дёшь, -ду́т
imp.	взойди́, ~те
pt.	взошёл, -шла́
g.pt.a.	взойдя́ *u. alt* взоше́дши
p.pt.a.	взоше́дший

взопре́ть 3 *v volksspr* schwitzen

взорва́ть *v* кого́-что **1.** sprengen **2.** *übtr umg* empören, aus der Fassung bringen ‖ *uv* взрыва́ть 2a *zu* 1

ft.	взорву́, -вёшь, -ву́т
imp.	взорви́, ~те
pt.	взорва́л, -ала́, -а́ло
g.pt.a.	взорва́в
p.pt.a.	взорва́вший
p.pt.p.	взо́рванный

взорва́ться, *1. u. 2. Pers ungebr, v* **1.** explodieren **2.** *übtr umg vor Ärger, Wut* platzen, hochgehen ‖ *uv* взрыва́ться

pt.	взорва́лся, -ала́сь, -а́ло́сь

взрасти́ть *v* кого́-что *buchspr* züchten, anbauen ‖ *uv* взра́щивать 1a

ft.	взращу́, -асти́шь, -астя́т
imp.	взрасти́, ~те
pt.	взрасти́л
g.pt.a.	взрасти́в
p.pt.a.	взрасти́вший
p.pt.p.	взращённый; взращён, -ена́

взра́щивать *uv zu* взрасти́ть

взреве́ть *v* aufheulen, -brüllen

ft.	взреву́, -вёшь, -ву́т
imp.	взреви́, ~те
pt.	взреве́л
g.pt.a.	взреве́в
p.pt.a.	взреве́вший

взре́зать *v* кого́-что aufschneiden, einschneiden ‖ *uv* взреза́ть 2а *u.* взре́зывать 1а

ft.	взре́жу, -жешь, -жут
imp.	взрежь, ~те
pt.	взре́зал
g.pt.a.	взре́зав
p.pt.a.	взре́завший
p.pt.p.	взре́занный

взреза́ть *uv zu* взре́зать

взре́зывать *uv zu* взре́зать

взросле́ть 3а *uv umg* erwachsen werden. — (по-)

[1]**взрыва́ть** *uv zu* взорва́ть

[2]**взрыва́ть** *uv zu* взрыть

взрыва́ться *uv zu* взорва́ться

взрыть *v* что aufgraben, auflockern ‖ *uv* взрыва́ть 2а

ft.	взро́ю, -о́ешь, -о́ют
imp.	взрой, ~те
pt.	взрыл
g.pt.a.	взрыв
p.pt.a.	взры́вший
p.pt.p.	взры́тый

взрыхли́ть *v* что auflockern, umgraben ‖ *uv* взрыхля́ть 2а

ft.	взрыхлю́, -ли́шь, -ля́т
imp.	взрыхли́, ~те
pt.	взрыхли́л
g.pt.a.	взрыхли́в
p.pt.a.	взрыхли́вший
p.pt.p.	взрыхлённый; взрыхлён, -ена́

взрыхля́ть *uv zu* взрыхли́ть

взъеда́ться *uv zu* взъе́сться

взъезжа́ть *uv zu* взъе́хать

взъерепе́ниться *v volksspr u. gbt* widerspenstig sein, sich widersetzen

ft.	взъерепе́нюсь, -нишься, -нятся
imp.	взъерепе́нься, -ньтесь
pt.	взъерепе́нился, -лась
g.pt.a.	взъерепе́нившись
p.pt.a.	взъерепе́нившийся

взъеро́шивать(ся) *uv zu* взъеро́шить(ся)

взъеро́шить *v* кого́-что *umg* zerzausen *Haare* ‖ *uv* взъеро́шивать 1а

ft.	взъеро́шу, -шишь, -шат
imp.	взъеро́шь, ~те
pt.	взъеро́шил
g.pt.a.	взъеро́шив
p.pt.a.	взъеро́шивший
p.pt.p.	взъеро́шенный

взъеро́шиться, *1. u. 2. Pers ungebr*, *v umg* zerzaust sein *Haare* ‖ *uv* взъеро́шиваться

взъе́сться *v* на кого́-что *volksspr* ausschimpfen, wütend werden, herfallen (über) ‖ *uv* взъеда́ться 2а

ft.	взъе́мся, взъе́шься, взъе́стся, взъеди́мся, взъеди́тесь, взъедя́тся
imp.	взъе́шься, -шьтесь
pt.	взъе́лся, -лась
g.pt.a.	взъе́вшись
p.pt.a.	взъе́вшийся

взъе́хать *v* на что hinauffahren ‖ *uv* взъезжа́ть 2а

ft.	взъе́ду, -дешь, -дут
pt.	взъе́хал
g.pt.a.	взъе́хав
p.pt.a.	взъе́хавший

взыва́ть 2а *uv* к кому́-чему́ о чём *alt u. hoher Stil* anrufen, anflehen (j-n um etw.). — (воззва́ть)

взыгра́ть 2 *v* **1.** in Erregung [in Spieleifer] geraten; frohlocken **2.** in Bewegung geraten, stürmisch werden **3.** *gbt* losbrechen *Sturm*

взыска́ть *v* **1.** что с кого́-чего́ einziehen, eintreiben, fordern *Schulden, Strafe u. ä.*; erheben *Gebühren* **2.** с кого́-чего́ за что disziplinarisch bestrafen ‖ *uv* взы́скивать 1а

ft.	взыщу́, взы́щешь, взы́щут
imp.	взыщи́, ~те
pt.	взыска́л
g.pt.a.	взыска́в
p.pt.a.	взыска́вший
p.pt.p.	взы́сканный

взы́скивать *uv zu* взыска́ть

взять *v* **1.** *v zu* брать **2.** *umg* folgern, schließen, entnehmen **3.** *umg* festnehmen, verhaften **4.** *umg meist imp. mit* да *u. einem Verb in der gleichen Form zum Ausdruck einer unerwarteten, plötzlichen Handlung*: а он возьми́ да умри́ und plötzlich starb er

ft.	возьму́, -мёшь, -му́т
imp.	возьми́, ~те
pt.	взял, взяла́, взя́ло
g.pt.a.	взяв
p.pt.a.	взя́вший
p.pt.p.	взя́тый; взят, взята́, взя́то

взя́ться *v zu* бра́ться

pt.	взя́лся, взяла́сь, взяло́сь

вибри́ровать 4а, *1. u. 2. Person ungebr*, *uv* vibrieren, schwingen

[1]**вида́ть** 2a *uv* кого́-что **1.** oft sehen, oft treffen **2.** erleben, erfahren **3.** *umg mit Negation*: не вида́ть nicht zu sehen, nicht bemerkbar. — (по- *zu* 1, 2, у- *zu* 1, 2)

[2]**вида́ть** *volksspr unpers prädikativ, nur Infinitiv gebr* sehen; zu sehen sein; ничего́ не вида́ть es ist nichts zu sehen

вида́ться 2a *uv umg* с кем-чем *u. ohne Objekt* sich sehen [treffen], einander begegnen. — (по-, у-)

ви́деть *uv* кого́-что **1.** sehen, erblicken **2.** sehen können **3.** begegnen, treffen **4.** durchmachen, erleben **5.** *a. mit Konjunktion* что einsehen, erkennen | *uv iterativ umg* ви́дывать 1a, *pr. ungebr.* — (у-)

pr.	ви́жу, ви́дишь, ви́дят
imp.	(смотри́, ~те)
pt.	ви́дел
g.pr.a.	ви́дя
p.pr.a.	ви́дящий
p.pt.a.	ви́девший
p.pr.p.	ви́димый
p.pt.p.	ви́денный

ви́деться *uv* **1.** с кем *oder ohne Objekt* sich sehen, sich treffen, einander begegnen **2.** кому́-чему́ *unpers* erscheinen. — (при- *zu* 2, с- *zu* 1, у- *zu* 1)

видне́ться 3a, *1. u. 2. Pers ungebr*, *uv* sichtbar [zu sehen] sein

видоизмени́ть *v* что abwandeln, (ab)-ändern, modifizieren ‖ *uv* видоизменя́ть 2a

ft.	видоизменю́, -ни́шь, -ня́т
imp.	видоизмени́, ~те
pt.	видоизмени́л
g.pt.a.	видоизмени́в
p.pt.a.	видоизмени́вший
p.pt.p.	видоизменённый; видоизменён, -ена́

видоизмени́ться *v* sich verändern, sich modifizieren ‖ *uv* видоизменя́ться

видоизменя́ть(ся) *uv zu* видоизмени́ть(ся)

ви́дывать *uv iterativ zu* ви́деть

ви́згнуть *v mom zu* визжа́ть

визжа́ть *uv* kreischen, winseln, quieken | *v mom* ви́згнуть 6

pr.	визжу́, -жи́шь, -жа́т
imp.	визжи́, ~те
pt.	визжа́л
g.pr.a.	визжа́
p.pr.a.	визжа́щий
p.pt.a.	визжа́вший

[1]**визи́ровать** 4 *u.* 4a *v*, *uv* что mit einem Visum versehen. — (за-)

[2]**визи́ровать** 4 *u.* 4a *v*, *uv* что (an)visieren

вильну́ть 7 *v* **1.** *v mom zu* виля́ть **2.** schnell die Richtung ändern, nach der Seite abweichen; plötzlich [rasch] in eine andere Richtung ausschlagen; plötzlich eine andere Richtung einschlagen

виля́ть 2a *uv* **1.** чем wedeln **2.** *übtr umg* ausweichen, Ausflüchte machen | *v mom* вильну́ть 7 *zu* 1

вини́ть *uv* кого́-что **1.** в чём beschuldigen **2.** за что einen Vorwurf machen (wegen)

pr.	виню́, вини́шь, виня́т
imp.	вини́, ~те
pt.	вини́л
g.pr.a.	виня́
p.pr.a.	виня́щий
p.pt.a.	вини́вший

вини́ться *uv* в чём *alt u. volksspr* sich schuldig bekennen ‖ *v* повини́ться, Formen das.

[1]**винти́ть** *uv* что *umg* schrauben, zuschrauben, losschrauben

pr.	винчу́, винти́шь, винтя́т
imp.	винти́, ~те
pt.	винти́л
g.pr.a.	винтя́
p.pr.a.	винтя́щий
p.pt.a.	винти́вший

[2]**винти́ть** *uv umg* Wint spielen *Kartenspiel* Formen wie [1]винти́ть

висе́ть *uv* **1.** hängen *itr* **2.** schweben *Vogel*, *Ballon* **3.** над кем-чем überhängen, hervorragen **4.** *übtr* над кем-чем drohend bevorstehen, schweben (über j-m)

pr.	вишу́, виси́шь, вися́т
imp.	виси́, ~те
pt.	висе́л
g.pr.a.	вися́
p.pr.a.	вися́щий
p.pt.a.	висе́вший

ви́снуть *uv umg* **1.** hängen **2.** *übtr* на ком-чём sich hingezogen fühlen, sich hängen (an j-n). — (по-)

pr.	ви́сну, -нешь, -нут
imp.	ви́сни, ~те
pt.	ви́снул *u.* вис, ви́сла
g.pt.a.	ви́снув
p.pr.a.	ви́снущий
p.pt.a.	ви́снувший

вистова́ть 5a *uv* Whist sein, Whist gehen *im Kartenspiel*

вита́ть 2a *uv buchspr* schweben; sich befinden

витийствовать 4a *uv buchspr alt* schöne Reden führen

вить *uv* что winden, drehen, flechten; ein Nest bauen. — (с-)

pr.	вью, вьёшь, вьют
imp.	вей, ~те
pt.	вил, вила́, ви́ло
g.pr.a.	вия́ *alt*
p.pr.a.	вью́щий
p.pt.a.	ви́вший
p.pt.p.	ви́тый; вит, вита́, ви́то

ви́ться *uv* **1.** sich ranken, sich winden; sich schlingen **2.** wirbeln, aufwirbeln **3.** kreisen (*Raub-*) *Vögel* **4.** sich schlängeln *Weg, Bach* **5.** sich locken, sich kräuseln; sich wellen *Haare*

pt.	ви́лся, вила́сь, вило́сь

вихля́ть 2a *uv volksspr* wackeln; schwanken *beim Laufen*

вихля́ться *uv volksspr* leicht schaukeln; wackeln, schwanken

ви́хриться *u.* **вихри́ться,** *1. u. 2. Pers ungebr, uv* wirbeln, aufgewirbelt werden. — (вз-)

pr.	ви́хри́тся, ви́хря́тсл
pt.	ви́хри́лся, -лась
g.pr.a.	ви́хря́сь
p.pr.a.	ви́хря́щийся
p.pt.a.	ви́хри́вшийся

вка́лывать *uv zu* вколо́ть

вка́пывать *uv zu* вкопа́ть

вкати́ть *v* что во что hineinrollen, -wälzen, -fahren, -schieben ‖ *uv* вка́тывать 1a

ft.	вкачу́, вка́тишь, вка́тят
imp.	вкати́, ~те
pt.	вкати́л
g.pt.a.	вкати́в
p.pt.a.	вкати́вший
p.pt.p.	вка́ченный

вкати́ться *v* во что hineinrollen, -fahren *itr*; sich hineinwälzen ‖ *uv* вка́тываться

вка́тывать(ся) *uv zu* вкати́ть(ся)

вкла́дывать *uv zu* вложи́ть

вкле́ивать *uv zu* вкле́ить

вкле́ить *v* что во что (hin)einkleben; вкле́ить словцо́ *übtr umg* ein Wort ins Gespräch werfen ‖ *uv* вкле́ивать 1a

ft.	вкле́ю, -е́ишь, -е́ят
imp.	вклей, ~те
pt.	вкле́ил
g.pt.a.	вкле́ив
p.pt.a.	вкле́ивший
p.pt.p.	вкле́енный

вкли́нивать(ся) *uv zu* вкли́ни́ть(ся)

вкли́нить *u.* **вклини́ть** *v* что во что einkeilen, hineintreiben ‖ *uv* вкли́нивать 1a *u. umg* вклиня́ть 2a

ft.	вкли́ню́, вкли́ни́шь, вкли́ня́т
imp.	вклинь, ~те *u.* вклини́, ~те
pt.	вкли́ни́л
g.pt.a.	вкли́ни́в
p.pt.a.	вкли́ни́вший
p.pt.p.	вкли́ненный *u.* вклинённый; вклинён, -ена́

вкли́ниться *u.* **вклини́ться** *v* во что sich einkeilen, einbrechen, -dringen ‖ *uv* вкли́ниваться *u. umg* вклиня́ться

вклиня́ть(ся) *uv zu* вкли́ни́ть(ся)

включа́ть(ся) *uv zu* включи́ть(ся)

включи́ть *v* **1.** кого́-что во что aufnehmen; einfügen, einbeziehen; einreihen, eingliedern **2.** что во что anschließen **3.** что einschalten, in Gang setzen; einkuppeln *Auto* ‖ *uv* включа́ть 2a

ft.	включу́, -чи́шь, -ча́т
imp.	включи́, ~те
pt.	включи́л
g.pt.a.	включи́в
p.pt.a.	включи́вший
p.pt.p.	включённый; включён, -ена́

включи́ться *v* во что teilnehmen (an), sich einreihen (in); sich anschließen (an); sich einschalten (in) ‖ *uv* включа́ться

вкола́чивать *uv zu* вколоти́ть

вколоти́ть *v* что во что *umg* einrammen, einschlagen ‖ *uv* вкола́чивать 1a

ft.	вколочу́, -о́тишь, -о́тят
imp.	вколоти́, ~те
pt.	вколоти́л
g.pt.a.	вколоти́в
p.pt.a.	вколоти́вший
p.pt.p.	вколо́ченный

вколо́ть *v* что во что hineinstecken, -bohren ‖ *uv* вка́лывать 1a

ft.	вколю́, вко́лешь, вко́лют
imp.	вколи́, ~те
pt.	вколо́л
g.pt.a.	вколо́в
p.pt.a.	вколо́вший
p.pt.p.	вко́лотый

вкопа́ть 2 *v* что во что eingraben ‖ *uv* вка́пывать 1a

вкорени́ть *v* что в кого́-что einwurzeln, verwurzeln, fest einbürgern; einführen ‖ *uv* вкореня́ть 2a

ft.	вкореню́, -ни́шь, -ня́т
imp.	вкорени́, ~те
pt.	вкорени́л
g.pt.a.	вкорени́в
p.pt.a.	вкорени́вший
p.pt.p.	вкоренённый; вкоренён, -ена́

вкорени́ться, *1. u. 2. Pers ungebr*, *v* sich einbürgern; in Fleisch und Blut übergehen || *uv* вкореня́ться

вкореня́ть(ся) *uv zu* вкорени́ть(ся)

вкра́дываться *uv zu* вкра́сться

вкра́пить *u.* **вкрапи́ть** *v* что **1.** besprenkeln **2.** *übtr* einfügen, einstreuen || *uv* вкра́пливать 1a *u.* вкрапля́ть 2a

ft.	вкра́плю, вкра́пи́шь, вкра́пя́т
imp.	вкрапь, ~те *u.* вкрапи́, ~те
pt.	вкра́пи́л
g.pt.a.	вкра́пи́в
p.pt.a.	вкра́пи́вший
p.pt.p.	вкра́пленный *u.* вкраплённый; вкраплён, -ена́

вкра́пливать *uv zu* вкра́пи́ть

вкрапля́ть *uv zu* вкра́пи́ть

вкра́сться *v* во что **1.** *1. u. 2. Pers ungebr* sich hineinstehlen, sich einschleichen **2.** *übtr* sich einschleichen *ins Vertrauen* || *uv* вкра́дываться 1a

ft.	вкраду́сь, -дёшься, -ду́тся
imp.	вкради́сь, -и́тесь
pt.	вкра́лся, -лась
g.pt.a.	вкра́вшись
p.pt.a.	вкра́вшийся

вкрути́ть *v* что во что *umg* einschrauben, eindrehen || *uv* вкру́чивать 1a

ft.	вкручу́, -у́тишь, -у́тят
imp.	вкрути́, ~те
pt.	вкрути́л
g.pt.a.	вкрути́в
p.pt.a.	вкрути́вший
p.pt.p.	вкру́ченный

вкру́чивать *uv zu* вкрути́ть

вкуси́ть *v* что *oder* чего́ **1.** *buchspr, alt* kosten, schmecken, probieren **2.** *hoher Stil* genießen; *Leid* erfahren || *uv* вкуша́ть 2a

ft.	вкушу́, вку́сишь, вку́сят
imp.	вкуси́, ~те
pt.	вкуси́л
g.pt.a.	вкуси́в
p.pt.a.	вкуси́вший
p.pt.p.	вкушённый; вкушён, -ена́

вкуша́ть *uv zu* вкуси́ть

влага́ть *uv zu* вложи́ть

владе́ть 3a *uv* кем-чем **1.** besitzen **2.** *übtr* beherrschen, handhaben

влады́чествовать 4a *uv alt u. hoher Stil* herrschen

влажне́ть 3a, *1. u. 2. Pers ungebr*, *uv* feucht werden. — (по-)

вла́мываться *uv zu* вломи́ться

вла́ствовать 4a *uv* кем-чем, над кем-чем *u. ohne Objekt alt u. hoher Stil* herrschen (über); regieren

влачи́ть *uv* что *buchspr* **1.** *alt* schleppen, ziehen **2.** *übtr* ertragen; влачи́ть жа́лкое существова́ние ein elendes Leben fristen

pr.	влачу́, -чи́шь, -ча́т
imp.	влачи́, ~те
pt.	влачи́л
g.pr.a.	влача́
p.pr.a.	влача́щий
p.pt.a.	влачи́вший
p.pr.p.	влачи́мый

влега́ть *uv zu* [1]влечь

влеза́ть *uv zu* влезть

влезть *v* **1.** на что hinaufklettern, hinaufkriechen **2.** во что hineinklettern, hineinkriechen; eindringen; einsteigen **3.** во что *umg* Platz finden; sich unterbringen lassen **4.** во что *volksspr* hineingehen || *uv* влеза́ть 2a

ft.	вле́зу, -зешь, -зут
imp.	влезь, ~те
pt.	влез, ~ла
g.pt.a.	вле́зши
p.pt.a.	вле́зший

влепи́ть *v* что во что **1.** einkleben **2.** *umg* einen Schlag versetzen; влепи́ть кому́-н. пощёчину j-m eine Ohrfeige geben || *uv* влепля́ть 2a

ft.	влеплю́, вле́пишь, вле́пят
imp.	влепи́, ~те
pt.	влепи́л
g.pt.a.	влепи́в
p.pt.a.	влепи́вший
p.pt.p.	вле́пленный

влепля́ть *uv zu* влепи́ть

влета́ть *uv zu* влете́ть

влете́ть *v* **1.** во что hineinfliegen **2.** во что *umg* schnell hineinlaufen **3.** *unpers* кому́-чему́ *umg* einen Verweis bekommen || *uv* влета́ть 2a

ft.	влечу́, влети́шь, влетя́т
imp.	влети́, ~те
pt.	влете́л
g.pt.a.	влете́в
p.pt.a.	влете́вший

¹влечь *v* во что hineinragen, -rücken, sich (als Keil) einschieben, eindringen, sich einzwängen ‖ *uv* влега́ть 2a

ft.	влягу, вля́жешь, вля́гут
imp.	вляг, ~те
pt.	влёг, влегла́
g.pt.a.	влёгши
p.pt.a.	влёгший

²влечь *uv* кого́-что **1.** *buchspr* schleppen, ziehen **2.** *übtr* anziehen, Anziehungskraft besitzen **3.** *übtr:* влечь за собо́й zur Folge haben, nach sich ziehen

pr.	влеку́, влечёшь, влеку́т
imp.	влеки́, ~те
pt.	влёк, влекла́
p.pr.a.	влеку́щий
p.pt.a.	влёкший
p.pr.p.	влеко́мый

вле́чься *uv* **1.** *buchspr* sich schleppen **2.** к кому́- чему́ sich hingezogen fühlen (zu) Formen nach ²влечь

влива́ть(ся) *uv zu* вли́ть(ся)

влипа́ть *uv zu* вли́пнуть

вли́пнуть *v* во что *volksspr* in eine unangenehme Situation geraten; in die Klemme geraten ‖ *uv* влипа́ть 2a

ft.	вли́пну, -нешь, -нут
imp.	вли́пни, ~те
pt.	влип, ~ла
g.pt.a.	вли́пнув *u.* вли́пши
p.pt.a.	вли́пший

влить *v* что во что **1.** *a.* чего́ eingießen; *übtr* einflößen **2.** *übtr* zuführen, eingliedern ‖ *uv* влива́ть 2a

ft.	волью́, вольёшь, волью́т
imp.	влей, ~те
pt.	влил, влила́, вли́ло
g.pt.a.	влив
p.pt.a.	вли́вший
p.pt.p.	вли́тый; влит, влита́, вли́то

вли́ться, *1. u. 2. Pers ungebr*, *v* во что **1.** (hin)einfließen **2.** *übtr* sich anschließen, sich einreihen ‖ *uv* влива́ться

pt.	вли́лся, влила́сь, вли́ло́сь

влия́ть 2a *uv* на кого́-что beeinflussen, einwirken ‖ *v* повлия́ть 2

вложи́ть *v* что во что **1.** hineinlegen, -stecken, hineintun **2.** deponieren, anlegen, investieren ‖ *uv* влага́ть 2a *u.* вкла́дывать 1a

ft.	вложу́, вло́жишь, вло́жат
imp.	вложи́, ~те
pt.	вложи́л
g.pt.a.	вложи́в
p.pt.a.	вложи́вший
p.pt.p.	вло́женный

вломи́ться *v* во что einbrechen, gewaltsam eindringen; sich mit Gewalt Eintritt verschaffen ‖ *uv* вла́мываться 1a

ft.	вломлю́сь, вло́мишься, вло́мятся
imp.	вломи́сь, -и́тесь
pt.	вломи́лся, -лась
g.pt.a.	вломи́вшись
p.pt.a.	вломи́вшийся

вло́паться 1 *v* во что *volkssprr* (durch Unvorsichtigkeit, unvermutet) hineingeraten

влюби́ть *v* кого́-что (j-m) den Kopf verdrehen, (j-n) verliebt machen ‖ *uv* влюбля́ть 2a

ft.	влюблю́, влю́бишь, влю́бят
imp.	влюби́, ~те
pt.	влюби́л
g.pt.a.	влюби́в
p.pt.a.	влюби́вший

влюби́ться *v* в кого́-что sich verlieben ‖ *uv* влюбля́ться

влюбля́ть(ся) *uv zu* влюби́ть(ся)

вма́зать *v* что во что einmauern; einsetzen; einkitten, verkitten ‖ *uv* вма́зывать 1a

ft.	вма́жу, -жешь, -жут
imp.	вмажь, ~те
pt.	вма́зал
g.pt.a.	вма́зав
p.pt.a.	вма́завший
p.pt.p.	вма́занный

вма́зывать *uv zu* вма́зать

вма́тывать *uv zu* вмота́ть

вмени́ть *v* что кому́-чему́ во что *alt* anrechnen, beimessen; вмени́ть что́-н. кому́-н. в вину́ j-m etw. als Schuld anrechnen, j-n einer Sache beschuldigen; вмени́ть что́-н. кому́-н. в обя́занность j-m etw. zur Pflicht machen, j-n verpflichten zu etw. ‖ *uv* вменя́ть 2a

ft.	вменю́, -ни́шь, -ня́т
imp.	вмени́, ~те
pt.	вмени́л
g.pt.a.	вмени́в
p.pt.a.	вмени́вший
p.pt.p.	вменённый; вменён, -ена́

вменя́ть *uv zu* вмени́ть

вмеси́ть *v* что во что hineinrühren, einkneten || *uv* вме́шивать 1a
ft. вмешу́, вме́сишь, вме́сят
imp. вмеси́, ~те
pt. вмеси́л
g.pt.a. вмеси́в
p.pt.a. вмеси́вший
p.pt.p. вме́шенный

вмести́ть *v* **1.** что *1. u. 2. Pers ungebr* fassen, aufnehmen, enthalten **2.** что во что hineinlegen, -stellen || *uv* вмеща́ть 2a
ft. вмещу́, вмести́шь, вместя́т
imp. вмести́, ~те
pt. вмести́л
g.pt.a. вмести́в
p.pt.a. вмести́вший
p.pt.p. вмещённый; вмещён, -ена́

вмести́ться *v* sich unterbringen lassen, Platz finden; hineingehen || *uv* вмеща́ться

вмета́ть 2 *v* что einheften, lose einnähen || *uv* вмётывать 1a
p.pt.p. вмётанный

вмётывать *uv zu* вмета́ть

вмеша́ть 2 *v* во что **1.** что *oder* чего́ hinein-, beimischen **2.** кого́-что *übtr umg* verwickeln, mit hineinziehen || *uv* вме́шивать 1a

вмеша́ться *v* во что **1.**: вмеша́ться в толпу́ sich unter die Menge mischen **2.** *übtr* sich einmischen || *uv* вме́шиваться

[1]**вме́шивать** *uv zu* вмеша́ть

[2]**вме́шивать** *uv zu* вмеси́ть

вме́шиваться *uv zu* вмеша́ться

вмеща́ть(ся) *uv zu* вмести́ть(ся)

вмина́ть *uv zu* вмять

вмонти́ровать 4 *v* что во что einmontieren

вмота́ть 2 *v* что hineinwickeln || *uv* вма́тывать 1a

вмурова́ть 5 *v* что ein-, vermauern || *uv* вмуро́вывать 1a

вмуро́вывать *uv zu* вмурова́ть

вмять *v* что во что hineindrücken, einbeulen || *uv* вмина́ть 2a
ft. вомну́, -нёшь, -ну́т
imp. вомни́, ~те
pt. вмял
g.pt.a. вмяв
p.pt.a. вмя́вший
p.pt.p. вмя́тый

внедри́ть *v* что во что einführen, einbürgern || *uv* внедря́ть 2a
ft. внедрю́, -ри́шь, -ря́т
imp. внедри́, ~те
pt. внедри́л
g.pt.a. внедри́в
p.pt.a. внедри́вший
p.pt.p. внедрённый; внедрён, -ена́

внедри́ться *v* в кого́-что sich einprägen, eindringen || *uv* внедря́ться

внедря́ть(ся) *uv zu* внедри́ть(ся)

внести́ *v* кого́-что **1.** hineintragen, -bringen **2.** einzahlen **3.** eintragen *in eine Liste* **4.** einbringen, vorlegen **5.** *übtr* beitragen, beisteuern || *uv* вноси́ть, Formen das.
ft. внесу́, -сёшь, -су́т
imp. внеси́, ~те
pt. внёс, внесла́
g.pt.a. внеся́ *u. alt* внёсши
p.pt.a. внёсший
p.pt.p. внесённый; внесён, -ена́

вника́ть *uv zu* вни́кнуть

вни́кнуть *v* во что ergründen, eindringen, zu begreifen suchen || *uv* вника́ть 2a
ft. вни́кну, -нешь, -нут
imp. вни́кни, ~те
pt. вник *u. alt* вни́кнул, вни́кла
g.pt.a. вни́кнув *u.* вни́кши
p.pt.a. вни́кший *u.* вни́кнувший

внима́ть *uv* кому́-чему́ **1.** *alt* lauschen, hören (auf), (an)hören **2.** *hoher Stil* die Aufmerksamkeit richten (auf) || *v* внять *zu* 1, Formen das.
pr. внима́ю, -а́ешь, -а́ют *u. alt* вне́млю, -лешь, -лют
imp. внима́й, ~те *u alt* вне́мли́, ~те
pt. внима́л
g.pr.a. внима́я *u. alt* вне́мля
p.pr.a. внима́ющий *u. alt* вне́млющий
p.pt.a. внима́вший

вноси́ть *uv zu* внести́
pr. вношу́, вно́сишь, вно́сят
imp. вноси́, ~те
pt. вноси́л
g.pr.a. внося́
p.pr.a. внося́щий
p.pt.a. вноси́вший
p.pr.p. вноси́мый

внуша́ть *uv zu* внуши́ть

внуши́ть *v* что кому́-чему́ *u. mit Konjunktion* что **1.** einflößen, eingehen, einflüstern; (an)raten **2.** suggerieren || *uv* внуша́ть 2a

ft.	внушу́, -ши́шь, -ша́т
imp.	внуши́, ~те
pt.	внуши́л
g.pt.a.	внуши́в
p.pt.a.	внуши́вший
p.pt.p.	внушённый; внушён, -ена́

вню́хаться 1 *v* во что *volksspr* den Geruch tief einatmen, um ihn genau zu bestimmen ‖ *uv* внюхиваться 1a

внюхиваться *uv zu* внюхаться

внять *v* кому́-чему́ **1.** *alt v zu* внима́ть **2.** Aufmerksamkeit schenken; внять про́сьбе eine Bitte erhören

ft.	*ungebr*
imp.	вонми́, ~те *alt*
pt.	внял, вняла́, вня́ло
g.pt.a.	вняв
p.pt.a.	вня́вший

вобра́ть *v* что einsaugen, aufsaugen; in sich aufnehmen ‖ *uv* вбира́ть 2a

ft.	вберу́, -рёшь, -ру́т
imp.	вбери́, ~те
pt.	вобра́л, -ала́, -а́ло
g.pt.a.	вобра́в
p.pt.a.	вобра́вший
p.pt.p.	во́бранный; во́бран, во́брана *u. alt* вобрана́, во́брано

вобра́ться, *1. u. 2. Pers ungebr*, *v* sich einsaugen; eindringen ‖ *uv* вбира́ться

pt.	вобра́лся, вобрала́сь, вобра́ло́сь

вовлека́ть(ся) *uv zu* вовле́чь(ся)

вовле́чь *v* кого́-что во что **1.** heranziehen, (hin)zuziehen **2.** verleiten ‖ *uv* вовлека́ть 2a

ft.	вовлеку́, -ечёшь, -еку́т
imp.	вовлеки́, ~те
pt.	вовлёк, -екла́
g.pt.a.	вовлёкши
p.pt.a.	вовлёкший
p.pt.p.	вовлечённый; вовлечён, -ена́

вовле́чься *v* во что hingerissen werden ‖ *uv* вовлека́ться

вогна́ть *v* кого́-что во что **1.** hineinjagen, hineintreiben **2.** *umg* (hin)einschlagen **3.** *übtr* in eine unangenehme Lage bringen ‖ *uv* вгоня́ть 2a

ft.	вгоню́, вго́нишь, вго́нят
imp.	вгони́, ~те
pt.	вогна́л, -ала́, -а́ло
g.pt.a.	вогна́в
p.pt.a.	вогна́вший
p.pt.p.	во́гнанный

вогну́ть 7 *v* что nach innen biegen, einbiegen ‖ *uv* вгиба́ть 2a

вогну́ться, *1. u. 2. Pers ungebr*, *v* sich einwärts biegen ‖ *uv* вгиба́ться

водвори́ть *v* **1.** кого́-что во что ansiedeln, einquartieren, unterbringen **2.** *übtr* что (wieder)herstellen, einführen ‖ *uv* водворя́ть 2a

ft.	водворю́, -ри́шь, -ря́т
imp.	водвори́, ~те
pt.	водвори́л
g.pt.a.	водвори́в
p.pt.a.	водвори́вший
p.pt.p.	водворённый; водворён, -ена́

водвори́ться *v* **1.** в чём sich ansiedeln, sich niederlassen; sich einrichten **2.** *1. u. 2. Pers ungebr* eingeführt werden; eintreten ‖*uv* водворя́ться

водворя́ть(ся) *uv zu* водвори́ть(ся)

води́ть *uv* **1.** *unbest zu* вести́ **2.** что с кем-чем verkehren, Umgang haben (mit) **3.** что den Reigen *u. ä.* anführen | *uv umg iterativ* ва́живать 1a

pr.	вожу́, во́дишь, во́дят
imp.	води́, ~те
pt.	води́л
g.pr.a.	водя́
p.pr.a.	водя́щий
p.pt.a.	води́вший
p.pr.p.	води́мый

води́ться *uv* **1.** *1. u. 2. Pers ungebr* es gibt; es ist vorhanden **2.** с кем-чем *umg* verkehren, Umgang haben (mit)

водружа́ть(ся) *uv zu* водрузи́ть(ся)

водрузи́ть *v* что *buchspr* aufrichten, aufstellen; hissen, aufpflanzen *Fahne* ‖ *uv* водружа́ть 2a

ft.	водружу́, -узи́шь, -узя́т
imp.	водрузи́, ~те
pt.	водрузи́л
g.pt.a.	водрузи́в
p.pt.a.	водрузи́вший
p.pt.p.	водружённый; водружён, -ена́

водрузи́ться, *1. u. 2. Pers ungebr*, *v buchspr* sich aufrichten, sich aufpflanzen; sich erheben ‖ *uv* водружа́ться

воева́ть *uv* **1.** Krieg führen, kämpfen **2.** *umg* sich streiten

pr.	вою́ю, вою́ешь, вою́ют
imp.	вою́й, ~те
pt.	воева́л
g.pr.a.	вою́я
p.pr.a.	вою́ющий
p.pt.a.	воева́вший

военизи́ровать 4 *u.* 4a *v*, *uv* кого́-что den Erfordernissen des Krieges anpassen

возблагодари́ть *v* кого́-что *alt* danken, Dank sagen, Dankbarkeit bezeigen

ft. возблагодарю́, -ри́шь, -ря́т
imp. возблагодари́, ~те
pt. возблагодари́л
g.pt.a. возблагодари́в
p.pt.a. возблагодари́вший
p.pt.p. возблагодарённый; возблагодарён, -ена́

возбрани́ть *v* что *alt* verbieten, untersagen ‖ *uv* возбраня́ть 2a

ft. возбраню́, -ни́шь, -ня́т
imp. возбрани́, ~те
pt. возбрани́л
g.pt.a. возбрани́в
p.pt.a. возбрани́вший
p.pt.p. возбранённый; возбранён, -ена́

возбраня́ть *uv zu* возбрани́ть

возбраня́ться 2a, *1. u. 2. Pers ungebr*, *uv alt* verboten [untersagt] sein

возбуди́ть *v* кого́-что **1.** erregen, anregen; hervorrufen **2.** in Erregung versetzen, aufregen, aufreizen; aufpeitschen *Sinne* **3.** zur Beurteilung [Entscheidung] vorlegen, vorbringen; возбуди́ть вопро́с eine Frage aufwerfen **4.** про́тив кого́-чего́ aufbringen, aufwiegeln (gegen) ‖ *uv* возбужда́ть 2a

ft. возбужу́, -уди́шь, -удя́т
imp. возбуди́, ~те
pt. возбуди́л
g.pt.a. возбуди́в
p.pt.a. возбуди́вший
p.pt.p. возбуждённый; возбуждён, -ена́

возбуди́ться *v* in Erregung geraten, sich aufregen ‖ *uv* возбужда́ться

возбужда́ть(ся) *uv zu* возбуди́ть(ся)

возвели́чивать *uv zu* возвели́чить

возвели́чить *v* кого́-что *alt u. hoher Stil* rühmen, preisen ‖ *uv* возвели́чивать 1a

ft. возвели́чу, -чишь, -чат
imp. возвели́чь, ~те
pt. возвели́чил
g.pt.a. возвели́чив
p.pt.a. возвели́чивший
p.pt.p. возвели́ченный

возвести́ *v* кого́-что **1.** errichten, bauen, aufbauen **2.** во что *math* potenzieren, in eine Potenz erheben **3.** к чему́ ableiten, herleiten (von); zurückführen (auf), zurückverfolgen **4.** *alt. u. hoher Stil* erheben, emporheben **5.** в кого́-что eine Würde [ein Amt] verleihen; befördern; во что erheben **6.** на кого́-что grundlos vorbringen (gegen) *Beschuldigung*, *Verleumdung* ‖ *uv* возводи́ть, Formen das.

ft. возведу́, -дёшь, -ду́т
imp. возведи́, ~те
pt. возвёл, -ела́
g.pt.a. возведя́ *u. alt* возве́дши
p.pt.a. возве́дший
p.pt.p. возведённый; возведён, -ена́

возвести́ть *v* что *oder* о чём *buchspr* (feierlich) verkünden ‖ *uv* возвеща́ть 2a

ft. возвещу́, -ести́шь, -естя́т
imp. возвести́, ~те
pt. возвести́л
g.pt.a. возвести́в
p.pt.a. возвести́вший
p.pt.p. возвещённый; возвещён, -ена́

возвеща́ть *uv zu* возвести́ть

возводи́ть *uv zu* возвести́

pr. возвожу́, -о́дишь, -о́дят
imp. возводи́, ~те
pt. возводи́л
g.pr.a. возводя́
p.pr.a. возводя́щий
p.pt.a. возводи́вший
p.pr.p. возводи́мый

возврати́ть *v* кого́-что **1.** zurückerstatten, zurückgeben, zurückzahlen **2.** zurückgewinnen, wiederherstellen ‖ *uv* возвраща́ть 2a

ft. возвращу́, -ати́шь, -атя́т
imp. возврати́, ~те
pt. возврати́л
g.pt.a. возврати́в
p.pt.a. возврати́вший
p.pt.p. возвращённый; возвращён, -ена́

возврати́ться *v* zurück-, wiederkehren, zurückkommen ‖ *uv* возвраща́ться

возвраща́ть(ся) *uv zu* возврати́ть(ся)

возвы́сить *v* кого́-что erhöhen; erheben ‖ *uv* возвыша́ть 2a

ft. возвы́шу, -ы́сишь, -ы́сят
imp. возвы́сь, ~те
pt. возвы́сил
g.pt.a. возвы́сив
p.pt.a. возвы́сивший
p.pt.p. возвы́шенный

возвы́ситься *v* (an)steigen, sich heben ‖ *uv* возвыша́ться

возвыша́ть *uv zu* возвы́сить

возвыша́ться 2a *uv* **1.** *uv zu* возвы́ситься **2.** sich erheben

возгла́вить *v* что leiten, führen, an der Spitze stehen ‖ *uv* возглавля́ть 2а

ft. возгла́влю, -вишь, -вят
imp. возгла́вь, ~те
pt. возгла́вил
g.pt.a. возгла́вив
p.pt.a. возгла́вивший
p.pt.p. возгла́вленный

возглавля́ть *uv zu* возгла́вить

возгласи́ть *v* что *alt u. hoher Stil* ausrufen, (laut) verkünden ‖ *uv* возглаша́ть 2а

ft. возглашу́, -аси́шь, -ася́т
imp. возгласи́, ~те
pt. возгласи́л
g.pt.a. возгласи́в
p.pt.a. возгласи́вший
p.pt.p. возглашённый; возглашён, -ена́

возглаша́ть *uv zu* возгласи́ть

возгора́ться *uv zu* возгоре́ться

возгорди́ться *v* stolz werden (auf); чем anfangen zu prahlen (mit)

ft. возгоржу́сь, -рди́шься, -рдя́тся
imp. возгорди́сь, -и́тесь
pt. возгорди́лся, -лась
g.pt.a. возгорди́вшись
p.pt.a. возгорди́вшийся

возгоре́ться *v* **1.** *alt* sich entzünden, entflammen **2.** *übtr buchspr* ausbrechen, entbrennen ‖ *uv* возгора́ться 2а

ft. возгорю́сь, -ри́шься, -ря́тся
imp. возгори́сь, -и́тесь
pt. возгоре́лся, -лась
g.pt.a. возгоре́вшись
p.pt.a. возгоре́вшийся

воздава́ть *uv zu* возда́ть

pr. воздаю́, -аёшь, -аю́т
imp. воздава́й, ~те
pt. воздава́л
g.pr.a. воздава́я
p.pr.a. воздаю́щий
p.pt.a. воздава́вший
p.pr.p. воздава́емый

возда́ть *v alt u. hoher Stil* **1.** что geben, behandeln *nach Verdienst*; возда́ть кому́-н. до́лжное j-m geben, was ihm gebührt **2.** чем vergelten ‖ *uv* воздава́ть, Formen das.

ft. возда́м, -да́шь, -да́ст, -дади́м, -дади́те, -даду́т
imp. возда́й, ~те
pt. возда́л, -ала́, -а́ло
g.pt.a. возда́в
p.pt.a. возда́вший
p.pt.p. во́зданный; во́здан, воздана́, во́здано

воздвига́ть 2а *uv* что errichten, erbauen ‖ *v* воздви́гнуть, Formen das.

воздви́гнуть *v zu* воздвига́ть

ft. воздви́гну, -нешь, -нут
imp. воздви́гни, ~те
pt. воздви́г *u.* воздви́гнул, воздви́гла
g.pt.a. воздви́гнув *u. alt* воздви́гши
p.pt.a. воздви́гший *u.* воздви́гнувший
p.pt.p. воздви́гнутый

воздева́ть *uv zu* возде́ть

возде́йствовать 4 *u.* 4а *v, uv* на кого́-что einwirken; beeinflussen, Einfluß ausüben

возде́лать *v zu* возде́лывать

возде́лывать 1а *uv* что **1.** bebauen, bestellen **2.** anbauen, züchten ‖ *v* возде́лать 1

воздержа́ться *v* от чего́ sich enthalten, verzichten (auf), sich zurückhalten ‖ *uv* возде́рживаться 1а

ft. воздержу́сь, -е́ржишься, -е́ржатся
imp. воздержи́сь, -и́тесь
pt. воздержа́лся, -лась
g.pt.a. воздержа́вшись
p.pt.a. воздержа́вшийся

возде́рживаться *uv zu* воздержа́ться

возде́ть *v*: возде́ть ру́ки *buchspr alt* die Hände emporheben ‖ *uv* воздева́ть 2а

ft. возде́ну, -нешь, -нут
imp. возде́нь, ~те
pt. возде́л
g.pt.a. возде́в
p.pt.a. возде́вший
p.pt.p. возде́тый

возже́чь *v* что *alt* anzünden, entzünden *a. übtr* ‖ *uv* возжига́ть 2а

ft. возжгу́, -жжёшь, -жгу́т
imp. возжги́, ~те
pt. возжёг, -жгла́
g.pt.a. возжёгши
p.pt.a. возжёгший
p.pt.p. возжжённый; возжжён, -ена́

возжига́ть *uv zu* возже́чь

воззва́ть *v* к кому́-чему́ о чём *alt u. hoher Stil* anrufen, anflehen (j-n um etw.). — (взыва́ть)

ft. воззову́, -вёшь, -ву́т
imp. воззови́, ~те
pt. воззва́л
g.pt.a. воззва́в
p.pt.a. воззва́вший

воззре́ть *v* на кого́-что *alt* ansehen, betrachten
ft. воззрю́, -ри́шь, -ря́т
imp. воззри́, ~те
pt. воззре́л
g.pt.a. воззре́в
p.pt.a. воззре́вший

вози́ть *uv* **1.** *unbest zu* везти́ **2.** че́м-н. по чему́-н. *umg* hinstreichen (über) | *uv umg iterativ* ва́живать 1а
pr. вожу́, во́зишь, во́зят
imp. вози́, ~те
pt. вози́л
g.pr.a. возя́
p.pr.a. возя́щий
p.pt.a. вози́вший
p.pr.p. вози́мый

вози́ться *uv* **1.** hantieren, herumwirtschaften **2.** с кем-чем *umg* sich abmühen **3.** с кем-чем *umg* trödeln **4.** sich balgen, toben

возлага́ть *uv zu* возложи́ть

возлега́ть *uv zu* возле́чь

возлежа́ть *uv* на чём *alt poet*, *jetzt scherz* liegen, ruhen *von Menschen*
pr. возлежу́, -жи́шь, -жа́т
imp. возлежи́, ~те
pt. возлежа́л
g.pr.a. возлежа́
p.pr.a. возлежа́щий
p.pt.a. возлежа́вший

возле́чь *v alt poet*, *jetzt scherz* на что sich niederlegen, sich hinstrecken || *uv* возлега́ть 2а
ft. возля́гу, -я́жешь, -я́гут
imp. возля́г, ~те
pt. возлёг, -егла́
g.pt.a. возлёгши
p.pt.a. возлёгший

возликова́ть 5 *v hoher Stil* sich sehr freuen, in Jubel ausbrechen

возложи́ть *v* что на кого́-что **1.** feierlich niederlegen **2.** *übtr* auferlegen || *uv* возлага́ть 2а
ft. возложу́, -о́жишь, -о́жат
imp. возложи́, ~те
pt. возложи́л
g.pt.a. возложи́в
p.pt.a. возложи́вший
p.pt.p. возло́женный

возлюби́ть *v* кого́-что *alt* liebgewinnen
ft. возлюблю́, -ю́бишь, -ю́бят
imp. возлюби́, ~те
pt. возлюби́л
g.pt.a. возлюби́в
p.pt.a. возлюби́вший
p.pt.p. возлю́бленный

возмести́ть *v* что чем vergüten, ersetzen || *uv* возмеща́ть 2а
ft. возмещу́, -ести́шь, -естя́т
imp. возмести́, ~те
pt. возмести́л
g.pt.a. возмести́в
p.pt.a. возмести́вший
p.pt.p. возмещённый; возмещён, -ена́

возмечта́ть 2 *v* **1.** sich den Träumereien hingeben **2.** *alt:* мно́го возмечта́ть о себе́ sich viel einbilden

возмеща́ть *uv zu* возмести́ть

возмужа́ть 2 *v* **1.** mannbar werden **2.** erwachsen werden; kein *p.pt.p.*

возмути́ть *v* кого́-что **1.** aufbringen, erzürnen, empören **2.** *alt* aufwiegeln || *uv* возмуща́ть 2а
ft. возмущу́, -ути́шь, -утя́т
imp. возмути́, ~те
pt. возмути́л
g.pt.a. возмути́в
p.pt.a. возмути́вший
p.pt.p. возмущённый; возмущён, -ена́

возмути́ться *v* **1.** sich empören, auffahren sich entrüsten **2.** *alt* sich erheben, sich (gegen die Obrigkeit) auflehnen || *uv* возмуща́ться

возмуща́ть(ся) *uv zu* возмути́ть(ся)

вознагради́ть *v* кого́-что belohnen, entgelten || *uv* вознагражда́ть 2а
ft. вознагражу́, -ади́шь, -адя́т
imp. вознагради́, ~те
pt. вознагради́л
g.pt.a. вознагради́в
p.pt.a. вознагради́вший
p.pt.p. вознаграждённый; вознаграждён, -ена́

вознагради́ться, *1. u. 2. Pers ungebr*, *v* sich eine Entschädigung [Belohnung] verschaffen || *uv* вознагражда́ться

вознагражда́ть(ся) *uv zu* вознагради́ть(ся)

вознаме́риваться *uv zu* вознаме́риться

вознаме́риться *v mit Infinitiv alt* beabsichtigen, die Absicht haben; beschließen || *uv* вознаме́риваться 1а
ft. вознаме́рюсь, -ришься, -рятся
imp. вознаме́рься, -рьтесь
pt. вознаме́рился, -лась
g.pt.a. вознаме́рившись
p.pt.a. вознаме́рившийся

вознегодова́ть 5 *v* на кого́-что *buchspr* in Zorn geraten

возненави́деть *v* когó-что hassen, Haß empfinden (gegen)
ft. возненави́жу, -и́дишь, -и́дят
imp. возненави́дь, ~те
pt. возненави́дел
g.pt.a. возненави́дев
p.pt.a. возненави́девший
p.pt.p. возненави́денный

вознести́ *v* когó-что *hoher Stil* (er)heben; вознести́ до небéс *übtr iron* in den Himmel heben || *uv* возноси́ть, Formen das.
ft. вознесу́, -сёшь, -су́т
imp. вознеси́, ~те
pt. вознёс, -еслá
g.pt.a. вознеся́ *u. alt* вознёсши
p.pt.a. вознёсший
p.pt.p. вознесённый; вознесён, -енá

вознести́сь *v* **1.** *alt* sich erheben, sich emporschwingen **2.** *volksspr* sich viel einbilden, stolz [hochmütig] werden || *uv* возноси́ться

возникáть *uv zu* возни́кнуть

возни́кнуть *v* entstehen, aufkommen || *uv* возникáть 2a
ft. возни́кну, -нешь, -нут
imp. возни́кни, ~те
pt. возни́к *u. alt* возни́кнул, возни́кла
g.pt.a. возни́кнув *u. alt* возни́кши
p.pt.a. возни́кший *u.* возни́кнувший

возноси́ть *uv zu* вознести́
pr. возношу́, -óсишь, -óсят
imp. возноси́, ~те
pt. возноси́л
g.pr.a. вознося́
p.pr.a. вознося́щий
p.pt.a. возноси́вший
p.pr.p. возноси́мый

возноси́ться *uv zu* вознести́сь

возобладáть 2 *v* над кем-чем *buchspr* Oberhand gewinnen

возобнови́ть *v* что erneuern; wiederaufnehmen || *uv* возобновля́ть 2a
ft. возобновлю́, -ви́шь, -вя́т
imp. возобнови́, ~те
pt. возобнови́л
g.pt.a. возобнови́в
p.pt.a. возобнови́вший
p.pt.p. возобновлённый; возобновлён, -енá

возобнови́ться, *1. u. 2. Pers ungebr*, *v* wieder aufgenommen werden, erneuert werden || *uv* возобновля́ться

возобновля́ть(ся) *uv zu* возобнови́ть(ся)

возомни́ть *v umg:* возомни́ть о себé sich (zu) viel einbilden, sich dünken
ft. возомню́, -ни́шь, -ня́т
imp. возомни́, ~те
pt. возомни́л
g.pt.a. возомни́в
p.pt.a. возомни́вший

возопи́ть *v alt buchspr* jammern
ft. возоплю́, -пи́шь, -пя́т
imp. возопи́, ~те
pt. возопи́л
g.pt.a. возопи́в
p.pt.a. возопи́вший

возрáдоваться 4 *v alt* sich freuen

возражáть *uv zu* возрази́ть

возрази́ть *v* комý-чемý на что *u.* прóтив когó-чегó erwidern, einwenden; widersprechen || *uv* возражáть 2a
ft. возражу́, -ази́шь, -азя́т
imp. возрази́, ~те
pt. возрази́л
g.pt.a. возрази́в
p.pt.a. возрази́вший
p.pt.p. возражённый*

возрастáть *uv zu* возрасти́

возрасти́, *1. u. 2. Pers ungebr*, *v* (an)wachsen, steigen, zunehmen || *uv* возрастáть 2a
ft. возрастёт, -ту́т
pt. возрóс, -ослá
g.pt.a. возрóсши
p.pt.a. возрóсший

возроди́ть *v* когó-что erneuern, wiederbeleben || *uv* возрождáть 2a
ft. возрожу́, -оди́шь, -одя́т
imp. возроди́, ~те
pt. возроди́л
g.pt.a. возроди́в
p.pt.a. возроди́вший
p.pt.p. возрождённый; возрождён, -енá

возроди́ться *v* erneut entstehen, wiederaufleben, wiederaufkommen || *uv* возрождáться

возрождáть(ся) *uv zu* возроди́ть(ся)

возроптáть *v alt poet* zu murren anfangen, unwillig werden
ft. возропщу́, -óпщешь, -óпщут,
imp. возропщи́, ~те
pt. возроптáл
g.pt.a. возроптáв
p.pt.a. возроптáвший

возымéть 3 *v* что **1.** *alt* haben, bekommen **2.** *buchspr* empfinden; возымéть намéрение eine Absicht haben; возымéть желáние Lust bekommen

войти́ *v* во что **1.** hineingehen, eintreten; einsteigen **2.** hineingehen, Platz finden **3.** Mitglied werden **4.** с чем sich wenden (an) **5.** *übtr* eindringen ‖ *uv* **входи́ть,** Formen das.

ft.	войду́, -дёшь, -ду́т
imp.	войди́, ~те
pt.	вошёл, вошлá
g.pt.a.	войдя́ *u. alt* вошéдши
p.pt.a.	вошéдший

волновáть 5a *uv* когó-что **1.** Wellen [Wogen] erzeugen **2.** *übtr* aufregen, erregen; in Aufregung versetzen **3.** *alt* (zum Aufstand) aufwiegeln. — (вз-)

волновáться *uv* **1.** wallen, wogen **2.** *übtr* sich aufregen, sich beunruhigen **3.** *alt* rebellieren, sich erheben. — (вз-)

волочи́ть *uv* когó-что **1.** schleppen schleifen **2.** *tech* ziehen

pr.	волочу́, -óчишь, -óчат
imp.	волочи́, ~те
pt.	волочи́л
g.pr.a.	волочá
p.pr.a.	волочáщий
p.pt.a.	волочи́вший
p.pt.p.	волочённый*; волочён, -енá

волочи́ться *uv* **1.** sich schleppen; (auf der Erde) schleifen **2.** за кем-чем *umg alt* (j-m) den Hof machen

волóчь *uv* когó-что *umg* schleppen, schleifen

pr.	волоку́, -очёшь, -оку́т
imp.	волоки́, ~те
pt.	волóк, -оклá
g.pr.a.	волочá
p.pr.a.	волоку́щий
p.pt.a.	волóкший
p.pt.p.	волóченный*

волóчься *uv umg* (auf der Erde) schleifen

вóльничать 1a *uv umg* sich etwas herausnehmen, eigenwillig handeln

вонзáть(ся) *uv zu* вонзи́ть(ся)

вонзи́ть *v* что в когó-что hineinstoßen ‖ *uv* вонзáть 2a

ft.	вонжу́, вонзи́шь, вонзя́т
imp.	вонзи́, ~те
pt.	вонзи́л
g.pt.a.	вонзи́в
p.pt.a.	вонзи́вший
p.pt.p.	вонзённый; вонзён, -енá

вонзи́ться, *1. u. 2. Pers ungebr, v* sich hineinbohren, eindringen ‖ *uv* вонзáться

воня́ть 2a *uv umg* stinken

воображáть *uv zu* вообрази́ть

вообрази́ть *v* **1.** когó-что sich vorstellen, sich vergegenwärtigen **2.** что sich einbilden sich ausdenken ‖ *uv* воображáть 2a; воображáть о себé *volksspr* sehr von sich eingenommen sein

ft.	воображу́, -ази́шь, -азя́т
imp.	вообрази́, ~те
pt.	вообрази́л
g.pt.a.	вообрази́в
p.pt.a.	вообрази́вший
p.pt.p.	воображённый; воображён, -енá

воодушеви́ть *v* когó-что begeistern, anfeuern ‖ *uv* воодушевля́ть 2a

ft.	воодушевлю́, -ви́шь, -вя́т
imp.	воодушеви́, ~те
pt.	воодушеви́л
g.pt.a.	воодушеви́в
p.pt.a.	воодушеви́вший
p.pt.p.	воодушевлённый; воодушевлён, -енá

воодушеви́ться *v* чем in Begeisterung geraten, sich begeistern (für) ‖ *uv* воодушевля́ться

воодушевля́ть(ся) *uv zu* воодушеви́ть(ся)

вооружáть(ся) *uv zu* вооружи́ть(ся)

вооружи́ть *v* когó-что **1.** bewaffnen, ausrüsten **2.** чем versehen, ausrüsten (mit) **3.** прóтив когó-чегó *übtr* aufreizen, aufbringen, aufhetzen ‖ *uv* вооружáть 2a

ft.	вооружу́, -жи́шь, -жáт
imp.	вооружи́, ~те
pt.	вооружи́л
g.pt.a.	вооружи́в
p.pt.a.	вооружи́вший
p.pt.p.	вооружённый; вооружён, -енá

вооружи́ться *v* чем **1.** rüsten, sich bewaffnen **2.** *übtr* sich versorgen; вооружи́ться терпéнием sich mit Geduld wappnen ‖ *uv* вооружáться

вопи́ть *uv umg* schreien, heulen; jammern

pr.	воплю́, вопи́шь, вопя́т
imp.	вопи́, ~те
pt.	вопи́л
g.pr.a.	вопя́
p.pr.a.	вопя́щий
p.pt.a.	вопи́вший

вопия́ть *uv hoher Stil* laut schreien, laut ausrufen; кáмни вопию́т das schreit zum Himmel

pr. вопию́, вопие́шь, вопию́т
pt. вопия́л
g.pr.a. вопия́
p.pr.a. вопию́щий
p.pt.a. вопия́вший

воплоти́ть *v* кого́-что в ком-чём verkörpern; воплоти́ть в жизнь verwirklichen ‖ *uv* воплоща́ть 2a
ft. воплощу́, -оти́шь, -отя́т
imp. воплоти́, ~те
pt. воплоти́л
g.pt.a. воплоти́в
p.pt.a. воплоти́вший
p.pt.p. воплощённый; воплощён, -ена́

воплоти́ться *v* в ком-чём sich verkörpern; sich verwirklichen ‖ *uv* воплоща́ться

воплоща́ть(ся) *uv zu* воплоти́ть(ся)

вопроси́ть *v* кого́-что *alt* fragen ‖ *uv* вопроша́ть 2a
ft. вопрошу́*, -оси́шь*, -ося́т*
imp. вопроси́*, ~те*
pt. вопроси́л
g.pt.a. вопроси́в
p.pt.a. вопроси́вший
p.pt.p. вопрошённый; вопрошён, -ена́

вопроша́ть *uv zu* вопроси́ть

ворва́ться *v* (gewaltsam) eindringen, herein-, hineinstürmen; einbrechen ‖ *uv* врыва́ться 2a
ft. ворву́сь, -вёшься, -ву́тся
imp. ворви́сь, -и́тесь
pt. ворва́лся, -ала́сь, -а́ло́сь
g.pt.a. ворва́вшись
p.pt.a. ворва́вшийся

воркова́ть 5a *uv* **1.** *1. u. 2. Pers ungebr* gurren, girren **2.** *übtr scherz, iron* kosen, schöntun

ворова́ть 5a *uv* что stehlen, entwenden
p.pt.p. воро́ванный

ворожи́ть *uv* wahrsagen, zaubern
pr. ворожу́, -жи́шь, -жа́т
imp. ворожи́, ~те
pt. ворожи́л
g.pr.a. ворожа́
p.pr.a. ворожа́щий
p.pt.a. ворожи́вший

воро́нить *uv volksspr* ungeschickt und zerstreut sein; Maulaffen feilhalten, gaffen
pr. воро́ню, -нишь, -нят
imp. воро́нь, ~те
pt. воро́нил
g.pr.a. воро́ня
p.pr.a. воро́нящий
p.pt.a. воро́нивший

ворони́ть *uv* что *tech* brünieren; schwarz färben
pr. вороню́, -ни́шь, -ня́т
imp. ворони́, ~те
pt. ворони́л
g.pr.a. вороня́
p.pr.a. вороня́щий
p.pt.a. ворони́вший
p.pt.p. воронённый

вороти́ть *v* кого́-что *umg* zurückschicken, -geben, -bringen; zurückholen
ft. ворочу́, -о́тишь, -о́тят
imp. вороти́, ~те
pt. вороти́л
g.pt.a. вороти́в
p.pt.a. вороти́вший
p.pt.p. воро́ченный

вороти́ться *v volksspr* zurückkommen, -kehren

ворохну́ть *v mom zu* вороши́ть

воро́чать 1a *uv* **1.** кого́-что schieben, rücken; bewegen **2.** что, *a.* чем (um)wenden, (um)drehen **3.** кем-чем *übtr umg* verfügen, leiten

воро́чаться *uv*: беспоко́йно воро́чаться на посте́ли sich im Bett unruhig von einer Seite auf die andere wälzen

вороши́ть *uv* что (um)wenden, umdrehen | *v mom umg* ворохну́ть 7. — (раз-)
pr. ворошу́, -ши́шь, -ша́т
imp. вороши́, ~те
pt. вороши́л
g.pr.a. вороша́
p.pr.a. вороша́щий
p.pt.a. вороши́вший
p.pr.p. вороши́мый
p.pt.p. ворошённый; ворошён, -ена́

ворси́ть *uv* что *text* kardieren, rauhen ‖ *v* наворси́ть, Formen das.
pr. ворошу́, ворси́шь, ворся́т
imp. ворси́, ~те
pt. ворси́л
g.pr.a. ворся́
p.pr.a. ворся́щий
p.pt.a. ворси́вший

ворсова́ть 5a *uv text* kardieren, rauhen ‖ *v* наворсова́ть 5
p.pt.p. ворсо́ванный

ворча́ть *uv* brummen, knurren
pr. ворчу́, -чи́шь, -ча́т
imp. ворчи́, ~те
pt. ворча́л

g.pr.a. ворча́
p.pr.a. ворча́щий
p.pt.a. ворча́вший

восклйкнуть 6 *v* ausrufen || *uv* восклица́ть 2a

восклица́ть *uv zu* восклйкнуть

воскреса́ть *uv zu* воскре́снуть

воскреси́ть *v* кого́-что **1.** *rel* auferstehen lassen **2.** *übtr* wiederbeleben, -erwecken || *uv* воскреша́ть 2a
ft. воскрешу́, -еси́шь, -еся́т
imp. воскреси́, ~те
pt. воскреси́л
g.pt.a. воскреси́в
p.pt.a. воскреси́вший
p.pt.p. воскрешённый; воскрешён, -ена́

воскре́снуть *v* **1.** *rel* auferstehen **2.** *übtr* wiederaufleben || *uv* воскреса́ть 2a
ft. воскре́сну, -нешь, -нут
imp. воскре́сни, ~те
pt. воскре́с, ~ла
g.pt.a. воскре́снув *u. alt* воскре́сши
p.pt.a. воскре́сший *u.* воскре́снувший

воскреша́ть *uv zu* воскреси́ть

воску́ривать 1a *uv alt*: воску́ривать фимиа́м кому́-н. *iron* j-n übermäßig loben || *v* [1]воскури́ть, Formen das.

[1]**воскури́ть** *v zu* воску́ривать
ft. воскурю́, -у́ришь, -у́рят
imp. воскури́, ~те
pt. воскури́л
g.pt.a. воскури́в
p.pt.a. воскури́вший
p.pt.p. воску́ренный

[2]**воскури́ть** *v zu* воскуря́ть Formen wie [1]воскури́ть

воскуря́ть 2a *uv alt*: воскуря́ть фимиа́м кому́-н. *iron* j-n übermäßig loben || *v* [2]воскури́ть, Formen das.

воспали́ть *v* что *alt* **1.** heftig erregen, entfachen, anfachen **2.** entzünden || *uv* воспаля́ть 2a
ft. воспалю́, -ли́шь, -ля́т
imp. воспали́, ~те
pt. воспали́л
g.pt.a. воспали́в
p.pt.a. воспали́вший
p.pt.p. воспалённый; воспалён, -ена́

воспали́ться, *1. u. 2. Pers ungebr*, *v med* sich entzünden || *uv* воспаля́ться

воспаля́ть(ся) *uv zu* воспали́ть(ся)

воспари́ть *v alt* sich emporschwingen, emporfliegen || *uv* воспаря́ть 2a
ft. воспарю́, -ри́шь, -ря́т
imp. воспари́, ~те
pt. воспари́л
g.pt.a. воспари́в
p.pt.a. воспари́вший

воспаря́ть *uv zu* воспари́ть

воспева́ть *uv zu* воспе́ть

воспе́ть *v* кого́-что *hoher Stil* besingen, lobpreisen || *uv* воспева́ть 2a
ft. воспою́, -оёшь, -ою́т
imp. воспо́й, ~те
pt. воспе́л
g.pt.a. воспе́в
p.pt.a. воспе́вший
p.pt.p. воспе́тый

воспита́ть 2 *v* кого́-что **1.** erziehen, aufziehen **2.** в ком anerziehen, einimpfen **3.** (groß)ziehen *Tiere, Pflanzen* || *uv* воспи́тывать 1a

воспита́ться* *v* erzogen werden || *uv* воспи́тываться

воспи́тывать(ся) *uv zu* воспита́ть(ся)

воспламени́ть *v* кого́-что **1.** entzünden, anzünden **2.** *übtr* begeistern, anspornen || *uv* воспламеня́ть 2a
ft. воспламеню́, -ни́шь, -ня́т
imp. воспламени́, ~те
pt. воспламени́л
g.pt.a. воспламени́в
p.pt.a. воспламени́вший
p.pt.p. воспламенённый; воспламенён, -ена́

воспламени́ться *v* **1.** *1. u. 2. Pers ungebr* sich entzünden, in Brand geraten **2.** *übtr* entflammen, sich begeistern (für) || *uv* воспламеня́ться

воспламеня́ть(ся) *uv zu* воспламени́ть(ся)

воспо́лнить *v* что ergänzen, ausfüllen, vervollständigen || *uv* восполня́ть 2a
ft. воспо́лню, -нишь, -нят
imp. воспо́лни, ~те
pt. воспо́лнил
g.pt.a. воспо́лнив
p.pt.a. воспо́лнивший
p.pt.p. воспо́лненный

восполня́ть *uv zu* воспо́лнить

воспо́льзоваться 4 *v* чем **1.** ausnutzen, Nutzen ziehen (aus) **2.** benutzen, verwenden

воспомина́ть 2a *uv* кого́-что *alt* sich erinnern, zurückdenken (an); sich entsinnen

воспосле́довать 4 *v buchspr* nachfolgen, erfolgen

воспрепятствовать 4 *v* кому-чему *buchspr* (ver)hindern, hemmen

воспретить *v* что *oder mit Infinitiv* verbieten, verwehren ‖ *uv* воспрещать 2a

ft.	воспрещу, -етишь, -етят
imp.	воспрети, ~те
pt.	воспретил
g.pt.a.	воспретив
p.pt.a.	воспретивший
p.pt.p.	воспрещённый; воспрещён, -ена

воспрещать *uv zu* воспретить

воспрещаться 2a, *1. u. 2. Pers ungebr, uv* verboten [untersagt] sein

воспринимать(ся) *uv zu* воспринять(ся)

воспринять *v* что **1.** aufnehmen; sich aneignen; verstehen, auffassen **2.** wahrnehmen ‖ *uv* воспринимать 2a

ft.	восприму, -имешь, -имут
imp.	восприми, ~те
pt.	воспринял, -иняла, -иняло
g.pt.a.	восприняв
p.pt.a.	воспринявший
p.pt.p.	воспринятый

восприняться, *1. u. 2. Pers ungebr, v* verständlich [faßbar] sein, aufgefaßt werden; sich bemerkbar machen ‖ *uv* восприниматься

воспроизвести *v* что **1.** wiedererzeugen, reproduzieren **2.** nachbilden, wiedergeben, rekonstruieren **3.** sich vergegenwärtigen, ins Gedächtnis zurückrufen ‖ *uv* воспроизводить, Formen das.

ft.	воспроизведу, -дёшь, -дут
imp.	воспроизведи, ~те
pt.	воспроизвёл, -ела
g.pt.a.	воспроизведя *u. alt* воспроизведши
p.pt.a.	воспроизведший
p.pt.p.	воспроизведённый; воспроизведён, -ена

воспроизводить *uv zu* воспроизвести

pr.	воспроизвожу, -одишь, -одят
imp.	воспроизводи, ~те
pt.	воспроизводил
g.pr.a.	воспроизводя
p.pr.a.	воспроизводящий
p.pt.a.	воспроизводивший
p.pr.p.	воспроизводимый

воспротивиться *v* кому-чему sich widersetzen, Widerstand leisten

ft.	воспротивлюсь, -вишься, -вятся
imp.	воспротивься, -вьтесь
pt.	воспротивился, -лась
g.pt.a.	воспротивившись
p.pt.a.	воспротивившийся

воспрянуть 6 *v alt u. hoher Stil* sich aufraffen, Auftrieb bekommen

воспылать 2 *v* **1.** *alt* aufflammen, auflodern, zu brennen anfangen **2.** чем *übtr buchspr* entbrennen, glühen, brennen (vor)

восседать 1 *uv alt poet, jetzt scherz* feierlich sitzen, thronen

воссесть *v alt poet, jetzt scherz* sich feierlich niederlassen

ft.	воссяду, -ядешь, -ядут
imp.	воссядь, ~те
pt.	воссел
g.pt.a.	воссев
p.pt.a.	воссевший

воссиять 2 *v alt u. hoher Stil* aufleuchten, zu glänzen anfangen

восславить *v* кого-что *alt u. hoher Stil* rühmen, preisen ‖ *uv* восславлять 2a

ft.	восславлю, -вишь, -вят
imp.	восславь, ~те
pt.	восславил
g.pt.a.	восславив
p.pt.a.	восславивший
p.pt.p.	восславленный

восславлять *uv zu* восславить

воссоединить *v* что с чем wiedervereinigen ‖ *uv* воссоединять 2a

ft.	воссоединю, -нишь, -нят
imp.	воссоедини, ~те
pt.	воссоединил
g.pt.a.	воссоединив
p.pt.a.	воссоединивший
p.pt.p.	воссоединённый; воссоединён, -ена

воссоединиться *v* sich wiedervereinigen ‖ *uv* воссоединяться

воссоединять(ся) *uv zu* воссоединить(ся)

воссоздавать *uv zu* воссоздать

pr.	воссоздаю, -аёшь, -ают
imp.	воссоздавай, ~те
pt.	воссоздавал
g.pr.a.	воссоздавая
p.pr.a.	воссоздающий
p.pt.a.	воссоздававший
p.pr.p.	воссоздаваемый

воссоздаваться *uv zu* воссоздаться

воссоздать *v* что **1.** neu schaffen, nachschaffen, rekonstruieren; wiederherstellen **2.** sich vergegenwärtigen ‖ *uv* воссоздава́ть, Formen das.

ft.	воссозда́м, -а́шь, -а́ст, -ади́м, -ади́те, -аду́т
imp.	воссозда́й, ~те
pt.	воссозда́л, -ала́, -а́ло
g.pt.a.	воссозда́в
p.pt.a.	воссозда́вший
p.pt.p.	воссо́зданный

воссозда́ться *v* wiederhergestellt [neugeschaffen] werden; vergegenwärtigt werden, ins Gedächtnis zurückgerufen werden; lebendig werden ‖ *uv* воссоздава́ться

восстава́ть *uv zu* восста́ть

pr.	восстаю́, -аёшь, -аю́т
imp.	восстава́й, ~те
pt.	восстава́л
g.pr.a.	восстава́я
p.pr.a.	восстаю́щий
p.pt.a.	восстава́вший

восста́вить *v* что *math* ein Lot fällen, eine Senkrechte errichten ‖ *uv* восставля́ть 2a

ft.	восста́влю, -вишь, -вят
imp.	восста́вь, ~те
pt.	восста́вил
g.pt.a.	восста́вив
p.pt.a.	восста́вивший
p.pt.p.	восста́вленный

восставля́ть *uv zu* восста́вить

восстана́вливать(ся) *uv zu* восстанови́ть(ся)

восстанови́ть *v* кого́-что **1.** wiederherstellen; wiederaufbauen; restaurieren **2.** sich ins Gedächtnis zurückrufen **3.** в чём wieder einsetzen **4.** про́тив кого́-чего́ aufbringen, aufreizen ‖ *uv* восстана́вливать 1a *u.* восстановля́ть 2a

ft.	восстановлю́, -о́вишь, -о́вят
imp.	восстанови́, ~те
pt.	восстанови́л
g.pt.a.	восстанови́в
p.pt.a.	восстанови́вший
p.pt.p.	восстано́вленный

восстанови́ться *v* **1.** wiederhergestellt werden, sich normalisieren **2.** в чём wiedereingesetzt werden; wiederaufgenommen werden ‖ *uv* восстана́вливаться *u.* восстановля́ться

восстановля́ть(ся) *uv zu* восстанови́ть(ся)

восста́ть *v* **1.** sich erheben, sich empören **2.** про́тив кого́-чего́ sich widersetzen, auftreten, sich auflehnen (gegen) ‖ *uv* восстава́ть, Formen das.

ft.	восста́ну, -нешь, -нут
imp.	восста́нь, ~те
pt.	восста́л
g.pt.a.	восста́в
p.pt.a.	восста́вший

восторга́ть 2a *uv* кого́-что begeistern, entzücken

восторга́ться *uv* кем-чем sich begeistern (für), entzückt sein (von)

восторжествова́ть 5 *v* над кем-чем triumphieren, siegen, den Sieg davontragen (über)

востре́бовать 4 *v* что anfordern

восхвали́ть *v* кого́-что lobpreisen, sehr loben ‖ *uv* восхваля́ть 2a

ft.	восхвалю́, -а́лишь, -а́лят
imp.	восхвали́, ~те
pt.	восхвали́л
g.pt.a.	восхвали́в
p.pt.a.	восхвали́вший
p.pt.p.	восхвалённый; восхвалён, -ена́

восхваля́ть *uv zu* восхвали́ть

восхи́тить *v* кого́-что *alt poet* davontragen, emportragen ‖ *uv* восхища́ть 2a

ft.	восхи́щу, -и́тишь, -и́тят
imp.	восхи́ти, ~те
pt.	восхи́тил
g.pt.a.	восхи́тив
p.pt.a.	восхи́тивший
p.pt.p.	восхи́щенный

восхити́ть *v* кого́-что entzücken, bezaubern ‖ *uv* восхища́ть 2a

ft.	восхищу́, -ити́шь, -итя́т
imp.	восхити́, ~те
pt.	восхити́л
g.pt.a.	восхити́в
p.pt.a.	восхити́вший
p.pt.p.	восхищённый; восхищён, -ена́

восхити́ться *v* кем-чем in Entzücken geraten, entzückt sein, sich begeistern (für) ‖ *uv* восхища́ться

[1]**восхища́ть** *uv zu* восхи́тить

[2]**восхища́ть** *uv zu* восхити́ть

восхища́ться *uv zu* восхити́ться

восходи́ть *uv* **1.** hinauf-, besteigen **2.** aufgehen *Gestirne* **3.** к чему́ zurückreichen, -gehen, seinen Ursprung haben abstammen

pr.	восхожу́, -о́дишь, -о́дят
imp.	восходи́, ~те
pt.	восходи́л
g.pr.a.	восходя́
p.pr.a.	восходя́щий
p.pt.a.	восходи́вший

восчýвствовать 4 *v* что *alt* fühlen, spüren, empfinden

вотúровать 4 *u.* 4a *v, uv* что *oder* за когó-что, прóтив когó-чегó abstimmen *im Parlament*

вотúроваться *uv* zur Abstimmung gelangen

воткáть *v* что (hin)einweben

ft.	воткý, -кёшь, -кýт
imp.	воткú, ~те
pt.	воткáл, -алá, -áло
g.pt.a.	воткáв
p.pt.a.	воткáвший
p.pt.p.	вóтканный

воткнýть 7 *v* что во что (hin)einstechen; (hin)einstoßen ‖ *uv* втыкáть 2a

воткнýться, *1. u. 2. Pers ungebr, v* во что (hin)eindringen *mit der Spitze* ‖ *uv* втыкáться

воцарúться *v* **1.** *alt* den Thron besteigen **2.** *1. u. 2. Pers ungebr, übtr buchspr* eintreten, anbrechen, sich verbreiten ‖ *uv* воцаряться 2a

ft.	воцарю́сь, -рúшься, -ря́тся
imp.	воцарúсь, -úтесь
pt.	воцарúлся, -лась
g.pt.a.	воцарúвшись
p.pt.a.	воцарúвшийся

воцаря́ться *uv zu* воцарúться

вощúть *uv* что wachsen, bohnern. — (на-)

pr.	вощý, вощúшь, вощáт
imp.	вощú, ~те
pt.	вощúл
g.pr.a.	вощá
p.pr.a.	вощáщий
p.pt.a.	вощúвший
p.pt.p.	вощённый

впадáть 2a *uv* **1.** *uv zu* впасть **2.** *1. u. 2. Pers ungebr* во что münden, hineinfließen, sich ergießen

впáивать *uv zu* впая́ть

впáрхивать *uv zu* впорхнýть

впасть *v* **1.** *1. u. 2. Pers ungebr* einfallen *Wangen*, einsinken, hohl werden **2.** во что geraten, verfallen (in etw.) ‖ *uv* впадáть 2a

ft.	впадý, -дёшь, -дýт
imp.	впадú, ~те
pt.	впал
g.pt.a.	впав
p.pt.a.	впáвший

впая́ть 2 *v* что во что einlöten ‖ *uv* впáивать 1a

вперúть *v buchspr*: вперúть взор (в когó-что *oder* на когó-что) den Blick richten (auf etw. *oder* auf j-n) ‖ *uv* вперя́ть 2a

ft.	вперю́, вперúшь, вперя́т
imp.	вперú, ~те
pt.	вперúл
g.pt.a.	вперúв
p.pt.a.	вперúвший
p.pt.p.	вперённый; вперён, -енá

вперя́ть *uv zu* вперúть

впивáть 2a *uv* что in sich einsaugen, in sich aufnehmen ‖ *v* впить, Formen das.

[1,2]**впивáться** *uv zu* [1,2]впúться

вписáть *v* когó-что **1.** einfügen *in einen Text* **2.** einschreiben, eintragen **3.** einzeichnen ‖ *uv* впúсывать 1a

ft.	впишý, впúшешь, впúшут
imp.	впишú, ~те
pt.	вписáл
g.pt.a.	вписáв
p.pt.a.	вписáвший
p.pt.p.	впúсанный

вписáться *v umg* seinen Namen eintragen; sich eintragen (lassen) ‖ *uv* впúсываться

впúсывать(ся) *uv zu* вписáть(ся)

впитáть 2 *v* что **1.** auf-, einsaugen **2.** *übtr* in sich aufnehmen ‖ *uv* впúтывать 1a

впитáться, *1. u. 2. Pers ungebr, v* einsickern, eindringen ‖ *uv* впúтываться

впúтывать(ся) *uv zu* впитáть(ся)

впить *v zu* впивáть

ft.	вопью́, вопьёшь, вопью́т
imp.	впей, ~те
pt.	впил, впилá, впúло
g.pt.a.	впив
p.pt.a.	впúвший

[1]**впúться** *v* в когó-что **1.** sich festsaugen; eindringen, sich hineinbohren **2.** sich anklammern, sich festklammern ‖ *uv* впивáться 2a

pt.	впúлся, впилáсь, впúлóсь

[2]**впúться** *v volksspr* sich an den Alkoholgenuß gewöhnen, zum Trinker werden ‖ *uv* впивáться 2a

pt.	впúлся, впилáсь, впúлóсь

впихáть 2 *v* когó-что во что *volksspr* hineinstoßen, -pressen ‖ *uv* впúхивать 1a

[1]**впúхивать** *uv zu* впихнýть

[2]**впúхивать** *uv zu* впихáть

впихнýть 7 *v* когó-что во что *umg* hineinstoßen, -pressen ‖ *uv* впúхивать 1a

вплести́ *v* что во что (hin)einflechten ‖ *uv* вплета́ть 2a
ft. вплету́, -тёшь, -ту́т
imp. вплети́, ~те
pt. вплёл, -ела́
g.pt.a. вплетя́ *u.* вплётши
p.pt.a. вплётший
p.pt.p. вплетённый; вплетён, -ена́

вплета́ть *uv zu* вплести́

вплыва́ть *uv zu* вплыть

вплыть *v* во что hineinschwimmen, einlaufen *Schiff* ‖ *uv* вплыва́ть 2a
ft. вплыву́, -вёшь, -ву́т
imp. вплыви́, ~те
pt. вплыл, -ыла́, -ы́ло
g.pt.a. вплыв
p.pt.a. вплы́вший

вполза́ть *uv zu* вползти́

вползти́ *v* **1.** hineinkriechen **2.** hinaufkriechen ‖ *uv* вполза́ть 2a
ft. вползу́, -зёшь, -зу́т
imp. вползи́, ~те
pt. вполз, ~ла́
g.pt.a. впо́лзши
p.pt.a. впо́лзший

вспорхну́ть 7 *v* во что hineinflattern, -hüpfen ‖ *uv* впа́рхивать 1a

впра́вить *v* что *med* einrenken ‖ *uv* вправля́ть 2a
ft. впра́влю, -вишь, -вят
imp. вправь, ~те
pt. впра́вил
g.pt.a. впра́вив
p.pt.a. впра́вивший
p.pt.p. впра́вленный

вправля́ть *uv zu* впра́вить

впры́гивать *uv zu* впры́гнуть

впры́гнуть 6 *v* во что hineinspringen; на что (hin)aufspringen ‖ *uv* впры́гивать 1a

впры́скивать *uv zu* впры́снуть

впры́снуть 6 *v* что einspritzen, injizieren ‖ *uv* впры́скивать 1a

впряга́ть(ся) *uv zu* впря́чь(ся)

впрячь *v* кого́-что во что ein-, an-, vorspannen, anschirren ‖ *uv* впряга́ть 2a
ft. впрягу́, -яжёшь, -ягу́т
imp. впряги́, ~те
pt. впряг, ~ла́
g.pt.a. впря́гши
p.pt.a. впря́гший
p.pt.p. впряжённый; впряжён, -ена́

впря́чься *v* sich einspannen ‖ *uv* впряга́ться

впуска́ть *uv zu* впусти́ть

впусти́ть *v* кого́-что hinein-, hereinlassen ‖ *uv* впуска́ть 2a
ft. впущу́, впу́стишь, впу́стят
imp. впусти́, ~те
pt. впусти́л
g.pt.a. впусти́в
p.pt.a. впусти́вший
p.pt.p. впу́щенный

впу́тать 1 *v* кого́-что **1.** einflechten **2.** *übtr* во что *umg* verwickeln (j-n in etw.) ‖ *uv* впу́тывать 1a

впу́таться *v* во что sich verwickeln, sich verstricken (in) ‖ *uv* впу́тываться

впу́тывать(ся) *uv zu* впу́тать(ся)

враба́тываться *uv zu* врабо́таться

врабо́таться 1 *v umg* sich einarbeiten ‖ *uv* враба́тываться 1a

враждова́ть 5a *uv* с кем-чем auf dem Kriegsfuß stehen (mit), feind sein

вразуми́ть *v* кого́-что belehren, überzeugen; zur Vernunft bringen ‖ *uv* вразумля́ть 2a
ft. вразумлю́, -ми́шь, -мя́т
imp. вразуми́, ~те
pt. вразуми́л
g.pt.a. вразуми́в
p.pt.a. вразуми́вший
p.pt.p. вразумлённый; вразумлён, -ена́

вразумля́ть *uv zu* вразуми́ть

враста́ть *uv zu* врасти́

врасти́, *1. u. 2. Pers ungebr*, *v* во что (hin)einwachsen, Wurzel fassen ‖ *uv* враста́ть 2a
ft. врастёт, -ту́т
pt. врос, ~ла́
g.pt.a. вро́сши
p.pt.a. вро́сший

врать *uv umg* **1.** lügen **2.** falsch singen, falsch spielen **3.** *alt* Unsinn reden ‖ *v* совра́ть, Formen das.
pr. вру, врёшь, врут
imp. ври, ~те
pt. врал, врала́, вра́ло
p.pr.a. вру́щий
p.pt.a. вра́вший

врачева́ть *uv* кого́-что *buchspr* kurieren, heilen
pr. врачу́ю, -у́ешь, -у́ют
imp. врачу́й, ~те
pt. врачева́л
g.pr.a. врачу́я
p.pr.a. врачу́ющий
p.pt.a. врачева́вший

враща́ть 2a *uv* что *oder* чем drehen

враща́ться *uv* **1.** sich drehen **2.** verkehren

вреди́ть *uv* кому́-чему́ schaden, schädigen. — (по-)

pr.	врежу́, вреди́шь, вредя́т
imp.	вреди́, ~те
pt.	вреди́л
g.pr.a.	вредя́
p.pr.a.	вредя́щий
p.pt.a.	вреди́вший

вре́зать *v* что во что **1.** einfügen; einsetzen **2.** *übtr* einprägen ‖ *uv* вреза́ть 2a *u.* вре́зывать 1a

ft.	вре́жу, -жешь, -жут
imp.	врежь, ~те
pt.	вре́зал
g.pt.a.	вре́зав
p.pt.a.	вре́завший
p.pt.p.	вре́занный

вреза́ть *uv zu* вре́зать

вре́заться *v* во что **1.** eindringen, einschneiden **2.** eindringen, hineinstoßen **3.** *übtr* sich einprägen **4.** *volksspr* sich verlieben ‖ *uv* вреза́ться *u.* вре́зываться Formen nach вре́зать

вреза́ться *uv zu* вре́заться

вре́зывать(ся) *uv zu* вре́зать(ся)

вруба́ть(ся) *uv zu* вруби́ть(ся)

вруби́ть *v* что во что einsetzen; einrammen, -hauen ‖ *uv* вруба́ть 2a

ft.	врублю́, вру́бишь, вру́бят
imp.	вруби́, ~те
pt.	вруби́л
g.pt.a.	вруби́в
p.pt.a.	вруби́вший
p.pt.p.	вру́бленный

вруби́ться *v* во что schlagend eindringen ‖ *uv* вруба́ться

вруча́ть *uv zu* вручи́ть

вручи́ть *v* что кому́-чему́ **1.** aushändigen, überreichen **2.** anvertrauen ‖ *uv* вруча́ть 2a

ft.	вручу́, -чи́шь, -ча́т
imp.	вручи́, ~те
pt.	вручи́л
g.pt.a.	вручи́в
p.pt.a.	вручи́вший
p.pt.p.	вручённый; вручён, -ена́

врыва́ть *uv zu* врыть

[1]**врыва́ться** *uv zu* вры́ться

[2]**врыва́ться** *uv zu* ворва́ться

врыть *v* что во что eingraben, einsetzen *in eine Öffnung* ‖ *uv* врыва́ть 2a

ft.	вро́ю, вро́ешь, вро́ют
imp.	врой, ~те
pt.	врыл
g.pt.a.	врыв
p.pt.a.	вры́вший
p.pt.p.	вры́тый

вры́ться *v* sich eingraben ‖ *uv* врыва́ться

всади́ть *v* что во что hineinstoßen, -hauen ‖ *uv* вса́живать 1a

ft.	всажу́, вса́дишь, вса́дят
imp.	всади́, ~те
pt.	всади́л
g.pt.a.	всади́в
p.pt.a.	всади́вший
p.pt.p.	вса́женный

вса́живать *uv zu* всади́ть

вса́сывать(ся) *uv zu* всоса́ть(ся)

всели́ть *v* **1.** кого́-что во что einquartieren, ansiedeln **2.** что в кого́-что *übtr* einflößen ‖ *uv* веселя́ть 2a

ft.	вселю́, -ли́шь, -ля́т
imp.	всели́, ~те
pt.	всели́л
g.pt.a.	всели́в
p.pt.a.	всели́вший
p.pt.p.	вселённый; вселён, -ена́

всели́ться *v* **1.** sich einquartieren, einziehen **2.** *übtr* einziehen, eindringen *von Seelenzuständen* ‖ *uv* вселя́ться

вселя́ть(ся) *uv zu* всели́ть(ся)

вска́кивать *uv zu* вскочи́ть

вска́пывать *uv zu* вскопа́ть

вскара́бкаться 1 *v* на кого́-что *umg* hinaufklettern ‖ *uv* вскара́бкиваться 1a

вскара́бкиваться *uv zu* вскара́бкаться

вска́рмливать *uv zu* вскорми́ть

вски́дывать *uv zu* вски́нуть

вски́нуть 6 *v* что **1.** на что hinaufwerfen **2.** schnell heben ‖ *uv* вски́дывать 1a

imp.	вски́нь, ~те
p.pt.p.	вски́нутый

вскипа́ть *uv zu* вскипе́ть

вскипе́ть *v* **1.** *1. u. 2. Pers ungebr* aufkochen **2.** *übtr* aufbrausen; vor Wut schäumen ‖ *uv* вскипа́ть 2a

ft.	вскиплю́, -пи́шь, -пя́т
imp.	вскипи́, ~те
pt.	вскипе́л
g.pt.a.	вскипе́в
p.pt.a.	вскипе́вший

вскипяти́ть *v* что aufkochen

ft.	вскипячу́, -яти́шь, -ятя́т

imp вскипяти́, ~те
pt. вскипяти́л
g.pt.a. вскипяти́в
p.pt.a. вскипяти́вший
p.pt.p. вскипячённый; вскипячён, -ена́

вскипяти́ться *v* **1.** zum Kochen kommen **2.** *übtr umg* aufbrausen

всклоко́чивать *uv zu* всклоко́чить

всклоко́чить *v* что *umg* zerzausen, verwirren || *uv* всклоко́чивать 1a
ft. всклоко́чу, -чишь, -чат
imp. всклоко́чь, ~те
pt. всклоко́чил
g.pt.a. всклоко́чив
p.pt.a. всклоко́чивший
p.pt.p. всклоко́ченный

всклo̍чивать *uv zu* всклo̍чить

всклo̍чить *v* что *umg* zerzausen, zottig machen; verfilzen || *uv* всклo̍чивать 1a
ft. всклo̍чу, -чишь, -чат
imp. всклочь, ~те
pt. всклo̍чил
g.pt.a. всклo̍чив
p.pt.a. всклo̍чивший
p.pt.p. всклo̍ченный

всколыха́ть *v* кого́-что *alt* **1.** schaukeln, zum Wogen bringen **2.** *übtr* in Bewegung bringen, aufwühlen || *uv* всколы́хивать 1a
ft. всколы́шу, -ы́шешь, -ы́шут *u.* всколыха́ю, -а́ешь, -а́ют
imp. всколыха́й, ~те *u.* всколы́шь, ~те *u. selten* всколыши́, ~те
pt. всколыха́л
g.pt.a. всколыха́в
p.pt.a. всколыха́вший
p.pt.p. всколы́шенный

всколыха́ться *v alt* **1.** zu wogen beginnen **2.** *übtr* in Bewegung geraten || *uv* всколы́хиваться

[1]**всколы́хивать(ся)** *uv zu* всколыха́ть(ся)

[2]**всколы́хивать(ся)** *uv zu* всколыхну́ть(ся)

всколыхну́ть 7 *v* кого́-что **1.** zum Wogen bringen **2.** *übtr* in Bewegung bringen, aufwühlen || *uv* всколы́хивать 1a

всколыхну́ться *v* **1.** zu wogen beginnen **2.** *übtr* in Bewegung geraten || *uv* всколы́хиваться

вскопа́ть 2 *v* что aufgraben, auflockern || *uv* вска́пывать 1a

вскорми́ть *v* кого́-что aufziehen, großziehen; ernähren || *uv* вска́рмливать 1a
ft. вскормлю́, -о́рмишь, -о́рмят
imp. вскорми́, ~те
pt. вскорми́л
g.pt.a. вскорми́в
p.pt.a. вскорми́вший
p.pt.p. вско́рмленный *u. alt* вскормлённый; вскормлён, -ена́

вскочи́ть *v* **1.** на кого́-что hinaufspringen **2.** *vor Schreck* aufspringen, auffahren **3.** *1. u. 2. Pers ungebr* sich (plötzlich) bilden *blauer Fleck*, *Pustel* || *uv* вска́кивать 1a
ft. вскочу́, -о́чишь, -о́чат
imp. вскочи́, ~те
pt. вскочи́л
g.pt.a. вскочи́в
p.pt.a. вскочи́вший

вскри́кивать *uv zu* вскри́кнуть

вскри́кнуть 6 *v* aufschreien, einen Schrei ausstoßen || *uv* вскри́кивать 1a

вскрича́ть *v* schreien, ausrufen
ft. вскричу́, -чи́шь, -ча́т
imp. вскричи́, ~те
pt. вскрича́л
g.pt.a. вскрича́в
p.pt.a. вскрича́вший

вскружи́ть *v* что verdrehen, verwirren; вскружи́ть го́лову кому́-н. j-m den Kopf verdrehen
ft. вскружу́, -у́жи́шь, -у́жа́т
imp. вскружи́, ~те
pt. вскружи́л
g.pt.a. вскружи́в
p.pt.a. вскружи́вший
p.pt.p. вскружённый; вскружён, -ена́ *u.* вскру́женный

вскружи́ться, *1. u. 2. Pers ungebr*, *v:* у него́ вскружи́лась голова́ er verlor den Kopf; ihm schwindelte
ft. вскру́жи́тся
pt. вскружи́лась

вскрыва́ть(ся) *uv zu* вскры́ть(ся)

вскрыть *v* что **1.** öffnen, aufmachen **2.** *med* sezieren, obduzieren; operieren **3.** *übtr* aufdecken || *uv* вскрыва́ть 2a
ft. вскро́ю, -о́ешь, -о́ют
imp. вскрой, ~те
pt. вскрыл
g.pt.a. вскрыв
p.pt.a. вскры́вший
p.pt.p. вскры́тый

вскры́ться, *1. u. 2. Pers ungebr*, *v* **1.** platzen, aufbrechen *Geschwür* **2.** sich vom Eis befreien *Flüsse* **3.** *übtr* sich zeigen; aufgedeckt werden || *uv* вскрыва́ться

вслу́шаться 1 *v* во что aufmerksam zuhören; aufhorchen; achtgeben ‖ *uv* вслу́шиваться 1a

вслу́шиваться *uv zu* вслу́шаться

всма́триваться *uv zu* всмотре́ться

всмотре́ться *v* в кого́-что genau ansehen; fixieren ‖ *uv* всма́триваться 1a

ft.	всмотрю́сь, -о́тришься, -о́трятся
imp.	всмотри́сь, -и́тесь
pt.	всмотре́лся, -лась
g.pt.a.	всмотре́вшись
p.pt.a.	всмотре́вшийся

всова́ть 5 *v* что во что *volkssрr* (hin)einstecken *wiederholt*; hineinstoßen, -pressen ‖ *uv* всо́вывать 1a

ft.	всую́, всуёшь, всую́т

[1]**всо́вывать** *uv zu* всу́нуть

[2]**всо́вывать** *uv zu* всова́ть

всоса́ть *v* что ein-, aufsaugen; absorbieren ‖ *uv* вса́сывать 1a

ft.	всосу́, -сёшь, -су́т
imp.	всоси́, ~те
pt.	всоса́л
g.pt.a.	всоса́в
p.pt.a.	всоса́вший
p.pt.p.	всо́санный

всоса́ться, *1. u. 2. Pers ungebr, v* во что **1.** sich festsaugen, sich ansaugen **2.** einsickern, eindringen *von Flüssigkeiten* ‖ *uv* вса́сываться

вспа́ивать *uv zu* вспои́ть

вспа́рхивать *uv zu* вспорхну́ть

вспа́рывать *uv zu* вспоро́ть

вспаха́ть *v* что (auf)ackern, (auf)pflügen ‖ *uv* вспа́хивать 1a

ft.	вспашу́, -а́шешь, -а́шут
imp.	вспаши́, ~те
pt.	вспаха́л
g.pt.a.	вспаха́в
p.pt.a.	вспаха́вший
p.pt.p.	вспа́ханный

вспа́хивать *uv zu* вспаха́ть

вспе́нивать(ся) *uv zu* вспе́нить(ся)

вспе́нить *v* что Schaum bilden, schäumen(d) machen ‖ *uv* вспе́нивать 1a

ft.	вспе́ню, -нишь, -нят
imp.	вспень, ~те
pt.	вспе́нил
g.pt.a.	вспе́нив
p.pt.a.	вспе́нивший
p.pt.p.	вспе́ненный *u. alt* вспенённый; вспенён, -ена́

вспе́ниться, *1. u. 2. Pers ungebr, v* schäumen, sich mit Schaum bedecken ‖ *uv* вспе́ниваться

всплакну́ть 7 *v* о ком-чём *u. ohne Objekt umg* ein wenig weinen, leise weinen, schluchzen

всплёскивать *u.* **всплёскивать** *uv zu* всплесну́ть

всплесну́ть 7 *v mom* (auf)plätschern; всплесну́ть рука́ми die Hände überm Kopf zusammenschlagen *vor Freude, Erstaunen* ‖ *uv* всплёскивать 1a *u.* всплёскивать 1a

p.pt.p.	всплёснутый

всплыва́ть *uv zu* всплыть

всплыть *v* **1.** auftauchen, an die Wasseroberfläche kommen, hervorschwimmen **2.** *1. u. 2. Pers ungebr* zum Vorschein kommen; auftauchen *Frage* ‖ *uv* всплыва́ть 2a

ft.	всплыву́, -вёшь, -ву́т
imp.	всплыви́, ~те
pt.	всплыл, -ыла́, -ы́ло
g.pt.a.	всплыв
p.pt.a.	всплы́вший

вспои́ть *v* кого́-что *umg* **1.** mit Milch [mit der Flasche] aufziehen *Tiere* **2.**: вспои́ть и вскорми́ть erziehen; großziehen *Menschen* ‖ *uv* вспа́ивать 1a

ft.	вспою́, -ои́шь, -оя́т
imp.	вспо́й, ~те
pt.	вспои́л
g.pt.a.	вспои́в
p.pt.a.	вспои́вший
p.pt.p.	вспоённый; вспоён, -ена́ *u.* вспо́енный

всполохну́ть(ся) *v mom zu* всполоши́ть(ся)

всполоши́ть *v* кого́-что *umg* in Aufregung [Unruhe] versetzen; Aufregung verursachen; beunruhigen | *v mom* всполохну́ть 7

ft.	всполошу́, -ши́шь, -ша́т
imp.	всполоши́, ~те
pt.	всполоши́л
g.pt.a.	всполоши́в
p.pt.a.	всполоши́вший
p.pt.p.	всполошённый; всполошён, -ена́

всполоши́ться *v umg* in Aufregung [Unruhe] geraten, sich beunruhigen | *v mom* всполохну́ться

вспомина́ть(ся) *uv zu* вспо́мнить(ся)

вспо́мнить *v* кого́-что *oder* о ком-чём sich erinnern, zurückdenken (an); sich

entsinnen; gedenken, sich besinnen (auf) || *uv* вспомина́ть 2a
ft. вспо́мню, -нишь, -нят
imp. вспо́мни, ~те
pt. вспо́мнил
g.pt.a. вспо́мнив
p.pt.a. вспо́мнивший

вспо́мниться, *1. u. 2. Pers ungebr, v* кому́ wieder in den Sinn kommen, einfallen || *uv* вспомина́ться

вспомяну́ть 7 *v* кого́-что *oder* о ком-чём *volkssрr* sich erinnern, zurückdenken (an)
ft. вспомяну́, -я́нешь, -я́нут
p.pt.p. вспомя́нутый

вспоро́ть *v* что *umg* auftrennen || *uv* вспа́рывать 1a
ft. вспорю́, -о́решь, -о́рют
imp. вспори́, ~те
pt. вспоро́л
g.pt.a. вспоро́в
p.pt.a. вспоро́вший
p.pt.p. вспо́ротый

вспорхну́ть 7 *v* aufflattern, -fliegen || *uv* вспа́рхивать 1a
kein *p.pt.p.*

вспоте́ть 3 *v* **1.** schwitzen; ins Schwitzen geraten, in Schweiß kommen **2.** anlaufen *Fenster, Brille*

вспры́гивать *uv zu* вспры́гнуть

вспры́гнуть 6 *v* на кого́-что (hin)aufspringen, sich schwingen *aufs Pferd* || *uv* вспры́гивать 1a

вспры́скивать *uv zu* вспры́снуть

вспры́снуть 6 *v* что **1.** bespritzen, besprengen **2.** *umg med* einspritzen **3.** *umg scherz* «begießen» *feiern* || *uv* вспры́скивать 1a
p.pt.p. вспры́снутый

вспу́гивать *uv zu* вспугну́ть

вспугну́ть 7 *v* кого́-что aufschrecken, aufscheuchen || *uv* вспу́гивать 1a

вспуха́ть *uv zu* вспу́хнуть

вспу́хнуть, *1. u. 2. Pers ungebr, v* an-, aufschwellen || *uv* вспуха́ть 2a
ft. вспу́хнет, -нут
pt. вспух, ~ла
g.pt.a. вспу́хнув *u.* вспу́хши
p.pt.a. вспу́хший *u.* вспу́хнувший

вспу́чивать(ся) *uv zu* вспу́чить(ся)

вспу́чить *meist unpers v* что *volkssрr* (auf)blähen || *uv* вспу́чивать 1a
ft. вспу́чит, -чат
pt. вспу́чил
g.pt.a. вспу́чив
p.pt.a. вспу́чивший
p.pt.p. вспу́ченный

вспу́читься, *1. u. 2. Pers ungebr, v volkssрr* sich (auf)blähen || *uv* вспу́чиваться

вспыли́ть *v* aufbrausen
ft. вспылю́, -ли́шь, -ля́т
imp. вспыли́, ~те
pt. вспыли́л
g.pt.a. вспыли́в
p.pt.a. вспыли́вший

вспы́хивать *uv zu* вспы́хнуть

вспы́хнуть 6 *v* **1.** aufflammen, auflodern; ausbrechen; aufbrausen **2.** ausbrechen *Panik, Streik, Krieg* **3.** erglühen, erröten || *uv* вспы́хивать 1a

встава́ть *uv zu* встать
pr. встаю́, встаёшь, встаю́т
imp. встава́й, ~те
pt. встава́л
g.pr.a. встава́я
p.pr.a. встаю́щий
p.pt.a. встава́вший

вста́вить *v* кого́-что во что einsetzen, einfügen || *uv* вставля́ть 2a
ft. вста́влю, -вишь, -вят
imp. вставь, ~те
pt. вста́вил
g.pt.a. вста́вив
p.pt.a. вста́вивший
p.pt.p. вста́вленный

вставля́ть *uv zu* вста́вить

встать *v* **1.** aufstehen, sich erheben **2.** sich (hin)stellen; treten, steigen (auf) **3.** aufgehen *Gestirne u. ä.* **4.** entstehen; aufsteigen **5.** *übtr* aufstehen, sich erheben, den Kampf aufnehmen || *uv* встава́ть, Formen das.
ft. вста́ну, -нешь, -нут
imp. встань, ~те
pt. встал
g.pt.a. встав
p.pt.a. вста́вший

встопо́рщить *v* что *umg* sträuben, (starr) emporrichten *Haare, Federn*
ft. встопо́рщу, -щишь, -щат
pt. встопо́рщил
g.pt.a. встопо́рщив
p.pt.a. встопо́рщивший
p.pt.p. встопо́рщенный

встопо́рщиться, *1. u. 2. Pers ungebr, v umg* (sich) sträuben *Haare*

встра́ивать *uv zu* встро́ить

встрево́жить *v* кого́-что beunruhigen, aufregen
ft. встрево́жу, -жишь, -жат
imp. встрево́жь, ~те
pt. встрево́жил
g.pt.a. встрево́жив
p.pt.a. встрево́живший
p.pt.p. встрево́женный

встрево́житься *v* sich beunruhigen, sich aufregen

встрепену́ться 7 *v* **1.** aufwachen, sich schütteln *von Vögeln* **2.** plötzlich auffahren, zusammenzucken **3.**: се́рдце у него́ встрепену́лось sein Herz schlug bis zum Halse

встре́тить *v* кого́-что **1.** begegnen, treffen, stoßen (auf) **2.** finden, erfahren **3.** entgegenkommen **4.** empfangen, begrüßen, willkommen heißen ‖ *uv* встреча́ть 2a
ft. встре́чу, -е́тишь, -е́тят
imp. встреть, ~те
pt. встре́тил
g.pt.a. встре́тив
p.pt.a. встре́тивший
p.pt.p. встре́ченный

встре́титься *v* **1.** с кем-чем sich treffen (mit), begegnen **2.** с кем-чем sich sehen, zusammenkommen; sich messen (mit) **3.** *1. u. 2. Pers ungebr* vorkommen ‖ *uv* встреча́ться

встреча́ть(ся) *uv zu* встре́тить(ся)

встро́ить *v* что во что (hin)einbauen ‖ *uv* встра́ивать 1a
ft. встро́ю, -о́ишь, -о́ят
imp. встрой, ~те
pt. встро́ил
g.pt.a. встро́ив
p.pt.a. встро́ивший
p.pt.p. встро́енный

встря́хивать(ся) *uv zu* встряхну́ть(ся)

встряхну́ть 7 *v* кого́-что **1.** (aus)schütteln **2.** *übtr* aufrütteln, wachrufen ‖ *uv* встря́хивать 1a *zu* 1

встряхну́ться *v* **1.** sich schütteln, von sich abschütteln **2.** *umg* aufleben, Mut fassen; sich zerstreuen ‖ *uv* встря́хиваться

вступа́ть(ся) *uv zu* вступи́ть(ся)

вступи́ть *v* во что **1.** (ein)treten; einziehen, -rücken **2.** eintreten, beitreten **3.** beginnen, eröffnen ‖ *uv* вступа́ть 2a
ft. вступлю́, -у́пишь, -у́пят
imp. вступи́, ~те
pt. вступи́л
g.pt.a. вступи́в
p.pt.a. вступи́вший

вступи́ться *v* за кого́-что eintreten, sich einsetzen (für); in Schutz nehmen ‖ *uv* вступа́ться

всу́нуть 6 *v* во что (hin)einstecken ‖ *uv* всо́вывать 1a
imp. всунь, ~те
p.pt.p. всу́нутый

всу́чивать *uv zu* всучи́ть

всучи́ть *v* что **1.** eindrehen, einflechten **2.** *volksspr* aufbinden, -schwatzen, zwingen ‖ *uv* всу́чивать 1a
ft. всучу́, всу́чи́шь, всу́ча́т
imp. всучи́, ~те
pt. всучи́л
g.pt.a. всучи́в
p.pt.a. всучи́вший
p.pt.p. всу́ченный *u.* всучённый; всучён, -ена́

всхли́пнуть *v mom zu* всхли́пывать

всхли́пывать 1a *uv* schluchzen | *v mom* всхли́пнуть 6

всходи́ть *uv zu* взойти́
pr. всхожу́, -о́дишь, -о́дят
imp. всходи́, ~те
pt. всходи́л
g.pr.a. всходя́
p.pr.a. всходя́щий
p.pt.a. всходи́вший

всхрапну́ть 7 *v* **1.** *mom zu* всхра́пывать **2.** *volksspr* ein Schläfchen machen

всхра́пывать 1a *uv* **1.** schnarchen **2.** schnaufen *Tiere* | *v mom* всхрапну́ть 7

всы́пать *v* **1.** что *oder* чего́ во что (hin)einschütten, (hin)einstreuen **2.** кому́-чему́ *volksspr* ausschimpfen; verprügeln ‖ *uv* всыпа́ть 2a
ft. всы́плю, -лешь, -лют *u. umg* -пешь, -пют
imp. всыпь, ~те
pt. всы́пал
g.pt.a. всы́пав
p.pt.a. всы́павший
p.pt.p. всы́панный

всыпа́ть *uv zu* всы́пать

[1]**вта́лкивать** *uv zu* втолкну́ть

[2]**вта́лкивать** *uv zu* втолка́ть

вта́птывать *uv zu* втопта́ть

втаска́ть 2 *v* кого́-что во что *volksspr* **1.** hineinschleppen, hinein-, hereinziehen **2.** hinauf-, hochschleppen, hinauf-, hochziehen ‖ *uv* вта́скивать 1a

[1]**вта́скивать** *uv zu* втащи́ть

[2]**вта́скивать** *uv zu* втаска́ть

вта́скиваться *uv zu* втащи́ться

втача́ть 2 *v* что во что einnähen, annähen; einsetzen ‖ *uv* вта́чивать 1a

вта́чивать *uv zu* втача́ть

втащи́ть *v* кого́-что во что **1.** hineinschleppen, hinein-, hereinziehen **2.** hinauf-, hochschleppen, hinauf-, hochziehen ‖ *uv* вта́скивать 1a

ft.	втащу́, вта́щишь, вта́щат
imp.	втащи́, ~те
pt.	втащи́л
g.pt.a.	втащи́в
p.pt.a.	втащи́вший
p.pt.p.	вта́щенный

втащи́ться *v umg* **1.** sich (mühselig) hineinschleppen **2.** unter Anstrengungen hinaufgelangen ‖*uv* вта́скиваться

втека́ть 2a, *1. u. 2. Pers ungebr, uv* во что hineinfließen; münden ‖ *v* втечь, Formen das.

втемя́шивать(ся) *uv zu* втемя́шить(ся)

втемя́шить *v* что кому́-чему́ *volksspr* einschärfen, einprägen; втемя́шить в го́лову [башку́] einpauken, eintrichtern ‖ *uv* втемя́шивать 1a

ft.	втемя́шу, -шишь, -шат
imp.	втемя́шь, ~те
pt.	втемя́шил
g.pt.a.	втемя́шив
p.pt.a.	втемя́шивший
p.pt.p.	втемя́шенный

втемя́шиться, *1. u. 2. Pers ungebr*, *v* кому́: втемя́шилось ему́ э́то *volksspr* er hat sich dies in den Kopf gesetzt ‖ *uv* втемя́шиваться

втере́ть *v* что во что einreiben ‖ *uv* втира́ть 2a

ft.	вотру́, -рёшь, -ру́т
imp.	вотри́, ~те
pt.	втёр, ~ла
g.pt.a.	втере́в *u.* втёрши
p.pt.a.	втёрший
p.pt.p.	втёртый

втере́ться *v* во что **1.** *umg* sich hineindrängen, sich mengen **2.** *übtr umg* sich einschleichen **3.** *1. u. 2. Pers ungebr,* eindringen, sich einsaugen ‖ *uv* втира́ться

g.pt.a.	втёршись

втеса́ться *v* во что *volksspr* sich einschleichen ‖ *uv* втёсываться* 1a

ft.	втешу́сь, вте́шешься, вте́шутся
imp.	втеши́сь, -и́тесь
pt.	втеса́лся, -лась
g.pt.a.	втеса́вшись
p.pt.a.	втеса́вшийся

втёсываться *uv zu* втеса́ться

втечь *v zu* втека́ть

ft.	втечёт, втеку́т
pt.	втёк, втекла́
g.pt.a.	втёкши
p.pt.a.	втёкший

втира́ть(ся) *uv zu* втере́ть(ся)

вти́скать 1 *v* что во что *volksspr* (mit Mühe) hineindrücken, -pressen ‖ *uv* вти́скивать 1a

вти́скаться *v* во что *volksspr* **1.** *1. u. 2. Pers ungebr* sich (mit Mühe) hineindrücken lassen; kaum hineinpassen **2.** sich hineindrängen ‖ *uv* вти́скиваться

[1]**вти́скивать(ся)** *uv zu* вти́скать(ся)

[2]**вти́скивать(ся)** *uv zu* вти́снуть(ся)

вти́снуть 6 *v* что во что hineindrücken, -pressen ‖ *uv* вти́скивать 1a

p.pt.p.	вти́снутый

вти́снуться, *1. u. 2. Pers ungebr*, *v* **1.** *umg* sich (mit Mühe) hineindrücken lassen; kaum hineinpassen **2.** sich hineindrängen ‖ *uv* вти́скиваться

втолка́ть 2 *v* кого́-что во что hineinstoßen ‖ *uv* вта́лкивать 1a

втолкну́ть 7 *v* кого́-что во что hineinstoßen ‖ *uv* вта́лкивать 1a

втолкова́ть 5 *v* что кому́-чему́ *umg* erklären, beibringen, begreiflich machen ‖ *uv* втолко́вывать 1a

втолко́вывать *uv zu* втолкова́ть

втопта́ть *v* что во что hineinstampfen, -treten ‖ *uv* вта́птывать 1a

ft.	втопчу́, вто́пчешь, вто́пчут
imp.	втопчи́, ~те
pt.	втопта́л
g.pt.a.	втопта́в
p.pt.a.	втопта́вший
p.pt.p.	вто́птанный

вторга́ться *uv zu* вто́ргнуться

вто́ргнуться *v* во что **1.** eindringen, einfallen **2.** *übtr* sich einmischen ‖ *uv* вторга́ться 2a

ft.	вто́ргнусь, -нешься, -нутся
imp.	вто́ргнись, -итесь
pt.	вто́ргся *u.* вто́ргнулся, вто́рглась
g.pt.a.	вто́ргшись *u.* вто́ргнувшись
p.pt.a.	вто́ргшийся *u.* вто́ргнувшийся

вто́рить *uv* кому́-чему́ **1.** widerhallen **2.** *übtr* wiederholen, nachsprechen **3.** *mus* die zweite Stimme spielen *oder* singen

pr.	вто́рю, -ришь, -рят
imp.	вторь, ~те
pt.	вто́рил
g.pr.a.	вто́ря
p.pr.a.	вто́рящий
p.pt.a.	вто́ривший

втрави́ть *v* **1.** кого́ *Jagd* zur Hetzjagd abrichten *Hund* **2.** кого́-что во что *volksspr* hineinziehen, verwickeln (in) ‖ *uv* втра́вливать 1a

ft.	втравлю́, -а́вишь, -а́вят
imp.	втрави́, ~те
pt.	втрави́л
g.pt.a.	втрави́в
p.pt.a.	втрави́вший
p.pt.p.	втра́вленный

втра́вливать *uv zu* втрави́ть

втыка́ть(ся) *uv zu* воткну́ть(ся)

втю́риться *v* в ко́го-что *volksspr* **1.** sich verlieben **2.** steckenbleiben; in etw. geraten; hängenbleiben, sich verstricken

ft.	втю́рюсь, -ришься, -рятся
imp.	втю́рься, -рьтесь
pt.	втю́рился, -лась
g.pt.a.	втю́рившись
p.pt.a.	втю́рившийся

втя́гивать(ся) *uv zu* втяну́ть(ся)

втяну́ть 7 *v* кого́-что во что **1.** (hin)einziehen; hoch hinaufziehen **2.** einsaugen, einziehen (*z. B. Kopf, Bauch; Luft*) **3.** einbeziehen **4.** *übtr* verleiten; verwickeln ‖ *uv* втя́гивать 1a

ft.	втяну́, втя́нешь, втя́нут
p.pt.p.	втя́нутый

втяну́ться *v umg* **1.** во что sich gewöhnen, eindringen, sich vertraut machen **2.** *1. u. 2. Pers ungebr* einfallen *Wangen* ‖ *uv* втя́гиваться

вуали́ровать 4a *uv* что verschleiern. — (за-)

вулканизи́ровать 4 *u.* 4a *v, uv* что *tech* vulkanisieren

вулканизова́ть 5 *u.* 5a *v, uv* что *tech* vulkanisieren

вульгаризи́ровать 4 *u.* 4a *v, uv* кого́-что vulgarisieren

входи́ть *uv zu* войти́

pr.	вхожу́, вхо́дишь, вхо́дят
imp.	входи́, ~те
pt.	входи́л
g.pr.a.	входя́
p.pr.a.	входя́щий
p.pt.a.	входи́вший

вцепи́ться *v* в кого́-что sich anklammern (an) ‖ *uv* вцепля́ться 2a

ft.	вцеплю́сь, вце́пишься, вце́пятся
imp.	вцепи́сь, -и́тесь
pt.	вцепи́лся, -лась
g.pt.a.	вцепи́вшись
p.pt.a.	вцепи́вшийся

вцепля́ться *uv zu* вцепи́ться

вчерти́ть *v* что во что (hin)einzeichnen ‖ *uv* вче́рчивать 1a

ft.	вчерчу́, вче́ртишь, вче́ртят
imp.	вчерти́, ~те
pt.	вчерти́л
g.pt.a.	вчерти́в
p.pt.a.	вчерти́вший
p.pt.p.	вче́рченный

вче́рчивать *uv zu* вчерти́ть

вчини́ть *v* что *alt:* вчини́ть иск кому́-н. j-n verklagen ‖ *uv* вчиня́ть 2a

ft.	вчиню́, -ни́шь, -ня́т
imp.	вчини́, ~те
pt.	вчини́л
g.pt.a.	вчини́в
p.pt.a.	вчини́вший
p.pt.p.	вчинённый; вчинён, -ена́

вчиня́ть *uv zu* вчини́ть

вчита́ться 2 *v* во что *umg* sich (hin)einlesen; aufmerksam durchlesen ‖ *uv* вчи́тываться 1a

вчи́тываться *uv zu* вчита́ться

вчу́вствоваться 4 *v* во что sich einfühlen

вшива́ть *uv zu* вшить

вши́веть 3a, *Betonung bleibt wie im Infinitiv, uv* verlausen, Läuse bekommen. — (за-, обо-)

вшить *v* что во что einnähen, einsetzen ‖ *uv* вшива́ть 2a

ft.	вошью́, вошьёшь, вошью́т
imp.	вшей, ~те
pt.	вшил
g.pt.a.	вшив
p.pt.a.	вши́вший
p.pt.p.	вши́тый

[1,2]**въеда́ться** *uv zu* [1,2]въе́сться

въезжа́ть *uv zu* въе́хать

[1]**въе́сться,** *1. u. 2. Pers ungebr, v* во что eindringen, sich hineinfressen *Farbe* ‖ *uv* въеда́ться 2a

ft. въе́стся, въедя́тся
pt. въе́лся, -лась
g.pt.a. въе́вшись
p.pt.a. въе́вшийся

[2]**въе́сться** *v volkspr u. gbt* sich an eine Speise [ein Futter *von Tieren*] gewöhnen || *uv* въеда́ться 2a
ft. въе́мся, въе́шься, въе́стся, въеди́мся, въеди́тесь, въедя́тся
imp. въе́шься, -шьтесь
Übrige Formen wie [1]въе́сться

въе́хать *v* **1.** во что, на что (hin)einfahren **2.** на что hinauffahren **3.** во что einziehen *in eine Wohnung* || *uv* въезжа́ть 2a
ft. въе́ду, -дешь, -дут
pt. въе́хал
g.pt.a. въе́хав
p.pt.a. въе́хавший

выба́лтывать *uv zu* вы́болтать

вы́бегать 1 *v* что *volksspr* durchlaufen *einen Ort, eine Gegend, nach allen Seiten hin* || *uv* выбе́гивать* 1a

выбега́ть *uv zu* вы́бежать

выбе́гивать *uv zu* вы́бегать

вы́бежать *v* hinaus-, herauslaufen, -rennen || *uv* выбега́ть 2a
ft. вы́бегу, -ежишь, -егут
imp. вы́беги, ~те
pt. вы́бежал
g.pt.a. вы́бежав
p.pt.a. вы́бежавший

вы́белить *v* что weißen
ft. вы́белю, -лишь, -лят
imp. вы́бели, ~те
pt. вы́белил
g.pt.a. вы́белив
p.pt.a. вы́беливший
p.pt.p. вы́беленный

выбива́ть(ся) *uv zu* вы́бить(ся)

выбира́ть(ся) *uv zu* вы́брать(ся)

вы́бить *v* кого́-что **1.** herausschlagen, einschlagen; einwerfen; vertreiben **2.** *umg* ausklopfen **3.** prägen || *uv* выбива́ть 2a
ft. вы́бью, вы́бьешь, вы́бьют
imp. вы́бей, ~те
pt. вы́бил
g.pt.a. вы́бив
p.pt.a. вы́бивший
p.pt.p. вы́битый

вы́биться *v* **1.** *umg* sich mit Mühe herausarbeiten; sich emporarbeiten **2.** sich befreien, loskommen, herauskommen **3.** *1. u. 2. Pers ungebr* hervortreten, sich zeigen || *uv* выбива́ться

вы́болтать 1 *v* что *volksspr* ausplaudern, -schwatzen || *uv* выба́лтывать 1a | *v mom* вы́болтнуть 6

вы́болтнуть *v mom zu* выба́лтывать

вы́бранить *v* кого́-что *umg* ausschelten
ft. вы́браню, -нишь, -нят
imp. вы́брани, ~те
pt. вы́бранил
g.pt.a. вы́бранив
p.pt.a. вы́бранивший
p.pt.p. вы́браненный

выбра́сывать(ся) *uv zu* вы́бросить(ся)

вы́брать *v* кого́-что **1.** wählen; auswählen, die Wahl treffen **2.** *umg* auslesen, aussuchen **3.** wählen *durch Abstimmen* **4.** herausnehmen, -ziehen; auspacken **5.** lichten *Anker*; einholen *Netz* **6.** *alt* erhalten, bekommen || *uv* выбира́ть 2a
ft. вы́беру, -решь, -рут
imp. вы́бери, ~те
pt. вы́брал
g.pt.a. вы́брав
p.pt.a. вы́бравший
p.pt.p. вы́бранный

вы́браться *v umg* **1.** herauskommen, herausgelangen *mit Mühe*, loskommen **2.** *übtr* sich herausfinden **3.** ausziehen, umziehen *in eine andere Wohnung* **4.** *umg* sich finden *Zeit* || *uv* выбира́ться

выбреда́ть *uv zu* вы́брести

вы́брести *v umg* herauskommen || *uv* выбреда́ть 2a
ft. вы́бреду, -едешь, -едут
imp. вы́бреди, ~те
pt. вы́брел
g.pt.a. вы́бредя *u. alt* вы́бредши
p.pt.a. вы́бредший

выбрива́ть(ся) *uv zu* вы́брить(ся)

вы́брить *v* что (ab)rasieren, (ab)scheren || *uv* выбрива́ть 2a
ft. вы́брею, -еешь, -еют
imp. вы́брей, ~те
pt. вы́брил
g.pt.a. вы́брив
p.pt.a. вы́бривший
p.pt.p. вы́бритый

вы́бриться *v* sich rasieren || *uv* выбрива́ться 2a

вы́бросить *v* **1.** кого́-что hinaus-, herauswerfen **2.** *übtr* что (aus)streichen; herausnehmen **3.** кого́-что hinauswerfen, -jagen; entlassen **4.** что *umg* vergeuden, hinauswerfen **5.** что *volksspr* zum Verkauf bringen || *uv* выбра́сывать 1a

ft. вы́брошу, -осишь, -осят
imp. вы́брось *u.* вы́броси, вы́бросьте
pt. вы́бросил
g.pt.a. вы́бросив
p.pt.a. вы́бросивший
p.pt.p. вы́брошенный

вы́броситься *v* **1.** sich hinabstürzen; hinausspringen **2.**: вы́броситься на мель auf eine Sandbank laufen, stranden || *uv* выбра́сываться

выбыва́ть *uv zu* вы́быть

вы́быть *v* **1.** verlassen; abreisen; ausziehen **2.** из чего́ ausscheiden; ab-, austreten || *uv* выбыва́ть 2a
ft. вы́буду, -дешь, -дут
imp. вы́будь, ~те
pt. вы́был
g.pt.a. вы́быв
p.pt.a. вы́бывший

[1]**вы́валивать(ся)** *uv zu* вы́валить(ся)

[2]**выва́ливать(ся)** *uv zu* вы́валять(ся)

вы́валить *v* что из чего́ *umg* hinauswerfen, ausschütten || *uv* выва́ливать 1a
ft. вы́валю, -лишь, -лят
imp. вы́вали, ~те
pt. вы́валил
g.pt.a. вы́валив
p.pt.a. вы́валивший
p.pt.p. вы́валенный

вы́валиться *v* из чего́ hinaus- heraus-fallen || *uv* выва́ливаться

вы́валять 1 *v* кого́-что *volksspr* (umher-) wälzen || *uv* выва́ливать 1a

вы́валяться *v* в чём *volksspr* sich im Schmutz wälzen || *uv* выва́ливаться

выва́ривать(ся) *uv zu* вы́варить(ся)

вы́варить *v* что **1.** auskochen **2.** gar kochen **3.** herauskochen *von Flecken* || *uv* выва́ривать 1a
ft. вы́варю, -ришь, -рят
imp. вы́вари, ~те
pt. вы́варил
g.pt.a. вы́варив
p.pt.a. вы́варивший
p.pt.p. вы́варенный

вы́вариться, *1. u. 2. Pers ungebr*, *v* auskochen *itr* || *uv* выва́риваться

вы́ведать 1 *v* что *umg* ausforschen, auskundschaften || *uv* выве́дывать 1a

выве́дывать *uv zu* вы́ведать

вы́везти *v* кого́-что **1.** wegfahren, abtransportieren **2.** ausführen, exportieren **3.** mitbringen, importieren **4.** *1. u. 2. Pers ungebr volksspr* (aus der Not) heraushelfen || *uv* вывози́ть, Formen das.
ft. вы́везу, -зешь, -зут
imp. вы́вези, ~те
pt. вы́вез, ~ла
g.pt.a. вы́везя *u. alt* вы́везши
p.pt.a. вы́везший
p.pt.p. вы́везенный

вы́верить *v* что prüfen, eichen; *tech* justieren || *uv* выверя́ть 2a
ft. вы́верю, -ришь, -рят
imp. вы́вери, ~те *u.* вы́верь, ~те
pt. вы́верил
g.pt.a. вы́верив
p.pt.a. вы́веривший
p.pt.p. вы́веренный

вы́вернуть 6 *v* что **1.** из чего́ herausschrauben, -drehen **2.** *umg* ausrenken **3.** wenden *Kleider* || *uv* вывёртывать 1a
p.pt.p. вы́вернутый

вы́вернуться *v* **1.** *1. u. 2. Pers ungebr* из чего́ *umg* sich losschrauben; herausfallen **2.** *1. u. 2. Pers ungebr*, *umg* sich ausrenken **3.** *1. u. 2. Pers ungebr* sich umstülpen *Kleider* **4.** *übtr* из чего́ sich herauswinden *aus einer schwierigen Lage* || *uv* вывёртываться

вы́вертеть *v* что из чего́ *volksspr* herausschrauben, -drehen || *uv* выве́рчивать 1a
ft. вы́верчу, -ртишь, -ртят
imp. вы́верти, ~те
pt. вы́вертел
g.pt.a. вы́вертев
p.pt.a. вы́вертевший
p.pt.p. вы́верченный

вывёртывать(ся) *uv zu* вы́вернуть(ся)

выве́рчивать *uv zu* вы́вертеть

выверя́ть *uv zu* вы́верить

[1]**вы́весить** *v* что auf-, aus-, hinaushängen || *uv* выве́шивать 1a
ft. вы́вешу, -есишь, -есят
imp. вы́веси, ~те *u. umg* вы́весь, ~те
pt. вы́весил
g.pt.a. вы́весив
p.pt.a. вы́весивший
p.pt.p. вы́вешенный

[2]**вы́весить** *v* что abwiegen; вы́весить ги́ри die Gewichte eichen || *uv* выве́шивать 1a Formen wie [1]вы́весить

вы́вести *v* кого́-что **1.** hinaus-, heraus-, wegführen **2.** ausschließen **3.** entfernen; ausrotten; vertilgen **4.** schlußfolgern; einen Schluß ziehen **5.** ausbrüten; что

züchten **6.** errichten **7.** ausführen, vortragen *Zeichnung, Melodie u. ä.* ‖ *uv* выводи́ть, Formen das.
ft. вы́веду, -дешь, -дут
imp. вы́веди, ~те
pt. вы́вел
g.pt.a. вы́ведя *u. alt* вы́ведши
p.pt.a. вы́ведший
p.pt.p. вы́веденный

вы́вестись, *1. u. 2. Pers ungebr, v* **1.** aus dem Gebrauch kommen; aussterben **2.** verschwinden; sich entfernen lassen **3.** aus dem Ei kriechen ‖ *uv* выводи́ться

выве́тривать(ся) *uv zu* вы́ветрить(ся)

вы́ветрить *v* что (aus)lüften ‖ *uv* выве́тривать 1a
ft. вы́ветрю, -ришь, -рят
imp. вы́ветри, ~те
pt. вы́ветрил
g.pt.a. вы́ветрив
p.pt.a. вы́ветривший
p.pt.p. вы́ветренный

вы́ветриться, *1. u. 2. Pers ungebr, v* **1.** *geol* verwittern **2.** (dem Gedächtnis) entschwinden ‖ *uv* выве́триваться

[1,2]**выве́шивать** *uv zu* [1,2]вы́весить

вы́винтить *v* что из чего́ heraus-, abschrauben ‖ *uv* выви́нчивать 1a
ft. вы́винчу, -нтишь, -нтят
imp. вы́винти, ~те
pt. вы́винтил
g.pt.a. вы́винтив
p.pt a. вы́винтивший
p.pt.p. вы́винченный

выви́нчивать *uv zu* вы́винтить

выви́хивать *uv zu* вы́вихнуть

вы́вихнуть 6 *v* что verrenken, ausrenken ‖ *uv* выви́хивать 1a
p.pt.p. вы́вихнутый

выводи́ть *uv zu* вы́вести
pr. вывожу́, -о́дишь, -о́дят
imp. выводи́, ~те
pt. выводи́л
g.pr.a. выводя́
p.pr.a. выводя́щий
p.pt.a. выводи́вший
p.pr.p. выводи́мый

выводи́ться *uv zu* вы́вестись

вывози́ть *uv zu* вы́везти
pr. вывожу́, -о́зишь, -о́зят
imp. вывози́, ~те
pt. вывози́л
g.pr.a. вывозя́
p.pr.a. вывозя́щий
p.pt.a. вывози́вший
p.pr.p. вывози́мый

выволა́кивать *uv zu* вы́волочь

вы́волочь *v* что *umg* herausschleifen, -schleppen ‖ *uv* выволა́кивать 1a
ft. вы́волоку, -очешь, -окут
imp. вы́волоки, ~те
pt. вы́волок, ~ла
g.pt.a. вы́волокши
p.pt.a. вы́волокший
p.pt.p. вы́волоченный

вывора́чивать(ся) *uv zu* вы́воротить(ся)

вы́воротить *v* что *volksspr* **1.** herausrütteln, -ziehen, -reißen **2.** wenden *Kleider* **3.** ausschütteln ‖ *uv* вывора́чивать 1a
ft. вы́ворочу, -отишь, -отят
imp. вы́вороти, ~те
pt. вы́воротил
g.pt.a. вы́воротив
p.pt.a. вы́воротивший
p.pt.p. вы́вороченный

вы́воротиться, *1. u. 2. Pers ungebr, v umg* sich umstülpen; sich mit der linken Seite nach außen kehren ‖ *uv* вывора́чиваться

вы́вязать *v* что *umg* stricken, häkeln, durch Stricken [Häkeln] herstellen ‖ *uv* вывя́зывать 1a
ft. вы́вяжу, -яжешь, -яжут
imp. вы́вяжи, ~те
pt. вы́вязал
g.pt.a. вы́вязав
p.pt.a. вы́вязавший
p.pt.p. вы́вязанный

вывя́зывать *uv zu* вы́вязать

вы́гадать 1 *v* что einsparen, gewinnen; Vorteil aus etw. ziehen ‖ *uv* выга́дывать 1a

выга́дывать *uv zu* вы́гадать

выгиба́ть(ся) *uv zu* вы́гнуть(ся)

вы́гладить *v* что (aus)plätten; eben machen ‖ *uv* выгла́живать 1a
ft. вы́глажу, -адишь, -адят
imp. вы́глади, ~те
pt. вы́гладил
g.pt.a. вы́гладив
p.pt.a. вы́гладивший
p.pt.p. вы́глаженный

выгла́живать *uv zu* вы́гладить

[1]**вы́глядеть** *v* кого́-что *volksspr* erspähen; ausspähen ‖ *uv* вьгля́дывать 1a
ft. вы́гляжу, -ядишь, -ядят
imp. вы́гляди, ~те
pt. вы́глядел

g.pt.a. вы́глядев
p.pt.a. вы́глядевший

²вы́глядеть *uv* aussehen
pr. вы́гляжу, -ядишь, -ядят
pt. вы́глядел
g.pr.a. вы́глядя
p.pr.a. вы́глядящий
p.pt.a. вы́глядевший

¹выгля́дывать *uv zu* ¹вы́глядеть

²выгля́дывать *uv zu* вы́глянуть

вы́глянуть 6 *v* **1.** hinaus-, heraussehen **2.** hervorsehen ‖ *uv* выгля́дывать 1a
imp. вы́гляни, ~те *u. volksspr* вы́глянь, ~те

вы́гнать *v* кого́-что **1.** hinaustreiben, -jagen **2.** brennen, destillieren ‖ *uv* выгоня́ть 2a
ft. вы́гоню, -нишь, -нят
imp. вы́гони, ~те
pt. вы́гнал
g.pt.a. вы́гнав
p.pt.a. вы́гнавший
p.pt.p. вы́гнанный

вы́гнуть 6 *v* что krümmen, biegen ‖ *uv* выгиба́ть 2a
p.pt.p. вы́гнутый

вы́гнуться *v* sich krümmen, sich biegen ‖ *uv* выгиба́ться

выгова́ривать 1a *uv* **1.** *uv zu* вы́говорить **2.** кому́-чему́ *umg* einen Verweis erteilen, rügen

вы́говорить *v* что **1.** sagen, hervorbringen **2.** *ling* aussprechen **3.** кому́-чему́ *umg* ausbedingen, vorbehalten ‖ *uv* выгова́ривать 1a
ft. вы́говорю, -ришь, -рят
imp. вы́говори, ~те
pt. вы́говорил
g.pt.a. вы́говорив
p.pt.a. вы́говоривший
p.pt.p. вы́говоренный

выгоня́ть *uv zu* вы́гнать

выгора́живать *uv zu* вы́городить

¹,²выгора́ть *uv zu* ¹,²вы́гореть

¹вы́гореть, *1. u. 2. Pers ungebr*, *v* **1.** ab-, niederbrennen; verbrennen *itr* **2.** verblassen, verbleichen ‖ *uv* выгора́ть 2a
ft. вы́горит, -рят
pt. вы́горел
g.pt.a. вы́горев
p.pt.a. вы́горевший

²вы́гореть, *1. u. 2. Pers ungebr*, *v volksspr* gelingen; де́ло не вы́горело es hat nicht geklappt ‖ *uv* выгора́ть 2a
Formen wie ¹вы́гореть

вы́городить *v* кого́-что **1.** abzäunen **2.** *übtr volksspr* einstehen; verteidigen ‖ *uv* выгора́живать 1a
ft. вы́горожу, -одишь, -одят
imp. вы́городи, ~те
pt. вы́городил
g.pt.a. вы́городив
p.pt.a. вы́городивший
p.pt.p. вы́гороженный

вы́гравировать 4 *v* что eingravieren

выгреба́ть *uv zu* вы́грести

вы́грести *v* **1.** что herauskratzen, -scharren; ausleeren **2.** (hinaus)rudern ‖ *uv* выгреба́ть 2a
ft. вы́гребу, -бешь, -бут
imp. вы́греби, ~те
pt. вы́греб, ~ла
g.pt.a. вы́гребя *u.* вы́гребши
p.pt.p. вы́гребенный

выгружа́ть(ся) *uv zu* вы́грузить(ся)

вы́грузить *v* что ab-, ausladen; *naut* löschen ‖ *uv* выгружа́ть 2a
ft. вы́гружу, -узишь, -узят
imp. вы́грузи, ~те
pt. вы́грузил
g.pt.a. вы́грузив
p.pt.a. вы́грузивший
p.pt.p. вы́груженный

вы́грузиться *v* **1.** ent-, ausgeladen werden **2.** aussteigen ‖ *uv* выгружа́ться

выгрыза́ть *uv zu* вы́грызть

вы́грызть *v* что herausnagen ‖ *uv* выгрыза́ть 2a
ft. вы́грызу, -зешь, -зут
imp. вы́грызи, ~те
pt. вы́грыз, ~ла
g.pt.a. вы́грызши
p.pt.a. вы́грызший
p.pt.p. вы́грызенный

выдава́ть *uv zu* вы́дать
pr. выдаю́, выдаёшь, выдаю́т
imp. выдава́й, ~те
pt. выдава́л
g.pr.a. выдава́я
p.pr.a. выдаю́щий
p.pt.a. выдава́вший
p.pr.p. выдава́емый

выдава́ться *uv zu* вы́даться

вы́давить *v* что **1.** auspressen, -quetschen **2.** herausdrücken, -brechen **3.** eindrücken ‖ *uv* выда́вливать 1a

ft.	вы́давлю, -вишь, -вят
imp.	вы́дави, ~те
pt.	вы́давил
g.pt.a.	вы́давив
p.pt.a.	вы́давивший
p.pt.p.	вы́давленный

выда́вливать *uv zu* вы́давить

выда́ивать *uv zu* вы́доить

выда́лбливать *uv zu* вы́долбить

вы́дать *v* кого́-что **1.** ausgeben; übergeben; aushändigen **2.** ausliefern **3.** verraten, preisgeben **4.** enthüllen, verraten **5.**: вы́дать себя́ за кого́-н. sich ausgeben für j-n ‖ *uv* выдава́ть, Formen das.

ft.	вы́дам, -ашь, -аст, -адим -адите, -адут
imp.	вы́дай, ~те
pt.	вы́дал
g.pt.a.	вы́дав
p.pt.a.	вы́давший
p.pt.p.	вы́данный

вы́даться, *1. u. 2. Pers ungebr*, *v* **1.** hervorragen, -treten; vorspringen **2.** sich hervortun; sich auszeichnen **3.** *umg* sich ereignen, vorfallen ‖ *uv* выдава́ться

выдвига́ть(ся) *uv zu* вы́двинуть(ся)

вы́двинуть 6 *v* кого́-что **1.** vorrücken; hervorziehen; vorschieben **2.** vorbringen *Argumente*; aufwerfen *Fragen*; aufstellen *These*, *Kandidatur* **3.** befördern, ernennen ‖ *uv* выдвига́ть 2a

imp.	вы́двинь, ~те
p.pt.p.	вы́двинутый

вы́двинуться *v* **1.** sich vorschieben **2.** sich hervortun; aufrücken, befördert werden ‖ *uv* выдвига́ться

вы́дворить *v* кого́-что **1.** exmittieren, ausweisen **2.** hinauskomplimentieren ‖ *uv* выдворя́ть 2a

ft.	вы́дворю, -ришь, -рят
imp.	вы́двори, ~те
pt.	вы́дворил
g.pt.a.	вы́дворив
p.pt.a.	вы́дворивший
p.pt.p.	вы́дворенный

выдворя́ть *uv zu* вы́дворить

вы́делать 1 *v* что **1.** verfertigen, herstellen; zubereiten **2.** bearbeiten, herrichten ‖ *uv* выде́лывать 1a

вы́делить *v* кого́-что **1.** aussondern, absondern, abtrennen; aussuchen, abzweigen **2.** abfinden; zuteilen *Vermögen* **3.** для чего́ bestimmen (für) **4.** hervorheben, anmerken; kennzeichnen **5.** *1. u. 2. Pers ungebr* ausscheiden, absondern, aussondern ‖ *uv* выделя́ть 2a

ft.	вы́делю, -лишь, -лят
imp.	вы́дели, ~те
pt.	вы́делил
g.pt.a.	вы́делив
p.pt.a.	вы́деливший
p.pt.p.	вы́деленный

вы́делиться *v* **1.** sich auszeichnen, sich hervortun; hervorstechen **2.** seinen (Vermögens-) Anteil übernehmen **3.** *1. u. 2. Pers ungebr* sich absondern *z. B. Schweiß* ‖ *uv* выделя́ться

выде́лывать 1a *uv* **1.** *uv zu* вы́делать **2.** что bearbeiten, verfertigen, zubereiten

выделя́ть(ся) *uv zu* вы́делить(ся)

вы́дергать 1 *v* что *umg* ausrupfen, herausreißen ‖ *uv* выдёргивать 1a

[1]**выдёргивать** *uv zu* вы́дернуть

[2]**выдёргивать** *uv zu* вы́дергать

вы́держать *v* что **1.** aushalten, standhalten; tragen; ertragen **2.** bestehen *Prüfung* **3.** (ab)lagern ‖ *uv* выде́рживать 1a

ft.	вы́держу, -жишь, -жат
imp.	вы́держи, ~те
pt.	вы́держал
g.pt.a.	вы́держав
p.pt.a.	вы́державший
p.pt.p.	вы́держанный

выде́рживать *uv zu* вы́держать

вы́дернуть 6 *v* что herausziehen, -reißen ‖ *uv* выдёргивать 1a

p.pt.p.	вы́дернутый

выдира́ть *uv zu* [1]вы́драть

вы́доить *v* кого́-что melken ‖ *uv* выда́ивать 1a

ft.	вы́дою, вы́доишь, вы́доят
imp.	вы́дои, ~те
pt.	вы́доил
g.pt.a.	вы́доив
p.pt.a.	вы́доивший
p.pt.p.	вы́доенный

вы́долбить *v* что **1.** aushöhlen, ausmeißeln **2.** *volksspr* einpauken ‖ *uv* выда́лбливать 1a

ft.	вы́долблю, -бишь, -бят
imp.	вы́долби, ~те
pt.	вы́долбил
g.pt.a.	вы́долбив
p.pt.a.	вы́долбивший
p.pt.p.	вы́долбленный

вы́дохнуть 6 *v* что ausatmen ‖ *uv* выдыха́ть 2a

p.pt.p	вы́дохнутый

вы́дохнуться *v* **1.** verfliegen, sich verflüchtigen **2.** *umg* schwächer werden; erschöpft sein ‖ *uv* выдыха́ться
pt. вы́дохся, -хлась
g.pt.a. вы́дохшись
p.pt.a вы́дохшийся

[1]**вы́драть** *v* что *umg* ab-, (her)ausreißen, -ziehen ‖ *uv* выдира́ть 2a
ft. вы́деру, -решь, -рут
imp. вы́дери, ~те
pt. вы́драл
g.pt.a. , вы́драв
p.pt.a. вы́дравший
p.pt.p. вы́дранный

[2]**вы́драть** *v* кого́-что *umg* prügeln
Formen wie [1]вы́драть

вы́дрессировать 4 *v* кого́-что dressieren

вы́дубить *v* что gerben
ft. вы́дублю, -бишь, -бят
imp. вы́дуби, ~те
pt. вы́дубил
g.pt.a. вы́дубив
p.pt.a. вы́дубивший
p.pt.p. вы́дубленный

выдува́ть *uv zu* вы́дуть

вы́думать 1 *v* что ausdenken; erfinden; erdichten ‖ *uv* выду́мывать 1a

выду́мывать *uv zu* вы́думать

вы́дуть *v* что **1.** (heraus)blasen; wegblasen **2.**: всё тепло́ вы́дуло *umg* die Wärme hat sich verflüchtigt **3.** *tech* blasen **4.** *volksspr in Menge* austrinken, aussaufen ‖ *uv* выдува́ть 2a
ft. вы́дую, -уешь, -уют
imp. вы́дуй, ~те
pt. вы́дул
g.pt.a. вы́дув
p.pt.a. вы́дувший
p.pt.p. вы́дутый

выдыха́ть(ся) *uv zu* вы́дохнуть(ся)

выеда́ть *uv zu* вы́есть

вы́ездить *v* кого́-что einfahren; zureiten ‖ *uv* выезжа́ть 2a
ft. вы́езжу, -здишь, -здят
imp. вы́езди, ~те
pt. вы́ездил
g.pt.a. вы́ездив
p.pt.a. вы́ездивший
p.pt.p. вы́езженный

[1]**выезжа́ть** *uv zu* вы́ехать

[2]**выезжа́ть** *uv zu* вы́ездить

вы́есть *v* что **1.** herausessen; herausnagen **2.** zerfressen, ausätzen ‖ *uv* выеда́ть 2a
ft. вы́ем, вы́ешь, вы́ест, вы́едим, вы́едите, вы́едят
imp. вы́ешь, ~те
pt. вы́ел
g.pt.a. вы́ев
p.pt.a. вы́евший
p.pt.p. вы́еденный

вы́ехать *v* **1.** fort-, weg-, ausfahren; hinausreiten **2.** aus-, umziehen; übersiedeln **3.** на ком-чём *umg* (zu seinem Vorteil) ausnutzen ‖ *uv* выезжа́ть 2a
ft. вы́еду, -дешь, -дут
pt. вы́ехал
g.pt.a. вы́ехав
p.pt.a. вы́ехавший

выжа́ривать *uv zu* вы́жарить

вы́жарить *v* что *volksspr* im Feuer [durch Hitze] trocknen ‖ *uv* выжа́ривать 1a
ft. вы́жарю, -ришь, -рят
imp. вы́жарь, ~те
pt. вы́жарил
g.pt.a. вы́жарив
p.pt.a. вы́жаривший
p.pt.p. вы́жаренный

[1]**вы́жать** *v* что **1.** auspressen, -drücken **2.** (aus)wringen **3.** *Sport* heben, stemmen ‖ *uv* выжима́ть 2a
ft. вы́жму, -мешь, -мут
imp. вы́жми, ~те
pt. вы́жал
g.pt.a. вы́жав
p.pt.a. вы́жавший
p.pt.p. вы́жатый

[2]**вы́жать** *v* что abernten; abmähen ‖ *uv* выжина́ть 2a
ft. вы́жну, -нешь, -нут
imp. вы́жни, ~те
pt. вы́жал
g.pt.a. вы́жав
p.pt.a. вы́жавший
p.pt.p. вы́жатый

вы́ждать *v* кого́-что abwarten, abpassen ‖ *uv* выжида́ть 2a
ft. вы́жду, -дешь, -дут
imp. вы́жди, ~те
pt. вы́ждал
g.pt.a. вы́ждав
p.pt.a. вы́ждавший

вы́желтить *v* что **1.** gelb färben **2.** gelbe Flecken machen (auf)
ft. вы́желчу, -лтишь, -лтят
imp. вы́желти, ~те
pt. вы́желтил
g.pt.a. вы́желтив
p.pt.a. вы́желтивший
p.pt.p. вы́желченный

вы́жечь *v* что **1.** ver-, ausbrennen; einäschern **2.**: вы́жечь клеймо́ ein Mal einbrennen, brandmarken **3.** *med* ausbrennen ‖ *uv* выжига́ть 2a

ft.	вы́жгу, вы́жжешь, вы́жгут
imp.	вы́жги, ~те
pt.	вы́жег, вы́жгла
g.pt.a.	вы́жегши
p.pt.a.	вы́жегший
p.pt.p.	вы́жженный

[1,2]**выжива́ть** *uv zu* [1,2]вы́жить

выжига́ть *uv zu* вы́жечь

выжида́ть *uv zu* вы́ждать

выжима́ть *uv zu* [1]вы́жать

выжина́ть *uv zu* [2]вы́жать

[1]**вы́жить** *v* **1.** am Leben bleiben **2.** *umg* sich aufhalten, wohnen, bleiben **3.** что aushalten, ertragen ‖ *uv* выжива́ть 2a

ft.	вы́живу, -вешь, -вут
imp.	вы́живи, ~те
pt.	вы́жил
g.pt.a.	вы́жив
p.pt.a.	вы́живший

[2]**вы́жить** *v* кого́-что *umg* aus dem Haus hinausjagen, vertreiben; verdrängen; loswerden ‖ *uv* выжива́ть 2a

p.pt.p.	вы́житый

Übrige Formen wie [1]вы́жить

вы́звать *v* кого́-что **1.** herbei-, herausrufen; einladen **2.** herausfordern, aufrufen **3.** hervorrufen, erregen ‖ *uv* вызыва́ть 2a

ft.	вы́зову, -вешь, -вут
imp.	вы́зови, ~те
pt.	вы́звал
p.pt.a.	вы́звав
gpt.a.	вы́звавший
p.pt.p.	вы́званный

вы́зваться *v* sich erbieten, sich anbieten ‖ *uv* вызыва́ться

вы́звездить *unpers v* sich mit Sternen bedecken; уж вы́звездило die Sterne standen schon am Himmel

ft.	вы́звездит
pt.	вы́звездило

вы́зволить *v* кого́-что *volksspr* (aus einer schwierigen Lage) heraushelfen ‖ *uv* вызволя́ть 2a

ft.	вы́зволю, -лишь, -лят
imp.	вы́зволи, ~те *u.* вы́зволь, ~те
pt.	вы́зволил
g.pt.a.	вы́зволив
p.pt.a.	вы́зволивший
p.pt.p.	вы́зволенный

вызволя́ть *uv zu* вы́зволить

выздора́вливать *uv zu* вы́здороветь

вы́здороветь 3 *v* genesen, wieder gesund werden ‖ *uv* выздора́вливать 1a

вызола́чивать *uv zu* вы́золотить

вы́золотить *v* что vergolden ‖ *uv* вызола́чивать 1a

ft.	вы́золочу, -отишь, -отят
imp.	вы́золоти, ~те
pt.	вы́золотил
g.pt.a.	вы́золотив
p.pt.a.	вы́золотивший
p.pt.p.	вы́золоченный

вызрева́ть *uv zu* вы́зреть

вы́зреть 3, *1. u. 2. Pers ungebr*, *v* ausreifen *von Früchten* ‖ *uv* вызрева́ть 2a

[1,2]**вызу́бривать** *uv zu* [1,2]вы́зубрить

[1]**вы́зубрить** *v* что schartig machen ‖ *uv* вызу́бривать 1a

ft.	вы́зубрю, -ришь, -рят
imp.	вы́зубри ~те
pt.	вы́зубрил
g.pt.a.	вы́зубрив
p.pt.a.	вы́зубривший
p.pt.p.	вы́зубренный

[2]**вы́зубрить** *v* что *umg* einpauken, büffeln ‖ *uv* вызу́бривать 1a

Formen wie [1]вы́зубрить

вызыва́ть(ся) *uv zu* вы́звать(ся)

вы́играть 1 *v* **1.** что *u. ohne Objekt* gewinnen; вы́играть па́ртию у кого́-н. gegen j-n gewinnen **2.** на чём, в чём, от чего́ Gewinn [Vorteil] haben ‖ *uv* выи́грывать 1a

выи́грывать *uv zu* вы́играть

вы́искать *v* что *umg* herausfinden; ausfindig machen ‖ *uv* выи́скивать 1a

ft.	вы́ищу, -щешь, -щут
imp.	вы́ищи, ~те
pt.	вы́искал
g.pt.a.	вы́искав
p.pt.a.	вы́искавший
p.pt.p.	вы́исканный

вы́искаться, *1. u. 2. Pers ungebr*, *v umg* sich finden ‖ *uv* выи́скиваться

выи́скивать(ся) *uv zu* вы́искать(ся)

вы́йти *v* **1.** hinausgehen; herausgehen; ausscheiden, verlassen **2.** erscheinen *Zeitschrift*, *Buch* **3.** ausgehen, zu Ende gehen **4.** gelingen, herauskommen; werden **5.** folgen, herrühren ‖ *uv* выходи́ть, Formen das.

ft. вы́йду, -дешь, -дут
imp. вы́йди, ~те
pt. вы́шел, -шла
g.pt.a. вы́йдя *u. alt* вы́шедши
p.pt.a. вы́шедший

вы́казать *v* что *umg* zeigen; beweisen; an den Tag legen ‖ *uv* выка́зывать 1a
ft. вы́кажу, -жешь, -жут
imp. вы́кажи, ~те
pt. вы́казал
g.pt.a. вы́казав
p.pt.a. вы́казавший
p.pt.p. вы́казанный

выка́зывать *uv zu* вы́казать

выка́лывать *uv zu* вы́колоть

выка́пывать *uv zu* вы́копать

вы́карабкаться 1 *v* из чего́ *umg* **1.** (mit Mühe) herausklettern; sich herausarbeiten **2.** *übtr* sich befreien ‖ *uv* выкара́бкиваться 1a

выкара́бкиваться *uv zu* вы́карабкаться

выка́рмливать *uv zu* вы́кормить

[1]**вы́катать** 1 *v* что glätten; rollen, mangeln *Wäsche* ‖ *uv* вы́катывать 1a

[2]**вы́катать** 1 *v* что *volksspr* hinausrollen, -wälzen, -schieben *in mehreren Ansätzen oder in ununterbrochener Folge* ‖ *uv* выка́тывать 1a

вы́катить *v* что hinaus-, herausrollen, hinauswälzen, -schieben ‖ *uv* выка́тывать 1a
ft. вы́качу, -атишь, -атят
imp. вы́кати, ~те
pt. вы́катил
g.pt.a. вы́катив
p.pt.a. вы́кативший
p.pt.p. вы́каченный

вы́катиться *v* hinausrollen ‖ *uv* выка́тываться

[1,2]**выка́тывать** *uv zu* [1,2]вы́катать

[3]**выка́тывать** *uv zu* вы́катить

выка́тываться *uv zu* вы́катиться

вы́кать 1a *uv* кому́-чему, *alt* кого́-что *u. ohne Objekt volksspr* mit «Sie» anreden

вы́качать 1 *v* что (her)auspumpen *a. übtr* ‖ *uv* выка́чивать 1a

выка́чивать *uv zu* вы́качать

выка́шивать *uv zu* вы́косить

выка́шливать(ся) *uv zu* вы́кашлять(ся)

вы́кашлять 1 *v* что *umg* beim Husten auswerfen ‖ *uv* выка́шливать 1a

вы́кашляться *v umg* sich räuspern ‖ *uv* выка́шливаться

выки́дывать(ся) *uv zu* вы́кинуть(ся)

вы́кинуть 6 *v* что **1.** hinaus-, herauswerfen, wegwerfen; entfernen, (aus)streichen **2.** *volksspr* eine Fehlgeburt haben ‖ *uv* выки́дывать 1a
imp. вы́кинь, ~те
p.pt.p. вы́кинутый

вы́кинуться *v volksspr* sich hinausstürzen, hinausspringen ‖ *uv* выки́дываться

выкипа́ть *uv zu* вы́кипеть

вы́кипеть, *1. u. 2. Pers ungebr*, *v* verdampfen, auskochen *itr* ‖ *uv* выкипа́ть 2a
ft. вы́кипит, -пят
pt. вы́кипел
g.pt.a. вы́кипев
p.pt.a. вы́кипевший

вы́кипятить *v* что *umg* auskochen
ft. вы́кипячу, -ятишь, -ятят
imp. вы́кипяти, ~те
pt. вы́кипятил
g.pt.a. вы́кипятив
p.pt.a. вы́кипятивший
p.pt.p. вы́кипяченный

выкиса́ть *uv zu* вы́киснуть

вы́киснуть, *1. u. 2. Pers ungebr*, *v* genügend sauer werden ‖ *uv* выкиса́ть 2a
ft. вы́киснет, -нут
pt. вы́кис, ~ла
g.pt.a. вы́кисши
p.pt.a. вы́кисший

выкла́дывать *uv zu* вы́ложить

вы́клевать *v* что **1.** (mit dem Schnabel) aushacken, auspicken **2.** *alles* aufpicken ‖ *uv* выклёвывать 1a | *v mom* вы́клюнуть 6 *zu* 1, *p.pt.p.* вы́клюнутый
ft. вы́клюю, -юешь, -юют
imp. вы́клюй, ~те
pt. вы́клевал
g.pt.a. вы́клевав
p.pt.a. вы́клевавший
p.pt.p. вы́клеванный

выклёвывать *uv zu* вы́клевать

выклика́ть 2a *uv* кого́-что́ *u. ohne Objekt* aufrufen *namentlich* | *v mom* вы́кликнуть 6, *p.pt.p.* вы́кликнутый

вы́кликнуть *v mom zu* выклика́ть

вы́клюнуть *v mom zu* выклёвывать

выключа́ть *uv zu* вы́ключить

вы́ключить *v* кого́-что **1.** *el* aus-, abschalten; *tech* abstellen **2.** ausschließen ‖ *uv* выключа́ть 2a

ft.	вы́ключу, -чишь, -чат
imp.	вы́ключи, ~те
pt.	вы́ключил
g.pt.a.	вы́ключив
p.pt.a.	вы́ключивший
p.pt.p.	вы́ключенный

выкля́нчивать *uv zu* вы́клянчить

вы́клянчить *v* что *volksspr* erbetteln ‖ *uv* выкля́нчивать 2a

ft.	вы́клянчу, -чишь, -чат
imp.	вы́клянчи, ~те
pt.	вы́клянчил
g.pt.a.	вы́клянчив
p.pt.a.	вы́клянчивший
p.pt.p.	вы́клянченный

вы́ковать 4 *v* что schmieden ‖ *uv* выко́вывать 1a

выко́вывать *uv zu* вы́ковать

выковы́ривать *uv zu* вы́ковырять

вы́ковырнуть *v mom zu* выковы́ривать

вы́ковырять 1 *v* что *umg* herausstochern, -kratzen ‖ *uv* выковы́ривать 1a | *v mom* вы́ковырнуть 6, *p.pt.p.* вы́ковырнутый

выкола́чивать *uv zu* вы́колотить

выкола́шиваться *uv zu* вы́колоситься

вы́колоситься, *1. u 2. Pers ungebr*, *v* in vollen Ähren stehen ‖ *uv* выкола́шиваться 1a

ft.	вы́колосится, -сятся
pt.	вы́колосился, -лась
p.pt.a.	вы́колосившись
g.pt.a.	вы́колосившийся

вы́колотить *v* что **1.** ausklopfen; herausschlagen **2.** *umg* erzwingen; mit Mühe verdienen ‖ *uv* выкола́чивать 1a

ft.	вы́колочу, -отишь, -отят
imp.	вы́колоти, ~те
pt.	вы́колотил
g.pt.a.	вы́колотив
p.pt.a.	вы́колотивший
p.pt.p.	вы́колоченный

вы́колоть *v* что heraus-, ausstechen ‖ *uv* выка́лывать 1a

ft.	вы́колю, -лешь, -лют
imp.	вы́коли, ~те
pt.	вы́колол
g.pt.a.	вы́колов
p.pt.a.	вы́коловший
p.pt.p.	вы́колотый

вы́колупать 1 *v* что *volksspr* (her)ausklauben ‖ *uv* выколу́пывать 1a | *v mom* вы́колупнуть 6, *p.pt.p.* вы́колупнутый

вы́колупнуть *v mom zu* выколу́пывать

выколу́пывать *uv zu* вы́колупать

вы́копать 1 *v* что **1.** graben **2.** heraus-, ausgraben **3.** *übtr umg* hervorholen, -kramen ‖ *uv* выка́пывать 1a

вы́кормить *v* кого́-что **1.** auffüttern **2.** großziehen ‖ *uv* выка́рмливать 1a

ft.	вы́кормлю, -мишь, -мят
imp.	вы́корми, ~те
pt.	вы́кормил
g.pt.a.	вы́кормив
p.pt.a.	вы́кормивший
p.pt.p.	вы́кормленный

вы́корчевать *v* что **1.** ausroden **2.** *übtr* ausmerzen, ausrotten ‖ *uv* выкорчёвывать 1a

ft.	вы́корчую, -уешь, -уют
imp.	вы́корчуй, ~те
pt.	вы́корчевал
g.pt.a.	вы́корчевав
p.pt.a.	вы́корчевавший
p.pt.p.	вы́корчеванный

выкорчёвывать *uv zu* вы́корчевать

вы́косить *v* что **1.** abmähen **2.** *übtr* niedermähen ‖ *uv* выка́шивать 1a

ft.	вы́кошу, -осишь, -осят
imp.	вы́коси, ~те
pt.	вы́косил
g.pt.a.	вы́косив
p.pt.a.	вы́косивший
p.pt.p.	вы́кошенный

выкра́дывать *uv zu* вы́красть

выкра́ивать *uv zu* вы́кроить

вы́красить *v* что (an)streichen; färben ‖ *uv* выкра́шивать 1a

ft.	вы́крашу, -асишь, -асят
imp.	вы́краси, ~те *u.* вы́крась, ~те
pt.	вы́красил
g.pt.a.	вы́красив
p.pt.a.	вы́красивший
p.pt.p.	вы́крашенный

вы́краситься *v* **1.** sich färben lassen **2.** *umg* sich mit Farbe beklecksen ‖ *uv* выкра́шиваться

вы́красть *v* кого́-что stehlen ‖ *uv* выкра́дывать 1a

ft.	вы́краду, -дешь, -дут
imp.	вы́кради, ~те
pt.	вы́крал
g.pt.a.	вы́крав
p.pt.a.	вы́кравший
p.pt.p.	вы́краденный

[1]**выкра́шивать** *uv zu* вы́красить

[2]**выкра́шивать** *uv zu* вы́крошить

[1]**выкра́шиваться** *uv zu* вы́краситься

²выкра́шиваться *uv zu* вы́крошиться

выкри́кивать *uv zu* вы́крикнуть

вы́крикнуть 6 *v* что aufschreien; auf-, ausrufen ‖ *uv* выкри́кивать 1а
p.pt.p. вы́крикнутый

вы́кристаллизоваться 4, *1. u. 2. Pers ungebr*, *v* **1.** (sich) kristallisieren **2.** *übtr* sich herauskristallisieren, sich (heraus)-bilden ‖ *uv* выкристаллизо́вываться 1а

выкристаллизо́вываться *uv zu* вы́кристаллизоваться

вы́кроить *v* что (из чего́) **1.** zuschneiden; herausschneiden **2.** *übtr umg* abzweigen (für); (einen Vorteil) herausschlagen ‖ *uv* выкра́ивать 1а
ft. вы́крою, -оишь, -оят
imp. вы́крои, ~те
pt. вы́кроил
g.pt.a. вы́кроив
p.pt.a. вы́кроивший
p.pt.p. вы́кроенный

вы́крошить *v* что zerkrümeln, zerbröckeln ‖ *uv* выкра́шивать 1а
ft. вы́крошу, -шишь, -шат
imp. вы́кроши, ~те
pt. вы́крошил
g.pt.a. вы́крошив
p.pt.a. вы́крошивший
p.pt.p. вы́крошенный

вы́крошиться, *1. u. 2. Pers ungebr*, *v umg* zerbröckeln ‖ *uv* выкра́шиваться

вы́крутить *v* что (из чего́) herausdrehen, -schrauben ‖ *uv* выкру́чивать 1а
ft. вы́кручу, -утишь, -утят
imp. вы́крути, ~те
pt. вы́крутил
g.pt.a. вы́крутив
p.pt.a. вы́крутивший
p.pt.p. вы́крученный

вы́крутиться *v* из чего́ *umg* **1.** sich losschrauben, -drehen **2.** *übtr* sich herauswinden ‖ *uv* выкру́чиваться

выкру́чивать(ся) *uv zu* вы́крутить(ся)

вы́купать 1 *v* кого́-что baden *tr*

выкупа́ть *uv zu* вы́купить

вы́купаться 1 *v* baden, ein Bad nehmen

выкупа́ться *uv zu* вы́купиться

вы́купить *v* кого́-что einlösen; loskaufen ‖ *uv* выкупа́ть 2а
ft. вы́куплю, -пишь, -пят
imp. вы́купи, ~те
pt. вы́купил
g.pt.a. вы́купив
p.pt.a. вы́купивший
p.pt.p. вы́купленный

вы́купиться *v* sich loskaufen ‖ *uv* выкупа́ться

¹,²выку́ривать *uv zu* ¹,²вы́курить

¹вы́курить *v* кого́-что **1.** ausrauchen, zu Ende rauchen **2.** ausräuchern **3.** *volksspr* hinausekeln, hinausjagen ‖ *uv* выку́ривать 1а
ft. вы́курю, -ришь, -рят
imp. вы́кури, ~те
pt. вы́курил
g.pt.a. вы́курив
p.pt.a. вы́куривший
p.pt.a. вы́куренный

²вы́курить *v* что *alt* brennen *Schnaps* ‖ *uv* выку́ривать 1а
Formen wie ¹вы́курить

вы́кушать 1 *v* что (*oder* чего́) *volksspr* austrinken

выла́вливать *uv zu* вы́ловить

вы́лакать 1 *v* что auflecken

¹выла́мывать *uv zu* вы́ломать

²выла́мывать *uv zu* вы́ломить

выла́щивать *uv zu* вы́лощить

вы́лежать *v* das Bett hüten ‖ *uv* вылёживать 1а
ft. вы́лежу, -жишь, -жат
imp. вы́лежи, ~те
pt. вы́лежал
g.pt.a. вы́лежав
p.pt.a. вы́лежавший

вы́лежаться *v* **1.** *umg* lange Zeit liegen; sich (liegend) ausruhen **2.** *1. u. 2. Pers ungebr* ausreifen; ablagern ‖ *uv* вылёживаться

вылёживать(ся) *uv zu* вы́лежать(ся)

вылеза́ть *uv zu* вы́лезти

вы́лезти *u.* **вы́лезть** *v* **1.** herauskriechen, -klettern **2.** *volksspr* aussteigen **3.** *umg* zum Vorschein kommen, sich zeigen **4.** *1. u. 2. Pers ungebr* ausfallen *von Haaren* ‖ *uv* вылеза́ть 2а
ft. вы́лезу, -зешь, -зут
imp. вы́лези, ~те *u.* вы́лезь, ~те
pt. вы́лез, ~ла
g.pt.a. вы́лезши
p.pt.a. вы́лезший

вы́лепить *v* кого́-что modellieren ‖ *uv* вылепля́ть 2а

ft.	вы́леплю, -пишь, -пят
imp.	вы́лепи, ~те
pt.	вы́лепил
g.pt.a.	вы́лепив
p.pt.a.	вы́лепивший
p.pt.p.	вы́лепленный

вылепля́ть *uv zu* вы́лепить

вылета́ть *uv zu* вы́лететь

вы́лететь *v* **1.** hinausfliegen; fortfliegen; abfliegen **2.** *übtr* hinausstürzen ‖ *uv* вылета́ть 2a

ft.	вы́лечу, -етишь, -етят
imp.	вы́лети, ~те
pt.	вы́летел
g.pt.a.	вы́летев
p.pt.a.	вы́летевший

вылéчивать(ся) *uv zu* вы́лечить(ся)

вы́лечить *v* кого́-что (aus)heilen ‖ *uv* вылéчивать 1a

ft.	вы́лечу, -чишь, -чат
imp.	вы́лечи, ~те
pt.	вы́лечил
g.pt.a.	вы́лечив
p.pt.a.	вы́лечивший
p.pt.p.	вы́леченный

вы́лечиться *v* sich auskurieren, gesund werden ‖ *uv* вылéчиваться

вылива́ть(ся) *uv zu* вы́лить(ся)

вы́лизать *v* кого́-что ab-, auslecken ‖ *uv* вызли́зывать 1a

ft.	вы́лижу, -жешь, -жут
imp.	вы́лижи, ~те
pt.	вы́лизал
g.pt.a.	вы́лизав
p.pt.a.	вы́лизавший
p.pt.p.	вы́лизанный

выли́зывать *uv zu* вы́лизать

вы́линять 1, *1 u. 2. Pers ungebr*, *v* **1.** haaren; mausern **2.** ausbleichen, verschießen

вы́лить *v* что **1.** из чего́ ausgießen, ausschütten **2.** gießen *aus Metall u. ä.* ‖ *uv* вылива́ть 2a

ft.	вы́лью, вы́льешь, вы́льют
imp.	вы́лей, ~те
pt.	вы́лил
g.pt.a.	вы́лив
p.pt.a.	вы́ливший
p.pt.p.	вы́литый

вы́литься, *1. u. 2. Pers ungebr*, *v* **1.** из чего́ herausfließen, -laufen **2.** *übtr* во что eine Form [Gestalt] annehmen ‖ *uv* вылива́ться

вы́ловить *v* кого́-что **1.** (restlos) fangen, fischen **2.** из чего́ herausfischen, -fangen ‖ *uv* выла́вливать 1a

ft.	вы́ловлю, -вишь, -вят
imp.	вы́лови, ~те
pt.	вы́ловил
g.pt.a.	вы́ловив
p.pt.a.	вы́ловивший
p.pt.p.	вы́ловленный

вы́ложить *v* что **1.** herauslegen; ausbreiten **2.** auslegen; besetzen **3.** *übtr umg* offen aussprechen **4.** *gbt* kastrieren ‖ *uv* выкла́дывать 1a

ft.	вы́ложу, -жишь, -жат
imp.	вы́ложи, ~те
pt.	вы́ложил
g.pt.a.	вы́ложив
p.pt.a.	вы́ложивший
p.pt.p.	вы́ложенный

вы́ломать 1 *v* что herausbrechen, aufbrechen ‖ *uv* выла́мывать 1a

вы́ломить *v* что *umg* aufbrechen ‖ *uv* выла́мывать 1a

ft.	вы́ломлю, -мишь, -мят
imp.	вы́ломи, ~те
pt.	вы́ломил
g.pt.a.	вы́ломив
p.pt.a.	вы́ломивший
p.pt.p.	вы́ломленный

вы́лощить *v* что bohnern, glätten ‖ *uv* выла́щивать 1a

ft.	вы́лощу, -щишь, -щат
imp.	вы́лощи, ~те
pt.	вы́лощил
g.pt.a.	вы́лощив
p.pt.a.	вы́лощивший
p.pt.p.	вы́лощенный

вы́лудить *v* что verzinnen

ft.	вы́лужу, -удишь, -удят
imp.	вы́луди, ~те
pt.	вы́лудил
g.pt.a.	вы́лудив
p.pt.a.	вы́лудивший
p.pt.p.	вы́луженный

вы́лупить *v* что **1.** *volksspr* abschälen, enthülsen **2.**: вы́лупить глаза́ *derb volksspr* die Augen aufreißen ‖ *uv* вылу́пливать 1a *u.* вылупля́ть 2a

ft.	вы́луплю, -пишь, -пят
imp.	вы́лупи, ~те
pt.	вы́лупил
g.pt.a.	вы́лупив
p.pt.a.	вы́лупивший
p.pt.p.	вы́лупленный

вы́лупиться, *1. u. 2. Pers ungebr, v* **1.** ausschlüpfen, aus dem Ei kriechen **2.** *derb volksspr* weit geöffnet sein *Augen* ‖ *uv* вылу́пливаться *u.* вылупля́ться

вылу́пливать(ся) *uv zu* вы́лупить(ся)

вылупля́ть(ся) *uv zu* вы́лупить(ся)

вылу́щивать *uv zu* вы́лущить

вы́лущить *v* что из чего́ **1.** ent-, aushülsen **2.** *med* herausschneiden ‖ *uv* вылу́щивать 1a

ft. вы́лущу, -щишь, -щат
imp. вы́лущи, ~те
pt. вы́лущил
g.pt.a. вы́лущив
p.pt.a. вы́лущивший
p.pt.p. вы́лущенный

вы́мазать *v* что **1.** einschmieren, -reiben **2.** *umg* beschmieren, besudeln ‖ *uv* выма́зывать 1a *zu* 1

ft. вы́мажу, -жешь, -жут
imp. вы́мажи, ~те *u.* вы́мажь, ~те
pt. вы́мазал
g.pt.a. вы́мазав
p.pt.a. вы́мазавший
p.pt.p. вы́мазанный

вы́мазаться *v* schmutzig werden ‖ *uv* выма́зываться

выма́зывать(ся) *uv zu* вы́мазать(ся)

выма́ливать *uv zu* вы́молить

выма́нивать *uv zu* вы́манить

вы́манить *v* кого́-что **1.** herauslocken **2.** ablisten ‖ *uv* выма́нивать 1a

ft. вы́маню, -нишь, -нят
imp. вы́мани, ~те
pt. вы́манил
g.pt.a. вы́манив
p.pt.a. вы́манивший
p.pt.p. вы́маненный

вы́марать 1 *v* что *volksspr* **1.** beschmieren, -schmutzen **2.** (aus)-, (durch)streichen ‖ *uv* выма́рывать 1a

вы́мараться *v volksspr* sich beschmieren ‖ *uv* выма́рываться

выма́ривать *uv zu* вы́морить

выма́рывать(ся) *uv zu* вы́марать(ся)

выма́тывать *uv zu* вы́мотать

выма́чивать *uv zu* вы́мочить

выма́щивать *uv zu* вы́мостить

выме́нивать *uv zu* вы́менять

вы́менять 1 *v* кого́-что на кого́-что um-, eintauschen (gegen) ‖ *uv* выме́нивать 1a

вы́мереть, *1. u. 2. Pers ungebr, v* aussterben ‖*uv* вымира́ть 2a

ft. вы́мрет, -рут
pt. вы́мер, ~ла
g.pt.a. вы́мерев *u.* вы́мерши
p.pt.a. вы́мерший

вымерза́ть *uv zu* вы́мерзнуть

вы́мерзнуть, *1. u. 2. Pers ungebr, v* gefrieren; erfrieren ‖ *uv* вымерза́ть 2a

ft. вы́мерзнет, -нут
pt. вы́мерз, ~ла
g.pt.a. вы́мерзнув *u.* вы́мерзши
p.pt.a. вы́мерзший

выме́ривать *uv zu* вы́мерить

вы́мерить *v* что aus-, abmessen ‖ *uv* выме́ривать 1a *u.* вымеря́ть 2a

ft. вы́мерю, -ришь, -рят *u. umg* вы́меряю, -яешь, -яют
imp. вы́мери, ~те *u. umg* вы́меряй, ~те
pt. вы́мерил
g.pt.a. вы́мерив
p.pt.a. вы́меривший
p.pt.p. вы́меренный

вымеря́ть *uv zu* вы́мерить

вы́месить *v* что (durch)kneten ‖ *uv* выме́шивать 1a

ft. вы́мешу, -есишь, -есят
imp. вы́меси, ~те
pt. вы́месил
g.pt.a. вы́месив
p.pt.a. вы́месивший
p.pt.p. вы́мешенный

вы́мести *v* что ausfegen, auskehren ‖ *uv* вымета́ть 2a

ft. вы́мету, -тешь, -тут
imp. вы́мети, ~те
pt. вы́мел
g.pt.a. вы́метя
p.pt.a. вы́метший
p.pt.p. вы́метенный

вы́местить *v* что на ком-чём seine Wut an j-m auslassen ‖ *uv* вымеща́ть 2a

ft. вы́мещу, -естишь, -естят
imp. вы́мести, ~те
pt. вы́местил
g.pt.a. вы́местив
p.pt.a. вы́местивший
p.pt.p. вы́мещенный

[1]**вы́метать** *v* что **1.** auswerfen **2.** *1. u. 2. Pers ungebr* auslaichen ‖ *uv* вымётывать 1a

ft. вы́мечу, -чешь, -чут
imp. вы́мечи, ~те

pt.	вы́метал
g.pt.a.	вы́метав
p.pt.a.	вы́метавший
p.pt.p.	вы́метанный

[2]**вы́метать** 1 *v*: вы́метать пе́тли Knopflöcher umnähen ‖ *uv* вымётывать 1a

вымета́ть *uv zu* вы́мести

[1,2]**вымётывать** *uv zu* [1,2]вы́метать

выме́шивать *uv zu* вы́месить

вымеща́ть *uv zu* вы́местить

вымира́ть *uv zu* вы́мереть

вымога́ть 2a *uv* что erpressen

вымока́ть *uv zu* вы́мокнуть

вы́мокнуть *v* **1.** durchnäßt sein; naß werden **2.** wässern ‖ *uv* вымока́ть 2a

ft.	вы́мокну, -нешь, -нут
imp.	вы́мокни, ~те
pt.	вы́мок, ~ла
g.pt.a.	вы́мокнув *u.* вы́мокши
p.pt.a.	вы́мокший

вымола́чивать *uv zu* вы́молотить

вы́молвить *v* что *umg* aussprechen

ft.	вы́молвлю, -вишь, -вят
imp.	вы́молви, ~те
pt.	вы́молвил
g.pt.a.	вы́молвив
p.pt.a.	вы́молвивший
p.pt.p.	вы́молвленный

вы́молить *v* что *oder* чего́ erflehen, erbitten ‖ *uv* выма́ливать 1a

ft.	вы́молю, -лишь, -лят
imp.	вы́моли, ~те
pt.	вы́молил
g.pt.a.	вы́молив
p.pt.p.	вы́моленный

вы́молотить *v* что dreschen ‖ *uv* вымола́чивать 1a

ft.	вы́молочу, -отишь, -отят
imp.	вы́молоти, ~те
pt.	вы́молотил
g.pt.a.	вы́молотив
p.pt.a.	вы́молотивший
p.pt.p.	вы́молоченный

вымора́живать *uv zu* вы́морозить

вы́морить *v* кого́-что vernichten, vertilgen ‖ *uv* вымо́ривать 1a

ft.	вы́морю, -ришь, -рят
imp.	вы́мори, ~те
pt.	вы́морил
g.pt.a.	вы́морив
p.pt.a.	вы́моривший
p.pt.p.	вы́моренный

вы́морозить *v* кого́-что **1.** abkühlen; ausfrieren lassen **2.** durch Frost vertilgen ‖ *uv* вымора́живать 1a

ft.	вы́морожу, -озишь, -озят
imp.	вы́морози, ~те *u.* вы́морозь, ~те
pt.	вы́морозил
g.pt.a.	вы́морозив
p.pt.a.	вы́морозивший
p.pt.p.	вы́мороженный

вы́мостить *v* что pflastern ‖ *uv* выма́щивать 1a

ft.	вы́мощу, -остишь, -остят
imp.	вы́мости, ~те
pt.	вы́мостил
g.pt.a.	вы́мостив
p.pt.a.	вы́мостивший
p.pt.p.	вы́мощенный

вы́мотать 1 *v* что *umg* zermürben, erschöpfen ‖ *uv* выма́тывать 1a

вы́мочить *v* кого́-что **1.** durchnässen, durchweichen **2.** weichen, wässern ‖ *uv* выма́чивать 1a

ft.	вы́мочу, -чишь, -чат
imp.	вы́мочи, ~те
pt.	вы́мочил
g.pt.a.	вы́мочив
p.pt.a.	вы́мочивший
p.pt.p.	вы́моченный

выму́чивать *uv zu* вы́мучить

вы́мучить *v* что *oder* что из себя́ *umg* erzwingen, mit Mühe hervorbringen ‖ *uv* выму́чивать 1a

ft.	вы́мучу, -чишь, -чат
imp.	вы́мучи, ~те
pt.	вы́мучил
g.pt.a.	вы́мучив
p.pt.a.	вы́мучивший
p.pt.p.	вы́мученный

вы́муштровать 4 *v* кого́-что *umg* drillen

вымыва́ть *uv zu* вы́мыть

вы́мыть *v* кого́-что (aus)waschen ‖ *uv* вымыва́ть 2a

ft.	вы́мою, -оешь, -оют
imp.	вы́мой, ~те
pt.	вы́мыл
g.pt.a.	вы́мыв
p.pt.a.	вы́мывший
p.pt.p.	вы́мытый

вы́мыться *v* sich waschen

вына́шивать *uv zu* вы́носить

вы́нести *v* кого́-что **1.** hinaus-, forttragen **2.** nach vorn stellen [setzen, legen]

3. aushalten, ertragen; erdulden || *uv* выносить, Formen das.
ft. вынесу, -сешь, -сут
imp. вынеси, ~те
pt. вынес, ~ла
g.pt.a. вынеся *u. alt* вынесши
p.pt.a. вынесший
p.pt.p. вынесенный

вынестись *v* hervorstürmen, -jagen, herausjagen || *uv* выноситься

вынимать(ся) *uv zu* вынуть(ся)

выносить *v* кого-что **1.** austragen, gebären **2.** gut durchdenken **3.** *umg* abtragen *Kleidung* || *uv* вынашивать 1а
ft. выношу, -осишь, -осят
imp. выноси, ~те
pt. выносил
g.pt.a. выносив
p.pt.a. выносивший
p.pt.p. выношенный

выносить *uv zu* вынести
pr. выношу, -осишь, -осят
imp. выноси, ~те
pt. выносил
g.pr.a. вынося
p.pr.a. выносящий
p.pt.a. выносивший
p.pr.p. выносимый

выноситься *uv zu* вынестись

вынудить *v* кого-что (er)zwingen || *uv* вынуждать 2а
ft. вынужу, -удишь, -удят
imp. вынуди, ~те
pt. вынудил
g.pt.a. вынудив
p.pt.a. вынудивший
p.pt.p. вынужденный

вынуждать *uv zu* вынудить

вынуть 6 *v* кого-что herausziehen, herausnehmen, entfernen || вынимать 2а
imp. вынь, ~те
p.pt.p. вынутый

вынуться, *1. u. 2. Pers ungebr*, *v* sich herausziehen [herausnehmen, entfernen] lassen || *uv* выниматься

выныривать *uv zu* вынырнуть

вынырнуть 6 *v* **1.** auftauchen, an die (Wasser-) Oberfläche kommen **2.** *übtr* auftauchen, plötzlich erscheinen || *uv* выныривать 1а

вынюхать 1 *v* что *volksspr* **1.** finden, aufspüren *nach dem Geruch* **2.** *übtr* auskundschaften || *uv* вынюхивать 1а

вынюхивать *uv zu* вынюхать

вынянчивать *uv zu* вынянчить

вынянчить *v* кого-что *umg* großziehen aufziehen || *uv* вынянчивать 1а
ft. вынянчу, -чишь, -чат
imp. вынянчи, ~те
pt. вынянчил
g.pt.a. вынянчив
p.pt.a. вынянчивший
p.pt.p. вынянченный

выпадать *uv zu* выпасть

выпаивать *uv zu* выпоить

выпаливать *uv zu* выпалить

выпалить *v umg* **1.** в кого-что feuern (auf) **2.** *übtr* что *u. ohne Objekt* herausplatzen (mit) || *uv* выпаливать 1а
ft. выпалю, -лишь, -лят
imp. выпали, ~те
pt. выпалил
g.pt.a. выпалив
p.pt.a. выпаливший
p.pt.p. выпаленный

выпалывать *uv zu* выполоть

выпаривать(ся) *uv zu* выпарить(ся)

выпарить *v* что **1.** durch Damp freinigen, ausbrühen **2.** verdampfen lassen || *uv* выпаривать 1а
ft. выпарю, -ришь, -рят
imp. выпари, ~те *u.* выпарь, ~те
pt. выпарил
g.pt.a. выпарив
p.pt.a. выпаривший
p.pt.p. выпаренный

выпариться *v* **1.** mit Dampf reinigen **2.** verdampfen **3.** *umg* sich mit Birkenreisern schlagen *im Dampfbad* || *uv* выпариваться

выпархивать *uv zu* выпорхнуть

выпарывать *uv zu* [1]выпороть

выпасть *v* **1.** (her)ausfallen, herausgleiten **2.** *1. u. 2. Pers ungebr* fallen *von Niederschlägen* **3.** *1. u. 2. Pers ungebr* (кому) zuteil werden, zufallen || *uv* выпадать 2а
ft. выпаду, -дешь, -дут
imp. выпади, ~те
pt. выпал
g.pt.a. выпав
p.pt.a. выпавший

выпахать *v* что **1.** umpflügen **2.** durch Pflügen den Boden erschöpfen, ausmergeln || *uv* выпахивать 1а
ft. выпашу, -ашешь, -ашут
imp. выпаши, ~те
pt. выпахал

g.pt.a. вы́пахав
p.pt.a. вы́пахавший
p.pt.p. вы́паханный

выпа́хивать *uv zu* вы́пахать

вы́пачкать 1 *v* кого́-что *umg* beschmieren, beschmutzen

вы́пачкаться *v umg* sich schmutzig machen

выпева́ть *uv zu* вы́петь

выпека́ть(ся) *uv zu* вы́печь(ся)

вы́переть *v* кого́-что **1.** *umg* hinausdrücken, -drängen, -stoßen, verdrängen **2.** *volksspr* hinauswerfen ‖ *uv* выпира́ть 2a
ft. вы́пру, -решь, -рут
imp. вы́при, ~те
pt. вы́пер, ~ла
g.pt.a. вы́перев *u.* вы́перши
p.pt.a. вы́перший
p.pt.p. вы́пертый

вы́пестовать 4 *v* кого́-что **1.** *hoher Stil* liebevoll betreuen, aufziehen **2.** *alt* erziehen

вы́петь *v* что mit Sorgfalt singen ‖ *uv* выпева́ть 2a
ft. вы́пою, -оешь, -оют
imp. вы́пой, ~те
pt. вы́пел
g.pt.a. вы́пев
p.pt.a. вы́певший
p.pt.p. вы́петый

вы́печь *v* что **1.** backen **2.** ausbacken, gut durchbacken ‖ *uv* выпека́ть 2a
ft. вы́пеку, -ечешь, -екут
imp. вы́пеки, ~те
pt. вы́пек, ~ла
g.pt.a. вы́пекши
p.pt.a. вы́пекший
p.pt.p. вы́печенный

вы́печься *v* backen, ausgebacken werden, fertig gebacken sein; хорошо́ вы́печься gut gebacken sein ‖ *uv* выпека́ться

выпива́ть *uv zu* вы́пить

выпи́ливать *uv zu* вы́пилить

вы́пилить *v* что (her)aussägen ‖ *uv* выпи́ливать 1a
ft. вы́пилю, -лишь, -лят
imp. вы́пили, ~те
pt. вы́пилил
g.pt.a. вы́пилив
p.pt.a. вы́пиливший
p.pt.p. вы́пиленный

выпира́ть 2a *uv* **1.** *uv zu* вы́переть **2.** *1. u. 2. Pers ungebr* hervor-, herausstehen

вы́писать *v* кого́-что **1.** herausschreiben; Auszüge machen **2.** sorgfältig schreiben; sorgfältig malen **3.** ausschreiben *Dokument* **4.** abonnieren, bestellen, beziehen **5.** *brieflich* herbeirufen **6.** abmelden, entlassen, (aus der Liste) streichen ‖ *uv* выпи́сывать 1a
ft. вы́пишу, -шешь, -шут
imp. вы́пиши, ~те
pt. вы́писал
g.pt.a. вы́писав
p.pt.a. вы́писавший
p.pt.p. вы́писанный

вы́писаться *v* sich abmelden, verlassen; ausscheiden; вы́писаться из больни́цы aus dem Krankenhaus entlassen werden ‖ *uv* выпи́сываться

выпи́сывать(ся) *uv zu* вы́писать(ся)

вы́пить *v* **1.** что *oder* чего́ trinken; austrinken **2.** за кого́-что *u. ohne Objekt, umg auf j-s Wohl, Gesundheit* trinken **3.** *umg* sich betrinken, eins über den Durst trinken ‖ *uv* выпива́ть 2a
ft. вы́пью, вы́пьешь, вы́пьют
imp. вы́пей, ~те
pt. вы́пил
g.pt.a. вы́пив
p.pt.a. вы́пивший
p.pt.p. вы́питый

вы́пихать 2 *v* кого́-что *volksspr* hinausstoßen ‖ *uv* выпи́хивать 1a

[1]**выпи́хивать** *uv zu* вы́пихнуть

[2]**выпи́хивать** *uv zu* вы́пихать

вы́пихнуть 6 *v* кого́-что *umg* hinausstoßen ‖ *uv* выпи́хивать 1a
p.pt.p. вы́пихнутый

вы́плавить *v* что (aus)schmelzen ‖ *uv* выплавля́ть 2a
ft. вы́плавлю, -вишь, -вят
imp. вы́плави, ~те
pt. вы́плавил
g.pt.a. вы́плавив
p.pt.a. вы́плавивший
p.pt.p. вы́плавленный

выплавля́ть *uv zu* вы́плавить

вы́плакать *v* что **1.** ausweinen **2.** *umg* unter Tränen erflehen ‖ *uv* выпла́кивать 1a
ft. вы́плачу, -чешь, -чут
imp. вы́плачь, ~те
pt. вы́плакал
g.pt.a. вы́плакав
p.pt.a. вы́плакавший
p.pt.p. вы́плаканный

вы́плакаться *v* sich ausweinen ‖ *uv* выпла́киваться*

выпла́кивать(ся) *uv zu* вы́плакать(ся)

вы́платить *v* что bezahlen, (aus)zahlen ‖ *uv* выпла́чивать 1a
ft. вы́плачу, -атишь, -атят
imp. вы́плати, ~те
pt. вы́платил
g.pt.a. вы́платив
p.pt.a. вы́плативший
p.pt.p. вы́плаченный

выпла́чивать *uv zu* вы́платить

вы́плевать *v* что ausspeien, ausspucken ‖ *uv* выплёвывать 1a
ft. вы́плюю, вы́плюешь, вы́плюют
imp. вы́плюй, ~те
pt. вы́плевал
g.pt.a. вы́плевав
p.pt.a. вы́плевавший
p.pt.p. вы́плеванный

[1]**выплёвывать** *uv zu* вы́плевать

[2]**выплёвывать** *uv zu* вы́плюнуть

вы́плескать *v* что vergießen, verschütten ‖*uv* выплёскивать 1a
ft. вы́плещу, -щешь, -щут
imp. вы́плещи, ~те
pt. вы́плескал
g.pt.a. вы́плескав
p.pt.a. вы́плескавший
p.pt.p. вы́плесканный

вы́плескаться, *1. u. 2. Pers ungebr, v* herausschwappen, herausspritzen ‖ *uv* выплёскиваться

[1]**выплёскивать(ся)** *uv zu* вы́плескать(ся)

[2]**выплёскивать(ся)** *uv zu* вы́плеснуть(ся)

вы́плеснуть 6 *v u. mom* что vergießen, verschütten; anspülen *Muscheln* ‖ *uv* выплёскивать 1a
p.pt.p. вы́плеснутый

вы́плеснуться, *1. u. 2. Pers ungebr, v u. mom* herausschwappen ‖ *uv* выплёскиваться

вы́плести *v* что **1.** (her)ausflechten **2.** flechten ‖ *uv* выплета́ть 2a
ft. вы́плету, -тешь, -тут
imp. вы́плети, ~те
pt. вы́плел
g.pt.a. вы́плетя *u.* вы́плетши
p.pt.a. вы́плетший
p.pt.p. вы́плетенный

вы́плестись, *1. u. 2. Pers ungebr, v* sich lösen und herausfallen *von Eingeflochtenem, z. B. Haarschleife* ‖ *uv* выплета́ться

выплета́ть(ся) *uv zu* вы́плести(сь)

выплыва́ть *uv zu* вы́плыть

вы́плыть *v* **1.** auftauchen *a. übtr;* zu Tage treten **2.** hervorschwimmen; hinausschwimmen; an Land schwimmen ‖ *uv* выплыва́ть 2a
ft. вы́плыву, -вешь, -вут
imp. вы́плыви, ~те
pt. вы́плыл
g.pt.a. вы́плыв
p.pt.a. вы́плывший

вы́плюнуть 6 *v* что ausspucken ‖ *uv* выплёвывать 1a
imp. вы́плюни, ~те *u.* вы́плюнь, ~те
p.pt.p. вы́плюнутый

выпля́сывать 1a *uv* что *u. ohne Objekt, umg* mit Figuren tanzen *beim Volkstanz*

вы́поить *v* кого́-что mit einem Nährtrank aufziehen *Tiere* ‖ *uv* выпа́ивать 1a
ft. вы́пою, -оишь, -оят
imp. вы́пои, ~те *u. umg* вы́пой, ~те
pt. вы́поил
g.pt.a. вы́поив
p.pt.a. вы́поивший
p.pt.p. вы́поенный

выпола́скивать *uv zu* вы́полоскать

выполза́ть *uv zu* вы́ползти

вы́ползти *v* из чего́ heraus-, hervorkriechen ‖ *uv* выполза́ть 2a
ft. вы́ползу, -зешь, -зут
imp. вы́ползи, ~те
pt. вы́полз, ~ла
g.pt.a. вы́ползши
p.pt.a. вы́ползший

вы́полнить *v* что ausführen, erfüllen, verwirklichen ‖ *uv* выполня́ть 2a
ft. вы́полню, -нишь, -нят
imp. вы́полни, ~те
pt. вы́полнил
g.pt.a. вы́полнив
p.pt.a. вы́полнивший
p.pt.p. вы́полненный

выполня́ть *uv zu* вы́полнить

вы́полоскать *v* что (aus)spülen, gurgeln ‖ *uv* выпола́скивать 1a
ft. вы́полощу, -щешь, -щут
imp. вы́полощи, ~те
pt. вы́полоскал
g.pt.a. вы́полоскав
p.pt.a. вы́полоскавший
p.pt.p. вы́полосканный

вы́полоть *v* что (aus)jäten ‖ *uv* выпа́лывать 1a
ft. вы́полю, -лешь, -лют
imp. вы́поли, ~те

pt.	вы́полол
g.pt.a.	вы́полов
p.pt.a.	вы́половший
p.pt.p.	вы́полотый

[1]**вы́пороть** *v* что *Genähtes* ab-, auftrennen ‖ *uv* выпа́рывать 1a

ft.	вы́порю, -решь, -рют
imp.	вы́пори, ~те
pt.	вы́порол
g.pt.a.	вы́поров
p.pt.a.	вы́поровший
p.pt.p.	вы́поротый

[2]**вы́пороть** *v* кого́-что *volksspr* mit Ruten peitschen, schlagen, prügeln
Formen wie [1]вы́пороть

вы́порхнуть 6 *v* hinausflattern, aufflattern ‖ *uv* выпа́рхивать 1a

вы́потрошить *v* кого́-что Eingeweide herausnehmen, ausweiden

ft.	вы́потрошу, -шишь, -шат
imp.	вы́потроши, ~те
pt.	вы́потрошил
g.pt.a.	вы́потрошив
p.pt.a.	вы́потрошивший
p.pt.p.	вы́потрошенный

[1]**вы́править** *v* что **1.** geradmachen, -biegen **2.** verbessern, korrigieren **3.** berichtigen ‖ *uv* выправля́ть 2a

ft.	вы́правлю, -вишь, -вят
imp.	вы́прави, ~те *u.* вы́правь, ~те
pt.	вы́правил
g.pt.a.	вы́правив
p.pt.a.	вы́правивший
p.pt.p.	вы́правленный

[2]**вы́править** *v* что *volksspr* erhalten, sich ausstellen lassen *Papiere* ‖ *uv* выправля́ть 2a
Formen wie [1]вы́править

вы́правиться *v* **1.** *1. u. 2. Pers ungebr* sich geradebiegen **2.** sich bessern, besser werden ‖ *uv* выправля́ться

[1,2]**выправля́ть** *uv zu* [1,2]вы́править

выправля́ться *uv zu* вы́правиться

выпра́стывать *uv zu* вы́простать

выпра́шивать *uv zu* вы́просить

выпрова́живать *uv zu* вы́проводить

вы́проводить *v* кого́-что hinauswerfen, die Tür weisen ‖ *uv* выпрова́живать 1a

ft.	вы́провожу, -одишь, -одят
imp.	вы́проводи, ~те
pt.	вы́проводил
g.pt.a.	вы́проводив
p.pt.a.	вы́проводивший
p.pt.p.	вы́провоженный

вы́просить *v* что erbitten, erflehen, durch Bitten erlangen ‖ *uv* выпра́шивать 1a

ft.	вы́прошу, -осишь, осят
imp.	вы́проси, ~те
pt.	вы́просил
g.pt.a.	вы́просив
p.pt.a.	вы́просивший
p.pt.p.	вы́прошенный

вы́простать 1 *v* что **1.** *volksspr* herausnehmen, herausziehen **2.** leeren; befreien ‖ *uv* выпра́стывать 1a

выпры́гивать *uv zu* вы́прыгнуть

вы́прыгнуть 6 *v* hinausspringen ‖ *uv* выпры́гивать 1a

выпряга́ть *uv zu* вы́прячь

выпряда́ть *uv zu* вы́прясть

вы́прямить *v* что **1.** geradmachen, -biegen **2.** *el* gleichrichten ‖ *uv* выпрямля́ть 2a

ft.	вы́прямлю, -мишь, -мят
imp.	вы́прями, ~те
pt.	вы́прямил
g.pt.a.	вы́прямив
p.pt.a.	вы́прямивший
p.pt.p.	вы́прямленный

вы́прямиться *v* eine gerade Haltung annehmen, sich aufrichten ‖ *uv* выпрямля́ться

выпрямля́ть(ся) *uv zu* вы́прямить(ся)

вы́прясть *v* что ausspinnen, durch Spinnen etw. verdienen ‖ *uv* выпряда́ть 2a

ft.	вы́пряду, -дешь, -дут
imp.	вы́пряди, ~те
pt.	вы́прял
g.pt.a.	вы́прядя *u.* вы́прядши
p.pt.a.	вы́прядший
p.pt.p.	вы́пряденный

вы́прячь *v* кого́-что ausspannen *Pferde* ‖ *uv* выпряга́ть 2a

ft.	вы́прягу, -яжешь, -ягут
imp.	вы́пряги, ~те
pt.	вы́пряг, ~ла
g.pt.a.	вы́прягши
p.pt.a.	вы́прягший
p.pt.p.	вы́пряженный

выпуска́ть *uv zu* вы́пустить

вы́пустить *v* кого́-что **1.** hinaus-, herauslassen **2.** herausgeben *Buch, Zeitung*; emittieren, in Umlauf setzen *Banknoten* **3.** produzieren, herstellen **4.** entlassen, freilassen; *Schulabgänger* entlassen **5.**: вы́пустить мета́лл из пе́чи *tech* abstechen **6.** auslassen, streichen **7.**: вы́пустить шов den Saum auslassen **8.** hinausstecken, -stellen ‖ *uv* выпуска́ть 2a

ft. вы́пущу, -устишь, -устят
imp. вы́пусти, ~те
pt. вы́пустил
g.pt.a. вы́пустив
p.pt.a. вы́пустивший
p.pt.p. вы́пущенный

вы́путать 1 *v* **1.** что entwirren, heraus-, loswickeln **2.** кого́-что aus der Verlegenheit heraushelfen ‖ *uv* выпу́тывать 1a

вы́путаться *v* **1.** sich losmachen, sich (von Fesseln) befreien **2.** *übtr* sich (aus der Not) heraushelfen ‖ *uv* выпу́тываться

выпу́тывать(ся) *uv zu* вы́путать(ся)

выпу́чивать(ся) *uv zu* вы́пучить(ся)

вы́пучить *v* что *umg* herauspressen, aufblähen, vorwölben; вы́пучить глаза́ *volksspr* die Augen aufreißen ‖ выпу́чивать 1a
ft. вы́пучу, -чишь, -чат
imp. вы́пучи, ~те
pt. вы́пучил
g.pt.a. вы́пучив *u. alt* вы́пуча
p.pt.a. вы́пучивший
p.pt.p. вы́пученный

вы́пучиться, *1. u. 2. Pers ungebr, v umg* sich aufblähen, bauchig werden, anschwellen ‖ *uv* выпу́чиваться

вы́пытать 1 *v* что у кого́ *umg* ausforschen, auskundschaften, in Erfahrung bringen ‖ *uv* выпы́тывать 1a

выпы́тывать *uv zu* вы́пытать

выпя́ливать(ся) *uv zu* вы́пялить(ся)

вы́пялить *v* что *volksspr* herausstellen, vorwölben; вы́пялить глаза́ glotzen ‖ *uv* выпя́ливать 1a
ft. вы́пялю, -лишь, -лят
imp. вы́пяли, ~те
pt. вы́пялил
g.pt.a. вы́пялив
p.pt.a. вы́пяливший
p.pt.p. вы́пяленный

вы́пялиться *v volkssspr* sich hinauslehnen ‖ *uv* выпя́ливаться

вы́пятить *v* что *umg* heraus-, hervorstrecken; vorwölben ‖ *uv* выпя́чивать 1a
ft. вы́пячу, -ятишь, -ятят
imp. вы́пяти, ~те
pt. вы́пятил
g.pt.a. вы́пятив
p.pt.a. вы́пятивший
p.pt.p. вы́пяченный

вы́пятиться *v umg* **1.** hervorspringen, hervorragen **2.** *übtr* in die Augen springen [stechen] ‖ *uv* выпя́чиваться

выпя́чивать(ся) *uv zu* вы́пятить(ся)

выраба́тывать(ся) *uv zu* вы́работать(ся)

вы́работать 1 *v* что **1.** herstellen, erzeugen, produzieren **2.** ausarbeiten, schaffen; herausbilden **3.** erarbeiten, verdienen ‖ *uv* выраба́тывать 1a

вы́работаться, *1. u. 2. Pers ungebr, v* sich herausbilden ‖ *uv* выраба́тываться

выра́внивать(ся) *uv zu* вы́ровнять(ся)

выража́ть *uv zu* вы́разить

выража́ться 2a *uv* **1.** *uv zu* вы́разиться **2.** *volkssspr* Schimpfwörter gebrauchen

вы́разить *v* что ausdrücken; äußern ‖ *uv* выража́ть 2a
ft. вы́ражу, -азишь, -азят
imp. вы́рази, ~те
pt. вы́разил
g.pt.a. вы́разив
p.pt.a. вы́разивший
p.pt.p. вы́раженный

вы́разиться *v* **1.** *1. u. 2. Pers ungebr* sich zeigen, sich äußern **2.** sich ausdrücken, sich äußern, sagen ‖ *uv* выража́ться

выраста́ть *uv zu* вы́расти

вы́расти *v* **1.** (auf)wachsen, groß werden **2.** в кого́-что *übtr* anwachsen, steigen, sich zu etw. entwickeln, zunehmen **3.** из чего́ auswachsen *Kleidung* **4.** sich zeigen; entstehen ‖ *uv* выраста́ть 2a
ft. вы́расту, -тешь, -тут
imp. вы́расти, ~те
pt. вы́рос, ~ла
g.pt.a. вы́росши
p.pt.a. вы́росший

вы́растить *v* кого́-что **1.** großziehen *Kinder*; heranbilden *Kader* **2.** anbauen *Kulturpflanzen*; aufziehen; züchten; erzielen *landw. Erträge* ‖ *uv* выра́щивать 1a
ft. вы́ращу, -астишь, -астят
imp. вы́расти, ~те
pt. вы́растил
g.pt.a. вы́растив
p.pt.a. вы́растивший
p.pt.p. вы́ращенный

выра́щивать *uv zu* вы́растить

[1]**вы́рвать** *v* что **1.** (her)ausreißen, entreißen **2.** у кого́ *übtr* ab-, erzwingen ‖ *uv* вырыва́ть 2a
ft. вы́рву, -вешь, -вут
imp. вы́рви, ~те
pt. вы́рвал
g.pt.a. вы́рвав
p.pt.a. вы́рвавший
p.pt.p. вы́рванный

[2]**вы́рвать** *v unpers* кого́-что *umg* sich übergeben, sich erbrechen; его́ вы́рвало er hat sich erbrochen
ft. вы́рвет
pt. вы́рвало

вы́рваться *v* **1.** *1. u. 2. Pers ungebr* sich losreißen, sich lösen **2.** sich (mit Gewalt) befreien, sich losreißen; hervor-, durchbrechen **3.** *übtr* entschlüpfen, entfahren ‖ *uv* вырыва́ться 2a
Formen nach [1]вы́рвать

вы́резать *v* кого́-что **1.** (her)ausschneiden **2.** schnitzen; herausmeißeln **3.** eingravieren, einritzen **4.** abschlachten, niedermetzeln ‖ *uv* выреза́ть 2a *u.* выре́зывать 1a
ft. вы́режу, -жешь, -жут
imp. вы́режи, ~те *u. umg* вы́режь, ~те
pt. вы́резал
g.pt.a. вы́резав
p.pt.a. вы́резавший
p.pt.p. вы́резанный

выреза́ть *uv zu* вы́резать

выре́зывать *uv zu* вы́резать

вы́решить *v* что *volksspr* entgültig lösen [entscheiden]
ft. вы́решу, -шишь, -шат
imp. вы́реши, ~те
pt. вы́решил
g.pt.a. вы́решив
p.pt.a. вы́решивший
p.pt.p. вы́решенный

вы́рисовать 4 *v* что sorgfältig [in allen Einzelheiten] (auf)zeichnen ‖ *uv* вырисо́вывать 1a

вы́рисоваться, *1. u. 2. Pers ungebr*, *v* sich abzeichnen, sichtbar werden ‖ *uv* вырисо́вываться

вырисо́вывать(ся) *uv zu* вы́рисовать(ся)

вы́ровнять 1 *v* что **1.** ebnen; *tech* nivellieren **2.** *mil* (aus)richten **3.** ausgleichen ‖ *uv* выра́внивать 1a
p.pt.p. вы́ровненный

вы́ровняться *v* **1.** eben [glatt] werden, ausgleichen **2.** *1. u. 2. Pers ungebr*, *mil* sich (aus)richten **3.** *übtr* sich bessern ‖ *uv* выра́вниваться

вы́родиться, *1. u. 2. Pers ungebr*, *v* entarten, degenerieren ‖ *uv* вырожда́ться 2a
ft. вы́родится, -дятся
pt. вы́родился, -лась
g.pt.a. вы́родившись
p.pt.a. вы́родившийся

вырожда́ться *uv zu* вы́родиться

вы́ронить *v* что из чего́ (heraus)fallen lassen
ft. вы́роню, -нишь, -нят
imp. вы́рони, ~те
pt. вы́ронил
g.pt.a. вы́ронив
p.pt.a. вы́ронивший
p.pt.p. вы́роненный

выруба́ть *uv zu* вы́рубить

вы́рубить *v* что **1.** vollständig abhauen, abholzen **2.** из чего́ heraushauen; zurechthauen ‖ *uv* выруба́ть 2a
ft. вы́рублю, -бишь, -бят
imp. вы́руби, ~те
pt. вы́рубил
g.pt.a. вы́рубив
p.pt.a. вы́рубивший
p.pt.p. вы́рубленный

вы́ругать 1 *v* кого́-что ausschimpfen

вы́ругаться *v umg* schimpfen

выруча́ть *uv zu* вы́ручить

вы́ручить *v* **1.** кого́-что (aus)helfen, aus einer mißlichen Lage befreien; вы́ручить кого́-н. из беды́ j-m aus der Not helfen **2.** что verdienen, *Geld* einnehmen ‖ *uv* выруча́ть 2a
ft. вы́ручу, -чишь, -чат
imp. вы́ручи, ~те
pt. вы́ручил
g.pt.a. вы́ручив
p.pt.a. вы́ручивший
p.pt.p. вы́рученный

[1]**вырыва́ть** *uv zu* [1]вы́рвать

[2]**вырыва́ть** *uv zu* вы́рыть

вырыва́ться *uv zu* вы́рваться

вы́рыть *v* что **1.** graben, ausheben **2.** ausgraben ‖ *uv* вырыва́ть 2a
ft. вы́рою, -оешь, -оют
imp. вы́рой, ~те
pt. вы́рыл
g.pt.a. вы́рыв
p.pt.a. вы́рывший
p.pt.p. вы́рытый

вы́рядить *v* кого́-что *volkssprr* herausputzen, hübsch anziehen ‖ *uv* выряжа́ть 2a
ft. вы́ряжу, -ядишь, -ядят
imp. вы́ряди, ~те
pt. вы́рядил
g.pt.a. вы́рядив
p.pt.a. вы́рядивший
p.pt.p. вы́ряженный

вы́рядиться *v volksspr* sich herausputzen ‖ *uv* выряжа́ться

выряжа́ть(ся) *uv zu* вы́рядить(ся)

вы́садить *v* кого́-что **1.** ausschiffen, landen, an Land setzen, absetzen **2.** aussteigen lassen **3.** verpflanzen, versetzen **4.** *volksspr* einschlagen, einstoßen ‖ *uv* выса́живать 1а

ft.	вы́сажу, -адишь, -адят
imp.	вы́сади, ~те
pt.	вы́садил
g.pt.a.	вы́садив
p.pt.a.	вы́садивший
p.pt.p.	вы́саженный

вы́садиться *v* aussteigen; an Land gehen, landen ‖ *uv* выса́живаться

выса́живать(ся) *uv zu* вы́садить(ся)

выса́сывать *uv zu* вы́сосать

вы́сватать 1 *v* кого́-что *alt u. gbt* für j-n freien; die Einwilligung der Eltern zur Ehe erhalten ‖ *uv* высва́тывать 1а

высва́тывать *uv zu* вы́сватать

высве́рливать *uv zu* вы́сверлить

вы́сверлить *v* что ausbohren ‖ *uv* высве́рливать 1а

ft.	вы́сверлю, -лишь, -лят
imp.	вы́сверли, ~те
pt.	вы́сверлил
g.pt.a.	вы́сверлив
p.pt.a.	вы́сверливший
p.pt.p.	вы́сверленный

вы́свистать *v* кого́-что *umg* **1.** pfeifend vortragen **2.** durch Pfeifen rufen ‖ *uv* высви́стывать 1а

ft.	вы́свищу, -щешь, -щут
imp.	вы́свищи, ~те
pt.	вы́свистал
g.pt.a.	вы́свистав
p.pt.a.	вы́свиставший

вы́свистеть *v* кого́-что *umg* **1.** pfeifend vortragen **2.** durch Pfeifen rufen ‖ *uv* высви́стывать 1а

ft.	вы́свищу, -истишь, -истят
imp.	вы́свисти, ~те
pt.	вы́свистел
g.pt.a.	вы́свистев
p.pt.a.	вы́свистевший

высви́стывать *uv zu* вы́свистать u. вы́свистеть

вы́свободить *v* кого́-что **1.** losmachen, freimachen, herausziehen **2.** befreien, frei machen, zur Freiheit verhelfen ‖ *uv* высвобожда́ть 2а

ft.	вы́свобожу, -одишь, -одят
imp.	вы́свободи, ~те
pt.	вы́свободил
g.pt.a.	вы́свободив
p.pt.a.	вы́свободивший
p.pt.p.	вы́свобожденный

вы́свободиться *v* sich freimachen; herauskommen; sich befreien ‖ *uv* высвобожда́ться

высвобожда́ть(ся) *uv zu* вы́свободить(ся)

высева́ть *uv zu* вы́сеять

высе́ивать *uv zu* вы́сеять

высека́ть *uv zu* [1]вы́сечь

вы́селить *v* кого́-что (из чего́) aussiedeln, ausweisen, exmittieren ‖ *uv* выселя́ть 2а

ft.	вы́селю, -лишь, -лят
imp.	вы́сели, ~те
pt.	вы́селил
g.pt.a.	вы́селив
p.pt.a.	вы́селивший
p.pt.p.	вы́селенный

вы́селиться *v* ausziehen, fortziehen; seinen Wohnsitz verlassen; übersiedeln ‖ *uv* выселя́ться

выселя́ть(ся) *uv zu* вы́селить(ся)

вы́семениться, *1. u. 2. Pers ungebr, v* seine Samen ausstreuen *von Pflanzen*

ft.	вы́семенится, -нятся
pt.	вы́семенился, -лась
g.pt.a.	вы́семенившись
p.pt.a.	вы́семенившийся

вы́серебрить *v* что versilbern

ft.	вы́серебрю, -ришь, -рят
imp.	вы́серебри, ~те
pt.	вы́серебрил
g.pt.a.	вы́серебрив
p.pt.a.	вы́серебривший
p.pt.p.	вы́серебренный

[1]**вы́сечь** *v* что einmeißeln, herausmeißeln; вы́сечь ого́нь Feuer (aus einem Stein) schlagen ‖ *uv* высека́ть 2а

ft.	вы́секу, -ечешь, -екут
imp.	вы́секи, ~те
pt.	вы́сек, ~ла
g.pt.a.	вы́секши
p.pt.a.	вы́секший
p.pt.p.	вы́сеченный

[2]**вы́сечь** *v* кого́-что verprügeln, geißeln Formen wie [1]вы́сечь

вы́сеять *v* что aussähen ‖ *uv* высева́ть 2а *u.* высе́ивать 1а

ft.	вы́сею, -еешь, -еют
imp.	вы́сей, ~те

pt. вы́сеял
g.pt.a. вы́сеяв
p.pt.a. вы́сеявший
p.pt.p. вы́сеянный

вы́сидеть *v* **1.** кого́-что ausbrüten **2.** *umg eine gewisse Zeit* (ab)sitzen, sitzenbleiben, verweilen **3.** *übtr* что, *volkssprr* mit Mühe und Not zustandebringen ‖ *uv* выси́живать 1a
ft. вы́сижу, -идишь, -идят
imp. вы́сиди, ~те
pt. вы́сидел
g.pt.a. вы́сидев
p.pt.a. вы́сидевший
p.pt.p. вы́сиженный

выси́живать *uv zu* вы́сидеть

вы́ситься, *1. u. 2. Pers ungebr, uv* sich erheben, aufragen, hoch stehen
pr. вы́сится, вы́сятся
pt. вы́сился, -лась
p.pt.a. вы́сившийся

выска́бливать *uv zu* вы́скоблить

вы́сказать *v* что aussprechen, ausdrücken, sagen, äußern ‖ *uv* выска́зывать 1a
ft. вы́скажу, -жешь, -жут
imp. вы́скажи, ~те
pt. вы́сказал
g.pt.a. вы́сказав
p.pt.a. вы́сказавший
p.pt.p. вы́сказанный

вы́сказаться *v* sich äußern, seine Meinung sagen ‖ *uv* выска́зываться

выска́зывать(ся) *uv zu* вы́сказать(ся)

вы́скакать *v* hervorsprengen; hinausreiten ‖ *uv* выска́кивать 1a
ft. вы́скачу, -ачешь, -ачут
imp. вы́скачи, ~те
pt. вы́скакал
g.pt.a. вы́скакав
p.pt.a. вы́скакавший

[1]**выска́кивать** *uv zu* вы́скакать

[2]**выска́кивать** *uv zu* вы́скочить

выска́льзывать *uv zu* вы́скользнуть

вы́скоблить *v* что abkratzen, abschaben; *med* auskratzen ‖ *uv* выска́бливать 1a
ft. вы́скоблю, -лишь, -лят
imp. вы́скобли, ~те
pt. вы́скоблил
g.pt.a. вы́скоблив
p.pt.a. вы́скобливший
p.pt.p. вы́скобленный

выскольза́ть *uv zu* вы́скользнуть

вы́скользнуть 6 *v* **1.** entgleiten, -schlüpfen **2.** (schnell und unbemerkt) entwischen ‖ *uv* выска́льзывать 1a *u.* выскольза́ть* 2a

вы́скочить *v* **1.** hinausspringen; hervorspringen **2.** *umg* herausfallen ‖ *uv* выска́кивать 1a
ft. вы́скочу, -чишь, -чат
imp. вы́скочи, ~те
pt. вы́скочил
g.pt.a. вы́скочив
p.pt.a. вы́скочивший

выскреба́ть *uv zu* вы́скрести

выскрёбывать *uv zu* вы́скрести

вы́скрести *v* что *umg* ab-, auskratzen, abschaben ‖ *uv* выскреба́ть 2a *u.* выскрёбывать 1a
ft. вы́скребу, -бешь, -бут
imp. вы́скреби, ~те
pt. вы́скреб, ~ла
g.pt.a. вы́скребши
p.pt.a. вы́скребший
p.pt.p. вы́скребенный

вы́слать *v* кого́-что **1.** weg-, abschicken; absenden **2.** (hin)ausweisen; verbannen ‖ *uv* высыла́ть 2a
ft. вы́шлю, -лешь, -лют
imp. вы́шли, ~те
pt. вы́слал
g.pt.a. вы́слав
p.pt.a. вы́славший
p.pt.p. вы́сланный

вы́следить *v* кого́-что aufspüren ‖ *uv* высле́живать 1a
ft. вы́слежу, -едишь, -едят
imp. вы́следи, ~те
pt. вы́следил
g.pt.a. вы́следив
p.pt.a. вы́следивший
p.pt.p. вы́слеженный

высле́живать *uv zu* вы́следить

выслу́живать(ся) *uv zu* вы́служить(ся)

вы́служить *v* что **1.** durch Dienst erwerben; вы́служить пе́нсию pensionsberechtigt sein **2.** *umg* abdienen, im Amt sein, *eine best. Zeit* dienen ‖ *uv* выслу́живать 1a
ft. вы́служу, -жишь, -жат
imp. вы́служи, ~те
pt. вы́служил
g.pt.a. вы́служив
p.pt.a. вы́служивший
p.pt.p. вы́служенный

вы́служиться *v verächtl, umg* liebedienern, sich einschmeicheln ‖ *uv* выслу́живаться

вы́слушать 1 *v* кого́-что **1.** anhören, zu Ende hören **2.** *med* abhorchen, abhören ‖ *uv* выслу́шивать 1a

выслу́шивать *uv zu* вы́слушать

высма́ливать *uv zu* вы́смолить

высма́тривать *uv zu* вы́смотреть

высме́ивать *uv zu* вы́смеять

вы́смеять *v* кого́-что auslachen, verspotten ‖ *uv* высме́ивать 1a

ft.	вы́смею, -еешь, -еют
imp.	вы́смей, ~те
pt.	вы́смеял
g.pt.a.	вы́смеяв
p.pt.a.	вы́смеявший
p.pt.p.	вы́смеянный

вы́смолить *v* что teeren ‖ *uv* высма́ливать 1a

ft.	вы́смолю, -лишь, -лят
imp.	вы́смоли, ~те
pt.	вы́смолил
g.pt.a.	вы́смолив
p.pt.a.	вы́смоливший
p.pt.p.	вы́смоленный

вы́сморкать 1 *v*: вы́сморкать нос sich die Nase putzen

вы́сморкаться *v umg* sich die Nase putzen, sich schneuzen

вы́смотреть *v* кого́-что **1.** sorgfältig betrachten **2.** (alles) erspähen, erblicken ‖ *uv* высма́тривать 1a

ft.	вы́смотрю, -ришь, -рят
imp.	вы́смотри, ~те
pt.	вы́смотрел
g.pt.a.	вы́смотрев
p.pt.a.	вы́смотревший
p.pt.p.	вы́смотренный

высо́вывать(ся) *uv zu* вы́сунуть(ся)

вы́сосать *v* что из чего́ (her)aussaugen; вы́сосать из па́льца что́-н. sich etw. aus dem Finger saugen; вы́сосать все со́ки из кого́-н. *übtr* j-n aussaugen, j-n aufs äußerste erschöpfen ‖ *uv* выса́сывать 1a

ft.	вы́сосу, -сешь, -сут
imp.	вы́соси, ~те
pt.	вы́сосал
g.pt.a.	вы́сосав
p.pt.a.	вы́сосавший
p.pt.p.	вы́сосанный

вы́сохнуть *v* **1.** *1. u. 2. Pers ungebr* trocken werden; vertrocknen, austrocknen **2.** verwelken **3.** *umg* abmagern ‖ *uv* высыха́ть 2a

ft.	вы́сохну, -нешь, -нут
imp.	вы́сохни, ~те
pt.	вы́сох, ~ла
g.pt.a.	вы́сохнув *u.* вы́сохши
p.pt.a.	вы́сохший

вы́спаться *v* (sich) ausschlafen ‖ *uv* высыпа́ться 2a

ft.	вы́сплюсь, -пишься, -пятся
imp.	вы́спись, -итесь
pt.	вы́спался, -лась
g.pt.a.	вы́спавшись
p.pt.a.	вы́спавшийся

выспева́ть *uv zu* вы́спеть

вы́спеть 3, *Betonung bleibt wie im Infinitiv, 1. u. 2. Pers ungebr*, *v* ausreifen ‖ *uv* выспева́ть 2a

выспра́шивать *uv zu* вы́спросить

вы́спросить *v* что *u. ohne Objekt umg* (er)fragen, auskundschaften ‖ *uv* выспра́шивать 1a

ft.	вы́спрошу, -осишь, -осят
imp.	вы́спроси, ~те
pt.	вы́спросил
g.pt.a.	вы́спросив
p.pt.a.	вы́спросивший
p.pt.p.	вы́спрошенный

вы́ставить *v* кого́-что **1.** vorschieben, vorrücken; hinausstellen; vorstellen **2.** herausnehmen *z. B. Doppelfenster* **3.** ausstellen *z. B. Bilder, Zeichnungen*; zur Schau stellen **4.** aufstellen *Kandidatur, Forderung, Armee* **5.** eintragen, -setzen *Datum* **6.** *volksspr* hinauswerfen, -setzen **7.** *umg* hin-, darstellen ‖ *uv* выставля́ть 2a

ft.	вы́ставлю, -вишь, -вят
imp.	вы́стави, ~те *u.* вы́ставь, ~те
pt.	вы́ставил
g.pt.a.	вы́ставив
p.pt.a.	вы́ставивший
p.pt.p.	вы́ставленный

вы́ставиться *v umg* sich hinausbeugen, herausragen ‖ *uv* выставля́ться

выставля́ть(ся) *uv zu* вы́ставить(ся)

выста́ивать(ся) *uv zu* вы́стоять(ся)

[1]**вы́стегать** 1 *v* что steppen ‖ *uv* выстёгивать 1a

[2]**вы́стегать** 1 *v* кого́-что *volksspr* auspeitschen

выстёгивать *uv zu* [1]вы́стегать

вы́стелить *v* что *volksspr* belegen, auslegen *Bretter, Platten u. ä.* ‖ *uv* выстила́ть 2a

ft.	вы́стелю, -лешь, -лют
imp.	вы́стели, ~те

pt.	вы́стелил
g.pt.a.	вы́стелив
p.pt.a.	вы́стеливший
p.pt.p.	вы́стланный *u.* вы́стеленный

[1]**выстилáть** *uv zu* вы́стлать

[2]**выстилáть** *uv zu* вы́стелить

вы́стирать 1 *v* что waschen *Wäsche*

вы́стлать *v* что belegen, auslegen *mit Brettern, Platten* ‖ выстилáть 2a

ft.	вы́стелю, -лешь, -лют
imp.	вы́стели, ~те
pt.	вы́стлал
g.pt.a.	вы́стлав
p.pt.a.	вы́стлавший
p.pt.p.	вы́стланный

вы́стоять *v* **1.** что *eine gewisse Zeit* stehen **2.** standhalten; aushalten ‖ *uv* выстáивать 1a

ft.	вы́стою, -оишь, -оят
imp.	вы́стои, ~те *u. umg* вы́стой, ~те
pt.	вы́стоял
g.pt.a.	вы́стояв
p.pt.a.	вы́стоявший

вы́стояться, *1. u. 2. Pers ungebr, v* **1.** (ab)-lagern *Wein* **2.** (sich) verschnaufen *Pferd* ‖ *uv* выстáиваться

выстрáгивать *uv zu* вы́строгать

вы́страдать 1 *v* **1.** viel erleiden, erdulden **2.** что durch Qualen [Leiden] erreichen

выстрáивать(ся) *uv zu* вы́строить(ся)

выстрáчивать *uv zu* вы́строчить

вы́стрелить *v* schießen, einen Schuß abgeben; вы́стрелить в когó-н. auf j-n schießen

ft.	вы́стрелю, -лишь, -лят
imp.	вы́стрели, ~те
pt.	вы́стрелил
g.pt.a.	вы́стрелив
p.pt.a.	вы́стреливший

выстригáть *uv zu* вы́стричь

вы́стричь *v* что abschneiden, abscheren ‖ *uv* выстригáть 2a

ft.	вы́стригу, -ижешь, -игут
imp.	вы́стриги, ~те
pt.	вы́стриг, ~ла
g.pt.a.	вы́стригши
p.pt.a.	вы́стригший
p.pt.p.	вы́стриженный

вы́строгать 1 *v* что abhobeln ‖ *uv* выстрáгивать 1a

вы́строить *v* **1.** что (er)bauen, aufbauen **2.** когó-что richten, in Reih und Glied antreten lassen ‖ *uv* выстрáивать 1a

ft.	вы́строю, -оишь, -оят
imp.	вы́строи, ~те *u.* вы́строй, ~те
pt.	вы́строил
g.pt.a.	вы́строив
p.pt.a.	вы́строивший
p.pt.p.	вы́строенный

вы́строиться *v* **1.** sich richten, sich in Reih und Glied aufstellen; antreten **2.** entstehen, gebaut werden ‖ *uv* выстрáиваться

вы́строчить *v* что steppen, abnähen ‖ *uv* выстрáчивать 1a

ft.	вы́строчу, -чишь, -чат
imp.	вы́строчи, ~те
pt.	вы́строчил
g.pt.a.	вы́строчив
p.pt.a.	вы́строчивший
p.pt.p.	вы́строченный

вы́стругать 1 *v* что *umg* abhobeln ‖ *uv* выстрýгивать 1a

выстрýгивать *uv zu* вы́стругать

вы́студить *v* что *volksspr* auskühlen [kalt werden] lassen *z. B. Zimmer* ‖ *uv* выстýживать 1a

ft.	вы́стужу, -удишь, -удят
imp.	вы́студи, ~те
pt.	вы́студил
g.pt.a.	вы́студив
p.pt.a.	вы́студивший
p.pt.p.	вы́стуженный

выстýживать *uv zu* вы́студить

вы́стукать 1 *v* когó-что *umg med* beklopfen, perkutieren ‖ *uv* выстýкивать 1a

выстýкивать *uv zu* вы́стукать

выступáть 2a *uv* **1.** *uv zu* вы́ступить **2.** *1. u. 2. Pers ungebr* vorspringen, hinausragen **3.** einherschreiten, -stolzieren

вы́ступить *v* **1.** heraus-, hervortreten, nach vorn treten **2.** aufbrechen, ausrücken **3.** (öffentlich) auftreten, sprechen; вы́ступить с доклáдом einen Vortrag halten **4.** *1. u. 2 Pers ungebr, übtr* hinaustreten; über die Ufer treten ‖ *uv* выступáть 2a

ft.	вы́ступлю, -пишь, -пят
imp.	вы́ступи, ~те
pt.	вы́ступил
g.pt.a.	вы́ступив
p.pt.a.	вы́ступивший

выстывáть *uv zu* вы́стыть

вы́стыть, *1. u. 2. Pers ungebr, v umg* auskühlen ‖ *uv* выстывáть 2a

ft.	вы́стынет, -нут
pt.	вы́стыл

g.pt.a. вы́стыв
p.pt.a. вы́стывший

вы́сунуть 6 *v* что из чего́ hinaus-, heraus-strecken, hinausstecken, hinaushängen || *uv* высо́вывать 1a
imp. вы́суни *u.* вы́сунь, вы́суньте
p.pt.p. вы́сунутый

вы́сунуться *v* sich hinauslehnen || *uv* высо́вываться

высу́шивать(ся) *uv zu* вы́сушить(ся)

вы́сушить *v* что (aus)trocknen (lassen) || *uv* высу́шивать 1a
ft. вы́сушу, -шишь, -шат
imp. вы́суши, ~те
pt. вы́сушил
g.pt.a. вы́сушив
p.pt.a. вы́сушивший
p.pt.p. вы́сушенный

вы́сушиться *v* (aus)trocknen || *uv* высу́шиваться

вы́считать 1 *v* что aus-, berechnen || *uv* высчи́тывать 1a

высчи́тывать *uv zu* вы́считать

высыла́ть *uv zu* вы́слать

вы́сыпать *v* **1.** что ausschütten, -streuen, verschütten **2.** *1. u. 2. Pers ungebr*, *med* Ausschlag bekommen **3.** *1. u. 2. Pers ungebr*, *umg* in Massen hinausströmen; in Massen erscheinen || *uv* высыпа́ть 2a
ft. вы́сыплю, -лешь, -лют *u. umg* -пешь, -пют
imp. вы́сыпь, ~те
pt. вы́сыпал
g.pt.a. вы́сыпав
p.pt.a. вы́сыпавший
p.pt.p. вы́сыпанный

высыпа́ть *uv zu* вы́сыпать

вы́сыпаться, *1. u. 2. Pers ungebr*, *v* **1.** herausfallen, -rieseln **2.** *umg* in Massen hinausströmen; in Massen erscheinen || *uv* высыпа́ться 2a
Formen nach вы́сыпать

[1]**высыпа́ться** *uv zu* вы́сыпаться

[2]**высыпа́ться** *uv zu* вы́спаться

высыха́ть *uv zu* вы́сохнуть

выта́ивать *uv zu* вы́таять

[1]**выта́лкивать** *uv zu* вы́толкать

[2]**выта́лкивать** *uv zu* вы́толкнуть

вы́танцеваться *v zu* вытанцо́вываться
ft. вы́танцуется, -уются
pt. вы́танцевался, -лась

вытанцо́вываться 1a, *1. u. 2. Pers ungebr*, *uv umg* gelingen || *v* вы́танцеваться, Formen das.

[1,2]**выта́пливать(ся)** *uv zu* [1,2]вы́топить(ся)

выта́птывать *uv zu* вы́топтать

вытара́щивать *uv zu* вы́таращить

вы́таращить *v* что: вы́таращить глаза́ *umg* die Augen aufreißen || *uv* вытара́щивать 1a
ft. вы́таращу, -щишь, -щат
imp. вы́тараши, ~те
pt. вы́таращил
g.pt.a. вы́таращив
p.pt.a. вы́таращивший
p.pt.p. вы́таращенный

вы́таращиться *v umg* (j-n) anstarren *mit weit geöffneten Augen*

вы́таскать 1 *v* что *umg* hinausschleppen, -schleifen || *uv* выта́скивать 1a

[1]**выта́скивать** *uv zu* вы́таскать

[2]**выта́скивать** *uv zu* вы́тащить

выта́скиваться *uv zu* вы́тащиться

вы́тачать 1 *v* что steppen, zusammennähen

выта́чивать *uv zu* вы́точить

вы́тащить *v* кого́-что **1.** hinausschleppen, -ziehen; *umg* herausziehen, -schleppen **2.** herausreißen **3.** *umg* (heraus)stehlen || *uv* выта́скивать 1a
ft. вы́тащу, -щишь, -щат
imp. вы́тащи, ~те
pt. вы́тащил
g.pt.a. вы́тащив
p.pt.a. вы́тащивший
p.pt.p. вы́тащенный

вы́тащиться *v* **1.** sich mit Mühe herausziehen lassen **2.** *umg* mit Mühe hinausgelangen, sich mit Mühe herausarbeiten || *uv* выта́скиваться

вы́таять, *1. u. 2. Pers ungebr*, *v* **1.** (zer)-schmelzen, zergehen, auftauen **2.** *durch Abfließen des Tauwassers* sichtbar werden, zum Vorschein kommen || *uv* выта́ивать 1a
ft. вы́тает, -ают
pt. вы́таял
g.pt.a. вы́таяв
p.pt.a. вы́таявший

вы́твердить *v* что *umg* (auswendig) lernen
ft. вы́твержу, -рдишь, -рдят
imp. вы́тверди, ~те
pt. вы́твердил

g.pt.a.	вы́твердив
p.pt.a.	вы́твердивший
p.pt.p.	вы́тверженный

вы́творить *v zu* вытворя́ть

ft.	вы́творю, -ришь, -рят
imp.	вы́твори, ~те
pt.	вы́творил
g.pt.a.	вы́творив
p.pt.a.	вы́творивший
p.pt.p.	вы́творенный

вытворя́ть 2a *uv* что *umg* anstellen, anrichten *Unfug* ‖ *v* вы́творить, Formen das.

вытека́ть 2a, *1. u. 2. Pers ungebr*, *uv* **1.** *uv zu* вы́течь **2.** entspringen **3.** *übtr* folgen, sich ergeben

вы́теребить *v* что raufen, ernten *Flachs*

ft.	вы́тереблю, -бишь, -бят
imp.	вы́тереби, ~те
pt.	вы́теребил
g.pt.a.	вы́теребив
p.pt.a.	вы́теребивший
p.pt.p.	вы́теребленный

вы́тереть *v* что **1.** abwischen, abtrocknen **2.** *umg* abnutzen, durchscheuern ‖ *uv* вытира́ть 2a

ft.	вы́тру, -решь, -рут
imp.	вы́три, ~те
pt.	вы́тер, ~ла
g.pt.a.	вы́терев *u.* вы́терши
p.pt.a.	вы́терший
p.pt.p.	вы́тертый

вы́тереться *v* **1.** sich abwischen, sich abreiben, sich abtrocknen **2.** *1. u. 2. Pers ungebr* sich abtragen, sich abnutzen, sich durchreiben ‖ *uv* вытира́ться

вы́терпеть *v* что aushalten, ertragen

ft.	вы́терплю, -пишь, -пят
imp.	вы́терпи, ~те
pt.	вы́терпел
g.pt.a.	вы́терпев
p.pt.a.	вы́терпевший

вы́тесать *v* что behauen *Holz* ‖ *uv* вытёсывать 1a

ft.	вы́тешу, -шешь, -шут
imp.	вы́теши, ~те
pt.	вы́тесал
g.pt.a.	вы́тесав
p.pt.a.	вы́тесавший
p.pt.p.	вы́тесанный

вы́теснить *v* кого́-что hinaus-, verdrängen ‖ *uv* вытесня́ть 2a

ft.	вы́тесню, -нишь, -нят
imp.	вы́тесни, ~те
pt.	вы́теснил
g.pt.a.	вы́теснив
p.pt.a.	вы́теснивший
p.pt.p.	вы́тесненный

вытесня́ть *uv zu* вы́теснить

вытёсывать *uv zu* вы́тесать

вы́течь, *1. u. 2. Pers ungebr*, *v* (her)ausfließen, auslaufen ‖ *uv* вытека́ть 2a

ft.	вы́течет, -екут
pt.	вы́тек, ~ла
g.pt.a.	вы́текши
p.pt.a.	вы́текший

вытира́ть(ся) *uv zu* вы́тереть(ся)

вы́тиснить *v* что eindrücken, prägen ‖ *uv* вытисня́ть 2a

ft.	вы́тисню, -нишь, -нят
imp.	вы́тисни, ~те
pt.	вы́тиснил
g.pt.a.	вы́тиснив
p.pt.a.	вы́тиснивший
p.pt.p.	вы́тисненный

вытисня́ть *uv zu* вы́тиснить

вы́ткать *v* что **1.** weben **2.** einweben *Muster*

ft.	вы́тку, -кешь, -кут
imp.	вы́тки, ~те
pt.	вы́ткал
g.pt.a.	вы́ткав
p.pt.a.	вы́ткавший
p.pt.p.	вы́тканный

вы́толкать 1 *v* кого́-что *umg* hinausstoßen ‖ *uv* выта́лкивать 1a

вы́толкнуть 6 *v* кого́-что hinausstoßen, -drängen ‖ *uv* выта́лкивать 1a

p.pt.p.	вы́толкнутый

[1]**вы́топить** *v* что (ein)heizen ‖ *uv* выта́пливать 1a

ft.	вы́топлю, -пишь, -пят
imp.	вы́топи, ~те
pt.	вы́топил
g.pt.a.	вы́топив
p.pt.a.	вы́топивший
p.pt.p.	вы́топленный

[2]**вы́топить** *v* что ausschmelzen, auslassen ‖ *uv* выта́пливать 1a
Formen wie [1]вы́топить

[1]**вы́топиться,** *1. u. 2. Pers ungebr*, *v* sich erwärmen, warm werden *Herd* ‖ *uv* выта́пливаться

[2]**вы́топиться,** *1. u. 2. Pers ungebr*, *v* ausschmelzen *itr Speck u. ä.* ‖ *uv* выта́пливаться

вы́топтать *v* что zertreten, zerstampfen ‖ *uv* вытáптывать 1a
ft. вы́топчу, -чешь, -чут
imp. вы́топчи, ~те
pt. вы́топтал
g.pt.a. вы́топтав
p.pt.a. вы́топтавший
p.pt.p. вы́топтанный

вы́торговать 4 *v* что *umg* **1.** erhandeln, einhandeln **2.** abhandeln *vom Preis* ‖ *uv* выторгóвывать 1a

выторгóвывать *uv zu* вы́торговать

вы́точить *v* что **1.** drehen, drechseln **2.** *volksspr* schleifen, spitzen, wetzen **3.** *1. u. 2. Pers ungebr volksspr* zernagen ‖ *uv* вытáчивать 1a
ft. вы́точу, -чишь, -чат
imp. вы́точи, ~те
pt. вы́точил
g.pt.a. вы́точив
p.pt.a. вы́точивший
p.pt.p. вы́точенный

[1]**вы́травить** *v* что **1.** vertilgen; vergiften, ausrotten; *chem* beseitigen, entfernen *Flecke* **2.** (aus)ätzen **3.** zerstampfen *Felder*; abgrasen **4.** *med* abtreiben ‖ *uv* вытрáвливать 1a *u.* вытравля́ть 2a
ft. вы́травлю, -вишь, -вят
imp. вы́трави, ~те
pt. вы́травил
g.pt.a. вы́травив
p.pt.a. вы́травивший
p.pt.p. вы́травленный

[2]**вы́травить** *v* что *naut* nachgeben, locker lassen *Tau* ‖ *uv* вытрáвливать 1a *u.* вытравля́ть 2a
Formen wie [1]вы́травить

[1,2]**вытрáвливать** *uv zu* [1,2]вы́травить

[1,2]**вытравля́ть** *uv zu* [1,2]вы́травить

вы́требовать 4 *v* когó-что *umg* **1.** verlangen, auf Anforderung erhalten **2.** kommen lassen, vorladen

вы́трезвить *v* когó-что ernüchtern, nüchtern machen ‖ *uv* вытрезвля́ть 2a
ft. вы́трезвлю, -вишь, -вят
imp. вы́трезви, ~те
pt. вы́трезвил
g.pt.a. вы́трезвив
p.pt.a. вы́трезвивший
p.pt.p. вы́трезвленный

вы́трезвиться *v* nüchtern werden; seinen Rausch ausschlafen ‖ *uv* вытрезвля́ться

вытрезвля́ть(ся) *uv zu* вы́трезвить(ся)

вы́трусить *v* что *volksspr* (her)ausschütten
ft. вы́трушу, -усишь, -усят
imp. вы́труси, ~те
pt. вы́трусил
g.pt.a. вы́трусив
p.pt.a. вы́трусивший
p.pt.p. вы́трушенный

вытрясáть *uv zu* вы́трясти

вы́трясти *v* что **1.** ausschütten **2.** durch Schütteln ausstauben ‖ *uv* вытрясáть 2a
ft. вы́трясу, -сешь, -сут
imp. вы́тряси, ~те
pt. вы́тряс, ~ла
g.pt.a. вы́трясши
p.pt.a. вы́трясший
p.pt.p. вы́трясенный

вытряхáть *uv zu* вы́тряхнуть

вытря́хивать *uv zu* вы́тряхнуть

вы́тряхнуть 6 *v* что herausschütteln, herausfallen lassen; ausklopfen *Pfeife* ‖ *uv* вытря́хивать 1a *u. volksspr* вытряхáть 2a
p.pt.p. вы́тряхнутый

выту́ривать *uv zu* вы́турить

вы́турить *v* когó-что *volksspr* hinauswerfen, -jagen ‖ *uv* выту́ривать 1a
ft. вы́турю, -ришь, -рят
imp. вы́тури, ~те
pt. вы́турил
g.pt.a. вы́турив
p.pt.a. вы́туривший
p.pt.p. вы́туренный

выть *uv* heulen
pr. вóю, вóешь, вóют
imp. вой, ~те
pt. выл
g.pr.a. вóя
p.pr.a. вóющий

вытя́гивать(ся) *uv zu* вы́тянуть(ся)

вы́тянуть 6 *v* что **1.** herausziehen, aufsaugen **2.** (aus)dehnen, länger machen **3.** ausstrecken *Arme*, *Beine* **4.** *umg* herausziehen *a. übtr* **5.** *umg* aushalten, durchhalten ‖ *uv* вытя́гивать 1a *zu* 1—4
p.pt.p. вы́тянутый

вы́тянуться *v* **1.** *1. u. 2. Pers ungebr* sich ausdehnen, länger werden **2.** sich ausstrecken **3.** sich strecken; wachsen, aufschießen ‖ *uv* вытя́гиваться

вы́удить *v* когó-что **1.** (heraus)angeln **2.** *übtr volksspr* herausziehen, erlangen mit Mühe oder Schlauheit, abluchsen ‖ *uv* выу́живать 1a
ft. вы́ужу, вы́удишь, вы́удят
imp. вы́уди, ~те

pt. вы́удил
g.pt.a. вы́удив
p.pt.a. вы́удивший
p.pt.p. вы́уженный

выу́живать *uv zu* вы́удить

вы́утюжить *v* что (aus)bügeln
ft. вы́утюжу, -жишь, -жат
imp. вы́утюжи, ~те *u. umg* вы́утюжь, ~те
pt. вы́утюжил
g.pt.a. вы́утюжив
p.pt.a. вы́утюживший
p.pt.p. вы́утюженный

выу́чивать(ся) *uv zu* вы́учить(ся)

вы́учить *v* **1.** что (er)lernen **2.** кого́-что чему́ *oder mit Infinitiv* lehren, beibringen (etw.); вы́учить кого́-н. игра́ть на гита́ре j-n das Gitarrespiel lehren ‖ *uv* выу́чивать 1a
ft. вы́учу, -чишь, -чат
imp. вы́учи, ~те
pt. вы́учил
g.pt.a. вы́учив
p.pt.a. вы́учивший
p.pt.p. вы́ученный

вы́учиться *v* **1.** чему́ *oder mit Infinitiv* (er)lernen; он вы́учился пла́вать er hat das Schwimmen gelernt **2.** die Lehre [Ausbildung] beenden ‖ *uv* выу́чиваться

вы́франтиться *v volksspr alt* sich schön machen, sich herausputzen
ft. вы́франчусь, -нтишься, -нтятся
imp. вы́франтись, -итесь
pt. вы́франтился, -лась
g.pt.a. вы́франтившись
p.pt.a. вы́франтившийся

выха́живать *uv zu* вы́ходить

выхва́ливать *uv zu* вы́хвалить

вы́хвалить *v* кого́-что *umg* loben, rühmen ‖ *uv* выхва́ливать 1a *u.* выхваля́ть 2a
ft. вы́хвалю, -лишь, -лят
imp. вы́хвали, ~те
pt. вы́хвалил
g.pt.a. вы́хвалив
p.pt.a. вы́хваливший
p.pt.p. вы́хваленный

выхваля́ть *uv zu* вы́хвалить

вы́хватить *v* что **1.** у кого́, из чего́ herausreißen, -ziehen **2.** *umg* zu viel herausschneiden *beim Zuschneiden* ‖ *uv* выхва́тывать 1a
ft. вы́хвачу, -атишь, -атят
imp. вы́хвати, ~те
pt. вы́хватил
g.pt.a. вы́хватив
p.pt.a. вы́хвативший
p.pt.p. вы́хваченный

выхва́тывать *uv zu* вы́хватить

вы́хлебать 1 *v* что *volkssprr* ausschlürfen; aufessen ‖ *uv* выхлёбывать 1a

вы́хлебнуть 6 *v* что ausschlürfen

выхлёбывать *uv zu* вы́хлебать

выхлопа́тывать *uv zu* вы́хлопотать

вы́хлопотать *v* что erwirken, erlangen; (sich) verschaffen ‖ *uv* выхлопа́тывать 1a
ft. вы́хлопочу, -чешь, -чут
imp. вы́хлопочи, ~те
pt. вы́хлопотал
g.pt.a. вы́хлопотав
p.pt.a. вы́хлопотавший
p.pt.p. вы́хлопотанный

вы́ходить *v* кого́-что *umg* **1.** gesundpflegen **2.** großziehen, aufziehen ‖ *uv* выха́живать 1a
ft. вы́хожу, -одишь, -одят
imp. вы́ходи, ~те
pt. вы́ходил
g.pt.a. вы́ходив
p.pt.a. вы́ходивший
p.pt.p. вы́хоженный

выходи́ть *uv* **1.** *uv zu* вы́йти **2.** hinausgehen; окно́ выхо́дит в сад das Fenster geht zum Garten (hinaus) **3.** *umg:* выхо́дит, что ты был прав es zeigt sich, daß du recht hattest
pr. выхожу́, -о́дишь, -о́дят
imp. выходи́, ~те
pt. выходи́л
g.pr.a. выходя́
p.pr.a. выходя́щий
p.pt.a. выходи́вший

выхола́щивать *uv zu* вы́холостить

вы́холить *v* кого́-что aufziehen und sorgsam pflegen
ft. вы́холю, -лишь, -лят
imp. вы́холи, ~те
pt. вы́холил
g.pt.a. вы́холив
p.pt.a. вы́холивший
p.pt.p. вы́холенный

вы́холостить *v* **1.** кого́-что kastrieren **2.** *übtr* что des Inhalts berauben ‖ *uv* выхола́щивать 1a
ft. вы́холощу, -остишь, -остят
imp. вы́холости, ~те
pt. вы́холостил
g.pt.a. вы́холостив
p.pt.a. вы́холостивший
p.pt.p. вы́холощенный

вы́царапать 1 *v* что **1.** (her)auskratzen **2.** *übtr umg* (mit Mühe) abringen, abzwingen ‖ *uv* выцара́пывать 1a

выцара́пывать *uv zu* вы́царапать

вы́цвести, *1. u. 2. Pers ungebr, v* ausbleichen, verschießen ‖ *uv* выцвета́ть 2a

ft.	вы́цвстет, -тут
pt.	вы́цвел
g.pt.a.	вы́цветя *u.* вы́цветши
p.pt.a.	вы́цветший

выцвета́ть *uv zu* вы́цвести

вы́цедить *v* что **1.** abzapfen **2.** *volksspr* langsam austrinken ‖ *uv* выце́живать 1a

ft.	вы́цежу, -едишь, -едят
imp.	вы́цеди, ~те
pt.	вы́цедил
g.pt.a.	вы́цедив
p.pt.a.	вы́цедивший
p.pt.p.	вы́цеженный

выце́живать *uv zu* вы́цедить

вычека́нивать *uv zu* вы́чеканить

вы́чеканить *v* что prägen, schlagen *Münzen* ‖ *uv* вычека́нивать 1a

ft.	вы́чеканю, -нишь, -нят
imp.	вы́чекань, ~те
pt.	вы́чеканил
g.pt.a.	вы́чеканив
p.pt.a.	вы́чеканивший
p.pt.p.	вы́чеканенный

вычёркивать *uv zu* вы́черкнуть

вы́черкнуть 6 *v* кого́-что (aus)streichen, durchstreichen ‖ *uv* вычёркивать 1a

p.pt.p.	вы́черкнутый

вы́черпать 1 *v* что (her)ausschöpfen ‖ *uv* выче́рпывать 1a | *v mom* вы́черпнуть 6

вы́черпнуть *v mom zu* выче́рпывать

выче́рпывать *uv zu* вы́черпать

вы́чертить *v* что (auf)zeichnen ‖ *uv* выче́рчивать 1a

ft.	вы́черчу, -ртишь, -ртят
imp.	вы́черти, ~те
pt.	вы́чертил
g.pt.a.	вы́чертив
p.pt.a.	вы́чертивший
p.pt.p.	вы́черченный

выче́рчивать *uv zu* вы́чертить

вы́чесать *v* кого́-что (her)auskämmen ‖ *uv* вычёсывать 1a

ft.	вы́чешу, -шешь, -шут
imp.	вы́чеши, ~те
pt.	вы́чесал
g.pt.a.	вы́чесав
p.pt.a.	вы́чесавший
p.pt.p.	вы́чесанный

вы́честь *v* что из чего́ **1.** *math* subtrahieren, abziehen **2.** einbehalten, abziehen ‖ *uv* вычита́ть 2a

ft.	вы́чту, -тешь, -тут
imp.	вы́чти, ~те
pt.	вы́чел, вы́чла
g.pt.a.	вы́чтя
p.pt.a.	вы́четший
p.pt.p.	вы́чтенный

вычёсывать *uv zu* вы́чесать

вы́числить *v* что berechnen, ausrechnen ‖ *uv* вычисля́ть 2a

ft.	вы́числю, -лишь, -лят
imp.	вы́числи, ~те
pt.	вы́числил
g.pt.a.	вы́числив
p.pt.a.	вы́числивший
p.pt.p.	вы́численный

вычисля́ть *uv zu* вы́числить

вы́чистить *v* кого́-что reinigen, säubern, putzen; reinemachen ‖ *uv* вычища́ть 2a

ft.	вы́чищу, -истишь, -истят
imp.	вы́чисти, ~те
pt.	вы́чистил
g.pt.a.	вы́чистив
p.pt.a.	вы́чистивший
p.pt.p.	вы́чищенный

вы́чиститься *v* sich putzen, seine Kleidung säubern ‖ *uv* вычища́ться

вы́читать 1 *v* что **1.** *umg* herauslesen, durch Lesen erfahren **2.** *typ* lesen, zum Druck vorbereiten ‖ *uv* вычи́тывать 1a

вычита́ть *uv zu* вы́честь

вычи́тывать *uv zu* вы́читать

вычища́ть(ся) *uv zu* вы́чистить(ся)

вы́шагать 1 *v* что *umg mit abgemessenen Schritten* durchgehen, durchschreiten ‖ *uv* выша́гивать 1a

выша́гивать 1a *uv umg* **1.** *uv zu* вы́шагать **2.** *mit abgemessenen Schritten* gehen, schreiten

вы́шагнуть 6 *v umg* heraus-, hervortreten *aus einer Reihe*

вышвы́ривать *uv zu* вы́швырнуть

вы́швырнуть 6 *v* кого́-что *umg* **1.** hinauswerfen, -schleudern **2.** *übtr* hinausjagen ‖ *uv* вышвы́ривать 1a

p.pt.p.	вы́швырнутый

вышелу́шивать *uv zu* вы́шелушить

вы́шелушить *v* что aus-, enthülsen ‖ *uv* вышелу́шивать 1a

ft.	вы́шелушу, -шишь, -шат
imp.	вы́шелуши, ~те

pt.	вы́шелушил
g.pt.a.	вы́шелушив
p.pt.a.	вы́шелушивший
p.pt.p.	вы́шелушенный

вышиба́ть *uv zu* вы́шибить

вы́шибить *v* кого́-что *umg* **1.** einschlagen *Tür*; herausschlagen *aus den Händen* **2.** *übtr* hinausjagen ‖ *uv* вышиба́ть 2a

ft.	вы́шибу, -бешь, -бут
imp.	вы́шиби, ~те
pt.	вы́шиб, ~ла
g.pt.a.	вы́шибив* *u.* вы́шибя*
p.pt.a.	вы́шибивший*
p.pt.p.	вы́шибленный

вышива́ть *uv zu* вы́шить

вы́шить *v* что **1.** на чём *Muster* sticken **2.** чем besticken, ausnähen ‖ *uv* вышива́ть 2a

ft.	вы́шью, вы́шьешь, вы́шьют
imp.	вы́шей, ~те
pt.	вы́шил
g.pt.a.	вы́шив
p.pt.a.	вы́шивший
p.pt.p.	вы́шитый

вы́школить *v* кого́-что *umg* schulen; zur Ordnung erziehen

ft.	вы́школю, -лишь, -лят
imp.	вы́школь, ~те *u.* вы́школи, ~те
pt.	вы́школил
g.pt.a.	вы́школив
p.pt.a.	вы́школивший
p.pt.p.	вы́школенный

вы́шмыгнуть 6 *v umg* hinaushuschen

вышпа́ривать *uv zu* вы́шпарить

вы́шпарить *v* кого́-что *volksspr* mit heißem Wasser ausbrühen ‖ *uv* вышпа́ривать 1a

ft.	вы́шпарю, -ришь, -рят
imp.	вы́шпарь, ~те *u.* вы́шпари, ~те
pt.	вы́шпарил
g.pt.a.	вы́шпарив
p.pt.a.	вы́шпаривший

выштукату́ривать *uv zu* вы́штукатурить

вы́штукатурить *v* что verputzen, berappen ‖ *uv* выштукату́ривать 1a

ft.	вы́штукатурю, -ришь, -рят
imp.	вы́штукатурь, ~те
pt.	вы́штукатурил
g.pt.a.	вы́штукатурив
p.pt.a.	вы́штукатуривший

вы́шутить *v* кого́-что auslachen, verspotten; ins Lächerliche ziehen ‖ *uv* вышу́чивать 1a

ft.	вы́шучу, -утишь, -утят
imp.	вы́шути, ~те
pt.	вы́шутил
g.pt.a.	вы́шутив
p.pt.a.	вы́шутивший
p.pt.p.	вы́шученный

вышу́чивать *uv zu* вы́шутить

выщела́чивать *uv zu* вы́щелочить

вы́щелочить *v* что **1.** *chem* auslaugen **2.** in Lauge (aus)waschen ‖ *uv* выщела́чивать 1a

ft.	вы́щелочу, -чишь, -чат
imp.	вы́щелочи, ~те
pt.	вы́щелочил
g.pt.a.	вы́щелочив
p.pt.a.	вы́щелочивший
p.pt.p.	вы́щелоченный

вы́щербить *v* что *umg* schartig machen ‖ *uv* выщербля́ть 2a

ft.	вы́щерблю, -бишь, -бят
imp.	вы́щерби, ~те
pt.	вы́щербил
g.pt.a.	вы́щербив
p.pt.a.	вы́щербивший
p.pt.p.	вы́щербленный

выщербля́ть *uv zu* вы́щербить

вы́щипать *v* что auszupfen, -rupfen ‖ *uv* выщи́пывать 1a

ft.	вы́щиплю, -лешь, -лют *u. umg* -ипешь, -ипют *u. umg* вы́щипаю, -аешь, -ают
imp.	вы́щипли, ~те *u. umg* вы́щипи, ~те *u. umg* вы́щипай, ~те
pt.	вы́щипал
g.pt.a.	вы́щипав
p.pt.a.	вы́щипавший
p.pt.p.	вы́щипанный

вы́щипнуть 6 *v* что auszupfen, -rupfen ‖ *uv* выщи́пывать 1a

[1]**выщи́пывать** *uv zu* вы́щипать

[2]**выщи́пывать** *uv zu* вы́щипнуть

вы́щупать 1 *v* кого́-что *umg* betasten, befühlen ‖ *uv* выщу́пывать 1a

выщу́пывать *uv zu* вы́щупать

вы́явить *v* кого́-что **1.** zeigen, offenbaren **2.** enthüllen, aufdecken, entlarven, feststellen ‖ *uv* выявля́ть 2a

ft.	вы́явлю, -вишь, -вят
imp.	вы́яви, ~те
pt.	вы́явил
g.pt.a.	вы́явив
p.pt.a.	вы́явивший
p.pt.p.	вы́явленный

вы́явиться, *1. u. 2. Pers ungebr*, *v* sich zeigen, zutage treten, bekanntwerden ‖ *uv* выявля́ться

выявля́ть(ся) *uv zu* вы́явить(ся)

вы́яснить *v* что (auf)klären, klarstellen ‖ *uv* выясня́ть 2а

ft.	вы́ясню, -нишь, -нят
imp.	вы́ясни, ~те
pt.	вы́яснил
g.pt.a.	вы́яснив
p.pt.a.	вы́яснивший
p.pt.p.	вы́ясненный

вы́ясниться, *1. u. 2. Pers ungebr*, *v* klarwerden, sich (auf)klären ‖ *uv* выясня́ться

выясня́ть(ся) *uv zu* вы́яснить(ся)

вью́жить, *1. u. 2. Pers ungebr*, *uv* toben, stürmen *Schneegestöber*

pr.	вью́жит
pt.	вью́жило
g.pr.a.	вью́жа
p.pr.a.	вью́жащий
p.pt.a.	вью́живший

вью́чить *uv* кого́-что beladen, bepacken *Tiere*. — (на-)

pr.	вью́чу, -чишь, -чат
imp.	вьючь, ~те
pt.	вью́чил
g.pr.a.	вью́ча
p.pr.a.	вью́чащий
p.pt.a.	вью́чивший

вяза́ть *uv* **1.** кого́-что (zusammen)binden **2.** что stricken; häkeln **3.** кого́-что fesseln, binden **4.** что *tech* binden, zusammenfügen, verknüpfen **5.** что *u. ohne Objekt umg* zusammenziehen; *unpers:* во рту вя́жет *umg* das zieht den Mund zusammen. — (с- *zu* 1—4)

pr.	вяжу́, вя́жешь, вя́жут
imp.	вяжи́, ~те
pt.	вяза́л
g.pt.a.	вяза́в
p.pr.a.	вя́жущий
p.pt.a.	вяза́вший
p.pt.p.	вя́занный

вяза́ться, *1. u. 2. Pers ungebr*, *uv* с чем (zusammen)passen, übereinstimmen; де́ло не вя́жется die Sache klappt nicht

вя́знуть *uv* в чём einsinken, steckenbleiben. — (за-, у-)

pr.	вя́зну, -нешь, -нут
imp.	вя́зни, ~те
pt.	вяз *и.* вя́знул, вя́зла
p.pr.a.	вя́знущий
p.pt.a.	вя́знувший

вя́лить *uv* что dörren. — (про-)

pr.	вя́лю, вя́лишь, вя́лят
imp.	вяль, ~те
pt.	вя́лил
g.pr.a.	вя́ля
p.pr.a.	вя́лящий
p.pt.a.	вя́ливший
p.pr.p.	вя́лимый
p.pt.p.	вя́ленный

вя́литься, *1. u. 2. Pers ungebr*, *uv* (aus)trocknen, dörren. — (про-)

вя́нуть *uv* welken, verwelken. — (за-, у-)

pr.	вя́ну, вя́нешь, вя́нут
imp.	вянь, ~те
pt.	вял *и.* вя́нул, вя́ла
p.pr.a.	вя́нущий
p.pt.a.	вя́нувший

Г

га́вкать 1а *uv volksspr* bellen, kläffen | *v mom* га́вкнуть 6

га́вкнуть *v mom zu* га́вкать

гада́ть 2а *uv* **1.** wahrsagen **2.** о ком-чём mutmaßen ‖ *v* погада́ть 2 *zu* 1

га́дить *uv* **1.** *umg* sich entleeren *Tiere* **2.** кому́-чему́ *volksspr* schaden, dazwischenpfuschen ‖ *v* нага́дить, Formen das.

pr.	га́жу, га́дишь, га́дят
imp.	гадь, ~те
pt.	га́дил
g.pr.a.	га́дя
p.pr.a.	га́дящий
p.pt.a.	га́дивший

га́ерничать 1а *uv alt* Possen reißen

га́ерствовать 4а *uv alt* Possen reißen

гази́ровать 4а *uv* что mit Kohlensäure sättigen

p.pt.p.	газиро́ванный

газифици́ровать 4 *u.* 4а *v*, *uv* что **1.** vergasen, zu Gas verarbeiten **2.** ans Gasnetz anschließen

галде́ть, *1. Pers ungebr*, *uv volksspr* lärmen, randalieren

pr. галди́шь, -дя́т
imp. галди́, ~те
pt. галде́л
g.pr.a. галдя́
p.pr.a. галдя́щий
p.pt.a. галде́вший

галлюцини́ровать 4a *uv* an Halluzinationen leiden

галопи́ровать 4a *uv* galoppieren

гальванизи́ровать 4 *u.* 4a *v, uv* кого́-что galvanisieren

гальванизова́ть 5 *u.* 5a *v, uv* кого́-что galvanisieren

гаранти́ровать 4 *u.* 4a *v, uv* **1.** что кому́ garantieren, gewährleisten **2.** кого́-что от чего́ sichern, schützen

га́ркать *uv zu* га́ркнуть

га́ркнуть 6 *v volksspr* **1.** что *u. ohne Objekt* kreischen, schreien **2.** на кого́-что anschreien ‖ *uv* га́ркать 1a

гармонизи́ровать 4 *u.* 4a *v, uv* что *mus* harmonisieren

гармонизова́ть 5 *u.* 5a *v, uv* что *mus* harmonisieren

гармони́ровать 4a *uv* с чем harmonieren, übereinstimmen

гарни́ровать 4 *u.* 4a *v, uv* что garnieren

гарпу́нить *uv* кого́-что harpunieren
pr. гарпу́ню, -нишь, -нят
imp. гарпу́нь, ~те
pt. гарпу́нил
g.pr.a. гарпу́ня
p.pr.a. гарпу́нящий
p.pt.a. гарпу́нивший

гарцева́ть *uv* на ком Reiterkunststücke vorführen
pr. гарцу́ю, -у́ешь, -у́ют
imp. гарцу́й, ~те
pt. гарцева́л
g.pr.a. гарцу́я
p.pr.a. гарцу́ющий
p.pt.a. гарцева́вший

гаси́ть *uv* что **1.** (aus)löschen **2.** *übtr* unterdrücken **3.** entwerten, ungültig machen ‖ *v* погаси́ть *zu* 1, 2, Formen das.
pr. гашу́, га́сишь, га́сят
imp. гаси́, ~те
pt. гаси́л
g.pr.a. гася́
p.pr.a. гася́щий
p.pt.a. гаси́вший
p.pr.p. гаси́мый
p.pt.p. га́шенный

га́снуть, *1. u. 2. Pers ungebr, uv* erlöschen, ausgehen. — (за-, по-, у-)
pr. га́снет, -нут
pt. га́снул *u.* гас, ~ла
g.pt.a. га́снув
p.pr.a. га́снущий
p.pt.a. га́снувший *u.* га́сший

гастроли́ровать 4a *uv* **1.** ein Gastspiel geben, gastieren **2.** *übtr verächtl* eine Gastrolle geben

гати́ть *uv* что mit Faschinen belegen. — (за-)
pr. гачу́, гати́шь, гатя́т
imp. гати́, ~те
pt. гати́л
g.pr.a. гатя́
p.pr.a. гатя́щий
p.pt.a. гати́вший

га́щивать *uv iterativ zu* гости́ть

гвозди́ть *uv* кого́-что *volksspr* heftig schlagen, prügeln
pr. гвозжу́, -зди́шь, -здя́т
imp. гвозди́, ~те
pt. гвозди́л
g.pr.a. гвоздя́
p.pr.a. гвоздя́щий
p.pt.a. гвозди́вший

гектографи́ровать 4a *uv* что vervielfältigen, hektographieren

гербаризи́ровать 4a *uv* что Pflanzen fürs Herbarium sammeln
p.pt.p. гербаризи́рованный

германизи́ровать 4 *u* 4a *v, uv* кого́-что germanisieren

германизова́ть 5 *u.* 5a *v, uv* кого́-что germanisieren

герметизи́ровать 4 *u.* 4a *v, uv* что hermetisch verschließen

героизи́ровать 4a *uv* кого́-что heroisieren

геро́йствовать 4a *uv* Heldentaten vollbringen

ги́бнуть *uv* zugrunde gehen. — (по-)
pr. ги́бну, -нешь, -нут
imp. ги́бни, ~те
pt. ги́бнул *u.* гиб, ги́бла
g.pt.a. ги́бнув
p.pr.a. ги́бнущий
p.pt.a. ги́бнувший

ги́кать 1a *uv umg* schreien, brüllen | *v mom* ги́кнуть 6

ги́кнуть *v mom zu* ги́кать

гильотини́ровать 4 *u.* 4a *v, uv* кого́-что guillotinieren, mit dem Fallbeil hinrichten

гипертрофи́роваться, *1. u. 2. Pers ungebr*, 4 *u.* 4a *v, uv* der Hypertrophie unterliegen

гипнотизи́ровать 4a *uv* кого́-что hypnotisieren. — (за-)

гипсова́ть 5a *uv* что *med* einen Gipsverband anlegen
p.pt.p. гипсо́ванный

главе́нствовать 4a *uv* в чём *oder* над кем-чем vorherrschen, eine führende Stellung einnehmen

гла́дить *uv* **1.** что plätten, bügeln **2.** кого́-что *oder* по кому́-чему́ streichen, streicheln. — (вы́- *zu* 1, по- *zu* 2)
pr. гла́жу, гла́дишь, гла́дят
imp. гладь, ~те
pt. гла́дил
g.pr.a. гла́дя
p.pr.a. гла́дящий
p.pt.a. гла́дивший
p.pr.p. гла́димый
p.pt.p. гла́женный

глазе́ть 3a *uv* на кого́-что *volkssрr* gaffen

глазирова́ть 5 *u.* 5a *v, uv* что glasieren

глазурова́ть 5 *u.* 5a *v, uv* что glasieren *Porzellan usw.*

гласи́ть, *1. u. 2. Pers ungebr, uv* что *u. ohne Objekt buchspr* lauten, besagen
pr. гласи́т, -ся́т
pt. гласи́л
g.pr.a. глася́
p.pr.a. глася́щий
p.pt.a. гласи́вший

глода́ть *uv* кого́-что **1.** nagen (an) **2.** *übtr* quälen, zermürben
pr. гложу́, гло́жешь, гло́жут *u.* (*zur 1. Bed.*) глода́ю, -а́ешь, -а́ют
imp. гложи́, ~те *u.* глода́й, ~те
pt. глода́л
g.pr.a. гложа́ *u.* глода́я
p.pr.a. гло́жущий *u.* глода́ющий
p.pt.a. глода́вший
p.pr.p. глода́емый
p.pt.p. гло́данный

глота́ть 2a *uv* schlucken, verschlingen | *v mom* глотну́ть 7, kein *p.pt.p.*

глотну́ть *v mom zu* глота́ть

гло́хнуть *uv* **1.** taub werden **2.** still werden, verhallen **3.** verwildern *Gärten* — (за- *zu* 2, 3 *u.* о- *zu* 1)
pr. гло́хну, -нешь, -нут
imp. гло́хни, ~те
pt. глох *u.* гло́хнул, гло́хла
g.pt.a. гло́хнув
p.pr.a. гло́хнущий
p.pt.a. гло́хнувший *u.* гло́хший

глуми́ться *uv* над кем-чем verspotten, verhöhnen
pr. глумлю́сь, -ми́шься, -мя́тся
imp. глуми́сь, -и́тесь
pt. глуми́лся, -лась
g.pr.a. глумя́сь
p.pr.a. глумя́щийся
p.pt.a. глуми́вшийся

глупе́ть 3a *uv* dumm werden. — (по-)

глупи́ть *uv umg* sich dumm benehmen; Dummheiten machen. — (с-)
pr. глуплю́, -пи́шь, -пя́т
imp. глупи́, ~те
pt. глупи́л
g.pr.a. глупя́
p.pr.a. глупя́щий
p.pt.a. глупи́вший

глуши́ть *uv* кого́-что **1.** betäuben **2.** dämpfen **3.** nicht wachsen lassen, ersticken; *übtr* unterdrücken **4.** *volksspr* (aus)-löschen. — (за- *zu* 2—4 *u.* о- *zu* 1)
pr. глушу́, глу́ши́шь, глу́ша́т
imp. глуши́, ~те
pt. глуши́л
g.pr.a. глуша́
p.pr.a. глуша́щий
p.pt.a. глуши́вший

гляде́ть *uv* **1.** на кого́-что schauen, blicken (auf); ansehen **2.** *umg* за кем-чем aufpassen, achten (auf) | *v mom* гля́нуть 6 *zu* 1, *imp.* глянь, ~те. — (по-)
pr. гляжу́, гляди́шь, глядя́т
imp. гляди́, ~те
pt. гляде́л
g.pr.a. гля́дя́
p.pr.a. глядя́щий
p.pt.a. гляде́вший

гляде́ться *uv* во что sich betrachten, sich besehen. — (по-)

гля́нуть *v mom zu* гляде́ть

глянцева́ть 5a *uv* что polieren, Glanz erzeugen. — (на-)
p.pt.p. глянцо́ванный

гнать *uv* кого́-что **1.** *best* treiben, jagen **2.** *best* vertreiben, verjagen **3.** antreiben, hetzen **4.** что destillieren | *unbest* гоня́ть 2a
pr. гоню́, го́нишь, го́нят
imp. гони́, ~те
pt. гнал, гнала́, гна́ло
g.pr.a. гоня́
p.pr.a. гоня́щий

p.pt.a. гна́вший
p.pr.p. гони́мый

гна́ться *uv* за кем-чем *best* **1.** nachjagen **2.** *umg* streben, trachten (nach) | *unbest* гоня́ться 2а
pt. гна́лся, гнала́сь, гна́ло́сь

гне́ваться 1а *uv* на кого́-что *u. ohne Objekt alt* böse sein (auf), zürnen

гневи́ть *uv* кого́-что *alt* erzürnen. — (про-)
pr. гневлю́, -ви́шь, -вя́т
imp. гневи́, ~те
pt. гневи́л
g.pr.a. гневя́
p.pr.a. гневя́щий
p.pt.a. гневи́вший

гнезди́ться, *1. Pers ungebr*, *uv* **1.** nisten; *übtr* hausen **2.** *übtr* sich einnisten, sich drängen *Gedanken u. a.*
pr. гнезди́шься, -дя́тся
pt. гнезди́лся, -лась
p.pr.a. гнездя́сь
p.pr.a. гнездя́щийся
p.pt.a. гнезди́вшийся

гнездова́ться 5а, *1. u. 2. Pers ungebr*, *uv* Nester bauen *von Vögeln*

гнести́ *uv* кого́-что **1.** bedrücken, quälen **2.** herauspressen
pr. гнету́, -тёшь, -ту́т
imp. гнети́, ~те
g.pr.a. гнетя́
.p.pr.a. гнету́щий

гнить *uv* (ver)faulen, vermodern. — (по-, с-)
pr. гнию́, гниёшь, гнию́т
pt. гнил, гнила́, гни́ло
g.pr.a. гния́
p.pr.a. гнию́щий
p.pt.a. гни́вший

гнои́ть *uv* что verfaulen lassen. — (с-)
pr. гною́, гнои́шь, гноя́т
imp. гнои́, ~те
pt. гнои́л
g.pr.a. гноя́
p.pr.a. гноя́щий
p.pt.a. гнои́вший
p.pr.p. гнои́мый

гнои́ться, *1. u. 2. Pers ungebr*, *uv* eitern

гнуса́вить *uv* näseln
pr. гнуса́влю, -вишь, -вят
imp. гнуса́вь, ~те
pt. гнуса́вил
g.pr.a. гнуса́вя
p.pr.a. гнуса́вящий
p.pt.a. гнуса́вивший

гнуси́ть *uv umg* näseln
pr. гнушу́, гнуси́шь, гнуся́т
imp. гнуси́, ~те
pt. гнуси́л
g.pr.a. гнуся́
p.pr.a. гнуся́щий
p.pt.a. гнуси́вший

гнуть *uv* что **1.** biegen, krümmen **2.** niederbeugen, neigen **3.** *a.* к чему́ abzielen, hinarbeiten (auf). — (по- *zu* 2, со- *zu* 1, 2)
pr. гну, гнёшь, гнут
imp. гни, ~те
pt. гнул
p.pr.a. гну́щий
p.pt.a. гну́вший
p.pt.p. гну́тый

гну́ться *uv* **1.** sich biegen, sich krümmen **2.** sich biegen lassen. — (по- *zu* 1, со- *zu* 1)

гнуша́ться 2а *uv* кого́-чего́ *u. mit Infinitiv* verabscheuen, sich ekeln (vor) ‖ *v* погнуша́ться 2

гова́ривать *uv iterativ zu* говори́ть

гове́ть 3а *uv* fasten

говори́ть *uv* **1.** sprechen, reden (können); beherrschen *Sprache* **2.** что *oder* о ком-чём *Gedanken*, *Meinungen* aussprechen, sagen; sich unterhalten (über) **3.** *übtr* о чём sprechen (für), zeugen (von) | *uv iterativ* гова́ривать 1а *zu* 2. — (сказа́ть)
pr. говорю́, -ри́шь, -ря́т
imp. говори́, ~те
pt. говори́л
g.pr.a. говоря́
p.pr.a. говоря́щий
p.pt.a. говори́вший
p.pt.p. говорённый; говорён, -ена́

говори́ться, *1. u. 2. Pers ungebr*, *uv* gesprochen werden

гогота́ть *uv* **1.** gackern, schnattern *Gänse* **2.** *volksspr* laut lachen
pr. гогочу́, -о́чешь,-о́чут
imp. гогочи́, ~те
pt. гогота́л
g.pr.a. гогоча́
p.pr.a. гого́чущий
p.pt.a. гогота́вший

годи́ться *uv* **1.** taugen, sich eignen **2.** passen; sich schicken
pr. гожу́сь, годи́шься, годя́тся
pt. годи́лся, -лась
g.pr.a. годя́сь
p.pr.a. годя́щийся
p.pt.a. годи́вшийся

голода́ть 2а *uv* hungern

голоси́ть *uv* **1.** *volksspr* laut singen **2.** *alt* wehklagen

pr. голошу́, -оси́шь, -ося́т
imp. голоси́, ~те
pt. голоси́л
g.pr.a. голося́
p.pr.a. голося́щий
p.pt.a. голоси́вший

голосова́ть 5a *uv* что *oder* за кого́-что abstimmen. — (про-)

голубе́ть 3a, *1. u. 2. Pers ungebr*, *uv* **1.** hellblau schimmern **2.** hellblau werden. — (по- *zu* 2)

голу́бить *uv* кого́-что *poet* liebkosen

pr. голу́блю, -бишь, -бят
imp. голу́бь, ~те
pt. голу́бил
g.pr.a. голу́бя
p.pr.a. голу́бящий
p.pt.a. голу́бивший

гоня́ть 2a *uv* **1.** *unbest zu* гнать **2.** кого́-что mehrmals mit Aufträgen schicken

гоня́ться *uv unbest zu* гна́ться

го́рбить *uv* что krümmen. — (с-)

pr. го́рблю, -бишь, -бят
imp. го́рби, ~те
pt. го́рбил
g.pr.a. го́рбя
p.pr.a. го́рбящий
p.pt.a. го́рбивший
p.pr.p. го́рбимый

го́рбиться *uv* den Rücken krümmen. — (с-)

горди́ться *uv* кем-чем stolz sein (auf)

pr. горжу́сь, горди́шься, гордя́тся
imp. горди́сь, -и́тесь
pt. горди́лся, -лась
g.pr.a. гордя́сь
p.pr.a. гордя́щийся
p.pt.a. горди́вшийся

горева́ть *uv* о ком-чём sich grämen, trauern (um)

pr. горю́ю, -ю́ешь, -ю́ют
imp. горю́й, ~те
pt. горева́л
g.pr.a. горю́я
p.pr.a. горю́ющий
p.pt.a. горева́вший

горе́ть *uv* **1.** (ver)brennen *itr* **2.** brennen, Licht geben **3.** glühen, sich röten **4.** glänzen, funkeln. — (с-)

pr. горю́, гори́шь, горя́т
imp. гори́, ~те
pt. горе́л
g.pr.a. горя́
p.pr.a. горя́щий
p.pt.a. горе́вший

го́ркнуть, *1. u. 2. Pers ungebr*, *uv* ranzig werden. — (про-)

pr. го́ркнет, -нут
pt. го́ркнул *u.* горк, го́ркла
g.pt.a. го́ркнув
p.pr.a. го́ркнущий
p.pt.a. го́ркнувший

горла́нить *uv volksspr* grölen, schreien

pr. горла́ню, -нишь, -нят
imp. горла́нь, ~те
pt. горла́нил
g.pr.a. горла́ня
p.pr.a. горла́нящий
p.pt.a. горла́нивший

городи́ть *uv* что **1.** *gbt* einzäunen **2.** *volksspr* Unsinn reden

pr. горожу́, -о́ди́шь, -о́дя́т
imp. городи́, ~те
pt. городи́л
g.pr.a. городя́
p.pr.a. городя́щий
p.pt.a. городи́вший
p.pr.p. городи́мый

горчи́ть, *1. u. 2. Pers ungebr*, *uv* bitter schmecken

pr. горчи́т, -ча́т
pt. горчи́л
g.pr.a. горча́
p.pr.a. горча́щий
p.pt.a. горчи́вший

горячи́ть *uv* кого́-что erhitzen; erregen, anstacheln. — (раз-)

pr. горячу́, -чи́шь, -ча́т
imp. горячи́, ~те
pt. горячи́л
g.pr.a. горяча́
p.pr.a. горяча́щий
p.pt.a. горячи́вший

горячи́ться *uv* sich ereifern. — (раз-)

госпитализи́ровать 4 *u.* 4a *v*, *uv* кого́-что in ein Krankenhaus einweisen

госпо́дствовать 4a *uv* **1.** над кем-чем herrschen (über) **2.** *übtr* (vor)herrschen

гости́ть *uv* zu Besuch sein | *uv iterativ umg* га́щивать 1a

pr. гощу́, гости́шь, гостя́т
imp. гости́, ~те
pt. гости́л
g.pr.a. гостя́
p.pr.a. гостя́щий
p.pt.a. гости́вший

готóвить *uv* когó-что **1.** vorbereiten, zubereiten **2.** vorbereiten, einstudieren
pr. готóвлю, -вишь, -вят
imp. готóвь, ~те
pt. готóвил
g.pr.a. готóвя
p.pr.a. готóвящий
p.pt.a. готóвивший

готóвиться *uv* **1.** к чемý *oder mit Infinitiv* sich vorbereiten (auf) **2.** sich anbahnen, bevorstehen

гофрировáть 5 *u.* 5a *v*, *uv* что gaufrieren, prägen

грáбить *uv* когó-что (be)rauben, plündern. — (о-)
pr. грáблю, -бишь, -бят
imp. грабь, ~те
pt. грáбил
g.pr.a. грáбя
p.pr.a. грáбящий
p.pt.a. грáбивший
p.pr.p. грáбимый
p.pt.p. грáбленный

гравировáть 5a *uv* что (ein)gravieren. — (вы́-, на-)
p.pt.p. гравирóванный

градúровать 4 *u.* 4a *v*, *uv* что gradieren

градуúровать 4 *u.* 4a *v*, *uv* что graduieren

гранúть *uv* что schleifen
pr. граню́, -нúшь, -ня́т
imp. гранú, ~те
pt. гранúл
g.pr.a. граня́
p.pr.a. граня́щий
p.pt.a. гранúвший
p.pt.p. гранёный; гранён, -енá

гранúчить, *1. u. 2. Pers ungebr*, *uv* с чем grenzen (an)
pr. гранúчит, -чат
pt. гранúчил
g.pr.a. гранúча
p.pr.a. гранúчащий
p.pt.a. гранúчивший

гранулúровать 4 *u.* 4a *v*, *uv* что granulieren

грассúровать 4a *uv* das «r» nach französischer Art sprechen

графúть *uv* что liniieren. — (раз-)
pr. графлю́, -фúшь, -фя́т
imp. графú, ~те
pt. графúл
g.pr.a. графя́
p.pr.a. графя́щий
p.pt.a. графúвший
p.pt.p. графлённый; графлён, -енá

гребнýть *v mom zu* грестú

грéзить *uv* träumen, sich Träumereien hingeben
pr. грéжу, грéзишь, грéзят
pt. грéзил
g.pr.a. грéзя
p.pr.a. грéзящий
p.pt.a. грéзивший

грéзиться, *1. u. 2. Pers ungebr*, *uv* комý träumen, vorschweben. — (при-)

гремéть *uv* **1.** donnern, dröhnen; klirren **2.** ertönen, erschallen **3.** *umg* einen guten Klang haben, weit und breit bekannt sein
pr. гремлю́, -мúшь, -мя́т
imp. гремú, ~те
pt. гремéл
g.pr.a. гремя́
p.pr.a. гремя́щий
p.pt.a. гремéвший

грестú *uv* **1.** rudern **2.** что zusammenharken | *v mom* гребнýть 7
pr. гребý, -бёшь, -бýт
imp. гребú, ~те
pt. грёб, греблá
g.pr.a. гребя́
p.pr.a. гребýщий
p.pt.a. грёбший

греть 3a *uv* **1.** wärmen, warm halten **2.** когó-что erhitzen, aufwärmen. — (на- *zu* 2, со-)
g.pr.a. грéя *u. alt* грéючи
p.pt.p. грéтый

грéться *uv* **1.** sich wärmen **2.** warm werden. — (на- *zu* 2, со-)

грешúть *uv* **1.** *alt* sündigen **2.** прóтив чегó *oder* чем verstoßen (gegen) ‖ *v* согрешúть *zu* 1, Formen das.
pr. грешý, -шúшь, -шáт
imp. грешú, ~те
pt. грешúл
g.pr.a. грешá
p.pr.a. грешáщий
p.pt.a. грешúвший

гримáсничать 1a *uv* Grimassen schneiden

гримировáть 5a *uv* когó-что schminken. — (за-, на-)
p.pt.p. гримирóванный

гримировáться *uv* sich schminken. — (за-)

грозúть *uv* комý-чемý **1.** чем drohen; ankündigen **2.** bevorstehen, drohen. — (по- *zu* 1, при- *zu* 1)
pr. грожý, грозúшь, грозя́т
imp. грозú, ~те
pt. грозúл
g.pr.a. грозя́

p.pr.a. грозя́щий
p.pt.a. грози́вший

грози́ться *uv volksspr* drohen. — (по-)

громи́ть *uv* кого́-что zerschlagen, vernichten. — (раз-)
pr. громлю́, -ми́шь, -мя́т
imp. громи́, ~те
pt. громи́л
g.pr.a. громя́
p.pr.a. громя́щий
p.pt.a. громи́вший

громозди́ть *uv* что aufhäufen, aufstapeln. — (на-)
pr. громозжу́, -зди́шь, -здя́т
imp. громозди́, ~те
pt. громозди́л
g.pr.a. громоздя́
p.pr.a. громоздя́щий
p.pt.a. громозди́вший

громозди́ться, *1. u. 2. Pers ungebr, uv* sich (auf)türmen

громыха́ть 2a *uv umg* donnern, poltern | *v mom* громыхну́ть 7

громыхну́ть *v mom zu* громыха́ть

гро́хать(ся) *uv zu* гро́хнуть(ся)

гро́хнуть 6 *v u. mom* кого́-что *umg* mit Gepolter fallen lassen ‖ *uv* гро́хать 1a

гро́хнуться *v umg* hinstürzen, hinschlagen ‖ *uv* гро́хаться

грохота́ть *uv* krachen, poltern | *v mom* грохотну́ть 7, kein *p.pt.p.*
pr. грохочу́, -о́чешь, -о́чут
imp. грохочи́, ~те
pt. грохота́л
g.pr.a. грохоча́
p.pr.a. грохо́чущий
p.pt.a. грохота́вший

грохоти́ть *uv* что *landw* mit dem Schüttler säen
pr. грохочу́, -оти́шь, -отя́т
imp. грохоти́, ~те
pt. грохоти́л
g.pr.a. грохотя́
p.pr.a. грохотя́щий
p.pt.a. грохоти́вший

грохотну́ть *v mom zu* грохота́ть

грубе́ть 3a *uv* grob werden *im Benehmen.* — (о-)

груби́ть *uv* кому́-чему́ grob sein, Grobheiten sagen. — (на-)
pr. грублю́, -би́шь, -бя́т
imp. груби́, ~те
pt. груби́л
g.pr.a. грубя́
p.pr.a. грубя́щий
p.pt.a. груби́вший

грубия́нить *uv* кому́-чему́ *umg* grob sein, grob mit j-m umgehen. — (на-)
pr. грубия́ню, -нишь, -нят
imp. грубия́нь, ~те
pt. грубия́нил
g.pr.a. грубия́ня
p.pr.a. грубия́нящий
p.pt.a. грубия́нивший

грузи́ть *uv* что **1.** beladen **2.** verladen, einladen. — (за-, на- *zu* 1, по- *zu* 2)
pr. гружу́, гру́зи́шь, гру́зя́т
imp. грузи́, ~те
pt. грузи́л
g.pr.a. грузя́
p.pr.a. гру́зя́щий
p.pt.a. грузи́вший
p.pr.p. грузи́мый*
p.pt.p. гру́женный *u.* гружённый; гружён, -ена́

грузи́ться *uv* **1.** beladen werden **2.** verladen werden *Truppen.* — (по-)

грузне́ть 3a *uv* schwer werden; dicklich werden. — (по-)

гру́знуть *uv* versinken, einsinken
pr. гру́зну, -нешь, -нут
imp. гру́зни, ~те
pt. груз *u.* гру́знул, гру́зла
g.pt.a. гру́знув
p.pr.a. гру́знущий
p.pt.a. гру́зший

грунтова́ть 5a *uv* что grundieren, Grundfarbe auftragen. — (за-)
p.pt.p. грунто́ванный

группирова́ть 5a *uv* кого́-что gruppieren. — (с-)

группирова́ться, *1. u. 2. Pers ungebr, uv* sich gruppieren, Gruppen bilden. — (с-)

грусти́ть *uv* traurig sein
pr. грущу́, грусти́шь, грустя́т
imp. грусти́, -те
pt. грусти́л
g.pr.a. грустя́
p.pr.a. грустя́щий
p.pt.a. грусти́вший

грызть *uv* **1.** что (be)nagen, knabbern, zerbeißen **2.** кого́-что fortwährend reizen. — (раз- *zu* 1)
pr. грызу́, -зёшь, -зу́т
imp. грызи́, ~те
pt. грыз, ~ла
g.pr.a. грызя́
v.pr.a. грызу́щий

p.pt.a. грызший
p.pr.p. грызо́мый*

гры́зться *uv* **1.** sich beißen **2.** *umg* sich zanken

грязне́ть 3a *uv* schmutzig werden

грязни́ть *uv* кого́-что **1.** beschmutzen, beschmieren **2.** *übtr* entehren, beschmutzen. — (за-)
pr. грязню́, -ни́шь, -ня́т
imp. грязни́, ~те
pt. грязни́л
g.pr.a. грязня́
p.pr.a. грязня́щий
p.pt.a. грязни́вший

грязни́ться *uv* schmutzig werden. — (за-)

гря́нуть 6 *v* **1.** *1. u. 2. Pers ungebr* erschallen, ertönen **2.** *1. u. 2. Pers ungebr* ausbrechen *z. B. Krieg* **3.** plötzlich laut zu schreien [singen, spielen] anfangen
imp. грянь, ~те

гря́нуться *v umg* mit Lärm hinstürzen, hinschlagen

губи́ть *uv* кого́-что verderben, zugrunde richten ‖ *v* погуби́ть, Formen das.
pt. гублю́, гу́бишь, гу́бят
imp. губи́, ~те
pt. губи́л
g.pr.a. губя́
p.pr.a. гу́бящий
p.pt.a. губи́вший
p.pr.p. губи́мый*

губи́ться *uv* **1.** zugrunde gerichtet werden **2.** nutzlos vergeudet werden

гуде́ть *uv* heulen, dröhnen; summen; brummen; surren; hupen
pr. гужу́, гуди́шь, гудя́т
imp. гуди́, ~те
pt. гуде́л
g.pr.a. гудя́
p.pr.a. гудя́щий
p.pt.a. гуде́вший

гудрони́ровать 4 *u.* 4a *v, uv* что mit Goudron asphaltieren

гульну́ть *v mom zu* гуля́ть

гуля́ть 2a *uv* **1.** spazierengehen **2.** *umg* frei haben, nicht arbeiten **3.** sich vergnügen, zechen | *v mom volksspr* гульну́ть 7 *zu* 3, kein *p.pt.p.* — (по- *zu* 1, 3)

гумми́ровать 4 *u.* 4a *v, uv* что gummieren

густе́ть 3a, *1. u. 2. Pers ungebr*, *uv* **1.** dicht(er) werden **2.** dick(flüssig) werden. — (за- *zu* 2, по- *zu* 1)

густи́ть *uv* что verdichten; eindicken
pr. гущу́, густи́шь, густя́т
imp. густи́, ~те
pt. гисти́л
g.pr.a. густя́
p.pr.a. густя́щий
p.pt.a. густи́вший
p.pr.p. густи́мый*

Д

дава́ть *uv zu* дать
pr. даю́, даёшь, даю́т
imp. дава́й, ~те
pt. дава́л
g.pr.a. дава́я
p.pr.a. даю́щий
p.pt.a. дава́вший
p.pr.p. дава́емый

дава́ться *uv zu* да́ться

дави́ть *uv* кого́-что **1.** *a.* на что drücken, (auf) **2.** *1. u. 2. Pers ungebr* drücken, beengen **3.** (aus)pressen, (aus)quetschen **4.** zer-drücken, zerquetschen **5.** überfahren, töten **6.** *umg* (er)würgen **7.** unterdrücken. — (за- *zu* 5, раз- *zu* 4, 5, у- *zu* 6)
pr. давлю́, да́вишь, да́вят
imp. дави́, ~те
pt. дави́л
g.pr.a. давя́
p.pr.a. да́вящий
p.pt.a. дави́вший

дави́ться *uv* **1.** чем (fast) ersticken (an), würgen **2.** *umg* sich aufhängen. — (по- *zu* 1, у- *zu* 2)

да́кать 1a *uv volkssspr* ja sagen, bejahen | *v mom* да́кнуть 6

да́кнуть *v mom zu* да́кать

да́ривать *uv iterativ zu* дари́ть

дари́ть *uv* кого́-что **1.** кому́ schenken **2.** чем beschenken ‖ *v* подари́ть, Formen das. | *uv umg iterativ* да́ривать 1a, *pr. ungebr*

pr.	дарю́, да́ришь, да́рят
imp.	дари́, ~те
pt.	дари́л
g.pr.a.	даря́
p.pr.a.	даря́щий
p.pt.a.	дари́вший
p.pr.p.	дари́мый

дарова́ть 5 *u.* 5a *v*, *uv* что *hoher Stil, alt* gewähren, schenken

дати́ровать 4 *u.* 4a *v*, *uv* что **1.** datieren **2.** zeitlich bestimmen

дати́роваться 4a , *1. u. 2. Pers ungebr*, *uv* datiert sein

дать *v* что **1.** geben; gewähren **2.** verschaffen **3.** кому́ *mit Infinitiv* (zu)lassen **4.** кому́ schlagen ‖ *uv* дава́ть, Formen das.

ft.	дам, дашь, даст, дади́м, дади́те, даду́т
imp.	дай, ~те
pt.	дал, дала́, да́ло, да́ли (*verneint:* не́ дал, не дала́, не́ дало)
g.pt.a.	дав
p.pt.a.	да́вший
p.pt.p.	да́нный; дан, дана́

да́ться *v* **1.** *meist mit Negation* sich fangen lassen; sich ... lassen; sich fügen **2.** *1. u. 2. Pers ungebr* leichtfallen **3.** *1. u. 2. Pers ungebr* кому́ es j-m angetan haben ‖ *uv* дава́ться

pt.	да́лся́, дала́сь, дало́сь

дви́гать *uv* **1.** (*meist* -аю, -аешь) кого́-что bewegen; verschieben, verrücken **2.** (*meist* -аю, -аешь) чем zucken (mit), bewegen **3.** (*meist* -аю, -аешь) кого́-что *Truppen* vorrücken lassen, in Marsch setzen **4.** *1. u. 2. Pers ungebr* что in Bewegung setzen, in Gang setzen **5.** *übtr* что vorantreiben, fördern | *v mom* дви́нуть 6, *imp.* двинь, ~те

pr.	дви́гаю, -аешь, -ают *u.* дви́жу, -жешь, -жут
imp.	дви́гай, ~те
pt.	дви́гал
g.pr.a.	дви́гая
p.pr.a.	дви́гающий *u.* дви́жущий
p.pt.a.	дви́гавший
p.pr.p.	дви́гаемый *u.* дви́жимый

дви́гаться *uv* **1.** sich bewegen, in Bewegung sein; sich vorwärtsbewegen, gehen **2.** vorwärts kommen, befördert werden ‖ *v* дви́нуться

дви́нуть *v mom zu* дви́гать

дви́нуться *v zu* дви́гаться

двои́ть *uv* что **1.** in zwei Teile teilen **2.** verdoppeln. — (вз-)

pr.	двою́, двои́шь, двоя́т
imp.	двой́, ~те
pt.	двои́л
g.pr.a.	двоя́
p.pr.a.	двоя́щий
p.pt.a.	двои́вший
p.pr.p.	двои́мый

двои́ться *uv* **1.** sich teilen; sich gabeln *Weg* **2.** doppelt erscheinen

двуру́шничать 1a *uv* doppelzüngig reden, ein doppeltes Spiel treiben

дебати́ровать 4a *uv* что *u. ohne Objekt* debattieren

дебетова́ть 5 *u.* 5a *v*, *uv* что als Debet eintragen

деблоки́ровать 4 *u.* 4a *v*, *uv* кого́-что die Blockade aufheben

дебоши́рить *uv* randalieren. — (на-)

pr.	дебоши́рю, -ришь, -рят
imp.	дебоши́рь, ~те
pt.	дебоши́рил
g.pr.a.	дебоши́ря
p.pr.a.	дебоши́рящий
p.pt.a.	дебоши́ривший

дебюти́ровать 4 *u.* 4a *v*, *uv* debütieren

дева́ть 2 *u.* 2a *v*, *uv umg* **1.** *uv zu* деть **2.** *v* (*nur pt. gebr*) что hintun, legen, stecken *irgendwohin*, verlegen **3.** *v* (*nur pt. gebr*) что unterbringen; verbrauchen, ausgeben

дева́ться **1.** *uv zu* де́ться **2.** *v* (*nur pt. gebr*) (hin)geraten, hinkommen; verlorengehen, verschwinden; sich verstecken **3.** *v* (*nur pt. gebr*) Unterkunft [Unterschlupf] finden

дегази́ровать 4 *u.* 4a *v*, *uv* что entgasen

дегенери́ровать 4 *u.* 4a *v*, *uv* degenerieren, entarten

деградировать 4 *u.* 4a *v*, *uv* verfallen, sich allmählich verschlechtern

дегусти́ровать 4 *u.* 4a *v*, *uv* что abschmekken, (ver)kosten

дедуци́ровать 4 *u.* 4a *v*, *uv* что deduzieren

дежу́рить *uv* **1.** Dienst haben **2.** wachen

pr.	дежу́рю, -ришь, -рят
imp.	дежу́рь, ~те
pt.	дежу́рил
g.pr.a.	дежу́ря
g.pt.a.	дежу́рив
p.pr.a.	дежу́рящий
p.pt.a.	дежу́ривший

дезавуи́ровать 4 *u.* 4a *v*, *uv* кого́-что *buchspr* desavouieren, nicht anerkennen

дезерти́ровать 4 *u.* 4a *v*, *uv* desertieren

дезинфици́ровать 4*u.* 4a *v*, *uv* что desinfizieren

дезинфици́роваться *v*, *uv* desinfiziert werden

дезинформи́ровать 4 *u.* 4a *v*, *uv* кого́-что irreführen

дезорганизова́ть 5 *u.* 5a *v*, *uv* что desorganisieren, verwirren

дезорганизова́ться, *1. u. 2. Pers ungebr*, *v*, *uv* desorganisiert werden

дезорганизо́вывать 1a *uv* что desorganisieren, verwirren

дезорганизо́вываться *uv* desorganisiert werden

дезориенти́ровать 4 *u.* 4a *v*, *uv* кого́-что desorientieren

дезориенти́роваться *v*, *uv* die Orientierung verlieren, verwirrt sein

де́йствовать 4a *uv* **1.** handeln, verfahren **2.** in Betrieb sein, funktionieren, gehen **3.** на кого́-что *u. ohne Objekt* wirken, wirksam sein; beeinflussen **4.** gültig sein, gelten *Gesetze u. a.* ‖ *v* поде́йствовать 4 *zu* 3

декальки́ровать 4 *u.* 4a *v*, *uv* что (Abziehbilder) abziehen

декати́ровать 4 *u.* 4a *u.* **декатирова́ть** 5 *u.* 5a *v*, *uv* что dekatieren

деквалифици́роваться 4 *u.* 4a *v*, *uv* seine Qualifizierung verlieren

деклами́ровать 4a *uv* что *u. ohne Objekt* deklamieren. — (про-)

деклари́ровать 4 *u.* 4a *v*, *uv* что deklarieren

деклассе́роваться 4 *u.* 4a *v*, *uv* deklassieren

декори́ровать 4 *u.* 4a *v*, *uv* что dekorieren, (aus)schmücken

декрети́ровать 4 *u.* 4a *v*, *uv* что durch ein Dekret verordnen

де́лать 1a *uv* **1.** что tun, machen, handeln **2.** что machen, verfertigen, herstellen **3.** кого́-что кем-чем machen (zu), einsetzen (als) **4.** что *mit oder ohne* себе́ bestellen, anfertigen [machen] lassen **5.** кого́-что из кого́-чего́ etw. machen (aus), verwandeln (in) ‖ *v* сде́лать 1

де́латься *uv* **1.** чем werden **2.** *1. u. 2. Pers ungebr* geschehen, vorgehen **3.** *1. u. 2. Pers ungebr*, *umg* sich zeigen, entstehen ‖ *v* сде́латься

делеги́ровать 4 *u.* 4a *v*, *uv* кого́-что delegieren

делика́тничать 1a *uv umg* с кем-чем allzu schonend verfahren (mit)

дели́ть *uv* кого́-что **1.** (ver-, ein)teilen **2.** dividieren **3.** с кем teilen (mit). — (по- *zu* 1, раз- *zu* 1, 2)

pr.	делю́, де́лишь, де́лят
imp.	дели́, ~те
pt.	дели́л
g.pr.a.	деля́
p.pr.a.	де́лящий
p.pt.a.	дели́вший
p.pr.p.	дели́мый

дели́ться *uv* **1.** *1. u. 2. Pers ungebr* teilbar sein **2.** sich teilen **3.** чем с кем teilen (mit); mitteilen (etw.)

p.pr.a.	деля́щийся

демаски́ровать 4 *u.* 4a *v*, *uv* кого́-что demaskieren

демилитаризова́ть 5 *u.* 5a *v*, *uv* что entmilitarisieren

демобилизова́ть 5 *u.* 5a *v*, *uv* кого́-что demobilisieren

демобилизова́ться *v*, *uv* demobilisiert werden

демократизи́ровать 4 *u.* 4a *v*, *uv* кого́-что demokratisieren

демонстри́ровать 4 *u.* 4a *v*, *uv* **1.** demonstrieren **2.** что vorführen, zeigen *Film u. a.* — (про- *zu* 2)

демонти́ровать 4 *u.* 4a *v*, *uv* что demontieren

деморализова́ть 5 *u.* 5a *v*, *uv* кого́-что demoralisieren

демуниципализи́ровать 4 *u.* 4a *v*, *uv* что enteignete Häuser u. ä. dem früheren Eigentümer zurückgeben

денатурализова́ть 5 *u.* 5a *v*, *uv* кого́-что aus der Staatsangehörigkeit entlassen, denaturalisieren

денатури́ровать 4 *u.* 4a *v*, *uv* что denaturieren, vergällen *Spiritus*

денационализи́ровать 4 *u.* 4a *v*, *uv* что nationalisiertes Eigentum dem früheren Besitzer zurückgeben

денонси́ровать 4 *u.* 4a *v*, *uv* что für ungültig erklären, kündigen

депони́ровать 4 *u.* 4a *v*, *uv* что deponieren, hinterlegen

дёргать 1a *uv* кого́-что **1.** ziehen, zupfen (за что an) **2.** *umg* ausreißen, ziehen

3. чем *umg* (krampfhaft) zucken **4.** *übtr* hin- und herzerren | *v mom* дёрнуть 6 *zu* 1—3

дёргаться *uv* **1.** krampfhaft zucken **2.** sich ruckweise bewegen | *v mom* дёрнуться

деревене́ть 3a *uv* **1.** holzig werden **2.** steif werden, erstarren. — (о-)

держа́ть *uv* кого́-что **1.** (fest)halten; stützen **2.** aufbewahren **3.** halten *Tiere* **4.** *Richtung* einhalten **5.** gewerblich unterhalten, führen

pr.	держу́, де́ржишь, де́ржат
imp.	держи́, ~те
pt.	держа́л
g.pr.a.	держа́
p.pr.a.	держа́щий
p.pt.a.	держа́вший
p.pt.p.	де́ржанный

держа́ться *uv* **1.** за кого́-что sich (fest)halten, sich klammern (an) **2.** на чём *1. u. 2. Pers ungebr* befestigt sein, hängen (an), ruhen (auf) **3.** sich halten **4.** sich benehmen **5.** чего́ sich richten (nach), sich halten (an) **6.** чего́ sich halten *an eine bestimmte Richtung* **7.** sich halten, Widerstand leisten

дерза́ть 2a *uv* **1.** *hoher Stil* wagen **2.** *buchspr* на что *oder mit Infinitiv* sich erkühnen, wagen ‖ *v* дерзну́ть 7 *zu* 2, kein *p.pt.p.*

дерзи́ть *uv* *1. Pers ungebr* Frechheiten sagen. — (на-)

pr.	дерзи́шь, -зя́т
imp.	дерзи́, ~те
pt.	дерзи́л
g.pr.a.	дерзя́
p.pr.a.	дерзя́щий
p.pt.a.	дерзи́вший

дерзну́ть *v zu* дерза́ть

дерне́ть 3a, *1. u. 2. Pers ungebr*, *uv* sich mit Rasen bedecken

дернова́ть 5a *uv* что mit Rasen bedecken

дёрнуть(ся) *v mom zu* дёргать(ся)

детализи́ровать 4 *u.* 4a *v*, *uv* что detaillieren, eingehend darlegen

детализова́ть 5 *u.* 5a *v*, *uv* что detaillieren, eingehend darlegen

[1]**детони́ровать** 4a, *1. u. 2. Pers ungebr*, *uv* detonieren

[2]**детони́ровать** 4a *uv mus* unsauber singen, unsauber spielen

деть *v* кого́-что *umg* **1.** hintun, hinlegen, verlegen **2.** unterbringen; ausgeben, vertun, verbrauchen ‖ *uv* дева́ть 2a, *nur Infinitiv u. pr.*

ft.	де́ну, де́нешь, де́нут
imp.	день, ~те
pt.	дел
g.pt.a.	де́вши
p.pt.a.	де́вший
p.pt.p.	де́тый

де́ться *v umg* **1.** (hin)geraten, hinkommen; verlegt werden; verlorengehen, verschwinden; sich verstecken **2.** Unterkunft [Unterschlupf] finden ‖ *uv* дева́ться, *nur Infinitiv u. pr.;* не зна́ю куда́ де́ньги дева́ются ich weiß nicht, wo das Geld bleibt

дефили́ровать 4a *uv* defilieren, vorbeimarschieren. — (про-)

деформи́ровать 4 *u.* 4a *v*, *uv* кого́-что deformieren, verunstalten

деформи́роваться *v*, *uv* sich deformieren

децентрализи́ровать 4 *u.* 4a *v*, *uv* что dezentralisieren

децентрализова́ть 5 *u.* 5a *v*, *uv* что dezentralisieren

дешеве́ть 3a, *1. u. 2. Pers ungebr*, *uv* billiger werden. — (по-)

дешеви́ть *uv volksspr* den Preis herabdrücken

pr.	дешевлю́, -ви́шь, -вя́т
imp.	дешеви́, ~те
pt.	дешеви́л
g.pr.a.	дешевя́
p.pr.a.	дешевя́щий
p.pt.a.	дешеви́вший

дешифри́ровать 4 *u.* 4a *v*, *uv* что dechiffrieren, entziffern

дешифрова́ть 5 *u.* 5a *v*, *uv* что dechiffrieren, entziffern

де́яться, *nur* 3. *Person Singular gebräuchlich*, *uv volksspr u. gbt* geschehen, vor sich gehen

pr.	де́ется
pt.	де́ялось

джигитова́ть 5a *uv* Reiterkunststücke ausführen

дзи́нькать 1 *uv umg* klirren | *v mom* дзи́нькнуть 6

дзи́нькнуть *v mom zu* дзи́нькать

диагности́ровать 4 *u.* 4a *v*, *uv* что eine Diagnose stellen

диафрагми́ровать 4a *uv phot* die Blende einstellen

диви́ть *uv* кого́-что *umg* in Erstaunen setzen

pr. дивлю́, -ви́шь, -вя́т
imp. диви́, ~те
pt. диви́л
g.pr.a. дивя́
p.pr.a. дивя́щий
p.pt.a. диви́вший

диви́ться *uv* кому́-чему́ *umg* sich wundern (über), staunen (über). — (по-)

дивова́ться 5a *uv volksspr gbt* sich wundern (über), staunen (über)

дикта́торствовать 4a *uv* unbeschränkt herrschen

диктова́ть 5a *uv* что **1.** diktieren **2.** *1. u. 2. Pers ungebr* eingeben, befehlen. — (про-)

дире́кторствовать 4a *uv umg* Direktor sein

дирижи́ровать 4a *uv* чем dirigieren

дисгармони́ровать 4a *uv* disharmonieren, uneinig sein

дисквалифици́ровать 4 *u.* 4a *v*, *uv* кого́-что disqualifizieren

дисквалифици́роваться *v*, *uv* seine Qualifikation einbüßen

дисконти́ровать 4 *u.* 4a *v*, *uv* что diskontieren

дискредити́ровать 4 *u.* 4a *v*, *uv* кого́-что in Mißkredit bringen

дискримини́ровать 4 *u.* 4a *v*, *uv* кого́-что diskriminieren, in den Rechten beschränken

дискути́ровать 4a *uv* что *oder* о чём diskutieren

дислоци́ровать 4 *u.* 4a *v*, *uv* кого́-что unterbringen, stationieren

диспути́ровать 4a *uv* disputieren

диссони́ровать 4a *uv mus* dissonieren

дистилли́ровать 4 *u.* 4a *v*, *uv* что destillieren

дисциплини́ровать 4 *u.* 4a *v*, *uv* кого́-что disziplinieren

дифференци́ровать 4 *u.* 4a *v*, *uv* что differenzieren

дифференци́роваться, *1. u. 2. Pers ungebr*, *v*, *uv* differenziert werden

дича́ть 2a *uv* **1.** verwildern **2.** schüchtern werden. — (о-)

дичи́ться *uv* **1.** кого́-чего́ (ver)meiden, sich scheuen (vor) **2.** schüchtern [befangen] sein
pr. дичу́сь, -чи́шься, -ча́тся
imp. дичи́сь, -и́тесь
pt. дичи́лся, -лась
g.pr.a. дича́сь
p.pr.a. дича́щийся
p.pt.a. дичи́вшийся

длинне́ть 3a, *1. u. 2. Pers ungebr*, *uv umg* länger werden

длить *uv* что (ver)zögern, hinziehen
pr. длю, длишь, длят
pt. длил
g.pr.a. для
p.pr.a. для́щий
p.pt.a. дли́вший

дли́ться, *1. u. 2. Pers ungebr*, *uv* dauern, währen

днева́лить *uv mil umg* (Stuben-) Dienst haben
pr. днева́лю, -лишь, -лят
imp. днева́ль, ~те
pt. днева́лил
g.pr.a. днева́ля
p.pr.a. днева́лящий
p.pt.a. днева́ливший

днева́ть *uv* den Tag verbringen
pr. дню́ю, дню́ешь, дню́ют
imp. днюй, ~те
pt. днева́л
g.pr.a. дню́я
p.pr.a. дню́ющий
p.pt.a. днева́вший

доба́вить *v* что *oder* чего́ hinzufügen, ergänzen ‖ *uv* добавля́ть 2a
ft. доба́влю, -вишь, -вят
imp. доба́вь, ~те
pt. доба́вил
g.pt.a. доба́вив
p.pt.a. доба́вивший
p.pt.p. доба́вленный

доба́виться, *1. u. 2. Pers ungebr*, *v* dazukommen ‖ *uv* добавля́ться

добавля́ть(ся) *uv zu* доба́вить(ся)

доба́лтываться *uv zu* доболта́ться

добега́ть *uv zu* добежа́ть

добе́гаться 1 *v umg* sich durch Laufen etw. zuziehen
g.pt.a. добе́гавшись

добежа́ть *v* до кого́-чего́ laufen (bis) ‖ *uv* добега́ть 2a
ft. добегу́, -ежи́шь, -егу́т
imp. добеги́, ~те
pt. добежа́л
g.pt.a. добежа́в
p.pt.a. добежа́вший

добива́ть(ся) *uv zu* доби́ть(ся)

добира́ть(ся) *uv zu* добра́ть(ся)

доби́ть *v* кого́-что **1.** den Todesstoß geben **2.** *Angeschlagenes* völlig zerschlagen ‖ *uv* добива́ть 2а
ft. добью́, добьёшь, добью́т
imp. добе́й, ~те
pt. доби́л
g.pt.a. доби́в
p.pt.a. доби́вший
p.pt.p. доби́тый

доби́ться *v* чего́ erringen, erreichen ‖ *uv* добива́ться

доболта́ться 1 *v volksspr* **1.** durch Besprechung übereinkommen **2.** sich versteigen (zu) ‖ *uv* доба́лтываться 1а *zu* 1
g.pt.a. доболта́вшись

добра́сывать *uv zu* добро́сить

добра́ть *v* **1.** кого́-чего́ *oder* кого́-что noch dazunehmen **2.** *typ* bis zu Ende setzen ‖ *uv* добира́ть 2а
ft. доберу́, -рёшь, -ру́т
imp. добери́, ~те
pt. добра́л, -ала́, -а́ло
g.pt.a. добра́в
p.pt.a. добра́вший
p.pt.p. до́бранный

добра́ться *v* до кого́-чего́ mit Mühe erreichen, gelangen (bis) ‖ *uv* добира́ться
pt. добра́лся, -ала́сь, -а́ло́сь

[1]**добре́ть** 3а *uv* gutmütiger werden

[2]**добре́ть** 3а *uv umg* zunehmen, dick werden

добрива́ть *uv zu* добри́ть

добри́ть *v* кого́-что zu Ende rasieren ‖ *uv* добрива́ть 2а
ft. добре́ю, -е́ешь, -е́ют
imp. добре́й, ~те
pt. добри́л
g.pt.a. добри́в
p.pt.a. добри́вший
p.pt.p. добри́тый

доброжела́тельствовать 4а *uv* gewogen sein, sich wohlwollend verhalten

доброса́ть 2 *v* что durch Werfen beenden

добро́сить *v* что bis zu einer Stelle werfen ‖ *uv* добра́сывать 1а
ft. добро́шу, -о́сишь, -о́сят
imp. добро́сь, ~те
pt. добро́сил
g.pt.a. добро́сив
p.pt.a. добро́сивший
p.pt.p. добро́шенный

добуди́ться *v* кого́-что *umg* (j-n) mit Mühe aufwecken
ft. добужу́сь, -бу́дишься, -бу́дятся
imp. добуди́сь, -и́тесь
pt. добуди́лся
g.pt.a. добуди́вшись
p.pt.a. добуди́вшийся

добыва́ть *uv zu* добы́ть

добы́ть *v* что **1.** verschaffen, auftreiben **2.** *geol* fördern, gewinnen ‖ *uv* добыва́ть 2а
ft. добу́ду, -дешь, -дут
imp. добу́дь, ~те
pt. до́бы́л, добыла́, до́бы́ло
g.pt.a. добы́в
p.pt.a. добы́вший
p.pt.p. добы́тый; до́бы́т, добы́та́, до́бы́то

дова́ривать(ся) *uv zu* довари́ть(ся)

довари́ть *v* кого́-что zu Ende kochen ‖ *uv* дова́ривать 1а
ft. доварю́, -а́ришь, -а́рят
imp. довари́, ~те
pt. довари́л
g.pt.a. довари́в
p.pt.a. довари́вший
p.pt.p. дова́ренный

довари́ться, *1. u. 2. Pers ungebr*, *v* völlig gar werden ‖ *uv* дова́риваться

дове́дать 1 *v* что *alt u. gbt* ausforschen ‖ *uv* дове́дывать 1а

дове́дывать *uv zu* дове́дать

довезти́ *v* кого́-что hinfahren, hinbringen ‖ *uv* довози́ть, Formen das.
ft. довезу́, -зёшь, -зу́т
imp. довези́, ~те
pt. довёз, -езла́
g.pt.a. довезя́ *u. alt* довёзши
p.pt.a. довёзший
p.pt.p. довезённый; довезён, -ена́

дове́рить *v* кому́-чему́ кого́-что *u. mit Infinitiv* **1.** anvertrauen **2.** *mit Infinitiv* beauftragen, bevollmächtigen ‖ *uv* доверя́ть 2а
ft. дове́рю, -ришь, -рят
imp. дове́рь, ~те
pt. дове́рил
g.pt.a. дове́рив
p.pt.a. дове́ривший
p.pt.p. дове́ренный

дове́риться *v* кому́-чему́ sich anvertrauen, sich verlassen (auf) ‖ *uv* доверя́ться

доверну́ть 7 *v* что festschrauben ‖ *uv* довёртывать 1а
p.pt.p. довёрнутый

довертéть *v* что *umg* festdrehen ‖ *uv* довёртывать 1a

ft.	доверчý, -éртишь, -éртят
imp.	доверти́, ~те
pt.	довертéл
g.pt.a.	довертéв
p.pt.a.	довертéвший
p.pt.p.	довéрченный

[1]**довёртывать** *uv zu* довертéть

[2]**довёртывать** *uv zu* довернýть

доверша́ть *uv zu* доверши́ть

доверши́ть *v* что vollenden ‖ *uv* доверша́ть 2a

ft.	довершý, -ши́шь, -ша́т
imp.	доверши́, ~те
pt.	доверши́л
g.pt.a.	доверши́в
p pt.a.	доверши́вший
p.pt.p.	довершённый; довершён, -ена́

доверя́ть(ся) *uv zu* довéрить(ся)

довести́ *v* когó-что до чегó **1.** führen, bringen (bis) *a. übtr* **2.** führen, verlängern, bauen ‖ *uv* доводи́ть, Formen das.

ft.	доведý, -дёшь, -дýт
imp.	доведи́, ~те
pt.	довёл, -ела́
g.pt.a.	доведя́ *u. alt* довéдши
p.pt.a.	довéдший
p.pt.p.	доведённый; доведён, -ена́

довести́сь *v unpers* sich ergeben, daß ..., Gelegenheit haben ‖ *uv* доводи́ться

довлéть 3a, *1. u. 2. Pers ungebr*, *uv* **1.** комý-чемý *alt* genügen **2.** над кем-чем *u. ohne Objekt volksspr* lasten (auf)

доводи́ть *uv zu* довести́

pr.	довожý, -óдишь, -óдят
imp.	доводи́, ~те
pt.	доводи́л
g.pr.a.	доводя́
p.pr.a.	доводя́щий
p.pt.a.	доводи́вший
p.pr.p.	доводи́мый

доводи́ться *uv zu* довести́сь

довози́ть *uv zu* довезти́

pr.	довожý, -óзишь, -óзят
imp.	довози́, ~те
pt.	довози́л
g.pr.a.	довозя́
p.pr.a.	довозя́щий
p.pt.a.	довози́вший
p.pr.p.	довози́мый

довóльствовать 4a *uv* когó-что **1.** *alt* zufriedenstellen **2.** *mil* verpflegen

довóльствоваться *uv* **1.** *mil* Verpflegung und Dienstkleidung bekommen **2.** чем sich begnügen, sich zufrieden geben (mit)

догада́ться 2 *v* erraten ‖ *uv* дога́дываться 1a

дога́дываться *uv zu* догада́ться

доглядéть *v umg* **1.** bis zu Ende ansehen **2.** за кем-чем *meist verneint* aufpassen ‖ *uv* догля́дывать 1a

ft.	догляжý, -яди́шь, -ядя́т
imp.	догляди́, ~те
pt.	доглядéл
g.pt.a.	доглядéв
p.pt.a.	доглядéвший

догля́дывать *uv zu* доглядéть

догна́ть *v* когó-что einholen *a. übtr* ‖ *uv* догоня́ть 2a

ft.	догоню́, -óнишь, -óнят
imp.	догони́, ~те
pt.	догна́л, -ала́, -а́ло
g.pt.a.	догна́в
p.pt.a.	догна́вший
p.pt.p.	дóгнанный

догова́ривать(ся) *uv zu* договори́ть(ся)

договори́ть *v* что zu Ende sprechen, ausreden ‖ *uv* догова́ривать 1a

ft.	договорю́, -ри́шь, -ря́т
imp.	договори́, ~те
pt.	договори́л
g.pt.a.	договори́в
p.pt.a.	договори́вший
p.pt.p.	договорённый; договорён, -ена́

договори́ться *v* **1.** о чём sich einigen, übereinkommen **2.** до чегó sich versteigen (zu) ‖ *uv* догова́риваться

догоня́ть *uv zu* догна́ть

догора́ть *uv zu* догорéть

догорéть *v* **1.** ab-, niederbrennen *itr* **2.** erlöschen ‖ *uv* догора́ть 2a

ft.	догорю́, -ри́шь, -ря́т
imp.	догори́, ~те
pt.	догорéл
g.pt.a.	догорéв
p.pt.a.	догорéвший

догреба́ть *uv zu* догрести́

догрести́ *v* **1.** heranrudern, rudern bis ... **2.** что zusammenharken ‖ *uv* догреба́ть 2a

ft.	догребý, -бёшь, -бýт
imp.	догреби́, ~те
pt.	догрёб, -гребла́
g.pt.a.	догрёбши

p.pt.a. догрёбший
p.pt.p. догребённый; догребён, -енá

догружáть *uv zu* догрузи́ть

догрузи́ть *v* когó-что **1.** vollständig beladen **2.** *a.* чегó noch dazuladen ‖ *uv* догружáть 2a
ft. догружу́, -у́зи́шь, -у́зя́т
imp. догрузи́, ~те
pt. догрузи́л
g.pt.a. догрузи́в
p.pt.a. догрузи́вший
p.pt.p. догру́женный *u.* догружённый; догружён, -енá

догу́ливаться *uv zu* догуля́ться

догуля́ться 2 *v umg* durch allzu langes Spazierengehen sich etw. zuziehen ‖ *uv* догу́ливаться 1a
g.pt.a. догуля́вшись

додавáть *uv zu* додáть
pr. додаю́, -аёшь, -аю́т
imp. додавáй, ~те
pt. додавáл
g.pr.a. додавáя
p.pr.a. додаю́щий
p.pt.a. додавáвший
p.pr.p. додавáемый

додáть *v* когó-что *Fehlendes* dazugeben, hinzufügen ‖ *uv* додавáть, Formen das.
ft. додáм, додáшь, додáст, додади́м, додади́те, додаду́т
imp. додáй, ~те
pt. дóдал, додалá, дóдало
g.pt.a. додáв
p.pt.a. додáвший
p.pt.p. дóданный; дóдан, доданá, дóдано

додéлать 1 *v* что (völlig) fertigmachen, zu Ende führen ‖ *uv* додéлывать 1a

додéлывать *uv zu* додéлать

додержáть *v* когó-что zurückhalten (bis) ‖ *uv* додéрживать 1a
ft. додержу́, -éржишь, -éржат
imp. додержи́, ~те
pt. додержáл
g.pt.a. додержáв
p.pt.a. додержáвший
p.pt.p. додéржанный

додéрживать *uv zu* додержáть

доду́маться 1 *v* до чегó durch Nachdenken auf einen Gedanken kommen ‖ *uv* доду́мываться 1a

доду́мываться *uv zu* доду́маться

доедáть *uv zu* доéсть

доезжáть *uv zu* доéхать

доéсть *v* что aufessen; das Essen beenden ‖ *uv* доедáть 2a
ft. доéм, доéшь, доéст, доеди́м, доеди́те, доедя́т
imp. доéшь, ~те
pt. доéл
g.pt.a. доéв
p.pt.a. доéвший
p.pt.p. доéденный

доéхать *v* до чегó fahren (bis); ankommen ‖ *uv* доезжáть 2a
ft. доéду, -дешь, -дут
pt. доéхал
g.pt.a. доéхав
p.pt.a. доéхавший

дожáривать *uv zu* дожáрить

дожáрить *v* когó-что fertig braten ‖ *uv* дожáривать 1a
ft. дожáрю, -ришь, -рят
imp. дожáрь, ~те
pt. дожáрил
g.pt.a. дожáрив
p.pt.a. дожáривший
p.pt.p. дожáренный

[1]**дожáть** *v* что zu Ende mähen ‖ *uv* дожинáть 2a
ft. дожну́, дожнёшь, дожну́т
imp. дожни́, ~те
pt. дожáл
g.pt.a. дожáв
p.pt.a. дожáвший
p.pt.p. дожáтый

[2]**дожáть** *v* что bis zu Ende drücken, pressen ‖ *uv* дожимáть 2a
ft. дожму́, дожмёшь, дожму́т
imp. дожми́, ~те
pt. дожáл
g.pt.a. дожáв
p.pt.a. дожáвший
p.pt.p. дожáтый

дождáться *v* когó-чегó erwarten ‖ *uv* дожидáться 2a
ft. дожду́сь, -дёшься, -ду́тся
imp. дожди́сь, -и́тесь
pt. дождáлся, -алáсь, -áлóсь
g.pt.a. дождáвшись
p.pt.a. дождáвшийся

дожди́ть *unpers uv umg* regnen
pr. дожди́т
pt. дожди́ло

дожéчь *v* что auf brennen, den Brennstoff verbrauchen ‖ *uv* дожигáть 2a
ft. дожгу́, -жжёшь, -жгу́т
imp. дожги́, ~те

pt. дожёг, -жгла́
g.pt.a. дожёгши
p.pt.a. дожёгший
p.pt.p. дожжённый; дожжён, -ена́

дожива́ть *uv zu* дожи́ть

дожига́ть *uv zu* дожéчь

дожида́ться *uv zu* дожда́ться

дожима́ть *uv zu* ²дожа́ть

дожина́ть *uv zu* ¹дожа́ть

дожи́ть *v* **1.** до чегó erleben, leben (bis) **2.** что *restliche Zeit* verbringen ‖ *uv* дожива́ть 2a

ft. доживу́, -вёшь, -ву́т
imp. доживи́, ~те
pt. дóжил, дожила́, дóжило
g.pt.a. дожи́в
p.pt.a. дожи́вший
p.pt.p. дóжитый; дóжит, дожита́, дóжито

дозва́ниваться *uv zu* дозвони́ться

дозва́ться *v* когó-чегó durch wiederholtes Rufen herbeirufen

ft. дозову́сь, -вёшься, -ву́тся
imp. дозови́сь, -и́тесь
pt. дозва́лся, -ала́сь, -а́лóсь
g.pt.a. дозва́вшись
p.pt.a. дозва́вшийся

дозвóлить *v* что *alt volkssрr* gestatten ‖ *uv* дозволя́ть 2a

ft. дозвóлю, -лишь, -лят
imp. дозвóль, ~те
pt. дозвóлил
g.pt.a. дозвóлив
p.pt.a. дозвóливший
p.pt.p. дозвóленный

дозволя́ть *uv zu* дозвóлить

дозвони́ться *v* до когó-чегó **1.** (telefonisch) erreichen, Anschluß bekommen **2.** klingeln, bis geöffnet wird ‖ *uv* дозва́ниваться 1a

ft. дозвоню́сь, -ни́шься, -ня́тся
imp. дозвони́сь, -и́тесь
pt. дозвони́лся, -лась
g.pt.a. дозвони́вшись
p.pt.a. дозвони́вшийся

дози́ровать 4 *u.* 4a *v*, *uv* что dosieren

дознава́ться *uv zu* дозна́ться

pr. дознаю́сь, -аёшься, -аю́тся
imp. дознава́йся, -а́йтесь
pt. дознава́лся, -лась
g.pr.a. дознава́ясь
p.pr.a. дознаю́щийся
p.pt.a. дознава́вшийся

дозна́ться 2 *v umg* ermitteln, in Erfahrung bringen ‖ *uv* дознава́ться, Formen das.

дозрева́ть *uv zu* дозрéть

дозрéть 3, *1. u. 2. Pers ungebr*, *v* ausreifen ‖ *uv* дозрева́ть 2a

доигра́ть 2 *v* что zu Ende spielen ‖ *uv* доúгрывать 1a

доигра́ться *v* до чегó *umg* spielen bis zum unerfreulichen Ende ‖ *uv* дои́грываться

дои́грывать(ся) *uv zu* доигра́ть(ся)

доиска́ться *v umg* чегó ausfindig machen ‖ *uv* дои́скиваться 1a

ft. доищу́сь, дои́щешься, дои́щутся
imp. доищи́сь, -и́тесь
pt. доиска́лся, -лась
g.pt.a. доиска́вшись
p.pt.a. доиска́вшийся

дои́скиваться *uv zu* доиска́ться

дои́ть *uv* когó-что melken

pr. дою́, дóишь, дóят
imp. дои́, ~те *u. volkssрr* дой, ~те
pt. дои́л
g.pr.a. доя́
p.pr.a. доя́щий
p.pt.a. дои́вший
p.pt.p. дóенный

дои́ться, *1. u. 2. Pers ungebr*, *uv* Milch geben

дойти́ *v* **1.** до когó-чегó gehen (bis) **2.** до когó-чегó erreichen, anlangen; gelangen (bis) **3.** до чегó so weit kommen, ausarten (in) **4.** до чегó *übtr* kommen (auf) **5.** *umg* völlig gar [reif] werden ‖ *uv* доходи́ть, Formen das.

ft. дойду́, -дёшь, -ду́т
imp. дойди́, ~те
pt. дошёл, дошла́
g.pt.a. дойдя́ *u. alt* дошéдши
p.pt.a. дошéдший

доказа́ть *v* что beweisen ‖ *uv* докáзывать 1a

ft. докажу́, -а́жешь, -а́жут
imp. докажи́, ~те
pt. доказа́л
g.pt.a. доказа́в
p.pt.a. доказа́вший
p.pt.p. докáзанный

докáзывать *uv zu* доказа́ть

докáлывать *uv zu* доколóть

докáнчивать *uv zu* докóнчить

докáпывать(ся) *uv zu* докопа́ть(ся)

докатúть *v* **1.** когó-что (hin)rollen, (hin)-wälzen **2.** *umg* schnell fahren, ankommen ‖ *uv* докáтывать 1a
ft. докачý, -áтишь, -áтят
imp. докатú, ~те
pt. докатúл
g.pt.a. докатúв
p.pt.a. докатúвший
p.pt.p. докáченный

докатúться *v* **1.** rollen (bis) **2.** *umg verächtl* moralisch herunterkommen ‖ *uv* докáтываться

докáтывать(ся) *uv zu* докатúть(ся)

докидáть 2 *v* что *umg* zusammenwerfen; aufhören mit Werfen ‖ *uv* докúдывать 1a

[1]**докúдывать** *uv zu* докидáть

[2]**докúдывать** *uv zu* докúнуть

докúнуть 6 *v* что *umg* werfen *bis wohin* ‖ *uv* докúдывать 1a
imp. докúнь, ~те
p.pt.p. докúнутый

[1,2]**доклáдывать** *uv zu* [1,2]доложúть

доклéивать *uv zu* доклéить

доклéить *v* что fertig kleben ‖ *uv* доклéивать 1a
ft. доклéю, -éишь, -éят
imp. доклéй, ~те
pt. доклéил
g.pt.a. доклéив
p.pt.a. доклéивший
p.pt.p. доклéенный

доклúкаться *v* когó-чегó *volksspr* herbeirufen
ft. доклúчусь, -úчешься, -úчутся
imp. доклúчься, -чьтесь
pt. доклúкался, -лась
g.pt.a. доклúкавшись
p.pt.a. доклúкавшийся

доколóть *v* когó-что **1.** völlig zerhacken **2.** erstechen ‖ *uv* докáлывать 1a
ft. доколю́, -óлешь, -óлют
imp. доколú, ~те
pt. доколóл
g.pt.a. доколóв
p.pt.a. доколóвший
p.pt.p. докóлотый

доконáть 2 *v* когó-что *umg* erledigen, den Rest geben

докóнчить *v* что beenden, zu Ende führen ‖ *uv* доканчивать 1a
ft. докóнчу, -чишь, -чат
imp. докóнчи, ~те
pt. докóнчил
g.p.a. докóнчив
p.pt.a. докóнчивший
p.pt.p. докóнченный

докопáть 2 *v* что völlig ausgraben ‖ *uv* докáпывать 1a

докопáться *v* до чегó **1.** graben (bis) **2.** *übtr umg* dahinterkommen, ausfindig machen ‖ *uv* докáпываться

докричáться *v* когó-чегó durch häufiges Schreien herbeirufen
ft. докричýсь, -чúшься, -чáтся
imp. докричúсь, -úтесь
pt. докричáлся, -лась
g.pt.a. докричáвшись
p.pt.a. докричáвшийся

документúровать 4 *u.* 4a *v*, *uv* что dokumentieren, beurkunden

[1]**докупáть** *uv zu* докупúть

[2]**докупáть** 2 *v* когó-что das Baden beenden

докупáться 2 *v* **1.** aufhören zu baden **2.** sich durchs Baden etwas zuziehen

докупúть *v* что (*oder* чегó) dazukaufen ‖ *uv* докупáть 2a
ft. докуплю́, -ýпишь, -ýпят
imp. докупú, ~те
pt. докупúл
g.pt.a. докупúв
p.pt.a. докупúвший
p.pt.p. докýпленный

докýривать *uv zu* докурúть

докурúть *v* что zu Ende rauchen ‖ *uv* докýривать 1a
ft. докурю́, -ýришь, -ýрят
imp. докурú, ~те
pt. докурúл
g.pt.a. докурúв
p.pt.a. докурúвший
p.pt.p. докýренный

докучáть 2a *uv* комý-чемý чем *umg* belästigen

долбúть *uv* что **1.** aushöhlen, meißeln **2.** *volksspr* beständig wiederholen **3.** *volksspr* pauken, büffeln
pr. долблю́, -бúшь, -бя́т
imp. долбú, ~те
pt. долбúл
g.pr.a. долбя́
p.pr.a. долбя́щий
p.pt.a. долбúвший
p.pr.p. долбúмый
p.pt.p. долблённый; долблён, -енá

долезáть *uv zu* долéзть

долéзть *v* klettern (bis) ‖ *uv* долезáть 2a

ft. доле́зу, -е́зешь, -е́зут
imp. доле́зь, ~те
pt. доле́з, ~ла
g.pt.a. доле́зши
p.pt.a. доле́зший

долета́ть *uv zu* долете́ть

долете́ть *v* до кого́-чего́ fliegen (bis) ‖ *uv* долета́ть 2a
ft. долечу́, -ети́шь, -етя́т
imp. долети́, ~те
pt. долете́л
g.pt.a. долете́в
p.pt.a. долете́вший

доле́чивать *uv zu* долечи́ть

долечи́ть *v* кого́-что ausheilen ‖ *uv* доле́чивать 1a
ft. долечу́, -е́чишь, -е́чат
imp. долечи́, ~те
pt. долечи́л
g.pt.a. долечи́в
p.pt.a. долечи́вший
p.pt.p. доле́ченный

должа́ть 2a *uv alt* Schulden machen

долженствова́ть 5a *uv mit Infinitiv buchspr alt* sollen, müssen

долива́ть *uv zu* доли́ть

доли́ть *v* что *oder* чего́ vollgießen, auffüllen ‖ *uv* долива́ть 2a
ft. долью́, дольёшь, долью́т
imp. доле́й, ~те
pt. до́ли́л, долила́, до́ли́ло
g.pt.a. доли́в
p.pt.a. доли́вший
p.pt.p. доли́тый; до́ли́т, долита́, до́ли́то

[1]**доложи́ть** *v* что *oder* о ком-чём melden, berichten ‖ *uv* докла́дывать 1a
ft. доложу́, -о́жишь, -о́жат
imp. доложи́, ~те
pt. доложи́л
g.pt.a. доложи́в
p.pt.a. доложи́вший
p.pt.p. доло́женный

[2]**доложи́ть** *v* что *oder* чего́ *umg* hinzufügen, dazulegen ‖ *uv* докла́дывать 1a Formen wie [1]доложи́ть

дома́зать *v* что fertig streichen ‖ *uv* дома́зывать 1a
ft. дома́жу, -жешь, -жут
imp. дома́жь, ~те
pt. дома́зал
g.pt.a. дома́зав
p.pt.a. дома́завший
p.pt.p. дома́занный

дома́зывать *uv zu* дома́зать

дома́лывать *uv zu* домоло́ть

домини́ровать 4a, *1. u. 2. Pers ungebr*, *uv* dominieren, vorherrschen

домовни́чать 1a *uv volksspr u. gbt* während der Abwesenheit anderer das Haus hüten, die Wirtschaft betreuen

домога́ться 2a *uv* чего́ sich eifrig bewerben (um), hinarbeiten (auf)

домола́чивать *uv zu* домолоти́ть

домолоти́ть *v* что zu Ende dreschen, ausdreschen ‖ *uv* домола́чивать 1a
ft. домолочу́, -о́тишь, -о́тят
imp. домолоти́, ~те
pt. домолоти́л
g.pt.a. домолоти́в
p.pt.a. домолоти́вший
p.pt.p. домоло́ченный

домоло́ть *v* что zu Ende mahlen, ausmahlen ‖ *uv* дома́лывать 1a
ft. домелю́, -е́лешь, -е́лют
imp. домели́, ~те
pt. домоло́л
g.pt.a. домоло́в
p.pt.a. домоло́вший
p.pt.p. домо́лотый

домча́ть *v* кого́-что schnell irgendwohin bringen
ft. домчу́, -чи́шь, -ча́т
imp. домчи́, ~те
pt. домча́л
g.pt.a. домча́в
p.pt.a. домча́вший

домча́ться *v* schnell irgendwo ankommen

домыва́ть *uv zu* домы́ть

домы́ть *v* кого́-что zu Ende waschen, völlig auswaschen ‖ *uv* домыва́ть 2a
ft. домо́ю, -о́ешь, -о́ют
imp. домо́й, ~те
pt. домы́л
g.pt.a. домы́в
p.pt.a. домы́вший
p.pt.p. домы́тый

дона́шивать(ся) *uv zu* [1]доноси́ть(ся)

[1]**донести́** *v* кого́-что tragen ‖ *uv* [2]доноси́ть, Formen das.
ft. донесу́, -сёшь, -су́т
imp. донеси́, ~те
pt. донёс, -есла́
g.pt.a. донеся́ *u. alt* донёсши
p.pt.a. донёсший
p.pt.p. донесённый; донесён, -ена́

²донести́ *v* **1.** о чём melden, berichten **2.** на кого́-что denunzieren ‖ *uv* ³доноси́ть, Formen das.
kein *p.pt.p.*
Übrige Formen wie ¹донести́

донести́сь *v* **1.** *1. u. 2. Pers ungebr* dringen, herüberklingen *Töne* **2.** in schneller Fahrt [schnellem Lauf] erreichen ‖ *uv* ²доноси́ться *zu* 1, Formen das.

донима́ть *uv zu* доня́ть

донкихо́тствовать 4a *uv buchspr* sich weltfremd verhalten

¹доноси́ть *v* кого́-что **1.** abtragen *Kleidung* **2.** austragen *Kind* ‖ *uv* дона́шивать 1a
ft. доношу́, -о́сишь, -о́сят
imp. доноси́, ~те
pt. доноси́л
g.pt.a. доноси́в
p.pt.a. доноси́вший
p.pt.p. доно́шенный

²,³доноси́ть *uv zu* ¹,²донести́
pr. доношу́, -о́сишь, -о́сят
imp. доноси́, ~те
pt. доноси́л
g.pr.a. донося́
p.pr.a. донося́щий
p.pt.a. доноси́вший
p.pr.p. доноси́мый

¹доноси́ться, *1. u. 2. Pers ungebr*, *v* völlig abgetragen werden ‖ *uv* дона́шиваться 1a
ft. доно́сится, -сятся
pt. доноси́лся, -лась
g.pt.a. доноси́вшись
p.pt.a. доноси́вшийся

²доноси́ться *uv zu* донести́сь
pr. доно́сится, -сятся
pt. доноси́лся, -лась
g.pr.a. донося́сь
p.pr.a. донося́щийся
p.pt.a. доноси́вшийся

доня́ть *v* кого́-что *umg* belästigen, die Hölle heiß machen ‖ *uv* донима́ть 2a
ft. дойму́, -мёшь, -му́т
imp. дойми́, ~те
pt. до́нял, доняла́, до́няло
g.pt.a. доня́в
p.pt.a. доня́вший
p.pt.p. до́нятый; до́нят, донята́, до́нято

допа́лзывать *uv zu* доползти́

допаха́ть *v* что zu Ende pflügen ‖ *uv* допа́хивать 1a
ft. допашу́, -а́шешь, -а́шут
imp. допаши́, ~те
pt. допаха́л
g.pt.a. допаха́в
p.pt.a. допаха́вший
p.pt.p. допа́ханный

допа́хивать *uv zu* допаха́ть

допека́ть(ся) *uv zu* допе́чь(ся)

допе́чь *v* кого́-что **1.** ausbacken, fertig backen **2.** *umg* die Hölle heiß machen, einheizen ‖ *uv* допека́ть 2a
ft. допеку́, -ечёшь, -еку́т
imp. допеки́, ~те
pt. допёк, -екла́
g.pt.a. допёкши
p.pt.a. допёкший
p.pt.p. допечённый; допечён, -ена́

допе́чься *v* ausbacken *itr* ‖ *uv* допека́ться

допива́ть(ся) *uv zu* допи́ть(ся)

дописа́ть *v* что fertigschreiben, -malen; dazuschreiben ‖ *uv* допи́сывать 1a
ft. допишу́, -и́шешь, -и́шут
imp. допиши́, ~те
pt. дописа́л
g.pt.a. дописа́в
p.pt.a. дописа́вший
p.pt.p. допи́санный

допи́сывать *uv zu* дописа́ть

допи́ть *v* что austrinken, leeren ‖ *uv* допива́ть 2a
ft. допью́, допьёшь, допью́т
imp. допе́й, ~те
pt. до́пи́л, допила́, до́пи́ло
g.pt.a. допи́в
p.pt.a. допи́вший
p.pt.p. до́пи́тый; до́пи́т, допита́, до́пито

допи́ться *v* до чего́ durch unmäßiges Trinken unangenehme Auswirkungen erfahren ‖ *uv* допива́ться
pt. допи́лся́, -ила́сь, -и́ло́сь

доплати́ть *v* что nachzahlen, zuzahlen ‖ *uv* допла́чивать 1a
ft. доплачу́, -а́тишь, -а́тят
imp. доплати́, ~те
pt. доплати́л
g.pt.a. доплати́в
p.pt.a. доплати́вший
p.pt.p. допла́ченный

допла́чивать *uv zu* доплати́ть

доплести́сь *v umg* sich mit Mühe irgendwohin schleppen ‖ *uv* доплета́ться 2a
ft. доплету́сь, -тёшься, -ту́тся
imp. доплети́сь, -и́тесь
pt. доплёлся, -ела́сь
g.pt.a. доплетя́сь
p.pt.a. доплётшийся

доплета́ться *uv zu* доплести́сь

доплыва́ть *uv zu* доплы́ть

доплы́ть *v* до чего́ hinschwimmen, schwimmen (bis) ‖ *uv* доплыва́ть 2a
ft. доплыву́, -вёшь, -ву́т
imp. доплыви́, ~те
pt. доплы́л, -ыла́, -ы́ло
g.pt.a. доплы́в
p.pt.a. доплы́вший

доползáть *uv zu* доползти́

доползти́ *v* до чего́ herankriechen (bis) ‖ *uv* доползáть 2a *u.* допáлзывать 1a
ft. доползу́, -зёшь, -зу́т
imp. доползи́, ~те
pt. допо́лз, -олзла́
g.pt.a. допо́лзши
p.pt.a. допо́лзший

допо́лнить *v* кого́-что ergänzen, auffüllen ‖ *uv* дополня́ть 2a
ft. допо́лню, -нишь, -нят
imp. допо́лни, ~те
pt. допо́лнил
g.pt.a. допо́лнив
p.pt.a. допо́лнивший
p.pt.p. допо́лненный

дополня́ть *uv zu* допо́лнить

дополуча́ть *uv zu* дополучи́ть

дополучи́ть *v* что das Fehlende erhalten ‖ *uv* дополуча́ть 2a
ft. дополучу́, -у́чишь, -у́чат
imp. дополучи́, ~те
pt. дополучи́л
g.pt.a. дополучи́в
p.pt.a. дополучи́вший
p.pt.p. дополу́ченный

допра́шивать *uv zu* допроси́ть

[1,2]**допра́шиваться** *uv zu* [1,2]допроси́ться

допроси́ть *v* кого́-что verhören ‖ *uv* допра́шивать 1a
ft. допрошу́, -о́сишь, -о́сят
imp. допроси́, ~те
pt. допроси́л
g.pt.a. допроси́в
p.pt.a. допроси́вший
p.pt.p. допро́шенный

[1]**допроси́ться** *v* чего́ *meist verneint umg* durch Bitten erreichen ‖ *uv* допра́шиваться

[2]**допроси́ться** *v* о чём *umg* durch beständiges Ausfragen erfahren ‖ *uv* допра́шиваться

допуска́ть *uv zu* допусти́ть

допусти́ть *v* **1.** кого́-что до кого́-чего́ *oder* к кому́-чему́ zulassen, Zutritt gewähren **2.** что *oder mit Infinitiv* zulassen, gestatten *wohin zu gehen, etw. zu tun* **3.** annehmen, für möglich halten ‖ *uv* допуска́ть 2a
ft. допущу́, -у́стишь, -у́стят
imp. допусти́, ~те
pt. допусти́л
g.pt.a. допусти́в
p.pt.a. допусти́вший
p.pt.p. допу́щенный

допыта́ться 2 *v umg* auskundschaften, ermitteln ‖ *uv* допы́тываться 1a

допы́тываться 1a *uv* **1.** *uv zu* допыта́ться **2.** zu ermitteln versuchen

дорабáтывать(ся) *uv zu* дорабо́тать(ся)

дорабо́тать 1 *v* **1.** до чего́ arbeiten (bis) **2.** что fertigmachen, ausarbeiten ‖ *uv* дорабáтывать 1a

дорабо́таться *v* до чего́ *umg* sich durch Arbeit etw. zuziehen ‖ *uv* дорабáтываться

дораста́ть *uv zu* дорасти́

дорасти́ *v* **1.** auswachsen, die erforderliche Höhe erreichen **2.** ein bestimmtes Alter erreichen ‖ *uv* дораста́ть 2a
ft. дорасту́, -тёшь, -ту́т
imp. дорасти́, ~те
pt. доро́с, -осла́
g.pt.a. доро́сши
p.pt.a. доро́сший

дорва́ться *v* до кого́-чего́ *volksspr* gierig herfallen (über) ‖ *uv* дорыва́ться 2a
ft. дорву́сь, -вёшься, -ву́тся
imp. дорви́сь, -и́тесь
pt. дорва́лся, -ала́сь, -а́ло́сь
g.pt.a. дорва́вшись
p.pt.a. дорва́вшийся

доре́зать *v* кого́-что zu Ende schneiden ‖ *uv* дореза́ть 2a *u.* доре́зывать* 1a
ft. доре́жу, -е́жешь, -е́жут
imp. доре́жь, ~те
pt. доре́зал
g.pt.a. доре́зав
p.pt.a. доре́завший
p.pt.p. доре́занный

дореза́ть *uv zu* доре́зать

доре́зывать *uv zu* доре́зать

дорисова́ть 5 *v* кого́-что fertigzeichnen ‖ *uv* дорисо́вывать 1a

дорисо́вывать *uv zu* дорисова́ть

дорожа́ть 2a, *1. u. 2. Pers ungebr, uv* teurer werden. — (вз-, по-)

дорожи́ть *uv* кем-чем hoch einschätzen
pr. дорожу́, -жи́шь, -жа́т
imp. дорожи́, ~те
pt. дорожи́л
g.pr.a. дорожа́
p.pr.a. дорожа́щий
p.pt.a. дорожи́вший

дорожи́ться *uv umg* einen zu hohen Preis verlangen

дорыва́ться *uv zu* дорва́ться

[1]**досади́ть** *v* кому́-чему́ ärgern ‖ *uv* досажда́ть 2a
ft. досажу́, -ади́шь, -адя́т
imp. досади́, ~те
pt. досади́л
g.pt.a. досади́в
p.pt.a. досади́вший

[2]**досади́ть** *v* что das Pflanzen beenden; nachpflanzen ‖ *uv* доса́живать 1a
ft. досажу́, -а́дишь, -а́дят
p.pt.p. доса́женный
Übrige Formen wie [1]досади́ть

доса́довать 4a *uv* на кого́-что sich ärgern (über)

досажа́ть 2 *v* что *volkssрr* das Pflanzen beenden ‖ *uv* доса́живать 1a

досажда́ть *uv zu* [1]досади́ть

[1]**доса́живать** *uv zu* [2]досади́ть

[2]**доса́живать** *uv zu* досажа́ть

досева́ть *uv zu* досе́ять

досе́ивать *uv zu* досе́ять

досе́ять *v* что aussäen ‖ *uv* досе́ивать 1a *u.* досева́ть 2a
ft. досе́ю, -е́ешь, -е́ют
imp. досе́й, ~те
pt. досе́ял
g.pt.a. досе́яв
p.pt.a. досе́явший
p.pt.p. досе́янный

досиде́ть *v* sitzen (bis) ‖ *uv* доси́живать 1a
ft. досижу́, -иди́шь, -идя́т
imp. досиди́, ~те
pt. досиде́л
g.pt.a. досиде́в
p.pt.a. досиде́вший

доси́живать *uv zu* досиде́ть

досказа́ть *v* что ausreden, zu Ende erzählen ‖ *uv* доска́зывать 1a
ft. доскажу́, -а́жешь, -а́жут
imp. доскажи́, ~те
pt. досказа́л
g.pt.a. досказа́в
p.pt.a. досказа́вший
p.pt.p. доска́занный

доска́зывать *uv zu* досказа́ть

доскака́ть *v* до чего́ springend erreichen; *bis wohin* springen ‖ *uv* доска́кивать 1a
ft. доскачу́, -а́чешь, -а́чут
imp. доскачи́, ~те
pt. доскака́л
g.pt.a. доскака́в
p.pt.a. доскака́вший

[1]**доска́кивать** *uv zu* доскака́ть

[2]**доска́кивать** *uv zu* доскакну́ть

[3]**доска́кивать** *uv zu* доскочи́ть

доскакну́ть 7 *v u. mom umg* mit einem Satz *irgendwohin* springen ‖ *uv* доска́кивать 1a

доскочи́ть *v* до чего́ *umg* mit einem Satz *wohin* springen ‖ *uv* доска́кивать 1a
ft. доскочу́, -о́чишь, -о́чат
imp. доскочи́, ~те
pt. доскочи́л
g.pt.a. доскочи́в
p.pt.a. доскочи́вший

досла́ть *v* кого́-что nachsenden *Fehlendes* ‖ *uv* досыла́ть 2a
ft. дошлю́, -лёшь, -лю́т
imp. дошли́, ~те
pt. досла́л
g.pt.a. досла́в
p.pt.a. досла́вший
p.pt.p. до́сланный

досле́довать 4 *v* что zusätzlich untersuchen, überprüfen

дослу́живать(ся) *uv zu* дослужи́ть(ся)

дослужи́ть *v* до чего́ dienen (bis); ausdienen ‖ *uv* дослу́живать 1a
ft. дослужу́, -у́жишь, -у́жат
imp. дослужи́, ~те
pt. дослужи́л
g.pt.a. дослужи́в
p.pt.a. дослужи́вший
p.pt.p. дослу́женный

дослужи́ться *v* до чего́ erdienen, durch Dienen erlangen ‖ *uv* дослу́живаться

дослу́шать 1 *v* кого́-что bis zu Ende hören ‖ *uv* дослу́шивать 1a

дослу́шивать *uv zu* дослу́шать

досма́тривать *uv zu* досмотре́ть

досмотре́ть *v* кого́-что **1.** bis zu Ende ansehen **2.** kontrollieren, durchsuchen **3.** за кем-чем *meist verneint* aufpassen (auf) ‖ *uv* досма́тривать 1a
ft. досмотрю́, -о́тришь, -о́трят
imp. досмотри́, ~те
pt. досмотре́л

g.pt.a. досмотре́в
p.pt.a. досмотре́вший
p.pt.p. досмо́тренный

доспа́ть *v* до чего́ *umg* schlafen (bis) ‖ *uv* досыпа́ть 2a
ft. досплю́, -пи́шь, -пя́т
imp. доспи́, ~те
pt. доспа́л, -ала́, -а́ло
g.pt.a. доспа́в
p.pt.a. доспа́вший

доспева́ть *uv zu* доспе́ть

доспе́ть 3, *1. u. 2. Pers ungebr*, *v* reifen, reif werden ‖ *uv* доспева́ть 2a

достава́ть *uv zu* доста́ть
pr. достаю́, -аёшь, -аю́т
imp. достава́й, ~те
pt. достава́л
g.pr.a. достава́я
p.pr.a. достаю́щий
p.pt.a. достава́вший
p.pr.p. достава́емый

достава́ться *uv zu* доста́ться

доста́вить *v* кого́-что **1.** liefern, zustellen **2.** verschaffen, bereiten ‖ *uv* доставля́ть 2a
ft. доста́влю, -вишь, -вят
imp. доста́вь, ~те
pt. доста́вил
g.pt.a. доста́вив
p.pt.a. доста́вивший
p.pt.p. доста́вленный

доставля́ть *uv zu* доста́вить

доста́ть *v* **1.** что herausnehmen, herunternehmen **2.** что verschaffen, auftreiben **3.** до чего́ langen (bis), reichen (bis) **4.** чего́ *unpers umg* (aus)reichen ‖ *uv* достава́ть, Formen das.
ft. доста́ну, -нешь, -нут
imp. доста́нь, ~те
pt. доста́л
g.pt.a. доста́в
p.pt.a. доста́вший

доста́ться *v* кому́-чему́ **1.** zuteil werden, zufallen **2.** *unpers umg* Strafe abbekommen, übel ergehen ‖ *uv* достава́ться

достига́ть *uv zu* дости́гнуть *u.* дости́чь

дости́гнуть *u.* **дости́чь** *v* чего́ **1.** erreichen, erlangen **2.** gelangen (bis) ‖ *uv* достига́ть 2a, *p.pr.p.* достига́емый
ft. дости́гну, -нешь, -нут
imp. дости́гни, ~те
pt. дости́г *u. alt* дости́гнул, дости́гла
g.pt.a. дости́гнув *u.* дости́гши
p.pt.a. дости́гший *u. alt* дости́гнувший
p.pt.p. дости́гнутый

дости́чь *s.* дости́гнуть

достра́ивать *uv zu* достро́ить

достро́ить *v* что fertig bauen, den Bau vollenden ‖ *uv* достра́ивать 1a
ft. достро́ю, -о́ишь, -о́ят
imp. достро́й, ~те
pt. достро́ил
g.pt.a. достро́ив
p.pt.a. достро́ивший
p.pt.p. достро́енный

достуча́ться *v* nach langem Klopfen gehört werden; sich durch anhaltendes Klopfen Eintritt verschaffen
ft. достучу́сь, -чи́шься, -ча́тся
imp. достучи́сь, -и́тесь
pt. достуча́лся, -лась
g.pt.a. достуча́вшись
p.pt.a. достуча́вшийся

досчита́ть 2 *v* кого́-что *u. ohne Objekt* zu Ende zählen; noch dazuzählen ‖ *uv* досчи́тывать 1a

досчи́тывать *uv zu* досчита́ть

досыла́ть *uv zu* досла́ть

[1]**досыпа́ть** *uv zu* доспа́ть

[2]**досыпа́ть** *uv zu* досы́пать

досы́пать *v* что *oder* чего́ (hin)zuschütten ‖ *uv* досыпа́ть 2a
ft. досы́плю, -лешь, -лют *u. umg* -пешь, -пют
imp. досы́пь, ~те
pt. досы́пал
g.pt.a. досы́пав
p.pt.a. досы́павший
p.pt.p. досы́панный

дота́скивать(ся) *uv zu* дотащи́ть(ся)

дотащи́ть *v* кого́-что schleppen, ziehen *bis wohin* ‖ *uv* дота́скивать 1a
ft. дотащу́, -а́щишь, -а́щат
imp. дотащи́, ~те
pt. дотащи́л
g.pt.a. дотащи́в
p.pt.a. дотащи́вший
p.pt.p. дота́щенный

дотащи́ться *v umg* sich mit Mühe schleppen (bis), mit Mühe gelangen (bis) ‖ *uv* дота́скиваться

дотра́гиваться *uv zu* дотро́нуться

дотро́нуться 6 *v* до кого́-чего́ berühren, betasten ‖ *uv* дотра́гиваться 1a
imp. дотро́нься, -ньтесь

дотя́гивать(ся) *uv zu* дотяну́ть(ся)

дотяну́ть 7 *v* **1.** кого́-что до чего́ schleppen, ziehen (bis) **2.** что до чего́ in die Länge ziehen, ausdehnen **3.** *umg* sich mühselig hinschleppen, noch erleben **4.** что до чего́ *umg* verschleppen, hinauszögern **5.** до чего́ *umg* mit seinen Mitteln auskommen *bis wann* ‖ *uv* дотя́гивать 1a

ft.	дотяну́, -я́нешь, -я́нут
p.pt.p.	дотя́нутый

дотяну́ться *v* до чего́ **1.** *Ort* reichen (bis) **2.** *Zeit* sich hinziehen (bis) ‖ *uv* дотя́гиваться

доу́чивать(ся) *uv zu* доучи́ть(ся)

доучи́ть *v* кого́-что **1.** zu Ende lehren **2.** erlernen (bis) ‖ *uv* доу́чивать 1a

ft.	доучу́, -у́чишь, -у́чат
imp.	доучи́, ~те
pt.	доучи́л
g.pt.a.	доучи́в
p.pt.a.	доучи́вший
p.pt.p.	доу́ченный

доучи́ться *v* zu Ende lernen ‖ *uv* доу́чиваться

до́хнуть, *1. u. 2. Pers ungebr*, *uv* verenden, krepieren. — (из-, по-)

pr.	до́хнет, -нут
pt.	дох *u.* до́хнул, до́хла
g.pt.a.	до́хнув *u.* до́хши
p.pr.a.	до́хнущий
p.pt.a.	до́хнувший *u.* до́хший

дохну́ть 7 *v* **1.** *umg* einen Atemzug tun **2.** (leicht) wehen
kein *p.pt.p.*

доходи́ть *uv zu* дойти́

pr.	дохожу́, -о́дишь, -о́дят
imp.	доходи́, ~те
pt.	доходи́л
g.pr.a.	доходя́
p.pr.a.	доходя́щий
p.pt.a.	доходи́вший

доцвести́, *1. u. 2. Pers ungebr*, *v* ab-, verblühen ‖ *uv* доцвета́ть 2a

ft.	доцветёт, -ту́т
pt.	доцвёл, -ела́
g.pt.a.	доцве́тши
p.pt.a.	доцве́тший

доцвета́ть *uv zu* доцвести́

дочерти́ть *v* что fertig zeichnen ‖ *uv* доче́рчивать 1a

ft.	дочерчу́, -е́ртишь, -е́ртят
imp.	дочерти́, ~те
pt.	дочерти́л
g.pt.a.	дочерти́в
p.pt.a.	дочерти́вший
p.pt.p.	доче́рченный

доче́рчивать *uv zu* дочерти́ть

дочи́стить *v* кого́-что völlig reinigen ‖ *uv* дочища́ть 2a

ft.	дочи́щу, -и́стишь, -и́стят
imp.	дочи́сти *u.* дочи́сть, дочи́стите
pt.	дочи́стил
g.pt.a.	дочи́стив
p.pt.a.	дочи́стивший
p.pt.p.	дочи́щенный

дочита́ть 2 *v* что zu Ende lesen; lesen (bis) ‖ *uv* дочи́тывать 1a

дочи́тывать *uv zu* дочита́ть

дочища́ть *uv zu* дочи́стить

драги́ровать 4 *u.* 4a *v*, *uv* что **1.** mit dem Schwimmbagger Bodenschätze fördern **2.** mit dem Schwimmbagger vertiefen *Flußbett*

дразни́ть *uv* кого́-что **1.** necken, reizen **2.** anregen, erregen

pr.	дразню́, дра́знишь, дра́знят
imp.	дразни́, ~те
pt.	дразни́л
g.pr.a.	дразня́
p.pr.a.	дразня́щий
p.pt.a.	дразни́вший

дра́ить *uv* что *naut* scheuern, reinigen. — (на-)

pr.	дра́ю, дра́ишь, дра́ят
imp.	драй, ~те
pt.	дра́ил
g.pr.a.	дра́я
p.pr.a.	дра́ящий
p.pt.a.	дра́ивший
p.pr.p.	драи́мый*

драматизи́ровать 4 *u.* 4a *v*, *uv* что dramatisieren, für die Bühne bearbeiten

дра́пать 1a *uv derb*, *volksspr* abhauen, türmen

драпирова́ть 5a *uv* кого́-что drapieren. — (за-)

p.pt.p.	драпиро́ванный

драпирова́ться *uv* во что *oder* чем sich drapieren. — (за-)

драть *uv* **1.** что zerreißen, zerfetzen **2.** что ab-, herausziehen **3.** кого́-что за что ziehen, zausen **4.** кого́-что чем *umg* verprügeln **5.** *ohne Objekt* kratzen **6.** кого́-что (zer)reißen, zerfleischen **7.** с кого́ *volkssppr* prellen, einen übermäßig hohen

Preis fordern. — (вы́- *zu* 3, 4, за-, со- *zu* 2)

pr. деру́, дерёшь, деру́т
imp. дери́, ~те
pt. драл, дралá, дрáло
g.pr.a. деря́
p.pr.a. деру́щий
p.pt.a. дрáвший

дрáться *uv* **1.** с кем-чем sich raufen, sich schlagen **2.** за что kämpfen (um). — (по- *zu* 1)

pt. дрáлся, дралáсь, дрáлóсь

дребезжáть, *1. u. 2. Pers ungebr, uv* klirren

pr. дребезжи́т, -жáт
pt. дребезжáл
g.pr.a. дребезжá
p.pr.a. дребезжáщий
p.pt.a. дребезжáвший

дрéйфить *uv volkspr* zagen, zurückweichen. — (с-)

pr. дрéйфлю, -фишь, -фят
imp. дрейфь, ~те
pt. дрéйфил

дрейфовáть 5а *uv naut* driften, treiben

дремáть *uv* schlummern

pr. дремлю́, дрéмлешь, дрéмлют
imp. дремли́, ~те
pt. дремáл
g.pr.a. дремля́
p.pr.a. дрéмлющий
p.pt.a. дремáвший

дремáться *unpers uv* кому́ schläfrig sein

дрени́ровать 4 *u.* 4а *v, uv* что dränieren

дрессировáть 5а *uv* когó-что dressieren. — (вы́-)

p.pt.p. дрессирóванный

дроби́ть *uv* что zerstückeln, zerkleinern. — (раз-)

pr. дроблю́, -би́шь, -бя́т
imp. дроби́, ~те
pt. дроби́л
g.pr.a. дробя́
p.pr.a. дробя́щий
p.pt.a. дроби́вший
p.pr.p. дроби́мый
p.pt.p. дроблённый; дроблён, -енá

дроби́ться, *1. u. 2. Pers ungebr, uv* zerfallen, zersplittern. — (раз-)

[1]**дрóгнуть** 6 *v* **1.** erzittern **2.** ins Wanken geraten

[2]**дрóгнуть** *uv* frieren

pr. дрóгну, -нешь, -нут
imp. дрóгни ~те
pt. дрог *u.* дрóгнул, дрóгла
g.pt.a. дрóгнув *u.* дрóгши
p.pt.a. дрóгнувший *u.* дрóгший

дрожáть *uv* **1.** zittern, vibrieren **2.** flackern **3.** за когó-что *oder* над кем-чем zittern, bangen, sich ängstigen (um)

pr. дрожу́, -жи́шь, -жáт
imp. дрожи́, ~те
pt. дрожáл
g.pr.a. дрожá
p.pr.a. дрожáщий
p.pt.a. дрожáвший

дружи́ть *uv* с кем befreundet sein (mit)

pr. дружу́, дру́жи́шь, дру́жáт
imp. дружи́, ~те
pt. дружи́л
g.pr.a. дружá
p.pr.a. дружáщий
p.pt.a. дружи́вший

дружи́ться *uv* с кем sich anfreunden. — (по-)

дры́гать 1а *uv* чем *umg* strampeln, zappeln | *v mom* дры́гнуть 6

дры́гнуть *v mom zu* дры́гать

дры́згать 1а *uv* чем *volkssp*r bespritzen. — (на-)

дры́згаться *uv volkssp*r sich vollspritzen, sich suhlen

дры́хнуть *uv volkssp*r pennen

pr. дры́хну, -нешь, -нут
imp. дры́хни, ~те
pt. дрых *u.* дры́хнул, дры́хла
g.pt.a. дры́хнув
p.pr.a. дры́хнущий
p.pt.a. дры́хнувший

дря́бнуть *uv umg* welk [schlaff] werden

pr. дря́бну, -нешь, -нут
imp. дря́бни, ~те
pt. дряб *u.* дря́бнул, дря́бла
p.pr.a. дря́бнущий
p.pt.a. дря́бнувший

дряхлéть 3а *uv* gebrechlich werden. — (о-)

дубáсить *uv volkssp*r **1.** когó-что verprügeln **2.** по чему́ *oder* во что schlagen, pochen (auf, an). — (от- *zu* 1)

pr. дубáшу, -áсишь, -áсят
imp. дубáсь, ~те
pt. дубáсил
g.pr.a. дубáся
p.pt.a. дубáсивший

дуби́ть *uv* что gerben. — (вы́-)

pr. дублю́, дуби́шь, дубя́т
imp. дуби́, ~те
pt. дуби́л

g.pr.a. дубя́
p.pr.a. дубя́щий
p.pt.a. дуби́вший
p.pt.p. ду́бленный

дубли́ровать 4a *uv* что **1.** synchronisieren *Film* **2.**: дубли́ровать роль für j-n Double sein **3.**: дубли́ровать рабо́ту (meist unnötige) Parallelarbeit leisten
p.pt.p. дубли́рованный

дуде́ть, *1. Pers ungebr*, *uv* auf der Schalmei spielen
pr. дуди́шь, дудя́т
imp. дуди́, ~те
pt. дуде́л
g.pr.a. дудя́
p.pr.a. дудя́щий
p.pt.a. дуде́вший

ду́мать 1a *uv* **1.** о чём denken (an); над чем nachdenken (über) **2.** glauben, meinen **3.** (ge)denken, beabsichtigen ‖ *v* поду́мать 1 *zu* 1, 3

ду́маться *unpers uv* кому́ scheinen, vorkommen

ду́нуть *v mom zu* дуть

дура́чить *uv* кого́-что *umg* zum Narren halten, foppen. — (о-)
pr. дура́чу, -чишь, -чат
imp. дура́чь, ~те
pt. дура́чил
g.pr.a. дура́ча
p.pr.a. дура́чащий
p.pt.a. дура́чивший

дура́читься *uv umg* den Narren spielen, dumme Streiche machen

дуре́ть 3a *uv volksspr* verdummen, verblöden. — (о-)

дури́ть *uv umg* **1.** dumme Streiche machen **2.** bocken *Pferd u. ä.*
pr. дурю́, дури́шь, дуря́т
imp. дури́, ~те
pt. дури́л
g.pr.a. дуря́
p.pr.a. дуря́щий
p.pt.a. дури́вший

дурма́нить *uv* кого́-что betäuben. — (о-)
pr. дурма́ню, -нишь, -нят
imp. дурма́нь, ~те
pt. дурма́нил
g.pr.a. дурма́ня
p.pr.a. дурма́нящий
p.pt.a. дурма́нивший
p.pr.p. дурма́нимый

дурне́ть 3a *uv* häßlich werden. — (по-)

дуть *uv* **1.** wehen, blasen **2.** pusten, blasen **3.** что blasen *Glas* **4.** *volkssрr* in großen Mengen trinken **5.** *volkssрr* mit Eifer tun | *v mom* ду́нуть 6, *imp.* дунь, ~те. — (вы́- *zu* 3, 4)
pr. ду́ю, ду́ешь, ду́ют
imp. дуй, ~те
pt. дул
g.pr.a. ду́я
p.pr.a. ду́ющий
p.pt.a. ду́вший
p.pt.p. ду́тый

ду́ться *uv* на кого́-что *umg* schmollen

[1]**души́ть** *uv* кого́-что **1.** (er)würgen **2.** *übtr* unterdrücken, abwürgen. — (за-)
pr. душу́, ду́шишь, ду́шат
imp. души́, ~те
pt. души́л
g.pr.a. душа́
g.pt.a. души́в
p.pr.a. ду́шащий
p.pt.a. души́вший

[2]**души́ть** *uv* кого́-что parfümieren. — (на-) Formen wie [1]души́ть

души́ться *uv* sich parfümieren. — (на-)

дыми́ть *uv* **1.** *1. u. 2. Pers ungebr* schlecht brennen, qualmen **2.** чем paffen, rauchen, — (на-)
pr. дымлю́, дыми́шь, дымя́т
imp. дыми́, ~те
pt. дыми́л
g.pr.a. дымя́
p.pr.a. дымя́щий
p.pt.a. дыми́вший

дыми́ться, *1. u. 2. Pers ungebr*, *uv* rauchen, schwelen, dampfen

дыря́вить *uv* что *volkssрr* (durch)löchern
pr. дыря́влю, -вишь, -вят
imp. дыря́вь, ~те
pt. дыря́вил
g.pr.a. дыря́вя
p.pr.a. дыря́вящий
p.pt.a. дыря́вивший

дыхну́ть 7 *v volkssрr u. gbt* **1.** einen Atemzug tun **2.** (leicht) wehen

дыша́ть *uv* **1.** atmen **2.** чем *übtr* strahlen (vor)
pr. дышу́, ды́шишь, ды́шат
imp. дыши́, ~те
pt. дыша́л
g.pr.a. дыша́
p.pr.a. ды́шащий
p.pt.a. дыша́вший

дыша́ться *unpers uv* кому́-чему́ atmen können

E

европеизи́ровать 4 *u.* 4a *v*, *uv* кого́-что europäisieren

егози́ть *uv umg* **1.** hin und her rutschen, unruhig sitzen **2.** *verächtl* пе́ред кем-чем sich einschmeicheln, sich einkratzen (bei)
pr. егожу́, егози́шь, егозя́т
imp. егози́, ~те
pt. егози́л
g.pr.a. егозя́
p.pr.a. егозя́щий
p.pt.a. егози́вший

еда́ть *uv iterativ zu* [1]есть
pt. еда́л
g.pt.a. еда́в
p.pt.a. еда́вший

единобо́рствовать 4a *uv alt* einen Zweikampf führen

ёжить *uv* что *umg* bewegen, rühren; verziehen; zusammenpressen
pr. ёжу, ёжишь, ёжат
imp. ёжь, ~те
pt. ёжил
g.pr.a. ёжа
p.pr.a. ёжащий
p.pt.a. ёживший

ёжиться *uv* frösteln, sich zusammenkauern. — (съ-)

е́здить *uv* **1.** *unbest zu* е́хать **2.** fahren können; reiten können **3.** hin und zurück fahren | *uv umg iterativ* е́зживать 1a, *pr. ungebr u.* езжа́ть, Formen das.
pr. е́зжу, е́здишь, е́здят
imp. е́зди, ~те
pt. е́здил
g.pr.a. е́здя
g.pt.a. е́здив
p.pr.a. е́здящий
p.pt.a. е́здивший

езжа́ть *uv iterativ zu* е́здить
imp. езжа́й, ~те *volksspr*
pt. езжа́л

е́зживать *uv iterativ zu* е́здить

ёкать 1a *uv* erbeben; се́рдце ёкает *umg* das Herz klopft *vor Erregung* | *v mom* ёкнуть 6

ёкнуть *v mom zu* ёкать

ело́зить *uv volkssрr* (umher)kriechen
pr. ело́жу, ело́зишь, ело́зят
imp. ело́зь, ~те
pt. ело́зил
g.pr.a. ело́зя
p.pr.a. ело́зящий
p.pt.a. ело́зивший

ерепе́ниться *uv volkssрr* sich sträuben, sich widersetzen. — (взъ-)
pr. ерепе́нюсь, -нишься, -нятся
imp. ерепе́нься, -ньтесь
pt. ерепе́нился, -лась
g.pr.a. ерепе́нясь
p.pr.a. ерепе́нящийся
p.pt.a. ерепе́нившийся

ёрзать 1a *uv umg* hin und her rutschen, zappeln; не ёрзай! sitz doch still!

еро́шить *uv* что *umg* zerzausen. — (взъ-)
pr. еро́шу, -шишь, -шат
imp. еро́шь, ~те
pt. еро́шил
g.pr.a. еро́ша
p.pr.a. еро́шащий
p.pt.a. еро́шивший

еро́шиться, *1. u. 2. Pers ungebr*, *uv umg* sich sträuben *Haare*

ерунди́ть, *1. Pers ungebr*, *uv volkssрr* Unsinn reden
pr. ерунди́шь, -дя́т
imp. ерунди́, ~те
pt. ерунди́л
g.pr.a. ерундя́
p.pr.a. ерундя́щий
p.pt.a. ерунди́вший

ерши́ться *uv umg* sich ereifern
pr. ершу́сь, ерши́шься, ерша́тся
imp. ерши́сь, -и́тесь
pt. ерши́лся, -лась
g.pr.a. ерша́сь
p.pr.a. ерша́щийся
p.pt.a. ерши́вшийся

[1]**есть** *uv* кого́-что **1.** essen; *von Tieren* fressen **2.** *1. u. 2. Pers ungebr*, *chem* zerfressen **3.** *übtr umg* quälen, bedrücken **4.** *volkssрr* Vorhaltungen machen | *uv iterativ* еда́ть *zu* 1, Formen das. — (съ-)
pr. ем, ешь, ест, еди́м, еди́те, едя́т
imp. ешь, ~те
pt. ел, е́ла
g.pt.a. е́вши

p.pr.a. едя́щий
p.pt.a. е́вший

²есть 1. *prädikativ* es gibt, es existiert, es ist [sind] da **2.** *3. Person Singular Präsens zu* быть, *meist in Begriffsbestimmungen; auch in den anderen Personen gebräuchlich;* bin, bist, ist, sind, seid; кто ты есть? wer bist du?

е́хать *uv* **1.** *best* fahren, reisen **2.** *nach der Seite* gleiten, (ver)rutschen | *unbest* е́здить, Formen das.
pr. е́ду, е́дешь, е́дут
pt. е́хал
g.pr.a. е́дучи *volksspr*
g.pt.a. е́хав
p.pr.a. е́дущий
p.pt.a. е́хавший

ехи́дничать 1a *uv umg* sticheln, witzeln

ехи́дствовать 4a *uv umg* sticheln, witzeln

Ж

жадне́ть 3a *uv umg* gierig werden

жа́дничать 1a *uv umg* geizen; (hab)gierig sein

жа́ждать *uv* **1.** *alt* dürsten **2.** чего́ *oder mit Infinitiv buchspr* begehren, verlangen (nach), lechzen (nach)
pr. жа́жду, -дешь, -дут
pt. жа́ждал
g.pr.a. жа́ждя
p.pr.a. жа́ждущий
p.pt.a. жа́ждавший

жале́ть 3a *uv* **1.** кого́-что bedauern, Mitleid haben (mit) **2.** о ком-чём *oder* чего́ *oder mit Konjunktion* что bedauern, bereuen **3.** что *oder* чего́ schonen, sparen ‖ *v* пожале́ть 3
g.pr.a. *a. volksspr.* жале́ючи

жа́лить *uv* кого́-что stechen; *umg* beißen *von Schlangen* ‖ *v* ужа́лить, Formen das.
pr. жа́лю, жа́лишь, жа́лят
imp. жаль, ~те
pt. жа́лил
g.pr.a. жа́ля
p.pr.a. жа́лящий
p.pt.a. жа́ливший

жа́литься *uv volksspr u. gbt* stechen, brennen *von Pflanzen*

жа́ловать 4a *uv* **1.** кого́-что чем *oder* кому́-чему́ что *alt* belohnen, auszeichnen (mit) **2.** кого́-что *umg* achten, schätzen ‖ *v* пожа́ловать 4

жа́ловаться *uv* на кого́-что **1.** klagen (über) **2.** *jur* Klage einreichen **3.** *umg* verleumden, denunzieren ‖ *v* пожа́ловаться

жа́рить *uv* кого́-что **1.** braten **2.** rösten **3.** brennen, sengen *Sonne* **4.** *volksspr* tüchtig einheizen, stark erhitzen **5.** *volksspr* etw. besonders heftig und energisch tun; flott spielen *Harmonika* — (за-, из- *zu* 1)
pr. жа́рю, жа́ришь, жа́рят
imp. жарь, ~те
pt. жа́рил
g.pr.a. жа́ря
p.pr.a. жа́рящий
p.pt.a. жа́ривший
p.pt.p. жа́ренный

жа́риться *uv* **1.** *1. u. 2. Pers ungebr* braten *itr*; rösten *itr* **2.** *umg* sich sonnen. — (за-, из- *zu* 1)

¹жать *uv* кого́-что **1.** (zusammen)drücken **2.** (aus)pressen **3.** drücken, zu eng sein *Kleidung*
pr. жму, жмёшь, жмут
imp. жми, ~те
pt. жал
g.pt.a. жа́вши
p.pr.a. жму́щий
p.pt.a. жа́вший
p.pt.p. жа́тый*

²жать *uv* что mähen, ernten *Korn.* — (с-)
pr. жну, жнёшь, жнут
imp. жни, ~те
pt. жал
g.pt.a. жа́вши
p.pr.a. жну́щий
p.pt.a. жа́вший
p.pt.p. жа́тый*

жа́ться *uv* **1.** к кому́-чему́ sich drängen, sich schmiegen (an) **2.** *umg* unschlüssig sein, sich winden **3.** *umg* knausern
Formen nach ¹жать

ждать *uv* кого́-что *oder* кого́-чего́ warten (auf), erwarten
pr. жду, ждёшь, ждут
imp. жди, ~те

pt.	ждал, ждалá, ждáло
g.pr.a.	(ожидáя)
g.pt.a.	ждав
p.pr.a.	ждýщий
p.pt.a.	ждáвший
p.pr.p.	(ожидáемый)

жевáть *uv* что kauen

pr.	жую́, жуёшь, жую́т
imp.	жуй, ~те
pt.	жевáл
g.pr.a.	жуя́
g.pt.a.	жевáв
p.pr.a.	жую́щий
p.pt.a.	жевáвший
p.pt.p.	жёванный

желáть 2a *uv* **1.** когó-что *oder* чегó *oder mit Infinitiv oder mit Konjunktion* чтóбы wünschen, verlangen, wollen **2.** *übtr* begehren ‖ *v* пожелáть 2

желáться *unpers uv* чегó *oder mit Infinitiv:* мне желáется ich wünsche

желтéть 3a *uv* **1.** gelb werden, vergilben **2.** gelb schimmern. — (по- *zu* 1)

желтéться, *1. u. 2. Pers ungebr*, *uv* gelb schimmern

желти́ть *uv* что gelb färben. — (вы́-, за-)

pr.	желчý, желти́шь, желтя́т
imp.	желти́ ~те
pt.	желти́л
g.pr.a.	желтя́
p.pr.a.	желтя́щий
p.pt.a.	желти́вший

желти́ться, *1. u. 2. Pers ungebr*, *uv* gelb werden

жемáниться *uv umg* sich zieren, sich affektiert benehmen

pr.	жемáнюсь, -нишься, -нятся
imp.	жемáнься, -ньтесь
pt.	жемáнился, -лась
g.pr.a.	жемáнясь
p.pr.a.	жемáнящийся
p.pt.a.	жемáнившийся

жемáнничать 1a *uv umg* sich zieren, sich affektiert benehmen

жени́ть *v*, *uv* когó-что на ком verheiraten *einen Mann*

ft. u. pr.	женю́, жéнишь, жéнят
imp.	жени́, ~те
pt.	жени́л
g.pr.a.	женя́
g.pt.a.	жени́в
p.pr.a.	жéнящий
p.pt.a.	жени́вший

жени́ться *v*, *uv* на ком heiraten, sich verheiraten *vom Mann*

жереби́ться, *1. u. 2. Pers ungebr*, *uv* fohlen. — (о-)

pr.	жереби́тся, -бя́тся
pt.	жереби́лась, -лись
g.pr.a.	жеребя́сь
p.pr.a.	жеребя́щаяся
p.pt.a.	жереби́вшаяся

жéртвовать 4a *uv* **1.** что spenden **2** кем-чем opfern ‖ *v* пожéртвовать 4

жестикули́ровать 4a *uv* gestikulieren

жечь *uv* когó-что **1.** verbrennen; anzünden **2.** *a. ohne Objekt* brennen, sengen **3.** *a. ohne Objekt übtr* quälen, schmerzen. — (с- *zu* 1, 2)

pr.	жгу, жжёшь, жгут
imp.	жги, ~те
pt.	жёг, жгла
p.pr.a.	жгýщий
p.pt.a.	жёгший

жéчься *uv umg* **1.** *1. u. 2. Pers ungebr* brennen, beißen *itr* **2.** sich verbrennen

живáть *uv iterativ zu* жить

живи́ть *uv* когó-что beleben, erfrischen, aufmuntern

pr.	живлю́, живи́шь живя́т
imp.	живи́, ~те
pt.	живи́л
g.pr.a.	живя́
p.pr.a.	живя́щий
p.pt.a.	живи́вший

живописáть *v*, *uv* что *buchspr*, *alt* bildhaft beschreiben

ft. u. pr.	живописýю, -ýешь, -ýют
imp.	живописýй, ~те
pt.	живописáл
g.pr.a.	живописýя
p.pr.a.	живописýющий
p.pt.a.	живописáвший
p.pr.p.	живописýемый

животвори́ть *uv* когó-что *buchspr*, *alt* beleben, anregen

pr.	животворю́, -ри́шь, -ря́т
imp.	животвори́, ~те
pt.	животвори́л
g.pr.a.	животворя́
p.pr.a.	животворя́щий
p.pt.a.	животвори́вший

жи́литься *uv volksspr* sich anstrengen

pr.	жи́люсь, жи́лишься, жи́лятся
imp.	жи́лься, -льтесь
pt.	жи́лился, -лась
g.pr.a.	жи́лясь
p.pr.a.	жи́лящийся
p.pt.a.	жи́лившийся

жире́ть 3а *uv* dick werden, Fett ansetzen. — (о-, раз-)

[1]**жирова́ть** 5а *uv* что *tech* einfetten, mit Fett sättigen

[2]**жирова́ть** 5а, *1. u. 2. Pers ungebr*, *uv* auf Nahrung ausgehen *von Tieren*

жить *uv* **1.** leben **2.** wohnen **3.** с кем-чем *umg* verkehren (mit) **4.** кем-чем ganz ausgefüllt sein (von), ganz aufgehen (in) | *uv umg iterativ* жива́ть 2а *zu* 1—3; kein *pr.*

pr. живу́, живёшь, живу́т
imp. живи́, ~те
pt. жил, жила́, жи́ло (*verneint*: не́ жил, не жила́, не́ жило)
g.pr.a. живя́ *u. volkssprr* жи́вучи
p.pr.a. живу́щий
p.pt.a. жи́вший

жи́ться *unpers uv* кому́-чему́ *mit Adverb umg* (irgendwie) leben; ему́ живётся хорошо́ es geht ihm gut

pr. живётся
pt. жило́сь

жму́рить *uv* что zusammenkneifen *Augen*. — (за-)

pr. жму́рю, -ришь, -рят
imp. жмурь, ~те
pt. жму́рил
g.pr.a. жму́ря
p.pr.a. жму́рящий
p.pt.a. жму́ривший

жму́риться *uv* blinzeln, die Augen zusammenkneifen. — (за-)

жонгли́ровать 4а *uv* чем jonglieren

жрать *uv* что *derb, volksspr* fressen. — (со-)

pr. жру, жрёшь, жрут
imp. жри, ~те
pt. жрал, жрала́, жра́ло
p.pt.a. жра́вши
g.pr.a. жру́щий
p.pt.a. жра́вший

жужжа́ть *uv* summen, surren, schwirren

pr. жужжу́, жужжи́шь, жужжа́т
imp. жужжи́, ~те
pt. жужжа́л
g.pr.a. жужжа́
p.pr.a. жужжа́щий
p.pt.a. жужжа́вший

жуи́ровать 4а *uv alt* ein genießerisches Leben führen

жу́льничать 1а *uv umg* betrügen. — (с-)

жури́ть *uv* кого́-что *umg* zurechtweisen, seine Meinung sagen

pr. журю́, жури́шь, журя́т
imp. жури́, ~те
pt. жури́л
g.pr.a. журя́
p.pr.a. журя́щий
p.pt.a. жури́вший

журча́ть, *1. u. 2. Pers ungebr*, *uv* murmeln, rauschen, rieseln

pr. журчи́т, -ча́т
pt. журча́л
g.pr.a. журча́
p.pr.a. журча́щий
p.pt.a. журча́вший

жу́хнуть, *1. u. 2. Pers ungebr*, *uv* **1.** matt [trübe] werden *Farbe* **2.** brüchig werden *Leder*

pr. жу́хнет, -нут
pt. жу́хнул *u.* жух, жу́хла
g.pt.a. жу́хнув
p.pt.a. жу́хнувший

жу́чить *uv volksspr* кого́-что streng halten

pr. жу́чу, жу́чишь, жу́чат
imp. жучь, ~те
pt. жу́чил
g.pr.a. жу́ча
p.pr.a. жу́чащий
p.pt.a. жу́чивший

З

заале́ть 3, *1. u. 2. Pers ungebr*, *v* **1.** rot [röter] werden, sich röten **2.** anfangen rot zu schimmern

зааплоди́ровать 4 *v* anfangen zu applaudieren

заарендова́ть 5 *v* что pachten ‖ *uv* заарендо́вывать 1а

заарендо́вывать *uv zu* заарендова́ть

заарта́читься *v* anfangen, sich zu sträuben [sich zu widersetzen]

ft. заарта́чусь, -чишься, -чатся
imp. заарта́чься, -чьтесь
pt. заарта́чился, -лась
g.pt.a. заарта́чившись
p.pt.a. заарта́чившийся

заасфальти́ровать 4 *v* что asphaltieren

заба́вить *uv* кого́-что *alt* belustigen, unterhalten
pr. заба́влю, -вишь, -вят
imp. заба́вь, ~те
pt. заба́вил
g.pr.a. заба́вя
p.pr.a. заба́вящий
p.pt.a. заба́вивший

забавля́ть 2a *uv* кого́-что belustigen, unterhalten

забавля́ться *uv* sich belustigen, sich amüsieren

забаллоти́рова́ть 4 *u.* 5 *v* bei einer Wahl durchfallen lassen ‖ *uv* забаллотиро́вывать 1a

забаллотиро́вывать *uv zu* забаллоти́рова́ть

заба́лтывать(ся) *uv zu* [1]заболта́ть(ся)

забараба́нить *v* anfangen zu trommeln
ft. забараба́ню, -нишь, -нят
imp. забараба́нь, ~те
pt. забараба́нил
g.pt.a. забараба́нив
p.pt.a. забараба́нивший

забаррикади́ровать 4 *v* что verbarrikadieren, verrammeln

забаррикади́роваться *v* sich verbarrikadieren

забастова́ть 5 *v* in den Streik treten

забе́гать 1 *v* anfangen (hin und her) zu laufen

забега́ть *uv zu* забежа́ть

забе́гаться 1 *v umg* sich müde laufen

забежа́ть *v* **1.** к кому́ *umg* kurz vorsprechen (bei), kurz aufsuchen **2.** (hinein)-laufen **3.** (zu) weit weglaufen ‖ *uv* забега́ть 2a
ft. забегу́, -ежи́шь, -егу́т
imp. забеги́, ~те
pt. забежа́л
g.pt.a. забежа́в
p.pt.a. забежа́вший

забе́ливать *uv zu* забели́ть

забели́ть *v* что **1.** weiß anstreichen, tünchen **2.** *umg u. gbt* Milch oder Sahne beigeben ‖ *uv* забе́ливать 1a *u.* забеля́ть 2a
ft. забелю́, -ли́шь, -ля́т
imp. забели́, ~те
pt. забели́л
g.pt.a. забели́в
p.pt.a. забели́вший
p.pt.p. забелённый; забелён, -ена́

забеля́ть *uv zu* забели́ть

забере́менеть 3, *Betonung bleibt wie im Infinitiv*, *v* schwanger werden

забеспоко́иться *v* unruhig werden
ft. забеспоко́юсь, -о́ишься, -о́ятся
imp. забеспоко́йся, -о́йтесь
pt. забеспоко́ился, -лась
g.pt.a. забеспоко́ившись
p.pt.a. забеспоко́ившийся

забетони́ровать 4 *v* что betonieren

забива́ть(ся) *uv zu* [1]заби́ть(ся)

забинтова́ть 5 *v* кого́-что verbinden, einen Verband anlegen ‖ *uv* забинто́вывать 1a

забинто́вывать *uv zu* забинтова́ть

[1,2]**забира́ть** *uv zu* [1,2]забра́ть

забира́ться *uv zu* забра́ться

[1]**заби́ть** *v* кого́-что **1.** einschlagen, einrammen **2.** *ins Ziel* schießen, treffen **3.** voll-, zustopfen **4.** zunageln, vernageln, verschalen *Öffnung* **5.** *umg* ausstechen, übertreffen **6.** *durch Prügeln* abstumpfen; totprügeln **7.** *gbt* (ab)schlachten ‖ *uv* забива́ть 2a
ft. забью́, забьёшь, забью́т
imp. забе́й, ~те
pt. заби́л
g.pt.a. заби́в
p.pt.a. заби́вший
p.pt.p. заби́тый

[2]**заби́ть** *v* **1.** anfangen zu schlagen *tr u. itr* **2.** anfangen hervorzuströmen
kein *p.pt.p.*
Übrige Formen wie [1]заби́ть

[1]**заби́ться** *v* **1.** *umg* sich verstecken **2.** eindringen *Staub* **3.** sich verstopfen ‖ *uv* забива́ться 2a

[2]**заби́ться** *v* **1.** (stärker) zu schlagen beginnen *Herz*, *Puls* **2.**: заби́ться в су́дорогах *med* Krämpfe kriegen

заблагорассу́диться *unpers v* in den Sinn kommen, einfallen
ft. заблагорассу́дится
pt. заблагорассу́дилось

заблесте́ть *v* anfangen zu strahlen, erstrahlen
ft. заблещу́, -ести́шь, -естя́т *u.* -е́щешь, -е́щут
imp. заблести́, ~те
pt. заблесте́л
g.pt.a. заблесте́в
p.pt.a. заблесте́вший

заблудиться *v* sich verirren, sich verlaufen
ft. заблужýсь, -ýдишься, -ýдятся
imp. заблудись, -ѝтесь
pt. заблудѝлся, -лась
g.pt.a. заблудѝвшись
p.pt.a. заблудѝвшийся

заблуждáться 2a *uv* sich irren

забодáть 2 *v* когó-что mit den Hörnern verletzen; mit den Hörnern zu Tode stoßen

заболáчиваться *uv zu* заболóтиться

1,2**заболевáть** *uv zu* 1,2заболéть

1**заболéть** 3 *v* чем erkranken (an) ‖ *uv* заболевáть 2a

2**заболéть,** *1. u. 2. Pers ungebr, v* anfangen zu schmerzen ‖ *uv* заболевáть 2a
ft. заболѝт, -лят
pt. заболéл
g.pt.a. заболéв
p.pt.a. заболéвший

заболóтиться, *1. u. 2. Pers ungebr, v* versumpfen ‖ *uv* заболáчиваться 1a
ft. заболóтится, -тятся
pt. заболóтился, -лась
g.pt.a. заболóтившись
p.pt.a. заболóтившийся

1**заболтáть** 1 *v* что *volksspr* einrühren, beimengen ‖ *uv* забáлтывать 1a

2**заболтáть** 1 *v umg* anfangen zu plaudern kein *p.pt.p.*

1**заболтáться** *v volksspr* ins Schwatzen kommen, beim Schwatzen die Zeit vergessen ‖ *uv* забáлтываться 1a

2**заболтáться** *v umg* anfangen zu baumeln

заборáнивать *uv zu* заборонѝть

заборонѝть *v* что zu Ende eggen, eineggen ‖ *uv* заборáнивать 1a
ft. забороню́, -óнѝшь, -óнят
imp. заборонѝ, ~те
pt. заборонѝл
g.pt.a. заборонѝв
p.pt.a. заборонѝвший
p.pt.p. заборóненный *u.* заборонённый; заборонён, -енá

забóтить *uv* когó-что Sorgen bereiten, bekümmern. — (о-)
pr. забóчу, -óтишь, -óтят
imp. забóть, ~те
pt. забóтил
g.pr.a. забóтя
p.pr.a. забóтящий
p.pt.a. забóтивший

забóтиться *uv* о ком-чём **1.** sich sorgen (um), sich beunruhigen (wegen) **2.** sorgen (für), sich kümmern (um) ‖ *v* позабóтиться, Formen das.

забраковáть 5 *v* что aussortieren, aussondern, als Ausschuß erklären ‖ *uv* забракóвывать 1a

забракóвывать *uv zu* забраковáть

1**забрáсывать** *uv zu* 1забросáть

2**забрáсывать** *uv zu* забрóсить

1**забрáть** *v* когó-что **1.** nehmen, ergreifen **2.** *umg* wegnehmen; verhaften **3.** kürzer nähen ‖ *uv* забирáть 2a
ft. заберý, -рёшь, -рýт
imp. заберѝ, ~те
pt. забрáл, -лá, -áло
g.pt.a. забрáв
p.pt.a. забрáвший
p.pt.p. зáбранный; зáбран, зáбранá, зáбрано

2**забрáть** *v* verschalen, zunageln ‖ *uv* забирáть 2a
Formen wie 1забрáть

забрáться *v* **1.** sich einschleichen; hineinschlüpfen **2.** eindringen *Kälte* **3.** hinauf-, hineinklettern **4.** wegfahren; sich verbergen ‖ *uv* забирáться
pt. забрáлся, -лáсь, -áлóсь

забредáть *uv zu* забрестѝ

забрéзжить, *1. u. 2. Pers ungebr, v* **1.** anfangen zu dämmern **2.** aufleuchten
ft. забрéзжит, -жат
pt. забрéзжил
g.pt.a. забрéзжив
p.pt.a. забрéзживший

забрестѝ *v umg* (hin)geraten, sich verirren ‖ *uv* забредáть 2a
ft. забредý, -дёшь, -дýт
imp. забредѝ, ~те
pt. забрёл, -елá
g.pt.a. забредя́ *u. alt* забрéдши
p.pt.a. забрéдший

забривáть *uv zu* забрѝть

забрѝть *v alt*: забрѝть когó-н. *oder* комý-н. лоб j-n zum Militärdienst einziehen ‖ *uv* забривáть 2a
ft. забрéю, -éешь, -éют
imp. забрéй, ~те
pt. забрѝл
g.pt.a. забрѝв
p.pt.a. забрѝвший
p.pt.p. забрѝтый

забронѝровать 4 *v* что reservieren, sichern

забронировáть 5 *v* что panzern

[1]**забросáть** 2 *v* когó-что чем **1.** zuwerfen, zuschütten **2.** *übtr* überhäufen ‖ *uv* забрáсывать 1a

[2]**забросáть** 2 *v* anfangen zu werfen kein *p.pt.p.*

заброси́ть *v* когó-что **1.** (zu) weit werfen **2.** verlegen, verlieren **3.** vernachlässigen ‖ *uv* забрáсывать 1a

ft.	заброшу, -óсишь, -óсят
imp.	забрóсь, ~те
pt.	забрóсил
g.pt.a.	забрóсив
p.pt.a.	забрóсивший
p.pt.p.	забрóшенный

[1]**забры́згать** 1 *v* что bespritzen ‖ *uv* забры́згивать 1a

[2]**забры́згать** *v* anfangen zu spritzen

ft.	забры́зжу, -жешь, -жут *u.* забры́згаю, -аешь, -ают
imp.	забры́зжи, ~те *u.* забры́згай, ~те
pt.	забры́згал
g.pt.a.	забры́згав
p.pt.a.	забры́згавший

забры́згивать *uv zu* [1]забры́згать

забути́ть *v* что mit Bruchsteinen ausmauern ‖ *uv* забýчивать 1a

ft.	забучý, -ути́шь, -утя́т
imp.	забути́, ~те
pt.	забути́л
g.pt.a.	забути́в
p.pt.a.	забути́вший
p.pt.p.	забýченный

забухáть *uv zu* забýхнуть

забýхнуть, *1. u. 2. Pers ungebr, v vor Feuchtigkeit* aufquellen, sich ausdehnen ‖ *uv* забухáть 2a

ft.	забýхнет, -нут
pt.	забýх, ~ла
g.pt.a.	забýхнув *u.* забýхши
p.pt.a.	забýхший

забýчивать *uv zu* забути́ть

забушевáть *v* **1.** anfangen zu brausen [zu stürmen, zu tosen] **2.** *übtr umg* anfangen zu toben [Radau zu machen]

ft.	забушýю, -ýешь, -ýют
imp.	забушýй, ~те
pt.	забушевáл
g.pt.a.	забушевáв
p.pt.a.	забушевáвший

забывáть(ся) *uv zu* забы́ть(ся)

забы́ть *v* **1.** когó-что *oder* о ком-чём vergessen, nicht mehr denken (an) **2.** *mit Infinitiv* unabsichtlich unterlassen zu tun **3.** aus Zerstreutheit liegenlassen ‖ *uv* забывáть 2a

ft.	забýду, -дешь, -дут
imp.	забýдь, ~те
pt.	забы́л
g.pt.a.	забы́в
p.pt.a.	забы́вший
p.pt.p.	забы́тый

забы́ться *v* **1.** einschlummern **2.** das Bewußtsein verlieren **3.** in Träumereien versinken **4.** sich vergessen ‖ *uv* забывáться

завáжничать 1 *v umg* anfangen wichtig zu tun, anfangen sich viel einzubilden

завáливать(ся) *uv zu* завали́ть(ся)

завали́ть *v* когó-что **1.** ver-, zuschütten; versperren **2.** vollstopfen, überladen, -füllen; *umg* überlasten **3.** *umg* umwerfen, umkippen ‖ *uv* завáливать 1a

ft.	завалю́, -áлишь, -áлят
imp.	завали́, ~те
pt.	завали́л
g.pt.a.	завали́в
p.pt.a.	завали́вший
p.pt.p.	завáленный

завали́ться *v* **1.** fallen, geraten (unter, hinter) **2.** *volksspr* sich hinlegen **3.** *umg* einstürzen; *in der Prüfung* durchfallen **4.** *umg* sich zur Seite neigen; zurückschnellen ‖ *uv* завáливаться

g.pt.a.	завали́вшись *u.* заваля́сь

заваля́ться 1 *v umg* unbeachtet lange liegen bleiben

завáривать(ся) *uv zu* завари́ть(ся)

завари́ть *v* что **1.** *a.* чегó aufbrühen; übergießen **2.** *tech* verschweißen **3.** *übtr volksspr* einbrocken ‖ *uv* завáривать 1a

ft.	заварю́, -áришь, -áрят
imp.	завари́, ~те
pt.	завари́л
g.pt.a.	завари́в
p.pt.a.	завари́вший
p.pt.p.	завáренный

завари́ться, *1. u. 2. Pers ungebr, v* **1.** ziehen *Tee* **2.** *umg* eingebrockt werden *eine unangenehme Sache* ‖ *uv* завáриваться

завéдовать 4a *u. alt* **завéдывать** 1a *uv* чем leiten, verwalten

завезти́ *v* когó-что **1.** im Vorbeifahren (hin)bringen **2.** (zu) weit wegbringen; verschleppen ‖ *uv* завози́ть, Formen das.

ft.	завезý, -зёшь, -зýт
imp.	завези́, ~те
pt.	завёз, -езлá

g.pt.a. завезя́ *u. alt* завёзши
p.pt.a. завёзший
p.pt.p. завезённый; завезён, -ена́

завербова́ть 5 *v* кого́-что во что (an)-werben ‖ *uv* завербо́вывать 1a

завербо́вывать *uv zu* завербова́ть

заве́рить *v* **1.** кого́-что в чём versichern **2.** что beglaubigen ‖ *uv* заверя́ть 2a
ft. заве́рю, -ришь, -рят
imp. заве́рь, ~те
pt. заве́рил
g.pt.a. заве́рив
p.pt.a. заве́ривший
p.pt.p. заве́ренный

заверну́ть 7 *v* **1.** кого́-что einwickeln **2.** что hochkrempeln **3.** *auf dem Wege* einbiegen **4.** vorbeikommen, einen Abstecher machen **5.** что zuschrauben ‖ *uv* завёртывать 1a
p.pt.p. завёрнутый

заверну́ться *v* **1.** sich einwickeln **2.** *1. u. 2. Pers ungebr* sich umschlagen, sich hochkrempeln ‖ *uv* завёртываться

[1]**заверте́ть** *v umg* кого́-что verdreht machen, verwirren
ft. заверчу́, -е́ртишь, -е́ртят
imp. заверти́, ~те
pt. заверте́л
g.pt.a. заверте́в
p.pt.a. заверте́вший
p.pt.p. заве́рченный

[2]**заверте́ть** *v* чем anfangen zu drehen Formen wie [1]заверте́ть

[1]**заверте́ться** *v umg* sich abrackern

[2]**заверте́ться** *v* anfangen sich zu drehen

завёртывать(ся) *uv zu* заверну́ть(ся)

заверша́ть(ся) *uv zu* заверши́ть(ся)

заверши́ть *v* что vollenden, zum Abschluß bringen ‖ *uv* заверша́ть 2a
ft. завершу́, -ши́шь, -ша́т
imp. заверши́, ~те
pt. заверши́л
g.pt.a. заверши́в
p.pt.a. заверши́вший
p.pt.p. завершённый; завершён, -ена́

заверши́ться, *1. u. 2. Pers ungebr, v* zum Abschluß kommen ‖ *uv* заверша́ться

заверя́ть *uv zu* заве́рить

заве́сить *v* кого́-что zuhängen, verhängen ‖ *uv* заве́шивать 1a
ft. заве́шу, -е́сишь, -е́сят
imp. заве́сь, ~те
pt. заве́сил
g.pt.a. заве́сив
p.pt.a. заве́сивший
p.pt.p. заве́шенный

заве́ситься *v* sich zuhängen (mit) ‖ *uv* заве́шиваться

завести́ *v* кого́-что **1.** hin(ein)führen **2.** *umg, im Vorbeigehen* (hin)führen, (hin)-bringen **3.** (zu) weit *oder* an den falschen Ort führen **4.** einführen, einrichten **5.** anschaffen, gründen **6.** anfangen, anknüpfen *Gespräch* **7.** aufziehen, ankurbeln ‖ *uv* заводи́ть, Formen das.
ft. заведу́, -дёшь, -ду́т
imp. заведи́, ~те
pt. завёл, -ела́
g.pt.a. заведя́ *u. alt* заве́дши
p.pt.a. заве́дший
p.pt.p. заведённый; заведён, -ена́

завести́сь, *1. u. 2. Pers ungebr, v* **1.** sich einfinden, sich einstellen, auftauchen; sich einnisten **2.** sich einbügern **3.** *tech* anspringen ‖ *uv* заводи́ться

завечере́ть 3 *unpers v umg* Abend werden

заве́шать 1 *v* что чем dicht behängen, vollhängen ‖ *uv* заве́шивать 1a

[1]**заве́шивать** *uv zu* заве́шать

[2]**заве́шивать** *uv zu* заве́сить

заве́шиваться *uv zu* заве́ситься

завеща́ть 2 *u.* 2a *v, uv* кого́-что кому́-чему́ (testamentarisch) vermachen

завива́ть *uv zu* зави́ть

завива́ться *uv zu* [1]зави́ться

зави́деть *v* кого́-что von weitem erblicken
ft. зави́жу, -и́дишь, -и́дят
pt. зави́дел
g.pt.a. зави́дев *u. umg* зави́дя
p.pt.a. зави́девший

завидне́ться 3, *1. u. 2. Pers ungebr, v* **1.** erscheinen, sichtbar werden, zu sehen sein **2.** *unpers umg*: когда́ завидне́лось als es zu dämmern begann *am Morgen*

зави́довать 4a *uv* кому́-чему́ beneiden, neidisch sein (auf). — (по-)

завизжа́ть *v* zu winseln [kreischen] beginnen
ft. завизжу́, -жи́шь, -жа́т
imp. завизжи́, ~те
pt. завизжа́л
g.pt.a. завизжа́в
p.pt.a. завизжа́вший

завизи́ровать 4 *v* что mit einem Visum versehen

завилять 2 *v* **1.** чем anfangen zu wedeln **2.** *übtr umg* anfangen auszuweichen, anfangen Ausflüchte zu machen

завинтить *v* что zuschrauben, festschrauben ‖ *uv* завинчивать 1a
ft. завинчу́, -нти́шь, -нтя́т
imp. завинти́, ~те
pt. завинти́л
g.pt.a. завинти́в
p.pt.a. завинти́вший
p.pt.p. зави́нченный

зави́нчивать *uv zu* завинти́ть

завира́ться *uv zu* завра́ться

зави́сеть *uv* от кого́-чего́ abhängig sein (von)
pr. зави́шу, -и́сишь, -и́сят
pt. зави́сел
g.pr.a. зави́ся
p.pr.a. зави́сящий
p.pt.a. зави́севший

зави́ть *v* что **1.** *Haare* kräuseln, ondulieren **2.** drehen, flechten ‖ *uv* завива́ть 2a
ft. завью́, завьёшь, завью́т
imp. заве́й, ~те
pt. зави́л, -ила́, -и́ло
g.pt.a. зави́в
p.pt.a. зави́вший
p.pt.p. зави́тый; зави́т, -ита́, -и́то

[1]**зави́ться** *v* **1.** sich kräuseln, sich winden **2.** sich ondulieren (lassen) ‖ *uv* завива́ться
pt. зави́лся, -ила́сь, -ило́сь

[2]**зави́ться** *v umg* anfangen sich zu kräuseln
pt. зави́лся, -ила́сь, -ило́сь

завладева́ть *uv zu* завладе́ть

завладе́ть 3 *v* кем-чем **1.** in Besitz nehmen, an sich reißen **2.** *übtr* an sich reißen ‖ *uv* завладева́ть 2a

завлека́ть *uv zu* завле́чь

завле́чь *v* кого́-что **1.** (hinein)locken **2.** *übtr* verleiten; hineinziehen **3.** fesseln, stark anziehen ‖ *uv* завлека́ть 2a
ft. завлеку́, -ечёшь, -еку́т
imp. завлеки́, ~те
pt. завлёк, -екла́
g.pt.a. завлёкши
p.pt.a. завлёкший
p.pt.p. завлечённый; завлечён, -ена́

заводи́ть *uv zu* завести́
pr. завожу́, -о́дишь, -о́дят
imp. заводи́, ~те
pt. заводи́л
g.pr.a. заводя́
p.pr.a. заводя́щий
p.pt.a. заводи́вший
p.pr.p. заводи́мый

заводи́ться *uv zu* завести́сь

завоева́ть *v* кого́-что **1.** mit Waffengewalt erobern **2.** *übtr* erringen, erwerben ‖ *uv* завоёвывать 1a
ft. завою́ю, -ю́ешь, -ю́ют
imp. завою́й, ~те
pt. завоева́л
g.pt.a. завоева́в
p.pt.a. завоева́вший
p.pt.p. завоёванный

завоёвывать *uv zu* завоева́ть

завози́ть *uv zu* завезти́
pr. завожу́, -о́зишь, -о́зят
imp. завози́, ~те
pt. завози́л
g.pr.a. завозя́
p.pr.a. завозя́щий
p.pt.a. завози́вший

завола́кивать(ся) *uv zu* заволо́чь(ся)

заволнова́ться 5 *v* **1.** zu wogen beginnen **2.** *übtr* in Erregung geraten

заволо́чь *v* что überziehen, verschleiern *von Wolken, Tränen u. ä.* ‖ *uv* завола́кивать 1a
ft. заволоку́, -очёшь, -оку́т
imp. заволоки́, ~те
pt. заволо́к, -окла́
g.pt.a. заволо́кши
p.pt.a. заволо́кший
p.pt.p. заволочённый; заволочён, -ена́

заволо́чься *v* sich überziehen, sich bedecken ‖ *uv* завола́киваться

завопи́ть *v umg* anfangen zu schreien [zu heulen]
ft. завоплю́, -пи́шь, -пя́т
imp. завопи́, ~те
pt. завопи́л
g.pt.a. завопи́в
p.pt.a. завопи́вший

завора́живать *uv zu* заворожи́ть

завора́чивать 1a *uv* **1.** *uv zu* заворот́ить **2.** чем *volksspr* verwalten, leiten

заворожи́ть *v* кого́-что bezaubern, verzaubern ‖ *uv* завора́живать 1a
ft. заворожу́, -жи́шь, -жа́т
imp. заворожи́, ~те
pt. заворожи́л
g.pt.a. заворожи́в
p.pt.a. заворожи́вший
p.pt.p. заворожённый; заворо́жён, -ена́

заворотúть *v umg* **1.** *auf dem Wege* umkehren; einkehren **2.** когó-что umlenken; zum Umlenken zwingen **3.** что hochkrempeln ‖ *uv* заворáчивать 1a
ft. заворочý, -óтишь, -óтят
imp. заворотú, ~те
pt. заворотúл
g.pt.a. заворотúв
p.pt.a. заворотúвший
p.pt.p. заворóченный

заворóчаться 1 *v umg* unruhig werden, sich zu bewegen beginnen

заворчáть *v* anfangen zu brummen [zu knurren]
ft. заворчý, -чúшь, -чáт
imp. заворчú, ~те
pt. заворчáл
g.pt.a. заворчáв
p.pt.a. заворчáвший

заврáться *v umg* faustdick lügen ‖ *uv* завирáться 2a
ft. заврýсь, -рёшься, -рýтся
imp. заврúсь, -úтесь
pt. заврáлся, -алáсь, -áлóсь
g.pt.a. заврáвшись
p.pt.a. заврáвшийся

зáвтракать 1a *uv* frühstücken. — (по-)

завуалúровать 4 *v* что verschleiern

завшúветь 3, *Betonung bleibt wie im Infinitiv, v volksspr* verlausen

завывáть 2a *uv* langgezogen heulen

завы́сить *v* что zu hoch angeben; zu hoch festsetzen ‖ *uv* завышáть 2a
ft. завы́шу, -ы́сишь, -ы́сят
imp. завы́сь, ~те
pt. завы́сил
g.pt.a. завы́сив
p.pt.a. завы́сивший
p.pt.p. завы́шенный

завы́ть *v* anfangen zu heulen
ft. завóю, -óешь, -óют
imp. завóй, ~те
pt. завы́л
g.pt.a. завы́в
p.pt.a. завы́вший

завышáть *uv zu* завы́сить

завядáть *uv zu* завя́нуть

[1]**завязáть** *v* что **1.** mit Hilfe eines Knotens zubinden **2.** *übtr* anknüpfen, anfangen ‖ *uv* завя́зывать 1a
ft. завяжý, -я́жешь, -я́жут
imp. завяжú, ~те
pt. завязáл
g.pt.a. завязáв
p.pt.a. завязáвший
p.pt.p. завя́занный

[2]**завязáть** *uv zu* завя́знуть

завязáться, *1. u. 2. Pers ungebr, v* **1.** sich zubinden lassen **2.** sich entspinnen *Streit* **3.** *bot* nach der Befruchtung ansetzen ‖ *uv* завя́зываться
Formen nach [1]завязáть

завязúть, *1. Pers ungebr, v* что *umg* einsinken lassen
ft. завязúшь, -зя́т
imp. завязú, ~те
pt. завязúл
g.pt.a. завязúв
p.pt.a. завязúвший

завя́знуть *v* einsinken, versinken, steckenbleiben ‖ *uv* завязáть 2a
ft. завя́зну, -нешь, -нут
imp. завя́зни, ~те
pt. завя́з, ~ла
g.pt.a. завя́знув *u.* завя́зши
p.pt.a. завя́зший *u.* завя́знувший

завя́зывать *uv zu* [1]завязáть

завя́зываться *uv zu* завязáться

завя́ливать *uv zu* завя́лить

завя́лить *v* когó-что dörren ‖ *uv* завя́ливать 1a
ft. завя́лю, -лишь, -лят
imp. завя́ль, ~те
pt. завя́лил
g.pt.a. завя́лив
p.pt.a. завя́ливший

завя́нуть *v* verwelken ‖ *uv* завядáть 2a
ft. завя́ну, -нешь, -нут
imp. завя́нь, ~те
pt. завя́л
g.pt.a. завя́нув
p.pt.a. завя́нувший *u.* завя́дший

загадáть 2 *v* что **1.** zu raten aufgeben **2.** *umg* sich ausdenken **3.** *die Karten* um die Zukunft befragen **4.** *umg* vorausplanen, vorausdenken ‖ *uv* загáдывать 1a

загáдить *v* что *umg* beschmutzen ‖ *uv* загáживать 1a
ft. загáжу, -áдишь, -áдят
imp. загáдь, ~те
pt. загáдил
g.pt.a. загáдив
p.pt.a. загáдивший
p.pt.p. загáженный

загáдывать *uv zu* загадáть

загáживать *uv zu* загáдить

загалдéть, *1. Pers ungebr, v volksspr* zu schreien [zu lärmen, zu randalieren] anfangen
ft. загалди́шь, -дя́т
imp. загалди́, ~те
pt. загалдéл
g.pt.a. загалдéв
p.pt.a. загалдéвший

загаса́ть *uv zu* зага́снуть

загаси́ть *v* что (aus)löschen ‖ *uv* загаша́ть 2a
ft. загашу́, -а́сишь, -а́сят
imp. загаси́, ~те
pt. загаси́л
g.pt.a. загаси́в
p.pt.a. загаси́вший
p.pt.p. зага́шенный

зага́снуть, *1. u. 2. Pers ungebr, v umg* verlöschen, ausgehen ‖ *uv* загаса́ть 2a
ft. зага́снет, -нут
pt. зага́с, ~ла
g.pt.a. зага́снув *u.* зага́сши
p.pt.a. зага́сший *u.* зага́снувший

загати́ть *v* что mit Faschinen [Bohlen] belegen ‖ *uv* зага́чивать 1a
ft. загачу́, -ати́шь, -атя́т
imp. загати́, ~те
pt. загати́л
g.pt.a. загати́в
p.pt.a. загати́вший
p.pt.p. зага́ченный

зага́чивать *uv zu* загати́ть

загаша́ть *uv zu* загаси́ть

зага́щиваться *uv zu* загости́ться

загиба́ть *uv zu* загну́ть

загипнотизи́ровать 4 *v* кого́-что hypnotisieren

загла́дить *v* что **1.** glätten; (aus)bügeln **2.** wiedergutmachen, ausgleichen ‖ *uv* загла́живать 1a
ft. загла́жу, -а́дишь, -а́дят
imp. загла́дь, ~те
pt. загла́дил
g.pt.a. загла́див
p.pt.a. загла́дивший
p.pt.p. загла́женный

загла́живать *uv zu* загла́дить

загла́тывать *uv zu* заглота́ть

заглота́ть 2, *1. u. 2. Pers ungebr, v* кого́-что verschlucken, verschlingen *von Fischen* ‖ *uv* загла́тывать 1a

загло́хнуть *v* **1.** verhallen; aussetzen *Motor* **2.** verwildern *Garten*
ft. загло́хну, -нешь, -нут
imp. загло́хни, ~те
pt. загло́х, ~ла *u.* загло́хнул*, ~а
g.pt.a. загло́хнув
p.pt.a. загло́хший *u.* загло́хнувший

заглуша́ть *uv zu* заглуши́ть

заглуши́ть *v* кого́-что **1.** übertönen **2.** betäuben, mildern; unterdrücken **3.** *bot* überwuchern ‖ *uv* заглуша́ть 2a
ft. заглушу́, -ши́шь, -ша́т
imp. заглуши́, ~те
pt. заглуши́л
g.pt.a. заглуши́в
p.pt.a. заглуши́вший
p.pt.p. заглушённый; заглушён, -ена́

заглядéться *v* на кого́-что sich nicht satt sehen können (an) ‖ *uv* загля́дываться 1a
ft. загляжу́сь, -яди́шься, -ядя́тся
imp. загляди́сь, -и́тесь
pt. заглядéлся, -лась
g.pt.a. заглядéвшись
p.pt.a. заглядéвшийся

загля́дывать *uv zu* загляну́ть

загля́дываться *uv zu* заглядéться

загляну́ть 7 *v* **1.** (flüchtig) hineinschauen; einen Blick werfen **2.** к кому́ kurz aufsuchen ‖ *uv* загля́дывать 1a
ft. загляну́, -я́нешь, -я́нут
kein *p.pt.p.*

загна́ивать(ся) *uv zu* загнои́ть(ся)

загна́ть *v* кого́-что **1.** hineinjagen, hineintreiben **2.** zuschanden hetzen *ein Tier* **3.** *umg* fest einschlagen **4.** *volksspr* verkaufen, losschlagen ‖ *uv* загоня́ть 2a
ft. загоню́, -о́нишь, -о́нят
imp. загони́, ~те
pt. загна́л, -ала́, -а́ло
g.pt.a. загна́в
p.pt.a. загна́вший
p.pt.p. за́гнанный

загнива́ть *uv zu* загни́ть

загни́ть *v* in Fäulnis übergehen ‖ *uv* загнива́ть 2a
ft. загнию́, -иёшь, -ию́т
pt. загни́л, -ила́, -и́ло
g.pt.a. загни́в
p.pt.a. загни́вший

загнои́ть *v* что *umg* vereitern lassen ‖ *uv* загна́ивать 1a
ft. загною́, -ои́шь, -оя́т
imp. загнои́, ~те
pt. загнои́л
g.pt.a. загнои́в
p.pt.a. загнои́вший
p.pt.p. загноённый; загноён, -ена́

загнои́ться, *1. u. 2. Pers ungebr*, *v* zu eitern beginnen, vereitern ‖ *uv* загнáиваться

загнýть 7 *v* **1.** что umbiegen; hochkrempeln **2.** *volksspr* seitlich einbiegen **3.** *volksspr* что *u. ohne Objekt* etwas Unangemessenes fordern; ein Schimpfwort aussprechen ‖ *uv* загибáть 2a

[1]**заговáривать** 1a *uv* ein Gespräch anknüpfen

[2]**заговáривать** *uv zu* заговори́ть

[1]**заговáриваться** 1a *uv umg* unzusammenhängendes Zeug reden

[2]**заговáриваться** *uv zu* заговори́ться

заговéться 3 *v umg* das letztemal vor der Fastenzeit Fleisch, Milch u. ä. essen ‖ *uv* заговля́ться 2a

заговля́ться *uv zu* заговéться

[1]**заговори́ть** *v* когó-что **1.** *umg* j-n durch Reden ermüden **2.** (durch Beschwörung) bannen, besprechen ‖ *uv* заговáривать 1a

ft.	заговорю́, -ри́шь, -ря́т
imp.	заговори́, ~те
pt.	заговори́л
g.pt.a.	заговори́в
p.pt.a.	заговори́вший
p.pt.p.	заговорённый; заговорён, -енá

[2]**заговори́ть** *v* **1.** anfangen zu sprechen **2.** einer Sprache mächtig werden
kein *p.pt.p.*
Übrige Formen wie [1]заговори́ть

заговори́ться *v* **1.** über dem Schwatzen die Zeit vergessen **2.** *umg* überflüssiges Zeug reden; flunkern ‖ *uv* заговáриваться 1a

заголи́ть *v* что *volksspr* entblößen ‖ *uv* заголя́ть 2a

ft.	заголю́, -ли́шь, -ля́т
imp.	заголи́, ~те
pt.	заголи́л
g.pt.a.	заголи́в
p.pt.a.	заголи́вший
p.pt.p.	заголённый; заголён, -енá

заголоси́ть *v volksspr* anfangen laut zu klagen [zu jammern]

ft.	заголошý, -оси́шь, -ося́т
imp.	заголоси́, ~те
pt.	заголоси́л
g.pt.a.	заголоси́в
p.pt.a.	заголоси́вший

заголя́ть *uv zu* заголи́ть

[1]**загоня́ть** *uv zu* загнáть

[2]**загоня́ть** 2 *v* когó-что *umg* abhetzen, zuschanden jagen
kein *p.pt.p.*

загорáживать(ся) *uv zu* загороди́ть(ся)

загорáть(ся) *uv zu* загорéть(ся)

загорди́ться *v umg* hochnäsig werden, eingebildet werden

ft.	загоржýсь, -рди́шься, -рдя́тся
imp.	загорди́сь, -и́тесь
pt.	загорди́лся, -лась
g.pt.a.	загорди́вшись
p.pt.a.	загорди́вшийся

загорéть *v* von der Sonne gebräunt werden ‖ *uv* загорáть 2a

ft.	загорю́, -ри́шь, -ря́т
imp.	загори́, ~те
pt.	загорéл
g.pt.a.	загорéв
p.pt.a.	загорéвший

загорéться *v* **1.** anfangen zu brennen **2.** aufflammen, erglänzen **3.** *übtr* чем entbrennen, entflammen **4.** beginnen, ausbrechen ‖ *uv* загорáться

загороди́ть *v* когó-что **1.** einzäunen **2.** versperren, verstellen ‖ *uv* загорáживать 1a

ft.	загорожý, -рóди́шь, -рóдя́т
imp.	загороди́, ~те
pt.	загороди́л
g.pt.a.	загороди́в
p.pt.a.	загороди́вший
p.pt.p.	загорóженный

загороди́ться *v* sich durch etw. Vorgehaltenes schützen; sich absondern ‖ *uv* загорáживаться

загости́ться *v umg* zu lange zu Besuch bleiben ‖ *uv* загáщиваться 1a

ft.	загощýсь, -ости́шься, -остя́тся
imp.	загости́сь, -и́тесь
pt.	загости́лся, -лась
g.pt.a.	загости́вшись
p.pt.a.	загости́вшийся

заготáвливать *uv zu* заготóвить

заготóвить *v* что *oder* чегó **1.** (rechtzeitig) vorbereiten **2.** beschaffen, bereitstellen; sich versehen (mit) ‖ *uv* заготáвливать 1a *u.* заготовля́ть 2a

ft.	заготóвлю, -вишь, -вят
imp.	заготóвь, ~те
pt.	заготóвил
g.pt.a.	заготóвив
p.pt.a.	заготóвивший
p.pt.p.	заготóвленный

заготовля́ть *uv zu* заготóвить

заграбáстать 1 *v* когó-что *volksspr mißb* sich mit Gewalt aneignen ‖ *uv* заграбáстывать 1a

заграба́стывать *uv zu* заграба́стать

загради́ть *v* что versperren, verlegen ‖ *uv* загражда́ть 2a

ft.	загражу́, -ади́шь, -адя́т
imp.	загради́, ~те
pt.	загради́л
g.pt.a.	загради́в
p.pt.a.	загради́вший
p.pt.p.	заграждённый; заграждён, -ена́

загражда́ть *uv zu* загради́ть

загреба́ть 2a *uv* **1.** что zusammenscharren, zusammenraffen **2.** *umg* rudern ‖ *v* загрести́, Formen das.

[1]**загреме́ть** *v volksspr* mit lautem Geräusch hinfallen

ft.	загремлю́, -ми́шь, -мя́т
imp.	загреми́, ~те
pt.	загреме́л
g.pt.a.	загреме́в
p.pt.a.	загреме́вший

[2]**загреме́ть** *v* erschallen, zu donnern [dröhnen, klirren] beginnen
Formen wie [1]загреме́ть

загрести́ *v zu* загреба́ть

ft.	загребу́, -бёшь, -бу́т
imp.	загреби́, ~те
pt.	загрёб, -гребла́
g.pt.a.	загребя́ *u.* загрёбши
p.pt.a.	загрёбший

загримирова́ть 5 *v* кого́-что schminken ‖ *uv* загримиро́вывать 1a

загримирова́ться *v* sich schminken ‖ *uv* загримиро́вываться

загримиро́вывать(ся) *uv zu* загримирова́ть(ся)

загроможда́ть *uv zu* загромозди́ть

загромозди́ть *v* что **1.** vollstellen, vollstopfen **2.** *übtr* überladen, überfüllen ‖ *uv* загроможда́ть 2a

ft.	загромозжу́, -зди́шь, -здя́т
imp.	загромозди́, ~те
pt.	загромозди́л
g.pt.a.	загромозди́в
p.pt.a.	загромозди́вший
p.pt.p.	загромождённый; загромождён, -ена́

загрохота́ть *v* zu poltern anfangen; zu krachen [zu rollen] anfangen

ft.	загрохочу́, -о́чешь, -о́чут
imp.	загрохочи́, ~те
pt.	загрохота́л
g.pt.a.	загрохота́в
p.pt.a	загрохота́вший

загрубе́ть 3 *v* **1.** grob werden **2.** rauh werden *Haut*

загружа́ть *uv zu* загрузи́ть

загрузи́ть *v* кого́-что **1.** beladen, belasten **2.** *umg übtr* voll auslasten **3.** *tech* beschicken ‖ *uv* загружа́ть 2a

ft.	загружу́, -у́зи́шь, -у́зя́т
imp.	загрузи́, ~те
pt.	загрузи́л
g.pt.a.	загрузи́в
p.pt.a.	загрузи́вший
p.pt.p.	загру́женный *u.* загружённый; загружён, -ена́

загрунтова́ть 5 *v* что grundieren ‖ *uv* загрунто́вывать 1a

загрунто́вывать *uv zu* загрунтова́ть

загрусти́ть *v* zu trauern beginnen, traurig werden

ft.	загрущу́, -усти́шь, -устя́т
imp.	загрусти́, ~те
pt.	загрусти́л
g.pt.a.	загрусти́в
p.pt.a.	загрусти́вший

загрыза́ть *uv zu* загры́зть

загры́зть *v* кого́-что **1.** totbeißen, zerfleischen **2.** *umg übtr* mit Vorwürfen peinigen ‖ *uv* загрыза́ть 2a

ft.	загрызу́, -зёшь, -зу́т
imp.	загрызи́, ~те
pt.	загры́з, ~ла
g.pt.a.	загры́зши
p.pt.a.	загры́зший
p.pt.p.	загры́зенный

загрязни́ть *v* кого́-что **1.** verunreinigen, beschmutzen **2.** *übtr* beschmutzen, entehren ‖ *uv* загрязня́ть 2a

ft.	загрязню́, -ни́шь, -ня́т
imp.	загрязни́, ~те
pt.	загрязни́л
g.pt.a.	загрязни́в
p.pt.a.	загрязни́вший
p.pt.p.	загрязнённый; загрязнён, -ена́

загрязни́ться *v* verunreinigt werden ‖ *uv* загрязня́ться

загря́знуть *v volkspr* ein-, versinken, steckenbleiben

ft.	загря́зну, -нешь, -нут
imp.	загря́зни, ~те
pt.	загря́з, ~ла
g.pt.a.	загря́знув
p.pt.a.	загря́зший *u.* загря́знувший

загрязня́ть(ся) *uv zu* загрязни́ть(ся)

загуби́ть *v* кого́-что **1.** *umg* zugrunde richten **2.** *volksspr* verschwenden

ft.	загублю́, -у́бишь, -у́бят
imp.	загуби́, ~те
pt.	загуби́л
g.pt.a.	загуби́в
p.pt.a.	загуби́вший
p.pt.p.	загу́бленный

загуде́ть *v* zu tönen [läuten, heulen, summen] anfangen

ft.	загужу́, -уди́шь, -удя́т
imp.	загуди́, ~те
pt.	загуде́л
g.pt.a.	загуде́в
p.pt.a.	загуде́вший

загу́ливать(ся) *uv zu* загуля́ть(ся)

загуля́ть 2 *v volksspr* sich dem Trunk ergeben; anfangen, sich herumzutreiben ‖ *uv* загу́ливать 1a

загуля́ться *v umg* **1.** über dem Spazierengehen die Zeit vergessen **2.** über dem Zechen die Zeit vergessen ‖ *uv* загу́ливаться

загусте́ть 3, *1. u. 2. Pers ungebr*, *v* dicht [dickflüssig] werden

загусти́ть *v* что *umg* dickflüssiger [zu dickflüssig] machen ‖ *uv* загуща́ть 2a

ft.	загущу́, -усти́шь, -устя́т
imp.	загусти́, ~те
pt.	загусти́л
g.pt.a.	загусти́в
p.pt.a.	загусти́вший
p.pt.p.	загущённый; загущён, -ена́

загуща́ть *uv zu* загусти́ть

зада́бривать *uv zu* задо́брить

задава́ть *uv zu* зада́ть

pr.	задаю́, -аёшь, -аю́т
imp.	задава́й, ~те
pt.	задава́л
g.pr.a.	задава́я
p.pr.a.	задаю́щий
p.pt.a.	задава́вший

[1]**задава́ться** *uv zu* зада́ться

[2]**задава́ться** *uv volksspr* wichtig tun, hochmütig [stolz] sein

задави́ть *v* кого́-что **1.** erdrücken, zerquetschen **2.** *volksspr* erwürgen **3.** unterdrücken *Gefühl* ‖ *uv* зада́вливать* 1a

ft.	задавлю́, -а́вишь, -а́вят
imp.	задави́, ~те
pt.	задави́л
g.pt.a.	задави́в
p.pt.a.	задави́вший
p.pt.p.	зада́вленный

зада́вливать *uv zu* задави́ть

зада́ривать *uv zu* задари́ть

задари́ть *v* кого́-что **1.** mit Geschenken überhäufen **2.** bestechen ‖ *uv* зада́ривать 1a

ft.	задарю́, -а́ри́шь, -а́ря́т
imp.	задари́, ~те
pt.	задари́л
g.pt.a.	задари́в
p.pt.a.	задари́вший
p.pt.p.	зада́ренный *u.* задарённый; задарён, -ена́

зада́ть *v* **1.** что кому́-чему́ auftragen, auferlegen **2.** что angeben *Ton*, *Kurs* **3.** что veranstalten ‖ *uv* задава́ть, Formen das.

ft.	зада́м, -а́шь, -а́ст, -ади́м, -ади́те, -аду́т
imp.	зада́й, ~те
pt.	за́дал, задала́, за́дало
g.pt.a.	зада́в
p.pt.a.	зада́вший
p.pt.p.	за́данный; за́дан, задана́, за́дано

зада́ться *v* **1.** чем sich vornehmen **2.** *umg*, *meist verneint* glücken, gelingen ‖ *uv* задава́ться

pt.	зада́лся, -ала́сь

задви́гать 1 *v* что *oder* чем anfangen zu bewegen

задвига́ть *uv zu* задви́нуть

задви́гаться 1 *v* beginnen, sich zu bewegen; in Bewegung geraten

ft.	*a.* задви́жусь, -жешься, -жутся

задвига́ться *uv zu* задви́нуться

задви́нуть 6 *v* что **1.** zuschieben, hineinschieben **2.** verriegeln; mit etwas Verschiebbarem verdecken ‖ *uv* задвига́ть 2a

imp.	задви́нь, ~те
p.pt.p.	задви́нутый

задви́нуться, *1. u. 2. Pers ungebr*, *v* zugehen, sich hineinschieben lassen ‖ *uv* задвига́ться

[1]**задева́ть** *uv zu* заде́ть

[2]**задева́ть** 2 *v* что *volksspr* (ver)legen kein *p.pt.p.*

задева́ться *v volksspr* wohin geraten und dort schwer auffindbar sein

заде́лать 1 *v* что fest zumachen, verschließen ‖ *uv* заде́лывать 1a

заде́латься *v* кем *volksspr* werden ‖ *uv* заде́лываться

заде́лывать(ся) *uv zu* заде́лать(ся)

[1]**задёргать** 1 *v* кого́-что abhetzen, drangsalieren *a. übtr* ‖ *uv* задёргивать 1a

²задёргать 1 *v* что *oder* чем zu reißen anfangen **2.** чем zu zucken anfangen (mit)

задёргаться *v* zu zucken beginnen

¹задёргивать *uv zu* задёрнуть

²задёргивать *uv zu* ¹задёргать

задеревене́ть 3 *v umg* **1.** holzig werden *von Pflanzen* **2.** erstarren, steif [gefühllos] werden

задержа́ть *v* кого́-что **1.** zurück-, aufhalten **2.** verzögern; verschleppen **3.** festnehmen, verhaften ‖ *uv* заде́рживать 1a

ft.	задержу́, -е́ржишь, -е́ржат
imp.	задержи́, ~те
pt.	задержа́л
g.pt.a.	задержа́в
p.pt.a.	задержа́вший
p.pt.p.	заде́ржанный

задержа́ться *v* **1.** sich (zu lange) aufhalten **2.** stocken, ins Stocken geraten ‖ *uv* заде́рживаться

заде́рживать(ся) *uv zu* задержа́ть(ся)

задёрнуть 6 *v* что **1.** zuziehen, vorziehen **2.** чем verdecken ‖ *uv* задёргивать 1a

p.pt.p.	задёрнутый

заде́ть *v* кого́-что **1.** *a.* за что streifen, leicht berühren; anstoßen (an) **2.** *umg* kränken, verletzen **3.** *med* angreifen ‖ *uv* задева́ть 2a

ft.	заде́ну, -нешь, -нут
imp.	заде́нь, ~те
pt.	заде́л
g.pt.a.	заде́в
p.pt.a.	заде́вший
p.pt.p.	заде́тый

задира́ть 2a *uv umg* **1.** *uv zu* задра́ть **2.** кого́-что necken, reizen

задира́ться *uv umg* **1.** *uv zu* задра́ться **2.** Streit [Händel] suchen (mit)

задо́брить *v* кого́-что sich j-n geneigt machen ‖ *uv* зада́бривать 1a

ft.	задо́брю, -ришь, -рят
imp.	задо́бри, ~те
pt.	задо́брил
g.pt.a.	задо́брив
p.pt.a.	задо́бривший
p.pt.p.	задо́бренный

задолжа́ть 2 *v umg* Schulden machen

задолжа́ться *v umg* Schulden machen

задо́риться *uv* in Eifer geraten

pr.	задо́рюсь, -ришься, -рятся
imp.	задо́рься, -рьтесь
pt.	задо́рился, -лась
g.pt.a.	задо́рившись *u.* задо́рясь
p.pt.a.	задо́рившийся

задохну́ться *v* **1.** außer Atem kommen, keuchen **2.** *übtr* fast ersticken, umkommen **3.** *itr* ersticken ‖ *uv* задыха́ться 2a

ft.	задохну́сь, -нёшься, -ну́тся
imp.	задохни́сь, -и́тесь
pt.	задохну́лся, -лась *u.* задо́хся, -хлась
g.pt.a.	задохну́вшись *u.* задо́хшись
p.pt.a.	задохну́вшийся *u.* задо́хшийся

задра́знивать *uv zu* ¹задразни́ть

¹задразни́ть *v* кого́-что durch Necken in Wut versetzen ‖ *uv* задра́знивать 1a

ft.	задразню́, -а́знишь, -а́знят
imp.	задразни́, ~те
pt.	задразни́л
g.pt.a.	задразни́в
p.pt.a.	задразни́вший
p.pt.p.	задразнённый; задразнён, -ена́

²задразни́ть *v* кого́-что *umg* anfangen zu necken [zu reizen]
kein *p.pt.p.*
Übrige Formen wie ¹задразни́ть

задра́ивать *uv zu* задра́ить

задра́ить *v* что *naut* (ver)schalken ‖ *uv* задра́ивать 1a

ft.	задра́ю, -а́ишь, -а́ят
imp.	задра́й, ~те
pt.	задра́ил
g.pt.a.	задра́ив
p.pt.a.	задра́ивший
p.pt.p.	задра́енный

задрапирова́ть 5 *v* кого́-что drapieren, behängen ‖ *uv* задрапиро́вывать 1a

задрапирова́ться *v* sich drapieren, drapiert werden ‖ *uv* задрапиро́вываться

задрапиро́вывать(ся) *uv zu* задрапирова́ть(ся)

задра́ть *v* кого́-что **1.** *umg* (hoch)heben **2.** *volksspr* schürzen **3.** aufschürfen, -reißen *Haut u. ä.* **4.** töten, reißen *Raubtiere* ‖ *uv* задира́ть 2a

ft.	задеру́, -рёшь, -ру́т
imp.	задери́, ~те
pt.	задра́л, -ала́, -а́ло
g.pt.a.	задра́в
p.pt.a.	задра́вший
p.pt.p.	за́дранный; за́дран, за́драна́, за́драно

задра́ться, *1. u. 2. Pers ungebr*, *v* **1.** *umg* sich aufschürfen **2.** *volksspr* sich nach oben umstülpen *Kleidung* ‖ *uv umg* задира́ться

задребезжа́ть, *1. u. 2. Pers ungebr*, *v* zu klirren beginnen

ft. задребезжи́т, -жа́т
pt. задребезжа́л
g.pt.a. задребезжа́в
p.pt.a. задребезжа́вший

задрема́ть *v* einschlummern ‖ *uv* задрёмывать 1a
ft. задремлю́, -е́млешь, -е́млют
imp. задремли́, ~те
pt. задрема́л
g.pt.a. задрема́в
p.pt.a. задрема́вший

задрёмывать *uv zu* задрема́ть

задрожа́ть *v* erzittern
ft. задрожу́, -жи́шь, -жа́т
imp. задрожи́, ~те
pt. задрожа́л
g.pt.a. задрожа́в
p.pt.a. задрожа́вший

1,2задува́ть *uv zu* 1,2заду́ть

заду́мать 1 *v* **1.** что *oder mit Infinitiv* sich vornehmen, beabsichtigen **2.** что sich ausdenken ‖ *uv* заду́мывать 1a

заду́маться *v* **1.** in Nachdenken versinken **2.** *mit Infinitiv, meist mit Negation* zögern, zaudern ‖ *uv* заду́мываться

заду́мывать(ся) *uv zu* заду́мать(ся)

1заду́ть *v* что ausblasen, auslöschen ‖ *uv* задува́ть 2a
ft. заду́ю, -у́ешь, -у́ют
imp. заду́й, ~те
pt. заду́л
g.pt.a. заду́в
p.pt.a. заду́вший
p.pt.p. заду́тый

2заду́ть *v* что *tech* anblasen ‖ *uv* задува́ть 2a
Formen wie 1заду́ть

3заду́ть *v umg* anfangen zu blasen
kein *p.pt.p.*
Übrige Formen wie 1заду́ть

задуши́ть *v* кого́-что **1.** erdrosseln **2.** *übtr* unterdrücken, niederhalten
ft. задушу́, -у́шишь, -у́шат
imp. задуши́, ~те
pt. задуши́л
g.pt.a. задуши́в
p.pt.a. задуши́вший
p.pt.p. заду́шенный

1задыми́ть *v* что rußig machen, verrußen, verräuchern
ft. задымлю́, -ми́шь, -мя́т
imp. задыми́, ~те
pt. задыми́л
g.pt.a. задыми́в
p.pt.a. задыми́вший
p.pt.p. задымлённый; задымлён, -ена́

2задыми́ть *v* zu rauchen [zu qualmen] anfangen
kein *p.pt.p.*
Übrige Formen wie 1задыми́ть

1задыми́ться, *1. u. 2. Pers ungebr, v umg* sich mit Ruß überziehen, verräuchert werden

2задыми́ться, *1. u. 2. Pers ungebr, v* zu rauchen [zu qualmen] anfangen

задыха́ться *uv zu* задохну́ться

задыша́ть *v* zu atmen anfangen
ft. задышу́, -ы́шишь, -ы́шат
imp. задыши́, ~те
pt. задыша́л
g.pt.a. задыша́в
p.pt.a. задыша́вший

заеда́ть(ся) *uv zu* зае́сть(ся)

зае́здить *v* кого́-что *umg* **1.** zuschanden reiten *Pferd* **2.** *übtr* schinden, bis auf den Tod peinigen ‖ *uv* зае́зживать 1a
ft. зае́зжу, -здишь, -здят
imp. зае́зди, ~те
pt. зае́здил
g.pt.a. зае́здив
p.pt.a. зае́здивший
p.pt.p. зае́зженный

заезжа́ть *uv zu* зае́хать

зае́зживать *uv zu* зае́здить

заёрзать 1 *v umg* anfangen, hin und her zu rutschen, unruhig werden

зае́сть *v* **1.** кого́-что totbeißen, zerfleischen **2.** что чем etw. nachessen *um einen üblen Geschmack zu beseitigen* **3.** *meist unpers* что *umg* sich festklemmen ‖ *uv* заеда́ть 2a
ft. зае́м, -е́шь, -е́ст, -еди́м, -еди́те, -едя́т
imp. зае́шь, ~те
pt. зае́л
g.pt.a. зае́в
p.pt.a. зае́вший
p.pt.p. зае́денный

зае́сться *v volksspr* im Essen mäkelig werden ‖ *uv* заеда́ться

зае́хать *v* **1.** eine Stippvisite abstatten, einen kurzen Abstecher machen, einkehren **2.** за кем-чем *mit einem Fahrzeug* abholen **3.** во что hineinfahren **4.** (von der Seite) heranfahren **5.** кому́ во что *volksspr* j-n *ins Gesicht* schlagen ‖ *uv* заезжа́ть 2a

ft.	зае́ду, -дешь, -дут
pt.	зае́хал
g.pt.a.	зае́хав
p.pt.a.	зае́хавший

зажа́ривать(ся) *uv zu* зажа́рить(ся)

зажа́рить *v* что gar braten, rösten ‖ *uv* зажа́ривать 1a

ft.	зажа́рю, -ришь, -рят
imp.	зажа́рь, ~те
pt.	зажа́рил
g.pt.a.	зажа́рив
p.pt.a.	зажа́ривший
p.pt.p.	зажа́ренный

зажа́риться, *1. u. 2. Pers ungebr, v* gar braten, rösten ‖ *uv* зажа́риваться

[1]**зажа́ть** *v* кого́-что **1.** einklemmen, zusammenpressen **2.** zuhalten, zudrücken **3.** *übtr umg* unterdrücken ‖ *uv* зажима́ть 2a

ft.	зажму́, -мёшь, -му́т
imp.	зажми́, ~те
pt.	зажа́л
g.pt.a.	зажа́в
p.pt.a.	зажа́вший
p.pt.p.	зажа́тый

[2]**зажа́ть** *v* mit der Getreideernte beginnen, anfangen zu mähen ‖ *uv gbt* зажина́ть 2a

ft.	зажну́, -нёшь, -ну́т
imp.	зажни́, ~те
pt.	зажа́л
g.pt.a.	зажа́в
p.pt.a.	зажа́вший

зажда́ться *v* кого́-чего́ *umg* (allzu)lange warten, des Wartens müde werden

ft.	зажду́сь, -дёшься, -ду́тся
imp.	зажди́сь, -и́тесь
pt.	зажда́лся, -ала́сь, -а́ло́сь
g.pt.a.	зажда́вшись
p.pt.a.	зажда́вшийся

зажелти́ть *v* что *umg* gelb machen

ft.	зажелчу́, -лти́шь, -лтя́т
imp.	зажелти́, ~те
pt.	зажелти́л
g.pt.a.	зажелти́в
p.pt.a.	зажелти́вший
p.pt.p.	зажелчённый; зажелчён, -ена́

заже́чь *v* кого́-что **1.** anzünden; *Licht* einschalten **2.** *übtr* entflammen, begeistern ‖ *uv* зажига́ть 2a

ft.	зажгу́, зажжёшь, зажгу́т
imp.	зажги́, ~те
pt.	зажёг, зажгла́
g.pt.a.	зажёгши
p.pt.a.	зажёгший
p.pt.p.	зажжённый; зажжён, -ена́

заже́чься *v* **1.** zu brennen, zu leuchten anfangen **2.** *übtr* чем *u. ohne Objekt* entbrennen (in) ‖ *uv* зажига́ться

зажива́ть *uv zu* [2]зажи́ть

зажива́ться *uv zu* зажи́ться

заживи́ть *v* что zum Zuheilen bringen ‖ *uv* заживля́ть 2a

ft.	заживлю́, -ви́шь, -вя́т
imp.	заживи́, ~те
pt.	заживи́л
g.pt.a.	заживи́в
p.pt.a.	заживи́вший
p.pt.p.	заживлённый; заживлён, -ена́

заживля́ть *uv zu* заживи́ть

зажига́ть(ся) *uv zu* заже́чь(ся)

зажи́ливать *uv zu* зажи́лить

зажи́лить *v* что *volksspr* sich aneignen *Geborgtes* ‖ *uv* зажи́ливать 1a

ft.	зажи́лю, -лишь, -лят
imp.	зажи́ль, ~те
pt.	зажи́лил
g.pt.a.	зажи́лив
p.pt.a.	зажи́ливший
p.pt.p.	зажи́ленный

зажима́ть *uv zu* [1]зажа́ть

зажина́ть *uv zu* [2]зажа́ть

[1]**зажи́ть** *v*: зажи́ть но́вой жи́знью ein neues Leben beginnen; зажи́ть семьёй einen eigenen Haushalt gründen

ft.	заживу́, -вёшь, -ву́т
imp.	заживи́, ~те
pt.	за́жил *u. umg* зажи́л, зажила́, за́жило *u. umg* зажи́ло
g.pt.a.	зажи́в
p.pt.a.	зажи́вший

[2]**зажи́ть,** *1. u. 2. Pers ungebr, v* (zu)heilen, vernarben ‖ *uv* зажива́ть 2a
Formen wie [1]зажи́ть

зажи́ться *v umg* zu lange leben [wohnen] bleiben ‖ *uv* зажива́ться

pt.	зажи́лся, -ила́сь, -ило́сь

зажму́ривать(ся) *uv zu* зажму́рить(ся)

зажму́рить *v* что zukneifen *Augen* ‖ *uv* зажму́ривать 1a

ft.	зажму́рю, -ришь, -рят
imp.	зажму́рь, ~те
pt.	зажму́рил
g.pt.a.	зажму́рив
p.pt.a.	зажму́ривший
p.pt.p.	зажму́ренный

зажму́риться *v* die Augen zukneifen ‖ *uv* зажму́риваться

зажужжа́ть *v* anfangen zu summen
ft. зажужжу́, -жжи́шь, -жжа́т
imp. зажужжи́, ~те
pt. зажужжа́л
g.pt.a. зажужжа́в
p.pt.a. зажужжа́вший

зажурча́ть, *1. u. 2. Pers ungebr, v* zu murmeln [zu rauschen] anfangen
ft. зажурчи́т, -ча́т
pt. зажурча́л
g.pt.a. зажурча́в
p.pt.a. зажурча́вший

зажу́хнуть, *1. u. 2. Pers ungebr, v* **1.** matt werden *Farbe* **2.** *volksspr* hart werden *Segeltuch u. ä.*
ft. зажу́хнет, -нут
pt. зажу́х, ~ла
g.pt.a. зажу́хнув *u.* зажу́хши
p.pt.a. зажу́хший *u.* зажу́хнувший

зазва́ть *v* кого́-что beharrlich zum Kommen auffordern ‖ *uv* зазыва́ть 2a
ft. зазову́, -вёшь, -ву́т
imp. зазови́, ~те
pt. зазва́л, -ала́, -а́ло
g.pt.a. зазва́в
p.pt.a. зазва́вший
p.pt.p. за́званный

зазвене́ть *v* zu klingen [klirren] anfangen
ft. зазвеню́, -ни́шь, -ня́т
imp. зазвени́, ~те
pt. зазвене́л
g.pt.a. зазвене́в
p.pt.a. зазвене́вший

зазвони́ть *v* anfangen zu klingeln
ft. зазвоню́, -ни́шь, -ня́т
imp. зазвони́, ~те
pt. зазвони́л
g.pt.a. зазвони́в
p.pt.a. зазвони́вший

зазвуча́ть, *1. u. 2. Pers ungebr, v* ertönen, erschallen
ft. зазвучи́т, -ча́т
pt. зазвуча́л
g.pt.a. зазвуча́в
p.pt.a. зазвуча́вший

зазева́ться 2 *v umg* **1.** gaffen, Maulaffen feilhalten **2.** zerstreut sein, nicht aufpassen ‖ *uv* зазёвываться 1a

зазёвываться *uv zu* зазева́ться

зазелене́ть 3, *1. u. 2. Pers ungebr, v* zu grünen anfangen, ergrünen

зазелени́ть *v* что *umg* grüne Flecken machen (an)
ft. зазеленю́, -ни́шь, -ня́т
imp. зазелени́, ~те
pt. зазелени́л
g.pt.a. зазелени́в
p.pt.a. зазелени́вший
p.pt.p. зазеленённый; зазеленён, -ена́

заземли́ть *v* что *rad* erden ‖ *uv* заземля́ть 2a
ft. заземлю́, -ли́шь, -ля́т
imp. заземли́, ~те
pt. заземли́л
g.pt.a. заземли́в
p.pt.a. заземли́вший
p.pt.p. заземлённый; заземлён, -ена́

заземли́ться, *1. u. 2. Pers ungebr, v rad* geerdet werden ‖ *uv* заземля́ться

заземля́ть(ся) *uv zu* заземли́ть(ся)

зазимова́ть 5 *v* überwintern

зазира́ть 2a *uv alt u. volksspr* hinschauen, hineinsehen, einen Blick werfen

зазнава́ться *uv zu* зазна́ться
pr. зазнаю́сь, -аёшься, -аю́тся
imp. зазнава́йся, -а́йтесь
pt. зазнава́лся, -лась
g.pr.a. зазнава́ясь
p.pr.a. зазнаю́щийся
p.pt.a. зазнава́вшийся

зазна́ться 2 *v umg* überheblich werden ‖ *uv* зазнава́ться, Formen das.

за́зрить *v*: со́весть за́зрит [за́зрила] das Gewissen verbietet [verbot] es etwas Schlechtes zu tun

[1]**зазу́бривать(ся)** *uv zu* [1]зазу́бри́ть(ся)

[2]**зазу́бривать(ся)** *uv zu* [2]зазубри́ть(ся)

[1]**зазубри́ть** *u.* **зазу́брить** *v* что schartig machen ‖ *uv* зазу́бривать 1a
ft. зазу́брю́, -у́бри́шь, -у́бря́т
imp. зазу́бри́, ~те
pt. зазу́бри́л
g.pt.a. зазу́бри́в
p.pt.a. зазу́бри́вший
p.pt.p. зазу́бренный

[2]**зазубри́ть** *v* что *umg* einpauken, büffeln ‖ *uv* зазу́бривать 1a
ft. зазубрю́, -у́бри́шь, -у́бря́т
imp. зазубри́, ~те
pt. зазубри́л
g.pt.a. зазубри́в
p.pt.a. зазубри́вший
p.pt.p. зазу́бренный

[1]**зазубри́ться** *u.* **зазу́бриться,** *1. u. 2. Pers ungebr, v* schartig werden ‖ *uv* зазу́бриваться
Formen nach [1]зазу́бри́ть

[2]**зазубри́ться** *v umg* zu lange pauken, vom vielen Pauken stumpfsinnig werden ‖ *uv* зазу́бриваться
Formen nach [2]зазубри́ть

зазыва́ть *uv zu* зазва́ть

[1]**заигра́ть** 2 *v* что **1.** abnutzen *durch häufiges Spielen* **2.** bis zum Überdruß spielen ‖ *uv* заи́грывать 1а

[2]**заигра́ть** 2 *v* zu spielen anfangen

заигра́ться *v* über dem Spielen die Zeit vergessen ‖ *uv* заи́грываться 1а

[1]**заи́грывать** *uv zu* [1]заигра́ть

[2]**заи́грывать** 1а *uv umg* с кем **1.** kokettieren; anbändeln **2.** scharwenzeln (vor)

заи́грываться *uv zu* заигра́ться

заика́ться 2а *uv* **1.** *uv zu* заикну́ться **2.** stottern, stammeln

заикну́ться 7 *v umg* **1.** sich auf die Lippen beißen **2.** о ком-чём eine Andeutung machen ‖ *uv* заика́ться 2а

заи́мствовать 4 *u.* 4а *v*, *uv* что entlehnen, übernehmen

заи́ндеветь 3, *Betonung bleibt wie im Infinitiv, v* sich mit Reif bedecken

заинтересова́ть 5 *v* **1.** кого́-что чем j-n interessieren **2** кого́-что в чём j-n (materiell) interessieren (an) ‖ *uv* заинтересо́вывать 1а

заинтересова́ться *v* кем-чем sich interessieren (für) ‖ *uv* заинтересо́вываться

заинтересо́вывать(ся) *uv zu* заинтересова́ть(ся)

заинтригова́ть 5 *v* кого́-что neugierig machen, Neugierde erwecken ‖ *uv* заинтриго́вывать 1а

заинтриго́вывать *uv zu* заинтригова́ть

заиска́ть *v zu* заи́скивать

ft.	заищу́, -и́щешь, -и́щут
imp.	заищи́, ~те
pt.	заиска́л
g.pt.a.	заиска́в
p.pt.a.	заиска́вший

заи́скивать 1а *uv* пе́ред кем-чем liebedienern, sich einschmeicheln (bei) ‖ *v* заиска́ть*, Formen das.

зайти́ *v* **1.** к кому́-чему́ eine Stippvisite abstatten, einen kurzen Besuch machen **2.** за кем-чем abholen kommen **3.** hin(ein)gehen; geraten **4.** untergehen *Gestirne* **5.** aufkommen, entstehen *Streit* ‖ *uv* [2]заходи́ть, Formen das. | *uv iterativ umg* заха́живать 1а *zu* 1-3

ft.	зайду́, -дёшь, -ду́т
imp.	зайди́, ~те
pt.	зашёл, зашла́
g.pt.a.	зайдя́
p.pt.a.	заше́дший

зайти́сь, *1. u. 2. Pers ungebr*, *v volksspr* erstarren, (fast) ersterben ‖ *uv* **заходи́ться**

закабали́ть *v* кого́-что knechten, unterjochen ‖ *uv* закабаля́ть 2а

ft.	закабалю́, -ли́шь, -ля́т
imp.	закабали́, ~те
pt.	закабали́л
g.pt.a.	закабали́в
p.pt.a.	закабали́вший
p.pt.p.	закабалённый; закабалён, -ена́

закабали́ться *v* sich freiwillig in die Knechtschaft begeben ‖ *uv* закабаля́ться

закабаля́ть(ся) *uv zu* закабали́ть(ся)

[1]**заказа́ть** *v* что bestellen, in Auftrag geben ‖ *uv* зака́зывать 1а

ft.	закажу́, -а́жешь, -а́жут
imp.	закажи́, ~те
pt.	заказа́л
g.pt.a.	заказа́в
p.pt.a.	заказа́вший
p.pt.p.	зака́занный

[2]**заказа́ть** *v* что *oder mit Infinitiv*, *alt u. volksspr* verbieten ‖ *uv* зака́зывать 1а
Formen wie [1]заказа́ть

[1,2]**зака́зывать** *uv zu* [1,2]заказа́ть

зака́иваться *uv zu* зака́яться

зака́ливать(ся) *uv zu* закали́ть(ся)

закали́ть *v* **1.** что *tech* härten **2.** кого́-что abhärten, stählen ‖ *uv* зака́ливать 1а *u.* закаля́ть 2а

ft.	закалю́, -ли́шь, -ля́т
imp.	закали́, ~те
pt.	закали́л
g.pt.a.	закали́в
p.pt.a.	закали́вший
p.pt.p.	закалённый; закалён, -ена́

закали́ться *v* **1.** *1. u. 2. Pers ungebr*, *tech* gehärtet werden **2.** sich abhärten, sich stählen ‖ *uv* зака́ливаться *u.* закаля́ться

зака́лывать *uv zu* [1]заколо́ть

зака́лываться *uv zu* заколо́ться

закаля́ть(ся) *uv zu* закали́ть(ся)

зака́нчивать(ся) *uv zu* зако́нчить(ся)

[1]**зака́пать** *v* что **1.** bespritzen, vollspritzen **2.** *umg* einträufeln ‖ *uv* зака́пывать 1а

ft.	зака́паю, -аешь, -ают *u. alt* зака́плю, -лешь, -лют
imp.	зака́пай, ~те

pt. зака́пал
g.pt.a. зака́пав
p.pt.a. зака́павший
p.pt.p. зака́панный

[2]**зака́пать** *v* anfangen zu tropfen
kein *p.pt.p.*
Übrige Formen wie [1]зака́пать

зака́пчивать *uv zu* [1]закопти́ть

зака́пчиваться *uv zu* закопти́ться

[1]**зака́пывать** *uv zu* [1]закопа́ть

[2]**зака́пывать** *uv zu* [1]зака́пать

зака́пываться *uv zu* [1]закопа́ться

зака́ркать 1 *v* anfangen zu krächzen

зака́рмливать *uv zu* закорми́ть

[1]**заката́ть** 2 *v* кого́-что **1.** во что einrollen, einwickeln (in) **2.** *umg* hochkrempeln ‖ *uv* зака́тывать 1a

[2]**заката́ть** 2 *v* **что** *umg* zu rollen [zu wälzen] anfangen

закати́ть *v* что **1.** *wohin* rollen **2.** *volksspr* veranstalten **3.** *volksspr* verabreichen, versetzen **4.** *ohne Objekt, volksspr* losfahren ‖ *uv* зака́тывать 1a
ft. закачу́, -а́тишь -а́тят
imp. закати́, ~те
pt. закати́л
g.pt.a. закати́в
p.pt.a. закати́вший
p.pt.p. зака́ченный

закати́ться *v* **1.** *wohin* geraten, rollen **2.** untergehen *Gestirne* **3.** *umg* in lautes Lachen [Husten, Weinen] ausbrechen **4.** *volksspr* losfahren ‖ *uv* зака́тываться

[1]**зака́тывать** *uv zu* [1]заката́ть

[2]**зака́тывать** *uv zu* закати́ть

зака́тываться *uv zu* закати́ться

[1]**закача́ть** 2 *v* кого́-что **1.** in Schlaf wiegen **2.** *unpers*: его́ закача́ло ihm ist schwindlig geworden ‖ *uv* зака́чивать 1a

[2]**закача́ть** 2 *v* zu schaukeln beginnen

[1]**закача́ться** *v umg* durch beständiges Schaukeln [Wiegen] ermüden [müde werden]

[2]**закача́ться** *v* in Schaukelbewegung geraten, zu schaukeln [zu schwanken] beginnen

зака́чивать *uv zu* [1]закача́ть

зака́шивать *uv zu* [1]закоси́ть

зака́шливаться *uv zu* зака́шляться

зака́шлять 1 *v* zu husten beginnen

зака́шляться *v* einen Hustenanfall bekommen ‖ *uv* зака́шливаться 1a

зака́яться *v mit Infinitiv umg* sich geloben *etw. nicht mehr zu tun* ‖ *uv* зака́иваться 1a
ft. зака́юсь, -а́ешься, -а́ются
imp. зака́йся, -а́йтесь
pt. зака́ялся, -лась
g.pt.a. зака́явшись
p.pt.a. зака́явшийся

заква́кать 1 *v* anfangen zu quaken

заква́сить *v* что einsäuern, sauer werden lassen ‖ *uv* заква́шивать 1a
ft. заква́шу, -а́сишь, -а́сят
imp. заква́сь, ~те
pt. заква́сил
g.pt.a. заква́сив
p.pt.a. заква́сивший
p.pt.p. заква́шенный

заква́шивать *uv zu* заква́сить

закива́ть 2 *v* anfangen zu nicken

закида́ть 2 *v* кого́-что чем *umg* vollwerfen, bewerfen *a. übtr* ‖ *uv* заки́дывать 1a

[1]**заки́дывать** *uv zu* закида́ть

[2]**заки́дывать** *uv zu* заки́нуть

заки́дываться *uv zu* заки́нуться

заки́нуть 6 *v* кого́-что **1.** werfen, schleudern **2.** nach oben [hinten, zur Seite] werfen *Körperteile*, zurückwerfen ‖ *uv* заки́дывать 1a
imp. заки́нь, ~те
p.pt.p. заки́нутый

заки́нуться, *1. u. 2. Pers ungebr*, *v* zurückfahren *Kopf* ‖ *uv* заки́дываться

закипа́ть *uv zu* закипе́ть

закипе́ть *v* **1.** zu kochen beginnen, aufkochen **2.** in Fluß kommen, einen hohen Grad von Intensität [Schnelligkeit, Heftigkeit] annehmen ‖ *uv* закипа́ть 2a
ft. закиплю́, -пи́шь, -пя́т
imp. закипи́, ~те
pt. закипе́л
g.pt.a. закипе́в
p.pt.a. закипе́вший

закиса́ть *uv zu* заки́снуть

заки́снуть *v* **1.** sauer werden **2.** *übtr umg* versauern, abstumpfen ‖ *uv* закиса́ть 2a
ft. заки́сну, -нешь, -нут
imp. заки́сни, ~те
pt. заки́с, ~ла
g.pt.a. заки́снув *u.* заки́сши
p.pt.a. заки́сший

закла́дывать *uv zu* заложи́ть

[1]**заклева́ть** *v* кого́-что **1.** *mit dem Schnabel* zu Tode hacken, zerfleischen **2.** *übtr umg*

auf j-n einhacken, j-n fertigmachen || *uv* заклёвывать 1a
ft. заклюю́, -люёшь, -лю́ют
imp. заклю́й, ~те
pt. заклевáл
g.pt.a. заклевáв
p.pt.a. заклевáвший
p.pt.p. заклёванный

[2]**заклевáть** *v* zu picken beginnen; anzubeißen beginnen
kein *p.pt.p.*
Übrige Formen wie [1]заклевáть

заклёвывать *uv zu* [1]заклевáть

заклéивать *uv zu* заклéить

заклéить *v* что zu-, verkleben || *uv* заклéивать 1a
ft. заклéю, -éишь, -éят
imp. заклéй, ~те
pt. заклéил
g.pt.a. заклéив
p.pt.a. заклéивший
p.pt.p. заклéенный

заклейми́ть *v* когó-что **1.** mit einem Stempel [Warenzeichen, Kennzeichen] versehen **2.** *übtr* anprangern, brandmarken
ft. заклеймлю́, -ми́шь, -мя́т
imp. заклейми́, ~те
pt. заклейми́л
g.pt.a. заклейми́в
p.pt.a. заклейми́вший
p.pt.p. заклеймённый; заклеймён, -енá

заклепáть *v* что vernieten, zunieten || *uv* заклёпывать 1a
ft. заклепáю, -áешь, -áют *u.* заклеплю́, -éплешь, -éплют
imp. заклепáй, ~те *u.* заклепли́, ~те *u.* заклепи́, ~те
pt. заклепáл
g.pt.a. заклепáв
p.pt.a. заклепáвший
p.pt.p. заклёпанный

заклёпывать *uv zu* заклепáть

заклинáть 2a *uv* когó-что **1.** durch Zauberformeln beschwören **2.** beschwören, inständig bitten || *v* закля́сть, Formen das.

заклинáться *uv zu* [1]закля́сться

закли́нивать *uv zu* закли́ни́ть

заклини́ть *u.* **закли́нить** *v* что **1.** einen Keil hineintreiben, verkeilen **2.** festklemmen || *uv* закли́нивать 1a
ft. закли́ню́, -и́ни́шь, -и́ня́т
imp. закли́ни́, ~те *u.* закли́нь, ~те
pt. закли́ни́л
g.pt.a. закли́ни́в
p.pt.a. закли́ни́вший
p.pt.p. заклинённый; заклинён, -енá *u.* закли́ненный

заклокотáть, *1. u. 2. Pers ungebr, v* zu sprudeln [zu brodeln] beginnen
ft. заклокóчет, -чут
pt. заклокотáл
g.pt.a. заклокотáв
p.pt.a. заклокотáвший

заклуби́ть, *1. u. 2. Pers ungebr, v* anfangen, zu Wolken zu ballen
ft. заклуби́т, -бя́т
pt. заклуби́л
g.pt.a. заклуби́в
p.pt.a. заклуби́вший

заклуби́ться, *1. u. 2. Pers ungebr, v* anfangen aufzuwirbeln

заключáть 2a *uv* **1.** *uv zu* заключи́ть **2.**: заключáть в себé что-н. etw. enthalten, etw. umfassen

заключáться *uv* **1.** в чём bestehen (in) **2.** чем schließen, zu Ende gehen (mit) **3.** *uv zu* заключи́ться

заключи́ть *v* **1.** что abschließen, unterzeichnen **2.** что чем schließen, beenden **3.** *mit Konjunktion* что folgern, schließen **4.** когó-что во что inhaftieren || *uv* заключáть 2a
ft. заключу́, -чи́шь, -чáт
imp. заключи́, ~те
pt. заключи́л
g.pt.a. заключи́в
p.pt.a. заключи́вший
p.pt.p. заключённый; заключён, -енá

заключи́ться *v alt* sich einschließen || *uv* заключáться

закля́сть *v zu* заклинáть
ft. закляну́, -нёшь, -ну́т
imp. закляни́, ~те
pt. закля́л, -ялá, -я́ло
g.pt.a. закля́в
p.pt.a. закля́вший
p.pt.p. закля́тый; закля́т, -ятá, -я́то

[1]**закля́сться** *v umg* schwören || *uv* заклинáться 2a

[2]**закля́сться** *v umg* anfangen zu schwören

заковáть 5 *v* когó-что fesseln, in Ketten legen || *uv* закóвывать 1a
ft. закую́, -уёшь, -ую́т

закóвывать *uv zu* заковáть

заковыля́ть 2 *v umg* **1.** anfangen zu hinken **2.** hinken, humpeln

закогти́ть, *1. u. 2. Pers ungebr, v* кого́-что mit den Krallen zerreißen

ft.	закогти́т, -тя́т
pt.	закогти́л
g.pt.a.	закогти́в
p.pt.a.	закогти́вший

закола́чивать *uv zu* [1]заколоти́ть

заколдова́ть 5 *v* кого́-что verwünschen, verzaubern, behexen ‖ *uv* заколдо́вывать 1a

заколдо́вывать *uv zu* заколдова́ть

заколеба́ться *v* ins Wanken geraten, zu schwanken beginnen

ft.	заколе́блюсь, -лешься, -лются
imp.	заколе́блись, -итесь
pt.	заколеба́лся, -лась
g.pt.a.	заколеба́вшись
p.pt.a.	заколеба́вшийся

заколоси́ться, *1. u. 2. Pers ungebr, v* in die Ähren schießen

ft.	заколоси́тся, -ся́тся
pt.	заколоси́лся, -лась
g.pt.a.	заколоси́вшись
p.pt.a.	заколоси́вшийся

[1]**заколоти́ть** *v* что *umg* **1.** zunageln, verschalen **2.** einschlagen, hineintreiben ‖ *uv* закола́чивать 1a

ft.	заколочу́, -о́тишь, -о́тят
imp.	заколоти́, ~те
pt.	заколоти́л
g.pt.a.	заколоти́в
p.pt.a.	заколоти́вший
p.pt.p.	заколо́ченный

[2]**заколоти́ть** *v umg* zu pochen [zu hämmern, zu schlagen] anfangen
kein *p.pt.p.*
Übrige Formen wie [1]заколоти́ть

заколоти́ться *v umg* zu hämmern [zu pochen] beginnen

[1]**заколо́ть** *v* кого́-что **1.** erdolchen **2.** schlachten, abstechen **3.** fest-, anstecken *mit Nadeln* ‖ *uv* зака́лывать 1a

ft.	заколю́, -о́лешь, -о́лют
imp.	заколи́, ~те
pt.	заколо́л
g.pt.a.	заколо́в
p.pt.a.	заколо́вший
p.pt.p.	зако́лотый

[2]**заколо́ть,** *1. u. 2. Pers ungebr, v* schmerzhaft zu stechen beginnen
kein *p.pt.p.*
Übrige Formen wie [1]заколо́ть

заколо́ться *v* sich erstechen ‖ *uv* зака́лываться

заколыха́ться, *1. u. 2. Pers ungebr, v* in leichte, gleichmäßige Bewegung geraten; zu wehen beginnen

ft.	заколы́шется, -шутся *u. umg* заколыха́ется, -а́ются
pt.	заколыха́лся, -лась
g.pt.a.	заколыха́вшись
p.pt.a.	заколыха́вшийся

закольцева́ть *v* кого́-что beringen *Vögel* ‖ *uv* закольцо́вывать 1a

ft.	закольцу́ю, -у́ешь, -у́ют
imp.	закольцу́й, ~те
pt.	закольцева́л
g.pt.a.	закольцева́в
p.pt.a.	закольцева́вший
p.pt.p.	закольцо́ванный

закольцо́вывать *uv zu* закольцева́ть

законопа́тить *v* что *mit Werg, Moos u. dgl.* abdichten, verstopfen ‖ *uv* законопа́чивать 1a

ft.	законопа́чу, -а́тишь, -а́тят
imp.	законопа́ть, ~те
pt.	законопа́тил
g.pt.a.	законопа́тив
p.pt.a.	законопа́тивший
p.pt.p.	законопа́ченный

законопа́чивать *uv zu* законопа́тить

законсерви́ровать 4 *v* что **1.** konservieren, einkochen **2.** stillegen; unterbrechen *Bau usw.*

законспекти́ровать 4 *v* что kurz zusammenfassen

законспири́ровать 4 *v* что konspirieren

законтрактова́ть 5 *v* кого́-что vertraglich mieten [verpflichten, kaufen] ‖ *uv* законтракто́вывать 1a

законтрактова́ться *v* на что sich vertraglich verpflichten (zu) ‖ *uv* законтракто́вываться

законтракто́вывать(ся) *uv zu* законтрактова́ть(ся)

зако́нчить *v* что beenden, abschließen; vollenden ‖ *uv* зака́нчивать 1a

ft.	зако́нчу, -чишь, -чат
imp.	зако́нчи, ~те
pt.	зако́нчил
g.pt.a.	зако́нчив
p.pt.a.	зако́нчивший
p.pt.p.	зако́нченный

зако́нчиться, *1. u. 2. Pers ungebr, v* zu Ende gehen ‖ *uv* зака́нчиваться

[1]**закопа́ть** 2 *v* кого́-что ver-, eingraben, verscharren ‖ *uv* зака́пывать 1a

[2]**закопа́ть** 2 *v* anfangen zu graben, anfangen umzugraben

[1]**закопа́ться** *v* sich eingraben ‖ *uv* зака́пываться 1a

[2]**закопа́ться** *v umg* zu graben [zu wühlen] beginnen

закопоши́ться *v umg* anfangen zu kribbeln; sich zu rühren beginnen
ft. закопошу́сь, -ши́шься, -ша́тся
imp. закопоши́сь, -и́тесь
pt. закопоши́лся, -лась
g.pt.a. закопоши́вшись
p.pt.a. закопоши́вшийся

закопте́ть 3, *1. u. 2. Pers ungebr*, *v umg* rußig werden

[1]**закопти́ть** *v* кого́-что **1.** rußig machen; verräuchern **2.** räuchern ‖ *uv* зака́пчивать 1a
ft. закопчу́, -пти́шь, -птя́т
imp. закопти́, ~те
pt. закопти́л
g.pt.a. закопти́в
p.pt.a. закопти́вший
p.pt.p. закопчённый; закопчён, -ена́

[2]**закопти́ть** *v* anfangen zu rußen
kein *p.pt.p.*
Übrige Formen wie [1]закопти́ть

закопти́ться, *1. u. 2. Pers ungebr*, *v* **1.** verrußen **2.** geräuchert sein ‖ *uv* зака́пчиваться

закорене́ть 3 *v* **1.** в чём sich versteifen, beharren (auf) **2.** sich einwurzeln, sich festsetzen

закорми́ть *v* кого́-что überfüttern ‖ *uv* зака́рмливать 1a
ft. закормлю́, -о́рмишь, -о́рмят
imp. закорми́, ~те
pt. закорми́л
g.pt.a. закорми́в
p.pt.a. закорми́вший
p.pt.p. зако́рмленный

[1]**закоси́ть** *v* что *umg Fremdes* mit abmähen ‖ *uv* зака́шивать 1a
ft. закошу́, -о́сишь, -о́сят
imp. закоси́, ~те
pt. закоси́л
g.pt.a. закоси́в
p.pt.a. закоси́вший
p.pt.p. зако́шенный

[2]**закоси́ть** *v umg* anfangen zu mähen
kein *p.pt.p.*
Übrige Formen wie [1]закоси́ть

закосне́ть 3 *v* в чём erstarren (in)

закостене́ть 3 *v* **1.** erstarren, steif werden **2.** *übtr* в чём verknöchern

закочене́ть 3 *v vor Kälte* steif werden, erstarren

закра́дываться *uv zu* закра́сться

закра́ивать *uv zu* [1]закрои́ть

закра́сить *v* что übermalen, überstreichen ‖ *uv* закра́шивать 1a
ft. закра́шу, -а́сишь, -а́сят
imp. закра́сь, ~те
pt. закра́сил
g.pt.a. закра́сив
p.pt.a. закра́сивший
p.pt.p. закра́шенный

закрасне́ть 3, *1. u. 2. Pers ungebr*, *v* rot zu leuchten anfangen

закрасне́ться *v* **1.** erröten **2.** *1. u. 2. Pers ungebr* rot zu schimmern beginnen

закра́сться, *1. u. 2. Pers ungebr*, *v* aufkommen, sich einschleichen *Gedanken, Gefühle* ‖ *uv* закра́дываться 1a
ft. закрадётся, -ду́тся
pt. закра́лся, -лась
g.pt.a. закра́вшись
p.pt.a. закра́вшийся

закра́шивать *uv zu* закра́сить

закрепи́ть *v* кого́-что **1.** befestigen, festmachen **2.** *übtr* festigen, sichern **3.** за кем-чем reservieren, vorsehen (für) **4.** *chem* fixieren ‖ *uv* закрепля́ть 2a
ft. закреплю́, -пи́шь, -пя́т
imp. закрепи́, ~те
pt. закрепи́л
g.pt.a. закрепи́в
p.pt.a. закрепи́вший
p.pt.p. закреплённый; закреплён, -ена́

закрепи́ться *v* **1.** *1. u. 2. Pers ungebr* befestigt werden **2.** *mil* sich festsetzen **3.** sich festigen ‖ *uv* закрепля́ться

закрепля́ть(ся) *uv zu* закрепи́ть(ся)

закрепости́ть *v* кого́-что **1.** *hist* zum Leibeigenen machen **2.** *übtr* versklaven ‖ *uv* закрепоща́ть 2a
ft. закрепощу́, -ости́шь, -остя́т
imp. закрепости́, ~те
pt. закрепости́л
g.pt.a. закрепости́в
p.pt.a. закрепости́вший
p.pt.p. закрепощённый; закрепощён, -ена́

закрепоща́ть *uv zu* закрепости́ть

[1]**закриви́ть** *v* что *umg* krümmen, biegen ‖ *uv* закривля́ть 2a
ft. закривлю́, -ви́шь, -вя́т
imp. закриви́, ~те

pt. закриви́л
g.pt.a. закриви́в
p.pt.a. закриви́вший
p.pt.p. закривлённый; закривлён, -ена́

[2]**закриви́ть** *v* что *umg* anfangen zu krümmen [zu biegen]
kein *p.pt.p.*
Übrige Formen wie [1]закриви́ть

закривля́ть *uv zu* [1]закриви́ть

закристаллизова́ть 5 *v* что kristallisieren, zur Kristallisation bringen

закристаллизова́ться, *1. u. 2. Pers ungebr, v* (sich) kristallisieren, Kristalle bilden

закрича́ть *v* **1.** aufschreien **2.** zu schreien anfangen
ft. закричу́, -чи́шь, -ча́т
imp. закричи́, ~те
pt. закрича́л
g.pt.a. закрича́в
p.pt.a. закрича́вший

[1]**закрои́ть** *v* что zuschneiden *Kleider, Schuhe* ‖ *uv* закра́ивать 1a
ft. закрою́, -ои́шь, -оя́т
imp. закро́й, ~те
pt. закрои́л
g.pt.a. закрои́в
p.pt.a. закрои́вший
p.pt.p. закро́енный

[2]**закрои́ть** *v volksspr* anfangen zuzuschneiden
kein *p.pt.p.*
Übrige Formen wie [1]закрои́ть

закругли́ть *v* что **1.** abrunden, rund machen **2.** *übtr* glätten, geschliffen machen *eine sprachliche Formulierung* ‖ *uv* закругля́ть 2a
ft. закруглю́, -ли́шь, -ля́т
imp. закругли́, ~те
pt. закругли́л
g.pt.a. закругли́в
p.pt.a. закругли́вший
p.pt.p. закруглённый; закруглён, -ена́

закругли́ться *v* **1.** *1. u. 2. Pers ungebr* rund werden **2.** *volksspr scherz* sich kurz fassen ‖ *uv* закругля́ться

закругля́ть(ся) *uv zu* закругли́ть(ся)

[1]**закружи́ть** *v* кого́-что **1.** herumwirbeln; im Kreise drehen bis zum Schwindligwerden **2.** *umg* verwirrt machen
ft. закружу́, -у́жишь, -у́жат
imp. закружи́, ~те
pt. закружи́л
g.pt.a. закружи́в
p.pt.a. закружи́вший
p.pt.p. закру́женный *u.* закружённый; закружён, -ена́

[2]**закружи́ть** *v* (im Kreise) zu drehen anfangen, anfangen zu kreisen
kein *p.pt.p.*
Formen wie [1]закружи́ть

[1]**закружи́ться** *v* schwindlig werden

[2]**закружи́ться** *v* anfangen sich zu drehen

[1]**закрути́ть** *v* что **1.** (zusammen)drehen **2.** mit Stricken fesseln **3.** wickeln, winden **4.** *volksspr* anziehen, festschrauben ‖ *uv* закру́чивать 1a
ft. закручу́, -у́тишь, -у́тят
imp. закрути́, ~те
pt. закрути́л
g.pt.a. закрути́в
p.pt.a. закрути́вший
p.pt.p. закру́ченный

[2]**закрути́ть** *v umg* zu drehen anfangen, aufwirbeln
kein *p.pt.p.*
Übrige Formen wie [1]закрути́ть

[1]**закрути́ться** *v* sich wickeln *Faden* ‖ *uv* закру́чиваться

[2]**закрути́ться** *v umg* aufwirbeln *itr Staub*

закру́чивать(ся) *uv zu* [1]закрути́ть(ся)

закручи́ниться *v volksspr* traurig werden
ft. закручи́нюсь, -нишься, -нятся
imp. закручи́нься, -ньтесь
pt. закручи́нился, -лась
g.pt.a. закручи́нившись
p.pt.a. закручи́нившийся

закрыва́ть(ся) *uv zu* закры́ть(ся)

закры́ть *v* кого́-что **1.** (zu)schließen, verschließen **2.** zu-, bedecken **3.** einschließen, einsperren **4.** sperren, schließen **5.** beenden, schließen ‖ *uv* закрыва́ть 2a
ft. закро́ю, -о́ешь, -о́ют
imp. закро́й, ~те
pt. закры́л
g.pt.a. закры́в
p.pt.a. закры́вший
p.pt.p. закры́тый

закры́ться *v* **1.** sich schließen, zugehen **2.** sich be-, zudecken **3.** schließen, zumachen; zu Ende sein ‖ *uv* закрыва́ться

закряхте́ть *v umg* anfangen zu ächzen
ft. закряхчу́, -хти́шь, -хтя́т
imp. закряхти́, ~те
pt. закряхте́л
g.pt.a. закряхте́в
p.pt.a. закряхте́вший

закуда́хтать, *1. u. 2. Pers ungebr, v* anfangen zu gackern
ft. закуда́хчет, -чут *u. volksspr* закуда́хтает, -ают

pt.	закуда́хтал
g.pt.a.	закуда́хтав
p.pt.a.	закуда́хтавший

закупа́ть *uv zu* закупи́ть

закупи́ть *v* что aufkaufen, *in großer Menge* kaufen ‖ *uv* закупа́ть 2a

ft.	закуплю́, -у́пишь, -у́пят
imp.	закупи́, ~те
pt.	закупи́л
g.pt.a.	закупи́в
p.pt.a.	закупи́вший
p.pt.p.	заку́пленный

заку́поривать(ся) *uv zu* заку́порить(ся)

заку́порить *v* что zustopfen, zukorken ‖ *uv* заку́поривать 1a

ft.	заку́порю, -ришь, -рят
imp.	заку́порь, ~те *u.* заку́пори, ~те
pt.	заку́порил
g.pt.a.	заку́порив
p.pt.a.	заку́поривший
p.pt.p.	заку́поренный

заку́пориться, *1. u. 2. Pers ungebr*, *v* **1.** zugekorkt werden **2.** *med* sich verstopfen ‖ *uv* заку́пориваться

заку́ривать(ся) *uv zu* закури́ть(ся)

закури́ть *v* **1.** что (sich) eine Zigarette usw. anzünden **2.** zum Raucher werden **3.** что durch Rauch dunkel färben ‖ *uv* заку́ривать 1a

ft.	закурю́, -у́ришь, -у́рят
imp.	закури́, ~те
pt.	закури́л
g.pt.a.	закури́в
p.pt.a.	закури́вший
p.pt.p.	заку́ренный

закури́ться, *1. u. 2. Pers ungebr*, *v* zu rauchen anfangen ‖ *uv* заку́риваться

[1]**закуса́ть** 2 *v* кого́-что *umg* zerbeißen; zerstechen *von Insekten*

[2]**закуса́ть** 2 *v* zu beißen beginnen

[1]**закуси́ть** *v* что zwischen die Zähne nehmen, sich beißen (auf) ‖ *uv* заку́сывать 1a

ft.	закушу́, -у́сишь, -у́сят
imp.	закуси́, ~те
pt.	закуси́л
g.pt.a.	закуси́в
p.pt.a.	закуси́вший
p.pt.p.	заку́шенный

[2]**закуси́ть** *v mit oder ohne* чем einen Imbiß (ein)nehmen, schnell etwas essen ‖ *uv* заку́сывать 1a
kein *p.pt.p.*
Übrige Formen wie [1]закуси́ть

[1,2]**заку́сывать** *uv zu* [1,2]закуси́ть

заку́тать 1 *v* кого́-что чем *oder* во что warm, dicht einhüllen ‖ *uv* заку́тывать 1a

заку́таться *v* sich einhüllen ‖ *uv* заку́тываться

закути́ть *v* anfangen zu zechen

ft.	закучу́, -у́тишь, -у́тят
imp.	закути́, ~те
pt.	закути́л
g.pt.a.	закути́в
p.pt.a.	закути́вший

заку́тывать(ся) *uv zu* заку́тать(ся)

зала́дить *v volksspr* **1.** что immer wieder ein und dasselbe wiederholen **2.** *mit Infinitiv* sich zur Gewohnheit machen

ft.	зала́жу, -а́дишь, -а́дят
imp.	зала́дь, ~те
pt.	зала́дил
g.pt.a.	зала́див
p.pt.a.	зала́дивший

зала́мывать *uv zu* заломи́ть

заласка́ть 2 *v* кого́-что *umg* mit Zärtlichkeiten überhäufen

залата́ть 2 *v* что *volksspr* flicken

зала́ять *v* zu bellen anfangen

ft.	зала́ю, -а́ешь, -а́ют
imp.	зала́й, ~те
pt.	зала́ял
g.pt.a.	зала́яв
p.pt.a.	зала́явший

залега́ть *uv zu* зале́чь

заледене́ть 3 *v* **1.** vereisen, sich mit Eis bedecken **2.** eiskalt werden, vor Kälte erstarren

залежа́ться *v* **1.** (zu) lange liegen bleiben **2.** *1. u. 2. Pers ungebr* durch langes Lagern verderben ‖ *uv* залёживаться 1a

ft.	залежу́сь, -жи́шься, -жа́тся
imp.	залежи́сь, -и́тесь
pt.	залежа́лся, -лась
g.pt.a.	залежа́вшись
p.pt.a.	залежа́вшийся

залёживаться *uv zu* залежа́ться

залеза́ть *uv zu* зале́зть

зале́зть *v* **1.** на что hinauf-, hochklettern **2.** во что (hinein)klettern, -kriechen **3.** во что *umg* hineingreifen, -langen ‖ *uv* залеза́ть 2a

ft.	зале́зу, -зешь, -зут
imp.	зале́зь, ~те
pt.	зале́з, ~ла
g.pt.a.	зале́зши
p.pt.a.	зале́зший

[1]**залени́ться** *v umg* faul werden, zum Faulpelz werden

ft. заленю́сь, -е́нишься, -е́нятся
imp. залени́сь, -и́тесь
pt. залени́лся, -лась
g.pt.a. залени́вшись
p.pt.a. залени́вшийся

[2]**залени́ться** *v* anfangen zu faulenzen Formen wie [1]залени́ться

залепета́ть *v* zu stammeln anfangen

ft. залепечу́, -е́чешь, -е́чут
imp. залепечи́, ~те
pt. залепета́л
g.pt.a. залепета́в
p.pt.a. залепета́вший

залепи́ть *v* **1.** что чем zuschmieren; zukleben **2.** что überziehen, bedecken **3.** кому́ *oder* что кому́ *volksspr* verpassen, verabreichen ‖ *uv* залепля́ть 2a

ft. залеплю́, -е́пишь, -е́пят
imp. залепи́, ~те
pt. залепи́л
g.pt.a. залепи́в
p.pt.a. залепи́вший
p.pt.p. зале́пленный

залепля́ть *uv zu* залепи́ть

залеси́ть, *1. Pers ungebr*, *v* что aufforsten

ft. залеси́шь, -ся́т
imp. залеси́, ~те
pt. залеси́л
g.pt.a. залеси́в
p.pt.a. залеси́вший
p.pt.p. залесённый; залесён, -ена́

залета́ть *uv zu* залете́ть

залете́ть *v* **1.** hereingeflogen kommen, hineinfliegen **2.** weit wegfliegen, hoch emporfliegen **3.** за кем-чем *umg* beim Fliegen einen Abstecher machen ‖ *uv* залета́ть 2a

ft. залечу́, -ети́шь, -етя́т
imp. залети́, ~те
pt. залете́л
g.pt.a. залете́в
p.pt.a. залете́вший

зале́чивать(ся) *uv zu* залечи́ть(ся)

залечи́ть *v* кого́-что **1.** zum Heilen bringen **2.** *umg* durch falsche Heilmethoden quälen ‖ *uv* зале́чивать 1a

ft. залечу́, -е́чишь, -е́чат
imp. залечи́, ~те
g.pt.a. залечи́в
p.pt.a. залечи́вший
p.pt.p. зале́ченный

залечи́ться *v* verheilen, vernarben ‖ *uv* зале́чиваться

зале́чь *v* **1.** sich (hin)legen **2.** sich in Deckung legen **3.** (tief) gelegen sein **4.** *übtr* sich festsetzen ‖ *uv* залега́ть 2a

ft. заля́гу, -я́жешь, -я́гут
imp. заля́г, ~те
pt. залёг, -егла́
g.pt.a. залёгши
p.pt.a. залёгший

залива́ть *uv zu* зали́ть

[1,2]**залива́ться** *uv zu* [1,2]зали́ться

зализа́ть *v* что **1.** belecken, sauberlecken **2.** *umg* durch Lecken glätten *Fell u. ä.* ‖ *uv* зали́зывать 1a

ft. залижу́, -и́жешь, -и́жут
imp. залижи́, ~те
pt. зализа́л
g.pt.a. зализа́в
p.pt.a. зализа́вший
p.pt.p. зали́занный

зали́зывать *uv zu* зализа́ть

зали́ть *v* что **1.** überschwemmen, überfluten **2.** *übtr* überfluten, bedecken **3.** begießen, bespritzen **4.** mit Wasser löschen ‖ *uv* залива́ть 2a

ft. залью́, зальёшь, залью́т
imp. зале́й, ~те
pt. за́ли́л, залила́, за́ли́ло
g.pt.a. зали́в
p.pt.a. зали́вший
p.pt.p. за́ли́тый; за́ли́т, залита́, за́ли́то

[1]**зали́ться** *v* (hinein)rinnen, eindringen *von Flüssigem* ‖ *uv* залива́ться

pt. зали́лся, -ила́сь, -и́ло́сь

[2]**зали́ться** *v* **1.** чем *Gesang*, *Triller*, *Gebell* anfangen **2.** *in Lachen*, *Weinen* ausbrechen ‖ *uv* залива́ться

pt. зали́лся, -ила́сь, -и́ло́сь

заложи́ть *v* что **1.** за что legen, stecken (hinter) **2.** *umg* verlegen und nicht wiederfinden **3.** чем ausfüllen **4.** *volksspr* zusperren **5.** *unpers* schmerzen **6.** den Grundstein legen ‖ *uv* закла́дывать 1a

ft. заложу́, -о́жишь, -о́жат
imp. заложи́, ~те
pt. заложи́л
g.pt.a. заложи́в
p.pt.a. заложи́вший
p.pt.p. зало́женный

заломи́ть *v* что **1.** *umg* ein-, umknicken **2.** *volksspr einen hohen Preis* verlangen ‖ *uv* зала́мывать 1a

ft. заломлю́, -о́мишь, -о́мят
imp. заломи́, ~те

pt.	заломи́л
g.pt.a.	заломи́в
p.pt.a.	заломи́вший
p.pt.p.	зало́мленный

залосни́ться, *1. u. 2. Pers ungebr, v* glänzend werden *vom langen Tragen*

ft.	залосни́тся, -ня́тся
pt.	залосни́лся, -лась
g.pt.a.	залосни́вшись
p.pt.a.	залосни́вшийся

залупи́ть *v* что *volksspr u. gbt* auf-, abschürfen *Haut*; abschälen, lösen ‖ *uv* залупля́ть 2a

ft.	залуплю́, -у́пишь, -у́пят
imp.	залупи́, ~те
pt.	залупи́л
g.pt.a.	залупи́в
p.pt.a.	залупи́вший
p.pt.p.	залу́пленный

залупи́ться, *1. u. 2. Pers ungebr, v volksspr* sich schälen *Haut* ‖ *uv* залупля́ться

залупля́ть(ся) *uv zu* залупи́ть(ся)

залуча́ть *uv zu* залучи́ть

залучи́ть *v* кого́-что *umg* herbei-, hereinlocken ‖ *uv* залуча́ть 2a

ft.	залучу́, -чи́шь, -ча́т
imp.	залучи́, ~те
pt.	залучи́л
g.pt.a.	залучи́в
p.pt.a.	залучи́вший
p.pt.p.	залучённый; залучён, -ена́

залюбова́ться 5 *v* кем-чем sich nicht satt sehen können (an)

заля́пать 1 *v* что чем *volksspr* beschmutzen *mit etwas Klebrigem* ‖ *uv* заля́пывать 1a

заля́пывать *uv zu* заля́пать

зама́зать *v* что **1.** überstreichen, übermalen **2.** *übtr umg* vertuschen **3.** verkitten, zuschmieren **4.** beschmutzen, beschmieren ‖ *uv* зама́зывать 1a

ft.	зама́жу, -жешь, -жут
imp.	зама́жь, ~те
pt.	зама́зал
g.pt.a.	зама́зав
p.pt.a.	зама́завший
p.pt.p.	зама́занный

зама́заться *v* sich beschmieren, sich beschmutzen ‖ *uv* зама́зываться

зама́зывать(ся) *uv zu* зама́зать(ся)

зама́ливать *uv zu* замоли́ть

зама́лчивать *uv zu* ²замолча́ть

зама́нивать *uv zu* замани́ть

замани́ть *v* кого́-что verlocken, heranlocken ‖ *uv* зама́нивать 1a

ft.	заманю́, -а́нишь, -а́нят
imp.	замани́, ~те
pt.	замани́л
g.pt.a.	замани́в
p.pt.a.	замани́вший
p.pt.p.	зама́ненный *u.* заманённый; заманён, -ена́

замара́ть 2 *v* кого́-что beschmieren, beschmutzen

замара́ться *v* **1.** schmutzen, schmutzig werden **2.** *übtr* sich Schande machen

зама́ривать *uv zu* замори́ть

замаринова́ть 5 *v* что **1.** marinieren, einlegen **2.** *volksspr* absichtlich verzögern ‖ *uv* замарино́вывать 1a

замарино́вывать *uv zu* замаринова́ть

замаскирова́ть 5 *v* кого́-что **1.** maskieren **2.** *übtr* tarnen; verhüllen ‖ *uv* замаскиро́вывать 1a

замаскирова́ться *v* **1.** sich verkleiden, sich maskieren **2.** *übtr* sich tarnen ‖ *uv* замаскиро́вываться

замаскиро́вывать(ся) *uv zu* замаскирова́ть(ся)

зама́сливать(ся) *uv zu* зама́слить(ся)

зама́слить *v* кого́-что Fettflecken machen ‖ *uv* зама́сливать 1a

ft.	зама́слю, -лишь, -лят
imp.	зама́сли, ~те
pt.	зама́слил
g.pt.a.	зама́слив
p.pt.a.	зама́сливший
p.pt.p.	зама́сленный

зама́слиться *v* **1.** sich mit Fett *oder* Fettigem beschmutzen, sich fettig machen **2.** *1. u. 2. Pers ungebr* zu glänzen anfangen *von Augen*, erglänzen ‖ *uv* зама́сливаться

заматере́ть 3 *v* verknöchern, versauern

зама́тывать *uv zu* ¹замота́ть

зама́тываться *uv zu* замота́ться

замаха́ть *v* чем anfangen zu winken [zu schwingen]

ft.	замашу́, -а́шешь, -а́шут *u. umg* замаха́ю, -а́ешь, -а́ют
imp.	замаши́, ~те *u. umg* замаха́й, ~те
pt.	замаха́л
g.pt.a.	замаха́в
p.pt.a.	замаха́вший

зама́хиваться *uv zu* замахну́ться

замахну́ться 7 *v* чем zum Schlag ausholen ‖ *uv* зама́хиваться 1a

зама́чивать *uv zu* замочи́ть

зама́щивать *uv zu* замости́ть

зама́яться *v volksspr* sich abrackern, völlig erschöpft werden

ft. зама́юсь, -а́ешься, -а́ются
imp. зама́йся, -а́йтесь
pt. зама́ялся, -лась
g.pt.a. зама́явшись
p.pt.a. зама́явшийся

замая́чить *v umg* in der Ferne auftauchen

ft. замая́чу, -чишь, -чат
imp. замая́чь, ~те
pt. замая́чил
g.pt.a. замая́чив
p.pt.a. замая́чивший

заме́длить *v* **1.** что verlangsamen **2.** что verzögern, aufhalten **3.** *meist verneint; mit Infinitiv oder* с чем zögern, auf sich warten lassen ‖ *uv* замедля́ть 2a

ft. заме́длю, -лишь, -лят
imp. заме́дли, ~те
pt. заме́длил
g.pt.a. заме́длив
p.pt.a. заме́дливший
p.pt.p. заме́дленный

заме́длиться, *1. u. 2. Pers ungebr, v* sich verlangsamen; sich in die Länge ziehen ‖ *uv* замедля́ться

замедля́ть(ся) *uv zu* заме́длить(ся)

заме́ливать *uv zu* замели́ть

замели́ть *v* что *umg* mit Kreide beschmieren ‖ *uv* заме́ливать 1a

ft. замелю́, -ли́шь, -ля́т
imp. замели́, ~те
pt. замели́л
g.pt.a. замели́в
p.pt.a. замели́вший
p.pt.p. замелённый; замелён, -ена́

замелька́ть 2 *v* **1.** zu flimmern [zu blinken] anfangen **2.** kurz auftauchen, vorüberfliegen

замени́ть *v* кого́-что **1.** кем-чем ersetzen (durch) **2.** кому́-чему́ Ersatz bieten, ersetzen **3.** ablösen; vertreten ‖ *uv* заменя́ть 2a

ft. заменю́, -е́нишь, -е́нят
imp. замени́, ~те
pt. замени́л
g.pt.a. замени́в
p.pt.a. замени́вший
p.pt.p. заменённый; заменён, -ена́

заменя́ть *uv zu* замени́ть

замере́ть *v* **1.** erstarren, stocken **2.** *1. u. 2. Pers ungebr* aufhören; verklingen ‖ *u* замира́ть 2a

ft. замру́, -рёшь, -ру́т
imp. замри́, ~те
pt. за́мер, замерла́, за́мерло
g.pt.a. замере́в
p.pt.a. за́ме́рший

замерза́ть *uv zu* замёрзнуть

замёрзнуть *v* **1.** gefrieren, zufrieren **2.** erfrieren **3.** frieren, durchfroren sein ‖ *uv* замерза́ть 2a

ft. замёрзну, -нешь, -нут
imp. замёрзни, ~те
pt. замёрз, ~ла
g.pt.a. замёрзнув *u.* замёрзши
p.pt.a. замёрзший

замеси́ть *v* что einrühren, anmachen ‖ *uv* заме́шивать 1a

ft. замешу́, -е́сишь, -е́сят
imp. замеси́, ~те
pt. замеси́л
g.pt.a. замеси́в
p.pt.a. замеси́вший
p.pt.p. заме́шенный

замести́ *v* **1.** что (zusammen)fegen **2.** *nur 3. Pers oder unpers* verwehen, zuschütten ‖ *uv* замета́ть 2a

ft. замету́, -тёшь, -ту́т
imp. замети́, ~те
pt. замёл, -ела́
g.pt.a. заметя́
p.pt.a. замётший
p.pt.p. заметённый; заметён, -ена́

замести́ть *uv zu* замеща́ть

ft. замещу́, -ести́шь, -естя́т
imp. замести́, ~те
pt. замести́л
g.pt.a. замести́в
p.pt.a. замести́вший
p.pt.p. замещённый; замещён, -ена́

[1]**замета́ть** *uv zu* замести́

[2]**замета́ть** 2 *v* что anheften ‖ *uv* замётывать 1a

p.pt.p. замётанный

замета́ться *v* anfangen sich hin und her zu werfen

ft. замечу́сь, -е́чешься, -е́чутся
imp. замечи́сь, -и́тесь
pt. замета́лся, -лась
g.pt.a. замета́вшись
p.pt.a. замета́вшийся

заме́тить *v* **1.** кого́-что *oder mit Konjunktion* что *u.* как wahrnehmen **2.** что sich merken, sich einprägen **3.** что kennzeichnen, anmerken, notieren **4.** eine Bemerkung machen ‖ *uv* замечáть 2a

ft.	замéчу, -éтишь, -éтят
imp.	замéть, ~те
pt.	замéтил
g.pt.a.	замéтив
p.pt.a.	замéтивший
p.pt.p.	замéченный

замётывать *uv zu* ²заметáть

замечáть *uv zu* замéтить

замечáться 2a, *1. u. 2. Pers ungebr*, *uv* sich bemerkbar machen

замечтáться 2 *v* sich in Träumereien verlieren

замешáть 2 *v* когó-что во что verwickeln (in) ‖ *uv* замéшивать 1a

замешáться *v* **1.** hineingeraten (in) **2.** sich mengen, sich mischen (in), untertauchen ‖ *uv* замéшиваться

¹**замéшивать** *uv zu* замесúть

²**замéшивать** *uv zu* замешáть

замéшиваться *uv zu* замешáться

замéшкаться 1 *v umg* sich zu lange aufhalten, zu lange fortbleiben

замещáть 2 *v* **1.** когó-что кем-чем ersetzen, ergänzen (durch) **2.** когó-что (j-n) vertreten **3.** что кем-чем *eine Funktion* besetzen (mit) ‖ *uv* заместúть, Formen das.

замигáть 2 *v* anfangen zu blinzeln [zu zwinkern; zu flimmern]

заминáть(ся) *uv zu* замя́ть(ся)

заминúровать 4 *v* что verminen

замирáть *uv zu* замерéть

замирúть *v* когó-что *volksspr alt* versöhnen ‖ *uv* замиря́ть 2a

ft.	замирю́, -рúшь, -ря́т
imp.	замирú, ~те
pt.	замирúл
g.pt.a.	замирúв
p.pt.a.	замирúвший
p.pt.p.	замирённый; замирён, -енá

замирúться *v* с кем-чем *volksspr alt* Frieden schließen ‖ *uv* замиря́ться

замиря́ть(ся) *uv zu* замирúть(ся)

замкнýть 7 *v* что **1.** *alt u. volksspr* zuschließen; einschließen **2.** vereinigen, schließen; umschließen ‖ *uv* замыкáть 2a

замкнýться *v* во что *oder* в чём sich absondern, sich (von der Außenwelt) abschließen ‖ *uv* замыкáться

замокáть *uv zu* замóкнуть

замóкнуть, *1. u. 2. Pers ungebr*, *v* naß werden, durchweichen ‖ *uv* замокáть 2a

ft.	замóкнет, -нут
pt.	замóк, ~ла
g.pt.a.	замóкнув *u.* замóкши
p.pt.a.	замóкший

замóлвить *v umg*: замóлвить слóво за когó-н. ein gutes Wort für j-n einlegen

ft.	замóлвлю, -вишь, -вят
imp.	замóлви, ~те
pt.	замóлвил
g.pt.a.	замóлвив
p.pt.a.	замóлвивший
p.pt.p.	замóлвленный

замолúть *v* что *umg* durch Gebete Vergebung für etwas erflehen ‖ *uv* замáливать 1a

ft.	замолю́, -óлишь, -óлят
imp.	замолú, ~те
pt.	замолúл
g.pt.a.	замолúв
p.pt.a.	замолúвший
p.pt.p.	замолённый; замолён, -енá

замолкáть *uv zu* замóлкнуть

замóлкнуть *v* **1.** verstummen, nicht weitersprechen **2.** *1. u. 2. Pers ungebr* nicht mehr zu hören sein ‖ *uv* замолкáть 2a

ft.	замóлкну, -нешь, -нут
imp.	замóлкни, ~те
pt.	замóлк, ~ла
g.pt.a.	замóлкнув *u.* замóлкши
p.pt.a.	замóлкший *u.* замóлкнувший

¹**замолчáть** *v* **1.** verstummen, nicht weitersprechen **2.** *1. u. 2. Pers ungebr* verstummen, nicht mehr zu hören sein *Feuerwaffen*

ft.	замолчý, -чúшь, -чáт
imp.	замолчú, ~те
pt.	замолчáл
g.pt.a.	замолчáв
p.pt.a.	замолчáвший

²**замолчáть** *v* что *umg* verschweigen, totschweigen ‖ *uv* замáлчивать 1a Formen wie ¹замолчáть

заморáживать *uv zu* заморóзить

заморгáть 2 *v* anfangen zu blinzeln [zu zwinkern]

заморúть *v umg* когó-что **1.** *zu Tode* schinden, peinigen **2.** *umg* beizen ‖ *uv* замáривать 1a

ft.	заморю́, -рúшь -ря́т
imp.	заморú, ~те
pt.	заморúл

g.pt.a. замори́в
p.pt.a. замори́вший
p.pt.p. заморённый; заморён, -ена́

замори́ться *v volksspr* sich abquälen, sich abhetzen

заморо́зить *v* кого́-что **1.** zum Gefrieren bringen **2.** *umg* kalt stellen ‖ *uv* замора́живать 1a
ft. заморо́жу, -о́зишь, -о́зят
imp. заморо́зь, ~те
pt. заморо́зил
g.pt.a. заморо́зив
p.pt.a. заморо́зивший
p.pt.p. заморо́женный

заморо си́ть, *1. u. 2. Pers ungebr, v* anfangen zu sprühen [zu nieseln] *vom Regen*
ft. заморо си́т, -ся́т
pt. заморо си́л
g.pt.a. заморо си́в
p.pt.a. заморо си́вший

замости́ть *v* что pflastern ‖ *uv* зама́щивать 1a
ft. замощу́, -ости́шь, -остя́т
imp. замости́, ~те
pt. замости́л
g.pt.a. замости́в
p.pt.a. замости́вший
p.pt.p. замощённый; замощён, -ена́

[1]**замота́ть** 2 *v* **1.** что *umg* wickeln, winden (вокру́г чего́ um) **2.** что чем *umg* umwickeln **3.** кого́-что *volksspr* erschöpfen, aufreiben ‖ *uv* зама́тывать 1a

[2]**замота́ть** 2 *v* чем *umg* beginnen hin und her zu bewegen

замота́ться *v* **1.** *umg* sich winden, sich wickeln (um) **2.** (чем) *umg* sich einhüllen, sich umwickeln **3.** *übtr volksspr* müde werden, ermatten, fertigwerden ‖ *uv* зама́тываться 1a

замочи́ть *v* кого́-что **1.** naß machen **2.** einweichen, eintauchen ‖ *uv* зама́чивать 1a
ft. замочу́, -о́чишь, -о́чат
imp. замочи́, ~те
pt. замочи́л
g.pt.a. замочи́в
p.pt.a. замочи́вший
p.pt.p. замо́ченный

замурлы́кать *v* **1.** anfangen zu schnurren **2.** anfangen leise vor sich hinzusummen
ft. замурлы́чу, -чешь, -чут *u.* замурлы́каю, -аешь, -ают
imp. замурлы́чь, ~те *u.* замурлы́кай, ~те
pt. замурлы́кал
g.pt.a. замурлы́кав
p.pt.a. замурлы́кавший

замурова́ть 5 *v* кого́-что **1.** zumauern **2.** einmauern ‖ *uv* замуро́вывать 1a

замурова́ться *v umg alt* sich von der Welt abschließen, sich vergraben ‖ *uv* замуро́вываться

замуро́вывать(ся) *uv zu* замурова́ть(ся)

заму́сливать(ся) *uv zu* заму́слить(ся)

заму́слить *v* кого́-что *umg* anlecken, besabbern; fettig machen ‖ *uv* заму́сливать 1a
ft. заму́слю, -лишь, -лят
imp. заму́сли, ~те
pt. заму́слил
g.pt.a. заму́слив
p.pt.a. заму́сливший
p.pt.p. заму́сленный

заму́слиться *v umg* sich besabbern, sich begeifern; sich fettig machen ‖ *uv* заму́сливаться

замусо́ливать(ся) *uv zu* замусо́лить(ся)

замусо́лить *v* кого́-что *umg* verschmieren; bespucken; fettig machen ‖ *uv* замусо́ливать 1a
ft. замусо́лю, -лишь, -лят
imp. замусо́ль, ~те
pt. замусо́лил
g.pt.a. замусо́лив
p.pt.a. замусо́ливший
p.pt.p. замусо́ленный

замусо́литься *v umg* sich begeifern, sich besabbern; sich fettig machen ‖ *uv* замусо́ливаться

заму́соривать(ся) *uv zu* заму́сорить(ся)

заму́сорить *v* что mit Kehricht [Abfällen] verunreinigen ‖ *uv* заму́соривать 1a
ft. заму́сорю, -ришь, -рят
imp. заму́сорь, ~те *u.* заму́сори, ~те
pt. заму́сорил
g.pt.a. заму́сорив
p.pt.a. заму́соривший
p.pt.p. заму́соренный

заму́сориться, *1. u. 2. Pers ungebr, v* durch Kehricht [Abfälle] verunreinigt werden ‖ *uv* заму́сориваться

замути́ть *v* кого́-что **1.** trübe machen **2.** *alt volksspr* aufwiegeln
ft. замучу́, -у́ти́шь, -у́тя́т
imp. замути́, ~те
pt. замути́л
g.pt.a. замути́в

p.pt.a.	замути́вший
p.pt.p.	замутнённый; замутнён, -ена́ *zu* 1

замути́ться, *1. u. 2. Pers ungebr, v* sich trüben, trübe werden

заму́чивать(ся) *uv zu* заму́чить(ся)

заму́чить *v* кого́-что **1.** zu Tode quälen, foltern **2.** quälen, plagen ‖ *uv* заму́чивать 1a

ft.	заму́чу, -чишь, -чат *u. umg* заму́чаю, -аешь, -ают
imp.	заму́чь, ~те *u. umg* заму́чай, ~те
pt.	заму́чил
g.pt.a.	заму́чив
p.pt.a.	заму́чивший
p.pt.p.	заму́ченный

заму́читься *v* sich abquälen, sich abmühen ‖ *uv* заму́чиваться

замше́ть 3, *1. u. 2. Pers ungebr, v* sich mit Moos bedecken

замыва́ть *uv zu* замы́ть

замы́згать 1 *v* что *volksspr Kleidung* schmutzig machen; abtragen ‖ *uv* замы́згивать 1a

замы́згивать *uv zu* замы́згать

замыка́ть(ся) *uv zu* замкну́ть(ся)

замы́слить *v* что *oder mit Infinitiv* vorhaben, planen, beabsichtigen ‖ *uv* замышля́ть 2a

ft.	замы́слю, -лишь, -лят
imp.	замы́сли, ~те
pt.	замы́слил
g.pt.a.	замы́слив
p.pt.a.	замы́сливший
p.pt.p.	замы́шленный

замыта́рить *v* кого́-что *umg* quälen, plagen

ft.	замыта́рю, -ришь, -рят
imp.	замыта́рь, ~те
pt.	замыта́рил
g.pt.a.	замыта́рив
p.pt.a.	замыта́ривший
p.pt.p.	замыта́ренный

замыта́риться *v umg* sich (ab)quälen

замы́ть *v* что **1.** herauswaschen *Fleck* **2.** glattspülen, verwischen ‖ *uv* замыва́ть 2a

ft.	замо́ю, -о́ешь, -о́ют
imp.	замо́й, ~те
pt.	замы́л
g.pt.a.	замы́в
p.pt.a.	замы́вший
p.pt.p.	замы́тый

замыча́ть *v* anfangen zu brüllen *von Rindern*

ft.	замычу́, -чи́шь, -ча́т
imp.	замычи́, ~те
pt.	замыча́л
g.pt.a.	замыча́в
p.pt.a.	замыча́вший

замышля́ть *uv zu* замы́слить

замя́ть *v* что *umg* **1.** zerdrücken **2.** vertuschen; absichtlich nicht beachten ‖ *uv* замина́ть 2a

ft.	замну́, -нёшь, -ну́т
imp.	замни́, ~те
pt.	замя́л
g.pt.a.	замя́в
p.pt.a.	замя́вший
p.pt.p.	замя́тый

замя́ться *v umg* **1.** unentschlossen stehen bleiben **2.** sich verhaspeln, ins Stocken geraten, den Faden verlieren *beim Reden* ‖ *uv* замина́ться

занаве́сить *v* что verhängen, zuhängen ‖ *uv* занаве́шивать 1a

ft.	занаве́шу, -е́сишь, -е́сят
imp.	занаве́сь, ~те
pt.	занаве́сил
g.pt.a.	занаве́сив
p.pt.a.	занаве́сивший
p.pt.p.	занаве́шенный

занаве́шивать *uv zu* занаве́сить

зана́шивать(ся) *uv zu* [2]заноси́ть(ся)

занеду́жить *v gbt* erkranken, krank werden

ft.	занеду́жу, -жишь, -жат
imp.	занеду́жь, ~те
pt.	занеду́жил
g.pt.a.	занеду́жив
p.pt.a.	занеду́живший

занеду́житься *v gbt* **1.** erkranken, krank werden **2.** *unpers* кому́-чему́: ему́ занеду́жилось er fühlte sich nicht wohl, ihm war nicht gut

занеме́ть 3 *v umg* erstarren, absterben *Glied*

занемога́ть *uv zu* занемо́чь

занемо́чь *v* krank werden ‖ *uv* занемога́ть 2a

ft.	занемогу́, -о́жешь, -о́гут
imp.	занемоги́, ~те
pt.	занемо́г, -огла́
g.pt.a.	занемо́гши
p.pt.a.	занемо́гший

занести́ *v* кого́-что **1.** hineintragen, (mit)bringen **2.** vorbeibringen **3.** einschreiben **4.** hochheben **5.** *meist unpers* verwehen, verschütten ‖ *uv* [1]заноси́ть, Formen das.

ft. занесý, -сёшь, -сýт
imp. занеси́, ~те
pt. занёс, -еслá
g.pt.a. занеся́ *u. alt* занёсши
p.pt.a. занёсший
p.pt.p. занесённый; занесён, -енá

занести́сь *v umg* **1.** sich hinreißen lassen **2.** hoch hinaus wollen ‖ *uv* заноси́ться

занижáть *uv zu* зани́зить

зани́зить *v* что zu niedrig bemessen ‖ *uv* занижáть 2a
ft. зани́жу, -и́зишь, -и́зят
imp. зани́зь, ~те
pt. зани́зил
g.pt.a. зани́зив
p.pt.a. зани́зивший
p.pt.p. зани́женный

[1,2]**занимáть(ся)** *uv zu* [1,2]заня́ть(ся)

занози́ть *v* что sich einen Splitter einziehen
ft. занożý, -ози́шь, -озя́т
imp. занози́, ~те
pt. занози́л
g.pt.a. занози́в
p.pt.a. занози́вший

[1]**заноси́ть** *uv zu* занести́
pr. заношý, -óсишь, -óсят
imp. заноси́, ~те
pt. заноси́л
g.pr.a. занося́
p.pr.a. занося́щий
p.pt.a. заноси́вший
p.pr.p. заноси́мый

[2]**заноси́ть** *v* что abtragen, abnützen *Kleidung* ‖ *uv* занáшивать 1a
ft. заношý, -óсишь, -óсят
imp. заноси́, ~те
pt. заноси́л
g.pt.a. заноси́в
p.pt.a. заноси́вший
p.pt.p. занóшенный

[1]**заноси́ться** *uv zu* занести́сь
Formen nach [1]заноси́ть

[2]**заноси́ться,** *1. u. 2. Pers ungebr*, *v* zerrissen [abgenutzt] sein ‖ *uv* занáшиваться
Formen nach [2]заноси́ть

заночевáть *v* übernachten ‖ *uv* заночёвывать 1a
ft. заночýю, -ýешь, -ýют
imp. заночýй, ~те
pt. заночевáл
g.pt.a. заночевáв
p.pt.a. заночевáвший

заночёвывать *uv zu* заночевáть

занумеровáть 5 *v* когó-что numerieren ‖ *uv* занумерóвывать 1a

занумерóвывать *uv zu* занумеровáть

занывáть *uv zu* заны́ть

заны́ть *v* **1.** dumpf zu schmerzen beginnen **2.** zu jammern beginnen ‖ *uv* занывáть* 2a
ft. занóю, -óешь, -óют
imp. занóй, ~те
pt. заны́л
g.pt.a. заны́в
p.pt.a. заны́вший

[1]**заня́ть** *v* что sich leihen, sich borgen ‖ *uv* занимáть 2a
ft. займý, -мёшь, -мýт
imp. займи́, ~те
pt. зáнял, занялá, зáняло
g.pt.a. заня́в
p.pt.a. заня́вший
p.pt.p. зáнятый; зáнят, занятá, зáнято

[2]**заня́ть** *v* когó-что **1.** einnehmen, beanspruchen **2.** einnehmen, besetzen *Plätze* **3.** einnehmen, übernehmen **4.** erobern, besetzen **5.** beschäftigen, einsetzen **6.** unterhalten ‖ *uv* занимáть 2a
Formen wie [1]заня́ть

[1]**заня́ться** *v* **1.** чем sich vorübergehend beschäftigen (mit) **2.** с кем-чем sich beschäftigen (mit) ‖ *uv* занимáться
pt. заня́лся́, -лáсь, -лóсь

[2]**заня́ться,** *1. u. 2. Pers ungebr*, *v* Feuer fangen ‖ *uv* занимáться
pt. занялся́, -лáсь, -лóсь

заостри́ть *v* что **1.** spitz machen; schärfen **2.** *übtr* zuspitzen ‖ *uv* заостря́ть 2a
ft. заострю́, -ри́шь, -ря́т
imp. заостри́, ~те
pt. заостри́л
g.pt.a. заостри́в
p.pt.a. заостри́вший
p.pt.p. заострённый; заострён, -енá

заостри́ться, *1. u. 2. Pers ungebr*, *v* spitz werden; sich verjüngen ‖ *uv* заостря́ться

заостря́ть(ся) *uv zu* заостри́ть(ся)

заóхать 1 *v umg* anfangen zu ächzen [zu stöhnen]

запáдать 1 *v umg* anfangen zu fallen

западáть *uv zu* запáсть

запáздывать *uv zu* запоздáть

запáивать *uv zu* запая́ть

запаковáть 5 *v* что ver-, einpacken ‖ *uv* запакóвывать 1a

запакóвывать *uv zu* запаковáть

запакостить *v* что *volksspr* beschmutzen, dreckig machen
ft. запакощу, -остишь, -остят
imp. запакости, ~те
pt. запакостил
g.pt.a. запакостив
p.pt.a. запакостивший
p.pt.p. запакощенный

запаливать *uv zu* запалить

запалить *v* что *volksspr* anzünden, in Brand stecken ‖ *uv* запаливать 1a
ft. запалю, -лишь, -лят
imp. запали, ~те
pt. запалил
g.pt.a. запалив
p.pt.a. запаливший
p.pt.p. запалённый; запалён, -ена

запамятовать 4 *v* что *alt u. volksspr* vergessen
kein *p.pt.p.*

запаниковать 5 *v umg* in Panik geraten

запаривать *uv zu* [1]запарить

запариваться *uv zu* запариться

[1]**запарить** *v* кого-что **1.** (ab)brühen, dämpfen **2.** *volksspr durch Hitze* entkräften **3.** abhetzen *Pferd* ‖ *uv* запаривать 1a
ft. запарю, -ришь, -рят
imp. запарь, ~те
pt. запарил
g.pt.a. запарив
p.pt.a. запаривший
p.pt.p. запаренный

[2]**запарить** *unpers v volksspr* anfangen, schwül [drückend heiß] zu werden
ft. запарит
pt. запарило

запариться *v* **1.** *umg* gedämpft werden **2.** *volksspr* völlig erschöpft werden **3.** *volksspr* sich abhetzen ‖ *uv* запариваться 1a

запаршиветь 3, *Betonung bleibt wie im Infinitiv, v umg* räudig werden

[1,2]**запарывать** *uv zu* [1,2]запороть

запасать(ся) *uv zu* запасти(сь)

запасти *v* что (*oder* чего) auf Vorrat anschaffen ‖ *uv* запасать 2a
ft. запасу, -сёшь, -сут
imp. запаси, ~те
pt. запас, -асла
g.pt.a. запасши
p.pt.a. запасший
p.pt.p. запасённый; запасён, -ена

запастись *v* чем sich versorgen (mit) ‖ *uv* запасаться

запасть, *1. u. 2. Pers ungebr, v* **1.** einfallen, schlaff werden **2.** *umg* за что *u.* во что (hinein)fallen, geraten (hinter, in) **3.** sich tief einprägen ‖ *uv* западать 2a
ft. западёт, -дут
pt. запал
g.pt.a. запав
p.pt.a. запавший

запатентовать 5 *v* что patentieren ‖ *uv* запатентовывать 1a

запатентовывать *uv zu* запатентовать

запатовать 5 *v* кого-что patt setzen *Schachspiel*

запахать *v* что (um)pflügen, (um)ackern ‖ *uv* запахивать 1a
ft. запашу, -ашешь, -ашут
imp. запаши, ~те
pt. запахал
g.pt.a. запахав
p.pt.a. запахавший
p.pt.p. запаханный

[1]**запахивать** *uv zu* запахать

[2]**запахивать** *uv zu* запахнуть

запахиваться *uv zu* запахнуться

запахнуть *v* anfangen zu riechen [zu duften]
ft. запахну, -нешь, -нут
pt. запах, ~ла
g.pt.a. запахнув *u.* запахши
p.pt.a. запахший *u.* запахнувший

запахнуть 7 *v* что **1.** übereinanderschlagen, schließen *die Schöße eines Kleidungsstückes* **2.** *umg* heftig zuwerfen ‖ *uv* запахивать 1a

запахнуться *v* sich (ein)hüllen; запахнуться в шубу sich in den Pelz hüllen ‖ *uv* запахиваться

запачкать 1 *v* **1.** кого-что beschmutzen **2.** что *übtr* entehren, besudeln

запачкаться *v* sich beschmutzen, sich schmutzig machen

запаять 2 *v* что zulöten, verlöten ‖ *uv* запаивать 1a

запевать 2a *uv* что *u. ohne Objekt* **1.** ein Lied anstimmen **2.** *als Vorsänger* ein Lied [eine Liedstrophe] beginnen

запекать(ся) *uv zu* запечь(ся)

запеленать 2 *v* кого-что in Windeln wickeln
p.pt.p. запелёнатый

запеленговать 5 *v* кого-что anpeilen

запенивать(ся) *uv zu* запенить(ся)

запéнить *v* что mit Schaum bedecken ‖ *uv* запéнивать 1a
ft. запéню, -нишь, -нят
imp. запéнь, ~те
pt. запéнил
g.pt.a. запéнив
p.pt.a. запéнивший
p.pt.p. запéненный

запéниться, *1. u. 2. Pers ungebr, v* zu schäumen beginnen ‖ *uv* запéниваться

заперéть *v* когó-что **1.** ab-, zuschließen **2.** einschließen, einsperren **3.** umzingeln, einschließen ‖ *uv* запирáть 2a
ft. запрý, -рёшь, -рýт
imp. заприí, ~те
pt. зáпер, заперлá, зáперло
g.pt.a. заперéв *u.* зáперши
p.pt.a. зáперший *u.* запёрший
p.pt.p. зáпертый; зáперт, запертá, зáперто

заперéться *v* **1.** sich einschließen **2.** sich (zu)schließen lassen **3.** *umg* hartnäckig leugnen ‖ *uv* запирáться
g.pt.a. запершúсь

запершúть *unpers v umg*: у меня́ запершúло в гóрле es begann mir im Hals zu kratzen
ft. запершúт
pt. запершúло

запестрéть 3, *1. u. 2. Pers ungebr, v* **1.** bunt zu schimmern beginnen **2.** bunt werden **3.** *übtr* oft aufzutauchen beginnen

запéть *v* что zu singen beginnen
ft. запою́, -оёшь, -ою́т
imp. запóй, ~те
pt. запéл
g.pt.a. запéв
p.pt.a. запéвший
p.pt.p. запéтый

запечáтать 1 *v* что **1.** versiegeln **2.** zukleben *Brief* ‖ *uv* запечáтывать 1a

запечáтаться, *1. u. 2. Pers ungebr, v* versiegelt werden ‖ *uv* запечáтываться

запечатлевáть(ся) *uv zu* запечатлéть(ся)

запечатлéть 3 *v* что **1.** verkörpern, darstellen **2.** sich fest einprägen **3.** bezeichnen, hervorheben ‖ *uv* запечатлевáть 2a
p.pt.p. запечатлённый; запечатлён, -енá

запечатлéться *v* fest im Gedächtnis haftenbleiben ‖ *uv* запечатлевáться

запечáтывать(ся) *uv zu* запечáтать(ся)

запéчь *v* когó-что **1.** überbacken **2.** in Teig einbacken ‖ *uv* запекáть 2a
ft. запекý, -ечёшь, -екýт
imp. запекú, ~те
pt. запёк, -еклá
g.pt.a. запёкши
p.pt.a. запёкший
p.pt.p. запечённый; запечён, -енá

запéчься, *1. u. 2. Pers ungebr, v* **1.** *vom Backen* braun werden **2.** gerinnen *Blut* **3.** *vor Trockenheit* rissig werden, aufplatzen *Lippen* ‖ *uv* запекáться

[1,2]**запивáть** *uv zu* [1,2]запúть

запинáться *uv zu* запнýться

запирáть(ся) *uv zu* заперéть(ся)

записáть *v* когó-что **1** auf-, niederschreiben **2.** aufzeichnen *auf Tonband* **3.** eintragen, anmelden **4.** *alt volksspr* (schriftlich) vermachen ‖ *uv* запúсывать 1a
ft. запишý, -úшешь, -úшут
imp. запишú, ~те
pt. записáл
g.pt.a. записáв
p.pt.a. записáвший
p.pt.p. запúсанный

записáться *v* sich eintragen, einschreiben (lassen), sich anmelden ‖ *uv* запúсываться

запúсывать(ся) *uv zu* записáть(ся)

[1]**запúть** *v* что чем nachtrinken, hinunterspülen ‖ *uv* запивáть 2a
ft. запью́, запьёшь, запью́т
imp. запéй, ~те
pt. запúл, запилá, запúло
g.pt.a. запúв
p.pt.a. запúвший
p.pt.p. запúтый; запúт, -итá, -úто

[2]**запúть** *v umg* sich dem Trunk ergeben ‖ *uv* запивáть 2a
pt. зáпил, запилá, зáпило
kein *p.pt.p.*
Übrige Formen wie [1]запúть

запихáть 2 *v* что *umg* hineinstopfen ‖ *uv* запúхивать 1a

[1]**запúхивать** *uv zu* запихáть

[2]**запúхивать** *uv zu* запихнýть

запихнýть 7 *v* что *umg* hineinstopfen ‖ *uv* запúхивать 1a

запищáть *v* anfangen zu piepsen [zu quieken]
ft. запищý, -щúшь, -щáт
imp. запищú, ~те
pt. запищáл
g.pt.a. запищáв
p.pt.a. запищáвший

запла́кать *v* anfangen zu weinen
ft. запла́чу, -чешь, -чут
imp. запла́чь, ~те
pt. запла́кал
g.pt.a. запла́кав
p.pt.a. запла́кавший

заплани́ровать 4 *v* что einplanen

заплата́ть 2 *v* что *volksspr* flicken

заплати́ть *v* **1.** что *oder* за что bezahlen **2.** чем за что vergelten (mit)
ft. заплачу́, -а́тишь, -а́тят
imp. заплати́, ~те
pt. заплати́л
g.pt.a. заплати́в
p.pt.a. заплати́вший
p.pt.p. запла́ченный

заплева́ть *v* кого́-что bespucken ‖ *uv* заплёвывать 1a
ft. заплюю́, -юёшь, -юю́т
imp. заплю́й, ~те
pt. заплева́л
g.pt.a. заплева́в
p.pt.a. заплева́вший
p.pt.p. заплёванный

заплёвывать *uv zu* заплева́ть

заплеска́ть 2 *v* кого́-что bespritzen ‖ *uv* заплёскивать 1a
ft.auch заплещу́, -е́щешь, -е́щут
imp.auch заплещи, ~те
p.pt.p. заплёсканный

[1]**заплёскивать** *uv zu* заплеска́ть

[2]**заплёскивать** *uv zu* заплесну́ть

запле́сневеть 3, *Betonung bleibt wie im Infinitiv*, *v* verschimmeln

заплесну́ть 7 *v* что vollspritzen, über etw. schlagen *Wellen* ‖ *uv* заплёскивать 1a
p.pt.p. заплёснутый

[1]**заплести́** *v* что flechten ‖ *uv* заплета́ть 2a
ft. заплету́, -тёшь, -ту́т
imp. заплети́, ~те
pt. заплёл, -ела́
g.pt.a. заплетя́ *u.* заплётши
p.pt.a. заплётший
p.pt.p. заплетённый; заплетён, -ена́

[2]**заплести́** *v* zu flechten beginnen
kein *p.pt.p.*
Übrige Formen wie [1]заплести́

заплести́сь *v zu* заплета́ться

заплета́ть *uv zu* [1]заплести́

заплета́ться 2a, *1. u. 2. Pers ungebr*, *uv* sich schwerfällig bewegen, *den Dienst* versagen ‖ *v* заплести́сь, Formen nach [1]заплести́

запломбирова́ть 5 *v* что **1.** plombieren, füllen *Zahn* **2.** plombieren, versiegeln ‖ *uv* запломбиро́вывать 1a

запломбиро́вывать *uv zu* запломбирова́ть

заплута́ться 2 *v volksspr* sich verirren

[1,2]**заплыва́ть** *uv zu* [1,2]заплы́ть

[1]**заплы́ть** *v* weit schwimmen, hinausschwimmen ‖ *uv* заплыва́ть 2a
ft. заплыву́, -вёшь, -ву́т
imp. заплыви́, ~те
pt. заплы́л, -ыла́, -ы́ло
g.pt.a. заплы́в
p.pt.a. заплы́вший

[2]**заплы́ть**, *1. u. 2. Pers ungebr*, *v* чем sich (mit etw.) überziehen ‖ *uv* заплыва́ть 2a
Formen wie [1]заплы́ть

запляса́ть *v* anfangen zu tanzen
ft. запляшу́, -я́шешь, -я́шут
imp. запляши́, ~те
pt. запляса́л
g.pt.a. запляса́в
p.pt.a. запляса́вший

запну́ться 7 *v* stocken *beim Sprechen* ‖ *uv* запина́ться 2a

запове́дать 1 *v* что *alt* gebieten, befehlen ‖ *uv* запове́довать 4a

запове́довать *uv zu* запове́дать

запода́зривать *uv zu* заподо́зрить

заподо́зрить *v* кого́-что в чём verdächtigen ‖ *uv* запода́зривать 1a
ft. заподо́зрю, -ришь, -рят
imp. заподо́зри, ~те
pt. заподо́зрил
g.pt.a. заподо́зрив
p.pt.a. заподо́зривший
p.pt.p. заподо́зренный

запозда́ть 2 *v* **1.** zu spät kommen **2.** с чем *oder mit Infinitiv* sich verspäten, im Rückstand sein ‖ *uv* запа́здывать 1a

заполза́ть *uv zu* заползти́

заползти́ *v* (hinein)kriechen ‖ *uv* заполза́ть 2a
ft. заползу́, -зёшь, -зу́т
imp. заползи́, ~те
pt. запо́лз, -олзла́
g.pt.a. запо́лзши
p.pt.a. запо́лзший

запо́лнить *v* что **1.** gänzlich füllen, ausfüllen **2.** *übtr* ausfüllen ‖ *uv* заполня́ть 2a
ft. запо́лню, -нишь, -нят
imp. запо́лни, ~те

pt. запóлнил
g.pt.a. запóлнив
p.pt.a. запóлнивший
p.pt.p. запóлненный

запóлниться, *1. u. 2. Pers ungebr, v* sich gänzlich füllen ‖ *uv* заполня́ться

заполня́ть(ся) *uv zu* запóлнить(ся)

заполони́ть, *1. u. 2. Pers ungebr, v übtr* что ausfüllen *Raum* ‖ *uv* заполоня́ть 2a
ft. заполони́т, -ня́т
pt. заполони́л
g.pt.a. заполони́в
p.pt.a. заполони́вший
p.pt.p. заполонённый; заполонён, -енá

заполоня́ть *uv zu* заполони́ть

заполучáть *uv zu* заполучи́ть

заполучи́ть *v* когó-что *volksspr* bekommen, erwischen ‖ *uv* заполучáть 2a
ft. заполучý, -ýчишь, -ýчат
imp. заполучи́, ~те
pt. заполучи́л
g.pt.a. заполучи́в
p.pt.a. заполучи́вший
p.pt.p. заполýченный

запоминáть *uv zu* [1]запóмнить

запоминáться *uv zu* запóмниться

[1]**запóмнить** *v* когó-что sich einprägen, im Gedächtnis bewahren ‖ *uv* запоминáть 2a
ft. запóмню, -нишь, -нят
imp. запóмни, ~те
pt. запóмнил
g.pt.a. запóмнив
p.pt.a. запóмнивший

[2]**запóмнить** *uv umg nur verneint*: не запóмнить sich nicht entsinnen können
pr. запóмню, -нишь, -нят
pt. запóмнил

запóмниться *v* sich (dem Gedächtnis) einprägen ‖ *uv* запоминáться 2a
Formen nach [1]запóмнить

запорáшивать *uv zu* запороши́ть

[1]**запорóть** *v* когó-что *umg* zu Tode prügeln ‖ *uv* запáрывать 1a
ft. запорю́, -óрешь, -óрют
imp. запори́, ~те
pt. запорóл
g.pt.a. запорóв
p.pt.a. запорóвший
p.pt.p. запóротый

[2]**запорóть** *v* что *volkssppr* verderben *Werkstück* ‖ *uv* запáрывать 1a
Formen wie [1]запорóть

запороши́ть, *1. u. 2. Pers ungebr, v mit einer dünnen Schicht von Mehl, Schnee usw.* bedecken, überziehen ‖ *uv* запорáшивать 1a
ft. запороши́т, -шáт
pt. запороши́л
g.pt.a. запороши́в
p.pt.a. запороши́вший
p.pt.p. запорошённый; запорошён, -енá

запотевáть *uv zu* запотéть

запотéть 3 *v* **1.** feucht werden, anlaufen, beschlagen **2.** *volkssppr* sich mit Schweiß bedecken, schwitzen ‖ *uv* запотевáть 2a

започивáть 2 *v alt* sich schlafen legen; einschlafen

запрáвить *v* что **1.** hineinstecken, -schieben *beim Anziehen* **2.** чем würzen, anrichten **3.** fahrbereit machen; gebrauchsfertig machen ‖ *uv* заправля́ть 2a
ft. запрáвлю, -вишь, -вят
imp. запрáвь, ~те
pt. запрáвил
g.pt.a. запрáвив
p.pt.a. запрáвивший
p.pt.p. запрáвленный

запрáвиться *v* **1.** *umg* tanken **2.** *volkssppr* sich durch Speise und Trank stärken, gut vorlegen ‖ *uv* заправля́ться

заправля́ть *uv* **1.** *uv zu* запрáвить **2.** чем *volkssppr* schalten und walten, den Ton angeben

заправля́ться *uv zu* запрáвиться

запрáшивать *uv zu* запроси́ть

запревáть *uv zu* запрéть

запрети́ть *v* комý-чемý что *oder mit Infinitiv* verbieten, untersagen ‖ *uv* запрещáть 2a
ft. запрещý, -ети́шь, -етя́т
imp. запрети́, ~те
pt. запрети́л
g.pt.a. запрети́в
p.pt.a. запрети́вший
p.pt.p. запрещённый; запрещён, -енá

запрéть 3, *1. u. 2. Pers ungebr, v umg* faulen, modern; anfangen zu faulen ‖ *uv* запревáть 2a

запрещáть *uv zu* запрети́ть

запримéтить *v* когó-что *volkssppr* **1.** bemerken, sehen **2.** sich merken
ft. запримéчу, -éтишь, -éтят
imp. запримéть, ~те
pt. запримéтил

g.pt.a. заприме́тив
p.pt.a. заприме́тивший
p.pt.p. заприме́ченный

заприхо́довать 4 *v* что als Einnahme buchen

запродава́ть *uv zu* запрода́ть
pr. запродаю́, -аёшь, -аю́т
imp. запродава́й, ~те
pt. запродава́л
g.pr.a. запродава́я
p.pr.a. запродаю́щий
p.pt.a. запродава́вший
p.pr.p. запродава́емый

запрода́ть *v* кого́-что einen Verkaufsvertrag abschließen ‖ *uv* запродава́ть, Formen das.
ft. запрода́м, -а́шь, -а́ст, -ади́м, -ади́те, -аду́т
imp. запрода́й, ~те
pt. запро́дал, -одала́, -о́дало
g.pt.a. запрода́в
p.pt.a. запрода́вший
p.pt.p. запро́данный

запроекти́ровать 4 *v* что planen

запроки́дывать(ся) *uv zu* запроки́нуть(ся)

запроки́нуть 6 *v* что zurückwerfen *Kopf* ‖ *uv* запроки́дывать 1a
imp. запроки́нь, ~те
p.pt.p. запроки́нутый

запроки́нуться *v* sich zurückbiegen ‖ *uv* запроки́дываться

запропасти́ться *v volksspr* abhanden kommen, verschwinden
ft. запропащу́сь, -асти́шься, -астя́тся
imp. запропасти́сь, -и́тесь
pt. запропасти́лся, -лась
g.pt.a. запропасти́вшись
p.pt.a. запропасти́вшийся

запроси́ть *v* **1.** кого́-что о чём anfragen **2.** что *oder* чего́ anfordern **3.** что einen überhöhten Preis verlangen ‖ *uv* запра́шивать 1a
ft. запрошу́, -о́сишь, -о́сят
imp. запроси́, ~те
pt. запроси́л
g.pt.a. запроси́в
p.pt.a. запроси́вший
p.pt.p. запро́шенный

запротестова́ть 5 *v* Einspruch erheben; anfangen zu protestieren

запротоколи́ровать 4 *v* что zu Protokoll nehmen, ein Protokoll anfertigen

запруди́ть *v* что **1.** stauen *Fluß* **2.** *übtr umg* überfluten, gänzlich anfüllen ‖ *uv* запру́живать 1a *u. umg* запружа́ть 2a
ft. запружу́, -у́ди́шь, -у́дя́т
imp. запруди́, ~те
pt. запруди́л
g.pt.a. запруди́в
p.pt.a. запруди́вший
p.pt.p. запру́женный *u.* запружённый; запружён, -ена́

запружа́ть *uv zu* запруди́ть

запру́живать *uv zu* запруди́ть

запры́гать 1 *v* zu springen anfangen

запряга́ть(ся) *uv zu* запря́чь(ся)

запря́тать *v* кого́-что **1.** *umg* verstecken **2.** *volksspr* einkerkern ‖ *uv* запря́тывать 1a
ft. запря́чу, -чешь, -чут
imp. запря́чь, ~те
pt. запря́тал
g.pt.a. запря́тав
p.pt.a. запря́тавший
p.pt.p. запря́танный

запря́таться *v umg* sich verstecken ‖ *uv* запря́тываться

запря́тывать(ся) *uv zu* запря́тать(ся)

запря́чь *v* кого́-что **1.** an-, einspannen *Zugtier* **2.** *übtr umg* einspannen *in die Arbeit* ‖ *uv* запряга́ть 2a
ft. запрягу́, -яжёшь, -ягу́т
imp. запряги́, ~те
pt. запря́г, -ягла́
g.pt.a. запря́гши
p.pt.a. запря́гший
p.pt.p. запряжённый; запряжён, -ена́

запря́чься *v übtr umg* sich einspannen; запря́чься в рабо́ту sich ins Zeug legen ‖ *uv* запряга́ться

запуга́ть 2 *v* кого́-что einschüchtern ‖ *uv* запу́гивать 1a

запу́гивать *uv zu* запуга́ть

запу́дривать *uv zu* запу́дрить

запу́дрить *v* что pudern ‖ *uv* запу́дривать 1a
ft. запу́дрю, -ришь, -рят
imp. запу́дри, ~те
pt. запу́дрил
g.pt.a. запу́дрив
p.pt.a. запу́дривший
p.pt.p. запу́дренный

[1,2]запуска́ть *uv zu* [1,2]запусти́ть

запусте́ть 3, *1. u. 2. Pers ungebr*, *v* verwildern, veröden

[1]**запусти́ть** *v* **1.** что *oder* чем в когó-что schleudern **2.** aufsteigen lassen **3.** *umg* anlassen *Motor* **4.** *umg* что hineinstecken ‖ *uv* запускáть 2a

ft.	запущу́, -у́стишь, -у́стят
imp.	запусти́, ~те
pt.	запусти́л
g.pt.a.	запусти́в
p.pt.a.	запусти́вший
p.pt.p.	запу́щенный

[2]**запусти́ть** *v* что vernachlässigen, ohne Pflege lassen ‖ *uv* запускáть 2a
Formen wie [1]запусти́ть

запу́тать 1 *v* когó-что **1.** verwirren, durcheinanderbringen **2.** *übtr* komplizieren **3.** *übtr umg* verwirren, irremachen **4.** *umg* verstricken, (hinein)verwickeln ‖ *uv* запу́тывать 1a

запу́таться *v* **1.** sich verwickeln **2.** *übtr* verwickelt [schwer verständlich] werden **3.** в чём *übtr umg* sich verstricken, sich verwickeln (in) **4.** *übtr umg* sich verhaspeln ‖ *uv* запу́тываться

запу́тывать(ся) *uv zu* запу́тать(ся)

запухáть *uv zu* запу́хнуть

запу́хнуть *v umg* anschwellen ‖ *uv* запухáть 2a

ft.	запу́хну, -нешь, -нут
imp.	запу́хни, ~те
pt.	запу́х, ~ла
g.pt.a.	запу́хнув *u.* запу́хши
p.pt.a.	запу́хший *u.* запу́хнувший

запуши́ть, *1. u. 2. Pers ungebr, v* что wie mit Flaum bedecken *vom Schnee, Reif*

ft.	запуши́т, -шáт
pt.	запуши́л
g.pt.a.	запуши́в
p.pt.a.	запуши́вший
p.pt.p.	запушённый; запушён, -енá

запылáть 2 *v* aufflammen, auflodern

[1]**запыли́ть** *v* что staubig machen, mit Staub bedecken

ft.	запылю́, -ли́шь, -ля́т
imp.	запыли́, ~те
pt.	запыли́л
g.pt.a.	запыли́в
p.pt.a.	запыли́вший
p.pt.p.	запылённый; запылён, -енá

[2]**запыли́ть** *v* anfangen Staub aufzuwirbeln kein *p.pt.p.*
Übrige Formen wie [1]запыли́ть

запыли́ться *v* verstauben, staubig werden

запыхáться 2a *uv umg* außer Atem kommen, keuchen

запыхтéть *v umg* anfangen zu keuchen

ft.	запыхчу́, -хти́шь, -хтя́т
imp.	запыхти́, ~те
pt.	запыхтéл
g.pt.a.	запыхтéв
p.pt.a.	запыхтéвший

запьянéть 3 *v volksspr* betrunken werden

запятнáть 2 *v* когó-что beflecken, besudeln *a. übtr*

зарабáтывать *uv zu* [1]заработать

зарабáтываться *uv zu* заработаться

[1]**заработать** 1 *v* что durch Arbeit verdienen, erarbeiten ‖ *uv* зарабáтывать 1a

[2]**заработать** 1 *v* anfangen zu arbeiten

заработаться *v umg* (zu) lange arbeiten; durch vieles Arbeiten erschöpft werden ‖ *uv* зарабáтываться 1a

зарáвнивать *uv zu* заровня́ть

заражáть(ся) *uv zu* зарази́ть(ся)

зарази́ть *v* когó-что чем **1.** anstecken, infizieren **2.** verpesten, verseuchen **3.** *übtr* anstecken, mitreißen ‖ *uv* заражáть 2a

ft.	заражу́, -ази́шь, -азя́т
imp.	зарази́, ~те
pt.	зарази́л
g.pt.a.	зарази́в
p.pt.a.	зарази́вший
p.pt.p.	заражённый; заражён, -енá

зарази́ться *v* чем **1.** sich anstecken, sich infizieren **2.** *übtr* sich anstecken lassen ‖ *uv* заражáться

зарапортовáться 5 *v umg* sich beim Erzählen verwirren

зарастáть *uv zu* зарасти́

зарасти́ *v* **1.** sich bedecken *mit Pflanzenwuchs oder Haaren*, zuwachsen **2.** *umg* zuheilen, vernarben ‖ *uv* зарастáть 2a

ft.	зарасту́, -тёшь, -ту́т
imp.	зарасти́, ~те
pt.	зарóс, -ослá
g.pt.a.	зарóсши
p.pt.a.	зарóсший

зарвáться *v umg* sich übernehmen, jedes Maß vergessen ‖ *uv* зарывáться 2a

ft.	зарву́сь, -вёшься, -ву́тся
imp.	зарви́сь, -и́тесь
pt.	зарвáлся, -алáсь, -áлóсь
g.pt.a.	зарвáвшись
p.pt.a.	зарвáвшийся

зардéться 3 *v* **1.** sich rot färben **2.** erröten

заревéть *v* **1.** anfangen zu brüllen, aufheulen **2.** anfangen laut zu weinen

ft.	зареву́, -вёшь, -ву́т
imp.	зареви́, ~те
pt.	зареве́л
g.pt.a.	зареве́в
p.pt.a.	зареве́вший

зарегистри́ровать 4 *v* кого́-что registrieren, eintragen

зарегистри́роваться *v* **1.** sich registrieren lassen **2.** *umg* sich standesamtlich trauen lassen

заре́зать *v* кого́-что **1.** erstechen **2.** schlachten, abstechen **3.** *übtr* umbringen, ins Verderben stürzen **4.** *Pferde durch Antreiben* zu Tode hetzen

ft.	заре́жу, -е́жешь, -е́жут
imp.	заре́жь, ~те
pt.	заре́зал
g.pt.a.	заре́зав
p.pt.a.	заре́завший
p.pt.p.	заре́занный

зареза́ть 2a *uv umg* einschneiden *mit dem Messer*

заре́заться *v umg* sich die Kehle durchschneiden
Formen nach заре́зать

зарезерви́ровать 4 *v* что zurückbehalten, in Reserve behalten

зарека́ться *uv zu* заре́чься

зарекомендова́ть 5 *v*: зарекомендова́ть себя́ sich empfehlen, sich bewähren ‖ *uv* зарекомендо́вывать 1a

зарекомендо́вывать *uv zu* зарекомендова́ть

заре́чься *v mit Infinitiv umg* (sich) geloben, sich fest vornehmen ‖ *uv* зарека́ться 2a

ft.	зареку́сь, -ечёшься, -еку́тся
imp.	зареки́сь, -и́тесь
pt.	зарёкся, -екла́сь
g.pt.a.	зарёкшись
p.pt.a.	зарёкшийся

заржа́веть 3, *Betonung bleibt wie im Infinitiv, 1. u. 2. Pers ungebr, v* verrosten, rostig werden

заржа́ть *v* anfangen zu wiehern

ft.	заржу́, -жёшь, -жу́т
imp.	заржи́, ~те
pt.	заржа́л
g.pt.a.	заржа́в
p.pt.a.	заржа́вший

зарисова́ть 5 *v* кого́-что zeichnen, skizzieren ‖ *uv* зарисо́вывать 1a

зарисова́ться *v umg* beim Zeichnen die Zeit vergessen ‖ *uv* зарисо́вываться

зарисо́вывать(ся) *uv zu* зарисова́ть(ся)

за́риться *uv* на кого́-что *volksspr* erpicht sein (auf)

pr.	за́рюсь, за́ришься, за́рятся
imp.	за́рься, за́рьтесь
pt.	за́рился, -лась
g.pr.a.	за́рясь
p.pr.a.	за́рящийся
p.pt.a.	за́рившийся

заровня́ть 2 *v* что einebnen ‖ *uv* зара́внивать 1a

p.pt.p.	заро́вненный

зароди́ть *v* что hervorrufen, erzeugen, erwecken ‖ *uv* зарожда́ть 2a

ft.	зарожу́, -оди́шь, -одя́т
imp.	зароди́, ~те
pt.	зароди́л
g.pt.a.	зароди́в
p.pt.a.	зароди́вший
p.pt.p.	зарождённый; зарождён, -ена́

зароди́ться, *1. u. 2. Pers ungebr, v* aufkommen, entstehen ‖ *uv* зарожда́ться

зарожда́ть(ся) *uv zu* зароди́ть(ся)

зарони́ть *v* что **1.** *umg* entgleiten lassen, fallen lassen **2.** *übtr* hervorrufen, wachrufen

ft.	зароню́, -о́нишь, -о́нят
imp.	зарони́, ~те
pt.	зарони́л
g.pt.a.	зарони́в
p.pt.a.	зарони́вший
p.pt.p.	заро́ненный

зароня́ть 2 *v* что *umg* zu verlieren anfangen *z. B. Blätter*

за́руба́ть *uv zu* заруби́ть

заруби́ть *v* кого́-что **1.** niedermetzeln, erschlagen **2.** einkerben, eine Kerbe machen ‖ *uv* заруба́ть 2a

ft.	зарублю́, -у́бишь, -у́бят
imp.	заруби́, ~те
pt.	заруби́л
p.pt.a.	заруби́в
p.pt.a.	заруби́вший
p.pt.p.	зару́бленный

зарубцева́ться, *1. u. 2. Pers ungebr, v* vernarben ‖ *uv* зарубцо́вываться 1a

ft.	зарубцу́ется, -у́ются
pt.	зарубцева́лся, -лась
g.pt.a.	зарубцева́вшись
p.pt.a.	зарубцева́вшийся

зарубцо́вываться *uv zu* зарубцева́ться

[1]**заруга́ть** 2 *v* кого́-что *volksspr* ausschimpfen

²заруга́ть 2 *v* anfangen zu schimpfen

зарумя́нивать(ся) *uv zu* зарумя́нить(ся)

зарумя́нить *v* кого́-что rot färben, röten ‖ *uv* зарумя́нивать 1a

ft.	зарумя́ню, -нишь, -нят
imp.	зарумя́нь, ~те
pt.	зарумя́нил
g.pt.a.	зарумя́нив
p.pt.a.	зарумя́нивший
p.pt.p.	зарумя́ненный

зарумя́ниться *v* **1.** sich röten, rot werden *im Gesicht* **2.** braun werden *Gebackenes* ‖ *uv* зарумя́ниваться

заруча́ться *uv zu* заручи́ться

заручи́ться *v* чем sich sichern ‖ *uv* заруча́ться 2a

ft.	заручу́сь, -чи́шься, -ча́тся
imp.	заручи́сь, -и́тесь
pt.	заручи́лся, -лась
g.pt.a.	заручи́вшись
p.pt.a.	заручи́вшийся

зарыва́ть *uv zu* ¹зары́ть

¹зарыва́ться *uv zu* зары́ться

²зарыва́ться *uv zu* зарва́ться

зарыда́ть 2 *v* anfangen zu schluchzen

¹зары́ть *v* кого́-что vergraben, eingraben ‖ *uv* зарыва́ть 2a

ft.	заро́ю, -о́ешь, -о́ют
imp.	заро́й, ~те
pt.	зары́л
g.pt.a.	зары́в
p.pt.a.	зары́вший
p.pt.p.	зары́тый

²зары́ть *v* anfangen zu graben
Formen wie ¹зары́ть

зары́ться *v* sich vergraben, sich verkriechen ‖ *uv* зарыва́ться 2a

заряби́ть *v unpers* anfangen zu flimmern

ft.	заряби́т
pt.	заряби́ло

¹заряди́ть *v* что **1.** laden *Waffe* **2.** (auf-)laden *Akkumulator* ‖ *uv* заряжа́ть 2a

ft.	заряжу́, -я́ди́шь, -я́дя́т
imp.	заряди́, ~те
pt.	заряди́л
g.pt.a.	заряди́в
p.pt.a.	заряди́вший
p.pt.p.	заря́женный *u.* заряжённый; заряжён, -ена́

²заряди́ть *v* что *oder mit Infinitiv umg* anfangen, unaufhörlich dasselbe zu tun kein *p.pt.p.*
Übrige Formen wie ¹заряди́ть

заряди́ться *v* **1.** *el, mil* geladen werden **2.** *umg* neue Kräfte sammeln ‖ *uv* заряжа́ться 2a

заряжа́ть *uv zu* ¹заряди́ть

заряжа́ться *uv zu* заряди́ться

засади́ть *v* кого́-что **1.** bepflanzen **2.** einsperren **3.** за что *oder mit Infinitiv umg* zu einer Arbeit zwingen ‖ *uv* заса́живать 1a

ft.	засажу́, -а́дишь, -а́дят
imp.	засади́, ~те
pt.	засади́л
g.pt.a.	засади́в
p.pt.a.	засади́вший
p.pt.p.	заса́женный

заса́живать *uv zu* засади́ть

заса́живаться 1a *uv volksspr* sich setzen

¹заса́ливать(ся) *uv zu* заса́лить(ся)

²заса́ливать(ся) *uv zu* засоли́ть(ся)

заса́лить *v* кого́-что fettig machen, Fettflecken machen ‖ *uv* заса́ливать 1a

ft.	заса́лю, -лишь, -лят
imp.	заса́ль, ~те
pt.	заса́лил
g.pt.a.	заса́лив
p.pt.a.	заса́ливший
p.pt.p.	заса́ленный

заса́литься *v* fettig werden, Fettflecke bekommen ‖ *uv* заса́ливаться

заса́ривать(ся) *uv zu* засори́ть(ся)

заса́сывать *uv zu* ¹засоса́ть

заса́харивать(ся) *uv zu* заса́харить(ся)

заса́харить *v* что mit Zuckerguß überziehen, kandieren ‖ *uv* заса́харивать 1a

ft.	заса́харю, -ришь, -рят
imp.	заса́харь, ~те
pt.	заса́харил
g.pt.a.	заса́харив
p.pt.a.	заса́харивший
p.pt.p.	заса́харенный

заса́хариться, *1. u. 2. Pers ungebr*, *v* verzuckern ‖ *uv* заса́хариваться

засверка́ть 2 *v* aufblitzen, aufleuchten

¹засвети́ть *v* что **1.** anzünden **2.** *a. ohne Objekt derb volksspr* schlagen

ft.	засвечу́, -е́тишь, -е́тят
imp.	засвети́, ~те
pt.	засвети́л
g.pt.a.	засвети́в
p.pt.a.	засвети́вший
p.pt.p.	засве́ченный

²засвети́ть *v*: засвети́ть плёнку *phot* einen Film durch Belichten verderben ‖ *uv* засве́чивать 1a
Formen wie ¹засвети́ть

³засвети́ть, *1. u. 2. Pers ungebr, v umg* anfangen zu leuchten
kein *p.pt.p.*
Übrige Formen wie ¹засвети́ть

¹засвети́ться, *1. u. 2. Pers ungebr,*.*v phot* durch Belichtung verdorben werden ‖ *uv* засве́чиваться 1a

²засвети́ться, *1. u. 2. Pers ungebr, v* aufleuchten, erstrahlen

засве́чивать *uv zu* ²засвети́ть

засве́чиваться *uv zu* ¹засвети́ться

засвиде́тельствовать 4 *v* что **1.** *a.* о чём bezeugen, bestätigen **2.** beglaubigen

засвиста́ть *v volkspr* anfangen zu pfeifen

ft.	засвищу́, -и́щешь, -и́щут
imp.	засвищи́, ~те
pt.	засвиста́л
g.pt.a.	засвиста́в
p.pt.a.	засвиста́вший

засвисте́ть *v* anfangen zu pfeifen

ft.	засвищу́, -исти́шь, -истя́т
imp.	засвисти́, ~те
pt.	засвисте́л
g.pt.a.	засвисте́в
p.pt.a.	засвисте́вший

засева́ть *uv zu* засе́ять

¹заседа́ть 2a *uv* **1.** tagen **2.** an der Sitzung teilnehmen

²заседа́ть *uv zu* засе́сть

засе́ивать *uv zu* засе́ять

¹,²засека́ть *uv zu* ¹,²засе́чь

засекре́тить *v* кого́-что **1.** für geheim [vertraulich] erklären **2.** *umg* Zutritt zu vertraulichen Dokumenten gewähren ‖ *uv* засекре́чивать 1a

ft.	засекре́чу, -е́тишь, -е́тят
imp.	засекре́ть ~те
pt.	засекре́тил
g.pt.a.	засекре́тив
p.pt.a.	засекре́тивший
p.pt.p.	засекре́ченный

засекре́чивать *uv zu* засекре́тить

засели́ть *v* что bevölkern, besiedeln ‖ *uv* заселя́ть 2a

ft.	заселю́, -ли́шь, -ля́т
imp.	засели́, ~те
pt.	засели́л
g.pt.a.	засели́в
p.pt.a.	засели́вший
p.pt.p.	заселённый; заселён, -ена́

заселя́ть *uv zu* засели́ть

засемени́ть *v umg* tippeln

ft.	засеменю́, -ни́шь, -ня́т
imp.	засемени́, ~те
pt.	засемени́л
g.pt.a.	засемени́в
p.pt.a.	засемени́вший

засеребри́ться *v* silbrig werden, silbrig schimmern

ft.	засеребрю́сь, -ри́шься, -ря́тся
imp.	засеребри́сь, -и́тесь
pt.	засеребри́лся, -лась
g.pt.a.	засеребри́вшись
p.pt.a.	засеребри́вшийся

засе́сть *v umg* **1.** sich niederlassen; за что *oder mit Infinitiv* sich setzen (an) **2.** sich festsetzen, sich einschließen **3.** во что sich in einen Hinterhalt legen **4.** в чём steckenbleiben *Kugel*; *übtr* sich festsetzen ‖ *uv* заседа́ть 2a *zu* 4

ft.	запя́ду, -дешь, -дут
imp.	зася́дь, ~те
pt.	засе́л
g.pt.a.	засе́в
p.pt.a.	засе́вший

¹засе́чь *v* что eine Kerbe machen, einkerben ‖ *uv* засека́ть 2a

ft.	засеку́, -ечёшь, -еку́т
imp.	засеки́, ~те
pt.	засе́к, -екла́
g.pt.a.	засе́кши
p.pt.a.	засе́кший
p.pt.p.	засечённый; засечён, -ена́

²засе́чь *v* кого́-что zu Tode prügeln ‖ *uv* засека́ть 2a

pt.	засе́к, ~ла
p.pt.p.	засе́ченный

Übrige Formen wie ¹засе́чь

засе́чься, *1. u. 2. Pers ungebr, v* sich (mit dem Hufeisen) am Fuße verletzen *von Pferden*

pt.	засе́кся, -секла́сь

засе́ять *v* что besäen ‖ *uv* засева́ть 2a *u.* засе́ивать 1a

ft.	засе́ю, -е́ешь, -е́ют
imp.	засе́й, ~те
pt.	засе́ял
g.pt.a.	засе́яв
p.pt.a.	засе́явший
p.pt.p.	засе́янный

засиде́ть, *1. u. 2. Pers ungebr, v umg* beschmutzen *durch Fliegen, Vögel* ‖ *uv* заси́живать 1a

ft. засиди́т, -дя́т
pt. засиде́л
g.pt.a. засиде́в
p.pt.a. засиде́вший
p.pt.p. заси́женный

засиде́ться *v umg* zu lange sitzen bleiben ‖ *uv* заси́живаться

заси́живать(ся) *uv zu* засиде́ть(ся)

засине́ть 3, *1. u. 2. Pers ungebr, v* blau schimmern

засине́ться, *1. u. 2. Pers ungebr, v* blau schimmern

заси́нивать *uv zu* засини́ть

засини́ть *v* что zu stark blau färben ‖ *uv* заси́нивать 1a
ft. засиню́, -ни́шь, -ня́т
imp. засини́, ~те
pt. засини́л
g.pt.a. засини́в
p.pt.a. засини́вший
p.pt.p. засинённый; засинён, -ена́

засия́ть 2 *v* erstrahlen, aufleuchten

заскака́ть *v umg* anfangen zu springen
ft. заскачу́, -а́чешь, -а́чут
imp. заскачи́, ~те
pt. заскака́л
g.pt.a. заскака́в
p.pt.a. заскака́вший

заска́кивать *uv zu* заскочи́ть

заскирдова́ть 5 *v* что zu Schobern zusammenlegen ‖ *uv* заскирдо́вывать 1a

заскирдо́вывать *uv zu* заскирдова́ть

заскору́знуть *v* **1.** schwielig werden **2.** *übtr* verknöchern
ft. заскору́зну, -нешь, -нут
pt. заскору́з, ~ла
g.pt.a. заскору́зши
p.pt.a. заскору́зший *u.* заскору́знувший

заскочи́ть *v* **1.** *umg* hineinspringen; eindringen **2.** *volksspr* einen Abstecher machen ‖ *uv* заска́кивать 1a
ft. заскочу́, -о́чишь, -о́чат
imp. заскочи́, ~те
pt. заскочи́л
g.pt.a. заскочи́в
p.pt.a. заскочи́вший

заскрежета́ть *v* zu knirschen beginnen
ft. заскрежещу́, -е́щешь, -е́щут
imp. заскрежещи́, ~те
pt. заскрежета́л
g.pt.a. заскрежета́в
p.pt.a. заскрежета́вший

заскрести́ *v* anfangen zu kratzen
ft. заскребу́, -бёшь, -бу́т
imp. заскреби́, ~те
pt. заскрёб, заскребла́
g.pt.a. заскрёбши
p.pt.a. заскрёбший

заскрести́сь *v* anfangen zu scharren [zu knabbern]

заскрипе́ть *v* zu knarren [zu knirschen] beginnen
ft. заскриплю́, -пи́шь, -пя́т
imp. заскрипи́, ~те
pt. заскрипе́л
g.pt.a. заскрипе́в
p.pt.a. заскрипе́вший

заскули́ть *v* anfangen zu winseln *vom Hund*
ft. заскулю́, -ли́шь, -ля́т
imp. заскули́, ~те
pt. заскули́л
g.pt.a. заскули́в
p.pt.a. заскули́вший

заскуча́ть 2 *v*: она́ заскуча́ла es begann ihr langweilig zu werden

засла́ть *v* кого́-что **1.** *weit oder an die falsche Stelle* schicken **2.** zur Erkundung ausschicken ‖ *uv* засыла́ть 2a
ft. зашлю́, -лёшь, -лю́т
imp. зашли́, ~те
pt. засла́л
g.pt.a. засла́в
p.pt.a. засла́вший
p.pt.p. за́сланный

заследи́ть *v* что mit den Füßen beschmutzen, Fußspuren hinterlassen ‖ *uv* масле́живать 1a
ft. заслежу́, -еди́шь, -едя́т
imp. заследи́, ~те
pt. заследи́л
g.pt.a. заследи́в
p.pt.p. засле́женный

засле́живать *uv zu* заследи́ть

заслези́ться, *1. u. 2. Pers ungebr, v* anfangen zu tränen
ft. заслези́тся, -зя́тся
pt. заслези́лся, -лась
g.pt.a. заслези́вшись
p.pt.a. заслези́вшийся

заслони́ть *v* кого́-что **1.** verdecken, verhüllen **2.** *übtr* überdecken, verdecken ‖ *uv* заслоня́ть 2a
ft. заслоню́, -ни́шь, -ня́т
imp. заслони́, ~те
pt. заслони́л
g.pt.a. заслони́в
p.pt.a. заслони́вший
p.pt.p. заслонённый; заслонён, -ена́

заслони́ться *v* sich decken, sich schützen ‖ *uv* заслоня́ться

заслоня́ть(ся) *uv zu* заслони́ть(ся)

заслу́живать *uv zu* заслужи́ть

заслужи́ть *v* что verdienen, erwerben ‖ *uv* заслу́живать 1a

ft.	заслужу́, -у́жишь, -у́жат
imp.	заслужи́, ~те
pt.	заслужи́л
g.pt.a.	заслужи́в
p.pt.a.	заслужи́вший
p.pt.p.	заслу́женный *u. alt* заслужённый; заслужён, -ена́

заслу́шать 1 *v* кого́-что anhören, entgegennehmen ‖ *uv* заслу́шивать 1a

заслу́шаться *v* чем *oder* чего́ hingegeben lauschen ‖ *uv* заслу́шиваться

заслу́шивать(ся) *uv zu* заслу́шать(ся)

заслы́шать *v* что hören, vernehmen

ft.	заслы́шу, -шишь, -шат
imp.	заслы́шь, ~те*
pt.	заслы́шал
g.pt.a.	заслы́шав
p.pt.p.	заслы́шавший

заслю́нивать *uv zu* заслюни́ть

заслюни́ть *v* что *umg* mit Speichel beschmutzen ‖ *uv* заслю́нивать 1a

ft.	заслюню́, -ни́шь, -ня́т
imp.	заслюни́, ~те
pt.	заслюни́л
g.pt.a.	заслюни́в
p.pt.a.	заслюни́вший
p.pt.p.	заслюнённый; заслюнён, -ена́

заслюня́вить *v* что *volksspr* besabbern mit Speichel bekleckern

ft.	заслюня́влю, -вишь, -вят
imp.	заслюня́вь, ~те
pt.	заслюня́вил
g.pt.a.	заслюня́вив
p.pt.a.	заслюня́вивший
p.pt.p.	заслюня́вленный

засма́ливать *uv zu* засмоли́ть

засма́ркивать *uv zu* засморка́ть

засма́тривать 1a *uv* во что hineinsehen, -spähen

засма́триваться *uv* **1.** *uv zu* засмотре́ться **2.** на кого́-что neidisch blicken (auf)

засме́ивать *uv zu* засмея́ть

засмея́ть *v* кого́-что *umg* auslachen, verspotten ‖ *uv* засме́ивать 1a

ft.	засмею́, -ёёшь, -ею́т
imp.	засме́й ~те
pt.	засмея́л
g.pt.a.	засмея́в
p.pt.a.	засмея́вший
p.pt.p.	засме́янный

засмея́ться *v* in Lachen ausbrechen, anfangen zu lachen

засмоли́ть *v* что **1.** teeren, mit Pech zuschmieren **2.** *umg* Teerflecken machen ‖ *uv* засма́ливать 1a

ft.	засмолю́, -ли́шь, -ля́т
imp.	засмоли́, ~те
pt.	засмоли́л
g.pt.a.	засмоли́в
p.pt.a.	засмоли́вший
p.pt.p.	засмолённый; засмолён, -ена́

засморка́ть 2 *v* что *volksspr* vollschnauben ‖ *uv* засма́ркивать 1a

засморка́ться *v volkssp*r anfangen zu schneuzen

засмотре́ться *v* на кого́-что sich nicht satt sehen können (an) ‖ *uv* засма́триваться 1a

ft.	засмотрю́сь, -о́тришься, -о́трятся
imp.	засмотри́сь, -и́тесь
pt.	засмотре́лся, -лась
g.pt.a.	засмотре́вшись
p.pt.a.	засмотре́вшийся

заснима́ть *uv zu* засня́ть

засну́ть 7 *v* einschlafen ‖ *uv* засыпа́ть 2a kein *p.pt.p.*

засня́ть *v* кого́-что *volksspr* photographieren, knipsen ‖ *uv* заснима́ть 2a

ft.	засниму́, -и́мешь, -и́мут
imp.	засними́, ~те
pt.	засня́л, -яла́, -я́ло
g.pt.a.	засня́в
p.pt.a.	засня́вший
p.pt.p.	засня́тый; засня́т, -ята́, -я́то

засо́веститься *v volkssp*r Gewissensbisse bekommen

ft.	засо́вещусь, -естишься, -естятся
imp.	засо́вестись, -итесь
pt.	засо́вестился, -лась
g.pt.a.	засо́вестившись
p.pt.a.	засо́вестившийся

засо́вывать *uv zu* засу́нуть

засоли́ть *v* что einsalzen, einlegen ‖ *uv* заса́ливать 1a *u.* засоля́ть 2a

ft.	засолю́, -о́ли́шь, -о́ля́т
imp.	засоли́, ~те
pt.	засоли́л
g.pt.a.	засоли́в
p.pt.a.	засоли́вший
p.pt.p.	засо́ленный

засоли́ться, *1. u. 2. Pers ungebr*, *v* eingesalzen werden ‖ *uv* заса́ливаться *u.* засоля́ться

засоля́ть(ся) *uv zu* засоли́ть(ся)

засопе́ть *v volksspr* anfangen zu schnaufen
ft. засоплю́, -пи́шь, -пя́т
imp. засопи́, ~те
pt. засопе́л
g.pt.a. засопе́в
p.pt.a. засопе́вший

засори́ть *v* что **1.** verunreinigen, verschmutzen **2.** *übtr* verderben ‖ *uv* засоря́ть 2a *u.* заса́ривать 1a
ft. засорю́, -ри́шь, -ря́т
imp. засори́, ~те
pt. засори́л
g.pt.a. засори́в
p.pt.a. засори́вший
p.pt.p. засорённый; засорён, -ена́

засори́ться, *1. u. 2. Pers ungebr*, *v* sich verunreinigen, sich verstopfen ‖ *uv* засоря́ться *u.* заса́риваться

засоря́ть(ся) *uv zu* засори́ть(ся)

[1]**засоса́ть** *v* кого́-что **1.** einsaugen **2.** *übtr* aufsaugen, hineinziehen ‖ *uv* заса́сывать 1a
ft. засосу́, -осёшь, -осу́т
imp. засоси́, ~те
pt. засоса́л
g.pt.a. засоса́в
p.pt.a. засоса́вший
p.pt.p. засо́санный

[2]**засоса́ть** *v umg* anfangen zu saugen
kein *p.pt.p.*
Übrige Formen wie [1]засоса́ть

засо́хнуть *v* **1.** vertrocknen, verdorren **2.** *übtr volksspr* dahinsiechen ‖ *uv* засыха́ть 2a
ft. засо́хну, -нешь, -нут
imp. засо́хни, ~те
pt. засо́х, ~ла
g.pt.a. засо́хнув *u.* засо́хши
p.pt.a. засо́хший

заспа́ть *v* кого́-что **1.** *volksspr* verschlafen *Kummer*, *Schmerzen* **2.** *gbt* versehentlich im Schlaf ersticken ‖ *uv* засыпа́ть 2a
ft. засплю́, -пи́шь, -пя́т
imp. заспи́, ~те
pt. заспа́л, -ала́, -а́ло
g.pt.a. заспа́в
p.pt.a. заспа́вший
p.pt.p. за́спанный

заспа́ться *v umg* verschlafen, zu lange schlafen ‖ *uv* засыпа́ться

заспеши́ть *v umg* anfangen sich zu beeilen
ft. заспешу́, -ши́шь, -ша́т
imp. заспеши́, ~те
pt. заспеши́л
g.pt.a. заспеши́в
p.pt.a. заспеши́вший

заспиртова́ть 5 *v* что in Spiritus legen ‖ *uv* заспирто́вывать 1a

заспирто́вывать *uv zu* заспиртова́ть

заспо́рить *v* anfangen zu streiten, einen Streit beginnen
ft. заспо́рю, -ришь, -рят
imp. заспо́рь, ~те
pt. заспо́рил
g.pt.a. заспо́рив
p.pt.a. заспо́ривший

засрами́ть *v* кого́-что *volkssp*r beschämen
ft. засрамлю́, -ми́шь, -мя́т
imp. засрами́, ~те
pt. засрами́л
g.pt.a. засрами́в
p.pt.a. засрами́вший
p.pt.p. засрамлённый; засрамлён, -ена́

застава́ть *uv zu* заста́ть
pr. застаю́, -аёшь, -аю́т
imp. застава́й, ~те
pt. застава́л
g.pr.a. застава́я
p.pr.a. застаю́щий
p.pt.a. застава́вший

[1]**заста́вить** *v* что **1.** vollstellen, vollpacken **2.** verstellen, versperren ‖ *uv* заставля́ть 2a
ft. заста́влю, -вишь, -вят
imp. заста́вь, ~те
pt. заста́вил
g.pt.a. заста́вив
p.pt.a. заста́вивший
p.pt.p. заста́вленный

[2]**заста́вить** *v* кого́-что *mit Infinitiv* nötigen, zwingen; tun lassen ‖ *uv* заставля́ть 2a
kein *p.pt.p.*
Übrige Formen wie [1]заста́вить

[1,2]**заставля́ть** *uv zu* [1,2]заста́вить

заста́иваться *uv zu* застоя́ться

заста́ть *v* кого́-что **1.** antreffen, vorfinden **2.** ertappen, erwischen ‖ *uv* застава́ть, Formen das.
ft. заста́ну, -нешь, -нут
imp. заста́нь, ~те
pt. заста́л
g.pt.a. заста́в
p.pt.a. заста́вший

застёгивать(ся) *uv zu* застегну́ть(ся)

застегну́ть 7 *v* что zuknöpfen, zuschnüren, zuschnallen ‖ *uv* застёгивать 1a
p.pt.p. застёгнутый

застегну́ться *v seine Kleidung* zuknöpfen, schließen‖ *uv* застёгиваться

застекли́ть *v* что verglasen ‖ *uv* застекля́ть 2a
ft. застеклю́, -ли́шь, -ля́т
imp. застекли́, ~те
pt. застекли́л
g.pt.a. застекли́в
p.pt.a. застекли́вший
p.pt.p. застеклённый; застеклён, -ена́

застекля́ть *uv zu* застекли́ть

застели́ть *v* что *volkssprr* **1.** bedecken, zudecken **2.** verhüllen, überziehen
ft. застелю́, -е́лешь, -е́лют
imp. застели́, ~те
pt. застла́л *u.* застели́л
g.pt.a. застели́в
p.pt.a. застели́вший
p.pt.p. за́стланный *u.* засте́ленный

застенографи́ровать 4 *v* (mit)stenographieren

застесня́ться 2 *v umg* in Verlegenheit geraten

застига́ть *uv zu* засти́гнуть *u.* засти́чь

засти́гнуть *s.* засти́чь

застила́ть(ся) *uv zu* застла́ть(ся)

застира́ть 2 *v* что **1.** auswaschen *Flecken* **2.** durch Waschen verderben ‖ *uv* засти́рывать 1a

засти́рывать *uv zu* застира́ть

за́стить *uv* что *volkssprr* im Lichte stehen; *das Licht* verdecken
ft. за́щу, за́стишь, за́стят
imp. за́сти, ~те *u.* засть, ~те
pt. за́стил
g.pt.a. за́стив
p.pt.a. за́стивший

засти́чь *u.* **засти́гнуть** *v* кого́-что ertappen, erwischen ‖ *uv* застига́ть 2a
ft. засти́гну, -нешь, -нут
imp. засти́гни, ~те
pt. засти́г *u. alt* засти́гнул, засти́гла
g.pt.a. засти́гнув *u.* засти́гши
p.pt.a. засти́гший *u. alt* засти́гнувший
p.pt.p. засти́гнутый

застла́ть *v* что **1.** bedecken, zudecken; auslegen **2.** verhüllen, überziehen ‖ *uv* застила́ть 2a
ft. застелю́, -е́лешь, -е́лют
imp. застели́, ~те
pt. застла́л
g.pt.a. застла́в
p.pt.a. застла́вший
p.pt.p. за́стланный

застла́ться, *1. u. 2. Pers ungebr, v* sich überziehen, sich bedecken ‖ *uv* застила́ться

застона́ть *v* anfangen zu stöhnen, aufstöhnen
ft. застону́ *u.* застона́ю, -о́нешь, -о́нут
imp. застони́, ~те
pt. застона́л
g.pt.a. застона́в
p.pt.a. застона́вший

засто́поривать(ся) *uv zu* засто́порить(ся)

засто́порить *v* что **1.** abstoppen, bremsen, zum Stehen bringen **2.** *übtr umg* bremsen, aufhalten ‖ *uv* засто́поривать 1a
ft. засто́порю, -ришь, -рят
imp. засто́пори, ~те
pt. засто́порил
g.pt.a. засто́порив
p.pt.a. засто́поривший
p.pt.p. засто́поренный

засто́популиться, *1. u. 2. Pers ungebr, v* **1.** stehen bleiben, zum Stehen kommen, stoppen **2.** *übtr umg* stecken bleiben, nicht vorankommen ‖ *uv* засто́пориваться

застоя́ться *v* **1.** zu lange ohne Bewegung stehen **2.** schal werden; sich stauen ‖ *uv* заста́иваться 1a
ft. застою́сь, -ои́шься, -оя́тся
imp. засто́йся, -о́йтесь
pt. застоя́лся, -лась
g.pt.a. застоя́вшись
p.pt.a. застоя́вшийся

застра́гивать *uv zu* застрога́ть

застра́ивать(ся) *uv zu* застро́ить(ся)

застрахова́ть 5 *v* кого́-что от чего́ **1.** versichern (gegen) **2.** *übtr* sichern (vor, gegen) ‖ *uv* застрахо́вывать 1a

застрахова́ться *v* от чего́ **1.** sich versichern (gegen) **2.** *übtr* sich sichern (vor, gegen) ‖ *uv* застрахо́вываться

застрахо́вывать(ся) *uv zu* застрахова́ть(ся)

застра́чивать *uv zu* [1]застрочи́ть

застраща́ть 2 *v* кого́-что *volkssprr* einschüchtern ‖ *uv* застра́щивать 1a

застра́щивать *uv zu* застраща́ть

застрева́ть *uv zu* застря́ть

застре́ливать(ся) *uv zu* застрели́ть(ся)

застрели́ть *v* кого́-что erschießen ‖ *uv* застре́ливать 1a

ft.	застрелю́, -е́лишь, -е́лят
imp.	застрели́, ~те
pt.	застрели́л
g.pt.a.	застрели́в
p.pt.a.	застрели́вший
p.pt.p.	застре́ленный

застрели́ться *v* sich erschießen ‖ *uv* застре́ливаться

застрига́ть *uv zu* застри́чь

застри́чь *v* что *Nägel, Haare* zu kurz schneiden ‖ *uv* застрига́ть 2a

ft.	застригу́, -ижёшь, -игу́т
imp.	застриги́, ~те
pt.	застри́г, ~ла
g.pt.a.	застри́гши
p.pt.a.	застри́гший
p.pt.p.	застри́женный

застрога́ть 2 *v* что zu-, anspitzen ‖ *uv* застра́гивать 1a

застро́ить *v* что bebauen ‖ *uv* застра́ивать 1a

ft.	застро́ю, -о́ишь, -о́ят
imp.	застро́й, ~те
pt.	застро́ил
g.pt.a.	застро́ив
p.pt.a.	застро́ивший
p.pt.p.	застро́енный

застро́иться, *1. u. 2. Pers ungebr, v* bebaut werden ‖ *uv* застра́иваться

[1]**застрочи́ть** *v* что absteppen, mit der Maschine abnähen ‖ *uv* застра́чивать 1a

ft.	застрочу́, -о́чи́шь, -о́ча́т
imp.	застрочи́, ~те
pt.	застрочи́л
g.pt.a.	застрочи́в
p.pt.a.	застрочи́вший
p.pt.p.	застро́ченный *u.* застрочённый; застрочён, -ена́

[2]**застрочи́ть** *v umg* **1.** anfangen schnell zu schreiben **2.** anfangen zu schießen
kein *p.pt.p.*
Übrige Formen wie [1]застрочи́ть

заструга́ть 2 *v* что *umg* glatthobeln; zuspitzen

застря́ть *v* steckenbleiben ‖ *uv* застрева́ть 2a

ft.	застря́ну, -нешь, -нут
imp.	застря́нь, ~те
pt.	застря́л
g.pt.a.	застря́в
p.pt.a.	застря́вший

застудене́ть 3, *1. u. 2. Pers ungebr, v* erkalten und dabei zu Gallert werden

застуди́ть *v* что *umg* **1.** auskühlen, kalt werden lassen **2.** sich erkälten ‖ *uv* засту́живать 1a

ft.	застужу́, -у́дишь, -у́дят
imp.	застуди́, ~те
pt.	застуди́л
g.pt.a.	застуди́в
p.pt.a.	застуди́вший
p.pt.p.	засту́женный

засту́живать *uv zu* застуди́ть

заступа́ть(ся) *uv zu* заступи́ть(ся)

заступи́ть *v* **1.** кого́-что *volksspr* vertreten, die Stelle einnehmen **2.** на что antreten *Arbeit* ‖ *uv* заступа́ть 2a

ft.	заступлю́, -у́пишь, -у́пят
imp.	заступи́, ~те
pt.	заступи́л
g.pt.a.	заступи́в
p.pt.a.	заступи́вший
p.pt.p.	засту́пленный *alt*

заступи́ться *v* за кого́-что eintreten, sich einsetzen (für) ‖ *uv* заступа́ться

застуча́ть *v* zu klopfen beginnen

ft.	застучу́, -чи́шь, -ча́т
imp.	застучи́, ~те
pt.	застуча́л
g.pt.a.	застуча́в
p.pt.a.	застуча́вший

застыва́ть *uv zu* засты́ть

застыди́ть *v* кого́-что beschämen

ft.	застыжу́, -ыди́шь, -ыдя́т
imp.	застыди́, ~те
pt.	застыди́л
g.pt.a.	застыди́в
p.pt.a.	застыди́вший
p.pt.p.	застыжённый; застыжён, -ена́

застыди́ться *v* Scham empfinden, sich schämen; verlegen werden

засты́ть *v* **1.** gerinnen, fest werden **2.** *umg* vor Kälte steif werden **3.** *übtr* erstarren, gefrieren ‖ *uv* застыва́ть 2a

ft.	засты́ну, -нешь, -нут
imp.	засты́нь, ~те
pt.	засты́л
g.pt.a.	засты́в
p.pt.a.	засты́вший

засуди́ть *v* кого́-что *volksspr* aburteilen, verurteilen ‖ *uv* засу́живать 1a

ft.	засужу́, -у́дишь, -у́дят
imp.	засуди́, ~те
pt.	засуди́л

g.pt.a. засуди́в
p.pt.a. засуди́вший
p.pt.p. засу́женный

[1]**засуети́ться** *v umg* (durch Eile) ermüden
ft. засуечу́сь, -ети́шься, -етя́тся
imp. засуети́сь, -и́тесь
pt. засуети́лся, -лась
g.pt.a. засуети́вшись
p.pt.a. засуети́вшийся

[2]**засуети́ться** *v* anfangen zu hasten, zappelig werden
Formen wie [1]засуети́ться

засу́живать *uv zu* засуди́ть

засу́нуть 6 *v* что **1.** (hinein)stecken **2.** *umg* hinstecken, verlegen ‖ *uv* засо́вывать 1a
imp. засу́нь, ~те
p.pt.p. засу́нутый

засупо́нивать *uv zu* засупо́нить

засупо́нить *v* что den Kummetriemen zuziehen ‖ *uv* засупо́нивать 1a
ft. засупо́ню, -нишь, -нят
imp. засупо́нь, ~те
pt. засупо́нил
g.pt.a. засупо́нив
p.pt.a. засупо́нивший
p.pt.p. засупо́ненный

засу́сливать *uv zu* засу́слить

засу́слить *v* что *volkssprr* besabbern, mit Spucke oder mit etw. Fettigem beschmutzen ‖ *uv* засу́сливать 1a
ft. засу́слю, -лишь, -лят
imp. засу́сли, ~те
pt. засу́слил
g.pt.a. засу́слив
p.pt.a. засу́сливший
p.pt.p. засу́сленный

засусо́ливать *uv zu* засусо́лить

засусо́лить *v* что besabbern, mit Spucke oder mit etw. Fettigem beschmutzen ‖ *uv* засусо́ливать 1a
ft. засусо́лю, -лишь, -лят
imp. засусо́ль, ~те
pt. засусо́лил
g.pt.a. засусо́лив
p.pt.a. засусо́ливший
p.pt.p. засусо́ленный

засу́чивать *uv zu* засучи́ть

засучи́ть *v* что aufkrempeln, hochstreifen ‖ *uv* засу́чивать 1a
ft. засучу́, -у́чишь, -у́чат
imp. засучи́, ~те
pt. засучи́л
g.pt.a. засучи́в
p.pt.a. засучи́вший
p.pt.p. засу́ченный

засу́шивать *uv zu* засуши́ть

засуши́ть *v* кого́-что eintrocknen lassen, trocknen, dörren ‖ *uv* засу́шивать 1a
ft. засушу́, -у́шишь, -у́шат
imp. засуши́, ~те
pt. засуши́л
g.pt.a. засуши́в
p.pt.a. засуши́вший
p.pt.p. засу́шенный

засчита́ть 2 *v* что anrechnen, berücksichtigen ‖ *uv* засчи́тывать 1a

засчи́тывать *uv zu* засчита́ть

засыла́ть *uv zu* засла́ть

засы́пать *v* **1.** что zuschütten, zuwerfen **2.** что bedecken, überschütten **3.** кого́-что *übtr* überschütten ‖ *uv* засыпа́ть 2a
ft. засы́плю, -лешь, -лют *u. umg* -пешь, -пют
imp. засы́пь, ~те
pt. засы́пал
g.pt.a. засы́пав
p.pt.a. засы́павший
p.pt.p. засы́панный

[1]**засыпа́ть** *uv zu* засну́ть

[2]**засыпа́ть** *uv zu* заспа́ть

[3]**засыпа́ть** *uv zu* засы́пать

[1]**засы́паться** *v* **1.** eindringen, hineingeraten *Sand, Staub usw.* **2.** sich bedecken, sich füllen ‖ *uv* засыпа́ться 2a
ft. засы́плюсь, -лешься, -лются
imp. засы́пься, -пьтесь
pt. засы́пался, -лась
g.pt.a. засы́павшись
p.pt.a. засы́павшийся

[2]**засы́паться** *v volksspr* **1.** einen Reinfall erleben **2.** durchfallen *beim Examen* ‖ *uv* засыпа́ться 2a
Formen wie [1]засы́паться

[1,2]**засыпа́ться** *uv zu* [1,2]засы́паться

[3]**засыпа́ться** *uv zu* заспа́ться

засыха́ть *uv zu* засо́хнуть

затаври́ть *v* кого́-что *einem Tier* ein Erkennungszeichen einbrennen
ft. затаврю́, -ри́шь, -ря́т
imp. затаври́, ~те
pt. затаври́л
g.pt.a. затаври́в
p.pt.a. затаври́вший
p.pt.p. затаврённый; затаврён, -ена́

зата́ивать *uv zu* затаи́ть

затаи́ть *v* что verstecken, verbergen ‖ *uv* зата́ивать 1a

ft. затаю́, -аи́шь, -ая́т
imp. затаи́, ~те
pt. затаи́л
g.pt.a. затаи́в
p.pt.a. затаи́вший
p.pt.p. затаённый; затаён, -ена́

[1]**зата́лкивать** *uv zu* затолка́ть

[2]**зата́лкивать** *uv zu* затолкну́ть

[1,2]**зата́пливать(ся)** *uv zu* [1,2]затопи́ть(ся)

зата́птывать *uv zu* затопта́ть

затарато́рить *v volksspr* anfangen zu schnattern [zu plappern]
ft. затарато́рю, -ришь, -рят
imp. затарато́рь, ~те
pt. затарато́рил
g.pt.a. затарато́рив
p.pt.a. затарато́ривший

затаска́ть 2 *v* кого́-что **1.** abtragen **2.** *übtr* abnutzen **3.** herumschleppen, von einem Ort zum anderen schleppen ‖ *uv* зата́скивать 1a

затаска́ться *v umg* **1.** *1. u. 2. Pers ungebr* sich abnutzen, schmutzig werden *durch vieles Tragen* **2.** herumbummeln, sich herumtreiben ‖ *uv* зата́скиваться

[1]**зата́скивать** *uv zu* затаска́ть

[2]**зата́скивать** *uv zu* затащи́ть

зата́скиваться *uv zu* затаска́ться

зата́чивать *uv zu* [2]заточи́ть

затащи́ть *v* кого́-что **1.** (hinein)schleppen **2.** fortschleppen **3.** *übtr umg* mitbringen, mitnehmen ‖ *uv* зата́скивать 1a
ft. затащу́, -а́щишь, -а́щат
imp. затащи́, ~те
pt. затащи́л
g.pt.a. затащи́в
p.pt.a. затащи́вший
p.pt.p. зата́щенный

затвердева́ть *uv zu* затверде́ть

затверде́ть 3, *1. u. 2. Pers ungebr*, *v* hart [fest] werden ‖ *uv* затвердева́ть 2a

[1]**затверди́ть** *v* что durch mehrfaches Wiederholen sich einprägen, auswendig lernen ‖ *uv* затве́рживать 1a
ft. затвержу́, -рди́шь, -рдя́т
imp. затверди́, ~те
pt. затверди́л
g.pt.a. затверди́в
p.pt.a. затверди́вший
p.pt.p. затвержённый; затвержён, -ена́ *u.* затве́рженный

[2]**затверди́ть** *v umg* anfangen, unaufhörlich zu wiederholen
kein *p.pt.p.*
Übrige Formen wie [1]затверди́ть

затве́рживать *uv zu* [1]затверди́ть

[1]**затвори́ть** *v* **1.** что zumachen, schließen **2.** кого́-что *umg* einschließen, einsperren ‖ *uv* затворя́ть 2a
ft. затворю́, -о́ришь, -о́рят
imp. затвори́, ~те
pt. затвори́л
g.pt.a. затвори́в
p.pt.a. затвори́вший
p.pt.p. затво́ренный *u. alt* затворённый; затворён, -ена́

[2]**затвори́ть** *v* что anmachen, anrühren *Teig*, *Kalk u. ä.*
ft. затворю́, -ри́шь, -ря́т
p.pt.p. затворённый; затворён, -ена́
Übrige Formen wie [1]затвори́ть

затвори́ться *v* **1.** zugehen, sich schließen **2.** sich einschließen **3.** *übtr* sich abschließen, sich absondern, sich zurückziehen ‖ *uv* затворя́ться 2a
Formen nach [1]затвори́ть

затворя́ть *uv zu* [1]затвори́ть

затворя́ться *uv zu* затвори́ться

затева́ть(ся) *uv zu* зате́ять(ся)

затека́ть *uv zu* зате́чь

затемни́ть *v* что **1.** dunkel machen **2.** verdunkeln *Fenster* **3.** *übtr* verschleiern, trüben ‖ *uv* затемня́ть 2a
ft. затемню́, -ни́шь, -ня́т
imp. затемни́, ~те
pt. затемни́л
g.pt.a. затемни́в
p.pt.a. затемни́вший
p.pt.p. затемнённый; затемнён, -ена́

затемня́ть *uv zu* затемни́ть

затени́ть *v* что beschatten ‖ *uv* затеня́ть 2a
ft. затеню́, -ни́шь, -ня́т
imp. затени́, ~те
pt. затени́л
g.pt.a. затени́в
p.pt.a. затени́вший
p.pt.p. затенённый; затенён, -ена́

затеня́ть *uv zu* затени́ть

зате́пливать(ся) *uv zu* зате́плить(ся)

зате́плить *v* что *alt u. gbt* anzünden *Kerze u. ä.* ‖ *uv* зате́пливать 1a *u.* затепля́ть 2a
ft. зате́плю, -лишь, -лят
imp. зате́пли, ~те
pt. зате́плил

g.pt.a. зате́плив
p.pt.a. зате́пливший
p.pt.p. зате́пленный

зате́плиться, *1. u. 2. Pers ungebr, v* zu brennen [zu leuchten] anfangen, aufleuchten ‖ *uv* зате́пливаться

затепля́ть *uv zu* зате́плить

затере́ть *v* кого́-что **1.** aus-, verwischen **2.** einklemmen, einkeilen **3.** *übtr umg* zurückdrängen, verdrängen **4.** *umg* abtragen, abnutzen ‖ *uv* затира́ть 2a
ft. затру́, -рёшь, -ру́т
imp. затри́, ~те
pt. затёр, ~ла
g.pt.a. затере́в *u.* затёрши
p.pt.a. затёрший
p.pt.p. затёртый

затере́ться *v volksspr* sich hineindrängen ‖ *uv* затира́ться

зате́ривать(ся) *uv zu* затеря́ть(ся)

зате́рпнуть, *1. u. 2. Pers ungebr, v umg* erstarren, einschlafen *Glieder*
ft. зате́рпнет, -нут
pt. зате́рп *u.* зате́рпнул, зате́рпла
g.pt.a. зате́рпши
p.pt.a. зате́рпши *u.* зате́рпнувший

затеря́ть 2 *v* что *umg* verlieren ‖ *uv* зате́ривать 1a

затеря́ться *v umg* **1.** verlorengehen, abhanden kommen **2.** sich verlieren, verschwinden ‖ *uv* зате́риваться

затеса́ть *v* что behauen; anspitzen ‖ *uv* затёсывать 1a
ft. затешу́, -е́шешь, -е́шут
imp. затеши́, ~те
pt. затеса́л
g.pt.a. затеса́в
p.pt.a. затеса́вший
p.pt.p. затёсанный

затеса́ться *v volksspr* sich hineinzwängen, eindringen ‖ *uv* затёсываться

затёсывать(ся) *uv zu* затеса́ть(ся)

зате́чь, *1. u. 2. Pers ungebr, v* **1.** (hinein)fließen **2.** anschwellen **3.** gefühllos werden, einschlafen *Glieder* ‖ *uv* затека́ть 2a
ft. затечёт, -еку́т
pt. затёк, -екла́
g.pt.a. затёкши
p.pt.a. затёкший

зате́ять *v* что *oder mit Infinitiv umg* **1.** unternehmen, beginnen **2.** auf den Einfall kommen, arrangieren ‖ *uv* затева́ть 2a
ft. зате́ю, -е́ешь, -е́ют
imp. зате́й, ~те
pt. зате́ял
g.pt.a. зате́яв
p.pt.a. зате́явший
p.pt.p. зате́янный

зате́яться, *1. u. 2. Pers ungebr, v umg* anfangen *itr* ‖ *uv* затева́ться

затира́ть(ся) *uv zu* затере́ть(ся)

зати́скать 1 *v* кого́-что *umg* **1.** einzwängen **2.** erdrücken *im Gedränge*

зати́скивать *uv zu* зати́снуть

зати́снуть 6 *v* что *umg* hineinstopfen, -schieben ‖ *uv* зати́скивать 1a
p.pt.p. зати́снутый

затиха́ть *uv zu* зати́хнуть

зати́хнуть *v* **1.** still werden, verstummen; verklingen **2.** *übtr* sich beruhigen; sich legen, aufhören ‖ *uv* затиха́ть 2a
ft. зати́хну, -нешь, -нут
imp. зати́хни, ~те
pt. зати́х *u. alt* зати́хнул, зати́хла
g.pt.a. зати́хнув *u.* зати́хши
p.pt.a. зати́хший *u.* зати́хнувший

затка́ть *v* что чем einweben
ft. затку́, -кёшь, -ку́т
imp. затки́, ~те
pt. затка́л, -ала́, -а́ло
g.pt.a. затка́в
p.pt.a. затка́вший
p.pt.p. за́тканный

заткну́ть 7 *v* что **1.** чем ver-, zustopfen **2.** за что hineinstecken, -schieben ‖ *uv* затыка́ть 2a

затмева́ть *uv zu* затми́ть

затми́ть, *1. Pers ungebr, v* кого́-что **1.** verdunkeln, verhüllen **2.** *übtr* in den Schatten stellen, übertreffen ‖ *uv* затмева́ть 2a
ft. затми́шь, -мя́т
imp. затми́, ~те
pt. затми́л
g.pt.a. затми́в
p.pt.a. затми́вший

затова́ривать(ся) *uv zu* затова́рить(ся)

затова́рить *v* что *wirtsch* **1.** Waren horten **2.** mit Waren überfüllen [vollstopfen] ‖ *uv* затова́ривать 1a
ft. затова́рю, -ришь, -рят
imp. затова́рь, ~те
pt. затова́рил
g.pt.a. затова́рив
p.pt.a. затова́ривший
p.pt.p. затова́ренный

затова́риться *v wirtsch* **1.** sich überreich mit Warenvorräten versehen **2.** keinen Absatz finden, sich häufen ‖ *uv* затова́риваться

затолка́ть 2 *v* кого́-что **1.** schieben, schubsen **2.** hin und her stoßen **3.** *volksspr* hineinstopfen ‖ *uv* зата́лкивать 1a

затолкну́ть 7 *v* кого́-что hineinstoßen ‖ *uv* зата́лкивать 1a

затону́ть 7 *v* untergehen, versinken
ft. затону́, -о́нешь, -о́нут
kein *p.pt.p.*

зато́пать 1 *v* aufstampfen

[1]**затопи́ть** *v* что (an)heizen ‖ *uv* зата́пливать 1a *u. volksspr* затопля́ть 2a
ft. затоплю́, -о́пишь, -о́пят
imp. затопи́, ~те
pt. затопи́л
g.pt.a. затопи́в
p.pt.a. затопи́вший
p.pt.p. зато́пленный

[2]**затопи́ть** *v* что **1.** überschwemmen, überfluten **2.** versenken ‖ *uv* затопля́ть 2a *u. volksspr* зата́пливать 1a
Formen wie [1]затопи́ть

[1]**затопи́ться,** *1. u. 2. Pers ungebr, v* angeheizt werden ‖ *uv* зата́пливаться *u.* затопля́ться

[2]**затопи́ться,** *1. u. 2. Pers ungebr, v* überschwemmt sein ‖ *uv* зата́пливаться *u.* затопля́ться

[1,2]**затопля́ть(ся)** *uv zu* [1,2]затопи́ть(ся)

затопта́ть *v* кого́-что **1.** zertreten **2.** mit den Füßen in die Erde stampfen **3.** austreten *Feuer* ‖ *uv* зата́птывать 1a
ft. затопчу́, -о́пчешь, -о́пчут
imp. затопчи́, ~те
pt. затопта́л
g.pt.a. затопта́в
p.pt.a. затопта́вший
p.pt.p. зато́птанный

затопта́ться *v umg* von einem Fuß auf den anderen treten; затопта́ться на ме́сте auf der Stelle treten

заторма́живать *uv zu* [1]затормози́ть

заторма́живаться *uv zu* затормози́ться

[1]**затормози́ть** *v* что **1.** bremsen, zum Stehen bringen [kommen] **2.** *übtr umg* bremsen, hemmen ‖ *uv* заторма́живать 1a
ft. заторможу́, -ози́шь, -озя́т
imp. затормози́, ~те
pt. затормози́л
g.pt.a. затормози́в
p.pt.a. затормози́вший
p.pt.p. заторможённый; заторможён, -ена́

[2]**затормози́ть** *v umg* anfangen zu bremsen
kein *p.pt.p.*
Übrige Formen wie [1]затормози́ть

затормози́ться, *1. u. 2. Pers ungebr, v* **1.** gebremst [gehemmt] werden **2.** *umg* verzögert werden, steckenbleiben ‖ *uv* заторма́живаться 1a

затормоши́ть *v* кого́-что belästigen, quälen
ft. затормошу́, -ши́шь, -ша́т
imp. затормоши́, ~те
pt. затормоши́л
g.pt.a. затормоши́в
p.pt.a. затормоши́вший
p.pt.p. затормошённый; затормошён, -ена́

затороши́ть *v* кого́-что *umg* anfangen anzutreiben
ft. затороплю́, -о́пишь, -о́пят
imp. заторопи́, ~те
pt. заторопи́л
g.pt.a. заторопи́в
p.pt.a. заторопи́вший

заторопи́ться *v* anfangen zu eilen

затоскова́ть 5 *v umg* по кому́-чему́ traurig werden, Sehnsucht bekommen (nach)

заточа́ть *uv zu* [1]заточи́ть

[1]**заточи́ть** *v* кого́-что *alt* einsperren *ins Gefängnis, ins Kloster* ‖ *uv* заточа́ть 2a
ft. заточу́, -чи́шь, -ча́т
imp. заточи́, ~те
pt. заточи́л
g.pt.a. заточи́в
p.pt.a. заточи́вший
p.pt.p. заточённый; заточён, -ена́

[2]**заточи́ть** *v* что *umg* schärfen; abschleifen ‖ *uv* зата́чивать 1a
ft. заточу́, -о́чишь, -о́чат
p.pt.p. зато́ченный
Übrige Formen wie [1]заточи́ть

затошни́ть *v unpers* кого́-что *umg* Übelkeit verspüren
ft. затошни́т
pt. затошни́ло

затрави́ть *v* кого́-что **1.** *Jagd* hetzen **2.** *übtr umg* hin und her jagen, verfolgen ‖ *uv* затра́вливать 1a
ft. затравлю́, -а́вишь, -а́вят
imp. затрави́, ~те
pt. затрави́л

g.pt.a. затрави́в
p.pt.a. затрави́вший
p.pt.p. затра́вленный

затра́вливать *uv zu* затрави́ть

затра́гивать *uv zu* затро́нуть

затра́тить *v* что на что ausgeben, verbrauchen ‖ *uv* затра́чивать 1a
ft. затра́чу, -а́тишь, -а́тят
imp. затра́ть, ~те
pt. затра́тил
g.pt.a. затра́тив
p.pt.a. затра́тивший
p.pt.p. затра́ченный

затра́чивать *uv zu* затра́тить

затре́бовать 4 *v* кого́-что (offiziell) anfordern; vorladen

затрепа́ть *v* кого́-что **1.** antragen, abnutzen **2.** erschöpfen ‖ *uv* затрёпывать 1a
ft. затреплю́, -е́плешь, -е́плют
imp. затрепли́, ~те *u.* затрепи́, ~те
pt. затрепа́л
g.pt.a. затрепа́в
p.pt.a. затрепа́вший
p.pt.p. затрёпанный

затрепета́ть *v* erzittern, erbeben
ft. затрепещу́, -е́щешь, -е́щут
imp. затрепещи́, ~те
pt. затрепета́л
g.pt.a. затрепета́в
p.pt.a. затрепета́вший

затрёпывать *uv zu* затрепа́ть

затреща́ть *v* zu knistern [zu prasseln, zu knarren] anfangen
ft. затрещу́, -щи́шь, -ща́т
imp. затрещи́, ~те
pt. затреща́л
g.pt.a. затреща́в
p.pt.a. затреща́вший

затро́нуть 6 *v* кого́-что **1.** streifen, berühren **2.** *übtr* berühren, betreffen ‖ *uv* затра́гивать 1a
imp. затро́нь, ~те
p.pt.p. затро́нутый

затруби́ть *v* anfangen (Trompete) zu blasen
ft. затрублю́, -би́шь, -бя́т
imp. затруби́, ~те
pt. затруби́л
g.pt.a. затруби́в
p.pt.a. затруби́вший

затрудни́ть *v* кого́-что **1.** beschweren, bedrücken, in Verlegenheit setzen **2.** erschweren, schwierig machen ‖ *uv* затрудня́ть 2a
ft. затрудню́, -ни́шь, -ня́т
imp. затрудни́, ~те
pt. затрудни́л
g.pt.a. затрудни́в
p.pt.a. затрудни́вший
p.pt.p. затруднённый; затруднён, -ена́

затрудни́ться *v* чем *oder mit Infinitiv* in Schwierigkeiten [Verlegenheit] sein ‖ *uv* затрудня́ться

затрудня́ть(ся) *uv zu* затрудни́ть(ся)

затрясти́ *v* кого́-что anfangen zu schütteln [zu rütteln]
ft. затрясу́, -сёшь, -су́т
imp. затряси́, ~те
pt. затря́с, -ясла́
g.pt.a. затря́сши
p.pt.a. затря́сший

затрясти́сь *v* erbeben, erzittern

затума́нивать(ся) *uv zu* затума́нить(ся)

затума́нить *v* что **1.** in Nebel hüllen, vernebeln **2.** *übtr* verschleiern, verdunkeln ‖ *uv* затума́нивать 1a
ft. затума́ню, -нишь, -нят
pt. затума́нил
g.pt.a. затума́нив
p.pt.a. затума́нивший
p.pt.p. затума́ненный

затума́ниться *v* **1.** sich in Nebel hüllen **2.** *übtr* sich verschleiern, sich trüben ‖ *uv* затума́ниваться

затупи́ть *v* что *umg* stumpf machen ‖ *uv* затупля́ть 2a
ft. затуплю́, -у́пишь, -у́пят
imp. затупи́, ~те
pt. затупи́л
g.pt.a. затупи́в
p.pt.a. затупи́вший
p.pt.p. зату́пленный

затупи́ться, *1. u. 2. Pers ungebr*, *v umg* stumpf werden ‖ *uv* затупля́ться

затупля́ть(ся) *uv zu* затупи́ть(ся)

затуха́ть *uv zu* зату́хнуть

зату́хнуть, *1. u. 2. Pers ungebr*, *v* **1.** *umg* erlöschen **2.** *übtr* abklingen, nachlassen ‖ *uv* затуха́ть 2a
ft. зату́хнет, -нут
pt. зату́х, ~ла
g.pt.a. зату́хнув *u.* зату́хши
p.pt.a. зату́хший

затушева́ть *v* что **1.** mit Tusche bearbeiten; schattieren **2.** *übtr* vertuschen ‖ *uv* затушёвывать 1a

ft. затушу́ю, -у́ешь, -у́ют
imp. затушу́й, ~те
pt. затушева́л
g.pt.a. затушева́в
p.pt.a. затушева́вший
p.pt.p. затушёванный

затушёвывать *uv zu* затушева́ть

затуши́ть *v* что *umg* **1.** löschen, ausmachen **2.** *übtr* unterdrücken, zurückhalten
ft. затушу́, -у́шишь, -у́шат
imp. затуши́, ~те
pt. затуши́л
g.pt.a. затуши́в
p.pt.a. затуши́вший
p.pt.p. зату́шенный

[1]**заты́кать** *v umg* anfangen zu stechen
ft. заты́чу, -чешь, -чут
imp. заты́чь, ~те
pt. заты́кал
g.pt.a. заты́кав
p.pt.a. заты́кавший

[2]**заты́кать** 1 *v volksspr* anfangen zu duzen

затыка́ть *uv zu* заткну́ть

затя́гивать(ся) *uv zu* затяну́ть(ся)

затяну́ть 7 *v* **1.** что zuschnüren, -binden, verschnüren **2.** *unpers* кого́-что ansaugen, hineinziehen **3.** *übtr* кого́-что во что hineinziehen, verwickeln **4.** *unpers* что zum Vernarben bringen ‖ *uv* затя́гивать 1а
ft. затяну́, -я́нешь, -я́нут
p.pt.p. затя́нутый

затяну́ться *v* **1.** sich zuziehen *Knoten* **2.** чем sich umbinden, anlegen **3.** sich in die Länge ziehen **4.** чем sich bedecken; sich beziehen ‖ *uv* затя́гиваться

заупря́миться *v* sich zu sträuben anfangen, widerspenstig werden
ft. заупря́млюсь, -мишься, -мятся
imp. заупря́мься, -мьтесь
pt. заупря́мился, -лась
g.pt.a. заупря́мившись
p.pt.a. заупря́мившийся

заутю́живать *uv zu* заутю́жить

заутю́жить *v* что bügeln, plätten ‖ *uv* заутю́живать 1а
ft. заутю́жу, -жишь, -жат
imp. заутю́жь, ~те
pt. заутю́жил
g.pt.a. заутю́жив
p.pt.a. заутю́живший
p.pt.p. заутю́женный

зау́чивать(ся) *uv zu* заучи́ть(ся)

заучи́ть *v* что auswendig lernen; einstudieren ‖ *uv* зау́чивать 1а
ft. заучу́, зау́чишь, зау́чат
imp. заучи́, ~те
pt. заучи́л
g.pt.a. заучи́в
p.pt.a. заучи́вший
p.pt.p. зау́ченный

заучи́ться *v umg* zu viel lernen, überstudiert werden ‖ *uv* зау́чиваться

зауша́ть *uv zu* зауши́ть

зауши́ть *v* кого́-что *alt* ohrfeigen ‖ *uv* зауша́ть 2а
ft. заушу́, -ши́шь, -ша́т
imp. зауши́, ~те
pt. зауши́л
g.pt.a. зауши́в
p.pt.a. зауши́вший
p.pt.p. заушённый

зафарширова́ть 5 *v* кого́-что füllen *Speisen*

зафикси́ровать 4 *v* что **1.** festhalten *in Bild, Bericht* **2.** *phot* fixieren

зафрахтова́ть 5 *v* что *naut, wirtsch* chartern ‖ *uv* зафрахто́вывать 1а

зафрахто́вывать *uv zu* зафрахтова́ть

заха́живать *uv iterativ zu* [2]заходи́ть

заха́ивать *uv zu* заха́ять

захандри́ть *v umg* schwermütig werden
ft. захандрю́, -ри́шь, -ря́т
imp. захандри́, ~те
pt. захандри́л
g.pt.a. захандри́в
p.pt.a. захандри́вший

[1]**заха́ркать** 1 *v* что *volksspr* voll-, bespucken ‖ *uv* заха́ркивать 1а

[2]**заха́ркать** 1 *v* чем *volksspr* anfangen zu spucken

заха́ркивать *uv zu* [1]заха́ркать

заха́ять *v* кого́-что *volkssspr u. gbt* heruntermachen, beschimpfen ‖ *uv* заха́ивать 1а
ft. заха́ю, -а́ешь, -а́ют
imp. заха́й, ~те
pt. заха́ял
g.pt.a. заха́яв
p.pt.a. заха́явший
p.pt.p. заха́янный

захва́ливать *uv zu* захвали́ть

захвали́ть *v* кого́-что *umg* übermäßig loben ‖ *uv* захва́ливать 1а

ft.	захвалю́, -а́лишь, -а́лят
imp.	захвали́, ~те
pt.	захвали́л
g.pt.a.	захвали́в
p.pt.a.	захвали́вший
p.pt.p.	захва́ленный

захва́рывать *uv zu* захвора́ть

захвата́ть 2 *v* что *umg* abgreifen ‖ *uv* захва́тывать 1a

захвати́ть *v* кого́-что **1.** (er)greifen, (er)fassen; in die Hand nehmen **2.** mitnehmen **3.** (gewaltsam) ergreifen, an sich reißen **4.** *übtr* begeistern, fesseln **5.** *umg* überraschend antreffen, erwischen **6.** rechtzeitig erkennen, vorbeugen ‖ *uv* захва́тывать 1a

ft.	захвачу́, -а́тишь, -а́тят
imp.	захвати́, ~те
pt.	захвати́л
g.pt.a.	захвати́в
p.pt.a.	захвати́вший
p.p.pt.	захва́ченный

¹**захва́тывать** *uv zu* захвати́ть

²**захва́тывать** *uv zu* захвата́ть

захвора́ть 2 *v umg* krank werden, erkranken ‖ *uv* захва́рывать* 1a

захиле́ть 3 *v volksspr u. gbt* schwach werden, zu kränkeln beginnen

захире́ть 3 *v umg* dahinsiechen, verkümmern

захихи́кать 1 *v umg* anfangen zu kichern

захлами́ть *v* что *umg* mit Gerümpel vollstellen [vollpfropfen] ‖ *uv* захла́мливать 1a *u.* захламля́ть 2a

ft.	захламлю́, -ми́шь, -мя́т
imp.	захлами́, ~те
pt.	захлами́л
g.pt.a.	захлами́в
p.pt.a.	захлами́вший
p.pt.p.	захламлённый; захламлён, -ена́

захла́мливать *uv zu* захлами́ть

захламля́ть *uv zu* захлами́ть

захлебну́ть 7 *v* чего́ verschlucken ‖ *uv* захлёбывать 1a
p.pt.p. ungebr

захлебну́ться *v* **1.** sich verschlucken **2.** außer sich geraten *vor Erregung* **3.** *übtr* sich totlaufen, zusammenbrechen ‖ *uv* захлёбываться

захлёбывать(ся) *uv zu* захлебну́ть(ся)

¹**захлеста́ть** *v* кого́-что *umg* auspeitschen ‖ *uv* захлёстывать 1a

ft.	захлещу́, -е́щешь, -е́щут
imp.	захлещи́, ~те
pt.	захлеста́л
g.pt.a.	захлеста́в
p.pt.a.	захлеста́вший
p.pt.p.	захлёстанный

²**захлеста́ть** *v* кого́-что *umg* anfangen zu peitschen
kein *p.pt.p.*
Übrige Formen wie ¹захлеста́ть

захлестну́ть 7 *v* что **1.** zuziehen, zuschnüren *Schlinge* **2.** überfluten ‖ *uv* захлёстывать 1a

p.pt.p.	захлёстнутый

¹**захлёстывать** *uv zu* ¹захлеста́ть

²**захлёстывать** *uv zu* захлестну́ть

захло́пать 1 *v* anfangen in die Hände zu klatschen

захло́пнуть 6 *v* что zuschlagen, zuklappen ‖ *uv* захло́пывать 1a

p.pt.p.	захло́пнутый

захло́пнуться, *1. u. 2. Pers ungebr*, *v mit lautem Geräusch* zugehen, zuschlagen ‖ *uv* захло́пываться

захлопота́ться *v umg* sich abmühen, sich abjagen *mit Laufereien usw.*

ft.	захлопочу́сь, -о́чешься, -о́чутся
imp.	захлопочи́сь, -и́тесь
pt.	захлопота́лся, -лась
g.pt.a.	захлопота́вшись
p.pt.a.	захлопота́вшийся

захло́пывать(ся) *uv zu* захло́пнуть(ся)

захлороформи́ровать 4 *v* кого́-что chloroformieren

захмеле́ть 3 *v volksspr* betrunken werden

¹**заходи́ть** *v* anfangen hin und her zu gehen

ft.	захожу́, -о́дишь, -о́дят
imp.	заходи́, ~те
pt.	заходи́л
g.pt.a.	заходи́в
p.pt.a.	заходи́вший

²**заходи́ть** *uv zu* зайти́

pr.	захожу́, -о́дишь, -о́дят
imp.	заходи́, ~те
pt.	заходи́л
g.pr.a.	заходя́
p.pr.a.	заходя́щий
p.pt.a.	заходи́вший

заходи́ться *uv zu* зайти́сь
Formen nach ²заходи́ть

захора́нивать *uv zu* захорони́ть

захорони́ть *v* кого́-что begraben, beerdigen ‖ *uv* захора́нивать 1a

ft.	захороню́, -о́нишь, -о́нят
imp.	захорони́, ~те
pt.	захорони́л
g.pt.a.	захорони́в
p.pt.a.	захорони́вший
p.pt.p.	захоронённый; захоронён, -ена́

захоте́ть *v* чего́ *u. mit Infinitiv* den Wunsch [das Verlangen] zeigen, wollen

ft.	захочу́, -о́чешь, -о́чет, -оти́м, -оти́те, -отя́т
imp.	захоти́, ~те
pt.	захоте́л
g.pt.a.	захоте́в
p.pt.a.	захоте́вший

захоте́ться *v unpers* Lust haben, mögen

захохота́ть *v* auflachen

ft.	захохочу́, -о́чешь, -о́чут
imp.	захохочи́, ~те
pt.	захохота́л
g.pt.a.	захохота́в
p.pt.a.	захохота́вший

захрапе́ть *v umg* anfangen zu schnarchen

ft.	захраплю́, -пи́шъ, -пя́т
imp.	захрапи́, ~те
pt.	захрапе́л
g.pt.a.	захрапе́в
p.pt.a.	захрапе́вший

захрипе́ть *v umg* anfangen zu röcheln [zu keuchen]; heiser werden

ft.	захриплю́, -пи́шь, -пя́т
imp.	захрипи́, ~те
pt.	захрипе́л
g.pt.a.	захрипе́в
p.pt.a.	захрипе́вший

захрома́ть 2 *v umg* zu hinken anfangen; lahm werden

захуда́ть 2 *v alt volksspr* abmagern

зацвести́ *v* aufblühen, anfangen zu blühen ‖ *uv* зацвета́ть 2a

ft.	зацвету́, -тёшь, -ту́т
imp.	зацвети́, ~те
pt.	зацвёл, -ела́
g.pt.a.	зацве́тши
p.pt.a.	зацве́тший

зацвета́ть *uv zu* зацвести́

зацелова́ть 5 *v* кого́-что *umg* abküssen

зацепи́ть *v* кого́-что **1.** ergreifen, festhaken, einhaken *mit einem Haken* **2.** versehentlich anstoßen, streifen **3.** *übtr umg* verletzen *Gefühle* ‖ *uv* зацепля́ть 2a

ft.	зацеплю́, -е́пишь, -е́пят
imp.	зацепи́, ~те
pt.	зацепи́л
g.pt.a.	зацепи́в
p.pt.a.	зацепи́вший
p.pt.p.	заце́пленный

зацепи́ться *v* чем *u. ohne Objekt* sich verfangen, hängenbleiben (mit) ‖ *uv* зацепля́ться

зацепля́ть(ся) *uv zu* зацепи́ть(ся)

зачарова́ть 5 *v* кого́-что **1.** verzaubern **2.** *übtr* bezaubern, berücken ‖ *uv* зачаро́вывать 1a

зачаро́вывать *uv zu* зачарова́ть

зачасти́ть *v umg* **1.** schneller werden, sich beschleunigen; sich verstärken **2.** häufige Besuche beginnen, ständiger Gast werden

ft.	зачащу́, -асти́шь, -астя́т
imp.	зачасти́, ~те
pt.	зачасти́л
g.pt.a.	зачасти́в
p.pt.a.	зачасти́вший

[1]**зача́ть** *v alt ein Kind* empfangen (*meist nur p.pt.p.*; *übrige Formen alt*)

ft.	зачну́, -нёшь, -ну́т
imp.	зачни́, ~те
pt.	зача́л, зачала́, зача́ло
g.pt.a.	зача́в
p.pt.a.	зача́вший
p.pt.p.	зача́тый; зача́т, -ата́, -а́то

[2]**зача́ть** *v* что *u. mit Infinitiv*, *volksspr* anfangen, einleiten ‖ *uv* зачина́ть 2a

pt.	за́чал, зачала́, за́чало

kein *p.pt.p.*
Übrige Formen wie [1]зача́ть

[1]**зача́ться,** *1. u. 2. Pers ungebr*, *v* im Mutterleib entstehen

pt.	зача́лся, -ала́сь, -ало́сь

Übrige Formen nach [1]зача́ть

[2]**зача́ться** *v volksspr* anfangen, beginnen ‖ *uv* зачина́ться 2a

pt.	зачался́, -ла́сь, -ло́сь

Übrige Formen nach [1]зача́ть

зача́хнуть *v* **1.** dahinsiechen, verkümmern **2.** verwelken

ft.	зача́хну, -нешь, -нут
imp.	зача́хни, ~те
pt.	зача́х *u. alt* зача́хнул, зача́хла
g.pt.a.	зача́хнув *u.* зача́хши
p.pt.a.	зача́хший

зачерви́веть 3, *Betonung bleibt wie im Infinitv, 1. u. 2. Pers ungebr*, *v umg* wurmstichig werden

зачёркивать *uv zu* зачеркну́ть

зачеркну́ть 7 *v* кого́-что aus-, durchstreichen || *uv* зачёркивать 1a
p.pt.p. зачёркнутый

зачерне́ть 3, *1. u. 2. Pers ungebr*, *v* anfangen schwarz zu werden

зачерне́ться, *1. u. 2. Pers ungebr*, *v* anfangen schwarz zu werden

зачерни́ть *v* кого́-что schwarz färben || *uv* зачерня́ть 2a
ft. зачерню́, -ни́шь, -ня́т
imp. зачерни́, ~те
pt. зачерни́л
g.pt.a. зачерни́в
p.pt.a. зачерни́вший
p.pt.p. зачернённый; зачернён, -ена́

зачерня́ть *uv zu* зачерни́ть

зачерпну́ть 7 *v* что *oder* чего́ schöpfen || *uv* заче́рпывать 1a
p.pt.p. заче́рпнутый

заче́рпывать *uv zu* зачерпну́ть

зачерстве́ть 3 *v* **1.** trocken [hart] werden, austrocknen *Brot* **2.** *übtr* hartherzig werden, verhärten

зачерти́ть *v* что vollzeichnen || *uv* заче́рчивать 1a
ft. зачерчу́, -е́ртишь, -е́ртят
imp. зачерти́, ~те
pt. зачерти́л
g.pt.a. зачерти́в
p.pt.a. зачерти́вший
p.pt.p. заче́рченный

заче́рчивать *uv zu* зачерти́ть

[1]**зачеса́ть** *v* что glattkämmen *Haare* || *uv* зачёсывать 1a
ft. зачешу́, -е́шешь, -е́шут
imp. зачеши́, ~те
pt. зачеса́л
g.pt.a. зачеса́в
p.pt.a. зачеса́вший
p.pt.p. зачёсанный

[2]**зачеса́ть** *v* что *umg* anfangen zu kratzen
kein *p.pt.p.*
Übrige Formen wie [1]зачеса́ть

[1]**зачеса́ться** *v umg* sich kämmen || *uv* зачёсываться 1a

[2]**зачеса́ться** *v umg* anfangen zu jucken

заче́сть *v* что **1.** anrechnen, berücksichtigen **2.** als bestanden anrechnen || *uv* зачи́тывать 1a
ft. зачту́, -тёшь, -ту́т
imp. зачти́, ~те
pt. зачёл, -чла́
g.pt.a. зачтя́
p.pt.p. зачтённый; зачтён, -ена́

заче́сться, *1. u. 2. Pers ungebr*, *v*: э́то ему́ зачтётся das wird ihm angerechnet werden || *uv* зачи́тываться

зачёсывать(ся) *uv zu* [1]зачеса́ть(ся)

зачехли́ть *v* что mit einem Überzug versehen
ft. зачехлю́, -ли́шь, -ля́т
imp. зачехли́, ~те
pt. зачехли́л
g.pt.a. зачехли́в
p.pt.a. зачехли́вший
p.pt.p. зачехлённый; зачехлён, -ена́

зачина́ть(ся) *uv zu* [2]зача́ть(ся)

зачи́нивать *uv zu* зачини́ть

зачини́ть *v* что *umg* **1.** flicken **2.** (an)spitzen || *uv* зачи́нивать* 1a
ft. зачиню́, -и́нишь, -и́нят
imp. зачини́, ~те
pt. зачини́л
g.pt.a. зачини́в
p.pt.a. зачини́вший
p.pt.p. зачи́ненный *u.* зачинённый; зачинён, -ена́

зачи́слить *v* **1.** кого́-что einstellen, aufnehmen; immatrikulieren **2.** что на что *wirtsch* verbuchen, gutschreiben || *uv* зачисля́ть 2a
ft. зачи́слю, -лишь, -лят
imp. зачи́сли, ~те
pt. зачи́слил
g.pt.a. зачи́слив
p.pt.a. зачи́сливший
p.pt.p. зачи́сленный

зачи́слиться *v* sich aufnehmen [einstellen] lassen || *uv* зачисля́ться

зачисля́ть(ся) *uv zu* зачи́слить(ся)

зачи́стить *v* что säubern; glätten || *uv* зачища́ть 2a
ft. зачи́щу, -и́стишь, -и́стят
imp. зачи́сти *u.* зачи́сть, зачи́стите
pt. зачи́стил
g.pt.a. зачи́стив
p.pt.a. зачи́стивший
p.pt.p. зачи́щенный

зачита́ть 2 *v* что **1.** verlesen **2.** *umg* abnutzen, zerlesen *Bücher* **3.** *umg* behalten, nicht zurückgeben || *uv* зачи́тывать 1a

зачита́ться *v* чем *umg* sich ins Lesen vertiefen || *uv* зачи́тываться

[1]**зачи́тывать(ся)** *uv zu* заче́сть(ся)

[2]**зачи́тывать(ся)** *uv zu* зачита́ть(ся)

зачища́ть *uv zu* зачи́стить

зашага́ть 2 *v* anfangen zu schreiten [auszuschreiten]

зашáркать 1 *v* что *umg* zerkratzen *mit den Füßen* ‖ *uv* зашáркивать 1а

зашáркивать *uv zu* зашáркать

зашатáться 2 *v* ins Wanken [Schwanken] geraten

[1]**зашвы́ривать** *uv zu* зашвырнýть

[2]**зашвы́ривать** *uv zu* зашвыря́ть

зашвырнýть 7 *v* что (weg)werfen, schmeißen ‖ *uv* зашвы́ривать 1а

зашвыря́ть 2 *v* когó-что bewerfen ‖ *uv* зашвы́ривать 1а

зашевели́ть *v* чем zu bewegen anfangen, in Bewegung setzen

ft.	зашевелю́, -éли́шь, -éля́т
imp.	зашевели́, ~те
pt.	зашевели́л
g.pt.a.	зашевели́в
p.pt.a.	зашевели́вший

зашевели́ться *v* anfangen sich zu bewegen

зашелестéть *1. Pers ungebr*, *v* anfangen zu rauschen [zu rascheln]

ft.	зашелести́шь, -стя́т
imp.	зашелести́, ~те
pt.	зашелести́л
g.pt.a.	зашелести́в
p.pt.a.	зашелести́вший

зашелуди́веть 3 *v volksspr* räudig werden

зашептáть *v* anfangen zu flüstern

ft.	зашепчý, -éпчешь, -éпчут
imp.	зашепчи́, ~те
pt.	зашептáл
g.pt.a.	зашептáв
p.pt.a.	зашептáвший

зашептáться *v* anfangen miteinander zu flüstern

зашершáветь 3, *Betonung bleibt wie im Infinitiv*, *1. u. 2. Pers ungebr*, *v* rauh werden

зашибáть 2а *uv volksspr* **1.** *uv zu* зашиби́ть **2.** чем *u. ohne Objekt* zechen, trinken

зашибáться *uv zu* зашиби́ться

зашиби́ть *v* когó-что *volksspr* **1.** schmerzhaft verletzen, stoßen **2.** erwerben, verdienen ‖ *uv* зашибáть 2а

ft.	зашибý, -бёшь, -бýт
imp.	зашиби́, ~те
pt.	заши́б, ~ла
g.pt.a.	зашиби́в* *u.* зашибя́*
p.pt.a.	заши́бший
p.pt.p.	заши́бленный*

зашиби́ться *v volksspr* sich stoßen ‖ *uv* зашибáться

зашивáть *uv zu* заши́ть

зашипéть *v* anfangen zu zischen [zu fauchen]

ft.	зашиплю́, -пи́шь, -пя́т
imp.	зашипи́, ~те
pt.	зашипéл
g.pt.a.	зашипéв
p.pt.a.	зашипéвший

заши́ть *v* что **1.** zunähen **2.** einnähen ‖ *uv* зашивáть 2а

ft.	зашью́, зашьёшь, зашью́т
imp.	зашéй, ~те
pt.	заши́л
g.pt.a.	заши́в
p.pt.a.	заши́вший
p.pt.p.	заши́тый

зашифровáть 5 *v* что chiffrieren, verschlüsseln ‖ *uv* зашифрóвывать 1а

зашифрóвывать *uv zu* зашифровáть

зашнуровáть 5 *v* что zuschnüren ‖ *uv* зашнурóвывать 1а

зашнуровáться *v* sich einschnüren ‖ *uv* зашнурóвываться

зашнурóвывать(ся) *uv zu* зашнуровáть(ся)

зашпаклевáть *v* что spachteln, verschmieren ‖ *uv* зашпаклёвывать 1а

ft.	зашпаклю́ю, -лю́ешь, -лю́ют
imp.	зашпаклю́й, ~те
pt.	зашпаклевáл
g.pt.a.	зашпаклевáв
p.pt.a.	зашпаклевáвший
p.pt.p.	зашпаклёванный

зашпаклёвывать *uv zu* зашпаклевáть

зашпи́ливать(ся) *uv zu* зашпи́лить(ся)

зашпи́лить *v* что *umg mit einer Nadel* zustecken, aufstecken ‖ *uv* зашпи́ливать 1а

ft.	зашпи́лю, -лишь, -лят
imp.	зашпи́ль, ~те
pt.	зашпи́лил
g.pt.a.	зашпи́лив
p.pt.a.	зашпи́ливший
p.pt.p.	зашпи́ленный

зашпи́литься *v umg* fest-, aufstecken *Haare* ‖ *uv* зашпи́ливаться

заштемпелевáть *v* что (ab)stempeln ‖ *uv* заштемпелёвывать 1а

ft.	заштемпелю́ю, -ю́ешь, -ю́ют
imp.	заштемпелю́й, ~те
pt.	заштемпелевáл
g.pt.a.	заштемпелевáв
p.pt.a.	заштемпелевáвший
p.pt.p.	заштемпелёванный

заштемпелёвывать *uv zu* заштемпелева́ть

зашто́пать 1 *v* что stopfen ‖ *uv* зашто́пывать 1а

зашто́пывать *uv zu* зашто́пать

зашто́ривать *uv zu* зашто́рить

зашто́рить *v* что zuhängen *mit Vorhängen* ‖ *uv* зашто́ривать 1а

ft.	зашто́рю, -ришь, -рят
imp.	зашто́рь, ~те
pt.	зашто́рил
g.pt.a.	зашто́рив
p.pt.a.	зашто́ривший
p.pt.p.	зашто́ренный

заштрихова́ть 5 *v* что schraffieren ‖ *uv* заштрихо́вывать 1а

заштрихо́вывать *uv zu* заштрихова́ть

заштукату́ривать *uv zu* заштукату́рить

заштукату́рить *v* что verputzen ‖ *uv* заштукату́ривать 1а

ft.	заштукату́рю, -ришь, -рят
imp.	заштукату́рь, ~те
pt.	заштукату́рил
g.pt.a.	заштукату́рив
p.pt.a.	заштукату́ривший
p.pt.p.	заштукату́ренный

заштукова́ть 5 *v* что unsichtbar zusammennähen, kunststopfen ‖ *uv* заштуко́вывать 1а

заштуко́вывать *uv zu* заштукова́ть

зашуме́ть *v* **1.** anfangen zu lärmen **2.** anfangen zu rauschen

ft.	зашумлю́, -ми́шь, -мя́т
imp.	зашуми́, ~те
pt.	зашуме́л
g.pt.a.	зашуме́в
p.pt.a.	зашуме́вший

зашушу́каться 1 *v umg* anfangen zu tuscheln [miteinander zu flüstern]

защебета́ть *v* anfangen zu zwitschern

ft.	защебечу́, -е́чешь, -е́чут
imp.	защебечи́, ~те
pt.	защебета́л
g.pt.a.	защебета́в
p.pt.a.	защебета́вший

защекота́ть *v* кого́-что fast zu Tode kitzeln

ft.	защекочу́, -о́чешь, -о́чут
imp.	защекочи́, ~те
pt.	защекота́л
g.pt.a.	защекота́в
p.pt.a.	защекота́вший
p.pt.p.	защеко́ченный

защёлкать 1 *v* **1.** anfangen zu schnalzen [zu schnipsen] **2.** anfangen zu trillern *Nachtigall*

защёлкивать *uv zu* защёлкнуть

защёлкнуть 6 *v* что zuklinken, zuschnappen lassen ‖ *uv* защёлкивать 1а

p.pt.p.	защёлкнутый

защеми́ть *v* что einklemmen, einzwängen ‖ *uv* защемля́ть 2а

ft.	защемлю́, -ми́шь, -мя́т
imp.	защеми́, ~те
pt.	защеми́л
g.pt.a.	защеми́в
p.pt.a.	защеми́вший
p.pt.p.	защемлённый; защемлён, -ена́

защемля́ть *uv zu* защеми́ть

[1]**защипа́ть** *v* кого́-что *umg* durch Kneifen quälen [arg zusetzen] ‖ *uv* защи́пывать 1а

ft.	защиплю́, -и́плешь, -и́плют *u. umg* -и́пешь, -и́пют *u. umg* защипа́ю, -а́ешь, -а́ют
imp.	защипли́, ~те *u. umg* защипи́, ~те *u. umg* защипа́й, ~те
pt.	защипа́л
g.pt.a.	защипа́в
p.pt.a.	защипа́вший
p.pt.p.	защи́панный

[2]**защипа́ть** *v umg* кого́-что anfangen zu kneifen [zupfen, rupfen]
kein *p.pt.p.*
Übrige Formen wie [1]защипа́ть

защипну́ть 7 *v* что mit der Zange fassen ‖ *uv* защи́пывать 1а

[1]**защи́пывать** *uv zu* [1]защипа́ть

[2]**защи́пывать** *uv zu* защипну́ть

защити́ть *v* кого́-что **1.** verteidigen; beschützen; eintreten (für) **2.** *übtr* verteidigen, verfechten ‖ *uv* защища́ть 2а

ft.	защищу́, -ити́шь, -итя́т
imp.	защити́, ~те
pt.	защити́л
g.pt.a.	защити́в
p.pt.a.	защити́вший
p.pt.p.	защищённый; защищён, -ена́

защити́ться *v* sich verteidigen ‖ *uv* защища́ться

защища́ть(ся) *uv zu* защити́ть(ся)

заяви́ть *v* что, о чём *oder mit Konjunktion* что eine Erklärung abgeben, erklären ‖ *uv* заявля́ть 2а

ft.	заявлю́, -я́вишь, -я́вят
imp.	заяви́, ~те
pt.	заяви́л

g.pt.a. заяви́в
p.pt.a. заяви́вший
p.pt.p. зая́вленный

заяви́ться *v* unerwartet erscheinen, auftauchen ‖ *uv* заявля́ться

заявля́ть(ся) *uv zu* заяви́ть(ся)

звать *uv* кого́-что **1.** (herbei)rufen, heranwinken **2.** кем-чем *umg* nennen
pr. зову́, зовёшь, зову́т
imp. зови́, ~те
pt. звал, звала́, зва́ло
g.pr.a. зовя́
p.pr.a. зову́щий
p.pt.a. зва́вший
p.pt.p. зва́нный; зван, звана́, зва́но

зва́ться *uv* heißen
pt. зва́лся́, звала́сь, зва́ло́сь

звене́ть *uv* **1.** klingen, tönen, klirren **2.** чем klirren, klimpern (mit)
pr. звеню́, -ни́шь, -ня́т
imp. звени́, ~те
pt. звене́л
g.pr.a. звеня́
p.pr.a. звеня́щий
p.pt.a. звене́вший

звере́ть 3а *uv* grausam werden, vertieren

зве́рствовать 4а *uv* bestialisch wüten, Greueltaten verüben

звони́ть *uv* **1.** läuten, klingeln **2.** кому́ anrufen *telefonisch* ‖ *v* позвони́ть, Formen das.
pr. звоню́, -ни́шь, -ня́т
imp. звони́, ~те
pt. звони́л
g.pr.a. звоня́
p.pr.a. звоня́щий
p.pt.a. звони́вший

звони́ться *uv volksspr* klingeln *an der Tür* ‖ *v* позвони́ться

звуча́ть *uv* **1.** tönen, schallen, klingen **2.** чем widerhallen (von) **3.** *übtr* mitklingen, anklingen, zu vernehmen sein **4.** чем Klang erzeugen, klirren (mit)
pr. звучу́, -чи́шь, -ча́т
imp. звучи́, ~те
pt. звуча́л
g.pr.a. звуча́
p.pr.a. звуча́щий
p.pt.a. звуча́вший

звя́кать *uv zu* звя́кнуть

звя́кнуть 6 *v mom* klirren ‖ *uv* звя́кать 1а

здоро́ваться 1а *uv* с кем einander begrüßen ‖ *v* поздоро́ваться 1

здорове́ть 3а *uv umg* sich erholen, kräftiger werden

здра́вствовать 4а *uv* sich wohl befinden, bei guter Gesundheit sein

зева́ть 2а *uv* **1.** gähnen **2.** *umg* Maulaffen feilhalten **3.** *umg* nicht aufpassen, schlafen | *v mom* зевну́ть 7, kein *p.pt.p.*

зевну́ть *v mom zu* зева́ть

зелене́ть 3а *uv* **1.** grünen **2.** grün werden, grüne Farbe annehmen **3.** grün leuchten, grün schimmern

зелене́ться, *1. u. 2. Pers ungebr*, *uv* grün leuchten, grün schimmern

зелени́ть *uv* что grün färben
pr. зеленю́, -ни́шь, -ня́т
imp. зелени́, ~те
pt. зелени́л
g.pr.a. зеленя́
p.pr.a. зеленя́щий
p.pt.a. зелени́вший

зи́ждиться, *1. u. 2. Pers ungebr*, *uv* на чём *buchspr* sich gründen, beruhen (auf)
pr. зи́ждется, -дутся
imp. зи́ждись, -итесь*
pt. зи́ждился, -лась
g.pr.a. зи́ждясь
p.pr.a. зи́ждущийся
p.pt.a. зи́ждившийся

зимова́ть 5а *uv* überwintern

зия́ть 2а, *1. u. 2. Pers ungebr*, *uv* klaffen, gähnen *Abgrund*

злеть 3а *uv umg* böse werden

злить *uv* кого́-что ärgern, wütend machen
pr. злю, злишь, злят
imp. зли, ~те
pt. злил
g.pr.a. зля
p.pr.a. злящий
p.pt.a. зли́вший

зли́ться *uv* на кого́-что sich ärgern, wütend sein (über, auf)

зло́биться *uv alt u. umg* на кого́ böse [erzürnt] sein (auf)
pr. зло́блюсь, -бишься, -бятся
imp. зло́бься, -бьтесь
pt. зло́бился, -лась
g.pr.a. зло́бясь
p.pt.a. зло́бившийся

зло́бствовать 4а *uv* wütend sein

злоде́йствовать 4а *uv* Verbrechen verüben

злопыха́тельствовать 4а *uv* gehässig sein, geifern

злопыха́ть 2а *uv* zu Unrecht gehässig sein

злора́дствовать 4a *uv* schadenfroh sein

злосло́вить *uv* lästern, schmähen
pr. злосло́влю, -вишь, -вят
imp. злосло́вь, ~те
pt. злосло́вил
g.pr.a. злосло́вя
p.pr.a. злосло́вящий
p.pt.a. злосло́вивший

злоумышля́ть 2a *uv* что *u. ohne Objekt alt* auf Böses sinnen

злоупотреби́ть *v* чем Mißbrauch treiben, veruntreuen ‖ *uv* злоупотребля́ть 2a
ft. злоупотреблю́, -би́шь, -бя́т
imp. злоупотреби́, ~те
pt. злоупотреби́л
g.pt.a. злоупотреби́в
p.pt.a. злоупотреби́вший

злоупотребля́ть *uv zu* злоупотреби́ть

змеи́ться, *1. u. 2. Pers ungebr*, *uv* **1.** sich schlängeln **2.** flüchtig hinweggleiten
pr. змеи́тся, -ея́тся
pt. змеи́лся, -лась
g.pr.a. змея́сь
p.pr.a. змея́щийся
p.pt.a. змеи́вшийся

знава́ть *uv iterativ zu* знать

знако́мить *uv* кого́-что с кем-чем **1.** (miteinander) bekannt machen **2.** bekannt [vertraut] machen, einführen ‖ *v* познако́мить, Formen das.
pr. знако́млю, -мишь, -мят
imp. знако́мь, ~те
pt. знако́мил
g.pr.a. знако́мя
p.pr.a. знако́мящий
p.pt.a. знако́мивший

знако́миться *uv* с кем-чем **1.** sich (einander) vorstellen, sich (miteinander) bekannt machen **2.** sich vertraut machen ‖ *v* познако́миться

знаменова́ть 5a *uv* что *buchspr* bedeuten; kennzeichnen, bezeichnen

знать 1a *uv* **1.** о ком-чём, что *oder mit Konjunktion* что kennen, wissen, unterrichtet sein **2.** что kennen, Fachmann sein **3.** кого́-что kennen, bekannt sein (mit) | *uv iterativ umg* знава́ть 2a, *pr. ungebr.*

зна́ться *uv umg* с кем-чем bekannt sein, verkehren (mit)

зна́харить *uv gbt* sich mit Quacksalberei beschäftigen
pr. зна́харю, -ришь, -рят
imp. зна́хари, -рьте
pt. зна́харил
g.pr.a. зна́харя
p.pr.a. зна́харящий
p.pt.a. зна́харивший

зна́чить *uv* что **1.** Bedeutung haben, bedeuten **2.** Bedeutung [Gewicht] haben
pr. зна́чу, -чишь, -чат
pt. зна́чил
g.pr.a. зна́ча
p.pr.a. зна́чащий
p.pt.a. зна́чивший

зна́читься *uv* in einer Liste geführt werden, eingetragen sein

знobи́ть *uv unpers* кого́-что frösteln, schütteln
pr. знoби́т
pt. знoби́ло

золи́ть *uv* что äschern *Felle*
pr. золю́, -ли́шь, -ля́т
imp. золи́, ~те
pt. золи́л
g.pr.a. золя́
p.pr.a. золя́щий
p.pt.a. золи́вший
p.pr.p. золи́мый

золоти́ть *uv* что **1.** vergolden **2.** *übtr* golden färben, in goldenes Licht tauchen
pr. золочу́, -оти́шь, -отя́т
imp. золоти́, ~те
pt. золоти́л
g.pr.a. золотя́
p.pr.a. золотя́щий
p.pt.a. золоти́вший
p.pr.p. золоти́мый
p.pt.p. золочённый; золочён, -ена́

золоти́ться, *1. u. 2. Pers ungebr*, *uv* **1.** golden schimmern **2.** goldfarbig werden

зонди́ровать 4a *uv* кого́-что **1.** mit der Sonde untersuchen **2.** *übtr* sondieren ‖ *v* позонди́ровать 4

[1]**зреть** 3a *uv* reifen

[2]**зреть** *uv* кого́-что *u.* на кого́-что *alt* sehen
pr. зрю, зришь, зрят
imp. зри, ~те
pt. зрел
g.pr.a. зря
p.pr.a. зря́щий
p.pr.p. зри́мый

зубоска́лить *uv volksspr* spotten, witzeln
pr. зубоска́лю, -лишь, -лят
imp. зубоска́ль, ~те
pt. зубоска́лил

g.pr.a. зубоска́ля
p.pr.a. зубоска́лящий
p.pt.a. зубоска́ливший

[1]**зубри́ть** *u.* **зу́брить** *uv* что schartig machen
pr. зу́брю, зу́бри́шь, зу́бря́т
imp. зу́бри́, ~те
pt. зу́бри́л
g.pr.a. зу́бря́
p.pr.a. зу́бря́щий
p.pt.a. зу́бри́вший

[2]**зубри́ть** *uv* что *umg* büffeln, pauken
pr. зубрю́, зу́бри́шь, зу́бря́т
imp. зубри́, ~те
pt. зубри́л
g.pr.a. зубря́
p.pr.a. зубря́щий
p.pt.a. зубри́вший

зубри́ться *u.* **зу́бриться,** *1. u. 2. Pers ungebr*, *uv* schartig werden
Formen nach [1]зу́бри́ть

зуде́ть, *1. u. 2. Pers ungebr*, *uv umg* jucken
pr. зуди́т, -дя́т
pt. зуде́ло
g.pr.a. зудя́
p.pr.a. зудя́щий
p.pt.a. зуде́вший

зы́биться, *1. u. 2. Pers ungebr*, *uv* sich schaukeln
pr. зы́блется, -блются
pt. зы́бился, -лась
g.pr.a. зы́бясь
p.pr.a. зы́бящийся
p.pt.a. зы́бившийся

зы́кать *uv zu* зы́кнуть

зы́кнуть 6 *v volksspr* **1.** на кого́-что laut und scharf rufen **2.** pfeifen *Kugeln* ‖ *uv* зы́кать 1a

зя́бнуть *uv* frieren
pr. зя́бну, -нешь, -нут
imp. зя́бни, ~те
pt. зя́б *u.* зя́бнул, зя́бла
g.pt.a. зя́бнув
p.pr.a. зя́бнущий
p.pt.a. зя́бнувший *u.* зя́бший

И

игнори́ровать 4 *u.* 4a *v*, *uv* кого́-что ignorieren, (absichtlich) übersehen, nicht beachten

игра́ть 2a *uv* **1.** spielen, sich tummeln **2.** во что, на чём *u. ohne Objekt* sich durch Spiel zerstreuen, erholen **3.** кого́-что, на чём *u. ohne Objekt* darbieten, spielen *Musikstück*, *Schauspiel* **4.** (c) кем-чем sein Spiel treiben, spielen (mit) **5.** moussieren, schäumen, perlen *Wein usw.* **6.** *1. u. 2. Pers ungebr* на чём, в чём glänzen, schimmern, funkeln | *uv iterativ* и́грывать 1a, *ohne pr. u. ft. umg zu* 2, 3. — (сыгра́ть *zu* 2, 3)

и́грывать *uv iterativ zu* игра́ть

идеализи́ровать 4 *u.* 4a *v*, *uv* кого́-что idealisieren

идентифици́ровать [дэ] 4 *u.* 4a *v*, *uv* кого́-что identifizieren

идти́ *uv* **1.** *best* gehen, kommen; laufen **2.** *best* fahren, kommen, sich fortbewegen *von und mit Verkehrsmitteln* **3.** *best* verkehren, fahren, abfahren *von Verkehrsmitteln* **4.** *best* (aus)ziehen, gehen, sich begeben **5.** во что, на что eintreten, beitreten **6.** *übtr* gehen, schreiten **7.** entströmen, sich verbreiten **8.** geliefert werden, kommen **9.** *übtr* sich nähern, kommen, anbrechen **10.** *umg* Absatz finden, gehen **11.** sich entlangziehen, sich erstrecken, hindurchführen **12.** *best* funktionieren, laufen, gehen **13.** stattfinden, veranstaltet werden **14.** на что sich bereitfinden, geneigt sein (zu) **15.** во что, на что, подо что erforderlich sein, gebraucht werden, verwendet werden, bestimmt sein (für, bei) **16.** кому́-чему́, к кому́-чему́ passen, entsprechen, (gut) stehen **17.** во что, на что *umg* hineingehen, hineinpassen, passen **18.** *umg* vonstatten gehen, (gut) klappen, (gut) von der Hand gehen **19.** чем *oder* с чего́ *best* ziehen, einen Zug machen *Brettspiele*; ausspielen *beim Kartenspiel* ‖ *v* пойти́ *zu* 1, 5, 10, 14—19, *Formen das.* | *unbest* ходи́ть *zu* 1, 2, 3, 4, 12, 19
pr. иду́, идёшь, иду́т
imp. иди́, ~те
pt. шёл, шла
g.pr.a. идя́ *u. umg* и́дучи
p.pr.a. иду́щий
p.pt.a. ше́дший

избáвить *v* когó-что от когó-чегó befreien, erlösen, erretten; verschonen; entheben ‖ *uv* избавля́ть 2a
ft. избáвлю, -вишь, -вят
imp. избáвь, ~те
pt. избáвил
g.pt.a. избáвив
p.pt.a. избáвивший
p.pt.p. избáвленный

избáвиться *v* от когó-чегó sich befreien, sich retten, entgehen, enthoben werden ‖ *uv* избавля́ться

избавля́ть(ся) *uv zu* избáвить(ся)

избаловáть 5 *v* когó-что verwöhnen, verziehen ‖ *uv* избалóвывать 1a

избаловáться *v* **1.** verwöhnt, [verzogen] werden **2.** *umg* ungezogen werden *von Kindern* **3.** *volksspr* verdorben werden, schlechte Gewohnheiten annehmen ‖ *uv* избалóвываться

избалóвывать(ся) *uv zu* избаловáть(ся)

избéгать 1 *v* что *umg die ganze Gegend* ablaufen, abrennen

избегáть 2a *uv* когó-чегó *oder mit Infinitiv* **1.** aus dem Wege gehen, meiden, vermeiden, ausweichen **2.** entgehen, entrinnen ‖ *v* избежáть *u.* избéгнуть, Formen das.

избéгаться 1 *v umg* sich müde laufen

избéгнуть *v zu* избегáть
ft. избéгну, -нешь, -нут
imp. избéгни, ~те
pt. избéг *u.* избéгнул, избéгла
g.pt.a. избéгнув *u.* избéгши
p.pt.a. избéгнувший *u.* избéгший
p.pt.p. избéгнутый

избежáть *v zu* избегáть
ft. избегý, -ежи́шь, -егýт
imp. избеги́, ~те
pt. избежáл
g.pt.a. избежáв
p.pt.a. избежáвший

избивáть *uv zu* изби́ть

избирáть *uv zu* избрáть

изби́ть *v* когó-что **1.** (ver)prügeln **2.** *buchspr alt* ausrotten, hinmetzeln **3.** *meist p.pt.p. umg* beschädigen, übel zurichten, zerbeulen ‖ *uv* избивáть 2a
ft. изобью́, -бьёшь, -бью́т
imp. избе́й, ~те
pt. изби́л
g.pt.a. изби́в
p.pt.a. изби́вший
p.pt.p. изби́тый

изболéться *v volksspr* sich verzehren, vergehen *vor Gram, Schmerz*
ft. изболéюсь, -éешься, -éются *u.* -ли́шься, -ля́тся
imp. изболéйся, -éйтесь
pt. изболéлся, -лась
g.pt.a. изболéвшись
p.pt.a. изболéвшийся

избораждáть *uv zu* избороздúть

избороздúть *v* что **1.** durchfurchen, mit Furchen durchziehen **2.** durchziehen, durchstreifen, durchfahren ‖ *uv* избороздáть 2a
ft. изборозжý, -зди́шь, -здя́т
imp. изборозди́, ~те
pt. изборозди́л
g.pt.a. изборозди́в
p.pt.a. изборозди́вший
p.pt.p. изборождённый; изборождён, -енá

избочéниваться *uv zu* избочéниться

избочéниться *v umg* die Arme in die Seiten stemmen; sich schief hinstellen ‖ *uv* избочéниваться 1a
ft. избочéнюсь, -нишься, -нятся
imp. избочéнься, -ньтесь
pt. избочéнился, -лась
g.pt.a. избочéнившись
p.pt.a. избочéнившийся

избрáть *v* когó-что wählen; auswählen ‖ *uv* избирáть 2a
ft. изберý, -рёшь, -рýт
imp. избери́, ~те
pt. избрáл, -алá, -áло
g.pt.a. избрáв
p.pt.a. избрáвший
p.pt.p. и́збранный

избывáть *uv zu* избы́ть

избы́ть *v* когó-что *alt u. poet* sich von etw. befreien ‖ *uv* избывáть 2a
ft. избýду, -дешь, -дут
imp. избýдь, ~те
pt. избы́л, избылá, избы́ло
g.pt.a. избы́в
p.pt.a. избы́вший
p.pt.p. избы́тый

изваля́ть 2 *v* когó-что *volksspr im Dreck* herumwälzen

изваять 2 *v* что meißeln, schnitzen, formen *Skulptur, Figur*

извéдать 1 *v* что *buchspr* am eigenen Leibe [aus eigener Erfahrung] kennenlernen, erfahren, erleben, zu spüren bekommen ‖ *uv* извéдывать 1a

изве́дывать *uv zu* изве́дать

изверга́ть(ся) *uv zu* изве́ргнуть(ся)

изве́ргнуть *v* кого́-что **1.** (her)ausstoßen, (her)auswerfen; ausspeien **2.** *übtr* ausstoßen, verbannen ‖ *uv* изверга́ть 2a
ft. изве́ргну, -нешь, -нут
imp. изве́ргни, ~те
pt. изве́рг *u. alt* изве́ргнул, изве́ргла
g.pt.a. изве́ргнув
p.pt.a. изве́ргший *u. alt* изве́ргнувший
p.pt.p. изве́ргнутый *u.* изве́рженный

изве́ргнуться, *1. u. 2. Pers ungebr*, *v* **1.** sich ergießen, ausgestoßen werden **2.** ausgeworfen werden, Feuer speien *Vulkan* ‖ *uv* изверга́ться

изве́риваться *uv zu* изве́риться

изве́риться *v* в ком-чём *oder* в кого́-что *umg* den Glauben verlieren (an) ‖ *uv* изве́риваться 1a
ft. изве́рюсь, -ришься, -рятся
imp. изве́рься, -рьтесь
pt. изве́рился, -лась
g.pt.a. изве́рившись
p.pt.a. изве́рившийся

изверну́ться 7 *v* **1.** rasch, geschickt ausweichen, sich herauswinden, sich losreißen **2.** *übtr* sich aus der Verlegenheit ziehen ‖ *uv* извёртываться 1a *u. umg* изворачиваться 1a

извёртываться *uv zu* изверну́ться

извести́ *v* кого́-что **1.** *umg* verbrauchen, aufbrauchen **2.** *volksspr* umbringen, ermorden, ausrotten **3.** *umg* (bis auf den Tod) quälen, peinigen, piesacken ‖ *uv* изводи́ть, Formen das.
ft. изведу́, -дёшь, -ду́т
imp. изведи́, ~те
pt. извёл, -ела́
g.pt.a. изведя́ *u. alt* изве́дши
p.pt.a. изве́дший
p.pt.p. изведённый; изведён, -ена́

извести́сь *v umg* sich abquälen, sich abrackern; sich aufreiben; von Kräften kommen ‖ *uv* изводи́ться

извести́ть *v* кого́-что о чём *oder mit Konjunktion* что benachrichtigen, in Kenntnis setzen (von), wissen lassen ‖ *uv* извеща́ть 2a
ft. извещу́, -ести́шь, -естя́т
imp. извести́, ~те
pt. извести́л
g.pt.a. извести́в
p.pt.a. извести́вший
p.pt.p. извещённый; извещён, -ена́

известкова́ть 5 *u.* 5a *v*, *uv* что mit Kalk düngen, kalken

изветша́ть 2, *1. u. 2. Pers ungebr*, *v alt* alt [baufällig] werden

извеща́ть *uv zu* извести́ть

извива́ть(ся) *uv zu* изви́ть(ся)

извини́ть *v* кого́-что за что *oder* что entschuldigen, verzeihen ‖ *uv* извиня́ть 2a
ft. извиню́, -ни́шь, -ня́т
imp. извини́, ~те
pt. извини́л
g.pt.a. извини́в
p.pt.a. извини́вший
p.pt.p. извинённый; извинён, -ена́

извини́ться *v* sich entschuldigen ‖ *uv* извиня́ться

извиня́ть(ся) *uv zu* извини́ть(ся)

изви́ть *v* что ringeln, winden, krümmen ‖ *uv* извива́ть 2a
ft. изовью́, -вьёшь, -вью́т
imp. изве́й, ~те
pt. изви́л, -ила́, -и́ло
g.pt.a. изви́в
p.pt.a. изви́вший
p.pt.p. изви́тый; изви́т, -ита́, -и́то

изви́ться *v* sich schlängeln, sich winden, sich krümmen ‖ *uv* извива́ться
pt. изви́лся, -ила́сь, -ило́сь

извлека́ть *uv zu* извле́чь

извле́чь *v* кого́-что из кого́-чего́ **1.** ziehen, herausziehen, entfernen **2.** gewinnen, entnehmen **3.** *übtr* gewinnen, entnehmen, herausziehen ‖ *uv* извлека́ть 2a
ft. извлеку́, -ечёшь, -еку́т
imp. извлеки́, ~те
pt. извлёк, -екла́
g.pt.a. извлёкши
p.pt.a. извлёкший
p.pt.p. извлечённый; извлечён, -ена́

изводи́ть *uv zu* извести́
pr. извожу́, -о́дишь, -о́дят
imp. изводи́, ~те
pt. изводи́л
g.pr.a. изводя́
p.pr.a. изводя́щий
p.pt.a. изводи́вший
p.pr.p. изводи́мый

изводи́ться *uv zu* извести́сь

извози́ть *v* кого́-что *volksspr* durch den Dreck ziehen, völlig beschmutzen
ft. извожу́, -о́зишь, -о́зят
imp. извози́, ~те
pt. извози́л

g.pt.a. извози́в
p.pt.a. извози́вший
p.pt.p. изво́женный

извози́ться *v volksspr* sich völlig beschmutzen, sich sehr schmutzig machen

изво́зничать 1a *uv alt* ein Fuhrgewerbe betreiben

изво́лить *uv* **1.** чегó *oder mit Infinitiv alt* belieben, wollen; geruhen **2.** *imp.* изво́ль(те) *umg* einverstanden, meinetwegen, gut, (aber) bitte
pr. изво́лю, -лишь, -лят
imp. изво́ль, ~те
pt. изво́лил
g.pt.a. изво́лив
p.pr.a. изво́лящий
p.pt.a. изво́ливший

извора́чиваться 1a *uv* **1.** *uv zu* изверну́ться **2.** *umg* sich drehen und wenden; sich aus der Schlinge [Verlegenheit] ziehen ‖ *v alt u. gbt* извороти́ться, Formen das.

извороти́ться *v zu* извора́чиваться
ft. изворочу́сь, -о́тишься, -о́тятся
imp. извороти́сь, -и́тесь
pt. извороти́лся, -лась
g.pt.a. извороти́вшись
p.pt.a. извороти́вшийся

изврати́ть *v* когó-что **1.** verdrehen, entstellen, verzerrt darstellen **2.** *sittlich* verderben ‖ *uv* извраща́ть 2a
ft. извращу́, -ати́шь, -атя́т
imp. изврати́, ~те
pt. изврати́л
g.pt.a. изврати́в
p.pt.a. изврати́вший
p.pt.p. извращённый; извращён, -ена́

изврати́ться *v* sich völlig verändern, sich sehr verschlechtern, sich zu Ungunsten verändern, schlimmer werden ‖ *uv* извраща́ться

извраща́ть(ся) *uv zu* изврати́ть(ся)

изга́дить *v* когó-что *volkssp*r **1.** (mit Kot) beschmieren, beschmutzen, besudeln **2.** *übtr* verderben, zunichte machen, verpfuschen ‖ *uv* изга́живать 1a
ft. изга́жу, -а́дишь, -а́дят
imp. изга́дь, ~те
pt. изга́дил
g.pt.a. изга́див
p.pt.a. изга́дивший
p.pt.p. изга́женный

изга́живать *uv zu* изга́дить

изгиба́ть 2a *uv* когó-что biegen, beugen, verbiegen, krümmen, verziehen ‖ *v* изогну́ть 7

изгиба́ться *uv* sich biegen, sich beugen, sich verbiegen, sich krümmen, sich verziehen ‖ *v* изогну́ться

изгла́дить *v* что **1.** verwischen **2.** *übtr* auslöschen, verwischen ‖ *uv* изгла́живать 1a
ft. изгла́жу, -а́дишь, -а́дят
imp. изгла́дь, ~те
pt. изгла́дил
g.pt.a. изгла́див
p.pt.a. изгла́дивший
p.pt.p. изгла́женный

изгла́диться, *1. u. 2. Pers ungebr, v* sich verwischen, verschwinden, vergessen werden ‖ *uv* изгла́живаться

изгла́живать(ся) *uv zu* изгла́дить(ся)

изглода́ть *v* что *umg* be-, abnagen *völlig oder an vielen Stellen*
ft. изгложу́, изгло́жешь, изгло́жут *u.* изглода́ю, -а́ешь, -а́ют
imp. изглoжи́, ~те *u.* изглода́й, ~те
pt. изглода́л
g.pt.a. изглода́в
p.pt.a. изглода́вший
p.pt.p. изгло́данный

изгна́ть *v* когó-что vertreiben, verjagen, verbannen ‖ *uv* изгоня́ть 2a
ft. изгоню́, -о́нишь, -о́нят
imp. изгони́, ~те
pt. изгна́л, -ала́, -а́ло
g.pt.a. изгна́в
p.pt.a. изгна́вший
p.pt.p. и́згнанный

изголода́ться 2 *v* **1.** ausgehungert sein, großen Hunger haben **2.** *übtr* по кому́-чему́ gierig [ausgehungert] sein, heftiges Verlangen haben (nach)

изгоня́ть *uv zu* изгна́ть

изгота́вливать(ся) *uv zu* изгото́вить(ся)

изгото́вить *v* что **1.** herstellen, verfertigen, produzieren **2.** *umg* Essen zubereiten ‖ *uv* изгота́вливать 1a *u.* изготовля́ть 2a
ft. изгото́влю, -вишь, -вят
imp. изгото́вь, ~те
pt. изгото́вил
g.pt.a. изгото́вив
p.pt.a. изгото́вивший
p.pt.p. изгото́вленный

изгото́виться *v* **1.** *Sport* sich fertig machen, sich vorbereiten **2.** *mil* in Anschlag gehen ‖ *uv* изгота́вливаться *u.* изготовля́ться
g.pt.a. изгото́вившись *u.* изгото́вясь

изготовля́ть(ся) *uv zu* изгото́вить(ся)

изгрыза́ть *uv zu* изгры́зть

изгры́зть *v* что zernagen, zerfressen ‖ *uv* изгрыза́ть 2a

ft.	изгрызу́, -зёшь, -зу́т
imp.	изгрызи́, ~те
pt.	изгры́з, ~ла
g.pt.a.	изгры́зши
p.pt.a.	изгры́зший
p.pt.p.	изгры́зенный

¹,²издава́ть *uv zu* ¹,²изда́ть

pr.	издаю́, -аёшь, -аю́т
imp.	издава́й, ~те
pt.	издава́л
g.pr.a.	издава́я
p.pr.a.	издаю́щий
p.pt.a.	издава́вший
p.pr.p.	издава́емый

¹изда́ть *v* что **1.** herausgeben, verlegen, veröffentlichen, erscheinen lassen **2.** erlassen *Verfügung* ‖ *uv* издава́ть, Formen das.

ft.	изда́м, -а́шь, -а́ст, -адим́, -ади́те, -аду́т
imp.	изда́й, ~те
pt.	изда́л, издала́, изда́ло
g.pt.a.	изда́в
p.pt.a.	изда́вший
p.pt.p.	и́зданный; и́здан, издана́, и́здано

²изда́ть *v* что ausstoßen *Laut*; ausströmen *Geruch* ‖ *uv* издава́ть, Formen das. Formen wie ¹изда́ть

издева́ться 2a *uv* над кем-чем verhöhnen, verspotten, seinen Spott treiben (mit)

издёргать 1 *v* кого́-что *umg* zerrupfen; nervös machen ‖ *uv* издёргивать 1a

издёргаться *v* **1.** *1. u. 2. Pers ungebr* zerrupft werden, sich abnutzen **2.** *umg* nervös werden, die Nerven verlieren, sich aufreiben; nervenkrank werden ‖ *uv* издёргиваться

издёргивать(ся) *uv zu* издёргать(ся)

издержа́ть *v* что verbrauchen, aufbrauchen, aufwenden, ausgeben ‖ *uv* изде́рживать 1a

ft.	издержу́, -е́ржишь, -е́ржат
imp.	издержи́, ~те
pt.	издержа́л
g.pt.a.	издержа́в
p.pt.a.	издержа́вший
p.pt.p.	изде́ржанный

издержа́ться *v umg* sein ganzes Geld ausgeben, sich verausgaben ‖ *uv* изде́рживаться

изде́рживать(ся) *uv zu* издержа́ть(ся)

издира́ть(ся) *uv zu* изодра́ть(ся)

издо́хнуть *v* **1.** verenden, sterben *von Tieren* **2.** *derb*, *volksspr* krepieren, verrecken ‖ *uv* издыха́ть 2a

ft.	издо́хну, -нешь, -нут
imp.	издо́хни, ~те
pt.	издо́х, ~ла
g.pt.a.	издо́хнув *u.* издо́хши
p.pt.a.	издо́хший

издыря́вить *v* что *umg* mit Löchern versehen, durchlöchern, Löcher einschlagen ‖ *uv* издыря́вливать 1a

ft.	издыря́влю, -вишь, -вят
imp.	издыря́вь, ~те
pt.	издыря́вил
g.pt.a.	издыря́вив
p.pt.a.	издыря́вивший
p.pt.p.	издыря́вленный

издыря́вливать *uv zu* издыря́вить

издыха́ть *uv zu* издо́хнуть

изжа́рить *v* кого́-что braten, rösten

ft.	изжа́рю, -ришь, -рят
imp.	изжа́рь, ~те
pt.	изжа́рил
g.pt.a.	изжа́рив
p.pt.a.	изжа́ривший
p.pt.p.	изжа́ренный

изжа́риться, *1. u. 2. Pers ungebr*, *v* gebraten *oder* geröstet sein [werden], gar gebraten sein

изже́чь *v* что *umg* **1.** (Löcher in etwas) brennen, versengen *an vielen Stellen* **2.** verbrennen, durch zu große Hitze beschädigen **3.** verbrennen, verbrennen lassen ‖ *uv* изжига́ть 2a

ft.	изожгу́, изожжёшь, изожгу́т
imp.	изожги́, ~те
pt.	изжёг, изожгла́
g.pt.a.	изжёгши
p.pt.a.	изжёгший
p.pt.p.	изожжённый; изожжён, -ена́

изжива́ть *uv zu* изжи́ть

изжига́ть *uv zu* изже́чь

изжи́ть *v* что beseitigen, abschaffen, überwinden, ausmerzen ‖ *uv* изжива́ть 2a

ft.	изживу́, -вёшь, -ву́т
imp.	изживи́, ~те
pt.	изжи́л, -ила́, -и́ло
g.pt.a.	изжи́в
p.pt.a.	изжи́вший
p.pt.p.	изжи́тый; изжи́т, -ита́, -и́то *u.* *umg* изжито́й; изжи́т, -ита́, -ито́

иззеленить *v* что *umg* mit grüner Farbe beschmieren, grüne Flecken in etw. machen

ft.	иззеленю́, -ни́шь, -ня́т
imp.	иззелени́, ~те
pt.	иззелени́л
g.pt.a.	иззелени́в
p.pt.a.	иззелени́вший
p.pt.p.	иззеленённый; иззеленён, -ена́

иззя́бнуть *v umg* durchfrieren

ft.	иззя́бну, -нешь, -нут
imp.	иззя́бни, ~те
pt.	иззя́б, ~ла
g.pt.a.	иззя́бнув *u.* иззя́бши
p.pt.a.	иззя́бший

изла́вливать *uv zu* излови́ть

излага́ть *uv zu* изложи́ть

изла́зить *v* что durchkriechen *alle Winkel*

ft.	изла́жу, -а́зишь, -а́зят
imp.	изла́зь, ~те
pt.	изла́зил
g.pt.a.	изла́зив
p.pt.a.	изла́зивший

изла́мывать(ся) *uv zu* излома́ть(ся)

излежа́ться, *1. u. 2. Pers ungebr, v umg* durch zu langes Liegen verderben *Waren* ‖ *uv* излёживаться 1a

ft.	излежи́тся, -жа́тся
pt.	излежа́лся, -лась
g.pt.a.	излежа́вшись
p.pt.a.	излежа́вшийся

излёживаться *uv zu* излежа́ться

изле́ниваться *uv zu* излени́ться

излени́ться *v umg* faul [träge] werden ‖ *uv* изле́ниваться 1a

ft.	изленю́сь, -е́нишься, -е́нятся
imp.	излени́сь, -и́тесь
pt.	излени́лся, -лась
g.pt.a.	излени́вшись
p.pt.a.	излени́вшийся

изле́чивать(ся) *uv zu* излечи́ть(ся)

излечи́ть *v* кого́-что *buchspr* ausheilen, völlig heilen, (aus)kurieren ‖ *uv* изле́чивать 1a

ft.	излечу́, -е́чишь, -е́чат
imp.	излечи́, ~те
pt.	излечи́л
g.pt.a.	излечи́в
p.pt.a.	излечи́вший
p.pt.p.	изле́ченный *u.* излечённый; излечён, -ена́

излечи́ться *v* от кого́-чего́ *buchspr* genesen, geheilt, wiederhergestellt sein [werden] (von) ‖ *uv* изле́чиваться

излива́ть 2a *uv* что **1.** *uv zu* изли́ть **2.** *buchspr* ausströmen, ergießen, von sich geben, ausstrahlen *Laute, Geruch, Licht*

излива́ться *uv* **1.** *uv zu* изли́ться **2.** *übtr, buchspr* sich ergießen, sich verbreiten, herausdringen, ausströmen, ausstrahlen *Laute, Geruch, Licht*

изли́ть *v* что **1.** *buchspr alt* vergießen, verströmen **2.** *übtr buchspr* starken Ausdruck verleihen, ergießen, freien Lauf lassen; auslassen *Zorn*; ausschütten *Herz* ‖ *uv* излива́ть 2a

ft.	изолью́, -льёшь, -лью́т
imp.	изле́й, ~те
pt.	изли́л, -ила́, -и́ло
g.pt.a.	изли́в
p.pt.a.	изли́вший
p.pt.p.	изли́тый; изли́т, -ита́, -и́то

изли́ться *v* **1.** sich ergießen, entströmen **2.** в чём *übtr buchspr* sich ergehen, sich aussprechen, sein Herz erleichtern ‖ *uv* излива́ться

pt.	изли́лся, -ила́сь, -и́ло́сь

изли́шествовать 4a *uv buchspr* unmäßig sein

излови́ть *v* кого́-что *umg* **1.** (ab)fangen, ergreifen **2.** *übtr* на чём ertappen, erwischen (bei) ‖ *uv* изла́вливать 1a

ft.	изловлю́, -о́вишь, -о́вят
imp.	излови́, ~те
pt.	излови́л
g.pt.a.	излови́в
p.pt.a.	излови́вший
p.pt.p.	изло́вленный

изловча́ться *uv zu* изловчи́ться

изловчи́ться *v mit Infinitiv u. ohne Objekt, umg geschickt, im rechten Augenblick* fertigbringen, zustande bringen; Geschicklichkeit erlangen ‖ *uv* изловча́ться 2a

ft.	изловчу́сь, -чи́шься, -ча́тся
imp.	изловчи́сь, -и́тесь
pt.	изловчи́лся, -лась
g.pt.a.	изловчи́вшись
p.pt.a.	изловчи́вшийся

изложи́ть *v* что darlegen, darstellen, erläutern, vorbringen ‖ *uv* излага́ть 2a

ft.	изложу́, -о́жишь, -о́жат
imp.	изложи́, ~те
pt.	изложи́л
g.pt.a.	изложи́в
p.pt.a.	изложи́вший
p.pt.p.	изло́женный

излома́ть 2 *v* кого́-что **1.** zerbrechen, in Stücke brechen **2.** *volkssprr* mißbilden, verkrüppeln **3.** *übtr umg* zu schanden machen, verderben, zerstören **4.** *umg* entkräften, erschöpfen ‖ *uv* изла́мывать 1a

излома́ться *v* **1.** zerbrechen, in Stücke gehen **2.** *übtr umg* ein unnatürliches [affektiertes] Benehmen zeigen ‖ *uv* изла́мываться

излуча́ть 2a *uv* что ausströmen, ausstrahlen ‖ *v* излучи́ть, Formen das.

излуча́ться, *1. u. 2. Pers ungebr*, *uv* entströmen, ausstrahlen *von Strahlenenergie* ‖ *v* излучи́ться

излучи́ть *v zu* излуча́ть

ft.	излучу́, -чи́шь, -ча́т
imp.	излучи́, ~те
pt.	излучи́л
g.pt.a.	излучи́в
p.pt.a.	излучи́вший
p.pt.p.	излучённый; излучён, -ена́

излучи́ться *v zu* излуча́ться

изма́зать *v* кого́-что *umg* **1.** beschmutzen, beschmieren **2.** aufbrauchen, verbrauchen *Farbe*, *Schmiermaterial* ‖ *uv* изма́зывать 1a

ft.	изма́жу, -жешь, -жут
imp.	изма́жь, ~те
pt.	изма́зал
g.pt.a.	изма́зав
p.pt.a.	изма́завший
p.pt.p.	изма́занный

изма́заться *v umg* **1.** sich beschmutzen, sich beschmieren **2.** draufgehen, verbraucht werden *Farbe*, *Schmiermaterial* ‖ *uv* изма́зываться

изма́зывать(ся) *uv zu* изма́зать(ся)

изма́лывать *uv zu* измоло́ть

измара́ть 2 *v* кого́-что *volkssprr* stark beschmutzen, verschmieren

измара́ться *v volkssprr* sich schmutzig machen, sich beschmieren

изма́тывать(ся) *uv zu* измота́ть(ся)

[1]**измельча́ть** 2 *v* **1.** klein [kleiner] werden **2.** flach, seicht werden **3.** *übtr* verflachen, unbedeutend werden; entarten

[2]**измельча́ть** *uv zu* измельчи́ть

измельча́ться *uv zu* измельчи́ться

измельчи́ть *v* что zerkleinern, zerstückeln; zerbröckeln ‖ *uv* измельча́ть 2a

ft.	измельчу́, -чи́шь, -ча́т
imp.	измельчи́, ~те
pt.	измельчи́л
g.pt.a.	измельчи́в
p.pt.a.	измельчи́вший
p.pt.p.	измельчённый; измельчён, -ена́

измельчи́ться, *1. u. 2. Pers ungebr*, *v* zerbröckeln, in kleine Stücke zerfallen ‖ *uv* измельча́ться

[1]**измени́ть** *v* кого́-что verändern, abändern ‖ *uv* изменя́ть 2a

ft.	изменю́, -е́нишь, -е́нят
imp.	измени́, ~те
pt.	измени́л
g.pt.a.	измени́в
p.pt.a.	измени́вший
p.pt.p.	изменённый; изменён, -ена́

[2]**измени́ть** *v* кому́-чему́ **1.** verraten; brechen *Wort*, *Eid*; untreu sein **2.** *1. u. 2. Pers ungebr übtr* im Stich lassen, versagen ‖ *uv* изменя́ть 2a
kein *p.pt.p.*
Übrige Formen wie [1]измени́ть

измени́ться *v* sich (ver)ändern ‖ *uv* изменя́ться

[1,2]**изменя́ть** *uv zu* [1,2]измени́ть

изменя́ться *uv zu* измени́ться

изме́рить *v* кого́-что **1.** (ver)messen, ausmessen **2.** *übtr umg* durchqueren, bereisen ‖ *uv* измеря́ть 2a

ft.	изме́рю, -ришь, -рят *u. umg* изме́ряю, -яешь, -яют
imp.	изме́рь, ~те *u. umg* изме́ряй, ~те
pt.	изме́рил
g.pt.a.	изме́рив
p.pt.a.	изме́ривший
p.pt.p.	изме́ренный

измеря́ть *uv zu* изме́рить

измеря́ться 2a, *1. u. 2. Pers ungebr*, *uv* (aus)gemessen werden

измока́ть *uv zu* измо́кнуть

измо́кнуть *v umg* völlig durchnäßt werden [sein] ‖ *uv* измока́ть* 2a

ft.	измо́кну, -нешь, -нут
imp.	измо́кни, ~те
pt.	измо́к, ~ла
g.pt.a.	измо́кнув *u.* измо́кши
p.pt.a.	измо́кший

измоло́ть *v* что *alles* zu Ende mahlen ‖ *uv* изма́лывать 1a

ft.	измелю́, -е́лешь, -е́лют
imp.	измели́, ~те
pt.	измоло́л
g.pt.a.	измоло́в
p.pt.a.	измоло́вший
p.pt.p.	измо́лотый

измори́ть *v* кого́-что *volksspr* erschöpfen, aufreiben, zermürben; hungern lassen
ft. изморю́, -ори́шь, -оря́т
imp. измори́, ~те
pt. измори́л
g.pt.a. измори́в
p.pt.a. измори́вший
p.pt.p. изморённый; изморён, -ена́

измори́ться *v volksspr* von Kräften kommen, völlig erschöpft sein

измота́ть 2 *v* кого́-что *umg* zermürben, erschöpfen; ermüden ‖ *uv* изма́тывать 1a

измота́ться *v umg* von Kräften kommen, völlig erschöpft sein ‖ *uv* изма́тываться

измоча́ливать(ся) *uv zu* измоча́лить(ся)

измоча́лить *v* **1.** что *umg* zerfasern **2.** *übtr* кого́-что anstrengen, erschöpfen; aufreiben; völlig zerrütten *Nerven* ‖ *uv* измоча́ливать 1a
ft. измоча́лю, -лишь, -лят
imp. измоча́ль, ~те
pt. измоча́лил
g.pt.a. измоча́лив
p.pt.a. измоча́ливший
p.pt.p. измоча́ленный

измоча́литься, *1. u. 2. Pers ungebr*, *v* **1.** durch Abnutzung zerfasen **2.** sich sehr abhetzen, sich völlig aufreiben ‖ *uv* измоча́ливаться

изму́чивать(ся) *uv zu* изму́чить(ся)

изму́чить *v* кого́-что (ab)quälen, peinigen; erschöpfen, entkräften; ermüden ‖ *uv* изму́чивать 1a
ft. изму́чу, -чишь, -чат *u. umg* изму́чаю, -аешь, -ают
imp. изму́чь, ~те *u. umg* изму́чай, ~те
pt. изму́чил
g.pt.a. изму́чив
p.pt.a. изму́чивший
p.pt.p. изму́ченный

изму́читься *v* sich abquälen; völlig erschöpft sein ‖ *uv* изму́чиваться

измыва́ться 2a *uv* над кем-чем *umg* verspotten, verhöhnen

измы́ливать(ся) *uv zu* измы́лить(ся)

измы́лить *v* что *umg* viel Seife (beim Waschen) verbrauchen ‖ *uv* измы́ливать 1a
ft. измы́лю, -лишь, -лят
imp. измы́ль, ~те
pt. измы́лил
g.pt.a. измы́лив
p.pt.a. измы́ливший
p.pt.p. измы́ленный

измы́литься *1. u. 2. Pers ungebr*, *v umg* (beim Waschen) verbraucht werden *von Seife* ‖ *uv* измы́ливаться

измы́слить *v* что ersinnen, (sich) ausdenken; erfinden ‖ *uv* измышля́ть 2a
ft. измы́слю, -лишь, -лят
imp. измы́сли, ~те
pt. измы́слил
g.pt.a. измы́слив
p.pt.a. измы́сливший
p.pt.p. измы́шленный

измыта́рить *v* кого́-что *volksspr* völlig ermüden
ft. измыта́рю, -ришь, -рят
imp. измыта́рь, ~те
pt. измыта́рил
g.pt.a. измыта́рив
p.pt.a. измыта́ривший
p.pt.p. измыта́ренный

измыта́риться *v* völlig erschöpft sein, sich abquälen

измышля́ть *uv zu* измы́слить

измя́ть *v* что **1.** zerknittern, zerknüllen **2.** zertreten, niedertreten **3.** *übtr* verkrüppeln, moralisch hart mitnehmen
ft. изомну́, -нёшь, -ну́т
imp. изомни́, ~те
pt. измя́л
g.pt.a. измя́в
p.pt.a. измя́вший
p.pt.p. измя́тый

измя́ться, *1. u. 2. Pers ungebr*, *v* zerknittert [zerknüllt] werden

изнаси́ловать 4 *v* кого́-что **1.** vergewaltigen, notzüchtigen **2.** vergewaltigen, zwingen

изна́шивать(ся) *uv zu* износи́ть(ся)

изне́живать(ся) *uv zu* изне́жить(ся)

изне́жить *v* кого́-что verweichlichen, verzärteln, verwöhnen ‖ *uv* изне́живать 1a
ft. изне́жу, -жишь, -жат
imp. изне́жь, ~те
pt. изне́жил
g.pt.a. изне́жив
p.pt.a. изне́живший
p.pt.p. изне́женный

изне́житься *v* verweichlicht werden, verweichlichen ‖ *uv* изне́живаться

изнемога́ть *uv zu* изнемо́чь

изнемо́чь *v* (völlig) von Kräften kommen, erschöpft sein, zusammenbrechen ‖ *uv* изнемога́ть 2a
ft. изнемогу́, -о́жешь, -о́гут
imp. изнемоги́, ~те

pt. изнемо́г, -огла́
g.pt.a. изнемо́гши
p.pt.a. изнемо́гший

изне́рвничаться 1 *v* völlig die Nerven verlieren, nervös werden

изничтожа́ть *uv zu* изничто́жить

изничто́жить *v* кого́-что *volkssppr* vernichten, beseitigen ‖ *uv* изничтожа́ть 2a
ft. изничто́жу, -жишь, -жат
imp. изничто́жь, ~те
pt. изничто́жил
g.pt.a. изничто́жив
p.pt.a. изничто́живший
p.pt.p. изничто́женный

изнища́ть 2 *v* gänzlich verarmen

износи́ть *v* что abtragen, abnutzen *Kleidung, Schuhe* ‖ *uv* изна́шивать 1a
ft. изношу́, -о́сишь, -о́сят
imp. износи́, ~те
pt. износи́л
g.pt.a. износи́в
p.pt.a. износи́вший
p.pt.p. изно́шенный

износи́ться *v* **1.** *1. u. 2. Pers ungebr* schäbig [abgenutzt, unbrauchbar] werden, abgetragen sein **2.** *umg* vorzeitig seine Kräfte erschöpfen; frühzeitig altern ‖ *uv* изна́шиваться

изнури́ть *v* кого́-что erschöpfen, entkräften; überanstrengen ‖ *uv* изнуря́ть 2a
ft. изнурю́, -ри́шь, -ря́т
imp. изнури́, ~те
pt. изнури́л
g.pt.a. изнури́в
p.pt.a. изнури́вший
p.pt.p. изнурённый; изнурён, -ена́

изнури́ться *v* völlig von Kräften kommen, erschöpft sein, sich überanstrengen ‖ *uv* изнуря́ться

изнуря́ть(ся) *uv zu* изнури́ть(ся)

изныва́ть *uv zu* изны́ть

изны́ть *v vor seelischem Schmerz* vergehen-verschmachten ‖ *uv* изныва́ть 2a
ft. изно́ю, -о́ешь, -о́ют
imp. изно́й ~те
pt. изны́л
g.pt.a. изны́в
p.pt.a. изны́вший

изоби́деть *v* кого́-что *volkssppr u. gbt* schwer beleidigen
ft. изоби́жу, -и́дишь, -и́дят
imp. изоби́дь, ~те
pt. изоби́дел
g.pt.a. изоби́дев
p.pt.a. изоби́девший
p.pt.p. изоби́женный

изоби́ловать 4a, *1. u. 2. Pers ungebr*, *uv* кем-чем Überfluß haben (an), reich sein (an)

изоблича́ть *uv zu* изобличи́ть

изобличи́ть *v* кого́-что в чём überführen, entlarven ‖ *uv* изоблича́ть 2a
ft. изобличу́, -чи́шь, -ча́т
imp. изобличи́, ~те
pt. изобличи́л
g.pt.a. изобличи́в
p.pt.a. изобличи́вший
p.pt.p. изобличённый; изобличён, -ена́

изобража́ть 2a *uv* кого́-что **1.** *uv zu* изобрази́ть **2.** darstellen, zeigen **3.** *meist in Verbindung mit* собо́й darstellen, sein **4.** *meist in Verbindung mit* из себя́ *umg* sich hinstellen (als), spielen

изобража́ться *uv zu* изобрази́ться

изобрази́ть *v* кого́-что **1.** darstellen, (künstlerisch) gestalten; schildern **2.** *theat* darstellen, spielen, verkörpern **3.** *alt* ausdrücken, erkennen lassen ‖ *uv* изобража́ть 2a
ft. изображу́, -ази́шь, -азя́т
imp. изобрази́, ~те
pt. изобрази́л
g.pt.a. изобрази́в
p.pt.a. изобрази́вший
p.pt.p. изображённый; изображён, -ена́

изобрази́ться, *1. u. 2. Pers ungebr*, *v* sich spiegeln, sich zeigen *von Gefühlen* ‖ *uv* изобража́ться

изобрести́ *v* что erfinden, eine Erfindung machen ‖ *uv* изобрета́ть 2a
ft. изобрету́, -тёшь, -ту́т
imp. изобрети́, ~те
pt. изобрёл, -ела́
g.pt.a. изобретя́ *u. umg* изобрёвши *u. alt* изобре́тши
p.pt.a. изобре́тший *u. umg* изобрёвший
p.pt.p. изобретённый; изобретён, -ена́

изобрета́ть *uv zu* изобрести́

изовра́ться *v volkssppr* ein unverbesserlicher Lügner werden
ft. изовру́сь, -рёшься, -ру́тся
imp. изоври́сь, -и́тесь
pt. изовра́лся, -ала́сь, -а́ло́сь
g.pt.a. изовра́вшись
p.pt.a. изовра́вшийся

изогну́ть(ся) *v zu* изгиба́ть(ся)

изодра́ть *v* что *umg* zerfetzen, zerreißen ‖ *uv* издира́ть 2a

ft.	издеру́, -рёшь, -ру́т
imp.	издери́, ~те
pt.	изодра́л, -ала́, -а́ло
g.pt.a.	изодра́в
p.pt.a.	изодра́вший
p.pt.a.	изо́дранный

изодра́ться *v umg* in Fetzen gehen, zerreißen; *umg* sich viele Kratzwunden holen ‖ *uv* издира́ться

pt.	изодра́лся, -ала́сь, -а́ло́сь

изойти́ *v* чем *umg* sich erschöpfen, vergehen; изойти́ кро́вью verbluten; изойти́ слеза́ми in Tränen zerfließen ‖ *uv* [3]исходи́ть, Formen das.

ft.	изойду́, -дёшь, -ду́т
imp.	изойди́, ~те
pt.	изошёл, -шла́
g.pt.a.	изойдя́ *u. alt* изоше́дши
p.pt.a.	изоше́дший

изолга́ться *v* sich das Lügen angewöhnen, zum notorischen Lügner werden

ft.	изолгу́сь, -лжёшься, -лгу́тся
imp.	изолги́сь, -и́тесь
pt.	изолга́лся, -ала́сь, -а́лось
g.pt.a.	изолга́вшись
p.pt.a.	изолга́вшийся

изоли́ровать 4 *u.* 4a *v*, *uv* кого́-что isolieren, absondern

изоли́роваться *v*, *uv* sich isolieren, sich absondern

изорва́ть *v* что zerreißen, zerfetzen, in Stücke reißen ‖ *uv* изрыва́ть* 2a

ft.	изорву́, -вёшь, -ву́т
imp.	изорви́, ~те
pt.	изорва́л, -ала́, -а́ло
g.pt.a.	изорва́в
p.pt.a.	изорва́вший
p.pt.p.	изо́рванный

изорва́ться, *1. u. 2. Pers ungebr*, *v* in Fetzen gehen, zerreißen ‖ *uv* изрыва́ться

pt.	изорва́лся, -ала́сь, -а́ло́сь

изощри́ть *v buchspr* что verfeinern, schärfen, ausbilden *Fähigkeiten, Sinne* ‖ *uv* изощря́ть 2a

ft.	изощрю́, -ри́шь, -ря́т
imp.	изощри́, ~те
pt.	изощри́л
g.pt.a.	изощри́в
p.pt.a	изощри́вший
p.pt.p	изощрённый; изощрён, -ена́

изощри́ться *v* **1.** sich schärfen, verfeinern entwickeln *Fähigkeiten, Sinne* **2.** в чём Feinheit [Übung, Fertigkeit] erlangen geübt sein (in) ‖ *uv* изощря́ться

изощря́ть(ся) *uv zu* изощри́ть(ся)

изра́нить *v* кого́-что viele Wunden beibringen, schwer verwunden

ft.	изра́ню, -нишь, -нят
imp.	изра́нь, ~те
pt.	изра́нил
g.pt.a.	изра́нив
p.pt.a.	изра́нивший
p.pt.p.	изра́ненный

израсхо́довать 4 *v* что verbrauchen; ausgeben

израсхо́доваться *v* **1.** verbraucht werden; ausgehen **2.** *umg* sich verausgaben, große Ausgaben machen *an Geld*

изре́зать *v* **1.** что zerschneiden, in Stücke schneiden **2.** кого́-что Schnitte beibringen, an vielen Stellen zerschneiden **3.** (*meist p.pt.p.*) что durchschneiden, durchziehen *eine Landschaft* ‖ *uv* изре́зывать 1a *u. volksspr* изреза́ть 2a

ft.	изре́жу, -жешь, -жут
imp.	изре́жь, ~те
pt.	изре́зал
g.pt.a.	изре́зав
p.pt.a.	изре́завший
p.pt.p.	изре́занный

изреза́ть *uv zu* изре́зать

изре́зывать *uv zu* изре́зать

изрека́ть *uv zu* изре́чь

изре́чь *v* что *u. ohne Objekt alt*, *poet* von sich geben, aussprechen ‖ *uv* изрека́ть 2a

ft.	изреку́, -ечёшь, -еку́т
imp.	изреки́, ~те
pt.	изрёк *u. alt* изре́к, изрекла́
g.pt.a.	изре́кши
p.pt.a.	изре́кший
p.pt.p.	изречённый; изречён, -ена́

изрешети́ть *v* кого́-что durchlöchern ‖ *uv* изреше́чивать 1a

ft.	изрешечу́, -ети́шь, -етя́т
imp.	изрешети́, ~те
pt.	изрешети́л
g.pt.a.	изрешети́в
p.pt.a.	изрешети́вший
p.pt.p.	изрешечённый; изрешечён -ена́

изреше́чивать *uv zu* изрешети́ть

изрисова́ть 5 *v* что (über und über) mit Zeichnungen bedecken ‖ *uv* изрисо́вывать 1a

изрисо́вывать *uv zu* изрисова́ть

изруба́ть *uv zu* изруби́ть

изруби́ть *v* кого́-что **1.** zerhacken, in kleine Teile hacken, hauen **2.** niederhauen, -säbeln, erschlagen *mit Säbel, Axt* ‖ *uv* изруба́ть 2a

ft. изрублю́, -у́бишь, -у́бят
imp. изруби́, ~те
pt. изруби́л
p.pt.a. изруби́в
g.pt.a. изруби́вший
p.pt.p. изру́бленный

изруга́ть 2 *v* кого́-что *umg* ausschimpfen, heruntermachen, herunterputzen

[1]**изрыва́ть** *uv zu* изорва́ть

[2]**изрыва́ть** *uv zu* изры́ть

изрыва́ться *uv zu* изорва́ться

изрыга́ть 2a *uv* что *buchspr* **1.** erbrechen; auswerfen, (aus)speien *Rauch, Flammen* **2.** *übtr* aussprechen, ausstoßen *Tadel, Fluch, Schimpfworte* | *v mom* изрыгну́ть 7

изрыгну́ть *v mom zu* изрыга́ть

изры́ть *v* что umwühlen, aufwühlen, durchwühlen; um und um graben ‖ *uv* изрыва́ть 2a

ft. изро́ю, -о́ешь, -о́ют
imp. изро́й, ~те
pt. изры́л
g.pt.a. изры́в
p.pt.a. изры́вший
p.pt.p. изры́тый

изуве́рствовать 4a *uv* Grausamkeiten verüben

изуве́чивать(ся) *uv zu* изуве́чить(ся)

изуве́чить *v* кого́-что **1.** zum Krüppel machen, verstümmeln **2.** unbrauchbar machen, beschädigen, zerstören ‖ *uv* изуве́чивать 1a

ft. изуве́чу, -чишь, -чат
imp. изуве́чь, ~те
pt. изуве́чил
g.pt.a. изуве́чив
p.pt.a. изуве́чивший
p.pt.p. изуве́ченный

изуве́читься *v* sich verstümmeln ‖ *uv* изуве́чиваться

изукра́сить *v* кого́-что **1.** *alt u. umg* ausschmücken **2.** *umg iron* beschmutzen; entstellen ‖ *uv* изукра́шивать 1a

ft. изукра́шу, -а́сишь, -а́сят
imp. изукра́сь, ~те
pt. изукра́сил
g.pt.a. изукра́сив
p.pt.a. изукра́сивший
p.pt.p. изукра́шенный

изукра́шивать *uv zu* изукра́сить

изуми́ть *v* кого́-что in Erstaunen [Verwunderung] versetzen ‖ *uv* изумля́ть 2a

ft. изумлю́, -ми́шь, -мя́т
imp. изуми́, ~те
pt. изуми́л
g.pt.a. изуми́в
p.pt.a. изуми́вший
p.pt.p. изумлённый; изумлён, -ена́

изуми́ться *v* (кому́-чему́) in Erstaunen [Verwunderung] geraten, sich sehr wundern, erstaunt sein (über) ‖ *uv* изумля́ться

изумля́ть(ся) *uv zu* изуми́ть(ся)

изуро́довать 4 *v* кого́-что **1.** entstellen, verstümmeln, verzerren **2.** stark beschädigen **3.** *übtr* entstellen, verzerrt darstellen **4.** *übtr* verderben *durch schlechten Einfluß*

изуро́доваться *v* sich selbst verstümmeln

изуча́ть *uv zu* изучи́ть

изучи́ть *v* кого́-что **1.** erlernen, (durch)studieren **2.** untersuchen, erforschen, studieren **3.** untersuchen, absuchen ‖ *uv* изуча́ть 2a

ft. изучу́, изу́чишь, изу́чат
imp. изучи́, ~те
pt. изучи́л
g.pt.a. изучи́в
p.pt.a. изучи́вший
p.pt.p. изу́ченный

изъеда́ть *uv zu* изъе́сть

изъе́здить *v* что *umg* **1.** *eine ganze Gegend* bereisen, durchreisen, durchfahren **2.** zuschanden fahren, zerfahren ‖ *uv* изъе́зживать* 1a

ft. изъе́зжу, -здишь, -здят
imp. изъе́зди, ~те
pt. изъе́здил
g.pt.a. изъе́здив
p.pt.a. изъе́здивший
p.pt.p. изъе́зженный

изъе́зживать *uv zu* изъе́здить

изъе́сть, *1. u. 2. Pers ungebr, v* что **1.** zerfressen, zernagen **2.** zerfressen, zerstören *durch Ätzwirkung* ‖ *uv* изъеда́ть 2a

ft. изъе́ст, -едя́т
pt. изъе́л
g.pt.a. изъе́в
p.pt.a. изъе́вший
p.pt.p. изъе́денный

изъяви́ть *v buchspr* что zum Ausdruck bringen, äußern, aussprechen, bekunden ‖ *uv* изъявля́ть 2a

ft. изъявлю́, -я́вишь, -я́вят
imp. изъяви́, ~те
pt. изъяви́л
g.pt.a. изъяви́в
p.pt.a. изъяви́вший
p.pt.p. изъя́вленный

изъявля́ть *uv zu* изъяви́ть

изъязви́ть *v* кого́-что mit eiternden Wunden [Geschwüren] bedecken ‖ *uv* изъязвля́ть 2а
ft. изъязвлю́, -ви́шь, -вя́т
imp. изъязви́, ~те
pt. изъязви́л
g.pt.a. изъязви́в
p.pt.a. изъязви́вший
p.pt.p. изъязвлённый; изъязвлён, -ена́

изъязвля́ть *uv zu* изъязви́ть

изъясни́ть *v* что *buchspr alt* erläutern, erklären ‖ *uv* изъясня́ть 2а
ft. изъясню́, -ни́шь, -ня́т
imp. изъясни́, ~те
pt. изъясни́л
g.pt.a. изъясни́в
p.pt.a. изъясни́вший
p.pt.p. изъяснённый; изъяснён, -ена́

изъясни́ться *v buchspr alt* sich äußern, sich ausdrücken; sich verständigen ‖ *uv* изъясня́ться

изъясня́ть(ся) *uv zu* изъясни́ть(ся)

изъя́ть *v* кого́-что herausnehmen *aus dem Gebrauch, Umlauf,* ausschließen; beschlagnahmen ‖ *uv* изыма́ть 2а
ft. изыму́, -ы́мешь, -ы́мут
imp. изыми́, ~те
pt. изъя́л
g.pt.a. изъя́в
p.pt.a. изъя́вший
p.pt.p. изъя́тый

изыма́ть *uv zu* изъя́ть

изыска́ть *v* что *buchspr* ausfindig machen, ermitteln, erforschen ‖ *uv* изы́скивать 1а
ft. изыщу́, -ы́щешь, -ы́щут
imp. изыщи́, ~те
pt. изыска́л
g.pt.a. изыска́в
p.pt.a. изыска́вший
p.pt.p. изы́сканный

изы́скивать *uv zu* изыска́ть

ика́ть 2а *uv* Schlucken [Schluckauf] haben | *v mom* икну́ть 7, kein *p.pt.p.*

и́кать 1а *uv ling* unbetontes е und я als и aussprechen

ика́ться 2а *unpers uv* кому́ *umg* den Schlucken haben | *v mom* икну́ться 7

икну́ть(ся) *v mom zu* ика́ть(ся)

иллюмини́ровать 4 *u.* 4а *v, uv* что illuminieren, festlich beleuchten

иллюминова́ть 5 *u.* 5а *v, uv* что illuminieren, festlich beleuchten

иллюстри́ровать 4 *u.* 4а *v, uv* что **1.** illustrieren **2.** veranschaulichen

именова́ть 5а *uv* кого́-что (be)nennen, bezeichnen. — (на-)
p.pt.p. имено́ванный

именова́ться *uv* genannt werden, heißen

име́ть 3а *uv* **1.** кого́-что haben, besitzen **2.** кого́-что кем-чем *oder* в ком-чём haben (als), haben (zu) **3.** что *in Verbindung mit vielen Substantiven* haben; име́ть успе́х Erfolg haben; име́ть си́лу Gültigkeit haben

име́ться, *1. u. 2. Pers ungebr, uv* vorhanden sein, existieren, bestehen

имити́ровать 4а *uv* кого́-что imitieren, nachahmen

иммигри́ровать 4 *u.* 4а *v, uv* immigrieren, einwandern

иммобилизова́ть 5 *v* что *med* ruhig stellen, immobilisieren

иммунизи́ровать 4 *u.* 4а *v, uv* кого́-что *med* immunisieren, gegen eine ansteckende Krankheit immun machen

импони́ровать 4а *uv* кому́-чему́ imponieren

импорти́ровать 4 *u.* 4а *v, uv* кого́-что importieren

импровизи́ровать 4 *u.* 4а *v, uv* что *u. ohne Objekt* improvisieren *a. mus.* — (сымпровизи́ровать)

инвентаризи́ровать 4 *u.* 4а *v, uv* что **1.** inventarisieren, ins Bestandsbuch aufnehmen **2.** Inventur machen

инвентаризова́ть 5 *u.* 5а *v, uv* что **1.** inventarisieren, ins Bestandsbuch aufnehmen **2.** Inventur machen

инвести́ровать 4 *u.* 4а *v, uv* что investieren

и́ндеветь, 3а, *1. u. 2. Pers ungebr, uv* sich mit Reif bedecken. — (за-)

индивидуализи́ровать 4 *u.* 4а *v, uv* кого́-что individualisieren

индустриализи́ровать 4 *u.* 4а *v, uv* что industrialisieren

индустриализова́ть 5 *u.* 5а *v, uv* что industrialisieren

инкасси́ровать 4 *u.* 4а *v, uv finanz* Inkasso durchführen, einkassieren

инкорпори́ровать 4 *u.* 4a *v*, *uv* что *buchspr* inkorporieren, einverleiben

инкримини́ровать 4 *u.* 4a *v*, *uv* что комý-чемý (j-n einer Sache) beschuldigen, (j-m etwas) zur Last legen

инкрусти́ровать 4 *u.* 4a *v*, *uv* что inkrustieren, mit Intarsien versehen

инсинуи́ровать 4 *u.* 4a *v*, *uv* *buchspr* verleumden

инспекти́ровать 4a *uv* когó-что inspizieren

инспири́ровать 4 *u.* 4a *v*, *uv* когó-что *buchspr* inspirieren

инструкти́ровать 4 *u.* 4a *v*, *uv* когó-что instruieren

инструментовáть 5 *u.* 5a *v*, *uv* что *mus* instrumentieren

инсцени́ровать 4 *u.* 4a *v*, *uv* что inszenieren

интегри́ровать 4 *u.* 4a *v*, *uv* что integrieren

интенсифици́ровать [тэ] 4 *u.* 4a *v*, *uv* что *buchspr* intensivieren

интервьюи́ровать [тэ] 4 *u.* 4a *v*, *uv* что interviewen

интересовáть 5a *uv* когó-что interessieren

интересовáться *uv* кем-чем sich interessieren (für), Interesse haben (für)

интернационализи́ровать 4 *u.* 4a *v*, *uv* что internationalisieren

интерни́ровать 4 *u.* 4a *v*, *uv* когó-что internieren

интерпелли́ровать [тэ] 4 *u.* 4a *v*, *uv* *pol* interpellieren, anfragen

интерполи́ровать 4 *u.* 4a *v*, *uv* что *buchspr math* interpolieren

интерпрети́ровать [тэ] 4 *u.* 4a *v*, *uv* что *buchspr* interpretieren

инти́мничать 1a *uv* *umg* vertraut [intim] sein

интони́ровать 4a *uv* intonieren
p.pt.p. интони́рованный

интриговáть 5a *uv* **1.** прóтив когó-чегó intrigieren **2.** когó-что neugierig machen, bei j-m Spannung erregen. — (за- *zu* 2)

информи́ровать 4 *u.* 4a *v*, *uv* когó-что informieren

информи́роваться *v*, *uv* Auskunft [Bericht, Nachricht] erhalten, sich informieren

ионизи́ровать 4 *u.* 4a *v*, *uv* что *phys* ionisieren

ионизовáть 5 *u.* 5a *v*, *uv* что *phys* ionisieren

ирониз́ировать 4a *uv* над кем-чем sich ironisch verhalten, ironische Bemerkungen machen

искажáть(ся) *uv* *zu* искази́ть(ся)

искази́ть *v* что **1.** verfälschen, verdrehen, verzerrt darstellen, entstellen **2.** völlig verändern, verzerren, entstellen *Gesichtsausdruck*, *Äußeres* ‖ *uv* искажáть 2a
ft. искажý, -ази́шь, -азя́т
imp. искази́, ~те
pt. искази́л
g.pt.a. искази́в
p.pt.a. искази́вший
p.pt.p. искажённый; искажён, -енá

искази́ться, *1. u. 2. Pers ungebr*, *v* **1.** einen falschen Sinn bekommen, unrichtig werden **2.** sich völlig verändern, sich verzerren *Gesichtsausdruck* ‖ *uv* искажáться

искалéчивать(ся) *uv* *zu* искалéчить(ся)

искалéчить *v* когó-что **1.** zum Krüppel machen, verstümmeln **2.** *übtr sittlich* verderben ‖ *uv* искалéчивать 1a
ft. искалéчу, -чишь, -чат
imp. искалéчь, ~те
pt. искалéчил
g.pt.a. искалéчив
p.pt.a. искалéчивший
p.pt.p. искалéченный

искалéчиться *v* *umg* zum Krüppel werden; sich zum Krüppel machen, sich verstümmeln ‖ *uv* искалéчиваться

искáлывать(ся) *uv* *zu* исколóть(ся)

искáпывать *uv* *zu* ископáть

искáть *uv* **1.** когó-что suchen, sich bemühen zu finden [wiederzufinden] **2.** когó-что *oder* чегó (er)streben, zu erhalten suchen; suchen, sich umsehen **3.** что с когó-чегó *oder* на ком-чём *jur* (ein)klagen (auf), gerichtlich fordern (von)
pr. ищý, и́щешь, и́щут
imp. ищи́, ~те
pt. искáл
g.pr.a. ищá
p.pr.a. и́щущий
p.pt.a. искáвший
p.pr.p. искóмый
p.pt.p. и́сканный

исклевáть *v* когó-что **1.** *mit dem Schnabel* zerhacken, zerfleischen **2.** völlig aufpicken ‖ *uv* исклёвывать 1a
ft. исклюю́, -юёшь, -юю́т
imp. исклю́й, ~те

pt.	исклева́л
g.pt.a.	исклева́в
p.pt.a.	исклева́вший
p.pt.p.	исклёванный

исклёвывать *uv zu* исклева́ть

исключа́ть *uv zu* исключи́ть

исключи́ть *v* **1.** кого́-что из чего́ ausscheiden, herausnehmen, entfernen, ausschließen **2.** что *meist Kurzform p.pt.p.* ausschließen *Möglichkeit* ‖ *uv* исключа́ть 2a

ft.	исключу́, -чи́шь, -ча́т
imp.	исключи́, ~те
pt.	исключи́л
g.pt.a.	исключи́в
p.pt.a.	исключи́вший
p.pt.p.	исключённый; исключён, -ена́

исковéркать 1 *v* кого́-что **1.** zerbrechen, zerbeulen, verderben; entstellen **2.** *übtr* verderben, zuschanden machen **3.** *übtr* verdrehen, entstellen, verderben; falsch aussprechen

исколáчивать *uv zu* исколоти́ть

исколеси́ть *v* что *umg* durchfahren, -wandern, -streifen; bereisen

ft.	исколешу́, -еси́шь, -еся́т
imp.	исколеси́, ~те
pt.	исколеси́л
g.pt.a.	исколеси́в
p.pt.a.	исколеси́вший
p.pt.p.	исколешённый; исколешён, -ена́

исколоти́ть *v umg* **1.** кого́-что verhauen, durchprügeln **2.** что übel zurichten, beschädigen *Fläche beim Hämmern* ‖ *uv* исколáчивать 1a

ft.	исколочу́, -о́тишь, -о́тят
imp.	исколоти́, ~те
pt.	исколоти́л
g.pt.a.	исколоти́в
p.pt.a.	исколоти́вший
p.pt.p.	исколо́ченный

исколо́ть *v* кого́-что **1.** zerstechen **2.** über und über mit Nadeln bestecken ‖ *uv* иска́лывать 1a

ft.	исколю́, -о́лешь, -о́лют
imp.	исколи́, ~те
pt.	исколо́л
g.pt.a.	исколо́в
p.pt.a.	исколо́вший
p.pt.p.	исколотый

исколо́ться *v* sich viele Stiche [Wunden] beibringen, ganz zerstochen sein ‖ *uv* иска́лываться

иско́мкать 1 *v* что zerknüllen, -knittern

исконопа́тить *v* что *umg* kalfatern, beim Kalfatern verbrauchen ‖ *uv* исконопа́чивать 1a

ft.	исконопа́чу, -а́тишь, -а́тят
imp.	исконопа́ть, ~те
pt.	исконопа́тил
g.pt.a.	исконопа́тив
p.pt.a.	исконопа́тивший
p.pt.p.	исконопа́ченный

исконопа́чивать *uv zu* исконопа́тить

ископа́ть 2 *v* что ganz umgraben ‖ *uv* иска́пывать 1a

искорёживать(ся) *uv zu* искорёжить(ся)

искорёжить *v* кого́-что *volksspr* verziehen, verzerren, (ver)biegen ‖ *uv* искорёживать 1a

ft.	искорёжу, -жишь, -жат
imp.	искорёжь, ~те
pt.	искорёжил
g.pt.a.	искорёжив
p.pt.a.	искорёживший
p.pt.p.	искорёженный

искорёжиться, *1. u. 2. Pers ungebr, v volksspr* sich krümmen, sich verbiegen ‖ *uv* искорёживаться

искорени́ть *v* что ausrotten, ausmerzen, vertilgen ‖ *uv* искореня́ть 2a

ft.	искореню́, -ни́шь, -ня́т
imp.	искорени́, ~те
pt.	искорени́л
g.pt.a.	искорени́в
p.pt.a.	искорени́вший
p.pt.p.	искоренённый; искоренён, -ена́

искорени́ться *v* ausgerottet [ausgemerzt] werden ‖ *uv* искореня́ться

искореня́ть(ся) *uv zu* искорени́ть(ся)

искриви́ть *v* что **1.** krümmen, (ver)biegen **2.** verzerren, -ziehen *Gesichtszüge* ‖ *uv* искривля́ть 2a

ft.	искривлю́, -ви́шь, -вя́т
imp.	искриви́, ~те
pt.	искриви́л
g.pt.a.	искриви́в
p.pt.a.	искриви́вший
p.pt.p.	искривлённый; искривлён, -ена́

искриви́ться *v* **1.** krumm werden, sich verziehen, verbiegen **2.** sich verzerren, sich verziehen *Gesichtszüge* ‖ *uv* искривля́ться

искривля́ть(ся) *uv zu* искриви́ть(ся)

и́скриться, *u.* **искри́ться,** *1. u. 2. Pers ungebr, uv* funkeln, sprühen, glänzen

pr.	и́скри́тся, и́скря́тся

imp. и́скри́сь, и́скри́тесь
pt. и́скри́лся, -лась
g.pr.a. и́скря́сь
g.pt.a. и́скри́вшись
p.pr.a. и́скря́щийся
p.pt.a. и́скри́вшийся

искровени́ть *v* кого́-что *umg* schwer verwunden, eine blutige Verletzung zufügen
ft. искровеню́, -ни́шь, -ня́т
imp. искровени́, ~те
pt. искровени́л
g.pt.a. искровени́в
p.pt.a. искровени́вший
p.pt.p. искровенённый; искровенён, -ена́

искромса́ть 2 *v* что *umg* sinnlos [unüberlegt] zerschneiden, verderben *durch unüberlegtes Schneiden*

искроши́ть *v* кого́-что **1.** zerkrümeln **2.** *umg* zusammen-, niederhauen, niedersäbeln
ft. искрошу́, -о́шишь, -о́шат
imp. искроши́, ~те
pt. искроши́л
g.pt.a. искроши́в
p.pt.a. искроши́вший
p.pt.p. искро́шенный

искроши́ться, *1. u. 2. Pers ungebr*, *v* (zer)bröckeln

[1]**искупа́ть** 2 *v* кого́-что *umg* baden, waschen

[2]**искупа́ть** *uv zu* искупи́ть

искупа́ться 2 *v umg* (sich) baden, ein Bad nehmen

искупи́ть *v* что **1.** sühnen, büßen, wiedergutmachen **2.** wettmachen, ersetzen, ausgleichen *einen Mangel* ‖ *uv* искупа́ть 2a
ft. искуплю́, -у́пишь, -у́пят
imp. искупи́, ~те
pt. искупи́л
g.pt.a. искупи́в
p.pt.a. искупи́вший
p.pt.p. иску́пленный *u.* искуплённый; искуплён, -ена́

искуса́ть 2 *v* кого́-что an vielen Stellen stechen [beißen], zerbeißen, zerstechen ‖ *uv* иску́сывать 1a

искуси́ть *v zu* искуша́ть
ft. искушу́, -уси́шь, -уся́т
imp. искуси́, ~те
pt. искуси́л
g.pt.a. искуси́в
p.pt.a. искуси́вший
p.pt.p. искушённый; искушён, -ена́

искуси́ться *v* в чём *alt* Erfahrung bekommen, Erfahrungen machen

иску́сывать *uv zu* искуса́ть

искуша́ть 2a *uv* кого́-что zu verführen suchen; verführen; in Versuchung führen ‖ *v alt* искуси́ть, Formen das.

испа́костить *v* что *volkssp*r **1.** beschmutzen, verunreinigen **2.** verderben, verpfuschen, versauen
ft. испа́кощу, -остишь, -остят
imp. испа́кости, ~те
pt. испа́костил
g.pt.a. испа́костив
p.pt.a. испа́костивший
p.pt.p. испа́кощенный

испари́ть *v* что verdampfen [verdunsten] lassen ‖ *uv* испаря́ть 2a
ft. испарю́, -ри́шь, -ря́т
imp. испари́, ~те
pt. испари́л
g.pt.a. испари́в
p.pt.a. испари́вший
p.pt.p. испарённый; испарён, -ена́

испари́ться, *1. u. 2. Pers ungebr*, *v* **1.** verdampfen, verdunsten, sich verflüchtigen **2.** *übtr*, *scherz* verschwinden, verduften ‖ *uv* испаря́ться

испаря́ть(ся) *uv zu* испари́ть(ся)

испаха́ть *v* что alles durchpflügen ‖ *uv* испа́хивать 1a
ft. испашу́, -а́шешь, -а́шут
imp. испаши́, ~те
pt. испаха́л
g.pt.a. испаха́в
p.pt.a. испаха́вший
p.pt.p. испа́ханный

испа́хивать *uv zu* испаха́ть

испа́чкать 1 *v* кого́-что beschmutzen, besudeln

испа́чкаться *v* sich beschmutzen, sich besudeln

испепели́ть *v* кого́-что **1.** verbrennen, niederbrennen, in Schutt und Asche legen, einäschern **2.** *übtr* verbrennen, verzehren, verwüsten ‖ *uv* испепеля́ть 2a
ft. испепелю́, -ли́шь, -ля́т
imp. испепели́, ~те
pt. испепели́л
g.pt.a. испепели́в
p.pt.a. испепели́вший
p.pt.p. испепелённый; испепелён, -ена́

испепели́ться, *1. u. 2. Pers ungebr*, *v* zu Asche werden, völlig niederbrennen ‖ *uv* испепеля́ться

испепеля́ть(ся) *uv zu* испепели́ть(ся)

испестри́ть *v* что sehr bunt machen [gestalten] ‖ *uv* испестря́ть 2a
ft. испестрю́, -ри́шь, -ря́т
imp. испестри́, ~те
pt. испестри́л
g.pt.a. испестри́в
p.pt.a. испестри́вший
p.pt.p. испестрённый; испестрён, -ена́

испестря́ть *uv zu* испестри́ть

испе́чь *v* кого́-что (aus)backen
ft. испеку́, -ечёшь, -еку́т
imp. испеки́, ~те
pt. испёк, -екла́
g.pt.a. испёкши
p.pt.a. испёкший
p.pt.p. испечённый; испечён, -ена́

испе́чься *v* **1.** ausgebacken [gar] sein, ausbacken **2.** sich verbrennen *in der Sonne*

испещри́ть *v* что übersäen, über und über bedecken, durchsetzen, (über)füllen; bunt machen ‖ *uv* испещря́ть 2a
ft. испещрю́, -ри́шь, -ря́т
imp. испещри́, ~те
pt. испещри́л
g.pt.a. испещри́в
p.pt.a. испещри́вший
p.pt.p. испещрённый; испещрён, -ена́

испещря́ть *uv zu* испещри́ть

испива́ть *uv zu* испи́ть

испи́ливать *uv zu* испили́ть

испили́ть *v* что zersägen, in Stücke sägen ‖ *uv* испи́ливать 1a
ft. испилю́, -и́лишь, -и́лят
imp. испили́, ~те
pt. испили́л
g.pt.a. испили́в
p.pt.a. испили́вший
p.pt.p. испи́ленный

исписа́ть *v* что **1.** be-, vollschreiben; vollmalen **2.** *umg* verschreiben, *beim Schreiben* verbrauchen ‖ *uv* испи́сывать 1a
ft. испишу́, -и́шешь, -и́шут
imp. испиши́, ~те
pt. исписа́л
g.pt.a. исписа́в
p.pt.a. исписа́вший
p.pt.p. испи́санный

исписа́ться *v umg* **1.** sich abschreiben, sich abnutzen *beim Schreiben*, abgeschrieben [abgenutzt] sein **2.** nichts Neues mehr zu sagen haben, nicht mehr schreiben können *Schriftsteller* ‖ *uv* испи́сываться

испи́сывать(ся) *uv zu* исписа́ть(ся)

испи́ть *v* **1.** чего́ *u. ohne Objekt gbt u. volkssp*r ein bißchen (ab)trinken **2.** что *alt* austrinken, leer trinken ‖ *uv* испива́ть 2a
ft. изопью́, -пьёшь, -пью́т
imp. испе́й, ~те
pt. испи́л, -ила́, -и́ло
g.pt.a. испи́в
p.pt.a. испи́вший
p.pt.p. испи́тый; испи́т, -ита́, -и́то

испове́дать 1 *u.* 1a *v, uv alt* Bedeutungen wie испове́довать

испове́даться 1 *v alt* Bedeutungen wie испове́доваться

испове́довать 4 *u.* 4a *v, uv* **1.** кого́-что *kirch* j-m die Beichte abnehmen; beichten **2.** кого́-что *übtr umg scherz* ausfragen, ins Gebet nehmen **3.** что кому́-чему́ *übtr* offen bekennen, beichten, anvertrauen **4.** *nur uv* что *buchspr* sich (offen) bekennen (zu)

испове́доваться *v, uv* **1.** кому́-чему́ *oder* у кого́-чего́ *kirch* beichten, zur Beichte gehen **2.** кому́-чему́ *oder* пе́ред кем-чем *übtr* offen bekennen, eingestehen, beichten

испове́дывать(ся) 1a *uv alt* Bedeutungen wie испове́довать(ся)

испо́лзать 1 *v* что *umg* ab-, herumkriechen

[1]**испо́лнить** *v* что **1.** ausführen, erfüllen, vollziehen, in die Tat umsetzen **2.** *theat, mus* darstellen, spielen, ausführen ‖ *uv* исполня́ть 2a
ft. испо́лню, -нишь, -нят
imp. испо́лни, ~те
pt. испо́лнил
g.pt.a. испо́лнив
p.pt.a. испо́лнивший
p.pt.p. испо́лненный

[2]**испо́лнить** *v* кого́-что чем *oder* чего́ *buchspr* ganz aus-, an-, erfüllen (mit etw.); испо́лнить наде́ждой mit Hoffnung erfüllen ‖ *uv* исполня́ть 2a Formen wie [1]испо́лнить

[1]**испо́лниться,** *1. u. 2. Pers ungebr, v* **1.** sich erfüllen, in Erfüllung gehen **2.** *unpers* кому́-чему́ ein bestimmtes Alter erreichen ‖ *uv* исполня́ться

[2]**испо́лниться** *v* чего́ *oder* чем *buchspr alt* sich füllen, schwellen, durchdrungen werden [sein] ‖ *uv* исполня́ться

[1,2]**исполня́ть(ся)** *uv zu* [1,2]испо́лнить(ся)

исполосова́ть 5 *v umg* **1.** что in Streifen schneiden **2.** кого́-что verprügeln, übel zurichten

испо́льзовать 4 *u.* 4a *v*, *uv* кого́-что ausnutzen, verwenden, verwerten, Nutzen ziehen, sich zunutze machen

испо́льзоваться *uv* verwendet [gebraucht, verwertet] werden

испо́ртить *v* кого́-что **1.** verderben, beschädigen, unbrauchbar machen **2.** sittlich verderben, verderblichen Einfluß ausüben (auf) **3.** *alt* durch Hexerei krank machen

ft. испо́рчу, -ртишь, -ртят
imp. испо́рти, ~те *u. umg* испо́рть, ~те
pt. испо́ртил
g.pt.a. испо́ртив
p.pt.a. испо́ртивший
p.pt.p. испо́рченный

испо́ртиться *v* **1.** verdorben [unbrauchbar] werden **2.** sittlich verkommen [verdorben] sein [werden]

испоха́бить *v* кого́-что *derb volksspr* verderben, verhunzen

ft. испоха́блю, -бишь, -бят
imp. испоха́бь, ~те
pt. испоха́бил
g.pt.a. испоха́бив
p.pt.a. испоха́бивший
p.pt.p. испоха́бленний

испо́шлить *v* кого́-что *umg* banalisieren; verflachen

ft. испо́шлю, -лишь, -лят
imp. испо́шли, ~те
pt. испо́шлил
g.pt.a. испо́шлив
p.pt.a. испо́шливший
p.pt.p. испо́шленный

испра́вить *v* кого́-что **1.** ausbessern, reparieren, instandsetzen **2.** berichtigen, korrigieren, Mängel [Fehler] beseitigen **3.** sittlich bessern ‖ *uv* исправля́ть 2a

ft. испра́влю, -вишь, -вят
imp. испра́вь, ~те
pt. испра́вил
g.pt.a. испра́вив
p.pt.a. испра́вивший
p.pt.p. испра́вленный

испра́виться *v* sich bessern *charakterlich, sittlich* ‖ *uv* исправля́ться

исправля́ть(ся) *uv zu* испра́вить(ся)

испражни́ться *v* sich entleeren, Kot absondern ‖ *uv* испражня́ться 2a

ft. испражню́сь, -ни́шься, -ня́тся
imp. испражни́сь, -и́тесь
pt. испражни́лся, -лась
g.pt.a. испражни́вшись
p.pt.a. испражни́вшийся

испражня́ться *uv zu* испражни́ться

испра́шивать *uv zu* испроси́ть

испро́бовать 4 *v* что **1.** ausprobieren, Qualität nachprüfen **2.** *umg alt* kosten, probieren, eine Kostprobe nehmen **3.** erleben, erfahren, durchmachen; versuchen

испроси́ть *v* что *alt* erbitten, erwirken ‖ *uv* испра́шивать 1a

ft. испрошу́, -о́сишь, -о́сят
imp. испроси́, ~те
pt. испроси́л
g.pt.a. испроси́в
p.pt.a. испроси́вший
p.pt.p. испро́шенный

испуга́ть 2 *v* кого́-что erschrecken, in Schrecken versetzen

испуга́ться *v* erschrecken, Schreck empfinden

испуска́ть 2a *uv* что **1.** *uv zu* испусти́ть **2.** ausstrahlen, ausströmen, verbreiten *Licht, Strahlen*

испусти́ть *v* что ausstoßen, von sich geben *Laut, Geruch* ‖ *uv* испуска́ть 2a

ft. испущу́, -у́стишь, -у́стят
imp. испусти́, ~те
pt. испусти́л
g.pt.a. испусти́в
p.pt.a. испусти́вший
p.pt.p. испу́щенный

испыта́ть 2 *v* кого́-что **1.** prüfen, erproben **2.** erleben, erdulden, erfahren, empfinden ‖ *uv* испы́тывать 1a

испы́тывать *uv zu* испыта́ть

испятна́ть 2 *v* кого́-что *umg* beflecken, voll Flecken machen

[1,2]иссека́ть *uv zu* [1,2]иссе́чь

[1]иссе́чь *v* **1.** *alt* heraushauen, zurecht-, glatthauen **2.** *med* herausschneiden, entfernen ‖ *uv* иссека́ть 2a

ft. иссеку́, -ечёшь, -еку́т
imp. иссеки́, ~те
pt. иссе́к, ~ла́
g.pt.a. иссе́кши
p.pt.a. иссе́кший
p.pt.p. иссечённый; иссечён, -ена́

[2]иссе́чь *v* **1.** *an vielen Stellen, ganz* zerhauen, zerschlagen, zerhacken **2.** *alt* aus-, durchpeitschen ‖ *uv* иссека́ть 2a

pt. иссе́к, ~ла
p.pt.p. иссе́ченный
Übrige Formen wie [1]иссе́чь

исследи́ть *v* что *umg* mit den Füßen beschmutzen ‖ *uv* иссле́живать 1a

ft.	исслежу́, -еди́шь, -едя́т
imp.	исследи́, ~те
pt.	исследи́л
g.pt.a.	исследи́в
p.pt.a.	исследи́вший
p.pt.p.	иссле́женный

иссле́довать 4 *u.* 4a *v, uv* кого́-что **1.** wissenschaftlich erforschen, studieren, untersuchen **2.** genau betrachten, untersuchen; absuchen

иссле́живать *uv zu* исследи́ть

иссо́хнуть *v umg* **1.** vertrocknen, austrocknen **2.** *übtr* verkümmern ‖ *uv* иссыха́ть 2a

ft.	иссо́хну, -нешь, -нут
imp.	иссо́хни, ~те
pt.	иссо́х, ~ла
g.pt.a.	иссо́хнув *u.* иссо́хши
p.pt.a.	иссо́хший

исстега́ть 2 *v* кого́-что *umg* mit der Peitsche schlagen, durchpeitschen ‖ *uv* исстёгивать 1a

исстёгивать *uv zu* исстега́ть

исстрада́ться 2 *v* sich abhärmen, sich zu Tode grämen, vor Leid [Kummer] vergehen

исстре́ливать *uv zu* исстреля́ть

исстреля́ть 2 *v* что **1.** verschießen *Patronen* **2.** *umg* zerschießen, durch Schüsse zerlöchern ‖ *uv* исстре́ливать 1a

иссуша́ть *uv zu* иссуши́ть

иссу́шивать *uv zu* иссуши́ть

иссуши́ть *v* кого́-что **1.** austrocknen, ausdörren, trocken machen **2.** *übtr* erschöpfen, völlig verzehren ‖ *uv* иссуша́ть 2a *u.* иссу́шивать 1a

ft.	иссушу́, -у́шишь, -у́шат
imp.	иссуши́, ~те
pt.	иссуши́л
g.pt.a.	иссуши́в
p.pt.a.	иссуши́вший
p.pt.p.	иссу́шенный *u.* иссушённый; иссушён, -ена́

иссыха́ть *uv zu* иссо́хнуть

иссяка́ть *uv zu* исся́кнуть

исся́кнуть, *1. u. 2. Pers ungebr, v* versiegen; ausgehen ‖ *uv* иссяка́ть 2a

ft.	исся́кнет, -нут
pt.	исся́к, ~ла
g.pt.a.	исся́кнув *u.* исся́кши
p.pt.a.	исся́кший *u.* исся́кнувший

иста́ивать *uv zu* иста́ять

[1,2]**иста́пливать(ся)** *uv zu* [1,2]истопи́ть(ся)

иста́птывать *uv zu* истопта́ть

истаска́ть 2 *v* что *umg* abtragen, abnutzen ‖ *uv* иста́скивать 1a

истаска́ться *v* **1.** *1. u. 2. Pers ungebr* sich abtragen, sich abnutzen, schäbig werden **2.** seine Kräfte verzehren, sich verbrauchen ‖ *uv* иста́скиваться

иста́скивать(ся) *uv zu* истаска́ть(ся)

иста́чивать *uv zu* [1]источи́ть

иста́ять *v* **1.** *1. u. 2. Pers ungebr* völlig zerschmelzen [zergehen] *Schnee, Wachs u. ä.* **2.** *übtr* vergehen, sich verzehren *vor Sehnsucht, Kummer u. ä.* ‖ *uv* иста́ивать 1a

ft.	иста́ю, -а́ешь, -а́ют
imp.	иста́й, ~те
pt.	иста́ял
g.pt.a.	иста́яв
p.pt.a.	иста́явший

истека́ть *uv zu* исте́чь

истере́ть *v* что *umg* **1.** ver-, zerreiben **2.** abreiben, durch Reiben, Radieren usw. abnutzen **3.** durchreiben; wundreiben ‖ *uv* истира́ть 2a

ft.	изотру́, -рёшь, -ру́т
imp.	изотри́, ~те
pt.	истёр, ~ла
g.pt.a.	истере́в *u.* истёрши
p.pt.a.	истёрший
p.pt.p.	истёртый

истере́ться, *1. u. 2. Pers ungebr, v umg* **1.** sich abnutzen, abgewetzt werden **2.** *alt* verwischt werden ‖ *uv* истира́ться

истерза́ть 2 *v* кого́-что **1.** schwere Wunden zufügen, zerfleischen **2.** zerstören, verwüsten, zuschanden machen **3.** *übtr* peinigen, quälen, verzehren

истерза́ться *v* sich verzehren, vergehen, sich abquälen

исте́чь *v* **1.** *buchspr, alt* (her)ausfließen, entströmen **2.** ablaufen, verstreichen, zu Ende gehen *Frist* **3.** чем: исте́чь кро́вью sich verbluten ‖ *uv* истека́ть 2a

ft.	истеку́, -ечёшь, -еку́т
imp.	истеки́, ~те
pt.	истёк, -екла́
g.pt.a.	истёкши
p.pt.a.	истёкший *u. alt* исте́кший

истира́ть(ся) *uv zu* истере́ть(ся)

истлева́ть *uv zu* истле́ть

истле́ть 3 *v* **1.** völlig verwesen, vermodern, verfaulen **2.** verglimmen, zu Asche werden ‖ *uv* истлева́ть 2a

истолкова́ть 5 *v* что auslegen, deuten, erklären, interpretieren ‖ *uv* истолко́вывать 1a

истолко́вывать *uv zu* истолкова́ть

истоло́чь *v* кого́-что zerstoßen, zerstampfen

ft.	истолку́, -лчёшь, -лку́т
imp.	истолки́, ~те
pt.	истоло́к, -лкла́
g.pt.a.	истоло́кши
p.pt.a.	истоло́кший
p.pt.p.	истолчённый; истолчён, -ена́

истоми́ть *v* кого́-что erschöpfen, ermatten, schmachten lassen, quälen ‖ *uv* истомля́ть 2a

ft.	истомлю́, -ми́шь, -мя́т
imp.	истоми́, ~те
pt.	истоми́л
g.pt.a.	истоми́в
p.pt.a.	истоми́вший
p.pt.p.	истомлённый; истомлён, -ена

истоми́ться *v* sich verzehren, vergehen, verschmachten ‖ *uv* истомля́ться

истомля́ть(ся) *uv zu* истоми́ть(ся)

¹истопи́ть *v* что **1.** heizen **2.** *umg* verheizen, fürs Heizen verbrauchen ‖ *uv* иста́пливать 1a

ft.	истоплю́, -о́пишь, -о́пят
imp.	истопи́, ~те
pt.	истопи́л
g.pt.a.	истопи́в
p.pt.a.	истопи́вший
p.pt.p.	исто́пленный

²истопи́ть *v* что *umg* restlos ausschmelzen, zerlassen, auslassen ‖ *uv* иста́пливать 1a Formen wie ¹истопи́ть

¹истопи́ться, *1. u. 2. Pers ungebr*, *v* sich erwärmen *vom Heizen*; zu Ende heizen ‖ *uv* иста́пливаться

²истопи́ться, *1. u. 2. Pers ungebr*, *v umg* vollständig schmelzen, zerfließen; zu Ende schmelzen ‖ *uv* иста́пливаться

истопта́ть *v* что **1.** zertreten, zerstampfen, zertrampeln **2.** *umg* durch Fußspuren beschmutzen **3.** *volksspr* austreten, abtragen *Schuhwerk* **4.** durchstreifen, durchwandern ‖ *uv* иста́птывать 1a

ft.	истопчу́, -о́пчешь, -о́пчут
imp.	истопчи́, ~те
pt.	истопта́л
g.pt.a.	истопта́в
p.pt.a.	истопта́вший
p.pt.p.	исто́птанный

исторга́ть *uv zu* исто́ргнуть

исто́ргнуть *v* кого́-что *buchspr alt* **1.** ausstoßen, -werfen *Lava* **2.** *übtr* (j-n) ausstoßen, vertreiben, fortjagen **3.** из кого́-чего́ herausreißen, -ziehen; befreien **4.** из кого́-чего́, у кого́-чего́ *einen Gefühlsausdruck* entlocken, hervorrufen ‖ *uv* исторга́ть 2a

ft.	исто́ргну, -нешь, -нут
imp.	исто́ргни, ~те
pt.	исто́рг *u.* исто́ргнул, исто́ргла
g.pt.a.	исто́ргнув *u.* исто́ргши
p.pt.a.	исто́ргший *u.* исто́ргнувший
p.pt.p.	исто́ргнутый

истоскова́ться 5 *v* по кому́-чему́ vor Sehnsucht vergehen (nach)

источа́ть 2a *uv* что **1.** *buchspr alt*: источа́ть слёзы Tränen vergießen **2.** ausstrahlen, ausströmen, verbreiten *Licht*, *Geruch* ‖ *v* ²источи́ть, Formen das.

¹источи́ть *v* кого́-что **1.** abwetzen, abschleifen *durch häufigen Gebrauch* **2.** zerfressen, zernagen, durchlöchern ‖ *uv* иста́чивать 1a

ft.	источу́, -о́чишь, -о́чат
imp.	источи́, ~те
pt.	источи́л
g.pt.a.	источи́в
p.pt.a.	источи́вший
p.pt.p.	исто́ченный

²источи́ть *v zu* источа́ть

ft.	источу́, -чи́шь, -ча́т
p.pt.p.	источённый; источён, -ена

Übrige Formen wie ¹источи́ть

истоща́ть(ся) *uv zu* истощи́ть(ся)

истощи́ть *v* кого́-что **1.** entkräften, schwächen, aufzehren, erschöpfen **2.** *übtr* aufbrauchen, erschöpfen, aufzehren ‖ *uv* истоща́ть 2a

ft.	истощу́, -щи́шь, -ща́т
imp.	истощи́, ~те
pt.	истощи́л
g.pt.a.	истощи́в
p.pt.a.	истощи́вший
p.pt.p.	истощённый; истощён, -ена́

истощи́ться *v* **1.** von Kräften kommen, erschöpft sein **2.** zu Ende gehen, versiegen, sich erschöpfen, verbraucht sein ‖ *uv* истоща́ться

истра́тить *v* что verbrauchen, ausgeben, verausgaben ‖ *uv* истра́чивать 1a

ft.	истра́чу, -а́тишь, -а́тят
imp.	истра́ть ~те
pt.	истра́тил
g.pt.a.	истра́тив
p.pt.a.	истра́тивший
p.pt.p.	истра́ченный

истра́титься *v* **1.** verbraucht werden **2.** *umg* sich verausgaben, sich erschöpfen ‖ *uv* истра́чиваться

истра́чивать(ся) *uv zu* истра́тить(ся)

истреби́ть *v* кого́-что vernichten, vertilgen, ausrotten ‖ *uv* истребля́ть 2a
ft. истреблю́, -би́шь, -бя́т
imp. истреби́, ~те
pt. истреби́л
g.pt.a. истреби́в
p.pt.a. истреби́вший
p.pt.p. истреблённый; истреблён, -ена́

истребля́ть *uv zu* истреби́ть

истре́бовать 4 *v* кого́-что *buchspr* anfordern

истрепа́ть *v* что *umg* **1.** abnutzen, abtragen, ruinieren **2.** *übtr* angreifen, strapazieren; zerrütten *Nerven* ‖ *uv* истрёпывать 1a
ft. истреплю́, -е́плешь, -е́плют
imp. истрепли́, ~те *u.* истрепи́, ~те
pt. истрепа́л
g.pt.a. истрепа́в
p.pt.a. истрепа́вший
p.pt.p. истрёпанный

истрепа́ться *v* **1.** *umg* schäbig [abgenutzt] werden **2.** *übtr umg* angegriffen werden, ermüden **3.** *volksspr* herunterkommen, verludern, *sittlich* tief sinken ‖ *uv* истрёпываться

истрёпывать(ся) *uv zu* истрепа́ть(ся)

истре́скаться 1, *1. u. 2. Pers ungebr*, *v umg* überall rissig werden, Risse bekommen

иступи́ть *v* что stumpf machen, abstumpfen ‖ *uv* иступля́ть* 2a
ft. иступлю́, -у́пишь, -у́пят
pt. иступи́л
g.pt.a. иступи́в
p.pt.a. иступи́вший
p.pt.p. исту́пленный

иступи́ться, *1. u. 2. Pers ungebr*, *v* stumpf werden ‖ *uv* иступля́ться*

иступля́ть(ся) *uv zu* иступи́ть(ся)

исты́кать 1 *v* кого́-что *umg* zerstechen ‖ *uv* исты́кивать 1a

исты́кивать *uv zu* исты́кать

истяза́ть 2a *uv* кого́-что foltern, mißhandeln, quälen

исха́живать *uv iterativ zu* [1]исходи́ть

исхлеста́ть *v* кого́-что *umg* durchpeitschen, auspeitschen ‖ *uv* исхлёстывать 1a
ft. исхлещу́, -е́щешь, -е́щут
imp. исхлещи́, ~те
pt. исхлеста́л
g.pt.a. исхлеста́в
p.pt.a. ихслеста́вший
p.pt.p. исхлёстанный

исхлёстывать *uv zu* исхлеста́ть

исхлопа́тывать *uv zu* исхлопота́ть

исхлопота́ть *v* что *umg* erwirken, erreichen ‖ *uv* исхлопа́тывать 1a
ft. исхлопочу́, -о́чешь, -о́чут
imp. исхлопочи́, ~те
pt. исхлопота́л
g.pt.a. исхлопота́в
p.pt.a. исхлопота́вший
p.pt.p. исхлопо́танный

исхода́тайствовать 4 *v* что *buchspr* erwirken

[1]**исходи́ть** *v* что *umg* durchwandern, durchstreifen ‖ *uv iterativ umg* исха́живать 1a
ft. исхожу́, -о́дишь, -о́дят
imp. исходи́, ~те
pt. исходи́л
g.pt.a. исходи́в
p.pt.a. исходи́вший
p.pt.p. исхо́женный

[2]**исходи́ть** *uv* **1.** *1. u. 2. Pers ungebr* от кого́-чего́ *oder* из чего́ ausgehen, (ent)stammen, kommen (von), veranlaßt sein (von) **2.** из чего́ ausgehen (von), sich gründen (auf), sich stützen (auf)
pr. исхожу́, -о́дишь, -о́дят
imp. исходи́, ~те
pt. исходи́л
g.pr.a. исходя́
p.pr.a. исходя́щий
p.pt.a. исходи́вший

[3]**исходи́ть** *uv zu* изойти́
Formen wie [2]исходи́ть

исхуда́ть 2 *v* stark abmagern

исцара́пать 1 *v* кого́-что zerkratzen ‖ *uv* исцара́пывать 1a

исцара́паться *v umg* sich zerkratzen ‖ *uv* исцара́пываться

исцара́пывать(ся) *uv zu* исцара́пать(ся)

исцели́ть *v* кого́-что *buchspr* kurieren, heilen, gesund machen ‖ *uv* исцеля́ть 2a
ft. исцелю́, -ли́шь, -ля́т
imp. исцели́, ~те
pt. исцели́л
g.pt.a. исцели́в
p.pt.a. исцели́вший
p.pt.p. исцелённый; исцелён, -ена́

исцели́ться *v buchspr* genesen, gesund werden ‖ *uv* исцеля́ться

исцелова́ть 5 *v* кого́-что *umg* herzhaft abküssen, mit Küssen bedecken

исцеля́ть(ся) *uv zu* исцели́ть(ся)

исча́хнуть *v* verkümmern; dahinsiechen

ft.	исча́хну, -нешь, -нут
imp.	исча́хни, ~те
pt.	исча́х *u. alt* исча́хнул, исча́хла
g.pt.a.	исча́хнув *u.* исча́хши
p.pt.a.	исча́хший

исчеза́ть *uv zu* исче́знуть

исче́знуть *v* **1.** verschwinden; sich verlieren; verlorengehen **2.** *umg* verschwinden, sich unbemerkt zurückziehen ‖ *uv* изчеза́ть 2a

ft.	исче́зну, -нешь, -нут
imp.	исче́зни, ~те
pt.	исче́з, ~ла
g.pt.a.	исче́знув
p.pt.a.	исче́знувший

исчерка́ть 2 *u.* **исчёркать** 1 *v umg* vollkritzeln ‖ *uv* исчёркивать 1a

p.pt.p.	исчёрканный

исчёркивать *uv zu* исчерка́ть *u.* исчёркать

исче́рпать 1 *v* что **1.** völlig verbrauchen, erschöpfen **2.** erschöpfend behandeln, erörtern, klären; erledigen ‖ *uv* исче́рпывать 1a

исче́рпаться, *1. u. 2. Pers ungebr, v buchspr* völlig verbraucht [aufgebraucht, verwertet] werden, ausgehen, zu Ende sein ‖ *uv* исче́рпываться

исче́рпывать *uv zu* исче́рпать

исче́рпываться, 1a, *1. u. 2. Pers ungebr, uv* **1.** *uv zu* исче́рпаться **2.** кем-чем sich erschöpfen (in), erledigt sein (mit), bestehen (in); э́тим де́ло не исче́рпывается damit hat die Sache noch nicht ihr Bewenden

исчерти́ть *v* что **1.** vollzeichnen, mit Linien bedecken, vollkritzeln **2.** *umg* verbrauchen, aufbrauchen *beim Zeichnen* ‖ *uv* исче́рчивать 1a

ft.	исчерчу́, -е́ртишь, -е́ртят
imp.	исчерти́, ~те
pt.	исчерти́л
g.pt.a.	исчверти́в
p.pt.a.	исчерти́вший
p.pt.p.	исче́рченный

исче́рчивать *uv zu* исчерти́ть

исчи́ркать 1 *v* что *umg Streichhölzer* verbrauchen

исчи́слить *v* что berechnen, ausrechnen, errechnen ‖ *uv* исчисля́ть 2a

ft.	исчи́слю, -лишь, -лят
imp.	исчи́сли, ~те
pt.	исчи́слил
g.pt.a.	исчи́слив
p.pt.a.	исчи́сливший
p.pt.p.	исчи́сленный

исчисля́ть *uv zu* исчи́слить

исчисля́ться 2a, *1. u. 2. Pers ungebr, uv* betragen, sich belaufen (auf)

исша́ркать 1 *v* что *umg* zerkratzen, durch Scharren abnutzen [beschädigen] ‖ *uv* исша́ркивать 1a

исша́ркивать *uv zu* исша́ркать

исщипа́ть *v* кого́-что *umg* mehrmals kneifen [zwicken] ‖ *uv* исщи́пывать 1a

ft.	исщиплю́, -и́плешь, -и́плют *u. umg* -и́пешь, -и́пют *u. umg* исщипа́ю, -а́ешь, -а́ют
imp.	исщипли́, ~те *u. umg* исщипи́, ~те *u. umg* исщипа́й, ~те
pt.	исщипа́л
g.pt.a.	исщипа́в
p.pt.a.	исщипа́вший
p.pt.p.	исщи́панный

исщи́пывать *uv zu* исщипа́ть

ито́жить *uv* что **1.** Bilanz ziehen **2.** *umg* schließen, beschließen

pr.	ито́жу, -жишь, -жат
imp.	ито́жь, ~те
pt.	ито́жил
g.pt.a.	ито́жив
p.pt.a.	ито́живший
p.pt.p.	ито́женный

К

ка́верзить *uv umg* intrigieren, Ränke schmieden. — (на-)

pr.	ка́вержу, -рзишь, -рзят
imp.	ка́верзи, ~те
pt.	ка́верзил
g.pr.a.	ка́верзя
p.pr.a.	ка́верзящий
p.pt.a.	ка́верзивший

ка́верзничать 1a *uv umg* intrigieren, Ränke schmieden

кади́ть *uv* **1.** das Weihrauchfaß schwenken **2.** кому́-чему́ beweihräuchern, schmeicheln

pr.	кажу́, кади́шь, кадя́т
imp.	кади́, ~те
pt.	кади́л
g.pr.a.	кадя́
p.pr.a.	кадя́щий
p.pt.a.	кади́вший

каза́ть *uv* кого́-что *volkssрr* zeigen, sehen lassen; не каза́ть глаз [но́су] sich nicht zeigen, sich nicht sehen lassen

pr.	кажу́, ка́жешь, ка́жут
imp.	кажи́, ~те
pt.	каза́л
p.pr.a.	ка́жущий
p.pt.a.	каза́вший

каза́ться *uv* **1.** кем-чем scheinen, den Anschein erwecken, vorkommen **2.** *unpers* кому́ es scheint; э́то мне каза́лось стра́нным das kam mir merkwürdig vor **3.** *volkssрr* sich zeigen, erscheinen ‖ *v* показа́ться *zu* 1, 2, Formen das.

g.pt.a.	каза́вшись

казни́ть *uv* кого́-что **1.** *a. v* hinrichten **2.** *übtr buchspr* strafen

pr. u. ft.	казню́, -ни́шь, -ня́т
imp.	казни́, ~те
pt.	казни́л
g.pr.a.	казня́
g.pt.a.	казни́в
p.pr.a.	казня́щий
p.pt.a.	казни́вший
p.pr.p.	казни́мый
p.pt.p.	казнённый; казнён, -ена́

казни́ться *uv umg* sich anklagen; sich etw. zur Last legen

каламбу́рить *uv umg* witzeln. — (с-)

pr.	каламбу́рю, -ришь, -рят
imp.	каламбу́рь, ~те
pt.	каламбу́рил
g.pr.a.	каламбу́ря
p.pr.a.	каламбу́рящий
p.pt.a.	каламбу́ривший

кале́чить *uv* кого́-что **1.** zum Krüppel machen, verstümmeln **2.** *übtr* verderben, entstellen. — (ис-)

pr.	кале́чу, -чишь, -чат
imp.	кале́чь, ~те
pt.	кале́чил
g.pr.a.	кале́ча
p.pr.a.	кале́чащий
p.pt.a.	кале́чивший
p.pr.p.	кале́чимый

кале́читься *uv* zum Krüppel werden. — (ис-)

калиброва́ть 5а *uv* что *tech* kalibrieren

кали́ть *uv* что **1.** glühend machen, erhitzen **2.** rösten *Nüsse*, *Kastanien*

pr.	калю́, кали́шь, каля́т
imp.	кали́, ~те
pt.	кали́л
g.pr.a.	каля́
p.pr.a.	каля́щий
p.pt.a.	кали́вший

кальки́ровать 4 *u.* 4а *v*, *uv* что **1.** durchpausen **2.** durch eine Lehnübersetzung wiedergeben. — (с-)

калькули́ровать 4а *uv* что kalkulieren, veranschlagen ‖ *v* скалькули́ровать 4

каля́кать 1а *uv volkssрr* schwatzen, plaudern. — (по-)

камене́ть 3а *uv* **1.** versteinern **2.** starr, leblos werden *Gesichtsausdruck*. — (о-)

камуфли́ровать 4 *u.* 4а *v*, *uv* что *mil* mit Tarnanstrich versehen, tarnen

канте́лить *uv* кого́-что *umg mißb* in die Länge ziehen, verzögern, hinhalten

pr.	канте́лю, -лишь, -лят
imp.	канте́ль, ~те
pt.	канте́лил
g.pr.a.	канте́ля
p.pr.a.	канте́лящий
p.pt.a.	канте́ливший

канте́литься *uv umg* herumtrödeln

канифо́лить *uv* что mit Kolophonium bestreichen. — (на-)

pr.	канифо́лю, -лишь, -лят
imp.	канифо́ль, ~те
pt.	канифо́лил
g.pr.a.	канифо́ля
p.pr.a.	канифо́лящий
p.pt.a.	канифо́ливший

канонизи́ровать 4 *u.* 4а *v*, *uv* кого́-что kanonisieren, heiligsprechen

канонизова́ть 5 *u.* 5а *v*, *uv* кого́-что kanonisieren, heiligsprechen

кантова́ть 5а *uv* что **1.** mit einer Kante [Borte] versehen [einfassen] **2.** auf die Seite drehen; umkippen. — (о- *zu* 1)

ка́нуть 6 *v* **1.** *alt* (herab)tropfen, fallen **2.** *übtr*: он как в во́ду ка́нул er ist spurlos verschwunden; ка́нуть в ве́чность für immer verschwinden

каню́чить *uv volkssрr* aufdringlich betteln, sich dauernd beklagen

pr.	каню́чу, -чишь, -чат
imp.	каню́чь, ~те
pt.	каню́чил

g.pr.a.	каню́ча
p.pr.a.	каню́чащий
p.pt.a.	каню́чивший

ка́пать *uv* **1.** *1. u. 2. Pers ungebr* tropfen **2.** что (ein)träufeln, tropfenweise eingießen, tropfen lassen **3.** чем verschütten, danebengießen | *v mom* ка́пнуть 6. — (на- *zu* 2, 3)

pr.	ка́паю, -аешь, -ают *u. alt* ка́плю, -лешь, -лют
imp.	ка́пай, ~те
pt.	ка́пал
g.pr.a.	ка́пая
p.pr.a.	ка́пающий
p.pt.a.	ка́павший

капитализи́ровать 4 *u.* 4a *v, uv* что kapitalisieren

капитализи́роваться, *1. u. 2. Pers ungebr, v, uv* kapitalisiert werden

капитули́ровать 4 *u.* 4a *v, uv* kapitulieren; sich ergeben

ка́пнуть *v mom zu* ка́пать

капоти́ровать 4 *u.* 4a *v, uv* **1.** einen Kopfstand machen, sich überschlagen *Flugzeug* **2.** *tech* verkleiden

капри́зничать 1a *uv* Launen haben; bocken

кара́бкаться 1a *uv* (hinauf)klettern, klimmen. — (вс-)

кара́ть 2a *uv* кого́-что (be)strafen ‖ *v* покара́ть 2

кара́ться, *1. u. 2. Pers ungebr, uv* bestraft werden

карау́лить *uv* кого́-что **1.** bewachen; Wache stehen **2.** *umg* (j-m) auflauern

pr.	карау́лю, -лишь, -лят
imp.	карау́ль, ~те
pt.	карау́лил
g.pr.a.	карау́ля
p.pr.a.	карау́лящий
p.pt.a.	карау́ливший

карбонизи́ровать 4 *u.* 4a *v, uv* что **1.** *chem* karbonisieren **2.** verkohlen

карбюри́ровать 4 *u.* 4a *v, uv* что vergasen, zerstäuben *Kraftstoff*

ка́ркать 1a *uv* **1.** krächzen **2.** *übtr volkssprr* unken, Unheil verkünden | *v mom* ка́ркнуть 6 *zu* 1

ка́ркнуть *v mom zu* ка́ркать

карта́вить *uv* das r oder l unsauber aussprechen *Zäpfchen-r; u oder w statt l*

pr.	карта́влю, -вишь, -вят
imp.	карта́вь, ~те
pt.	карта́вил
g.pr.a.	карта́вя
p.pr.a.	карта́вящий
p.pt.a.	карта́вивший

картографи́ровать 4a *uv* что kartographieren

каса́ться 2a *uv* кого́-чего́ **1.** berühren, streifen *a. übtr* **2.** betreffen, angehen ‖ *v* косну́ться 7

касси́ровать 4 *u.* 4a *v, uv* что *Urteil* aufheben, kassieren

кастри́ровать 4 *u.* 4a *v, uv* кого́-что kastrieren

каталогизи́ровать 4 *u.* 4a *v, uv* что katalogisieren

ката́ть 2a *uv* **1.** *unbest zu* кати́ть 1 **2.** кого́-что ausfahren, spazierenfahren **3.** что из чего́ drehen, rollen, durch Hin- und Herrollen herstellen **4.** что walzen, glatt machen; ката́ть бельё Wäsche mangeln [rollen]. — (вы́- *zu* 4)

p.pt.p.	ка́танный

ката́ться *uv* **1.** *unbest zu* кати́ться 1 **2.** на чём spazierenfahren *itr*; ката́ться верхо́м reiten; ката́ться на са́нках rodeln; ката́ться на конька́х Schlittschuh laufen **3.** sich hin- und herwälzen *im Liegen*

кати́ть *uv* **1.** *best* кого́-что rollen, wälzen, schieben **2.** *ohne Objekt volkssprr* schnell fahren [laufen] **3.** *ohne Objekt umg* schnell fahren *itr Fahrzeug* | *uv unbest* ката́ть 2a *zu* 1

pr.	качу́, ка́тишь, ка́тят
imp.	кати́, ~те
pt.	кати́л
g.pr.a.	катя́
p.pr.a.	катя́щий
p.pt.a.	кати́вший

кати́ться *uv* **1.** *best 1. u. 2. Pers ungebr* rollen; sich wälzen, gleiten; fahren, sich fortbewegen **2.** *1. u. 2. Pers ungebr* fließen, strömen **3.** *volkssprr* schnell rennen | *uv unbest* ката́ться *zu* 1

кача́ть 2a *uv* **1.** кого́-что schaukeln *tr*; wiegen **2.** кого́-что unter Hochrufen in die Luft werfen **3.** чем schütteln **4.** *unpers*: парохо́д кача́ло das Schiff schlingerte; его́ кача́ло от уста́лости er taumelte vor Müdigkeit **5.** что pumpen *Wasser* | *v mom* качну́ть 7 *zu* 1, 3, *p.pt.p.* качну́тый

кача́ться *uv* **1.** sich wiegen, schaukeln **2.** *naut* schlingern, stampfen **3.** taumeln, schwanken | *v mom* качну́ться

качну́ть(ся) *v mom zu* кача́ть(ся)

ка́шлянуть *v mom zu* ка́шлять

ка́шлять 1a *uv* husten | *v mom* ка́шлянуть 6

ка́яться *uv* **1.** в чём bereuen **2.** кому́ *oder* пе́ред кем (ein)gestehen ‖ *v* пока́яться, Formen das.

pr.	ка́юсь, ка́ешься, ка́ются
imp.	ка́йся, ка́йтесь
pt.	ка́ялся, -лась
g.pr.a.	ка́ясь
p.pr.a.	ка́ющийся
p.pt.a.	ка́явшийся

ква́кать 1a *uv* quaken | *v mom* ква́кнуть 6

ква́кнуть *v mom zu* ква́кать

квалифици́ровать 4 *u.* 4a *v, uv* кого́-что **1.** *buchspr* bewerten, beurteilen **2.** die Qualifikation prüfen

квалифици́роваться *v, uv* sich qualifizieren

квартирова́ть 5a *uv* **1.** *umg* wohnen **2.** *mil* einquartiert sein

ква́сить *uv* что (ein)säuern, gären lassen. — (за-)

pr.	ква́шу, ква́сишь, ква́сят
imp.	квась, ~те
pt.	ква́сил
g.pr.a.	ква́ся
p.pr.a.	ква́сящий
p.pt.a.	ква́сивший
p.pr.p.	ква́симый
p.pt.p.	ква́шенный

ква́ситься, *1. u. 2. Pers ungebr*, *uv* sauer werden, säuern, gären

квасцева́ть *uv* что alaungerben, weißgerben

pr.	квасцу́ю, -у́ешь, -у́ют
imp.	квасцу́й, ~те
pt.	квасцева́л
g.pr.a.	квасцу́я
p.pr.a.	квасцу́ющий
p.pt.a.	квасцева́вший
p.pt.p.	квасцо́ванный

квохта́ть, *1. u. 2. Pers ungebr*, *uv* gackern

pr.	кво́хчет, -чут
pt.	квохта́л
g.pr.a.	квохча́
p.pr.a.	кво́хчущий
p.pt.a.	квохта́вший

кейфова́ть 5a *uv buchspr* nichts tun, müßig sein

кива́ть 2a *uv* **1.** чем nicken; кива́ть кому́-н. j-m zunicken **2.** на кого́-что hinweisen (auf); *übtr umg* j-m die Schuld in die Schuhe schieben | *v mom* кивну́ть 7, kein *p.pt.p.*

кивну́ть *v mom zu* кива́ть

кида́ть 2a *uv* что werfen, wegwerfen ‖ *v* ки́нуть 6, *imp.* кинь, ~те

кида́ться *uv* **1.** на кого́-что sich werfen (auf) **2.** к кому́-чему́ sich stürzen (auf) **3.** чем sich bewerfen (mit) ‖*v* ки́нуться

кинофици́ровать 4 *u.* 4a *v, uv* что **1.** mit einem Kino [mit Kinos] versehen, Kino [Kinos] bauen, einrichten **2.** ständige Filmvorführungen veranstalten

ки́нуть 6 *v* **1.** *v zu* кида́ть **2.** *umg* (hin)-werfen, verlassen, aufgeben

imp.	кинь, ~те

ки́нуться *v zu* кида́ться

кипе́ть *uv* **1.** *1. u. 2. Pers ungebr* kochen, sieden *itr* **2.** *1. u. 2. Pers ungebr* schäumen, brausen *Wasser* **3.** *1. u. 2. Pers ungebr* in vollem Gang sein; рабо́та так и кипи́т die Arbeit geht mit Hochdruck voran **4.** чем kochen, brennen *vor Erregung*, *im Zorn* aufwallen. — (вс- *zu* 1, 3)

pr.	киплю́, -пи́шь, -пя́т
imp.	кипи́, ~те
pt.	кипе́л
g.pr.a.	кипя́
p.pr.a.	кипя́щий
p.pt.a.	кипе́вший

кипяти́ть *uv* что (ab)kochen, zum Sieden bringen. — (вс-)

pr.	кипячу́, -яти́шь, -ятя́т
imp.	кипяти́, ~те
pt.	кипяти́л
g.pr.a.	кипятя́
p.pr.a.	кипятя́щий
p.pt.a.	кипяти́вший
p.pr.p.	кипяти́мый
p.pt.p.	кипячённый; кипячён*, -ена́*

кипяти́ться *uv* **1.** *1. u. 2. Pers ungebr* kochen, sieden *itr* **2.** *umg* aufbrausen, sich ereifern

кисли́ть, *1. u. 2. Pers ungebr*, *uv umg* sauer schmecken

pr.	кисли́т, кисля́т
pt.	кисли́л
g.pr.a.	кисля́
p.pr.a.	кисля́щий
p.pt.a.	кисли́вший

ки́снуть *uv* **1.** *1. u. 2. Pers ungebr* sauer werden **2.** *umg* versauern; mißmutig [verzagt] sein. — (про- *zu* 1)

pr.	ки́сну, -нешь, -нут
imp.	ки́сни, ~те
pt.	кис *u.* ки́снул, ки́сла

g.pt.a.	ки́снув *u.* ки́сши
p.pr.a.	ки́снущий
p.pt.a.	ки́снувший *u.* ки́сший

кичи́ться *uv* кем-чем sich brüsten, prahlen (mit)

pr.	кичу́сь, кичи́шься, кичáтся
imp.	кичи́сь, -и́тесь
pt.	кичи́лся, -лась
g.pr.a.	кичáсь
p.pr.a.	кичáщийся
p.pt.a.	кичи́вшийся

кишéть, *1. u. 2. Pers ungebr*, *uv* **1.** (umher)-kribbeln, (umher)wimmeln; sich drängen **2.** кем-чем wimmeln (von)

pr.	киши́т, кишáт
pt.	кишéл
g.pr.a.	кишá*
p.pr.a.	кишáщий
p.pt.a.	кишéвший

клáняться 1а *uv* **1.** комý-чемý sich verneigen, sich verbeugen (vor), begrüßen **2.** комý-чемý *alt* grüßen lassen **3.** *übtr* комý-чемý *oder* пéред кем-чем demütig bitten ‖ *v* поклони́ться, Formen das.

классифици́ровать 4 *u.* 4а *v*, *uv* когó-что klassifizieren

класть *uv* **1.** когó-что legen, stecken, tun, unterbringen; класть начáло чемý-н. den Grundstein zu etw. legen, den Anfang mit etw. machen **2.** что *Mauer usw.* errichten, aufführen, mauern; *Ofen* setzen **3.** что stapeln *z. B. Holz* **4.** что auflegen, auftragen *Farbe u. ä.* **5.** что den Abdruck *von etwas* machen, aufdrücken; класть печáть stempeln **6.** что на что *übtr* verbrauchen, verwenden; *umg* rechnen, veranschlagen ‖ *v* положи́ть *zu* 1, 3, 4, 6, Formen das. — (с- *zu* 2)

pr.	кладу́, -дёшь, -ду́т
imp.	клади́, ~те
pt.	клал
g.pr.a.	кладя́
p.pr.a.	кладу́щий
p.pt.a.	клáвший

клевáть *uv* **1.** когó-что picken, *mit dem Schnabel* hacken **2.** anbeißen *von Fischen* **3.**: клевáть нóсом duseln, einnicken | *v mom* клю́нуть 6, *imp.* клюнь, ~те

pr.	клюю́, клюёшь, клюю́т
imp.	клюй, ~те
pt.	клевáл
g.pr.a.	клюя́
p.pr.a.	клюю́щий
p.pt.a.	клевáвший

клевáться, *1. u. 2. Pers ungebr*, *uv* einander hacken, sich beißen *von Vögeln*

клеветáть *uv* на когó-что verleumden. — (на-)

pr.	клевещу́, -éщешь, -éщут
imp.	клевещи́, ~те
pt.	клеветáл
g.pr.a.	клевещá
p.pr.a.	клевéщущий
p.pt.a.	клеветáвший

клéить *uv* что kleben, leimen. — (с-)

pr.	клéю, клéишь, клéят
imp.	клей, ~те
pt.	клéил
g.pr.a.	клéя
p.pr.a.	клéящий
p.pt.a.	клéивший
p.pr.p.	клéимый
p.pt.p.	клéенный

клéиться, *1. u. 2. Pers ungebr*, *uv umg* **1.** vonstatten gehen, gelingen **2.** kleben klebrig sein [werden]

клейми́ть *uv* когó-что **1.** stempeln, markieren *Vieh, Metalle, Waren* **2.** brandmarken, anprangern. — (за-)

pr.	клеймлю́, -ми́шь, -мя́т
imp.	клейми́, ~те
pt.	клейми́л
g.pr.a.	клеймя́
p.pr.a.	клеймя́щий
p.pt.a.	клейми́вший
p.pr.p.	клейми́мый
p.pt.p.	клеймённый

клекотáть, *1. u. 2. Pers ungebr*, *uv* schreien, rufen *vom Adler*

pr.	клекóчет, -чут
pt.	клекотáл
g.pr.a.	клекочá
p.pr.a.	клекóчущий
p.pt.a.	клекотáвший

[1]**клепáть** *uv* что nieten

pr.	клепáю, -áешь, -áют *u.* клеплю́, клéплешь, клéплют
imp.	клепáй, ~те *u.* клепли́, ~те *u.* клепи́, ~те
pt.	клепáл
g.pr.a.	клепáя *u.* клепля́
p.pr.a.	клепáющий *u.* клéплющий
p.pt.a.	клепáвший
p.pt.p.	клёпанный

[2]**клепáть** *uv* на когó-что *volksspr* anschwärzen, Übles nachreden. — (на-)

pr.	клеплю́, клéплешь, клéплют
imp.	клепли́, ~те
pt.	клепáл
g.pr.a.	клепля́

g.pt.a. клепа́в
p.pr.a. кле́плющий
p.pt.a. клепа́вший

кли́кать *uv* **1.** кого́-что *volksspr* rufen, herbei-, zurufen **2.** кого́-что кем-чем *gbt* (mit einem bestimmten Namen) nennen **3.** *1. u. 2. Pers ungebr, ohne Objekt* laut schreien *von Gänsen, Schwänen* | *v mom* кли́кнуть 6 *zu* 1, 3
pr. кли́чу, кли́чешь, кли́чут
imp. кличь, ~те
pt. кли́кал
g.pr.a. кли́ча
p.pr.a. кли́чущий
p.pt.a. кли́кавший

кли́кнуть *v mom zu* кли́кать

клокота́ть, *1. u. 2. Pers ungebr, uv* sprudeln, brodeln, wallen
pr. клоко́чет, -чут
pt. клокота́л
g.pr.a. клокоча́
p.pr.a. клоко́чущий
p.pt.a. клокота́вший

клони́ть *uv* кого́-что **1.** neigen, beugen **2.** к чему́ geneigt machen (zu) **3.** к чему́ *u. ohne Objekt* lenken, richten (auf) *Gespräch u. ä.*
pr. клоню́, кло́нишь, кло́нят
imp. клони́, ~те
pt. клони́л
g.pr.a. клоня́
p.pr.a. клоня́щий
p.pt.a. клони́вший

клони́ться *uv* **1.** sich beugen, sich neigen **2.** к чему́ sich neigen (zu), sich nähern

клохта́ть, *1. u. 2. Pers ungebr, uv* gackern, glucken
pr. кло́хчет, -чут
pt. клохта́л
g.pr.a. клохча́
p.pr.a. кло́хчущий
p.pt.a. клохта́вший

клуби́ть, *1. u. 2. Pers ungebr, uv* что aufwirbeln
pr. клуби́т, -бя́т
pt. клуби́л
g.pr.a. клубя́
p.pr.a. клубя́щий
p.pt.a. клуби́вший

клуби́ться, *1. u. 2. Pers ungebr, uv* sich ballen, in Schwaden aufsteigen

клю́кнуть 6 *v volksspr* einen heben, zu tief ins Glas gucken

клю́нуть *v mom zu* клева́ть

кля́нчить *uv* что *volksspr* aufdringlich bitten, betteln. — (вы́-)
pr. кля́нчу, -чишь, -чат
imp. кля́нчи, ~те
pt. кля́нчил
g.pr.a. кля́нча
p.pr.a. кля́нчащий
p.pt.a. кля́нчивший

клясть *uv* кого́-что verfluchen
pr. кляну́, -нёшь, -ну́т
imp. кляни́, ~те
pt. клял, кляла́, кля́ло
g.pr.a. кляня́
p.pr.a. кляну́щий
p.pt.a. кля́вший
p.pt.p. кля́тый*

кля́сться *uv* в чём *oder mit Konjunktion* что *oder mit Infinitiv* schwören, beteuern ‖ *v* покля́сться, Formen das.
pt. кля́лся, кляла́сь, кляло́сь

кля́узничать 1a *uv umg* verleumden, intrigieren, Ränke schmieden. — (на-)

кня́жить *uv* als Fürst regieren
pr. кня́жу, кня́жишь, кня́жат
imp. кня́жь, ~те
pt. кня́жил
g.pr.a. кня́жа
g.pt.a. кня́жив
p.pr.a. кня́жащий
p.pt.a. кня́живший

кобе́ниться *uv volksspr* sich bitten lassen, Umstände machen, sich sträuben
pr. кобе́нюсь, -нишься, -нятся
imp. кобе́нься, -ньтесь
pt. кобе́нился, -лась
g.pr.a. кобе́нясь
p.pr.a. кобе́нящийся
p.pt.a. кобе́нившийся

кова́ть *uv* кого́-что **1.** schmieden *a. übtr* **2.** beschlagen *Pferd.* — (под- *zu* 2)
pr. кую́, куёшь, кую́т
imp. куй, ~те
pt. кова́л
g.pr.a. куя́
p.pr.a. кую́щий
p.pt.a. кова́вший
p.pt.p. ко́ванный

кове́ркать 1a *uv* что **1.** kaputt machen, verderben; verunstalten **2.** entstellt darstellen [aussprechen]. — (ис-)

ковыля́ть 2a *uv umg* hinken, humpeln

ковырну́ть *v mom zu* ковыря́ть

ковыря́ть 2a *uv* **1.** что *oder* в чём bohren, stochern **2.** *volksspr* langsam arbeiten | *v mom* ковырну́ть 7, kein *p.pt.p.*

ковыря́ться *uv* **1.** в чём wühlen, graben **2.** *übtr* trödeln, nicht vom Fleck kommen

когти́ть, *1. u. 2. Pers ungebr*, *uv* когó-что mit den Krallen zerreißen. — (за-)

pr.	когти́т, -тя́т
pt.	когти́л
g.pr.a.	когтя́
p.pr.a.	когтя́щий
p.pt.a.	когти́вший

коди́ровать 4 *u.* 4a *v*, *uv* что kodieren, verschlüsseln

кодифици́ровать 4 *u.* 4a *v*, *uv* что kodifizieren

[1,2]**козырну́ть** *v mom zu* [1,2]козыря́ть

[1]**козыря́ть** 2a *uv umg* **1.** einen Trumpf ausspielen **2.** чем angeben, prahlen (mit) | *v mom* козырну́ть 7

[2]**козыря́ть** 2a *uv umg mil* die Ehrenbezeugung erweisen, grüßen | *v mom* козырну́ть 7

кóкать *uv zu* кóкнуть

кокéтничать 1a *uv* kokettieren

кóкнуть 6 *v* что *volksspr* **1.** schlagen, klopfen **2.** zerschlagen *Glas*; aufschlagen *Eier* ‖ *uv* кóкать 1a

коксова́ть 5a *uv* что verkoken

колдова́ть 5a *uv* zaubern, hexen

колеба́ть *uv* когó-что **1.** bewegen, schaukeln, zum Schwingen [Schwanken] bringen **2.** *übtr* wankend machen, ins Wanken bringen, erschüttern | *v mom* колебну́ть 7 *zu* 1. — (по-)

pr.	колéблю, -лешь, -лют
imp.	колéбли, ~те
pt.	колеба́л
g.pr.a.	колéбля
p.pr.a.	колéблющий
p.pt.a.	колеба́вший
p.pr.p.	колéблемый

колеба́ться *uv* **1.** schwingen, schwanken; vibrieren, pendeln **2.** schwanken, nicht fest sein **3.** *übtr* schwanken, unschlüssig sein, zögern | *v mom* колебну́ться *zu* 1. — (по- *zu* 1, 2)

колебну́ть(ся) *v mom zu* колеба́ть(ся)

колеси́ть *uv umg* viel herumfahren, herumreisen

pr.	колешу́*, -еси́шь, -еся́т
imp.	колеси́, ~те
pt.	колеси́л
g.pr.a.	колеся́
p.pr.a.	колеся́щий
p.pt.a.	колеси́вший

колесова́ть 5 *u.* 5a *v*, *uv* когó-что *hist* rädern

коллективизи́ровать 4 *u.* 4a *v*, *uv* когó-что kollektivieren

коллекциони́ровать 4a *uv* что sammeln, eine Kollektion anlegen

колобрóдить *uv volkssp*r **1.** ziellos umherschlendern **2.** umhertollen, ausgelassen sein

pr.	колобрóжу, -óдишь, -óдят
imp.	колобрóдь, ~те
pt.	колобрóдил
g.pr.a.	колобрóдя
p.pr.a.	колобрóдящий
p.pt.a.	колобрóдивший

колонизи́ровать 4 *u.* 4a *v*, *uv* что kolonisieren; besiedeln, ansiedeln

колонизова́ть 5 *u.* 5a *v*, *uv* что kolonisieren; besiedeln, ansiedeln

колоси́ться, *1. u. 2. Pers ungebr*, *uv* Ähren treiben, in die Ähren schießen. — (вы́-)

pr.	колоси́тся, -ся́тся
pt.	колоси́лся, -лась
g.pr.a.	колося́сь
p.pr.a.	колося́щийся
p.pt.a.	колоси́вшийся

колоти́ть *uv* **1.** во что klopfen **2.** чем по чемý schlagen, hämmern **3.** когó-что *umg* schlagen, verprügeln **4.** что *umg* zerschlagen, zerbrechen **5.** *1. u. 2. Pers ungebr* когó-что *umg* schütteln *Fieber*, *Erregung*. — (по- *zu* 3, 4)

pr.	колочý, -óтишь, -óтят
imp.	колоти́, ~те
pt.	колоти́л
g.pr.a.	колотя́
p.pr.a.	колотя́щий
p.pt.a.	колоти́вший
p.pt.p.	колóченный

колоти́ться *uv* **1.** (an)klopfen, schlagen, hämmern; сéрдце колóтится *volkssp*r das Herz klopft stark **2.** *volkssp*r sich schütteln, zittern **3.** *1. u. 2. Pers ungebr volkssp*r in Scherben gehen **4.** *volkssp*r sich abmühen, sich eifrig mühen; sich kümmerlich durchschlagen. — (по- *zu* 3)

[1]**колóть** *uv* когó-что **1.** stechen **2.** abstechen, schlachten **3.** *übtr* sticheln, verletzen | *v mom* кольну́ть 7 *zu* 1, 3. — (за- *zu* 2)

pr.	колю́, кóлешь, кóлют
imp.	коли́, ~те
pt.	колóл
g.pr.a.	кóля

p.pr.a. кóлющий
p.pt.a. колóвший
p.pt.p. кóлотый

²колóть *uv* что spalten, (zer)hacken; knacken. — (рас-)
Formen wie ¹колóть

¹колóться *uv* stechen, stachlig sein

²колóться, *1. u. 2. Pers ungebr*, *uv* sich spalten lassen

колошмáтить *uv* когó-что *volksspr* verdreschen, -prügeln. — (от-)
pr. колошмáчу, -áтишь, -áтят
imp. колошмáть, ~те
pt. колошмáтил
g.pr.a. колошмáтя
p.pr.a. колошмáтящий
p.pt.a. колошмáтивший

колупáть 2a *uv* что *volksspr* ausklauben, (ein wenig) herauslösen, aushöhlen | *v mom* колупнýть 7

колупнýть *v mom zu* колупáть

колыхáть *uv* что leicht bewegen, schaukeln, wiegen *tr* | *v mom* колыхнýть 7
pr. колы́шу, -ы́шешь, -ы́шут *u. selten* колыхáю, -áешь, -áют
imp. колыхáй, ~те *u.* колы́шь ~те *u. selten* колыши́, ~те
pt. колыхáл
g.pr.a. колы́ша *u. selten* колыхáя
p.pr.a. колы́шущий *u. selten* колыхáющий
p.pt.a. колыхáвший

колыхáться, *1. u. 2. Pers ungebr*, *uv* sich wiegen; sich leicht bewegen; wehen | *v mom* колыхнýться

колыхнýть(ся) *v mom zu* колыхáть(ся)

кольнýть *v mom zu* ¹колóть

кольцевáть *uv* когó-что **1.** beringen, Leimringe anbringen *an Bäumen* **2.** beringen *Vögel*, *Fische*. — (за- *zu* 2, о- *zu* 2)
pr. кольцýю, -ýешь, -ýют
imp. кольцýй, ~те
pt. кольцевáл
g.pr.a. кольцýя
p.pr.a. кольцýющий
p.pt.a. кольцевáвший

колядовáть 5a *uv* zu Weihnachten und am Neujahrstag unter Gesang von Haus zu Haus ziehen *alter Brauch*

командировáть 5 *u.* 5a *v*, *uv* когó-что *dienstlich* (ab)kommandieren

комáндовать 4a *uv* **1.** kommandieren, Befehl(e) geben **2.** кем-чем kommandieren, befehligen **3.** кем-чем *oder* над кем-чем *umg* kommandieren, anordnen, schalten und walten. — (с- *zu* 1)

комбини́ровать 4a *uv* **1.** что kombinieren, zusammenstellen, vereinigen, verbinden **2.** *umg* raffinierte Kombinationen anstellen, berechnen ‖ *v* скомбини́ровать 4

кóмкать 1a *uv* что **1.** zerknittern, zerknüllen **2.** *übtr umg* hastig und nachlässig kürzen [erledigen], (durch Kürzung) verstümmeln. — (ис- *zu* 1, с-)

комменти́ровать 4 *u.* 4a *v*, *uv* что *lit* kommentieren, erläutern, auslegen. — (a. про-)

компенси́ровать 4 *u.* 4a *v*, *uv* когó-что kompensieren, ausgleichen

компили́ровать 4a *uv* когó-что kompilieren, zusammentragen. — (с-)

комплектовáть 5a *uv* что vervollständigen, ergänzen ‖ *v* скомплектовáть 5

компоновáть 5a *uv* что zusammenstellen, anordnen, entwerfen ‖ *v* скомпоновáть 5

компости́ровать 4a *uv* что lochen *Fahrkarten*. — (про-)

компромети́ровать 4a *uv* когó-что kompromittieren, bloßstellen. — (с-)

конверти́ровать 4 *u.* 4a *v*, *uv* что konvertieren

конвои́ровать 4a *uv* когó-что eskortieren, begleiten

конденси́ровать 4 *u.* 4a *v*, *uv* что kondensieren, verdichten

конкретизи́ровать 4 *u.* 4a *v*, *uv* что konkretisieren

конкретизовáть 5 *u.* 5a *v*, *uv* что konkretisieren

конкури́ровать 4a *uv* с кем-чем в чём konkurrieren, wetteifern

¹коновóдить *uv* Pferdepfleger sein
pr. коновóжу, -óдишь, -óдят
imp. коновóдь, ~те
pt. коновóдил
g.pr.a. коновóдя
p.pr.a. коновóдящий
p.pt.a. коновóдивший

²коновóдить *uv volksspr* Anstifter [Rädelsführer] sein
Formen wie ¹коновóдить

конопáтить *uv* что kalfatern, Fugen abdichten. — (за-)
pr. конопáчу, -áтишь, -áтят
imp. конопáть, ~те
pt. конопáтил

g.pr.a. конопа́тя
p.pr.a. конопа́тящий
p.pt.a. конопа́тивший
p.pt.p. конопа́ченный

консерви́ровать 4 *u.* 4а *v*, *uv* что **1.** konservieren, einmachen **2.** zeitweise die Tätigkeit einstellen. — (за-)

консолиди́ровать 4 *u.* 4а *v*, *uv* что konsolidieren, vereinigen

конспекти́ровать 4а *uv* что einen Konspekt zusammenstellen, kurz zusammenfassen. — (за-, про-)

конспири́ровать 4а *uv* konspirieren, sich verschwören. — (за-)

констати́ровать 4 *u.* 4а *v*, *uv* что *lit* konstatieren, feststellen

конструи́ровать 4а *uv* что konstruieren, entwerfen; entwickeln; aufbauen ‖ *v* сконструи́ровать 4

консульти́ровать 4а *uv* **1.** с кем-чем *alt* konsultieren, um Rat fragen (j-n) **2.** кого́-что *u. ohne Objekt* eine Konsultation geben, einen Rat erteilen. — (про- *zu* 2)

консульти́роваться *uv* с кем-чем konsultieren (j-n). — (про-)

контрактова́ть 5а *uv* кого́-что einen Vertrag abschließen (über). — (за-)

контрасти́ровать 4а *uv* с кем-чем *lit* einen Gegensatz bilden, kontrastieren

контратакова́ть 5 *u.* 5а *v*, *uv* кого́-что einen Gegenangriff (durch)führen

контроли́ровать 4а *uv* кого́-что kontrollieren, prüfen. — (про-)

конту́зить *v meist unpers* кого́-что во что *oder* кому́ что quetschen, durch Quetschung verletzen
ft. конту́жу, -у́зишь, -у́зят
imp. конту́зь, ~те
pt. конту́зил
g.pt.a. конту́зив
p.pt.a. конту́зивший
p.pt.p. конту́женный

конфискова́ть 5 *u.* 5а *v*, *uv* что beschlagnahmen, konfiszieren, einziehen

конфликтова́ть 5а *uv* с кем-чем *umg* in Konflikt geraten

конфу́зить *uv* кого́-что konfus [verlegen] machen, in Verlegenheit bringen ‖ *v* сконфу́зить, Formen das.
pr. конфу́жу, -у́зишь, -у́зят
imp. конфу́зь, ~те
pt. конфу́зил
g.pr.a. конфу́зя
p.pr.a. конфу́зящий
p.pt.a. конфу́зивший

конфу́зиться *uv* **1.** in Verlegenheit geraten **2.** кого́-чего́ sich genieren (vor) ‖ *v* сконфу́зиться

концентри́ровать 4а *uv* кого́-что konzentrieren; *mil* zusammenziehen ‖ *v* сконцентри́ровать 4

концентри́роваться, *1. u. 2. Pers Singular ungebr*, *uv* sich konzentrieren; *mil* zusammengezogen werden ‖ *v* сконцентри́роваться

концерти́ровать 4а *uv* konzertieren, Konzerte geben

конча́ть(ся) *uv zu* ко́нчить(ся)

ко́нчить *v* **1.** что *oder* что кем-чем *oder* с чем beenden, abschließen, vollenden **2.** что *oder mit Infinitiv uv Verben* aufhören **3.** что absolvieren ‖ *uv* конча́ть 2а
ft. ко́нчу, -чишь, -чат
imp. ко́нчи, ~те
pt. ко́нчил
g.pt.a. ко́нчив
p.pt.a. ко́нчивший
p.pt.p. ко́нченный

ко́нчиться, *1. u. 2. Pers ungebr*, *v* **1.** enden, ein Ende nehmen, zu Ende sein [gehen]; aufhören **2.** чем *u. ohne Objekt*, *womit* enden, schließen **3.** *volksspr* sterben ‖ *uv* конча́ться

коопери́ровать 4 *u.* 4а *v*, *uv* кого́-что genossenschaftlich organisieren

коопти́ровать 4 *u.* 4а *v*, *uv* кого́-что kooptieren

координи́ровать 4 *u.* 4а *v*, *uv* что *oder* что с чем koordinieren

копа́ть 2а *uv* что **1.** (um)graben **2.** graben, ausheben | *v mom* копну́ть 7 *zu* 1, *p.pt.p.* копну́тый. — (вы́- *zu* 2)

копа́ться *uv* **1.** в чём (herum)kramen, wühlen **2.** *umg* с чем herumtrödeln, nicht vom Fleck kommen (mit)

копи́ровать 4а *uv* **1.** что kopieren, abschreiben **2.** кого́-что nachahmen ‖ *v* скопи́ровать 4

копи́ть *uv* что (an)sammeln, sparen. — (на-)
pr. коплю́, ко́пишь, ко́пят
imp. копи́, ~те
pt. копи́л
g.pr.a. копя́
p.pr.a. копя́щий
p.pt.a. копи́вший
p.pr.p. копи́мый
p.pt.p. ко́пленный

копи́ться, *1. u. 2. Pers ungebr, uv* sich ansammeln, sich anhäufen. — (на-)

копни́ть *uv* что zusammenharken; in Hocken aufstellen. — (с-)
pr. копню́, -ни́шь, -ня́т
imp. копни́, ~те
pt. копни́л
g.pr.a. копня́
p.pr.a. копня́щий
p.pt.a. копни́вший

копну́ть *v mom zu* копа́ть

копоши́ться *uv* **1.** (umher)wimmeln, kribbeln **2.** schwirren *Gedanken*
pr. копошу́сь, -ши́шься, -ша́тся
imp. копоши́сь, -и́тесь
pt. копоши́лся, -лась
g.pr.a. копоша́сь
p.pr.a. копоша́щийся
p.pt.a. копоши́вшийся

[1]**копте́ть,** *1. u. 2. Pers ungebr, uv* **1.** rußen **2.** Ruß ansetzen. — (за-)
pr. копти́т, -тя́т *zu* 1 *u.* копте́ет, -е́ют *zu* 2
pt. копте́л
g.pr.a. копте́я
p.pr.a. копте́ющий
p.pt.a. копте́вший

[2]**копте́ть** *uv* над чем *u. ohne Objekt umg alt* sich eifrig mit etw. beschäftigen; копте́ть над рабо́той über einer Arbeit sitzen [schwitzen]
pr. копчу́, копти́шь, коптя́т
imp. копти́, ~те
pt. копте́л
g.pr.a. копте́я
p.pr.a. копте́ющий
p.pt.a. копте́вший

копти́ть *uv* **1.** кого́-что räuchern *Lebensmittel* **2.** *1. u. 2. Pers ungebr* rußen, blaken **3.** что mit Ruß schwärzen. — (за- *zu* 1, 3, на- *zu* 2)
pr. копчу́, копти́шь, коптя́т
imp. копти́, ~те
pt. копти́л
g.pr.a. коптя́
p.pr.a. коптя́щий
p.pt.a. копти́вший
p.pt.p. копчённый; копчён, -ена́

копули́ровать 4 *u.* 4a *v, uv* что *bot* kopulieren

корёжить *uv* кого́-что *volksspr* **1.** *meist unpers* krümmen, verziehen **2.** *1. u. 2. Pers ungebr* empören, aufbringen ‖ *v* скорёжить, Formen das.
pr. корёжу, -жишь, -жат
imp. корёжь, ~те
pt. корёжил
g.pr.a. корёжа
p.pr.a. корёжащий
p.pt.a. корёживший

корёжиться *uv volkssрr* **1.** sich verziehen **2.** sich krümmen ‖ *v* скорёжиться

корени́ться, *1. u. 2. Pers ungebr, uv* в чём **1.** wurzeln **2.** sich festgesetzt haben, fest verwurzelt sein
pr. корени́тся, -ня́тся
pt. корени́лся, -лась
g.pr.a. кореня́сь
p.pr.a. кореня́щийся
p.pt.a. корени́вшийся

кори́ть *uv* кого́-что *umg* **1.** tadeln, Vorwürfe machen **2.** чем *j-m etw.* vorwerfen, vorrechnen
pr. корю́, кори́шь, коря́т
imp. кори́, ~те
pt. кори́л
g.pr.a. коря́
p.pr.a. коря́щий
p.pt.a. кори́вший

корми́ть *uv* кого́-что **1.** füttern, zu essen geben **2.** stillen, säugen **3.** ernähren ‖ *v* накорми́ть *zu* 1, 2, Formen das.
pr. кормлю́, ко́рмишь, ко́рмят
imp. корми́, ~те
pt. корми́л
g.pr.a. кормя́
p.pr.a. кормя́щий
p.pt.a. корми́вший
p.pt.p. ко́рмленный

корми́ться *uv* **1.** sich nähren; fressen **2.** чем sich ernähren (von), leben (von). — (по- *zu* 1, про- *zu* 2)

корна́ть 2a *uv* кого́-что *volkssрr* zu kurz [ungleich] abschneiden *Haare.* — (о-, об-)

коро́бить *uv* кого́-что **1.** *meist unpers* krümmen, verziehen **2.** *übtr umg* abstoßen, unangenehm berühren ‖ *v* скоро́бить *zu* 1, Formen das.
pr. коро́блю, -бишь, -бят
imp. коро́бь, ~те
pt. коро́бил
g.pr.a. коро́бя
p.pr.a. коро́бящий
p.pt.a. коро́бивший

коро́биться, *1. u. 2. Pers ungebr, uv* sich verziehen, wellig werden ‖ *v* скоро́биться

коронова́ть 5 *u.* 5a *v, uv* кого́-что krönen

коронова́ться *v, uv* sich krönen lassen

корота́ть 2a *uv* что *umg*: корота́ть вре́мя sich die Zeit vertreiben; корота́ть ве́чер в разгово́рах den Abend mit Gesprächen verbringen ‖ *v* скорота́ть 2

корпе́ть *uv* над чем *u. ohne Objekt*, *volksspr* angestrengt arbeiten (an)

pr.	корплю́, -пи́шь, -пя́т
imp.	корпи́, ~те
pt.	корпе́л
g.pr.a.	корпя́
p.pr.a.	корпя́щий
p.pt.a.	корпе́вший

корректи́ровать 4a *uv* что korrigieren ‖ *v* скорректи́ровать 4

корреспонди́ровать 4a *uv* **1.** с кем *alt* korrespondieren, im Briefwechsel stehen **2.** чему́ *oder* с чем *buchspr* einander entsprechen

корчева́ть *uv* что roden. — (рас-)

pr.	корчу́ю, -у́ешь, -у́ют
imp.	корчу́й, ~те
pt.	корчева́л
g.pr.a.	корчу́я
p.pr.a.	корчу́ющий
p.pt.a.	корчева́вший

ко́рчить *uv* кого́-что **1.** *meist unpers* zusammenkrampfen **2.** *volksspr* spielen, markieren ‖ *v* ско́рчить *zu* 1, Formen das.

pr.	ко́рчу, -чишь, -чат
imp.	ко́рчи, ~те
pt.	ко́рчил
g.pr.a.	ко́рча
p.pr.a.	ко́рчащий
p.pt.a.	ко́рчивший
p.pr.p.	ко́рчимый

ко́рчиться *uv* sich in Schmerzen winden ‖ *v* ско́рчиться

[1]**коси́ть** *uv* кого́-что **1.** mähen **2.** *übtr* dahinraffen. — (с-)

pr.	кошу́, ко́сишь, ко́сят
imp.	коси́, ~те
pt.	коси́л
g.pr.a.	кося́
p.pr.a.	кося́щий
p.pt.a.	коси́вший

[2]**коси́ть** *uv* **1.** что schief machen; коси́ть рот den Mund verziehen **2.** что *oder* чем schief [von der Seite] ansehen; коси́ть глаза́ *oder* глаза́ми schielen **3.** schielen *als Gebrechen*; коси́ть на о́ба глаза́ auf beiden Augen schielen. — (по- *zu* 1, 2, с- *zu* 1, 2)

pr.	кошу́, коси́шь, кося́т

Übrige Formen wie [1]коси́ть

коси́ться *uv* **1.** *1. u. 2. Pers ungebr* schief werden **2.** на кого́-что *umg* schielen, von der Seite ansehen **3.** на кого́-что *umg* scheel ansehen, sich mißbilligend verhalten (zu). — (по- *zu* 1, 2) Formen nach [2]коси́ть

косне́ть 3a *uv* **1.** erstarren, steif werden **2.** в чём *u. ohne Objekt*, *in einen Zustand* versinken; versumpfen; verharren. — (за- *zu* 2)

косну́ться *v zu* каса́ться

костене́ть 3a *uv* erstarren. — (за-, о-)

кости́ть *uv volksspr* кого́-что stark beschimpfen

pr.	кощу́, кости́шь, костя́т
imp.	кости́, ~те
pt.	кости́л
g.pr.a.	костя́
p.pr.a.	костя́щий
p.pt.a.	кости́вший

костюмирова́ть 5 *u.* 5a *v*, *uv* кого́-что kostümieren

костюмирова́ться *v*, *uv* sich kostümieren, sich verkleiden

коти́ровать 4 *u.* 4a *v*, *uv* что kotieren

коти́роваться 4a, *1. u. 2. Pers ungebr*, *uv* kotiert werden, taxiert werden

коти́ться, *1. u. 2. Pers ungebr*, *uv* кем-чем Junge werfen *Katzen u. ä.* — (о-)

pr.	коти́тся, котя́тся
pt.	коти́лась, -лись
g.pr.a.	котя́сь
p.pr.a.	котя́щаяся
p.pt.a.	коти́вшаяся

кочева́ть *uv* nomadisieren

pr.	кочу́ю, -у́ешь, -у́ют
imp.	кочу́й, ~те
pt.	кочева́л
g.pr.a.	кочу́я
p.pr.a.	кочу́ющий
p.pt.a.	кочева́вший

кочевря́житься *uv volksspr* **1.** eigensinnig sein, sich bitten lassen **2.** sich verstellen, sich zieren

pr.	кочевря́жусь, -жишься, -жатся
imp.	кочевря́жься, -жьтесь
pt.	кочевря́жился, -лась
g.pr.a.	кочевря́жась
p.pr.a.	кочевря́жащийся
p.pt.a.	кочевря́жившийся

кочене́ть 3a *uv* starr [steif] werden. — (за-, о-)

кощу́нствовать 4a *uv* над чем lästern, schmähen

крамо́льничать 1a *uv alt* rebellieren, Aufruhr stiften

кра́пать *uv* **1.** *1. u. 2. Pers ungebr* tröpfeln, nieseln *vom Regen* **2.** что tüpfeln, betupfen

pr.	кра́паю, -аешь, -ают *u.* кра́плю, -лешь, -лют
imp.	кра́пай, ~те *u.* крапь, ~те
pt.	кра́пал
g.pr.a.	кра́пая *u.* кра́пля
p.pt.a.	кра́павший
p.pt.p.	кра́пленный *zu* 2

кра́сить *uv* **1.** что (chemisch) färben **2.** что (an)streichen **3.** кого́-что *1. u. 2. Pers ungebr* (ver)zieren, schmücken. — (вы́-, о-, по- *zu* 1, 2)

pr.	кра́шу, кра́сишь, кра́сят
imp.	крась, ~те
pt.	кра́сил
g.pr.a.	кра́ся
p.pr.a.	кра́сящий
p.pt.a.	кра́сивший
p.pt.p.	кра́шенный

кра́ситься *uv* **1.** sich schminken; sich die Haare färben **2.** abfärben **3.** sich färben lassen. — (на- *zu* 1, о- *zu* 3)

красне́ть 3a *uv* **1.** *1. u. 2. Pers ungebr* sich röten *Früchte* **2.** erröten, rot anlaufen **3.** sich schämen **4.** *1. u. 2. Pers ungebr* rot leuchten, rot schimmern. — (по- *zu* 1, 2)

красне́ться, *1. u. 2. Pers ungebr, uv* rot leuchten [schimmern]

красова́ться 5a *uv* **1.** schön anzusehen sein **2.** *mit oder ohne* собо́ю prunken, sich zur Schau stellen

красть *uv* кого́-что stehlen ‖ *v* укра́сть, Formen das.

pr.	краду́, -дёшь, -ду́т
imp.	кради́, ~те
pt.	крал
g.pr.a.	крадя́
p.pr.a.	краду́щий
p.pt.a.	кра́вший
p.pt.p.	кра́денный

кра́сться *uv* (sich an-, ein-) schleichen

p.pr.a.	кра́дущийся

крахма́лить *uv* что stärken, steifen. — (на-)

pr.	крахма́лю, -лишь, -лят
imp.	крахма́ль, ~те
pt.	крахма́лил
g.pr.a.	крахма́ля
p.pr.a.	крахма́лящий
p.pt.a.	крахма́ливший
p.pt.p.	крахма́ленный

кредитова́ть 5 *u.* 5a *v, uv* кого́-что kreditieren, Kredit gewähren

кредитова́ться *v, uv* auf Kredit nehmen, Kredit aufnehmen

крейси́ровать 4a *uv* **1.** verkehren *Schiffe* **2.** kreuzen *Kriegsschiffe*

крени́ть *uv* что auf die Seite legen *Schiff.* — (на-)

pr.	креню́, -ни́шь, -ня́т
imp.	крени́, ~те
pt.	крени́л
g.pr.a.	креня́
p.pr.a.	креня́щий
p.pt.a.	крени́вший

крени́ться, *1. u. 2. Pers ungebr, uv naut* Schlagseite haben. — (на-)

крепи́ть *uv* что **1.** festigen, stärken **2.** befestigen, festmachen **3.** *berg* abstützen **4.** *1. u. 2. Pers ungebr med* stopfen

pr.	креплю́, -пи́шь, -пя́т
imp.	крепи́, ~те
pt.	крепи́л
g.pr.a.	крепя́
p.pr.a.	крепя́щий
p.pt.a.	крепи́вший
p.pt.p.	креплённый; креплён, -ена́

крепи́ться *uv* sich zusammennehmen

кре́пнуть *uv* erstarken, sich festigen. — (о-)

pr.	кре́пну, -нешь, -нут
imp.	кре́пни, ~те
pt.	креп *u.* кре́пнул, кре́пла
g.pt.a.	кре́пнув
p.pr.a.	кре́пнущий
p.pt.a.	кре́пнувший

крепча́ть 2a, *1. u. 2. Pers ungebr, uv* stärker [heftiger] werden

крести́ть *uv* кого́-что **1.** *a. v* taufen **2.** (*kein g.pt.a. u. p.pt.p.*) bekreuzigen. — (о- *zu* 1, пере- *zu* 2)

pr. u. ft.	крещу́, кре́стишь, кре́стят
imp.	крести́, ~те
pt.	крести́л
g.pr.a.	крестя́
g.pt.a.	крести́в
p.pr.a.	крестя́щий
p.pt.a.	крести́вший
p.pt.p.	крещённый; крещён, -ена́

крести́ться *uv* **1.** *a. v* sich taufen lassen, den christlichen Glauben annehmen **2.** sich bekreuzigen. — (о- *zu* 1, пере- *zu* 2)

крестья́нствовать 4а *uv* Ackerbau treiben, Bauer sein

криве́ть 3а *uv volksspr* auf einem Auge erblinden. — (о-)

криви́ть *uv* что krümmen, schief machen; *das Gesicht* verziehen || *v* скриви́ть, Formen das.

pr.	кривлю́, -ви́шь, -вя́т
imp.	криви́, ~те
pt.	криви́л
g.pr.a.	кривя́
p.pr.a.	кривя́щий
p.pt.a.	криви́вший

криви́ться *uv* **1.** sich biegen, krumm werden **2.** den Mund verziehen || *v* скриви́ться

кривля́ться 2а *uv* **1.** Grimassen schneiden; Faxen machen **2.** sich zieren

кри́кнуть *v mom zu* крича́ть

кристаллизи́ровать 4 *u.* 4а *v*, *uv* что zur Kristallisation bringen, kristallisieren, in Kristalle verwandeln

кристаллизи́роваться, *1. u. 2. Pers ungebr*, *v*, *uv* (sich) kristallisieren, Kristalle bilden

кристаллизова́ть 5 *u.* 5а *v*, *uv* что zur Kristallisation bringen, kristallisieren, in Kristalle verwandeln

кристаллизова́ться, *1. u. 2. Pers ungebr*, *v*, *uv* **1.** (sich) kristallisieren, Kristalle bilden **2.** *übtr buchspr* sich herauskristallisieren, sich herausbilden

критика́нствовать 4а *uv* kritteln

критикова́ть 5а *uv* кого́-что kritisieren

крича́ть *uv* **1.** schreien, rufen **2.** на кого́-что (j-n) anschreien, ausschimpfen | *v mom* кри́кнуть 6

pr.	кричу́, -чи́шь, -ча́т
imp.	кричи́, ~те
pt.	крича́л
g.pr.a.	крича́
p.pr.a.	крича́щий
p.pt.a.	крича́вший

кровоточи́ть, *1. u. 2. Pers ungebr*, *uv* bluten

pr.	кровоточи́т, -оча́т
pt.	кровоточи́л
g.pr.a.	кровоточа́
p.pr.a.	кровоточа́щий
p.pt.a.	кровоточи́вший

кровоха́ркать 1а *uv* Blut spucken

крои́ть *uv* что zuschneiden || *v* скрои́ть, Formen das. — (вы́-)

pr.	крою́, крои́шь, кроя́т
imp.	крои́, ~те
pt.	крои́л
g.pr.a.	кроя́
p.pr.a.	кроя́щий
p.pt.a.	крои́вший
p.pr.p.	крои́мый
p.pt.p.	кро́енный

кроки́ровать 4а *uv* что eine Geländeskizze anfertigen, krokieren

p.pt.p.	кроки́рованный

крокирова́ть 5 *u.* 5а *v*, *uv* кого́-что die Kugel wegschlagen *beim Krocket*, krokkieren

кромса́ть 2а *uv* что *umg* zerstückeln, in grobe Stücke schneiden. — (ис-)

кропа́ть 2а *uv* что *umg iron* zusammenstümpern, (ver)pfuschen; кропа́ть стихи́ schlechte Verse machen, Reime schmieden || *v* скропа́ть 2

кропи́ть *uv* **1.** кого́-что besprengen, bespritzen **2.** *1. u. 2. Pers ungebr* tröpfeln *Regen.* — (о- *zu* 1)

pr.	кроплю́, -пи́шь, -пя́т
imp.	кропи́, ~те
pt.	кропи́л
g.pr.a.	кропя́
p.pr.a.	кропя́щий
p.pt.a.	кропи́вший
p.pr.p.	кропи́мый

крохобо́рничать 1а *uv alt* geizen, knausern; kleinlich sein

крохобо́рствовать 4а *uv* geizen, knausern; kleinlich sein

кроши́ть *uv* **1.** что zerbröckeln, zerkrümeln **2.** чем verkrümeln, Krümel verstreuen **3.** *übtr* кого́-что in Stücke schlagen, kurz und klein schlagen. — (ис- *zu* 1, рас- *zu* 1, на- *zu* 1, 2)

pr.	крошу́, кро́шишь, кро́шат
imp.	кроши́, ~те
pt.	кроши́л
g.pr.a.	кроша́
p.pr.a.	кроша́щий
p.pt.a.	кроши́вший
p.pr.p.	кроши́мый
p.pt.p.	кро́шенный

кроши́ться, *1. u. 2. Pers ungebr*, *uv* zerbröckeln *itr.* — (ис-, рас-)

кругле́ть 3а *uv umg* rund werden, sich runden. — (о-, по-)

кругли́ть *uv umg* что (ab)runden, rund machen

pr.	круглю́, -ли́шь, -ля́т
imp.	кругли́, ~те
pt.	кругли́л
g.pr.a.	кругля́
p.pr.a.	кругля́щий
p.pt.a.	кругли́вший

кружи́ть *uv* **1.** кого́-что (im Kreise) drehen **2.** Kreise ziehen, kreisen **3.** umherirren

pr.	кружу́, кру́жи́шь, кру́жа́т
imp.	кружи́, ~те
pt.	кружи́л
g.pr.a.	кружа́
p.pr.a.	кружа́щий
p.pt.a.	кружи́вший
p.pr.p.	кружи́мый

кружи́ться *uv* **1.** sich (im Kreise) drehen **2.** *1. u. 2. Pers ungebr* aufgewirbelt werden **3.** Kreise ziehen, kreisen

крупне́ть 3a *uv* groß [größer] werden. — (по-)

крути́ть *uv* кого́-что **1.** drehen **2.** drehen, durch Drehen herstellen, zusammenrollen, zwirnen **3.** fesseln, mit Stricken binden **4.** *1. u. 2. Pers ungebr* aufwirbeln *Staub, Schnee* **5.**: крути́ть кем-н. *umg* j-n um den kleinen Finger wickeln | *v mom volksspr* крутну́ть 7 *zu* 1. — (за-, с- *zu* 2, 3)

pr.	кручу́, кру́тишь, кру́тят
imp.	крути́, ~те
pt.	крути́л
g.pr.a.	крутя́
p.pr.a.	крутя́щий
p.pt.a.	крути́вший
p.pr.p.	крути́мый
p.pt.p.	кру́ченный

крути́ться *uv* **1.** sich drehen (lassen) **2.** (auf)wirbeln **3.** *umg* herumscharwenzeln | *v mom volksspr* крутну́ться *zu* 1

крутну́ть(ся) *v mom zu* крути́ть(ся)

кручи́ниться *uv folkl* sich grämen, sich härmen

pr.	кручи́нюсь, -нишься, -нятся
imp.	кручи́нься, -ньтесь
pt.	кручи́нился, -лась
g.pr.a.	кручи́нясь
p.pr.a.	кручи́нящийся
p.pt.a.	кручи́нившийся

круши́ть *uv* кого́-что zerstören, zerbrechen; *übtr* vernichten, zerschmettern

pr.	крушу́, -ши́шь, -ша́т
imp.	круши́, ~те
pt.	круши́л
g.pr.a.	круша́
p.pr.a.	круша́щий
p.pt.a.	круши́вший

круши́ться *uv alt u. poet* sich grämen, traurig sein

крыть *uv* что **1.** decken **2.** stechen *Kartenspiel* **3.** кого́-что *volksspr* (j-n) ausschimpfen. — (по-)

pr.	кро́ю, кро́ешь, кро́ют
imp.	крой, ~те
pt.	крыл
g.pr.a.	кро́я
p.pr.a.	кро́ющий
p.pt.a.	кры́вший
p.pt.p.	кры́тый

кры́ться *uv* в чём sich verbergen

крю́чить, *1. u. 2. Pers ungebr, meist unpers uv* кого́-что *volksspr* krampfhaft zusammenziehen, krümmen; его́ крю́чит от бо́ли er krümmt sich (vor Schmerz). — (с-)

pr.	крю́чит, -чат
pt.	крю́чил
g.pr.a.	крю́ча
p.pr.a.	крю́чащий
p.pt.a.	крю́чивший

крю́читься *uv* sich krümmen. — (с-)

кря́кать 1a *uv* **1.** schnattern *Enten* **2.** *umg* grunzen *meist vor Zufriedenheit* | *v mom* кря́кнуть 6

кря́кнуть *v mom zu* кря́кать

кряхте́ть *uv umg* ächzen

pr.	кряхчу́, -хти́шь, -хтя́т
imp.	кряхти́, ~те
pt.	кряхте́л
g.pr.a.	кряхтя́
p.pr.a.	кряхтя́щий
p.pt.a.	кряхте́вший

кувырка́ть 2a *uv umg* кого́-что umwerfen, umkippen, das Unterste zuoberst kehren | *v mom* кувыркну́ть 7

кувырка́ться *uv umg* Purzelbäume schlagen | *v mom* кувыркну́ться

кувыркну́ть(ся) *v u. mom zu* кувырка́ть(ся)

куда́хтать *uv* gackern

pr.	куда́хчу, -хчешь, -хчут *u. volksspr* куда́хтаю, -аешь, -ают
imp.	куда́хчи, ~те *u. volksspr* куда́хтай, ~те
pt.	куда́хтал
g.pr.a.	куда́хча *u. volksspr* куда́хтая
p.pr.a.	куда́хчущий *u. volksspr* куда́хтающий
p.pt.a.	куда́хтавший

кудря́виться, *1. u. 2. Pers ungebr, uv* sich locken *Haare*

pr.	кудря́вится, -вятся
pt.	кудря́вился, -лась
g.pr.a.	кудря́вясь
p.pr.a.	кудря́вящийся
p.pt.a.	кудря́вившийся

кукаре́кать 1a, *1. u. 2. Pers ungebr, uv umg* krähen | *v mom* кукаре́кнуть 6

кукаре́кнуть *v mom zu* кукаре́кать

кукова́ть 5a, *1. u. 2. Pers ungebr, uv* kuckuck rufen *vom Kuckuck*

ку́кситься *uv umg* mißgestimmt sein, schlechte Laune haben

pr.	ку́кшусь, ку́ксишься, ку́ксятся
imp.	ку́ксись, -итесь
pt.	ку́ксился, -лась
g.pr.a.	ку́ксясь
p.pr.a.	ку́ксящийся
p.pt.a.	ку́ксившийся

культиви́ровать 4a *uv* что **1.** *Pflanzen* züchten, ziehen **2.** *übtr* entwickeln, pflegen; einführen

куми́ться *uv volksspr* in Gevatterschaft treten ‖ *v* покуми́ться, Formen das.

pr.	кумлю́сь, куми́шься, кумя́тся
imp.	куми́сь, -и́тесь
pt.	куми́лся, -лась
g.pr.a.	кумя́сь
p.pr.a.	кумя́щийся
p.pt.a.	куми́вшийся

купа́ть 2a *uv* кого́-что baden *tr.* — (вы́-, ис-)

купа́ться *uv* baden, ein Bad nehmen. — (вы́-, ис-)

купи́ть *v* кого́-что **1.** kaufen **2.** kaufen, bestechen **3.** kaufen *im Kartenspiel.* — (покупа́ть)

ft.	куплю́, ку́пишь, ку́пят
imp.	купи́, ~те
pt.	купи́л
g.pt.a.	купи́в
p.pt.a.	купи́вший
p.pt.p.	ку́пленный

кура́житься *uv volksspr* sich hochmütig benehmen

pr.	кура́жусь, -жишься, -жатся
imp.	кура́жься, -жьтесь
pt.	кура́жился, -лась
g.pr.a.	кура́жась
p.pr.a.	кура́жащийся
p.pt.a.	кура́жившийся

ку́ривать *uv iterativ zu* кури́ть

кури́ть *uv* **1.** что *a. ohne Objekt* rauchen **2.** что *oder* чем räuchern, verbrennen *Wohlriechendes* **3.** что brennen, durch Destillation herstellen | *uv umg iterativ* ку́ривать 1a — (по-)

pr.	курю́, ку́ришь, ку́рят
imp.	кури́, ~те
pt.	кури́л
g.pr.a.	куря́
p.pr.a.	куря́щий
p.pt.a.	кури́вший

кури́ться, *1. u. 2. Pers ungebr, uv* **1.** sich rauchen lassen **2.** rauchen, dampfen

куроле́сить *uv volksspr* tolle Streiche machen. — (на-)

pr.	куроле́шу, -е́сишь, -е́сят
imp.	куроле́сь, ~те
pt.	куроле́сил
g.pr.a.	куроле́ся
p.pr.a.	куроле́сящий
p.pt.a.	куроле́сивший

курси́ровать 4a *uv* verkehren *von Verkehrsmitteln*

курча́виться, *1. u. 2. Pers ungebr, uv* sich kräuseln *Haare*

pr.	курча́вится, -вятся
pt.	курча́вился, -лась
g.pr.a.	курча́вясь
p.pr.a.	курча́вящийся
p.pt.a.	курча́вившийся

куса́ть 2a *uv* кого́-что **1.** beißen *Tiere* **2.** stechen *Mücken u. ä.* **3.** *umg* brennen *Nessel* | *v mom* кусну́ть 7 *zu* 1, 2

куса́ться *uv* **1.** beißen, bissig sein **2.** einander beißen **3.** *umg* viel zu teuer sein **4.** *umg* kratzen *Wolle*

кусну́ть *v mom zu* куса́ть

куста́рничать 1a *uv* **1.** Heimindustrie treiben **2.** *übtr* planlos arbeiten, stümpern

кусти́ться, *1. u. 2. Pers ungebr, uv* buschig werden, buschig wachsen

pr.	кусти́тся, кустя́тся
pt.	кусти́лся, -лась
g.pr.a.	кустя́сь
p.pr.a.	кустя́щийся
p.pt.a.	кусти́вшийся

ку́тать 1a *uv* кого́-что **1.** чем *oder* во что (warm) einwickeln, einhüllen **2.** zu warm anziehen. — (за-)

ку́таться *uv* sich einwickeln, sich einmummen. — (за-)

кути́ть *uv* zechen, Gelage feiern | *v mom* кутну́ть 7
pr. кучу́, ку́тишь, ку́тят
imp. кути́, ~те
pt. кути́л
g.pr.a. кутя́
p.pr.a. кутя́щий
p.pt.a. кути́вший

кутну́ть *v mom zu* кути́ть

ку́шать 1a *uv* что essen. — (вы́-, по-, с.

Л

лабиализовать 5 *u.* 5a *v*, *uv* что labialisieren

лави́ровать 4a *uv* **1.** *naut* lavieren, gegen den Wind kreuzen **2.** *übtr* lavieren, sich geschickt durchschlängeln, sich drehen und wenden

ла́дить *uv* **1.** с кем-чем sich (gut) vertragen (mit) **2.** что *volksspr mus* stimmen **3.** что *volksspr* in Ordnung bringen, zurechtmachen **4.** *mit Infinitiv volksspr* vorhaben **5.**: ла́дить одно́ и то́ же *umg* immer ein und dasselbe wiederholen [wiederkäuen]
pr. ла́жу, ла́дишь, ла́дят
imp. ладь, ~те
pt. ла́дил
g.pr.a. ла́дя
p.pr.a. ла́дящий
p.pt.a. ла́дивший
p.pt.p. ла́женный *zu* 2

ла́диться, *1. u. 2. Pers ungebr*, *uv* gut vonstatten gehen, gelingen

ла́зать *uv unbest zu* лезть

ла́зить *uv unbest zu* лезть
pr. ла́жу, ла́зишь, ла́зят
imp. лазь, ~те*
pt. ла́зил
g.pr.a. ла́зя
p.pr.a. ла́зящий
p.pt.a. ла́зивший

лака́ть 2a *uv* что **1.** (auf)lecken *von Tieren* **2.** *volksspr grob* saufen *alkoholische Getränke* | *v mom* лакну́ть 7

лаке́йствовать 4a *uv* пе́ред кем-чем liebedienern, katzbuckeln (vor)

лакирова́ть 5a *uv* что **1.** lackieren **2.** *übtr* schönfärben. — (от-)
p.pt.p. лакиро́ванный

лакну́ть *v mom zu* лака́ть

ла́комить *uv* кого́-что *alt* etwas Leckeres zu essen geben. — (по-)
pr. ла́комлю, -мишь, -мят
imp. ла́комь, ~те *u.* ла́коми, ~те
pt. ла́комил
g.pr.a. ла́комя
p.pr.a. ла́комящий
p.pt.a. ла́комивший

ла́комиться *uv* чем naschen, sich gütlich tun (an). — (по-)

ласка́ть 2a *uv* кого́-что **1.** liebkosen, zärtlich sein (zu) **2.** *übtr* erquicken, erfreuen

ласка́ться *uv* к кому́-чему́ **1.** zärtlich sein (zu) **2.** *alt* umschmeicheln, sich einschmeicheln (bei)

ла́ститься *uv* к кому́-чему́ *oder* о́коло кого́-чего́ *umg* unterwürfig-zärtlich sein (zu), sich zärtlich anschmiegen (an)
pr. ла́щусь, ла́стишься, ла́стятся
imp. ла́стись, -итесь
pt. ла́стился, -лась
g.pr.a. ла́стясь
p.pr.a. ла́стящийся
p.pt.a. ла́стившийся

лата́ть 2a *uv* что *volksspr* flicken, Flicken aufsetzen. — (за-)
p.pt.p. ла́танный

латинизи́ровать 4 *u.* 4a *v*, *uv* кого́-что **1.** latinisieren, die römische Sprache und Kultur aufzwingen **2.** ein Alphabet durch das lateinische ersetzen

ла́ять *uv* **1.** bellen; на кого́-что anbellen **2.** *alt u. volksspr* на кого́-что anschnauzen
pr. ла́ю, ла́ешь, ла́ют
imp. лай, ~те
pt. ла́ял
g.pr.a. ла́я
p.pr.a. ла́ющий
p.pt.a. ла́явший

ла́яться *uv volksspr* schimpfen

лгать *uv* **1.** lügen **2.** на кого́-что *alt* Lügen [Verleumdungen] verbreiten (über) ‖ *v* солга́ть *zu* 1, Formen das.
pr. лгу, лжёшь, лгут
imp. лги, ~те
pt. лгал, лгала́, лга́ло
p.pr.a. лгу́щий
p.pt.a. лга́вший

лебези́ть *uv* пе́ред кем-чем *umg* (liebe)dienern, scharwenzeln (vor)
pr. лебежу́, -ези́шь, -езя́т
imp. лебези́, ~те
pt. лебези́л
g.pr.a. лебезя́
p.pr.a. лебезя́щий
p.pt.a. лебези́вший

леве́ть 3а *uv pol* sich nach links orientieren. — (по-)

легализи́ровать 4 *u.* 4а *v, uv* кого́-что legalisieren

легализова́ть 5 *u.* 5а *v, uv* кого́-что legalisieren

легализова́ться *v, uv* legal werden

легитимизова́ть 5 *u.* 5а *v, uv* кого́-что legitimieren

легитими́ровать 4 *u.* 4а *v, uv* кого́-что legitimieren

легча́ть [хч] 2а, *1. u. 2. Pers ungebr, uv volksspr* **1.** schwächer werden **2.** *unpers* кому́ besser werden *Befinden, Stimmung.* — (по- *zu* 2)

ледене́ть 3а *uv* **1.** *1. u. 2. Pers ungebr* zu Eis werden; vereisen **2.** (vor Kälte) steif werden; absterben, erstarren. — (за-, о-)

ледени́ть, *1. u. 2. Pers ungebr, uv* что **1.** zum Gefrieren bringen, in Eis verwandeln **2.** kalt und starr machen; *übtr* erstarren lassen. — (о-)
pr. ледени́т, -ня́т
pt. ледени́л
g.pr.a. леденя́
p.pr.a. леденя́щий
p.pt.a. ледени́вший

лежа́ть *uv* **1.** liegen **2.** *1. u. 2. Pers ungebr* liegen, gelegen sein **3.** *1. u. 2. Pers ungebr* führen *von Wegen u. ä.* **4.** *1. u. 2. Pers ungebr* на ком-чём *übtr* liegen, lasten (auf)
pr. лежу́, лежи́шь, лежа́т
imp. лежи́, ~те
pt. лежа́л
g.pr.a. лёжа
p.pr.a. лежа́щий
p.pt.a. лежа́вший

лежа́ться *unpers uv* (кому́) *umg, meist mit Negation:* keine Lust zum Liegen haben, nicht liegen können
pr. (не) лежи́тся
pt. (не) лежа́лось

лезть *uv* **1.** *best* на что *u.* во что klettern, steigen **2.** *best* под что kriechen (unter); из-под чего́ hervorkriechen (unter) **3.** *best* во что greifen, langen **4.** *best* во что heimlich eindringen, sich einschleichen (in) **5.** во что *umg verächtl* sich einmischen **6.** к кому́ с чем *oder mit Infinitiv umg* belästigen (mit) **7.** *1. u. 2. Pers ungebr* во что eindringen (in) **8.** *1. u. 2. Pers ungebr* на что rutschen; ша́пка ле́зет на глаза́ die Mütze rutscht über die Augen **9.** на кого́-что passen *von Kleidungsstücken* **10.** ausfallen *von Haaren* **11.** *umg* zerreißen, zerfallen *Stoff* | *unbest* ла́зить, Formen das. *u.* ла́зать 1а *zu* 1—4
pr. ле́зу, ле́зешь, ле́зут
imp. лезь, ~те
pt. лез, ~ла
p.pr.a. ле́зущий
p.pt.a. ле́зший

леле́ять *uv* кого́-что **1.** (ver)hätscheln **2.** *übtr* ergötzen, erfreuen **3.** *übtr* sorgfältig hüten, hegen
pr. леле́ю, -е́ешь, -е́ют
imp. леле́й, ~те
pt. леле́ял
g.pr.a. леле́я
p.pr.a. леле́ющий
p.pt.a. леле́явший
p.pr.p. леле́емый
p.pt.p. леле́янный

лени́ться *uv* faulenzen; *mit Infinitiv* zu faul sein *etw. zu tun*
pr. ленюсь, ле́нишься, ле́нятся
imp. лени́сь, -и́тесь
pt. лени́лся, -лась
g.pr.a. леня́сь
p.pr.a. леня́щийся
p.pt.a. лени́вшийся

лентя́йничать 1а *uv umg* faulenzen

лепета́ть *uv* что lallen, stammeln, plappern
pr. лепечу́, -е́чешь, -е́чут
imp. лепечи́, ~те
pt. лепета́л
g.pr.a. лепеча́
p.pr.a. лепе́чущий
p.pt.a. лепета́вший

лепи́ть *uv* **1.** кого́-что formen, modellieren; лепи́ть сне́жную ба́бу einen Schneemann bauen **2.** что *umg* an-, aufkleben. — (вы-, с- *zu* 1, на- *zu* 2)
pr. леплю́, ле́пишь, ле́пят
imp. лепи́, ~те
pt. лепи́л
g.pr.a. лепя́
p.pr.a. лепя́щий
p.pt.a. лепи́вший
p.pt.p. ле́пленный*

лепи́ться, *1. u. 2. Pers ungebr, uv* **1.** sich anklammern, sich anschmiegen **2.** klebenbleiben, (fest)kleben **3.** *volkssprr* kriechen, sich langsam fortbewegen

лета́ть *uv unbest zu* лете́ть

лете́ть *uv* **1.** *best* fliegen **2.** *best* dahinjagen, eilen, fliegen **3.** *best, umg* (herunter)fallen, (herunter)fliegen **4.** *1. u. 2. Pers ungebr* schnell vergehen, dahineilen **5.** *1. u. 2. Pers ungebr* schnell steigen *oder* fallen; а́кции летя́т вверх die Aktien schnellen in die Höhe | *unbest* лета́ть 2a *zu* 1—3

pr.	лечу́, лети́шь, летя́т
imp.	лети́, ~те
pt.	лете́л
g.pr.a.	летя́
p.pr.a.	летя́щий
p.pt.a.	лете́вший

лечи́ть *uv* **1.** кого́-что (ärztlich) behandeln, kurieren **2.** что (ärztlich) behandeln lassen

pr.	лечу́, ле́чишь, ле́чат
imp.	лечи́, ~те
pt.	лечи́л
g.pr.a.	леча́
p.pr.a.	ле́чащий
p.pt.a.	лечи́вший
p.pr.p.	лечи́мый
p.pt.p.	ле́ченный

лечи́ться *uv* (у кого́) sich (ärztlich) behandeln lassen (von), in (ärztlicher) Behandlung sein (bei)

лечь *v* **1.** sich (hin)legen; sich schlafen legen **2.** *1. u. 2. Pers ungebr* sich legen, sich ausbreiten, bedecken **3.** *1. u. 2. Pers ungebr* чем sich legen, fallen *von Kleidungsstücken, Haaren*; пла́тье легло́ ро́вными скла́дками das Kleid fiel in gleichmäßigen Falten **4.**: лечь на но́вый курс *flug, naut* einen neuen Kurs einschlagen **5.** на кого́-что *übtr* sich schwer legen, lasten, liegen (auf) ‖ *uv* ложи́ться, Formen das.

ft.	ля́гу, ля́жешь, ля́гут
imp.	ляг, ~те
pt.	лёг, легла́
g.pt.a.	лёгши
p.pt.a.	лёгший

лжесвиде́тельствовать 4a *uv* falsch aussagen

либера́льничать 1a *uv umg* allzu nachsichtig sein

лиди́ровать 4a *uv Sport* führen, an der Spitze liegen

лиза́ть *uv* кого́-что lecken, ab-, belecken | *v mom* лизну́ть 7, *p.pt.p.* лизну́тый

pr.	лижу́, ли́жешь, ли́жут
imp.	лижи́, ~те
pt.	лиза́л
p.pr.a.	ли́жущий
p.pt.a.	лиза́вший
p.pt.p.	ли́занный

лиза́ться *uv* **1.** sich lecken **2.** sich gegenseitig lecken **3.** *volkssprr verächtl* sich küssen

лизну́ть *v mom zu* лиза́ть

лизоблю́дничать 1a *uv volkssprr* ein Speichellecker sein, kriechen, liebedienern

ликвиди́ровать 4 *u.* 4a *v, uv* что **1.** *wirtsch* liquidieren, auflösen **2.** beseitigen, abschaffen

ликвиди́роваться, *1. u. 2. Pers ungebr, v, uv* seine Tätigkeit einstellen, sich auflösen

ликова́ть 5a *uv buchspr* jubeln, frohlocken, triumphieren

лилове́ть 3a *uv* **1.** lila werden **2.** lila schimmern. — (по- *zu* 1)

лимити́ровать 4 *u.* 4a *v, uv* что limitieren, begrenzen

линова́ть 5a *uv* что linieren. — (на-)

p.pt.p.	лино́ванный

линчева́ть *v, uv* кого́-что lynchen

pr. u. ft.	линчу́ю, -у́ешь, -у́ют
imp.	линчу́й, ~те
pt.	линчева́л
g.pr.a.	линчу́я
g.pt.a.	линчева́в
p.pr.a.	линчу́ющий
p.pt.a.	линчева́вший
p.pr.p.	линчу́емый
p.pt.p.	линчёванный

линя́ть 2a, *1. u. 2. Pers ungebr, uv* **1.** die Farbe verlieren, ausbleichen, verschießen **2.** *zool* haaren; mausern; sich häuten. — (по- *zu* 1, вы- *zu* 2)

ли́пнуть *uv* к кому́-чему́ **1.** haftenbleiben, klebenbleiben **2.** *ohne Objekt umg* klebrig sein, kleben **3.** *übtr* к кому́-чему́ *umg* nicht von der Seite weichen **4.** *umg* zusammenkleben

pr.	ли́пну, -нешь, -нут
imp.	ли́пни, ~те
pt.	лип *u.* ли́пнул, ли́пла
g.pt.a.	ли́пнув
p.pr.a.	ли́пнущий
p.pt.a.	ли́пнувший

лиси́ть, *1. Pers Singular ungebr, uv volkssprr* listig schmeicheln

pr. лиси́шь, лися́т
imp. лиси́, ~те
pt. лиси́л
g.pr.a. лися́
p.pr.a. лися́щий
p.pt.a. лиси́вший

листа́ть 2a *uv* что *umg* durchblättern, umblättern

литографи́ровать 4 *u.* 4a *v*, *uv* что lithographieren

лить *uv* что **1.** gießen **2.** *tech* gießen **3.** *übtr* gießen, ausstrahlen *z. B. Licht* **4.** *ohne Objekt*, *umg* (stark) fließen, strömen
pr. лью, льёшь, льют
imp. лей, ~те
pt. лил, лила́, ли́ло
g.pr.a. лия́ *alt*
g.pt.a. лив
p.pr.a. лью́щий
p.pt.a. ли́вший
p.pt.p. ли́тый; лит, лита́, ли́то

ли́ться, *1. u. 2. Pers ungebr*, *uv* stark fließen, strömen, sich ergießen
pt. ли́лся, лила́сь, ли́ло́сь

лихора́дить *uv* **1.** Fieber haben, fiebern **2.** *unpers* кого́ fiebern; меня́ лихора́дит mich fiebert, ich habe Schüttelfrost
pr. лихора́жу, -а́дишь, -а́дят
imp. лихора́дь, ~те
pt. лихора́дил
g.pr.a. лихора́дя
p.pr.a. лихора́дящий
p.pt.a. лихора́дивший

лицева́ть *uv* что wenden (lassen) *Kleidungsstück.* — (пере-)
pr. лицу́ю, -у́ешь, -у́ют
imp. лицу́й, ~те
pt. лицева́л
g.pr.a. лицу́я
p.pr.a. лицу́ющий
p.pt.a. лицева́вший
p.pr.p. лицу́емый
p.pt.p. лицо́ванный

лицеде́йствовать 4a *uv alt* **1.** Schauspieler sein, auf der Bühne spielen **2.** *übtr* schauspielern, sich verstellen

лицезре́ть *uv* кого́-что *buchspr alt*, *jetzt iron* erblicken, anblicken, ansehen ‖ *v* улицезре́ть, Formen das.
pr. лицезрю́, -ри́шь, -ря́т
imp. лицезри́, ~те
pt. лицезре́л
g.pt.a. лицезре́в
p.pt.a. лицезре́вший

лицеме́рить *uv* heucheln
pr. лицеме́рю, -ришь, -рят
imp. лицеме́рь, ~те
pt. лицеме́рил
g.pr.a. лицеме́ря
p.pr.a. лицеме́рящий
p.pt.a. лицеме́ривший

лиша́ть(ся) *uv zu* лиши́ть(ся)

лиши́ть *v* кого́-что чего́ wegnehmen, entziehen, (be)rauben ‖ *uv* лиша́ть 2a
ft. лишу́, лиши́шь, лиша́т
imp. лиши́, ~те
pt. лиши́л
g.pt.a. лиши́в
p.pt.a. лиши́вший
p.pt.p. лишённый; лишён, -ена́

лиши́ться *v* кого́-чего́ verlieren, verlustig gehen ‖ *uv* лиша́ться

лобза́ть 2a *uv* кого́-что *alt*, *poet* küssen

лоботря́сничать 1a *uv volkssspr* faulenzen

лобыза́ть 2a *uv* кого́-что *alt*, *jetzt scherz*, *iron* küssen

лови́ть *uv* кого́-что **1.** fangen, auffangen **2.** (aus)nutzen; лови́ть слу́чай eine (passende) Gelegenheit nutzen **3.** на чём ertappen (bei) ‖ *v* пойма́ть 2
pr. ловлю́, ло́вишь, ло́вят
imp. лови́, ~те
pt. лови́л
g.pr.a. ловя́
p.pr.a. ловя́щий
p.pt.a. лови́вший
p.pr.p. лови́мый
p.pt.p. ло́вленный

логарифми́ровать 4 *u.* 4a *v*, *uv* logarithmieren

ло́дырничать 1a *uv umg* faulenzen, herumlungern

ложи́ть *uv* кого́-что *volkssspr* legen
pr. ложу́, ло́жишь, ло́жат
imp. ложи́, ~те
pt. ложи́л
g.pr.a. ложа́
p.pr.a. ложа́щий
p.pt.a. ложи́вший

ложи́ться *uv zu* лечь
pr. ложу́сь, ложи́шься, ложа́тся
imp. ложи́сь, -и́тесь
pt. ложи́лся, -лась
g.pr.a. ложа́сь
p.pr.a. ложа́щийся
p.pt.a. ложи́вшийся

локализи́ровать 4 *u.* 4a *v*, *uv* что lokalisieren

локализи́роваться, *1. u. 2. Pers ungebr, v, uv* sich lokalisieren, sich auf einen bestimmten Ort beschränken

локализова́ть 5 *u.* 5a *v, uv* что lokalisieren

локализова́ться, *1. u. 2. Pers ungebr, v, uv* sich lokalisieren, sich auf einen bestimmten Ort beschränken

локаути́ровать 4 *u.* 4a *v, uv* кого́-что aussperren *Arbeiter*

лома́ть 2a *uv* кого́-что **1.** brechen, abbrechen, zerbrechen **2.** abreißen, niederreißen, abbrechen **3.** *übtr* überwinden, brechen, zunichte machen **4.** grundlegend verändern; лома́ть свой хара́ктер seinen Charakter von Grund auf ändern **5.** *übtr* ruinieren, zugrunde richten **6.** *Sprache* gebrochen sprechen **7.** *1. u. 2. Pers ungebr, umg* schmerzhaft reißen, ziehen; меня́ лома́ет ich habe Gliederreißen **8.** на кого́ *volksspr* sich abrackern (für) ‖ *v* слома́ть 2 *zu* 1—5

p.pt.p. ло́манный

лома́ться *uv* **1.** in Stücke gehen, zerbrechen **2.** zerbrechlich sein **3.** *übtr* in die Brüche gehen, zerfallen **4.** sich grundlegend ändern **5.** sich zieren **6.** aus Starrsinn nicht zustimmen ‖ *v* слома́ться *zu* 1

ломи́ть *uv* что **1.** *umg* brechen, abbrechen, zerbrechen **2.** *umg* sich durchdrängen, sich vorwärtsdrängen **3.** *unpers*: у меня́ ло́мит го́лову ich habe Kopfschmerzen **4.** *volksspr*: ломи́ть це́ну den Preis hochtreiben

pr. ломлю́, ло́мишь, ло́мят
imp. ломи́, ~те
pt. ломи́л
g.pr.a. ломя́
p.pr.a. ломя́щий
p.pt.a. ломи́вший

ломи́ться *uv* **1.** brechend voll sein, brechen **2.** *umg* mit Gewalt einzudringen suchen, sich gewaltsam Zutritt verschaffen wollen

ло́пать 1a *uv* что *volksspr* fressen, reinhauen

ло́паться *uv* platzen, springen; bersten

ло́пнуть 6 *v* **1.** bersten, platzen, reißen; zerreißen **2.** *übtr umg* auffliegen, platzen, bankrott machen

лопота́ть *uv umg* schnell und undeutlich sprechen

pr. лопочу́, -о́чешь, -о́чут
imp. лопочи́, ~те
pt. лопота́л
g.pr.a. лопоча́
p.pr.a. лопо́чущий
p.pt.a. лопота́вший

лорни́ровать 4 *u.* 4a *v, uv* кого́-что *alt* durch eine Lorgnette betrachten

лосни́ться *uv* glänzen

pr. лосню́сь, -ни́шься, -ня́тся
imp. лосни́сь, -и́тесь
pt. лосни́лся, -лась
g.pr.a. лосня́сь
p.pr.a. лосня́щийся
p.pt.a. лосни́вшийся

лохма́тить *uv* кого́-что *umg* (zer)zausen. — (вз-)

pr. лохма́чу, -а́тишь, -а́тят
imp. лохма́ть, ~те
pt. лохма́тил
g.pr.a. лохма́тя
p.pr.a. лохма́тящий
p.pt.a. лохма́тивший

лохма́титься *uv umg* zerzaust [zottig, filzig] werden. — (вз-)

лощи́ть *uv* что **1.** *alt* polieren, blank reiben **2.** glätten, Glanz geben, satinieren. — (на-)

pr. лощу́, лощи́шь, лоща́т
imp. лощи́, ~те
pt. лощи́л
g.pr.a. лоща́
p.pr.a. лоща́щий
p.pt.a. лощи́вший
p.pr.p. лощи́мый
p.pt.p. лощённый; лощён, -ена́

луди́ть *uv* что verzinnen. — (вы́-, по-)

pr. лужу́, лу́ди́шь, лу́дя́т
imp. луди́, ~те
pt. луди́л
g.pr.a. лудя́
p.pr.a. лудя́щий
p.pt.a. луди́вший
p.pt.p. лужённый; лужён, -ена́

лу́згать 1a *uv* что *volksspr* enthülsen

лука́вить *uv* sich verstellen, hinterlistig sein. — (с-)

pr. лука́влю, -вишь, -вят
imp. лука́вь, ~те
pt. лука́вил
g.pr.a. лука́вя
p.pr.a. лука́вящий
p.pt.a. лука́вивший

лупи́ть *uv volksspr* **1.** что (ab)schälen **2.** что с кого́ zu viel Geld abnehmen, übervorteilen **3.** кого́-что prügeln, schlagen **4.** *ohne Objekt* schnell rennen [fahren]. — (об-, с- *zu* 1, от- *zu* 3)

pr. луплю́, лу́пишь, лу́пят
imp. лупи́, ~те
pt. лупи́л

g.pr.a.	лупя́
p.pr.a.	лупя́щий
p.pt.a.	лупи́вший
p.pr.p.	лупи́мый
p.pt.p.	лу́пленный

лупи́ться, *1. u. 2. Pers ungebr, uv umg* **1.** sich schälen *Haut* **2.** abbröckeln, abblättern. — (об-)

лупцева́ть *uv* кого́-что *volksspr* peitschen, prügeln, schlagen. — (от-)

pr.	лупцу́ю, -у́ешь, -у́ют
imp.	лупцу́й, ~те
pt.	лупцева́л
g.pr.a.	лупцу́я
p.pr.a.	лупцу́ющий
p.pt.a.	лупцева́вший
p.pt.p.	лупцо́ванный

лучи́ть *uv* кого́-что nachts beim Schein einer Fackel fischen

pr.	лучу́, лучи́шь, луча́т
imp.	лучи́, ~те
pt.	лучи́л
g.pr.a.	луча́
p.pr.a.	луча́щий
p.pt.a.	лучи́вший

лучи́ться, *1. u. 2. Pers ungebr, uv* strahlen *a. übtr*

лущи́ть *uv* что **1.** die Schale abmachen, aushülsen; knacken **2.** *landw* schälen *Boden.* — (об- *zu* 1, вз- *zu* 2)

pr.	лущу́, лущи́шь, луща́т
imp.	лущи́, ~те
pt.	лущи́л
g.pr.a.	луща́
p.pr.a.	луща́щий
p.pt.a.	лущи́вший
p.pr.p.	лущи́мый
p.pt.p.	лущённый; лущён, -ена́

лущи́ться, *1. u. 2. Pers ungebr, uv* sich abschälen

лысе́ть 3a *uv* kahlköpfig werden. — (об-, по-)

льнуть *uv* к кому́-чему́ **1.** sich anschmiegen (an) **2.** sich hingezogen fühlen (zu) **3.** sich einschmeicheln (bei), sich heranmachen (an)

pr.	льну, льнёшь, льнут
imp.	льни, ~те
pt.	льнул
g.pt.a.	льнув
p.pr.a.	льну́щий
p.pt.a.	льну́вший

льстить *uv* кому́-чему́ schmeicheln, nach dem Mund reden ‖ *v* польсти́ть, Formen das.

pr.	льщу, льстишь, льстят
imp.	льсти, ~те
pt.	льстил
g.pr.a.	льстя
p.pr.a.	льстя́щий
p.pt.a.	льсти́вший

льсти́ться *uv* на что *alt* sehnlich trachten (nach), es abgesehen haben (auf); sich verleiten lassen (von) ‖ *v* польсти́ться

любе́зничать 1a *uv* с кем-чем *umg* liebenswürdig sein [tun] (gegenüber)

люби́ть *uv* кого́-что **1.** lieben, liebhaben **2.** gern haben, mögen; люби́ть чита́ть gern lesen **3.** lieben, brauchen, verlangen (nach); цветы́ лю́бят во́ду Blumen brauchen Wasser

pr.	люблю́, лю́бишь, лю́бят
imp.	люби́, ~те
pt.	люби́л
g.pr.a.	любя́
p.pr.a.	лю́бящий
p.pt.a.	люби́вший
p.pr.p.	люби́мый

любова́ться 5a *uv* кем-чем *oder* на кого́-что mit Vergnügen betrachten, sich am Anblick weiden

любопы́тничать 1a *uv umg* neugierig sein

любопы́тствовать 4a *uv* neugierig sein

лютова́ть 5a *uv volksspr* wüten, grimmig sein

ляга́ть 2a *uv* кого́-что **1.** mit den Hinterhufen treten, schlagen **2.** *übtr volksspr* kränken, mit Füßen treten | *v mom* лягну́ть 7, *p.pt.p.* лягну́тый

ляга́ться *uv* ausschlagen, mit den Hinterhufen treten

лягну́ть *v mom zu* ляга́ть

ля́згать *uv zu* ля́згнуть

ля́згнуть 6 *v* чем klirren, rasseln, klappern (mit) ‖ *uv* ля́згать 1a

ля́мзить *uv* что *volksspr, derb* mausen, klauen

pr.	ля́мзю, -зишь, -зят
imp.	ля́мзи, ~те
pt.	ля́мзил
g.pr.a.	ля́мзя
p.pr.a.	ля́мзящий
p.pt.a.	ля́мзивший

ля́пать 1a *uv volksspr* **1.** *uv zu* ля́пнуть **2.** что Pfuscharbeit leisten, zusammenpfuschen

ля́паться *uv zu* ля́пнуться

ля́пнуть 6 *v* что о чём *u. ohne Objekt volksspr* unüberlegt herausplatzen (mit) ‖ *uv* ля́пать 1а
p.pt.p. ля́пнутый

ля́пнуться *v volksspr* hinplumpsen, hinfallen ‖ *uv* ля́паться

ля́сничать 1а *uv gbt* witzeln, Spaß machen; schwatzen

M

магнетизи́ровать 4а *uv* кого́-что *alt* magnetisieren

магни́тить *uv* что magnetisieren

pr.	магни́чу, -и́тишь, -и́тят
imp.	магни́ть, ~те
pt.	магни́тил
g.pr.a.	магни́тя
p.pr.a.	магни́тящий
p.pt.a.	магни́тивший
p.pt.p.	магни́ченный

ма́зать *uv* **1.** кого́-что (be)schmieren, (be)streichen **2.** кого́-что beschmutzen, beschmieren **3.** что *u. ohne Objekt* schmieren, unsauber zeichnen **4.** *volksspr* danebenschießen; Fehlgriffe tun | *v mom* мазну́ть 7, *p.pt.p.* мазну́тый *zu* 1, 2, 4. — (вы́- *zu* 1, 2, за- *zu* 2, из- *zu* 2, на- *zu* 1, 3, по- *zu* 1)

pr.	ма́жу, ма́жешь, ма́жут
imp.	мажь, ~те
pt.	ма́зал
g.pt.a.	ма́зав
p.pr.a.	ма́жущий
p.pt.a.	ма́завший
p.pt.p.	ма́занный

ма́заться *uv* **1.** sich einkremen, sich einreiben **2.** *umg* sich schminken **3.** *umg* sich beschmutzen **4.** *1. u. 2. Pers ungebr* schmieren, abfärben. — (вы́- *zu* 3, за- *zu* 3, из - *zu* 3, на- *zu* 1, 2, по- *zu* 1, 2)

мазну́ть *v mom zu* ма́зать

мака́ть 2а *uv* что eintauchen, eintunken | *v mom* макну́ть 7, *p.pt.p.* макну́тый

макла́чить *uv volksspr, alt* Zwischenhandel treiben

pr.	макла́чу, -чишь, -чат
imp.	макла́чь, ~те
pt.	макла́чил
g.pr.a.	макла́ча
p.pr.a.	макла́чащий
p.pt.a.	макла́чивший

ма́клерствовать 4а *uv umg* Makler sein, als Makler arbeiten

макну́ть *v mom zu* мака́ть

малева́ть *uv* кого́-что *u. ohne Objekt* **1.** (be)malen; anstreichen **2.** *umg* pinseln, stümperhaft malen

pr.	малю́ю, -ю́ешь, -ю́ют
imp.	малю́й, ~те
pt.	малева́л
g.pr.a.	малю́я
p.pr.a.	малю́ющий
p.pt.a.	малева́вший
p.pr.p.	малю́емый
p.pt.p.	малёванный

малева́ться *uv volksspr* sich anmalen, sich schminken

малоду́шествовать 4а *uv* kleinmütig sein, den Mut verlieren ‖ *v* смалоду́шествовать 4

малоду́шничать 1а *uv umg* kleinmütig sein, verzagen ‖ *v* смалоду́шничать 1

маля́рничать 1а *uv umg* Anstreicher sein, als (Zimmer-) Maler arbeiten

маневри́ровать 4а *uv* **1.** *mil* manövrieren **2.** *mil* Manöver durchführen **3.** *übtr* lavieren **4.** rangieren *Eisenbahn* ‖ *v* сманеври́ровать 4 *zu* 1-3

мане́жить *uv* кого́-что **1.** ein-, zureiten *Pferd* **2.** *volksspr* durch langes Wartenlassen quälen

pr.	мане́жу, -жишь, -жат
imp.	мане́жь, ~те
pt.	мане́жил
g.pr.a.	мане́жа
p.pr.a.	мане́жащий
p.pt.a.	мане́живший

мане́рничать 1а *uv umg* sich zieren, affektiert tun

манипули́ровать 4а *uv* чем manipulieren, handhaben

мани́ть *uv* кого́-что **1.** (herbei)winken **2.** *übtr* locken, anziehen ‖ *v* помани́ть, Formen das.

pr.	маню́, ма́нишь, ма́нят
imp.	мани́, ~те
pt.	мани́л

g.pr.a. маня́
p.pr.a. маня́щий
p.pt.a. мани́вший

манифести́ровать 4a *uv* an einer Kundgebung teilnehmen

манки́ровать 4 *u.* 4a *v*, *uv* **1.** *buchspr* vernachlässigen, versäumen **2.** *alt* fehlen, bummeln

мараковáть 5a *uv volksspr* что *u. ohne Objekt* ein wenig verstehen (von)

марáть 2a *uv* когó-что *umg* **1.** beschmutzen, beschmieren **2.** schmieren, liederlich schreiben **3.** ausstreichen
p.pt.p. мáранный

марáться, *1. u. 2. Pers ungebr*, *uv* **1.** *umg* leicht schmutzen **2.** abfärben *Gestrichenes* **3.** *umg* sich entleeren *Säuglinge*

мариновáть 5a *uv* что **1.** marinieren **2.** *übtr umg* auf die lange Bank schieben
p.pt.p. марино́ванный

маркировáть 5 *u.* 5a *v*, *uv* что markieren, kennzeichnen

мармори́ровать 4 *u.* 4a *v*, *uv* что marmorieren

мародёрствовать 4a *uv* plündern

маршировáть 5a *uv* marschieren

маскировáть 5a *uv* когó-что **1.** verkleiden, maskieren **2.** *übtr* tarnen *a. mil.* — (за-)
p.pt.p. маскиро́ванный

маскировáться *uv* **1.** sich maskieren **2.** sich nicht bemerkbar machen, sich tarnen **3.** *übtr* sich verstellen

мáслить *uv* что *umg* einfetten, mit Öl [Butter] bestreichen
pr. мáслю, -лишь, -лят
imp. мáсли, ~те
pt. мáслил
g.pr.a. мáсля
p.pr.a. мáслящий
p.pt.a. мáсливший
p.pt.p. мáсленный

мáслиться, *1. u. 2. Pers ungebr*, *uv* **1.** Fettflecke machen **2.** glänzen

¹**масси́ровать** 4a *uv* (*pt. a. v*) когó-что massieren

²**масси́ровать** 4 *u.* 4a *v*, *uv* когó-что *mil* konzentrieren, massieren

мастери́ть *uv* что *umg* basteln, selbst anfertigen || *v* смастери́ть, Formen das.
pr. мастерю́, -ри́шь, -ря́т
imp. мастери́, ~те
p.t. мастери́л
g.pr.a. мастеря́
p.pr.a. мастеря́щий
p.pt.a. мастери́вший

материализовáть 5 *u.* 5a *v*, *uv* vergegenständlichen, materialisieren

матрици́ровать 4 *u.* 4a *v*, *uv* что *typ* **1.** Matrizen herstellen **2.** matern

махáть *uv* чем schwenken, winken; schlagen *mit den Flügeln*; wedeln *mit dem Schwanz* | *v mom* махну́ть 7
pr. машу́, мáшешь, мáшут *u. umg* махáю, -áешь, -áют
imp. маши́, ~те *u. umg* махáй, ~те
pt. махáл
g.pr.a. машá *u. umg* махáя
p.pr.a. мáшущий *u. umg* махáющий
p.pt.a. махáвший

махну́ть 7 *v* **1.** *mom zu* махáть **2.** *umg* sich stürzen, springen **3.** *volksspr* losfahren, abreisen

машинизи́ровать 4 *u.* 4a *v*, *uv* что mit Maschinen ausstatten

мáяться *uv volksspr* sich quälen, sich abplagen
pr. мáюсь, мáешься, мáются
imp. мáйся, мáйтесь
pt. мáялся, -лась
g.pr.a. мáясь
p.pr.a. мáющийся
p.pt.a. мáявшийся

мая́чить *uv* **1.** *1. u. 2. Pers ungebr* schimmern **2.** *volksspr* kümmerlich sein Leben fristen
pr. мая́чу, -чишь, -чат
pt. мая́чил
g.pr.a. мая́ча
p.pr.a. мая́чащий
p.pt.a. мая́чивший

меблировáть 5 *u.* 5a *v*, *uv* что möblieren

мéдлить *uv* zögern, hinausschieben
pr. мéдлю, -лишь, -лят
imp. мéдли, ~те
pt. мéдлил
g.pr.a. мéдля
p.pr.a. мéдлящий
p.pt.a. мéдливший

межевáть *uv* что vermessen, ausmessen
pr. межу́ю, -у́ешь, -у́ют
imp. межу́й, ~те
pt. межевáл
g.pr.a. межу́я
p.pr.a. межу́ющий
p.pt.a. межевáвший
p.pr.p. межу́емый
p.pt.p. межёванный

мелéть 3a, *1. u. 2. Pers ungebr*, *uv* seicht werden *Gewässer*. — (об-)

[1]**мели́ть** *uv* что mit Kreide einreiben, einkreiden. — (на-)

pr.	мелю́, мели́шь, меля́т
imp.	мели́, ~те
pt.	мели́л
g.pr.a.	меля́
p.pr.a.	меля́щий
p.pt.a.	мели́вший
p.pr.p.	мели́мый*
p.pt.p.	мелённый; мелён, -ена́

[2]**мели́ть** *uv* что *volkssprr* zerstückeln Formen wie [1]мели́ть

мелодеклами́ровать 4a *uv* mit Musikbegleitung rezitieren

мелька́ть 2a *uv* **1.** aufblitzen, aufleuchten; erscheinen, vorbeihuschen **2.** flimmern, schimmern | *v mom* мелькну́ть 7

мелькну́ть *v mom zu* мелька́ть

мельтеши́ть *uv volksspr* flimmern, flakkern *vor den Augen*

pr.	мельтешу́, -ши́шь, -ша́т
imp.	мельтеши́, ~те
pt.	мельтеши́л
g.pr.a.	мельтеша́
p.pr.a.	мельтеша́щий
p.pt.a.	мельтеши́вший

мельча́ть 2a *uv* **1.** kleiner werden **2.** *übtr* verflachen. — (из-)

мельчи́ть *uv* что **1.** zerbröckeln, zerkleinern **2.** verkleinern. — (из- *zu* 1, раз- *zu* 1)

pr.	мельчу́, -чи́шь, -ча́т
imp.	мельчи́, ~те
pt.	мельчи́л
g.pr.a.	мельча́
p.pr.a.	мельча́щий
p.pt.a.	мельчи́вший
p.pr.p.	мельчи́мый*
p.pt.p.	мельчённый; мельчён, -ена́

менструи́ровать 4a *uv med* menstruieren

меня́ть 2a *uv* кого́-что **1.** на что tauschen (gegen), umtauschen **2.** wechseln *Geld, Wäsche* **3.** (ver)ändern. — (об- *zu* 1, по- *zu* 1)

p.pt.p.	ме́нянный

меня́ться *uv* **1.** gegenseitig austauschen (чем с кем-чем etw. mit j-m) **2.** *1. u. 2. Pers ungebr* sich (ver)ändern, wechseln. — (об- *zu* 1, по- *zu* 1)

мерéть, *1. u. 2. Pers ungebr*, *uv* **1.** *umg* sterben, umkommen **2.** *volksspr* stocken, ersterben

pr.	мрёт, мрут
ft.	*ungebr*
pt.	мёр, ~ла
g.pr.a.	*ungebr*
p.pr.a.	мру́щий

мерéщиться *uv* кому́-чему́ *umg* erscheinen, vorschweben ‖ *v* померéщиться, Formen das.

pr.	мерéщусь, -щишься, -щатся
imp.	мерéщись, -итесь
pt.	мерéщился, -лась
g.pr.a.	мерéщась
p.pr.a.	мерéщащийся
p.pt.a.	мерéщившийся

мёрзнуть *uv* **1.** *1. u. 2. Pers ungebr* gefrieren, zu Eis werden **2.** frieren; erfrieren. — (за-)

pr.	мёрзну, -нешь, -нут
imp.	мёрзни, ~те
pt.	мёрз *u.* мёрзнул, мёрзла
g.pt.a.	мёрзнув
p.pr.a.	мёрзнущий
p.pt.a.	мёрзнувший *u.* мёрзший

мéрить *uv* кого́-что **1.** (aus)messen **2.** anprobieren. — (по- *zu* 2)

pr.	мéрю, мéришь, мéрят *u. umg* мéряю, -яешь, -яют
imp.	мерь, ~те *u. umg* мéряй, ~те
pt.	мéрил
g.pr.a.	мéря
p.pr.a.	мéрящий *u. umg* мéряющий
p.pt.a.	мéривший
p.pr.p.	мéримый *u. umg* мéряемый
p.pt.p.	мéренный

мéриться *uv* чем с кем-чем sich messen ‖ *v* помéриться, Formen nach помéрить

мéркнуть, *1. u. 2. Pers ungebr*, *uv* verblassen, dunkel werden. — (по-)

pr.	мéркнет, -нут
pt.	мерк *u.* мéркнул, мéркла
g.pt.a.	мéркнув*
p.pr.a.	мéркнущий
p.pt.a.	мéркнувший

мертвéть 3a *uv* **1.** absterben *vor Kälte* **2.** erstarren *vor Schreck* ‖ *v* помертвéть 3

мертви́ть *uv* кого́-что **1.** töten **2.** seelisch vernichten

pr.	мертвлю́, -ви́шь, -вя́т
imp.	мертви́, ~те
pt.	мертви́л
g.pr.a.	мертвя́
p.pr.a.	мертвя́щий
p.pt.a.	мертви́вший

мерца́ть 2a, *1. u. 2. Pers ungebr*, *uv* blinken, flimmern

меси́ть *uv* что kneten
pr. меш́у, ме́сишь, ме́сят
imp. меси́, ~те
pt. меси́л
g.pr.a. меся́
p.pr.a. меся́щий
p.pt.a. меси́вший
p.pr.p. меси́мый
p.pt.p. ме́шенный

мести́ *uv* что **1.** fegen, kehren **2.** *1. u. 2. Pers ungebr* stöbern *Schnee*
pr. мету́, метёшь, мету́т
imp. мети́, ~те
pt. мёл, мела́
g.pr.a. метя́
p.pr.a. мету́щий
p.pt.a. мётший
p.pt.p. метённый; метён, -ена́

металлизи́ровать 4 *u.* 4a *v, uv* что metallisieren, Metall aufspritzen

[1]**мета́ть** *uv* кого́-что **1.** schleudern, werfen **2.** *1. u. 2. Pers ungebr* Junge werfen | *v mom* метну́ть 7, *p.pt.p.* метну́тый
pr. мечу́, ме́чешь, ме́чут
imp. мечи́, ~те
pt. мета́л
g.pr.a. меча́
p.pr.a. ме́чущий
p.pt.a. мета́вший

[2]**мета́ть** 2a *uv* что durchnähen, heften. — (на-, про-, с-)

мета́ться *uv* **1.** sich hin und her werfen **2.** hastig hin und her laufen | *v mom* метну́ться
Formen nach [1]мета́ть

[1]**ме́тить** *uv* что markieren, kennzeichnen. — (на-, по-)
pr. ме́чу, ме́тишь, ме́тят
imp. меть, ~те
pt. ме́тил
g.pr.a. ме́тя
p.pr.a. ме́тящий
p.pt.a. ме́тивший
p.pt.p. ме́ченный

[2]**ме́тить** *uv* в кого́-что **1.** zielen (nach) **2.** *umg* anstreben *Stelle* **3.** *umg* anspielen (auf). — (на- *zu* 1)
kein *p.pt.p.*
Übrige Formen wie [1]ме́тить

ме́титься *uv* в кого́-что zielen. — (на-)

метну́ть *v mom zu* [1]мета́ть

метну́ться *v mom zu* мета́ться

механизи́ровать 4 *u.* 4a *v, uv* что mechanisieren

мечта́ть 2a *uv* о ком-чём *oder mit Infinitiv* träumen (von), schwärmen (für)

[1]**меша́ть** 2a *uv* кому́-чему́ stören, behindern, im Wege sein ‖ *v* помеша́ть 2

[2]**меша́ть** 2a *uv* кого́-что **1.** umrühren **2.** vermischen **3.** verwechseln. — (по- *zu* 1, с- *zu* 2, 3)
p.pt.p. ме́шанный

[1]**меша́ться** *uv* **1.** hinderlich sein, stören **2.** sich einmischen

[2]**меша́ться,** *1. u. 2. Pers ungebr, uv* **1.** sich vermischen; sich verwischen **2.** sich verwirren, durcheinanderkommen

ме́шкать 1a *uv umg* säumen, zögern

мига́ть 2a *uv* **1.** blinzeln, zwinkern **2.** zublinzeln **3.** *1. u. 2. Pers ungebr* flimmern, flackern *Licht* | *v mom* мигну́ть 7

мигну́ть *v mom zu* мига́ть

мигри́ровать 4a *uv* umsiedeln

милитаризи́ровать 4 *u.* 4a *v, uv* что militarisieren

милитаризова́ть 5 *u.* 5a *v, uv* что militarisieren

ми́ловать 4a *uv* кого́-что *alt* begnadigen; eine Strafe erlassen. — (по-)

милова́ть 5a *uv* кого́-что *volksspr, gbt* liebkosen

милова́ться *uv volksspr, gbt* einander liebkosen

минда́льничать 1a *uv* с кем-чем gefühlvoll sein, nachsichtig sein

мини́ровать 4 *u.* 4a *v, uv* что verminen, Minen legen

минова́ть 5 *v* **1.** *a. uv* 5a кого́-что vorübergehen, vorüberfahren (an) **2.** чего́ *oder mit Infinitiv* vermeiden, entgehen **3.** *1. u. 2. Pers ungebr* vergehen, verfließen ‖ *v* мину́ть *zu* 1, Formen das.

мину́ть, *1. Pers ungebr, v* **1.** *v zu* минова́ть 1 **2.** (*pt.* мину́л) vergehen, verstreichen **3.** (*pt.* ми́нул) кому́-чему́ erreichen *ein best. Alter*; ей ми́нуло два́дцать лет sie ist zwanzig Jahre alt geworden
ft. ми́нешь, -нут
imp. мини́, ~те
pt. мину́л *u.* ми́нул
g.pt.a. мину́в
p.pt.a. мину́вший

мири́ть *uv* кого́-что versöhnen, aussöhnen. — (по-, при-)
pr. мирю́, мири́шь, миря́т
imp. мири́, ~те
pt. мири́л

g.pr.a. миря́
p.pr.a. миря́щий
p.pt.a. мири́вший
p.pr.p. мири́мый

мири́ться *uv* **1.** с кем-чем *u. ohne Objekt* sich versöhnen, sich aussöhnen **2.** *1. u. 2. Pers ungebr* с чем sich zufrieden geben, sich abfinden (mit). — (по- *zu* 1, при- *zu* 2)

мистифици́ровать 4 *u.* 4a *v, uv* кого́-что mystifizieren; an der Nase herumführen

митингова́ть 5a *uv umg* eine Versammlung abhalten; *übtr* große Reden führen

млеть 3a *uv* **1.** vergehen *vor Wonne, Erregung usw.* **2.** absterben, einschlafen *Glieder*

мнить *uv alt* meinen, glauben
pr. мню, мнишь, мнят
pt. мнил
g.pr.a. мня
p.pr.a. мня́щий
p.pt.a. мни́вший

мни́ться *unpers uv alt* dünken, sich einbilden
pr. мни́тся
pt. мни́лось

мно́жить *uv* **1.** что на что *math* multiplizieren **2.** кого́-что (ver)mehren. — (по- *zu* 1, у- *zu* 1, 2)
pr. мно́жу, -жишь, -жат
imp. множь, ~те
pt. мно́жил
g.pr.a. мно́жа
p.pr.a. мно́жащий
p.pt.a. мно́живший
p.pr.p. мно́жимый
p.pt.p. мно́женный

мно́житься, *1. u. 2. Pers ungebr, uv* sich (ver)mehren. — (у-)

мобилизова́ть 5 *u.* 5a *v, uv* кого́-что mobilisieren, mobil machen

моделиро́вать 4 *u.* 4a *v, uv* что modellieren

модернизи́ровать 4 *u.* 4a *v, uv* что modernisieren

модернизова́ть 5 *u.* 5a *v, uv* что modernisieren

модифици́ровать 4 *u.* 4a *v, uv* что modifizieren

мо́дничать 1a *uv umg* sich nach der (neuesten) Mode kleiden

модули́ровать 4a, *1. u. 2. Pers ungebr, uv* modulieren

мозжи́ть, *1. u. 2. Pers ungebr, uv umg* einen quälenden Schmerz verursachen
pr. мозжи́т, -жа́т
pt. мозжи́л
g.pr.a. мозжа́
p.pr.a. мозжа́щий
p.pt.a. мозжи́вший

мозо́лить *uv* что *alt* Schwielen bilden. — (на-)
pr. мозо́лю, -лишь, -лят
imp. мозо́ль, ~те
pt. мозо́лил
g.pr.a. мозо́ля
p.pr.a. мозо́лящий
p.pt.a. мозо́ливший

мо́кнуть *uv* **1.** naß werden, durchweichen **2.** *1. u. 2. Pers ungebr* eingeweicht werden *Wäsche.* — (вы́- *zu* 1)
pr. мо́кну, -нешь, -нут
pt. мок, ~ла
g.pt.a. мо́кнув
p.pr.a. мо́кнущий
p.pt.a. мо́кнувший *u.* мо́кший

мо́лвить *v, uv* что *u. ohne Objekt alt* sagen, (aus)sprechen
pr. u. ft. мо́лвлю, -вишь, -вят
imp. мо́лви, ~те
pt. мо́лвил
g.pr.a. мо́лвя
g.pt.a. мо́лвив
p.pr.a. мо́лвящий
p.pt.a. мо́лвивший
p.pr.p. мо́лвимый
p.pt.p. мо́лвленный

моли́ть *uv* кого́-что о чём anflehen, flehentlich bitten (um)
pr. молю́, мо́лишь, мо́лят
imp. моли́, ~те
pt. моли́л
g.pr.a. моля́
p.pr.a. моля́щий
p.pt.a. моли́вший

моли́ться *uv* **1.** (кому́-чему́) beten **2.** на кого́-что anbeten, vergöttern ‖ *v* помоли́ться *zu* 1, Formen das.

мо́лкнуть *uv* verstummen, still werden
pr. мо́лкну, -нешь, -нут
imp. мо́лкни, ~те
pt. молк *u.* мо́лкнул, мо́лкла
g.pt.a. мо́лкнув
p.pr.a. мо́лкнущий
p.pt.a. мо́лкнувший

молни́ровать 4 *u.* 4a *v, uv* что *oder* о чём *umg* durch ein Blitztelegramm mitteilen

молоде́ть 3a *uv* jung [jünger] werden. — (по-)

молоди́ть *uv* кого́-что verjüngen, jung machen *im Äußeren*
pr. моложу́, -моди́шь, -одя́т
imp. молоди́, ~те
pt. молоди́л
g.pr.a. молодя́
p.pr.a. молодя́щий
p.pt.a. молоди́вший
p.pr.p. молоди́мый*

молоди́ться *uv* sich jung machen

молоти́ть *uv* что dreschen
pr. молочу́, -о́тишь, -о́тят
imp. молоти́, ~те
pt. молоти́л
g.pr.a. молотя́
p.pr.a. молотя́щий
p.pt.a. молоти́вший
p.pr.p. молоти́мый
p.pt.p. моло́ченный

моло́ть *uv* что **1.** mahlen **2.** *a. ohne Objekt volksspr* faseln, Unsinn reden
pr. мелю́, ме́лешь, ме́лют
imp. мели́, ~те
pt. моло́л
g.pr.a. меля́
p.pr.a. ме́лющий
p.pt.a. моло́вший
p.pt.p. мо́лотый

молча́ть *uv* schweigen
pr. молчу́, -чи́шь, -ча́т
imp. молчи́, ~те
pt. молча́л
g.pr.a. молча́
p.pr.a. молча́щий
p.pt.a. молча́вший

мона́шествовать 4a *uv* Mönch sein; wie ein Mönch leben

монополизи́ровать 4 *u.* 4a *v*, *uv* что monopolisieren

монти́ровать 4a *uv* что montieren, zusammenbauen ‖ *v* смонти́ровать 4

морализи́ровать 4a *uv* moralisieren

морализова́ть 5a *uv* moralisieren

морга́ть 2a *uv* **1.** blinzeln, zwinkern **2.** zublinzeln | *v mom* моргну́ть 7

моргну́ть *v mom zu* морга́ть

[1]**мори́ть** *uv* кого́-что **1.** vertilgen; vergiften **2.** *umg* quälen. — (вы́- *zu* 1, по- *zu* 1, за- *zu* 2, у- *zu* 2)
pr. морю́, мори́шь, моря́т
imp. мори́, ~те
pt. мори́л
g.pr.a. моря́
p.pr.a. моря́щий
p.pt.a. мори́вший
p.pt.p. морённый; морён, -ена́

[2]**мори́ть** *uv* что beizen. — (за-) Formen wie [1]мори́ть

моро́зить *uv* **1.** кого́-что erfrieren lassen **2.** *unpers* frieren. — (по- *zu* 1)
pr. моро́жу, -о́зишь, -о́зят
imp. моро́зь, ~те
pt. моро́зил
g.pr.a. моро́зя
p.pr.a. моро́зящий
p.pt.a. моро́зивший
p.pt.p. моро́женный

мороси́ть, *1. u. 2. Pers ungebr*, *uv* sprühen, nieseln *Regen*
pr. мороси́т
pt. мороси́л
g.pr.a. мороси́я
p.pr.a. мороси́щий
p.pt.a. мороси́вший

моро́чить *uv* кого́-что *umg* täuschen, blauen Dunst vormachen. — (об-)
pr. моро́чу, -чишь, -чат
imp. моро́чь, ~те
pt. моро́чил
g.pr.a. моро́ча
p.pr.a. моро́чащий
p.pt.a. моро́чивший

морщи́нить *uv* что *umg* runzeln
pr. морщи́ню, -нишь, -нят
imp. морщи́нь, ~те
pt. морщи́нил
g.pr.a. морщи́ня
p.pr.a. морщи́нящий
p.pt.a. морщи́нивший

мо́рщить *uv* что **1.** runzeln **2.** verziehen *Gesicht*. — (на- *zu* 1, с- *zu* 2)
pr. мо́рщу, -щишь, -щат
imp. мо́рщи, ~те
pt. мо́рщил
g.pr.a. мо́рща
p.pr.a. мо́рщащий
p.pt.a. мо́рщивший
p.pr.p. мо́рщимый

морщи́ть, *1. u. 2. Pers ungebr*, *uv umg* Falten werfen [schlagen], schlecht sitzen *Kleidung*
pr. морщи́т, -ща́т
pt. морщи́л
g.pr.a. морща́
p.pr.a. морща́щий
p.pt.a. морщи́вший

мо́рщиться *uv* **1.** die Stirn runzeln **2.** Grimassen schneiden **3.** *1. u. 2. Pers ungebr* Falten werfen *Kleidung.* — (на- *zu* 1, по- *zu* 2, с- *zu* 2, 3)
Formen nach мо́рщить

морщи́ться, *1. u. 2. Pers ungebr, uv umg* Falten werfen [schlagen], schlecht sitzen *Kleidung*
Formen nach морщи́ть

мости́ть *uv* что **1.** pflastern **2.** dielen *Fußboden.* — (вы́- *zu* 1, за- *zu* 1, на- *zu* 2)

pr.	мощу́, мости́шь, мостя́т
imp.	мости́, ~те
pt.	мости́л
g.pr.a.	мостя́
p.pr.a.	мостя́щий
p.pt.a.	мости́вший
p.pr.p.	мости́мый
p.pt.p.	мощённый; мощён, -ена́

[1]**мота́ть** 2a *uv* **1.** что haspeln, aufwickeln **2.** чем: мота́ть голово́й *umg* den Kopf schütteln | *v mom* мотну́ть 7 *zu* 2. — (за- *zu* 1, на- *zu* 1)

p.pt.p.	мо́танный

[2]**мота́ть** 2a *uv* что *u. ohne Objekt umg* verschwenden, vergeuden. — (про-)

[1]**мота́ться** *uv umg* **1.** umherlaufen **2.** *volksspr* umherwandern, umherirren

[2]**мота́ться**, *1. u. 2. Pers ungebr, uv* baumeln, hin und her pendeln | *v mom* мотну́ться 7

мотиви́ровать 4 *u.* 4a *v, uv* что motivieren

мотну́ть *v mom zu* [1]мота́ть

мотну́ться *v mom zu* [2]мота́ться

моторизова́ть 5 *u.* 5a *v, uv* что motorisieren

моты́жить *uv* что mit der Hacke bearbeiten, hacken

pr.	моты́жу, -жишь, -жат
imp.	моты́жь, ~те
pt.	моты́жил
g.pr.a.	моты́жа
p.pr.a.	моты́жащий
p.pt.a.	моты́живший

мохна́тить *uv* что *umg* zottig machen

pr.	мохна́чу, -а́тишь, -а́тят
imp.	мохна́ть, ~те
pt.	мохна́тил
g.pr.a.	мохна́тя
p.pr.a.	мохна́тящий
p.pt.a.	мохна́тивший

моча́лить *uv* что zerfasern

pr.	моча́лю, -лишь, -лят
imp.	моча́ль, ~те
pt.	моча́лил
g.pr.a.	моча́ля
p.pr.a.	моча́лящий
p.pt.a.	моча́ливший
p.pr.p.	моча́лимый
p.pt.p.	моча́ленный

мочи́ть *uv* что **1.** benetzen, anfeuchten **2.** einweichen *Wäsche* **3.** einmachen *Früchte.* — (за-, на-)

pr.	мочу́, мо́чишь, мо́чат
imp.	мочи́, ~те
pt.	мочи́л
g.pr.a.	моча́
p.pr.a.	моча́щий
p.pt.a.	мочи́вший
p.pr.p.	мочи́мый
p.pt.p.	мо́ченный

мочи́ться *uv* urinieren ‖ *v* помочи́ться, Formen nach помочи́ть

мочь *uv mit Infinitiv* **1.** können, vermögen **2.** dürfen. — (с-)

pr.	могу́, мо́жешь, мо́гут
imp.	*nur verneint*: не моги́, ~те *volksspr, scherz*
pt.	мог, ~ла́
p.pr.a.	могу́щий
p.pt.a.	мо́гший

моше́нничать 1a *uv* betrügen, mogeln. — (с-)

мрамори́ровать 4 *u.* 4a *v, uv* что marmorieren, mit Marmormuster versehen

мрачне́ть 3a *uv* sich verfinstern. — (по-)

мстить *uv* кому́ за что sich rächen, Rache nehmen (an j-m für). — (ото-)

pr.	мщу, мстишь, мстят
imp.	мсти, ~те
pt.	мстил
g.pr.a.	мстя
p.pr.a.	мстя́щий
p.pt.a.	мсти́вший

мудри́ть *uv umg* **1.** klügeln **2.** над кем (j-n) zum Narren haben. — (на-, с-)

pr.	мудрю́, -ри́шь, -ря́т
imp.	мудри́, ~те
pt.	мудри́л
g.pr.a.	мудря́
p.pr.a.	мудря́щий
p.pt.a.	мудри́вший

му́дрствовать 4a *uv umg* tüfteln, philosophieren

мужа́ть 2a *uv* mannbar werden, erwachsen werden

мужа́ться *uv* Mut fassen *meist im Imperativ gebraucht*

мумифици́ровать 4 *u.* 4a *v, uv* кого́-что mumifizieren

муниципализи́ровать 4 *u.* 4a *v, uv* что munizipalisieren, in Gemeineigentum überführen

мура́вить *uv* что glasieren
pr. мура́влю, -вишь, -вят
imp. мура́вь, ~те
pt. мура́вил
g.pr.a. мура́вя
p.pr.a. мура́вящий
p.pt.a. мура́вивший
p.pr.p. мура́вимый
p.pt.p. мура́вленный

мурлы́кать, *1. u. 2. Pers ungebr, uv* schnurren, spinnen *Katzen*
pr. мурлы́чет, -чут *u. umg* мурлы́кает, -ают
pt. мурлы́кал
g.pr.a. мурлы́ча *u.* мурлы́кая
p.pr.a. мурлы́чущий *u.* мурлы́кающий
p.pt.a. мурлы́кавший

мурова́ть 5a *uv* что mauern. — (об-)
p.pt.p. муро́ванный

му́слить *uv* кого́-что *umg* mit Speichel benetzen. — (за-, на-)
pr. му́слю, -лишь, -лят
imp. му́сли, ~те
pt. му́слил
g.pr.a. му́сля
p.pr.a. му́слящий
p.pt.a. му́сливший

му́слиться *uv volksspr* sich begeifern, sich besabbern. — (за-, на-)

мусо́лить *uv* кого́-что *volksspr* mit Speichel benetzen. — (за-, на-)
pr. мусо́лю, -лишь, -лят
imp. мусо́ль, ~те
pt. мусо́лил
g.pr.a. мусо́ля
p.pr.a. мусо́лящий
p.pt.a. мусо́ливший
p.pt.p. мусо́ленный

мусо́литься *uv volksspr* sich begeifern, sich besabbern. — (за-, на-)

му́сорить *uv* beschmutzen, Schmutz machen. — (на-)
pr. му́сорю, -ришь, -рят
imp. му́сори, ~те
pt. му́сорил
g.pr.a. му́соря
p.pr.a. му́сорящий
p.pt.a. му́соривший

мусси́ровать 4a *uv* **1.** что zum Schäumen bringen **2.** *1. u. 2. Pers ungebr* schäumen, perlen **3.** что *buchspr* übertreiben

мути́ть *uv* кого́-что **1.** trüben, trübe machen **2.** *übtr* trüben, verwirren **3.** hetzen, aufhetzen. — (вз- *zu* 1, за- *zu* 1, по- *zu* 2)
pr. мучу́, му́ти́шь, му́тя́т
imp. мути́, ~те
pt. мути́л
g.pr.a. мутя́
p.pr.a. мутя́щий
p.pt.a. мути́вший

мути́ться, *1. u. 2. Pers ungebr, uv* **1.** sich trüben, trübe werden **2.** *übtr* sich trüben, sich verschleiern *Sinne.* — (за- *zu* 1, по- *zu* 2)

мутне́ть 3a, *1. u. 2. Pers ungebr, uv* trübe werden. — (по-)

му́чить *uv* кого́-что quälen, martern. — (за-, из-)
pr. му́чу, му́чишь, му́чат *u. umg* му́чаю, -аешь, -ают
imp. мучь, ~те *u.* му́чай, ~те
pt. му́чил
g.pr.a. му́ча *u.* му́чая
p.pr.a. му́чащий *u.* му́чающий

му́читься *uv* **1.** sich quälen, Qualen leiden **2.** с кем-чем *oder* над чем sich (ab)plagen (mit *oder* über) — (за-, из-)

муштрова́ть 5a *uv* кого́-что drillen. — (вы́-)
p.pt.p. муштро́ванный

мчать *uv* **1.** кого́-что schnell fahren [tragen], jagen **2.** dahinjagen
pr. мчу, мчишь, мчат
imp. мчи, ~те
pt. мчал
g.pr.a. мча
p.pr.a. мча́щий
p.pt.a. мча́вший

мча́ться *uv* dahineilen, dahinjagen

мы́кать 1a *uv volksspr*: го́ре мы́кать Not leiden; ein kümmerliches Dasein fristen

мы́каться *uv umg* sich kümmerlich durchschlagen

мы́кнуть *v mom zu* мыча́ть

мы́лить *uv* кого́-что (ein)seifen. — (на-)
pr. мы́лю, мы́ли́шь, мы́лят
imp. мыль, ~те
pt. мы́лил
g.pr.a. мы́ля
p.pr.a. мы́лящий
p.pt.a. мы́ливший
p.pr.p. мы́лимый
p.pt.p. мы́ленный

мы́литься *uv* **1.** sich einseifen **2.** *1. u. 2. Pers ungebr* schäumen. — (на-)

мы́слить *uv* **1.** denken, überlegen; о ком-чём *u. ohne Objekt alt* denken (an), nachdenken (über) **2.** что, *mit oder ohne* себе́ sich vorstellen, sich denken

pr.	мы́слю, мы́слишь, мы́слят
imp.	мы́сли, ~те
pt.	мы́слил
g.pr.a.	мы́сля
p.pr.a.	мы́слящий
p.pt.a.	мы́сливший
p.pr.p.	мы́слимый

мыта́рить *uv* кого́-что *volksspr* plagen, strapazieren. — (за-)

pr.	мыта́рю, -ришь, -рят
imp.	мыта́рь, ~те
pt.	мыта́рил
g.pr.a.	мыта́ря
p.pr.a.	мыта́рящий
p.pt.a.	мыта́ривший

мыта́риться *uv volksspr* sich abquälen, sich plagen. — (за-)

мыть *uv* кого́-что waschen. — (вы́-, по-)

pr.	мо́ю, мо́ешь, мо́ют
imp.	мой, ~те
pt.	мыл
g.pr.a.	мо́я
p.pr.a.	мо́ющий
p.pt.a.	мы́вший
p.pt.p.	мы́тый

мы́ться *uv* sich waschen. — (вы́-, по-)

мыча́ть *uv* **1.** brüllen *von Rindern* **2.** *umg übtr* unartikulierte Laute ausstoßen | *v mom* мы́кнуть 6

pr.	мычу́, мычи́шь, мыча́т
imp.	мычи́, ~те
pt.	мыча́л
g.pr.a.	мыча́
p.pr.a.	мыча́щий
p.pt.a.	мыча́вший

мягчи́ть [хч], *1. u. 2. Pers ungebr*, *uv* что weich machen

pr.	мягчи́т, -ча́т
pt.	мягчи́л
g.pr.a.	мягча́
p.pr.a.	мягча́щий
p.pt.a.	мягчи́вший

мя́кнуть *uv umg* **1.** *1. u. 2. Pers ungebr* weich werden, aufweichen **2.** *übtr* sich erweichen lassen. — (на-, раз-)

pr.	мя́кну, -нешь, -нут
imp.	мя́кни, ~те
pt.	мяк *u.* мя́кнул, мя́кла
g.pt.a.	мя́кнув
p.pr.a.	мя́кнущий
p.pt.a.	мя́кнувший

мя́млить *uv volksspr* langsam und undeutlich sprechen

pr.	мя́млю, -лишь, -лят
imp.	мя́мли, ~те
pt.	мя́млил
g.pr.a.	мя́мля
p.pr.a.	мя́млящий
p.pt.a.	мя́мливший

мясти́сь *uv alt* verwirrt [bestürzt] sein

pr.	мяту́сь, -тёшься, -ту́тся
imp.	мяти́сь, -и́тесь
g.pr.a.	мятя́сь
p.pr.a.	мяту́щийся

мять *uv* что **1.** kneten **2.** zerknüllen, zerknittern **3.** walzen. — (из- *zu* 2, раз- *zu* 1, с- *zu* 2)

pr.	мну, мнёшь, мнут
imp.	мни, ~те
pt.	мял
g.pt.a.	мя́вши
p.pr.a.	мну́щий
p.pt.a.	мя́вший
p.pt.p.	мя́тый

[1]**мя́ться,** *1. u. 2. Pers ungebr*, *uv* knittern, Falten bekommen. — (из-, по-, с-)

[2]**мя́ться** *uv* unschlüssig sein

мяу́кать 1a *uv* miauen | *v mom* мяу́кнуть 6

мяу́кнуть *v mom zu* мяу́кать

Н

наба́вить *v* что (auf den Preis) aufschlagen; (durch Aufschlag) erhöhen ‖ *uv* набавля́ть 2a

ft.	наба́влю, -вишь, -вят
imp.	наба́вь, ~те
pt.	наба́вил
g.pt.a.	наба́вив
p.pt.a.	наба́вивший
p.pt.p.	наба́вленный

набавля́ть *uv zu* наба́вить

набаламу́тить *v* кого́-что *volksspr* durch Klatscherei Zwietracht stiften

ft.	набаламу́чу, -у́тишь, -у́тят
imp.	набаламу́ть, ~те
pt.	набаламу́тил
g.pt.a.	набаламу́тив
p.pt.a.	набаламу́тивший

набалова́ть 5 *v umg* **1.** кого́-что verwöhnen, verhätscheln **2.** großen Unfug treiben

набалова́ться *v umg* sich austoben

наба́лтывать *uv zu* [1]наболта́ть

набальзами́ровать *v zu* бальзами́ровать

набе́гать 1 *v* что *volksspr* sich durch Laufen etw. zuziehen *Krankheit*

набега́ть 2a *uv* **1.** *uv zu* набежа́ть **2.** на кого́-что überfallen, angreifen, (gegen etw.) rennen **3.** *unpers umg* Falten schlagen [werfen] *Kleider*

набе́гаться 1 *v umg* sich müde laufen

набедоку́рить *v umg durch Mutwillen oder Zufall* Schaden anrichten; Unheil stiften [anrichten]

ft.	набедоку́рю, -ришь, -рят
imp.	набедоку́рь, ~те
pt.	набедоку́рил
g.pt.a.	набедоку́рив
p.pt.a.	набедоку́ривший

набежа́ть *v* **1.** на кого́-что (an)laufen, (an)rennen (gegen), stoßen, geraten (auf, an) **2.** *1. u. 2. Pers. Singular ungebr*, *umg* zusammenströmen *Leute*, *Flüssigkeit* **3.** *1. u. 2. Pers ungebr* sich ansammeln *Geld u. a.* ‖ *uv* набега́ть 2a

ft.	набегу́, -ежи́шь, -егу́т
imp.	набеги́, ~те
pt.	набежа́л
g.pt.a.	набежа́в
p.pt.a.	набежа́вший

набезобра́зничать 1 *v umg* sich unanständig betragen, groben Unfug treiben

набели́ть *v* что **1.** weiß schminken **2.** что *oder* чего́ *in best. Menge* weiß machen, bleichen

ft.	набелю́, -е́ли́шь, -е́ля́т
imp.	набели́, ~те
pt.	набели́л
g.pt.a.	набели́в
p.pt.a.	набели́вший
p.pt.p.	набелённый; набелён, -ена́

набели́ться *v* sich weiß schminken

набива́ть(ся) *uv zu* наби́ть(ся)

набира́ть(ся) *uv zu* набра́ть(ся)

наби́ть *v* **1.** что чем (aus)stopfen, füllen, (aus)polstern (mit) **2.** что на что aufschlagen; auftreiben *Reifen* **3.** что *oder* чего́ *Nägel* einschlagen *in best. Menge* **4.** что befestigen, festnageln **5.** что *text* bedrucken *Stoff* **6.** что *oder* кого́-чего́ schießen, erlegen *Wild* **7.** что *umg Beule u. ä.* schlagen **8.** что *oder* чего́ *viel* zerschlagen ‖ *uv* набива́ть 2a

ft.	набью́, набьёшь, набью́т
imp.	набе́й, ~те
pt.	наби́л
g.pt.a.	наби́в
p.pt.a.	наби́вший
p.pt.p.	наби́тый

наби́ться *v* **1.** *1. u. 2. Pers ungebr* sich ansammeln **2.** *umg* sich aufdrängen ‖ *uv* набива́ться

наблюда́ть 2a *uv* **1.** кого́-что *oder* за кем-чем beobachten, betrachten, verfolgen **2.** за кем-чем beobachten, überwachen; beaufsichtigen **3.** кого́-что beobachten, erforschen **4.** что *alt* einhalten, befolgen

наблюда́ться, *1. u. 2. Pers ungebr*, *uv* sich beobachten lassen, zu beobachten sein, vorkommen

наблюсти́ *v* что *alt u. buchspr* beobachten

ft.	наблюду́, -дёшь, -ду́т
imp.	наблюди́, ~те
pt.	наблю́л, -юла́
g.pt.a.	наблю́дши*
p.pt.a.	наблю́дший
p.pt.p.	наблюдённый; наблюдён, -ена́

наболе́ть 3, *1. u. 2. Pers ungebr*, *v* durch dauernden Schmerz überempfindlich werden

[1]**наболта́ть** 2 *v* что *oder* чего́ во что *umg* hineinrühren, -quirlen ‖ *uv* наба́лтывать 1a

[2]**наболта́ть** 2 *v* что *oder* чего́ *umg viel* zusammenschwatzen, -reden

наболта́ться *v umg* sich ausschwatzen

набракова́ть 5 *v* что *u.* кого́-чего́ *umg in best. Menge* aussortieren, aussondern ‖ *uv* набрако́вывать 1a

набрако́вывать *uv zu* набракова́ть

[1]**набра́сывать** *uv zu* наброса́ть

[2]**набра́сывать** *uv zu* набро́сить

набра́сываться *uv zu* набро́ситься

набра́ть *v* **1.** что *oder* чего́ (ein)sammeln; aufnehmen, fassen **2.** кого́-что anwerben, einstellen, aufnehmen *Arbeitskräfte*; *mil* anwerben, ausheben; aufstellen **3.** что *typ* setzen **4.** что (zu einem Ganzen) zusammenstellen; wählen *Telephonnummer* **5.** что gewinnen, erreichen *Tempo*, *Höhe* ‖ *uv* набира́ть 2a

ft.	наберу́, -рёшь, -ру́т
imp.	набери́, ~те
pt.	набра́л, -ала́, -а́ло
g.pt.a.	набра́в
p.pt.a.	набра́вший
p.pt.p.	на́бранный; на́бран, на́брана́, на́брано

набра́ться *v* **1.** *1. u. 2. Pers ungebr* sich ansammeln, sich einfinden, sich anhäufen **2.** чего́ *in sich* finden, fassen *Kraft*, *Mut* **3.** кого́-чего́ *umg* sich aneignen, über nehmen **4.** *volksspr* sich besaufen, sich vollaufen lassen ‖ *uv* набира́ться

pt.	набра́лся, -ала́сь, -а́ло́сь

набреда́ть *uv zu* набрести́

набрести́ *v umg* **1.** на кого́-что zufällig stoßen (auf) **2.** *meist unpers* кого́-чего́ sich ansammeln, sich einfinden ‖ *uv* набреда́ть 2a

ft.	набреду́, -дёшь, -ду́т
imp.	набреди́, ~те
pt.	набрёл, -ела́
g.pt.a.	набредя́ *u. alt* набре́дши
p.pt.a.	набре́дший

набронзирова́ть 5 *v* что *oder* чего́ bronzieren, mit Bronze überziehen ‖ *uv* набронзиро́вывать 1a

набронзиро́вывать *uv zu* набронзирова́ть

наброса́ть 2 *v* **1.** что *oder* чего́ vollwerfen; umherwerfen, werfen *in Menge* **2.** что skizzieren, entwerfen, umreißen *a. übtr* ‖ *uv* набра́сывать 1a

набро́сить *v* что на кого́-что umwerfen, überwerfen *Mantel*, *Tuch u. ä.* ‖ *uv* набра́сывать 1a

ft.	набро́шу, -о́сишь, -о́сят
imp.	набро́сь, ~те
pt.	набро́сил
g.pt.a.	набро́сив
p.pt.a.	набро́сивший
p.pt.p.	набро́шенный

набро́ситься *v* на кого́-что sich werfen, sich stürzen (auf), herfallen (über) *a. übtr* ‖ *uv* набра́сываться

набры́згать 1 *v* что *oder* чего́ *oder* чем на что bespritzen ‖ *uv* набры́згивать 1a

набры́згивать *uv zu* набры́згать

набуха́ть *uv zu* набу́хнуть

набу́хнуть, *1. u. 2. Pers ungebr*, *v* anschwellen, aufquellen ‖ *uv* набуха́ть 2a

ft.	набу́хнет, -нут
pt.	набу́х, ~ла
g.pt.a.	набу́хнув *u.* набу́хши
p.pt.a.	набу́хший

набуя́нить *v umg* randalieren, Radau machen, krakeelen

ft.	набуя́ню, -нишь, -нят
imp.	набуя́нь, ~те
pt.	набуя́нил
g.pt.a.	набуя́нив
p.pt.a.	набуя́нивший

нава́ксить *v zu* ва́ксить

ft.	нава́кшу, -ксишь, -ксят
imp.	нава́кси, ~те
pt.	нава́ксил
g.pt.a.	нава́ксив
p.pt.a.	нава́ксивший
p.pt.p.	нава́кшенный

[1]**нава́ливать** *uv zu* навали́ть

[2]**нава́ливать** *uv zu* наваля́ть

нава́ливаться *uv zu* навали́ться

навали́ть *v* **1.** кого́-что на что *umg* daraufwälzen (auf); aufladen (auf) **2.** кого́-чего́ *oder* что *umg* unordentlich hinschütten, auf-, anhäufen **3.**: навали́ть что́-н. на кого́-н. *umg* j-m etw. anhängen, etw. auf j-n abwälzen **4.** *meist unpers volksspr* чего́ herbeiströmen, zusammenkommen **5.** *meist unpers* что *u.* чего́ *umg in groß r Menge* fallen *vom Schnee u. ä.* ‖ *uv* нава́ливать 1a

ft.	навалю́, -а́лишь, -а́лят
imp.	навали́, ~те
pt.	навали́л
g.pt.a.	навали́в
p.pt.a.	навали́вший
p.pt.p.	нава́ленный

навали́ться *v* **1.** на кого́-что sich mit dem ganzen Körpergewicht legen (auf) **2.** на кого́-что *volksspr* herfallen (über), sich stürzen (auf) **3.** *1. u. 2. Pers ungebr umg in großer Menge* fallen *vom Schnee u. ä.* ‖ *uv* нава́ливаться

наваля́ть 2 *v* **1.** что *oder* чего́ *in Menge* walken **2.** что *oder* чего́ *in Menge* fällen *Holz* **3.** что *volksspr* pfuschen, (hin)-schludern ‖ *uv* нава́ливать 1a

наваля́ться *v* sich zur Genüge herumwälzen; (zu) lange im Bett liegen

нава́ривать *uv zu* навари́ть

навари́ть *v* **1.** что на что anschweißen **2.** что *oder* чего́ kochen *eine best. Menge* ‖ *uv* нава́ривать 1a

ft.	наварю́, -а́ришь, -а́рят
imp.	навари́, ~те
pt.	навари́л
g.pt.a.	навари́в
p.pt.a.	навари́вший
p.pt.p.	нава́ренный

нава́стривать(ся) *uv zu* навостри́ть(ся)

нава́щивать *uv zu* навощи́ть

навева́ть *uv zu* наве́ять

наве́даться 1 *v* к кому́ *umg* kurz besuchen; vorsprechen (bei) ‖ *uv* наве́дываться 1a

наве́дываться *uv zu* наве́даться

навезти́ *v* **1.** кого́-чего́ *oder* что anfahren, heranschaffen **2.** кого́-что на что *umg* fahren (gegen), anfahren (an) ‖ *uv* [1]навози́ть, Formen das.

ft.	навезу́, -зёшь, -зу́т
imp.	навези́, ~те
pt.	навёз, -езла́
g.pt.a.	навезя́ *u. alt* навёзши
p.pt.a.	навёзший
p.pt.p.	навезённый; навезён, -ена́

наве́ивать *uv zu* наве́ять

навербова́ть 5 *v* **1.** что *u.* кого́-чего́ anwerben, einstellen **2.** что *aus Freiwilligen* bilden, gründen *eine Organisation* ‖ *uv* навербо́вывать 1a

навербо́вывать *uv zu* навербова́ть

наверну́ть 7 *v* что на что **1.** an-, aufschrauben **2.** auf-, umwickeln ‖ *uv* навёртывать 1a

p.pt.p.	навёрнутый

наверну́ться *1. u. 2. Pers ungebr*, *v* **1.** sich aufwickeln **2.** in die Augen treten, sich zeigen *von Tränen* **3.** *volkssprl* sich einfinden, auftauchen ‖ *uv* навёртываться

наверста́ть 2 *v* что aufholen, nachholen *das Versäumte* ‖ *uv* навёрстывать 1a

навёрстывать *uv zu* наверста́ть

наверте́ть *v* **1.** что aufwickeln, aufspulen (auf) **2.** что *oder* чего́ *in best. Menge* bohren *Löcher*; durch Drehen herstellen ‖ *uv* навёртывать 1a *zu* 1 *u.* наве́рчивать 1a *zu* 2

ft.	наверчу́, -е́ртишь, -е́ртят
imp.	наверти́, ~те
pt.	наверте́л
g.pt.a.	наверте́в
p.pt.a.	наверте́вший
p.pt.p.	наве́рченный

[1]**навёртывать** *uv zu* наверну́ть

[2]**навёртывать** *uv zu* наверте́ть

навёртываться *uv zu* наверну́ться

наве́рчивать *uv zu* наверте́ть

наве́сить *v* **1.** что an-, einhängen **2.** что *oder* чего́ *in best. Menge* aufhängen ‖ *uv* наве́шивать 1a

ft.	наве́шу, -е́сишь, -е́сят
imp.	наве́сь, ~те
pt.	наве́сил
g.pt.a.	наве́сив
p.pt.a.	наве́сивший
p.pt.p.	наве́шенный

навести́ *v* кого́-что **1.** на что (hin)führen (auf, zu) **2.** *übtr* на что lenken, richten (auf) **3.** *übtr* einflößen, einjagen *Schrecken, Angst* **4.** *auf ein Ziel* richten *Waffen u. ä.* **5.** schaffen *Ordnung*, *Sauberkeit*; bauen, schlagen *Brücke* **6.** что на что *oder* что чем auftragen (auf), überziehen, belegen *mit Farbe, Lack u. ä.* ‖ *uv* наводи́ть, Formen das.

ft.	наведу́, -дёшь, -ду́т
imp.	наведи́, ~те
pt.	навёл, -ела́
g.pt.a.	наведя́ *u. alt* наве́дши
p.pt.a.	наве́дший
p.pt.p.	наведённый; наведён, -ена́

навести́ть *v* кого́-что aufsuchen, kurz besuchen ‖ *uv* навеща́ть 2a

ft.	навещу́, -ести́шь, -естя́т
imp.	навести́, ~те
pt.	навести́л
g.pt.a.	навести́в
p.pt.a.	навести́вший
p.pt.p.	навещённый; навещён, -ена́

[1]**наве́шать** 1 *v* что *oder* чего́ *in best. Menge* aufhängen ‖ *uv* наве́шивать 1a

[2]**наве́шать** 1 *v* что *oder* чего́ *in best. Menge* abwiegen ‖ *uv* наве́шивать 1a

[1]**наве́шивать** *uv zu* наве́сить

[2,3]**наве́шивать** *uv zu* [1,2]наве́шать

навеща́ть *uv zu* навести́ть

наве́ять *v* что *oder* чего́ **1.** heranwehen **2.** hervor-, wachrufen **3.** *landw in best. Menge* worfeln ‖ *uv* навева́ть 2a *zu* 1, 2 *u.* наве́ивать 1a *zu* 3

ft.	наве́ю, -е́ешь, -е́ют
imp.	наве́й, ~те
pt.	наве́ял
g.pt.a.	наве́яв
p.pt.a.	наве́явший
p.pt.p.	наве́янный

навива́ть(ся) *uv zu* нави́ть(ся)

навида́ться 2 *v* чего́ *umg* viel sehen, viel erleben

навинти́ть *v* что auf-, anschrauben ‖ *uv* нави́нчивать 1a

ft.	навинчу́, -нти́шь, -нтя́т
imp.	навинти́, ~те
pt.	навинти́л

g.pt.a. навинти́в
p.pt.a. навинти́вший
p.pt.p. нави́нченный

навинти́ться, *1. u. 2. Pers ungebr, v* sich aufschrauben lassen ‖ *uv* нави́нчиваться

нави́нчивать(ся) *uv zu* навинти́ть(ся)

навира́ть *uv u. iterativ zu* навра́ть

висса́ть *uv zu* нави́снуть

нави́снуть, *1. u. 2. Pers ungebr, v* **1.** überhängen, vorspringen **2.** *übtr* над кем-чем drohend schweben, (be)drohen ‖ *uv* нависа́ть 2a
ft. нави́снет, -нут
pt. нави́с *u. alt* нави́снул, нави́сла
g.pt.a. нави́снув *u.* нави́сши
p.pt.a. нави́сший *u. alt* нави́снувший

нави́ть *v* что *oder* чего́ **1.** aufwickeln, aufspulen **2.** durch Winden *oder* Flechten herstellen **3.** *volksspr* anwehen **4.** *gbt* mit der Gabel aufladen ‖ *uv* навива́ть 2a
ft. навью́, навьёшь, навью́т
imp. наве́й, ~те
pt. нави́л, -ила́, -и́ло
g.pt.a. нави́в
p.pt.a. нави́вший
p.pt.p. нави́тый, нави́т, -ита́, -и́то

нави́ться, *1. u. 2. Pers ungebr, v* sich aufwickeln, sich aufspulen ‖ *uv* навива́ться
pt. нави́лся, -ила́сь, -ило́сь

навлека́ть *uv zu* навле́чь

навле́чь *v* что на кого́-что *übtr* ziehen, lenken (auf) ‖ *uv* навлека́ть 2a
ft. навлеку́, -ечёшь, -еку́т
imp. навлеки́, ~те
pt. навлёк, -екла́
g.pt.a. навлёкши
p.pt.a. навлёкший
p.pt.p. навлечённый; навлечён, -ена́

наводи́ть *uv zu* навести́
pr. навожу́, -о́дишь, -о́дят
imp. наводи́, ~те
pt. наводи́л
g.pr.a. наводя́
p.pr.a. наводя́щий
p.pt.a. наводи́вший
p.pr.p. наводи́мый

наводни́ть *v* что чем überschwemmen ‖ *uv* наводня́ть 2a
ft. наводню́, -ни́шь, -ня́т
imp. наводни́, ~те
pt. наводни́л
g.pt.a. наводни́в
p.pt.a. наводни́вший
p.pt.p. наводнённый; наводнён, -ена́

наводни́ться, *1. u. 2. Pers ungebr, v übtr* кем-чем überschwemmt [überflutet] werden ‖ *uv* наводня́ться

наводня́ть(ся) *uv zu* наводни́ть(ся)

наво́зить *uv* что mit Mist düngen. — (у-)
pr. наво́жу, -о́зишь, -о́зят
imp. наво́зь, ~те
pt. наво́зил
g.pr.a. наво́зя
p.pr.a. наво́зящий
p.pt.a. наво́зивший
p.pt.p. наво́женный

[1]**навози́ть** *uv zu* навезти́
pr. навожу́, -о́зишь, -о́зят
imp. навози́, ~те
pt. навози́л
g.pr.a. навозя́
p.pr.a. навозя́щий
p.pt.a. навози́вший
p.pr.p. навози́мый

[2]**навози́ть** *v* что *oder* кого́-чего́ fuhrenweise heranschaffen
ft. навожу́, -о́зишь, -о́зят
imp. навози́, ~те
pt. навози́л
g.pt.a. навози́в
p.pt.a. навози́вший
p.pt.p. наво́женный

навола́кивать *uv zu* наволо́чь

наволо́чь *v volksspr* **1.** что *oder* чего́ *in best. Menge* zusammentragen, -schleppen **2.** *unpers* чего́ *u. ohne Objekt* überziehen, bedecken *mit Wolken* ‖ *uv* навола́кивать 1a
ft. наволоку́, -очёшь, -оку́т
imp. наволоки́, ~те
pt. наволо́к, -окла́
g.pt.a. наволо́кши
p.pt.a. наволо́кший
p.pt.p. наволочённый; наволочён, -ена́

навора́живать *uv zu* наворожи́ть

навора́чивать 1a *uv* что *oder* чего́ **1.** *uv zu* наворoти́ть **2.** *volksspr* tüchtig zulangen *beim Essen*

наворова́ть 5 *v* что *oder* чего́ *in Menge* zusammenstehlen ‖ *uv* наворо́вывать 1a

наворо́вывать *uv zu* наворова́ть

наворожи́ть *v* кого́-что *oder* чего́ *volksspr* wahrsagen; zaubern ‖ *uv* навора́живать 1a
ft. наворожу́, -жи́шь, -жа́т
imp. наворожи́, ~те
pt. наворожи́л
g.pt.a. наворожи́в

p.pt.a. наворожи́вший
p.pt.p. наворожённый; наворожён, -ена́

наворoти́ть *v* что *oder* чего́ unordentlich an-, aufhäufen ‖ *uv* навора́чивать 1a
ft. наворочу́, -о́тишь, -о́тят
imp. навороти́, ~те
pt. навороти́л
g.pt.a. навороти́в
p.pt.a. навороти́вший
p.pt.p. наворо́ченный

наворси́ть *v zu* ворси́ть
ft. наворшу́, -рси́шь, -рся́т
imp. наворси́, ~те
pt. наворси́л
g.pt.a. наворси́в
p.pt.a наворси́вший
p.pt.p. наворшённый; наворшён, -ена́

наворсова́ть *uv zu* ворсова́ть

наворча́ть *v* на кого́-что *umg* anknurren
ft. наворчу́, -чи́шь, -ча́т
imp. наворчи́, ~те
pt. наворча́л
g.pt.a. наворча́в
p.pt.a. наворча́вший

навостри́ть *v* что *volksspr* scharf machen; spitzen *Ohren* ‖ *uv* нава́стривать 1a
ft. навострю́, -ри́шь, -ря́т
imp. навостри́, ~те
pt. навостри́л
g.pt.a. навостри́в
p.pt.a. навостри́вший
p.pt.p. навострённый; навострён, -ена́

навостри́ться *v* (*a. mit Infinitiv*) *volksspr* Geschicklichkeit [Fertigkeiten] erlangen ‖ *uv* нава́стриваться

навощи́ть *v* что wachsen; bohnern ‖ *uv* нава́щивать 1a
ft. навощу́, -щи́шь, -ща́т
imp. навощи́, ~те
pt. навощи́л
g.pt.a. навощи́в
p.pt.a. навощи́вший
p.pt.p. навощённый; навощён, -ена́

навра́ть *v umg* **1.** что *oder* чего́ (vor)lügen **2.** *meist mit* на кого́ verleumden **3.** *meist mit* в чём Fehler machen (bei, in) ‖ *uv u. iterativ* навира́ть 2
ft. навру́, -рёшь, -ру́т
imp. наври́, ~те
pt. навра́л, -ала́, -а́ло
g.pt.a. навра́в
p.pt.a. навра́вший
p.pt.p. на́вранный; на́вран, на́врана́, на́врано

навреди́ть *v* кому́-чему́ *umg* viel Schaden zufügen
ft. наврежу́, -еди́шь, -едя́т
imp. навреди́, ~те
pt. навреди́л
g.pt.a. навреди́в
p.pt.a. навреди́вший

навыка́ть *uv zu* навы́кнуть

навы́кнуть *v* к чему́ *oder mit Infinitiv alt u. volksspr* Fertigkeit erlangen; sich gewöhnen (an) ‖ *uv* навыка́ть 2a
ft. навы́кну, -нешь, -нут
imp. навы́кни, ~те
pt. навы́к, ~ла
g.pt.a. навы́кши
p.pt.a. навы́кший

навью́чивать(ся) *uv zu* навью́чить(ся)

навью́чить *v* кого́-что beladen, bepacken *Lasttiere* ‖ *uv* навью́чивать 1a
ft. навью́чу, -чишь, -чат
imp. навью́чь, ~те
pt. навью́чил
g.pt.a. навью́чив
p.pt.a. навью́чивший
p.pt.p. навью́ченный

навью́читься *v volksspr* sich bepacken, auf sich laden ‖ *uv* навью́чиваться

[1]**навяза́ть** *v* **1.** что (на что) an-, umbinden **2.** кого́-что кому́-чему́ aufdrängen, aufzwingen **3.** что *oder* чего́ viel (fertig)-stricken; häkeln ‖ *uv* навя́зывать 1a
ft. навяжу́, -я́жешь, -я́жут
imp. навяжи́, ~те
pt. навяза́л
g.pt.a. навяза́в
p.pt.a. навяза́вший
p.pt.p. навя́занный

[2]**навяза́ть** *uv zu* навя́знуть

навяза́ться *v* кому́-чему́ *umg* sich aufdrängen ‖ *uv* навя́зываться 1a Formen nach [1]навяза́ть

навя́знуть, *1. u. 2. Pers ungebr*, *v* hängen-, klebenbleiben ‖ *uv* навяза́ть 2a
ft. навя́знет, -нут
pt. навя́з, ~ла
g.pt.a. навя́знув *u.* навя́зши
p.pt.a. навя́зший *u.* навя́знувший

навя́зывать *uv zu* [1]навяза́ть

навя́зываться *uv zu* навяза́ться

нагада́ть 2 *v* что *oder* чего́ *umg* weissagen, voraussagen ‖ *uv* нага́дывать 1a

нага́дить *v zu* га́дить
ft. нага́жу, -а́дишь, -а́дят
imp. нага́дь, ~те

pt. нагáдил
g.pt.a. нагáдив
p.pt.a. нагáдивший
p.pt.p. нагáженный

нагáдывать *uv zu* нагадáть

нагáнивать *uv zu* ²нагоня́ть

нагибáть(ся) *uv zu* нагну́ть(ся)

наглáдить *v* что *oder* чегó *in best. Menge* plätten, glätten ‖ *uv* наглáживать 1a
ft. наглáжу, -áдишь, -áдят
imp. наглáдь, ~те
pt. наглáдил
g.pt.a. наглáдив
p.pt.a. наглáдивший
p.pt.p. наглáженный

наглáживать *uv zu* наглáдить

наглéть 3a *uv* frech werden. — (об-)

наглотáться 2 *v* чегó viel geschluckt haben

наглуши́ть *v* когó-чегó betäuben *Fischfang*
ft. наглушу́, -ши́шь, -шáт
imp. наглуши́, ~те
pt. наглуши́л
g.pt.a. наглуши́в
p.pt.a. наглуши́вший
p.pt.p. наглушённый; наглушён, -енá

наглядéться *v* на когó-что *oft mit Negation* sich satt sehen (an)
ft. нагляжу́сь, -яди́шься, -ядя́тся
imp. нагляди́сь, -и́тесь
pt. наглядéлся, -лась
g.pt.a. наглядéвшись
p.pt.a. наглядéвшийся

наглянцевáть *v* что *oder* чегó polieren
ft. наглянцу́ю, -у́ешь, -у́ют
imp. наглянцу́й, ~те
pt. наглянцевáл
g.pt.a. наглянцевáв
p.pt.a. наглянцевáвший
p.pt.p. наглянцóванный

нагнáивать(ся) *uv zu* нагнои́ть(ся)

нагнáть *v* **1.** когó-что einholen, erreichen *a. übtr* **2.** что auf-, nachholen *Versäumtes* **3.** что *oder* чегó на когó-что *umg* einflößen, einjagen (j-m etw.) **4.** что *oder* когó-чегó *umg* zusammentreiben **5.** что *oder* чегó destillieren, brennen ‖ *uv* нагоня́ть 2a
ft. нагоню́, -óнишь, -óнят
imp. нагони́, ~те
pt. нагнáл, -алá, -áло
g.pt.a. нагнáв
p.pt.a. нагнáвший
p.pt.p. нáгнанный

нагнести́ *v* что unter Druck komprimieren, zusammenpressen, -drücken ‖ *uv* нагнетáть 2a
ft. нагнету́, -тёшь, -ту́т
imp. нагнети́, ~те
g.pt.a. нагнетя́
p.pt.a. нагнётший
p.pt.p. нагнетённый; нагнетён, -енá

нагнетáть *uv zu* нагнести́

нагнои́ть *v* **1.** что *oder* чегó verfaulen lassen, zum Faulen bringen **2.** что zum Eitern bringen ‖ *uv* нагнáивать 1a
ft. нагною́, -ои́шь, -оя́т
imp. нагнóй, ~те
pt. нагнои́л
g.pt.a. нагнои́в
p.pt.a. нагнои́вший
p.pt.p. нагноённый; нагноён, -енá

нагнои́ться, *1. u. 2. Pers ungebr, v* vereitern ‖ *uv* нагнáиваться

нагну́ть 7 *v* **1.** когó-что beugen, biegen, neigen **2.** что *oder* чегó *in best. Menge* (fertig)biegen, durch Biegen herstellen ‖ *uv* нагибáть 2a
p.pt.p. нагну́тый

нагну́ться *v* sich beugen, sich bücken, sich neigen ‖ *uv* нагибáться

наговáривать(ся) *uv zu* наговори́ть(ся)

наговори́ть *v* **1.** что *oder* чегó zusammenschwatzen, viel (zusammen)reden **2.** на когó-что *umg* verleumden; klatschen (über) **3.** что besprechen *eine Schallplatte* ‖ *uv* наговáривать 1a
ft. наговорю́, -ри́шь, -ря́т
imp. наговори́, ~те
pt. наговори́л
g.pt.a. наговори́в
p.pt.a. наговори́вший
p.pt.p. наговорённый; наговорён, -енá

наговори́ться *v umg* sich ausgiebig unterhalten ‖ *uv* наговáриваться

¹нагоня́ть *uv zu* нагнáть

²нагоня́ть 2 *v* когó-что **1.** *umg* antreiben; zusammentreiben **2.** *Jagd* abrichten *Hund* ‖ *uv* нагáнивать 1a *zu* 2

нагорáживать *uv zu* нагороди́ть

нагорáть *uv zu* нагорéть

нагорéть *v* **1.** *1. u. 2. Pers ungebr* Ruß ansetzen **2.** *unpers* чегó *umg* verbraucht werden *Brennstoff, Strom* **3.** *unpers* кому́-чему́ *volksspr* einen strengen Verweis [einen Rüffel] bekommen ‖ *uv* наго-

ft. нагори́т, ~ря́т
pt. нагоре́л
g.pt.a. нагоре́в
p.pt.a. нагоре́вший

нагороди́ть *v* что *oder* чего́ **1.** *in best. Menge* bauen, errichten **2.** *volksspr in Mengen* anhäufen, auftürmen **3.** viel *Unsinniges* zusammenreden, -schreiben] || *uv* нагора́живать 1a
ft. нагорожу́, -о́дишь, -о́дят
imp. нагороди́, ~те
pt. нагороди́л
g.pt.a. нагороди́в
p.pt.a. нагороди́вший
p.pt.p. нагоро́женный

нагота́вливать *uv zu* нагото́вить

нагото́вить *v* что *oder* чего́ *in Menge* vorbereiten, zubereiten; auf Vorrat anschaffen || *uv* нагота́вливать 1a
ft. нагото́влю, -вишь, -вят
imp. нагото́вь, ~те
pt. нагото́вил
g.pt.a. нагото́вив
p.pt.a. нагото́вивший
p.pt.p. нагото́вленный

нагото́виться *v* чего́ *meist mit Negation volksspr* hinlänglich genug verschaffen, Vorräte beschaffen
g.pt.a. нагото́вившись *u.* нагото́вясь

награ́бить *v* что *oder* чего́ zusammenrauben, -raffen
ft. награ́блю, -бишь, -бят
imp. награ́бь, ~те
pt. награ́бил
g.pt.a. награ́бив
p.pt.a. награ́бивший
p.pt.p. награ́бленный

награвирова́ть 5 *v* что (ein)gravieren

награди́ть *v* кого́-что чем **1.** belohnen, auszeichnen **2.** *1. u. 2. Pers ungebr übtr* ausstatten, bedenken || *uv* награжда́ть 2a
ft. награжу́, -ади́шь, -адя́т
imp. награди́, ~те
pt. награди́л
g.pt.a. награди́в
p.pt.a. награди́вший
p.pt.p. награждённый; награждён, -ена́

награжда́ть *uv zu* награди́ть

графи́ть — **награфи́ть** *v* что *oder* чего́ *in best. Menge* linieren
ft. награфлю́, -фи́шь, -фя́т
imp. награфи́, ~те
pt. награфи́л
g.pt.a. награфи́в
p.pt.a. награфи́вший
p.pt.p. награфлённый; награфлён, -ена́

нагреба́ть *uv zu* нагрести́

нагрева́ть(ся) *uv zu* нагре́ть(ся)

нагреме́ть *v umg viel* Lärm verursachen
ft. нагремлю́, -ми́шь, -мя́т
imp. нагреми́, ~те
pt. нагреме́л
g.pt.a. нагреме́в
p.pt.a. нагреме́вший

нагрести́ *v* что *oder* чего́ *in best. Menge* zusammenrechen, -harken || *uv* нагреба́ть 2a
ft. нагребу́, -бёшь, -бу́т
imp. нагреби́, ~те
pt. нагрёб, -гребла́
g.pt.a. нагребя́ *u.* нагрёбши
p.pt.a. нагрёбший
p.pt.p. нагребённый; нагребён, -ена́

нагре́ть 3 *v* кого́-что **1.** erwärmen; erhitzen **2.** *volksspr* betrügen, hintergehen || *uv* нагрева́ть 2a
p.pt.p. нагре́тый

нагре́ться *v* sich erwärmen; sich erhitzen; erwärmt [erhitzt] werden || *uv* нагрева́ться

нагреши́ть *v umg viel* sündigen
ft. нагрешу́, -ши́шь, -ша́т
imp. нагреши́, ~те
pt. нагреши́л
g.pt.a. нагреши́в
p.pt.a. нагреши́вший

нагримирова́ть 5 *v* кого́-что schminken

нагроможда́ть *uv zu* нагромозди́ть

нагромозди́ть *v* что *oder* чего́ aufhäufen, -türmen || *uv* нагроможда́ть 2a
ft. нагромозжу́, -зди́шь, -здя́т
imp. нагромозди́, ~те
pt. нагромозди́л
g.pt.a. нагромозди́в
p.pt.a. нагромозди́вший
p.pt.p. нагромождённый; нагромождён, -ена́

нагруби́ть *v* кому́ Grobheiten sagen
ft. нагрублю́, -би́шь, -бя́т
imp. нагруби́, ~те
pt. нагруби́л
g.pt.a. нагруби́в
p.pt.a. нагруби́вший

нагрубия́нить *v* кому́ *umg* Grobheiten sagen
ft. нагрубия́ню, -нишь, -нят
imp. нагрубия́нь, ~те

pt.	нагрубия́нил
g.pt.a.	нагрубия́нив
p.pt.a.	нагрубия́нивший

нагружа́ть(ся) *uv zu* нагрузи́ть(ся)

нагрузи́ть *v* **1.** что кем-чем auf-, beladen, belasten, befrachten **2.** *übtr* кого́-что чем (j-m etw.) aufbürden, belasten (mit) ‖ *uv* нагружа́ть 2a

ft.	нагружу́, -у́зи́шь, -у́зя́т
imp.	нагрузи́, ~те
pt.	нагрузи́л
g.pt.a.	нагрузи́в
p.pt.a.	нагрузи́вший
p.pt.p.	нагру́женный *u.* нагружённый; нагружён, -ена́

нагрузи́ться *v* **1.** чем sich beladen, Fracht [Ladung] aufnehmen **2.** *volksspr* sich vollaufen lassen, sich besaufen ‖ *uv* нагружа́ться

нагрыза́ть *uv zu* нагры́зть

нагры́зть *v* что *oder* чего́ *viel* zernagen, zerbeißen ‖ *uv* нагрыза́ть 2a

ft.	нагрызу́, -зёшь, -зу́т
imp.	нагрызи́, ~те
pt.	нагры́з, ~ла
g.pt.a.	нагры́зши
p.pt.a.	нагры́зший
p.pt.p.	нагры́зенный

нагрязни́ть *v* что beschmutzen; Schmutz machen

ft.	нагрязню́, -ни́шь, -ня́т
imp.	нагрязни́, ~те
pt.	нагрязни́л
g.pt.a.	нагрязни́в
p.pt.a.	нагрязни́вший
p.pt.p.	нагрязнённый; нагрязнён, -ена́

нагря́нуть 6 *v* unverhofft kommen, überraschen

imp.	нагря́нь, ~те

нагу́ливать(ся) *uv zu* нагуля́ть(ся)

нагуля́ть 2 *v* **1.** что *oder* чего́ Fett ansetzen **2.** что *umg* (beim Spazierengehen) sich etw. zuziehen, sich etw. holen ‖ *uv* нагу́ливать 1a

нагуля́ться *v umg* genügend lange spazieren gehen, einen langen Spaziergang machen ‖ *uv* нагу́ливаться

надава́ть *v* что *oder* чего́ кому́-чему́ *umg* reichlich [viel] geben

ft.	надаю́, -аёшь, -аю́т
imp.	надава́й, ~те
pt.	надава́л
g.pt.a.	надава́в
p.pt.a.	надава́вший

надави́ть *v* **1.** что *oder* на что drücken (auf) **2.** что *oder* чего́ *in best. Menge* herauspressen, ausdrücken **3.** кого́-что *umg* zerdrücken, -quetschen, töten ‖ *uv* нада́вливать 1a *zu* 1, 2

ft.	надавлю́, -а́вишь, -а́вят
imp.	надави́, ~те
pt.	надави́л
g.pt.a.	надави́в
p.pt.a.	надави́вший
p.pt.p.	нада́вленный

нада́вливать *uv zu* надави́ть

нада́ивать *uv zu* надои́ть

нада́лбливать *uv zu* надолби́ть

нада́ривать *uv zu* надари́ть

надари́ть *v* что *oder* чего́ кому́ reichlich (be)schenken ‖ *uv* нада́ривать 1a

ft.	надарю́, -а́ришь, -а́рят
imp.	надари́, ~те
pt.	надари́л
g.pt.a.	надари́в
p.pt.a.	надари́вший
p.pt.p.	нада́ренный

надба́вить *v* что *oder* чего́ *umg* erhöhen; aufschlagen; zulegen ‖ *uv* надбавля́ть 2a

ft.	надба́влю, -вишь, -вят
imp.	надба́вь, ~те
pt.	надба́вил
g.pt.a.	надба́вив
p.pt.a.	надба́вивший
p.pt.p.	надба́вленный

надбавля́ть *uv zu* надба́вить

надбива́ть *uv zu* надби́ть

надби́ть *v* что *umg* leicht anschlagen, ein Stück anschlagen, beschädigen ‖ *uv* надбива́ть 2a

ft.	надобью́, -бьёшь, -бью́т
imp.	надбе́й, ~те
pt.	надби́л
g.pt.a.	надби́в
p.pt.a.	надби́вший
p.pt.p.	надби́тый

надвива́ть *uv zu* надви́ть

надвига́ть(ся) *uv zu* надви́нуть(ся)

надви́нуть 6 *v* что на кого́-что schieben, rücken; überdecken, verdecken *Ohren*; aufsetzen ‖ *uv* надвига́ть 2a

imp.	надви́нь, ~те
p.pt.p.	надви́нутый

надви́нуться *v* heraufziehen, heranrücken, sich nähern ‖ *uv* надвига́ться

надви́ть *v* что anflechten, verlängern *durch Anflechten* ‖ *uv* надвива́ть 2a

ft. надовью, -вьёшь, -вьют
imp. надвей, ~те
pt. надвил, -ила, -ило
g.pt.a. надвив
p.pt.a. надвивший
p.pt.p. надвитый; надвит, -ита, -ито

надвязать *v* что **1.** anstricken; anhäkeln **2.** dazu-, anbinden ‖ *uv* надвязывать 1a
ft. надвяжу, -яжешь, -яжут
imp. надвяжи, ~те
pt. надвязал
g.p .a. надвязав
p.pt.a. надвязавший
p.pt.p. надвязанный

надвязывать *uv zu* надвязать

надгрызать *uv zu* надгрызть

надгрызть *v* что annagen, benagen, anknabbern ‖ *uv* надгрызать 2a
ft. надгрызу, -зёшь, -зут
imp. надгрызи, ~те
pt. надгрыз, ~ла
g.pt.a. надгрызши
p.pt.a. надгрызший
p.pt.p. надгрызенный

наддавать *uv zu* наддать
pr. наддаю, -аёшь, -ают
imp. наддавай, ~те
pt. наддавал
g.pr.a. наддавая
p.pr.a. наддающий
p.pt.a. наддававший
p.pr.p. наддаваемый

наддать *v volksspr* **1.** что *oder* чего hinzufügen **2.** erhöhen *Geschwindigkeit* ‖ *uv* наддавать, Formen das.
ft. наддам, -ашь, -аст, -адим, -адите, -адут
imp. наддай, ~те
pt. наддал, -ала, -ало
g.pt.a. наддав
p.pt.a. наддавший
p.pt.p. нáдданный; нáддан, наддана, нáддано

надебоширить *v umg* Radau machen, randalieren
ft. надебоширю, -ришь, -рят
imp. надебоширь, ~те
pt. надебоширил
g.pt.a. надебоширив
p.pt.a. надебоширивший

надевать(ся) *uv zu* надеть(ся)

наделать 1 *v* что *oder* чего **1.** *in best. Menge* machen, anfertigen **2.** viel *Mühe, Fehler u. ä.* machen, anrichten, verursachen

наделить *v* кого-что чем zuteilen; versehen (mit), ausstatten (mit); verteilen *Gaben* ‖ *uv* наделять 2a
ft. наделю, -лишь, -лят
imp. надели, ~те
pt. наделил
g.pt.a. наделив
p.pt.a. наделивший
p.pt.p. наделённый; наделён, -ена

наделять *uv zu* наделить

надёргать 1 *v* что *oder* чего **1.** *in best. Menge* (aus)zupfen, rupfen, ausreißen **2.** *übtr umg* wahllos herausgreifen ‖ *uv* надёргивать 1a

[1]**надёргивать** *uv zu* надёргать

[2]**надёргивать** *uv zu* надёрнуть

надерзить, *1. Pers ungebr, v umg* Grobheiten sagen
ft. надерзишь, -зят
imp. надерзи, ~те
pt. надерзил
g.pt.a. надерзив
p.pt.a. надерзивший

надёрнуть 6 *v* что *umg* schnell überwerfen [anziehen] ‖ *uv* надёргивать 1a
p.pt.p. надёрнутый

надеть *v* что (на кого-что) anziehen, überziehen, aufsetzen; anlegen; anstekken ‖ *uv* надевать 2a
ft. надену, -нешь, -нут
imp. надень, ~те
pt. надел
g.pt.a. надев
p.pt.a. надевший
p.pt.p. надетый

надеться, *1. u. 2. Pers ungebr, v umg* sich leicht anziehen lassen *Kleidungsstücke*; sich leicht überziehen lassen ‖ *uv* надеваться

надеяться *uv* **1.** на что *oder mit Infinitiv oder mit Konjunktion* что hoffen **2.** на кого-что sich verlassen (auf), vertrauen (auf), rechnen (auf). — (по-)
pr. надеюсь, -еешься, -еются
imp. надейся, -ейтесь
pt. надеялся, -лась
g.pr.a. надеясь
p.pr.a. надеющийся
p.pt.a. надеявшийся

надзирать 2a *uv* за кем-чем beaufsichtigen, überwachen

надивиться *v* кому-чему *oder* на кого-что genug bewundern, sich nicht genug wundern können (über)

ft. надивлю́сь, -ви́шься, -вя́тся
imp. надиви́сь, -и́тесь
pt. надиви́лся, -лась
g.pt.a. надиви́вшись
p.pt.a. надиви́вшийся

надира́ть *uv zu* надра́ть

надка́лывать *uv zu* надколо́ть

надкле́ивать(ся) *uv zu* надкле́ить(ся)

надкле́ить *v* что ankleben, aufkleben ‖ *uv* надкле́ивать 1a
ft. надкле́ю, -е́ишь, -е́ят
imp. надкле́й, ~те
pt. надкл´ил
g.pt.a. надкле́ив
p.pt.a. надкле́ивший
p.pt.p. надкле́енный

надкле́иться, *1. u. 2. Pers ungebr, v* an-, aufgeklebt werden ‖ *uv* надкле́иваться

надколо́ть *v* что **1.** leicht aufspalten, anspalten **2.** anstechen ‖ *uv* надка́лывать 1a
ft. надколю́, -о́лешь, -о́лют
imp. надколи́, ~те
pt. надколо́л
g.pt.a. надколо́в
p.pt.a. надколо́вший
p.pt.p. надко́лотый

надкуса́ть 2 *v* что *an mehreren Stellen* anbeißen ‖ *uv* надку́сывать 1a

надкуси́ть *v* что anbeißen ‖ *uv* надку́сывать 1a
ft. надкушу́, -у́сишь, -у́сят
imp. надкуси́, ~те
pt. надкуси́л
g.pt.a. надкуси́в
p.pt.a. надкуси́вший
p.pt.p. надку́шенный

[1]**надку́сывать** *uv zu* надкуса́ть

[2]**надку́сывать** *uv zu* надкуси́ть

надла́мывать(ся) *uv zu* надломи́ть(ся)

надлежа́ть (*Infinitiv ungebr*) *unpers* кому́-чему́ *mit Infinitiv buchspr* man muß, man soll, geziemt sich, gehört sich
pr. надлежи́т
pt. надлежа́ло

надлома́ть 2 *v umg* **1.** что anbrechen, (an)knicken **2.** *übtr* кого́-что brechen, untergraben

надломи́ть *v* **1.** что anbrechen, (an)knicken **2.** *übtr* кого́-что brechen, untergraben ‖ *uv* надла́мывать 1a
ft. надломлю́, -о́мишь, -о́мят
imp. надломи́, ~те
pt. надломи́л
g.pt.a. надломи́в
p.pt.a. надломи́вший
p.pt.p. надло́мленный

надломи́ться *v* **1.** *1. u. 2. Pers ungebr* angebrochen [angeknickt] werden **2.** *übtr* einen Knacks abbekommen, geschwächt werden ‖ *uv* надла́мываться

надоеда́ть *uv zu* надое́сть

надое́сть *v* кому́-чему́ langweilen, lästig [überdrüssig] werden ‖ *uv* надоеда́ть 2a
ft. надое́м, -е́шь, -е́ст, -еди́м, -еди́те, -едя́т
imp. надое́шь, ~те
pt. надое́л
g.pt.a. надое́в
p.pt.a. надое́вший

надои́ть *v* что *oder* чего́ *in best. Menge* melken ‖ *uv* нада́ивать 1a
ft. надою́, -о́ишь, -о́ят
imp. надои́, ~те *u. volksspr* надо́й, ~те
pt. надои́л
g.pt.a. надои́в
p.pt.a. надои́вший
p.pt.p. надо́енный

надолби́ть *v* что *oder* чего́ ausstemmen, aushöhlen ‖ *uv* нада́лбливать 1a
ft. надолблю́, -би́шь, -бя́т
imp. надолби́, ~те
pt. надолби́л
g.pt.a. надолби́в
p.pt.a. надолби́вший
p.pt.p. надолблённый; надолблён, -ена́

надорва́ть *v* что **1.** anreißen, einreißen **2.** *übtr* überanstrengen *Organe* ‖ *uv* надрыва́ть 2a; надрыва́ть гло́тку [го́рло] *volksspr* laut schreien, sprechen, singen *u. ä.*
ft. надорву́, -вёшь, -ву́т
imp. надорви́, ~те
pt. надорва́л, -ала́, -а́ло
g.pt.a. надорва́в
p.pt.a. надорва́вший
p.pt.p. надо́рванный

надорва́ться *v* **1.** (ein bißchen) einreißen **2.** *umg* sich körperlich schaden, sich überanstrengen **3.**: она́ вну́тренне надорвала́сь sie ist innerlich zerbrochen ‖ *uv* надрыва́ться
pt. надорва́лся, -ала́сь, -а́ло́сь

надоу́мить *v* кого́-что *umg* auf einen Gedanken bringen, raten (j-m) ‖ *uv* надоу́мливать 1a

ft.	надоу́млю, -мишь, -мят
imp.	надоу́мь, ~те
pt.	надоу́мил
g.pt.a.	надоу́мив
p.pt.a.	надоу́мивший
p.pt.p.	надоу́мленный

надоу́мливать *uv zu* надоу́мить

надпа́рывать *uv zu* надпоро́ть

надпи́ливать *uv zu* надпили́ть

надпили́ть *v* что ansägen; anfeilen ‖ *uv* надпи́ливать 1a

ft.	надпилю́, -и́лишь, -и́лят
imp.	надпили́, ~те
pt.	надпили́л
g.pt.a.	надпили́в
p.pt.a.	надпили́вший
p.pt.p.	надпи́ленный

надписа́ть *v* что **1.** mit einer Aufschrift [Adresse u. a.] versehen, beschriften **2.** daraufschreiben ‖ *uv* надпи́сывать 1a

ft.	надпишу́, -и́шешь, -и́шут
imp.	надпиши́, ~те
pt.	надписа́л
g.pt.a.	надписа́в
p.pt.a.	надписа́вший
p.pt.p.	надпи́санный

надпи́сывать *uv zu* надписа́ть

надпоро́ть *v* что ein wenig auftrennen ‖ *uv* надпа́рывать 1a

ft.	надпорю́, -о́решь, -о́рют
imp.	надпори́, ~те
pt.	надпоро́л
g.pt.a.	надпоро́в
p.pt.a.	надпоро́вший
p.pt.p.	надпо́ротый

надра́ивать *uv zu* надра́ить

надра́ить *v* что *naut* reinigen, (blank) putzen, scheuern ‖ *uv* надра́ивать 1a

ft.	надра́ю, -а́ишь, -а́ят
imp.	надра́й, ~те
pt.	надра́ил
g.pt.a.	надра́ив
p.pt.a.	надра́ивший
p.pt.p.	надра́енный

надра́ть *v* что *oder* чего́ *in best. Menge* abreißen, abschälen ‖ *uv* надира́ть 2a

ft.	надеру́, -рёшь, -ру́т
imp.	надери́, ~те
pt.	надра́л, -ала́, -а́ло
g.pt.a.	надра́в
p.pt.a.	надра́вший
p.pt.p.	на́дранный

надре́зать *v* что ein wenig an-, einschneiden ‖ *uv* надреза́ть 2a *u.* надре́зывать 1a

ft.	надре́жу, -е́жешь, -е́жут
imp.	надре́жь, ~те
pt.	надре́зал
g.pt.a.	надре́зав
p.pt.a.	надре́завший
p.pt.p.	надре́занный

надреза́ть *uv zu* надре́зать

надре́зывать *uv zu* надре́зать

надруба́ть *uv zu* надруби́ть

надруби́ть *v* что anhauen, an-, einkerben ‖ *uv* надруба́ть 2a

ft.	надрублю́, -у́бишь, -у́бят
imp.	надруби́, ~те
pt.	надруби́л
g.pt.a.	надруби́в
p.pt.a.	надруби́вший
p.pt.p.	надру́бленный

надруга́ться 2 *v* над кем-чем beschimpfen, beleidigen

надрыва́ть *uv zu* надорва́ть

надрыва́ться 2a *uv* **1.** *uv zu* надорва́ться **2.** sich anstrengen, alles daransetzen

надры́згать 1 *v* чем *volksspr* bespritzen

надсади́ть *v* что *volksspr* überanstrengen, überspannen *Kräfte* ‖ *uv* надса́живать 1a

ft.	надсажу́, -а́дишь, -а́дят
imp.	надсади́, ~те
pt.	надсади́л
g.pt.a.	надсади́в
p.pt.a.	надсади́вший
p.pt.p.	надса́женный

надсади́ться *v volksspr* sich überanstrengen, sich überheben

надса́живать *uv zu* надсади́ть

надса́живаться 1a *uv volksspr* sich überanstrengen

надсма́тривать 1a *uv* над кем-чем *oder* за кем-чем beobachten, beaufsichtigen, aufpassen (auf), überwachen

надста́вить *v* что ansetzen, länger machen ‖ *uv* надставля́ть 2a

ft.	надста́влю, -вишь, -вят
imp.	надста́вь, ~те
pt.	надста́вил
g.pt.a.	надста́вив
p.pt.a.	надста́вивший
p.pt.p.	надста́вленный

надставля́ть *uv zu* надста́вить

надстра́ивать *uv zu* надстро́ить

надстро́ить *v* что *arch* **1.** (darauf)bauen (auf), einen Oberbau ausführen **2.** aufstocken ‖ *uv* надстра́ивать 1a

ft.	надстро́ю, -о́ишь, -о́ят
imp.	надстро́й, ~те
pt.	надстро́ил
g.pt.a.	надстро́ив
p.pt.a.	надстро́ивший
p.pt.p.	надстро́енный

надтре́снуть 6, *1. u. 2. Pers ungebr, v* Risse [Sprünge] bekommen, platzen

надтре́снуться, *1. u. 2. Pers ungebr, v umg* Risse [Sprünge] bekommen, platzen

надува́ть(ся) *uv zu* наду́ть(ся)

наду́мать 1 *v* что *u. mit Infinitiv umg* sich entschließen, zu dem Entschluß kommen; ausdenken ‖ *uv* наду́мывать 1a

наду́маться *v umg* lange nachdenken ‖ *uv* наду́мываться

наду́мывать(ся) *uv zu* наду́мать(ся)

наду́ть *v* **1.** что aufblasen, aufpumpen; aufblähen *Segel* **2.** *1. u. 2. Pers ungebr* что *oder* чего́ *in Mengen* heranwehen **3.** *unpers* во что *umg* kalt hereinziehen *von der Luft* **4.** кого́-что *volksspr* anschwindeln, betrügen ‖ *uv* надува́ть 2a

ft.	наду́ю, -у́ешь, -у́ют
imp.	наду́й, ~те
pt.	наду́л
g.pt.a.	наду́в
p.pt.a.	наду́вший
p.pt.p.	наду́тый

наду́ться *v* **1.** sich aufblähen, sich aufblasen, sich mit Luft füllen **2.** *umg* sich aufblasen, eingebildet werden **3.** *umg* schmollen, beleidigt tun **4.** чего́ *volksspr* zu viel trinken ‖ *uv* надува́ться *zu* 1, 4

надуши́ть *v* кого́-что parfümieren

ft.	надушу́, -у́шишь, -у́шат
imp.	надуши́, ~те
pt.	надуши́л
g.pt.a.	надуши́в
p.pt.a.	надуши́вший
p.pt.p.	наду́шенный *u.* надушённый; надушён, -ена́

надуши́ться *v* sich parfümieren

надыми́ть *v* что *oder* чем vollrauchen

ft.	надымлю́, -ми́шь, -мя́т
imp.	надыми́, ~те
pt.	надыми́л
g.pt.a.	надыми́в
p.pt.a.	надыми́вший

надыша́ть *v* **1.** die Luft schwül [stickig] machen **2.** на что *umg* anhauchen

ft.	надышу́, -ы́шишь, -ы́шат
imp.	надыши́, ~те
pt.	надыша́л
g.pt.a.	надыша́в
p.pt.a.	надыша́вший

надыша́ться *v* чем sich sattatmen, viel einatmen

наеда́ть(ся) *uv zu* нае́сть(ся)

нае́здить *v* что **1.** *a. ohne Objekt* fahren, reisen *eine best. Zeit hindurch*; *umg* zurücklegen *eine best. Strecke* **2.** *volksspr* durch Fahren verdienen **3.** einfahren, glatt machen *Weg*; fahrbar machen *Straße* **4.** кого́-что einfahren; zureiten ‖ *uv* наезжа́ть 2a *zu* 1, 3, 4 *u.* нае́зживать 1a *zu* 2, 3, 4

ft.	нае́зжу, -здишь, -здят
imp.	нае́зди, ~те
pt.	нае́здил
g.pt.a.	нае́здив
p.pt.a.	нае́здивший
p.pt.p.	нае́зженный

нае́здиться *v umg* viel umherfahren, des Fahrens satt [müde] werden ‖ *uv* наезжа́ться

нае́здничать 1a *uv alt* Überfälle zu Pferd ausführen

[1]**наезжа́ть** *uv zu* нае́здить

[2]**наезжа́ть** 2a *uv* **1.** *uv zu* нае́хать **2.** *umg* ab und zu besuchen

наезжа́ться *uv zu* нае́здиться

нае́зживать *uv zu* нае́здить

нае́сть *v* что *oder* чего́ *volksspr eine best. Menge* aufessen ‖ *uv* наеда́ть 2a

ft.	нае́м, нае́шь, нае́ст, наеди́м, наеди́те, наедя́т
imp.	нае́шь, ~те
pt.	нае́л
g.pt.a.	нае́в
p.pt.a.	нае́вший

нае́сться *v* **1.** чем sich satt essen (an) **2.** чего́ sich vollessen ‖ *uv* наеда́ться

нае́хать *v* **1.** на кого́-что (an)fahren, fahren (gegen, an) **2.** *umg* zusammenkommen, angereist kommen ‖ *uv* наезжа́ть 2a

ft.	нае́ду, -дешь, -дут
pt.	нае́хал
g.pt.a.	нае́хав
p.pt.a.	нае́хавший

нажа́ловаться 4 *v* на кого́-что *umg* sich viel beklagen (über)

нажа́ривать(ся) *uv zu* нажа́рить(ся)

нажа́рить *v* **1.** что *oder* чего́ *in best. Menge* braten **2.** что *volksspr tüchtig* (ein)heizen ‖ *uv* нажа́ривать 1a

ft.	нажáрю, -ришь, -рят
imp.	нажáрь, ~те
pt.	нажáрил
g.pt.a.	нажáрив
p.pt.a.	нажáривший
p.pt.p.	нажáренный

нажáриться *v volksspr* sich zur Genüge sonnen; sich lange der Hitze aussetzen ‖ *uv* нажáриваться

[1]**нажáть** *v* **1.** что *oder* на что drücken (auf) **2.** *übtr* на когó-что *volksspr* einen Druck ausüben (auf), dringen (in) **3.** *übtr volksspr* Druck dahinter legen, sich energisch an etw. machen **4.** что *oder* чегó herauspressen, -quetschen ‖ *uv* нажимáть 2a

ft.	нажмý, -мёшь, -мýт
imp.	нажми́, ~те
pt.	нажáл
g.pt.a.	нажáв
p.pt.a.	нажáвший
p.pt.p.	нажáтый

[2]**нажáть** *v* что *oder* чегó *in best. Menge* mähen ‖ *uv* нажинáть 2a

ft.	нажнý, -нёшь, -нýт
imp.	нажни́, ~те
pt.	нажáл
g.pt.a.	нажáв
p.pt.a.	нажáвший
p.pt.p.	нажáтый

нажéчь *v* **1.** что *oder* чегó *umg in best. Menge* verbrennen; durch Brennen herstellen **2.** что *umg tüchtig* einheizen *Ofen*; sengen **3.** когó-что *übtr volksspr* prellen, betrügen (um) ‖ *uv* нажигáть 2a

ft.	нажгý, -жжёшь, -жгýт
imp.	нажги́, ~те
pt.	нажёг, нажглá
g.pt.a.	нажёгши
p.pt.a.	нажёгший
p.pt.p.	нажжённый; нажжён, -енá

наживáть(ся) *uv zu* нажи́ть(ся)

наживи́ть *v* что den Köder anstecken *an den Angelhaken* ‖ *uv* наживлять 2a

ft.	наживлю́, -ви́шь, -вя́т
imp.	наживи́, ~те
pt.	наживи́л
g.pt.a.	наживи́в
p.pt.a.	наживи́вший
p.pt.p.	наживлённый; наживлён, -енá

наживля́ть *uv zu* наживи́ть

нажигáть *uv zu* нажéчь

нажимáть *uv zu* [1]нажáть

нажинáть *uv zu* [2]нажáть

нажи́ть *v* что **1.** erwerben, gewinnen, anhäufen **2.** *übtr* sich zuziehen, sich holen *etwas Unangenehmes*, *Krankheit* ‖ *uv* наживáть 2a

ft.	наживý, -вёшь, -вýт
imp.	наживи́, ~те
pt.	нáжил *u. umg* нажи́л, нажилá, нáжило *u. umg* нажи́ло
g.pt.a.	нажи́в
p.pt.a.	нажи́вший
p.pt.p.	нáжитый; нáжит, нажитá, нáжито

нажи́ться *v* **1.** на чём sich bereichern (an, bei), reich werden (durch) **2.** *umg* lange genug [irgendwo] leben ‖ *uv* наживáться *zu* 1

pt.	нажи́лся́, -илáсь, -илóсь

назвáнивать 1a *uv umg eine Zeitlang* kräftig läuten; *andauernd* telephonisch anrufen

[1]**назвáть** *v* когó-что **1.** кем-чем (be)nennen, bezeichnen **2.** (beim Namen) nennen, aufzählen ‖ *uv* называ́ть 2a

ft.	назовý, -вёшь, -вýт
imp.	назови́, ~те
pt.	назвáл, -алá, -áло
g.pt.a.	назвáв
p.pt.a.	назвáвший
p.pt.p.	нáзванный

[2]**назвáть** *v* когó-что *in best. Anzahl* einladen, zusammenrufen ‖ *uv* называ́ть 2a Formen wie [1]назвáть

[1]**назвáться** *v* кем-чем sich nennen, heißen; sich ausgeben (für)

pt.	назвáлся, -алáсь, -áлóсь

[2]**назвáться** *v umg* sich aufdrängen; sich einladen ‖ *uv* называ́ться 2a

pt.	назвáлся, -алáсь, -áлóсь

наздрáвствоваться [аст] 4 *v* (*meist mit Negation* «не») *volksspr* einander mehrmals (be)grüßen

назначáть *uv zu* назнáчить

назнáчить *v* **1.** что bestimmen, festsetzen **2.** когó-что (кем) ernennen (zu), einsetzen (als); auftragen **3.** что комý *umg* ärztlich verschreiben, verordnen ‖ *uv* назначáть 2a

ft.	назнáчу, -чишь, -чат
imp.	назнáчь, ~те
pt.	назнáчил
g.pt.a.	назнáчив
p.pt.a.	назнáчивший
p.pt.p.	назнáченный

назревáть *uv zu* назрéть

назре́ть 3, *1. u. 2. Pers ungebr, v* **1.** reif werden, reifen **2.** *übtr* heranreifen ‖ *uv* назрева́ть 2a

¹,²называ́ть *uv zu* ¹,²назва́ть

¹называ́ться 2a *uv* кем-чем genannt werden, heißen, sich nennen

²называ́ться *uv zu* ²назва́ться

наи́вничать 1a *uv umg* naiv tun

наигра́ть 2 *v* **1.** что *oder* чего́ *umg* (vor)spielen **2.** что *oder* чего́ *umg* gewinnen *beim Spielen* **3.** что *umg mus* leise (vor sich hin) spielen **4.** что bespielen *Tonband, Platte* ‖ *uv* наи́грывать 1a

наигра́ться *v* genug spielen

наи́грывать *uv zu* наигра́ть

наименова́ть 5 *v* кого́-что *buchspr* benennen, einen Namen geben

¹найти́ *v* кого́-что **1.** finden, ausfindig machen **2.** vorfinden, antreffen **3.** *mit Konjunktion* что finden, meinen, zu dem Schluß kommen **4.** чем befinden, halten (für) **5.** в ком-чём *Trost, Vergnügen* finden (in, an) ‖ *uv* ¹находи́ть, Formen das.

ft.	найду́, -дёшь, -ду́т
imp.	найди́, ~те
pt.	нашёл, -шла́
g.pt.a.	найдя́ *u. alt* наше́дши
p.pt.a.	наше́дший
p.pt.p.	на́йденный

²найти́ *v* **1.** на кого́-что im Gehen [Fahren] stoßen (auf, gegen) **2.** *1. u. 2. Pers ungebr* на что verdecken, sich schieben (vor, über) **3.** *1. u. 2. Pers ungebr* на кого́-что *umg* überkommen, befallen *Gefühle usw.* **4.** *1. u. 2. Pers ungebr* что *oder* чего́ *in Menge* zusammenkommen; *in Menge* eindringen ‖ *uv* ²находи́ть, Formen das.
kein *p.pt.p.*
Übrige Formen wie ¹найти́

найти́сь *v* **1.** sich finden **2.** sich (schnell) zurechtfinden, nicht verlegen sein ‖ *uv* находи́ться *zu* 1

g.pt.a.	найдя́сь

найто́вить *uv* что *naut* seisen

ft.	найто́влю, -вишь, -вят
imp.	найто́вь, ~те
pt.	найто́вил
g.pr.a.	найто́вя
p.pr.a.	найто́вящий
p.pt.a.	найто́вивший

нака́верзить *v volkssрr* intrigieren, Ränke schmieden; böse [mutwillige] Streiche machen

ft.	нака́вержу, -рзишь, -рзят
imp.	нака́верзи, ~те
pt.	нака́верзил
g.pt.a.	нака́верзив
p.pt.a.	нака́верзивший

нака́верзничать 1 *v umg mißb* intrigieren, Ränke schmieden; böse [mutwillige] Streiche machen

¹наказа́ть *v* кого́-что bestrafen ‖ *uv* нака́зывать 1a

ft.	накажу́, -а́жешь, -а́жут
imp.	накажи́, ~те
pt.	наказа́л
g.pt.a.	наказа́в
p.pt.a.	наказа́вший
p.pt.p.	нака́занный

²наказа́ть *v* кому́-чему́ *alt u. volkssрr* einen Auftrag geben ‖ *uv* нака́зывать 1a
kein *p.pt.p.*
Übrige Formen wie ¹наказа́ть

¹,²нака́зывать *uv zu* ¹,²наказа́ть

нака́ливать(ся) *uv zu* накали́ть(ся)

накали́ть *v* что stark erhitzen, glühend machen ‖ *uv* нака́ливать 1a *u.* накаля́ть 2a

ft.	накалю́, -ли́шь, -ля́т
imp.	накали́, ~те
pt.	накали́л
g.pt.a.	накали́в
p.pt.a.	накали́вший
p.pt.p.	накалённый; накалён, -ена́

накали́ться *v* **1.** sich stark erhitzen *Material* **2.**: междунаро́дная обстано́вка накали́лась die internationale Lage wurde äußerst gespannt ‖ *uv* нака́ливаться *u.* накаля́ться

¹,²нака́лывать *uv zu* ¹,²наколо́ть

нака́лываться *uv zu* наколо́ться

накаля́каться 1 *v volkssрr* sich ausplaudern, zur Genüge schwatzen

накаля́ть(ся) *uv zu* накали́ть(ся)

наканифо́лить *v* что mit Kolophonium einreiben

ft.	наканифо́лю, -лишь, -лят
imp.	наканифо́ль, ~те
pt.	наканифо́лил
g.pt.a.	наканифо́лив
p.pt.a.	наканифо́ливший
p.pt.p.	наканифо́ленный

нака́пать *v* **1.** что *oder* чего́ (ein)träufeln, Tropfen fallen lassen **2.** что *oder* чем

Tropfen daneben gießen, verschütten ‖ *uv* накáпывать 1 a

ft.	накáпаю, -аешь, -ают *u. alt* накáплю, -лешь, -лют
imp.	накáпай, ~те
pt.	накáпал
g.pt.a.	накáпав
p.pt.a.	накáпавший
p.pt.p.	накáпанный

накáпливать(ся) *uv zu* накопи́ть(ся)

накáпчивать *uv zu* накопти́ть

[1]**накáпывать** *uv zu* накáпать

[2]**накáпывать** *uv zu* накопáть

накáркать 1 *v* что *u. ohne Objekt umg* **1.** krächzen *von Krähen* **2.** unken, Unglück prophezeien ‖ *uv* накáркивать 1 a

накáркивать *uv zu* накáркать

накатáть 2 *v* **1.** что *oder* чегó (heran)wälzen, (heran)rollen **2.** что *oder* чегó mangeln *Wäsche*; drehen *Kugeln* **3.** что bahnen, glattfahren *Weg* **4.** что auftragen *Farbe*, *Leim* **5.** что *oder* чегó *volksspr* zusammenschmieren, schnell hinschmieren, hinschreiben ‖ *uv* накáтывать 1 a *zu* 1—4

накатáться *v umg* zur Genüge umherfahren, [spazierenfahren] ‖ *uv* накáтываться

накати́ть *v* **1.** что *oder* чегó *in best. Menge* rollen, wälzen **2.** что на что (hinauf)rollen (auf) ‖ *uv* накáтывать 1 a

ft.	накачý, -áтишь, -áтят
imp.	накати́, ~те
pt.	накати́л
g.pt.a.	накати́в
p.pt.a.	накати́вший
p.pt.p.	накáченный

накати́ться *v* на когó-что **1.** im Rollen stoßen (auf, gegen) **2.** *volksspr* sich (heran)wälzen (auf) *Welle u. a.* ‖ *uv* накáтываться

[1]**накáтывать(ся)** *uv zu* накатáть(ся)

[2]**накáтывать(ся)** *uv zu* накати́ть(ся)

накачáть 2 *v* **1.** что *oder* чегó (voll)pumpen, herauspumpen **2.** что aufpumpen *Reifen* ‖ *uv* накáчивать 1 a

накáчивать *uv zu* накачáть

накáшивать *uv zu* накоси́ть

наквáсить *v* что *oder* чегó *hinlänglich viel* einsäuern ‖ *uv* наквáшивать 1 a

ft.	наквáшу, -áсишь, -áсят
imp.	наквáсь, ~те
pt.	наквáсил
g.pt.a.	наквáсив
p.pt.a.	наквáсивший
p.pt.p.	наквáшенный

наквáшивать *uv zu* наквáсить

накидáть 2 *v* **1.** что vollwerfen **2.** что *oder* чегó *in best. Menge* werfen, umherwerfen ‖ *uv* наки́дывать 1 a

[1]**наки́дывать** *uv zu* накидáть

[2]**наки́дывать** *uv zu* наки́нуть

наки́дываться *uv zu* наки́нуться

наки́нуть 6 *v* что **1.** на что umlegen, über-, umwerfen *Kleidungsstück* **2.** *umg* den Preis erhöhen, draufschlagen ‖ *uv* наки́дывать 1 a

imp.	наки́нь, ~те
p.pt.p.	наки́нутый

наки́нуться *v* на когó-что sich stürzen (auf) ‖ *uv* наки́дываться

накипáть *uv zu* накипéть

накипéть, *1. u. 2. Pers ungebr*, *v* **1.** Schaum bilden *beim Kochen*; sich ansetzen *Kesselstein* **2.** *übtr unpers* sich ansammeln *Zorn* ‖ *uv* накипáть 2 a

ft.	накипи́т, -пя́т
pt.	накипéл
g.pt.a.	накипéв
p.pt.a.	накипéвший

накипяти́ть *v* что *oder* чегó *in best. Menge* (ab)kochen

ft.	накипячý, -яти́шь, -ятя́т
imp.	накипяти́, ~те
pt.	накипяти́л
g.pt.a.	накипяти́в
p.pt.a.	накипяти́вший
p.pt.p.	накипячённый; накипячён, -енá

[1]**наклáдывать** *uv zu* наложи́ть

[2]**наклáдывать** *uv zu* наклáсть

наклáсть *v* что *oder* чегó *oder* комý-чемý *volksspr* auflegen, aufladen ‖ *uv* наклáдывать 1 a

ft.	накладý, -дёшь, -дýт
imp.	наклади́, ~те
pt.	наклáл
g.pt.a.	наклáв
p.pt.a.	наклáвший

наклеветáть *v* на когó-что verleumden

ft.	наклеветý, -éщешь, -éщут
imp.	наклевещи́, ~те
pt.	наклеветáл
g.pt.a.	наклеветáв
p.pt.a.	наклеветáвший

наклéивать *uv zu* наклéить

накле́ить *v* что aufkleben, anleimen ‖ *uv* накле́ивать 1a
ft. накле́ю, -е́ишь, -е́ят
imp. накле́й, ~те
pt. накле́ил
g.pt.a. накле́ив
p.pt.a. накле́ивший
p.pt.p. накле́енный

[1]**наклепа́ть** *v* что aufnieten ‖ *uv* наклёпывать 1a
ft. наклепа́ю, -а́ешь, -а́ют *u.* наклеплю́, -е́плешь, -е́плют
imp. наклепа́й, ~те *u.* наклепли́, ~те *u.* наклепи́, ~те
pt. наклепа́л
g.pt.a. наклепа́в
p.pt.a. наклепа́вший
p.pt.p. наклёпанный

[2]**наклепа́ть** *v* на кого́-что *volksspr* verunglimpfen
ft. наклеплю́, -е́плешь, -е́плют
imp. наклепли́, ~те *u.* наклепи́, ~те
pt. наклепа́л
g.pt.a. наклепа́в
p.pt.a. наклепа́вший

наклёпывать *uv zu* [1]наклепа́ть

накли́кать *v* что *Unheil* heraufbeschwören ‖ *uv* наклика́ть 2a *u.* накли́кивать 1a
ft. накли́чу, -чешь, -чат
imp. накли́чь, ~те
pt. накли́кал
g.pt.a. накли́кав
p.pt.a. накли́кавший
p.pt.p. накли́канный

наклика́ть *uv zu* накли́кать

накли́кивать *uv zu* накли́кать

наклони́ть *v* что neigen, (nieder)beugen ‖ *uv* наклоня́ть 2a
ft. наклоню́, -о́нишь, -о́нят
imp. наклони́, ~те
pt. наклони́л
g.pt.a. наклони́в
p.pt.a. наклони́вший
p.pt.p. наклонённый; наклонён, -ена́

наклони́ться *v* к кому́-чему́ *oder* над кем-чем **1.** sich neigen, sich beugen, sich herabbiegen **2.** sich bücken ‖ *uv* наклоня́ться

наклоня́ть(ся) *uv zu* наклони́ть(ся)

накля́узничать 1 *v volksspr* verleumden

накова́ть 5 *v* **1.** что *oder* что на что auf-, anschmieden (an, auf) **2.** что *oder* чего́ *in best. Menge* (fertig)schmieden ‖ *uv* нако́вывать 1a
ft. накую́, -уёшь, -ую́т

нако́вывать *uv zu* накова́ть

накоксова́ть 5 *v* что *oder* чего́ *in best. Menge* verkoken

накола́чивать *uv zu* наколоти́ть

наколдова́ть 5 *v* что *oder* чего́ herbei-, zusammenzaubern; wahrsagen ‖ *uv* наколдо́вывать 1a

наколдо́вывать *uv zu* наколдова́ть

наколоти́ть *v* **1.** что на что auftreiben *Reifen u. ä.*, (auf)schlagen (auf) **2.** чего́ *umg* einschlagen *Nägel* **3.** что *oder* чего́ *umg in best. Menge* zerschlagen **4.** кого́-что *volksspr* schlagen, prügeln ‖ *uv* накола́чивать 1a
ft. наколочу́, -о́тишь, -о́тят
imp. наколоти́, ~те
pt. наколоти́л
g.pt.a. наколоти́в
p.pt.a. наколоти́вший
p.pt.p. наколо́ченный

[1]**наколо́ть** *v* **1.** кого́-что на что aufspießen (auf) **2.** что на что anstecken, befestigen *mit Nadeln u. ä.* **3.** что *oder* чего́ aufstechen *Muster u. ä.*; durchlöchern **4.** кого́-что *oder* кого́-чего́ abstechen, schlachten **5.** что sich stechen ‖ *uv* нака́лывать 1a
ft. наколю́, -о́лешь, -о́лют
imp. наколи́, ~те
pt. наколо́л
g.pt.a. наколо́в
p.pt.a. наколо́вший
p.pt.p. нако́лотый

[2]**наколо́ть** *v* что *oder* чего́ *in best. Menge* hacken, spalten ‖ *uv* нака́лывать 1a
Formen wie [1]наколо́ть

наколо́ться *v* на что sich stechen, auf etw. Scharfes stoßen ‖ *uv* нака́лываться

накопа́ть 2 *v* что *oder* чего́ graben, ausgraben ‖ *uv* нака́пывать 1a

накопи́ть *v* что *oder* чего́ anhäufen, zusammensparen; (an)sammeln ‖ *uv* нака́пливать 1a *u.* накопля́ть 2a
ft. накоплю́, -о́пишь, -о́пят
imp. накопи́, ~те
pt. накопи́л
g.pt.a. накопи́в
p.pt.a. накопи́вший
p.pt.p. нако́пленный

накопи́ться, *1. u. 2. Pers ungebr*, *v* sich ansammeln, sich anhäufen ‖ *uv* нака́пливаться *u.* накопля́ться

накопля́ть(ся) *uv zu* накопи́ть(ся)

накопти́ть *v* **1.** что *oder* чего́ mit Ruß schwärzen [bedecken] **2.** что *oder* чего́ *in best. Menge* räuchern *Lebensmittel* **3.** *1. u. 2. Pers ungebr* rußen, Ruß absondern ‖ *uv* нака́пчивать 1a *zu* 2

ft. накопчу́, -пти́шь, -птя́т
imp. накопти́, ~те
pt. накопти́л
g.pt.a. накопти́в
p.pt.a. накопти́вший
p.pt.p. накопчённый; накопчён, -ена́

накорми́ть *v zu* корми́ть

ft. накормлю́, -о́рмишь, -о́рмят
imp. накорми́, ~те
pt. накорми́л
g.pt.a. накорми́в
p.pt.a. накорми́вший
p.pt.p. нако́рмленный

накоси́ть *v* что *oder* чего́ *in best. Menge* abmähen ‖ *uv* нака́шивать 1a

ft. накошу́, -о́сишь, -о́сят
imp. накоси́, ~те
pt. накоси́л
g.pt.a. накоси́в
p.pt.a. накоси́вший
p.pt.p. нако́шенный

накостыля́ть 2 *v* кому́-чему́ что *u. ohne Objekt volksspr* verprügeln, kein *p.pt.p.*

накра́дывать *uv zu* накра́сть

накра́ивать *uv zu* накрои́ть

накра́пывать 1a, *1. u. 2. Pers ungebr*, *uv* tröpfeln *Regen*

накра́сить *v* **1.** что schminken, malen **2.** что *oder* чего́ *eine best. Menge* färben ‖ *uv* накра́шивать 1a

ft. накра́шу, -а́сишь, -а́сят
imp. накра́сь, ~те
pt. накра́сил
g.pt.a. накра́сив
p.pt.a. накра́сивший
p.pt.p. накра́шенный

накра́ситься *v umg* sich schminken ‖ *uv* накра́шиваться

накра́сть *v* что *oder* чего́ viel (zusammen)-stehlen ‖ *uv* накра́дывать 1a

ft. накраду́, -дёшь, -ду́т
imp. накради́, ~те
pt. накра́л
g.pt.a. накрадя́ *u.* накра́в
p.pt.a. накра́вший
p.pt.p. накра́денный

накрахма́ливать *uv zu* накрахма́лить

накрахма́лить *v* что stärken *Wäsche* ‖ *uv* накрахма́ливать 1a

ft. накрахма́лю, -лишь, -лят
imp. накрахма́ль, ~те
pt. накрахма́лил
g.pt.a. накрахма́лив
p.pt.a. накрахма́ливший
p.pt.p. накрахма́ленный

накра́шивать(ся) *uv zu* накра́сить(ся)

накрени́ть *v* что *naut* auf die Seite legen ‖ *uv* накреня́ть 2a

ft. накреню́, -ни́шь, -ня́т
imp. накрени́, ~те
pt. накрени́л
g.pt.a. накрени́в
p.pt.a. накрени́вший
p.pt.p. накренённый; накренён, -ена́

накрени́ться, *1. u. 2. Pers ungebr*, *v naut* sich auf die Seite legen, krängen ‖ *uv* накреня́ться

накреня́ть(ся) *uv zu* накрени́ть(ся)

накрича́ть *v* на кого́-что anschreien, anbrüllen

ft. накричу́, -чи́шь, -ча́т
imp. накричи́, ~те
pt. накрича́л
g.pt.a. накрича́в
p.pt.a. накрича́вший

накрича́ться *v umg* sich satt [müde] schreien, lange genug schreien

накрои́ть *v* что *oder* чего́ *in best. Menge* zuschneiden ‖ *uv* накра́ивать 1a

ft. накрою́, -ои́шь, -оя́т
imp. накрои́, ~те
pt. накрои́л
g.pt.a. накрои́в
p.pt.a. накрои́вший
p.pt.p. накро́енный

накромса́ть 2 *v* что *oder* чего́ einige Stücke abschneiden

накропа́ть 2 *v* что *oder* чего́ *umg iron* zusammenstümpern, etw. verzapfen; накропа́ть стихи́ schlechte Verse machen

накроши́ть *v* **1.** что *oder* чего́ (zer)krümeln, (zer)bröckeln **2.** чем Krümel verstreuen

ft. накрошу́, -о́шишь, -о́шат
imp. накроши́, ~те
pt. накроши́л
g.pt.a. накроши́в
p.pt.a. накроши́вший
p.pt.p. накро́шенный

накрути́ть *v* **1.** что на что aufwickeln **2.** что *oder* чего́ *volksspr* eine schwierige Sache drehen [schaffen] ‖ *uv* накру́чивать 1a

ft.	накручу́, -у́тишь, -у́тят
imp.	накрути́, ~те
pt.	накрути́л
g.pt.a.	накрути́в
p.pt.a.	накрути́вший
p.pt.p.	накру́ченный

накрути́ться, *1. u. 2. Pers ungebr*, *v* на что sich aufwickeln, sich aufspulen (auf) || *uv* накру́чиваться

накру́чивать(ся) *uv zu* накрути́ть(ся)

накрыва́ть(ся) *uv zu* накры́ть(ся)

накры́ть *v* кого́-что **1.** bedecken; zudecken **2.** *umg* erwischen, ertappen || *uv* накрыва́ть 2a

ft.	накро́ю, -о́ешь, -о́ют
imp.	накро́й, ~те
pt.	накры́л
g.pt.a.	накры́в
p.pt.a.	накры́вший
p.pt.p.	накры́тый

накры́ться *v* sich ganz zudecken || *uv* накрыва́ться

накупа́ть *uv zu* накупи́ть

накупи́ть *v* что *oder* чего́ *viel* aufkaufen || *uv* накупа́ть 2a

ft.	накуплю́, -у́пишь, -у́пят
imp.	накупи́, ~те
pt.	накупи́л
g.pt.a.	накупи́в
p.pt.a.	накупи́вший
p.pt.p.	наку́пленный

наку́ривать(ся) *uv zu* накури́ть(ся)

накури́ть *v* **1.** чем *u. ohne Objekt* vollrauchen, verqualmen **2.** что *oder* чего́ *in best. Menge* brennen || *uv* наку́ривать 1a

ft.	накурю́, -у́ришь, -у́рят
imp.	накури́, ~те
pt.	накури́л
g.pt.a.	накури́в
p.pt.a.	накури́вший
p.pt.p.	наку́ренный

накури́ться *v* sich satt rauchen, zur Genüge rauchen || *uv* наку́риваться 1a

накуроле́сить *v volksspr* dumme Streiche verüben

ft.	накуроле́шу, -е́сишь, -е́сят
imp.	накуроле́сь, ~те
pt.	накуроле́сил
g.pt.a.	накуроле́сив
p.pt.a.	накуроле́сивший

накуса́ть 2 *v* что *umg an vielen Stellen* beißen oder stechen || *uv* наку́сывать 1a

наку́сывать *uv zu* накуса́ть

наку́тать 1 *v* что *oder* чего́ на кого́-что in viel Kleidung einhüllen, einwickeln || *uv* наку́тывать 1a

наку́тывать *uv zu* наку́тать

нала́вливать *uv zu* налови́ть

налага́ть *uv zu* наложи́ть

нала́дить *v* что **1.** in Ordnung bringen wieder in Gang setzen, herrichten **2.** einrichten, organisieren; regeln || *uv* нала́живать 1a

ft.	нала́жу, -а́дишь, -а́дят
imp.	нала́дь, ~те
pt.	нала́дил
g.pt.a.	нала́див
p.pt.a.	нала́дивший
p.pt.p.	нала́женный

нала́диться *v* **1.** *1. u. 2. Pers. ungebr* in Gang [in Ordnung] kommen, anlaufen; sich gut einrichten, sich regeln **2.** *mit Infinitiv volksspr* sich gewöhnen (etw. zu tun) || *uv* нала́живаться *zu* 1

нала́живать(ся) *uv zu* нала́дить(ся)

нала́зиться *v umg* lange klettern, herumklettern

ft.	нала́жусь, -а́зишься, -а́зятся
imp.	нала́зься, -зьтесь
pt.	нала́зился, -лась
g.pt.a.	нала́зившись
p.pt.a.	нала́зившийся

налака́ться 2 *v* **1.** sich satt trinken *von Tieren* **2.** *derb volksspr* sich besaufen

нала́мывать *uv zu* налома́ть

налга́ть *v* **1.** что *oder* чего́ vor-, zusammenlügen **2.** на кого́-что verleumden; grundlos beschuldigen

ft.	налгу́, налжёшь, налгу́т
imp.	налги́, ~те
pt.	налга́л, -ала́, -а́ло
g.pt.a.	налга́в
p.pt.a.	налга́вший
p.pt.p.	на́лганный

налега́ть *uv zu* нале́чь

належа́ть *v* что *umg* durch langes Liegen sich wund liegen || *uv* налёживать 1a

ft.	належу́, -жи́шь, -жа́т
imp.	належи́, ~те
pt.	належа́л
g.pt.a.	належа́в
p.pt.a.	належа́вший
p.pt.p.	налёжанный

налёживать *uv zu* належа́ть

налеза́ть *uv zu* нале́зть

нале́зть, *1. u. 2. Pers ungebr*, *v umg* **1.** zusammenkriechen **2.** на кого́-что sich anziehen lassen; passen *von Kleidungsstücken u. ä.* ‖ *uv* налеза́ть 2a
ft. нале́зет, -зут
imp. нале́зьте
pt. нале́з, ~ла
g.pt.a. нале́зши
p.pt.a. нале́зший

налепи́ть *v* **1.** что *umg* auf-, ankleben **2.** что *oder* чего́ *in best. Menge* modellieren ‖ *uv* налепля́ть 2a
ft. налеплю́, -е́пишь, -е́пят
imp. налепи́, ~те
pt. налепи́л
g.pt.a. налепи́в
p.pt.a. налепи́вший
p.pt.p. нале́пленный

налепля́ть *uv zu* налепи́ть

[1]**налета́ть** *uv zu* налете́ть

[2]**налета́ть** 2 *v* что *eine best. Zeit oder Strecke* fliegen, im Flug zurücklegen ‖ *uv* налётывать 1a
p.pt.p. налётанный

налете́ть *v* **1.** на кого́-что aus der Luft angreifen; einen Luftangriff machen (auf) **2.** на кого́-что fliegen, rasen (auf, gegen) **3.** на кого́-что sich stürzen (auf), herfallen (über) **4.** на кого́-что *umg* herfallen, herziehen (über) *mit Schimpfen, Drohungen* **5.** *1. u. 2. Pers ungebr* sich ansetzen *Staub u. ä.* **6.** *1. u. 2. Pers ungebr* heranstürmen, plötzlich aufkommen *Sturm* **7.** *1. u. 2. Pers ungebr in best. Menge* herbeifliegen, angeflogen kommen ‖ *uv* налета́ть 2a
ft. налечу́, -ети́шь, -етя́т
imp. налети́, ~те
pt. налете́л
g.pt.a. налете́в
p.pt.a. налете́вший

нелётывать *uv zu* [2]налета́ть

нале́чь *v* на кого́-что **1.** sich legen (auf), sich stemmen (gegen) **2.** *übtr umg* sich energisch an etw. machen, sich (ver)legen (auf) **3.** *volksspr* drängen, antreiben ‖ *uv* налега́ть 2a
ft. наля́гу, -я́жешь, -я́гут
imp. наля́г, ~те
pt. налёг, -егла́
g.pt.a. налёгши
p.pt.a. налёгший

налива́ть(ся) *uv zu* нали́ть(ся)

нализа́ться *v* **1.** чего́ *umg* sich satt lecken (an) **2.** *derb volksspr* sich besaufen ‖ *uv* нали́зываться 1a
ft. нализу́сь, -и́жешься, -и́жутся
imp. нализи́сь, -и́тесь
pt. нализа́лся, -лась
g.pt.a. нализа́вшись
p.pt.a. нализа́вшийся

нали́зываться *uv zu* нализа́ться

налинова́ть 5 *v* что *oder* чего́ linieren ‖ *uv* налино́вывать 1a

налино́вывать *uv zu* налинова́ть

налипа́ть *uv zu* нали́пнуть

нали́пнуть, *1. u. 2. Pers ungebr*, *v* на что klebenbleiben ‖ *uv* налипа́ть 2a
ft. нали́пнет, -нут
pt. нали́п *u. alt* нали́пнул, нали́пла
g.pt.a. нали́пнув *u.* нали́пши
p.pt.a. нали́пший

нали́ть *v* **1.** что *oder* чего́ eingießen; einschenken **2.** что vollgießen, füllen **3.** что *oder* чего́ на что verschütten, -gießen *auf eine Fläche* ‖ *uv* налива́ть 2a
ft. налью́, нальёшь, нальют
imp. нале́й, ~те
pt. на́ли́л, налила́, на́ли́ло
g.pt.a. нали́в
p.pt.a. нали́вший
p.pt.p. на́ли́тый; на́ли́т, налита́, на́ли́то

нали́ться, *1. u. 2. Pers ungebr*, *v* **1.** hineinfließen, eindringen **2.** reifen, saftig werden **3.** anschwellen *Adern, Muskeln* ‖ *uv* налива́ться
pt. нали́лся́, -ила́сь, -и́ло́сь

нали́чествовать 4a *uv buchspr* anwesend [gegenwärtig] sein, vorhanden sein

налови́ть *v* что *oder* кого́-чего́ *in best. Menge* fangen ‖ *uv* нала́вливать 1a
ft. наловлю́, -о́вишь, -о́вят
imp. налови́, ~те
pt. налови́л
g.pt.a. налови́в
p.pt.a. налови́вший
p.pt.p. нало́вленный

наловчи́ться *v mit Infinitiv umg* Fertigkeit [Gewandtheit] erlangen
ft. наловчу́сь, -чи́шься, -ча́тся
imp. наловчи́сь, -и́тесь
pt. наловчи́лся, -лась
g.pt.a. наловчи́вшись
p.pt.a. наловчи́вшийся

наложи́ть *v* **1.** что (auf)legen (auf); auftragen *Farbe, Schminke u. ä.* **2.** что *med* anlegen *Verband u. ä.* **3.** что на что aufdrücken *Stempel* **4.** что füllen, volladen **5.** что *oder* чего́ на *oder* во что *in best.*

Menge legen, packen, stopfen **6.** что на когó-что auferlegen; verhängen *Strafe, Verbot*; einlegen *Veto*; наложи́ть ви́зу ein Visum erteilen ‖ *uv* накла́дывать 1a *zu* 1—5 *u.* налагáть 2a *zu* 6

ft. наложу́, -óжишь, -óжат
imp. наложи́, ~те
pt. наложи́л
g.pt.a. наложи́в
p.pt.a. наложи́вший
p.pt.p. налóженный

наломáть 2 *v* что *oder* чегó *in best. Menge* (ab)brechen, zerbrechen ‖ *uv* налáмывать 1a

налощи́ть *v* что polieren, blankreiben; bohnern; Glanz auftragen

ft. налощу́, -щи́шь, -щáт
imp. налощи́, ~те
pt. налощи́л
g.pt.a. налощи́в
p.pt.a. налощи́вший
p.pt.p. налощённый; налощён, -енá

налу́щивать *uv zu* налущи́ть

налущи́ть *v* что *oder* чегó *in best. Menge* schälen, aushülsen ‖ *uv* налу́щивать 1a

ft. налущу́, -щи́шь, -щáт
imp. налущи́, ~те
pt. налущи́л
g.pt.a. налущи́в
p.pt.a. налущи́вший
p.pt.p. налущённый; налущён, -енá

налюбовáться 5 *v* кем-чем *oder* на когó-что, *a. mit Negation* sich satt sehen (an), sich ergötzen (an)

наля́пать 1 *v volksspr* **1.** что schmieren, klecksen **2.** что *oder* чегó *u. ohne Objekt* hinschmieren, (zusammen)pfuschen

намагни́тить *v* что magnetisieren ‖ *uv* намагни́чивать 1a

ft. намагни́чу, -и́тишь, -и́тят
imp. намагни́ть, ~те
pt. намагни́тил
g.pt.a. намагни́тив
p.pt.a. намагни́тивший
p.pt.p. намагни́ченный

намагни́чивать *uv zu* намагни́тить

намáзать *v* когó-что **1.** bestreichen, einreiben **2.** *umg* schminken **3.** что *oder* чегó *u. ohne Objekt umg* schlecht [pfuscherhaft] zeichnen **4.** *ohne Objekt umg* beschmutzen, beschmieren, schmutzig machen ‖ *uv* намáзывать 1a *zu* 1, 2

ft. намáжу, -жешь, -жут
imp. намáжь, ~те
pt. намáзал
g.pt.a. намáзав
p.pt.a. намáзавший
p.pt.p. намáзанный

намáзаться *v* **1.** sich einkremen, sich einreiben **2.** *umg* sich schminken ‖ *uv* намáзываться

намáзывать(ся) *uv zu* намáзать(ся)

намалевáть *v* когó-что **1.** *umg* schlecht malen, schlecht zeichnen **2.** *volksspr* schlecht schminken ‖ *uv* намалёвывать 1a

ft. намалю́ю, -ю́ешь, -ю́ют
imp. намалю́й, ~те
pt. намалевáл
g.pt.a. намалевáв
p.pt.a. намалевáвший
p.pt.p. намалёванный

намалёвывать *uv zu* намалевáть

намáлывать *uv zu* намолóть

намариновáть 5 *v* что *oder* чегó *in best. Menge* marinieren ‖ *uv* намаринóвывать 1a

намаринóвывать *uv zu* намариновáть

намáсливать *uv zu* намáслить

намáслить *v* что *umg* mit Öl [Butter] bestreichen ‖ *uv* намáсливать 1a

ft. намáслю, -лишь, -лят
imp. намáсли, ~те
pt. намáслил
g.pt.a. намáслив
p.pt.a. намáсливший
p.pt.p. намáсленный

намáтывать(ся) *uv zu* намотáть(ся)

намáчивать *uv zu* намочи́ть

намáщивать *uv zu* намости́ть

намáяться *v volksspr* todmüde werden, ermüden

ft. намáюсь, -áешься, -áются
imp. намáйся, -áйтесь
pt. намáялся, -лась
g.pt.a. намáявшись
p.pt.a. намáявшийся

намежевáть *v* что *oder* чегó abmarken, abgrenzen *Felder u. ä.* ‖ *uv* намежёвывать 1a

ft. намежу́ю, -у́ешь, -у́ют
imp. намежу́й, ~те
pt. намежевáл
g.pt.a. намежевáв
p.pt.a. намежевáвший
p.pt.p. намежёванный

намежёвывать *uv zu* намежевáть

намекáть 2a *uv* **1.** andeuten, zu verstehen geben **2.** на когó-что anspielen (auf) | *v mom* намекну́ть 7

намекну́ть *v mom zu* намека́ть

наме́ливать(ся) *uv zu* намели́ть(ся)

намели́ть *v* что mit Kreide einreiben || *uv* наме́ливать 1 a
ft. намелю́, -ли́шь, -ля́т
imp. намели́, ~те
pt. намели́л
g.pt.a. намели́в
p.pt.a. намели́вший
p.pt.p. намелённый; намелён, -ена́

намели́ться *v umg* sich mit Kreide beschmieren || *uv* наме́ливаться

наме́нивать *uv zu* наменя́ть

наменя́ть 2 *v* что *oder* чего́ *in best. Menge* wechseln *Geld* || *uv* наме́нивать 1 a

намерева́ться 2 a *uv mit Infinitiv* beabsichtigen, vorhaben

намерза́ть *uv zu* намёрзнуть

намёрзнуть *v* **1.** *1. u. 2. Pers ungebr* sich ansetzen *Eis* **2.** *umg* sehr frieren, vor Kälte erstarren || *uv* намерза́ть 2 a *zu* 1
ft. намёрзну, -нешь, -нут
imp. намёрзни, ~те
pt. намёрз, ~ла
g.pt.a. намёрзнув *u.* намёрзши
p.pt.a. намёрзший

намёрзнуться *v umg* stark frieren, vor Kälte erstarren

наме́ривать *uv zu* наме́рить

наме́рить *v* что *oder* чего́ *in best. Menge* abmessen, ausmessen || *uv* наме́ривать 1 a
ft. наме́рю, -ришь, -рят *u. umg* наме́ряю, -яешь, -яют
imp. наме́рь, ~те *u. umg* наме́ряй, ~те
pt. наме́рил
g.pt.a. наме́рив
p.pt.a. наме́ривший
p.pt.p. наме́ренный

намеси́ть *v* что *oder* чего́ *in best. Menge* (fertig)kneten *Teig* || *uv* наме́шивать 1 a
ft. намешу́, -е́сишь, -е́сят
imp. намеси́, ~те
pt. намеси́л
g.pt.a. намеси́в
p.pt.a. намеси́вший
p.pt.p. наме́шенный

намести́ *v* что *oder* чего́ **1.** zusammenkehren, -fegen **2.** zusammenwehen || *uv* намета́ть 2 a
ft. намету́, -тёшь, -ту́т
imp. намети́, ~те
pt. намёл, -ела́
g.pt.a. наметя́
p.pt.a. намётший
p.pt.p. наметённый; наметён, -ена́

[1]**намета́ть** *uv zu* намести́

[2]**намета́ть** *v* **1.** что *oder* чего́ zusammenwerfen, aufschütten **2.** что *oder* кого́-чего́ Junge werfen, gebären *Tiere*; намета́ть икры́ laichen **3.** что eine Fertigkeit erlangen; schärfen *Sinne u. ä.* || *uv* намётывать 1 a
ft. намечу́, -е́чешь, -е́чут
imp. намечи́, ~те
pt. намета́л
g.pt.a. намета́в
p.pt.a. намета́вший
p.pt.p. намётанный

[3]**намета́ть** 2 *v* что (an)heften, *mit großen Stichen* nähen || *uv* намётывать 1 a
p.pt.p. намётанный

[1]**наме́тить** *v* что **1.** markieren, kennzeichnen **2.** zeichnen *Wäsche* **3.** entwerfen, skizzieren || *uv* намеча́ть 2 a
ft. наме́чу, -е́тишь, -е́тят
imp. наме́ть, ~те
pt. наме́тил
g.pt.a. наме́тив
p.pt.a. наме́тивший
p.pt.p. наме́ченный

[2]**наме́тить** *v* **1.** что festsetzen *Termin* **2.** что sich vornehmen, vorhaben, planen; vormerken **3.** кого́-что zur Wahl vorschlagen, aufstellen *Kandidaten* **4.** что в кого́-что *umg* richten, zielen || *uv* намеча́ть 2 a
Formen wie [1]наме́тить

[1]**наме́титься,** *1. u. 2. Pers ungebr, v* sich abzeichnen *a. übtr* || *uv* намеча́ться

[2]**наме́титься,** *1. u. 2. Pers ungebr, v umg* zielen

[1,2]**намётывать** *uv zu* [2,3]намета́ть

[1,2]**намеча́ть** *uv zu* [1,2]наме́тить

намеча́ться *uv zu* [1]наме́титься

намеша́ть 2 *v* что *oder* чего́ во что *umg* beimischen || *uv* наме́шивать 1 a

[1]**наме́шивать** *uv zu* намеси́ть

[2]**наме́шивать** *uv zu* намеша́ть

намина́ть *uv zu* намя́ть

намозо́лить *v* что *oder* чего́ *umg* schwielig machen, Schwielen bilden
ft. намозо́лю, -лишь, -лят
imp. намозо́ль, ~те
pt. намозо́лил

g.pt.a. намозо́лив
p.pt.a. намозо́ливший
p.pt.p. намозо́ленный

намока́ть *uv zu* намо́кнуть

намо́кнуть *v* naß werden, durchweichen ‖ *uv* намока́ть 2a
ft. намо́кну, -нешь, -нут
imp. намо́кни, ~те
pt. намо́к, ~ла
g.pt.a. намо́кнув *u.* намо́кши
p.pt.a. намо́кший

намола́чивать *uv zu* намолоти́ть

намолоти́ть *v* кого́ *oder* чего́ *in best. Menge* (aus)dreschen ‖ *uv* намола́чивать 1a
ft. намолочу́, -о́тишь, -о́тят
imp. намолоти́, ~те
pt. намолоти́л
g.pt.a. намолоти́в
p.pt.a. намолоти́вший
p.pt.p. намоло́ченный

намоло́ть *v* **1.** что *oder* чего́ *in best. Menge* mahlen **2.** *volksspr Unsinn* zusammenreden ‖ *uv* нама́лывать 1a *zu* 1
ft. намелю́, -е́лешь, -е́лют
imp. намели́, ~те
pt. намоло́л
g.pt.a. намоло́в
p.pt.a. намоло́вший
p.pt.p. намо́лотый

намори́ть *v* что *oder* кого́-чего́ *in Menge* vertilgen *Ratten u. a.*
ft. наморю́, -ри́шь, -ря́т
imp. намори́, ~те
pt. намори́л
g.pt.a. намори́в
p.pt.a. намори́вший
p.pt.p. наморённый; наморён, -ена́

намо́рщивать(ся) *uv zu* намо́рщить(ся)

намо́рщить *v* что runzeln, falten, in Falten ziehen ‖ *uv* намо́рщивать 1a
ft. намо́рщу, -щишь, -щат
imp. намо́рщи, ~те
pt. намо́рщил
g.pt.a. намо́рщив
p.pt.a. намо́рщивший
p.pt.p. намо́рщенный

намо́рщиться *v* **1.** die Stirn runzeln **2.** verziehen *Gesicht* ‖ *uv* намо́рщиваться

намости́ть *v* что **1.** pflastern *Straße* **2.** *gbt* legen *Bretter*, *Balken*; dielen *Fußboden* ‖ *uv* нама́щивать 1a
ft. намощу́, -ости́шь, -остя́т
imp. намости́, ~те
pt. намости́л
g.pt.a. намости́в
p.pt.a. намости́вший
p.pt.p. намощённый; намощён, -ена́

намота́ть 2 *v* что *oder* чего́ *in best. Menge* aufwickeln, aufspulen ‖ *uv* нама́тывать 1a

намота́ться, *1. u. 2. Pers ungebr*, *v* на что sich aufwickeln, sich aufspulen (auf) ‖ *uv* нама́тываться

намочи́ть *v* **1.** кого́-что naß machen, anfeuchten; einweichen **2.** что *oder* чего́ *in best. Menge* einmachen *Früchte* ‖ *uv* нама́чивать 1a *zu* 2
ft. намочу́, -о́чишь, -о́чат
imp. намочи́, ~те
pt. намочи́л
g.pt.a. намочи́в
p.pt.a. намочи́вший
p.pt.p. намо́ченный

намудри́ть *v umg* ausklügeln, austüfteln
ft. намудрю́, -ри́шь, -ря́т
imp. намудри́, ~те
pt. намудри́л
g.pt.a. намудри́в
p.pt.a. намудри́вший

наму́дрствовать 4 *v umg* ausklügeln, austüfteln

наму́сливать(ся) *uv zu* наму́слить(ся)

наму́слить *v* что *volksspr* mit Speichel benetzen ‖ *uv* наму́сливать 1a
ft. наму́слю, -лишь, -лят
imp. наму́сли, ~те
pt. наму́слил
g.pt.a. наму́слив
p.pt.a. наму́сливший
p.pt.p. наму́сленный

наму́слиться *v volksspr* sich besabbern ‖ *uv* наму́сливаться

намусо́ливать(ся) *uv zu* намусо́лить(ся)

намусо́лить *v* что *volksspr* mit Speichel beschmutzen; mit klebrigen Händen beschmutzen; verschmieren ‖ *uv* намусо́ливать 1a
ft. намусо́лю, -лишь, -лят
imp. намусо́ль, ~те
pt. намусо́лил
g.pt.a. намусо́лив
p.pt.a. намусо́ливший
p.pt.p. намусо́ленный

намусо́литься *v volksspr* sich besabbern ‖ *uv* намусо́ливаться

наму́сорить *v umg* beschmutzen, Schmutz machen
ft. наму́сорю, -ришь, -рят
imp. наму́сори, ~те *u.* наму́сорь, ~те

pt.	наму́сорил
g.pt.a.	наму́сорив
p.pt.a.	наму́соривший

намути́ть *v* **1.** trüben, trübe machen *Wasser* **2.** *übtr umg* (auf)hetzen, Unruhe stiften

ft.	намучу́, -у́ти́шь, -у́тя́т
imp.	намути́, ~те
pt.	намути́л
g.pt.a.	намути́в
p.pt.a.	намути́вший

наму́чить *v* кого́-что *umg* quälen, peinigen, martern

ft.	наму́чу, -чишь, -чат *u. selten* наму́чаю, -аешь, -ают
imp.	наму́чь, ~те *u. selten* наму́чай, ~те
pt.	наму́чил
g.pt.a.	наму́чив
p.pt.a.	наму́чивший
p.pt.p.	наму́ченный

наму́читься *v* с кем-чем *oder* над чем *umg* sich abplagen, seine liebe Not haben (mit)

намыва́ть *uv zu* намы́ть

намы́каться 1 *v volksspr* viel Leid erfahren

намы́ливать(ся) 1а *uv zu* намы́лить(ся)

намы́лить *v* кого́-что einseifen ‖ *uv* намы́ливать 1а

ft.	намы́лю, -лишь, -лят
imp.	намы́ль, ~те
pt.	намы́лил
g.pt.a.	намы́лив
p.pt.a.	намы́ливший
p.pt.p.	намы́ленный

намы́литься *v* sich einseifen ‖ *uv* намы́ливаться

намы́ть *v* **1.** что *oder* чего́ *umg* waschen, spülen **2.** что *oder* чего́ durch Auswaschen gewinnen *z. B. Gold* **3.** *1. u. 2. Pers ungebr* anschwemmen ‖ *uv* намыва́ть 2а

ft.	намо́ю, -о́ешь, -о́ют
imp.	намо́й, ~те
pt.	намы́л
g.pt.a.	намы́в
p.pt.a.	намы́вший
p.pt.p.	намы́тый

намяка́ть *uv zu* намя́кнуть

намя́кнуть, *1. u. 2. Pers ungebr, v* aufweichen ‖ *uv* намяка́ть 2а

ft.	намя́кнет, -нут
imp.	намя́кни, ~те
pt.	намя́к, ~ла
g.pt.a.	намя́кнув *u.* намя́кши
p.pt.a.	намя́кший

намя́ть *v* **1.** что *oder* чего́ *in best. Menge* kneten **2.** что *oder* чего́ zerquetschen; niedertreten **3.** sich etw. einquetschen [wundreiben] ‖ *uv* намина́ть 2а

ft.	намну́, -нёшь, -ну́т
imp.	намни́, ~те
pt.	намя́л
g.pt.a.	намя́в
p.pt.a.	намя́вший
p.pt.p.	намя́тый

нана́шивать *uv zu* [1]наноси́ть

нанести́ *v* **1.** что *oder* чего́ *in best. Menge* zusammentragen; herbeitragen, heranschleppen **2.** что на что auftragen *Farbe, Lack* **3.** что на что eintragen, einzeichnen **4.** *1. u. 2. Pers ungebr umg* что *oder* чего́ anschwemmen; кого́-что на кого́-что treiben, stoßen (gegen, auf) **5.** что *oder* чего́ an-, zusammenwehen **6.** что zufügen, beibringen *Schaden u. ä.*; versetzen *Schlag* **7.** *1. u. 2. Pers ungebr* что *oder* чего́ *eine best. Menge Eier* legen ‖ *uv* наноси́ть *zu* 1—6, Formen das.

ft.	нанесу́, -сёшь, -су́т
imp.	нанеси́, ~те
pt.	нанёс, -есла́
g.pt.a.	нанеся́ *u. alt* нанёсши
p.pt.a.	нанёсший
p.pt.p.	нанесённый; нанесён, -ена́

наниза́ть *v* что aufreihen, auffädeln ‖ *uv* нани́зывать 1а

ft.	нанижу́, -и́жешь, -и́жут
imp.	нанижи́, ~те
pt.	наниза́л
g.pt.a.	наниза́в
p.pt.a.	наниза́вший
p.pt.p.	нани́занный

нани́зывать *uv zu* наниза́ть

нанима́ть(ся) *uv zu* наня́ть(ся)

[1]**наноси́ть** *v* что *oder* чего́ *in best. Menge* herbei-, heranbringen, -tragen, zusammentragen ‖ *uv* нана́шивать 1а

ft.	наношу́, -о́сишь, -о́сят
imp.	наноси́, ~те
pt.	наноси́л
g.pt.a.	наноси́в
p.pt.a.	наноси́вший
p.pt.p.	нано́шенный

[2]**наноси́ть** *uv zu* нанести́

pr.	наношу́, -о́сишь, -о́сят
imp.	наноси́, ~те
pt.	наноси́л
g.pr.a.	наносяя́
p.pr.a.	наося́щий
p.pt.a.	наноси́вший
p.pr.p.	наноси́мый

нанюхаться 1 *v* чего́ *umg* sich satt riechen ‖ *uv* нанюхиваться 1a

нанюхиваться *uv zu* нанюхаться

наня́ть *v* **1.** что mieten, pachten **2.** кого́-что einstellen, anstellen, in Dienst nehmen ‖ *uv* нанима́ть 1a

ft.	найму́, -мёшь, -му́т
imp.	найми́, ~те
pt.	на́нял, наняла́, на́няло
g.pt.a.	наня́в
p.pt.a.	наня́вший
p.pt.a.	на́нятый; на́нят, нанята́, на́нято

наня́ться *v* sich verdingen ‖ *uv* нанима́ться

pt.	нанялся́, -ла́сь, -ло́сь

наобеща́ть 2 *v* что *oder* чего́ *umg* viel versprechen

наора́ть *v volksspr* **1.** на кого́-что anschreien, anbrüllen **2.** что *oder* чего́ viel schreien

ft.	наору́, -рёшь, -ру́т
imp.	наори́, ~те
pt.	наора́л
g.pt.a.	наора́в
p.pt.a.	наора́вший

наора́ться *v volksspr* sich müde schreien, lange genug schreien

напа́дать 1, *1. u. 2. Pers ungebr*, *v in best. Menge* (herab)fallen *Schnee*, *Obst*, sich anhäufen

[1,2]**напада́ть** *uv zu* [1,2]напа́сть

[1]**напа́ивать** *uv zu* напои́ть

[2]**напа́ивать** *uv zu* напая́ть

напа́костить *v volksspr* **1.** beschmutzen, verunreinigen **2.** кому́-чему́ Schaden zufügen, schädigen; gemein handeln

ft.	напа́кощу, -остишь, -остят
imp.	напа́кости, ~те
pt.	напа́костил
g.pt.a.	напа́костив
p.pt.a.	напа́костивший

напа́костничать 1 *v volksspr* Schaden zufügen, absichtlich schädigen; gemein handeln (an)

напа́ривать(ся) *uv zu* напа́рить(ся)

напа́рить *v* что *oder* чего́ dämpfen; schmoren ‖ *uv* напа́ривать 1a

ft.	напа́рю, -ришь, -рят
imp.	напа́рь, ~те
pt.	напа́рил
g.pt.a.	напа́рив
p.pt.a.	напа́ривший
p.pt.p.	напа́ренный

напа́риться *v umg* zur Genüge im Dampfbad schwitzen ‖ *uv* напа́риваться

[1,2]**напа́рывать** *uv zu* [1,2]напоро́ть

напа́рываться *uv zu* напоро́ться

напаса́ть(ся) *uv zu* напасти́(сь)

напасти́ *v* чего́ *umg* Vorrat ansammeln ‖ *uv* напаса́ть 2a

ft.	напасу́, -сёшь, -су́т
imp.	напаси́, ~те
pt.	напа́с, -асла́
g.pt.a.	напа́сши
p.pt.a.	напа́сший
p.pt.p.	напасённый; напасён, -ена́

напасти́сь *v* чего́ (*meist mit Negation*) *umg* sich eindecken (mit), auf Vorrat anschaffen ‖ *uv* напаса́ться

[1]**напа́сть** *v* на кого́-что **1.** angreifen, überfallen, herfallen (über) **2.** *umg* herziehen, -fallen (über) *mit Beschuldigungen u. ä.* **3.** geraten, stoßen (auf), antreffen; kommen *auf einen Gedanken u. ä.* **4.** *1. u. 2. Pers ungebr* ergreifen, überkommen, befallen *Gefühle* ‖ *uv* напада́ть 2a

ft.	нападу́, -дёшь, -ду́т
imp.	напади́, ~те
pt.	напа́л
g.pt.a.	напа́в
p.pt.a.	напа́вший

[2]**напа́сть,** *1. u. 2. Pers ungebr*, *v in best. Menge* (herab)fallen *Schnee*, *Obst*, sich anhäufen ‖ *uv* напада́ть 2a
Formen wie [1]напа́сть

напаха́ть *v* что *oder* чего́ *in best. Menge* auf-, umpflügen ‖ *uv* напа́хивать 1a

ft.	напашу́, -а́шешь, -а́шут
imp.	напаши́, ~те
pt.	напаха́л
g.pt.a.	напаха́в
p.pt.a.	напаха́вший
p.pt.p.	напа́ханный

напа́хивать *uv zu* напаха́ть

напа́чкать 1 *v* что beschmutzen, beschmieren

напа́чкаться *v* sich beschmutzen

напая́ть 2 *v* **1.** что auflöten, anlöten **2.** что *oder* чего́ *in best. Menge* (fertig)löten ‖ *uv* напа́ивать 1a

напева́ть 2a *uv* **1.** *uv zu* напе́ть **2.** leise vor sich hin singen, halblaut singen

напека́ть *uv zu* напе́чь

напере́ть *v* на кого́-что *volksspr* drücken, sich stemmen (auf, gegen) ‖ *uv* напира́ть 2a

ft. напру́, -рёшь, -ру́т
imp. напри́, ~те
pt. напёр, ~ла
g.pt.a. наперéв *u.* напёрши
p.pt.a. напёрший
p.pt.p. напёртый

напéрчивать *uv zu* напéрчить

напéрчить *v* что pfeffern ‖ *uv* напéрчивать 1a
ft. напéрчу, -чишь, -чат
imp. напéрчи, ~те
pt. напéрчил
g.pt.a. напéрчив
p.pt.a. напéрчивший
p.pt.p. напéрченный

напéть *v* **1.** что *oder* чегó viel singen *Lieder, Arien u. ä.* **2.** что besingen *eine Platte* **3.** что *umg* anstimmen, singen ‖ *uv* напевáть 2a *zu* 2, 3
ft. напою́, -оёшь, -ою́т
imp. напóй, ~те
pt. напéл
g.pt.a. напéв
p.pt.a. напéвший
p.pt.p. напéтый

напечáтать *v zu* печáтать

напечáтаться 1, *1. u. 2. Pers ungebr*, *v umg* gedruckt werden

напéчь *v* **1.** что *oder* чегó *in best. Menge* backen **2.** что *umg* verbrennen, zu stark der Sonne aussetzen ‖ *uv* напекáть 2a
ft. напеку́, -ечёшь, -еку́т
imp. напеки́, ~те
pt. напёк, -еклá
g.pt.a. напёкши
p.pt.a. напёкший
p.pt.p. напечённый; напечён, -енá

напивáться *uv zu* напи́ться

напи́ливать *uv zu* напили́ть

напили́ть *v* что *oder* чегó *in best. Menge* (fertig)sägen ‖ *uv* напи́ливать 1a
ft. напилю́, -и́лишь, -и́лят
imp. напили́, ~те
pt. напили́л
g.pt.a. напили́в
p.pt.a. напили́вший
p.pt.p. напи́ленный

напирáть 2a *uv* **1.** *uv zu* наперéть **2.** на когó-что *umg* bedrängen, andrängen (gegen) **3.** на что *umg* bestehen (auf); besonderen Nachdruck legen (auf); betonen

написáть *v zu* писáть

ft. напишу́, -и́шешь, -и́шут
imp. напиши́, ~те
pt. написáл
g.pt.a. написáв
p.pt.a. написáвший
p.pt.p. напи́санный

напитáть 2 *v* **1.** когó-что *umg* ernähren, verpflegen, zu essen geben **2.** что чем tränken, sättigen, durchweichen *Stoff* ‖ *uv* напи́тывать 1a *zu* 2

напитáться *v* **1.** *umg scherz* sich satt essen **2.** *1. u. 2. Pers ungebr* sich vollsaugen, durchtränkt werden ‖ *uv* напи́тываться *zu* 2

напи́тывать(ся) *uv zu* напитáть(ся)

напи́ться *v* **1.** чегó seinen Durst löschen (mit), sich satt trinken (an) **2.** sich betrinken ‖ *uv* напивáться 2a
ft. напью́сь, напьёшься, напью́тся
imp. напéйся, -éйтесь
pt. напи́лся, -илáсь, -и́лóсь
g.pt.a. напи́вшись
p.pt.a. напи́вшийся

напихáть 2 *v* что *oder* чегó *umg* viel hineinstopfen; vollstopfen (mit) ‖ *uv* напи́хивать 1a

напи́хивать *uv zu* напихáть

напи́чкать 1 *v* когó-что *umg* **1.** überfüttern **2.** *übtr* eintrichtern

наплáвить *v* **1.** что an-, aufschweißen **2.** что *oder* чегó *in best. Menge* (fertig-) schmelzen ‖ *uv* наплавля́ть 2a
ft. наплáвлю, -вишь, -вят
imp. наплáвь, ~те
pt. наплáвил
g.pt.a. наплáвив
p.pt.a. наплáвивший
p.pt.p. наплáвленный

наплавля́ть *uv zu* наплáвить

наплáкать *v* что *umg die Augen* rot weinen
ft. наплáчу, -чешь, -чут
imp. наплáчь, ~те
pt. наплáкал
g.pt.a. наплáкав
p.pt.a. наплáкавший
p.pt.p. наплáканный

наплáкаться *v* **1.** sich ausweinen **2.** *umg* viel Ärger [Kummer] haben

напластáть 2 *v* что *oder* чегó *volksspr* in Scheiben schneiden

напластовáть 5 *v* что *oder* чегó schichten, lagern ‖ *uv* напластóвывать 1a

напластова́ться, *1. u. 2. Pers ungebr, v* sich lagern *in Schichten* || *uv* напласто́вываться

напласто́вывать(ся) *uv zu* напластова́ть(ся)

наплева́ть *v* на кого́-что **1.** speien, spucken (auf) **2.** *übtr volksspr* verachten, spucken (auf) **3.**: мне наплева́ть на э́то *volksspr* ich pfeife darauf, das ist mir schnuppe

ft.	наплюю́, -люёшь, -люю́т
imp.	наплю́й, ~те
pt.	наплева́л
g.pt.a.	наплева́в
p.pt.a.	наплева́вший
p.pt.p.	наплёванный

наплеска́ть *v* что *oder* чего́ *u. ohne Objekt* be-, vollspritzen || *uv* наплёскивать 1a

ft.	наплещу́, -е́щешь, -е́щут *u. umg* наплеска́ю, -а́ешь, -а́ют
imp.	наплещи́, ~те *u. umg* наплеска́й, ~те
pt.	наплеска́л
g.pt.a.	наплеска́в
p.pt.a.	наплеска́вший
p.pt.p.	наплёсканный

наплёскивать *uv zu* наплеска́ть

наплести́ *v* **1.** что *oder* чего́ *in Menge* flechten, durch Flechten herstellen **2.** чего́, *a. ohne Objekt volksspr* Unsinn zusammenreden || *uv* наплета́ть 2a *zu* 1

ft.	наплету́, -тёшь, -ту́т
imp.	наплети́, ~те
pt.	наплёл, -ела́
g.pt.a.	наплетя́ *u.* наплётши
p.pt.a.	наплётший
p.pt.p.	наплетённый; наплетён, -ена́

наплета́ть *uv zu* наплести́

наплоди́ть *v* кого́-чего́ *umg* vermehren, verbreiten

ft.	напложу́, -оди́шь, -одя́т
imp.	наплоди́, ~те
pt.	наплоди́л
g.pt.a.	наплоди́в
p.pt.a.	наплоди́вший

наплоди́ться, *1. u. 2. Pers ungebr, v umg* sich vermehren

наплутова́ть 5 *v umg* betrügen, mogeln

наплыва́ть *uv zu* наплы́ть

наплы́ть *v* **1.** на кого́-что *auf etw.* stoßen **2.** *1. u. 2. Pers ungebr in Menge* herbeischwimmen || *uv* наплыва́ть 2a

ft.	наплыву́, -вёшь, -ву́т
imp.	наплыви́, ~те
pt.	наплы́л, -ыла́, -ы́ло
g.pt.a.	наплы́в
p.pt.a.	наплы́вший

напо́дличать 1 *v umg* Gemeinheiten begehen

напои́ть *v* **1.** кого́-что zu trinken geben, tränken; betrunken machen **2.** *übtr* что (durch)tränken *mit Aroma u. a.*, sättigen, schwängern || *uv* напа́ивать 1a

ft.	напою́, -о́ишь, -о́ят
imp.	напой, ~те
pt.	напои́л
g.pt.a.	напои́в
p.pt.a.	напои́вший
p.pt.p.	напо́енный *zu* 1 *u.* напоённый; напоён, -ена́ *zu* 2

наполза́ть *uv zu* наползти́

наползти́ *v umg* **1.** на кого́-что *gegen etw.* kriechen, beim Kriechen stoßen (auf, gegen) **2.** *1. u. 2. Pers ungebr in best. Menge* zusammenkriechen, hineinkriechen *Schaben* || *uv* наполза́ть 2a

ft.	наползу́, -зёшь, -зу́т
imp.	наползи́, ~те
pt.	напо́лз, -олзла́
g.pt.a.	напо́лзши
p.pt.a.	напо́лзший

наполирова́ть 5 *v* что polieren, glätten || *uv* наполиро́вывать 1a

наполиро́вывать *uv zu* наполирова́ть

напо́лнить *v* что **1.** (an)füllen, vollfüllen **2.** ganz erfüllen *mit einem Gefühl* || *uv* наполня́ть 2a

ft.	напо́лню, -нишь, -нят
imp.	напо́лни, ~те
pt.	напо́лнил
g.pt.a.	напо́лнив
p.pt.a.	напо́лнивший
p.pt.p.	напо́лненный

напо́лниться, *1. u. 2. Pers ungebr, v* sich füllen (mit), voll werden || *uv* наполня́ться

наполня́ть(ся) *uv zu* напо́лнить(ся)

напома́дить *v* что *umg* mit Pomade einsalben, pomadisieren

ft.	напома́жу, -а́дишь, -а́дят
imp.	напома́дь, ~те
pt.	напома́дил
g.pt.a.	напома́див
p.pt.a.	напома́дивший
p.pt.p.	напома́женный

напома́диться *v umg* sich pomadisieren

напомина́ть *uv zu* напо́мнить

напо́мнить *v* **1.** кому́ о ком-чём *oder* что erinnern, mahnen (j-n an etw.) **2.** кого́-что *durch Ähnlichkeit* erinnern (an) || *uv* напомина́ть 2a

ft. напо́мню, -нишь, -нят
imp. напо́мни, ~те
pt. напо́мнил
g.pt.a. напо́мнив
p.pt.a. напо́мнивший

[1]**напоро́ть** *v* что *umg* (sich) an etw. Scharfem verletzen ‖ *uv* напа́рывать 1a
ft. напорю́, -о́решь, -о́рют
imp. напори́, ~те
pt. напоро́л
g.pt.a. напоро́в
p.pt.a. напоро́вший
p.pt.p. напо́ротый

[2]**напоро́ть** *v* что *oder* чего́ *in best. Menge* auftrennen *Genähtes* ‖ *uv* напа́рывать 1a
Formen wie [1]напоро́ть

напоро́ться *v* **1.** на что *umg* sich stoßen, sich verletzen (an) **2.** на кого́-что *volksspr* unerwartet [zufällig] stoßen (auf) ‖ *uv* напа́рываться

напороши́ть, *1. u. 2. Pers ungebr, v meist unpers* чего́ in feinen Flocken fallen; mit lockerem Schnee bedecken
ft. напороши́т, -ша́т
pt. напороши́л
g.pt.a. напороши́в
p.pt.a. напороши́вший
p.pt.p. напорошённый; напорошён, -ена́

напо́ртить *v umg* **1.** что *oder* чего́ *viel, in Menge* verderben; beschädigen; unbrauchbar machen **2.** кому́-чему́ großen Schaden zufügen, schaden (j-m)
ft. напо́рчу, -ртишь, -ртят
imp. напо́рти, ~те *u. volksspr* напо́рть, ~те
pt. напо́ртил
g.pt.a. напо́ртив
p.pt.a. напо́ртивший
p.pt.p. напо́рченный

напра́вить *v* кого́-что **1.** richten, lenken **2.** schicken, senden; verweisen **3.** organisieren, einrichten, regeln **4.** *umg* abziehen, schärfen *Rasierklinge, Säge* ‖ *uv* направля́ть 2a
ft. напра́влю, -вишь, -вят
imp. напра́вь, ~те
pt. напра́вил
g.pt.a. напра́вив
p.pt.a. напра́вивший
p.pt.p. напра́вленный

напра́виться *v* **1.** sich (irgendwohin) begeben, sich (hin)wenden **2.** *umg* sich einspielen, in Fluß kommen ‖ *uv* направля́ться

направля́ть(ся) *uv zu* напра́вить(ся)

напрактикова́ться 5 *v umg* в чём sich einüben, Fertigkeit erlangen

напра́шиваться 1a *uv* **1.** *uv zu* напроси́ться **2.** sich von selbst aufdrängen, kommen, naheliegen *Gedanken*

напрока́зить *v volksspr* mutwillige Streiche verüben, mutwillig sein
ft. напрока́жу, -а́зишь, -а́зят
imp. напрока́зь, ~те
pt. напрока́зил
g.pt.a. напрока́зив
p.pt.a. напрока́зивший

напрока́зничать 1a *v umg* dumme Streiche verüben, Unfug treiben

напроро́чить *v* что *umg* prophezeien
ft. напроро́чу, -чишь, -чат
imp. напроро́чь, ~те
pt. напроро́чил
g.pt.a. напроро́чив
p.pt.a. напроро́чивший
p.pt.p. напроро́ченный

напроси́ться *v umg* **1.** sich aufdrängen, sich anbieten **2.** herbeisehnen, -wünschen ‖ *uv* напра́шиваться 1a
ft. напрошу́сь, -о́сишься, -о́сятся
imp. напроси́сь, -и́тесь
pt. напроси́лся, -лась
g.pt.a. напроси́вшись
p.pt.a. напроси́вшийся

напру́живать(ся) *uv zu* напру́жить(ся)

напружи́ниваться *uv zu* напружи́ниться

напружи́ниться *v umg* sich anspannen, sich straffen; sich anstrengen, seine Kräfte anspannen ‖ *uv* напружи́ниваться 1a
ft. напружи́нюсь, -нишься, -нятся
imp. напружи́нься, -ньтесь
pt. напружи́нился, -лась
g.pt.a. напружи́нившись
p.pt.a. напружи́нившийся

напру́жить *v* что *umg* stark anspannen, anstrengen *Kräfte*; straffen ‖ *uv* напру́живать 1a
ft. напру́жу, -жишь, -жат
imp. напру́жь, ~те
pt. напру́жил
g.pt.a. напру́жив
p.pt.a. напру́живший
p.pt.p. напру́женный

напру́житься *v umg* sich anspannen, sich stark anstrengen; sich straffen, anschwellen *Muskeln* ‖ *uv* напру́живаться

напры́скать 1 *v umg* **1.** (что) чем bespritzen, besprengen, zerstäuben **2.** что *oder* чего́ verspritzen ‖ *uv* напры́скивать 1a

напры́скивать *uv zu* напры́скать

напряга́ть(ся) *uv zu* напря́чь(ся)

напряда́ть *uv zu* напря́сть

напря́сть *v* что *oder* чего́ *in best. Menge* spinnen ‖ *uv* напряда́ть 2a

ft.	напряду́, -дёшь, -ду́т
imp.	напряди́, ~те
pt.	напря́л, напря́ла́, напря́ло
g.pt.a.	напря́в *u.* напря́дши
p.pt.a.	напря́дший
p.pt.p.	напрядённый; напрядён, -ена́

напря́чь *v* что anspannen *a. übtr*; anstrengen *Kräfte* ‖ *uv* напряга́ть 2a

ft.	напрягу́, -яжёшь, -ягу́т
imp.	напряги́, ~те
pt.	напря́г, -ягла́
g.pt.a.	напря́гши
p.pt.a.	напря́гший
p.pt.p.	напряжённый; напряжён, -ена́

напря́чься *v* **1.** sich anspannen, sich straffen; anschwellen **2.** sich anstrengen, sich bemühen, seine Kräfte anspannen ‖ *uv* напряга́ться

напуга́ть 2 *v* кого́-что einschüchtern, erschrecken, Furcht einjagen

напуга́ться *v* erschrecken, Angst bekommen

напу́дривать(ся) *uv zu* напу́дрить(ся)

напу́дрить *v* кого́-что (ein)pudern ‖ *uv* напу́дривать 1a

ft.	напу́дрю, -ришь, -рят
imp.	напу́дри, ~те
pt.	напу́дрил
g.pt.a.	напу́дрив
p.pt.a.	напу́дривший
p.pt.p.	напу́дренный

напу́дриться *v* sich pudern ‖ *uv* напу́дриваться

напуска́ть(ся) *uv zu* напусти́ть(ся)

напусти́ть *v* **1.** кого́-что *oder* кого́-чего́ (her)einlassen *Wasser* **2.** кого́-что на кого́-что *umg* hetzen, loslassen (auf); angreifen lassen **3.** что на себя́ *umg* sich stellen; напусти́ть на себя́ стро́гость [учёный вид] streng [gelehrt] tun ‖ *uv* напуска́ть 2a

ft.	напущу́, -у́стишь, -у́стят
imp.	напусти́, ~те
pt.	напусти́л
g.pt.a.	напусти́в
p.pt.a.	напусти́вший
p.pt.p.	напу́щенный

напусти́ться *v* на кого́-что *umg* herfallen, herziehen (über) *mit Schimpfen* u. ä. ‖ *uv* напуска́ться

напу́тать 1 *v umg* **1.** что *oder* чего́ verfitzen, durcheinanderbringen **2.** Verwirrung anrichten **3.** sich irren, Fehler machen ‖ *uv* напу́тывать 1a

напу́тствовать 4 *u.* 4a *v*, *uv* кого́-что чем verabschieden, etw. auf den Weg wünschen

напу́тывать *uv zu* напу́тать

напуха́ть *uv zu* напу́хнуть

напу́хнуть, *1. u. 2. Pers ungebr*, *v umg* anschwellen, anlaufen ‖ *uv* напуха́ть 2a

ft.	напу́хнет, -нут
pt.	напу́х, ~ла
g.pt.a.	напу́хнув *u.* напу́хши
p.pt.a.	напу́хший *u.* напу́хнувший

напы́живаться *uv zu* напы́житься

напы́житься *v umg* **1.** sich sehr anstrengen **2.** *übtr* sich aufblasen, wichtig tun ‖ *uv* напы́живаться 1a

ft.	напы́жусь, -жишься, -жатся
imp.	напы́жься, -жьтесь
pt.	напы́жился, -лась
g.pt.a.	напы́жившись
p.pt.a.	напы́жившийся

напыли́ть *v umg* (voll)stauben, Staub aufwirbeln *itr*

ft.	напылю́, -ли́шь, -ля́т
imp.	напыли́, ~те
pt.	напыли́л
g.pt.a.	напыли́в
p.pt.a.	напыли́вший

напя́ливать *uv zu* напя́лить

напя́лить *v* что на кого́-что **1.** (auf)spannen *auf den Stickrahmen* **2.** *volksspr* mit Mühe anziehen ⌊aufsetzen⌋; aufstülpen ‖ *uv* напя́ливать 1a

ft.	напя́лю, -лишь, -лят
imp.	напя́ль, ~те
pt.	напя́лил
g.pt.a.	напя́лив
p.pt.a.	напя́ливший
p.pt.p.	напя́ленный

нараба́тывать(ся) *uv zu* нарабо́тать(ся)

нарабо́тать 1 *v* что *oder* чего́ *umg* **1.** *viel* herstellen, anfertigen **2.** erarbeiten, verdienen ‖ *uv* нараба́тывать 1a

нарабо́таться *v umg* sich müde arbeiten, *viel* arbeiten; sich abrackern ‖ *uv* нараба́тываться

нара́доваться 4 *v* на кого́-что *oder* кому́-чему́, *meist mit Negation* sich sehr freuen, sich genug freuen (an); не нара́доваться на кого́-н. [на что́-н.] sich über j-n [etw.] nicht genug freuen können

нараста́ть *uv zu* нарасти́

нарасти́, *1. u. 2. Pers ungebr*, *v* **1.** wachsen *auf etw.* **2.** *in best. Menge* wachsen **3.** anwachsen, zunehmen ‖ *uv* нараста́ть 2a

ft. нарастёт, -ту́т
pt. наро́с, -осла́
g.pt.a. наро́сши
p.pt.a. наро́сший

нарасти́ть *v* **1.** что wachsen lassen **2.** что verlängern, anstücken **3.** что *oder* чего́ *umg in best. Menge* anbauen, ziehen **4.** что *umg* vergrößern, vermehren ‖ *uv* нара́щивать 1a *u.* наращáть 2a

ft. наращу́, -асти́шь, -астя́т
imp. нарасти́, ~те
pt. нарасти́л
g.pt.a. нарасти́в
p.pt.a. нарасти́вший
p.pt.p. наращённый; наращён, -ена́

наража́ть *uv zu* нарасти́ть

нара́щивать *uv zu* нарасти́ть

[1]**нарва́ть** *v* что *oder* чего́ **1.** *in best. Menge* pflücken, sammeln, lesen **2.** *in best. Menge* zerreißen ‖ *uv* нарыва́ть 2a

ft. нарву́, -вёшь, -ву́т
imp. нарви́, ~те
pt. нарва́л, -ала́, -а́ло
g.pt.a. нарва́в
p.pt.a. нарва́вший
p.pt.p. на́рванный

[2]**нарва́ть,** *1. u. 2. Pers ungebr*, *v meist unpers* eitern, anschwellen; нарва́ло па́лец *oder* па́лец нарва́л der Finger ist angeschwollen ‖ *uv* нарыва́ть 2a
kein *p.pt.p.*
Übrige Formen wie [1]нарва́ть

нарва́ться *v* на кого́-что *umg* unversehens stoßen (auf) ‖ *uv* нарыва́ться

pt. нарва́лся, -ала́сь, -а́ло́сь

наре́зать *v* **1.** что *oder* чего́ (ab)schneiden; zerschneiden *in Stücke* **2.** что einschneiden, einkerben; *Gewinde* schneiden **3.** что *oder* чего́ кому́-чему́ zuteilen, zuweisen *Land* ‖ *uv* нареза́ть 2a *u.* наре́зывать 1a

ft. наре́жу, -е́жешь, -е́жут
imp. наре́жь, ~те
pt. наре́зал
g.pt.a. наре́зав
p.pt.a. наре́завший
p.pt.p. наре́занный

нареза́ть *uv zu* наре́зать

наре́зывать *uv zu* наре́зать

нарека́ть(ся) *uv zu* наре́чь(ся)

наре́чь *v* **1.** кого́-что кем-чем *oder* кому́-чему́ что *alt* (be)nennen; einen Namen geben **2.** кого́-что кем-чем *alt u. buchspr* ernennen, bestimmen (zu, als) ‖ *uv* нарека́ть 2a

ft. нареку́, -ечёшь, -еку́т
imp. нареки́, ~те
pt. нарёк, нарекла́
g.pt.a. наре́кши
p.pt.a. наре́кший
p.pt.p. наречённый; наречён, -ена́ *u.* нарече́нный; нарече́н, -ена́

наре́чься *v alt* einen Namen erhalten, sich nennen ‖ *uv* нарека́ться

нарисова́ть 5 *v* кого́-что **1.** zeichnen **2.** *übtr* beschreiben, darstellen, schildern

наркотизи́ровать 4 *u.* 4a *v, uv* кого́-что *med* narkotisieren

народи́ть *v* что *oder* кого́-чего́ *viele Kinder* gebären

ft. нарожу́, -оди́шь, -одя́т
imp. народи́, ~те
pt. народи́ла
g.pt.a. народи́в
p.pt.a. народи́вший
p.pt.p. нарождённый; нарождён, -ена́

народи́ться, *1. u. 2. Pers ungebr*, *v* **1.** geboren werden, heranwachsen **2.** *volksspr* zur Welt kommen, geboren werden **3.** *übtr* entstehen ‖ *uv* нарожда́ться 2a

нарожда́ться *uv zu* народи́ться

[1]**наруба́ть** *uv zu* наруби́ть

[2]**наруба́ть** 2 *v* что *oder* чего́ abbauen, hauen *Kohle*

наруби́ть *v* что *oder* чего́ **1.** hacken *Holz* **2.** fällen *Bäume* **3.** schneiden *Kraut* ‖ *uv* наруба́ть 2a

ft. нарублю́, -у́бишь, -у́бят
imp. наруби́, ~те
pt. наруби́л
g.pt.a. наруби́в
p.pt.a. наруби́вший
p.pt.p. нару́бленный

нарумя́нивать(ся) *uv zu* нарумя́нить(ся)

нарумя́нить *v* кого́-что schminken ‖ *uv* нарумя́нивать 1a

ft.	нарумя́ню, -нишь, -нят
imp.	нарумя́нь, ~те
pt.	нарумя́нил
g.pt.a.	нарумя́нив
p.pt.a.	нарумя́нивший
p.pt.p.	нарумя́ненный

нарумя́ниться *v* sich schminken ‖ *uv* нарумя́ниваться

наруша́ть(ся) *uv zu* нару́шить(ся)

нару́шить *v* что **1.** verletzen, brechen, übertreten **2.** stören, unterbrechen ‖ *uv* наруша́ть 2a

ft.	нару́шу, -шишь, -шат
imp.	нару́шь, ~те
pt.	нару́шил
g.pt.a.	нару́шив
p.pt.a.	нару́шивший
p.pt.p.	нару́шенный

нару́шиться, *1. u. 2. Pers ungebr*, *v* unterbrochen [gestört] werden ‖ *uv* наруша́ться

[1,2]**нарыва́ть** *uv zu* [1,2]нарва́ть

[3]**нарыва́ть** *uv zu* нары́ть

нарыва́ться *uv zu* нарва́ться

нары́ть *v* что *oder* чего́ (aus)graben, ausheben ‖ *uv* нарыва́ть 2a

ft.	наро́ю, -о́ешь, -о́ют
imp.	наро́й, ~те
pt.	нары́л
g.pt.a.	нары́в
p.pt.a.	нары́вший
p.pt.p.	нары́тый

[1]**наряди́ть** *v* кого́-что (во что) **1.** schmükken, schön kleiden, herausputzen **2.** *meist mit* кем verkleiden, maskieren (als) ‖ *uv* наряжа́ть 2a

ft.	наряжу́, -я́ди́шь, -я́дя́т
imp.	наряди́, ~те
pt.	наряди́л
g.pt.a.	наряди́в
p.pt.a.	наряди́вший
p.pt.p.	наря́женный

[2]**наряди́ть** *v* кого́-что **1.** einen Auftrag geben, beordern; schicken **2.** (ab)kommandieren ‖ *uv* наряжа́ть 2a

ft.	наряжу́, -яди́шь, -ядя́т
p.pt.p.	наряжённый; наряжён, -ена́

Übrige Formen wie [1]наряди́ть

наряди́ться *v* **1.** sich schön kleiden, sich herausputzen **2.** sich verkleiden, sich maskieren ‖ *uv* наряжа́ться

ft.	наряжу́сь, -я́ди́шься, -я́дя́тся

[1,2]**наряжа́ть** *uv zu* [1,2]наряди́ть

наряжа́ться *uv zu* наряди́ться

[1]**насади́ть** *v* **1.** что *oder* чего́ anpflanzen, setzen **2.** кого́-что на что befestigen, aufstecken, aufsetzen, aufspießen **3.** кого́-что *volksspr* unterbringen, (hinein)setzen ‖ *uv* наса́живать 1a

ft.	насажу́, -а́дишь, -а́дят
imp.	насади́, ~те
pt.	насади́л
g.pt.a.	насади́в
p.pt.a.	насади́вший
p.pt.p.	наса́женный

[2]**насади́ть** *v zu* насажда́ть

ft.	насажу́, -ади́шь, -адя́т
p.pt.p.	насаждённый; насаждён, -ена́

Übrige Formen wie [1]насади́ть

насажа́ть 2 *v* **1.** что *u.* чего́ anpflanzen, setzen **2.** кого́-что unterbringen, (hinein)-setzen ‖ *uv* наса́живать 1a

насажда́ть 2a *uv* что *buchspr* einführen, einbürgern, verbreiten ‖ *v* [2]насади́ть. Formen das.

[1]**наса́живать** *uv zu* [1]насади́ть

[2]**наса́живать** *uv zu* насажа́ть

наса́живаться *uv zu* насе́сть

наса́ливать *uv zu* насоли́ть

насанда́ливать *uv zu* насанда́лить

насанда́лить *v* что mit rotem Sandelfarbstoff färben ‖ *uv* насанда́ливать 1a

ft.	насанда́лю, -лишь, -лят
imp.	насанда́ль, ~те
pt.	насанда́лил
g.pt.a.	насанда́лив
p.pt.a.	насанда́ливший
p.pt.p.	насанда́ленный

наса́сывать(ся) *uv zu* насоса́ть(ся)

наса́харивать *uv zu* наса́харить

наса́харить *v* что *umg* mit Zucker bestreuen, süßen ‖ *uv* наса́харивать 1a

ft.	наса́харю, -ришь, -рят
imp.	наса́хари, ~те *u.* наса́харь, ~те
pt.	наса́харил
g.pt.a.	наса́харив
p.pt.a.	наса́харивший
p.pt.p.	наса́харенный

насбира́ть 2 *v* что *oder* чего́ *volksspr nach und nach* aufsammeln

насвиста́ть *v* что *umg* pfeifen *Lied, Melodie* ‖ *uv* насви́стывать 1a

ft.	насвищу́, -и́щешь, -и́щут
imp.	насвищи́, ~те
pt.	насвиста́л

g.pt.a. насвиста́в
p.pt.a. насвиста́вший
p.pt.p. насви́станный

насвиста́ться *v umg* sich satt pfeifen

насвисте́ть *v* что *umg* pfeifen *Lied, Melodie* ‖ *uv* насви́стывать 1a
ft. насвищу́, -исти́шь, -истя́т
imp. насвисти́, ~те
pt. насвисте́л
g.pt.a. насвисте́в
p.pt.a. насвисте́вший
p.pt.p. насви́станный

насвисте́ться *v umg* sich satt pfeifen

насви́стывать 1a *uv* что **1.** *uv zu* насвиста́ть *u.* насвисте́ть **2.** *a. ohne Objekt* leise vor sich hin pfeifen

насева́ть *uv zu* насе́ять

наседа́ть 2a *uv* **1.** *uv zu* насе́сть **2.** *umg mil* bedrängen; drücken (auf)

насе́ивать *uv zu* насе́ять

насека́ть *uv zu* насе́чь

насели́ть *v* что **1.** besiedeln, bevölkern **2.** einziehen lassen ‖ *uv* населя́ть 2a
ft. населю́, -ли́шь, -ля́т
imp. насели́, ~те
pt. насели́л
g.pt.a. насели́в
p.pt.a. насели́вший
p.pt.p. населённый; населён, -ена́

населя́ть *uv zu* насели́ть

насе́сть *v* **1.** *1. u. 2. Pers ungebr in großer Zahl* sich (hinein)setzen (in), einsteigen (in) **2.** *1. u. 2. Pers ungebr* sich (an)setzen, sich ablagern *von Staub* **3.** на кого́ *umg* sich stürzen (auf), bedrängen, zusetzen ‖ *uv* наса́живаться 1a *umg zu* 1 *u.* наседа́ть 2a
ft. craя́ду, -дешь, -дут
imp. craя́дь, ~те
pt. насе́л
g.pt.a. насе́в
p.pt.a. насе́вший

насе́чь *v* **1.** что einkerben, einschneiden **2.** чего́ *umg in best. Menge* kleinschneiden, wiegen ‖ *uv* насека́ть 2a
ft. насеку́, -ечёшь, -еку́т
imp. насеки́, ~те
pt. насе́к, -екла́
g.pt.a. насе́кши
p.pt.a. насе́кший
p.pt.p. насечённый; насечён, -ена́

насе́ять *v* что *oder* чего́ **1.** *in best. Menge* (aus)säen **2.** *in best. Menge* (durch)sieben ‖ *uv* насева́ть 2a *u.* насе́ивать 1a
ft. насе́ю, -е́ешь, -е́ют
imp. насе́й, ~те
pt. насе́ял
g.pt.a. насе́яв
p.pt.a. насе́явший
p.pt.p. насе́янный

насиде́ть, *1. u. 2. Pers ungebr, v* что lange sitzen, bebrüten ‖ *uv* наси́живать 1a
ft. насиди́т, -дя́т
pt. насиде́л
g.pt.a. насиде́в
p.pt.a. насиде́вший
p.pt.p. наси́женный

насиде́ться *v umg* lange genug sitzen

наси́живать *uv zu* насиде́ть

наси́ловать 4a *uv* кого́-что **1.** vergewaltigen **2.** Gewalt antun, zwingen. — (из- *zu* 1)

наси́льничать 1a *uv volksspr* Gewalt anwenden

наска́бливать *uv zu* наскобли́ть

наскаЗа́ть *v* что *oder* чего́ *umg* viel zusammenreden; vorschwatzen ‖ *uv* наска́зывать 1a
ft. наскажу́, -а́жешь, -а́жут
imp. наскажи́, ~те
pt. насказа́л
g.pt.a. насказа́в
p.pt.a. насказа́вший
p.pt.p. наска́занный

наска́зывать *uv zu* насказа́ть

наскака́ть *v* **1.** на кого́-что anreiten, anrennen, stoßen (gegen) **2.** *in best. Menge* heranreiten ‖ *uv* наска́кивать 1a *zu* 1
ft. наскачу́, -а́чешь, -а́чут
imp. наскачи́, ~те
pt. наскака́л
g.pt.a. наскака́в
p.pt.a. наскака́вший

[1]**наска́кивать** *uv zu* наскака́ть

[2]**наска́кивать** *uv zu* наскочи́ть

насканда́лить *v umg* randalieren
ft. наскanда́лю, -лишь, -лят
imp. наскanда́ль, ~те
pt. наскanда́лил
g.pt.a. наскanда́лив
p.pt.a. наскanда́ливший

наскобли́ть *v* что *oder* чего́ *in Menge* schaben ‖ *uv* наска́бливать 1a
ft. наскоблю́, -обли́шь, -обля́т
imp. наскобли́, ~те
pt. наскобли́л

g.pt.a. наскобли́в
p.pt.a. наскобли́вший
p.pt.p. наско́бленный

наскочи́ть *v* на кого́-что **1.** anspringen, anfallen **2.** anrennen (gegen), fahren (gegen), auflaufen *auf eine Mine* **3.** *umg* stoßen, treffen (auf) **4.** *umg übtr* herfallen, herziehen (über) *mit Vorwürfen, Beschimpfung u. ä.* ‖ *uv* наска́кивать 1a
ft. наскочу́, -о́чишь, -о́чат
imp. наскочи́, ~те
pt. наскочи́л
g.pt.a. наскочи́в
p.pt.a. наскочи́вший

наскреба́ть *uv zu* наскрести́

наскрести́ *v* что *oder* чего́ zusammenscharren, -kratzen ‖ *uv* наскреба́ть 2a
ft. наскребу́, -бёшь, -бу́т
imp. наскреби́, ~те
pt. наскрёб, -скребла́
g.pt.a. наскрёбши
p.pt.a. наскрёбший
p.pt.p. наскребённый; наскребён, -ена́

наску́чить *v* кому́ чем *u. ohne Objekt* langweilen, lästig [überdrüssig] werden
ft. наску́чу, -чишь, -чат
imp. наску́чь, ~те
pt. наску́чил
g.pt.a. наску́чив
p.pt.a. наску́чивший

наслади́ть *v* что erquicken, ergötzen ‖ *uv* наслажда́ть 2a
ft. наслажу́, -ади́шь, -адя́т
imp. наслади́, ~те
pt. наслади́л
g.pt.a. наслади́в
p.pt.a. наслади́вший

наслади́ться *v* кем-чем sich ergötzen (an), genießen ‖ *uv* наслажда́ться

наслажда́ть(ся) *uv zu* наслади́ть(ся)

насла́ивать(ся) *uv zu* наслои́ть(ся)

насласти́ть *v* что *umg* süß machen, süßen ‖ *uv* насла́щивать 1a
ft. наслащу́, -асти́шь, -астя́т
imp. насласти́, ~те
pt. насласти́л
g.pt.a. насласти́в
p.pt.a. насласти́вший
p.pt.p. наслащённый; наслащён, -ена́

насла́ть *v* **1.** кого́-что *oder* кого́-чего́ *in best. Menge* (zu)schicken **2.** что *alt etw. über j-n* ergehen lassen; *rel* herabschicken, senden *Not, Unglück, Qualen* ‖ *uv* насыла́ть 2a
ft. нашлю́, -шлёшь, -шлю́т
imp. нашли́, ~те
pt. насла́л
g.pt.a. насла́в
p.pt.a. насла́вший
p.pt.p. на́сланный

насла́щивать *uv zu* насласти́ть

наследи́ть *v* чем *u. ohne Objekt umg* schmutzige Spuren hinterlassen, mit den Füßen beschmutzen
ft. наслежу́, -еди́шь, -едя́т
imp. наследи́, ~те
pt. наследи́л
g.pt.a. наследи́в
p.pt.a. наследи́вший
p.pt.p. насле́женный

насле́довать 4 *u.* 4a *v*, *uv* **1.** что erben; übernehmen **2.** кому́-чему́ beerben. — (у- *zu* 1)

наслои́ть *v* что *oder* чего́ (auf)schichten ‖ *uv* насла́ивать 1a
ft. наслою́, -ои́шь, -оя́т
imp. наслои́, ~те
pt. наслои́л
g.pt.a. наслои́в
p.pt.a. наслои́вший
p.pt.p. наслоённый; наслоён, -ена́

наслои́ться, *1. u. 2. Pers ungebr*, *v* на что sich ablagern, sich aufschichten, Schichten bilden ‖ *uv* насла́иваться

наслужи́ться *v umg* zu voller Zufriedenheit dienen
ft. наслужу́сь, -у́жишься, -у́жатся
imp. наслужи́сь, -и́тесь
pt. наслужи́лся, -лась
g.pt.a. наслужи́вшись
p.pt.a. наслужи́вшийся

наслу́шаться 1 *v* кого́-чего́ **1.** viel hören **2.** lange genug anhören, sich satt hören (an)

наслы́шаться *v* о ком-чём *umg* viel erfahren, viel zu hören bekommen
ft. наслы́шусь, -шишься, -шатся
imp. наслы́шься, -шьтесь
pt. наслы́шался, -лась
g.pt.a. наслы́шавшись
p.pt.a. наслы́шавшийся

наслю́нивать *uv zu* наслюни́ть

наслюни́ть *v* что *umg* mit Speichel befeuchten ‖ *uv* наслю́нивать 1a
ft. наслюню́, -ни́шь, -ня́т
imp. наслюни́, ~те
pt. наслюни́л

g.pt.a. наслюни́в
p.pt.a. наслюни́вший
p.pt.p. наслюнённый; наслюнён, -ена́

насма́тривать *uv zu* насмотре́ть

насме́ливаться *uv zu* насме́литься

насме́литься *v volkssрr* sich wagen, sich erdreisten; sich unterstehen ‖ *uv* насме́ливаться 1 a
ft. насме́люсь, -лишься, -лятся
imp. насме́лься, -льтесь
pt. насме́лился, -лась
g.pt.a. насме́лившись
p.pt.a. насме́лившийся

насмеха́ться 2 a *uv* над кем-чем spotten (über); verspotten, auslachen

насмеши́ть *v* кого́-что zum Lachen bringen
ft. насмешу́, -ши́шь, -ша́т
imp. насмеши́, ~те
pt. насмеши́л
g.pt.a. насмеши́в
p.pt.a. насмеши́вший

насмея́ться *v* **1.** *umg* sich totlachen, sich krank lachen **2.** над кем-чем sich lustig machen (über), verspotten
ft. насмею́сь, -ёшься, -ю́тся
imp. насме́йся, -е́йтесь
pt. насмея́лся, -лась
g.pt.a. насмея́вшись
p.pt.a. насмея́вшийся

насмотре́ть *v* что *volkssрr* ausfindig machen, auftreiben ‖ *uv* насма́тривать 1 a
ft. насмотрю́, -о́тришь, -о́трят
imp. насмотри́, ~те
pt. насмотре́л
g.pt.a. насмотре́в
p.pt.a. насмотре́вший

насмотре́ться *v* **1.** *meist mit Negation* на кого́-что sich satt sehen (an) **2.** кого́-чего́ *in großer Menge* ansehen, zu sehen bekommen

насова́ть 5 *v* кого́-что *oder mit Infinitiv umg* hineinstecken ‖ *uv* насо́вывать 1 a
ft. насую́, -уёшь, -ую́т

насове́товать 4 *v* что *oder* чего́ *umg* Ratschläge erteilen

насо́вывать *uv zu* насова́ть

насоли́ть *v* **1.** что *oder* чего́ *in best. Menge* einsalzen, in Salzwasser einlegen **2.** что *umg* stark salzen **3.** кому́-чему́ *umg* (j-m) die Suppe versalzen ‖ *uv* наса́ливать 1 a *zu* 1, 2
ft. насолю́, -о́ли́шь, -о́ля́т
imp. насоли́, ~те
pt. насоли́л
g.pt.a. насоли́в
p.pt.a. насоли́вший
p.pt.p. насо́ленный

насори́ть *v* чем beschmutzen, verunreinigen
ft. насорю́, -ри́шь, -ря́т
imp. насори́, ~те
pt. насори́л
g.pt.a. насори́в
p.pt.a. насори́вший
p.pt.p. насо́ренный

насоса́ть *v* что *oder* чего́ vollsaugen ‖ *uv* наса́сывать 1 a
ft. насосу́, -сёшь, -су́т
imp. насоси́, ~те
pt. насоса́л
g.pt.a. насоса́в
p.pt.a. насоса́вший
p.pt.p. насо́санный

насоса́ться *v* кого́-чего́ sich satt saugen [trinken] (an); sich vollsaugen (mit) ‖ *uv* наса́сываться

насочини́ть *v* что *oder* чего́ *umg* **1.** verfassen, zusammenschreiben, dichten **2.** viel *Unsinn* erdichten, zusammenreden
ft. насочиню́, -ни́шь, -ня́т
imp. насочини́, ~те
pt. насочини́л
g.pt.a. насочини́в
p.pt.a. насочини́вший
p.pt.p. насочинённый; насочинён, -ена́

насочиня́ть 2 *v* что *oder* чего́ *umg* **1.** verfassen, zusammenschreiben, dichten **2.** viel *Unsinn* erdichten, zusammenreden
p.pt.p. насочинённый; насочинён, -ена́

насочи́ться, *1. u. 2. Pers ungebr, v umg* durchsickern
ft. насочи́тся, -ча́тся
pt. насочи́лся, -лась
g.pt.a. насочи́вшись
p.pt.a. насочи́вшийся

наспле́тничать 1 *v* klatschen, Gerüchte verbreiten

настава́ть *uv zu* наста́ть
pr. настаёт, -аю́т
pt. настава́л
g.pt.a. настава́в
p.pt.a. настава́вщий

[1]**наста́вить** *v* **1.** что *oder* кого́-чего́ *in best. Menge* auf-, hinstellen **2.** что ansetzen, durch Ansetzen verlängern **3.** что (auf ein Ziel) richten, einstellen ‖ *uv* наставля́ть 2 a
ft. наста́влю, -вишь, -вят
imp. наста́вь, ~те

pt. наста́вил
g.pt.a. наста́вив
p.pt.a. наста́вивший
p.pt.p. наста́вленный

[2]**наста́вить** *v* кого́-что чему́ *oder* на что *alt* belehren, beibringen, unterweisen ‖ *uv* наставля́ть 2a
Formen wie [1]наста́вить

[1,2]**наставля́ть** *uv zu* [1,2]наста́вить

[1,2]**наста́ивать** *uv zu* [1,2]настоя́ть

наста́иваться *uv zu* [1]настоя́ться

наста́ть, *1. u. 2. Pers ungebr*, *v* anbrechen, eintreten, beginnen ‖ *uv* настава́ть, Formen das.
ft. наста́нет, -нут
pt. наста́л
g.pt.a. наста́в
p.pt.a. наста́вший

настега́ть 2 *v* что *oder* чего́ *in Menge* steppen ‖ *uv* настёгивать 1a

настёгивать *uv zu* настега́ть

настели́ть *v* что *oder* чего́ *volksspr* ausbreiten, legen *auf den Fußboden*
ft. настелю́, -е́лешь, -е́лют
imp. настели́, ~те
pt. настели́л
g.pt.a. настели́в
p.pt.a. настели́вший
p.pt.p. насте́ленный

настига́ть *uv zu* насти́чь *u.* насти́гнуть

насти́гнуть *s.* насти́чь

настила́ть *uv zu* настла́ть

настира́ть 2 *v* что *oder* чего́ viel waschen ‖ *uv* насти́рывать 1a

насти́рывать *uv zu* настира́ть

насти́чь *u.* **насти́гнуть** *v* кого́-что einholen, erreichen; ereilen ‖ *uv* настига́ть 2a
ft. насти́гну, -нешь, -нут
imp. насти́гни, ~те
pt. насти́г *u. alt* насти́гнул, насти́гла
g.pt.a. насти́гнув *u.* насти́гши
p.pt.a. насти́гший *u. alt* насти́гнувший
p.pt.p. насти́гнутый

настла́ть [сл] *v* что *oder* чего́ belegen, bedecken; ausbreiten; настла́ть пол (den Fußboden) dielen; настла́ть мостову́ю die Straße pflastern ‖ *uv* настила́ть 2a
ft. настелю́, -е́лешь, -е́лют
imp. настели́, ~те
pt. настла́л
g.pt.a. настла́в
p.pt.a. настла́вший
p.pt.p. на́стланный

насторáживать(ся) *uv zu* насторожи́ть(ся)

насторожи́ть *v*: насторожи́ть у́ши [слух] die Ohren spitzen, gespannt lauschen ‖ *uv* насторáживать 1a
ft. насторожу́, -жи́шь, -жа́т
imp. насторожи́, ~те
pt. насторожи́л
g.pt.a. насторожи́в
p.pt.a. насторожи́вший
p.pt.p. насторожённый; насторожён, -ена́

насторожи́ться *v* die Ohren spitzen, gespannt lauschen, aufmerksam werden ‖ *uv* насторáживаться

[1]**настоя́ть** *v* на чём erreichen, durchsetzen ‖ *uv* наста́ивать 1a bestehen (auf), beharren (auf); наста́ивать на своём bei seiner Meinung bleiben; наста́ивать на чём-н. etw. steif und fest behaupten
ft. настою́, -ои́шь, -оя́т
imp. насто́й, ~те
pt. настоя́л
g.pt.a. настоя́в
p.pt.a. настоя́вший

[2]**настоя́ть** *v* что на чём einen Aufguß machen, ansetzen ‖ *uv* наста́ивать 1a
p.pt.p. насто́янный
Übrige Formen wie [1]настоя́ть

[1]**настоя́ться,** *1. u. 2. Pers ungebr*, *v* ziehen *Tee* ‖ *uv* наста́иваться

[2]**настоя́ться** *v umg* lange Zeit stehen

настра́гивать *uv zu* настрога́ть

настрада́ться 2 *v* viel (er)leiden

[1,2]**настра́ивать** *uv zu* [1,2]настро́ить

настра́иваться *uv zu* настро́иться

настра́чивать *uv zu* настрочи́ть

настре́ливать *uv zu* настреля́ть

настреля́ть 2 *v* что *oder* кого́-чего́ schießen, erlegen ‖ *uv* настре́ливать 1a

настрига́ть *uv zu* настри́чь

настри́чь *v* что *oder* чего́ *in Menge* (ab)scheren, (ab)schneiden ‖ *uv* настрига́ть 2a
ft. настригу́, -ижёшь, -игу́т
imp. настриги́, ~те
pt. настри́г, ~ла
g.pt.a. настри́гши
p.pt.a. настри́гший
p.pt.p. настри́женный

настрога́ть 2 *v* что *oder* чего́ *in Menge* hobeln ‖ *uv* настра́гивать 1a

[1]**настро́ить** *v* что *oder* чего́ *in best. Menge* bauen ‖ *uv* настра́ивать 1a

ft. настро́ю, -о́ишь, -о́ят
imp. настро́й, ~те
pt. настро́ил
g.pt.a. настро́ив
p.pt.a. настро́ивший
p.pt.p. настро́енный

[2]**настро́ить** *v* что **1.** *mus* stimmen **2.** кого́-что *übtr* stimmen; beeinflussen, einnehmen **3.** *rad* einstellen; einrichten *Maschine, Gerät u. ä.* ‖ *uv* настра́ивать 1а
Formen wie [1]настро́ить

настро́иться *v* sich einstellen (auf); gestimmt sein ‖ *uv* настра́иваться

настропали́ть *v* кого́-что in *eine gewisse* Stimmung versetzen
ft. настропалю́, -ли́шь, -ля́т
imp. настропали́, ~те
pt. настропали́л
g.pt.a. настропали́в
p.pt.a. настропали́вший
p.pt.p. настропалённый; настропалён, -ена́

настрочи́ть *v* **1.** что *oder* чего́ (ab)steppen, abnähen **2.** что *umg* schnell schreiben ‖ *uv* настра́чивать 1а *zu* 1
ft. настрочу́, -о́чи́шь, -о́ча́т
imp. настрочи́, ~те
pt. настрочи́л
g.pt.a. настрочи́в
p.pt.a. настрочи́вший
p.pt.p. настро́ченный

настрога́ть 2 *v* что *oder* чего́ *in Menge* hobeln ‖ *uv* настру́гивать 1а

настру́гивать *uv zu* настрога́ть

настря́пать 1 *v* что *oder* чего́ viel kochen

настуди́ть *v* что *volksspr* auskühlen *Zimmer* ‖ *uv* насту́живать 1а *u. volksspr* настужа́ть 2а
ft. настужу́, -у́дишь, -у́дят
imp. настуди́, ~те
pt. настуди́л
g.pt.a. настуди́в
p.pt.a. настуди́вший
p.pt.p. насту́женный

настужа́ть *uv zu* настуди́ть

насту́живать *uv zu* настуди́ть

насту́кать 1 *v* что durch Klopfen finden *schadhafte Stelle* ‖ *uv* насту́кивать 1а

насту́кивать *uv zu* насту́кать

[1]**наступа́ть** 2а *uv* на кого́-что **1.** *uv zu* [1]наступи́ть **2.** *mil* angreifen, vorrücken **3.** herantreten *mit einer Bitte, Forderung u. ä.*

[2]**наступа́ть** *uv zu* [2]наступи́ть

[1]**наступи́ть** *v* на кого́-что treten (auf) ‖ *uv* наступа́ть 2а
ft. наступлю́, -у́пишь, -у́пят
imp. наступи́, ~те
pt. наступи́л
g.pt.a. наступи́в
p.pt.a. наступи́вший

[2]**наступи́ть,** *1. u. 2. Pers ungebr, v* beginnen, anbrechen, eintreten ‖ *uv* наступа́ть 2а
Formen wie [1]наступи́ть

настыва́ть *uv zu* насты́ть *u.* насты́нуть

насты́нуть *s.* насты́ть

насты́ть *u.* **насты́нуть** *v* **1.** *1. u. 2. Pers ungebr umg* an-, festfrieren (an) **2.** *1. u. 2. Pers ungebr volksspr* auskühlen **3.** kalt werden, vor Kälte erstarren ‖ *uv* настыва́ть 2а
ft. насты́ну, -нешь, -нут
imp. насты́нь, ~те
pt. насты́л
g.pt.a. насты́в
p.pt.a. насты́вший

насули́ть *v* что *oder* чего́ viel versprechen
ft. насулю́, -ли́шь, -ля́т
imp. насули́, ~те
pt. насули́л
g.pt.a. насули́в
p.pt.a. насули́вший
p.pt.p. насулённый; насулён, -ена́

насу́пить *v* что zusammenziehen *Augenbrauen* ‖ *uv* насу́пливать 1а
ft. насу́плю, -пишь, -пят
imp. насу́пь, ~те
pt. насу́пил
g.pt.a. насу́пив
p.pt.a. насу́пивший
p.pt.p. насу́пленный

насу́питься *v* die Augenbrauen zusammenziehen; finster blicken ‖ *uv* насу́пливаться

насу́пливать(ся) *uv zu* насу́пить(ся)

насурьми́ть *v* что schwarz färben *Augenbrauen*
ft. насурьмлю́, -ми́шь, -мя́т
imp. насурьми́, ~те
pt. насурьми́л
g.pt.a. насурьми́в
p.pt.a. насурьми́вший
p.pt.p. насурьмлённый; насурьмлён‘ -ена́

насурьми́ться *v* sich die Augenbrauen [die Haare] schwarz färben

насу́чивать *uv zu* насучи́ть

насучи́ть *v* что *oder* чего́ *in best. Menge* zwirnen || *uv* насу́чивать 1a
ft. насучу́, -у́чи́шь, -у́ча́т
imp. насучи́, ~те
pt. насучи́л
g.pt.a. насучи́в
p.pt.a. насучи́вший
p.pt.p. насу́ченный

насу́шивать *uv zu* насуши́ть

насуши́ть *v* что *oder* чего́ *in best. Menge* trocknen || *uv* насу́шивать 1a
ft. насушу́, -у́шишь, -у́шат
imp. насуши́, ~те
pt. насуши́л
g.pt.a. насуши́в
p.pt.a. насуши́вший
p.pt.p. насу́шенный

насчита́ть 2 *v* что (auf)zählen || *uv* насчи́тывать 1a

насчи́тывать 1a *uv* **1.** *uv zu* насчита́ть **2.** *1. u. 2. Pers ungebr* zählen, enthalten

насчи́тываться, *1. u. 2. Pers ungebr, uv* vorhanden sein

насыла́ть *uv zu* насла́ть

насы́пать *v* **1.** что *oder* чего́ streuen, (ein)-schütten **2.** что *oder* чего́ во что hinein-, vollschütten, füllen **3.** что aufschütten || *uv* насыпа́ть 2a
ft. насы́плю, -плешь, -плют *u. umg* -пешь, -пют
imp. насы́пь, ~те
pt. насы́пал
g.pt.a. насы́пав
p.pt.a. насы́павший
p.pt.p. насы́панный

насыпа́ть *uv zu* насы́пать

насы́паться, *1. u. 2. Pers ungebr, v* fallen, herabfallen || *uv* насыпа́ться 2a
Formen nach насы́пать

насыпа́ться *uv zu* насы́паться

насы́тить *v* кого́-что **1.** satt machen, sättigen *a. chem* **2.** ausreichend versorgen || *uv* насыща́ть 2a
ft. насы́щу, -ы́тишь, -ы́тят
imp. насы́ть, ~те
pt. насы́тил
g.pt.a. насы́тив
p.pt.a. насы́тивший
p.pt.p. насы́щенный

насы́титься *v* **1.** sich satt essen, satt werden **2.** *1. u. 2. Pers ungebr* чем sich sättigen, sich anfüllen (mit) || *uv* насыща́ться
g.pt.a. насы́тившись *u.* насы́тясь

насыща́ть(ся) *uv zu* насы́тить(ся)

ната́ивать *uv zu* ната́ять

ната́лкивать(ся) *uv zu* натолкну́ть(ся)

натанцева́ться *v umg* lange genug tanzen, sich satt tanzen
ft. натанцу́юсь, -у́ешься, -у́ются
imp. натанцу́йся, -у́йтесь
pt. натанцева́лся, -лась
g.pt.a. натанцева́вшись
p.pt.a. натанцева́вшийся

[1,2]**ната́пливать** *uv zu* [1,2]натопи́ть

ната́птывать *uv zu* натопта́ть

[1]**натаска́ть** 2 *v* **1.** что *oder* чего́ *in best. Menge* zusammen-, herbei-, heranschleppen **2.** что *oder* чего́ *umg* herausziehen; heranziehen *Beispiele u. ä.* **3.** *umg* an den Haaren [Ohren] ziehen *zur Bestrafung* || *uv* ната́скивать 1a

[2]**натаска́ть** 2 *v* кого́-что **1.** dressieren, abrichten **2.** *umg* (ein)pauken; vorbereiten *auf eine Prüfung*, das Allernötigste beibringen || *uv* ната́скивать 1a

[1,2]**ната́скивать** *uv zu* [1,2]натаска́ть

[3]**ната́скивать** *uv zu* натащи́ть

ната́чивать *uv zu* наточи́ть

натащи́ть *v* **1.** что *oder* чего́ heranschleppen; zusammenschleppen **2.** что на себя́ *volksspr* überziehen *Decke* || *uv* ната́скивать 1a
ft. натащу́, -а́щишь, -а́щат
imp. натащи́, ~те
pt. натащи́л
g.pt.a. натащи́в
p.pt.a. натащи́вший
p.pt.p. ната́щенный

ната́ять *v* **1.** *1. u. 2. Pers ungebr, in Menge* schmelzen, (ab)tauen *itr* **2.** что *oder* чего́ *eine best. Menge* zum Abtauen bringen, schmelzen || *uv* ната́ивать 1a
ft. ната́ю, -а́ешь, -а́ют
imp. ната́й, ~те
pt. ната́ял
g.pt.a. ната́яв
p.pt.a. ната́явший
p.pt.p. ната́янный

[1]**натвори́ть** *v* что *oder* чего́ *umg* anstellen, anrichten
ft. натворю́, -ри́шь, -ря́т
imp. натвори́, ~те
pt. натвори́л
g.pt.a. натвори́в
p.pt.a. натвори́вший

[2]**натвори́ть** *v* что *oder* чего́ *in best. Menge* zubereiten *Teig*; anrühren *Kalk*

p.pt.p. натворённый; натворён, -енá
Übrige Formen wie [1]натвори́ть

натекáть *uv zu* натéчь

натереби́ть *v* что *oder* чегó *in Menge* ausrupfen
ft. натереблю́, -би́шь, -бя́т
imp. натереби́, ~те
pt. натереби́л
g.pt.a. натереби́в
p.pt.a. натереби́вший
p.pt.p. натереблённый; натереблён, -енá

натерéть *v* **1.** когó-что чем (ein)reiben (mit) **2.** что bohnern *Fußboden* **3.** что *oder* чегó *in best. Menge auf dem Reibeisen* reiben **4.** что (sich) wund reiben, aufreiben *Haut* ‖ *uv* натирáть 2a
ft. натрý, -рёшь, -рýт
imp. натри́, ~те
pt. натёр, ~ла
g.pt.a. натерéв *u.* натёрши
p.pt.a. натёрший
p.pt.p. натёртый

натерéться *v* чем *umg* sich einreiben (mit) ‖ *uv* натирáться

натерпéться *v* чегó *umg* viel erleiden [durchmachen]
ft. натерплю́сь, -éрпишься, -éрпятся
imp. натерпи́сь, -и́тесь
pt. натерпéлся, -лась
g.pt.a. натерпéвшись
p.pt.a. натерпéвшийся

натесáть *v* что *oder* чегó *in best. Menge* behauen ‖ *uv* натёсывать 1a
ft. натешý, -éшешь, -éшут
imp. натеши́, ~те
pt. натесáл
g.pt.a. натесáв
p.pt.a. натесáвший
p.pt.p. натёсанный

натёсывать *uv zu* натесáть

натéчь, *1. u. 2. Pers ungebr, v* **1.** hineinfließen, eindringen; sich ansammeln **2.** vollaufen ‖ *uv* натекáть 2a
ft. натечёт, -екýт
pt. натёк, -еклá
g.pt.a. натёкши
p.pt.a. натёкший

натéшиться *v* чем *umg* viel Vergnügen haben (an)
ft. натéшусь, -шишься, -шатся
imp. натéшься, -шьтесь
pt. натéшился, -лась
g.pt.a. натéшившись
p.pt.a. натéшившийся

натирáть(ся) *uv zu* натерéть(ся)

нати́скать 1 *v* когó-что *oder* чегó vollstopfen, hineinpressen ‖ *uv* нати́скивать 1a

нати́скивать *uv zu* нати́скать

наткáть *v* что *oder* чегó *in best. Menge* weben
ft. надкý, -кёшь, -кýт
imp. натки́, ~те
pt. наткáл, -áлá, -áло
g.pt.a. наткáв
p.pt.a. наткáвший
p.pt.p. нáтканный

наткнýть 7 *v* когó-что aufstecken, aufspießen ‖ *uv* натыкáть 2a

наткнýться *v* **1.** на что sich aufspießen, hineinrennen *in etwas Spitzes* **2.** на когó-что stoßen, anprallen, rennen (gegen, auf) ‖ *uv* натыкáться

натолкнýть 7 *v* когó-что на что **1.** *umg* stoßen (gegen, auf) **2.** *übtr* veranlassen (zu), bringen (auf) ‖ *uv* натáлкивать 1a

натолкнýться *v* на когó-что **1.** stoßen, anprallen (auf, an, gegen) **2.** plötzlich begegnen, stoßen (auf) ‖ *uv* натáлкиваться

натолóчь *v* что *oder* чегó *in best. Menge* zerstoßen, durch Stoßen zerkleinern
ft. натолкý, -лчёшь, -лкýт
imp. натолки́, ~те
pt. натолóк, -лклá
g.pt.a. натолóкши
p.pt.a. натолóкший
p.pt.p. натолчённый; натолчён, -енá

[1]**натопи́ть** *v* что (tüchtig) einheizen ‖ *uv* натáпливать 1a
ft. натоплю́, -óпишь, -óпят
imp. натопи́, ~те
pt. натопи́л
g.pt.a. натопи́в
p.pt.a. натопи́вший
p.pt.p. натóпленный

[2]**натопи́ть** *v* что *oder* чегó *in best. Menge* schmelzen, zerlassen; erhitzen *Milch* ‖ *uv* натáпливать 1a
Formen wie [1]натопи́ть

натоптáть *v umg* schmutzige Fußspuren hinterlassen, Fußtapfen hinterlassen ‖ *uv* натáптывать 1a
ft. натопчý, -óпчешь, -óпчут
imp. натопчи́, ~те
pt. натоптáл
g.pt.a. натоптáв
p.pt.a. натоптáвший
p.pt.p. натóптанный

наторговáть 5 *v umg* **1.** что *oder* чегó durch Handel erwerben, erhandeln **2.** на что umsetzen, verkaufen *Ware* ‖ *uv* наторгóвывать 1a

наторгóвывать *uv zu* наторговáть

наторéть 3 *v* в чём Erfahrung haben (in)

наточи́ть *v* что schleifen, schärfen, wetzen ‖ *uv* натáчивать 1a

ft.	наточý, -óчишь, -óчат
imp.	наточи́, ~те
pt.	наточи́л
g.pt.a.	наточи́в
p.pt.a.	наточи́вший
p.pt.p.	натóченный

натрави́ть *v* **1.** когó-что на когó-что hetzen, jagen (auf) **2.** *übtr* когó-что на когó-что *umg* aufhetzen, aufwiegeln (gegen) **3.** что *u.* когó-чегó *in best. Menge* vergiften, ausrotten **4.** что *oder* чегó auf-, einätzen ‖ *uv* натрáвливать 1a *u.* натравля́ть 2a

ft.	натравлю́, -áвишь, -áвят
imp.	натрави́, ~те
pt.	натрави́л
g.pt.a.	натрави́в
p.pt.a.	натрави́вший
p.pt.p.	натрáвленный

натрáвливать *uv zu* натрави́ть

натравля́ть *uv zu* натрави́ть

натренировáть 5 *v* когó-что trainieren; üben

натренировáться *v* sich üben

натруди́ть *v* что *umg* ermüden, überanstrengen ‖ *uv* натрýживать 1a

ft.	натружý, -ýди́шь, -ýдя́т
imp.	натруди́, ~те
pt.	натруди́л
g.pt.a.	натруди́в
p.pt.a.	натруди́вший
p.pt.p.	натрýженный *u.* натружённый; натружён, -енá

натруди́ться *v* **1.** *umg* sich überanstrengen, überanstrengt werden, durch vieles Laufen [Arbeiten] schmerzen **2.** *nur v volksspr* gehörig arbeiten ‖ *uv* натрýживаться

ft.	натружýсь, -ýди́шься, -ýдя́тся *u. zur 2. Bedeutung* -ýдишься, -ýдятся

натрýживать(ся) *uv zu* натруди́ть(ся)

натруси́ть *v* что *volksspr in best. Menge* herausschütten, hinschütten

ft.	натрушý, -уси́шь, -уся́т
imp.	натруси́, ~те
pt.	натруси́л
g.pt.a.	натруси́в
p.pt.a.	натруси́вший
p.pt.p.	натрýшенный

натруси́ться, *1. u. 2. Pers ungebr, v volksspr* schütten, streuen

натрясáть *uv zu* натрясти́

натрясти́ *v* что *oder* чегó **1.** *in best. Menge* (herab)schütteln; abschütteln **2.** *in best. Menge* hin-, aufschütten ‖ *uv* натрясáть 2a

ft.	натрясý, -сёшь, -сýт
imp.	натряси́, ~те
pt.	натря́с, -яслá
g.pt.a.	натря́сши
p.pt.a.	натря́сший
p.pt.p.	натрясённый; натрясён, -енá

натрясти́сь *v umg* **1.** sehr durchgerüttelt [geschüttelt] werden **2.** lange genug [stark] zittern *vor Schreck u. ä.* **3.** *1. u. 2. Pers ungebr* beim Schütteln sich verstreuen, verstreut (herab)fallen

натýживать(ся) *uv zu* натýжить(ся)

натýжить *v* что *umg* anspannen, straffen ‖ *uv* натýживать 1a

ft.	натýжу, -жишь, -жат
imp.	натýжь, ~те
pt.	натýжил
g.pt.a.	натýжив
p.pt.a.	натýживший
p.pt.p.	натýженный

натýжиться *v umg* sich (sehr) anstrengen ‖ *uv* натýживаться

натурализовáть 5 *u.* 5a *v, uv* когó-что naturalisieren

натурализовáться *v, uv* sich naturalisieren lassen, die Staatsbürgerschaft eines fremden Landes annehmen

нáтыкать 1 *v* что *oder* чегó *umg in best. Menge* hineinstecken, -stechen *Nadeln, Zweige u. ä.* ‖ *uv* натыкáть 2a

[1]**натыкáть** *uv zu* нáтыкать

[2]**натыкáть** *uv zu* наткнýть

натыкáться *uv zu* наткнýться

натя́гивать(ся) *uv zu* натянýть(ся)

натянýть 7 *v* что **1.** aufspannen, aufziehen *Saite, Stickerei* **2.** (an)spannen, an-, straffziehen; heranziehen **3.** (mit Mühe) anziehen, überziehen *Kleidung, Schuhe* ‖ *uv* натя́гивать 1a

ft.	натянý, -я́нешь, -я́нут
p.pt.p.	натя́нутый

натянýться, *1. u. 2. Pers ungebr, v* straff werden, sich straff spannen ‖ *uv* натя́гиваться

науди́ть *v* кого́-что *oder* чего́ *in Menge* angeln ‖ *uv* нау́живать 1a
ft. наужу́, -у́дишь, -у́дят
imp. науди́, ~те
pt. науди́л
g.pt.a. науди́в
p.pt.a. науди́вший
p.pt.p. нау́женный

нау́живать *uv zu* науди́ть

наусти́ть *v* кого́-что anreizen, aufhetzen ‖ *uv* наща́ть 2a
ft. наущу́, -усти́шь, -устя́т
imp. наусти́, ~те
pt. наусти́л
g.pt.a. наусти́в
p.pt.a. наусти́вший
p.pt.p. наущённый; наущён, -ена́

нау́ськать 1 *v* кого́-что на кого́-что **1.** hetzen (auf) **2.** aufhetzen, aufstacheln (gegen) ‖ *uv* нау́скивать 1a

нау́ськивать *uv zu* нау́ськать

научá́ть(ся) *uv zu* научи́ть(ся)

научи́ть *v* **1.** кого́-что чему́ *u. mit Infinitiv* lehren, beibringen (etw.); научи́ть кого́-н. чему́-н. j-m etw. beibringen **2.** кого́-что *umg* (be)lehren, anleiten **3.** lehren; zeigen, beweisen ‖ *uv alt u. volksspr* науча́ть 2a
ft. научу́, нау́чишь, нау́чат
imp. научи́, ~те
pt. научи́л
g.pt.a. научи́в
p.pt.a. научи́вший
p.pt.p. нау́ченный

научи́ться *v* чему́ *oder mit Infinitiv* (er)lernen ‖ *uv alt u. volksspr* науча́ться

нау́шничать 1a *uv* кому́ на кого́-что *umg* verleumden (j-n bei j-m)

наща́ть *uv zu* наусти́ть

нафа́бривать(ся) *uv zu* нафа́брить(ся)

нафабрикова́ть 5 *v* что *oder* чего́ herstellen

нафа́брить *v* что schwärzen, färben *Haare, Bart* ‖ *uv* нафа́бривать 1a
ft. нафа́брю, -ришь, -рят
imp. нафа́бри, ~те
pt. нафа́брил
g.pt.a. нафа́брив
p.pt.a. нафа́бривший
p.pt.p. нафа́бренный

нафа́бриться *v* sich den Schnurrbart [Bart] färben ‖ *uv* нафа́бриваться

наха́живать *uv zu* ³находи́ть

наха́льничать 1a *uv umg* frech [unverschämt] sein, sich unverschämt benehmen

нахами́ть *v* кому́ *u. ohne Objekt volksspr* grob sein, ausfallend werden
ft. нахамлю́, -ми́шь, -мя́т
imp. нахами́, ~те
pt. нахами́л
g.pt.a. нахами́в
p.pt.a. нахами́вший

наха́ркать 1 *v volksspr* (aus)spucken

нахва́ливать *uv zu* нахвали́ть

нахвали́ть *v* кого́-что *umg* loben, lobpreisen ‖ *uv* нахва́ливать 1a
ft. нахвалю́, -а́лишь, -а́лят
imp. нахвали́, ~те
pt. нахвали́л
g.pt.a. нахвали́в
p.pt.a. нахвали́вший
p.pt.p. нахва́ленный

нахвали́ться *v umg* **1.** prahlen **2.** кем-чем *meist mit Negation* genug loben

нахва́статься 1 *v umg* viel zusammenprahlen

нахвата́ть 2 *v* что *oder* чего́ *umg* zusammenraffen *a. übtr* ‖ *uv* нахва́тывать 1a

нахвата́ться *v* чего́ sich oberflächlich aneignen, aufschnappen; *umg* zusammenraffen ‖ *uv* нахва́тываться

нахва́тывать(ся) *uv zu* нахвата́ть(ся)

нахлеста́ть *v* кого́-что *umg* gehörig durchpeitschen ‖ *uv* нахлёстывать 1a
ft. нахлещу́, -е́щешь, -е́щут
imp. нахлещи́, ~те
pt. нахлеста́л
g.pt.a. нахлеста́в
p.pt.a. нахлеста́вший
p.pt.p. нахлёстанный

нахлеста́ться *v volksspr* sich abpeitschen *Sauna* ‖ *uv* нахлёстываться

нахлёстывать(ся) *uv zu* нахлеста́ть(ся)

нахлобу́чивать(ся) *uv zu* нахлобу́чить(ся)

нахлобу́чить *v* что tief ins Gesicht ziehen *Hut, Mütze* ‖ *uv* нахлобу́чивать 1a
ft. нахлобу́чу, -чишь, -чат
imp. нахлобу́чь, ~те
pt. нахлобу́чил
g.pt.a. нахлобу́чив
p.pt.a. нахлобу́чивший
p.pt.p. нахлобу́ченный

нахлобу́читься, *1. u. 2. Pers ungebr, v umg* in die Stirn rutschen *Hut* ‖ *uv* нахлобу́чиваться

нахлы́нуть 6, *1. u. 2. Pers ungebr, v in Menge* heran-, zusammenströmen
imp. нахлы́нь, ~те

нахму́ривать(ся) *uv zu* нахму́рить(ся)

нахму́рить *v* что runzeln, zusammenziehen *Gesicht, Stirn, Brauen* ‖ *uv* нахму́ривать 1a
ft. нахму́рю, -ришь, -рят
imp. нахму́рь, ~те
pt. нахму́рил
g.pt.a. нахму́рив
p.pt.a. нахму́ривший
p.pt.p. нахму́ренный

нахму́риться *v* **1.** finster (drein)blicken **2.** sich verfinstern, sich beziehen ‖ *uv* нахму́риваться
g.pt.a. нахму́рясь *u.* нахму́рившись

[1,2]**находи́ть** *uv zu* [1,2]найти́
pr. нахожу́, -о́дишь, -о́дят
imp. находи́, ~те
pt. находи́л
g.pr.a. находя́
p.pr.a. находя́щий
p.pt.a. находи́вший

[3]**находи́ть** *v* что *volksspr* **1.** *eine best. Strecke* gehend zurücklegen **2.** durch vieles Gehen sich etw. zuziehen ‖ *uv* наха́живать 1a
ft. нахожу́, -о́дишь, -о́дят
imp. находи́, ~те
pt. находи́л
g.pt.a. находи́в
p.pt.a. находи́вший
p.pt.p. нахо́женный

[1]**находи́ться** *uv* **1.** *uv zu* найти́сь **2.** sich befinden, sich aufhalten
Formen nach [1,2]находи́ть

[2]**находи́ться** *v umg* sich müde laufen
Formen nach [3]находи́ть

нахола́живать *uv zu* нахолоди́ть

нахолоди́ть *v* что *umg* ab-, auskühlen ‖ *uv* нахола́живать 1a
ft. нахоложу́, -оди́шь, -одя́т
imp. нахолоди́, ~те
pt. нахолоди́л
g.pt.a. нахолоди́в
p.pt.a. нахолоди́вший

нахо́хливать(ся) *uv zu* нахо́хлить(ся)

нахо́хлить *v* что die Federn sträuben *von Vögeln* ‖ *uv* нахо́хливать 1a
ft. нахо́хлю, -лишь, -лят
imp. нахо́хли, ~те
pt. нахо́хлил
g.pt.a. нахо́хлив
p.pt.a. нахо́хливший
p.pt.p. нахо́хленный

нахо́хлиться *v* **1.** sich aufplustern *von Vögeln* **2.** *übtr umg* finster dreinschauen ‖ *uv* нахо́хливаться

нахохота́ться *v umg* sich satt [müde] lachen
ft. нахохочу́сь, -хохо́чешься, -хохо́чутся
imp. нахохочи́сь, -и́тесь
pt. нахохота́лся, -лась
g.pt.a. нахохота́вшись
p.pt.a. нахохота́вшийся

нацара́пать 1 *v* что **1.** *umg* kritzeln **2.** zerkratzen ‖ *uv* нацара́пывать 1a

нацара́пывать *uv zu* нацара́пать

нацеди́ть *v* что *oder* чего́ *in best. Menge* durchseihen, filtern; durch einen Filter (ein)gießen ‖ *uv* наце́живать 1a
ft. нацежу́, -е́дишь, -е́дят
imp. нацеди́, ~те
pt. нацеди́л
g.pt.a. нацеди́в
p.pt.a. нацеди́вший
p.pt.p. наце́женный

нацеди́ться, *1. u. 2. Pers ungebr, v* einsickern ‖ *uv* наце́живаться

наце́живать(ся) *uv zu* нацеди́ть(ся)

наце́ливать(ся) *uv zu* наце́лить(ся)

наце́лить *v* что **1.** zielen **2.** *übtr* richten, dirigieren ‖ *uv* наце́ливать 1a *zu* 2
ft. наце́лю, -лишь, -лят
imp. наце́ль, ~те
pt. наце́лил
g.pt.a. наце́лив
p.pt.a. наце́ливший
p.pt.p. наце́ленный

наце́литься *v umg* **1.** в кого́-что *u. ohne Objekt* zielen (nach) **2.** *übtr* на что, *mit Infinitiv u. ohne Objekt* beabsichtigen, vorhaben; steuern (auf) ‖ *uv* наце́ливаться

наце́нивать *uv zu* нацени́ть

нацени́ть *v* что im Preis heraufsetzen ‖ *uv* наце́нивать 1a
ft. наценю́, -е́нишь, -е́нят
imp. нацени́, ~те
pt. нацени́л
g.pt.a. нацени́в
p.pt.a. нацени́вший
p.pt.p. наценённый; наценён, -ена́

нацепи́ть *v* что anhängen; aufhängen; anhaken ‖ *uv* нацепля́ть 2a
ft. нацеплю́, -е́пишь, -е́пят
imp. нацепи́, ~те
pt. нацепи́л

g.pt.a. нацепи́в
p.pt.a. нацепи́вший
p.pt.p. нацéпленный

нацепля́ть *uv zu* нацепи́ть

национализи́ровать 4 *u.* 4a *v*, *uv* что **1.** nationalisieren, verstaatlichen **2.** auf nationaler Grundlage aufbauen *Institution*

национализова́ть 5 *u.* 5a *v*, *uv* что **1.** nationalisieren, verstaatlichen **2.** auf nationaler Grundlage aufbauen *Institution*

начади́ть *v* чем *u. ohne Objekt* qualmen, räuchern
ft. начажу́, -ади́шь, -адя́т
imp. начади́, ~те
pt. начади́л
g.pt.a. начади́в
p.pt.a. начади́вший

нача́льствовать 4a *uv* над кем-чем *oder* кем-чем leiten, anführen, befehligen, kommandieren

нача́ть *v* **1.** что *oder mit Infinitiv* beginnen, anfangen **2.** что кем-чем *oder* с кого́-чего́ *etwas oder womit* anfangen, den Anfang machen ‖ *uv* начина́ть 2a
ft. начну́, -нёшь, -ну́т
imp. начни́, ~те
pt. на́чал, начала́, на́чало
g.pt.a. нача́в
p.pt.a. нача́вший
p.pt.p. на́чатый; на́чат, начата́, на́чато

нача́ться, *1. u. 2. Pers ungebr*, *v* beginnen, anfangen *itr*; seinen Ursprung [Anfang] nehmen ‖ *uv* начина́ться
pt. начался́, -ала́сь, -ало́сь

начека́нивать *uv zu* начека́нить

начека́нить *v* что *oder* чего́ prägen *Münzen* ‖ *uv* начека́нивать 1a
ft. начека́ню, -нишь, -нят
imp. начека́нь, ~те
pt. начека́нил
g.pt.a. начека́нив
p.pt.a. начека́нивший
p.pt.p. начека́ненный

начерка́ть 2 *v* что *oder* чего́ *umg* hinkritzeln; wirr durcheinander ziehen, zeichnen *Striche, Linien u.ä.* ‖ *uv* начёркивать 1a
p.pt.p. начёрканный

начёркать 1 *v* что *oder* чего́ *umg* hinkritzeln; wirr durcheinander ziehen, zeichnen *Striche, Linien u.ä.* ‖ *uv* начёркивать 1a

начёркивать *uv zu* начерка́ть *u.* начёркать

начерни́ть *v* кого́-что schwarz färben ‖ *uv* начерня́ть 2a
ft. начерню́, -ни́шь, -ня́т
imp. начерни́, ~те
pt. начерни́л
g.pt.a. начерни́в
p.pt.a. начерни́вший
p.pt.p. начернённый; начернён, -ена́

начерня́ть *uv zu* начерни́ть

начéрпать 1 *v* что *oder* чего́ vollschöpfen ‖ *uv* начéрпывать 1a

начéрпывать *uv zu* начéрпать

начерта́ть 2 *v* что *buchspr alt* **1.** schreiben, zeichnen **2.** *übtr* vorzeichnen, zeigen
p.pt.p. начéртанный

начерти́ть *v* **1.** что (auf)zeichnen **2.** что *oder* чего́ *in best. Menge* zeichnen, entwerfen ‖ *uv* начéрчивать 1a *zu* 2
ft. начерчу́, -éртишь, -éртят
imp. начерти́, ~те
pt. начерти́л
g.pt.a. начерти́в
p.pt.a. начерти́вший
p.pt.p. начéрченный

начéрчивать *uv zu* начерти́ть

начеса́ть *v* **1.** что *oder* чего́ *in Menge* hecheln **2.** что *umg* aufkratzen ‖ *uv* начёсывать 1a
ft. начешу́, -éшешь, -éшут
imp. начеши́, ~те
pt. начеса́л
g.pt.a. начеса́в
p.pt.a. начеса́вший
p.pt.p. начёсанный

начéсть *v* что *finanz* anrechnen ‖ *uv* начи́тывать 1a
ft. начту́, начтёшь, начту́т
imp. начти́, ~те
pt. начёл, начла́
g.pt.a. начётши
p.pt.a. начётший
p.pt.p. начтённый; начтён, -ена́

начёсывать *uv zu* начеса́ть

начина́ть(ся) *uv zu* нача́ть(ся)

начи́нивать *uv zu* ²начини́ть

¹**начини́ть** *v* что чем füllen; vollstopfen ‖ *uv* начиня́ть 2a
ft. начиню́, -ни́шь, -ня́т
imp. начини́, ~те
pt. начини́л
g.pt.a. начини́в
p.pt.a. начини́вший
p.pt.p. начинённый; начинён, -ена́

²**начини́ть** *v* что *oder* чего́ *umg* **1.** *in Menge* ausbessern, reparieren **2.** *in Menge* anspitzen ‖ *uv* начи́нивать 1a *zu* 2
ft. начиню́, -и́нишь, -и́нят
p.pt.p. начи́ненный
Übrige Formen wie ¹начини́ть

начиня́ть *uv zu* ¹начини́ть

начи́ркать 1 *v* что *oder* чего́ *umg* anstreichen *Streichhölzer*

начи́слить *v* что на что *finanz* zuschlagen, an-, dazurechnen ‖ *uv* начисля́ть 2a
ft. начи́слю, -лишь, -лят
imp. начи́сли, ~те
pt. начи́слил
g.pt.a. начи́слив
p.pt.a. начи́сливший
p.pt.p. начи́сленный

начисля́ть *uv zu* начи́слить

начи́стить *v* **1.** что *oder* чего́ *in best. Menge* reinigen, putzen, schälen *Nahrungsmittel* **2.** что *umg* gut putzen, blankputzen ‖ *uv* начища́ть 2a
ft. начи́щу, -и́стишь, -и́стят
imp. начи́сть *u.* начи́сти, начи́стите
pt. начи́стил
g.pt.a. начи́стив
p.pt.a. начи́стивший
p.pt.p. начи́щенный

начита́ть 2 *v* что *oder* чего́ *umg viel* lesen, *in Menge* (durch)lesen ‖ *uv* начи́тывать 1a

начита́ться *v* **1.** чего́ viel lesen **2.** *meist mit Negation* lange genug lesen

¹**начи́тывать** *uv zu* наче́сть

²**начи́тывать** *uv zu* начита́ть

начища́ть *uv zu* начи́стить

начуди́ть, *1. Person Singular ungebr*, *v umg* sich sonderbar benehmen, seltsame Dinge tun
ft. начуди́шь, -удя́т
imp. начуди́, ~те
pt. начуди́л
g.pt.a. начуди́в
p.pt.a. начуди́вший

нашали́ть *v* (etw.) anstellen
ft. нашалю́, -ли́шь, -ля́т
imp. нашали́, ~те
pt. нашали́л
g.pt.a. нашали́в
p.pt.a. нашали́вший

наша́ривать *uv zu* наша́рить

наша́рить *v* кого́-что *umg* (nach etw., j-m) tasten, suchen ‖ *uv* наша́ривать 1a
ft. наша́рю, -ришь, -рят
imp. наша́рь, ~те
pt. наша́рил
g.pt.a. наша́рив
p.pt.a. наша́ривший
p.pt.p. наша́ренный

наша́ркать 1 *v volksspr* scharren

нашвы́ривать *uv zu* нашвыря́ть

нашвыря́ть 2 *v* что *oder* чего́ *umg in Menge* schleudern ‖ *uv* нашвы́ривать 1a

нашелуши́ть *v* что *u.* чего́ *umg viel* enthülsen
ft. нашелушу́, -ши́шь, -ша́т
imp. нашелуши́, ~те
pt. нашелуши́л
g.pt.a. нашелуши́в
p.pt.a. нашелуши́вший
p.pt.p. нашелушённый; нашелушён, -ена́

нашепта́ть *v* **1.** что *oder* чего́ heimlich zutragen, klatschen, zuflüstern; кому́ что einreden, suggerieren, einflüstern **2.** на что bezaubern, behexen ‖ *uv* нашёптывать 1a
ft. нашепчу́, -е́пчешь, -е́пчут
imp. нашепчи́, ~те
pt. нашепта́л
g.pt.a. нашепта́в
p.pt.a. нашепта́вший
p.pt.p. нашёптанный

нашёптывать *uv zu* нашепта́ть

нашива́ть *uv zu* наши́ть

нашинкова́ть 5 *v* что *oder* чего́ *Kohl* schneiden ‖ *uv* нашинко́вывать 1a

нашинко́вывать *uv zu* нашинкова́ть

наши́ть *v* **1.** что auf-, annähen **2.** что *oder* чего́ *in best. Menge* nähen ‖ *uv* нашива́ть 2a
ft. нашью́, нашьёшь, нашью́т
imp. наше́й, ~те
pt. наши́л
g.pt.a. наши́в
p.pt.a. наши́вший
p.pt.p. наши́тый

нашлёпать 1 *v* кого́-что *umg* einen Klaps geben

нашпа́ривать *uv zu* нашпа́рить

нашпа́рить *v* кого́-чего́ *oder* что *umg eine best. Menge* abbrühen ‖ *uv* нашпа́ривать 1a
ft. нашпа́рю, -ришь, -рят
imp. нашпа́рь, ~те
pt. нашпа́рил

g.pt.a. нашпа́рив
p.pt.a. нашпа́ривший
p.pt.p. нашпа́ренный

нашпигова́ть 5 *v* что *oder* чего́ *in best. Menge* spicken ‖ *uv* нашпиго́вывать 1a

нашпиго́вывать *uv zu* нашпигова́ть

нашпи́ливать *uv zu* нашпи́лить

нашпи́лить *v* кого́-что **1.** auf eine Stecknadel aufspießen **2.** mit einer Stecknadel befestigen ‖ *uv* нашпи́ливать 1a
ft. нашпи́лю, -лишь, -лят
imp. нашпи́ль, ~те
pt. нашпи́лил
g.pt.a. нашпи́лив
p.pt.a. нашпи́ливший
p.pt.p. нашпи́ленный

нашуме́ть *v* **1.** viel Lärm machen **2.** großes Aufsehen erregen, viel Staub aufwirbeln
ft. нашумлю́, -ми́шь, -мя́т
imp. нашуми́, ~те
pt. нашуми́л
g.pt.a. нашуми́в
p.pt.a. нашуми́вший

нащёлкать 1 *v* что *oder* чего́ *umg* knacken ‖ *uv* нащёлкивать 1a

нащёлкивать *uv zu* нащёлкать

нащепа́ть *v* что *oder* чего́ *in Menge* spalten
ft. нащеплю́, -е́плешь, -е́плют *u. umg* нащепа́ю, -а́ешь, -а́ют
imp. нащепли́, ~те *u.* нащепи́, ~те *u. umg* нащепа́й, ~те
pt. нащепа́л
g.pt.a. нащепа́в
p.pt.a. нащепа́вший
p.pt.p. наще́панный

нащипа́ть *v* **1.** что *oder* чего́ *eine best. Menge* ausrupfen, herausziehen **2.** что *umg* kneifen, zwicken ‖ *uv* нащи́пывать 1a
ft. нащиплю́, -и́плешь, -и́плют *u. umg* -и́пешь, -и́пют *u. umg* нащипа́ю, -а́ешь, -а́ют
imp. нащипли́, ~те *u. umg* нащипи́, ~те *u. umg* нащипа́й, ~те
pt. нащипа́л
g.pt.a. нащипа́в
p.pt.a. нащипа́вший
p.pt.p. нащи́панный

нащи́пывать *uv zu* нащипа́ть

нащу́пать 1 *v* что **1.** durch Betasten finden, herausfühlen **2.** herausfinden, auf die Spur kommen ‖ *uv* нащу́пывать 1a

нащу́пывать *uv zu* нащу́пать

наэконо́мить *v* что *oder* чего́ haushalten
ft. наэконо́млю, -мишь, -мят
imp. наэконо́мь, ~те
pt. наэконо́мил
g.pt.a. наэконо́мив
p.pt.a. наэконо́мивший
p.pt.p. наэконо́мленный

наэлектризова́ть 5 *v* кого́-что elektrisieren ‖ *uv* наэлектризо́вывать 1a

наэлектризова́ться *v* elektrisiert werden ‖ *uv* наэлектризо́вываться

наэлектризо́вывать(ся) *uv zu* наэлектризова́ть(ся)

ная́бедничать 1 *v* на кого́-что *umg* vernle umden; petze

небре́жничать 1a *uv umg* schludern, fahrlässig sein

небре́чь *uv alt* geringschätzen, verachten
pr. небрегу́, -ежёшь, -егу́т
imp. небреги́, ~те
pt. небрёг, -егла́
g.pr.a. небрежа́
p.pr.a. небрежа́щий
p.pt.a. небрёгший

невзлюби́ть *v*: невзлюби́ть кого́-н. j-n nicht mögen
ft. невзлюблю́, -ю́бишь, -ю́бят
imp. невзлюби́, ~те
pt. невзлюби́л
g.pt.a. невзлюби́в
p.pt.a. невзлюби́вший

нево́лить *uv* кого́-что *umg* zwingen, nötigen. — (при-)
pr. нево́лю, -лишь, -лят
imp. нево́ль, ~те
pt. нево́лил
g.pr.a. нево́ля
p.pr.a. нево́лящий
p.pt.a. нево́ливший

негодова́ть 5a *uv* на кого́-что *oder* про́тив кого́-чего́ sich entrüsten (über)

недогляде́ть *v umg* **1.** что *oder* чего́ nicht bemerken, übersehen **2.** за кем-чем nicht aufpassen (auf)
ft. недогляжу́, -яди́шь, -ядя́т
imp. недогляди́, ~те
pt. недогляде́л
g.pt.a. недогляде́в
p.pt.a. недогляде́вший

недогова́ривать *uv zu* недоговори́ть

недоговори́ть *v* (etw.) unausgesprochen lassen; (absichtlich) verschweigen ‖ *uv* недогова́ривать 1a

ft.	недоговорю́, -ри́шь, -ря́т
imp.	недоговори́, ~те
pt.	недоговори́л
g.pt.a.	недоговори́в
p.pt.a.	недоговори́вший
p.pt.p.	недоговорённый; недоговорён, -ена́

недодава́ть *uv zu* недода́ть

pr.	недодаю́, -аёшь, -аю́т
imp.	недодава́й, ~те
pt.	недодава́л
g.pr.a.	недодава́я
p.pr.a.	недодаю́щий
p.pt.a.	недодава́вший
p.pr.p.	недодава́емый

недода́ть *v* что *oder* чего́ zu wenig geben ‖ *uv* недодава́ть, Formen das.

ft.	недода́м, -а́шь, -а́ст -ади́м, -ади́те, -аду́т
imp.	надода́й, ~те
pt.	недо́дал, недодала́, недо́дало
g.pt.a.	недода́в
p.pt.a.	недода́вший
p.pt.p.	недо́данный; недо́дан, недодана́, недо́дано

недодержа́ть *v* что **1.** nicht lange genug (be)halten **2.** unterbelichten; zu schwach entwickeln ‖ *uv* недоде́рживать 1a

ft.	недодержу́, -е́ржишь, -е́ржат
imp.	недодержи́, ~те
pt.	недодержа́л
g.pt.a.	недодержа́в
p.pt.a.	недодержа́вший
p.pt.p.	недоде́ржанный

недоде́рживать *uv zu* недодержа́ть

недоеда́ть 2a *uv* **1.** *uv zu* недое́сть **2.** sich schlecht ernähren, Hunger leiden

недое́сть *v* sich nicht satt essen ‖ *uv* недоеда́ть 2a

ft.	недое́м, -е́шь, -е́ст, -еди́м, -еди́те, -едя́т
imp.	недое́шь, ~те
pt.	недое́л
g.pt.a.	недое́в
p.pt.a.	недое́вший

недоме́ривать *uv zu* недоме́рить

недоме́рить *v* что *oder* чего́ zu knapp abmessen ‖ *uv* недоме́ривать 1a

ft.	недоме́рю, -ришь, -рят
imp.	недоме́рь, ~те
pt.	недоме́рил
g.pt.a.	недоме́рив
p.pt.a	недоме́ривший
p.pt.p.	недоме́ренный

недомога́ть 2a *uv umg* sich nicht wohl fühlen

недооце́нивать *uv zu* недооцени́ть

недооцени́ть *v* что *oder* чего́ unterschätzen ‖ *uv* недооце́нивать 1a

ft.	недооценю́, -е́нишь, -е́нят
imp.	недооцени́, ~те
pt.	недооцени́л
g.pt.a.	недооцени́в
p.pt.a.	недооцени́вший
p.pt.p.	недооценённый; недооценён, -ена́

недоплати́ть *v* что *oder* чего́ schuldig bleiben, nicht voll auszahlen ‖ *uv* недопла́чивать 1a

ft.	недоплачу́, -а́тишь, -а́тят
imp.	недоплати́, ~те
pt.	недоплати́л
g.pt.a.	недоплати́в
p.pt.a.	недоплати́вший
p.pt.p.	недопла́ченный

недопла́чивать *uv zu* недоплати́ть

недополуча́ть *uv zu* недополучи́ть

недополучи́ть *v* что *oder* чего́ nicht alles erhalten ‖ *uv* недополуча́ть 2a

ft.	недополучу́, -у́чишь, -у́чат
imp.	недополучи́, ~те
pt.	недополучи́л
g.pt.a.	недополучи́в
p.pt.a.	недополучи́вший
p.pt.p.	недополу́ченный

недослы́шать *v* что *oder* чего́ überhören; schlecht [schwer] hören; nur halb hören

ft.	недослы́шу, -шишь, -шат
imp.	недослы́шь, ~те
pt.	недослы́шал
g.pt.a.	недослы́шав
p.pt.a.	недослы́шавший
p.pt.p.	недослы́шанный

недосма́тривать *uv zu* недосмотре́ть

недосмотре́ть *v* что *oder* чего́ *u. ohne Objekt* zu wenig *oder* nicht genug achtgeben [aufpassen] (auf); übersehen, nicht bemerken ‖ *uv* недосма́тривать 1a

ft.	недосмотрю́, -о́тришь, -о́трят
imp.	недосмотри́, ~те
pt.	недосмотре́л
g.pt.a.	недосмотре́в
p.pt.a.	недосмотре́вший
p.pt.p.	недосмо́тренный

недоспа́ть *v* nicht ausschlafen ‖ *uv* недосыпа́ть 2a

ft.	недосплю́, -пи́шь, -пя́т
imp.	недоспи́, ~те
pt.	недоспа́л, -ала́, -а́ло

g.pt.a. недоспа́в
p.pt.a. недоспа́вший

недостава́ть *unpers uv* чего́ fehlen, mangeln (an)
pr. недостаёт
pt. недостава́ло
p.pt.a. недостава́вший

недоста́ть *unpers v* чего́ fehlen, mangeln (an)
ft. недоста́нет
pt. недоста́ло
p.pt.a. недоста́вший

недосчита́ться 2 *v* кого́-чего́ das Fehlen beim Nachzählen feststellen; vermissen ‖ *uv* недосчи́тываться 1a

недосчи́тываться *uv zu* недосчита́ться

недосы́пать *v* что nicht ganz vollschütten ‖ *uv* недосыпа́ть 2a
ft. недосы́плю, -лешь, -лют
imp. недосы́пь, ~те
pt. недосы́пал
g.pt.a. недосы́пав
p.pt.a. недосы́павший

[1]**недосыпа́ть** *uv zu* недоспа́ть

[2]**недосыпа́ть** *uv zu* недосы́пать

недотя́гивать *uv zu* недотяну́ть

недотяну́ть 7 *v* что nicht straff genug spannen ‖ *uv* недотя́гивать 1a
ft. недотяну́, -я́нешь, -я́нут
p.pt.p. недотя́нутый

недоумева́ть 2a *uv* nicht begreifen [fassen] können, unschlüssig [im Zweifel] sein

неду́житься *unpers uv* кому́ *volkssprr* sich krank fühlen, unwohl sein
pr. неду́жится
pt. неду́жилось

не́жить *uv* кого́-что **1.** verzärteln, verhätscheln **2.** umschmeicheln, angenehm berühren
pr. не́жу, не́жишь, не́жат
imp. нежь, ~те
pt. не́жил
g.pr.a. не́жа
p.pr.a. не́жащий
p.pt.a. не́живший
p.pr.p. не́жимый

не́житься *uv* sich aalen, die Ruhe [das Nichtstun] genießen

не́жничать 1a *uv umg* **1.** zärtlich sein, Zärtlichkeiten sagen **2.** *übtr* с кем allzu schonungsvoll behandeln, mit Samthandschuhen anfassen

нездоро́виться *unpers uv* кому́ sich krank [unwohl] fühlen
pr. нездоро́вится
pt. нездоро́вилось

неистовствовать 4a *uv* wüten, rasen, toben

неймётся, *nur 3. Person Singular Präsens, unpers uv* кому́-чему́ *volkssprr* unbändig verlangen, nicht zu halten sein

нейтрализова́ть 5 *u.* 5a *v*, *uv* neutralisieren

неме́ть 3a *uv* **1.** die Sprache verlieren **2.** *übtr* verstummen, still werden **3.** erstarren, absterben *Glieder.* — (за- *zu* 2, о-)

немо́жется *unpers uv* кому́-чему́ *volkssprr* sich krank [unwohl] fühlen

ненави́деть *uv* кого́-что hassen, verabscheuen
pr. ненави́жу, -и́дишь, -и́дят
imp. ненави́дь, ~те
pt. ненави́дел
g.pr.a. ненави́дя
p.pr.a. ненави́дящий
p.pt.a. ненави́девший
p.pr.p. ненави́димый

нерви́ровать 4a *uv* кого́-что nervös machen

не́рвничать 1a *uv* nervös sein [werden]

нести́ *uv* **1.** *best* кого́-что tragen, bringen **2.** *1. u. 2. Pers ungebr* что *arch* tragen, stützen **3.** *best 1. u. 2. Pers ungebr* (dahin)-jagen, treiben, tragen *vom Wind, von der Strömung* **4.** кого́-что schnell davoneilen, -jagen (mit); davontragen, -fahren **5.** что mit sich bringen, verursachen **6.** *übtr* что tragen, bekleiden *Rang*, *Titel*; ausüben *Dienst*; erfüllen *Pflichten* **7.** *unpers umg* ziehen *Luft* **8.** *unpers* чем *umg* riechen, stinken (nach) **9.** *unpers* кого́ *volkssprr* Durchfall verursachen **10.** *best 1. u. 2. Pers ungebr* что *Eier* legen ‖ *v* снести́ *zu* 10, Formen das. | *unbest* носи́ть *zu* 1, 3, 10, Formen das.
pr. несу́, несёшь, несу́т
imp. неси́, ~те
pt. нёс, несла́
g.pr.a. неся́
p.pr.a. несу́щий
p.pt.a. нёсший
p.pr.p. несо́мый

нести́сь *uv* **1.** *best* jagen, rennen, eilen, rasen **2.** *best* (weithin) erschallen, ertönen; sich fortpflanzen, sich ausbreiten *von*

Geräuschen **3.** schnell vergehen *Zeit* **4.** Eier legen ‖ *v* снести́сь *zu* 4 | *unbest* носи́ться *zu* 1, 2

нивели́ровать 4 *u.* 4a *v, uv* что **1.** nivellieren **2.** *übtr buchspr* ausgleichen

нивели́роваться, *1. u. 2. Pers ungebr, v, uv buchspr* sich ausgleichen

низа́ть *uv* что **1.** auffädeln **2.** *übtr* leicht aneinanderreihen. — (на-)

pr.	нижу́, ни́жешь, ни́жут
imp.	нижи́, ~те
pt.	низа́л
p.pr.a.	ни́жущий
p.pt.a.	низа́вший

низверга́ть(ся) *uv zu* низве́ргнуть(ся)

низве́ргнуть *v* кого́-что *buchspr übtr* **1.** hinabwerfen, -stürzen **2.** stürzen *Regierung* ‖ *uv* низверга́ть 2a

ft.	низве́ргну, -нешь, -нут
imp.	низве́ргни, ~те
pt.	низве́рг *u. alt* низве́ргнул, низве́ргла
g.pt.a.	низве́ргнув
p.pt.a.	низве́ргший *u. alt* низве́ргнувший
p.pt.p.	низве́ргнутый *u.* низве́рженный

низве́ргнуться *v buchspr* herabstürzen, herabfallen ‖ *uv* низверга́ться

низвести́ *v* кого́-что *alt, jetzt scherz, iron* herabwürdigen, herabsetzen ‖ *uv* низводи́ть, Formen das.

ft.	низведу́, -дёшь, -ду́т
imp.	низведи́, ~те
pt.	низвёл, -ела́
g.pt.a.	низведя́ *u. alt* низве́дши
p.pt.a.	низве́дший
p.pt.p.	низведённый; низведён, -ена́

низводи́ть *uv zu* низвести́

pr.	низвожу́, -о́дишь, -о́дят
imp.	низводи́, ~те
pt.	низводи́л
g.pr.a.	низводя́
p.pr.a.	низводя́щий
p.pt.a.	низводи́вший
p.pr.p.	низводи́мый

низкопокло́нничать 1a *uv* kriechen, liebedienern, katzbuckeln

низлага́ть *uv zu* низложи́ть

низложи́ть *v* кого́-что *buchspr* stürzen, entmachten ‖ *uv* низлага́ть 2a

ft.	низложу́, -о́жишь, -о́жат
imp.	низложи́, ~те
pt.	низложи́л
g.pt.a.	низложи́в
p.pt.a.	низложи́вший
p.pt.p.	низло́женный

низойти́ *v buchspr, alt* herabsteigen ‖ *uv* нисходи́ть, Formen das.

ft.	низойду́, -дёшь, -ду́т
imp.	низойди́, ~те
pt.	нисшёл, низошла́
g.pt.a.	низойдя́ *u.* нисше́дши
p.pt.a.	нисше́дший

низри́нуть 6 *v* кого́-что *buchspr* hinabwerfen, niederwerfen

imp.	низри́нь, ~те
p.pt.p.	низри́нутый

низри́нуться *v buchspr* sich hinabstürzen; herabfallen, abstürzen

никелирова́ть 5 *u.* 5a *v, uv* что vernickeln. — (от-)

ни́кнуть *uv* sich neigen, (nieder)sinken; welken *a. übtr.* — (по-, с-)

pr.	ни́кну, -нешь, -нут
imp.	ни́кни, ~те
pt.	ник *u.* ни́кнул, ни́кла
g.pt.a.	ни́кнув
p.pr.a.	ни́кнущий
p.pt.a.	ни́кнувший

ниспада́ть 2a *uv buchspr* **1.** *uv zu* ниспа́сть **2.** herabhängen

ниспа́сть *v buchspr* herabfallen, -stürzen ‖ *uv* ниспада́ть 2a

ft.	ниспаду́, -дёшь, -ду́т
imp.	ниспади́, ~те
pt.	ниспа́л
g.pt.a.	ниспа́в
p.pt.a.	ниспа́вший

ниспосла́ть *v* кого́-что *buchspr, alt, rel* herabsenden ‖ *uv* ниспосыла́ть 2a

ft.	ниспошлю́, -лёшь, -лю́т
imp.	ниспошли́, ~те
pt.	ниспосла́л
g.pt.a.	ниспосла́в
p.pt.a.	ниспосла́вший
p.pt.p.	ниспо́сланный

ниспосыла́ть *uv zu* ниспосла́ть

ниспроверга́ть *uv zu* ниспрове́ргнуть

ниспрове́ргнуть *v* кого́-что *buchspr* (um)-stürzen, zertrümmern, vernichten ‖ *uv* ниспроверга́ть 2a

ft.	ниспрове́ргну, -нешь, -нут
imp.	ниспрове́ргни, ~те
pt.	ниспрове́рг *u.* ниспрове́ргнул, ниспрове́ргла
g.pt.a.	ниспрове́ргнув

p.pt.a.	ниспровéргший *u.* ниспровéргнувший
p.pt.p.	ниспровéргнутый *u.* ниспровéрженный

нисходи́ть *uv zu* низойти́

pr.	нисхожу́, -óдишь, -óдят
imp.	нисходи́, ~те
pt.	нисходи́л
g.pr.a.	нисходя́
p.pr.a.	нисходя́щий
p.pt.a.	нисходи́вший

нищáть 2a *uv* verelenden, verarmen. — (об-)

ни́щенствовать 4a *uv* **1.** betteln **2.** in großer Armut leben

нокаути́ровать 4 *u.* 4a *v, uv* когó-что k.o. schlagen

нормализовáть 5 *u.* 5a *v, uv* что normalisieren

нормализовáться, *1. u. 2. Pers ungebr, v, uv* sich normalisieren

нормировáть 5 *u.* 5a *v, uv* что normen, regeln

норови́ть *uv* **1.** *mit Infinitiv umg* erpicht sein, es absehen (auf) **2.** в когó-что etw. unbedingt werden wollen

pr.	норовлю́, -ви́шь, -вя́т
imp.	норови́, ~те
pt.	норови́л
g.pr.a.	норовя́
p.pr.a.	норовя́щий
p.pt.a.	норови́вший

носи́ть *uv* когó-что **1.** *unbest zu* нести́ tragen, bringen **2.** *unbest zu* нести́ treiben, jagen, tragen **3.** *unbest zu* нести́ Eier legen **4.** tragen *Kleidung, Brille, Ring, Trauer, Bart, Namen* **5.** (*meist mit* под сéрдцем) *umg* schwanger sein

pr.	ношу́, нóсишь, нóсят
imp.	носи́, ~те
pt.	носи́л
g.pr.a.	нося́*
g.pt.a.	носи́в
p.pr.a.	нося́щий
p.pt.a.	носи́вший
p.pr.p.	носи́мый
p.pt.p.	нóшенный

носи́ться *uv* **1.** *unbest zu* нести́сь jagen, rennen, rasen **2.** *unbest zu* нести́сь (weithin) tönen, erschallen, sich fortpflanzen *von Geräuschen*, sich ausbreiten **3.** с кем-чем *umg* sich tragen (mit etw.), sich abgeben, sich ständig (mit etw.) beschäftigen **4.** sich tragen *Kleidung*; носи́ться хорошó sich gut tragen, haltbar sein

нотифици́ровать 4 *u.* 4a *v, uv* когó-что notifizieren

ночевáть *v, uv* übernachten. — (пере-)

ft.u.pr.	ночу́ю, -у́ешь, -у́ют
imp.	ночу́й, ~те
pt.	ночевáл
g.pr.a.	ночу́я
g.pt.a.	ночевáв
p.pr.a.	ночу́ющий
p.pt.a.	ночевáвший

нрáвиться *uv* кому́-чему́ gefallen, zusagen ‖ *v* понрáвиться, Formen das.

pr.	нрáвлюсь, -вишься, -вятся
imp.	нрáвься, -вьтесь
pt.	нрáвился, -лась
g.pr.a.	нрáвясь
p.pr.a.	нрáвящийся
p.pt.a.	нрáвившийся

ну́дить *uv* когó-что *alt u. gbt* **1.** nötigen, veranlassen **2.** erschöpfen, ermüden

pr.	ну́жу, ну́дишь, ну́дят
imp.	нудь, ~те
pt.	ну́дил
g.pr.a.	ну́дя
p.pr.a.	ну́дящий
p.pt.a.	ну́дивший

нуждáться 2a *uv* **1.** Not leiden **2.** в ком-чём brauchen, benötigen, bedürfen

ну́кать 1a *uv volksspr* antreiben, „ну“ rufen

нумеровáть 5a *uv* когó-что numerieren, mit Nummern versehen. — (за-)

p.pt.p	нумерóванный

нырну́ть *v mom zu* ныря́ть

ныря́ть 2a *uv* tauchen, untertauchen | *v mom* нырну́ть 7

ныть *uv* **1.** *1. u. 2. Pers ungebr* dumpf schmerzen **2.** schwermütig sein **3.** *umg* klagen, jammern

pr.	нóю, нóешь, нóют
pt.	ныл
g.pr.a.	нóя
p.pr.a.	нóющий
p.pt.a.	ны́вший

ню́хать 1a *uv* что riechen; schnupfen *Tabak*; einatmen ‖ *v* поню́хать 1 | *v mom volkssp*r нюхну́ть 7, *p.pt.p.* нюхну́тый

нюхну́ть *v mom zu* ню́хать

ня́нчить *uv* кого́-что pflegen, warten, versorgen
pr. ня́нчу, -чишь, -чат
imp. ня́нчи, ~те
pt. ня́нчил
g.pr.a. ня́нча
p.pr.a. ня́нчащий
p.pt.a. ня́нчивший
p.pr.p. ня́нчимый

ня́нчиться *uv* с кем-чем **1.** pflegen, versorgen **2.** *umg* sich zu viel abgeben (mit), verhätscheln

О

оба́биться *v umg verächtl* verweichlichen
ft. оба́блюсь, -бишься, -бятся
imp. оба́бься, -бьтесь
pt. оба́бился, -лась
g.pt.a. оба́бившись
p.pt.a. оба́бившийся

обагри́ть *v* кого́-что *buchspr* röten, purpurrot färben ‖ *uv* обагря́ть 2a
ft. обагрю́, -ри́шь, -ря́т
imp. обагри́, ~те
pt. обагри́л
g.pt.a. обагри́в
p.pt.a. обагри́вший
p.pt.p. обагрённый; обагрён, -ена́

обагри́ться *v buchspr* sich röten, sich purpurrot färben ‖ *uv* обагря́ться

обагря́ть(ся) *uv zu* обагри́ть(ся)

обалдева́ть *uv zu* обалде́ть

обалде́ть 3 *v volksspr* verwirrt werden, verblöden, abstumpfen ‖ *uv* обалдева́ть 2a

обанкро́титься *v* bankrott machen
ft. обанкро́чусь, -о́тишься, -о́тятся
imp. обанкро́ться, -тьтесь
pt. обанкро́тился, -лась
g.pt.a. обанкро́тившись
p.pt.a. обанкро́тившийся

оббе́гать 1 *v* кого́-что *umg* (alles) eilig durchlaufen, ablaufen ‖ *uv* оббега́ть 2a

[1]**оббега́ть** *uv zu* оббе́гать

[2]**оббега́ть** *uv zu* оббежа́ть

оббежа́ть* *v* кого́-что **1.** umlaufen, um etw. (herum)rennen **2.** einen Bogen machen (um) **3.** *umg* überholen *beim Laufen* **4.** eilig ablaufen, durchlaufen ‖ *uv* оббега́ть 2a
ft. оббегу́, -ежи́шь, -егу́т
imp. оббеги́, ~те
pt. оббежа́л
g.pt.a. оббежа́в
p.pt.a. оббежа́вший

[1]**обва́ливать** *uv zu* обвали́ть

[2]**обва́ливать** *uv zu* обваля́ть

обва́ливаться *uv zu* обвали́ться

обвали́ть *v* что **1.** umwerfen, umstoßen **2.** *gbt mit einem Wall, Damm* umgeben ‖ *uv* обва́ливать 1a
ft. обвалю́, -а́лишь, -а́лят
imp. обвали́, ~те
pt. обвали́л
g.pt.a. обвали́в
p.pt.a. обвали́вший
p.pt.p. обва́ленный

обвали́ться, *1. u. 2. Pers ungebr*, *v* **1.** einstürzen **2.** abbröckeln, abfallen ‖ *uv* обва́ливаться

обваля́ть 2 *v* что в чём panieren ‖ *uv* обва́ливать 1a

обва́ривать(ся) *uv zu* обвари́ть(ся)

обвари́ть *v* кого́-что **1.** brühen **2.** verbrühen ‖ *uv* обва́ривать 1a
ft. обварю́, -а́ришь, -а́рят
imp. обвари́, ~те
pt. обвари́л
g.pt.a. обвари́в
p.pt.a. обвари́вший
p.pt.p. обва́ренный

обвари́ться *v* sich verbrühen ‖ *uv* обва́риваться

обвева́ть *uv zu* обве́ять

обвезти́ *v* кого́-что **1.** um etw. herumfahren **2.** *umg* zu allen fahren *um ihnen etwas zu bringen* ‖ *uv* обвози́ть, Formen das.
ft. обвезу́, -зёшь, -зу́т
imp. обвези́, ~те
pt. обвёз, -везла́
g.pt.a. обвезя́ *u. alt* обвёзши

p.pt.a. обвёзший
p.pt.p. обвезённый; обвезён, -ена́ *u. umg* обве́зенный

обве́ивать *uv zu* обве́ять

обвенча́ть 2 *v* кого́-что kirchlich trauen

обвенча́ться *v* sich kirchlich trauen lassen

оберну́ть 7 *v* кого́-что *umg* um-, einwickeln, einschlagen ‖ *uv* обвёртывать 1a
p.pt.p. обвёрнутый

обверте́ть *v* кого́-что *volksspr* ein-, umwickeln
ft. оберчу́, -е́ртишь, -е́ртят
imp. оберти́, ~те
pt. оберте́л
g.pt.a. оберте́в
p.pt.a. оберте́вший
p.pt.p. обве́рченный

обвёртывать *uv zu* оберну́ть

[1]**обве́сить** *v* кого́-что *umg* zu wenig abwiegen, durch falsches Abwiegen betrügen ‖ *uv* обве́шивать 1a
ft. обве́шу, -е́сишь, -е́сят
imp. обве́сь, ~те
pt. обве́сил
g.pt.a. обве́сив
p.pt.a. обве́сивший
p.pt.p. обве́шенный

[2]**обве́сить** *v* кого́-что чем *umg* voll-, behängen mit ‖ *uv* обве́шивать
Formen wie [1]обве́сить

обвести́ *v* кого́-что **1.** вокру́г herumführen (um) **2.** чем umgeben (mit); umringen **3.** umranden, umziehen **4.** umspielen *Fußball u. ä.* **5.** *volksspr* betrügen ‖ *uv* обводи́ть, Formen das.
ft. обведу́, -дёшь, -ду́т
imp. обведи́, ~те
pt. обвёл, -ела́
g.pt.a. обведя́ *u.* обве́дши
p.pt.a. обве́дший
p.pt.p. обведённый; обведён, -ена́

обве́треть 3, *Betonung bleibt wie im Infinitiv, 1. u. 2. Pers ungebr, v vom Wind* rauh [rissig] werden

обве́тривать(ся) *uv zu* обве́трить(ся)

обве́трить, *1. u. 2. Pers ungebr, v* что *durch Windeinwirkung* rauh [rissig] machen ‖ *uv* обве́тривать 1a
ft. обве́трит, -рят
pt. обве́трил
g.pt.a. обве́трив
p.pt.a. обве́тривший
p.pt.p. обве́тренный

обве́триться, *1. u. 2. Pers ungebr, v* **1.** verwittert werden **2.** *durch den Wind* rauh [rissig] werden ‖ *uv* обве́триваться

обветша́ть 2 *v* baufällig werden, verfallen

обве́шать 1 *v* кого́-что чем voll-, behängen (mit) ‖ *uv* обве́шивать 1a

обве́шаться *v* sich behängen ‖ *uv* обве́шиваться

[1,2]**обве́шивать** *uv zu* [1,2]обве́сить

[3]**обве́шивать** *uv zu* обве́шать

обве́шиваться *uv zu* обве́шаться

обве́ять *v* **1.** кого́-что чем umwehen, umfächeln; *übtr* umgeben, erfüllen; обве́ять поэ́зией mit Poesie umwehen **2.** что worfeln, schwingen *Korn* ‖ *uv* обвева́ть 2a *zu* 1 *u.* обве́ивать 1a *zu* 2
ft. обве́ю, -е́ешь, -е́ют
imp. обве́й, ~те
pt. обве́ял
g.pt.a. обве́яв
p.pt.a. обве́явший
p.pt.p. обве́янный

обвива́ть(ся) *uv zu* обви́ть(ся)

обвини́ть *v* кого́-что **1.** *v zu* обвиня́ть **2.** schuldig sprechen
ft. обвиню́, -ни́шь, -ня́т
imp. обвини́, ~те
pt. обвини́л
g.pt.a. обвини́в
p.pt.a. обвини́вший
p.pt.p. обвинённый; обвинён, -ена́

обвиня́ть 2a *uv* **1.** кого́-что в чём beschuldigen, für schuldig halten, bezichtigen **2.** *jur* anklagen (wegen) **3.** *jur* als Ankläger [als Vertreter der Anklage] fungieren ‖ *v* обвини́ть *zu* 1, Formen das.

обвиса́ть *uv zu* обви́снуть

обви́снуть, *1. u. 2. Pers ungebr, v* (schlaff) herunterhängen ‖ *uv* обвиса́ть 1a
ft. обви́снет, -нут
pt. обви́с *u. alt* обви́снул, обви́сла
g.pt.a. обви́снув *u.* обви́сши
p.pt.a. обви́сший *u. alt* обви́снувший

обви́ть *v* **1.** кого́-что чем umwinden, umwickeln; umranken **2.** что вокру́г кого́-чего́ (herum)winden, (herum)wickeln (um) **3.** кого́-что umarmen ‖ *uv* обвива́ть 2a
ft. обовью́, -вьёшь, -вью́т
imp. обве́й, ~те
pt. обви́л, -ила́, -и́ло
g.pt.a. обви́в
p.pt.a. обви́вший
p.pt.p. обви́тый; обви́т, -ита́, -и́то

обви́ться *v* sich schlingen, sich winden, sich ranken ‖ *uv* обвива́ться

обводи́ть *uv zu* обвести́
pr. обвожу́, -о́дишь, -о́дят
imp. обводи́, ~те
pt. обводи́л
g.pr.a. обводя́
p.pr.a. обводя́щий
p.pt.a. обводи́вший

обводни́ть *v* что **1.** bewässern **2.** mit Wasser auffüllen ‖ *uv* обводня́ть 2a
ft. обводню́, -ни́шь, -ня́т
imp. обводни́, ~те
pt. обводни́л
g.pt.a. обводни́в
p.pt.a. обводни́вший
p.pt.p. обводнённый; обводнён, -ена́

обводня́ть *uv zu* обводни́ть

обвози́ть *uv zu* обвезти́
pr. обвожу́, -о́зишь, -о́зят
imp. обвози́, ~те
pt. обвози́л
g.pr.a. обвозя́
p.pr.a. обвозя́щий
p.pt.a. обвози́вший
p.pr.p. обвози́мый

обвола́кивать(ся) *uv zu* обволо́чь(ся)

обволо́чь, *1. u. 2. Pers ungebr, v* кого́-что verhüllen, bedecken; umziehen, bewölken ‖ *uv* обвола́кивать 1a
ft. обволочёт, -оку́т
pt. обволо́к, -окла́
g.pt.a. обволо́кши
p.pt.a. обволо́кший

обволо́чься, *1. u. 2. Pers ungebr, v* чем sich verhüllen, sich verdecken ‖ *uv* обвола́киваться

обвора́живать *uv zu* обворожи́ть

обворова́ть 5 *v* кого́-что *umg* bestehlen ‖ *uv* обворо́вывать 1a

обворо́вывать *uv zu* обворова́ть

обворожи́ть *v* кого́-что bezaubern, berücken; entzücken ‖ *uv* обвора́живать 1a
ft. обворожу́, -жи́шь, -жа́т
imp. обворожи́, ~те
pt. обворожи́л
g.pt.a. обворожи́в
p.pt.a. обворожи́вший
p.pt.p. обворожённый; обворожён, -ена́

обвыка́ть(ся) *uv zu* обвы́кнуть(ся)

обвы́кнуть *v volkssрr* sich gewöhnen ‖ *uv* обвыка́ть 2a
ft. обвы́кну, -нешь, -нут
imp. обвы́кни, ~те
pt. обвы́к, ~ла
g.pt.a. обвы́кнув *u.* обвы́кши
p.pt.a. обвы́кший

обвы́кнуться *v volkssрr* sich gewöhnen ‖ *uv* обвыка́ться

обвяза́ть *v* **1.** что чем umwickeln, umwinden **2.** что вокру́г чего́ umbinden, (herum)binden (um) **3.** что чем umhäkeln, umstricken **4.** *volkssрr* кого́-что für j-n alles stricken [häkeln] ‖ *uv* обвя́зывать 1a
ft. обвяжу́, -я́жешь, -я́жут
imp. обвяжи́, ~те
pt. обвяза́л
g.pt.a. обвяза́в
p.pt.a. обвяза́вший
p.pt.p. обвя́занный

обвяза́ться *v* чем sich etw. umbinden ‖ *uv* обвя́зываться

обвя́зывать(ся) *uv zu* обвяза́ть(ся)

огла́дить *v* **1.** что glätten **2.** кого́-что *volkssрr* für j-n alles bügeln ‖ *uv* огла́живать 1a
ft. огла́жу, -а́дишь, -а́дят
imp. огла́дь, ~те
pt. огла́дил
g.pt.a. огла́див
p.pt.a. огла́дивший
p.pt.p. огла́женный

обгла́дывать *uv zu* обглода́ть

огла́живать *uv zu* огла́дить

обглода́ть *v* кого́-что (ringsherum) abnagen, benagen ‖ *uv* обгла́дывать 1a
ft. обгложу́, -о́жешь, -о́жут *u.* обглода́ю, -а́ешь, -а́ют
imp. обглода́й, ~те
pt. обглода́л
g.pt.a. обглода́в
p.pt.a. обглода́вший
p.pt.p. обгло́данный

обгоня́ть *uv zu* обогна́ть

обгора́ть *uv zu* обгоре́ть

обгоре́ть *v* **1.** angekohlt [verkohlt] werden **2.** *umg* einen Sonnenbrand bekommen ‖ *uv* обгора́ть 2a
ft. обгорю́, -ри́шь, -ря́т
imp. обгори́, ~те
pt. обгоре́л
g.pt.a. обгоре́в
p.pt.a. обгоре́вший

обгрыза́ть *uv zu* обгры́зть

обгры́зть *v* что benagen, abnagen ‖ *uv* обгрыза́ть 2a

ft. обгрызу́, -зёшь, -зу́т
imp. обгрызи́, ~те
pt. обгры́з, ~ла
g.pt.a. обгры́зши
p.pt.a. обгры́зший
p.pt.p. обгры́зенный

обдава́ть *uv zu* обда́ть
pr. обдаю́, -аёшь, -аю́т
imp. обдава́й, ~те
pt. обдава́л
g.pr.a. обдава́я
p.pr.a. обдаю́щий
p.pt.a. обдава́вший
p.pr.p. обдава́емый

обдава́ться *uv zu* обда́ться

обда́ривать *uv zu* обдари́ть

обдари́ть *v* кого́-что *umg* beschenken ‖ *uv* обда́ривать 1a
ft. обдарю́, -ари́шь, -аря́т
imp. обдари́, ~те
pt. обдари́л
g.pt.a. обдари́в
p.pt.a. обдари́вший
p.pt.p. обдарённый; обдарён, -ена́

обда́ть *v* кого́-что чем **1.** überschütten, übergießen, begießen **2.** umströmen, einhüllen *mit Duft, Wärme, Atem* **3.** *unpers* befallen, ergreifen *von Gefühlen* ‖ *uv* обдава́ть, Formen das.
ft. обда́м, -а́шь, -а́ст, -ади́м, -ади́те, -аду́т
imp. обда́й, ~те
pt. о́бдал *u. umg* обда́л, обдала́, о́бдало *u. umg* обда́ло
g.pt.a. обда́в
p.pt.a. обда́вший
p.pt.p. о́бданный; о́бдан, обдана́ *u. umg* о́бдана, о́бдано

обда́ться *v* чем *umg* sich übergießen (mit) ‖ *uv* обдава́ться
pt. обда́лся, -ала́сь, -ало́сь *u. umg* -а́лось

обде́лать 1 *v* что **1.** bearbeiten, fertigen **2.** *alt u. volkssp*r (ein)fassen **3.**: обде́лать де́ло [де́льце] *volkssp*r eine Sache deichseln **4.** кого́-что *volkssp*r übers Ohr hauen **5.** *volkssp*r beschmutzen ‖ *uv* обде́лывать 1a

обдели́ть *v* кого́-что чем **1.** beim Teilen übervorteilen **2.** *volkssp*r beschenken, bedenken (mit) ‖ *uv* обделя́ть 2a
ft. обделю́, -е́лишь, -е́лят
imp. обдели́, ~те
pt. обдели́л
g.pt.a. обдели́в
p.pt.a. обдели́вший
p.pt.p. обделённый; обделён, -ена́

обде́лывать *uv zu* обде́лать

обделя́ть *uv zu* обдели́ть

обдёргать 1 *v* что *volkssp*r **1.** abrupfen, abreißen **2.** zurechtzupfen ‖ *uv* обдёргивать 1a

[1]**обдёргивать** *uv zu* обдёргать

[2]**обдёргивать** *uv zu* обдёрнуть

обдёрнуть 6 *v* что *umg Kleidung* zurechtziehen ‖ *uv* обдёргивать 1a
p.pt.p. обдёрнутый

обдира́ть(ся) *uv zu* ободра́ть(ся)

обдува́ть *uv zu* обду́ть

обду́мать 1 *v* что (gründlich) durchdenken, überlegen ‖ *uv* обду́мывать 1a

обду́маться *v volkssp*r **1.** sich eines Besseren besinnen **2.** seine Gedanken sammeln ‖ *uv* обду́мываться

обду́мывать(ся) *uv zu* обду́мать(ся)

обдури́ть *v* кого́-что *volkssp*r betrügen ‖ *uv* обдуря́ть 2a
ft. обдурю́, -ри́шь, -ря́т
imp. обдури́, ~те
pt. обдури́л
p.pt.p. обдурённый; обдурён, -ена́

обдуря́ть *uv zu* обдури́ть

обду́ть *v* кого́-что **1.** *durch Blasen* säubern, abblasen **2.** fortblasen **3.** *unpers* umwehen **4.** *volkssp*r betrügen, übers Ohr hauen ‖ *uv* обдува́ть 2a
ft. обду́ю, -у́ешь, -у́ют
imp. обду́й, ~те
pt. обду́л
g.pt.a. обду́в
p.pt.a. обду́вший
p.pt.p. обду́тый

обе́гать 1 *v* кого́-что (alles) eilig durchlaufen, ablaufen ‖ *uv* обега́ть 2a

[1]**обега́ть** *uv zu* обе́гать

[2]**обега́ть** *uv zu* обежа́ть

обе́дать 1a *uv* (zu) Mittag essen | *uv umg iterativ* обе́дывать 1a, *pr. ungebr.* — (по-)

обедне́ть 3 *v* verarmen, verelenden

обедни́ть *v* кого́-что arm machen ‖ *uv* обедня́ть 2a
ft. обедню́, -ни́шь, -ня́т
imp. обедни́, ~те
pt. обедни́л

g.pt.a. обедни́в
p.pt.a. обедни́вший
p.pt.p. обеднённый; обеднён, -ена́

обедня́ть *uv zu* обедни́ть

обе́дывать *uv iterativ zu* обе́дать

обежа́ть *v* кого́-что **1.** umlaufen, um etw. (herum)rennen **2.** einen Bogen machen (um) **3.** *umg* überholen *beim Laufen* **4.** eilig ablaufen, durchlaufen ‖ *uv* обега́ть 2a
ft. обегу́, обежи́шь, обегу́т
imp. обеги́, ~те
pt. обежа́л
g.pt.a. обежа́в
p.pt.a. обежа́вший

обезбо́ливать *uv zu* обезбо́лить

обезбо́лить *v* что betäuben, anästhesieren ‖ *uv* обезбо́ливать 1a
ft. обезбо́лю, -лишь, -лят
imp. обезбо́ль, ~те
pt. обезбо́лил
g.pt.a. обезбо́лив
p.pt.a. обезбо́ливший
p.pt.p. обезбо́ленный

обезво́деть 3, *Betonung bleibt wie im Infinitiv, 1. u. 2. Pers ungebr*, *v* wasserlos werden

обезво́дить *v* что entwässern, Wasser entziehen ‖ *uv* обезво́живать 1a
ft. обезво́жу, -о́дишь, -о́дят
imp. обезво́дь, ~те
pt. обезво́дил
g.pt.a. обезво́див
p.pt.a. обезво́дивший
p.pt.p. обезво́женный

обезво́живать *uv zu* обезво́дить

обезвре́дить *v* кого́-что unschädlich machen; *Bombe* entschärfen ‖ *uv* обезвре́живать 1a
ft. обезвре́жу, -е́дишь, -е́дят
imp. обезвре́дь, ~те
pt. обезвре́дил
g.pt.a. обезвре́див
p.pt.a. обезвре́дивший
p.pt.p. обезвре́женный

обезвре́живать *uv zu* обезвре́дить

обезгла́вить *v* кого́-что **1.** enthaupten, köpfen **2.** führerlos machen, des Führers [der Führung] berauben ‖ *uv* обезгла́вливать 1a
ft. обезгла́влю, -вишь, -вят
imp. обезгла́вь, ~те
pt. обезгла́вил
g.pt.a. обезгла́вив
p.pt.a. обезгла́вивший
p.pt.p. обезгла́вленный

обезгла́вливать *uv zu* обезгла́вить

обезде́нежеть 3, *Betonung bleibt wie im Infinitiv*, *v umg* (plötzlich) ohne Geld dastehen

обезде́нежить *v* кого́-что *umg* das Geld wegnehmen [entziehen]
ft. обезде́нежу, -жишь, -жат
imp. обезде́нежь, ~те
pt. обезде́нежил
g.pt.a. обезде́нежив
p.pt.a. обезде́неживший
p.pt.p. обезде́неженный

обездо́ливать *uv zu* обездо́лить

обездо́лить *v* кого́-что elend, unglücklich machen, entrechten ‖ *uv* обездо́ливать 1a
ft. обездо́лю, -лишь, -лят
imp. обездо́ль, ~те
pt. обездо́лил
g.pt.a. обездо́лив
p.pt.a. обездо́ливший
p.pt.p. обездо́ленный

обезду́шить *v* что entseelen, seines inneren Gehaltes berauben
ft. обезду́шу, -шишь, -шат
imp. обезду́шь, ~те
pt. обезду́шил
g.pt.a. обезду́шив
p.pt.a. обезду́шивший
p.pt.p. обезду́шенный

обезжи́ривать *uv zu* обезжи́рить

обезжи́рить *v* что entfetten ‖ *uv* обезжи́ривать 1a
ft. обезжи́рю, -ришь, -рят
imp. обезжи́рь, ~те
pt. обезжи́рил
g.pt.a. обезжи́рив
p.pt.a. обезжи́ривший
p.pt.p. обезжи́ренный

обеззара́живать *uv zu* обеззара́зить

обеззара́зить *v* что desinfizieren, keimfrei machen ‖ *uv* обеззара́живать 1a
ft. обеззара́жу, -а́зишь, -а́зят
imp. обеззара́зь, ~те
pt. обеззара́зил
g.pt.a. обеззара́зив
p.pt.a. обеззара́зивший
p.pt.p. обеззара́женный

обезземе́леть 3, *Betonung bleibt wie im Infinitiv*, *v* das Land [den Boden] verlieren, des Bodens verlustig gehen

обезземе́ливать *uv zu* обезземе́лить

обезземéлить *v* когó-что *Bauern* den Boden wegnehmen ‖ *uv* обезземéливать 1a
ft. обезземéлю, -лишь, -лят
imp. обезземéль, ~те
pt. обезземéлил
g.pt.a. обезземéлив
p.pt.a. обезземéливший
p.pt.p. обезземéленный

обезли́чивать(ся) *uv zu* обезли́чить(ся)

обезли́чить *v* когó-что **1.** entpersönlichen, der individuellen Eigenart berauben **2.** der persönlichen Verantwortung berauben [entheben] ‖ *uv* обезли́чивать 1a
ft. обезли́чу, -чишь, -чат
imp. обезли́чь, ~те
pt. обезли́чил
g.pt.a. обезли́чив
p.pt.a. обезли́чивший
p.pt.p. обезли́ченный

обезли́читься *v* seine individuelle Eigenart einbüßen, entpersönlicht werden ‖ *uv* обезли́чиваться

обезлю́деть 3, *Betonung bleibt wie im Infinitiv, 1. u. 2. Pers ungebr*, *v* menschenleer werden

обезлю́дить *v* что menschenleer machen ‖ *uv* обезлю́живать 1a
ft. обезлю́жу*, -дишь*, -дят
imp. обезлю́дь*, ~те
pt. обезлю́дил
g.pt.a. обезлю́див
p.pt.a. обезлю́дивший
p.pt.p. обезлю́женный

обезлю́живать *uv zu* обезлю́дить

обезобрáживать(ся) *uv zu* обезобрáзить(ся)

обезобрáзить *v* когó-что verunstalten, entstellen, verstümmeln ‖ *uv* обезобрáживать 1a
ft. обезобрáжу, -áзишь, -áзят
imp. обезобрáзь, ~те
pt. обезобрáзил
g.pt.a. обезобрáзив
p.pt.a. обезобрáзивший
p.pt.p. обезобрáженный

обезобрáзиться *v* entstellt [häßlich] werden ‖ *uv* обезобрáживаться

обезопáсить *v* когó-что sichern *gegen Gefahren*
ft. обезопáшу, -áсишь, -áсят
imp. обезопáсь, ~те
pt. обезопáсил
g.pt.a. обезопáсив
p.pt.a. обезопáсивший
p.pt.p. обезопáшенный *u. alt* обезопáсенный

обезопáситься *v* sich sichern *gegen Gefahren*

обезорýживать *uv zu* обезорýжить

обезорýжить *v* когó-что **1.** entwaffnen, die Waffe wegnehmen **2.** *übtr* entwaffnen ‖ *uv* обезорýживать 1a
ft. обезорýжу, -жишь, -жат
imp. обезорýжь, ~те
pt. обезорýжил
g.pt.a. обезорýжив
p.pt.a. обезорýживший
p.pt.p. обезорýженный

обезýметь 3, *Betonung bleibt wie im Infinitiv*, *v* den Verstand verlieren, verrückt werden

обезья́нничать 1a *uv umg* nachäffen, nachahmen ‖ *v* собезья́нничать 1

обели́ть *v* когó-что **1.** *umg* rechtfertigen, entschuldigen, weißmachen **2.** *hist* von Abgaben befreien *Bauernhof, Grundstück* ‖ *uv* обеля́ть 2a
ft. обелю́, -ели́шь, -еля́т
imp. обели́, ~те
pt. обели́л
g.pt.a. обели́в
p.pt.a. обели́вший
p.pt.p. обелённый; обелён, -енá

обеля́ть *uv zu* обели́ть

оберегáть 2a *uv* когó-что bewachen, beschützen ‖ *v* оберéчь, Formen das.

оберегáться *uv* sich hüten, sich in acht nehmen ‖ *v* оберéчься

оберéчь *v zu* оберегáть
ft. оберегý, -ежёшь, -егýт
imp. обереги́, ~те
pt. оберёг, -еглá
g.pt.a. оберёгши
p.pt.a. оберёгший
p.pt.p. обережённый; обережён, -енá

оберéчься *v zu* оберегáться

обернýть 7 *v* когó-что **1.** (herum)winden, (herum)wickeln **2.** einwickeln, einschlagen **3.** (hin)wenden, zuwenden **4.** eine bestimmte Richtung [Wendung] geben **5.** когó-что кем-чем *oder* в когó-что durch Zauber verwandeln ‖ *uv* обёртывать 1a *zu* 1—4 *u.* оборáчивать 1a *zu* 3—5
p.pt.p. обёрнутый

обернýться *v* **1.** sich umwenden, sich umdrehen **2.** *übtr* eine bestimmte Wendung nehmen **3.** *umg* umkehren, zurückkehren

4. *umg* sich herauswinden, einen Ausweg suchen 5. кем-чем *oder* в кого́-что sich durch Zauber verwandeln (in) 6. *volksspr* sich einwickeln, sich einhüllen ‖ *uv* обёртываться *zu* 1—2 *u.* обора́чиваться

обёртывать(ся) *uv zu* оберну́ть(ся)

обескро́вить *v* кого́-что 1. blutleer machen, Blut entziehen 2. *übtr* entkräften, schwere Verluste beibringen ‖ *uv* обескро́вливать 1a

ft.	обескро́влю, -вишь, -вят
imp.	обескро́вь, ~те
pt.	обескро́вил
g.pt.a.	обескро́вив
p.pt.a.	обескро́вивший
p.pt.p.	обескро́вленный

обескро́вливать *uv zu* обескро́вить

обескура́живать *uv zu* обескура́житъ

обескура́жить *v* кого́-что entmutigen, mutlos machen ‖ *uv* обескура́живать 1a

ft.	обескура́жу, -жишь, -жат
imp.	обескура́жь, ~те
pt.	обескура́жил
g.pt.a.	обескура́жив
p.pt.a.	обескура́живший
p.pt.p.	обескура́женный

обеспа́мятеть 3, *Betonung bleibt wie im Infinitiv, v umg* 1. das Erinnerungsvermögen verlieren, gedächtnisschwach werden 2. ohnmächtig [besinnungslos] werden

обеспе́чивать(ся) *uv zu* обеспе́чить(ся)

обеспе́чить *v* 1. кого́-что versorgen, materiell sicherstellen 2. кого́-что чем versorgen, versehen (mit) 3. что gewährleisten, garantieren, sichern ‖ *uv* обеспе́чивать 1a

ft.	обеспе́чу, -чишь, -чат
imp.	обеспе́чь, ~те
pt.	обеспе́чил
g.pt.a.	обеспе́чив
p.pt.a.	обеспе́чивший
p.pt.p.	обеспе́ченный

обеспе́читься *v* sich (ausreichend) versorgen [versehen] ‖ *uv* обеспе́чиваться

обеспло́дить *v* кого́-что unfruchtbar machen ‖ *uv* обеспло́живать 1a

ft.	обеспло́жу, -о́дишь, -о́дят
imp.	обеспло́дь, ~те
pt.	обеспло́дил
g.pt.a.	обеспло́див
p.pt.a.	обеспло́дивший
p.pt.p.	обеспло́женный

обеспло́живать *uv zu* обеспло́дить

обеспоко́ивать(ся) *uv zu* обеспоко́ить(ся)

обеспоко́ить *v* кого́-что 1. belästigen, stören 2. beunruhigen, Sorge machen ‖ *uv* обеспоко́ивать 1a

ft.	обеспоко́ю, -о́ишь, -о́ят
imp.	обеспоко́й, ~те
pt.	обеспоко́ил
g.pt.a.	обеспоко́ив
p.pt.a.	обеспоко́ивший
p.pt.p.	обеспоко́енный

обеспоко́иться *v* кем-чем sich beunruhigen, sich Sorgen machen (um) ‖ *uv* обеспоко́иваться

обесси́леть 3, *Betonung bleibt wie im Infinitiv, v* von Kräften kommen, kraftlos werden

обесси́ливать *uv zu* обесси́лить

обесси́лить *v* кого́-что entkräften, schwächen ‖ *uv* обесси́ливать 1a

ft.	обесси́лю, -лишь, -лят
imp.	обесси́ль, ~те
pt.	обесси́лил
g.pt.a.	обесси́лив
p.pt.a.	обесси́ливший
p.pt.p.	обесси́ленный

обессла́вить *v* кого́-что entehren, in Verruf bringen, mit Schande bedecken ‖ *uv* обессла́вливать 1a

ft.	обессла́влю, -вишь, -вят
imp.	обессла́вь, ~те
pt.	обессла́вил
g.pt.a.	обессла́вив
p.pt.a.	обессла́вивший
p.pt.p.	обессла́вленный

обессла́вливать *uv zu* обессла́вить

обессме́ртить *v* кого́-что unsterblich machen

ft.	обессме́рчу, -ртишь, -ртят
imp.	обессме́рти, -ртьте
pt.	обессме́ртил
g.pt.a.	обессме́ртив
p.pt.a.	обессме́ртивший
p.pt.p.	обессме́рченный

обесцве́тить *v* кого́-что 1. entfärben, bleichen 2. *übtr* farblos machen, der Eigenart berauben ‖ *uv* обесцве́чивать 1a

ft.	обесцве́чу, -е́тишь, -е́тят
imp.	обесцве́ть, ~те
pt.	обесцве́тил
g.pt.a.	обесцве́тив
p.pt.a.	обесцве́тивший
p.pt.p.	обесцве́ченный

обесцве́титься, *1. u. 2. Pers ungebr, v* 1. blaß [farblos] werden 2. *übtr* seine Eigenart [seinen Reiz] verlieren, farblos werden ‖ *uv* обесцве́чиваться

обесцве́чивать(ся) *uv zu* обесцве́тить(ся)

обесце́нивать(ся) *uv zu* обесце́нить(ся)

обесце́нить *v* кого́-что entwerten, wertlos machen ‖ *uv* обесце́нивать 1a
ft. обесце́ню, -е́нишь, -е́нят
imp. обесце́нь, ~те
pt. обесце́нил
g.pt.a. обесце́нив
p.pt.a. обесце́нивший
p.pt.p. обесце́ненный

обесце́ниться, *1. u. 2. Pers ungebr*, *v* seinen Wert verlieren, wertlos werden ‖ *uv* обесце́ниваться

обесче́стить *v* кого́-что entehren, mit Schande bedecken
ft. обесче́щу, -е́стишь, -е́стят
imp. обесче́сти, -стьте
pt. обесче́стил
g.pt.a. обесче́стив
p.pt.a. обесче́стивший
p.pt.p. обесче́щенный

обеща́ть 2 *u.* 2a **1.** *v, uv mit Infinitiv oder mit Konjunktion* что, кому́-чему́ versprechen, zusichern **2.** *nur uv übtr* что *u. ohne Objekt oder mit Infinitiv* versprechen, hoffen lassen. — (по- *zu* 1)

обеща́ться *v, uv* **1.** *umg* versprechen, sein Wort geben **2.** *volksspr alt* einander die Ehe versprechen

обжа́ловать 4 *v* что Berufung [Protest, Beschwerde] einlegen (gegen)

обжа́ривать(ся) *uv zu* обжа́рить(ся)

обжа́рить *v* что ringsherum anbraten ‖ *uv* обжа́ривать 1a
ft. обжа́рю, -ришь, -рят
imp. обжа́рь, ~те
pt. обжа́рил
g.pt.a. обжа́рив
p.pt.a. обжа́ривший
p.pt.p. обжа́ренный

обжа́риться, *1. u. 2. Pers ungebr*, *v* ringsherum angebraten werden ‖ *uv* обжа́риваться

[1]**обжа́ть** *v* что *umg* auswringen ‖ *uv* обжима́ть 2a
ft. обожму́, -мёшь, -му́т
imp. обожми́, ~те
pt. обжа́л
g.pt.a. обжа́в
p.pt.a. обжа́вший
p.pt.p. обжа́тый

[2]**обжа́ть** *v* что **1.** *umg* um etw. herum abmähen **2.** *gbt* abmähen ‖ *uv* обжина́ть 2a
ft. обожну́, -нёшь, -ну́т
imp. обожни́, ~те
pt. обжа́л
g.pt.a. обжа́в
p.pt.a. обжа́вший
p.pt.p. обжа́тый

обже́чь *v* **1.** кого́-что verbrennen, verbrühen **2.** что *an der Oberfläche* verkohlen lassen **3.** что *tech* brennen *z. B. Ziegel* ‖ *uv* обжига́ть 2a
ft. обожгу́, -жжёшь, -жгу́т
imp. обожги́, ~те
pt. обжёг, обожгла́
g.pt.a. обжёгши
p.pt.a. обжёгший
p.pt.p. обожжённый; обожжён, -ена́

обже́чься *v* **1.** чем *oder* обо что sich verbrennen, sich verbrühen, sich Brandwunden zuziehen **2.** *übtr* на чём *u. ohne Objekt umg* Mißerfolg haben, sich die Finger verbrennen (bei) ‖ *uv* обжига́ться

обжива́ть(ся) *uv zu* обжи́ть(ся)

обжига́ть(ся) *uv zu* обже́чь(ся)

обжима́ть *uv zu* [1]обжа́ть

обжина́ть *uv zu* [2]обжа́ть

обжира́ться *uv zu* обожра́ться

обжи́ть *v* что *umg* bewohnbar [wohnlich] machen ‖ *uv* обжива́ть 2a
ft. обживу́, -вёшь, -ву́т
imp. обживи́, ~те
pt. о́бжил *u. umg* обжи́л, обжила́, о́бжило *u. umg* обжи́ло
g.pt.a. обжи́в
p.pt.a. обжи́вший
p.pt.p. о́бжи́тый; о́бжи́т, обжита́, о́бжи́то

обжи́ться *v umg* sich einleben, heimisch [warm] werden ‖ *uv* обжива́ться
pt. обжи́лся, -ила́сь, -и́ло́сь

обжу́ливать *uv zu* обжу́лить

обжу́лить *v* кого́-что *volksspr* betrügen, hinters Licht führen ‖ *uv* обжу́ливать 1a
ft. обжу́лю, -лишь, -лят
imp. обжу́ль, ~те
pt. обжу́лил
g.pt.a. обжу́лив
p.pt.a. обжу́ливший
p.pt.p. обжу́ленный

обзавести́сь *v* чем *umg* sich anschaffen, sich zulegen ‖ *uv* обзаводи́ться, Formen das.
ft. обзаведу́сь, -дёшься, -ду́тся
imp. обзаведи́сь, -и́тесь

pt. обзавёлся, -ела́сь
g.pt.a. обзаведя́сь *u. alt* обзаве́дшись
p.pt.a. обзаве́дшийся

обзаводи́ться *uv zu* обзавести́сь
pr. обзавожу́сь, -о́дишься, -о́дятся
imp. обзаводи́сь, -и́тесь
pt. обзаводи́лся, -лась
g.pr.a. обзаво́дясь
p.pr.a. обзаво́дящийся
p.pt.a. обзаводи́вшийся

обзва́нивать *uv zu* обзвони́ть

обзвони́ть *v* кого́-что *umg alle oder viele* telefonisch anrufen, anklingeln ‖ *uv* обзва́нивать 1a
ft. обзвоню́, -ни́шь, -ня́т
imp. обзвони́, ~те
pt. обзвони́л
g.pt.a. обзвони́в
p.pt.a. обзвони́вший

обзыва́ть *uv zu* обозва́ть

обива́ть(ся) *uv zu* оби́ть(ся)

оби́деть *v* кого́-что **1.** kränken, beleidigen **2.** *umg* übervorteilen, benachteiligen, zu wenig geben ‖ *uv* обижа́ть 2a
ft. оби́жу, оби́дишь, оби́дят
imp. оби́дь, ~те
pt. оби́дел
g.pt.a. оби́дев
p.pt.a. оби́девший
p.pt.p. оби́женный

оби́деться *v* на кого́-что sich gekränkt [beleidigt] fühlen (durch) ‖ *uv* обижа́ться
g.pt.a. оби́дясь *u.* оби́девшись

обижа́ть(ся) *uv zu* оби́деть(ся)

оби́ловать 4a *uv* чем *alt* Überfluß haben (an), reich sein (an)

обира́ть *uv zu* обобра́ть

обита́ть 2a *uv buchspr* bewohnen

оби́ть *v* что **1.** herunterschütteln, abschütteln, herunterschlagen **2.** *umg* abschlagen, abstoßen; оби́ть края́ брюк die Hosenränder abstoßen **3.** чем beschlagen; beziehen, tapezieren ‖ *uv* обива́ть 2a
ft. обобью́, -бьёшь, -бью́т
imp. обе́й, ~те
pt. оби́л
g.pt.a. оби́в
p.pt.a. оби́вший
p.pt.p. оби́тый

оби́ться, *1. u. 2. Pers ungebr*, *v* **1.** sich abnutzen **2.** abgehen ‖ *uv* обива́ться

обка́лывать *uv zu* обколо́ть

обка́пать 1 *v* кого́-что *umg* betropfen, vollspritzen ‖ *uv* обка́пывать 1a

[1]**обка́пывать** *uv zu* обка́пать

[2]**обка́пывать** *uv zu* обкопа́ть

обка́рмливать *uv zu* обкорми́ть

обката́ть 2 *v* что **1.** *umg* panieren **2.** glattwalzen, glattfahren; glattwaschen **3.** *tech Fahrzeug* einfahren ‖ *uv* обка́тывать 1a

обка́тывать *uv zu* обката́ть

обка́шивать *uv zu* обкоси́ть

обкида́ть 2 *v* кого́-что чем **1.** *umg* bewerfen (mit) **2.** *unpers volksspr* mit Ausschlag bedecken ‖ *uv* обки́дывать 1a

обки́дывать *uv zu* обкида́ть

обкла́дывать(ся) *uv zu* обложи́ть(ся)

обкла́сть *v* кого́-что *alt u. volksspr* **1.** ringsum bedecken, umlegen **2.** verkleiden, bedecken **3.** umzingeln, belagern **4.** belegen *mit Steuern u. ä.*
ft. обкладу́, -дёшь, -ду́т
imp. обклади́, ~те
pt. об(о)кла́л
g.pt.a. обкла́в
p.pt.a. обкла́вший
p.pt.p. обкла́денный

обкла́сться *v alt u. volksspr* **1.** чем sich umgeben (mit), um sich herumlegen **2.** чем sich verhüllen, sich bedecken (mit) **3.** an die falsche Stelle legen

обкле́ивать *uv zu* обкле́ить

обкле́ить *v* что bekleben, tapezieren ‖ *uv* обкле́ивать 1a
ft. обкле́ю, -е́ишь, -е́ят
imp. обкле́й, ~те
pt. обкле́ил
g.pt.a. обкле́ив
p.pt.a. обкле́ивший
p.pt.p. обкле́енный

обколо́ть *v* что **1.** rundherum abhauen **2.** *umg* sich zerstechen ‖ *uv* обка́лывать 1a
ft. обколю́, -о́лешь, -о́лют
imp. обколи́, ~те
pt. обколо́л
g.pt.a. обколо́в
p.pt.a. обколо́вший
p.pt.p. обко́лотый

обкопа́ть 2 *v* что *umg* um etw. herumgraben ‖ *uv* обка́пывать 1a

обкорми́ть *v* кого́-что überfüttern ‖ *uv* обка́рмливать 1a
ft. обкормлю́, -о́рмишь, -о́рмят
imp. обкорми́, ~те
pt. обкорми́л

g.pt.a. обкормив
p.pt.a. обкормивший
p.pt.p. обкормленный

обкорнать 2 *v* кого-что *volksspr* **1.** zu kurz schneiden, ungleichmäßig beschneiden **2.** *übtr durch Kürzen* entstellen, seines wesentlichen Inhalts berauben

обкосить *v* что **1.** rundherum abmähen; обкосить куст rings um den Strauch abmähen **2.** *gbt* abmähen **3.** кого-что *umg* beim Mähen voraus sein, beim Mähen überholen || *uv* обкашивать 1a
ft. обкошу, -осишь, -осят
imp. обкоси, ~те
pt. обкосил
g.pt.a. обкосив
p.pt.a. обкосивший
p.pt.p. обкошенный

обкрадывать *uv zu* обокрасть

обкуривать *uv zu* обкурить

обкурить *v* кого-что *umg* **1.** durch Rauch(en) gelb [braun] färben **2.** einrauchen *Pfeife* **3.** ausräuchern, der Wirkung des Rauches aussetzen || *uv* обкуривать 1a
ft. обкурю, -уришь, -урят
imp. обкури, ~те
pt. обкурил
g.pt.a. обкурив
p.pt.a. обкуривший
p.pt.p. обкуренный

обкусать 2 *v* что ringsherum benagen, abnagen || *uv* обкусывать 1a

обкусывать *uv zu* обкусать

облагать *uv zu* обложить

облагодетельствовать 4 *v* кого-что *alt u. iron* Wohltaten erweisen

облагораживать *uv zu* облагородить

облагородить *v* кого-что **1.** veredeln, edler [besser] machen **2.** *landw*, *tech* veredeln || *uv* облагораживать 1a
ft. облагорожу, -одишь, -одят
imp. облагородь, ~те
pt. облагородил
g.pt.a. облагородив
p.pt.a. облагородивший
p.pt.p. облагороженный

обладать 2a *uv* чем verfügen (über), besitzen

облазить *v* что *umg* überall herumkriechen (in)
ft. облажу, -азишь, -азят
imp. облазь, ~те
pt. облазил
g.pt.a. облазив
p.pt.a. облазивший

облаивать *uv zu* облаять

[1]**обламывать(ся)** *uv zu* обломать(ся)

[2]**обламывать(ся)** *uv zu* обломить(ся)

облапить *v* кого-что **1.** *umg* mit den Pfoten [Vorderbeinen] umfassen **2.** *volksspr* umarmen || *uv* облапливать 1a
ft. облаплю, -пишь, -пят
imp. облапь, ~те
pt. облапил
g.pt.a. облапив
p.pt.a. облапивший
p.pt.p. облапленный

облапливать *uv zu* облапить

облапошивать *uv zu* облапошить

облапошить *v* кого-что *volksspr* betrügen, hinters Licht führen || *uv* облапошивать 1a
ft. облапошу, -шишь, -шат
imp. облапошь, ~те
pt. облапошил
g.pt.a. облапошив
p.pt.a. облапошивший
p.pt.p. облапошенный

обласкать 2 *v* кого-что freundlich [liebevoll] behandeln

облачать(ся) *uv zu* облачить(ся)

облачить *v* кого-что во что *buchspr alt u. scherz* hüllen (in), bekleiden (mit) || *uv* облачать 2a
ft. облачу, -чишь, -чат
imp. облачи, ~те
pt. облачил
g.pt.a. облачив
p.pt.a. облачивший
p.pt.p. облачённый; облачён, -ена

облачиться *v* во что *buchspr alt u. scherz* sich hüllen (in), sich bekleiden (mit) || *uv* облачаться

облаять *v* кого-что **1.** anbellen **2.** *volksspr* anschnauzen, ausschimpfen || *uv* облаивать 1a
ft. облаю, -аешь, -ают
imp. облай, ~те
pt. облаял
g.pt.a. облаяв
p.pt.a. облаявший
p.pt.p. облаянный

облегать 2a *uv* **1.** *uv zu* [2]облечь **2.** что eng anliegen (an) *Kleidung*

облегчать(ся) *uv zu* облегчить(ся)

облегчить[хч] *v* **1.** кого-что leichter machen, erleichtern, das Gewicht verringern **2.** что vereinfachen **3.** что erleichtern, weniger beschwerlich machen **4.** что Erleichterung [Linderung] verschaffen, lindern ‖ *uv* облегча́ть 1a

ft.	облегчу́, -чи́шь, -ча́т
imp.	облегчи́, ~те
pt.	облегчи́л
g.pt.a.	облегчи́в
p.pt.a.	облегчи́вший
p.pt.p.	облегчённый; облегчён, -ена́

облегчи́ться[хч] *v* **1.** leichter werden **2.** sich beruhigen, Erleichterung [Linderung] verspüren **3.** *volksspr* sich erleichtern *durch Entleerung des Magens* ‖ *uv* облегча́ться

обледенева́ть *uv zu* обледене́ть

обледене́ть 3 *v* vereisen, sich mit Eis bedecken ‖ *uv* обледенева́ть 2a

облеза́ть *uv zu* обле́зть

обле́зть *v* **1.** *umg* sich hären, die Haare [Federn] verlieren **2.** *umg* abgehen, abbröckeln *Farbe u. a.* **3.** что herumkriechen (um) ‖ *uv* облеза́ть 2a

ft.	обле́зу, -зешь, -зут
imp.	обле́зь, ~те
pt.	обле́з, ~ла
g.pt.a.	обле́зши
p.pt.a.	обле́зший

облека́ть *uv zu* [1]обле́чь

облека́ться *uv zu* обле́чься

обле́ниваться *uv zu* облени́ться

облени́ться *v* faul [träge] werden ‖ *uv* обле́ниваться 1a

ft.	обленю́сь, -е́нишься, -е́нятся
imp.	облени́сь, -и́тесь
pt.	облени́лся, -лась
g.pt.a.	облени́вшись
p.pt.a.	облени́вшийся

облепи́ть *v* кого́-что **1.** *1. u. 2. Pers ungebr* an allen Seiten festhaften, klebenbleiben (an) **2.** *1. u. 2.Pers ungebr* eng anliegen *Kleidung* **3.** ringsum bekleben **4.** *übtr umg* dicht umdrängen ‖ *uv* обле́пливать 1a *u.* облепля́ть 2a

ft.	облеплю́, -е́пишь, -е́пят
imp.	облепи́, ~те
pt.	облепи́л
g.pt.a.	облепи́в
p.pt.a.	облепи́вший
p.pt.p.	обле́пленный

обле́пливать *uv zu* облепи́ть

облепля́ть *uv zu* облепи́ть

облеси́ть, *1. Pers ungebr*, *v* что mit Wald bepflanzen, aufforsten

ft.	облеси́шь, -ся́т
imp.	облеси́, ~те
pt.	облеси́л
g.pt.a.	облеси́в
p.pt.a.	облеси́вший
p.pt.p.	облесённый; облесён, -ена́

[1]**облета́ть** *uv zu* облете́ть

[2]**облета́ть** 2 *v* **1.** что überfliegen **2.** кого́-что *volksspr* ablaufen, durchlaufen **3.** что *flug* einfliegen, testen ‖ *uv* облётывать 1a *zu* 3

p.pt.p.	облётанный

облете́ть *v* **1.** кого́-что *u.* вокру́г кого́-чего́ umfliegen, herumfliegen (um) **2.** что alles durchfliegen, einen Rundflug machen (über) **3.** кого́-что vorbeifliegen (an), umfliegen **4.** кого́-что *umg* beim Fliegen überholen **5.** что sich rasch verbreiten, durcheilen, durchfliegen **6.** abfallen *Blätter*, *Blüten* **7.** *die Blätter* (*Blüten*) verlieren ‖ *uv* облета́ть 2a

ft.	облечу́, -ети́шь, -етя́т
imp.	облети́, ~те
pt.	облете́л
g.pt.a.	облете́в
p.pt.a.	облете́вший

облётывать *uv zu* [2]облета́ть

[1]**обле́чь** *v* кого́-что **1.** во что *buchspr*, *alt u. scherz* kleiden, hüllen (in) **2.** *buchspr*, *alt* (ein)hüllen, verhüllen, bedecken **3.** *übtr* kleiden, hüllen **4.** *übtr* чем ausstatten, versehen (mit) ‖ *uv* облека́ть 2a

ft.	облеку́, -ечёшь, -еку́т
imp.	облеки́, ~те
pt.	облёк, -екла́
g.pt.a.	облёкши
p.pt.a.	облёкший
p.pt.p.	облечённый; облечён, -ена́

[2]**обле́чь**, *1. u. 2. Pers ungebr*, *v* что bedecken ‖ *uv* облега́ть 2a

ft.	обля́жет, -я́гут
pt.	облёг, -егла́
g.pt.a.	облёгши
p.pt.a.	облёгший

обле́чься *v* во что **1.** *buchspr*, *alt u. scherz* sich kleiden (in) **2.**: обле́чься в о́браз Gestalt annehmen *Gedanken* ‖ *uv* облека́ться 2a
Formen nach [1]обле́чь

облива́ть(ся) *uv zu* обли́ть(ся)

облиза́ть *v* кого́-что ablecken, (be)lecken ‖ *uv* обли́зывать 1a | *v mom* облизну́ть 7

ft.	оближу́, -и́жешь, -и́жут
imp.	оближи́, ~те
pt.	облиза́л

g.pt.a.	облиза́в
p.pt.a.	облиза́вший
p.pt.p.	обли́занный

облиза́ться, *1. u. 2. Pers ungebr*, *v* sich ablecken *von Tieren* ‖ *uv* обли́зываться

облизну́ть(ся) *v mom zu* обли́зывать(ся)

обли́зывать *uv zu* облиза́ть

обли́зываться *uv* **1.** sich die Lippen [den Mund] lecken **2.** *übtr* на что sich die Lippen lecken (nach) **3.** *uv zu* облиза́ться | *v mom* облизну́ться 7 *zu* 1, 2

облиня́ть 2 *v umg* **1.** die Farbe verlieren, ausbleichen, verschießen **2.** *übtr* blaß [glanzlos] werden **3.** *zool* mausern, haaren

облипа́ть *uv zu* обли́пнуть

обли́пнуть *v umg* **1.** чем sich bedecken *mit etw. Klebrigem, mit Schnee u. ä.* **2.** *itr* ankleben ‖ *uv* облипа́ть 2a

ft.	обли́пну, -нешь, -нут
imp.	обли́пни, ~те
pt.	обли́п *u. alt* обли́пнул, обли́пла
g.pt.a.	обли́пнув *u.* обли́пши
p.pt.a.	обли́пший

облистве́ть 3, *1. u. 2. Pers ungebr*, *v* sich belauben

обли́ть *v* кого́-что **1.** übergießen **2.** begießen, beschmutzen *mit Flüssigkeit* **3.** *tech*: обли́ть глазу́рью glasieren **4.** (*meist p.pt.p.*) eng anliegen *Kleidung* ‖ *uv* облива́ть 2a

ft.	оболью́, -льёшь, -лью́т
imp.	обле́й, ~те
pt.	о́бли́л, облила́, о́бли́ло
g.pt.a.	обли́в
p.pt.a.	обли́вший
p.pt.p.	о́бли́тый; о́бли́т, облита́, о́бли́то

обли́ться *v* чем sich übergießen (mit) ‖ *uv* облива́ться

pt.	обли́лся, -ила́сь, -и́ло́сь

облицева́ть *v* что verkleiden, verputzen ‖ *uv* облицо́вывать 1a

ft.	облицу́ю, -у́ешь, -у́ют
imp.	облицу́й, ~те
pt.	облицева́л
g.pt.a.	облицева́в
p.pt.a.	облицева́вший
p.pt.p.	облицо́ванный

облицо́вывать *uv zu* облицева́ть

облича́ть 2a *uv* **1.** *uv zu* обличи́ть **2.** *1. u. 2. Pers ungebr* что *übtr* verraten, zeigen, zeugen (von)

обличи́ть *v* кого́-что *alt* entlarven, überführen ‖ *uv* облича́ть 2a

ft.	обличу́, -чи́шь, -ча́т
imp.	обличи́, ~те
pt.	обличи́л
g.pt.a.	обличи́в
p.pt.a.	обличи́вший
p.pt.p.	обличённый; обличён, -ена́

облобыза́ть 2 *v* кого́-что *buchspr alt, jetzt scherz* küssen
kein *p.pt.p.*

облобыза́ться *v buchspr alt, jetzt scherz* sich küssen

обложи́ть *v* кого́-что **1.** ringsum bedekken, umlegen **2.** verkleiden, bedecken **3.** umzingeln, umlagern, belagern **4.** belegen *mit Steuern u. ä.*; обложи́ть нало́гом besteuern **5.** *derb volksspr*: обложи́ть отбо́рной бра́нью heftig beschimpfen ‖ *uv* обкла́дывать 1a *zu* 1—3, 5 *u.* облага́ть 2a *zu* 4

ft.	обложу́, -о́жишь, -о́жат
imp.	обложи́, ~те
pt.	обложи́л
g.pt.a.	обложи́в
p.pt.a.	обложи́вший
p.pt.p.	обло́женный

обложи́ться *v* **1.** чем sich umgeben (mit), um sich herumlegen **2.** чем sich verhüllen, sich bedecken (mit) **3.** *volksspr* an die falsche Stelle legen ‖ *uv* обкла́дываться *zu* 1

облока́чивать(ся) *uv zu* облокоти́ть(ся)

облокоти́ть *v* что mit den Ellenbogen aufstützen ‖ *uv* облока́чивать 1a

ft.	облокочу́, -о́тишь, -о́тят
imp.	облокоти́, ~те
pt.	облокоти́л
g.pt.a.	облокоти́в
p.pt.a.	облокоти́вший
p.pt.p.	облоко́ченный

облокоти́ться *v* sich mit den Ellenbogen aufstützen ‖ *uv* облока́чиваться

облома́ть 2 *v* **1.** что (ringsherum) abbrechen **2.** кого́-что *volksspr übtr* brechen *Willen, Trotz*; zur Räson bringen ‖ *uv* обла́мывать 1a

облома́ться, *1. u. 2. Pers ungebr*, *v* abbrechen, abfallen ‖ *uv* обла́мываться

обломи́ть *v* что abbrechen ‖ *uv* обла́мывать 1a

ft.	обломлю́, -о́мишь, -о́мят
imp.	обломи́, ~те
pt.	обломи́л

g.pt.a.	облом**и**в
p.pt.a.	облом**и**вший
p.pt.p.	обл**о**мленный

обломи**ться,** *1. u. 2. Pers ungebr, v* abbrechen, abgehen ‖ *uv* обл**а**мываться

облупи**ть** *v* ког**о**-что *volkssprr* **1.** schälen, abpellen **2.** *übtr* prellen, das Fell über die Ohren ziehen ‖ *uv* обл**у**пливать 1а

ft.	облуплю, -**у**пишь, -**у**пят
imp.	облуп**и**, ~те
pt.	облуп**и**л
g.pt.a.	облуп**и**в
p.pt.a.	облуп**и**вший
p.pt.p.	обл**у**пленный

облупи**ться,** *1. u. 2. Pers ungebr, v volksspr* **1.** abgehen *Schale* **2.** abbröckeln, abblättern ‖ *uv* обл**у**пливаться

облу**пливать(ся)** *uv zu* облуп**и**ть(ся)

облуча**ть** *uv zu* облуч**и**ть

облучи**ть** *v* ког**о**-что bestrahlen ‖ *uv* облуч**а**ть 2а

ft.	облуч**у**, -ч**и**шь, -ч**а**т
imp.	облуч**и**, ~те
pt.	облуч**и**л
g.pt.a.	облуч**и**в
p.pt.a.	облуч**и**вший
p.pt.p.	облучённый; облучён, -ен**а**

облу**щивать** *uv zu* облущ**и**ть

облущи**ть** *v* что enthülsen ‖ *uv* обл**у**щивать 1а

ft.	облущ**у**, -щ**и**шь, -щ**а**т
imp.	облущ**и**, ~те
pt.	облущ**и**л
g.pt.a.	облущ**и**в
p.pt.a.	облущ**и**вший
p.pt.p.	облущённый; облущён, -ен**а**

облысе**ть** 3 *v* kahlköpfig werden

облюбова**ть** 5 *v* ког**о**-что nach seinem Geschmack finden, Gefallen finden (an) ‖ *uv* облюб**о**вывать 1а

облюбо**вывать** *uv zu* облюбов**а**ть

обма**зать** *v* ког**о**-что **1.** bestreichen, beschmieren; tünchen; verschmieren **2.** *umg* beschmieren, beschmutzen ‖ *uv* обм**а**зывать 1а

ft.	обм**а**жу, -жешь, -жут
imp.	обм**а**жь, ~те
pt.	обм**а**зал
g.pt.a.	обм**а**зав
p.pt.a.	обм**а**завший
p.pt.p.	обм**а**занный

обма**заться** *v umg* sich beschmieren, sich vollschmieren ‖ *uv* обм**а**зываться

обма**зывать(ся)** *uv zu* обм**а**зать(ся)

обма**кивать** *uv zu* обмакн**у**ть

обмакну**ть** 7 *v* что kurz eintauchen, eintunken ‖ *uv* обм**а**кивать 1а

p.pt.p.	обмакн**у**тый

обма**лывать** *uv zu* обмол**о**ть

обману**ть** 7 *v* ког**о**-что **1.** betrügen, täuschen **2.** ein Versprechen nicht einhalten **3.** enttäuschen, nicht rechtfertigen **4.** *ein Mädchen* verführen ‖ *uv* обм**а**нывать 1а

ft.	обман**у**, -**а**нешь, -**а**нут
p.pt.p.	обм**а**нутый

обману**ться** *v* **1.** sich täuschen, sich irren **2.** sich getäuscht [enttäuscht] sehen ‖ *uv* обм**а**нываться

обма**нывать(ся)** *uv zu* обман**у**ть(ся)

обмара**ть** 2 *v* ког**о**-что *umg völlig* beschmieren ‖ *uv* обм**а**рывать 1а

обмара**ться** *v umg* **1.** sich beschmieren, sich schmutzig machen **2.** in die Hose machen *von Kindern* ‖ *uv* обм**а**рываться

обма**рывать(ся)** *uv zu* обмар**а**ть(ся)

обма**сливать** *uv zu* обм**а**слить

обма**слить** *v* ког**о**-что **1.** *umg* mit Butter [Öl] bestreichen **2.** *volksspr* Fettflecken machen (auf) ‖ *uv* обм**а**сливать 1а

ft.	обм**а**слю, -лишь, -лят
imp.	обм**а**сли, ~те
pt.	обм**а**слил
p.pt.a.	обм**а**слив
p.pt.a.	обм**а**сливший
p.pt.p.	обм**а**сленный

обма**тывать(ся)** *uv zu* обмот**а**ть(ся)

обма**хивать** 1а *uv* **1.** *uv zu* обмахн**у**ть **2.** что fächeln, durch Fächeln kühlen

обма**хиваться** *uv* sich Luft zufächeln | *v mom* обмахн**у**ться

обмахну**ть** 7 *v* ког**о**-что **1.** *mom zu* обм**а**хивать **2.** abwedeln, abstauben, abwischen **3.** wegwischen, fortwedeln ‖ *uv* обм**а**хивать 1а

p.pt.p.	обмахн**у**тый

обмахну**ться** *v mom zu* обм**а**хиваться

обма**чивать(ся)** *uv zu* обмоч**и**ть(ся)

обмелева**ть** *uv zu* обмел**е**ть

обмеле**ть** 3, *1. u. 2. Pers ungebr, v* **1.** versanden, seicht werden **2.** *naut* (auf eine Sandbank) auflaufen ‖ *uv* обмелев**а**ть 2а

[1]обме**нивать(ся)** *uv zu* обмен**я**ть(ся)

[2]обме**нивать(ся)** *uv zu* обмен**и**ть(ся)

обмени́ть *v* **1.** что на что tauschen, umtauschen (gegen) **2.** кого́-что vertauschen, verwechseln ‖ *uv* обме́нивать 1a
ft. обменю́, -е́нишь, -е́нят
imp. обмени́, ~те
pt. обмени́л
g.pt.a. обмени́в
p.pt.a. обмени́вший
p.pt.p. обменённый; обменён, -ена́

обмени́ться *v* чем с кем-чем *volkssprr* **1.** austauschen **2.** *versehentlich* vertauschen **3.** austauschen, wechseln ‖ *uv* обме́ниваться

обменя́ть 2 *v* **1.** что на что tauschen, umtauschen, eintauschen (gegen) **2.** кого́-что vertauschen, verwechseln ‖ *uv* обме́нивать 1a

обменя́ться *v* чем **1.** austauschen **2.** versehentlich vertauschen, verwechseln **3.** *übtr* austauschen, wechseln ‖ *uv* обме́ниваться

обмере́ть *v umg* erstarren ‖ *uv* обмира́ть 2a
ft. обомру́, -рёшь, -рут
imp. обомри́, ~те
pt. о́бмер, обмерла́, о́бмерло
g.pt.a. обмере́в
p.pt.a. обме́рший

обмерза́ть *uv zu* обмёрзнуть

обмёрзнуть *v* **1.** *1. u. 2. Pers ungebr umg* ringsherum gefrieren **2.** *volkssprr* vor Kälte erstarren ‖ *uv* обмерза́ть 2a
ft. обмёрзну, -нешь, -нут
pt. обмёрз, ~ла
g.pt.a. обмёрзнув *u.* обмёрзши
p.pt.a. обмёрзший

обме́ривать(ся) *uv zu* обме́рить(ся)

обме́рить *v* **1.** что ausmessen, vermessen **2.** кого́-что *umg* zu wenig abmessen *beim Verkauf*, übervorteilen *durch falsches Abmessen* ‖ *uv* обме́ривать 1a *u.* обмеря́ть 2a
ft. обме́рю, -ришь, -рят *u. umg* обме́ряю, -яешь, -яют
imp. обме́рь, ~те *u. umg* обме́ряй, ~те
pt. обме́рил
g.pt.a. обме́рив
p.pt.a. обме́ривший
p.pt.p. обме́ренный

обме́риться *v umg* sich vermessen, sich beim Messen versehen ‖ *uv* обме́риваться *u.* обмеря́ться

обмеря́ть(ся) *uv zu* обме́рить(ся)

обмести́ *v* что abkehren, abfegen ‖ *uv* сбмета́ть 2a
ft. обмету́, -тёшь, -ту́т
imp. обмети́, ~те
pt. обмёл, -ела́
g.pt.a. обметя́
p.pt.a. обмётший
p.pt.p. обметённый; обметён, -ена́

[1]**обмета́ть** *v* что **1.** umnähen **2.** *unpers umg* mit Ausschlag bedecken ‖ *uv* обмётывать 1a
ft. обмечу́, -е́чешь, -е́чут *u.* обмета́ю, -а́ешь, -а́ют
imp. обмечи́, ~те
pt. обмета́л
g.pt.a. обмета́в
p.pt.a. обмета́вший
p.pt.p. обмётанный

[2]**обмета́ть** *uv zu* обмести́

обмётывать *uv zu* [1]обмета́ть

обмина́ть(ся) *uv zu* обмя́ть(ся)

обмира́ть *uv zu* обмере́ть

обмозгова́ть 5 *v* что *volkssprr* gründlich überlegen, sich durch den Kopf gehen lassen ‖ *uv* обмозго́вывать 1a

обмозго́вывать *uv zu* обмозгова́ть

обмока́ть *uv zu* обмо́кнуть

обмо́кнуть *v umg* naß werden ‖ *uv* обмока́ть 2a
ft. обмо́кну, -нешь, -нут
imp. обмо́кни, ~те
pt. обмо́к, ~ла
g.pt.a. обмо́кнув *u.* обмо́кши
p.pt.a. обмо́кший

обмола́чивать *uv zu* обмолоти́ть

обмо́лвиться *v* **1.** sich versprechen **2.** *umg* sich verplappern **3.** чем nebenbei erwähnen, verraten ‖ *uv* обмо́лвливаться 1a
ft. обмо́лвлюсь, -вишься, -вятся
imp. обмо́лвись, -итесь
pt. обмо́лвился, -лась
g.pt.a. обмо́лвясь
p.pt.a. обмо́лвившийся

обмо́лвливаться *uv zu* обмо́лвиться

обмолоти́ть *v* что *landw* dreschen ‖ *uv* обмола́чивать 1a
ft. обмолочу́, -о́тишь, -о́тят
imp. обмолоти́, ~те
pt. обмолоти́л
g.pt.a. обмолоти́в
p.pt.a. обмолоти́вший
p.pt.p. обмоло́ченный

обмоло́ть *v* что (zer)mahlen ‖ *uv* обма́лывать 1a

ft. обмелю́, -е́лешь, -е́лют
imp. обмели́, ~те
pt. обмоло́л
g.pt.a. обмоло́в
p.pt.a. обмоло́вший
p.pt.p. обмо́лотый

обмора́живать(ся) *uv zu* обморо́зить(ся)

обмора́чивать *uv zu* обморо́чить

обморо́зить *v* что (sich) erfrieren || *uv* обмора́живать 1a
ft. обморо́жу, -о́зишь, -о́зят
imp. обморо́зь, ~те
pt. обморо́зил
g.pt.a. обморо́зив
p.pt.a. обморо́зивший
p.pt.p. обморо́женный

обморо́зиться *v* sich Erfrierungen zuziehen || *uv* обмора́живаться

обморо́чить *v* кого́-что *volksspr* zum Narren machen, an der Nase herumführen || *uv* обмора́чивать 1a
ft. обморо́чу, -чишь, -чат
imp. обморо́чь, ~те
pt. обморо́чил
g.pt.a. обморо́чив
p.pt.a. обморо́чивший
p.pt.p. обморо́ченный

обмота́ть 2 *v* **1.** кого́-что чем umwickeln, umwinden **2.** что вокру́г чего́ (herum)-winden, schlingen (um) || *uv* обма́тывать 1a

обмота́ться *v umg* **1.** чем sich umwickeln (mit) **2.** вокру́г чего́ sich winden, sich schlingen (um) || *uv* обма́тываться

обмочи́ть *v* кого́-что naß machen || *uv* обма́чивать 1a
ft. обмочу́, -о́чишь, -о́чат
imp. обмочи́, ~те
pt. обмочи́л
g.pt.a. обмочи́в
p.pt.a. обмочи́вший
p.pt.p. обмо́ченный

обмочи́ться *v volksspr* **1.** sich naß machen **2.** einnässen || *uv* обма́чиваться

обмундирова́ть 5 *v* кого́-что *mil* einkleiden || *uv* обмундиро́вывать 1a

обмундирова́ться *v* sich eine Uniform anschaffen || *uv* обмундиро́вываться

обмундиро́вывать(ся) *uv zu* обмундирова́ть(ся)

обмурова́ть 5 *v* что (um)mauern, ausmauern, auskleiden || *uv* обмуро́вывать 1a

обмуро́вывать *uv zu* обмурова́ть

обмыва́ть(ся) *uv zu* обмы́ть(ся)

обмы́ть *v* кого́-что **1.** (ringsherum) abwaschen, säubern **2.** *volksspr* begießen *Ereignis* || *uv* обмыва́ть 2a
ft. обмо́ю, -о́ешь, -о́ют
imp. обмо́й, ~те
pt. обмы́л
g.pt.a. обмы́в
p.pt.a. обмы́вший
p.pt.p. обмы́тый

обмы́ться *v* **1.** sich waschen **2.** vom Regen abgewaschen werden || *uv* обмыва́ться

обмяка́ть *uv zu* обмя́кнуть

обмя́кнуть *v umg* **1.** weich werden, durchweichen **2.** erschlaffen **3.** *übtr* weich [umgänglich] werden || *uv* обмяка́ть 2a
ft. обмя́кну, -нешь, -нут
imp. обмя́кни, ~те
pt. обмя́к, ~ла
g.pt.a. обмя́кнув *u.* обмя́кши
p.pt.a. обмя́кший

обмя́ть *v* что zusammendrücken; festtreten || *uv* обмина́ть 2a
ft. обомну́, -нёшь, -ну́т
imp. обомни́, ~те
pt. обмя́л
g.pt.a. обмя́в
p.pt.a. обмя́вший
p.pt.p. обмя́тый

обмя́ться, *1. u. 2. Pers ungebr, v* zusammengedrückt werden || *uv* обмина́ться

обнагле́ть 3 *v* frech [dreist] werden

обнадёживать *uv zu* обнадёжить

обнадёжить *v* кого́-что Hoffnung machen, vertrösten || *uv* обнадёживать 1a
ft. обнадёжу, -жишь, -жат
imp. обнадёжь, ~те
pt. обнадёжил
g.pt.a. обнадёжив
p.pt.a. обнадёживший
p.pt.p. обнадёженный

обнажа́ть(ся) *uv zu* обнажи́ть(ся)

обнажи́ть *v* кого́-что **1.** entblößen **2.** entblättern, kahl machen **3.** aufdecken, bloßlegen **4.** *übtr* aufdecken, enthüllen **5.** aus der Scheide ziehen, blank ziehen **6.** *mil* entblößen || *uv* обнажа́ть 2a
ft. обнажу́, -жи́шь, -жа́т
imp. обнажи́, ~те
pt. обнажи́л
g.pt.a. обнажи́в
p.pt.a. обнажи́вший
p.pt.p. обнажённый; обнажён, -ена́

обнажи́ться *v* **1.** sich entblößen, sich entkleiden **2.** die Blätter verlieren, kahl werden **3.** unverhüllt zutage treten **4.** *mil* entblößt werden *von Schutz* ‖ *uv* обнажа́ться

обнаро́довать 4 *v* что veröffentlichen, bekanntmachen

обнару́живать(ся) *uv zu* обнару́жить(ся)

обнару́жить *v* что **1.** zeigen, sehen lassen **2.** äußern, an den Tag legen, erkennen lassen **3.** entdecken, finden, ausmachen **4.** aufdecken, enthüllen, feststellen ‖ *uv* обнару́живать 1a

ft. обнару́жу, -жишь, -жат
imp. обнару́жь, ~те
pt. обнару́жил
g.pt.a. обнару́жив
p.pt.a. обнару́живший
p.pt.p. обнару́женный

обнару́житься, *1. u. 2. Pers ungebr*, *v* **1.** sich zeigen, zutage treten **2.** sich finden ‖ *uv* обнару́живаться

обна́шивать *uv zu* [2]обноси́ть

обна́шиваться *uv zu* обноси́ться

обнести́ *v* **1.** что вокру́г чего́ herumtragen (um) **2.** что чем einzäunen (mit) **3.** кого́-что чем reihum alle bewirten, beschenken (mit) **4.** кого́-что übergehen *beim Bewirten*, *Austeilen* ‖ *uv* [1]обноси́ть, Formen das.

ft. обнесу́, -сёшь, -су́т
imp. обнеси́, ~те
pt. обнёс, -есла́
g.pt.a. обнеся́ *u. alt* обнёсши
p.pt.a. обнёсший
p.pt.p. обнесённый; обнесён, -ена́

обниза́ть *v* что *umg* mit aufgefädelten Perlen umgeben, mit Perlen besetzen ‖ *uv* обни́зывать 1a

ft. обнижу́, -и́жешь, -и́жут
imp. обнижи́, ~те
pt. обниза́л
g.pt.a. обниза́в
p.pt.a. обниза́вший
p.pt.p. обни́занный

обни́зывать *uv zu* обниза́ть

обнима́ть(ся) *uv zu* обня́ть(ся)

обнища́ть 2 *v* verarmen, verelenden

обнови́ть *v* что **1.** erneuern **2.** *umg* einweihen, zum ersten Mal tragen [benutzen] ‖ *uv* обновля́ть 2a

ft. обновлю́, -ви́шь, -вя́т
imp. обнови́, ~те
pt. обнови́л
g.pt.a. обнови́в
p.pt.a. обнови́вший
p.pt.p. обновлённый; обновлён, -ена́

обнови́ться *v* **1.** sich erneuern, wie neu werden **2.** sich ergänzen, ergänzt werden *durch Neues* ‖ *uv* обновля́ться

обновля́ть(ся) *uv zu* обнови́ть(ся)

[1]**обноси́ть** *uv zu* обнести́

pr. обношу́, -о́сишь, -о́сят
imp. обноси́, ~те
pt. обноси́л
g.pr.a. обнося́
p.pr.a. обнося́щий
p.pt.a. обноси́вший
p.pr.p. обноси́мый

[2]**обноси́ть** *v* что *volksspr* **1.** durch Tragen bequemer machen, einlaufen *Schuhe* **2.** abtragen *Kleidung*, *Schuhe* ‖ *uv* обна́шивать 1a

ft. обношу́, -о́сишь, -о́сят
imp. обноси́, ~те
pt. обноси́л
g.pt.a. обноси́в
p.pt.a. обноси́вший
p.pt.p. обно́шенный

обноси́ться *v umg* **1.** *seine Kleidung* stark abnutzen; herunterkommen *im Aussehen* **2.** *1. u. 2. Pers ungebr* schäbig [abgetragen] werden, sich abnutzen *Kleidung* **3.** *1. u. 2. Pers ungebr* bequem werden, sich eintragen *von Kleidung* ‖ *uv* обна́шиваться

Formen nach [2]обноси́ть

обню́хать 1 *v* кого́-что beriechen, beschnuppern ‖ *uv* обню́хивать 1a

обню́хивать *uv zu* обню́хать

обня́ть *v* кого́-что **1.** umarmen, umfassen **2.** *übtr* erfassen, ergreifen; befallen **3.** *übtr buchspr* umfassen, einbeziehen, erfassen **4.** *übtr* begreifen, erfassen ‖ *uv* обнима́ть 2a

ft. обниму́, -и́мешь, -и́мут *u. volksspr* обойму́, -мёшь, -му́т
imp. обними́, ~те *u. volksspr* обойми́, ~те
pt. о́бнял *u. volksspr* обня́л, обняла́, о́бняло *u. volksspr* обня́ло
g.pt.a. обня́в
p.pt.a. обня́вший
p.pt.p. о́бнятый; о́бнят, обнята́, о́бнято

обня́ться *v* sich umarmen ‖ *uv* обнима́ться

pt. обня́лся́, обняла́сь, обняло́сь

обобрáть *v* когó-что **1.** *volksspr* alles restlos abpflücken, auflesen **2.** *umg* ausplündern ‖ *uv* обирáть 2a
ft. оберý, -рёшь, -рýт
imp. обери́, ~те
pt. обобрáл, -алá, -áло
g.pt.a. обобрáв
p.pt.a. обобрáвший
p.pt.p. обóбранный

обобрáться *v* когó-чегó *umg*, *nur verneint*: не обобрáться nicht loswerden können, sich nicht retten können (vor)
pt. обобрáлся, -алáсь, -áлóсь

обобщáть *uv zu* обобщи́ть

обобществи́ть *v* что vergesellschaften ‖ *uv* обобществля́ть 2a
ft. обобществлю́, -ви́шь, -вя́т
imp. обобществи́, ~те
pt. обобществи́л
g.pt.a. обобществи́в
p.pt.a. обобществи́вший
p.pt.p. обобществлённый; обобществлён, -енá

обобществля́ть *uv zu* обобществи́ть

обобщи́ть *v* что verallgemeinern; zusammenfassen ‖ *uv* обобщáть 2a
ft. обобщý, -щи́шь, -щáт
imp. обобщи́, ~те
pt. обобщи́л
g.pt.a. обобщи́в
p.pt.a. обобщи́вший
p.pt.p. обобщённый; обобщён, -енá

обовши́веть 3, *Betonung bleibt wie im Infinitiv*, *v* verlausen, Läuse bekommen

обогати́ть *v* когó-что **1.** bereichern, reich(er) machen **2.** *übtr* bereichern **3.** *berg* aufbereiten **4.** *tech* anreichern ‖ *uv* обогащáть 2a
ft. обогащý, -ати́шь, -атя́т
imp. обогати́, ~те
pt. обогати́л
g.pt.a. обогати́в
p.pt.a. обогати́вший
p.pt.p. обогащённый; обогащён, -енá

обогати́ться *v* **1.** sich bereichern, reich(er) werden **2.** *übtr* чем reicher werden (an) ‖ *uv* обогащáться

обогащáть(ся) *uv zu* обогати́ть(ся)

обогнáть *v* когó-что **1.** überholen *beim Laufen, Fahren usw.* **2.** *übtr umg* überholen, übertreffen ‖ *uv* обгоня́ть 2a
ft. обгоню́, -óнишь, -óнят
imp. обгони́, ~те
pt. обогнáл, -алá, -áло
g.pt.a. обогнáв
p.pt.a. обогнáвший
p.pt.p. обóгнанный

обогнýть 7 *v* что **1.** вокрýг чегó herumlegen (um) *von biegbarem Material* **2.** umgehen, umfahren, umschiffen ‖ *uv* огибáть 2a
p.pt.p. обóгнутый

обоготвори́ть *v* когó-что vergöttlichen; vergöttern, abgöttisch lieben, verehren ‖ *uv* обоготворя́ть 2a
ft. обоготворю́, -ри́шь, -ря́т
imp. обоготвори́, ~те
pt. обоготвори́л
g.pt.a. обоготвори́в
p.pt.a. обоготвори́вший
p.pt.p. обоготворённый; обоготворён, -енá

обоготворя́ть *uv zu* обоготвори́ть

обогревáть(ся) *uv zu* обогрéть(ся)

обогрéть 3 *v* когó-что *umg* erwärmen ‖ *uv* обогревáть 2a
p.pt.p. обогрéтый

обогрéться *v umg* sich erwärmen, warm werden ‖ *uv* обогревáться

ободрáть *v* когó-что **1.** abziehen, schälen **2.** *umg* zerkratzen **3.** *umg* abtragen, zerfetzen **4.** *übtr volksspr* ausplündern ‖ *uv* обдирáть 2a *zu* 1,2,4
ft. обдерý, -рёшь, -рýт
imp. обдери́, ~те
pt. ободрáл, -алá, -áло
g.pt.a. ободрáв
p.pt.a. ободрáвший
p.pt.p. обóдранный

ободрáться *v* **1.** *1. u. 2. Pers ungebr* sich ablösen, abbröckeln **2.** *1. u. 2. Pers ungebr umg* zerreißen, in Fetzen gehen **3.** *volksspr* seine Kleidung herunterreißen, zerlumpen ‖ *uv* обдирáться *zu* 1
pt. ободрáлся, -алáсь, -áлóсь

ободри́ть *u.* **обóдрить** *v* когó-что ermutigen, Mut machen ‖ *uv* ободря́ть 2a
ft. обóдрю, обóдри́шь, обóдря́т
imp. обóдри́, ~те
pt. обóдри́л
g.pt.a. обóдри́в
p.pt.a. обóдри́вший
p.pt.p. ободрённый; ободрён, -енá *u.* обóдренный

ободри́ться *u.* **обóдриться** *v* Mut fassen, mutig werden ‖ *uv* ободря́ться

ободря́ть(ся) *uv zu* обóдри́ть(ся)

обожáть 2a *uv* когó-что *übtr* vergöttern, anbeten, schwärmen (für)

обождáть *v* когó-что *umg* etwas warten
ft. обождý, -дёшь, -дýт
imp. обождú, ~те
pt. обождáл, -алá, -áло
g.pt.a. обождáв
p.pt.a. обождáвший

обожествúть *v* когó-что vergöttlichen, als Gottheit anerkennen ‖ *uv* обожествля́ть 2a
ft. обожествлю́, -вúшь, -вя́т
imp. обожествú, ~те
pt. обожествúл
g.pt.a. обожествúв
p.pt.a. обожествúвший
p.pt.p. обожествлённый; обожествлён, -енá

обожествля́ть *uv zu* обожествúть

обожрáться *v volksspr grob* sich überfressen ‖ *uv* обжирáться 2a
ft. обожрýсь, -рёшься, -рýтся
imp. обожрúсь, -úтесь
pt. обожрáлся, -алáсь, -áлóсь
g.pt.a. обожрáвшись
p.pt.a. обожрáвшийся

обозвáть *v* когó-что кем-чем **1.** *alt* nennen, bezeichnen **2.** beschimpfen ‖ *uv* обзывáть 2a
ft. обзовý, -вёшь, -вýт
imp. обзовú, ~те
pt. обозвáл, -алá, -áло
g.pt.a. обозвáв
p.pt.a. обозвáвший
p.pt.p. обóзванный

обозлúть *v* когó-что erbosen, erzürnen
ft. обозлю́, -лúшь, -ля́т
imp. обозлú, ~те
pt. обозлúл
g.pt.a. обозлúв
p.pt.a. обозлúвший
p.pt.p. обозлённый; обозлён, -енá

обозлúться *v* на когó-что in Wut geraten, böse werden (auf)

обознавáться *uv zu* обознáться
pr. обознаю́сь, -аёшься, -аю́тся
imp. обознавáйся, -áйтесь
pt. обознавáлся, -лась
g.pr.a. обознавáясь
p.pr.a. обознаю́щийся
p.pt.a. обознавáвшийся

обознáться 2 *v umg* sich in der Person irren, j-n für einen anderen halten ‖ *uv* обознавáться, Formen das.

обозначáть 2a *uv* что **1.** *uv zu* обознáчить **2.** Bedeutung haben, bezeichnen, bedeuten **3.** besagen, bedeuten, heißen

обозначáться *uv zu* обознáчиться

обознáчить *v* что **1.** bezeichnen, kennzeichnen, markieren **2.** kennzeichnen, angeben; charakterisieren ‖ *uv* обозначáть 2a
ft. обознáчу, -чишь, -чат
imp. обознáчь, ~те
pt. обознáчил
g.pt.a. обознáчив
p.pt.a. обознáчивший
p.pt.p. обознáченный

обознáчиться, *1. u. 2. Pers ungebr*, *v* sichtbar werden, sich abzeichnen ‖ *uv* обозначáться

обозревáть *uv zu* обозрéть

обозрéть *v* что *buchspr* **1.** überschauen, überblicken **2.** *übtr* einen Überblick geben (über) ‖ *uv* обозревáть 2a
ft. обозрю́, -рúшь, -ря́т
imp. обозрú, ~те
pt. обозрéл
g.pt.a. обозрéв
p.pt.a. обозрéвший

обойтú *v* когó-что **1.** вокрýг когó-чегó ringsherumgehen (um) **2.** umgehen, umkreisen **3.** umgehen (um), vorbeigehen (an) **4.** *übtr* vorbeigehen (an), verschonen **5.** *übtr* übergehen, unerwähnt lassen **6.** durchlaufen, durchstreifen, abgehen **7.** an alle herantreten, sich an jeden einzelnen wenden **8.** *umg* überholen **9.** *umg* betrügen, hintergehen ‖ *uv* [1]обходúть, Formen das. | *uv iterativ* обхáживать 1a *zu* 1, 2
ft. обойдý, -дёшь, -дýт
imp. обойдú, ~те
pt. обошёл, -шлá
g.pt.a. обойдя́ *u. alt* обошéдши
p.pt.a. обошéдший
p.pt.p. обойдённый; обойдён, -енá

обойтúсь *v* **1.** с кем-чем behandeln, umgehen (mit) **2.** *umg* zu stehen kommen, kosten **3.** кем-чем *umg* auskommen (mit) **4.** без когó-чегó auskommen können (ohne) **5.** *meist unpers* без чегó ablaufen, abgehen (ohne) **6.** *umg* glatt gehen [verlaufen] ‖ *uv* обходúться

обокрáсть *v* когó-что bestehlen ‖ *uv* обкрáдывать 1a
ft. обкрадý, -дёшь, -дýт
imp. обкрадú, ~те
pt. обокрáл

g.pt.a. обокра́в
p.pt.a. обокра́вший
p.pt.p. обкра́денный *u. umg* обокра́денный

оболва́нивать(ся) *uv zu* оболва́нить(ся)

оболва́нить *v* кого́-что *volksspr* **1.** *Haare* zu kurz schneiden **2.** verdummen ‖ *uv* оболва́нивать 1a
ft. оболва́ню, -нишь, -нят
imp. оболва́нь, ~те
pt. оболва́нил
g.pt.a. оболва́нив
p.pt.a. оболва́нивший
p.pt.p. оболва́ненный

оболва́ниться *v volksspr* sich die Haare zu kurz schneiden lassen, sich die Haare abscheren lassen ‖ *uv* оболва́ниваться

оболга́ть *v* кого́-что verleumden
ft. оболгу́, -лжёшь, -лгу́т
imp. оболги́, ~те
pt. оболга́л, -ала́, -а́ло
g.pt.a. оболга́в
p.pt.a. оболга́вший
p.pt.p. обо́лганный

обольсти́ть *v* кого́-что verführen, verleiten ‖ *uv* обольща́ть 2a
ft. обольщу́, -льсти́шь, -льстя́т
imp. обольсти́, ~те
pt. обольсти́л
g.pt.a. обольсти́в
p.pt.a. обольсти́вший
p.pt.p. обольщённый; обольщён, -ена́

обольсти́ться *v* sich verführen [verleiten] lassen ‖ *uv* обольща́ться

обольща́ть(ся) *uv zu* обольсти́ть(ся)

обомлева́ть *uv zu* обомле́ть

обомле́ть 3 *v* **1.** *umg* erstarren, der Ohnmacht nahe sein **2.** *volksspr* einschlafen *von Gliedern* ‖ *uv* обомлева́ть 2a

обомше́ть 3, *1. u. 2. Pers ungebr*, *v* bemoosen, mit Moos bewachsen

обоня́ть 2a *uv* что riechen, Geruch wahrnehmen

[1]**обора́чивать(ся)** *uv zu* оберну́ть(ся)

[2]**обора́чивать(ся)** *uv zu* обороти́ть(ся)

оборва́ть *v* что **1.** (ringsum) abpflücken, abreißen **2.** abreißen, zerreißen **3.** *übtr* jäh abbrechen **4.** *übtr umg* кого́-что das Wort abschneiden, unterbrechen ‖ *uv* обрыва́ть 2a
ft. оборву́, -вёшь, -ву́т
imp. оборви́, ~те
pt. оборва́л, -ала́, -а́ло
g.pt.a. оборва́в
p.pt.a. оборва́вший
p.pt.p. обо́рванный

оборва́ться *v* **1.** abreißen, abgehen **2.** herabstürzen, herunterfallen, abrutschen **3.** *übtr* abbrechen, plötzlich aufhören **4.** *umg* seine Kleidung stark abtragen, zerlumpen ‖ *uv* обрыва́ться
pt. оборва́лся, -ала́сь, -а́лось

оборони́ть *v zu* обороня́ть
ft. обороню́, -ни́шь, -ня́т
imp. оборони́, ~те
pt. оборони́л
g.pt.a. оборони́в
p.pt.a. оборони́вший
p.pt.p. оборонённый; оборонён, -ена́

оборони́ться *v zu* обороня́ться

обороня́ть 2a *uv* кого́-что verteidigen, schützen ‖ *v* оборони́ть, Formen das.

обороня́ться *uv* sich verteidigen ‖ *v* оборони́ться

обороти́ть *v* **1.** *alt u. volksspr* sich wenden **2.** что *volksspr, übtr* eine (bestimmte) Wendung geben **3.** кого́-что в кого́-что *oder* кем-чем verwandeln (in) *durch Zauber* ‖ *uv* обора́чивать 1a
ft. оборочу́, -о́тишь, -о́тят
imp. обороти́, ~те
pt. обороти́л
g.pt.a. обороти́в
p.pt.a. обороти́вший
p.pt.p. оборо́ченный

обороти́ться *v* **1.** *alt u. volksspr* sich umdrehen **2.** в кого́-что *oder* кем-чем sich verwandeln (in) *durch Zauber* ‖ *uv* обора́чиваться

обору́довать 4 *u.* 4a *v, uv* что ausrüsten, ausstatten, einrichten

обоса́бливать(ся) *uv zu* обосо́бить(ся)

обоснова́ть 5 *v* что begründen; erhärten *durch Argumente* ‖ *uv* обосно́вывать 1a
ft. обосную́, -уёшь, -ую́т

обоснова́ться *v umg* sich einrichten, sich niederlassen ‖ *uv* обосно́вываться

обосно́вывать(ся) *uv zu* обоснова́ть(ся)

обосо́бить *v* кого́-что **1.** absondern, abtrennen; isolieren **2.** *gram* isolieren, in Appositionsstellung bringen ‖ *uv* обособля́ть 2a *u.* обоса́бливать 1a
ft. обосо́блю, -бишь, -бят
imp. обосо́бь, ~те
pt. обосо́бил
g.pt.a. обосо́бив
p.pt.a. обосо́бивший
p.pt.p. обосо́бленный

обосо́биться *v* **1.** sich absondern, sich isolieren; sich abschließen, sich zurückziehen **2.** *gram* in Appositionsstellung gebraucht werden ‖ *uv* обособля́ться *u.* обоса́бливаться

обособля́ть(ся) *uv zu* обосо́бить(ся)

обостри́ть *v* что **1.** schärfen, verstärken *Wahrnehmungsvermögen, Empfindungen* **2.** *übtr* verschärfen, zuspitzen ‖ *uv* обостря́ть 2a

ft.	обострю́, -ри́шь, -ря́т
imp.	обостри́, ~те
pt.	обостри́л
g.pt.a.	обостри́в
p.pt.a.	обостри́вший
p.pt.p.	обострённый; обострён, -ена́

обостри́ться, *1. u. 2. Pers ungebr, v* **1.** stärker hervortreten *Gesichtszüge* **2.** sich schärfen, sich verstärken *Wahrnehmungsvermögen, Empfindungen* **3.** sich zuspitzen, sich verschärfen ‖ *uv* обостря́ться

обостря́ть(ся) *uv zu* обостри́ть(ся)

обраба́тывать *uv zu* обрабо́тать

обрабо́тать 1 *v* что **1.** bearbeiten **2.** vervollkommnen, den letzten Schliff geben **3.** кого́-что *übtr volksspr* bearbeiten, beeinflussen **4.** *volksspr* (etw.) hinkriegen, erfolgreich erledigen **5.** кого́-что *volksspr* verprügeln ‖ *uv* обраба́тывать 1a

обра́довать 4 *v* кого́-что erfreuen, Freude bereiten

обра́доваться *v* кому́-чему́ sich freuen (über)

[1]**образова́ть** 5 *u.* 5a *v, uv* (*pt. nur v*) что **1.** schaffen, hervorbringen, bilden **2.** bilden, gründen ‖ *uv a.* образо́вывать 1a

[2]**образова́ть** 5 *u.* 5a *v, uv* (*pt. nur v*) кого́-что *alt* **1.** bilden, Bildung vermitteln **2.** vervollkommnen, entwickeln ‖ *uv a.* образо́вывать 1a

[1]**образова́ться,** *1. u. 2. Pers. ungebr, v, uv* (*pt. nur v*) **1.** entstehen, sich bilden, sich herausbilden **2.** *umg* in Ordnung [ins rechte Geleise] kommen ‖ *uv a.* образо́вываться

[2]**образова́ться** *v, uv* (*pt. nur v*) *alt* sich bilden, sich Bildung aneignen ‖ *uv a.* образо́вываться

[1,2]**образо́вывать(ся)** *uv zu* [1,2]образова́ть(ся)

образу́мить *v* кого́-что *umg* zur Vernunft bringen ‖ *uv* образу́мливать 1a

ft.	образу́млю, -мишь, -мят
imp.	образу́мь, ~те
pt.	образу́мил
g.pt.a.	образу́мив
p.pt.a.	образу́мивший
p.pt.p.	образу́мленный

образу́миться *v umg* zur Vernunft kommen, Vernunft annehmen ‖ *uv* образу́мливаться

образу́мливать(ся) *uv zu* образу́мить(ся)

обра́мить *v* что *umg* einrahmen, in einen Rahmen setzen [stellen] ‖ *uv* обрамля́ть 2a

ft.	обра́млю, -мишь, -мят
imp.	обра́мь, ~те
pt.	обра́мил
g.pt.a.	обра́мив
p.pt.a.	обра́мивший
p.pt.p.	обра́мленный

обрами́ть *v* что einen Rahmen bilden (um), umrahmen ‖ *uv* обрамля́ть 2a

ft.	обрамлю́, -ми́шь, -мя́т
imp.	обрами́, ~те
pt.	обрами́л
g.pt.a.	обрами́в
p.pt.a.	обрами́вший
p.pt.p.	обрамлённый; обрамлён, -ена́

[1]**обрамля́ть** *uv zu* обра́мить

[2]**обрамля́ть** *uv zu* обрами́ть

обраста́ть *uv zu* обрасти́

обрасти́ *v* чем **1.** sich bedecken *mit einer Pflanzendecke*, zuwachsen **2.** *umg* sich bedecken (mit), ansetzen; обрасти́ жи́ром Fett ansetzen **3.** *umg* sich umgeben, sich ausstatten (mit), sich schaffen ‖ *uv* обраста́ть 2a

ft.	обрасту́, -тёшь, -ту́т
imp.	обрасти́, ~те
pt.	обро́с, -осла́
g.pt.a.	обро́сши
p.pt.a.	обро́сший

обрати́ть *v* кого́-что **1.** (hin)wenden, zuwenden **2.** *übtr* lenken, richten, (zu)wenden **3.** в кого́-что verwandeln (in) ‖ *uv* обраща́ть 2a

ft.	обращу́, -ати́шь, -атя́т
imp.	обрати́, ~те
pt.	обрати́л
g.pt.a.	обрати́в
p.pt.a.	обрати́вший
p.pt.p.	обращённый; обращён, -ена́

обрати́ться *v* **1.** sich (hin)wenden **2.** *übtr* sich richten, sich wenden **3.** к чему́ sich zuwenden, sein Interesse zuwenden **4.** к кому́ *oder* во что sich wenden (an) **5.** в кого́-что sich verwandeln (in) ‖ *uv* обраща́ться

обращáть *uv zu* обратúть

обращáться 2a *uv* **1.** *uv zu* обратúться **2.** *buchspr* sich drehen, kreisen **3.** sich im Umlauf befinden *Geld*, *Waren* **4.** с кем-чем umgehen, Umgang haben (mit); behandeln **5.** с чем umgehen (mit), benutzen *z.B. Werkzeug*

обревизовáть 5 *v* когó-что überprüfen

обрéзать *v* что **1.** abschneiden, beschneiden **2.** schneiden, eine Schnittwunde zufügen; онá обрéзала себé пáлец sie hat sich in den Finger geschnitten **3.** когó-что *übtr umg* das Wort abschneiden **4.** когó-что *rel* beschneiden ‖ *uv* обрезáть 2a *u.* обрéзывать 1a

ft.	обрéжу, -жешь, -жут
imp.	обрéжь, ~те
pt.	обрéзал
g.pt.a.	обрéзав
p.pt.a.	обрéзавший
p.pt.p.	обрéзанный

обрезáть *uv zu* обрéзать

обрéзаться *v umg* sich schneiden, sich eine Schnittwunde zufügen ‖ *uv* обрезáться 2a *u.* обрéзываться 1a
Formen nach обрéзать

обрезáться *uv zu* обрéзаться

обрéзывать(ся) *uv zu* обрéзать(ся)

обрекáть *uv zu* обрéчь

обременúть *v* когó-что чем **1.** *buchspr*, *meist p.pt.p.* beschweren **2.** *übtr* beschwerlich fallen, zur Last fallen; aufbürden, belasten ‖ *uv* обременя́ть 2a

ft.	обременю́, -нúшь, -ня́т
imp.	обременú, ~те
pt.	обременúл
g.pt.a.	обременúв
p.pt.a.	обременúвший
p.pt.p.	обременённый; обременён, -енá

обременúться *v zu* обременя́ться

обременя́ть *uv zu* обременúть

обременя́ться* 2a *uv* чем sich belasten (mit) ‖ *v* обременúться, Formen nach обременúть

обремúзить *v* когó-что zum Remis zwingen

ft.	обремúжу, -úзишь, -úзят
imp.	обремúзь, ~те
pt.	обремúзил
g.pt.a.	обремúзив
p.pt.a.	обремúзивший
p.pt.p.	обремúзенный

обремúзиться *v* bête werden *im Kartenspiel*

обрестú *v* когó-что *buchspr* finden, gewinnen, erwerben ‖ *uv* обретáть 2a

ft.	обретý, -тёшь, -тýт
imp.	обретú, ~те
pt.	обрёл, -елá
g.pt.a.	обретя́ *u. umg* обрёвши *u. alt* обрéтши
p.pt.a.	обрéтший *u. umg* обрёвший
p.pt.p.	обретённый; обретён, -енá

обретáть *uv zu* обрестú

обретáться 2a *uv buchspr alt u. umg* sich befinden

обрéчь *v* когó-что на что *buchspr übtr* verurteilen, verdammen (zu) ‖ *uv* обрекáть 2a

ft.	обрекý, -ечёшь, -екýт
imp.	обрекú, ~те
pt.	обрёк, -еклá
g.pt.a.	обрёкши
p.pt.a.	обрёкший
p.pt.p.	обречённый; обречён, -енá

обрешéтить *v* что vergittern ‖ *uv* обрешéчивать 1a

ft.	обрешéчу, -éтишь, -éтят
imp.	обрешéть, ~те
pt.	обрешéтил
g.pt.a.	обрешéтив
p.pt.a.	обрешéтивший
p.pt.p.	обрешéченный

обрешéчивать *uv zu* обрешéтить

обривáть(ся) *uv zu* обрúть(ся)

обрисовáть 5 *v* когó-что **1.** umreißen, die Konturen ziehen, umranden **2.** die Körperkonturen betonen *Kleidung* **3.** *übtr* umreißen, beschreiben, skizzieren ‖ *uv* обрисóвывать 1a

обрисовáться, *1. u. 2. Pers ungebr*, *v* **1.** sich (deutlich) abzeichnen, hervortreten **2.** *übtr* sich abzeichnen, klar werden ‖ *uv* обрисóвываться

обрисóвывать(ся) *uv zu* обрисовáть(ся)

обрúть *v* что abrasieren ‖ *uv* обривáть 2a

ft.	обрéю, -éешь, -éют
imp.	обрéй, ~те
pt.	обрúл
g.pt.a.	обрúв
p.pt.a.	обрúвший
p.pt.p.	обрúтый

обрúться *v* sich die Haare [den Bart] abrasieren ‖ *uv* обривáться

оброни́ть *v* что **1.** *umg* verlieren, fallen lassen **2.** verlieren *Blätter, Nadeln* **3.** eine Bemerkung fallen lassen, nebenbei bemerken
ft. оброню́, -о́нишь, -о́нят
imp. оброни́, ~те
pt. оброни́л
g.pt.a. оброни́в
p.pt.a. оброни́вший
p.pt.p. обро́ненный *u.* обронённый; обронён, -ена́

обруба́ть *uv zu* обруби́ть

обруби́ть *v* что **1.** ringsherum behauen, durch Abhauen kürzen **2.** einschlagen und umsäumen *Kleidung* ‖ *uv* обруба́ть 2a
ft. обрублю́, -у́бишь, -у́бят
imp. обруби́, ~те
pt. обруби́л
g.pt.a. обруби́в
p.pt.a. обруби́вший
p.pt.p. обру́бленный

обруга́ть 2 *v* кого́-что **1.** beschimpfen, ausschimpfen **2.** *umg* abfällig beurteilen, heruntermachen | *uv iterativ zu* обру́гивать 1a *zu* 1

обру́гивать *uv iterativ zu* обруга́ть

обрусе́ть 3 *v* zum Russen werden, russische Sprache und Sitten annehmen

обруча́ть(ся) *uv zu* обручи́ть(ся)

обручи́ть *v* кого́-что verloben ‖ *uv* обруча́ть 2a
ft. обручу́, -чи́шь, -ча́т
imp. обручи́, ~те
pt. обручи́л
g.pt.a. обручи́в
p.pt.a. обручи́вший
p.pt.p. обручённый; обручён, -ена́

обручи́ться *v* sich verloben ‖ *uv* обруча́ться

обруша́ть(ся) *uv zu* обру́шить(ся)

обру́шивать(ся) *uv zu* обру́шить(ся)

обру́шить *v* что **1.** zum Einsturz bringen, niederreißen **2.** на кого́-что schütten, gießen, häufen (über) **3.** *übtr* на кого́-что mit Heftigkeit richten, schleudern (gegen) ‖ *uv* обру́шивать 1a *u. alt* обруша́ть 2a
ft. обру́шу, -шишь, -шат
imp. обру́шь, ~те
pt. обру́шил
g.pt.a. обру́шив
p.pt.a. обру́шивший
p.pt.p. обру́шенный

обру́шиться *v* **1.** einstürzen, zusammenstürzen **2.** (schwer) fallen, stürzen **3.** *übtr* на кого́-что herfallen (über), sich stürzen (auf) ‖ *uv* обру́шиваться *u. alt* обруша́ться

[1]**обрыва́ть** *uv zu* оборва́ть

[2]**обрыва́ть** *uv zu* обры́ть

обрыва́ться *uv zu* оборва́ться

обры́згать 1 *v* кого́-что bespritzen, besprengen ‖ *uv* обры́згивать 1a | *v mom umg* обры́знуть 6, *p.pt.p.* обры́знутый

обры́згаться *v* sich bespritzen, sich besprengen ‖ *uv* обры́згиваться

обры́згивать(ся) *uv zu* обры́згать(ся)

обры́знуть *v mom zu* обры́згивать

обры́скать 1 *v* что *umg* durchfahren, durchreisen

обры́ть *v* что **1.** ringsherum aufgraben **2.** den Boden um etw. lockern ‖ *uv* обрыва́ть 2a
ft. обро́ю, -о́ешь, -о́ют
imp. обро́й, ~те
pt. обры́л
g.pt.a. обры́в
p.pt.a. обры́вший
p.pt.p. обры́тый

обрю́згнуть *v* krankhaft dick [aufgedunsen] werden
ft. обрю́згну, -нешь, -нут
imp. обрю́згни, ~те
pt. обрю́зг, ~ла
g.pt.a. обрю́згнув *u.* обрю́згши
p.pt.a. обрю́згший

обряди́ть *v* кого́-что *gbt u. scherz* anziehen, bekleiden ‖ *uv* обряжа́ть 2a
ft. обряжу́, -я́дишь, -я́дят
imp. обряди́, ~те
pt. обряди́л
g.pt.a. обряди́в
p.pt.a. обряди́вший
p.pt.p. обря́женный

обряжа́ть *uv zu* обряди́ть

обсади́ть *v* что bepflanzen, umpflanzen ‖ *uv* обса́живать 1a
ft. обсажу́, -а́дишь, -а́дят
imp. обсади́, ~те
pt. обсади́л
g.pt.a. обсади́в
p.pt.a. обсади́вший
p.pt.p. обса́женный

обса́живать *uv zu* обсади́ть

обса́ливать *uv zu* обса́лить

обса́лить *v* что *volksspr* mit Fett beschmieren ‖ *uv* обса́ливать 1a

ft.	обса́лю, -лишь, -лят
imp.	обса́ль, ~те
pt.	обса́лил
g.pt.a.	обса́лив
p.pt.a.	обса́ливший
p.pt.p.	обса́ленный

обса́сывать *uv zu* обсоса́ть

обса́харивать *uv zu* обса́харить

обса́харить *v* что überzuckern ‖ *uv* обса́харивать 1a

ft.	обса́харю, -ришь, -рят
imp.	обса́хари, ~те *u.* обса́харь, ~те
pt.	обса́харил
g.pt.a.	обса́харив
p.pt.a.	обса́харивший
p.pt.p.	обса́харенный

обсева́ть *uv zu* обсе́ять

обсека́ть *uv zu* обсе́чь

обсемени́ть *v* что *landw* besäen ‖ *uv* обсеменя́ть 2a

ft.	обсеменю́, -ни́шь, -ня́т
imp.	обсемени́, ~те
pt.	обсемени́л
g.pt.a.	обсемени́в
p.pt.a.	обсемени́вший
p.pt.p.	обсеменённый; обсеменён, -ена́

обсеменя́ть *uv zu* обсемени́ть

обсе́чь *v* что **1.** ringsherum abhauen **2.** behauen ‖ *uv* обсека́ть 2a

ft.	обсеку́, -ечёшь, -еку́т
imp.	обсеки́, ~те
pt.	обсе́к, ~ла
g.pt.a.	обсе́кши
p.pt.a.	обсе́кший
p.pt.p.	обсечённый; обсечён, -ена́

обсе́ять *v* **1.** что *landw* besäen **2.** что чем *übtr* übersäen (mit) ‖ *uv* обсева́ть 2a

ft.	обсе́ю, -е́ешь, -е́ют
imp.	обсе́й, ~те
pt.	обсе́ял
g.pt.a.	обсе́яв
p.pt.a.	обсе́явший
p.pt.p.	обсе́янный

обскака́ть *v* кого́-что **1.** umreiten, reiten (um) **2.** *volksspr* abreiten, *reitend* durchstreifen **3.** *reitend* überholen ‖ *uv* обска́кивать 1a

ft.	обскачу́, -а́чешь, -а́чут
imp.	обскачи́, ~те
pt.	обскака́л
g.pt.a.	обскака́в
p.pt.a.	обскака́вший
p.pt.p.	обска́канный

обска́кивать *uv zu* обскака́ть

обсле́довать 4 *u.* 4a *v*, *uv* что überprüfen, nachprüfen, untersuchen

обслу́живать 1a *uv* кого́-что **1.** betreuen; bedienen *Kunden* **2.** *tech* bedienen ‖ *v* обслужи́ть *zu* 1, Formen das.

обслужи́ть *v zu* обслу́живать

ft.	обслужу́, -у́жишь, -у́жат
imp.	обслужи́, ~те
pt.	обслужи́л
g.pt.a.	обслужи́в
p.pt.a.	обслужи́вший
p.pt.p.	обслу́женный

обслю́нивать *uv zu* обслюни́ть

обслюни́ть *v* что *umg* mit Speichel beschmieren ‖ *uv* обслю́нивать 1a

ft.	обслюню́, -ни́шь, -ня́т
imp.	обслюни́, ~те
pt.	обслюни́л
g.pt.a.	обслюни́в
p.pt.a.	обслюни́вший
p.pt.p.	обслюнённый; обслюнён, -ена́

обсоса́ть *v* что **1.** ringsherum absaugen; ablutschen **2.** *übtr volksspr* durchkauen, durchstudieren ‖ *uv* обса́сывать 1a

ft.	обсосу́, -сёшь, -су́т
imp.	обсоси́, ~те
pt.	обсоса́л
g.pt.a.	обсоса́в
p.pt.a.	обсоса́вший
p.pt.p.	обсо́санный

обсо́хнуть *v* trocken werden, trocknen ‖ *uv* обсыха́ть 2a

ft.	обсо́хну, -нешь, -нут
imp.	обсо́хни, ~те
pt.	обсо́х, ~ла
g.pt.a.	обсо́хнув *u.* обсо́хши
p.pt.a.	обсо́хший

обста́вить *v* **1.** что чем umstellen, umgeben (mit) **2.** что einrichten, ausstatten, möblieren **3.** что *übtr* umrahmen **4.** что *übtr* arrangieren, ausrichten, organisieren **5.** кого́-что *volksspr* ausstechen, übertreffen **6.** кого́-что *volksspr* beim Spiel besiegen **7.** кого́-что *volksspr* betrügen ‖ *uv* обставля́ть 2a

ft.	обста́влю, -вишь, -вят
imp.	обста́вь, ~те
pt.	обста́вил
g.pt.a.	обста́вив
p.pt.a.	обста́вивший
p.pt.p.	обста́вленный

обстáвиться *v umg* **1.** чем sich umgeben (mit) **2.** sich einrichten *Wohnung* ‖ *uv* обставля́ться

обставля́ть(ся) *uv zu* обстáвить(ся)

обстирáть 2 *v* когó-что *umg* (für j-n) waschen ‖ *uv* обсти́рывать 1a

обсти́рывать *uv zu* обстирáть

обстоя́ть, *1. u. 2. Pers ungebr, uv* sich verhalten, stehen; дéло обстои́т плóхо die Sache steht schlecht

pr.	обстои́т, -оя́т
pt.	обстоя́л
g.pt.a.	обстоя́в
p.pt.a.	обстоя́вший

обстрáгивать *uv zu* обстрогáть

обстрáивать(ся) *uv zu* обстрóить(ся)

обстрéливать(ся) *uv zu* обстреля́ть(ся)

обстреля́ть 2 *v* когó-что **1.** beschießen, unter Beschuß nehmen **2.** einschießen *neue Waffen* **3.** *volksspr* im Schießen übertreffen ‖ *uv* обстрéливать 1a

обстреля́ться *v umg* die Feuertaufe erhalten, sich an den Beschuß gewöhnen ‖ *uv* обстрéливаться

обстригáть(ся) *uv zu* обстри́чь(ся)

обстри́чь *v* когó-что *umg* schneiden, scheren ‖ *uv* обстригáть 2a

ft.	обстригу́, -ижёшь, -игу́т
imp.	обстриги́, ~те
pt.	обстри́г, ~ла
g.pt.a.	обстри́гши
p.pt.a.	обстри́гший
p.pt.p.	обстри́женный

обстри́чься *v umg* sich das Haar schneiden (lassen) ‖ *uv* обстригáться

обстрогáть 2 *v* что (ab)hobeln ‖ *uv* обстрáгивать 1a

обстрóить *v* что **1.** ringsum bebauen, umbauen, umgeben **2.** bebauen ‖ *uv* обстрáивать 1a

ft.	обстрóю, -óишь, -óят
imp.	обстрóй, ~те
pt.	обстрóил
g.pt.a.	обстрóив
p.pt.a.	обстрóивший
p.pt.p.	обстрóенный

обстрóиться *v umg* **1.** sich ein Haus bauen **2.** bebaut werden ‖ *uv* обстрáиваться

обстругáть 2 *v* что *umg* abhobeln ‖ *uv* обстру́гивать 1a

обстру́гивать *uv zu* обстругáть

обстря́пать 1 *v* что *volksspr* geschickt zustande bringen, vorteilhaft abschließen *Sache, Geschäft* ‖ *uv* обстря́пывать 1a

обстря́пывать *uv zu* обстря́пать

обступáть *uv zu* обступи́ть

обступи́ть, *1. u. 2. Pers ungebr, v* когó-что **1.** umstehen, *stehend* umringen **2.** *übtr* befallen, bedrängen, ergreifen, ankommen ‖ *uv* обступáть 2a

ft.	обсту́пит, -у́пят
pt.	обступи́л
g.pt.a.	обступи́в
p.pt.a.	обступи́вший
p.pt.p.	обсту́пленный

обсуди́ть *v* что erörtern, diskutieren, besprechen, erwägen ‖ *uv* обсуждáть 2a

ft.	обсужу́, -у́дишь, -у́дят
imp.	обсуди́, ~те
pt.	обсуди́л
g.pt.a.	обсуди́в
p.pt.a.	обсуди́вший
p.pt.p.	обсуждённый; обсуждён, -енá

обсуждáть *uv zu* обсуди́ть

обсу́шивать(ся) *uv zu* обсуши́ть(ся)

обсуши́ть *v* что trocknen, trocken machen ‖ *uv* обсу́шивать 1a

ft.	обсушу́, -у́шишь, -у́шат
imp.	обсуши́, ~те
pt.	обсуши́л
g.pt.a.	обсуши́в
p.pt.a.	обсуши́вший
p.pt.p.	обсу́шенный

обсуши́ться *v* seine Kleider trocknen, sich trocknen ‖ *uv* обсу́шиваться

обсчитáть 2 *v* когó-что übervorteilen, betrügen *beim Berechnen* ‖ *uv* обсчи́тывать 1a

обсчитáться *v* sich verrechnen, falsch rechnen ‖ *uv* обсчи́тываться

обсчи́тывать(ся) *uv zu* обсчитáть(ся)

обсы́пать *v* когó-что чем **1.** bestreuen, bestauben, bedecken (mit) **2.** *übtr* überschütten, übersäen ‖ *uv* обсыпáть 2a

ft.	обсы́плю, -лешь, -лют *u. umg* -пешь, -пют
imp.	обсы́пь, ~те
pt.	обсы́пал
g.pt.a.	обсы́пав
p.pt.a.	обсы́павший
p.pt.p.	обсы́панный

обсыпáть *uv zu* обсы́пать

обсыхáть *uv zu* обсóхнуть

обтáивать *uv zu* обтáять

обтачáть 2 *v* что steppen ‖ *uv* обтáчивать 1a

[1]**обта́чивать** *uv zu* обтача́ть

[2]**обта́чивать** *uv zu* обточи́ть

обта́ять, *1. u. 2. Pers ungebr, v* von außen abtauen, tauen ‖ *uv* обта́ивать 1a

ft.	обта́ет, -а́ют
pt.	обта́ял
g.pt.a.	обта́яв
p.pt.a.	обта́явший

обтека́ть *uv zu* обте́чь

обтере́ть *v* кого́-что **1.** trockenreiben, trockenwischen; abwischen **2.** trocknen, wegwischen **3.** чем einreiben **4.** *Kleidung* abtragen **5.** glattreiben, glattwaschen ‖ *uv* обтира́ть 2a

ft.	оботру́, -рёшь, -ру́т
imp.	оботри́, ~те
pt.	обтёр, ~ла
g.pt.a.	обтере́в *u.* обтёрши
p.pt.a.	обтёрший
p.pt.p.	обтёртый

обтере́ться *v* **1.** sich trockenreiben **2.** sich einreiben *mit einer Flüssigkeit* **3.** *umg* sich abnutzen, abgetragen werden **4.** *übtr volksspr* sich eingewöhnen, sich anpassen ‖ *uv* обтира́ться

g.pt.a.	обтёршись

обтерпе́ться *v umg* sich (geduldig) an etwas gewöhnen

ft.	обтерплю́сь, -е́рпишься, -е́рпятся
imp.	обтерпи́сь, -и́тесь
pt.	обтерпе́лся, -лась
g.pt.a.	обтерпе́вшись
p.pt.a.	обтерпе́вшийся

обтеса́ть *v* **1.** что behauen **2.** кого́-что *übtr volkssppr* ordentliches Benehmen beibringen ‖ *uv* обтёсывать 1a

ft.	обтешу́, -е́шешь, -е́шут
imp.	обтеши́, ~те
pt.	обтеса́л
g.pt.a.	обтеса́в
p.pt.a.	обтеса́вший
p.pt.p.	обтёсанный

обтеса́ться *v volkssppr* ordentliches Benehmen annehmen, Schliff bekommen ‖ *uv* обтёсываться

обтёсывать(ся) *uv zu* обтеса́ть(ся)

обте́чь *v* что *u.* вокру́г чего́ **1.** *1. u. 2. Pers ungebr* umfließen **2.** *übtr* umgehen, umfahren ‖ *uv* обтека́ть 2a

ft.	обтеку́, -ечёшь, -еку́т
imp.	обтеки́, ~те
pt.	обтёк, -екла́
g.pt.a.	обтёкши
p.pt.a.	обтёкший

обтира́ть(ся) *uv zu* обтере́ть(ся)

обточи́ть *v* что **1.** (ab)drehen, (ab)schleifen, (ab)drechseln *auf Werkzeugmaschinen* **2.** glattreiben, glattschleifen ‖ *uv* обта́чивать 1a

ft.	обточу́, -о́чишь, -о́чат
imp.	обточи́, ~те
pt.	обточи́л
g.pt.a.	обточи́в
p.pt.a.	обточи́вший
p.pt.p.	обто́ченный

обтрепа́ть *v* что abtragen, abnutzen *vor allem am Rand* ‖ *uv* обтрёпывать 1a

ft.	обтреплю́, -е́плешь, -е́плют *u. volkssppr* -е́пешь, -е́пют
imp.	обтрепли́, ~те *u.* обтрепи́, ~те
pt.	обтрепа́л
g.pt.a.	обтрепа́в
p.pt.a.	обтрепа́вший
p.pt.p.	обтрёпанный

обтрепа́ться, *1. u. 2. Pers ungebr, v* sich abnutzen, abgetragen werden *vor allem an den Rändern* ‖ *uv* обтрёпываться

обтрёпывать(ся) *uv zu* обтрепа́ть(ся)

обтя́гивать *uv zu* обтяну́ть

обтяну́ть 7 *v* что **1.** beziehen, beschlagen, überziehen **2.** straff umschließen [umspannen] ‖ *uv* обтя́гивать 1a

ft.	обтяну́, -я́нешь, -я́нут
p.pt.p.	обтя́нутый

обува́ть(ся) *uv zu* обу́ть(ся)

обу́гливать(ся) *uv zu* обу́глить(ся)

обу́глить *v* что *an der Oberfläche* verkohlen lassen ‖ *uv* обу́гливать 1a

ft.	обу́глю, -лишь, -лят
imp.	обу́гли, ~те
pt.	обу́глил
g.pt.a.	обу́глив
p.pt.a.	обу́гливший
p.pt.p.	обу́гленный

обу́глиться, *1. u. 2. Pers ungebr, v an der Oberfläche* verkohlen ‖ *uv* обу́гливаться

обу́живать *uv zu* обу́зить

обузда́ть 2 *v* кого́-что **1.** Zaumzeug [Zügel] anlegen, zäumen **2.** *übtr* Zügel anlegen, zügeln ‖ *uv* обу́здывать 1a

обу́здывать *uv zu* обузда́ть

обу́зить *v* что zu eng machen ‖ *uv* обу́живать 1a

ft.	обу́жу, обу́зишь, обу́зят
imp.	обу́зи, ~те
pt.	обу́зил

g.pt.a. обу́зив
p.pt.a. обу́зивший
p.pt.p. обу́женный

обурева́ть 2a, *1. u. 2. Pers ungebr*, *uv* кого́-что *buchspr übtr* packen, mit Gewalt ergreifen

обусло́вить *v* что **1.** чем vertraglich binden (an), abhängig machen (von) **2.** bedingen, verursachen ‖ *uv* обусло́вливать 1a
ft. обусло́влю, -вишь, -вят
imp. обусло́вь, ~те
pt. обусло́вил
g.pt.a. обусло́вив
p.pt.a. обусло́вивший
p.pt.p. обусло́вленный

обусло́вливать *uv zu* обусло́вить

обу́ть *v* кого́-что **1.** die Schuhe anziehen **2.** mit Schuhen versehen ‖ *uv* обува́ть 2a
ft. обу́ю, обу́ешь, обу́ют
imp. обу́й, ~те
pt. обу́л
g.pt.a. обу́в
p.pt.a. обу́вший
p.pt.p. обу́тый

обу́ться *v* sich die Schuhe anziehen ‖ *uv* обува́ться

обуча́ть *uv zu* обучи́ть

обуча́ться 2a *uv* **1.** *uv zu* обучи́ться **2.** einen Lehrgang [eine Schule] besuchen, eine Ausbildung durchlaufen; studieren

обучи́ть *v* кого́-что чему́ *oder mit Infinitiv* unterrichten, ausbilden, lehren ‖ *uv* обуча́ть 2a
ft. обучу́, обу́чишь, обу́чат
imp. обучи́, ~те
pt. обучи́л
g.pt.a. обучи́в
p.pt.a. обучи́вший
p.pt.p. обу́ченный

обучи́ться *v* чему́ *oder mit Infinitiv* (er)lernen ‖ *uv* обуча́ться

обуя́ть 2, *1. u. 2. Pers ungebr*, *v* кого́-что ergreifen, sich bemächtigen *von Gefühlen*

обха́живать 1a *uv* кого́-что **1.** *iterativ zu* [1]обходи́ть **2.** *umg* schmeichlerisch umgarnen, sich einschmeicheln (bei)

обхвата́ть 2 *v* что *umg* durch vieles Anfassen beschmutzen; abgreifen

обхвати́ть *v* кого́-что umfassen, ergreifen ‖ *uv* обхва́тывать 1a
ft. обхвачу́, -а́тишь, -а́тят
imp. обхвати́, ~те
pt. обхвати́л
g.pt.a. обхвати́в
p.pt.a. обхвати́вший
p.pt.p. обхва́ченный

обхва́тывать *uv zu* обхвати́ть

[1]**обходи́ть** *uv zu* обойти́
pr. обхожу́, -о́дишь, -о́дят
imp. обходи́, ~те
pt. обходи́л
g.pr.a. обходя́
p.pr.a. обходя́щий
p.pt.a. обходи́вший
p.pr.p. обходи́мый*

[2]**обходи́ть** *v* что *umg* durchwandern, durchstreifen; alles abgehen
ft. обхожу́, -о́дишь, -о́дят
imp. охходи́, ~те
pt. обходи́л
g.pt.a. обходи́в
p.pt.a. обходи́вший
p.pt.p. обхо́женный

обходи́ться *uv zu* обойти́сь

обхоха́тываться *uv zu* обхохота́ться

обхохота́ться *v volkssp*r sich totlachen ‖ *uv* обхоха́тываться 1a
ft. обхохочу́сь, -о́чешься, -о́чутся
imp. обхохочи́сь, -и́тесь
pt. обхохота́лся, -лась
g.pt.a. обхохота́вшись
p.pt.a. обхохота́вшийся

обче́сть *v* кого́-что *volksspr* übervorteilen, betrügen *beim Ausrechnen*
ft. обочту́, -тёшь, -ту́т
imp. обочти́, ~те
pt. обчёл, обочла́
g.pt.a. обочтя́
p.pt.p. обочтённый; обочтён, -ена́

обче́сться *v volksspr* sich verrechnen

обчи́стить *v* кого́-что **1.** *umg* säubern, putzen **2.** *umg* schälen **3.** *übtr volksspr* bestehlen, ausplündern; ausnehmen *beim Glücksspiel* ‖ *uv* обчища́ть 2a
ft. обчи́щу, -и́стишь, -и́стят
imp. обчи́сти *u.* обчи́сть, обчи́стите
pt. обчи́стил
g.pt.a. обчи́стив
p.pt.p. обчи́стивший
p.pt.p. обчи́щенный

обчи́ститься *v umg* seine Kleidung säubern ‖ *uv* обчища́ться

обчища́ть(ся) *uv zu* обчи́стить(ся)

обша́ривать *uv zu* обша́рить

обша́рить *v* кого́-что *umg* durchsuchen, durchstöbern, durchwühlen ‖ *uv* обша́ривать 1a

ft.	обша́рю, -ришь, -рят
imp.	обша́рь, ~те
pt.	обша́рил
g.pt.a.	обша́рив
p.pt.a.	обша́ривший
p.pt.p.	обша́ренный

обша́ркать 1 *v* что *volksspr* abtragen, abnutzen ‖ *uv* обша́ркивать 1a

обша́ркивать *uv zu* обша́ркать

обшива́ть(ся) *uv zu* обши́ть(ся)

обши́ть *v* **1.** что чем umnähen **2.** что чем verkleiden, verschalen **3.** кого́-что *umg* die Kleidung (für j-n) nähen, (j-n) mit selbstgenähter Kleidung versorgen ‖ *uv* обшива́ть 2a

ft.	обошью́, -шьёшь, -шью́т
imp.	обше́й, ~те
pt.	обши́л
g.pt.a.	обши́в
p.pt.a.	обши́вший
p.pt.p.	обши́тый

обши́ться *v*, *volksspr* sich mit selbstgenähter Kleidung versorgen ‖ *uv* обшива́ться

обща́ться 2a *uv* с кем-чем verkehren, Umgang haben (mit)

общипа́ть *v* кого́-что **1.** abrupfen, auszupfen **2.** rupfen ‖ *uv* общи́пывать 1a

ft.	общиплю́, -и́плешь, -и́плют *u. umg* -и́пешь, -и́пют *u. umg* общипа́ю, -а́ешь, -а́ют
imp.	общипли́, ~те *u. umg* общипи́, ~те *u. umg* общипа́й, ~те
pt.	общипа́л
g.pt.a.	общипа́в
p.pt.a.	общипа́вший
p.pt.p	общи́панный

общи́пывать *uv zu* общипа́ть

объего́ривать *uv zu* объего́рить

объего́рить *v* кого́-что *volksspr* betrügen, übertölpeln ‖ *uv* объего́ривать 1a

ft.	объего́рю, -ришь, -рят
imp.	объего́рь, ~те
pt.	объего́рил
g.pt.a.	объего́рив
p.pt.a.	объего́ривший
p.pt.p.	объего́ренный

объеда́ть(ся) *uv zu* объе́сть(ся)

объедини́ть *v* кого́-что **1.** vereinigen, vereinen; zusammenlegen **2.** zusammenschließen, vereinen ‖ *uv* объединя́ть 2a

ft.	объединю́, -ни́шь, -ня́т
imp.	объедини́, ~те
pt.	объедини́л
g.pt.a.	объедини́в
p.pt.a.	объедини́вший
p.pt.p.	объединённый; объединён, -ена́

объедини́ться *v* sich vereinigen, sich zusammenschließen ‖ *uv* объединя́ться

объединя́ть(ся) *uv zu* объедини́ть(ся)

объе́здить *v* кого́-что **1.** bereisen; alle aufsuchen; alle(s) abfahren **2.** zureiten, einfahren, an das Reiten und Fahren gewöhnen *Pferd* ‖ *uv* объезжа́ть 2a

ft.	объе́зжу, -здишь, -здят
imp.	объе́зди, ~те
pt.	объе́здил
g.pt.a.	объе́здив
p.pt.a.	объе́здивший
p.pt.p.	объе́зженный

[1]**объезжа́ть** *uv zu* объе́здить

[2]**объезжа́ть** *uv zu* объе́хать

объективи́ровать 4 *u.* 4a, *v*, *uv* что *buchspr* vergegenständlichen

объе́сть *v* кого́-что **1.** ringsherum abnagen, abessen, abfressen **2.** *volksspr* (j-n) arm essen **3.** *umg*, *meist unpers* zerfressen *von Säure u. ä.* ‖ *uv* объеда́ть 2a

ft.	объе́м, -е́шь, -е́ст, -еди́м, -еди́те, -едя́т
imp.	объе́шь, ~те
pt.	объе́л
g.pt.a.	объе́в
p.pt.a.	объе́вший
p.pt.p.	объе́денный

объе́сться *v* чем sich überessen (an) ‖ *uv* объеда́ться

объе́хать *v* кого́-что **1.** *a. ohne Objekt* herumfahren, -reiten (um) **2.** umfahren, vorbeifahren (an); vorbeireiten (an) **3.** *alles* abfahren, abreiten; durchstreifen *fahrend, reitend* **4.** *umg* überholen *fahrend, reitend* **5.** *volksspr* betrügen ‖ *uv* объезжа́ть 2a

ft.	объе́ду, -дешь, -дут
pt.	объе́хал
g.pt.a.	объе́хав
p.pt.a.	объе́хавший

объяви́ть *v* **1.** что *u.* о чём bekanntgeben, mitteilen **2.** что öffentlich verkünden, aussprechen **3.** что offiziell erklären, ausrufen; объяви́ть войну́ den Krieg erklären **4.** кого́-что кем-чем *oder* каки́м erklären (zu, für); объяви́ть собра́ние откры́тым die Versammlung für eröffnet erklären ‖ *uv* объявля́ть 2a

ft.	объявлю́, -я́вишь, -я́вят
imp.	объяви́, ~те
pt.	объяви́л

g.pt.a. объяви́в
p.pt.a. объяви́вший
p.pt.p. объя́вленный

объяви́ться *v volksspr* sich einfinden, sich einstellen; zutage treten ‖ *uv* объявля́ться

объявля́ть(ся) *uv zu* объяви́ть(ся)

объясни́ть *v* что erklären, erläutern ‖ *uv* объясня́ть 2a
ft. объясню́, -ни́шь, -ня́т
imp. объясни́, ~те
pt. объясни́л
g.pt.a. объясни́в
p.pt.a. объясни́вший
p.pt.p. объяснённый; объяснён, -ена́

объясни́ться *v* **1.** sich (gegenseitig) aussprechen **2.** sich erklären lassen, seine Erklärung finden ‖ *uv* объясня́ться

объясня́ть *uv zu* объясни́ть

объясня́ться *uv* **1.** *uv zu* объясни́ться **2.** sich unterhalten; sich verständigen

объя́ть *v* кого́-что **1.** umarmen, umfassen **2.** *übtr* erfassen, ergreifen **3.** *übtr* erfassen, einbeziehen **4.** *übtr* erfassen, begreifen ‖ *uv alt u. volksspr* обыма́ть 2a
ft. обойму́, -мёшь, -му́т *volkssspr u.* обыму́, обы́мешь, обы́мут *alt*
imp. обойми́, ~те *volkssspr u.* обыми́, ~те *alt*
pt. объя́л *buchspr*
g.pt.a. объя́в *buchspr*
p.pt.a. объя́вший *buchspr*
p.pt.p. объя́тый *buchspr*

обыгра́ть 2 *v* кого́-что **1.** besiegen, schlagen *im Spiel* **2.** *theat* ausspielen, für die szenische Wirkung nutzen **3.** *umg mus* ein neues Instrument einspielen ‖ *uv* обы́грывать 1a

обы́грывать *uv zu* обыгра́ть

обыма́ть *uv zu* объя́ть

обыска́ть *v* кого́-что **1.** eine Haussuchung [Leibesvisitation] vornehmen (bei) **2.** durchsuchen, absuchen ‖ *uv* обы́скивать 1a
ft. обыщу́, обы́щешь, обы́щут
imp. обыщи́, ~те
pt. обыска́л
g.pt.a. обыска́в
p.pt.a. обыска́вший
p.pt.p. обы́сканный

обыска́ться *v volkssspr* alles bei sich durchsuchen ‖ *uv* обы́скиваться

обы́скивать(ся) *uv zu* обыска́ть(ся)

обюрокра́тить *v* кого́-что bürokratisch machen, bürokratisieren ‖ *uv* обюрокра́чивать 1a
ft. обюрокра́чу, -а́тишь, -а́тят
imp. обюрокра́ть, ~те
pt. обюрокра́тил
g.pt.a. обюрокра́тив
p.pt.a. обюрокра́тивший
p.pt.p. обюрокра́ченный

обюрокра́титься *v* bürokratisch werden, verbürokratisieren ‖ *uv* обюрокра́чиваться

обюрокра́чивать(ся) *uv zu* обюрокра́тить(ся)

обяза́ть *v* кого́-что **1.** verpflichten, die Pflicht auferlegen **2.** zu Dank verpflichten ‖ *uv* обя́зывать, Formen das.
ft. обяжу́, обя́жешь, обя́жут
imp. обяжи́, ~те
pt. обяза́л
g.pt.a. обяза́в
p.pt.a. обяза́вший
p.pt.p. обя́занный

обяза́ться *v* sich verpflichten ‖ *uv* обя́зываться

обя́зывать *uv zu* обяза́ть
pr. обя́зываю, -аешь, -ают *u.* обязу́ю, -у́ешь, -у́ют
imp. обя́зывай, ~те *u.* обязу́й, ~те
pt. обя́зывал
g.pr.a. обя́зывая *u.* обязу́я
p.pr.a. обя́зывающий *u.* обязу́ющий
p.pt.a. обя́зывавший

обя́зываться *uv zu* обяза́ться

овдове́ть 3 *v* verwitwen; Witwer werden; Witwe werden

овева́ть *uv zu* ове́ять

ове́ивать *uv zu* ове́ять

овеществи́ть *v* что *buchspr* vergegenständlichen ‖ *uv* овеществля́ть 2a
ft. овеществлю́, -ви́шь, -вя́т
imp. овеществи́, ~те
pt. овеществи́л
g.pt.a. овеществи́в
p.pt.a. овеществи́вший
p.pt.p. овеществлённый; овеществлён, -ена́

овеществи́ться, *1. u. 2. Pers ungebr, v* sich vergegenständlichen ‖ *uv* овеществля́ться

овеществля́ть(ся) *uv zu* овеществи́ть(ся)

ове́ять *v* кого́-что **1.** umwehen, umfächeln **2.**: ове́ять сла́вой *übtr* mit einer

Aureole des Ruhms umgeben ‖ *uv* овева́ть 2a *zu* 2 *u.* ове́ивать 1a *zu* 1

ft.	ове́ю, ове́ешь, ове́ют
imp.	ове́й, ~те
pt.	ове́ял
g.pt.a.	ове́яв
p.pt.a.	ове́явший
p.pt.p.	ове́янный

овладева́ть *uv zu* овладе́ть

овладе́ть 3 *v* **1.** кем-чем in Besitz nehmen, in seinen Besitz bringen **2.** *übtr* кем-чем in seine Gewalt bringen; beherrschen **3.** *übtr* кем ergreifen, erfassen, befallen *von Gefühlen, Gedanken* **4.** *übtr* чем sich (fest) aneignen, meistern, beherrschen ‖ *uv* овладева́ть 2a

огиба́ть *uv zu* обогну́ть

огла́дить *v* кого́-что **1.** *Hund, Pferd* einige Male streicheln *zur Beruhigung* **2.** glattstreichen ‖ *uv* огла́живать 1a

ft.	огла́жу, -а́дишь, -а́дят
imp.	огла́дь, ~те
pt.	огла́дил
g.pt.a.	огла́див
p.pt.a.	огла́дивший
p.pt.p.	огла́женный

огла́живать *uv zu* огла́дить

огласи́ть *v* что **1.** verlesen, bekanntgeben, verkünden **2.** *alt* ausplaudern, verbreiten **3.** erfüllen *mit Lärm* ‖ *uv* оглаша́ть 2a

ft.	оглашу́, -аси́шь, -ася́т
imp.	огласи́, ~те
pt.	огласи́л
g.pt.a.	огласи́в
p.pt.a.	огласи́вший
p.pt.p.	оглашённый; оглашён, -ена́

огласи́ться, *1. u. 2. Pers ungebr, v* widerhallen; erschallen ‖ *uv* оглаша́ться

оглаша́ть(ся) *uv zu* огласи́ть(ся)

огло́хнуть *v* taub werden

ft.	огло́хну, -нешь, -нут
imp.	огло́хни, ~те
pt.	огло́х, ~ла
g.pt.a.	огло́хнув *u.* огло́хши
p.pt.a.	огло́хший

оглупи́ть *v* кого́-что verdummen ‖ *uv* оглупля́ть 2a

ft.	оглуплю́, -пи́шь, -пя́т
imp.	оглупи́, ~те
pt.	оглупи́л
g.pt.a.	оглупи́в
p.pt.a.	оглупи́вший
p.pt.p.	оглуплённый; оглуплён, -ена́

оглупля́ть *uv zu* оглупи́ть

оглуша́ть *uv zu* оглуши́ть

оглуши́ть *v* кого́-что **1.** *vorübergehend* taub machen, betäuben *von Geräuschen* **2.** durch einen Schlag auf den Kopf betäuben **3.** *umg* kopflos machen, durcheinanderbringen ‖ *uv* оглуша́ть 2a

ft.	оглушу́, -ши́шь, -ша́т
imp.	оглуши́, ~те
pt.	оглуши́л
g.pt.a.	оглуши́в
p.pt.a.	оглуши́вший
p.pt.p.	оглушённый; оглушён, -ена́

огляде́ть *v* кого́-что betrachten, überblicken, mit den Augen überfliegen ‖ *uv* огля́дывать 1a | *v mom* огляну́ть, Formen das.

ft.	огляжу́, -яди́шь, -ядя́т
imp.	огляди́, ~те
pt.	огляде́л
g.pt.a.	огляде́в
p.pt.a.	огляде́вший

огляде́ться *v* **1.** sich (nach allen Seiten) umschauen **2.**: огляде́ться в зе́ркало sich von allen Seiten im Spiegel betrachten **3.** *umg* seine Augen an die Dunkelheit gewöhnen **4.** *übtr* sich umsehen, heimisch werden ‖ *uv* огля́дываться

огля́дывать *uv zu* огляде́ть

[1]**огля́дываться** *uv zu* огляде́ться

[2]**огля́дываться** *uv zu* огляну́ться

огляну́ть 7 *v mom zu* **огля́дывать**

ft.	огляну́, -я́нешь, -я́нут

kein *p.pt.p.*

огляну́ться *v* **1.** zurückblicken, sich (nach hinten) umsehen **2.** *umg* sich (nach allen Seiten) umsehen ‖ *uv* огля́дываться 1a

огова́ривать(ся) *uv zu* оговори́ть(ся)

оговори́ть *v* кого́-что **1.** *umg* zu Unrecht bezichtigen; verleumden **2.** ausbedingen, im voraus vereinbaren **3.** eine ergänzende [erläuternde, einschränkende] Bemerkung machen **4.** *volksspr* tadeln, rügen ‖ *uv* огова́ривать 1a

ft.	оговорю́, -ри́шь, -ря́т
imp.	оговори́, ~те
pt.	оговори́л
g.pt.a.	оговори́в
p.pt.a.	оговори́вший
p.pt.p.	оговорённый; оговорён, -ена́

оговори́ться *v* **1.** Vorbehalte machen **2.** sich versprechen ‖ *uv* огова́риваться

оголи́ть *v* кого́-что **1.** entblößen *von Kleidung* **2.** entblättern, des Laubs [der Nadeln] berauben **3.** bloßlegen, die

Schutzschicht entfernen (von) **4.** aus der Scheide ziehen *Stich- oder Hiebwaffe* **5.** *übtr von Truppen* entblößen, schutzlos machen ‖ *uv* оголя́ть 2a

ft. оголю́, -ли́шь, -ля́т
imp. оголи́, ~те
pt. оголи́л
g.pt.a. оголи́в
p.pt.a. оголи́вший
p.pt.p. оголённый; оголён, -ена́

оголи́ться *v* **1.** sich entblößen *von Kleidung* **2.** das Laub [die Nadeln] verlieren **3.** sichtbar werden, hervortreten *nach Entfernung der Deckschicht* **4.** *übtr von Truppen* entblößt werden ‖ *uv* оголя́ться

оголя́ть(ся) *uv zu* оголи́ть(ся)

огора́живать(ся) *uv zu* огороди́ть(ся)

огора́шивать *uv zu* огоро́шить

огороди́ть *v* кого́-что umzäunen, einzäunen ‖ *uv* огора́живать 1a

ft. огорожу́, -ро́ди́шь, -ро́дя́т
imp. огороди́, ~те
pt. огороди́л
g.pt.a. огороди́в
p.pt.a. огороди́вший
p.pt.p. огоро́женный

огороди́ться *v* sich mit einem Zaun umgeben, einen Zaun um seinen Besitz machen ‖ *uv* огора́живаться

огоро́дничать 1a *uv umg* im Gemüsegarten arbeiten

огоро́шивать *uv zu* огоро́шить

огоро́шить *v* кого́-что *umg* verblüffen, überraschen ‖ *uv* огора́шивать 1a *u.* огоро́шивать 1a

ft. огоро́шу, -шишь, -шат
imp. огоро́шь, ~те
pt. огоро́шил
g.pt.a. огоро́шив
p.pt.a. огоро́шивший
p.pt.p. огоро́шенный

огорча́ть(ся) *uv zu* огорчи́ть(ся)

огорчи́ть *v* кого́-что betrüben, Kummer [Verdruß] bereiten ‖ *uv* огорча́ть 2a

ft. огорчу́, -чи́шь, -ча́т
imp. огорчи́, ~те
pt. огорчи́л
g.pt.a. огорчи́в
p.pt.a. огорчи́вший
p.pt.p. огорчённый; огорчён, -ена́

огорчи́ться *v* betrübt werden, Kummer [Verdruß] empfinden ‖ *uv* огорча́ться

огра́бить *v* кого́-что berauben, (aus)plündern ‖ *uv* ограбля́ть 2a

ft. огра́блю, -бишь, -бят
imp. огра́бь, ~те
pt. огра́бил
g.pt.a. огра́бив
p.pt.a. огра́бивший
p.pt.p. огра́бленный

ограбля́ть *uv zu* огра́бить

огради́ть *v* кого́-что **1.** *alt* umzäunen **2.** umgeben; abgrenzen **3.** от кого́-чего́ schützen (vor) ‖ *uv* огражда́ть 2a

ft. огражу́, -ади́шь, -адя́т
imp. огради́, ~те
pt. огради́л
g.pt.a. огради́в
p.pt.a. огради́вший
p.pt.p. ограждённый; ограждён, -ена́

огради́ться *v alt* от кого́-чего́ sich absondern (von) ‖ *uv* огражда́ться

огражда́ть(ся) *uv zu* огради́ть(ся)

ограни́чивать(ся) *uv zu* ограни́чить(ся)

ограни́чить *v* кого́-что beschränken, begrenzen, einschränken ‖ *uv* ограни́чивать 1a

ft. ограни́чу, -чишь, -чат
imp. ограни́чь, ~те
pt. ограни́чил
g.pt.a. ограни́чив
p.pt.a. ограни́чивший
p.pt.p. ограни́ченный

ограни́читься *v* чем sich beschränken (auf), sich begnügen (mit) ‖ *uv* ограни́чиваться

огреба́ть *uv zu* огрести́

огрева́ть *uv zu* огре́ть

огрести́ *v* что zusammenharken; zusammenscharren ‖ *uv* огреба́ть 2a

ft. огребу́, -бёшь, -бу́т
imp. огреби́, ~те
pt. огрёб, огребла́
g.pt.a. огребя́ *u.* огрёбши
p.pt.a. огрёбший
p.pt.p. огребённый; огребён, -ена́

огре́ть 3 *v* кого́-что **1.** *volksspr* kräftig schlagen, einen kräftigen Schlag versetzen **2.** erwärmen ‖ *uv* огрева́ть 2a

p.pt.p. огре́тый

огрубева́ть *uv zu* огрубе́ть

огрубе́ть 3 *v* **1.** hart [rauh] werden **2.** verrohen, verhärten ‖ *uv* огрубева́ть 2a

огрузне́ть 3 *v umg* dick [schwerfällig] werden

огру́знуть *v volksspr* dick [schwerfällig] werden
ft. огру́зну, -нешь, -нут
imp. огру́зни, ~те
pt. огру́з, ~ла
g.pt.a. огру́знув *u.* огру́зши
p.pt.a. огру́зший

огрыза́ться *uv zu* огрызну́ться

огрызну́ться 7 *v* **1.** drohend knurren *Hund* **2.** *übtr umg* grob [bissig] antworten || *uv* огрыза́ться 2a

ода́лживать *uv zu* одолжи́ть

ода́ривать *uv zu* одари́ть

одари́ть *v* кого́-что чем **1.** beschenken **2.** *übtr* ausstatten, begaben || *uv* ода́ривать 1a *u.* одаря́ть 2a
ft. одарю́, -ри́шь, -ря́т
imp. одари́, ~те
pt. одари́л
g.pt.a. одари́в
p.pt.a. одари́вший
p.pt.p. одарённый; одарён, -ена́

одаря́ть *uv zu* одари́ть

одева́ть(ся) *uv zu* оде́ть(ся)

одели́ть *v* кого́-что чем beschenken || *uv* оделя́ть 2a
ft. оделю́, -ли́шь, -ля́т
imp. одели́, ~те
pt. одели́л
g.pt.a. одели́в
p.pt.a. одели́вший
p.pt.p. оделённый; оделён, -ена́

оделя́ть *uv zu* одели́ть

одёргивать(ся) *uv zu* одёрнуть(ся)

одеревене́ть 3 *v* **1.** holzig werden **2.** starr [steif, unempfindlich] werden, erstarren **3.** *übtr* unempfindlich [gleichgültig] werden

одержа́ть *v*: одержа́ть побе́ду den Sieg erringen; одержа́ть верх die Oberhand gewinnen || *uv* оде́рживать 1a
ft. одержу́, оде́ржишь, оде́ржат
imp. одержи́, ~те
pt. одержа́л
g.pt.a. одержа́в
p.pt.a. одержа́вший
p.pt.p. одёржанный

одё́рживать *uv zu* одержа́ть

одёрнуть 6 *v* кого́-что **1.** zurechtziehen, zurechtzupfen **2.** *übtr umg* zur Ordnung rufen, zurechtweisen || *uv* одёргивать 1a
p.pt.p. одёрнутый

одёрнуться *v umg* die Kleidung zurechtziehen || *uv* одёргиваться

оде́ть *v* кого́-что **1.** во что *oder* чем anziehen, ankleiden, (be)kleiden **2.** кем-чем kostümieren, anziehen (als) **3.** *übtr* bedecken, verhüllen; зима́ оде́ла поля́ сне́гом der Winter bedeckte die Felder mit Schnee **4.** *umg* чем zudecken (mit) || *uv* одева́ть 2a
ft. оде́ну, -нешь, -нут
imp. оде́нь, ~те
pt. оде́л
g.pt.a. оде́в
p.pt.a. оде́вший
p.pt.p. оде́тый

оде́ться *v* **1.** во что sich anziehen, sich (be)kleiden **2.** кем-чем sich anziehen, sich kostümieren (als) **3.** чем *übtr* sich bedekken *mit Pflanzenwuchs* **4.** чем *umg* sich zudecken (mit) || *nv* одева́ться

одича́ть 2 *v* **1.** verwildern, verwahrlosen **2.** menschenscheu [ungesellig] werden

одо́брить *v* что billigen, gutheißen || *uv* одобря́ть 2a
ft. одо́брю, -ришь, -рят
imp. одо́бри, ~те
pt. одо́брил
g.pt.a. одо́брив
p.pt.a. одо́бривший
p.pt.p. одо́бренный

одобря́ть *uv zu* одо́брить

одолева́ть *uv zu* одоле́ть

одоле́ть 3 *v* кого́-что **1.** besiegen, überwältigen, überwinden **2.** *übtr umg* bewältigen, überwinden **3.** *übtr* überwältigen, sich bemächtigen; сон одоле́л его́ der Schlaf überwältigte ihn **4.** *übtr umg* fertigmachen, piesacken, kleinkriegen || *uv* одолева́ть 2a

одолжа́ть *uv zu* одолжи́ть

одолжа́ться 2a *uv* кому́-чему́ *oder* у кого́-чего́ *alt* schuldig [verpflichtet] sein

одолжи́ть *v* **1.** что кому́-чему́ borgen, leihen **2.** кого́-что (чем) *alt* zu Dank verpflichten || *uv* одолжа́ть 2a *u.* ода́лживать 1a
ft. одолжу́, -жи́шь, -жа́т
imp. одолжи́, ~те
pt. одолжи́л
g.pt.a. одолжи́в
p.pt.a. одолжи́вший
p.pt.p. одо́лженный

одома́шнивать *uv zu* одома́шнить

одома́шнить *v* кого́-что zähmen || *uv* одома́шнивать 1a
ft. одома́шню, -нишь, -нят

imp. одома́шни, ~те
pt. одома́шнил
g.pt.a. одома́шнив
p.pt.a. одома́шнивший
p.pt.p. одома́шненный

одряхле́ть 3 *v* altersschwach werden

оду́маться 1 *v* **1.** sich (eines Besseren) besinnen **2.** *umg* zur Besinnung kommen ‖ *uv* оду́мываться 1a

оду́мываться *uv zu* оду́маться

одура́чивать *uv zu* одура́чить

одура́чить *v* кого́-что *umg* übertölpeln ‖ *uv* одура́чивать 1a
ft. одура́чу, -чишь, -чат
imp. одура́чь, ~те
pt. одура́чил
g.pt.a. одура́чив
p.pt.a. одура́ченный

одурева́ть *uv zu* одуре́ть

одуре́ть 3 *v umg* überschnappen, verrückt werden ‖ *uv* одурева́ть 2a

одурма́нивать(ся) *uv zu* одурма́нить(ся)

одурма́нить *v* кого́-что betäuben, die Sinne benebeln, berauschen ‖ *uv* одурма́нивать 1a
ft. одурма́ню, -нишь, -нят
imp. одурма́нь, ~те
pt. одурма́нил
g.pt.a. одурма́нив
p.pt.a. одурма́нивший
p.pt.p. одурма́ненный

одурма́ниться *v umg* sich betäuben ‖ *uv* одурма́ниваться

одуря́ть 2a *uv* кого́-что *umg* (die Sinne) benebeln, berauschen, betäuben

одухотвори́ть *v* кого́-что **1.** geistige Fähigkeiten zuschreiben *Dingen, Tieren* **2.** beseelen; begeistern, inspirieren **3.** vergeistigen ‖ *uv* одухотворя́ть 2a
ft. одухотворю́, -ри́шь, -ря́т
imp. одухотвори́, ~те
pt. одухотвори́л
g.pt.a. одухотвори́в
p.pt.a. одухотвори́вший
p.pt.p. одухотворённый; одухотворён, -ена́

одухотворя́ть *uv zu* одухотвори́ть

одушеви́ть *v* кого́-что **1.** beseelen **2.** чем *alt* begeistern ‖ *uv* одушевля́ть 2a
ft. одушевлю́, -ви́шь, -вя́т
imp. одушеви́, ~те
pt. одушеви́л
g.pt.a. одушеви́в
p.pt.a. одушеви́вший
p.pt.p. одушевлённый; одушевлён, -ена́

одушеви́ться *v* чем *alt* sich begeistern (für) ‖ *uv* одушевля́ться

одушевля́ть(ся) *uv zu* одушеви́ть(ся)

жени́ть *v* кого́-что *volksspr* verheiraten
ft. оженю́, оже́нишь, оже́нят
imp. ожени́, ~те
pt. ожени́л
g.pt.a. ожени́в
p.pt.a. ожени́вший
p.pt.p. оже́ненный

ожереби́ться, *1. u. 2. Pers ungebr*, *v* fohlen, Fohlen werfen
ft. ожереби́тся, -бя́тся
pt. ожереби́лась, -лись
g.pt.a. ожереби́вшись
p.pt.a. ожерби́вшаяся

ожесточа́ть(ся) *uv zu* ожесточи́ть(ся)

ожесточи́ть *v* кого́-что erbittern, hart [grausam] machen ‖ *uv* ожесточа́ть 2a
ft. ожесточу́, -чи́шь, -ча́т
imp. ожесточи́, ~те
pt. ожесточи́л
g.pt.a. ожесточи́в
p.pt.a. ожесточи́вший
p.pt.p. ожесточённый; ожесточён, -ена́

ожесточи́ться *v* grausam [hart, erbittert] werden ‖ *uv* ожесточа́ться

оже́чь *v* кого́-что **1.** verbrennen, mit Brennendem [Heißem] verletzen **2.** *volksspr* schlagen ‖ *uv* ожига́ть 2a
ft. ожгу́, ожжёшь, ожгу́т
imp. ожги́, ~те
pt. ожёг, ожгла́
g.pt.a. ожёгши
p.pt.a. ожёгший
p.pt.p. ожжённый; ожжён, -ена́

оже́чься *v* **1.** обо что sich verbrennen, sich verbrühen (an) **2.** *übtr umg* на чём sich die Finger verbrennen, Mißerfolg haben (bei) ‖ *uv* ожига́ться

оживáть *uv zu* ожи́ть

оживи́ть *v* кого́-что **1.** wiederbeleben, wieder zum Leben erwecken **2.** beleben, erfrischen **3.** *übtr* wieder zum Leben erwecken, auffrischen **4.** beleben, aktivieren ‖ *uv* оживля́ть 2a
ft. оживлю́, -ви́шь, -вя́т
imp. оживи́, ~те
pt. оживи́л

g.pt.a. оживи́в
p.pt.a. оживи́вший
p.pt.p. оживлённый; оживлён, -ена́

оживи́ться *v* **1.** aufleben, belebt werden **2.** sich mit Leben füllen ‖ *uv* оживля́ться

оживля́ть(ся) *uv zu* оживи́ть(ся)

ожига́ть(ся) *uv zu* оже́чь(ся)

ожида́ть 2a *uv* **1.** кого́-чего́ *oder* кого́-что warten (auf), erwarten **2.** чего́ *oder mit Infinitiv oder mit Konjunktion* что erhoffen, erwarten

ожида́ться, *1. u. 2. Pers ungebr*, *uv* bevorstehen, erwartet werden

ожире́ть 3 *v* fett werden, verfetten

ожи́ть *v* **1.** wieder lebendig werden, wieder zum Leben erwecken **2.** neuen Lebensmut bekommen, aufatmen **3.** sich beleben, lebhaft [lustig] werden **4.** *übtr* wieder aufleben, wiedererstehen **5.** sich beleben, sich mit Leben füllen ‖ *uv* ожива́ть 2a
ft. оживу́, -вёшь, -ву́т
imp. оживи́, ~те
pt. о́жил *u. umg* ожи́л, ожила́, о́жило *u. umg* ожи́ло
g.pt.a. ожи́в
p.pt.a. ожи́вший

озабо́тить *v* кого́-что beunruhigen, besorgt machen ‖ *uv* озабо́чивать 1a
ft. озабо́чу, -о́тишь, -о́тят
imp. озабо́ть, ~те
pt. озабо́тил
g.pt.a. озабо́тив
p.pt.a. озабо́тивший
p.pt.p. озабо́ченный

озабо́титься *v* о ком-чём *oder* чем sich kümmern, sich bemühen (um) ‖ *uv* озабо́чиваться

озабо́чивать(ся) *uv zu* озабо́тить(ся)

озагла́вить *v* что betiteln ‖ *uv* озагла́вливать 1a
ft. озагла́влю, -вишь, -вят
imp. озагла́вь, ~те
pt. озагла́вил
g.pt.a. озагла́вив
p.pt.a. озагла́вивший
p.pt.p. озагла́вленный

озагла́вливать *uv zu* озагла́вить

озада́чивать(ся) *uv zu* озада́чить(ся)

озада́чить *v* кого́-что verwirren, verlegen machen ‖ *uv* озада́чивать 1a
ft. озада́чу, -чишь, -чат
imp. озада́чь, ~те
pt. озада́чил
g.pt.a. озада́чив
p.pt.a. озада́чивший
p.pt.p. озада́ченный

озада́читься *v umg* verwirrt [verlegen] werden ‖ *uv* озада́чиваться

озари́ть *v* кого́-что **1.** erleuchten, erhellen **2.** *übtr* erhellen, erstrahlen lassen; улы́бка озари́ла её лицо́ ein Lächeln erhellte ihr Gesicht **3.** durchfahren *von Gedanken* ‖ *uv* озаря́ть 2a
ft. озарю́, -ри́шь, -ря́т
imp. озари́, ~те
pt. озари́л
g.pt.a. озари́в
p.pt.a. озари́вший
p.pt.p. озарённый; озарён, -ена́

озари́ться *v* чем **1.** erleuchtet werden (von), erstrahlen (in) **2.** *übtr* erstrahlen (vor, in), erhellt werden (von) ‖ *uv* озаря́ться

озаря́ть(ся) *uv zu* озари́ть(ся)

озвере́ть 3 *v* vertieren, verrohen; rasend werden

озву́чивать *uv zu* озву́чить

озву́чить *v* что vertonen *Film* ‖ *uv* озву́чивать 1a
ft. озву́чу, -чишь, -чат
imp. озву́чь, ~те
pt. озву́чил
g.pt.a. озву́чив
p.pt.a. озву́чивший
p.pt.p. озву́ченный

оздорови́ть *v* что **1.** gesund machen; zuträglicher für die Gesundheit machen, sanieren **2.** *übtr* normalisieren, sanieren ‖ *uv* оздоровля́ть 2a
ft. оздоровлю́, -ви́шь, -вя́т
imp. оздорови́, ~те
pt. оздорови́л
g.pt.a. оздорови́в
p.pt.a. оздорови́вший
p.pt.p. оздоровлённый; оздоровлён, -ена́

оздоровля́ть *uv zu* оздорови́ть

озелени́ть *v* что mit Bäumen [Sträuchern] bepflanzen ‖ *uv* озеленя́ть 2a
ft. озеленю́, -ни́шь, -ня́т
imp. озелени́, ~те
pt. озелени́л
g.pt.a. озелени́в
p.pt.a. озелени́вший
p.pt.p. озеленённый; озеленён, -ена́

озеленя́ть *uv zu* озелени́ть

озира́ть 2a *uv* кого́-что *buchspr* betrachten, mit den Augen überfliegen

озира́ться *uv* **1.** sich umsehen, um sich blicken **2.** *alt* sich nach hinten umblicken

озли́ть *v* кого́-что erbosen, erzürnen
ft. озлю́, озли́шь, озля́т
imp. озли́, ~те
pt. озли́л
g.pt.a. озли́в
p.pt.a. озли́вший
p.pt.p. озлённый; озлён, -ена́

озли́ться *v volkssprr* in Wut geraten

озло́бить *v* кого́-что erzürnen, erbosen, erbittern ‖ *uv* озлобля́ть 2а
ft. озло́блю, -бишь, -бят
imp. озло́бь, ~те
pt. озло́бил
g.pt.a. озло́бив
p.pt.a. озло́бивший
p.pt.p. озло́бленный

озло́биться *v* in Zorn [Erbitterung] geraten, sich erbosen ‖ *uv* озлобля́ться

озлобля́ть(ся) *uv zu* озло́бить(ся)

ознако́мить *v* кого́-что с кем-чем vertraut machen (mit), einführen, einweihen (in) ‖ *uv* ознакомля́ть 2а
ft. ознако́млю, -мишь, -мят
imp. ознако́мь, ~те
pt. ознако́мил
g.pt.a. ознако́мив
p.pt.a. ознако́мивший
p.pt.p. ознако́мленный

ознако́миться *v* с кем-чем sich vertraut [bekannt] machen (mit) ‖ *uv* ознакомля́ться

ознакомля́ть(ся) *uv zu* ознако́мить(ся)

ознаменова́ть 5 *v* что **1.** чем festlich begehen (mit) **2.** kennzeichnen, darstellen, bedeuten ‖ *uv* ознамено́вывать 1а

ознаменова́ться, *1. u. 2. Pers ungebr*, *v* чем gekennzeichnet werden ‖ *uv* ознамено́вываться

ознамено́вывать(ся) *uv zu* ознаменова́ть(ся)

означа́ть 2а *uv* **1.** *uv zu* озна́чить **2.** что bedeuten, bezeichnen

озна́чить *v* что *alt* **1.** bezeichnen, verzeichnen, angeben **2.** bestimmen, festlegen **3.** *übtr* bedeuten, gleichbedeutend sein (mit) ‖ *uv* означа́ть 2а
ft. озна́чу, -а́чишь, -а́чат
imp. озна́чь, ~те
pt. озна́чил
g.pt.a. озна́чив
p.pt.a. озна́чивший
p.pt.p. озна́ченный

озноби́ть *v* что *volksspr* auskühlen; anfrieren *Glieder*, sich etw. *leicht* erfrieren ‖ *uv* ознобля́ть 2а
ft. озноблю́, -би́шь, -бя́т
imp. озноби́, ~те
pt. ознобил
g.pt.a. озноби́в
p.pt.a. ознобивший
p.pt.p. озноблённый; озноблён, -ена́

озноби́ться, *1. u. 2. Pers ungebr*, *v volksspr* vor Kälte erstarren ‖ *uv* ознобля́ться

ознобля́ть(ся) *uv zu* озноби́ть(ся)

озолоти́ть *v* кого́-что **1.** mit einem goldenen Schein überziehen, vergolden **2.** *umg* großzügig mit Geld beschenken
ft. озолочу́, -оти́шь, -отя́т
imp. озолоти́, ~те
pt. озолоти́л
g.pt.a. озолоти́в
p.pt.a. озолоти́вший
p.pt.p. озолочённый; озолочён, -ена́

озолоти́ться, *1. u. 2. Pers ungebr*, *v* golden schimmern, golden erstrahlen

озони́ровать 4 *u.* 4а *v*, *uv* что ozonisieren

озорнича́ть 2а *uv* **1.** *umg* ausgelassen [ungezogen] sein **2.** *volksspr* sich rüpelhaft aufführen, randalieren

озя́бнуть *v umg* frieren, durchfrieren
ft. озя́бну, -нешь, -нут
imp. озя́бни, ~те
pt. озя́б, ~ла
g.pt.a. озя́бнув *u.* озя́бши
p.pt.a. озя́бший

оказа́ть *v* что erweisen, bezeigen; оказа́ть соде́йствие Unterstützung leisten; оказа́ть по́мощь Hilfe leisten [erweisen]; оказа́ть сопротивле́ние Widerstand leisten; оказа́ть влия́ние Einfluß ausüben ‖ *uv* ока́зывать 1а
ft. окажу́, ока́жешь, ока́жут
imp. окажи́, ~те
pt. оказа́л
g.pt.a. оказа́в
p.pt.a. оказа́вший
p.pt.p. ока́занный

оказа́ться *v* **1.** *alt* zutage treten, sich offenbaren **2.** sich finden, vorhanden sein **3.** sich unversehens [plötzlich] befinden, plötzlich geraten **4.** кем-чем sich erweisen (als), sich herausstellen (als); sein ‖ *uv* ока́зываться

ока́зывать(ся) *uv zu* оказа́ть(ся)

окайми́ть *v* что **1.** umsäumen, umranden, einfassen **2.** *übtr* einfassen, umgeben ‖ *uv* окаймля́ть 2а

ft. окаймлю́, -ми́шь, -мя́т
imp. окайми́, ~те
pt. окайми́л
g.pt.a. окайми́в
p.pt.a. окайми́вший
p.pt.p. окаймлённый; окаймлён, -ена́

окаймля́ть *uv zu* окайми́ть

окаменева́ть *uv zu* окамене́ть

окамене́ть 3 *v* **1.** versteinern, zu Stein werden **2.** *übtr* erstarren, versteinern, leblos werden **3.** *übtr* hart [gefühllos] werden ‖ *uv* окаменева́ть 2а *zu* 1

окантова́ть 5 *v* что umranden, mit einer Kante [Borte] versehen ‖ *uv* окантóвывать 1а

окантóвывать *uv zu* окантова́ть

ока́нчивать(ся) *uv zu* окóнчить(ся)

ока́пывать(ся) *uv zu* окопа́ть(ся)

окарикату́ривать *uv zu* окарикату́рить

окарикату́рить *v* когó-что karikieren ‖ *uv* окарикату́ривать 1а
ft. окарикату́рю, -ришь, -рят
imp. окарикату́рь, ~те
pt. окарикату́рил
g.pt.a. окарикату́рив
p.pt.a. окарикату́ривший
p.pt.p. окарикату́ренный

ока́рмливать *uv zu* окорми́ть

окати́ть *v* когó-что überschütten, übergießen ‖ *uv* ока́чивать 1а *u. umg* ока́тывать 1а
ft. окачу́, ока́тишь, ока́тят
imp. окати́, ~те
pt. окати́л
g.pt.a. окати́в
p.pt.a. окати́вший
p.pt.p. ока́ченный

окати́ться *v* чем sich überschütten, sich übergießen (mit) ‖ *uv* ока́чиваться *u. umg* ока́тываться

ока́тывать(ся) *uv zu* окати́ть(ся)

óкать 1а *uv* unbetontes o wie „o" (nicht wie „a") aussprechen

ока́чивать(ся) *uv zu* окати́ть(ся)

ока́шивать *uv zu* окоси́ть

оки́дывать *uv zu* оки́нуть

оки́нуть 6 *v* когó-что: оки́нуть взгля́дом [взóром] betrachten, mustern ‖ *uv* оки́дывать 1а
imp. оки́нь, ~те
p.pt.p. оки́нутый

окисли́ть *v* что oxydieren, zur Oxydation bringen ‖ *uv* окисля́ть 2а
ft. окислю́, -ли́шь, -ля́т
imp. окисли́, ~те
pt. окисли́л
g.pt.a. окисли́в
p.pt.a. окисли́вший
p.pt.p. окислённый; окислён, -ена́

окисли́ться *v* oxydieren, sich mit Sauerstoff verbinden ‖ *uv* окисля́ться

окисля́ть(ся) *uv zu* окисли́ть(ся)

оккупи́ровать 4 *u.* 4а *v*, *uv* что besetzen, okkupieren

оклевета́ть *v* когó-что verleumden
ft. оклевещу́, -е́щешь, -е́щут
imp. оклевещи́, ~те
pt. оклевета́л
g.pt.a. оклевета́в
p.pt.a. оклевета́вший
p.pt.p. оклеве́танный

окле́ивать *uv zu* окле́ить

окле́ить *v* что bekleben; tapezieren ‖ *uv* окле́ивать 1а
ft. окле́ю, -е́ишь, -е́ят
imp. окле́й, ~те
pt. окле́ил
g.pt.a. окле́ив
p.pt.a. окле́ивший
p.pt.p. окле́енный

оклика́ть *uv zu* окли́кнуть

окли́кнуть 6 *v* когó-что anrufen, beim Namen rufen ‖ *uv* оклика́ть 2а
p.pt.p. окли́кнутый

окова́ть 5 *v* что чем **1.** beschlagen *mit Metall* **2.**: окова́ть льдом mit Eis bedecken ‖ *uv* окóвывать 1а
ft. окую́, окуёшь, окую́т

окóвывать *uv zu* окова́ть

окола́чиваться 1а *uv volksspr* sich herumtreiben

околдова́ть 5 *v* когó-что **1.** behexen, verzaubern **2.** *übtr* bezaubern, berücken ‖ *uv* околдóвывать 1а

околдóвывать *uv zu* околдова́ть

околева́ть *uv zu* околе́ть

околе́ть 3, *1. u. 2. Pers ungebr*, *v* krepieren, verenden ‖ *uv* околева́ть 2а

околпа́чивать *uv zu* околпа́чить

околпа́чить *v* когó-что *volksspr* übers Ohr hauen, betrügen, für dumm verkaufen ‖ *uv* околпа́чивать 1а
ft. околпа́чу, -чишь, -чат

imp.	околпáчь, ~те
pt.	околпáчил
g.pt.a.	околпáчив
p.pt.a.	околпáчивший
p.pt.p.	околпáченный

окольцевáть *v* когó-что beringen *Vögel* ‖ *uv* окольцóвывать 1a

ft.	окольцýю, -ýешь, -ýют
imp.	окольцýй, ~те
pt.	окольцевáл
g.pt.a.	окольцевáв
p.pt.a.	окольцевáвший
p.pt.p.	окольцóванный

окольцóвывать *uv zu* окольцевáть

оконфýзить *v* когó-что *volksspr* verwirren, konfus machen, in Verlegenheit bringen; lächerlich machen, blamieren

ft.	оконфýжу, -ýзишь, -ýзят
imp.	оконфýзь, ~те
pt.	оконфýзил
g.pt.a.	оконфýзив
p.pt.a.	оконфýзивший
p.pt.p.	оконфýженный

оконфýзиться *v volksspr* sich blamieren, sich lächerlich machen

окóнчить *v* что **1.** zu Ende führen, beendigen, abschließen **2.** absolvieren *Schule, Hochschule* ‖ *uv* окáнчивать 1a

ft.	окóнчу, -чишь, -чат
imp.	окóнчи, ~те
pt.	окóнчил
g.pt.a.	окóнчив
p.pt.a.	окóнчивший
p.pt.p.	окóнченный

окóнчиться, *1. u. 2. Pers ungebr, v* enden, aufhören, ablaufen ‖ *uv* окáнчиваться

окопáть 2 *v* что **1.** um etw. herum graben, ringsum die Erde aufwerfen **2.** чем mit einem Graben [Erdaufwurf] umgeben ‖ *uv* окáпывать 1a

окопáться *v* **1.** *mil* sich eingraben **2.** *übtr umg* ein sicheres Plätzchen finden ‖ *uv* окáпываться

окорáчивать *uv zu* окоротúть

окормúть *v* когó-что **1.** *volksspr* überfüttern **2.** durch schlechtes Futter krank machen **3.** vergiften *durch Giftfutter* ‖ *uv* окáрмливать 1a

ft.	окормлю, -óрмишь, -óрмят
imp.	окормú, ~те
pt.	окормúл
g.pt.a.	окормúв
p.pt.a.	окормúвший
p.pt.p.	окóрмленный

окорнáть 2 *v* когó-что *volksspr* stutzen; durch Abschneiden verstümmeln

окоротúть *v* что *umg* zu kurz machen ‖ *uv* окорáчивать 1a

ft.	окорочý, -отúшь, -отя́т
imp	окоротú, ~те
pt.	окоротúл
g.pt.a.	окоротúв
p.pt.a.	окоротúвший
p.pt.p.	окорóченный

окосúть *v* что rundherum abmähen; окосúть куст rings um den Strauch abmähen ‖ *uv* окáшивать 1a

ft.	окошý, окóсишь, окóсят
imp.	окосú, ~те
pt.	окосúл
g.pt.a.	окосúв
p.pt.a.	окосúвший
p.pt.p.	окóшенный

окостеневáть *uv zu* окостенéть

окостенéть 3 *v* **1.** verknöchern, zu Knochen werden **2.** vor Kälte steif [starr, gefühllos] werden **3.** *übtr* (in Unbeweglichkeit) erstarren **4.** *übtr* erstarren, verknöchern ‖ *uv* окостеневáть 2a

окотúться, *1. u. 2. Pers ungebr, v* Junge werfen *Katze, Hase u. a.*; lammen

ft.	окотúтся, -тя́тся
pt.	окотúлась, -лись
g.pt.a.	окотúвшись
p.pt.a.	окотúвшаяся

окоченевáть *uv zu* окоченéть

окоченéть 3 *v* **1.** erstarren *vor Kälte*, steif werden **2.** *übtr* (in Unbeweglichkeit) erstarren ‖ *uv* окоченевáть 2a

окочýриться *v volkspr* sterben, sich die Radieschen von unten ansehen

ft.	окочýрюсь, -ришься, -рятся
imp.	окочýрься, -рьтесь
pt.	окочýрился, -лась
g.pt.a.	окочýрившись
p.pt.a.	окочýрившийся

окрáсить *v* что **1.** färben **2.** röten, rot färben *von Sonne, Feuer* **3.** *übtr, meist p.pt.p.* färben; kennzeichnen ‖ *uv* окрáшивать 1a

ft.	окрáшу, -áсишь, -áсят
imp.	окрáсь, ~те
pt.	окрáсил
g.pt.a.	окрáсив
p.pt.a.	окрáсивший
p.pt.p.	окрáшенный

окрáситься, *1. u. 2. Pers ungebr, v* sich färben ‖ *uv* окрáшиваться

окрáшивать(ся) *uv zu* окрáсить(ся)

окрéпнуть *v* **1.** fester werden **2.** erstarken, gesünder [kräftiger, widerstandsfähiger] werden, zu Kräften kommen, **3.** heftiger werden; zunehmen, stärker werden
ft. окрéпну, -нешь, -нут
imp. окрéпни, ~те
pt. окрéп, ~ла
g.pt.a. окрéпнув *u.* окрéпши
p.pt.a. окрéпший

окрести́ть *v* когó-что **1.** *rel* taufen **2.** кем-чем *umg* nennen, taufen
ft. окрещу́, -éстишь, -éстят
imp. окрести́, ~те
pt. окрести́л
g.pt.a. окрести́в
p.pt.a. окрести́вший
p.pt.p. окрещённый; окрещён, -енá

окрести́ться *v rel* sich taufen lassen

окривéть 3 *v volksspr* auf einem Auge blind werden

окри́кивать *uv zu* окри́кнуть

окри́кнуть 6 *v* когó-что anrufen, beim Namen nennen ‖ *uv* окри́кивать 1a
p.pt.p. окри́кнутый

окровáвить *v* когó-что mit Blut beschmieren [bespritzen] ‖ *uv* окровáвливать 1a
ft. окровáвлю, -вишь, -вят
imp. окровáвь, ~те
pt. окровáвил
g.pt.a. окровáвив
p.pt.a. окровáвивший
p.pt.p. окровáвленный

окровáвиться *v* sich mit Blut beschmieren [bespritzen] ‖ *uv* окровáвливаться

окровáвливать(ся) *uv zu* окровáвить(ся)

окровенéть 3, *1. u. 2. Pers ungebr*, *v volkssрr* blutig werden

окровени́ть *v* что *volkssрr* mit Blut beflecken
ft. окровеню́, -ни́шь, -ня́т
imp. окровени́, ~те
pt. окровени́л
g.pt.a. окровени́в
p.pt.a. окровени́вший
p.pt.p. окровенённый; окровенён, -енá

окропи́ть *v* когó-что чем bespritzen, besprengen (mit) ‖ *uv* окропля́ть 2a
ft. окроплю́, -пи́шь, -пя́т
imp. окропи́, ~те
pt. окропи́л
g.pt.a. окропи́в
p.pt.a. окропи́вший
p.pt.p. окроплённый; окроплён, -енá

окропля́ть *uv zu* окропи́ть

округлéть 3 *v volkssрr* **1.** rund werden **2.** dicker werden

округли́ть *v* что **1.** rund machen **2.** *übtr umg* abrunden, die endgültige Form geben, den letzten Schliff geben **3.** *math* abrunden; aufrunden **4.** *übtr umg* schön abrunden, ordentlich vergrößern ‖ *uv* округля́ть 2a
ft. округлю́, -ли́шь, -ля́т
imp. округли́, ~те
pt. округли́л
g.pt.a. округли́в
p.pt.a. округли́вший
p.pt.p. округлённый; округлён, -енá

округли́ться *v* **1.** rund(er) werden, sich runden **2.** *übtr umg* die endgültige Form annehmen **3.** *umg* schön groß werden, sich ordentlich vergrößern ‖ *uv* округля́ться

округля́ть(ся) *uv zu* округли́ть(ся)

окружáть *uv zu* окружи́ть

окружи́ть *v* когó-что **1.** чем umgeben, -ringen; in die Mitte nehmen **2.** einkreisen, umzingeln **3.** кем-чем mit bestimmten Menschen umgeben **4.** чем umgeben, -hegen; окружи́ть рóскошью mit Luxus umgeben ‖ *uv* окружáть 2a
ft. окружу́, -жи́шь, -жáт
imp. окружи́, ~те
pt. окружи́л
g.pt.a. окружи́в
p.pt.a. окружи́вший
p.pt.p. окружённый; окружён, -енá

окрути́ть *v* когó-что **1.** чем umwickeln, -winden **2.** *volkssрr* kirchlich trauen; verheiraten ‖ *uv* окру́чивать 1a
ft. окручу́, -у́тишь, -у́тят
imp. окрути́, ~те
pt. окрути́л
g.pt.a. окрути́в
p.pt.a. окрути́вший
p.pt.p. окру́ченный

окру́чивать *uv zu* окрути́ть

окрыли́ть *v* когó-что beflügeln, beschwingen, begeistern ‖ *uv* окрыля́ть 2a
ft. окрылю́, -ли́шь, -ля́т
imp. окрыли́, ~те
pt. окрыли́л
g.pt.a. окрыли́в
p.pt.a. окрыли́вший
p.pt.p. окрылённый; окрылён, -енá

окрыли́ться *v* **1.** *zool* Flügel bekommen **2.** *übtr* чем begeistert werden [sein], sich begeistern ‖ *uv* окрыля́ться

окрыля́ть(ся) *uv zu* окрыли́ть(ся)

окры́ситься, *1. Pers ungebr*, *v* на кого́-что *volkssp* **1.** (j-m) die Zähne zeigen **2.** wütend anfauchen
ft. окры́сишься, -сятся
imp. окры́сься, -сьтесь
pt. окры́сился, -лась
g.pt.a. окры́сившись
p.pt.a. окры́сившийся

оксиди́ровать 4 *u.* 4a *v*, *uv* что oxydieren, zur Oxydation bringen

оку́кливаться *uv zu* оку́клиться

оку́клиться, *1. u. 2. Pers ungebr*, *v zool* sich verpuppen ‖ *uv* оку́кливаться 1a
ft. оку́клится, -лятся
pt. оку́клился, -лась
g.pt.a. оку́клившись
p.pt.a. оку́клившийся

окули́ровать 4 *u.* 4a *v*, *uv* что okulieren, pfropfen

окуна́ть(ся) *uv zu* окуну́ть(ся)

окуну́ть 7 *v* кого́-что eintauchen, hineinstecken ‖ *uv* окуна́ть 2a

окуну́ться *v* **1.** eintauchen, untertauchen, hineingehen **2.** *übtr* völlig aufgehen (in), sich völlig hingeben (einer Sache) ‖ *uv* окуна́ться

окупа́ть(ся) *uv zu* окупи́ть(ся)

окупи́ть *v* что ausgleichen, decken *Ausgaben* ‖ *uv* окупа́ть 2a
ft. окуплю́, -у́пишь, -у́пят
imp. окупи́, ~те
pt. окупи́л
g.pt.a. окупи́в
p.pt.a. окупи́вший
p.pt.p. оку́пленный

окупи́ться, *1. u. 2. Pers ungebr*, *v* sich bezahlt machen, sich rentieren ‖ *uv* окупа́ться

окургу́зить *v* что *volkssp* zu kurz machen
ft. окургу́жу, -у́зишь, -у́зят
imp. окургу́зь, ~те
pt. окургу́зил
g.pt.a. окургу́зив
p.pt.a. окургу́зивший
p.pt.p. окургу́женный

оку́ривать *uv zu* окури́ть

окури́ть *v* кого́-что ausräuchern, der Raucheinwirkung aussetzen *z. B. zur Desinfektion* ‖ *uv* оку́ривать 1a
ft. окурю́, -у́ришь, -у́рят
imp. окури́, ~те
pt. окури́л
g.pt.a. окури́в
p.pt.a. окури́вший
p.pt.p. оку́ренный

оку́тать 1 *v* кого́-что **1.** чем umwickeln, einhüllen **2.** *übtr* einhüllen, verhüllen ‖ *uv* оку́тывать 1a

оку́таться *v* чем **1.** sich einhüllen (in), sich umhüllen (mit) **2.** *übtr* sich (ein)hüllen; оку́таться тума́ном sich in Nebel hüllen ‖ *uv* оку́тываться

оку́тывать(ся) *uv zu* оку́тать(ся)

оку́чивать *uv zu* оку́чить

оку́чить *v* что *landw* häufeln ‖ *uv* оку́чивать 1a
ft. оку́чу, -чишь, -чат
imp. оку́чь, ~те
pt. оку́чил
g.pt.a. оку́чив
p.pt.a. оку́чивший
p.pt.p. оку́ченный

оледенева́ть *uv zu* оледене́ть

оледене́ть 3 *v* **1.** vereisen, sich mit Eis bedecken **2.** eiskalt werden, erstarren ‖ *uv* оледенева́ть 2a

оледени́ть *v* что **1.** zum Gefrieren bringen, mit Eis bedecken **2.** erstarren lassen
ft. оледеню́, -ни́шь, -ня́т
imp. оледени́, ~те
pt. оледени́л
g.pt.a. оледени́в
p.pt.a. оледени́вший
p.pt.p. оледенённый; оледенён, -ена́

олицетвори́ть *v* что **1.** personifizieren, als Person darstellen **2.** verkörpern ‖ *uv* олицетворя́ть 2a
ft. олицетворю́, -ри́шь, -ря́т
imp. олицетвори́, ~те
pt. олицетвори́л
g.pt.a. олицетвори́в
p.pt.a. олицетвори́вший
p.pt.p. олицетворённый; олицетворён, -ена́

олицетворя́ть *uv zu* олицетвори́ть

ома́чивать(ся) *uv zu* омочи́ть(ся)

омеблирова́ть 5 *v* что möblieren ‖ *uv* омебли́ро́вывать 1a

омеблирова́ться *v* seine Wohnung möblieren ‖ *uv* омеблиро́вываться

омеблиро́вывать(ся) *uv zu* омеблирова́ть(ся)

омерзе́ть 3 *v* кому́-чему́ *umg* zuwider werden

омертвева́ть *uv zu* омертве́ть

омертве́ть 3 *v* **1.** absterben *von Zellen, Geweben, Körperteilen* **2.** *übtr* erstarren, leblos [reglos] werden ‖ *uv* омертвева́ть 2a

омертви́ть *v* что **1.** absterben lassen **2.** *wirtsch* aus dem Umlauf nehmen ‖ *uv* омертвля́ть 2a

ft. омертвлю́, -ви́шь, -вя́т
imp. омертви́, ~те
pt. омертви́л
g.pt.a. омертви́в
p.pt.a. омертви́вший
p.pt.p. омертвлённый; омертвлён, -ена́

омертвля́ть *uv zu* омертви́ть

омеща́ниваться *uv zu* омеща́ниться

омеща́ниться *v umg* verspießern ‖ *uv* омеща́ниваться 1a

ft. омеща́нюсь, -нишься, -нятся
imp. омеща́нься, -ньтесь
pt. омеща́нился, -лась
g.pt.a. омеща́нившись
p.pt.a. омеща́нившийся

омола́живать(ся) *uv zu* омолоди́ть(ся)

омолоди́ть *v* кого́-что **1.** verjüngen, jünger machen **2.** *umg* verjüngen, das Durchschnittsalter senken ‖ *uv* омола́живать 1a

ft. омоложу́, -оди́шь, -одя́т
imp. омолоди́, ~те
pt. омолоди́л
g.pt.a. омолоди́в
p.pt.a. омолоди́вший
p.pt.p. омоложённый; омоложён, -ена́

омолоди́ться *v* **1.** *umg* jünger werden **2.** *umg* mehr junge Mitglieder aufnehmen **3.** *biol* sich verjüngen ‖ *uv* омола́живаться

омочи́ть *v* что *buchspr* naß machen, benetzen ‖ *uv* ома́чивать 1a

ft. омочу́, омо́чишь, омо́чат
imp. омочи́, ~те
pt. омочи́л
g.pt.a. омочи́в
p.pt.a. омочи́вший
p.pt.p. омо́ченный

омочи́ться, *1. u. 2. Pers ungebr, v buchspr* naß werden ‖ *uv* ома́чиваться

омрача́ть(ся) *uv zu* омрачи́ть(ся)

омрачи́ть *v* кого́-что **1.** *alt* verdunkeln, düster machen **2.** *übtr* verdunkeln, benebeln **3.** betrüben, verdüstern, verfinstern ‖ *uv* омрача́ть 2a

ft. омрачу́, -чи́шь, -ча́т
imp. омрачи́, ~те
pt. омрачи́л
g.pt.a. омрачи́в
p.pt.a. омрачи́вший
p.pt.p. омрачённый; омрачён, -ена́

омрачи́ться, *1. u. 2. Pers ungebr, v* **1.** *alt* dunkel [düster] werden **2.** *übtr* sich verdunkeln, sich umnebeln *Bewußtsein, Urteilsvermögen* **3.** sich verdüstern, sich verfinstern ‖ *uv* омрача́ться

омыва́ть 2a *uv* **1.** *uv zu* омы́ть **2.** что umspülen *von Gewässern*

омыва́ться *uv zu* омы́ться

омы́ть *v* кого́-что *buchspr* **1.** waschen, abspülen **2.** *übtr alt* reinwaschen *Namen, Ehre* ‖ *uv* омыва́ть 2a

ft. омо́ю, омо́ешь, омо́ют
imp. омо́й, ~те
pt. омы́л
g.pt.a. омы́в
p.pt.a. омы́вший
p.pt.p. омы́тый

омы́ться *v buchspr* sich waschen ‖ *uv* омыва́ться

онемева́ть *uv zu* онеме́ть

онеме́ть 3 *v* **1.** stumm werden, die Sprache verlieren **2.** verstummen, sprachlos werden *vor Staunen u. dgl.* **3.** gefühllos werden, absterben *von Gliedern* ‖ *uv* онемева́ть 2a

онеме́чивать(ся) *uv zu* онеме́чить(ся)

онеме́чить *v* кого́-что eindeutschen, germanisieren, zum Deutschen machen ‖ *uv* онеме́чивать 1a

ft. онеме́чу, -чишь, -чат
imp. онеме́чь, ~те
pt. онеме́чил
g.pt.a. онеме́чив
p.pt.a. онеме́чивший
p.pt.p. онеме́ченный

онеме́читься *v* deutsche Sprache und Sitte annehmen ‖ *uv* онеме́чиваться

опада́ть *uv zu* опа́сть

опа́здывать *uv zu* опозда́ть

опа́ивать *uv zu* опои́ть

опа́ливать(ся) *uv zu* опали́ть(ся)

опали́ть *v* кого́-что **1.** versengen, ringsum absengen **2.** absengen *Haare, Federn* ‖ *uv* опа́ливать 1a *zu* 2 *u.* опаля́ть 2a *zu* 1

ft. опалю́, -ли́шь, -ля́т
imp. опали́, ~те
pt. опали́л

g.pt.a. опали́в
p.pt.a. опали́вший
p.pt.p. опалённый; опалён, -ена́

опали́ться *v* **1.** *umg* sich verbrennen **2.** на кого́ *alt* zornig werden (auf) || *uv* опа́ливаться *u.* опаля́ться *zu* 1

опаля́ть(ся) *uv zu* опали́ть(ся)

опа́мятоваться 4 *v* **1.** *alt* zu sich kommen, aus der Ohnmacht erwachen **2.** *übtr volksspr* sich fassen, zur Besinnung kommen

опарши́веть 3, *Betonung bleibt wie im Infinitiv*, *v umg* die Räude [Krätze] bekommen

опарши́вить *v* кого́-что *volksspr* mit der Räude [Krätze] anstecken
ft. опарши́влю, -вишь, -вят
imp. опарши́вь, ~те
pt. опарши́вил
g.pt.a. опарши́вив
p.pt.a. опарши́вивший
p.pt.p. опарши́вленный

опаса́ться 2a *uv* **1.** befürchten, die Befürchtung hegen **2.** чего́ sich vorsehen, sich hüten, sich fürchten (vor)

опа́сть *v* **1.** *1. u. 2. Pers ungebr* abfallen *Blätter, Früchte* **2.** *1. u. 2. Pers ungebr* zurückgehen *Geschwulst* **3.** *umg* abmagern, einfallen || *uv* опада́ть 2a
ft. опаду́, -дёшь, -ду́т
imp. опади́, ~те
pt. опа́л
g.pt.a. опа́в
p.pt.a. опа́вший

опаха́ть *v* что um etw. herum umpflügen || *uv* опа́хивать 1a
ft. опашу́, опа́шешь, опа́шут
imp. опаши́, ~те
pt. опаха́л
g.pt.a. опаха́в
p.pt.a. опаха́вший
p.pt.p. опа́ханный

[1]**опа́хивать** *uv zu* опаха́ть

[2]**опа́хивать** *uv zu* опахну́ть

опахну́ть 7 *v* кого́-что **1.** umwehen **2.** *volksspr* Luft zufächeln || *uv* опа́хивать 1a

опека́ть 2a *uv* кого́-что **1.** als Vormund betreuen, Vormund sein (von); als Treuhänder verwalten **2.** *übtr* sorgen (für); bevormunden

опереди́ть *v* кого́-что **1.** überholen; zuvorkommen **2.** *übtr* übertreffen || *uv* опережа́ть 2a
ft. опережу́, -еди́шь, -едя́т
imp. опереди́, ~те
pt. опереди́л
g.pt.a. опереди́в
p.pt.a. опереди́вший
p.pt.p. опережённый; опережён, -ена́

опережа́ть *uv zu* опереди́ть

опере́ть *v* что aufstützen; anlehnen || *uv* опира́ть 2a
ft. обопру́, -рёшь, -ру́т
imp. обопри́, ~те
pt. опёр, оперла́ *u.* опёрла, оперло́ *u.* опёрло
g.pt.a. опере́в *u.* опёрши
p.pt.a. опёрший
p.pt.p. опёртый; опёрт, оперта́ *u.* опёрта, опёрто

опере́ться *v* на кого́-что sich stützen (auf) *a. übtr* || *uv* опира́ться
pt. опёрся *u.* оперся́, оперла́сь *u.* опёрлась, оперло́сь *u.* опёрлось
g.pt.a. оперши́сь *u.* опёршись

опери́ровать 4a *uv* **1.** *mil* operieren **2.** чем operieren (mit), handhaben, gebrauchen **3.** *a. v* кого́-что *med* operieren

опери́ть *v* кого́-что (*meist p.pt.p.*) mit Federn bedecken || *uv* оперя́ть 2a
ft. оперю́, -ри́шь, -ря́т
imp. опери́, ~те
pt. опери́л
g.pt.a. опери́в
p.pt.a. опери́вший
p.pt.p. оперённый; оперён, -ена́

опери́ться *v* **1.** Federn bekommen, sich befiedern **2.** *übtr* selbständig [unabhängig] werden, auf die Beine kommen || *uv* оперя́ться

оперя́ть(ся) *uv zu* опери́ть(ся)

опеча́ливать(ся) *uv zu* опеча́лить(ся)

опеча́лить *v* кого́-что betrüben, traurig stimmen || *uv* опеча́ливать 1a
ft. опеча́лю, -лишь, -лят
imp. опеча́ль, ~те
pt. опеча́лил
g.pt.a. опеча́лив
p.pt.a. опеча́ливший
p.pt.p. опеча́ленный

опеча́литься *v* betrübt [traurig] werden || *uv* опеча́ливаться

опеча́тать 1 *v* что versiegeln || *uv* опеча́тывать 1a

опеча́тывать *uv zu* опеча́тать

опе́шить *v umg* in Verwirrung geraten, verblüfft [verdutzt] werden

ft. опéшу, -шишь, -шат
imp. опéшь, ~те
pt. опéшил
g.pt.a. опéшив
p.pt.a. опéшивший

опивáть(ся) *uv zu* опи́ть(ся)

опи́ливать *uv zu* опили́ть

опили́ть *v* что **1.** (die Ränder) absägen **2.** abfeilen ‖ *uv* опи́ливать 1a
ft. опилю́, опи́лишь, опи́лят
imp. опили́, ~те
pt. опили́л
g.pt.a. опили́в
p.pt.a. опили́вший
p.pt.p. опи́ленный

опирáть *uv zu* оперéть

опирáться 2a *uv* **1.** *uv zu* оперéться **2.** на что ruhen (auf)

описáть *v* когó-что **1.** beschreiben, schildern **2.** wissenschaftlich beschreiben **3.** Bestand aufnehmen **4.** *math* umschreiben **5.** *einen Bogen* beschreiben ‖ *uv* опи́сывать 1a
ft. опишу́, опи́шешь, опи́шут
imp. опиши́, ~те
pt. описáл
g.pt.a. описáв
p.pt.a. описáвший
p.pt.p. опи́санный

описáться *v* sich verschreiben ‖ *uv* опи́сываться

опи́сывать(ся) *uv zu* описáть(ся)

опи́ть *v* когó-что *volksspr* (j-n) arm trinken ‖ *uv* опивáть 2a
ft. обопью́, -пьёшь, -пью́т
imp. опéй, ~те
pt. опи́л, опилá, опи́ло
g.pt.a. опи́в
p.pt.a. опи́вший

опи́ться *v umg* über den Durst trinken ‖ *uv* опивáться
pt. опи́лся, опилáсь, опи́лось

оплáкать *v* когó-что beweinen ‖ *uv* оплáкивать 1a
ft. оплáчу, -чешь, -чут
imp. оплáчь, ~те
pt. оплáкал
g.pt.a. оплáкав
p.pt.a. оплáкавший
p.pt.p. оплáканный

оплáкивать *uv zu* оплáкать

оплати́ть *v* когó-что bezahlen, vergüten ‖ *uv* оплáчивать 1a
ft. оплачу́, -áтишь, -áтят
imp. оплати́, ~те
pt. оплати́л
g.pt.a. оплати́в
p.pt.a. оплати́вший
p.pt.p. оплáченный

оплáчивать *uv zu* оплати́ть

оплевáть *v* когó-что *umg* **1.** bespeien, vollspucken **2.** *übtr* bespeien, in den Schmutz treten ‖ *uv* оплёвывать 1a
ft. оплюю́, -юёшь, -юю́т
imp. оплю́й ~те
pt. оплевáл
g.pt.a. оплевáв
p.pt.a. оплевáвший
p.pt.p. оплёванный

оплёвывать *uv zu* оплевáть

оплести́ *v* что **1.** umflechten, mit Geflecht umgeben **2.** *übtr volksspr* umgarnen, betrügen ‖ *uv* оплетáть 2a
ft. оплету́, -тёшь, -ту́т
imp. оплети́, ~те
pt. оплёл, -лá
g.pt.a. оплетя́ *u.* оплётши
p.pt.a. оплётший
p.pt.p. оплетённый; оплетён, -енá

оплетáть *uv zu* оплести́

оплеши́веть 3, *Betonung bleibt wie im Infinitiv*, *v umg* eine Glatze bekommen

оплодотвори́ть *v* когó-что **1.** *biol* befruchten **2.** *übtr buchspr* (schöpferisch) befruchten ‖ *uv* оплодотворя́ть 2a
ft. оплодотворю́, -ри́шь, -ря́т
imp. оплодотвори́, ~те
pt. оплодотвори́л
g.pt.a. оплодотвори́в
p.pt.a. оплодотвори́вший
p.pt.p. оплодотворённый; оплодотворён, -енá

оплодотвори́ться *v* befruchtet werden ‖ *uv* оплодотворя́ться

оплодотворя́ть(ся) *uv zu* оплодотвори́ть(ся)

опломбировáть 5 *v* что *Waren* plombieren

оплошáть 2 *v umg* einen Fehler machen, einen Bock schießen

[1,2]**оплывáть** *uv zu* [1,2]оплы́ть

[1]**оплы́ть** *v* что *mit einem Wasserfahrzeug* umfahren ‖ *uv* оплывáть 2a
ft. оплыву́, -вёшь, -ву́т
imp. оплыви́, ~те
pt. оплы́л, оплылá, оплы́ло
g.pt.a. оплы́в
p.pt.a. оплы́вший
p.pt.p. оплы́тый

²опльі́ть *v* **1.** aufgedunsen werden, anschwellen **2.** *1. u. 2. Pers ungebr* tropfen *Kerzen* **3.** *1. u. 2. Pers ungebr* abrutschen, einstürzen *durch Unterspülung* ‖ *uv* оплыва́ть 2a
kein *p.pt.p.*
Übrige Formen wie ¹опльі́ть

оповести́ть *v* кого́-что benachrichtigen, in Kenntnis setzen ‖ *uv* оповеща́ть 2a

ft.	оповещу́, -ести́шь, -естя́т
imp.	оповести́, ~те
pt.	оповести́л
g.pt.a.	оповести́в
p.pt.a.	оповести́вший
p.pt.p.	оповещённый; оповещён, -ена́

оповеща́ть *uv zu* оповести́ть

опога́нивать *uv zu* опога́нить

опога́нить *v* кого́-что *umg* beschmutzen, verunreinigen ‖ *uv* опога́нивать 1a

ft.	опога́ню, -нишь, -нят
imp.	опога́нь, ~те
pt.	опога́нил
g.pt.a.	опога́нив
p.pt.a.	опога́нивший
p.pt.p.	опога́ненный

оподле́ть 3 *v umg* gemein [niederträchtig] werden

опо́длить *v* кого́-что *umg* zu einem Schuft machen ‖ *uv* оподля́ть 2a

ft.	опо́длю, -лишь, -лят
imp.	опо́дли, ~те
pt.	опо́длил
g.pt.a.	опо́длив
p.pt.a.	опо́дливший
p.pt.p.	опо́дленный

опо́длиться *v umg* gemein [niederträchtig] werden ‖ *uv* оподля́ться

оподля́ть(ся) *uv zu* опо́длить(ся)

опозда́ть 2 *v* **1.** zu spät kommen, sich verspäten **2.** с чем etw. zu spät tun ‖ *uv* опа́здывать 1a

опознава́ть *uv zu* опозна́ть

pr.	опознаю, -аёшь, -аю́т
imp.	опознава́й, ~те
pt.	опознава́л
g.pr.a.	опознава́я
p.pr.a.	опознаю́щий
p.pt.a.	опознава́вший
p.pr.p.	опознава́емый

опознава́ться *uv zu* опозна́ться

опозна́ть 2 *v* кого́-что erkennen; identifizieren ‖ *uv* опознава́ть, Formen das.

опозна́ться *v* **1.** *alt* sich orientieren **2.** *volksspr* sich in der Person irren, (j-n) für einen anderen halten ‖ *uv* опознава́ться

опозо́рить *v* кого́-что mit Schmach bedecken, schänden, entehren

ft.	опозо́рю, -ришь, -рят
imp.	опозо́рь, ~те
pt.	опозо́рил
g.pt.a.	опозо́рив
p.pt.a.	опозо́ривший
p.pt.p.	опозо́ренный

опозо́риться *v* sich blamieren; sich mit Schande bedecken

опои́ть *v* кого́-что **1.** zu viel zu trinken geben, zu stark tränken **2.** betrunken machen ‖ *uv* опа́ивать 1a

ft.	опою́, опо́ишь, опо́ят
imp.	опо́й, ~те
pt.	опои́л
g.pt.a.	опои́в
p.pt.a.	опои́вший
p.pt.p.	опо́енный *u.* опоённый; опоён, -ена́

¹опола́скивать *uv zu* ополосну́ть

²опола́скивать *uv zu* ополоска́ть

¹,²оползáть *uv zu* ¹,²оползти́

¹оползти́ *v* кого́-что um etw. herumkriechen ‖ *uv* оползáть 2a

ft.	оползу́, -зёшь, -зу́т
imp.	оползи́, ~те
pt.	опо́лз, оползла́
g.pt.a.	опо́лзши
p.pt.a.	опо́лзший

²оползти́, *1. u. 2. Pers ungebr, v* herunterrutschen, abrutschen; sich senken, einstürzen ‖ *uv* оползáть 2a
Formen wie ¹оползти́

ополоска́ть *v* что *volksspr* abspülen, ausspülen ‖ *uv* опола́скивать 1a

ft.	ополощу́, -о́щешь, -о́щут *u. volksspr* ополоска́ю, -а́ешь, -а́ют
imp.	ополощи́, ~те *u. volksspr* ополоска́й, ~те
pt.	ополоска́л
g.pt.a.	ополоска́в
p.pt.a.	ополоска́вший
p.pt.p.	ополо́сканный

ополосну́ть 7 *v* что abspülen, ausspülen ‖ *uv* опола́скивать 1a

ополоу́меть 3, *Betonung bleibt wie im Infinitiv, v volksspr* verrückt werden

ополча́ть(ся) *uv zu* ополчи́ть(ся)

ополчи́ть *v* кого́-что на кого́-что *oder* про́тив кого́-чего́ **1.** *alt* zum Krieg ausrüsten **2.** *volksspr* aufbringen, aufhetzen (gegen) ‖ *uv* ополча́ть 2a

ft.	ополчу́, -чи́шь, -ча́т
imp.	ополчи́, ~те
pt.	ополчи́л
g.pt.a.	ополчи́в
p.pt.a.	ополчи́вший
p.pt.p.	ополчённый; ополчён, -ена́

ополчи́ться *v* на кого́-что *u.* про́тив кого́-чего́ **1.** *ohne Objekt*, *alt* sich rüsten **2.** in den Krieg ziehen, zu Felde ziehen **3.** *übtr* zu Felde ziehen (gegen), angreifen, kritisieren ‖ *uv* ополча́ться

опомина́ться *uv zu* опо́мниться

опо́мниться *v* **1.** zu sich kommen, aus der Ohnmacht erwachen **2.** sich fassen, seiner Herr werden **3.** sich eines Besseren besinnen, zur Besinnung kommen ‖ *uv alt* опомина́ться* 2a

ft.	опо́мнюсь, -нишься, -нятся
imp.	опо́мнись, -итесь
pt.	опо́мнился, -лась
g.pt.a.	опо́мнившись
p.pt.a.	опо́мнившийся

опора́жнивать(ся) *uv zu* опоро́жни́ть(ся)

опорожни́ть *u.* **опоро́жнить** *v* что leeren, entleeren, ausgießen ‖ *uv* опора́жнивать 1a *u.* опорожня́ть 2a

ft.	опоро́жню́, -о́жни́шь, -о́жня́т
imp.	опоро́жни́, ~те
pt.	опоро́жни́л
g.pt.a.	опоро́жни́в
p.pt.a.	опоро́жни́вший
p.pt.p.	опорожнённый; опорожнён, -ена́ *u.* опоро́жненный

опорожни́ться *u.* **опоро́жниться,** *1. u. 2. Pers ungebr*, *v* sich leeren, leer werden ‖ *uv* опора́жниваться *u.* опорожня́ться

опорожня́ть(ся) *uv zu* опоро́жни́ть(ся)

опоро́ситься, *1. u. 2. Pers ungebr*, *v* ferkeln, Ferkel werfen

ft.	опороси́тся, -ся́тся
pt.	опороси́лась, -лись
g.pt.a.	опороси́вшись
p.pt.a.	опороси́вшаяся

опоро́чивать *uv zu* опоро́чить

опоро́чить *v* кого́-что **1.** in Verruf bringen, verleumden **2.** in Schande bringen, mit Schande bedecken ‖ *uv* опоро́чивать 1a

ft.	опоро́чу, -чишь, -чат
imp.	опоро́чь, ~те
pt.	опоро́чил
g.pt.a.	опоро́чив
p.pt.a.	опоро́чивший
p.pt.p.	опоро́ченный

опосре́довать 4 *u.* 4a *v*, *uv* что *phil* mittelbar ausdrücken

опосре́дствовать 4 *u.* 4a *v*, *uv* что *phil* mittelbar ausdrücken

опосты́леть 3, *Betonung bleibt wie im Infinitiv*, *v* кому́-чему́ *umg* überdrüssig werden, satt kriegen

опохмели́ться *v umg* einen auf den Rausch trinken *um die Übelkeit zu vertreiben* ‖ *uv* опохмеля́ться 2a

ft.	опохмелю́сь, -ли́шься, -ля́тся
imp.	опохмели́сь, -и́тесь
pt.	опохмели́лся, -лась
g.pt.a.	опохмели́вшись
p.pt.a.	опохмели́вшийся

опохмеля́ться *uv zu* опохмели́ться

опошле́ть 3 *v umg* verflachen, banal werden

опо́шлить *v* что **1.** verflachen, banalisieren; als platt [unbedeutend] hinstellen **2.** durch häufigen Gebrauch abgegriffen machen *Wort u. dgl.* ‖ *uv* опошля́ть 2a

ft.	опо́шлю, -лишь, -лят
imp.	опо́шли, ~те
pt.	опо́шлил
g.pt.a.	опо́шлив
p.pt.a.	опо́шливший
p.pt.p.	опо́шленный

опо́шлиться *v* **1.** verflachen, banal werden, als banal [vulgär] erscheinen **2.** abgegriffen werden, verflachen, strapaziert werden *von Worten, Begriffen* ‖ *uv* опошля́ться

опошля́ть(ся) *uv zu* опо́шлить(ся)

опоя́сать *v* кого́-что **1.** gürten, einen Gurt umbinden **2.** *alt* eine Waffe umschnallen, einen Gürtel mit Waffe anlegen **3.** *übtr* umsäumen, umgeben ‖ *uv* опоя́сывать 1a

ft.	опоя́шу, -шешь, -шут
imp.	опоя́шь, ~те
pt.	опоя́сал
g.pt.a.	опоя́сав
p.pt.a.	опоя́савший
p.pt.p.	опоя́санный

опоя́саться *v* **1.** sich gürten, sich einen Gürtel umbinden **2.** *alt* sich eine Waffe umbinden **3.** чем *übtr* sich umgeben (mit) ‖ *uv* опоя́сываться

опоя́сывать(ся) *uv zu* опоя́сать(ся)

оппони́ровать 4a *uv* кому́-чему́ opponieren, als Opponent auftreten

оправда́ть 2 *v* кого́-что **1.** freisprechen **2.** чем rechtfertigen, entschuldigen **3.** rechtfertigen, erfüllen *Erwartungen u. ä.* **4.** lohnen, rechtfertigen *Ausgaben* **5.** чем *Buchhaltung* belegen, nachweisen ‖ *uv* опра́вдывать 1a

оправда́ться *v* **1.** sich rechtfertigen, seine Unschuld beweisen **2.** sich bewahrheiten, sich bestätigen **3.** sich lohnen, sich als gerechtfertigt erweisen *Ausgaben* ‖ *uv* опра́вдываться

опра́вдывать(ся) *uv zu* оправда́ть(ся)

[1]**опра́вить** *v* что in Ordnung bringen, zurechtmachen ‖ *uv* оправля́ть 2a

ft.	опра́влю, -вишь, -вят
imp.	опра́вь, ~те
pt.	опра́вил
g.pt.a.	опра́вив
p.pt.a.	опра́вивший
p.pt.p.	опра́вленный

[2]**опра́вить** *v* что einfassen ‖ *uv* оправля́ть 2a
Formen wie [1]опра́вить

опра́виться *v* **1.** sein Kleid [seine Frisur] in Ordnung bringen **2.** festen Fuß fassen, eine sicherere Stellung einnehmen **3.** от чего́ sich erholen, wieder gesund werden **4.** *übtr* sich fassen, seiner Herr werden, seine Erregung [Verlegenheit] bezwingen **5.** *umg* austreten gehen ‖ *uv* оправля́ться

[1,2]**оправля́ть** *uv zu* [1,2]опра́вить

оправля́ться *uv zu* опра́виться

опра́стывать(ся) *uv zu* опроста́ть(ся)

опра́шивать *uv zu* опроси́ть

определи́ть *v* что **1.** bestimmen, ermitteln, feststellen **2.** kennzeichnen, definieren **3.** kennzeichnen, markieren **4.** festsetzen, bestimmen **5.** кого́-что (во что) *alt u. volksspr beruflich* unterbringen **6.** bestimmen, bedingen ‖ *uv* определя́ть 2a

ft.	определю́, -ли́шь, -ля́т
imp.	определи́, ~те
pt.	определи́л
g.pt.a.	определи́в
p.pt.a.	определи́вший
p.pt.p.	определённый; определён, -ена́

определи́ться *v* **1.** klare [deutliche] Gestalt *oder* Form annehmen, deutlich zutage treten **2.** endgültige Gestalt annehmen; sich endgültig formen **3.** *alt u. volksspr beruflich* unterkommen, eine Stelle finden **4.** *mil*, *naut* seinen Standort bestimmen ‖ *uv* определя́ться

определя́ть(ся) *uv zu* определи́ть(ся)

опресни́ть *v* что entsalzen *Wasser* ‖ *uv* опресня́ть 2a

ft.	опресню́, -ни́шь, -ня́т
imp.	опресни́, ~те
pt.	опресни́л
g.pt.a.	опресни́в
p.pt.a.	опресни́вший
p.pt.p.	опреснённый; опреснён, -ена́

опресни́ться, *1. u. 2. Pers ungebr*, *v* entsalzt werden *Wasser* ‖ *uv* опресня́ться

опресня́ть(ся) *uv zu* опресни́ть(ся)

опро́бовать 4 *v* что **1.** *a. uv* erproben **2.** *gbt* eine Probe entnehmen (von)

опроверга́ть *uv zu* опрове́ргнуть

опрове́ргнуть *v* кого́-что widerlegen, dementieren ‖ *uv* опроверга́ть 2a

ft.	опрове́ргну, -нешь, -нут
imp.	опрове́ргни, ~те
pt.	опрове́рг *u. alt* опрове́ргнул, опрове́ргла
g.pt.a.	опрове́ргнув
p.pt.a.	опрове́ргший *u. alt* опрове́ргнувший
p.pt.p.	опрове́ргнутый

опроки́дывать(ся) *uv zu* опроки́нуть(ся)

опроки́нуть 6 *v* кого́-что **1.** umkippen, umwerfen, umstoßen **2.** *umg* ausleeren, auskippen **3.** in die Flucht schlagen **4.** *übtr* umstoßen, hinfällig machen ‖ *uv* опроки́дывать 1a

imp.	опроки́нь, ~те
p.pt.p.	опроки́нутый

опроки́нуться *v* **1.** umstürzen, umfallen; kentern **2.** auf den Rücken fallen; sich überschlagen *Auto* **3.** на кого́-что sich stürzen (auf), herfallen (über) ‖ *uv* опроки́дываться

опроси́ть *v* кого́-что **1.** befragen, eine Umfrage veranstalten **2.** abfragen *Schulaufgaben* **3.** *alt* verhören ‖ *uv* опра́шивать 1a

ft.	опрошу́, -о́сишь, -о́сят
imp.	опроси́, ~те
pt.	опроси́л
g.pt.a.	опроси́в
p.pt.a.	опроси́вший
p.pt.p.	опро́шенный

опроста́ть 2 *v* что *volksspr* ausleeren, leeren ‖ *uv* опра́стывать 1a

опроста́ться, *1. u. 2. Pers ungebr*, *v volkssrp* leer werden, sich leeren ‖ *uv* опра́стываться

опрости́ть *v* что vereinfachen ‖ *uv* опроща́ть 2a
ft. опрощу́, -ости́шь, -остя́т
imp. опрости́, ~те
pt. опрости́л
g.pt.a. опрости́в
p.pt.a. опрости́вший
p.pt.p. опрощённый; опрощён, -ена́

опрости́ться *v* einfacher [anspruchsloser] werden ‖ *uv* опроща́ться

опростоволо́ситься *v umg* sich eine Blöße geben, eine Dummheit begehen
ft. опростоволо́шусь, -о́сишься, -о́сятся
imp. опростоволо́сься, -сьтесь
pt. опростоволо́сился, -лась
g.pt.a. опростоволо́сившись
p.pt.a. опростоволо́сившийся

опротестова́ть 5 *v* что **1.** *jur* Einspruch erheben, Berufung einlegen (gegen) **2.** *wirtsch*: опротестова́ть ве́ксель einen Wechsel zu Protest gehen lassen ‖ *uv* опротесто́вывать 1a

опротесто́вывать *uv zu* опротестова́ть

опроти́веть 3, *Betonung bleibt wie im Infinitiv*, *v* кому́ zuwider werden

опроща́ть(ся) *uv zu* опрости́ть(ся)

опры́скать 1 *v* кого́-что bespritzen, besprengen ‖ *uv* опры́скивать 1a | *v mom* опры́снуть 6, *p.pt.p.* опры́снутый

опры́скаться *v* sich besprengen ‖ *uv* опры́скиваться

опры́скивать(ся) *uv zu* опры́скать(ся)

опры́снуть *v mom zu* опры́скивать

опрыща́веть 3, *Betonung bleibt wie im Infinitiv*, *v umg* voller Pickel werden, sich mit Pickeln bedecken

опти́ровать 4 *u.* 4a *v*, *uv* кого́-что optieren

опти́роваться *v*, *uv jur* optieren, sich für eine bestimmte Staatsangehörigkeit entscheiden

опубликова́ть 5 *v* что veröffentlichen, publizieren ‖ *uv* опублико́вывать 1a

опублико́вывать *uv zu* опубликова́ть

опуска́ть(ся) *uv zu* опусти́ть(ся)

опусте́ть 3, *1. u. 2. Pers ungebr*, *v* **1.** leer werden, sich leeren **2.** veröden, sich entvölkern

опусти́ть *v* кого́-что **1.** senken, herunterlassen **2.** neigen, senken **3.** absetzen, auf den Boden stellen **4.** что во что einwerfen, hineinstecken **5.** auslassen, weglassen ‖ *uv* опуска́ть 2a
ft. опущу́, опу́стишь, опу́стят
imp. опусти́, ~те
pt. опусти́л
g.pt.a. опусти́в
p.pt.a. опусти́вший
p.pt.p. опу́щенный

опусти́ться *v* **1.** sinken; herunterhängen **2.** sich niederlassen; sich niederlegen **3.** hinuntersteigen **4.** *übtr* sich senken, sich herabsenken; тума́н опусти́лся на го́род Nebel senkte sich auf die Stadt herab **5.** *übtr* herunterkommen, nachlässig [schlampig] in seinem Äußeren werden ‖ *uv* опуска́ться

опустоша́ть *uv zu* опустоши́ть

опустоши́ть *v* кого́-что **1.** verwüsten, verheeren **2.** *umg* ausleeren, umkippen, umkehren **3.** *seelisch* zugrunde richten ‖ *uv* опустоша́ть 2a
ft. опустошу́, -ши́шь, -ша́т
imp. опустоши́, ~те
pt. опустоши́л
g.pt.a. опустоши́в
p.pt.a. опустоши́вший
p.pt.p. опустошённый; опустошён, -ена́

опу́тать 1 *v* кого́-что **1.** umwickeln, umwinden **2.** *übtr* umgarnen, umgeben **3.** *übtr umg* betrügen, irreleiten ‖ *uv* опу́тывать 1a

опу́тывать *uv zu* опу́тать

опуха́ть *uv zu* опу́хнуть

опу́хнуть *v* (an)schwellen ‖ *uv* опуха́ть 2a
ft. опу́хну, -нешь, -нут
imp. опу́хни, ~те
pt. опу́х, ~ла
g.pt.a. опу́хнув *u.* опу́хши
p.pt.a. опу́хший *u.* опу́хнувший

опуша́ть *uv zu* опуши́ть

опуши́ть *v* что **1.** *1. u. 2. Pers ungebr* bedecken *mit Schnee, Reif u. ä.* **2.** mit Pelz verbrämen ‖ *uv* опуша́ть 2a
ft. опушу́, -ши́шь, -ша́т
imp. опуши́, ~те
pt. опуши́л
g.pt.a. опуши́в
p.pt.a. опуши́вший
p.pt.p. опушённый; опушён, -ена́

опы́ливать *uv zu* опыли́ть

опыли́ть *v* что **1.** *bot* bestäuben **2.** *landw mit Pflanzenschutzmittel* bestäuben ‖ *uv* опыля́ть 2a *zu* 1 *u.* опы́ливать 1a *zu* 2
ft. опылю́, -ли́шь, -ля́т
imp. опыли́, ~те

pt.	опыли́л
g.pt.a.	опыли́в
p.pt.a.	опыли́вший
p.pt.p.	опылённый; опылён, -ена́

опыли́ться, *1. u. 2. Pers ungebr*, *v bot* bestäubt werden ‖ *uv* опыля́ться

опыля́ть(ся) *uv zu* опыли́ть(ся)

опьяне́ть 3 *v* **1.** betrunken werden **2.** *übtr* in Ekstase geraten, berauscht werden

опьяни́ть *v* кого́-что **1.** betrunken machen **2.** *übtr* berauschen, in Ekstase versetzen ‖ *uv* опьяня́ть 2a

ft.	опьяню́, -ни́шь, -ня́т
imp.	опьяни́, ~те
pt.	опьяни́л
g.pt.a.	опьяни́в
p.pt.a.	опьяни́вший
p.pt.p.	опьянённый; опьянён, -ена́

опьяня́ть *uv zu* опьяни́ть

ора́торствовать 4a *uv umg iron* große Reden halten, sich als Redner aufführen

ора́ть *uv umg* **1.** brüllen, schreien **2.** на кого́-что anschreien

pr.	ору́, орёшь, ору́т
imp.	ори́, ~те
pt.	ора́л
p.pr.a.	ору́щий
p.pt.a.	ора́вший

организова́ть 5 *u.* 5a *v*, *uv* (*pt. nur v*) **1.** что organisieren, schaffen, gründen **2.** что organisieren, vorbereiten **3.** кого́-что organisieren, vereinen, zusammenschließen **4.** что planmäßig einteilen

организова́ться *v*, *uv* (*pt. nur v*) **1.** entstehen; anlaufen **2.** sich organisieren, sich zusammenschließen

организо́вывать 1a *uv* **1.** что organisieren, schaffen, gründen **2.** что organisieren, vorbereiten **3.** кого́-что organisieren, vereinen, zusammenschließen **4.** что planmäßig einteilen

организо́вываться *uv* **1.** entstehen; anlaufen **2.** sich organisieren, sich zusammenschließen

оригина́льничать 1a *uv umg* den Originellen spielen, originell sein wollen. — (c-)

ориенти́ровать 4 *u.* 4a *v*, *uv* кого́-что **1.** über den Standort orientieren, den Standort anzeigen **2.** в чём *übtr* orientieren; helfen, sich zurechtzufinden **3.** на что orientieren, hinlenken (auf)

ориенти́роваться *v*, *uv* **1.** sich orientieren, seinen Standort bestimmen; sich zurechtfinden **2.** *übtr* sich zurechtfinden **3.** на кого́-что sich orientieren, sich einstellen (auf)

оркестрова́ть 5 *u.* 5a *v*, *uv* что **1.** orchestrieren **2.** für Orchester bearbeiten

орнаменти́ровать 4 *u.* 4a *v*, *uv* что ornamentieren, mit Ornamenten schmücken

орнаментова́ть 5 *u.* 5a *v*, *uv* что ornamentieren, mit Ornamenten schmücken

оробе́ть 3 *v* ängstlich [schüchtern] werden; erschrecken

ороговева́ть *uv zu* ороговеть

ороговеть 3, *1. u. 2. Pers ungebr*, *v* verhornen *Haut* ‖ *uv* ороговева́ть 2a

ороси́ть *v* что **1.** benetzen, feucht machen **2.** bewässern, berieseln ‖ *uv* ороша́ть 2a

ft.	орошу́, ороси́шь, орося́т
imp.	ороси́, ~те
pt.	ороси́л
g.pt.a.	ороси́в
p.pt.a.	ороси́вший
p.pt.p.	орошённый; орошён, -ена́

ороси́ться, *1. u. 2. Pers ungebr*, *v* benetzt [angefeuchtet] werden ‖ *uv* ороша́ться

ороша́ть(ся) *uv zu* ороси́ть(ся)

ору́довать 4a *uv umg* **1.** чем hantieren (mit), handhaben, gebrauchen **2.** чем leiten, wirtschaften **3.** tätig sein, operieren *meist mißbilligend*

[1]**осади́ть** *v* кого́-что **1.** belagern **2.** чем *umg* überhäufen (mit) ‖ *uv* осажда́ть 2a

ft.	осажу́, оса́ди́шь, оса́дя́т
imp.	осади́, ~те
pt.	осади́л
g.pt.a.	осади́в
p.pt.a.	осади́вший
p.pt.p.	осаждённый; осаждён, -ена́

[2]**осади́ть** *v* кого́-что **1.** (plötzlich) zum Stehen bringen, anhalten *Pferde* **2.** *ohne Objekt* (plötzlich) halt machen und zurückweichen *Tiere* **3.** zurückdrängen **4.** *übtr* zügeln, zurechtweisen, einen Dämpfer aufsetzen ‖ *uv* оса́живать 1a

p.pt.p.	оса́женный

Übrige Formen wie [1]осади́ть

осажда́ть *uv zu* [1]осади́ть

осажда́ться 2a, *1. u. 2. Pers ungebr*, *uv* **1.** einen Bodensatz bilden, sich (ab)setzen **2.** fallen *von Niederschlägen*

оса́живать *uv zu* [2]осади́ть

осатане́ть 3 *v* **1.** *umg* fuchsteufelswild werden **2.** *volksspr* zuwider werden, zum Halse heraushängen

осва́ивать(ся) *uv zu* осво́ить(ся)

осве́домить *v* кого́-что о чём benachrichtigen, informieren, unterrichten (von) ‖ *uv* осведомля́ть 2a
ft. осве́домлю, -мишь, -мят
imp. осве́доми, ~те
pt. осве́домил
g.pt.a. осве́домив
p.pt.a. осве́домивший
p.pt.p. осведомлённый; осведомлён, -ена́

осве́домиться *v* о ком-чём sich erkundigen (nach), sich informieren (über) ‖ *uv* осведомля́ться

осведомля́ть(ся) *uv zu* осве́домить(ся)

освежа́ть(ся) *uv zu* освежи́ть(ся)

освежева́ть *v* кого́-что die Haut [das Fell] abziehen; ausweiden
ft. освежу́ю, -у́ешь, -у́ют
imp. освежу́й, ~те
pt. освежева́л
g.pt.a. освежева́в
p.pt.a. освежева́вший
p.pt.p. освежёванный

освежи́ть *v* **1.** что erfrischen, kühlen **2.** кого́-что erleichtern, Erleichterung bringen **3.** что auffrischen, erneuern **4.** что auffrischen *Erinnerungen* ‖ *uv* освежа́ть 2a
ft. освежу́, -жи́шь, -жа́т
imp. освежи́, ~те
pt. освежи́л
g.pt.a. освежи́в
p.pt.a. освежи́вший
p.pt.p. освежённый; освежён, -ена́

освежи́ться *v* **1.** frisch werden, erfrischt werden **2.** sich erfrischen, sich Erfrischung verschaffen **3.** sich erholen, sich ausruhen **4.** lebendig werden, wieder aufleben *in der Erinnerung* ‖ *uv* освежа́ться

освети́ть *v* кого́-что **1.** beleuchten **2.** *übtr* beleben, erhellen, erstrahlen lassen **3.** *übtr* näher betrachten, beleuchten; erklären ‖ *uv* освеща́ть 2a
ft. освещу́, -ети́шь, -етя́т
imp. освети́, ~те
pt. освети́л
g.pt.a. освети́в
p.pt.a. освети́вший
p.pt.p. освещённый; освещён, -ена́

освети́ться, *1. u. 2. Pers ungebr*, *v* **1.** hell werden **2.** *übtr* sich erhellen, erstrahlen; её лицо́ освети́лось улы́бкой ihr Gesicht erstrahlte in einem Lächeln ‖ *uv* освеща́ться

освеща́ть(ся) *uv zu* освети́ть(ся)

освиде́тельствовать 4 *v* кого́-что **1.** *med* untersuchen; *mil* mustern **2.** prüfen, begutachten

освирепе́ть 3 *v umg* in Wut geraten

освиста́ть *v* кого́-что auspfeifen ‖ *uv* осви́стывать 1a
ft. освищу́, -и́щешь, -и́щут
imp. освищи́, ~те
pt. освиста́л
g.pt.a. освиста́в
p.pt.a. освиста́вший
p.pt.p. осви́станный

осви́стывать *uv zu* освиста́ть

освободи́ть *v* **1.** кого́-что befreien **2.** кого́-что от чего́ befreien (von); erlassen **3.** кого́-что от чего́ absetzen, entlassen; освободи́ть от до́лжности дире́ктора als Direktor absetzen **4.** что frei [leer] machen, (aus)räumen ‖ *uv* освобожда́ть 2a
ft. освобожу́, -оди́шь, -одя́т
imp. освободи́, ~те
pt. освободи́л
g.pt.a. освободи́в
p.pt.a. освободи́вший
p.pt.p. освобождённый; освобождён, -ена́

освободи́ться *v* **1.** frei werden, sich befreien **2.** *übtr* sich frei machen, sich lossagen **3.** leer werden, frei werden **4.** sich frei machen (können) ‖ *uv* освобожда́ться

освобожда́ть(ся) *uv zu* освободи́ть(ся)

осво́ить *v* что **1.** sich aneignen, sich zu eigen machen, erlernen, meistern **2.** aufnehmen *Produktion* **3.** urbar machen **4.** erschließen ‖ *uv* осва́ивать 1a
ft. осво́ю, -о́ишь, -о́ят
imp. осво́й, ~те
pt. осво́ил
g.pt.a. осво́ив
p.pt.a. осво́ивший
p.pt.p. осво́енный

осво́иться *v* sich eingewöhnen, heimisch werden, vertraut werden ‖ *uv* осва́иваться

освяти́ть *v* **1.** *rel* что weihen **2.** *meist p.pt.p. übtr buchspr* чем heiligen ‖ *uv* освяща́ть 2a
ft. освящу́, -яти́шь, -ятя́т
imp. освяти́, ~те
pt. освяти́л
g.pt.a. освяти́в
p.pt.a. освяти́вший
p.pt.p. освящённый; освящён, -ена́

освяща́ть *uv zu* освяти́ть

оседа́ть *uv zu* осе́сть

оседла́ть 2 *v* **1.** кого́-что satteln **2.** что *umg* sich rittlings setzen (auf) **3.** кого́-что *umg* bevormunden, gängeln **4.** что *mil* besetzen ‖ *uv* осёдлывать 1a
p.pt.p. осёдланный

осёдлывать *uv zu* оседла́ть

осека́ться *uv zu* осе́чься

осемени́ть *v* кого́-что künstlich besamen ‖ *uv* осеменя́ть 2a
ft. осеменю́, -ни́шь, -ня́т
imp. осемени́, ~те
pt. осемени́л
g.pt.a. осемени́в
p.pt.a. осемени́вший
p.pt.p. осеменённый; осеменён, -ена́

осеменя́ть *uv zu* осемени́ть

осени́ть *v* кого́-что **1.** mit Schatten bedecken **2.** *übtr buchspr alt* befallen, umfangen **3.** (plötzlich) einfallen, kommen *Gedanke*, *Ahnung* **4.** *rel*: осени́ть кресто́м bekreuzigen ‖ *uv* осеня́ть 2a
ft. осеню́, -ни́шь, -ня́т
imp. осени́, ~те
pt. осени́л
g.pt.a. осени́в
p.pt.a. осени́вший
p.pt.p. осенённый; осенён, -ена́

осеня́ть *uv zu* осени́ть

осерди́ть *v* кого́-что *alt u. volksspr* erzürnen, ärgern
ft. осержу́, осе́рдишь, осе́рдят
imp. осерди́, ~те
pt. осерди́л
g.pt.a. осерди́в
p.pt.a. осерди́вший
p.pt.p. осе́рженный

осерди́ться *v* на кого́-что *alt u. volksspr* sich ärgern (über), böse sein (auf)

осеребри́ть *v* кого́-что **1.** in silbernes Licht tauchen **2.** *umg alt* mit Geld beschenken ‖ *uv* осеребря́ть 2a
ft. осеребрю́, -ри́шь, -ря́т
imp. осеребри́, ~те
pt. осеребри́л
g.pt.a. осеребри́в
p.pt.a. осеребри́вший
p.pt.p. осеребрённый; осеребрён, -ена́

осеребря́ть *uv zu* осеребри́ть

осерча́ть 2 *v volksspr* böse werden, sich ärgern

осе́сть *v* **1.** sich senken **2.** во что einsinken **3.** на что sich herabsenken, herabsinken (auf) **4.** sich niederschlagen *als Bodensatz*; sich ablagern, sich absetzen **5.** sich niederlassen, ansässig [seßhaft] werden ‖ *uv* оседа́ть 2a
ft. ося́ду, -дешь, -дут
imp. ося́дь, ~те
pt. осе́л
g.pt.a. осе́в(ши)
p.pt.a. осе́вший

осе́чься *v* **1.** *alt* versagen *vom Gewehr* **2.** *übtr volksspr* einen Mißerfolg erleiden, einen Reinfall erleben **3.** *übtr umg* stocken, steckenbleiben *beim Sprechen* **4.** *übtr umg* versagen *Sprache*, *Stimme* ‖ *uv* осека́ться 2a
ft. осеку́сь, осечёшься, осеку́тся
imp. осеки́сь, -и́тесь
pt. осе́кся, осе́клась
g.pt.a. осе́кшись
p.pt.a. осе́кшийся

оси́ливать *uv zu* оси́лить

оси́лить *v* кого́-что *umg* **1.** überwältigen, überwinden, niederringen **2.** *übtr* überwinden, bezwingen *Gefühl*, *Erregung* **3.** bewältigen, schaffen ‖ *uv* оси́ливать 1a
ft. оси́лю, -лишь, -лят
imp. оси́ль, ~те
pt. оси́лил
g.pt.a. оси́лив
p.pt.a. оси́ливший
p.pt.p. оси́ленный

оси́пнуть *v* heiser werden
ft. оси́пну, -нешь, -нут
imp. оси́пни, ~те
pt. оси́п, ~ла
g.pt.a. оси́пнув *u.* оси́пши
p.pt.a. оси́пший

осироте́ть 3 *v* verwaisen

осироти́ть *v* кого́-что zur Waise machen, zu Waisen machen
ft. осирочу́, -оти́шь, -отя́т
imp. осироти́, ~те
pt. осироти́л
g.pt.a. осироти́в
p.pt.a. осироти́вший

оска́ливать(ся) *uv zu* оска́лить(ся)

оска́лить *v*: оска́лить зу́бы a) die Zähne fletschen b) *volksspr* grinsen, feixen ‖ *uv* оска́ливать 1a
ft. оска́лю, -лишь, -лят
imp. оска́ль, ~те

pt. оска́лил
g.pt.a. оска́лив
p.pt.a. оска́ливший
p.pt.p. оска́ленный

оска́литься *v* **1.** die Zähne fletschen **2.** *volksspr* grinsen, feixen ‖ *uv* оска́ливаться

оскальпи́ровать 4 *v* кого́-что skalpieren

осканда́лить *v* кого́-что *umg* blamieren, bloßstellen
ft. осканда́лю, -лишь, -лят
imp. осканда́ль, ~те
pt. осканда́лил
g.pt.a. осканда́лив
p.pt.a. осканда́ливший
p.pt.p. осканда́ленный

осканда́литься *v umg* sich blamieren

оскверни́ть *v* кого́-что **1.** *rel* entweihen **2.** entehren, besudeln, entweihen ‖ *uv* оскверня́ть 2a
ft. оскверню́, -ни́шь, -ня́т
imp. оскверни́, ~те
pt. оскверни́л
g.pt.a. оскверни́в
p.pt.a. оскверни́вший
p.pt.p. осквернённый; осквернён, -ена́

оскверни́ться *v übtr* sich besudeln ‖ *uv* оскверня́ться

оскверня́ть(ся) *uv zu* оскверни́ть(ся)

оскла́бить *v* что *umg*: оскла́бить лицо́ grinsen ‖ *uv* осклабля́ть 2a
ft. оскла́блю, -бишь, -бят
imp. оскла́бь, ~те
pt. оскла́бил
g.pt.a. оскла́бив
p.pt.a. оскла́бивший
p.pt.p. оскла́бленный

оскла́биться *v umg* grinsen ‖ *uv* осклабля́ться

осклабля́ть(ся) *uv zu* оскла́бить(ся)

оскопи́ть *v* кого́-что kastrieren ‖ *uv* оскопля́ть 2a
ft. оскоплю́, -пи́шь, -пя́т
imp. оскопи́, ~те
pt. оскопи́л
g.pt.a. оскопи́в
p.pt.a. оскопи́вший
p.pt.p. оскоплённый; оскоплён, -ена́

оскопля́ть *uv zu* оскопи́ть

оскорби́ть *v* кого́-что **1.** beleidigen, kränken **2.** entweihen ‖ *uv* оскорбля́ть 2a
ft. оскорблю́, -би́шь, -бя́т
imp. оскорби́, ~те
pt. оскорби́л
g.pt.a. оскорби́в
p.pt.a. оскорби́вший
p.pt.p. оскорблённый; оскорблён, -ена́

оскорби́ться *v* sich beleidigt [gekränkt] fühlen, beleidigt [gekränkt] sein ‖ *uv* оскорбля́ться

оскорбля́ть(ся) *uv zu* оскорби́ть(ся)

оскороми́ться *v kirch* während der Fastenzeit verbotene Speisen essen
ft. оскоромлю́сь, -ми́шься, -мя́тся
imp. оскоро́мься, -мьтесь
pt. оскороми́лся, -лась
g.pt.a. оскороми́вшись
p.pt.a. оскороми́вшийся

оскудева́ть *uv zu* оскуде́ть

оскуде́ть 3 *v* verarmen, verkümmern; herunterkommen, in Verfall geraten ‖ *uv* оскудева́ть 2a

ослабева́ть *uv zu* ослабе́ть

ослабе́ть 3 *v* **1.** schwach [matt] werden **2.** nachlassen, an Kraft verlieren **3.** an Heftigkeit verlieren, nachlassen **4.** milder werden, gelockert werden **5.** locker werden ‖ *uv* ослабева́ть 2a

осла́бить *v* кого́-что **1.** schwächen **2.** verringern, mindern; vernachlässigen **3.** lokkern, mildern, eine Lockerung eintreten lassen ‖ *uv* ослабля́ть 2a
ft. осла́блю, -бишь, -бят
imp. осла́бь, ~те
pt. осла́бил
g.pt.a. осла́бив
p.pt.a. осла́бивший
p.pt.p. осла́бленный

ослабля́ть *uv zu* осла́бить

осла́бнуть *v umg* **1.** schwach [matt] werden **2.** nachlassen *Kraft, Aufmerksamkeit*
ft. осла́бну, -нешь, -нут
imp. осла́бни, ~те
pt. осла́б, ~ла
g.pt.a. осла́бнув *u.* осла́бши
p.pt.a. осла́бший *u.* осла́бнувший

осла́вить *v* кого́-что *umg* **1.** in schlechten Ruf bringen, verleumden **2.** кого́ кем in der Öffentlichkeit [im Bekanntenkreis] hinstellen (als); осла́вить сумасше́дшим als verrückt hinstellen
ft. осла́влю, -вишь, -вят
imp. осла́вь, ~те
pt. осла́вил
g.pt.a. осла́вив
p.pt.a. осла́вивший
p.pt.p. осла́вленный

осла́виться *v umg* einen schlechten Ruf bekommen

ослепи́ть *v* кого́-что **1.** blenden, das Augenlicht rauben **2.** *übtr* frappieren, in Erstaunen setzen, stark beeindrucken **3.** *übtr* verblenden ‖ *uv* ослепля́ть 2a

ft.	ослеплю́, -пи́шь, -пя́т
imp.	ослепи́, ~те
pt.	ослепи́л
g.pt.a.	ослепи́в
p.pt.a.	ослепи́вший
p.pt.p.	ослеплённый; ослеплён, -ена́

ослепля́ть *uv zu* ослепи́ть

осле́пнуть *v* **1.** erblinden, blind werden **2.** *übtr* verblendet [blind] werden

ft.	осле́пну, -нешь, -нут
imp.	осле́пни, ~те
pt.	осле́п, ~ла
g.pt.a.	осле́пнув *u.* осле́пши
p.pt.a.	осле́пший

ослизнуть, *1. u. 2. Pers ungebr, v* schleimig [schlüpfrig] werden

ft.	осли́знет, -нут
pt.	осли́з, ~ла
g.pt.a.	осли́знув *u.* осли́зши
p.pt.a.	осли́зший

осложни́ть *v* что komplizieren, erschweren ‖ *uv* осложня́ть 2a

ft.	осложню́, -ни́шь, -ня́т
imp.	осложни́, ~те
pt.	осложни́л
g.pt.a.	осложни́в
p.pt.a.	осложни́вший
p.pt.p.	осложнённый; осложнён, -ена́

осложни́ться, *1. u. 2. Pers ungebr, v* **1.** sich komplizieren, komplizierter werden **2.** eine Komplikation erfahren ‖ *uv* осложня́ться

осложня́ть(ся) *uv zu* осложни́ть(ся)

ослу́шаться 1 *v* кого́-чего́ *umg* sich nicht unterordnen, sich nicht fügen, nicht gehorchen ‖ *uv* ослу́шиваться 1a

ослу́шиваться *uv zu* ослу́шаться

ослы́шаться *v* sich verhören

ft.	ослы́шусь, -шишься, -шатся
imp.	ослы́шься, -шьтесь
pt.	ослы́шался, -лась
g.pt.a.	ослы́шавшись
p.pt.a	ослы́шавшийся

осма́ливать *uv zu* осмоли́ть

осма́тривать(ся) *uv zu* осмотре́ть(ся)

осме́ивать *uv zu* осмея́ть

осмеле́ть 3 *v* Mut fassen, Mut bekommen, mutiger [dreister] werden

осме́ливаться *uv zu* осме́литься

осме́литься *v* (sich) wagen, sich erkühnen, sich erdreisten, sich die Freiheit nehmen; sich unterstehen ‖ *uv* осме́ливаться 1a

ft.	осме́люсь, -лишься, -лятся
imp.	осме́лься, -льтесь
pt.	осме́лился, -лась
g.pt.a.	осме́лившись
p.pt.a.	осме́лившийся

осмея́ть *v* кого́-что auslachen, verspotten ‖ *uv* осме́ивать 1a

ft.	осмею́, -еёшь, -ею́т
imp.	осме́й, ~те
pt.	осмея́л
g.pt.a.	осмея́в
p.pt.a.	осмея́вший
p.pt.p.	осме́янный

осмоли́ть *v* что teeren ‖ *uv* осма́ливать 1a

ft.	осмолю́, -ли́шь, -ля́т
imp.	осмоли́, ~те
pt.	осмоли́л
g.pt.a.	осмоли́в
p.pt.a.	осмоли́вший
p.pt.p.	осмолённый; осмолён, -ена́

осмотре́ть *v* кого́-что **1.** besichtigen, genau betrachten **2.** *med* untersuchen ‖ *uv* осма́тривать 1a

ft.	осмотрю́, -о́тришь, -о́трят
imp.	осмотри́, ~те
pt.	осмотре́л
g.pt.a.	осмотре́в
p.pt.a.	осмотре́вший
p.pt.p.	осмо́тренный

осмотре́ться *v* **1.** sich umblicken **2.** *übtr* sich umschauen, sich umsehen, Umschau halten ‖ *uv* осма́триваться

осмы́сливать *uv zu* осмы́слить

осмы́слить *v* что begreifen, erfassen, verstehen, durchdenken ‖ *uv* осмы́сливать 1a *u.* осмысля́ть 2a

ft.	осмы́слю, -лишь, -лят
imp.	осмы́сли, ~те
pt.	осмы́слил
g.pt.a.	осмы́слив
p.pt.a.	осмы́сливший
p.pt.p.	осмы́сленный

осмысля́ть *uv zu* осмы́слить

оснасти́ть *v* что **1.** *naut* betakeln **2.** *tech* ausrüsten ‖ *uv* оснаща́ть 2a *u.* осна́щивать 1a

ft.	оснащу́, -асти́шь, -астя́т
imp.	оснасти́, ~те
pt.	оснасти́л

g.pt.a. оснастúв
p.pt.a. оснастúвший
p.pt.p. оснащённый; оснащён, -енá

оснащáть *uv zu* оснастúть

оснáщивать *uv zu* оснастúть

основáть 5 *v* **1.** что gründen, begründen, stiften **2.** на чём begründen, fundieren (auf) || *uv* оснóвывать 1a
ft. осную́, -уёшь, -ую́т

основáться *v* sich niederlassen, sich ansiedeln, Fuß fassen || *uv* оснóвываться

оснóвывать(ся) *uv zu* основáть(ся)

осовéть 3 *v umg* **1.** dösig werden, vor sich hinzudösen beginnen **2.** stumpf [ausdruckslos] werden *Augen*

осовремéнивать *uv zu* осовремéнить

осовремéнить *v* что *umg* modernisieren || *uv* осовремéнивать 1a
ft. осовремéню, -нишь, -нят
imp. осовремéнь, ~те
pt. осовремéнил
g.pt.a. осовремéнив
p.pt.a. осовремéнивший
p.pt.p. осовремéненный

осознавáть *uv zu* осознáть
pr. осознаю́, -аёшь, -аю́т
imp. осознавáй, ~те
pt. осознавáл
g.pr.a. осознавáя
p.pr.a. осознаю́щий
p.pt.a. осознавáвший

осознáть 2 *v* что begreifen, klar erkennen, einsehen || *uv* осознавáть, Formen das.

осоловéть 3 *v umg* **1.** dösig werden, vor sich hinzudösen beginnen **2.** ausdruckslos werden *Augen*

оспáривать *uv zu* оспóрить

оспóрить *v* что bestreiten, anfechten || *uv* оспáривать 1a
ft. оспóрю, -ришь, -рят
imp. оспóрь, ~те
pt. оспóрил
g.pt.a. оспóрив
p.pt.a. оспóривший
p.pt.p. оспóренный

осрамúть *v* когó-что blamieren, bloßstellen
ft. осрамлю́, -мúшь, -мя́т
imp. осрамú, ~те
pt. осрамúл
g.pt.a. осрамúв
p.pt.a. осрамúвший
p.pt.p. осрамлённый; осрамлён, -енá

осрамúться *v* sich bloßstellen, sich blamieren

оставáться *uv zu* остáться
pr. остаю́сь, -аёшься, -аю́тся
imp. оставáйся, -áйтесь
pt. оставáлся, -лась
g.pr.a. оставáясь
p.pr.a. остаю́щийся
p.pt.a. оставáвшийся

остáвить *v* когó-что **1.** lassen, zurücklassen; liegen [stehen, hängen, stecken] lassen; hinterlassen **2.** aufheben, zurücklassen, übriglassen **3.** verlassen, im Stich lassen **4.** zurückbehalten, dabehalten **5.** без чегó ohne etw. lassen, etw. nicht gewähren **6.** sein lassen; aufgeben || *uv* оставля́ть 2a
ft. остáвлю, -вишь, -вят
imp. остáвь, ~те
pt. остáвил
g.pt.a. остáвив
p.pt.a. остáвивший
p.pt.p. остáвленный

оставля́ть *uv zu* остáвить

останáвливать(ся) *uv zu* остановúть(ся)

остановúть *v* когó-что **1.** anhalten, zum Stehen bringen, stoppen **2.** zurückhalten, unterbrechen, Einhalt gebieten **3.** на ком-чём ruhen lassen, richten (auf) *Blick*, konzentrieren (auf) *Aufmerksamkeit* || *uv* останáвливать 1a
ft. остановлю́, -óвишь, -óвят
imp. остановú, ~те
pt. остановúл
g.pt.a. остановúв
p.pt.a. остановúвший
p.pt.p. остано́вленный

остановúться *v* **1.** haltmachen, stehenbleiben, stoppen **2.** aufhören, innehalten **3.** на чём eingehen (auf), stehenbleiben, verweilen (bei) **4.** на ком-чём bleiben (bei), kommen (zu) *einem Entscheid, einer Wahl*; он остановúлся на том, что … er kam zu dem Entschluß, daß … **5.** Quartier nehmen, absteigen || *uv* останáвливаться

остáться *v* **1.** bleiben, stehen [liegen, hängen, stecken] bleiben **2.** bestehen [erhalten] bleiben, sich erhalten **3.** zurückbleiben (als), dastehen (als); остáться без дéнег ohne Geld dastehen **4.** *umg*: остáться на вторóй год sitzenbleiben *in der Schule* **5.** за кем-чем zustehen, gut haben || *uv* оставáться, Formen das.

ft.	остáнусь, -нешься, -нутся
imp.	остáнься, -ньтесь
pt.	остáлся, -лась
g.pt.a.	остáвшись
p.pt.a.	остáвшийся

остекленéть 3, *1. u. 2. Pers ungebr*, *v* starr [glasig] werden *Augen*

остеклúть *v* что verglasen ‖ *uv* остеклять 2a

ft.	остеклю́, -лúшь, -ля́т
imp.	остеклú, ~те
pt.	остеклúл
g.pt.a.	остеклúв
p.pt.a.	остеклúвший
p.pt.p.	остеклённый; остеклён, -енá

остекля́ть *uv zu* остеклúть

остепенúть *v* когó-что vernünftiger [besonnener, gesetzter] machen, zur Vernunft bringen ‖ *uv* остепеня́ть 2a

ft.	остепеню́, -нúшь, -ня́т
imp.	остепенú, ~те
pt.	остепенúл
g.pt.a.	остепенúв
p.pt.a.	остепенúвший
p.pt.p.	остепенённый; остепенён, -енá

остепенúться *v* vernünftig [besonnener, gesetzter] werden, zur Vernunft kommen ‖ *uv* остепеня́ться

остепеня́ть(ся) *uv zu* остепенúть(ся)

остервенéть 3 *v* wütend [rasend] werden, in Wut geraten

остервенúться *v* *umg* wütend [rasend] werden

ft.	остервеню́сь, -нúшься, -ня́тся
imp.	остервенúсь, -úтесь
pt.	остервенúлся, -лась
g.pt.a.	остервенúвшись
p.pt.a.	остервенúвшийся

остерегáть(ся) *uv zu* остерéчь(ся)

остерéчь *v* когó-что warnen ‖ *uv* остерегáть 2a

ft.	остерегу́, -ежёшь, -егу́т
imp.	остерегú, ~те
pt.	остерёг, -еглá
g.pt.a.	остерёгши
p.pt.a.	остерёгший
p.pt.p.	остережённый; остережён, -енá

остерéчься *v* когó-чегó **1.** sich hüten, sich vorsehen, auf der Hut sein (vor) **2.** meiden, sich enthalten ‖ *uv* остерегáться

остолбенéть 3 *v umg* erstarren *vor Schreck, Staunen*

осторóжничать 1a *uv umg* allzu vorsichtig sein

осточертéть 3 *v umg* комý-чемý zum Hals heraushängen, zuwider werden

остригáть(ся) *uv zu* острúчь(ся)

[1]**острúть** *uv* что spitz [scharf] machen, schleifen

pr.	острю́, -рúшь, -ря́т
imp.	острú, ~те
pt.	острúл
p.pr.a.	остря́щий
p.pt.a.	острúвший

[2]**острúть** *uv* witzeln, (geistreiche) Witze machen. — (c-)
Formen wie [1]острúть

острúчь *v* когó-что scheren, schneiden ‖ *uv* остригáть 2a

ft.	остригу́, -ижёшь, -игу́т
imp.	остригú, ~те
pt.	острúг, ~ла
g.pt.a.	острúгши
p.pt.a.	острúгший
p.pt.p.	острúженный

острúчься *v* sich die Haare schneiden (lassen) ‖ *uv* остригáться

острослóвить *uv* witzeln, geistreiche Witze machen

pr.	острослóвлю, -вишь, -вят
imp.	острослóвь, ~те
pt.	острослóвил
g.pr.a.	острослóвя
p.pr.a.	острослóвящий
p.pt.a.	острослóвивший

остудúть *v* что kalt werden lassen, abkühlen (lassen), kühlen ‖ *uv* остужáть 2a

ft.	остужу́, -у́дишь, -у́дят
imp.	остудú, ~те
pt.	остудúл
g.pt.a.	остудúв
p.pt.a.	остудúвший
p.pt.p.	осту́женный

остужáть *uv zu* остудúть

оступáться *uv zu* оступúться

оступúться *v* fehltreten, daneben treten, stolpern ‖ *uv* оступáться 2a

ft.	оступлю́сь, -у́пишься, -у́пятся
imp.	оступúсь, -úтесь
pt.	оступúлся, -лась
g.pt.a.	оступúвшись
p.pt.a.	оступúвшийся

остывáть *uv zu* осты́ть *u.* осты́нуть

осты́нуть *s.* осты́ть

осты́ть *u.* **осты́нуть** *v* **1.** kalt werden, sich abkühlen **2.** *übtr* Feuer [Schwung] einbüßen; gleichgültig werden; sich beruhigen ‖ *uv* остыва́ть 2a
ft. осты́ну, -нешь, -нут
imp. осты́нь, ~те
pt. осты́л
g.pt.a. осты́в
p.pt.a. осты́вший

осуди́ть *v* кого́-что **1.** *jur* verurteilen **2.** verurteilen, mißbilligen, tadeln **3.** на что *oder mit Infinitiv buchspr* verurteilen, verdammen (zu) ‖ *uv* осужда́ть 2a
ft. осужу́, осу́дишь, осу́дят
imp. осуди́, ~те
pt. осуди́л
g.pt.a. осуди́в
p.pt.a. осуди́вший
p.pt.p. осуждённый; осуждён, -ена́

осужда́ть *uv zu* осуди́ть

осу́нуться 6 *v umg* abmagern, hohlwangig werden
imp. осу́нься, -ньтесь

осуша́ть *uv zu* осуши́ть

осуши́ть *v* что **1.** trocknen **2.** trockenlegen, entwässern **3.** leeren *Trinkgefäß* ‖ *uv* осуша́ть 2a
ft. осушу́, осу́шишь, осу́шат
imp. осуши́, ~те
pt. осуши́л
g.pt.a. осуши́в
p.pt.a. осуши́вший
p.pt.p. осу́шенный

осуществи́ть *v* что verwirklichen, ausführen, durchführen, realisieren ‖ *uv* осуществля́ть 2a
ft. осуществлю́, -ви́шь, -вя́т
imp. осуществи́, ~те
pt. осуществи́л
g.pt.a. осуществи́в
p.pt.a. осуществи́вший
p.pt.p. осуществлённый; осуществлён, -ена́

осуществи́ться, *1. u. 2. Pers ungebr*, *v* sich verwirklichen, zustande kommen, in Erfüllung gehen, Wirklichkeit werden ‖ *uv* осуществля́ться

осуществля́ть(ся) *uv zu* осуществи́ть(ся)

осчастли́вить *v* кого́-что glücklich machen, beglücken ‖ *uv* осчастли́вливать 1a
ft. осчастли́влю, -вишь, -вят
imp. осчастли́вь, ~те
pt. осчастли́вил
g.pt.a. осчастли́вив
p.pt.a. осчастли́вивший
p.pt.p. осчастли́вленный

осчастли́вливать *uv zu* осчастли́вить

осы́пать *v* кого́-что **1.** bestreuen **2.** *meist p.pt.p.* übersäen **3.** чем *übtr* überhäufen (mit) **4.** umstoßen, zum Einsturz bringen *Aufgeschüttetes* **5.** abwerfen *Blätter* ‖ *uv* осыпа́ть 2a
ft. осы́плю, -лешь, -лют *u. umg* -пешь, -пют
imp. осы́пь, ~те
pt. осы́пал
g.pt.a. осы́пав
p.pt.a. осы́павший
p.pt.p. осы́панный

осыпа́ть *uv zu* осы́пать

осы́паться, *1. u. 2. Pers ungebr*, *v* **1.** abbröckeln, abfallen **2.** abfallen *Blätter*, ausfallen *Körner* **3.** sich entblättern, seine Blätter verlieren ‖ *uv* осыпа́ться 2a
Formen nach осы́пать

осыпа́ться *uv zu* осы́паться

осяза́ть 2a *uv* кого́-что **1.** betasten, befühlen, fühlen *durch Tasten* **2.** *übtr* spüren, verspüren

ота́пливать *uv zu* отопи́ть

отба́вить *v* что *oder* чего́ verringern, wegnehmen, abnehmen, abgießen ‖ *uv* отбавля́ть 2a
ft. отба́влю, -вишь, -вят
imp. отба́вь, ~те
pt. отба́вил
g.pt.a. отба́вив
p.pt.a. отба́вивший
p.pt.p. отба́вленный

отбавля́ть *uv zu* отба́вить

отбараба́нить *v* **1.** aufhören zu trommeln **2.** что *u. ohne Objekt umg* herunterklimpern *Musikstück* **3.** что *u. ohne Objekt umg* herunterschnurren, herunterleiern **4.** *volksspr eine Zeitlang* arbeiten
ft. отбараба́ню, -нишь, -нят
imp. отбараба́нь, ~те
pt. отбараба́нил
g.pt.a. отбараба́нив
p.pt.a. отбараба́нивший
p.pt.p. отбараба́ненный

отбе́гать 1 *v umg* **1.** aufhören zu laufen **2.** nicht mehr imstande sein zu laufen, sich müde laufen

отбега́ть *uv zu* отбежа́ть

отбежа́ть *v* fortlaufen, weglaufen ‖ *uv* отбега́ть 2a
ft. отбегу́, -ежи́шь, -егу́т
imp. отбеги́, ~те

pt. отбежа́л
g.pt.a. отбежа́в
p.pt.a. отбежа́вший

отбе́ливать(ся) *uv zu* отбели́ть(ся)

отбели́ть *v* что bleichen, weiß machen ‖ *uv* отбе́ливать 1a
ft. отбелю́, -е́ли́шь, -е́ля́т
imp. отбели́, ~те
pt. отбели́л
g.pt.a. отбели́в
p.pt.a. отбели́вший
p.pt.p. отбелённый; отбелён, -ена́

отбели́ться, *1. u. 2. Pers ungebr*, *v* gebleicht werden ‖ отбе́ливаться

отбива́ть(ся) *uv zu* отби́ть(ся)

отбира́ть *uv zu* отобра́ть

отби́ть *v* кого́-что **1.** abschlagen, abbrechen **2.** abwehren, abschlagen **3.** zurückerobern, (durch Kampf) zurückholen **4.** *umg* abspenstig machen **5.** *umg* mildern, beseitigen; отби́ть за́пах den Geruch beseitigen **6.**: отби́ть такт den Takt schlagen **7.** wund schlagen, verletzen; angreifen **8.**: отби́ть косу́ die Sense dengeln **9.** zu schlagen aufhören *Uhr* ‖ *uv* отбива́ть 2a
ft. отобью́, -бьёшь, -бью́т
imp. отбе́й, ~те
pt. отби́л
g.pt.a. отби́в
p.pt.a. отби́вший
p.pt.p. отби́тый

отби́ться *v* **1.** *1. u. 2. Pers ungebr* abbrechen, abgehen **2.** от кого́-чего́ sich erwehren können **3.** от кого́-чего́ *volksspr* sich drücken (vor), loswerden **4.** от кого́-чего́ getrennt werden, die Verbindung verlieren; sich absondern **5.** от чего́ *umg* aufgeben, untreu werden ‖ *uv* отбива́ться

отблагодари́ть *v* кого́-что **1.** *buchspr* danken, Dank sagen **2.** *materiellen* Dank abstatten, sich erkenntlich erweisen
ft. отблагодарю́, -ри́шь, -ря́т
imp. отблагодари́, ~те
pt. отблагодари́л
g.pt.a. отблагодари́в
p.pt.a. отблагодари́вший
p.pt.p. отблагодарённый; отблагодарён, -ена́

отбле́скивать 1a *uv* **1.** widerscheinen **2.** чем glänzen (wie)

отбомби́ться *v umg* den Bombenabwurf beenden, alle Bomben abwerfen
ft. отбомблю́сь, -би́шься, -бя́тся
imp. отбомби́сь, -и́тесь
pt. отбомби́лся, -лась
g.pt.a. отбомби́вшись
p.pt.a. отбомби́вшийся

отбоя́риваться *uv zu* отбоя́риться

отбоя́риться *v* от кого́-чего́ *umg* loswerden, sich vom Halse schaffen; sich drücken ‖ *uv* отбоя́риваться 1a
ft. отбоя́рюсь, -ришься, -рятся
imp. отбоя́рься, -рьтесь
pt. отбоя́рился, -лась
g.pt.a. отбоя́рившись
p.pt.a. отбоя́рившийся

[1]**отбра́сывать** *uv zu* отбро́сить

[2]**отбра́сывать** *uv zu* отброса́ть

отбрива́ть *uv zu* отбри́ть

отбри́ть *v* кого́-что **1.** das Rasieren beenden **2.** *übtr* abwimmeln ‖ *uv* отбрива́ть 2a *zu* 2
ft. отбре́ю, -е́ешь, -е́ют
imp. отбре́й, ~те
pt. отбри́л
g.pt.a. отбри́в
p.pt.a. отбри́вший
p.pt.p. отбри́тый

отброса́ть 2 *v* что *umg* (nacheinander) wegwerfen, zur Seite werfen ‖ *uv* отбра́сывать 1a

отбро́сить *v* кого́-что **1.** wegwerfen, fortschleudern, beiseite werfen **2.** fahren lassen, aufgeben, verwerfen **3.** *mil* zurückwerfen **4.** *übtr* (zurück)werfen *Strahlen, Schatten* ‖ *uv* отбра́сывать 1a
ft. отбро́шу, -о́сишь, -о́сят
imp. отбро́сь, ~те
pt. отбро́сил
g.pt.a. отбро́сив
p.pt.a. отбро́сивший
p.pt.p. отбро́шенный

отбукси́ровать 4 *v* что abschleppen *Fahrzeug* ‖ *uv* отбуксиро́вывать 1a

отбуксиро́вывать *uv zu* отбукси́ровать

отбыва́ть *uv zu* отбы́ть

отбы́ть *v* **1.** abreisen, abfahren **2.** что ableisten; verbüßen, absitzen *Strafe* ‖ *uv* отбыва́ть 2a
ft. отбу́ду, -дешь, -дут
imp. отбу́дь, ~те
pt. о́тбыл *u. umg* отбы́л, отбыла́, о́тбыло *u. umg* отбы́ло
g.pt.a. отбы́в
p.pt.a. отбы́вший
p.pt.p. о́тбытый *zu* 2

отва́дить *v* кого́-что *umg* **1.** от чего́ entwöhnen, abgewöhnen **2.** abschrecken, zurückhalten, fernhalten || *uv* отва́живать 1а
ft. отва́жу, -а́дишь, -а́дят
imp. отва́дь, ~те
pt. отва́дил
g.pt.a. отва́див
p.pt.a. отва́дивший
p.pt.p. отва́женный

отва́живать *uv zu* отва́дить

отва́живаться *uv zu* отва́житься

отва́житься *v mit Infinitiv oder* на что sich erkühnen, (sich) wagen, sich trauen, Mut fassen (zu) || *uv* отва́живаться 1а
ft. отва́жусь, -жишься, -жатся
imp. отва́жься, -жьтесь
pt. отва́жился, -лась
g.pt.a. отва́жившись
p.pt.a. отва́жившийся

отва́ливать(ся) *uv zu* отвали́ть(ся)

отвали́ть *v* что **1.** beiseitewälzen, fortwälzen **2.** *volksspr* aufladen *auf den Teller* **3.** кому́ что *volksspr* großzügig zukommen lassen, spendieren **4.** *ohne Objekt*, *naut* ablegen, abfahren || *uv* отва́ливать 1а
ft. отвалю́, -а́лишь, -а́лят
imp. отвали́, ~те
pt. отвали́л
g.pt.a. отвали́в
p.pt.a. отвали́вший
p.pt.p. отва́ленный

отвали́ться *v* **1.** abbröckeln, abfallen **2.** *volksspr* sich forttrollen **3.** *umg* sich zurücklehnen || *uv* отва́ливаться

отва́ривать(ся) *uv zu* отвари́ть(ся)

отвари́ть *v* что **1.** (ab)kochen **2.** *tech* abschweißen || *uv* отва́ривать 1а
ft. отварю́, -а́ришь, -а́рят
imp. отвари́, ~те
pt. отвари́л
g.pt.a. отвари́в
p.pt.a. отвари́вший
p.pt.p. отва́ренный

отвари́ться, *1. u. 2. Pers ungebr*, *v* **1.** gekocht [gar] werden **2.** *tech* beim Schweißen abgehen || *uv* отва́риваться

отве́дать 1 *v* что *u.* чего́ *umg* **1.** kosten, probieren **2.** *übtr* erleben, erleiden || *uv* отве́дывать 1а

отве́дывать *uv zu* отве́дать

отвезти́ *v* кого́-что abtransportieren, fortfahren, wegbringen || *uv* отвози́ть, Formen das.
ft. отвезу́, -зёшь, -зу́т
imp. отвези́, ~те
pt. отвёз, -езла́
g.pt.a. отвезя́ *u. alt* отвёзши
p.pt.a. отвёзший
p.pt.p. отвезённый; отвезён, -ена́

отверга́ть *uv zu* отве́ргнуть

отве́ргнуть *v* кого́-что **1.** ablehnen, zurückweisen, verwehren; verschmähen **2.** verbannen, ausstoßen || *uv* отверга́ть 2а
ft. отве́ргну, -нешь, -нут
imp. отве́ргни, ~те
pt. отве́рг *u. alt* отве́ргнул, отве́ргла
g.pt.a. отве́ргнув
p.pt.a. отве́ргший *u. alt* отве́ргнувший
p.pt.p. отве́ргнутый *u. alt* отве́рженный

отвердева́ть *uv zu* отверде́ть

отверде́ть 3, *1. u. 2. Pers ungebr*, *v* **1.** hart [fest] werden **2.** *übtr* hart [entschlossen] werden || *uv* отвердева́ть 2а

отверну́ть 7 *v* что **1.** abschrauben, locker schrauben; aufdrehen, öffnen **2.** umschlagen, zurückschlagen *Kragen u. ä.* **3.** wenden, abwenden, zur Seite drehen **4.** *ohne Objekt*, *umg* abbiegen; eine Biegung machen || *uv* отвёртывать 1а
p.pt.p. отвёрнутый

отверну́ться *v* **1.** sich lockern, aufgehen *Schraubverschlüsse* **2.** sich umschlagen, herunterklappen *Kragen* **3.** *übtr* от кого́-чего́ sich abwenden, sich abkehren (von) || *uv* отвёртываться

отверте́ть *v* что *volksspr* **1.** los-, lockerschrauben **2.** abdrehen, abreißen
ft. отверчу́, -е́ртишь, -е́ртят
imp. отверти́, ~те
pt. отверте́л
g.pt.a. отверте́в
p.pt.a. отверте́вший
p.pt.p. отве́рченный

отверте́ться *v volksspr* **1.** *1. u. 2. Pers ungebr* sich lösen, sich losschrauben, abgehen *Schraubverschlüsse* **2.** от чего́ sich drücken, ausweichen

отвёртывать(ся) *uv zu* отверну́ть(ся)

отве́сить *v* что **1.** abwiegen **2.** *volksspr* zumessen *Schläge* || *uv* отве́шивать 1а
ft. отве́шу, -е́сишь, -е́сят
imp. отве́сь, ~те
pt. отве́сил
g.pt.a. отве́сив
p.pt.a. отве́сивший
p.pt.p. отве́шенный

отвести́ *v* кого́-что **1.** bringen, hinbringen, wegbringen **2.** wegführen, wegbringen **3.** *übtr* ablenken **4.** beiseite schieben, beiseite führen, entfernen; *Schlag* parieren **5.** *übtr* ablehnen **6.** zur Verfügung stellen, zuweisen; отвести́ кварти́ру под де́тский сад in der Wohnung einen Kindergarten einrichten ‖ *uv* отводи́ть, Formen das.
ft. отведу́, -дёшь, -ду́т
imp. отведи́, ~те
pt. отвёл, -ела́
g.pt.a. отведя́ *u. alt* отве́дши
p.pt.a. отве́дший
p.pt.p. отведённый; отведён, -ена́

ответви́ть *v* что eine Abzweigung machen ‖ *uv* ответвля́ть 2a
ft. ответвлю́, -ви́шь, -вя́т
imp. ответви́, ~те
pt. ответви́л
g.pt.a. ответви́в
p.pt.a. ответви́вший
p.pt.p. ответвлённый; ответвлён, -ена́

ответви́ться, *1. u. 2. Pers ungebr*, *v* sich abzweigen, eine Abzweigung bilden ‖ *uv* ответвля́ться

ответвля́ть(ся) *uv zu* ответви́ть(ся)

отве́тить *v* **1.** на что *oder* чем antworten, entgegnen; отве́тить на вопро́с eine Frage beantworten; отве́тить уро́к die Schulaufgaben hersagen **2.** чем на что reagieren, antworten, erwidern **3.** за что vergelten, büßen ‖ *uv* отвеча́ть 2a
ft. отве́чу, -е́тишь, -е́тят
imp. отве́ть, ~те
pt. отве́тил
g.pt.a. отве́тив
p.pt.a. отве́тивший
p.pt.p. отве́ченный

отвеча́ть 2a *uv* **1.** *uv zu* отве́тить **2.** за что die Verantwortung übernehmen [tragen] (für) **3.** чему́ entsprechen

отве́шивать *uv zu* отве́сить

отвива́ть *uv zu* отви́ть

отви́ливать *uv zu* отвильну́ть

отвильну́ть 7 *v* от чего́ *umg* sich drücken (von); Ausflüchte suchen ‖ *uv* отви́ливать 1a

отвинти́ть *v* что abschrauben ‖ *uv* отви́нчивать 1a
ft. отвинчу́, -инти́шь, -интя́т
imp. отвинти́, ~те
pt. отвинти́л
g.pt.a. отвинти́в
p.pt.a. отвинти́вший
p.pt.p. отви́нченный

отвинти́ться, *1. u. 2. Pers ungebr*, *v* sich losschrauben ‖ *uv* отви́нчиваться

отви́нчивать(ся) *uv zu* отвинти́ть(ся)

отвиса́ть *uv zu* отви́снуть

отви́снуть, *1. u. 2. Pers ungebr*, *v* herunterhängen ‖ *uv* отвиса́ть 2a
ft. отви́снет, -нут
pt. отви́с *u. alt* отви́снул, отви́сла
g.pt.a. отви́снув *u.* отви́сши
p.pt.a. отви́сший *u. alt* отви́снувший

отви́ть *v* **1.** что *oder* чего́ abwickeln **2.** что *u. ohne Objekt* aufhören zu wickeln [winden] ‖ *uv* отвива́ть 2a *zu* 1
ft. отовью́, -вьёшь, -вью́т
imp. отве́й, ~те
pt. отви́л, -ила́, -и́ло
g.pt.a. отви́в
p.pt.a. отви́вший
p.pt.p. отви́тый

отвлека́ть(ся) *uv zu* отвле́чь(ся)

отвле́чь *v* кого́-что **1.** ablenken, abziehen **2.** *übtr* ablenken **3.** abstrahieren ‖ *uv* отвлека́ть 2a
ft. отвлеку́, -ечёшь, -еку́т
imp. отвлеки́, ~те
pt. отвлёк, -екла́
g.pt.a. отвлёкши
p.pt.a. отвлёкший
p.pt.p. отвлечённый; отвлечён, -ена́

отвле́чься *v* **1.** sich ablenken lassen **2.** *buchspr* abstrahiert werden ‖ *uv* отвлека́ться

отводи́ть *uv zu* отвести́
pr. отвожу́, -о́дишь, -о́дят
imp. отводи́, ~те
pt. отводи́л
g.pr.a. отводя́
p.pr.a. отводя́щий
p.pt.a. отводи́вший
p.pr.p. отводи́мый

отвоева́ть *v* **1.** что zurückerobern **2.** что *übtr* abringen; отвоева́ть у тайги́ кусо́к земли́ der Taiga ein Stück Land abringen **3.** *umg* den Krieg beenden, aufhören zu kämpfen **4.** что *umg* mit Kriegführen zubringen ‖ *uv* отвоёвывать 1a *zu* 1, 2
ft. отвою́ю, -ю́ешь, -ю́ют
imp. отвою́й, ~те
pt. отвоева́л
g.pt.a. отвоева́в
p.pt.a. отвоева́вший
p.pt.p. отвоёванный

отвоева́ться *v umg* aufhören zu kämpfen, die Dienstzeit als Frontsoldat beenden ‖ *uv* отвоёвываться

отвоёвывать(ся) *uv zu* отвоева́ть(ся)

отвози́ть *uv zu* отвезти́
pr. отвожу́, -о́зишь, -о́зят
imp. отвози́, ~те
pt. отвози́л
g.pr.a. отвозя́
p.pr.a. отвозя́щий
p.pt.a. отвози́вший
p.pr.p. отвози́мый

отвола́кивать *uv zu* отволо́чь

отволо́чь *v* кого́-что *volksspr* wegschleppen ‖ *uv* отвола́кивать 1a
ft. отволоку́, -очёшь, -оку́т
imp. отволоки́, ~те
pt. отволо́к, -окла́
g.pt.a. отволо́кши
p.pt.a. отволо́кший
p.pt.p. отволочённый; отволочён, -ена́ *u.* отволо́ченный

отвора́чивать(ся) *uv zu* отвороти́ть(ся)

отвори́ть *v* что öffnen *Tür, Fenster u. ä.* ‖ *uv* отворя́ть 2a
ft. отворю́, -о́ришь, -о́рят
imp. отвори́, ~те
pt. отвори́л
g.pt.a. отвори́в
p.pt.a. отвори́вший
p.pt.p. отво́ренный

отвори́ться, *1. u. 2. Pers ungebr*, *v* sich öffnen, aufgehen *Tür, Fenster u. ä.* ‖ *uv* отворя́ться

отвороти́ть *v* что **1.** *umg* fortwälzen, beiseite räumen **2.** *volksspr* umschlagen, zurückschlagen, umkrempeln ‖ *uv* отвора́чивать 1a
ft. отворочу́, -о́тишь, -о́тят
imp. отвороти́, ~те
pt. отвороти́л
g.pt.a. отвороти́в
p.pt.a. отвороти́вший
p.pt.p. отворо́ченный

отвороти́ться *v* **1.** *alt u. volksspr* sich abwenden **2.** *volksspr* sich umschlagen ‖ *uv* отвора́чиваться

отворя́ть(ся) *uv zu* отвори́ть(ся)

отврати́ть *v* **1.** что *buchspr* abwenden, verhüten **2.** *alt* кого́-что от чего́ zurückhalten, abbringen (von) ‖ *uv* отвраща́ть 2a
ft. отвращу́, -ати́шь, -атя́т
imp. отврати́, ~те
pt. отврати́л
g.pt.a. отврати́в
p.pt.a. отврати́вший
p.pt.p. отвращённый; отвращён, -ена́

отвраща́ть *uv zu* отврати́ть

отвыка́ть *uv zu* отвы́кнуть

отвы́кнуть *v* от чего́ *u. mit Infinitiv* **1.** sich abgewöhnen **2.** sich entwöhnen; vergessen ‖ *uv* отвыка́ть 2a
ft. отвы́кну, -нешь, -нут
imp. отвы́кни, ~те
pt. отвы́к *u. alt* отвы́кнул, отвы́кла
g.pt.a. отвы́кнув *u.* отвы́кши
p.pt.a. отвы́кший

отвяза́ть *v* кого́-что abbinden, losbinden ‖ *uv* отвя́зывать 1a
ft. отвяжу́, -я́жешь, -я́жут
imp. отвяжи́, ~те
pt. отвяза́л
g.pt.a. отвяза́в
p.pt.a. отвяза́вший
p.pt.p. отвя́занный

отвяза́ться *v* **1.** *1. u. 2. Pers ungebr* sich lösen, abgehen **2.** sich freimachen, sich losmachen **3.** *übtr umg* sich freimachen, sich losreißen **4.** *umg* in Ruhe lassen ‖ *uv* отвя́зываться

отвя́зывать(ся) *uv zu* отвяза́ть(ся)

отгада́ть 2 *v* что erraten; *Rätsel* lösen ‖ *uv* отга́дывать 1a

отга́дывать *uv zu* отгада́ть

отгиба́ть(ся) *uv zu* отогну́ть(ся)

отгла́дить *v* **1.** что ausbügeln, bügeln, plätten **2.** aufhören zu bügeln ‖ *uv* отгла́живать 1a *zu* 1
ft. отгла́жу, -а́дишь, -а́дят
imp. отгла́дь, ~те
pt. отгла́дил
g.pt.a. отгла́див
p.pt.a. отгла́дивший
p.pt.p. отгла́женный

отгла́диться *v* **1.** *1. u. 2. Pers ungebr* gebügelt [geplättet] werden **2.** aufhören zu bügeln ‖ *uv* отгла́живаться *zu* 1

отгла́живать(ся) *uv zu* отгла́дить(ся)

отгла́тывать *uv zu* отглотну́ть

отглотну́ть 7 *v* что *oder* чего́ *umg* einen Schluck abtrinken (von) ‖ *uv* отгла́тывать 1a
kein *p.pt.p.*

отгнива́ть *uv zu* отгни́ть

отгни́ть, *1. u. 2. Pers ungebr, v* abfaulen ‖ *uv* отгнива́ть 2a

ft.	отгниёт, -ию́т
pt.	отгни́л, -ила́, -и́ло
g.pt.a.	отгни́в
p.pt.a.	отгни́вший

отгова́ривать(ся) *uv zu* отговори́ть(ся)

отговори́ть *v* **1.** кого́-что от чего́ abraten (von), (j-m etw.) ausreden **2.** aufhören zu reden ‖ *uv* отгова́ривать 1a

ft.	отговорю́, -ри́шь, -ря́т
imp.	отговори́, ~те
pt.	отговори́л
g.pt.a.	отговори́в
p.pt.a.	отговори́вший
p.pt.p.	отговорённый; отговорён, -ена́

отговори́ться *v* чем sich entschuldigen, sich herausreden (mit), vorschützen ‖ *uv* отгова́риваться

отгоня́ть *uv zu* отогна́ть

отгора́живать(ся) *uv zu* отгороди́ть(ся)

отгора́ть *uv zu* отгоре́ть

отгоре́ть, *1. u. 2. Pers ungebr, v* **1.** ausbrennen **2.** abbrechen *durch Brand* ‖ *uv* отгора́ть 2a

ft.	отгори́т, -ря́т
pt.	отгоре́л
g.pt.a.	отгоре́в
p.pt.a.	отгоре́вший

отгороди́ть *v* **1.** что чем abgrenzen, abtrennen, einzäunen **2.** кого́-что от чего́ *übtr* fernhalten, isolieren (von) ‖ *uv* отгора́живать 1a

ft.	отгорожу́, -о́ди́шь, -о́дя́т
imp.	отгороди́, ~те
pt.	отгороди́л
g.pt.a.	отгороди́в
p.pt.a.	отгороди́вший
p.pt.p.	отгоро́женный

отгороди́ться *v* **1.** sich abgrenzen, sich abtrennen **2.** *übtr* sich absondern, sich isolieren ‖ *uv* отгора́живаться

отгости́ть *v umg* **1.** zu Besuch sein, zu Gast sein **2.** wieder fortfahren, seinen Besuch beenden

ft.	отгощу́, -ости́шь, -остя́т
imp.	отгости́, ~те
pt.	отгости́л
g.pt.a.	отгости́в
p.pt.a.	отгости́вший

отгра́нивать *uv zu* отграни́ть

отграни́ть *v* что **1.** abschleifen, facettieren **2.** *a. ohne Objekt* aufhören zu schleifen ‖ *uv* отгра́нивать* 1a *zu* 1

ft.	отграню́, -ни́шь, -ня́т
imp.	отграни́, ~те
pt.	отграни́л
g.pt.a.	отграни́в
p.pt.a.	отграни́вший
p.pt.p.	отгранённый; отгранён, -ена́

отграни́чивать *uv zu* отграни́чить

отграни́чить *v* что abgrenzen, abtrennen ‖ *uv* отграни́чивать 1a

ft.	отграни́чу, -чишь, -чат
imp.	отграни́чь, ~те
pt.	отграни́чил
g.pt.a.	отграни́чив
p.pt.a.	отграни́чивший
p.pt.p.	отграни́ченный

отгреба́ть *uv zu* отгрести́

отгреме́ть, *1. u. 2. Pers ungebr, v* aufhören zu donnern

ft.	отгреми́т, -мя́т
pt.	отгреме́л
g.pt.a.	отгреме́в
p.pt.a.	отгреме́вший

отгрести́ *v* **1.** что wegharken; wegschippen **2.** от чего́ wegrudern (von) ‖ *uv* отгреба́ть 2a

ft.	отгребу́, -бёшь, -бу́т
imp.	отгреби́, ~те
pt.	отгрёб, отгребла́
g.pt.a.	отгребя́ *u.* отгрёбши
p.pt.a.	отгрёбший

отгружа́ть *uv zu* отгрузи́ть

отгрузи́ть *v* кого́-что **1.** abladen, umladen *einen Teil der Ladung* **2.** verladen, absenden ‖ *uv* отгружа́ть 2a

ft.	отгружу́, -у́зи́шь, -у́зя́т
imp.	отгрузи́, ~те
pt.	отгрузи́л
g.pt.a.	отгрузи́в
p.pt.a.	отгрузи́вший
p.pt.p.	отгру́женный *u.* отгружённый; отгружён, -ена́

отгрыза́ть *uv zu* отгры́зть

отгры́зть *v* что abnagen ‖ *uv* отгрыза́ть 2a

ft.	отгрызу́, -зёшь, -зу́т
imp.	отгрызи́, ~те
pt.	отгры́з, ~ла
g.pt.a.	отгры́зши
p.pt.a.	отгры́зший
p.pt.p.	отгры́зенный

отгу́ливать *uv zu* отгуля́ть

отгуля́ть 2 *v* что **1.** feiern; frei haben **2.** abfeiern *Überstunden* **3.** feiern, begehen **4.** *ohne Objekt* den Spaziergang beenden ‖ *uv* отгу́ливать 1a *zu* 1, 2

отдава́ть *uv* **1.** *uv zu* отда́ть **2.** *1. u. 2. Pers ungebr* чем schmecken; riechen (nach)

pr.	отдаю́, -аёшь, -аю́т
imp.	отдава́й, ~те
pt.	отдава́л
g.pr.a.	отдава́я
p.pr.a.	отдаю́щий
p.pt.a.	отдава́вший
p.pr.p.	отдава́емый

отдава́ться *uv zu* отда́ться

отдави́ть *v* что quetschen, eine Quetschung zufügen ‖ *uv* отда́вливать 1a

ft.	отдавлю́, -а́вишь, -а́вят
imp.	отдави́, ~те
pt.	отдави́л
g.pt.a.	отдави́в
p.pt.a.	отдави́вший
p.pt.p.	отда́вленный

отда́вливать *uv zu* отдави́ть

отда́ивать *uv zu* отдои́ть

отдали́ть *v* кого́-что **1.** entfernen **2.** aufschieben **3.** *übtr* entfernen, entfremden ‖ *uv* отдаля́ть 2a

ft.	отдалю́, -ли́шь, -ля́т
imp.	отдали́, ~те
pt.	отдали́л
g.pt.a.	отдали́в
p.pt.a.	отдали́вший
p.pt.p.	отдалённый; отдалён, -ена́

отдали́ться *v* **1.** sich entfernen **2.** sich entfremden, sich fernhalten ‖ *uv* отдаля́ться

отдаля́ть(ся) *uv zu* отдали́ть(ся)

отда́ривать(ся) *uv zu* отдари́ть(ся)

отдари́ть *v* кого́-что *umg* ein Gegengeschenk machen ‖ *uv* отда́ривать 1a

ft.	отдарю́, -ри́шь, -ря́т
imp.	отдари́, ~те
pt.	отдари́л
g.pt.a.	отдари́в
p.pt.a.	отдари́вший
p.pt.p.	отдарённый; отдарён, -ена́ *u.* отда́ренный

отдари́ться *v umg* ein Gegengeschenk machen ‖ *uv* отда́риваться

отда́ть *v* **1.** что abgeben, zurückgeben **2.** кого́-что кому́-чему́ übergeben, anvertrauen **3.** кого́-что hingeben, opfern **4.** кого́-что übergeben; ausliefern; отда́ть го́род die Stadt dem Feind ausliefern **5.** кого́-что во что geben; отда́ть кни́гу в переплёт ein Buch zum Einbinden geben; отда́ть ребёнка в де́тский сад ein Kind in den Kindergarten geben **6.** кого́ за кого́ j-m zur Frau geben, verheiraten (mit) **7.** что *umg* verkaufen, abgeben **8.** *ohne Objekt volksspr* etwas zurücktreten, Platz machen ‖ *uv* отдава́ть, Formen das.

ft.	отда́м, -а́шь, -а́ст, -ади́м, -ади́те, -аду́т
imp.	отда́й, ~те
pt.	о́тдал *u. umg* отда́л, отдала́, о́тдало *u. umg* отда́ло
g.pt.a.	отда́в
p.pt.a.	отда́вший
p.pt.p.	о́тданный; о́тдан, отдана́ *u. umg* о́тдана, о́тдано

отда́ться *v* **1.** кому́-чему́ *oder* на что sich ausliefern, sich überlassen, sich anvertrauen **2.** чему́ sich widmen, sich hingeben **3.** кому́ sich *einem Mann* hingeben **4.** *1. u. 2. Pers ungebr* в ком-чём widerhallen, Resonanz finden (bei) ‖ *uv* отдава́ться

pt.	отда́лся, -дала́сь, -дало́сь *u. umg* -да́лось

отдежу́рить *v* **1.** что *eine Zeitlang* Dienst haben (tun) **2.** den Dienst beenden

ft.	отдежу́рю, -ришь, -рят
imp.	отдежу́рь, ~те
pt.	отдежу́рил
g.pt.a.	отдежу́рив
p.pt.a.	отдежу́ривший
p.pt.p.	отдежу́ренный

отде́лать 1 *v* **1.** что letzte Hand anlegen, endgültig fertigstellen **2.** что под что herrichten als, das Aussehen von etwas geben; отде́лать сте́ны под дуб den Wänden das Aussehen von Eichentäfelung geben **3.** что (wieder)herrichten **4.** что чем ausschmücken, ausstatten; отде́лать пла́тье кружева́ми ein Kleid mit Spitzen besetzen **5.** кого́-что *volksspr* (schlimm) zurichten, herunterwirtschaften **6.** кого́-что *volksspr* herunterputzen, ausschimpfen; verprügeln ‖ *uv* отде́лывать 1a

отде́латься *v umg* **1.** от кого́-чего́ sich vom Halse schaffen, loswerden **2.** fertig werden *mit der Arbeit* **3.** чем (gut, glimpflich) davonkommen (mit); отде́латься цара́пиной mit einer Schramme davonkommen ‖ *uv* отде́лываться

отдели́ть *v* что от чего́ **1.** abtrennen, trennen **2.** unterscheiden **3.** abtrennen, abtreten **4.** кого́-что *alt* auszahlen, abfinden *mit Erbteil* ‖ *uv* отделя́ть 2a

ft. отделю́, -е́лишь, -е́лят
imp. отдели́, ~те
pt. отдели́л
g.pt.a. отдели́в
p.pt.a. отдели́вший
p.pt.p. отделённый; отделён, -ена́

отдели́ться *v* **1.** sich trennen, sich lösen **2.** от кого́-чего́ sich entfernen (von) ‖ *uv* отделя́ться

отде́лывать(ся) *uv zu* отде́лать(ся)

отделя́ть(ся) *uv zu* отдели́ть(ся)

отдёргивать *uv zu* отдёрнуть

отдёрнуть 6 *v* что beiseite ziehen, wegziehen, zurückziehen ‖ *uv* отдёргивать 1a

p.pt.p. отдёрнутый

отдира́ть(ся) *uv zu* отодра́ть(ся)

отдои́ть *v* **1.** что abmelken *eine kleine Menge* **2.** mit Melken fertig sein ‖ *uv* отда́ивать 1a *zu* 1

ft. отдою́, -о́ишь, -о́ят
imp. отдои́, ~те *u. volksspr* отдо́й, ~те
pt. отдои́л
g.pt.a. отдои́в
p.pt.a. отдои́вший
p.pt.p. отдо́енный

отдои́ться *v umg* **1.** *1. u. 2. Pers ungebr* trockenstehen *Kuh* **2.** mit Melken aufhören

отдохну́ть 7 *v* **1.** sich erholen, sich ausruhen, rasten **2.** *umg* sich ein bißchen hinlegen ‖ *uv* отдыха́ть 2a

kein *p.pt.p.*

отдуба́сить *v* кого́-что *volksspr* verprügeln

ft. отдуба́шу, -а́сишь, -а́сят
imp. отдуба́сь, ~те
pt. отдуба́сил
g.pt.a. отдуба́сив
p.pt.a. отдуба́сивший

отдува́ть *uv zu* отду́ть

отдува́ться 2a *uv* **1.** schnaufen, keuchen, schnauben **2.** *volksspr* den Sündenbock machen, die Suppe auslöffeln müssen **3.** *uv zu* отду́ться

отду́мать 1 *v mit Infinitiv umg* sich anders besinnen, seine Absicht ändern ‖ *uv* отду́мывать 1a

отду́мывать *uv zu* отду́мать

отду́ть *v* **1.** что wegblasen **2.** кого́-что *volksspr* verprügeln **3.** что *volksspr* schnell zurücklegen *Entfernung* ‖ *uv* отдува́ть 2a *zu* 1

ft. отду́ю, -у́ешь, -у́ют
imp. отду́й, ~те
pt. отду́л
g.pt.a. отду́в
p.pt.a. отду́вший
p.pt.p. отду́тый

отду́ться, *1. u. 2. Pers ungebr*, *v* dick werden, anschwellen ‖ *uv* отдува́ться

отдыха́ть *uv zu* отдохну́ть

отдыша́ться *v* **1.** wieder zu Atem kommen, Atem holen **2.** *übtr volksspr* wieder auf die Beine kommen, sich wieder erholen

ft. отдышу́сь, -ы́шишься, -ы́шатся
imp. отдыши́сь, -и́тесь
pt. отдыша́лся, -лась
g.pt.a. отдыша́вшись
p.pt.a. отдыша́вшийся

отека́ть *uv zu* оте́чь

отели́ться, *1. u. 2. Pers ungebr*, *v* kalben

ft. оте́лится, -лятся
pt. отели́лась
g.pt.a. отели́вшись
p.pt.a. отели́вшаяся

отени́ть *v* кого́-что beschatten ‖ *uv* отеня́ть 2a

ft. отеню́, -ни́шь, -ня́т
imp. отени́, ~те
pt. отени́л
g.pt.a. отени́в
p.pt.a. отени́вший
p.pt.p. отенённый; отенён, -ена́

отеня́ть *uv zu* отени́ть

отепли́ть *v* что gegen Kälte isolieren, *Gebäude* winterfest machen ‖ *uv* отепля́ть 2a

ft. отеплю́, -ли́шь, -ля́т
imp. отепли́, ~те
pt. отепли́л
g.pt.a. отепли́в
p.pt.a. отепли́вший
p.pt.p. отеплённый; отеплён, -ена́

отепля́ть *uv zu* отепли́ть

отере́ть *v* что abwischen, abreiben, trockenreiben ‖ *uv* отира́ть 2a

ft. отру́, отрёшь, отру́т
imp. отри́, ~те
pt. отёр, ~ла
g.pt.a. отере́в *u.* отёрши
p.pt.a. отёрший
p.pt.p. отёртый

отеса́ть *v* **1.** что behauen **2.** *übtr* кого́-что *volksspr* Benehmen beibringen ‖ *uv* отёсывать 1a
ft. отешу́, оте́шешь, оте́шут
imp. отеши́, ~те
pt. отеса́л
g.pt.a. отеса́в
p.pt.a. отеса́вший
p.pt.p. отёсанный

отёсывать *uv zu* отеса́ть

оте́чь *v* **1.** anschwellen, aufgedunsen werden **2.** *1. u. 2. Pers ungebr* tropfen *von der Kerze* ‖ *uv* отека́ть 2a
ft. отеку́, отечёшь, отеку́т
imp. отеки́, ~те
pt. отёк, отекла́
g.pt.a. отёкши
p.pt.a. отёкший

[1]**отжа́ть** *v* что **1**. ausdrücken, auspressen **2**. auswringen **3.** кого́-что *umg* zurückdrängen, zum Rückzug zwingen ‖ *uv* отжима́ть 2a
ft. отожму́, -мёшь, -му́т
imp. отожми́, ~те
pt. отжа́л
g.pt.a. отжа́в
p.pt.a. отжа́вший
p.pt.p. отжа́тый

[2]**отжа́ть** *v* что abernten, die Ernte *von Getreide* beenden ‖ *uv* отжина́ть 2a
ft. отожну́, -нёшь, -ну́т
imp. отожни́, ~те
pt. отжа́л
g.pt.a. отжа́в
p.pt.a. отжа́вший
p.pt.p. отжа́тый

отже́чь *v* что *tech* ausglühen ‖ *uv* отжига́ть 2a
ft. отожгу́, отожжёшь, отожгу́т
imp. отожги́, ~те
pt. отжёг, отожгла́
g.pt.a. отжёгши
p.pt.a. отжёгший
p.pt.p. отожжённый; отожжён, -ена́

отжива́ть *uv zu* отжи́ть

отжига́ть *uv zu* отже́чь

отжима́ть *uv zu* [1]отжа́ть

отжина́ть *uv zu* [2]отжа́ть

отжи́ть *v* **1.** что sein Leben hinter sich bringen, seine Zeit gelebt haben **2.** *übtr* ersterben *Gefühle u. a.* **3.** veralten, überlebt werden **4.** что *umg* verbringen *Zeit* ‖ *uv* отжива́ть 2a
ft. отживу́, -вёшь, -ву́т
imp. отживи́, ~те
pt. о́тжил *u. umg* отжи́л, отжила́, о́тжило *u. umg* отжи́ло
g.pt.a. отжи́в
p.pt.a. отжи́вший
p.pt.p. о́тжи́тый; о́тжи́т, отжита́, о́тжи́то

отзва́нивать *uv zu* отзвони́ть

отзвони́ть *v* **1.** что schlagen *Uhr* **2.** aufhören zu läuten ‖ *uv* отзва́нивать 1a *zu* 1
ft. отзвоню́, -ни́шь, -ня́т
imp. отзвони́, ~те
pt. отзвони́л
g.pt.a. отзвони́в
p.pt.a. отзвони́вший

отзвуча́ть, *1. u. 2. Pers ungebr, v* verklingen, verhallen
ft. отзвучи́т, -ча́т
pt. отзвуча́л
g.pt.a. отзвуча́в
p.pt.a. отзвуча́вший

отзоли́ть *v* что *Leder* kalken
ft. отзолю́, -ли́шь, -ля́т
imp. отзоли́, ~те
pt. отзоли́л
g.pt.a. отзоли́в
p.pt.a. отзоли́вший
p.pt.p. отзолённый; отзолён, -ена́

[1]**отзыва́ть** *uv zu* отозва́ть

[2]**отзыва́ть** 2a *1. u. 2. Pers ungebr, uv* чем *umg* schmecken, riechen (nach)

отзыва́ться *uv zu* отозва́ться

отира́ть *uv zu* отере́ть

отказа́ть *v* **1.** кому́-чему́ в чём ablehnen, verweigern, versagen; nicht gewähren; aufkündigen; отказа́ть в дру́жбе die Freundschaft aufkündigen **2.** кому́-чему́ в чём absprechen; ему́ нельзя́ отказа́ть в тала́нте man kann ihm Talent nicht absprechen **3.** кому́ от чего́ *alt* entlassen, kündigen **4.** *1. u. 2. Pers ungebr umg* versagen, aussetzen ‖ *uv* отка́зывать 1a
ft. откажу́, -а́жешь, -а́жут
imp. откажи́, ~те
pt. отказа́л
g.pt.a. отказа́в
p.pt.a. отказа́вший
p.pt.p. отка́занный

отказа́ться *v* **1.** *mit Infinitiv oder* от чего́ sich weigern, nicht wollen, ablehnen **2.** от чего́ verzichten (auf), ablehnen **3.** от чего́ verleugnen, nicht anerkennen **4.** *in Verbindung mit* служи́ть, повинова́ться, рабо́тать versagen; голо́с отказа́лся служи́ть мне die Stimme versagte mir den Dienst ‖ *uv* отка́зываться

отка́зывать(ся) *uv zu* отказа́ть(ся)

[1,2]отка́лывать(ся) *uv zu*[1,2]отколо́ть(ся)

отка́пывать *uv zu* откопа́ть

отка́рмливать(ся) *uv zu* откорми́ть(ся)

открата́ть 2 *v* **1.** что aufhören zu mangeln *Wäsche* **2.** *volksspr* schnell zurücklegen *Strecke* **3.** кого́-что *volksspr* verdreschen, verhauen

открата́ться *v umg* aufhören spazieren zu fahren; aufhören Schlittschuh [Schi] zu laufen, aufhören Schlitten zu fahren

откати́ть *v* **1.** что (ein Stück) wegrollen, fortrollen, beiseite rollen **2.** *umg* rasch abfahren ‖ *uv* отка́тывать 1a *zu* 1

ft.	откачу́, -а́тишь, -а́тят
imp.	откати́, ~те
pt.	откати́л
g.pt.a.	откати́в
p.pt.a.	откати́вший
p.pt.p.	отка́ченный

откати́ться *v* **1.** (ein Stück) wegrollen, fortrollen **2.** zurückfluten, zurückrollen *Woge, a. übtr* **3.** *mil* sich zurückziehen ‖ *uv* отка́тываться

отка́тывать(ся) *uv zu* откати́ть(ся)

откача́ть 2 *v* **1.** что herauspumpen, abpumpen, leerpumpen **2.** кого́-что Wiederbelebungsversuche machen (mit) ‖ *uv* отка́чивать 1a

отка́чивать *uv zu* откача́ть

откачну́ть 7 *v* **1.** что *Pendel* ablenken **2.** *unpers übtr volksspr* (von j-m) abwenden; его́ откачну́ло от пре́жних друзе́й er hat sich von den früheren Freunden zurückgezogen

откачну́ться *v* **1.** *1. u. 2. Pers ungebr* in eine andere Richtung ausschlagen **2.** sich abwenden **3.** *übtr volksspr* sich von j-m abwenden, sich zurückziehen

[1]отка́шливать(ся) *uv zu* отка́шлянуть(ся)

[2]отка́шливать(ся) *uv zu* отка́шлять(ся)

отка́шлянуть 6 *v* что die Kehle frei husten; heraushusten ‖ *uv* отка́шливать 1a

отка́шлянуться *v* die Kehle frei husten ‖ *uv* отка́шливаться

отка́шлять 1 *v* **1.** что heraushusten; die Kehle frei husten **2.** *umg* aufhören zu husten ‖ *uv* отка́шливать 1a *zu* 1

отка́шляться *v* **1.** Auswurf aushusten **2.** sich räuspern ‖ *uv* отка́шливаться

отквита́ть 2 *v* что *umg* mit gleicher Münze heimzahlen, mit Gleichem vergelten ‖ *uv* отквиты́вать 1a

откви́тывать *uv zu* отквита́ть

откида́ть 2 *v* что *nacheinander* wegwerfen, beiseite werfen ‖ *uv* отки́дывать 1a

[1]отки́дывать *uv zu* отки́нуть

[2]отки́дывать *uv zu* откида́ть

отки́дываться *uv zu* отки́нуться

отки́нуть 6 *v* кого́-что **1.** beiseite werfen, zurückwerfen, zurückschleudern **2.** *übtr* ablegen; überwinden; отки́нуть сомне́ния die Zweifel überwinden **3.** *umg* unberücksichtigt lassen *beim Rechnen* **4.** *umg* zurückwerfen, zum Rückzug zwingen **5.** hochklappen; herunterklappen, aufklappen, öffnen **6.** zurückwerfen, zur Seite werfen *Körperteil* ‖ *uv* отки́дывать 1a

imp.	отки́нь, ~те
p.pt.p.	отки́нутый

отки́нуться *v* **1.** sich zurücklehnen **2.** sich plötzlich öffnen ‖ *uv* отки́дываться

откла́дывать(ся) *uv zu* отложи́ть(ся)

откла́ниваться 1a *uv* **1.** *uv zu* откла́няться **2.** wieder grüßen, einen Gruß erwidern

откла́няться 1 *v alt* sich verabschieden ‖ *uv* откла́ниваться 1a

отклева́ть *v* **1.** что abpicken, wegpicken **2.** *umg* aufhören anzubeißen *Fische* ‖ *uv* отклёвывать 1a *zu* 1

ft.	отклюю́, -юёшь, -ию́т
imp.	отклю́й, ~те
pt.	отклева́л
g.pt.a.	отклева́в
p.pt.a.	отклева́вший
p.pt.p.	отклёванный

отклёвывать *uv zu* отклева́ть

откле́ивать(ся) *uv zu* откле́ить(ся)

откле́ить *v* что ablösen *Aufgeklebtes* ‖ *uv* откле́ивать 1a

ft.	откле́ю, -е́ишь, -е́ят
imp.	откле́й, ~те
pt.	откле́ил
g.pt.a.	откле́ив
p.pt.a.	откле́ивший
p.pt.p.	откле́енный

откле́иться, *1. u. 2. Pers ungebr, v* sich ablösen, abgehen *Aufgeklebtes* ‖ *uv* откле́иваться

отклепа́ть 2 *v* что abnieten, abschlagen *Genietetes* ‖ *uv* отклёпывать 1a
p.pt.p. отклёпанный

отклёпывать *uv zu* отклепа́ть

отклика́ться *uv zu* откли́кнуться

откли́кнуться 6 *v* **1.** antworten *auf einen Ruf*; reagieren **2.** ein Lebenszeichen geben **3.** на что reagieren (auf), Resonanz zeigen, sich äußern (über) ‖ *uv* отклика́ться 2a

отклони́ть *v* **1.** что beiseite [in eine andere Richtung] lenken [neigen, schieben] **2.** *übtr* кого́-что abbringen, in eine andere Richtung lenken, ablenken **3.** что ablehnen, zurückweisen ‖ *uv* отклоня́ть 2a
ft. отклоню́, -о́нишь, -о́нят
imp. отклони́, ~те
pt. отклони́л
g.pt.a. отклони́в
p.pt.a. отклони́вший
p.pt.p. отклонённый; отклонён, -ена́

отклони́ться *v* **1.** *1. u. 2. Pers ungebr* abweichen, eine andere Richtung nehmen, ausschlagen **2.** ausweichen **3.** *übtr* abweichen ‖ *uv* отклоня́ться

отклоня́ть(ся) *uv zu* отклони́ть(ся)

отключа́ть *uv zu* отключи́ть

отключи́ть *v* что abschalten *aus dem Stromnetz* ‖ *uv* отключа́ть 2a
ft. отключу́, -чи́шь, -ча́т
imp. отключи́, ~те
pt. отключи́л
g.pt.a. отключи́в
p.pt.a. отключи́вший
p.pt.p. отключённый; отключён, -ена́

откова́ть 5 *v* что **1.** schmieden, durch Schmieden herstellen **2.** abschlagen *Angeschmiedetes* **3.** *ohne Objekt* aufhören zu schmieden ‖ *uv* отко́вывать 1a *zu* 1, 2
ft. откую́, -уёшь, -ую́т

отко́вывать *uv zu* откова́ть

отковы́ривать *uv zu* отковыря́ть

отковырну́ть *v mom zu* отковы́ривать

отковыря́ть 2 *v* что abkratzen, wegkratzen ‖ *uv* отковы́ривать 1a | *v mom* отковырну́ть 7

[1]**откозыря́ть** 2 *v* кому́ *mil umg* die Hand zum Gruß an den Mützenschirm legen, grüßen

[2]**откозыря́ть** 2 *v umg* austrumpfen, den Trumpf ausspielen *beim Kartenspiel*

откола́чивать *uv zu* отколоти́ть

отколоти́ть *v umg* **1.** что abschlagen, herunterschlagen **2.** кого́-что verprügeln ‖ *uv* откола́чивать 1a
ft. отколочу́, -о́тишь, -о́тят
imp. отколоти́, ~те
pt. отколоти́л
g.pt.a. отколоти́в
p.pt.a. отколоти́вший
p.pt.p. отколо́ченный

[1]**отколо́ть** *v* что **1.** abhacken, abschlagen, abtrennen **2.** *übtr* abspalten, abtrennen **3.** *volksspr* fertigbringen, machen, sagen *Unerwartetes, Unpassendes* ‖ *uv* отка́лывать 1a
ft. отколю́, -о́лешь, -о́лют
imp. отколи́, ~те
pt. отколо́л
g.pt.a. отколо́в
p.pt.a. отколо́вший
p.pt.p. отко́лотый

[2]**отколо́ть** *v* что lösen, losmachen *Angestecktes* ‖ *uv* отка́лывать 1a
Formen wie [1]отколо́ть

[1]**отколо́ться** *v* **1.** sich ablösen, sich abspalten **2.** *übtr* sich trennen, sich abspalten, brechen (mit) ‖ *uv* отка́лываться

[2]**отколо́ться,** *1. u. 2. Pers ungebr*, *v* sich lösen, abgehen *Angestecktes* ‖ *uv* отка́лываться

отколошма́тить *v* кого́-что *volkssspr* verdreschen, verhauen
ft. отколошма́чу, -а́тишь, -а́тят
imp. отколошма́ть, ~те
pt. отколошма́тил
p.pt.p. отколошма́ченный

отколупа́ть 2 *v* что *volkssspr* abklauben, abkratzen ‖ *uv* отколу́пывать 1a | *v mom* отколупну́ть 7

отколупну́ть *v mom zu* отколу́пывать

отколу́пывать *uv zu* отколупа́ть

откомандирова́ть 5 *v* кого́-что abkommandieren ‖ *uv* откомандиро́вывать 1a

откомандиро́вывать *uv zu* откомандирова́ть

откопа́ть 2 *v* кого́-что **1.** ausgraben, herausgraben **2.** *übtr umg* wieder hervorholen, (wieder) ausgraben ‖ *uv* отка́пывать 1a

откорми́ть *v* кого́-что mästen ‖ *uv* отка́рмливать 1a
ft. откормлю́, -о́рмишь, -о́рмят
imp. откорми́, ~те
pt. откорми́л
g.pt.a. откорми́в

p.pt.a.	откорми́вший
p.pt.p.	отко́рмленный

откорми́ться *v umg* sich mästen, dick und fett werden ‖ *uv* отка́рмливаться

откра́ивать *uv zu* открои́ть

открепи́ть *v* **1.** что losmachen, lösen **2.** кого́-что abmelden, j-s Abmeldung registrieren; streichen ‖ *uv* открепля́ть 2a

ft.	откреплю́, -пи́шь, -пя́т
imp.	открепи́, ~те
pt.	открепи́л
g.pt.a.	открепи́в
p.pt.a.	открепи́вший
p.pt.p.	откреплённый; откреплён, -ена́

открепи́ться *v* **1.** *umg* sich losmachen, sich lösen **2.** sich abmelden, sich streichen lassen ‖ *uv* открепля́ться

открепля́ть(ся) *uv zu* открепи́ть(ся)

открести́ться *v* (от чего́) **1.** *umg* aufhören sich zu bekreuzigen **2.** *alt* sich bekreuzigen *zur Abwehr des Teufels* ‖ *uv* откре́щиваться 1a *zu* 2

ft.	откреще́сь, -е́стишься, -е́стятся
imp.	открести́сь, -и́тесь
pt.	открести́лся, -лась
g.pt.a.	открести́вшись
p.pt.a.	открести́вшийся

откре́щиваться 1a *uv* **1.** от чего́ *umg* sich sträuben (gegen) **2.** *uv zu* открести́ться

открове́нничать 1a *uv* с кем-чем *umg* sich (allzu) offen anvertrauen (j-m), sich aussprechen (mit)

открои́ть *v* что beim Zuschneiden abschneiden *Stoff* ‖ *uv* откра́ивать 1a

ft.	открою́, -ои́шь, -оя́т
imp.	открой, ~те
pt.	откро́ил
g.pt.a.	откро́ив
p.pt.a.	откро́ивший
p.pt.p.	откро́енный

откромса́ть 2 *v* что *umg* ungeschickt abschneiden

открути́ть *v* что *umg* **1.** abwickeln **2.** abschrauben **3.** abdrehen, abreißen ‖ *uv* откру́чивать 1a

ft.	откручу́, -у́тишь, -у́тят
imp.	открути́, ~те
pt.	открути́л
g.pt.a.	открути́в
p.pt.a.	открути́вший
p.pt.p.	откру́ченный

открути́ться *v* **1.** *1. u. 2. Pers ungebr*, *umg* sich loswickeln, sich abwickeln **2.** *1. u. 2. Pers ungebr*, *umg* sich losschrauben **3.** *übtr volksspr* sich herauswinden, sich drücken ‖ *uv* откру́чиваться

откру́чивать(ся) *uv zu* открути́ть(ся)

открыва́ть(ся) *uv zu* откры́ть(ся)

откры́ть *v* что **1.** öffnen, aufmachen **2.** sehen lassen, erkennen lassen **3.** *umg* aufdrehen, anknipsen **4.** eröffnen, einweihen **5.** entdecken; aufdecken; mitteilen, verraten **6.** entdecken, feststellen ‖ *uv* открыва́ть 2a

ft.	откро́ю, -о́ешь, -о́ют
imp.	откро́й, ~те
pt.	откры́л
g.pt.a.	откры́в
p.pt.a.	откры́вший
p.pt.p.	откры́тый

откры́ться *v* **1.** sich öffnen, aufgehen **2.** sich eröffnen, sich auftun, sich zeigen **3.** zutage treten, bekannt werden, offenbar werden **4.** beginnen; eröffnet werden, seine Pforten öffnen **5.** кому́-чему́ sich anvertrauen, ein Geständnis machen **6.** aufgehen *Wunde* ‖ *uv* открыва́ться

откупа́ть(ся) *uv zu* откупи́ть(ся)

откупи́ть *v* кого́-что *alt* **1.** aufkaufen **2.** in Pacht nehmen **3.** loskaufen, freikaufen ‖ *uv* откупа́ть 2a

ft.	откуплю́, -у́пишь, -у́пят
imp.	откупи́, ~те
pt.	откупи́л
g.pt.a.	откупи́в
p.pt.a.	откупи́вший
p.pt.p.	отку́пленный

откупи́ться *v* от кого́-чего́ **1.** *alt* sich freikaufen, sich loskaufen *Leibeigene* **2.** *übtr* sich loskaufen ‖ *uv* откупа́ться

отку́поривать *uv zu* отку́порить

отку́порить *v* что **1.** entkorken **2.** öffnen *luftdicht Verschlossenes* ‖ *uv* отку́поривать 1a

ft.	отку́порю, -ришь, -рят
imp.	отку́порь, ~те *u.* отку́пори, ~те
pt.	отку́порил
g.pt.a.	отку́порив
p.pt.a.	отку́поривший
p.pt.p.	отку́поренный

отку́пориться, *1. u. 2. Pers ungebr*, *v* aufgehen *Flasche*

откуси́ть *v* что *oder* чего́ **1.** abbeißen **2.** abkneifen *mit der Zange* ‖ *uv* отку́сывать 1a

ft.	откушý, -ýсишь, -ýсят
imp.	откуси́, ~те
pt.	откуси́л
g.pt.a.	откуси́в
p.pt.a.	откуси́вший
p.pt.p.	откýшенный

откýсывать *uv zu* откуси́ть

откýшать 1 *v alt* **1.** mit Essen fertig sein **2.** что *oder* чегó probieren, kosten **3.** *ohne Objekt* с кем (bei j-m) essen

отла́вливать *uv zu* отлови́ть

отлага́ть(ся) *uv zu* отложи́ть(ся)

отлакирова́ть 5 *v* что **1.** lackieren **2.** *übtr* schönfärben, idealisieren

[1]**отла́мывать(ся)** *uv zu* отлома́ть(ся)

[2]**отла́мывать(ся)** *uv zu* отломи́ть(ся)

отлега́ть *uv zu* отлéчь

отлежа́ть *v* что **1.** taub [gefühllos] werden lassen *durch unbequemes Liegen* **2.** *umg eine Zeitlang* liegen, im Bett zubringen *bei Krankheiten* ‖ *uv* отлёживать 1a

ft.	отлежý, -жи́шь, -жа́т
imp.	отлежи́, ~те
pt.	отлежа́л
g.pt.a.	отлежа́в
p.pt.a.	отлежа́вший
p.pt.p.	отлёжанный

отлежа́ться *v umg* **1.** sich Bettruhe gönnen **2.** ablagern, lange Zeit liegen bleiben ‖ *uv* отлёживаться

отлёживать(ся) *uv zu* отлежа́ть(ся)

отлепи́ть *v* что *umg* ablösen *Angeklebtes* ‖ *uv* отлепля́ть 2a

ft.	отлеплю́, -éпишь, -éпят
imp.	отлепи́, ~те
pt.	отлепи́л
g.pt.a.	отлепи́в
p.pt.a.	отлепи́вший
p.pt.p.	отлéпленный

отлепи́ться, *1. u. 2. Pers ungebr*, *v umg* sich ablösen, abgehen *Angeklebtes* ‖ *uv* отлепля́ться

отлепля́ть(ся) *uv zu* отлепи́ть(ся)

[1]**отлета́ть** *uv zu* отлетéть

[2]**отлета́ть** 2 *v* **1.** den Flug beenden **2.** что *eine Zeitlang* Flieger sein

отлетéть *v* **1.** abfliegen, fortfliegen, wegfliegen **2.** *übtr* verfliegen *Zeit* **3.** *umg* abgehen, abfallen, abspringen; пýговица отлетéла der Knopf ist abgesprungen ‖ *uv* отлета́ть 2a

ft.	отлечý, -ети́шь, -етя́т
imp.	отлети́, ~те
pt.	отлетéл
g.pt.a.	отлетéв
p.pt.a.	отлетéвший

отлéчь *v* **1.** sich nicht mehr beunruhigen; leichter werden; sich legen **2.** *unpers*: у меня́ отлеглó от сéрдца mir ist ein Stein vom Herzen gefallen ‖ *uv* отлега́ть 2a

ft.	отля́гу, -я́жешь, -я́гут
imp.	отля́г, ~те
pt.	отлёг, -еглá
g.pt.a.	отлёгши
p.pt.a.	отлёгший

отлива́ть 2a *uv* **1.** *uv zu* отли́ть **2.** чем schillern, schimmern

отлива́ться *uv* **1.** *uv zu* отли́ться **2.** чем schillern, schimmern *in einer bestimmten Farbe*

отлипа́ть *uv zu* отли́пнуть

отли́пнуть *v* **1.** *1. u. 2. Pers ungebr*, *umg* sich lösen, abgehen *Angeklebtes* **2.** *volksspr* in Ruhe lassen, nicht mehr auf die Nerven fallen ‖ *uv* отлипа́ть 2a

ft.	отли́пну, -нешь, -нут
imp.	отли́пни, ~те
pt.	отли́п *u. alt* отли́пнул, отли́пла
g.pt.a.	отли́пнув *u.* отли́пши
p.pt.a.	отли́пший

отли́ть *v* **1.** что *u.* чегó *ein bißchen* abgießen **2.** zurückfluten, zurückfließen *Wasser* **3.** *tech* что gießen ‖ *uv* отлива́ть 2a

ft.	отолью́, -льёшь, лью́т
imp.	отлéй, ~те
pt.	óтли́л, отлилá, óтли́ло
g.pt.a.	отли́вши
p.pt.a.	отли́вший
p.pt.p.	óтли́тый; óтли́т, отлитá, óтли́то

отли́ться *v* gegossen werden ‖ *uv* отлива́ться

pt.	отли́лся, -илáсь, -и́лóсь

отлича́ть 2a *uv* когó-что **1.** *uv zu* отличи́ть **2.** unterscheiden **3.** den Vorzug geben (vor), j-n *vor anderen* auszeichnen

отлича́ться *uv* **1.** *uv zu* отличи́ться **2.** от когó-чегó sich unterscheiden (von) **3.** чем sich auszeichnen *durch ein Merkmal*

отличи́ть *v* когó-что **1.** einen Unterschied finden, unterscheiden **2.** auszeichnen *mit einem Orden u. ä.* ‖ *uv* отлича́ть 2a

ft. отличу́, -чи́шь, -ча́т
imp. отличи́, ~те
pt. отличи́л
g.pt.a. отличи́в
p.pt.a. отличи́вший
p.pt.p. отличённый; отличён, -ена́

отличи́ться *v* чем sich auszeichnen *durch Tapferkeit* ‖ *uv* отлича́ться

отлови́ть *v* **1.** кого́-что *Tiere* fangen **2.** кого́-что *u. ohne Objekt umg* aufhören zu fangen ‖ *uv* отла́вливать 1a *zu* 1
ft. отловлю́, -о́вишь, -о́вят
imp. отлови́, ~те
pt. отлови́л
g.pt.a. отлови́в
p.pt.a. отлови́вший
p.pt.p. отло́вленный

отложи́ть *v* что **1.** beiseite legen, zurücklegen **2.** verschieben, aufschieben **3.** *alt* umschlagen, zurückschlagen *Kragen, Verdeck u.ä.* **4.** кого́-что ausspannen *Zugtier* **5.** *biol* legen, ablegen *Eier, Rogen* ‖ *uv* откла́дывать 1a *u.* отлага́ть 2a *zu* 2
ft. отложу́, -о́жишь, -о́жат
imp. отложи́, ~те
pt. отложи́л
g.pt.a. отложи́в
p.pt.a. отложи́вший
p.pt.p. отло́женный

отложи́ться *v* **1.** sich ablagern, eine Ablagerung bilden **2.** *übtr* haften bleiben *im Gedächtnis* ‖ *uv* откла́дываться *u.* отлага́ться

отлома́ть 2 *v* что **1.** abbrechen **2.** *volksspr* zurücklegen *Entfernung* ‖ *uv* отла́мывать 1a

отлома́ться, *1. u. 2. Pers ungebr, v* abbrechen ‖ *uv* отла́мываться

отломи́ть *v* что abbrechen, abmachen ‖ *uv* отла́мывать 1a
ft. отломлю́, -о́мишь, -о́мят
imp. отломи́, ~те
pt. отломи́л
g.pt.a. отломи́в
p.pt.a. отломи́вший
p.pt.p. отло́мленный

отломи́ться, *1. u. 2. Pers ungebr, v* abbrechen ‖ *uv* отла́мываться

отлупи́ть *v volksspr* **1.** что abschälen, abziehen *Rinde* **2.** кого́-что durchprügeln ‖ *uv* отлупля́ть 2a
ft. отлуплю́, -у́пишь, -у́пят
imp. отлупи́, ~те
pt. отлупи́л
p.pt.p. отлу́пленный

отлупи́ться, *1. u. 2. Pers ungebr, v volksspr* abgehen, abbröckeln ‖ *uv* отлупля́ться

отлупля́ть(ся) *uv zu* отлупи́ть(ся)

отлупцева́ть *v* кого́-что *volksspr* verprügeln
ft. отлупцу́ю, -у́ешь, -у́ют
imp. отлупцу́й, ~те
pt. отлупцева́л
g.pt.a. отлупцева́в
p.pt.a. отлупцева́вший
p.pt.p. отлупцо́ванный

отлуча́ть(ся) *uv zu* отлучи́ть(ся)

отлучи́ть *v* кого́-что *alt* ausstoßen, ausschließen; отлучи́ть от це́ркви exkommunizieren ‖ *uv* отлуча́ть 2a
ft. отлучу́, -чи́шь, -ча́т
imp. отлучи́, ~те
pt. отлучи́л
g.pt.a. отлучи́в
p.pt.a. отлучи́вший
p.pt.p. отлучённый; отлучён, -ена́

отлучи́ться *v* sich entfernen, weggehen *für einige Zeit* ‖ *uv* отлуча́ться

отлы́нивать 1a *uv* от чего́ *volksspr* sich drücken (von)

отма́лчиваться *uv zu* отмолча́ться

отма́лывать *uv zu* отмоло́ть

отма́тывать(ся) *uv zu* отмота́ть(ся)

[1]**отмаха́ть** *v* что **1.** *volksspr* durch Schwingen ermüden *Arm* **2.** *a. ohne Objekt naut* winken, durch Winken übermitteln ‖ *uv* отма́хивать 1a
ft. отмашу́, -а́шешь, -а́шут *u.* отмаха́ю, -а́ешь, -а́ют
imp. отмаши́, ~те *u.* отмаха́й, ~те
pt. отмаха́л
g.pt.a. отмаха́в
p.pt.a. отмаха́вший
p.pt.p. отма́ханный

[2]**отмаха́ть** 2 *v* что *volksspr* **1.** *rasch* durchlaufen, durchfahren **2.** *rasch* hinter sich bringen, erledigen ‖ *uv* отма́хивать 1a kein *p.pt.p.*

[1,2]**отма́хивать** *uv zu* [1,2]отмаха́ть

[3]**отма́хивать** 1a *uv* кого́-что wegwedeln, -jagen, durch Wedeln verscheuchen; abwehren | *v mom* отмахну́ть 7

отма́хиваться 1a *uv* **1.** от кого́-чего́ sich erwehren, abwehren **2.** abwinken, eine abweisende Handbewegung machen **3.** *übtr* от чего́ *volksspr* sich drücken (von), sich ablehnend verhalten (gegenüber) | *v mom* отмахну́ться 7

отмахну́ть *v mom zu* [3]отма́хивать

отмахну́ться *v mom zu* отма́хиваться

отма́чивать *uv zu* отмочи́ть

отмежева́ть *v* что **1.** umgrenzen, abgrenzen **2.** *übtr* abgrenzen, absondern ‖ *uv* отмежёвывать 1a

ft.	отмежу́ю, -у́ешь, -у́ют
imp.	отмежу́й, ~те
pt.	отмежева́л
g.pt.a.	отмежева́в
p.pt.a.	отмежева́вший
p.pt.p.	отмежёванный

отмежева́ться *v* от кого́-чего́ sich abgrenzen; sich distanzieren (von) ‖ *uv* отмежёвываться

отмежёвывать(ся) *uv zu* отмежева́ть(ся)

отмени́ть *v* что **1.** aufheben, abschaffen; für ungültig erklären **2.** absagen, absetzen *Anberaumtes* ‖ *uv* отменя́ть 2a

ft.	отменю́, -е́нишь, -е́нят
imp.	отмени́, ~те
pt.	отмени́л
g.pt.a.	отмени́в
p.pt.a.	отмени́вший
p.pt.p.	отменённый; отменён, -ена́

отменя́ть *uv zu* отмени́ть

отмере́ть, *1. u. 2. Pers ungebr, v* **1.** absterben **2.** *übtr* aussterben ‖ *uv* отмира́ть 2a

ft.	отомрёт, -ру́т
pt.	о́тмер, отмерла́, о́тмерло
g.pt.a.	отмере́в *u.* отме́рши
p.pt.a.	отме́рший

отмерза́ть *uv zu* отмёрзнуть

отмёрзнуть, *1. u. 2. Pers ungebr, v* **1.** erfrieren *von Pflanzenteilen* **2.** *umg* erfrieren *von Körperteilen* ‖ *uv* отмерза́ть 2a

ft.	отмёрзнет, -нут
pt.	отмёрз, ~ла
g.pt.a.	отмёрзнув *u.* отмёрзши
p.pt.a.	отмёрзший

отме́ривать *uv zu* отме́рить

отме́рить *v* что **1.** abmessen **2.** *umg* zurücklegen, durchmessen *Strecke* ‖ *uv* отме́ривать 1a *u.* отмеря́ть 2a

ft.	отме́рю, -ришь, -рят *u. umg* отме́ряю, -яешь, -яют
imp.	отме́рь, ~те *u. umg* отме́ряй, ~те
pt.	отме́рил
g.pt.a.	отме́рив
p.pt.a.	отме́ривший
p.pt.p.	отме́ренный

отмеря́ть *uv zu* отме́рить

отмести́ *v* кого́-что **1.** wegkehren, beiseite kehren [fegen] **2.** *übtr* verwerfen, beiseite fegen ‖ *uv* отмета́ть 2a

ft.	отмету́, -тёшь, -ту́т
imp.	отмети́, ~те
pt.	отмёл, -ела́
g.pt.a.	отметя́
p.pt.a.	отмётший
p.pt.p.	отметённый; отметён, -ена́

отмета́ть *uv zu* отмести́

отме́тить *v* кого́-что **1.** anmerken, anstreichen, kennzeichnen, bezeichnen **2.** eintragen, vermerken **3.** bemerken, feststellen **4.** hervorheben, unterstreichen, betonen **5.** feiern, begehen **6.** *umg* aus dem Hausbuch austragen ‖ *uv* отмеча́ть 2a

ft.	отме́чу, -е́тишь, -е́тят
imp.	отме́ть, ~те
pt.	отме́тил
g.pt.a.	отме́тив
p.pt.a.	отме́тивший
p.pt.p.	отме́ченный

отме́титься *v* **1.** sich eintragen, sich registrieren lassen **2.** *umg* sich aus dem Hausbuch austragen lassen ‖ *uv* отмеча́ться

отмеча́ть(ся) *uv zu* отме́тить(ся)

отмира́ть *uv zu* отмере́ть

отмобилизова́ть 5 *v* кого́-что *mil* mobil machen

отмока́ть *uv zu* отмо́кнуть

отмо́кнуть, *1. u. 2. Pers ungebr, v* **1.** feucht werden **2.** abweichen, feucht werden und abgehen ‖ *uv* отмока́ть 2a

ft.	отмо́кнет, -нут
pt.	отмо́к, ~ла
g.pt.a.	отмо́кнув *u.* отмо́кши
p.pt.a.	отмо́кший

отмола́чивать(ся) *uv zu* отмолоти́ть(ся)

отмолоти́ть *v* **1.** *eine Zeitlang* dreschen **2.** что *u. ohne Objekt* aufhören zu dreschen ‖ *uv* отмола́чивать 1a *zu* 1

ft.	отмолочу́, -о́тишь, -о́тят
imp.	отмолоти́, ~те
pt.	отмолоти́л
g.pt.a.	отмолоти́в
p.pt.a.	отмолоти́вший
p.pt.p.	отмоло́ченный

отмолоти́ться *v volksspr* das Dreschen beenden ‖ *uv* отмола́чиваться

отмоло́ть *v* **1.** *eine Zeitlang* mahlen **2.** что *u. ohne Objekt* aufhören zu mahlen ‖ *uv* отма́лывать 1a *zu* 1

ft. отмелю́, -е́лешь, -е́лют
imp. отмели́, ~те
pt. отмоло́л
g.pt.a. отмоло́в
p.pt.a. отмоло́вший
p.pt.p. отмо́лотый

отмолча́ться *v umg* sich in Schweigen hüllen ‖ *uv* отма́лчиваться 1a
ft. отмолчу́сь, -чи́шься, -ча́тся
imp. отмолчи́сь, -и́тесь
pt. отмолча́лся, -лась
g.pt.a. отмолча́вшись
p.pt.a. отмолча́вшийся

отмора́живать *uv zu* отморо́зить

отморо́зить *v* что erfrieren *Körperteile* ‖ *uv* отмора́живать 1a
ft. отморо́жу, -о́зишь, -о́зят
imp. отморо́зь, ~те
pt. отморо́зил
g.pt.a. отморо́зив
p.pt.a. отморо́зивший
p.pt.p. отморо́женный

отмота́ть 2 *v* что **1.** *a.* чего́ abwickeln, abspulen **2.** *umg* ermüden *Hände* ‖ *uv* отма́тывать 1a

отмота́ться *v* sich abwickeln, sich abspulen ‖ *uv* отма́тываться

отмочи́ть *v* что **1.** abweichen *Aufgeklebtes* **2.** wässern, waschen **3.** *übtr volksspr* heraushauen; отмочи́ть глу́пость eine Dummheit heraushauen ‖ *uv* отма́чивать 1a
ft. отмочу́, -о́чишь, -о́чат
imp. отмочи́, ~те
pt. отмочи́л
g.pt.a. отмочи́в
p.pt.a. отмочи́вший
p.pt.p. отмо́ченный

отмсти́ть *v* кому́-чему́ за что *alt* sich rächen, Rache nehmen (an j-m für etw.) ‖ *uv* отмща́ть 2a
ft. отмщу́, отмсти́шь, отмстя́т
imp. отмсти́, ~те
pt. отмсти́л
g.pt.a. отмсти́в
p.pt.a. отмсти́вший
p.pt.p. отмщённый; отмщён, -ена́

отму́читься *v umg* aufhören sich zu quälen
ft. отму́чусь, -чишься, -чатся *u.* отму́чаюсь, -аешься, -аются
imp. отму́чься, -чьтесь
pt. отму́чился, -лась
g.pt.a. отму́чившись
p.pt.a. отму́чившийся

отмща́ть *uv zu* отмсти́ть

отмыва́ть(ся) *uv zu* отмы́ть(ся)

отмыка́ть(ся) *uv zu* отомкну́ть(ся)

отмы́ть *v* что **1.** abwaschen, auswaschen **2.** *geol* auswaschen ‖ *uv* отмыва́ть 2a
ft. отмо́ю, -о́ешь, -о́ют
imp. отмо́й, ~те
pt. отмы́л
g.pt.a. отмы́в
p.pt.a. отмы́вший
p.pt.p. отмы́тый

отмы́ться *v* **1.** *1. u. 2. Pers ungebr* sich herauswaschen lassen, herausgehen **2.** *1. u. 2. Pers ungebr* sauber werden **3.** *umg* mit Waschen fertig sein ‖ *uv* отмыва́ться *zu* 1, 2

отмяка́ть *uv zu* отмя́кнуть

отмя́кнуть *v umg* **1.** *1. u. 2. Pers ungebr* weich werden, aufweichen *durch Feuchtigkeit* **2.** *übtr* weicher [freundlicher] werden ‖ *uv* отмяка́ть 2a
ft. отмя́кну, -нешь, -нут
imp. отмя́кни, ~те
pt. отмя́к, ~ла
g.pt.a. отмя́кнув *u.* отмя́кши
p.pt.a. отмя́кший

отне́киваться 1a *uv umg* ablehnen, eine ablehnende [verneinende] Antwort geben

отнести́ *v* кого́-что **1.** wegbringen, hinbringen **2.** wegtragen, forttragen **3.** к кому́-чему́ zurechnen, zuweisen; einordnen; отнести́ ру́копись к XV ве́ку die Handschrift ins 15. Jahrhundert einordnen **4.** verlegen, verschieben **5.** *volksspr* abschlagen, abhauen ‖ *uv* относи́ть, Formen das.
ft. отнесу́, -сёшь, -су́т
imp. отнеси́, ~те
pt. отнёс, -есла́
g.pt.a. отнеся́ *u.* отнёсши
p.pt.a. отнёсший
p.pt.p. отнесённый; отнесён, -ена́

отнести́сь *v* **1.** к кому́-чему́ sich verhalten, sein (gegenüber) **2.** к кому́ *alt* sich wenden, herantreten (an) **3.** *alt* sich äußern *lobend, tadelnd* ‖ *uv* относи́ться

отникелирова́ть 5 *v* что vernickeln

отнима́ть(ся) *uv zu* отня́ть(ся)

относи́ть *uv zu* отнести́
pr. отношу́, -о́сишь, -о́сят
imp. относи́, ~те
pt. относи́л
g.pr.a. относя́
p.pr.a. относя́щий

p.pt.a. относи́вший
p.pr.p. относи́мый

относи́ться *uv* **1.** *uv zu* отнести́сь **2.** к кому́-чему́ gehören, zählen (zu) **3.** к кому́-чему́ sich beziehen (auf)

отня́ть *v* кого́-что **1.** wegnehmen, rauben, sich aneignen **2.** wegziehen, wegnehmen **3.** *übtr* (be)rauben; отня́ть наде́жду die Hoffnung rauben **4.** *umg* abnehmen, amputieren **5.** in Anspruch nehmen, wegnehmen, kosten *Zeit, Kraft u. ä.* **6.** *umg* abziehen, subtrahieren ‖ *uv* отнима́ть 2a *u. alt* отыма́ть, Formen das.
ft. отниму́, -и́мешь, -и́мут *u. volksspr* отыму́, оты́мешь, оты́мут
imp. отними́, ~те *u. volksspr* отыми́, ~те
pt. о́тнял *u. umg* отня́л, отняла́, о́тняло *u. umg* отня́ло
g.pt.a. отня́в
p.pt.a. отня́вший
p.pt.p. о́тнятый; о́тнят, отнята́, о́тнято

отня́ться, *1. u. 2. Pers ungebr, v* **1.** gelähmt werden *Körperteile* **2.** *umg* wie gelähmt werden, versagen ‖ *uv* отнима́ться
pt. отня́лся́, -яла́сь, -яло́сь

отобе́дать 1 *v* das Mittagessen beenden

отобража́ть(ся) *uv zu* отобрази́ть(ся)

отобрази́ть *v* кого́-что darstellen, widerspiegeln ‖ *uv* отобража́ть 2a
ft. отображу́, -ази́шь, -азя́т
imp. отобрази́, ~те
pt. отобрази́л
g.pt.a. отобрази́в
p.pt.a. отобрази́вший
p.pt.p. отображённый; отображён, -ена́

отобрази́ться, *1. u. 2. Pers ungebr, v* sich widerspiegeln, seine Darstellung erfahren ‖ *uv* отобража́ться

отобра́ть *v* кого́-что **1.** wegnehmen, abnehmen; sich aneignen **2.** auswählen **3.** *alt* zusammentragen, sammeln *durch Umfrage* ‖ *uv* отбира́ть 2a
ft. отберу́, -рёшь, -ру́т
imp. отбери́, ~те
pt. отобра́л, -ала́, -а́ло
g.pt.a. отобра́в
p.pt.a. отобра́вший
p.pt.p. ото́бранный

отова́ривать *uv zu* отова́рить

отова́рить *v* что mit Waren beliefern ‖ *uv* отова́ривать 1a
ft. отова́рю, -ришь, -рят
imp. отова́рь, ~те
pt. отова́рил
g.pt.a. отова́рив
p.pt.a. отова́ривший
p.pt.p. отова́ренный

отогна́ть *v* **1.** кого́-что verscheuchen, verjagen, vertreiben **2.** что destillieren ‖ *uv* отгоня́ть 2a
ft. отгоню́, -о́нишь, -о́нят
imp. отгони́, ~те
pt. отогна́л, -ала́, -а́ло
g.pt.a. отогна́в
p.pt.a. отогна́вший
p.pt.p. ото́гнанный

отогну́ть 7 *v* что **1.** geradebiegen **2.** zurückschlagen, umschlagen, zurückbiegen ‖ *uv* отгиба́ть 2a

отогну́ться, *1. u. 2. Pers ungebr, v* **1.** sich geradebiegen **2.** sich zur Seite biegen ‖ *uv* отгиба́ться

отогрева́ть(ся) *uv zu* отогре́ть(ся)

отогре́ть 3 *v* кого́-что erwärmen; aufwärmen ‖ *uv* отогрева́ть 2a

отогре́ться *v* sich (wieder) erwärmen, sich aufwärmen ‖ *uv* отогрева́ться

отодвига́ть(ся) *uv zu* отодви́нуть(ся)

отодви́нуть 6 *v* **1.** кого́-что wegschieben, beiseite schieben, beiseite rücken **2.** что *übtr umg* verschieben, aufschieben ‖ *uv* отодвига́ть 2a
imp. отодви́нь, ~те
p.pt.p. отодви́нутый

отодви́нуться *v* **1.** sich (ein Stück) entfernen, wegrücken, abrücken **2.** *1. u. 2. Pers ungebr, übtr umg* sich hinausschieben, sich verzögern, hinausrücken *Frist* ‖ *uv* отодвига́ться

отодра́ть *v* **1.** что herunterreißen, abreißen **2.** кого́-что *umg* durchprügeln ‖ *uv* отдира́ть 2a
ft. отдеру́, -рёшь, -ру́т
imp. отдери́, ~те
pt. отодра́л, -ала́, -а́ло
g.pt.a. отодра́в
p.pt.a. отодра́вший
p.pt.p. ото́дранный

отодра́ться, *1. u. 2. Pers ungebr, v* abgehen, sich lösen ‖ *uv* отдира́ться
pt. отодра́лся, -ала́сь, -а́ло́сь

отождестви́ть *v* кого́-что identifizieren ‖ *uv* отождествля́ть 2а
ft. отождествлю́, -ви́шь, -вя́т
imp. отождестви́, ~те
pt. отождестви́л
g.pt.a. отождестви́в
p.pt.a. отождестви́вший
p.pt.p. отождествлённый; отождествлён, -ена́

отождествля́ть *uv zu* отождестви́ть

отожестви́ть *v* кого́-что identifizieren ‖ *uv* отожествля́ть 2а
ft. отожествлю́, -ви́шь, -вя́т
imp. отожестви́, ~те
pt. отожестви́л
g.pt.a. отожестви́в
p.pt.a. отожестви́вший
p.pt.p. отожествлённый; отожествлён, -ена́

отожествля́ть *uv zu* отожестви́ть

отозва́ть *v* кого́-что **1.** beiseite rufen, wegrufen **2.** abberufen ‖ *uv* отзыва́ть 2а
ft. отзову́, -вёшь, -ву́т
imp. отзови́, ~те
pt. отозва́л, -ала́, -а́ло
g.pt.a. отозва́в
p.pt.a. отозва́вший
p.pt.p. ото́званный

отозва́ться *v* **1.** antworten *auf einen Ruf*, reagieren; ein Lebenszeichen geben **2.** Widerhall finden, sich bemerkbar machen, entstehen *Gefühl* **3.** на ком-чём sich auswirken (auf), Einfluß haben (auf) **4.** о ком-чём sich äußern, seine Meinung sagen (über) ‖ *uv* отзыва́ться
pt. отозва́лся, -ала́сь, -а́ло́сь

отойти́ *v* **1.** (ein Stück) weggehen, sich entfernen; zurücklegen **2.** abfahren, abgehen *laut Fahrplan* **3.** *mil* sich zurückziehen **4.** от кого́-чего́ sich trennen, sich entfremden; aufgeben **5.** *1. u. 2. Pers ungebr* lösen, abgehen, abfallen **6.** *1. u. 2. Pers ungebr* unsichtbar werden, verschwinden, herausgehen *Fleck u. ä.* **7.** sich wieder erwärmen, sich von neuem beleben; wieder zu sich kommen **8.** *1. u. 2. Pers ungebr* übergehen, zufallen *als Besitz* **9.** *alt* zu Ende gehen, vergehen, enden **10.** *alt* verlassen, weggehen *aus dem Arbeitsverhältnis, Dienst* ‖ *uv* [1]отходи́ть, Formen das.
ft. отойду́, -дёшь, -ду́т
imp. отойди́, ~те
pt. отошёл, -шла́
g.pt.a. отойдя́ *u. alt* отоше́дши
p.pt.a. отоше́дший

отомкну́ть 7 *v* что **1.** *volksspr alt* aufschließen, aufsperren **2.**: отомкну́ть штык das Bajonett abnehmen ‖ *uv* отмыка́ть 2а

отомкну́ться *v* aufgehen, sich öffnen ‖ *uv* отмыка́ться

отомсти́ть *v* **1.** кому́-чему́ sich rächen, Rache nehmen (an) **2.** что *alt* rächen ‖ *uv* отомща́ть 2а
ft. отомщу́, -мсти́шь, -мстя́т
imp. отомсти́, ~те
pt. отомсти́л
g.pt.a. отомсти́в
p.pt.a. отомсти́вший
p.pt.p. отомщённый; отомщён, -ена́

отомща́ть *uv zu* отомсти́ть

отопи́ть *v* что beheizen ‖ *uv* ота́пливать 1а
ft. отоплю́, -о́пишь, -о́пят
imp. отопи́, ~те
pt. отопи́л
g.pt.a. отопи́в
p.pt.a. отопи́вший
p.pt.p. ото́пленный

ора́чивать *uv zu* оторочи́ть

оторва́ть *v* кого́-что **1.** abreißen **2.** *übtr* losreißen, abwenden **3.** trennen; оторва́ть дете́й от ма́тери die Kinder von der Mutter trennen ‖ *uv* отрыва́ть 2а
ft. оторву́, -вёшь, -ву́т
imp. оторви́, ~те
pt. оторва́л, -ала́, -а́ло
g.pt.a. оторва́в
p.pt.a. оторва́вший
p.pt.p. ото́рванный

оторва́ться *v* от кого́-чего́ **1.** sich losreißen, sich plötzlich lösen, abgehen **2.** sich entfernen, sich lösen; оторва́ться от проти́вника sich vom Gegner lösen **3.** *übtr* die Verbindung verlieren, sich lösen **4.** sich trennen, sich losreißen; оторва́ться от кни́ги sich von einem Buch losreißen ‖ *uv* отрыва́ться; не отрыва́ясь ohne Unterbrechung
pt. оторва́лся, -ала́сь, -а́ло́сь

оторопе́ть 3 *v umg* verwirrt [fassungslos] werden, außer sich geraten

оторочи́ть *v* что besetzen, einfassen, mit Besatz versehen ‖ *uv* отора́чивать 1а
ft. оторочу́, -чи́шь, -ча́т
imp. оторочи́, ~те
pt. оторочи́л
g.pt.a. оторочи́в
p.pt.a. оторочи́вший
p.pt.p. оторо́ченный

отосла́ть *v* кого́-что **1.** (ab)schicken, (ab)senden **2.** wegschicken, fortgehen heißen **3.** к чему́ verweisen (auf) ‖ *uv* отсыла́ть 2a
ft. отошлю́, -лёшь, -лю́т
imp. отошли́, ~те
pt. отосла́л
g.pt.a. отосла́в
p.pt.a. отосла́вший
p.pt.p. ото́сланный

отоспа́ться *v umg* (sich) ausschlafen ‖ *uv* отсыпа́ться 2a
ft. отосплю́сь, -пи́шься, -пя́тся
imp. отоспи́сь, -и́тесь
pt. отоспа́лся, -ала́сь, -а́ло́сь
g.pt.a. отоспа́вшись
p.pt.a. отоспа́вшийся

отоща́ть 2 *v umg* abmagern

отпада́ть *uv zu* отпа́сть

[1]**отпа́ивать** *uv zu* отпая́ть

[2]**отпа́ивать** *uv zu* отпои́ть

отпа́иваться *uv zu* отпая́ться

отпа́ривать *uv zu* отпа́рить

отпари́ровать 4 *v* что parieren, abwehren

отпа́рить *v* что *umg* **1.** bügeln *durch ein feuchtes Tuch* **2.** ablösen, abweichen *durch Dampf* ‖ *uv* отпа́ривать 1a
ft. отпа́рю, -ришь, -рят
imp. отпа́рь, ~те
pt. отпа́рил
g.pt.a. отпа́рив
p.pt.a. отпа́ривший
p.pt.p. отпа́ренный

отпа́рывать(ся) *uv zu* отпоро́ть(ся)

отпа́сть, *1. u. 2. Pers ungebr, v* **1.** sich ablösen, abfallen **2.** entfallen, hinfällig werden **3.** schwinden, vergehen ‖ *uv* отпада́ть 2a
ft. отпаду́, -дёшь, -ду́т
imp. отпади́, ~те
pt. отпа́л
g.pt.a. отпа́в
p.pt.a. отпа́вший *u. alt* отпа́дший

отпаха́ть *v* **1.** *eine Zeitlang* pflügen **2.** что *und ohne Objekt* aufhören zu pflügen
ft. отпашу́, -а́шешь, -а́шут
imp. отпаши́, ~те
pt. отпаха́л
g.pt.a. отпаха́в
p.pt.a. отпаха́вший
p.pt.p. отпа́ханный

отпая́ть 2 *v* что ablöten, abtrennen *Gelötetes* ‖ *uv* отпа́ивать 1a

отпая́ться, *1. u. 2. Pers ungebr, v* abgehen *Angelötetes* ‖ *uv* отпа́иваться

отпева́ть *uv zu* отпе́ть

отпере́ть *v* **1.** что aufschließen, aufriegeln, öffnen **2.** кого́-что *umg* aufsperren *um j-n herauszulassen*, freilassen ‖ *uv* отпира́ть 2a
ft. отопру́, -рёшь, -ру́т
imp. отопри́, ~те
pt. о́тпер, отперла́, о́тперло
g.pt.a. отпере́в *u.* отпёрши *u.* о́тперши
p.pt.a. отпёрший *u.* о́тперший
p.pt.p. о́тпертый; о́тперт, отперта́, о́тперто

отпере́ться *v* **1.** sich öffnen, aufgehen **2.** *umg* aufsperren *um j-n hereinzulassen* **3.** *umg* ableugnen, abstreiten ‖ *uv* отпира́ться
pt. отпёрся, отперла́сь, отперло́сь

отпе́ть *v* **1.** aufhören zu singen **2.** что absingen **3.** кого́-что die Totenmesse lesen (für) ‖ *uv* отпева́ть 2a *zu* 3
ft. отпою́, -оёшь, -ою́т
imp. отпо́й, ~те
pt. отпе́л
g.pt.a. отпе́в
p.pt.a. отпе́вший
p.pt.p. отпе́тый

отпеча́тать 1 *v* что **1.** drucken **2.** abtippen, abschreiben *mit Schreibmaschine* **3.** *phot* einen Abzug machen **4.** *typ* (aus)drucken **5.** entsiegeln **6.** eine Spur hinterlassen **7.** *übtr volksspr* Wort für Wort betonend sagen ‖ *uv* отпеча́тывать 1a

отпеча́таться, *1. u. 2. Pers ungebr, v* **1.** eine Spur hinterlassen **2.** *übtr* sich einprägen ‖ *uv* отпеча́тываться

отпечатлева́ться *uv zu* отпечатле́ться

отпечатле́ться 3, *1. u. 2. Pers ungebr, v alt* **1.** sich abdrücken, eine Spur hinterlassen **2.** das Gepräge geben **3.** sich einprägen ‖ *uv* отпечатлева́ться 2a

отпеча́тывать(ся) *uv zu* отпеча́тать(ся)

отпива́ть *uv zu* отпи́ть

отпи́ливать *uv zu* отпили́ть

отпили́ть *v* что absägen ‖ *uv* отпи́ливать 1a
ft. отпилю́, -и́лишь, -и́лят
imp. отпили́, ~те
pt. отпили́л
g.pt.a. отпили́в
p.pt.a. отпили́вший
p.pt.p. отпи́ленный

отпира́ть(ся) *uv zu* отпере́ть(ся)

отпирова́ть 5 *v umg* **1.** что feiern *mit einem Festmahl* **2.** aufhören zu feiern kein *p.pt.p.*

отписа́ть *v* кого́-что **1.** *alt* konfiszieren **2.** *alt und volksspr* vermachen, vererben **3.** *alt* aus der Liste streichen **4.** *a. ohne Objekt, alt u. volksspr* schriftlich antworten, schreiben (über) **5.** *a. ohne Objekt, umg* aufhören mit Schreiben ‖ *uv* отпи́сывать 1a *zu* 1—4

ft.	отпишу́, -и́шешь, -и́шут
imp.	отпиши́, ~те
pt.	отписа́л
g.pt.a.	отписа́в
p.pt.a.	отписа́вший
p.pt.p.	отпи́санный

отписа́ться *v umg* einen nichtssagenden [formalen] Antwortbrief schreiben [schikken] ‖ *uv* отпи́сываться

отпи́сывать(ся) *uv zu* отписа́ть(ся)

отпи́ть *v* **1.** что *oder* чего́ abtrinken, ein wenig trinken **2.** *umg* zu trinken aufhören ‖ *uv* отпива́ть 2a *zu* 1

ft.	отопью́, -пьёшь, -пью́т
imp.	отпе́й, ~те
pt.	о́тпи́л, отпила́, о́тпи́ло
g.pt.a.	отпи́в
p.pt.a.	отпи́вший
p.pt.p.	о́тпи́тый; о́тпи́т отпи́та́, о́тпи́то

отпи́хивать(ся) *uv zu* отпихну́ть(ся)

отпихну́ть 7 *v* кого́-что *umg* wegschicken; wegstoßen; abstoßen ‖ *uv* отпи́хивать 1a

отпихну́ться *v umg* sich abstoßen ‖ *uv* отпи́хиваться

отплати́ть *v* кому́-чему́ за что **1.** vergelten, erwidern, danken (für) **2.** vergelten, Rache nehmen (für) ‖ *uv* отпла́чивать 1a

ft.	отплачу́, -а́тишь, -а́тят
imp.	отплати́, ~те
pt.	отплати́л
g.pt.a.	отплати́в
p.pt.a.	отплати́вший
p.pt.p.	отпла́ченный

отпла́чивать *uv zu* отплати́ть

отплёвывать(ся) *uv zu* отплю́нуть(ся)

отплёскивать *uv zu* отплесну́ть

отплесну́ть 7 *v* **1.** zurückbranden, zurückschlagen *Wellen* **2.** что *oder* чего́ *umg* abgießen ‖ *uv* отплёскивать 1a

p.pt.p.	отплёснутый *zu* 2

отплести́ *v* **1.** что losflechten **2.** что *oder ohne Objekt, umg* aufhören zu flechten ‖ *uv* отплета́ть 2a *zu* 1

ft.	отплету́, -тёшь, -ту́т
imp.	отплети́, ~те
pt.	отплёл, -ела́
g.pt.a.	отплетя́ *u.* отплётши
p.pt.a.	отплётший
p.pt.p.	отплетённый; отплетён, -ена́

отплета́ть *uv zu* отплести́

отплыва́ть *uv zu* отплы́ть

отплы́ть *v* **1.** *ein Stück* wegschwimmen **2.** in See stechen ‖ *uv* отплыва́ть 2a

ft.	отплыву́, -вёшь, -ву́т
imp.	отплыви́, ~те
pt.	отплы́л, -ыла́, -ы́ло
g.pt.a.	отплы́в *u.* отплы́вши
p.pt.a.	отплы́вший

отплю́нуть 6 *v* что *u. ohne Objekt, umg* ausspucken ‖ *uv* отплёвывать 1a

imp.	отплю́нь, ~те

отплю́нуться *v umg* ausspeien, ausspucken ‖ *uv* отплёвываться

отплясать *v umg* **1.** что einen (Volks-)Tanz tanzen **2.** что müde tanzen *Beine* **3.** *ohne Objekt* aufhören zu tanzen ‖ *uv* отпля́сывать 1a *zu* 1, 2

ft.	отпляшу́, -я́шешь, -я́шут
imp.	отпляши́, ~те
pt.	отпляса́л
g.pt.a.	отпляса́в
p.pt.a.	отпляса́вший
p.pt.p.	отпля́санный

отпля́сывать 1a *uv* **1.** *uv zu* отпляса́ть **2.** *umg* (mit Begeisterung) tanzen, eifrig tanzen

отпои́ть *v* кого́-что **1.** mit flüssiger Nahrung aufziehen *Tiere* **2.** *umg durch Milch* wieder aufpäppeln **3.** *umg durch Arznei* wieder auf die Beine bringen ‖ *uv* отпа́ивать 1a

ft.	отпою́, -ои́шь, -оя́т *u. umg* -о́ишь, -о́ят
imp.	отпои́, ~те *u. volksspr* отпо́й, ~те
pt.	отпои́л
g.pt.a.	отпои́в
p.pt.a.	отпои́вший
p.pt.p.	отпо́енный

отполза́ть *uv zu* отползти́

отползти́ *v* beiseite kriechen, wegkriechen ‖ *uv* отполза́ть 2a

ft.	отползу́, -зёшь, -зу́т
imp.	отползи́, ~те
pt.	отпо́лз, -олзла́
g.pt.a.	отпо́лзши
p.pt.a.	отпо́лзший

отполирова́ть 5 *v* что (blank) polieren ‖ *uv* отполиро́вывать 1a

отполиро́вывать *uv zu* отполирова́ть

отпоро́ть *v* что ab-, heraustrennen ‖ *uv* отпа́рывать 1a

ft.	отпорю́, -о́решь, -о́рют
imp.	отпори́, ~те
pt.	отпоро́л
g.pt.a.	отпоро́в
p.pt.a.	отпоро́вший
p.pt.p.	отпо́ротый

отпоро́ться, *1. u. 2. Pers ungebr*, *v* sich lostrennen, abgehen ‖ *uv* отпа́рываться

отпотева́ть *uv zu* отпоте́ть

отпоте́ть 3, *1. u. 2. Pers ungebr*, *v umg* anlaufen, feucht werden ‖ *uv* отпотева́ть 2a

отпочкова́ться 5 *v* **1.** *bot* sich durch Knospung vermehren **2.** *übtr* sich abzweigen, sich abtrennen ‖ *uv* отпочко́вываться 1a

отпочко́вываться *uv zu* отпочкова́ться

[1]**отпра́вить** *v* кого́-что **1.** abschicken, absenden, schicken **2.** das Abfahrtssignal geben, abfertigen ‖ *uv* отправля́ть 2a

ft.	отпра́влю, -вишь, -вят
imp.	отпра́вь, ~те
pt.	отпра́вил
g.pt.a.	отпра́вив
p.pt.a.	отпра́вивший
p.pt.p.	отпра́вленный

[2]**отпра́вить** *v* что *alt* vollziehen, verrichten ‖ *uv* отправля́ть 2a
Formen wie [1]отпра́вить

отпра́виться *v* **1.** sich begeben, aufbrechen **2.** abgehen, abfahren ‖ *uv* отправля́ться

[1,2]**отправля́ть** *uv zu* [1,2]отпра́вить

отправля́ться 2a *uv* **1.** *uv zu* отпра́виться **2.** от чего́ ausgehen (von), zum Ausgangspunkt nehmen

отпра́здновать [зн] 4 *v* **1.** что feiern, festlich begehen **2.** *umg* mit Feiern aufhören

отпра́шивать(ся) *uv zu* отпроси́ть(ся)

отпрессова́ть 5 *v* что *tech* pressen

отпроси́ть *v* кого́-что *volkssрr* Urlaub erbitten (für j-n) ‖ *uv* отпра́шивать 1a

ft.	отпрошу́, -о́сишь, -о́сят
imp.	отпроси́, ~те
pt.	отпроси́л
g.pt.a.	отпроси́в
p.pt.a.	отпроси́вший

отпроси́ться *v* um Urlaub bitten; um Erlaubnis bitten, sich entfernen zu dürfen ‖ *uv* отпра́шиваться

отпры́гивать *uv zu* отпры́гнуть

отпры́гнуть 6 *v* **1.** zurückspringen, beiseite springen **2.** *umg* abprallen, abspringen ‖ *uv* отпры́гивать 1a

отпряга́ть *uv zu* отпря́чь

отпря́дывать *uv zu* отпря́нуть

отпря́нуть 6 *v* zurückfahren, zurückprallen, zurückspringen ‖ *uv alt* отпря́дывать 1a

imp.	отпря́нь, ~те

отпря́чь [pé] *v* кого́-что ausspannen *Pferde* ‖ *uv* отпряга́ть 2a

ft.	отпрягу́, -яжёшь, -ягу́т
imp.	отпряги́, ~те
pt.	отпря́г, -ягла́
g.pt.a.	отпря́гши
p.pt.a.	отпря́гший
p.pt.p.	отпряжённый; отпряжён, -ена́

отпуга́ть 2 *v* кого́-что *umg* verscheuchen ‖ *uv* отпу́гивать 1a

[1]**отпу́гивать** *uv zu* отпугну́ть

[2]**отпу́гивать** *uv zu* отпуга́ть

отпугну́ть 7 *v* кого́-что **1.** verscheuchen **2.** abschrecken ‖ *uv* отпу́гивать 1a

отпуска́ть *uv zu* отпусти́ть

отпусти́ть *v* кого́-что **1.** gehen lassen, fortlassen, entlassen **2.** loslassen, freigeben **3.** lockern, entspannen **4.** wachsen lassen *Haare, Nägel* **5.** verabfolgen, abgeben, verkaufen, ausliefern **6.** zuteilen, zuweisen, bewilligen *Geldmittel* **7.** *umg* aussprechen *Unerwartetes, Unpassendes*, zum besten geben **8.** schleifen, schärfen **9.** *tech* anlassen, durch Wärmebehandlung härten *Metall* ‖ *uv* отпуска́ть 2a

ft.	отпущу́, -у́стишь, -у́стят
imp.	отпусти́, ~те
pt.	отпусти́л
g.pt.a.	отпусти́в
p.pt.a.	отпусти́вший
p.pt.p.	отпу́щенный

отпу́тать 1 *v* что *umg* entwirren, lösen ‖ *uv* отпу́тывать 1a

отпу́тывать *uv zu* отпу́тать

отраба́тывать *uv zu* отрабо́тать

отрабо́тать 1 *v* что **1.** abarbeiten; отрабо́тать ава́нс den Vorschuß abarbeiten **2.** *eine Zeitlang* arbeiten, abarbeiten, ableisten **3.** *ohne Objekt*, *umg* aufhören zu arbeiten **4.** *umg* ausfeilen, die endgültige Form [Fassung] geben ‖ *uv* отраба́тывать 1a *zu* 1, 4

отрави́ть *v* кого́-что **1.** vergiften, durch Gift töten **2.** *übtr* vergiften, verderben **3.** giftig machen, vergiften **4.** *übtr* vergällen, verderben ‖ *uv* отравля́ть 2a

ft.	отравлю́, -а́вишь, -а́вят
imp.	отрави́, ~те
pt.	отрави́л
g.pt.a.	отрави́в
p.pt.a.	отрави́вший
p.pt.p.	отра́вленный

отрави́ться *v* sich vergiften ‖ *uv* отравля́ться

отравля́ть(ся) *uv zu* отрави́ть(ся)

отража́ть(ся) *uv zu* отрази́ть(ся)

отрази́ть *v* кого́-что **1.** abwehren, parieren **2.** zurückwerfen, reflektieren *Licht, Schall*; widerspiegeln, reflektieren **3.** *übtr* widerspiegeln, darstellen ‖ *uv* отража́ть 2a

ft.	отражу́, -ази́шь, -азя́т
imp.	отрази́, ~те
pt.	отрази́л
g.pt.a.	отрази́в
p.pt.a.	отрази́вший
p.pt.p.	отражённый; отражён, -ена́

отрази́ться *v* **1.** sich reflektieren, sich widerspiegeln **2.** sich ausprägen, sich widerspiegeln, erscheinen **3.** на ком-чём sich auswirken (auf) ‖ *uv* отража́ться

отрапортова́ть 5 *v* **1.** кому́-чему́ о чём Meldung erstatten **2.** *umg* (als Antwort) herunterschnurren ‖ *uv* отрапорто́вывать 1a

отрапорто́вывать *uv zu* отрапортова́ть

отраста́ть *uv zu* отрасти́

отрасти́, *1 .u. 2. Pers ungebr*, *v* (nach) wachsen ‖ *uv* отраста́ть 2a

ft.	отрастёт, -ту́т
pt.	отро́с, -осла́
g.pt.a.	отро́сши
p.pt.a.	отро́сший

отрасти́ть *v* что wachsen lassen *Haare, Bart* ‖ *uv* отра́щивать 1a

ft.	отращу́, -асти́шь, -астя́т
imp.	отрасти́, ~те
pt.	отрасти́л
g.pt.a.	отрасти́в
p.pt.a.	отрасти́вший
p.pt.p.	отращённый; отращён, -ена́

отра́щивать *uv zu* отрасти́ть

отрегули́ровать 4 *v* что regulieren, einstellen

отредакти́ровать 4 *v* что redigieren

отре́зать *v* **1.** что abschneiden, abtrennen **2.** что *oder* чего́ abtrennen, wegnehmen *beim Vermessen* **3.** *übtr* кого́-что abschneiden, trennen **4.** что *oder ohne Objekt* kurz und unwillig antworten ‖ *uv* отреза́ть 2a *u.* отре́зывать 1a

ft.	отре́жу, -жешь, -жут
imp.	отре́жь, ~те
pt.	отре́зал
g.pt.a.	отре́зав
p.pt.a.	отре́завший
p.pt.p.	отре́занный

отреза́ть *uv zu* отре́зать

отрезве́ть 3 *v* **1.** nüchtern werden **2.** *übtr* ernüchtert werden

отрезви́ть *v* кого́-что **1.** nüchtern machen *Betrunkene* **2.** *übtr* ernüchtern, von Illusionen befreien ‖ *uv* отрезвля́ть 2a

ft.	отрезвлю́, -ви́шь, -вя́т
imp.	отрезви́, ~те
pt.	отрезви́л
g.pt.a.	отрезви́в
p.pt.a.	отрезви́вший
p.pt.p.	отрезвлённый; отрезвлён, -ена́

отрезви́ться *v* **1.** nüchtern werden **2.** *übtr* ernüchtert werden ‖ *uv* отрезвля́ться

отрезвля́ть(ся) *uv zu* отрезви́ть(ся)

отре́зывать *uv zu* отре́зать

отрека́ться *uv zu* отре́чься

отрекомендова́ть 5 *v* **1.** кого́ *alt* vorstellen **2.** кого́ empfehlen, eine Empfehlung abgeben **3.** кому́ что empfehlen, raten ‖ *uv* отрекомендо́вывать 1a

отрекомендова́ться *v* sich vorstellen, seinen Namen nennen ‖ *uv* отрекомендо́вываться

отрекомендо́вывать(ся) *uv zu* отрекомендова́ть(ся)

отремонти́ровать 4 *v* что reparieren; renovieren

отретуши́ровать 4 *v* что retuschieren

отре́чься *v* от кого́-чего́ **1.** verleugnen; sich lossagen (von) **2.** verzichten (auf) ‖ *uv* отрека́ться 2a

ft.	отреку́сь, -ечёшься, -еку́тся
imp.	отреки́сь, -и́тесь
pt.	отрёкся, -екла́сь
g.pt.a.	отрёкшись
p.pt.a.	отрёкшийся

отреша́ть(ся) *uv zu* отреши́ть(ся)

отреши́ть *v* кого́-что от чего́ *alt* **1.** entheben; absetzen **2.** trennen, losreißen ‖ *uv* отреша́ть 2a

ft. отрешу́, -ши́шь, -ша́т
imp. отреши́, ~те
pt. отреши́л
g.pt.a. отреши́в
p.pt.a. отреши́вший
p.pt.p. отрешённый; отрешён, -ена́

отреши́ться *v* от чего́ *buchspr* sich befreien, sich lossagen (von), aufgeben ‖ *uv* отреша́ться

отри́нуть 6 *v* кого́-что *alt* fahren lassen, aufgeben, ablehnen
imp. отри́нь, ~те
p.pt.p. отри́нутый

отрица́ть 2a *uv* что **1.** verneinen, (ab)-leugnen **2.** ablehnen, negieren

отрои́ть *v* кого́-что einen Teil des Bienenvolkes zur Bildung eines neuen Volkes abzweigen
ft. отрою, -рои́шь, -роя́т
imp. отрои́, ~те
pt. отрои́л
g.pt.a. отрои́в
p.pt.a. отрои́вший
p.pt.p. отроённый; отроён, -ена́

отрои́ться, *1. u. 2. Pers ungebr, v* einen neuen Schwarm bilden *Bienen*

отруба́ть *uv zu* отруби́ть

отруби́ть *v* что **1.** abhauen, abhacken, abschlagen **2.** *a. ohne Objekt, umg* kurz (und grob) antworten ‖ *uv* отруба́ть 2a *zu* 1
ft. отрублю́, -у́бишь, -у́бят
imp. отруби́, ~те
pt. отруби́л
g.pt.a. отруби́в
p.pt.a. отруби́вший
p.pt.p. отру́бленный

отруга́ть 2 *v* кого́-что *umg* beschimpfen

отру́гиваться 1a *uv umg* sich gegenseitig beschimpfen, auf Schimpfworte mit Beschimpfungen antworten

[1]**отрыва́ть** *uv zu* оторва́ть

[2]**отрыва́ть** *uv zu* отры́ть

отрыва́ться *uv zu* оторва́ться

отрыга́ть(ся) *uv zu* отрыгну́ть(ся)

отры́гивать(ся) *uv zu* отрыгну́ть(ся)

отрыгну́ть 7 *v* что *oder* (*nur für v*) чего́ beim Aufstoßen ausspucken ‖ *uv* отрыга́ть 2a *u.* отры́гивать 1a

отрыгну́ться, *1. u. 2. Pers ungebr, v* **1.** beim Aufstoßen ausgestoßen werden *aus dem Magen* **2.** *übtr volksspr* zu unangenehmen Folgen (für j-n) führen ‖ *uv* отрыга́ться *u.* отры́гиваться

отры́ть *v* кого́-что **1.** ausgraben, herausgraben **2.** *übtr umg* ausgraben, aufstöbern, aufspüren ‖ *uv* отрыва́ть 2a
ft. отро́ю, -о́ешь, -о́ют
imp. отро́й, ~те
pt. отры́л
g.pt.a. отры́в
p.pt.a. отры́вший
p.pt.p. отры́тый

отряди́ть *v* кого́-что abkommandieren, entsenden, einsetzen ‖ *uv* отряжа́ть 2a
ft. отряжу́, -яди́шь, -ядя́т
imp. отряди́, ~те
pt. отряди́л
g.pt.a. отряди́в
p.pt.a. отряди́вший
p.pt.p. отряжённый; отряжён, -ена́

отряжа́ть *uv zu* отряди́ть

отряса́ть *uv zu* отрясти́

отрясти́ *v* что **1.** abschütteln, abstreifen **2.** ausschütteln, ausklopfen ‖ *uv* отряса́ть 2a
ft. отрясу́, -сёшь, -су́т
imp. отряси́, ~те
pt. отря́с, -ясла́
g.pt.a. отря́сши
p.pt.a. отря́сший

отряха́ть(ся) *uv zu* отряхну́ть(ся)

отря́хивать(ся) *uv zu* отряхну́ть(ся)

отряхну́ть 7 *v* что **1.** abschütteln, abstreifen **2.** ausschütteln, ausklopfen ‖ *uv* отря́хивать 1a *u. alt u. volksspr* отряха́ть 2a

отряхну́ться *v* sich schütteln; sein Fell abschütteln ‖ *uv* отря́хиваться *u. alt u. volksspr* отряха́ться

отсади́ть *v* кого́-что **1.** wegsetzen, an einen anderen Platz setzen **2.** versetzen, umsetzen *Pflanzen* **3.** *volksspr* abhacken ‖ *uv* отса́живать 1a
ft. отсажу́, -а́дишь, -а́дят
imp. отсади́, ~те
pt. отсади́л
g.pt.a. отсади́в
p.pt.a. отсади́вший
p.pt.p. отса́женный

отса́живать *uv zu* отсади́ть

отса́живаться *uv zu* отсе́сть

отсалютова́ть 5 *v* кому́-чему́ salutieren

отса́сывать *uv zu* отсоса́ть

отсве́чивать 1a *uv* **1.** zurückstrahlen, zurückwerfen, reflektieren, schimmern **2.** sich widerspiegeln **3.** *volksspr* im Licht stehen, das Licht verdecken

отсева́ть(ся) *uv zu* отсе́ять(ся)

отсе́ивать(ся) *uv zu* отсе́ять(ся)

отсека́ть *uv zu* отсе́чь

отсели́ть *v* кого́-что an anderer Stelle ansiedeln ‖ *uv* отселя́ть 2a

ft.	отселю́, -ли́шь, -ля́т
imp.	отсели́, ~те
pt.	отсели́л
g.pt.a.	отсели́в
p.pt.a.	отсели́вший
p.pt.p.	отселённый; отселён, -ена́

отсели́ться *v* sich anderswo ansiedeln ‖ *uv* отселя́ться

отселя́ть(ся) *uv zu* отсели́ть(ся)

отсе́сть *v* sich wegsetzen ‖ *uv* отса́живаться 1a

ft.	отся́ду, -дешь, -дут
imp.	отся́дь, ~те
pt.	отсе́л
g.pt.a.	отсе́в
p.pt.a.	отсе́вший

отсе́чь *v* **1.** что abhauen, abhacken, abschlagen **2.** кого́-что *übtr* abschneiden, abriegeln, trennen ‖ *uv* отсека́ть 2a

ft.	отсеку́, -ечёшь, -еку́т
imp.	отсеки́, ~те
pt.	отсе́к, -екла́ *u. alt* -е́кла
g.pt.a.	отсе́кши
p.pt.a.	отсе́кший
p.pt.p.	отсечённый; отсечён, -ена́ *u. alt* отсе́ченный

отсе́ять *v* **1.** что aussieben, auslesen **2.** кого́-что *übtr* ausscheiden, aussieben **3.** что *u. ohne Objekt* aufhören zu säen ‖ *uv* отсе́ивать 1a *u.* отсева́ть 2a *zu* 1

ft.	отсе́ю, -е́ешь, -е́ют
imp.	отсе́й, ~те
pt.	отсе́ял
g.pt.a.	отсе́яв
p.pt.a.	отсе́явший
p.pt.p.	отсе́янный

отсе́яться *v* **1.** *1. u. 2. Pers ungebr* ausgesiebt werden, sich absondern *durch Aussieben* **2.** *übtr* sich absondern; ausscheiden **3.** *umg* die Aussaat beenden ‖ *uv* отсе́иваться *zu* 1, 2 *u.* отсева́ться *zu* 1

отсиде́ть *v* что **1.**: отсиде́ть себе́ но́гу sich das Bein steifsitzen **2.** *umg eine bestimmte Zeit* sitzen, sitzen bleiben **3.** *Strafe* absitzen ‖ *uv* отси́живать 1a

ft.	отсижу́, -иди́шь, -идя́т
imp.	отсиди́, ~те
pt.	отсиде́л
g.pt.a.	отсиде́в
p.pt.a.	отсиде́вший
p.pt.p.	отси́женный

отсиде́ться *v* **1.** от чего́ *umg* in Sicherheit abwarten **2.** *volksspr* steif werden *vom langen Sitzen* ‖ *uv* отси́живаться

отси́живать(ся) *uv zu* отсиде́ть(ся)

отска́бливать(ся) *uv zu* отскобли́ть(ся)

отскака́ть *v* **1.** davongaloppieren, im Galopp wegreiten **2.** aufhören zu galoppieren ‖ *uv* отска́кивать 1a *zu* 1

ft.	отскачу́, -а́чешь, -а́чут
imp.	отскачи́, ~те
pt.	отскака́л
g.pt.a.	отскака́в
p.pt.a.	отскака́вший

[1]**отска́кивать** *uv zu* отскака́ть

[2]**отска́кивать** *uv zu* отскочи́ть

отскобли́ть *v* что abkratzen ‖ *uv* отска́бливать 1a

ft.	отскоблю́, -о́бли́шь, -о́бля́т
imp.	отскобли́, ~те
pt.	отскобли́л
g.pt.a.	отскобли́в
p.pt.a.	отскобли́вший
p.pt.p.	отско́бленный

отскобли́ться *v umg* abgekratzt werden ‖ *uv* отска́бливаться

отскочи́ть *v* **1.** zurückspringen, zurückfahren **2.** abprallen, zurückprallen **3.** abspringen, abgehen ‖ *uv* отска́кивать 1a

ft.	отскочу́, -о́чишь, -о́чат
imp.	отскочи́, ~те
pt.	отскочи́л
g.pt.a.	отскочи́в
p.pt.a.	отскочи́вший

отскреба́ть *uv zu* отскрести́

отскрести́ *v* что *umg* abkratzen, abschaben ‖ *uv* отскреба́ть 2a

ft.	отскребу́, -бёшь, -бу́т
imp.	отскреби́, ~те
pt.	отскрёб, отскребла́
g.pt.a.	отскрёбши
p.pt.a.	отскрёбший
p.pt.p.	отскребённый; отскребён, -ена́

отсла́ивать(ся) *uv zu* отслои́ть(ся)

отслои́ть *v* что **1.** *schichtweise* abtrennen, ablösen **2.** ablagern lassen ‖ *uv* отсла́ивать 1a

ft.	отслою́, -ои́шь, -оя́т
imp.	отслои́, ~те
pt.	отслои́л
g.pt.a.	отслои́в
p.pt.a.	отслои́вший
p.pt.p.	отслоённый; отслоён, -ена́

отслои́ться, *1. u. 2. Pers ungebr v* **1.** sich (schichtweise) ablagern **2.** sich (schichtweise) ablösen ‖ *uv* отсла́иваться

отслу́живать *uv zu* отслужи́ть

отслужи́ть *v* **1.** abdienen, *eine Zeit* im Dienst verbringen **2.** *ohne Objekt* ausdienen, unbrauchbar werden **3.** что *u. ohne Objekt umg* abdienen, *durch Dienstleistung* entgelten **4.** что Gottesdienst halten ‖ *uv* отслу́живать 1а *zu* 3, 4

ft. отслужу́, -у́жишь, -у́жат
imp. отслужи́, ~те
pt. отслужи́л
g.pt.a. отслужи́в
p.pt.a. отслужи́вший
p.pt.p. отслу́женный

отсмея́ться *v umg* mit Lachen aufhören

ft. отсмею́сь, -еёшься, -ею́тся
imp. отсме́йся, -е́йтесь
pt. отсмея́лся, -лась
g.pt.a. отсмея́вшись
p.pt.a. отсмея́вшийся

отсове́товать 4 *v* кому́ *mit Infinitiv* abraten

отсортирова́ть 5 *v* кого́-что aussortieren ‖ *uv* отсортиро́вывать 1а

отсортиро́вывать *uv zu* отсортирова́ть

отсоса́ть *v* **1.** что *oder* (*nur für v*) чего́ (ab)saugen **2.** *umg* aufhören zu saugen ‖ *uv* отса́сывать 1а

ft. отсосу́, -сёшь, -су́т
imp. отсоси́, ~те
pt. отсоса́л
g.pt.a. отсоса́в
p.pt.a. отсоса́вший
p.pt.p. отсо́санный

отсо́хнуть, *1. u. 2. Pers ungebr, v* **1.** verdorren, vertrocknen *von Pflanzenteilen* **2.** *übtr umg* absterben, verdorren *von Körperteilen* ‖ *uv* отсыха́ть 2а

ft. отсо́хнет, -нут
pt. отсо́х, ~ла
g.pt.a. отсо́хнув *u.* отсо́хши
p.pt.a. отсо́хший

отсро́чивать *uv zu* отсро́чить

отсро́чить *v* что **1.** aufschieben, verschieben, stunden **2.** *umg* die Gültigkeit verlängern ‖ *uv* отсро́чивать 1а

ft. отсро́чу, -чишь, -чат
imp. отсро́чь, ~те
pt. отсро́чил
g.pt.a. отсро́чив
p.pt.a. отсро́чивший
p.pt.p. отсро́ченный

отстава́ть *uv zu* отста́ть

pr. отстаю́, -аёшь, -аю́т
imp. отстава́й, ~те
pt. отстава́л
g.pr.a. отстава́я
p.pr.a. отстаю́щий
p.pt.a. отстава́вший

отста́вить *v* кого́-что **1.** beiseite stellen, wegstellen **2.** *alt* entlassen, den Abschied geben **3.**: отста́вить! *mil* Kommando zurück! ‖ *uv* отставля́ть 2а *zu* 1, 2

ft. отста́влю, -вишь, -вят
imp. отста́вь, ~те
pt. отста́вил
g.pt.a. отста́вив
p.pt.a. отста́вивший
p.pt.p. отста́вленный

отставля́ть *uv zu* отста́вить

[1,2]отста́ивать *uv zu* [1,2]отстоя́ть

отста́иваться *uv zu* отстоя́ться

отста́ть *v* **1.** от кого́-чего́ zurückbleiben, nicht nachkommen (hinter) **2.** *übtr* от кого́-чего́ в чём zurückbleiben, einen Rückstand aufweisen (in) **3.** *1. u. 2. Pers ungebr* nachgehen *Uhr* **4.** *1. u. 2. Pers ungebr* sich ablösen, abgehen **5.** от кого́-чего́ *umg* sich trennen, untreu werden, die Verbindung abbrechen **6.** от кого́-чего́ ablassen, in Ruhe lassen, Ruhe geben ‖ *uv* отстава́ть, Formen das.

ft. отста́ну, -нешь, -нут
imp. отста́нь, ~те
pt. отста́л
g.pt.a. отста́в
p.pt.a. отста́вший

отстега́ть 2 *v* кого́-что auspeitschen, verprügeln

p.pt.p. отстёганный

отстёгивать(ся) *uv zu* отстегну́ть(ся)

отстегну́ть 7 *v* что aufknöpfen, aufhaken ‖ *uv* отстёгивать 1а

p.pt.p. отстёгнутый

отстегну́ться, *1. u. 2. Pers ungebr, v* aufgehen *Knöpfe, Schnallen u. ä.*, sich aufhaken ‖ *uv* отстёгиваться

отстира́ть 2 *v* что **1.** ab-, herauswaschen **2.** (aus)waschen **3.** *a. ohne Objekt, umg* aufhören zu waschen ‖ *uv* отсти́рывать 1а *zu* 1, 2

отстира́ться, *1. u. 2. Pers ungebr, v* **1.** sich herauswaschen lassen, herausgehen **2.** sauber werden *durch Waschen* **3.** *volksspr* aufhören zu waschen ‖ *uv* отсти́рываться *zu* 1, 2

отсти́рывать(ся) *uv zu* отстира́ть(ся)

[1]**отстоя́ть** *v* кого́-что **1.** verteidigen, behaupten **2.** verteidigen, schützen ‖ *uv* отста́ивать 1a

ft.	отстою́, -ои́шь, -оя́т
imp.	отсто́й, ~те
pt.	отстоя́л
g.pt.a.	отстоя́в
p.pt.a.	отстоя́вший
p.pt.p.	отсто́янный*

[2]**отстоя́ть** *v* что **1.** *die ganze Zeit hindurch* stehen; отстоя́ть весь конце́рт das ganze Konzert hindurch stehen **2.** *umg* müde stehen *Beine* ‖ *uv* отста́ивать 1a *zu* 1
kein *p.pt.p.*
Übrige Formen wie [1]отстоя́ть

[3]**отстоя́ть** *uv* от кого́-чего́ entfernt sein, abliegen (von)

pr.	отстою́, -ои́шь, -оя́т
pt.	отстоя́л
g.pr.a.	отстоя́
p.pr.a.	отстоя́щий
p.pt.a.	отстоя́вший

отстоя́ться, *1. u. 2. Pers ungebr*, *v* **1.** sich setzen, Bodensatz bilden **2.** *übtr* sich klären, sich läutern ‖ *uv* отста́иваться 1a
Formen nach [1]отстоя́ть

отстра́гивать *uv zu* отстрога́ть

отстрада́ть 2 *v* ausleiden

отстра́ивать(ся) *uv zu* отстро́ить(ся)

отстрани́ть *v* кого́-что **1.** entfernen, beiseite schieben, zurückschieben **2.** entheben, absetzen ‖ *uv* отстраня́ть 2a

ft.	отстраню́, -ни́шь, -ня́т
imp.	отстрани́, ~те
pt.	отстрани́л
g.pt.a.	отстрани́в
p.pt.a.	отстрани́вший
p.pt.p.	отстранённый; отстранён, -ена́

отстрани́ться *v* от кого́-чего́ **1.** sich entfernen, zurücktreten, beiseite treten **2.** sich zurückziehen (von), nicht mehr teilnehmen (an) ‖ *uv* отстраня́ться

отстраня́ть(ся) *uv zu* отстрани́ть(ся)

отстра́чивать *uv zu* отстрочи́ть

[1]**отстре́ливать** *uv zu* отстрели́ть

[2]**отстре́ливать** *uv zu* отстреля́ть

отстре́ливаться *uv zu* отстреля́ться

отстрели́ть *v* что *umg* wegschießen, durch ein Geschoß abreißen *Körperteil* ‖ *uv* отстре́ливать 1a

ft.	отстрелю́, -е́лишь, -е́лят
imp.	отстрели́, ~те
pt.	отстрели́л
g.pt.a.	отстрели́в
p.pt.a.	отстрели́вший
p.pt.p.	отстре́ленный

отстреля́ть 2 *v* **1.** кого́-что *Jagd* schießen, erlegen **2.** что *umg* verschießen *Munition* **3.** das Schießen beenden ‖ *uv* отстре́ливать 1a *zu* 1

отстреля́ться *v* **1.** от кого́-чего́ durch Schüsse abwehren **2.** *umg* zu schießen aufhören ‖ *uv* отстре́ливаться

отстрига́ть *uv zu* отстри́чь

отстри́чь *v* что abschneiden, abscheren, beschneiden, stutzen ‖ *uv* отстрига́ть 2a

ft.	отстригу́, -ижёшь, -игу́т
imp.	отстриги́, ~те
pt.	отстри́г, ~ла
g.pt.a.	отстри́гши
p.pt.a.	отстри́гший
p.pt.p.	отстри́женный

отстрога́ть 2 *v* **1.** что abhobeln **2.** *ohne Objekt* mit Hobeln aufhören ‖ *uv* отстра́гивать 1a *zu* 1

отстро́ить *v* что **1.** fertigbauen, fertigstellen *Bau* **2.** wiederaufbauen **3.** *umg* mit Bauen aufhören ‖ *uv* отстра́ивать 1a *zu* 1, 2

ft.	отстро́ю, -о́ишь, -о́ят
imp.	отстро́й, ~те
pt.	отстро́ил
g.pt.a.	отстро́ив
p.pt.a.	отстро́ивший
p.pt.p.	отстро́енный

отстро́иться *v* **1.** den Bau eines eigenen Hauses vollenden **2.** sein Haus wiederaufbauen ‖ *uv* отстра́иваться

отстрочи́ть *v* что steppen, abnähen ‖ *uv* отстра́чивать 1a

ft.	отстрочу́, -о́чи́шь, -о́ча́т
imp.	отстрочи́, ~те
pt.	отстрочи́л
g.pt.a.	отстрочи́в
p.pt.a.	отстрочи́вший
p.pt.p.	отстро́ченный

отсту́кать 1 *v* что **1.** klopfen *Takt, Zeichen* **2.** *volksspr* tippen *mit Schreibmaschine, Morseapparat* **3.** *volksspr*: отсту́кать пя́тки sich die Hacken ablaufen ‖ *uv* отсту́кивать 1a

отсту́кивать *uv zu* отсту́кать

отступа́ть(ся) *uv zu* отступи́ть(ся)

отступи́ть *v* **1.** zurücktreten, zur Seite treten **2.** *übtr* zurücktreten, zurückgehen **3.** sich zurückziehen, zurückweichen, sich absetzen **4.** от чего́ aufgeben, untreu werden **5.** от чего́ abweichen *von Wesentlichem auf Unwesentliches* **6.**: отступи́ть от кра́я листа́ einen Rand lassen *auf einer Seite* ‖ *uv* отступа́ть 2a

ft.	отступлю́, -у́пишь, -у́пят
imp.	отступи́, ~те
pt.	отступи́л
g.pt.a.	отступи́в
p.pt.a.	отступи́вший

отступи́ться *v* **1.** от чего́ aufgeben, Abstand nehmen (von), verzichten (auf) **2.** от чего́ sein Wort brechen, nicht halten, zurücknehmen; отступи́ться от обеща́ния sein Versprechen nicht (ein)halten **3.** от кого́ sich lossagen (von) ‖ *uv* отступа́ться

отсу́тствовать 4a *uv* **1.** abwesend sein, fehlen **2.** nicht vorhanden sein, fehlen

отсу́чивать *uv zu* отсучи́ть

отсучи́ть *v* что *umg* herunterkrempeln, herunterstreifen ‖ *uv* отсу́чивать 1a

ft.	отсучу́, -у́чишь, -у́чат
imp.	отсучи́, ~те
pt.	отсучи́л
g.pt.a.	отсучи́в
p.pt.a.	отсучи́вший
p.pt.p.	отсу́ченный

отсчита́ть[щи] 2 *v* что abzählen, abmessen *Schritte* ‖ *uv* отсчи́тывать 1a

отсчи́тывать *uv zu* отсчита́ть

отсыла́ть *uv zu* отосла́ть

отсы́пать *v* **1.** что *oder* чего́ abschütten **2.** что *volksspr* spendieren, reichlich zumessen ‖ *uv* отсыпа́ть 2a

ft.	отсы́плю, -лешь, -лют *u. umg* -пешь, -пют
imp.	отсы́пь, ~те
pt.	отсы́пал
g.pt.a.	отсы́пав
p.pt.a.	отсы́павший
p.pt.p.	отсы́панный

отсыпа́ть *uv zu* отсы́пать

отсыпа́ться *uv zu* отоспа́ться

отсырева́ть *uv zu* отсыре́ть

отсыре́ть 3, *1. u. 2. Pers ungebr*, *v* feucht werden ‖ *uv* отсырева́ть 2a

отсыха́ть *uv zu* отсо́хнуть

отта́ивать *uv zu* отта́ять

отта́лкивать(ся) *uv zu* оттолкну́ть(ся)

отта́птывать *uv zu* оттопта́ть

оттаска́ть 2 *v* кого́-что **1.** *volksspr* wegschleppen, fortschleppen *mit mehrmaligem Absetzen* **2.** *ohne Objekt*, *umg* aufhören zu schleppen **3.** за что *umg* zerren, ziehen *an den Haaren, Ohren* ‖ *uv* отта́скивать 1a *zu* 1

[1]**отта́скивать** *uv zu* оттащи́ть

[2]**отта́скивать** *uv zu* оттаска́ть

отта́чивать *uv zu* отточи́ть

оттащи́ть *v* кого́-что **1.** wegschleppen, fortschleppen **2.** кого́ *umg* (j-n) fortzerren, wegziehen ‖ *uv* отта́скивать 1a

ft.	оттащу́, -а́щишь, -а́щат
imp.	оттащи́, ~те
pt.	оттащи́л
g.pt.a.	оттащи́в
p.pt.a.	оттащи́вший
p.pt.p.	отта́щенный

отта́ять *v* **1.** auftauen **2.** *übtr* auftauen, umgänglich werden **3.** что auftauen, zum Tauen bringen **4.** *übtr* кого́-что milder stimmen ‖ *uv* отта́ивать 1a

ft.	отта́ю, -а́ешь, -а́ют
imp.	отта́й, ~те
pt.	отта́ял
g.pt.a.	отта́яв
p.pt.a.	отта́явший

оттека́ть *uv zu* оттéчь

оттени́ть *v* что **1.** (ab)schattieren, durch Schattierung hervorheben **2.** *übtr* hervorheben, betonen, unterstreichen ‖ *uv* оттеня́ть 2a

ft.	оттеню́, -ни́шь, -ня́т
imp.	оттени́, ~те
pt.	оттени́л
g.pt.a.	оттени́в
p.pt.a.	оттени́вший
p.pt.p.	оттенённый; оттенён, -ена́

оттени́ться, *1. u. 2. Pers ungebr*, *v* sich hervorheben, unterstrichen werden ‖ *uv* оттеня́ться

оттеня́ть(ся) *uv zu* оттени́ть(ся)

оттере́ть *v* **1.** что abreiben, abwischen **2.** кого́-что warm reiben **3.** *umg* кого́-что wegdrängen, verdrängen ‖ *uv* оттира́ть 2a

ft.	ототру́, -рёшь, -ру́т
imp.	ототри́, ~те
pt.	оттёр, ~ла
g.pt.a.	оттере́в *u.* оттёрши
p.pt.a.	оттёрший
p.pt.p.	оттёртый

оттере́ться *v* abgerieben werden ‖ *uv* оттира́ться

g.pt.a.	оттёршись

оттесни́ть *v* кого́-что verdrängen, zurückdrängen, wegdrängen ‖ *uv* оттесня́ть 2a
ft. оттесню́, -ни́шь, -ня́т
imp. оттесни́, ~те
pt. оттесни́л
g.pt.a. оттесни́в
p.pt.a. оттесни́вший
p.pt.p. оттеснённый; оттеснён, -ена́

оттесня́ть *uv zu* оттесни́ть

оттéчь, *1. u. 2. Pers ungebr, v* abfließen, zurückfließen ‖ *uv* оттека́ть 2a
ft. оттечёт, -еку́т
pt. оттёк, -екла́
g.pt.a. оттёкши
p.pt.a. оттёкший

оттира́ть(ся) *uv zu* оттерéть(ся)

отти́скать 1 *v* кого́-что *volkssprr* durch Drücken weh tun [verletzen] ‖ *uv* отти́скивать 1a

отти́скивать *uv zu* отти́снуть *u.* отти́скать

отти́снуть 6 *v* кого́-что **1.** *umg* zurückdrängen, verdrängen **2.** eindrücken **3.** einklemmen **4.** *typ* abdrucken, einen Abdruck [Abzug] herstellen ‖ *uv* отти́скивать 1a
p.pt.p. отти́снутый

оттолкну́ть 7 *v* кого́-что **1.** wegstoßen, fortstoßen, abstoßen **2.** *übtr* zurückstoßen, zurückweisen **3.** abstoßen, abstoßend wirken ‖ *uv* отта́лкивать 1a

оттолкну́ться *v* от чего́ **1.** sich abstoßen (von) **2.** *übtr* als Ausgangspunkt nehmen, ausgehen (von) ‖ *uv* отта́лкиваться

оттопта́ть *v* что **1.** *umg* kaputttreten, zertreten **2.** *volkssprr*: оттопта́ть но́ги sich die Füße müde [wund] laufen ‖ *uv* отта́птывать 1a
ft. оттопчу́, -о́пчешь, -о́пчут
imp. оттопчи́, ~те
pt. оттопта́л
g.pt.a. оттопта́в
p.pt.a. оттопта́вший
p.pt.p. отто́птанный

оттопы́ривать(ся) *uv zu* оттопы́рить(ся)

оттопы́рить *v* что *umg* spreizen, abspreizen; vorstülpen *Lippen* ‖ *uv* оттопы́ривать 1a
ft. оттопы́рю, -ришь, -рят
imp. оттопы́рь, ~те
pt. оттопы́рил
g.pt.a. оттопы́рив
p.pt.a. оттопы́ривший
p.pt.p. оттопы́ренный

оттопы́риться, *1. u. 2. Pers ungebr, v umg* sich spreizen, sich abspreizen; abstehen; sich vorstülpen *Lippen* ‖ *uv* оттопы́риваться

отторга́ть *uv zu* отто́ргнуть

отто́ргнуть *v* кого́-что *buchspr* gewaltsam abtrennen, losreißen, wegnehmen ‖ *uv* отторга́ть 2a
ft. отто́ргну, -нешь, -нут
imp. отто́ргни, ~те
pt. отто́рг *u.* отто́ргнул, отто́ргла
g.pt.a. отто́ргнув *u.* отто́ргши
p.pt.a. отто́ргший *u.* отто́ргнувший
p.pt.p. отто́ргнутый *u. alt* отто́рженный

отточи́ть *v* что **1.** schleifen, schärfen, spitzen **2.** *übtr* ausfeilen *Stil, Ausdrucksweise* **3.** *a. ohne Objekt* aufhören zu schleifen [schärfen, spitzen] ‖ *uv* отта́чивать 1a *zu* 1, 2
ft. отточу́, -о́чишь, -о́чат
imp. отточи́, ~те
pt. отточи́л
g.pt.a. отточи́в
p.pt.a. отточи́вший
p.pt.p. отто́ченный

оттрепа́ть *v* **1.** что brechen *Hanf, Flachs* **2.** кого́-что *umg* an den Ohren [Haaren] ziehen *zur Strafe* **3.** aufhören mit brechen *Flachs, Hanf* ‖ *uv* оттрёпывать 1a *zu* 1
ft. оттреплю́, -е́плешь, -е́плют
imp. оттрепли́, ~те *u.* оттрепи́, ~те
pt. оттрепа́л
g.pt.a. оттрепа́в
p.pt.a. оттрепа́вший
p.pt.p. оттрёпанный

оттрёпывать *uv zu* оттрепа́ть

оттузи́ть *v* кого́-что *umg* verprügeln
ft. оттужу́, -узи́шь, -узя́т
imp. оттузи́, ~те
pt. оттузи́л
g.pt.a. оттузи́в
p.pt.a. оттузи́вший

оттушева́ть *v* что mit Tusche schattieren *uv* оттушёвывать 1a
ft. оттушу́ю, -у́ешь, -у́ют
imp. оттушу́й, ~те
pt. оттушева́л
g.pt.a. оттушева́в
p.pt.a. оттушева́вший
p.pt.p. оттушёванный

оттушёвывать *uv zu* оттушева́ть

оттяга́ть 2 *v* что *volkssprr* durch einen Prozeß wegnehmen

оття́гивать *uv zu* оттяну́ть

оттяну́ть 7 *v* что **1.** zurückziehen, zur Seite ziehen **2.** *umg* fortzerren, wegzerren **3.** aufschieben, hinausschieben, verzögern ‖ *uv* оття́гивать 1a
ft. оттяну́, -я́нешь, -я́нут
p.pt.p. оття́нутый

оття́пать 1 *v* что *volksspr* abhauen, abschneiden ‖ *uv* оття́пывать 1a | *v mom* оття́пнуть 6, *p.pt.p.* оття́пнутый

оття́пнуть *v mom zu* оття́пывать

оття́пывать *uv zu* оття́пать

оту́жинать 1 *v* **1.** das Abendbrot beenden **2.** *alt* Abendbrot essen

отума́нивать(ся) *uv zu* отума́нить(ся)

отума́нить *v* кого́-что **1.** mit Nebel [Dunst] überziehen **2.** *übtr* umnebeln, umschleiern, trüben ‖ *uv* отума́нивать 1a
ft. отума́ню, -нишь, -нят
imp. отума́нь, ~те
pt. отума́нил
g.pt.a. отума́нив
p.pt.a. отума́нивший
p.pt.p. отума́ненный

отума́ниться *v* **1.** sich mit Nebel [Rauch] überziehen **2.** sich verschleiern *Augen* **3.** *übtr* umnebelt werden, das Urteilsvermögen verlieren **4.** *ü tr* sich verdüstern, traurig werden ‖ *uv* отума́ниваться

отупе́ть 3 *v* stumpfsinnig [abgestumpft] werden

отутю́живать *uv zu* отутю́жить

отутю́жить *v* что (sorgfältig) bügeln, plätten ‖ *uv* отутю́живать 1a
ft. отутю́жу, -жишь, -жат
imp. отутю́жь, ~те
pt. отутю́жил
g.pt.a. отутю́жив
p.pt.a. отутю́живший
p.pt.p. отутю́женный

отуча́ть(ся) *uv zu* отучи́ть(ся)

оту́чивать(ся) *uv zu* отучи́ть(ся)

отучи́ть *v* кого́-что от чего́ *oder mit Infinitiv* abgewöhnen ‖ *uv* отуча́ть 2a *u. umg* оту́чивать 1a
ft. отучу́, оту́чишь, оту́чат
imp. отучи́, ~те
pt. отучи́л
g.pt.a. отучи́в
p.pt.a. отучи́вший
p.pt.p. оту́ченный

отучи́ться *v* **1.** от чего́ *oder mit Infinitiv* sich abgewöhnen **2.** *umg* aufhören mit Lernen ‖ *uv* отуча́ться *zu* 1 *u. umg* оту́чиваться *zu* 1

отформова́ть 5 *v* что *tech* formen ‖ *uv* отформо́вывать 1a

отформо́вывать *uv zu* отформова́ть

отфрезерова́ть 5 *v* что *tech* fräsen ‖ *uv* отфрезеро́вывать 1a

отфрезеро́вывать *uv zu* отфрезерова́ть

[1,2]**отха́живать** *uv zu* [2,3]отходи́ть

отха́ркать 1 *v* что (her)aushusten ‖ *uv* отха́ркивать 1a

отха́ркаться *v* sich die Kehle frei husten ‖ *uv* отха́ркиваться

[1]**отха́ркивать(ся)** *uv zu* отха́ркать(ся)

[2]**отха́ркивать(ся)** *uv zu* отха́ркнуть(ся)

отха́ркнуть 6 *v* что (her)aushusten ‖ *uv* отха́ркивать 1a
p.pt.p. отха́ркнутый

отха́ркнуться *v* sich die Kehle frei husten ‖ *uv* отха́ркиваться

отхвата́ть 2 *v* что *volkssprr* flink, geschickt ausführen [tun] ‖ *uv* отхва́тывать 1a

отхвати́ть *v* что **1.** *umg* abhauen, abschneiden, abtrennen, absäbeln **2.** *volkssprr* an sich bringen, ergattern **3.** *volkssprr* flink [geschickt] ausführen ‖ *uv* отхва́тывать 1a
ft. отхвачу́, -а́тишь, -а́тят
imp. отхвати́, ~те
pt. отхвати́л
g.pt.a. отхвати́в
p.pt.a. отхвати́вший
p.pt.p. отхва́ченный

[1]**отхва́тывать** *uv zu* отхвати́ть

[2]**отхва́тывать** *uv zu* отхвата́ть

отхлебну́ть 7 *v* что *oder* чего́ *u. ohne Objekt umg* (schlürfend) abtrinken ‖ *uv* отхлёбывать 1a
p.pt.p. отхлёбнутый

отхлёбывать *uv zu* отхлебну́ть

отхлеста́ть *v* кого́-что *umg* **1.** durch-, auspeitschen **2.** *übtr* geißeln, scharf kritisieren ‖ *uv* отхлёстывать 1a
ft. отхлещу́, -е́щешь, -е́щут
imp. отхлещи́, ~те
pt. отхлеста́л
g.pt.a. отхлеста́в
p.pt.a. отхлеста́вший
p.pt.p. отхлёстанный

отхлёстывать *uv zu* отхлеста́ть

отхло́пать 1 *v* что *umg* **1.**: отхло́пать себе́ ру́ки [ладо́ши] so lange Beifall klatschen, bis die Hände weh tun **2.** кого́-что schlagen, einen Klaps geben ‖ *uv* отхло́пывать 1a

отхло́пывать *uv zu* отхло́пать

отхлы́нуть 6 *v* **1.** zurückfluten, -wogen **2.** *übtr* zurückweichen, -fluten
imp. отхлы́нь, ~те

[1]**отходи́ть** *uv zu* отойти́
pr. отхожу́, -о́дишь, -о́дят
imp. отходи́, ~те
pt. отходи́л
g.pr.a. отходя́
p.pr.a. отходя́щий
p.pt.a. отходи́вший

[2]**отходи́ть** *v* кого́-что gesundpflegen ‖ *uv* отха́живать 1a
ft. отхожу́, -о́дишь, -о́дят
imp. отходи́, ~те
pt. отходи́л
g.pt.a. отходи́в
p.pt.a. отходи́вший
p.pt.p. отхо́женный

[3]**отходи́ть** *v* **1.** *umg* aufhören hin- und herzugehen **2.** *umg*: отходи́ть себе́ но́ги die Füße müde laufen **3.** кого́-что *volksspr* schlagen, verdreschen ‖ *uv* отха́живать 1a *zu* 2, 3
Formen wie [2]отходи́ть

отцвести́ *v* **1.** verblühen **2.** *umg alt* matt werden, die Farbe verlieren **3.** *übtr* verblühen, die Jugend [Schönheit] verlieren ‖ *uv* отцвета́ть 2a
ft. отцвету́, -тёшь, -ту́т
imp. отцвети́, ~те
pt. отцвёл, -ела́
g.pt.a. отцветя́ *u.* отцве́тши
p.pt.a. отцве́тший

отцвета́ть *uv zu* отцвести́

отцеди́ть *v* что abzapfen, abziehen, abseihen ‖ *uv* отце́живать 1a
ft. отцежу́, -е́дишь, -е́дят
imp. отцеди́, ~те
pt. отцеди́л
g.pt.a. отцеди́в
p.pt.a. отцеди́вший
p.pt.p. отце́женный

отце́живать *uv zu* отцеди́ть

отцепи́ть *v* что **1.** loshaken, losketten, abhängen **2.** *umg* entfernen *Festgehaktes* ‖ *uv* отцепля́ть 2a
ft. отцеплю́, -е́пишь, -е́пят
imp. отцепи́, ~те
pt. отцепи́л
g.pt.a. отцепи́в
p.pt.a. отцепи́вший
p.pt.p. отце́пленный

отцепи́ться *v* **1.** от чего́ sich loshaken, sich lösen **2.** *übtr volksspr* in Ruhe lassen ‖ *uv* отцепля́ться

отцепля́ть(ся) *uv zu* отцепи́ть(ся)

отча́иваться *uv zu* отча́яться

отча́ливать *uv zu* отча́лить

отча́лить *v* что **1.** *naut* losmachen, losbinden **2.** vom Ufer abstoßen, ablegen ‖ *uv* отча́ливать 1a
ft. отча́лю, -лишь, -лят
imp. отча́ль, ~те
pt. отча́лил
g.pt.a. отча́лив
p.pt.a. отча́ливший
p.pt.p. отча́ленный

отча́яться *v* **1.** *mit Infinitiv oder* в чём verzweifeln (an), jede Hoffnung fahren lassen (auf) **2.** на что *umg* die Tollkühnheit haben (zu) ‖ *uv* отча́иваться 1a
ft. отча́юсь, -а́ешься, -а́ются
imp. отча́йся, -а́йтесь
pt. отча́ялся, -лась
g.pt.a. отча́явшись
p.pt.a. отча́явшийся

отчека́нивать *uv zu* отчека́нить

отчека́нить *v* что **1.** prägen *Münzen u. ä.* **2.** *übtr* deutlich, Silbe für Silbe betonend sprechen ‖ *uv* отчека́нивать 1a
ft. отчека́ню, -нишь, -нят
imp. отчека́нь, ~те
pt. отчека́нил
g.pt.a. отчека́нив
p.pt.a. отчека́нивший
p.pt.p. отчека́ненный

отчеренкова́ть 5 *v* что aufpfropfen

отчёркивать *uv zu* отчеркну́ть

отчеркну́ть 7 *v* что anstreichen, anmerken ‖ *uv* отчёркивать 1a
p.pt.p. отчёркнутый

отче́рпать 1 *v* что abschöpfen ‖ *uv* отче́рпывать 1a

отчерпну́ть 7 *v* что *oder* (*nur für v*) чего́ *umg* abschöpfen ‖ *uv* отче́рпывать 1a
p.pt.p. отче́рпнутый

[1]**отче́рпывать** *uv zu* отче́рпать

[2]**отче́рпывать** *uv zu* отчерпну́ть

отчи́слить *v* кого́-что **1.** abziehen, einbehalten **2.** streichen, ausschließen, entlassen ‖ *uv* отчисля́ть 2a
ft. отчи́слю, -лишь, -лят
imp. отчи́сли, ~те
pt. отчи́слил
g.pt.a. отчи́слив
p.pt.a. отчи́сливший
p.pt.p. отчи́сленный

отчи́слиться *v* ausscheiden, sich streichen lassen, abgehen ‖ *uv* отчисля́ться

отчисля́ть(ся) *uv zu* отчи́слить(ся)

отчи́стить *v* что **1.** entfernen *Fleck* **2.** säubern, reinigen, den Schmutz entfernen ‖ *uv* отчища́ть 2а

ft.	отчи́щу, -и́стишь, -и́стят
imp.	отчи́сти *u.* отчи́сть, отчи́стите
pt.	отчи́стил
g.pt.a.	отчи́стив
p.pt.a.	отчи́стивший
p.pt.p.	отчи́щенный

отчи́ститься *v umg* **1.** sich entfernen lassen, abgehen, herausgehen *Schmutz, Fleck* **2.** sauber werden ‖ *uv* отчища́ться

отчита́ть 2 *v* **1.** кого́-что *umg* die Leviten lesen, eine Strafpredigt halten **2.** что durchlesen ‖ *uv* отчи́тывать 1а *zu* 1

отчита́ться *v* Rechenschaft ablegen ‖ *uv* отчи́тываться

отчи́тывать(ся) *uv zu* отчита́ть(ся)

отчиха́ться 2 *v umg* sich ausniesen

отчища́ть(ся) *uv zu* отчи́стить(ся)

отчлени́ть *v* что abtrennen ‖ *uv* отчленя́ть 2а

ft.	отчленю́, -ни́шь, -ня́т
imp.	отчлени́, ~те
pt.	отчлени́л
g.pt.a.	отчлени́в
p.pt.a.	отчлени́вший
p.pt.p.	отчленённый; отчленён, -ена́

отчленя́ть *uv zu* отчлени́ть

отчуди́ть (*Infinitiv, ft. u. pt. veraltet*) *v zu* отчужда́ть

ft.	отчужу́, -уди́шь, -удя́т
imp.	отчуди́, ~те
pt.	отчуди́л
g.pt.a.	отчуди́в
p.pt.a.	отчуди́вший
p.pt.p.	отчуждённый; отчуждён, -ена́

отчужда́ть 2а *uv* что **1.** кого́-что (innerlich) entfremden, entfernen, den Kontakt lockern **2.** *jur* enteignen **3.** *theat* verfremden ‖ *v* отчуди́ть*, Formen das.

отшага́ть 2 *v* что *umg* zu Fuß durchlaufen ‖ *uv* отша́гивать 1а
kein *p.pt.p.*

отша́гивать *uv zu* отшага́ть

отшагну́ть 7 *v umg* einen Schritt zur Seite [zurück] tun
kein *p.pt.p.*

отшатну́ть 7 *v* кого́-что *umg* **1.** wegstoßen, beiseite schieben **2.** (j-n) zwingen, den Verkehr mit j-m abzubrechen
p.pt.p. ungebr

отшатну́ться *v* от кого́-чего́ **1.** jäh zurückweichen, zurückfahren (vor) **2.** *übtr umg* den Verkehr [die Beziehungen] abbrechen, sich abwenden (von)

отшвы́ривать *uv zu* отшвырну́ть

отшвырну́ть 7 *v* кого́-что *umg* wegwerfen, wegschleudern ‖ *uv* отшвы́ривать 1а

отшиба́ть *uv zu* отшиби́ть

отшиби́ть *v* что **1.** *volksspr* herunterschlagen, abhauen **2.** *umg* kaputtschlagen **3.** *meist unpers umg* vertreiben, nehmen *Neigung Fähigkeit*; у меня́ отши́бло аппети́т mir verschlug es den Appetit ‖ *uv* отшиба́ть 2а

ft.	отшибу́, -бёшь, -бу́т
imp.	отшиби́, ~те
pt.	отши́б, ~ла
g.pt.a.	отшиби́в* *u.* отшибя́*
p.pt.a.	отши́бший*
p.pt.p.	отши́бленный

отшлёпать 1 *v* **1.** кого́-что *umg* Klapse geben **2.** что *volksspr* eine Strecke laufen *meist durch Schlamm* ‖ *uv* отшлёпывать 1а

отшлёпывать *uv zu* отшлёпать

отшлифова́ть 5 *v* что abschleifen *a. übtr* ‖ *uv* отшлифо́вывать 1а

отшлифо́вывать *uv zu* отшлифова́ть

отшпи́ливать(ся) *uv zu* отшпи́лить(ся)

отшпи́лить *v* что *umg* abmachen, abnehmen *Angestecktes* ‖ *uv* отшпи́ливать 1а

ft.	отшпи́лю, -лишь, -лят
imp.	отшпи́ль, ~те
pt.	отшпи́лил
g.pt.a.	отшпи́лив
p.pt.a.	отшпи́ливший
p.pt.p.	отшпи́ленный

отшпи́литься, *1. u. 2. Pers ungebr, v umg* abgehen, sich lösen *Angestecktes* ‖ *uv* отшпи́ливаться

отштампова́ть 5 *v* что (aus)stanzen ‖ *uv* отштампо́вывать 1а

отштампо́вывать *uv zu* отштампова́ть

отштукату́ривать *uv zu* отштукату́рить

отштукату́рить *v* что **1.** *umg arch* verputzen, abputzen **2.** *a. ohne Objekt* aufhören mit abputzen ‖ *uv* отштукату́ривать 1а

ft.	отштукату́рю, -ришь, -рят
imp.	отштукату́рь, ~те
pt.	отштукату́рил
g.pt.a.	отштукату́рив
p.pt.a.	отштукату́ривший
p.pt.p.	отштукату́ренный

отшуме́ть *v* **1.** aufhören zu lärmen [rauschen], verstummen **2.** *übtr* verstummen, vergehen

ft.	отшумлю́, -ми́шь, -мя́т
imp.	отшуми́, ~те
pt.	отшуме́л
g.pt.a.	отшуме́в
p.pt.a.	отшуме́вший

отшути́ться *v umg* mit einem Scherz abtun ‖ *uv* отшу́чиваться 1a

ft.	отшучу́сь, -у́тишься, -у́тятся
imp.	отшути́сь, -и́тесь
pt.	отшути́лся, -лась
g.pt.a.	отшути́вшись
p.pt.a.	отшути́вшийся

отшу́чиваться *uv zu* отшути́ться

отщёлкать 1 *v* кого́-что **1.** *volksspr* Klapse geben *als Strafe* **2.** *übtr volksspr* heruntermachen, grob ausschimpfen **3.** *a. ohne Objekt umg* aufhören zu trillern *Vögel*

отщелка́ть 2 *v* кого́-что *volksspr* **1.** Klapse geben *als Strafe* **2.** *übtr* heruntermachen, grob ausschimpfen

p.pt.p.	отщёлканный

отщёлкивать *uv zu* отщёлкнуть *u.* отщелкну́ть

отщелкну́ть 7 *u.* **отщёлкнуть** 6 *v* что *umg* zurückschieben *Riegel, Verschluß* öffnen ‖ *uv* отщёлкивать 1a

p.pt.p.	отщёлкнутый

отщепи́ть *v* что abspalten, abtrennen *z. B. Span* ‖ *uv* отщепля́ть 2a

ft.	отщеплю́, -пи́шь, -пя́т
imp.	отщепи́, ~те
pt.	отщепи́л
g.pt.a.	отщепи́в
p.pt.a.	отщепи́вший
p.pt.p.	отщеплённый; отщеплён, -ена́

отщепля́ть *uv zu* отщепи́ть

отщипа́ть *v* что *umg* abzwacken, abreißen ‖ *uv* отщи́пывать 1a

ft.	отщиплю́, -и́плешь, -и́плют *u. umg* -и́пешь, -и́пют *u. umg* отщипа́ю, -а́ешь, -а́ют
imp.	отщипли́, ~те *u. umg* отщипи́, ~те *u. umg* отщипа́й, ~те
pt.	отщипа́л
g.pt.a.	отщипа́в
p.pt.a.	отщипа́вший
p.pt.p.	отщи́панный

отщипну́ть 7 *v* что abzwacken, abreißen ‖ *uv* отщи́пывать 1a

[1]**отщи́пывать** *uv zu* отщипа́ть

[2]**отщи́пывать** *uv zu* отщипну́ть

отъеда́ть(ся) *uv zu* отъе́сть(ся)

отъе́здить *v umg* **1.** *eine bestimmte Zeit* fahren **2.** aufhören *irgendwohin* zu fahren

ft.	отъе́зжу, -здишь, -здят
imp.	отъе́зди, ~те
pt.	отъе́здил
g.pt.a.	отъе́здив
p.pt.a.	отъе́здивший

отъезжа́ть *uv zu* отъе́хать

отъе́сть *v* **1.** что abbeißen, abknabbern, abfressen **2.** что *umg* wegätzen **3.** *umg* aufhören zu essen ‖ *uv* отъеда́ть 2a *zu* 1, 2

ft.	отъе́м, -е́шь, -е́ст, -еди́м, -еди́те, -едя́т
imp.	отъе́шь, ~те
pt.	отъе́л
g.pt.a.	отъе́в
p.pt.a.	отъе́вший
p.pt.p.	отъе́денный

отъе́сться *v* sich herausfuttern ‖ *uv* отъеда́ться

отъе́хать *v* **1.** wegfahren, fortfahren **2.** что *fahrend* zurücklegen **3.** *volksspr* Ruhe geben, es gut sein lassen, es (dabei) bewenden lassen **4.** *volksspr* abgehen *Befestigtes* ‖ *uv* отъезжа́ть 2a

ft.	отъе́ду, -е́дешь, -е́дут
pt.	отъе́хал
g.pt.a.	отъе́хав
p.pt.a.	отъе́хавший

отъя́ть *v* что **1.** wegnehmen, sich aneignen **2.** wegziehen, wegnehmen **3.** *übtr* (be)rauben **4.** *umg* abnehmen, amputieren **5.** in Anspruch nehmen, wegnehmen, kosten *Zeit, Kraft u. ä.* **6.** *umg* abziehen, subtrahieren ‖ *uv alt* отыма́ть, Formen das.

ft.	отыму́, оты́мешь, оты́мут
imp.	отыми́, ~те
pt.	отъя́л
g.pt.a.	отъя́в
p.pt.a.	отъя́вший
p.pt.p.	отъя́тый

отыгра́ть 2 *v* что **1.** *Verspieltes* zurückgewinnen **2.** у кого́ *Sport* (wieder) abnehmen *Ball u. ä.* **3.** *a. ohne Objekt* aufhören zu spielen ‖ *uv* оты́грывать 1a *zu* 1, 2

отыгра́ться *v* **1.** *Verspieltes* zurückgewinnen, wiedergewinnen **2.** *übtr umg* sich geschickt herauswinden ‖ *uv* оты́грываться

оты́грывать(ся) *uv zu* отыгра́ть(ся)

отыма́ть *uv zu* отъя́ть *u.* отня́ть

pr.	отыма́ю, -а́ешь, -а́ют *u. alt* отъе́млю, -е́млешь, -е́млют
imp.	отыма́й, ~те *u. alt* отъе́мли, ~те
pt.	отыма́л
g.pr.a.	отыма́я *u. alt* отъе́мля
p.pr.a.	отыма́ющий *u. alt* отъе́млющий
p.pt.a.	отыма́вший
p.pr.p.	отыма́емый *u. alt* отъе́млемый

отыска́ть *v* кого́-что ausfindig machen ‖ *uv* оты́скивать 1a

ft.	отыщу́, оты́щешь, оты́щут
imp.	отыщи́, ~те
pt.	отыска́л
g.pt.a.	отыска́в
p.pt.a.	отыска́вший
p.pt.p.	оты́сканный

отыска́ться *v* sich (wieder)finden ‖ *uv* оты́скиваться

оты́скивать(ся) *uv zu* отыска́ть(ся)

отэкзаменова́ть 5 *v* кого́-что *u. ohne Objekt umg* die Prüfung beenden

отэкзаменова́ться *v umg* die Prüfung hinter sich haben *von Prüflingen*

отяготи́ть *v meist p.pt.p.* кого́-что чем *buchspr* **1.** beschweren, belasten **2.** *übtr* beschweren, bedrücken, belasten ‖ *uv* отягоща́ть 2a

ft.	отягощу́, -оти́шь, -отя́т
imp.	отяготи́, ~те
pt.	отяготи́л
g.pt.a.	отяготи́в
p.pt.a.	отяготи́вший
p.pt.p.	отягощённый; отягощён, -ена́

отягоща́ть *uv zu* отяготи́ть

отягча́ть *uv zu* отягчи́ть

отягчи́ть *v meist p.pt.p.* кого́-что *buchspr* **1.** beschweren, belasten **2.** *übtr* beschweren, bedrücken, belasten **3.** *übtr* erschweren, verschlimmern *Schuld u. a.* ‖ *uv* отягча́ть 2a

ft.	отягчу́, -чи́шь, -ча́т
imp.	отягчи́, ~те
pt.	отягчи́л
g.pt.a.	отягчи́в
p.pt.a.	отягчи́вший
p.pt.p.	отягчённый; отягчён, -ена́

отяжеле́ть 3 *v* **1.** schwer(er) werden **2.** schwerfällig werden *in seinen Bewegungen*

отяжели́ть *v* кого́-что **1.** schwer(er) machen **2.** schwerfällig machen *Bewegungen* **3.** *übtr* schwerfällig machen *Stil* ‖ *uv* отяжеля́ть 2a

ft.	отяжелю́, -ли́шь, -ля́т
imp.	отяжели́, ~те
pt.	отяжели́л
g.pt.a.	отяжели́в
p.pt.a.	отяжели́вший
p.pt.p.	отяжелённый; отяжелён, -ена́

отяжеля́ть *uv zu* отяжели́ть

офо́рмить *v* **1.** что ausstatten, ausgestalten **2.** что ausfertigen, ausstellen, in rechtskräftige Form bringen **3.** кого́-что die Einstellungsformalitäten erledigen (für), einstellen ‖ *uv* оформля́ть 2a

ft.	офо́рмлю, -мишь, -мят
imp.	офо́рми, ~те
pt.	офо́рмил
g.pt.a.	офо́рмив
p.pt.a.	офо́рмивший
p.pt.p.	офо́рмленный

офо́рмиться *v* **1.** *1. u. 2. Pers ungebr* die endgültige Form annehmen **2.** die Formalitäten für seine Einstellung erledigen, eingestellt werden ‖ *uv* оформля́ться

оформля́ть(ся) *uv zu* офо́рмить(ся)

оха́живать 1a *uv* кого́-что **1.** *gbt* herumgehen (um) **2.** *volksspr* schmeichlerisch umgarnen, sich einschmeicheln (bei) **3.** *volksspr* schlagen, verdreschen *mit etwas*

оха́ивать *uv zu* оха́ять

оха́льничать 1a *uv volksspr* frech [unverschämt] sein

охарактеризова́ть 5 *v* кого́-что charakterisieren, kennzeichnen

о́хать *uv zu* о́хнуть

оха́ять *v* кого́-что *volksspr* heruntermachen, schlecht machen ‖ *uv* оха́ивать 1a

ft.	оха́ю, -а́ешь, -а́ют
imp.	оха́й, ~те
pt.	оха́ял
g.pt.a.	оха́яв
p.pt.a.	оха́явший
p.pt.p.	оха́янный

охвати́ть *v* кого́-что **1.** umfangen, umarmen **2.** umgeben, umschließen, einschließen **3.** erfassen, ergreifen, befallen ‖ *uv* охва́тывать 1a

ft. охвачу́, -а́тишь, -а́тят
imp. охвати́, ~те
pt. охвати́л
g.pt.a. охвати́в
p.pt.a. охвати́вший
p.pt.p. охва́ченный

охва́тывать *uv zu* охвати́ть

охладева́ть *uv zu* охладе́ть

охладе́ть 3 *v* к кому́-чему́ gleichgültig werden (gegen), das Interesse verlieren (an) ‖ *uv* охладева́ть 2a

охлади́ть *v* что **1.** kühlen, kühl werden lassen **2.** *übtr* abkühlen, dämpfen, mäßigen; охлади́ть восто́рг die Begeisterung dämpfen ‖ *uv* охлажда́ть 2a
ft. охлажу́, -ади́шь, -адя́т
imp. охлади́, ~те
pt. охлади́л
g.pt.a. охлади́в
p.pt.a. охлади́вший
p.pt.p. охлаждённый; охлаждён, -ена́

охлади́ться, *1. u. 2. Pers ungebr*, *v* kalt [kälter] werden ‖ *uv* охлажда́ться

охлажда́ть(ся) *uv zu* охлади́ть(ся)

охмеле́ть 3 *v umg* **1.** betrunken werden, einen Rausch bekommen **2.** *übtr* berauscht [begeistert] werden

о́хнуть 6 *v u. mom umg* Ach! (aus)rufen, ächzen, seufzen ‖ *uv* о́хать 1a

охолости́ть *v* кого́-что kastrieren
ft. охолощу́, -ости́шь, -остя́т
imp. охолости́, ~те
pt. охолости́л
g.pt.a. охолости́в
p.pt.a. охолости́вший
p.pt.p. охолощённый; охолощён, -ена́

охора́шиваться 1a *uv umg* sich schön machen

[1]**охо́титься** *uv* **1.** (на кого́-что) jagen, auf die Jagd gehen **2.** за кем-чем *übtr* Jagd machen (auf), hinterher sein
pr. охо́чусь, охо́тишься, охо́тятся
imp. охо́ться, -тьтесь
pt. охо́тился, -лась
g.pr.a. охо́тясь
p.pr.a. охо́тящийся
p.pt.a. охо́тившийся

[2]**охо́титься** *uv meist mit Infinitiv, volksspr* wollen, danach trachten
Formen wie [1]охо́титься

охрани́ть *v zu* охраня́ть
ft. охраню́, -ни́шь, -ня́т
imp. охрани́, ~те
pt. охрани́л
g.pt.a. охрани́в
p.pt.a. охрани́вший
p.pt.p. охранённый; охранён, -ена́

охраня́ть 2a *uv* кого́-что beschützen, bewachen, verteidigen ‖ *v* охрани́ть, Formen das.

охри́пнуть *v* heiser werden
ft. охри́пну, -нешь, -нут
imp. охри́пни, ~те
pt. охри́п, ~ла
g.pt.a. охри́пнув *u.* охри́пши
p.pt.a. охри́пший

о́хрить *uv* что mit Ocker färben
pr. о́хрю, о́хришь, о́хрят
imp. о́хри, ~те
pt. о́хрил
g.pr.a. о́хря
p.pr.a. о́хрящий
p.pt.a. о́хривший

охроме́ть 3 *v umg* anfangen lahm zu gehen

оцара́пать 1 *v* кого́-что Schrammen [Kratzer] zufügen, die Haut abschürfen, zerkratzen ‖ *uv* оцара́пывать 1a | *v mom* оцара́пнуть 6

оцара́паться *v* sich Kratzwunden holen ‖ *uv* оцара́пываться | *v mom* оцара́пнуться

оцара́пнуть(ся) *v mom zu* оцара́пывать(ся)

оцара́пывать(ся) *uv zu* оцара́пать(ся)

оце́нивать *uv zu* оцени́ть

оцени́ть *v* кого́-что **1.** во что *oder* на что schätzen, taxieren, veranschlagen (auf) **2.** *übtr* beurteilen, einschätzen, bewerten **3.** schätzen, würdigen, anerkennen ‖ *uv* оце́нивать 1a
ft. оценю́, оце́нишь, оце́нят
imp. оцени́, ~те
pt. оцени́л
g.pt.a. оцени́в
p.pt.a. оцени́вший
p.pt.p. оценённый; оценён, -ена́

оцепене́ть 3 *v* erstarren *vor Erregung*

оцепени́ть *v* кого́-что erstarren lassen ‖ *uv* оцепеня́ть 2a
ft. оцепеню́, -ни́шь, -ня́т
imp. оцепени́, ~те
pt. оцепени́л
g.pt.a. оцепени́в
p.pt.a. оцепени́вший
p.pt.p. оцепенённый; оцепенён, -ена́

оцепеня́ть *uv zu* оцепени́ть

оцепи́ть *v* кого́-что umzingeln ‖ *uv* оцепля́ть 2a
ft. оцеплю́, оце́пишь, оце́пят
imp. оцепи́, ~те
pt. оцепи́л
g.pt.a. оцепи́в
p.pt.a. оцепи́вший
p.pt.p. оце́пленный

оцепля́ть *uv zu* оцепи́ть

оцинкова́ть 5 *v* что verzinken ‖ *uv* оцинко́вывать 1a

оцинко́вывать *uv zu* оцинкова́ть

очарова́ть 5 *v* кого́-что **1.** *alt* verzaubern, verhexen **2.** *übtr* bezaubern, fesseln ‖ *uv* очаро́вывать 1a

очарова́ться *v umg* begeistert sein, bezaubert werden ‖ *uv* очаро́вываться

очаро́вывать(ся) *uv zu* очарова́ть(ся)

очелове́чивать(ся) *uv zu* очелове́чить(ся)

очелове́чить *v* кого́-что *buchspr* **1.** vermenschlichen **2.** menschlich(er) machen ‖ *uv* очелове́чивать 1a
ft. очелове́чу, -чишь, -чат
imp. очелове́чь, ~те
pt. очелове́чил
g.pt.a. очелове́чив
p.pt.a. очелове́чивший
p.pt.p. очелове́ченный

очелове́читься, *1. u. 2. Pers ungebr*, *v* **1.** zum Menschen werden **2.** menschlich [human] werden ‖ *uv* очелове́чиваться

очерви́веть 3, *Betonung bleibt wie im Infinitiv*, *1. u. 2. Pers ungebr*, *v* wurmstichig werden

очёркивать *uv zu* очеркну́ть

очеркну́ть 7 *v* что umreißen, mit einem Strich umranden ‖ *uv* очёркивать 1a
p.pt.p. очёркнутый

очерни́ть *v* кого́-что anschwärzen, verleumden ‖ *uv* очерня́ть 2a
ft. очерню́, -ни́шь, -ня́т
imp. очерни́, ~те
pt очерни́л
g.pt.a. очерни́в
p.pt.a. очерни́вший
p.pt.p. очернённый; очернён, -ена́

очерня́ть *uv zu* очерни́ть

очерстве́ть 3 *v* hart [unempfindlich] werden, verhärten, herzlos werden

очерстви́ть *v* кого́-что hart [unempfindlich] machen, verhärten ‖ *uv* очерствля́ть 2a
ft. очерствлю́, -ви́шь, -вя́т
imp. очерстви́, ~те
pt. очерстви́л
g.pt.a. очерстви́в
p.pt.a. очерстви́вший
p.pt.p. очерствлённый; очерствлён, -ена́

очерствля́ть *uv zu* очерстви́ть

очерти́ть *v* что **1.** umreißen, mit einer Linie umziehen **2.** *übtr* beschreiben, umreißen, schildern ‖ *uv* oче́рчивать 1a
ft. очерчу́, оче́ртишь, оче́ртят
imp. очерти́, ~те
pt. очерти́л
g.pt.a. очерти́в
p.pt.a. очерти́вший
p.pt.p. оче́рченный

оче́рчивать *uv zu* очерти́ть

очини́ть *v* что (an)spitzen ‖ *uv* очиня́ть 2a
ft. очиню́, очи́нишь, очи́нят
imp. очини́, ~те
pt. очини́л
g.pt.a. очини́в
p.pt.a. очини́вший
p.pt.p. очи́ненный

очиня́ть *uv zu* очини́ть

очи́стить *v* кого́-что **1.** reinigen, säubern **2.** von Beimischungen befreien, reinigen, raffinieren **3.** schälen; schuppen **4.** freimachen, räumen; ausräumen **5.** *volkssprr* ausplündern, ausräumen ‖ *uv* очища́ть 2a
ft. очи́щу, очи́стишь, очи́стят
imp. очи́сти *u.* очи́сть, очи́стите
pt. очи́стил
g.pt.a. очи́стив
p.pt.a. очи́стивший
p.pt.p. очи́щенный

очи́ститься *v* **1.** sich reinigen, gereinigt [frei von Beimischungen] werden **2.** sich befreien; река́ очи́стилась ото льда der Fluß hat sich vom Eis befreit ‖ *uv* очища́ться

очища́ть(ся) *uv zu* очи́стить(ся)

очну́ться 7 *v* **1.** aufwachen, erwachen, munter werden **2.** die Besinnung wiedererlangen, (wieder) zu sich kommen

очу́вствоваться 4 *v alt u. volkssprr* zu sich kommen, zur Besinnung kommen

очуме́ть 3 *v volkssprr* den Kopf [den Verstand] verlieren

очути́ться, *1. Pers ungebr*, *v* (plötzlich) geraten, sich (plötzlich) befinden [sehen]

ft. очу́тишься, -тятся
imp. очути́сь, -и́тесь
pt. очути́лся, -лась
g.pt.a. очути́вшись
p.pt.a. очути́вшийся

очу́хаться 1 *v volksspr* wieder zur Besinnung kommen, zu sich kommen

ошалева́ть *uv zu* ошале́ть

ошале́ть 3 *v volksspr* von Sinnen kommen, den Verstand verlieren ‖ *uv* ошалева́ть 2a

ошара́шивать *uv zu* ошара́шить

ошара́шить *v* кого́-что *volksspr* **1.** derb zuschlagen, einen heftigen Schlag versetzen **2.** verblüffen, aus der Fassung bringen ‖ *uv* ошара́шивать 1a
ft. ошара́шу, -шишь, -шат
imp. ошара́шь, ~те
pt. ошара́шил
g.pt.a. ошара́шив
p.pt.a. ошара́шивший
p.pt.p. ошара́шенный

ошвартова́ть 5 *v* что *naut* vertäuen

ошеломи́ть *v* кого́-что verblüffen, in äußerstes Erstaunen [in größte Verwirrung] versetzen, betäuben ‖ *uv* ошеломля́ть 2a
ft. ошеломлю́, -ми́шь, -мя́т
imp. ошеломи́, ~те
pt. ошеломи́л
g.pt.a. ошеломи́в
p.pt.a. ошеломи́вший
p.pt.p. ошеломлённый; ошеломлён, -ена́

ошеломля́ть *uv zu* ошеломи́ть

ошелуди́веть 3, *Betonung bleibt wie im Infinitiv, v volksspr* grindig [räudig] werden

ошельмова́ть 5 *v* кого́-что *umg* blamieren, bloßstellen

ошиба́ться *uv zu* ошиби́ться

ошиби́ться *v* sich irren, sich täuschen ‖ *uv* ошиба́ться 2a
ft. ошибу́сь, -бёшься, -бу́тся
imp. ошиби́сь, -и́тесь
pt. оши́бся, -блась
g.pt.a. ошибя́сь

оши́кать 1 *v* кого́-что *umg* auszischen

ошпа́ривать(ся) *uv zu* ошпа́рить(ся)

ошпа́рить *v* кого́-что *umg* brühen; mit kochendem Wasser überschütten; verbrühen ‖ *uv* ошпа́ривать 1a
ft. ошпа́рю, -ришь, -рят
imp. ошпа́рь, ~те
pt. ошпа́рил
g.pt.a. ошпа́рив
p.pt.a. ошпа́ривший
p.pt.p. ошпа́ренный

ошпа́риться *v umg* sich verbrühen ‖ *uv* ошпа́риваться

оштрафова́ть 5 *v* кого́-что mit einer Geldstrafe belegen

оштукату́ривать *uv zu* оштукату́рить

оштукату́рить *v* что *arch* verputzen, abputzen ‖ *uv* оштукату́ривать 1a
ft. оштукату́рю, -ришь, -рят
imp. оштукату́рь, ~те
pt. оштукату́рил
g.pt.a. оштукату́рив
p.pt.a. оштукату́ривший
p.pt.p. оштукату́ренный

ощени́ться, *1. u. 2. Pers ungebr, v* Junge werfen *von Hunden, Wölfen, Füchsen*
ft. ощени́тся, -ня́тся
pt. ощени́лась
g.pt.a. ощени́вшись
p.pt.a. ощени́вшаяся

още́ривать(ся) *uv zu* още́рить(ся)

още́рить *v* что *umg*: още́рить зу́бы die Zähne fletschen; още́рить пасть den Rachen aufsperren ‖ *uv* ощериивать 1a
ft. още́рю, -ришь, -рят
imp. още́рь, ~те
pt. ощери́л
g.pt.a. ощери́в
p.pt.a. ощери́вший
p.pt.p. ощере́нный

ощериться *v umg* die Zähne fletschen ‖ *uv* ощериваться

ощети́нивать(ся) *uv zu* ощети́нить(ся)

ощети́нить, *1. u. 2. Pers ungebr, v* что sträuben *Haar, Fell* ‖ *uv* ощети́нивать 1a
ft. ощети́нит, -нят
pt. ощети́нил
g.pt.a. ощети́нив
p.pt.a. ощети́нивший
p.pt.p. ощети́ненный

ощети́ниться *v* **1.** das Fell [die Haare] sträuben **2.** *übtr* sich sträuben **3.** на кого́ *volksspr* wütend sein (auf) ‖ *uv* ощети́ниваться

ощипа́ть *v* кого́-что **1.** ausrupfen, abrupfen, auszupfen **2.** rupfen ‖ *uv* ощи́пывать 1a
ft. ощиплю́, -и́плешь, -и́плют *u. umg* -и́пешь, -и́пют *u. umg* ощипа́ю, -а́ешь, -а́ют
imp. ощипли́, ~те *u. umg* ощипи́, ~те *u. umg* ощипа́й, ~те

pt.	ощипа́л
g.pt.a.	ощипа́в
p.pt.a.	ощипа́вший
p.pt.p.	ощи́панный

ощи́пывать *uv zu* ощипа́ть

ощу́пать 1 *v* кого́-что befühlen, betasten ‖ *uv* ощу́пывать 1a

ощу́пывать *uv zu* ощу́пать

ощути́ть *v* что empfinden, wahrnehmen, fühlen ‖ *uv* ощуща́ть 2a

ft.	ощущу́, ощути́шь, ощутя́т
imp.	ощути́, ~те
pt.	ощути́л
g.pt.a.	ощути́в
p.pt.a.	ощути́вший
p.pt.p.	ощущённый; ощущён, -ена́

ощуща́ть *uv zu* ощути́ть

ощуща́ться 2a, *1. u. 2. Pers ungebr*, *uv* sich bemerkbar machen, zu spüren sein

П

па́дать 1a *uv* **1.** (hin)fallen, stürzen **2.** на что fallen (auf) *Licht*, *Schatten* **3.** fallen, sinken **4.** на что *übtr* fallen, lasten (auf) **5.** *übtr* verfallen **6.** verenden, krepieren **7.** fallen *Schnee* **8.** *umg* ausfallen *Haare* ‖ *v* пасть *zu* 2, 3, 5, 6, Formen das. *u.* упа́сть *zu* 1, 4, 5, Formen das.

пакова́ть 5a *uv* что packen. — (за-, у-)

па́костить *uv volksspr* **1.** что beschmutzen, verunreinigen **2.** что verpfuschen **3.** кому́-чему́ gemein handeln (an). — (за- *zu* 1, ис- *zu* 2, на- *zu* 1, 3)

pr.	па́кощу, -остишь, -остят
imp.	па́кости, ~те
pt.	па́костил
g.pr.a.	па́костя
p.pr.a.	па́костящий
p.pt.a.	па́костивший

[1]**пали́ть** *uv* **1.** кого́-что absengen **2.** versengen **3.** что *umg* verbrennen **4.** *1. u. 2. Pers ungebr* brennen, sengen. — (о- *zu* 1, с- *zu* 2, 3)

pr.	палю́, пали́шь, паля́т
imp.	пали́, ~те
pt.	пали́л
g.pr.a.	паля́
p.pr.a.	паля́щий
p.pt.a.	пали́вший
p.pt.p.	палённый; палён, -ена́

[2]**пали́ть** *uv umg* schießen, feuern | *v mom* пальну́ть 7. — (вы́-)
kein *p.pt.p.*
Übrige Formen wie [1]пали́ть

пало́мничать 1a *uv* pilgern, wallfahren

пальну́ть *v mom zu* [2]пали́ть

па́мятовать 4a *uv* кого́-что, о ком-чём sich erinnern, gedenken (an)

паникёрствовать 4a *uv umg* in Panik geraten

паникова́ть 5a *uv volksspr* in Panik geraten

паразити́ровать 4a *uv buchspr* als Parasit leben

парализова́ть 5 *u.* 5a *v*, *uv* кого́-что paralysieren, lähmen

парафи́ровать 4 *u.* 4a *v*, *uv* что paraphieren, unterzeichnen

парафрази́ровать 4 *u.* 4a *v*, *uv* что paraphrasieren

парашюти́ровать 4 *u.* 4a *v*, *uv* mit äußerst geringer Geschwindigkeit fliegen *Flugzeug*. — (с-)

пари́ровать 4 *u.* 4a *v*, *uv* что parieren, abwehren. — (от-)

па́рить *uv* **1.** что dämpfen, dünsten **2.** что auskochen, -brühen **3.** кого́-что *volksspr* mit Dampf [kochendem Wasser] vernichten **4.** *unpers* drückend heiß sein

pr.	па́рю, па́ришь, па́рят
imp.	парь, ~те
pt.	па́рил
g.pr.a.	па́ря
p.pr.a.	па́рящий
p.pt.a.	па́ривший
p.pr.p.	па́римый
p.pt.p.	па́ренный

пари́ть *uv* schweben, gleiten

pr.	парю́, пари́шь, паря́т
imp.	пари́, ~те
pt.	пари́л
g.pr.a.	паря́
p.pr.a.	паря́щий
p.pt.a.	пари́вший

пáриться *uv* **1.** ein Dampfbad nehmen **2.** *volksspr* sich totschwitzen **3.** над чем *volksspr* schwitzen (über). — (по- *zu* 1)

пароди́ровать 4 *u.* 4а *v*, *uv* когó-что parodieren

партизáнить *uv umg* als Partisan kämpfen
pr. партизáню, -нишь, -нят
imp. партизáнь, ~те
pt. партизáнил
g.pr.a. партизáня
p.pr.a. партизáнящий
p.pt.a. партизáнивший

парцелли́ровать 4 *u.* 4а *v*, *uv* что parzellieren

парши́веть 3а *uv umg* räudig werden, den Grind bekommen. — (за-, о-)

парши́вить *uv* когó-что mit Räude [Krätze] anstecken. — (о-)
pr. парши́влю, -вишь, -вят
imp. парши́вь, ~те
pt. парши́вил
g.pr.a. парши́вя
p.pr.a. парши́вящий
p.pt.a. парши́вивший

паснýть *v mom zu* ²пасовáть

¹пасовáть 5а *uv* **1.** passen *beim Kartenspiel* **2.** пéред кем-чем *u. ohne Objekt* kapitulieren, aufgeben || *v* спасовáть 5 *zu* 1

²пасовáть 5а *uv Sport* zuspielen, *den Ball* abgeben | *v mom* паснýть 7

пастеризовáть 5 *u.* 5а *v*, *uv* что pasteurisieren, entkeimen

пасти́ *uv* weiden (lassen), hüten *Vieh*
pr. пасý, пасёшь, пасýт
imp. паси́, ~те
pt. пас, пасла́
g.pr.a. пася́
p.pr.a. пасýщий
p.pt.a. пáсший
p.pr.p. пасóмый*
p.pt.p. пасённый; пасён, -енá

пасти́сь, *1. u. 2. Pers ungebr*, *uv* weiden

пасть *v* **1.** *v zu* пáдать **2.** *buchspr* fallen *im Kampf* **3.** fallen, gestürzt werden **4.** moralisch sinken
ft. падý, падёшь, падýт
imp. пади́, ~те
pt. пал
g.pt.a. пав *u. alt* пáдши
p.pt.a. пáвший *u. alt* пáдший

патентовáть 5 *u.* 5а *v*, *uv* что patentieren. — (за-)

патовáть 5а *uv* когó-что patt setzen *Schach*. — (за-)

патрули́ровать 4а *uv* когó-что abpatrouillieren

пахáть *uv* что pflügen. — (вс-)
pr. пашý, пáшешь, пáшут
imp. паши́, ~те
pt. пахáл
g.pr.a. пахáя*
p.pr.a. пáшущий
p.pt.a. пахáвший
p.pt.p. пáханный

пáхнуть *uv* чем **1.** duften, riechen (nach) **2.** *übtr umg* «riechen nach», in der Luft liegen
pr. пáхну, -нешь, -нут
pt. пáхнул *u.* пах, ~ла
g.pt.a. пáхнув
p.pr.a. пáхнущий
p.pt.a. пáхнувший *u.* пáхший

пахнýть 7, *1. u. 2. Pers ungebr*, *v* чем wehen

пáхтать 1а *uv* что buttern
p.pt.p. пáхтанный

пáчкать 1а *uv* когó-что **1.** beschmieren, beschmutzen **2.** *umg* klecksen, schmieren. — (вы́- *zu* 1, за- *zu* 1, ис- *zu* 1, на- *zu* 2)

пáчкаться *uv* **1.** sich schmutzig machen **2.** *1. u. 2. Pers ungebr* schmutzig werden, schmutzen. — (вы́-, за-, ис-, на-)

паяснѝчать 1а *uv umg* Grimassen schneiden, den Hanswurst spielen

паять 2а *uv* что löten
p.pt.p. пáянный

певáть *uv iterativ zu* петь

peклевáть *uv* что fein mahlen und sieben
pr. пеклю́ю, -ю́ешь, -ю́ют
imp. пеклю́й, ~те
pt. пеклевáл
g.pr.a. пеклю́я
p.pr.a. пеклю́ющий
p.pt.a. пеклевáвший
p.pr.p. пеклю́емый
p.pt.p. пеклёванный

пеленáть 2а *uv* когó-что in Windeln wickeln. — (за-, с-)
p.pt.p. пелёнатый

пеленговáть 5 *u.* 5а *v*, *uv* что (an)peilen. — (за-)

пéнить *uv* что zum Schäumen bringen. — (вс-)
pr. пéню, пéнишь, пéнят
imp. пень, ~те
pt. пéнил
g.pr.a. пéня
p.pr.a. пéнящий
p.pt.a. пéнивший

пéниться, *1. u. 2. Pers ungebr, uv* schäumen. — (вс-)

пеня́ть 2a *uv* кому́-чему́, на когó-что Vorwürfe machen, die Schuld geben (wegen) ‖ *v* попеня́ть 2

пéрвенствовать 4a *u.* **первенствовáть** 5a *uv* **1.** *übtr* над кем-чéм den Ton angeben **2.** *Sport* die Meisterschaft innehaben
p.pr.a. первенству́ющий

переадресовáть 5 *v* что umadressieren ‖ *uv* переадресóвывать 1a

переадресóвывать *uv zu* переадресовáть

переаттестовáть 5 *v* когó-что erneut beurteilen ‖ *uv* переаттестóвывать 1a

переаттестóвывать *uv zu* переаттестовáть

перебази́ровать 4 *v* когó-что verlagern, verlegen

перебази́роваться *v* verlagert werden

перебáрщивать *uv zu* переборщи́ть

перебáрывать *uv zu* переборóть

перебегáть *uv zu* перебежáть

перебежáть *v* **1.** что *oder* чéрез что (hin)-durchlaufen, überqueren **2.** überlaufen, desertieren ‖ *uv* перебегáть 2a
ft. перебегу́, -ежи́шь, -егу́т
imp. перебеги́, ~те
pt. перебежáл
g.pt.a. перебежáв
p.pt.a. перебежáвший

перебéливать *uv zu* перебели́ть

перебели́ть *v* что **1.** neu weißen [tünchen] **2.** ins reine schreiben ‖ *uv* перебéливать 1a *zu* 1 *u.* перебеля́ть 2a
ft. перебелю́, -éли́шь, -éля́т
imp. перебели́, ~те
pt. перебели́л
g.pt.a. перебели́в
p.pt.a. перебели́вший
p.pt.p. перебелённый; перебелён, -енá

перебеля́ть *uv zu* перебели́ть

перебеси́ться *v* **1.** an Tollwut erkranken *Tiere* **2.** *umg* in Wut geraten **3.** *volksspr* sich austoben
ft. перебешу́сь, -éсишься, -éсятся
imp. перебеси́сь, -и́тесь
pt. перебеси́лся, -и́лась
g.pt.a. перебеси́вшись
p.pt.a. перебеси́вшийся

перебивáть(ся) *uv zu* переби́ть(ся)

перебинтовáть 5 *v* что einen neuen Verband anlegen ‖ *uv* перебинтóвывать 1a

перебинтóвывать *uv zu* перебинтовáть

перебирáть(ся) *uv zu* перебрáть(ся)

переби́ть *v* когó-что **1.** unterbrechen, ins Wort fallen **2.** erschlagen, töten *viele, alle* **3.** zerbrechen **4.** (sich) brechen *Glieder* **5.** neu beziehen *mit Stoff* **6.** у когó-чегó (vor der Nase) wegschnappen ‖ *uv* перебивáть 2a
ft. перебью́, -бьёшь, -бью́т
imp. перебéй, ~те
pt. переби́л
g.pt.a. переби́в
p.pt.a. переби́вший
p.pt.p. переби́тый

переби́ться *v* **1.** *umg* sich mit Mühe und Not durchschlagen **2.** *1. u. 2. Pers ungebr* zerbrechen, zerschlagen werden *vieles* ‖ *uv* перебивáться

[1,2]**переболевáть** *uv zu* [1,2]переболéть

[1]**переболéть** 3 *v* чем *u. ohne Objekt* **1.** durchmachen, überstehen *Krankheit* **2.** *viele* Krankheiten durchmachen; nacheinander erkranken *von vielen* ‖ *uv* переболевáть* 2a

[2]**переболéть,** *1. u. 2. Pers ungebr, v* einen großen Schmerz erleiden ‖ *uv* переболевáть* 2a
ft. переболи́т, -ля́т
pt. переболéл
g.pt.a. переболéв
p.pt.a. переболéвший

переборóть *v* когó-что **1.** *umg* besiegen **2.** *übtr* überwinden, unterdrücken ‖ *uv* перебáрывать 1a
ft. переборю́, -óрешь, -óрют
imp. перебори́, ~те
pt. переборóл
g.pt.a. переборóв
p.pt.a. переборóвший

переборщи́ть *v umg* (es) übertreiben ‖ *uv* перебáрщивать 1a
ft. переборщу́, -щи́шь, -щáт
imp. переборщи́, ~те
pt. переборщи́л
g.pt.a. переборщи́в
p.pt.a. переборщи́вший

перебрáниваться 1a *uv umg* sich zanken, sich gegenseitig beschimpfen

перебрани́ться *v umg* sich verzanken
ft. перебраню́сь, -ни́шься, -ня́тся
imp. перебрани́сь, -и́тесь
pt. перебрани́лся, -и́лась
g.pt.a. перебрани́вшись
p.pt.a. перебрани́вшийся

[1]**перебрáсывать** *uv zu* перебросáть

[2]**перебрáсывать** *uv zu* перебрóсить

перебрáсываться *uv zu* перебрóситься

перебрáть *v* **1.** когó-что sortieren, durchsehen, auslesen **2.** что *typ* neu setzen **3.** что чем nacheinander berühren, anschlagen **4.** что *oder* чегó nach und nach nehmen, borgen ‖ *uv* перебирáть 2a
ft. переберý, -рёшь, -рýт
imp. переберú, ~те
pt. перебрáл, -алá, -áло
g.pt.a. перебрáв
p.pt.a. перебрáвший
p.pt.p. перéбранный

перебрáться *v umg* **1.** чéрез что überqueren, übersetzen **2.** umziehen, übersiedeln ‖ *uv* перебирáться
pt. перебрáлся, -алáсь, -áлóсь

[1]**переброди́ть** *v* ausgären *a. übtr*
ft. переброжý, -óдишь, -óдят
imp. перебродú, ~те
pt. перебродúл
g.pt.a. перебродúв
p.pt.a. перебродúвший

[2]**переброди́ть** *v* **1.** что durchwaten *Fluß* **2.** durchwandern, -streifen
Formen wie [1]перебродúть

перебросáть 2 *v* что ein Stück nach dem anderen hinwerfen, *viel, alles* hinüberwerfen ‖ *uv* перебрáсывать 1a

перебрóсить *v* когó-что **1.** (hin)überwerfen **2.** verschieben *Truppen* **3.** schlagen *Brücke* ‖ *uv* перебрáсывать 1a
ft. перебрóшу, -óсишь, -óсят
imp. перебрóсь, ~те
pt. перебрóсил
g.pt.a. перебрóсив
p.pt.a. перебрóсивший
p.pt.p. перебрóшенный

перебрóситься *v* **1.** (hinüber)springen, sich schwingen (über) **2.** *übtr* überspringen, sich ausbreiten **3.** чем sich zuwerfen ‖ *uv* перебрáсываться

перебуди́ть *v* когó-что *alle* aufwecken ‖ *uv* перебýживать* 1a
ft. перебужý, -ýдишь, -ýдят
imp. перебудú, ~те
pt. перебудúл
g.pt.a. перебудúв
p.pt.a. перебудúвший
p.pt.p. перебýженный

перебýживать *uv zu* перебудúть

перебывáть 2 *v* verweilen, sich aufhalten *an vielen Orten*

[1]**перевáливать** *uv zu* перевалúть

[2]**перевáливать** *uv zu* перевалять

перевáливаться *uv* **1.** *uv zu* перевалúться **2.** watscheln

перевали́ть *v* **1.** что (hinüber)wälzen, -schleppen **2.** что *oder* чéрез что überqueren *Gebirge* **3.** за что *umg* überschreiten ‖ *uv* перевáливать 1a
ft. переваліó, -áлишь, -áлят
imp. перевалú, ~те
pt. перевалúл
g.pt.a. перевалúв
p.pt.a. перевалúвший
p.pt.p. перевáленный

перевали́ться *v* **1.** sich darüberwälzen **2.** *umg* sich hin und her wälzen **3.** *volksspr* überqueren ‖ *uv* перевáливаться

перевалять 2 *v* когó-что **1.** *volksspr* nacheinander wälzen *viele, alle* **2.** nacheinander zu Boden werfen *viele, alle* ‖ *uv* перевáливать 1a

перевáривать(ся) *uv zu* переварúть(ся)

переварúть *v* что **1.** verdauen *a. übtr* **2.** noch einmal kochen **3.** umschmelzen **4.** zerkochen (lassen) **5.** когó-что *umg* ertragen, ausstehen ‖ *uv* перевáривать 1a
ft. переварю́, -áришь, -áрят
imp. переварú, ~те
pt. переварúл
g.pt.a. переварúв
p.pt.a. переварúвший
p.pt.p. перевáренный

переварúться, *1. u. 2. Pers ungebr*, *v* **1.** zerkochen *itr* **2.** verdaut werden ‖ *uv* перевáриваться

перевéдаться 1 *v* с кем-чем *umg alt* abrechnen, Genugtuung verlangen ‖ *uv* перевéдываться 1a

перевéдываться *uv zu* перевéдаться

перевезтú *v* когó-что **1.** befördern, transportieren **2.** übersetzen *über ein Gewässer* ‖ *uv* перевозúть, Formen das.
ft. перевезý, -зёшь, -зýт
imp. перевезú, ~те
pt. перевёз, -езлá
g.pt.a. перевезя́ *u. alt* перевёзши
p.pt.a. перевёзший
p.pt.a. перевезённый; перевезён, -енá

перевернýть 7 *v* когó-что **1.** umwenden, umdrehen **2.** *umg* umwerfen **3.** wenden *Kleidung* **4.** *übtr* verkehren, wenden ‖ *uv* перевёртывать 1a
p.pt.p. перевёрнутый

перевернýться *v* sich umwenden, -drehen; umschlagen, umkippen ‖ *uv* перевёртываться

переверстáть 2 *v* что *typ* erneut umbrechen ‖ *uv* перевёрстывать 1a
p.pt.p. перевёрстанный

перевёрстывать *uv zu* переверстáть

перевертéть *v* что *volksspr* **1.** überdrehen *Schraube* **2.** nochmals einschrauben ‖ *uv* перевéрчивать 1a
ft. переверчý, -éртишь, -éртят
imp. переверти́, ~те
pt. перевертéл
g.pt.a. перевертéв
p.pt.a. перевертéвший
p.pt.p. перевéрченный

перевёртывать(ся) *uv zu* перевернýть(ся)

перевéрчивать *uv zu* перевертéть

перевéсить *v* когó-что **1.** umhängen, anderswo aufhängen **2.** nochmals wiegen **3.** schwerer sein **4.** *übtr umg* das Übergewicht haben ‖ *uv* перевéшивать 1a
ft. перевéшу, -éсишь, -éсят
imp. перевéсь, ~те
pt. перевéсил
g.pt.a. перевéсив
p.pt.a. перевéсивший
p.pt.p. перевéшенный

перевéситься *v* sich beugen (über) ‖ *uv* перевéшиваться

перевести́ *v* когó-что **1.** (hinüber)führen, -bringen **2.** überführen; verlegen **3.** umstellen **4.** übersetzen, übertragen *in eine andere Sprache* **5.** (j-n) versetzen **6.** überweisen *Geld* **7.** *jur* überschreiben (lassen) **8.** во что, на что umrechnen (in) **9.** durchpausen, durchzeichnen **10.** *umg* vernichten, ausrotten ‖ *uv* переводи́ть, Formen das.
ft. переведý, -дёшь, -дýт
imp. переведи́, ~те
pt. перевёл, -елá
g.pt.a. переведя́ *u. alt* перевéдши
p.pt.a. перевéдший
p.pt.p. переведённый; переведён, -енá

перевести́сь *v* **1.** überwechseln, sich versetzen lassen **2.** *1. u. 2. Pers ungebr umg* aussterben, verschwinden ‖ *uv* переводи́ться

перевéшать 1 *v* когó-что **1.** *umg alles, viel* nacheinander aufhängen **2.** *viele* der Reihe nach erhängen **3.** nacheinander (ab)wiegen **4.** *umg* nochmals wiegen ‖ *uv* перевéшивать 1a

[1]**перевéшивать** *uv zu* перевéшать

[2]**перевéшивать** *uv zu* перевéсить

перевéшиваться *uv zu* перевéситься

перевивáть(ся) *uv zu* переви́ть(ся)

перевидáть 2 *v* когó-что *umg viel* sehen, erleben

перевинти́ть *v* что **1.** nochmals, anders einschrauben **2.** überdrehen *Schrauben* ‖ *uv* переви́нчивать 1a
ft. перевинчý, -нти́шь, -нтя́т
imp. перевинти́, ~те
pt. перевинти́л
g.pt.a. перевинти́в
p.pt.a. перевинти́вший
p.pt.p. переви́нченный

переви́нчивать *uv zu* перевинти́ть

перевирáть *uv zu* переврáть

переви́ть *v* что **1.** umwinden; durch-, verflechten **2.** nochmals flechten, drehen ‖ *uv* перевивáть 2a
ft. перевью́, -вьёшь, -вью́т
imp. перевéй, ~те
pt. переви́л, -илá, -и́ло
g.pt.a. переви́в
p.pt.a. переви́вший
p.pt.p. переви́тый; переви́т, -итá *u. umg* -и́та, -и́то

переви́ться, *1. u. 2. Pers ungebr, v* sich verflechten, sich verschlingen ‖ *uv* перевивáться

переводи́ть *uv zu* перевести́
pr. перевожý, -óдишь, -óдят
imp. переводи́, ~те
pt. переводи́л
g.pr.a. переводя́
p.pr.a. переводя́щий
p.pt.a. переводи́вший
p.pr.p. переводи́мый

переводи́ться *uv zu* перевести́сь

перевози́ть *uv zu* перевезти́
pr. перевожý, -óзишь, -óзят
imp. перевози́, ~те
pt. перевози́л
g.pr.a. перевозя́
p.pr.a. перевозя́щий
p.pt.a. перевози́вший
p.pr.p. перевози́мый

переволновáть 5 *v* когó-что *umg* sehr aufregen

переволновáться *v umg* sich übermäßig aufregen

перевооружáть(ся) *uv zu* перевооружи́ть(ся)

перевооружи́ть *v* что **1.** *tech* neu ausrüsten **2.** *mil* umrüsten ‖ *uv* перевооружáть 2a

ft.	перевооружу́, -жи́шь, -жáт
imp.	перевооружи́, ~те
pt.	перевооружи́л
g.pt.a.	перевооружи́в
p.pt.a.	перевооружи́вший
p.pt.p.	перевооружённый; перевооружён, -енá

перевооружи́ться *v* **1.** *tech* neu ausgerüstet werden, eine neue Ausrüstung erhalten **2.** *mil* umgerüstet werden ‖ *uv* перевооружáться

перевоплоти́ть *v* что umgestalten, neu gestalten, verwandeln ‖ *uv* перевоплощáть 2a

ft.	перевоплощу́, -оти́шь, -отя́т
imp.	перевоплоти́, ~те
pt.	перевоплоти́л
g.pt.a.	перевоплоти́в
p.pt.a.	перевоплоти́вший
p.pt.p.	перевоплощённый; перевоплощён, -енá

перевоплоти́ться *v* sich verwandeln, sich umgestalten, eine neue Gestalt annehmen ‖ *uv* перевоплощáться

перевоплощáть(ся) *uv zu* перевоплоти́ть(ся)

перевора́чивать(ся) *uv zu* перевороти́ть(ся)

перевора́шивать *uv zu* переворошúть

перевороти́ть *v* когó-что *volksspr* **1.** umwenden, -drehen; umkippen, -werfen **2.** *alles* umwenden, -kehren, durcheinander werfen ‖ *uv* перевора́чивать 1a

ft.	переворочу́, -о́тишь, -о́тят
imp.	перевороти́, ~те
pt.	перевороти́л
g.pt.a.	перевороти́в
p.pt.a.	перевороти́вший
p.pt.p.	переворо́ченный

перевороти́ться *v volksspr* sich umwenden, -drehen; umschlagen, umkippen ‖ *uv* перевора́чиваться

переворошúть *v* что *umg alles* durchwühlen, durchstöbern ‖ *uv* перевора́шивать* 1a

ft.	переворошу́, -ши́шь, -шáт
imp.	переворoши́, ~те
pt.	переворoши́л
g.pt.a.	переворoши́в
p.pt.a.	переворoши́вший
p.pt.p.	переворошённый; переворошён, -енá

перевоспитáть 2 *v* когó-что umerziehen ‖ *uv* перевоспи́тывать 1a

перевоспитáться *v* sich umerziehen ‖ *uv* перевоспи́тываться

перевоспи́тывать(ся) *uv zu* перевоспитáть(ся)

переврáть *v* что **1.** *umg* verdrehen, entstellen, falsch wiedergeben **2.** *volksspr* im Lügen übertreffen ‖ *uv* перевирáть 2a

ft.	перевру́, -рёшь, -ру́т
imp.	переври́, ~те
pt.	переврáл
g.pt.a.	переврáв
p.pt.a.	переврáвший
p.pt.p.	перéвранный

перевыбирáть *uv zu* перевы́брать

перевы́брать *v* когó-что *umg* neu wählen ‖ *uv* перевыбирáть 2a

ft.	перевы́беру, -решь, -рут
imp.	перевы́бери, ~те
pt.	перевы́брал
g.pt.a.	перевы́брав
p.pt.a.	перевы́бравший
p.pt.p.	перевы́бранный

перевы́полнить *v* что übererfüllen ‖ *uv* перевыполня́ть 2a

ft.	перевы́полню, -нишь, -нят
imp.	перевы́полни, ~те
pt.	перевы́полнил
g.pt.a.	перевы́полнив
p.pt.a.	перевы́полнивший
p.pt.p.	перевы́полненный

перевыполня́ть *uv zu* перевы́полнить

перевязáть *v* когó-что **1.** *med* verbinden, einen Verband anlegen **2.** zubinden, verschnüren **3.** nochmals stricken [binden] *uv* перевя́зывать 1a

ft.	перевяжу́, -я́жешь, -я́жут
imp.	перевяжи́, ~те
pt.	перевязáл
g.pt.a.	перевязáв
p.pt.a.	перевязáвший
p.pt.p.	перевя́занный

перевязáться *v* sich umbinden ‖ *uv* перевя́зываться

перевя́зывать(ся) *uv zu* перевязáть(ся)

перегибáть(ся) *uv zu* перегну́ть(ся)

переглáдить *v* что **1.** nochmals bügeln **2.** *alles nacheinander* bügeln ‖ *uv* переглáживать 1a

ft.	переглáжу, -áдишь, -áдят
imp.	переглáдь, ~те
pt.	переглáдил
g.pt.a.	переглáдив
p.pt.a.	переглáдивший
p.pt.p.	переглáженный

перегла́живать *uv zu* перегла́дить

перегля́дываться *uv zu* переглянýться

переглянýться 7 *v* с кем-чем einen Blick wechseln (mit) ‖ *uv* перегля́дываться 1a
ft. переглянýсь, -я́нешься, -я́нутся

перегна́ивать *uv zu* перегнои́ть

перегна́ть *v* когó-что **1.** überholen *a. übtr* **2.** (hinüber)treiben, anderswohin treiben; *umg* (hinüber)fahren **3.** *chem* destillieren ‖ *uv* перегоня́ть 2a
ft. перегоню́, -óнишь, -óнят
imp. перегони́, ~те
pt. перегна́л, -ала́, -а́ло
g.pt.a. перегна́в
p.pt.a. перегна́вший
p.pt.p. перéгнанный

перегнива́ть *uv zu* перегни́ть

перегни́ть, *1. u. 2. Pers ungebr*, *v* völlig vermodern, verfaulen ‖ *uv* перегнива́ть 2a
ft. перегниёт, -ию́т
pt. перегни́л, -ила́, -и́ло
g.pt.a. перегни́в
p.pt.a. перегни́вший

перегнои́ть *v* что völlig verfaulen lassen ‖ *uv* перегна́ивать 1a
ft. перегною́, -ои́шь, -оя́т
pt. перегнои́л
g.pt.a. перегнои́в
p.pt.a. перегнои́вший
p.pt.p. перегноённый; перегноён, -ена́

перегнýть 7 *v* что **1.** umbiegen, falten **2.** *übtr umg* übertreiben, überspitzen ‖ *uv* перегиба́ть 2a
p.pt.p. перéгнутый

перегнýться *v* sich (um)biegen; через́ что sich beugen (über) ‖ *uv* перегиба́ться

перегова́ривать *uv zu* переговори́ть

перегова́риваться 1a *uv* **1.** sich unterhalten, einige Worte wechseln **2.** *umg* verhandeln

переговори́ть *v* **1.** с кем-чем sich besprechen, sich kurz unterhalten, sprechen (mit) **2.** когó-что *umg* überschreien, niederreden ‖ *uv* перегова́ривать 1a
ft. переговорю́, -ри́шь, -ря́т
imp. переговори́, ~те
pt. переговори́л
g.pt.a. переговори́в
p.pt.a. переговори́вший

перегоня́ть *uv zu* перегна́ть

перегора́живать *uv zu* перегороди́ть

перегора́ть *uv zu* перегорéть

перегорéть, *1. u. 2. Pers ungebr*, *v* **1.** durchbrennen **2.** völlig verbrennen **3.** völlig durchfaulen *Dünger* ‖ *uv* перегора́ть 2a
ft. перегори́т, -ря́т
pt. перегорéл
g.pt.a. перегорéв
p.pt.a. перегорéвший

перегороди́ть *v* что **1.** (durch eine Scheidewand) trennen **2.** *umg* versperren, absperren ‖ *uv* перегора́живать 1a
ft. перегорожý, -рóди́шь, -рóдя́т
imp. перегороди́, ~те
pt. перегороди́л
g.pt.a. перегороди́в
p.pt.a. перегороди́вший
p.pt.p. перегорóженный

перегрева́ть(ся) *uv zu* перегрéть(ся)

перегрéть 3 *v* что zu stark erhitzen, überhitzen ‖ *uv* перегрева́ть 2a
p.pt.p. перегрéтый

перегрéться *v* sich allzu stark erwärmen ‖ *uv* перегрева́ться

перегружа́ть(ся) *uv zu* перегрузи́ть(ся)

перегрузи́ть *v* когó-что **1.** umladen **2.** überladen, überlasten *a. übtr* ‖ *uv* перегружа́ть 2a
ft. перегружý, -ýзи́шь, -ýзя́т
imp. перегрузи́, ~те
pt. перегрузи́л
g.pt.a. перегрузи́в
p.pt.a. перегрузи́вший
p.pt.p. перегрýженный *u.* перегружённый; перегружён, -ена́

перегрузи́ться *v* überladen werden ‖ *uv* перегружа́ться

перегруппирова́ть 5 *v* когó-что umgruppieren ‖ *uv* перегруппирóвывать 1a

перегруппирóвывать *uv zu* перегруппирова́ть

перегрыза́ть(ся) *uv zu* перегры́зть(ся)

перегры́зть *v* когó-что **1.** durchnagen, -beißen **2.** *viele* (tot)beißen ‖ *uv* перегрыза́ть 2a
ft. перегрызý, -зёшь, -зýт
imp. перегрызи́, ~те
pt. перегры́з, ~ла
g.pt.a. перегры́зши
p.pt.a. перегры́зший
p.pt.p. перегры́зенный

перегры́зться *v* **1.** sich gegenseitig beißen *Tiere* **2.** *volkssprr* sich einander zanken ‖ *uv* перегрыза́ться

перегрязни́ть *v* что *umg viel* beschmutzen
ft. перегрязню́, -ни́шь, -ня́т
imp. перегрязни́, ~те
pt. перегрязни́л
g.pt.a. перегрязни́в
p.pt.a. перегрязни́вший
p.pt.p. перегрязнённый; перегрязнён, -ена́

передава́ть *uv zu* переда́ть
pr. передаю́, -аёшь, -аю́т
imp. передава́й, ~те
pt. передава́л
g.pr.a. передава́я
p.pr.a. передаю́щий
p.pt.a. передава́вший
p.pr.p. передава́емый

передава́ться *uv zu* переда́ться

передави́ть *v* кого́-что *viel, alles* zerdrücken; zertreten ‖ *uv* переда́вливать 1a
ft. передавлю́, -а́вишь, -а́вят
imp. передави́, ~те
pt. передави́л
g.pt.a. передави́в
p.pt.a. передави́вший
p.pt.p. переда́вленный

переда́вливать *uv zu* передави́ть

переда́ривать *uv zu* передари́ть

передари́ть *v* что *oder* чего́ nacheinander alles schenken ‖ *uv* переда́ривать 1a
ft. передарю́, -а́ришь, -а́рят
imp. передари́, ~те
pt. передари́л
g.pt.a. передари́в
p.pt.a. передари́вший
p.pt.p. переда́ренный

переда́ть *v* кого́-что **1.** übergeben, -bringen **2.** mitteilen **3.** wiedergeben, schildern **4.** *rad* senden, übertragen **5.** *Sport* abgeben, zuspielen *Ball* **6.** fortpflanzen, übertragen ‖ *uv* передава́ть, Formen das.
ft. переда́м, -а́шь, -а́ст, -ади́м, -ади́те, -аду́т
imp. переда́й, ~те
pt. пе́редал *u. umg* переда́л, передала́, пе́редало *u. umg* переда́ло
g.pt.a. переда́в
p.pt.a. переда́вший
p.pt.p. пе́реданный; пе́редан, передана́, пе́редано

переда́ться, *1. u. 2. Pers ungebr, v* кому́-чему́ **1.** übertragen werden, übergehen; vererbt werden **2.** *umg alt* sich ergeben ‖ *uv* передава́ться
pt. переда́лся, -ала́сь, -ало́сь *u. umg* -а́лось

передвига́ть(ся) *uv zu* передви́нуть(ся)

передви́нуть 6 *v* кого́-что **1.** verschieben, umstellen; transportieren; verlegen **2.** *umg* verschieben, verlegen *Urlaub, Termin* ‖ *uv* передвига́ть 2a
imp. передви́нь, ~те
p.pt.p. передви́нутый

передви́нуться *v* sich verschieben; vorrücken ‖ *uv* передвига́ться

переде́лать 1 *v* кого́-что **1.** umändern, umarbeiten, umformen **2.** *umg viel* schaffen, fertigbringen, leisten ‖ *uv* переде́лывать 1a

передели́ть *v* что **1.** neu aufteilen, neu verteilen **2.** *umg* in zwei Teile teilen ‖ *uv* переделя́ть 2a
ft. переделю́, -е́лишь, -е́лят
imp. передели́, ~те
pt. передели́л
g.pt.a. передели́в
p.pt.a. передели́вший
p.pt.p. переделённый; переделён, -ена́

переде́лывать *uv zu* переде́лать

переделя́ть *uv zu* передели́ть

передёргивать(ся) *uv zu* передёрнуть(ся)

передержа́ть *v* что **1.** zu lange halten **2.** *phot* überbelichten; überentwickeln ‖ *uv* переде́рживать 1a
ft. передержу́, -е́ржишь, -е́ржат
imp. передержи́, ~те
pt. передержа́л
g.pt.a. передержа́в
p.pt.a. передержа́вший
p.pt.p. переде́ржанный

переде́рживать *uv zu* передержа́ть

передёрнуть 6 *v* **1.** что zurechtziehen, rücken; herumreißen **2.** чем zucken (mit) **3.** *unpers* кого́-что schütteln **4.** что *umg* falschspielen; *Karte* unterschlagen **5.** что *umg* verdrehen, entstellen ‖ *uv* передёргивать 1a
p.pt.p. передёрнутый

передёрнуться *v* sich krampfhaft zusammenziehen ‖ *uv* передёргиваться

передира́ть *uv zu* передра́ть

передове́рить *v* что кому́ *etw. Anvertrautes einem anderen* übergeben, anvertrauen ‖ *uv* передоверя́ть 2a
ft. передове́рю, -ришь, -рят
imp. передове́рь, ~те
pt. передове́рил
g.pt.a. передове́рив
p.pt.a. передове́ривший
p.pt.p. передове́ренный

передоверя́ть *uv zu* передове́рить

передо́хнуть, *1. u. 2. Pers ungebr, v umg* nacheinander verenden, krepieren ‖ *uv* передыха́ть* 2a
ft. передо́хнет, -нут
pt. передо́х, ~ла
g.pt.a. передо́хши
p.pt.a. передо́хший

передохну́ть 7 *v* **1.** Atem holen **2.** *umg* haltmachen, eine kurze Rast einlegen ‖ *uv* передыха́ть 2a

передра́знивать *uv zu* передразни́ть

передразни́ть *v* кого́-что *u. ohne Objekt* nachäffen, nachahmen ‖ *uv* передра́знивать 1a
ft. передразню́, -а́знишь, -а́знят
imp. передразни́, ~те
pt. передразни́л
g.pt.a. передразни́в
p.pt.a. передразни́вший
p.pt.p. передразнённый; передразнён, -ена́

передра́ть *v* что *umg viel, alles* zerreißen ‖ *uv* передира́ть 2a
ft. передеру́, -рёшь, -ру́т
imp. передери́, ~те
pt. передра́л, -ала́, -а́ло
g.pt.a. передра́в
p.pt.a. передра́вший
p.pt.p. пере́дранный

передра́ться *v umg* sich prügeln, sich schlagen
pt. передра́лся, -ала́сь, а́ло́сь

передро́гнуть *v umg* durchfroren sein
ft. передро́гну, -нешь, -нут
imp. передро́гни, ~те
pt. передро́г, ~ла
g.pt.a. передро́гши
p.pt.a. передро́гший

передружи́ться *v umg* sich befreunden *mit vielen*
ft. передружу́сь, -у́жи́шься, -у́жатся
imp. передружи́сь, -и́тесь
pt. передружи́лся, -и́лась
g.pt.a. передружи́вшись
p.pt.a. передружи́вшийся

переду́мать 1 *v* **1.** es sich anders überlegen **2.** что *oder* о чём *umg viel* nachdenken (über) ‖ *uv* переду́мывать 1a

переду́мывать *uv zu* переду́мать

передуши́ть *v* кого́-что *viele* erdrosseln
ft. передушу́, -у́шишь, -у́шат
imp. передуши́, ~те
pt. передуши́л
g.pt.a. передуши́в
p.pt.a. передуши́вший
p.pt.p. переду́шенный

[1]**передыха́ть** *uv zu* передо́хнуть

[2]**передыха́ть** *uv zu* передохну́ть

перееда́ть *uv zu* перее́сть

переезжа́ть *uv zu* перее́хать

перее́сть *v* **1.** чего́ *u. ohne Objekt* sich überessen **2.** что zerfressen, korrodieren **3.** что *umg alles* aufessen ‖ *uv* переда́ть 2a
ft. перее́м, -е́шь, -е́ст, -еди́м, -еди́те, -едя́т
imp. перее́шь, ~те
pt. перее́л
g.pt.a. перее́в
p.pt.a. перее́вший

перее́хать *v* **1.** что *oder* че́рез что überqueren, hinüberfahren **2.** umziehen, übersiedeln **3.** кого́-что überfahren ‖ *uv* переезжа́ть 2a
ft. перее́ду, -е́дешь, -е́дут
pt. перее́хал
g.pt.a. перее́хав
p.pt.a. перее́хавший

пережа́ривать(ся) *uv zu* пережа́рить(ся)

пережа́рить *v* что **1.** zu lange [zu stark] braten (lassen), zu stark rösten **2.** *umg alles, viel* braten ‖ *uv* пережа́ривать 1a
ft. пережа́рю, -ришь, -рят
imp. пережа́рь, ~те
pt. пережа́рил
g.pt.a. пережа́рив
p.pt.a. пережа́ривший
p.pt.p. пережа́ренный

пережа́риться, *1. u. 2. Pers ungebr, v von zu langem Braten* verbrennen ‖ *uv* пережа́риваться

пережда́ть *v* что das Ende (von etw.) abwarten ‖ *uv* пережида́ть 2a
ft. пережду́, -дёшь, -ду́т
imp. пережди́, ~те
pt. пережда́л, -ала́, -а́ло
g.pt.a. пережда́в
p.pt.a. пережда́вший

пережева́ть *v* что zerkauen ‖ *uv* пережёвывать 1a
ft. пережую́, -уёшь, -ую́т
imp. пережу́й, ~те
pt. пережева́л
g.pt.a. пережева́в
p.pt.a. пережева́вший
p.pt.p. пережёванный

пережёвывать 1a *uv* **1.** *uv zu* пережевать **2.** что wiederkäuen, nochmals kauen **3.** что unaufhörlich wiederholen, wiederkäuen

пережени́ть *v* кого́-что *umg viele, alle* verheiraten
ft. пережению́, -е́нишь, -е́нят
imp. пережени́, ~те
pt. пережени́л
g.pt.a. пережени́в
p.pt.a. пережени́вший
p.pt.p. пережéненный

пережени́ться, *1. u. 2. Person Singular ungebr, v* sich verheiraten *von vielen*

пережéчь *v* что **1.** zu stark brennen [rösten] *tr* **2.** durch-, zerfressen, durchbrennen *tr* **3.** *alles* verbrennen **4.** zu viel verbrennen, verbrauchen *Brennstoffe, Strom* ‖ *uv* пережига́ть 2a
ft. пережгу́, -жжёшь, -жгу́т
imp. пережги́, ~те
pt. пережёг, -жгла́
g.pt.a. пережёгши
p.pt.a. пережёгший
p.pt.p. пережжённый; пережжён, -ена́

пережива́ть *uv zu* пережи́ть

пережига́ть *uv zu* пережéчь

пережида́ть *uv zu* пережда́ть

пережи́ть *v* что **1.** erleben, durchleben, -machen **2.** кого́-что überleben, länger leben (als) **3.** ertragen, aushalten ‖ *uv* пережива́ть 2a
ft. переживу́, -вёшь, -ву́т
imp. переживи́, ~те
pt. пéрежи́л, пережила́, пéрежи́ло
g.pt.a. пережи́в
p.pt.a. пережи́вший
p.pt.p. пéрежи́тый; пéрежи́т, пережита́, пéрежи́то

перезабыва́ть *uv zu* перезабы́ть

перезабы́ть *v* кого́-что *umg viel, alles* vergessen ‖ *uv* перезабыва́ть 2a
ft. перезабу́ду, -дешь, -дут
imp. перезабу́дь, ~те
pt. перезабы́л
g.pt.a. перезабы́в
p.pt.a. перезабы́вший
p.pt.p. перезабы́тый

перезакла́дывать *uv zu* перезаложи́ть

перезаключа́ть *uv zu* перезаключи́ть

перезаключи́ть *v* что erneuern *Abkommen, Vertrag* ‖ *uv* перезаключа́ть 2a
ft. перезаключу́, -чи́шь, -ча́т
imp. перезаключи́, ~те
pt. перезаключи́л
g.pt.a. перезаключи́в
p.pt.a. перезаключи́вший
p.pt.p. перезаключённый; перезаключён, -ена́

перезаложи́ть *v* что erneut verpfänden ‖ *uv* перезакла́дывать 1a
ft. перезаложу́, -о́жишь, -о́жат
imp. перезаложи́, ~те
pt. перезаложи́л
g.pt.a. перезаложи́в
p.pt.a. перезаложи́вший
p.pt.p. перезало́женный

перезаряди́ть *v* что neu laden *Gewehr u. a.* ‖ *uv* перезаряжа́ть 2a
ft. перезаряжу́, -я́ди́шь, -я́дя́т
imp. перезаряди́, ~те
pt. перезаряди́л
g.pt.a. перезаряди́в
p.pt.a. перезаряди́вший
p.pt.p. перезаря́женный *u.* перезаряжённый; перезаряжён, -ена́

перезаряжа́ть *uv zu* перезаряди́ть

перезва́нивать 1a *uv* **1.** *uv zu* перезвони́ть **2.** nacheinander alle Glocken läuten

перезвони́ть *v* erneut telefonieren ‖ *uv* перезва́нивать 1a
ft. перезвоню́, -ни́шь, -ня́т
imp. перезвони́, ~те
pt. перезвони́л
g.pt.a. перезвони́в
p.pt.a. перезвони́вший

перезимова́ть 5 *v* überwintern ‖ *uv* перезимо́вывать 1a

перезимо́вывать *uv zu* перезимова́ть

перезнако́мить *v* кого́-что *viele* miteinander bekannt machen
ft. перезнако́млю, -мишь, -мят
imp. перезнако́мь, ~те
pt. перезнако́мил
g.pt.a. перезнако́мив
p.pt.a. перезнако́мивший
p.pt.p. перезнако́мленный

перезнако́миться *v umg* sich bekannt machen *mit vielen*

перезрева́ть *uv zu* перезре́ть

перезре́ть 3 *v* **1.** *1. u. 2. Pers ungebr* überreif werden **2.** *umg iron* zu alt werden, das heiratsfähige Alter überschreiten ‖ *uv* перезрева́ть 2a

переигра́ть 2 *v* **1.** что nochmals spielen, ein Spiel wiederholen **2.** что *viel* nacheinander (durch)spielen **3.** *umg* zuviel spielen **4.** когó-что im Spiel besiegen, übertreffen **5.** *theat* unnatürlich spielen ‖ *uv* перeи́грывать 1a

переи́грывать *uv zu* переигрáть

переизбирáть *uv zu* переизбрáть

переизбрáть *v* что neu [nochmals] wählen ‖ *uv* переизбирáть 2a

ft.	переизберý, -рёшь, -рýт
imp.	переизбери́, ~те
pt.	переизбрáл, -алá, -áло
g.pt.a.	переизбрáв
p.pt.a.	переизбрáвший
p.pt.p.	переи́збранный

переиздавáть *uv zu* переиздáть

pr.	переиздаю́, -аёшь, -аю́т
imp.	переиздавáй, ~те
pt.	переиздавáл
g.pr.a.	переиздавáя
p.pr.a.	переиздаю́щий
p.pt.a.	переиздавáвший
p.pr.p.	переиздавáемый

переиздáть *v* что neu auflegen, neu herausgeben ‖ *uv* переиздавáть, Formen das.

ft.	переиздáм, -áшь, -áст, -ади́м, -ади́те, -адýт
imp.	переиздáй, ~те
pt.	переиздáл, -алá, -áло
g.pt.a.	переиздáв
p.pt.a.	переиздáвший
p.pt.p.	переи́зданный; переи́здан, -и́зданá, -и́здано

переименовáть 5 *v* что umbenennen ‖ *uv* переименóвывать 1a

переименóвывать *uv zu* переименовáть

переинáчивать *uv zu* переинáчить

переинáчить *v* что *umg* anders machen, umändern ‖ *uv* переинáчивать 1a

ft.	переинáчу, -чишь, -чат
imp.	переинáчь, ~те
pt.	переинáчил
g.pt.a.	переинáчив
p.pt.a.	переинáчивший
p.pt.p.	переинáченный

переискáть *v* что *umg alles* durchsuchen, *überall* nachsehen ‖ *uv* переи́скивать 1a

ft.	переищý, -и́щешь, -и́щут
imp.	переищи́, ~те
pt.	переискáл
g.pt.a.	переискáв
p.pt.a.	переискáвший
p.pt.p.	переи́сканный

переи́скивать *uv zu* переискáть

перейти́ *v* **1.** что *oder* чéрез что gehen (über), überschreiten **2.** hinübergehen **3.** во что, на что, к чемý übergehen (in, zu) **4.** во что, на что umziehen; seinen Standort wechseln **5.** что *umg* überschreiten ‖ *uv* [1]переходи́ть, Formen das.

ft.	перейдý, -дёшь, -дýт
imp.	перейди́, ~те
pt.	перешёл, -шлá
g.pt.a.	перейдя́ *u. alt* перешéдши
p.pt.a.	перешéдший
p.pt.p.	перейдённый; перейдён, -енá

перекалéчивать *uv zu* перекалéчить

перекалéчить *v* когó-что *viele* zum Krüppel machen ‖ *uv* перекалéчивать 1a

ft.	перекалéчу, -чишь, -чат
imp.	перекалéчь, ~те
pt.	перекалéчил
g.pt.a.	перекалéчив
p.pt.a.	перекалéчивший
p.pt.p.	перекалéченный

перекáливать *uv zu* перекали́ть

перекали́ть *v* что **1.** überhärten *Metall* **2.** *umg* überhitzen; zu stark heizen ‖ *uv* перекáливать 1a *u.* перекаля́ть 2a

ft.	перекалю́, -ли́шь, -ля́т
imp.	перекали́, ~те
pt.	перекали́л
g.pt.a.	перекали́в
p.pt.a.	перекали́вший
p.pt.p.	перекалённый; перекалён, -енá

перекáлывать *uv zu* [1]переколóть

перекаля́ть *uv zu* перекали́ть

перекáпывать *uv zu* перекопáть

перекáрмливать *uv zu* перекорми́ть

перекати́ть *v* что (hinüber)rollen, -wälzen ‖ *uv* перекáтывать 1a

ft.	перекачý, -áтишь, -áтят
imp.	перекати́, ~те
pt.	перекати́л
g.pt.a.	перекати́в
p.pt.a.	перекати́вший
p.pt.p.	перекáченный

перекати́ться *v* hinüberrollen *itr* ‖ *uv* перекáтываться

перекáтывать(ся) *uv zu* перекати́ть(ся)

перекачáть 2 *v* что hinüber-, umpumpen ‖ *uv* перекáчивать 1a

перекáчивать *uv zu* перекачáть

[1,2]**перекáшивать** *uv zu* [1,2]перекоси́ть

перекáшиваться *uv zu* перекоси́ться

переквалифици́ровать 4 *u.* 4a *v, uv* когó-что umschulen (für einen neuen Beruf)

перекалифици́роваться *v, uv* einen anderen Beruf erlernen

перекида́ть 2 *v* кого́-что *alles, viel* hinüberwerfen ‖ *uv* переки́дывать 1a

переки́дывать *uv zu* перекида́ть *u.* переки́нуть

переки́дываться *uv zu* переки́нуться

переки́нуть 6 *v* кого́-что **1.** (hin)überwerfen **2.** schlagen, errichten *Brücke* **3.** *umg* versetzen; transportieren, befördern ‖ *uv* переки́дывать 1a

imp.	переки́нь, ~те
p.pt.p.	переки́нутый

переки́нуться *v* **1.** (hinüber)springen, sich schwingen (über) **2.** überspringen; sich ausbreiten *Feuer* **3.** sich zuwerfen; wechseln *Worte* ‖ *uv* переки́дываться

перекипяти́ть *v* что erneut aufkochen, überkochen lassen

ft.	перекипячу́, -яти́шь, -ятя́т
imp.	перекипяти́, ~те
pt.	перекипяти́л
g.pt.a.	перекипяти́в
p.pt.a.	перекипяти́вший
p.pt.p.	перекипячённый; перекипячён, -ена́

перекиса́ть *uv zu* переки́снуть

перекисли́ть *v* что übersäuern ‖ *uv* перекисля́ть 2a

ft.	перекислю́, -ли́шь, -ля́т
imp.	перекисли́, ~те
pt.	перекисли́л
g.pt.a.	перекисли́в
p.pt.a.	перекисли́вший
p.pt.p.	перекислённый; перекислён, -ена́

перекисля́ть *uv zu* перекисли́ть

переки́снуть, *1. u. 2. Pers ungebr, v* (zu) sauer werden ‖ *uv* перекиса́ть 2a

ft.	переки́снет, -нут
pt.	переки́с, ~ла
g.pt.a.	переки́сши
p.pt.a.	переки́сший *u.* переки́снувший

перекла́дывать *uv zu* переложи́ть

перекле́ивать *uv zu* перекле́ить

перекле́ить *v* что **1.** *anderswohin* kleben **2.** neu bekleben ‖ *uv* перекле́ивать 1a

ft.	перекле́ю, -е́ишь, -е́ят
imp.	перекле́й, ~те
pt.	перекле́ил
g.pt.a.	перекле́ив
p.pt.a.	перекле́ивший
p.pt.p.	перекле́енный

перeклика́ться 2a *uv* с кем-чем **1.** einander zurufen **2.** *1. u. 2. Pers ungebr, übtr* sich ähneln, erinnern (an) | *v mom* перекли́кнуться 6 *zu* 1

перекли́кнуться *v mom zu* перeклика́ться

переключа́ть(ся) *uv zu* переключи́ть(ся)

переключи́ть *v* **1.** что umschalten **2.** кого́-что *übtr* umstellen ‖ *uv* переключа́ть 2a

ft.	переключу́, -чи́шь, -ча́т
imp.	переключи́, ~те
pt.	переключи́л
g.pt.a.	переключи́в
p.pt.a.	переключи́вший
p.pt.p.	переключённый; переключён, -ена́

переключи́ться *v* **1.** sich umstellen (auf); *übtr* sich richten, sich einstellen (auf) **2.** *1. u. 2. Pers ungebr* umgeschaltet werden ‖ *uv* переключа́ться

перекова́ть 5 *v* кого́-что **1.** *Pferd* neu beschlagen **2.** umschmieden ‖ *uv* переко́вывать 1a

ft.	перекую́, -уёшь, -ую́т

переко́вывать *uv zu* перекова́ть

перекола́чивать *uv zu* переколоти́ть

переколоти́ть *v* что *umg* **1.** *alles* zerschlagen **2.** anders annageln ‖ *uv* перекола́чивать 1a

ft.	переколочу́, -ло́тишь, -ло́тят
imp.	переколоти́, ~те
pt.	переколоти́л
g.pt.a.	переколоти́в
p.pt.a.	переколоти́вший
p.pt.p.	переколо́ченный

¹**переколо́ть** *v* **1.** что anders anstecken **2.** что (sich) ganz zerstechen *Finger, Füße* **3.** кого́-что abschlachten ‖ *uv* перека́лывать 1a

ft.	переколю́, -о́лешь, -о́лют
imp.	переколи́, ~те
pt.	переколо́л
g.pt.a.	переколо́в
p.pt.a.	переколо́вший
p.pt.p.	переко́лотый

²**переколо́ть** *v* что *viel, alles* spalten, zerhacken; *Nüsse* knacken
Formen wie ¹переколо́ть

перекопа́ть 2 *v* что **1.** neu umgraben **2.** einen Graben ziehen (durch) ‖ *uv* перека́пывать 1a

перекорми́ть *v* кого́-что überfüttern ‖ *uv* перека́рмливать 1a

ft.	перекормлю́, -о́рмишь, -о́рмят

imp. перекорми́, ~те
pt. перекорми́л
g.pt.a. перекорми́в
p.pt.a. перекорми́вший
p.pt.p. перекóрмленный

перекоря́ться 2a *uv umg* sich gegenseitig Vorwürfe machen

[1]**перекоси́ть** *v* что *viel, alles* nacheinander mähen ‖ *uv* перекáшивать 1a
ft. перекошу́, -óсишь, -óсят
imp. перекоси́, ~те
pt. перекоси́л
g.pt.a. перекоси́в
p.pt.a. перекоси́вший
p.pt.p. перекóшенный

[2]**перекоси́ть** *v* что **1.** krummziehen, verziehen **2.** *unpers* verzerren *Gesicht* ‖ *uv* перекáшивать 1a
ft. перекошу́, -оси́шь, -ося́т
Übrige Formen wie [1]перекоси́ть

перекоси́ться *v* **1.** sich krümmen, sich werfen **2.** sich verzerren *Gesicht* ‖ *uv* перекáшиваться
Formen nach [2]перекоси́ть

перекочевáть *v* **1.** weiterziehen *Nomaden* **2.** *übtr umg* umziehen; die Arbeitsstelle wechseln ‖ *uv* перекочёвывать 1a
ft. перекочу́ю, -у́ешь, -у́ют
imp. перекочу́й, ~те
pt. перекочевáл
g.pt.a. перекочевáв
p.pt.a. перекочевáвший

перекочёвывать *uv zu* перекочевáть

перекрáивать *uv zu* перекрои́ть

перекрáсить *v* что neu anstreichen ‖ *uv* перекрáшивать 1a
ft. перекрáшу, -áсишь, -áсят
imp. перекрáсь, ~те
pt. перекрáсил
g.pt.a. перекрáсив
p.pt.a. перекрáсивший
p.pt.p. перекрáшенный

перекрáситься *v* **1.** *1. u. 2. Pers ungebr* sich umfärben lassen **2.** *übtr umg* die Farbe wechseln ‖ *uv* перекрáшиваться

перекрáшивать(ся) *uv zu* перекрáсить(ся)

перекрести́ть *v* когó-что **1.** bekreuzigen **2.** *umg* umtaufen **3.** *umg* über Kreuz legen **4.** *umg* durchkreuzen, -streichen ‖ *uv* перекрéщивать 1a
ft. перекрещу́, -éстишь, -éстят
imp. перекрести́, ~те
pt. перекрести́л
g.pt.a. перекрести́в
p.pt.a. перекрести́вший
p.pt.p. перекрещённый; перекрещён, -ена́

перекрести́ться *v* **1.** sich bekreuzigen **2.** *umg* sich kreuzen ‖ *uv* перекрéщиваться

перекрéщивать(ся) *uv zu* перекрести́ть(ся)

перекри́кивать *uv zu* перекричáть

перекричáть *v* когó-что überschreien ‖ *uv* перекри́кивать 1a
ft. перекричу́, -чи́шь, -чáт
imp. перекричи́, ~те
pt. перекричáл
g.pt.a. перекричáв
p.pt.a. перекричáвший

перекрои́ть *v* что **1.** anders [neu] zuschneiden **2.** *umg* völlig umgestalten **3.** *umg alles, viel* zuschneiden ‖ *uv* перекрáивать 1a
ft. перекрою́, -ои́шь, -оя́т
imp. перекрóй, ~те
pt. перекрои́л
g.pt.a. перекрои́в
g.pt.a. перекрои́вший
p.pt.p. перекрóенный

перекрути́ть *v* что **1.** *umg* überdrehen **2.** *volksspr* zusammendrehen, -schnüren **3.** *volksspr* umdrehen *Schlüssel* ‖ *uv* перекру́чивать 1a
ft. перекручу́, -у́тишь, -у́тят
imp. перекрути́, ~те
pt. перекрути́л
g.pt.a. перекрути́в
p.pt.a. перекрути́вший
p.pt.p. перекру́ченный

перекру́чивать *uv zu* перекрути́ть

перекрывáть *uv zu* перекры́ть

перекры́ть *v* когó-что **1.** neu decken *Dach* **2.** *umg* überstechen *Kartenspiel* **3.** *umg* übertreffen, -bieten **4.** *umg* wettmachen, aufholen ‖ *uv* перекрывáть 2a
ft. перекрóю, -óешь, -óют
imp. перекрóй, ~те
pt. перекры́л
g.pt.a. перекры́в
p.pt.a. перекры́вший
p.pt.p. перекры́тый

перекувы́ркивать(ся) *uv zu* перекувырну́ть(ся)

перекувырну́ть 7 *v* когó-что *umg* umwerfen ‖ *uv* перекувы́ркивать 1a

перекувырну́ться *v umg* **1.** umfallen **2.** einen Purzelbaum machen; sich überschlagen ‖ *uv* перекувы́ркиваться

[1]**перекупáть** *uv zu* перекупи́ть

²перекупа́ть 2 *v* кого́-что zu lange baden ‖ *uv* переку́пывать 1a

перекупи́ть *v* что *umg* **1.** у кого́ vor der Nase wegschnappen **2.** zum Weiterverkauf aufkaufen ‖ *uv* перекупа́ть 2a

ft.	перекуплю́, -у́пишь, -у́пят
imp.	перекупи́, ~те
pt.	перекупи́л
g.pt.a.	перекупи́в
p.pt.a.	перекупи́вший
p.pt.p.	переку́пленный

переку́пывать *uv zu* ²перекупа́ть

переку́ривать *uv zu* перекури́ть

перекури́ть *v* **1.** zu viel rauchen **2.** что *umg viel, alles* rauchen **3.** *umg* eine Zigarettenpause einlegen ‖ *uv* переку́ривать 1a

ft.	перекурю́, -у́ришь, -у́рят
imp.	перекури́, ~те
pt.	перекури́л
p.pt.a.	перекури́в
g.pt.a.	перекури́вший
p.pt.p.	переку́ренный

перекуса́ть 2 *v* кого́-что *alle, viele* beißen ‖ *uv* переку́сывать* 1a

перекуси́ть *v* **1.** что durch-, zerbeißen **2.** *umg* einen kleinen Imbiß nehmen ‖ *uv* переку́сывать 1a

ft.	перекушу́, -у́сишь, -у́сят
imp.	перекуси́, ~те
pt.	перекуси́л
g.pt.a.	перекуси́в
p.pt.a.	перекуси́вший
p.pt.p.	переку́шенный

¹переку́сывать *uv zu* перекуса́ть

²переку́сывать *uv zu* перекуси́ть

перела́вливать *uv zu* переловить

перелага́ть *uv zu* переложи́ть

¹перела́мывать(ся) *uv zu* перелома́ть(ся)

²перела́мывать(ся) *uv zu* переломи́ть(ся)

перележа́ть *v umg* **1.** zu lange liegen **2.** *1. u. 2. Pers ungebr* von (zu) langem Liegen verderben ‖ *uv* перелёживать 1a

ft.	перележу́, -жи́шь, -жа́т
imp.	перележи́, ~те
pt.	перележа́л
g.pt.a.	перележа́в
p.pt.a.	перележа́вший

перелёживать *uv zu* перележа́ть

перелеза́ть *uv zu* переле́зть

переле́зть *v* что *oder* че́рез что klettern (über), hinüberklettern ‖ *uv* перелеза́ть 2a

ft.	переле́зу, -е́зешь, -е́зут
imp.	переле́зь, ~те
pt.	переле́з, ~ла
g.pt.a.	переле́зши
p.pt.a.	переле́зший

перелета́ть *uv zu* перелете́ть

перелете́ть *v* **1.** что *oder* че́рез что fliegen (über), überfliegen **2.** hinüberfliegen **3.** übers Ziel hinausfliegen *Geschoß* ‖ *uv* перелета́ть 2a

ft.	перелечу́, -ети́шь, -етя́т
imp.	перелети́, ~те
pt.	перелете́л
g.pt.a.	перелете́в
p.pt.a.	перелете́вший

переле́чь *v* sich anderswohin legen

ft.	переля́гу, -я́жешь, -я́гут
imp.	переля́г, ~те
pt.	перелёг, -легла́
g.pt.a.	перелёгши
p.pt.a.	перелёгший

перелива́ть 2a *uv* **1.** *uv zu* перели́ть **2.** *1. u. 2. Pers ungebr* чем schillern

перелива́ться, *1. u. 2. Pers ungebr, uv* **1.** *uv zu* перели́ться **2.** schillern *Farben* **3.** *mus* ineinander übergehen

перелиста́ть 2 *v* что durchblättern, blättern (in) ‖ *uv* перели́стывать 1a

перели́стывать *uv zu* перелиста́ть

перели́ть *v* что **1.** umgießen **2.** *Blut* übertragen **3.** zu voll gießen **4.** umschmelzen **5.** *umg* überfließen ‖ *uv* перелива́ть 2a

ft.	перелью́, -льёшь, -лью́т
imp.	переле́й, ~те
pt.	перели́л, -ила́, -и́ло
g.pt.a.	перели́в
p.pt.a.	перели́вший
p.pt.p.	перели́тый; перели́т, -ита́, -и́то

перели́ться, *1. u. 2. Pers ungebr, v* **1.** hinüberfließen **2.** überlaufen, -fließen ‖ *uv* перелива́ться

pt.	перели́лся, -ила́сь, -и́ло́сь

перелицева́ть *v* что (um)wenden *Kleidungsstück* ‖ *uv* перелицо́вывать 1a

ft.	перелицу́ю, -у́ешь, -у́ют
imp.	перелицу́й, ~те
pt.	перелицева́л
g.pt.a.	перелицева́в
p.pt.a.	перелицева́вший
p.pt.p.	перелицо́ванный

перелицо́вывать *uv zu* перелицева́ть

перелови́ть *v* кого́-что *alle, viele* nacheinander fangen ‖ *uv* перела́вливать 1a

ft.	переловлю́, -о́вишь, -о́вят
imp.	перелови́, ~те
pt.	перелови́л

g.pt.a. переловив
p.pt.a. переловивший
p.pt.p. перело́вленный

переложи́ть *v* что **1.** anderswo hinlegen **2.** на кого́-что abschieben, -wälzen (auf) **3.** чем verpacken (mit), einpacken (in) **4.** umstapeln **5.** neu bauen; umsetzen *Ofen* **6.** übertragen *Poesie in Prosa oder umgekehrt* **7.** *a.* чего́ *umg* zu viel hineintun ‖ *uv* перекла́дывать 1a *u.* перелага́ть 2a
ft. переложу́, -о́жишь, -о́жат
imp. переложи́, ~те
pt. переложи́л
g.pt.a. переложи́в
p.pt.a. переложи́вший
p.pt.p. перело́женный

перелома́ть 2 *v* что *viel, alles* zerbrechen ‖ *uv* перела́мывать 1a

перелома́ться, *1. u. 2. Pers ungebr*, *v umg* (in Stücke) zerbrechen *viel, alles* ‖ *uv* перела́мываться

переломи́ть *v* кого́-что **1.** entzwei-, zerbrechen **2.** bezwingen, überwinden ‖ *uv* перела́мывать 1a
ft. переломлю́, -о́мишь, -о́мят
imp. переломи́, ~те
pt. переломи́л
g.pt.a. переломи́в
p.pt.a. переломи́вший
p.pt.p. перело́мленный

переломи́ться, *1. u. 2. Pers ungebr*, *v* entzwei-, zerbrechen; brechen *Knochen* ‖ *uv* перела́мываться

перема́зать *v* кого́-что **1.** neu (ver)schmieren **2.** *viel, alles* schmieren **3.** *umg* beschmieren ‖ *uv* перема́зывать 1a
ft. перема́жу, -жешь, -жут
imp. перема́жь, ~те
pt. перема́зал
g.pt.a. перема́зав
p.pt.a. перема́завший
p.pt.p. перема́занный

перема́заться *v umg* sich beschmieren *an vielen Stellen* ‖ *uv* перема́зываться

перема́зывать(ся) *uv zu* перема́зать(ся)

перема́лывать(ся) *uv zu* перемоло́ть(ся)

перема́нивать *uv zu* перемани́ть

перемани́ть *v* кого́-что weg-, herüberlocken ‖ *uv* перема́нивать 1a
ft. переманю́, -а́нишь, -а́нят
imp. перемани́, ~те
pt. перемани́л
g.pt.a. перемани́в
p.pt.a. перемани́вший
p.pt.p. перема́ненный *u.* переманённый; переманён, -ена́

перема́тывать *uv zu* перемота́ть

перема́хивать *uv zu* перемахну́ть

перемахну́ть 7 *v volksspr* **1.** что *oder* че́рез что hinüberspringen **2.** anderswohin gehen [fahren] ‖ *uv* перема́хивать 1a
kein *p.pt.p.*

перемежа́ть 2a *uv* что чем *oder* с чем abwechseln, mit Unterbrechung etwas tun ‖ *v* перемежи́ть, Formen das.

перемежа́ться, *1. u. 2. Pers ungebr*, *uv* чем *oder* с чем abwechseln ‖ *v* перемежи́ться

перемежева́ть *v* erneut vermessen ‖ *uv* перемежёвывать 1a
ft. перемежу́ю, -у́ешь, -у́ют
imp. перемежу́й, ~те
pt. перемежева́л
g.pt.a. перемежева́в
p.pt.a. перемежева́вший
p.pt.p. перемежёванный

перемежёвывать *uv zu* перемежева́ть

перемежи́ть *v zu* перемежа́ть
ft. перемежу́, -жи́шь, -жа́т
imp. перемежи́, ~те
pt. перемежи́л
g.pt.a. перемежи́в
p.pt.a. перемежи́вший
p.pt.p. перемежённый; перемежён, -ена́

перемежи́ться *v zu* перемежа́ться

перемени́ть *v* что (aus)wechseln, verändern ‖ *uv umg* переменя́ть 2a
ft. переменю́, -е́нишь, -е́нят
imp. перемени́, ~те
pt. перемени́л
g.pt.a. перемени́в
p.pt.a. перемени́вший
p.pt.p. переменённый; переменён, -ена́

перемени́ться *v* **1.** sich verändern **2.** чем *umg* tauschen ‖ *uv* переменя́ться

переменя́ть(ся) *uv zu* перемени́ть(ся)

перемере́ть, *1. u. 2. Pers Singular ungebr*, *v volksspr* sterben *viele, alle*; aussterben ‖ *uv* перемира́ть 2a
ft. перемрёт, -ру́т
pt. пе́ремер *u. umg* перемёр, перемерла́ *u. umg* перемёрла, пе́ремерло *u. umg* перемёрло
g.pt.a. перемере́в *u.* переме́рши
p.pt.a. переме́рший *u.* перемёрший

перемерза́ть *uv zu* перемёрзнуть

перемёрзнуть *v* **1.** *1. u. 2. Pers ungebr alle, viele* erfrieren *Pflanzen* **2.** *umg* durchfrieren, sehr frieren ‖ *uv* перемерза́ть 2a

ft.	перемёрзну, -нешь, -нут
imp.	перемёрзни, ~те
pt.	перемёрз, ~ла
g.pt.a.	перемёрзши
p.pt.a.	перемёрзший

переме́ривать *uv zu* переме́рить

переме́рить *v* что **1.** neu (ver)messen, nachmessen **2.** *viel, alles* messen [anprobieren] **3.** nochmals anprobieren ‖ *uv* переме́ривать 1a *u.* перемеря́ть 2a

ft.	переме́рю, -ришь, -рят *u. umg* переме́ряю, -яешь, -яют
imp.	переме́рь, ~те *u. umg* переме́ряй, ~те
pt.	переме́рил
g.pt.a.	переме́рив
p.pt.a.	переме́ривший
p.pt.p.	переме́ренный

перемеря́ть *uv zu* переме́рить

перемеси́ть *v* что durchkneten ‖ *uv* переме́шивать 1a

ft.	перемешу́, -е́сишь, -е́сят
imp.	перемеси́, ~те
pt.	перемеси́л
g.pt.a.	перемеси́в
p.pt.a.	перемеси́вший
p.pt.p.	переме́шенный

перемести́ *v* что hinüberfegen; erneut fegen ‖ *uv* перемета́ть 2a

ft.	перемету́, -етёшь, -ету́т
imp.	перемети́, ~те
pt.	перемёл, -мела́
g.pt.a.	переметя́
p.pt.a.	перемётший
p.pt.p.	переметённый; переметён, -ена́

перемести́ть *v* **1.** что umstellen, anderswo hinstellen **2.** кого́-что (j-n) versetzen **3.** что verlagern ‖ *uv* перемеща́ть 2a

ft.	перемещу́, -ести́шь, -естя́т
imp.	перемести́, ~те
pt.	перемести́л
g.pt.a.	перемести́в
p.pt.a.	перемести́вший
p.pt.p.	перемещённый; перемещён, -ена́

перемести́ться *v* den Platz wechseln; umziehen; sich verlagern ‖ *uv* перемеща́ться

[1]**перемета́ть** *uv zu* перемести́

[2]**перемета́ть** *v* что hinüberschleudern, -werfen ‖ *uv* перемётывать 1a

ft.	перемечу́, -е́чешь, -е́чут
imp.	перемечи́, ~те
pt.	перемета́л
g.pt.a.	перемета́в
p.pt.a.	перемета́вший
p.pt.p.	перемётанный

[3]**перемета́ть** 2 *v* что **1.** erneut durchnähen, heften **2.** *viel, alles* durchnähen ‖ *uv* перемётывать 1a

p.pt.p.	перемётанный

переме́тить *v* кого́-что **1.** erneut kennzeichnen **2.** *viel, alles* kennzeichnen ‖ *uv* переме́чивать 1a *u.* перемеча́ть 2a

ft.	переме́чу, -е́тишь, -е́тят
imp.	переме́ть, ~те
pt.	переме́тил
g.pt.a.	переме́тив
p.pt.a.	переме́тивший
p.pt.p.	переме́ченный

переметну́ть 7 *v* что *volksspr* hinüberwerfen ‖ *uv* перемётывать 1a
kein *p.pt.p.*

переметну́ться *v umg* **1.** hinüberspringen **2.** *zum Feind* überlaufen ‖ *uv* перемётываться

перемётывать *uv zu* [2,3]перемета́ть *u.* переметну́ть

перемётываться *uv zu* переметну́ться

перемеча́ть *uv zu* переме́тить

переме́чивать *uv zu* переме́тить

перемеша́ть 2 *v* кого́-что **1.** vermischen, vermengen **2.** umrühren **3.** durcheinanderbringen, in Unordnung bringen **4.** *umg* verwechseln ‖ *uv* переме́шивать 1a

перемеша́ться, *1. u. 2. Pers ungebr*, *v* **1.** sich (ver)mischen **2.** durcheinandergeraten ‖ *uv* переме́шиваться

[1]**переме́шивать** *uv zu* перемеси́ть

[2]**переме́шивать** *uv zu* перемеша́ть

переме́шиваться *uv zu* перемеша́ться

перемеща́ть(ся) *uv zu* перемести́ть(ся)

переми́гиваться *uv zu* перемигну́ться

перемигну́ться 7 *v* с кем einander zublinzeln ‖ *uv* переми́гиваться 1a

перемина́ться *uv zu* переми́ться

перемира́ть *uv zu* перемере́ть

перемножа́ть *uv zu* перемно́жить

перемно́жить *v* что *einige Zahlen* multiplizieren ‖ *uv* перемножа́ть 2a

ft.	перемнóжу, -жишь, -жат
imp.	перемнóжь, ~те
pt.	перемнóжил
g.pt.a.	перемнóжив
p.pt.a.	перемнóживший
p.pt.p.	перемнóженный

перемогáть 2a *uv* что *umg* überwinden, bezwingen, unterdrücken ‖ *v volksspr* перемóчь, Formen das.

перемогáться *uv umg* eine Krankheit zu überwinden suchen ‖ *v* перемóчься

перемокáть *uv zu* перемóкнуть

перемóкнуть *v umg* völlig naß werden ‖ *uv* перемокáть 2a

ft.	перемóкну, -нешь, -нут
imp.	перемóкни, ~те
pt.	перемóк, ~ла
g.pt.a.	перемóкши
p.pt.a.	перемóкший

перемолáчивать *uv zu* перемолотúть

перемóлвить *v*: перемóлвить слóво с кем-н. *volksspr* mit j-m ein paar Worte wechseln

pr.	перемóлвлю, -вишь, -вят
imp.	перемóлви, ~те
pt.	перемóлвил
g.pt.a.	перемóлвив
p.pt.a.	перемóлвивший
p.pt.p.	перемóлвленный

пермóлвиться *v* (чем) с кем-чем *umg* (mit j-m) ein paar Worte wechseln

перемолотúть *v* что **1.** *viel, alles* dreschen **2.** erneut dreschen ‖ *uv* перемолáчивать 1a

ft.	перемолочý, -óтишь, -óтят
imp.	перемолотú, ~те
pt.	перемолотúл
g.pt.a.	перемолотúв
p.pt.a.	перемолотúвший
p.pt.p.	перемолóченный

перемолóть *v* что *viel, alles* mahlen ‖ *uv* перемáлывать 1a

ft.	перемелю́, -éлешь, -éлют
imp.	перемелú, ~те
pt.	перемолóл
g.pt.a.	перемолóв
p.pt.a.	перемолóвший
p.pt.p.	перемóлотый

перемолóться, *1. u. 2. Pers ungebr, v* gemahlen werden *Korn* ‖ *uv* перемáлываться

перемотáть 2 *v* что umwickeln, neu (auf)-wickeln, umspulen ‖ *uv* перемáтывать 1a

перемóчь *v zu* перемогáть

ft.	перемогý, -óжешь, -óгут
imp.	перемогú, ~те
pt.	перемóг, -оглá
g.pt.a.	перемóгши
p.pt.a.	перемóгший

перемóчься *v zu* перемогáться

перемудрúть *v umg* **1.** zu sehr komplizieren **2.** когó-что durch Klugheit [List] übertrumpfen

ft.	перемудрю́, -рúшь, -ря́т
imp.	перемудрú, ~те
pt.	перемудрúл
g.pt.a.	перемудрúв
p.pt.a.	перемудрúвший
p.pt.p.	перемудрённый; перемудрён, -енá

перемывáть *uv zu* перемы́ть

перемы́ть *v* когó-что **1.** nochmals (ab)-waschen **2.** *viele(s), alle(s)* waschen ‖ *uv* перемывáть 2a

ft.	перемóю, -óешь, -óют
imp.	перемóй, ~те
pt.	перемы́л
g.pt.a.	перемы́в
p.pt.a.	перемы́вший
p.pt.p.	перемы́тый

перемя́ться, *1. u. 2. Pers ungebr, v* völlig zerknittert werden ‖ *uv* перeминáться 2a

ft.	перемнётся, -нýтся
pt.	перемя́лся, -лась
g.pt.a.	перемя́вшись
p.pt.a.	перемя́вшийся

перенапрягáть(ся) *uv zu* перенапря́чь(ся)

перенапря́чь *v* что überanstrengen ‖ *uv* перенапрягáть 2a

ft.	перенапрягý, -яжёшь, -ягýт
imp.	перенапрягú, ~те
pt.	перенапря́г, -яглá
g.pt.a.	перенапря́гши
p.pt.a.	перенапря́гший
p.pt.p.	перенапряжённый; перенапряжён, -енá

перенапря́чься *v* sich überanstrengen ‖ *uv* перенапрягáться

перенасы́тить *v* когó-что übersättigen ‖ *uv* перенасыщáть 2a

ft.	перенасы́щу, -ы́тишь, -ы́тят
imp.	перенасы́ть, ~те
pt.	перенасы́тил
g.pt.a.	перенасы́тив
p.pt.a.	перенасы́тивший
p.pt.p.	перенасы́щенный

перенасыщáть *uv zu* перенасы́тить

перена́шивать *uv zu* ²перено́сить

перенести́ *v* кого́-что **1.** hinübertragen, -bringen **2.** übertragen, übergeben, weiterleiten **3.** trennen *Silben*; abteilen *Wort* **4.** verschieben, vertagen **5.** ertragen, erdulden, durchmachen **6.** verlegen *Sitz* ‖ *uv* ¹переноси́ть, Formen das.

ft.	перенесу́, -сёшь, -су́т
imp.	перенеси́, ~те
pt.	перенёс, -есла́
g.pt.a.	перенеся́ *u. alt* перенёсши
p.pt.a.	перенёсший
p.pt.p.	перенесённый; перенесён, -ена́

перенести́сь *v* **1.** *umg* anderswohin eilen **2.** *übtr* sich (in Gedanken) versetzen (in) ‖ *uv* переноси́ться

перенима́ть *uv zu* переня́ть

¹**переноси́ть** *uv zu* перенести́

pr.	переношу́, -о́сишь, -о́сят
imp.	переноси́, ~те
pt.	переноси́л
g.pr.a.	перенося́
g.pt.a.	переноси́в
p.pr.a.	перенося́щий
p.pt.a.	переноси́вший
p.pr.p.	переноси́мый

²**переноси́ть** *v* **1.** кого́-что *viel(e), alle(s)* (hinüber)tragen **2.** что *umg viel, alles* abtragen, abnutzen ‖ *uv* перена́шивать 1a

ft.	переношу́, -о́сишь, -о́сят
imp.	переноси́, ~те
pt.	переноси́л
g.pt.a.	переноси́в
p.pt.a.	переноси́вший
p.pt.p.	перено́шенный

переноси́ться *uv zu* перенести́сь

переночева́ть *v* übernachten ‖ *uv* переночёвывать 1a

ft.	переночу́ю, -у́ешь, -у́ют
imp.	переночу́й, ~те
pt.	переночева́л
g.pt.a.	переночева́в
p.pt.a.	переночева́вший

переночёвывать *uv zu* переночева́ть

перенумерова́ть 5 *v* что **1.** umnumerieren **2.** durchnumerieren ‖ *uv* перенумеро́вывать 1a

перенумеро́вывать *uv zu* перенумерова́ть

переня́ть *v* кого́-что **1.** *umg* sich aneignen, übernehmen **2.** *volksspr* wegnehmen **3.** *volksspr* abfangen, aufhalten ‖ *uv* перенима́ть 2a

ft.	перейму́, -мёшь, -му́т
imp.	перейми́, ~те
pt.	пе́ренял *u. umg* переня́л, переняла́, пе́реняло *u. umg* переня́ло
g.pt.a.	переня́в
p.pt.a.	переня́вший
p.pt.p.	пе́ренятый; пе́ренят, перенята́, пе́ренято

переоборудовать 4 *u.* 4a *v, uv* что neu ausrüsten, neu ausstatten

переобремени́ть *v* кого́-что чем überlasten, überbürden (mit) ‖ *uv* переобременя́ть 2a

ft.	переобременю́, -ни́шь, -ня́т
imp.	переобремени́, ~те
pt.	переобремени́л
g.pt.a.	переобремени́в
p.pt.a.	переобремени́вший
p.pt.p.	переобременённый; переобременён, -ена́

переобременя́ть *uv zu* переобремени́ть

переобува́ть(ся) *uv zu* переобу́ть(ся)

переобу́ть *v* кого́-что (j-m) andere Schuhe anziehen ‖ *uv* переобува́ть 2a

ft.	переобу́ю, -у́ешь, -у́ют
imp.	переобу́й, ~те
pt.	переобу́л
g.pt.a.	переобу́в
p.pt.a.	переобу́вший
p.pt.p.	переобу́тый

переобу́ться *v* andere Schuhe anziehen ‖ *uv* переобува́ться

переодева́ть(ся) *uv zu* переоде́ть(ся)

переоде́ть *v* кого́-что **1.** (j-n) umziehen, umkleiden **2.** *umg* etw. anderes anziehen **3.** чем *oder* на кого́-что verkleiden (als) ‖ *uv* переодева́ть 2a

ft.	переоде́ну, -нешь, -нут
imp.	переоде́нь, ~те
pt.	переоде́л
g.pt.a.	переоде́в
p.pt.a.	переоде́вший
p.pt.p.	переоде́тый

переоде́ться *v* **1.** sich umziehen **2.** чем *oder* на кого́-что sich verkleiden (als) ‖ *uv* переодева́ться

переосвиде́тельствовать 4 *u.* 4a *v, uv* кого́-что *med* nochmals mustern, nachuntersuchen

переосмы́сливать *uv zu* переосмы́слить

переосмы́слить *v* что *einer Sache* einen neuen Sinn geben ‖ *uv* переосмы́сливать 1a

ft.	переосмы́слю, -лишь, -лят
imp.	переосмы́сли, ~те
pt.	переосмы́слил

g.pt.a.	переосмы́слив
p.pt.a.	переосмы́сливший
p.pt.p.	переосмы́сленный

переоце́нивать *uv zu* переоцени́ть

переоценить *v* кого́-что **1.** mit neuen Preisen versehen **2.** überschätzen, überbewerten ‖ *uv* переоце́нивать 1a

ft.	переоценю́, -е́нишь, -е́нят
imp.	переоцени́, ~те
pt.	переоцени́л
g.pt.a.	переоцени́в
p.pt.a.	переоцени́вший
p.pt.a.	переоценённый; переоценён, -ена́

перепа́дать 1, *1. u. 2. Person Singular ungebr, v umg* nacheinander hinfallen

перепада́ть *uv zu* перепа́сть

перепа́ивать *uv zu* перепои́ть

перепа́лывать *uv zu* переполо́ть

перепа́рхивать *uv zu* перепорхну́ть

1,2**перепа́рывать** *uv zu* 1,2перепоро́ть

перепа́сть, *1. u. 2. Pers ungebr, v* **1.** *von Zeit zu Zeit* fallen *Niederschläge* **2.** *umg* entfallen (auf) **3.** *gbt* abmagern ‖ *uv* перепада́ть 2a

ft.	перепадёт, -ду́т
pt.	перепа́л
g.pt.a.	перепа́в
p.pt.a.	перепа́вший

перепаха́ть *v* что **1.** neu pflügen **2.** *viel, alles* pflügen **3.** quer durchpflügen ‖ *uv* перепа́хивать 1a

ft.	перепашу́, -а́шешь, -а́шут
imp.	перепаши́, ~те
pt.	перепаха́л
g.pt.a.	перепаха́в
p.pt.a.	перепаха́вший
p.pt.p.	перепа́ханный

перепа́хивать *uv zu* перепаха́ть

перепа́чкать 1 *v* кого́-что an vielen Stellen beschmutzen ‖ *uv* перепа́чкивать 1a

перепа́чкаться *v* sich völlig beschmutzen ‖ *uv* перепа́чкиваться

перепа́чкивать(ся) *uv zu* перепа́чкать(ся)

перепека́ть(ся) *uv zu* перепе́чь(ся)

перепелена́ть 2 *v* кого́-что neue Windeln geben, trockenlegen ‖ *uv* перепелёнывать 1a

p.pt.p.	перепелёнатый

перепелёнывать *uv zu* перепелена́ть

перепе́рчивать *uv zu* перепе́рчить

перепе́рчить *v* что zu stark pfeffern ‖ *uv* перепе́рчивать 1a

ft.	перепе́рчу, -чишь, -чат
imp.	перепе́рчи, ~те
pt.	перепе́рчил
g.pt.a.	перепе́рчив
p.pt.a.	перепе́рчивший
p.pt.p.	перепе́рченный

перепеча́тать 1 *v* что **1.** ab-, nachdrucken; neu drucken **2.** auf der Schreibmaschine abschreiben ‖ *uv* перепеча́тывать 1a

перепеча́тывать *uv zu* перепеча́тать

перепе́чь *v* что **1.** zu lange backen (lassen) **2.** *viel, alles* backen ‖ *uv* перепека́ть 2a

ft.	перепеку́, -ечёшь, -еку́т
imp.	перепеки́, ~те
pt.	перепёк, -екла́
g.pt.a.	перепёкши
p.pt.a.	перепёкший
p.pt.p.	перепечённый; перепечён, -ена́

перепе́чься, *1. u. 2. Pers ungebr, v* zu lange backen *itr* ‖ *uv* перепека́ться

перепива́ть(ся) *uv zu* перепи́ть(ся)

перепи́ливать *uv zu* перепили́ть

перепили́ть *v* что **1.** durchsägen **2.** *viel, alles* zersägen ‖ *uv* перепи́ливать 1a

ft.	перепилю́, -и́лишь, -и́лят
imp.	перепили́, ~те
pt.	перепили́л
g.pt.a.	перепили́в
p.pt.a.	перепили́вший
p.pt.p.	перепи́ленный

переписа́ть *v* **1.** что um-, abschreiben; umarbeiten **2.** кого́-что *alle(s)* aufschreiben, eintragen, registrieren ‖ *uv* перепи́сывать 1a

ft.	перепишу́, -и́шешь, -и́шут
imp.	перепиши́, ~те
pt.	переписа́л
g.pt..	переписа́в
p.pt.a.	переписа́вший
p.pt.p.	перепи́санный

переписа́ться *v umg* sich eintragen, einschreiben (lassen) ‖ *uv* перепи́сываться

перепи́сывать *uv zu* переписа́ть

перепи́сываться 1a *uv* **1.** *uv zu* переписа́ться **2.** с кем korrespondieren, im Briefwechsel stehen (mit)

перепи́ть *v umg* **1.** чего́ *oder ohne Objekt* zu viel trinken, einen über den Durst trinken **2.** кого́-что mehr trinken (als jemand) ‖ *uv* перепива́ть 2a

ft. перепью́, -пьёшь, -пью́т
imp. перепе́й, ~те
pt. перепи́л, -ила́
g.pt.a. перепи́в
p.pt.a. перепи́вший

перепи́ться *v umg* sich betrinken ‖ *uv* перепива́ться
pt. перепи́лся, -ила́сь, -и́ло́сь

[1]**перепла́вить** *v* что umschmelzen ‖ *uv* переплавля́ть 2a
ft. перепла́влю, -вишь, -вят
imp. перепла́вь, ~те
pt. перепла́вил
g.pt.a. перепла́вив
p.pt.a. перепла́вивший
p.pt.p. перепла́вленный

[2]**перепла́вить** *v* что flößen ‖ *uv* переплавля́ть 2a
Formen wie [1]перепла́вить

[1,2]**переплавля́ть** *uv zu* [1,2]перепла́вить

перепланиро́вать 4 *u.* **перепланирова́ть** 5 *v* что umplanen, neu planen ‖ *uv* перепланиро́вывать 1a

перепланиро́вывать *uv zu* перепланиро́ва́ть

переплати́ть *v* что überzahlen, zu viel bezahlen ‖ *uv* перепла́чивать 1a
ft. переплачу́, -а́тишь, -а́тят
imp. переплати́, ~те
pt. переплати́л
g.pt.a. переплати́в
p.pt.a. переплати́вший
p.pt.p. перепла́ченный

перепла́чивать *uv zu* переплати́ть

переплести́ *v* что **1.** einbinden *Buch* **2.** miteinander verflechten **3.** umflechten, umwinden ‖ *uv* переплета́ть 2a
ft. переплету́, -тёшь, -ту́т
imp. переплети́, ~те
pt. переплёл, -ела́
g.pt.a. переплетя́ *u.* переплётши
p.pt.a. переплётший
p.pt.p. переплетённый; переплетён, -ена́

переплести́сь, *1. u. 2. Pers ungebr, v* sich verflechten *a. übtr* ‖ *uv* переплета́ться

переплета́ть(ся) *uv zu* переплести́(сь)

переплыва́ть *uv zu* переплы́ть

переплы́ть *v* что *oder* че́рез что hinüberschwimmen; hinüberfahren *im Boot* ‖ *uv* переплыва́ть 2a
ft. переплыву́, -вёшь, -ву́т
imp. переплыви́, ~те
pt. переплы́л, -ыла́, -ы́ло
g.pt.a. переплы́в
p.pt.a. переплы́вший

переподгота́вливать *uv zu* переподгото́вить

переподгото́вить *v* кого́-что weiter-, fortbilden ‖ *uv* переподгота́вливать 1a *u.* переподготовля́ть 2a
ft. переподгото́влю, -вишь, -вят
imp. переподгото́вь, ~те
pt. переподгото́вил
g.pt.a. переподгото́вив
p.pt.a. переподгото́вивший
p.pt.p. переподгото́вленный

переподготовля́ть *uv zu* переподгото́вить

перепои́ть *v* кого́-что zu viel zu trinken geben ‖ *uv* перепа́ивать 1a
ft. перепою́, -о́ишь, -о́ят
imp. перепои́, ~те *u. volksspr* перепо́й, ~те
pt. перепои́л
g.pt.a. перепои́в
p.pt.a. перепои́вший
p.pt.p. перепо́енный

переполза́ть *uv zu* переползти́

переползти́ *v* что *oder* че́рез что hinüberkriechen (über) ‖ *uv* переполза́ть 2a
ft. переползу́, -зёшь, -зу́т
imp. переползи́, ~те
pt. перепо́лз, -олзла́
g.pt.a. перепо́лзши
p.pt.a. перепо́лзший

перепо́лнить *v* что überfüllen, überladen, zu voll machen ‖ *uv* переполня́ть 2a
ft. перепо́лню, -нишь, -нят
imp. перепо́лни, ~те
pt. перепо́лнил
g.pt.a. перепо́лнив
p.pt.a. перепо́лнивший
p.pt.p. перепо́лненный

перепо́лниться, *1. u. 2. Pers ungebr, v* übervoll werden ‖ *uv* переполня́ться

переполня́ть(ся) *uv zu* перепо́лнить(ся)

переполо́ть *v* что noch einmal jäten ‖ *uv* перепа́лывать 1a
ft. переполю́, -о́лешь, -о́лют
imp. переполи́, ~те
pt. переполо́л
g.pt.a. переполо́в
p.pt.a. переполо́вший
p.pt.p. перепо́лотый

переполоши́ть *v* кого́-что *umg* in große Aufregung versetzen
ft. переполошу́, -ши́шь, -ша́т
imp. переполоши́, ~те
pt. переполоши́л
g.pt.a. переполоши́в
p.pt.a. переполоши́вший
p.pt.p. переполошённый; переполошён, -ена́

переполоши́ться *v umg* in große Unruhe geraten

[1]**перепоро́ть** *v* что *viel, alles* auftrennen ‖ *uv* перепа́рывать 1a
ft. перепорю́, -о́решь, -о́рют
imp. перепори́, ~те
pt. перепоро́л
g.pt.a. перепоро́в
p.pt.a. перепоро́вший
p.pt.p. перепо́ротый

[2]**перепоро́ть** *v* кого́-что *viele, alle* durchpeitschen ‖ *uv* перепа́рывать 1a
Formen wie [1]перепоро́ть

перепо́ртить *v* кого́-что *viel, alles* verderben
ft. перепо́рчу, -ртишь, -ртят
imp. перепо́рти, ~те *u.* перепо́рть, ~те
pt. перепо́ртил
g.pt.a. перепо́ртив
p.pt.a. перепо́ртивший
p.pt.p. перепо́рченный

перепоруча́ть *uv zu* перепоручи́ть

перепоручи́ть *v* что кому́-чему́ (einem anderen) anvertrauen, übergeben ‖ *uv* перепоруча́ть 2a
ft. перепоручу́, -у́чишь, -у́чат
imp. перепоручи́, ~те
pt. перепоручи́л
g.pt.a. перепоручи́в
p.pt.a. перепоручи́вший
p.pt.p. перепору́ченный

перепорхну́ть 7 *v* hinüberflattern ‖ *uv* перепа́рхивать 1a

перепра́вить *v* кого́-что **1.** hinüberfahren, -schaffen, übersetzen **2.** *umg* aus-, verbessern; nochmals korrigieren; umändern ‖ *uv* переправля́ть 2a
ft. перепра́влю, -вишь, -вят
imp. перепра́вь, ~те
pt. перепра́вил
g.pt.a. перепра́вив
p.pt.a. перепра́вивший
p.pt.p. перепра́вленный

перепра́виться *v itr* übersetzen, hinüberfahren ‖ *uv* переправля́ться

переправля́ть(ся) *uv zu* перепра́вить(ся)

перепрева́ть *uv zu* перепре́ть

перепре́ть 3, *1. u. 2. Pers ungebr*, *v* **1.** vermodern, verfaulen **2.** von zu langem Kochen verderben ‖ *uv* перепрева́ть 2a

перепро́бовать 4 *v* что *viel, alles* durchprobieren, kosten

перепродава́ть *uv zu* перепрода́ть
pr. перепродаю́, -аёшь, -аю́т
imp. перепродава́й, ~те
pt. перепродава́л
g.pr.a. перепродава́я
p.pr.a. перепродаю́щий
p.pt.a. перепродава́вший
p.pr.p. перепродава́емый

перепрода́ть *v* что wieder-, weiterverkaufen ‖ *uv* перепродава́ть, Formen das.
ft. перепрода́м, -а́шь, -а́ст, -адим, -адите, -аду́т
imp. перепрода́й, ~те
pt. перепро́дал *u. umg* -ода́л, -одала́, -о́дало *u. umg* -ода́ло
g.pt.a. перепрода́в
p.pt.a. перепрода́вший
p.pt.p. перепро́данный

перепры́гивать *uv zu* перепры́гнуть

перепры́гнуть 6 *v* что *oder* че́рез что (hin)überspringen ‖ *uv* перепры́гивать 1a

перепряга́ть *uv zu* перепря́чь

перепря́чь [pe] *v* кого́-что erneut einspannen; umspannen ‖ *uv* перепряга́ть 2a
ft. перепрягу́, -яжёшь, -ягу́т
imp. перепряги́, ~те
pt. перепря́г, -ягла́
g.pt.a. перепря́гши
p.pt.a. перепря́гший
p.pt.p. перепряжённый; перепряжён, -ена́

перепуга́ть 2 *v* кого́-что erschrecken *tr* ‖ *uv* перепу́гивать 1a

перепуга́ться *v* sehr erschrecken *itr* ‖ *uv* перепу́гиваться

перепу́гивать(ся) *uv zu* перепуга́ть(ся)

перепу́тать 1 *v* кого́-что **1.** durcheinanderbringen, verwirren *a. übtr* **2.** verwechseln ‖ *uv* перепу́тывать 1a

перепу́таться, *1. u. 2. Pers ungebr*, *v* in Unordnung geraten, in Verwirrung geraten ‖ *uv* перепу́тываться

перепу́тывать(ся) *uv zu* перепу́тать(ся)

перераба́тывать(ся) *uv zu* перерабо́тать(ся)

перерабо́тать 1 *v* что **1.** verarbeiten; verdauen **2.** über-, umarbeiten **3.** Überstunden machen ‖ *uv* перераба́тывать 1a

перерабо́таться *v* **1.** *1. u. 2. Pers ungebr* verarbeitet werden; verdaut werden **2.** *umg* sich überanstrengen, sich überarbeiten ‖ *uv* перераба́тываться

перераспредели́ть *v* кого́-что neu verteilen ‖ *uv* перераспределя́ть 2a
ft. перераспределю́, -ли́шь, -ля́т
imp. перераспредели́, ~те
pt. перераспредели́л
g.pt.a. перераспредели́в
p.pt.a. перераспредели́вший
p.pt.p. перераспределённый; перераспределён, -ена́

перераспределя́ть *uv zu* перераспредели́ть

перераста́ть *uv zu* перерасти́

перерасти́ *v* **1.** кого́-что größer werden (als) **2.** кого́-что *übtr* hinauswachsen (über), überflügeln **3.** *1. u. 2. Pers ungebr*, во что hinüberwachsen, übergehen (in) ‖ *uv* перераста́ть 2a
ft. перерасту́, -тёшь, -ту́т
imp. перерасти́, ~те
pt. переро́с, -осла́
g.pt.a. переро́сши
p.pt.a. переро́сший

перерасхо́довать 4 *u.* 4a *v*, *uv* что zu viel verbrauchen [ausgeben]

перерва́ть *v* что zer-, durchreißen ‖ *uv* перерыва́ть 2a
ft. перерву́, -вёшь, -ву́т
imp. перерви́, ~те
pt. перерва́л, -ала́, -а́ло
g.pt.a. перерва́в
p.pt.a. перерва́вший
p.pt.p. пере́рванный

перерва́ться, *1. u. 2. Pers ungebr*, *v* zerreißen ‖ *uv* перерыва́ться

перерегистри́ровать 4 *u.* 4a *v*, *uv* кого́-что **1.** neu registrieren **2.** *viele(s)*, *alle(s)* registrieren

перерегистри́роваться *v*, *uv* sich erneut registrieren lassen

пере́резать *v* кого́-что **1.** zer-, durchschneiden **2.** abschneiden *Weg* **3.** *umg viele*, *alle* abschlachten ‖ *uv* перереза́ть 2a *zu* 1, 2 *u.* переpе́зывать 1a *zu* 1, 2
ft. пере́режу, -жешь, -жут
imp. пере́режь, ~те
pt. пере́резал
g.pt.a. пере́резав
p.pt.a. пере́резавший
p.pt.p. пере́резанный

перереза́ть *uv zu* пере́резать

перере́зывать *uv zu* пере́резать

перереша́ть *uv zu* перереши́ть

перереши́ть *v umg* **1.** *mit Infinitiv oder* с чем einen anderen Beschluß fassen **2.** что eine andere Lösung finden (für) ‖ *uv* перереша́ть 2a
ft. перерешу́, -ши́шь, -ша́т
imp. перереши́, ~те
pt. перереши́л
g.pt.a. перереши́в
p.pt.a. перереши́вший
p.pt.p. перерешённый; перерешён, -ена́

перержа́веть 3, *Betonung bleibt wie im Infinitiv*, *1. u. 2. Pers ungebr*, *v* durchrosten

перерисова́ть 5 *v* кого́-что **1.** neu [anders] zeichnen **2.** abzeichnen ‖ *uv* перерисо́вывать 1a

перерисо́вывать *uv zu* перерисова́ть

переро́дить *v* кого́-что **1.** völlig verändern, neu gestalten **2.** neu beleben ‖ *uv* перерожда́ть 2a
ft. перерожу́, -оди́шь, -одя́т
imp. перероди́, ~те
pt. перероди́л
g.pt.a. перероди́в
p.pt.a. перероди́вший
p.pt.p. перерождённый; перерождён, -ена́

перероди́ться *v* **1.** sich völlig verändern, ein neuer Mensch werden **2.** entarten, degenerieren ‖ *uv* перерожда́ться

перерожда́ть(ся) *uv zu* перероди́ть(ся)

перерuба́ть *uv zu* перерубить

перерубить *v* кого́-что **1.** durchhauen, -hacken **2.** *umg viele*, *alle* niedersäbeln ‖ *uv* перeруба́ть 2a
ft. перерублю́, -у́бишь, -у́бят
imp. переруби́, ~те
pt. переруби́л
g.pt.a. переруби́в
p.pt.a. переруби́вший
p.pt.p. переру́бленный

перeруга́ть 2 *v* кого́-что *umg viele*, *alle* ausschimpfen ‖ *uv* переру́гивать 1a

переруга́ться *v umg* sich verzanken

переру́гивать *uv zu* переруга́ть

переру́гиваться 1a *uv umg* einander beschimpfen

[1]**перерыва́ть** *uv zu* перерва́ть

[2]**перерыва́ть** *uv zu* переры́ть

перерыва́ться *uv zu* перерва́ться

переры́ть *v* что **1.** *alles* umgraben **2.** quer durchgraben **3.** *übtr umg alles* durchwühlen ‖ *uv* перерыва́ть 2a
ft. перерóю, -óешь, -óют
imp. перерóй, ~те
pt. переры́л
g.pt.a. переры́в
p.pt.a. переры́вший
p.pt.p. переры́тый

переряди́ть *v* когó-что *umg* umkleiden; verkleiden, maskieren ‖ *uv* переряжа́ть 2a
ft. переряжу́, -ря́дишь, -ря́дят
imp. переряди́, ~те
pt. переряди́л
g.pt.a. переряди́в
p.pt.a. переряди́вший
p.pt.p. переря́женный

переряди́ться *v umg* sich umziehen; sich verkleiden ‖ *uv* переряжа́ться

переряжа́ть(ся) *uv zu* переряди́ть(ся)

пересади́ть *v* **1.** когó-что auf einen anderen Platz setzen **2.** что um-, verpflanzen **3.** что *med* verpflanzen, transplantieren **4.** что anderswo annähen ‖ *uv* переса́живать 1a
ft. пересажу́, -а́дишь, -а́дят
imp. пересади́, ~те
pt. пересади́л
g.pt.a. пересади́в
p.pt.a. пересади́вший
p.pt.p. переса́женный

пересажа́ть 2 *v* что *umg viel, alles* anpflanzen
kein *p.pt.p.*

переса́живать *uv zu* пересади́ть

переса́живаться *uv zu* пересе́сть

переса́ливать *uv zu* пересоли́ть

переса́харивать *uv zu* переса́харить

переса́харить *v* что zu sehr zuckern ‖ *uv* переса́харивать 1a
ft. переса́харю, -ришь, -рят
imp. переса́харь, ~те
pt. переса́харил
g.pt.a. переса́харив
p.pt.a. переса́харивший
p.pt.p. переса́харенный

передава́ть *uv zu* переда́ть
pr. передаю́, -аёшь, -аю́т
imp. передава́й, ~те
pt. передава́л
g.pr.a. передава́я
p.pr.a. передаю́щий
p.pt.a. передава́вший
p.pr.p. передава́емый

переда́ть *v* что **1.** weitervermieten **2.** neu verteilen *Karten* **3.** *umg* nochmals ablegen *Prüfung* ‖ *uv* передава́ть, Formen das.
ft. переда́м, -а́шь, -а́ст, -адим́, -адите, -аду́т
imp. переда́й, ~те
pt. переда́л, -ала́, -а́ло
g.pt.a. переда́в
p.pt.a. переда́вший
p.pt.p. переда́нный; переда́н, -ана́

переседла́ть 2 *v* когó-что msatteln ‖ *uv* пересёдлывать 1a
p.pt.p. пересёдланный

пересёдлывать *uv zu* переседла́ть

пересека́ть *uv zu* [1]пересе́чь

пересека́ться *uv zu* пересе́чься

пересели́ть *v* когó-что umsiedeln, anderswo ansiedeln ‖ *uv* переселя́ть 2a
ft. переселю́, -ли́шь, -ля́т
imp. пересели́, ~те
pt. пересели́л
g.pt.a. пересели́в
p.pt.a. пересели́вший
p.pt.p. переселённый; переселён, -ена́

пересели́ться *v* umziehen, umsiedeln; auswandern ‖ *uv* переселя́ться

переселя́ть(ся) *uv zu* пересели́ть(ся)

пересе́сть *v* **1.** umsteigen **2.** den Platz wechseln, sich anderswo hinsetzen ‖ *uv* переса́живаться 1a
ft. переся́ду, -дешь, -дут
imp. переся́дь, ~те
pt. пересе́л
g.pt.a. пересе́в
p.pt.a. пересе́вший

[1]**пересе́чь** *v* что **1.** *umg* durchhauen, durchschneiden **2.** überqueren, kreuzen ‖ *uv* пересека́ть 2a
ft. пересеку́, -ечёшь, -еку́т
imp. пересеки́, ~те
pt. пересе́к, -екла́
g.pt.a. пересе́кши
p.pt. . пересе́кший
p.pt.p. пересечённый; пересечён, -ена́

[2]**пересе́чь** *v* когó-что *viele* durchprügeln
pt. пересе́к, ~ла
p.pt.p. пересе́ченный
Übrige Formen wie [1]пересе́чь

пересе́чься *v* sich schneiden, sich kreuzen ‖ *uv* пересека́ться 2a
Formen nach [1]пересе́чь

пересиде́ть *v umg* **1.** zu lange sitzen bleiben **2.** кого́-что länger sitzen bleiben (als) ‖ *uv* пересиживать 1 a
ft. пересижу́, -иди́шь, -идя́т
imp. пересиди́, ~те
pt. пересиде́л
g.pt.a. пересиде́в
p.pt.a. пересиде́вший
p.pt.p. переси́женный

переси́живать *uv zu* пересиде́ть

переси́ливать *uv zu* переси́лить

переси́лить *v* **1.** кого́-что niederringen, überwältigen **2.** что *übtr* überwinden, bezwingen, unterdrücken ‖ *uv* переси́ливать 1 a
ft. переси́лю, -лишь, -лят
imp. переси́ль, ~те
pt. переси́лил
g.pt.a. переси́лив
p.pt.a. переси́ливший
p.pt.p. переси́ленный

переси́нивать *uv zu* пересини́ть

пересини́ть *v* что zu stark blau färben ‖ *uv* переси́нивать 1 a
ft. пересиню́, -ни́шь, -ня́т
imp. пересини́, ~те
pt. пересини́л
g.pt.a. пересини́в
p.pt.a. пересини́вший
p.pt.p. пересинённый; пересинён, -ена́

пересказа́ть *v* что **1.** nacherzählen **2.** *viel, alles* erzählen ‖ *uv* переска́зывать 1 a
ft. перескажу́, -а́жешь, -а́жут
imp. перескажи́, ~те
pt. пересказа́л
g.pt.a. пересказа́в
p.pt.a. пересказа́вший
p.pt.p. переска́занный

переска́зывать *uv zu* пересказа́ть

переска́кивать *uv zu* перескочи́ть

перескочи́ть *v* **1.** что *oder* че́рез что springen (über) **2.** что *übtr* überspringen, überschlagen *Seiten* **3.** *übtr umg* plötzlich übergehen (auf) ‖ *uv* переска́кивать 1 a
ft. перескочу́, -о́чишь, -о́чат
imp. перескочи́, ~те
pt. перескочи́л
g.pt.a. перескочи́в
p.pt.a. перескочи́вший

пересласти́ть *v* что *umg* zu süß machen ‖ *uv* пересла́щивать 1 a
ft. переслащу́, -асти́шь, -астя́т
imp. пересласти́, ~те
pt. пересласти́л
g.pt.a. пересласти́в
p.pt.a. пересласти́вший
p.pt.p. переслащённый; переслащён, -ена́

пересла́ть *v* что übersenden, -weisen, schicken ‖ *uv* пересыла́ть 2 a
ft. перешлю́, -лёшь, -лю́т
imp. перешли́, ~те
pt. пересла́л
g.pt.a. пересла́в
p.pt.a. пересла́вший
p.pt.p. пере́сланный

пересла́щивать *uv zu* пересласти́ть

пересма́тривать *uv zu* пересмотре́ть

пересме́иваться 1 a *uv umg* einander zulächeln ‖ *v* пересмея́ться, Formen das.

пересмея́ться *v zu* пересме́иваться
ft. пересмею́сь, -еёшься, -ею́тся
imp. пересме́йся, -е́йтесь
pt. пересмея́лся, -лась
g.pt.a. пересмея́вшись
p.pt.a. пересмея́вшийся

пересмотре́ть *v* что **1.** überprüfen, revidieren **2.** *alles* ansehen, besichtigen ‖ *uv* пересма́тривать 1 a
ft. пересмотрю́, -о́тришь, -о́трят
imp. пересмотри́, ~те
pt. пересмотре́л
g.pt.a. пересмотре́в
p.pt.a. пересмотре́вший
p.pt.p. пересмо́тренный

пересклима́ть(ся) *uv zu* пересня́ть(ся)

пересня́ть *v* кого́-что **1.** erneut photographieren **2.** eine Kopie machen ‖ *v* переснима́ть 2 a
ft. пересниму́, -и́мешь, -и́мут
imp. пересними́, ~те
pt. пересня́л, -яла́, -я́ло
g.pt.a. пересня́в
p.pt.a. пересня́вший
p.pt.p. пересня́тый

пересня́ться *v umg* sich erneut photographieren lassen ‖ *uv* переснима́ться

пересоздава́ть *uv zu* пересозда́ть
pr. пересоздаю́, -аёшь, -аю́т
imp. пересоздава́й, ~те
pt. пересоздава́л
g.pr.a. пересоздава́я
p.pr.a. пересоздаю́щий
p.pt.a. пересоздава́вший
p.pr.p. пересоздава́емый

пересозда́ть *v* кого́-что von neuem schaffen, umgestalten ‖ *uv* пересоздава́ть, Formen das.

ft.	пересозда́м, -а́шь, -а́ст, -ади́м, -ади́те, -аду́т
imp.	пересозда́й, ~те
pt.	пересозда́л, -ала́, -а́ло
g.pt.a.	пересозда́в
p.pt.a.	пересозда́вший
p.pt.p.	пересо́зданный; пересо́здан, -оздана́, -о́здано

пересоли́ть *v* что **1.** versalzen **2.** *übtr umg* (es) übertreiben **3.** *viel, alles* einsalzen ‖ *uv* переса́ливать 1а

ft.	пересолю́, -о́ли́шь, -о́ля́т
imp.	пересоли́, ~те
pt.	пересоли́л
g.pt.a.	пересоли́в
p.pt.a.	пересоли́вший
p.pt.p.	пересо́ленный

пересортирова́ть 5 *v* что umsortieren ‖ *uv* пересортиро́вывать 1а

пересортиро́вывать *uv zu* пересортирова́ть

пересо́хнуть, *1. u. 2. Pers ungebr, v* aus-, vertrocknen; zu trocken werden ‖ *uv* пересыха́ть 2а

ft.	пересо́хнет, -нут
pt.	пересо́х, ~ла
g.pt.a.	пересо́хнув *u.* пересо́хши
p.pt.a.	пересо́хший

переспа́ть *v umg* **1.** zu lange schlafen **2.** что *die Zeit* verschlafen ‖ *uv* пересыпа́ть 2а

ft.	пересплю́, -пи́шь, -пя́т
imp.	переспи́, ~те
pt.	переспа́л, -ала́
g.pt.a.	переспа́в
p.pt.a.	переспа́вший

переспева́ть *uv zu* переспе́ть

переспе́ть, *1. u. 2. Pers ungebr, v* überreif werden ‖ *uv* переспева́ть 2а

ft.	переспе́ет, -пе́ют
pt.	переспе́л
g.pt.a.	переспе́в
p.pt.a.	переспе́вший

переспо́ривать *uv zu* переспо́рить

переспо́рить *v* кого́-что **1.** beim Streit die Oberhand behalten **2.** (j-n) beim Streit überzeugen ‖ *uv* переспо́ривать 1а

ft.	переспо́рю, -ришь, -рят
imp.	переспо́рь, ~те
pt.	переспо́рил
g.pt.a.	переспо́рив
p.pt.a.	переспо́ривший
p.pt.p.	переспо́ренный

переспра́шивать *uv zu* переспроси́ть

переспроси́ть *v* кого́-что nochmals fragen ‖ *uv* переспра́шивать 1а

ft.	переспрошу́, -о́сишь, -о́сят
imp.	переспроси́, ~те
pt.	переспроси́л
g.pt.a.	переспроси́в
p.pt.a.	переспроси́вший
p.pt.p.	переспро́шенный

перессо́ривать(ся) *uv zu* перессо́рить(ся)

перессо́рить *v* кого́-что *umg viele, alle* entzweien, verfeinden ‖ *uv* перессо́ривать 1а

ft.	перессо́рю, -ришь, -рят
imp.	перессо́рь, ~те
pt.	перессо́рил
g.pt.a.	перессо́рив
p.pt.a.	перессо́ривший
p.pt.p.	перессо́ренный

перессо́риться *v* sich verzanken, sich entzweien *von vielen* ‖ *uv* перессо́риваться

перестава́ть *uv zu* переста́ть

pr.	перестаю́, -аёшь, -аю́т
imp.	перестава́й, ~те
pt.	перестава́л
g.pr.a.	перестава́я
p.pr.a.	перестаю́щий
p.pt.a.	перестава́вший

переста́вить *v* кого́-что umstellen, an einen anderen Platz stellen ‖ *uv* переставля́ть 2а

ft.	переста́влю, -вишь, -вят
imp.	переста́вь, ~те
pt.	переста́вил
g.pt.a.	переста́вив
p.pt.a.	переста́вивший
p.pt.p.	переста́вленный

переставля́ть *uv zu* переста́вить

переста́ивать *uv zu* перестоя́ть

перестара́ться 2 *v umg* übereifrig sein, des Guten zu viel tun

переста́ть *v mit oder ohne Infinitiv* aufhören ‖ *uv* перестава́ть, Formen das.

ft.	переста́ну, -нешь, -нут
imp.	переста́нь, ~те
pt.	переста́л
g.pt.a.	переста́в
p.pt.a.	переста́вший

перестели́ть *v* что *volksspr* **1.** nochmals [anders] ausbreiten *Decke* **2.** neu dielen, nochmals legen ‖ *uv* перестила́ть 2а

ft.	перестелю́, -е́лешь, -е́лют
imp.	перестели́, ~те
pt.	перестели́л
g.pt.a.	перестели́в

p.pt.a.	перестели́вший
p.pt.p.	пересте́ленный

перестила́ть *uv zu* перестели́ть *u.* перестла́ть

перестира́ть 2 *v* что **1.** erneut waschen *Wäsche* **2.** *viel, alles* waschen ‖ *uv* перести́рывать 1a

перести́рывать *uv zu* перестира́ть

перестла́ть *v* что **1.** nochmals [anders] ausbreiten *Decke* **2.** neu dielen, nochmals legen ‖ *uv* перестила́ть 2a

ft.	перестелю́, -е́лешь, -е́лют
imp.	перестели́, ~те
pt.	перестла́л
g.pt.a.	перестла́в
p.pt.a.	перестла́вший
p.pt.p.	пере́стланный

перестоя́ть *v* **1.** что *umg* zu lange stehen **2.** durch zu langes Stehen verderben ‖ *uv* перста́ивать 1a

ft.	перестою́, -ои́шь, -оя́т
imp.	перестóй, ~те
pt.	перестоя́л
g.pt.a.	перестоя́в
p.pt.a.	перестоя́вший

перестрада́ть 2 *v* что *u. ohne Objekt viel* erdulden, durchmachen

перестра́ивать(ся) *uv zu* перестро́ить(ся)

перестрахова́ть 5 *v* что **1.** erneut versichern **2.** *viel, alles* versichern ‖ *uv* перестрахо́вывать 1a

перестрахова́ться *v* **1.** sich erneut versichern **2.** *umg* sich rückversichern ‖ *uv* перестрахо́вываться

перестрахо́вывать(ся) *uv zu* перестрахова́ть(ся)

перестре́ливать *uv zu* перестреля́ть

перестре́ливаться 1a *uv* sich beschießen, Schüsse wechseln

перестреля́ть 2 *v* кого́-что **1.** *viele, alle* erschießen **2.** *umg viel, alle Munition* verschießen ‖ *uv* перестре́ливать 1a

перестро́ить *v* что **1.** umbauen **2.** umgestalten; reorganisieren **3.** umstimmen *Musikinstrument* **4.** *rad* (auf eine andere Welle) umschalten **5.** *mil* umgruppieren, anders formieren ‖ *uv* перестра́ивать 1a

ft.	перестро́ю, -о́ишь, -о́ят
imp.	перестро́й, ~те
pt.	перестро́ил
g.pt.a.	перестро́ив
p.pt.a.	перестро́ивший
p.pt.p.	перестро́енный

перестро́иться *v* **1.** *mil* sich umgruppieren **2.** *übtr* seine Arbeitsweise ändern ‖ *uv* перестра́иваться

пересту́киваться 1a *uv* sich durch Klopfzeichen verständigen

переступа́ть 2a *uv* **1.** *uv zu* переступи́ть **2.** schreiten, gehen

переступи́ть *v* **1.** что *oder* че́рез что übertreten, -schreiten, treten (über) **2.** *übtr* что übertreten, verletzen ‖ *uv* переступа́ть 2a

ft.	переступлю́, -у́пишь, -у́пят
imp.	переступи́, ~те
pt.	переступи́л
g.pt.a.	переступи́в
p.pt.a.	переступи́вший

пересу́шивать *uv zu* пересуши́ть

пересуши́ть *v* что **1.** zu lange [zu sehr] trocknen lassen **2.** *viel, alles* trocknen lassen ‖ *uv* пересу́шивать 1a

ft.	пересушу́, -у́шишь, -у́шат
imp.	пересуши́, ~те
pt.	пересуши́л
g.pt.a.	пересуши́в
p.pt.a.	пересуши́вший
p.pt.p.	пересу́шенный

пересчита́ть [щ] 2 *v* кого́-что **1.** nochmals (nach)zählen **2.** durchzählen **3.** umrechnen ‖ *uv* пересчи́тывать 1a

пересчи́тывать *uv zu* пересчита́ть

пересыла́ть *uv zu* пересла́ть

пересы́пать *v* что **1.** umschütten **2.** что *oder* чего́ *umg* zu viel hineinschütten **3.** einstreuen (zwischen etw.) ‖ *uv* пересыпа́ть 2a

ft.	пересы́плю, -лешь, -лют
	u. umg -пешь, -пют
imp.	пересы́пь, ~те
pt.	пересы́пал
g.pt.a.	пересы́пав
p.pt.a.	пересы́павший
p.pt.p.	пересы́панный

[1]**пересыпа́ть** *uv zu* пересы́пать

[2]**пересыпа́ть** *uv zu* переспа́ть

пересыха́ть *uv zu* пересо́хнуть

[1,2]**перета́пливать** *uv zu* [1,2]перетопи́ть

перетаска́ть 2 *v* что **1.** *umg* anderswohin schleppen **2.** *volksspr* (eine Sache nach der anderen) stehlen, klauen ‖ *uv* перета́скивать 1a

[1]**перета́скивать** *uv zu* перетаска́ть

[2]**перета́скивать** *uv zu* перетащи́ть

перетасова́ть 5 *v* **1.** что erneut mischen *Karten* **2.** *übtr* кого́-что *umg* durcheinanderbringen ‖ *uv* перетасо́вывать 1a

перетасо́вывать *uv zu* перетасова́ть

перетащи́ть *v* кого́-что hinüberschleppen, anderswohin schleppen, tragen ‖ *uv* перета́скивать 1a
ft. перетащу́, -а́щишь, -а́щат
imp. перетащи́, ~те
pt. перетащи́л
g.pt.a. перетащи́в
p.pt.a. перетащи́вший
p.pt.p. перета́щенный

перетере́ть *v* что **1.** durchreiben, -scheuern **2.** zerreiben **3.** *viel, alles* abwischen, abtrocknen ‖ *uv* перетира́ть 2a
ft. перетру́, -рёшь, -ру́т
imp. перетри́, ~те
pt. перетёр, ~ла
g.pt.a. перетере́в *u.* перетёрши
p.pt.a. перетёрший
p.pt.p. перетёртый

перетере́ться, *1. u. 2. Pers ungebr*, *v* sich durchreiben, sich durchscheuern ‖ *uv* перетира́ться
g.pt.a. перетёршись

перетерпе́ть *v* что *umg viel* erleiden, durchmachen
ft. перетерплю́, -е́рпишь, -е́рпят
imp. перетерпи́, ~те
pt. перетерпе́л
g.pt.a. перетерпе́в
p.pt.a. перетерпе́вший

перетира́ть(ся) *uv zu* перетере́ть(ся)

перетолкова́ть 5 *v* **1.** что falsch auslegen **2.** о ком-чём *umg oder* с кем sprechen (über, mit) ‖ *uv* перетолко́вывать 1a

перетолко́вывать *uv zu* перетолкова́ть

[1]**перетопи́ть** *v* что **1.** nacheinander heizen *viele, alle Öfen* **2.** *volksspr viel, alles* verheizen ‖ *uv* перета́пливать 1a
ft. перетоплю́, -о́пишь, -о́пят
imp. перетопи́, ~те
pt. перетопи́л
g.pt.a. перетопи́в
p.pt.a. перетопи́вший
p.pt.p. перето́пленный

[2]**перетопи́ть** *v* что (um)schmelzen; aus-, zerlassen ‖ *uv* перета́пливать 1a
Formen wie [1]перетопи́ть

перетрево́жить *v* кого́-что *umg alle, viele* in große Aufregung versetzen
ft. перетрево́жу, -жишь, -жат
imp. перетрево́жь, ~те
pt. перетрево́жил
g.pt.a. перетрево́жив
p.pt.a. перетрево́живший
p.pt.p. перетрево́женный

перетрево́житься *v umg* in große Aufregung geraten

перетренирова́ть 5 *v* кого́-что übertrainieren

перетро́гать 1 *v* кого́-что *umg* nacheinander anfassen *viel(e), alle(s)*

перетру́сить *v umg* große Angst bekommen
ft. перетру́шу, -у́сишь, -у́сят
imp. перетру́сь, ~те
pt. перетру́сил
g.pt.a. перетру́сив
p.pt.a. перетру́сивший

перетряса́ть *uv zu* перетрясти́

перетрясти́ *v* что *viel, alles* auf-, durchschütteln, ausklopfen ‖ *uv* перетряса́ть 2a
ft. перетрясу́, -сёшь, -су́т
imp. перетряси́, ~те
pt. перетря́с, -ясла́
g.pt.a. перетря́сши
p.pt.a. перетря́сший
p.pt.p. перетрясённый; перетрясён, -ена́

перетря́хивать *uv zu* перетряхну́ть

перетряхну́ть 7 *v* что auf-, durchschütteln, ausklopfen ‖ *uv* перетря́хивать 1a

пере́ть *uv volksspr* **1.** *weite Strecken* gehen **2.** drauflos gehen **3.** sich durchdrängen **4.** schleppen **5.** что stehlen **6.** *1. u. 2. Pers ungebr* herauskommen, sich hervordrängen
pr. пру, прёшь, прут
imp. при, ~те
pt. пёр, ~ла
g.pt.a. пёрши*
p.pr.a. пру́щий
p.pt.a. пёрший*
p.pt.p. пёртый*

перетя́гивать(ся) *uv zu* перетяну́ть(ся)

перетяну́ть 7 *v* кого́-что **1.** herüber-, hinüberziehen **2.** *übtr umg* für sich gewinnen **3.** *umg* mit Mühe hinübergehen, -fahren, -fliegen **4.** чем eng zusammenschnüren (mit) **5.** neu aufspannen, aufziehen ‖ *uv* перетя́гивать 1a
ft. перетяну́, -я́нешь, -я́нут
p.pt.p. перетя́нутый

перетяну́ться *v* sich sehr schnüren ‖ *uv* перетя́гиваться

переубеди́ть, *1. Pers Singular ungebr, v* когó-что umstimmen, überreden ‖ *uv* переубеждáть 2a

ft.	переубеди́шь, -дя́т
imp.	переубеди́, ~те
pt.	переубеди́л
g.pt.a.	переубеди́в
p.pt.a.	переубеди́вший
p.pt.p.	переубеждённый; переубеждён, -енá

переубеди́ться, *1. Pers Singular ungebr, v* seine Meinung ändern ‖ *uv* переубеждáться

переубеждáть(ся) *uv zu* переубеди́ть(ся)

переупря́мить *v* когó-что *umg* (j-n) an Eigensinn übertreffen

ft.	переупря́млю, -мишь, -мят
imp.	переупря́мь, ~те
pt.	переупря́мил
g.pt.a.	переупря́мив
p.pt.a.	переупря́мивший
p.pt.p.	переупря́мленный

переусéрдствовать 4 *v umg* übertreiben, übereifrig sein

переустрáивать *uv zu* переустрóить

переустрóить *v* что umgestalten; reorganisieren ‖ *uv* переустрáивать 1a

ft.	переустрóю, -óишь, -óят
imp.	переустрóй, ~те
pt.	переустрóил
g.pt.a.	переустрóив
p.pt.a.	переустрóивший
p.pt.p.	переустрóенный

переуступáть *uv zu* переуступи́ть

переуступи́ть *v* что abtreten, überlassen ‖ *uv* переуступáть 2a

ft.	переуступлю́, -у́пишь, -у́пят
imp.	переуступи́, ~те
pt.	переуступи́л
g.pt.a.	переуступи́в
p.pt.a.	переуступи́вший
p.pt.p.	переусту́пленный

переутоми́ть *v* когó-что überanstrengen ‖ *uv* переутомля́ть 2a

ft.	переутомлю́, -ми́шь, -мя́т
imp.	переутоми́, ~те
pt.	переутоми́л
g.pt.a.	переутоми́в
p.pt.a.	переутоми́вший
p.pt.p.	переутомлённый; переутомлён, -енá

переутоми́ться *v* sich überanstrengen ‖ *uv* переутомля́ться

переутомля́ть(ся) *uv zu* переутоми́ть(ся)

переучéсть *v* что Inventur machen, erneut überprüfen ‖ *uv* переучи́тывать 1a

ft.	переучту́, -тёшь, -ту́т
imp.	переучти́, ~те
pt.	переучёл, -члá
g.pt.a.	переучтя́
p.pt.p.	переучтённый; переучтён, -енá

переу́чивать(ся) *uv zu* переучи́ть(ся)

переучи́тывать *uv zu* переучéсть

переучи́ть *v* **1.** когó-что umschulen **2.** что nochmals lernen ‖ *uv* переу́чивать 1a

ft.	переучу́, -у́чишь, -у́чат
imp.	переучи́, ~те
pt.	переучи́л
g.pt.a.	переучи́в
p.pt.a.	переучи́вший
p.pt.p.	переу́ченный

переучи́ться *v* **1.** umlernen, anders lernen **2.** *umg* durch zu vieles Lernen Schaden erleiden ‖ *uv* переу́чиваться

переформировáть 5 *v* что umgestalten, umformen ‖ *uv* переформирóвывать 1a

переформирóвывать *uv zu* переформировáть

перефрази́ровать 4 *u.* 4a *v, uv* что mit anderen Worten widergeben, umschreiben

перехáживать *uv zu* ²переходи́ть

перехвáливать *uv zu* перехвали́ть

перехвали́ть *v* когó-что übermäßig loben ‖ *uv* перехвáливать 1a

ft.	перехвалю́, -áлишь, -áлят
imp.	перехвали́, ~те
pt.	перехвали́л
g.pt.a.	перехвали́в
p.pt.a.	перехвали́вший
p.pt.p.	перехвáленный

перехвáрывать *uv zu* перехворáть

перехвати́ть *v* **1.** когó-что abfangen, erwischen **2.** что an einer anderen Stelle anfassen **3.** что umgürten, -schlingen **4.** что, *a.* чегó *u. ohne Objekt umg* schnell hinunterschlingen *Essen* **5.** что *umg* für kurze Zeit borgen ‖ *uv* перехвáтывать 1a

ft.	перехвачу́, -áтишь, -áтят
imp.	перехвати́, ~те
pt.	перехвати́л
g.pt.a.	перехвати́в
p.pt.a.	перехвати́вший
p.pt.p.	перехвáченный

перехвáтывать *uv zu* перехвати́ть

перехворáть 2 *v* чем *u. ohne Objekt umg* eine Krankheit, viele Krankheiten durchmachen ‖ *uv* перехвáрывать 1a

перехитри́ть *v* кого́-что überlisten
ft. перехитрю́, -ри́шь, -ря́т
imp. перехитри́, ~те
pt. перехитри́л
g.pt.a. перехитри́в
p.pt.a. перехитри́вший
p.pt.p. перехитрённый; перехитрён, -ена́

[1]**переходи́ть** *uv zu* перейти́
pr. перехожу́, -о́дишь, -о́дят
imp. переходи́, ~те
pt. переходи́л
g.pr.a. переходя́
p.pr.a. переходя́щий
p.pt.a. переходи́вший
p.pr.p. переходи́мый

[2]**переходи́ть** *v umg* einen neuen [anderen] Zug machen *Schach* ‖ *uv* перехáживать 1a
ft. перехожу́, -о́дишь, -о́дят
imp. переходи́, ~те
pt. переходи́л
g.pt.a. переходи́в
p.pt.a. переходи́вший
p.pt.p. перехо́женный

перечека́нивать *uv zu* перечека́нить

перечека́нить *v* что neu prägen ‖ *uv* перечека́нивать 1a
ft. перечека́ню, -нишь, -нят
imp. перечека́нь, ~те
pt. перечека́нил
g.pt.a. перечека́нив
p.pt.a. перечека́нивший
p.pt.p. перечека́ненный

перечерка́ть 2 *u.* **перечёркать** 1 *v viel, alles* aus-, durchstreichen ‖ *uv* перечёркивать 1a
p.pt.p. перечёрканный

перечёркать *s.* перечерка́ть

перечёркивать *uv zu* перечеркну́ть *u.* перечерка́ть

перечеркну́ть 7 *v* что durch-, ausstreichen ‖ *uv* перечёркивать 1a
p.pt.p. перечёркнутый

перечерти́ть *v* что **1.** neu zeichnen, umzeichnen **2.** übertragen, durchpausen *Zeichnung* ‖ *uv* перече́рчивать 1a
ft. перечерчу́, -е́ртишь, -е́ртят
imp. перечерти́, ~те
pt. перечерти́л
g.pt.a. перечерти́в
p.pt.a. перечерти́вший
p.pt.p. перече́рченный

перече́рчивать *uv zu* перечерти́ть

перечеса́ть *v* что erneut kämmen ‖ *uv* перечёсывать 1a
ft. перечешу́, -е́шешь, -е́шут
imp. перечеши́, ~те
pt. перечеса́л
g.pt.a. перечеса́в
p.pt.a. перечеса́вший
p.pt.p. перечёсанный

перечеса́ться *v umg* sich erneut kämmen ‖ *uv* перечёсываться

[1]**перече́сть** *v* кого́-что auf-, nachzählen
ft. перечту́, -тёшь, -ту́т
imp. перечти́, ~те
pt. перечёл, -чла́
g.pt.a. перечтя́
p.pt.a. перечётший*
p.pt.p. перечтённый; перечтён, -ена́

[2]**перече́сть** *v* что nochmals lesen ‖ *uv* перечи́тывать 1a
Formen wie [1]перече́сть

перечёсывать(ся) *uv zu* перечеса́ть(ся)

перечи́слить *v* кого́-что **1.** aufzählen **2.** (j-n) versetzen **3.** *Geld* transferieren ‖ *uv* перечисля́ть 2a
ft. перечи́слю, -лишь, -лят
imp. перечи́сли, ~те
pt. перечи́слил
g.pt.a. перечи́слив
p.pt.a. перечи́сливший
p.pt.p. перечи́сленный

перечисля́ть *uv zu* перечи́слить

перечита́ть 2 *v* что **1.** nochmals lesen **2.** *viel* durchlesen ‖ *uv* перечи́тывать 1a

[1]**перечи́тывать** *uv zu* [2]перече́сть

[2]**перечи́тывать** *uv zu* перечита́ть

пере́чить *uv umg* кому́-чему́ widersprechen
pr. пере́чу, -чишь, -чат
imp. пере́чь, ~те
pt. пере́чил
g.pr.a. пере́ча
p.pr.a. пере́чащий
p.pt.a. пере́чивший

перечу́вствовать 4 *v* что *viel* durchmachen, erleben

переша́гивать *uv zu* перешагну́ть

перешагну́ть 7 *v* что *oder* че́рез что überschreiten, übertreten ‖ *uv* переша́гивать 1a

перешёптываться 1a *uv* miteinander flüstern, tuscheln

перешиба́ть *uv zu* перешиби́ть

перешиби́ть *v* **1.** что *umg* durchschlagen, zerbrechen **2.** кого́-что *volksspr* überholen, übertreffen ‖ *uv* перешиба́ть 2a
ft. перешибу́, -бёшь, -бу́т
imp. перешиби́, ~те
pt. переши́б, ~ла
g.pt.a. перешиби́в* *u.* перешибя́*
p.pt.a. переши́бший*
p.pt.p. переши́бленный

перешива́ть *uv zu* перешить

переши́ть *v* что umarbeiten *Kleidungsstück* ‖ *uv* перешива́ть 2a
ft. перешью́, -шьёшь, -шью́т
imp. перешéй, ~те
pt. переши́л
g.pt.a. переши́в
p.pt.a. переши́вший
p.pt.p. переши́тый

перешнурова́ть 5 *v* что erneut zuschnüren ‖ *uv* перешнуро́вывать 1a

перешнуро́вывать *uv zu* перешнурова́ть

перещеголя́ть 2 *v* кого́-что в чём *umg* übertrumpfen, überbieten
kein *p.pt.p.*

переэкзаменова́ть 5 *v* кого́-что *umg* nochmals prüfen ‖ *uv* переэкзамено́вывать 1a

переэкзамено́вывать *uv zu* переэкзаменова́ть

перифрази́ровать 4 *u.* 4a *v*, *uv* что paraphrasieren

перкути́ровать 4 *u.* 4a *v*, *uv* кого́-что *med* perkutieren

перлюстри́ровать 4 *u.* 4a *v*, *uv* что zensieren, überprüfen

персонифици́ровать 4 *u.* 4a *v*, *uv* что *buchspr* personifizieren, verkörpern

перфори́ровать 4 *u.* 4a *v*, *uv* что perforieren, lochen

перха́ть 2a *uv volksspr* räuspern, hüsteln | *v mom* перхну́ть 7

перхну́ть *v mom zu* перха́ть

пе́рчить *uv* что pfeffern. — (на-, по-)
pr. пе́рчу, -чишь, -чат
imp. пе́рчи, ~те
pt. пе́рчил
g.pr.a. пе́рча
p.pr.a. пе́рчащий
p.pt.a. пе́рчивший
p.pr.p. пе́рчимый
p.pt.p. пе́рченный

перши́ть *unpers uv umg* kitzeln, kratzen *im Hals*
pr. перши́т
pt. перши́ло

пе́стовать 4a *uv* кого́-что **1.** *alt u. gbt* warten, betreuen **2.** *übtr buchspr* auf-, erziehen. — (вы́-)

[1]**пестре́ть** 3a, *1. u. 2. Pers ungebr*, *uv* **1.** bunt werden **2.** bunt leuchten [schimmern]

[2]**пестре́ть,** *1. u. 2. Pers ungebr*, *uv* in die Augen fallen *durch Buntheit*
pr. пестри́т, -ря́т
pt. пестре́л
g.pr.a. пестря́
p.pr.a. пестря́щий
p.pt.a. пестре́вший

пестри́ть *uv* что **1.** bunt machen, bunt färben **2.** *in der Rede* oft wiederholen **3.** *unpers*: у меня́ пестри́т в глаза́х mir flimmert es vor den Augen
pr. пестрю́, -ри́шь, -ря́т
imp. пестри́, ~те
pt. пестри́л
g.pr.a. пестря́
p.pr.a. пестря́щий
p.pt.a. пестри́вший
p.pr.p. пестри́мый

петля́ть 2a *uv umg* **1.** Kurven beschreiben *beim Laufen, Fahren* **2.** langatmig von diesem und jenem reden

петуши́ться *uv umg* hitzig werden
pr. петушу́сь, -ши́шься, -ша́тся
imp. петуши́сь, -и́тесь
pt. петуши́лся, -лась
g.pr.a. петуша́сь
p.pr.a. петуша́щийся
p.pt.a. петуши́вшийся

петь *uv* что singen; krähen *Hahn* ‖ *v* спеть, Formen das. | *uviterativ* пева́ть 2a, *pr. ungebr.* — (про-)
pr. пою́, поёшь, пою́т
imp. пой, ~те
pt. пел
g.pt.a. пе́вши
p.pr.a. пою́щий
p.pt.a. пе́вший
p.pt.p. пе́тый

печа́лить *uv* кого́-что betrüben, traurig machen. — (о-)
pr. печа́лю, -лишь, -лят
imp. печа́ль, ~тс
pt. печа́лил
g.pr.a. печа́ля
p.pr.a. печа́лящий
p.pt.a. печа́ливший

печа́литься *uv* betrübt sein. — (о-)

печа́ловаться 4a *uv* о ком-чём *alt u. gbt* sorgen (für j-n)

печа́тать 1a *uv* что drucken ‖ *v* напеча́тать 1

печа́таться *uv* **1.** gedruckt werden, in Druck sein **2.** seine Werke drucken lassen. — (на-)

печь *uv* что **1.** backen **2.** brennen, sengen *Sonne.* — (ис- *zu* 1)

pr.	пеку́, печёшь, пеку́т
imp.	пеки́, ~те
pt.	пёк, пекла́
g.pt.a.	пёкши
p.pr.a.	пеку́щий
p.pt.a.	пёкший
p.pt.p.	печённый; печён, -ена́

[1]**пе́чься** *uv* **1.** backen *itr*, gebacken werden **2.** *umg* in der Sonne braten. — (ис-)

[2]**пе́чься** *uv* о ком-чём sich kümmern (um), sorgen (für)

пи́кать 1a *uv volkssp*r piepsen, quieken; mit hoher [dünner] Stimme sprechen | *v mom* пи́кнуть 6

пикети́ровать 4a *uv* что auf Streikposten stehen, bewachen

пики́ровать 4 *u.* 4a *v*, *uv* im Sturzflug niedergehen. — (с-)

пикирова́ть 5 *u.* 5a *v*, *uv* что pikieren, auspflanzen

пики́роваться 4a *uv* sich sticheln, spitze Reden wechseln

пи́кнуть *v mom zu* пи́кать

пили́кать 1a *uv umg* fiedeln, schlecht spielen *auf der Geige* | *v mom* пили́кнуть 6

пили́кнуть *v mom zu* пили́кать

пили́ть *uv* кого́-что **1.** sägen **2.** *umg* feilen **3.** *umg* durch Nörgeleien quälen **4.** *umg* fiedeln, schlecht spielen

pr.	пилю́, пи́лишь, пи́лят
imp.	пили́, ~те
pt.	пили́л
g.pr.a.	пиля́
p.pr.a.	пи́лящий
p.pt.a.	пили́вший
p.pt.p.	пи́ленный

пилоти́ровать 4a *uv* что *flug* steuern, fliegen

пина́ть 2a *uv* кого́-что *volkssp*r einen Fußtritt geben | *v mom* пнуть, Formen das.

пирова́ть 5a *uv alt, iron* zechen, schmausen

пи́ршествовать 4a *uv* ein Gelage abhalten, zechen

писа́ть *uv* что *u. ohne Objekt* **1.** schreiben; zum Schreiben taugen *Feder* **2.** malen ‖ *v* написа́ть, Formen das. | *uv iterativ* пи́сывать 1a

pr.	пишу́, пи́шешь, пи́шут
imp.	пиши́, ~те
pt.	писа́л
g.pt.a.	писа́в
p.pr.a.	пи́шущий
p.pt.a.	писа́вший
p.pt.p.	пи́санный

писа́ться *uv* **1.** geschrieben werden **2.** *unpers* кому́-чему́ Lust zum Schreiben haben

пи́скнуть *v mom zu* пища́ть

пи́сывать *uv iterativ zu* писа́ть

пита́ть 2a *uv* **1.** кого́-что ernähren; verpflegen **2.** *übtr* что hegen, nähren **3.** что *tech* speisen, versorgen. — (на- *zu* 1)

пита́ться *uv* **1.** чем sich ernähren **2.** *regelmäßig* essen **3.** *tech* gespeist werden

пить *uv* что trinken. — (вы́-)

pr.	пью, пьёшь, пьют
imp.	пей, ~те
pt.	пил, пила́, пи́ло (*verneint*: не́ пил, не пила́, не́ пило)
g.pr.a.	пия́ *alt*
g.pt.a.	пи́вши
p.pr.a.	пью́щий
p.pt.a.	пи́вший
p.pt.p.	пи́тый; пит, пита́, пи́то

пи́ться *uv unpers umg* Lust haben zu trinken

pt.	пи́лся, пила́сь, пило́сь *u. umg* пи́лось

пиха́ть 2a *uv* кого́-что *umg* **1.** stoßen **2.** hineinstopfen | *v mom* пихну́ть 7

пиха́ться *uv volkssp*r einander stoßen

пихну́ть *v mom zu* пиха́ть

пи́чкать 1a *uv* кого́-что *umg* überfüttern, vollstopfen *a. übtr.* — (на-)

пища́ть *uv* piepsen, quieken; mit hoher, dünner Stimme sprechen | *v mom* пи́скнуть 6

pr.	пищу́, пищи́шь, пища́т
imp.	пищи́, ~те
pt.	пища́л
g.pr.a.	пища́
p.pr.a.	пища́щий
p.pt.a.	пища́вший

пла́вать 1a *uv* **1.** *unbest zu* плыть **2.** schwimmen (können) **3.** *übtr* schwimmen (in) **4.** *umg* fahren *zu Schiff* **5.** *übtr umg* schwimmen, ungenügende Kenntnisse haben

[1]пла́вить *uv* что schmelzen *tr.* — (рас-)
pr. пла́влю, -вишь, -вят
imp. плавь, ~те
pt. пла́вил
g.pr.a. пла́вя
p.pr.a. пла́вящий
p.pt.a. пла́вивший
p.pt.p. пла́вленный

[2]пла́вить *uv* что flößen *Holz*
Formen wie [1]пла́вить

пла́виться, *1. u. 2. Pers ungebr, uv* schmelzen, flüssig werden

пла́кать *uv* weinen
pr. пла́чу, -чешь, -чут
imp. плачь, ~те
pt. пла́кал
g.pr.a. пла́ча
p.pr.a. пла́чущий
p.pt.a. пла́кавший

пла́каться *uv* на кого́-что *umg* sich beklagen (über), jammern (um)

пламене́ть 3a *uv* **1.** *1. u. 2. Pers ungebr* flammen, glühen **2.** *übtr* чем *alt* brennen, glühen (vor)

[1]плани́ровать 4a *uv* im Gleitflug fliegen

[2]плани́ровать 4a *uv* что **1.** planen **2.** projektieren, entwerfen ‖ *v* сплани́ровать 4
p.pt.p. плани́рованный

планирова́ть 5a *uv* что *arch* anlegen, projektieren. — (рас-)
p.pt.p. планиро́ванный

пласта́ть 2a *uv* что in Schichten [Scheiben] schneiden
p.pt.p. пла́станный

пластова́ть 5a *uv* что in Schichten [Scheiben] schneiden

плата́ть 2a *uv* что *volksspr* flicken. — (за-)
p.pt.p. пла́танный

платини́ровать 4 *u.* 4a *v, uv* что mit Platin belegen

плати́ть *uv* **1.** что *oder* за что (be)zahlen **2.** чем за что vergelten. — (за-, у-)
pr. плачу́, пла́тишь, пла́тят
imp. плати́, ~те
pt. плати́л
g.pr.a. платя́
p.pr.a. платя́щий
p.pt.a. плати́вший
p.pr.p. плати́мый
p.pt.p. пла́ченный

плати́ться *uv* чем (за что) *u. ohne Objekt* bezahlen; büßen. — (по-)

плева́ть *uv* **1.** spucken **2.** *übtr* на кого́-что *volksspr* pfeifen (auf), verachten | *v mom* плю́нуть 6, *imp.* плюнь, ~те. — (на-)
pr. плюю́, плюёшь, плюю́т
imp. плюй, ~те
pt. плева́л
g.pr.a. плюя́
p.pr.a. плюю́щий
p.pt.a. плева́вший

плева́ться *uv umg* spucken; die Gewohnheit haben zu spucken; viel und oft spucken

плени́ть *v* кого́-что **1.** *übtr* fesseln, bezaubern **2.** *alt buchspr* gefangennehmen ‖ *uv* пленя́ть 2a
ft. пленю́, -ни́шь, -ня́т
imp. плени́, ~те
pt. плени́л
g.pt.a. плени́в
p.pt.a. плени́вший
p.pt.p. пленённый; пленён, -ена́

плени́ться *v* кем-чем sich bezaubern lassen (von), hingerissen sein (von) ‖ *uv* пленя́ться

пленя́ть(ся) *uv zu* плени́ть(ся)

плеска́ть *uv* **1.** plätschern **2.** на кого́-что чем bespritzen (j-n mit etw.) **3.** что verspritzen | *v mom* плесну́ть 7, *p.pt.p.* плёснутый
pr. плещу́, пле́щешь, пле́щут *u.* *umg* плеска́ю, -а́ешь, -а́ют
imp. плещи́, ~те *u.* плеска́й, ~те
pt. плеска́л
g.pr.a. плеща́ *u.* плеска́я
g.pt.a. плеска́в
p.pr.a. пле́щущий *u.* плеска́ющий
p.pt.a. плеска́вший
p.pr.p. плеска́емый

плеска́ться *uv* **1.** plätschern *Wellen* **2.** planschen

пле́сневеть 3a, *Betonung bleibt wie im Infinitiv, 1. u. 2. Pers ungebr, uv* (ver)schimmeln. — (за-)

плесну́ть *v mom zu* плеска́ть

плести́ *uv* что **1.** flechten **2.** *umg verächtl* faseln, schwatzen. — (с- *zu* 1)
pr. плету́, -тёшь, -ту́т
imp. плети́, ~те
pt. плёл, плела́
g.pr.a. плетя́
p.pr.a. плету́щий
p.pt.a. плётший
p.pt.p. плетённый

плести́сь *uv umg* sich dahinschleppen

плеши́веть 3a *uv* eine Glatze bekommen. — (о-)

плиссирова́ть 5a *uv* что plissieren
p.pt.p. плиссиро́ванный

плоди́ть *uv* кого́-что **1.** züchten, ziehen **2.** *umg* in die Welt setzen *Kinder* **3.** *übtr* erzeugen, hervorbringen. — (рас- *zu* 1, 3)
pr. пложу́, плоди́шь, плодя́т
imp. плоди́, ~те
pt. плоди́л
g.pr.a. плодя́
p.pr.a. плодя́щий
p.pt.a. плоди́вший

плоди́ться, *1. u. 2. Pers ungebr, uv umg* sich vermehren, sich fortpflanzen. — (рас-)

плодоноси́ть, *1. u. 2. Pers ungebr, uv* Früchte tragen *Pflanzen*
pr. плодоно́сит, -сят
pt. плодоноси́л
g.pr.a. плоднося́
p.pr.a. плодонося́щий
p.pt.a. плодоноси́вший

плои́ть *uv* что in Falten legen
pr. плою́, плои́шь, плоя́т
imp. плой́, ~те
pt. плои́л
g.pr.a. плоя́
p.pr.a. плоя́щий
p.pt.a. плои́вший
p.pt.p. плоённый; плоён, -ена́

пломбирова́ть 5a *uv* что plombieren. — (за-, о-)
p.pt.p. пломбиро́ванный

плотне́ть 3a *uv* **1.** dichter werden **2.** zunehmen, dicker werden. — (по-)

пло́тничать 1a *uv* als Zimmermann arbeiten

плута́ть 2a *uv umg* umherirren

плутова́ть 5a *uv umg* betrügen, mogeln. — (на-, с-)

плыть *uv* **1.** *best* schwimmen **2.** *best* segeln, fahren *von oder mit Wasserfahrzeugen* **3.** dahinziehen, leicht dahinschweben *in der Luft* **4.** *umg* überlaufen, breitlaufen | *unbest* пла́вать 1a *zu* 1, 2
pr. плыву́, -вёшь, -ву́т
imp. плыви́, ~те
pt. плыл, плыла́, плы́ло
g.pr.a. плывя́
p.pr.a. плыву́щий
p.pt.a. плы́вший

плю́нуть *v mom zu* плева́ть

плю́хать(ся) *uv zu* плю́хнуть(ся)

плю́хнуть 6 *v volksspr* **1.** hinplumpsen **2.** что hinknallen ‖ *uv* плю́хать 1a

плю́хнуться *v umg* hinplumpsen, schwer hinschlagen ‖ *uv* плю́хаться

плю́щить *uv* что *tech* walzen. — (с-)
pr. плю́щу, -щишь, -щат
imp. плю́щи, ~те
pt. плю́щил
g.pr.a. плю́ща
p.pr.a. плю́щащий
p.pt.a. плю́щивший
p.pr.p. плю́щимый
p.pt.p. плю́щенный

пляса́ть *uv* что *u. ohne Objekt umg* tanzen ‖ *v* спляса́ть, Formen das.
pr. пляшу́, пля́шешь, пля́шут
imp. пляши́, ~те
pt. плясáл
g.pt.a. плясáв
p.pr.a. пля́шущий
p.pt.a. плясáвший

пнуть *v mom zu* пина́ть
ft. пну, пнёшь, пнут
imp. пни, ~те
pt. пнул
g.pt.a. пнув
p.pt.a. пну́вший
p.pt.p. пну́тый*

поале́ть 3 *v umg* rot werden, sich röten

побагрове́ть 3 *v* purpurrot [flammendrot] werden

поба́иваться 1a *uv* кого́-чего́ *oder mit Infinitiv* sich *ein bißchen* fürchten (vor)

поба́ливать 1a, *1. u. 2. Pers ungebr, uv umg* ab und zu ein bißchen weh tun

побе́гать 1 *v eine Zeitlang* herumlaufen

победи́ть (*1. Person Singular des vollendeten Verbs ungebr*) *v* **1.** кого́-что (be)siegen **2.** что *übtr* überwinden, bezwingen *Gefühl* ‖ *uv* побежда́ть 2a
ft. победи́шь, -дя́т
imp. победи́, ~те
pt. победи́л
g.pt.a. победи́в
p.pt.a. победи́вший
p.pt.p. побеждённый; побеждён, -ена́

побежа́ть *v* **1.** loslaufen, -rennen **2.** die Flucht ergreifen
ft. побегу́, -ежи́шь, -егу́т
imp. побеги́, ~те
pt. побежа́л
g.pt.a. побежа́в
p.pt.a. побежа́вший

побежда́ть *uv zu* победи́ть

побеле́ть 3 *v* weiß werden

побели́ть *v* что weißen

ft.	побелю́, -е́ли́шь, -е́ля́т
imp.	побели́, ~те
pt.	побели́л
g.pt.a.	побели́в
p.pt.a.	побели́вший
p.pt.p.	побелённый; побелён, -ена́

побере́чь *v* кого́-что **1.** aufbewahren, gut aufheben **2.** schonen, sorgsam behandeln

ft.	поберегу́, -ежёшь, -егу́т
imp.	побереги́, ~те
pt.	поберёг, -егла́
g.pt.a.	поберёгши
p.pt.a.	поберёгший
p.pt.p.	побережённый; побережён, -ена́

побере́чься *v* sich schonen

побесе́довать 4 *v* sich *eine Zeitlang* unterhalten

побеспоко́ить *v* кого́-что beunruhigen, belästigen

ft.	побеспоко́ю, -о́ишь, -о́ят
imp.	побеспоко́й, ~те
pt.	побеспоко́ил
g.pt.a.	побеспоко́ив
p.pt.a.	побеспоко́ивший
p.pt.p.	побеспоко́енный

побеспоко́иться *v* **1.** о чём sich kümmern (um) **2.** sich *eine Weile* aufregen

побива́ть *uv zu* поби́ть

побира́ться 2a *uv umg* betteln, sich durchbetteln

поби́ть *v* кого́-что **1.** schlagen **2.** besiegen, schlagen **3.** *viele*, *alle* erschlagen **4.** *umg viel*, *alles* zerschlagen, zerbrechen ‖ *uv* побива́ть 2a *zu* 2, 3

ft.	побью́, побьёшь, побью́т
imp.	побе́й, ~те
pt.	поби́л
g.pt.a.	поби́в
p.pt.a.	поби́вший
p.pt.p.	поби́тый

поблагодари́ть *v* кого́-что danken

ft.	поблагодарю́, -ри́шь, -ря́т
imp.	поблагодари́, ~те
pt.	поблагодари́л
g.pt.a.	поблагодари́в
p.pt.a.	поблагодари́вший

побледне́ть 3 *v* blaß werden, erbleichen

поблёкнуть *v* **1.** verwelken **2.** blaß [matt] werden

ft.	поблёкну, -нешь, -нут
imp.	поблёкни, ~те
pt.	поблёк, ~ла
g.pt.a.	поблёкши *u.* поблёкнув
p.pt.a.	поблёкший

побожи́ться *v zu* божи́ться

ft.	побожу́сь, -ожи́шься, -ожа́тся
imp.	побожи́сь, -и́тесь
pt.	побожи́лся, -лась
g.pt.a.	побожи́вшись
p.pt.a.	побожи́вшийся

[1]**поболе́ть** 3 *v umg eine Zeitlang* krank sein

[2]**поболе́ть**, *1. u. 2. Pers ungebr*, *v eine Zeitlang* schmerzen

ft.	поболи́т, -ля́т
pt.	поболе́л
g.pt.a.	поболе́в
p.pt.a.	поболе́вший

[1]**поболта́ть** 2 *v* **1.** что *ein wenig* (durch)-schütteln **2.** чем ein wenig schlenkern (mit)

[2]**поболта́ть** 2 *v eine Zeitlang* plaudern

поборо́ть *v* **1.** кого́-что besiegen **2.** *übtr* что überwinden, bezwingen

ft.	поборю́, -о́решь, -о́рют
imp.	побори́, ~те
pt.	поборо́л
g.pt.a.	поборо́в
p.pt.a.	поборо́вший

поборо́ться *v eine Zeitlang* kämpfen

побоя́ться *v* кого́-чего́ *oder mit Infinitiv* Angst haben, sich scheuen (vor)

ft.	побою́сь, -ои́шься, -оя́тся
imp.	побо́йся, -о́йтесь
pt.	побоя́лся, -лась
g.pt.a.	побоя́вшись
p.pt.a.	побоя́вшийся

побрани́ть *v* кого́-что *leicht* tadeln, auszanken

ft.	побраню́, -ни́шь, -ня́т
imp.	побрани́, ~те
pt.	побрани́л
g.pt.a.	побрани́в
p.pt.a.	побрани́вший

побрани́ться *v* с кем *u. ohne Objekt* sich verzanken

побрата́ться *v zu* брата́ться

побра́ть *v* кого́-что *volksspr alle(s)*, *viel(e)* nehmen

ft.	поберу́, -рёшь, -ру́т
imp.	побери́, ~те
pt.	побра́л, -ала́, -а́ло
g.pt.a.	побра́в
p.pt.a.	побра́вший
p.pt.p.	по́бранный; по́бран, по́брана́, по́брано

побре́згать *v zu* бре́згать

побрести́ *v* sich fortschleppen
ft. побреду́, -дёшь, -ду́т
imp. побреди́, ~те
pt. побрёл, -ела́
g.pt.a. побредя́ *u.* побре́дши
p.pt.a. побре́дший

побри́ть *v* кого́-что rasieren
ft. побре́ю, -е́ешь, -е́ют
imp. побре́й, ~те
pt. побри́л
g.pt.a. побри́в
p.pt.a. побри́вший
p.pt.p. побри́тый

побри́ться *v* sich rasieren

побbooди́ть *v umg eine Zeitlang* herumschlendern
ft. поброжу́, -о́дишь, -о́дят
imp. поброди́, ~те
pt. поброди́л
g.pt.a. поброди́в
p.pt.a. поброди́вший

поброса́ть 2 *v* **1.** что herum-, durcheinanderwerfen **2.** кого́-что verlassen

побрюзжа́ть *v umg ein wenig* murren [nörgeln]
ft. побрюзжу́, -жи́шь, -жа́т
imp. побрюзжи́, ~те
pt. побрюзжа́л
g.pt.a. побрюзжа́в
p.pt.a. побрюзжа́вший

побря́кивать 1a *uv umg ab und zu leicht* klirren, klappern

[1]**побуди́ть** *v* кого́-что **1.** *eine Weile* zu wecken versuchen **2.** *umg* wecken
ft. побужу́, -у́дишь, -у́дят
imp. побуди́, ~те
pt. побуди́л
g.pt.a. побуди́в
p.pt.a. побуди́вший
p.pt.p. побу́женный

[2]**побуди́ть** *v* кого́-что veranlassen, bewegen (zu) ‖ *uv* побужда́ть 2a
ft. побужу́, -уди́шь, -удя́т
p.pt.p. побуждённый; побуждён, -ена́
Übrige Formen wie [1]побуди́ть

побужда́ть *uv zu* [2]побуди́ть

побуре́ть 3, *1. u. 2. Pers ungebr*, *v* (grau)-braun werden

побыва́ть 2a *uv* **1.** *an mehreren Orten* (gewesen) sein **2.** sich *einige Zeit* aufhalten **3.** teilnehmen **4.** *umg wohin* gehen

побы́ть *v* sich *einige Zeit* aufhalten, bleiben
ft. побу́ду, -дешь, -дут
imp. побу́дь, ~те
pt. по́был, побыла́, по́было
g.pt.a. побы́в
p.pt.a. побы́вший

пова́диться *v umg* **1.** *mit Infinitiv* sich *etwas Schlechtes* angewöhnen **2.** ständig kommen
ft. пова́жусь, -а́дишься, -а́дятся
imp. пова́дься, -дьтесь
pt. пова́дился, -лась
g.pt.a. пова́дившись
p.pt.a. пова́дившийся

[1]**повали́ть** *v* кого́-что umwerfen, umstoßen
ft. повалю́, -а́лишь, -а́лят
imp. повали́, ~те
pt. повали́л
g.pt.a. повали́в
p.pt.a. повали́вший
p.pt.p. пова́ленный

[2]**повали́ть,** *1. u. 2. Pers ungebr*, *v umg* (anfangen zu) strömen, sich heranwälzen
Formen wie [1]повали́ть

повали́ться *v* um-, hinfallen

повева́ть 2a, *1. u. 2. Pers ungebr*, *uv* leicht wehen *Wind*

пове́дать 1 *v* что *oder* о чём *buchspr* erzählen, mitteilen ‖ *uv* пове́дывать 1a

пове́дывать *uv zu* пове́дать

повезти́ *v* **1.** кого́-что *wohin* fahren, schaffen **2.** *v zu* везти́: мне повезло́ *umg* ich hatte Glück
ft. повезу́, -зёшь, -зу́т
imp. повези́, ~те
pt. повёз, -езла́
g.pt.a. повезя́ *u. alt* повёзши
p.pt.a. повёзший
p.pt.p. повезённый; повезён, -ена́

повелева́ть 2a *uv* **1.** кем-чем *buchspr* beherrschen, herrschen (über), Macht haben (über) **2.** *uv zu* повеле́ть

повеле́ть *v mit Infinitiv u.* кому́-чему́ *buchspr u. hoher Stil* befehlen ‖ *uv* повелева́ть 2a
ft. повелю́, -ли́шь, -ля́т
imp. повели́, ~те
pt. повеле́л
g.pt.a. повеле́в
p.pt.a. повеле́вший
p.pt.p. *alt* повеле́нный; пове́лен, -ена

повенча́ть 2 *v* кого́-что kirchlich trauen

повенча́ться *v* sich kirchlich trauen lassen

поверга́ть(ся) *uv zu* пове́ргнуть(ся)

пове́ргнуть *v* кого́-что **1.** *alt* umstürzen, umwerfen **2.** *übtr alt* besiegen, vernichten **3.** во что in einen Zustand versetzen [bringen] ‖ *uv* поверга́ть 2a

ft.	пове́ргну, -нешь, -нут
imp.	пове́ргни, ~те
pt.	пове́рг *u. alt* пове́ргнул, пове́ргла
g.pt.a.	пове́ргнув
p.pt.a.	пове́ргший *u. alt* пове́ргнувший
p.pt.p.	пове́ргнутый *u.* пове́рженный

пове́ргнуться *v alt* **1.** niederfallen **2.** verfallen *in einen Zustand* ‖ *uv* поверга́ться

пове́рить *v* **1.** *v zu* ве́рить **2.** кого́-что *alt* überprüfen **3.** кому́-чему́ anvertrauen ‖ *uv* поверя́ть 2a *zu* 2, 3

ft.	пове́рю, -ришь, -рят
imp.	пове́рь, ~те
pt.	пове́рил
g.pt.a.	пове́рив
p.pt.a.	пове́ривший
p.pt.p.	пове́ренный

поверну́ть 7 *v* **1.** кого́-что umdrehen, wenden **2.** sich wenden, abbiegen ‖ *uv* повёртывать 1a *u.* повора́чивать 1a

p.pt.p.	повёрнутый

поверну́ться *v* **1.** sich (um)drehen **2.** *übtr 1. u. 2. Pers ungebr* eine andere Entwicklung nehmen ‖ *uv* повёртываться *u.* повора́чиваться

поверста́ть *v zu* ²верста́ть

поверте́ть *v* что *eine Zeitlang* drehen

ft.	поверчу́, -е́ртишь, -е́ртят
imp.	поверти́, ~те
pt.	поверте́л
g.pt.a.	поверте́в
p.pt.a.	поверте́вший
p.pt.p.	пове́рченный

повёртывать(ся) *uv zu* поверну́ть(ся)

поверя́ть *uv zu* пове́рить

повеселе́ть 3 *v* lustig werden

повесели́ть *v* кого́-что *ein wenig* erheitern, belustigen

ft.	повеселю́, -ли́шь, -ля́т
imp.	повесели́, ~те
pt.	повесели́л
g.pt.a.	повесели́в
p.pt.a.	повесели́вший

повесели́ться *v* sich *ein wenig* amüsieren

пове́сить *v* **1.** что aufhängen **2.** кого́-что erhängen

ft.	пове́шу, -е́сишь, -е́сят
imp.	пове́сь, ~те
pt.	пове́сил
g.pt.a.	пове́сив
p.pt.a.	пове́сивший
p.pt.p.	пове́шенный

пове́ситься *v* sich erhängen

пове́сничать 1a *uv alt* Streiche verüben, Dummheiten machen

повествова́ть 5a *uv* о чём *buchspr* erzählen, berichten

повести́ *v* **1.** кого́-что (anfangen zu) führen **2.** по чему́ fahren, streichen (über) **3.** чем eine rasche Bewegung machen **4.** *v zu* вести́ ‖ *uv* ²поводи́ть *zu* 3, Formen das.

ft.	поведу́, -дёшь, -ду́т
imp.	поведи́, ~те
pt.	повёл, -ела́
g.pt.a.	поведя́ *u. alt* пове́дши
p.pt.a.	пове́дший
p.pt.p.	поведённый; поведён, -ена́

повести́сь *v* **1.** *v zu* вести́сь **2.** с кем *umg* sich anfreunden (mit)

повести́ть *v* кого́-что *alt* mitteilen ‖ *uv* повеща́ть 2a

ft.	повещу́, -ести́шь, -естя́т
imp.	повести́, ~те
pt.	повести́л
g.pt.a.	повести́в
p.pt.a.	повести́вший
p.pt.p.	повещённый; повещён, -ена́

повечере́ть *v zu* вечере́ть

повеща́ть *uv zu* повести́ть

пове́ять, *1. u. 2. Pers ungebr*, *v* zu wehen beginnen

ft.	пове́ет, -е́ют
pt.	пове́ял
g.pt.a.	пове́яв
p.pt.a.	пове́явший

повздо́рить *v zu* вздо́рить

ft.	повздо́рю, -ришь, -рят
imp.	повздо́рь, ~те
pt.	повздо́рил
g.pt.a.	повздо́рив
p.pt.a.	повздо́ривший

повзросле́ть 3 *v* erwachsen werden

повида́ть 2 *v* **1.** sehen, zu sehen bekommen; erleben **2.** besuchen

повида́ться *v umg* sich (wieder)sehen

пови́ливать 1a *uv* чем *eine Zeitlang* hin und her bewegen; *leicht* wedeln

повиля́ть 2 *v* чем *eine Zeitlang* hin und her bewegen; *leicht* wedeln

повини́ться *v zu* вини́ться
ft. повиню́сь, -ни́шься, -ня́тся
imp. повини́сь, -и́тесь
pt. повини́лся, -лась
g.pt.a. повини́вшись
p.pt.a. повини́вшийся

повинова́ться 5а *uv* (*pt. a. v*) кому́-чему́ aufs Wort gehorchen, sich unterwerfen

[1]**повинти́ть** *v* что *umg ein wenig* anziehen *Schrauben*
ft. повинчу́, -нти́шь, -нтя́т
imp. повинти́, ~те
pt. повинти́л
g.pt.a. повинти́в
p.pt.a. повинти́вший
p.pt.p. пови́нченный

[2]**повинти́ть** *v umg* Wint spielen
Formen wie [1]повинти́ть

повиса́ть *uv zu* пови́снуть

повисе́ть *v eine Zeitlang* hängen, schweben
ft. повишу́, -иси́шь, -craя́т
imp. повиси́, ~те
pt. повисе́л
g.pt.a. повисе́в
p.pt.a. повисе́вший

пови́снуть *v* **1.** hängenbleiben **2.** herunterhängen ‖ *uv* повиса́ть 2а
ft. пови́сну, -нешь, -нут
imp. пови́сни, ~те
pt. пови́с *u. alt* пови́снул, пови́сла
g.pt.a. пови́снув *u.* пови́сши
p.pt.a. пови́сший *u. alt* пови́снувший

повлажне́ть 3, *1. u. 2. Pers ungebr*, *v* feucht werden

повле́чь *v* что nach sich ziehen, zur Folge haben
ft. повлеку́, -ечёшь, -еку́т
imp. повлеки́, ~те
pt. повлёк, -екла́
g.pt.a. повлёкши
p.pt.a. повлёкший

повлия́ть *v zu* влия́ть

[1]**поводи́ть** *v* **1.** кого́-что *eine Zeitlang* auf und ab [hin und her] führen [fahren] **2.** чем по чему́ eine leichte Bewegung machen
ft. повожу́, -о́дишь, -о́дят
imp. поводи́, ~те
pt. поводи́л
g.pt.a. поводи́в
p.pt.a. поводи́вший

[2]**поводи́ть** *uv zu* повести́
pr. повожу́, -о́дишь, -о́дят
imp. поводи́, ~те
pt. поводи́л
g.pr.a. поводя́
p.pr.a. поводя́щий
p.pt.a. поводи́вший

повоева́ть *v eine Zeitlang* Krieg führen
ft. повою́ю, -ю́ешь, -ю́ют
imp. повою́й, ~те
pt. повоева́л
g.pt.a. повоева́в
p.pt.a. повоева́вший

повози́ть *v* кого́-что *eine Zeitlang* herumfahren *tr*
ft. повожу́, -о́зишь, -о́зят
imp. повози́, ~те
pt. повози́л
g.pt.a. повози́в
p.pt.a. повози́вший

поволо́чь *v* кого́-что *umg* **1.** zu schleppen beginnen **2.** hinschleppen
ft. поволоку́, -очёшь, -оку́т
imp. поволоки́, ~те
pt. поволо́к, -окла́
g.pt.a. поволоча́ *u.* поволо́кши
p.pt.a. поволо́кший
p.pt.p. поволочённый; поволочён, -ена́

[1]**повора́чивать(ся)** *uv zu* поверну́ть(ся)

[2]**повора́чивать(ся)** *uv zu* повороти́ть(ся)

повороти́ть *v* кого́-что *u. ohne Objekt alt*, *volksspr* umdrehen, wenden ‖ *uv* повора́чивать 1а
ft. поворочу́, -о́тишь, -о́тят
imp. повороти́, ~те
pt. повороти́л
g.pt.a. повороти́в
p.pt.a. повороти́вший
p.pt.p. поворо́ченный

повороти́ться *v alt*, *volksspr* sich umdrehen, sich wenden ‖ *uv* повора́чиваться

поворча́ть *v eine Zeitlang* vor sich hin brummen
ft. поворчу́, -чи́шь, -ча́т
imp. поворчи́, ~те
pt. поворча́л
g.pt.a. поворча́в
p.pt.a. поворча́вший

повреди́ть *v* **1.** что beschädigen; verletzen **2.** кому́-чему́ schaden, Schaden zufügen ‖ *uv* поврежда́ть 2а
ft. поврежу́, -еди́шь, -едя́т
imp. повреди́, ~те
pt. повреди́л
g.pt.a. повреди́в

p.pt.a. повреди́вший
p.pt.p. повреждённый; повреждён, -ена́

повреди́ться *v* beschädigt werden ‖ *uv* повреждáться

повреждáть(ся) *uv zu* повреди́ть(ся)

повремени́ть *v umg ein bißchen* warten
ft. повременю́, -ни́шь, -ня́т
imp. повремени́, ~те
pt. повремени́л
g.pt.a. повремени́в
p.pt.a. повремени́вший

повскакáть, *1. u. 2. Person Singular ungebr, v umg* aufspringen *von vielen, allen*
ft. *ungebr*
pt. повскакáл
g.pt.a. повскакáв
p.pt.a. повскакáвший

повстречáть 1 *v* кого́-что *umg* treffen, begegnen

повстречáться *v umg* sich treffen

повтори́ть *v* что wiederholen ‖ *uv* повторя́ть 2a
ft. повторю́, -ри́шь, -ря́т
imp. повтори́, ~те
pt. повтори́л
g.pt.a. повтори́в
p.pt.a. повтори́вший
p.pt.p. повторённый; повторён, -ена́ *u.* повто́ренный

повтори́ться, *1. u. 2. Pers ungebr, v* sich wiederholen, wiederkehren ‖ *uv* повторя́ться

повторя́ть(ся) *uv zu* повтори́ть(ся)

повы́сить *v* кого́-что **1.** erhöhen, steigern **2.** vervollkommnen **3.** im Ansehen heben ‖ *uv* повышáть 2a
ft. повы́шу, -ы́сишь, -ы́сят
imp. повы́сь, ~те
pt. повы́сил
g.pt.a. повы́сив
p.pt.a. повы́сивший
p.pt.p. повы́шенный

повы́ситься *v* **1.** *1. u. 2. Pers ungebr* sich erhöhen, steigen **2.** im Ansehen steigen ‖ *uv* повышáться

повышáть(ся) *uv zu* повы́сить(ся)

повязáть *v* что **1.** чем umwickeln, umbinden **2.** *volkssprr* zusammenbinden ‖ *uv* повя́зывать 1a
ft. повяжу́, -я́жешь, -я́жут
imp. повяжи́, ~те
pt. повязáл
g.pt.a. повязáв
p.pt.a. повязáвший
p.pt.p. повя́занный

повязáться *v* чем sich etw. umbinden ‖ *uv* повя́зываться

повя́зывать(ся) *uv zu* повязáть(ся)

повя́нуть, *1. u. 2. Pers ungebr, v in Menge* verblühen, verwelken
ft. повя́нет, -нут
pt. повя́л
g.pt.a. повя́нув
p.pt.a. повя́нувший *u.* повя́дший

погадáть *v zu* гадáть

погáнить *uv* кого́-что *volkssprr* beschmutzen, besudeln *a. übtr.* — (о-)
pr. погáню, -нишь, -нят
imp. погáнь, ~те
pt. погáнил
g.pr.a. погáня
p.pr.a. погáнящий
p.pt.a. погáнивший

погасáть *uv zu* погáснуть

погаси́ть *v* **1.** *v zu* гаси́ть **2.** что tilgen, begleichen ‖ *uv* погашáть 2a
ft. погашу́, -áсишь, -áсят
imp. погаси́, ~те
pt. погаси́л
g.pt.a. погаси́в
p.pt.a. погаси́вший
p.pt.p. погáшенный

погáснуть *v* **1.** erlöschen, ausgehen **2.** erlöschen; erkalten *Gefühle* ‖ *uv* погасáть 2a
ft. погáсну, -нешь, -нут
imp. погáсни, ~те
pt. погáс *u. alt* погáснул, погáсла
g.pt.a. погáснув *u.* погáсши
p.pt.a. погáсший *u.* погáснувший

погашáть *uv zu* погаси́ть

погибáть *uv zu* поги́бнуть

поги́бнуть *v* umkommen, zugrunde gehen ‖ *uv* погибáть 2a
ft. поги́бну, -нешь, -нут
imp. поги́бни, ~те
pt. поги́б *u. alt* поги́бнул, поги́бла
g.pt.a. поги́бнув *u.* поги́бши
p.pt.a. поги́бший *u. alt* поги́бнувший

поглáдить *v* **1.** что plätten, bügeln **2.** кого́-что streicheln
ft. поглáжу, -áдишь, -áдят
imp. поглáдь, ~те
pt. поглáдил
g.pt.a. поглáдив
p.pt.a. поглáдивший
p.pt.p. поглáженный

погла́живать 1a *uv von Zeit zu Zeit* mit der Hand glätten

поглазе́ть 3 *v volksspr eine Zeitlang* gaffen

поглоти́ть *v* **1.** что aufsaugen, absorbieren **2.** кого́-что verschlingen, gierig aufessen **3.** кого́-что in Anspruch nehmen; *übtr* verschlingen ‖ *uv* поглоща́ть 2a

ft.	поглощу́, -о́тишь, -о́тят
imp.	поглоти́, ~те
pt.	поглоти́л
g.pt.a.	поглоти́в
p.pt.a.	поглоти́вший
p.pt.p.	поглощённый; поглощён, -ена́

поглоща́ть *uv zu* поглоти́ть

поглуми́ться *v* над кем-чем *eine Weile* spotten (über)

ft.	поглумлю́сь, -ми́шься, -мя́тся
imp.	поглуми́сь, -и́тесь
pt.	поглуми́лся, -лась
g.pt.a.	поглуми́вшись
p.pt.a.	поглуми́вшийся

поглупе́ть 3 *v* dumm [dümmer] werden

погляде́ть *v* на кого́-что blicken; (an)sehen

ft.	погляжу́, -яди́шь, -ядя́т
imp.	погляди́, ~те
pt.	погляде́л
g.pt.a.	погляде́в
p.pt.a.	погляде́вший

погляде́ться *v* sich ansehen, sich betrachten

погля́дывать 1a *uv* **1.** *von Zeit zu Zeit* ansehen, hinsehen **2.** за кем-чем *umg* beaufsichtigen

погна́ть *v* кого́-что jagen, treiben; antreiben

ft.	погоню́, -о́нишь, -о́нят
imp.	погони́, ~те
pt.	погна́л, -ала́, -а́ло
g.pt.a.	погна́в
p.pt.a.	погна́вший
p.pt.p.	по́гнанный

погна́ться *v* за кем-чем nachjagen, -rennen

погни́ть, *1. u. 2. Pers ungebr, v umg* verfaulen

ft.	погниёт, -ию́т
pt.	погни́л, -ила́, -и́ло
g.pt.a.	погни́в
p.pt.a.	погни́вший

погну́ть 7 *v* что (ver)biegen

погну́ться, *1. u. 2. Pers ungebr, v* sich (ver)biegen

погнуша́ться *v zu* гнуша́ться

погова́ривать 1a *uv* о ком-чём *u. mit Konjunktion* что immer wieder sprechen (von)

поговори́ть *v eine Zeitlang* sprechen

ft.	поговорю́, -ри́шь, -ря́т
imp.	поговори́, ~те
pt.	поговори́л
g.pt.a.	поговори́в
p.pt.a.	поговори́вший

погоди́ть *v umg* warten

ft.	погожу́, -оди́шь, -одя́т
imp.	погоди́, ~те
pt.	погоди́л

поголода́ть 2 *v eine Zeitlang* hungern

поголубе́ть 3, *1. u. 2. Pers ungebr, v* blau werden

погоня́ть 2a *uv* кого́-что zur Eile antreiben

погоня́ться 2 *v* за кем-чем *umg eine Zeitlang* nachjagen

погора́ть *uv zu* погоре́ть

погорева́ть *v eine Zeitlang* trauern

ft.	погорю́ю, -ю́ешь, -ю́ют
imp.	погорю́й, ~те
pt.	погорева́л
g.pt.a.	погорева́в
p.pt.a.	погорева́вший

погоре́ть *v* **1.** *1. u. 2. Pers ungebr eine Zeitlang* brennen; niederbrennen **2.** abbrennen, sein Eigentum durch Brand verlieren **3.** verbrennen *Getreide, Gras itr* ‖ *uv* погора́ть 2a *zu* 2,3

ft.	погорю́, -ри́шь, -ря́т
imp.	погори́, ~те
pt.	погоре́л
g.pt.a.	погоре́в
p.pt.a.	погоре́вший

погорячи́ться *v* sich ereifern

ft.	погорячу́сь, -чи́шься, -ча́тся
imp.	погорячи́сь, -и́тесь
pt.	погорячи́лся, -лась
g.pt.a.	погорячи́вшись
p.pt.a.	погорячи́вшийся

погости́ть *v eine Zeitlang* zu Gast sein

ft.	погощу́, -ости́шь, -остя́т
imp.	погости́, ~те
pt.	погости́л
g.pt.a.	погости́в
p.pt.a.	погости́вший

погреба́ть *uv zu* ¹погрести́

¹погрести́ *v* **1.** кого́-что beerdigen, begraben **2.** что verschütten; vergraben ‖ *uv* погреба́ть 2a

ft.	погребу́, -бёшь, -бу́т
imp.	погреби́, ~те

pt.	погрёб, -гребла́
g.pt.a.	погребя́ *u.* погрёбши
p.pt.a.	погрёбший
p.pt.p.	погребённый; погребён, -ена́

²погрести́ *v* **1.** чем *eine Weile* rudern **2.** что *oder* чего́ *eine Weile* harken
kein *p.pt.p.*
Übrige Formen wie ¹погрести́

погре́ть 3 *v* кого́-что *ein wenig* wärmen

p.pt.p.	погре́тый

погре́ться *v* sich *ein wenig* wärmen

погреша́ть *uv zu* погреши́ть

погреши́ть *v* про́тив чего́ *oder* чем verstoßen (gegen) ‖ *uv* погреша́ть 2a

ft.	погрешу́, -ши́шь, -ша́т
imp.	погреши́, ~те
pt.	погреши́л
g.pt.a.	погреши́в
p.pt.a.	погреши́вший

погрози́ть *v* drohen

ft.	погрожу́, -ози́шь, -озя́т
imp.	погрози́, ~те
pt.	погрози́л
g.pt.a.	погрози́в
p.pt.a.	погрози́вший

погрози́ться *v umg* drohen

погромыха́ть 2 *v umg eine Zeitlang* poltern, rasseln

погромы́хивать 1a *uv umg von Zeit zu Zeit, leicht* poltern, rasseln

погружа́ть(ся) *uv zu* погрузи́ть(ся)

погрузи́ть *v* **1.** что ver-, einladen **2.** кого́-что eintauchen; versenken ‖ *uv* погружа́ть 2a

ft.	погружу́, -у́зи́шь, -у́зя́т *u. zu* 2 -узи́шь, -узя́т
imp.	погрузи́, ~те
pt.	погрузи́л
g.pt.a.	погрузи́в
p.pt.a.	погрузи́вший
p.pt.p.	погру́женный *zu* 1 *u.* погружённый; погружён, -ена́ *zu* 1,2

погрузи́ться *v* **1.** versinken; eintauchen **2.** einsteigen, verladen werden; sich einschiffen **3.** чем laden, Ladung aufnehmen **4.** *übtr* во что versinken, sich versenken (in) ‖ *uv* погружа́ться

ft.	погружу́сь, -у́зи́шься, -у́зя́тся *u. zu* 1, 4 -узи́шься, -узя́тся

погрузне́ть 3 *v* **1.** schwer werden **2.** dicklich werden

погряза́ть *uv zu* погря́знуть

погря́знуть *v* в чём **1.** versinken, steckenbleiben **2.** *übtr* versinken, versumpfen ‖ *uv* погряза́ть 2a

ft.	погря́зну, -нешь, -нут
imp.	погря́зни, ~те
pt.	погря́з *u. alt* погря́знул, погря́зла
g.pt.a.	погря́знув *u.* погря́зши
p.pt.a.	погря́зший

погуби́ть *v zu* губи́ть

ft.	погублю́, -у́бишь, -у́бят
imp.	погуби́, ~те
pt.	погуби́л
g.pt.a.	погуби́в
p.pt.a.	погуби́вший
p.pt.p.	погу́бленный

погу́ливать 1a *uv umg* **1.** auf und ab gehen **2.** *von Zeit zu Zeit* feiern

погуля́ть 2 *v eine Weile* spazierengehen

погусте́ть 3, *1. u. 2. Pers ungebr*, *v* dicht [dichter] werden

подава́ть *uv* **1.** *uv zu* пода́ть **2.** что *theat* soufflieren

pr.	подаю́, -аёшь, -аю́т
imp.	подава́й, ~те
pt.	подава́л
g.pr.a.	подава́я
p.pr.a.	подаю́щий
p.pt.a.	подава́вший
p.pr.p.	подава́емый

подава́ться *uv zu* пода́ться

подави́ть *v* кого́-что **1.** zerdrücken; *ein wenig* (an)drücken **2.** unterdrücken, niederschlagen **3.** *übtr* niederdrücken, bedrücken ‖ *uv* подавля́ть 2a

ft.	подавлю́, -а́вишь, -а́вят
imp.	подави́, ~те
pt.	подави́л
g.pt.a.	подави́в
p.pt.a.	подави́вший
p.pt.p.	пода́вленный

подави́ться *v* чем ersticken; würgen (an)

пода́вливать 1a *uv* что *von Zeit zu Zeit leicht* drücken, pressen

подавля́ть *uv zu* подави́ть

подари́ть *v zu* дари́ть

ft.	подарю́, -а́ришь, -а́рят *u. alt* -ари́шь, -аря́т
imp.	подари́, ~те
pt.	подари́л
g.pt.a.	подари́в
p.pt.a.	подари́вший
p.pt.p.	пода́ренный *u. alt* подарённый; подарён, -ена́

пода́ть *v* что **1.** reichen, geben **2.** servieren, auftragen **3.** heranschaffen **4.** einreichen *Antrag* **5.** vorfahren (lassen) **6.** schieben, rücken **7.** *Sport* angeben, anstoßen; zugeben, zuspielen ‖ *uv* подава́ть, Formen das.

ft.	пода́м, -а́шь, -а́ст, -ади́м, -ади́те, -аду́т
imp.	пода́й, ~те
pt.	по́дал *u. umg* пода́л, подала́, по́дало *u. umg* пода́ло
g.pt.a.	пода́в
p.pt.a.	пода́вший
p.pt.p.	по́данный; по́дан, по́дана́, по́дано

пода́ться *v* **1.** weichen, rücken **2.** *1. u. 2. Pers ungebr* (dem Druck) nachgeben **3.** *übtr umg* nachgeben, schließlich einwilligen **4.** *volksspr* sich begeben, gehen, fahren *irgendwohin* ‖ *uv* подава́ться

pt.	пода́лся, -ала́сь, -ало́сь

подба́вить *v* что *oder* чего́ *ein bißchen* hinzufügen ‖ *uv* подбавля́ть 2a

ft.	подба́влю, -вишь, -вят
imp.	подба́вь, ~те
pt.	подба́вил
g.pt.a.	подба́вив
p.pt.a.	подба́вивший
p.pt.p.	подба́вленный

подба́виться *v ein bißchen* mehr werden ‖ *uv* подбавля́ться

подбавля́ть(ся) *uv zu* подба́вить(ся)

подба́дривать(ся) *uv zu* подбодри́ть(ся)

подба́лтывать *uv zu* подболта́ть

подбега́ть *uv zu* подбежа́ть

подбежа́ть *v* heran-, herbeilaufen ‖ *uv* подбега́ть 2a

ft.	подбегу́, -ежи́шь, -егу́т
imp.	подбеги́, ~те
pt.	подбежа́л
g.pt.a.	подбежа́в
p.pt.a.	подбежа́вший

подбива́ть *uv zu* подби́ть

подбира́ть(ся) *uv zu* подобра́ть(ся)

подби́ть *v* кого́-что **1.** darunternageln **2.** чем *umg* füttern **3.** на что *umg* anstiften, verleiten **4.** *umg* anschießen; treffen *Flugzeug u. ä.* **5.** *umg* schlagen, verletzen; wundreiben ‖ *uv* подбива́ть 2a

ft.	подобью́, -бьёшь, -бью́т
imp.	подбе́й, ~те
pt.	подби́л
g.pt.a.	подби́в
p.pt.a.	подби́вший
p.pt.p.	подби́тый

подбодри́ть *v* кого́-что *umg* aufmuntern, ermutigen ‖ *uv* подбодря́ть 2a *u.* подба́дривать 1a

ft.	подбодрю́, -ри́шь, -ря́т
imp.	подбодри́, ~те
pt.	подбодри́л
g.pt.a.	подбодри́в
p.pt.a.	подбодри́вший
p.pt.p.	подбодрённый; подбодрён, -ена́

подбодри́ться *v umg ein bißchen* Mut fassen ‖ *uv* пободря́ться *u.* подба́дриваться

подбодря́ть(ся) *uv zu* подбодри́ть(ся)

подболта́ть 2 *v* что *oder* чего́ dazurühren, hineinquirlen ‖ *uv* подба́лтывать 1a

подбоче́ниваться *uv zu* подбоче́ниться

подбоче́ниться *v umg* die Arme in die Hüften stemmen ‖ *uv* подбоче́ниваться 1a

ft.	подбоче́нюсь, -нишься, -нятся
imp.	подбоче́нься, -ньтесь
pt.	подбоче́нился, -лась
g.pt.a.	подбоче́нясь *u.* подбоче́нившись
p.pt.a.	подбоче́нившийся

подбра́сывать *uv zu* подбро́сить

подбрива́ть *uv zu* подбри́ть

подбри́ть *v* что an den Seiten abrasieren ‖ *uv* подбрива́ть 2a

ft.	подбре́ю, -е́ешь, -е́ют
imp.	подбре́й, ~те
pt.	подбри́л
g.pt.a.	подбри́в
p.pt.a.	подбри́вший
p.pt.p.	подбри́тый

подбро́сить *v* кого́-что **1.** in die Höhe werfen **2.** что *oder* чего́ *Brennmaterial* nachlegen **3.** heimlich zustecken **4.** *umg* geben, schicken ‖ *uv* подбра́сывать 1a

ft.	подбро́шу, -о́сишь, -о́сят
imp.	подбро́сь, ~те
pt.	подбро́сил
g.pt.a.	подбро́сив
p.pt.a.	подбро́сивший
p.pt.p.	подбро́шенный

[1,2]**подва́ливать** *uv zu* [1,2]подвали́ть

[1]**подвали́ть** *v* **1.** что *oder* чего́ hinschütten, heranrollen **2.** что *oder* чего́ подо что rollen, wälzen (unter) **3.** что *oder* чего́ nachlegen *Brennmaterial* ‖ *uv* подва́ливать 1a

ft.	подвалю́, -а́лишь, -а́лят
imp.	подвали́, ~те
pt.	подвали́л

g.pt.a. подвали́в
p.pt.a. подвали́вший
p.pt.p. подва́ленный

²**подвали́ть** *v* **1.** anlegen *Schiff* **2.** *unpers volksspr* heranströmen, hinzukommen ‖ *uv* подва́ливать 1a
kein *p.pt.p.*
Übrige Formen wie ¹подвали́ть

подва́ривать *uv zu* подвари́ть

подвари́ть *v umg* **1.** чего́ *oder* что dazukochen **2.** что noch einmal kochen, aufkochen ‖ *uv* подва́ривать 1a
ft. подварю́, -а́ришь, -а́рят
imp. подвари́, ~те
pt. подвари́л
g.pt.a. подвари́в
p.pt.a. подвари́вший
p.pt.p. подва́ренный

подвезти́ *v* **1.** кого́-что heranfahren, -schaffen; mitnehmen *mit dem Fahrzeug* **2.** что *oder* чего́ anliefern **3.** *unpers* кому́-чему́ *volksspr*: тебе́ подвезло́ du hast Glück (gehabt) ‖ *uv* подвози́ть *zu* 1, 2, Formen das.
ft. подвезу́, -зёшь, -зу́т
imp. подвези́, ~те
pt. подвёз, -езла́
g.pt.a. подвезя́ *u. alt* подвёзши
p.pt.a. подвёзший
p.pt.p. подвезённый; подвезён, -ена́

подверга́ть(ся) *uv zu* подве́ргнуть(ся)

подве́ргнуть *v* кого́-что чему́ unterziehen, aussetzen ‖ *uv* подверга́ть 2a
ft. подве́ргну, -нешь, -нут
imp. подве́ргни, ~те
pt. подве́рг *u. alt* подве́ргнул, подве́ргла
g.pt.a. подве́ргнув
p.pt.a. подве́ргший *u. alt* подве́ргнувший
p.pt.p. подве́ргнутый *u. alt* подве́рженный

подве́ргнуться *v* sich unterziehen; sich aussetzen ‖ *uv* подверга́ться

подверну́ть 7 *v* что **1.** aufkrempeln, umschlagen **2.** anziehen *Schraube* ‖ *uv* подвёртывать 1a
p.pt.p. подвёрнутый

подверну́ться *v* **1.** *1. u. 2. Pers ungebr* umschlagen, sich umstülpen **2.** *1. u. 2. Pers ungebr* sich verrenken *Fuß* **3.** *umg* unerwartet auftauchen ‖ *uv* подвёртываться

подвёртывать(ся) *uv zu* подверну́ть(ся)

подве́сить *v* кого́-что aufhängen (unter) ‖ *uv* подве́шивать 1a
ft. подве́шу, -е́сишь, -е́сят
imp. подве́сь, ~те
pt. подве́сил
g.pt.a. подве́сив
p.pt.a. подве́сивший
p.pt.p. подве́шенный

подве́ситься *v umg* mit den Händen hängen (an) ‖ *uv* подве́шиваться

подвести́ *v* кого́-что **1.** heranführen, hinbringen **2.** darunterschieben, -bauen **3.** *umg* hereinlegen, anführen **4.** Unangenehmes verursachen ‖ *uv* подводи́ть, Formen das.
ft. подведу́, -дёшь, -ду́т
imp. подведи́, ~те
pt. подвёл, -ела́
g.pt.a. подведя́ *u. alt* подве́дши
p.pt.a. подве́дший
p.pt.p. подведённый; подведён, -ена́

подве́шивать(ся) *uv zu* подве́сить(ся)

подвива́ть(ся) *uv zu* подви́ть(ся)

подви́гать 1 *v* что *eine Zeitlang* bewegen

подви́гаться *v* sich *ein wenig* bewegen

подвига́ть(ся) *uv zu* подви́нуть(ся)

подви́гнуть 6 *v* кого́-что на что *alt* veranlassen (zu)
p.pt.p. подви́гнутый

подвиза́ться 1a *uv buchspr* sich betätigen

подвинти́ть *v* **1.** что anziehen *Schraube* **2.** что darunterschrauben **3.** *übtr* кого́-что *umg* aufpulvern ‖ *uv* подви́нчивать 1a
ft. подвинчу́, -нти́шь, -нтя́т
imp. подвинти́, ~те
pt. подвинти́л
g.pt.a. подвинти́в
p.pt.a. подвинти́вший
p.pt.p. подви́нченный

подви́нуть 6 *v* кого́-что **1.** rücken, schieben **2.** *übtr umg* vorantreiben ‖ *uv* подвига́ть 2a
imp. подви́нь, ~те
p.pt.p. подви́нутый

подви́нуться *v* **1.** rücken **2.** *übtr* Fortschritte machen, vorankommen **3.** befördert werden, Karriere machen ‖ *uv* подвига́ться

подви́нчивать *uv zu* подвинти́ть

подвира́ть 1a *uv umg* vorschwindeln ‖ *v* подоvра́ть, Formen das.

подви́ть *v* что *ein bißchen* wellen *Haar* ‖ *uv* подвива́ть 2a
ft. подовью́, -вьёшь, -вью́т
imp. подве́й, ~те
pt. подви́л, -ила́, -и́ло
g.pt.a. подви́в
p.pt.a. подви́вший
p.pt.p. подви́тый; подви́т, -ита́ *u. umg* -и́та, -и́то

подви́ться *v* sich die Haare *ein bißchen* wellen ‖ *uv* подвива́ться
pt. подви́лся, -ила́сь, -ило́сь

подводи́ть *uv zu* подвести́
pr. подвожу́, -о́дишь, -о́дят
imp. подводи́, ~те
pt. подводи́л
g.pr.a. подводя́
p.pr.a. подводя́щий
p.pt.a. подводи́вший
p.pr.p. подводи́мый

подвози́ть *uv zu* подвезти́
pr. подвожу́, -о́зишь, -о́зят
imp. подвози́, ~те
pt. подвози́л
g.pr.a. подвозя́
p.pr.a. подвозя́щий
p.pt.a. подвози́вший
p.pr.p. подвози́мый

подвы́пить *v umg* sich einen *leichten* Rausch antrinken
ft. подвы́пью, -пьешь, -пьют
imp. подвы́пей, ~те
pt. подвы́пил
g.pt.a. подвы́пив
p.pt.a. подвы́пивший

подвяза́ть *v* что **1.** anbinden **2.** umwickeln **3.** umbinden *Schal* **4.** anstricken, länger stricken ‖ *uv* подвя́зывать 1a
ft. подвяжу́, -я́жешь, -я́жут
imp. подвяжи́, ~те
pt. подвяза́л
g.pt.a. подвяза́в
p.pt.a. подвяза́вший
p.pt.p. подвя́занный

подвяза́ться *v* чем sich etw. umbinden ‖ *uv* подвя́зываться

подвя́зывать(ся) *uv zu* подвяза́ть(ся)

подга́дить *v volksspr* schaden ‖ *uv* подга́живать 1a
ft. подга́жу, -а́дишь, -а́дят
imp. подга́дь, ~те
pt. подга́дил
g.pt.a. подга́див
p.pt.a. подга́дивший

подга́живать *uv zu* подга́дить

подгиба́ть(ся) *uv zu* подогну́ть(ся)

подгляде́ть *v* что heimlich beobachten ‖ *uv* подгля́дывать 1a
ft. подгляжу́, -яди́шь, -ядя́т
imp. подгляди́, ~те
pt. подгляде́л
g.pt.a. подгляде́в
p.pt.a. подгляде́вший

подгля́дывать *uv zu* подгляде́ть

подгнива́ть *uv zu* подгни́ть

подгни́ть, *1. u. 2. Pers ungebr, v leicht* anfaulen, von unten faulen ‖ *uv* подгнива́ть 2a
ft. подгниёт, -ию́т
pt. подгни́л, -ила́, -и́ло
g.pt.a. подгни́в
p.pt.a. подгни́вший

подгова́ривать *uv zu* подговори́ть

подговори́ть *v* кого́-что verleiten, anstiften ‖ *uv* подгова́ривать 1a
ft. подговорю́, -ри́шь, -ря́т
imp. подговори́, ~те
pt. подговори́л
g.pt.a. подговори́в
p.pt.a. подговори́вший
p.pt.p. подговорённый; подговорён, -ена́

подгоня́ть *uv zu* подогна́ть

подгора́ть *uv zu* подгоре́ть

подгоре́ть, *1. u. 2. Pers ungebr, v* anbrennen *Essen* ‖ *uv* подгора́ть 2a
ft. подгори́т, -ря́т
pt. подгоре́л
g.pt.a. подгоре́в
p.pt.a. подгоре́вший

подгота́вливать(ся) *uv zu* подгото́вить(ся)

подгото́вить *v* **1.** что к чему́ vorbereiten (auf) **2.** кого́-что к чему́ ausbilden ‖ *uv* подготовля́ть 2a *u.* подгота́вливать 1a
ft. подгото́влю, -вишь, -вят
imp. подгото́вь, ~те
pt. подгото́вил
g.pt.a. подгото́вив
p.pt.a. подгото́вивший
p.pt.p. подгото́вленный

подгото́виться *v* к чему́ sich vorbereiten (auf) ‖ *uv* подготовля́ться *u.* подгота́вливаться
g.pt.a. подгото́вившись *u.* подгото́вясь

подготовля́ть(ся) *uv zu* подгото́вить(ся)

подгреба́ть *uv zu* подгрести́

подгрести́ *v* **1.** что zusammenrechen, -harken **2.** heranrudern ‖ *uv* подгреба́ть 2а
ft. подгребу́, -бёшь, -бу́т
imp. подгреби́, ~те
pt. подгрёб, -гребла́
g.pt.a. подгребя́ *u.* подгрёбши
p.pt.a. подгрёбший
p.pt.p. подгребённый; подгребён, -ена́ *zu* 1

подгу́ливать *uv zu* подгуля́ть

подгуля́ть 2 *v* **1.** *umg* sich einen *leichten* Rausch antrinken **2.** *volksspr* mißraten, mißglücken ‖ *uv* подгу́ливать 1а

поддава́ть *uv zu* подда́ть
pr. поддаю́, -аёшь, -аю́т
imp. поддава́й, ~те
pt. поддава́л
g.pr.a. поддава́я
p.pr.a. поддаю́щий
p.pt.a. поддава́вший
p.pr.p. поддава́емый

поддава́ться *uv zu* подда́ться

подда́кивать 1а *uv* ja sagen, zustimmen | *v mom* подда́кнуть 6

подда́кнуть *v mom zu* подда́кивать

подда́ть *v* **1.** что hochwerfen, -schleudern **2.** чего́ *umg* verstärken **3.** кому́ *volksspr* von unten schlagen ‖ *uv* поддава́ть, Formen das.
ft. подда́м, -а́шь, -а́ст, -адим, -адите, -аду́т
imp. подда́й, ~те
pt. по́дда́л, поддала́, по́дда́ло
g.pt.a. подда́в
p.pt.a. подда́вший
p.pt.p. по́дданный; по́ддан, поддана́, по́ддано

подда́ться *v* **1.** nachgeben, sich beeinflussen lassen **2.** sich ergeben **3.** *1. u. 2. Pers ungebr* sich ... lassen ‖ *uv* поддава́ться, Formen nach поддава́ть
pt. подда́лся, -ала́сь, -ало́сь

поддева́ть *uv zu* подде́ть

подде́лать 1 *v* что fälschen, nachmachen ‖ *uv* подде́лывать 1а

подде́латься *v* **1.** под кого́-что nachahmen **2.** к кому́-чему́ sich einschmeicheln, sich einkratzen (bei) ‖ *uv* подде́лываться

подде́лывать(ся) *uv zu* подде́лать(ся)

поддёргивать *uv zu* поддёрнуть

поддержа́ть *v* кого́-что **1.** stützen **2.** *übtr* unterstützen **3.** unterhalten, aufrechterhalten ‖ *uv* подде́рживать 1а
ft. поддержу́, -е́ржишь, -е́ржат
imp. поддержи́, ~те
pt. поддержа́л
g.pt.a. поддержа́в
p.pt.a. поддержа́вший
p.pt.p. подде́ржанный

подде́рживать *uv zu* поддержа́ть

поддёрнуть 6 *v* что hochziehen ‖ *uv* поддёргивать 1а
p.pt.p. поддёрнутый

подде́ть *v* кого́-что **1.** *umg* unterziehen *Kleidung* **2.** aufgabeln, hochheben **3.** *umg* hänseln **4.** *umg* betrügen **5.** *volksspr übtr* aufgabeln ‖ *uv* поддева́ть 2а
ft. подде́ну, -нешь, -нут
imp. подде́нь, ~те
pt. подде́л
g.pt.a. подде́в
p.pt.a. подде́вший
p.pt.p. подде́тый

поддра́знивать 1а *uv* кого́-что *ein bißchen* hänseln ‖ *v* поддразни́ть, Formen das.

поддразни́ть *v zu* поддра́знивать
ft. поддразню́, -а́знишь, -а́знят
imp. поддразни́, ~те
pt. поддразни́л
g.pt.a. поддразни́в
p.pt.a. поддразни́вший

поддува́ть *uv zu* поддутъ

подду́ть *v umg von unten* das Feuer anfachen ‖ *uv* поддува́ть 2а
ft. подду́ю, -у́ешь, -у́ют
imp. подду́й, ~те
pt. подду́л
g.pt.a. подду́в
p.pt.a. подду́вший

поде́йствовать *v zu* де́йствовать

подели́ть *v* кого́-что teilen
ft. поделю́, -е́лишь, -е́лят
imp. подели́, ~те
pt. подели́л
g.pt.a. подели́в
p.pt.a. подели́вший
p.pt.p. поделённый; поделён, -ена́

подели́ться *v* чем с кем **1.** teilen (mit) **2.** mitteilen, anvertrauen

поде́лывать 1а *uv umg meist in Fragen* machen, tun

подёргать 1 *v* кого́-что *mehrmals leicht* zupfen, ziehen

подёргаться *v wiederholt* gezupft [gezogen] werden

[1]**подёргивать** 1а *uv* чем *von Zeit zu Zeit leicht* zupfen

[2]**подёргивать** *uv zu* подёрнуть

подёргиваться *uv zu* подёрнуться

подержа́ть *v* кого́-что *eine Zeitlang* halten
ft. подержу́, -е́ржишь, -е́ржат
imp. подержи́, ~те
pt. подержа́л
g.pt.a. подержа́в
p.pt.a. подержа́вший
p.pt.p. подёржанный

подержа́ться *v* sich *eine Zeitlang* halten

подёрнуть 6 *v* что **1.** zurechtziehen, -zupfen **2.** *1. u. 2. Pers ungebr* чем mit einer dünnen Schicht überziehen ‖ *uv* подёргивать 1a
p.pt.p. подёрнутый

подёрнуться, *1. u. 2. Pers ungebr, v* sich mit einer dünnen Schicht überziehen ‖ *uv* подёргиваться

подешеве́ть 3, *1. u. 2. Pers ungebr, v* billiger werden

поде́яться, *1. u. 2. Pers ungebr, v volksspr u. gbt* geschehen, sich ereignen
ft. поде́ется, поде́ются
pt. поде́ялся, -лась
g.pt.a. поде́явшись
p.pt.a. поде́явшийся

поджа́ривать(ся) *uv zu* поджа́рить(ся)

поджа́рить *v* кого́-что knusprig braten, rösten ‖ *uv* поджа́ривать 1a
ft. поджа́рю, -ришь, -рят
imp. поджа́рь, ~те
pt. поджа́рил
g.pt.a. поджа́рив
p.pt.a. поджа́ривший
p.pt.p. поджа́ренный

поджа́риться, *1. u. 2. Pers ungebr, v* braun gebraten [geröstet] werden ‖ *uv* поджа́риваться

поджа́ть *v* что: поджа́ть хвост den Schwanz einziehen; поджа́ть но́ги die Beine unterschlagen ‖ *uv* поджима́ть 2a
ft. подожму́, -мёшь, -му́т
imp. подожми́, ~те
pt. поджа́л
g.pt.a. поджа́в
p.pt.a. поджа́вший
p.pt.p. поджа́тый

подже́чь *v* что **1.** in Brand stecken **2.** *umg* anbrennen lassen *Essen* ‖ *uv* поджига́ть 2a
ft. подожгу́, -жжёшь, -жгу́т
imp. подожги́, ~те
pt. поджёг, подожгла́
g.pt.a. поджёгши
p.pt.a. поджёгший
p.pt.p. подожжённый; подожжён, -ена́

поджива́ть *uv zu* поджи́ть

поджига́ть *uv zu* подже́чь

поджида́ть 2a *uv* что *oder* кого́-чего́ *umg* erwarten

поджима́ть *uv zu* поджа́ть

поджи́ть, *1. u. 2. Pers ungebr, v umg* verheilen ‖ *uv* поджива́ть 2a
ft. подживёт, -ву́т
pt. по́джи́л, поджила́, по́джи́ло
g.pt.a. поджи́в
p.pt.a. поджи́вший

подзабыва́ть *uv zu* подзабы́ть

подзабы́ть *v* кого́-что *volksspr* zum Teil vergessen ‖ *uv* подзабыва́ть 2a
ft. подзабу́ду, -дешь, -дут
imp. подзабу́дь*, ~те*
pt. подзабы́л
g.pt.a. подзабы́в
p.pt.a. подзабы́вший
p.pt.p. подзабы́тый*

подзадо́ривать *uv zu* подзадо́рить

подзадо́рить *v* кого́-что anstacheln; erregen ‖ *uv* подзадо́ривать 1a
ft. подзадо́рю, -ришь, -рят
imp. подзадо́рь, ~те
pt. подзадо́рил
g.pt.a. подзадо́рив
p.pt.a. подзадо́ривший
p.pt.p. подзадо́ренный

подзакуси́ть *v volksspr* einen kleinen Imbiß einnehmen
ft. подзакушу́, -ку́сишь, -ку́сят
imp. подзакуси́, ~те
pt. подзакуси́л
g.pt.a. подзакуси́в
p.pt.a. подзакуси́вший

подзуди́ть *v* кого́-что *volksspr* aufhetzen, aufstacheln ‖ *uv* подзу́живать 1a
ft. подзужу́, -зу́ди́шь, -зу́дя́т
imp. подзуди́, ~те
pt. подзуди́л
g.pt.a. подзуди́в
p.pt.a. подзуди́вший
p.pt.p. подзу́женный

подзу́живать *uv zu* подзуди́ть

подзыва́ть *uv zu* подозва́ть

подиви́ть *v* кого́-что *umg* in Erstaunen versetzen
ft. подивлю́, -ви́шь, -вя́т
imp. подиви́, ~те
pt. подиви́л
g.pt.a. подиви́в
p.pt.a. подиви́вший

подиви́ться *v* кому́-чему́ *umg* staunen, sich wundern (über)
g.pt.a. подиви́вшись *u.* подивя́сь

подира́ть 2a, *1. u. 2. Pers ungebr*, *uv*: у меня́ моро́з по ко́же подира́ет es läuft mir kalt über den Rücken ‖ *v* подра́ть, Formen das.

подичи́ться *v* кого́-чего́ *umg* sich *eine Zeitlang* scheuen (vor); *eine Zeitlang* schüchtern sein
ft. подичу́сь, -чи́шься, -ча́тся
imp. подичи́сь, -и́тесь
pt. подичи́лся, -лась
g.pt.a. подичи́вшись
p.pt.a. подичи́вшийся

подка́лывать *uv zu* подколо́ть

подка́пывать(ся) *uv zu* подкопа́ть(ся)

подкарау́ливать *uv zu* подкарау́лить

подкарау́лить *v* кого́-что *umg* (j-m) auflauern, (j-n) abpassen ‖ *uv* подкарау́ливать 1a
ft. подкарау́лю, -лишь, -лят
imp. подкарау́ль, ~те
pt. подкарау́лил
g.pt.a. подкарау́лив
p.pt.a. подкарау́ливший
p.pt.p. подкарау́ленный

подка́рмливать(ся) *uv zu* подкорми́ть(ся)

подкати́ть *v* **1.** что hin-, heranrollen **2.** *umg* schnell heranfahren [angefahren kommen] **3.** *umg* aufkommen *Schmerz, Übelkeit*; beklommen machen ‖ *uv* подка́тывать 1a
ft. подкачу́, -а́тишь, -а́тят
imp. подкати́, ~те
pt. подкати́л
g.pt.a. подкати́в
p.pt.a. подкати́вший
p.pt.p. подка́ченный

подкати́ться *v* **1.** darunterrollen; (heran)-rollen **2.** *volksspr* schnell angelaufen kommen; *übtr* sich heranmachen (an) **3.** aufkommen *Schmerz, Übelkeit*; beklommen machen ‖ *uv* подка́тываться

подка́тывать(ся) *uv zu* подкати́ть(ся)

подкача́ть 1 *v* **1.** что *oder* чего́ hinzupumpen **2.** *volksspr* versagen, enttäuschen ‖ *uv* подка́чивать 1a *zu* 1

подка́чивать *uv zu* подкача́ть

подка́шивать(ся) *uv zu* подкоси́ть(ся)

подка́шливать 1a *uv umg* hüsteln *um sich bemerkbar zu machen* | *v mom* подка́шлянуть 6

подка́шлянуть *v mom zu* подка́шливать

подки́дывать *uv zu* подки́нуть

подки́нуть 6 *v* **1.** кого́-что hochwerfen **2.** что *oder* чего́ nachlegen, hinzuwerfen **3.** кого́-что unterschieben, heimlich hinlegen ‖ *uv* подки́дывать 1a
imp. подки́нь, ~те
p.pt.p. подки́нутый

подкла́дывать *uv zu* подложи́ть

подкле́ивать *uv zu* подкле́ить

подкле́ить *v* что **1.** (unten) ankleben, darunterkleben **2.** aneinander-, zusammenkleben **3.** *a.* чего́ dazukleben ‖ *uv* подкле́ивать 1a
ft. подкле́ю, -е́ишь, -е́ят
imp. подкле́й, ~те
pt. подкле́ил
p.pt.a. подкле́ивший
p.pt.p. подкле́енный

подключа́ть *uv zu* подключи́ть

подключи́ть *v* что *tech* anschließen ‖ *uv* подключа́ть 2a
ft. подключу́, -чи́шь, -ча́т
imp. подключи́, ~те
pt. подключи́л
g.pt.a. подключи́в
p.pt.a. подключи́вший
p.pt.p. подключённый; подключён, -ена́

подкова́ть 5 *v* кого́-что **1.** (ein Pferd) beschlagen **2.** *umg* schulen, gründliche Kenntnisse vermitteln ‖ *uv* подко́вывать 1a
ft. подкую́, -уёшь, -ую́т

подкова́ться *v umg* beschlagen sein, sich schulen ‖ *uv* подко́вываться

подко́вывать(ся) *uv zu* подкова́ть(ся)

подковы́ривать *uv zu* подковырну́ть

подковырну́ть 7 *v* что *umg* von unten abklauben ‖ *uv* подковы́ривать 1a

подколо́ть *v* что **1.** auf-, umstecken **2.** anstecken, anheften ‖ *uv* подка́лывать 1a
ft. подколю́, -о́лешь, -о́лют
imp. подколи́, ~те
pt. подколо́л
g.pt.a. подколо́в
p.pt.a. подколо́вший
p.pt.p. подко́лотый

подкопа́ть 2 *v* что **1.** untergraben, unterminieren **2.** aufwühlen, umgraben ‖ *uv* подка́пывать 1a

подкопа́ться *v* под кого́-что **1.** einen Gang graben (bis unter) **2.** *übtr umg* (j-m) eine Grube graben, (j-s) Stellung untergraben ‖ *uv* подка́пываться

подкорми́ть *v* кого́-что **1.** zusätzlich füttern; besser ernähren **2.** nachdüngen ‖ *uv* подка́рмливать 1a
ft. подкормлю́, -о́рмишь, -о́рмят
imp. подкорми́, ~те
pt. подкорми́л
g.pt.a. подкорми́в
p.pt.a. подкорми́вший
p.pt.p. подко́рмленный

подкорми́ться *v* sich herausfuttern ‖ *uv* подка́рмливаться

подкоси́ть *v* **1.** что abmähen **2.** кого́-что niederschlagen, zu Boden strecken; *übtr* niederwerfen ‖ *uv* подка́шивать 1a
ft. подкошу́, -о́сишь, -о́сят
imp. подкоси́, ~те
pt. подкоси́л
g.pt.a. подкоси́в
p.pt.a. подкоси́вший
p.pt.p. подко́шенный

подкоси́ться, *1. u. 2. Pers ungebr*, *v* zusammenknicken *vor Müdigkeit* ‖ *uv* подка́шиваться

подкра́дываться *uv zu* подкра́сться

подкра́сить *v* что **1.** *ein wenig* anstreichen; *leicht* färben **2.** überstreichen, die Farbe auffrischen ‖ *uv* подкра́шивать 1a
ft. подкра́шу, -а́сишь, -а́сят
imp. подкра́сь, ~те
pt. подкра́сил
g.pt.a. подкра́сив
p.pt.a. подкра́сивший
p.pt.p. подкра́шенный

подкра́ситься *v* sich *ein wenig* schminken ‖ *uv* подкра́шиваться

подкра́сться *v* sich heranschleichen; *übtr* unbemerkt herankommen ‖ *uv* подкра́дываться 1a
ft. подкраду́сь, -дёшься, -ду́тся
imp. подкради́сь, -и́тесь
pt. подкра́лся, -лась
g.pt.a. подкра́вшись
p.pt.a. подкра́вшийся

подкра́шивать(ся) *uv zu* подкра́сить(ся)

подкрепи́ть *v* кого́-что **1.** befestigen, verstärken **2.** bekräftigen **3.** stärken, erfrischen ‖ *uv* подкрепля́ть 2a
ft. подкреплю́, -пи́шь, -пя́т
imp. подкрепи́, ~те
pt. подкрепи́л
g.pt.a. подкрепи́в
p.pt.a. подкрепи́вший
p.pt.p. подкреплённый; подкреплён, -ена́

подкрепи́ться *v* sich stärken, sich laben *mit Speise oder Trank* ‖ *uv* подкрепля́ться

подкрепля́ть(ся) *uv zu* подкрепи́ть(ся)

подкрути́ть *v* что leicht drehen, wickeln, winden ‖ *uv* подкру́чивать 1a
ft. подкручу́, -ру́тишь, -ру́тят
imp. подкрути́, ~те
pt. подкрути́л
g.pt.a. подкрути́в
p.pt.a. подкрути́вший
p.pt.p. подкру́ченный

подкру́чивать *uv zu* подкрути́ть

подкузьми́ть *v* кого́-что *volksspr* einen Streich spielen, ein Schnippchen schlagen
ft. подкузьмлю́, -ми́шь, -мя́т
imp. подкузьми́, ~те
pt. подкузьми́л
g.pt.a. подкузьми́в
p.pt.a. подкузьми́вший

подкупа́ть *uv zu* подкупи́ть

подкупи́ть *v* кого́-что **1.** bestechen, Bestechungsgelder zahlen **2.** bestechen, bezaubern **3.** *umg* dazukaufen ‖ *uv* подкупа́ть 2a
ft. подкуплю́, -у́пишь, -у́пят
imp. подкупи́, ~те
pt. подкупи́л
g.pt.a. подкупи́в
p.pt.a. подкупи́вший
p.pt.p. подку́пленный

подла́диться *v* к кому́-чему́ *umg* **1.** sich anpassen **2.** nach dem Mund reden ‖ *uv* подла́живаться 1a
ft. подла́жусь, -а́дишься, -а́дятся
imp. подла́дься, -дьтесь
pt. подла́дился, -лась
g.pt.a. подла́дившись
p.pt.a. подла́дившийся

подла́живаться *uv zu* подла́диться

подла́мывать(ся) *uv zu* подломи́ть(ся)

подлежа́ть *uv* чему́ unterliegen, unterworfen sein
pr. подлежу́, -жи́шь, -жа́т
imp. подлежи́, ~те
pt. подлежа́л
g.pr.a. подлежа́
p.pr.a. подлежа́щий
p.pt.a. подлежа́вший

подлеза́ть *uv zu* подле́зть

подле́зть *v* подо что darunterkriechen ‖ *uv* подлеза́ть 2a

ft.	подле́зу, -зешь, -зут
imp.	подле́зь, ~те
pt.	подле́з, ~ла
g.pt.a.	подле́зши
p.pt.a.	подле́зший

подлепи́ть *v* что *umg* unter etw. kleben ‖ *uv* подлепля́ть 2a

ft.	подлеплю́, -е́пишь, -е́пят
imp.	подлепи́, ~те
pt.	подлепи́л
g.pt.a.	подлепи́в
p.pt.a.	подлепи́вший
p.pt.p.	подле́пленный

подлепля́ть *uv zu* подлепи́ть

подлета́ть *uv zu* подлете́ть

подлете́ть *v* **1.** heranfliegen **2.** *umg* (herbei)stürzen, (herbei)eilen **3.** hoch-, emporfliegen ‖ *uv* подлета́ть 2a

ft.	подлечу́, -ети́шь, -етя́т
imp.	подлети́, ~те
pt.	подлете́л
g.pt.a.	подлете́в
p.pt.a.	подлете́вший

подле́ть 3a *uv volkssрr* niederträchtig werden. — (о-)

подле́чивать(ся) *uv zu* подлечи́ть(ся)

подлечи́ть *v* кого́-что *umg ein bißchen* kurieren, behandeln ‖ *uv* подле́чивать 1a

ft.	подлечу́, -е́чишь, -е́чат
imp.	подлечи́, ~те
pt.	подлечи́л
g.pt.a.	подлечи́в
p.pt.a.	подлечи́вший
p.pt.p.	подле́ченный

подлечи́ться *v umg* sich *ein bißchen* kurieren ‖ *uv* подле́чиваться

подлива́ть *uv zu* подли́ть

подлиза́ть *v* что auflecken ‖ *uv* подли́зывать 1a

ft.	подлижу́, -и́жешь, -и́жут
imp.	подлижи́, ~те
pt.	подлиза́л
g.pt.a.	подлиза́в
p.pt.a.	подлиза́вший
p.pt.p.	подли́занный

подлиза́ться *v* к кому́-чему́ *umg* sich einschmeicheln (bei) ‖ *uv* подли́зываться

подли́зывать(ся) *uv zu* подлиза́ть(ся)

подли́ть *v* что *oder* чего́ zu-, nachgießen ‖ *uv* подлива́ть 2a

ft.	подолью́, -льёшь, -лью́т
imp.	подле́й, ~те
pt.	подли́л, -ила́, -и́ло
g.pt.a.	подли́в
p.pt.a.	подли́вший
p.pt.p.	подли́тый; подли́т, -ита́, -и́то

по́дличать 1a *uv* gemein handeln, niederträchtig sein. — (с-)

подложи́ть *v* что **1.** (dar)unterlegen **2.** *umg* (ab)füttern *Kleidung* **3.** hinzufügen **4.** heimlich hinlegen ‖ *uv* подкла́дывать 1a

ft.	подложу́, -о́жишь, -о́жат
imp.	подложи́, ~те
pt.	подложи́л
g.pt.a.	подложи́в
p.pt.a.	подложи́вший
p.pt.p.	подло́женный

подломи́ть *v* что (von unten) anbrechen ‖ *uv* подла́мывать 1a

ft.	подломлю́, -о́мишь, -о́мят
imp.	подломи́, ~те
pt.	подломи́л
g.pt.a.	подломи́в
p.pt.a.	подломи́вший
p.pt.p.	подло́мленный

подломи́ться, *1. u. 2. Pers ungebr, v* zusammenbrechen *unter einer Last* ‖ *uv* подла́мываться

подма́зать *v* **1.** что *ein wenig* einschmieren [einfetten]; *umg ein wenig* schminken **2.** кого́-что *volksspr* bestechen ‖ *uv* подма́зывать 1a

ft.	подма́жу, -жешь, -жут
imp.	подма́жь, ~те
pt.	подма́зал
g.pt.a.	подма́зав
p.pt.a.	подма́завший
p.pt.p.	подма́занный

подма́заться *v umg* **1.** sich *ein wenig* schminken **2.** *übtr* к кому́-чему́ sich einschmeicheln ‖ *uv* подма́зываться

подма́зывать(ся) *uv zu* подма́зать(ся)

подмалева́ть *v* что *leicht* anmalen, färben; schminken ‖ *uv* подмалёвывать 1a

ft.	подмалю́ю, -ю́ешь, -ю́ют
imp.	подмалю́й, ~те
pt.	подмалева́л
g.pt.a.	подмалева́в
p.pt.a.	подмалева́вший
p.pt.p.	подмалёванный

подмалёвывать *uv zu* подмалева́ть

подма́нивать *uv zu* подмани́ть

подмани́ть *v* кого́-что heranrufen, -locken ‖ *uv* подма́нивать 1a

ft.	подманю́, -а́нишь, -а́нят
imp.	подмани́, ~те

pt. подмани́л
g.pt.a. подмани́в
p.pt.a. подмани́вший
p.pt.p. подма́ненный *u.* подманённый; подманён, -ена́

подма́сливать *uv zu* подма́слить

подма́слить *v* **1.** что *leicht* mit Butter (Öl) einschmieren **2.** *übtr* кого́-что *umg* (j-m) um den Bart gehen ‖ *uv* подма́сливать 1a
ft. подма́слю, -лишь, -лят
imp. подма́сли, ~те
pt. подма́слил
g.pt.a. подма́слив
p.pt.a. подма́сливший
p.pt.p. подма́сленный

подма́тывать *uv zu* подмота́ть

подма́хивать *uv zu* подмахну́ть

подмахну́ть 7 *v* что in aller Eile [ungelesen] unterschreiben ‖ *uv* подма́хивать 1a

подма́чивать *uv zu* подмочи́ть

подме́нивать *uv zu* подмени́ть

подмени́ть *v* кого́-что **1.** heimlich vertauschen **2.** austauschen; *für kurze Zeit* vertreten **3.** *umg* (eine höhere Funktion) an sich reißen ‖ *uv* подме́нивать 1a *u.* подменя́ть 2a
ft. подменю́, -е́нишь, -е́нят
imp. подмени́, ~те
pt. подмени́л
g.pt.a. подмени́в
p.pt.a. подмени́вший
p.pt.p. подменённый; подменён, -ена́

подменя́ть *uv zu* подмени́ть

подмерза́ть *uv zu* подмёрзнуть

подмёрзнуть, *1. u. 2. Pers ungebr, v leicht* gefrieren ‖ *uv* подмерза́ть 2a
ft. подмёрзнет, -нут
pt. подмёрз, ~ла
g.pt.a. подмёрзнув *u.* подмёрзши
p.pt.a. подмёрзший

подмеси́ть *v* что *oder* чего́ beim Kneten dazutun ‖ *uv* подме́шивать 1a
ft. подмешу́, -е́сишь, -е́сят
imp. подмеси́, ~те
pt. подмеси́л
g.pt.a. подмеси́в
p.pt.a. подмеси́вший
p.pt.p. подме́шенный

подмести́ *v* что ausfegen ‖ *uv* подмета́ть 2a
ft. подмету́, -тёшь, -ту́т
imp. подмети́, ~те
pt. подмёл, -ела́
g.pt.a. подметя́
p.pt.a. подмётший
p.pt.p. подметённый; подметён, -ена́

[1]**подмета́ть** 2 *v* что (von der Innenseite) mit großen Stichen anheften ‖ *uv* подмётывать 1a
p.pt.p. подмётанный

[2]**подмета́ть** *uv zu* подмести́

подме́тить *v* кого́-что bemerken, feststellen ‖ *uv* подмеча́ть 2a
ft. подме́чу, -е́тишь, -е́тят
imp. подме́ть, ~те
pt. подме́тил
g.pt.a. подме́тив
p.pt.a. подме́тивший
p.pt.p. подме́ченный

подмётывать *uv zu* [1]подмета́ть

подмеча́ть *uv zu* подме́тить

подмеша́ть 2 *v* что *oder* чего́ beimischen beimengen ‖ *uv* подме́шивать 1a

[1]**подме́шивать** *uv zu* подмеси́ть

[2]**подме́шивать** *uv zu* подмеша́ть

подми́гивать *uv zu* подмигну́ть

подмигну́ть 7 *v mom* кому́ (j-m) zuzwinkern ‖ *uv* подми́гивать 1a

подмина́ть *uv zu* подмя́ть

подмока́ть *uv zu* подмо́кнуть

подмо́кнуть, *1. u. 2. Pers ungebr, v* feucht werden ‖ *uv* подмока́ть 2a
ft. подмо́кнет, -нут
pt. подмо́к, ~ла
g.pt.a. подмо́кнув *u.* подмо́кши
p.pt.a. подмо́кший

подмора́живать *uv zu* подморо́зить

подморо́зить *v* **1.** что *leicht* gefrieren lassen **2.** *unpers* gefrieren ‖ *uv* подмора́живать 1a
ft. подморо́жу, -о́зишь, -о́зят
imp. подморо́зь, ~те
pt. подморо́зил
g.pt.a. подморо́зив
p.pt.a. подморо́зивший
p.pt.p. подморо́женный

подмота́ть 2 *v* что *oder* чего́ aufspulen, aufwickeln ‖ *uv* подма́тывать 1a

подмочи́ть *v* что anfeuchten; feucht werden lassen ‖ *uv* подма́чивать 1a
ft. подмочу́, -о́чишь, -о́чат
imp. подмочи́, ~те
pt. подмочи́л
g.pt.a. подмочи́в
p.pt.a. подмочи́вший
p.pt.p. подмо́ченный

подмыва́ть(ся) *uv zu* подмы́ть(ся)

подмы́ть *v* кого́-что **1.** (an einigen Körperstellen) waschen **2.** *umg* flüchtig auswaschen **3.** unterspülen ‖ *uv* подмыва́ть 2a

ft.	подмо́ю, -о́ешь, -о́ют
imp.	подмо́й, ~те
pt.	подмы́л
g.pt.a.	подмы́в
p.pt.a.	подмы́вший
p.pt.p.	подмы́тый

подмы́ться *v* sich (an einigen Körperstellen) waschen ‖ *uv* подмыва́ться

подмя́ть *v* кого́-что niederdrücken, -treten ‖ *uv* подмина́ть 2a

ft.	подомну́, -нёшь, -ну́т
imp.	подомни́, ~те
pt.	подмя́л
g.pt.a.	подмя́в
p.pt.a.	подмя́вший
p.pt.p.	подмя́тый

поднажа́ть *v umg* **1.** что *oder* на кого́-что *u. ohne Objekt* ein wenig stärker drücken **2.** *übtr* на кого́-что *u. ohne Objekt* unter Druck setzen ‖ *uv* поднажима́ть 2a

ft.	поднажму́, -мёшь, -му́т
imp.	поднажми́, ~те
pt.	поднажа́л
g.pt.a.	поднажа́в
p.pt.a.	поднажа́вший

поднажима́ть *uv zu* поднажа́ть

поднести́ *v* **1.** кого́-что (heran)führen, (heran)bringen **2.** что *oder* чего́ anbieten, bewirten; überreichen ‖ *uv* подноси́ть, Formen das.

ft.	поднесу́, -сёшь, -су́т
imp.	поднеси́, ~те
pt.	поднёс, -есла́
g.pt.a.	поднеся́ *u. alt* поднёсши
p.pt.a.	поднёсший
p.pt.p.	поднесённый; поднесён, -ена́

поднести́сь *v umg* schnell heranlaufen; schnell heranfahren ‖ *uv* подноси́ться

поднима́ть *uv zu* подня́ть

поднима́ться 2a *uv* **1.** *uv zu* подня́ться **2.** steigen, in die Höhe gehen **3.** sich erheben, emporragen

поднови́ть *v* что erneuern, ausbessern, auffrischen ‖ *uv* подновля́ть 2a

ft.	подновлю́, -ви́шь, -вя́т
imp.	поднови́, ~те
pt.	поднови́л
g.pt.a.	поднови́в
p.pt.a.	поднови́вший
p.pt.p.	подновлённый; подновлён, -ена́

подновля́ть *uv zu* поднови́ть

подноси́ть *uv zu* поднести́

pr.	подношу́, -о́сишь, -о́сят
imp.	подноси́, ~те
pt.	подноси́л
g.pr.a.	поднося́
p.pr.a.	поднося́щий
p.pt.a.	подноси́вший
p.pr.p.	подноси́мый

подноси́ться *uv zu* поднести́сь

подны́ривать *uv zu* подныриу́ть

поднырну́ть 7 *v* подо что untertauchen (unter) ‖ *uv* подны́ривать 1a

подня́ть *v* **1.** кого́-что (empor)heben, hochnehmen; aufheben **2.** кого́-что in Bewegung setzen; *übtr* anspornen; aufwiegeln **3.** кого́-что wecken; *übtr* erwecken, erregen **4.** что höher machen; steigern; verbessern **5.** что auf-, umpflügen ‖ *uv* поднима́ть 2a

ft.	подниму́, -и́мешь, -и́мут *u. volksspr* подыму́, -ы́мешь, -ы́мут
imp.	подними́, ~те *u. volksspr* подыми́, ~те
pt.	по́днял *u. umg* подня́л, подняла́, по́дняло *u. umg* подня́ло
g.pt.a.	подня́в
p.pt.a.	подня́вший
p.pt.p.	по́днятый; по́днят, поднята́, по́днято

подня́ться *v* **1.** aufstehen, sich erheben **2.** на что hinaufgehen, heraufkommen; подня́ться на ли́фте mit dem Fahrstuhl nach oben fahren **3.** *1. u. 2. Pers ungebr* steigen, sich erhöhen **4.** *1. u. 2. Pers ungebr* sich heben, sich verbessern *von der Stimmung* **5.** на что *oder* во что sich in Bewegung setzen, sich begeben; sich erheben; подня́ться с посте́ли aufstehen **6.** про́тив кого́-что *oder* на кого́-что sich zum Kampf erheben **7.** *1. u. 2. Pers ungebr* entstehen; beginnen; sich erheben **8.** *1. u. 2. Pers ungebr* (auf)steigen, aufgehen ‖ *uv* поднима́ться

ft.	подня́лся́, -яла́сь, -яло́сь

подоба́ть 2a *meist unpers, uv* кому́-чему́ sich gebühren, sich gehören (für)

подобра́ть *v* кого́-что **1.** aufsammeln, auflesen **2.** einziehen, verstecken **3.** aufschürzen, -stecken **4.** aussuchen, auswählen ‖ *uv* подбира́ть 2a

ft.	подберу́, -рёшь, -ру́т
imp.	подбери́, ~те
pt.	подобра́л, -ала́, -а́ло

g.pt.a. подобра́в
p.pt.a. подобра́вший
p.pt.p. подо́бранный; подо́бран, -о́брана *u. alt* -обрана́, -о́брано

подобра́ться *v* **1.** *1. u. 2. Pers ungebr* zusammenkommen, sich zusammenfinden **2.** *umg* sich heranschleichen **3.** *umg* sich straffen; sein Äußeres in Ordnung bringen ‖ *uv* подбира́ться
pt. подобра́лся, -ала́сь, -а́ло́сь

подобре́ть 3 *v* gutmütiger werden

подовра́ть *v zu* подвира́ть
ft. подовру́, -рёшь, -ру́т
imp. подоври́, ~те
pt. подовра́л, -ала́, -а́ло
g.pt.a. подовра́в
p.pt.a. подовра́вший
p.pt.p. подо́вранный; подо́вран, подоврана́, подо́врано

подогна́ть *v* кого́-что **1.** herantreiben; daruntertreiben **2.** antreiben **3.** (aufeinander) abstimmen, anpassen ‖ *uv* подгоня́ть 2а
ft. подгоню́, -о́нишь, -о́нят
imp. подгони́, ~те
pt. подогна́л, -ала́, -а́ло
g.pt.a. подогна́в
p.pt.a. подогна́вший
p.pt.p. подо́гнанный

подогну́ть 7 *v* что umbiegen, nach unten biegen ‖ *uv* подгиба́ть 2а

подогну́ться, *1. u. 2. Pers ungebr, v* sich umbiegen, sich einbiegen ‖ *uv* подгиба́ться

подогрева́ть *uv zu* подогре́ть

подогре́ть 3 *v* кого́-что **1.** an-, aufwärmen **2.** *übtr umg* anregen ‖ *uv* подогрева́ть 2а
p.pt.p. подогре́тый

пододвига́ть(ся) *uv zu* пододви́нуть(ся)

пододви́нуть 6 *v* кого́-что heranrücken, -schieben ‖ *uv* пододвига́ть 2а
imp. пододви́нь, ~те
p.pt.p. пододви́нутый

пододви́нуться *v* heran-, näherrücken ‖ *uv* пододвига́ться

подожда́ть *v* **1.** кого́-что, чего́ *u. ohne Objekt eine Zeitlang* warten (auf) **2.** *mit Infinitiv*, с чем *u. ohne Objekt, umg* abwarten, sich gedulden
ft. подожду́, -дёшь, -ду́т
imp. подожди́, ~те
pt. подожда́л, -ала́, -а́ло
g.pt.a. подожда́в
p.pt.a. подожда́вший

подозва́ть *v* кого́-что herbei-, heranrufen ‖ *uv* подзыва́ть 2а
ft. подзову́, -вёшь, -ву́т
imp. подзови́, ~те
pt. подозва́л, -ала́, -а́ло
g.pt.a. подозва́в
p.pt.a. подозва́вший
p.pt.p. подо́званный; подо́зван, -о́звана *u. alt* -озвана́, -о́звано

подозрева́ть 2а *uv* **1.** кого́-что в чём (einer Sache) verdächtigen **2.** vermuten, eine Ahnung haben

подозрева́ться *uv* в чём im Verdacht stehen

подои́ть *v* кого́-что melken
ft. подою́, -о́ишь, -о́ят
imp. подои́, ~те *u. volksspr* подо́й, ~те
pt. подои́л
g.pt.a. подои́в
p.pt.a. подои́вший
p.pt.p. подо́енный

подойти́ *v* **1.** к кому́-чему́ herantreten (an, zu); herankommen, sich nähern **2.** к кому́-чему́ (heran)reichen (bis an) **3.** к кому́-чему́ herangehen (an), behandeln **4.** passen; ему́ подошёл э́тот костю́м der Anzug paßte ihm **5.** на что geeignet sein (für) ‖ *uv* подходи́ть, Formen das.
ft. подойду́, -дёшь, -ду́т
imp. подойди́, ~те
pt. подошёл, -шла́
g.pt.a. подойдя́ *u. alt* подоше́дши
p.pt.a. подоше́дший

подольсти́ться *v* к кому́-чему́ *umg* sich einschmeicheln (bei) ‖ *uv* подольща́ться 2а
ft. подольщу́сь, -льсти́шься, -льстя́тся
imp. подольсти́сь, -и́тесь
pt. подольсти́лся
g.pt.a. подольсти́вшись
p.pt.a. подольсти́вшийся

подольща́ться *uv zu* подольсти́ться

подопрева́ть *uv zu* подопре́ть

подопре́ть 3, *1. u. 2. Pers ungebr, v leicht von unten* faulen ‖ *uv* подопрева́ть 2а *u.* подпрева́ть 2а

подорва́ть *v* что **1.** sprengen **2.** *übtr* untergraben, erschüttern ‖ *uv* подрыва́ть 2а
ft. подорву́, -вёшь, -ву́т
imp. подорви́, ~те
pt. подорва́л, -ала́, -а́ло

g.pt.a. подорва́в
p.pt.a. подорва́вший
p.pt.p. подо́рванный

подорва́ться *v* gesprengt werden ‖ *uv* подрыва́ться
pt. подорва́лся, -ала́сь, -а́ло́сь

подорожа́ть 2, *1. u. 2. Pers ungebr, v* teurer werden

подосла́ть *v* кого́-что heimlich (zu)-schicken; aussenden ‖ *uv* подсыла́ть 2a
ft. подошлю́, -лёшь, -лю́т
imp. подошли́, ~те
pt. подосла́л
g.pt.a. подосла́в
p.pt.a. подосла́вший
p.pt.p. подо́сланный

подоспева́ть *uv zu* подоспе́ть

подоспе́ть 3 *v umg* **1.** heranrücken **2.** zur rechten Zeit kommen ‖ *uv* подоспева́ть 2a

подостла́ть *v* что (dar)unterlegen; unterstreuen ‖ *uv* подстила́ть 2a
ft. подстелю́, -е́лешь, -е́лют
imp. подстели́, ~те
pt. подостла́л
g.pt.a. подостла́в
p.pt.a. подостла́вший
p.pt.p. подо́стланный

подоткну́ть 7 *v* что (darunter)stecken, (darunter)stopfen ‖ *uv* подтыка́ть 2a

подо́хнуть *v* verenden, krepieren ‖ *uv* подыха́ть 2a
ft. подо́хну, -нешь, -нут
imp. подо́хни, ~те
pt. подо́х, ~ла
g.pt.a. подо́хнув *u.* подо́хши
p.pt.a. подо́хший

подпада́ть *uv zu* подпа́сть

[1]подпа́ивать *uv zu* подпои́ть

[2]подпа́ивать *uv zu* подпая́ть

подпа́костить *perf sub leicht, ein wenig* beschmutzen
ft. подпа́кощу, -остишь, -остят
imp. подпа́кости, ~те
pt. подпа́костил
g.pt.a. подпа́костив
p.pt.a. подпа́костивший

подпа́ливать *uv zu* подпали́ть

подпали́ть *v* что *umg* **1.** anzünden; in Brand stecken **2.** *leicht* versengen, ansengen ‖ *uv* подпа́ливать 1a
ft. подпалю́, -ли́шь, -ля́т
imp. подпали́, ~те
pt. подпали́л
g.pt.a. подпали́в
p.pt.a. подпали́вший
p.pt.p. подпалённый; подпалён, -ена́

подпа́рывать *uv zu* подпоро́ть

подпа́сть *v* подо что geraten (unter) ‖ *uv* подпада́ть 2a
ft. подпаду́, -дёшь, -ду́т
imp. подпади́, ~те
pt. подпа́л
g.pt.a. подпа́в
p.pt.a. подпа́вший

подпаха́ть *v* что *oder* чего́ *noch ein wenig* (auf) pflügen ‖ *uv* подпа́хивать 1a
ft. подпашу́, -а́шешь, -а́шут
imp. подпаши́, ~те
pt. подпаха́л
g.pt.a. подпаха́в
p.pt.a. подпаха́вший
p.pt.p. подпа́ханный

[1]подпа́хивать *uv zu* подпаха́ть

[2]подпа́хивать 1a, *1. u. 2. Pers ungebr, uv volksspr ein wenig* stinken

подпая́ть 2 *v* что nachträglich löten, nachlöten; durch Löten ausbessern ‖ *uv* подпа́ивать 1a

подпева́ть 2a *uv* **1.** кому́-чему́ *leise* mitsingen (mit) **2.** *übtr umg* einstimmen, nachbeten ‖ *v* подпе́ть *zu* 1, Formen das.

подпере́ть *v* что (ab-, auf)stützen ‖ *uv* подпира́ть 2a
ft. подопру́, -рёшь, -ру́т
imp. подопри́, ~те
pt. подпёр, ~ла
g.pt.a. подпере́в *u.* подпёрши
p.pt.a. подпёрший
p.pt.p. подпёртый

подпере́ться *v* sich aufstützen ‖ *uv* подпира́ться
g.pt.a. подперши́сь *u.* подпёршись

подпе́ть *v zu* подпева́ть
ft. подпою́, -оёшь, -ою́т
imp. подпо́й, ~те
pt. подпе́л
g.pt.a. подпе́в
p.pt.a. подпе́вший

подпи́ливать *uv zu* подпили́ть

подпили́ть *v* что **1.** ansägen, anfeilen **2.** absägen, abfeilen ‖ *uv* подпи́ливать 1a
ft. подпилю́, -и́лишь, -и́лят
imp. подпили́, ~те
pt. подпили́л
g.pt.a. подпили́в
p.pt.a. подпили́вший
p.pt.p. подпи́ленный

подпира́ть(ся) *uv zu* подпере́ть(ся)

подписа́ть *v* что **1.** unterschreiben **2.** hinzufügen, dazuschreiben ‖ *uv* подпи́сывать 1a
ft. подпишу́, -и́шешь, -и́шут
imp. подпиши́, ~те
pt. подписа́л
g.pt.a. подписа́в
p.pt.a. подписа́вший
p.pt.p. подпи́санный

подписа́ться *v* **1.** unterschreiben **2.** на что abonnieren; subskribieren ‖ *uv* подпи́сываться

подпи́сывать(ся) *uv zu* подписа́ть(ся)

подпи́ть *v umg* betrunken werden
ft. подопью́, -пьёшь, -пью́т
imp. подпе́й, ~те
pt. подпи́л, -ила́
g.pt.a. подпи́в
p.pt.a. подпи́вший

подпиха́ть 1 *v* кого́-что *volkssprr* darunterschieben, -stecken ‖ *uv* подпи́хивать 1a

[1]**подпи́хивать** *uv zu* подпиха́ть

[2]**подпи́хивать** *uv zu* подпихну́ть

подпихну́ть 7 *v* кого́-что (darunter)-schieben; hineinbugsieren ‖ *uv* подпи́хивать 1a

подплыва́ть *uv zu* подплы́ть

подплы́ть *v* **1.** heranschwimmen, -segeln, -fahren **2.** beim Schwimmen [Segeln, Fahren] daruntergeraten ‖ *uv* подплыва́ть 2a
ft. подплыву́, -вёшь, -ву́т
imp. подплыви́, ~те
pt. подплы́л, -ыла́, -ы́ло
g.pt.a. подплы́в
p.pt.a. подплы́вший

подпои́ть *v* кого́-что *umg* betrunken machen ‖ *uv* подпа́ивать 1a
ft. подпою́, -о́ишь, -о́ят
imp. подпои́, ~те
pt. подпои́л
g.pt.a. подпои́в
p.pt.a. подпои́вший
p.pt.p. подпо́енный

подполза́ть *uv zu* подползти́

подползти́ *v* **1.** heranikriechen **2.** подо что kriechen (unter) ‖ *uv* подполза́ть 2a
ft. подползу́, -зёшь, -зу́т
imp. подползи́, ~те
pt. подпо́лз, -олзла́
g.pt.a. подпо́лзши
p.pt.a. подпо́лзший

подпоро́ть *v* что auf-, lostrennen ‖ *uv* подпа́рывать 1a
ft. подпорю́, -о́решь, -о́рют
imp. подпори́, ~те
pt. подпоро́л
g.pt.a. подпоро́в
p.pt.a. подпоро́вший
p.pt.p. подпо́ротый

подпоя́сать *v* кого́-что (um)gürten, einen Gürtel umbinden ‖ *uv* подпоя́сывать 1a
ft. подпоя́шу, -шешь, -шут
imp. подпоя́шь, ~те
pt. подпоя́сал
g.pt.a. подпоя́сав
p.pt.a. подпоя́савший
p.pt.p. подпоя́санный

подпоя́саться *v* sich umgürten ‖ *uv* подпоя́сываться

подпоя́сывать(ся) *uv zu* подпоя́сать(ся)

подпра́вить *v* **1.** что *ein wenig* ausbessern; in Ordnung bringen **2.** кого́-что *umg* halbwegs auskurieren ‖ *uv* подправля́ть 2a
ft. подпра́влю, -вишь, -вят
imp. подпра́вь, ~те
pt. подпра́вил
g.pt.a. подпра́вив
p.pt.a. подпра́вивший
p.pt.p. подпра́вленный

подправля́ть *uv zu* подпра́вить

подпрева́ть *uv zu* подопре́ть

подпры́гивать *uv zu* подпры́гнуть

подпры́гнуть 6 *v* hüpfen, einen kleinen Sprung machen ‖ *uv* подпры́гивать 1a

подпуска́ть *uv zu* подпусти́ть

подпусти́ть *v* **1.** кого́-что (heran)kommen lassen **2.** что *oder* чего́ *umg* (hin)zugießen, beigeben **3.** что *umg* einflechten *im Gespräch* ‖ *uv* подпуска́ть 2a
ft. подпущу́, -у́стишь, -у́стят
imp. подпусти́, ~те
pt. подпусти́л
g.pt.a. подпусти́в
p.pt.a. подпусти́вший
p.pt.p. подпу́щенный

подраба́тывать *uv zu* подрабо́тать

подрабо́тать 1 *v* **1.** что *umg* ausarbeiten, vorbereiten **2.** что *oder* чего́ *volkssprr* einen Nebenverdienst haben ‖ *uv* подраба́тывать 1a

подра́внивать *uv zu* подровня́ть

подра́гивать 1a *uv umg* zucken; *ab und zu* zittern; *ein wenig* zittern

подража́ть 2a *uv* кому́-чему́ в чём nachahmen, imitieren

подраздели́ть *v* кого́-что einteilen, gliedern ‖ *uv* подразделя́ть 2a

ft. подразделю́, -ли́шь, -ля́т
imp. подраздели́, ~те
pt. подраздели́л
g.pt.a. подраздели́в
p.pt.a. подраздели́вший
p.pt.p. подразделённый; подразделён, -ена́

подраздели́ться *v zu* подразделя́ться

подразделя́ть *uv zu* подраздели́ть

подразделя́ться 2a, *1. u. 2. Pers ungebr*, *uv* sich unterteilen ‖ *v* подраздели́ться, Formen nach подраздели́ть

подразни́ть *v* кого́-что *eine Zeitlang* necken

ft. подразню́, -а́знишь, -а́знят
imp. подразни́, ~те
pt. подразни́л
g.pt.a. подразни́в
p.pt.a. подразни́вший
p.pt.p. подразнённый; подразнён, -ена́

подразумева́ть 2a *uv* кого́-что (darunter) verstehen, meinen

подразумева́ться, *1. u. 2. Pers ungebr*, *uv* gemeint sein, sich verstehen

подраста́ть *uv zu* подрасти́

подрасти́ *v* heranwachsen ‖ *uv* подраста́ть 2a

ft. подрасту́, -тёшь, -ту́т
imp. подрасти́, ~те
pt. подро́с, -осла́
g.pt.a. подро́сши
p.pt.a. подро́сший

подрасти́ть *v* кого́-что heranziehen, aufziehen ‖ *uv* подра́щивать 1a

ft. подращу́, -асти́шь, -астя́т
imp. подрасти́, ~те
pt. подрасти́л
g.pt.a. подрасти́в
p.pt.a. подрасти́вший
p.pt.p. подращённый; подращён, -ена́

подра́ть *v zu* подира́ть

ft. подеру́, -рёшь, -ру́т
imp. подери́, ~те
pt. подра́л, -ала́, -а́ло
g.pt.a. подра́в
p.pt.a. подра́вший
p.pt.p. по́дранный

подра́ться *v* sich prügeln, in ein Handgemenge geraten

pt. подра́лся, -ала́сь, -а́ло́сь

подра́щивать *uv zu* подрасти́ть

подреза́ть *uv zu* подре́зать

подре́зать *v* **1.** кого́-что (von unten) abschneiden **2.** что *ein wenig* abschneiden, verschneiden **3.** кого́-что die Kräfte rauben, zermürben ‖ *uv* подреза́ть 2a *u.* подре́зывать 1a

ft. подре́жу, -е́жешь, -е́жут
imp. подре́жь, ~те
pt. подре́зал
g.pt.a. подре́зав
p.pt.a. подре́завший
p.pt.p. подре́занный

подре́зывать *uv zu* подре́зать

подрема́ть *v ein bißchen* schlummern, ein Schläfchen machen

ft. подремлю́, -е́млешь, -е́млют
imp. подремли́, ~те
pt. подрема́л
g.pt.a. подрема́в
p.pt.a. подрема́вший

подрисова́ть 5 *v* что **1.** hinzuzeichnen, verbessern *Zeichnung* **2.** *umg* nachziehen *Augenbrauen*, *Lippen* ‖ *uv* подрисо́вывать 1a

подрисо́вывать *uv zu* подрисова́ть

подровня́ть 2 *v* что ebnen, gerademachen; *mil* ausrichten ‖ *uv* подра́внивать 1a

подруба́ть *uv zu* подруби́ть

подруби́ть *v* что **1.** (von unten) abschlagen **2.** *berg* schrämen ‖ *uv* подруба́ть 2a

ft. подрублю́, -у́бишь, -у́бят
imp. подруби́, ~те
pt. подруби́л
g.pt.a. подруби́в
p.pt.a. подруби́вший
p.pt.p. подру́бленный

подружи́ться *v* sich befreunden, Freundschaft schließen

ft. подружу́сь, -жи́шься, -жа́тся
imp. подружи́сь, -и́тесь
pt. подружи́лся, -лась
g.pt.a. подружи́вшись
p.pt.a. подружи́вшийся

подру́ливать *uv zu* подрули́ть

подрули́ть *v* heranrollen ‖ *uv* подру́ливать 1a

ft. подрулю́, -ли́шь, -ля́т
imp. подрули́, ~те
pt. подрули́л
g.pt.a. подрули́в
p.pt.a. подрули́вший

подрумя́нивать(ся) *uv zu* подрумя́нить(ся)

подрумя́нить *v* что **1.** röten, *ein wenig* rot färben **2.** (rot) schminken **3.** knusprig [braun] backen ‖ *uv* подрумя́нивать 1a
ft. подрумя́ню, -нишь, -нят
imp. подрумя́нь, ~те
pt. подрумя́нил
g.pt.a. подрумя́нив
p.pt.a. подрумя́нивший
p.pt.p. подрумя́ненный

подрумя́ниться *v* **1.** *1. u. 2. Pers ungebr* sich röten, rot werden **2.** sich *ein wenig* rot schminken **3.** braun werden *Gebratenes* ‖ *uv* подрумя́ниваться

[1]**подрыва́ть** *uv zu* подорва́ть

[2]**подрыва́ть** *uv zu* подры́ть

подрыва́ться *uv zu* подорва́ться

подры́ть *v* что untergraben; tiefer [breiter] graben ‖ *uv* подрыва́ть 2a
ft. подро́ю, -о́ешь, -о́ют
imp. подро́й, ~те
pt. подры́л
g.pt.a. подры́в
p.pt.a. подры́вший
p.pt.p. подры́тый

подряди́ть *v* кого́-что *alt* mieten, anstellen ‖ *uv* подряжа́ть 2a
ft. подряжу́, -яди́шь, -ядя́т
imp. подряди́, ~те
pt. подряди́л
g.pt.a. подряди́в
p.pt.a. подряди́вший
p.pt.p. подряжённый; подряжён, -ена́

подряди́ться *v mit Infinitiv umg* sich verdingen, eine Arbeit übernehmen ‖ *uv* подряжа́ться

подряжа́ть(ся) *uv zu* подряди́ть(ся)

подсади́ть *v* **1.** кого́-что hinaufhelfen, beim Einsteigen [Aufsteigen] helfen **2.** кого́-что к кому́-чему́ j-n neben j-n setzen, j-n zu j-m setzen **3.** что *oder* чего́ nachpflanzen ‖ *uv* подса́живать 1a
ft. подсажу́, -а́дишь, -а́дят
imp. подсади́, ~те
pt. подсади́л
g.pt.a. подсади́в
p.pt.a. подсади́вший
p.pt.p. подса́женный

подса́живать *uv zu* подсади́ть

подса́живаться *uv zu* подсе́сть

подса́ливать *uv zu* подсоли́ть

подса́харивать *uv zu* подса́харить

подса́харить *v* что *umg* süßen ‖ *uv* подса́харивать 1a
ft. подса́харю, -ришь, -рят
imp. подса́харь, ~те
pt. подса́харил
g.pt.a. подса́харив
p.pt.a. подса́харивший
p.pt.p. подса́харенный

подсвисте́ть *v zu* подсви́стывать
ft. подсвищу́, -и́щешь, -и́щут
imp. подсвищи́, ~те
pt. подсвисте́л
g.pt.a. подсвисте́в
p.pt.a. подсвисте́вший

подсви́стнуть *v mom zu* подсви́стывать

подсви́стывать 1a *uv* nachpfeifen, (ein Lied) mitpfeifen ‖ *v* подсвисте́ть, Formen das. | *v mom* подсви́стнуть 6

подсева́ть *uv zu* подсе́ять

подсе́ивать *uv zu* подсе́ять

подсека́ть *uv zu* подсе́чь

подсеребри́ть *v* что *umg leicht* versilbern
ft. подсеребрю́, -ри́шь, -ря́т
imp. подсеребри́, ~те
pt. подсеребри́л
g.pt.a. подсеребри́в
p.pt.a. подсеребри́вший
p.pt.p. подсеребрённый; подсеребрён, -ена́

подсе́сть *v* sich setzen (neben, zu) ‖ *uv* подса́живаться 1a
ft. подся́ду, -дешь, -дут
imp. подся́дь, ~те
pt. подсе́л
g.pt.a. подсе́в
p.pt.a. подсе́вший

подсе́чь *v* **1.** что (von unten) abhauen, abschneiden **2.** что roden **3.** кого́-что die Angelschnur anziehen *beim Anbeißen des Fisches* ‖ *uv* подсека́ть 2a
ft. подсеку́, -ечёшь, -еку́т
imp. подсеки́, ~те
pt. подсе́к, -екла́
g.pt.a. подсе́кши
p.pt.a. подсе́кший
p.pt.p. подсечённый; подсечён, -ена́ *u. alt* подсе́ченный

подсе́ять *v* **1.** что *oder* чего́ nachsäen **2.** что eine Untersaat machen ‖ *uv* подсева́ть 2a *u.* подсе́ивать 1a
ft. подсе́ю, -е́ешь, -е́ют
imp. подсе́й, ~те
pt. подсе́ял
g.pt.a. подсе́яв

p.pt.a. подсе́явший
p.pt.p. подсе́янный

подсиде́ть *v* кого́-что **1.** auflauern, (auf Wild) anstehen **2.** *volksspr* eine Falle stellen, intrigieren (gegen) ‖ *uv* подси́живать 1a
ft. подсижу́, -иди́шь, -идя́т
imp. подсиди́, ~те
pt. подсиде́л
g.pt.a. подсиде́в
p.pt.a. подсиде́вший
p.pt.p. подси́женный

подси́живать *uv zu* подсиде́ть

подси́нивать *uv zu* подсини́ть

подсини́ть *v* что **1.** blau färben **2.** bläuen, in Wasser mit Waschblauzusatz spülen ‖ *uv* подси́нивать 1a
ft. подсиню́, -ни́шь, -ня́т
imp. подсини́, ~те
pt. подсини́л
g.pt.a. подсини́в
p.pt.a. подсини́вший
p.pt.p. подсинённый; подсинён, -ена́

подска́бливать *uv zu* подскобли́ть

подсказа́ть *v* что кому́-чему́ **1.** vorsagen; *theat* soufflieren **2.** *übtr* eingeben, auf einen Gedanken bringen ‖ *uv* подска́зывать 1a
ft. подскажу́, -а́жешь, -а́жут
imp. подскажи́, ~те
pt. подсказа́л
g.pt.a. подсказа́в
p.pt.a. подсказа́вший
p.pt.p. подска́занный

подска́зывать *uv zu* подсказа́ть

подскака́ть *v* heransprengen ‖ *uv* подска́кивать 1a
ft. подскачу́, -а́чешь, -а́чут
imp. подскачи́, ~те
pt. подскака́л
g.pt.a. подскака́в
p.pt.a. подскака́вший

[1]**подска́кивать** *uv zu* подскака́ть

[2]**подска́кивать** *uv zu* подскочи́ть

подскобли́ть *v* что *ein wenig* abschaben; *umg* (aus)radieren ‖ *uv* подска́бливать 1a
ft. подскоблю́, -о́бли́шь, -о́бля́т
imp. подскобли́, ~те
pt. подскобли́л
g.pt.a. подскобли́в
p.pt.a. подскобли́вший
p.pt.p. подско́бленный

подскочи́ть *v* **1.** hochspringen; *übtr umg* plötzlich ansteigen *Temperatur, Preis* **2.** (hin)zuspringen, heranspringen ‖ *uv* подска́кивать 1a
ft. подскочу́, -о́чишь, -о́чат
imp. подскочи́, ~те
pt. подскочи́л
g.pt.a. подскочи́в
p.pt.a. подскочи́вший

подскреба́ть *uv zu* подскрести́

подскрести́ *v* что *umg* auskratzen; zusammenkratzen ‖ *uv* подскреба́ть 2a
ft. подскребу́, -бёшь, -бу́т
imp. подскреби́, ~те
pt. подскрёб, -ребла́
g.pt.a. подскрёбши
p.pt.a. подскрёбший
p.pt.p. подскребённый; подскребён, -ена́

подсласти́ть *v* что (nach)süßen ‖ *uv* подсла́щивать 1a
ft. подслащу́, -асти́шь, -астя́т
imp. подсласти́, ~те
pt. подсласти́л
g.pt.a. подсласти́в
p.pt.a. подсласти́вший
p.pt.p. подслащённый; подслащён, -ена́

подсла́щивать *uv zu* подсласти́ть

подслу́живаться *uv zu* подслужи́ться

подслужи́ться *v* к кому́-чему́ *umg* sich einschmeicheln, den Lakaien spielen ‖ *uv* подслу́живаться 1a
ft. подслужу́сь, -у́жишься, -у́жатся
imp. подслужи́сь, -и́тесь
pt. подслужи́лся, -лась
g.pt.a. подслужи́вшись
p.pt.a. подслужи́вшийся

подслу́шать 1 *v* кого́-что belauschen, abhorchen ‖ *uv* подслу́шивать 1a

подслу́шивать *uv zu* подслу́шать

подсма́тривать 1a *uv* кого́-что heimlich beobachten, bespitzeln ‖ *v* подсмотре́ть, Formen das.

подсме́иваться 1a *uv* над кем-чем sich lustig machen (über) ‖ *v* подсмея́ться, Formen das.

подсмея́ться *v zu* подсме́иваться
ft. подсмею́сь, -еёшься, -ею́тся
imp. подсме́йся, -е́йтесь
pt. подсмея́лся, -лась
g.pt.a. подсмея́вшись
p.pt.a. подсмея́вшийся

подсмотре́ть *v zu* подсма́тривать
ft. подсмотрю́, -о́тришь, -о́трят
imp. подсмотри́, ~те
pt. подсмотре́л
g.pt.a. подсмотре́в
p.pt.a. подсмотре́вший
p.pt.p. подсмо́тренный

подсоби́ть *v* кому́ *volksspr* helfen, beistehen ‖ *uv* подсобля́ть 2a
ft. подсоблю́, -би́шь, -бя́т
imp. подсоби́, ~те
pt. подсоби́л
g.pt.a. подсоби́в
p.pt.a. подсоби́вший

подсобля́ть *uv zu* подсоби́ть

подсо́вывать *uv zu* подсу́нуть

подсоли́ть *v* что *ein wenig* salzen, nachsalzen ‖ *uv* подса́ливать 1a
ft. подсолю́, -о́ли́шь, -о́ля́т
imp. подсоли́, ~те
pt. подсоли́л
g.pt.a. подсоли́в
p.pt.a. подсоли́вший
p.pt.p. подсо́ленный

подсо́хнуть *v* (allmählich) trocknen, trokken werden ‖ *uv* подсыха́ть 2a
ft. подсо́хну, -нешь, -нут
imp. подсо́хни, ~те
pt. подсо́х, ~ла
g.pt.a. подсо́хнув *u.* подсо́хши
p.pt.a. подсо́хший

подста́вить *v* кого́-что **1.** подо что darunterstellen, stellen (unter) **2.** hinhalten, stellen (an) ‖ *uv* подставля́ть 2a
ft. подста́влю, -вишь, -вят
imp. подста́вь, ~те
pt. подста́вил
g.pt.a. подста́вив
p.pt.a. подста́вивший
p.pt.p. подста́вленный

подставля́ть *uv zu* подста́вить

подстёгивать *uv zu* подстегну́ть

подстегну́ть 7 *v* кого́-что **1.** mit der Peitsche antreiben **2.** *übtr umg* antreiben, hetzen ‖ *uv* подстёгивать 1a
p.pt.p. подстёгнутый

подстели́ть *v* что *volksspr* unterstreuen; unterlegen ‖ *uv* подстила́ть 2a
ft. подстелю́, -е́лешь, -е́лют
imp. подстели́, ~те
pt. подстели́л
g.pt.a. подстели́в
p.pt.a. подстели́вший
p.pt.p. подсте́ленный

подстерега́ть *uv zu* подстере́чь

подстере́чь *v* кого́-что auflauern; abpassen ‖ *uv* подстерега́ть 2a
ft. подстерегу́, -ежёшь, -егу́т
imp. подстереги́, ~те
pt. подстерёг, -егла́
g.pt.a. подстерёгши
p.pt.a. подстерёгший
p.pt.p. подстережённый; подстережён, -ена́

подстила́ть *uv zu* подостла́ть *u.* подстели́ть

подстора́живать *uv zu* подсторожи́ть

подсторожи́ть *v* кого́-что *volksspr* auflauern ‖ *uv* подстора́живать 1a
ft. подсторожу́, -жи́шь, -жа́т
imp. подсторожи́, ~те
pt. подсторожи́л
p.pt.p. подсторожённый; подсторожён, -ена́

подстра́ивать *uv zu* подстро́ить

подстрека́ть *uv zu* подстрекну́ть

подстрекну́ть 7 *v* кого́-что **1.** aufwiegeln, anstiften **2.** anregen, schüren ‖ *uv* подстрека́ть 2a
p.pt.p. подстрекну́тый

подстре́ливать *uv zu* подстрели́ть

подстрели́ть *v* кого́-что anschießen, verwunden ‖ *uv* подстре́ливать 1a
ft. подстрелю́, -е́лишь, -е́лят
imp. подстрели́, ~те
pt. подстрели́л
g.pt.a. подстрели́в
p.pt.a. подстрели́вший
p.pt.p. подстре́ленный

подстрига́ть(ся) *uv zu* подстри́чь(ся)

подстри́чь *v* кого́-что verschneiden, stutzen ‖ *uv* подстрига́ть 2a
ft. подстригу́, -ижёшь, -игу́т
imp. подстриги́, ~те
pt. подстри́г, ~ла
g.pt.a. подстри́гши
p.pt.a. подстри́гший
p.pt.p. подстри́женный

подстри́чься *v* sich die Haare schneiden lassen ‖ *uv* подстрига́ться

подстро́ить *v* что **1.** anbauen **2.** подо что *mus* stimmen (nach) **3.** *übtr* aushecken, anstiften ‖ *uv* подстра́ивать 1a
ft. подстро́ю, -о́ишь, -о́ят
imp. подстро́й, ~те
pt. подстро́ил
g.pt.a. подстро́ив

p.pt.a. подстро́ивший
p.pt.p. подстро́енный

подступа́ть(ся) *uv zu* подступи́ть(ся)

подступи́ть *v* **1.** к кому́-чему́ herantreten; heranrücken **2.** к чему́ (heran)reichen (bis an) **3.** *1. u. 2. Pers ungebr* к чему́ *oder* подо что aufsteigen, dringen (bis zu) *von Tränen, Schmerzen* ‖ *uv* подступа́ть 2a
ft. подступлю́, -у́пишь, -у́пят
imp. подступи́, ~те
pt. подступи́л
g.pt.a. подступи́в
p.pt.a. подступи́вший

подступи́ться *v* к кому́-чему́ herantreten, sich nähern ‖ *uv* подступа́ться

подсу́нуть 6 *v* что **1.** darunterschieben **2.** *umg* (unbemerkt) zustecken ‖ *uv* подсо́вывать 1a
imp. подсу́нь, ~те
p.pt.p. подсу́нутый

подсу́чивать *uv zu* подсучи́ть

подсучи́ть *v* что *umg* hochkrempeln, umschlagen ‖ *uv* подсу́чивать 1a
ft. подсучу́, -у́чишь, -у́чат
imp. подсучи́, ~те
pt. подсучи́л
g.pt.a. подсучи́в
p.pt.a. подсучи́вший
p.pt.p. подсу́ченный

подсу́шивать(ся) *uv zu* подсуши́ть(ся)

подсуши́ть *v* что *ein wenig* trocknen; abtrocknen lassen ‖ *uv* подсу́шивать 1a
ft. подсушу́, -у́шишь, -у́шат
imp. подсуши́, ~те
pt. подсуши́л
g.pt.a. подсуши́в
p.pt.a. подсуши́вший
p.pt.p. подсу́шенный

подсуши́ться, *1. u. 2. Pers ungebr, v umg ein wenig* trocken werden ‖ *uv* подсу́шиваться

подсчита́ть 2 *v* что zusammenzählen, berechnen ‖ *uv* подсчи́тывать 1a

подсчи́тывать *uv zu* подсчита́ть

подсыла́ть *uv zu* подосла́ть

подсы́пать *v* что *oder* чего́ **1.** hinzuschütten, hinzustreuen **2.** aufschütten, erhöhen ‖ *uv* подсыпа́ть 2a
ft. подсы́плю, -лешь, -лют *u. umg* -пешь, -пют
imp. подсы́пь, ~те
pt. подсы́пал
g.pt.a. подсы́пав
p.pt.a. подсы́павший
p.pt.p. подсы́панный

подсыпа́ть *uv zu* подсы́пать

подсыха́ть *uv zu* подсо́хнуть

подта́ивать *uv zu* подта́ять

подта́лкивать *uv zu* подтолкну́ть

подта́пливать *uv zu* [1]подтопи́ть

подта́скивать *uv zu* подтащи́ть

подтасова́ть 5 *v* что **1.** *Karten* falsch mischen **2.** *übtr* entstellen, einseitig darstellen ‖ *uv* подтасо́вывать 1a

подтасо́вывать *uv zu* подтасова́ть

подта́чивать *uv zu* подточи́ть

подтащи́ть *v* кого́-что heranschleppen ‖ *uv* подта́скивать 1a
ft. подтащу́, -а́щишь, -а́щат
imp. подтащи́, ~те
pt. подтащи́л
g.pt.a. подтащи́в
p.pt.a. подтащи́вший
p.pt.p. подта́щенный

подта́ять, *1. u. 2. Pers ungebr, v ein wenig* tauen ‖ *uv* подта́ивать 1a
ft. подта́ет, -а́ют
pt. подта́ял
g.pt.a. подта́яв
p.pt.a. подта́явший

подтверди́ть *v* что bestätigen, bekräftigen ‖ *uv* подтвержда́ть 2a
ft. подтвержу́, -рди́шь, -рдя́т
imp. подтверди́, ~те
pt. подтверди́л
g.pt.a. подтверди́в
p.pt.a. подтверди́вший
p.pt.p. подтверждённый; подтверждён, -ена́

подтверди́ться, *1. u. 2. Pers ungebr, v* sich bestätigen, sich bewahrheiten ‖ *uv* подтвержда́ться

подтвержда́ть(ся) *uv zu* подтверди́ть(ся)

подтека́ть *uv zu* подте́чь

подтере́ть *v* что aufwischen ‖ *uv* подтира́ть 2a
ft. подотру́, -рёшь, -ру́т
imp. подотри́, ~те
pt. подтёр, ~ла
g.pt.a. подтере́в *u.* подтёрши
p.pt.a. подтёрший
p.pt.p. подтёртый

подтеса́ть *v* что *ein wenig* abschlagen, abhauen ‖ *uv* подтёсывать 1a
ft. подтешу́, -е́шешь, -е́шут
imp. подтеши́, ~те

pt.	подтеса́л
g.pt.a.	подтеса́в
p.pt.a.	подтеса́вший
p.pt.p.	подтёсанный

подтёсывать *uv zu* подтеса́ть

подте́чь, *1. u. 2. Pers ungebr*, *v* **1.** darunterfließen **2.** *umg* anschwellen, anlaufen **3.** *volkssprr* lecken, Flüssigkeit durchlassen ‖ *uv* подтека́ть 2a *zu* 1 *u.* 3

ft.	подтечёт, -еку́т
pt.	подтёк, -екла́
g.pt.a.	подтёкши
p.pt.a.	подтёкший

подтира́ть *uv zu* подтере́ть

подтолкну́ть 7 *v* кого́-что **1.** anstoßen; schieben **2.** *übtr umg* anspornen, treiben ‖ *uv* подта́лкивать 1a

[1]**подтопи́ть** *v* что *ein wenig* (ein)heizen; nachheizen ‖ *uv* подта́пливать 1a

ft.	подтоплю́, -о́пишь, -о́пят
imp.	подтопи́, ~те
pt.	подтопи́л
g.pt.a.	подтопи́в
p.pt.a.	подтопи́вший
p.pt.p.	подто́пленный

[2]**подтопи́ть** *v* что teilweise überschwemmen [überfluten] ‖ *uv* подтопля́ть 2a Formen wie [1]подтопи́ть

подтопля́ть *uv zu* [2]подтопи́ть

подточи́ть *v* что **1.** (nach)schleifen; anspitzen **2.** benagen; aushöhlen; unterspülen **3.** *übtr* untergraben, schwächen ‖ *uv* подта́чивать 1a

ft.	подточу́, -о́чишь, -о́чат
imp.	подточи́, ~те
pt.	подточи́л
g.pt.a.	подточи́в
p.pt.a.	подточи́вший
p.pt.p.	подто́ченный

подтру́нивать *uv zu* подтруни́ть

подтруни́ть *v* над кем-чем sich lustig machen, spötteln (über) ‖ *uv* подтру́нивать 1a

ft.	подтруню́, -ни́шь, -ня́т
imp.	подтруни́, ~те
pt.	подтруни́л
g.pt.a.	подтруни́в
p.pt.a.	подтруни́вший

подтушева́ть *v* что retuschieren ‖ *uv* подтушёвывать 1a

ft.	подтушу́ю, -у́ешь, -у́ют
imp.	подтушу́й, ~те
pt.	подтушева́л
g.pt.a.	подтушева́в
p.pt.a.	подтушева́вший
p.pt.p.	подтушёванный

подтушёвывать *uv zu* подтушева́ть

подтыка́ть *uv zu* подоткну́ть

подтя́гивать(ся) *uv zu* подтяну́ть(ся)

подтяну́ть 7 *v* **1.** что straff-, festziehen, hochziehen *Gürtel, Hosen, Stiefel* **2.** кого́-что heranschleppen, -ziehen (zu, an) **3.** что ziehen (unter) **4.** кого́-что *mil* heranziehen, konzentrieren *von Truppen* **5.** *übtr* кого́-что *umg* zur Erfüllung der Pflichten, zur Disziplin anhalten, erziehen **6.** *ohne Objekt* mitsingen, einen Begleitgesang anstimmen **7.** *unpers umg* abmagern *vom Menschen*; тебя́ подтяну́ло du bist abgemagert ‖ *uv* подтя́гивать 1a

ft.	подтяну́, -я́нешь, -я́нут
p.pt.p.	подтя́нутый

подтяну́ться *v* **1.** sich fester schnüren, sich gürten **2.** *Sport* sich hochziehen **3.** *mil* heranrücken, sich konzentrieren **4.** *übtr umg* sich bessern, sich mehr zusammennehmen *bei der Arbeit* ‖ *uv* подтя́гиваться

поду́мать 1 *v* **1.** *v zu* ду́мать **2.** *einige Zeit* nachdenken **3.** *imp.* поду́май(те) *oder Infinitiv* поду́мать *gewöhnlich mit* то́лько: поду́мать то́лько! man stelle sich vor!

поду́маться *unpers v* кому́ *umg* in den Sinn kommen, einfallen

поду́мывать 1a *uv umg* **1.** *öfter* denken (an), nachdenken **2.** *mit Infinitiv* vorhaben, beabsichtigen

подура́чить *v* кого́-что *umg ein bißchen* necken; auslachen

ft.	подура́чу, -чишь, -чат
imp.	подура́чь, ~те
pt.	подура́чил
g.pt.a.	подура́чив
p.pt.a.	подура́чивший

подура́читься *v umg eine Zeitlang* Witze machen

подури́ть *v umg eine Zeitlang* Dummheiten machen

ft.	подурю́, -ри́шь, -ря́т
imp.	подури́, ~те
pt.	подури́л
g.pt.a.	подури́в
p.pt.a.	подури́вший

подурне́ть 3 *v* häßlich werden, ein schlechtes Aussehen bekommen

поду́ть *v* **1.** anfangen zu wehen [zu blasen] **2.** *eine Zeitlang* wehen [blasen]

ft.	поду́ю, -у́ешь, -у́ют
imp.	поду́й, ~те

pt.	поду́л
g.pt.a.	поду́в
p.pt.a.	поду́вший

поду́чивать(ся) *uv zu* подучи́ть(ся)

подучи́ть *v* кого́-что *umg* **1.** *ein wenig* anlernen **2.** hinzulernen, etw. schlecht Gelerntes besser begreifen ‖ *uv* поду́чивать 1a

ft.	подучу́, -у́чишь, -у́чат
imp.	подучи́, ~те
pt.	подучи́л
g.pt.a.	подучи́в
p.pt.a.	подучи́вший
p.pt.p.	поду́ченный

подучи́ться *v umg ein bißchen* (er)lernen, hinzulernen ‖ *uv* поду́чиваться

¹подуши́ть *v* кого́-что *umg viele, alle* erwürgen

ft.	подушу́, -у́шишь, -у́шат
imp.	подуши́, ~те
pt.	подуши́л
g.pt.a.	подуши́в
p.pt.a.	подуши́вший
p.pt.p.	поду́шенный

²подуши́ть *v* кого́-что *ein wenig* parfümieren
Formen wie ¹подуши́ть

подуши́ться *v* sich *ein wenig* parfümieren

подхали́мничать 1a *uv umg* liebedienern

подхвати́ть *v* **1.** кого́-что (an)fassen *von unten her*, auf-, hochheben; aufraffen, anheben **2.** кого́-что auffangen, im Flug fassen; vor dem Fall bewahren **3.** кого́-что erfassen, -greifen; *umg* mitnehmen, erwischen; mitreißen *Strömung*; mit sich führen **4.** *übtr* что *umg* sich holen, erwischen *eine Krankheit* **5.** что zufällig bekommen **6.** heftig vorwärtsstürmen, sich in Galopp setzen *von Pferden usw.* **7.** что aufgreifen, ergreifen und weiterführen; *volkssprr* übernehmen, sich zunutze machen **8.** что anfangen mitzusingen, einstimmen, in den Gesang einfallen ‖ *uv* подхва́тывать 1a

ft.	подхвачу́, -а́тишь, -а́тят
imp.	подхвати́, ~те
pt.	подхвати́л
g.pt.a.	подхвати́в
p.pt.a.	подхвати́вший
p.pt.p.	подхва́ченный

подхва́тывать *uv zu* подхвати́ть

подхлестну́ть 7 *v* кого́-что **1.** mit der Peitsche *leicht* antreiben **2.** *übtr umg* antreiben ‖ *uv* подхлёстывать 1a

p.pt.p.	подхлёстнутый

подхлёстывать *uv zu* подхлестну́ть

подходи́ть *uv zu* подойти́

pr.	подхожу́, -о́дишь, -о́дят
imp.	подходи́, ~те
pt.	подходи́л
g.pr.a.	подходя́
p.pr.a.	подходя́щий
p.pt.a.	подходи́вший

подцепи́ть *v* что **1.** *umg* anhängen, anhaken **2.** von unten ergreifen [erfassen] **3.** *übtr umg* erbeuten, aufgabeln **4.** *volksspr* stehlen ‖ *uv* подцепля́ть 2a

ft.	подцеплю́, -е́пишь, -е́пят
imp.	подцепи́, ~те
pt.	подцепи́л
g.pt.a.	подцепи́в
p.pt.a.	подцепи́вший
p.pt.p.	подце́пленный

подцепля́ть *uv zu* подцепи́ть

подча́ливать *uv zu* подча́лить

подча́лить *v* **1.** anlegen *Boot* **2.** что beim Anlegen heranziehen, vertäuen ‖ *uv* подча́ливать 1a

ft.	подча́лю, -лишь, -лят
imp.	подча́ль, ~те
pt.	подча́лил
g.pt.a.	подча́лив
p.pt.a.	подча́ливший
p.pt.p.	подча́ленный

подчёркивать *uv zu* подчеркну́ть

подчеркну́ть 7 *v* что **1.** unterstreichen **2.** *übtr* unterstreichen, besonders hervorheben, betonen ‖ *uv* подчёркивать 1a

p.pt.p.	подчёркнутый

подчини́ть *v* кого́-что **1.** unterwerfen, erobern **2.** кому́-чему́ abhängig machen, unterwerfen **3.** кому́-чему́ unterstellen, unterordnen **4.** чему́ *gram* unterordnen *Sätze* ‖ *uv* подчиня́ть 2a

ft.	подчиню́, -ни́шь, -ня́т
imp.	подчини́, ~те
pt.	подчини́л
g.pt.a.	подчини́в
p.pt.a.	подчини́вший
p.pt.p.	подчинённый; подчинён, -ена́

подчини́ться *v* sich unterwerfen, gehorchen ‖ *uv* подчиня́ться

подчиня́ть(ся) *uv zu* подчини́ть(ся)

подчи́стить *v* что **1.** *zusätzlich* reinigen; *leicht* säubern **2.** ausradieren, auskratzen **3.** *umg* restlos aufessen **4.** beschneiden, ausästen *Bäume* ‖ *uv* подчища́ть 2a

ft.	подчи́щу, -и́стишь, -и́стят
imp.	подчи́сти *u.* подчи́сть, подчи́стите

pt.	подчи́стил
g.pt.a.	подчи́стив
p.pt.a.	подчи́стивший
p.pt.p.	подчи́щенный

подчита́ть 2 *v* что *umg* durchlesen ‖ *uv* подчи́тывать 1a

подчи́тывать *uv zu* подчита́ть

подчища́ть *uv zu* подчи́стить

подшепну́ть 7 *v* что *umg* zuflüstern ‖ *uv* подшёптывать 1a

подшёптывать *uv zu* подшепну́ть

подшиба́ть *uv zu* подшиби́ть

подшиби́ть *v* кого́-что *volksspr* **1.** durch einen Schlag verletzen **2.** umwerfen, umstoßen **3.** anschließen ‖ *uv* подшиба́ть 2a

ft.	подшибу́, -бёшь, -бу́т
imp.	подшиби́, ~те
pt.	подши́б, ~ла
g.pt.a.	подшиби́в* *u.* подшибя́*
p.pt.p.	подши́бленный

подшива́ть *uv zu* подши́ть

подши́ть *v* что **1.** annähen, aufnähen; unternähen, Futter anbringen **2.** besohlen **3.** einsäumen, besäumen, einschlagen **4.** zusammenheften, -nähen *Zeitungen*; dazuheften, ablegen *Akten* **5.** anbringen, anschlagen *Brett u. ä.* ‖ *uv* подшива́ть 2a

ft.	подошью́, -шьёшь, -шью́т
imp.	подше́й, ~те
pt.	подши́л
g.pt.a.	подши́в
p.pt.a.	подши́вший
p.pt.p.	подши́тый

подшпи́ливать *uv zu* подшпи́лить

подшпи́лить *v* что von unten mit einer Nadel [Klammer] befestigen ‖ *uv* подшпи́ливать 1a

ft.	подшпи́лю, -лишь, -лят
imp.	подшпи́ль, ~те
pt.	подшпи́лил
g.pt.a.	подшпи́лив
p.pt.a.	подшпи́ливший
p.pt.p.	подшпи́ленный

подшто́пать 1 *v ein wenig* ausbessern, stopfen *Wäsche*, *Kleidungsstücke* ‖ *uv* подшто́пывать 1a

подшто́пывать *uv zu* подшто́пать

подштукату́ривать *uv zu* подштукату́рить

подштукату́рить *v* что teilweise [notdürftig] verputzen; Putzschäden ausbessern ‖ *uv* подштукату́ривать 1a

ft.	подштукату́рю, -ришь, -рят
imp.	подштукату́рь, ~те
pt.	подштукату́рил
g.pt.a.	подштукату́рив
p.pt.a.	подштукату́ривший
p.pt.p.	подштукату́ренный

подшути́ть *v* над кем-чем sich lustig machen (über), einen Streich spielen, auslachen ‖ *uv* подшу́чивать 1a

ft.	подшучу́, -у́тишь, -у́тят
imp.	подшути́, ~те
pt.	подшути́л
g.pt.a.	подшути́в
p.pt.a.	подшути́вший

подшу́чивать *uv zu* подшути́ть

подъеда́ть *uv zu* подъе́сть

подъезжа́ть *uv zu* подъе́хать

подъе́сть *v* что **1.** *umg* anfressen, -knabbern **2.** *volksspr alles* aufessen, wegputzen **3.** *volksspr* sich zusätzlich ernähren ‖ *uv* подъеда́ть 2a

ft.	подъе́м, -е́шь, -е́ст, -еди́м, -еди́те, -едя́т
imp.	подъе́шь, ~те
pt.	подъе́л
g.pt.a.	подъе́в
p.pt.a.	подъе́вший
p.pt.p.	подъе́денный

подъе́хать *v* к кому́-чему́ **1.** heran-, vorfahren; heranreiten; sich nähern **2.** *volksspr* ankommen, einkehren **3.** *übtr volksspr* sich heranmachen, einschmeicheln ‖ *uv* подъезжа́ть 2a

ft.	подъе́ду, -е́дешь, -е́дут
imp.	подъезжа́й, ~те
pt.	подъе́хал
g.pt.a.	подъе́хав
p.pt.a.	подъе́хавший

подъя́ть *v* кого́-что *alt* heben, auf-, emporheben ‖ *uv volksspr* подыма́ть, Formen das.

ft.	поды́му, -ы́мешь, -ы́мут *volksspr*
imp.	подыми́, ~те *volksspr*
pt.	подъя́л *alt*
g.pt.a.	подъя́в *alt*
p.pt.a.	подъя́вший *alt*
p.pt.p.	подъя́тый *alt*

подыгра́ть 2 *v* кому́-чему́ *umg* durch eigenes Spiel den anderen unterstützen *beim Spiel*, *Gesang*, *Musik*, *Kartenspiel*; zuspielen ‖ *uv* поды́грывать 1a

подыгра́ться *v zu* поды́грываться

поды́грывать *uv zu* подыгра́ть

подыгрываться 1а *uv* к кому́-чему́ *u.* под кого́-что *umg* sich anpassen, sich einschmeicheln (bei) ‖ *v* подыгра́ться 2

подыма́ть *uv zu* подъя́ть
pr. подыма́ю, -а́ешь, -а́ют *volksspr u.* подъе́млю, -лешь, -лют *alt*
imp. подыма́й, ~те *volksspr u.* подъе́мли, ~те *alt*
pt. подыма́л
g.pr.a. подыма́я *alt u.* подъе́мля *alt*
p.pr.a. подыма́ющий *volksspr u.* подъе́млющий *alt*
p.pt.a. подыма́вший
p.pr.p. подыма́емый *volksspr u.* подъе́млемый *alt*

подыска́ть *v* кого́-что finden, ausfindig machen ‖ *uv* поды́скивать 1а
ft. подыщу́, -ы́щешь, -ы́щут
imp. подыщи́, ~те
pt. подыска́л
g.pt.a. подыска́в
p.pt.a. подыска́вший
p.pt.p. поды́сканный

поды́скивать *uv zu* подыска́ть

подыто́живать *uv zu* подыто́жить

подыто́жить *v* что **1.** summieren **2.** Bilanz ziehen; schlußfolgern ‖ *uv* подыто́живать 1а
ft. подыто́жу, -жишь, -жат
imp. подыто́жь, ~те
pt. подыто́жил
g.pt.a. подыто́жив
p.pt.a. подыто́живший
p.pt.p. подыто́женный

подыха́ть *uv zu* подо́хнуть

подыша́ть *v* **1.** *gewöhnlich mit* чем *eine Zeitlang* (ein)atmen, *ein wenig* Luft holen **2.** на кого́-что *einige Male* behauchen
ft. подышу́, -ы́шишь, -ы́шат
imp. подыши́, ~те
pt. подыша́л
g.pt.a. подыша́в
p.pt.a. подыша́вший

поеда́ть 2а *uv* **1.** *uv zu* пое́сть **2.** что (auf)essen; (auf)fressen *von Tieren*

пое́здить *v umg viel* umherfahren
ft. пое́зжу, -здишь, -здят
imp. пое́зди, ~те
pt. пое́здил
g.pt.a. пое́здив
p.pt.a. пое́здивший

пое́сть *v* **1.** что *oder* чего́ *ein wenig* essen; etw. zu sich nehmen; essen *itr* **2.** что *volksspr* restlos aufessen **3.** что zerfressen; *durch Nagen, Befressen* beschädigen ‖ *uv* поеда́ть 2а *zu* 2, 3
ft. пое́м, -е́шь, -е́ст, -еди́м, -еди́те, -едя́т
imp. пое́шь, ~те
pt. пое́л
g.pt.a. пое́в
p.pt.a. пое́вший
p.pt.p. пое́денный *zu* 2, 3

пое́хать *v* **1.** losfahren, (hin)fahren **2.** *umg* abgleiten, -rutschen **3.** *übtr volksspr* losbrausen, schimpfen; loslegen **4.** пое́хали! *umg als Imperativ* fahren wir los!
ft. пое́ду, -дешь, -дут
imp. (поезжа́й, ~те)
pt. пое́хал
g.pt.a. пое́хав
p.pt.a. пое́хавший

поехи́дничать 1 *v umg eine Zeitlang* böse Reden führen, *eine Weile, ein bißchen* lästern

пожа́дничать 1 *v* geizen, geizig sein

пожале́ть *v zu* жале́ть

пожа́ловать 4 *v* **1.** *v zu* жа́ловать **2.** *alt nur imp.* пожа́луй(те)! gib!, geben Sie! **3.** к кому́-чему́ *alt, iron* erscheinen, kommen, besuchen **4.** *imp.* пожа́луйте *alt in der höflichen Einladung* kommen Sie bitte herein!, bemühen Sie sich bitte weiter!, treten Sie näher!

пожа́ловаться *v zu* жа́ловаться

пожа́рить *v* кого́-что **1.** *eine Weile* braten **2.** *umg* braten
ft. пожа́рю, -ришь, -рят
imp. пожа́рь, ~те
pt. пожа́рил
g.pt.a. пожа́рив
p.pt.a. пожа́ривший
p.pt.p. пожа́ренный

[1]**пожа́ть** *v* кого́-что **1.** drücken, zusammenpressen; пожа́ть ру́ку die Hand drücken, mit Händedruck begrüßen **2.** *eine Zeitlang* drücken **3.**: пожа́ть плеча́ми die Achseln zucken ‖ *uv* пожима́ть 2а
ft. пожму́, -мёшь, -му́т
imp. пожми́, ~те
pt. пожа́л
g.pt.a. пожа́в
p.pt.a. пожа́вший
p.pt.p. пожа́тый

[2]**пожа́ть** *v* что **1.** *alt* (ab)ernten, die Ernte beenden **2.** *übtr* ernten, erwerben, verdienen ‖ *uv* пожина́ть 2a *zu* 2
ft. пожну́, -нёшь, -ну́т
imp. пожни́, ~те
pt. пожа́л
g.pt.a. пожа́в
p.pt.a. пожа́вший
p.pt.p. пожа́тый

пожа́ться *v* sich krümmen *vor Kälte* ‖ *uv* пожима́ться 2a
Formen nach [1]пожа́ть

пожда́ть *v* кого́-что *u. ohne Objekt umg eine Zeitlang* warten (auf); abwarten
ft. пожду́, -дёшь, -ду́т
imp. пожди́, ~те
pt. пожда́л, -ала́, -а́ло
g.pt.a. пожда́в
p.pt.a. пожда́вший

пожева́ть *v* **1.** что *eine Zeitlang* kauen **2.** что *oder* чего́ *u. ohne Objekt volksspr ein wenig* essen
ft. пожую́, -уёшь, -ую́т
imp. пожу́й, ~те
pt. пожева́л
g.pt.a. пожева́в
p.pt.a. пожева́вший
p.pt.p. пожёванный

пожёвывать 1a *uv* что *u. ohne Objekt umg von Zeit zu Zeit* kauen, *ein wenig* kauen

пожела́ть *v zu* жела́ть

пожелте́ть 3 *v* gelb werden, vergilben

пожени́ть *v* **1.** кого́-что на ком *umg* verheiraten *einen Mann* **2.** кого́-что verheiraten *vom Ehepaar*
ft. поженю́, -е́нишь, -е́нят
imp. пожени́, ~те
pt. пожени́л
g.pt.a. пожени́в
p.pt.a. пожени́вший
p.pt.p. поже́ненный

пожени́ться *v umg* **1.** (sich ver)heiraten *vom Mann* **2.** *Singular ungebr* heiraten *vom Ehepaar*

поже́ртвовать *v zu* же́ртвовать

поже́чь *v* что **1.** verbrennen, durch Feuer [Hitze] vernichten; *umg viel* Heizmaterial verbrauchen **2.** *eine Zeitlang* verbrennen ‖ *uv* пожига́ть 2a
ft. пожгу́, пожжёшь, пожгу́т
imp. пожги́, ~те
pt. пожёг, пожгла́
g.pt.a. пожёгши
p.pt.a. пожёгший
p.pt.p. пожжённый; пожжён, -ена́

пожива́ть 2a *uv* das Leben verbringen; leben; как пожива́ешь? wie geht es dir?

поживи́ться *v* чем *oder* на чём sich auf Kosten andrer bereichern, Vorteil ziehen (aus); erbeuten
ft. поживлю́сь, -ви́шься, -вя́тся
imp. поживи́сь, -и́тесь
pt. поживи́лся, -лась
g.pt.a. поживи́вшись
p.pt.a. поживи́вшийся

пожига́ть *uv zu* поже́чь

пожима́ть *uv zu* [1]пожа́ть

пожима́ться *uv zu* пожа́ться

пожина́ть *uv zu* [2]пожа́ть

пожира́ть 2a *uv* кого́-что **1.** verschlingen, hinunterwürgen **2.** *übtr* verzehren, vernichten *Feuer, Flammen*; aufzehren, ganz erfassen *Gefühle* ‖ *v* пожра́ть, Formen das.

пожи́ть *v* **1.** leben, *eine Zeitlang* existieren; *einige Zeit* verleben, zubringen **2.** *umg* ein angenehmes Leben führen, sich den Genüssen des Lebens hingeben
ft. поживу́, -вёшь, -ву́т
imp. поживи́, ~те
pt. по́жил, пожила́, по́жило *u. umg* пожи́л, пожи́ло
g.pt.a. пожи́в
p.pt.a. пожи́вший
p.pt.p. по́житый; по́жит, пожита́, по́жито

пожра́ть *v* **1.** *v zu* пожира́ть **2.** кого́ *oder* чего́ *u. ohne Objekt derb volksspr ein wenig* essen; etw. zu sich nehmen; essen *itr*
ft. пожру́, -рёшь, -ру́т
imp. пожри́, ~те
pt. пожра́л, -ала́, -а́ло
g.pt.a. пожра́в
p.pt.a. пожра́вший
p.pt.p. по́жранный

пожури́ть *v* кого́-что *umg* rügen, schelten; *übtr* den Kopf waschen
ft. пожурю́, -ри́шь, -ря́т
imp. пожури́, ~те
pt. пожури́л
g.pt.a. пожури́в
p.pt.a. пожури́вший
p.pt.p. пожурённый; пожурён, -ена́

позаба́вить *v* кого́-что amüsieren
ft. позаба́влю, -а́вишь, -а́вят
imp. позаба́вь, ~те
pt. позаба́вил
g.pt.a. позаба́вив
p.pt.a. позаба́вивший
p.pt.p. позаба́вленный

позабо́титься *v zu* забо́титься

ft.	позабо́чусь, -о́тишься, -о́тятся
imp.	позабо́ться, -тьтесь
pt.	позабо́тился, -лась
g.pt.a.	позабо́тившись
p.pt.a.	позабо́тившийся

позабыва́ть *uv zu* позабы́ть

позабы́ть *v* кого́-что *oder* о ком-чём *oder mit Infinitiv* (ganz) vergessen ‖ *uv* позабыва́ть 2a

ft.	позабу́ду, -дешь, -дут
imp.	позабу́дь, ~те
pt.	позабы́л
g.pt.a.	позабы́в
p.pt.a.	позабы́вший
p.pt.p.	позабы́тый

позави́довать 4 *v* кому́-чему́ beneiden, neidisch sein (auf)

поза́втракать 1 *v* frühstücken

позаи́мствовать 4 *v* что **1.** übernehmen, sich (von anderen) aneignen **2.** *umg* ausleihen, borgen

поза́риться *v* на кого́-что *volksspr* erpicht sein, scharf sein (auf)

ft.	поза́рюсь, -ришься, -рятся
imp.	поза́рься, -рьтесь
pt.	поза́рился, -лась
g.pt.a.	поза́рившись
p.pt.a.	поза́рившийся

позва́ть *v* кого́-что rufen, herbeirufen, -winken; einladen, bitten

ft.	позову́, -вёшь, -ву́т
imp.	позови́, ~те
pt.	позва́л, -ала́, -а́ло
g.pt.a.	позва́в
p.pt.a.	позва́вший
p.pt.p.	по́званный; по́зван, по́звана́, по́звано

позво́лить *v* кому́-чему́ **1.** что *oder mit Infinitiv* gestatten, bewilligen, erlauben **2.** *1. u. 2. Pers ungebr, mit Infinitiv* ermöglichen, zulassen, gestatten **3.** *imp.* позво́ль(те) *als Entgegnung oder beim Nachdenken über etw.* aber erlaube(n Sie) mal!, warte(n Sie) mal! ‖ *uv* позволя́ть 2a

ft.	позво́лю, -лишь, -лят
imp.	позво́ль, ~те
pt.	позво́лил
g.pt.a.	позво́лив
p.pt.a.	позво́ливший
p.pt.p.	позво́ленный

позволя́ть *uv zu* позво́лить

позвони́ть *v zu* звони́ть

ft.	позвоню́, -ни́шь, -ня́т
imp.	позвони́, ~те
pt.	позвони́л
g.pt.a.	позвони́в
p.pt.a.	позвони́вший

позвони́ться *v zu* звони́ться

поздоро́ваться *v zu* здоро́ваться

поздорове́ть 3 *v* gesund werden, gesunden; zu Kräften kommen

поздра́вить *v* кого́-что с чем gratulieren, beglückwünschen (zu) ‖ *uv* поздравля́ть 2a; поздравля́ю вас! meinen Glückwunsch!

ft.	поздра́влю, -вишь, -вят
imp.	поздра́вь, ~те
pt.	поздра́вил
g.pt.a.	поздра́вив
p.pt.a.	поздра́вивший
p.pt.p.	поздра́вленный

поздравля́ть *uv zu* поздра́вить

позева́ть 2 *v* **1.** *mehrere Male* gähnen **2.** на кого́-что *umg* begaffen

позёвывать 1a *uv umg von Zeit zu Zeit* gähnen

позелене́ть 3 *v* **1.** grünen; sich mit Gras [Laub] bedecken **2.** grün werden, sich grün färben; *übtr* stark erbleichen, grün werden *vor Wut, Ärger* **3.** patinieren, sich mit Edelrost überziehen

позелени́ть *v* что grün färben

ft.	позеленю́, -ни́шь, -ня́т
imp.	позелени́, ~те
pt.	позелени́л
g.pt.a.	позелени́в
p.pt.a.	позелени́вший
p.pt.p.	позеленённый; позеленён, -ена́

пози́ровать 4a *uv* **1.** Modell stehen [sitzen] **2.** eine gesuchte [gekünstelte] Stellung einnehmen; posieren, schauspielern

позлати́ть *v* что **1.** *alt* vergolden **2.** *buchspr* Goldglanz [Goldfarbe] verleihen ‖ *uv* позлаща́ть 2a

ft.	позлащу́, -ати́шь, -атя́т
imp.	позлати́, ~те
pt.	позлати́л
g.pt.a.	позлати́в
p.pt.a.	позлати́вший
p.pt.p.	позлащённый; позлащён, -ена́

позлаща́ть *uv zu* позлати́ть

позли́ть *v* кого́-что *umg eine gewisse Zeit, ein wenig* ärgern

ft.	позлю́, -ли́шь, -ля́т
imp.	позли́, ~те

pt.	позли́л
g.pt.a.	позли́в
p.pt.a.	позли́вший
p.pt.p.	позлённый; позлён, -ена́

позна́бливать 1a *unpers uv* кого́-что *umg von Zeit zu Zeit, ein wenig* frösteln, frieren

познава́ть *uv zu* позна́ть

pr.	познаю́, -аёшь, -аю́т
imp.	познава́й, ~те
pt.	познава́л
g.pr.a.	познава́я
p.pr.a.	познаю́щий
p.pt.a.	познава́вший
p.pr.p.	познава́емый

познава́ться, *1. u. 2. Pers ungebr, uv* sich erkennen lassen, sich erweisen

познако́мить *v zu* знако́мить

ft.	познако́млю, -мишь, -мят
imp.	познако́мь, ~те
pt.	познако́мил
g.pt.a.	познако́мив
p.pt.a.	познако́мивший
p.pt.p.	познако́мленный

познако́миться *v zu* знако́миться

позна́ть 2 *v* **1.** что erkennen, verstehen lernen, Kenntnisse erwerben **2.** кого́-что kennenlernen, gut erkennen **3.** что erfahren, erleben ‖ *uv* познава́ть, Formen das.

позолоти́ть *v* что **1.** vergolden **2.** Goldglanz [Goldfarbe] verleihen

ft.	позолочу́, -оти́шь, -отя́т
imp.	позолоти́, ~те
pt.	позолоти́л
g.pt.a.	позолоти́в
p.pt.a.	позолоти́вший
p.pt.p.	позоло́ченный

позонди́ровать *v zu* зонди́ровать

позо́рить *uv* кого́-что entehren, schänden; *umg* Schande machen, verrufen. — (о-)

pr.	позо́рю, -ришь, -рят
imp.	позо́рь, ~те
pt.	позо́рил
g.pr.a.	позо́ря
p.pr.a.	позо́рящий
p.pt.a.	позо́ривший

позо́риться *uv* sich blamieren. — (о-)

позыва́ть *unpers uv* кого́-что (на что) *u. ohne Objekt umg med* drängen (zu), Drang verspüren, verlangen (nach), reizen (zu)

pr.	позыва́ет
pt.	позыва́ло

поигра́ть 2 *v eine Weile* spielen

пои́грывать 1a *uv umg von Zeit zu Zeit, hin und wieder* spielen

поиздева́ться 2 *v* над кем-чем *eine Zeitlang* verhöhnen, sich *eine Weile* in boshafter Weise lustig machen (über)

поиздержа́ть *v* что *umg* einen bestimmten oder bedeutenden Teil verausgaben, verbrauchen *Geld*

ft.	поиздержу́, -е́ржишь, -е́ржат
imp.	поиздержи́, ~те
pt.	поиздержа́л
g.pt.a.	поиздержа́в
p.pt.a.	поиздержа́вший
p.pt.p.	поизде́ржанный

поиздержа́ться *v umg* einen bestimmten oder bedeutenden Teil verbrauchen *Geld*, sich verausgaben

поизмыва́ться 2 *v* над кем-чем *umg eine Zeitlang* verhöhnen, verspotten, sich *eine Weile* in boshafter Art lustig machen (über)

поизноси́ться, *1. u. 2. Pers ungebr, v umg* allmählich abtragen *Kleider, Schuhe*

ft.	поизно́сится, -сятся
pt.	поизноси́лся, -лась
g.pt.a.	поизноси́вшись
p.pt.a.	поизноси́вшийся

поименова́ть 5 *v* кого́-что mit Namen nennen; (namentlich) aufzählen

поинтересова́ться 5 *v* чем Interesse zeigen, sich interessieren (für); *ein wenig* neugierig sein

поиска́ть *v* кого́-что die Suche aufnehmen, Sucharbeiten durchführen; *eine Weile* suchen

ft.	поищу́, -и́щешь, -и́щут
imp.	поищи́, ~те
pt.	поиска́л
g.pt.a.	поиска́в
p.pt.a.	поиска́вший
p.pt.p.	пои́сканный*

поиспо́ртить *v* что *umg ein wenig* beschädigen

ft.	поиспо́рчу, -ртишь, -ртят
imp.	поиспо́рти, ~те *u. umg* поиспо́рть, ~те
pt.	поиспо́ртил
g.pt.a.	поиспо́ртив
p.pt.a.	поиспо́ртивший
p.pt.p.	поиспо́рченный

поиспо́ртиться, *1. u. 2. Pers ungebr, v umg ein wenig* schlecht werden *Speisen*; *ein bißchen* verkommen *Menschen*

поистра́тить *v* что *umg* einen bestimmten oder bedeutenden Teil von etw. verbrauchen, aufbrauchen
ft. поистра́чу, -а́тишь, -а́тят
imp. поистра́ть, ~те
pt. поистра́тил
g.pt.a. поистра́тив
p.pt.a. поистра́тивший
p.pt.p. поистра́ченный

пои́ть *uv* кого́-что tränken; zu trinken geben; *umg* alkoholhaltige Getränke geben; *übtr* tränken, mit Feuchtigkeit benetzen, naß machen; mit Milch aufziehen *Haustiere*. — (на-)
pr. пою́, по́ишь, по́ят
imp. пои́, ~те
pt. пои́л
g.pr.a. поя́
p.pr.a. поя́щий
p.pt.a. пои́вший
p.pt.p. по́енный *u.* поённый

пойма́ть *v zu* лови́ть

пойти́ *v* **1.** *v zu* идти́ **2.** anfangen zu gehen, losgehen; losfahren; lossegeln; losschikken *Brief*; beginnen sich auszudehnen *Wälder*, *Wiesen*; laufen *Unterricht* **3.** *nur Singular Präteritum* пошёл!, пошла́! *mit befehlender Intonation umg* geh weg!, geh fort!, *mit der Partikel* вон scher dich weg!; *alt* fahr los! **4.** пошли́! *umg als Imperativ* gehen wir! **5.** *mit Infinitiv des uv Verbs umg* anfangen, sich mit etw. befassen; *unpers* es beginnt, es setzt ein
ft. пойду́, пойдёшь, пойду́т
imp. пойди́, ~те *u. umg* поди́, ~те
pt. пошёл, пошла́
g.pt.a. пойдя́ *u. volksspr* поше́дши
p.pt.a. поше́дший

показа́ть *v* **1.** кого́-что кому́-чему́ zeigen, sehen lassen, vorführen **2.** кому́-чему́ на кого́-что (hin)weisen, (hin)zeigen (auf) **3.** кого́-что zeigen, aufweisen, unter Beweis stellen, beweisen; feststellen; zu verstehen geben **4.** *1. u. 2. Pers ungebr* что *den Grad, Stand* anzeigen; bezeichnen, angeben *von Instrumenten* **5.** *mit Konjunktion* что aussagen *vor Gericht*; показа́ть на кого́-н. beschuldigende Aussagen gegen j-n machen **6.** кому́-чему́ *umg* j-n Mores lehren, es j-m geben ‖ *uv* пока́зывать 1a
ft. покажу́, -а́жешь, -а́жут
imp. покажи́, ~те
pt. показа́л
g.pt.a. показа́в
p.pt.a. показа́вший
p.pt.p. пока́занный

показа́ться *v* **1.** *v zu* каза́ться **2.** sich zeigen; auftauchen; hervorbrechen *Tränen*; hervorströmen *Blut* **3.** куда́-н. к кому́-н. erscheinen (irgendwo vor irgend jemandem) **4.** sich ansehen lassen, sich untersuchen lassen **5.** *umg* gefallen **6.**: мне показа́лось es schien mir, es kam mir vor ‖ *uv* пока́зываться

пока́зывать(ся) *uv zu* показа́ть(ся)

покале́чить *v* кого́-что *umg* zum Krüppel machen, verstümmeln
ft. покале́чу, -чишь, -чат
imp. покале́чь, ~те
pt. покале́чил
g.pt.a. покале́чив
p.pt.a. покале́чивший
p.pt.p. покале́ченный

покале́читься *v umg* zum Krüppel werden, verstümmelt werden; sich eine schwere, verstümmelnde Verwundung zuziehen

пока́лывать 1a *uv* кого́-что *mitunter* stechen *a. unpers*

поля́кать 1 *v volksspr ein wenig* plaudern, *ein bißchen* schwatzen

пока́пывать 1a *uv umg von Zeit zu Zeit* tropfen, *etwas* tröpfeln, *leicht* sprühen *Regen*

покара́ть *v zu* кара́ть

покарау́лить *v* кого́-что *umg eine Zeitlang* bewachen
ft. покарау́лю, -лишь, -лят
imp. покарау́ль, ~те
pt. покарау́лил
g.pt.a. покарау́лив
p.pt.a. покарау́ливший

поката́ть 2 *v* кого́-что **1.** *eine Zeitlang* umherfahren, *eine Weile* spazierenfahren **2.** *eine Zeitlang* hin- und herdrehen, *eine Weile* hin- und herrollen

поката́ться *v eine Weile* spazierenfahren, ausfahren

покати́ть *v* **1.** что zum Rollen bringen, rollen **2.** *umg* schnell *wohin* fahren
ft. покачу́, -а́тишь, -а́тят
imp. покати́, ~те
pt. покати́л
g.pt.a. покати́в
p.pt.a. покати́вший
p.pt.p. пока́ченный *zu* 1

покати́ться *v* **1.** rollen, ins Rollen kommen; schnell (los)fahren; herunterrutschen; *übtr* erschallen *Echo* **2.** rinnen *Tränen, Schweiß*

покача́ть 2 *v* **1.** кого́-что *eine Zeitlang* (mit etw.) schaukeln, in Schaukelbewegung versetzen, wiegen **2.** что *eine Weile* pumpen **3.** чем *mehrmals den Kopf* schütteln

покача́ться *v eine Zeitlang* schaukeln, sich wiegen

пока́чивать 1a *uv* **1.** кого́-что *oder* чем *von Zeit zu Zeit, ein bißchen* (mit etw.) schaukeln, zum Schaukeln bringen **2.** *unpers* schlingern *auf See*

пока́чиваться *uv* zeitweilig *leicht* hin und her schaukeln; *leicht* wanken, taumeln

покачну́ть 7 *v* что *leicht* zum Schaukeln bringen; neigen *durch Schaukelbewegung*

покачну́ться *v* **1.** *ein wenig* ins Schaukeln kommen, ins Wanken geraten; sich neigen **2.** *übtr umg* sich verschlechtern *Gesundheit*

пока́шливать 1a *uv leicht, mehrere Male* husten; hüsteln

пока́шлять 1 *v von Zeit zu Zeit, mehrere Male* husten; hüsteln

пока́яться *v zu* ка́яться
ft. пока́юсь, -а́ешься, -а́ются
imp. пока́йся, -а́йтесь
pt. пока́ялся, -лась
g.pt.a. пока́явшись
p.pt.a. пока́явшийся

поквита́ться 2 *v* с кем-чем *umg* abrechnen (mit), alles zurückzahlen; *übtr* heimzahlen, sich (für etw.) rächen

покива́ть 2 *v* чем *einige Male* nicken

[1]**покида́ть** 2 *v* что *oder* чем *umg* weg-, bewerfen

[2]**покида́ть** *uv zu* поки́нуть

поки́нуть 6 *v* кого́-что **1.** weggehen (von), verlassen, im Stich lassen *Frau, Familie, Mann* **2.** verlassen *Ort* **3.** (ver)schwinden; сме́лость поки́нула меня́ mich verließ der Mut ‖ *uv* покида́ть 2a
imp. поки́нь, ~те
p.pt.p. поки́нутый

поклева́ть *v* **1.** что *alles* aufpicken **2.** что *oder* чего́ *ein wenig* picken **3.** что, *a. ohne Objekt eine Zeitlang* picken
ft. поклюю́, -юёшь, -юю́т
imp. поклю́й, ~те
pt. поклева́л
g.pt.a. поклева́в
p.pt.a. поклева́вший
p.pt.p. поклёванный

поклепа́ть *v* кого́-что *oder* на кого́-что *volksspr alt* verleumden, anschwärzen
ft. поклеплю́, -е́плешь, -е́плют
imp. поклеп(л)и́, ~те
pt. поклепа́л
g.pt.a. поклепа́в
p.pt.a. поклепа́вший
p.pt.p. покле́пленный

покли́кать *v* кого́-что *u. ohne Objekt volksspr* (j-n) herbeirufen
ft. покли́чу, -и́чешь, -и́чут
imp. покли́чь, ~те
pt. покли́кал
g.pt.a. покли́кав
p.pt.a. покли́кавший

поклони́ться *v zu* кла́няться
ft. поклоню́сь, -о́нишься, -о́нятся
imp. поклони́сь, -и́тесь
pt. поклони́лся, -лась
g.pt.a. поклони́вшись
p.pt.a. поклони́вшийся

поклоня́ться 2a *uv* кому́-чему́ **1.** *rel* anbeten *Gottheit* **2.** begeistert verehren, anbeten

покля́сться *v zu* кля́сться
ft. поклянусь, -нёшься, -ну́тся
imp. покляни́сь, -и́тесь
pt. покля́лся, -яла́сь, -яло́сь *u. umg* -я́лось
g.pt.a. покля́вшись
p.pt.a. покля́вшийся

покове́ркать 1 *v* кого́-что *umg etwas* entstellen, *ein wenig* verzerren; verstümmeln

поковыля́ть 2 *v umg* humpelnd losgehen, hinkend aufbrechen

поковыря́ть 2 *v* что *oder* в чём *umg eine Zeitlang* stochern, bohren

поко́ить *uv* кого́-что *alt* zur Ruhe kommen lassen
pr. поко́ю, -о́ишь, -о́ят
imp. поко́й, ~те
pt. поко́ил
g.pr.a. поко́я
p.pr.a. поко́ящий
p.pt.a. поко́ивший
p.pt.p. поко́енный

поко́иться *uv* **1.** *alt* (aus)ruhen; unbeweglich (auf etw.) liegen, ruhen; aufbewahren; begraben liegen **2.** на чём sich fest stützen (auf); *übtr* fußen (auf)

поколеба́ть *v* **1.** кого́-что erschüttern, ins Wanken versetzen, schwanken machen **2.** *übtr* ins Schwanken bringen, erschüttern **3.** an der Richtigkeit seiner Handlungen und Entschlüsse zweifeln

ft.	поколе́блю, -лешь, -лют
imp.	поколе́бли, ~те
pt.	поколеба́л
g.pt.a.	поколеба́в
p.pt.a.	поколеба́вший
p.pt.p.	поколе́бленный

поколеба́ться *v* **1.** *eine Zeitlang* schwanken **2.** *übtr* ins Schwanken geraten, erschüttern **3.** *übtr* zweifeln, zaudern, schwanken

поколоти́ть *v* **1.** что, *a.* по чему́ *oder* во что *u. ohne Objekt umg eine Zeitlang* schlagen, klopfen, hämmern **2.** кого́-что *umg* verprügeln, schlagen **3.** кого́-что *volkssprr* erlegen, töten **4.** что *volksspr viel, alles* zerschlagen *Glas*

ft.	поколочу́, -о́тишь, -о́тят
imp.	поколоти́, ~те
pt.	поколоти́л
g.pt.a.	поколоти́в
p.pt.a.	поколоти́вший
p.pt.p.	поколо́ченный

поколоти́ться *v volksspr* **1.** schlagen, klopfen **2.** sich durchschlagen, in Not leben **3.** *viel, alles* zerbrechen *itr*

поко́мкать 1 *v* что *umg* **1.** *eine Zeitlang* knittern, knüllen, zusammenballen **2.** *alles, viel* zusammenknüllen, -knittern

поко́нчить *v* **1.** что (*alt u. volksspr*) *oder* с чем beenden, zu Ende führen, abschließen **2.** с чем Schluß machen **3.** кого́-что (*volksspr*) *oder* с кем töten, umbringen

ft.	поко́нчу, -чишь, -чат
imp.	поко́нчи, ~те
pt.	поко́нчил
g.pt.a.	поко́нчив
p.pt.a.	поко́нчивший
p.pt.p.	поко́нченный

покорёжить *v* кого́-что *volksspr* krümmen, verziehen; verunstalten

ft.	покорёжу, -жишь, -жат
imp.	покорёжь, ~те
pt.	покорёжил
g.pt.a.	покорёжив
p.pt.a.	покорёживший
p.pt.p.	покорёженный

покорёжиться, *1. u. 2. Pers ungebr*, *v volksspr* sich verziehen

покори́ть *v* кого́-что **1.** mit Gewalt seiner Macht unterwerfen, bezwingen, erobern **2.** *übtr* bezwingen, fesseln ‖ *uv* покоря́ть 2a

ft.	покорю́, -ри́шь, -ря́т
imp.	покори́, ~те
pt.	покори́л
g.pt.a.	покори́в
p.pt.a.	покори́вший
p.pt.p.	покорённый; покорён, -ена́

покори́ться *v* кому́-чему́ **1.** sich unterwerfen **2.** sich versöhnen, sich schicken ‖ *uv* покоря́ться

покорми́ть *v* кого́-что zu essen geben *Menschen*; füttern, zu fressen geben *Tieren*

ft.	покормлю́, -о́рмишь, -о́рмят
imp.	покорми́, ~те
pt.	покорми́л
g.pt.a.	покорми́в
p.pt.a.	покорми́вший
p.pt.p.	покóрмленный

покорми́ться *v* sich nähren *bes. von Tieren*

покоро́бить *v* кого́-что **1.** *gewöhnlich unpers oder nur p.pt.p.* krümmen, biegen *durch Feuchtigkeit, Hitze* **2.** *übtr umg* unangenehm berühren

ft.	покоро́блю, -бишь, -бят
imp.	покоро́бь, ~те
pt.	покоро́бил
g.pt.a.	покоро́бив
p.pt.a.	покоро́бивший
p.pt.p.	покоро́бленный

покоро́биться, *1. u. 2. Pers ungebr*, *v* sich krümmen, sich werfen *Bretter*

поко́рствовать 4a *uv* кому́-чему́ *buchspr alt* untertan sein, sich fügen

покоря́ть(ся) *uv zu* покори́ть(ся)

[1]**покоси́ть** *v* кого́-что **1.** *umg* mähen, abmähen **2.** *a. ohne Objekt eine Zeitlang* mähen

ft.	покошу́, -о́сишь, -о́сят
imp.	покоси́, ~те
pt.	покоси́л
g.pt.a.	покоси́в
p.pt.a.	покоси́вший
p.pt.p.	поко́шенный

[2]**покоси́ть** *v* **1.** что *umg* schief [schräg] machen, eine schiefe Richtung geben **2.** *unpers* schief sein, schief hängen **3.** что *oder* чем schielen

ft.	покошу́, -оси́шь, -ося́т

Übrige Formen wie [1]покоси́ть

покоси́ться *v* **1.** krumm [schief] werden, sich neigen **2.** на кого́-что von der Seite ansehen, schief ansehen
Formen nach [2]покоси́ть

покра́пать *v* **1.** *1. u. 2. Pers ungebr* tröpfeln, nieseln *vom Regen* **2.** что tüpfeln, betupfen
ft. покра́паю, -аешь, -ают *u.* покра́плю, -лешь, -лют
imp. покра́пай, ~те
pt. покра́пал
g.pt.a. покра́пав
p.pt.a. покра́павший

покра́пывать 1a, *1. u. 2. Pers ungebr, uv* ab und zu tröpfeln *vom Regen*

покра́сить *v* что **1.** anstreichen **2.** *a. ohne Objekt eine Weile* mit Farbe streichen
ft. покра́шу, -а́сишь, -а́сят
imp. покра́сь, ~те
pt. покра́сил
g.pt.a. покра́сив
p.pt.a. покра́сивший
p.pt.p. покра́шенный

покрасне́ть 3 *v* **1.** rot werden **2.** erröten, rote Gesichtsfarbe bekommen

покра́сть *v* кого́-что *umg viel, alles* stehlen
ft. покраду́, -дёшь, -ду́т
imp. покради́, ~те
pt. покра́л
g.pt.a. покра́в
p.pt.a. покра́вший
p.pt.p. покра́денный

покрести́ть *v* кого́-что **1.** *einige Male* bekreuzigen, segnen **2.** *umg* taufen
ft. покрещу́, -е́стишь, -е́стят
imp. покрести́, ~те
pt. покрести́л
g.pt.a. покрести́в
p.pt.a. покрести́вший
p.pt.p. покрещённый; покрещён, -ена́

покрести́ться *v* **1.** sich *einige Male* bekreuzigen **2.** *umg* sich taufen lassen

покриви́ть *v* **1.** что krumm machen, schief machen **2.** что verziehen *Gesicht, Mund* **3.**: покриви́ть душо́й *alt* heucheln, sich verstellen
ft. покривлю́, -ви́шь, -вя́т
imp. покриви́, ~те
pt. покриви́л
g.pt.a. покриви́в
p.pt.a. покриви́вший
p.pt.p. покривлённый; покривлён, -ена́

покриви́ться *v* **1.** schief [krumm] werden **2.** verziehen *Gesicht, Mund*; *umg* Gesichter schneiden *aus Unzufriedenheit, vor Ekel*

покри́кивать 1a *uv umg* **1.** *von Zeit zu Zeit* (auf)schreien **2.** на кого́-что *j-n zeitweise* anschreien, schelten, laut kommandieren

покритикова́ть 5 *v* кого́-что *umg* **1.** kritisieren, der Kritik unterziehen **2.** *a. ohne Objekt eine Zeitlang* kritisieren

покрича́ть *v* **1.** *eine Zeitlang* schreien **2.** кого́-что *u. ohne Objekt umg* Schreie ausstoßen, durch Schreie herbeirufen
ft. покричу́, -чи́шь, -ча́т
imp. покричи́, ~те
pt. покрича́л
g.pt.a. покрича́в
p.pt.a. покрича́вший

покрови́тельствовать 4a *uv* кому́-чему́ beschützen; fördern, begünstigen, protegieren

покроши́ть *v* что *oder* чего́ *ein wenig* (zer)krümeln, einbrocken *Brot*
ft. покрошу́, -о́шишь, -о́шат
imp. покроши́, ~те
pt. покроши́л
g.pt.a. покроши́в
p.pt.a. покроши́вший
p.pt.p. покро́шенный

покругле́ть 3 *v* rund(er) werden

покрупне́ть 3 *v umg* größer werden

покрути́ть *v* что *oder* чем *eine Zeitlang* drehen, wirbeln
ft. покручу́, -у́тишь, -у́тят
imp. покрути́, ~те
pt. покрути́л
g.pt.a. покрути́в
p.pt.a. покрути́вший
p.pt.p. покру́ченный

покрыва́ть *uv zu* покры́ть

покрыва́ться 2a *uv* **1.** *uv zu* покры́ться **2.** entsprechen, identisch sein

покры́ть *v* кого́-что **1.** (zu)decken, bedecken **2.** anstreichen *Farbe*; bedecken (mit), auftragen **3.** die Oberfläche (von etw.) bedecken, erfüllen **4.** an Lautstärke übertreffen, übertönen **5.** decken, begleichen *Schulden* **6.** verdecken, verheimlichen **7.** *eine Entfernung* zurücklegen **8.** stechen *Kartenspiel* **9.** *umg* ausschimpfen, fertigmachen, heruntermachen **10.** *übtr* чем reichlich zukommen lassen **11.** *übtr* чем förmlich überschütten, eindecken **12.** *landw* decken *Haustiere* ‖ *uv* покрыва́ть 2a
ft. покро́ю, -о́ешь, -о́ют
imp. покро́й, ~те
pt. покры́л

g.pt.a.	покры́в
p.pt.p.	покры́вший
p.pt.p.	покры́тый

покры́ться *v* чем **1.** sich zudecken; sich (mit etw.) bedecken *von oben* **2.** sich bedecken; verdecken **3.** übertönt werden **4.** sich decken *Ausgaben, Schulden*; zurückerstatten *Geld* ‖ *uv* покрыва́ться

покряхте́ть *v umg eine Zeitlang* ächzen, stöhnen

ft.	покряхчу́, -хти́шь, -хтя́т
imp.	покряхти́, ~те
pt.	покряхте́л
g.pt.a.	покряхте́в
p.pt.a.	покряхте́вший

покря́хтывать 1a *uv umg von Zeit zu Zeit, ab und zu* ächzen, stöhnen

покуми́ться *v zu* куми́ться

ft.	покумлю́сь, -ми́шься, -мя́тся
imp.	покуми́сь, -и́тесь
pt.	покуми́лся, -лась
g.pt.a.	покуми́вшись
p.pt.a.	покуми́вшийся

[1]**покупа́ть** 2a *uv* кого́-что **1.** (ein)kaufen **2.** bestechen, (er)kaufen

[2]**покупа́ть** 2 *v* кого́-что **1.** *umg* baden **2.** *eine Zeitlang* baden

покупа́ться *v* **1.** *eine Zeitlang* baden **2.** *umg* baden, ein Bad nehmen

поку́ривать 1a *uv umg ab und zu ein bißchen* rauchen, *ab und zu* ein paar Züge tun

покури́ть *v* **1.** что *u. ohne Objekt eine gewisse Zeit* mit Rauchen verbringen **2.** чем *u. ohne Objekt eine Zeitlang* rauchen, Rauch entwickeln, räuchern, verbrennen *Wohlriechendes*

ft.	покурю́, -у́ришь, -у́рят
imp.	покури́, ~те
pt.	покури́л
g.pt.a.	покури́в
p.pt.a.	покури́вший
p.pt.p.	поку́ренный

покуса́ть 2 *v* кого́-что **1.** *an mehreren Stellen* beißen, stechen *Mücken, Bienen* **2.** *mehrere Male* zusammenbeißen, die Lippen zusammenpressen

покуси́ться *v* **1.** на кого́-что *oder mit Infinitiv* ausprobieren, versuchen *etw. Ungewöhnliches, Unerlaubtes zu tun*, wagen **2.** на что sich vergreifen (an), sich anzueignen suchen **3.** на кого́-что einen Anschlag machen (auf), nach dem Leben trachten ‖ *uv* покуша́ться 2a

ft.	покушу́сь, -уси́шься, -уся́тся
imp.	покуси́сь, -и́тесь
pt.	покуси́лся, -лась
g.pt.a.	покуси́вшись
p.pt.a.	покуси́вшийся

поку́сывать 1a *uv ein wenig, ab und zu* beißen, stechen

поку́шать 1 *v* что *oder* чего́ *u. ohne Objekt, 1. Pers in der Literatursprache ungebr, höfliche Einladung* speisen, zu sich nehmen

покуша́ться *uv zu* покуси́ться

полага́ть 2a *uv* **1.** *mit Konjuktion* что *a. mit Adjektiv im Instrumental u. mit Infinitiv* meinen, glauben, dafürhalten, annehmen **2.** кого́-что ansehen (für), betrachten (als) **3** *übtr* что чему́ *alt* (fest)-setzen, festlegen, machen

[1]**полага́ться,** *1. u. 2. Pers ungebr, uv* **1.** sich gehören, sich geziemen **2.** zustehen, -kommen, gebühren

[2]**полага́ться** *uv zu* положи́ться

пола́дить *v* с кем-чем *umg* sich verständigen (mit); gut auskommen, sich vertragen (mit)

ft.	пола́жу, -а́дишь, -а́дят
imp.	пола́дь, ~те
pt.	пола́дил
g.pt.a.	пола́див
p.pt.a.	пола́дивший

пола́ивать 1a *uv umg von Zeit zu Zeit, leise* bellen

полака́ть 2 *v* что *oder* чего́ leckend saufen

пола́комить *v* кого́-что mit Leckereien beschenken

ft.	пола́комлю, -мишь, -мят
imp.	пола́комь, ~те *u.* пола́коми, ~те
pt.	пола́комил
g.pt.a.	пола́комив
p.pt.a.	пола́комивший
p.pt.p.	пола́комленный

пола́комиться *v* чем *eine Weile* naschen, sich gütlich tun *an etw. Süßem*

поласка́ть 2 *v* кого́-что liebkosen

полеве́ть 3 *v pol* sich stärker nach links orientieren

полега́ть *uv zu* поле́чь

полегча́ть 2 *v unpers* кому́ *volksspr* leichter werden *vom Befinden*

полежа́ть *v eine Weile* liegen, *etwas* ausruhen
ft. полежу́, -жи́шь, -жа́т
imp. полежи́, ~те
pt. полежа́л
g.pt.a. полежа́в
p.pt.a. полежа́вший

полёживать 1a *uv umg ab und zu, ein bißchen* liegen

поле́зть *v* **1.** во что, на что anfangen zu klettern [zu steigen] **2.** за чем greifen, langen (nach)
ft. поле́зу, -зешь, -зут
imp. поле́зь, ~те *u.* полеза́й, ~те
pt. поле́з, ~ла
g.pt.a. поле́зши
p.pt.a. поле́зший

полемизи́ровать 4a *uv* с кем-чем polemisieren

поле́ниваться 1a *uv umg ein wenig* faul sein, *ab und zu* faulenzen

лени́ться *v* **1.** *eine Weile* faul sein, *etwas* faulenzen **2.** *mit Infinitiv* zu faul sein *um etw. zu tun*
ft. поленю́сь, -е́нишься, -е́нятся
imp. полени́сь, -и́тесь
pt. полени́лся, -лась
g.pt.a. полени́вшись
p.pt.a. полени́вшийся

полета́ть 2 *v eine Weile* fliegen, mit Fliegen zubringen

полете́ть *v* **1.** wohin fliegen, anfangen zu fliegen; zum Flug starten *Flugzeug* **2.** *umg* fallen, „herunterfliegen"; *übtr volksspr* von der Arbeitsstelle entlassen werden, „fliegen" **3.** *übtr* rennen, losstürmen, vorwärtsstürzen, dahineilen **4.** *übtr* schnell ankommen *Briefe, Telegramme*; sich im Flug verbreiten *Nachrichten, Gerüchte* **5.** beginnen schnell zu vergehen [zu verfliegen]
ft. полечу́, -ети́шь, -етя́т
imp. полети́, ~те
pt. полете́л
g.pt.a. полете́в
p.pt.a. полете́вший

полечи́ть *v* кого́-что *eine Zeitlang* heilen, kurieren
ft. полечу́, -е́чишь, -е́чат
imp. полечи́, ~те
pt. полечи́л
g.pt.a. полечи́в
p.pt.a. полечи́вший
p.pt.p. поле́ченный

полечи́ться *v* sich *eine Zeitlang* ärztlich behandeln lassen [kurieren lassen]

поле́чь, *1. u. 2. Pers Singular ungebr, v* **1.** *umg* sich hinlegen *von vielen* **2.** fallen, dahingemäht werden *auf dem Schlachtfeld* **3.** sich legen, lagern *Getreide* ‖ *uv* полега́ть 2a *zu* 3
ft. поля́жет, -я́жем, -я́жете, -я́гут
pt. полёг, -егла́
g.pt.a. полёгши
p.pt.a. полёгший

по́лзать 1a *uv* **1.** *unbest zu* ползти́ **2.** *übtr umg* sich erniedrigen, sich kriecherisch benehmen

ползти́ *uv* **1.** *best* kriechen *Kriechtiere, Insekten*; sich kriechend fortbewegen, auf allen vieren kriechen **2.** *übtr umg* sich langsam vorwärtsbewegen; sich langsam verbreiten *Laute, Gerüchte* **3.** langsam rutschend sich bewegen, dahingleiten; langsam fließen *von Dickflüssigem*; verrutschen *Kleidungsstücke oder Teile davon* **4.** sich rankend verbreiten, klettern *Pflanzen* **5.** in Schlangenlinien verlaufen *Pfad, Straße, Riß* **6.** langsam verrinnen, vergehen *Zeit* **7.** sich schälen, abgehen *Haut*; ко́жа ползёт die Haut löst sich **8.** sich nach unten verlagern, verrutschen *Ufer, Untergrund* **9.** zerfallen *Gewebe* **10.** *volksspr* überquellen *Teig* | *unbest* по́лзать 1a *zu* 1
pr. ползу́, -зёшь, -зу́т
imp. ползи́, ~те
pt. полз, ~ла́
g.pr.a. ползя́
p.pr.a. ползу́щий
p.pt.a. по́лзший

полива́ть(ся) *uv zu* поли́ть(ся)

полиза́ть *v* кого́-что *eine Weile* belecken
ft. полижу́, -и́жешь, -и́жут
imp. полижи́, ~те
pt. полиза́л
g.pt.a. полиза́в
p.pt.a. полиза́вший
p.pt.p. поли́занный

полилове́ть 3 *v* lila werden

полиня́ть 2, *1. u. 2. Pers ungebr, v* den ursprünglichen Farbglanz verlieren, verschießen *Gewebe*

полирова́ть 5a *uv* что polieren. — (на-, от-)

политика́нствовать 4a *uv verächtl* **1.** politisieren **2.** intrigieren

поли́ть *v* **1.** кого́-что begießen, besprengen **2.** beginnen zu gießen **3.** *ein wenig, eine Zeitlang* gießen, besprengen ‖ *uv* полива́ть 2а *zu* 1

ft.	полью́, польёшь, полью́т
imp.	поле́й, ~те
pt.	по́ли́л, полила́, по́ли́ло
g.pt.a.	поли́в
p.pt.a.	поли́вший
p.pt.p.	по́ли́тый; по́ли́т, полита́, по́ли́то

поли́ться *v* **1.** sich begießen **2.** (*1. u. 2. Pers ungebr*; полился́) beginnen zu fließen [zu strömen], sich ergießen ‖ *uv* полива́ться

pt.	поли́лся, -ила́сь, -и́ло́сь

полне́ть 3а *uv* dicker [voller] werden, zunehmen. — (по-)

полни́ть, *1. u. 2. Pers ungebr, uv* кого́-что *umg* ein volleres [dickeres] Aussehen verleihen, als man tatsächlich besitzt; причёска её полни́т die Frisur macht sie voller als sie ist

pr.	полни́т, -ня́т
pt.	полни́л
g.pr.a.	полня́
p.pr.a.	полня́щий
p.pt.a.	полни́вший

по́лниться, *1. u. 2. Pers ungebr, uv buchspr alt* sich füllen, voll werden

pr.	по́лнится, -нятся
pt.	по́лнился, -лась
g.pr.a.	по́лнясь
p.pr.a.	по́лнящийся
g.pt.a.	по́лнившись
p.pt.a.	по́лнившийся

положи́ть *v* **1.** *v zu* класть **2.** *mit Infinitiv alt* beschließen **3.** *Kurzform n p.pt.p.* поло́жено *unpers, mit Infinitiv volksspr* man muß; так поло́жено so gehört es sich, so ist es gang und gäbe **4.** *Modalwort* поло́жим (, что) gesetzt den Fall, zugegeben, angenommen **5.** поло́жим *Modalwort bei Gegenüberstellung mit folgendem* но wenn auch, obgleich

ft.	положу́, -о́жишь, -о́жат
imp.	положи́, ~те
pt.	положи́л
g.pt.a.	положи́в
p.pt.a.	положи́вший
p.pt.p.	поло́женный

положи́ться *v* на кого́-что sich verlassen (auf) ‖ *uv* полага́ться 2а

полома́ть 2 *v* **1.** ко́го-что *in Menge, alles* zer-, ab-, entzweibrechen; *übtr* verderben, verunstalten, zerbrechen **2.** *einige Zeit* brechen, knicken

полома́ться *v* **1.** *1. u. 2. Pers ungebr* zerbrechen, entzweigehen, in Stücke gehen **2.** *umg* nicht gleich einwilligen, sich zieren

полони́ть *v* кого́-что *alt* gefangennehmen

ft.	полоню́, -ни́шь, -ня́т
imp.	полони́, ~те
pt.	полони́л
g.pt.a.	полони́в
p.pt.a.	полони́вший
p.pt.p.	полонённый; полонён, -ена́

поло́пать 1 *v* что *oder* чего́ *u. ohne Objekt volksspr* (auf)essen, wegputzen

поло́паться, *1. u. 2. Pers ungebr, v umg* (zer)platzen, zerspringen *von vielem*

полоска́ть *uv* что **1.** (ab)spülen *Wäsche, Geschirr* **2.** (aus)spülen zur Desinfektion *Mund*; gurgeln **3.** *übtr a.* чем in flatternde Bewegung versetzen *Fahne.* — (вы́- *zu* 1, про-)

pr.	полощу́, -о́щешь, -о́щут *u. umg* полоска́ю, -а́ешь, -а́ют
imp.	полощи́, ~те *u.* полоска́й, ~те
pt.	полоска́л
g.pr.a.	полоща́ *u.* полоска́я
p.pr.a.	поло́щущий *u.* полоска́ющий
p.pt.a.	полоска́вший
p.pt.p.	поло́сканный

полоска́ться *uv* **1.** plätschern, planschen **2.** *1. u. 2. Pers ungebr, übtr* klatschen, flattern *im Winde*

полосну́ть *v mom zu* полосова́ть

полосова́ть 5а *uv* **1.** что *tech* in Streifen schneiden, ziehen **2.** кого́-что *umg* verprügeln, auspeitschen *daß Striemen zurückbleiben* | *v mom volksspr* полосну́ть 7 *zu* 2. — (ис- *zu* 2, рас- *zu* 1)

поло́ть *uv* что jäten. — (вы́-)

pr.	полю́, по́лешь, по́лют
imp.	поли́, ~те
pt.	поло́л
g.pt.a.	поло́в
p.pr.a.	по́лющий
p.pt.a.	поло́вший
p.pt.p.	по́лотый

полоши́ть *uv* кого́-что *volksspr* erschrekken, aufregen, in Unruhe versetzen. — (вс-)

pr.	полошу́, -ши́шь, -ша́т
imp.	полоши́, ~те
pt.	полоши́л

g.pr.a. полоша́
p.pr.a. полоша́щий
p.pt.a. полоши́вший

полоши́ться *uv volksspr* sich beunruhigen, erschrecken. — (вс-)

полуди́ть *v* что verzinnen
ft. полужу́, -у́ди́шь, -у́дя́т
imp. полуди́, ~те
pt. полуди́л
g.pt.a. полуди́в
p.pt.a. полуди́вший
p.pt.p. полу́женный *u.* полужённый; полужён, -ена́

полулежа́ть *uv* halbaufgerichtet liegen, halb sitzen, halb liegen
pr. полулежу́, -жи́шь, -жа́т
imp. полулежи́, ~те
pt. полулежа́л
g.pr.a. полулёжа
p.pr.a. полулежа́щий
p.pt.a. полулежа́вший

полуно́чничать [шн] 1a *uv umg* bis spät in die Nacht arbeiten

получа́ть(ся) *uv zu* получи́ть(ся)

получи́ть *v* что **1.** bekommen, erhalten, in Empfang nehmen; beziehen; zugesprochen bekommen *Titel* **2.** entgegennehmen, erhalten **3.** gewinnen, erhalten, herstellen **4.** *umg* sich holen, zuziehen *Krankheit* **5.** finden, erhalten, abbekommen ‖ *uv* получа́ть 2a
ft. получу́, -у́чишь, -у́чат
imp. получи́, ~те
pt. получи́л
g.pt.a. получи́в
p.pt.a. получи́вший
p.pt.p. полу́ченный

получи́ться, *1. u. 2. Pers ungebr*, *v* **1** herausbekommen; als Ergebnis bekommen, werden, entstehen **2.** geschehen, sich ereignen, sich ergeben **3.** *alt* eintreffen, ankommen ‖ *uv* получа́ться

полысе́ть 3 *v* eine Glatze bekommen, die Haare verlieren

полыха́ть 2a, *1. u. 2. Pers ungebr*, *uv umg* (auf)lodern, lichterloh brennen | *v mom* полыхну́ть 7

полыхну́ть *v mom zu* полыха́ть

по́льзоваться 4a *uv* чем **1.** verwenden, gebrauchen, benutzen; nutzen **2.** (aus)nutzen **3.** *mit abstraktem Substantiv* besitzen, haben. — (вос- *zu* 2)

польсти́ть *v zu* льстить
ft. польщу́, польсти́шь, польстя́т
imp. польсти́, ~те
pt. польсти́л
g.pt.a. польсти́в
p.pt.a. польсти́вший

польсти́ться *v zu* льсти́ться

полюби́ть *v* кого́-что liebgewinnen, lieben
ft. полюблю́, -ю́бишь, -ю́бят
imp. полюби́, ~те
pt. полюби́л
g.pt.a. полюби́в
p.pt.a. полюби́вший

полюби́ться *v* кому́ *umg* Liebe erwecken, gefallen, zu gefallen anfangen

полюбова́ться 5 *v* **1.** на что *oder* чем sich *eine Zeitlang* ergötzen (an) **2.** *imp.* полюбу́йся!, полюбу́йтесь! *umg iron* sieh dir das mal an!, sehen Sie sich das mal an!

полюбопы́тствовать 4 *v* Neugierde zeigen, neugierig sein

поляризова́ть 5 *u.* 5a *v*, *uv phys* что polarisieren

поляризова́ться *v*, *uv phys* polarisieren

помава́ть 2a *uv* чем *buchspr*, *alt* winken; nicken

пома́дить *uv* что *umg* mit Pomade einreiben. — (на-)
pr. пома́жу, -а́дишь, -а́дят
imp. пома́дь, ~те
pt. пома́дил
g.pr.a. пома́дя
p.pr.a. пома́дящий
p.pt.a. пома́дивший

пома́диться *uv* sich pomadisieren. — (на-)

пома́зать *v* кого́-что **1.** einfetten, mit Fett [Tran, Öl] einschmieren **2.** *kirch* salben *einen Herrscher, hohen kirchlichen Würdenträger* ‖ *uv* пома́зывать 1a *zu* 2
ft. пома́жу, -жешь, -жут
imp. пома́жь, ~те
pt. пома́зал
g.pt.a. пома́зав
p.pt.a. пома́завший
p.pt.p. пома́занный

пома́заться *v* **1.** sich einschmieren, sich einfetten **2.** *kirch* sich salben lassen ‖ *uv* пома́зываться *zu* 2

[1]**пома́зывать** 1a *uv* кого́-что *u. ohne Objekt umg von Zeit zu Zeit ein wenig* einfetten, be-, einschmieren

[2]**пома́зывать** *uv zu* пома́зать

пома́зываться *uv zu* пома́заться

помака́ть 1 *v* что *eine Zeitlang* eintauchen, eintunken

помáлкивать 1a *uv umg* schweigen, sich vom Gespräch zurückziehen, sich am Gespräch nicht beteiligen; sich ausschweigen

помáнивать 1a *uv* кого́-что *umg von Zeit zu Zeit* (herbei)winken, herbei-, heranlocken

помани́ть *v zu* мани́ть
ft. поманю́, -áнишь, -áнят
imp. помани́, ~те
pt. помани́л
g.pt.a. помани́в
p.pt.a. помани́вший
p.pt.p. помáненный *u.* поманённый; поманён, -енá

помáргивать 1a *uv umg von Zeit zu Zeit* (zu)blinzeln

помáслить *v* что *umg* leicht einfetten, mit Fett [Öl] einreiben
ft. помáслю, -лишь, -лят
imp. помáсли, ~те
pt. помáслил
g.pt.a. помáслив
p.pt.a. помáсливший
p.pt.p. помáсленный

помахáть *v* чем *mehrere Male*, *eine Zeitlang*, *ein wenig* winken, schwenken, wedeln
ft. помашу́, -áшешь, -áшут *u. umg* помахáю, -áешь, -áют
imp. помаши́, ~те *u.* помахáй, ~те
pt. помахáл
g.pt.a. помахáв
p.pt.a. помахáвший

помáхивать 1a *uv* чем *von Zeit zu Zeit leicht* winken, schwenken; wedeln; fächeln

помéдлить *v ein wenig* abwarten, zaudern, einhalten, zögern
ft. помéдлю, -лишь, -лят
imp. помéдли, ~те
pt. помéдлил
g.pt.a. помéдлив
p.pt.a. помéдливший

помелéть 3, *1. u. 2. Pers ungebr*, *v umg* seicht werden, versanden

поменя́ть 2 *v* кого́-что *umg* **1.** на что (ein-, um)tauschen (gegen) **2.** wechseln

поменя́ться *v* чем с кем-чем (um-, aus-, ver)tauschen, wechseln

померéть *v umg* sterben ‖ *uv* помирáть 2a
ft. помру́, помрёшь, помру́т
imp. помри́, ~те
pt. пóмер, померлá, пóмерло
g.pt.a. померéв
p.pt.a. пóмерший

померéщиться *v zu* мерéщиться
ft. померéщусь, -щишься, -щатся
imp. померéщись, -итесь
pt. померéщился, -лась
g.pt.a. померéщившись
p.pt.a. померéщившийся

помёрзнуть *v umg* **1.** erfrieren *von vielen oder vielem* **2.** *eine Zeitlang* frieren, unter Frost leiden
ft. помёрзну, -нешь, -нут
imp. помёрзни, ~те
pt. помёрз, ~ла
g.pt.a. помёрзнув *u.* помёрзши
p.pt.a. помёрзший

помéрить *v* кого́-что **1.** anprobieren *Kleidung* **2.** *eine Zeitlang* messen
ft. помéрю, -ришь, -рят *u. umg* помéряю, -яешь, -яют
imp. помéрь, ~те *u. umg* помéряй, ~те
pt. помéрил
g.pt.a. помéрив
p.pt.a. помéривший
p.pt.p. помéренный

помéриться *v zu* мéриться

помéркнуть, *1. u. 2. Pers ungebr*, *v* **1.** verblassen, matt werden **2.** *übtr* die Bedeutung [Kraft] verlieren
ft. помéркнет, -нут
pt. помéрк *u.* помéркнул, помéркла
g.pt.a. помéркнув *u.* помéркши
p.pt.a. помéркший *u.* помéркнувший

помертвéть *v zu* мертвéть

помести́ть *v* **1.** кого́-что unterbringen, hinstellen **2.** кого́-что einen Raum zur Verfügung stellen **3.** кого́-что unterbringen *an einer Schule*, *einer Institution* **4.** что anlegen *Geld*, *Kapital* **5.** что veröffentlichen, publizieren *Artikel*, *Aufsatz* ‖ *uv* помещáть 2a
ft. помещу́, -ести́шь, -естя́т
imp. помести́, ~те
pt. помести́л
g.pt.a. помести́в
p.pt.a. помести́вший
p.pt.p. помещённый; помещён, -енá

помести́ться *v* **1.** Platz haben, hineingehen **2.** sich einquartieren, Wohnung finden; Platz nehmen; wohnen; sich niederlassen ‖ *uv* помещáться

поме́тить *v* что (be)zeichnen, vermerken, notieren; поме́тить число́м datieren ‖ *uv* помеча́ть 2a

ft.	поме́чу, -е́тишь, -е́тят
imp.	поме́ть, ~те
pt.	поме́тил
g.pt.a.	поме́тив
p.pt.a.	поме́тивший
p.pt.p.	поме́ченный

помеча́ть *uv zu* поме́тить

помечта́ть 2 *v ein wenig* träumen

[1]**помеша́ть** *v zu* [1]меша́ть

[2]**помеша́ть** 2 *v* что *eine Zeitlang, leicht* (um)rühren

помеша́ться *v* **1.** verrückt [geisteskrank] werden **2.** *übtr* на ком-чём *umg* vernarrt sein (in), versessen sein (auf), verrückt sein (auf)

поме́шивать 1a *uv* что *u. ohne Objekt von Zeit zu Zeit, leicht* (durch-, um)rühren

помеща́ть *uv zu* помести́ть

помеща́ться 2a *uv* **1.** *uv zu* помести́ться **2.** sich befinden, untergebracht sein

поми́ловать 4 *v* кого́-что **1.** vergeben, verzeihen **2.** begnadigen, amnestieren **3.** *imp.* поми́луй(те) *umg in der Entgegnung*: aber ich bitte dich (Sie)!, erlaube(n Sie) mal!

помилосе́рдствовать 4 *v umg alt* **1.** Erbarmen haben **2.** *imp.* помилосе́рдствуй(те)! aber ich bitte dich (Sie)!

помина́ть 2a *uv* кого́-что **1.** *a.* о ком-чём gedenken, sich erinnern; erwähnen **2.** *kirch* für einen Kranken oder einen Toten beten, im Gottesdienst gedenken **3.** am Leichenschmaus teilnehmen ‖ *v* помяну́ть 7, *ft.* помяну́, -я́нешь, -я́нут, *p.pt.p.* помя́нутый

помира́ть *uv zu* помере́ть

помири́ть *v* кого́-что versöhnen

ft.	помирю́, -ри́шь, -ря́т
imp.	помири́, ~те
pt.	помири́л
g.pt.a.	помири́в
p.pt.a.	помири́вший
p.pt.p.	помирённый; помирён, -ена́

помири́ться *v* **1.** с кем-чем *u. ohne Objekt* sich ver-, aussöhnen **2.** с чем sich abfinden (mit), sich gewöhnen (an) **3.** на чём sich begnügen (mit)

по́мнить *uv* кого́-что *oder* о ком-чём, про кого́-что sich erinnern, denken (an); не по́мнить себя́ sich nicht fassen können, außer sich sein (vor)

pr.	по́мню, -нишь, -нят
imp.	по́мни, ~те
pt.	по́мнил
g.pr.a.	по́мня
p.pr.a.	по́мнящий
p.pt.a.	по́мнивший

по́мниться, *1. u. 2. Pers ungebr*, *uv* **1.** sich erinnern [entsinnen], in Erinnerung bewahren; мне по́мнится э́тот день ich erinnere mich an diesen Tag **2.** (*nur 3. Person Präsens* по́мнится) soviel ich mich entsinne

помножа́ть *uv zu* помно́жить

помно́жить *v* **1.** что на что multiplizieren (mit) **2.** *übtr* кого́-что vermehren, vergrößern ‖ *uv* помножа́ть 2a

ft.	помно́жу, -жишь, -жат
imp.	помно́жь, ~те
pt.	помно́жил
g.pt.a.	помно́жив
p.pt.a.	помно́живший
p.pt.p.	помно́женный

помога́ть *uv zu* помо́чь

помо́лвить *v* кого́ с кем *oder* кого́ за кого́ *alt* verloben, für verlobt erklären

ft.	помо́лвлю, -вишь, -вят
imp.	помо́лви, ~те
pt.	помо́лвил
g.pt.a.	помо́лвив
p.pt.a.	помо́лвивший
p.pt.p.	помо́лвленный

помоли́ться *v* **1.** *v zu* моли́ться **2.** *eine Zeitlang* beten

ft.	помолю́сь, -о́лишься, -о́лятся
imp.	помоли́сь, -и́тесь
pt.	помоли́лся, -лась
g.pt.a.	помоли́вшись
p.pt.a.	помоли́вшийся

помолоде́ть 3 *v* jünger werden, sich jünger fühlen, ein jugendliches Aussehen erhalten

помоло́ть *v* что **1.** *a. ohne Objekt eine Zeitlang* mahlen **2.** *volksspr* zu Ende mahlen, alles aufmahlen

ft.	помелю́, -е́лешь, -е́лют
imp.	помоли́, ~те
pt.	помоло́л
g.pt.a.	помоло́в
p.pt.a.	помоло́вщий
p.pt.p.	помо́лотый

помолча́ть *v eine Zeitlang* schweigen

ft.	помолчу́, -чи́шь, -ча́т
imp.	помолчи́, ~те
pt.	помолча́л
g.pt.a.	помолча́в
p.pt.a.	помолча́вший

помори́ть *v* кого́-что **1.** *eine Zeitlang* quälen **2.** *umg* vergiften, *alle, viele* umbringen, vertilgen, totmachen
ft. поморю́, -ри́шь, -ря́т
imp. помори́, ~те
pt. помори́л
g.pt.a. помори́в
p.pt.a. помори́вший
p.pt.p. поморённый; поморён, -ена́

помо́розить *v* кого́-что erfrieren lassen
ft. поморо́жу, -о́зишь, -о́зят
imp. поморо́зь, ~те
pt. поморо́зил
g.pt.a. поморо́зив
p.pt.a. поморо́зивший
p.pt.p. поморо́женный

помо́рщиться *v* **1.** das Gesicht verziehen, die Stirn runzeln **2.** *eine Weile* das Gesicht verziehen
ft. помо́рщусь, -щишься, -щатся
imp. помо́рщись, -итесь
pt. помо́рщился, -лась
g.pt.a. помо́рщившись
p.pt.a. помо́рщившийся

помочи́ть *v* **1.** кого́-что *ein wenig* anfeuchten, naß machen **2.** *eine Zeitlang* anfeuchten
ft. помочу́, -о́чишь, -о́чат
imp. помочи́, ~те
pt. помочи́л
g.pt.a. помочи́в
p.pt.a. помочи́вший
p.pt.p. помо́ченный

помочи́ться *v zu* мочи́ться

помо́чь *v* кому́-чему́ **1.** helfen, Hilfe leisten; zu Hilfe kommen; materielle Unterstützung geben **2.** helfen, fruchten, Heilung bringen *von Arzneien* ‖ *uv* помога́ть 2а
ft. помогу́, -о́жешь, -о́гут
imp. помоги́, ~те
pt. помо́г, -огла́
g.pt.a. помо́гши
p.pt.a. помо́гший

помрача́ть(ся) *uv zu* помрачи́ть(ся)

помрачи́ть, *1. u. 2. Pers ungebr, v* что **1.** *alt* verdüstern, beschatten **2.** *übtr poet* verdüstern *Augen, Blick* **3.** *alt* übertreffen; помрачи́ть свои́м бле́ском in den Schatten stellen ‖ *uv* помрача́ть 2а
ft. помрачи́т, -ча́т
pt. помрачи́л
g.pt.a. помрачи́в
p.pt.a. помрачи́вший
p.pt.p. помрачённый; помрачён, -ена́

помрачи́ться, *1. u. 2. Pers ungebr, v alt* sich verfinstern, sich trüben ‖ *uv* помрача́ться

помрачне́ть 3 *v* finster werden, düster werden, sich verdunkeln

пому́слить *v* кого́-что *volksspr leicht* mit Speichel benetzen
ft. пому́слю, -лишь, -лят
imp. пому́сли, ~те
pt. пому́слил
g.pt.a. пому́слив
p.pt.a. пому́сливший
p.pt.p. пому́сленный

помусо́лить *v* кого́-что *volksspr leicht* mit Speichel benetzen
ft. помусо́лю, -лишь, -лят
imp. помусо́ль, ~те
pt. помусо́лил
g.pt.a. помусо́лив
p.pt.a. помусо́ливший
p.pt.p. помусо́ленный

помути́ть *v* кого́-что **1.** *leicht* trüben **2.** *übtr* benebeln, verwirren *Bewußtsein*
ft. помучу́, -ути́шь, -утя́т
imp. помути́, ~те
pt. помути́л
g.pt.a. помути́в
p.pt.a. помути́вший

помути́ться, *1. u. 2. Pers ungebr, v* **1.** sich trüben **2.** *übtr* sich trüben, verwirrt werden *Verstand, Bewußtsein*

помутне́ть 3, *1. u. 2. Pers ungebr, v* trüb werden *Wasser*; *Augen*

пому́чить *v* кого́-что *eine Zeitlang* quälen
ft. пому́чу, -чишь, -чат *u. umg* пому́чаю, -аешь ,-ают
imp. пому́чь, ~те *u.* пому́чай, ~те
pt. пому́чил
g.pt.a. пому́чив
p.pt.a. пому́чивший
p.pt.p. пому́ченный

пому́читься *v* sich *eine Zeitlang* quälen [plagen]

помча́ть *v* **1.** кого́-что anfangen etw. schnell davonzutragen, mit etw. schnell loszufahren **2.** *umg* losstürmen, -eilen
ft. помчу́, помчи́шь, помча́т
imp. помчи́, ~те
pt. помча́л
g.pt.a. помча́в
p.pt.a. помча́вший

помча́ться *v* losstürmen, schnell dahinfahren, rennen

помыка́ть 2а *uv* кем-чем schlecht behandeln, despotisch umgehen (mit)

помы́слить *v zu* помышля́ть
ft. помы́слю, -лишь, -лят
imp. помы́сли, ~те
pt. помы́слил
g.pt.a. помы́слив
p.pt.a. помы́сливший

помы́ть *v* кого́-что (ab-, aus)waschen
ft. помо́ю, -о́ешь, -о́ют
imp. помо́й, ~те
pt. помы́л
g.pt.a. помы́в
p.pt.a. помы́вший
p.pt.p. помы́тый

помы́ться *v* sich (ab)waschen

помышля́ть 2a *uv* о ком-чём (ge)denken, sinnen, im Sinne haben, vorhaben; träumen ‖ *v* помы́слить, Formen das.

помяну́ть *v zu* помина́ть

помя́ть *v* кого́-что **1.** zerdrücken, -knittern, zerknüllen, verbeulen; niedertreten, -fahren *Gras* **2.** durch Drücken verletzen, beschädigen
ft. помну́, -нёшь, -ну́т
imp. помни́, ~те
pt. помя́л
g.pt.a. помя́в
p.pt.a. помя́вший
p.pt.p. помя́тый

помя́ться *v* **1.** *1. u. 2. Pers ungebr* zerknittern, sich knüllen; *übtr* müde, abgespannt sein *Gesicht* **2.** *umg* von einem Bein aufs andere treten, unschlüssig sein, sich genieren, schwanken

понабра́ть *v* кого́-что *oder* кого́-чего́ *umg* **1.** *in Menge* sammeln [nehmen] **2.** anwerben, einstellen *Arbeitskräfte*; *mil* anwerben, ausheben
ft. понаберу́, -ерёшь, -еру́т
imp. понабери́, ~те
pt. понабра́л, -ала́, -а́ло
g.pt.a. понабра́в
p.pt.a. понабра́вший
p.pt.p. пона́бранный

понаве́даться 1 *v* **1.** к кому́ *umg* besuchen, aufsuchen, einkehren (bei) **2.** о ком-чём *volksspr* in Erfahrung bringen, erfahren (über)

понаде́яться *v* **1.** на что, *mit Infinitiv oder Konjunktion* что hoffen (auf) *meist von unerfüllten Hoffnungen* **2.** на кого́-что sich verlassen (auf), bauen (auf) *meist wenn das Vertrauen enttäuscht wurde*
ft. понаде́юсь, -е́ешься, -е́ются
imp. понаде́йся, -е́йтесь
pt. понаде́ялся, -лась
g.pt.a. понаде́явшись
p.pt.a. понаде́явшийся

пона́добиться *v* gebraucht [benötigt] werden
ft. пона́доблюсь, -бишься, -бятся
pt. пона́добился, -лась
g.pt.a. пона́добившись
p.pt.a. пона́добившийся

понату́житься *v umg* die Kräfte anspannen; sich noch etwas anstrengen
ft. понату́жусь, -жишься, -жатся
imp. понату́жься, -жьтесь
pt. понату́жился, -лась
g.pt.a. понату́жившись
p.pt.a. понату́жившийся

поне́житься *v* sich *eine Zeitlang* dem behaglichen Gefühl des Nichtstuns, der Ruhe hingeben; sich ein wenig aalen
ft. поне́жусь, -жишься, -жатся
imp. поне́жься, -жьтесь
pt. поне́жился, -лась
g.pt.a. поне́жившись
p.pt.a. поне́жившийся

поне́рвничать 1 *v eine Zeitlang* nervös sein, *ein bißchen* nervös werden

понести́ *v* **1.** кого́-что (fort)tragen, bringen **2.** кого́-что losrasen, schnell davoneilen (mit); что schnell davontragen, -fahren *z. B. Wagen*; *itr* durchgehen *von Pferden* **3.** *1. u. 2. Pers ungebr* кого́-что mitnehmen *vom Wind, Wasser*; mit forttreiben, fortreißen **4.** *unpers* чем wehen; riechen (nach), sich verbreiten *Geruch* **5.** что *mit abstraktem Subst* erleiden, (er)tragen **6.** что *u. ohne Objekt umg* (понести́ чепуху́ *oder* ерунду́) beginnen dummes Zeug zu reden
ft. понесу́, -сёшь, -су́т
imp. понеси́, ~те
pt. понёс, -есла́
g.pt.a. понеся́ *u. alt* понёсши
p.pt.a. понёсший
p.pt.p. понесённый; понесён, -ена́

понести́сь *v* **1.** losjagen, losrennen **2.** weithin erschallen; sich verbreiten *Geruch*

понижа́ть(ся) *uv zu* пони́зить(ся)

пони́зить *v* кого́-что **1.** niedriger machen, senken **2.** das Niveau [den Grad] senken, abmindern, herabsetzen; verschlechtern **3.** *umg* degradieren, in eine niedrigere Dienststellung versetzen **4.** *mus* niedriger stimmen ‖ *uv* понижа́ть 2a
ft. пони́жу, -и́зишь, -и́зят
imp. пони́зь, ~те

pt. пони́зил
g.pt.a. пони́зив
p.pt.a. пони́зивший
p.pt.p. пони́женный

пони́зиться, *1. u. 2. Pers ungebr, v* **1.** sich senken **2.** niedriger werden, sich verringern; sinken **3.** sich verschlechtern **4.** niedriger [leiser] zu tönen beginnen ‖ *uv* понижа́ться

поника́ть *uv zu* пони́кнуть

пони́кнуть *v* **1.** sich neigen, sich beugen **2.** чем herabhängen lassen, sich krümmen, neigen *Kopf, Blätter*; welken *a. übtr* ‖ *uv* поника́ть 2a
ft. пони́кну, -нешь, -нут
imp. пони́кни, ~те
pt. пони́к *u. alt* пони́кнул, пони́кла
g.pt.a. пони́кнув *u.* пони́кши
p.pt.a. пони́кший *u.* пони́кнувший

понима́ть 2a *uv* **1.** *uv zu* поня́ть **2.** кого́-что *oder* в чём Verständnis haben (für), ein Kenner sein, sich auskennen (in) **3.** о ком (*meist mit den Adverbien* мно́го, пло́хо, хорошо́ *u. a.*) *volksspr* der Auffassung sein, auffassen, verstehen

[1]**поноси́ть** *v* кого́-что *eine Zeitlang* tragen
ft. поношу́, -о́сишь, -о́сят
imp. поноси́, ~те
pt. поноси́л
g.pt.a. поноси́в
p.pt.a. поноси́вший
p.pt.p. поно́шенный

[2]**поноси́ть** *uv* кого́-что beschimpfen, durch üble Schmähungen beleidigen
pr. поношу́, -о́сишь, -о́сят
imp. поноси́, ~те
pt. поноси́л
g.pr.a. понося́
p.pr.a. понося́щий
p.pt.a. поноси́вший

понра́виться *v zu* нра́виться
ft. понра́влюсь, -вишься, -вятся
imp. понра́вься, -вьтесь
pt. понра́вился, -лась
g.pt.a. понра́вившись
p.pt.a. понра́вившийся

понти́ровать 4a *uv im Kartenspiel* setzen ‖ *v* спонти́ровать 4

пону́дить *v* кого́-что zwingen, nötigen (zu) ‖ *uv* понужда́ть 2a
ft. пону́жу, -у́дишь, -у́дят
imp. пону́дь, ~те
pt. пону́дил
g.pt.a. пону́див
p.pt.a. пону́дивший
p.pt.p. понуждённый; понуждён, -ена́

понужда́ть *uv zu* пону́дить

понука́ть 2a *uv* кого́-что antreiben, zur Eile anhalten | *v mom* понукну́ть 7

понукну́ть *v mom zu* понука́ть

пону́ривать(ся) *uv zu* пону́рить(ся)

пону́рить *v* что hängen lassen, neigen; пону́рить го́лову den Kopf hängen lassen, traurig sein ‖ *uv* пону́ривать 1a
ft. пону́рю, -ришь, -рят
imp. пону́рь, ~те
pt. пону́рил
g.pt.a. пону́рив
p.pt.a. пону́ривший
p.pt.p. пону́ренный

пону́риться *v* traurig den Kopf hängen lassen, niedergeschlagen sein ‖ *uv* пону́риваться

понюхать *v zu* ню́хать

поня́ть *v* кого́-что **1.** verstehen, begreifen **2.** anerkennen, verstehen und schätzen ‖ *uv* понима́ть 2a
ft. пойму́, -мёшь, -му́т
imp. пойми́, ~те
pt. по́нял, поняла́, по́няло
g.pt.a. поня́в
p.pt.a. поня́вший
p.pt.p. по́нятый; по́нят, понята́ по́нято

пообе́дать 1 *v* zu Mittag essen; das Mittagessen beenden

пообеща́ть 2 *v* что *oder mit Infinitiv* кому́-чему́ *oder mit Konjunktion* что versprechen, ein Versprechen geben, zusagen

пообжи́ться *v umg* sich (allmählich) einleben; sich eingewöhnen
ft. пообживу́сь, -вёшься, -ву́тся
imp. пообживи́сь, -и́тесь
pt. пообжи́лся *u. umg* пообжился́, пообжила́сь
g.pt.a. пообжи́вшись
p.pt.a. пообжи́вшийся

поостри́ть *v umg eine Zeitlang* witzeln, Witze reißen
ft. поострю́, -ри́шь, -ря́т
imp. поостри́, ~те
pt. поостри́л
g.pt.a. поостри́в
p.pt.a. поостри́вший

по́охать 1 *v umg eine Zeitlang* seufzen, ächzen, stöhnen

поохо́титься *v eine Zeitlang* jagen, *eine gewisse Zeit* auf der Jagd zubringen
ft. поохо́чусь, -о́тишься, -о́тятся
imp. поохо́ться, -тьтесь

pt.	поохо́тился, -лась
g.pt.a.	поохо́тившись
p.pt.a.	поохо́тившийся

поощри́ть *v zu* поощря́ть

ft.	поощрю́, -ри́шь, -ря́т
imp.	поощри́, ~те
pt.	поощри́л
g.pt.a.	поощри́в
p.pt.a.	поощри́вший
p.pt.p.	поощрённый; поощрён, -ена́

поощря́ть 2a *uv* кого́-что anspornen, auf-, ermuntern, fördern ‖ *v* поощри́ть, Formen das.

попа́дать 1, *1. u. 2. Pers ungebr*, *v* nacheinander hin-, herunter-, umfallen *alles, viel*

попада́ть(ся) *uv zu* попа́сть(ся)

попа́риться *v* sich *eine Zeitlang* im Dampfbad mit dem Birkenbesen schlagen

ft.	попа́рюсь, -ришься, -рятся
imp.	попа́рься, -рьтесь
pt.	попа́рился, -лась
g.pt.a.	попа́рившись
p.pt.a.	попа́рившийся

попа́сть *v* **1.** в кого́-что treffen *Ziel* **2.** чем во что hineinstecken **3.** во что, на что, подо что *wohin* gelangen, ungewollt geraten, hineinkommen; einen Ort erreichen **4.** чем versehentlich irgendwohin treten **5.** во что, на что kommen, gelangen; попа́сть во флот zur Flotte kommen **6.** zufällig treffen, begegnen **7.** *unpers* кому́-чему́ *umg* einiges abkriegen; Schläge [Schelte, Strafe] abbekommen **8.** *nur pt. Singular n* попа́ло ganz gleich, egal; как попа́ло ganz gleich wie ‖ *uv* попада́ть 2a

ft.	попаду́, -дёшь, -ду́т
imp.	попади́, ~те
pt.	попа́л
g.pt.a.	попа́в
p.pt.a.	попа́вший

попа́сться *v* **1.** gegen seinen Willen in eine bestimmte Lage geraten **2.** в чём ertappt werden (bei) **3.** кому́ *umg* sich treffen, begegnen; zufällig sich finden; in die Hände fallen ‖ *uv* попада́ться

попа́хивать 1a, *gewöhnlich unpers*, *uv* чем *umg ein wenig* riechen (nach), einen Geruch von sichgeben; einen unangenehmen Geruch von sich geben *von Lebensmitteln, die verderben*

попеня́ть *v zu* пеня́ть

поперхну́ться 7 *v* чем sich verschlucken (an)

попе́рчить *v* что *leicht* pfeffern, mit etwas Pfeffer bestreuen

ft.	попе́рчу, -чишь, -чат
imp.	попе́рчи, ~те *u.* попе́рчь, ~те
pt.	попе́рчил
g.pt.a.	попе́рчив
p.pt.a.	попе́рчивший
p.pt.p.	попе́рченный

попива́ть 2a *uv umg* **1.** что *ein bißchen, ab und zu* trinken **2.** sich *ab und zu* betrinken

попира́ть 2a *uv* что verletzen, übertreten *Gesetz* ‖ *v* попра́ть, Formen das.

попирова́ть 5 *v eine Zeitlang* schmausen, feiern

попи́сывать 1a *uv* что *umg* hinschreiben, hinschmieren

попи́ть *v umg* **1.** чего́ *u. ohne Objekt eine Zeitlang* trinken, *eine Zeitlang* ein bestimmtes Getränk zu sich nehmen **2.** trinken, sich satttrinken

ft.	попью́, попьёшь, попью́т
imp.	попе́й, ~те
pt.	по́пи́л, попила́, по́пи́ло
g.pt.a.	попи́в
p.pt.a.	попи́вший
p.pt.p.	по́пито

попла́вать 1 *v eine Zeitlang* schwimmen

попла́кать *v eine Zeitlang* weinen

ft.	попла́чу, -чешь, -чут
imp.	попла́чь, ~те
pt.	попла́кал
g.pt.a.	попла́кав
p.pt.a.	попла́кавший

поплати́ться *v* чем (за что) *u. ohne Objekt umg* mit etwas bezahlen (für), büßen

ft.	поплачу́сь, -а́тишься, -а́тятся
imp.	поплати́сь, -и́тесь
pt.	поплати́лся, -лась
g.pt.a.	поплати́вшись
p.pt.a.	поплати́вшийся

поплева́ть *v umg einige Male* spucken, speien

ft.	поплюю́, -юёшь, -юю́т
imp.	поплю́й, ~те
pt.	поплева́л
g.pt.a.	поплева́в
p.pt.a.	поплева́вший

поплёвывать 1a *uv umg ab und zu* spucken, speien

поплести́сь *v* langsam gehen, sich hinschleppen

ft.	поплету́сь, -тёшься, -ту́тся
imp.	поплети́сь, -и́тесь

pt. поплёлся, -ела́сь
g.pt.a. поплетя́сь
p.pt.a. поплётшийся

поплоте́ть 3 *v* **1.** dichter [kompakter] werden **2.** voller [dicker] werden

поплы́ть *v* beginnen zu schwimmen
ft. поплыву́, -вёшь, -ву́т
imp. поплыви́, ~те
pt. поплы́л, -ыла́, -ы́ло
g.pt.a. поплы́в
p.pt.a. поплы́вший

попляса́ть *v* что *u. ohne Objekt eine Zeitlang* tanzen
ft. попляшу́, -я́шешь, -я́шут
imp. попляши́, ~те
pt. поплясáл
g.pt.a. поплясáв
p.pt.a. поплясáвший

попля́сывать 1a *uv* что *u. ohne Objekt umg ein wenig* tanzen, *von Zeit zu Zeit* tanzen

поползти́ *v* beginnen zu kriechen
ft. поползу́, -зёшь, -зу́т
imp. поползи́, ~те
pt. попо́лз, -олзла́
g.pt.a. попо́лзши
p.pt.a. попо́лзший

пополне́ть 3 *v* dicker [voller] werden

попо́лнить *v* кого́-что чем ergänzen, auffüllen ‖ *uv* пополня́ть 2a
ft. попо́лню, -нишь, -нят
imp. попо́лни, ~те
pt. попо́лнил
g.pt.a. попо́лнив
p.pt.a. попо́лнивший
p.pt.p. попо́лненный

попо́лниться, *1. u. 2. Pers ungebr*, *v* чем sich ergänzen, sich vervollständigen ‖ *uv* пополня́ться

пополня́ть(ся) *uv zu* попо́лнить(ся)

пополоска́ть *v* что *eine Zeitlang* spülen
ft. пополощу́, -о́щешь, -о́щут *u. umg* пополоска́ю, -а́ешь, -а́ют
imp. пополощи́, ~те *u. umg* пополоска́й, ~те
pt. пополоска́л
g.pt.a. пополоска́в
p.pt.a. пополоска́вший
p.pt.p. пополо́сканный

попо́льзоваться 4 *v* чем *umg* **1.** etw. ausnutzen, für sich Vorteil aus einer Sache ziehen **2.** *eine Zeitlang* benutzen

попо́мнить *v* кому́-чему́ что *umg* im Gedächtnis behalten um zu vergelten, heimzahlen
ft. попо́мню, -нишь, -нят
imp. попо́мни, ~те
pt. попо́мнил
g.pt.a. попо́мнив
p.pt.a. попо́мнивший

попо́ртить *v* что *umg ein wenig* beschädigen, verderben
ft. попо́рчу, -ртишь, -ртят
imp. попо́рти, ~те *u.* попо́рть, ~те
pt. попо́ртил
g.pt.a. попо́ртив
p.pt.a. попо́ртивший
p.pt.p. попо́рченный

попо́ртиться, *1. u. 2. Pers ungebr*, *v umg leicht* verderben

попо́тчевать *v zu* по́тчевать
ft. попо́тчую, -уешь, -уют
imp. попо́тчуй, ~те
pt. попо́тчевал
g.pt.a. попо́тчевав
p.pt.a. попо́тчевавший

поправе́ть 3 *v* eine mehr rechtsgerichtete Stellung in der Politik einnehmen, konservativer werden

[1]**попра́вить** *v* кого́-что **1.** ausbessern, reparieren **2.** in Ordnung bringen, ordnen, zurechtrücken, -setzen *Frisur*, *Anzug* **3.** wiederherstellen *Gesundheit* **4.** verbessern, korrigieren *Fehler* ‖ *uv* поправля́ть 2a
ft. попра́влю, -вишь, -вят
imp. попра́вь, ~те
pt. попра́вил
g.pt.a. попра́вив
p.pt.a. попра́вивший
p.pt.p. попра́вленный

[2]**попра́вить** *v eine Zeitlang* lenken, steuern, führen
Formen wie [1]попра́вить

попра́виться *v* **1.** sich verbessern, korrigieren *Gesagtes* **2.** *umg* sich zurechtsetzen, zurechtrücken **3.** *1. u. 2. Pers ungebr* sich (ver)bessern, besser werden **4.** gesunden, gesund werden; seine Gesundheit wiederherstellen und dabei voller [dicker] werden; zunehmen ‖ *uv* поправля́ться 2a

поправля́ть *uv zu* [1]попра́вить

поправля́ться *uv zu* попра́виться

попра́ть *v zu* попира́ть
ft. попру́, -рёшь, -ру́т *alt*
imp. попри́, ~те *alt*
pt. попра́л
g.pt.a. попра́в

p.pt.a.	попрáвший
p.pt.p.	пóпранный; пóпран, попранá, пóпрано

попрекáть *uv zu* попрекнýть

попрекнýть 7 *v* когó-что чем *umg* vorwerfen, Vorwürfe machen, vorhalten ‖ *uv* попрекáть 2a

p.pt.p.	попрекнýтый

попридержáть *v* когó-что *umg* zurückhalten; (fest)halten

ft.	попридержý, -éржишь, -éржат
imp.	попридержи́, ~те
pt.	попридержáл
g.pt.a.	попридержáв
p.pt.a.	попридержáвший
p.pt.p.	попридéржанный

попрóбовать 4 *v* **1.** *v zu* прóбовать **2.** *imp.* попрóбуй(те) *umg als Drohung, Warnung* versuch's nur! (versuchen Sie's nur!)

попроси́ть *v zu* проси́ть

ft.	попрошý, -óсишь, -óсят
imp.	попроси́, ~те
pt.	попроси́л
g.pt.a.	попроси́в
p.pt.a.	попроси́вший
p.pt.p.	попрóшенный

попроси́ться *v zu* проси́ться

попростéть 3 *v umg* einfach werden

попрочнéть 3, *1. u. 2. Pers ungebr*, *v umg* fester [haltbarer] werden

попрошáйничать 1a *uv* **1.** *alt* betteln, Almosen erbetteln **2.** *umg* aufdringlich immer wieder um dasselbe bitten; betteln

попрощáться 2 *v* с кем-чем sich verabschieden (von)

попры́гать 1 *v* **1.** *eine Zeitlang* springen **2.** der Reihe nach springen, einer nach dem anderen springen

попры́скать 1 *v umg* **1.** *leicht, eine Zeitlang* besprengen **2.** rieseln *Regen*

попры́скаться *v umg* sich *ein wenig* bespritzen

попря́тать *v* когó-что *umg viel, alles* verbergen, verstecken

ft.	попря́чу, -чешь, -чут
imp.	попря́чь, ~те
pt.	попря́тал
g.pt.a.	попря́тав
p.pt.a.	попря́тавший
p.pt.p.	попря́танный

попря́таться, *1. u. 2. Pers Singular ungebr*, *v umg* sich verbergen, sich verstecken *von vielen, allen*

попугáйничать 1a *uv umg* wie ein Papagei alles nachplappern

попугáть 2 *v* когó-что *leicht* erschrecken

попýгивать 1a *uv* когó-что *umg ab und zu* erschrecken

попýдрить *v* когó-что *ein wenig* pudern

ft.	попýдрю, -ришь, -рят
imp.	попýдри, ~те
pt.	попýдрил
g.pt.a.	попýдрив
p.pt.a.	попýдривший
p.pt.p.	попýдренный

попýдриться *v* sich ein wenig pudern

популяризи́ровать 4 *u.* 4a *v*, *uv* что **1.** gemeinverständlich darlegen **2.** popularisieren, weit verbreiten

популяризовáть 5 *u.* 5a *v*, *uv* что **1.** gemeinverständlich darlegen **2.** popularisieren, weit verbreiten

попусти́тельствовать 4a *uv* комý-чемý *buchspr* zulassen; in verräterischer Weise Nachsicht üben; durch die Finger sehen

попýтать 1 *v* когó-что *umg* **1.** verführen, betören **2.** verwickeln, verwirren

попытáть 2 *v* что **1.** *volksspr* sich erkundigen, in Erfahrung bringen **2.** *a.* чегó erproben **3.** *eine Zeitlang* foltern

попытáться *v zu* пытáться

попы́хивать 1a *uv umg ab und zu* paffen

попя́тить *v zu* пя́тить

ft.	попя́чу, -я́тишь, -я́тят
imp.	попя́ть, ~те
pt.	попя́тил
g.pt.a.	попя́тив
p.pt.a.	попя́тивший
p.pt.p.	попя́ченный

попя́титься *v zu* пя́титься

поработать 1 *v eine Zeitlang* arbeiten

поработи́ть *v* когó-что *buchspr* unterdrücken, -jochen, knechten ‖ *uv* порабощáть 2a

ft.	порабощý, -оти́шь, -отя́т
imp.	поработи́, ~те
pt.	поработи́л
g.pt.a.	поработи́в
p.pt.a.	поработи́вший
p.pt.p.	порабощённый; порабощён, -енá

порабощáть *uv zu* поработи́ть

поравня́ться 2 *v* с кем-чем auf gleiche Höhe kommen (mit); einholen

порадéть 3 *v* комý-чемý *oder* о чём *alt* helfen

порáдовать 4 *v* когó-что Freude machen, erfreuen

порáдоваться *v* (комý-чемý) sich freuen (über)

поражáть(ся) *uv zu* поразúть(ся)

поразвлéчь *v* когó-что *umg ein wenig* zerstreuen, unterhalten

ft.	поразвлекý, -ечёшь, -екýт
imp.	поразвлекú, ~те
pt.	поразвлёк, -еклá
g.pt.a.	поразвлёкши
p.pt.a.	поразвлёкший

поразвлéчься *v umg* sich *ein wenig* zerstreuen

поразд́умать 1 *v* о ком-чём *u. ohne Objekt umg* gründlich nachdenken (über), sich gut überlegen

поразúть *v* когó-что **1.** mit einer Waffe einen Schlag [Stoß] versetzen; treffen und beschädigen **2.** *buchspr* besiegen, vernichten, zerschlagen **3.** verletzen; befallen *von Erkrankungen, Krankheiten* **4.** verblüffen, in Erstaunen versetzen, frappieren, überraschen ‖ *uv* поражáть 2a

ft.	поражý, -азúшь, -азя́т
imp.	поразú, ~те
pt.	поразúл
g.pt.a.	поразúв
p.pt.a.	поразúвший
p.pt.p.	поражённый; поражён, -енá

поразúться *v* sehr erstaunt [überrascht] sein, sich sehr wundern ‖ *uv* поражáться

поразмы́слить *v* о ком-чём *u. ohne Objekt umg* gründlich nachdenken, überlegen

ft.	поразмы́слю, -лишь, -лят
imp.	поразмы́сли, ~те
pt.	поразмы́слил
g.pt.a.	поразмы́слив
p.pt.a.	поразмы́сливший

поразмя́ть *v* что: поразмя́ть нóги *umg* sich die Beine ein wenig vertreten

ft.	поразомнý, -нёшь, -нýт
imp.	поразомнú, ~те
pt.	поразмя́л
g.pt.a.	поразмя́в
p.pt.a.	поразмя́вший
p.pt.p.	поразмя́тый*

поразузнáть 2 *v* что *oder* о ком-чём *u. ohne Objekt umg allmählich* etw. erfahren an verschiedenen Orten und von verschiedenen Personen, *mit der Zeit* etw. in Erfahrung bringen

порáнить *v* что *umg* verwunden, verletzen

ft.	порáню, -нишь, -нят
imp.	порáнь, ~те
pt.	порáнил
g.pt.a.	порáнив
p.pt.a.	порáнивший
p.pt.p.	порáненный

порáниться *v umg* sich verwunden, sich verletzen

пораскúнуть 6 *v*: пораскúнуть умóм *umg* überlegen, im Kopf überschlagen, sich durch den Kopf gehen lassen

порассудúть *v umg* nachdenken, überlegen

ft.	порассужý, -ýдишь, -ýдят
imp.	порассудú, ~те
pt.	порассудúл
g.pt.a.	порассудúв
p.pt.a.	порассудúвший

порастáть *uv zu* порастú

порастú *v* **1.** *eine Zeitlang* wachsen **2.** *1. u. 2. Pers ungebr* чем bewachsen (mit) ‖ *uv* порастáть 2a

ft.	порастý, -тёшь, -тýт
imp.	порастú, ~те
pt.	порóс, -óслá
g.pt.a.	порóсши
p.pt.a.	порóсший

порвáть *v* что **1.** zerreißen **2.** zerstören *Verbindung(swege)* **3.** *übtr* с кем-чем lösen, abbrechen *Verbindungen, Beziehungen* **4.** чегó *umg viel, alles* pflücken, *eine best. Menge* abreißend sammeln *Blätter* ‖ *uv* порывáть 2a *zu* 3

ft.	порвý, -вёшь, -вýт
imp.	порвú, ~те
pt.	порвáл, -алá, -áло
g.pt.a.	порвáв
p.pt.a.	порвáвший
p.pt.p.	пóрванный

порвáться, *1. u. 2. Pers ungebr, v* **1.** zerreißen **2.** jäh abbrechen *Stimme, Rede* **3.** *übtr umg* abbrechen, lösen *Verbindungen, Beziehungen* ‖ *uv* порывáться *zu* 3

pt.	порвáлся, -алáсь, -áлóсь

поревéть *v* **1.** *eine Zeitlang* heulen, brüllen **2.** *eine Zeitlang* weinen

ft.	поревý, -вёшь, -вýт
imp.	поревú, ~те
pt.	поревéл
g.pt.a.	поревéв
p.pt.a.	поревéвший

поредéть 3, *1. u. 2. Pers ungebr, v* dünner, spärlicher werden; sich lichten

поре́зать *v* **1.** что schneiden, aufritzen, verletzen *durch Schnitt* **2.** кого́-что *umg* abstechen, umbringen *alle*, *viele*; *volksspr u. gbt* abwürgen, töten *von Raubtieren* **3.** что *oder* чего́ aufschneiden, in viele Stücke zerschneiden *Wurst*, *Fleisch* **4.** что *u. ohne Objekt eine Zeitlang* schneiden

ft.	поре́жу, -жешь, -жут
imp.	поре́жь, ~те
pt.	поре́зал
g.pt.a.	поре́зав
p.pt.a.	поре́завший
p.pt.p.	поре́занный

поре́заться *v* sich schneiden

порезви́ться *v ein wenig* umhertollen, ausgelassen sein

ft.	порезвлю́сь, -ви́шься, -вя́тся
imp.	порезви́сь, -и́тесь
pt.	порезви́лся, -лась
g.pt.a.	порезви́вшись
p.pt.a.	порезви́вшийся

порекомендова́ть *v zu* рекомендова́ть

пореши́ть *v* **1.** что *oder* на чём *oder mit Infinitiv volksspr* einen Beschluß fassen, beschließen **2.** кого́-что *volksspr* töten, umbringen **3.** что *volksspr alt* liquidieren; zu Ende führen, abschließen

ft.	порешу́, -ши́шь, -ша́т
imp.	пореши́, ~те
pt.	пореши́л
g.pt.a.	пореши́в
p.pt.a.	пореши́вший
p.pt.p.	порешённый; порешён, -ена́

поржа́веть 3, *Betonung bleibt wie im Infinitiv*, *1. u. 2. Pers ungebr*, *v umg* verrosten, rostig werden

порисова́ть 5 *v* кого́-что *u. ohne Objekt eine Zeitlang*, *ein wenig* zeichnen

порисова́ться *v* sich zieren, sich von einer vorteilhaften Seite zeigen wollen

порица́ть 2а *uv* кого́-что tadeln, rügen

поровня́ть 2 *v* что *volksspr* ebnen, planieren

породи́ть *v* кого́-что **1.** *alt poet* gebären, zur Welt bringen; (er)zeugen *Nachkommen* **2.** erzeugen, hervorrufen, entstehen lassen ‖ *uv* порожда́ть 2а

ft.	порожу́, -оди́шь, -одя́т
imp.	породи́, ~те
pt.	породи́л
g.pt.a.	породи́в
p.pt.a.	породи́вший
p.pt.p.	порождённый; порождён, -ена́

породни́ть *v zu* родни́ть

ft.	породню́, -ни́шь, -ня́т
imp.	породни́, ~те
pt.	породни́л
g.pt.a.	породни́в
p.pt.a.	породни́вший
p.pt.p.	породнённый; породнён, -ена́

породни́ться *v zu* родни́ться

порожда́ть *uv zu* породи́ть

порозове́ть 3 *v* sich rosa färben

пороси́ться, *1. u. 2. Pers ungebr*, *uv* Ferkel werfen, ferkeln. — (о-)

pr.	пороси́тся, -ся́тся
pt.	пороси́лась, -лись
g.pr.a.	поросясь
p.pr.a.	порося́щаяся
p.pt.a.	пороси́вшаяся

[1]**поро́ть** *uv* что **1.** (auf)trennen *Naht* **2.** *volksspr* aufschlitzen, *Wanst*, *Bauch*

pr.	порю́, по́решь, по́рют
imp.	пори́, ~те
pt.	поро́л
g.pr.a.	поря́
p.pr.a.	по́рющий
p.pt.a.	поро́вший
p.pt.p.	по́ротый

[2]**поро́ть** *uv* кого́-что *umg* hauen, schlagen, prügeln. — (вы́-)
Formen wie [1]поро́ть

поро́ться, *1. u. 2. Pers ungebr*, *uv umg* an der Naht aufplatzen, sich auftrennen. — (рас-)

поро́чить *uv* кого́-что in Verruf bringen, verleumden, in Mißkredit bringen; herabsetzen, schmälern. — (о-)

pr.	поро́чу, -чишь, -чат
imp.	поро́чь, ~те
pt.	поро́чил
g.pr.a.	поро́ча
p.pr.a.	поро́чащий
p.pt.a.	поро́чивший
p.pr.p.	поро́чимый

пороши́ть, *1. u. 2. Pers ungebr*, *uv* **1.** in feinen Flocken schneien **2.** что mit lockerem Schnee bedecken. — (за-, на-)

pr.	пороши́т, -ша́т
pt.	пороши́л
g.pr.a.	пороша́
p.pr.a.	пороша́щий
p.pt.a.	пороши́вший

порска́ть 2а *uv* Hunde hetzen *bei der Jagd* | *v mom* порскну́ть 7, kein *p.pt.p.*

порскну́ть *v mom zu* порска́ть

по́ртить *uv* кого́-что **1.** beschädigen, ruinieren, verderben **2.** verderben, verschlechtern **3.** moralisch verderben. — (ис-)

pr.	по́рчу, по́ртишь, по́ртят
imp.	по́рти *u.* порть, по́ртите
pt.	по́ртил
g.pr.a.	по́ртя
p.pr.a.	по́ртящий
p.pt.a.	по́ртивший
p.pt.p.	по́рченный

по́ртиться *uv* **1.** verderben, entzweigehen, beschädigt [ruiniert] werden; schlecht werden, verderben *Nahrungsmittel*; sich verschlechtern *Gesundheit* **2.** schlecht werden, sich verschlechtern *Beziehungen* **3.** einem schlechten Einfluß erliegen, moralisch verkommen. — (ис-)

портня́жить *uv volksspr* schneidern

pr.	портня́жу, -жишь, -жат
imp.	портня́жь, ~те
pt.	портня́жил
g.pr.a.	портня́жа
p.pr.a.	портня́жащий
p.pt.a.	портня́живший

портня́жничать 1a *uv umg* schneidern

поруби́ть *v* кого́-что **1.** *viel*, *ganz* abhauen, -hacken, fällen *Bäume* **2.** что *oder* чего́ zerhacken, -schneiden *Fleisch*, *Brennholz*; niedermetzeln *mit blanker Waffe* **3.** *volksspr* einen Körperteil verletzen *mit dem Beil*, *Säbel* **4.** *a. ohne Objekt eine Zeitlang* fällen

ft.	порублю́, -у́бишь, -у́бят
imp.	поруби́, ~те
pt.	поруби́л
g.pt.a.	поруби́в
p.pt.a.	поруби́вший
p.pt.p.	пору́бленный

поруга́ть 2 *v* кого́-что **1.** *eine Zeitlang* schimpfen; *ein wenig* schimpfen, schelten **2.** *alt*, *buchspr* mit Schimpf und Schande bedecken, beschimpfen

поруга́ться *v* **1.** с кем sich zanken (mit) **2.** *eine Zeitlang* schimpfen

поруча́ть *uv zu* поручи́ть

поручи́ть *v* **1.** кому́-чему́ что *oder mit Infinitiv* (be)auftragen **2.** кому́-чему́ кого́-что zur Betreuung anvertrauen ‖ *uv* поруча́ть 2a

ft.	поручу́, -у́чишь, -у́чат
imp.	поручи́, ~те
pt.	поручи́л
g.pt.a.	поручи́в
p.pt.a.	поручи́вший
p.pt.p.	пору́ченный

поручи́ться *v zu* руча́ться

порха́ть 2a *uv* **1.** (umher)flattern, von einem Ort zum anderen fliegen *Vögel*, *Falter*; *übtr* sich schnell von einem Ort zum anderen begeben **2.** *übtr iron* ein leichtes, flatterhaftes Leben führen ‖ *v* порхну́ть 7, kein *p.pt.p.*

порхну́ть *v zu* порха́ть

[1]**порыва́ть** *uv zu* порва́ть

[2]**порыва́ть** 2a *unpers uv* кого́-что *umg alt* treiben, drängen, bewegen

[1]**порыва́ться** *uv zu* порва́ться

[2]**порыва́ться** 2a *uv* **1.** *umg* aufspringen, auffahren **2.** *mit Infinitiv* sich krampfhaft bemühen, stürmisch versuchen

порыже́ть 3 *v* rötlich werden, rötliche Farbe bekommen; verblassen, verschießen

поры́скать *v umg eine Zeitlang* suchend umherlaufen

ft.	поры́щу, -ы́щешь, -ы́щут *u.* поры́скаю, -аешь, -ают
imp.	поры́скай, ~те
pt.	поры́скал
g.pt.a.	поры́скав
p.pt.a.	поры́скавший

поры́ться *v umg eine Zeitlang* herumwühlen

ft.	поро́юсь, -о́ешься, -о́ются
imp.	поро́йся, -о́йтесь
pt.	поры́лся, -лась
g.pt.a.	поры́вшись
p.pt.a.	поры́вшийся

порыхле́ть 3, *1. u. 2. Pers ungebr*, *v* locker werden

поря́бе́ть 3, *1. u. 2. Pers ungebr*, *v* **1.** pockennarbig werden **2.** sich kräuseln *Wasser*

поряди́ть *v zu* [2]ряди́ть

ft.	поряжу́, -я́ди́шь, -я́дя́т
imp.	поряди́, ~те
pt.	поряди́л
g.pt.a.	поряди́в
p.pt.a.	поряди́вший
p.pt.p.	поря́женный

поряди́ться *v zu* [2]ряди́ться

посади́ть *v* кого́-что **1.** pflanzen **2.** (hin)setzen, einen Platz anbieten [anweisen]; bei der Beschaffung eines Platzes [beim Platznehmen] behilflich sein **3.** за что *oder mit Infinitiv zu einer best. Tätigkeit* zwingen; *an eine* (*schriftliche*) *Arbeit* setzen **4.** einstecken, einsperren **5.** aufsetzen, landen *tr Flugzeug*; auflaufen lassen *Schiff* **6.** *volksspr* in eine schwierige

Lage bringen; festnageln *im Streitgespräch* **7.** aufsetzen (auf) **8.** in den Ofen zum Backen schieben **9.** aufsetzen, -nähen *Flicken* **10.** (*nur p.pt.p.*) sitzen *Kopf, Augen*

ft. посажу́, -а́дишь, -а́дят
imp. посади́, ~те
pt. посади́л
g.pt.a. посади́в
p.pt.a. посади́вший
p.pt.p. поса́женный

поса́пывать 1а *uv umg von Zeit zu Zeit leicht* schnarchen

поса́сывать 1а *uv* что *umg ein wenig* saugen, lutschen

поса́харить *v* что zuckern

ft. поса́харю, -ришь, -рят
imp. поса́харь, ~те
pt. поса́харил
g.pt.a. поса́харив
p.pt.a. поса́харивший
p.pt.p. поса́харенный

посва́тать(ся) *v zu* сва́тать(ся)

посвеже́ть 3 *v* **1.** kühler werden **2.** frischer [saftiger] in der Farbe werden; ein frischeres [gesünderes] Aussehen bekommen

посвети́ть *v* **1.** *eine Zeitlang* leuchten, scheinen **2.** кому́-чему́ *eine Zeitlang* (j-m) leuchten

ft. посвечу́, -е́тишь, -е́тят
imp. посвети́, ~те
pt. посвети́л
g.pt.a. посвети́в
p.pt.a. посвети́вший

посветле́ть 3, *1. u. 2. Pers ungebr, v* hell(er) werden, sich aufklären

посвиста́ть *v* **1.** pfeifen, einen Pfiff ausstoßen **2.** кого́-что *umg* heranpfeifen

ft. посвищу́, -и́щешь, -и́щут
imp. посвищи́, ~те
pt. посвиста́л
g.pt.a. посвиста́в
p.pt.a. посвиста́вший

посвисте́ть *v* pfeifen, einen Pfiff ausstoßen

ft. посвищу́, -исти́шь, -истя́т
imp. посвисти́, ~те
pt. посвисте́л
g.pt.a. посвисте́в
p.pt.a. посвисте́вший

посви́стывать 1а *uv von Zeit zu Zeit leise* pfeifen

посвяти́ть *v* **1.** кого́-что во что einweihen (in) **2.** что кому́-чему́ (j-m etw.) weihen, widmen ‖ *uv* посвяща́ть 2а

ft. посвящу́, -яти́шь, -ятя́т
imp. посвяти́, ~те
pt. посвяти́л
g.pt.a. посвяти́в
p.pt.a. посвяти́вший
p.pt.p. посвящённый; посвящён, -ена́

посвяща́ть *uv zu* посвяти́ть

поседе́ть 3 *v* grau werden, ergrauen

посекре́тничать 1 *v umg* geheimnistuerisch reden, tuscheln

посели́ть *v* **1.** кого́-что ansiedeln, einweisen **2.** *übtr* что erregen, einflößen ‖ *uv* поселя́ть 2а

ft. поселю́, -ли́шь, -ля́т
imp. посели́, ~те
pt. посели́л
g.pt.a. посели́в
p.pt.a. посели́вший
p.pt.p. поселённый; поселён, -ена́

посели́ться *v* **1.** sich ansiedeln, sich niederlassen **2.** *übtr* sich einnisten; sich einstellen ‖ *uv* поселя́ться

поселя́ть(ся) *uv zu* посели́ть(ся)

посеребри́ть *v* что **1.** versilbern, mit einer dünnen Silberschicht überziehen **2.** Silberglanz verleihen ‖ *uv* посеребря́ть 2а

ft. посеребрю́, -ри́шь, -ря́т
imp. посеребри́, ~те
pt. посеребри́л
g.pt.a. посеребри́в
p.pt.a. посеребри́вший
p.pt.p. посеребрённый; посеребрён, -ена́

посеребря́ть *uv zu* посеребри́ть

посере́ть 3 *v* grau [grauer] werden

посети́ть *v* кого́-что **1.** besuchen, aufsuchen **2.** *übtr* überkommen, erscheinen ‖ *uv* посеща́ть 2а

ft. посещу́, -ети́шь, -етя́т
imp. посети́, ~те
pt. посети́л
g.pt.a. посети́в
p.pt.a. посети́вший
p.pt.p. посещённый; посещён, -ена́

посе́товать *v zu* се́товать

посе́чься *v zu* се́чься

ft. посечётся, посеку́тся
pt. посе́кся, посекла́сь
g.pt.a. посе́кшись
p.pt.a. посе́кшийся

посеща́ть *uv zu* посети́ть

посéять *v zu* сéять
ft. посéю, -éешь, -éют
imp. посéй, ~те
pt. посéял
g.pt.a. посéяв
p.pt.a. посéявший
p.pt.p. посéянный

посивéть 3 *v* grau werden

посидéть *v* **1.** *eine Zeitlang* sitzen, im Sitzen verbringen **2.** auf eine bestimmte Kost gesetzt sein; пришлóсь посидéть на консéрвах wir hatten uns eine Zeitlang von Konserven ernähren müssen
ft. посижý, -иди́шь, -идя́т
imp. посиди́, ~те
pt. посидéл
g.pt.a. посидéв
p.pt.a. посидéвший

посиживать 1a *uv umg* sitzend die Zeit verbringen

посинéть 3 *v* blau [blauer] werden

поскакáть *v* **1.** anfangen zu springen, losrennen **2.** galoppieren *Pferde* **3.** *eine Zeitlang* springen, hüpfen, umhertollen
ft. поскачý, -áчешь, -áчут
imp. поскачи́, ~те
pt. поскакáл
g.pt.a. поскакáв
p.pt.a. поскакáвший

поскáльзываться *uv zu* поскользнýться

поскандáлить *v umg* einen Skandal veranstalten
ft. поскандáлю, -лишь, -лят
imp. поскандáль, ~те
pt. поскандáлил
g.pt.a. поскандáлив
p.pt.a. поскандáливший

поскидáть 2 *v* что *volksspr* Stück für Stück abwerfen, ablegen *Kleider*

поскобли́ть *v* что *eine Zeitlang*, *ein wenig* schaben
ft. поскоблю́, -óбли́шь, -óбля́т
imp. поскобли́, ~те
pt. поскобли́л
g.pt.a. поскобли́в
p.pt.a. поскобли́вший
p.pt.p. поскóбленный

поскользнýться 7 *v* ausgleiten, -rutschen ‖ *uv* поскáльзываться 1a

поскрести́ *v* что *eine Zeitlang*, *ein wenig* kratzen, schaben
ft. поскребý, -бёшь, -бýт
imp. поскреби́, ~те
pt. поскрёб, -реблá
g.pt.a. поскрёбши
p.pt.a. поскрёбший
p.pt.p. поскребённый*

поскрипéть *v eine Zeitlang* knarren, knistern
ft. поскриплю́, -пи́шь, -пя́т
imp. поскрипи́, ~те
pt. поскрипéл
g.pt.a. поскрипéв
p.pt.a. поскрипéвший

поскри́пывать 1a *uv von Zeit zu Zeit*, *leicht* knarren, quietschen

поскупи́ться *v mit Infinitiv oder* на что geizen; не поскупи́ться sich nicht lumpen lassen
ft. поскуплю́сь, -пи́шься, -пя́тся
imp. поскупи́сь, -и́тесь
pt. поскупи́лся, -лась
g.pt.a. поскупи́вшись
p.pt.a. поскупи́вшийся

поскучáть 2 *v* sich *ein wenig* langweilen

посласти́ть *v* что süßen
ft. послащý, -асти́шь, -астя́т
imp. посласти́, ~те
pt. посласти́л
g.pt.a. посласти́в
p.pt.a. посласти́вший
p.pt.p. послащённый

послáть *v* **1.** когó-что beordern, schicken *mit einem bestimmten Auftrag*; за кем-чем j-n, etw. holen lassen **2.** что schicken, (ab)senden, zustellen, zukommen lassen *Brief* **3.** что irgendwohin befördern *z. B. Ball ins Tor* **4.** что schicken, übermitteln *Blick*, *Kuß* ‖ *uv* посылáть 2a
ft. пошлю́, -лёшь, -лю́т
imp. пошли́, ~те
pt. послáл
g.pt.a. послáв
p.pt.a. послáвший
p.pt.p. пóсланный

последи́ть *v* за кем-чем *eine Zeitlang* aufpassen, nachspüren
ft. послежý, -еди́шь, -едя́т
imp. последи́, ~те
pt. последи́л
g.pt.a. последи́в
p.pt.a. последи́вший

послéдовать 4 *v* **1.** за кем-чем (nach)folgen, hinterhergehen **2.** (за чем) unmittelbar vor sich gehen, (er)folgen (nach) **3.** комý-чемý (be)folgen, sich richten (nach)

послужи́ть *v* **1.** *v zu* служи́ть **2.** *eine Zeitlang* dienen
ft. послужу́, -у́жишь, -у́жат
imp. послужи́, ~те
pt. послужи́л
g.pt.a. послужи́в
p.pt.a. послужи́вший

послу́шать 1 *v* **1.** *v zu* слу́шать **2.** кого́-что *u. ohne Objekt eine Zeitlang* horchen, lauschen; abhorchen *vom Arzt*

послу́шаться *v zu* слу́шаться

послы́шаться *v zu* слы́шаться
ft. послы́шится, -шатся
pt. послы́шался, -лась
g.pt.a. послы́шавшись
p.pt.a. послы́шавшийся

послюни́ть *v* что mit Speichel anfeuchten; begeifern
ft. послюню́, -ни́шь, -ня́т
imp. послюни́, ~те
pt. послюни́л
g.pt.a. послюни́в
p.pt.a. послюни́вший
p.pt.p. послюнённый; послюнён, -ена́

посма́тривать 1a *uv* на кого́-что *von Zeit zu Zeit* schauen, ansehen

посме́иваться 1a *uv* **1.** *von Zeit zu Zeit ein wenig* lachen **2.** над кем-чем sich *ein wenig* lustig machen (über)

посме́ть *v zu* сметь

посмеши́ть *v* кого́-что zum Lachen bringen, erheitern
ft. посмешу́, -ши́шь, -ша́т
imp. посмеши́, ~те
pt. посмеши́л
g.pt.a. посмеши́в
p.pt.a. посмеши́вший

посмея́ться *v* **1.** *eine Zeitlang* lachen **2.** над кем-чем sich lustig machen (über), verspotten, spötteln (über)
ft. посмею́сь, -еёшься, -ею́тся
imp. посме́йся, -е́йтесь
pt. посмея́лся, -лась
g.pt.a. посмея́вшись
p.pt.a. посмея́вшийся

посмотре́ть *v* **1.** *v zu* смотре́ть **2.** *nur mit Verneinung* nicht beachten; не посмотрю́ на проте́кцию ich rechne nicht mit Protektion **3.** *gewöhnlich nur 1. Pers Plural* wollen mal sehen **4.** *eine Zeitlang* sehen
ft. посмотрю́, -о́тришь, -о́трят
imp. посмотри́, ~те
pt. посмотре́л
g.pt.a. посмотре́в
p.pt.a. посмотре́вший

посмотре́ться *v zu* смотре́ться

посмугле́ть 3 *v* braun werden, sich bräunen *Haut*

поснима́ть 2 *v* что *umg allmählich alles, vieles, in Menge* ab-, herunternehmen

пособи́ть *v* кому́-чему́ *volkssspr* helfen, beistehen ‖ *uv* пособля́ть 2a
ft. пособлю́, -би́шь, -бя́т
imp. пособи́, ~те
pt. пособи́л
g.pt.a. пособи́в
p.pt.a. пособи́вший

пособля́ть *uv zu* пособи́ть

посо́веститься *v* кого́-чего́ *oder mit Infinitiv* Gewissensbisse bekommen; sich schämen
ft. посо́вещусь, -естишься, -естятся
imp. посо́вестись, -итесь
pt. посо́вестился, -лась
g.pt.a. посо́вестившись
p.pt.a. посо́вестившийся

посове́товать *v zu* сове́товать

посове́товаться 4 *v* с кем-чем um Rat fragen, sich beraten

посоде́йствовать 4 *v* кому́-чему́ eine gewisse Unterstützung gewähren

посоли́ть *v* что **1.** salzen **2.** in Salzlauge einlegen
ft. посолю́, -о́ли́шь, -о́ля́т
imp. посоли́, ~те
pt. посоли́л
g.pt.a. посоли́в
p.pt.a. посоли́вший
p.pt.p. посо́ленный

посолове́ть 3 *v umg* schlapp werden *durch Müdigkeit, Trunkenheit*; glanzlos [benebelt] werden *Augen, Blick*

пососа́ть *v* что *eine Zeitlang, ein wenig* saugen
ft. пососу́, -сёшь, -су́т
imp. пососи́, ~те
pt. пососа́л
g.pt.a. пососа́в
p.pt.a. пососа́вший

посо́хнуть *v* **1.** *alles, viel* vertrocknen; verdorren **2.** *umg eine Zeitlang* trocknen
ft. посо́хну, -нешь, -нут
pt. посо́х, ~ла
g.pt.a. посо́хнув *u.* посо́хши
p.pt.a. посо́хший

посочу́вствовать 4 *v* кому́-чему́ Mitleid haben, Mitgefühl empfinden

поспа́ть *v eine Zeitlang* schlafen

ft.	посплю́, -пи́шь, -пя́т
imp.	поспи́, ~те
pt.	поспа́л, -ала́, -а́ло
g.pt.a.	поспа́в
p.pt.a.	поспа́вший

1,2поспева́ть *uv zu* 1,2поспе́ть

1поспе́ть 3, *1. u. 2. Pers ungebr*, *v* **1.** reif werden, reifen **2.** *umg* gar werden, fertig werden *zum Essen* **3.** *volkssрr* fertig werden ‖ *uv* поспева́ть 2a

2поспе́ть 3 *v umg* zurechtkommen, rechtzeitig kommen ‖ *uv* поспева́ть 2a

поспеша́ть 2a *uv volkssрr* eilen, sich beeilen

поспе́шествовать 4a *uv* кому́-чему́ *alt* unterstützen, behilflich sein

поспеши́ть *v zu* спеши́ть

ft.	поспешу́, -ши́шь, -ша́т
imp.	поспеши́, ~те
pt.	поспеши́л
g.pt.a.	поспеши́в
p.pt.a.	поспеши́вший

поспле́тничать 1 *v eine Zeitlang* klatschen, Klatsch [Gerüchte] verbreiten

поспо́рить *v* с кем-чем о ком-чём **1.** *eine Zeitlang* mit Streiten zubringen **2.** ein Streitgespräch führen, widersprechen **3.** *übtr* in Wettstreit treten, sich messen (mit)

ft.	поспо́рю, -ришь, -рят
imp.	поспо́рь, ~те
pt.	поспо́рил
g.pt.a.	поспо́рив
p.pt.a.	поспо́ривший

поспосо́бствовать *v zu* спосо́бствовать

посрами́ть *v* кого́-что **1.** Schande machen, blamieren, entehren **2.** entlarven, bloßstellen **3.** *umg* beschämen ‖ *uv* посрамля́ть 2a

ft.	посрамлю́, -ми́шь, -мя́т
imp.	посрами́, ~те
pt.	посрами́л
g.pt.a.	посрами́в
p.pt.a.	посрами́вший
p.pt.p.	посрамлённый; посрамлён, -ена́

посрами́ться *v buchspr* entehrt werden ‖ *uv* посрамля́ться

посрамля́ть(ся) *uv zu* посрами́ть(ся)

посре́дничать 1a *uv umg* vermitteln, (Ver-) Mittler sein

поссо́рить *v zu* ссо́рить

ft.	поссо́рю, -ришь, -рят
imp.	поссо́рь, ~те
pt.	поссо́рил
g.pt.a.	поссо́рив
p.pt.a.	поссо́ривший
p.pt.p.	поссо́ренный

поссо́риться *v zu* ссо́риться

1поста́вить *v* **1.** *v zu* ста́вить **2.** (*nur p.pt.p.*) liegen *von der Lage der Augen, des Kopfes*; глубо́ко́ поста́вленные глаза́ tiefliegende Augen

ft.	поста́влю, -вишь, -вят
imp.	поста́вь, ~те
pt.	поста́вил
g.pt.a.	поста́вив
p.pt.a.	поста́вивший
p.pt.p.	поста́вленный

2поста́вить *v* что liefern *Waren* ‖ *uv* поставля́ть 2a
Formen wie 1поста́вить

поставля́ть *uv zu* 2поста́вить

постана́вливать *uv zu* постанови́ть

постанови́ть *v mit Infinitiv* beschließen, einen Beschluß fassen ‖ *uv* постановля́ть 2a *u.* постана́вливать* 1a

ft.	постановлю́, -о́вишь, -о́вят
imp.	постанови́, ~те
pt.	постанови́л
g.pt.a.	постанови́в
p.pt.a.	постанови́вший
p.pt.p.	постано́вленный

постановля́ть *uv zu* постанови́ть

постара́ться *v zu* стара́ться

постаре́ть 3 *v* alt [älter] werden

постега́ть 2 *v* кого́-что *umg* Schläge versetzen, mit der Peitsche antreiben

p.pt.p.	постёганный

постели́ть *v* что *volkssрr* **1.** legen, ausbreiten *Tischtuch* **2.** herrichten *Bett* ‖ *uv* постила́ть 2a

ft.	постелю́, -е́лешь, -е́лют
imp.	постели́, ~те
pt.	постла́л *u.* постели́л
g.pt.a.	постели́в
p.pt.a.	постели́вший
p.pt.p.	посте́ленный

постере́чь *v* кого́-что *u. ohne Objekt eine Zeitlang* (über)wachen

ft.	постерегу́, -ежёшь, -егу́т
imp.	постереги́, ~те
pt.	постерёг, -егла́
g.pt.a.	постерёгши
p.pt.a.	постерёгший
p.pt.p.	постережённый

постесни́ться *v alt* **1.** *meist mit Infinitiv* schüchtern sein, zögern, sich genieren **2.** etw. zusammenrücken, sich eng zusammendrängen, aneinanderrücken **3.** в чём sich etw. einschränken (in)
ft. постеснюсь, -ни́шься, -ня́тся
imp. постесни́сь, -и́тесь
pt. постесни́лся, -лась
g.pt.a. постесни́вшись
p.pt.a. постесни́вшийся

постесня́ться 2 *v meist mit Infinitiv* schüchtern sein, zögern, sich genieren

постига́ть *uv zu* пости́гнуть *u.* пости́чь

пости́гнуть *u.* **пости́чь** *v* кого́-что **1.** begreifen, verstehen, erfassen **2.** *1. u. 2. Pers ungebr* treffen, heimsuchen ‖ *uv* постига́ть 2a
ft. пости́гну, -нешь, -нут
imp. пости́гни, ~те
pt. пости́г *u. alt* пости́гнул, пости́гла
g.pt.a. пости́гнув *u.* пости́гши
p.pt.a. пости́гший *u. alt* пости́гнувший
p.pt.p. пости́гнутый

[1]**постила́ть** *uv zu* постла́ть

[2]**постила́ть** *uv zu* постели́ть

постила́ться *uv zu* постла́ться

постира́ть 2 *v* что **1.** waschen *Wäsche* **2.** *eine Zeitlang* waschen

пости́ться *v* fasten; *übtr umg* sich Enthaltsamkeit auferlegen
ft. пощу́сь, пости́шься, постя́тся
imp. пости́сь, -и́тесь
pt. пости́лся, -лась
g.pt.a. пости́вшись
p.pt.a. пости́вшийся

пости́чь *s.* пости́гнуть

постла́ть *v* что **1.** hinlegen, ausbreiten, bedecken **2.** betten, das Bett herrichten ‖ *uv* постила́ть 2a
ft. постелю́, -е́лешь, -е́лют
imp. постели́, ~те
pt. постла́л
g.pt.a. постла́в
p.pt.a. постла́вший
p.pt.p. по́стланный

постла́ться *v volksspr* sich das Bett machen ‖ *uv* постила́ться

по́стничать 1a *uv rel* fasten

посторожи́ть *v* кого́-что *u. ohne Objekt eine Zeitlang* (über)wachen
ft. посторожу́, -жи́шь, -жа́т
imp. посторожи́, ~те
pt. посторожи́л
g.pt.a. посторожи́в
p.pt.a. посторожи́вший

посторони́ться *v* zur Seite treten, ausweichen
ft. постороню́сь, -о́нишься, -о́нятся
imp. посторони́сь, -и́тесь
pt. посторони́лся, -лась
g.pt.a. посторони́вшись
p.pt.a. посторони́вшийся

постоя́ть *v* **1.** *eine Zeitlang* stehen; *eine Zeitlang* sich befinden **2.** *imp.* посто́й(те)! *umg* warte(n Sie) mal!, eile(n Sie) nicht!, halt!; *als Modalwort zum Ausdruck der Verwunderung, des Widersetzens sowie des Sicherinnerns* warte(n Sie) mal! **3.** за кого́-что verteidigen, sich einsetzen (für), eintreten (für)
ft. постою́, -ои́шь, -оя́т
imp. посто́й, ~те
pt. постоя́л
g.pt.a. постоя́в
p.pt.a. постоя́вший

пострада́ть 2 *v* **1.** *v zu* страда́ть **2.** *eine Zeitlang* leiden

постра́нствовать 4 *v eine Zeitlang* reisen, wandern, herumreisen, umherwandern

пострада́ть 2 *v* кого́-что *volksspr ein wenig* erschrecken *tr*, einschüchtern

постре́ливать 1a *uv* ab und zu schießen

пострелять 2 *v* **1.** *eine Zeitlang* schießen **2.** кого́-чего́ *umg in Menge* erlegen, schießen **3.** кого́-что *umg* erschießen

пострига́ть(ся) *uv zu* постри́чь(ся)

постри́чь *v* кого́-что **1.** *Haare* (ab)schneiden, scheren **2.** *kirch* zum Mönch weihen ‖ *uv* постригать 2a *zu* 2
ft. постригу́, -ижёшь, -игу́т
imp. постриги́, ~те
pt. постри́г, ~ла
g.pt.a. постри́гши
p.pt.a. постри́гший
p.pt.p. постри́женный

постри́чься *v* **1.** sich die Haare schneiden lassen **2.** *kirch* sich zum Mönch weihen lassen, die Mönchsweihe empfangen ‖ *uv* пострига́ться *zu* 2

постро́ить *v zu* стро́ить
ft. постро́ю, -о́ишь, -о́ят
imp. постро́й, ~те
pt. постро́ил
g.pt.a. постро́ив
p.pt.a. постро́ивший
p.pt.p. постро́енный

постро́иться *v zu* стро́иться

посту́кивать 1a *uv dann und wann leicht* klopfen; beklopfen

постули́ровать 4 *u.* 4a *v*, *uv* что *buchspr* postulieren

поступа́ть(ся) *uv zu* поступи́ть(ся)

поступи́ть *v* **1.** handeln, vorgehen; verfahren **2.** eintreten, die Arbeit aufnehmen **3.** *1. u. 2. Pers ungebr* eintreffen, -gehen **4.** *1. u. 2. Pers ungebr* eintreten, gelangen; ток поступи́л в провода́ der Strom floß in die Leitungen ‖ *uv* поступа́ть 2a

ft.	поступлю́, -у́пишь, -у́пят
imp.	поступи́, ~те
pt.	поступи́л
g.pt.a.	поступи́в
p.pt.a.	поступи́вший

поступи́ться *v* чем verzichten, aufgeben, preisgeben, entsagen ‖ *uv* поступа́ться

постуча́ть *v* **1.** *eine Zeitlang* klopfen; *mehrere Male* klopfen **2.** anklopfen, um Einlaß bitten

ft.	постучу́, -чи́шь, -ча́т
imp.	постучи́, ~те
pt.	постуча́л
g.pt.a.	постуча́в
p.pt.a.	постуча́вший

постуча́ться *v umg* anklopfen, Einlaß begehren

постыди́ть *v* кого́-что **1.** *umg eine Zeitlang, ein wenig* beschämen, tadeln **2.** *meist mit Negation alt* entehren, Schande machen

ft.	постыжу́, -ыди́шь, -ыдя́т
imp.	постыди́, ~те
pt.	постыди́л
g.pt.a.	постыди́в
p.pt.a.	постыди́вший

постыди́ться *v* кого́-чего́ *u. mit Infinitiv umg* sich schämen (vor), aus Scham nicht wagen

посуди́ть *v* **1.** *alt* sich ein Urteil bilden **2.** что *oder* о ком-чём *eine Zeitlang* erörtern, erwägen, diskutieren

ft.	посужу́, -у́дишь, -у́дят
imp.	посуди́, ~те
pt.	посуди́л
g.pt.a.	посуди́в
p.pt.a.	посуди́вший

посули́ть *v* кого́-что кому́-чему́ *oder mit Infinitiv volksspr* versprechen

ft.	посулю́, -ли́шь, -ля́т
imp.	посули́, ~те
pt.	посули́л
g.pt.a.	посули́в
p.pt.a.	посули́вший
p.pt.p.	посулённый; посулён, -ена́

посуро́веть 3, *Betonung bleibt wie im Infinitiv, v* rauh [streng] werden

посуши́ть *v* кого́-что **1.** *a.* чего́ *eine ganze Menge* trocknen, backen *Zwieback* **2.** *eine Zeitlang* trocknen **3.** *umg alles, viel* trocknen

ft.	посушу́, -у́шишь, -у́шат
imp.	посуши́, ~те
pt.	посуши́л
g.pt.a.	посуши́в
p.pt.a.	посуши́вший
p.pt.p.	посу́шенный

посчастли́виться *unpers v* кому́ *u. ohne Objekt* gelingen, glücken, das Glück haben

ft.	посчастли́вится
pt.	посчастли́вилось

посчита́ть 2 *v* **1.** кого́-что *u. ohne Objekt* zählen, rechnen **2.** чем *oder* каки́м *mit Infinitiv* halten (für), meinen, denken **3.** каки́м *oder* за кого́-что halten (für) **4.** *eine Zeitlang* zählen

посчита́ться *v* с кем-чем **1.** *umg* abrechnen **2.** *übtr* abrechnen, heimzahlen, zurückgeben **3.** *meist mit Negation* berücksichtigen

посыла́ть *uv zu* посла́ть

посы́пать *v* **1.** что *oder* чего́ *ein wenig* (aus)streuen **2.** *übtr* что чем bestreuen, bedecken (mit) **3.** *umg* zu fallen beginnen *feiner Schnee, Regen* **4.** что *oder* чем *umg* mit Worten [mit einem Wortschwall] überschütten **5.** *volksspr* in Massen losstürmen ‖ *uv* посыпа́ть 2a *zu* 1

ft.	посы́плю, -плешь, -плют *u. umg* -пешь, -пют
imp.	посы́пь, ~те
pt.	посы́пал
g.pt.a.	посы́пав
p.pt.a.	посы́павший
p.pt.p.	посы́панный

посыпа́ть *uv zu* посы́пать

посы́паться, *1. u. 2. Pers ungebr, v* zu fallen [zu rieseln] beginnen; *übtr* hageln, regnen, herabprasseln
Formen nach посы́пать

посыха́ть* 2a, *1. u. 2. Pers ungebr, uv* vertrocknen, austrocknen

посяга́ть *uv zu* посягну́ть

посягну́ть 7 *v* на кого́-что *buchspr* einen Anschlag machen (auf), sich einen Übergriff erlauben (gegen) ‖ *uv* посяга́ть 2a kein *p.pt.p.*

потаи́ть *v* что *volksspr* verstecken, verheimlichen

ft.	потаю́, -аи́шь, -ая́т
imp.	потаи́, ~те
pt.	потаи́л
g.pt.a.	потаи́в
p.pt.a.	потаи́вший
p.pt.p.	потаённый; потаён, -ена́

потака́ть 2a *uv* кому́-чему́ в чём *oder* чему́ *umg* zuviel Nachsicht üben, durchgehen lassen

потанцева́ть *v* что *u. ohne Objekt eine Zeitlang, ein bißchen* tanzen

ft.	потанцу́ю, -у́ешь, -у́ют
imp.	потанцу́й, ~те
pt.	потанцева́л
g.pt.a.	потанцева́в
p.pt.a.	потанцева́вший

пота́птывать* 1a *uv umg* **1.** что *leicht, ab und zu* zertreten, niedertreten **2.** *von Zeit zu Zeit* stampfen, treten *mit den Füßen*

потащи́ть *v* кого́-что anfangen zu ziehen

ft.	потащу́, -а́щишь, -а́щат
imp.	потащи́, ~те
pt.	потащи́л
g.pt.a.	потащи́в
p.pt.a.	потащи́вший
p.pt.p.	пота́щенный

потащи́ться *v umg* sich schleppen, sich mühsam vorwärtsbewegen

потво́рствовать 4a *uv* кому́-чему́ nachsichtig sein, durchgehen lassen

потемне́ть 3 *v* **1.** *1. u. 2. Pers ungebr* dunkel werden **2.** *unpers* sich verdunkeln

потепле́ть 3, *1. u. 2. Pers ungebr*, *v* **1.** warm [wärmer] werden **2.** *unpers* wärmer werden *Wetter*

потере́ть *v* что **1.** *eine Zeitlang* reiben **2.** *volksspr* einreiben

ft.	потру́, -рёшь, -ру́т
imp.	потри́, ~те
pt.	потёр, ~ла
g.pt.a.	потере́в *u.* потёрши
p.pt.a.	потёрший
p.pt.p.	потёртый

потере́ться *v* **1.** sich *eine Zeitlang* reiben **2.** *ein wenig* abgenutzt [verschlissen] sein

потерпе́ть *v* **1.** что *u. ohne Objekt eine Zeitlang* geduldig ertragen, *eine Weile* aushalten **2.** что (er)leiden **3.** *alt umg* Verfolgungen ausgesetzt sein, leiden **4.** *gewöhnlich mit Verneinung* (nicht) zulassen, (nicht) dulden, sich (nicht) bieten lassen

ft.	потерплю́, -е́рпишь, -е́рпят
imp.	потерпи́, ~те
pt.	потерпе́л
g.pt.a.	потерпе́в
p.pt.a.	потерпе́вший

потеря́ть(ся) *v zu* теря́ть(ся)

потесни́ть *v zu* тесни́ть

ft.	потесню́, -ни́шь, -ня́т
imp.	потесни́, ~те
pt.	потесни́л
g.pt.a.	потесни́в
p.pt.a.	потесни́вший
p.pt.p.	потеснённый; потеснён, -ена́

потесни́ться *v* **1.** zusammenrücken, Platz machen **2.** in engen Verhältnissen leben

поте́ть 3a *uv* **1.** schwitzen, in Schweiß ausbrechen **2.** *übtr* над чем *u. ohne Objekt volksspr* sich abplagen (mit) **3.** *1. u. 2. Pers ungebr, umg* anlaufen *Fenster*. — (вс- *zu* 1, за- *zu* 3, от- *zu* 3)

поте́чь, *1. u. 2. Pers ungebr*, *v* anfangen zu fließen

ft.	потечёт, -еку́т
pt.	потёк, -екла́
g.pt.a.	потёкши
p.pt.a.	потёкший

потеша́ть 2a *uv* кого́-что vergnügen, lustig machen

потеша́ться *uv* **1.** чем *u. ohne Objekt alt* sich vergnügen **2.** над кем-чем auslachen, sich lustig machen (über)

поте́шить *v* кого́-что **1.** *umg* belustigen, ergötzen, vergnügen **2.** Genugtuung bereiten, ein bißchen Freude machen

ft.	поте́шу, -шишь, -шат
imp.	поте́шь, ~те
pt.	поте́шил
g.pt.a.	поте́шив
p.pt.a.	поте́шивший
p.pt.p.	поте́шенный

поте́шиться *v* **1.** *alt* sich vergnügen **2.** над кем-чем *umg* sich lustig machen (über)

потира́ть 2a *uv* что *leicht* reiben

потолкова́ть 5 *v* с кем-чем *umg* sich *eine Zeitlang* unterhalten (mit)

потоло́чь *v* что **1.** *eine Zeitlang* zerstoßen, zerkleinern **2.** *umg alles, viel* zerstoßen, zerkleinern

ft.	потолку́, -лчёшь, -лку́т
imp.	потолки́, ~те
pt.	потоло́к, -лкла́
g.pt.a.	потоло́кши
p.pt.a.	потоло́кший
p.pt.p.	потолчённый

потолстéть 3 *v* dick [dicker] werden

потонýть 7 *v* ertrinken, untergehen; sinken
ft. потонý, -óнешь, -óнут
kein *p.pt.p.*

потончáть 2, *1. u. 2. Pers ungebr*, *v umg* dünn [dünner] werden

потопúть *v* когó-что **1.** versenken; ertränken, ersäufen **2.** *übtr umg* ins Verderben stürzen **3.** überschwemmen ‖ *uv* потоплять 2a
ft. потоплю́, -óпишь, -óпят
imp. потопú, ~те
pt. потопúл
g.pt.a. потопúв
p.pt.a. потопúвший
p.pt.p. потóпленный

потоплять *uv zu* потопúть

потоптáть *v* **1.** когó-что *alles, viel* zertreten, niedertreten, zerstampfen **2.** чем *umg eine Zeitlang* treten, stampfen *mit den Füßen*
ft. потопчý, -óпчешь, -óпчут
imp. потопчú, ~те
pt. потоптáл
g.pt.a. потоптáв
p.pt.a. потоптáвший
p.pt.p. потóптанный

торáпливать 1a *uv* когó-что *umg von Zeit zu Zeit* zur Eile anhalten, drängen

поторáпливаться *uv umg* sich beeilen, sich sputen

поторговáться 5 *v eine Zeitlang* feilschen

поторопúть *v* когó-что *oder* когó-что с чем zur Eile anhalten, drängen
ft. потороплю́, -óпишь, -óпят
imp. поторопú, ~те
pt. поторопúл
g.pt.a. поторопúв
p.pt.a. поторопúвший
p.pt.p. поторóпленный

поторопúться *v* **1.** с чем sich beeilen, sich sputen **2.** voreilig tun, unüberlegt tun

поточúть *v* что **1.** *ein wenig* schleifen, schärfen, anschärfen **2.** *a. ohne Objekt eine Zeitlang* schleifen, schärfen
ft. поточý, -óчишь, -óчат
imp. поточú, ~те
pt. поточúл
g.pt.a. поточúв
p.pt.a. поточúвший
p.pt.p. потóченный

потравúть *v* **1.** когó-что *umg* vergiften, durch Gift ausrotten **2.** что Flurschaden anrichten; *Wiese* abweiden **3.** когó-что *eine Zeitlang* hetzen, jagen *Wild*
ft. потравлю́, -áвишь, -áвят
imp. потравú, ~те
pt. потравúл
g.pt.a. потравúв
p.pt.a. потравúвший
p.pt.p. потрáвленный

потрáтить *v* что ausgeben, verbrauchen
ft. потрáчу, -áтишь, -áтят
imp. потрáть, ~те
pt. потрáтил
g.pt.a. потрáтив
p.pt.a. потрáтивший
p.pt.p. потрáченный

потрáтиться *v* на что sich verausgaben, sich in Unkosten stürzen

потрáфить *v* **1.** *volksspr* комý-чемý *oder* на когó-что *u. ohne Objekt* (j-m) recht machen **2.** *umg alt* geschickt machen, so machen, wie es sich gehört ‖ *uv* потрафлять 2a
ft. потрáфлю, -фишь, -фят
imp. потрáфь, ~те
pt. потрáфил
g.pt.a. потрáфив
p.pt.a. потрáфивший

потрафлять *uv zu* потрáфить

потребúть *v zu* потреблять
ft. потреблю́, -бúшь, -бя́т
imp. потребú, ~те
pt. потребúл
g.pt.a. потребúв
p.pt.a. потребúвший
p.pt.p. потреблённый; потреблён, -енá

потреблять 2a *uv* что **1.** verbrauchen, konsumieren **2.** zu sich nehmen *Essen* ‖ *v* потребúть, Formen das.

потрéбовать(ся) *v zu* трéбовать(ся)

потревóжить *v* когó-что beunruhigen, Unruhe hervorrufen; (die Ruhe) stören
ft. потревóжу, -жишь, -жат
imp. потревóжь, ~те
pt. потревóжил
g.pt.a. потревóжив
p.pt.a. потревóживший
p.pt.p. потревóженный

потревóжиться *v* sich aufregen, sich Sorgen machen

потрепа́ть *v* **1.** что *ein wenig* abnutzen **2.** кого́-что *eine Zeitlang* rütteln, schütteln
ft. потреплю́, -е́плешь, -е́плют *u. volksspr* -е́пешь, -е́пют
imp. потрепли́, ~те *u.* потрепи́, ~те
pt. потрепа́л
g.pt.a. потрепа́в
p.pt.a. потрепа́вший
p.pt.p. потрёпанный

потрепа́ться *v* **1.** *1. u. 2. Pers ungebr* sich *ein wenig* abnutzen **2.** *volksspr eine Zeitlang* quatschen, quasseln

потре́скаться 1, *1. u. 2. Pers ungebr, v* platzen, reißen, bersten

потре́скивать 1a *uv von Zeit zu Zeit bzw. leicht* knistern *Holz im Ofen, Eis*

потро́гать 1 *v* кого́-что *leicht* anfassen, *einige Male* berühren

потроши́ть *uv* кого́-что **1.** (Eingeweide) ausnehmen, ausweiden **2.** *übtr umg* ausnehmen, entleeren. — (вы́-)
pr. потрошу́, -ши́шь, -ша́т
imp. потроши́, ~те
pt. потроши́л
g.pr.a. потроша́
p.pr.a. потроша́щий
p.pt.a. потроши́вший
p.pr.p. потроши́мый
p.pt.p. потрошённый; потрошён, -ена́

потруди́ться *v* **1.** *eine Zeitlang* sich abmühen, arbeiten **2.** *mit Infinitiv* sich bemühen (etw. zu tun), sich bequemen (etw. zu machen)
ft. потружу́сь, -у́дишься, -у́дятся
imp. потруди́сь, -и́тесь
pt. потруди́лся, -лась
g.pt.a. потруди́вшись
p.pt.a. потруди́вшийся

потряса́ть(ся) *uv zu* потрясти́(сь)

потрясти́ *v* **1.** кого́-что *oder* чем *eine Zeitlang* schütteln, rütteln **2.** что erschüttern, zum Schwanken bringen *a. Ansichten* **3.** *übtr* кого́-что sehr erregen, tief beeindrucken ‖ *uv* потряса́ть 2a *zu* 2, 3
ft. потрясу́, -сёшь, -су́т
imp. потряси́, ~те
pt. потря́с, -ясла́
g.pt.a. потря́сши
p.pt.a. потря́сший
p.pt.p. потрясённый; потрясён, -ена́

потрясти́сь *v* **1.** *umg eine Zeitlang* geschüttelt werden *auf dem Wagen usw.* **2.** *übtr alt* in starke Erregung geraten ‖ *uv* потряса́ться

потря́хивать 1a *uv* что *oder* чем *umg von Zeit zu Zeit bzw. ein wenig* schütteln

потужи́ть *v umg alt, poet eine Zeitlang* betrübt sein, sich grämen
ft. потужу́, -у́жишь, -у́жат
imp. потужи́, ~те
pt. потужи́л
g.pt.a. потужи́в
p.pt.a. потужи́вший

поту́пить *v* что hängen lassen, senken *Kopf*; niederschlagen *Augen* ‖ *uv* потупля́ть 2a
ft. поту́плю, -пишь, -пят
imp. поту́пь, ~те
pt. поту́пил
g.pt.a. поту́пив
p.pt.a. поту́пивший
p.pt.p. поту́пленный

поту́питься *v* den Kopf senken, die Augen niederschlagen ‖ *uv* потупля́ться

потупля́ть(ся) *uv zu* поту́пить(ся)

потускне́ть 3, *1. u. 2. Pers ungebr, v* glanzlos [matt, trüb] werden

потуха́ть *uv zu* поту́хнуть

поту́хнуть, *1. u. 2. Pers ungebr, v* **1.** erlöschen, ausgehen; *übtr* zu glänzen aufhören, matt werden *Augen* **2.** *übtr* zu Ende gehen, aufhören zu existieren ‖ *uv* потуха́ть 2a
ft. поту́хнет, -нут
pt. поту́х *u. alt* поту́хнул, поту́хла
g.pt.a. поту́хнув *u.* поту́хши
p.pt.a. поту́хший *u. alt* поту́хнувший

потучне́ть 3 *v* dick [dicker] werden, Fett ansetzen

[1]**потуши́ть** *v* что (aus)löschen
ft. потушу́, -у́шишь, -у́шат
imp. потуши́, ~те
pt. потуши́л
g.pt.a. потуши́в
p.pt.a. потуши́вший
p.pt.p. поту́шенный

[2]**потуши́ть** *v* что *ein wenig* dünsten Formen wie [1]потуши́ть

по́тчевать *uv* кого́-что *volksspr* bewirten ‖ *v* попо́тчевать, Formen das.
pr. по́тчую, -уешь, -уют
imp. по́тчуй, ~те
pt. по́тчевал
g.pr.a. по́тчуя
p.pr.a. по́тчующий
p.pt.a. по́тчевавший

потяга́ться 2 *v* с кем-чем *u. ohne Objekt umg* sich messen, wetteifern

потя́гивать 1a *uv* **1.** что *oder* за что *u. ohne Objekt umg von Zeit zu Zeit* ziehen, *leicht* (ein)ziehen; einsaugen *Getränk* **2.** *unpers*: потя́гивает сы́ростью es riecht nach Nässe, es ist naß

потя́гиваться *uv zu* потяну́ться

потяжеле́ть 3 *v* **1.** schwer [schwerer] werden **2.** schwerfällig werden

потяну́ть 7 *v* кого́-что *oder* за что *u. ohne Objekt* ziehen, beginnen zu ziehen; herbeizerren

ft.	потяну́, -я́нешь, -я́нут
p.pt.p.	потя́нутый

потяну́ться *v* **1.** sich dehnen, sich strecken, sich recken **2.** к кому́-чему́ beginnen sich auszustrecken (nach); за кем-чем beginnen die Hand auszustrecken (nach); sich hinziehen, sich hinstrecken; beginnen sich hinzuziehen; vergehen ‖ *uv* потя́гиваться 1a

поугомони́ться *v umg* **1.** sich etwas beruhigen **2.** sich allmählich beruhigen *von vielen, allen*

ft.	поугомоню́сь, -ни́шься, -ня́тся
imp.	поугомони́сь, -и́тесь
pt.	поугомони́лся, -лась
g.pt.a.	поугомони́вшись
p.pt.a.	поугомони́вшийся

поу́жинать 1 *v* zu Abend essen, Abendbrot essen

поумне́ть 3 *v* klug [klüger] werden, verständiger werden

поупря́миться *v umg* sich *eine Zeitlang* widersetzen

ft.	поупря́млюсь, -мишься, -мятся
imp.	поупря́мься, -мьтесь
pt.	поупря́мился, -лась
g.pt.a.	поупря́мившись
p.pt.a.	поупря́мившийся

поуха́живать 1 *v* за кем-чем *umg eine Zeitlang* den Hof machen, *ein wenig* flirten (mit); *ein wenig* pflegen, sorgen (für)

поуча́ть 2a *uv* кого́-что чему́ belehren, unterweisen

поучи́ть *v* кого́-что *eine Zeitlang* unterrichten

ft.	поучу́, поу́чишь, поу́чат
imp.	поучи́, ~те
pt.	поучи́л
g.pt.a.	поучи́в
p.pt.a.	поучи́вший
p.pt.p.	поу́ченный

поучи́ться *v eine Zeitlang* lernen

поха́живать 1a *uv umg* **1.** gemächlich hin und her gehen, auf und ab spazieren **2.** *von Zeit zu Zeit wohin* gehen

похва́ливать 1a *uv* кого́-что *umg von Zeit zu Zeit* loben

похвали́ть *v zu* хвали́ть

ft.	похвалю́, -а́лишь, -а́лят
imp.	похвали́, ~те
pt.	похвали́л
g.pt.a.	похвали́в
p.pt.a.	похвали́вший
p.pt.p.	похва́ленный

похвали́ться *v zu* хвали́ться

похваля́ться 1a *uv* чем *u. mit Infinitiv volksspr* prahlen, sich brüsten (mit)

похва́рывать 1a *uv umg von Zeit zu Zeit* kränkeln

похва́стать(ся) *v zu* хва́стать(ся)

похе́рить *v* что *volksspr* **1.** *alt* durchstreichen, tilgen **2** *übtr* aus der Welt schaffen, beseitigen

ft.	похе́рю, -ришь, -рят
imp.	похе́рь, ~те
pt.	похе́рил
g.pt.a.	похе́рив
p.pt.a.	похе́ривший
p.pt.p.	похе́ренный

похи́тить *v* кого́-что entwenden, heimlich mitnehmen; entführen ‖ *uv* похища́ть 2a

ft.	похи́щу, -и́тишь, -и́тят
imp.	похи́ть, ~те
pt.	похи́тил
g.pt.a.	похи́тив
p.pt.a.	похи́тивший
p.pt.p.	похи́щенный

похища́ть *uv zu* похи́тить

похлеба́ть 2 *v volksspr* что **1.** *a.* чего́ *ein wenig* essen, löffeln **2.** *eine Zeitlang, mehrere Male* löffeln **3.** *alles* aufessen, *alles* auslöffeln

похло́пать 1 *v* кого́-что *oder* чем *u. ohne Objekt eine Zeitlang* klatschen, applaudieren; *leicht* klatschen

похлопота́ть *v* **1.** *v zu* хлопота́ть **2.** *eine Zeitlang* geschäftig sein

ft.	похлопочу́, -о́чешь, -о́чут
imp.	похлопочи́, ~те
pt.	похлопота́л
g.pt.a.	похлопота́в
p.pt.a.	похлопота́вший

похло́пывать 1a *uv* что *oder* чем *u. ohne Objekt umg von Zeit zu Zeit bzw. leicht* klatschen

похмели́ться *v volksspr* den Katzenjammer durch kleinere Portionen berauschender Getränke verjagen ‖ *uv* похмеля́ться 2a
ft. похмелю́сь, -ли́шься, -ля́тся
imp. похмели́сь, -и́тесь
pt. похмели́лся, -лась
g.pt.a. похмели́вшись
p.pt.a. похмели́вшийся

похмеля́ться *uv zu* похмели́ться

похода́тайствовать *v zu* хода́тайствовать

[1]**походи́ть** *v eine Zeitlang* umhergehen, auf und ab gehen
ft. похожу́, -о́дишь, -о́дят
imp. походи́, ~те
pt. походи́л
g.pt.a. походи́в
p.pt.a. походи́вший

[2]**походи́ть** *uv* на кого́-что gleichen, ähneln
pr. похожу́, -о́дишь, -о́дят
imp. походи́, ~те
pt. походи́л
g.pr.a. походя́
p.pr.a. походя́щий
p.pt.a. походи́вший

похозя́йничать 1 *v eine Zeitlang* wirtschaften

похолода́ть 2 *unpers v umg* kühler [kälter] werden *Wetter*

похолоде́ть 3 *v* **1.** kalt werden *Wetter* **2.** erstarren *vor Schreck*

похолодне́ть 3 *unpers v umg* kühl [kühler] werden *Wetter*

похорони́ть *v zu* [1]хорони́ть
ft. похороню́, -о́нишь, -о́нят
imp. похорони́, ~те
pt. похорони́л
g.pt.a. похорони́в
p.pt.a. похорони́вший
p.pt.p. похоро́ненный

похороше́ть 3 *v* schöner [hübscher] werden

похохота́ть *v eine Zeitlang* lachen, kichern
ft. похохочу́, -о́чешь, -о́чут
imp. похохочи́, ~те
pt. похохота́л
g.pt.a. похохота́в
p.pt.a. похохота́вший

похрабре́ть 3 *v* mutiger [kühner] werden

похра́пывать 1a *uv hin und wieder* schnarchen; *leicht, leise* schnarchen

похристо́соваться 4 *v* sich den Osterkuß geben

похуде́ть 3 *v* mager werden, abmagern

поцара́пать 1 *v* кого́-что **1.** kratzen, *leicht* aufkratzen **2.** *unpers* einen Kratzer abbekommen **3.** *umg leicht* verwundet werden **4.** *eine Zeitlang* kratzen; *mehrere Male* kratzen

поцара́паться *v* **1.** sich *leicht* aufkratzen **2.** *umg* mit Kratzern bedecken *glatte Fläche* **3.** einander kratzen **4.** *umg* sich zanken **5.** *umg eine Zeitlang* kratzen

поцелова́ть(ся) *v zu* целова́ть(ся)

поцеремо́ниться *v zu* церемо́ниться
ft. поцеремо́нюсь, -нишься, -нятся
imp. поцеремо́нься, -ньтесь
pt. поцеремо́нился, -лась
g.pt.a. поцеремо́нившись
p.pt.a. поцеремо́нившийся

почаёвничать 1 *v umg eine Zeitlang* (zusammen)sitzen und Tee trinken

поча́хнуть, *1. u. 2. Pers ungebr, v umg* verwelken; verkümmern
ft. поча́хнет, -нут
pt. поча́х *u. alt* поча́хнул, поча́хла
g.pt.a. поча́хнув *u.* поча́хши
p.pt.a. поча́хший

почерне́ть 3 *v* schwarz werden

почерни́ть *v* что schwärzen, schwarz färben
ft. почерню́, -ни́шь, -ня́т
imp. почерни́, ~те
pt. почерни́л
g.pt.a. почерни́в
p.pt.a. почерни́вший
p.pt.p. почернённый; почернён, -ена́

поче́рпать 1 *v* что *oder* чего́ *eine Zeitlang* schöpfen

почерпа́ть *uv zu* почерпну́ть

почерпну́ть 7 *v* что *oder* чего́ **1.** *umg* schöpfen **2.** *übtr* irgendwoher nehmen, entnehmen, schöpfen ‖ *uv* почерпа́ть 2a *zu* 2

почерстве́ть 3 *v* **1.** trocken werden, vertrocknen *Brot* **2.** *übtr* hart werden

почеса́ть *v* **1.** *v zu* чеса́ть **2.** что *eine Zeitlang* kratzen
ft. почешу́, -е́шешь, -е́шут
imp. почеши́, ~те
pt. почеса́л
g.pt.a. почеса́в
p.pt.a. почеса́вший
p.pt.p. почёсанный

почеса́ться *v* **1.** *v zu* чеса́ться **2.** *eine Zeitlang* jucken

почéсть *v* кем-чем, какúм *u.* когó-что, за когó-что, *a.* какúм *mit Infinitiv alt* erachten (als), halten (für), ansehen (als) ‖ *uv* почитáть 2a

ft.	почтý, -тёшь, -тýт
imp.	почтú, ~те
pt.	почёл, почлá
g.pt.a.	почтя́
p.pt.p.	почтённый; почтён, -енá

почёсывать 1a *uv* когó-что *umg von Zeit zu Zeit, leicht* kratzen

почёсываться *uv umg* sich *von Zeit zu Zeit, leicht* kratzen

почивáть 2a *uv alt* **1.** schlafen, (aus)ruhen **2.** tot sein, im Tode ruhen

починúть *v* что **1.** ausbessern, reparieren **2.** *übtr volksspr, scherz* beschädigen, zerschlagen ‖ *uv* починя́ть 2a

ft.	починю́, -úнишь, -úнят
imp.	починú, ~те
pt.	починúл
g.pt.a.	починúв
p.pt.a.	починúвший
p.pt.p.	почúненный

починя́ть *uv zu* починúть

почúстить *v* когó-что **1.** sauber machen, putzen, ausbürsten **2.** *umg eine Zeitlang* putzen, reinigen

ft.	почúщу, -úстишь, -úстят
imp.	почúсти *u. umg* почúсть, почúстите
pt.	почúстил
g.pt.a.	почúстив
p.pt.a.	почúстивший
p.pt.p.	почúщенный

почúститься *v* sich seine Sachen säubern *Kleidung*, sich in Ordnung bringen

[1]**почитáть** 2 *v* что **1.** *eine Zeitlang* lesen **2.** *umg* sich durch Lesen bekanntmachen (mit), durchlesen

[2]**почитáть** 2a *uv* когó-что Achtung haben, (ver)ehren; anbeten

[3]**почитáть** *uv zu* почéсть

почúтывать 1a *uv* когó-что *umg ab und zu ein bißchen* lesen

почúть *v alt* **1.** einschlafen **2.** sterben, entschlafen; почúть на лáврах auf seinen Lorbeeren ausruhen

ft.	почúю, -úешь, -úют
imp.	почú, ~те
pt.	почúл
g.pt.a.	почúв
p.pt.a.	почúвший

почихáть 2 *v eine Zeitlang* niesen, *mehrere Male* niesen

почковáться 5a, *1. u. 2. Pers ungebr*, *uv* Knospen treiben, knospen

почтúть *v* когó-что **1.** Ehre erweisen, ehren, Ehre zollen **2.** beehren

ft.	почтý, -тúшь, -тýт *u.* -тя́т
imp.	почтú, ~те
pt.	почтúл
g.pt.a.	почтúв
p.pt.a.	почтúвший
p.pt.p.	почтённый; почтён, -енá

почýвствовать(ся) *v zu* чýвствовать(ся)

почудúть, *1. Pers ungebr*, *v umg* sich *eine Zeitlang* wunderlich benehmen

ft.	почудúшь, -дя́т
imp.	почудú, ~те
pt.	почудúл
g.pt.a.	почудúв
p.pt.a.	почудúвший

почýдиться *v zu* чýдиться

ft.	почýдишься, -дятся
imp.	почýдься, -дьтесь
pt.	почýдился, -лась
g.pt.a.	почýдившись
p.pt.a.	почýдившийся

почýять *v zu* чýять

ft.	почýю, -ýешь, -ýют
imp.	почýй, ~те
pt.	почýял
g.pt.a.	почýяв
p.pt.a.	почýявший
p.pt.p.	почýянный

почýяться *v zu* чýяться

пошабáшить *v zu* шабáшить

ft.	пошабáшу, -шишь, -шат
imp.	пошабáшь, ~те
pt.	пошабáшил
g.pt.a.	пошабáшив
p.pt.a.	пошабáшивший

пошáливать 1a *uv umg* **1.** *von Zeit zu Zeit bzw. ein wenig* ausgelassen sein; *von Zeit zu Zeit bzw. ein wenig* zu schaffen machen *Herz* **2.** *ab und zu* rauben, stehlen, sein Unwesen treiben

пошалúть *v eine Zeitlang* ausgelassen sein

ft.	пошалю́, -лúшь, -ля́т
imp.	пошалú, ~те
pt.	пошалúл
g.pt.a.	пошалúв
p.pt.a.	пошалúвший

пошáрить *v umg eine Zeitlang* (mit den Händen) herumsuchen, -tasten, -stöbern

ft. пошáрю, -ришь, -рят
imp. пошáрь, ~те
pt. пошáрил
g.pt.a. пошáрив
p.pt.a. пошáривший

пошатнýть 7 *v* когó-что **1.** *leicht* ins Wanken bringen; durch Rütteln und Schütteln neigen; schief werden lassen *Hütte* **2.** *übtr* erschüttern, ins Schwanken bringen **3.** untergraben *Gesundheit*; zerstören
p.pt.p. пошáтнутый*

пошатнýться *v* **1.** schwanken, das Gleichgewicht verlieren, wanken; sich zur Seite neigen **2.** *übtr* ins Schwanken geraten; erschüttert werden **3.** zerrüttet werden; untergraben werden *Gesundheit*

пошáтывать 1a *uv* когó-что *von Zeit zu Zeit bzw. leicht* schütteln, rütteln

пошáтываться *uv von Zeit zu Zeit bzw. leicht* hin und her schwanken, torkeln

пошевéливать 1a *uv* **1.** что *oder* чем *von Zeit zu Zeit bzw. leicht* bewegen, rühren **2.** *imp.* пошевéливай! *volkssрr* nun mal fix!, dalli!

пошевéливаться *uv* **1.** sich *von Zeit zu Zeit* bewegen, sich *leicht* bewegen; *umg* beginnen sich langsam zu rühren **2.** *imp.* пошевéливайся *volkssрr* mach zu!, beeil dich!, dalli!

пошевелить *v* **1.** что in Bewegung versetzen **2.** чем *leicht* bewegen **3.** когó-что *übtr leicht* erregen, *etwas* kränken, in Erregung versetzen | *v mom* пошевельнýть 7, kein *p.pt.p.*
ft. пошевелю, -éлишь, -éлят
imp. пошевели, ~те
pt. пошевелил
g.pt.a. пошевелив
p.pt.a. пошевеливший
p.pt.p. пошевелённый; пошевелён, -енá

пошевелиться *v* sich *leicht* bewegen | *v mom* пошевельнýться

пошевельнýть(ся) *v mom zu* пошевелить(ся)

пошептáть *v* что *u. ohne Objekt* flüstern, *eine Zeitlang* im Flüsterton sprechen
ft. пошепчý, -éпчешь, -éпчут
imp. пошепчи, ~те
pt. пошептáл
g.pt.a. пошептáв
p.pt.a. пошептáвший

пошептáться *v* sich *eine Weile* im Flüsterton unterhalten, untereinander tuscheln

поширéть 3 *v volkssрr* breiter werden, in die Breite gehen

пошить *v* что **1.** *eine Zeitlang* nähen **2.** *volkssрr* nähen, durch Nähen anfertigen
ft. пошью, пошьёшь, пошьют
imp. пошéй, ~те
pt. пошил
g.pt.a. пошив
p.pt.a. пошивший
p.pt.p. пошитый

пошлéть 3a *uv umg* gemein [unanständig] werden. — (о-)

пошумéть *v eine Zeitlang* lärmen; *eine Weile* rauschen
ft. пошумлю, -мишь, -мят
imp. пошуми, ~те
pt. пошумéл
g.pt.a. пошумéв
p.pt.a. пошумéвший

пошутить *v* **1.** scherzen, einen Spaß machen **2.** над кем-чем *eine Zeitlang* scherzen, spotten
ft. пошучý, -ýтишь, -ýтят
imp. пошути, ~те
pt. пошутил
g.pt.a. пошутив
p.pt.a. пошутивший

пощадить *v* когó-что **1.** Erbarmen haben, Schonung üben **2.** schonen, vor dem Zerstören [Altern] bewahren **3.** mit Schonung behandeln, (ver)schonen
ft. пощажý, -адишь, -адят
imp. пощади, ~те
pt. пощадил
g.pt.a. пощадив
p.pt.a. пощадивший
p.pt.p. пощажённый; пощажён, -енá

пощекотáть *v* когó-что *eine Zeitlang bzw. leicht* kitzeln
ft. пощекочý, -óчешь, -óчут
imp. пощекочи, ~те
pt. пощекотáл
g.pt.a. пощекотáв
p.pt.a. пощекотáвший

пощипáть *v* **1.** что *oder* чегó *eine Zeitlang* rupfen *Gras*, *eine Weile* zupfen *Bart*; zwicken **2.** *übtr* когó-что *volkssрr* schröpfen, ausplündern **3.** *übtr* когó-что *volkssрr ein bißchen* ausschimpfen, kritisieren
ft. пощиплю, -иплешь, -иплют *u. umg* -ипешь, -ипют *u. umg* пощипáю, -áешь, -áют
imp. пощипли, ~те *u. umg* пощипи, ~те *u. umg* пощипáй, ~те

pt. пощипа́л
g.pt.a. пощипа́в
p.pt.a. пощипа́вший
p.pt.p. пощи́панный *zu* 2

пощи́пывать 1а *uv* что *von Zeit zu Zeit, ein wenig* rupfen, zupfen

пощу́пать *v zu* щу́пать

поэкзаменова́ть 5 *v* кого́-что *umg eine Zeitlang* prüfen, examinieren

поэтизи́ровать 4 *u.* 4а *v, uv* кого́-что poetisch darstellen, poetisieren

появи́ться *v* **1.** erscheinen, sich zeigen, zum Vorschein kommen; auftauchen; veröffentlicht werden *Artikel* **2.** entstehen, auftreten, aufkommen ‖ *uv* появля́ться 2а
ft. появлю́сь, поя́вишься, поя́вятся
imp. появи́сь, -и́тесь
pt. появи́лся, -лась
g.pt.a. появи́вшись
p.pt.a. появи́вшийся

появля́ться *uv zu* появи́ться

поясни́ть *v* что erklären, verdeutlichen, klarer machen, erläutern ‖ *uv* поясня́ть 2а
ft. поясню́, -ни́шь, -ня́т
imp. поясни́, ~те
pt. поясни́л
g.pt.a. поясни́в
p.pt.a. поясни́вший
p.pt.p. пояснённый; пояснён, -ена́

поясня́ть *uv zu* поясни́ть

праве́ть 3а *uv pol* nach rechts abschwenken, sich nach rechts orientieren. — (по-)

пра́вить *uv* **1.** кем-чем *u. ohne Objekt* herrschen (über), regieren; leiten, führen **2.** кем-чем *u. ohne Objekt* lenken, steuern **3.** что *alt u. volksspr* abhalten, veranstalten
pr. пра́влю, -вишь, -вят
imp. правь, ~те
pt. пра́вил
g.pr.a. пра́вя
p.pr.a. пра́вящий
p.pt.a. пра́вивший

[2]**пра́вить** *uv* что **1.** verbessern, ausbessern, korrigieren **2.** ausrichten, gerade machen; schärfen, abziehen; wetzen; пра́вить косу́ die Sense dengeln
p.pt.p. пра́вленный
Übrige Formen wie [1]пра́вить

пра́здновать [зн] 4а *uv* что feiern, festlich begehen

практикова́ть 5а *uv* **1.** что *buchspr* in der Praxis anwenden **2.** *alt* praktizieren *Arzt*
p.pt.p. практико́ванный

практикова́ться *uv* **1.** angewandt werden, üblich sein **2.** в чём sich üben (in), üben. — (на- *zu* 2)

пребыва́ть 2а *uv* **1.** *uv zu* пребы́ть **2.** *alt* existieren, unverändert sein **3.** *buchspr* sein, sich aufhalten; in einem Zustand verweilen, sich befinden

пребы́ть *v alt* unverändert bleiben ‖ *uv* пребыва́ть 2а
ft. пребу́ду, -дешь, -дут
imp. пребу́дь, ~те
pt. пребы́л, пребыла́, пребы́ло
g.pt.a. пребы́в
p.pt.a. пребы́вший

превали́ровать 4а *uv* над кем-чем *u. ohne Objekt buchspr* überwiegen, das Übergewicht haben (über), vorherrschen

превзойти́ *v* **1.** кого́-что чем übertreffen, überlegen sein **2.** что übersteigen, übertreffen **3.** кого́-что *volksspr* studieren, verstehen; превзойти́ [самого́] себя́ *buchspr* alles in den Schatten stellen, sich selbst übertreffen ‖ *uv* превосходи́ть, Formen das.
ft. превзойду́, -дёшь, -ду́т
imp. превзойди́, ~те
pt. превзошёл, -шла́
g.pt.a. превзойдя́ *u. alt* превзоше́дши
p.pt.a. превзоше́дший
p.pt.p. превзойдённый; превзойдён, -ена́

превозвы́сить *v* кого́-что *alt* sehr *oder* zu hoch (ein)schätzen, sehr loben, sehr preisen ‖ *uv* превозвыша́ть 2а
ft. превозвы́шу, -ы́сишь, -ы́сят
imp. превозвы́сь, ~те
pt. превозвы́сил
g.pt.a. превозвы́сив
p.pt.a. превозвы́сивший
p.pt.p. превозвы́шенный

превозвыша́ть *uv zu* превозвы́сить

превозмога́ть *uv zu* превозмо́чь

превозмо́чь *v* что überwinden, bezwingen *Schlaf, Gefühl* ‖ *uv* превозмога́ть 2а
ft. превозмогу́, -о́жешь, -о́гут
imp. превозмоги́, ~те
pt. превозмо́г, -огла́
g.pt.a. превозмо́гши
p.pt.a. превозмо́гший

превознести́ *v* кого́-что sehr *oder* zu hoch einschätzen, lobpreisen, loben ‖ *uv* превозноси́ть, Formen das.
ft. превознесу́, -сёшь, -су́т
imp. превознеси́, ~те
pt. превознёс, -есла́
g.pt.a. превознеся́ *u. alt* превознёсши
p.pt.a. превознёсший
p.pt.p. превознесённый; превознесён, -ена́

превознести́сь *v alt* allzu *oder* sehr stolz [überheblich] sein, sich (zu) sehr rühmen [loben] ‖ *uv* превозноси́ться

превозноси́ть *uv zu* превознести́
pr. превозношу́, -о́сишь, -о́сят
imp. превозноси́, ~те
pt. превозноси́л
g.pr.a. превознося́
p.pr.a. превознося́щий
p.pt.a. превозноси́вший
p.pr.p. превозноси́мый

превозноси́ться *uv zu* превознести́сь

превосходи́ть *uv zu* превзойти́
pr. превосхожу́, -о́дишь, -о́дят
imp. превосходи́, ~те
pt. превосходи́л
g.pr.a. превосходя́
p.pr.a. превосходя́щий
p.pt.a. превосходи́вший

преврати́ть *v* кого́-что в кого́-что verwandeln, umgestalten ‖ *uv* превраща́ть 2a
ft. превращу́, -ати́шь, -атя́т
imp. преврати́, ~те
pt. преврати́л
g.pt.a. преврати́в
p.pt.a. преврати́вший
p.pt.p. превращённый; превращён, -ена́

преврати́ться *v* в кого́-что **1.** sich verwandeln, übergehen **2.** (*mit den Substantiven* зре́ние, слух, внима́тельность) gespannt sehen, gespannt zuhören, ganz aufmerksam sein; ganz Ohr sein ‖ *uv* превраща́ться

превраща́ть(ся) *uv zu* преврати́ть(ся)

превы́сить *v* что **1.** übertreffen, übersteigen **2.** überschreiten, mißbrauchen *Macht, Befugnisse* ‖ *uv* превыша́ть 2a
ft. превы́шу, -ы́сишь, -ы́сят
imp. превы́сь, ~те
pt. превы́сил
g.pt.a. превы́сив
p.pt.a. превы́сивший
p.pt.p. превы́шенный

превыша́ть *uv zu* превы́сить

прегради́ть *v* что кому́-чему́ ver-, absperren, hindern ‖ *uv* прегражда́ть 2a
ft. прегражу́, -ади́шь, -адя́т
imp. прегради́, ~те
pt. прегради́л
g.pt.a. прегради́в
p.pt.a. прегради́вший
p.pt.p. преграждённый; преграждён, -ена́

прегражда́ть *uv zu* прегради́ть

предава́ть *uv zu* преда́ть
pr. предаю́, -аёшь, -аю́т
imp. предава́й, ~те
pt. предава́л
g.pr.a. предава́я
p.pr.a. предаю́щий
p.pt.a. предава́вший

предава́ться *uv zu* преда́ться

преда́ть *v* кого́-что **1.** кому́-чему́ verraten, durch Verrat ausliefern **2.** чему́ übergeben, überantworten, ausliefern ‖ *uv* предава́ть, Formen das.
ft. преда́м, -а́шь, -а́ст, -ади́м, -ади́те, -аду́т
imp. преда́й, ~те
pt. пре́дал, предала́, пре́дало
g.pt.a. преда́в
p.pt.a. преда́вший
p.pt.p. пре́данный; пре́дан, предана́, пре́дано

преда́ться *v* **1.** кому́-чему́ *alt* sich ergeben, überlaufen; sich ganz anvertrauen **2.** чему́ sich ganz hingeben, ganz versenken (in) ‖ *uv* предава́ться
pt. преда́лся, -ала́сь, -ало́сь

предвари́ть *v* кого́-что **1.** *buchspr* zuvorkommen, vorgreifen, vorwegnehmen; *alt* vorausschicken **2.** о чём *buchspr alt* vorher benachrichtigen ‖ *uv* предваря́ть 2a
ft. предварю́, -ри́шь, -ря́т
imp. предвари́, ~те
pt. предвари́л
g.pt.a. предвари́в
p.pt.a. предвари́вший
p.pt.p. предварённый; предварён, -ена́

предваря́ть *uv zu* предвари́ть

предвеща́ть 2a *uv* что **1.** *buchspr alt* voraussagen, vorhersagen, prophezeien **2.** ankündigen

предви́деть *uv* что voraussehen, vorhersehen, vorherberechnen

pr.	предви́жу, -и́дишь, -и́дят
imp.	предви́дь, ~те
pt.	предви́дел
g.pr.a.	предви́дя
p.pr.a.	предви́дящий
p.pt.a.	предви́девший
p.pr.p.	предви́димый
p.pt.p.	предви́денный

предви́деться, *1. u. 2. Pers ungebr*, *uv* bevorstehen, sich voraussehen lassen

предвкуси́ть *v zu* предвкуша́ть

ft.	предвкушу́, -у́сишь, -у́сят
imp.	предвкуси́, ~те
pt.	предвкуси́л
g.pt.a.	предвкуси́в
p.pt.a.	предвкуси́вший
p.pt.p.	предвкушённый; предвкушён, -ена́

предвкуша́ть 2a *uv* что im voraus genießen ‖ *v* предвкуси́ть, Formen das.

предвозвести́ть *v* кого́-что *buchspr alt* vorhersagen, ankündigen; weissagen ‖ *uv* предвозвеща́ть 2a

ft.	предвозвещу́, -ести́шь, -естя́т
imp.	предвозвести́, ~те
pt.	предвозвести́л
g.pt.a.	предвозвести́в
p.pt.a.	предвозвести́вший
p.pt.p.	предвозвещённый; предвозвещён, -ена́

предвозвеща́ть *uv zu* предвозвести́ть

предвосхи́тить *v* кого́-что *buchspr* vorwegnehmen, zuvorkommen, erraten ‖ *uv* предвосхища́ть 2a

ft.	предвосхи́щу, -и́тишь, -и́тят
imp.	предвосхи́ть, ~те
pt.	предвосхи́тил
g.pt.a.	предвосхи́тив
p.pt.a.	предвосхи́тивший
p.pt.p.	предвосхи́щенный

предвосхища́ть *uv zu* предвосхи́тить

предзнаменова́ть 5a *uv buchspr alt* durch Vorzeichen ankünden

предлага́ть *uv zu* предложи́ть

предложи́ть *v* кому́-чему́ **1.** что anbieten **2.** кого́-что *oder mit Infinitiv* vorschlagen, beantragen; die Kandidatur empfehlen; einladen (zu) **3.** что vorlegen *Aufgabe*; aufwerfen, stellen *Fragen* **4.** что *oder mit Infinitiv* verlangen, ersuchen, fordern, anordnen ‖ *uv* предлага́ть 2a

ft.	предложу́, -о́жишь, -о́жат
imp.	предложи́, ~те
pt.	предложи́л
g.pt.a.	предложи́в
p.pt.a.	предложи́вший
p.pt.p.	предло́женный

предназнача́ть *uv zu* предназна́чить

предназна́чить *v* кого́-что vorherbestimmen, im voraus festsetzen, prädestinieren ‖ *uv* предназнача́ть 2a

ft.	предназна́чу, -чишь, -чат
imp.	предназна́чь, ~те
pt.	предназна́чил
g.pt.a.	предназна́чив
p.pt.a.	предназна́чивший
p.pt.p.	предназна́ченный

предначерта́ть 2 *v* что кому́-чему́ *hoher Stil* vorherbestimmen, entwerfen

предопредели́ть *v* что кому́-чему́ vorherbestimmen, prädestinieren, bedingen ‖ *uv* предопределя́ть 2a

ft.	предопределю́, -ли́шь, -ля́т
imp.	предопредели́, ~те
pt.	предопредели́л
g.pt.a.	предопредели́в
p.pt.a.	предопредели́вший
p.pt.p.	предопределённый; предопределён, -ена́

предопределя́ть *uv zu* предопредели́ть

предоста́вить *v* **1.** кого́-что кому́-чему́ zur Verfügung stellen, überlassen, verschaffen **2.** кому́-чему́ что *oder mit Infinitiv* ermöglichen, freistellen, gewähren, anheimstellen ‖ *uv* предоставля́ть 2a

ft.	предоста́влю, -вишь, -вят
imp.	предоста́вь, ~те
pt.	предоста́вил
g.pt.a.	предоста́вив
p.pt.a.	предоста́вивший
p.pt.p.	предоста́вленный

предоставля́ть *uv zu* предоста́вить

предостерега́ть *uv zu* предостере́чь

предостере́чь *v* кого́-что (ver)warnen, zur Vorsicht mahnen ‖ *uv* предостерега́ть 2a

ft.	предостерегу́, -ежёшь, -егу́т
imp.	предостереги́, ~те
pt.	предостерёг, -егла́
g.pt.a.	предостерёгши
p.pt.a.	предостерёгший
p.pt.p.	предостережённый; предостережён, -ена́

предотврати́ть *v* что verhüten, rechtzeitig abwenden, vorbeugen ‖ *uv* предотвраща́ть 2a

ft.	предотвращу́, -ати́шь, -атя́т
imp.	предотврати́, ~те
pt.	предотврати́л

g.pt.a.	предотвратúв
p.pt.a.	предотвратúвший
p.pt.p.	предотвращённый; предотвращён, -енá

предотвращáть *uv zu* предотвратúть

предохранúть *v* когó-что от чегó (be)-schützen (vor), vorbeugen, sichern (gegen) ‖ *uv* предохранять 2a

ft.	предохраню́, -нúшь, -нят
imp.	предохранú, ~те
pt.	предохранúл
g.pt.a.	предохранúв
p.pt.a.	предохранúвший
p.pt.p.	предохранённый; предохранён, -енá

предохранять *uv zu* предохранúть

предписáть *v* комý-чемý что *oder mit Infinitiv* **1.** anordnen, einen Befehl erteilen, vorschreiben **2.** verordnen, verschreiben *vom Arzt* ‖ *uv* предпúсывать 1a

ft.	предпишý, -úшешь, -úшут
imp.	предпишú, ~те
pt.	предписáл
g.pt.a.	предписáв
p.pt.a.	предписáвший
p.pt.p.	предпúсанный

предпúсывать *uv zu* предписáть

предполагáть 2a *uv* **1.** *uv zu* предположúть **2.** *mit Infinitiv* beabsichtigen, vorhaben **3.** *1. u. 2. Pers ungebr* что voraussetzen, erfordern, annehmen

предполагáться *uv unpers* es ist anzunehmen; man beabsichtigt, man hat vor

предположúть *v* что *oder Konjuktion* что annehmen, vermuten; предполóжим gesetzt den Fall ‖ *uv* предполагáть 2a

ft.	предположý, -óжишь, -óжат
imp.	предположú, ~те
pt.	предположúл
g.pt.a.	предположúв
p.pt.a.	предположúвший
p.pt.p.	предполóженный

предпослáть *v* что чемý *buchspr* vorausschicken, anfangs anführen, einleitend darlegen ‖ *uv* предпосылáть 2a

ft.	предпошлю́, -лёшь, -лю́т
imp.	предпошлú, ~те
pt.	предпослáл
g.pt.a.	предпослáв
p.pt.a.	предпослáвший
p.pt.p.	предпóсланный

предпосылáть *uv zu* предпослáть

предпочéсть *v* **1.** *mit Infinitiv* für besser halten; für das beste halten; es vorziehen **2.** когó-что комý-чемý bevorzugen, den Vorzug geben ‖ *uv* предпочитáть 2a

ft.	предпочтý, -тёшь, -тýт
imp.	предпочтú, ~те
pt.	предпочёл, -члá
g.pt.a.	предпочтя́
p.pt.a.	предпочёвший*
p.pt.p.	предпочтённый; предпочтён, -енá

предпочитáть *uv zu* предпочéсть

предпринимáть *uv zu* предпринять

предпринять *v* что unternehmen, sich vornehmen, durchführen ‖ *uv* предпринимáть 2a

ft.	предпримý, -úмешь, -úмут
imp.	предпримú, ~те
pt.	предпрúнял, -инялá, -úняло
g.pt.a.	предприня́в
p.pt.a.	предприня́вший
p.pt.p.	предпрúнятый; предпрúнят, -инятá, -úнято

предрасполагáть 2a *uv* **1.** *uv zu* предрасположúть **2.** когó-что *a. ohne Objekt* von vornherein darauf einstellen, begünstigen

предрасположúть *v* когó-что geneigt machen, günstig stimmen ‖ *uv* предрасполагáть 2a

ft.	предрасположý, -óжишь, -óжат
imp.	предрасположú, ~те
pt.	предрасположúл
g.pt.a.	предрасположúв
p.pt.a.	предрасположúвший
p.pt.p.	предрасполóженный

предрекáть *uv zu* предрéчь

предрéчь *v* что *buchspr* voraussagen, prophezeien ‖ *uv* предрекáть 2a

ft.	предрекý, -ечёшь, -екýт
imp.	предрекú, ~те
pt.	предрёк, -еклá
g.pt.a.	предрéкши
p.pt.a.	предрéкший
p.pt.p.	предречённый; предречён, -енá

предрешáть *uv zu* предрешúть

предрешúть *v* что **1.** im voraus entscheiden, vorher beschließen **2.** vorausbestimmen ‖ *uv* предрешáть 2a

ft.	предрешý, -шúшь, -шáт
imp.	предрешú, ~те
pt.	предрешúл
g.pt.a.	предрешúв

p.pt.a. предреши́вший
p.pt.p. предрешённый; предрешён, -ена́

председа́тельствовать 4a *uv* den Vorsitz führen

предсказа́ть *v* что voraussagen, vorhersagen, prophezeien ‖ *uv* предска́зывать 1a
ft. предскажу́, -а́жешь, -а́жут
imp. предскажи́, ~те
pt. предсказа́л
g.pt.a. предсказа́в
p.pt.a. предсказа́вший
p.pt.p. предска́занный

предска́зывать *uv zu* предсказа́ть

представа́ть *uv zu* предста́ть
pr. предстаю́, -аёшь, -аю́т
imp. представа́й, ~те
pt. представа́л
g.pr.a. представа́я
p.pr.a. предстаю́щий
p.pt.a. представа́вший

предста́вить *v* кого́-что **1.** vorlegen, vorweisen **2.** vorzeigen; предста́вить удостовере́ние ли́чности sich ausweisen **3.** кому́-чему́ vorstellen, bekanntmachen **4.** к чему́ vorschlagen (zu); предста́вить кого́-н. к награ́де j-n zur Auszeichnung vorschlagen **5.** darstellen, zeigen, hinstellen (als) **6.** auf der Bühne darstellen; aufführen *Theaterstück*; (j-n) nachmachen, kopieren **7.** *gewöhnlich mit* себе́ sich vorstellen, sich (in Gedanken) ausmalen **8.** *1. u. 2. Pers ungebr* machen, bereiten, verursachen ‖ *uv* представля́ть 2a
ft. предста́влю, -вишь, -вят
imp. предста́вь, ~те
pt. предста́вил
g.pt.a. предста́вив
p.pt.a. предста́вивший
p.pt.p. предста́вленный

предста́виться *v* **1.** кому́-чему́ sich vorstellen, sich bekannt machen (mit) **2.** *1. u. 2. Pers ungebr* sich zeigen, erscheinen, auftauchen; sich bieten **3.** кому́-чему́ im Geiste vorschweben, sich (in Gedanken) ausmalen, sich vorstellen **4.** кем-чем sich verstellen, sich stellen ‖ *uv* представля́ться

представля́ть *uv* **1.** *uv zu* предста́вить **2.** что, *gewöhnlich mit* собо́й *oder* из себя́ sein, vorstellen, darstellen **3.** кого́-что vertreten, im Auftrag handeln **4.** кого́-что vertreten *j-s Interessen*

представля́ться *uv zu* предста́виться

предста́ть *v* пе́ред кем-чем *u. alt* кому́-чему́ erscheinen, auftauchen, hintreten (vor) ‖ *uv* представа́ть, Formen das.
ft. предста́ну, -нешь, -нут
imp. предста́нь, ~те
pt. предста́л
g.pt.a. предста́в
p.pt.a. предста́вший

предстоя́ть, *1. u. 2. Pers ungebr, uv* кому́-чему́ bevorstehen, zu erwarten sein
pr. предстои́т, -оя́т
pt. предстоя́л
g.pr.a. предсто́я
p.pr.a. предстоя́щий
p.pt.a. предстоя́вший

предуве́домить *v* кого́-что vorher benachrichtigen [mitteilen] ‖ *uv* предуведомля́ть 2a
ft. предуве́домлю, -мишь, -мят
imp. предуве́доми, ~те *u.* предуве́домь, ~те
pt. предуве́домил
g.pt.a. предуве́домив
p.pt.a. предуве́домивший
p.pt.p. предуве́домленный

предуведомля́ть *uv zu* предуве́домить

предугада́ть 2 *v* что **1.** im voraus erraten, erahnen **2.** voraussagen, im voraus erkennen ‖ *uv* предуга́дывать 1a

предуга́дывать *uv zu* предугада́ть

предугото́вить *v* что *buchspr alt* rechtzeitig vorbereiten ‖ *uv* предуготовля́ть 2a
ft. предугото́влю, -вишь, -вят
imp. предугото́вь, ~те
pt. предугото́вил
g.pt.a. предугото́вив
p.pt.a. предугото́вивший
p.pt.p. предугото́вленный

предуготовля́ть *uv zu* предугото́вить

предузнава́ть *uv zu* предузна́ть
pr. предузнаю́, -аёшь, -аю́т
imp. предузнава́й, ~те
pt. предузнава́л
g.pr.a. предузнава́я
p.pr.a. предузнаю́щий
p.pt.a. предузнава́вший
p.pr.p. предузнава́емый

предузна́ть 2 *v buchspr alt* im voraus wissen, erraten ‖ *uv* предузнава́ть, Formen das.

предупреди́ть *v* кого́-что **1.** о чём rechtzeitig mitteilen, im voraus aufmerksam machen, warnen **2.** verhüten, vorbeugen **3.** zuvorkommen; erraten, dienstbeflissen handeln ‖ *uv* предупрежда́ть 2a

ft. предупрежу́, -еди́шь,-едя́т
imp. предупреди́, ~те
pt. предупреди́л
g.pt.a. предупреди́в
p.pt.a. предупреди́вший
p.pt.p. предупреждённый; предупреждён, -ена́

предупрежда́ть *uv zu* предупреди́ть

предусма́тривать *uv zu* предусмотре́ть

предусмотре́ть *v* что vorsehen, in Betracht ziehen, vorsorgen; vorher-, voraussehen ‖ *uv* предусма́тривать 1а
ft. предусмотрю́, -о́тришь, -о́трят
imp. предусмотри́, ~те
pt. предусмотре́л
g.pt.a. предусмотре́в
p.pt.a. предусмотре́вший
p.pt.p. предусмо́тренный

предчу́вствовать [уст] 4а *uv* что (vor)ahnen, ein Vorgefühl haben

предше́ствовать 4а *uv* кому́-чему́ vorausgehen, vorher geschehen

предъяви́ть *v* что **1.** vorzeigen, vorweisen *Ausweis u. ä.* **2.** erklären, erheben, vorbringen, stellen *Forderungen u. ä.* ‖ *uv* предъявля́ть 2а
ft. предъявлю́, -я́вишь, -я́вят
imp. предъяви́, ~те
pt. предъяви́л
g.pt.a. предъяви́в
p.pt.a. предъяви́вший
p.pt.p. предъя́вленный

предъявля́ть *uv zu* предъяви́ть

презентова́ть 5 *u.* 5а *v, uv* что кому́-чему́ *umg alt scherz* schenken, verehren

презира́ть 2а *uv* кого́-что **1.** verachten **2.** geringschätzen, mißachten, unbeachtet lassen

презре́ть *v* кого́-что *buchspr* verachten, verschmähen, geringschätzen
ft. презрю́, -ри́шь, -ря́т
imp. презри́, ~те
pt. презре́л
g.pt.a. презре́в
p.pt.a. презре́вший
p.pt.p. презре́нный; презре́н, -ена́

преиспо́лнить *v* кого́-что чем *oder* чего́ *buchspr* ganz erfüllen, durchdringen *Gefühl* ‖ *uv* преисполня́ть 2а
ft. преиспо́лню, -нишь, -нят
imp. преиспо́лни, ~те
pt. преиспо́лнил
g.pt.a. преиспо́лнив
p.pt.a. преиспо́лнивший
p.pt.p. преиспо́лненный

преиспо́лниться *v* чем *oder* чего́ *buchspr* ergriffen werden, tief erfüllt sein *durch ein Gefühl* ‖ *uv* преисполня́ться

преисполня́ть(ся) *uv zu* преиспо́лнить(ся)

преклони́ть *v* что *hoher Stil* neigen *Haupt*; *buchspr alt* herabsenken, legen ‖ *uv* преклоня́ть 2а
ft. преклоню́, -ни́шь, -ня́т
imp. преклони́, ~те
pt. преклони́л
g.pt.a. преклони́в
p.pt.a. преклони́вший
p.pt.p. преклонённый; преклонён, -ена́

преклони́ться *v* пе́ред кем-чем **1.** *buchspr alt* sich neigen, sich beugen; ehrfürchtig zu Füßen fallen **2.** *übtr* verehren, huldigen ‖ *uv* преклоня́ться

преклоня́ть(ся) *uv zu* преклони́ть(ся)

прекосло́вить *uv* кому́-чему́ *meist verneint* widersprechen, Einspruch erheben
pr. прекосло́влю, -вишь, -вят
imp. прекосло́вь, ~те
pt. прекосло́вил
g.pr.a. прекосло́вя
p.pr.a. прекосло́вящий
p.pt.a. прекосло́вивший

прекрати́ть *v* что *oder mit Infinitiv* aufhören, abbrechen, einstellen, beenden ‖ *uv* прекраща́ть 2а
ft. прекращу́, -ати́шь, -атя́т
imp. прекрати́, ~те
pt. прекрати́л
g.pt.a. прекрати́в
p.pt.a. прекрати́вший
p.pt.p. прекращённый; прекращён, -ена́

прекрати́ться, *1. u. 2. Pers ungebr*, *v* aufhören, abbrechen, ein Ende nehmen ‖ *uv* прекраща́ться

прекраща́ть(ся) *uv zu* прекрати́ть(ся)

преломи́ть *v* что **1.** *phys* brechen *Licht-, Schallwellen* **2.** *übtr buchspr* anders erklären, den Sinn ändern; auffassen ‖ *uv* преломля́ть 2а
ft. преломлю́, -о́мишь, -о́мят
imp. преломи́, ~те
pt. преломи́л
g.pt.a. преломи́в
p.pt.a. преломи́вший
p.pt.p. преломлённый; преломлён, -ена́

преломи́ться, *1. u. 2. Pers ungebr*, *v* **1.** *phys* sich brechen **2.** *übtr* sich (wider)spiegeln, sich wandeln ‖ *uv* преломля́ться

преломля́ть(ся) *uv zu* преломи́ть(ся)

прельсти́ть *v* кого́-что **1.** чем reizen, (ver)locken, bezaubern, fesseln **2.** verführen, verleiten ‖ *uv* прельща́ть 2a

ft.	прельщу́, -льсти́шь, -льстя́т
imp.	прельсти́, ~те
pt.	прельсти́л
g.pt.a.	прельсти́в
p.pt.a.	прельсти́вший
p.pt.p.	прельщённый; прельщён, -ена́

прельсти́ться *v* чем sich verlocken [verleiten] lassen ‖ *uv* прельща́ться

прельща́ть(ся) *uv zu* прельсти́ть(ся)

преми́нуть 6 *v mit Infinitiv nur mit Verneinungspartikel* не *buchspr* (nicht) unterlassen, (nicht) versäumen

imp.	не преми́нь, ~те

премирова́ть 5 *u.* 5a *v*, *uv* кого́-что prämiieren, mit einer Prämie belohnen

пренебрега́ть *uv zu* пренебре́чь

пренебре́чь *v* **1.** кем-чем verachten, mißachten, sich hochmütig verhalten **2.** чем *u. alt* что *oder mit Infinitiv* nicht beachten, sich darüber hinwegsetzen, nicht beherzigen, geringschätzen ‖ *uv* пренебрега́ть 2a

ft.	пренебрегу́, -ежёшь, -егу́т
imp.	пренебреги́, ~те
pt.	пренебрёг, -егла́
g.pt.a.	пренебре́гши
p.pt.a.	пренебре́гший
p.pt.p.	пренебрежённый; пренебрежён, -ена́

преоблада́ть 2a, *1. u. 2. Pers ungebr*, *uv* над кем чем, среди́ кого́-чего́ *u. ohne Objekt* vorherrschen, überwiegen, dominieren (über)

преобража́ть(ся) *uv zu* преобрази́ть(ся)

преобрази́ть *v* кого́-что verwandeln, umwandeln, umbilden, verändern ‖ *uv* преобража́ть 2a

ft.	преображу́, -ази́шь, -азя́т
imp.	преобрази́, ~те
pt.	преобрази́л
g.pt.a.	преобрази́в
p.pt.a.	преобрази́вший
p.pt.p.	преображённый; преображён, -ена́

преобрази́ться *v* sich verwandeln, sich verändern ‖ *uv* преобража́ться

преобразова́ть 5 *v* кого́-что **1.** umgestalten, umbilden, grundlegend verändern **2.** umformen *Strom*; *el* verwandeln *eine Energieform in eine andere* ‖ *uv* преобразо́вывать 1a

преобразова́ться, *1. u. 2. Pers ungebr*, *v* **1.** grundlegende Veränderungen durchmachen, sich wesentlich verändern, sich vollkommen wandeln **2.** sich verwandeln, sich umformen ‖ *uv* преобразо́вываться

преобразо́вывать(ся) *uv zu* преобразова́ть(ся)

преодолева́ть *uv zu* преодоле́ть

преодоле́ть 3 *v* кого́-что **1.** *alt* überwinden, besiegen *Feinde* **2.** überwinden, bezwingen, bewältigen **3.** bezwingen *Gefühl, Wunsch* ‖ *uv* преодолева́ть 2a

p.pt.p.	преодолённый; преодолён, -ена́

препари́ровать 4 *u.* 4a *v*, *uv* кого́-что **1.** präparieren, ein Präparat herstelleu **2.** *übtr* bearbeiten, vorbereiten *Zitat, Text zur Herausgabe*

препира́ться 2a *uv* с кем-чем sich zanken, sich *um Nichtigkeiten* streiten

преподава́ть *uv* что (кому́) **1.** Unterricht erteilen, unterweisen; unterrichten, lehren; преподава́ть ру́сский язы́к Russischunterricht geben **2.** *uv zu* препода́ть

pr.	преподаю́, -аёшь, -аю́т
imp.	преподава́й, ~те
pt.	преподава́л
g.pr.a.	преподава́я
p.pr.a.	преподаю́щий
p.pt.a.	преподава́вший
p.pr.p.	преподава́емый

препода́ть *v buchspr eine Lehre u. ä.* erteilen, einen Rat geben; übermitteln, mitteilen ‖ *uv* преподава́ть, Formen das.

ft.	препода́м, -а́шь, -а́ст, -ади́м, -ади́те -аду́т
imp.	препода́й, ~те
pt.	препо́дал, -одала́, -о́дало
g.pt.a.	препода́в
p.pt.a.	препода́вший
p.pt.p.	препо́данный; препо́дан, препо́дана́, препо́дано

преподнести́ *v* что кому́-чему́ überreichen; *übtr* eine Überraschung bereiten ‖ *uv* преподноси́ть, Formen das.

ft.	преподнесу́, -сёшь, -су́т
imp.	преподнеси́, ~те
pt.	преподнёс, -есла́
g.pt.a.	преподнеся́ *u. alt* преподнёсши
p.pt.a.	преподнёсший

p.pt.p. преподнесённый; преподнесён, -ена́

преподноси́ть *uv zu* преподнести́
pr. преподношу́, -о́сишь, -о́сят
imp. преподноси́, ~те
pt. преподноси́л
g.pr.a. преподнося́
p.pr.a. преподнося́щий
p.pt.a. преподноси́вший
p.pr.p. преподноси́мый

препоруча́ть *uv zu* препоручи́ть

препоручи́ть *v* кого́-что кому́-чему́ *alt* anvertrauen; übertragen ‖ *uv* препоруча́ть 2a
ft. препоручу́, -у́чишь, -у́чат
imp. препоручи́, ~те
pt. препоручи́л
g.pt.a. препоручи́в
p.pt.a. препоручи́вший
p.pt.p. препору́ченный

препоя́сать *v* кого́-что *buchspr alt* (j-n) umgürten, (j-m) einen Gürtel umbinden ‖ *uv* препоя́сывать 1a
ft. препоя́шу, -шешь, -шут
imp. препоя́шь, ~те
pt. препоя́сал
g.pt.a. препоя́сав
p.pt.a. препоя́савший
p.pt.p. препоя́санный

препоя́сывать *uv zu* препоя́сать

препроводи́ть *v* что absenden, übersenden ‖ *uv* препровожда́ть 2a
ft. препровожу́, -о́ди́шь, -о́дя́т
imp. препроводи́, ~те
pt. препроводи́л
g.pt.a. препроводи́в
p.pt.a. препроводи́вший
p.pt.p. препровождённый; препровождён, -ена́

препровожда́ть *uv zu* препроводи́ть

препя́тствовать 4a *uv* кому́-чему́ (ver)hindern, im Weg stehen. — (вос-)

прерва́ть *v* **1.** что unterbrechen, abbrechen **2.** кого́-что *a. ohne Objekt* unterbrechen *Gespräch*; прерва́ть кого́-н. j-m ins Wort fallen ‖ *uv* прерыва́ть 2a
ft. прерву́, -вёшь, -ву́т
imp. прерви́, ~те
pt. прерва́л, -ала́, -а́ло
g.pt.a. прерва́в
p.pt.a. прерва́вший
p.pt.p. пре́рванный

прерва́ться, *1. u. 2. Pers ungebr*, *v* (jäh) abbrechen, aufhören ‖ *uv* прерыва́ться
pt. прерва́лся, -ала́сь, -а́ло́сь

препека́ться 2a *uv* sich streiten, sich zanken

прерыва́ть(ся) *uv zu* прерва́ть(ся)

пресека́ть(ся) *uv zu* пресе́чь(ся)

пресе́чь *v* что *buchspr* abstellen, unterbinden, beseitigen ‖ *uv* пресека́ть 2a
ft. пресеку́, -ечёшь, -еку́т
imp. пресеки́, ~те
pt. пресе́к, пресе́кла́
g.pt.a. пресе́кши
p.pt.a. пресе́кший
p.pt.p. пресечённый; пресечён, -ена́

пресе́чься, *1. u. 2. Pers ungebr*, *v* aufhören, abbrechen ‖ *uv* пресека́ться

пресле́довать 4a *uv* кого́-что verfolgen *a. übtr*, nachstellen; unterdrücken

пресмыка́ться 2a *uv* **1.** *1. u. 2. Pers ungebr alt* kriechen **2.** пе́ред кем-чем kriechen, liebedienern (vor)

прессова́ть 5a *uv* что *tech* pressen. — (с-. от-)
p.pt.p. прессо́ванный

преста́виться *v alt* verscheiden, sterben
ft. преста́влюсь, -вишься, -вятся
imp. преста́вься, -вьтесь
pt. преста́вился, -лась
g.pt.a. преста́вившись
p.pt.a. преста́вившийся

преступа́ть *uv zu* преступи́ть

преступи́ть *v* что *buchspr alt* (eigenwillig) übertreten, verletzen ‖ *uv* преступа́ть 2a
ft. преступлю́, -у́пишь, -у́пят
imp. преступи́, ~те
pt. преступи́л
g.pt.a. преступи́в
p.pt.a. преступи́вший
p.pt.p. престу́пленный

пресы́тить *v* кого́-что übersättigen *a. übtr* ‖ *uv* пресыща́ть 2a
ft. пресы́щу, -ы́тишь, -ы́тят
imp. пресы́ть, ~те
pt. пресы́тил
g.pt.a. пресы́тив
p.pt.a. пресы́тивший
p.pt.p. пресы́щенный

пресы́титься *v* чем sich übersättigen; übersättigt sein ‖ *uv* пресыща́ться
g.pt.a. пресы́тившись *u.* пресы́тясь

пресыща́ть(ся) *uv zu* пресы́тить(ся)

претвори́ть *v* что во что **1.** *buchspr* umwandeln **2.** umsetzen; претвори́ть в жизнь in die Tat umsetzen, verwirklichen ‖ *uv* претворя́ть 2a

ft. претворю́, -ри́шь, -ря́т
imp. претвори́, ~те
pt. претвори́л
g.pt.a. претвори́в
p.pt.a. претвори́вший
p.pt.p. претворённый; претворён, -ена́

претвори́ться, *1. u. 2. Pers ungebr*, *v* во что *buchspr* **1.** sich ver-, umwandeln **2.** (*mit* в де́ло, в жизнь *u. ä.*) sich in die Tat umsetzen, verwirklicht werden ‖ *uv* претворя́ться

претворя́ть(ся) *uv zu* претвори́ть(ся)

претендова́ть 5a *uv* на кого́-что Anspruch erheben (auf), beanspruchen

претерпева́ть *uv zu* претерпе́ть

претерпе́ть *v* что erdulden, erleiden, ertragen ‖ *uv* претерпева́ть 2a
ft. претерплю́, -е́рпишь, -е́рпят
imp. претерпи́, ~те
pt. претерпе́л
g.pt.a. претерпе́в
p.pt.a. претерпе́вший
p.pt.p. *alt* претéрпенный *u. alt* претерпéнный; претерпéн, -ена́

прети́ть, *1. u. 2. Pers ungebr*, *meist unpers uv* кому́-чему́ zuwider sein, anekeln, anwidern
pr. прети́т, -тя́т
pt. прети́ло
p.pr.a. претя́щий
p.pt.a. прети́вший

преть 3a *uv* **1.** faulen, modern **2.** schwitzen, anlaufen *Fenster* **3.** dampfen *Boden* **4.** *umg* gedämpft [geschmort] werden *von Speisen* **5.** *volkssprr* schwitzen, sich mit Schweiß bedecken. — (со- *zu* 1, у- *zu* 4, взо- *zu* 5)

преувели́чивать *uv zu* преувели́чить

преувели́чить *v* что übertreiben ‖ *uv* преувели́чивать 1a
ft. преувели́чу, -чишь, -чат
imp. преувели́чь, ~те
pt. преувели́чил
g.pt.a. преувели́чив
p.pt.a. преувели́чивший
p.pt.p. преувели́ченный

преуменьша́ть *uv zu* **преуме́ньши́ть**

преуме́ньшить *u.* **преуменьши́ть** *v* что verkleinern, verniedlichen; zu niedrig angeben ‖ *uv* преуменьша́ть 2a
ft. преуме́ньшу́, -ме́ньши́шь, -ме́ньша́т
imp. преуме́ньши́, ~те
pt. преуме́ньши́л
g.pt.a. преуме́ньши́в
p.pt.a. преуме́ньши́вший
p.pt.p. преуме́ньшенный *u.* преуменьшённый; преуменьшён, -ена́

преуспева́ть *uv zu* преуспе́ть

преуспе́ть 3 *v* vorankommen, Fortschritte machen ‖ *uv* преуспева́ть 2a

приба́вить *v* **1.** что *oder* чего́ hinzufügen, hinzutun **2.** в чём länger machen, weiten *Kleidung* **3.** *umg*: приба́вить (в ве́се) zunehmen **4.** *übtr umg* übertreiben, hinzudichten ‖ *uv* прибавля́ть 2a
ft. приба́влю, -вишь, -вят
imp. приба́вь, ~те
pt. приба́вил
g.pt.a. приба́вив
p.pt.a. приба́вивший
p.pt.p. приба́вленный

приба́виться *v* **1.** *meist unpers* sich vermehren, sich vergrößern **2.** *umg* zunehmen *an Gewicht* ‖ *uv* прибавля́ться

прибавля́ть(ся) *uv zu* приба́вить(ся)

[1]**прибега́ть** *uv zu* прибежа́ть

[2]**прибега́ть** *uv zu* прибе́гнуть

прибе́гнуть *v* к кому́-чему́ seine Zuflucht nehmen (zu), greifen (zu); j-n um Hilfe [Unterstützung] ersuchen ‖ *uv* прибега́ть 2a
ft. прибе́гну, -нешь, -нут
imp. прибе́гни, ~те
pt. прибе́гнул *u.* прибе́г, прибе́гла
g.pt.a. прибе́гнув
p.pt.a. прибе́гнувший *u.* прибе́гший

прибедни́ться *v zu* прибедня́ться
ft. прибедню́сь, -ни́шься, -ня́тся
imp. прибедни́сь, -и́тесь
pt. прибедни́лся, -лась
g.pt.a. прибедни́вшись
p.pt.a. прибедни́вшийся

прибедня́ться 2a *uv umg verächtl* sich arm [unglücklich] stellen ‖ *v* прибедни́ться*, Formen das.

прибежа́ть *v* herbeilaufen, angelaufen kommen ‖ *uv* прибега́ть 2a
ft. прибегу́, -ежи́шь, -егу́т
imp. прибеги́, ~те
pt. прибежа́л
g.pt.a. прибежа́в
p.pt.a. прибежа́вший

приберега́ть *uv zu* приберéчь

приберéчь *v* что beiseite legen, sparen ‖ *uv* приберега́ть 2a
ft. приберегу́, -ежёшь, -егу́т
imp. прибереги́, ~те

pt. приберёг, -еглá
g.pt.a. приберёгши
p.pt.a. приберёгший
p.pt.p. прибережённый; прибережён, -зна́

прибивáть *uv zu* приби́ть

прибирáть(ся) *uv zu* прибрáть(ся)

приби́ть *v* когó-что **1.** anschlagen, annageln **2.** niederdrücken, niederschlagen **3.** *meist unpers* treiben; anspülen **4.** *volksspr* verprügeln ‖ *uv* прибивáть 2a *zu* 1—3
ft. прибью́, -бьёшь, -бью́т
imp. прибе́й, ~те
pt. приби́л
g.pt.a. приби́в
p.pt.a. приби́вший
p.pt.p. приби́тый

приближáть(ся) *uv zu* прибли́зить(ся)

прибли́зить *v* **1.** когó-что näher rücken, näher bringen, heranbringen, annähern **2.** что beschleunigen, abkürzen *Frist* **3.** когó-что к себé *oder* к чемý heranziehen, für sich gewinnen ‖ *uv* приближáть 2a
ft. прибли́жу, -и́зишь, -и́зят
imp. прибли́зь, ~те
pt. прибли́зил
g.pt.a. прибли́зив
p.pt.a. прибли́зивший
p.pt.p. прибли́женный

прибли́зиться *v* sich nähern; heranrücken ‖ *uv* приближáться

прибрáть *v* **1.** aufräumen **2.** что wegräumen ‖ *uv* прибирáть 2a
ft. приберý, -рёшь, -рýт
imp. прибери́, ~те
pt. прибрáл, -алá, -áло
g.pt.a. прибрáв
p.pt.a. прибрáвший
p.pt.p. при́бранный

прибрáться *v umg* sich in Ordnung bringen, sich zurechtmachen; *volksspr* sich herausputzen, sich ankleiden ‖ *uv* прибирáться
pt. прибрáлся, -алáсь, -áлóсь

прибредáть *uv zu* прибрести́

прибрести́ *v umg* langsam (heran)kommen, sich langsam heranschleppen ‖ *uv* прибредáть 2a
ft. прибредý, -дёшь, -дýт
imp. прибреди́, ~те
pt. прибрёл, -елá
g.pt.a. прибредя́ *u. alt* прибрéдши
p.pt.a. прибрéдший

прибывáть *uv zu* прибы́ть

прибы́ть *v* **1.** *buchspr* ankommen, eintreffen **2.** *1. u. 2. Pers ungebr* anwachsen, steigen; zunehmen ‖ *uv* прибывáть 2a
ft. прибýду, -дешь, -дут
imp. прибýдь, ~те
pt. при́был, прибылá, при́было
g.pt.a. прибы́в
p.pt.a. прибы́вший

привáдить *v* когó-что **1.** *Jagd* mit Futter anlocken, ködern **2.** *volkssprr* an sich ziehen, für sich gewinnen, sich geneigt machen ‖ *uv* привáживать 1a
ft. привáжу, -áдишь, -áдят
imp. привáдь, ~те
pt. привáдил
g.pt.a. привáдив
p.pt.a. привáдивший
p.pt.p. привáженный

[1]**привáживать** *uv zu* привáдить

[2]**привáживать** *uv iterativ zu* приводи́ть

привáливать *uv zu* привали́ть

привали́ть *v* **1.** что к чемý heranwälzen, heranrollen **2.** (ans Ufer) anlegen **3.** *volksspr* herbeiströmen ‖ *uv* привáливать 1a
ft. привалю́, -áлишь, -áлят
imp. привали́, ~те
pt. привали́л
g.pt.a. привали́в
p.pt.a. привали́вший
p.pt.p. привáленный

привáривать *uv zu* привари́ть

привари́ть *v* что anschweißen (an) ‖ *uv* привáривать 1a
ft. приварю́, -áришь, -áрят
imp. привари́, ~те
pt. привари́л
g.pt.a. привари́в
p.pt.a. привари́вший
p.pt.p. привáренный

привезти́ *v* что anfahren, liefern, bringen ‖ *uv* привози́ть, Formen das.
ft. привезý, -зёшь, -зýт
imp. привези́, ~те
pt. привёз, -езлá
g.pt.a. привезя́ *u. alt* привёзши
p.pt.a. привёзший
p.pt.p. привезённый; привезён, -енá

приверéдничать 1a *uv umg* nörgeln, mäkeln

привернýть 7 *v* что *umg* **1.** festschrauben **2.** herunterdrehen, zurückdrehen *z. B. Docht* ‖ *uv* привёртывать 1a
p.pt.p. привёрнутый

приверте́ть *v* что *volksspr* **1.** festschrauben **2.** fest-, zusammenbinden ‖ *uv* приве́рчивать 1a

ft.	приверчу́, -е́ртишь, -е́ртят
imp.	приверти́, ~те
pt.	приверте́л
g.pt.a.	приверте́в
p.pt.a.	приверте́вший
p.pt.p.	приве́рченный

привёртывать *uv zu* привернýть

приве́рчивать *uv zu* приверте́ть

приве́сить *v* что aufhängen, anhängen ‖ *uv* приве́шивать 1a

ft.	приве́шу, -е́сишь, -е́сят
imp.	приве́сь, ~те
pt.	приве́сил
g.pt.a.	приве́сив
p.pt.a.	приве́сивший
p.pt.p.	приве́шенный

привести́ *v* **1.** кого́-что bringen, herführen **2.** кого́-что к чемý *übtr* führen (zu) **3.** кого́-что во что *in einen Zustand* versetzen, bringen **4.** что anführen, zitieren ‖ *uv* приводи́ть, Formen das. | *uv iterativ umg* прива́живать 1a *zu* 1, *pr. ungebr*

ft.	приведý, -дёшь, -дýт
imp.	приведи́, ~те
pt.	привёл, -ела́
g.pt.a.	приведя́ *u. alt* приве́дши
p.pt.a.	приве́дший
p.pt.p.	приведённый; приведён, -ена́

привести́сь *unpers v* комý-чемý *umg* sich ergeben; мне привело́сь э́то уви́деть ich hatte Gelegenheit, das zu sehen ‖ *uv* приводи́ться

ft.	приведётся
pt.	привело́сь

приве́тствовать 4a *uv* (*pt.a. v*) кого́-что begrüßen *a. übtr*; *mil* grüßen

приве́шивать *uv zu* приве́сить

привива́ть(ся) *uv zu* приви́ть(ся)

приви́деться *v umg* träumen; *unpers* erscheinen; тебе́ приви́делось что́-нибудь? hast du etwas geträumt?

ft.	приви́жусь, -и́дишься, -и́дятся
pt.	приви́делся, -лась
g.pt.a.	приви́девшись
p.pt.a.	приви́девшийся

привинти́ть *v* что anschrauben, festschrauben ‖ *uv* приви́нчивать 1a

ft.	привинчý, -инти́шь, -интя́т
imp.	привинти́, ~те
pt.	привинти́л
g.pt.a.	привинти́в
p.pt.a.	привинти́вший
p.pt.p.	приви́нченный

приви́нчивать *uv zu* привинти́ть

привира́ть *uv zu* привра́ть

приви́ть *v* что **1.** чемý pfropfen, okulieren, veredeln **2.** комý impfen **3.** комý einimpfen, anerziehen, beibringen ‖ *uv* привива́ть 2a

ft.	привью́, -вьёшь, -вью́т
imp.	приве́й, ~те
pt.	приви́л, -ила́, -и́ло
g.pt.a.	приви́в
p.pt.a.	приви́вший
p.pt.p.	приви́тый *u.* привито́й; приви́т, -ита́, -и́то

приви́ться, *1. u. 2. Pers ungebr, v* **1.** anwachsen *Pfropfreis* **2.** wirken *Impfstoff* **3.** sich einbürgern, Fuß fassen ‖ *uv* привива́ться

pt.	приви́лся, -ила́сь, -ило́сь

привлека́ть *uv zu* привле́чь

привле́чь *v* кого́-что **1.** heranziehen, hinzuziehen, gewinnen **2.** anlocken, (an)ziehen, fesseln **3.**: привле́чь к отве́тственности zur Verantwortung ziehen; привле́чь кого́-н. к судý j-n gerichtlich belangen ‖ *uv* привлека́ть 2a

ft.	привлекý, -ечёшь, -екýт
imp.	привлеки́, ~те
pt.	привлёк, -екла́
g.pt.a.	привлёкши
p.pt.a.	привлёкший
p.pt.p.	привлечённый; привлечён, -ена́

привнести́ *v* что во что (ergänzend) hineinbringen, einflechten, hinzufügen ‖ *uv* привноси́ть, Formen das.

ft.	привнесý, -сёшь, -сýт
imp.	привнеси́, ~те
pt.	привнёс, -есла́
g.pt.a.	привнеся́ *u. alt* привнёсши
p.pt.a.	привнёсший
p.pt.p.	привнесённый; привнесён, -ена́

привноси́ть *uv zu* привнести́

pr.	привношý, -о́сишь, -о́сят
imp.	привноси́, ~те
pt.	привноси́л
g.pr.a.	привнося́
p.pr.a.	привнося́щий
p.pt.a.	привноси́вший

приводи́ть *uv zu* привести́

pr.	привожý, -о́дишь, -о́дят
imp.	приводи́, ~те
pt.	приводи́л

g.pr.a. приводя́
p.pr.a. приводя́щий
p.pt.a. приводи́вший
p.pr.p. приводи́мый

приводи́ться *uv umg* **1.** *uv zu* привести́сь **2.** кому́-чему́ in einem Verwandtschaftsverhältnis stehen

привози́ть *uv zu* привезти́
pr. привожу́, -о́зишь, -о́зят
imp. привози́, ~те
pt. привози́л
g.pr.a. привозя́
p.pr.a. привозя́щий
p.pt.a. привози́вший
p.pr.p. привози́мый

привола́кивать *uv zu* приволо́чь *u.* приволочи́ть

[1]**привола́киваться** *uv zu* приволо́чься *u.* приволочи́ться

[2]**привола́киваться** *uv zu* приволокну́ться

приволокну́ться 7 *v* за кем-чем *umg alt* anfangen den Hof zu machen; nachlaufen ‖ *uv* привола́киваться 1a

приволочи́ть *v* кого́-что *volkssprr* heranschleppen, -tragen ‖ *uv* привола́кивать 1a
ft. приволочу́, -о́чишь, -о́чат
imp. приволочи́, ~те
pt. приволочи́л
g.pt.a. приволочи́в
p.pt.a. приволочи́вший
p.pt.p. приволо́ченный

приволочи́ться *v volksspr* sich hinschleppen ‖ *uv* привола́киваться

приволо́чь *v* кого́-что *umg* heranschleppen ‖ *uv* привола́кивать 1a
ft. приволоку́, -очёшь, -оку́т
imp. приволоки́, ~те
pt. приволо́к, -окла́
g.pt.a. приволоча́ *u.* приволо́кши
p.pt.a. приволо́кший
p.pt.p. приволочённый; приволочён, -ена́

приволо́чься *v umg* sich hinschleppen ‖ *uv* привола́киваться

привора́живать *uv zu* приворожи́ть

привора́чизать *uv zu* привороти́ть

приворожи́ть *v* кого́-что **1.** *alt* behexen **2.** *übtr umg* bestricken, betören, an sich fesseln ‖ *uv* привора́живать 1a
ft. призорожу́, -жи́шь, -жа́т
imp. приворожи́, ~те
pt. приворожи́л
g.pt.a. приворожи́в
p.pt.a. приворожи́вший
p.pt.p. привороже́нный; приворожён, -ена́

привороти́ть *v* кого́-что *umg* **1.** heranrücken, näherschieben; anlehnen **2.** hin-, zuwenden, zukehren **3.** *ohne Objekt volksspr* auf dem Wege [unterwegs] einkehren ‖ *uv* привора́чивать 1a
ft. приворочу́, -о́тишь, -о́тят
imp. привороти́, ~те
pt. привороти́л
g.pt.a. привороти́в
p.pt.a. привороти́вший
p.pt.p. приворо́ченный

пивра́ть *v* что *u. ohne Objekt* **1.** hinzudichten, -lügen **2.** *übtr* aufschneiden, übertreiben ‖ *uv* привира́ть 2a
ft. привру́, -рёшь, -ру́т
imp. приври́, ~те
pt. привра́л, -ала́, -а́ло
g.pt.a. привра́в
p.pt.a. привра́вший
p.pt.p. при́вранный

[1]**привска́кивать** *uv zu* привскочи́ть

[2]**привска́кивать** *uv zu* привскакну́ть

привскакну́ть 7 *v umg* aufspringen, in die Höhe fahren ‖ *uv* привска́кивать 1a kein *p.pt.p.*

привскочи́ть *v* aufspringen, in die Höhe fahren ‖ *uv* привска́кивать 1a
ft. привскочу́, -о́чишь, -о́чат
imp. привскочи́, ~те
pt. привскочи́л
g.pt.a. привскочи́в
p.pt.a. привскочи́вший

привстава́ть *uv zu* привста́ть
pr. привстаю́, -аёшь, -аю́т
imp. привстава́й, ~те
pt. привстава́л
g.pr.a. привстава́я
p.pr.a. привстаю́щий
p.pt.a. привстава́вший

привста́ть *v* sich *ein bißchen* erheben ‖ *uv* привстава́ть, Formen das.
ft. привста́ну, -нешь, -нут
imp. привста́нь, ~те
pt. привста́л
g.pt.a. привста́в
p.pt.a. привста́вший

привыка́ть *uv zu* привы́кнуть

привы́кнуть *v* **1.** *mit Infinitiv* sich angewöhnen **2.** к кому́-чему́ *u. ohne Objekt* sich gewöhnen (an) ‖ *uv* привыка́ть 2a

ft. привы́кну, -нешь, -нут
imp. привы́кни, ~те
pt. привы́к *u. alt* привы́кнул, привы́кла
g.pt.a. привы́кнув *u.* привы́кши
p.pt.a. привы́кший

привяза́ть *v* кого́-что к кому́-чему́ **1.** anbinden **2.** (j-n) für sich einnehmen, an sich fesseln [ziehen] || *uv* привя́зывать 1a
ft. привяжу́, -я́жешь, -я́жут
imp. привяжи́, ~те
pt. привяза́л
g.pt.a. привяза́в
p.pt.a. привяза́вший
p.pt.p. привя́занный

привяза́ться *v* к кому́-чему́ **1.** sich anbinden **2.** liebgewinnen, Zuneigung fassen (zu) **3.** nachlaufen, sich aufdrängen **4.** *umg mißb* auszusetzen haben, bemäkeln || *uv* привя́зываться

привя́зывать(ся) *uv zu* привяза́ть(ся)

пригвожда́ть *uv zu* пригвозди́ть

пригвозди́ть *v* кого́-что к чему́ **1.** *alt* annageln, anschlagen **2.** *übtr* (fest)bannen || *uv* пригвожда́ть 2a
ft. пригвозжу́, -зди́шь, -здя́т
imp. пригвозди́, ~те
pt. пригвозди́л
g.pt.a. пригвозди́в
p.pt.a. пригвозди́вший
p.pt.p. пригвождённый; пригвождён, -ена́

пригиба́ть(ся) *uv zu* пригну́ть(ся)

пригла́дить *v* что **1.** glätten, glattstreichen **2.** *übtr umg Stil* glätten || *uv* пригла́живать 1a
ft. пригла́жу, -а́дишь, -а́дят
imp. пригла́дь, ~те
pt. пригла́дил
g.pt.a. пригла́див
p.pt.a. пригла́дивший
p.pt.p. пригла́женный

пригла́живать *uv zu* пригла́дить

пригласи́ть *v* кого́-что einladen; auffordern; kommen lassen, rufen lassen; пригласи́ть врача́ к больно́му den Arzt zu einem Kranken kommen lassen; пригласи́ть на рабо́ту für eine Arbeit einstellen || *uv* приглаша́ть 2a
ft. приглашу́, -аси́шь, -ася́т
imp. пригласи́, ~те
pt. пригласи́л
g.pt.a. пригласи́в
p.pt.a. пригласи́вший
p.pt.p. приглашённый; приглашён, -ена́

приглаша́ть *uv zu* пригласи́ть

приглуша́ть *uv zu* приглуши́ть

приглуши́ть *v* кого́-что **1.** *ein bißchen* dämpfen *Ton* **2.** *volkssprr* betäuben || *uv* приглуша́ть 2a
ft. приглушу́, -ши́шь, -ша́т
imp. приглуши́, ~те
pt. приглуши́л
g.pt.a. приглуши́в
p.pt.a. приглуши́вший
p.pt.p. приглушённый; приглушён, -ена́

пригляде́ть *v umg* **1.** за кем-чем aufpassen (auf), beobachten **2.** кого́-что aussuchen, ausfindig machen || *uv* пригля́дывать 1a
ft. пригляжу́, -яди́шь, -ядя́т
imp. пригляди́, ~те
pt. пригляде́л
g.pt.a. пригляде́в
p.pt.a. пригляде́вший

пригляде́ться *v umg* к кому́-чему́ *u. ohne Objekt* **1.** sich an einen Anblick gewöhnen **2.** eines Anblicks überdrüssig werden || *uv* пригля́дываться

[1]**пригля́дывать** *uv zu* пригляде́ть

[2]**пригля́дывать** *uv zu* пригляну́ть

пригля́дываться *uv zu* пригляде́ться

пригляну́ть* 7 *v volkssprr* **1.** за кем-чем aufpassen (auf) **2.** кого́-что aussuchen, ausfindig machen || *uv* пригля́дывать 1a
ft. пригляну́, -я́нешь, -я́нут
p.pt.p. пригля́нутый*

пригляну́ться *v umg* (auf den ersten Blick) gefallen

пригна́ть *v* кого́-что **1.** herantreiben **2.** к чему́ einpassen; passend machen || *uv* пригоня́ть 2a
ft. пригоню́, -о́нишь, -о́нят
imp. пригони́, ~те
pt. пригна́л, -ала́, -а́ло
g.pt.a. пригна́в
p.pt.a. пригна́вший
p.pt.p. при́гнанный

пригну́ть 7 *v* кого́-что herab-, herunterbiegen, niederbeugen || *uv* пригиба́ть 2a

пригну́ться *v* sich *ein bißchen* beugen || *uv* пригиба́ться

growова́ривать 1a *uv* **1.** *uv zu* приговори́ть **2.** dazu reden, vor sich hinsprechen

приговори́ть *v* кого́-что к чему́ verurteilen || *uv* пригова́ривать 1a
ft. приговорю́, -ри́шь, -ря́т
imp. приговори́, ~те

pt.	приговори́л
g.pt.a.	приговори́в
p.pt.a.	приговори́вший
p.pt.p.	приговорённый; приговорён, -ена́

пригоди́ться *v* кому́-чему́ taugen, brauchbar sein, geeignet sein (für)

ft.	пригожу́сь, -оди́шься, -одя́тся
imp.	пригоди́сь, -и́тесь
pt.	пригоди́лся, -лась
g.pt.a.	пригоди́вшись
p.pt.a.	пригоди́вшийся

приголу́бить *v* кого́-что *umg poet* mit Liebe [Zärtlichkeit] behandeln, zärtlich sein ‖ *uv* приголу́бливать 1a

ft.	приголу́блю, -бишь, -бят
imp.	приголу́бь, ~те
pt.	приголу́бил
g.pt.a.	приголу́бив
p.pt.a.	приголу́бивший
p.pt.p.	приголу́бленный

приголу́бливать *uv zu* приголу́бить

пригоня́ть *uv zu* пригна́ть

пригора́ть *uv zu* пригоре́ть

пригоре́ть, *1. u. 2. Pers ungebr*, *v* anbrennen *von Speisen* ‖ *uv* пригора́ть 2a

ft.	пригори́т, -ря́т
pt.	пригоре́л
g.pt.a.	пригоре́в
p.pt.a.	пригоре́вший

пригорю́ниваться *uv zu* пригорю́ниться

пригорю́ниться *v poet umg* Trübsal blasen, den Kopf hängen lassen ‖ *uv* пригорю́ниваться 1a

ft.	пригорю́нюсь, -нишься, -нятся
imp.	пригорю́нься, -ньтесь
pt.	пригорю́нился, -лась
g.pt.a.	пригорю́нясь *u.* пригорю́нившись
p.pt.a.	пригорю́нившийся

пригота́вливать(ся) *uv zu* приното́вить(ся)

пригото́вить *v* **1.** кого́-что к чему́ vorbereiten (auf), fertigmachen **2.** что zubereiten, kochen ‖ *uv* пригота́вливать 1a *u.* приготовля́ть 2a

ft.	пригото́влю, -вишь, -вят
imp.	пригото́вь, ~те
pt.	пригото́вил
g.pt.a.	пригото́вив
p.pt.a.	пригото́вивший
p.pt.p.	пригото́вленный

пригото́виться *v* к чему́, *mit Infinitiv u. ohne Objekt* sich vorbereiten (auf) ‖ *uv* пригота́вливаться *u.* приготовля́ться

g.pt.a.	пригото́вившись *u.* пригото́вясь

приготовля́ть(ся) *uv zu* пригото́вить(ся)

пригреба́ть *uv zu* пригрести́

пригрева́ть *uv zu* пригре́ть

пригре́зиться *v* träumen

ft.	пригре́жусь, -е́зишься, -е́зятся
imp.	пригре́зься, -зьтесь
pt.	пригре́зился, -лась
g.pt.a.	пригре́зившись
p.pt.a.	пригре́зившийся

пригрести́ *v* **1.** что zusammenkehren **2.** к чему́ heranrudern (an) ‖ *uv* пригреба́ть 2a

ft.	пригребу́, -бёшь, -бу́т
imp.	пригреби́, ~те
pt.	пригрёб, -гребла́
g.pt.a.	пригребя́ *u.* пригрёбши
p.pt.a.	пригрёбший
p.pt.p.	пригребённый; пригребён, -ена́

пригре́ть 3 *v* кого́-что **1.** *ein bißchen* wärmen **2.** *umg* beschützen ‖ *uv* пригрева́ть 2a

p.pt.p.	пригре́тый

пригрози́ть *v* кому́-чему́ чем drohen

ft.	пригрожу́, -ози́шь, -озя́т
imp.	пригрози́, ~те
pt.	пригрози́л
g.pt.a.	пригрози́в
p.pt.a.	пригрози́вший

пригу́бить *v* что *oder* чего́ *u. ohne Objekt* nippen (an) ‖ *uv* пригу́бливать 1a

ft.	пригу́блю, -бишь, -бят
imp.	пригу́бь, ~те
pt.	пригу́бил
g.pt.a.	пригу́бив
p.pt.a.	пригу́бивший
p.pt.p.	пригу́бленный

пригу́бливать *uv zu* пригу́бить

придава́ть *uv zu* прида́ть

pr.	придаю́, -аёшь, -аю́т
imp.	придава́й, ~те
pt.	придава́л
g.pr.a.	придава́я
p.pr.a.	придаю́щий
p.pt.a.	придава́вший
p.pr.p.	придава́емый

придави́ть *v* кого́-что **1.** (nieder)drücken **2.** quetschen ‖ *uv* прида́вливать 1a

ft.	придавлю́, -а́вишь, -а́вят
imp.	придави́, ~те

pt.	придави́л
g.pt.a.	придави́в
p.pt.a.	придави́вший
p.pt.p.	прида́вленный

прида́вливать *uv zu* придави́ть

прида́ть *v* **1.** кого́-что bei-, dazugeben, hinzufügen; anschließen; *mil* unterstellen **2.** чего́ verleihen, geben; einflößen ‖ *uv* придава́ть, Formen das.

ft.	прида́м, -а́шь, -а́ст, -ади́м, -ади́те, -аду́т
imp.	прида́й, ~те
pt.	при́дал *u. umg* прида́л, придала́, при́дало *u. umg* прида́ло
g.pt.a.	прида́в
p.pt.a.	прида́вший
p.pt.p.	при́данный; при́дан, придана́ *u. umg* при́дана, при́дано

придвига́ть(ся) *uv zu* придви́нуть(ся)

придви́нуть 6 *v* кого́-что heranrücken ‖ *uv* придвига́ть 2а

imp.	придви́нь, ~те
p.pt.p.	придви́нутый

придви́нуться *v* к кому́-чему́ heranrücken; sich nähern ‖ *uv* придвига́ться

приде́лать 1 *v* что к чему́ anmachen, anbringen, befestigen; anbauen ‖ *uv* приде́лывать 1а

приде́лывать *uv zu* приде́лать

придержа́ть *v* кого́-что **1.** (fest)halten **2.** *umg* zurückhalten; horten; придержа́ть де́ньги das Geld zusammenhalten ‖ *uv* приде́рживать 1а

ft.	придержу́, -е́ржишь, -е́ржат
imp.	придержи́, ~те
pt.	придержа́л
g.pt.a.	придержа́в
p.pt.a.	придержа́вший
p.pt.p.	приде́ржанный

придержа́ться *v zu* приде́рживаться

приде́рживать *uv zu* придержа́ть

приде́рживаться 1а *uv* **1.** за что sich festhalten (an) **2.** *übtr* чего́ sich halten (an), bleiben (bei) ‖ *v* придержа́ться, Formen nach придержа́ть

придира́ться *uv zu* придра́ться

придра́ться *v* **1.** к кому́ auszusetzen haben, Vorwürfe machen; schikanieren **2.** к чему́: придра́ться к слу́чаю *volksspr* die Gelegenheit ergreifen [wahrnehmen] ‖ *uv* придира́ться 2а

ft.	придеру́сь, -рёшься, -ру́тся
imp.	придери́сь, -и́тесь
pt.	придра́лся, -ала́сь, -а́ло́сь
g.pt.a.	придра́вшись
p.pt.a.	придра́вшийся

приду́мать 1 *v* что ausdenken, erfinden, ersinnen ‖ *uv* приду́мывать 1а

приду́маться, *1. u. 2. Pers ungebr*, *v umg* (auf)kommen, entstehen *Gedanken*, *Pläne u. a.* ‖ *uv* приду́мываться

приду́мывать(ся) *uv zu* приду́мать(ся)

придуши́ть *v* кого́-что *umg* erwürgen

ft.	придушу́, -у́шишь, -у́шат
imp.	придуши́, ~те
pt.	придуши́л
g.pt.a.	придуши́в
p.pt.a.	придуши́вший
p.pt.p.	приду́шенный

приеда́ться *uv zu* прие́сться

приезжа́ть *uv zu* прие́хать

прие́сться, *1. u. 2. Pers ungebr*, *v umg* langweilig werden; мне прие́лось игра́ть ich hatte das Spielen satt ‖ *uv* приеда́ться 2а

ft.	прие́стся, -едя́тся
pt.	прие́лся, -лась
g.pt.a.	прие́вшись
p.pt.a.	прие́вшийся

прие́хать *v* (an)kommen ‖ *uv* приезжа́ть 2а

ft.	прие́ду, -дешь, -дут
imp.	(приезжа́й, ~те)
pt.	прие́хал
g.pt.a.	прие́хав
p.pt.a.	прие́хавший

прижа́ть *v* кого́-что **1.** (an)drücken; niederdrücken **2.** *übtr* abdrängen **3.** *übtr* bedrücken, bedrängen ‖ *uv* прижима́ть 2а

ft.	прижму́, -мёшь, -му́т
imp.	прижми́, ~те
pt.	прижа́л
g.pt.a.	прижа́в
p.pt.a.	прижа́вший
p.pt.p.	прижа́тый

прижа́ться *v* к кому́-чему́ sich anschmiegen, sich drücken ‖ *uv* прижима́ться

приже́чь *v* что **1.** ausbrennen, ätzen, desinfizieren **2.** *volksspr* anbrennen lassen *Speisen* ‖ *uv* прижига́ть 2а

ft.	прижгу́, -жжёшь, -жгу́т
imp.	прижги́, ~те
pt.	прижёг, -жгла́
g.pt.a.	прижёгши
p.pt.a.	прижёгший
p.pt.p.	прижжённый; прижжён, -ена́

прижива́ть(ся) *uv zu* прижи́ть(ся)

прижига́ть *uv zu* приже́чь

прижимáть(ся) *uv zu* прижáть(ся)

прижи́ть *v* когó-что *umg* zeugen, Kinder zur Welt bringen *meist außerehelich* || *uv* приживáть 2a
ft. приживý, -вёшь, -вýт
imp. приживи́, ~те
pt. при́жил *u.* *umg* прижи́л, прижилá, при́жило *u.* *umg* прижи́ло
g.pt.a. прижи́в
p.pt.a. прижи́вший
p.pt.p. при́жи́тый *u.* прижитóй; при́жи́т, прижитá, при́жи́то

прижи́ться *v* sich einleben; sich akklimatisieren || *uv* приживáться
pt. прижи́лся, -илáсь, -илóсь

призадýматься 1 *v* nachdenklich werden || *uv* призадýмываться 1a

призадýмываться *uv zu* призадýматься

призанимáть *uv zu* призаня́ть

призаня́ть *v* что *oder* чегó *umg ein wenig oder auf kurze Zeit* borgen, leihen || *uv* призанимáть 2a
ft. призаймý, -мёшь, -мýт
imp. призайми́, ~те
pt. призáня́л, -анялá, -áня́ло
g.pt.a. призаня́в
p.pt.a. призаня́вший
p.pt.p. призáнятый; призáнят, -анятá, -áнято

призвáть *v* когó-что **1.** herbeirufen; auffordern **2.** einberufen, einziehen **3.** rufen (zu), auffordern (zu) **4.** *nur p.pt.p., meist mit Infinitiv oder* к чемý berufen [bestimmt] sein || *uv* призывáть 2a *zu* 1—3
ft. призовý, -вёшь, -вýт
imp. призови́, ~те
pt. призвáл, -алá, -áло
g.pt.a. призвáв
p.pt.a. призвáвший
p.pt.p. при́званный; при́зван, призвáнá, при́звано

призвáться *v umg* zum Militär einberufen werden, zum Militärdienst einrücken || *uv* призывáться
pt. призвáлся, -алáсь, -áлóсь

приземли́ть *v* что *flug* landen *tr* || *uv* приземля́ть 2a
ft. приземлю́, -ли́шь, -ля́т
imp. приземли́, ~те
pt. приземли́л
g.pt.a. приземли́в
p.pt.a. приземли́вший
p.pt.p. приземлённый; приземлён, -енá

приземли́ться *v flug* landen *itr* || *uv* приземля́ться

приземля́ть(ся) *uv zu* приземли́ть(ся)

призирáть *uv zu* призрéть

признавáть *uv zu* признáть
pr. признаю́, -аёшь, -аю́т
imp. признавáй, ~те
pt. признавáл
g.pr.a. признавáя
p.pr.a. признаю́щий
p.pt.a. признавáвший
p.pr.p. признавáемый

признавáться *uv zu* признáться

признáть 2 *v* **1.** когó-что anerkennen **2.** когó-что zugeben, eingestehen, zugestehen **3.** когó-что кем-чем *oder* каки́м halten (für), ansehen (als) **4.** когó-что в ком-чём *oder* когó-что *umg* (wieder)erkennen || *uv* признавáть, Formen das.

признáться *v* комý-чемý в чём *oder mit Konjunktion* что bekennen, eingestehen || *uv* признавáться

призревáть *uv zu* призрéть

призрéть *v* когó-что *alt* verpflegen, versorgen, in Pflege nehmen || *uv* призревáть 2a *u.* призирáть 2a
ft. призрю́, при́зри́шь, при́зря́т
imp. призри́, ~те
pt. призрéл
g.pt.a. призрéв
p.pt.a. призрéвший
p.pt.p. при́зренный

призывáть(ся) *uv zu* призвáть(ся)

прискáть *v* когó-что *umg* aussuchen, ausfindig machen, entdecken || *uv* при́скивать 1a
ft. приищý, -и́щешь, -и́щут
imp. приищи́, ~те
pt. приискáл
g.pt.a. приискáв
p.pt.a. приискáвший
p.pt.p. при́исканный

при́искивать *uv zu* приискáть

прийти́ *v* **1.** (an)kommen, eintreffen **2.** во что *in einen Zustand* kommen, geraten || *uv* приходи́ть, Formen das.
ft. придý, -дёшь, -дýт
imp. приди́, ~те
pt. пришёл, -шлá
g.pt.a. придя́ *u.* *alt* пришéдши
p.pt.a. пришéдший

прийти́сь *v* **1.** по чему́ passen, sich eignen, entsprechen; zusagen, gefallen **2.** *1. u. 2. Pers ungebr* на что fallen, treffen (auf) **3.** *unpers mit Infinitiv* müssen **4.** *1. u. 2. Pers ungebr* на кого́-что entfallen, kommen (auf), zustehen **5.** *unpers* кому́ ergehen ‖ *uv* приходи́ться

приказа́ть *v* кому́-чему́ *u. mit Infinitiv* befehlen, anordnen ‖ *uv* прика́зывать 1a

ft.	прикажу́, -а́жешь, -а́жут
imp.	прикажи́, ~те
pt.	приказа́л
g.pt.a.	приказа́в
p.pt.a.	приказа́вший
p.pt.p.	прика́занный

прика́зывать *uv zu* приказа́ть

прика́лывать *uv zu* приколо́ть

прика́нчивать *uv zu* прико́нчить

прика́пливать *uv zu* прикопи́ть

прикарма́нивать *uv zu* прикарма́нить

прикарма́нить *v* что *volksspr* klauen, mitgehen lassen ‖ *uv* прикарма́нивать 1a

ft.	прикарма́ню, -нишь, -нят
imp.	прикарма́нь, ~те
pt.	прикарма́нил
g.pt.a.	прикарма́нив
p.pt.a.	прикарма́нивший
p.pt.p.	прикарма́ненный

прика́рмливать 1a *uv* **1.** *uv zu* прикорми́ть **2.** кого́-что Zusatzkost geben *Säuglingen*

прикаса́ться *uv zu* прикосну́ться

прикати́ть *v* **1.** что heranrollen **2.** *volksspr* hinfahren; angesaust kommen ‖ *uv* прика́тывать 1a

ft.	прикачу́, -а́тишь, -а́тят
imp.	прикати́, ~те
pt.	прикати́л
g.pt.a.	прикати́в
p.pt.a.	прикати́вший
p.pt.p.	прика́ченный

прика́тывать *uv zu* прикати́ть

приќидывать(ся) *uv zu* прики́нуть(ся)

прики́нуть 6 *v umg* **1.** что *oder* чего́ dazuwerfen, hinzutun **2.** что messen, schätzen **3.** что nachrechnen, überschlagen ‖ *uv* прики́дывать 1a

imp.	прики́нь, ~те
p.pt.p.	прики́нутый

прики́нуться *v* кем-чем *umg* sich (ver)stellen; прики́нуться дурако́м sich dumm stellen ‖ *uv* прики́дываться

прикипа́ть *uv zu* прикипе́ть

прикипе́ть, *1. u. 2. Pers ungebr, v umg* anbrennen *beim Kochen* ‖ *uv* прикипа́ть 2a

ft.	прикипи́т, -пя́т
pt.	прикипе́л
g.pt.a.	прикипе́в
p.pt.a.	прикипе́вший

прикла́дывать(ся) *uv zu* приложи́ть(ся)

прикле́ивать(ся) *uv zu* прикле́ить(ся)

прикле́ить *v* что ankleben, anleimen ‖ *uv* прикле́ивать 1a

ft.	прикле́ю, -е́ишь, -е́ят
imp.	прикле́й, ~те
pt.	прикле́ил
g.pt.a.	прикле́ив
p.pt.a.	прикле́ивший
p.pt.p.	прикле́енный

прикле́иться *v* klebenbleiben, festkleben, hängenbleiben ‖ *uv* прикле́иваться

приклепа́ть 2 *v* что annieten ‖ *uv* приклёпывать 1a

p.pt.p.	приклёпанный

приклёпывать *uv zu* приклепа́ть

приклони́ть *v* что *umg* niederbeugen; ему́ не́где го́лову приклони́ть er ist obdachlos, er weiß nicht, wo er bleiben soll ‖ *uv* приклоня́ть 2a

ft.	приклоню́, -о́нишь, -о́нят
imp.	приклони́, ~те
pt.	приклони́л
g.pt.a.	приклони́в
p.pt.a.	приклони́вший
p.pt.p.	приклонённый; приклонён, -ена́

приклоня́ть *uv zu* приклони́ть

приключа́ть(ся) *uv zu* приключи́ть(ся)

приключи́ть *v* что *el* anschließen ‖ *uv* приключа́ть 2a

ft.	приключу́, -чи́шь, -ча́т
imp.	приключи́, ~те
pt.	приключи́л
g.pt.a.	приключи́в
p.pt.a.	приключи́вший
p.pt.p.	приключённый; приключён, -ена́

приключи́ться, *1. u. 2. Pers ungebr, v* geschehen, passieren, sich ereignen ‖ *uv* приключа́ться

прикова́ть 5 *v* кого́-что anschmieden, fesseln *a. übtr* ‖ *uv* прико́вывать 1a

ft.	прикую́, -уёшь, -ую́т

прико́вывать *uv zu* прикова́ть

прикола́чивать *uv zu* приколоти́ть

приколоти́ть *v* что *umg* annageln ‖ *uv* прикола́чивать 1a
ft. приколочу́, -о́тишь, -о́тят
imp. приколоти́, ~те
pt. приколоти́л
g.pt.a. приколоти́в
p.pt.a. приколоти́вший
p.pt.p. приколо́ченный

приколо́ть *v* **1.** что anstecken *mit einer Nadel* **2.** кого́-что *umg* erstechen ‖ *uv* прика́лывать 1a
ft. приколю́, -о́лешь, -о́лют
imp. приколи́, ~те
pt. приколо́л
g.pt.a. приколо́в
p.pt.a. приколо́вший
p.pt.p. прико́лотый

прикомандирова́ть 5 *v* кого́-что к кому́-чему́ abkommandieren, zuteilen ‖ *uv* прикомандиро́вывать 1a

прикомандиро́вывать *uv zu* прикомандирова́ть

прико́нчить *v* кого́-что *umg* **1.** ein Ende machen, beenden; aufzehren, aufessen, aufbrauchen **2.** den Todesstoß geben, umbringen ‖ *uv umg* прика́нчивать 1a
ft. прико́нчу, -чишь, -чат
imp. прико́нчи, ~те
pt. прико́нчил
g.pt.a. прико́нчив
p.pt.a. прико́нчивший
p.pt.p. прико́нченный

прикопи́ть *v* что *oder* чего́ *umg* anhäufen, aufsparen ‖ *uv* прика́пливать 1a
ft. прикоплю́, -о́пишь, -о́пят
imp. прикопи́, ~те
pt. прикопи́л
g.pt.a. прикопи́в
p.pt.a. прикопи́вший
p.pt.p. прико́пленный

прикорми́ть *v* кого́-что durch Futter anlocken; *übtr* ködern ‖ *uv* прика́рмливать 1a
ft. прикормлю́, -о́рмишь, -о́рмят
imp. прикорми́, ~те
pt. прикорми́л
g.pt.a. прикорми́в
p.pt.a. прикорми́вший
p.pt.p. прико́рмленный

прикорну́ть 7 *v umg* sich hinlegen und sich anschmiegen (an); ein Nickerchen machen
kein *p.pt.p.*

прикосну́ться 7 *v* к кому́-чему́ berühren ‖ *uv* прикаса́ться 2a

прикра́сить *v* что *beim Erzählen* ausschmücken, übertreiben; beschönigen ‖ *uv* прикра́шивать 1a
ft. прикра́шу, -а́сишь, -а́сят
imp. прикра́сь, ~те
pt. прикра́сил
g.pt.a. прикра́сив
p.pt.a. прикра́сивший
p.pt.p. прикра́шенный

прикра́шивать *uv zu* прикра́сить

прикрепи́ть *v* кого́-что к кому́-чему́ **1.** befestigen, festmachen **2.** zuteilen, übergeben; angliedern; *bei einer Organisation u. ä.* anmelden; einweisen ‖ *uv* прикрепля́ть 2a
ft. прикреплю́, -пи́шь, -пя́т
imp. прикрепи́, ~те
pt. прикрепи́л
g.pt.a. прикрепи́в
p.pt.a. прикрепи́вший
p.pt.p. прикреплённый; прикреплён, -ена́

прикрепи́ться *v* к чему́ beitreten, sich anmelden (bei) ‖ *uv* прикрепля́ться

прикрепля́ть(ся) *uv zu* прикрепи́ть(ся)

прикри́кивать *uv zu* прикри́кнуть

прикри́кнуть 6 *v* на кого́-что anschreien, anschnauzen ‖ *uv* прикри́кивать 1a

прикрути́ть *v umg* кого́-что **1.** к чему́ anbinden; fesseln (an) **2.** herunterdrehen *Docht* ‖ *uv* прикру́чивать 1a
ft. прикручу́, -у́тишь, -у́тят
imp. прикрути́, ~те
pt. прикрути́л
g.pt.a. прикрути́в
p.pt.a. прикрути́вший
p.pt.p. прикру́ченный

прикру́чивать *uv zu* прикрути́ть

прикрыва́ть(ся) *uv zu* прикры́ть(ся)

прикры́ть *v* кого́-что **1.** кем-чем *leicht* bedecken, zudecken **2.** *Tür, Fenster* nicht ganz schließen, anlehnen **3.** *mil* decken, schützen **4.** bemänteln, vertuschen, verheimlichen **5.** *umg* schließen, liquidieren ‖ *uv* прикрыва́ть 2a
ft. прикро́ю, -о́ешь, -о́ют
imp. прикро́й, ~те
pt. прикры́л
g.pt.a. прикры́в
p.pt.a. прикры́вший
p.pt.p. прикры́тый

прикры́ться *v* **1.** чем *umg* sich *leicht* zudecken **2.** от чего́ sich schützen, Deckung suchen (vor) **3.** *übtr* чем *umg* sich verstecken (hinter), sich herausreden (mit) **4.** *umg* zumachen, schließen *itr*, liquidiert werden ‖ *uv* прикрывáться

прикупáть *uv zu* прикупи́ть

прикупи́ть *v* когó-что dazukaufen ‖ *uv* прикупáть 2a

ft.	прикуплю́, -ýпишь, -ýпят
imp.	прикупи́, ~те
pt.	прикупи́л
g.pt.a.	прикупи́в
p.pt.a.	прикупи́вший
p.pt.p.	прикýпленный

прикýривать *uv zu* прикури́ть

прикури́ть *v* что у когó *Zigarette* anrauchen (*meist an einer schon brennenden*) ‖ *uv* прикýривать 1a

ft.	прикурю́, -ýришь, -ýрят
imp.	прикури́, ~те
pt.	прикури́л
g.pt.a.	прикури́в
p.pt.a.	прикури́вший
p.pt.p.	прикýренный

прикуси́ть *v* что **1.** (zu)beißen; sich *auf die Lippe, Zunge* beißen **2.** zwicken *in den Finger u. ä.* **3.** *übtr*: прикуси́ть язы́к schweigen, verstummen **4.** *umg ein wenig* essen ‖ *uv* прикýсывать 1a

ft.	прикушý, -ýсишь, -ýсят
imp.	прикуси́, ~те
pt.	прикуси́л
g.pt.a.	прикуси́в
p.pt.a.	прикуси́вший
p.pt.p.	прикýшенный

прикýсывать *uv zu* прикуси́ть

прилагáть *uv zu* приложи́ть

прилáдить *v* что к чемý passend zurichten, einpassen; anmachen, befestigen ‖ *uv* прилáживать 1a

ft.	прилáжу, -áдишь, -áдят
imp.	прилáдь, ~те
pt.	прилáдил
g.pt.a.	прилáдив
p.pt.a.	прилáдивший
p.pt.p.	прилáженный

прилáживать *uv zu* прилáдить

приласкáть 2 *v* когó-что liebkosen, zärtlich behandeln

приласкáться *v* к комý-чемý umschmeicheln

прилгáть *v* что *u. ohne Objekt umg* dazulügen; aufschneiden

ft.	прилгý, -лжёшь, -лгýт
imp.	прилги́, ~те
pt.	прилгáл, -алá, -áло
g.pt.a.	прилгáв
p.pt.a.	прилгáвший
p.pt.p.	при́лганный

прилгнýть 7 *v* что *umg* dazulügen; aufschneiden

p.pt.p.	при́лгнутый*

прилегáть 2a, *1. u. 2. Pers ungebr*, *uv* к чемý **1.** eng anliegen *Kleidung* **2.** angrenzen, anstoßen **3.** *uv zu* прилéчь

прилежáть, *1. u. 2. Pers ungebr*, *uv* к чемý *alt* angrenzen, -stoßen, -liegen

pr.	прилежи́т, -жáт
pt.	прилежáл
g.pr.a.	прилежá
p.pr.a.	прилежáщий
p.pt.a.	прилежáвший

прилезáть *uv zu* прилéзть

прилéзть *v umg* herbei-, herankriechen, heranklettern ‖ *uv* прилезáть 2a

ft.	прилéзу, -зешь, -зут
imp.	прилéзь, ~те
pt.	прилéз, ~ла
g.pt.a.	прилéзши
p.pt.a.	прилéзший

прилепи́ть *v* что к чемý auf-, ankleben, festkleben ‖ *uv* прилепля́ть 2a *u.* прилéпливать 1a

ft.	прилеплю́, -éпишь, -éпят
imp.	прилепи́, ~те
pt.	прилепи́л
g.pt.a.	прилепи́в
p.pt.a.	прилепи́вший
p.pt.p.	прилéпленный

прилепи́ться *v* к чемý klebenbleiben, festkleben, haften ‖ *uv* прилепля́ться *u.* прилéпливаться

прилéпливать(ся) *uv zu* прилепи́ть(ся)

прилепля́ть(ся) *uv zu* прилепи́ть(ся)

прилетáть *uv zu* прилетéть

прилетéть *v* **1.** heran-, herbeifliegen, ankommen; (angeflogen) kommen **2.** *umg* hereinstürzen, angerannt kommen ‖ *uv* прилетáть 2a

ft.	прилечý, -ети́шь, -етя́т
imp.	прилети́, ~те
pt.	прилетéл
g.pt.a.	прилетéв
p.pt.a.	прилетéвший

прилéчь *v* **1.** sich *ein bißchen* hinlegen, ein Schläfchen machen **2.** к чемý sich legen (an); sich stützen (auf) **3.** *1. u. 2. Pers ungebr* sich legen, niedergedrückt werden *vom Getreide* ‖ *uv* прилегáть 2a

ft. прилягу, -я́жешь, -я́гут
imp. приля́г, ~те
pt. прилёг, -еглá
g.pt.a. прилёгши
p.pt.a. прилёгший

приливáть *uv zu* прили́ть

прилизáть *v* когó-что **1.** glattlecken, belecken **2.** glatt kämmen [bürsten] ‖ *uv* прили́зывать 1a
ft. прилижу́, -и́жешь, -и́жут
imp. прилижи́, ~те
pt. прилизáл
g.pt.a. прилизáв
p.pt.a. прилизáвший
p.pt.p. прили́занный

прили́зывать *uv zu* прилизáть

прилипáть *uv zu* прили́пнуть

прили́пнуть *v* **1.** *1. u. 2. Pers ungebr* к чему́ klebenbleiben, festkleben **2.** к кому́ *umg* sich aufdrängen, nicht von der Seite weichen ‖ *uv* прилипáть 2a
ft. прили́пну, -нешь, -нут
pt. прили́п *u. alt* прили́пнул, прили́пла
g.pt.a. прили́пнув
p.pt.a. прили́пший

прили́ть *v* **1.** что *oder* чегó (hin)zugießen **2.** heran-, zuströmen, heranfließen ‖ *uv* приливáть 2a
ft. прилью́, -льёшь, -лью́т
imp. прилéй, ~те
pt. прили́л, -илá, -и́ло
g.pt.a. прили́в
p.pt.a. прили́вший

прили́чествовать 4a, *1. u. 2. Pers ungebr*, *uv* кому́-чему́ *buchspr* sich schicken (für), sich gehören

приложи́ть *v* что к чему́ **1.** (auf)legen, -drücken (auf, gegen) **2.** beilegen, -fügen **3.** anwenden (auf) **4.** auf-, zuwenden; alles daran setzen ‖ *uv* приклáдывать 1a *zu* 1 *u.* прилагáть 2a *zu* 2—4
ft. приложу́, -óжишь, -óжат
imp. приложи́, ~те
pt. приложи́л
g.pt.a. приложи́в
p.pt.a. приложи́вший
p.pt.p. прилóженный

приложи́ться *v* **1.** sich drücken (an) **2.** к кому́-чему́ ehrerbietig küssen **3.** das Gewehr anlegen, zielen **4.** *volksspr ein bißchen* trinken ‖ *uv* приклáдываться

прилуни́ться *v* auf dem Mond landen
ft. прилуню́сь, -ни́шься, -ня́тся
imp. прилуни́сь, -и́тесь
pt. прилуни́лся, -лась
g.pt.a. прилуни́вшись
p.pt.a. прилуни́вшийся

прильну́ть 7 *v* к кому́-чему́ sich (an)-schmiegen (an)
kein *p.pt.p.*

примáзаться *v* **1.** *volksspr* sich einschmieren, sich einreiben *Kopf*, *Haare* **2.** *volksspr* sich einschleichen, sich anbiedern **3.** mithalten *beim Hasardspiel* ‖ *uv* примáзываться 1a
ft. примáжусь, -жешься, -жутся
imp. примáжься, -жьтесь
pt. примáзался, -лась
g.pt.a. примáзавшись
p.pt.a. примáзавшийся

примáзываться *uv zu* примáзаться

примáнивать *uv zu* примани́ть

примани́ть *v* когó-что *umg* **1.** (an)locken **2.** für sich einnehmen ‖ *uv* примáнивать 1a
ft. приманю́, -áнишь, -áнят
imp. примани́, ~те
pt. примани́л
p.pt.p. примáненный *u.* приманённый; приманён, -енá

примáчивать *uv zu* примочи́ть

примáщивать(ся) *uv zu* примости́ть(ся)

примелькáться 2 *v vom häufigen Sehen* bekannt [vertraut] werden

примени́ть *v* что к кому́-чему́ **1.** anwenden (auf), verwenden **2.** anpassen (an) ‖ *uv* применя́ть 2a
ft. применю́, -éнишь, -éнят
imp. примени́, ~те
pt. примени́л
g.pt.a. примени́в
p.pt.a. примени́вший
p.pt.p. применённый; применён, -енá

примени́ться *v* к кому́-чему́ sich anpassen, sich richten (nach) ‖ *uv* применя́ться

применя́ть(ся) *uv zu* примени́ть(ся)

примерзáть *uv zu* примёрзнуть

примёрзнуть *v* anfrieren, festfrieren (an) ‖ *uv* примерзáть 2a
ft. примёрзну, -нешь, -нут
imp. примёрзни, ~те
pt. примёрз, ~ла
g.pt.a. примёрзнув *u.* примёрзши
p.pt.a. примёрзший

примéривать(ся) *uv zu* примéрить(ся)

приме́рить *v* что anprobieren; anpassen ‖ *uv* примеря́ть 2a *u.* приме́ривать 1a
ft. приме́рю, -ришь, -рят *u. umg* -ряю, -ряешь
imp. приме́рь, ~те *u. umg* приме́ряй, ~те
pt. приме́рил
g.pt.a. приме́рив
p.pt.a. приме́ривший
p.pt.p. приме́ренный

приме́риться *v umg* sich richten (nach), sich anpassen (an); abschätzen ‖ *uv* примеря́ться *u* приме́риваться

примеря́ть(ся) *uv zu* приме́рить(ся)

примести́ *v umg* zusammenfegen ‖ *uv* примета́ть 2a
ft. примету́, -тёшь, -ту́т
imp. примети́, ~те
pt. примёл, -ела́
g.pt.a. приметя́
p.pt.a. примётший
p.pt.p. приметённый; приметён, -ена́

[1]**примета́ть** *uv zu* примести́

[2]**примета́ть** 2 *v* что *mit großen Stichen* annähen; an-, einheften ‖ *uv* примётывать 1a
p.pt.p. примётанный

приме́тить *v* кого́-что *umg* bemerken, beachten, gewahr werden ‖ *uv* примеча́ть 2a
ft. приме́чу, -е́тишь, -е́тят
imp. приме́ть, ~те
pt. приме́тил
g.pt.a. приме́тив
p.pt.a. приме́тивший
p.pt.p. приме́ченный

примётывать *uv zu* [2]примета́ть

примеча́ть 2a *uv* **1.** *uv zu* приме́тить **2.** за кем-чем *volksspr* aufpassen, achtgeben (auf)

примеша́ть 2 *v* что *oder* чего́ beimengen, beimischen ‖ *uv* приме́шивать 1a

приме́шивать *uv zu* примеша́ть

примина́ть *uv zu* примя́ть

примири́ть *v* кого́-что versöhnen, aussöhnen ‖ *uv* примиря́ть 2a
ft. примирю́, -ри́шь, -ря́т
imp. примири́, ~те
pt. примири́л
g.pt.a. примири́в
p.pt.a. примири́вший
p.pt.p. примирённый; примирён, -ена́

примири́ться *v* с кем-чем **1.** sich aussöhnen (mit) **2** sich abfinden (mit) ‖ *uv* примиря́ться

примиря́ть(ся) *uv zu* примири́ть(ся)

примкну́ть 7 *v* **1.** что к чему́ eng [dicht] aneinanderrücken, -schieben; что zusammenfügen **2.** к кому́-чему́ sich (eng) anschließen, angrenzen (an) **3.** к кому́-чему́ sich einer Sache anschließen, beitreten ‖ *uv* примыка́ть 2a

примолка́ть *uv zu* примо́лкнуть

примо́лкнуть *v umg* verstummen, still werden ‖ *uv* примолка́ть 2a
ft. примо́лкну, -нешь, -нут
imp. примо́лкни, ~те
pt. примо́лк *u. alt* примо́лкнул, примо́лкла
g.pt.a. примо́лкнув *u.* примо́лкши
p.pt.a. примо́лкший *u.* примо́лкнувший

примости́ть *v* что *umg recht und schlecht, irgendwie* hinstellen, hinlegen, unterbringen ‖ *uv* прима́щивать 1a
ft. примощу́, -ости́шь, -остя́т
imp. примости́, ~те
pt. примости́л
g.pt.a. примости́в
p.pt.a. примости́вший
p.pt.p. примощённый; примощён, -ена́

примости́ться *v umg sich schlecht und recht* hinsetzen, sich hinhocken ‖ *uv* прима́щиваться

примочи́ть *v* что *umg* anfeuchten, benetzen ‖ *uv* прима́чивать 1a
ft. примочу́, -о́чишь, -о́чат
imp. примочи́, ~те
pt. примочи́л
g.pt.a. примочи́в
p.pt.a. примочи́вший
p.pt.p. примо́ченный

примча́ть *v* **1.** кого́-что *umg* eilends bringen **2.** *volksspr* angerannt [angesaust] kommen, heranrasen, heransprengen
ft. примчу́, -чи́шь, -ча́т
imp. примчи́, ~те
pt. примча́л
g.pt.a. примча́в
p.pt.a. примча́вший

примча́ться *v* angerannt [angesaust] kommen, heranrasen, heransprengen

примыка́ть 2a *uv* **1.** *uv zu* примкну́ть **2.** к кому́-чему́ sich anschließen, angrenzen (an)

примы́слить *v* что *buchspr* hinzufügen, hinzudichten *Erdachtes, Erlogenes* ‖ *uv* примышля́ть 2a

ft.	примы́слю, -лишь, -лят
imp.	примы́сли, ~те
pt.	примы́слил
g.pt.a.	примы́слив
p.pt.a.	примы́сливший
p.pt.p.	примы́шленный

примышля́ть *uv zu* примы́слить

примя́ть *v* что *ein bißchen* niederdrücken; zerknüllen ‖ *uv* примина́ть 2a

ft.	примну́, -нёшь, -ну́т
imp.	примни́, ~те
pt.	примя́л
g.pt.a.	примя́в
p.pt.a.	примя́вший
p.pt.p.	примя́тый

принадлежа́ть *uv* **1.** кому́-чему́ gehören **2.** кому́-чему́ zufallen, zukommen, gebühren **3.** к чему́ angehören, gehören (zu)

pr.	принадлежу́, -жи́шь, -жа́т
imp.	принадлежи́, ~те
pt.	принадлежа́л
g.pr.a.	принадлежа́
p.pr.a.	принадлежа́щий
p.pt.a.	принадлежа́вший

принанима́ть *uv zu* принаня́ть

принаня́ть *v* кого́-что *umg* **1.** dazumieten, hinzupachten **2.** zusätzlich einstellen ‖ *uv* принанима́ть 2a

ft.	принайму́, -мёшь, -му́т
imp.	принайми́, ~те
pt.	прина́нял, -аняла́, -а́няло
g.pt.a.	принаня́в
p.pt.a.	принаня́вший
p.pt.a.	прина́нятый; прина́нят, -анята́, -а́нято

принаряди́ть *v* кого́-что *umg* herausputzen; fein kleiden ‖ *uv* принаряжа́ть 2a

ft.	принаряжу́, -я́ди́шь, -я́дя́т
imp.	принаряди́, ~те
pt.	принаряди́л
g.pt.a.	принаряди́в
p.pt.a.	принаряди́вший
p.pt.p.	принаря́женный

принаряди́ться *v umg* sich herausputzen; sich gut anziehen ‖ *uv* принаряжа́ться

принаряжа́ть(ся) *uv zu* принаряди́ть(ся)

принево́ливать *uv zu* принево́лить

принево́лить *v* кого́-что *umg* zwingen, nötigen ‖ *uv* принево́ливать 1a

ft.	принево́лю, -лишь, -лят
imp.	принево́ль, ~те
pt.	принево́лил
g.pt.a.	принево́лив
p.pt.a.	принево́ливший
p.pt.p.	принево́ленный

принести́ *v* кого́-что **1.** bringen, herbringen *tragend* **2.** *1. u. 2. Pers ungebr* heranwehen *vom Wind*; herantreiben, anschwemmen *vom Wasser* **3.** *1. u. 2. Pers ungebr Junge* werfen; *Früchte* tragen **4.** *übtr* bringen, einbringen, verursachen; принести́ по́льзу Nutzen bringen ‖ *uv* приноси́ть, Formen das.

ft.	принесу́, -сёшь, -су́т
imp.	принеси́, ~те
pt.	принёс, -есла́
g.pt.a.	принеся́ *u. alt* принёсши
p.pt.a.	принёсший
p.pt.p.	принесённый; принесён, -ена́

принижа́ть *uv zu* прини́зить

прини́зить *v* кого́-что **1.** erniedrigen, demütigen **2.** herabsetzen, schmälern ‖ *uv* принижа́ть 2a

ft.	прини́жу, -и́зишь, -и́зят
imp.	прини́зь, ~те
pt.	прини́зил
g.pt.a.	прини́зив
p.pt.a.	прини́зивший
p.pt.p.	прини́женный

приника́ть *uv zu* прини́кнуть

прини́кнуть *v* **1.** к кому́-чему́ sich anschmiegen (an), sich niederducken **2.** *übtr umg* sich ducken, ganz ruhig werden ‖ *uv* приника́ть 2a

ft.	прини́кну, -нешь, -нут
imp.	прини́кни, ~те
pt.	прини́к *u. alt* прини́кнул, прини́кла
g.pt.a.	прини́кнув *u.* прини́кши
p.pt.a.	прини́кший *u.* прини́кнувший

принима́ть(ся) *uv zu* приня́ть(ся)

прино́равливать(ся) *uv zu* приноро́вить(ся)

приноро́вить *v* что к чему́ *umg* anpassen (an), richten (nach) ‖ *uv* прино́равливать 1a *u.* приноровля́ть 2a

ft.	приноровлю́, -ви́шь, -вя́т
imp.	приноро́ви́, ~те
pt.	приноро́ви́л
g.pt.a.	приноро́ви́в
p.pt.a.	приноро́ви́вший
p.pt.p.	приноро́вленный

приноро́виться *v* к кому́-чему́ sich anpassen (an), sich richten (nach) ‖ *uv* прино́равливаться *u.* приноровля́ться

приноровля́ть(ся) *uv zu* приноро́вить(ся)

приноси́ть *uv zu* принести́

pr.	приношу́, -о́сишь, -о́сят
imp.	приноси́, ~те

pt. приноси́л
g.pr.a. принося́
p.pr.a. принося́щий
p.pt.a. приноси́вший
p.pr.p. приноси́мый

прину́дить *v* кого́-что *mit Infinitiv* zwingen || *uv* принужда́ть 2a
ft. прину́жу, -у́дишь, -у́дят
imp. прину́дь, ~те
pt. прину́дил
g.pt.a. прину́див
p.pt.a. прину́дивший
p.pt.p. принуждённый; принуждён, -ена́

принужда́ть *uv zu* прину́дить

принюхаться 1 *v* к чему́ *umg* sich an den Geruch von etw. gewöhnen || *uv* принюхиваться 1a

приню́хиваться *uv zu* приню́хаться

приня́ть *v* **1.** что annehmen, entgegennehmen **2.** кого́-что empfangen, aufnehmen **3.** кого́-что annehmen, zulassen, einstellen; приня́ть в университе́т zum Studium an der Universität zulassen **4.** что annehmen, billigen **5.** *ohne Objekt ein bißchen* rücken, wegrücken **6.** *übtr* что annehmen; приня́ть друго́й оборо́т eine andere Wendung nehmen **7.** что einnehmen *Arznei* **8.** кого́-что за кого́-что halten (für), ansehen (als) || *uv* принима́ть 2a
ft. приму́, при́мешь, при́мут
imp. прими́, ~те
pt. при́нял, приняла́, при́няло
g.pt.a. приня́в
p.pt.a. приня́вший
p.pt.p. при́нятый; при́нят, принята́, при́нято

приня́ться *v* **1.** за что anfangen, sich vornehmen, sich machen (an) **2.** за кого́ *umg* sich j-n vornehmen, [vorknöpfen] **3.** Wurzel schlagen *Pflanzen* **4.** eine positive Reaktion zeigen *Impfung* || *uv* принима́ться
pt. приня́лся *u. umg* приня́лся, -яла́сь, -яло́сь

приободри́ть *v* кого́-что aufmuntern, etwas Mut machen || *uv* приободря́ть 2a
ft. приободрю́, -ри́шь, -ря́т
imp. приободри́, ~те
pt. приободри́л
g.pt.a. приободри́в
p.pt.a. приободри́вший
p.pt.p. приободрённый; приободрён, -ена́

приободри́ться *v* etwas Mut fassen || *uv* приободря́ться

приободря́ть(ся) *uv zu* приободри́ть(ся)

приобрести́ *v* кого́-что **1.** erwerben, kaufen **2.** *übtr* erwerben, gewinnen; приобрести́ значе́ние Bedeutung gewinnen || *uv* приобрета́ть 2a
ft. приобрету́, -тёшь, -ту́т
imp. приобрети́, ~те
pt. приобрёл, -ела́
g.pt.a. приобретя́ *u. umg* приобрёвши *u. alt* приобре́тши
p.pt.a. приобре́тший *u. umg* приобрёвший
p.pt.p. приобретённый; приобретён, -ена́

приобрета́ть *uv zu* приобрести́

приобща́ть(ся) *uv zu* приобщи́ть(ся)

приобщи́ть *v* кого́-что к чему́ **1.** teilnehmen lassen, heranführen (an) **2.** beilegen, beifügen || *uv* приобща́ть 2a
ft. приобщу́, -щи́шь, -ща́т
imp. приобщи́, ~те
pt. приобщи́л
g.pt.a. приобщи́в
p.pt.a. приобщи́вший
p.pt.p. приобщённый; приобщён, -ена́

приобщи́ться *v* к чему́ sich anschließen, teilnehmen (an) || *uv* приобща́ться

приоде́ть *v* кого́-что *umg* herausputzen, gut anziehen
ft. приоде́ну, -е́нешь, -е́нут
imp. приоде́нь, ~те
pt. приоде́л
g.pt.a. приоде́в
p.pt.a. приоде́вший
p.pt.p. приоде́тый

приоде́ться *v umg* sich herausputzen, sich gut kleiden

приоса́ниваться *uv zu* приоса́ниться

приоса́ниться *v umg* eine wichtige Miene aufsetzen, eine würdevolle Haltung annehmen || *uv* приоса́ниваться 1a
ft. приоса́нюсь, -нишься, -нятся
imp. приоса́нься, -ньтесь
pt. приоса́нился, -лась
g.pt.a. приоса́нившись
p.pt.a. приоса́нившийся

приостана́вливать(ся) *uv zu* приостанови́ть(ся)

приостанови́ть *v* что *für kurze Zeit* unterbrechen, einstellen, aussetzen || *uv* приостана́вливать 1a
ft. приостановлю́, -о́вишь, -о́вят
imp. приостанови́, ~те

pt. приостанови́л
g.pt.a. приостанови́в
p.pt.a. приостанови́вший
p.pt.p. приостано́вленный

приостанови́ться *v kurze Zeit* stehenbleiben; stocken ‖ *uv* приостана́вливаться

приотвори́ть *v* что *ein bißchen* öffnen ‖ *uv* приотворя́ть 2a
ft. приотворю́, -о́ришь, -о́рят
imp. приотвори́, ~те
pt. приотвори́л
g.pt.a. приотвори́в
p.pt.a. приотвори́вший
p.pt.p. приотво́ренный

приотвори́ться, *1. u. 2. Pers ungebr, v ein wenig* sich öffnen, aufgehen ‖ *uv* приотворя́ться

приотворя́ть(ся) *uv zu* приотвори́ть(ся)

приоткрыва́ть(ся) *uv zu* приоткры́ть(ся)

приоткры́ть *v* что *ein bißchen* öffnen, *nicht ganz* öffnen ‖ *uv* приоткрыва́ть 2a
ft. приоткро́ю, -о́ешь, -о́ют
imp. приоткро́й, ~те
pt. приоткры́л
g.pt.a. приоткры́в
p.pt.a. приоткры́вший
p.pt.p. приоткры́тый

приоткры́ться, *1. u. 2. Pers ungebr, v* sich *ein bißchen* öffnen ‖ *uv* приоткрыва́ться

приохо́тить *v* кого́-что к чему́ *umg* j-m Lust machen zu etw., bei j-m Interesse für etw. erwecken ‖ *uv* приохо́чивать 1a
ft. приохо́чу, -тишь, -тят
imp. приохо́ть, ~те
pt. приохо́тил
g.pt.a. приохо́тив
p.pt.a. приохо́тивший
p.pt.p. приохо́ченный

приохо́титься *v* к чему́ *umg* Lust bekommen (zu), Gefallen finden (an) ‖ *uv* приохо́чиваться

приохо́чивать(ся) *uv zu* приохо́тить(ся)

припада́ть 2a *uv* **1.** *uv zu* припа́сть **2.** *umg leicht* hinken

припа́ивать(ся) *uv zu* припая́ть(ся)

припа́лзывать *uv zu* приползти́

припаса́ть *uv zu* припасти́

припасти́ *v* что *oder* чего́ *umg* sparen, für den Bedarfsfall zurücklegen, auf Vorrat anlegen ‖ *uv* припаса́ть 2a
ft. припасу́, -сёшь, -су́т
imp. припаси́, ~те
pt. припа́с, -асла́
g.pt.a. припа́сши
p.pt.a. припа́сший
p.pt.p. припасённый; припасён, -ена́

припа́сть *v* к кому́-чему́ sich hinwerfen; sich anschmiegen; припа́сть к чьи́м-н. нога́м j-m zu Füßen fallen ‖ *uv* припада́ть 2a
ft. припаду́, -дёшь, -ду́т
imp. припади́, ~те
pt. припа́л
g.pt.a. припа́в
p.pt.a. припа́вший

припа́хивать 1a, *1. u. 2. Pers ungebr, uv umg* **1.** чем *leicht* riechen (nach) **2.** faulig riechen

припая́ть 2 *v* что anlöten ‖ *uv* припа́ивать 1a

припая́ться *v* angelötet werden ‖ *uv* припа́иваться

припева́ть 2a *uv umg* zu einer Tätigkeit singen; припева́ть за рабо́той bei der Arbeit singen

припека́ть *uv zu* припе́чь

припере́ть *v* кого́-что *volksspr* **1.** drücken, drängen **2.** verrammeln, versperren **3.** чем nicht ganz zumachen, anlehnen **4.** *ohne Objekt grob* kommen ‖ *uv* припира́ть 2a
ft. припру́, -рёшь, -ру́т
imp. припри́, ~те
pt. припёр, ~ла
g.pt.a. припере́в *u.* припёрши
p.pt.a. припёрший
p.pt.p. припёртый

припеча́тать 1 *v* что **1.** zusätzlich aufdrucken **2.** чем *umg* versiegeln **3.** *volksspr* siegeln ‖ *uv* припеча́тывать 1a

припеча́тывать *uv zu* припеча́тать

припе́чь *v* **1.** что *umg* beim Backen anbrennen lassen **2.** *1. u. 2. Pers ungebr* brennen, stechen *Sonne* ‖ *uv* припека́ть 2a
ft. припеку́, -ечёшь, -еку́т
imp. припеки́, ~те
pt. припёк, -екла́
g.pt.a. припёкши
p.pt.a. припёкший
p.pt.p. припечённый; припечён, -ена́

припира́ть *uv zu* припере́ть

приписа́ть *v* **1.** что hinzuschreiben **2.** что кому́-чему́ zuschreiben ‖ *uv* припи́сывать 1a
ft. припишу́, -и́шешь, -и́шут
imp. припиши́, ~те

pt.	приписа́л
g.pt.a.	приписа́в
p.pt.a.	приписа́вший
p.pt.p.	припи́санный

приписа́ться *v* **1.** sich eintragen, sich registrieren lassen **2.** *umg* sich zurechnen, sich betrachten (als) ‖ *uv* припи́сываться

припи́сывать(ся) *uv zu* приписа́ть(ся)

приплати́ть *v* что zuzahlen ‖ *uv* припла́чивать 1a

ft.	приплачу́, -а́тишь, -а́тят
imp.	приплати́, ~те
pt.	приплати́л
g.pt.a.	приплати́в
p.pt.a.	приплати́вший
p.pt.p.	припла́ченный

припла́чивать *uv zu* приплати́ть

приплести́ *v* **1.** что hineinflechten **2.** *übtr* кого́-что *volksspr* hinzufügen, was nicht zur Sache gehört ‖ *uv* приплета́ть 2a

ft.	приплету́, -тёшь, -ту́т
imp.	приплети́, ~те
pt.	приплёл, -ела́
g.pt.a.	приплетя́ *u. volksspr* приплётши
p.pt.a.	приплётший
p.pt.p.	приплетённый; приплетён, -ена́

приплести́сь *v volksspr* sich mühsam *wohin* schleppen ‖ *uv* приплета́ться

приплета́ть(ся) *uv zu* приплести́(сь)

приплыва́ть *uv zu* приплы́ть

приплы́ть *v* heranschwimmen; hinschwimmen; hinfahren *mit Schiff oder Boot* ‖ *uv* приплыва́ть 2a

ft.	приплыву́, -вёшь, -ву́т
imp.	приплыви́, ~те
pt.	приплы́л, -ыла́, -ы́ло
g.pt.a.	приплы́в
p.pt.a.	приплы́вший

приплю́снуть 6 *v* что plattdrücken, plattschlagen ‖ *uv* приплю́щивать 1a

p.pt.p.	приплю́снутый

приплюсова́ть 5 *v* что *umg* dazuzählen ‖ *uv* приплюсо́вывать 1a

приплюсо́вывать *uv zu* приплюсова́ть

приплю́щивать *uv zu* приплю́снуть

припляснуть *v mom zu* припля́сывать

припля́сывать 1a *uv* tänzeln | *v mom* приплясну́ть 7, kein *p.pt.p.*

приподнима́ть(ся) *uv zu* приподня́ть(ся)

приподня́ть *v* кого́-что *ein bißchen* hochheben ‖ *uv* приподнима́ть 2a *u. umg* приподыма́ть 2a

ft.	приподниму́, -и́мешь, -и́мут
imp.	приподними́, ~те
pt.	припо́днял *u. umg* -одня́л, -одняла́, -о́дняло *u. umg* -одня́ло
g.pt.a.	приподня́в
p.pt.a.	приподня́вший
p.pt.p.	припо́днятый; припо́днят, -однята́, -о́днято

приподня́ться *v* sich *etwas* erheben ‖ *uv* приподнима́ться *u. umg* приподыма́ться

pt.	приподня́лся, -яла́сь, -яло́сь

приподыма́ть(ся) *uv zu* приподня́ть(ся)

приполза́ть *uv zu* приползти́

приползти́ *v* herankriechen ‖ *uv* приполза́ть 2a *u.* припа́лзывать 1a

ft.	приползу́, -зёшь, -зу́т
imp.	приползи́, ~те
pt.	припо́лз, -олзла́
g.pt.a.	припо́лзши
p.pt.a.	припо́лзший

припомина́ть(ся) *uv zu* припо́мнить(ся)

припо́мнить *v* **1.** кого́-что sich erinnern (an), sich besinnen (auf) **2.** что кому́-чему́ *umg* nicht vergessen, nachtragen ‖ *uv* припомина́ть 2a

ft.	припо́мню, -нишь, -нят
imp.	припо́мни, ~те
pt.	припо́мнил
g.pt.a.	припо́мнив
p.pt.a.	припо́мнивший

припо́мниться *v* einfallen, wieder ins Gedächtnis kommen ‖ *uv* припомина́ться

припра́вить *v* что чем **1.** würzen, anrichten **2.** *übtr umg* würzen, pfeffern (mit), in die Rede einstreuen ‖ *uv* приправля́ть 2a

ft.	припра́влю, -вишь, -вят
imp.	припра́вь, ~те
pt.	припра́вил
g.pt.a.	припра́вив
p.pt.a.	припра́вивший
p.pt.p.	припра́вленный

приправля́ть *uv zu* припра́вить

припры́гать 1 *v umg* heranhüpfen ‖ *uv* припры́гивать 1a

припры́гивать 1a *uv umg* **1.** *uv zu* припры́гать *u.* припры́гнуть **2.** hüpfen, kleine Sprünge machen

припры́гнуть 6 *v umg* heranhüpfen ‖ *uv* припры́гивать 1a

припрягáть *uv zu* припря́чь

припря́тать *v* когó-что *umg* heimlich wegstecken, verstecken; zurücklegen ‖ *uv* припря́тывать 1a

ft.	припря́чу, -я́чешь, -я́чут
imp.	припря́чь, ~те
pt.	припря́тал
g.pt.a.	припря́тав
p.pt.a.	припря́тавший
p.pt.p.	припря́танный

припря́тывать *uv zu* припря́тать

припря́чь *v* когó-что *Zugtiere* zusätzlich einspannen ‖ *uv* припрягáть 2a

ft.	припрягу́, -яжёшь, -ягу́т
imp.	припряги́, ~те
pt.	припря́г, -яглá
g.pt.a.	припря́гши
p.pt.a.	припря́гший
p.pt.p.	припряжённый; припряжён, -енá

припу́гивать *uv zu* припугну́ть

припугну́ть 7 *v* когó-что *umg* erschrecken, einschüchtern ‖ *uv* припу́гивать 1a

припу́дривать(ся) *uv zu* припу́дрить(ся)

припу́дрить *v* что leicht pudern ‖ *uv* припу́дривать 1a

ft.	припу́дрю, -ришь, -рят
imp.	припу́дри, ~те
pt.	припу́дрил
g.pt.a.	припу́дрив
p.pt.a.	припу́дривший
p.pt.p.	припу́дренный

припу́дриться *v* sich *leicht* pudern ‖ *uv* припу́дриваться

припускáть *uv zu* припусти́ть

припусти́ть *v* **1.** когó-что к комý-чемý *umg* heranlassen, lassen (zu) **2.** когó к комý *landw* zulassen *zum Decken*; saugen lassen **3.** что *u. ohne Objekt* auslassen, länger machen **4.** когó-что *umg* laufen lassen, jagen *Pferd* **5.** *umg* losjagen, losstürzen ‖ *uv* припускáть 2a

ft.	припущу́, -у́стишь, -у́стят
imp.	припусти́, ~те
pt.	припусти́л
g.pt.a.	припусти́в
p.pt.a.	припусти́вший
p.pt.p.	припу́щенный

припу́тать 1 *v* когó-что *umg* **1.** *Überflüssiges, Unpassendes* hinzufügen **2.** *übtr* чемý к hineinziehen, verwickeln *in etw. Unangenehmes* ‖ *uv* припу́тывать 1a

припу́тывать *uv zu* припу́тать

припухáть *uv zu* припу́хнуть

припу́хнуть, *1. u. 2. Pers ungebr, v* leicht anschwellen ‖ *uv* припухáть 2a

ft.	припу́хнет, -нут
pt.	припу́х, ~ла
g.pt.a.	припу́хнув *u.* припу́хши
p.pt.a.	припу́хший *u.* припу́хнувший

прирабáтывать *uv zu* приработать

приработать 1 *v* что *oder* чегó (hin)zuverdienen ‖ *uv* прирабáтывать 1a

привáвнивать *uv zu* приравня́ть

приравня́ть 2 *v* когó-что к комý-чемý **1.** gleichsetzen, auf die gleiche Stufe stellen (mit) **2.** *math* gleichsetzen ‖ *uv* приравнивать 1a

p.pt.p.	привáвненный

прирастáть *uv zu* прирасти́

прирасти́, *1. u. 2. Pers ungebr, v* **1.** к чемý anwachsen (an) **2.** anwachsen, sich vermehren ‖ *uv* прирастáть 2a

ft.	прирастёт, -ту́т
pt.	прирóс, -ослá
g.pt.a.	прирóсши
p.pt.a.	прирóсший

приревновáть 5 *v* когó-что к комý eifersüchtig werden (auf j-n wegen j-m)

прирéзать *v* **1.** когó-что erstechen; die Kehle durchschneiden **2.** когó-что *umg* (ab)schlachten *Vieh* **3.** что *oder* чегó zusätzlich zuteilen *Land*; *umg* sich aneignen *Land* ‖ *uv* прирезáть 2a *u.* прирéзывать 1a

ft.	прирéжу, -жешь, -жут
imp.	прирéжь, ~те
pt.	прирéзал
g.pt.a.	прирéзав
p.pt.a.	прирéзавший
p.pt.p.	прирéзанный

прирезáть *uv zu* прирéзать

прирéзывать *uv zu* прирéзать

приручáть(ся) *uv zu* приручи́ть(ся)

приручи́ть *v* когó-что **1.** zähmen **2.** *umg* willfährig machen ‖ *uv* приручáть 2a

ft.	приручу́, -чи́шь, -чáт
imp.	приручи́, ~те
pt.	приручи́л
g.pt.a.	приручи́в
p.pt.a.	приручи́вший
p.pt.p.	приручённый; приручён, -енá

приручи́ться *v* **1.** zahm werden **2.** *umg* anhänglich [zutraulich] werden ‖ *uv* приручáться

присáживаться *uv zu* присéсть

присáсываться *uv zu* присосáться

присва́ивать *uv zu* присво́ить

присва́тать 1 *v* кого́-что кому́ *umg alt* als Ehemann [Ehefrau] vorschlagen ‖ *uv* присва́тывать 1a

присва́таться *v* к кому́ *umg alt* freien, anhalten (um) ‖ *uv* присва́тываться

присва́тывать(ся) *uv zu* присва́тать(ся)

присви́стнуть *v mom zu* присви́стывать

присви́стывать 1a *uv leicht* (vor sich hin) pfeifen; eine Tätigkeit mit Pfeifen begleiten | *v mom* присви́стнуть 6

присво́ить *v* **1.** кого́-что sich aneignen, an sich bringen **2.** что кому́-чему́ verleihen, zuerkennen *Titel*, *Orden u. ä.* ‖ *uv* присва́ивать 1a *u. alt* присвоя́ть 2a

ft.	присво́ю, -о́ишь, -о́ят
imp.	присво́й, ~те
pt.	присво́ил
g.pt.a.	присво́ив
p.pt.a.	присво́ивший
p.pt.p.	присво́енный

присвоя́ть *uv zu* присво́ить

приседа́ть *uv zu* присе́сть

присе́сть *v* **1.** sich für kurze Zeit hinsetzen **2.**: присе́сть (на ко́рточки) sich hinhocken ‖ *uv* приса́живаться 1a *zu* 1 *u.* приседа́ть 2a *zu* 2

ft.	прися́ду, -я́дешь, -я́дут
imp.	прися́дь, ~те
pt.	присе́л
g.pt.a.	присе́в
p.pt.a.	присе́вший

прискака́ть *v* heranspringen; heransprengen, herangaloppieren ‖ *uv* приска́кивать 1a

ft.	прискачу́, -а́чешь, -а́чут
imp.	прискачи́, ~те
pt.	прискака́л
g.pt.a.	прискака́в
p.pt.a.	прискака́вший

приска́кивать *uv zu* прискака́ть

приску́чивать *uv zu* приску́чить

приску́чить *v* кому́-чему́ *umg* langweilig werden, anöden ‖ *uv* приску́чивать 1a

ft.	приску́чу, -чишь, -чат
imp.	приску́чь, ~те
pt.	приску́чил
g.pt.a.	приску́чив
p.pt.a.	приску́чивший

присла́ть *v* кого́-что (her)schicken ‖ *uv* присыла́ть 2a

ft.	пришлю́, -лёшь, -лю́т
imp.	пришли́, ~те
pt.	присла́л
g.pt.a.	присла́в
p.pt.a.	присла́вший
p.pt.p.	при́сланный

прислони́ть *v* что к чему́ anlehnen (an) ‖ *uv* прислоня́ть 2a

ft.	прислоню́, -о́ни́шь, -о́ня́т
imp.	прислони́, ~те
pt.	прислони́л
g.pt.a.	прислони́в
p.pt.a.	прислони́вший
p.pt.p.	прислонённый; прислонён, -ена́

прислони́ться *v* к чему́ sich anlehnen (an) ‖ *uv* прислоня́ться

g.pt.a.	прислоня́сь *u.* прислони́вшись

прислоня́ть(ся) *uv zu* прислони́ть(ся)

прислу́живать 1a *uv* кому́ **1.** *alt* bedienen, aufwarten **2.** *umg* einen Gefallen tun ‖ *v* прислужи́ть, Formen das.

прислу́живаться *uv* (к) кому́ liebedienern ‖ *v* прислужи́ться

прислужи́ть *v zu* прислу́живать

ft.	прислужу́, -у́жишь, -у́жат
imp.	прислужи́, ~те
pt.	прислужи́л
g.pt.a.	прислужи́в
p.pt.a.	прислужи́вший

прислужи́ться *v zu* прислу́живаться

прислу́шаться 1 *v* к чему́ **1.** horchen, lauschen (auf) **2.** *übtr* Gehör schenken, gehorchen **3.** *umg* sich gewöhnen *an ein Geräusch* ‖ *uv* прислу́шиваться 1a

прислу́шиваться *uv zu* прислу́шаться

присма́тривать(ся) *uv zu* присмотре́ть(ся)

присмире́ть 3 *v* ruhig werden, sich beruhigen; kuschen *Hund*

присмотре́ть *v* **1.** за кем-чем aufpassen (auf), beaufsichtigen **2.** кого́-что *umg* ausfindig machen, auftreiben, sich aussuchen ‖ *uv* присма́тривать 1a

ft.	присмотрю́, -о́тришь, -о́трят
imp.	присмотри́, ~те
pt.	присмотре́л
g.pt.a.	присмотре́в
p.pt.a.	присмотре́вший
p.pt.p.	присмо́тренный

присмотре́ться *v* к кому́-чему́ **1.** genau betrachten, fixieren **2.** sich orientieren (über) **3.** das Auge gewöhnen (an) ‖ *uv* присма́триваться

присни́ться *v* кому́ träumen; мне присни́лось mir [ich] träumte

ft.	приснюсь, -ни́шься, -ня́тся
imp.	присни́сь, -и́тесь

pt. присни́лся, -лась
g.pt.a. присни́вшись
p.pt.a. присни́вшийся

присове́товать 4 *v* кому́ *volkssprr* raten, einen Rat geben

присовокупи́ть *v* что *buchspr* **1.** beifügen, beilegen **2.** hinzufügen, ergänzen ‖ *uv* присовокупля́ть 2a
ft. присовокуплю́, -пи́шь, -пя́т
imp. присовокупи́, ~те
pt. присовокупи́л
g.pt.a. присовокупи́в
p.pt.a. присовокупи́вший
p.pt.p. присовокуплённый; присовокуплён, -ена́

присовокупля́ть *uv zu* присовокупи́ть

присоедини́ть *v* что к чему́ anschließen (an), eingliedern (in) ‖ *uv* присоединя́ть 2a
ft. присоединю́, -ни́шь, -ня́т
imp. присоедини́, ~те
pt. присоедини́л
g.pt.a. присоедини́в
p.pt.a. присоедини́вший
p.pt.p. присоединённый; присоединён, -ена́

присоедини́ться *v* к кому́-чему́ sich anschließen (an) ‖ *uv* присоединя́ться

присоединя́ть(ся) *uv zu* присоедини́ть(ся)

присоса́ться *v* к чему́ sich festsaugen (an) ‖ *uv* приса́сываться 1a
ft. присосу́сь, -сёшься, -су́тся
imp. присоси́сь, -и́тесь
pt. присоса́лся, -лась
g.pt.a. присоса́вшись
p.pt.a. присоса́вшийся

присосе́диться *v* к кому́-чему́ *umg* sich setzen zu [neben]
ft. присосе́жусь, -е́дишься, -е́дятся
imp. присосе́дься, -дьтесь
pt. присосе́дился, -лась
g.pt.a. присосе́дившись
p.pt.a. присосе́дившийся

присо́хнуть, *1. u. 2. Pers ungebr, v* antrocknen, beim Trocknen hängenbleiben ‖ *uv* присыха́ть 2a
ft. присо́хнет, -нут
pt. присо́х, ~ла
g.pt.a. присо́хнув *u.* присо́хши
p.pt.a. присо́хший

приспева́ть *uv zu* приспе́ть

приспе́ть 3 *v* **1.** *volksspr* hinzukommen, herbeieilen **2.** *1. u. 2. Pers ungebr umg* anbrechen, kommen *Zeit* ‖ *uv* приспева́ть 2a

приспи́чить *unpers v* кому́ *volksspr* große Lust bekommen, versessen sein (auf)
ft. приспи́чит
pt. приспи́чило

приспоса́бливать(ся) *uv zu* приспосо́бить(ся)

приспосо́бить *v* что einrichten, verwenden ‖ *uv* приспоса́бливать 1a *u.* приспособля́ть 2a
ft. приспосо́блю, -бишь, -бят
imp. приспосо́бь, ~те
pt. приспосо́бил
g.pt.a. приспосо́бив
p.pt.a. приспосо́бивший
p.pt.p. приспосо́бленный

приспосо́биться *v* к чему́ **1.** sich anpassen (an) **2.** *verächtl* den Mantel nach dem Wind hängen ‖ *uv* приспоса́бливаться *u.* приспособля́ться

приспособля́ть(ся) *uv zu* приспосо́бить(ся)

приспуска́ть *uv zu* приспусти́ть

приспусти́ть *v* что *ein wenig* herunterlassen; приспусти́ть флаг die Flagge auf halbmast setzen ‖ *uv* приспуска́ть 2a
ft. приспущу́, -у́стишь, -у́стят
imp. приспусти́, ~те
pt. приспусти́л
g.pt.a. приспусти́в
p.pt.a. приспусти́вший
p.pt.p. приспу́щенный

пристава́ть *uv zu* приста́ть
pr. пристаю́, -аёшь, -аю́т
imp. пристава́й, ~те
pt. пристава́л
g.pr.a. пристава́я
p.pr.a. пристаю́щий
p.pt.a. пристава́вший

приста́вить *v* что **1.** anlehnen **2.** andrükken **3.** annähen *um zu verlängern* **4.** anbauen *Gebäude* **5.** кого́ к кому́ *umg* zur Beaufsichtigung [zur Pflege] beigeben ‖ *uv* приставля́ть 2a
ft. приста́влю, -вишь, -вят
imp. приста́вь, ~те
pt. приста́вил
g.pt.a. приста́вив
p.pt.a. приста́вивший
p.pt.p. приста́вленный

приставля́ть *uv zu* приста́вить

приста́ть *v* **1.** к кому́-чему́ sich anschließen, zulaufen *Tiere* **2.** к кому́-чему́ *umg* sich aufdrängen, belästigen **3.** к чему́ anlegen, landen **4.** *1. u. 2. Pers ungebr* к кому́-чему́ klebenbleiben, haftenbleiben (an) **5.** *1. u. 2. Pers ungebr* к кому́-чему́ *umg* befallen *von ansteckenden Krankheiten* ‖ *uv* приставáть, Formen das.

ft.	приста́ну, -нешь, -нут
imp.	приста́нь, ~те
pt.	приста́л
g.pt.a.	приста́в
p.pt.a.	приста́вший

пристегáть 2 *v* что к чему́ mit groben Stichen annähen ‖ *uv* пристёгивать 1a

p.pt.p.	пристёганный

[1]**пристёгивать** *uv zu* пристегáть

[2]**пристёгивать** *uv zu* пристегну́ть

пристегну́ть 7 *v* что к чему́ anknöpfen (an) ‖ *uv* пристёгивать 1a

p.pt.p.	пристёгнутый

пристрáивать(ся) *uv zu* пристрóить(ся)

пристрасти́ть *v* когó-что *umg* (bei j-m) besondere Vorliebe [besonderes Interesse] erwecken ‖ *uv alt* пристращáть 2a

ft.	пристращу́, -асти́шь, -астя́т
imp.	пристрасти́, ~те
pt.	пристрасти́л
g.pt.a.	пристрасти́в
p.pt.a.	пристрасти́вший
p.pt.p.	пристращённый; пристращён, -енá

пристрасти́ться *v* к чему́ *umg* eine Vorliebe fassen (für); Feuer und Flamme sein (für) ‖ *uv alt* пристращáться

пристрáчивать *uv zu* пристрочи́ть

пристращáть(ся) *uv zu* пристрасти́ть(ся)

[1]**пристрéливать** *uv zu* пристрели́ть

[2]**пристрéливать** *uv zu* пристреля́ть

пристрéливаться *uv zu* пристреля́ться

пристрели́ть *v* когó-что niederschießen; abknallen ‖ *uv* пристрéливать 1a

ft.	пристрелю́, -éлишь, -éлят
imp.	пристрели́, ~те
pt.	пристрели́л
g.pt.a.	пристрели́в
p.pt.a.	пристрели́вший
p.pt.p.	пристрéленный

пристреля́ть 2 *v* что *mil* einschießen ‖ *uv* пристрéливать 1a

пристреля́ться *v mil* sich einschießen ‖ *uv* пристрéливаться

пристрóить *v* **1.** что к чему́ anbauen (an) **2.** когó-что *umg* unterbringen; eine Stellung verschaffen **3.** когó-что к кому́-чему́ *mil* antreten lassen (neben j-m) ‖ *uv* пристрáивать 1a

ft.	пристрóю, -óишь, -óят
imp.	пристрóй, ~те
pt.	пристрóил
g.pt.a.	пристрóив
p.pt.a.	пристрóивший
p.pt.p.	пристрóенный

пристрóиться *v umg* **1.** unterkommen; sich einrichten **2.** Arbeit [eine Stellung] finden ‖ *uv* пристрáиваться

пристрочи́ть *v* что ansteppen ‖ *uv* пристрáчивать 1a

ft.	пристрочу́, -óчи́шь, -óча́т
imp.	пристрочи́, ~те
pt.	пристрочи́л
g.pt.a.	пристрочи́в
p.pt.a.	пристрочи́вший
p.pt.p.	пристрóченный

пристру́нивать *uv zu* пристру́нить

пристру́нить *v* когó-что *umg* zurechtweisen, scharf rügen ‖ *uv* пристру́нивать 1a

ft.	пристру́ню, -нишь, -нят
imp.	пристру́нь, ~те
pt.	пристру́нил
g.pt.a.	пристру́нив
p.pt.a.	пристру́нивший
p.pt.p.	пристру́ненный

присту́кивать *uv zu* присту́кнуть

присту́кнуть 6 *v* **1.** чем klopfen, stampfen, schlagen **2.** когó-что *volkssp*r erschlagen ‖ *uv* присту́кивать 1a

p.pt.p.	присту́кнутый

приступáть(ся) *uv zu* приступи́ть(ся)

приступи́ть *v* к кому́-чему́ **1.** *übtr* herantreten (an); приступи́ть к кому́-н. с прóсьбой sich an j-n mit einer Bitte wenden **2.** beginnen, in Angriff nehmen ‖ *uv* приступáть 2a

ft.	приступлю́, -у́пишь, -у́пят
imp.	приступи́, ~те
pt.	приступи́л
g.pt.a.	приступи́в
p.pt.a.	приступи́вший

приступи́ться *v* к кому́-чему́ *umg* sich nähern, herantreten ‖ *uv* приступáться

пристыди́ть *v* когó-что beschämen; in Verlegenheit bringen ‖ *uv* пристыжáть 2a

ft.	пристыжу́, -ыди́шь, -ыдя́т
imp.	пристыди́, ~те
pt.	пристыди́л

g.pt.a. пристыди́в
p.pt.a. пристыди́вший
p.pt.p. пристыжённый; пристыжён, -енá

пристыжáть *uv zu* пристыди́ть

присуди́ть *v* **1.** когó-что к чемý *jur* verurteilen (zu) **2.** комý что verleihen *Auszeichnung u. ä.* ‖ *uv* присуждáть 2a
ft. присужý, -ýдишь, -ýдят
imp. присуди́, ~те
pt. присуди́л
g.pt.a. присуди́в
p.pt.a. присуди́вший
p.pt.p. присуждённый; присуждён, -енá

присуждáть *uv zu* присуди́ть

присýтствовать 4a *uv* anwesend sein

присучáть *uv zu* присучи́ть

присýчивать *uv zu* присучи́ть

присучи́ть *v* что *Faden* andrehen, anzwirnen ‖ *uv* присýчивать 1a *u.* присучáть 2a
ft. присучý, -ýчи́шь, -ýчáт
imp. присучи́, ~те
pt. присучи́л
g.pt.a. присучи́в
p.pt.a. присучи́вший
p.pt.p. присýченный

присчитáть 2 *v* когó-что (da)zuzählen, dazurechnen ‖ *uv* присчи́тывать 1a

присчи́тывать *uv zu* присчитáть

присылáть *uv zu* прислáть

присы́пать *v* **1.** что *oder* чегó hinzuschütten **2.** что чем dünn bestreuen, pudern (mit) ‖ *uv* присыпáть 2a
ft. присы́плю, -лешь, -лют *u. umg* -пешь, -пют
imp. присы́пь, ~те
pt. присы́пал
g.pt.a. присы́пав
p.pt.a. присы́павший
p.pt.p. присы́панный

присыпáть *uv zu* присы́пать

присыхáть *uv zu* присóхнуть

присягáть *uv zu* присягнýть

присягнýть 7 *v* einen Eid ablegen, schwören ‖ *uv* присягáть 2a
kein *p.pt.p.*

притáиваться *uv zu* притаи́ться

притаи́ться *v* sich verstecken, sich verkriechen ‖ *uv* притáиваться 1a
ft. притаю́сь, -аи́шься, -аи́тся
imp. притаи́сь, -и́тесь
pt. притаи́лся, -лась
g.pt.a. притаи́вшись
p.pt.a. притаи́вшийся

притáптывать(ся) *uv zu* притоптáть(ся)

притáскивать(ся) *uv zu* притащи́ть(ся)

притачáть 2 *v* что ansteppen, mit großen Stichen annähen ‖ *uv* притáчивать 1a

притáчивать *uv zu* притачáть

притащи́ть *v* когó-что heranschleppen, heranschleifen ‖ *uv* притáскивать 1a
ft. притащý, -áщишь, -áщат
imp. притащи́, ~те
pt. притащи́л
g.pt.a. притащи́в
p.pt.a. притащи́вший
p.pt.p. притáщенный

притащи́ться *v umg* sich mühsam heranschleppen ‖ *uv* притáскиваться

притвори́ть *v* что nicht fest schließen; anlehnen ‖ *uv* притворя́ть 2a
ft. притворю́, -óришь, -óрят
imp. притвори́, ~те
pt. притвори́л
g.pt.a. притвори́в
p.pt.a. притвори́вший
p.pt.p. притвóренный

¹притвори́ться, *1. u. 2. Pers ungebr*, *v* nicht fest zugehen; nicht ganz schließen ‖ *uv* притворя́ться
ft. притвóрится, -óрятся

²притвори́ться *v* sich (ver)stellen; притвори́ться больны́м sich krank stellen ‖ *uv* притворя́ться
ft. притворю́сь, -ри́шься, -ря́тся

притвóрствовать 4a *uv alt* sich verstellen, heucheln

притворя́ть *uv zu* притвори́ть

¹,²притворя́ться *uv zu* ¹,²притвори́ться

притекáть *uv zu* притéчь

притерéть *v* когó-что einreiben, einschmieren ‖ *uv* притирáть 2a
ft. притрý, -рёшь, -рýт
imp. притри́, ~те
pt. притёр , ~ла
g.pt.a. притерéв *u.* притёрши
p.pt.a. притёрший
p.pt.p. притёртый

притерпéться *v* к чемý *umg* sich gewöhnen (an) *Schmerz oder etwas Unangenehmes*, sich abfinden (mit)
ft. притерплю́сь, -éрпишься, -éрпятся
imp. притерпи́сь, -и́тесь

pt. притерпе́лся, -лась
g.pt.a. притерпе́вшись
p.pt.a. притерпе́вшийся

притесни́ть *v* кого́-что unterdrücken, verfolgen ‖ *uv* притесня́ть 2a
ft. притесню́, -ни́шь, -ня́т
imp. притесни́, ~те
pt. притесни́л
g.pt.a. притесни́в
p.pt.a. притесни́вший
p.pt.p. притеснённый; притеснён, -ена́

притесня́ть *uv zu* притесни́ть

прите́чь, *1. u. 2. Pers ungebr*, *v* **1.** zufließen, zuströmen **2.** *übtr* kommen, eintreffen ‖ *uv* притека́ть 2a
ft. притечёт, -еку́т
pt. притёк, -екла́
g.pt.a. притёкши
p.pt.a. притёкший *u.* прите́кший

притира́ть *uv zu* притере́ть

прити́скивать *uv zu* прити́снуть

прити́снуть 6 *v* кого́-что *umg* **1.** к чему́ drücken, pressen (gegen) **2.** quetschen, einklemmen ‖ *uv* прити́скивать 1a
p.pt.p. прити́снутый

притиха́ть *uv zu* прити́хнуть

прити́хнуть *v* verstummen; sich legen *Wind* ‖ *uv* притиха́ть 2a
ft. прити́хну, -нешь, -нут
imp. прити́хни, ~те
pt. прити́х *u. alt* прити́хнул, прити́хла
g.pt.a. прити́хнув *u.* прити́хши
p.pt.a. прити́хший *u.* прити́хнувший

приткну́ть 7 *v volksspr* **1.** что mit einer Nadel anstecken **2.** что unterbringen, verstauen **3.** кого́-что unterbringen, Arbeit verschaffen ‖ *uv* притыка́ть 2a

приткну́ться *v* **1.** *umg* irgendwie Platz finden, schlecht und recht unterkommen **2.** *volksspr* mit Mühe eine Stelle [Arbeit] finden ‖ *uv* притыка́ться

притоми́ть *v* кого́-что *volksspr* ermüden, müde machen ‖ *uv* притомля́ть 2a
ft. притомлю́, -ми́шь, -мя́т
imp. притоми́, ~те
pt. притоми́л
g.pt.a. притоми́в
p.pt.a. притоми́вший
p.pt.p. притомлённый; притомлён, -ена́

притоми́ться *v volksspr* müde werden ‖ *uv* притомля́ться

притомля́ть(ся) *uv zu* притоми́ть(ся)

прито́пнуть 6 *v* mit dem Fuß aufstampfen ‖ *uv* прито́пывать 1a

притопта́ть *v* что zertreten, zerstampfen ‖ *uv* прита́птывать 1a
ft. притопчу́, -о́пчешь, -о́пчут
imp. притопчи́, ~те
pt. притопта́л
g.pt.a. притопта́в
p.pt.a. притопта́вший
p.pt.p. прито́птанный

притопта́ться *v* festgetreten werden ‖ *uv* прита́птываться

прито́пывать *uv zu* прито́пнуть

притора́чивать *uv zu* приторочи́ть

приторгова́ть 5 *v* что *umg* erhandeln, feilschen (um) ‖ *uv* приторго́вывать 1a

приторго́вывать *uv zu* приторгова́ть

приторочи́ть *v* что к чему́ **1.** *mit Riemen* anschnallen *an den Sattel* **2.** *umg* anbinden, befestigen ‖ *uv* притора́чивать 1a
ft. приторочу́, -очи́шь, -оча́т
imp. приторочи́, ~те
pt. приторочи́л
g.pt.a. приторочи́в
p.pt.a. приторочи́вший
p.pt.p. притoро́ченный

притра́гиваться *uv zu* притро́нуться

притро́нуться 6 *v* к кому́-чему́ anrühren, streifen ‖ *uv* притра́гиваться 1a

притули́ться *v volksspr* **1.** sich anschmiegen **2.** unterkommen, Unterkunft finden ‖ *uv* притуля́ться 2a
ft. притулю́сь, -ли́шься, -ля́тся
imp. притули́сь, -и́тесь
pt. притули́лся, -лась
g.pt.a. притули́вшись
p.pt.a. притули́вшийся

притуля́ться *uv zu* притули́ться

притупи́ть *v* что **1.** *ein bißchen* stumpf machen **2.** *übtr* abstumpfen ‖ *uv* притупля́ть 2a
ft. притуплю́, -у́пишь, -у́пят
imp. притупи́, ~те
pt. притупи́л
g.pt.a. притупи́в
p.pt.a. притупи́вший
p.pt.p. приту́пленный

притупи́ться, *1. u. 2. Pers ungebr*, *v* **1.** *ein bißchen* stumpf werden **2.** nachlassen, schwächer werden ‖ *uv* притупля́ться

притупля́ть(ся) *uv zu* притупи́ть(ся)

притуши́ть *v* что *volkesspr* **1.** löschen **2.** abblenden

ft.	притушу́, -у́шишь, -у́шат
imp.	притуши́, ~те
pt.	притуши́л
g.pt.a.	притуши́в
p.pt.a.	притуши́вший
p.pt.p.	приту́шенный

притыка́ть(ся) *uv zu* приткну́ть(ся)

притя́гивать *uv zu* притяну́ть

притяза́ть 2а *uv* на что *buchspr* Anspruch erheben (auf), beanspruchen

притяну́ть 7 *v* кого́-что heranziehen, herbeiziehen; притяну́ть к отве́тственности [к отве́ту] zur Verantwortung ziehen ‖ *uv* притя́гивать 1а

ft.	притяну́, -я́нешь, -я́нут
p.pt.p.	притя́нутый

приуда́рить *v* **1.** что *oder* чем *leicht* schlagen **2.** *volksspr* anfangen, etw. schnell und energisch zu tun **3.** *volksspr* schnell laufen **4.** за кем *volksspr* den Hof machen *einer Frau* ‖ *uv* приударя́ть 2а *zu* 1, 2, 4

ft.	приуда́рю, -ришь, -рят
imp.	приуда́рь, ~те
pt.	приуда́рил
g.pt.a.	приуда́рив
p.pt.a.	приуда́ривший

приударя́ть *uv zu* приуда́рить

приукра́сить *v* что *umg* **1.** *ein bißchen* schmücken **2.** ausschmücken, übertrieben darstellen ‖ *uv* приукра́шивать 1а *u.* приукраша́ть 2а

ft.	приукра́шу, -а́сишь, -а́сят
imp.	приукра́сь, ~те
pt.	приукра́сил
g.pt.a.	приукра́сив
p.pt.a.	приукра́сивший
p.pt.p.	приукра́шенный

приукраша́ть *uv zu* приукра́сить

приукра́шивать *uv zu* приукра́сить

приуменьша́ть *uv zu* приуме́ньши́ть

приуме́ньшить *u.* **приуменьши́ть** *v* что **1.** verkleinern, verringern **2.** bagatellisieren ‖ *uv* приуменьша́ть 2а

ft.	приуме́ньшу́, -е́ньши́шь, -е́ньша́т
imp.	приуме́ньши́, ~те
pt.	приуме́ньши́л
g.pt.a.	приуме́ньши́в
p.pt.a.	приуме́ньши́вший
p.pt.p.	приуме́ньшенный *u.* приуменьшённый; приуменьшён, -ена́

приумножа́ть(ся) *uv zu* приумно́жить(ся)

приумно́жить *v* что vergrößern, vermehren ‖ *uv* приумножа́ть 2а

ft.	приумно́жу, -жишь, -жат
imp.	приумно́жь, ~те
pt.	приумно́жил
g.pt.a.	приумно́жив
p.pt.a.	приумно́живший
p.pt.p.	приумно́женный

приумно́житься, *1. u. 2. Pers ungebr, v* sich vermehren, zunehmen ‖ *uv* приумножа́ться

приумолка́ть *uv zu* приумо́лкнуть

приумо́лкнуть *v umg eine Zeitlang* verstummen, still werden ‖ *uv* приумолка́ть 2а

ft.	приумо́лкну, -нешь, -нут
imp.	приумо́лкни, ~те
pt.	приумо́лк *u. alt* приумо́лкнул, приумо́лкла
g.pt.a.	приумо́лкнув *u.* приумо́лкши
p.pt.a.	приумо́лкший *u.* приумо́лкнувший

приуныва́ть *uv zu* приуны́ть

приуны́ть *v umg* traurig werden, den Kopf hängen lassen ‖ *uv* приуныва́ть 2а

ft.	приуно́ю, -о́ешь, -о́ют *alt*
pt.	приуны́л
g.pt.a.	приуны́в
p.pt.a.	прины́вший

приуро́чивать *uv zu* приуро́чить

приуро́чить *v* что к чему́ **1.** zeitlich abstimmen (mit) **2.** festlegen (auf) ‖ *uv* приуро́чивать 1а

ft.	приуро́чу, -чишь, -чат
imp.	приуро́чь, ~те
pt.	приуро́чил
g.pt.a.	приуро́чив
p.pt.a.	приуро́чивший
p.pt.p.	приуро́ченный

приуста́ть *v umg ein bißchen* müde werden

ft.	приуста́ну, -нешь, -нут
imp.	приуста́нь, ~те
pt.	приуста́л
g.pt.a.	приуста́в
p.pt.a.	приуста́вший

приутиха́ть *uv zu* приути́хнуть

приути́хнуть *v* **1.** still werden, verstummen **2.** *1. u. 2. Pers ungebr* schwächer werden, sich legen *Wind* **3.** verstummen, stillschweigen ‖ *uv* приутиха́ть 2а

ft.	приути́хну, -нешь, -нут
imp.	приути́хни, ~те
pt.	приути́х, ~ла *u. alt* приути́хнул, ~а

g.pt.a.	приути́хнув *u.* приути́хши
p.pt.a.	приути́хший

приуча́ть(ся) *uv zu* приучи́ть(ся)

приучи́ть *v* кого́-что к чему́ *u. mit Infinitiv* gewöhnen (an), j-m etw. anerziehen ‖ *uv* приуча́ть 2a

ft.	приучу́, -у́чишь, -у́чат
imp.	приучи́, ~те
pt.	приучи́л
g.pt.a.	приучи́в
p.pt.a.	приучи́вший
p.pt.p.	приу́ченный

приучи́ться *v* к чему́ *u. mit Infinitiv* sich angewöhnen ‖ *uv* приуча́ться

прифранти́ться *v umg* sich herausputzen, sich in Gala werfen ‖ *uv* прифра́нчиваться 1a

ft.	прифранчу́сь, -нти́шься, -нтя́тся
imp.	прифранти́сь, -и́тесь
pt.	прифранти́лся, -лась
g.pt.a.	прифранти́вшись
p.pt.a.	прифранти́вшийся

прифра́нчиваться *uv zu* прифранти́ться

прихва́рывать 1a *uv umg* krank werden, erkranken, öfter kränkeln

прихвастну́ть [сн] 7 *v umg ein bißchen* prahlen ‖ *uv* прихва́стывать 1a
kein *p.pt.p.*

прихва́стывать *uv zu* прихвастну́ть

прихвати́ть *v umg* **1.** кого́-что mitnehmen **2.** что *scherz* sich verschaffen **3.** что lose zusammenbinden, leicht annähen, feststecken *u. ä.* **4.** *unpers* что schädigen *vom Frost*; цветы́ прихвати́ло моро́зом die Blumen haben Frost abbekommen ‖ *uv* прихва́тывать 1a

ft.	прихвачу́, -а́тишь, -а́тят
imp.	прихвати́, ~те
pt.	прихвати́л
g.pt.a.	прихвати́в
p.pt.a.	прихвати́вший
p.pt.p.	прихва́ченный

прихва́тывать *uv zu* прихвати́ть

прихворну́ть 7 *v umg* sich nicht wohl fühlen, leicht erkranken
kein *p.pt.p.*

прихлебну́ть *v mom zu* прихлёбывать

прихлёбывать 1a *uv umg* schluckweise trinken, *hin und wieder* einen kleinen Schluck nehmen | *v mom* прихлебну́ть 7, kein *p.pt.p.*

прихло́пнуть 6 *v umg* **1.** что zuschlagen, zuwerfen *Tür* **2.** кого́-что einklemmen ‖ *uv* прихло́пывать 1a

p.pt.p.	прихло́пнутый

прихло́пывать *uv zu* прихло́пнуть

прихлы́нуть 6, *1. u. 2. Pers ungebr*, *v* sich heranwälzen, herbeiströmen

imp.	прихлы́нь, ~те

приходи́ть *uv zu* прийти́

pr.	прихожу́, -о́дишь, -о́дят
imp.	приходи́, ~те
pt.	приходи́л
g.pr.a.	приходя́
p.pr.a.	приходя́щий
p.pt.a.	приходи́вший

приходи́ться *uv* **1.** *uv zu* прийти́сь **2.** in einem Verwandtschaftsverhältnis stehen; он мне прихо́дится племя́нником er ist mein Neffe

прихо́довать 4a *uv* что als Einnahme buchen. — (за-)

прихора́шивать 1a *uv* кого́-что *umg* schön machen, zurechtmachen

прихора́шиваться *uv umg* sich hübsch machen, sich zurechtmachen ‖ *v* прихороши́ться, Formen das.

прихороши́ться *v zu* прихора́шиваться

ft.	прихорошу́сь, -ши́шься, -ша́тся
imp.	прихороши́сь, -и́тесь
pt.	прихороши́лся, -лась
g.pt.a.	прихороши́вшись
p.pt.a.	прихороши́вшийся

прихра́мывать 1a *uv leicht* hinken

прице́ливаться *uv zu* прице́литься

прице́литься *v* в кого́-что zielen, anlegen (auf) ‖ *uv* прице́ливаться 1a

ft.	прице́люсь, -лишься, -лятся
imp.	прице́лься, -льтесь
pt.	прице́лился, -лась
g.pt.a.	прице́лившись
p.pt.a.	прице́лившийся

прице́ниваться *uv zu* прицени́ться

прицени́ться *v* к чему́ *umg* nach dem Preis fragen [sehen] ‖ *uv* прице́ниваться 1a

ft.	приценю́сь, -е́нишься, -е́нятся
imp.	прицени́сь, -и́тесь
pt.	прицени́лся, -лась
g.pt.a.	прицени́вшись
p.pt.a.	прицени́вшийся

прицепи́ть *v* что **1.** anhängen, ankuppeln **2.** *umg* anstecken ‖ *uv* прицепля́ть 2a

ft.	прицеплю́, -е́пишь, -е́пят
imp.	прицепи́, ~те

pt.	прицепи́л
g.pt.a.	прицепи́в
p.pt.a.	прицепи́вший
p.pt.p.	прице́пленный

прицепи́ться *v* к чему́ **1.** hängenbleiben (an), sich anhaken (an) **2.** *volksspr* nörgeln ‖ *uv* прицепля́ться

прицепля́ть(ся) *uv zu* прицепи́ть(ся)

прича́ливать *uv zu* прича́лить

прича́лить *v* **1.** что к чему́ vertäuen, am Ufer festmachen **2.** anlegen, landen ‖ *uv* прича́ливать 1а

ft.	прича́лю, -лишь, -лят
imp.	прича́ль, ~те
pt.	прича́лил
g.pt.a.	прича́лив
p.pt.a.	прича́ливший
p.pt.p.	прича́ленный

причасти́ть *v* кого́-что *rel* das Abendmahl erteilen ‖ *uv* причаща́ть 2а

ft.	причащу́, -асти́шь, -астя́т
imp.	причасти́, ~те
pt.	причасти́л
g.pt.a.	причасти́в
p.pt.a.	причасти́вший
p.pt.p.	причащённый; причащён, -ена́

причасти́ться *v rel* das Abendmahl empfangen ‖ *uv* причаща́ться

причаща́ть(ся) *uv zu* причасти́ть(ся)

причеса́ть *v* кого́-что kämmen, frisieren ‖ *uv* причёсывать 1а

ft.	причешу́, -е́шешь, -е́шут
imp.	причеши́, ~те
pt.	причеса́л
g.pt.a.	причеса́в
p.pt.a.	причеса́вший
p.pt.p.	причёсанный

причеса́ться *v* sich kämmen, sich frisieren ‖ *uv* причёсываться

приче́сть *v* что *volkssPr* hinzuzählen, hinzurechnen

ft.	причту́, -чтёшь, -чту́т
imp.	причти́, ~те
pt.	причёл, -чла́
g.pt.a.	причтя́ *u. alt* приче́тши
p.pt.a.	приче́тший
p.pt.p.	причтённый; причтён, -ена́

причёсывать(ся) *uv zu* причеса́ть(ся)

причини́ть *v* что verursachen ‖ *uv* причиня́ть 2а

ft.	причиню́, -ни́шь, -ня́т
imp.	причини́, ~те
pt.	причини́л
g.pt.a.	причини́в
p.pt.a.	причини́вший
p.pt.p.	причинённый; причинён, -ена́

причиня́ть *uv zu* причини́ть

причи́слить *v* кого́-что к чему́ **1.** hinzuzählen, hinzurechnen **2.** abkommandieren, zuteilen **3.** zählen (zu), einreihen (unter) ‖ *uv* причисля́ть 2а

ft.	причи́слю, -лишь, -лят
imp.	причи́сли, ~те
pt.	причи́слил
g.pt.a.	причи́слив
p.pt.a.	причи́сливший
p.pt.p.	причи́сленный

причисля́ть *uv zu* причи́слить

причита́ть 2а *uv* laut jammern, wehklagen

причита́ться, *1. u. 2. Pers ungebr*, *uv* **1.** zustehen; за рабо́ту мне причита́ется два́дцать рубле́й für die Arbeit stehen mir zwanzig Rubel zu **2.** *umg* zu zahlen haben; с вас причита́ется пять рубле́й Sie haben fünf Rubel zu zahlen

причи́тывать 1а *uv umg* laut jammern, weinen

причмо́кивать *uv zu* причмо́кнуть

причмо́кнуть 6 *v* schmatzen ‖ *uv* причмо́кивать 1а

причу́диться, *1. u. 2. Pers ungebr*, *v* кому́-чему́ *umg* vorkommen; мне причу́дилось es kam mir so vor

ft.	причу́дится, -дятся
pt.	причу́дился, -лась
g.pt.a.	причу́дившись
p.pt.a.	причу́дившийся

пришвартова́ть 5 *v* что *naut* festmachen vertäuen ‖ *uv* пришварто́вывать 1а

пришвартова́ться *v naut* festgemacht [vertäut] werden, anlegen ‖ *uv* пришварто́вываться

пришварто́вывать(ся) *uv zu* пришвартова́ть(ся)

пришепётывать 1а *uv umg leicht* lispeln, *leicht* mit der Zunge anstoßen

пришёптывать 1а *uv* что *u. ohne Objekt bei einer Handlung* flüstern

пришиба́ть *uv zu* пришиби́ть

пришиби́ть *v* кого́-что *volkssPr* **1.** totschlagen **2.** durch einen Schlag verletzen **3.** niederdrücken, deprimieren ‖ *uv* пришиба́ть 2а *zu* 1

ft.	пришибу́, -бёшь, -бу́т
imp.	пришиби́, ~те
pt.	приши́б, ~ла
g.pt.a.	пришиби́в

p.pt.a.	пришиби́вший
p.pt.p.	приши́бленный

пришива́ть *uv zu* приши́ть

приши́ть *v* **1.** что к чему́ annähen **2.** что к чему́ annageln **3.** что кому́-чему́ *übtr volksspr*, *derb* fälschlich zuschreiben **4.** кого́-что *volksspr*, *derb* umbringen, umlegen ‖ *uv* пришива́ть 2a

ft.	пришью́, -шьёшь, -шью́т
imp.	прише́й, ~те
pt.	приши́л
g.pt.a.	приши́в
p.pt.a.	приши́вший
p.pt.p.	приши́тый

пришлифова́ть 5 *v* что durch Abschleifen passend machen ‖ *uv* пришлифо́вывать 1a

пришлифо́вывать *uv zu* пришлифова́ть

пришпи́ливать *uv zu* пришпи́лить

пришпи́лить *v* что mit einer Nadel [Spange] anstecken ‖ *uv* пришпи́ливать 1a

ft.	пришпи́лю, -лишь, -лят
imp.	пришпи́ль, ~те
pt.	пришпи́лил
g.pt.a.	пришпи́лив
p.pt.a.	пришпи́ливший
p.pt.p.	пришпи́ленный

пришпо́ривать *uv zu* пришпо́рить

пришпо́рить *v* кого́-что **1.** die Sporen geben, antreiben **2.** *übtr umg* anspornen ‖ *uv* пришпо́ривать 1a

ft.	пришпо́рю, -ришь, -рят
imp.	пришпо́рь, ~те
pt.	пришпо́рил
g.pt.a.	пришпо́рив
p.pt.a.	пришпо́ривший
p.pt.p.	пришпо́ренный

прищёлкивать *uv zu* прищёлкнуть

прищёлкнуть 6 *v* **1.** чем schnalzen; *mit der Peitsche* knallen **2.** что *umg* einklemmen, quetschen ‖ *uv* прищёлкивать 1a

p.pt.p.	прищёлкнутый

прищеми́ть *v* что einklemmen, einquetschen ‖ *uv* прищемля́ть 2a

ft.	прищемлю́, -ми́шь, -мя́т
imp.	прищеми́, ~те
pt.	прищеми́л
g.pt.a.	прищеми́в
p.pt.a.	прищеми́вший
p.pt.p.	прищемлённый; прищемлён, -ена́

прищемля́ть *uv zu* прищеми́ть

прищепи́ть *v* что pfropfen ‖ *uv* прищепля́ть 2a

ft.	прищеплю́, -епи́шь, -епя́т
imp.	прищепи́, ~те
pt.	прищепи́л
g.pt.a.	прищепи́в
p.pt.a.	прищепи́вший
p.pt.p.	прищеплённый; прищеплён, -ена́

прищепля́ть *uv zu* прищепи́ть

прищу́ривать(ся) *uv zu* прищу́рить(ся)

прищу́рить *v*: прищу́рить глаза́ die Augen zusammenkneifen ‖ *uv* прищу́ривать 1a

ft.	прищу́рю, -ришь, -рят
imp.	прищу́рь, ~те
pt.	прищу́рил
g.pt.a.	прищу́рив
p.pt.a.	прищу́ривший
p.pt.p.	прищу́ренный

прищу́риться *v* die Augen zusammenkneifen ‖ *uv* прищу́риваться

g.pt.a.	прищу́рясь *u.* прищу́рившись

приюти́ть *v* кого́-что beherbergen, Unterkunft gewähren

ft.	приючу́, -юти́шь, -ютя́т
imp.	приюти́, ~те
pt.	приюти́л
g.pt.a.	приюти́в
p.pt.a.	приюти́вший

приюти́ться *v* unterkommen, Unterkunft finden

проанализи́ровать 4 *v* что analysieren

проба́виться *v zu* пробавля́ться

ft.	проба́влюсь, -вишься, -вятся
imp.	проба́вься, -вьтесь
pt.	проба́вился, -лась
g.pt.a.	проба́вившись
p.pt.a.	проба́вившийся

пробавля́ться 2a *uv* (чем) *umg* sich begnügen, auskommen (mit) ‖ *v* проба́виться, Formen das.

[1,2]проба́лтывать(ся) *uv zu* [1,2]проболта́ть(ся)

пробе́гать 1 *v* что **1.** *eine Zeitlang* herumlaufen **2.** *umg* durch Herumlaufen verpassen
kein *p.pt.p.*

пробега́ть *uv zu* пробежа́ть

пробе́гаться 1 *v umg eine Zeitlang* laufen

пробежа́ть *v* **1.** laufen (durch, über) **2.** что durchlaufen, zurücklegen *Strecke* **3.** vorbeilaufen **4.** что flüchtig durchsehen, überfliegen ‖ *uv* пробега́ть 2a

ft.	пробегу́, -ежи́шь, -егу́т
imp.	пробеги́, ~те
pt.	пробежа́л
g.pt.a.	пробежа́в
p.pt.a.	пробежа́вший

пробежа́ться *v ein bißchen* herumlaufen

пробива́ть(ся) *uv zu* проби́ть(ся)

пробира́ть(ся) *uv zu* пробра́ть(ся)

проби́ровать 4a *uv* что prüfen *Metallgehalt*

p.pt.p.	проби́рованный

проби́ть *v* что **1.** durchschlagen, durchbrechen **2.** bahnen *Weg* **3.** schlagen *Glocke*, *Uhr* ‖ *uv* пробива́ть 2a *zu* 1, 2

ft.	пробью́, -бьёшь, -бью́т
imp.	пробе́й, ~те
pt.	проби́л *u. zu* 3 *auch* про́бил, проби́ла, проби́ло *u. zu* 3 *auch* про́било
g.pt.a.	проби́в
p.pt.a.	проби́вший
p.pt.p.	проби́тый

проби́ться *v* **1.** sich durchschlagen, sich einen Weg bahnen **2.** hervorbrechen, durchbrechen *Keime*; sich äußern *Gefühl* **3.** *eine Zeitlang* schlagen *Herz* **4.** *umg* sich abplagen, sich abrackern **5.** *umg* sich durchschlagen, sich über Wasser halten ‖ *uv* пробива́ться *zu* 1, 2, 5

pt.	проби́лся, -и́лась, -и́лось

проблёскивать *u.* **пробле́скивать** *uv zu* проблесну́ть

проблесну́ть 7, *1. u. 2. Pers ungebr*, *v* aufblitzen, aufleuchten *durch etw. hindurch* ‖ *uv* проблёскивать 1a *u.* пробле́скивать 1a
kein *p.pt.p.*

проблужда́ть 2 *v eine Zeitlang* umherirren

про́бовать 4a *uv* **1.** что (aus)probieren **2.** что kosten, eine Kostprobe nehmen **3.** *mit Infinitiv* probieren, versuchen ‖ *v* попро́бовать 4

[1]**пробода́ть** 2a *uv* что *med* durchbohren, perforieren

[2]**пробода́ть** 2, *1. u. 2. Pers ungebr*, *v* кого́-что mit den Hörnern durchstoßen, durchbohren

[1]**проболе́ть** 3 *v eine Zeitlang* krank sein

[2]**проболе́ть,** *1. u. 2. Pers ungebr*, *v eine Zeitlang* schmerzen

ft.	проболи́т, -ля́т
pt.	проболе́л
g.pt.a.	проболе́в
p.pt.a.	проболе́вший

[1]**проболта́ть** 2 *v* **1.** что *eine Zeitlang* rühren **2.** чем *eine Zeitlang* schwenken, schlenkern (mit) **3.** что gehörig durchschütteln *Flüssigkeit* ‖ *uv* проба́лтывать 1a

[2]**проболта́ть** 2 *v umg* **1.** *eine Zeitlang* plaudern **2.** что ausplaudern ‖ *uv* проба́лтывать 1a

[1]**проболта́ться** *v umg* sich verplappern, ein Geheimnis ausplaudern ‖ *uv* проба́лтываться

[2]**проболта́ться** *v volksspr eine Zeitlang* herumschlendern, sich umhertreiben ‖ *uv* проба́лтываться

пробора́нивать *uv zu* проборони́ть

пробормота́ть *v* что *umg* vor sich hin murmeln, in den Bart brummen

ft.	пробормочу́, -о́чешь, -о́чут
imp.	пробормочи́, ~те
pt.	пробормота́л
g.pt.a.	пробормота́в
p.pt.a.	пробормота́вший

проборони́ть *v* что **1.** durcheggen **2.** *eine Zeitlang* eggen ‖ *uv* пробора́нивать 1a *zu* 1

ft.	проборoню́, -ни́шь, -ня́т
imp.	проборони́, ~те
pt.	проборони́л
g.pt.a.	проборони́в
p.pt.a.	проборони́вший
p.pt.p.	проборонённый; проборонён, -ена́

[1]**пробра́сывать** *uv zu* пробpоса́ть

[2]**пробра́сывать** *uv zu* пробро́сить

пробра́ть *v* кого́-что **1.** *1. u. 2. Pers ungebr* durchdringen; хо́лод меня́ пробра́л ich bin ganz durchfroren **2.** ausjäten **3.** *umg* den Kopf waschen, ausschimpfen ‖ *uv* пробира́ть 2a

ft.	проберу́, -рёшь, -ру́т
imp.	пробери́, ~те
pt.	пробра́л, -ала́, -а́ло
g.pt.a.	пробра́в
p.pt.a.	пробра́вший
p.pt.p.	про́бранный; про́бран, про́брана́, про́брано

пробра́ться *v* **1.** sich hindurcharbeiten, sich den Weg bahnen **2.** sich einschleichen ‖ *uv* пробира́ться

pt.	пробра́лся, -ала́сь, -а́ло́сь

пробрива́ть *uv zu* пробри́ть

пробри́ть *v* кого́-что **1.** *einen Streifen* ausrasieren **2.** *eine Zeitlang* rasieren ‖ *uv* пробрива́ть 2a *zu* 1

ft.	пробрéю, -éешь, -éют
imp.	пробрéй, ~те
pt.	пробри́л
g.pt.a.	пробри́в
p.pt.a.	пробри́вший
p.pt.p.	пробри́тый

пробросáть 2 *v* **1.** *umg alles* nacheinander werfen **2.** *eine Zeitlang* (hinunter)werfen ‖ *uv* пробрáсывать 1a

пробрóсить *v* что *umg* **1.** (hin)durchwerfen **2.** auf dem Rechenbrett zusammenzählen **3.** auf dem Rechenbrett zu viel errechnen, sich verrechnen (um) **4.** danebenwerfen ‖ *uv* пробрáсывать 1a

ft.	пробрóшу, -сишь, -сят
imp.	пробрóсь, ~те
pt.	пробрóсил
g.pt.a.	пробрóсив
p.pt.a.	пробрóсивший
p.pt.p.	пробрóшенный

пробубни́ть *v* что *u. ohne Objekt* **1.** brummen, murmeln **2.** *eine Zeitlang* murmeln

ft.	пробубню́, -ни́шь, -ня́т
imp.	пробубни́, ~те
pt.	пробубни́л
g.pt.a.	пробубни́в
p.pt.a.	пробубни́вший

пробуди́ть *v* когó-что **1.** (auf)wecken **2.** *übtr* wachrufen, erwecken ‖ *uv* пробуждáть 2a

ft.	пробужу́, -у́дишь, -у́дят *zu* 1 *u.* -уди́шь, -удя́т *zu* 2
imp.	пробуди́, ~те
pt.	пробуди́л
g.pt.a.	пробуди́в
p.pt.a.	пробуди́вший
p.pt.p.	пробуждённый; пробуждён, -енá

пробуди́ться *v* **1.** erwachen **2.** sich regen, auftauchen ‖ *uv* пробуждáться

ft.	пробужу́сь, -у́дишься, -у́дятся *zu* 1 *u.* -уди́шься, -удя́тся *zu* 2

пробуждáть(ся) *uv zu* пробуди́ть(ся)

пробурáвить *v* что durchbohren ‖ *uv* пробурáвливать 1a

ft.	пробурáвлю, -вишь, -вят
imp.	пробурáвь, ~те
pt.	пробурáвил
g.pt.a.	пробурáвив
p.pt.a.	пробурáвивший
p.pt.p.	пробурáвленный

пробурáвливать *uv zu* пробурáвить

пробу́ривать *uv zu* пробури́ть

пробури́ть *v* что durchbohren ‖ *uv* пробу́ривать 1a

ft.	пробурю́, -ри́шь, -ря́т
imp.	пробури́, ~те
pt.	пробури́л
g.pt.a.	пробури́в
p.pt.a.	пробури́вший
p.pt.p.	пробурённый; пробурён, -енá

пробурчáть *v umg* **1.** что *u. ohne Objekt* brummen **2.** *unpers* knurren *im Magen* **3.** что *eine Zeitlang* brummen

ft.	пробурчу́, -чи́шь, -чáт
imp.	пробурчи́, ~те
pt.	пробурчáл
g.pt.a.	пробурчáв
p.pt.a.	пробурчáвший

пробывáть *uv zu* пробы́ть

пробы́ть *v* sich aufhalten, verweilen ‖ *uv* пробывáть* 2a

ft.	пробу́ду, -дешь, -дут
imp.	пробу́дь, ~те
pt.	прóбыл *u. umg* пробы́л, пробылá, прóбыло *u. umg* пробы́ло
g.pt.a.	пробы́в
p.pt.a.	пробы́вший

провáливать 1a *uv* **1.** *uv zu* провали́ть **2.** *imp.* провáливай! *volksspr* hau ab!

провáливаться *uv zu* провали́ться

провали́ть *v* **1.** что durchbrechen, zum Einsturz bringen **2.** что *umg* verderben, scheitern lassen, zunichte machen **3.** когó-что *umg* durchfallen lassen *beim Examen*; ablehnen *Kandidaten* ‖ *uv* провáливать 1a

ft.	провалю́, -áлишь, -áлят
imp.	провали́, ~те
pt.	провали́л
p.pt.a.	провали́вший
p.pt.p.	провáленный

провали́ться *v* **1.** einbrechen, hineinstürzen **2.** *1. u. 2. Pers ungebr* zusammenbrechen, einstürzen **3.** *umg* mißlingen, scheitern **4.** durchfallen *beim Examen* ‖ *uv* провáливаться

провáривать(ся) *uv zu* провари́ть(ся)

провари́ть *v* что durchkochen, garkochen ‖ *uv* провáривать 1a

ft.	проварю́, -áришь, -áрят
imp.	провари́, ~те
pt.	провари́л
g.pt.a.	провари́в
p.pt.a.	провари́вший
p.pt.p.	провáренный

провари́ться, *1. u. 2. Pers v ungebr*, **1.** gar werden **2.** *eine Zeitlang* kochen ‖ *uv* прова́риваться

прова́щивать *uv zu* провощи́ть

провева́ть *uv zu* прове́ять

прове́дать 1 *v umg* **1.** кого́-что besuchen **2.** что *oder* о ком-чём erfahren ‖ *uv* прове́дывать 1a

прове́дывать *uv zu* прове́дать

провезти́ *v* кого́-что **1.** hinfahren, hinschaffen (durch, über) **2.** ми́мо кого́-чего́ hinschaffen, vorbeifahren (an) **3.** mit sich führen ‖ *uv* провози́ть, Formen das.

ft.	провезу́, -зёшь, -зу́т
imp.	провези́, ~те
pt.	провёз, -езла́
g.pt.a.	провезя́ *u. alt* провёзши
p.pt.a.	провёзший
p.pt.p.	провезённый; провезён, -ена́

прове́ивать *uv zu* прове́ять

провентили́ровать 4 *v* что lüften

прове́рить *v* кого́-что **1.** überprüfen, kontrollieren **2.** *Arbeiten* korrigieren; durchsehen; ausprobieren ‖ *uv* проверя́ть 2a

ft.	прове́рю, -ришь, -рят
imp.	прове́рь, ~те
pt.	прове́рил
g.pt.a.	прове́рив
p.pt.a.	прове́ривший
p.pt.p.	прове́ренный

проверну́ть 7 *v* что **1.** *umg* (durch)bohren *Loch* **2.** durchdrehen *durch Fleischwolf u. ä.* ‖ *uv* провёртывать 1a

p.pt.p.	провёрнутый

провертéть *v* что **1.** *umg* mit dem Bohrer (durch)bohren **2.** *eine Zeitlang* bohren ‖ *uv* прове́рчивать 1a

ft.	проверчу́, -е́ртишь, -е́ртят
imp.	проверти́, ~те
pt.	проверте́л
g.pt.a.	проверте́в
p.pt.a.	проверте́вший
p.pt.p.	прове́рченный

провёртывать *uv zu* проверну́ть

прове́рчивать *uv zu* проверте́ть

проверя́ть *uv zu* прове́рить

прове́сить *v* что **1.** zu wenig (ab)wiegen **2.** zum Trocknen aufhängen, trocknen lassen **3.** *tech* auf Geradheit hin überprüfen ‖ *uv* прове́шивать 1a

ft.	прове́шу, -е́сишь, -е́сят
imp.	прове́сь, ~те
pt.	прове́сил
g.pt.a.	прове́сив
p.pt.a.	прове́сивший
p.pt.p.	прове́шенный

провести́ *v* **1.** кого́-что (hindurch)führen, begleiten **2.** кого́-что ми́мо кого́-чего́ vorbeiführen (an) **3.** что ziehen *Linie, Strich* **4.** что bauen, anlegen *Straße, Leitung u. ä.* **5.** что durchführen, ausführen, verwirklichen **6.** чем по чему́ streichen, fahren, gleiten; провести́ руко́й по волоса́м mit der Hand über die Haare fahren **7.** что verbringen, zubringen **8.** что durchsetzen, erreichen **9.** кого́-что *umg* anführen, betrügen, hinters Licht führen ‖ *uv* [1]проводи́ть, Formen das.

ft.	проведу́, -дёшь, -ду́т
imp.	проведи́, ~те
pt.	провёл, -ела́
g.pt.a.	проведя́ *u. alt* прове́дши
p.pt.a.	прове́дший
p.pt.p.	проведённый; проведён, -ена́

прове́тривать(ся) *uv zu* прове́трить(ся)

прове́трить *v* что (durch)lüften, ventilieren ‖ *uv* прове́тривать 1a

ft.	прове́трю, -ришь, -рят
imp.	прове́три, ~те
pt.	прове́трил
g.pt.a.	прове́трив
p.pt.a.	прове́тривший
p.pt.p.	прове́тренный

прове́триться *v* **1.** gelüftet werden **2.** frische Luft schöpfen **3.** *übtr umg* sich zerstreuen, neue Eindrücke sammeln ‖ *uv* прове́триваться

прове́шивать *uv zu* прове́сить

прове́ять *v* что *landw* worfeln, schwingen ‖ *uv* прове́ивать 1a *u.* провева́ть 2a

ft.	прове́ю, -е́ешь, -е́ют
imp.	прове́й, ~те
pt.	прове́ял
g.pt.a.	прове́яв
p.pt.a.	прове́явший
p.pt.p.	прове́янный

прови́деть *uv* что *buchspr* vorhersehen, voraussehen

pr.	прови́жу, -и́дишь, -и́дят
imp.	прови́дь, ~те
pt.	прови́дел
g.pr.a.	прови́дя
p.pr.a.	прови́дящий
p.pt.a.	прови́девший

провини́ться *v* в чём *oder* чем пе́ред кем-чем sich vergehen (gegen), schuldig werden (vor) ‖ *uv* провиня́ться 2a

ft.	провиню́сь, -ни́шься, -ня́тся
imp.	провини́сь, -и́тесь
pt.	провини́лся, -лась
g.pt.a.	провини́вшись
p.pt.a.	провини́вшийся

провиня́ться *uv zu* провини́ться

провира́ться *uv zu* проврáться

провиса́ть *uv zu* прови́снуть

провисе́ть *v eine Zeitlang* hängen

ft.	провишу́, -иси́шь, -ися́т
imp.	провиси́, ~те
pt.	провисе́л
g.pt.a.	провисе́в
p.pt.a.	провисе́вший

прови́снуть, *1. u. 2. Pers ungebr*, *v* in der Mitte durchhängen ‖ *uv* провиса́ть 2a

ft.	прови́снет, -нут
pt.	прови́с, ~ла
g.pt.a.	привиснув *u.* прови́сши
p.pt.a.	прови́сший

[1]**проводи́ть** *uv zu* провести́

pr.	провожу́, -óдишь, -óдят
imp.	проводи́, ~те
pt.	проводи́л
g.pr.a.	проводя́
p.pr.a.	проводя́щий
p.pt.a.	проводи́вший
p.pr.p.	проводи́мый

[2]**проводи́ть** *v* когó-что begleiten; проводи́ть когó-н. на вокзáл j-n zur Bahn bringen ‖ *uv* провожа́ть 2a

ft.	провожу́, -óдишь, -óдят
imp.	проводи́, ~те
pt.	проводи́л
g.pt.a.	проводи́в
p.pt.a.	проводи́вший

провожа́ть *uv zu* [2]проводи́ть

провозвести́ть *v* что *hoher Stil* **1.** prophezeien **2.** verkünden ‖ *uv* провозвеща́ть 2a

ft.	провозвещу́, -ести́шь, -естя́т
imp.	провозвести́, ~те
pt.	провозвести́л
g.pt.a.	провозвести́в
p.pt.a.	провозвести́вший
p.pt.p.	провозвещённый; провозвещён, -енá

провозвеща́ть *uv zu* провозвести́ть

провозгласи́ть *v* что ausrufen, proklamieren, verkünden ‖ *uv* провозглаша́ть 2a

ft.	провозглашу́, -аси́шь, -ася́т
imp.	провозгласи́, ~те
pt.	провозгласи́л
g.pt.a.	провозгласи́в
p.pt.a.	провозгласи́вший
p.pt.p.	провозглашённый; провозглашён, -енá

провозглаша́ть *uv zu* провозгласи́ть

[1]**провози́ть** *uv zu* провезти́

pr.	провожу́, -óзишь, -óзят
imp.	провози́, ~те
pt.	провози́л
g.pr.a.	провозя́
p.pr.a.	провозя́щий
p.pt.a.	провози́вший
p.pr.p.	провози́мый

[2]**провози́ть** *v* когó-что *eine Zeitlang* fahren, transportieren

ft.	провожу́, -óзишь, -óзят
imp.	провози́, ~те
pt.	провози́л
g.pt.a.	провози́в
p.pt.a.	провози́вший

провози́ться *v* с кем-чем *umg* sich *eine bestimmte Zeit* abmühen, sich zu schaffen machen (mit)
Formen nach [2]провози́ть

[1]**провола́кивать** *uv zu* проволочи́ть

[2]**провола́кивать** *uv zu* проволóчь

проволочи́ть *v* **1.** когó-что schleppen **2.** *umg*: проволочи́ть врéмя die Zeit totschlagen ‖ *uv* провола́кивать 1a

ft.	проволочу́, -óчишь, -óчат
imp.	проволочи́, ~те
pt.	проволочи́л
g.pt.a.	проволочи́в
p.pt.a.	проволочи́вший
p.pt.p.	проволóченный

проволóчь *v* когó-что *umg* schleppen ‖ *uv* провола́кивать 1a

ft.	проволоку́, -очёшь, -оку́т
imp.	проволоки́, ~те
pt.	проволóк, -оклá
g.pt.a.	проволочá *u.* проволóкши
p.pt.a.	проволóкший
p.pt.p.	проволочённый; проволочён, -енá

провоня́ть 2 *v* чем *volksspr* einen durchdringenden Geruch annehmen

проворова́ться 5 *v umg* unterschlagen, stehlen, zum Dieb werden; beim Diebstahl ertappt werden ‖ *uv* проворóвываться 1a

проворóвываться *uv zu* проворова́ться

проворóнивать *uv zu* проворóнить

проворóнить *v* что *volksspr* verpassen ‖ *uv* проворóнивать 1a

ft. проворо́ню, -нишь, -нят
imp. проворо́нь, ~те
pt. проворо́нил
g.pt.a. проворо́нив
p.pt.a. проворо́нивший
p.pt.p. проворо́ненный

проворча́ть *v* **1.** что *u. ohne Objekt* brummen **2.** *eine Zeitlang* brummen
ft. проворчу́, -чи́шь, -ча́т
imp. проворчи́, ~те
pt. проворча́л
g.pt.a. проворча́в
p.pt.a. проворча́вший

провоци́ровать 4 *u.* 4a *v, uv* кого́-что provozieren

провощи́ть *v* что mit Wachs durchtränken [einreiben] || *uv* прова́щивать 1a
ft. провощу́, -щи́шь, -ща́т
imp. провощи́, ~те
pt. провощи́л
g.pt.a. провощи́в
p.pt.a. провощи́вший
p.pt.p. провощённый; провощён, -ена́

проврáться *v volksspr* sich (beim Lügen) verplappern || *uv* провира́ться 2a
ft. провру́сь, -рёшься, -ру́тся
imp. проври́сь, -и́тесь
pt. провра́лся, -ала́сь, -а́ло́сь
g.pt.a. провра́вшись
p.pt.a. провра́вшийся

провя́ливать(ся) *uv zu* провя́лить(ся)

провя́лить *v* что dörren || *uv* провя́ливать 1a
ft. провя́лю, -лишь, -лят
imp. провя́ль, ~те
pt. провя́лил
g.pt.a. провя́лив
p.pt.a. провя́ливший
p.pt.p. провя́ленный

провя́литься, *1. u. 2. Pers ungebr, v* gedörrt werden || *uv* провя́ливаться

прогада́ть 2 *v umg* sich verrechnen, hereinfallen || *uv* прога́дывать 1a

прога́дывать *uv zu* прогада́ть

прога́щивать *uv zu* прогости́ть

прогиба́ть(ся) *uv zu* прогну́ть(ся)

прогла́дить *v* что **1.** bügeln, plätten **2.** *a. ohne Objekt eine Zeitlang* bügeln || *uv* прогла́живать 1a *zu* 1
ft. прогла́жу, -а́дишь, -а́дят
imp. прогла́дь, ~те
pt. прогла́дил
g.pt.a. прогла́див
p.pt.a. прогла́дивший
p.pt.p. прогла́женный

прогла́живать *uv zu* прогла́дить

прогла́тывать *uv zu* проглоти́ть

проглоти́ть *v* **1.** кого́-что (ver)schlucken **2.** что *übtr* hinunterschlucken, über sich ergehen lassen **3.** что *umg* schnell durchlesen, verschlingen || *uv* прогла́тывать 1a
ft. проглочу́, -о́тишь, -о́тят
imp. проглоти́, ~те
pt. проглоти́л
g.pt.a. проглоти́в
p.pt.a. проглоти́вший
p.pt.p. прогло́ченный

прогляде́ть *v* кого́-что **1.** *umg* übersehen, außer acht lassen **2.** *umg* durchsehen, durchblättern; überfliegen **3.** *eine Zeitlang* betrachten || *uv* прогля́дывать 1a *zu* 2
ft. прогляжу́, -яди́шь, -ядя́т
imp. прогляди́, ~те
pt. прогляде́л
g.pt.a. прогляде́в
p.pt.a. прогляде́вший

[1]**прогля́дывать** *uv zu* прогляде́ть

[2]**прогля́дывать** *uv zu* прогляну́ть

прогляну́ть 7, *1. u. 2. Pers ungebr, v* erscheinen, hervorkommen || *uv* прогля́дывать 1a
ft. прогля́нет, -нут
kein *p.pt.p.*

прогна́ть *v* кого́-что verjagen, fortjagen, vertreiben || *uv* прогоня́ть 2a
ft. прогоню́, -о́нишь, -о́нят
imp. прогони́, ~те
pt. прогна́л, -а́ла́, -а́ло
g.pt.a. прогна́в
p.pt.a. прогна́вший
p.pt.p. про́гнанный

прогне́вать 1 *v* кого́-что *alt* erzürnen

прогне́ваться *v* на кого́-что *alt* wütend werden (auf)

прогневи́ть *v* кого́-что *alt* erzürnen *uv* прогневля́ть 2a
ft. прогневлю́, -ви́шь, -вя́т
imp. прогневи́, ~те
pt. прогневи́л
g.pt.a. прогневи́в
p.pt.a. прогневи́вший
p.pt.p. прогневлённый; прогневлён, -ена́

прогневля́ть *uv zu* прогневи́ть

прогнива́ть *uv zu* прогни́ть

прогни́ть, *1. u. 2. Pers ungebr, v* verfaulen, durchfaulen || *uv* прогнива́ть 2a
ft. прогниёт, -ию́т
pt. прогни́л, -ила́, -и́ло

g.pt.a. прогни́в
p.pt.a. прогни́вший

прогну́ть 7 *v* что durchbiegen ‖ *uv* прогиба́ть 2a

прогну́ться, *1. u. 2. Pers ungebr*, *v* sich durchbiegen ‖ *uv* прогиба́ться

прогова́ривать(ся) *uv zu* проговори́ть(ся)

проговори́ть *v* что **1.** sagen, aussprechen **2.** sich *eine Zeitlang* unterhalten ‖ *uv* прогова́ривать 1a *zu* 1
ft. проговорю́, -ри́шь, -ря́т
imp. проговори́, ~те
pt. проговори́л
g.pt.a. проговори́в
p.pt.a. проговори́вший
p.pt.p. проговорённый; проговорён, -ена́

проговори́ться *v* (о чём) ausplaudern, sich verplappern ‖ *uv* прогова́риваться

проголода́ть 2 *v eine Zeitlang* hungern

проголода́ться *v* hungrig werden

проголосова́ть 5 *v* что *oder* за кого́-что abstimmen (über)

прогоня́ть *uv zu* прогна́ть

прогора́ть *uv zu* прогоре́ть

прогоре́ть *v* **1.** verbrennen *itr* **2.** durchbrennen **3.** *umg* Bankrott machen, pleite gehen **4.** *umg* fehlschlagen, schiefgehen **5.** *eine Zeitlang* brennen ‖ *uv* прогора́ть 2a *zu* 1—4
ft. прогорю́, -ри́шь, -ря́т
imp. прогори́, ~те
pt. прогоре́л
g.pt.a. прогоре́в
p.pt.a. прогоре́вший

прогорка́ть *uv zu* прого́ркнуть

прого́ркнуть, *1. u. 2. Pers ungebr*, *v* ranzig werden ‖ *uv* прогорка́ть 2a
ft. прого́ркнет, -нут
pt. прого́рк *u. alt* прого́ркнул, прого́ркла
g.pt.a. прого́ркнув *u.* прого́ркши
p.pt.a. прого́ркший

прогости́ть *v eine Zeitlang* zu Gast sein ‖ *uv* прога́щивать* 1a
ft. прогощу́, -ости́шь, -остя́т
imp. прогости́, ~те
pt. прогости́л
g.pt.a. прогости́в
p.pt.a. прогости́вший

программи́ровать 4a *uv* что programmieren

прогреба́ть *uv zu* прогрести́

прогрева́ть(ся) *uv zu* прогре́ть(ся)

прогреме́ть *v* **1.** чем klappern, klimpern (mit) **2.** vorbeidonnern **3.** laut erschallen **4.** *umg* donnern, laut reden **5.** berühmt werden **6.** *eine Zeitlang* donnern
ft. прогремлю́, -ми́шь, -мя́т
imp. прогреми́, ~те
pt. прогреме́л
g.pt.a. прогреме́в
p.pt.a. прогреме́вший

прогресси́ровать 4a *uv* fortschreiten, Fortschritte machen, sich entwickeln

прогрести́ *v* что **1.** durchgraben **2.** freischaufeln, wegschaufeln **3.** *eine Zeitlang* schaufeln **4.** *eine Zeitlang* rudern ‖ *uv* прогреба́ть 2a *zu* 1, 2
ft. прогребу́, -бёшь, -бу́т
imp. прогреби́, ~те
pt. прогрёб, -гребла́
g.pt.a. прогребя́ *u.* прогрёбши
p.pt.a. прогрёбший
p.pt.p. прогребённый; прогребён, -ена́

прогре́ть 3 *v* что durchwärmen, durchheizen ‖ *uv* прогрева́ть 2a
p.pt.p. прогре́тый

прогре́ться *v* sich völlig erwärmen ‖ *uv* прогрева́ться

прогрохота́ть *v umg* **1.** krachen, donnern **2.** чем krachen, knallen (mit) **3.** mit Krach vorbeifahren **4.** *eine Zeitlang* krachen
ft. прогрохочу́, -о́чешь, -о́чут
imp. прогрохочи́, ~те
pt. прогрохота́л
g.pt.a. прогрохота́в
p.pt.a. прогрохота́вший

прогрыза́ть *uv zu* прогры́зть

прогры́зть *v* что durchnagen, durchbeißen ‖ *uv* прогрыза́ть 2a
ft. прогрызу́, -зёшь, -зу́т
imp. прогрызи́, ~те
pt. прогры́з, ~ла
g.pt.a. прогры́зши
p.pt.a. прогры́зший
p.pt.p. прогры́зенный

прогуде́ть *v* **1.** einen tiefen Ton von sich geben, dröhnen, summen, heulen **2.** *eine Zeitlang* heulen, summen, dröhnen
ft. прогужу́, -уди́шь, -удя́т
imp. прогуди́, ~те
pt. прогуде́л
g.pt.a. прогуде́в
p.pt.a. прогуде́вший

прогу́ливать(ся) *uv zu* прогуля́ть(ся)

прогуля́ть 2 *v* что **1.** *eine bestimmte Zeit* spazieren gehen **2.** *umg* verbummeln, schwänzen **3.** *umg* blau machen, nicht zur Arbeit gehen **4.** *volksspr Geld* durchbringen **5.** *volksspr eine bestimmte Zeit* saufen, zechen ‖ *uv* прогу́ливать 1a *zu* 2—4

прогуля́ться *v* spazierengehen ‖ *uv* прогу́ливаться

продава́ть *uv zu* прода́ть

pr.	продаю́, -аёшь, -аю́т
imp.	продава́й, ~те
pt.	продава́л
g.pr.a.	продава́я
p.pr.a.	продаю́щий
p.pt.a.	продава́вший
p.pr.p.	продава́емый

продава́ться *uv zu* прода́ться

продави́ть *v* что durchdrücken, eindrükken, zerbrechen ‖ *uv* прода́вливать 1a

ft.	продавлю́, -а́вишь, -а́вят
imp.	продави́, ~те
pt.	продави́л
g.pt.a.	продави́в
p.pt.a.	продави́вший
p.pt.p.	прода́вленный

продави́ться, *1. u. 2. Pers ungebr*, *v* sich durchbiegen *unter einer Last*, eingedrückt werden ‖ *uv* прода́вливаться

прода́вливать(ся) *uv zu* продави́ть(ся)

прода́лбливать *uv zu* продолби́ть

прода́ть *v* кого́-что **1.** verkaufen **2.** verraten ‖ *uv* продава́ть, Formen das.

ft.	прода́м, -а́шь, -а́ст, -ади́м, -ади́те, -аду́т
imp.	прода́й, ~те
pt.	про́дал *u. umg* прода́л, продала́, про́дало *u. umg* прода́ло
g.pt.a.	прода́в
p.pt.a.	прода́вший
p.pt.p.	про́данный; про́дан, продана́ *u. umg* про́дана, про́дано

прода́ться *v* кому́-чему́ *übtr* sich verkaufen ‖ *uv* продава́ться

pt.	прода́лся, -ала́сь, -ало́сь *u. umg* -а́лось

продвига́ть(ся) *uv zu* продви́нуть(ся)

продви́нуть 6 *v* кого́-что **1.** (vor)rücken, (vor)schieben; *mil* vorrücken lassen **2.** *übtr* näherbringen, heranbringen; продви́нуть литерату́ру в дере́вню die Literatur aufs Land bringen **3.** befördern, aufrücken lassen **4.** *übtr umg* beschleunigen, voranbringen ‖ *uv* продвига́ть 2a

imp.	продви́нь, ~те
p.pt.p.	продви́нутый

продви́нуться *v* **1.** vorrücken, vormarschieren **2.** *im Dienst* aufrücken, avancieren **3.** *1. u. 2. Pers ungebr, übtr umg* vorankommen, Fortschritte machen ‖ *uv* продвига́ться

продева́ть *uv zu* проде́ть

продежу́ривать *uv zu* продежу́рить

продежу́рить *v eine Zeitlang* Dienst haben ‖ *uv* продежу́ривать 1a

ft.	продежу́рю, -ришь, -рят
imp.	продежу́рь, ~те
pt.	продежу́рил
g.pt.a.	продежу́рив
p.pt.a.	продежу́ривший

продеклами́ровать 4 *v* что *u. ohne Objekt* deklamieren, rezitieren

проде́лать 1 *v* что **1.** durchbrechen, durchstoßen *Öffnung* **2.** leisten, machen *Arbeit* **3.** *umg eine Zeit hindurch etw.* machen ‖ *uv* проде́лывать 1a *zu* 1, 2

проде́лывать *uv zu* проде́лать

продемонстри́ровать 4 *v* кого́-что vorführen, vor Augen führen

продёргать 1 *v* что **1.** *landw* durchjäten, ausjäten **2.** *eine Zeitlang* jäten ‖ *uv* продёргивать 1a *zu* 1

[1]**продёргивать** *uv zu* продёрнуть

[2]**продёргивать** *uv zu* продёргать

продержа́ть *v* кого́-что *eine Zeitlang* halten, behalten

ft.	продержу́, -е́ржишь, -е́ржат
imp.	продержи́, ~те
pt.	продержа́л
g.pt.a.	продержа́в
p.pt.a.	продержа́вший
p.pt.p.	продե́ржанный

продержа́ться *v* sich *eine Zeitlang* halten, aushalten, durchhalten

продёрнуть 6 *v* **1.** что *umg* durchziehen, einfädeln **2.** *übtr* кого́-что *volksspr* kritisieren ‖ *uv* продёргивать 1a

p.pt.p.	продёрнутый

проде́ть *v* что durchziehen, durchstecken, einfädeln ‖ *uv* продева́ть 2a

ft.	проде́ну, -нешь, -нут
imp.	проде́нь, ~те
pt.	проде́л
g.pt.a.	проде́в
p.pt.a.	проде́вший
p.pt.p.	проде́тый

продефили́ровать 4 *v* vorbeimarschieren

продешеви́ть *v* что zu billig verkaufen ‖ *uv* продешевля́ть 2a
ft. продешевлю́, -ви́шь, -вя́т
imp. продешеви́, ~те
pt. продешеви́л
g.pt.a. продешеви́в
p.pt.a. продешеви́вший
p.pt.p. продешевлённый; продешевлён, -ена́

продешевля́ть *uv zu* продешеви́ть

продиктова́ть 5 *v* что **1.** diktieren *Text* **2.** auferlegen, aufzwingen **3.** чем (*gewöhnlich p.pt.p.*) eingeben, bestimmen

продира́ть(ся) *uv zu* продра́ть(ся)

продлева́ть(ся) *uv zu* продли́ть(ся)

продли́ть *v* что verlängern *Frist*, hinausschieben *Termin* ‖ *uv* продлева́ть 2a
ft. продлю́, -ли́шь, -ля́т
imp. продли́, ~те
pt. продли́л
g.pt.a. продли́в
p.pt.a. продли́вший
p.pt.p. продлённый; продлён, -ена́

продли́ться, *1. u. 2. Pers ungebr*, *v* dauern, sich hinziehen ‖ *uv* продлева́ться

продово́льствовать 4a *uv* кого́-что *alt* verpflegen

продолби́ть *v* что durchmeißeln, -stemmen; aushöhlen ‖ *uv* прода́лбливать 1a
ft. продолблю́, -би́шь, -бя́т
imp. продолби́, ~те
pt. продолби́л
g.pt.a. продолби́в
p.pt.a. продолби́вший
p.pt.p. продолблённый; продолблён, -ена́

продолжа́ть(ся) *uv zu* продо́лжить(ся)

продо́лжить *v* что **1.** verlängern *Linie*, *Straße* **2.** verlängern *Frist* **3.** fortsetzen, fortfahren ‖ *uv* продолжа́ть 2a *zu* 3
ft. продо́лжу, -жишь, -жат
imp. продо́лжи, ~те
pt. продо́лжил
g.pt.a. продо́лжив
p.pt.a. продо́лживший
p.pt.p. продо́лженный

продо́лжиться, *1. u. 2. Pers ungebr*, *v* dauern, andauern, weitergehen ‖ *uv* продолжа́ться

продохну́ть 7 *v umg* frei [tief] atmen
kein *p.pt.p.*

продра́ть *v* что *umg* zerreißen, durchscheuern ‖ *uv* продира́ть 2a
ft. продеру́, -рёшь, -ру́т
imp. продери́, ~те
pt. продра́л, -ала́, -а́ло
g.pt.a. продра́в
p.pt.a. продра́вший
p.pt.p. про́дранный

продра́ться *v umg* **1.** zerreißen, durchreißen *itr*; sich durchscheuern **2.** sich durchdrängen, sich einen Weg bahnen ‖ *uv* продира́ться
pt. продра́лся, -ала́сь, -а́ло́сь

продро́гнуть *v* ganz durchfroren sein
ft. продро́гну, -нешь, -нут
imp. продро́гни, ~те
pt. продро́г *u. umg* продро́гнул, продро́гла
g.pt.a. продро́гнув *u.* продро́гши
p.pt.a. продро́гший *u. umg* продро́гнувший

продува́ть(ся) *uv zu* проду́ть(ся)

проду́мать 1 *v* что durchdenken, gründlich nachdenken (über), sich überlegen ‖ *uv* проду́мывать 1a

проду́мывать *uv zu* проду́мать

проду́ть *v* **1.** что ausblasen, durchblasen, reinigen *durch Blasen* **2.** кого́-что *unpers*: меня́ проду́ло ich habe mich durch Zugluft erkältet **3.** что *volksspr* verspielen, beim Spielen durchbringen **4.** *ohne Objekt eine Zeitlang* wehen ‖ *uv* продува́ть 2a *zu* 1—3
ft. проду́ю, -у́ешь, -у́ют
imp. проду́й, ~те
pt. проду́л
g.pt.a. проду́в
p.pt.a. проду́вший
p.pt.p. проду́тый

проду́ться *v volksspr* sein Geld verspielen ‖ *uv* продува́ться

продуши́ть *v* что *umg* mit starkem Geruch anfüllen
ft. продушу́, -у́шишь, -у́шат
imp. продуши́, ~те
pt. продуши́л
g.pt.a. продуши́в
p.pt.a. продуши́вший
p.pt.p. проду́шенный *u.* продушённый; продушён, -ена́

продуши́ться *v* чем *umg* den Geruch von etw. anziehen

продыря́вить *v* что *umg* durchlöchern || *uv* продыря́вливать 1a
ft. продыря́влю, -вишь, -вят
imp. продыря́вь, ~те
pt. продыря́вил
g.pt.a. продыря́вив
p.pt.a. продыря́вивший
p.pt.p. продыря́вленный

продыря́виться, *1. u. 2. Pers ungebr, v umg* Löcher bekommen, löcherig werden || *uv* продыря́вливаться

продыря́вливать(ся) *uv zu* продыря́вить(ся)

проеда́ть(ся) *uv zu* прое́сть(ся)

прое́здить *v* что **1.** *umg Geld* verfahren **2.** *eine Zeitlang* fahren || *uv* проезжа́ть 2a *zu* 1
ft. прое́зжу, -здишь, -здят
imp. прое́зди, ~те
pt. прое́здил
g.pt.a. прое́здив
p.pt.a. прое́здивший
p.pt.p. прое́зженный

прое́здиться *v umg* sein ganzes Geld für Reisen ausgeben

[1]**проезжа́ть** *uv zu* прое́хать

[2]**проезжа́ть** *uv zu* прое́здить

проезжа́ться *uv zu* прое́хаться

[1]**проекти́ровать** 4a *uv* что **1.** projektieren, entwerfen **2.** planen || *v* спроекти́ровать 4

[2]**проекти́ровать** 4a *uv* что *math, phys, Film* projizieren || *v* спроекти́ровать 4

прое́сть *v* что **1.** durchfressen, zerfressen, zernagen **2.** *umg* zerfressen, ätzen **3.** *umg*: прое́сть все де́ньги das ganze Geld fürs Essen ausgeben || *uv* проеда́ть 2a
ft. прое́м, -е́шь, -е́ст, -еди́м, -еди́те, -едя́т
imp. прое́шь, ~те
pt. прое́л
g.pt.a. прое́в
p.pt.a. прое́вший
p.pt.p. прое́денный

прое́сться *v umg* sein ganzes Geld verfressen || *uv* проеда́ться

прое́хать *v* что **1.** (durch)fahren, (durch)reiten **2.** ми́мо кого́-чего́ vorbeifahren (an) **3.** durchfahren *ohne zu halten; Haltestelle, Station* verpassen **4.** *Strecke* zurücklegen, durchfahren **5.** fahren, reiten *eine bestimmte Zeit* || *uv* проезжа́ть 2a *zu* 1—4
ft. прое́ду, -дешь, -дут
pt. прое́хал
g.pt.a. прое́хав
p.pt.a. прое́хавший

прое́хаться *v umg* spazierenfahren || *uv* проезжа́ться

прожа́ривать(ся) *uv zu* прожа́рить(ся)

прожа́рить *v* что durchbraten (lassen) || *uv* прожа́ривать 1a
ft. прожа́рю, -ришь, -рят
imp. прожа́рь, ~те
pt. прожа́рил
g.pt.a. прожа́рив
p.pt.a. прожа́ривший
p.pt.p. прожа́ренный

прожа́риться *v* **1.** *1. u. 2. Pers ungebr* gut durchbraten *itr* **2.** *umg* sich ordentlich durchwärmen **3.** *eine Zeitlang* braten *itr* || *uv* прожа́риваться *zu* 1, 2

прожда́ть *v* кого́-что *oder* чего́ *eine Zeitlang* warten (auf)
ft. прожду́, -дёшь, -ду́т
imp. прожди́, ~те
pt. прожда́л, -ала́, -а́ло
g.pt.a. прожда́в
p.pt.a. прожда́вший
p.pt.p. про́жданный

прожева́ть *v* что zerkauen, gut kauen || *uv* прожёвывать 1a
ft. прожую́, -уёшь, -ую́т
imp. прожу́й, ~те
pt. прожева́л
g.pt.a. прожева́в
p.pt.a. прожева́вший
p.pt.p. прожёванный

прожёвывать *uv zu* прожева́ть

прожектёрствовать 4a *uv iron* Luftschlösser bauen

проже́чь *v* что **1.** durchbrennen, versengen **2.** *umg* verschwenden *Geld, Gut* **3.** *eine Zeitlang* brennen || *uv* прожига́ть 2a *zu* 1, 2
ft. прожгу́, -жжёшь, -жгу́т
imp. прожги́, ~те
pt. прожёг, -жгла́
g.pt.a. прожёгши
p.pt.a. прожёгший
p.pt.p. прожжённый; прожжён, -ена́

прожива́ть 2a *uv* **1.** *uv zu* прожи́ть **2.** wohnen, leben

прожива́ться *uv zu* прожи́ться

прожига́ть *uv zu* проже́чь

прожи́ть *v* что **1.** *eine bestimmte Zeit* leben **2.** *eine bestimmte Zeit* leben, sich aufhalten, wohnen **3.** verleben, ausgeben *Geld, Mittel* ‖ *uv* прожива́ть 2a *zu* 3
ft. проживу́, -вёшь, -ву́т
imp. проживи́, ~те
pt. про́жил *u. umg* прожи́л, прожила́, про́жило *u. umg* прожи́ло
g.pt.a. прожи́в
p.pt.a. прожи́вший
p.pt.p. про́жи́тый; про́жи́т, прожита́, про́жи́то

прожи́ться *v umg* sein Geld verprassen ‖ *uv* прожива́ться
pt. прожи́лся, -ила́сь, -ило́сь

прожужжа́ть *v* **1.** vorbeisummen, summend vorbeifliegen **2.** что *eine Zeitlang* summen
ft. прожужжу́, -жжи́шь, -жжа́т
imp. прожужжи́, ~те
pt. прожужжа́л
g.pt.a. прожужжа́в
p.pt.a. прожужжа́вший

прозва́ть *v* кого́-что einen Spitznamen geben ‖ *uv* прозыва́ть 2a
ft. прозову́, -вёшь, -ву́т
imp. прозови́, ~те
pt. прозва́л, -ала́, -а́ло
g.pt.a. прозва́в
p.pt.a. прозва́вший
p.pt.p. про́званный

прозва́ться *v zu* прозыва́ться

прозвене́ть, *1. u. 2. Pers ungebr*, *v* **1.** erklingen, ertönen, klirren **2.** *eine Zeitlang* klingen, tönen
ft. прозвени́т, -ня́т
pt. прозвене́л
g.pt.a. прозвене́в
p.pt.a. прозвене́вший

прозвони́ть *v* **1.** (einmal) läuten, klingeln **2.** что *oder mit Infinitiv* läuten (zu), *durch Läuten, Klingeln, Gong* ankündigen **3.** что *eine Zeit hindurch* läuten, klingeln
ft. прозвоню́, -ни́шь, -ня́т
imp. прозвони́, ~те
pt. прозвони́л
g.pt.a. прозвони́в
p.pt.a. прозвони́вший

прозвуча́ть, *1. u. 2. Pers ungebr*, *v* erklingen, ertönen
ft. прозвучи́т, -ча́т
pt. прозвуча́л
g.pt.a. прозвуча́в
p.pt.a. прозвуча́вший

прозева́ть 2 *v* что **1.** verpassen, versäumen **2.** *eine Zeitlang* gähnen ‖ *uv* прозёвывать 1a *zu* 1

прозёвывать *uv zu* прозева́ть

прозимова́ть 5 *v* überwintern

прознава́ть *uv zu* прозна́ть
pr. прозна́ю, -аёшь, -аю́т
imp. прознава́й, ~те
pt. прознава́л
g.pr.a. прознава́я
p.pr.a. прознаю́щий
p.pt.a. прознава́вший
p.pr.p. прознава́емый

прозна́ть 2 *v* что *oder* о чём *volksspr* erfahren, in Erfahrung bringen ‖ *uv* прознава́ть, Formen das.

прозрева́ть *uv zu* прозре́ть

прозре́ть *v* **1.** das Augenlicht wiedererlangen, wieder sehend werden **2.** *übtr alt* anfangen zu begreifen ‖ *uv* прозрева́ть 2a
ft. прозрю́, -ри́шь, -ря́т
imp. прозри́, ~те
pt. прозре́л
g.pt.a. прозре́в
p.pt.a. прозре́вший

прозыва́ть *uv zu* прозва́ть

прозыва́ться 2a *uv volksspr* heißen, einen Spitznamen haben [führen] ‖ *v alt* прозва́ться, Formen nach прозва́ть

прозяба́ть 2a *uv* dahinvegetieren

[1]**прозя́бнуть** *v umg* durchfrieren, stark frieren
ft. прозя́бну, -нешь, -нут
imp. прозя́бни, ~те
pt. прозя́б, ~ла
g.pt.a. прозя́бнув *u.* прозя́бши
p.pt.a. прозя́бший

[2]**прозя́бнуть,** *1. u. 2. Pers ungebr*, *v alt buchspr* keimen, aufgehen
Formen wie [1]прозя́бнуть

проигра́ть 2 *v* что **1.** verspielen, verlieren *Spiel, Krieg usw.;* проигра́ть кому́-нибудь игру́ gegen j-n ein Spiel verlieren **2.** verspielen, beim Spiel verlieren **3.** *umg mus* (vor)spielen; *Platte* abspielen **4.** *übtr* от чего́ verlieren (durch) **5.** *eine bestimmte Zeit* spielen ‖ *uv* прои́грывать 1a *zu* 1—4

проигра́ться *v umg* alles Geld verspielen ‖ *uv* прои́грываться

прои́грывать(ся) *uv zu* проигра́ть(ся)

произвести́ *v* кого́-что **1.** aus-, durchführen; leisten **2.** erzeugen, produzieren **3.** verursachen, erzeugen **4.** *mit Präposition* в *u. Akkusativ Plural* befördern, ernennen (zu); произвести́ в офице́ры zum Offizier ernennen ‖ *uv* производи́ть, Formen das.

ft.	произведу́, -дёшь, -ду́т
imp.	произведи́, ~те
pt.	произвёл, -ела́
g.pt.a.	произведя́ *u.* произве́дши
p.pt.a.	произве́дший
p.pt.p.	произведённый; произведён, -ена́

производи́ть *uv zu* произвести́

pr.	произвожу́, -о́дишь, -о́дят
imp.	производи́, ~те
pt.	производи́л
g.pr.a.	производя́
p.pr.a.	производя́щий
p.pt.a.	производи́вший
p.pr.p.	производи́мый

произнести́ *v* что **1.** aussprechen, artikulieren **2.** sagen, sprechen; *Rede* halten ‖ *uv* произноси́ть, Formen das.

ft.	произнесу́, -сёшь, -су́т
imp.	произнеси́, ~те
pt.	произнёс, -есла́
g.pt.a.	произнеся́ *u. alt* произнёсши
p.pt.a.	произнёсший
p.pt.p.	произнесённый; произнесён, -ена́

произноси́ть *uv zu* произнести́

pr.	произношу́, -о́сишь, -о́сят
imp.	произноси́, ~те
pt.	произноси́л
g.pr.a.	произнося́
p.pr.a.	произнося́щий
p.pt.a.	произноси́вший
p.pr.p.	произноси́мый

произойти́, *1. u. 2. Pers ungebr, v* **1.** geschehen, vorfallen **2.** от кого́-чего́ (ab)stammen (von) **3.** от чего́ herrühren, entstehen; пожа́р произошёл от неосторо́жности der Brand entstand durch Fahrlässigkeit ‖ *uv* происходи́ть, Formen das.

ft.	произойдёт, -ду́т
pt.	произошёл, -шла́
g.pt.a.	произойдя́ *u. alt* происше́дши
p.pt.a.	происше́дший

произраста́ть 2а, *1. u. 2. Pers ungebr, uv* **1.** *uv zu* произрасти́ **2.** wachsen, gedeihen, vorkommen *Pflanzen*

произрасти́, *1. u. 2. Pers ungebr, v* wachsen *von Pflanzen* ‖ *uv* произраста́ть 2а

ft.	произрастёт, -ту́т
pt.	произро́с, -осла́
g.pt.a.	произро́сши
p.pt.a.	произро́сший

проиллюстри́ровать 4 *v* что **1.** illustrieren, mit Bildern versehen **2.** *durch Beispiele* veranschaulichen

проинструкти́ровать 4 *v* кого́-что instruieren

проинформи́ровать 4 *v* кого́-что informieren

поиска́ть *v* кого́-что *eine Zeitlang* suchen (nach) ‖ *uv* про́искивать 1а

ft.	проищу́, -и́щешь, -и́щут
imp.	проищи́, ~те
pt.	происка́л
g.pt.a.	происка́в
p.pt.a.	происка́вший
p.pt.p.	про́исканный

про́искивать *uv zu* происка́ть

проистека́ть *uv zu* происте́чь

происте́чь, *1. u. 2. Pers ungebr, v* из чего́ *oder* от чего́ *buchspr* entstehen, folgen (aus), herrühren (von) ‖ *uv* проистека́ть 2а

ft.	проистечёт, -еку́т
pt.	проистёк, -екла́
g.pt.a.	проистёкши
p.pt.a.	происте́кший

происходи́ть *uv* **1.** *uv zu* произойти́ **2.** *1. u. 2. Pers ungebr* от кого́-чего́ *u.* из кого́-чего́ (ab)stammen (von)

pr.	происхо́дит, -о́дят
pt.	происходи́л
g.pr.a.	происходя́
p.pr.a.	происходя́щий
p.pt.a.	происходи́вший

пройти́ *v* **1.** (durch)gehen, passieren **2.** ми́мо кого́-чего́ vorbeigehen (an) **3.** что durchfahren *ohne zu halten;* по́езд прошёл ста́нцию der Zug fuhr auf der Station durch **4.** что zurücklegen *Strecke* **5.** vergehen, verfließen; ablaufen **6.** *übtr* sich ausbreiten, sich verbreiten **7.** durchgehen, sich durchschieben lassen **8.** durchfließen, durchdringen, durchgehen **9.** durchkommen, angenommen werden **10.** verlaufen, ausfallen; пройти́ с успе́хом erfolgreich verlaufen **11.** что durchnehmen, behandeln *Stoff* **12.** что durchlaufen, absolvieren **13.** verlaufen, führen *Weg u. a.* ‖ *uv* [1]проходи́ть, Formen das.

ft.	пройду́, -дёшь, -ду́т
imp.	пройди́, ~те
pt.	прошёл, -шла́
g.pt.a.	пройдя́ *u. alt* проше́дши
p.pt.a.	проше́дший
p.pt.p.	про́йденный *u.* пройдённый; пройдён, -ена́

пройти́сь *v* **1.** *ein bißchen* spazierengehen **2.** по чему́ *umg* fahren (über); пройти́сь щёткой по волоса́м mit der Bürste über die Haare fahren ‖ *uv* проха́живаться 1a

прока́зить *uv umg* Unfug [Schabernack] treiben, mutwillige Streiche verüben

pr.	прока́жу, -а́зишь, -а́зят
imp.	прока́зь, ~те
pt.	прока́зил
g.pr.a.	прока́зя
p.pr.a.	прока́зящий
p.pt.a.	прока́зивший

прока́зничать 1a *uv umg* Unfug [Schabernack] treiben

прока́ливать(ся) *uv zu* прокали́ть(ся)

прокали́ть *v* что erhitzen, durchglühen ‖ *uv* прока́ливать 1a

ft.	прокалю́, -ли́шь, -ля́т
imp.	прокали́, ~те
pt.	прокали́л
g.pt.a.	прокали́в
p.pt.a.	прокали́вший
p.pt.p.	прокалённый; прокалён, -ена́

прокали́ться, *1. u. 2. Pers ungebr*, *v* durchglühen, durch und durch glühend werden ‖ *uv* прока́ливаться

прока́лывать *uv zu* проколо́ть

прока́пчивать(ся) *uv zu* прокопти́ть(ся)

прока́пывать(ся) *uv zu* прокопа́ть(ся)

прокарау́лить *v* кого́-что **1.** aus Unachtsamkeit verpassen, nicht bemerken *beim Wachestehen* **2.** *eine Zeitlang* Wache stehen, bewachen

ft.	прокарау́лю, -лишь, -лят
imp.	прокарау́ль, ~те
pt.	прокарау́лил
g.pt.a.	прокарау́лив
p.pt.a.	прокарау́ливший
p.pt.p.	прокарау́ленный

прока́рмливать(ся) *uv zu* прокорми́ть(ся)

проката́ть 2 *v* **1.** что walzen *Metall* **2.** что rollen, mangeln **3.** кого́-что *eine bestimmte Zeit* spazierenfahren, ausfahren ‖ *uv* прока́тывать 1a *zu* 1, 2

проката́ться *v* **1.** *1. u. 2. Pers ungebr* gemangelt [gerollt] werden **2.** *eine Zeitlang* spazierenfahren *itr* ‖ *uv* прока́тываться *zu* 1

прокати́ть *v* **1.** кого́-что spazierenfahren **2.** что rollen **3.** *umg* schnell vorbeifahren [durchfahren] **4.** кого́-что *umg* heruntermachen, scharf kritisieren **5.** кого́-что *umg* bei der Wahl durchfallen lassen ‖ *uv* прока́тывать 1a *zu* 2, 3

ft.	прокачу́, -а́тишь, -а́тят
imp.	прокати́, ~те
pt.	прокати́л
g.pt.a.	прокати́в
p.pt.a.	прокати́вший
p.pt.p.	прока́ченный

прокати́ться *v* **1.** *1. u. 2. Pers ungebr* rollen *itr* **2.** *1. u. 2. Pers ungebr* rollen, dröhnen, krachen *Donner, Schuß u. a.* **3.** spazierenfahren *itr* ‖ *uv* прока́тываться *zu* 1, 2

[1]**прока́тывать(ся)** *uv zu* проката́ть(ся)

[2]**прока́тывать(ся)** *uv zu* прокати́ть(ся)

прокача́ть 2 *v* кого́-что **1.** *eine Zeitlang* schaukeln, wiegen **2.** *eine Zeitlang* pumpen ‖ *uv* прока́чивать 1a

прока́чивать *uv zu* прокача́ть

прока́шивать *uv zu* прокоси́ть

[1]**прока́шливать** *uv zu* прока́шлять

[2]**прока́шливать** *uv zu* прока́шлянуть

прока́шливаться *uv zu* прока́шляться

прока́шлянуть 6 *v umg* **1.** hüsteln, sich räuspern *um sich bemerkbar zu machen* **2.** что aushusten ‖ *uv* прока́шливать 1a

прока́шлять 1 *v* **1.** что *umg* aushusten **2.** *umg* husten **3.** *eine Zeitlang* husten ‖ *uv* прока́шливать 1a *zu* 1, 2

прока́шляться *v* sich räuspern ‖ *uv* прока́шливаться

прокваси́ть *v* что durchsäuern lassen ‖ проква́шивать 1a

ft.	проква́шу, -а́сишь, -а́сят
imp.	проква́сь, ~те
pt.	проква́сил
g.pt.a.	проква́сив
p.pt.a.	проква́сивший
p.pt.p.	проква́шенный

проква́ситься, *1. u. 2. Pers ungebr*, *v* durchsäuern ‖ *uv* проква́шиваться

проква́шивать(ся) *uv zu* проква́сить(ся)

прокида́ть 2 *v* что **1.** *umg alles nacheinander* werfen, hinunterwerfen **2.** *eine bestimmte Zeit* werfen ‖ *uv* проки́дывать 1a *zu* 1

[1]**прокидывать** *uv zu* прокидать

[2]**прокидывать** *uv zu* прокинуть

прокинуть 6 *v* что **1.** *umg* (hin)durchwerfen **2.** *umg* alles nacheinander (hin)-werfen **3.** *a. ohne Objekt umg* danebenwerfen; die falsche Karte ablegen *beim Spiel* **4.** *volksspr* überspringen, weglassen ‖ *uv* прокидывать 1a

imp.	прокинь, ~те
p.pt.p.	прокинутый

прокипать *uv zu* прокипеть

прокипеть, *1. u. 2. Pers ungebr, v* **1.** aufkochen, durchkochen *itr* **2.** *eine Zeitlang* kochen, sieden *itr* ‖ *uv* прокипать 2a *zu* 1

ft.	прокипит, -пят
pt.	прокипел
g.pt.a.	прокипев
p.pt.a.	прокипевший

прокипятить *v* что **1.** kochen, aufkochen lassen **2.** *eine Zeitlang* kochen (lassen)

ft.	прокипячу, -ятишь, -ятят
imp.	прокипяти, ~те
pt.	прокипятил
g.pt.a.	прокипятив
p.pt.a.	прокипятивший
p.pt.p.	прокипячённый; прокипячён, -ена

прокисать *uv zu* прокиснуть

прокиснуть, *1. u. 2. Pers ungebr, v* sauer werden ‖ *uv* прокисать 2a

ft.	прокиснет, -нут
pt.	прокис, ~ла
g.pt.a.	прокиснув *u.* прокисши
p.pt.a.	прокисший

прокладывать *uv zu* проложить

прокламировать 4 *u.* 4a *v, uv* что *buchspr* proklamieren

проклевать *v* что **1.** durchhacken *mit dem Schnabel* **2.** *eine Zeitlang* hacken ‖ *uv* проклёвывать 1a *zu* 1

ft.	проклюю, -юёшь, -юют
imp.	проклюй, ~те
pt.	проклевал
g.pt.a.	проклевав
p.pt.a.	проклевавший
p.pt.p.	проклёванный

[1]**проклёвывать** *uv zu* проклевать

[2]**проклёвывать** *uv zu* проклюнуть

проклеивать *uv zu* проклеить

проклеить *v* что **1.** mit Leim bedecken; mit Leim durchtränken **2.** *eine Zeitlang* leimen ‖ *uv* проклеивать 1a *zu* 1

ft.	проклею, -еишь, -еят
imp.	проклей, ~те
pt.	проклеил
g.pt.a.	проклеив
p.pt.a.	проклеивший
p.pt.p.	проклеенный

проклинать *uv zu* проклясть

проклюнуть 6, *1. u. 2. Pers ungebr, v* **1.** что *umg* durchpicken, mit dem Schnabel durchhacken **2.** *volksspr* aufgehen, keimen ‖ *uv* проклёвывать 1a *zu* 1

проклясть *v* кого-что *hoher Stil* verfluchen, verwünschen ‖ *uv* проклинать 2a

ft.	прокляну, -нёшь, -нут
imp.	прокляни, ~те
pt.	проклял, прокляла, прокляло
g.pt.a.	прокляв
p.pt.a.	проклявший
p.pt.p.	проклятый; проклят, проклята, проклято

проковылять 2 *v umg* humpelnd gehen *durch etw. hindurch, an etw. vorbei*

[1]**проковыривать** *uv zu* проковырять

[2]**проковыривать** *uv zu* проковырнуть

проковырнуть 7 *v* что *umg* durchbohren ‖ *uv* проковыривать 1a

проковырять 2 *v* что **1.** durchbohren **2.** *a. ohne Objekt eine Zeitlang* bohren ‖ *uv* проковыривать 1a *zu* 1

проколачивать *uv zu* проколотить

проколотить *v* **1.** что *umg* durchschlagen, -stoßen **2.** что ausklopfen *Polstermöbel u. a.* **3.** кого-что *eine Zeitlang* klopfen, schlagen ‖ *uv* проколачивать 1a *zu* 1, 2

ft.	проколочу, -отишь, -отят
imp.	проколоти, ~те
pt.	проколотил
g.pt.a.	проколотив
p.pt.a.	проколотивший
p.pt.p.	проколоченный

проколоть *v* кого-что durchstechen, -bohren ‖ *uv* прокалывать 1a

ft.	проколю, -олешь, -олют
imp.	проколи, ~те
pt.	проколол
g.pt.a.	проколов
p.pt.a.	проколовший
p.pt.p.	проколотый

прокомментировать 4 *v* что kommentieren

прокомпости́ровать 4 *v* что *Fahrkarte* lochen

проконопа́тить *v* что **1.** alle Fugen mit Werg abdichten, kalfatern **2.** *a. ohne Objekt eine Zeitlang* kalfatern ‖ *uv* проконопа́чивать1а *zu* 1

ft.	проконопа́чу, -а́тишь, -а́тят
imp.	проконопа́ть, ~те
pt.	проконопа́тил
g.pt.a.	проконопа́тив
p.pt.a.	проконопа́тивший
p.pt.p.	проконопа́ченный

проконопа́чивать *uv zu* проконопа́тить

проконспекти́ровать 4 *v* что kurz zusammenfassen, einen Konspekt anfertigen (von)

проконсульти́ровать 4 *v* кого́-что beraten

проконсульти́роваться *v* с кем konsultieren; einen Rat bekommen (von)

проконтроли́ровать 4 *v* что kontrollieren, überwachen, überprüfen

прокопа́ть 2 *v* что **1.** graben, ausheben *Graben* **2.** durchgraben, durchstoßen **3.** *a. ohne Objekt eine Zeitlang* graben ‖ *uv* прока́пывать 1а *zu* 1, 2

прокопа́ться *v* **1.** *umg* sich durchgraben **2.** *volkssprtrödeln*, vertrödeln ‖ *uv* прока́пываться *zu* 1

прокопти́ть *v* что **1.** (durch)räuchern **2.** verräuchern, verqualmen **3.** *eine Zeitlang* räuchern ‖ *uv* прока́пчивать 1а *zu* 1, 2

ft.	прокопчу́, -пти́шь, -птя́т
imp.	прокопти́, ~те
pt.	прокопти́л
g.pt.a.	прокопти́в
p.pt.a.	прокопти́вший
p.pt.p.	прокопчённый; прокопчён, -ена́

прокопти́ться, *1. u. 2. Pers ungebr*, *v* **1.** durchräuchern, geräuchert werden **2.** verräuchert [verqualmt] werden, verrußt werden ‖ *uv* прока́пчиваться

прокорми́ть *v* кого́-что **1.** ernähren, unterhalten **2.** *eine Zeitlang* füttern ‖ *uv* прока́рмливать 1а *zu* 1

ft.	прокормлю́, -о́рмишь, -о́рмят
imp.	прокорми́, ~те
pt.	прокорми́л
g.pt.a.	прокорми́в
p.pt.a.	прокорми́вший
p.pt.p.	проко́рмленный

прокорми́ться *v umg* sich ernähren, seinen Lebensunterhalt verdienen ‖ *uv* прока́рмливаться

прокорректи́ровать 4 *v* что berichtigen, korrigieren

прокоси́ть *v* что **1.** einen Streifen ausmähen **2.** abmähen **3.** *eine Zeitlang* mähen ‖ *uv* прока́шивать 1а *zu* 1, 2

ft.	прокошу́, -о́сишь, -о́сят
imp.	прокоси́, ~те
pt.	прокоси́л
g.pt.a.	прокоси́в
p.pt.a.	прокоси́вший
p.pt.p.	проко́шенный *zu* 1, 2

прокра́дываться *uv zu* прокра́сться

прокра́сить *v* что **1.** anstreichen, überstreichen **2.** *eine Zeitlang* streichen ‖ *uv* прокра́шивать 1а *zu* 1

ft.	прокра́шу, -а́сишь, -а́сят
imp.	прокра́сь, ~те
pt.	прокра́сил
g.pt.a.	прокра́сив
p.pt.a.	прокра́сивший
p.pt.p.	прокра́шенный *zu* 1

прокра́сться *v* sich einschleichen, heimlich eindringen ‖ *uv* прокра́дываться 1а

ft.	прокраду́сь, -дёшься, -ду́тся
imp.	прокради́сь, -и́тесь
pt.	прокра́лся, -лась
g.pt.a.	прокра́вшись
p.pt.a.	прокра́вшийся

прокрахма́ливать(ся) *uv zu* прокрахма́лить(ся)

прокрахма́лить *v* что stärken, mit Stärke durchtränken ‖ *uv* прокрахма́ливать 1а

ft.	прокрахма́лю, -лишь, -лят
imp.	прокрахма́ль, ~те
pt.	прокрахма́лил
g.pt.a.	прокрахма́лив
p.pt.a.	прокрахма́ливший
p.pt.p.	прокрахма́ленный

прокрахма́литься, *1. u. 2. Pers ungebr*, *v* gestärkt werden ‖ *uv* прокрахма́ливаться

прокра́шивать *uv zu* прокра́сить

прокри́кивать *uv zu* прокрича́ть

прокрича́ть *v* **1.** einen Schrei ausstoßen **2.** ausrufen ‖ *uv* прокри́кивать 1а

ft.	прокричу́, -чи́шь, -ча́т
imp.	прокричи́, ~те
pt.	прокрича́л
g.pt.a.	прокрича́в
p.pt.a.	прокрича́вший

проку́ривать *uv zu* прокури́ть

прокури́ть *v* что **1.** *umg* verräuchern, vollqualmen **2.** *umg* für Tabakwaren ausgeben **3.** *eine Zeitlang* rauchen ‖ *uv* проку́ривать 1a *zu* 1, 2

ft.	прокурю́, -у́ришь, -у́рят
imp.	прокури́, ~те
pt.	прокури́л
g.pt.a.	прокури́в
p.pt.a.	прокури́вший
p.pt.p.	проку́ренный

прокуса́ть 2 *v* **1.** что *umg an mehreren Stellen* durchbeißen **2.** кого́-что *eine Zeitlang* beißen, stechen ‖ *uv* проку́сывать 1a *zu* 1

прокуси́ть *v* что durchbeißen ‖ *uv* проку́сывать 1a

ft.	прокушу́, -у́сишь, -у́сят
imp.	прокуси́, ~те
pt.	прокуси́л
g.pt.a.	прокуси́в
p.pt.a.	прокуси́вший
p.pt.p.	проку́шенный

[1]**проку́сывать** *uv zu* прокуси́ть

[2]**проку́сывать** *uv zu* прокуса́ть

прокути́ть *v* что **1.** *eine Zeit hindurch* zechen **2.** verprassen, verjubeln *durch Zechen* ‖ *uv* проку́чивать 1a *zu* 2

ft.	прокучу́, -у́тишь, -у́тят
imp.	прокути́, ~те
pt.	прокути́л
g.pt.a.	прокути́в
p.pt.a.	прокути́вший
p.pt.p.	проку́ченный

прокути́ться *v umg* sein Geld versaufen [verjubeln] ‖ *uv* проку́чиваться

проку́чивать(ся) *uv zu* прокути́ть(ся)

пролага́ть *uv zu* проложи́ть

[1]**прола́мывать(ся)** *uv zu* проloма́ть(ся)

[2]**прола́мывать(ся)** *uv zu* проломи́ть(ся)

прола́ять *v* **1.** bellen **2.** *eine bestimmte Zeit* bellen

ft.	прола́ю, -а́ешь, -а́ют
imp.	прола́й, ~те
pt.	прола́ял
g.pt.a.	прола́яв
p.pt.a.	прола́явший

пролега́ть 2a, *1. u. 2. Pers ungebr*, *uv* führen *durch oder vorbei an*, sich erstrecken *Weg*

пролежа́ть *v* **1.** *eine Zeitlang* liegen **2.** *1. u. 2. Pers ungebr* liegenbleiben **3.** что *umg* sich etwas wundliegen [durchliegen] ‖ *uv* пролёживать 1a

ft.	пролежу́, -жи́шь, -жа́т
imp.	пролежи́, ~те
pt.	пролежа́л
g.pt.a.	пролежа́в
p.pt.a.	пролежа́вший
p.pt.p.	пролёжанный *zu* 3

пролёживать *uv zu* пролежа́ть

пролеза́ть *uv zu* проле́зть

проле́зть *v* **1.** durchkriechen, durchschlüpfen; hineinschlüpfen **2.** *übtr umg, verächtl* sich einschleichen ‖ *uv* пролеза́ть 2a

ft.	проле́зу, -зешь, -зут
imp.	проле́зь, ~те
pt.	проле́з, ~ла
g.pt.a.	проле́зши
p.pt.a.	проле́зший

пролепета́ть *v* что stammeln, lallen

ft.	пролепечу́, -пе́чешь, -пе́чут
imp.	пролепечи́, ~те
pt.	пролепета́л
g.pt.a.	пролепета́в
p.pt.a.	пролепета́вший

пролетаризи́ровать 4 *u.* 4a *v, uv* кого́-что proletarisieren

пролетаризи́роваться *v, uv* proletarisiert werden

[1]**пролета́ть** *uv zu* пролете́ть

[2]**пролета́ть** 2 *v eine bestimmte Zeit* fliegen

пролете́ть *v* **1.** что (durch)fliegen, überfliegen **2.** что fliegen, fliegend zurücklegen **3.** *umg* vorbeijagen, -sausen **4.** что *umg* durcheilen **5.** verfliegen, wie im Fluge vergehen *Zeit* ‖ *uv* пролета́ть 2a

ft.	пролечу́, -ети́шь, -етя́т
imp.	пролети́, ~те
pt.	пролете́л
g.pt.a.	пролете́в
p.pt.a.	пролете́вший

проле́чь, *1. u. 2. Pers ungebr*, *v* sich erstrecken, sich hinziehen

ft.	проля́жет, -я́гут
pt.	пролёг, -егла́
g.pt.a.	пролёгши
p.pt.a.	пролёгший

пролива́ть(ся) *uv zu* проли́ть(ся)

проли́ть *v* что danebengießen, verschütten, vergießen ‖ *uv* пролива́ть 2a

ft.	пролью́, -льёшь, -лью́т
imp.	проле́й, ~те
pt.	про́ли́л, пролила́, про́ли́ло
g.pt.a.	проли́в
p.pt.a.	проли́вший
p.pt.p.	про́ли́тый; про́ли́т, пролита́, про́ли́то

пролúться, *1. u. 2. Pers ungebr*, *v* **1.** überlaufen, überfließen **2.** *umg* gießen *Regen* ‖ *uv* проливáться
pt. пролúлся, -илáсь, -úлóсь

проложúть *v* что **1.** (an)legen, bauen *Weg, Leitung u. ä.* **2.** dazwischenlegen **3.**: проложúть себé дорóгу sich einen Weg bahnen, sich Bahn brechen; проложúть курс самолёта [корабля́] den Kurs des Flugzeugs [Schiffes] festlegen ‖ *uv* проклáдывать 1a *u.* пролагáть 2a *zu* 1, 3
ft. проложу́, -óжишь, -óжат
imp. проложú, ~те
pt. проложúл
g.pt.a. проложúв
p.pt.a. проложúвший
p.pt.p. пролóженный

проломáть 2 *v* что durchbrechen, durchstoßen, durchschlagen ‖ *uv* прoláмывать 1a

проломáться, *1. u. 2. Pers ungebr*, *v* *volksspr* durch-, einbrechen; zerbrechen *itr* ‖ *uv* пролáмываться

проломúть *v* что durchbrechen, -stoßen; durchlöchern ‖ *uv* пролáмывать 1a
ft. проломлю́, -óмишь, -óмят
imp. проломú, ~те
pt. проломúл
g.pt.a. проломúв
p.pt.a. проломúвший
p.pt.p. пролóмленный

проломúться, *1. u. 2. Pers ungebr*, *v* durch-, einbrechen; zerbrechen *itr* ‖ *uv* пролáмываться

пролонгúровать 4 *u.* 4a *v*, *uv* что *buchspr* prolongieren, verlängern

промáзать *v* что **1.** schmieren, ölen **2.** *volkssspr* danebenschießen, schlecht spielen ‖ *uv* промáзывать 1a
ft. промáжу, -áжешь, -áжут
imp. промáжь, ~те
pt. промáзал
g.pt.a. промáзав
p.pt.a. промáзавший
p.pt.p. промáзанный

промáзывать *uv zu* промáзать

промáлчивать *uv zu* промолчáть

промáлывать *uv zu* промолóть

промáргивать *uv zu* проморгáть

промариновáть 5 *v* что **1.** *u. ohne Objekt eine Zeitlang* (ein)marinieren **2.** *eine bestimmte Zeit* hinauszögern, auf die lange Bank schieben

промариновáться *1. u. 2. Pers ungebr*, *v* mariniert werden

промáсливать(ся) *uv zu* промáслить(ся)

промáслить *v* что einölen, mit Öl durchtränken ‖ *uv* промáсливать 1a
ft. промáслю, -лишь, -лят
imp. промáсли, ~те
pt. промáслил
g.pt.a. промáслив
p.pt.a. промáсливший
p.pt.p. промáсленный

промáслиться, *1. u. 2. Pers ungebr*, *v* mit Öl [Fett] durchtränkt werden ‖ *uv* промáсливаться

промáтывать(ся) *uv zu* промотáть(ся)

промáхиваться *uv zu* промахну́ться

промахну́ться 7 *v* **1.** danebenschießen, das Ziel verfehlen **2.** *umg* einen Fehler machen, einen Bock schießen ‖ *uv* промáхиваться 1a

промáчивать *uv zu* промочúть

промáяться *v* *volkssspr* **1.** sich *eine Zeitlang* abquälen, sich abplagen **2.** sich *eine Weile* über Wasser halten, durchhalten
ft. промáюсь, -áешься, -áются
imp. промáйся, -áйтесь
pt. промáялся, -лась
g.pt.a. промáявшись
p.pt.a. промáявшийся

промéдлить *v* *eine Zeitlang* zögern, untätig sein
ft. промéдлю, -лишь, -лят
imp. промéдли, ~те
pt. промéдлил
g.pt.a. промéдлив
p.pt.a. промéдливший

промéлькивать *uv zu* промелькну́ть

промелькну́ть 7 *v* **1.** vorbeifliegen, -huschen **2.** *1. u. 2. Pers ungebr*, *übtr* auftauchen; у меня́ промелькну́ла мысль ein Gedanke schoß mir durch den Kopf **3.** schnell vergehen *Zeit* **4.** *übtr* schwach zu merken sein, anklingen ‖ *uv* промéлькивать 1a
kein *p.pt.p.*

промéнивать *uv zu* променя́ть

променя́ть 2 *v* когó-что на когó-что **1.** tauschen, eintauschen (gegen) **2.** j-m den Vorzug geben (vor) ‖ *uv* промéнивать 1a

промерзáть *uv zu* промёрзнуть

промёрзнуть *v* **1.** durch und durch gefrieren, einfrieren **2.** *umg* (durch)frieren, durchfroren sein ‖ *uv* промерзáть 2а
ft. промёрзну, -нешь, -нут
imp. промёрзни, ~те
pt. промёрз, ~ла
g.pt.a. промёрзнув *u.* промёрзши
p.pt.a. промёрзший

промéривать *uv zu* промéрить

промéрить что **1.** (ver)messen, ausmessen **2.** sich vermessen, sich irren *beim Messen* **3.** *eine Zeitlang* messen ‖ *uv* промéривать 1а *u.* промерять 2а *zu* 1, 2
ft. промéрю, -ришь, -рят *u. umg* промéряю, -яешь, -яют
imp. промéрь, ~те *u. umg* промéряй, ~те
pt. промéрил
g.pt.a. промéрив
p.pt.a. промéривший
p.pt.p. промéренный

промеря́ть *uv zu* промéрить

промеси́ть *v* что **1.** durchkneten **2.** *eine Zeitlang* kneten ‖ *uv* промéшивать 1а *zu* 1
ft. промешу́, -éсишь, -éсят
imp. промеси́, ~те
pt. промеси́л
g.pt.a. промеси́в
p.pt.a. промеси́вший
p.pt.p. промéшенный

промести́ *v* что **1.** (aus)kehren, fegen **2.** *a. ohne Objekt eine Zeitlang* kehren ‖ *uv* прометáть 2а *zu* 1
ft. промету́, -етёшь, -ету́т
imp. промети́, ~те
pt. промёл, -мелá
g.pt.a. прометя́
p.pt.a. промётший
p.pt.p. прометённый; прометён, -енá

[1]**прометáть** *v* что *u. ohne Objekt eine Zeitlang* werfen
ft. промечу́, -éчешь, -éчут
imp. промечи́, ~те
pt. прометáл
g.pt.a. прометáв
p.pt.a. прометáвший
p.pt.p. промётанный

[2]**прометáть** 2 *v* что heften, (durch)nähen *mit groben Stichen* ‖ *uv* промётывать 1а
p.pt.p. промётанный

[3]**прометáть** *uv zu* промести́

промётывать *uv zu* [2]прометáть

промечтáть 2 *v eine bestimmte Zeit* träumen, verträumen

промешáть 2 *v* что **1.** (gut) umrühren, verrühren **2.** *eine Zeit hindurch* rühren ‖ *uv* промéшивать 1а *zu* 1

[1]**промéшивать** *uv zu* промешáть

[2]**промéшивать** *uv zu* промеси́ть

проминáть(ся) *uv zu* промя́ть(ся)

[1]**промокáть** 2а *uv* **1.** *uv zu* промóкнуть **2.** *1. u. 2. Pers ungebr* wasserdurchlässig sein

[2]**промокáть** *uv zu* промокну́ть

промóкнуть *v* durchnäßt werden ‖ *uv* промокáть 2а
ft. промóкну, -нешь, -нут
imp. промóкни, ~те
pt. промóк, ~ла
g.pt.a. промóкнув *u.* промóкши
p.pt.a. промóкший

промокну́ть 7 *v* что *umg mit Löschpapier* löschen ‖ *uv* промокáть 2а
kein *p.pt.p.*

промóлвить *v alt*: ни слóва не промóлвить keinen Ton sagen
ft. промóлвлю, -вишь, -вят
imp. промóлви, ~те
pt. промóлвил
g.pt.a. промóлвив
p.pt.a. промóлвивший
p.pt.p. промóлвленный

промолóть *v* что **1.** mahlen **2.** *eine Zeitlang* mahlen ‖ *uv* промáлывать 1а *zu* 1
ft. промелю́, -éлешь, -éлют
imp. промели́, ~те
pt. промолóл
g.pt.a. промолóв
p.pt.a. промолóвший
p.pt.p. промóлотый

промолчáть *v* sich in Schweigen hüllen, keine Antwort geben ‖ *uv* промáлчивать 1а
ft. промолчу́, -чи́шь, -чáт
imp. промолчи́, ~те
pt. промолчáл
g.pt.a. промолчáв
p.pt.a. промолчáвший

проморáживать *uv zu* проморóзить

проморгáть 2 *v* **1.** *umg eine Zeitlang* blinzeln, zwinkern **2.** когó-что *volksspr* verpassen, versäumen, übersehen ‖ *uv* промáргивать 1а

помори́ть *v* когó-что **1.** *eine Zeitlang* hungern lassen **2.** *eine Zeitlang* schmachten lassen, peinigen
ft. проморю́, -ри́шь, -ря́т
imp. проморú, ~те

pt. проморил
g.pt.a. проморив
p.pt.a. проморивший
p.pt.p. проморённый; проморён, -ена́

проморо́зить *v* кого́-что **1.** *durch und durch* gefrieren lassen **2.** *meist unpers* gefrieren *Boden* **3.** *umg* auskühlen lassen **4.** *umg eine Zeitlang* frieren lassen, in der Kälte stehen lassen || *uv* проморáживать 1a *zu* 1—3
ft. проморо́жу, -о́зишь, -о́зят
imp. проморо́зь, ~те
pt. проморо́зил
g.pt.a. проморо́зив
p.pt.a. проморо́зивший
p.pt.p. проморо́женный

промота́ть 2 *v* что *umg* verschwenden, vergeuden *Gut*, *Geld* || *uv* прома́тывать 1a

промота́ться *v umg* sein Geld durchbringen, sein Vermögen verschwenden || *uv* прома́тываться

промочи́ть *v* что durchweichen (lassen), durchnässen, naß machen || *uv* прома́чивать 1a
ft. промочу́, -о́чишь, -о́чат
imp. промочи́, ~те
pt. промочи́л
g.pt.a. промочи́в
p.pt.a. промочи́вший
p.pt.p. промо́ченный

прому́чить *v* кого́-что *eine Zeitlang* quälen, peinigen
ft. прому́чу, -чишь, -чат *u. umg* прому́чаю, -аешь, -ают
imp. прому́чь, ~те *u. umg* прому́чай, ~те
pt. прому́чил
g.pt.a. прому́чив
p.pt.a. прому́чивший
p.pt.p. прому́ченный

прому́читься *v* sich *eine Zeitlang* quälen, sich abplagen

промча́ться *v* **1.** vorbeirennen, vorbeisausen **2.** *umg* verfliegen, im Fluge vergehen
ft. промчу́сь, -чи́шься, -ча́тся
imp. промчи́сь, -и́тесь
pt. промча́лся, -лась
g.pt.a. промча́вшись
p.pt.a. промча́вшийся

промыва́ть *uv zu* промы́ть

промы́слить *v* что *alt* sich verschaffen, sich holen || *uv* промышля́ть 2a
ft. промы́слю, -лишь, -лят
imp. промы́сли, ~те
pt. промы́слил
g.pt.a. промы́слив
p.pt.a. промы́сливший
p.pt.p. промы́сленный

промы́ть *v* что **1.** *tech* (aus)waschen **2.** *med* (durch)spülen || *uv* промыва́ть 2a
ft. промо́ю, -о́ешь, -о́ют
imp. промо́й, ~те
pt. промы́л
g.pt.a. промы́в
p.pt.a. промы́вший
p.pt.p. промы́тый

промышля́ть 2a *uv* **1.** *uv zu* промы́слить **2.** чем *Gewerbe* betreiben **3.** кого́-что *Tiere gewerbsmäßig* fangen

промя́млить *v* что undeutlich sprechen, nuscheln
ft. промя́млю, -лишь, -лят
imp. промя́мли, ~те
pt. промя́млил
g.pt.a. промя́млив
p.pt.a. промя́мливший
p.pt.p. промя́мленный

промя́ть *v* кого́-что **1.** durchdrücken, eindrücken **2.** *steifgewordene Glieder* bewegen; *Tiere* auslaufen lassen **3.** *eine Zeitlang* kneten || *uv* промина́ть 2a *zu* 1, 2
ft. промну́, -нёшь, -ну́т
imp. промни́, ~те
pt. промя́л
g.pt.a. промя́в
p.pt.a. промя́вший
p.pt.p. промя́тый

промя́ться *v umg* sich Bewegung verschaffen, seine Glieder in Bewegung bringen, sich auslaufen || *uv* промина́ться

прона́шивать(ся) *uv zu* [2]проноси́ть(ся)

пронести́ *v* кого́-что **1.** tragen *eine Strecke oder Zeit* **2.** ми́мо кого́-чего́ vorbeitragen (an) **3.** *1. u. 2. Pers ungebr* verjagen, vertreiben; vorbeijagen *Wind*, *Strömung* **4.** *übtr unpers* vorübergehen *Gefahr* **5.** *unpers volksspr* Durchfall bekommen; его́ пронесло́ er hat Durchfall bekommen || *uv* [1]проноси́ть, Formen das.
ft. пронесу́, -сёшь, -сут
imp. пронеси́, ~те
pt. пронёс, -есла́
g.pt.a. пронеся́ *u. alt* пронёсши
p.pt.a. пронёсший
p.pt.p. пронесённый; пронесён, -ена́

пронести́сь *v* **1.** schnell laufen, fahren, fliegen; vorbeifahren, -jagen, -fliegen **2.** im Fluge vergehen; verfliegen **3.** weithin erschallen; sich wie ein Lauffeuer verbreiten || *uv* проноси́ться, Formen nach [1]проноси́ть

пронзáть *uv zu* пронзи́ть

пронзи́ть *v* когó-что durchbohren, durchstechen ‖ *uv* пронзáть 2a
ft. пронжý, -нзи́шь, -нзя́т
imp. пронзи́, ~те
pt. пронзи́л
g.pt.a. пронзи́в
p.pt.a. пронзи́вший
p.pt.p. пронзённый; пронзён, -енá

пронизáть *v* **1.** что auffädeln *Perlen u. ä.* **2.** *1. u. 2. Pers ungebr* когó-что durchdringen, durch und durch gehen; хóлод пронизáл меня́ die Kälte ging mir durch Mark und Bein ‖ *uv* прони́зывать 1a
ft. пронижý, -и́жешь, -и́жут
imp. пронижи́, ~те
pt. пронизáл
g.pt.a. пронизáв
p.pt.a. пронизáвший
p.pt.p. прони́занный

прони́зывать *uv zu* пронизáть

проникáть(ся) *uv zu* прони́кнуть(ся)

прони́кнуть *v* **1.** ein-, durch-, vordringen **2.** sich verbreiten; durchsickern **3.** *übtr* во что ergründen; sich vertiefen (in); durchschauen ‖ *uv* проникáть 2a
ft. прони́кну, -нешь, -нут
imp. прони́кни, ~те
pt. прони́к *u. alt* прони́кнул, прони́кла
g.pt.a. прони́кнув *u.* прони́кши
p.pt.a. прони́кший *u.* прони́кнувший
p.pt.p. прони́кнутый

прони́кнуться *v von einem Gedanken, Gefühl* durchdrungen [erfüllt] werden ‖ *uv* проникáться

пронимáть *uv zu* проня́ть

проницáть 2a *uv* что *u. ohne Objekt alt buchspr* **1.** eindringen, durchdringen **2.** *übtr* sich verbreiten, durchsickern

[1]**проноси́ть** *uv zu* пронести́
pr. проношý, -óсишь, -óсят
imp. проноси́, ~те
pt. проноси́л
g.pr.a. проနося́
p.pr.a. проносящий
p.pt.a. проноси́вший
p.pr.p. проноси́мый

[2]**проноси́ть** *v* что **1.** *eine bestimmte Zeit* tragen **2.** *umg* abtragen, durchwetzen ‖ *uv* пронáшивать 1a *zu* 2
ft. проношý, -óсишь, -óсят
imp. проноси́, ~те
pt. проноси́л
g.pt.a. проноси́в
p.pt.a. проноси́вший
p.pt.p. пронóшенный

[1]**проноси́ться** *uv zu* пронести́сь

[2]**проноси́ться,** *1. u. 2. Pers ungebr, v* **1.** *eine bestimmte Zeit* getragen werden *Kleidung* **2.** abgetragen werden ‖ *uv* пронáшиваться 1a *zu 2*
Formen nach [2]проноси́ть

пронумеровáть 5 *v* что (durch)numerieren ‖ *uv* пронумерóвывать 1a

пронумерóвывать *uv zu* пронумеровáть

проню́хать 1 *v* что *oder* о чём *volksspr* Wind bekommen (von), ausschnüffeln ‖ *uv* проню́хивать 1a

проню́хивать *uv zu* проню́хать

проня́ть *v* когó-что *umg* **1.** durchdringen **2.** *übtr* packen, rühren, erfassen ‖ *uv* пронимáть 2a
ft. проймý, -мёшь, -мýт
imp. проймú, ~те
pt. прóнял, пронялá, прóняло
p.pt.p. прóнятый; прóнят, пронятá, прóнято

пропаганди́ровать 4a *uv* что propagieren

пропадáть *uv zu* пропáсть

пропáливать *uv zu* [1]пропали́ть

[1]**пропали́ть** *v* что *umg* **1.** durchbrennen, versengen **2.** *eine Zeitlang* brennen, sengen ‖ *uv* пропáливать 1a *zu* 1
ft. пропалю́, -ли́шь, -ля́т
imp. пропали́, ~те
pt. пропали́л
g.pt.a. пропали́в
p.pt.a. пропали́вший
p.pt.p. пропалённый; пропалён, -енá

[2]**пропали́ть** *v umg alt* **1.** feuern, schießen **2.** *eine Zeitlang* schießen
kein *p.pt.p.*
Übrige Formen wie [1]пропали́ть

пропáлывать *uv zu* прополóть

пропáривать(ся) *uv zu* пропáрить(ся)

пропáрить *v* что **1.** brühen, dämpfen **2.** *tech* mit Dampf reinigen *Leitung* **3.** *eine Zeitlang* dämpfen, brühen ‖ *uv* пропáривать 1a *zu* 1, 2
ft. пропáрю, -ришь, -рят
imp. пропáрь, ~те
pt. пропáрил
g.pt.a. пропáрив
p.pt.a. пропáривший
p.pt.p. пропáренный

пропа́риться *v* ein Dampfbad nehmen ‖ *uv* пропа́риваться

пропа́рывать *uv zu* пропоро́ть

пропа́сть *v* **1.** *1. u. 2. Pers ungebr* verschwinden **2.** fort sein, verschwinden **3.** vergehen, verschwinden; у меня́ пропа́л аппети́т mir ist der Appetit vergangen **4.** zugrunde gehen, umkommen, hin sein ‖ *uv* пропада́ть 2a

ft.	пропаду́, -дёшь, -ду́т
imp.	пропади́, ~те
pt.	пропа́л
g.pt.a.	пропа́в
p.pt.a.	пропа́вший

пропаха́ть *v* что **1.** (durch)pflügen **2.** *eine Zeitlang* pflügen ‖ *uv* пропа́хивать 1a *zu* 1

ft.	пропашу́, -а́шешь, -а́шут
imp.	пропаши́, ~те
pt.	пропаха́л
g.pt.a.	пропаха́в
p.pt.a.	пропаха́вший
p.pt.p.	пропа́ханный

пропа́хивать *uv zu* пропаха́ть

пропа́хнуть *v* чем scharf riechen (nach)

ft.	пропа́хну, -нешь, -нут
imp.	пропа́хни, ~те
pt.	пропа́х *u. alt* пропа́хнул, пропа́хла
g.pt.a.	пропа́хнув *u.* пропа́хши
p.pt.a.	пропа́хший *u.* пропа́хнувший

пропека́ть(ся) *uv zu* пропе́чь(ся)

пропе́рчивать *uv zu* пропе́рчить

пропе́рчить *v* что stark pfeffern ‖ *uv* пропе́рчивать 1a

ft.	пропе́рчу, -чишь, -чат
imp.	пропе́рчи, ~те
pt.	пропе́рчил
g.pt.a.	пропе́рчив
p.pt.a.	пропе́рчивший
p.pt.p.	пропе́рченный

пропе́ть *v* что **1.** singen **2.** krähen *Hahn* **3.** *umg*: пропе́ть свой го́лос *durch vieles Singen* seine Stimme verlieren **4.** *eine bestimmte Zeit* singen

ft.	пропою́, -оёшь, -ою́т
imp.	пропо́й, ~те
pt.	пропе́л
g.pt.a.	пропе́в
p.pt.a.	пропе́вший
p.pt.p.	пропе́тый

пропеча́тать 1 *v* кого́-что **1.** *volksspr* in der Presse herziehen (über) **2.** *volksspr* (ab)drucken **3.** *eine Zeitlang* drucken, Schreibmaschine schreiben ‖ *uv* пропеча́тывать 1a *zu* 1, 2

пропеча́тывать *uv zu* пропеча́тать

пропе́чь *v* durchbacken (lassen) ‖ *uv* пропека́ть 2a

ft.	пропеку́, -ечёшь, -еку́т
imp.	пропеки́, ~те
pt.	пропёк, -екла́
g.pt.a.	пропёкши
p.pt.a.	пропёкший
p.pt.p.	пропечённый; пропечён, -ена́

пропе́чься, *1. u. 2. Pers ungebr*, *v* durchgebacken werden, durchbacken ‖ *uv* пропека́ться

пропива́ть(ся) *uv zu* пропи́ть(ся)

пропи́ливать *uv zu* пропили́ть

пропили́ть *v* что **1.** durchsägen; (aus)sägen **2.** *eine Zeit hindurch* sägen ‖ *uv* пропи́ливать 1a *zu* 1

ft.	пропилю́, -и́лишь, -и́лят
imp.	пропили́, ~те
pt.	пропили́л
g.pt.a.	пропили́в
p.pt.a.	пропили́вший
p.pt.p.	пропи́ленный

прописа́ть *v* **1.** кого́-что (polizeilich) anmelden, registrieren **2.** что *med* verschreiben **3.** *a. ohne Objekt*, *eine Zeitlang* schreiben **4.** кому́ что *volksspr* j-m etw. antun, es j-m geben **5.** что *volksspr* schreiben **6.** кого́-что *volksspr* scharf kritisieren *in Zeitung*, *Wandzeitung u. ä.* ‖ *uv* пропи́сывать 1a *zu* 1, 2, 4, 6

ft.	пропишу́, -и́шешь, -и́шут
imp.	пропиши́, ~те
pt.	прописа́л
g.pt.a.	прописа́в
p.pt.a.	прописа́вший
p.pt.p.	пропи́санный

прописа́ться *v* sich (polizeilich) anmelden ‖ *uv* пропи́сываться

пропи́сывать(ся) *uv zu* прописа́ть(ся)

[1]**пропита́ть** 2 *v* кого́-что *umg* ernähren

[2]**пропита́ть** 2 *v* что **1.** durchtränken, imprägnieren; durchdringen, sättigen **2.** *übtr* durchdringen, erfüllen ‖ *uv* пропи́тывать 1a

[1]**пропита́ться** *v umg* sich ernähren, seinen Lebensunterhalt verdienen

[2]**пропита́ться** *v* чем **1.** feucht [naß] werden; durchtränkt werden **2.** *übtr umg* durchdrungen [erfüllt] werden ‖ *uv* пропи́тываться 1a

пропи́тывать(ся) *uv zu* [2]пропита́ть(ся)

пропи́ть *v* кого́-что **1.** vertrinken, versaufen **2.** *umg* durch Trunksucht ruinieren **3.** *eine Zeitlang* trinken ‖ *uv* пропива́ть 2a *zu* 1, 2
ft. пропью́, -пьёшь, -пью́т
imp. пропе́й, ~те
pt. про́пи́л, пропила́, про́пи́ло
g.pt.a. пропи́в
p.pt.a. пропи́вший
p.pt.p. про́пи́тый; про́пи́т, пропита́, про́пи́то

пропи́ться *v volkssprr* sein ganzes Geld versaufen, sich durch Saufen zugrunde richten ‖ *uv* пропива́ться
pt. пропи́лся, -ила́сь, -ило́сь *u. umg* -и́лось

пропиха́ть 2 *v* кого́-что *volkssprr* durchzwängen, hindurchschieben, -stoßen ‖ *uv* пропи́хивать 1a

пропиха́ться *v volkssprr* sich durchzwängen ‖ *uv* пропи́хиваться

[1]**пропи́хивать(ся)** *uv zu* пропиха́ть(ся)

[2]**пропи́хивать(ся)** *uv zu* пропихну́ть(ся)

пропихну́ть 7 *v* кого́-что *umg* durchzwängen, hindurchschieben ‖ *uv* пропи́хивать 1a

пропихну́ться *v volkssprr* sich durchzwängen ‖ *uv* пропи́хиваться

пропла́вать 1 *v eine bestimmte Zeit* schwimmen; zur See fahren

пропла́кать *v* (что) *eine Zeitlang* weinen ‖ *uv* пропла́кивать 1a
ft. пропла́чу, -а́чешь, -а́чут
imp. пропла́чь, ~те
pt. пропла́кал
g.pt.a. прокла́кав
p.pt.a. пропла́кавший

пропла́кивать *uv zu* пропла́кать

проплести́сь *v umg* sich schleppen, schleppend gehen
ft. проплету́сь, -тёшься, -ту́тся
imp. проплети́сь, -и́тесь
pt. проплёлся, -ела́сь
g.pt.a. проплетя́сь
p.pt.a. проплётшийся

проплыва́ть *uv zu* проплы́ть

проплы́ть *v* что **1.** *eine bestimmte Strecke* schwimmen, *auf einem Schiff, Kahn* fahren **2.** *ohne Objekt* durchschwimmen; проплы́ть под мо́стом unter einer Brücke durchschwimmen [durchfahren] **3.** ми́мо кого́-чего́ vorbeischwimmen, -fahren *auf einem Schiff usw.* **4.** *eine bestimmte Zeit* schwimmen ‖ *uv* проплыва́ть 2a *zu* 1—3
ft. проплыву́, -вёшь, -ву́т
imp. проплыви́, ~те
pt. проплы́л, -ыла́, -ы́ло
g.pt.a. проплы́в
p.pt.a. проплы́вший

пропляса́ть *v* что **1.** tanzen **2.** *eine Zeitlang* tanzen ‖ *uv* пропля́сывать 1a *zu* 1
ft. пропляшу́, -я́шешь, -я́шут
imp. пропляши́, ~те
pt. пропляса́л
g.pt.a. проплясáв
p.pt.a. проплясáвший
p.pt.p. пропля́санный

пропля́сывать *uv zu* проплясáть

пропове́довать 4a *uv* что **1.** *rel* predigen **2.** *übtr* verkünden, verbreiten *Lehren u. a.*

пропола́скивать *uv zu* прополоска́ть

прополза́ть *uv zu* проползти́

проползти́ *v* **1.** durchkriechen; hineinkriechen **2.** vorbeikriechen **3.** что *eine Strecke* kriechen, kriechend zurücklegen ‖ *uv* прополза́ть 2a
ft. проползу́, -зёшь, -зу́т
imp. проползи́, ~те
pt. пропо́лз, -олзла́
g.pt.a. пропо́лзши
p.pt.a. пропо́лзший

прополоска́ть *v* что **1.** ausspülen *Wäsche u. ä.* **2.** gurgeln; *den Mund* spülen **3.** *eine Zeitlang* spülen ‖ *uv* пропола́скивать 1a *zu* 1, 2
ft. прополощу́, -о́щешь, -о́щут *u. umg* прополоска́ю, -а́ешь, -а́ют
imp. прополощи́, ~те *u.* прополоска́й, ~те
pt. прополоска́л
g.pt.a. прополоска́в
p.pt.a. прополоска́вший
p.pt.p. прополо́сканный

прополо́ть *v* что **1.** (aus)jäten **2.** *eine Zeitlang* jäten ‖ *uv* пропа́лывать 1a *zu* 1
ft. прополю́, -о́лешь, -о́лют
imp. прополи́, ~те
pt. прополо́л
g.pt.a. прополо́в
p.pt.a. прополо́вший
p.pt.p. пропо́лотый

пропоро́ть *v* что **1.** *umg* aufreißen, aufschlitzen **2.** *eine Zeitlang* auftrennen ‖ *uv* пропа́рывать 1a *zu* 1
ft. пропорю́, -о́решь, -о́рют
imp. пропори́, ~те

pt.	пропоро́л
g.pt.a.	пропоро́в
p.pt.a.	пропоро́вший
p.pt.p.	пропо́ротый

пропотева́ть *uv zu* пропоте́ть

пропоте́ть 3 *v* **1.** stark schwitzen, durchschwitzen **2.** *1. u. 2. Pers ungebr, umg* durchschwitzt [schweißdurchtränkt] werden **3.** *übtr* над чем *volksspr eine Zeitlang* schwitzen (über), sich abmühen (mit) ‖ *uv* пропотева́ть 2a

пропуска́ть *uv zu* пропусти́ть

пропусти́ть *v* кого́-что **1.** durchlassen, vorbeilassen **2.** durch eine Maschine laufen lassen; пропусти́ть че́рез мясору́бку durch den Wolf drehen **3.** weglassen, auslassen **4.** versäumen, verpassen **5.** abfertigen; aufnehmen **6.** *volksspr* einen hinter die Binde gießen; essen ‖ *uv* пропуска́ть 2a

ft.	пропущу́, -у́стишь, -у́стят
imp.	пропусти́, ~те
pt.	пропусти́л
g.pt.a.	пропусти́в
p.pt.a.	пропусти́вший
p.pt.p.	пропу́щенный

пропутеше́ствовать 4 *v eine Zeitlang* reisen

пропы́ливать(ся) *uv zu* пропыли́ть(ся)

пропыли́ть *v* **1.** что verstauben lassen **2.** *umg* vorbeifahren [vorbeireiten] und Staub aufwirbeln ‖ *uv* пропы́ливать 1a

ft.	пропылю́, -ли́шь, -ля́т
imp.	пропыли́, ~те
pt.	пропыли́л
g.pt.a.	пропыли́в
p.pt.a.	пропыли́вший
p.pt.p.	пропылённый; пропылён, -ена́

пропыли́ться *v* verstauben, durch und durch staubig werden ‖ *uv* пропы́ливаться

пропья́нствовать 4 *v eine Zeitlang* zechen

прораба́тывать *uv zu* прорабо́тать

прорабо́тать 1 *v* **1.** что *umg* durcharbeiten, durchnehmen, genau studieren **2.** кого́-что *umg* scharf kritisieren **3.** *eine Zeit hindurch* arbeiten ‖ *uv* прораба́тывать 1a *zu* 1, 2

прора́нивать *uv zu* пророни́ть

прораста́ть *uv zu* прорасти́

прорасти́, *1. u. 2. Pers ungebr, v* **1.** keimen, sprossen **2.** hindurchwachsen ‖ *uv* прораста́ть 2a

ft.	прорастёт, -ту́т
pt.	проро́с, -осла́
g.pt.a.	проро́сши
p.pt.a.	проро́сший

прорасти́ть *v* что keimen lassen, zum Keimen bringen ‖ *uv* прора́щивать 1a

ft.	проращу́, -асти́шь, -астя́т
imp.	прорасти́, ~те
pt.	прорасти́л
g.pt.a.	прорасти́в
p.pt.a.	прорасти́вший
p.pt.p.	проращённый; проращён, -ена́

прора́щивать *uv zu* прорасти́ть

прорва́ть *v* что **1.** durchreißen, zerreißen **2.** *1. u. 2. Pers ungebr* durchbrechen, durchspülen *vom Wasser* **3.** *mil* durchbrechen, durchstoßen **4.** *unpers umg* plötzlich aus der Ruhe bringen; её прорва́ло sie «explodierte» ‖ *uv* прорыва́ть 2a

ft.	прорву́, -вёшь, -ву́т
imp.	прорви́, ~те
pt.	прорва́л, -ала́, -а́ло
g.pt.a.	прорва́в
p.pt.a.	прорва́вший
p.pt.p.	про́рванный

прорва́ться *v* **1.** durch-, zerreißen *itr* **2.** (auf)platzen, aufbrechen, aufgehen *Blasen u. ä.* **3.** brechen *Damm* **4.** aus-, durchbrechen; zum Ausdruck kommen ‖ *uv* прорыва́ться

pt.	прорва́лся, -ала́сь, -а́лось

прореве́ть *v* **1.** brüllen, schreien **2.** *volksspr eine Zeitlang* brüllen

ft.	прореву́, -вёшь, -ву́т
imp.	прореви́, ~те
pt.	прореве́л
g.pt.a.	прореве́в
p.pt.a.	прореве́вший

проредить *v* что *landw* ausdünnen, verziehen ‖ *uv* проре́живать 1a

ft.	прорежу́, -еди́шь, -едя́т
imp.	прореди́, ~те
pt.	проредил
g.pt.a.	проредив
p.pt.a.	проредивший
p.pt.p.	прорежённый; прорежён, -ена́

проре́живать *uv zu* проредить

проре́зать *v* что **1.** durchschneiden; einschneiden **2.** *Öffnung* aussägen, durchschlagen **3.** *eine bestimmte Zeit* schneiden ‖ *uv* прореза́ть 2a *zu* 1, 2 *u.* проре́зывать 1a *zu* 1, 2

ft.	проре́жу, -е́жешь, -е́жут
imp.	проре́жь, ~те
pt.	проре́зал

g.pt.a. про́резав
p.pt.a. про́резавший
p.pt.p. про́резанный

прореза́ть *uv zu* про́резать

про́резаться, *1. u. 2. Pers ungebr, v* durchkommen *Zähne* ‖ *uv* прореза́ться 2a *u.* проре́зываться 1a
Formen nach про́резать

прореза́ться *uv zu* про́резаться

прорези́нивать(ся) *uv zu* прорези́нить(ся)

прорези́нить *v* что *text* gummieren ‖ *uv* прорези́нивать 1a
ft. прорези́ню, -нишь, -нят
imp. прорези́нь, ~те
pt. прорези́нил
g.pt.a. прорези́нив
p.pt.a. прорези́нивший
p.pt.p. прорези́ненный

прорези́ниться, *1. u. 2. Pers ungebr, v* gummiert [imprägniert] werden ‖ *uv* прорези́ниваться

проре́зывать(ся) *uv zu* про́резать(ся)

прорепети́ровать 4 *v* что einüben, einstudieren, proben

прорецензи́ровать 4 *v* что rezensieren, beurteilen

проржа́веть 3, *Betonung bleibt wie im Infinitiv, 1. u. 2. Pers ungebr, v* durchrosten

проржа́ть, *1. Pers ungebr, v* wiehern
ft. проржёшь, -жу́т
imp. проржи́, ~те
pt. проржа́л
g.pt.a. проржа́в
p.pt.a. проржа́вший

прорисова́ть 5 *v* что **1.** nachziehen, durchziehen *Linien, Konturen* **2.** *eine Zeitlang* zeichnen ‖ *uv* прорисо́вывать 1a *zu* 1

прорисо́вывать *uv zu* прорисова́ть

прорица́ть 2a *uv* что *buchspr* prophezeien

пророни́ть *v*: не пророни́ть ни сло́ва [зву́ка] den Mund nicht auftun, keinen Ton von sich geben ‖ *uv* прора́нивать 1a
ft. пророню́, -о́нишь, -о́нят
imp. порони́, ~те
pt. пророни́л
g.pt.a. пророни́в
p.pt.a. пророни́вший
p.pt.p. проро́ненный *u.* проронённый; проронён, -ена́

проро́чествовать 4a *uv* о чём *meist iron* prophezeien

проро́чить *uv* что prophezeien
pr. проро́чу, -чишь, -чат
imp. проро́чь, ~те
pt. проро́чил
g.pr.a. проро́ча
p.pr.a. проро́чащий
p.pt.a. проро́чивший

прoрубáть *uv zu* проруби́ть

проруби́ть *v* что **1.** durchhauen, -schlagen, -brechen **2.** *eine Zeitlang* hauen, fällen ‖ *uv* прoрубáть 2a *zu* 1
ft. прорублю́, -у́бишь, -у́бят
imp. проруби́, ~те
pt. проруби́л
g.pt.a. проруби́в
p.pt.a. проруби́вший
p.pt.p. проруб́ленный

[1]**прорыва́ть(ся)** *uv zu* прорва́ть(ся)

[2]**прорыва́ть(ся)** *uv zu* проры́ть(ся)

проры́ть *v* что **1.** (durch)graben; *Kanal, Tunnel* bauen **2.** *eine bestimmte Zeit* graben ‖ *uv* прорыва́ть 2a *zu* 1
ft. проро́ю, -о́ешь, -о́ют
imp. проро́й, ~те
pt. проры́л
g.pt.a. проры́в
p.pt.a. проры́вший
p.pt.p. проры́тый

проры́ться *v* **1.** sich durchgraben **2.** *umg eine Zeitlang* herumwühlen, -kramen ‖ *uv* прорыва́ться *zu* 1

прорыча́ть *v* **1.** knurren **2.** *eine Zeitlang* knurren
ft. прорычу́, -чи́шь, -ча́т
imp. прорычи́, ~те
pt. прорыча́л
g.pt.a. прорыча́в
p.pt.a. прорыча́вший

просади́ть *v* что *volksspr* **1.** durchbrechen, durchstoßen **2.** *Geld* verschwenden; verspielen ‖ *uv* проса́живать 1a
ft. просажу́, -а́дишь, -а́дят
imp. просади́, ~те
pt. просади́л
g.pt.a. просади́в
p.pt.a. просади́вший
p.pt.p. проса́женный

проса́живать *uv zu* просади́ть

[1]**проса́ливать(ся)** *uv zu* проса́лить(ся)

[2]**проса́ливать(ся)** *uv zu* просоли́ть(ся)

проса́лить *v* что mit Fett durchtränken ‖ *uv* проса́ливать 1a
ft. проса́лю, -лишь, -лят
imp. проса́ль, ~те

pt.	проса́лил
g.pt.a.	проса́лив
p.pt.a.	проса́ливший
p.pt.p.	проса́ленный

проса́литься, *1. u. 2. Pers ungebr, v* mit Fett durchtränkt werden ‖ *uv* проса́ливаться

проса́сывать(ся) *uv zu* прососа́ть(ся)

проса́чиваться *uv zu* просочи́ться

просве́рливать *uv zu* просверли́ть

просверли́ть *v* что **1.** (durch)bohren **2.** *a. ohne Objekt eine Zeitlang* bohren ‖ *uv* просве́рливать 1a *zu* 1

ft.	просверлю́, -ли́шь, -ля́т
imp.	просверли́, ~те
pt.	просверли́л
g.pt.a.	просверли́в
p.pt.a.	просверли́вший
p.pt.p.	просверлённый; просверлён, -ена́

[1]**просвети́ть** *v* **1.** кого́-что durchleuchten, röntgen **2.** durchschimmern *itr* ‖ *uv* просве́чивать 1a

ft.	просвечу́, -е́тишь, -е́тят
imp.	просвети́, ~те
pt.	просвети́л
g.pt.a.	просвети́в
p.pt.a.	просвети́вший
p.pt.p.	просве́ченный

[2]**просвети́ть** *v* кого́-что aufklären, bilden ‖ *uv* просвеща́ть 2a

ft.	просвещу́, -ети́шь, -етя́т
imp.	просвети́, ~те
pt.	просвети́л
g.pt.a.	просвети́в
p.pt.a.	просвети́вший
p.pt.p.	просвещённый; просвещён, -ена́

[1]**просвети́ться** *v volksspr* sich durchleuchten lassen ‖ *uv* просве́чиваться 1a
Formen nach [1]просвети́ть

[2]**просвети́ться** *v* sich bilden, aufgeklärt werden ‖ *uv* просвеща́ться 2a
Formen nach [2]просвети́ть

просветле́ть 3 *v* **1.** hell werden; sich aufklären *Wetter* **2.** *übtr* freundlicher werden; sich klären, klarer werden *Gedanken u. ä.*

просве́чивать(ся) *uv zu* [1]просвети́ть(ся)

просвеща́ть(ся) *uv zu* [2]просвети́ть(ся)

просвиста́ть *v* **1.** pfeifen, einen Pfiff ausstoßen **2.** что *eine Melodie* pfeifen **3.** pfeifend vorbeifliegen, vorbeisausen **4.** *eine bestimmte Zeit* pfeifen ‖ *uv* просви́стывать 1a *zu* 2

ft.	просвищу́, -и́щешь, -и́щут
imp.	просвищи́, ~те
pt.	просвиста́л
g.pt.a.	просвиста́в
p.pt.a.	просвиста́вший
p.pt.p.	просви́станный

просвисте́ть *v* **1.** pfeifen, einen Pfiff ausstoßen **2.** что *eine Melodie* pfeifen **3.** pfeifend vorbeifliegen, vorbeisausen **4.** *eine bestimmte Zeit* pfeifen **5.** что *volksspr Geld* verplempern ‖ *uv* просви́стывать 1a *zu* 2

ft.	просвищу́, -исти́шь, -истя́т
imp.	просвисти́, ~те
pt.	просвисте́л
g.pt.a.	просвисте́в
p.pt.a.	просвисте́вший

[1]**просви́стывать** *uv zu* просвиста́ть

[2]**просви́стывать** *uv zu* просвисте́ть

просева́ть(ся) *uv zu* просе́ять(ся)

просе́ивать(ся) *uv zu* просе́ять(ся)

просека́ть(ся) *uv zu* просе́чь(ся)

просе́чь *v* что **1.** durchhauen, -schlagen *durch Gestrüpp u. ä.*; durchschneiden **2.** durchpeitschen ‖ *uv* просека́ть 2a

ft.	просеку́, -ечёшь, -еку́т
imp.	просеки́, ~те
pt.	просе́к, просекла́
g.pt.a.	просе́кши
p.pt.a.	просе́кший
p.pt.p.	просечённый; просечён, -ена́

просе́чься, *1. u. 2. Pers ungebr, v* brechen, Risse bekommen *Gewebe* ‖ *uv* просека́ться

просе́ять *v* что **1.** durchsieben **2.** *a. ohne Objekt eine Zeitlang* säen ‖ *uv* просе́ивать 1a *zu* 1 *u.* просева́ть 2a *zu* 1

ft.	просе́ю, -е́ешь, -е́ют
imp.	просе́й, ~те
pt.	просе́ял
g.pt.a.	просе́яв
p.pt.a.	просе́явший
p.pt.p.	просе́янный

просе́яться, *1. u. 2. Pers ungebr, v* **1.** durchgesiebt werden **2.** *durch Löcher* durchfallen *von Schüttgut* ‖ *uv* просе́иваться *u. umg* просева́ться

просигнализи́ровать 4 *v* кому́-чему́ чем signalisieren

просигна́лить *v* кому́-чему́ чем signalisieren

ft.	просигна́лю, -лишь, -лят
imp.	просигна́ль, ~те
pt.	просигна́лил

g.pt.a. просигнáлив
p.pt.a. просигнáливший
p.pt.p. просигнáленный

просидéть *v* что **1.** *eine Zeit hindurch* sitzen (bleiben) **2.** *umg* durchsitzen, durchscheuern || *uv* просúживать 1a
ft. просижý, -идúшь, -идя́т
imp. просидú, ~те
pt. просидéл
g.pt.a. просидéв
p.pt.a. просидéвший
p.pt.p. просúженный

просúживать *uv zu* просидéть

просúть *uv* **1.** когó-что, когó-чегó, когó-что о ком-чём *oder mit Infinitiv* bitten, ersuchen (um); auffordern **2.** когó-что за когó-что ein gutes Wort einlegen (für) **3.** когó-что на что einladen (zu) || *v* попросúть, Formen das.
pr. прошý, прóсишь, прóсят
imp. просú, ~те
pt. просúл
g.pr.a. прося́
p.pr.a. прося́щий
p.pt.a. просúвший
p.pr.p. просúмый
p.pt.p. прóшенный

просúться *uv* **1.** um die Erlaubnis bitten; просúться в кóмнату um die Erlaubnis bitten, ins Zimmer gehen zu dürfen **2.** bitten, austreten zu dürfen *von Kindern* **3.** *übtr*, *1. u. 2. Pers ungebr* sehr geeignet sein, geradezu darauf warten; э́то прóсится на картúну das ist zum Malen schön || *v* попросúться *zu* 1, 2

просия́ть 2 *v* **1.** erglänzen, erstrahlen **2.** *übtr* aufleuchten, sich aufhellen *vor Freude*

проскáбливать *uv zu* проскоблúть

проскакáть *v* **1.** мúмо когó-чегó vorbeisprengen (an) **2.** что im Galopp durchreiten **3.** *eine Zeit hindurch* galoppieren, springen, hüpfen || *uv* проскáкивать 1a *zu* 1, 2
ft. проскачý, -áчешь, -áчут
imp. проскачú, ~те
pt. проскакáл
g.pt.a. проскакáв
p.pt.a. проскакáвший

[1]**проскáкивать** *uv zu* проскакáть

[2]**проскáкивать** *uv zu* проскочúть

проскáльзывать *uv zu* проскользнýть

проскрáживать *uv zu* просквозúть

просквозúть *v* когó-что *unpers:* меня́ просквозúло ich habe mich in der Zugluft erkältet || *uv* проскрáживать* 1a
ft. просквозúт
pt. просквозúло

просклоня́ть 2 *v* что *gram* deklinieren

проскоблúть *v* что **1.** durchkratzen, durchschaben, ein Loch kratzen **2.** *eine Zeitlang* kratzen, schaben || *uv* проскáбливать 1a *zu* 1
ft. проскоблю́, -óблúшь, -óбля́т
imp. проскоблú, ~те
pt. проскоблúл
g.pt.a. проскоблúв
p.pt.a. проскоблúвший
p.pt.p. проскóбленный

проскользнýть 7 *v* **1.** durch-, hineinschlüpfen **2.** *übtr* leise anklingen, herauszuhören sein || *uv* проскáльзывать 1a kein *p.pt.p.*

проскочúть *v* **1.** мúмо когó-чегó vorbeispringen (an) **2.** *umg* schnell vergehen, verfliegen *Zeit* **3.** *umg* hindurchschlüpfen **4.** *umg* (durch)fallen *durch eine Öffnung* **5.** *übtr umg* durchschlüpfen *Fehler u. a.* || *uv* проскáкивать 1a
ft. проскочý, -óчишь, -óчат
imp. проскочú, ~те
pt. проскочúл
g.pt.a. проскочúв
p.pt.a. проскочúвший

проскучáть 2 *v* sich *eine Zeitlang* langweilen

прослáбить *v unpers:* егó прослáбило er bekam Durchfall
ft. прослáбит
pt. прослáбило

прослáвить *v* когó-что **1.** berühmt machen **2.** verherrlichen, preisen || *uv* прославля́ть 2a
ft. прослáвлю, -вишь, -вят
imp. прослáвь, ~те
pt. прослáвил
g.pt.a. прослáвив
p.pt.a. прослáвивший
p.pt.p. прослáвленный

прослáвиться *v* berühmt [bekannt] werden || *uv* прославля́ться

прославля́ть(ся) *uv zu* прослáвить(ся)

прослáивать *uv zu* прослоúть

проследúть *v* когó-что **1.** aufspüren, nachspüren **2.** verfolgen, studieren || *uv* прослéживать 1a

ft.	прослежý, -едúшь, -едя́т
imp.	проследú, ~те
pt.	проследúл
g.pt.a.	проследúв
p.pt.a.	проследúвший
p.pt.p.	прослéженный

прослéдовать 4 *v buchspr* sich begeben

прослéживать *uv zu* проследúть

прослезúться *v* in Tränen ausbrechen

ft.	прослежýсь, -езúшься, -езя́тся
imp.	прослезúсь, -úтесь
pt.	прослезúлся, -лась
g.pt.a.	прослезúвшись
p.pt.a.	прослезúвшийся

прослойть *v* что чем mit Zwischenschichten versehen; прослойть торт крéмом eine Torte mit Krem füllen; прослойть стеклó бумáгой Papier zwischen das Glas legen ‖ *uv* прослáивать 1a

ft.	прослою́, -óишь, -оя́т
imp.	прослóй, ~те
pt.	прослойл
g.pt.a.	прослойв
p.pt.a.	прослойвший
p.pt.p.	прослоённый; прослоён, -енá

прослужúть *v* **1.** *eine Zeitlang* dienen, arbeiten **2.** *eine Zeitlang* dienen, in Gebrauch sein

ft.	прослужý, -ýжишь, -ýжат
imp.	прослужú, ~те
pt.	прослужúл
g.pt.a.	прослужúв
p.pt.a.	прослужúвший

прослýшать 1 *v* когó-что **1.** anhören, hören **2.** *med* abhorchen **3.** *umg* überhören, nicht hören **4.** *eine Zeitlang* hören ‖ *uv* прослýшивать 1a *zu* 1—3

прослýшивать *uv zu* прослýшать

прослывáть *uv zu* прослы́ть

прослы́ть *v* кем-чем gelten (als), bekannt sein (als) ‖ *uv* прослывáть 2a

ft.	прослывý, -вёшь, -вýт
imp.	прослывú, ~те
pt.	прослы́л, -ылá, -ы́ло
g.pt.a.	прослы́в
p.pt.a.	прослы́вший

прослы́шать *v* о чём *umg* durch Hörensagen [durch Gerüchte] erfahren

ft.	прослы́шу, -шишь, -шат
imp.	прослы́шь, ~те
pt.	прослы́шал
g.pt.a.	прослы́шав
p.pt.a.	прослы́шавший

просмáливать *uv zu* просмолúть

просмáтривать *uv zu* просмотрéть

просмолúть *v* что teeren, mit Teer durchtränken ‖ *uv* просмáливать 1a

ft.	просмолю́, -лúшь, -ля́т
imp.	просмолú, ~те
pt.	просмолúл
g.pt.a.	просмолúв
p.pt.a.	просмолúвший
p.pt.p.	просмолённый; просмолён, -енá

просмотрéть *v* когó-что **1.** durchsehen, sich ansehen **2.** übersehen, durchlassen, nicht bemerken *Fehler* **3.** *eine Zeitlang* anschauen ‖ *uv* просмáтривать 1a *zu* 1, 2

ft.	просмотрю́, -óтришь, -óтрят
imp.	просмотрú, ~те
pt.	просмотрéл
g.pt.a.	просмотрéв
p.pt.a.	просмотрéвший
p.pt.p.	просмóтренный

проснýться 7 *v* **1.** aufwachen **2.** *übtr* erwachen ‖ *uv* просыпáться 2a

просóвывать(ся) *uv zu* просýнуть(ся)

просолúть *v* что einsalzen ‖ *uv* просáливать 1a

ft.	просолю́, -óлúшь, -óля́т
imp.	просолú, ~те
pt.	просолúл
g.pt.a.	просолúв
p.pt.a.	просолúвший
p.pt.p.	просóленный *u.* просолённый; просолён, -енá

просолúться, *1. u. 2. Pers ungebr, v* eingesalzen werden ‖ *uv* просáливаться

прососáть *v* что **1.** durchsickern, durchdringen (durch) *Flüssigkeit* **2.** *eine Zeitlang* saugen ‖ *uv* просáсывать 1a *zu* 1

ft.	прососý, -сёшь, -сýт
imp.	прососú, ~те
pt.	прососáл
g.pt.a.	прососáв
p.pt.a.	прососáвший
p.pt.p.	просóсанный

прососáться, *1. u. 2. Pers ungebr, v* durchsickern *Flüssigkeit* ‖ *uv* просáсываться

просóхнуть *v* austrocknen *itr* ‖ *uv* просыхáть 2a

ft.	просóхну, -нешь, -нут
imp.	просóхни, ~те
pt.	просóх, ~ла
g.pt.a.	просóхнув *u.* просóхши
p.pt.a.	просóхший

просочи́ться, *1. u. 2. Pers ungebr, v* **1.** durchsickern *Flüssigkeit* **2.** *übtr umg* durchsickern, bekannt werden ‖ *uv* проса́чиваться 1a
ft. просочи́тся, -ча́тся
pt. просочи́лся, -лась
g.pt.a. просочи́вшись
p.pt.a. просочи́вшийся

проспа́ть *v* **1.** *eine Zeitlang* schlafen **2.** verschlafen **3.** что *umg* verschlafen, verpassen ‖ *uv* просыпа́ть 2a *zu* 2, 3
ft. просплю́, -пи́шь, -пя́т
imp. проспи́, ~те
pt. проспа́л, -ала́, -а́ло
g.pt.a. проспа́в
p.pt.a. проспа́вший
p.pt.p. про́спанный *zu* 3

проспа́ться *v umg* seinen Rausch ausschlafen

проспиртова́ть 5 *v* что in Spiritus legen, mit Spiritus durchtränken ‖ *uv* проспирто́вывать 1a

проспиртова́ться, *1. u. 2. Pers ungebr, v* mit Spiritus [Alkohol] durchtränkt werden ‖ *uv* проспирто́вываться

проспирто́вывать(ся) *uv zu* проспиртова́ть(ся)

проспо́ривать *uv zu* проспо́рить

проспо́рить *v* **1.** что *u. ohne Objekt* verwetten, beim Wetten verlieren **2.** *eine Zeit hindurch* streiten ‖ *uv* проспо́ривать 1a *zu* 1
ft. проспо́рю, -ришь, -рят
imp. проспо́рь, ~те
pt. проспо́рил
g.pt.a. проспо́рив
p.pt.a. проспо́ривший
p.pt.p. проспо́ренный

проспряга́ть *v* 2 что *gram* konjugieren kein *p.pt.p.*

просро́чивать *uv zu* просро́чить

просро́чить *v* что überschreiten, versäumen *Termin;* verfallen lassen ‖ *uv* просро́чивать 1a
ft. просро́чу, -чишь, -чат
imp. просро́чь, ~те
pt. просро́чил
g.pt.a. просро́чив
p.pt.a. просро́чивший
p.pt.p. просро́ченный

проста́вить *v* что einsetzen, eintragen *an eine dafür freigelassene Stelle* ‖ *uv* проставля́ть 2a
ft. проста́влю, -вишь, -вят
imp. проста́вь, ~те
pt. проста́вил
g.pt.a. проста́вив
p.pt.a. проста́вивший
p.pt.p. проста́вленный

проставля́ть *uv zu* проста́вить

проста́ивать *uv zu* простоя́ть

простега́ть 2 *v* что steppen *Wattiertes* ‖ *uv* простёгивать 1a
p.pt.p. простёганный

простёгивать *uv zu* простега́ть

простере́ть *v* что *buchspr* **1.** ausstrecken *Hände* **2.** *übtr* ausdehnen; stecken, richten ‖ *uv* простира́ть 2a
ft. простру́*, -рёшь*, -ру́т*
imp. простри́*, ~те*
pt. простёр, ~ла
g.pt.a. простере́в *u.* простёрши
p.pt.a. простёрший
p.pt.p. простёртый

простере́ться, *1. u. 2. Pers ungebr, v buchspr* **1.** sich ausdehnen, sich erstrekken; reichen **2.** sich entgegenstrecken ‖ *uv* простира́ться

просте́ть 3a *uv umg* einfach(er) werden. — (по-)

[1]**простира́ть** 2 *v* что *umg* **1.** gut durchwaschen *Wäsche* **2.** *eine Zeitlang* waschen ‖ *uv* прости́рывать 1a *zu* 1

[2]**простира́ть** *uv zu* простере́ть

простира́ться *uv zu* простере́ться

простирну́ть 7 *v* что *volkssprr* schnell [flüchtig] waschen *Wäsche*

прости́рывать *uv zu* [1]простира́ть

прости́ть *v* кого́-что *oder* что кому́ **1.** verzeihen, vergeben **2.** streichen, erlassen *Schuld* ‖ *uv* проща́ть 2a
ft. прощу́, прости́шь, простя́т
imp. прости́, ~те
pt. прости́л
g.pt.a. прости́в
p.pt.a. прости́вший
p.pt.p. прощённый; прощён, -ена́

прости́ться *v* с кем-чем **1.** sich verabschieden (von) **2.** sich trennen, sich lossagen (von) ‖ *uv* проща́ться

простона́ть *v* что *u. ohne Objekt* **1.** stöhnen, stöhnend sagen **2.** *eine Zeitlang* stöhnen
ft. простону́* *u.* простона́ю*, -о́нешь, -о́нут
imp. простони́, ~те
pt. простона́л
g.pt.a. простона́в
p.pt.a. простона́вший

простоя́ть *v* **1.** *eine Zeitlang* stehen(bleiben) **2.** *eine Zeitlang* liegen *Truppen* **3.** stillstehen, nicht arbeiten **4.** überdauern, eine (bestimmte) Lebensdauer haben ‖ *uv* проста́ивать 1a *zu* 1—3
ft. простою́, -ои́шь, -оя́т
imp. просто́й, ~те
pt. простоя́л
g.pt.a. простоя́в
p.pt.a. простоя́вший

простра́гивать *uv zu* прострога́ть

простра́нствовать 4 *v eine Zeitlang* unterwegs sein

простра́чивать *uv zu* прострочи́ть

[1]**простре́ливать** *uv zu* прострели́ть

[2]**простре́ливать** *uv zu* простреля́ть

прострели́ть *v* кого́-что **1.** durchschießen, -löchern **2.** beschießen, bestreichen ‖ *uv* простре́ливать 1a
ft. прострелю́, -е́лишь, -е́лят
imp. прострели́, ~те
pt. прострели́л
g.pt.a. прострели́в
p.pt.a. прострели́вший
p.pt.p. простре́ленный

простреля́ть 2 *v* **1.** что *umg* einschießen *neues Gewehr* **2.** *eine Zeitlang* schießen ‖ *uv* простре́ливать 1a *zu* 1

прострига́ть *uv zu* простри́чь

простри́чь *v* кого́-что **1.** *einen Längsstreifen* ausscheren **2.** *eine Zeitlang* scheren, Haare schneiden ‖ *uv* прострига́ть 2a *zu* 1
ft. простригу́, -ижёшь, -игу́т
imp. прострига́, ~те
pt. простри́г, ~ла
g.pt.a. простри́гши
p.pt.p. простри́гший
p.pt.p. простри́женный

прострога́ть 2 *v* что **1.** (ab)hobeln **2.** *einen Längsstreifen* aushobeln **3.** *a. ohne Objekt eine Zeitlang* hobeln ‖ *uv* простра́гивать 1a *zu* 1, 2

прострочи́ть *v* **1.** что steppen, abnähen **2.** *umg* einen Feuerstoß abgeben *aus einer automatischen Waffe* **3.** что *u. ohne Objekt eine Zeitlang* steppen ‖ *uv* простра́чивать 1a *zu* 1, 2
ft. прострочу́, -о́чи́шь, -о́ча́т
imp. прострочи́, ~те
pt. прострочи́л
g.pt.a. прострочи́в
p.pt.a. прострочи́вший
p.pt.p. простро́ченный

простру́га́ть 2 *v* что **1.** (ab)hobeln **2.** *einen Längsstreifen* aushobeln **3.** *a. ohne Objekt eine Zeitlang* hobeln ‖ *uv* простру́гивать 1a *zu* 1, 2

простру́гивать *uv zu* простру́га́ть

простуди́ть *v* кого́-что **1.** (j-s) Erkältung verursachen **2.** *volksspr* abkühlen lassen, kalt werden lassen ‖ *uv* простужа́ть 2a
ft. простужу́, -у́дишь, -у́дят
imp. простуди́, ~те
pt. простуди́л
g.pt.a. простуди́в
p.pt.a. простуди́вший
p.pt.p. просту́женный

простуди́ться *v* sich erkälten ‖ *uv* простужа́ться

простужа́ть(ся) *uv zu* простуди́ть(ся)

просту́кать 1 *v* **1.** *umg* klappernd vorbeigehen [vorbeilaufen] **2.** кого́-что *oder* кому́ что *med* abklopfen **3.** что *u. ohne Objekt eine Zeitlang* klopfen; *eine Zeitlang* auf der Maschine tippen ‖ *uv* просту́кивать 1a *zu* 1, 2

просту́кивать *uv zu* просту́кать

проступа́ть *uv zu* проступи́ть

проступи́ть, *1. u. 2. Pers ungebr, v* hervortreten, auftreten, zum Vorschein kommen ‖ *uv* проступа́ть 2a
ft. просту́пит, -пят
pt. проступи́л
g.pt.a. проступи́в
p.pt.a. проступи́вший

[1]**простыва́ть** *uv zu* просты́ть

[2]**простыва́ть** *uv zu* просты́нуть

просты́нуть *s.* просты́ть

просты́ть *u. volksspr* **просты́нуть** *v* **1.** *umg* kalt werden **2.** *volksspr* sich erkälten ‖ *uv* простыва́ть 2a
ft. просты́ну, -ы́нешь, -ы́нут
imp. просты́нь, ~те
pt. просты́л
g.pt.a. просты́в
p.pt.a. просты́вший

просуди́ть *v* что **1.** *volksspr alt* verprozessieren, durch Prozesse ausgeben **2.** *a. ohne Objekt eine Zeit hindurch* richten, Richter sein ‖ *uv* просу́живать 1a *zu* 1
ft. просужу́, -у́дишь, -у́дят
imp. просуди́, ~те
pt. просуди́л
g.pt.a. просуди́в
p.pt.a. просуди́вший
p.pt.p. просу́женный

просу́живать *uv zu* просуди́ть

просу́нуть 6 *v* кого́-что durchschieben, -stecken, -zwängen ‖ *uv* просо́вывать 1a
imp. просу́нь, ~те
p.pt.p. просу́нутый

просу́нуться *v* sich durchzwängen, durchgesteckt werden ‖ *uv* просо́вываться

просу́шивать(ся) *uv zu* просуши́ть(ся)

просуши́ть *v* что (aus)trocknen (lassen) ‖ *uv* просу́шивать 2a
ft. просушу́, -у́шишь, -у́шат
imp. просуши́, ~те
pt. просуши́л
g.pt.a. просуши́в
p.pt.a. просуши́вший
p.pt.p. просу́шенный

просуши́ться *v* trocken werden ‖ *uv* просу́шиваться

просуществова́ть 5 *v eine best. Zeit* existieren

просчита́ть [щи] 2 *v* что *umg* **1.** nachzählen, nachrechnen **2.** *a. ohne Objekt* sich verzählen (um) **3.** *a. ohne Objekt eine Zeitlang* zählen, rechnen ‖ *uv* просчи́тывать 1a *zu* 1, 2

просчита́ться [щи] *v* **1.** на что sich verrechnen, sich verzählen (um) **2.** *übtr* sich verrechnen, sich irren ‖ *uv* просчи́тываться

просчи́тывать(ся) *uv zu* просчита́ть(ся)

просы́пать *v* что verschütten, verstreuen ‖ *uv* просыпа́ть 2a
ft. просы́плю, -лешь, -лют
u. umg -пешь, -пют
imp. просы́пь, ~те
pt. просы́пал
g.pt.a. просы́пав
p.pt.a. просы́павший
p.pt.p. просы́панный

[1]**просыпа́ть** *uv zu* просы́пать

[2]**просыпа́ть** *uv zu* проспа́ть

просы́паться, *1. u. 2. Pers ungebr, v* heraus-, durchfallen, verschüttet [verstreut] werden ‖ *uv* просыпа́ться 2a
Formen nach просы́пать

[1]**просыпа́ться** *uv zu* просну́ться

[2]**просыпа́ться** *uv zu* просы́паться

просыха́ть *uv zu* просо́хнуть

[1]**прота́лкивать(ся)** *uv zu* протолка́ть(ся)

[2]**прота́лкивать(ся)** *uv zu* протолкну́ть(ся)

протанцева́ть *v* что **1.** tanzen **2.** *a. ohne Objekt eine Zeitlang* tanzen, durchtanzen
ft. протанцу́ю, -у́ешь, -у́ют
imp. протанцу́й, ~те
pt. протанцева́л
g.pt.a. протанцева́в
p.pt.a. протанцева́вший
p.pt.p. протанцо́ванный

прота́пливать *uv zu* [2]протопи́ть

прота́пливаться *uv zu* протопи́ться

прота́птывать *uv zu* протопта́ть

протара́нивать *uv zu* протара́нить

протара́нить *v* что rammen ‖ *uv* протара́нивать 1a
ft. протара́ню, -нишь, -нят
imp. протара́нь, ~те
pt. протара́нил
g.pt.a. протара́нив
p.pt.a. протара́нивший
p.pt.p. протара́ненный

протарато́рить *v umg* **1.** что schnattern, plappern **2.** *eine Zeitlang* plappern
ft. протарато́рю, -ришь, -рят
imp. протарато́рь, ~те
pt. протарато́рил
g.pt.a. протарато́рив
p.pt.a. протарато́ривший
p.pt.p. протарато́ренный

протаска́ть 2 *v* что **1.** *umg eine bestimmte Zeit* schleppen **2.** *volksspr eine Zeit hindurch* tragen *Kleidung*

протаска́ться *v volksspr* **1.** *eine Zeitlang* gehen **2.** *eine Zeit hindurch* getragen werden *von Kleidung*

прота́скивать *uv zu* протащи́ть

прота́чивать *uv zu* проточи́ть

протащи́ть *v* кого́-что **1.** schleppen, schleifen, ziehen *durch oder vorbei an* **2.** *übtr umg* durch-, einschmuggeln, durchbringen **3.** *volksspr* heruntermachen, kritisieren ‖ *uv* прота́скивать 1a
ft. протащу́, -а́щишь, -а́щат
imp. протащи́, ~те
pt. протащи́л
g.pt.a. протащи́в
p.pt.a. протащи́вший
p.pt.p. прота́щенный

протежи́ровать [тэ] 4a *uv* кому́-чему́ *buchspr* protegieren, begünstigen

протези́ровать [тэ] 4 *u.* 4a *v, uv* кого́-что mit einer Prothese versehen

протека́ть *uv zu* проте́чь

протере́ть *v* что **1.** abreiben, durchreiben, durchschaben **2.** abwischen, blankreiben, putzen **3.** *durch ein Sieb* durchschlagen **4.** протере́ть глаза́ sich die Augen reiben; aufwachen ‖ *uv* протира́ть 2a

ft. протру́, -рёшь, -ру́т
imp. протри́, ~те
pt. протёр, ~ла
g.pt.a. протере́в *u.* протёрши
p.pt.a. протёрший
p.pt.p. протёртый

протере́ться, *1. u. 2. Pers ungebr, v* sich durchreiben, durchschaben, durchwetzen || *uv* протира́ться

протерпе́ть *v umg* sich *eine bestimmte Zeit* gedulden
ft. протерплю́, -е́рпишь, -е́рпят
imp. протерпи́, ~те
pt. протерпе́л
g.pt.a. протерпе́в
p.pt.a. протерпе́вший

протеса́ть *v* что **1.** behauen **2.** *eine Nut* aushauen **3.** *eine Zeitlang* hauen *mit dem Beil* || *uv* протёсывать 1a *zu* 1, 2
ft. протешу́, -е́шешь, -е́шут
imp. протеши́, ~те
pt. протеса́л
g.pt.a. протеса́в
p.pt.a. протеса́вший
p.pt.p. протёсанный

[1]**протестова́ть** 5a *uv* про́тив чего́ protestieren (gegen)

[2]**протестова́ть** 5 *u.* 5a *v, uv* что *finanz* zu Protest gehen lassen. — (о-)

протёсывать *uv zu* протеса́ть

проте́чь, *1. u. 2. Pers ungebr, v* **1.** (durch)-fließen **2.** vorbeifließen **3.** undicht [leck] werden **4.** vergehen *Zeit* **5.** verlaufen || *uv* протека́ть 2a
ft. протечёт, -еку́т
pt. протёк, -екла́
g.pt.a. протёкши
p.pt.a. проте́кший

проти́виться *uv* кому́-чему́ sich widersetzen, Widerstand leisten. — (вос-)
pr. проти́влюсь, -вишься, -вятся
imp. проти́вься, -вьтесь
pt. проти́вился, -лась
g.pr.a. проти́вясь
p.pr.a. проти́вящийся
p.pt.a. проти́вившийся

противоде́йствовать 4a *uv* кому́-чему́ entgegenwirken, Widerstand leisten

противополага́ть *uv zu* противоположи́ть

противоположи́ть *v* кого́-что кому́-чему́ *buchspr* gegenüberstellen, entgegensetzen || *uv* противополага́ть 2a
ft. противоположу́, -о́жишь, -о́жат
imp. противоположи́, ~те
pt. противоположи́л
g.pt.a. противоположи́в
p.pt.a. противоположи́вший
p.pt.p. противополо́женный

противопоста́вить *v* кого́-что кому́-чему́ gegenüberstellen, entgegenstellen, -setzen; vergleichen || *uv* противопоставля́ть 2a
ft. противопоста́влю, -вишь, -вят
imp. противопоста́вь, ~те
pt. противопоста́вил
g.pt.a. противопоста́вив
p.pt.a. противопоста́вивший
p.pt.p. противопоста́вленный

противопоставля́ть *uv zu* противопоста́вить

противоре́чить *uv* кому́-чему́ **1.** widersprechen **2.** *1. u. 2. Pers ungebr* in Widerspruch stehen (zu)
pr. противоре́чу, -чишь, -чат
imp. противоре́чь, ~те
pt. противоре́чил
g.pr.a. противоре́ча
p.pr.a. противоре́чащий
p.pt.a. противоре́чивший

противостоя́ть *uv* кому́-чему́ **1.** widerstehen, sich behaupten (gegen) **2.** *1. u. 2. Pers ungebr* (einander) gegenüberstehen, sich widersprechen
pr. противостою́, -ои́шь, -оя́т
imp. противосто́й, ~те
pt. противостоя́л
g.pr.a. противостоя́
p.pr.a. противостоя́щий
p.pt.a. противостоя́вший

протира́ть(ся) *uv zu* протере́ть(ся)

проти́скать 1 *v* что *umg* **1.** *mit mehreren Stößen* durchzwängen, -stoßen, -drücken **2.** *eine bestimmte Zeit* drücken || *uv* проти́скивать 1a *zu* 1

проти́скаться *v umg* sich durchdrängen, sich einen Weg bahnen || *uv* проти́скиваться

[1]**проти́скивать** *uv zu* проти́скать

[2]**проти́скивать** *uv zu* проти́снуть

[1]**проти́скиваться** *uv zu* проти́скаться

[2]**проти́скиваться** *uv zu* проти́снуться

проти́снуть 6 *v* кого́-что hindurchzwängen, -stoßen, -stecken || *uv* проти́скивать 1a
p.pt.p. проти́снутый

проти́снуться *v* sich durchdrängen, sich einen Weg bahnen || *uv* проти́скиваться

проткáть *v* **1.** чем *mit einem besonderen Faden* durchweben, *einen Faden* einweben **2.** что *eine Zeitlang* weben
ft. проткý, -кёшь, -кýт
imp. протки́, ~те
pt. проткáл, -áлá, -áло
g.pt.a. проткáв
p.pt.a. проткáвший
p.pt.p. прóтканный

проткнýть 7 *v* когó-что durchstoßen, -brechen, -stechen, -bohren ‖ *uv* протыкáть 2а

протоколи́ровать 4 *u.* 4а *v*, *uv* что **1.** protokollieren, zu Protokoll geben **2.** *übtr* sachlich und trocken beschreiben. — (за- *zu* 1)

протолкáть 2 *v* когó-что *umg* (hin)durch-, hineinstoßen *mit mehreren Stößen* ‖ *uv* протáлкивать 1а

протолкáться *v umg* sich durchdrängen ‖ *uv* протáлкиваться

протолкнýть 7 *v* **1.** когó-что durch-, hineinstoßen, hineindrücken **2.** что *übtr umg* in Gang [Schwung] bringen, beschleunigen ‖ *uv* протáлкивать 1а

протолкнýться *v umg* sich (mühsam) durchdrängen ‖ *uv* протáлкиваться

протóпать 1 *v* **1.** *umg* stampfend vorbeigehen **2.** *umg eine Zeitlang* trampeln **3.** *volksspr eine bestimmte Strecke* durchlaufen

[1]**протопи́ть** *v* что durchheizen, tüchtig heizen
ft. протоплю́, -óпишь, -óпят
imp. протопи́, ~те
pt. протопи́л
g.pt.a. протопи́в
p.pt.a. протопи́вший
p.pt.p. протóпленный

[2]**протопи́ть** *v* что **1.** schmelzen, zerlassen **2.** *eine Zeitlang* schmelzen ‖ *uv* протáпливать 1а
Formen wie [1]протопи́ть

протопи́ться, *1. u. 2. Pers ungebr*, *v* durchgeheizt werden, warm werden *Ofen* ‖ *uv* протáпливаться

протоптáть *v* что **1.** (aus)treten *Pfad u. ä.* **2.** durchlaufen, abtreten *Sohlen u. ä.* ‖ *uv* протáптывать 1а
ft. протопчý, -óпчешь, -óпчут
imp. протопчи́, ~те
pt. протоптáл
g.pt.a. протоптáв
p.pt.a. протоптáвший
p.pt.p. протóптанный

проторговáть 5 *v* **1.** *umg* что beim Handel Verlust machen, einbüßen **2.** чем *u. ohne Objekt eine bestimmte Zeit* handeln (mit) ‖ *uv* проторгóвывать 1а *zu* 1

проторговáться *v umg* **1.** beim Handel Verluste erleiden, Pleite machen **2.** *eine Zeitlang* handeln, feilschen ‖ *uv* проторгóвываться *zu* 1

проторгóвывать(ся) *uv zu* проторговáть(ся)

протори́ть *v* что ausfahren, austreten, bahnen *Weg* ‖ *uv* проторя́ть 2а
ft. проторю́, -ри́шь, -ря́т
imp. протори́, ~те
pt. протори́л
g.pt.a. протори́в
p.pt.a. протори́вший
p.pt.p. проторённый; проторён, -енá

проторчáть *v volksspr eine Zeitlang* sich aufhalten, herumstehen
ft. проторчý, -чи́шь, -чáт
imp. проторчи́, ~те
pt. проторчáл
g.pt.a. проторчáв
p.pt.a. проторчáвший

проторя́ть *uv zu* протори́ть

проточи́ть *v* что **1.** durchfressen, nagen, durchlöchern *von Würmern, Insekten* **2.** *Loch, Rinne* auswaschen *vom Wasser* **3.** *tech* bohren **4.** *eine Zeitlang* bohren, drehen ‖ *uv* протáчивать 1а *zu* 1—3
ft. проточý, -óчишь, -óчат
imp. проточи́, ~те
pt. проточи́л
g.pt.a. проточи́в
p.pt.a. проточи́вший
p.pt.p. протóченный

протрави́ть *v* что **1.** *Muster* einätzen, eingravieren *mit Säure* **2.** beizen **3.** когó-что *umg* bei der Hetzjagd entkommen lassen **4.** *eine Zeitlang* beizen, ätzen ‖ *uv* протрáвливать 1а *zu* 1, 2 *u.* протравля́ть 2а *zu* 1, 2
ft. протравлю́, -áвишь, -áвят
imp. протрави́, ~те
pt. протрави́л
g.pt.a. протрави́в
p.pt.a. протрави́вший
p.pt.p. протрáвленный

протрáвливать *uv zu* протрави́ть

протравля́ть *uv zu* протрави́ть

протрáливать *uv zu* протрáлить

протра́лить *v* что entminen, von Minen säubern ‖ *uv* протра́ливать 1а
ft. протра́лю, -лишь, -лят
imp. протра́ль, ~те
pt. протра́лил
g.pt.a. протра́лив
p.pt.a. протра́ливший
p.pt.p. протра́ленный

протрезве́ть 3 *v umg* nüchtern werden

протрезви́ть *v* кого́-что nüchtern machen *nach einem Rausch* ‖ *uv* протрезвля́ть 2а
ft. протрезвлю́, -ви́шь, -вя́т
imp. протрезви́, ~те
pt. протрезви́л
g.pt.a. протрезви́в
p.pt.a. протрезви́вший
p.pt.p. протрезвлённый; протрезвлён, -ена́

протрезви́ться *v* (wieder) nüchtern werden *nach einem Rausch* ‖ *uv* протрезвля́ться

протрезвля́ть(ся) *uv zu* протрезви́ть(ся)

протруби́ть *v* **1.** *Trompete* blasen **2.** trompeten **3.** что *Signal u. a.* blasen **4.** *umg* что ausposaunen **5.** что *u. ohne Objekt eine Zeitlang* blasen
ft. протрублю́, -би́шь, -бя́т
imp. протруби́, ~те
pt. протруби́л
g.pt.a. протруби́в
p.pt.a. протруби́вший

протури́ть *v* кого́-что *volksspr* verjagen, verscheuchen
ft. протурю́, -ри́шь, -ря́т
imp. протури́, ~те
pt. протури́л
g.pt.a. протури́в
p.pt.a. протури́вший
p.pt.p. протурённый; протурён, -ена́

протуха́ть *uv zu* проту́хнуть

проту́хнуть, *1. u. 2. Pers ungebr*, *v* verfaulen, verderben *Lebensmittel* ‖ *uv* протуха́ть 2а
ft. проту́хнет, -нут
pt. проту́х *u. alt* проту́хнул, проту́хла
g.pt.a. проту́хнув *u.* проту́хши
p.pt.a. проту́хший

протыка́ть *uv zu* проткну́ть

протя́гивать(ся) *uv zu* протяну́ть(ся)

протяну́ть 7 *v* что **1.** ziehen, spannen; протяну́ть телефо́н Telefon legen **2.** ausstrecken, entgegenstrecken, reichen **3.** *tech* ziehen *Draht u. a.* **4.** gedehnt sprechen, dehnen *Ton* **5.** *umg* hinziehen, in die Länge ziehen **6.** *umg* noch *eine Zeitlang* leben; больно́й недо́лго протя́нет der Kranke macht nicht mehr lange mit **7.** vorbeifliegen *Vögel* **8.** *volksspr* heruntermachen, durch den Kakao ziehen **9.** *volksspr* schlagen, eins überziehen ‖ *uv* протя́гивать 1а
ft. протяну́, -я́нешь, -я́нут
p.pt.p. протя́нутый

протяну́ться *v* **1.** sich ausstrecken, sich ausgestreckt hinlegen **2.** *1. u. 2. Pers ungebr*, *umg* sich hinziehen, sich in die Länge ziehen **3.** *1. u. 2. Pers ungebr*, *umg* sich erstrecken, sich ausdehnen ‖ *uv* протя́гиваться

проу́чивать(ся) *uv zu* проучи́ть(ся)

проучи́ть *v* **1.** кого́-что *umg* zurechtweisen, einen Denkzettel geben **2.** что *eine Zeitlang* lernen, studieren ‖ *uv* проу́чивать 1а
ft. проучу́, -у́чишь, -у́чат
imp. проучи́, ~те
pt. проучи́л
g.pt.a. проучи́в
p.pt.a. проучи́вший
p.pt.p. проу́ченный

проучи́ться *v eine Zeit hindurch* lernen, studieren ‖ *uv* проу́чиваться

профани́ровать 4 *u.* 4а *v*, *uv* что *buchspr* entweihen, mißbrauchen

профе́ссорствовать 4а *uv umg* (als) Professor (tätig) sein

профили́ровать 4 *u.* 4а *v*, *uv* что *tech* profilieren

профильтрова́ть 5 *v* что filtern, filtrieren ‖ *uv* профильтро́вывать 1а

профильтро́вывать *uv zu* профильтрова́ть

проха́живать *uv iterativ zu* ²проходи́ть

проха́живаться *uv zu* пройти́сь

проха́рчиваться *uv zu* прохарчи́ться

прохарчи́ться *v volksspr* **1.** alles Geld verfressen **2.** sich durchschlagen, sich über Wasser halten ‖ *uv* проха́рчиваться 1а
ft. прохарчу́сь, -чи́шься, -ча́тся
imp. прохарчи́сь, -и́тесь
pt. прохарчи́лся, -лась
g.pt.a. прохарчи́вшись
p.pt.a. прохарчи́вшийся

прохвати́ть *v* кого́-что **1.** *1. u. 2. Pers ungebr umg* völlig durchdringen, durch und durch gehen *Kälte* **2.** *1. u. 2. Pers ungebr volksspr* durchbeißen **3.** *volksspr* durchhecheln, heruntermachen ‖ *uv* прохва́тывать 1а

ft.	прохвачу́, -а́тишь, -а́тят
imp.	прохвати́, ~те
pt.	прохвати́л
g.pt.a.	прохвати́в
p.pt.a.	прохвати́вший
p.pt.p.	прохва́ченный

прохва́тывать *uv zu* прохвати́ть

прохвора́ть 2 *v umg eine bestimmte Zeit* krank sein

прохлади́ть *v* что *umg* kalt stellen, kalt werden lassen ‖ *uv* прохлажда́ть 2a

ft.	прохлажу́, -ади́шь, -адя́т
imp.	прохлади́, ~те
pt.	прохлади́л
g.pt.a.	прохлади́в
p.pt.a.	прохлади́вший
p.pt.p.	прохлаждённый; прохлаждён, -ена́

прохлади́ться *v umg* sich (im Freien) abkühlen, erfrischen ‖ *uv* прохлажда́ться

прохлажда́ть *uv zu* прохлади́ть

прохлажда́ться 2a *uv umg* **1.** *uv zu* прохлади́ться **2.** sich Zeit lassen, sich nicht beeilen **3.** müßig sitzen

[1]**проходи́ть** *uv zu* пройти́

pr.	прохожу́, -о́дишь, -о́дят
imp.	проходи́, ~те
pt.	проходи́л
g.pr.a.	проходя́
p.pr.a.	проходя́щий
p.pt.a.	проходи́вший
p.pr.p.	проходи́мый

[2]**проходи́ть** *v* **1.** *eine Zeitlang* hin und hergehen, herumgehen **2.** gehen, laufen, in Betrieb sein *Mechanismen* **3.** в чём *eine bestimmte Zeit* tragen *Kleidung* ‖ *uv iterativ umg* проха́живать 1a *zu* 1

ft.	прохожу́, -о́дишь, -о́дят
imp.	проходи́, ~те
pt.	проходи́л
g.pt.a.	проходи́в
p.pt.a.	проходи́вший

процвести́ *v* **1.** *übtr* (auf)blühen, sich erfolgreich entwickeln **2.** *eine Zeitlang* blühen

ft.	процвету́, -тёшь, -ту́т
imp.	процвети́, ~те
pt.	процвёл, -ела́
g.pt.a.	процветя́ *u.* процве́тши
p.pt.a.	процве́тший

процвета́ть 2a *uv übtr* blühen, gedeihen, sich erfolgreich entwickeln

процеди́ть *v* что durchseihen, filtrieren ‖ *uv* проце́живать 1a

ft.	процежу́, -е́дишь, -е́дят
imp.	процеди́, ~те
pt.	процеди́л
g.pt.a.	процеди́в
p.pt.a.	процеди́вший
p.pt.p.	проце́женный

проце́живать *uv zu* процеди́ть

процити́ровать 4 *v* кого́-что zitieren

прочёркивать *uv zu* прочеркну́ть

прочеркну́ть 7 *v* что durchstreichen *Spalte im Fragebogen* ‖ *uv* прочёркивать 1a

p.pt.p.	прочёркнутый

прочерти́ть *v* что **1.** *eine Linie* zeichnen, ziehen **2.** *eine bestimmte Zeit* zeichnen, technische Zeichnungen machen ‖ *uv* проче́рчивать 1a *zu* 1

ft.	прочерчу́, -е́ртишь, -е́ртят
imp.	прочерти́, ~те
pt.	прочерти́л
g.pt.a.	прочерти́в
p.pt.a.	прочерти́вший
p.pt.p.	проче́рченный

проче́рчивать *uv zu* прочерти́ть

прочеса́ть *v* что **1.** (durch)kämmen *Wolle, Baumwolle*; hecheln *Flachs* **2.** *übtr umg. mil* durchkämmen, -suchen **3.** *volksspr* aufkratzen, wundkratzen **4.** *eine Zeitlang* kämmen ‖ *uv* прочёсывать 1a *zu* 1—3

ft.	прочешу́, -е́шешь, -е́шут
imp.	прочеши́, ~те
pt.	прочеса́л
g.pt.a.	прочеса́в
p.pt.a.	прочеса́вший
p.pt.p.	прочёсанный

проче́сть *v* что *umg* **1.** (durch)lesen **2.** vorlesen, rezitieren **3.** *Vortrag u.a.* halten

ft.	прочту́, -тёшь, -ту́т
imp.	прочти́, ~те
pt.	прочёл, -чла́
g.pt.a.	прочтя́
p.pt.p.	прочтённый; прочтён, -ена́

прочёсывать *uv zu* прочеса́ть

прочи́стить *v* что reinigen, (aus)putzen ‖ *uv* прочища́ть 2a

ft.	прочи́щу, -и́стишь, -и́стят
imp.	прочи́сти *u.* прочи́сть, прочи́стите
pt.	прочи́стил
g.pt.a.	прочи́стив
p.pt.a.	прочи́стивший
p.pt.p.	прочи́щенный

прочита́ть 2 *v* что **1.** (durch)lesen **2.** vorlesen, rezitieren **3.** *Vortrag u.a.* halten ‖ *uv* прочи́тывать 1a *zu* 1

прочи́тывать *uv zu* прочита́ть

прочиха́ться 2 *v umg* niesen, sich durch Niesen Erleichterung schaffen

прочища́ть *uv zu* прочи́стить

прочу́вствовать 4 *v* что **1.** sich einfühlen (in) **2.** tief empfinden

прошага́ть 2 *v* **1.** schreiten, gehen **2.** *eine bestimmte Zeit* gehen, schreiten

прошепта́ть *v* что (zu)flüstern

ft.	прошепчу́, -е́пчешь, -е́пчут
imp.	прошепчи́, ~те
pt.	прошепта́л
g.pt.a.	прошепта́в
p.pt.a.	прошепта́вший
p.pt.p.	прошёптанный

прошиба́ть *uv zu* прошиби́ть

прошиби́ть *v* кого́-что **1.** durchschlagen, einschlagen **2.** *volksspr* durchdringen; пот его́ проши́б der Schweiß brach ihm aus allen Poren ‖ *uv* прошиба́ть 2a

ft.	прошибу́, -бёшь, -бу́т
imp.	прошиби́, ~те
pt.	проши́б, ~ла
g.pt.a.	прошиби́в* *u.* прошибя́*
p.pt.a.	проши́бший
p.pt.p.	проши́бленный

прошива́ть *uv zu* проши́ть

проши́ть *v* что durchnähen, -steppen ‖ *uv* прошива́ть 2a

ft.	прошью́, -шьёшь, -шью́т
imp.	проше́й, ~те
pt.	проши́л
g.pt.a.	проши́в
p.pt.a.	проши́вший
p.pt.p.	проши́тый

прошля́пить *v* что *volksspr* verpassen, sich entgehen lassen

ft.	прошля́плю, -пишь, -пят
imp.	прошля́пь, ~те
pt.	прошля́пил
g.pt.a.	прошля́пив
p.pt.a.	прошля́пивший
p.pt.p.	прошля́пенный

прошмы́гивать *uv zu* прошмыгну́ть

прошмыгну́ть 7 *v umg* (durch)schlüpfen, (durch)huschen ‖ *uv* прошмы́гивать 1a kein *p.pt.p.*

прошнурова́ть 5 *v* что mit einer Schnur durchnähen, auf eine Schnur aufreihen ‖ *uv* прошнуро́вывать 1a

прошнуро́вывать *uv zu* прошнурова́ть

прошпаклева́ть *v* что **1.** verspachteln **2.** *eine Zeitlang* spachteln ‖ *uv* прошпаклёвывать 1a *zu* 1

ft.	прошпаклю́ю, -ю́ешь, -ю́ют
imp.	прошпаклю́й, ~те
pt.	прошпаклева́л
g.pt.a.	прошпаклева́в
p.pt.a.	прошпаклева́вший
p.pt.p.	прошпаклёванный

прошпаклёвывать *uv zu* прошпаклева́ть

прошпигова́ть 5 *v* что spicken *Fleisch* ‖ *uv* прошпиго́вывать 1a

прошпиго́вывать *uv zu* прошпигова́ть

прошгра́фиться *v umg* sich etw. zuschulden kommen lassen

ft.	проштра́флюсь, -фишься, -фятся
imp.	проштра́фься, -фьтесь
pt.	проштра́фился, -лась
g.pt.a.	проштра́фившись
p.pt.a.	проштра́фившийся

проштуди́ровать 4 *v* что studieren, gründlich lernen

проштукату́рить *v* что **1.** mit Stuck verkleiden, verputzen **2.** *eine Zeitlang* abputzen

ft.	проштукату́рю, -ришь, -рят
imp.	проштукату́рь, ~те
pt.	проштукату́рил
g.pt.a.	проштукату́рив
p.pt.a.	проштукату́ривший
p.pt.p.	проштукату́ренный

прошуме́ть *v* **1.** lärmen, rauschen, tönen **2.** *übtr umg* Aufsehen erregen, von sich reden machen **3.** *eine Zeitlang* lärmen

ft.	прошумлю́, -ми́шь, -мя́т
imp.	прошуми́, ~те
pt.	прошуме́л
g.pt.a.	прошуме́в
p.pt.a.	прошуме́вший

проща́ть 2a *uv* **1.** *uv zu* прости́ть **2.** *imp.* проща́й(те)! lebe(n Sie) wohl!

проща́ться *uv zu* прости́ться

прощу́пать 1 *v* **1.** что abtasten **2.** *übtr* кого́-что prüfen, auf den Zahn fühlen; sondieren ‖ *uv* прощу́пывать 1a

прощу́паться, *1. u. 2. Pers ungebr, v* durchfühlen, durch Befühlen feststellen ‖ *uv* прощу́пываться

прощу́пывать(ся) *uv zu* прощу́пать(ся)

проэкзаменова́ть 5 *v* кого́-что prüfen, examinieren ‖ *uv* проэкзамено́вывать 1a

проэкзаменова́ться *v* geprüft [examiniert] werden ‖ *uv* проэкзамено́вываться

проэкзамено́вывать(ся) *uv zu* проэкзаменова́ть(ся)

прояви́ть *v* что **1.** *phot* entwickeln **2.** zeigen, bekunden, an den Tag legen ‖ *uv* проявля́ть 2a

ft.	проявлю́, -я́вишь, -я́вят
imp.	прояви́, ~те
pt.	прояви́л
g.pt.a.	прояви́в
p pt.a.	прояви́вший
p.pt.p.	проя́вленный

прояви́ться, *1. u. 2. Pers ungebr, v* sich zeigen, hervortreten, zutage treten ‖ *uv* проявля́ться

проявля́ть(ся) *uv zu* прояви́ть(ся)

проя́снеть 3, *Betonung bleibt wie im Infinitiv, 1. u. 2. Pers ungebr, v umg* sich aufklären, sich aufheitern *Wetter, Himmel* ‖ *uv* проя́снивать 1a

проясне́ть 3, *1. u. 2. Pers ungebr, v* sich aufhellen; sich beruhigen *Gemüt, Gedanken*

проя́снивать *uv zu* проя́снеть

проясни́ться, *1. u. 2. Pers ungebr, v umg* **1.** sich aufklären, sich aufheitern *Wetter* **2.** *übtr* sich aufklären **3.** deutlich hervortreten ‖ *uv* проясня́ться 2a

ft.	проясни́тся, -ня́тся
pt.	проясни́лся, -лась
g.pt.a.	проясни́вшись
p.pt.a.	проясни́вшийся

проясня́ться *uv zu* проясни́ться

пруди́ть *uv* что abdämmen; stauen. — (за-)

pr.	пружу́, пру́ди́шь, пру́дя́т
imp.	пруди́, ~те
pt.	пруди́л
g.pr.a.	прудя́
p.pr.a.	прудя́щий
p.pt.a.	пруди́вший
p.pr.p.	пруди́мый

пружи́нить *uv* **1.** federn, nachgeben **2.** что federn lassen

pr.	пружи́ню, -нишь, -нят
imp.	пружи́нь, ~те
pt.	пружи́нил
g.pr.a.	пружи́ня
p.pr.a.	пружи́нящий
p.pt.a.	пружи́нивший

пружи́ниться, *1. u. 2. Pers ungebr, uv umg* federn, elastisch sein

пры́гать 1a *uv* springen, hüpfen | *v mom* пры́гнуть 6

пры́гнуть *v mom zu* пры́гать

пры́скать *uv zu* пры́снуть

пры́скаться 1a *uv* чем *umg* sich bespritzen, sich besprengen

пры́снуть 6 *v* **1.** кого́-что чем *oder* что на что bespritzen, besprengen **2.** *1. u. 2. Pers ungebr* hervorspritzen, sprudeln **3.**: пры́снуть (со́ смеху) herausplatzen, in ein Gelächter ausbrechen ‖ *uv* пры́скать 1a

прыща́веть 3a, *Betonung bleibt wie im Infinitiv, uv umg* sich mit Pickeln bedecken. — (о-)

пря́дать *uv zu* пря́нуть

пря́нуть 6 *v alt* zurückspringen, beiseite springen ‖ *uv* пря́дать 1a

прясть *uv* **1.** что spinnen **2.** *1. u. 2. Pers ungebr*: прясть уша́ми die Ohren spitzen *von Tieren*

pr.	пряду́, -дёшь, -ду́т
imp.	пряди́, ~те
pt.	прял, пряла́, пря́ло
g.pr.a.	прядя́
p.pr.a.	пряду́щий
p.pt.a.	пря́дший
p.pr.p.	прядо́мый*
p.pt.p.	пря́денный

пря́тать *uv* кого́-что **1.** verstecken, verbergen **2.** einstecken ‖ *v* спря́тать, Formen das.

pr.	пря́чу, -чешь, -чут
imp.	прячь, ~те
pt.	пря́тал
g.pr.a.	пря́ча
p.pr.a.	пря́чущий
p.pt.a.	пря́тавший

пря́таться *uv* sich verstecken, sich verbergen ‖ *v* спря́таться

психова́ть 5a *uv volksspr* sich unnütz aufregen, die Nerven verlieren

публикова́ть 5a *uv* что veröffentlichen publizieren. — (о-)

пуга́ть 2a *uv* кого́-что (er)schrecken, einschüchtern, Furcht einjagen | *v mom* пугну́ть 7, kein *p.pt.p.* — (ис-)

p.pt.p.	пу́ганный

пуга́ться *uv* кого́-чего́ erschrecken, Angst bekommen. — (ис-)

пугну́ть *v mom zu* пуга́ть

пуделя́ть 2a *uv volksspr Jagd* danebenschießen

пудлинговáть 5 *u.* 5а *v*, *uv* что *tech* puddeln

пýдрить *uv* когó-что pudern. — (на-, по-)
pr. пýдрю, -ришь, -рят
imp. пýдри, ~те
pt. пýдрил
g.pr.a. пýдря
p.pr.a. пýдрящий
p.pt.a. пýдривший
p.pr.p. пýдримый*
p.pt.p. пýдренный

пýдриться *uv* sich pudern. — (на-, по-)

пузы́риться *uv* **1.** *umg* sich mit Blasen bedecken, Blasen bilden **2.** *umg* sich aufbauschen *Kleidung* **3.** *übtr volksspr* beleidigt sein, schmollen
pr. пузы́рюсь, -ришься, -рятся
imp. пузы́рься, -рьтесь
pt. пузы́рился, -лась
g.pr.a. пузы́рясь
p.pr.a. пузы́рящийся
p.pt.a. пузы́рившийся

пульверизи́ровать 4 *u.* 4а *v*, *uv* что pulverisieren

пульнýть *v mom zu* пуля́ть

пульси́ровать 4а, *1. u. 2. Pers ungebr*, *uv* pulsieren *a. übtr*

пуля́ть 2а *uv volksspr* werfen, feuern, schießen | *v mom* пульнýть 7, kein *p.pt.p.*

пускáть(ся) *uv zu* пусти́ть(ся)

пустéть 3а, *1. u. 2. Pers ungebr*, *uv* leer werden; veröden. — (о-)

пусти́ть *v* когó-что **1.** fortlassen, freilassen, loslassen **2.** (gehen) lassen; пусти́ть детéй в кинó die Kinder ins Kino (gehen) lassen **3.** durchlassen, (her)einlassen **4.** auf die Weide treiben **5.** in Gang [Bewegung] setzen; anlassen *Motor*; abfahren lassen *Zug*; abschießen *Rakete*; starten *Sputnik*; abbrennen *Feuerwerk* **6.** werfen; schießen; пусти́ть себé пýлю в лоб sich eine Kugel durch den Kopf jagen **7.** *landw* под что bestimmen (für); пусти́ть пóле под овёс ein Feld für den Haferanbau bestimmen **8.** sprießen lassen, treiben; пусти́ть пóчки Knospen treiben, ausschlagen **9.** что чем färben; пусти́ть лóдку зелёной das Boot grün streichen ‖ *uv* пускáть 2а
ft. пущý, пýстишь, пýстят
imp. пусти́, ~те
pt. пусти́л
g.pt.a. пусти́в
p.pt.a. пусти́вший
p.pt.p. пýщенный

пусти́ться *v umg* **1.** losgehen, sich auf den Weg machen; пусти́ться бежáть losstürzen, davonlaufen **2.** во что *oder mit Infinitiv* anfangen; sich machen (an); sich einlassen (auf) **3.** на что wagen, riskieren ‖ *uv* пускáться

пустовáть 5а, *1. u. 2. Pers ungebr*, *uv* leer stehen; unbewohnt sein; *landw* brachliegen

пустозвóнить *uv umg* dummes Zeug reden, schwatzen
pr. пустозвóню, -нишь, -нят
imp. пустозвóнь, ~те
pt. пустозвóнил
g.pr.a. пустозвóнив
p.pr.a. пустозвóнящий
p.pt.a. пустозвóнивший

пустослóвить *uv umg* dummes Zeug reden
pr. пустослóвлю, -вишь, -вят
imp. пустослóвь, ~те
pt. пустослóвил
g.pr.a. пустослóвив
p.pr.a. пустослóвящий
p.pt.a. пустослóвивший

пýтать 1а *uv* **1.** что durcheinanderbringen, in Unordnung bringen; verfitzen **2.** когó-что verwirren, aus dem Konzept bringen **3.** *meist ohne Objekt* faseln, verworren reden, sich in Widersprüche verwickeln **4.** когó-что (с кем-чем) verwechseln (mit) **5.** когó-что во что in etw. Unangenehmes hineinziehen, verwickeln **6.** когó-что fesseln *Pferd.* — (за- *zu* 1—3, в- *zu* 5, пере- *zu* 1—4, с- *zu* 1, 3, 4, 6)
p.pt.p. пýтанный

пýтаться *uv* **1.** in Verwirrung geraten, durcheinander geraten *a. übtr* **2.** *umg* aus dem Konzept kommen, sich verheddern; sich in Widersprüche verwickeln **3.** *umg mißb* sich einmischen, seinen Senf dazugeben **4.** *volksspr* herumschlendern, sich herumtreiben **5.** *volksspr* с кем-чем sich einlassen (mit). — (в- *zu* 3, за- *zu* 1, 2, пере- *zu* 1, с- *zu* 1, 2, 5)

путешéствовать 4а *uv* (weit) reisen, eine (weite) Reise unternehmen

пýхнуть *uv* anschwellen. — (вс-, о-)
pr. пýхну, -нешь, -нут
imp. пýхни, ~те
pt. пух *u.* пýхнул, пýхла
g.pt.a. пýхнув
p.pr.a. пýхнущий
p.pt.a. пýхнувший *u.* пýхший

пу́чить *uv* что **1.** *unpers umg* (auf)blähen; heben; его́ пу́чит *oder* у него́ живо́т пу́чит er hat Blähungen **2.** *volksspr*: пу́чить глаза́ glotzen, die Augen aufreißen. — (вы́ *zu* 2, вс- *zu* 1)
pr. пу́чу, пу́чишь, пу́чат
imp. пучь, ~те
pt. пу́чил
g.pr.a. пу́ча
p.pr.a. пу́чащий
p.pt.a. пу́чивший

пу́читься, *1. u. 2. Pers ungebr*, *uv umg* **1.** sich aufblähen, aufschwellen; sich heben **2.** *volksspr* herausquellen, aufgerissen werden *Augen*. — (вс- *zu* 1, вы́- *zu* 2)

пуши́ть *uv* **1.** что aufschütteln *Federn* **2.** кого́-что *umg* ausschimpfen, schelten. — (рас-)
pr. пушу́, пуши́шь, пуша́т
imp. пуши́, ~те
pt. пуши́л
g.pr.a. пуша́
p.pr.a. пуша́щий
p.pt.a. пуши́вший
p.pr.p. пуши́мый
p.pt.p. пушённый

пхать *uv zu* пхнуть

пхнуть 7 *v* кого́-что *volksspr* stoßen || *uv* пхать 1a
kein *p.pt.p.*

пы́житься *uv umg* **1.** sich anstrengen **2.** sich aufblasen, wichtig tun
pr. пы́жусь, -жишься, -жатся
imp. пы́жься, -жьтесь
pt. пы́жился, -лась
g.pr.a. пы́жась
p.pr.a. пы́жащийся
p.pt.a. пы́жившийся

пыла́ть 2a *uv* flammen, lodern, glühen *a. übtr*

пыли́ть *uv* **1.** Staub aufwirbeln **2.** что staubig machen. — (на- *zu* 1, за- *zu* 2)
pr. пылю́, пыли́шь, пыля́т
imp. пыли́, ~те
pt. пыли́л
g.pr.a. пыля́
p.pr.a. пыля́щий
p.pt.a. пыли́вший

пыли́ться *uv* staubig werden

пырну́ть 7 *v* кого́-что чем *volksspr* zustoßen, stechen (mit) || *uv* пыря́ть 2a
p.pt.p. пырну́тый

пыря́ть *uv zu* пырну́ть

пыта́ть 2a *uv* кого́-что **1.** foltern, martern *a. übtr* **2.** *gbt* (genau) ausfragen

пыта́ться *uv mit Infinitiv* versuchen || *v* попыта́ться 2

[1]**пы́хать** *uv* чем *umg* **1.** *1. u. 2. Pers ungebr* ausstrahlen; vor Hitze glühen **2.** *übtr* strotzen, strahlen, glühen (vor) | *v mom* пыхну́ть 7 *zu* **1,** kein *p.pt.p.*
pr. пы́шу, пы́шешь, пы́шут
pt. пы́шал
g.pr.a. пы́ша
p.pr.a. пы́шущий
p.pt.a. пы́шавший

[2]**пы́хать** 1a *uv* ausstoßen *Luft*, *Gas*; schnauben *Lokomotive* | *v mom* пыхну́ть 7, kein *p.pt.p.*

[1,2]**пыхну́ть** *v mom zu* [1,2]пы́хать

пыхте́ть *uv umg* **1.** keuchen, schnaufen **2.** *übtr* над чем *umg* schwitzen (über), schwer fertig werden (mit)
pr. пыхчу́, пыхти́шь, пыхтя́т
imp. пыхти́, ~те
pt. пыхте́л
g.pr.a. пыхтя́
p.pr.a. пыхтя́щий
p.pt.a. пыхте́вший

пьяне́ть 3a *uv* **1.** betrunken werden **2.** *übtr* berauscht werden. — (о-)

пьяни́ть *uv* кого́-что **1.** betrunken machen **2.** *1. u. 2. Pers ungebr*, *übtr* berauschen. — (о-)
pr. пьяню́, -ни́шь, -ня́т
imp. пьяни́, ~те
pt. пьяни́л
g.pr.a. пьяня́
p.pr.a. пьяня́щий
p.pt.a. пьяни́вший

пья́нствовать 4a *uv* (maßlos) trinken, saufen

пя́лить *uv* что *volksspr* **1.** (auf)spannen, ausspannen **2.** *mit Mühe* anziehen *Kleidung*
pr. пя́лю, пя́лишь, пя́лят
imp. пяль, ~те
pt. пя́лил
g.pr.a. пя́ля
p.pr.a. пя́лящий
p.pt.a. пя́ливший

пя́литься *uv volksspr* anstarren

пя́тить *uv* кого́-что zurückdrängen, zurückschieben || *v* попя́тить, Formen das.

pr.	пя́чу, пя́тишь, пя́тят
imp.	пять, ~те
pt.	пя́тил
g.pr.a.	пя́тя
p.pr.a.	пя́тящий
p.pt.a.	пя́тивший

пя́титься *uv* zurückweichen, rückwärts gehen ‖ *v* попя́титься

пятна́ть 2a *uv* кого́-что **1.** beflecken, besudeln *a. übtr* **2.** *umg* abschlagen *beim Fangspiel*; mit dem Ball abschießen. — (за-)

Р

раболе́пствовать 4a *uv* пе́ред кем-чем kriechen, katzbuckeln (vor)

рабо́тать 1a *uv* **1.** arbeiten **2.** geöffnet sein *Institutionen* **3.** laufen, funktionieren *Maschinen*

рабо́таться *unpers uv:* сего́дня мне хорошо́ рабо́тается heute geht mir die Arbeit leicht von der Hand

равня́ть 2a *uv* кого́-что **1.** gleichmachen **2.** с кем-чем vergleichen, gleichstellen (mit)

равня́ться *uv* **1.** с кем-чем *umg* sich messen, sich gleichstellen **2.** по кому́-чему́ *mil* sich (aus)richten (nach) **3.** по кому́ *oder* на кого́ sich richten (nach) **4.** *1. u. 2. Pers ungebr* чему́ *math* gleich sein, betragen

раде́ть 3a *uv* кому́-чему́ *oder* о чём sich eifrig bemühen (um)

радиофици́ровать 4 *u.* 4a *v, uv* что radiofizieren

ради́ровать 4 *u.* 4a *v, uv* funken

ра́довать 4a *uv* кого́-что erfreuen. — (об-, по-)

ра́доваться *uv* **1.** froh sein **2.** кому́-чему́ sich freuen (über). — (об-, по-)

разале́ться 3 *v umg* stark erröten

разба́вить *v* что verdünnen ‖ *uv* разбавля́ть 2a

ft.	разба́влю, -вишь, -вят
imp.	разба́вь, ~те
pt.	разба́вил
g.pt.a.	разба́вив
p.pt.a.	разба́вивший
p.pt.p.	разба́вленный

разбавля́ть *uv zu* разба́вить

разбаза́ривать *uv zu* разбаза́рить

разбаза́рить *v* кого́-что *umg* verschleudern, losschlagen; verschwenden ‖ *uv* разбаза́ривать 1a

ft.	разбаза́рю, -ришь, -рят
imp.	разбаза́рь, ~те
pt.	разбаза́рил
g.pt.a.	разбаза́рив
p.pt.a.	разбаза́ривший
p.pt.p.	разбаза́ренный

[1,2]**разба́ливаться** *uv zu* [1,2]разболе́ться

разбалова́ть 5 *v* кого́-что *umg* sehr verwöhnen *Kinder*

разбалова́ться *v umg* allzu übermütig [ausgelassen] werden, sich gehenlassen

[1,2]**разба́лтывать(ся)** *uv zu* [1,2]разболта́ть(ся)

разбе́гаться 1 *v umg* anfangen hin und her zu laufen

разбега́ться *uv zu* разбежа́ться

разбежа́ться *v* **1.** Anlauf nehmen **2.** *1. u. 2. Pers ungebr* auseinanderlaufen ‖ *uv* разбега́ться 2a

ft.	разбегу́сь, -ежи́шься, -егу́тся
imp.	разбеги́сь, -и́тесь
pt.	разбежа́лся, -лась
g.pt.a.	разбежа́вшись
p.pt.a.	разбежа́вшийся

разбереди́ть *v* что *umg* reizen, aufreiben; aufreißen *Wunden* ‖ *uv* разбере́живать* 1a

ft.	разбережу́, -еди́шь, -едя́т
imp.	разбереди́, ~те
pt.	разбереди́л
g.pt.a.	разбереди́в
p.pt.a.	разбереди́вший
p.pt.p.	разбережённый; разбережён, -ена́

разбере́живать *uv zu* разбереди́ть

разбива́ть(ся) *uv zu* разби́ть(ся)

разбинтова́ть 5 *v* что den Verband abnehmen (von), vom Verband befreien ‖ *uv* разбинто́вывать 1a

разбинтова́ться *v umg* **1.** sich den Verband abnehmen **2.** *1. u. 2. Pers ungebr* sich lösen *Verband* ‖ *uv* разбинто́вываться

разбинто́вывать(ся) *uv zu* разбинтова́ть(ся)

разбира́ть 2a *uv* **1.** *uv zu* разобра́ть **2.** *umg* genau besehen; брать, не разбира́я unbesehen hinnehmen

разбира́ться *uv zu* разобра́ться

разби́ть *v* кого́-что **1.** zerschlagen; verletzen; beschädigen **2.** *übtr* zerstören, vernichten **3.** besiegen **4.** aufteilen **5.** anlegen *Garten* ‖ *uv* разбива́ть 2a

ft. разобью́, -бьёшь, -бью́т
imp. разбе́й, ~те
pt. разби́л
g.pt.a. разби́в
p.pt.a. разби́вший
p.pt.p. разби́тый

разби́ться *v* **1.** обо что zerbrechen; zerschellen (an) **2.** sich verletzen **3.** sich zersplittern ‖ *uv* разбива́ться

разблáговестить *v* что *u. ohne Objekt umg iron* ausposaunen; an die große Glocke hängen

ft. разблáговещу, -естишь, -естят
imp. разблáговести, ~те
pt. разблáговестил
g.pt.a. разблáговестив
p.pt.a. разблáговестивший
p.pt.p. разблáговещенный

разблоки́ровать 4 *v* что die Blockade aufheben

разбогате́ть 3 *v* reich werden

разбо́йничать 1a *uv* räubern

[1]**разболе́ться** 3 *v umg* ernstlich erkranken ‖ *uv* разба́ливаться 1a

[2]**разболе́ться,** *1. u. 2. Pers ungebr, v umg* anfangen zu schmerzen ‖ *uv* разба́ливаться 1a

ft. разболи́тся, -ля́тся
pt. разболе́лся, -лась
g.pt.a. разболе́вшись
p.pt.a. разболе́вшийся

[1]**разболта́ть** 2 *v* что *umg* **1.** verrühren, verquirlen **2.** lockern *Schraube* ‖ *uv* разба́лтывать 1a

[2]**разболта́ть** 2 *v* что *u. ohne Objekt umg* ausplaudern ‖ *uv* разба́лтывать 1a

[1]**разболта́ться** *v umg* **1.** *1. u. 2. Pers ungebr* sich lockern, wackelig werden **2.** undiszipliniert werden; sich gehenlassen ‖ *uv* разба́лтываться

[2]**разболта́ться** *v umg* ins Schwatzen kommen ‖ *uv* разба́лтываться

разбомби́ть *v* кого́-что zer-, ausbomben, durch Bomben vernichten

ft. разбомблю́, -би́шь, -бя́т
imp. разбомби́, ~те
pt. разбомби́л
g.pt.a. разбомби́в
p.pt.a. разбомби́вший
p.pt.p. разбомблённый; разбомблён, -ена́

разбрани́ть *v* кого́-что *umg* heftig ausschimpfen

ft. разбраню́, -ни́шь, -ня́т
imp. разбрани́, ~те
pt. разбрани́л
g.pt.a. разбрани́в
p.pt.a. разбрани́вший
p.pt.p. разбранённый; разбранён, -ена́

разбрани́ться *v* с кем-чем *umg* sich verfeinden

[1]**разбра́сывать** *uv zu* разбро́сить

[2]**разбра́сывать** *uv zu* разброса́ть

разбра́сываться *uv zu* разброса́ться

разбреда́ться *uv zu* разбрести́сь

разбрести́сь, *1. u. 2. Person Singular ungebr, v* auseinanderlaufen, sich zerstreuen ‖ *uv* разбреда́ться 2a

ft. разбредётся, -ду́тся
pt. разбрёлся, -ела́сь
g.pt.a. разбредя́сь
p.pt.a. разбре́дшийся

разброни́ровать 4 *v* кого́-что *umg* die Reservierung rückgängig machen (von)

разброса́ть 2 *v* что **1.** gleichmäßig auseinanderwerfen **2.** *umg* umher-, durcheinanderwerfen **3.** *umg* verschwenden *Geld* ‖ *uv* разбра́сывать 1a

разброса́ться *v umg* **1.** seine Sachen umherwerfen **2.** sich rekeln **3.** vieles gleichzeitig beginnen; seine Kräfte zersplittern **4.** sich auseinanderfalten; sich auflösen *Haar* ‖ *uv* разбра́сываться

разбро́сить *v* кого́-что *umg* auseinanderwerfen; umherwerfen ‖ *uv* разбра́сывать 1a

ft. разбро́шу, -о́сишь, -о́сят
imp. разбро́сь, ~те
pt. разбро́сил
g.pt.a. разбро́сив
p.pt.a. разбро́сивший
p.pt.p. разбро́шенный

разбры́згать *v* что zerstäuben, verspritzen ‖ *uv* разбрызгивать 1a
ft. разбры́згаю, -аешь, -ают *u.* разбры́зжу, -жешь, -жут
imp. разбры́згай, ~те
pt. разбры́згал
g.pt.a. разбры́згав
p.pt.a. разбры́згавший
p.pt.p. разбры́зганный

разбры́згаться *v umg* auseinandersspritzen ‖ *uv* разбры́згиваться

разбры́згивать(ся) *uv zu* разбры́згать(ся)

разбрюзжа́ться *v umg* dauernd nörgeln
ft. разбрюзжу́сь, -жи́шься, -жа́тся
imp. разбрюзжи́сь, -и́тесь
pt. разбрюзжа́лся, -лась
g.pt.a. разбрюзжа́вшись
p.pt.a. разбрюзжа́вшийся

разбуди́ть *v* кого́-что **1.** (auf)wecken **2.** *übtr* (er)wecken
ft. разбужу́, -у́дишь, -у́дят
imp. разбуди́, ~те
pt. разбуди́л
g.pt.a. разбуди́в
p.pt.a. разбуди́вший
p.pt.p. разбу́женный

разбуха́ть *uv zu* разбу́хнуть

разбу́хнуть *v* **1.** (auf)quellen; *volksspr* (an)schwellen **2.** *übtr* sich aufblähen, anwachsen ‖ *uv* разбуха́ть 2a
ft. разбу́хну, -нешь, -нут
imp. разбу́хни, ~те
pt. разбу́х, ~ла
g.pt.a. разбу́хнув *u.* разбу́хши
p.pt.a. разбу́хший

разбушева́ться *v* **1.** *1. u. 2. Pers ungebr* zu rasen [zu toben] beginnen **2.** *umg* in Wut geraten
ft. разбушу́юсь, -у́ешься, -у́ются
imp. разбушу́йся, -у́йтесь
pt. разбушева́лся, -лась
g.pt.a. разбушева́вшись
p.pt.a. разбушева́вшийся

разбуя́ниться *v umg* anfangen zu krakeelen, anfangen Radau zu machen
ft. разбуя́нюсь, -нишься, -нятся
imp. разбуя́нься, -ньтесь
pt. разбуя́нился, -лась
g.pt.a. разбуя́нившись
p.pt.a. разбуя́нившийся

разва́жничаться 1 *v umg* wichtig tun

[1]**разва́ливать** *uv zu* развали́ть

[2]**разва́ливать** *uv zu* разваля́ть

разва́ливаться *uv zu* развали́ться

развали́ть *v* что **1.** abreißen, abbrechen; zerstören **2.** *übtr* zerrütten ‖ *uv* разва́ливать 1a
ft. развалю́, -а́лишь, -а́лят
imp. развали́, ~те
pt. развали́л
g.pt.a. развали́в
p.pt.a. развали́вший
p.pt.p. разва́ленный

развали́ться *v* **1.** *1. u. 2. Pers ungebr* zusammen-, zerbrechen, zerfallen, einstürzen **2.** *umg* sich rekeln; sich hinflegeln ‖ *uv* разва́ливаться

разваля́ть 2 *v* что ausrollen *Teig* ‖ *uv* разва́ливать 1a

разва́ривать(ся) *uv zu* развари́ть(ся)

развари́ть *v* что zerkochen; weich kochen ‖ *uv* разва́ривать 1a
ft. разварю́, -а́ришь, -а́рят
imp. развари́, ~те
pt. развари́л
g.pt.a. развари́в
p.pt.a. развари́вший
p.pt.p. разва́ренный

развари́ться, *1. u. 2. Pers ungebr, v* beim Kochen weich werden; zerkochen ‖ *uv* разва́риваться

развева́ть 2a *uv* что *oder* чем flattern lassen *Fahne*

развева́ться, *1. u. 2. Pers ungebr, uv* wehen, flattern

разве́дать 1 *v* **1.** что, о ком-чём, про кого́-что erkunden, auskundschaften **2.** что untersuchen; *geol* schürfen ‖ *uv* разве́дывать 1a

разве́дывать *uv zu* разве́дать

развезти́ *v* кого́-что **1.** zustellen; ausfahren **2.** *unpers umg* schwer passierbar machen **3.** *unpers volksspr* erschöpfen ‖ *uv* развози́ть, Formen das.
ft. развезу́, -зёшь, -зу́т
imp. развези́, ~те
pt. развёз, -езла́
g.pt.a. развезя́ *u. alt* развёзши
p.pt.a. развёзший
p.pt.p. развезённый; развезён, -ена́

разве́ивать(ся) *uv zu* разве́ять(ся)

развенча́ть 2 *v* кого́-что den Nimbus [Ruhm] nehmen ‖ *uv* разве́нчивать 1a

разве́нчивать *uv zu* развенча́ть

развереди́ть *v* что *volksspr* aufreißen *Wunde* ‖ *uv* развере́живать 1a
ft. разверeжу́, -еди́шь, -едя́т
imp. развереди́, ~те
pt. развереди́л
p.pt.p. разверeжённый; разверeжён, -ена́.

развере́живать *uv zu* развереди́ть

разверза́ть(ся) *uv zu* разве́рзнуть(ся)

разве́рзнуть *v* что *alt* aufsperren, weit öffnen ‖ *uv* разверза́ть 2a
ft. разве́рзну, -нешь, -нут
imp. разве́рзни, ~те
pt. разве́рз *u.* разве́рзнул, разве́рзла
g.pt.a. разве́рзнув
p.pt.a. разве́рзнувший *u.* разве́рзший
p.pt.p. разве́рстый

разве́рзнуться, *1. u. 2. Pers ungebr, v buchspr* sich weit öffnen, sich auftun ‖ *uv* разверза́ться

разверну́ть 7 *v* что **1.** entfalten, aufrollen **2.** *übtr* entwickeln, entfalten **3.** *mil* umformieren **4.** wenden *Fahrzeug* ‖ *uv* развёртывать 1a
p.pt.p. развёрнутый

разверну́ться *v* **1.** *1. u. 2. Pers ungebr* aufgehen, sich entfalten **2.** sich entwickeln, sich entfalten **3.** *1. u. 2. Pers ungebr mil* sich umformieren **4.** wenden *Fahrzeug* ‖ *uv* развёртываться

разверста́ть 2 *v* кого́-что ver-, aufteilen ‖ *uv* развёрстывать 1a
p.pt.p. развёрстанный

развёрстывать *uv zu* разверста́ть

разверте́ть *v* что **1.** losdrehen, abschrauben **2.** ausbohren ‖ *uv* разве́рчивать 1a
ft. разверчу́, -е́ртишь, -е́ртят
imp. разверти́, ~те
pt. разверте́л
g.pt.a. разверте́в
p.pt.a. разверте́вший
p.pt.p. разве́рченный

разверте́ться, *1. u. 2. Pers ungebr, v* **1.** sich losschrauben **2.** sich ausweiten **3.** sich immer schneller drehen ‖ *uv* разве́рчиваться

развёртывать(ся) *uv zu* разверну́ть(ся)

разве́рчивать(ся) *uv zu* разверте́ть(ся)

развесели́ть *v* кого́-что erheitern, aufheitern ‖ *uv* развеселя́ть 2a
ft. развеселю́, -ли́шь, -ля́т
imp. развесели́, ~те
pt. развесели́л
g.pt.a. развесели́в
p.pt.a. развесели́вший
p.pt.p. развеселённый; развеселён, -ена́

развесели́ться *v* sich erheitern, in Stimmung kommen ‖ *uv* развеселя́ться

развеселя́ть(ся) *uv zu* развесели́ть(ся)

[1]**разве́сить** *v* что auseinander-, abwiegen ‖ *uv* разве́шивать 1a
ft. разве́шу, -е́сишь, -е́сят
imp. разве́сь, ~те
pt. разве́сил
g.pt.a. разве́сив
p.pt.a. разве́сивший
p.pt.p. разве́шенный

[2]**разве́сить** *v* что **1.** ausbreiten *Zweige* **2.** aufhängen *an verschiedenen Stellen* ‖ *uv* разве́шивать 1a
Formen wie [1]разве́сить

развести́ *v* кого́-что **1.** *zu verschiedenen Stellen* bringen, hinführen **2.** trennen **3.** scheiden *Ehe* **4.** auseinanderführen, -ziehen; aufziehen *Brücke* **5.** züchten; anbauen **6.** auflösen, zergehen lassen **7.** anmachen *Feuer* ‖ *uv* разводи́ть, Formen das.
ft. разведу́, -дёшь, -ду́т
imp. разведи́, ~те
pt. развёл, -ела́
g.pt.a. разведя́ *u. alt* разве́дши
p.pt.a. разве́дший
p.pt.p. разведённый; разведён, -ена́

развести́сь *v* **1.** с кем sich scheiden lassen (von) **2.** *1. u. 2. Pers ungebr* sich vermehren ‖ *uv* разводи́ться

разветви́ть *v* что verzweigen, gabeln; abzweigen ‖ *uv* разветвля́ть 2a
ft. разветвлю́, -ви́шь, -вя́т
imp. разветви́, ~те
pt. разветви́л
g.pt.a. разветви́в
p.pt.a. разветви́вший
p.pt.p. разветвлённый; разветвлён, -ена́

разветви́ться, *1. u. 2. Pers ungebr, v* sich verzweigen, sich gabeln ‖ *uv* разветвля́ться

разветвля́ть(ся) *uv zu* разветви́ть(ся)

разве́шать 1 *v* aufhängen *an verschiedenen Stellen* ‖ *uv* разве́шивать 1a

[1,2]**разве́шивать** *uv zu* [1,2]разве́сить

[3]**разве́шивать** *uv zu* разве́шать

разве́ять *v* что **1.** auseinander-, verwehen **2.** *übtr* vertreiben, zerstreuen ‖ *uv* разве́ивать 1a

ft.	разве́ю, -е́ешь, -е́ют
imp.	разве́й, ~те
pt.	разве́ял
g.pt.a.	разве́яв
p.pt.a.	разве́явший
p.pt.p.	разве́янный

разве́яться, *1. u. 2. Pers ungebr*, *v* **1.** verweht werden **2.** *übtr* vergehen, verschwinden ‖ *uv* разве́иваться

развива́ть(ся) *uv zu* разви́ть(ся)

развинти́ть *v* что losschrauben, lockern ‖ *uv* разви́нчивать 1a

ft.	развинчу́, -нти́шь, -нтя́т
imp.	развинти́, ~те
pt.	развинти́л
g.pt.a.	развинти́в
p.pt.a.	развинти́вший
p.pt.p.	разви́нченный

развинти́ться *v* **1.** *1. u. 2. Pers ungebr* sich losschrauben **2.** *übtr umg* sich gehenlassen; abgespannt sein ‖ *uv* разви́нчиваться

разви́нчивать(ся) *uv zu* развинти́ть(ся)

разви́ть *v* кого́-что **1.** abwickeln; auseinanderflechten **2.** entwickeln; trainieren, ausbilden ‖ *uv* развива́ть 2a

ft.	разовью́, -вьёшь, -вью́т
imp.	разве́й, ~те
pt.	разви́л, -ила́, -и́ло
g.pt.a.	разви́в
p.pt.a.	разви́вший
p.pt.p.	разви́тый; ра́зви́т, развита́, ра́зви́то

разви́ться *v* **1.** *1. u. 2. Pers ungebr* sich abwickeln; sich lösen *Haar* **2.** *1. u. 2. Pers ungebr* sich entwickeln, sich entfalten **3.** sich geistig entwickeln ‖ *uv* развива́ться

pt.	разви́лся, -ила́сь, -ило́сь

развлека́ть(ся) *uv zu* развле́чь(ся)

развле́чь *v* кого́-что **1.** zerstreuen, unterhalten **2.** ablenken **3.** amüsieren, belustigen ‖ *uv* развлека́ть 2a

ft.	развлеку́, -ечёшь, -еку́т
imp.	развлеки́, ~те
pt.	развлёк, -екла́
g.pt.a.	развлёкши
p.pt.a.	развлёкший
p.pt.p.	развлечённый; развлечён, -ена́

развле́чься *v* **1.** sich zerstreuen, sich unterhalten **2.** sich amüsieren ‖ *uv* развлека́ться

разводи́ть *uv zu* развести́

pr.	развожу́, -о́дишь, -о́дят
imp.	разводи́, ~те
pt.	разводи́л
g.pr.a.	разводя́
p.pr.a.	разводя́щий
p.pt.a.	разводи́вший
p.pr.p.	разводи́мый

разводи́ться *uv zu* развести́сь

развоева́ться *v umg* krakeelen

ft.	развою́юсь, -ою́ешься, -ою́ются
imp.	развою́йся, -ю́йтесь
pt.	развоева́лся, -лась
g.pt.a.	развоева́вшись
p.pt.a.	развоева́вшийся

развози́ть *uv zu* развезти́

pr.	развожу́, -о́зишь, -о́зят
imp.	развози́, ~те
pt.	развози́л
g.pr.a.	развозя́
p.pr.a.	развозя́щий
p.pt.a.	развози́вший
p.pr.p.	развози́мый

развози́ться *v umg* außer Rand und Band geraten; fortwährend lärmen

ft.	развожу́сь, -о́зишься, -о́зятся
imp.	развози́сь, -и́тесь
pt.	развози́лся, -лась
g.pt.a.	развози́вшись
p.pt.a.	развози́вшийся

разволнова́ть 5 *v* кого́-что *umg* erregen, in Aufregung versetzen

разволнова́ться *v umg* in heftige Erregung geraten

развопи́ться *v volksspr* anfangen laut und lange zu heulen [zu schreien]

ft.	развоплю́сь, -пи́шься, -пя́тся
imp.	развопи́сь, -и́тесь
pt.	развопи́лся, -лась
g.pt.a.	развопи́вшись
p.pt.a.	развопи́вшийся

развора́чивать *uv zu* разворoти́ть

развора́чиваться 1a, *1. u. 2. Pers ungebr*, *uv* sich entfalten; aufgehen

развора́шивать *uv zu* разворoши́ть

разворова́ть 5 *v* что *umg* (alles) stehlen, ausplündern ‖ *uv* разворо́вывать 1a

разворо́вывать *uv zu* разворова́ть

разворoти́ть *v* что *umg* durcheinanderwerfen; aufreißen; umwühlen ‖ *uv* развора́чивать 1a

ft.	разворочу́, -о́тишь, -о́тят
imp.	разворoти́, ~те

pt. развороти́л
g.pt.a. развороти́в
p.pt.a. развороти́вший
p.pt.p. разворо́ченный

разворошить *v* что *umg* durchwühlen, durchstöbern ‖ *uv* развора́шивать 1a
ft. разворошу́, -ши́шь, -ша́т
imp. развороши́, ~те
pt. разворoши́л
g.pt.a. разворoши́в
p.pt.a. разворoши́вший
p.pt.p. разворошённый; разворошён, -ена́

разворча́ться *v umg* anfangen fortwährend zu schelten [zu brummen]
ft. разворчу́сь, -чи́шься, -ча́тся
imp. разворчи́сь, -и́тесь
pt. разворча́лся, -лась
g.pt.a. разворча́вшись
p.pt.a. разворча́вшийся

разврати́ть *v* кого́-что verführen, sittlich verderben ‖ *uv* развраща́ть 2a
ft. развращу́, -ати́шь, -атя́т
imp. разврати́, ~те
pt. разврати́л
g.pt.a. разврати́в
p.pt.a. разврати́вший
p.pt.p. развращённый; развращён, -ена́

разврати́ться *v* sittlich verderben, sich dem Laster ergeben ‖ *uv* развраща́ться

развра́тничать 1a *uv umg* ein ausschweifendes Leben führen

развраща́ть(ся) *uv zu* разврати́ть(ся)

разви́ться *v umg* anfangen laut und lange zu heulen
ft. разво́юсь, -о́ешься, -о́ются
imp. разво́йся, -о́йтесь
pt. разви́лся, -лась
g.pt.a. разви́вшись
p.pt.a. разви́вшийся

развью́чивать *uv zu* развью́чить

развью́чить *v* кого́-что von Traglasten befreien *Lasttiere* ‖ *uv* развью́чивать 1a
ft. развью́чу, -чишь, -чат
imp. развью́чь, ~те
pt. развью́чил
g.pt.a. развью́чив
p.pt.a. развью́чивший
p.pt.p. развью́ченный

развяза́ть *v* кого́-что **1.** auf-, losbinden **2.** *übtr umg* entfesseln, auslösen ‖ *uv* развя́зывать 1a
ft. развяжу́, -я́жешь, -я́жут
imp. развяжи́, ~те
pt. развяза́л
g.pt.a. развяза́в
p.pt.a. развяза́вший
p.pt.p. развя́занный

развяза́ться *v* **1.** *1. u. 2. Pers ungebr* aufgehen, sich lösen **2.** с кем-чем *übtr umg* sich vom Halse schaffen ‖ *uv* развя́зываться

развя́зывать(ся) *uv zu* развяза́ть(ся)

разгада́ть 2 *v* кого́-что **1.** enträtseln **2.** herausbekommen, begreifen ‖ *uv* разга́дывать 1a

разга́дывать *uv zu* разгада́ть

разгиба́ть(ся) *uv zu* разогну́ть(ся)

разгильдя́йничать 1a *uv umg* liederlich arbeiten, schludern

разглаго́льствовать 4a *uv umg* schwätzen, große Töne schwingen

разгла́дить *v* что ausbügeln; glätten ‖ *uv* разгла́живать 1a
ft. разгла́жу, -а́дишь, -а́дят
imp. разгла́дь, ~те
pt. разгла́дил
g.pt.a. разгла́див
p.pt.a. разгла́дивший
p.pt.p. разгла́женный

разгла́диться, *1. u. 2. Pers ungebr*, *v* sich glätten, glatt werden ‖ *uv* разгла́живаться

разгла́живать(ся) *uv zu* разгла́дить(ся)

разгласи́ть *v* что ausplaudern ‖ *uv* разглаша́ть 2a
ft. разглашу́, -аси́шь, -ася́т
imp. разгласи́, ~те
pt. разгласи́л
g.pt.a. разгласи́в
p.pt.a. разгласи́вший
p.pt.p. разглашённый; разглашён, -ена́

разглаша́ть *uv zu* разгласи́ть

разгляде́ть *v* кого́-что bemerken, erkennen, genau betrachten ‖ *uv* разгля́дывать 1a
ft. разгляжу́, -яди́шь, -ядя́т
imp. разгляди́, ~те
pt. разгляде́л
g.pt.a. разгляде́в
p.pt.a. разгляде́вший

разгля́дывать *uv zu* разгляде́ть

разгне́вать 1 *v* кого́-что erzürnen, in Wut versetzen

разгне́ваться *v* sich erzürnen, in Zorn geraten

[1]**разгова́ривать** 1a *uv* **1.** reden, sprechen, sich unterhalten **2.** *umg* die Zeit mit Gesprächen verbringen

[2]**разгова́ривать** *uv zu* разговори́ть

разгове́ться 3 *v rel* zum ersten Mal nach dem Fasten Fleisch essen, aufhören zu fasten ‖ *uv* разговля́ться 2a

разговля́ться *uv zu* разгове́ться

разговори́ть *v* кого́-что *volksspr* **1.** zum Sprechen bringen **2.** abraten, ausreden **3.** durch ein Gespräch ablenken ‖ *uv* разгова́ривать 1a
ft. разговорю́, -ри́шь, -ря́т
imp. разговори́, ~те
pt. разговори́л
g.pt.a. разговори́в
p.pt.a. разговори́вший

разговори́ться *v umg* **1.** gesprächig werden **2.** с кем-чем *u. ohne Objekt* ins Gespräch kommen (mit)

разгоня́ть(ся) *uv zu* разогна́ть(ся)

разгора́живать(ся) *uv zu* разгороди́ть(ся)

разгора́ться *uv zu* разгоре́ться

разгоре́ться, *1. u. 2. Pers ungebr*, *v* **1.** zu brennen beginnen **2.** *übtr* rot werden **3.** entflammen *Leidenschaft* **4.** entbrennen *Kampf* ‖ *uv* разгора́ться 2a
ft. разгори́тся, -ря́тся
pt. разгоре́лся, -лась
g.pt.a. разгоре́вшись
p.pt.a. разгоре́вшийся

разгороди́ть *v* что abzäunen, abtrennen ‖ *uv* разгора́живать 1a
ft. разгорожу́, -о́ди́шь, -о́дя́т
imp. разгороди́, ~те
pt. разгороди́л
g.pt.a. разгороди́в
p.pt.a. разгороди́вший
p.pt.p. разгоро́женный

разгороди́ться *v* с кем-чем sich abgrenzen ‖ *uv* разгора́живаться

разгорача́ть(ся) *uv zu* разгорячи́ть(ся)

разгорячи́ть *v* кого́-что erhitzen; anstacheln, erregen ‖ *uv* разгорача́ть 2a
ft. разгорячу́, -чи́шь, -ча́т
imp. разгорячи́, ~те
pt. разгорячи́л
g.pt.a. разгорячи́в
p.pt.a. разгорячи́вший
p.pt.p. разгорячённый; разгорячён, -ена́

разгорячи́ться *v* sich ereifern ‖ *uv* разгорача́ться
g.pt.a. разгорячи́вшись *u.* разгоряча́сь

разгра́бить *v* что (aus)rauben ‖ *uv* разграбля́ть 2a
ft. разгра́блю, -бишь, -бят
imp. разгра́бь, ~те
pt. разгра́бил
g.pt.a. разгра́бив
p.pt.a. разгра́бивший
p.pt.p. разгра́бленный

разграбля́ть *uv zu* разгра́бить

разграни́чивать(ся) *uv zu* разграни́чить(ся)

разграни́чить *v* что abgrenzen ‖ *uv* разграни́чивать 1a
ft. разграни́чу, -чишь, -чат
imp. разграни́чь, ~те
pt. разграни́чил
g.pt.a. разграни́чив
p.pt.a. разграни́чивший
p.pt.p. разграни́ченный

разграни́читься, *1. u. 2. Pers ungebr*, *v* sich voneinander abgrenzen ‖ *uv* разграни́чиваться

разграфи́ть *v* что liniieren ‖ *uv* разграфля́ть 2a
ft. разграфлю́, -фи́шь, -фя́т
imp. разграфи́, ~те
pt. разграфи́л
g.pt.a. разграфи́в
p.pt.a. разграфи́вший
p.pt.p. разграфлённый; разграфлён, -ена́

разграфля́ть *uv zu* разграфи́ть

разгреба́ть *uv zu* разгрести́

разгрести́ *v* что auseinanderharken; aufgraben; wegschaufeln ‖ *uv* разгреба́ть 2a
ft. разгребу́, -бёшь, -бу́т
imp. разгреби́, ~те
pt. разгрёб, -гребла́
g.pt.a. разгрёбши
p.pt.a. разгрёбший
p.pt.p. разгребённый; разгребён, -ена́

разгроми́ть *v* кого́-что zerschlagen, zerschmettern
ft. разгромлю́, -ми́шь, -мя́т
imp. разгроми́, ~те
pt. разгроми́л
g.pt.a. разгроми́в
p.pt.a. разгроми́вший
p.pt.p. разгро́мленный *u.* разгромлённый; разгромлён, -ена́

разгружа́ть(ся) *uv zu* разгрузи́ть(ся)

разгрузи́ть *v* кого́-что **1.** ent-, aus-, abladen; löschen **2.** от кого́-чего́ *übtr umg* entlasten; befreien (von) ‖ *uv* разгружа́ть 2a

ft.	разгружу́, -у́зи́шь, -у́зя́т
imp.	разгрузи́, ~те
pt.	разгрузи́л
g.pt.a.	разгрузи́в
p.pt.a.	разгрузи́вший
p.pt.p.	разгру́женный *u.* разгружённый; разгружён, -ена́

разгрузи́ться *v* **1.** entladen werden **2.** *übtr* sich entledigen ‖ *uv* разгружа́ться

разгруппирова́ть 5 *v* кого́-что in Gruppen aufteilen, nach Gruppen verteilen

разгрыза́ть *uv zu* разгры́зть

разгры́зть *v* что zerbeißen ‖ *uv* разгрыза́ть 2a

ft.	разгрызу́, -зёшь, -зу́т
imp.	разгрызи́, ~те
pt.	разгры́з, ~ла
g.pt.a.	разгры́зши
p.pt.a.	разгры́зший
p.pt.p.	разгры́зенный

[1]**разгу́ливать** 1a *uv umg* (umher)spazieren, (herum)bummeln

[2]**разгу́ливать** *uv zu* разгуля́ть

разгу́ливаться *uv zu* разгуля́ться

разгуля́ть 2 *v* кого́-что *umg* **1.** *Gedanken, unangenehmes Gefühl* verjagen **2.** munter machen ‖ *uv* разгу́ливать 1a

разгуля́ться *v umg* **1.** bummeln; sich gehenlassen **2.** sich den Schlaf verscheuchen **3.** *1. u. 2. Pers ungebr* sich aufklären *Wetter* ‖ *uv* разгу́ливаться

разда́бриваться *uv zu* раздо́бриться

[1,2]**раздава́ть** *uv zu* [1,2]разда́ть

pr.	раздаю́, -аёшь, -аю́т
imp.	раздава́й, ~те
pt.	раздава́л
g.pr.a.	раздава́я
p.pr.a.	раздаю́щий
p.pt.a.	раздава́вший
p.pr.p.	раздава́емый

[1,2]**раздава́ться** *uv zu* [1,2]разда́ться

раздави́ть *v* кого́-что **1.** zerdrücken; überfahren **2.** vernichten, zerschmettern **3.** niederdrücken, bedrücken ‖ *uv* разда́вливать 1a

ft.	раздавлю́, -а́вишь, -а́вят
imp.	раздави́, ~те
pt.	раздави́л
g.pt.a.	раздави́в
p.pt.a.	раздави́вший
p.pt.p.	разда́вленный

разда́вливать *uv zu* раздави́ть

разда́ивать(ся) *uv zu* раздои́ть(ся)

разда́ривать *uv zu* раздари́ть

раздари́ть *v* что *alles, viel* verschenken ‖ *uv* разда́ривать 1a

ft.	раздарю́, -а́ришь, -а́рят
imp.	раздари́, ~те
pt.	раздари́л
g.pt.a.	раздари́в
p.pt.a.	раздари́вший
p.pt.p.	разда́ренный

[1]**разда́ть** *v* что aus-, verteilen ‖ *uv* раздава́ть, Formen das.

ft.	разда́м, -а́шь, -а́ст, -ади́м, -ади́те, -аду́т
imp.	разда́й, ~те
pt.	ро́здал *u.* разда́л, раздала́, ро́здало *u.* разда́ло
g.pt.a.	разда́в
p.pt.a.	разда́вший
p.pt.p.	ро́зданный; ро́здан, раздана́, ро́здано

[2]**разда́ть** *v* что *volkssspr* weiten *Schuhe* ‖ *uv* раздава́ть, Formen das.
Formen wie [1]разда́ть

[1]**разда́ться,** *1. u. 2. Pers ungebr, v* ertönen, erschallen ‖ *uv* раздава́ться

pt.	разда́лся, -ала́сь, -а́ло́сь

[2]**разда́ться,** *1. u. 2. Pers ungebr, v* **1.** zurücktreten; Platz machen **2.** *umg* sich ausweiten **3.** *umg* in die Breite gehen ‖ *uv* раздава́ться

pt.	разда́лся, -ала́сь, -а́ло́сь

раздва́ивать(ся) *uv zu* раздвои́ть(ся)

раздвига́ть(ся) *uv zu* раздви́нуть(ся)

раздви́нуть 6 *v* что auseinanderschieben, -rücken ‖ *uv* раздвига́ть 2a

imp.	раздви́нь, ~те
p.pt.p.	раздви́нутый

раздви́нуться, *1. u. 2. Pers ungebr, v* sich öffnen, auseinandergehen; zurücktreten ‖ *uv* раздвига́ться

раздвои́ть *v* что spalten, teilen, halbieren ‖ *uv* раздва́ивать 1a

ft.	раздвою́, -ои́шь, -оя́т
imp.	раздвои́, ~те
pt.	раздвои́л
g.pt.a.	раздвои́в
p.pt.a.	раздвои́вший
p.pt.p.	раздво́енный *u.* раздвоённый; раздвоён, -ена́

раздвои́ться, *1. u. 2. Pers ungebr, v* sich spalten, sich teilen ‖ *uv* раздва́иваться

раздева́ть(ся) *uv zu* разде́ть(ся)

раздéлать 1 *v* **1.** что herrichten, bearbeiten **2.** кого́-что *übtr* ausschimpfen ‖ *uv* раздéлывать 1a

раздéлаться *v* с кем-чем *umg* **1.** abrechnen, heimzahlen **2.** Schluß machen, erledigen; loswerden ‖ *uv* раздéлываться

раздели́ть *v* кого́-что **1.** (ein)teilen; auf-, verteilen **2.** trennen **3.** teilen *Meinung*; übereinstimmen **4.** dividieren ‖ *uv* разделя́ть 2a

ft.	разделю́, -éлишь, -éлят
imp.	раздели́, ~те
pt.	раздели́л
g.pt.a.	раздели́в
p.pt.a.	раздели́вший
p.pt.p.	разделённый; разделён, -енá

раздели́ться *v* **1.** sich teilen; zerfallen **2.** auseinandergehen *Meinungen* **3.** teilen *Vermögen* **4.** *math* teilbar sein; aufgehen *ohne Rest* ‖ *uv* разделя́ться

раздéлывать(ся) *uv zu* раздéлать(ся)

разделя́ть(ся) *uv zu* раздели́ть(ся)

раздёргать 1 *v* что zerrupfen ‖ *uv* раздёргивать 1a

[1]**раздёргивать** *uv zu* раздёргать

[2]**раздёргивать** *uv zu* раздёрнуть

раздёрнуть 6 *v* что *umg* auseinanderziehen ‖ *uv* раздёргивать 1a

p.pt.p.	раздёрнутый

раздéть *v* кого́-что ausziehen, entkleiden ‖ *uv* раздевáть 2a

ft.	раздéну, -нешь, -нут
imp.	раздéнь, ~те
pt.	раздéл
g.pt.a.	раздéв
p.pt.a.	раздéвший
p.pt.p.	раздéтый

раздéться *v* sich ausziehen, sich entkleiden ‖ *uv* раздевáться

раздирáть 2a *uv* **1.** *uv zu* разодрáть **2.** кого́-что *übtr* zerreißen, quälen

раздирáться *uv zu* разодрáться

раздобрéть 3 *v umg* dicker werden, zunehmen

раздóбриться *v umg* freigebig werden, sich gütig zeigen ‖ *uv* раздáбриваться 1a

ft.	раздóбрюсь, -ришься, -рятся
imp.	раздóбрись, -итесь
pt.	раздóбрился, -лась
g.pt.a.	раздóбрившись
p.pt.a.	раздóбрившийся

раздобывáть *uv zu* раздобы́ть

раздобы́ть *v* кого́-что *umg* beschaffen, (mit Mühe) auftreiben ‖ *uv* раздобывáть 2a

ft.	раздобу́ду, -дешь, -дут
imp.	раздобу́дь, ~те
pt.	раздобы́л
g.pt.a.	раздобы́в
p.pt.a.	раздобы́вший
p.pt.p.	раздобы́тый

раздои́ть *v* кого́-что die Melkergebnisse steigern ‖ *uv* раздáивать 1a

ft.	раздою́, -óишь, -óят
imp.	раздои́, ~те
pt.	раздои́л
g.pt.a.	раздои́в
p.pt.a.	раздои́вший
p.pt.p.	раздóенный

раздои́ться, *1. u. 2. Pers ungebr*, *v* anfangen einen höheren Milchertrag zu geben ‖ *uv* раздáиваться

раздосáдовать 4 *v* кого́-что verärgern, großen Ärger verursachen

раздражáть(ся) *uv zu* раздражи́ть(ся)

раздражи́ть *v* кого́-что **1.** reizen, erregen **2.** reizen, Schmerzen hervorrufen ‖ *uv* раздражáть 2a

ft.	раздражу́, -жи́шь, -жáт
imp.	раздражи́, ~те
pt.	раздражи́л
g.pt.a.	раздражи́в
p.pt.a.	раздражи́вший
p.pt.p.	раздражённый; раздражён, -енá

раздражи́ться *v* **1.** sich ärgern, sich aufregen **2.** *1. u. 2. Pers ungebr* sich entzünden ‖ *uv* раздражáться

раздрáзнивать *uv zu* раздразни́ть

раздразни́ть *v* кого́-что *umg* **1.** necken, (auf)reizen **2.** erregen, anregen ‖ *uv* раздрáзнивать 1a

ft.	раздразню́, -áзнишь, -áзнят
imp.	раздразни́, ~те
pt.	раздразни́л
g.pt.a.	раздразни́в
p.pt.a.	раздразни́вший
p.pt.p.	раздразнённый; раздразнён, -енá

раздроби́ть *v* что **1.** zerstückeln, zerkleinern, zersplittern **2.** zerteilen, aufteilen ‖ *uv* раздробля́ть 2a

ft.	раздроблю́, -би́шь, -бя́т
imp.	раздроби́, ~те
pt.	раздроби́л
g.pt.a.	раздроби́в

p.pt.a.	раздроби́вший
p.pt.p.	раздро́бленный *u.* раздроблённый; раздроблён, -ена́

раздроби́ться, *1. u. 2. Pers ungebr, v* **1.** zersplittern, zerfallen **2.** sich teilen ‖ *uv* раздробля́ться

раздробля́ть(ся) *uv zu* раздроби́ть(ся)

раздружи́ться *v* с кем-чем *u. ohne Objekt umg* die Freundschaft kündigen

ft.	раздружу́сь, -у́жишься, -у́жатся
imp.	раздружи́сь, -и́тесь
pt.	раздружи́лся, -лась
g.pt.a.	раздружи́вшись
p.pt.a.	раздружи́вшийся

раздува́ть(ся) *uv zu* разду́ть(ся)

разду́мать 1 *v meist mit Infinitiv* seine Absicht ändern, es sich anders überlegen

разду́маться *v umg* о ком-чём in Gedanken versinken (über) ‖ *uv* разду́мываться 1a

разду́мывать 1a *uv* nachdenken, grübeln; unschlüssig sein

разду́мываться *uv zu* разду́маться

разду́ть *v* что **1.** anfachen **2.** aufblasen **3.** *übtr* aufblähen, vergrößern; *umg* übertreiben, aufbauschen **4.** *1. u. 2. Pers ungebr* auseinanderwehen ‖ *uv* раздува́ть 2a

ft.	разду́ю, -у́ешь, -у́ют
imp.	разду́й, ~те
pt.	разду́л
g.pt.a.	разду́в
p.pt.a.	разду́вший
p.pt.p.	разду́тый

разду́ться *v* (an)schwellen; sich blähen ‖ *uv* раздува́ться

раздуши́ть *v* кого́-что *umg* parfümieren

ft.	раздушу́, -у́шишь, -у́шат
imp.	раздуши́, ~те
pt.	раздуши́л
g.pt.a.	раздуши́в
p.pt.a.	раздуши́вший
p.pt.p.	разду́шенный *u.* раздушённый; раздушён, -ена́

разева́ть *uv zu* рази́нуть

разжа́лобить *v* кого́-что Mitleid erwekken, rühren ‖ *uv* разжа́лобливать 1a

ft.	разжа́лоблю, -бишь, -бят
imp.	разжа́лоби, ~те
pt.	разжа́лобил
g.pt.a.	разжа́лобив
p.pt.a.	разжа́лобивший
p.pt.p.	разжа́лобленный

разжа́лобиться *v umg* Mitleid empfinden ‖ *uv* разжа́лобливаться

разжа́лобливать(ся) *uv zu* разжа́лобить(ся)

разжа́ловать 4 *v* кого́-что degradieren

разжа́ть *v* что öffnen; entspannen, loslassen ‖ *uv* разжима́ть 2a

ft.	разожму́, -мёшь, -му́т
imp.	разожми́, ~те
pt.	разжа́л
g.pt.a.	разжа́в
p.pt.a.	разжа́вший
p.pt.p.	разжа́тый

разжа́ться, *1. u. 2. Pers ungebr, v* sich öffnen; aufspringen, sich entspannen ‖ *uv* разжима́ться

разжева́ть *v* что **1.** zerkauen **2.** *übtr volksspr* ausführlich erklären ‖ *uv* разжёвывать 1a

ft.	разжую́, -уёшь, -ую́т
imp.	разжу́й, ~те
pt.	разжева́л
g.pt.a.	разжева́в
p.pt.a.	разжева́вший
p.pt.p.	разжёванный

разжёвывать *uv zu* разжева́ть

разже́чь *v* что **1.** anzünden, anfachen **2.** *übtr* entfachen, verstärken ‖ *uv* разжига́ть 2a

ft.	разожгу́, -жжёшь, -жгу́т
imp.	разожги́, ~те
pt.	разжёг, разожгла́
g.pt.a.	разжёгши
p.pt.a.	разжёгший
p.pt.p.	разожжённый; разожжён, -ена́

разже́чься, *1. u. 2. Pers ungebr, v* **1.** anfangen zu brennen, auflodern **2.** *übtr* sich entzünden, entbrennen ‖ *uv* разжига́ться

разжива́ться *uv zu* разжи́ться

разжига́ть(ся) *uv zu* разже́чь(ся)

разжиди́ть *v* что *umg* verdünnen ‖ *uv* разжижа́ть 2a

ft.	разжижу́, -иди́шь, -идя́т
imp.	разжиди́, ~те
pt.	разжиди́л
g.pt.a.	разжиди́в
p.pt.a.	разжиди́вший
p.pt.p.	разжижённый; разжижён, -ена́

разжиди́ться, *1. u. 2. Pers ungebr, v* dünner werden ‖ *uv* разжижа́ться

разжижа́ть(ся) *uv zu* разжиди́ть(ся)

разжима́ть(ся) *uv zu* разжа́ть(ся)

разжире́ть 3 *v* fett [dick] werden

разжи́ться *v* **1.** *umg* sich bereichern **2.** *meist* чем *volksspr* auftreiben, sich beschaffen ‖ *uv* разжива́ться 2a
ft. разживу́сь, -вёшься, -ву́тся
imp. разживи́сь, -и́тесь
pt. разжи́лся, -ила́сь
g.pt.a. разжи́вшись
p.pt.a. разжи́вшийся

раззадо́ривать(ся) *uv zu* раззадо́рить(ся)

раззадо́рить *v* кого́-что *umg* aufstacheln, anfeuern, anspornen ‖ *uv* раззадо́ривать 1a
ft. раззадо́рю, -ришь, -рят
imp. раззадо́рь, ~те
pt. раззадо́рил
g.pt.a. раззадо́рив
p.pt.a. раззадо́ривший
p.pt.p. раззадо́ренный

раззадо́риться *v umg* sich ereifern, in Hitze geraten ‖ *uv* раззадо́риваться

раззва́нивать *uv zu* раззвони́ть

раззвони́ть *v* что *oder* о чём *volksspr* ausposaunen, alles erzählen ‖ *uv* раззва́нивать 1a
ft. раззвоню́, -ни́шь, -ня́т
imp. раззвони́, ~те
pt. раззвони́л
g.pt.a. раззвони́в
p.pt.a. раззвони́вший
p.pt.p. раззвонённый; раззвонён, -ена́

раззева́ться 2 *v umg* stark zu gähnen anfangen

раззнако́мить *v* кого́-что (с кем-чем) *umg* entfremden; entzweien ‖ *uv* раззнако́мливать 1a
ft. раззнако́млю, -мишь, -мят
imp. раззнако́мь, ~те
pt. раззнако́мил
g.pt.a. раззнако́мив
p.pt.a. раззнако́мивший
p.pt.p. раззнако́мленный

раззнако́миться *v* с кем-чем *umg* die Bekanntschaft aufgeben ‖ *uv* раззнако́мливаться

раззнако́мливать(ся) *uv zu* раззнако́мить(ся)

раззуде́ться, *1. u. 2. Pers ungebr*, *v volksspr* anfangen stark zu jucken
ft. раззуди́тся, -дя́тся
imp. раззуди́сь, -и́тесь
pt. раззуди́лся, -лась
g.pt.a. раззуди́вшись
p.pt.a. раззуди́вшийся

рази́нуть 6 *v* что *umg* aufreißen, aufsperren ‖ *uv* разева́ть 2a
imp. рази́нь, ~те
p.pt.p. рази́нутый

[1]**рази́ть** *uv* кого́-что *buchspr* schlagen, niederhauen; zur Strecke bringen
pr. ражу́, рази́шь, разя́т
imp. рази́, ~те
pt. рази́л
g.pr.a. разя́
p.pr.a. разя́щий
p.pt.a. рази́вший

[2]**рази́ть** *unpers uv* чем от кого́-чего́ *volksspr* einen üblen Geruch verbreiten; stark riechen
pr. рази́т
pt. рази́ло

разлага́ть(ся) *uv zu* разложи́ть(ся)

разла́дить *v* что *umg* **1.** unbrauchbar machen **2.** stören; zunichte machen, hintertreiben ‖ *uv* разла́живать 1a
ft. разла́жу, -а́дишь, -а́дят
imp. разла́дь, ~те
pt. разла́дил
g.pt.a. разла́див
p.pt.a. разла́дивший
p.pt.p. разла́женный

разла́диться, *1. u. 2. Pers ungebr*, *v* **1.** unbrauchbar werden **2.** nicht zustande kommen, sich zerschlagen ‖ *uv* разла́живаться

разла́живать(ся) *uv zu* разла́дить(ся)

разла́комить *v* кого́-что *umg* den Appetit anregen
ft. разла́комлю, -мишь, -мят
imp. разла́комь, ~те *u.* разла́коми, ~те
pt. разла́комил
g.pt.a. разла́комив
p.pt.a. разла́комивший
p.pt.p. разла́комленный

разла́комиться *v umg* Appetit nach mehr bekommen

[1]**разла́мывать(ся)** *uv zu* разлома́ть(ся)

[2]**разла́мывать(ся)** *uv zu* разломи́ть(ся)

разлежа́ться *v umg* keine Lust zum Aufstehen haben ‖ *uv* разлёживаться 1a
ft. разлежу́сь, -жи́шься, -жа́тся
imp. разлежи́сь, -и́тесь
pt. разлежа́лся, -лась
g.pt.a. разлежа́вшись
p.pt.a. разлежа́вшийся

разлёживаться *uv zu* разлежа́ться

разлеза́ться *uv zu* разле́зться

разле́зться, *1. u. 2. Pers ungebr, v volksspr* **1.** zerreißen, zerschleißen *Stoff* **2.** zerfallen ‖ *uv* разлеза́ться 2a

ft.	разле́зется, -зутся
pt.	разле́зся, -злась
g.pt.a.	разле́зшись
p.pt.a.	разле́зшийся

разле́ниваться *uv zu* разлени́ться

разлени́ться *v umg* faul werden, sich auf die faule Haut legen ‖ *uv* разле́ниваться 1a

ft.	разленю́сь, -е́нишься, -е́нятся
imp.	разлени́сь, -и́тесь
pt.	разлени́лся, -лась
g.pt.a.	разлени́вшись
p.pt.a.	разлени́вшийся

разлепи́ть *v* что *umg Zusammengeklebtes* auseinanderlösen ‖ *uv* разлепля́ть 2a

ft.	разлеплю́, -е́пишь, -е́пят
imp.	разлепи́, ~те
pt.	разлепи́л
g.pt.a.	разлепи́в
p.pt.a.	разлепи́вший
p.pt.p.	разле́пленный

разлепи́ться, *1. u. 2. Pers ungebr, v volksspr* sich lösen *Geklebtes* ‖ *uv* разлепля́ться

разлепля́ть(ся) *uv zu* разлепи́ть(ся)

разлета́ться *uv zu* разлете́ться

разлете́ться *v* **1.** auseinanderfliegen, sich zerstreuen **2.** *1. u. 2. Pers ungebr* in Scherben gehen **3.** *volksspr* stürzen, eilen ‖ *uv* разлета́ться 2a

ft.	разлечу́сь, -ети́шься, -етя́тся
imp.	разлети́сь, -и́тесь
pt.	разлете́лся, -лась
g.pt.a.	разлете́вшись
p.pt.a.	разлете́вшийся

разле́чься *v umg* sich ausstrecken, sich ausgestreckt hinlegen

ft.	разля́гусь, -я́жешься, -я́гутся
imp.	разля́гся, -я́гтесь
pt.	разлёгся, -легла́сь
g.pt.a.	разлёгшись
p.pt.a.	разлёгшийся

разлива́ть(ся) *uv zu* разли́ть(ся)

разлинова́ть 5 *v* что linieren ‖ *uv* разлино́вывать 1a

разлино́вывать *uv zu* разлинова́ть

разли́ть *v* что **1.** eingießen; abfüllen **2.** vergießen, verschütten **3.** ergießen, ausbreiten ‖ *uv* разлива́ть 2a

ft.	разолью́, -льёшь, -лью́т
imp.	разле́й, ~те
pt.	разли́л *u. volksspr* ро́злил, -ила́, -и́ло
g.pt.a.	разли́в
p.pt.a.	разли́вший
p.pt.p.	разли́тый; разли́т *u. volksspr* ро́злит, -ита́, -и́то

разли́ться, *1. u. 2. Pers ungebr, v* **1.** überlaufen **2.** über die Ufer treten **3.** sich ausbreiten ‖ *uv* разлива́ться

pt.	разли́лся, -ила́сь, -и́ло́сь

различа́ть *uv zu* различи́ть

различа́ться 2a *uv* sich unterscheiden

различи́ть *v* кого́-что **1.** erkennen **2.** unterscheiden ‖ *uv* различа́ть 2a

ft.	различу́, -чи́шь, -ча́т
imp.	различи́, ~те
pt.	различи́л
g.pt.a.	различи́в
p.pt.a.	различи́вший
p.pt.p.	различённый; различён, -ена́

разложи́ть *v* что **1.** legen *an verschiedene Stellen* **2.** ausbreiten **3.** aufteilen **4.** anzünden **5.** zerlegen; zergliedern **6.** *math* auflösen **7.** кого́-что (moralisch) zersetzen ‖ *uv* разлага́ть 2a *zu* 5—7 *u.* раскла́дывать 1a *zu* 1—4

ft.	разложу́, -о́жишь, -о́жут
imp.	разложи́, ~те
pt.	разложи́л
g.pt.a.	разложи́в
p.pt.a.	разложи́вший
p.pt.p.	разло́женный

разложи́ться *v* **1.** *umg* seine Sachen zurechtlegen, aufräumen **2.** *1. u. 2. Pers ungebr* zerfallen; verwesen, verfaulen **3.** sich (moralisch) zersetzen ‖ *uv* разлага́ться *zu* 2, 3 *u.* раскла́дываться *zu* 1

разлома́ть 2 *v* что **1.** zerbrechen **2.** ab-, niederreißen ‖ *uv* разла́мывать 1a

разлома́ться, *1. u. 2. Pers ungebr, v* zerbrechen, einstürzen ‖ *uv* разла́мываться

разломи́ть *v* кого́-что **1.** (zer)brechen, in Stücke brechen **2.** *unpers umg*: меня́ всего́ разломи́ло ich bin wie zerschlagen, mir tun alle Glieder weh ‖ *uv* разла́мывать 1a

ft.	разломлю́, -о́мишь, -о́мят
imp.	разломи́, ~те
pt.	разломи́л
g.pt.a.	разломи́в
p.pt.a.	разломи́вший
p.pt.p.	разло́мленный

разломи́ться, *1. u. 2. Pers ungebr, v* in Stücke brechen, sich zerbrechen lassen ‖ *uv* разла́мываться

разлуча́ть(ся) *uv zu* разлучи́ть(ся)

разлучи́ть *v* кого́ с кем-чем *oder* кого́-что trennen, scheiden (von) ‖ *uv* разлуча́ть 2a
ft. разлучу́, -чи́шь, -ча́т
imp. разлучи́, ~те
pt. разлучи́л
g.pt.a. разлучи́в
p.pt.a. разлучи́вший
p.pt.p. разлучённый; разлучён, -ена́

разлучи́ться *v* sich trennen, voneinander scheiden ‖ *uv* разлуча́ться

разлюби́ть *v* кого́-что nicht mehr lieben [mögen] ‖ *uv* разлюбля́ть 2a
ft. разлюблю́, -ю́бишь, -ю́бят
imp. разлюби́, ~те
pt. разлюби́л
g.pt.a. разлюби́в
p.pt.a. разлюби́вший
p.pt.p. разлю́бленный

разлюбля́ть *uv zu* разлюби́ть

размагни́тить *v* что entmagnetisieren ‖ *uv* размагни́чивать 1a
ft. размагни́чу, -и́тишь, -и́тят
imp. размагни́ть, ~те
pt. размагни́тил
g.pt.a. размагни́тив
p.pt.a. размагни́тивший
p.pt.p. размагни́ченный

размагни́титься *v* **1.** *1. u. 2. Pers ungebr* sich entmagnetisieren **2.** *übtr umg* undiszipliniert [nachlässig] werden ‖ *uv* размагни́чиваться

размагни́чивать(ся) *uv zu* размагни́тить(ся)

разма́зать *v* что **1.** verschmieren **2.** *übtr umg* weitschweifig erzählen, beschreiben ‖ *uv* разма́зывать 1a
ft. разма́жу, -а́жешь, -а́жут
imp. разма́жь, ~те
pt. разма́зал
g.pt.a. разма́зав
p.pt.a. разма́завший
p.pt.p. разма́занный

разма́заться, *1. u. 2. Pers ungebr*, *v* über die ganze Oberfläche verschmiert werden ‖ *uv* разма́зываться

разма́зывать(ся) *uv zu* разма́зать(ся)

разма́ивать(ся) *uv zu* разма́ять(ся)

размалева́ть *v* кого́-что *umg* anmalen, grob anstreichen ‖ *uv* размалёвывать 1a
ft. размалю́ю, -лю́ешь, -лю́ют
imp. размалю́й, ~те
pt. размалева́л
g.pt.a. размалева́в
p.pt.a. размалева́вший
p.pt.p. размалёванный

размалёвывать *uv zu* размалева́ть

разма́лывать *uv zu* размоло́ть

разма́ривать(ся) *uv zu* размори́ть(ся)

разма́тывать(ся) *uv zu* размота́ть(ся)

размаха́ть 2 *v* кого́-что *volksspr* schwingen, schaukeln ‖ *uv* разма́хивать 1a

размаха́ться *v umg* anfangen zu schwenken [zu schwingen]
ft. размашу́сь, -а́шешься, -а́шется *u. umg* размаха́юсь, -а́ешься, -а́ется
imp. размаши́сь, -и́тесь *u. umg* размаха́йся, -а́йтесь
pt. размаха́лся, -лась
g.pt.a. размаха́вшись
p.pt.a. размаха́вшийся

разма́хивать 1a *uv* **1.** *uv zu* размаха́ть **2.** чем hin und her schwingen, schwenken

разма́хиваться *uv zu* размахну́ться

размахну́ть 7 *v* чем ausholen *zum Schlag* kein *p.pt.p.*

размахну́ться *v* **1.** ausholen *zum Schlag* **2.** *umg* zu breit anlegen *eine Sache* ‖ *uv* разма́хиваться 1a

разма́чивать(ся) *uv zu* размочи́ть(ся)

разма́ять *v* кого́-что *volksspr* nicht einschlafen lassen, wach halten ‖ *uv* разма́ивать 1a
ft. разма́ю, -а́ешь, -а́ют
imp. разма́й, ~те
pt. разма́ял
g.pt.a. разма́яв
p.pt.a. разма́явший
p.pt.p. разма́янный

разма́яться *v volksspr* sich Bewegung verschaffen *um munter zu bleiben* ‖ *uv* разма́иваться

размежева́ть *v* что **1.** abgrenzen, aufteilen **2.** *übtr* die Grenzen festlegen ‖ *uv* размежёвывать 1a
ft. размежу́ю, -у́ешь, -у́ют
imp. размежу́й, ~те
pt. размежева́л
g.pt.a. размежева́в
p.pt.a. размежева́вший
p.pt.p. размежёванный

размежева́ться *v* **1.** die Grenzen festsetzen **2.** *übtr* sich gegeneinander abgrenzen ‖ *uv* размежёвываться

размежёвывать(ся) *uv zu* размежева́ть(ся)

размельча́ть *uv zu* размельчи́ть

размельчи́ть *v* что zerkleinern, zerstükkeln ‖ *uv* размельча́ть 2a

ft.	размельчу́, -чи́шь, -ча́т
imp.	размельчи́, ~те
pt.	размельчи́л
g.pt.a.	размельчи́в
p.pt.a.	размельчи́вший
p.pt.p.	размельчённый; размельчён, -ена́

разме́нивать(ся) *uv zu* разменя́ть(ся)

разменя́ть 2 *v* что wechseln *Geld* ‖ *uv* разме́нивать 1a

разменя́ться *v umg* aus-, abtauschen *im Spiel* ‖ *uv* разме́ниваться; разме́ниваться на ме́лочи seine Kräfte verzetteln

разме́рить *v* что **1.** aus-, vermessen **2.** berechnen ‖ *uv* размеря́ть 2a

ft.	разме́рю, -ришь, -рят
imp.	разме́рь, ~те
pt.	разме́рил
g.pt.a.	разме́рив
p.pt.a.	разме́ривший
p.pt.p.	разме́ренный

размеря́ть *uv zu* разме́рить

размеси́ть *v* что durchkneten ‖ *uv* разме́шивать 1a

ft.	размешу́, -е́сишь, -е́сят
imp.	размеси́, ~те
pt.	размеси́л
g.pt.a.	размеси́в
p.pt.a.	размеси́вший
p.pt.p.	разме́шенный

размести́ *v* что sauberfegen; wegfegen ‖ *uv* размета́ть 2a

ft.	размету́, -тёшь, -ту́т
imp.	размети́, ~те
pt.	размёл, -ела́
g.pt.a.	разметя́
p.pt.a.	размётший
p.pt.p.	разметённый; разметён, -ена́

размести́ть *v* кого́-что **1.** unterbringen, aufstellen, (hin)legen **2.** auf-, verteilen *unter viele*; anordnen; ausschreiben *Anleihe* ‖ *uv* размеща́ть 2a

ft.	размещу́, -ести́шь, -естя́т
imp.	размести́, ~те
pt.	размести́л
g.pt.a.	размести́в
p.pt.a.	размести́вший
p.pt.p.	размещённый; размещён, -ена́

размести́ться *v* unterkommen, Platz finden; die Plätze einnehmen ‖ *uv* размеща́ться

[1]размета́ть *uv zu* размести́

[2]размета́ть *v* кого́-что auseinanderwerfen ‖ *uv* размётывать 1a

ft.	размечу́, -е́чешь, -е́чут
imp.	размечи́, ~те
pt.	размета́л
g.pt.a.	размета́в
p.pt.a.	размета́вший
p.pt.p.	размётанный

размета́ться *v* unruhig schlafen, sich hin und her werfen; sich ausgestreckt hinlegen ‖ *uv* размётываться
Formen nach [2]размета́ть

разме́тить *v* что markieren, mit Zeichen versehen ‖ *uv* размеча́ть 2a *u. umg* разме́чивать 1a

ft.	разме́чу, -е́тишь, -е́тят
imp.	разме́ть, ~те
pt.	разме́тил
g.pt.a.	разме́тив
p.pt.a.	разме́тивший
p.pt.p.	разме́ченный

размётывать *uv zu* [2]размета́ть

размётываться *uv zu* размета́ться

размеча́ть *uv zu* разме́тить

разме́чивать *uv zu* разме́тить

размечта́ться 2 *v umg* sich Träumereien hingeben

размеша́ть 2 *v* что **1.** um-, durchrühren **2.** vermischen ‖ *uv* разме́шивать 1a

размеша́ться, *1. u. 2. Pers ungebr*, *v* sich völlig vermischen ‖ *uv* разме́шиваться

[1]разме́шивать *uv zu* размеша́ть

[2]разме́шивать *uv zu* размеси́ть

разме́шиваться *uv zu* размеша́ться

размеща́ть(ся) *uv zu* размести́ть(ся)

размина́ть(ся) *uv zu* размя́ть(ся)

размини́ровать 4 *u.* 4a *v, uv* что entminen, von Minen säubern

размину́ться 7 *v umg* **1.** einander verfehlen **2.** aneinander vorbeikommen; sich kreuzen

размножа́ть(ся) *uv zu* размно́жить(ся)

размно́жить *v* что **1.** vervielfältigen, vermehren **2.** *biol* anbauen, züchten ‖ *uv* размножа́ть 2a

ft.	размно́жу, -жишь, -жат
imp.	размно́жь, ~те
pt.	размно́жил
g.pt.a.	размно́жив
p.pt.a.	размно́живший
p.pt.p.	размно́женный

размно́житься, *1. u. 2. Pers ungebr, v* **1.** sich vermehren **2.** sich fortpflanzen ‖ *uv* размножа́ться

размозжи́ть *v* что zerschmettern

ft.	размозжу́, -жи́шь, -жа́т
imp.	размозжи́, ~те
pt.	размозжи́л
g.pt.a.	размозжи́в
p.pt.a.	размозжи́вший
p.pt.p.	размозжённый; размозжён, -ена́

размока́ть *uv zu* размо́кнуть

размо́кнуть, *1. u. 2. Pers ungebr, v* aufweichen, aufquellen ‖ *uv* размока́ть 2a

ft.	размо́кнет, -нут
pt.	размо́к, ~ла
g.pt.a.	размо́кнув *u.* размо́кши
p.pt.a.	размо́кший

размоло́ть *v* что zermahlen; zerreiben ‖ *uv* разма́лывать 1a

ft.	размелю́, -е́лешь, -е́лют
imp.	размели́, ~те
pt.	размоло́л
g.pt.a.	размоло́в
p.pt.a.	размоло́вший
p.pt.p.	размо́лотый

размора́живать *uv zu* разморо́зить

размори́ть, *1. u. 2. Pers ungebr, v umg*: жара́ меня́ размори́ла *oder* меня́ размори́ло от жары́ die Hitze hat mich ganz schlapp gemacht ‖ *uv* разма́ривать 1a

ft.	размори́т, -ря́т
pt.	размори́л
g.pt.a.	размори́в
p.pt.a.	размори́вший
p.pt.p.	разморённый; разморён, -ена́

размори́ться *v umg* erschöpft sein, schlapp sein ‖ *uv* разма́риваться

разморо́зить *v* что auftauen lassen ‖ *uv* размора́живать 1a

ft.	разморо́жу, -о́зишь, -о́зят
imp.	разморо́зь, ~те
pt.	разморо́зил
g.pt.a.	разморо́зив
p.pt.a.	разморо́зивший
p.pt.p.	разморо́женный

размота́ть 2 *v* что abwickeln; abspulen ‖ *uv* разма́тывать 1a

размота́ться, *1. u. 2. Pers ungebr, v* sich abwickeln; sich abspulen ‖ *uv* разма́тываться

размоча́ливать(ся) *uv zu* размоча́лить(ся)

размоча́лить *v* что zerfasern ‖ *uv* размоча́ливать 1a

ft.	размоча́лю, -лишь, -лят
imp.	размоча́ль, ~те
pt.	размоча́лил
g.pt.a.	размоча́лив
p.pt.a.	размоча́ливший
p.pt.p.	размоча́ленный

размоча́литься, *1. u. 2. Pers ungebr, v* sich auflösen *in einzelne Fasern* ‖ *uv* размоча́ливаться

размочи́ть *v* что aufweichen, aufquellen lassen ‖ *uv* разма́чивать 1a

ft.	размочу́, -о́чишь, -о́чат
imp.	размочи́, ~те
pt.	размочи́л
g.pt.a.	размочи́в
p.pt.a.	размочи́вший
p.pt.p.	размо́ченный

размочи́ться, *1. u. 2. Pers ungebr, v* aufweichen ‖ *uv* разма́чиваться

размусо́ливать *uv zu* размусо́лить

размусо́лить *v* что *volksspr* (mit Speichel) beschmieren ‖ *uv* размусо́ливать 1a

ft.	размусо́лю, -лишь, -лят
imp.	размусо́ль, ~те
pt.	размусо́лил
g.pt.a.	размусо́лив
p.pt.a.	размусо́ливший
p.pt.p.	размусо́ленный

размыва́ть(ся) *uv zu* размы́ть(ся)

размы́кать 1 *v* что *umg* vertreiben, zerstreuen *Kummer* ‖ *uv* размы́кивать 1a

размыка́ть *uv zu* разомкну́ть

размы́каться 1, *1. u. 2. Pers ungebr, v umg* vorübergehen *Kummer* ‖ *uv* размы́киваться

размыка́ться *uv zu* разомкну́ться

размы́кивать(ся) *uv zu* размы́кать(ся)

размы́слить *v* о ком-чём nachdenken (über); erwägen ‖ *uv* размышля́ть 2a

ft.	размы́слю, -лишь, -лят
imp.	размы́сли, ~те
pt.	размы́слил
g.pt.a.	размы́слив
p.pt.a.	размы́сливший

размы́ть, *1. u. 2. Pers ungebr, v* что unterspülen, wegschwemmen ‖ *uv* размыва́ть 2a

ft.	размо́ет, -о́ют
pt.	размы́л
g.pt.a.	размы́в
p.pt.a.	размы́вший
p.pt.p.	размы́тый

размы́ться, *1. u. 2 Pers ungebr, v* unterspült werden, weggeschwemmt werden || *uv* размыва́ться

размышля́ть 2a *uv* **1.** *uv zu* размы́слить **2.** nachdenken, nachsinnen

размягча́ть(ся) *uv zu* размягчи́ть(ся)

размягчи́ть *v* **1.** что weich machen **2.** кого́-что *übtr* erweichen, zu Mitleid bewegen || *uv* размягча́ть 2a

ft.	размягчу́, -чи́шь, -ча́т
imp.	размягчи́, ~те
pt.	размягчи́л
g.pt.a.	размягчи́в
p.pt.a.	размягчи́вший
p.pt.p.	размягчённый; размягчён, -ена́

размягчи́ться *v* **1.** *1. u. 2. Pers ungebr* weich werden **2.** *übtr* sich erweichen lassen || *uv* размягча́ться

размяка́ть *uv zu* размя́кнуть

размя́кнуть *v* weich werden *a. übtr* || *uv* размяка́ть 2a

ft.	размя́кну, -нешь, -нут
imp.	размя́кни, ~те
pt.	размя́к, ~ла
g.pt.a.	размя́кнув *u.* размя́кши
p.pt.a.	размя́кший

размя́ть *v* что weich kneten; zerdrücken || *uv* размина́ть 2a

ft.	разомну́, -нёшь, -ну́т
imp.	разомни́, ~те
pt.	размя́л
g.pt.a.	размя́в
p.pt.a.	размя́вший
p.pt.p.	размя́тый

размя́ться *v* **1.** *1. u. 2. Pers ungebr* weich [geschmeidig] werden **2.** sich Bewegung verschaffen || *uv* размина́ться

разна́шивать(ся) *uv zu* [1]разноси́ть(ся)

разне́живать(ся) *uv zu* разне́жить(ся)

разне́жить *v* кого́-что *umg* **1.** zärtliche Gefühle erwecken, zärtlich stimmen **2.** verzärteln || *uv* разне́живать 1a

ft.	разне́жу, -жишь, -жат
imp.	разне́жь, ~те
pt.	разне́жил
g.pt.a.	разне́жив
p.pt.a.	разне́живший
p.pt.p.	разне́женный

разне́житься *v umg* **1.** (allzu) gerührt sein **2.** sich verzärteln || *uv* разне́живаться

разне́жничаться 1 *v umg* sehr zärtlich werden

разнемога́ться *uv zu* разнемо́чься

разнемо́чься *v volksspr* ernstlich erkranken || *uv* разнемога́ться 2a

ft.	разнемогу́сь, -о́жешься, -о́гутся
imp.	разнемо́жься, -жьтесь
pt.	разнемо́гся, -огла́сь
g.pt.a.	разнемо́гшись
p.pt.a.	разнемо́гшийся

разнести́ *v* кого́-что **1.** zustellen **2.** *umg* zerstreuen, verwehen **3.** *umg* in Umlauf setzen; bekanntmachen **4.** einschreiben **5.** zerreißen; zerschlagen **6.** *umg* ausschelten || *uv* [2]разноси́ть, Formen das.

ft.	разнесу́, -сёшь, -су́т
imp.	разнеси́, ~те
pt.	разнёс, -есла́
g.pt.a.	разнеся́ *u. alt* разнёсши
p.pt.a.	разнёсший
p.pt.p.	разнесённый; разнесён, -ена́

разнести́сь, *1. u. 2. Pers ungebr, v* sich verbreiten || *uv* разноси́ться, Formen nach [2]разноси́ть

разнима́ть *uv zu* разня́ть

ра́зниться *uv* sich unterscheiden; verschieden sein

pr.	ра́знюсь, -нишься, -нятся
imp.	ра́знись, -итесь
pt.	ра́знился, -лась
g.pr.a.	ра́знясь
p.pt.a.	ра́знившийся

разнообра́зить *uv* что verschiedenartig gestalten, Abwechslung hineinbringen

pr.	разнообра́жу, -а́зишь, -а́зят
imp.	разнообра́зь, ~те
pt.	разнообра́зил
g.pr.a.	разнообра́зя
p.pr.a.	разнообра́зящий
p.pt.a.	разнообра́зивший

разнообра́зиться, *1. u. 2. Pers ungebr, uv* abwechseln

[1]**разноси́ть** *v* что einlaufen, austreten *Schuhe* || *uv* разна́шивать 1a

ft.	разношу́, -о́сишь, -о́сят
imp.	разноси́, ~те
pt.	разноси́л
g.pt.a.	разноси́в
p.pt.a.	разноси́вший
p.pt.p.	разно́шенный

[2]**разноси́ть** *uv zu* разнести́

pr.	разношу́, -о́сишь, -о́сят
imp.	разноси́, ~те
pt.	разноси́л
g.pr.a.	разнося́

p.pr.a. разнося́щий
p.pt.a. разноси́вший
p.pr.p. разноси́мый

[1]**разноси́ться,** *1. u. 2. Pers ungebr, v* bequem werden, sich austreten *Schuhe* ‖ *uv* разна́шиваться 1a
Formen nach [1]разноси́ть

[2]**разноси́ться** *uv zu* разнести́сь

разнузда́ть 2 *v* кого́-что abzäumen *Pferde* ‖ *uv* разну́здывать 1a

разнузда́ться *v* **1.** den Zaum abwerfen **2.** *übtr* außer Rand und Band geraten ‖ *uv* разну́здываться

разну́здывать(ся) *uv zu* разнузда́ть(ся)

разню́хать 1 *v* что **1.** *umg* wittern, aufspüren **2.** *übtr volksspr* herauskriegen, auskundschaften ‖ *uv* разню́хивать 1a

разню́хивать *uv zu* разню́хать

разня́ть *v* кого́-что **1.** auseinandernehmen **2.** *umg* auseinanderbringen, trennen ‖ *uv* разнима́ть 2a
ft. разниму́, -и́мешь, -и́мут
imp. разними́, ~те
pt. разня́л *u. umg* ро́знял, разняла́, разня́ло *u. umg* ро́зняло
g.pt.a. разня́в
p.pt.a. разня́вший
p.pt.p. разня́тый; разня́т *u. umg* ро́знят, разнята́, разня́то *u. umg* ро́знято

разоби́деть *v* кого́-что *umg* empfindlich beleidigen, verletzen, kränken ‖ *uv* разобижа́ть 2a
ft. разоби́жу, -и́дишь, -и́дят
imp. разоби́дь, ~те
pt. разоби́дел
g.pt.a. разоби́дев
p.pt.a. разоби́девший
p.pt.p. разоби́женный

разоби́деться *v umg* beleidigt [verletzt] sein

разобижа́ть *uv zu* разоби́деть

разоблача́ть(ся) *uv zu* разоблачи́ть(ся)

разоблачи́ть *v* кого́-что **1.** *scherz* entkleiden **2.** entlarven, enthüllen ‖ *uv* разоблача́ть 2a
ft. разоблачу́, -чи́шь, -ча́т
imp. разоблачи́, ~те
pt. разоблачи́л
g.pt.a. разоблачи́в
p.pt.a. разоблачи́вший
p.pt.p. разоблачённый; разоблачён, -ена́

разоблачи́ться *v* **1.** *scherz* sich entkleiden **2.** sich herausstellen; sich offenbaren ‖ *uv* разоблача́ться

разобра́ть *v* что **1.** zerlegen **2.** aufkaufen **3.** in Ordnung bringen **4.** untersuchen; ergründen **5.** *gram* analysieren **6.** verstehen, feststellen **7.** *umg* ergreifen; pakken ‖ *uv* разбира́ть 2a
ft. разберу́, -рёшь, -ру́т
imp. разбери́, ~те
pt. разобра́л, -ала́, -а́ло
g.pt.a. разобра́в
p.pt.a. разобра́вший
p.pt.p. разо́бранный

разобра́ться *v* **1.** auspacken, sich einrichten **2.** sich zurechtfinden, sich auskennen ‖ *uv* разбира́ться
pt. разобра́лся, -ала́сь, -а́ло́сь

разобща́ть(ся) *uv zu* разобщи́ть(ся)

разобщи́ть *v* кого́-что **1.** trennen, absondern **2.** *übtr* entfremden **3.** *tech* loskuppeln ‖ *uv* разобща́ть 2a
ft. разобщу́, -щи́шь, -ща́т
imp. разобщи́, ~те
pt. разобщи́л
g.pt.a. разобщи́в
p.pt.a. разобщи́вший
p.pt.p. разобщённый; разобщён, -ена́

разобщи́ться *v* einander trennen ‖ *uv* разобща́ться

разогна́ть *v* кого́-что **1.** auseinanderjagen **2.** zerstreuen; verscheuchen **3.** beschleunigen; Vollgas geben ‖ *uv* разгоня́ть 2a
ft. разгоню́, -о́нишь, -о́нят
imp. разгони́, ~те
pt. разогна́л, -ала́, -а́ло
g.pt.a. разогна́в
p.pt.a. разогна́вший
p.pt.p. разо́гнанный

разогна́ться *v* seine Geschwindigkeit erhöhen ‖ *uv* разгоня́ться
pt. разогна́лся, -ала́сь, -а́ло́сь

разогну́ть 7 *v* кого́-что auseinanderbiegen; geradebiegen ‖ *uv* разгиба́ть 2a; рабо́тать не разгиба́я спины́ rastlos arbeiten

разогну́ться *v* sich aufrichten ‖ *uv* разгиба́ться

разогорча́ть(ся) *uv zu* разогорчи́ть(ся)

разогорчи́ть *v* кого́-что *umg* ernstlich kränken ‖ *uv* разогорча́ть 2a
ft. разогорчу́, -чи́шь, -ча́т
imp. разогорчи́, ~те
pt. разогорчи́л

g.pt.a.	разогорчи́в
p.pt.a.	разогорчи́вший
p.pt.p.	разогорчённый; разогорчён, -ена́

разогорчи́ться *v umg* sich sehr kränken ‖ *uv* разогорча́ться

разогрева́ть(ся) *uv zu* разогре́ть(ся)

разогре́ть 3 *v* кого́-что an-, aufwärmen; heiß machen ‖ *uv* разогрева́ть 2a

p.pt.p.	разогре́тый

разогре́ться *v* warm werden, sich erwärmen; heiß werden ‖ *uv* разогрева́ться

разоде́ть *v* кого́-что *umg* herausputzen

ft.	разоде́ну, -нешь, -нут
imp.	разоде́нь, ~те
pt.	разоде́л
g.pt.a.	разоде́в
p.pt.a.	разоде́вший
p.pt.p.	разоде́тый

разоде́ться *v umg* sich herausputzen

разодолжа́ть *uv zu* разодолжи́ть

разодолжи́ть *v* кого́-что *umg iron* eine große Gefälligkeit erweisen ‖ *uv* разодолжа́ть 2a

ft.	разодолжу́, -жи́шь, -жа́т
imp.	разодолжи́, ~те
pt.	разодолжи́л
g.pt.a.	разодолжи́в
p.pt.a.	разодолжи́вший
p.pt.p.	разодолжённый; разодолжён, -ена́

разодра́ть *v* что *umg* in Stücke reißen, zerreißen ‖ *uv* раздира́ть 2a

ft.	раздеру́, -рёшь, -ру́т
imp.	раздери́, ~те
pt.	разодра́л, -ала́, -а́ло
g.pt.a.	разодра́в
p.pt.a.	разодра́вший
p.pt.p.	разо́дранный

разодра́ться, *1. u. 2. Pers ungebr, v* **1.** (zer)reißen, in Fetzen gehen **2.** sich raufen, sich prügeln ‖ *uv* раздира́ться

pt.	разодра́лся, -ала́сь, -а́ло́сь

разозли́ть *v* кого́-что in Wut bringen; ärgern, erzürnen

ft.	разозлю́, -ли́шь, -ля́т
imp.	разозли́, ~те
pt.	разозли́л
g.pt.a.	разозли́в
p.pt.a.	разозли́вший
p.pt.p.	разозлённый; разозлён, -ена́

разозли́ться *v* wütend werden, sich ärgern

разойти́сь *v* **1.** *1. u. 2. Pers ungebr* auseinandergehen **2.** *1. u. 2. Pers ungebr* ausgehen *Geld, Vorräte*; ausverkauft sein **3.** *1. u. 2. Pers ungebr* sich auflösen **4.** aneinander vorübergehen **5.** с кем-чем sich trennen (von) **6.** с кем-чем в чём auseinandergehen *Meinungen* **7.** *umg* in Fahrt kommen ‖ *uv* ²расходи́ться, Formen das.

ft.	разойду́сь, -дёшься, -ду́тся
imp.	разойди́сь, -и́тесь
pt.	разошёлся, -шла́сь
g.pt.a.	разойдя́сь *u. alt* разоше́дшись
p.pt.a.	разоше́дшийся

разомкну́ть 7 *v* что **1.** lösen; öffnen **2.** *el* ausschalten ‖ *uv* размыка́ть 2a

разомкну́ться, *1. u. 2. Pers ungebr, v* sich loshaken [öffnen] ‖ *uv* размыка́ться

разомле́ть 3 *v umg* ermatten, schlapp werden, ermüden

разопрева́ть *uv zu* разопре́ть

разопре́ть 3 *v* **1.** *1. u. 2. Pers ungebr* (auf)-quellen, weich werden **2.** *volksspr* von Kräften kommen *vor allzu großer Hitze*, stark schwitzen ‖ *uv* разопрева́ть 2a

разора́ться *v volksspr* aus vollem Halse schreien, losbrüllen

ft.	разору́сь, -рёшься, -ру́тся
imp.	разори́сь, -и́тесь
pt.	разора́лся, -лась
g.pt.a.	разора́вшись
p.pt.a.	разора́вшийся

разорва́ть *v* кого́-что **1.** in Stücke reißen **2** *a. unpers* auseinanderreißen **3.** *übtr* abbrechen ‖ *uv* разрыва́ть 2a

ft.	разорву́, -вёшь, -ву́т
imp.	разорви́, ~те
pt.	разорва́л, -ала́, -а́ло
g.pt.a.	разорва́в
p.pt.a.	разорва́вший
p.pt.p.	разо́рванный

разорва́ться, *1. u. 2. Pers ungebr, v* **1.** zerreißen, in Fetzen gehen **2.** explodieren, zerplatzen ‖ *uv* разрыва́ться

pt.	разорва́лся, -ала́сь, -а́ло́сь

разори́ть *v* кого́-что **1.** zerstören, verwüsten **2.** ruinieren ‖ *uv* разоря́ть 2a

ft.	разорю́, -ри́шь, -ря́т
imp.	разори́, ~те
pt.	разори́л
g.pt.a.	разори́в
p.pt.a.	разори́вший
p.pt.p.	разорённый; разорён, -ена́

разори́ться *v* ruiniert sein, verarmen ‖ *uv* разоря́ться

разоружа́ть(ся) *uv zu* разоружи́ть(ся)

разоружи́ть *v* кого́-что **1.** entwaffnen; abrüsten **2.** abtakeln *Schiff* ‖ *uv* разоружа́ть 2a

ft.	разоружу́, -жи́шь, -жа́т
imp.	разоружи́, ~те
pt.	разоружи́л
g.pt.a.	разоружи́в
p.pt.a.	разоружи́вший
p.pt.p.	разоружённый; разоружён, -ена́

разоружи́ться *v* die Waffen ablegen, abrüsten ‖ *uv* разоружа́ться

разоря́ть(ся) *uv zu* разори́ть(ся)

разосла́ть *v* кого́-что **1.** verschicken **2.** aussenden ‖ *uv* рассыла́ть 2a

ft.	разошлю́, -лёшь, -лю́т
imp.	разошли́, ~те
pt.	разосла́л
g.pt.a.	разосла́в
p.pt.a.	разосла́вший
p.pt.p.	разо́сланный

разоспа́ться *v umg* in einen festen und langen Schlaf sinken

ft.	разосплю́сь, -пи́шься, -пя́тся
imp.	разоспи́сь, -и́тесь
pt.	разоспа́лся, -ала́сь, -а́ло́сь
g.pt.a.	разоспа́вшись
p.pt.a.	разоспа́вшийся

разостла́ть *v* что ausbreiten ‖ *uv* расстила́ть 2a

ft.	расстелю́, -е́лешь, -е́лют
imp.	расстели́, ~те
pt.	разостла́л
g.pt.a.	разостла́в
p.pt.a.	разостла́вший
p.pt.p.	разо́стланный

разостла́ться, *1. u. 2. Pers ungebr*, *v* sich ausbreiten, sich erstrecken ‖ *uv* расстила́ться

разотка́ть *v* что ein Muster einweben

ft.	разотку́, -кёшь, -ку́т
imp.	разотки́, ~те
pt.	разотка́л, -ала́
g.pt.a.	разотка́в
p.pt.a.	разотка́вший
p.pt.p.	разо́тканный

разоткрове́нничаться 1 *v umg* sehr offenherzig werden; vertrauensselig sein

разохо́тить *v* кого́-что к чему́ *oder* на что *umg* bei j-m die Lust zu etw. erwecken

ft.	разохо́чу, -тишь, -тят
imp.	разохо́ть, ~те
pt.	разохо́тил
g.pt.a.	разохо́тив
p.pt.a.	разохо́тивший
p.pt.p.	разохо́ченный

разохо́титься *v umg* Lust bekommen (zu)

разочарова́ть 5 *v* кого́-что в ком-чём (j-n) enttäuschen ‖ *uv* разочаро́вывать 1a

разочарова́ться *v* enttäuscht werden [sein] ‖ *uv* разочаро́вываться

разочаро́вывать(ся) *uv zu* разочарова́ть(ся)

разраба́тывать *uv zu* разрабо́тать

разрабо́тать 1 *v* что **1.** bearbeiten *Boden* **2.** ausarbeiten *Plan* **3.** *berg* ausbeuten ‖ *uv* разраба́тывать 1a

разра́внивать *uv zu* разровня́ть

разража́ться *uv zu* разрази́ться

разрази́ться *v* sich entladen, ausbrechen ‖ *uv* разража́ться 2a

ft.	разражу́сь, -ази́шься, -азя́тся
imp.	разрази́сь, -и́тесь
pt.	разрази́лся, -лась
g.pt.a.	разрази́вшись
p.pt.a.	разрази́вшийся

разраста́ться *uv zu* разрасти́сь

разрасти́сь, *1. u. 2. Pers ungebr*, *v* wuchern, dichter werden; schnell wachsen *Pflanzen* ‖ *uv* разраста́ться 2a

ft.	разрастётся, -ту́тся
pt.	разро́сся, -осла́сь
g.pt.a.	разро́сшись
p.pt.a.	разро́сшийся

разреве́ться *v umg* **1.** laut zu brüllen anfangen **2.** in Tränen ausbrechen

ft.	разреву́сь, -вёшься, -ву́тся
imp.	разреви́сь, -и́тесь
pt.	разреве́лся, -лась
g.pt.a.	разреве́вшись
p.pt.a.	разреве́вшийся

разреди́ть *v* что **1.** lichten *Wald* **2.** verdünnen *Luft* ‖ *uv* разрежа́ть 2a

ft.	разрежу́, -еди́шь, -едя́т
imp.	разреди́, ~те
pt.	разреди́л
g.pt.a.	разреди́в
p.pt.a.	разреди́вший
p.pt.p.	разрежённый; разрежён, -ена́

разреди́ться, *1. u. 2. Pers ungebr*, *v* **1.** lichter [spärlicher] werden **2.** dünner werden *Luft* ‖ *uv* разрежа́ться

разрежа́ть(ся) *uv zu* разреди́ть(ся)

разре́зать *v* что zerschneiden; aufschneiden ‖ *uv* разреза́ть 2a *u.* разре́зывать 1a
ft. разре́жу, -жешь, -жут
imp. разре́жь, ~те
pt. разре́зал
g.pt.a. разре́зав
p.pt.a. разре́завший
p.pt.p. разре́занный

разреза́ть *uv zu* разре́зать

разре́зывать *uv zu* разре́зать

разреклами́ровать 4 *v* кого́-что *umg* durch Reklame anpreisen

разреша́ть *uv zu* разреши́ть

разреша́ться 2a *uv* **1.** *uv zu* разреши́ться **2.** *unpers* gestattet sein

разреши́ть *v* что **1.** erlauben; bewilligen; genehmigen **2.** lösen; entscheiden **3.** beseitigen, beheben; schlichten *Streit* ‖ *uv* разреша́ть 2a
ft. разрешу́, -ши́шь, -ша́т
imp. разреши́, ~те
pt. разреши́л
g.pt.a. разреши́в
p.pt.a. разреши́вший
p.pt.p. разрешённый; разрешён, -ена́

разреши́ться *v* **1.** *1. u. 2. Pers ungebr* sich lösen; sich regeln **2.** кем *u. ohne Objekt* niederkommen, gebären ‖ *uv* разреша́ться

разрисова́ть 5 *v* кого́-что mit Zeichnungen schmücken, ausmalen ‖ *uv* разрисо́вывать 1a

разрисо́вывать *uv zu* разрисова́ть

разровня́ть 2 *v* что ebnen; glattwalzen ‖ *uv* разра́внивать 1a

разро́знивать(ся) *uv zu* разро́знить(ся)

разро́знить *v* что auseinanderreißen, trennen ‖ *uv* разро́знивать 1a
ft. разро́зню, -нишь, -нят
imp. разро́зни, ~те
pt. разро́знил
g.pt.a. разро́знив
p.pt.a. разро́зривший
p.pt.p. разро́зненный

разро́зниться *v* unvollständig werden ‖ *uv* разро́зниваться

разроня́ть 1 *v* что *umg nach und nach* (herunter)fallen lassen

разруба́ть *uv zu* разруби́ть

разруби́ть *v* кого́-что zerhauen, in Stücke hauen ‖ *uv* разруба́ть 2a
ft. разрублю́, -у́бишь, -у́бят
imp. разруби́, ~те
pt. разруби́л
g.pt.a. разруби́в
p.pt.a. разруби́вший
p.pt.p. разру́бленный

разруга́ть 2 *v* кого́-что *umg* ausschimpfen, ausschelten

разруга́ться *v* с кем *u. ohne Objekt umg* sich verzanken

разрумя́нивать(ся) *uv zu* разрумя́нить(ся)

разрумя́нить *v* кого́-что röten *Gesicht* ‖ *uv* разрумя́нивать 1a
ft. разрумя́ню, -нишь, -нят
imp. разрумя́нь, ~те
pt. разрумя́нил
g.pt.a. разрумя́нив
p.pt.a. разрумя́нивший
p.pt.p. разрумя́ненный

разрумя́ниться *v* erröten; sich röten *Gesicht* ‖ *uv* разрумя́ниваться

разруша́ть(ся) *uv zu* разру́шить(ся)

разру́шить *v* что **1.** zerstören **2.** *übtr* zunichte machen; vereiteln ‖ *uv* разруша́ть 2a
ft. разру́шу, -шишь, -шат
imp. разру́шь, ~те
pt. разру́шил
g.pt.a. разру́шив
p.pt.a. разру́шивший
p.pt.p. разру́шенный

разру́шиться, *1. u. 2. Pers ungebr*, *v* **1.** einstürzen **2.** *übtr* zusammenbrechen, scheitern ‖ *uv* разруша́ться

[1]**разрыва́ть** *uv zu* разорва́ть

[2]**разрыва́ть** *uv zu* разры́ть

разрыва́ться *uv zu* разорва́ться

разрыда́ться 2 *v* laut zu schluchzen beginnen

разры́ть *v* что **1.** aufgraben, aufwühlen **2.** *umg* durcheinanderbringen ‖ *uv* разрыва́ть 2a
ft. разро́ю, -о́ешь, -о́ют
imp. разро́й, ~те
pt. разры́л
g.pt.a. разры́в
p.pt.a. разры́вший
p.pt.p. разры́тый

разрыхли́ть *v* что auflockern *Boden* ‖ *uv* разрыхля́ть 2a
ft. разрыхлю́, -ли́шь, -ля́т
imp. разрыхли́, ~те
pt. разрыхли́л
g.pt.a. разрыхли́в
p.pt.a. разрыхли́вший
p.pt.p. разрыхлённый; разрыхлён, -ена́

разрыхля́ть *uv zu* разрыхли́ть

[1]**разряди́ть** *v* кого́-что *umg* herausputzen, festlich kleiden ‖ *uv* разряжа́ть 2a

ft. разряжу́, -я́дишь, -я́дят
imp. разряди́, ~те
pt. разряди́л
g.pt.a. разряди́в
p.pt.a. разряди́вший
p.pt.p. разря́женный

[2]**разряди́ть** *v* что **1.** *el* entladen, *a. Schußwaffen* **2.** *übtr* entspannen ‖ *uv* разряжа́ть 2a

ft. разряжу́, -я́ди́шь, -я́дя́т
p.pt.p. разряжённый; разряжён, -ена́ *u.* разря́женный

Übrige Formen wie [1]разряди́ть

[1]**разряди́ться** *v umg* sich herausputzen ‖ *uv* разряжа́ться

ft. разряжу́сь, -я́дишься, -я́дятся

[2]**разряди́ться,** *1. u. 2. Pers ungebr*, *v* **1.** sich entladen **2.** *übtr* sich entspannen ‖ *uv* разряжа́ться

ft. разря́ди́тся, -я́дя́тся

[1,2]**разряжа́ть(ся)** *uv zu* [1,2]разряди́ть(ся)

разубеди́ть *v* кого́-что в чём ausreden, abbringen (von) ‖ *uv* разубежда́ть 2a

ft. разубежу́, -еди́шь, -едя́т
imp. разубеди́, ~те
pt. разубеди́л
g.pt.a. разубеди́в
p.pt.a. разубеди́вший
p.pt.p. разубеждённый; разубеждён, -ена́

разубеди́ться *v* в чём seine Meinung ändern, sich eines anderen besinnen ‖ *uv* разубежда́ться

разубежда́ть(ся) *uv zu* разубеди́ть(ся)

разубра́ть *v* кого́-что *alt u. volksspr* (aus)schmücken

ft. разуберу́, -рёшь, -ру́т
imp. разубери́, ~те
pt. разубра́л
g.pt.a. разубра́в
p.pt.a. разубра́вший
p.pt.p. разу́бранный

разува́ть(ся) *uv zu* разу́ть(ся)

разуве́рить *v* кого́-что в ком-чём j-n von seinem Glauben [seiner Überzeugung] abbringen ‖ *uv* разуверя́ть 2a

ft. разуве́рю, -ришь, -рят
imp. разуве́рь, ~те
pt. разуве́рил
g.pt.a. разуве́рив
p.pt.a. разуве́ривший
p.pt.p. разуве́ренный

разуве́риться *v* в ком-чём seinen Glauben verlieren (an) ‖ *uv* разуверя́ться

разуверя́ть(ся) *uv zu* разуве́рить(ся)

разузнава́ть *uv zu* разузна́ть

pr. разузнаю́, -аёшь, -аю́т
imp. разузнава́й, ~те
pt. разузнава́л
g.pr.a. разузнава́я
p.pr.a. разузнаю́щий
p.pt.a. разузнава́вший
p.pr.p. разузнава́емый

разузна́ть 2 *v* что *oder* о ком-чём nachforschen (über); sich erkundigen ‖ *uv* разузнава́ть, Formen das.

разукра́сить *v* что (aus)schmücken, verzieren ‖ *uv* разукра́шивать 1a

ft. разукра́шу, -а́сишь, -а́сят
imp. разукра́сь, ~те
pt. разукра́сил
g.pt.a. разукра́сив
p.pt.a. разукра́сивший
p.pt.p. разукра́шенный

разукра́ситься *v* sich (aus)schmücken ‖ *uv* разукра́шиваться

разукра́шивать(ся) *uv zu* разукра́сить(ся)

разукрупни́ть *v* что aufteilen *in kleinere Einheiten;* dezentralisieren ‖ *uv* разукрупня́ть 2a

ft. разукрупню́, -ни́шь, -ня́т
imp. разукрупни́, ~те
pt. разукрупни́л
g.pt.a. разукрупни́в
p.pt.a. разукрупни́вший
p.pt.p. разукрупнённый; разукрупнён, -ена́

разукрупни́ться, *1. u. 2. Pers ungebr*, *v* dezentralisiert werden ‖ *uv* разукрупня́ться

разукрупня́ть(ся) *uv zu* разукрупни́ть(ся)

разуме́ть 3a *uv* что *alt* verstehen, begreifen

разуме́ться, *1. u. 2. Pers ungebr*, *uv:* под э́тим разуме́ется ... damit ist gemeint ...

разу́ть *v* кого́-что die Schuhe ausziehen ‖ *uv* разува́ть 2a

ft. разу́ю, -у́ешь, -у́ют
imp. разу́й, ~те
pt. разу́л
g.pt.a. разу́в
p.pt.a. разу́вший
p.pt.p. разу́тый

разу́ться *v* sich die Schuhe ausziehen ‖ *uv* разува́ться

разутю́живать *uv zu* разутю́жить

разутю́жить *v* что bügeln, glätten ‖ *uv* разутю́живать 1a
ft. разутю́жу, -жишь, -жат
imp. разутю́жь, ~те
pt. разутю́жил
g.pt.a. разутю́жив
p.pt.a. разутю́живший
p.pt.p. разутю́женный

разу́чивать(ся) *uv zu* разучи́ть(ся)

разучи́ть *v* что einüben, einstudieren ‖ *uv* разу́чивать 1a
ft. разучу́, -у́чишь, -у́чат
imp. разучи́, ~те
pt. разучи́л
g.pt.a. разучи́в
p.pt.a. разучи́вший
p.pt.p. разу́ченный

разучи́ться *v mit Infinitiv* verlernen, aus der Übung kommen ‖ *uv* разучиваться

разъеда́ть(ся) *uv zu* разъе́сть(ся)

разъедини́ть *v* кого́-что trennen; unterbrechen ‖ *uv* разъединя́ть 2a
ft. разъединю́, -ни́шь, -ня́т
imp. разъедини́, ~те
pt. разъедини́л
g.pt.a. разъедини́в
p.pt.a. разъедини́вший
p.pt.p. разъединённый; разъединён, -ена́

разъедини́ться *v* sich trennen; unterbrochen werden ‖ *uv* разъединя́ться

разъединя́ть(ся) *uv zu* разъедини́ть(ся)

разъе́здить *v* что *umg* ausfahren *Weg* ‖ *uv* разъе́зживать 1a
ft. разъе́зжу, -здишь, -здят
imp. разъе́зди, ~те
pt. разъе́здил
g.pt.a. разъе́здив
p.pt.a. разъе́здивший
p.pt.p. разъе́зженный

разъезжа́ть 2a *uv* umherreisen

разъезжа́ться *uv zu* разъе́хаться

разъе́зживать *uv zu* разъе́здить

разъе́сть, *1. u. 2. Pers ungebr*, *v* что zerfressen; ätzen ‖ *uv* разъеда́ть 2a
ft. разъе́ст, -едя́т
pt. разъе́л
g.pt.a. разъе́в
p.pt.a. разъе́вший
p.pt.p. разъе́денный

разъе́сться *v umg* dick werden *durch reichliches Essen* ‖ *uv* разъеда́ться
ft. разъе́мся, -е́шься, -е́стся, -еди́мся, -еди́тесь, -едя́тся

разъе́хаться *v* **1.** *1. u. 2. Pers ungebr* wegfahren; aufbrechen **2.** einander ausweichen **3.** aneinander vorbeifahren **4.** auseinandergehen ‖ *uv* разъезжа́ться 2a
ft. разъе́дусь, -дешься, -дутся
pt. разъе́хался, -лась
g.pt.a. разъе́хавшись
p.pt.a. разъе́хавшийся

разъяри́ть *v* кого́-что in Wut bringen ‖ *uv* разъяря́ть 2a
ft. разъярю́, -ри́шь, -ря́т
imp. разъяри́, ~те
pt. разъяри́л
g.pt.a. разъяри́в
p.pt.a. разъяри́вший
p.pt.p. разъярённый; разъярён, -ена́

разъяри́ться *v* in Wut geraten ‖ *uv* разъяря́ться

разъяря́ть(ся) *uv zu* разъяри́ть(ся)

разъя́сниваться *uv zu* разъя́сниться

разъя́снить *unpers v volksspr* sich aufklären *Wetter*
ft. разъя́снит
pt. разъя́снило

разъясни́ть *v* что erklären, erläutern ‖ *uv* разъясня́ть 2a
ft. разъясню́, -ни́шь, -ня́т
imp. разъясни́, ~те
pt. разъясни́л
g.pt.a. разъясни́в
p.pt.a. разъясни́вший
p.pt.p. разъяснённый; разъяснён, -ена́

разъя́сниться, *1. u. 2. Pers ungebr*, *v volksspr* sich aufklären *Wetter* ‖ *uv* разъя́сниваться 1a

разъясни́ться, *1. u. 2. Pers ungebr*, *v* sich aufklären, klar werden ‖ *uv* разъясня́ться

разъясня́ть(ся) *uv zu* разъясни́ть(ся)

разыгра́ть 2 *v* кого́-что **1.** spielen, aufführen **2.** sich aufführen **3.** *umg* zum Narren halten **4.** ver-, auslosen ‖ *uv* разы́грывать 1a

разыгра́ться *v* **1.** sich am Spiel begeistern **2.** sich einspielen *Schauspieler* **3.** *1. u. 2. Pers ungebr* aus-, losbrechen ‖ *uv* разы́грываться

разы́грывать(ся) *uv zu* разыгра́ть(ся)

разыска́ть *v* кого́-что finden, ausfindig machen ‖ *uv* разы́скивать 1a
ft. разыщу́, -ы́щешь, -ы́щут
imp. разыщи́, ~те
pt. разыска́л

g.pt.a. разыска́в
p.pt.a. разыска́вший
p.pt.p. разы́сканный

разыска́ться *v* gefunden werden || *uv* разы́скиваться

разы́скивать(ся) *uv zu* разыска́ть(ся)

райони́ровать 4 *u.* 4а *v, uv* что in Rayons einteilen

ра́нить *v, uv* кого́-что verwunden, verletzen
pr. u. ft. ра́ню, ра́нишь, ра́нят
imp. рань, ~те
pt. ра́нил
g.pr.a. ра́ня
g.pt.a. ра́нив
p.pr.a. ра́нящий
p.pt.a. ра́нивший
p.pr.p. ра́нимый
p.pt.p. ра́ненный

рапортова́ть 5 *u.* 5а *v, uv* кому́-чему́ о чём melden, berichten

раскабали́ть *v* кого́-что von der Abhängigkeit [Sklaverei] befreien || *uv* раскабаля́ть 2а
ft. раскабалю́, -ли́шь, -ля́т
imp. раскабали́, ~те
pt. раскабали́л
g.pt.a. раскабали́в
p.pt.a. раскабали́вший
p.pt.p. раскабалённый; раскабалён, -ена́

раскабаля́ть *uv zu* раскабали́ть

раска́иваться *uv zu* раска́яться

раскали́ть *v* что glühend machen || *uv* раскаля́ть 2а
ft. раскалю́, -ли́шь, -ля́т
imp. раскали́, ~те
pt. раскали́л
g.pt.a. раскали́в
p.pt.a. раскали́вший
p.pt.p. раскалённый; раскалён, -ена́

раскали́ться, *1. u. 2. Pers ungebr, v* glühend werden, sich erhitzen || *uv* раскаля́ться

раска́лывать(ся) *uv zu* расколо́ть(ся)

раскаля́ть(ся) *uv zu* раскали́ть(ся)

раскапри́зничаться 1 *v* sehr launisch werden

раска́пывать *uv zu* раскопа́ть

раска́рмливать *uv zu* раскорми́ть

раскасси́ровать 4 *v* кого́-что auflösen; liquidieren

раската́ть 2 *v* что **1.** entrollen **2.** ausrollen, glattwalzen; mangeln *Wäsche* || *uv* раска́тывать 1а

раската́ться, *1. u. 2. Pers ungebr, v* sich auseinanderrollen || *uv* раска́тываться

раскати́ть *v* что **1.** durch Rollen Geschwindigkeit verleihen **2.** auseinanderrollen || *uv* раска́тывать 1а
ft. раскачу́, -а́тишь, -а́тят
imp. раскати́, ~те
pt. раскати́л
g.pt.a. раскати́в
p.pt.a. раскати́вший
p.pt.p. раска́ченный

раскати́ться *v* **1.** ins Rollen kommen **2.** *1. u. 2. Pers ungebr* auseinanderrollen || *uv* раска́тываться

[1]**раска́тывать(ся)** *uv zu* раската́ть(ся)

[2]**раска́тывать(ся)** *uv zu* раскати́ть(ся)

раскача́ть 2 *v* кого́-что **1.** stark schaukeln **2.** rütteln, lockern **3.** *übtr umg* aufrütteln, aufmuntern || *uv* раска́чивать 1а

раскача́ться *v* **1.** in Schwung kommen **2.** *1. u. 2. Pers ungebr volksspr* wackelig werden, sich lockern **3.** *übtr umg* sich aufraffen || *uv* раска́чиваться

раска́чивать(ся) *uv zu* раскача́ть(ся)

[1,2]**раска́шивать** *uv zu* [1,2]раскоси́ть

раска́шляться 1 *v* einen Hustenanfall bekommen

раска́яться *v* в чём bereuen || *uv* раска́иваться 1а
ft. раска́юсь, -а́ешься, -а́ются
imp. раска́йся, -а́йтесь
pt. раска́ялся, -лась
g.pt.a. раска́явшись
p.pt.a. раска́явшийся

расквартирова́ть 5 *v* кого́-что einquartieren || *uv* расквартиро́вывать 1а

расквартирова́ться, *1. u. 2. Pers ungebr, v* einquartiert werden || *uv* расквартиро́вываться

расквартиро́вывать(ся) *uv zu* расквартирова́ть(ся)

расква́сить *v* что *volksspr* blutig schlagen || *uv* расква́шивать 1а
ft. расква́шу, -а́сишь, -а́сят
imp. расква́сь, ~те
pt. расква́сил
g.pt.a. расква́сив
p.pt.a. расква́сивший
p.pt.p. расква́шенный

расква́шивать *uv zu* расква́сить

расквита́ться 2 *v* с кем-чем abrechnen, quitt sein (mit)

раскида́ть 2 *v* кого́-что auseinander-, herumwerfen ‖ *uv* раски́дывать 1a

раскида́ться *v* **1.** umherwerfen **2.** sich ausgestreckt hinlegen **3.** *1. u. 2. Pers ungebr* sich erstrecken, sich ausdehnen ‖ *uv* раски́дываться

[1]**раски́дывать(ся)** *uv zu* раскида́ть(ся)

[2]**раски́дывать(ся)** *uv zu* раски́нуть(ся)

раски́нуть 6 *v* что **1.** ausbreiten *Arme* **2.** auseinanderrollen **3.** aufschlagen, auf stellen *Zelt* ‖ *uv* раски́дывать 1a

imp.	раски́нь, ~те
p.pt.p.	раски́нутый

раски́нуться *v* **1.** *umg* sich der Länge nach hinlegen **2.** *1. u. 2. Pers ungebr* sich erstrecken, sich ausdehnen ‖ *uv* раски́дываться *zu* 1

раскипяти́ться *v umg* sich heftig erregen

ft.	раскипячу́сь, -яти́шься, -ятя́тся
imp.	раскипяти́сь, -и́тесь
pt.	раскипяти́лся, -лась
g.pt.a.	раскипяти́вшись
p.pt.a.	раскипяти́вшийся

раскиса́ть *uv zu* раски́снуть

раски́снуть *v* **1.** *1. u. 2. Pers ungebr* stark säuern, gären **2** *übtr umg* schlapp werden, ermatten ‖ *uv* раскиса́ть 2a

ft.	раски́сну, -нешь, -нут
imp.	раски́сни, ~те
pt.	раски́с, ~ла
g.pt.a.	раски́снув *u.* раски́сши
p.pt.a.	раски́сший

раскла́дывать(ся) *uv zu* разложи́ть(ся)

раскла́ниваться *uv zu* раскла́няться

раскла́няться 1 *v* sich verbeugen, eine Verbeugung machen ‖ *uv* раскла́ниваться 1a

расклева́ть, *1. u. 2. Pers ungebr*, *v* что *mit dem Schnabel* zerhacken ‖ *uv* расклёвывать 1a

ft.	расклюёт, -юю́т
pt.	расклева́л
g.pt.a.	расклева́в
p.pt.a.	расклева́вший
p.pt.p.	расклёванный

расклёвывать *uv zu* расклева́ть

раскле́ивать(ся) *uv zu* раскле́ить(ся)

раскле́ить *v* что **1.** *Geklebtes* auseinandernehmen **2.** an-, aufkleben *an vielen Stellen* ‖ *uv* раскле́ивать 1a

ft.	раскле́ю, -е́ишь, -е́ят
imp.	раскле́й, ~те
pt.	раскле́ил
g.pt.a.	раскле́ив
p.pt.a.	раскле́ивший
p.pt.p.	раскле́енный

раскле́иться *v* **1.** *1. u. 2. Pers ungebr* sich lösen, abgehen, aus dem Leim gehen **2.** *1. u. 2. Pers ungebr* sich zerschlagen, nicht zustande kommen **3.** *umg* krank werden; kränkeln ‖ *uv* раскле́иваться

расклепа́ть 2 *v* что **1.** *tech* entnieten **2.** plattdrücken, plattschlagen ‖ *uv* расклёпывать 1a

p.pt.p.	расклёпанный

расклепа́ться *v* auseinanderfallen wegen schlechter Nieten ‖ *uv* расклёпываться

расклёпывать(ся) *uv zu* расклепа́ть(ся)

раскли́нивать(ся) *uv zu* раскли́ни́ть(ся)

расклини́ть *u.* **раскли́нить** *v* что **1.** einen eingetriebenen Keil herausschlagen **2.** durch einen Keil spalten ‖ *uv* раскли́нивать 1a

ft.	раскли́ню́, -и́ни́шь, -и́ня́т
imp.	расклини́, ~те *u.* раскли́нь, ~те
pt.	раскли́ни́л
g.pt.a.	раскли́ни́в
p.pt.a.	раскли́ни́вший
p.pt.p.	расклинённый; расклинён, -ена́ *u.* раскли́ненный

расклини́ться *u.* **раскли́ниться**, *1. u. 2. Pers ungebr*, *v* sich durch einen Keil spalten ‖ *uv* раскли́ниваться

раскова́ть 5 *v* кого́-что **1.** die Hufeisen abschlagen **2.** von Ketten [Fesseln] befreien ‖ *uv* раско́вывать 1a

ft.	раскую́, -уёшь, -ую́т

раскова́ться *v* ein Hufeisen verlieren ‖ *uv* раско́вываться

раско́вывать(ся) *uv zu* раскова́ть(ся)

расковы́ривать *uv zu* расковыря́ть

расковыря́ть 2 *v* что *umg* **1.** zerstochern, durch Stochern vergrößern **2.** zer-, aufkratzen ‖ *uv* расковы́ривать 1a

раско́кать 1 *v* что *volksspr* zerschlagen

расколა́чивать *uv zu* расколоти́ть

расколдова́ть 5 *v* кого́-что entzaubern

расколоти́ть *v* что *umg* zerschlagen, zerbrechen; *Zugenageltes* aufschlagen ‖ *uv* раскола́чивать 1a

ft.	расколочу́, -о́тишь, -о́тят
imp.	расколоти́, ~те
pt.	расколоти́л
g.pt.a	расколоти́в
p.pt.a	расколоти́вший
p.pt.p.	расколо́ченный

расколо́ть *v* **1.** что (zer)spalten, knacken **2.** *übtr* кого́-что spalten, entzweien ‖ *uv* раска́лывать 1a
ft. расколю́, -о́лешь, -о́лют
imp. расколи́, ~те
pt. расколо́л
g.pt.a. расколо́в
p.pt.a. расколо́вший
p.pt.p. раско́лотый

расколо́ться, *1. u. 2. Pers ungebr*, *v* **1.** sich spalten, bersten **2.** *übtr* sich entzweien ‖ *uv* раска́лываться

расколупа́ть 2 *v* что *volksspr* **1.** zerstochern, durch Stochern vergrößern **2.** zer-, aufkratzen ‖ *uv* расколу́пывать 1a

расколу́пывать *uv zu* расколупа́ть

расколыха́ть *v* **1.** что in schaukelnde Bewegung bringen **2.** кого́ in Erregung versetzen
ft. расколы́шу, -ы́шешь, -ы́шут *u.* расколыха́ю, -а́ешь, -а́ют
imp. расколыха́й, ~те
pt. расколыха́л
g.pt.a. расколыха́в
p.pt.a. расколыха́вший

расконопа́тить *v* что die Kalfaterung herausnehmen ‖ *uv* расконопа́чивать 1a
ft. расконопа́чу, -а́тишь, -а́тят
imp. расконопа́ть ~те
pt. расконопа́тил
g.pt.a. расконопа́тив
p.pt.a. расконопа́тивший
p.pt.p. расконопа́ченный

расконопа́чивать *uv zu* расконопа́тить

раскопа́ть 2 *v* кого́-что **1.** aufgraben; ausgraben **2.** *übtr umg* ans Licht bringen ‖ *uv* раска́пывать 1a

раскорми́ть *v* кого́-что mästen ‖ *uv* раска́рмливать 1a
ft. раскормлю́, -о́рмишь, -о́рмят
imp. раскорми́, ~те
pt. раскорми́л
g.pt.a. раскорми́в
p.pt.a. раскорми́вший
p.pt.p. раско́рмленный

раскорчева́ть *v* что (aus)roden ‖ *uv* раскорчёвывать 1a
ft. раскорчу́ю, -у́ешь, -у́ют
imp. раскорчу́й, ~те
pt. раскорчева́л
g.pt.a. раскорчева́в
p.pt.a. раскорчева́вший
p.pt.p. раскорчёванный

раскорчёвывать *uv zu* раскорчева́ть

раскоря́чивать(ся) *uv zu* раскоря́чить(ся)

раскоря́чить *v* что *volkssp*r spreizen ‖ *uv* раскоря́чивать 1a
ft. раскоря́чу, -чишь, -чат
imp. раскоря́чь, ~те
pt. раскоря́чил
g.pt.a. раскоря́чив
p.pt.a. раскоря́чивший
p.pt.p. раскоря́ченный

раскоря́читься *v volksspr* die Beine spreizen ‖ *uv* раскоря́чиваться

[1]**раскоси́ть** *v* что durch schräggestellte Pfeiler stützen ‖ *uv* раска́шивать 1a
ft. раскошу́, -оси́шь, -ося́т
imp. раскоси́, ~те
pt. раскоси́л
g.pt.a. раскоси́в
p.pt.a. раскоси́вший
p.pt.p. раско́шенный

[2]**раскоси́ть** *v umg*: раскоси́ть глаза́ schielen ‖ *uv* раска́шивать 1a
Formen wie [1]раскоси́ть

раскоше́ливаться *uv zu* раскоше́литься

раскоше́литься *v umg* freigebig sein, großzügig sein ‖ *uv* раскоше́ливаться 1a
ft. раскоше́люсь, -лишься, -лятся
imp. раскоше́лься, -льтесь
pt. раскоше́лился, -лась
g.pt.a. раскоше́лившись
p.pt.a. раскоше́лившийся

раскра́дывать *uv zu* раскра́сть

раскра́ивать *uv zu* раскрои́ть

раскра́сить *v* кого́-что bunt bemalen, ausmalen ‖ *uv* раскра́шивать 1a
ft. раскра́шу, -а́сишь, -а́сят
imp. раскра́сь, ~те
pt. раскра́сил
g.pt.a. раскра́сив
p.pt.a. раскра́сивший
p.pt.p. раскра́шенный

раскра́ситься, *1. u. 2. Pers ungebr*, *v* bunt bemalt werden ‖ *uv* раскра́шиваться

раскрасне́ться 3 *v* erröten, rot werden, rote Backen bekommen

раскра́сть *v* кого́-что (alles) stehlen, ausplündern ‖ *uv* раскра́дывать 1a
ft. раскраду́, -дёшь, -ду́т
imp. раскради́, ~те
pt. раскра́л
g.pt.a. раскра́в
p.pt.a. раскра́вший
p.pt.p. раскра́денный

[1]**раскра́шивать(ся)** *uv zu* раскра́сить(ся)

[2]**раскра́шивать(ся)** *uv zu* раскроши́ть(ся)

раскрепи́ть *v* что *Befestigtes* lösen, losmachen, lockern ‖ *uv* раскрепля́ть 2a

ft.	раскреплю́, -пи́шь, -пя́т
imp.	раскрепи́, ~те
pt.	раскрепи́л
g.pt.a.	раскрепи́в
p.pt.a.	раскрепи́вший
p.pt.p.	раскреплённый; раскреплён, -ена́

раскрепи́ться, *1. u. 2. Pers ungebr, v* sich lösen, sich lockern *von Befestigtem* ‖ *uv* раскрепля́ться

раскрепля́ть(ся) *uv zu* раскрепи́ть(ся)

раскрепости́ть *v* кого́-что **1.** *hist* von der Leibeigenschaft befreien **2.** *übtr* (vom Joch) befreien; emanzipieren ‖ *uv* раскрепоща́ть 2a

ft.	раскрепощу́, -ости́шь, -остя́т
imp.	раскрепости́, ~те
pt.	раскрепости́л
g.pt.a.	раскрепости́в
p.pt.a.	раскрепости́вший
p.pt.p.	раскрепощённый; раскрепощён, -ена́

раскрепости́ться *v* **1.** von der Leibeigenschaft befreit werden **2.** sich befreien ‖ *uv* раскрепоща́ться

раскрепоща́ть(ся) *uv zu* раскрепости́ть(ся)

раскритикова́ть 5 *v* кого́-что scharf kritisieren ‖ *uv* раскритико́вывать 1a

раскритико́вывать *uv zu* раскритикова́ть

раскрича́ть *v* ausschreien, überall erzählen

ft.	раскричу́, -чи́шь, -ча́т
imp.	раскричи́, ~те
pt.	раскрича́л
g.pt.a.	раскрича́в
p.pt.a.	раскрича́вший

раскрича́ться *v umg* laut zu schreien beginnen

раскрои́ть *v* что **1.** zuschneiden **2.** *umg* schwer verwunden; spalten *Schädel* ‖ *uv* раскра́ивать 1a

ft.	раскрою́, -ои́шь, -оя́т
imp.	раскрои́, ~те
pt.	раскрои́л
g.pt.a.	раскрои́в
p.pt.a.	раскрои́вший
p.pt.p.	раскро́енный

раскроши́ть *v* что zerkrümeln, zerbröckeln ‖ *uv* раскра́шивать 1a

ft.	раскрошу́, -о́шишь, -о́шат
imp.	раскроши́, ~те
pt.	раскроши́л
g.pt.a.	раскроши́в
p.pt.a.	раскроши́вший
p.pt.p.	раскро́шенный

раскроши́ться *v* zerbröckeln; abbröckeln ‖ *uv* раскра́шиваться

раскрути́ть *v* что **1.** abwickeln; aufdrehen, aufschrauben **2.** *umg* in drehende Bewegung bringen ‖ *uv* раскру́чивать 1a

ft.	раскручу́, -у́тишь, -у́тят
imp.	раскрути́, ~те
pt.	раскрути́л
g.pt.a.	раскрути́в
p.pt.a.	раскрути́вший
p.pt.p.	раскру́ченный

раскрути́ться, *1. u. 2. Pers ungebr, v* **1.** sich abwickeln, aufgehen **2.** *umg* sich allmählich immer schneller drehen ‖ *uv* раскру́чиваться

раскру́чивать(ся) *uv zu* раскрути́ть(ся)

раскрыва́ть(ся) *uv zu* раскры́ть(ся)

раскры́ть *v* кого́-что **1.** öffnen, aufmachen **2.** entblößen **3.** *übtr* aufdecken, enthüllen ‖ *uv* раскрыва́ть 2a

ft.	раскро́ю, -о́ешь, -о́ют
imp.	раскро́й, ~те
pt.	раскры́л
g.pt.a.	раскры́в
p.pt.a.	раскры́вший
p.pt.p.	раскры́тый

раскры́ться *v* **1.** sich öffnen, aufgehen **2.** *übtr* aufgedeckt werden, sich herausstellen ‖ *uv* раскрыва́ться

раскуда́хтаться *v* laut zu gackern anfangen

ft.	раскуда́хчусь, -чешься, -чутся
imp.	раскуда́хтайся, -айтесь
pt.	раскуда́хтался, -лась
g.pt.a.	раскуда́хтавшись
p.pt.a.	раскуда́хтавшийся

раскула́чивать *uv zu* раскула́чить

раскула́чить *v* кого́-что das Großbauerntum liquidieren; einen Kulaken enteignen ‖ *uv* раскула́чивать 1a

ft.	раскула́чу, -чишь, -чат
imp.	раскула́чь, ~те
pt.	раскула́чил
g.pt.a.	раскула́чив
p.pt.a.	раскула́чивший
p.pt.p.	раскула́ченный

раскупа́ть *uv zu* раскупи́ть

раскупа́ться 2a, *1. u. 2. Pers ungebr, uv* abgehen, verkauft werden; хорошо́ раскупа́ться reißenden Absatz finden

раскупи́ть *v* nach und nach (vollständig) aufkaufen ‖ *uv* раскупа́ть 2a

ft.	раскуплю́, -у́пишь, -у́пят
imp.	раскупи́, ~те
pt.	раскупи́л
g.pt.a.	раскупи́в
p.pt.a.	раскупи́вший
p.pt.p.	раску́пленный

раску́поривать(ся) *uv zu* раску́порить(ся)

раску́порить *v* что entkorken; öffnen, aufmachen ‖ *uv* раску́поривать 1a

ft.	раску́порю, -ришь, -рят
imp.	раску́порь, ~те *u.* раску́пори, ~те
pt.	раску́порил
g.pt.a.	раску́порив
p.pt.a.	раску́поривший
p.pt.p.	раску́поренный

раску́пориться, *1. u. 2. Pers ungebr*, *v* aufgehen, sich öffnen *Zugekorktes* ‖ *uv* раску́пориваться

раску́ривать(ся) *uv zu* раскури́ть(ся)

раскури́ть *v* что anrauchen, anstecken *Zigarette* ‖ *uv* раску́ривать 1a

ft.	раскурю́, -у́ришь, -у́рят
imp.	раскури́, ~те
pt.	раскури́л
g.pt.a.	раскури́в
p.pt.a.	раскури́вший
p.pt.p.	раску́ренный

раскури́ться, *1. u. 2. Pers ungebr*, *v* angeraucht werden ‖ *uv* раску́риваться

раскуси́ть *v* кого́-что **1.** zer-, aufbeißen **2.** *umg* verstehen, durchschauen ‖ *uv* раску́сывать 1a

ft.	раскушу́, -у́сишь, -у́сят
imp.	раскуси́, ~те
pt.	раскуси́л
g.pt.a.	раскуси́в
p.pt.a.	раскуси́вший
p.pt.p.	раску́шенный

раску́сывать *uv zu* раскуси́ть

раску́тать 1 *v* кого́-что aus-, loswickeln ‖ *uv* раску́тывать 1a

раску́таться *v* sich auswickeln, sich enthüllen ‖ *uv* раску́тываться

раскути́ться *v umg* anfangen zu zechen, ein Trinkgelage beginnen

ft.	раскучу́сь, -у́тишься, -у́тятся
imp.	раскути́сь, -и́тесь
pt.	раскути́лся, -лась
g.pt.a.	раскути́вшись
p.pt.a.	раскути́вшийся

раску́тывать(ся) *uv zu* раску́тать(ся)

распада́ться *uv zu* распа́сться

распа́ивать(ся) *uv zu* распая́ть(ся)

распакова́ть 5 *v* что auspacken ‖ *uv* распако́вывать 1a

распакова́ться *v* **1.** seine Sachen auspacken **2.** *1. u. 2. Pers ungebr* sich auflösen, aufgehen ‖ *uv* распако́вываться

распако́вывать(ся) *uv zu* распакова́ть(ся)

распали́ть *v* кого́-что *umg* **1.** auf sehr hohe Temperaturen erhitzen **2.** *übtr* stark erregen ‖ *uv* распаля́ть 2a

ft.	распалю́, -ли́шь, -ля́т
imp.	распали́, ~те
pt.	распали́л
g.pt.a.	распали́в
p.pt.a.	распали́вший
p.pt.p.	распалённый; распалён, -ена́

распали́ться *v umg* **1.** *1. u. 2. Pers ungebr* sich stark erhitzen **2.** чем *u. ohne Objekt* aufbrausen ‖ *uv* распаля́ться

распаля́ть(ся) *uv zu* распали́ть(ся)

распа́ривать(ся) *uv zu* распа́рить(ся)

распа́рить *v* кого́-что **1.** mit Dampf oder heißem Wasser aufweichen **2.** *umg* zum Schwitzen bringen ‖ *uv* распа́ривать 1a

ft.	распа́рю, -ришь, -рят
imp.	распа́рь, ~те
pt.	распа́рил
g.pt.a.	распа́рив
p.pt.a.	распа́ривший
p.pt.p.	распа́ренный

распа́риться *v* **1.** *1. u. 2. Pers ungebr* in heißem Dampf aufweichen **2.** in Schweiß geraten ‖ *uv* распа́риваться

распа́рывать(ся) *uv zu* распоро́ть(ся)

распа́сться, *1. u. 2. Pers ungebr*, *v* **1.** zerfallen **2.** *übtr* zerfallen, auseinandergehen ‖ *uv* распада́ться 2a

ft.	распадётся, -ду́тся
pt.	распа́лся, -лась
g.pt.a.	распа́вшись
p.pt.a.	распа́вшийся

распаха́ть *v* что aufpflügen, umbrechen ‖ *uv* распа́хивать 1a

ft.	распашу́, -а́шешь, -а́шут
imp.	распаши́, ~те
pt.	распаха́л
g.pt.a.	распаха́в
p.pt.a.	распаха́вший
p.pt.p.	распа́ханный

[1]**распа́хивать** *uv zu* распаха́ть

[2]**распа́хивать** *uv zu* распахну́ть

распа́хиваться *uv zu* распахну́ться

распахну́ть 7 *v* что weit öffnen, aufmachen || *uv* распа́хивать 1a

распахну́ться *v* **1.** *1. u. 2. Pers ungebr* sich (weit) öffnen, aufgehen **2.** die Rockschöße zurückschlagen || *uv* распа́хиваться

распая́ть 2 *v* что loslöten, ablöten || *uv* распа́ивать 1a

распая́ться, *1. u. 2. Pers ungebr, v* an der Lötstelle aufplatzen || *uv* распа́иваться

распева́ть 2a *uv* **1.** *uv zu* распе́ть **2.** *umg* vor sich hin singen

распева́ться *uv zu* распе́ться

распека́ть *uv zu* распе́чь

распелена́ть 2 *v* кого́-что aus den Windeln wickeln || *uv* распелёнывать 1a
p.pt.p. распелёнатый

распелена́ться *v* sich ausstrampeln *aus den Windeln* || *uv* распелёныватъся

распелёнывать(ся) *uv zu* распелена́ть(ся)

распере́ть *meist unpers v* что *umg* auseinanderdrücken, -treiben || *uv* распира́ть 2a
ft. разопру́, -рёшь, -ру́т
imp. разопри́, ~те
pt. распёр, ~ла
g.pt.a. распере́в *u.* распёрши
p.pt.a. распёрший
p.pt.p. распёртый

распетуши́ться *v umg* zornig werden
ft. распетушу́сь, -ши́шься, -ша́тся
imp. распетуши́сь, -и́тесь
pt. распетуши́лся, -лась
g.pt.a. распетуши́вшись
p.pt.a. распетуши́вшийся

распе́ть *v* что **1.** einstudieren *Gesangsstück* **2.** einsingen *Stimme* || *uv* распева́ть 2a
ft. распою́, -оёшь, -ою́т
imp. распо́й, ~те
pt. распе́л
g.pt.a. распе́в
p.pt.a. распе́вший
p.pt.p. распе́тый

распе́ться *v* **1.** ohne Unterlaß singen **2.** sich einsingen || *uv* распева́ться

распеча́тать 1 *v* что entsiegeln; aufbrechen || *uv* распеча́тывать 1a

распеча́таться, *1. u. 2. Pers ungebr, v* aufgehen, sich lösen *Versiegelung* || *uv* распеча́тываться

распеча́тывать(ся) *uv zu* распеча́тать(ся)

распе́чь *v* кого́-что *umg* den Kopf waschen, eine strenge Rüge erteilen || *uv* распека́ть 2a
ft. распеку́, -ечёшь, -еку́т
imp. распеки́, ~те
pt. распёк, -екла́
g.pt.a. распёкши
p.pt.a. распёкший
p.pt.p. распечённый; распечён, -ена́

распива́ть *uv zu* распи́ть

распи́ливать(ся) *uv zu* распили́ть(ся)

распили́ть *v* что zersägen, durchsägen || *uv* распи́ливать 1a
ft. распилю́, -и́лишь, -и́лят
imp. распили́, ~те
pt. распили́л
g.pt.a. распили́в
p.pt.a. распили́вший
p.pt.p. распи́ленный

распили́ться, *1. u. 2. Pers ungebr, v* zersägt werden || *uv* распи́ливаться

распина́ть *uv zu* распя́ть

распина́ться 2a *uv umg* за кого́-что sich sehr bemühen (um); sich sehr einsetzen (für)

распира́ть *uv zu* распере́ть

расписа́ть *v* кого́-что **1.** heraus-, abschreiben **2.** aus-, bemalen **3.** *übtr umg* beschreiben, schildern || *uv* распи́сывать 1a
ft. распишу́, -и́шешь, -и́шут
imp. распиши́, ~те
pt. расписа́л
g.pt.a. расписа́в
p.pt.a. расписа́вший
p.pt.p. распи́санный

расписа́ться *v* **1.** в чём unterschreiben, unterzeichnen **2.** *viel* (zusammen)schreiben **3.** с кем *umg* sich standesamtlich trauen lassen || *uv* распи́сываться

распи́сывать(ся) *uv zu* расписа́ть(ся)

распи́ть *v* что *umg* gemeinsam trinken || *uv* распива́ть 2a
ft. разопью́, -пьёшь, -пью́т
imp. распе́й, ~те
pt. распи́л *u. umg* ро́спил, распила́, распи́ло *u. umg* ро́спило
g.pt.a. распи́в
p.pt.a. распи́вший
p.pt.p. распи́тый; распи́т *u. umg* ро́спит, распита́ *u. umg* распи́та, распи́то *u. umg* ро́спито

распиха́ть 2 *v* кого́-что *volksspr* **1.** auseinanderstoßen **2.** hineinstecken, -stopfen *an verschiedenen Stellen* || *uv* распи́хивать 1a

распи́хивать *uv zu* распиха́ть

распла́вить *v* что schmelzen ‖ *uv* расплавля́ть 2a

ft.	распла́влю, -вишь, -вят
imp.	распла́вь, ~те
pt.	распла́вил
g.pt.a.	распла́вив
p.pt.a.	распла́вивший
p.pt.p.	распла́вленный

распла́виться, *1. u. 2. Pers ungebr*, *v* schmelzen ‖ *uv* расплавля́ться

расплавля́ть(ся) *uv zu* распла́вить(ся)

распла́каться *v* in Tränen ausbrechen

ft.	распла́чусь, -чешься, -чутся
imp.	распла́чься, -чьтесь
pt.	распла́кался, -лась
g.pt.a.	распла́кавшись
p.pt.a.	распла́кавшийся

распланирова́ть 5 *u.* **расплани́ровать** 4 *v* что **1.** nach genauem Plan einteilen **2.** nach Plan einrichten [anlegen] ‖ *uv* распланиро́вывать 1a

распланиро́вывать *uv zu* расплани́рова́ть

распласта́ть 2 *v* кого́-что **1.** zerlegen, zerteilen *nach Schichten* **2.** ausbreiten, ausstrecken ‖ *uv* распла́стывать 1a

распласта́ться *v* sich ausstrecken, sich (ausgestreckt) hinlegen ‖ *uv* распла́стываться

распластова́ть 5 *v* что zerlegen, zerteilen *nach Schichten*

распла́стывать(ся) *uv zu* распласта́ть(ся)

расплати́ться *v* **1.** с кем-чем bezahlen, voll auszahlen **2.** с кем-чем *übtr* abrechnen, Rache üben **3.** за что *übtr* sühnen, büßen (für) ‖ *uv* распла́чиваться 1a

ft.	расплачу́сь, -а́тишься, -а́тятся
imp.	расплати́сь, -и́тесь
pt.	расплати́лся, -лась
g.pt.a.	расплати́вшись
p.pt.a.	расплати́вшийся

распла́чиваться *uv zu* расплати́ться

расплеска́ть *v* что verschütten, vergießen, verspritzen ‖ *uv* расплёскивать 1a | *v mom* расплесну́ть 7, *p.pt.p.* расплёснутый

ft.	расплещу́, -е́щешь, -е́щут *u. umg* расплеска́ю, -а́ешь, -а́ют
imp.	расплещи́, ~те *u.* расплеска́й, ~те
pt.	расплеска́л
g.pt.a.	расплеска́в
p.pt.a.	расплеска́вший
p.pt.p.	расплёсканный

расплеска́ться, *1. u. 2. Pers ungebr*, *v* überschwappen ‖ *uv* расплёскиваться | *v mom* расплесну́ться

расплёскивать(ся) *uv zu* расплеска́ть(ся)

расплесну́ть(ся) *v mom zu* расплёскивать(ся)

расплести́ *v* что auf-, losflechten ‖ *uv* расплета́ть 2a

ft.	расплету́, -тёшь, -ту́т
imp.	расплети́, ~те
pt.	расплёл, -ела́
g.pt.a.	расплетя́ *u.* расплётши
p.pt.a.	расплётший
p.pt.p.	расплетённый; расплетён, -ена́

расплести́сь, *1. u. 2. Pers ungebr*, *v* aufgehen *von Geflochtenem* ‖ *uv* расплета́ться

расплета́ть(ся) *uv zu* расплести́(сь)

расплоди́ть *v* кого́-что züchten, ziehen; vermehren, fortpflanzen ‖ *uv* расплoжа́ть 2a

ft.	распложу́, -оди́шь, -одя́т
imp.	расплоди́, ~те
pt.	расплоди́л
g.pt.a.	расплоди́в
p.pt.a.	расплоди́вший
p.pt.p.	распложённый; распложён, -ена́

расплоди́ться, *1. u. 2. Pers ungebr*, *v* sich vermehren, sich fortpflanzen ‖ *uv* распложа́ться

распложа́ть(ся) *uv zu* расплоди́ть(ся)

расплыва́ться *uv zu* расплы́ться

расплы́ться *v* **1.** *1. u. 2. Pers ungebr* zerfließen **2.** *1. u. 2. Pers ungebr* anschwellen, sich ausdehnen **3.** *umg* dick werden ‖ *uv* расплыва́ться 2a

ft.	расплыву́сь, -вёшься, -ву́тся
pt.	расплы́лся, -ыла́сь
g.pt.a.	расплы́вшись
p.pt.a.	расплы́вшийся

расплю́щивать(ся) *uv zu* расплю́щить(ся)

расплю́щить *v* что plattschlagen, plattdrücken ‖ *uv* расплю́щивать 1a

ft.	расплю́щу, -щишь, -щат
imp.	расплю́щи, ~те
pt.	расплю́щил
g.pt.a.	расплю́щив
p.pt.a.	расплю́щивший
p.pt.p.	расплю́щенный

расплю́щиться, *1. u. 2. Pers ungebr*, *v* sich abflachen, platt werden ‖ *uv* расплю́щиваться

расплясáться *v umg* am Tanzen Gefallen finden, immer weiter tanzen wollen

ft.	распляшу́сь, -я́шешься, -я́шутся
imp.	распляши́сь, -и́тесь
pt.	расплясáлся, -лась
g.pt.a.	расплясáвшись
p.pt.a.	расплясáвшийся

распознавáть *uv zu* распознáть

pr.	распознаю́, -аёшь, -аю́т
imp.	распознавáй, ~те
pt.	распознавáл
g.pr.a.	распознавáя
p.pr.a.	распознаю́щий
p.pt.a.	распознавáвший
p.pr.p.	распознавáемый

распознáть 1 *v* когó-что erkennen; unterscheiden, bestimmen|| *uv* распознавáть, Formen das.

располагáть 2a *uv* **1.** *uv zu* расположи́ть **2.** кем-чем verfügen, disponieren (über)

располагáться *uv zu* расположи́ться

распóлзаться 1 *v umg viel* herumkriechen

расползáться *uv zu* расползти́сь

расползти́сь, *1. u. 2. Pers ungebr, v* **1.** auseinanderkriechen **2.** *umg* auseinandergehen; in Fetzen gehen **3.** zerfallen || *uv* расползáться 2a

ft.	расползётся, -зу́тся
imp.	расползи́тесь
pt.	распóлзся, -олзлáсь
g.pt.a.	распóлзшись
p.pt.a.	распóлзшийся

располнéть 3 *v* zunehmen, dick werden

расположи́ть *v* когó-что **1.** anordnen, verteilen; aufstellen **2.** günstig stimmen || *uv* располагáть 2a

ft.	расположу́, -óжишь, -óжат
imp.	расположи́, ~те
pt.	расположи́л
g.pt.a.	расположи́в
p.pt.a.	расположи́вший
p.pt.p.	располóженный

расположи́ться *v* **1.** sich niederlassen, sich einrichten **2.** *mit Infinitiv umg alt* vorhaben, sich vornehmen || *uv* располагáться

g.pt.a.	расположи́вшись *u.* расположáсь

располосовáть 5 *v* что *umg* in Streifen schneiden [reißen] || *uv* располосóвывать 1a

располосóвыватъ *uv zu* располосовáть

распорóть *v* что (auf)trennen, zertrennen || *uv* распáрывать 1a

ft.	распорю́, -óрешь, -óрют
imp.	распори́, ~те
pt.	распорóл
g.pt.a.	распорóв
p.pt.a.	распорóвший
p.p.pt.	распóротый

распорóться, *1. u. 2. Pers ungebr, v* sich (auf)trennen, aufgehen || *uv* распáрываться

распоряди́ться *v* anordnen, verfügen; disponieren || *uv* распоряжáться 2a

ft.	распоряжу́сь, -яди́шься, -ядя́тся
imp.	распоряди́сь, -и́тесь
pt.	распоряди́лся, -лась
g.pt.a.	распоряди́вшись
p.pt.a.	распоряди́вшийся

распоряжáться 2a *uv* **1.** *uv zu* распоряди́ться **2.** schalten und walten; leiten

распотéшить *v* когó-что *umg* unterhalten, ergötzen *durch etw. Spaßiges*

ft.	распотéшу, -шишь, -шат
imp.	распотéшь, ~те
pt.	распотéшил
g.pt.a.	распотéшив
p.pt.a.	распотéшивший
p.pt.p.	распотéшенный

распоя́сать *v* когó-что (j-m) den Gürtel abnehmen || *uv* распоя́сывать 1a

ft.	распоя́шу, -шешь, -шут
imp.	распоя́шь, ~те
pt.	распоя́сал
g.pt.a.	распоя́сав
p.pt.a.	распоя́савший
p.pt.p.	распоя́санный

распоя́саться *v* **1.** den Gürtel abnehmen **2.** *umg mißb* übermütig sein, über die Stränge schlagen || *uv* распоя́сываться

распоя́сывать(ся) *uv zu* распоя́сать(ся)

распрáвить *v* что **1.** geradebiegen *Draht* **2.** glätten *Falten* **3.** (aus)strecken, recken *Glieder* || *uv* расправля́ть 2a

ft.	распрáвлю, -вишь, -вят
imp.	распрáвь, ~те
pt.	распрáвил
g.pt.a.	распрáвив
p.pt.a.	распрáвивший
p.pt.p.	распрáвленный

[1]**распрáвиться,** *1. u. 2. Pers ungebr, v* geradewerden, sich glätten || *uv* расправля́ться

[2]**распрáвиться** *v* с кем-чем abrechnen (mit) || *uv* расправля́ться

расправля́ть *uv zu* распра́вить

[1,2]**расправля́ться** *uv zu* [1,2]распра́виться

распредели́ть *v* кого́-что verteilen, einteilen; aufteilen ‖ *uv* распределя́ть 2a
ft. распределю́, -ли́шь, -ля́т
imp. распредели́, ~те
pt. распредели́л
g.pt.a. распредели́в
p.pt.a. распредели́вший
p.pt.p. распределённый; распределён, -ена́

распредели́ться, *1. u. 2. Pers ungebr, v* sich einteilen, sich aufteilen ‖ *uv* распределя́ться

распределя́ть(ся) *uv zu* распредели́ть(ся)

распро́бовать 4 *v* что *umg* probieren, den Geschmack bestimmen

распродава́ть *uv zu* распрода́ть
pr. распродаю́, -аёшь, -аю́т
imp. распродава́й, ~те
pt. распродава́л
g.pr.a. распродава́я
p.pr.a. распродаю́щий
p.pt.a. распродава́вший
p.pr.p. распродава́емый

распрода́ть *v* кого́-что vollständig verkaufen ‖ *uv* распродава́ть, Formen das.
ft. распрода́м, -а́шь, -а́ст, -ади́м, -ади́те, -аду́т
imp. распрода́й, ~те
pt. распро́дал, -одала́, -о́дало
g.pt.a. распрода́в
p.pt.a. распрода́вший
p.pt.p. распро́данный

распропаганди́ровать 4 *v* кого́-что endgültig überzeugen

распростере́ть *v* что **1.** (weit) ausstrecken, ausbreiten **2.** *übtr* ausdehnen, ausbreiten ‖ *uv* распростира́ть 2a
ft. (*selten*) распростру́, -рёшь, -ру́т
imp. (*selten*) распростри́, ~те
pt. распростёр, ~ла
g.pt.a. распростере́в *u.* распростёрши
p.pt.a. распростёрший
p.pt.p. распростёртый

распростере́ться *v* **1.** sich ausstrecken, sich ausdehnen **2.** *1. u. 2. Pers ungebr übtr* sich erstrecken *Einfluß* ‖ *uv* распростира́ться

распростира́ть(ся) *uv zu* распростере́ть(ся)

распрости́ться *v* с кем-чем *u. ohne Objekt umg* sich verabschieden, sich trennen (von); *übtr* (etw.) aufgeben
ft. распрощу́сь, -ости́шься, -остя́тся
imp. распрости́сь, -и́тесь
pt. распрости́лся, -лась
g.pt.a. распрости́вшись
p.pt.a. распрости́вшийся

распространи́ть *v* кого́-что **1.** verbreiten **2.** ausdehnen, erweitern **3.** bekannt machen ‖ *uv* распространя́ть 2a
ft. распространю́, -ни́шь, -ня́т
imp. распространи́, ~те
pt. распространи́л
g.pt.a. распространи́в
p.pt.a. распространи́вший
p.pt.p. распространённый; распространён, -ена́

распространи́ться *v* **1.** sich ausdehnen, sich erstrecken *von Flächen* **2.** sich erstrecken *Einfluß* **3.** um sich greifen *Feuer, Krankheit* **4.** sich verbreiten *Geruch* **5.** *umg* weitschweifig erzählen ‖ *uv* распространя́ться

распространя́ть(ся) *uv zu* распространи́ть(ся)

распроща́ться 2 *v* с кем-чем *u. ohne Objekt umg* sich verabschieden, sich trennen (von); *übtr* (etw.) aufgeben

распры́гаться 1 *v* nicht aufhören wollen zu springen

распры́скать 1 *v* что zerstäuben, verspritzen ‖ *uv* распры́скивать 1a

распры́скивать *uv zu* распры́скать

распряга́ть(ся) *uv zu* распря́чь(ся)

распрями́ть *v* что (aus)strecken; geradebiegen ‖ *uv* распрямля́ть 2a
ft. распрямлю́, -ми́шь, -мя́т
imp. распрями́, ~те
pt. распрями́л
g.pt.a. распрями́в
p.pt.a. распрями́вший
p.pt.p. распрямлённый; распрямлён, -ена́

распрями́ться *v* sich aufrichten; sich geradebiegen; sich glätten ‖ *uv* распрямля́ться

распрямля́ть(ся) *uv zu* распрями́ть(ся)

распря́чь [прс] *v* кого́-что aus-, abspannen ‖ *uv* распряга́ть 2a
ft. распрягу́, -яжёшь, -ягу́т
imp. распряги́, ~те
pt. распря́г, -ягла́
g.pt.a. распря́гши
p.pt.a. распря́гший
p.pt.p. распряжённый; распряжён, -ена́

распря́чься, *1. u. 2. Pers ungebr, v* **1.** sich vom Geschirr losreißen **2.** aufgehen *Pferdegeschirr* ‖ *uv* распряга́ться

распубликова́ть 5 *v* что *alt* veröffentlichen, allgemein bekanntmachen ‖ *uv* распублико́вывать 1a

распублико́вывать *uv zu* распубликова́ть

распуга́ть 2 *v* кого́-что auseinanderjagen, verscheuchen ‖ *uv* распу́гивать 1a | *v mom* распугну́ть 7

распу́гивать *uv zu* распуга́ть

распугну́ть *v mom zu* распу́гивать

распуска́ть(ся) *uv zu* распусти́ть(ся)

распусти́ть *v* кого́-что **1.** entlassen **2.** auflösen *Versammlung* **3.** lockern; aufschnüren **4.** aus-, zerlassen **5.** verwöhnen, verziehen **6.** *umg* in Umlauf bringen ‖ *uv* распуска́ть 2a

ft.	распущу́, -у́стишь, -у́стят
imp.	распусти́, ~те
pt.	распусти́л
g.pt.a.	распусти́в
p.pt.a.	распусти́вший
p.pt.p.	распу́щенный

распусти́ться *v* **1.** *1. u. 2. Pers ungebr* aufgehen; sich entfalten **2.** *1. u. 2. Pers ungebr* sich lockern, aufgehen **3.** *übtr* sich gehen lassen ‖ *uv* распуска́ться

распу́тать 1 *v* кого́-что **1.** aufknüpfen; lösen **2.** *übtr* klären, ins reine bringen ‖ *uv* распу́тывать 1a

распу́таться, *1. u. 2. Pers ungebr, v* **1.** sich entwirren, aufgehen **2.** *übtr umg* sich klären **3.** sich von Fesseln befreien *Pferd* ‖ *uv* распу́тываться

распу́тничать 1a *uv* ein lasterhaftes [ausschweifendes] Leben führen

распу́тствовать 4a *uv* ein lasterhaftes [ausschweifendes] Leben führen

распу́тывать(ся) *uv zu* распу́тать(ся)

распуха́ть *uv zu* распу́хнуть

распу́хнуть *v* anschwellen; aufquellen, aufblähen ‖ *uv* распуха́ть 2a

ft.	распу́хну, -нешь, -нут
imp.	распу́хни, ~те
pt.	распу́х, ~ла
g.pt.a.	распу́хнув *u.* распу́хши
p.pt.a.	распу́хший *u.* распу́хнувший

распуша́ть *uv zu* распуши́ть

распуши́ть *v* кого́-что **1.** aufschütteln, auflockern **2.** *umg* ausschimpfen, heruntermachen ‖ *uv* распуша́ть 2a

ft.	распушу́, -ши́шь, -ша́т
imp.	распуши́, ~те
pt.	распуши́л
g.pt.a.	распуши́в
p.pt.a.	распуши́вший
p.pt.p.	распушённый; распушён, -ена́

распыли́ть *v* что **1.** zerstäuben **2.** zersplittern *Kräfte* ‖ *uv* распыля́ть 2a

ft.	распылю́, -ли́шь, -ля́т
imp.	распыли́, ~те
pt.	распыли́л
g.pt.a.	распыли́в
p.pt.a.	распыли́вший
p.pt.p.	распылённый; распылён, -ена́

распыли́ться, *1. u. 2. Pers ungebr, v* sich zersplittern, sich verzetteln *Kräfte* ‖ *uv* распыля́ться

распыля́ть(ся) *uv zu* распыли́ть(ся)

распя́ливать *uv zu* распя́лить

распя́лить *v* что **1.** *umg* ausweiten, dehnen, spannen **2.** *volksspr* weit öffnen ‖ *uv* распя́ливать 1a

ft.	распя́лю, -лишь, -лят
imp.	распя́ль, ~те
pt.	распя́лил
g.pt.a.	распя́лив
p.pt.a.	распя́ливший
p.pt.p.	распя́ленный

распя́ть *v* кого́-что kreuzigen ‖ *uv* распина́ть 2a

ft.	распну́, -нёшь, -ну́т
imp.	распни́, ~те
pt.	распя́л
g.pt.a.	распя́в
p.pt.a.	распя́вший
p.pt.p.	распя́тый

рассади́ть *v* кого́-что **1.** die Plätze anweisen **2.** voneinander wegsetzen **3.** (ver)pflanzen, umpflanzen ‖ *uv* расса́живать 1a

ft.	рассажу́, -а́дишь, -а́дят
imp.	рассади́, ~те
pt.	рассади́л
g.pt.a.	рассади́в
p.pt.a.	рассади́вший
p.pt.p.	расса́женный

расса́живать *uv zu* рассади́ть

расса́живаться *uv zu* рассе́сться

расса́сывать(ся) *uv zu* рассоса́ть(ся)

рассве́рливать *uv zu* рассверли́ть

рассверли́ть *v* что ausbohren ‖ *uv* рассве́рливать 1a

ft.	рассверлю́, -ли́шь, -ля́т
imp.	рассверли́, ~те
pt.	рассверли́л

g.pt.a. расверли́в
p.pt.a. рассверли́вший
p.pt.p. рассверлённый; рассверлён, -ена́

рассвести́ *unpers v* dämmern, tagen ‖ *uv* рассвета́ть 2a
ft. рассветёт
pt. рассвело́

рассвета́ть *uv zu* рассвести́

рассвирепе́ть 3 *v* in Wut geraten,

рассева́ть *uv zu* рассе́ять

расседла́ть 2 *v* кого́-что absatteln ‖ *uv* рассёдлывать 1a
p.pt.p. рассёдланный

расседла́ться, *1. u. 2. Pers ungebr, v* den Sattel abwerfen *Pferd* ‖ *uv* рассёдлываться

рассёдлывать(ся) *uv zu* расседла́ть(ся)

рассе́ивать(ся) *uv zu* рассе́ять(ся)

рассека́ть(ся) *uv zu* рассе́чь(ся)

рассели́ть *v* кого́-что **1.** ansiedeln **2.** auseinandersiedeln, voneinander trennen ‖ *uv* расселя́ть 2a
ft. расселю́, -ли́шь, -ля́т *u. umg* -е́лишь, -е́лят
imp. рассели́, ~те
pt. рассели́л
g.pt.a. рассели́в
p.pt.a. рассели́вший
p.pt.p. расселённый; расселён, -ена́

рассели́ться, *1. u. 2. Pers ungebr, v* **1.** sich (an verschiedenen Orten) ansiedeln **2.** voneinander wegziehen ‖ *uv* расселя́ться

расселя́ть(ся) *uv zu* рассели́ть(ся)

рассерди́ть *v* кого́-что erzürnen, ärgern
ft. рассержу́, -е́рдишь, -е́рдят
imp. рассерди́, ~те
pt. рассерди́л
g.pt.a. рассерди́в
p.pt.a. рассерди́вший
p.pt.p. рассе́рженный

рассерди́ться *v* sich ärgern, böse werden

рассерча́ть 2 *v* sich ärgern, böse werden

рассе́сться *v* **1.** *1. u. 2. Pers ungebr* sich setzen, die Plätze einnehmen **2.** *volksspr* sich breitmachen, es sich bequem machen ‖ *uv* расса́живаться 1a
ft. рася́дусь, -дешься, -дутся
imp. рася́дьтесь
pt. рассе́лся, -лась
g.pt.a. рассе́вшись
p.pt.a. рассе́вшийся

рассе́чь *v* кого́-что **1.** zerhacken; spalten **2.** stark verletzen **3.** *übtr* durchschneiden ‖ *uv* рассека́ть 2a
ft. рассеку́, -ечёшь, -еку́т
imp. рассеки́, ~те
pt. рассе́к, -екла́
g.pt.a. рассе́кши
p.pt.a. рассе́кший
p.pt.p. рассечённый; рассечён, -ена́

рассе́чься *v* sich spalten *Haare, Fäden* ‖ *uv* рассека́ться

рассе́ять *v* кого́-что **1.** aussäen **2.** zerstreuen, auseinanderjagen **3.** zerstreuen *Verdacht* **4.** vertreiben *Kummer* **5.** zerstreuen, ablenken ‖ *uv* рассева́ть 2a *zu* 1 *u.* рассе́ивать 1a *zu* 2—5
ft. рассе́ю, -е́ешь, -е́ют
imp. рассе́й, ~те
pt. рассе́ял
g.pt.a. рассе́яв
p.pt.a. рассе́явший
p.pt.p. рассе́янный

рассе́яться *v* **1.** *1. u. 2. Pers ungebr* sich zerstreuen, verstreut liegen **2.** *1. u. 2. Pers ungebr* sich lichten **3.** *übtr* sich zerstreuen, sich amüsieren ‖ *uv* рассе́иваться

рассиде́ться *v volksspr* zu lange sitzen bleiben ‖ *uv* рсси́живаться 1a
ft. рассижу́сь, -иди́шься, -идя́тся
imp. *ungebr*
pt. рассиде́лся, -лась
g.pt.a. рассиде́вшись
p.pt.a. рассиде́вшийся

расси́живаться *uv zu* рассиде́ться

рассказа́ть *v* что erzählen, berichten ‖ *uv* расска́зывать 1a
ft. расскажу́, -а́жешь, -а́жут
imp. расскажи́, ~те
pt. рассказа́л
g.pt.a. рассказа́в
p.pt.a. рассказа́вший
p.pt.p. расска́занный

расска́зывать *uv zu* рассказа́ть

расскака́ться *v umg* **1.** ins Jagen kommen, in Galopp kommen **2.** *viel und gern* herumspringen
ft. расскачу́сь, -а́чешься, -а́чутся
imp. расскачи́сь, -и́тесь
pt. расскака́лся, -лась
g.pt.a. расскака́вшись
p.pt.a. расскака́вшийся

расслабева́ть *uv zu* расслабе́ть *u.* рассла́бнуть

расслабéть 3 *v umg* schwach [kraftlos] werden ‖ *uv* расслабевáть 2a

расслáбить *v* когó-что schwächen, entkräften ‖ *uv* расслаблять 2a

ft.	расслáблю, -бишь, -бят
imp.	расслáбь, ~те
pt.	расслáбил
g.pt.a.	расслáбив
p.pt.a.	расслáбивший
p.pt.p.	расслáбленный

расслаблять *uv zu* расслáбить

расслáбнуть *v umg* schwach [kraftlos] werden ‖ *uv* расслабевáть 2a

ft.	расслáбну, -нешь, -нут
imp.	расслáбни, ~те
pt.	расслáб, ~ла
g.pt.a.	расслáбнув *u.* расслáбши
p.pt.a.	расслáбший *u.* расслáбнувший
p.pt.p.	расслáбленный

расслáвить *v* когó-что *umg* ausposaunen, an die große Glocke hängen ‖ *uv* расславлять 2a

ft.	расслáвлю, -вишь, -вят
imp.	расслáвь, ~те
pt.	расслáвил
g.pt.a.	расслáвив
p.pt.a.	расслáвивший
p.pt.p.	расслáвленный

расславлять *uv zu* расслáвить

расслáивать(ся) *uv zu* расслоúть(ся)

расслéдовать 4 *u.* 4a *v, uv* что (eingehend) untersuchen, nachforschen

расслоúть *v* что **1.** in Schichten zerlegen **2.** *übtr* (in soziale Schichten) spalten; differenzieren ‖ *uv* расслáивать 1a

ft.	расслою́, -ои́шь, -оя́т
imp.	расслои́, ~те
pt.	расслои́л
g.pt.a.	расслои́в
p.pt.a.	расслои́вший
p.pt.p.	расслоённый; расслоён, -енá

расслоúться, *1. u. 2. Pers ungebr, v* **1.** sich in Schichten zerlegen **2.** *übtr* (in soziale Schichten) zerfallen; sich differenzieren ‖ *uv* расслáиваться

расслу́шать 1 *v* когó-что *umg* aufmerksam anhören

рассл́ышать *v* когó-что deutlich hören, vernehmen

ft.	рассл́ышу, -ы́шишь, -ы́шат
imp.	рассл́ышь, ~те
pt.	рассл́ышал
g.pt.a.	рассл́ышав
p.pt.a.	рассл́ышавший
p.pt.p.	рассл́ышанный

рассмáтривать 1a *uv* **1.** *uv zu* рассмотрéть **2.** *mit nachfolgendem* как werten, einschätzen

рассмешúть *v* когó-что zum Lachen bringen

ft.	рассмешу́, -ши́шь, -шáт
imp.	рассмеши́, ~те
pt.	рассмеши́л
g.pt.a.	рассмеши́в
p.pt.a.	рассмеши́вший
p.pt.p.	рассмешённый; рассмешён, -енá

рассмеяться *v* in Lachen ausbrechen, laut auflachen

ft.	рассмею́сь, -ёшься, -ею́тся
imp.	рассмéйся, -éйтесь
pt.	рассмеялся, -лась
g.pt.a.	рассмеявшись
p.pt.a.	рассмеявшийся

рассмотрéть *v* когó-что **1.** unterscheiden, erkennen **2.** (genau) betrachten, durchsehen **3.** untersuchen, begutachten ‖ *uv* рассмáтривать 1a

ft.	рассмотрю́, -óтришь, -óтрят
imp.	рассмотри́, ~те
pt.	рассмотрéл
g.pt.a.	рассмотрéв
p.pt.a.	рассмотрéвший
p.pt.p.	рассмóтренный

рассовáть 5 *v* когó-что *umg an verschiedenen Stellen* hineinstecken, -stopfen ‖ *uv* рассóвывать 1a

ft.	рассую́, -уёшь, -ую́т

рассóвывать *uv zu* рассовáть

рассóрить *v* когó-что *umg* verfeinden; auseinanderbringen

ft.	рассóрю, -ришь, -рят
imp.	рассóрь, ~те
pt.	рассóрил
g.pt.a.	рассóрив
p.pt.a.	рассóривший
p.pt.p.	рассóренный

рассорúть *v* что *umg* umherstreuen, -werfen

ft.	рассорю́, -ри́шь, -ря́т
imp.	рассори́, ~те
pt.	рассори́л
g.pt.a.	рассори́в
p.pt.a.	рассори́вший
p.pt.p.	рассорённый; рассорён, -енá

рассóриться *v umg* sich verzanken, sich verfeinden
Formen nach рассóрить

рассорúться, *1. u. 2. Pers ungebr, v umg* sich verstreuen
Formen nach рассори́ть

рассортирова́ть 5 *v* кого́-что (aus)sortieren ‖ *uv* рассортиро́вывать 1a

рассортиро́вывать *uv zu* рассортирова́ть

рассоса́ть *v* что zurückdrängen, beseitigen *Geschwür* ‖ *uv* расса́сывать 1a

ft.	рассосу́, -осёшь, -осу́т
imp.	рассоси́, ~те
pt.	рассоса́л
g.pt.a.	рассоса́в
p.pt.a.	рассоса́вший
p.pt.p.	рассо́санный

рассоса́ться, *1. u. 2. Pers ungebr*, *v* zurückgehen *Geschwulst* ‖ *uv* расса́сываться

рассо́хнуться, *1. u. 2. Pers ungebr*, *v* rissig werden *durch Trockenheit*, bersten ‖ *uv* рассыха́ться 2a

ft.	рассо́хнется, -нутся
pt.	рассо́хся, -хлась
g.pt.a.	рассо́хшись
p.pt.a.	рассо́хшийся

расспра́шивать *uv zu* расспроси́ть

расспроси́ть *v* кого́-что о ком-чём ausfragen, ausforschen, sich erkundigen (über, nach) ‖ *uv* расспра́шивать 1a

ft.	расспрошу́, -о́сишь, -о́сят
imp.	расспроси́, ~те
pt.	расспроси́л
g.pt.a.	расспроси́в
p.pt.a.	расспроси́вший
p.pt.p.	расспро́шенный

рассредото́чивать(ся) *uv zu* рассредото́чить(ся)

рассредото́чить *v* кого́-что dezentralisieren; auseinanderziehen *Truppen* ‖ *uv* рассредото́чивать 1a

ft.	рассредото́чу, -чишь, -чат
imp.	рассредото́чь, ~те
pt.	рассредото́чил
g.pt.a.	рассредото́чив
p.pt.a.	рассредото́чивший
p.pt.p.	рассредото́ченный

рассредото́читься, *1. u. 2. Person Singular ungebr*, *v mil* sich verteilen, sich dezentralisieren ‖ *uv* рассредото́чиваться

рассро́чивать *uv zu* рассро́чить

рассро́чить *v* что auf mehrere Termine verteilen; stunden ‖ *uv* рассро́чивать 1a

ft.	рассро́чу, -чишь, -чат
imp.	рассро́чь, ~те
pt.	рассро́чил
g.pt.a.	рассро́чив
p.pt.a.	рассро́чивший
p.pt.p.	рассро́ченный

расстава́ться *uv zu* расста́ться

pr.	расстаю́сь, -аёшься, -аю́тся
imp.	расстава́йся, -а́йтесь
pt.	расстава́лся, -лась
g.pr.a.	расстава́ясь
p.pr.a.	расстаю́щийся
p.pt.a.	расстава́вшийся

расста́вить *v* кого́-что **1.** aufstellen; anordnen; verteilen **2.** spreizen **3.** *umg* durch Einsetzen breiter machen ‖ *uv* расставля́ть 2a

ft.	расста́влю, -вишь, -вят
imp.	расста́вь, ~те
pt.	расста́вил
g.pt.a.	расста́вив
p.pt.a.	расста́вивший
p.pt.p.	расста́вленный

расста́виться, *1. u. 2. Pers ungebr*, *v* die Plätze einnehmen, seinen Platz haben ‖ *uv* расставля́ться

расставля́ть(ся) *uv zu* расста́вить(ся)

расстана́вливать(ся) *uv zu* расстанови́ть(ся)

расстанови́ть *v* кого́-что *volksspr* aufstellen; anordnen; verteilen ‖ *uv* расстана́вливать 1a

ft.	расстановлю́, -о́вишь, -о́вят
imp.	расстанови́, ~те
pt.	расстанови́л
g.pt.a.	расстанови́в
p.pt.a.	расстанови́вший
p.pt.p.	расстано́вленный

расстанови́ться, *1. u. 2. Pers ungebr*, *v volksspr* die Plätze einnehmen, seinen Platz haben ‖ *uv* расстана́вливаться

расста́ться *v* с кем-чем sich trennen, auseinandergehen, Abschied nehmen (von) ‖ *uv* расстава́ться, Formen das.

ft.	расста́нусь, -нешься, -нутся
imp.	расста́нься, -ньтесь
pt.	расста́лся, -лась
g.pt.a.	расста́вшись
p.pt.a.	расста́вшийся

расстёгивать(ся) *uv zu* расстегну́ть(ся)

расстегну́ть 7 *v* что aufknöpfen; aufschnallen ‖ *uv* расстёгивать 1a

p.pt.p.	расстёгнутый

расстегну́ться *v* **1.** *1. u. 2. Pers ungebr* aufgehen **2.** sich ein Kleidungsstück aufknöpfen ‖ *uv* расстёгиваться

расстели́ть *v* что *volksspr* ausbreiten ‖ *uv* расстила́ть 2a

ft.	расстелю́, -е́лешь, -е́лют
imp.	расстели́, ~те
pt.	расстели́л

g.pt.a.	расстели́в
p.pt.a.	расстели́вший
p.pt.p.	рассте́ленный

расстели́ться, *1. u. 2. Pers ungebr, v volksspr* sich ausbreiten, sich erstrecken ‖ *uv* расстила́ться

расстила́ть *uv zu* разостла́ть *u.* расстели́ть

расстила́ться 2a, *1. u. 2. Pers ungebr, uv* **1.** *uv zu* разостла́ться *u.* расстели́ться **2.** sich ausbreiten, sich erstrecken

расстра́ивать(ся) *uv zu* расстро́ить(ся)

расстре́ливать *uv zu* расстреля́ть

расстреля́ть 2 *v* кого́-что **1.** erschießen **2.** (heftig) beschießen **3.** verschießen *Munition* ‖ *uv* расстре́ливать 1a

расстрига́ть *uv zu* расстри́чь

расстри́чь *v* кого́-что **1.** des Priesteramtes entheben **2.** *umg* mit der Schere zerschneiden ‖ *uv* расстрига́ть 2a

ft.	расстригу́, -ижёшь, -игу́т
imp.	расстриги́, ~те
pt.	расстри́г, ~ла
g.pt.a.	расстри́гши
p.pt.a.	расстри́гший
p.pt.p.	расстри́женный

расстро́ить *v* кого́-что **1.** verwirren, desorganisieren **2.** zerrütten **3.** vereiteln *Pläne* **4.** *mus* verstimmen **5.** die Laune verderben ‖ *uv* расстра́ивать 1a

ft.	расстро́ю, -о́ишь, -о́ят
imp.	расстро́й, ~те
pt.	расстро́ил
g.pt.a.	расстро́ив
p.pt.a.	расстро́ивший
p.pt.p.	расстро́енный

расстро́иться *v* **1.** in Verwirrung geraten **2.** *1. u. 2. Pers ungebr* zerrüttet werden, verfallen **3.** *1. u. 2. Pers ungebr* nicht zustande kommen **4.** verstimmt [mißmutig] sein ‖ *uv* расстра́иваться

расступа́ться *uv zu* расступи́ться

расступи́ться, *1. u. 2. Pers ungebr, v* Platz machen, zur Seite treten ‖ *uv* расступа́ться 2a

ft.	расступится, -пятся
imp.	расступи́тесь
pt.	расступи́лся, -лась
g.pt.a.	расступи́вшись
p.pt.a.	расступи́вшийся

рассуди́ть *v* **1.** кого́-что entscheiden; beschließen **2.** überlegen, bedenken ‖ *uv* рассу́живать 1a *zu* 1

ft.	рассужу́, -у́дишь, -у́дят
imp.	рассуди́, ~те
pt.	рассуди́л
g.pt.a.	рассуди́в
p.pt.a.	рассуди́вший
p.pt.p.	рассу́женный

рассужда́ть 2a *uv* überlegen, erwägen; argumentieren

рассу́живать *uv zu* рассуди́ть

рассупо́нивать(ся) *uv zu* рассупо́нить(ся)

рассупо́нить *v* кого́-что den Kummetriemen abnehmen ‖ *uv* рассупо́нивать 1a

ft.	рассупо́ню, -нишь, -нят
imp.	рассупо́нь, ~те
pt.	рассупо́нил
g.pt.a.	рассупо́нив
p.pt.a.	рассупо́нивший
p.pt.p.	рассупо́ненный

рассупо́ниться, *1. u. 2. Pers ungebr, v* sich lösen *Kummetriemen* ‖ *uv* рассупо́ниваться

рассу́чивать(ся) *uv zu* рассучи́ть(ся)

рассучи́ть *v* что **1.** auseinanderflechten, aufflechten **2.** herunterkrempeln *Ärmel* ‖ *uv* рассу́чивать 1a

ft.	рассучу́, -у́чишь, -у́чат
imp.	рассучи́, ~те
pt.	рассучи́л
g.pt.a.	рассучи́в
p.pt.a.	рассучи́вший
p.pt.p.	рассу́ченный

рассучи́ться, *1. u. 2. Pers ungebr, v* aufgehen, sich lösen ‖ *uv* рассу́чиваться

рассчита́ть 2 *v* кого́-что **1.** berechnen; berücksichtigen **2.** entlassen, entlohnen ‖ *uv* рассчи́тывать 1a

рассчита́ться *v* **1.** с кем-чем *umg* abrechnen (mit) *a. übtr* **2.** *umg* den Dienst quittieren **3.** *mil, Sport* abzählen ‖ *uv* рассчи́тываться

рассчи́тывать 1a *uv* **1.** *uv zu* рассчита́ть *u.* расче́сть **2.** на что *oder mit Infinitiv* rechnen, hoffen (auf)

рассчи́тываться *uv* **1.** *uv zu* рассчита́ться *u.* расче́сться **2.** за кого́-что die Verantwortung tragen (für)

рассыла́ть *uv zu* разосла́ть

рассы́пать *v* **1.** что aus-, verstreuen **2.** (hinein)schütten *in verschiedene Gefäße* **3.** *mil* ausschwärmen lassen ‖ *uv* рассыпа́ть 2a

ft.	рассы́плю, -лешь, -лют
	u. umg -пешь, -пют
imp.	рассы́пь, ~те
pt.	рассы́пал
g.pt.a.	рассы́пав

p.pt.a. рассы́павший
p.pt.p. рассы́панный

рассыпа́ть *uv zu* рассы́пать

рассы́паться, *1. u. 2. Pers ungebr*, *v* **1.** sich verstreuen **2.** *mil* ausschwärmen **3.** zerbröckeln, auseinanderfallen; sich auflösen ‖ *uv* рассыпа́ться

рассыпа́ться *uv zu* рассы́паться

рассыха́ться *uv zu* рассо́хнуться

раста́ивать *uv zu* раста́ять

раста́лкивать *uv zu* растолка́ть

[1,2]**раста́пливать(ся)** *uv zu* [1,2]растопи́ть(ся)

раста́птывать *uv zu* растопта́ть

растаска́ть 2 *v* что **1.** (nach und nach) fortschleppen **2.** stehlen, plündern ‖ *uv* раста́скивать 1a

[1]**раста́скивать** *uv zu* растаска́ть

[2]**раста́скивать** *uv zu* растащи́ть

растасова́ть 5 *v* что mischen *Karten* ‖ *uv* растасо́вывать 1a

растасо́вывать *uv zu* растасова́ть

раста́чивать *uv zu* [1]расточи́ть

раста́чиваться *uv zu* расточи́ться

растащи́ть *v* кого́-что **1.** (nach und nach) fortschleppen **2.** *umg* auseinanderbringen, trennen ‖ *uv* раста́скивать 1a
ft. растащу́, -а́щишь, -а́щат
imp. растащи́, ~те
pt. растащи́л
g.pt.a. растащи́в
p.pt.a. растащи́вший
p.pt.p. раста́щенный

раста́ять, *1. u. 2. Pers ungebr*, *v* **1.** auftauen; schmelzen **2.** *übtr* dahinschwinden; verklingen ‖ *uv* раста́ивать 1a
ft. раста́ет, -а́ют
pt. раста́ял
g.pt.a. раста́яв
p.pt.a. раста́явший

[1]**раствори́ть** *v* что öffnen, aufmachen ‖ *uv* растворя́ть 2a
ft. растворю́, -о́ришь, -о́рят
imp. раствори́, ~те
pt. раствори́л
g.pt.a. раствори́в
p.pt.a. раствори́вший
p.pt.p. раство́ренный

[2]**раствори́ть** *v* что **1.** auflösen *in Flüssigkeit* **2.** *umg* anrühren *Teig* ‖ *uv* растворя́ть 2a
ft. растворю́, -ри́шь, -ря́т
p.pt.p. растворённый; растворён, -ена́
Übrige Formen wie [1]раствори́ть

[1]**раствори́ться,** *1. u. 2. Pers ungebr*, *v* sich öffnen, aufgehen ‖ *uv* растворя́ться
Formen nach [1]раствори́ть

[2]**раствори́ться,** *1. u. 2. Pers ungebr*, *v* sich auflösen *in Flüssigkeit* ‖ *uv* растворя́ться
Formen nach [2]раствори́ть

[1,2]**растворя́ть(ся)** *uv zu* [1,2]раствори́ть(ся)

растека́ться *uv zu* расте́чься

растереби́ть *v* кого́-что *umg* zerzausen
ft. растереблю́, -би́шь, -бя́т
imp. растереби́, ~те
pt. растереби́л
g.pt.a. растереби́в
p.pt.a. растереби́вший
p.pt.p. растереблённый; растереблён, -ена́

растере́ть *v* что **1.** zerreiben *zu Pulver* **2.** verreiben; verschmieren; einreiben **3.** abreiben, massieren ‖ *uv* растира́ть 2a
ft. разотру́, -рёшь, -ру́т
imp. разотри́, ~те
pt. растёр, ~ла
g.pt.a. растере́в *u.* растёрши
p.pt.a. растёрший
p.pt.p. растёртый

растере́ться *v* **1.** *1. u. 2. Pers ungebr* sich zerreiben *zu Pulver* **2.** sich einreiben **3.** sich abreiben, sich massieren ‖ *uv* растира́ться

растерза́ть 2 *v* кого́-что **1.** zerfleischen, in Stücke zerreißen **2.** *übtr* zerreißen ‖ *uv* расте́рзывать 1a

расте́рзывать *uv zu* растерза́ть

расте́ривать(ся) *uv zu* растеря́ть(ся)

растеря́ть 2 *v* кого́-что (nach und nach) verlieren ‖ *uv* расте́ривать 1a

растеря́ться *v* **1.** *1. u. 2. Pers ungebr* (nach und nach) verlorengehen, abhanden kommen **2.** in Verwirrung geraten, den Kopf verlieren ‖ *uv* расте́риваться

расте́чься, *1. u. 2. Pers ungebr*, *v* auseinanderfließen, zerfließen ‖ *uv* растека́ться 2a
ft. растечётся, -еку́тся
pt. растёкся, -екла́сь
g.pt.a. растёкшись
p.pt.a. растёкшийся

расти́ *uv* **1.** wachsen **2.** aufwachsen **3.** *1. u. 2. Pers ungebr übtr* (an)wachsen; erstarken **4.** *übtr* sich entwickeln *Talent.* — (вы́- *zu* 1, 3, 4)
pr. расту́, -тёшь, -ту́т
imp. расти́, ~те

pt.	рос, ~ла́
g.pt.a.	ро́сши
p.pr.a.	расту́щий
p.pt.a.	ро́сший

растира́ть(ся) *uv zu* растере́ть(ся)

ра́сти́скать 1 *v* что *volksspr an verschiedenen Stellen* hineinstopfen ‖ *uv* расти́скивать 1a

[1]**расти́скивать** *uv zu* расти́скать

[2]**расти́скивать** *uv zu* расти́снуть

расти́снуть 6 *v* что auseinandernehmen *Zusammengepreßtes* ‖ *uv* расти́скивать 1a

p.pt.p.	расти́снутый

расти́ть *uv* кого́-что **1.** aufziehen, züchten *Blumen* **2.** erziehen, heranbilden

pr.	ращу́, расти́шь, растя́т
imp.	расти́, ~те
pt.	расти́л
g.pr.a.	растя́
p.pr.a.	растя́щий
p.pt.a.	расти́вший
p.pt.p.	ращённый; ращён, -ена́

растлева́ть(ся) *uv zu* растли́ть(ся)

растли́ть *v* кого́-что *buchspr* **1.** schänden, gewaltsam deflorieren **2.** moralisch verderben ‖ *uv* растлева́ть 2a

ft.	растлю́, -ли́шь, -ля́т
imp.	растли́, ~те
pt.	растли́л
g.pt.a.	растли́в
p.pt.a.	растли́вший
p.pt.p.	растлённый; растлён, -ена́

растли́ться *v buchspr* sittlich verderben ‖ *uv* растлева́ться

растолка́ть 2 *v* кого́-что **1.** auseinanderstoßen, -drängen **2.** (wach)rütteln ‖ *uv* раста́лкивать 1a

растолкова́ть 5 *v* что erklären, klarmachen ‖ *uv* растолко́вывать 1a

растолко́вывать *uv zu* растолкова́ть

растоло́чь *v* что zerstoßen, zerkleinern

ft.	растолку́, -лчёшь, -лку́т
imp.	растолки́, ~те
pt.	растоло́к, -лкла́
g.pt.a.	растоло́кши
p.pt.a.	растоло́кший
p.pt.p.	растолчённый; растолчён, -ена́

растолсте́ть 3 *v* dick werden

[1]**растопи́ть** *v* что anheizen ‖ *uv* раста́пливать 1a *u.* растопля́ть 2a

ft.	растоплю́, -о́пишь, -о́пят
imp.	растопи́, ~те
pt.	растопи́л
g.pt.a.	растопи́в
p.pt.a.	растопи́вший
p.pt.p.	расто́пленный

[2]**растопи́ть** *v* что schmelzen, auslassen ‖ *uv* раста́пливать 1a
Formen wie [1]растопи́ть

[1]**растопи́ться,** *1. u. 2. Pers ungebr*, *v* zu wärmen [zu brennen] anfangen ‖ *uv* раста́пливаться *u.* растопля́ться

[2]**растопи́ться,** *1. u. 2. Pers ungebr*, *v* schmelzen, zergehen, flüssig werden ‖ *uv* раста́пливаться

растопля́ть(ся) *uv zu* [1]растопи́ть(ся)

растопта́ть *v* кого́-что zertreten, zerstampfen ‖ *uv* раста́птывать 1a

ft.	растопчу́, -о́пчешь, -о́пчут
imp.	растопчи́, ~те
pt.	растопта́л
g.pt.a.	растопта́в
p.pt.a.	растопта́вший
p.pt.p.	расто́птанный

растопы́ривать(ся) *uv zu* растопы́рить(ся)

растопы́рить *v* что *umg* spreizen ‖ *uv* растопы́ривать 1a

ft.	растопы́рю, -ришь, -рят
imp.	растопы́рь, ~те
pt.	растопы́рил
g.pt.a.	растопы́рив
p.pt.a.	растопы́ривший
p.pt.p.	растопы́ренный

растопы́риться *v umg* sich spreizen ‖ *uv* растопы́риваться

расторга́ть *uv zu* расто́ргнуть

расто́ргнуть *v* что aufheben, annullieren ‖ *uv* расторга́ть 2a

ft.	расто́ргну, -нешь, -нут
imp.	расто́ргни, ~те
pt.	расто́рг *u.* расто́ргнул, расто́ргла
g.pt.a.	расто́ргнув
p.pt.a.	расто́ргший *u.* расто́ргнувший
p.pt.p.	расто́ргнутый

расторгова́ться 5 *v volksspr* **1.** am Handel verdienen **2.** alle Waren verkaufen ‖ *uv* расторго́вываться 1a

расторго́вываться *uv zu* расторгова́ться

растормоши́ть *v* кого́-что *umg* **1.** wachrütteln **2.** *übtr* aufrütteln, anspornen

ft.	растормошу́, -ши́шь, -ша́т
imp.	растормоши́, ~те
pt.	растормоши́л
g.pt.a.	растормоши́в

p.pt.a. растормошивший
p.pt.p. растормошённый; растормошён, -ена́

расточа́ть 2a *uv* **1.** *uv zu* ²расточи́ть **2.** что überreichlich spenden

¹**расточи́ть** *v* что *tech* ausbohren, -drehen || *uv* раста́чивать 1a
ft. расточу́, -о́чишь, -о́чат
imp. расточи́, ~те
pt. расточи́л
g.pt.a. расточи́в
p.pt.a. расточи́вший
p.pt.p. расто́ченный

²**расточи́ть** *v* что *buchspr* vergeuden, verschwenden || *uv* расточа́ть 2a
ft. расточу́, -чи́шь, -ча́т
p.pt.p. расточённый; расточён, -ена́
Übrige Formen wie ¹расточи́ть

расточи́ться, *1. u. 2. Pers ungebr, v* breiter werden *durch Ausmeißeln, Ausbohren* || *uv* раста́чиваться 1a
Formen nach ¹расточи́ть

растрави́ть *v* кого́-что **1.** reizen; eine Entzündung hervorrufen **2.** *übtr umg* wieder wachrufen *Kummer* **3.** *volksspr* aufreizen **4.** *typ* ätzen || *uv* растра́вливать 1a *u.* растравля́ть 2a
ft. растравлю́, -а́вишь, -а́вят
imp. растрави́, ~те
pt. растрави́л
g.pt.a. растрави́в
p.pt.a. растрави́вший
p.pt.p. растра́вленный

растра́вливать *uv zu* растрави́ть

растравля́ть *uv zu* растрави́ть

растранжи́ривать *uv zu* растранжи́рить

растранжи́рить *v* что *umg* verschwenden, verprassen || *uv* растранжи́ривать 1a
ft. растранжи́рю, -ришь, -рят
imp. растранжи́рь, ~те
pt. растранжи́рил
g.pt.a. растранжи́рив
p.pt.a. растранжи́ривший
p.pt.p. растранжи́ренный

растра́тить *v* что **1.** vergeuden, verausgaben *a. übtr* **2.** veruntreuen, unterschlagen || *uv* растра́чивать 1a
ft. растра́чу, -а́тишь, -а́тят
imp. растра́ть, ~те
pt. растра́тил
g.pt.a. растра́тив
p.pt.a. растра́тивший
p.pt.p. растра́ченный

растра́чивать *uv zu* растра́тить

растрево́живать(ся) *uv zu* растрево́жить(ся)

растрево́жить *v* кого́-что aufregen, beunruhigen || *uv* растрево́живать 1a
ft. растрево́жу, -жишь, -жат
imp. растрево́жь, ~те
pt. растрево́жил
g.pt.a. растрево́жив
p.pt.a. растрево́живший
p.pt.p. растрево́женный

растрево́житься *v umg* sich aufregen, sich beunruhigen || *uv* растрево́живаться

растрезво́нить *v* что *volksspr* ausplaudern, Gerüchte verbreiten
ft. растрезво́ню, -нишь, -нят
imp. растрезво́нь, ~те
pt. растрезво́нил
g.pt.a. растрезво́нив
p.pt.a. растрезво́нивший
p.pt.p. растрезво́ненный

растрепа́ть *v* что **1.** zerzausen *Haare* **2.** zerknittern, zerfetzen; unbrauchbar machen || *uv* растрёпывать 1a
ft. растреплю́, -е́плешь, -е́плют *u. volksspr* -е́пешь, -е́пют
imp. растрепли́, ~те *u.* растрепи́, ~те
pt. растрепа́л
g.pt.a. растрепа́в
p.pt.a. растрепа́вший
p.pt.p. растрёпанный

растрепа́ться, *1. u. 2. Pers ungebr, v* zerzaust sein *Haar*; in Fetzen gehen; in Unordnung kommen || *uv* растрёпываться

растрёпывать(ся) *uv zu* растрепа́ть(ся)

растре́скаться 1, *1. u. 2. Pers ungebr, v* rissig werden; platzen, bersten, springen || *uv* растре́скиваться 1a

растре́скиваться *uv zu* растре́скаться

растро́гать 1 *v* кого́-что rühren, Mitgefühl erregen || *uv* растро́гивать 1a

растро́гаться *v* gerührt sein || *uv* растро́гиваться

растро́гивать(ся) *uv zu* растро́гать(ся)

раструби́ть *v* что *oder* о ком-чём *umg* ausposaunen
ft. раструблю́, -би́шь, -бя́т
imp. раструби́, ~те
pt. раструби́л
g.pt.a. раструби́в
p.pt.a. раструби́вший
p.pt.p. растру́бленный

раструси́ть *v* что *umg* verstreuen; breit hinstreuen ‖ *uv* растру́шивать 1a
ft. раструшу́, -уси́шь, -уся́т
imp. раструси́, ~те
pt. раструси́л
g.pt.a. раструси́в
p.pt.a. раструси́вший
p.pt.p. растру́шенный

раструси́ться, *1. u. 2. Pers ungebr*, *v umg* verstreut [verschüttet] werden ‖ *uv* растру́шиваться

растру́шивать(ся) *uv zu* раструси́ть(ся)

растряса́ть *uv zu* растрясти́

растрясти́ *v* **1.** что gleichmäßig ausbreiten *z. B. Heu* **2.** кого́-что *umg* durchrütteln, -schütteln *beim Fahren* ‖ *uv* растряса́ть 2a *u.* растря́сывать 1a
ft. растрясу́, -сёшь, -су́т
imp. растряси́, ~те
pt. растря́с, -ясла́
g.pt.a. растря́сши
p.pt.a. растря́сший
p.pt.p. растрясённый; растрясён, -ена́

растря́сывать *uv zu* растрясти́

растушева́ть *v* что schattieren, tuschen ‖ *uv* растушёвывать 1a
ft. растушу́ю, -у́ешь, -у́ют
imp. растушу́й, ~те
pt. растушева́л
g.pt.a. растушева́в
p.pt.a. растушева́вший
p.pt.p. растушёванный

растушёвывать *uv zu* растушева́ть

растя́гивать(ся) *uv zu* растяну́ть(ся)

растяну́ть 7 *v* что **1.** ausdehnen, ausstrecken; ausbreiten **2.** ausweiten **3.** verstauchen; zerren **4.** *übtr* in die Länge ziehen, hinziehen ‖ *uv* растя́гивать 1a
ft. растяну́, -я́нешь, -я́нут
p.pt.p. растя́нутый

растяну́ться *v* **1.** sich ausstrecken **2.** der Länge nach hinfallen **3.** *1. u. 2. Pers ungebr* sich ausweiten ‖ *uv* растя́гиваться

расфасова́ть 5 *v* что nach bestimmtem Gewicht verpacken ‖ *uv* расфасо́вывать 1a

расфасо́вывать *uv zu* расфасова́ть

расформирова́ть 5 *v* что auflösen *Truppeneinheit* ‖ *uv* расформиро́вывать 1a

расформиро́вывать *uv zu* расформирова́ть

расфранти́ться *v umg* sich herausputzen
ft. расфранчу́сь, -нти́шься, -нтя́тся
imp. расфранти́сь, -и́тесь
pt. расфранти́лся, -лась
g.pt.a. расфранти́вшись
p.pt.a. расфранти́вшийся

расфуфы́риться *v volksspr* sich auftakeln
ft. расфуфы́рюсь, -ришься, -рятся
imp. расфуфы́рься, -рьтесь
pt. расфуфы́рился, -лась
g.pt.a. расфуфы́рившись *u.* расфуфы́рясь
p.pt.a. расфуфы́рившийся

расха́живать 1a *uv* umhergehen, hin und her gehen

расхва́ливать *uv zu* расхвали́ть

расхвали́ть *v* кого́-что sehr loben ‖ *uv* расхва́ливать 1a
ft. расхвалю́, -а́лишь, -а́лят
imp. расхвали́, ~те
pt. расхвали́л
g.pt.a. расхвали́в
p.pt.a. расхвали́вший
p.pt.p. расхва́ленный

расхва́рываться *uv zu* расхвора́ться

расхва́статься 1 *v umg* maßlos prahlen

расхвата́ть 2 *v* кого́-что *umg alles* aufgreifen, wegraffen; *vollständig* auf-, wegkaufen ‖ *uv* расхва́тывать 1a

расхвати́ть *v* кого́-что *umg alles* aufgreifen, wegraffen; *vollständig* auf-, wegkaufen ‖ *uv* расхва́тывать 1a
ft. расхвачу́, -а́тишь, -а́тят
imp. расхвати́, ~те
pt. расхвати́л
g.pt.a. расхвати́в
p.pt.a. расхвати́вший
p.pt.p. расхва́ченный

расхва́тывать *uv zu* расхвата́ть *u.* расхвати́ть

расхвора́ться 2 *v umg* (ernsthaft) erkranken ‖ *uv* расхва́рываться 2a

расхи́тить *v* что ausrauben, stehlen; ausplündern ‖ *uv* расхища́ть 2a
ft. расхи́щу, -и́тишь, -и́тят
imp. расхи́ть, ~те
pt. расхи́тил
g.pt.a. расхи́тив
p.pt.a. расхи́тивший
p.pt.p. расхи́щенный

расхища́ть *uv zu* расхи́тить

расхлеба́ть 2 *v* что *volksspr* **1.** auslöffeln **2.** *umg* entwirren, aufklären ‖ *uv* расхлёбывать 1a
p.pt.p. расхлёбанный

расхлёбывать *uv zu* расхлеба́ть

расхлеста́ть *v* что *volksspr* zerpeitschen, zerhauen ‖ *uv* расхлёстывать 1a
ft. расхлещу́, -е́щешь, -е́щут
imp. расхлещи́, ~те
pt. расхлеста́л
g.pt.a. расхлеста́в
p.pt.a. расхлеста́вший
p.pt.p. расхлёстанный

расхлёстывать *uv zu* расхлеста́ть

расхлопота́ться *v umg* anfangen, sich sehr um etw. zu bemühen
ft. расхлопочу́сь, -о́чешься, -о́чутся
imp. расхлопочи́сь, -и́тесь
pt. расхлопота́лся, -лась
g.pt.a. расхлопота́вшись
p.pt.a. расхлопота́вшийся

[1]**расходи́ться** *v* **1.** anfangen hin und her zu gehen **2.** sich ans Gehen gewöhnen
ft. расхожу́сь, -о́дишься, -о́дятся
imp. расходи́сь, -и́тесь
pt. расходи́лся, -лась
g.pt.a. расходи́вшись
p.pt.a. расходи́вшийся

[2]**расходи́ться** *uv zu* разойти́сь
pr. расхожу́сь, -о́дишься, -о́дятся
imp. расходи́сь, -и́тесь
pt. расходи́лся, -лась
g.pr.a. расходя́сь
p.pr.a. расходя́щийся
p.pt.a. расходи́вшийся

расхо́довать 4a *uv* что **1.** ausgeben, verausgaben **2.** *1. u. 2. Pers ungebr umg* verbrauchen

расхо́доваться *uv* **1.** sich verausgaben **2.** ausgegeben werden

расхола́живать *uv zu* расхолоди́ть

расхолоди́ть *v* кого́-что abkühlen, ernüchtern, enttäuschen ‖ *uv* расхола́живать 1a
ft. расхоложу́, -оди́шь, -одя́т
imp. расхолоди́, ~те
pt. расхолоди́л
g.pt.a. расхолоди́в
p.pt.a. расхолоди́вший
p.pt.p. расхоложённый; расхоложён, -ена́

расхорохо́риться *v umg* anfangen großzutun; sich brüsten
ft. расхорохо́рюсь, -ришься, -рятся
imp. расхорохо́рься, -рьтесь
pt. расхорохо́рился, -лась
g.pt.a. расхорохо́рившись
p.pt.a. расхорохо́рившийся

расхоте́ть *v* чего́ *oder mit Infinitiv*, *umg* die Lust verlieren, nicht mehr wollen
ft. расхочу́, -о́чешь, -о́чет, -оти́м, -оти́те, -отя́т
imp. расхоти́, ~те
pt. расхоте́л
g.pt.a. расхоте́в
p.pt.a. расхоте́вший

расхоте́ться *unpers v umg* keine Lust mehr haben; nicht mehr mögen; мне расхоте́лось спать der Schlaf ist mir vergangen
ft. расхо́чется
pt. расхоте́лось

расхохота́ться *v* loslachen, in Gelächter ausbrechen
ft. расхохочу́сь, -о́чешься, -о́чутся
imp. расхохочи́сь, -и́тесь
pt. расхохота́лся, -лась
g.pt.a. расхохота́вшись
p.pt.a. расхохота́вшийся

расхрабри́ться *v umg* Mut fassen, wagen
ft. расхрабрю́сь, -ри́шься, -ря́тся
imp. расхрабри́сь, -и́тесь
pt. расхрабри́лся, -лась
g.pt.a. расхрабри́вшись
p.pt.a. расхрабри́вшийся

расцара́пать 1 *v* кого́-что zerkratzen ‖ *uv* расцара́пывать 1a

расцара́паться *v umg* sich zerkratzen ‖ *uv* расцара́пываться

расцара́пывать(ся) *uv zu* расцара́пать(ся)

расцвести́ *v* **1.** *1. u. 2. Pers ungebr* (auf)blühen, erblühen **2.** *übtr* aufblühen; einen Aufschwung erleben ‖ *uv* расцвета́ть 2a
ft. расцвету́, -тёшь, -ту́т
imp. расцвети́, ~те
pt. расцвёл, -ела́
g.pt.a. расцветя́ *u.* расцве́тши
p.pt.a. расцве́тший

расцвета́ть *uv zu* расцвести́

расцвети́ть *v* что schmücken; bunt bemalen ‖ *uv* расцве́чивать 1a
ft. расцвечу́, -ети́шь, -етя́т
imp. расцвети́, ~те

pt.	расцвети́л
g.pt.a.	расцвети́в
p.pt.a.	расцвети́вший
p.pt.p.	расцве́ченный

расцве́чивать *uv zu* расцвети́ть

расцелова́ть 5 *v* кого́-что abküssen ‖ *uv* расцело́вывать 1a

расцелова́ться *v* sich abküssen ‖ *uv* расцело́вываться

расцело́вывать(ся) *uv zu* расцелова́ть(ся)

расце́нивать *uv zu* расцени́ть

расцени́ть *v* кого́-что **1.** abschätzen, taxieren *Wert einer Ware* **2.** *übtr* einschätzen, beurteilen ‖ *uv* расце́нивать 1a

ft.	расценю́, -е́нишь, -е́нят
imp.	расцени́, ~те
pt.	расцени́л
g.pt.a.	расцени́в
p.pt.a.	расцени́вший
p.pt.p.	расценённый; расценён, -ена́

расцепи́ть *v* что auseinanderhaken, loskuppeln ‖ *uv* расцепля́ть 2a

ft.	расцеплю́, -е́пишь, -е́пят
imp.	расцепи́, ~те
pt.	расцепи́л
g.pt.a.	расцепи́в
p.pt.a.	расцепи́вший
p.pt.p.	расце́пленный

расцепи́ться, *1. u. 2. Pers ungebr, v* sich loshaken ‖ *uv* расцепля́ться

расцепля́ть(ся) *uv zu* расцепи́ть(ся)

расчека́нивать *uv zu* расчека́нить

расчека́нить *v* что ziselieren ‖ *uv* расчека́нивать 1a

ft.	расчека́ню, -нишь,-нят
imp.	расчека́нь, ~те
pt.	расчека́нил
g.pt.a.	расчека́нив
p.pt.a.	расчека́нивший
p.pt.p.	расчека́ненный

расчерти́ть *v* что Linien ziehen ‖ *uv* расче́рчивать 1a

ft.	расчерчу́, -е́ртишь, -е́ртят
imp.	расчерти́, ~те
pt.	расчерти́л
g.pt.a.	расчерти́в
p.pt.a.	расчерти́вший
p.pt.p.	расче́рченный

расче́рчивать *uv zu* расчерти́ть

расчеса́ть *v* что **1.** (durch)kämmen **2.** aufkratzen ‖ *uv* расчёсывать 1a

ft.	расчешу́, -е́шешь, -е́шут
imp.	расчеши́, ~те
pt.	расчеса́л
g.pt.a.	расчеса́в
p.pt.a.	расчеса́вший
p.pt.p.	расчёсанный

расчеса́ться *v* sich kämmen ‖ *uv* расчёсываться

расче́сть *v* кого́-что **1.** berechnen, ausrechnen; berücksichtigen **2.** entlassen *mit Auszahlung des Lohnes* ‖ *uv* рассчи́тывать 1a

ft.	разочту́, -тёшь, -ту́т
imp.	разочти́, ~те
pt.	расчёл, разочла́
g.pt.a.	разочтя́
p.pt.p.	разочтённый; разочтён, -ена́

расче́сться *v umg* **1.** с кем-чем abrechnen (mit) *a. übtr* **2.** abzählen ‖ *uv* рассчи́тываться

расчёсывать(ся) *uv zu* расчеса́ть(ся)

расчи́слить *v* что *umg* entsprechend den Berechnungen verteilen ‖ *uv* расчисля́ть 2a

ft.	расчи́слю, -лишь, -лят
imp.	расчи́сли, ~те
pt.	расчи́слил
g.pt.a.	расчи́слив
p.pt.a.	расчи́сливший
p.pt.p.	расчи́сленный

расчисля́ть *uv zu* расчи́слить

расчи́стить *v* что säubern; lichten ‖ *uv* расчища́ть 2a

ft.	расчи́щу, -и́стишь, -и́стят
imp.	расчи́сти *u.* расчи́сть, расчи́стите
pt.	расчи́стил
g.pt.a.	расчи́стив
p.pt.a.	расчи́стивший
p.pt.p.	расчи́щенный

расчи́ститься, *1. u. 2. Pers ungebr, v* sich aufhellen *Himmel*; frei werden *Straße* ‖ *uv* расчища́ться

расчиха́ться 1 *v umg* unaufhörlich niesen

расчища́ть(ся) *uv zu* расчи́стить(ся)

расчлени́ть *v* что (zer)gliedern; aufteilen ‖ *uv* расчленя́ть 2a

ft.	расчленю́, -ни́шь, -ня́т
imp.	расчлени́, ~те
pt.	расчлени́л
g.pt.a.	расчлени́в
p.pt.a.	расчлени́вший
p.pt.p.	расчленённый; расчленён, -ена́

расчлени́ться, *1. u. 2. Pers ungebr, v* zergliedert [aufgeteilt] werden ‖ *uv* расчленя́ться

расчленя́ть(ся) *uv zu* расчлени́ть(ся)

расчу́хать 1 *v* что *volksspr* am Geschmack [am Geruch] erkennen

расшали́ться *v* allzu ausgelassen sein

ft.	расшалю́сь, -ли́шься, -ля́тся
imp.	расшали́сь, -и́тесь
pt.	расшали́лся, -лась
g.pt.a.	расшали́вшись
p.pt.a.	расшали́вшийся

расша́ркаться 1 *v* **1.** einen Kratzfuß machen **2.** *übtr umg* katzbuckeln ‖ *uv* расша́ркиваться 1a

расша́ркиваться *uv zu* расша́ркаться

расшата́ть 2 *v* что **1.** locker rütteln, lockern **2.** *übtr* untergraben; zerrütten ‖ *uv* расша́тывать 1a

расшата́ться, *1. u. 2. Pers ungebr*, *v* **1.** wackelig werden, sich lockern **2.** *übtr* zerrüttet werden; sich lockern *Disziplin* ‖ *uv* расша́тываться

расша́тывать(ся) *uv zu* расшата́ть(ся)

расшвы́ривать *uv zu* расшвыря́ть

расшвыря́ть 2 *v* кого́-что *umg* durcheinanderwerfen, umherwerfen ‖ *uv* расшвы́ривать 1a

расшеве́ливать(ся) *uv zu* расшевели́ть(ся)

расшевели́ть *v* кого́-что *umg* **1.** aufstören **2.** *übtr* aufrütteln, anregen; beleben ‖ *uv* расшеве́ливать 1a

ft.	расшевелю́, -е́ли́шь, -е́ля́т
imp.	расшевели́, ~те
pt.	расшевели́л
g.pt.a.	расшевели́в
p.pt.a.	расшевели́вший
p.pt.p.	расшевелённый; расшевелён, -ена́

расшевели́ться *v* sich aufrütteln, in Bewegung kommen ‖ *uv* расшеве́ливаться

расшиба́ть(ся) *uv zu* расшиби́ть(ся)

расшиби́ть *v* кого́-что **1.** *umg* (an)stoßen, verletzen **2.** *volksspr* zerschlagen, zerspalten ‖ *uv* расшиба́ть 2a

ft.	расшибу́, -бёшь, -бу́т
imp.	расшиби́, ~те
pt.	расши́б, ~ла
g.pt.a.	расшиби́в* *u.* расшибя́*
p.pt.a.	расши́бший*
p.pt.p.	расши́бленный

расшиби́ться *v umg* sich verletzen ‖ *uv* расшиба́ться

g.pt.a.	расши́бшись* *u.* расшибя́сь*

расшива́ть(ся) *uv zu* расши́ть(ся)

расши́рить *v* что **1.** breiter machen *Weg* **2.** erweitern, ausdehnen *Handel u. ä.* **3.** *übtr* erweitern, vertiefen ‖ *uv* расширя́ть 2a

ft.	расши́рю, -ришь, -рят
imp.	расши́рь, ~те
pt.	расши́рил
g.pt.a.	расши́рив
p.pt.a.	расши́ривший
p.pt.p.	расши́ренный

расши́риться, *1. u. 2. Pers ungebr*, *v* **1.** breiter werden **2.** zunehmen **3.** *übtr* sich erweitern, sich vertiefen ‖ *uv* расширя́ться

расширя́ть(ся) *uv zu* расши́рить(ся)

расши́ть *v* что **1.** *umg* auftrennen, zertrennen **2.** besticken ‖ *uv* расшива́ть 2a

ft.	разошью́, -шьёшь, -шью́т
imp.	расше́й, ~те
pt.	расши́л
g.pt.a.	расши́в
p.pt.a.	расши́вший
p.pt.p.	расши́тый

расши́ться, *1. u. 2. Pers ungebr*, *v* aufgehen, auseinandergehen *Genähtes* ‖ *uv* расшива́ться

расшифрова́ть 5 *v* что dechiffrieren, entziffern; *umg* enträtseln ‖ *uv* расшифро́вывать 1a

расшифро́вывать *uv zu* расшифрова́ть

расшнурова́ть 5 *v* что aufschnüren ‖ *uv* расшнуро́вывать 1a

расшнурова́ться, *1. u. 2. Pers ungebr*, *v* aufgehen, sich lösen *Geschnürtes* ‖ *uv* расшнуро́вываться

расшнуро́вывать(ся) *uv zu* расшнурова́ть(ся)

расшуме́ться *v umg* stark zu lärmen beginnen

ft.	расшумлю́сь, -ми́шься, -мя́тся
imp.	расшуми́сь, -и́тесь
pt.	расшуме́лся, -лась
g.pt.a.	расшуме́вшись
p.pt.a.	расшуме́вшийся

расще́дриваться *uv zu* расще́дриться

расще́дриться *v umg* freigebig werden ‖ *uv* расще́дриваться 1a

ft.	расще́дрюсь, -ришься, -рятся
imp.	расще́дрись, -итесь
pt.	расще́дрился
g.pt.a.	расще́дрившись
p.pt.a.	расще́дрившийся

расщёлкивать *uv zu* расщёлкнуть

расщёлкнуть 6 *v* что *umg* aufknacken || *uv* расщёлкивать 1а
p.pt.p. расщёлкнутый

расщеми́ть *v* что *umg* lösen, entspannen *Zusammengepreßtes* || *uv* расщемля́ть 2а
ft. расщемлю́, -ми́шь, -мя́т
imp. расщеми́, ~те
pt. расщеми́л
g.pt.a. расщеми́в
p.pt.a. расщеми́вший
p.pt.p. расщемлённый; расщемлён, -ена́

расщемля́ть *uv zu* расщеми́ть

расщепа́ть *v* что *umg* schleißen, zerspalten
ft. расщеплю́, -е́плешь, -е́плют *u.* *umg* расщепа́ю, -а́ешь, -а́ют
imp. расщепли́, ~те *u.* расщепи́, ~те *u.* *umg* расщепа́й, ~те
pt. расщепа́л
g.pt.a. расщепа́в
p.pt.a. расщепа́вший
p.pt.p. расще́панный

расщепи́ть *v* что **1.** (zer)spalten; zersplittern **2.** *chem*, *phys* zersetzen, spalten || *uv* расщепля́ть 2а
ft. расщеплю́, -епи́шь, -епя́т
imp. расщепи́, ~те
pt. расщепи́л
g.pt.a. расщепи́в
p.pt.a. расщепи́вший
p.pt.p. расщеплённый; расщеплён, -ена́

расщепи́ться, *1. u. 2. Pers ungebr*, *v* **1.** sich spalten **2.** sich zersetzen || *uv* расщепля́ться

расщепля́ть(ся) *uv zu* расщепи́ть(ся)

расщипа́ть *v* что zerrupfen, auseinanderzupfen || *uv* расщи́пывать 1а
ft. расщиплю́, -и́плешь, -и́плют *u.* -и́пешь, -и́пют *u.* *umg* расщипа́ю, -а́ешь, -а́ют
imp. расщипли́, ~те *u.* расщипи́, ~те *u.* *umg* расщипа́й, ~те
pt. расщипа́л
g.pt.a. расщипа́в
p.pt.a. расщипа́вший
p.pt.p. расщи́панный

расщи́пывать *uv zu* расщипа́ть

ратифици́ровать 4 *u.* 4а *v*, *uv* что ratifizieren

ра́товать 4а *uv* **1.** *alt* kämpfen **2.** за кого́-что *buchspr* eintreten (für); про́тив кого́-чего́ auftreten (gegen)

рафини́ровать 4 *u.* 4а *v*, *uv* что **1.** *tech* reinigen **2.** zu Würfelzucker verarbeiten

рационализи́ровать 4 *u.* 4а *v*, *uv* что rationalisieren

рационализова́ть* 5 *u.* 5а *v*, *uv* что rationalisieren

рвану́ть 7 *v* **1.** кого́-что *u. ohne Objekt* (heftig) ziehen, reißen **2.** *1. u. 2. Pers ungebr umg* scharf anziehen; losstürzen
p.pt.p. рвану́тый*

рвану́ться *v umg* losstürmen, -stürzen

[1]**рвать** *uv* что **1.** herausreißen; ziehen *Zähne* **2.** abreißen; abpflücken **3.** zerreißen, zerteilen **4.** *umg* (in die Luft) sprengen **5.** abbrechen *Beziehungen*
pr. рву, рвёшь, рвут
imp. рви, ~те
pt. рвал, рвала́, рва́ло
g.pt.a. рвав
p.pr.a. рву́щий
p.pt.a. рва́вший

[2]**рвать** *unpers uv* кого́-что *umg* sich übergeben, erbrechen. — (вы́-)
pr. рвёт
pt. рва́ло

рва́ться, *1. u. 2. Pers ungebr*, *uv* **1.** (zer)reißen, unbrauchbar werden **2.** explodieren **3.** abbrechen *Beziehungen* **4.** streben, brennen, versessen sein (auf)
pt. рва́лся, рвала́сь, рва́ло́сь
Übrige Formen nach [1]рвать

рдеть 3а, *1. u. 2. Pers ungebr*, *uv* rot werden; rot schimmern

рде́ться, *1. u. 2. Pers ungebr*, *uv* rot schimmern

реабилити́ровать 4 *u.* 4а *v*, *uv* кого́-что rehabilitieren

реабилити́роваться *v*, *uv* sich rehabilitieren, rehabilitiert werden

реаги́ровать 4а *uv* на что reagieren (auf)

реализова́ть 5 *u.* 5а *v*, *uv* что **1.** realisieren, verwirklichen **2.** *wirtsch* zu Geld machen, realisieren

реализова́ться, *1. u. 2. Pers ungebr*, *v*, *uv* **1.** sich verwirklichen **2.** umgesetzt [realisiert] werden *Ware*

ребя́читься *uv umg* sich kindisch betragen, Kindereien treiben
pr. ребя́чусь, -чишься, -чатся
imp. ребя́чься, -чьтесь
pt. ребя́чился, -лась
g.pr.a. ребя́чась
p.pr.a. ребя́чащийся
p.pt.a. ребя́чившийся

реве́ть *uv* **1.** brüllen; heulen, tosen **2.** *umg* laut weinen, heulen

pr.	реву́, ревёшь, реву́т
imp.	реви́, ~те
pt.	ревéл
g.pr.a.	ревя́
p.pr.a.	реву́щий
p.pt.a.	ревéвший

ревизова́ть 5 *u.* 5a *v, uv* когó-что revidieren, überprüfen

ревнова́ть 5a *uv* когó-что к комý-чемý eifersüchtig sein (auf). — (при-)

революционизи́ровать 4 *u.* 4a *v, uv* когó-что **1.** revolutionäre Ideen verbreiten **2.** revolutionieren, entscheidend verändern

революционизи́роваться *v, uv* revolutionäre Gedanken aufnehmen, revolutionär werden

регистри́ровать 4a *uv* когó-что eintragen, registrieren. — (за-)

регистри́роваться *uv* **1.** sich registrieren lassen **2.** sich (standesamtlich) trauen lassen. — (за-)

регламенти́ровать 4 *u.* 4a *v, uv* что reglementieren, regeln; anordnen

регресси́ровать 4a *uv* sich zurückentwikkeln, in Verfall geraten

регули́ровать 4a *uv* что regulieren; regeln. — (у-, от-)

редакти́ровать 4 *u.* 4a *v, uv* что **1.** redigieren **2.** *nur uv* redaktionell leiten **3.** formulieren. — (от- *zu* 1)

реда́кторствовать 4a *uv umg* als Redakteur tätig sein

реде́ть 3a, *1. u. 2. Pers ungebr, uv* sich lichten; spärlicher werden. — (по-)

редуци́ровать 4 *u.* 4a *v, uv* что reduzieren

редуци́роваться *v, uv* sich reduzieren

режиссёрствовать 4a *uv umg* als Regisseur tätig sein

режисси́ровать 4a *uv* что Regie führen

резану́ть *v mom zu* ре́зать

ре́зать *uv* **1.** что (zer-, ab)schneiden **2.** что operieren **3.** когó-что schlachten **4.** *1. u. 2. Pers ungebr* heftig schmerzen **5.** *1. u. 2. Pers ungebr* unangenehm berühren *Auge, Ohr* **6.** по чемý eingravieren; (ein)schnitzen | *v mom umg* резну́ть 7 *zu* 4, 5, kein *p.pt.p. u. volksspr* резану́ть 7 *zu* 1, 4, 5, *p.pt.p.* резану́тый*. — (за- *zu* 3, раз- *zu* 1, 2)

pr.	ре́жу, ре́жешь, ре́жут
imp.	режь, ~те
pt.	ре́зал
g.pt.a.	ре́зав
p.pr.a.	ре́жущий
p.pt.a.	ре́завший
p.pt.p.	ре́занный *zu* 1, 2

ре́заться *uv umg* **1.** durchkommen *Zähne* **2.** mit der blanken Waffe miteinander kämpfen **3.** во что etw. leidenschaftlich spielen

резви́ться *uv* sich tummeln, tollen, ausgelassen sein

pr.	резвлю́сь, -ви́шься, -вя́тся
imp.	резви́сь, -и́тесь
pt.	резви́лся, -лась
g.pr.a.	резвя́сь
p.pr.a.	резвя́щийся
p.pt.a.	резви́вшийся

резерви́ровать 4 *u.* 4a *v, uv* что zurückbehalten, reservieren. — (за-)

резну́ть *v mom zu* ре́зать

резонёрствовать 4a *uv* herumkritisieren, räsonieren

резони́ровать 4a, *1. u. 2. Pers ungebr, uv* mittönen, widerhallen

резюми́ровать 4 *u.* 4a *v, uv* что zusammenfassen

реквизи́ровать 4 *u.* 4a *v, uv* когó-что requirieren, zwangsweise einziehen

¹реклами́ровать 4 *u.* 4a *v, uv* когó-что anpreisen, Reklame machen; über die Maßen loben

²реклами́ровать 4 *u.* 4a *v, uv* что reklamieren

рекогносци́ровать 4 *u.* 4a *v, uv* что erkunden, rekognoszieren

рекомендова́ть 5 *u.* 5a *v, uv* когó-что **1.** empfehlen, ein gutes Zeugnis ausstellen **2.** empfehlen, anraten **3.** *alt* (j-n) vorstellen ‖ *v a.* порекомендова́ть 5 *zu* 1, 2. — (от- *zu* 1, 3)

рекомендова́ться *v, uv* sich vorstellen, seinen Namen nennen. — (от-)

реконструи́ровать 4 *u.* 4a *v, uv* что rekonstruieren; umgestalten

реконструи́роваться, *1. u. 2. Pers ungebr, v, uv* umgestaltet werden

рекрути́ровать 4 *u.* 4a *v, uv* когó-что *buchspr* den Bestand auffüllen

ректифици́ровать 4 *u.* 4a *v, uv* что *chem* rektifizieren, reinigen

ре́кторствовать 4a *uv umg* die Stellung eines Rektors innehaben

реми́зить *uv* кого́-что zum Remis zwingen. — (об-)

pr.	реми́жу, -и́зишь, -и́зят
imp.	реми́зь, ~те
pt.	реми́зил
g.pr.a.	реми́зя
p.pr.a.	реми́зящий
p.pt.a.	реми́зивший

реми́зиться *uv* bête sein *im Kartenspiel.* — (об-)

ремилитаризи́ровать 4 *u.* 4a *v, uv* что remilitarisieren

ремилитаризова́ть 5 *u.* 5a *v, uv* что remilitarisieren

ремонти́ровать 4 *u.* 4a *v, uv* что reparieren, ausbessern. — (от-)

ренатурализова́ть 5 *u.* 5a *v, uv* кого́-что die Staatsbürgerrechte zurückgeben

ренатурализова́ться *v, uv* die Staatsbürgerschaft wiedererlangen

реорганизова́ть 5 *u.* 5a *v, uv* что reorganisieren, umgestalten

реорганизо́вывать 1a *uv* что reorganisieren, umgestalten

репатрии́ровать 4 *u.* 4a *v, uv* кого́-что repatriieren

репатрии́роваться *v, uv* repatriiert werden

репети́ровать 4a *uv* **1.** что *a. ohne Objekt* proben, einstudieren **2.** кого́-что *alt* Nachhilfeunterricht erteilen. — (про- *zu* 1, с- *zu* 1)

репети́торствовать 4a *uv alt* Nachhilfeunterricht erteilen

репетова́ть 5 *u.* 5a *v, uv* что (Signale) wiederholen *als Zeichen, sie verstanden zu haben*

репортёрствовать 4a *uv umg* Reporter sein

репресси́ровать 4 *u.* 4a *v, uv* кого́-что Repressalien anwenden (gegen)

репродуци́ровать 4 *u.* 4a *v, uv* что *phot* reproduzieren

реставри́ровать 4 *u.* 4a *v, uv* что restaurieren, wiederherstellen

ретирова́ться 5 *u.* 5a *v, uv* sich zurückziehen; abtreten

ретуши́ровать 4 *u.* 4a *v, uv* что retuschieren. — (*v a.* от-)

[1]**рефери́ровать** 4 *u.* 4a *v, uv* что referieren (über)

[2]**рефери́ровать** 4a *uv* Schiedsrichter sein

рефлекти́ровать 4a *uv* на что reflektieren (auf)

реформи́ровать 4 *u.* 4a *v, uv* что reformieren, umgestalten

рехну́ться 7 *v volksspr* überschnappen, verrückt werden

рецензи́ровать 4a *uv* что rezensieren. — (про-)

реша́ть(ся) *uv zu* реши́ть(ся)

реши́ть *v* **1.** что lösen *Aufgaben* **2.** что *oder mit Infinitiv* einen Beschluß fassen, entscheiden || *uv* реша́ть 2a

ft.	решу́, реши́шь, реша́т
imp.	реши́, ~те
pt.	реши́л
g.pt.a.	реши́в
p.pt.a.	реши́вший
p.pt.p.	решённый; решён, -ена́

реши́ться *v* **1.** на что *oder mit Infintiiv* sich entschließen, **2.** *1. u. 2. Pers ungebr* entschieden werden || *uv* реша́ться

реэвакуи́ровать 4 *u.* 4a *v, uv* кого́-что Evakuierte zurückführen

реэвакуи́роваться *v, uv* nach der Evakuierung zurückkehren

ре́ять *uv* **1.** schweben **2.** wehen, flattern

pr.	ре́ю, ре́ешь, ре́ют
imp.	рей, ~те
pt.	ре́ял
g.pr.a.	ре́я
p.pr.a.	ре́ющий
p.pt.a.	ре́явший

ржа́веть 3a, *Betonung bleibt wie im Infinitiv, 1. u. 2. Pers ungebr, uv* (ver)rosten. — (за-)

ржа́вить, *1. u. 2. Pers ungebr, uv* что rostig machen, Rost erzeugen

pr.	ржа́вит, ржа́вят
pt.	ржа́вил
g.pr.a.	ржа́вя
p.pr.a.	ржа́вящий
p.pt.a.	ржа́вивший

ржать *uv* wiehern *a. übtr*

pr.	ржу, ржёшь, ржут
imp.	ржи, ~те
pt.	ржал

g.pr.a. ржа*
p.pr.a. ржу́щий
p.pt.a. ржа́вший

ри́нуться 6 *v* sich stürzen
imp. ри́нься, ри́ньтесь

рискну́ть 7 *v mit Infinitiv,* на что *u. ohne Objekt* riskieren, wagen
kein *p.pt.p.*

рискова́ть 5a *uv* **1.** riskieren, wagen **2.** *mit Infinitiv* Gefahr laufen

рисова́ть 5a *uv* кого́-что **1.** zeichnen, malen **2.** *übtr* beschreiben, schildern. — (на-)
p.pt.p. рисо́ванный

рисова́ться *uv* **1.** *1. u. 2. Pers ungebr* sich abheben, sich abzeichnen **2.** sich einbilden, sich erträumen **3.** *verächtl* sich zieren; angeben

ритмизи́ровать 4 *u.* 4a *v, uv* что rhythmisch gestalten

ри́торствовать 4a *uv buchspr alt* schwülstig reden

рифмова́ть 5a *uv* **1.** *1. u. 2. Pers ungebr alt* sich reimen **2.** что reimen. — (c- *zu* 2)
p.pt.p. рифмо́ванный

рифмова́ться, *1. u. 2. Pers ungebr, uv* sich reimen

робе́ть 3a *uv* zaghaft [schüchtern] sein, Angst haben. — (o-)

ровня́ть 2a *uv* что ebnen, glätten, planieren. — (c-)

роди́ть *v, uv* кого́-что **1.** gebären **2.** *übtr* erzeugen, hervorbringen **3.** *1. u. 2. Pers ungebr* Früchte tragen ‖ *uv a.* рожда́ть 2a *zu* 1, 2 *u. umg* рожа́ть 2a *zu* 1, 3
ft. u. pr. рожу́, роди́шь, родя́т
imp. роди́, ~те
pt. роди́л, *v* родила́ *u. uv* роди́ла, роди́ло
g.pt.a. роди́в
p.pr.a. родя́щий
p.pt.a. роди́вший
p.pt.p. рождённый; рождён, -ена́

роди́ться *v, uv* **1.** geboren werden **2.** *1. u. 2. Pers ungebr* entstehen, aufkommen **3.** *1. u. 2. Pers ungebr* wachsen, gedeihen ‖ *uv a.* рожда́ться *zu* 1, 2
pt. *v, uv* роди́лся *u. v* родился́, *v, uv* роди́лась *u. v* родила́сь, *v, uv* роди́лось *u. v* родило́сь

родни́ть *uv* кого́-что **1.** verwandtschaftliche Beziehungen herstellen **2.** *1. u. 2. Pers ungebr* с кем-чем (an)nähern verbinden (mit) ‖ *v* породни́ть, Formen das.
pr. родню́, -ни́шь, -ня́т
imp. родни́, ~те
pt. родни́л
g.pr.a. родня́
p.pr.a. родня́щий
p.pt.a. родни́вший

родни́ться *uv* verwandt werden ‖ *v* породни́ться

рожа́ть *uv zu* роди́ть

рожда́ть(ся) *uv zu* роди́ть(ся)

ро́знить *uv* что *alt volksspr* trennen, auseinanderreißen. — (раз-)
pr. ро́зню, -нишь, -нят
imp. ро́зни, ~те
pt. ро́знил
g.pr.a. ро́зня
p.pr.a. ро́знящий
p.pt.a. ро́знивший

розове́ть 3a *uv* sich rosarot färben. — (по-)

рои́ть *uv* кого́-что zu einem Schwarm vereinigen
pr. рою́, рои́шь, роя́т
imp. рои́, ~те
pt. рои́л
g.pr.a. роя́
p.pr.a. роя́щий
p.pt.a. рои́вший
p.pr.p. рои́мый

рои́ться, *1. u. 2. Pers ungebr, uv* **1.** (aus)schwärmen, einen Schwarm bilden **2.** schwirren *a. übtr*

рокирова́ть 5 *u.* 5a *v, uv* rochieren *Schach*

рокирова́ться *v, uv* rochieren *Schach*

рокота́ть, *1. u. 2. Pers ungebr, uv* tosen, rollen; surren
pr. роко́чет, -чут
pt. рокота́л
g.pr.a. рокоча́
p.pr.a. роко́чущий
p.pt.a. рокота́вший

романизи́ровать 4 *u.* 4a *v, uv* кого́-что romanisieren

романизова́ть 5 *u.* 5a *v, uv* кого́-что romanisieren

рони́ть *uv* что *gbt* fällen *Bäume*
pr. роню́, ро́нишь, ро́нят
imp. рони́, ~те
pt. рони́л
g.pr.a. роня́

p.pr.a. роня́щий
p.pt.a. рони́вший

роня́ть 2a *uv* кого́-что **1.** fallen lassen, verlieren **2.** sinken lassen *Kopf* **3.** *übtr* erniedrigen, herabwürdigen ‖ *v* урони́ть, Formen das.

ропта́ть *uv* murren, ungehalten sein
pr. ропщу́, ро́пщешь, ро́пщут
imp. ропщи́, ~те
pt. ропта́л
g.pr.a. ропща́
p.pr.a. ро́пщущий
p.pt.a. ропта́вший

роско́шествовать 4a *uv* ein luxuriöses Leben führen, großen Aufwand treiben

роско́шничать 1a *uv umg* ein luxuriöses Leben führen, großen Aufwand treiben

рубану́ть(ся) *v mom zu* руби́ть(ся)

руби́ть *uv* кого́-что **1.** fällen; abhauen, abschlagen; kleinhauen **2.** bauen *aus Holzbalken* | *v mom* рубну́ть 7 *zu* **1,** kein *p.pt.p. u.* рубану́ть 7 *zu* **1,** kein *p.pt.p.*
pr. рублю́, ру́бишь, ру́бят
imp. руби́, ~те
pt. руби́л
g.pr.a. рубя́
p.pr.a. ру́бящий
p.pt.a. руби́вший
p.pt.p. ру́бленный

руби́ться *uv* sich herumschlagen, kämpfen *mit blanker Waffe* | *v mom* рубану́ться

рубну́ть *v mom zu* руби́ть

рубцева́ться, *1. u. 2. Pers ungebr, uv* vernarben *Wunde.* — (за-)
pr. рубцу́ется, -у́ются
pt. рубцева́лся, -лась
g.pr.a. рубцу́ясь
p.pr.a. рубцу́ющийся
p.pt.a. рубцева́вшийся

руга́ть 2a *uv* кого́-что **1.** (be)schimpfen **2.** schmähen; scharf kritisieren | *v mom* ругну́ть 7, kein *p.pt.p.* — (вы́-, из-, об-, от-)
p.pt.p. ру́ганный

руга́ться *uv* **1.** schimpfen **2.** с кем *u. ohne Objekt* einander beschimpfen, sich zanken | *v mom* ругну́ться *zu* 1. — (по-)

ругну́ть(ся) *v mom zu* руга́ть(ся)

руководи́ть *uv* кем-чем leiten, führen
pr. руковожу́, -оди́шь, -одя́т
imp. руководи́, ~те
pt. руководи́л
g.pr.a. руководя́
p.pr.a. руководя́щий
p.pt.a. руководи́вший
p.pr.p. руководи́мый

руководи́ться *uv* чем sich richten (nach), sich leiten lassen (von)

руково́дствоваться 4a *uv* кем-чем sich richten (nach), sich leiten lassen (von)

рукоде́льничать 1a *uv umg* Handarbeiten machen

рукоплеска́ть *uv* кому́-чему́ Beifall klatschen, applaudieren
pr. рукоплещу́, -е́щешь, -е́щут
imp. рукоплещи́, ~те
pt. рукоплеска́л
g.pr.a. рукоплеща́
p.pr.a. рукопле́щущий
p.pt.a. рукоплеска́вший

рули́ть *uv flug* rollen *auf dem Erdboden*
pr. рулю́, рули́шь, руля́т
imp. рули́, ~те
pt. рули́л
g.pr.a. руля́
p.pr.a. руля́щий
p.pt.a. рули́вший

румя́нить *uv* кого́-что **1.** *1. u. 2. Pers ungebr* röten **2.** rot schminken. — (за- *zu* 1, на- *zu* 2)
pr. румя́ню, -нишь, -нят
imp. румя́нь, ~те
pt. румя́нил
g.pr.a. румя́ня
p.pr.a. румя́нящий
p.pt.a. румя́нивший

румя́ниться *uv* **1.** erröten **2.** sich rot schminken **3.** rot werden, sich röten. — (за- *zu* 1, 3, на- *zu* 2)

[1]**русе́ть** 3a *uv* russisches Wesen annehmen

[2]**русе́ть** 3a *uv umg* hellbraun werden

русифици́ровать 4 *u.* 4a *v, uv* кого́-что russifizieren

ру́хнуть 6 *v* **1.** einstürzen, einfallen **2.** *übtr* zusammenstürzen

ру́хнуться *v umg* einstürzen, zerschellen

руча́ться 2a *uv* bürgen, haften ‖ *v* поручи́ться, Formen nach поручи́ть

ру́шить *uv* что niederreißen, umstürzen. — (об-)
pr. ру́шу, ру́шишь, ру́шат
imp. рушь, ~те
pt. ру́шил

g.pr.a. руша
p.pr.a. рушащий
p.pt.a. рушивший

рушиться, *1. u. 2. Pers ungebr*, *uv* **1.** einfallen, einstürzen **2.** *übtr* zusammenbrechen. — (об- *zu* 1)

рыбачить *uv* Fischfang treiben
pr. рыбачу, -чишь, -чат
imp. рыбачь, ~те
pt. рыбачил
g.pr.a. рыбача
p.pr.a. рыбачащий
p.pt.a. рыбачивший

рыгать 2a *uv* rülpsen, aufstoßen | *v mom* рыгнуть 7, kein *p.pt.p.*

рыгнуть *v mom zu* рыгать

рыдать 2a *uv* schluchzen

рыжеть 3a *uv* rotblond werden, einen rötlichen Schimmer bekommen. — (по-)

рыкать 2a, *1. u. 2. Pers ungebr*, *uv* brüllen | *v mom* рыкнуть 7, kein *p.pt.p.*

рыкнуть *v mom zu* рыкать

рысить, *1. Pers ungebr*, *uv* traben
pr. рысишь, -сят
imp. рыси, ~те
pt. рысил
g.pr.a. рыся
p.pr.a. рысящий
p.pt.a. рысивший

рыскать *uv* **1.** *umg* suchend umherlaufen, -streifen **2.** *1. u. 2. Pers ungebr naut* gieren | *v mom* рыскнуть 6 *zu* 2
pr. рыщу, рыщешь, рыщут *u.* рыскаю, -аешь, -ают
imp. рыскай, ~те *u.* рыщи, ~те
pt. рыскал
g.pr.a. рыская *u.* рыща
p.pr.a. рыскающий *u.* рыщущий
p.pt.a. рыскавший

рыскнуть *v mom zu* рыскать

рыть *uv* что graben; aufwühlen; (her)ausgraben, ausheben. — (вы-, от-)
pr. рою, роешь, роют
imp. рой, ~те
pt. рыл
g.pr.a. роя
p.pr.a. роющий
p.pt.a. рывший
p.pt.p. рытый

рыться *uv* graben, scharren; wühlen

рыхлеть 3a *uv* sich (auf)lockern, locker werden. — (по-)

рыхлить *uv* что (auf)lockern *Boden.* — (вз-, раз-)
pr. рыхлю, -лишь, -лят
imp. рыхли, ~те
pt. рыхлил
g.pr.a. рыхля
p.pr.a. рыхлящий
p.pt.a. рыхливший
p.pr.p. рыхлимый

рычать *uv* **1.** *1. Pers ungebr* brüllen; knurren **2.** *volksspr* brummen
pr. рычу, рычишь, рычат
imp. рычи, ~те
pt. рычал
g.pr.a. рыча
p.pr.a. рычащий
p.pt.a. рычавший

рябеть 3a *uv* **1.** narbig werden **2.** *1. u. 2. Pers ungebr* sich kräuseln *Wasseroberfläche* — (по-)

рябить, *1. u. 2. Pers ungebr*, *uv* **1.** mit Narben bedecken *Gesicht*; kräuseln *Wasseroberfläche* **2.** *unpers* flimmern *vor den Augen*
pr. рябит, рябят
pt. рябил
g.pr.a. рябя
p.pr.a. рябящий
p.pt.a. рябивший

рявкать 1a *uv* anbrüllen, anschreien | *v mom* рявкнуть 6

рявкнуть *v mom zu* рявкать

¹рядить *uv* кого-что *volksspr* maskieren, verkleiden
pr. ряжу, рядишь, рядят
imp. ряди, ~те
pt. рядил
g.pr.a. рядя
p.pr.a. рядящий
p.pt.a. рядивший
p.pr.p. рядимый
p.pt.p. ряженный

²рядить *uv* кого-что *alt* **1.** Ordnung einführen **2.** einstellen, dingen ‖ *v* порядить, Formen das.
pr. ряжу, рядишь, рядят
Übrige Formen wie ¹рядить

¹рядиться *uv volksspr* **1.** sich (heraus)putzen **2.** sich verkleiden, sich maskieren Formen nach ¹рядить

²рядиться *uv alt* **1.** verhandeln, sich einigen, übereinkommen **2.** sich verdingen ‖ *v* порядиться, Formen nach порядить Formen nach ²рядить

С

саботáжничать 1a *uv umg* Sabotage treiben

саботи́ровать 4 *u.* 4a *v* (*alt*), *uv* **1.** что sabotieren **2.** *nur uv* Sabotage treiben

сагити́ровать *v zu* агити́ровать

садану́ть 7 *v u. mom volksspr* **1.** что *etw. Spitzes* hineinstoßen **2.** кого́-что schlagen
p.pt.p. сaдану́тый*

сади́ть *uv* **1.** кого́-что *volkssрr* hinsetzen, einen Platz zuweisen **2.** за кого́-что, на что *oder mit Infinitiv volkssрr* an eine Arbeit setzen, etw. machen lassen **3.** кого́-что *volkssрr* setzen, stecken; einsperren **4.** что *landw umg* setzen, stecken, legen **5.** что *volkssрr* in den Ofen zum Backen schieben **6.** *volkssрr* schlagen; schießen, feuern **7.** *volkssрr* schnell laufen, rennen | *uv iterativ umg* сáживать 1a. — (по-)
pr. сажу́, сáдишь, сáдят
imp. сади́, ~те
pt. сади́л
g.pr.a. садя́
p.pr.a. садя́щий
p.pt.a. сади́вший
p.pr.p. (сажáемый)
p.pt.p. сáженный

сади́ться *uv zu* сесть
pr. сажу́сь, сади́шься, садя́тся

сáднеть 3a, *1. u. 2. Pers ungebr*, *uv umg* jucken, kratzen *von einer wunden Stelle*

сáднить *1. u. 2. Pers ungebr*, *uv* **1.** что reizen *Haut*, *Schleimhäute* **2.** *meist unpers* jucken, kratzen *von einer wunden Stelle*
pr. сáднит, -нят
pt. сáднил
g.pr.a. сáдня
p.pr.a. сáднящий
p.pt.a. сáднивший

садóвничать 1a *uv umg* **1.** als Gärtner arbeiten **2.** sich mit Gartenbau befassen

сажáть 2a *uv* кого́-что **1.** (hin)setzen, einen Platz zuweisen; сажáть гостéй за стол die Gäste zu Tisch bitten **2.** *flug* aufsetzen, landen **3.** за что, на что *oder mit Infinitiv* an eine Arbeit setzen **4.** на что *oder* кем-чем einsetzen (als), ernennen (zu) **5.** setzen, stecken; festsetzen, einsperren **6.** setzen, stecken, pflanzen **7.** zum Backen in den Ofen schieben | *uv iterativ umg* сáживать 1a. — (посади́ть)

сáживать *uv iterativ zu* сади́ть *u.* сажáть

сáживаться *uv iterativ zu* сади́ться

саккомпани́ровать 4 кому́-чему́ *umg mus* begleiten

сáлить *uv* кого́-что fettig machen. — (за-)
pr. сáлю, сáлишь, сáлят
imp. саль, ~те
pt. сáлил
g.pr.a. сáля
p.pr.a. сáлящий
p.pt.a. сáливший

сáлиться *uv* **1.** mit Fett durchtränkt werden **2.** *umg* sich mit Fett beschmieren. — (за-)

салютовáть 5 *u.* 5a *v*, *uv* кому́-чему́ den Salut erweisen *durch Ehrensalve*, *Hissen der Flagge u. ä.* — (от-)

самовозгорáться *uv zu* самовозгорéться

самовозгорéться, *1. u. 2. Pers ungebr*, *v* sich von selbst entzünden ‖ *uv* самовозгорáться 2a
ft. самовозгори́тся, -ря́тся
pt. самовозгорéлся, -лась
g.pt.a. самовозгорéвшись
p.pt.a. самовозгорéвшийся

самовóльничать 1a *uv umg* eigenmächtig [eigenwillig] handeln

самоду́рничать 1a *uv umg* unsinnig [starrsinnig] handeln

самоду́рствовать 4a *uv* unsinnig [starrsinnig] handeln

самоопредели́ться *v* **1.** das Selbstbestimmungsrecht erhalten, vom Selbstbestimmungsrecht Gebrauch machen **2.** seinen Platz im Leben [in der Gesellschaft] finden ‖ *uv* самоопределя́ться 2a
ft. самоопределю́сь, -ли́шься, -ля́тся
imp. самоопредели́сь, -и́тесь
pt. самоопредели́лся, -лась
g.pt.a. самоопредели́вшись
p.pt.a. самоопредели́вшийся

самоопределя́ться *uv zu* самоопредели́ться

самоопылЯться 2a, *1. u. 2. Pers ungebr, uv bot* sich selbst bestäuben

самоуплотни́ться *v* sich im Wohnraum einschränken, freiwillig Wohnraum abgeben ‖ *uv* самоуплотня́ться 2a
ft. самоуплотню́сь, -ни́шься, -ня́тся
imp. самоуплотни́сь, -и́тесь
pt. самоуплотни́лся, -лась
g.pt.a. самоуплотни́вшись
p.pt.a. самоуплотни́вшийся

самоуплотня́ться *uv zu* самоуплотни́ться

самоуправля́ться 2a, *1. u. 2. Pers ungebr, uv* sich selbst verwalten

самоупра́вничать 1a *uv umg* eigenmächtig [willkürlich] handeln, willkürlich gegen das Gesetz verstoßen

самоупра́вствовать 4a *uv* eigenmächtig [willkürlich] handeln

самоуспока́иваться *uv zu* самоуспоко́иться

самоуспоко́иться *v* selbstzufrieden sein ‖ *uv* самоуспока́иваться 1a
ft. самоуспоко́юсь, -о́ишься, -о́ятся
imp. самоуспоко́йся*, -о́йтесь*
pt. самоуспоко́ился, -лась
g.pt.a. самоуспоко́ившись
p.pt.a. самоуспоко́ившийся

самоустрани́ться *v* от чего́ *Pflicht* vernachlässigen, sich fernhalten (von) ‖ *uv* самоустраня́ться 2a
ft. самоустраню́сь, -ни́шься, -ня́тся
imp. самоустрани́сь, -и́тесь
pt. самоустрани́лся, -лась
g.pt.a. самоустрани́вшись
p.pt.a. самоустрани́вшийся

самоустраня́ться *uv zu* самоустрани́ться

самочи́нствовать 4a *uv* eigenmächtig handeln

сани́ровать 4 *u.* 4a *v, uv* что sanieren

санкциони́ровать 4 *u.* 4a *v, uv* что *buchspr* sanktionieren

сапо́жничать 1a *uv umg* schustern, das Schusterhandwerk betreiben

сатане́ть 3a *uv volksspr* fuchsteufelswild [rasend] werden. — (о-)

са́харить *uv* что *umg* zuckern, mit Zucker bestreuen, Zucker beimengen. — (по-)
pr. са́харю, -ришь, -рят
imp. са́харь, ~те
pt. са́харил
g.pr.a. са́харя
p.pr.a. са́харящий
p.pt.a. са́харивший

сба́вить *v* **1.** что с чего́ abziehen, wegnehmen; **2.** что *oder* чего́ vermindern; herabsetzen **3.** в чём abnehmen *Gewicht* ‖ *uv* сбавля́ть 2a
ft. сба́влю, -вишь, -вят
imp. сбавь, ~те
pt. сба́вил
g.pt.a. сба́вив
p.pt.a. сба́вивший
p.pt.p. сба́вленный

сбавля́ть *uv zu* сба́вить

сба́грить *v* что *volksspr* loswerden
ft. сба́грю, -ришь, -рят
imp. сба́гри, ~те
pt. сба́грил
g.pt.a. сба́грив
p.pt.a. сба́гривший
p.pt.p. сба́гренный

сбаланси́ровать 4 *v* что **1.** bilanzieren **2.** ausgleichen **3.** ins Gleichgewicht bringen **4.** *tech* auswuchten

сба́лтывать *uv zu* сболта́ть

сбе́гать 1 *v* за кем-чем *umg* schnell (hin- und zurück-) laufen *um j-n, etw. zu holen*

сбега́ть *uv zu* сбежа́ть

сбега́ться 2a *uv* **1.** *uv zu* сбежа́ться **2.** *1. u. 2. Pers ungebr* zusammenlaufen *Wege u. a.*

сбежа́ть *v* **1.** с чего́ hinunterlaufen **2.** weglaufen, fliehen, entweichen **3.** *übtr* weichen, verschwinden ‖ *uv* сбега́ть 2a
ft. сбегу́, сбежи́шь, сбегу́т
imp. сбеги́, ~те
pt. сбежа́л
g.pt.a. сбежа́в
p.pt.a. сбежа́вший

сбежа́ться, *1. u. 2. Pers ungebr, v* zusammenlaufen, herbeilaufen ‖ *uv* сбега́ться

сберега́ть(ся) *uv zu* сбере́чь(ся)

сбере́чь *v* кого́-что aufbewahren; schonen, schützen; sparen ‖ *uv* сберега́ть 2a
ft. сберегу́, -ежёшь, -егу́т
imp. сбереги́, ~те
pt. сберёг, -егла́
g.pt.a. сберёгши
p.pt.a. сберёгший
p.pt.p. сбережённый; сбережён, -ена́

сбере́чься, *1. u. 2. Pers ungebr, v* **1.** *umg* erhalten bleiben **2.** eingespart werden ‖ *uv* сберега́ться

сбива́ть(ся) *uv zu* сбить(ся)

сбира́ть 2a *uv* кого́-что *umg* **1.** versammeln, einberufen **2.** sammeln **3.** ernten, pflücken; (auf)lesen **4.** fertigmachen, rüsten **5.** *tech* montieren **6.** in Falten legen, fälteln

сбира́ться *uv umg* **1.** sich versammeln **2.** sich ansammeln **3.** sich fertigmachen; sich anschicken, beabsichtigen **4.** sich zusammenziehen, sich bilden *Falten* **5.** *übtr* с чем zusammennehmen

сбить *v* кого́-что **1.** abschlagen, herunterschlagen, abreißen **2.** umwerfen **3.** *Flugzeug* abschießen **4.** *umg Absätze* schieftreten **5.** кого́ с чего́ *vom Weg, vom Plan* abbringen **6.** verwirren, irremachen **7.** zusammennageln, zusammenschlagen **8.** schlagen, rühren *Eiweiß u. ä.* **9.** herausschlagen, vertreiben **10.** zusammentreiben **11.** *umg* zusammenkriegen *Gruppe u. a.* ‖ *uv* сбива́ть 2a

ft.	собью́, собьёшь, собью́т
imp.	сбей, ~те
pt.	сбил
g.pt.a.	сбив
p.pt.a.	сби́вший
p.pt.p.	сби́тый

сби́ться *v* **1.** herunterrutschen, sich verschieben **2.** *umg* schief (getreten) werden *Absätze* **3.** с чего́ *vom Weg*, abkommen, abweichen **4.** sich verwirren, irre werden **5.** sich zusammenballen, sich zusammendrängen ‖ *uv* сбива́ться

сближа́ть(ся) *uv zu* сбли́зить(ся)

сбли́зить *v* кого́-что **1.** nähern, näher (aneinander) bringen **2.** *übtr* näherbringen, miteinander verbinden **3.** с кем-чем angleichen ‖ *uv* сближа́ть 2a

ft.	сбли́жу, -и́зишь, -и́зят
imp.	сблизь, ~те
pt.	сбли́зил
g.pt.a.	сбли́зив
p.pt.a.	сбли́зивший
p.pt.p.	сбли́женный

сбли́зиться *v* **1.** sich nähern, näher kommen **2.** einander näherkommen, vertraut werden, sich anfreunden **3.** (с кем-чем) sich angleichen ‖ *uv* сближа́ться

сблоки́ровать 4 *v* что *tech* zu einem Block vereinigen, kombinieren

сблоки́роваться *v zu* блоки́роваться

сболта́ть 2 *v* что с чем durchschütteln, durchrühren *Flüssigkeit* ‖ *uv* сба́лтывать 1a

сболтну́ть 7 *v* что *umg* ausplaudern; sich verplappern

сбори́ть *v* что *text* in Falten legen

ft.	сборю́, -ри́шь, -ря́т
imp.	сбори́, ~те
pt.	сбори́л
g.pt.a.	сбори́в
p.pt.a.	сбори́вший
p.pt.p.	сборённый; сборён, -ена́

[1]**сбра́сывать** *uv zu* сброса́ть

[2]**сбра́сывать** *uv zu* сбро́сить

сбра́сываться *uv zu* сбро́ситься

сбреда́ться *uv zu* сбрести́сь

сбрести́сь, *1. u. 2. Person Singular ungebr, v umg* langsam (von allen Seiten) zusammenkommen, sich einfinden ‖ *uv* сбреда́ться 2a

ft.	сбредётся, -ду́тся
imp.	сбреди́тесь
pt.	сбрёлся, -ела́сь
g.pt.a.	сбредя́сь
p.pt.a.	сбре́дшийся

сбрехну́ть 7 *v* что lügen; Unsinn reden

p.pt.p.	сбрёхнутый

сбрива́ть *uv zu* сбрить

сбрить *v* что abrasieren ‖ *uv* сбрива́ть 2a

ft.	сбре́ю, -е́ешь, -е́ют
imp.	сбрей, ~те
pt.	сбрил
g.pt.a.	сбрив
p.pt.a.	сбри́вший
p.pt.p.	сбри́тый

сброса́ть 2 *v* что *umg* **1.** *alles nacheinander* hinunterwerfen **2.** *viel* zusammenwerfen ‖ *uv* сбра́сывать 1a

сбро́сить *v* кого́-что **1.** hinunter-, herunterwerfen, abwerfen **2.** *übtr* abschütteln, abwerfen **3.** *umg* abwerfen, ausziehen *Kleidungsstücke, Schuhe* **4.** verringern **5.** abwerfen *Spielkarte* ‖ *uv* сбра́сывать 1a

ft.	сбро́шу, -о́сишь, -о́сят
imp.	сбрось, ~те
pt.	сбро́сил
g.pt.a.	сбро́сив
p.pt.a.	сбро́сивший
p.pt.p.	сбро́шенный

сбро́ситься *v* sich hinunterstürzen, hinunterspringen ‖ *uv* сбра́сываться

сброшюрова́ть 5 *v* что broschieren, heften

сбры́згивать *uv zu* сбры́знуть

сбры́знуть 6 *v* что bespritzen, besprengen ‖ *uv* сбры́згивать 1a

p.pt.p.	сбры́знутый

сбыва́ть(ся) *uv zu* сбыть(ся)

сбыть *v* **1.** что *Waren* absetzen, verkaufen **2.** кого́-что *umg* loswerden, sich vom

Halse schaffen **3.** *ohne Objekt, 1. u. 2. Pers ungebr* abnehmen, fallen *vom Wasserspiegel* ‖ *uv* сбыва́ть 2a
ft. сбу́ду, -дешь, -дут
imp. сбудь, ~те
pt. сбыл, сбыла́, сбы́ло
g.pt.a. сбыв
p.pt.a. сбы́вший
p.pt.p. сбы́тый

сбы́ться, *1. u. 2. Pers ungebr, v* sich erfüllen, in Erfüllung gehen, eintreffen ‖ *uv* сбыва́ться
pt. сбы́лся, сбыла́сь, сбы́ло́сь

сбы́читься *v volksspr* finster [mürrisch] werden
ft. сбы́чусь, сбы́чишься, сбы́чатся
imp. сбы́чься, -чьтесь
pt. сбы́чился, -лась
g.pt.a. сбы́чившись *u.* сбы́чась
p.pt.a. сбы́чившийся

[1,2]**сва́ливать(ся)** *uv zu* [1,2]свали́ть(ся)

[1]**свали́ть** *v* что **1.** umwerfen **2.** abladen, abwerfen **3.** *übtr* abwälzen (auf) **4.** zusammenwerfen, aufhäufen ‖ *uv* сва́ливать 1a
ft. свалю́, сва́лишь, сва́лят
imp. свали́, ~те
pt свали́л
g.pt.a. свали́в
p.pt.a. свали́вший
p.pt.p. сва́ленный

[2]**свали́ть,** *1. u. 2. Pers ungebr, v umg* **1.** nachlassen, schwächer werden **2.** zurückfluten, sich verlaufen ‖ *uv* сва́ливать 1a
kein *p.pt.p.*
Übrige Formen wie [1]свали́ть

[1]**свали́ться** *v* **1.** herunterfallen, stürzen **2.** *umg* plötzlich auftauchen **3.** *übtr umg* на кого́-что abgewälzt werden (auf), zuteil werden **4.** *umg* (ernstlich) krank werden **5.** *umg* sich (zur Seite) neigen ‖ *uv* сва́ливаться

[2]**свали́ться,** *1. u. 2. Pers ungebr, v volksspr* vorbeiziehen *Wolken* ‖ *uv* сва́ливаться

сваля́ть 2 *v* что walken *Filz u. a.*

сваля́ться, *1. u. 2. Pers ungebr, v* sich verfilzen, sich verfitzen *Haare, Fell*

сва́ривать(ся) *uv zu* свари́ть(ся)

свари́ть *v* что **1.** (gar) kochen **2.** (zusammen)schweißen ‖ *uv* сва́ривать 1a
ft. сварю́, сва́ришь, сва́рят
imp. свари́, ~те
pt. свари́л
g.pt.a. свари́в
p.pt.a. свари́вший
p.pt.p. сва́ренный

свари́ться, *1. u. 2. Pers ungebr, v* **1.** gekocht werden **2.** geschweißt werden ‖ *uv* сва́риваться

сва́риться *uv volkssppr* sich streiten, sich beschimpfen
pr. сва́рюсь, -ришься, -рятся
imp. сва́рься, сва́рьтесь
pt. сва́рился, -лась
g.pr.a. сва́рясь
p.pt.a. сва́рившийся

сва́тать 1a *uv* **1.** кого́ кому́ *oder* кого́ за кого́ j-n als Ehemann [Ehefrau] vorschlagen **2.** кого́ *oder* кого́ у кого́ j-n freien, um j-s Hand anhalten ‖ *v* посва́тать 1 *zu* 1, 2 *u.* сосва́тать 1 *zu* 1

сва́таться *uv* к кому́ *oder* за кого́ freien, anhalten (um) ‖ *v* посва́таться

свева́ть *uv zu* све́ять

свежева́ть *uv* кого́-что die Haut [das Fell] abziehen, ausweiden. — (о-)
pr. свежу́ю, -у́ешь, -у́ют
imp. свежу́й, ~те
pt. свежева́л
g.pt.a. свежева́в
p.pr.a. свежу́ющий
p.pt.a. свежева́вший
p.pt.p. свежёванный

свеже́ть 3a *uv* **1.** frisch [kühl] werden **2.** auffrischen, zunehmen *Wind* **3.** gesünder werden; aufleben. — (по-)

свезти́ *v* кого́-что **1.** *umg* transportieren, schaffen *mit Fahrzeug* **2.** hinunterfahren; wegschaffen *mit Fahrzeug* **3.** zusammenbringen, an eine Stelle schaffen *mit Fahrzeug* ‖ *uv* [2]свози́ть, Formen das.
ft. свезу́, -зёшь, -зу́т
imp. свези́, ~те
pt. свёз, свезла́
g.pt.a. свезя́ *u. alt* свёзши
p.pt.a. свёзший
p.pt.p. свезённый; свезён, -ена́

све́ивать *uv zu* све́ять

свеликоду́шничать 1 *v umg mißb* den Großzügigen spielen, unangebracht großzügig sein

свербе́ть, *1. u. 2. Pers ungebr, uv volkssppr* jucken
pr. свербит, -бя́т
pt. свербе́л
g.pr.a. свербя́

p.pr.a. свербя́щий
p.pt.a. свербúвший

свергáть *uv zu* свéргнуть

свергáться 2a *uv* **1.** *uv zu* свéргнуться **2.** *buchspr* fallen *Wasserfall, Strom*

свéргнуть *v* когó-что **1.** *alt* hinabwerfen **2.** *übtr* stürzen, beseitigen ‖ *uv* свергáть 2a
ft. свéргну, -нешь, -нут
imp. свéргни, ~те
pt. свéрг *u. alt* свéргнул, свéргла
g.pt.a. свéргнув
p.pt.a. свéргший *u. alt* свéргнувший
p.pt.p. свéргнутый *u. alt* свéрженный

свéргнуться *v alt* (herunter)fallen ‖ *uv* свергáться

свéрзиться *v volkssprr ungeschickt* fallen, stürzen
ft. свéржусь, -рзишься, -рзятся
imp. свéрзись, -итесь
pt. свéрзился, -лась
g.pt.a. свéрзившись
p.pt.a. свéрзившийся

свéрить *v* что с чем vergleichen, überprüfen ‖ *uv* сверя́ть 2a
ft. свéрю, -ришь, -рят
imp. свéрь, ~те
pt. свéрил
g.pt.a. свéрив
p.pt.a. свéривший
p.pt.p. свéренный

свéриться *v* с чем sich vergewissern; nachsehen ‖ *uv* сверя́ться

сверкáть 2a *uv* funkeln, blitzen, glitzern | *v mom* сверкнýть 7

сверкнýть 7 *v* **1.** *mom zu* сверкáть **2.** *übtr* aufblitzen, auftauchen *Gedanken*
kein *p.pt.p.*

сверлúть *uv* что **1.** (durch)bohren **2.** *übtr, meist unpers* bohren, schmerzen. — (про- *zu* 1)
pr. сверлю́, сверлúшь, сверля́т
imp. сверлú, ~те
pt. сверлúл
g.pr.a. сверля́
p.pr.a. сверля́щий
p.pt.a. сверлúвший
p.pr.p. сверлúмый

свернýть 7 *v* **1.** что zusammenwickeln, zusammenrollen, -legen **2.** что *übtr* einschränken, verringern **3.** что abbrechen *Lager u. a.* **4.** *ohne Objekt* einbiegen, abbiegen **5.** что abdrehen; überdrehen ‖ *uv* свёртывать 1a *u. umg* сворáчивать 1a
p.pt.p. свёрнутый

свернýться *v* **1.** sich zusammendrehen, sich zusammenrollen **2.** *1. u. 2. Pers ungebr* gerinnen, zusammenlaufen **3.** *1. u. 2. Pers ungebr* eingeschränkt werden, verringert werden **4.** *1. u. 2. Pers ungebr, umg* abgedreht [überdreht] werden ‖ *uv* свёртываться *u. umg* сворáчиваться

сверстáть 2 *v* что *typ* umbrechen ‖ *uv* свёрстывать 1a
p.pt.p. свёрстанный

свёрстывать *uv zu* сверстáть

свертéть *v* что **1.** *umg* zusammenrollen, zusammenwickeln; drehen, durch Zusammendrehen herstellen **2.** *volkssprr* abdrehen, abschrauben **3.** *umg* überdrehen, durch Drehen unbrauchbar machen ‖ *uv* свёртывать 1a
ft. сверчý, свéртишь, свéртят
imp. свертú, ~те
pt. свертéл
g.pt.a. свертéв
p.pt.a. свертéвший
p.pt.p. свéрченный

свертéться, *1. u. 2. Pers ungebr, v volkssprr* überdreht, [ausgeleiert] werden ‖ *uv* свёртываться

[1]**свёртывать(ся)** *uv zu* свернýть(ся)

[2]**свёртывать(ся)** *uv zu* свертéть(ся)

свершáть(ся) *uv zu* свершúть(ся)

свершúть *v* что *buchspr* vollenden, vollbringen ‖ *uv* свершáть 2a
ft. свершý, -шúшь, -шáт
imp. свершú, ~те
pt. свершúл
g.pt.a. свершúв
p.pt.a. свершúвший
p.pt.p. свершённый; свершён, -нá

свершúться, *1. u. 2. Pers ungebr, v buchspr* sich ereignen, sich vollziehen ‖ *uv* свершáться

сверя́ть(ся) *uv zu* свéрить(ся)

[1]**свéсить** *v* когó-что herunterhängen [baumeln] lassen ‖ *uv* свéшивать 1a
ft. свéшу, свéсишь, свéсят
imp. свесь, ~те
pt. свéсил
g.pt.a. свéсив
p.pt.a. свéсивший
p.pt.p. свéшенный

[2]**свéсить** *v umg* (ab)wiegen
Formen wie [1]свéсить

свéситься *v* **1.** sich weit hinauslehnen, sich hinunterbeugen **2.** *1. u. 2. Pers ungebr* herabhängen, sich herabbiegen ‖ *uv* свéшиваться

свести́ *v* кого́-что **1.** hinabführen, herabführen; abführen, wegführen **2.** entfernen *Flecken u. ä.* **3.** zusammenführen, vereinigen **4.** во что zusammenfassen, vereinigen (zu) **5.** к чему́, до чего́, на что zurückführen, reduzieren, beschränken; herabwürdigen **6.** *meist unpers* krampfartig zusammenziehen, steif machen ‖ *uv* ²своди́ть, Formen das.
ft. сведу́, -дёшь, -ду́т
imp. сведи́, ~те
pt. свёл, свела́
g.pt.a. сведя́ *u. alt* све́дши
p.pt.a. све́дший
p.pt.p. сведённый; сведён, -ена́

свести́сь, *1. u. 2. Pers ungebr, v* к чему́ *oder* (*alt*) на что sich zurückführen lassen, hinauslaufen (auf) ‖ *uv* своди́ться

света́ть 2a *unpers uv* tagen, hell werden

свети́ть *uv* **1.** leuchten, scheinen **2.** leuchten, ein Licht [eine Lampe] halten
pr. свечу́, све́тишь, све́тят
imp. свети́, ~те
pt. свети́л
g.pr.a. светя́
p.pr.a. све́тящий
p.pt.a. свети́вший

свети́ться, *1. u. 2. Pers ungebr, uv* schimmern, scheinen, leuchten

светле́ть 3a *uv* **1.** hell(er) werden **2.** *unpers* tagen, hell werden **3.** schimmern, leuchten. — (по- *zu* 1)

светле́ться, *1. u. 2. Pers ungebr, uv* schimmern, glänzen

све́шать 1 *v* кого́-что *umg* wiegen, abwiegen

све́шаться *v volksspr* sich wiegen, sein Gewicht prüfen

све́шивать *uv zu* ¹све́сить

све́шиваться *uv zu* све́ситься

све́ять *v* что **1.** herunterwehen **2.** zusammenwehen **3.** *landw* Korn schwingen, worfeln ‖ *uv* све́ивать 1a *zu* 1, 2 *u.* свева́ть 2a *zu* 1, 2
ft. све́ю, све́ешь, све́ют
imp. свей, ~те
pt. све́ял
g.pt.a. све́яв
p.pt.a. све́явший
p.pt.p. све́янный

свива́ть(ся) *uv zu* сви́ть(ся)

свиде́тельствовать 4a *uv* **1.** что *oder* о чём Zeugnis ablegen (von), bezeugen **2.** о чём zeugen (von), beweisen **3.** что bescheinigen, beglaubigen **4.** кого́-что *med* eingehend untersuchen. — (за- *zu* 3, о- *zu* 4)

свиде́тельствоваться *uv* кем *alt* sich auf j-n als Zeugen berufen

сви́деться *v umg* einander wiedersehen zusammentreffen
ft. сви́жусь, сви́дишься, сви́дятся
pt. сви́делся, -лась
g.pt.a. сви́девшись
p.pt.a. сви́девшийся

свинти́ть *v* что **1.** zusammenschrauben, verschrauben **2.** *umg* abschrauben **3.** *umg* überdrehen *Schraube, Gewinde* ‖ *uv* сви́нчивать 1a
ft. свинчу́, -нти́шь, -нтя́т
imp. свинти́, ~те
pt. свинти́л
g.pt.a. свинти́в
p.pt.a. свинти́вший
p.pt.p. сви́нченный

свинти́ться, *1. u. 2. Pers ungebr, v umg* überdreht werden *Gewinde* ‖ *uv* сви́нчиваться

сви́нчивать(ся) *uv zu* свинти́ть(ся)

свирепе́ть 3a *uv* wütend werden, in Wut geraten. — (рас-)

свире́пствовать 4a *uv* wüten, toben, rasen; Grausamkeiten verüben

свиристе́ть *uv* kreischen, einen schrillen Laut ausstoßen
pr. свирищу́, -исти́шь, -истя́т
imp. свиристи́, ~те
pt. свиристе́л
g.pr.a. свиристя́
p.pr.a. свиристя́щий
p.pt.a. свиристе́вший

свиса́ть *uv zu* сви́снуть

сви́снуть, *1. u. 2. Pers ungebr, v* herunterhängen ‖ *uv* свиса́ть 2a
ft. сви́снет, -нут
pt. свис *u.* сви́снул*, сви́сла
g.pt.a. сви́сши
p.pt.a. сви́сший

свиста́ть *uv* **1.** что pfeifen **2.** einen Pfiff ausstoßen | *v mom* сви́стнуть 6
pr. свищу́, сви́щешь, сви́щут
imp. свищи́, ~те
pt. свиста́л
g.pr.a. свистя́
p.pr.a. сви́щущий
p.pt.a. свиста́вший

свисте́ть *uv* **1.** что pfeifen **2.** einen Pfiff ausstoßen| *v mom* сви́стнуть 6
pr. свищу́, свисти́шь, свистя́т

imp.	свисти́, ~те
pt.	свисте́л
g.pr.a.	свистя́
p.pr.a.	свистя́щий
p.pt.a.	свисте́вший

сви́стнуть [сн] 6 *v* **1.** *mom zu* свиста́ть *u.* свисте́ть **2.** кого́-что *volksspr* heftig schlagen, einen Hieb versetzen **3.** что *volksspr* stehlen

свить *v* что **1.** winden, drehen; zusammenrollen, zusammenwickeln **2.** abwickeln, abspulen ‖ *uv* свива́ть 2a

ft.	совью́, совьёшь, совью́т
imp.	свей, ~те
pt.	свил, свила́, сви́ло
g.pt.a.	свив
p.pt.a.	сви́вший
p.pt.p.	сви́тый; свит, свита́, сви́то

сви́ться *v* sich zusammenringeln, sich zusammenrollen ‖ *uv* свива́ться

pt.	сви́лся, свила́сь, свило́сь

свихну́ть 7 *v* что *umg* verrenken, verstauchen

свихну́ться *v umg* **1.** den Verstand verlieren, überschnappen **2.** *alt*: свихну́ться (с пути́) vom rechten Weg abkommen, auf Abwege geraten

[1]**своди́ть** *v* кого́-что hin- und wieder zurückbringen [zurückführen]

ft.	свожу́, сво́дишь, сво́дят
imp.	своди́, ~те
pt.	своди́л
g.pt.a.	своди́в
p.pt.a.	своди́вший
p.pt.p.	сво́женный

[2]**своди́ть** *uv zu* свести́

pr.	свожу́, сво́дишь, сво́дят
imp.	своди́, ~те
pt.	своди́л
g.pr.a.	сводя́
p.pr.a.	сводя́щий
p.pt.a.	своди́вший
p.pr.p.	своди́мый

своди́ться *uv zu* свести́сь

сво́дничать 1a *uv* Kuppelei betreiben

своево́льничать 1a *uv umg* eigenmächtig handeln, eigenwillig sein

[1]**свози́ть** *v* кого́-что *umg* hin- und wieder zurückfahren, *mit einem Fahrzeug* hin- und wieder zurückbringen

ft.	свожу́, сво́зишь, сво́зят
imp.	свози́, ~те
pt.	свози́л
g.pt.a.	свози́в
p.pt.a.	свози́вший
p.pt.p.	сво́женный

[2]**свози́ть** *uv zu* свезти́

pr.	свожу́, сво́зишь, сво́зят
imp.	свози́, ~те
pt.	свози́л
g.pr.a.	свозя́
p.pr.a.	свозя́щий
p.pt.a.	свози́вший
p.pr.p.	свози́мый

свола́кивать *uv zu* своло́чь

своло́чь *v* кого́-что **1.** *umg* (weg)schleppen, herunterziehen **2.** *umg* an eine Stelle schleppen, zusammentragen **3.** *volksspr* stehlen ‖ *uv* свола́кивать 1a

ft.	сволоку́, -очёшь, -оку́т
imp.	сволоки́, ~те
pt.	своло́к, -окла́
g.pt.a.	сволоча́ *u.* своло́кши
p.pt.a.	своло́кший
p.pt.p.	сволочённый; сволочён, -ена́

[1]**свора́чивать** *uv zu* своротить

[2]**свора́чивать** *uv zu* сверну́ть

свора́чиваться *uv zu* сверну́ться

своровать 5 *v umg* что stehlen

свороти́ть *v* **1.** кого́-что *umg* wegwälzen, herunterwälzen, herunterwerfen **2.** что кому́-чему́ *umg* durch Stoß beschädigen; verzerren; verrenken **3.** что на кого́-что *volksspr* abwälzen *Schuld u. a.* **4.** *ohne Objekt*, *volksspr* abbiegen, einbiegen *vom Weg* **5.** что на кого́-что *volksspr* ablenken *Gespräch* ‖ *uv* свора́чивать 1a

ft.	сворочу́, -о́тишь, -о́тят
imp.	свороти́, ~те
pt.	свороти́л
g.pt.a.	свороти́в
p.pt.a.	свороти́вший
p.pt.p.	своро́ченный

свыка́ться *uv zu* свы́кнуться

свы́кнуться *v* с кем-чем sich gewöhnen (an) ‖ *uv* свыка́ться 2a

ft.	свы́кнусь, -нешься, -нутся
imp.	свы́кнись, -итесь
pt.	свы́кся, -клась
g.pt.a.	свы́кшись
p.pt.a.	свы́кшийся

связа́ть *v* кого́-что **1.** binden, zusammenschnüren **2.** *übtr* verbinden, verknüpfen, in Zusammenhang bringen **3.** *übtr* binden, verpflichten **4.** zusammenfügen, befestigen **5.** häkeln; stricken ‖ *uv* свя́зывать 1a *zu* 1—4

ft. свяжу́, свя́жешь, свя́жут
imp. свяжи́, ~те
pt. связа́л
g.pt.a. связа́в
p.pt.a. связа́вший
p.pt.p. свя́занный

связа́ться *v* с кем-чем **1.** sich zusammenbinden **2.** sich in Verbindung setzen **3.** *umg* sich einlassen, sich abgeben (mit) **4.** *umg* sich aufhalsen || *uv* свя́зываться

свя́зывать(ся) *uv zu* связа́ть(ся)

святи́ть *uv* что (ein)weihen. — (о-)
pr. свячу́, святи́шь, святя́т
imp. святи́, ~те
pt. святи́л
g.pr.a. святя́
p.pr.a. святя́щий
p.pt.a. святи́вший
p.pt.p. свячённый; свячён, -ена́ *u. alt* священный; свящён, -ена́

святота́тствовать 4a *uv* **1.** *rel* Gott lästern **2.** *übtr* freveln

священноде́йствовать 4a *uv* **1.** Gottesdienst abhalten, eine kirchliche Handlung zelebrieren **2.** *übtr iron* zelebrieren, mit großem Zeremoniell vollziehen

сгиба́ть(ся) *uv zu* согну́ть(ся)

сги́нуть 6 *v* **1.** *umg* verschwinden **2.** *volksspr* umkommen
imp. сгинь, ~те

сгла́дить *v* что **1.** glätten, ebnen **2.** *übtr* ausgleichen, abschwächen, verwischen || *uv* сгла́живать 1a
ft. сгла́жу, -а́дишь, -а́дят
imp. сгладь, ~те
pt. сгла́дил
g.pt.a. сгла́див
p.pt.a. сгла́дивший
p.pt.p. сгла́женный

сгла́диться, *1. u. 2. Pers ungebr*, *v* **1.** sich glätten **2.** *übtr* sich verwischen, verschwinden || *uv* сгла́живаться

сгла́живать(ся) *uv zu* сгла́дить(ся)

сгла́зить *v* кого́-что *u. ohne Objekt umg* durch den bösen Blick behexen
ft. сгла́жу, -а́зишь, -а́зят
imp. сглазь, ~те
pt. сгла́зил
g.pt.a. сгла́зив
p.pt.a. сгла́зивший
p.pt.p. сгла́женный

сглупи́ть *v umg* eine Dummheit machen
ft. сглуплю́, -пи́шь, -пя́т
imp. сглупи́, ~те
pt. сглупи́л
g.pt.a. сглупи́в
p.pt.a. сглупи́вший

сгна́ивать *uv zu* сгнои́ть

сгнива́ть *uv zu* сгнить

сгнить *v* **1.** verfaulen, verrotten, verwesen **2.** zugrunde gehen, umkommen *durch schwere Lebensbedingungen* || *uv* сгнива́ть 2a
ft. сгнию́, -иёшь, -ию́т
pt. сгнил, сгнила́, сгни́ло
g.pt.a. сгнив
p.pt.a. сгни́вший

сгнои́ть *v* что *umg* **1.** verfaulen lassen **2.** umkommen lassen || *uv* сгна́ивать 1a
ft. сгною́, -ои́шь, -оя́т
pt. сгнои́л
g.pt.a. сгнои́в
p.pt.a. сгнои́вший
p.pt.p. сгноённый; сгноён, -ена́

сгова́ривать(ся) *uv zu* сговори́ть(ся)

сговори́ть *v* **1.** кого́-что *alt* verloben, die Heirat ausmachen **2.** с кем *volksspr* sich verabreden, ausmachen || *uv* сгова́ривать 1a
ft. сговорю́, -ри́шь, -ря́т
imp. сговори́, ~те
pt. сговори́л
g.pt.a. сговори́в
p.pt.a. сговори́вший
p.pt.p. сговорённый; сговорён, -ена́

сговори́ться *v* с кем-чем eine Abmachung treffen; zu einem Einverständnis kommen || *uv* сгова́риваться

[1]**сгоня́ть** *uv zu* согна́ть

[2]**сгоня́ть** 2 *v* **1.** кого́-что *umg* hin- und wieder zurücktreiben **2.** *ohne Objekt umg* schnell hinfahren, hinlaufen **3.** что *volksspr Gesellschaftsspiel* spielen

сгора́ть *uv zu* сгоре́ть

сго́рбить *v* что krümmen
ft. сго́рблю, -бишь, -бят
imp. сго́рби, ~те
pt. сго́рбил
g.pt.a. сго́рбив
p.pt.a. сго́рбивший
p.pt.p. сго́рбленный

сго́рбиться *v* **1.** sich krümmen **2.** krumm werden *Rücken*
g.pt.a. сго́рбившись *u.* сго́рбясь

сгоре́ть *v* **1.** verbrennen, in Flammen aufgehen **2.** ausbrennen; seine Kräfte verausgaben **3.** *übtr* от чего́ brennen, glühen (vor) || *uv* сгора́ть 2a

ft. сгорю́, -ри́шь, -ря́т
imp. сгори́, ~те
pt. сгоре́л
g.pt.a. сгоре́в
p.pt.a. сгоре́вший

сгото́вить *v* что **1.** *umg* kochen, zubereiten **2.** *volkssprr* machen, anfertigen
ft. сгото́влю, -вишь, -вят
imp. сгото́вь, ~те
pt. сгото́вил
g.pt.a. сгото́вив
p.pt.a. сгото́вивший
p.pt.p. сгото́вленный

сграба́стать 1 *v* кого́-что *volkssprr* fassen, packen

сгреба́ть *uv zu* сгрести́

сгрести́ *v* что **1.** zusammenraffen, -schaufeln, -harken **2.** *umg* hinunterwerfen, -fegen **3.** *volkssprr* packen, umfassen ‖ *uv* сгреба́ть 2a
ft. сгребу́, -бёшь, -бу́т
imp. сгреби́, ~те
pt. сгрёб, сгребла́
g.pt.a. сгребя́ *u.* сгрёбши
p.pt.a. сгрёбший
p.pt.p. сгребённый; сгребён, -ена́

сгружа́ть *uv zu* сгрузи́ть

сгрузи́ть *v* что ausladen, abladen ‖ *uv* сгружа́ть 2a
ft. сгружу́, -у́зи́шь, -у́зя́т
imp. сгрузи́, ~те
pt. сгрузи́л
g.pt.a. сгрузи́в
p.pt.a. сгрузи́вший
p.pt.p. сгру́женный *u.* сгружённый; сгружён, -ена́

сгруппирова́ть 5 *v* кого́-что gruppieren, vereinen ‖ *uv* сгруппиро́вывать 1a

сгруппирова́ться *v* sich gruppieren ‖ *uv* сгруппиро́вываться

сгруппиро́вывать(ся) *uv zu* сгруппирова́ть(ся)

сгрыза́ть *uv zu* сгрызть

сгрызть *v* **1.** что abnagen, zernagen **2.** *übtr* кого́-что nagen, quälen ‖ *uv* сгрыза́ть 2a
ft. сгрызу́, -зёшь, -зу́т
imp. сгрызи́, ~те
pt. сгрыз, ~ла
g.pt.a. сгры́зши
p.pt.a. сгры́зший
p.pt.p. сгры́зенный

сгуби́ть *v* кого́-что *umg* verderben, zugrunde richten, ins Verderben stürzen
ft. сгублю́, сгу́бишь, сгу́бят
imp. сгуби́, ~те
pt. сгуби́л
g.pt.a. сгуби́в
p.pt.a. сгуби́вший
p.pt.p. сгу́бленный

сгусти́ть *v* что **1.** eindicken, kondensieren **2.** konzentrieren ‖ *uv* сгуща́ть 2a
ft. сгущу́, сгусти́шь, сгустя́т
imp. сгусти́, ~те
pt. сгусти́л
g.pt.a. сгусти́в
p.pt.a. сгусти́вший
p.pt.p. сгущённый; сгущён, -ена́

сгусти́ться, *1. u. 2. Pers ungebr*, *v* **1.** dick(flüssig) werden **2.** sich zusammenziehen *Wolken* ‖ *uv* сгуща́ться

сгуща́ть(ся) *uv zu* сгусти́ть(ся)

сда́бривать *uv zu* сдо́брить

сдава́ть *uv zu* сдать
pr. сдаю́, сдаёшь, сдаю́т
imp. сдава́й, ~те
pt. сдава́л
g.pr.a. сдава́я
p.pr.a. сдаю́щий
p.pt.a. сдава́вший
p.pr.p. сдава́емый

сдава́ться *uv zu* сда́ться

сдави́ть *v* кого́-что zusammendrücken, quetschen ‖ *uv* сда́вливать 1a
ft. сдавлю́, сда́вишь, сда́вят
imp. сдави́, ~те
pt. сдави́л
g.pt.a. сдави́в
p.pt.a. сдави́вший
p.pt.p. сда́вленный

сда́вливать *uv zu* сдави́ть

сдать *v* что **1.** abgeben; übergeben **2.** vermieten **3.** übergeben, aufgeben **4.** ausgeben, verteilen *Karten* **5.** *Wechselgeld* herausgeben **6.** *Prüfung* ablegen **7.** *ohne Objekt* nachgeben, nachlassen, sich vermindern **8.** *ohne Objekt umg* alt werden, in der Leistung nachlassen ‖ *uv* сдава́ть, Formen das.
ft. сдам, сдашь, сдаст, сдади́м, сдади́те, сдаду́т
imp. сдай, ~те
pt. сдал, сдала́, сда́ло
g.pt.a. сдав
p.pt.a. сда́вший
p.pt.p. сда́нный; сдан, ~а́

сда́ться *v* **1.** sich ergeben, den Kampf aufgeben, die Waffen strecken **2.** nachgeben ‖ *uv* сдава́ться
pt. сда́лся, сдала́сь, сдало́сь

сдвáивать(ся) *uv zu* сдвоúть(ся)

сдвигáть(ся) *uv zu* сдвúнуть(ся)

сдвúнуть 6 *v* когó-что **1.** rücken, schieben, ab-, wegrücken **2.** *übtr* in Gang bringen **3.** zusammenrücken, -schieben ‖ *uv* сдвигáть 2a

imp.	сдвинь, ~те
p.pt.p.	сдвúнутый

сдвúнуться *v* **1.** sich verschieben; sich in Bewegung setzen **2.** *phot* verwackelt werden **3.** zusammenrücken, sich zusammenziehen ‖ *uv* сдвигáться

сдвоúть *v* что verdoppeln, doppelt nehmen ‖ *uv* сдвáивать 1a

ft.	сдвою́, -оúшь, -оя́т
imp.	сдвой, ~те
pt.	сдвоúл
g.pt.a.	сдвоúв
p.pt.a.	сдвоúвший
p.pt.p.	сдвóенный

сдвоúться, *1. u. 2. Pers ungebr*, *v* **1.** verdoppelt werden, doppelt gelegt werden **2.** *mil* sich in Doppelreihe aufstellen ‖ *uv* сдвáиваться

сдéлать(ся) *v zu* дéлать(ся)

сдёргивать *uv zu* сдёрнуть

сдержáть *v* когó-что **1.** festhalten; zum Stehen bringen, zügeln **2.** *Wort* halten **3.** zurückhalten, beherrschen, unterdrücken ‖ *uv* сдéрживать 1a

ft.	сдержу́, сдéржишь, сдéржат
imp.	сдержú, ~те
pt.	сдержáл
g.pt.a.	сдержáв
p.pt.a.	сдержáвший
p.pt.p.	сдéржанный

сдержáться *v* sich beherrschen, sich zurückhalten ‖ *uv* сдéрживаться

сдéрживать(ся) *uv zu* сдержáть(ся)

сдёрнуть 6 *v* что herunterziehen, wegziehen, wegreißen ‖ *uv* сдёргивать 1a

p.pt.p.	сдёрнутый

сдирáть(ся) *uv zu* содрáть(ся)

сдóбить *uv* что *umg Teig* mit Milch, Butter, Eiern zubereiten

pr.	сдóблю, -бишь, -бят
imp.	сдобь, ~те
pt.	сдóбил
g.pr.a.	сдóбя
p.pr.a.	сдóбящий
p.pt.a.	сдóбивший
p.pt.p.	сдóбленный

сдóбрить *v* что чем *umg* würzen, schmackhaft machen ‖ *uv* сдáбривать 1a

ft.	сдóбрю, -ришь, -рят
imp.	сдóбри, ~те
pt.	сдóбрил
g.pt.a.	сдóбрив
p.pt.a.	сдóбривший
p.pt.p.	сдóбренный

сдóхнуть *v* krepieren, umkommen ‖ *uv* сдыхáть 2a

ft.	сдóхну, -нешь, -нут
imp.	сдóхни, ~те
pt.	сдох, ~ла
g.pt.a.	сдóхши
p.pt.a.	сдóхший

сдрéйфить *v volksspr mißb* zagen, zurückweichen

ft.	сдрéйфлю, -фишь, -фят
imp.	сдрейфь, ~те
pt.	сдрéйфил
g.pt.a.	сдрéйфив
p.pt.a.	сдрéйфивший

сдружáть(ся) *uv zu* сдружúть(ся)

сдружúть *v* когó-что verbinden, zu Freunden machen ‖ *uv* сдружáть 2a

ft.	сдружу́, -у́жúшь, -у́жáт
imp.	сдружú, ~те
pt.	сдружúл
g.pt.a.	сдружúв
p.pt.a.	сдружúвший
p.pt.p.	сдружённый; сдружён, -енá

сдружúться *v* с кем-чем sich anfreunden (mit) ‖ *uv* сдружáться

сдувáть *uv zu* сдуть *u.* сду́нуть

сду́нуть 6 *v u. mom* что *umg* wegblasen, herunterblasen, -wehen ‖ *uv* сдувáть 2a

imp.	сдунь, ~те
p.pt.p.	сду́нутый

сдуть *v* что **1.** wegblasen, herunterblasen, herunterwehen **2.** zusammenblasen, -wehen **3.** *volksspr* abschreiben *von j-m* ‖ *uv* сдувáть 2a

ft.	сду́ю, сду́ешь, сду́ют
imp.	сдуй, ~те
pt.	сдул
g.pt.a.	сдув
p.pt.a.	сду́вший
p.pt.p.	сду́тый

сдыхáть *uv zu* сдóхнуть

седéть 3a *uv* **1.** grau [weiß] werden, graue [weiße] Haare bekommen **2.** grau schimmern. — (по- *zu* 1)

седлáть 2a *uv* когó-что satteln. — (о-)

секвестрúровать 4 *u.* 4a *v*, *uv* что *jur* sequestrieren, beschlagnahmen

секвестровáть 5 *u.* 5a *v*, *uv* что *jur* sequestrieren, beschlagnahmen

секретáрствовать 4a *uv umg* **1.** Sekretär sein **2.** Schriftführer sein, das Protokoll führen

секрéтничать 1a *uv umg* geheimhalten; geheimtun, tuscheln

секуляризи́ровать 4 *u.* 4a *v, uv* что säkularisieren

секуляризовáть 5 *u.* 5a *v, uv* что säkularisieren

сели́ть *uv* когó-что ansiedeln. — (по-)

pr.	селю́, сели́шь, селя́т
imp.	сели́, ~те
pt.	сели́л
g.pr.a.	селя́
p.pr.a.	селя́щий
p.pt.a.	сели́вший
p.pr.p.	сели́мый

сели́ться *uv* sich ansiedeln, sich niederlassen. — (по-)

семени́ть *uv umg* trippeln, mit kleinen, schnellen Schritten gehen

pr.	семеню́, -ни́шь, -ня́т
imp.	семени́, ~те
pt.	семени́л
g.pr.a.	семеня́
p.pr.a.	семеня́щий
p.pt.a.	семени́вший

семени́ться, *1. u. 2. Pers ungebr, uv bot* Samen tragen

сентиментáльничать [сэ] 1a *uv mißb* sentimental [empfindsam] sein

сепари́ровать 4 *u.* 4a *v, uv* что separieren

сервировáть 5 *u.* 5a *v, uv* что den Tisch decken, servieren

серди́ть *uv* когó-что erzürnen, reizen, ärgern. — (рас-)

pr.	сержу́, сéрдишь, сéрдят
imp.	серди́, ~те
pt.	серди́л
g.pr.a.	сердя́
p.pr.a.	сердя́щий
p.pt.a.	серди́вший

серди́ться *uv* на когó-что aufgebracht sein, sich ärgern (über). — (рас-)

сердобóльничать 1a *uv umg* allzu mitleidig sein

серебри́ть *uv* что versilbern. — (вы́-, по-)

pr.	серебрю́, -ри́шь, -ря́т
imp.	серебри́, ~те
pt.	серебри́л
g.pr.a.	серебря́
p.pr.a.	серебря́щий
p.pt.a.	серебри́вший
p.pt.p.	серебрённый; серебрён, -енá

серебри́ться, *1. u. 2. Pers ungebr, uv* silbern schimmern [glänzen]

серéть 3a, *1. u. 2. Pers ungebr, uv* **1.** grau werden **2.** grau schimmern, sich grau abheben. — (по- *zu* 1)

серчáть 2a *uv volksspr* sich ärgern, böse sein

серьёзничать 1a *uv umg* übertrieben ernst tun, altklug tun

сесть *v* **1.** sich setzen **2.** во что *oder* на что (ein)steigen; an Bord gehen **3.** за что sich etw. vornehmen, sich an etw. setzen **4.** на что sich niederlassen; landen **5.** untergehen *Gestirne* **6.** eingehen *Stoff* ‖ *uv* сади́ться, Formen das. | *uv iterativ umg* сáживаться 1a

ft.	ся́ду, ся́дешь, ся́дут
imp.	сядь, ~те
pt.	сел
g.pt.a.	сев
p.pt.a.	сéвший

сéтовать 4a *uv* на когó-что klagen, jammern (über) ‖ *v* посéтовать 4

сечь *uv* когó-что **1.** peitschen, prügeln **2.** zerhacken, zerhauen **3.** behauen **4.** *1. u. 2. Pers ungebr* peitschen, schlagen. — (вы́- *zu* 1)

pr.	секу́, сечёшь, секу́т
imp.	секи́, ~те
pt.	сек, сéклá
g.pr.a.	сечá*
p.pr.a.	секу́щий
p.pt.a.	сéкший
p.pt.p.	сéченный

сéчься, *1. u. 2. Pers ungebr uv* brechen, fasern, sich spalten ‖ *v* посéчься, Formen das.

pt.	сéкся, секлáсь

сéять *uv* что **1.** säen **2.** *übtr* verbreiten **3.** sieben ‖ *v* посéять, Formen das.

pr.	сéю, сéешь, сéют
imp.	сей, ~те
pt.	сéял
g.pr.a.	сéя
p.pr.a.	сéющий
p.pt.a.	сéявший
p.pt.p.	сéянный

сжáлиться *v* над кем-чем sich erbarmen (über), Mitleid haben (mit)

ft.	сжáлюсь, -лишься, -лятся
imp.	сжáлься, -льтесь
pt.	сжáлился, -лась
g.pt.a.	сжáлившись
p.pt.a.	сжáлившийся

сжа́рить *v* кого́-что *volkssp r* braten
ft. сжа́рю, -ришь, -рят
imp. сжарь, ~те
pt. сжа́рил
g.pt.a. сжа́рив
p.pt.a. сжа́ривший
p.pt.p. сжа́ренный

сжа́риться *v volkssp r* **1.** gebraten werden, braten **2.** *übtr* sich starker Hitze aussetzen; сжа́риться на со́лнце in der Sonne braten

[1]**сжать** *v* кого́-что **1.** (zusammen)pressen, (zusammen)drücken **2.** *tech* komprimieren **3.** (ab)kürzen ‖ *uv* сжима́ть 2a
ft. сожму́, -мёшь, -му́т
imp. сожми́, ~те
pt. сжал
g.pt.a. сжав
p.pt.a. сжа́вший
p.pt.p. сжа́тый

[2]**сжать** *v* что (ab)mähen, ernten ‖ *uv* сжина́ть 2a
ft. сожну́, -нёшь, -ну́т
imp. сожни́, ~те
pt. сжал
g.pt.a. сжав
p.pt.a. сжа́вший
p.pt.p. сжа́тый

сжа́ться *v* **1.** sich zusammenpressen, sich zusammenziehen, sich krümmen, sich verkrampfen; zusammenschrumpfen **2.** *tech* sich komprimieren ‖ *uv* сжима́ться 2a Formen nach [1]сжать

сжева́ть *v* что *umg* zerkauen
ft. сжую́, сжуёшь, сжую́т
imp. сжуй, ~те
pt. сжева́л
g.pt.a. сжева́в
p.pt.a. сжева́вший
p.pt.p. сжёванный

сжечь *v* кого́-что verbrennen, verbrennen lassen ‖ *uv* сжига́ть 2a
ft. сожгу́, сожжёшь, сожгу́т
imp. сожги́, ~те
pt. сжёг, сожгла́
g.pt.a. сжёгши
p.pt.a. сжёгший
p.pt.p. сожжённый; сожжён, -ена́

сже́чься *v* **1.** sich selbst verbrennen **2.** *umg* einen Sonnenbrand bekommen ‖ *uv* сжига́ться

сжива́ть(ся) *uv zu* сжи́ть(ся)

сжига́ть(ся) *uv zu* сже́чь(ся)

сжиди́ть *v* что flüssig machen, verflüssigen ‖ *uv* сжижа́ть 2a
ft. сжижу́, сжиди́шь, сжидя́т
imp. сжиди́, ~те
pt. сжиди́л
g.pt.a. сжиди́в
p.pt.a. сжиди́вший
p.pt.p. сжи́женный

сжижа́ть *uv zu* сжиди́ть

сжима́ть *uv zu* [1]сжать

сжима́ться *uv zu* сжа́ться

сжина́ть *uv zu* [2]сжать

сжира́ть *uv zu* сожра́ть

сжить *v*: сжить кого́ с кварти́ры j-n aus der Wohnung vertreiben; сжить кого́ со све́та [со́ света] j-n unter die Erde bringen ‖ *uv* сжива́ть 2a
ft. сживу́, -вёшь, -ву́т
imp. сживи́, ~те
pt. сжил, сжила́, сжи́ло
g.pt.a. сжив
p.pt.a. сжи́вший
p.pt.p. сжи́тый; сжит, сжита́, сжи́то

сжи́ться *v* **1.** с кем-чем *umg* sich gewöhnen (an), sich einleben (in), sich allmählich anfreunden (mit) **2.** с чем vertraut werden (mit), verwachsen (mit); sich abfinden (mit) ‖ *uv* сжива́ться
pt. сжи́лся, -ила́сь, -ило́сь

сжу́льничать 1 *v umg* betrügen, mogeln

сзыва́ть *uv zu* созва́ть

сибари́тничать 1a *uv* ein Schlemmerleben führen

сибари́тствовать 4a *uv* ein schwelgerisches, [nichtstuerisches] Leben führen

сиве́ть 3a *uv* grau werden *Haare.* — (по-)

сигану́ть 7 *v mom volkssp r* springen kein *p.pt.p.*

сигнализи́ровать 4 *u.* 4a *v, uv* **1.** кому́-чему́ чем signalisieren, Signale geben **2.** что *oder* о чём warnen (vor). — (про- *zu* 1)

сигна́лить *uv* кому́-чему́ чем signalisieren. — (про-)
pr. сигна́лю, -лишь, -лят
imp. сигна́ль, ~те
pt. сигна́лил
g.pr.a. сигна́ля
p.pr.a. сигна́лящий
p.pt.a. сигна́ливший

сиде́ть *uv* **1.** sitzen **2.** *1. u. 2. Pers ungebr* sitzen, passen, kleiden **3.** за чем, на чём, с чем, над чем bei, über einer Arbeit sitzen, arbeiten (an) | *uv iterativ* си́живать 1a, *pr. ungebr umg zu* 1 *u.* 3

pr.	сижу́, сиди́шь, сидя́т
imp.	сиди́, ~те
pt.	сидéл
g.pr.a.	си́дя
g.pt.a.	сидéв
p.pr.a.	сидя́щий
p.pt.a.	сидéвший

сидéться, *1. u. 2. Pers ungebr, uv* кому́ *meist mit Negation, umg*: ему́ не сиди́тся (на мéсте) er hat kein Sitzfleisch

си́живать *uv iterativ zu* сидéть

сизéть 3a *uv* **1.** blaugrau werden **2.** *1. u. 2. Pers ungebr* blaugrau schimmern

си́литься *uv mit Infinitiv umg* sich anstrengen, sich bemühen

pr.	си́люсь, си́лишься, си́лятся
imp.	си́лься, си́льтесь
pt.	си́лился, -лась
g.pr.a.	си́лясь
p.pr.a.	си́лящийся
p.pt.a.	си́лившийся

силосовáть 5 *u.* 5a *v, uv* что silieren, zu Gärfutter verarbeiten

символизи́ровать 4 *u.* 4a *v, uv* что symbolisieren

симпатизи́ровать 4a *uv* кому́-чему́ sympathisieren (mit)

симули́ровать 4 *u.* 4a *v, uv* что simulieren, vortäuschen

синдици́ровать 4 *u.* 4a *v, uv* что *buchspr* zu einem Syndikat vereinigen

синéть 3a *uv* **1.** blau werden **2.** blau schimmern. — (по- *zu* 1)

сини́ть *uv* что **1.** blau färben **2.** bläuen, in Wasser mit Waschblauzusatz spülen. — (под- *zu* 2)

pr.	синю́, сини́шь, синя́т
imp.	сини́, ~те
pt.	сини́л
g.pr.a.	синя́
p.pr.a.	синя́щий
p.pt.a.	сини́вший
p.pt.p.	синённый; синён, -енá

синтези́ровать [тэ] 4 *u.* 4a *v, uv* **1.** *chem* synthetisieren **2.** vereinigen; verallgemeinern

синхронизи́ровать 4 *u.* 4a *v, uv* что *tech* synchronisieren

сипéть *uv* heisere, krächzende Laute von sich geben; mit heiserer Stimme sprechen

pr.	сиплю́, -пи́шь, -пя́т
imp.	сипи́, ~те
pt.	сипéл
g.pr.a.	сипя́
p.pr.a.	сипя́щий
p.pt.a.	сипéвший

си́пнуть *uv* heiser werden. — (о-)

pr.	си́пну, -нешь, -нут
imp.	си́пни, ~те
pt.	сип *u.* си́пнул, си́пла
g.pt.a.	си́пнув
p.pr.a.	си́пнущий
p.pt.a.	си́пнувший

сиротéть 3a *uv* **1.** verwaisen, die Eltern verlieren **2.** *übtr* verwaisen, veröden. — (о-)

систематизи́ровать 4 *u.* 4a *v, uv* что systematisieren

сия́ть 2a *uv* leuchten, scheinen, glänzen

сказану́ть 7 *v* что *u. ohne Objekt volksspr etw. Unpassendes* sagen
kein *p.pt.p.*

сказáть *v* что **1.** sagen, sprechen **2.** befehlen

ft.	скажу́, скáжешь, скáжут
imp.	скажи́, ~те
pt.	сказáл
g.pt.a.	сказáв
p.pt.a.	сказáвший
p.pt.p.	скáзанный

сказáться *v* **1.** на ком-чём, в ком-чём sich äußern, zum Ausdruck kommen; sich auswirken **2.** кем-чем sich ausgeben (als), sich melden (als) **3.** кому́ *volksspr* Bescheid sagen ‖ *uv* скáзываться 1a

скáзывать 1a *uv* что *und ohne Objekt, alt u. volksspr* **1.** sagen **2.** erzählen

скáзываться *uv zu* сказáться

скакáть *uv* **1.** springen, hüpfen **2.** schnell reiten, galoppieren | *v mom* скакну́ть 7 *zu* 1, kein *p.pt.p.*

pr.	скачу́, скáчешь, скáчут
imp.	скачи́, ~те
pt.	скакáл
g.pr.a.	скачá
p.pr.a.	скáчущий
p.pt.a.	скакáвший

скакну́ть *v mom zu* скакáть

скаламбу́рить *v* Wortspiele machen

ft.	скаламбу́рю, -ришь, -рят
imp.	скаламбу́рь, ~те
pt.	скаламбу́рил
g.pt.a.	скаламбу́рив
p.pt.a.	скаламбу́ривший

скáлить *uv* **1.**: скáлить зу́бы die Zähne fletschen **2.** *volksspr* lachen, grinsen. — (о- *zu* 1)

pr. ска́лю, -лишь, -лят
imp. скаль, ~те
pt. ска́лил
g.pr.a. ска́ля
p.pr.a. ска́лящий
p.pt.a. ска́ливший

ска́литься *uv* **1.** die Zähne zeigen **2.** *volkssspr* grinsen, lachen. — (о-)

ска́лывать *uv zu* сколо́ть

скальки́ровать 4 *v* что **1.** durchpausen **2.** durch eine Lehnübersetzung wiedergeben

скалькули́ровать *v zu* калькули́ровать

скальпи́ровать 4 *u.* 4а *v*, *uv* кого́-что skalpieren

скандализи́ровать 4 *u.* 4а *v*, *uv* кого́-что *buchspr* Ärgernis verursachen; in eine peinliche Lage bringen

скандализова́ть 5 *u.* 5а *v*, *uv* кого́-что *buchspr* in eine peinliche Lage bringen, in Verlegenheit bringen

сканда́лить *uv* **1.** lärmen, randalieren **2.** с кем sich streiten **3.** кого́ *alt* in eine peinliche Lage bringen. — (на- *zu* 1, о- *zu* 3)
pr. сканда́лю, -лишь, -лят
imp. сканда́ль, ~те
pt. сканда́лил
g.pr.a. сканда́ля
p.pr.a. сканда́лящий
p.pt.a. сканда́ливший

сканда́литься *uv umg* sich blamieren, sich lächerlich machen. — (о-)

сканди́ровать 4а *uv* что skandieren

ска́пливать *uv zu* ²скопи́ть

ска́пливаться *uv zu* скопи́ться

скапу́титься *v volksspr* abkratzen, sterben
ft. скапу́чусь, -у́тишься, -у́тятся
imp. скапу́ться, -тьтесь
pt. скапу́тился, -лась

ска́пывать *uv zu* скопа́ть

ска́редничать 1а *uv umg* geizen, knausern

скарифици́ровать 4 *u.* 4а *v*, *uv* что *landw* den Boden mit dem Grubber auflockern

ска́рмливать *uv zu* скорми́ть

ската́ть 2 *v* что zusammenrollen ‖ *uv* ска́тывать 1а

¹скати́ть *v* кого́-что hinunterrollen (lassen) ‖ *uv* ска́тывать 1а
ft. скачу́, ска́тишь, ска́тят
imp. скати́, ~те
pt. скати́л
g.pt.a. скати́в
p.pt.a. скати́вший
p.pt.p. ска́ченный

²скати́ть *v* что *umg durch Übergießen* abspülen *z. B. einen Tisch*; begießen ‖ *uv* ска́тывать 1а *u.* ска́чивать 1а
Formen wie ¹скати́ть

скати́ться *v* hinunterrollen; *übtr* abgleiten ‖ *uv* ска́тываться

¹ска́тывать *uv zu* ската́ть

²,³ска́тывать *uv zu* ¹,²скати́ть

ска́тываться *uv zu* скати́ться

ска́чивать *uv zu* ²скати́ть

¹,²ска́шивать *uv zu* ¹,²скоси́ть

ска́щивать *uv zu* скости́ть

скверносло́вить *uv* unanständige Reden führen, Zoten reißen
pr. скверносло́влю, -вишь, -вят
imp. скверносло́вь, ~те
pt. скверносло́вил
g.pr.a. скверносло́вя
p.pr.a. скверносло́вящий
p.pt.a. скверносло́вивший

сквита́ться 2 *v* с кем-чем *umg* abrechnen (mit) *a. übtr*

сквози́ть, *1. u. 2. Pers ungebr*, *uv* **1.** blasen, ziehen *Wind*; *unpers* сквози́т es zieht **2.** durchscheinen, durchschimmern; *übtr* anklingen, erkennbar sein **3.** durchsichtig sein
pr. сквози́т, -зя́т
pt. сквози́л
g.pr.a. сквозя́
p.pr.a. сквозя́щий
p.pt.a. сквози́вший

скида́ть 2 *v* что *umg* **1.** *mehrmals* hinunterwerfen **2.** zusammenwerfen ‖ *uv* ски́дывать 1а

¹ски́дывать *uv zu* скида́ть

²ски́дывать *uv zu* ски́нуть

ски́нуть 6 *v* кого́-что *umg* **1.** hinunterwerfen, abwerfen **2.** *übtr* abschütteln, abwerfen; stürzen **3.** ausziehen, ablegen **4.** что *oder* в чём herabsetzen, ablassen *Preis u. a.* ‖ *uv* ски́дывать 1а
imp. скинь, ~те
p.pt.p. ски́нутый

скипа́ться *uv zu* скипе́ться

скипе́ться, *1. u. 2. Pers ungebr*, *v* **1.** zusammenbacken *itr* **2.** *übtr umg* zusammenkleben, -backen, klumpen *Schnee, Erde* ‖ *uv* скипа́ться 2а
ft. скипи́тся, -пя́тся
pt. скипе́лся, -лась
g.pt.a. скипе́вшись
p.pt.a. скипе́вшийся

скирдова́ть 5a *uv* что in Schobern setzen *Heu, Getreide*
p.pt.p. скирдо́ванный

скиса́ть *uv zu* ски́снуть

ски́снуть *v* **1.** sauer werden **2.** *übtr umg* den Mut verlieren, niedergeschlagen sein ‖ *uv* скиса́ть 2a
ft. ски́сну, -нешь, -нут
imp. ски́сни, ~те
pt. скис, ~ла
g.pt.a. ски́снув *u.* ски́сши
p.pt.a. ски́сший

скита́ться 2a *uv* **1.** umherwandern, umherirren **2.** *umg* sich herumtreiben

склади́ровать 4 *u.* 4a *v*, *uv* что einlagern

скла́дывать(ся) *uv zu* сложи́ть(ся)

скласть *v* что *volkssрr* aufstapeln; zusammenlegen
ft. складу́, -дёшь, -ду́т
imp. склади́, ~те
pt. склал
g.pt.a. склав
p.pt.a. скла́вший
p.pt.p. скла́денный

склева́ть *v* кого́-что aufpicken; schnappen und verschlingen *bei Fischen* ‖ *uv* склёвывать 1a
ft. склюю́, -юёшь, -юю́т
imp. склюй, ~те
pt. склева́л
g.pt.a. склева́в
p.pt.a. склева́вший
p.pt.p. склёванный

склёвывать *uv zu* склева́ть

скле́ивать(ся) *uv zu* скле́ить(ся)

скле́ить *v* что **1.** zusammenkleben, zusammenleimen **2.** *chem* agglutinieren (lassen) ‖ *uv* скле́ивать 1a
ft. скле́ю, -е́ишь, -е́ят
imp. склей, ~те
pt. скле́ил
g.pt.a. скле́ив
p.pt.a. скле́ивший
p.pt.p. скле́енный

скле́иться, *1. u. 2. Pers ungebr*, *v* **1.** zusammenkleben, aneinanderhaften **2.** *chem* agglutinieren ‖ *uv* скле́иваться

склепа́ть *v* что vernieten ‖ *uv* склёпывать 1a
ft. склепа́ю, -а́ешь, -а́ют *u.* склеплю́, -е́плешь, -е́плют
imp. склепа́й, ~те *u.* склепли́, ~те *u.* склепи́, ~те
pt. склепа́л
g.pt.a. склепа́в
p.pt.a. склепа́вший
p.pt.p. склёпанный

склёпывать *uv zu* склепа́ть

скли́кать *v* кого́-что *umg* zusammenrufen ‖ *uv* склика́ть 2a
ft. скли́чу, скли́чешь, скли́чут
imp. скли́чь, ~те
pt. скли́кал
g.pt.a. скли́кав
p.pt.a. скли́кавший

склика́ть *uv zu* скли́кать

склони́ть *v* **1.** что neigen, beugen, senken **2.** *übtr* кого́-что к чему́ *oder* на что *oder mit Infinitiv* geneigt machen, (für sich) gewinnen; überreden ‖ *uv* склоня́ть 2a
ft. склоню́, -о́нишь, -о́нят
imp. склони́, ~те
pt. склони́л
g.pt.a. склони́в
p.pt.a. склони́вший
p.pt.p. склонённый; склонён, -ена́

склони́ться *v* **1.** sich beugen, sich neigen **2.** neigen, geneigt sein **3.** *umg* sich überreden lassen, einwilligen ‖ *uv* склоня́ться

склоня́ть 2a *uv* **1.** *uv zu* склони́ть **2.** что *gram* deklinieren. — (про- *zu* 2)

склоня́ться *uv* **1.** *uv zu* склони́ться **2.** *gram* sich deklinieren lassen

скло́чничать 1a *uv umg* intrigieren

скобли́ть *uv* кого́-что (ab)schaben; *umg* rasieren
pr. скоблю́, ско́бли́шь, ско́бля́т
imp. скобли́, ~те
pt. скобли́л
g.pr.a. скобля́
p.pr.a. скобля́щий
p.pt.a. скобли́вший
p.pt.p. ско́бленный

скова́ть 5 *v* кого́-что **1.** (zusammen)-schmieden **2.** aneinander fesseln, zusammen an eine Kette fesseln **3.** *übtr* zusammenschweißen **4.** *übtr* hemmen **5.** mit einer Eisschicht überdecken ‖ *uv* ско́вывать 1a
ft. скую́, скуёшь, скую́т

ско́вывать *uv zu* скова́ть

[1]**сковы́ривать** *uv zu* сковырну́ть

[2]**сковы́ривать** *uv zu* сковыря́ть

сковырну́ть 7 *v* **1.** что *umg* mit den Nägeln abkratzen **2.** кого́-что *volkssрr* umwerfen, zu Fall bringen ‖ *uv* сковы́ривать 1a

сковыря́ть 2 *v* что *volksspr* mit den Nägeln abkratzen ‖ *uv* сковы́ривать 1a

скола́чивать *uv zu* сколоти́ть

сколоти́ть *v* что **1.** zusammenschlagen, zusammennageln **2.** *übtr umg* sammeln, organisieren; zusammensparen **3.** *umg* abschlagen, entfernen ‖ *uv* скола́чивать 1a

ft.	сколочу́, -о́тишь, -о́тят
imp.	сколоти́, ~те
pt.	сколоти́л
g.pt.a.	сколоти́в
p.pt.a.	сколоти́вший
p.pt.p.	сколо́ченный

сколо́ть *v* что **1.** abschlagen, abhacken **2.** zusammenstecken, zusammenheften ‖ *uv* ска́лывать 1a

ft.	сколю́, ско́лешь, ско́лют
imp.	сколи́, ~те
pt.	сколо́л
g.pt.a.	сколо́в
p.pt.a.	сколо́вший
p.pt.p.	ско́лотый

сколупа́ть 2 *v* что *volksspr* abkratzen ‖ *uv* сколу́пывать 1a

сколупну́ть 7 *v* что *umg* mit den Nägeln abkratzen ‖ *uv* сколу́пывать 1a

[1]**сколу́пывать** *uv zu* сколупа́ть

[2]**сколу́пывать** *uv zu* сколупну́ть

скользи́ть *uv* **1.** gleiten, (aus)rutschen; entgteiten **2.** *übtr* huschen, schweben | *v mom* скользну́ть 7, kein *p.pt.p.*

pr.	скольжу́, -льзи́шь, -льзя́т
imp.	скользи́, ~те
pt.	скользи́л
g.pr.a.	скользя́
p.pr.a.	скользя́щий
p.pt.a.	скользи́вший

скользну́ть *v mom zu* скользи́ть

скома́ндовать 4 *v* einen Befehl erteilen; kommandieren

скомбини́ровать *v zu* комбини́ровать

ско́мкать 1 *v* что **1.** zerknittern, zerknüllen **2.** *umg* in aller Eile beenden ‖ *uv* ско́мкивать 1a

ско́мкивать *uv zu* ско́мкать

скоморо́шничать 1a *uv umg* sich wie ein Hanswurst benehmen, Possen reißen

скомпили́ровать 4 *v* что kompilieren

скомплектова́ть *v zu* комплектова́ть

скомпонова́ть *v zu* компонова́ть

скомпромети́ровать 4 *v* кого́-что kompromittieren, in Mißkredit bringen

сконструи́ровать *v zu* конструи́ровать

сконфу́зить *v zu* конфу́зить

ft.	сконфу́жу, -у́зишь, -у́зят
imp.	сконфу́зь, ~те
pt.	сконфу́зил
g.pt.a.	сконфу́зив
p.pt.a.	сконфу́зивший
p.pt.p.	сконфу́женный

сконфу́зиться *v zu* конфу́зиться

сконцентри́ровать(ся) *uv zu* концентри́ровать(ся)

сконча́ться 2 *v* sterben, verscheiden

скопа́ть 2 *v* что abgraben, abtragen *Erde* ‖ *uv* ска́пывать 1a

скопидо́мничать 1a *uv umg* knausern

скопи́ровать *uv zu* копи́ровать

[1]**скопи́ть** *uv* кого́-что kastrieren. — (о-)

pr.	скоплю́, -пи́шь, -пя́т
imp.	скопи́, ~те
pt.	скопи́л
g.pr.a.	скопя́
p.pr.a.	скопя́щий
p.pt.a.	скопи́вший
p.pr.p.	скопи́мый

[2]**скопи́ть** *v* что *oder* чего́ zusammensparen, sammeln, zusammentragen; anhäufen ‖ *uv* ска́пливать 1a *u. umg* скопля́ть 2a

ft.	скоплю́, ско́пишь, ско́пят
imp.	скопи́, ~те
pt.	скопи́л
g.pt.a.	скопи́в
p.pt.a.	скопи́вший
p.pt.p.	ско́пленный

скопи́ться, *1. u. 2. Pers ungebr*, *v* **1.** sich ansammeln **2.** sich versammeln ‖ *uv* ска́пливаться *u.* скопля́ться
Formen nach [2]скопи́ть

скопля́ть *uv zu* [2]скопи́ть

скопля́ться *uv zu* скопи́ться

скопни́ть *v* что *Getreide* in Puppen aufstellen; *Heu* in Hocken setzen

ft.	скопню́, -ни́шь, -ня́т
imp.	скопни́, ~те
pt.	скопни́л
g.pt.a.	скопни́в
p.pt.a.	скопни́вший
p.pt.p.	скопнённый; скопнён, -ена́

скорбе́ть *uv buchspr* sich grämen, trauern

pr.	скорблю́, -би́шь, -бя́т
imp.	скорби́, ~те
pt.	скорбе́л
g.pr.a.	скорбя́
p.pr.a.	скорбя́щий
p.pt.a.	скорбе́вший

скорёжить *v zu* корёжить

ft.	скорёжу, -жишь, -жат
imp.	скорёжь, ~те
pt.	скорёжил
g.pt.a.	скорёжив
p.pt.a.	скорёживший
p.pt.p.	скорёженный

скорёжиться *v zu* корёжиться

скорми́ть *v* кого́-что verfüttern ‖ *uv* ска́рмливать 1a

ft.	скормлю́, ско́рмишь, ско́рмят
imp.	скорми́, ~те
pt.	скорми́л
g.pt.a.	скорми́в
p.pt.a.	скорми́вший
p.pt.p.	ско́рмленный

скоро́бить *v zu* коро́бить

ft.	скоро́бит, -бят
pt.	скоро́бил
g.pt.a.	скоро́бив
p.pt.a.	скоро́бивший
p.pt.p.	скоро́бленный

скоро́биться *v zu* коро́биться

скоро́миться *uv rel* während der Fastenzeit verbotene Speisen essen

pr.	скоро́млюсь, -мишься, -мятся
imp.	скоро́мься, -мьтесь
pt.	скоро́мился, -лась
g.pr.a.	скоро́мясь
p.pr.a.	скоро́мящийся
p.pt.a.	скоро́мившийся

скоро́мничать 1a *uv rel* während der Fastenzeit verbotene Speisen essen

скорота́ть *v zu* корота́ть

скорректи́ровать *v zu* корректи́ровать

ско́рчить *v* кого́-что **1.** *v zu* ко́рчить **2.** *volksspr* spielen, markieren; ско́рчить дурака́ sich dumm stellen

ft.	ско́рчу, -чишь, -чат
imp.	ско́рчи, ~те
pt.	ско́рчил
g.pt.a.	ско́рчив
p.pt.a.	ско́рчивший
p.pt.p.	ско́рченный

ско́рчиться *v zu* ко́рчиться

[1]**скоси́ть** *v* **1.** что abmähen **2.** *übtr* кого́-что dahinraffen, töten ‖ *uv* ска́шивать 1a

ft.	скошу́, ско́сишь, ско́сят
imp.	скоси́, ~те
pt.	скоси́л
g.pt.a.	скоси́в
p.pt.a.	скоси́вший
p.pt.p.	ско́шенный

[2]**скоси́ть** *v* что **1.** abschrägen **2.** zur Seite drehen [wenden]; скоси́ть глаза́ [глаза́ми] schielen ‖ *uv* ска́шивать 1a

ft.	скошу́, скоси́шь, скося́т
p.pt.p.a.	скошённый; скошён, -ена́

Übrige Formen wie [1]скоси́ть

скости́ть *v* что *volksspr* herabsetzen, vermindern ‖ *uv* ска́щивать 1a

ft.	скошу́, скости́шь, скостя́т
imp.	скости́, ~те
pt.	скости́л
g.pt.a.	скости́в
p.pt.a.	скости́вший
p.pt.p.	скощённый; скощён, -ена́

скра́дывать 1a, *1. u. 2. Pers ungebr*, *uv* что verhüllen, verbergen

скра́дываться, *1. u. 2. Pers ungebr*, *uv* nicht in die Augen fallen, nicht sichtbar sein

скра́сить *v zu* скра́шивать

ft.	скра́шу, -а́сишь, -а́сят
imp.	скра́сь, ~те
pt.	скра́сил
g.pt.a.	скра́сив
p.pt.a.	скра́сивший
p.pt.p.	скра́шенный

скра́ситься *v zu* скра́шиваться

скра́шивать 1a *uv* что verschönern; erleichtern, erträglicher machen ‖ *v* скра́сить, Formen das.

скра́шиваться, *1. u. 2. Pers ungebr*, *uv* weniger unangenehm werden; beschönigt werden ‖ *v* скра́ситься

скрежета́ть *uv* чем knirschen

pr.	скрежещу́, -е́щешь, -е́щут
imp.	скрежещи́, ~те
pt.	скрежета́л
g.pr.a.	скрежеща́
p.pr.a.	скреже́щущий
p.pt.a.	скрежета́вший

скрепи́ть *v* что *oder* что чем **1.** aneinander befestigen, verbinden **2.** *übtr* bekräftigen **3.** gegenzeichnen ‖ *uv* скрепля́ть 2a

ft.	скреплю́, -пи́шь, -пя́т
imp.	скрепи́, ~те
pt.	скрепи́л
g.pt.a.	скрепи́в
p.pt.a.	скрепи́вший
p.pt.p.	скреплённый; скреплён, -ена́

скрепи́ться *v* **1.** (fest) zusammenhalten **2.** *umg* sich zurückhalten, sich zusammennehmen ‖ *uv* скрепля́ться

скрепля́ть(ся) *uv zu* скрепи́ть(ся)

скрести́ *uv* кого́-что **1.** kratzen, schaben; abkratzen, säubern **2.** *1. u. 2. Pers ungebr* beunruhigen, quälen; у него́ скребёт на душе́ er ist unruhig

pr. скребу́, -бёшь, -бу́т
imp. скреби́, ~те
pt. скрёб, скребла́
g.pr.a. скребя́
p.pr.a. скребу́щий
p.pt.a. скрёбший

скрести́сь *uv* scharren, knabbern, nagen

скрести́ть *v* **1.** что kreuzen, verschränken **2.** кого́-что с кем-чем *biol* kreuzen ‖ *uv* скре́щивать 1a
ft. скрещу́, -ести́шь, -естя́т
imp. скрести́, ~те
pt. скрести́л
g.pt.a. скрести́в
p.pt.a. скрести́вший
p.pt.p. скрещённый; скрещён, -ена́

скрести́ться, *1. u. 2. Pers ungebr*, *v* sich kreuzen *a. übtr* ‖ *uv* скре́щиваться

скре́щивать(ся) *uv zu* скрести́ть(ся)

скриви́ть *v zu* криви́ть
ft. скривлю́, -ви́шь, -вя́т
imp. скриви́, ~те
pt. скриви́л
g.pt.a. скриви́в
p.pt.a. скриви́вший
p.pt.p. скривлённый; скривлён, -ена́

скриви́ться *v zu* криви́ться

скрипе́ть *uv* **1.** knirschen, knarren, quietschen **2.** *übtr umg scherz* sein Leben fristen, dahinvegetieren | *v mom* скри́пнуть 6
pr. скриплю́, -пи́шь, -пя́т
imp. скрипи́, ~те
pt. скрипе́л
g.pr.a. скрипя́
p.pr.a. скрипя́щий
p.pt.a. скрипе́вший

скри́пнуть *v mom zu* скрипе́ть

скрои́ть *v* что **1.** *v zu* крои́ть **2.** *übtr umg* machen, schaffen, hervorbringen **3.** *übtr umg* eine Miene machen; Gesichter schneiden
ft. скрою́, -ои́шь, -оя́т
imp. скрой, ~те
pt. скрои́л
g.pt.a. скрои́в
p.pt.a. скрои́вший
p.pt.p. скро́енный

скро́мничать 1a *uv* bescheiden tun, sich zieren

скропа́ть *v zu* кропа́ть

скрути́ть *v* что **1.** zusammendrehen **2.** zusammenbinden; fesseln ‖ *uv* скру́чивать 1a
ft. скручу́, -у́тишь, -у́тят
imp. скрути́, ~те
pt. скрути́л
g.pt.a. скрути́в
p.pt.a. скрути́вший
p.pt.p. скру́ченный

скру́чивать *uv zu* скрути́ть

скрыва́ть *uv zu* скрыть

скрыва́ться 2a *uv* **1.** *uv zu* скры́ться **2.** enthalten sein, wurzeln

скры́тничать 1a *uv umg* heimlich tun, geheimnisvoll tun

скрыть *v* **1.** кого́-что verstecken, verbergen **2.** что (от кого́-чего́) verheimlichen, verbergen (vor) ‖ *uv* скрыва́ть 2a
ft. скро́ю, -о́ешь, -о́ют
imp. скрой, ~те
pt. скрыл
g.pt.a. скрыв
p.pt.a. скры́вший
p.pt.p. скры́тый

скры́ться *v* **1.** sich verstecken **2.** *umg* unbemerkt weggehen, sich davonschleichen **3.** verschwinden ‖ *uv* скрыва́ться

скрю́чивать(ся) *uv zu* скрю́чить(ся)

скрю́чить *v* кого́-что *umg* krümmen, zusammenbiegen ‖ *uv* скрю́чивать 1a
ft. скрю́чу, -чишь, -чат
imp. скрючь, ~те
pt. скрю́чил
g.pt.a. скрю́чив
p.pt.a. скрю́чивший
p.pt.p. скрю́ченный

скрю́читься *v umg* sich krümmen, krumm werden ‖ *uv* скрю́чиваться

скря́жничать 1a *uv umg* geizig sein, knausern

скуде́ть 3a *uv* **1.** dürftig werden, sich verringern, abnehmen **2.** кем-чем arm werden (an). — (о-)

скудне́ть 3a *uv* dürftig werden, sich verringern, abnehmen

скули́ть *uv* **1.** winseln *vom Hund* **2.** *übtr umg* jammern, flennen
pr. скулю́, -ли́шь, -ля́т
imp. скули́, ~те
pt. скули́л
g.pr.a. скуля́
p.pr.a. скуля́щий
p.pt.a. скули́вший

скупа́ть *uv zu* скупи́ть

скупи́ть *v* кого́-что aufkaufen ‖ *uv* скупа́ть 2a

ft.	скуплю́, ску́пишь, ску́пят
imp.	скупи́, ~те
pt.	скупи́л
g.pt.a.	скупи́в
p.pt.a.	скупи́вший
p.pt.p.	ску́пленный

скупи́ться *uv* на что geizen (mit). — (по-)

pr.	скуплю́сь, -пи́шься, -пя́тся
imp.	скупи́сь, -и́тесь
pt.	скупи́лся, -лась
g.pr.a.	скупя́сь
p.pr.a.	скупя́щийся
p.pt.a.	скупи́вшийся

скуча́ть 2a *uv* **1.** *ohne Objekt* sich langweilen **2.** по ком-чём *oder* по кому́-чему́ *u.* о ком-чём sich sehnen (nach)

ску́чивать(ся) *uv zu* ску́чить(ся)

ску́чить *v* кого́-что **1.** aufhäufen, anhäufen **2.** *umg* zusammenpferchen ‖ *uv* ску́чивать 1a

ft.	ску́чу, -чишь, -чат
imp.	скучь, ~те
pt.	ску́чил
g.pt.a.	ску́чив
p.pt.a.	ску́чивший
p.pt.p.	ску́ченный

ску́читься *v* **1.** *1. u. 2. Pers ungebr* sich auftürmen, sich aufhäufen, sich zusammenballen **2.** sich zusammendrängen, sich auf engem Raum ansammeln ‖ *uv* ску́чиваться

ску́шать 1 *v* что **1.** aufessen, verspeisen **2.** *umg* einstecken, geduldig hinnehmen, schweigend hinunterschlucken

слабе́ть 3a *uv* schwach [schwächer] werden. — (о-)

сла́бить, *1. u. 2. Pers ungebr, uv* **1.** *med* abführen, abführend wirken **2.** *unpers*: больно́го сла́бит der Kranke hat Durchfall

pr.	сла́бит, -бят
pt.	сла́било
g.pr.a.	слабя
p.pr.a.	сла́бящий
p.pt.a.	сла́бивший

сла́бнуть *uv volksspr* **1.** schwach [schwächer] werden **2.** schlaff werden. — (о-)

pr.	сла́бну, -нешь, -нут
imp.	сла́бни, ~те
pt.	сла́бнул *u.* слаб, сла́бла
g.pt.a.	сла́бнув
p.pr.a.	сла́бнущий
p.pt.a.	сла́бнувший

сла́вить *uv* кого́-что **1.** rühmen, preisen, ehren **2.** *volksspr* verleumden, schlecht machen. — (о- *zu* 2)

pr.	сла́влю, -вишь, -вят
imp.	сла́вь, ~те
pt.	сла́вил
g.pr.a.	сла́вя
p.pr.a.	сла́вящий
p.pt.a.	сла́вивший

сла́виться *uv* чем berühmt [bekannt] sein

славосло́вить *uv* кого́-что rühmen, in den Himmel heben

pr.	славосло́влю, -вишь, -вят
imp.	славосло́вь, ~те
pt.	славосло́вил
g.pr.a.	славосло́вя
p.pr.a.	славосло́вящий
p.pt.a.	славосло́вивший
p.pt.p.	славосло́вленный

слага́ть(ся) *uv zu* сложи́ть(ся)

сла́дить *v* **1.** что *volksspr* in Ordnung bringen, gut einrichten, arrangieren **2.** с кем-чем *umg* fertig werden, zurechtkommen (mit) ‖ *uv* сла́живать 1a*zu* 1

ft.	сла́жу, сла́дишь, сла́дят
imp.	сладь, ~те
pt.	сла́дил
g.pt.a.	сла́див
p.pt.a.	сла́дивший
p.pt.p.	сла́женный *zu* 1

сла́диться, *1. u. 2. Pers ungebr, v umg* sich einrichten ‖ *uv* сла́живаться

сла́живать(ся) *uv zu* сла́дить(ся)

сла́зить *v umg* **1.** hinaufsteigen, hinaufklettern (und wieder zurückkommen); hinabsteigen (und wieder zurückkommen) **2.** hineingreifen

ft.	сла́жу, сла́зишь, сла́зят *u. umg* сла́заю, -аешь, -ают
imp.	слазь, ~те *u.* сла́зай, ~те
pt.	сла́зил
g.pt.a.	сла́зив
p.pt.a.	сла́зивший

сла́мывать(ся) *uv zu* сломи́ть(ся)

сласти́ть *uv* **1.** что *umg* süßen **2.** süßlich schmecken

pr.	слащу́, сласти́шь, сластя́т
imp.	сласти́, ~те
pt.	сласти́л
g.pr.a.	сластя́
p.pr.a.	сластя́щий
p.pt.a.	сласти́вший
p.pt.p.	слащённый; слащён, -ена́

слать *uv* кого́-что schicken, senden

pr.	шлю, шлёшь, шлют
imp.	шли, ~те
pt.	слал, сла́ла, сла́ло
g.pr.a.	(посыла́я)

p.pr.a. (посыла́ющий)
p.pt.a. сла́вший
p.pr.p. (посыла́емый)

сла́ться *uv* на кого́-что *alt* sich berufen (auf)

[1]**следи́ть** *uv* **1.** за кем-чем beobachten, verfolgen **2.** за кем-чем *u. mit Konjunktion* что́бы achten (auf), sorgen (für) **3.** за кем-чем belauern, bespitzeln **4.** кого́-что *Jagd* aufspüren *ein Tier*
pr. слежу́, следи́шь, следя́т
imp. следи́, ~те
pt. следи́л
g.pr.a. следя́
p.pr.a. следя́щий
p.pt.a. следи́вший

[2]**следи́ть** *uv* чем *u. ohne Objekt umg* schmutzige Spuren hinterlassen, Tapsen machen. — (на-)
Formen wie [1]следи́ть

сле́довать 4a *uv* **1.** за кем-чем folgen, verfolgen **2.** кому́-чему́ folgen, befolgen **3.** *buchspr* fahren (bis) **4.** *1. u. 2. Pers ungebr* из чего́ folgen, sich ergeben (aus) **5.** *unpers* кому́-чему́ с кого́-чего́ zukommen, gebühren; ско́лько вам с нас сле́дует? wieviel (Geld) haben Sie von uns zu bekommen?, was sind wir Ihnen schuldig? **6.** *unpers, meist mit Infinitiv* sich gehören, nötig sein; сле́дует сказа́ть man muß sagen; как сле́дует wie es sich gehört. — (по- *zu* 1, 2, 6)

слежа́ться, *1. u. 2. Pers ungebr, v* sich zusammenballen, -pressen, zerknittern *vom langen Liegen* ‖ *uv* слёживаться 1a
ft. слежи́тся, слежа́тся
pt. слежа́лся, -лась
g.pt. слежа́вшись
p.pt.a. слежа́вшийся

слёживаться *uv zu* слежа́ться

слеза́ть *uv zu* слезть

слези́ться, *1. u. 2. Pers ungebr, uv* tränen *Augen*
pr. слези́тся, -зя́тся
pt. слези́лся, -лась
p.pr.a. слезя́щийся
p.pt.a. слези́вшийся

слезоточи́ть, *1. u. 2. Pers ungebr, uv* tränen *Auge*
pr. слезоточи́т, -ча́т
pt. слезоточи́л
g.pr.a. слезоточа́
p.pr.a. слезоточа́щий
p.pt.a. слезоточи́вший

слезть *v* **1.** hinunterklettern **2.** *umg* aussteigen **3.** *umg* abfallen, sich lösen ‖ *uv* слеза́ть 2a
ft. сле́зу, -зешь, -зут
imp. слезь, ~те
pt. слез, ~ла
g.pt.a. сле́зши
p.pt.a. сле́зший

[1]**слепи́ть** *uv* **1.** кого́-что *alt* blenden, das Augenlicht nehmen **2.** что blenden, am Sehen hindern
pr. слеплю́, слепи́шь, слепя́т
imp. слепи́, ~те
pt. слепи́л
g.pr.a. слепя́
p.pr.a. слепя́щий
p.pt.a. слепи́вший

[2]**слепи́ть** *v* **1.** кого́-что formen, modellieren **2.** что *umg* (zusammen)kleben; *übtr* zusammenschustern ‖ *uv* слепля́ть 2a *u.* сле́пливать 1a
ft. слеплю́, сле́пишь, сле́пят
imp. слепи́, ~те
pt. слепи́л
g.pt.a. слепи́в
p.pt.a. слепи́вший
p.pt.p. сле́пленный

слепи́ться, *1. u. 2. Pers ungebr, v* zusammenkleben ‖ *uv* слепля́ться *u.* сле́пливаться

сле́пливать *uv zu* [2]слепи́ть

сле́пливаться *uv zu* слепи́ться

слепля́ть *uv zu* [2]слепи́ть

слепля́ться *uv zu* слепи́ться

сле́пнуть *uv* blind werden, erblinden. — (о-)
pr. сле́пну, -нешь, -нут
imp. сле́пни, ~те
pt. слеп *u.* сле́пнул, сле́пла
p.pr.a. сле́пнущий
p.pt.a. сле́пнувший *u.* сле́пший

слеса́рничать 1a *uv umg* als Schlosser arbeiten

[1]**слета́ть** *uv zu* слете́ть

[2]**слета́ть** 2 *v* **1.** hinfliegen (und wieder zurückkehren) **2.** *umg* sehr schnell hinlaufen [hinfahren] (und wieder zurückkehren)

[1]**слета́ться** *v flug* sich an das Fliegen im Verband gewöhnen

[2]**слета́ться** *uv zu* слете́ться

слете́ть *v* с кого́-чего́ **1.** herunterfliegen; *übtr* hereinbrechen **2.** wegfliegen; *übtr* verschwinden **3.** hinunterfallen, herunterfallen ‖ *uv* слета́ть 2a

ft. слечу́, слети́шь, слетя́т
imp. слети́, ~те
pt. слете́л
g.pt.a. слете́в
p.pt.a. слете́вший

слете́ться, *1. u. 2. Pers ungebr, v* **1.** *von verschiedenen Seiten* herbeifliegen; sich versammeln **2.** *übtr* von allen Seiten herbeikommen, sich versammeln ‖ *uv* слета́ться

слечь *v* **1.** sich krank zu Bett legen **2.** *umg* sich legen *Getreide u. a.*
ft. сля́гу, сля́жешь, сля́гут
imp. сляг, ~те
pt. слёг, слегла́
g.pt.a. слёгши
p.pt.a. слёгший

слибера́льничать 1 *v* с кем-чем *umg* allzu nachsichtig sein (mit)

слива́ть(ся) *uv zu* сли́ть(ся)

слиза́ть *v* что ablecken ‖ *uv* сли́зывать 1a | *v mom* слизну́ть 7
ft. слижу́, сли́жешь, сли́жут
imp. слижи́, ~те
pt. слиза́л
g.pt.a. слиза́в
p.pt.a. слиза́вший
p.pt.p. сли́занный

слизну́ть *v mom zu* сли́зывать

сли́зывать *uv zu* слиза́ть

слиня́ть 2, *1. u. 2. Pers ungebr, v* **1.** *umg* verschießen, die Farbe verlieren **2.** ausgehen *Fell*; abgeworfen werden *Haut bei Tieren*

слипа́ться *uv zu* сли́пнуться

сли́пнуться, *1. u. 2. Pers ungebr, v* **1.** zusammenkleben **2.:** у него́ глаза́ сли́плись die Augen fielen ihm zu ‖ *uv* слипа́ться 2a
ft. сли́пнется, -нутся
pt. сли́пся, -плась
g.pt.a. сли́пшись
p.pt.a. сли́пшийся

слить *v* что **1.** abgießen, ausgießen **2.** (zusammen)gießen **3.** *übtr* vereinigen, verschmelzen ‖ *uv* слива́ть 2a
ft. солью́, сольёшь, солью́т
imp. слей, ~те
pt. слил, слила́, сли́ло
g.pt.a. слив
p.pt.a. сли́вший
p.pt.p. сли́тый; слит, слита́, слито

сли́ться *v* **1.** *1. u. 2. Pers ungebr* zusammenfließen **2.** *umg* abfließen **3.** *übtr* sich vereinigen, verschmelzen ‖ *uv* слива́ться
pt. сли́лся, слила́сь, сли́ло́сь

слича́ть *uv zu* сличи́ть

сличи́ть *v* кого́-что vergleichen, kollationieren ‖ *uv* слича́ть 2a
ft. сличу́, -чи́шь, -ча́т
imp. сличи́, ~те
pt. сличи́л
g.pt.a. сличи́в
p.pt.a. сличи́вший
p.pt.p. сличённый; сличён, -ена́

слови́ть *v* кого́-что *umg* fangen, ergreifen
ft. словлю́, сло́вишь, сло́вят
imp. слови́, ~те
pt. слови́л
g.pt.a. слови́в
p.pt.a. слови́вший
p.pt.p. сло́вленный

сложи́ть *v* что **1.** zusammenlegen, aufschichten **2.** *math* addieren **3.** verfassen, dichten, komponieren **4.** zusammenfalten, -klappen **5.** *umg* с кого́-чего́ abladen, ablegen **6.** *übtr* niederlegen, abgeben; сложи́ть с себя́ отве́тственность die Verantwortung ablehnen **7.** errichten, aufführen *Mauer*; setzen *Ofen* ‖ *uv* скла́дывать 1a *zu* 1—5, слага́ть 2a *zu* 6 *u. buchspr zu* 2, 3, 5
ft. сложу́, сло́жишь, сло́жат
imp. сложи́, ~те
pt. сложи́л
g.pt.a. сложи́в
p.pt.a. сложи́вший
p.pt.p. сло́женный

сложи́ться *v* **1.** *1. u. 2. Pers ungebr* sich zusammensetzen, sich bilden **2.** *1. u. 2. Pers ungebr* sich herausbilden; reifen **3.** *umg* (Geld) zusammenlegen, eine Sammlung veranstalten ‖ *uv* скла́дываться *u. buchspr* слага́ться *zu* 1, 2

слои́ть *uv* что schichtenweise legen; *Teig* blättrig machen
pr. слою́, слои́шь, слоя́т
imp. слой, ~те
pt. слои́л
g.pr.a. слоя́
p.pr.a. слоя́щий
p.pt.a. слои́вший
p.pt.p. слоённый

слои́ться, *1. u. 2. Pers ungebr, uv* Schichten bilden

слома́ть 2 *v* **1.** *v zu* лома́ть **2.** кого́-что *umg* überwinden, besiegen; unterdrücken

слома́ться *v* **1.** *v zu* лома́ться **2.** *1. u. 2. Pers ungebr umg übtr seelisch* zerbrechen

сломи́ть *v* **1.** что *umg* brechen, zerbrechen, abbrechen **2.** *übtr* кого́-что brechen, überwinden, bezwingen ‖ *uv* сла́мывать 1a

ft. сломлю́, сло́мишь, сло́мят
imp. сломи́, ~те
pt. сломи́л
g.pt.a. сломи́в
p.pt.a. сломи́вший
p.pt.p. сло́мленный

сломи́ться *v* **1.** *umg* auseinanderfallen, zerbrechen **2.** *übtr* sich unterwerfen, gebrochen sein ‖ *uv* сла́мываться

слоня́ться 2a *uv umg* umherschlendern, sich herumtreiben

служи́ть *uv* **1.** кому́-чему́ dienen *a. übtr*, Befehle ausführen, untergeben sein **2.** кем *oder* в чём dienen (als), arbeiten, beschäftigt sein **3.** *1. u. 2. Pers ungebr* чем *oder* для чего́ geeignet sein, dienen (für, als) **4.** *1. u. 2. Pers ungebr* кому́-чему́ *u. ohne Objekt* benutzt werden (für), seinen Zweck erfüllen, dienen **5.** что *u. ohne Objekt rel* Gottesdienst abhalten, *Messe* zelebrieren **6.** *ohne Objekt* Männchen machen *Hund* ‖ *v* послужи́ть *zu* 3, 4, Formen das.

pr. служу́, слу́жишь, слу́жат
imp. служи́, ~те
pt. служи́л
g.pr.a. служа́
p.pr.a. слу́жащий
p.pt.a. служи́вший

слука́вить *v umg* sich verstellen; hinterlistig sein

ft. слука́влю, -вишь, -вят
imp. слука́вь, ~те
pt. слука́вил
g.pt.a. слука́вив
p.pt.a. слука́вивший

слупи́ть *v volksspr* **1.** что abschälen **2.** кого́-что Geld abnehmen, übervorteilen ‖ *uv* слу́пливать 1a

ft. слуплю́, слу́пишь, слу́пят
imp. слупи́, ~те
pt. слупи́л
g.pt.a. слупи́в
p.pt.a. слупи́вший
p.pt.p. слу́пленный

слу́пливать *uv zu* слупи́ть

случа́ть *uv zu* случи́ть

[1,2]случа́ться *uv zu* [1,2]случи́ться

случи́ть *v* кого́-что *landw* paaren, decken ‖ *uv* случа́ть 2a

ft. случу́, -чи́шь, -ча́т
imp. случи́, ~те
pt. случи́л
g.pt.a. случи́в
p.pt.a. случи́вший
p.pt.p. случённый; случён, -ена́

[1]случи́ться, *1. u. 2. Pers ungebr*, *v* **1.** sich ereignen, passieren **2.** *unpers* es ergibt sich, daß; мне случи́лось прожи́ть там две неде́ли es ergab sich, daß ich zwei Wochen dort bleiben mußte **3.** *umg* zufällig anwesend sein, auftauchen ‖ *uv* случа́ться

[2]случи́ться, *1. u. 2. Pers ungebr*, *v* sich paaren *Tiere* ‖ *uv* случа́ться

слу́шать 1a *uv* **1.** кого́-что (zu)hören (sich) anhören, lauschen **2.** кого́-что hören (auf), folgen **3.** что *jur* eine Verhandlung durchführen **4.** что *Vorlesung* hören, besuchen **5.** кого́-что *umg* gehorchen ‖ *v* послу́шать 1 *zu* 2, 5. — (про- *zu* 4)

слу́шаться *uv* **1.** кого́-чего́ gehorchen, hören (auf) **2.** *ohne Objekt jur* zur Verhandlung stehen ‖ *v* послу́шаться

слыть *uv* кем-чем *oder* за кого́-что bekannt sein (als), in dem Ruf stehen. — (про-)

pr. слыву́, -вёшь, -ву́т
imp. слыви́, ~те
pt. слыл, слыла́, слы́ло
g.pr.a. слывя́
p.pr.a. слыву́щий
p.pt.a. слы́вший

слыха́ть *uv* кого́-что *umg* hören; erfahren

pt. слыха́л
g.pt.a. слыха́в
p.pt.a слыха́вший
p.pt.p. слы́ханный

слы́шать *uv* кого́-что **1.** hören, vernehmen **2.** что, о ком-чём, про кого́-что *oder mit der Konjunktion* что hören, erfahren **3.** merken, spüren. — (у- *zu* 1, 2)

pr. слы́шу, -шишь, -шат
pt. слы́шал
g.pr.a. слы́ша
p.pr.a. слы́шащий
p.pt.a. слы́шавший
p.pr.p. слы́шимый
p.pt.p. слы́шанный

слы́шаться, *1. u. 2. Pers ungebr*, *uv* **1.** zu hören sein, ertönen **2.** zu spüren sein, sich äußern ‖ *v* послы́шаться, Formen das.

слюби́ться *v volksspr* einander liebgewinnen ‖ *uv* слюбля́ться 2a

ft.	слюблю́сь, слю́бишься, слю́бятся
imp.	слюби́сь, -и́тесь
pt.	слюби́лся, -лась
g.pt.a.	слюби́вшись
p.pt.a.	слюби́вшийся

слюбля́ться *uv zu* слюби́ться

слюни́ть *uv* что **1.** mit Speichel anfeuchten **2.** mit Speichel beschmutzen. — (на-, по- *zu* 1, за- *zu* 2)

pr.	слюню́, -ни́шь, -ня́т
imp.	слюни́, ~те
pt.	слюни́л
g.pr.a.	слюня́
p.pr.a.	слюня́щий
p.pt.a.	слюни́вший
p.pt.p.	слюнённый; слюнён,- ена́

слюня́вить *uv* что *umg* anlecken, mit Speichel befeuchten. — (за-)

pr.	слюня́влю, -вишь, -вят
imp.	слюня́вь, ~те
pt.	слюня́вил
g.pr.a.	слюня́вя
p.pr.a.	слюня́вящий
p.pt.a.	слюня́вивший
p.pt.p.	слюня́вленный

сма́зать *v* **1.** что einschmieren **2.** что с чего́ verwischen, verschmieren; *phot* verwackeln **3.** *übtr* кого́-что *umg* schmieren, bestechen **4.** кого́-что по чему́ *volksspr* schlagen ‖ *uv* сма́зывать 1a

ft.	сма́жу, -жешь, -жут
imp.	смажь, ~те
pt.	сма́зал
g.pt.a.	сма́зав
p.pt.a.	сма́завший
p.pt.p.	сма́занный

сма́заться, *1. u. 2. Pers ungebr*, *v* verschmieren, verwischen ‖ *uv* сма́зываться

сма́зывать(ся) *uv zu* сма́зать(ся)

смакова́ть 5a *uv* что *umg* **1.** genießen, mit Genuß essen [trinken] **2.** *übtr* genießen, auskosten

p.pt.p.	смако́ванный

смалоду́шествовать *v zu* малоду́шествовать

смалоду́шничать *v zu* малоду́шничать

сма́лывать *uv zu* смоло́ть

сманеври́ровать *v zu* маневри́ровать

сма́нивать *uv zu* смани́ть

смани́ть *v* кого́-что *umg* ver-, weglocken; abspenstig machen ‖ *uv* сма́нивать 1a

ft.	сманю́, сма́нишь, сма́нят
imp.	смани́, ~те
pt.	смани́л
g.pt.a.	смани́в
p.pt.a.	смани́вший
p.pt.p.	сма́ненный *u.* сманённый; сманён, -ена́

сма́ргивать *uv zu* сморгну́ть

смастери́ть *v zu* мастери́ть

ft.	смастерю́, -ри́шь, -ря́т
imp.	смастери́, ~те
pt.	смастери́л
g.pt.a.	смастери́в
p.pt.a.	смастери́вший
p.pt.p.	смастерённый; смастерён, -ена́

сма́тывать *uv zu* смота́ть

[1]**сма́хивать** *uv zu* смахну́ть

[2]**сма́хивать** 1a *uv* на кого́-что *umg* erinnern (an), ähnlich sein

смахну́ть 7 *v* кого́-что abschütteln, herunterwerfen; abwehren *Insekten* ‖ *uv* сма́хивать 1a

сма́чивать *uv zu* смочи́ть

смежа́ть(ся) *uv zu* смежи́ть(ся)

смежи́ть *v* что *Augen* schließen ‖ *uv* смежа́ть 2a

ft.	смежу́, -жи́шь, -жа́т
imp.	смежи́, ~те
pt.	смежи́л
g.pt.a.	смежи́в
p.pt.a.	смежи́вший
p.pt.p.	смежённый; смежён, -ена́

смежи́ться, *1. u. 2. Pers ungebr*, *v* sich schließen *Augen* ‖ *uv* смежа́ться

смека́ть *uv zu* смекну́ть

смекну́ть 7 *v* в чём *oder* что *volksspr* **1.** begreifen, kapieren **2.** überlegen, überschlagen ‖ *uv* смека́ть 2a
kein *p.pt.p.*

смеле́ть 3a *uv* kühn [kühner] werden. — (о-)

смени́ть *v* кого́-что **1.** wechseln, umtauschen **2.** ablösen ‖ *uv* сменя́ть 2a

ft.	сменю́, сме́нишь, сме́нят
imp.	смени́, ~те
pt.	смени́л
g.pt.a.	смени́в
p.pt.a.	смени́вший
p.pt.p.	сменённый; сменён, -ена́

смени́ться *v* **1.** sich ablösen, wechseln **2.** *1. u. 2. Pers ungebr* wechseln, sich verwandeln ‖ *uv* сменя́ться

сменя́ть(ся) *uv zu* смени́ть(ся)

смерде́ть *uv* stinken
pr. смержу́, -рди́шь, -рдя́т
imp. смерди́, ~те
pt. смерде́л
g.pr.a. смердя́
p.pr.a. смердя́щий
p.pt.a. смерде́вший

смерза́ть(ся) *uv zu* смёрзнуть(ся)

смёрзнуть *v volksspr* **1.** frieren **2.** gefrieren, zu Eis werden ‖ *uv* смерза́ть 2a
ft. смёрзну, -нешь, -нут
imp. смёрзни, ~те
pt. смёрз, ~ла
g.pt.a. смёрзнув *u.* смёрзши
p.pt.a. смёрзший

смёрзнуться, *1. u. 2. Pers ungebr, v* **1.** zusammenfrieren **2.** gefrieren, zu Eis werden ‖ *uv* смерза́ться
g.pt.a. смёрзшись

сме́рить *u. volksspr* **сме́рять** *v* кого́-что *umg* (aus)messen, abmessen; сме́рить кого́-н. взгля́дом j-n prüfend betrachten, j-n mustern
ft. сме́рю, -ришь, -рят *u. umg* сме́ряю, -яешь, -яют
imp. смерь, ~те *u. umg* сме́ряй, ~те
pt. сме́рил
g.pt.a. сме́рив
p.pt.a. сме́ривший
p.pt.p. сме́ренный

смерка́ться *uv zu* сме́ркнуться

сме́ркнуться *v umg* **1.** *1. u. 2. Pers ungebr* dämmrig [dunkel] werden **2.** *unpers* sich verdunkeln ‖ *uv*·смерка́ться 2a
ft. сме́ркнется, -нутся
pt. сме́ркся, -клась *u.* сме́ркнулся, -лась
g.pt.a. сме́ркнувшись
p.pt.a. сме́ркнувшийся

сме́рять *s.* сме́рить

смеси́ть *v* что *umg* kneten
ft. смешу́, сме́сишь, сме́сят
imp. смеси́, ~те
pt. смеси́л
g.pt.a. смеси́в
p.pt.a. смеси́вший
p.pt.p. сме́шенный

смести́ *v* **1.** что wegfegen **2.** кого́-что hinwegfegen, vernichten **3.** что zusammenfegen ‖ *uv* смета́ть 2a
ft. смету́, -тёшь, -ту́т
imp. смети́, ~те
pt. смёл, смела́
g.pt.a. сметя́
p.pt.a. смётший
p.pt.p. сметённый; сметён, -ена́

смести́ть *v* **1.** что verschieben **2.** кого́-что absetzen, entlassen ‖ *uv* смеща́ть 2a
ft. смещу́, смести́шь, сместя́т
imp. смести́, ~те
pt. смести́л
g.pt.a. смести́в
p.pt.a. смести́вший
p.pt.p. смещённый; смещён, -ена́

смести́ться *v* sich verschieben ‖ *uv* смеща́ться

[1]**смета́ть** *uv zu* смести́

[2]**смета́ть** 2 *v* что heften ‖ *uv* смётывать 1a
p.pt.p. смётанный

[3]**смета́ть** *v* что (zu einem Haufen) zusammenwerfen *Heu, Stroh* ‖ *uv* смётывать 1a
ft. смечу́, сме́чешь, сме́чут
imp. смечи́, ~те
pt. смета́л
g.pt.a. смета́в
p.pt.a. смета́вший
p.pt.p. смётанный

[1,2]**смётывать** *uv zu* [2,3]смета́ть

сметь 3a *uv mit Infinitiv* **1.** wagen, den Mut haben **2.** dürfen, das Recht haben ‖ *v* посме́ть 3

смеша́ть 2 *v* кого́-что **1.** (ver)mischen **2.** durcheinanderbringen, verwirren **3.** verwechseln ‖ *uv* сме́шивать 1a

смеша́ться *v* **1.** sich vermischen, sich verbinden; verschmelzen **2.** in Unordnung geraten, durcheinander kommen **3.** verwechselt werden **4.** *umg* verlegen werden, in Verwirrung geraten ‖ *uv* сме́шиваться *zu* 1—3

сме́шивать(ся) *uv zu* смеша́ть(ся)

смеши́ть *uv* кого́-что zum Lachen bringen. — (на-, рас-)
pr. смешу́, -ши́шь, -ша́т
imp. смеши́, ~те
pt. смеши́л
g.pt.a. смеши́в
p.pr.a. смеша́щий
p.pt.a. смеши́вший

смеща́ть(ся) *uv zu* смести́ть(ся)

смея́ться *uv* **1.** lachen **2.** над кем-чем lachen (über), auslachen, sich lustig machen (über) **3.** *umg* scherzen, es nicht im Ernst meinen
pr. смею́сь, смеёшься, смею́тся
imp. сме́йся, сме́йтесь
pt. смея́лся, -лась
g.pr.a. смея́сь
p.pr.a. смею́щийся
p.pt.a. смея́вшийся

сми́ловаться 4 *v umg* Mitleid haben, sich erbarmen

сми́лостивиться *v* Mitleid haben
ft. сми́лостивлюсь, -вишься -вятся
imp. сми́лостивься, -вьтесь
pt. сми́лостивился, -лась
g.pt.a. сми́лостивившись
p.pt.a. сми́лостивившийся

смина́ть(ся) *uv zu* смя́ть(ся)

смире́нничать 1a *uv umg*, *oft iron* demütig sein [tun]

смири́ть *v* кого́-что **1.** *alt volksspr* unterwerfen, zähmen **2.** bezwingen, unterdrücken *Gefühle* || *uv* смиря́ть 2a
ft. смирю́, -ри́шь, -ря́т
imp. смири́, ~те
pt. смири́л
g.pt.a. смири́в
p.pt.a. смири́вший
p.pt.p. смирённый; смирён, -ена́

смири́ться *v* **1.** *volksspr* sich unterwerfen, demütig werden **2.** sich beruhigen **3.** sich unterordnen, nachgeben **4.** с чем sich gewöhnen (an), sich abfinden (mit) || *uv* смиря́ться

смиря́ть(ся) *uv zu* смири́ть(ся)

смока́ть *uv zu* смо́кнуть

смо́кнуть *v volksspr* naß werden || *uv* смока́ть 2a
ft. смо́кну, -нешь, -нут
imp. смо́кни, ~те
pt. смок, ~ла
g.pt.a. смо́кнув *u.* смо́кши
p.pt.a. смо́кший

смола́чивать *uv zu* смолоти́ть

смоли́ть *uv* что teeren, pichen. — (вы́-, о-)
pr. смолю́, -ли́шь, -ля́т
imp. смоли́, ~те
pt. смоли́л
g.pr.a. смоля́
p.pr.a. смоля́щий
p.pt.a. смоли́вший
p.pt.p. смолённый; смолён, -ена́

смолка́ть *uv zu* смо́лкнуть

смо́лкнуть *v* verstummen || *uv* смолка́ть 2a
ft. смо́лкну, -нешь, -нут
imp. смо́лкни, ~те
pt. смолк *u. alt* смо́лкнул, смо́лкла
g.pt.a. смо́лкнув *u.* смо́лкши
p.pt.a. смо́лкший *u.* смо́лкнувший

смолоти́ть *v* что ausdreschen || *uv* смола́чивать 1a
ft. смолочу́, -о́тишь, -о́тят
imp. смолоти́, ~те
pt. смолоти́л
g.pt.a. смолоти́в
p.pt.a. смолоти́вший
p.pt.p. смоло́ченный

смоло́ть *v* что mahlen; durch den Fleischwolf drehen || *uv* сма́лывать 1a
ft. смелю́, -е́лешь, -е́лют
imp. смели́, ~те
pt. смоло́л
g.pt.a. смоло́в
p.pt.a. смоло́вший
p.pt.p. смо́лотый

смолча́ть *v umg* schweigen
ft. смолчу́, -чи́шь, -ча́т
imp. смолчи́, ~те
pt. смолча́л
g.pt.a. смолча́в
p.pt.a. смолча́вший

смонти́ровать *v zu* монти́ровать

смора́живать *uv zu* [2]сморо́зить

сморгну́ть 7 *v u. mom* **1.** что durch Zwinkern von den Augen entfernen **2.** *volksspr* zwinkern || *uv* сма́ргивать 1a kein *p.pt.p.*

сморка́ть 2a *uv*: сморка́ть нос die Nase putzen, schneuzen | *v mom umg* сморкну́ть 7, kein *p.pt.p.* — (вы́-)

сморка́ться *uv* sich schneuzen, sich die Nase putzen | *v mom* сморкну́ться. — (вы́-)

сморкну́ть(ся) *v mom zu* сморка́ть(ся)

[1]**сморо́зить** *v* что *volksspr dummes Zeug* zusammenreden
ft. сморо́жу, -о́зишь, -о́зят
imp. сморо́зь, ~те
pt. сморо́зил
g.pt.a. сморо́зив
p.pt.a. сморо́зивший

[2]**сморо́зить** *v* что zusammenfrieren lassen || *uv* смора́живать 1a
p.pt.p. сморо́женный
Übrige Formen wie [1]сморо́зить

смо́рщивать(ся) *uv zu* смо́рщить(ся)

смо́рщить *v* что **1.** runzeln, in Falten legen **2.** Falten machen *von Kleidungsstücken* || *uv umg* смо́рщивать 1a
ft. смо́рщу, -щишь, -щат
imp. смо́рщи *u.* сморщь, смо́рщите
pt. смо́рщил
g.pt.a. смо́рщив

p.pt.a. сморщивший
p.pt.p. сморщенный

смо́рщиться *v* **1.** sich runzeln, sich in Falten legen **2.** Grimassen ziehen, das Gesicht verziehen ‖ *uv umg* смо́рщиваться

смота́ть 2 *v* что **1.** zusammenwickeln, aufwickeln, aufspulen **2.** abwickeln, abspulen ‖ *uv* сма́тывать 1a

смотре́ть *uv* **1.** на кого́-что, sehen, (an)schauen, (an)blicken; betrachten, beurteilen **2.** что sich etw. ansehen *z.B. Film* **3.** кого́-что untersuchen *Kranken*; mustern **4.** за кем-чем *oder mit der Konjunktion* что́бы aufpassen (auf) **5.** кем-чем *alt volksspr* aussehen (wie) ‖ *v* посмотре́ть, Formen das.

pr. смотрю́, смо́тришь, смо́трят
imp. смотри́, ~те
pt. смотре́л
g.pr.a. смотря́
p.pr.a. смотря́щий
p.pt.a. смотре́вший
p.pt.p. смо́тренный

смотре́ться *uv* **1.**: смотре́ться (в зе́ркало) sich (im Spiegel) betrachten **2.** *unpers:* пье́са хорошо́ смо́трится das Stück kann man sich ansehen ‖ *v* посмотре́ться

смочи́ть *v* кого́-что anfeuchten ‖ *uv* сма́чивать 1a

ft. смочу́, смо́чишь, смо́чат
imp. смочи́, ~те
pt. смочи́л
g.pt.a. смочи́в
p.pt.a. смочи́вший
p.pt.p. смо́ченный

смочь *v mit Infinitiv* können, imstande sein

ft. смогу́, смо́жешь, смо́гут
pt. смог, ~ла́
g.pt.a. смо́гши
p.pt.a. смо́гший

смоше́нничать 1 *v* betrügen, Gaunerei verüben

смугле́ть 3a *uv* braun werden, sich (von der Sonne) bräunen. — (по-)

смудри́ть *v umg mißb* sich (was Schönes) ausdenken, ausklügeln

ft. смудрю́, -ри́шь, -ря́т
imp. смудри́, ~те
pt. смудри́л
g.pt.a. смудри́в
p.pt.a. смудри́вший

смути́ть *v* кого́-что **1.** beunruhigen, verwirren, in Verlegenheit bringen **2.** *alt* aufwiegeln ‖ *uv* смуща́ть 2a

ft. смущу́, смути́шь, смутя́т
imp. смути́, ~те
pt. смути́л
g.pt.a. смути́в
p.pt.a. смути́вший
p.pt.p. смущённый; смущён, -ена́

смути́ться *v* **1.** verlegen werden; verwirrt [bestürzt] sein **2.** *alt* sich erheben, einen Aufstand beginnen ‖ *uv* смуща́ться

смутья́нить *uv* кого́-что *u. ohne Objekt volksspr* aufwiegeln

pr. смутья́ню, -нишь, -нят
imp. смутья́нь, ~те
pt. смутья́нил
g.pr.a. смутья́ня
p.pr.a. смутья́нящий
p.pt.a. смутья́нивший

смуща́ть(ся) *uv zu* смути́ть(ся)

смыва́ть(ся) *uv zu* смы́ть(ся)

смыка́ть(ся) *uv zu* сомкну́ть(ся)

смы́слить *uv umg* **1.** denken (können), verstehen **2.** в чём etwas verstehen (von)

pr. смы́слю, -лишь, -лят
imp. смы́сли, ~те
pt. смы́слил
g.pr.a. смы́сля
p.pr.a. смы́слящий
p.pt.a. смы́сливший

смыть *v* что **1.** abwaschen **2.** *1. u. 2. Pers ungebr* wegspülen, wegschwemmen ‖ *uv* смыва́ть 2a

ft. смо́ю, смо́ешь, смо́ют
imp. смой, ~те
pt. смыл
g.pt.a. смыв
p.pt.a. смы́вший
p.pt.p. смы́тый

смы́ться *v* **1.** sich abwaschen lassen, abgehen **2.** *volksspr* verduften, abhauen ‖ *uv* смыва́ться

смягча́ть(ся) *uv zu* смягчи́ть(ся)

смягчи́ть *v* кого́-что **1.** weich machen, enthärten **2.** mildern, dämpfen, lindern **3.** milde stimmen, besänftigen **4.** *ling* palatalisieren ‖ *uv* смягча́ть 2a

ft. смягчу́, -чи́шь, -ча́т
imp. смягчи́, ~те
pt. смягчи́л
g.pt.a. смягчи́в
p.pt.a. смягчи́вший
p.pt.p. смягчённый; смягчён, -ена́

смягчи́ться *v* **1.** *1. u. 2. Pers ungebr* weich werden **2.** *1. u. 2. Pers ungebr* nachlassen *Schmerz* **3.** weich werden, nachgeben ‖ *uv* смягча́ться

смякáть *uv zu* смя́кнуть

смя́кнуть *v volksspr* **1.** weich werden; durchweichen, zerweichen **2.** *übtr* weich werden, nachgeben ‖ *uv* смякáть 2a
ft. смя́кну, -нешь, -нут
imp. смя́кни, ~те
pt. смяк, ~ла
g.pt.a. смя́кнув *u.* смя́кши
p.pt.a. смя́кший

смять *v* **1.** что zerknittern, zerknüllen **2.** что niedertreten **3.** когó-что überrennen, überwältigen ‖ *uv* сминáть 2a
ft. сомнý, -нёшь, -нýт
imp. сомни́, ~те
pt. смял
g.pt.a. смяв
p.pt.a. смя́вший
p.pt.p. смя́тый

смя́ться, *1. u. 2. Pers ungebr*, *v* zerknittert [zerknüllt] werden ‖ *uv* сминáться

снабди́ть *v* когó-что чем versorgen (mit), beliefern; ausrüsten ‖ *uv* снабжáть 2a
ft. снабжý, -бди́шь, -бдя́т
imp. снабди́, ~те
pt. снабди́л
g.pt.a. снабди́в
p.pt.a. снабди́вший
p.pt.p. снабжённый; снабжён, -енá

снабди́ться *v* чем *umg* sich eindecken (mit), sich versorgen (mit) ‖ *uv* снабжáться

снабжáть(ся) *uv zu* снабди́ть(ся)

снаряди́ть *v* когó-что **1.** ausrüsten **2.** чем *umg* bewaffnen **3.** *umg* (fort)schicken ‖ *uv* снаряжáть 2a
ft. снаряжý, -яди́шь, -ядя́т
imp. снаряди́, ~те
pt. снаряди́л
g.pt.a. снаряди́в
p.pt.a. снаряди́вший
p.pt.p. снаряжённый; снаряжён, -енá

снаряди́ться *v umg* **1.** sich ausrüsten **2.** sich aufmachen, sich auf den Weg machen ‖ *uv* снаряжáться

снаряжáть(ся) *uv zu* снаряди́ть(ся)

снáшивать(ся) *uv zu* [1]сноси́ть(ся)

снедáть 2a *uv übtr* когó-что *buchspr* quälen

снести́ *v* когó-что **1.** wegtragen, fortbringen **2.** hinuntertragen, heruntertragen **3.** wegreißen, fortschwemmen **4.** abbrechen, niederreißen *Gebäude* **5.** abwerfen *Spielkarten* **6.** zusammentragen **7.** *übtr* ertragen, erdulden **8.** *v zu* нести́ ‖ *uv* [2]сноси́ть *zu* 2—5, 7, Formen das.
ft. снесý, -сёшь, -сýт
imp. снеси́, ~те
pt. снёс, снеслá
g.pt.a. снёсши
g.pt.a. снеся́ *u. alt* снёсши
p.pt.a. снёсший
p.pt.p. снесённый; снесён, -енá

[1]**снести́сь** *v* с кем-чем sich in Verbindung setzen, in Verbindung treten (mit) ‖ *uv* сноси́ться, Formen nach [2]сноси́ть

[2]**снести́сь** *v zu* нести́сь

снижáть(ся) *uv zu* сни́зить(ся)

сни́зить *v* когó-что **1.** senken, verringern, vermindern, herabsetzen **2.** *flug* auf geringere Höhe bringen; zum Landen zwingen ‖ *uv* снижáть 2a
ft. сни́жу, сни́зишь, сни́зят
imp. снизь, ~те
pt. сни́зил
g.pt.a. сни́зив
p.pt.a. сни́зивший
p.pt.p. сни́женный

сни́зиться *v* **1.** sich senken, sinken; fallen *Preise* **2.** *flug* auf geringere Höhe gehen, heruntergehen, zur Landung ansetzen ‖ *uv* снижáться

снизойти́ *v buchspr* **1.** sich herablassen **2.** к комý-чемý nachsichtig ein ‖ *uv* снисходи́ть, Formen das.
ft. снизойдý, -дёшь, -дýт
imp. снизойди́, ~те
pt. снизошёл *u. alt* снисшёл, снизошлá, снизошлó
g.pt.a. снизойдя́ *u. alt* снизошéдши *u.* снисшéдши
p.pt.a. снизошéдший *u. alt* снисшéдший

сникáть *uv zu* сни́кнуть

сни́кнуть *v* **1.** die Köpfe hängen lassen, welken **2.** *übtr umg* den Kopf hängen lassen, den Mut verlieren **3.** *übtr* verstummen; sich legen *Wind* ‖ *uv* сникáть 2a
ft. сни́кну, -нешь, -нут
imp. сни́кни, ~те
pt. сник *u. alt* сни́кнул, сни́кла
g.pt.a. сни́кнув *u.* сни́кши
p.pt.a. сни́кший *u.* сни́кнувший

снимáть(ся) *uv zu* снять(ся)

сыскáть *v* что *buchspr* erwerben, gewinnen ‖ *uv* сни́скивать 1a
ft. снищý, сни́щешь, сни́щут
imp. снищи́, ~те

pt. сниска́л
g.pt.a. сниска́в
p.pt.a. сниска́вший
p.pt.p. сни́сканный

сни́скивать *uv zu* сниска́ть

снисходи́ть *uv zu* снизойти́
pr. снисхожу́, -о́дишь, -о́дят
imp. снисходи́, ~те
pt. снисходи́л
g.pr.a. снисходя́
p.pr.a. снисходя́щий
p.pt.a. снисходи́вший

сни́ться *uv* кому́ im Traum erscheinen; ты мне ча́сто сни́шься ich träume oft von dir
pr. снюсь, сни́шься, сня́тся
imp. снись, сни́тесь
pt. сни́лся, -лась
g.pt.a. сни́вшись
p.pr.a. сня́щийся
p.pt.a. сни́вшийся

снова́ть *uv* **1.** что *text* schären **2.** hin- und hereilen
pr. сную́, снуёшь, сную́т
imp. снуй, ~те
pt. снова́л
g.pr.a. снуя́
p.pr.a. сную́щий
p.pr.p. *ungebr*

[1]**сноси́ть** *v* что *umg* abtragen, abnutzen ‖ *uv* сна́шивать 1a
ft. сношу́, сно́сишь, сно́сят
imp. сноси́, ~те
pt. сноси́л
g.pt.a. сноси́в
p.pt.a. сноси́вший
p.pt.p. сно́шенный

[2]**сноси́ть** *uv zu* снести́
pr. сношу́, сно́сишь, сно́сят
imp. сноси́, ~те
pt. сноси́л
g.pr.a. снося́
p.pr.a. снося́щий
p.pt.a. сноси́вший
p.pr.p. сноси́мый

[1]**сноси́ться,** *1. u. 2. Pers ungebr, v umg* sich abnutzen, verschleißen ‖ *uv* сна́шиваться 1a
Formen nach [1]сноси́ть

[2]**сноси́ться** *uv zu* [1]снести́сь

сню́хаться 1 *v* **1.** *nur* 3. *Pers gebr* sich gegenseitig am Geruch erkennen *Hunde* **2.** *volksspr, verächtl* с кем sich einlassen (mit) ‖ *uv* сню́хиваться 1a

сню́хиваться *uv zu* сню́хаться

снять *v* **1.** кого́-что с кого́-чего́ abnehmen, herunternehmen **2.** *übtr* aufheben; снять с кого́-н. отве́тственность j-n der Verantwortung entheben **3.** что ausziehen, ablegen **4.** *übtr* что с чего́ zurückziehen; absetzen **5.** кого́-что с чего́ entlassen, abberufen **6.** что ernten **7.** кого́-что aufnehmen, photographieren **8.** что *Zimmer* mieten **9.** что abheben *Spielkarten* ‖ *uv* снима́ть 2a
ft. сниму́, сни́мешь, сни́мут *u. volksspr* сыму́, сы́мешь, сы́мут
imp. сними́, ~те *u. volksspr* сыми́, ~те
pt. снял, сняла́, сня́ло *u. volksspr* сняло́, сня́ли
g.pt.a. сняв
p.pt.a. сня́вший
p.pt.p. сня́тый; снят, снята́, сня́то

сня́ться *v* **1.** abgehen, sich lösen **2.** aufbrechen; сня́ться с я́коря die Anker lichten **3.** sich photographieren [aufnehmen] lassen ‖ *uv* снима́ться
pt. сня́лся, сняла́сь, сняло́сь *u. umg* сня́лось

собезья́нничать *v zu* обезья́нничать

собира́ть(ся) *uv zu* собра́ть(ся)

соблаговоли́ть *v mit Infinitiv alt, jetzt iron* geruhen, belieben ‖ *uv* соблаговоля́ть 2a
ft. соблаговолю́, -ли́шь, -ля́т
imp. соблаговоли́, ~те
pt. соблаговоли́л
g.pt.a. соблаговоли́в
p.pt.a. соблаговоли́вший

соблаговоля́ть *uv zu* соблаговоли́ть

соблазни́ть *v* кого́-что **1.** verlocken, verleiten, in Versuchung bringen **2.** *alt* verführen ‖ *uv* соблазня́ть 2a
ft. соблазню́, -ни́шь, -ня́т
imp. соблазни́, ~те
pt. соблазни́л
g.pt.a. соблазни́в
p.pt.a. соблазни́вший
p.pt.p. соблазнённый; соблазнён, -ена́

соблазни́ться *v* чем *u. mit Infinitiv u. ohne Objekt* sich verlocken lassen, sich verleiten lassen, in Versuchung geraten ‖ *uv* соблазня́ться

соблазня́ть(ся) *uv zu* соблазни́ть(ся)

соблюда́ть 2a *uv* что **1.** genau befolgen, streng einhalten; beachten **2.** behüten; (be)wahren, schützen *Interessen, Würde* ‖ *v* соблюсти́, Formen das.

соблюсти́ *v zu* соблюда́ть
ft. соблюду́, -дёшь, -ду́т
imp. соблюди́, ~те
pt. соблю́л, -юла́
g.pt.a. соблюдя́ *u. alt* соблю́дши
p.pt.a. соблю́дший
p.pt.p. соблюдённый; соблюдён, -ена́

соболе́зновать 4a *uv* кому́-чему́ Mitgefühl empfinden (mit), sein Beileid ausdrücken, kondolieren

собо́ровать 4 *u.* 4a *v, uv* кого́-что *rel* die letzte Ölung geben

собо́роваться *v, uv rel* die letzte Ölung empfangen

собра́ть *v* кого́-что **1.** versammeln, einberufen **2.** sammeln **3.** ernten, pflücken; (auf)lesen **4.** *umg* fertigmachen, rüsten **5.** *tech* montieren **6.** in Falten legen, fälteln ‖ *uv* собира́ть 2a
ft. соберу́, рёшь, -ру́т
imp. собери́, ~те
pt. собра́л, -ала́, -а́ло
g.pt.a. собра́в
p.pt.a. собра́вший
p.pt.p. со́бранный; со́бран, собрана́, со́брано

собра́ться *v* **1.** sich versammeln **2.** sich ansammeln **3.** во что sich fertigmachen; *mit Infinitiv* sich anschicken, beabsichtigen **4.** sich zusammenziehen, sich bilden *Falten* **5.** *übtr* с чем zusammennehmen; собра́ться с мы́слями die Gedanken sammeln ‖ *uv* собира́ться
pt. собра́лся, -ала́сь, -а́ло́сь

сова́ть *uv* что *umg* **1.** (hinein)stecken, (hinein)stopfen **2.** (j-m) zustecken, heimlich in die Hand drücken ‖ *v u. mom* су́нуть 6, *imp.* сунь, ~те, *p.pt.p.* су́нутый
pr. сую́, суёшь, сую́т
imp. суй, ~те
pt. сова́л
g.pr.a. суя́
p.pr.a. сую́щий

сова́ться *uv umg* **1.** sich stürzen **2.** sich einmischen, sich aufdrängen ‖ *v* су́нуться

соверша́ть(ся) *uv zu* соверши́ть(ся)

соверше́нствовать 4a *uv* кого́-что vervollkommnen ‖ *v* усоверше́нствовать 4

соверше́нствоваться *uv* sich vervollkommnen ‖ *v* усоверше́нствоваться

соверши́ть *v* что **1.** machen, vollbringen, begehen; *jur* verüben **2.** (rechtsgültig) abfassen ‖ *uv* соверша́ть 2a
ft. совершу́, -ши́шь, -ша́т
imp. соверши́, ~те
pt. соверши́л
g.pt.a. соверши́в
p.pt.a. соверши́вший
p.pt.p. совершённый; совершён, -ена́

соверши́ться, *1. u. 2. Pers ungebr, v* sich vollziehen, geschehen, erfolgen ‖ *uv* соверша́ться

со́вестить *uv* кого́-что *umg* beschämen, ins Gewissen reden. — (у-)
pr. со́вещу, -стишь, -стят
imp. со́вести, ~те
pt. со́вестил
g.pr.a. со́вестя
p.pr.a. со́вестящий
p.pt.a. со́вестивший
p.pr.p. совести́мый

со́веститься *uv* кого́-чего́ *oder mit Infinitiv umg* Gewissensbisse haben, sich schämen. — (по-)

советизи́ровать 4 *u.* 4a *v, uv* что die Sowjetmacht errichten (in)

сове́товать 4a *uv* кому́-чему́ что *oder mit Infinitiv* raten, empfehlen ‖ *v* посове́товать 4

сове́товаться *uv* с кем-чем sich beraten (mit), zu Rate ziehen. — (по-)

совеща́ться 2a *uv* sich beraten, beratschlagen

совлада́ть 2 *v* с кем-чем *umg* Herr werden (über), fertigwerden (mit)

совлека́ть *uv zu* совле́чь

совле́чь *v* кого́-что *buchspr* **1.** abbringen; совле́чь с пути́ vom rechten Weg abbringen **2.** ablegen, abnehmen, herunterziehen *Kleidungsstücke* ‖ *uv* совлека́ть 2a
ft. совлеку́, -ечёшь, -еку́т
imp. совлеки́, ~те
pt. совлёк, -екла́
g.pt.a. совлёкши
p.pt.a. совлёкший
p.pt.p. совлечённый; совлечён, -ена́

совмести́тельствовать 4a *uv* mehrere Ämter gleichzeitig bekleiden

совмести́ть *v zu* совмеща́ть
ft. совмещу́, -ести́шь, -естя́т
imp. совмести́, ~те
pt. совмести́л
g.pt.a. совмести́в
p.pt.a. совмести́вший
p.pt.p. совмещённый; совмещён, -ена́

совмести́ться *v zu* совмеща́ться

совмещáть 2а *uv* что **1.** verbinden, vereinigen; vereinbaren **2.** *math* übereinanderlegen **3.**: совмещáть в себé in sich vereinigen ‖ *v* совместúть, Formen das.

совмещáться, *1. u. 2. Pers ungebr*, *uv* **1.** sich vereinigen **2.** zusammenfallen, verschmelzen **3.** *math* kongruieren, sich decken ‖ *v* совместúться

совокупúть *v* когó-что *buchspr alt* vereinen ‖ *uv* совокуплять 2а
ft. совокуплю́, -пúшь, -пя́т
imp. совокупú, ~те
pt. совокупúл
g.pt.a. совокупúв
p.pt.a. совокупúвший
p.pt.p. совокуплённый; совокуплён, -енá

совокупúться *v buchspr alt* **1.** sich vereinen **2.** sich paaren, sich begatten ‖ *uv* совокупля́ться

совокупля́ть(ся) *uv zu* совокупúть(ся)

совпадáть *uv zu* совпáсть

совпáсть, *1. u. 2. Pers ungebr*, *v* с чем **1.** zusammenfallen **2.** übereinstimmen **3.** *math* kongruieren ‖ *uv* совпадáть 2а
ft. совпадёт, -дýт
pt. совпáл
g.pt.a. совпáв
p.pt.a. совпáвший

совратúть *v* когó-что verleiten, vom rechten Weg abbringen; verführen ‖ *uv* совращáть 2а
ft. совращý, -атúшь, -атя́т
imp. совратú, ~те
pt. совратúл
g.pt.a. совратúв
p.pt.a. совратúвший
p.pt.p. совращённый; совращён, -енá

совратúться *v* sich verleiten lassen, auf Abwege geraten; verführt werden ‖ *uv* совращáться

соврáть *v zu* врать
ft. соврý, -рёшь, -рýт
imp. соврú, ~те
pt. соврáл, -алá, -áло
g.pt.a. соврáв
p.pt.a. соврáвший
p.pt.p. сóвранный

совращáть(ся) *uv zu* совратúть(ся)

согласúть *v alt u. buchspr* in Übereinstimmung bringen ‖ *uv* соглашáть 2а
ft. соглашý, -асúшь, -асят
imp. согласú, ~те
pt. согласúл
g.pt.a. согласúв
p.pt.a. согласúвший
p.pt.p. соглашённый; соглашён, -енá

согласúться *v* **1.** на что einverstanden sein (mit), seine Zustimmung geben **2.** с кем-чем beistimmen, beipflichten; (etw.) zugeben **3.** *umg* sich einigen, übereinkommen ‖ *uv* соглашáться

согласовáть 5 *v* что с кем-чем **1.** in Einklang bringen, aufeinander abstimmen **2.** vereinbaren, absprechen **3.** *gram* in Übereinstimmung [Kongruenz] bringen ‖ *uv* согласóвывать 1а

согласовáться 5 *u.* 5а, *1. u. 2. Pers ungebr*, *v*, *uv* с чем **1.** übereinstimmen, in Einklang stehen **2.** *v umg* sich einigen **3.** *uv gram* übereinstimmen, kongruieren

согласóвывать *uv zu* согласовáть

соглашáть(ся) *uv zu* согласúть(ся)

согнáть *v* когó-что **1.** verjagen, vertreiben **2.** beseitigen **3.** zusammentreiben ‖ *uv* сгоня́ть 2а
ft. сгоню́, сгóнишь, сгóнят
imp. сгонú, ~те
pt. согнáл, -алá, -áло
g.pt.a. согнáв
p.pt.a. согнáвший
p.pt.p. сóгнанный

согнýть 7 *v* когó-что **1.** (um)biegen, falten; verbiegen **2.** beugen, krümmen ‖ *uv* сгибáть 2а

согнýться *v* **1.** sich (um)biegen, sich verbiegen **2.** sich beugen, sich krümmen; krumm werden; sich ducken ‖ *uv* сгибáться

согревáть(ся) *uv zu* согрéть(ся)

согрéть 3 *v* когó-что **1.** (er)wärmen, aufwärmen **2.** *übtr* trösten, aufheitern ‖ *uv* согревáть 2а
p.pt.p. согрéтый

согрéться *v* sich erwärmen ‖ *uv* согревáться

согрешúть *v zu* грешúть
ft. согрешý, -шúшь, -шáт
imp. согрешú, ~те
pt. согрешúл
g.pt.a. согрешúв
p.pt.a. согрешúвший

содéйствовать 4 *u.* 4а *v*, *uv* комý-чемý beitragen (zu), unterstützen, fördern

содержáть *uv* когó-что **1.** *1. u. 2. Pers ungebr* enthalten, beinhalten **2.** unterhalten, für den Lebensunterhalt sorgen **3.** er-

halten; содержáть в тáйне geheimhalten **4.** halten *Tiere*
pr. содержý, -éржишь, -éржат
imp. содержи́, ~те
pt. содержáл
g.pr.a. содержá
p.pr.a. содержáщий
p.pt.a. содержáвший
p.pr.p. содержи́мый
p.pt.p. содéржанный

содержáться *uv* **1.** *1. u. 2. Pers ungebr* enthalten sein **2.** unterhalten [versorgt] werden

содéять *v* что *buchspr alt* begehen, verüben
ft. содéю, -éешь, -éют
imp. содéй, ~те
pt. содéял
g.pt.a. содéяв
p.pt.a. содéявший
p.pt.p. содéянный

содéяться, *1. u. 2. Pers ungebr, v, buchspr alt* sich ereignen, geschehen

содрáть *v* что **1.** abziehen, lösen **2.** *umg* herunterreißen ‖ *uv* сдирáть 2a
ft. сдерý, -рёшь, -рýт
imp. сдери́, ~те
pt. содрáл, -алá, -áло
g.pt.a. содрáв
p.pt.a. содрáвший
p.pt.p. сóдранный

содрáться, *1. u. 2. Pers ungebr, v* sich abtrennen, sich lösen *Fell* ‖ *uv* сдирáться
pt. содрáлся, -алáсь, -áлóсь

содрогáться 2a *uv* erzittern, erbeben; schaudern | *v mom* содрогнýться 7

содрогнýться *v mom zu* содрогáться

соедини́ть *v* когó-что vereinigen, verbinden ‖ *uv* соединя́ть 2a
ft. соединю́, -ни́шь, -ня́т
imp. соедини́, ~те
pt. соедини́л
g.pt.a. соедини́в
p.pt.a. соедини́вший
p.pt.p. соединённый; соединён, -енá

соедини́ться *v* sich vereinigen, sich verbinden; *chem* eine Verbindung eingehen ‖ *uv* соединя́ться

соединя́ть(ся) *uv zu* соедини́ть(ся)

сожалéть 3a *uv* о ком-чём bedauern

сожи́тельствовать 4a *uv* с кем-чем zusammenleben (mit)

сожрáть *v* когó-что *volksspr* auffressen ‖ *uv* сжирáть 2a
ft. сожрý, -рёшь, -рýт
imp. сожри́, ~те
pt. сожрáл, -алá, -áло
g.pt.a. сожрáв
p.pt.a. сожрáвший
p.pt.p. сóжранный; сóжран, сóжранá, сóжрано

созвáниваться *uv zu* созвони́ться

созвáть *v* когó-что **1.** einladen **2.** zusammenrufen, einberufen ‖ *uv* созывáть 2a *u.* сзывáть 2a *zu* 1
pr. созовý, -вёшь, -вýт
imp. созови́, ~те
pt. созвáл, -алá, -áло
g.pt.a. созвáв
p.pt.a. созвáвший
p.pt.p. сóзванный; сóзван, сóзванá, сóзвано

созвони́ться *v* с кем-чем *umg* sich telefonisch in Verbindung setzen (mit) ‖ *uv* созвáниваться 2a
ft. созвоню́сь, -ни́шься, -ня́тся
imp. созвони́сь, -и́тесь
pt. созвони́лся, -лась
g.pt.a. созвони́вшись
p.pt.a. созвони́вшийся

создавáть *uv zu* создáть
pr. создаю́, -аёшь, -аю́т
imp. создавáй, ~те
pt. создавáл
g.pr.a. создавáя
p.pr.a. создаю́щий
p.pt.a. создавáвший
p.pr.p. создавáемый

создавáться *uv zu* создáться

создáть *v* когó-что schaffen, hervorbringen, gründen; verursachen ‖ *uv* создавáть, Formen das.
ft. создáм -áшь, -áст, -ади́м -ади́те, -адýт
imp. создáй, ~те
pt. сóздал *u. umg* создáл, создалá, сóздало *u. umg* создáло
g.pt.a. создáв
p.pt.a. создáвший
p.pt.p. сóзданный; сóздан, сóзданá, сóздано

создáться, *1. u. 2. Pers ungebr, v* entstehen ‖ *uv* создавáться
pt. создáлся, -алáсь, -áлóсь

созерцáть 2a *uv* когó-что *buchspr* betrachten

созидáть 2a *uv* что *buchspr* schaffen; gründen; verursachen

сознава́ть *uv* что sich einer Sache bewußt werden, erkennen ‖ *v* созна́ть 2
pr. сознаю́, -аёшь, -аю́т
imp. сознава́й, ~те
pt. сознава́л
g.pr.a. сознава́я
p.pr.a. сознаю́щий
p.pt.a. сознава́вший
p.pr.p. сознава́емый

сознава́ться *uv* кому́-чему́ в чём bekennen, zugeben ‖ *v* созна́ться

созна́ть(ся) *v zu* сознава́ть(ся)

созорнича́ть 2 *v* что *u. ohne Objekt umg* Dummheiten machen, Streiche verüben

созрева́ть *uv zu* созре́ть

созре́ть 3 *v* **1.** reif werden, reifen **2.** *übtr* heranreifen, feste Formen annehmen ‖ *uv* созрева́ть 2a

созыва́ть *uv zu* созва́ть

соизво́лить *v mit Infinitiv, buchspr alt, jetzt iron* geruhen ‖ *uv* соизволя́ть 2a
ft. соизво́лю, -лишь, -лят
imp. соизво́ль, ~те
pt. соизво́лил
g.pt.a. соизво́лив
p.pt.a. соизво́ливший

соизволя́ть *uv zu* соизво́лить

сойти́ *v* **1.** с чего́ на что hinunter-, heruntergehen **2.** с чего́ fortgehen, abweichen; verlassen **3.** с чего́ sich ablösen, abblättern, abbröckeln **4.** за кого́-что *umg* gelten als, angesehen werden (für) **5.** *umg* (gut) verlaufen ‖ *uv* [1]сходи́ть, Formen das.
ft. сойду́, -дёшь, -ду́т
imp. сойди́, ~те
pt. сошёл, сошла́
g.pt.a. сойдя́ *u. alt* соше́дши *u.* сше́дши
p.pt.a. соше́дший *u. alt* сше́дший

сойти́сь *v* **1.** sich versammeln, zusammenkommen **2.** sich begegnen, aufeinandertreffen **3.** sich befreunden, sich finden; ein Verhältnis eingehen, miteinander leben **4.** übereinstimmen, sich decken **5.** *umg* в чём *oder* чем *oder* на чём sich einigen (über) ‖ *uv* сходи́ться

сократи́ть *v* кого́-что **1.** kürzen, abkürzen **2.** verringern, herabsetzen **3.** *math* kürzen **4.** *umg* entlassen, kündigen, abbauen **5.** zusammenziehen, kontrahieren ‖ *uv* сокраща́ть 2a
ft. сокращу́, -ати́шь, -атя́т
imp. сократи́, ~те
pt. сократи́л
g.pt.a. сократи́в
p.pt.a. сократи́вший
p.pt.p. сокращённый; сокращён, -ена́

сократи́ться, *1. u. 2. Pers ungebr, v* **1.** sich verkürzen, kürzer werden **2.** sich verringern **3.** *math* gekürzt werden **4.** sich zusammenziehen, zusammenschrumpfen *von Muskeln* ‖ *uv* сокраща́ться

сокраща́ть(ся) *uv zu* сократи́ть(ся)

сокруша́ть *uv zu* сокруши́ть

сокруша́ться 2a *uv* betrübt sein, sich grämen

сокруши́ть *v* кого́-что *buchspr* **1.** zerschlagen, zertrümmern, zerstören; *übtr* vernichten **2.** tief betrüben, zur Verzweiflung bringen ‖ *uv* сокруша́ть 2a
ft. сокрушу́, -ши́шь, -ша́т
imp. сокруши́, ~те
pt. сокруши́л
g.pt.a. сокруши́в
p.pt.a. сокруши́вший
p.pt.p. сокрушённый; сокрушён, -ена́

сокры́ть *v* что *alt u. buchspr* verbergen, verheimlichen
ft. сокро́ю, -о́ешь, -о́ют
imp. сокро́й, ~те
pt. сокры́л
g.pt.a. сокры́в
p.pt.a. сокры́вший
p.pt.p. сокры́тый

солга́ть *v zu* лгать
ft. солгу́, солжёшь, солгу́т
imp. солги́, ~те
pt. солга́л, -ала́, -а́ло
g.pt.a. солга́в
p.pt.a. солга́вший
p.pt.p. со́лганный

солидаризи́роваться 4 *u.* 4a *v, uv* с кем-чем *buchspr* sich solidarisch erklären (mit)

солидаризова́ться 5 *u.* 5a *v, uv buchspr* с кем-чем sich solidarisch erklären (mit)

соли́ровать 4 *u.* 4a *v, uv mus* als Solist auftreten, Solo singen [spielen]

соли́ть *uv* **1.** что salzen **2.** что einsalzen **3.** *übtr* кому́ *umg* Unannehmlichkeiten bereiten. — (по- *zu* 1, 2, за- *zu* 2)
pr. солю́, со́ли́шь, со́ля́т
imp. соли́, ~те
pt. соли́л
g.pr.a. соля́
p.pr.a. соля́щий
p.pt.a. соли́вший
p.pr.p. соли́мый
p.pt.p. со́ленный

соловéть 3a *uv volksspr* schläfrig werden. — (о-, по-)

солоди́ть *uv* что malzen, Malz bereiten

pr.	соложу́, -оди́шь, -одя́т
imp.	солоди́, ~те
pt.	солоди́л
g.pr.a.	солодя́
p.pr.a.	солодя́щий
p.pt.a.	солоди́вший
p.pt.p.	соложённый; соложён, -ена́

сомкну́ть 7 *v* что schließen; *übtr* verbinden ‖ *uv* смыка́ть 2a

сомкну́ться, *1. u. 2. Pers ungebr*, *v* **1.** zusammenrücken; *Reihe* aufschließen **2.** sich vereinigen **3.** zufallen *Augen* ‖ *uv* смыка́ться

сомнева́ться 2a *uv* в ком-чём zweifeln (an)

сообража́ть 2a *uv* что **1.** begreifen, verstehen **2.** *alt* erwägen **3.** *alt* in Zusammenhang bringen, vergleichen ‖ *v* сообрази́ть *zu* 3, Formen das.

сообрази́ть *v* что **1.** erfassen, begreifen **2.** überlegen, entscheiden **3.** *v zu* сообража́ть

ft.	соображу́, -ази́шь, -азя́т
imp.	сообрази́, ~те
pt.	сообрази́л
g.pt.a.	сообрази́в
p.pt.a.	сообрази́вший
p.pt.p.	соображённый; соображён, -ена́

сообразова́ть 5 *u.* 5a *v, uv* что с чем *buchspr* in Übereinstimmung [Einklang] bringen (mit), richten (nach) ‖ *uv a.* сообразо́вывать 1a

сообразова́ться *v, uv* с чем *buchspr* sich richten (nach); in Übereinstimmung stehen (mit) ‖ *uv a.* сообразо́вываться

сообразо́вывать(ся) *uv zu* сообразова́ть(ся)

сообща́ть *uv zu* сообщи́ть

сообща́ться 2a *uv* **1.** *uv zu* сообщи́ться **2.** о ком-чём *oder mit Konjunktion* что mitgeteilt [bekanntgemacht] werden **3.** с кем-чем in Verbindung stehen, verkehren (mit); verbunden sein (mit)

сообщи́ть *v* **1.** что *oder* о чём mitteilen, bekanntgeben **2.** что кому́-чему́ *buchspr* übertragen, vermitteln ‖ *uv* сообща́ть 2a

ft.	сообщу́, -щи́шь, -ща́т
imp.	сообщи́, ~те
pt.	сообщи́л
g.pt.a.	сообщи́в
p.pt.a.	сообщи́вший
p.pt.p.	сообщённый; сообщён, -ена́

сообщи́ться, *1. u. 2. Pers ungebr*, *v* кому́ чему́ sich mitteilen, übergehen (auf) ‖ *uv* сообща́ться

сооруди́ть *v* что **1.** errichten, erbauen **2.** *umg, meist scherz* einrichten, organisieren ‖ *uv* сооружа́ть 2a

ft.	сооружу́, -уди́шь, -удя́т
imp.	сооруди́, ~те
pt.	сооруди́л
g.pt.a.	сооруди́в
p.pt.a.	сооруди́вший
p.pt.p.	сооружённый; сооружён, -ена́

сооружа́ть *uv zu* сооруди́ть

соотве́тствовать 4a *uv* кому́-чему́ entsprechen

соотнести́ *v* что in Wechselbeziehung bringen, in ein Verhältnis zueinander bringen ‖ *uv* соотноси́ть, Formen das.

ft.	соотнесу́, -сёшь, -су́т
imp.	соотнеси́, ~те
pt.	соотнёс, -есла́
g.pt.a.	соотнеся́ *u. alt* соотнёсши
p.pt.a.	соотнёсший
p.pt.p.	соотнесённый; соотнесён, -ена́

соотнести́сь, *1. u. 2. Pers ungebr*, *v* in Wechselbeziehung [Korrelation] gebracht werden, in Beziehung zueinander stehen ‖ *uv* соотноси́ться

соотноси́ть *uv zu* соотнести́

pr.	соотношу́, -о́сишь, -о́сят
imp.	соотноси́, ~те
pt.	соотноси́л
g.pr.a.	соотнося́
p.pr.a.	соотнося́щий
p.pt.a.	соотноси́вший

соотноси́ться *uv zu* соотнести́сь

сопе́рничать 1a *uv* с кем-чем в чём **1.** wetteifern, rivalisieren **2.** *übtr* sich messen (können), es aufnehmen (können)

соподчини́ть *v* что чему́ *buchspr* beiordnen, koordinieren ‖ *uv* соподчиня́ть 2a

ft.	соподчиню́, -ни́шь, -ня́т
imp.	соподчини́, ~те
pt.	соподчини́л
g.pt.a.	соподчини́в
p.pt.a.	соподчини́вший
p.pt.p.	соподчинённый; соподчинён, -ена́

соподчиня́ть *uv zu* соподчини́ть

сопоста́вить *v* кого́-что *u.* кого́-что с кем-чем vergleichen, gegenüberstellen ‖ *uv* сопоставля́ть 2a

ft.	сопостáвлю, -вишь, -вят
imp.	сопостáвь, ~те
pt.	сопостáвил
g.pt.a.	сопостáвив
p.pt.a.	сопостáвивший
p.pt.p.	сопостáвленный

сопоставля́ть *uv zu* сопостáвить

сопревáть *uv zu* сопрéть

сопрéть 3, *1. u. 2. Pers ungebr*, *v umg* verfaulen, verderben ‖ *uv* сопревáть 2а

соприкасáться 2а *uv* с кем-чем *u. ohne Objekt* **1.** sich berühren, aneinandergrenzen **2.** *übtr* in Berührung kommen | *v mom* соприкоснýться 7

соприкоснýться *v mom zu* соприкасáться

сопроводи́ть *v zu* сопровождáть

ft.	сопровожý, -оди́шь, -одя́т
imp.	сопроводи́, ~те
pt.	сопроводи́л
g.pt.a.	сопроводи́в
p.pt.a.	сопроводи́вший
p.pt.p.	сопровождённый; сопровождён, -енá

сопровождáть 2а *uv* **1.** что чем versehen (mit), beilegen **2.** когó-что begleiten, geleiten *a. übtr* ‖ *v* сопроводи́ть, Formen das.

сопровождáться, *1. u. 2. Pers ungebr*, *uv* чем **1.** begleitet werden **2.** nach sich ziehen, zur Folge haben **3.** ausgestattet sein (mit)

сопротивля́ться 2а *uv* комý-чемý Widerstand leisten; sich widersetzen

сопрягáть 2а *uv* что **1.** *übtr buchspr* verbinden **2.** *tech* verbinden *Teile eines Mechanismus* ‖ *v* сопря́чь *zu* 1, Formen das.

сопря́чь *v zu* сопрягáть

ft.	сопрягý, -яжёшь, -ягýт
imp.	сопряги́, ~те
pt.	сопря́г, -яглá
g.pt.a.	сопря́гши
p.pt.a.	сопря́гший
p.pt.p.	сопряжённый; сопряжён, -енá

сопýтствовать 4а *uv* комý-чемý begleiten *a. übtr*

соразмéрить *v* что с чем in Übereinstimmung bringen (mit), ausgleichen, anpassen ‖ *uv* соразмеря́ть 2а

ft.	соразмéрю, -ришь, -рят
imp.	соразмéрь, ~те
pt.	соразмéрил
g.pt.a.	соразмéрив
p.pt.a.	соразмéривший
p.pt.p.	соразмéренный

соразмеря́ть *uv zu* соразмéрить

сорвáть *v* что **1.** abreißen, herunterreißen **2.** pflücken **3.** *übtr* vereiteln, **4.** *übtr* ablocken, abnötigen **5.** на ком-чём seinen Zorn (an j-m) auslassen ‖ *uv* срывáть 2а

ft.	сорвý, -вёшь, -вýт
imp.	сорви́, ~те
pt.	сорвáл, -алá, -áло
g.pt.a.	сорвáв
p.pt.a.	сорвáвший
p.pt.p.	сóрванный

сорвáться *v* **1.** sich losreißen, (hin)abstürzen **2.** *übtr umg* mißlingen ‖ *uv* срывáться

pt.	сорвáлся, -алáсь, -áлóсь

сорганизовáть 5 *v* что *umg* organisieren; zustande bringen; zusammenschließen, vereinigen ‖ *uv* сорганизóвывать 1а

сорганизовáться, *1. u. 2. Person Singular ungebr*, *v* sich bilden; sich zusammenschließen ‖ *uv* сорганизóвываться

сорганизóвывать(ся) *uv zu* сорганизовáть(ся)

соревновáть 5а *uv* комý *alt* wetteifern (mit)

соревновáться *uv* с кем-чем в чём **1.** im Wettbewerb stehen (mit) **2.** wetteifern, sich messen (mit)

соригинáльничать 1 *v umg* originell sein wollen

сори́ть *uv* что *oder* чем verunreinigen, beschmutzen; Schmutz machen

pr.	сорю́, сори́шь, сорят
imp.	сори́, ~те
pt.	сори́л
g.pr.a.	соря́
p.pr.a.	соря́щий
p.pt.a.	сори́вший

сортировáть 5а *uv* что **1.** sortieren, verlesen **2.** rangieren *Eisenbahn* — (рас-)

p.pt.p.	сортирóванный

сосáть *uv* когó-что **1.** saugen **2.** lutschen **3.** *übtr* nagen, quälen

pr.	сосý, сосёшь, сосýт
imp.	соси́, ~те
pt.	сосáл
g.pr.a.	сося́
p.pr.a.	сосýщий
p.pt.a.	сосáвший
p.pt.p.	сóсанный

сосвáтать *v zu* свáтать

сосéдить, *1. Person Singular ungebr*, *uv* benachbart sein

pr.	сосе́дишь, -дят
pt.	сосе́дил
g.pr.a.	сосе́дя
p.pr.a.	сосе́дящий
p.pt.a.	сосе́дивший

соска́бливать *uv zu* соскобли́ть

соска́кивать *uv zu* соскочи́ть

соска́льзывать *uv zu* соскользну́ть

соскобли́ть *v* что abschaben, abkratzen ‖ *uv* соска́бливать 1a

ft.	соскоблю́, -обли́шь, -облят
imp.	соскобли́, ~те
pt.	соскобли́л
g.pt.a.	соскобли́в
p.pt.a.	соскобли́вший
p.pt.p.	соско́бленный

соскользну́ть 7 *v* **1.** hinabgleiten, herabgleiten; abrutschen **2.** *umg* vorübergleiten, vergehen **3.** на что *oder* во что geraten, verfallen ‖ *uv* соска́льзывать 1a kein *p.pt.p.*

соскочи́ть *v* **1.** hinunter-, herunter-, abspringen **2.** *1. u. 2. Pers ungebr* zu Boden fallen; *übtr umg* abfallen, plötzlich verschwinden ‖ *uv* соска́кивать 1a

ft.	соскочу́, -о́чишь, -о́чат
imp.	соскочи́, ~те
pt.	соскочи́л
g.pt.a.	соскочи́в
p.pt.a.	соскочи́вший

соскреба́ть *uv zu* соскрести́

соскрести́ *v* что abschaben, abkratzen ‖ *uv* соскреба́ть 2a

ft.	соскребу́, -бёшь, -бу́т
imp.	соскреби́, ~те
pt.	соскрёб, -скребла́
g.pt.a.	соскрёбши
p.pt.a.	соскрёбший
p.pt.p.	соскребённый; соскребён, -ена́

соску́читься *v* **1.** sich langweilen **2.** о ком-чём *oder* по кому́-чему́ sich sehnen (nach)

ft.	соску́чусь, -чишься, -чатся
imp.	соску́чься, -чьтесь
pt.	соску́чился, -лась
g.pt.a.	соску́чившись
p.pt.a.	соску́чившийся

сосла́ть *v* кого́-что verbannen, deportieren ‖ *uv* ссыла́ть 2a

ft.	сошлю́, -лёшь, -лю́т
imp.	сошли́, ~те
pt.	сосла́л
g.pt.a.	сосла́в
p.pt.a.	сосла́вший
p.pt.p.	со́сланный

сосла́ться *v* на кого́-что sich berufen (auf), verweisen (auf) ‖ *uv* ссыла́ться

сослужи́ть *v*: сослужи́ть слу́жбу кому́-чему́ a) einen Dienst erweisen b) Nutzen bringen

ft.	сослужу́, -у́жишь, -у́жат
imp.	сослужи́, ~те
pt.	сослужи́л
g.pt.a.	сослужи́в
p.pt.a.	сослужи́вший
p.pt.p.	сослу́женный

сосну́ть 7 *v umg ein bißchen* schlafen kein *p.pt.p.*

сосредото́чивать(ся) *uv zu* сосредото́чить(ся)

сосредото́чить *v* кого́-что (на чём) konzentrieren (auf) ‖ *uv* сосредото́чивать 1a

ft.	сосредото́чу, -чишь, -чат
imp.	сосредото́чь, ~те
pt.	сосредото́чил
g.pt.a.	сосредото́чив
p.pt.a.	сосредото́чивший
p.pt.p.	сосредото́ченный

сосредото́читься *v ohne Objekt oder* на ком-чём sich konzentrieren ‖ *uv* сосредото́чиваться

соста́вить *v* что **1.** zusammenstellen, zusammensetzen; bilden **2.** verfassen, entwerfen **3.** bilden, ausmachen **4.** *übtr* erwerben; соста́вить себе́ и́мя sich einen Namen machen ‖ *uv* составля́ть 2a

ft.	соста́влю, -вишь, -вят
imp.	соста́вь, ~те
pt.	соста́вил
g.pt.a.	соста́вив
p.pt.a.	соста́вивший
p.pt.p.	соста́вленный

соста́виться, *1. u. 2. Pers ungebr, v* **1.** sich zusammensetzen, bestehen (aus) **2.** sich ansammeln **3.** entstehen, sich herausbilden ‖ *uv* составля́ться

составля́ть(ся) *uv zu* соста́вить(ся)

соста́рить *v* кого́-что alt [älter] machen

ft.	соста́рю, -ришь, -рят
imp.	соста́рь, ~те
pt.	соста́рил
g.pt.a.	соста́рив
p.pt.a.	соста́ривший
p.pt.p.	соста́ренный

соста́риться *v* **1.** alt werden, altern **2.** *umg* alt und unbrauchbar werden *Gegenstände*

состоя́ть *uv* **1.** *1. u. 2. Pers ungebr* из кого́-чего́ bestehen (aus) **2.** *1. u. 2. Pers*

ungebr в чём bestehen (in) **3.** в чём Mitglied sein, angehören *einer Organisation* **4.** кем-чем при ком-чём *oder* в чём, на чём sein, sich befinden
pr. состою́, -ои́шь, -оя́т
pt. состоя́л
g.pr.a. состоя́
p.pr.a. состоя́щий
p.pt.a. состоя́вший

состоя́ться, *1. u. 2. Pers ungebr, uv* stattfinden

страгивать *uv zu* сострога́ть

сострада́ть 2a *uv* кому́-чему́ *u. ohne Objekt buchspr* Mitleid haben, mitempfinden

сострига́ть *uv zu* состри́чь

состри́ть *v* witzeln, einen Witz [Witze] machen
ft. сострю́, -ри́шь, -ря́т
imp. состри́, ~те
pt. состри́л
g.pt.a. состри́в
p.pt.a. состри́вший

состри́чь *v* что (ab)schneiden, (ab)scheren ‖ *uv* сострига́ть 2a
ft. состригу́, -ижёшь, -игу́т
imp. сострии́, ~те
pt. состри́г, ~ла
g.pt.a. состри́гши
p.pt.a. состри́гший
p.pt.p. состри́женный

сострога́ть 2 *v* что abhobeln ‖ *uv* состра́гивать 1a

состро́ить *v*: состро́ить лицо́ *umg* ein Gesicht ziehen
ft. состро́ю, -о́ишь, -о́ят
imp. состро́й, ~те
pt. состро́ил
g.pt.a. состро́ив
p.pt.a. состро́ивший
p.pt.p. состро́енный

соструга́ть 2 *v* что abhobeln ‖ *uv* состру́гивать 1a

состру́гивать *uv zu* соструга́ть

состря́пать *v zu* стря́пать

состяза́ться 2a *uv* с кем-чем в чём wetteifern, sich messen (mit j-m in)

сосуществова́ть 5a *uv* nebeneinander bestehen, koexistieren

сосчита́ть *v zu* [1]счита́ть

сосчита́ться *v zu* счита́ться

сотвори́ть *v zu* [1]твори́ть
ft. сотворю́, -ри́шь, -ря́т
imp. сотвори́, ~те
pt. сотвори́л
g.pt.a. сотвори́в
p.pt.a. сотвори́вший
p.pt.p. сотворённый; сотворён, -ена́

сотвори́ться *v zu* твори́ться

сотка́ть *v* что **1.** weben **2.** (*meist p.pt.p.*) *übtr* zusammensetzen
ft. соткý, -кёшь, -кýт
imp. сотки́, ~те
pt. сотка́л, -ала́, -а́ло
g.pt.a. сотка́в
p.pt.a. сотка́вший
p.pt.p. со́тканный

сотру́дничать 1a *uv* **1.** с кем-чем zusammenarbeiten (mit) **2.** в чём mitarbeiten (an)

сотряса́ть(ся) *uv zu* сотрясти́(сь)

сотрясти́ *v* что erzittern [erbeben] lassen; *übtr alt* erschüttern ‖ *uv* сотряса́ть 2a
ft. сотрясу́, -сёшь, -су́т
imp. сотряси́, ~те
pt. сотря́с, -ясла́
g.pt.a. сотря́сши
p.pt.a. сотря́сший
p.pt.p. сотрясённый; сотрясён, -ена́

сотрясти́сь *v* erzittern, erbeben; *übtr alt* erschüttert sein ‖ *uv* сотряса́ться

со́хнуть *uv* **1.** trocknen, trocken werden; (aus)dörren, vertrocknen **2.** abmagern (вы́-, за- *zu* 1, про- *zu* 2)
pr. со́хну, -нешь, -нут
imp. со́хни, ~те
pt. сох *u. alt* со́хнул, со́хла
g.pt.a. со́хнув
p.pr.a. со́хнущий
p.pt.a. со́хнувший *u.* со́хший

сохрани́ть *v* кого́-что **1.** erhalten, bewahren, aufrechterhalten **2.** aufbewahren, verwahren ‖ *uv* сохраня́ть 2a
ft. сохраню́, -ни́шь, -ня́т
imp. сохрани́, ~те
pt. сохрани́л
g.pt.a. сохрани́в
p.pt.a. сохрани́вший
p.pt.p. сохранённый; сохранён, -ена́

сохрани́ться *v* **1.** erhalten bleiben, sich halten **2.** *umg* sich gut halten, bei Kräften bleiben ‖ *uv* сохраня́ться

сохраня́ть(ся) *uv zu* сохрани́ть(ся)

социализи́ровать 4 *u.* 4a *v, uv* что sozialisieren

социализи́роваться, *1. u. 2. Pers ungebr, v, uv* sozialisiert werden, in Volkseigentum übergehen

сочета́ть 2 *u.* 2a *v*, *uv* что с чем verbinden, vereinigen
kein p.pt.p.

сочета́ться *v*, *uv* sich vereinigen, sich verbinden; harmonieren

сочини́ть *v* что **1.** dichten; komponieren; *meist scherz, umg* verfassen, abfassen **2.** *umg* erfinden, erdichten; schwindeln ‖ *uv* сочиня́ть 2a
ft. сочиню́, -ни́шь, -ня́т
imp. сочини́, ~те
pt. сочини́л
g.pt.a. сочини́в
p.pt.a. сочини́вший
p.pt.p. сочинённый; сочинён, -ена́

сочиня́ть *uv zu* сочини́ть

сочи́ть *uv* что **1.** tropfenweise ausscheiden **2.** *Baumsaft* gewinnen, abzapfen
pr. сочу́, сочи́шь, соча́т
imp. сочи́, ~те
pt. сочи́л
g.pr.a. соча́
p.pr.a. соча́щий
p.pt.a. сочи́вший

сочи́ться, *1. u. 2. Pers ungebr*, *uv* **1.** tröpfeln, sickern **2.** чем *u. ohne Objekt* tropfenweise ausscheiden

сочлени́ть *v* что *buchspr* verbinden, zusammenfügen ‖ *uv* сочленя́ть 2a
ft. сочленю́, -ни́шь, -ня́т
imp. сочлени́, ~те
pt. сочлени́л
g.pt.a. сочлени́в
p.pt.a. сочлени́вший
p.pt.p. сочленённый; сочленён, -ена́

сочленя́ть *uv zu* сочлени́ть

сочу́вствовать 4a *uv* кому́-чему́ mitfühlen (mit), Anteil nehmen (an); sympathisieren (mit)

сощу́ривать(ся) *uv zu* сощу́рить(ся)

сощу́рить *v*: сощу́рить глаз [глаза́] das Auge [die Augen] zukneifen ‖ *uv* сощу́ривать 1a
ft. сощу́рю, -ришь, -рят
imp. сощу́рь, ~те
pt. сощу́рил
g.pt.a. сощу́рив
p.pt.a. сощу́ривший
p.pt.p. сощу́ренный

сощу́риться *v* die Augen zukneifen ‖ *uv* сощу́риваться

спада́ть *uv zu* спасть

[1]**спа́ивать** *uv zu* спои́ть

[2]**спа́ивать** *uv zu* спая́ть

спа́иваться *uv zu* спая́ться

спали́ть *v* что *umg* versengen, verbrennen; niederbrennen
ft. спалю́, -ли́шь, -ля́т
imp. спали́, ~те
pt. спали́л
g.pt.a. спали́в
p.pt.a. спали́вший
p.pt.p. спалённый; спалён, -ена́

спарашюти́ровать 4 *v flug* mit niedrigster Geschwindigkeit fliegen

[1,2]**спа́ривать** *uv zu* [1,2]спа́рить

[1]**спа́рить** *v* кого́-что **1.** (zwei) zusammenspannen **2.** *landw* paaren ‖ *uv* спа́ривать 1a
ft. спа́рю, -ришь, -рят
imp. спа́рь, ~те
pt. спа́рил
g.pt.a. спа́рив
p.pt.a. спа́ривший
p.pt.p. спа́ренный

[2]**спа́рить** *v* что *volksspr* faulen lassen *etwas ungenügend Getrocknetes* ‖ *uv* спа́ривать 1a
Formen wie [1]спа́рить

спа́рхивать *uv zu* спорхну́ть

спа́рывать *uv zu* споро́ть

спаса́ть(ся) *uv zu* спасти́(сь)

спасова́ть 5 *v zu* пасова́ть

спасти́ *v* кого́-что retten, bergen ‖ *uv* спаса́ть 2a
ft. спасу́, -сёшь, -су́т
imp. спаси́, ~те
pt. спас, ~ла́
g.pt.a. спа́сши
p.pt.a. спа́сший
p.pt.p. спасённый; спасён, -ена́

спасти́сь *v* от кого́-чего́ sich retten (vor) ‖ *uv* спаса́ться

спасть, *1. u. 2. Pers ungebr*, *v* **1.** fallen, herunter-, abfallen **2.** fallen, nachlassen, zurückgehen ‖ *uv* спада́ть 2a
ft. спадёт, -ду́т
pt. спал
g.pt.a. спав
p.pt.a. спа́вший

спать *uv* schlafen
pr. сплю, спишь, спят
imp. спи, ~те
pt. спал, спала́, спа́ло
g.pt.a. спав
p.pr.a. спя́щий
p.pt.a. спа́вший

спа́ться *uv unpers* кому́-чему́ *umg* schlafen können; мне не спи́тся [спало́сь] ich kann [konnte] nicht (ein)schlafen
pr. спи́тся
pt. спало́сь

спая́ть 2 *v* **1.** что (zusammen)löten, verlöten **2.** *übtr* кого́-что fest miteinander verbinden, zusammenschweißen ‖ *uv* спа́ивать 1a

спая́ться *v* **1.** sich verlöten lassen **2.** *übtr* sich fest verbinden ‖ *uv* спа́иваться

спева́ться *uv zu* спе́ться

спека́ть(ся) *uv zu* спе́чь(ся)

спекули́ровать 4a *uv* **1.** чем *oder* на чём schieben (mit), Schiebergeschäfte machen (mit) **2.** *übtr* на чём spekulieren (auf), rechnen (mit)

спелена́ть 2 *v* кого́-что in Windeln wickeln ‖ *uv* спелёнывать 1a
p.pt.p. спелёнатый

спелёнывать *uv zu* спелена́ть

спере́ть *v volksspr* что **1.** *1. u. 2. Pers ungebr* (zusammen)drücken; *Atem* verschlagen **2.** fortschaffen, wegschleppen **3.** klauen, mausen ‖ *uv* спира́ть 2a *zu* 1
ft. сопру́, -рёшь, -ру́т
imp. сопри́, ~те
pt. спёр, ~ла
g.pt.a. спере́в *u.* спёрши
p.pt.a. спёрший
p.pt.p. спёртый

спеси́виться *uv alt* hochmütig sein, die Nase hoch tragen
pr. спеси́влюсь, -вишься, -вятся
imp. спеси́вься, -вьтесь
pt. спеси́вился, -лась
g.pr.a. спеси́вясь
p.pr.a. спеси́вящийся
p.pt.a. спеси́вившийся

[1]**спеть** *v zu* петь
ft. спою́, споёшь, спою́т
imp. спой, ~те
pt. спел
g.pt.a. спев
p.pt.a. спе́вший
p.pt.p. спе́тый

[2]**спеть** 3a, *1. u. 2. Pers ungebr*, *uv* reif werden, reifen. — (по-)

спе́ться *v* **1.** sich einsingen, sich im Chorgesang üben **2.** *übtr umg* sich verständigen, zu einer Übereinkunft gelangen ‖ *uv* спева́ться 2a
Formen nach [1]спеть

специализи́ровать 4 *u.* 4a *v*, *uv* кого́-что spezialisieren

специализи́роваться *v*, *uv* **1.** по чему́ Spezialkenntnisse erwerben (in) **2.** на чём *oder* в чём sich spezialisieren (auf)

специфици́ровать 4 *u.* 4a *v*, *uv* что eine Stückliste anfertigen (von etw.)

спечь* *v* **1.** что *u.* чего́ *volksspr* backen, ausbacken **2.** что *tech* agglomerieren ‖ *uv* спека́ть 2a *zu* 2
ft. спеку́, спечёшь, спеку́т
imp. спеки́, ~те
pt. спёк, спекла́ спекло́
g.pt.a. спёкши
p.pt.a. спёкший
p.pt.p. спечённый; спечён, -ена́

спе́чься*, *1. u. 2. Pers ungebr*, *v* **1.** *umg* gerinnen **2.** zusammenbacken, verhärten ‖ *uv* спека́ться

спе́шивать(ся) *uv zu* спе́шить(ся)

спе́шить *v* кого́-что absitzen lassen *vom Pferd* ‖ *uv* спе́шивать 1a
ft. спе́шу, -шишь, -шат
imp. спе́ши, ~те
pt. спе́шил
g.pt.a. спе́шив
p.pt.a. спе́шивший
p.pt.p. спе́шенный

спеши́ть *uv* **1.** *mit Infinitiv*, с чем *u. ohne Objekt* eilen, sich beeilen **2.** vorgehen *Uhr* ‖ *v* поспеши́ть, Formen das.
pr. спешу́, -ши́шь, -ша́т
imp. спеши́, ~те
pt. спеши́л
g.pr.a. спеша́
p.pr.a. спеша́щий
p.pt.a. спеши́вший

спе́шиться *v* absitzen *vom Pferd* ‖ *uv* спе́шиваться 1a
Formen nach спе́шить

спива́ться *uv zu* спи́ться

спики́ровать 4 *v* im Sturzflug niedergehen

спи́ливать *uv zu* спили́ть

спили́ть *v* что absägen; abfeilen ‖ *uv* спи́ливать 1a
ft. спилю́, спи́лишь, спи́ля
imp. спили́, ~те
pt. спили́л
g.pt.a. спили́в
p.pt.a. спили́вший
p.pt.p. спи́ленный

спира́ть *uv zu* спере́ть

списа́ть *v* **1.** что (с чего́) abschreiben (von), kopieren **2.** что (с чего́) nachbilden, kopieren, abmalen **3.** что у кого́ abschreiben (von j-m) **4.** что *finanz* abschreiben, abbuchen ‖ *uv* спи́сывать 1a

ft.	спишу́, спи́шешь, спи́шут
imp.	спиши́, ~те
pt.	списа́л
g.pt.a.	списа́в
p.pt.a.	списа́вший
p.pt.p.	спи́санный

списа́ться *v* с кем-чем sich brieflich in Verbindung setzen (mit) ‖ *uv* спи́сываться

спи́сывать(ся) *uv zu* списа́ть(ся)

спи́ться *v* sich dem Trunk ergeben, zum Trinker werden ‖ *uv* спива́ться 2a

ft.	сопью́сь, сопьёшься, сопью́тся
imp.	спе́йся, спе́йтесь
pt.	спи́лся, спила́сь, спи́ло́сь
g.pt.a.	спи́вшись
p.pt.a.	спи́вшийся

спи́хивать *uv zu* спихну́ть

спихну́ть 7 *v* кого́-что **1.** *umg* hinunterstoßen **2.** *volksspr* absetzen *von einem Posten* **3.** *übtr volksspr* abschieben; спихну́ть в солда́ты unter die Soldaten stecken, in die Armee stecken ‖ *uv* спи́хивать 1a

[1]**спла́вить** *v* что **1.** *tech* legieren **2.** *übtr* vereinigen, zusammenschweißen ‖ *uv* сплавля́ть 2a

ft.	спла́влю, -вишь, -вят
imp.	сплавь, ~те
pt.	спла́вил
g.pt.a.	спла́вив
p.pt.a.	спла́вивший
p.pt.p.	спла́вленный

[2]**спла́вить** *v* **1.** что flößen **2.** *übtr* кого́-что *volksspr* abschieben, loswerden ‖ *uv* сплавля́ть 2a
Formen wie [1]спла́вить

спла́виться, *1. u. 2. Pers ungebr*, *v* **1.** legiert werden **2.** *übtr* untrennbar miteinander verbunden werden ‖ *uv* сплавля́ться

[1,2]**сплавля́ть** *uv zu* [1,2]спла́вить

сплавля́ться *uv zu* спла́виться

[1]**сплани́ровать** *v zu* [2]плани́ровать

[2]**сплани́ровать** 4 *v* что *u. ohne Objekt* segeln, gleiten, im Gleitflug fliegen

спла́чивать(ся) *uv zu* сплоти́ть(ся)

сплёвывать *uv zu* сплю́нуть

сплёскивать *uv zu* сплесну́ть

сплесну́ть 7 *v* что *umg* abspülen, wegspülen ‖ *uv* сплёскивать 1a

p.pt.p.	сплёснутый

сплести́ *v* что **1.** (zusammen)flechten **2.** *übtr* verknüpfen, verbinden **3.** *umg* faseln, Unsinn reden ‖ *uv* сплета́ть 2a

ft.	сплету́, -тёшь, -ту́т
imp.	сплети́, ~те
pt.	сплёл, -ела́
g.pt.a.	сплетя́
p.pt.a.	сплётший
p.pt.p.	сплетённый; сплетён, -ена́

сплести́сь *v* sich verflechten; *übtr* sich verbinden, sich verflechten ‖ *uv* сплета́ться

сплета́ть(ся) *uv zu* сплести́(сь)

сплётничать 1a *uv* klatschen, Gerüchte verbreiten. — (на-)

сплоти́ть *uv* **1.** что zusammenfügen **2.** *übtr* кого́-что einigen, fest zusammenschließen ‖ *uv* спла́чивать 1a

ft.	сплочу́, -оти́шь, -отя́т
imp.	сплоти́, ~те
pt.	сплоти́л
g.pt.a.	сплоти́в
p.pt.a.	сплоти́вший
p.pt.p.	сплочённый; сплочён, -ена́

сплоти́ться, *1. u. 2. Pers ungebr*, *v* вокру́г кого́-чего́ sich zusammenschließen, sich scharen (um) ‖ *uv* спла́чиваться

сплохова́ть 5 *v umg* einen Fehler machen

сплоша́ть 2 *v volksspr* einen Fehler machen

сплутова́ть 5 *v umg* mogeln, betrügen, Spitzbübereien begehen

сплыва́ть(ся) *uv zu* сплы́ть(ся)

сплыть *v umg* **1.** stromabwärts schwimmen **2.** überlaufen, überfließen ‖ *uv* сплыва́ть 2a

ft.	сплыву́, -вёшь, -ву́т
imp.	сплыви́, ~те
pt.	сплыл, -ыла́, -ы́ло
g.pt.a.	сплыв
p.pt.a.	сплы́вший

сплы́ться *v umg* zusammenlaufen, verschwimmen ‖ *uv* сплыва́ться
pt. сплы́лся, -ыла́сь, -ы́ло́сь

сплю́нуть 6 *v* **1.** spucken **2.** что ausspukken ‖ *uv* сплёвывать 2a

imp.	сплюнь, ~те
p.pt.p.	сплю́нутый

сплю́снуть 6 *v* что *umg* breit-, plattdrücken, abplatten

p.pt.p.	сплю́снутый

сплю́снуться *v umg* plattgedrückt werden

сплю́щивать(ся) *uv zu* сплю́щить(ся)

сплю́щить *v* что platt-, breitdrücken, abplatten || *uv* сплю́щивать 1a
ft. сплю́щу, -щишь, -щат
imp. сплю́щи, ~те
pt. сплю́щил
g.pt.a. сплю́щив
p.pt.a. сплю́щивший
p.pt.p. сплю́щенный

сплю́щиться *v* plattgedrückt werden, flach werden || *uv* сплю́щиваться

спляса́ть *v zu* пляса́ть
ft. спляшу́, -я́шешь, -я́шут
imp. спляши́, ~те
pt. сплясáл
g.pt.a. сплясáв
p.pt.a. сплясáвший
p.pt.p. спля́санный

спо́дличать 1 *v umg* gemein handeln, niederträchtig sein

сподо́бить, *1. u. 2. Pers ungebr, v* кого́-что **1.** *alt* für würdig befinden **2.** *meist unpers, volksspr iron* veranlassen, dazu bringen || *uv* сподобля́ть 2a
ft. сподо́бит, -бят
pt. сподо́бил
g.pt.a. сподо́бив
p.pt.a. сподо́бивший

сподо́биться *v* чего́ *oder mit Infinitiv alt, jetzt iron* für würdig befunden werden, die Ehre haben || *uv* сподобля́ться

сподобля́ть(ся) *uv zu* сподо́бить(ся)

спознава́ться *uv zu* спозна́ться
pr. спознаю́сь, -аёшься, -аю́тся
imp. спознава́йся, -а́йтесь
pt. спознава́лся, -лась
g.pr.a. спознава́ясь
p.pr.a. спознаю́щийся
p.pt.a. спознава́вшийся

спозна́ться 2 *v* с кем-чем *volksspr* bekannt werden (mit), (näher) kennenlernen || *uv* спознава́ться, Formen das.

спои́ть *v* **1.** кому́ что *volksspr* zu trinken geben **2.** кого́-что *umg* betrunken machen **3.** кого́-что *umg* zum Trinker machen || *uv* спа́ивать 1a
ft. спою́, спо́ишь, спо́ят
imp. спой, ~те
pt. спои́л
g.pt.a. спои́в
p.pt.a. спои́вший
p.pt.p. спо́енный

спола́скивать *uv zu* сполосну́ть

сполза́ть(ся) *uv zu* сползти́(сь)

сползти́ *v* **1.** hinunter-, herunterkriechen **2.** herunterrutschen **3.** *übtr umg* allmählich verschwinden **4.** *übtr* к чему́ abgleiten (in) || *uv* сполза́ть 2a
ft. сползу́, -зёшь, -зу́т
imp. сползи́, ~те
pt. сполз, ~ла́
g.pt.a. спо́лзши
p.pt.a. спо́лзший

сползти́сь, *1. u. 2. Pers ungebr, v* zusammenkriechen || *uv* сполза́ться

сполосну́ть 7 *v* что abspülen || *uv* спола́скивать 1a

спонти́ровать *v zu* понти́ровать

спо́рить *uv* с кем-чем о ком-чём **1.** streiten **2.** wetten **3.** wetteifern, kämpfen. — (по-)
pr. спо́рю, -ришь, -рят
imp. спорь, ~те
pt. спо́рил
g.pr.a. спо́ря
p.pr.a. спо́рящий
p.pt.a. спо́ривший

спо́риться *uv* (кому́) *volksspr* sich streiten

спори́ться, *1. u. 2. Pers ungebr, uv umg* gelingen, gut vorangehen
pr. спори́тся, -ря́тся
pt. спори́лся, -лась
p.pt.a. спори́вшийся

споро́ть *v* что abtrennen || *uv* спа́рывать 1a
ft. спорю́, спо́решь, спо́рют
imp. спори́, ~те
pt. споро́л
g.pt.a. споро́в
p.pt.a. споро́вший
p.pt.p. спо́ротый

спорхну́ть 7 *v* herunterflattern || *uv* спа́рхивать 1a
kein *p.pt.p.*

спосо́бствовать 4a *uv* **1.** кому́-чему́ в чём beitragen (zu), fördern **2.** чему́ begünstigen || *v* поспосо́бствовать 4

споткну́ться 7 *v* **1.** *mit oder ohne* обо что stolpern, straucheln (über) **2.** *übtr* на чём *umg* stocken, steckenbleiben, straucheln, zu Fall kommen || *uv* спотыка́ться 2a

спотыка́ться *uv zu* споткну́ться *u.* спотыкну́ться

спотыкну́ться 7 *v alt u. volksspr* **1.** *mit oder ohne* обо что stolpern, straucheln (über) **2.** *übtr* на *umg* чём stocken, steckenbleiben, straucheln, zu Fall kommen || *uv* спотыка́ться 2a

спохвати́ться *v umg* sich (plötzlich) besinnen, sich (plötzlich) erinnern ‖ *uv* спохва́тываться 1a

ft.	спохвачу́сь, -а́тишься, -а́тятся
imp.	спохвати́сь, -и́тесь
pt.	спохвати́лся, -лась
g.pt.a.	спохвати́вшись
pt.p.a.	спохвати́вшийся

спохва́тываться *uv zu* спохвати́ться

спра́вить *v* что **1.** *umg* feiern, begehen **2.** *volkssspr* erwerben, kaufen ‖ *uv* справля́ть 2a

ft.	спра́влю, -вишь, -вят
imp.	справь, ~те
pt.	спра́вил
g.pt.a.	спра́вив
p.pt.a.	спра́вивший
p.pt.p.	спра́вленный

спра́виться *v* **1.** с чем *u. ohne Objekt* fertig werden (mit), bewältigen; с кем-чем bezwingen, überwältigen **2.** о ком-чём sich erkundigen (nach), sich informieren (über) ‖ *uv* справля́ться

справля́ть(ся) *uv zu* спра́вить(ся)

спра́шивать(ся) *uv zu* спроси́ть(ся)

спрессова́ть 5 *v* что pressen, zusammenpressen ‖ *uv* спрессо́вывать 1a

спрессова́ться, *1. u. 2. Pers ungebr, v* zusammengepreßt werden ‖ *uv* спрессо́вываться

спрессо́вывать(ся) *uv zu* спрессова́ть(ся)

спринцева́ть *uv* что *med* spülen, eine Spülung machen

pr.	спринцу́ю, -цу́ешь, -цу́ет
imp.	спринцу́й, ~те
pt.	спринцева́л
g.pr.a.	спринцу́я
p.pr.a.	спринцу́ющий
p.pt.a.	спринцева́вший
p.pt.p.	спринцо́ванный

спрова́дить *v* кого́-что *volkssspr* hinauskomplimentieren, abschieben ‖ *uv* спрова́живать 1a

ft.	спрова́жу, -а́дишь, -а́дят
imp.	спрова́дь, ~те
pt.	спрова́дил
g.pt.a.	спрова́див
p.pt.a.	спрова́дивший
p.pt.p.	спрова́женный

спрова́живать *uv zu* спрова́дить

спровоци́ровать 4 *v* **1.** кого́-что provozieren, herausfordern **2.** *med, landw* künstlich hervorrufen

[1,2]**спроекти́ровать** *v zu* [1,2]проекти́ровать

спроси́ть *v* **1.** кого́-что fragen **2.** что *oder* чего́ bitten (um) **3.** кого́-что zu sprechen wünschen **4.** с кого́-чего́ fordern (von); Rechenschaft fordern (von) ‖ *uv* спра́шивать 1a

ft.	спрошу́, -о́сишь, -о́сят
imp.	спроси́, ~те
pt.	спроси́л
g.pt.a.	спроси́в
p.pt.a.	спроси́вший
p.pt.p.	спро́шенный

спроси́ться *v* **1.** кого́-чего́ *oder* у кого́-чего́ *umg* um Erlaubnis bitten **2.** *unpers umg*: за э́то с тебя́ спро́сится dafür wirst du Rechenschaft ablegen müssen ‖ *uv* спра́шиваться

спры́гивать *uv zu* спры́гнуть

спры́гнуть 6 *v* с чего́ hinunter-, herunterspringen ‖ *uv* спры́гивать 1a

спры́скивать *uv zu* спры́снуть

спры́снуть 6 *v* кого́-что **1.** *umg* bespritzen, (ein)sprengen **2.** *übtr volkssspr scherz* begießen, feiern ‖ *uv* спры́скивать 1a

p.pt.p.	спры́снутый

спряга́ть 2a *uv* что *gram* konjugieren, beugen

спряга́ться, *1. u. 2. Pers ungebr, uv gram* konjugiert werden, sich konjugieren lassen

спрями́ть *v* что begradigen, gerade machen ‖ *uv* спрямля́ть 2a

ft.	спрямлю́, -ми́шь, -мя́т
imp.	спрями́, ~те
pt.	спрями́л
g.pt.a.	спрями́в
p.pt.a.	спрями́вший
p.pt.p.	спрямлённый; спрямлён, -ена́

спрямля́ть *uv zu* спрями́ть

спрясть *v* что spinnen

ft.	спряду́, -дёшь, -ду́т
imp.	спряди́, ~те
pt.	спрял, спряла́, спря́ло
g.pt.a.	спрядя́ *u.* спря́дши
p.pt.a.	спря́дший
p.pt.p.	спрядённый; спрядён, -ена́

спря́тать *v zu* пря́тать

ft.	спря́чу, -чешь, -чут
imp.	спрячь, ~те
pt.	спря́тал
g.pt.a.	спря́тав
p.pt.a.	спря́тавший
p.pt.p.	спря́танный

спря́таться *v zu* пря́таться

спу́гивать *uv zu* спугну́ть

спугну́ть 7 *v* кого́-что *umg* verscheuchen, aufscheuchen ‖ *uv* спу́гивать 1a

спуска́ть(ся) *uv zu* спусти́ть(ся)

спусти́ть *v* кого́-что **1.** hinunter-, herunterlassen **2.** loslassen **3.** ablassen *Flüssigkeit oder Gas* **4.** senken, verringern; *umg* abnehmen, an Gewicht verlieren **5.** *umg* durchgehen lassen, verzeihen **6.** *umg* absetzen, verkaufen **7.** *umg* durchbringen, vergeuden ‖ *uv* спуска́ть 2a

ft.	спущу́, спу́стишь, спу́стят
imp.	спусти́, ~те
pt.	спусти́л
g.pt.a.	спусти́в
p.pt.a.	спусти́вший
p.pt.p.	спу́щенный

спусти́ться *v* **1.** hinunter-, heruntersteigen; спусти́ться по реке́ flußabwärts fahren [schwimmen] **2.** *übtr* sinken *moralisch* **3.** на что niedergehen; *flug* landen; *übtr* sich herabsenken **4.** sinken, sich verringern ‖ *uv* спуска́ться

спу́тать 1 *v* **1.** что verwirren, durcheinanderbringen **2.** кого́-что *umg* irre machen, aus dem Konzept bringen **3.** кого́-что с кем-чем verwechseln **4.** кого́-что fesseln, binden ‖ *uv* спу́тывать 1a

спу́таться *v* **1.** sich verwirren, sich verflechten **2.** *umg* irre werden, aus dem Konzept kommen, den Faden verlieren **3.** *umg* verwechseln **4.** с кем *volksspr* sich einlassen (mit) ‖ *uv* спу́тываться

спу́тывать(ся) *uv zu* спу́тать(ся)

спя́тить *v volksspr*: спя́тить с ума́ überschnappen, verrückt werden

ft.	спя́чу, спя́тишь, спя́тят
imp.	спять, ~те
pt.	спя́тил
g.pt.a.	спя́тив
p.pt.a.	спя́тивший

сраба́тывать *uv zu* срабо́тать

[1,2]**сраба́тываться** *uv zu* [1,2]срабо́таться

срабо́тать 1 *v* **1.** funktionieren, gehen *Mechanismus*; ansprechen *Relais* **2.** что *umg* herstellen, ausführen ‖ *uv* сраба́тывать 1a

[1]**срабо́таться** *v* gut zusammenarbeiten, sich (bei der Arbeit) aufeinander einstellen ‖ *uv* сраба́тываться

[2]**срабо́таться,** *1. u. 2. Pers ungebr*, *v* sich (durch ständige Arbeit) abnutzen, verschleißen ‖ *uv* сраба́тываться

[1]**сра́внивать(ся)** *uv zu* сравни́ть(ся)

[2]**сра́внивать(ся)** *uv zu* сравня́ть(ся)

[3]**сра́внивать(ся)** *uv zu* сровня́ть(ся)

сравни́ть *v* кого́-что с кем-чем vergleichen ‖ *uv* сра́внивать 1a

ft.	сравню́, -ни́шь, -ня́т
imp.	сравни́, ~те
pt.	сравни́л
g.pt.a.	сравни́в
p.pt.a.	сравни́вший
p.pr.p.	сравни́мый
p.pt.p.	сравнённый; сравнён, -ена́

сравни́ться *v* с кем-чем в чём sich vergleichen (mit), sich messen (mit) ‖ *uv* сра́вниваться

сравня́ть 2 *v* кого́-что с кем-чем gleichstellen, gleichsetzen, ausgleichen ‖ *uv* сра́внивать 1a

p.pt.p.	сра́вненный

сравня́ться *v* с кем-чем sich messen, sich vergleichen (mit) ‖ *uv* сра́вниваться

сража́ть(ся) *uv zu* срази́ть(ся)

срази́ть *v* кого́-что **1.** (tödlich) treffen, niederstrecken, erschlagen **2.** bezwingen, besiegen **3.** *übtr* erschüttern, niederschmettern ‖ *uv* сража́ть 2a

ft.	сражу́, срази́шь, сразя́т
imp.	срази́, ~те
pt.	срази́л
g.pt.a.	срази́в
p.pt.a.	срази́вший
p.pt.p.	сражённый; сражён, -ена́

срази́ться *v* с кем-чем **1.** den (bewaffneten) Kampf beginnen; kämpfen **2.** *umg scherz* spielen, ein Spiel machen ‖ *uv* сража́ться

срами́ть *uv* кого́-что **1.** *volksspr* schmähen, schimpfen; entehren **2.** *umg* blamieren. — (о-)

pr.	срамлю́, -ми́шь, -мя́т
imp.	срами́, ~те
pt.	срами́л
g.pr.a.	срамя́
p.pr.a.	срамя́щий
p.pt.a.	срами́вший

срами́ться *uv umg* sich blamieren, sich lächerlich machen. — (о-)

враста́ться *uv zu* срасти́сь

срасти́сь *v* **1.** zusammenwachsen, verwachsen, vernarben **2.** *übtr* с кем-чем verwachsen (mit), sich gewöhnen (an) ‖ *uv* сраста́ться 2a

ft.	срасту́сь, -тёшься, -ту́тся
imp.	срасти́сь, -и́тесь
pt.	сро́сся, сросла́сь
g.pt.a.	сро́сшись
p.pt.a.	сро́сшийся

срасти́ть *v* что **1.** zusammenwachsen lassen **2.** fest zusammenfügen **3.** с кем-чем eng [untrennbar] verbinden (mit) ‖ *uv* сра́щивать 1a

ft.	сращу́, срасти́шь, срастя́т
imp.	срасти́, ~те
pt.	срасти́л
g.pt.a.	срасти́в
p.pt.a.	срасти́вший
p.pt.p.	сращённый; сращён, -ена́

сра́щивать *uv zu* срасти́ть

сре́зать *v* **1.** что abschneiden; *übtr umg* kürzen **2.** кого́-что tödlich treffen, niederstrecken **3.** кого́-что das Wort abschneiden **4.** кого́-что *volksspr* durchfallen lassen *beim Examen* ‖ *uv* среза́ть 2a *u.* сре́зывать 1a

ft.	сре́жу, -жешь, -жут
imp.	срежь, ~те
pt.	сре́зал
g.pt.a.	сре́зав
p.pt.a.	сре́завший
p.pt.p.	сре́занный

среза́ть *uv zu* сре́зать

сре́заться *v volkssрr* **1.** durchfallen *beim Examen* **2.** с кем *u. ohne Objekt* kämpfen, sich schlagen; *scherz* spielen ‖ *uv* среза́ться 2a *u.* сре́зываться 1a
Formen nach сре́зать

среза́ться *uv zu* сре́заться

сре́зывать(ся) *uv zu* сре́зать(ся)

срепети́ровать 4 *v* что *theat* einüben, einstudieren, proben

срисова́ть 5 *v* кого́-что abzeichnen, nachzeichnen ‖ *uv* срисо́вывать 1a

срисо́вывать *uv zu* срисова́ть

срифмова́ть 5 *v* что reimen

сробе́ть 3 *v umg* schüchtern [ängstlich] werden, erschrecken

сровня́ть 2 *v* что ebnen, planieren, gerade machen ‖ *uv* сра́внивать 1a

p.pt.p.	сро́вненный

сровня́ться *v* с кем-чем neben j-n treten auf gleiche Höhe kommen (mit) ‖ *uv* сра́вниваться

сродни́ть *v übtr* кого́-что с кем-чем eng verbinden; miteinander vertraut machen

ft.	сродню́, -ни́шь, -ня́т
imp.	сродни́, ~те
pt.	сродни́л
g.pt.a.	сродни́в
p.pt.a.	сродни́вший
p.pt.p.	сроднённый; сроднён, -ена́

сродни́ться *v* с кем-чем **1.** miteinander vertraut werden, **2.** sich gewöhnen (an)

сруба́ть *uv zu* сруби́ть

сруби́ть *v* что **1.** abschlagen; fällen, abholzen **2.** aus Balken [Holz] bauen ‖ *uv* сруба́ть 2a

ft.	срублю́, сру́бишь, сру́бят
imp.	сруби́, ~те
pt.	сруби́л
g.pt.a.	сруби́в
p.pt.a.	сруби́вший
p.pt.p.	сру́бленный

[1]срыва́ть *uv zu* сорва́ть

[2]срыва́ть *uv zu* срыть

срыва́ться *uv zu* сорва́ться

срыть *v* что abtragen, schleifen *Festung* ‖ *uv* срыва́ть 2a

ft.	сро́ю, сро́ешь, сро́ют
imp.	срой, ~те
pt.	срыл
g.pt.a.	срыв
p.pt.a.	сры́вший
p.pt.p.	сры́тый

ссади́ть *v* кого́-что **1.** herunterhelfen, herunternehmen, beim Aussteigen behilflich sein; absetzen, aussteigen lassen **2.** abschürfen, zerschrammen ‖ *uv* сса́живать 1a

ft.	ссажу́, сса́дишь, сса́дят
imp.	ссади́, ~те
pt.	ссади́л
g.pt.a.	ссади́в
p.pt.a.	ссади́вший
p.pt.p.	сса́женный

сса́живать *uv zu* ссади́ть

сседа́ться *uv zu* ссе́сться

ссека́ть *uv zu* ссечь

ссели́ть *v* кого́-что an einem Ort ansiedeln *aus verschiedenen Orten* ‖ *uv* сселя́ть 2a

ft.	сселю́, -ли́шь, -ля́т
imp.	ссели́, ~те
pt.	ссели́л
g.pt.a.	ссели́в
p.pt.a.	ссели́вший
p.pt.p.	сселённый; сселён, -ена́

ссели́ться *v* sich an einem Ort ansiedeln *aus verschiedenen Orten* ‖ *uv* сселя́ться

сселя́ть(ся) *uv zu* ссели́ть(ся)

ссе́сться, *1. u. 2. Pers ungebr*, *v umg* eingehen *Stoff* ‖ *uv* сседа́ться 2a

ft.	ссядется, -дутся
pt.	ссе́лся, -лась
g.pt.a.	ссе́вшись
p.pt.a.	ссе́вшийся

ссечь *v* что abschlagen, abhauen, absäbeln ‖ *uv* ссека́ть 2a

ft. ссекý, ссечёшь, ссекýт
imp. ссеки́, ~те
pt. ссек, ссеклá
g.pt.a. ссéкши
p.pt.a. ссéкший
p.pt.p. ссечённый; ссечён, -енá

ссóрить *uv* когó-что (с кем-чем) aufhetzen, entzweien ‖ *v* поссóрить, Formen das.
pr. ссóрю, -ришь, -рят
imp. ссорь, ~те
pt. ссóрил
g.pr.a. ссóря
p.pr.a. ссóрящий
p.pt.a. ссóривший

ссóриться *uv* с кем-чем sich verfeinden, sich entzweien; sich zanken ‖ *v* поссóриться

ссóхнуться *v* austrocknen; sich verziehen; zusammenschrumpfen; mager werden ‖ *uv* ссыхáться 2a
ft. ссóхнусь, -нешься, -нутся
pt. ссóхся, ссóхлась
g.pt.a. ссóхшись
p.pt.a. ссóхшийся

ссуди́ть *v* когó-что чем *oder* комý-чемý что borgen, leihen; я ссуди́л егó рублём *oder* я ссуди́л емý рубль ich habe ihm einen Rubel geliehen ‖ *uv* ссужáть 2a
ft. ссужý, ссýдишь, ссýдят
imp. ссуди́, ~те
pt. ссуди́л
g.pt.a. ссуди́в
p.pt.a. ссуди́вший
p.pt.p. ссýженный

ссужáть *uv zu* ссуди́ть

ссутýлить *v zu* сутýлить
ft. ссутýлю, -лишь, -лят
imp. ссутýль, ~те
pt. ссутýлил
g.pt.a. ссутýлив
p.pt.a. ссутýливший
p.pt.p. ссутýленный

ссутýлиться *v zu* сутýлиться

ссýчивать *uv zu* ссучи́ть

ссучи́ть *v* что zwirnen ‖ *uv* ссýчивать 1a
ft. ссучý, ссýчи́шь, ссýчáт
imp. ссучи́, ~те
pt. ссучи́л
g.pt.a. ссучи́в
p.pt.a. ссучи́вший
p.pt.p. ссýченный

ссылáть(ся) *uv zu* сослáть(ся)

ссы́пать *v* что **1.** einschütten, aufschütten, zusammenschütten **2.** speichern *Getreide* ‖ *uv* ссыпáть 2a
ft. ссы́плю, ссы́плешь, ссы́плют
imp. ссыпь, ~те
pt. ссы́пал
g.pt.a. ссы́пав
p.pt.a. ссы́павший
p.pt.p. ссы́панный

ссыпáть *uv zu* ссы́пать

ссыхáться *uv zu* ссóхнуться

стабилизи́ровать 4 *u.* 4a *v, uv* что stabilisieren

стабилизи́роваться, *1. u. 2. Pers ungebr, v, uv* stabil werden, sich stabiliseren

стабилизовáть 5 *u.* 5a *v, uv* что stabilisieren

стабилизовáться, *1. u. 2. Pers ungebr, v, uv* sich stabilisieren

стáвить *uv* что **1.** (hin)stellen, (hin)setzen **2.** когó-что *umg* einstellen, ernennen **3.** *theat* aufführen; veranstalten **4.** setzen *beim Spiel* ‖ *v* постáвить, Formen das.
pr. стáвлю, -вишь, -вят
imp. ставь, ~те
pt. стáвил
g.pr.a. стáвя
p.pr.a. стáвящий
p.pt.a. стáвивший
p.pt.p. стáвленный

стажи́ровать 4a *uv* die Probezeit durchmachen, das Praktikum absolvieren

стажи́роваться *uv* die Probezeit durchmachen, das Praktikum absolvieren

стáивать *uv zu* стáять

стáлкивать(ся) *uv zu* столкнýть(ся)

стандартизи́ровать 4 *u.* 4a *v, uv* что standardisieren, normen

стандартизовáть 5 *u.* 5a *v, uv* что standardisieren, normen

[1,2]**станови́ться** *uv zu* [1,2]стать
pr. становлю́сь, -óвишься, -óвятся
imp. станови́сь, -и́тесь
pt. станови́лся, -лась
g.pr.a. становя́сь
p.pr.a. становя́щийся
p.pt.a. станови́вшийся

станцевáть *v zu* танцевáть
ft. станцýю, -ýешь, -ýют
imp. станцýй, ~те
pt. станцевáл
g.pt.a. станцевáв
p.pt.a. станцевáвший
p.pt.p. станцóванный

стáпливать *uv zu* [2]стопи́ть

стáптывать(ся) *uv zu* стоптáть(ся)

стара́ться 2a *uv* sich bemühen, bestrebt sein ‖ *v* постара́ться 2

старе́ть 3a *uv* **1.** alt [älter] werden **2.** veralten. — (по- *zu* 1, у- *zu* 2)

ста́рить *uv* кого́-что alt [älter] machen. — (со-)

ft.	ста́рю, -ришь, -рят
imp.	ста́рь, ~те
pt.	ста́рил
g.pr.a.	ста́ря
p.pr.a.	ста́рящий
p.pt.a.	ста́ривший

ста́риться *uv* alt [älter] werden. — (со-)

стартова́ть 5 *u.* 5a *v*, *uv* starten

стаска́ть 2 *v* что *umg viel, alles nach und nach an einen Platz* schleppen, tragen ‖ *uv* ста́скивать 1a

[1]**ста́скивать** *uv zu* стащи́ть

[2]**ста́скивать** *uv zu* стаска́ть

стасова́ть 5 *v* что mischen *Spielkarten* ‖ *uv* стасо́вывать 1a

стасо́вывать *uv zu* стасова́ть

[1]**стать** *v* **1.** sich stellen, treten **2.** stehenbleiben, (an)halten **3.** *volksspr* kosten, zu stehen kommen ‖ *uv* станови́ться *zu* 1, Formen das.

ft.	ста́ну, -нешь, -нут
imp.	стань, ~те
pt.	стал
g.pt.a.	став
p.pt.a.	ста́вший

[2]**стать** *v* **1.** *als Hilfsverb, mit Infinitiv* anfangen, beginnen **2.** (кем-чем) werden ‖ *uv* станови́ться *zu* 2, Formen das. Formen wie [1]стать

ста́ться, *meist unpers, v umg* geschehen

ft.	ста́нется
pt.	ста́лось

стача́ть 2 *v* что zusammensteppen; *umg* zusammennähen ‖ *uv* ста́чивать 1a

[1]**ста́чивать** *uv zu* стача́ть

[2]**ста́чивать** *uv zu* сточи́ть

ста́чиваться *uv zu* сточи́ться

стащи́ть *v* **1.** кого́-что herunterziehen; abziehen; wegziehen **2.** что zusammenschleppen **3.** что *umg* klauen, mausen ‖ *uv* ста́скивать 1a

ft.	стащу́, ста́щишь, ста́щат
imp.	стащи́, ~те
pt.	стащи́л
g.pt.a.	стащи́в
p.pt.a.	стащи́вший
p.pt.p.	ста́щенный

ста́ять, *1. u. 2. Pers ungebr, v* abtauen, wegtauen ‖ *uv* ста́ивать 1a

ft.	ста́ет, ста́ют
pt.	ста́ял
g.pt.a.	ста́яв
p.pt.a.	ста́явший

створа́живать(ся) *uv zu* створо́жить(ся)

створо́жить *v* что verkäsen lassen; gerinnen lassen ‖ *uv* створа́живать 1a

ft.	створо́жу, -жишь, -жат
imp.	створо́жь, ~те
pt.	створо́жил
g.pt.a.	створо́жив
p.pt.a.	створо́живший
p.pt.p.	створо́женный

створо́житься, *1. u. 2. Pers ungebr, v* verkäsen; gerinnen ‖ *uv* створа́живаться

[1]**стега́ть** 2a *uv* кого́-что *u.* по чему́ *u. ohne Objekt* peitschen | *v mom* стегну́ть 7, *p.pt.p.* стёгнутый

[2]**стега́ть** 2a *uv* что steppen. — (вы́-, про-)

p.pt.p.	стёганный

стегну́ть *v mom zu* [1]стега́ть

стека́ть(ся) *uv zu* сте́чь(ся)

стеклене́ть 3a, *1. u. 2. Pers ungebr, uv* starr [gläsern] werden. — (о-)

стеклографи́ровать 4 *u.* 4a *v*, *uv* что hektographieren *mit Hilfe von Glasplatten*

стели́ть *uv* что *volksspr* ausbreiten, legen, decken; стели́ть посте́ль das Bett machen. — (по-)

pr.	стелю́, сте́лешь, сте́лют
imp.	стели́, ~те
pt.	стлал *u.* стели́л
g.pr.a.	стеля́
p.pr.a.	сте́лющий
p.pt.a.	стели́вший

стели́ться *uv volksspr* **1.** sich ausbreiten, sich ausdehnen **2.**: стели́ться на́ ночь sich das Bett herrichten

стемне́ть 3 *unpers v* dunkel [Nacht] werden

стена́ть 2a *uv buchspr* stöhnen

g.pr.a.	стена́я *u.* стеня́
p.pr.a.	стена́ющий *u.* стеня́щий

стенографи́ровать 4a *uv* что stenographieren. — (за-)

стервене́ть 3a *uv* toben, wütend werden. — (о-)

стереотипи́ровать 4 *u.* 4a *v*, *uv* что *typ* ein Stereo(typ) anfertigen (von)

стере́ть *v* что **1.** abwischen, abreiben, wegwischen **2.** *übtr* verwischen, auslöschen;

löschen *Tonbandaufnahme*; radieren **3.** zerreiben **4.** wundreiben, aufreiben ‖ *uv* стира́ть 2а
ft. сотру́, -рёшь, -ру́т
imp. сотри́, ~те
pt. стёр, ~ла
g.pt.a. стере́в *u.* стёрши
p.pt.a. стёрший
p.pt.p. стёртый

стере́ться, *1. u. 2. Pers ungebr*, *v* **1.** sich verwischen, unscharf werden **2.** abgegriffen werden ‖ *uv* стира́ться

стере́чь *uv* кого́-что **1.** bewachen, behüten; aufpassen **2.** auflauern, belauern
pr. стерегу́, -ежёшь, -егу́т
imp. стереги́, ~те
pt. стерёг, -егла́
p.pr.a. стерегу́щий
p.pt.a. стерёгший

стере́чься *uv* кого́-чего́ *volksspr* sich hüten (vor)

стерилизова́ть 5 *u.* 5а *v*, *uv* кого́-что sterilisieren

стерпе́ть *v* что **1.** ertragen, erdulden **2.** *ohne Objekt*, *meist mit Verneinung* sich beherrschen, an sich halten
ft. стерплю́, сте́рпишь, сте́рпят
imp. стерпи́, ~те
pt. стерпе́л
g.pt.a. стерпе́в
p.pt.a. стерпе́вший

стерпе́ться, *1. u. 2. Pers ungebr*, *v umg* с чем *u. ohne Objekt* sich abfinden (mit), sich gewöhnen (an)

стеса́ть *v* что abschlagen, abhauen ‖ *uv* стёсывать 1а
ft. стешу́, сте́шешь, сте́шут
imp. стеши́, ~те
pt. стеса́л
g.pt.a. стеса́в
p.pt.a. стеса́вший
p.pt.p. стёсанный

стесни́ть *v* кого́-что **1.** einengen, beengen, beschränken; *übtr* bedrängen **2.** lästig werden, zur Last fallen **3.** verwirren, in Verlegenheit bringen ‖ *uv* стесня́ть 2а
ft. стесню́, -ни́шь, -ня́т
imp. стесни́, ~те
pt. стесни́л
g.pt.a. стесни́в
p.pt.a. стесни́вший
p.pt.p. стеснённый; стеснён, -ена́

стесни́ться *v* **1.** sich drängen **2.** *umg* sich einschränken **3.** schwer werden; у меня́ стесни́лось дыха́ние das Atmen wurde mir schwer ‖ *uv* стесня́ться

стесня́ть *uv zu* стесни́ть

стесня́ться 2а *uv* **1.** *uv zu* стесни́ться **2.** кого́-чего́ *oder ohne Objekt oder mit Infinitiv* verlegen [schüchtern] sein, sich genieren. — (по-)

стёсывать *uv zu* стеса́ть

стечь, *1. u. 2. Pers ungebr*, *v* abfließen, ausfließen, aussickern ‖ *uv* стека́ть 2а
ft. стечёт, стеку́т
pt. стёк, стекла́
g.pt.a. стёкши
p.pt.a. стёкший

стёчься, *1. u. 2. Pers ungebr*, *v* **1.** zusammenfließen **2.** *übtr* zusammenkommen, zusammenströmen ‖ *uv* стека́ться

сти́брить *v* что *volksspr* stibitzen, mausen
ft. сти́брю, -ришь, -рят
imp. сти́бри, ~те
pt. сти́брил
g.pt.a. сти́брив
p.pt.a. сти́бривший
p.pt.p. сти́бренный

стилизова́ть 5 *u.* 5а *v*, *uv* что stilisieren

стимули́ровать 4 *u.* 4а *v*, *uv* stimulieren, anspornen, einen Anreiz geben; fördern

[1]стира́ть 2а *uv* что *u. ohne Objekt* waschen *Wäsche*. — (вы́-)
p.pt.p. сти́ранный

[2]стира́ть *uv zu* стере́ть

[1]стира́ться *uv zu* стере́ться

[2]стира́ться 2а, *1. u. 2. Pers ungebr*, *uv* **1.** *umg* gewaschen werden, in der Wäsche sein **2.** sich herauswaschen lassen, herausgehen

сти́скивать(ся) *uv zu* сти́снуть(ся)

сти́снуть 6 *v* кого́-что zusammendrücken; pressen; einzwängen ‖ *uv* сти́скивать 1а
p.pt.p. сти́снутый

сти́снуться, *1. u. 2. Pers ungebr*, *v* sich fest zusammenpressen ‖ *uv* сти́скиваться

стиха́ть *uv zu* сти́хнуть

сти́хнуть *v* **1.** still werden, verstummen **2.** schwächer werden, aufhören *Schmerz*, *Naturerscheinungen*; sich legen *Wind* ‖ *uv* стиха́ть 2а
ft. сти́хну, -нешь, -нут
imp. сти́хни, ~те
pt. стих *u. alt* сти́хнул, сти́хла
g.pt.a. сти́хнув *u. alt* сти́хши
p.pt.a. сти́хший *u.* сти́хнувший

стлать[сл] *uv* что ausbreiten, legen, decken; стлать посте́ль das Bett machen; стлать пол dielen. — (по-)

pr. стелю́, сте́лешь, сте́лют
imp. стели́, ~те
pt. стлал
g.pr.a. стеля́
p.pr.a. сте́лющий
p.pt.a. стла́вший

стла́ться[сл], *1. u. 2. Pers ungebr*, *uv* **1.** sich ausbreiten, sich ausdehnen **2.**: стла́ться на́ ночь sich das Bett herrichten

сто́ить *uv* **1.** что *u.* чего́ kosten **2.** *unpers* чего́ wert sein, sich lohnen **3.** *unpers mit Infinitiv* man braucht nur; сто́ит то́лько сказа́ть одно́ сло́во man braucht nur ein Wort zu sagen
pr. сто́ю, сто́ишь, сто́ят
pt. сто́ил
g.pr.a. сто́я
p.pr.a. сто́ящий
p.pt.a. сто́ивший

столбене́ть 3a *uv umg* erstarren *vor Schreck u. ä.* — (о-)

столкну́ть 7 *v* кого́-что **1.** hinunterstoßen, abstoßen, wegstoßen **2.** zusammenstoßen (lassen) **3.** с кем-чем zusammenführen (mit), in Berührung bringen (mit) ‖ *uv* ста́лкивать 1a

столкну́ться *v* с кем-чем **1.** zusammenstoßen, aufeinanderprallen; *übtr* in Konflikt geraten **2.** treffen; *übtr* in Berührung kommen (mit), stoßen (auf) ‖ *uv* ста́лкиваться

столкова́ться 5 *v* с кем-чем *umg* sich verständigen, zu einem Einverständnis kommen ‖ *uv* столко́вываться 1a

столко́вываться *uv zu* столкова́ться

столова́ться 5a *uv* in Kost [Verpflegung] sein

столо́чь *v* что *umg* zerstoßen, zerkleinern
ft. столку́, -лчёшь, -лку́т
imp. столки́, ~те
pt. столо́к, -лкла́
g.pt.a. столо́кши
p.pt.a. столо́кший
p.pt.p. столчённый; столчён, -ена́

столпи́ть *v* кого́-что zusammendrängen
ft. столплю́, -пи́шь, -пя́т
imp. столпи́, ~те
pt. столпи́л
g.pt.a. столпи́в
p.pt.a. столпи́вший
p.pt.p. столплённый; столплён, -ена́

столпи́ться, *1. u. 2. Person Singular ungebr*, *v* sich zusammendrängen, sich ansammeln

столя́рить *uv volksspr* als Tischler arbeiten
pr. столя́рю, -ришь, -рят
imp. столя́рь, ~те
pt. столя́рил
g.pr.a. столя́ря
p.pr.a. столя́рящий
p.pt.a. столя́ривший

столя́рничать 1a *uv* tischlern, das Tischlerhandwerk betreiben

стона́ть *uv* stöhnen, ächzen
pr. стону́ *u.* стона́ю, сто́нешь, сто́нут
imp. стони́, ~те
pt. стона́л
g.pr.a. стона́я
p.pr.a. сто́нущий
p.pt.a. стона́вший

[1]**стопи́ть** *v* что *volkssp*r heizen, verfeuern
ft. стоплю́, сто́пишь, сто́пят
imp. стопи́, ~те
pt. стопи́л
g.pt.a. стопи́в
p.pt.a. стопи́вший
p.pt.p. сто́пленный

[2]**стопи́ть** *v* что **1.** zusammenschmelzen **2.** *volkssp*r auslassen, zerlassen ‖ *uv* ста́пливать 1a
Formen wie [1]стопи́ть

сто́порить *uv* что **1.** stoppen, bremsen **2.** feststellen, verriegeln **3.** *übtr umg* verzögern, bremsen. — (за-)
pr. сто́порю, -ришь, -рят
imp. сто́пори, ~те
pt. сто́порил
g.pr.a. сто́поря
p.pr.a. сто́порящий
p.pt.a. сто́поривший

сто́пориться, *1. u. 2. Pers ungebr*, *uv* **1.** stehenbleiben, stoppen **2.** *übtr umg* ins Stocken geraten

стопта́ть *v* что **1.** schieftreten, abtragen *Schuhe* **2.** *umg* zertreten, niedertreten ‖ *uv* ста́птывать 1a
ft. стопчу́, сто́пчешь, сто́пчут
imp. стопчи́, ~те
pt. стопта́л
g.pt.a. стопта́в
p.pt.a. стопта́вший
p.pt.a. сто́птанный

стопта́ться, *1. u. 2. Pers ungebr*, *v* schiefgetreten werden *Schuhe* ‖ *uv* ста́птываться

сторгова́ть 5 *v* что *volkssp*r erhandeln ‖ *uv* сторго́вывать* 1a

сторгова́ться *v* с кем-чем **1.** handelseinig werden **2.** *umg* sich ausmachen, vereinbaren || *uv* сторго́вываться

сторго́вывать(ся) *uv zu* сторгова́ть(ся)

сторнова́ть 5a что *uv* dreschen, ohne die Garben aufzubinden

p.pt.p.	сторно́ванный

сторожи́ть *uv* кого́-что **1.** bewachen, Wächter sein **2.** auflauern, beobachten

pr.	сторожу́, -жи́шь, -жа́т
imp.	сторожи́, ~те
pt.	сторожи́л
g.pr.a.	сторожа́
p.pr.a.	сторожа́щий
p.pt.a.	сторожи́вший

сторони́ться *uv* **1.** zur Seite treten [gehen] **2.** кого́-чего́ *u. volksspr* от кого́-чего́ meiden, aus dem Wege gehen

pr.	стороню́сь, -о́нишься, -о́нятся
imp.	сторони́сь, -и́тесь
pt.	сторони́лся
g.pr.a.	стороня́сь
p.pr.a.	стороня́щийся
p.pt.a.	сторони́вшийся

стоскова́ться 5 *v* по ком-чём, по кому́-чему́ *umg* sich sehnen (nach); sich langweilen

сточи́ть *v* что abschleifen || *uv* ста́чивать 1a

ft.	сточу́, сто́чишь, сто́чат
imp.	сточи́, ~те
pt.	сточи́л
g.pt.a.	сточи́в
p.pt.a.	сточи́вший
p.pt.p.	сто́ченный

сточи́ться, *1. u. 2. Pers ungebr, v* sich abschleifen || *uv* ста́чиваться

стошни́ть *unpers v* кого́-что erbrechen; меня́ стошни́ло ich mußte mich übergeben

ft.	стошни́т
pt.	стошни́ло

стоя́ть *uv* **1.** stehen **2.** nicht vorangehen, (an)halten **3.** andauern, herrschen **4.** *mil* liegen, sich aufhalten **5.** за кого́-что eintreten, sich einsetzen (für)

pr.	стою́, стои́шь, стоя́т
imp.	стой, ~те
pt.	стоя́л
g.pr.a.	сто́я *u.* стоя́* *u. volksspr* сто́ючи
p.pr.a.	стоя́щий
p.pt.a.	стоя́вший

[1]**страви́ть** *v* **1.** кого́-что aufeinanderhetzen, aufeinander loslassen **2.** что *landw* abweiden lassen; verfüttern || *uv* стра́вливать 1a *u. umg* стравля́ть 2a

ft.	стравлю́, стра́вишь, стра́вят
imp.	страви́, ~те
pt.	страви́л
g.pt.a.	страви́в
p.pt.a.	страви́вший
p.pt.p.	стра́вленный

[2]**страви́ть** *v* что **1.** *naut* entspannen, lockern, **2.** *tech* etwas ablassen *Dampf* || *uv* стра́вливать 1a *u.* стравля́ть 2a Formen wie [1]страви́ть

[1,2]**стра́вливать** *uv zu* [1,2]страви́ть

[1,2]**стравля́ть** *uv zu* [1,2]страви́ть

стра́гивать(ся) *uv zu* стро́нуть(ся)

страда́ть 2a *uv* **1.** чем leiden (an); от чего́ *oder* за что leiden (unter) **2.** *umg* fehlen, nachlassen; у него́ страда́ет орфогра́фия bei ihm ist es mit der Rechtschreibung schlecht bestellt || *v* пострада́ть 2

стра́ивать *uv zu* стро́ить

стра́нничать 1a *uv umg* umherwandern, ein Wanderleben führen

стра́нствовать 4a *uv* **1.** (umher)reisen; auf Wanderschaft sein, ein Wanderleben führen **2.** *alt* pilgern, wallfahren

страхова́ть 5a *uv* кого́-что **1.** versichern, eine Versicherung abschließen **2.** *übtr* sichern, Hilfestellung leisten. — (за- *zu* 1)

p.pt.p.	страхо́ванный

страхова́ться *uv* **1.** sich versichern **2.** sich sichern. — (за-)

страши́ть *uv* кого́-что Angst einjagen

pr.	страшу́, -ши́шь, -ша́т
imp.	страши́, ~те
pt.	страши́л
g.pr.a.	страша́
p.pr.a.	страша́щий
p.pt.a.	страши́вший
p.pr.p.	страши́мый

страши́ться *uv* кого́-чего́ sich fürchten, Angst haben (vor)

стращ́ать 2a *uv* кого́-что *volksspr* erschrecken, in Schrecken versetzen. — (по-)

стрекота́ть *uv* zirpen; rattern, tuckern; *umg* schwatzen

pr.	стрекочу́, -о́чешь, -о́чут
imp.	стрекочи́, ~те
pt.	стрекота́л
g.pr.a.	стрекоча́
p.pr.a.	стреко́чущий
p.pt.a.	стрекота́вший

стре́ливать *uv iterativ zu* стреля́ть

стрели́ть *v gbt* **1.** einen Schuß abgeben **2.** кого́-что erschießen
ft. стрелю́, -е́лишь, -е́лят
imp. стрели́, ~те
pt. стрели́л
g.pt.a. стрели́в
p.pt.a. стрели́вший

стрельну́ть 7 *v* **1.** *mom zu* стреля́ть **2.** *umg* davonstürzen, ausreißen
kein *p.pt.p.*

стреля́ть 2a *uv* **1.** в кого́-что schießen (auf) **2.** кого́-что erschießen, erlegen **3.** *unpers* stechen; у меня́ стреля́ет в пра́вом у́хе ich habe (stechende) Schmerzen im rechten Ohr | *v mom* стрельну́ть 7 *zu* 1, 3 | *uv iterativ umg* стре́ливать 1a

стреля́ться *uv* **1.** sich erschießen **2.** с кем *u. ohne Objekt alt* sich duellieren

стреми́ть *uv* кого́-что *buchspr* **1.** fortreißen, treiben; **2.** *übtr* lenken (auf)
pr. стремлю́, -ми́шь, -мя́т
imp. стреми́, ~те
pt. стреми́л
g.pr.a. стремя́
p.pr.a. стремя́щий
p.pt.a. стреми́вший

стреми́ться *uv* **1.** к чему́ streben (nach), anstreben **2.** eilen, zustreben

страно́живать *uv zu* стрено́жить

стрено́жить *v* кого́-что fesseln; koppeln *Pferde* || *uv* стрено́живать 1a
ft. стрено́жу, -жишь, -жат
imp. стрено́жь, ~те
pt. стрено́жил
g.pt.a. стрено́жив
p.pt.a. стрено́живший
p.pt.p. стрено́женный

стричь *uv* кого́-что scheren; schneiden; beschneiden *Bäume*. — (о-, об-)
pr. стригу́, -ижёшь, -игу́т
imp. стриги́, ~те
pt. стриг, ~ла
p.pr.a. стригу́щий
p.pt.a. стри́гший
p.pt.p. стри́женный

стри́чься *uv* **1.** sich die Haare schneiden lassen **2.** eine (kurzgeschnittene) Frisur tragen. — (о-, об-)

строга́ть 2a *u. umg* **струга́ть** 2a *uv* что (ab)hobeln. — (вы́-)
p.pt.p. стро́ганный *u. umg* стру́ганный

стро́ить *uv* что **1.** bauen, errichten **2.** *übtr* aufbauen, schaffen **3.** на чём bauen, gründen (auf) **4.** einrichten, organisieren **5.** кого́-что *mil* formieren, in Formation aufstellen **6.** *umg*: стро́ить грима́сы eine Fratze schneiden || *v* постро́ить, Formen das. — (вы́- *zu* 1, 5, со- *zu* 6)
pr. стро́ю, -о́ишь, -о́ят
imp. строй, ~те
pt. стро́ил
g.pr.a. стро́я
p.pr.a. стро́ящий
p.pt.a. стро́ивший
p.pr.p. стро́имый
p.pt.p. стро́енный*

строи́ть *v* что **1.** verdreifachen; drei Stück miteinander verbinden **2.** dreimal wiederholen || *uv* стра́ивать 1a
ft. строю́, -ои́шь, -оя́т
imp. строй́, ~те
pt. строи́л
g.pt.a. строи́в
p.pt.a. строи́вший
p.pt.p. строённый; строён, -ена́

стро́иться *uv* **1.** sich ein Haus bauen **2.** sich formieren, antreten || *v* постро́иться, Formen nach постро́ить. — (вы́- *zu* 2)
Formen nach стро́ить

стро́нуть 6 *v* кого́-что *umg* **1.** wegrücken **2.** aufschrecken *Tiere* || *uv* стра́гивать 1a
imp. стронь, ~те
p.pt.p. стро́нутый

стро́нуться *v umg* sich vom Platz bewegen, wegrücken || *uv* стра́гиваться

строчи́ть *uv* что **1.** steppen **2.** *umg* auf der Nähmaschine nähen **3.** *umg* hastig schreiben **4.** *ohne Objekt umg* knattern *MG, Maschinenpistole*. — (вы́- *zu* 1, на- *zu* 3, про- *zu* 1, 3)
pr. строчу́, стро́чи́шь, стро́ча́т
imp. строчи́, ~те
pt. строчи́л
g.pr.a. строча́
p.pr.a. строча́щий
p.pt.a. строчи́вший
p.pr.p. строчи́мый
p.pt.p. строчённый; строчён, -ена́

струга́ть *s.* строга́ть

струи́ть, *1. u. 2. Pers ungebr, uv* что *buchspr* fließen lassen, ausströmen
pr. струи́т, струя́т
pt. струи́л
g.pr.a. струя́
p.pr.a. струя́щий
p.pt.a. струи́вший
p.pr.p. струи́мый

струи́ться, *1. u. 2. Pers ungebr, uv* rinnen, rieseln; strömen

стру́сить *v* **1.** Angst bekommen, es mit der Angst zu tun bekommen **2.** пе́ред кем-чем *u. alt* кого́-чего́ sich fürchten
ft. стру́шу, -у́сишь, -у́сят
imp. струсь, ~те
pt. стру́сил
g.pt.a. стру́сив
p.pt.a. стру́сивший

струхну́ть 7 *v umg* es mit der Angst zu tun bekommen
kein *p.pt.p.*

стря́пать 1a *uv* что **1.** kochen, zubereiten **2.** *übtr, meist iron* verfassen; zusammenschmieren; zusammenzimmern ‖ *v* со-стря́пать 1

стряса́ть(ся) *uv zu* стрясти́(сь)

стрясти́ *v* что herunterschütteln, abschütteln ‖ *uv* стряса́ть 2a
ft. стрясу́, -сёшь, -су́т
imp. стряси́, ~те
pt. стряс, ~ла́
g.pt.a. стря́сши
p.pt.a. стря́сший
p.pt.p. стрясённый; стрясён, -ена́

стрясти́сь, *1. u. 2. Pers ungebr, v umg* geschehen, passieren ‖ *uv* стряса́ться

стря́хивать *uv zu* стряхну́ть

стряхну́ть 7 *v* кого́-что abschütteln, abwerfen ‖ *uv* стря́хивать 1a

студене́ть 3a, *1. u. 2. Pers ungebr*, *uv umg* zu Sülze werden, gelieren. — (за-)

студи́ть *uv* что *umg* kalt werden lassen. — (о-)
pr. стужу́, сту́дишь, сту́дят
imp. студи́, ~те
pt. студи́л
g.pr.a. студя́
p.pr.a. студя́щий
p.pt.a. студи́вший
p.pt.p. сту́женный

сту́кать(ся) *uv zu* сту́кнуть(ся)

сту́кнуть 6 *v* **1.** pochen, klopfen, klappern **2.** кого́-что *umg* schlagen, stoßen **3.** *umg* (heran)kommen *bei Altersangaben*; ему́ со́рок сту́кнуло er ist vierzig (geworden) ‖ *uv* сту́кать 1a
p.pt.p. сту́кнутый

сту́кнуться *v* обо что sich stoßen (an) ‖ *uv* сту́каться

ступа́ть 2a *uv* **1.** *uv zu* ступи́ть **2.** gehen

ступи́ть *v* **1.** schreiten, treten **2.** geraten ‖ *uv* ступа́ть 2a *zu* 1
ft. ступлю́, сту́пишь, сту́пят
imp. ступи́, ~те
pt. ступи́л
g.pt.a. ступи́в
p.pt.a. ступи́вший

стуча́ть *uv* pochen, klopfen. — (по-)
pr. стучу́, -чи́шь, -ча́т
imp. стучи́, ~те
pt. стуча́л
g.pr.a. стуча́
p.pr.a. стуча́щий
p.pt.a. стуча́вший

стуча́ться *uv* **1.** *umg* sich stoßen **2.** anklopfen. — (по-)

стушева́ться *v* **1.** sich verwischen **2.** in den Hintergrund [Schatten] treten **3.** *übtr umg* schüchtern [verlegen] werden ‖ *uv* стушёвываться 1a
ft. стушу́юсь, -у́ешься, -у́ются
imp. стушу́йся, -у́йтесь
pt. стушева́лся, -лась
g.pt.a. стушева́вшись
p.pt.a. стушева́вшийся

стушёвываться *uv zu* стушева́ться

стуши́ть *v zu* ²туши́ть
ft. стушу́, сту́шишь, сту́шат
imp. стуши́, ~те
pt. стуши́л
g.pt.a. стуши́в
p.pt.a. стуши́вший
p.pt.p. сту́шенный

стыди́ть *uv* кого́-что **1.** ins Gewissen reden, Vorwürfe machen **2.** *umg* schänden, schmähen. — (при-)
pr. стыжу́, стыди́шь, стыдя́т
imp. стыди́, ~те
pt. стыди́л
g.pr.a. стыдя́
p.pr.a. стыдя́щий
p.pt.a. стыди́вший

стыди́ться *uv* кого́-чего́ *u. mit Infinitiv* sich schämen. — (по-)

сты́нуть *s.* стыть

стыть *u.* **сты́нуть** *uv* kalt werden; *übtr* abkühlen. — (о-)
pr. сты́ну, -нешь, -нут
imp. стынь, ~те
pt. стыл *u. alt* сты́нул, сты́ла
p.pr.a. сты́нущий
p.pt.a. сты́вший *u.* сты́нувший

стя́гивать(ся) *uv zu* стяну́ть(ся)

стяжа́ть 2 *u.* 2a *v*, *uv* что *buchspr* **1.** *auch ohne Objekt* habgierig an sich bringen; Reichtümer anhäufen **2.** *übtr* erwerben
p.pt.p. стяжа́нный

стяну́ть 7 *v* что **1.** zusammenziehen, zusammenschnüren **2.** zusammenziehen, sammeln, konzentrieren **3.** herunterziehen **4.** *umg* klauen, mausen ‖ *uv* стя́гивать 1a *zu* 1—3
ft. стяну́, стя́нешь, стя́нут
p.pt.p. стя́нутый

стяну́ться *v* **1.** sich zusammenziehen **2.** *umg* sich eng schnüren [gürten] **3.** sich sammeln, sich konzentrieren ‖ *uv* стя́гиваться

сублими́ровать 4 *u.* 4a *v, uv* что *chem* sublimieren

субсиди́ровать 4 *u.* 4a *v, uv* кого́-что subventionieren, finanziell unterstützen

суда́чить *uv umg* klatschen, tratschen
pr. суда́чу, -чишь, -чат
imp. суда́чь, ~те
pt. суда́чил
g.pr.a. суда́ча
p.pr.a. суда́чащий
p.pt.a. суда́чивший

суди́ть *uv* **1.** о ком-чём *u. ohne Objekt* urteilen (über), beurteilen **2.** кого́-что richten, verurteilen **3.** что *u. ohne Objekt Sport* Schiedsrichter sein, ein Spiel leiten
pr. сужу́, су́дишь, су́дят
imp. суди́, ~те
pt. суди́л
g.pr.a. судя́ *u. in best. Wendungen* су́дя
p.pr.a. судя́щий
p.pt.a. суди́вший
p.pr.p. суди́мый
p.pt.p. суждённый; суждён, -ена́

суди́ться *uv* с кем-чем prozessieren (gegen)

сует́иться *uv* hasten, geschäftig hin und her eilen
pr. суечу́сь, сует́ишься, суетя́тся
imp. суети́сь, -и́тесь
pt. суети́лся, -лась
g.pr.a. суетя́сь
p.pr.a. суетя́щийся
p.pt.a. суети́вшийся

сужа́ть(ся) *uv zu* су́зить(ся)

су́живать(ся) *uv zu* су́зить(ся)

су́зить *v* что **1.** eng(er) machen, verengen **2.** *tech* verjüngen **3.** *übtr* verringern, einschränken ‖ *uv* су́живать 1a *u.* сужа́ть 2a
ft. су́жу, су́зишь, су́зят
imp. су́зи, ~те
pt. су́зил
g.pt.a. су́зив
p.pt.a. су́зивший
p.pt.p. су́женный

су́зиться, *1. u. 2. Pers ungebr, v* **1.** sich verengen, enger werden **2.** sich verringern ‖ *uv* су́живаться *u.* сужа́ться

сули́ть *uv* кого́-что кому́-чему́ *u. mit Infinitiv* **1.** voraussagen, verheißen **2.** *volksspr* versprechen. — (по- *zu* 2)
pr. сулю́, сули́шь, суля́т
imp. сули́, ~те
pt. сули́л
g.pr.a. суля́
p.pr.a. суля́щий
p.pt.a. сули́вший
p.pr.p. сули́мый
p.pt.p. сулённый; сулён, -ена́

сумасбро́дить *uv umg* unüberlegt [unvernünftig] handeln
pr. сумасбро́жу, -о́дишь, -о́дят
imp. сумасбро́дь, ~те
pt. сумасбро́дил
g.pr.a. сумасбро́дя
p.pr.a. сумасбро́дящий
p.pt.a. сумасбро́дивший

сумасбро́дничать 1a *uv* unüberlegt [unvernünftig] handeln

сумасбро́дствовать 4a *uv* unüberlegt [unvernünftig] handeln

сумасше́ствовать 4a *uv umg* unvernünftig [wie ein Verrückter] handeln

су́мерничать 1a *uv umg* Dämmerstunde (ab)halten

суме́ть 3 *v mit Infinitiv* können, vermögen, imstande sein

сумми́ровать 4 *u.* 4a *v, uv* что **1.** addieren, zusammenrechnen, summieren **2.** zusammenfassen, verallgemeinern

су́мничать 1 *v umg iron.* kluge Reden führen

су́нуть 6 *v u. mom* **1.** *v zu* сова́ть **2.** что кому́ *u. ohne Objekt volksspr* (j-n) bestechen
imp. сунь, ~те
p.pt.p. су́нутый

су́нуться *v* **1.** *v zu* сова́ться **2.** *umg* hineinstecken, -bohren

су́пить *uv* что *umg Augenbrauen* zusammenziehen. — (на-)
pr. су́плю, су́пишь, су́пят
imp. супь, ~те
pt. су́пил
g.pr.a. су́пя
p.pr.a. су́пящий
p.pt.a. су́пивший

су́питься *uv umg* die Stirn runzeln. — (на-)

суро́веть 3а *uv* rauh [streng] werden. — (по-)

сурьми́ть *uv* что *alt* schwarz färben *Haare, Wimpern.* — (на-)
pr. сурьмлю́, -ми́шь, -мя́т
imp. сурьми́, ~те
pt. сурьми́л
g.pr.a. сурьмя́
p.pr.a. сурьмя́щий
p.pt.a. сурьми́вший
p.pt.p. сурьмлённый; сурьмлён, -ена́

сурьми́ться *uv alt* sich (die Wimpern, Augenbrauen) schwarz färben. — (на-)

су́слить *uv* что *volksspr* **1.** schlürfen, langsam essen [trinken] **2.** begeifern, mit Speichel beschmutzen. — (за- *zu* 2)
pr. су́слю, -лишь, -лят
imp. су́сли, ~те
pt. су́слил
g.pr.a. су́сля
p.pr.a. су́слящий
p.pt.a. су́сливший

сусо́лить *uv* что *volksspr* **1.** schlürfen, langsam essen [trinken] **2.** begeifern, mit Speichel [Fett] beschmutzen **3.** с кем große Umstände machen (mit). — (за- *zu* 2)
pr. сусо́лю, -лишь, -лят
imp. сусо́ль, ~те
pt. сусо́лил
g.pr.a. сусо́ля
p.pr.a. сусо́лящий
p.pt.a. сусо́ливший

суту́лить *uv* что beugen *Rücken* ‖ *v* ссуту́лить, Formen das.
pr. суту́лю, -лишь, -лят
imp. суту́ль, ~те
pt. суту́лил
g.pr.a. суту́ля
p.pr.a. суту́лящий
p.pt.a. суту́ливший

суту́литься *uv* krumm gehen [sitzen], sich krümmen ‖ *v* ссуту́литься

сутя́жничать 1а *uv umg* rücksichtslos prozessieren

суфли́ровать 4а *uv* кому́ *theat* vorsagen, soufflieren

сучи́ть *uv* **1.** что zwirnen **2.** что ausrollen *Teig* **3.** чем *umg* zappeln, rudern *mit Armen oder Beinen.* — (с- *zu* 1)
pr. сучу́, су́чи́шь, су́ча́т
imp. сучи́, ~те
pt. сучи́л
g.pr.a. суча́
p.pr.a. суча́щий
p.pt.a. сучи́вший
p.pt.p. су́ченный

суши́ть *uv* кого́-что **1.** (aus)trocknen **2.** *übtr* entkräften, auszehren **3.** *übtr* gefühllos [hartherzig] machen. — (вы́-)
pr. сушу́, су́шишь, су́шат
imp. суши́, ~те
pt. суши́л
g.pr.a. суша́
g.pt.a. суши́в
p.pr.a. су́шащий
p.pt.a. суши́вший
p.pr.p. суши́мый
p.pt.p. су́шенный

суши́ться *uv* **1.** trocknen, dörren **2.** sich trocknen lassen. — (вы́- *zu* 1)

существова́ть 5а *uv* **1.** existieren, vorhanden sein **2.** чем *oder* на что existieren, leben (von)

сфабрикова́ть *v zu* фабрикова́ть

сфальцева́ть *v zu* фальцева́ть
ft. сфальцу́ю, -у́ешь, -у́ют
imp. сфальцу́й, ~те
pt. сфальцева́л
g.pt.a. сфальцева́в
p.pt.a. сфальцева́вший
p.pt.p. сфальцо́ванный

сфальши́вить *v zu* фальши́вить
ft. сфальши́влю, -вишь, -вят
imp. сфальши́вь, ~те
pt. сфальши́вил
g.pt.a. сфальши́вив
p.pt.a. сфальши́вивший

сфантази́ровать *v zu* фантази́ровать

сфиска́лить *v zu* фиска́лить
ft. сфиска́лю, -лишь, -лят
imp. сфиска́ль, ~те
pt. сфиска́лил
g.pt.a. сфиска́лив
p.pt.a. сфиска́ливший

сфокуси́ровать *v zu* фокуси́ровать

сфо́кусничать *v zu* фо́кусничать

сформирова́ть 5 *v* что **1.** formen, ausbilden, prägen **2.** formieren, zusammenstellen ‖ *uv* сформиро́вывать 1а

сформирова́ться *v* sich formieren, sich entwickeln ‖ *uv* сформиро́вываться

сформиро́вывать(ся) *uv zu* сформирова́ть(ся)

сформова́ть 5 *v* что **1.** formen, modellieren **2.** eine Gießform herstellen

сформули́ровать 4 *v* что formulieren

сформули́роваться, *1. u. 2. Pers ungebr, v* formuliert werden, seinen Ausdruck finden

сфотографи́ровать(ся) *v zu* фотографи́ровать(ся)

сфугова́ть 5 *v* что verfugen *Bretter* ‖ *uv* сфуго́вывать 1a

сфуго́вывать *uv zu* сфугова́ть

схвати́ть *v* **1.** кого́-что fassen, packen, (er)greifen **2.** что *umg* sich *eine Krankheit* holen [zuziehen] **3.** *übtr* что *umg* erfassen, begreifen **4.** что *tech* zusammenhalten, befestigen ‖ *uv* схва́тывать 1a
ft. схвачу́, -а́тишь, -а́тят
imp. схвати́, ~те
pt. схвати́л
g.pt.a. схвати́в
p.pt.a. схвати́вший
p.pt.p. схва́ченный

схвати́ться *v* **1.** за кого́-что greifen (nach); *übtr* sich klammern (an) **2.** aneinander geraten; handgemein werden **3.** *umg* sich plötzlich erinnern **4.** fest werden *Bindemittel* ‖ *uv* схва́тываться
g.pt.a. схватя́сь *u.* схвати́вшись

схва́тывать(ся) *uv zu* схвати́ть(ся)

схематизи́ровать 4 *u.* 4a *v, uv* что schematisieren, schematisch darstellen

схитри́ть *v* zu einer List greifen
ft. схитрю́, -ри́шь, -ря́т
imp. схитри́, ~те
pt. схитри́л
g.pt.a. схитри́в
p.pt.a. схитри́вший

схлы́нуть 6, *1. u. 2. Pers ungebr, v* **1.** zurückfluten, zurückströmen **2.** auseinandergehen, sich verlaufen *Menschenmenge*; nachlassen, verschwinden *Gefühl*
imp. схлынь, ~те

[1]**сходи́ть** *uv zu* сойти́
pr. схожу́, схо́дишь, схо́дят
imp. сходи́, ~те
pt. сходи́л
g.pr.a. сходя́
p.pr.a. сходя́щий
p.pt.a. сходи́вший

[2]**сходи́ть** *v* **1.** (hin)gehen (und wieder zurückkommen) **2.** *umg* austreten, seine Notdurft verrichten
ft. схожу́, схо́дишь, схо́дят
imp. сходи́, ~те
pt. сходи́л
g.pt.a. сходи́в
p.pt.a. сходи́вший

сходи́ться *uv zu* сойти́сь
Formen nach [1]сходи́ть

схо́дствовать 4a *uv* с кем-чем *alt* ähneln, ähnlich sein

[1]**схорони́ть** *v* кого́-что *umg* beerdigen, begraben
ft. схороню́, -о́нишь, -о́нят
imp. схорони́, ~те
pt. схорони́л
g.pt.a. схорони́в
p.pt.a. схорони́вший
p.pt.p. схоро́ненный

[2]**схорони́ть** *v zu* [2]хорони́ть
Formen wie [1]схорони́ть

схорони́ться *v zu* хорони́ться

сца́пать 1 *v* кого́-что *volksspr* **1.** (er)greifen, packen **2.** fassen, erwischen **3.** verhaften, schnappen

сцара́пать 1 *v* что *umg* abkratzen *Farbe* ‖ *uv* сцара́пывать 1a | *v mom* сцара́пнуть 6, *p.pt.p.* сцара́пнутый

сцара́пнуть *v mom zu* сцара́пывать

сцара́пывать *uv zu* сцара́пать

сцеди́ть *v* что abgießen ‖ *uv* сце́живать 1a
ft. сцежу́, сце́дишь, сце́дят
imp. сцеди́, ~те
pt. сцеди́л
g.pt.a. сцеди́в
p.pt.a. сцеди́вший
p.pt.p. сце́женный

сце́живать *uv zu* сцеди́ть

сцементи́ровать 4 *v* что **1.** zementieren **2.** *übtr* zusammenschweißen, einigen

сцепи́ть *v* что aneinanderhaken, kuppeln ‖ *uv* сцепля́ть 2a
ft. сцеплю́, сце́пишь, сце́пят
imp. сцепи́, ~те
pt. сцепи́л
g.pt.a. сцепи́в
p.pt.a. сцепи́вший
p.pt.p. сце́пленный

сцепи́ться *v* **1.** sich einkuppeln, sich festhaken **2.** *umg* aneinandergeraten, sich in die Haare kriegen ‖ *uv* сцепля́ться

сцепля́ть(ся) *uv zu* сцепи́ть(ся)

сча́ливать *uv zu* сча́лить

сча́лить *v* что *naut* mit einem Tau zusammenbinden, vertäuen ‖ *uv* сча́ливать 1a
ft. сча́лю, -лишь, -лят
imp. счаль, ~те
pt. сча́лил
g.pt.a. сча́лив
p.pt.a. сча́ливший
p.pt.p. сча́ленный

счéрпать 1 *v* что *oder* чегó *umg* abschöpfen ‖ *uv* счéрпывать 1a

счерпнýть 7 *v u. mom* что *oder* чегó *umg* abschöpfen ‖ *uv* счéрпывать 1a

[1]**счéрпывать** *uv zu* счéрпать

[2]**счéрпывать** *uv zu* счерпнýть

счерти́ть *v* что *umg tech* abzeichnen ‖ *uv* счéрчивать 1a

ft.	счерчý, счéртишь, счéртят
imp.	счерти́, ~те
pt.	счерти́л
g.pt.a.	счерти́в
p.pt.a.	счерти́вший
p.pt.p.	счéрченный

счéрчивать *uv zu* счерти́ть

счесáть *v* что **1.** *umg* abkratzen *mit den Nägeln* **2.** *umg* zur Seite kämmen, wegkämmen **3.** auskämmen **4.** *landw* hecheln ‖ *uv* счёсывать 1a

ft.	счешý, счéшешь, счéшут
imp.	счеши́, ~те
pt.	счесáл
g.pt.a.	счесáв
p.pt.a.	счесáвший
p.pt.p.	счёсанный

счесть *v zu* [1]считáть

ft.	сочтý, -тёшь, -тýт
imp.	сочти́, ~те
pt.	счёл, сочлá
g.pt.a.	сочтя́
p.pt.a.	счётший*
p.pt.p.	сочтённый; сочтён, -енá

счéсться *v zu* считáться

счёсывать *uv zu* счесáть

счетвери́ть *v* что vier Stück miteinander verbinden

ft.	счетверю́, -ри́шь, -ря́т
imp.	счетвери́, ~те
pt.	счетвери́л
g.pt.a.	счетвери́в
p.pt.a.	счетвери́вший
p.pt.p.	счетверённый; счетверён, -енá

счи́стить *v* что abputzen, reinigen; schälen *uv* счищáть 2a

ft.	счи́щу, счи́стишь, счи́стят
imp.	счи́сти *u.* счисть, счи́стите
pt.	счи́стил
g.pt.a.	счи́стив
p.pt.a.	счи́стивший
p.pt.p.	счи́щенный

счи́ститься, *1. u. 2. Pers ungebr*, *v* beim Putzen abgehen, sich abputzen lassen ‖ *uv* счищáться

[1]**считáть** 2a *uv* **1.** когó-что (zusammen)-rechnen, (zusammen)zählen **2.** когó-что кем-чем *oder* за когó-что halten (für), betrachten (als) ‖ *v* сосчитáть 2 *zu* 1 *u.* счесть *zu* 2, Formen das.

p.pt.p. счи́танный

[2]**считáть** 2 *v* что vergleichen, kollationieren ‖ *uv* счи́тывать 1a

считáться *uv* 2a **1.** *umg* abrechnen, Geldangelegenheiten regeln **2.** с кем-чем berücksichtigen; Rücksicht nehmen (auf); rechnen (mit) **3.** кем-чем *oder* за когó-что gelten (als), gehalten werden (für) ‖ *v* сосчитáться 2 *zu* 1 *u.* счéсться *zu* 1, Formen nach счесть

счи́тывать *uv zu* [2]считáть

счищáть(ся) *uv zu* счи́стить(ся)

сшибáть(ся) *uv zu* сшиби́ть(ся)

сшиби́ть *v.* когó-что *umg* **1.** umstoßen, umwerfen, herunterstoßen **2.** zusammenstoßen ‖ *uv* сшибáть 2a

ft.	сшибý, -бёшь, -бýт
imp.	сшиби́, ~те
pt.	сши́б, ~ла
g.pt.a.	сшиби́в* *u.* сшибя́*
p.pt.a.	сши́бший*
p.pt.p.	сши́бленный

сшиби́ться *v umg* **1.** zusammenstoßen **2.** den Kampf [Streit] beginnen ‖ *uv* сшибáться

сшивáть *uv zu* сшить

сшинковáть *v zu* шинковáть

сшить *v* что **1.** zusammennähen, nähen **2.** *tech* verbinden ‖ *uv* сшивáть 2a

ft.	сошью́, сошьёшь, сошью́т
imp.	сшей, ~те
pt.	сшил
g.pt.a.	сшив
p.pt.a.	сши́вший
p.pt.p.	сши́тый

съедáть *uv zu* съесть

съёживать(ся) *uv zu* съёжить(ся)

съёжить *v* что zusammenziehen *Mund, Schultern* ‖ *uv* съёживать 1a

ft.	съёжу, -жишь, -жат
imp.	съёжь, ~те
pt.	съёжил
g.pt.a.	съёжив
p.pt.a.	съёживший
p.pt.p.	съёженный

съёжиться *v* sich zusammenziehen; sich zusammenrollen ‖ *uv* съёживаться

съéздить *v* (hin und wieder zurück) fahren

ft.	съéзжу, -здишь, -здят
imp.	съéзди, ~те
pt.	съéздил
g.pt.a.	съéздив
p.pt.a.	съéздивший
p.pt.p.	съéзженный

съезжáть(ся) *uv zu* съéхать(ся)

съесть *v* когó-что **1.** essen, verzehren; fressen **2.** *übtr* verschlingen ‖ *uv* съедáть 2a

ft.	съем, съешь, съест, съедúм, съедúте, съедя́т
imp.	съешь, ~те
pt.	съел
g.pt.a.	съев
p.pt.a.	съéвший
p.pt.p.	съéденный

съéхать *v* **1.** hinunter-, herunterfahren **2.** einbiegen **3.** *umg* ausziehen, übersiedeln **4.** herunterrutschen, abgleiten ‖ *uv* съезжáть 2a

ft.	съéду, -дешь, -дут
pt.	съéхал
g.pt.a.	съéхав
p.pt.a.	съéхавший

съéхаться *v* von allen Seiten angereist [angefahren] kommen; zusammenkommen ‖ *uv* съезжáться

съехúдничать 1 *v umg* boshafte Reden führen

съязвúть *v umg* sticheln, gehässige [höhnische] Reden führen

ft.	съязвлю́, -вúшь, -вя́т
imp.	съязвú, ~те
pt.	съязвúл
g.pt.a.	съязвúв
p.pt.a.	съязвúвший

сыгрáть 2 *v* **1.** во что spielen *Spiel* **2.** на чём spielen *Musikinstrument* **3.** что *theat* aufführen

сыгрáться *v* sich (aufeinander) einspielen ‖ *uv* сы́грываться 1a

сы́грываться *uv zu* сыгрáться

сымпровизúровать 4 *v* что *u. ohne Objekt* improvisieren *a. mus*

сы́пать *uv* **1.** что schütten, streuen, verschütten **2.** *übtr* чем überschütten; um sich werfen (mit) **3.** *übtr* что *u.* чем schnell [pausenlos] sprechen

pr.	сы́плю, -лешь, -лют *u. umg* -пешь, -пют
imp.	сыпь, ~те
pt.	сы́пал
g.pr.a.	сы́пля
p.pr.a.	сы́плющий
p.pt.a.	сы́павший
p.pt.p.	сы́панный

сы́паться, *1. u. 2. Pers ungebr*, *uv* **1.** herunterrieseln, herunterrollen **2.** stieben **3.** *übtr* niederprasseln, hageln **4.** *umg* ausfransen; verschleißen

сырéть 3a *uv* feucht werden. — (от-)

сыскáть *v* когó-что **1.** *umg* finden **2.** *alt* (j-m) auf die Spur kommen, ausfindig machen ‖ *uv* сы́скивать 1a

ft.	сыщу́, сы́щешь, сы́щут
imp.	сыщú, ~те
pt.	сыскáл
g.pt.a.	сыскáв
p.pt.a.	сыскáвший
p.pt.p.	сы́сканный

сыскáться *v umg* sich finden (lassen)

сы́скивать *uv zu* сыскáть

сэконóмить *v zu* эконóмить

ft.	сэконóмлю, -мишь, -мят
imp.	сэконóмь, ~те
pt.	сэконóмил
g.pt.a.	сэконóмив
p.pt.a.	сэконóмивший
p.pt.p.	сэконóмленный

сюсю́кать 1a *uv umg* **1.** lispeln, Zischlaute wie Pfeiflaute aussprechen **2.** *übtr* j-n wie ein kleines Kind behandeln, bevormunden

Т

табáнить *uv naut* streichen, rückwärts rudern

pr.	табáню, -нишь, -нят
imp.	табáнь, ~те
pt.	табáнил
g.pr.a.	табáня
p.pr.a.	табáнящий
p.pt.a.	табáнивший

таврúть *uv* когó-что *einem Tier* ein Erkennungszeichen einbrennen. — (за-)

pr.	таврю́, -рúшь, -ря́т
imp.	таврú, ~те

pt.	таври́л
g.pr.a.	тавря́
p.pr.a.	тавря́щий
p.pt.a.	таври́вший
p.pt.p.	таврённый; таврён, -ена́

таи́ть *uv* что verheimlichen, geheimhalten, verbergen, verhehlen

pr.	таю́, таи́шь, тая́т
imp.	таи́, ~те
pt.	таи́л
g.pr.a.	тая́
p.pr.a.	тая́щий
p.pt.a.	таи́вший
p.pr.p.	таи́мый

таи́ться *uv* sich verbergen, sich verstecken

[1]та́кать 1a *uv volksspr* als Antwort «так» sagen

[2]та́кать 1a, *1. u. 2. Pers ungebr*, *uv umg* tacken, knattern

такси́ровать 4 *u.* 4a *v*, *uv* что taxieren, abschätzen

тампони́ровать 4 *u.* 4a *v*, *uv* что tamponieren

танцева́ть *uv* **1.** что tanzen **2.** tanzen können ‖ *v* станцева́ть, Formen das.

pr.	танцу́ю, -у́ешь, -у́ют
imp.	танцу́й, ~те
pt.	танцева́л
g.pr.a.	танцу́я
p.pr.a.	танцу́ющий
p.pt.a.	танцева́вший
p.pr.p.	танцу́емый

танцева́ться, *1. u. 2. Pers ungebr*, *uv* **1.** getanzt werden **2.** *unpers* tanzen mögen

тараба́нить *uv umg* laut klopfen, laut schlagen; donnern, trommeln

pr.	тараба́ню, -нишь, -нят
imp.	тараба́нь, ~те
pt.	тараба́нил
g.pr.a.	тараба́ня
p.pr.a.	тараба́нящий
p.pt.a.	тараба́нивший

тара́нить *uv* что **1.** rammen **2.** *a. v mil* attackieren; durchbrechen, einen Keil treiben *in die feindliche Front.* — (про- *zu* 1)

pr. u. ft.	тара́ню, -нишь, -нят
imp.	тара́нь, ~те
pt.	тара́нил
g.pr.a.	тара́ня
g.pt.a.	тара́нив
p.pr.a.	тара́нящий
p.pt.a.	тара́нивший
p.pr.p.	тара́нимый

таранти́ть *uv volksspr* dauernd schwatzen

pr.	таранчу́, -нти́шь, -нтя́т
imp.	таранти́, ~те
pt.	таранти́л

тарато́рить *uv umg* plappern, schnattern

pr.	тарато́рю, -ришь, -рят
imp.	тарато́рь, ~те
pt.	тарато́рил
g.pr.a.	тарато́ря
p.pr.a.	тарато́рящий
p.pt.a.	тарато́ривший

тарахте́ть *uv umg* poltern, knarren, Lärm machen

pr.	тарахчу́, -хти́шь, -хтя́т
imp.	тарахти́, ~те
pt.	тарахте́л
g.pr.a.	тарахтя́
p.pr.a.	тарахтя́щий
p.pt.a.	тарахте́вший

тара́щить *uv* что *umg* weit öffnen, aufreißen *Augen.* — (вы́-)

pr.	тара́щу, -щишь, -щат
imp.	тара́щи, ~те
pt.	тара́щил
g.pr.a.	тара́ща
p.pr.a.	тара́щащий
p.pt.a.	тара́щивший

тара́щиться *uv umg* **1.** sich weit öffnen *Augen* **2.** на кого́-что anblicken, schauen (auf), anstarren. — (вы́-)

тари́ровать 4 *u.* 4a *v*, *uv* что eichen; tarieren

тарифици́ровать 4 *u.* 4a *v*, *uv* что tarifieren

таска́ть 2a *uv* **1.** *unbest zu* тащи́ть; таска́ть всю́ду с собо́й überall mit sich schleppen **2.** кого́-что за что *umg* zerren, reißen, ziehen (an) **3.** что *umg* tragen, anhaben *Kleidung*, *Schuhe* **4.** что *umg* stehlen, entwenden. — (от- *zu* 2)

p.pt.p.	та́сканный

таска́ться *uv umg* sich herumtreiben, herumlungern

тасова́ть 5a *uv* что mischen *Spielkarten.* — (с-)

p.pt.p.	тасо́ванный

татуи́ровать 4 *u.* 4a *v*, *uv* кого́-что tätowieren

татуи́роваться *v*, *uv* sich tätowieren

тача́ть 2a *uv* что steppen, zusammennähen. — (вы́-, с-)

p.pt.p.	та́чанный

тащи́ть *uv best* кого́-что **1.** schleppen, ziehen **2.** herausziehen, -holen **3.** *umg* stehlen, entwenden | *unbest* таска́ть 2a *zu* 1. — (вы́- *zu* 1, 2, с- *zu* 3)

pr.	тащу́, та́щишь, та́щат
imp.	тащи́, ~те
pt.	тащи́л
g.pr.a.	таща́
p.pr.a.	та́щащий
p.pt.a.	тащи́вший
p.pr.p.	тащи́мый

тащи́ться *uv* **1.** *umg* sich schleppen, sich langsam [mühsam] fortbewegen **2.** *1. u. 2. Pers ungebr* am Boden schleifen

та́ять *uv* **1.** *1. u. 2. Pers ungebr* tauen, schmelzen, zergehen **2.** *1. u. 2. Pers ungebr übtr* verschwinden, verklingen, schwächer werden **3.** *übtr* schmachten, vergehen **4.** *übtr* abmagern, dahinsiechen. — (рас- *zu* 1—3)

pr.	та́ю, та́ешь, та́ют
imp.	тай, ~те
pt.	та́ял
g.pr.a.	та́я
p.pr.a.	та́ющий
p.pt.a.	та́явший

тверде́ть 3a, *1. u. 2. Pers ungebr, uv* sich verhärten, hart werden. — (за-)

тверди́ть *uv* **1.** что *oder* о чём *oder mit Konjunktion* что etw. wiederholt sagen, behaupten **2.** что etw. wiederholen, um es sich einzuprägen. — (вы́- *zu* 2, за- *zu* 2)

pr.	твержу́, -рди́шь, -рдя́т
imp.	тверди́, ~те
pt.	тверди́л
g.pr.a.	твердя́
p.pr.a.	твердя́щий
p.pt.a.	тверди́вший
p.pt.p.	твержённый; твержён, -ена́ *zu* 1

[1]**твори́ть** *uv* что **1.** schaffen, erzeugen **2.** machen, tun, verrichten, vollbringen ‖ *v* сотвори́ть, Formen das.

pr.	творю́, -ри́шь, -ря́т
imp.	твори́, ~те
pt.	твори́л
g.pr.a.	творя́
p.pr.a.	творя́щий
p.pt.a.	твори́вший
p.pr.p.	твори́мый

[2]**твори́ть** *uv* что anmachen, einrühren *Kalk, Teig.* — (за-)
Formen wie [1]твори́ть

твори́ться, *1. u. 2. Pers ungebr, uv umg* geschehen, vor sich gehen, passieren ‖ *v* сотвори́ться

театрализова́ть 5 *u.* 5a *v, uv* что für die Bühne bearbeiten

телеграфи́ровать 4 *u.* 4a *v, uv* что *oder* о чём telegrafieren

телефони́ровать 4 *u.* 4a *v, uv* что *oder* о чём telefonieren, anrufen

тели́ться, *1. u. 2. Pers ungebr, uv* kalben, ein Kalb werfen. — (о-)

pr.	те́лится, те́лятся
pt.	тели́лась, -лись
g.pr.a.	теля́сь
p.pr.a.	теля́шаяся
p.pt.a.	тели́вшаяся

темне́ть 3a, *1. u. 2. Pers ungebr, uv* **1.** dunkel werden, dunkeln, sich verfinstern **2.** *unpers* dämmern **3.** sich dunkel abheben. — (по- *zu* 1, 2, с- *zu* 2)

темне́ться, *1. u. 2. Pers ungebr, uv umg* **1.** dämmern, dunkeln **2.** sich dunkel abheben

темни́ть *uv* кого́-что dunkel [dunkler] machen; verfinstern

pr.	темню́, -ни́шь, -ня́т
imp.	темни́, ~те
pt.	темни́л
g.pr.a.	темня́
p.pr.a.	темня́щий
p.pt.p.	темни́вший
p.pr.p.	темни́мый

температу́рить *uv umg* fiebern, Fieber haben

pr.	температу́рю, -ришь, -рят
imp.	температу́рь, ~те
pt.	температу́рил
g.pr.a.	температу́ря
p.pr.a.	температу́рящий
p.pt.a.	температу́ривший

теоретизи́ровать 4a *uv* theoretisieren

тепле́ть 3a, *1. u. 2. Pers ungebr, uv* warm [wärmer] werden. — (по-)

те́плиться, *1. u. 2. Pers ungebr, uv* schwach brennen, glimmen, schwach leuchten

pr.	те́плится, -лятся
pt.	те́плился, -лась
g.pr.a.	те́плясь
p.pr.a.	те́плящийся
p.pt.a.	те́плившийся

теплофици́ровать 4 *u.* 4a *v, uv* что mit Fernheizung versehen

тереби́ть *uv* **1.** что raufen, ernten *Flachs* **2.** что zupfen, reißen, ziehen, zerren **3.** *übtr* кого́-что *umg* keine Ruhe lassen, quälen, plagen. — (вы́- *zu* 1)

pr.	треблю́, -би́шь, -бя́т
imp.	треби́, ~те
pt.	треби́л
g.pr.a.	требя́
p.pr.a.	требя́щий
p.pt.a.	треби́вший
p.pr.p.	треби́мый

терéть *uv* **1.** когó-что reiben; чем einreiben **2.** что zerreiben **3.** *1. u. 2. Pers ungebr* что, *a. ohne Objekt*, scheuern, reiben

pr.	тру, трёшь, трут
imp.	три, ~те
pt.	тёр, ~ла
g.pr.a.	(растирáя)
g.pt.a.	тёрши
p.pr.a.	тру́щий
p.pt.a.	тёрший
p.pt.p.	тёртый

терéться *uv umg* **1.** sich (ab)reiben **2.** *1. u. 2. Pers ungebr* sich aneinanderreiben **3.** sich herumtreiben; sich heranmachen (an) **4.** verkehren, umgehen (mit). — (по- *zu* 1, 4)

терзáть 2a *uv* когó-что **1.** zerreißen, zerfleischen **2.** *übtr* quälen, peinigen

терзáться *uv* sich quälen, sich grämen

терпéть *uv* **1.** что leiden, ertragen, aushalten **2.** что sich gedulden, in Geduld fassen **3.** когó-что dulden **4.** что erfahren, erleiden, durchmachen. — (по- *zu* 4)

pr.	терплю́, тéрпишь, тéрпят
imp.	терпи́, ~те
pt.	терпéл
g.pr.a.	терпя́
p.pr.a.	тéрпящий
p.pt.a.	терпéвший
p.pr.p.	терпи́мый

терпéться *unpers, meist mit Negation, uv* кому́: мне не тéрпится ich brenne darauf, ich kann es nicht erwarten; ich bin neugierig

тéрпнуть, *1. u. 2. Pers ungebr, uv umg* erstarren, einschlafen *Glieder*. — (за-)

pr.	тéрпнет, -нут
pt.	тéрпнул, тéрпла
g.pt.a.	тéрпнув
p.pr.a.	тéрпнущий
p.pt.a.	тéрпнувший

терроризи́ровать [тэ] 4 *u.* 4a *v, uv* когó-что terrorisieren

терроризовáть [тэ] 5 *u.* 5a *v, uv* когó-что terrorisieren

теря́ть 2a *uv* когó-что **1.** verlieren *durch Nachlässigkeit* **2.** *übtr* verlieren, einbüßen *Zeit, Geduld, Hoffnung* **3.** в чём verlieren, geringer werden *an Gewicht* ‖ *v* потеря́ть 2. — (у- *zu* 1)

теря́ться *uv* **1.** verlorengehen, abhanden kommen *von Sachen* **2.** *1. u. 2. Pers ungebr* schwinden, schwächer werden, nachlassen **3.** *übtr* die Fassung [den Kopf] verlieren **4.** *1. u. 2. Pers ungebr* sich aufheben, nicht auffallen ‖ *v* потеря́ться *zu* 1—3

тесáть *uv* что behauen, zuhauen. — (вы́-)

pr.	тешу́, тéшешь, тéшут
imp.	теши́, ~те
pt.	тесáл
g.pt.a.	тесáв
p.pr.a.	тéшущий
p.pt.a.	тесáвший
p.pt.p.	тёсанный

тесни́ть *uv* когó-что **1.** drängen, bedrängen **2.** ab-, zurückdrängen, zurückwerfen *Feind* ‖ *v* потесни́ть *zu* 2, Formen das. — (с- *zu* 1)

pr.	тесню́, -ни́шь, -ня́т
imp.	тесни́, ~те
pt.	тесни́л
g.pr.a.	тесня́
p.pr.a.	тесня́щий
p.pt.a.	тесни́вший
p.pr.p.	тесни́мый
p.pt.p.	теснённый; теснён, -енá

тесни́ться *uv* **1.** sich drängen, sich zusammendrängen **2.** sich einengen; eng gedrängt sitzen; eng zusammengepfercht leben; in engen Wohnverhältnissen leben **3.** *1. u. 2. Pers ungebr übtr* sich aufdrängen *von Gedanken, Gefühlen*. — (по- *zu* 2, с- *zu* 1)

течь, *1. u. 2. Pers ungebr, uv* **1.** fließen, strömen; rinnen *Blut* **2.** leck sein, auslaufen **3.** *übtr* verfließen, vergehen, verrinnen

pr.	течёт, теку́т
pt.	тёк, теклá
g.pt.a.	тёкши
p.pr.a.	теку́щий
p.pt.a.	тёкший

тéшить *uv* когó-что **1.** *umg* ergötzen, belustigen, unterhalten **2.** befriedigen, Genugtuung verschaffen. — (по-)

pr.	тéшу, тéшишь, тéшат
imp.	тешь, ~те
pt.	тéшил
g.pr.a.	тéша

p.pr.a.	тéшащий
p.pt.a.	тéшивший
p.pr.p.	тéшимый

тéшиться *uv umg* **1.** чем *u. ohne Objekt* sich ergötzen, sich vergnügen, sich unterhalten **2.** над кем-чем sich lustig machen (über), j-n zum besten haben. — (по-)

ти́кать 1a, *1. u. 2. Pers ungebr*, *uv* ticken *Uhrwerk*

типизи́ровать 4 *u.* 4a *v*, *uv* что typisieren

тиражи́ровать 4 *u.* 4a *v*, *uv* что eine Auflage festlegen [festsetzen] *von Büchern*

тирáнить *uv* когó-что *umg* tyrannisieren, quälen

pr.	тирáню, -нишь, -нят
imp.	тирáнь, ~те
pt.	тирáнил
g.pr.a.	тирáня
p.pr.a.	тирáнящий
p.pt.a.	тирáнивший

тирáнствовать 4a *uv* над кем-чем *umg* tyrannisieren, quälen

ти́скать 1a *uv* **1.** когó-что *umg* pressen, drücken; an sich drücken, umarmen **2.** что *typ* (ab)drucken; abziehen ‖ *v* ти́снуть 6 *zu* 2 *u. als mom zu* 1

ти́скаться *uv volksspr* dränge(l)n, sich durchdrängen; sich (zusammen)drängen

тисни́ть *uv* что prägen; pressen. — (вы́-)

pr.	тисню́, -ни́шь, -ня́т
imp.	тисни́, ~те
pt.	тисни́л
g.pr.a.	тисня́
p.pr.a.	тисня́щий
p.pt.a.	тисни́вший
p.pr.p.	тисни́мый
p.pt.p.	тиснённый; тиснён, -енá

ти́снуть *v u. mom zu* ти́скать

титровáть 5 *u.* 5a *v*, *uv* что *chem* titrieren

титуловáть 5 *u.* 5a *v*, *uv* когó-что **1.** einen Titel verleihen **2.** titulieren, benennen

ткать *uv* что **1.** *text* weben, wirken **2.** weben, flechten, spinnen. — (со-)

pr.	тку, ткёшь, ткут
imp.	тки, ~те
pt.	ткал, ткалá, ткáло
g.pt.a.	ткав
p.pr.a.	тку́щий
p.pt.a.	ткáвший
p.pt.p.	ткáнный; ткан, тканá, ткáно

ткнуть *v mom zu* [1]ты́кать

ткну́ться *v mom zu* ты́каться

тлеть 3a *uv* **1.** faulen, verwesen **2.** schwelen **3.** glimmen, glühen; *übtr* glimmen, sich schwach regen

тлéться, *1. u. 2. Pers ungebr*, *uv umg* **1.** schwelen **2.** glimmen, glühen; *übtr* glimmen

токáрничать 1a *uv umg* als Dreher arbeiten

токовáть 5a, *1. u. 2. Pers ungebr*, *uv* balzen

толкáть 2a *uv* когó-что **1.** stoßen, drängen; schieben, schubsen **2.** *übtr* на что, к чему́ *u. mit Infinitiv* vorantreiben, anspornen; aufstacheln, (zu etw.) bewegen ‖ *v* толкну́ть 7

толкáться *uv* **1.** sich drängen, (einander) stoßen **2.** во что *umg* klopfen, pochen (an) **3.** *umg* sich herumtreiben, umherschlendern ‖ *v* толкну́ться *zu* 2

толкну́ть(ся) *v zu* толкáть(ся)

толковáть 5a *uv* **1.** что erklären, erläutern, deuten, auslegen, kommentieren **2.** что кому́-чему́ *umg* (j-m etw.) auseinandersetzen, klarmachen **3.** *umg* с кем-чем о ком-чём sich unterhalten, reden, sprechen, (etw.) besprechen

толóчь *uv* что zerstoßen, zerkleinern. — (ис-, рас-)

pr.	толку́, толчёшь, толку́т
imp.	толки́, ~те
pt.	толóк, толклá
g.pr.a.	толчá
p.pr.a.	толку́щий
p.pt.a.	толóкший
p.pt.p.	толчённый; толчён, -енá

толóчься *uv umg* **1.** sich (zusammen)drängen **2.** herumstehen; sich herumtreiben

толпи́ться, *1. u. 2. Pers ungebr*, *uv* sich (zusammen)drängen, sich (an)häufen

pr.	толпи́тся, -пя́тся
imp.	толпи́тесь
pt.	толпи́лся, -лась
g.pr.a.	толпя́сь
p.pr.a.	толпя́щийся
p.pt.a.	толпи́вшийся

толстéть 3a *uv* dick(er) werden, zunehmen. — (по-)

толсти́ть, *1. u. 2. Pers ungebr*, *uv* когó-что *umg* dick machen, ein dickes Aussehen verleihen

pr.	толсти́т, -тя́т
pt.	толсти́л
g.pr.a.	толстя́

p.pr.a. толстя́щий
p.pt.a. толсти́вший

томи́ть *uv* кого́-что **1**. schmachten lassen, quälen, peinigen **2.** *tech* tempern, schmiedbar machen **3.** schmoren, dämpfen *Gemüse* **4.** beizen *Holz.* — (ис- *zu* 1)
pr. томлю́, томи́шь, томя́т
imp. томи́, ~те
pt. томи́л
g.pr.a. томя́
p.pr.a. томя́щий
p.pt.a. томи́вший
p.pr.p. томи́мый
p.pt.p. томлённый; томлён, -ена́

томи́ться *uv* **1.** schmachten, leiden, sich quälen, sich verzehren **2.** *1. u. 2. Pers ungebr* schmoren, dämpfen *Gemüse.* — (ис- *zu* 1)

тонизи́ровать 4 *u.* 4а *v, uv* кого́-что *med* tonisieren

тону́ть *uv* **1.** ertrinken, (ver)sinken, untergehen **2.** ein-, versinken, versacken; тону́ть в снегу́ im Schnee einsinken **3.** *übtr* в чём versinken, ertrinken *z. B. in Arbeit*; тону́ть в дела́х vor Arbeit nicht wissen, wo einem der Kopf steht. — (за- *zu* 1, по-, у-)
pr. тону́, то́нешь, то́нут
imp. тони́, ~те
pt. тону́л
g.pt.a. тону́в
p.pr.a. то́нущий
p.pt.a. тону́вший

тонча́ть 2а, *1. u. 2. Pers ungebr, uv umg* dünn(er) werden. — (по-)

то́пать 1а *uv* stampfen, trampeln | *v mom* то́пнуть 6

[1]**топи́ть** *uv* что heizen, feuern
pr. топлю́, то́пишь, то́пят
imp. топи́, ~те
pt. топи́л
g.pr.a. топя́
p.pr.a. топя́щий
p.pt.a. топи́вший
p.pr.p. топи́мый
p.pt.p. то́пленный

[2]**топи́ть** *uv* что **1.** auslassen *Fett, Wachs;* schmelzen *Metall* **2.** dämpfen, *lange Zeit leicht* kochen lassen
Formen wie [1]топи́ть

[3]**топи́ть** *uv* кого́-что **1.** versenken, zum Untergehen bringen; ertränken, ersäufen **2.** *übtr umg* zugrunde richten, ruinieren, ins Verderben stürzen. — (за- *zu* 1, по-, у-)
kein *p.pt.p.*
Übrige Formen wie [1]топи́ть

[1]**топи́ться,** *1. u. 2. Pers ungebr, uv* brennen; geheizt werden

[2]**топи́ться,** *1. u. 2. Pers ungebr, uv* **1.** schmelzen, geschmolzen werden **2.** dämpfen, *lange Zeit leicht* kochen

[3]**топи́ться** *uv umg* sich ertränken, ins Wasser gehen. — (у-)

[1]**то́пнуть** *v mom zu* то́пать

[2]**то́пнуть** 6 *v volksspr* versinken, untergehen

топо́рщить, *1. u. 2. Pers ungebr, uv* что sträuben *Fell.* — (вс-)
pr. топо́рщит, -щат
pt. топо́рщил
g.pr.a. топо́рща
p.pr.a. топо́рщащий
p.pt.a. топо́рщивший

топо́рщиться *uv* **1.** sich sträuben, abstehen; sein Fell sträuben **2.** *umg* sich sträuben, sich widersetzen. — (вс-)

топота́ть *uv umg* stampfen, trampeln, laut gehen
pr. топочу́, -о́чешь, -о́чут
imp. топочи́, ~те
pt. топота́л
g.pr.a. топо́ча
p.pr.a. топо́чущий
p.pt.a. топота́вший

топта́ть *uv* кого́-что **1.** zertreten, -drücken **2.** beschmutzen, (mit den Füßen) schmutzig machen **3.** stampfen, festtreten. — (по-)
pr. топчу́, то́пчешь, то́пчут
imp. топчи́, ~те
pt. топта́л
g.pr.a топча́
p.pr.a. то́пчущий
p.pt.a. топта́вший
p.pt.p. то́птанный

топта́ться *uv* auf der Stelle treten, stampfen, von einem Fuß auf den anderen treten; *übtr umg* nicht vom Fleck kommen

топы́рить *uv* что *volksspr* spreizen. — (рас-)
pr. топы́рю, -ришь, -рят
imp. топы́рь, ~те
pt. топы́рил
g.pr.a. топы́ря
p.pr.a. топы́рящий
p.pt.a. топы́ривший

топы́риться *uv volksspr* **1.** sich ausspreizen, auseinanderstehen **2.** sich sträuben, sich widersetzen. — (рас-)

торгова́ть 5a *uv* **1.** кем-чем *oder* с кем-чем handeln **2.** *volksspr* kaufen, erhandeln **3.** geöffnet sein *Geschäft.* — (при- *zu* 2, с- *zu* 2)

торгова́ться *uv* с кем-чем handeln, feilschen (um). — (с-)

торжествова́ть 5a *uv* **1.** что *alt* feiern, feierlich begehen **2.** над кем-чем triumphieren, siegen

то́ркать 1a *uv* кого́-что *volksspr* stoßen, rütteln | *v mom* то́ркнуть 6

то́ркаться *uv volksspr* stoßen, rütteln, pochen | *v mom* то́ркнуться

то́ркнуть(ся) *v mom zu* то́ркать(ся)

тормози́ть *uv* что **1.** bremsen **2.** *übtr* bremsen, hindern, hemmen. — (за-)

pr. торможу́, -ози́шь, -озя́т
imp. тормози́, ~те
pt. тормози́л
g.pr.a. тормозя́
p.pr.a. тормозя́щий
p.pt.a. тормози́вший
p.pr.p. тормози́мый
p.pt.p. торможённый; торможён, -ена́

тормози́ться, *1. u. 2. Pers ungebr, uv* gebremst [gehemmt] werden. — (за-)

тормоши́ть *uv* кого́-что *umg* **1.** zupfen, zausen **2.** *übtr* belästigen, nicht in Ruhe lassen, stören

pr. тормошу́, -ши́шь, -ша́т
imp. тормоши́, ~те
pt. тормоши́л
g.pr.a. тормоша́
p.pr.a. тормоша́щий
p.pt.a. тормоши́вший

торопи́ть *uv* **1.** кого́-что *oder* кого́-что с чем zur Eile antreiben, drängen **2.** что beschleunigen. — (по- *zu* 1)

pr. тороплю́, -о́пишь, -о́пят
imp. торопи́, ~те
pt. торопи́л
g.pr.a. торопя́
p.pr.a. торопя́щий
p.pt.a. торопи́вший
p.pr.p. торопи́мый*

торопи́ться *uv mit Infinitiv,* с чем *u. ohne Objekt* eilen, sich beeilen, hasten. — (по-)

тороси́ть *u.* **то́росить,** *1. u. 2. Pers ungebr uv* что aufeinandertürmen

pr. то́роси́т, то́aligńт
pt. то́роси́л
g.pr.a. то́рося́
p.pr.a. то́рося́щий
p.pt.a. то́роси́вший
p.pr.p. то́роси́мый
p.pt.p. торошённый *u.* торо́шенный

тороси́ться *u.* **то́роситься,** *1. u. 2. Pers ungebr, uv* sich aufeinandertürmen *Eisschollen*

торпеди́ровать 4 *u.* 4a *v, uv* что torpedieren

торцева́ть *uv* что **1.** sechsseitig behauen *Rundholz für Holzpflasterklötze* **2.** mit sechseckigen Holzpflasterklötzen pflastern *eine Straße*

pr. торцу́ю, -у́ешь, -у́ют
imp. торцу́й, ~те
pt. торцева́л
g.pr.a. торцу́я
p.pr.a. торцу́ющий
p.pt.a. торцева́вший
p.pr.p. торцу́емый
p.pt.p. торцо́ванный

торча́ть *uv* **1.** hervorstehen, hervorragen, abstehen **2.** *umg* sich aufhalten, stecken

pr. торчу́, -чи́шь, -ча́т
imp. торчи́, ~те
pt. торча́л
g.pr.a. торча́
p.pr.a. торча́щий
p.pt.a. торча́вший

тоскова́ть 5a *uv* **1.** traurig sein, schwermütig sein, Trübsal blasen **2.** sich langweilen **3.** по ком-чём *oder* по кому́-чему́ sich sehnen (nach)

точи́ть *uv* что **1.** schärfen, wetzen, schleifen **2.** *tech* drechseln, drehen **3.** *1. u. 2. Pers ungebr* nagen, (zer)fressen **4.** *1. u. 2. Pers ungebr übtr* verzehren, quälen. — (вы́- *zu* 2, на- *zu* 1)

pr. точу́, то́чишь, то́чат
imp. точи́, ~те
pt. точи́л
g.pr.a. точа́
p.pr.a. точа́щий
p.pt.a. точи́вший
p.pr.p. точи́мый
p.pt.p. то́ченный

тошни́ть *unpers uv* кого́-что übel werden, Übelkeit empfinden

pr. тошни́т
pt. тошни́ло

тоща́ть 2a *uv umg* abmagern. — (о-)

[1]**трави́ть** *uv* **1.** кого́-что vergiften, ausrotten **2.** что *tech* ätzen **3.** что abgrasen, abweiden **4.** кого́-что hetzen, jagen *mit Hunden* **5.** кого́-что *übtr* hetzen (gegen), verfolgen. — (вы́- *zu* 1, 2, за- *zu* 4, 5, по- *zu* 3)

pr. травлю́, тра́вишь, тра́вят
imp. трави́, ~те

pt.	трави́л
g.pr.a.	травя́
p.pr.a.	травя́щий
p.pt.a.	трави́вший
p.pr.p.	трави́мый
p.pt.p.	тра́вленный

[2]**трави́ть** *uv* что *naut* nachgeben, locker lassen *Tau.* — (вы́-)
Formen wie [1]трави́ть

трави́ться *uv umg* sich vergiften

трактова́ть 5a *uv* **1.** о чём *oder alt* что behandeln, handeln (von), erörtern, beurteilen **2.** кого́-что betrachten, ansehen; auffassen **3.** что (aus)deuten

p.pt.p.	тракто́ванный

трактова́ться *uv buchspr* behandelt [bewertet] werden

тра́лить *uv* что **1.** mit dem Schleppnetz fischen **2.** *naut* Minen suchen [räumen], entminen. — (про- *zu* 2)

pr.	тра́лю, -лишь, -лят
imp.	траль, ~те
pt.	тра́лил
g.pr.a.	тра́ля
p.pr.a.	тра́лящий
p.pt.a.	тра́ливший
p.pr.p.	тра́лимый

трамбова́ть 5a *uv* что feststampfen. — (у-)

транжи́рить *uv* что *umg* vergeuden, verschwenden. — (рас-)

pr.	транжи́рю, -ришь, -рят
imp.	транжи́рь, ~те
pt.	транжи́рил
g.pr.a.	транжи́ря
p.pr.a.	транжи́рящий
p.pt.a.	транжи́ривший

транскриби́ровать 4 *u.* 4a *v*, *uv* что *ling* umschreiben, transkribieren

трансли́ровать 4 *u.* 4a *v*, *uv* что *rad* übertragen, senden

транспони́ровать 4 *u.* 4a *v*, *uv* что *mus* transponieren

транспорти́ровать 4 *u.* 4a *v*, *uv* что transportieren, befördern

трансформи́ровать 4 *u.* 4a *v*, *uv* кого́-что umformen, umwandeln, transformieren

трансформи́роваться, *1. u. 2. Pers ungebr*, *v*, *uv* sich transformieren, sich verwandeln

трапе́зовать 4a *uv alt* speisen, tafeln

трасси́ровать 4 *u.* 4a *v*, *uv* что **1.** trassieren, abstecken *Straßenbau* **2.** *mil* spuren *Leuchtspurgeschosse*

тра́тить *uv* что ausgeben, verbrauchen; vergeuden. — (ис-, по-)

pr.	тра́чу, тра́тишь, тра́тят
imp.	трать, ~те
pt.	тра́тил
g.pr.a.	тра́тя
p.pr.a.	тра́тящий
p.pt.a.	тра́тивший
p.pt.p.	тра́ченный

тра́титься *uv* на что *Geld* ausgeben, verschwenden, Ausgaben machen. — (по-)

тра́хать(ся) *uv zu* тра́хнуть(ся)

тра́хнуть 6 *v u. mom* кого́-что **1.** *umg* schmettern; knallen *Schlag*, *Schuß* **2.** *a. ohne Objekt umg* einen Hieb versetzen ‖ *uv* тра́хать 1a

тра́хнуться *v volksspr* **1.** krachend herunterfallen, herunterstürzen **2.** обо что sich stoßen (an), prallen (gegen) ‖ *uv* тра́хаться

тре́бовать 4a *uv* **1.** что, чего́, *mit Konjunktion* что́бы, *mit Infinitiv u. ohne Objekt* fordern, verlangen; чего́ от кого́-чего́ erwarten **2.** *1. u. 2. Pers ungebr* чего́ bedürfen, erfordern **3.** кого́-что bestellen, auffordern ‖ *v* потре́бовать 4 *zu* 2, 3

тре́боваться, *1. u. 2. Pers ungebr*, *uv* nötig [erforderlich] sein, gebraucht werden ‖ *v* потре́боваться

трево́жить *uv* кого́-что **1.** beunruhigen, in Unruhe versetzen **2.** stören, beunruhigen. — (вс- *zu* 1, по- *zu* 2)

pr.	трево́жу, -жишь, -жат
imp.	трево́жь, ~те
pt.	трево́жил
g.pr.a.	трево́жа
p.pr.a.	трево́жащий
p.pt.a.	трево́живший
p.pr.p.	трево́жимый

трево́житься *uv* **1.** sich beunruhigen, sich Sorgen machen, sich aufregen **2.** sich bemühen. — (вс- *zu* 1, по- *zu* 2)

трезве́ть 3a *uv* nüchtern werden; *übtr* ernüchtert werden. — (о-)

трезви́ть *uv* кого́-что *u. ohne Objekt* ernüchtern, nüchtern machen, den Rausch vertreiben. — (вы́-, о-, про-)

pr.	трезвлю́, -ви́шь, -вя́т
imp.	трезви́, ~те
pt.	трезви́л
g.pr.a.	трезвя́
p.pr.a.	трезвя́щий
p.pt.a.	трезви́вший
p.pr.p.	трезви́мый

трезвóнить *uv* **1.** *Glocken* läuten **2.** *übtr umg* ausposaunen, an die große Glocke hängen

pr.	трезвóню, -нишь, -нят
imp.	трезвóнь, ~те
pt.	трезвóнил
g.pr.a.	трезвóня
p.pr.a.	трезвóнящий
p.pt.a.	трезвóнивший

тренировáть 5a *uv* когó-что trainieren, durchbilden; üben. — (на-)

p.pt.p.	тренирóванный

тренировáться *uv* в чём trainieren, sich üben (in). — (на-)

тренóжить *uv* когó-что die Vorderbeine und ein Hinterbein fesseln *von Pferden.* — (с-)

pr.	тренóжу, -жишь, -жат
imp.	тренóжь, ~те
pt.	тренóжил
g.pr.a.	тренóжа
p.pr.a.	тренóжащий
p.pt.a.	тренóживший
p.pr.p.	тренóжимый

трéнькать 1a *uv umg* klimpern *auf einem Zupfinstrument*

трепанúровать 4 *u.* 4a *v*, *uv* когó-что *med* trepanieren

трепанýть *v mom zu* трепáть

трепáть *uv* **1.** когó-что zausen, ziehen, zerren **2.** когó-что *umg* schütteln *vom Fieber* **3.** по чемý *umg* (zärtlich) tätscheln **4.** что brechen, schwingen *Hanf, Flachs* **5.** что *umg* abtragen, abnutzen *Kleidung* | *v mom volksspr* трепанýть 7 *zu* 1, 2. — (ис- *zu* 5, по- *zu* 1, 3, 5)

pr.	треплю́, трéплешь, трéплют *u. volksspr* трéпешь, трéпют
imp.	треплú, ~те *u.* трепú, ~те
pt.	трепáл
g.pr.a.	трепля́
p.pr.a.	трéплющий
p.pt.a.	трепáвший
p.pt.p.	трёпанный

трепáться *uv* **1.** *1. u. 2. Pers ungebr* (umher)flattern **2.** *1. u. 2. Pers ungebr umg* sich abnutzen, abtragen **3.** *volksspr* (ohne Ziel und Zweck) umhergehen; sich herumtreiben **4.** *derb, volksspr* schwatzen, quasseln. — (ис- *zu* 2, по- *zu* 2)

трепетáть *uv* **1.** zittern, beben **2.** zittern, zucken **3.** flackern *Flamme*

pr.	трепещý, -éщешь, -éщут
imp.	трепещú, ~те
pt.	трепетáл
g.pr.a.	трепещá
p.pr.a.	трепéщущий
p.pt.a.	трепетáвший

трепыхáться 2a *uv umg* **1.** zappeln, zucken, wackeln; flattern **2.** flackern, zucken *Licht, Feuer* | *v mom* трепыхнýться 7

трепыхнýться *v mom zu* трепыхáться

[1]**трéскать** *uv zu* трéснуть

[2]**трéскать** 1a *uv* что *grob volksspr* üppig *oder* gierig essen [trinken]

[1]**трéскаться** 1a, *1. u. 2. Pers ungebr, uv* Sprünge [Risse] bekommen, springen, bersten, platzen. — (по-)

[2]**трéскаться** *uv zu* трéснуться

трéснуть 6 *v* **1.** *mom zu* трещáть **2.** (zer)platzen, bersten, zerspringen **3.** чем по чемý *oder* когó-что по чемý *u. ohne Objekt volksspr* heftig schlagen, verhauen ‖ *uv* трéскать 1a *zu* 3

трéснуться *v* обо что *volksspr* sich stoßen (gegen) ‖ *uv* трéскаться

трестúровать 4 *u.* 4a *v*, *uv* что zu einem Trust [zu Trusts] vereinigen

третúровать 4a *uv* когó-что geringschätzig behandeln

трещáть *uv* **1.** *1. u. 2. Pers ungebr* krachen, knacken **2.** *1. u. 2. Pers ungebr* zirpen *Insekten* **3.** *umg* schwatzen, plappern **4.** *umg* bankrott machen, bankrott gehen | *v mom* трéснуть 6 *zu* 1

pr.	трещý, -щúшь, -щáт
imp.	трещú, ~те
pt.	трещáл
g.pr.a.	трещá
p.pr.a.	трещáщий
p.pt.a.	трещáвший

триеровáть 5a *uv* что mit dem Trieur reinigen *Getreide*

p.pt.p.	триерóванный

трóгать 1a *uv* когó-что **1.** berühren, anfassen **2.** stören, beunruhigen **3.** rühren, bewegen, ergreifen **4.** anziehen, zufahren *von Zugpferden* **5.** in Bewegung setzen, abfahren ‖ *v* трóнуть, Formen das.

трóгаться *uv* **1.** sich rühren; sich in Bewegung setzen, abfahren **2.** gerührt sein ‖ *v* трóнуться

троúть *uv* что **1.** in drei Teile teilen **2.** *alt* verdreifachen, auf das Dreifache erhöhen

pr.	трою́, троúшь, троя́т
imp.	трой, ~те
pt.	троúл

g.pr.a. троя́
p.pr.a. троя́щий
p.pt.a. трои́вший
p.pr.p. трои́мый

трои́ться *uv* **1.** dreifach erscheinen [sichtbar sein] **2.** sich verdreifachen

тро́нуть 6 *v* **1.** *v zu* тро́гать **2.** *1. u. 2. Pers ungebr, übtr* что leichten Schaden zufügen *durch Frost, Fäulnis*
imp. тронь, ~те
p.pt.p. тро́нутый

тро́нуться *v* **1.** *v zu* тро́гаться **2.** *umg* überschnappen, nicht ganz normal sein **3.** *1. u. 2. Pers ungebr volksspr* einen Stich bekommen, anfangen zu faulen

труби́ть *uv* **1.** во что posaunen, trompeten, blasen **2.** *übtr* о ком-чём *umg* ausposaunen, an die große Glocke hängen
pr. трублю́, -би́шь, -бя́т
imp. труби́, ~те
pt. труби́л
g.pr.a. трубя́
p.pr.a. трубя́щий
p.pt.a. труби́вший

труди́ться *uv* **1.** arbeiten, sich mühen **2.** над кем-чем arbeiten (an), sich beschäftigen (mit)
pr. тружу́сь, тру́дишься, тру́дятся
imp. труди́сь, -и́тесь
pt. труди́лся, -лась
g.pr.a. трудя́сь
p.pr.a. трудя́щийся
p.pt.a. труди́вшийся

труни́ть *uv* над кем-чем *umg* sich lustig machen (über), aufziehen, auslachen, foppen
pr. труню́, -ни́шь, -ня́т
imp. труни́, ~те
pt. труни́л
g.pr.a. труня́
p.pr.a. труня́щий
p.pt.a. труни́вший

тру́сить *uv* **1.** feige sein, sich fürchten **2.** пе́ред кем-чем *oder* кого́-чего́ *umg* Angst haben (vor), (j-n) fürchten. — (с-)
pr. тру́шу, тру́сишь, тру́сят
imp. трусь, ~те
pt. тру́сил
g.pr.a. тру́ся
p.pr.a. тру́сящий
p.pt.a. тру́сивший

¹труси́ть *uv* что *volksspr* (hinein)schütten, -streuen. — (на-)
pr. трушу́, труси́шь, трусят
imp. труси́, ~те
pt. труси́л
g.pr.a. труся́
p.pr.a. труся́щий
p.pt.a. труси́вший

²труси́ть *uv umg* traben
Formen wie ¹труси́ть

труси́ться, *1. u. 2. Pers ungebr, uv* sich verstreuen, verschütten. — (на-)

трухля́веть 3а, *1. u. 2. Pers ungebr, uv* faulig [morsch] werden

трясти́ *uv* **1.** кого́-что schütteln, rütteln **2.** что ausschütteln; verschütten; ausstäuben **3.** чем hin- und herschaukeln, pendeln | *v mom* тряхну́ть 7. — (вы- *zu* 2)
pr. трясу́, -сёшь, -су́т
imp. тряси́, ~те
pt. тряс, ~ла́
g.pr.a. тряся́
p.pr.a. трясу́щий
p.pt.a. тря́сший

трясти́сь *uv* **1.** sich schütteln, zittern **2.** gerüttelt [geschüttelt] werden **3.** *übtr* над кем-чем zittern, beben (um) | *v mom* тряхну́ться *zu* 1

тряхну́ть 7 *v* **1.** *mom zu* трясти́ **2.** *übtr* чем: тряхну́ть старино́й die Jugend aufleben lassen

тряхну́ться *v mom zu* трясти́сь

тужи́ть *uv* по ком-чём, о ком-чём *poet, umg* betrübt sein, trauern (um)
pr. тужу́, ту́жишь, ту́жат
imp. тужи́, ~те
pt. тужи́л
g.pr.a. тужа́
p.pr.a. тужа́щий
p.pt.a. тужи́вший

ту́житься *uv umg* sich anstrengen
pr. ту́жусь, ту́жишься, ту́жатся
imp. ту́жься, ту́жьтесь
pt. ту́жился, -лась
g.pr.a. ту́жась
p.pr.a. ту́жащийся
p.pt.a. ту́жившийся

тузи́ть *uv umg* кого́-что hauen, prügeln. — (от-)
pr. тужу́, тузи́шь, тузя́т
imp. тузи́, ~те
pt. тузи́л
g.pr.a. тузя́
p.pr.a. тузя́щий
p.pt.a. тузи́вший

ту́кать 1а *uv* кого́-что *oder* во что klopfen, schlagen, stoßen | *v mom* ту́кнуть 6, *p.pt.p.* ту́кнутый*

ту́каться *uv* обо что *volksspr* sich stoßen (an) | *v mom* ту́кнуться

ту́кнуть(ся) *v mom zu* ту́кать(ся)

тума́нить, *1. u. 2. Pers ungebr, uv* что **1.** verhüllen; vernebeln **2.** *übtr* trüben, verschleiern. — (за-)

pr.	тума́нит, -нят
pt.	тума́нил
g.pr.a.	тума́ня
p.pr.a.	тума́нящий
p.pt.a.	тума́нивший
p.pr.p.	тума́нимый

тума́ниться, *1. u. 2. Pers ungebr, uv* **1.** sich umnebeln, sich in Nebel hüllen, sich mit Dunst überziehen **2.** *übtr* sich trüben, sich verfinstern. — (за-)

тунея́дствовать 4a *uv verächtl* schmarotzen; faulenzen

тупе́ть 3a *uv* **1.** stumpf werden **2.** abstumpfen *Verstand.* — (о-)

тупи́ть *uv* что stumpf machen. — (за-, ис-)

pr.	туплю́, ту́пишь, ту́пят
imp.	тупи́, ~те
pt.	тупи́л
g.pr.a.	тупя́
p.pr.a.	тупя́щий
p.pt.a.	тупи́вший
p.pr.p.	тупи́мый

тупи́ться, *1. u. 2. Pers ungebr, uv* stumpf werden. — (за-, ис-)

тури́ть *uv* кого́-что *volksspr* verscheuchen, hinaus-, fortjagen, vertreiben | *v mom* турну́ть 7, *p.pt.p.* турну́тый*. — (вы́-, про-)

pr.	турю́, тури́шь, туря́т
imp.	тури́, ~те
pt.	тури́л
g.pr.a.	туря́
p.pr.a.	туря́щий
p.pt.a.	тури́вший

турну́ть *v mom zu* тури́ть

тускне́ть 3a, *1. u. 2. Pers ungebr, uv* trübe [matt] werden, sich trüben, verblassen *a. übtr.* — (по-)

ту́скнуть, *1. u. 2. Pers ungebr, uv* trübe [matt] werden, sich trüben, verblassen *a. übtr*

pr.	ту́скнет, -нут
pt.	туск *u.* ту́скнул, ту́скла
g.pt.a.	ту́скнув
p.pr.a.	ту́скнущий
p.pt.a.	ту́скнувший

[1]**ту́хнуть,** *1. u. 2. Pers ungebr, uv* erlöschen, ausgehen. — (по-)

pr.	ту́хнет, -нут
pt.	тух *u.* ту́хнул, ту́хла
g.pt.a.	ту́хнув
p.pr.a.	ту́хнущий
p.pt.a.	ту́хнувший

[2]**ту́хнуть,** *1. u. 2. Pers ungebr, uv* verfaulen, verderben *Eßwaren.* — (про-)

pt.	тух, ~ла

Übrige Formen wie [1]ту́хнуть

тучне́ть 3a *uv* **1.** fett werden, Fett ansetzen, zunehmen **2.** fruchtbar werden *Boden.* — (по-)

тушева́ть *uv* что tuschen, schattieren *Zeichnung.* — (за-)

pr.	тушу́ю, -у́ешь, -у́ют
imp.	тушу́й, ~те
pt.	тушева́л
g.pr.a.	тушу́я
p.pr.a.	тушу́ющий
p.pt.a.	тушева́вший
p.pr.p.	тушу́емый
p.pt.p.	тушёванный

тушева́ться *uv umg* zaghaft [schüchtern] sein, verlegen werden. — (с-)

[1]**туши́ть** *uv* что löschen, auslöschen. — (за-, по-)

pr.	тушу́, ту́шишь, ту́шат
imp.	туши́, ~те
pt.	туши́л
g.pr.a.	туша́
p.pr.a.	ту́шащий
p.pt.a.	туши́вший
p.pr.p.	туши́мый
p.pt.p.	ту́шенный

[2]**туши́ть** *uv* что dämpfen, schmoren ‖ *v* стуши́ть, Formen das.

p.pt.p.	тушённый; тушён, -ена́

Übrige Formen wie [1]туши́ть

[1]**ты́кать** *uv umg* **1.** что *oder* чем во что (hinein)stecken, -stoßen **2.** чем в кого́-что *oder* на кого́-что weisen, zeigen | *v mom* ткнуть 7 *u. volksspr* ты́кнуть 6

pr.	ты́чу, ты́чешь, ты́чут *u. volksspr* ты́каю, -аешь, -ают
imp.	тычь, ~те *u. volksspr* ты́кай, ~те
pt.	ты́кал
g.pr.a.	ты́ча *u. volksspr* ты́кая
p.pr.a.	ты́чущий

[2]**ты́кать** 1a *uv* кого́-что *volksspr* duzen

ты́каться *uv umg* sich stoßen, anstoßen | *v mom* ткну́ться 7
Formen nach [1]ты́кать

ты́кнуть *v mom zu* [1]ты́кать

тю́кать 1a *uv* кого́-что *umg* (mit etw. an etw.) schlagen, klopfen | *v mom* тю́кнуть 6, *p.pt.p.* тю́кнутый

тю́кнуть *v mom zu* тю́кать

тю́тькаться 1а *uv* с кем-чем *volksspr* sich unnötig sorgen, übertriebene [unnötige] Besorgtheit zeigen

тя́вкать 1а *uv* kläffen | *v mom* тя́вкнуть 6

тя́вкнуть *v mom zu* тя́вкать

тяга́ть 2а *uv* кого́-что **1.** *tech u. gbt* ziehen **2.** *volksspr* schleppen

тяга́ться *uv* с кем-чем **1.** *umg* sich messen, wetteifern (mit) **2.** *alt* einen Prozeß führen (gegen). — (по-)

p.pr.a. тя́жущийся

тяготе́ть 3а *uv* **1.** к чему́ gravitieren (nach) **2.** к кому́-чему́ sich hingezogen fühlen, eine Neigung haben (zu) **3.** над кем-чем drohend lasten (auf)

тяготи́ть *uv* кого́-что zur Last fallen, bedrücken, belasten

pr.	тягощу́, -оти́шь, -отя́т
imp.	тяготи́, ~те
pt.	тяготи́л
g.pr.a.	тяготя́
p.pr.a.	тяготя́щий
p.pt.a.	тяготи́вший
p.pr.p.	тяготи́мый

тяготи́ться *uv* кем-чем sich bedrückt fühlen

тяжеле́ть 3а *uv* schwer(er) *oder* dick(er) werden; *übtr* schwerfällig werden. — (о-, по-)

тяну́ть *uv* **1.** кого́-что ziehen, schleppen, schleifen **2.** что *tech* ziehen, dehnen **3.** что ziehen, spannen *Leine* **4.** *1. u. 2. Pers ungebr* ziehen, Zug haben *Ofen* **5.** что langsam, gedehnt sprechen [singen] **6.** с чем *oder* что verzögern, in die Länge ziehen **7.** *1. u. 2. Pers ungebr* wiegen **8.** кого́-что erpressen; ausbeuten **9.** *unpers*: его́ тя́нет к чему́-н. er fühlt sich zu etw. hingezogen, er hat zu etw. große Lust

pr.	тяну́, тя́нешь, тя́нут
imp.	тяни́, ~те
pt.	тяну́л
g.pt.a.	тяну́в
p.pr.a.	тя́нущий
p.pt.a.	тяну́вший
p.pt.p.	тя́нутый

тяну́ться *uv* **1.** sich ausbreiten, sich ausdehnen **2.** sich recken und strecken, sich rekeln **3.** *1. u. 2. Pers ungebr* sich hinziehen, sich erstrecken **4.** *1. u. 2. Pers ungebr* sich hinziehen, sich in die Länge ziehen, dauern **5.** к кому́-чему́ langen, die Hand ausstrecken (nach) **6.** dahinziehen, sich bewegen **7.** *übtr* за кем-чем nacheifern, nachstreben. — (по- *zu* 2)

тя́пать 1а *uv* кого́-что *umg* **1.** hacken, schlagen **2.** fassen, packen | *v mom* тя́пнуть 6, *p.pt.p.* тя́пнутый

тя́пнуть *v mom zu* тя́пать

У

уба́вить *v* **1.** что *u.* чего́ vermindern, verringern **2.** в чём *umg* abnehmen, leichter werden ‖ *uv* убавля́ть 2а

ft.	уба́влю, -вишь, -вят
imp.	уба́вь, ~те
pt.	уба́вил
g.pt.a.	уба́вив
p.pt.a.	уба́вивший
p.pt.p.	уба́вленный

уба́виться, *1. u. 2. Pers ungebr, v meist unpers* abnehmen, kürzer [kleiner] werden ‖ *uv* убавля́ться

убавля́ть(ся) *uv zu* уба́вить(ся)

убаю́кать 1 *v* кого́-что in den Schlaf singen ‖ *uv* убаю́кивать 1а

убаю́кивать *uv zu* убаю́кать

убега́ть *uv zu* убежа́ть

убе́гаться 1 *v umg* vom vielen Laufen müde werden

убеди́ть, *1. Pers ungebr, v* кого́-что **1.** в чём überzeugen (von) **2.** *mit Infinitiv* überreden ‖ *uv* убежда́ть 2а

ft.	убеди́шь, -дя́т
imp.	убеди́, ~те
pt.	убеди́л
g.pt.a.	убеди́в
p.pt.a.	убеди́вший
p.pt.p.	убеждённый; убеждён, -ена́

убеди́ться, *1. Pers ungebr, v* в чём sich überzeugen (von) ‖ *uv* убежда́ться

убежа́ть *v* **1.** weglaufen **2.** fliehen, entkommen **3.** *1. u. 2. Pers ungebr* überkochen ‖ ‖ *uv* убега́ть 2а

ft.	убегу́, убежи́шь, убегу́т
imp.	убеги́, ~те

pt. убежáл
g.pt.a. убежáв
p.pt.a. убежáвший

убеждáть(ся) *uv zu* убеди́ть(ся)

убели́ть *v* что weiß machen *Haare* ‖ *uv* убеля́ть 2a
ft. убелю́, -ли́шь, -ля́т
imp. убели́, ~те
pt. убели́л
g.pt.a. убели́в
p.pt.a. убели́вший
p.pt.p. убелённый; убелён, -енá

убеля́ть *uv zu* убели́ть

уберегáть(ся) *uv zu* уберéчь(ся)

уберéчь *v* когó-что от когó-чегó behüten, beschützen, bewahren ‖ *uv* уберегáть 2a
ft. уберегу́, -ежёшь, -егу́т
imp. убереги́, ~те
pt. уберёг, -еглá
g.pt.a. уберёгши
p.pt.a. уберёгший
p.pt.p. убережённый; убережён, -енá

уберéчься *v* от когó-чегó sich schützen, sich in acht nehmen (vor) ‖ *uv* уберегáться

убивáть(ся) *uv zu* уби́ть(ся)

убирáть(ся) *uv zu* убрáть(ся)

уби́ть *v* **1.** когó-что töten, umbringen, ermorden **2.** *übtr* что zunichte machen, zerstören **3.** *übtr* когó-что niederschmettern, zur Verzweiflung bringen **4.** что stechen *beim Kartenspiel* **5.** что vergeuden, nutzlos verschwenden *Geld, Zeit* ‖ *uv* убивáть 2a
ft. убью́, убьёшь, убью́т
imp. убéй, ~те
pt. уби́л
g.pt.a. уби́в
p.pt.a. уби́вший
p.pt.p. уби́тый

уби́ться *v* **1.** *umg* (tödlich) verunglücken **2.** *volksspr* sich stoßen, sich verletzen ‖ *uv* убивáться

ублаготвори́ть *v* когó-что *alt, jetzt scherz* zufriedenstellen ‖ *uv* ублаготворя́ть 2a
ft. ублаготворю́, -ри́шь, -ря́т
imp. ублаготвори́, ~те
pt. ублаготвори́л
g.pt.a. ублаготвори́в
p.pt.a. ублаготвори́вший
p.pt.p. ублаготворённый; ублаготворён, -енá

ублаготворя́ть *uv zu* ублаготвори́ть

ублажáть *uv zu* ублажи́ть

ублажи́ть *v* когó-что *umg* (j-m) jeden Wunsch von den Augen ablesen ‖ *uv* ублажáть 2a
ft. ублажу́, -жи́шь, -жáт
imp. ублажи́, ~те
pt. ублажи́л
g.pt.a. ублажи́в
p.pt.a. ублажи́вший
p.pt.p. ублажённый; ублажён, -енá

убоя́ться *v* когó-чегó *u. ohne Objekt alt, jetzt scherz* erschrecken, in Angst geraten
ft. убою́сь, -ои́шься, -оя́тся
imp. убóйся, убóйтесь
pt. убоя́лся
g.pt.a. убоя́вшись
p.pt.a. убоя́вшийся

убрáть *v* **1.** что wegnehmen, wegräumen, beseitigen; verwahren, unterbringen **2.** что ernten **3.** что aufräumen, in Ordnung bringen **4.** когó-что чем ausschmücken, putzen (mit) ‖ *uv* убирáть 2a
ft. уберу́, -рёшь, -ру́т
imp. убери́, ~те
pt. убрáл, -алá, -áло
g.pt.a. убрáв
p.pt.a. убрáвший
p.pt.p. у́бранный

убрáться *v* **1.** *umg* sich davonmachen, sich aus dem Staube machen **2.** *umg* aufräumen, in Ordnung bringen, reinemachen **3.** sich schmücken, sich festlich kleiden ‖ *uv* убирáться
pt. убрáлся, -алáсь, -áлóсь

убрести́ *v umg* langsam (weg)gehen
ft. убреду́, -дёшь, -ду́т
imp. убреди́, ~те
pt. убрёл, убрелá
g.pt.a. убредя́ *u. alt* убрéдши
p.pt.a. убрéдший

убывáть *uv zu* убы́ть

убыстри́ть *v* что *umg* beschleunigen ‖ *uv* убыстря́ть 2a
ft. убыстрю́, -ри́шь, -ря́т
imp. убыстри́, ~те
pt. убыстри́л
g.pt.a. убыстри́в
p.pt.a. убыстри́вший
p.pt.p. убыстрённый; убыстрён, -енá

убыстря́ть *uv zu* убыстри́ть

убы́ть *v* **1.** abnehmen, sich verringern; fallen **2.** ausscheiden; ausfallen **3.** когó-что от чегó *meist verneint*: тебя́ не убу́дет от э́того *volksspr* das wird dir nicht schaden [keinen Abbruch tun] ‖ *uv* убывáть 2a
ft. убу́ду, -дешь, -дут
imp. убу́дь, ~те

pt. у́был, убыла́, у́было
g.pt.a. убы́в
p.pt.a. убы́вший

уважа́ть 2a *uv* кого́-что (ver)ehren, achten

ува́жить *v umg* **1.** berücksichtigen, Rechnung tragen **2.** кого́-что entgegenkommen, einen Gefallen tun
ft. ува́жу, -жишь, -жат
imp. ува́жь, ~те
pt. ува́жил
g.pt.a. ува́жив
p.pt.a. ува́живший
p.pt.p. ува́женный

ува́ливать *uv zu*ували́ть

ували́ть *v* что **1.** *volksspr* schief stapeln **2.** *naut* vom Kurs abweichen ‖ *uv* ува́ливать 1a
ft. увалю́, ува́лишь, ува́лят
*imp.*ували́, ~те
pt. ували́я
*g.pt.a.*ували́в
*p.pt.a.*ували́вший
p.pt.p. ува́ленный

ува́ривать(ся) *uv zu* увари́ть(ся)

увари́ть *v* что **1.** *umg* gar kochen **2.** einkochen lassen ‖ *uv* ува́ривать 1a
ft. уварю́, ува́ришь, ува́рят
imp. увари́, ~те
pt. увари́л
g.pt.a. увари́в
p.pt.a. увари́вший
p.pt.p. ува́ренный

увари́ться, *1. u. 2. Pers ungebr*, *v* einkochen, beim Kochen weniger werden ‖ *uv* ува́риваться

уве́домить *v* кого́-что о чём in Kenntnis setzen, unterrichten (von) ‖ *uv* уведомля́ть 2a
ft. уве́домлю, -мишь, -мят
imp. уве́доми, ~те *u.* уве́домь, ~те
pt. уве́домил
g.pt.a. уве́домив
p.pt.a. уве́домивший
p.pt.p. уве́домленный

уведомля́ть *uv zu* уве́домить

увезти́ *v* кого́-что **1.** wegschaffen, abtransportieren **2.** entführen ‖ *uv* увози́ть, Formen das.
ft. увезу́, -зёшь, -зу́т
imp. увези́, ~те
pt. увёз, увезла́
g.pt.a. увезя́ *u. alt* увёзши
p.pt.a. увёзший
p.pt.p. увезённый; увезён, -ена́

увекове́чивать *uv zu* увекове́чить

увекове́чить *v* кого́-что verewigen; unsterblich machen ‖ *uv* увекове́чивать 1a
ft. увекове́чу, -чишь, -чат
imp. увекове́чь, ~те
pt. увекове́чил
g.pt.a. увекове́чив
p.pt.a. увекове́чивший
p.pt.p. увекове́ченный

увели́чивать(ся) *uv zu* увели́чить(ся)

увели́чить *v* кого́-что vergrößern; verstärken ‖ *uv* увели́чивать 1a
ft. увели́чу, -чишь, -чат
imp. увели́чь, ~те
pt. увели́чил
g.pt.a. увели́чив
p.pt.a. увели́чивший
p.pt.p. увели́ченный

увели́читься, *1. u. 2. Pers ungebr*, *v* sich vergrößern; steigen ‖ *uv* увели́чиваться

увенча́ть 2 *v* кого́-что (чем) krönen (mit) ‖ *uv* уве́нчивать 1a

увенча́ться, *1. u. 2. Pers ungebr*, *v übtr* чем gekrönt werden ‖ *uv* уве́нчиваться

уве́нчивать(ся) *uv zu* увенча́ть(ся)

уве́рить *v* кого́-что в чём *oder mit Konjunktion* что überzeugen (von), versichern ‖ *uv* уверя́ть 2a
ft. уве́рю, -ришь, -рят
imp. уве́рь, ~те
pt. уве́рил
g.pt.a. уве́рив
p.pt.a. уве́ривший
p.pt.p. уве́ренный

уве́риться *v* в чём *oder mit Konjunktion* что sich überzeugen (von) ‖ *uv* уверя́ться

уверну́ть 7 *v* кого́-что *umg* um-, einwickeln ‖ *uv* увёртывать 1a
p.pt.p. увёрнутый

уверну́ться *v* **1.** ausweichen, aus dem Wege gehen **2.** *übtr umg* Ausflüchte machen ‖ *uv* увёртываться

уве́ровать 4 *v* в кого́-что fest glauben (an)

уверста́ть 2 *v* что *typ* umbrechen ‖ *uv* увёрстывать 1a
p.pt.p. увёрстанный

увёрстывать *uv zu* уверста́ть

увёртывать(ся) *uv zu* уверну́ть(ся)

уверя́ть(ся) *uv zu* уве́рить(ся)

увесели́ть *v zu* увеселя́ть
ft. увеселю́, -ли́шь, -ля́т
imp. увесели́, ~те

pt.	увеселил
g.pt.a.	увеселив
p.pt.a.	увеселивший
p.pt.p.	увеселённый

увесели́ться *v zu* увеселя́ться

увеселя́ть 2a *uv* кого́-что erheitern, belustigen ‖ *v* увесели́ть, Formen das.

увеселя́ться *uv* sich belustigen, sich amüsieren ‖ *v* увесели́ться

увести́ *v* кого́-что **1.** wegführen, fortbringen **2.** mitgehen lassen, stehlen ‖ *uv* уводи́ть, Formen das.

ft.	уведу́, -дёшь, -ду́т
imp.	уведи́, ~те
pt.	увёл, увела́
g.pt.a.	уведя́ *u. alt* уве́дши
p.pt.a.	уве́дший
p.pt.p.	уведённый; уведён, -ена́

уве́чить *uv* кого́-что verstümmeln

pr.	уве́чу, -чишь, -чат
imp.	уве́чь, ~те
pt.	уве́чил
g.pr.a.	уве́ча
p.pr.a.	уве́чащий
p.pt.a.	уве́чивший

уве́читься *uv* sich verstümmeln

уве́шать 1 *v* кого́-что чем behängen (mit) ‖ *uv* уве́шивать 1a

уве́шаться *v* чем sich behängen (mit) ‖ *uv* уве́шиваться

уве́шивать(ся) *uv zu* уве́шать(ся)

увеща́ть 2 *uv* кого́-что ermahnen

увещева́ть 2 *uv* кого́-что *buchspr* ermahnen

увива́ть *uv zu* уви́ть

увива́ться 2a *uv* **1.** *uv zu* уви́ться **2.** *umg* den Hof machen

увида́ть 2 *v* кого́-что *umg* sehen, erblicken

ft. ungebr

p.pt.p.	уви́денный

увида́ться *v* с кем *umg* sich treffen (mit), einander wiedersehen

ft. ungebr

уви́деть *v* кого́-что sehen, erblicken, wiedersehen

ft.	уви́жу, уви́дишь, уви́дят
pt.	уви́дел
g.pt.a.	уви́дев
p.pt.a.	уви́девший
p.pt.p.	уви́денный

уви́деться *v* с кем sich treffen (mit), einander wiedersehen

уви́ливать *uv zu* увильну́ть

увильну́ть 7 *v* от кого́-чего́ *umg* ausweichen, sich entziehen ‖ *uv* уви́ливать 1a

уви́ть *v* кого́-что **1.** *umg* umwickeln **2.** *umg* aufwickeln (auf) **3.** umranken, umwinden ‖ *uv* увива́ть 2a

ft.	увью́, увьёшь, увью́т
imp.	уве́й, ~те
pt.	уви́л, увила́, уви́ло
g.pt.a.	уви́в
p.pt.a.	уви́вший
p.pt.p.	уви́тый; уви́т, увита́, уви́то

уви́ться, *1. u. 2. Pers ungebr, v umg* sich winden, sich schlingen, sich ranken ‖ *uv* увива́ться

pt.	уви́лся, увила́сь, увило́сь

увлажни́ть *v* что feucht(er) machen, befeuchten ‖ *uv* увлажня́ть 2a

ft.	увлажню́, -ни́шь, -ня́т
imp.	увлажни́, ~те
pt.	увлажни́л
g.pt.a.	увлажни́в
p.pt.a.	увлажни́вший
p.pt.p.	увлажнённый; увлажнён, -ена́

увлажни́ться, *1. u. 2. Pers ungebr, v* feucht werden ‖ *uv* увлажня́ться

увлажня́ть(ся) *uv zu* увлажни́ть(ся)

увлека́ть(ся) *uv zu* увле́чь(ся)

увле́чь *v* кого́-что **1.** fortschleppen, fortziehen **2.** *übtr* mitreißen, packen; bezaubern ‖ *uv* увлека́ть 2a

ft.	увлеку́, -ечёшь, -еку́т
imp.	увлеки́, ~те
pt.	увлёк, -екла́
g.pt.a.	увлёкши
p.pt.a.	увлёкший
p.pt.p.	увлечённый; увлечён, -ена́

увле́чься *v* кем-чем **1.** sich begeistern (für) **2.** sich verlieben (in) ‖ *uv* увлека́ться

уводи́ть *uv zu* увести́

pr.	увожу́, уво́дишь, уво́дят
imp.	уводи́, ~те
pt.	уводи́л
g.pr.a.	уводя́
p.pr.a.	уводя́щий
p.pt.a.	уводи́вший
p.pr.p.	уводи́мый

увози́ть *uv zu* увезти́

pr.	увожу́, уво́зишь, уво́зят
imp.	увози́, ~те
pt.	увози́л
g.pr.a.	увозя́
p.pr.a.	увозя́щий
p.pt.a.	увози́вший
p.pr.p.	увози́мый

[1]**увола́кивать** *uv zu* уволо́чь

[2]**увола́кивать** *uv zu* уволочи́ть

уво́лить *v* кого́-что **1.** entlassen, kündigen **2.** *meist imp.* verschonen; erlösen ‖ *uv* увольня́ть 2a
ft. уво́лю, -лишь, -лят
imp. уво́ль, ~те
pt. уво́лил
g.pt.a. уво́лив
p.pt.a. уво́ливший
p.pt.p. уво́ленный

уво́литься *v* die Arbeitsstelle aufgeben, den Dienst quittieren ‖ *uv* увольня́ться

уволочи́ть *v* кого́-что *volksspr* wegschleppen, wegschleifen ‖ *uv* увола́кивать 1a
ft. уволочу́, -ло́чишь, -ло́чат
imp. уволочи́, ~те
pt. уволочи́л
g.pt.a. уволочи́в
p.pt.a. уволочи́вший
p.pt.p. уволо́ченный

уволо́чь *v* кого́-что *umg* wegschleppen, wegschleifen ‖ *uv* увола́кивать 1a
ft. уволоку́, -лочёшь, -локу́т
pt. уволо́к, -локла́
g.pt.a. уволоча́ *u.* уволо́кши
p.pt.a. уволо́кший
p.pt.p. уволочённый; уволочён, -ена́

увольня́ть(ся) *uv zu* уво́лить(ся)

уворова́ть 5 *v* что *umg* klauen, stehlen ‖ *uv* уворо́вывать 1a

уворо́вывать *uv zu* уворова́ть

увречева́ть *v* кого́-что *alt* heilen
ft. увречу́ю, -у́ешь, -у́ют
imp. увречу́й, ~те
pt. увречева́л
g.pt.a. увречева́в
p.pt.a. увречева́вший
p.pt.p. увречёванный

увяда́ть *uv zu* увя́нуть

[1]**увяза́ть** *uv zu* увя́знуть

[2]**увяза́ть** *v* что **1.** einpacken, zusammenschnüren **2.** *übtr* aufeinander abstimmen, in Einklang bringen ‖ *uv* увя́зывать 1a
ft. увяжу́, увя́жешь, увя́жут
imp. увяжи́, ~те
pt. увяза́л
g.pt.a. увяза́в
p.pt.a. увяза́вший
p.pt.p. увя́занный

увяза́ться *v* **1.** *volksspr* seine Sachen packen **2.** за кем-чем *oder* с кем-чем *umg* nicht weichen (von), sich an j-s Fersen heften ‖ *uv* увя́зываться
Formen nach [2]увяза́ть

увя́знуть *v* steckenbleiben, einsinken ‖ *uv* увяза́ть 2a
ft. увя́зну, -нешь, -нут
imp. увя́зни, ~те
pt. увя́з, ~ла
g.pt.a. увя́знув *u.* увя́зши
p.pt.a. увя́зший *u.* увя́знувший

увя́зывать *uv zu* [2]увяза́ть

увя́зываться *uv zu* увяза́ться

увя́нуть *v* verwelken, verblühen ‖ *uv* увяда́ть 2a
ft. увя́ну, -нешь, -нут
imp. увя́нь, ~те
pt. увя́л
g.pt.a. увя́нув
p.pt.a. увя́нувший *u.* увя́дший

угада́ть 2 *v* что erraten ‖ *uv* уга́дывать 1a

уга́дывать *uv zu* угада́ть

уга́дываться 1a, *1. u. 2. Pers ungebr*, *uv* erkennbar sein, zu erraten sein *aufgrund von Merkmalen*

угаса́ть *uv zu* уга́снуть

угаси́ть *v* что *buchspr* **1.** löschen *Kerze* **2.** dämpfen, unterdrücken *Regungen* ‖ *uv* угаша́ть 2a
ft. угашу́, уга́сишь, уга́сят
imp. угаси́, ~те
pt. угаси́л
g.pt.a. угаси́в
p.pt.a. угаси́вший
p.pt.p. уга́шенный

уга́снуть, *1. u. 2. Pers ungebr*, *v* **1.** verlöschen, ausgehen **2.** *übtr* dahinsiechen; sterben; verstummen ‖ *uv* угаса́ть 2a
ft. уга́снет, -нут
pt. уга́с *u. alt* уга́снул, уга́сла
g.pt.a. уга́снув *u.* уга́сши
p.pt.a. уга́сший *u.* уга́снувший

угаша́ть *uv zu* угаси́ть

угиба́ть *uv zu* угну́ть

углуби́ть *v* что vertiefen, tiefer machen ‖ *uv* углубля́ть 2a
ft. углублю́, -би́шь, -бя́т
imp. углуби́, ~те
pt. углуби́л
g.pt.a. углуби́в
p.pt.a. углуби́вший
p.pt.p. углублённый; углублён, -ена́

углуби́ться *v* **1.** *1. u. 2. Pers ungebr* sich vertiefen; tiefer werden **2.** во что (tiefer) eindringen (in) ‖ *uv* углубля́ться

углубля́ть(ся) *uv zu* углуби́ть(ся)

угляде́ть *v* **1.** кого́-что *volksspr* genau betrachten, bemerken **2.** *umg* за кем-чем *meist verneint* aufpassen (auf)

ft.	угляжу́, -яди́шь, -ядя́т
imp.	угляди́, ~те
pt.	угляде́л
g.pt.a.	угляде́в
p.pt.a.	угляде́вший

угна́ть *v* кого́-что **1.** wegtreiben, fortjagen **2.** *umg* entführen, stehlen **3.** (gegen den Willen) weit fortschicken ‖ *uv* угоня́ть 2a

ft.	угоню́, уго́нишь, уго́нят
imp.	угони́, ~те
pt.	угна́л, -ала́, -а́ло
g.pt.a.	угна́в
p.pt.a.	угна́вший
p.pt.p.	у́гнанный

угна́ться *v* за кем-чем *meist verneint* **1.** einholen, erreichen **2.** *übtr umg* Schritt halten (mit), gleichkommen ‖ *uv* угоня́ться

угнезди́ться, *1. Pers ungebr*, *v umg* sich einrichten, sich niederlassen

ft.	угнезди́шься, -дя́тся
imp.	угнезди́сь, -и́тесь
pt.	угнезди́лся, -лась
g.pt.a.	угнезди́вшись
p.pt.a.	угнезди́вшийся

угнести́ *v zu* угнета́ть

ft.	угнету́, -тёшь, -ту́т
imp.	угнети́, ~те
pt.	угнёл*, -ела́*
p.pt.p.	угнетённый; угнетён, -ена́

угнета́ть 2a *uv* кого́-что **1.** unterdrücken; ausbeuten **2.** *übtr* bedrücken, quälen ‖ *v* угнести́, Formen das.

угну́ть *v* кого́-что *volksspr* (hinunter)beugen, neigen ‖ *uv* угиба́ть 2a

ft.	угну́, угнёшь, угну́т
imp.	угни́, ~те
pt.	угну́л
g.pt.a.	угну́в
p.pt.a.	угну́вший
p.pt.p.	угну́тый

угова́ривать(ся) *uv zu* уговори́ть(ся)

уговори́ть *v* кого́-что *mit Infinitiv* überreden, dazu bewegen ‖ *uv* угова́ривать 1a

ft.	уговорю́, -ри́шь, -ря́т
imp.	уговори́, ~те
pt.	уговори́л
g.pt.a.	уговори́в
p.pt.a.	уговори́вший
p.pt.p.	уговорённый; уговорён, -ена́

уговори́ться *v* с кем-чем *u. mit Infinitiv umg* übereinkommen, sich verabreden ‖ *uv* угова́риваться

угоди́ть *v* **1.** кому́-чему́ *oder* на кого́-что (j-n) zufriedenstellen, (j-m) gefällig sein **2.** в кого́-что *oder* кому́-чему́ во что (j-n) treffen *beim Werfen* ‖ *uv* угожда́ть 2a

ft.	угожу́, -оди́шь, -одя́т
imp.	угоди́, ~те
pt.	угоди́л
g.pt.a.	угоди́в
p.pt.a.	угоди́вший

угожда́ть *uv zu* угоди́ть

угомони́ть *v* кого́-что *umg* beruhigen, besänftigen ‖ *uv* угомоня́ть 2a

ft.	угомоню́, -ни́шь, -ня́т
imp.	угомони́, ~те
pt.	угомони́л
g.pt.a.	угомони́в
p.pt.a.	угомони́вший
p.pt.p.	угомонённый; угомонён, -ена́

угомони́ться *v umg* sich beruhigen, zur Ruhe kommen ‖ *uv* угомоня́ться

угомоня́ть(ся) *uv zu* угомони́ть(ся)

угоня́ть(ся) *uv zu* угна́ть(ся)

угора́здить *unpers v* кого́-что *mit Infinitiv umg* anraten, auf die (unglückliche) Idee bringen

ft.	угора́здит
pt.	угора́здило

1,2угора́ть *uv zu* 1,2угоре́ть

1угоре́ть *v* **1.** sich eine Kohlenoxidvergiftung zuziehen **2.** *übtr volksspr* verrückt werden, nicht bei Trost sein ‖ *uv* угора́ть 2a *zu* 1

ft.	угорю́, -ри́шь, -ря́т
imp.	угори́, ~те
pt.	угоре́л
g.pt.a.	угоре́в
p.pt.a.	угоре́вший

2угоре́ть, *1. u. 2. Pers ungebr*, *v* niederbrennen, (durch Brennen) kleiner werden ‖ *uv* угора́ть 2a
Formen wie 1угоре́ть

угости́ть *v* кого́-что чем bewirten (mit) ‖ *uv* угоща́ть 2a

ft.	угощу́, угости́шь, угостя́т
imp.	угости́, ~те
pt.	угости́л
g.pt.a.	угости́в
p.pt.a.	угости́вший
p.pt.p.	угощённый; угощён, -ена́

угости́ться *v umg* чем schmausen, es sich schmecken lassen ‖ *uv* угоща́ться

уготáвливать *uv zu* уготóвить

уготóвить *v* что *buchspr* (vor)bereiten; (voraus)bestimmen ‖ *uv* уготáвливать 1a *u.* уготовля́ть 2a

ft. уготóвлю, -вишь, -вят
imp. уготóвь, ~те
pt. уготóвил
g.pt.a. уготóвив
p.pt.a. уготóвивший
p.pt.p. уготóвленный

уготовля́ть *uv zu* уготóвить

угощáть(ся) *uv zu* угости́ть(ся)

угревáть *uv zu* угрéть

угрéть 3 *v* что *volksspr* erwärmen, warm machen ‖ *uv* угревáть 2a

угрóбить *v* когó-что **1.** *derb*, *volkssp*r umbringen **2.** *volkssp*r verderben, ruinieren

ft. угрóблю, -бишь, -бят
imp. угрóбь, ~те
pt. угрóбил
g.pt.a. угрóбив
p.pt.a. угрóбивший
p.pt.p. угрóбленный

угрожáть 2a *uv* **1.** комý-чемý чем drohen (mit), bedrohen, androhen **2.** bevorstehen

угрызáть 2a *uv* **1.** *uv zu* угры́зть **2.** *alt* quälen, peinigen

угры́зть *v* что *umg* beißen; abnagen ‖ *uv* угрызáть 2a

ft. угрызý, -зёшь, -зýт
imp. угрызи́, ~те
pt. угры́з
g.pt.a. угры́зши
p.pt.a. угры́зший
p.pt.p. угры́зенный

удáбривать *uv zu* удóбрить

удавáться *uv zu* удáться

pr. удаётся, удаю́тся
pt. удавáлся, -лась
g.pr.a. удавáясь
p.pr.a. удаю́щийся
p.pt.a. удавáвшийся

удави́ть *v* когó-что erwürgen, erdrosseln ‖ *uv* удáвливать 1a

ft. удавлю́, удáвишь, удáвят
imp. удави́, ~те
pt. удави́л
g.pt.a. удави́в
p.pt.a. удави́вший
p.pt.p. удáвленный

удави́ться *v umg* sich erhängen ‖ *uv* удáвливаться

удáвливать(ся) *uv zu* удави́ть(ся)

удали́ть *v* когó-что **1.** in einen größeren Abstand bringen **2.** entfernen, beseitigen ‖ *uv* удаля́ть 2a

ft. удалю́, -ли́шь, -ля́т
imp. удали́, ~те
pt. удали́л
g.pt.a. удали́в
p.pt.a. удали́вший
p.pt.p. удалённый; удалён, -енá

удали́ться *v* sich entfernen, weggehen ‖ *uv* удаля́ться

удаля́ть(ся) *uv zu* удали́ть(ся)

удáрить *v* **1.** когó-что по чемý *oder* во что schlagen, einen Hieb versetzen **2.** *mil* schießen, feuern **3.** во что energisch (etw. zu tun) beginnen **4.** по комý-чемý *übtr umg* einschreiten (gegen), Schluß machen (mit) **5.** на когó-что *oder* по комý-чемý angreifen, herfallen (über) ‖ *uv* ударя́ть 2a

ft. удáрю, -ришь, -рят
imp. удáрь, ~те
pt. удáрил
g.pt.a. удáрив
p.pt.a. удáривший
p.pt.p. удáренный

удáриться *v* **1.** обо что sich stoßen (an), prallen (gegen) **2.** во что aufprallen (auf) **3.** во что *übtr umg* sich begeistern (für), verfallen, sich ergeben *einer Sache* ‖ *uv* ударя́ться

ударя́ть(ся) *uv zu* удáрить(ся)

удáться, *1. u. 2. Pers ungebr*, *v* **1.** erfolgreich verlaufen, gelingen **2.** комý *mit Infinitiv unpers* gelingen, glücken ‖ *uv* удавáться, Formen das.

ft. удáстся, удадýтся
pt. удáлся, удалáсь
g.pt.a. удáвшись
p.pt.a. удáвшийся

удвáивать(ся) *uv zu* удвóить(ся)

удвóить *v* что verdoppeln ‖ *uv* удвáивать 1a

ft. удвóю, -óишь, -óят
imp. удвóй, ~те
pt. удвóил
g.pt.a. удвóив
p.pt.a. удвóивший
p.pt.p. удвóенный

удвóиться, *1. u. 2. Pers ungebr*, *v* sich verdoppeln ‖ *uv* удвáиваться

удели́ть *v* что zuteilen, anweisen, zur Verfügung stellen ‖ *uv* уделя́ть 2a

ft. уделю́, -ли́шь, -ля́т
imp. удели́, ~те
pt. удели́л

g.pt.a.	удели́в
p.pt.a.	удели́вший
p.pt.p.	уделённый; уделён, -ена́

уделя́ть *uv zu* удели́ть

удержа́ть *v* **1.** кого́-что (fest)halten; zum Stehen bringen, anhalten; aufhalten **2.** кого́-что от чего́ zurückhalten; abhalten **3.** что unterdrücken, bändigen **4.** что halten, behalten, bewahren **5.** что abziehen, einbehalten ‖ *uv* уде́рживать 1a

ft.	удержу́, уде́ржишь, уде́ржат
imp.	удержи́, ~те
pt.	удержа́л
g.pt.a.	удержа́в
p.pt.a.	удержа́вший
p.pt.p.	уде́ржанный

удержа́ться *v* **1.** sich halten, sich behaupten **2.** от чего́ sich enthalten ‖ *uv* уде́рживаться

уде́рживать(ся) *uv zu* удержа́ть(ся)

удесятери́ть *v* что verzehnfachen ‖ *uv* удесятеря́ть 2a

ft.	удесятерю́, -ри́шь, -ря́т
imp.	удесятери́, ~те
pt.	удесятери́л
g.pt.a.	удесятери́в
p.pt.a.	удесятери́вший
p.pt.p.	удесятерённый; удесятерён, -ена́

удесятери́ться, *1. u. 2. Pers ungebr*, *v* sich verzehnfachen ‖ *uv* удесятеря́ться

удесятеря́ть(ся) *uv zu* удесятери́ть(ся)

удешеви́ть *v* что verbilligen ‖ *uv* удешевля́ть 2a

ft.	удешевлю́, -ви́шь, -вя́т
imp.	удешеви́, ~те
pt.	удешеви́л
g.pt.a.	удешеви́в
p.pt.a.	удешеви́вший
p.pt.p.	удешевлённый; удешевлён, -ена́

удешеви́ться, *1. u. 2. Pers ungebr*, *v* billiger werden ‖ *uv* удешевля́ться

удешевля́ть(ся) *uv zu* удешеви́ть(ся)

удиви́ть *v* кого́-что in Erstaunen versetzen, überraschen ‖ *uv* удивля́ть 2a

ft.	удивлю́, -ви́шь, -вя́т
imp.	удиви́, ~те
pt.	удиви́л
g.pt.a.	удиви́в
p.pt.a.	удиви́вший
p.pt.p.	удивлённый; удивлён, -ена́

удиви́ться *v* чему́ sich wundern (über) ‖ *uv* удивля́ться

g.pt.a.	удиви́вшись *u.* удивя́сь

удивля́ть(ся) *uv zu* удиви́ть(ся)

удира́ть *uv zu* удра́ть

уди́ть *uv* кого́-что angeln

pr.	ужу́, у́дишь, у́дят
imp.	уди́, ~те
pt.	уди́л
g.pr.a.	удя́
p.pr.a.	удя́щий
p.pt.a.	уди́вший
p.pt.p.	у́женный

уди́ться, *1. u. 2. Pers ungebr*, *uv* sich angeln lassen, anbeißen

удлини́ть *v* что verlängern; ausdehnen ‖ *uv* удлиня́ть 2a

ft.	удлиню́, -ни́шь, -ня́т
imp.	удлини́, ~те
pt.	удлини́л
g.pt.a.	удлини́в
p.pt.a.	удлини́вший
p.pt.p.	удлинённый; удлинён, -ена́

удлини́ться, *1. u. 2. Pers ungebr*, *v* länger werden ‖ *uv* удлиня́ться

удлиня́ть(ся) *uv zu* удлини́ть(ся)

удо́брить *v* что düngen ‖ *uv* удобря́ть 2a *u.* уда́бривать 1a

ft.	удо́брю, -ришь, -рят
imp.	удо́бри, ~те
pt.	удо́брил
g.pt.a.	удо́брив
p.pt.a.	удо́бривший
p.pt.p.	удо́бренный

удобря́ть *uv zu* удо́брить

удовлетвори́ть *v* **1.** кого́-что befriedigen, zufriedenstellen **2.** чему́ entsprechen, genügen, gerecht werden **3.** кого́-что чем (ausreichend) versorgen (mit) **4.** кого́-что *alt* entschädigen, abfinden; Genugtuung verschaffen, Satisfaktion geben ‖ *uv* удовлетворя́ть 2a

ft.	удовлетворю́, -ри́шь, -ря́т
imp.	удовлетвори́, ~те
pt.	удовлетвори́л
g.pt.a.	удовлетвори́в
p.pt.a.	удовлетвори́вший
p.pt.p.	удовлетворённый; удовлетворён, -ена́

удовлетвори́ться *v* чем sich zufrieden geben, sich begnügen (mit) ‖ *uv* удовлетворя́ться

удовлетворя́ть(ся) *uv zu* удовлетвори́ть(ся)

удово́льствоваться 4 *v* чем sich zufriedengeben, sich begnügen (mit)

удорожа́ть(ся) *uv zu* удорожи́ть(ся)

удорожи́ть *v* что verteuern, den Preis erhöhen ‖ *uv* удорожáть 2a
ft. удорожу́, -жи́шь, -жáт
imp. удорожи́, ~те
pt. удорожи́л
g.pt.a. удорожи́в
p.pt.a. удорожи́вший
p.pt.p. удорожённый; удорожён, -енá

удорожи́ться, *1. u. 2. Pers ungebr*, *v* teurer werden, sich verteuern ‖ *uv* удорожáться

удостáивать(ся) *uv zu* удостóить(ся)

удостовéрить *v* что beglaubigen, bestätigen, bescheinigen ‖ *uv* удостоверя́ть 2a
ft. удостовéрю, -ришь, -рят
imp. удостовéрь, ~те
pt. удостовéрил
g.pt.a. удостовéрив
p.pt.a. удостовéривший
p.pt.p. удостовéренный

удостовéриться *v* в чём sich vergewissern, sich überzeugen (von) ‖ *uv* удостоверя́ться

удостоверя́ть(ся) *uv zu* удостовéрить(ся)

удостóить *v* когó-что **1.** чегó auszeichnen (mit), verleihen **2.** чем *meist iron* für würdig befinden, beehren (mit) ‖ *uv* удостáивать 1a
ft. удостóю, -óишь, -óят
imp. удостóй, ~те
pt. удостóил
g.pt.a. удостóив
p.pt.a. удостóивший
p.pt.p. удостóенный

удостóиться *v* **1.** чегó für würdig befunden werden **2.** чегó *u. mit Infinitiv*, *meist iron* gewürdigt werden ‖ *uv* удостáиваться

удосу́живаться *uv zu* удосу́житься

удосу́житься *v umg* Zeit finden, Muße haben ‖ *uv* удосу́живаться 1a
ft. удосу́жусь, -жишься, -жатся
imp. удосу́жься, -жьтесь
pt. удосу́жился
g.pt.a. удосу́жившись
p.pt.a. удосу́жившийся

удочери́ть *v* когó-что (als Tochter) annehmen, (ein Mädchen) adoptieren ‖ *uv* удочеря́ть 2a
ft. удочерю́, -ри́шь, -ря́т
imp. удочери́, ~те
pt. удочери́л
g.pt.a. удочери́в
p.pt.a. удочери́вший
p.pt.p. удочерённый; удочерён, -енá

удочеря́ть *uv zu* удочери́ть

удрáть *v* davonlaufen, ausreißen ‖ *uv* удирáть 2a
ft. удеру́, -рёшь, -ру́т
imp. удери́, ~те
pt. удрáл, -алá, -áло
g.pt.a. удрáв
p.pt.a. удрáвший

удружáть *uv zu* удружи́ть

удружи́ть *v* кому́-чему́ *umg* **1.** einen Dienst erweisen **2.** *iron* einen Bärendienst erweisen ‖ *uv* удружáть 2a
ft. удружу́, -жи́шь, -жáт
imp. удружи́, ~те
pt. удружи́л
g.pt.a. удружи́в
p.pt.a. удружи́вший

удручáть *uv zu* удручи́ть

удручи́ть *v* когó-что чем **1.** bedrücken, deprimieren **2.** *alt* erschöpfen, beugen ‖ *uv* удручáть 2a
f.t. удручу́, -чи́шь, -чáт
imp. удручи́, ~те
pt. удручи́л
g.pt.a. удручи́в
p.pt.a. удручи́вший
p.pt.p. удручённый; удручён, -енá

уду́мать 1 *v* что *oder mit Infinitiv volksspr* sich etw. ausdenken, sich etw. einfallen lassen ‖ *uv* уду́мывать 1a

уду́мывать *uv zu* уду́мать

удушáть *uv zu* удуши́ть

удуши́ть *v* когó-что **1.** erwürgen, erdrosseln **2.** *übtr buchspr* unterdrücken ‖ *uv* удушáть 2a
ft. удушу́, уду́шишь, уду́шат
imp. удуши́, ~те
pt. удуши́л
g.pt.a. удуши́в
p.pt.a. удуши́вший
p.pt.p. уду́шенный

удуши́ться *v volkssp*r sich erhängen

уедини́ть *v* когó-что aus einer Gemeinschaft ausschließen, isolieren ‖ *uv* уединя́ть 2a
ft. уединю́, -ни́шь, -ня́т
imp. уедини́, ~те
pt. уедини́л
g.pt.a. уедини́в
p.pt.a. уедини́вший
p.pt.p. уединённый; уединён, -енá

уедини́ться *v* sich zurückziehen, sich absondern ‖ *uv* уединя́ться

уединя́ть(ся) *uv zu* уедини́ть(ся)

уезжáть *uv zu* уéхать

уéхать *v* weg-, abfahren, verreisen ‖ *uv* уезжáть 2а
ft. уéду, уéдешь, уéдут
imp. (уезжáй, ~те)
pt. уéхал
g.pt.a. уéхав
p.pt.a. уéхавший

ужáлить *v zu* жáлить
ft. ужáлю, -лишь, -лят
imp. ужáль, ~те
pt. ужáлил
g.pt.a. ужáлив
p.pt.a. ужáливший
p.pt.p. ужáленный

ужáривать(ся) *uv zu* ужáрить(ся)

ужáрить *v* что *umg* völlig durchbraten *tr* ‖ *uv* ужáривать 1а
ft. ужáрю, -ришь, -рят
imp. ужáрь, ~те
pt. ужáрил
g.pt.a. ужáрив
p.pt.a. ужáривший
p.pt.p. ужáренный

ужáриться, *1. u. 2. Pers ungebr, v umg* **1.** völlig durchbraten *itr* **2.** beim Braten schrumpfen ‖ *uv* ужáриваться

ужасáть(ся) *uv zu* ужаснýть(ся)

ужаснýть 7 *v* когó-что in Schrecken versetzen ‖ *uv* ужасáть 2а
kein *p.pt.p.*

ужаснýться *v* entsetzt sein, in Schrecken geraten ‖ *uv* ужасáться

уживáться *uv zu* ужи́ться

ýжинать 1а *uv* Abendbrot essen. — (по-)

ужи́ться *v* **1.** sich einleben, sich eingewöhnen **2.** с кем-чем sich vertragen, gut auskommen (mit) ‖ *uv* уживáться 2а
ft. уживýсь, -вёшься, -вýтся
imp. уживи́сь, -и́тесь
pt. ужи́лся, -лáсь
g.pt.a. ужи́вшись
p.pt.a. ужи́вшийся

узакóнивать *uv zu* узакóнить

узакóнить *v* что zum Gesetz machen, legitimieren ‖ *uv* узакóнивать 1а *u.* узаконя́ть 2а
ft. узакóню, -нишь, -нят
imp. узакóнь, ~те
pt. узакóнил
g.pt.a. узакóнив
p.pt.a. узакóнивший
p.pt.p. узакóненный

узаконя́ть *uv zu* узакóнить

ýзить *uv* когó-что *umg* zu eng [schmal] machen
pr. ýжу, ýзишь, ýзят
imp. узь, ~те
pt. ýзил
g.pr.a. ýзя
p.pr.a. ýзящий
p.pt.a. ýзивший
p.pt.p. ýженный

узнавáть *uv zu* узнáть
pr. узнаю́, -аёшь, -аю́т
imp. узнавáй, ~те
pt. узнавáл
g.pr.a. узнавáя
p.pr.a. узнаю́щий
p.pt.a. узнавáвший
p.pr.p. узнавáемый

узнáть 2 *v* **1.** что *oder* о чём erfahren, in Erfahrung bringen **2.** когó-что kennenlernen, erleben **3.** когó-что (wieder) erkennen ‖ *uv* узнавáть, Formen das.

узрéть *v* когó-что *alt* sehen, gewahr werden
ft. ýзрю, ýзришь, ýзрят
imp. узри́, ~те
pt. узрéл
g.pt.a. узрéв
p.pt.a. узрéвший
p.pt.p. ýзренный

узурпи́ровать 4 *u.* 4а *v, uv* что *buchspr* sich gewaltsam aneignen, usurpieren

уйти́ *v* **1.** (weg)gehen **2.** от когó-чегó entkommen, entgehen **3.** от чегó, с чегó verlassen, aufgeben; ausscheiden **4.** vergehen, verstreichen *Zeit* **5.** на что verausgabt [benötigt] werden (für) **6.** *1. u. 2. Pers ungebr, umg* überkochen, überlaufen **7.** во что sich vertiefen (in), sich widmen *einer Sache* ‖ *uv* [1]уходи́ть, Formen das.
ft. уйдý, уйдёшь, уйдýт
imp. уйди́, ~те
pt. ушёл, ушлá
g.pt.a. уйдя́ *u. volksspr* ушéдши
p.pt.a. ушéдший

указáть *v* **1.** на когó-что zeigen; angeben; weisen (auf) **2.** на когó-что hinweisen, sich beziehen (auf) **3.** (что) eine Anweisung geben, instruieren ‖ *uv* укáзывать 1а
ft. укажý, укáжешь, укáжут
imp. укажи́, ~те
pt. указáл
g.pt.a. указáв
p.pt.a. указáвший
p.pt.p. укáзанный

укáзывать *uv zu* указáть

ука́зываться 1а, *1. u. 2. Pers ungebr*, *uv* sich zeigen, zutage treten

ука́лывать(ся) *uv zu* уколо́ть(ся)

укарау́лить *v* кого́-что *umg* hüten, bewahren
ft. укарау́лю, -лишь, -лят
imp. укарау́ль, ~те
pt. укарау́лил
g.pt.a. укарау́лив
p.pt.a. укарау́ливший
p.pt.p. укарау́ленный

episode ката́ть 2 *v* что glattwalzen, ebnen ‖ *uv* ука́тывать 1а

episode ката́ться, *1. u. 2. Pers ungebr*, *v* glattgewalzt werden ‖ *uv* ука́тываться

укати́ть *v* **1.** кого́-что wegrollen **2.** *umg* weg-, fortfahren ‖ *uv* ука́тывать 1а
ft. укачу́, ука́тишь, ука́тят
imp. укати́, ~те
pt. укати́л
g.pt.a. укати́в
p.pt.a. укати́вший
p.pt.p. ука́ченный

укати́ться, *1. u. 2. Pers ungebr*, *v* wegrollen ‖ *uv* ука́тываться

[1]**ука́тывать(ся)** *uv zu* episode ката́ть(ся)

[2]**ука́тывать(ся)** *uv zu* укати́ть(ся)

укача́ть 2 *v* кого́-что einwiegen, in den Schlaf wiegen ‖ *uv* ука́чивать 1а

ука́чивать *uv zu* укача́ть

ука́шивать *uv zu* укоси́ть

укипа́ть *uv zu* укипе́ть

укипе́ть, *1. u. 2. Pers ungebr*, *v umg* einkochen *itr* ‖ *uv* укипа́ть 2а
ft. укипи́т, -пя́т
pt. укипе́л
g.pt.a. укипе́в
p.pt.a. укипе́вший

укиса́ть *uv zu* уки́снуть

уки́снуть, *1. u. 2. Pers ungebr*, *v umg* zur Genüge säuern ‖ *uv* укиса́ть 2а
ft. уки́снет, -нут
pt. уки́с, -ла
g.pt.a. уки́снув *u.* уки́сши
p.pt.a. уки́сший

уклада́ть *uv zu* укла́сть

укла́дывать *uv zu* уложи́ть

[1]**укла́дываться** *uv zu* уложи́ться

[2]**укла́дываться** *uv zu* уле́чься

укла́сть *v* кого́-что *alt volksspr* hin-, weglegen ‖ *uv* уклада́ть 2а
ft. укладу́, -дёшь, -ду́т
imp. уклади́, ~те
pt. укла́л
g.pt.a. укла́в
p.pt.a. укла́вший
p.pt.p. укла́денный

укле́ивать *uv zu* укле́ить

укле́ить *v* что *umg* völlig bekleben, zukleben ‖ *uv* укле́ивать 1а
ft. укле́ю, -е́ишь, -е́ят
imp. укле́й, ~те
pt. укле́ил
g.pt.a. укле́ив
p.pt.a. укле́ивший
p.pt.p. укле́енный

уклони́ться *v* **1.** ausweichen **2.** *übtr* aus dem Wege gehen, sich entziehen **3.** abweichen, abbiegen ‖ *uv* уклоня́ться 2а
ft. уклоню́сь, -о́нишься, -о́нятся
imp. уклони́сь, -и́тесь
pt. уклони́лся, -лась
g.pt.a. уклони́вшись
p.pt.a. уклони́вшийся

уклоня́ться *uv zu* уклони́ться

укоко́шить *v* кого́-что *volksspr* umbringen, töten
ft. укоко́шу, -шишь, -шат
imp. укоко́шь, ~те
pt. укоко́шил
g.pt.a. укоко́шив
p.pt.a. укоко́шивший
p.pt.p. укоко́шенный

укола́чивать *uv zu* уколоти́ть

уколоти́ть *v* что *umg* feststampfen ‖ *uv* укола́чивать 1а
ft. уколочу́, -о́тишь, -о́тят
imp. уколоти́, ~те
pt. уколоти́л
g.pt.a. уколоти́в
p.pt.a. уколоти́вший
p.pt.p. уколо́ченный

уколо́ть *v* кого́-что **1.** stechen **2.** *übtr* verletzen, empfindlich kränken ‖ *uv* ука́лывать 1а
ft. уколю́, уко́лешь, уко́лют
imp. уколи́, ~те
pt. уколо́л
g.pt.a. уколо́в
p.pt.a. уколо́вший
p.pt.p. уко́лотый

уколо́ться *v* sich stechen ‖ *uv* ука́лываться

укомплектова́ть 5 *v* что komplettieren, vervollständigen ‖ *uv* укомплекто́вывать 1а

укомплектова́ться, *1. u. 2. Person Singular ungebr, v* vervollständigt [ergänzt] werden ‖ *uv* укомплекто́вываться

укомплекто́вывать(ся) *uv zu* укомплектова́ть(ся)

уконопа́тить *v* что *umg* sorgfältig abdichten *mit Werg u. ä.* ‖ *uv* уконопа́чивать 1a

ft. уконопа́чу, -а́тишь, -а́тят
imp. уконопа́ть ~те
pt. уконопа́тил
g.pt.a. уконопа́тив
p.pt.a. уконопа́тивший
p.pt.p. уконопа́ченный

уконопа́чивать *uv zu* уконопа́тить

укора́чивать(ся) *uv zu* укороти́ть(ся)

укорени́ть *v* что **1.** Wurzeln schlagen lassen **2.** einführen, einbürgern ‖ *uv* укореня́ть 2a

ft. укореню́, -ни́шь, -ня́т
imp. укорени́, ~те
pt. укорени́л
g.pt.a. укорени́в
p.pt.a. укорени́вший
p.pt.p. укоренённый; укоренён, -ена́

укорени́ться, *1. u. 2. Pers ungebr, v* **1.** Wurzeln schlagen **2.** sich einbürgern, festen Fuß fassen ‖ *uv* укореня́ться

укореня́ть(ся) *uv zu* укорени́ть(ся)

укори́ть *v* кого́-что Vorwürfe machen, rügen ‖ *uv* укоря́ть 2a

ft. укорю́, -ри́шь, -ря́т
imp. укори́, ~те
pt. укори́л
g.pt.a. укори́в
p.pt.a. укори́вший
p.pt.p. укорённый; укорён, -ена́

укороти́ть *v* что (ab)kürzen, verkürzen ‖ *uv* укора́чивать 1a

ft. укорочу́, -оти́шь, -отя́т
imp. укороти́, ~те
pt. укороти́л
g.pt.a. укороти́в
p.pt.a. укороти́вший
p.pt.p. укоро́ченный

укороти́ться *v* **1.** kürzer werden **2.** *übtr volksspr* klein werden ‖ *uv* укора́чиваться

укоря́ть *uv zu* укори́ть

укоси́ть *v* что *umg* völlig abmähen ‖ *uv* ука́шивать 1a

ft. укошу́, уко́сишь, уко́сят
imp. укоси́, ~те
pt. укоси́л
g.pt.a. укоси́в
p.pt.a. укоси́вший
p.pt.p. уко́шенный

укра́сить *v* кого́-что (чем) (aus)schmükken, verzieren (mit); *übtr* verschönen, bereichern ‖ *uv* украша́ть 2a

ft. укра́шу, -а́сишь, -а́сят
imp. укра́сь, ~те
pt. укра́сил
g.pt.a. укра́сив
p.pt.a. укра́сивший
p.pt.p. укра́шенный

укра́ситься, *1. u. 2. Pers ungebr, v* sich (festlich) schmücken ‖ *uv* украша́ться

укра́сть *v zu* красть

ft. украду́, -дёшь, -ду́т
imp. укради́, ~те
pt. укра́л
g.pt.a. укра́в
p.pt.a. укра́вший
p.pt.p. укра́денный

украша́ть(ся) *uv zu* укра́сить(ся)

укрепи́ть *v* **1.** что stärken, festigen **2.** кого́-что kräftigen; *übtr* Kraft geben **3.** что *mil* befestigen ‖ *uv* укрепля́ть 2a

ft. укреплю́, -пи́шь, -пя́т
imp. укрепи́, ~те
pt. укрепи́л
g.pt.a. укрепи́в
p.pt.a. укрепи́вший
p.pt.p. укреплённый; укреплён, -ена́

укрепи́ться *v* **1.** erstarken, sich durchsetzen **2.** kräftiger werden, erstarken **3.** *mil* sich verschanzen ‖ *uv* укрепля́ться

укрепля́ть(ся) *uv zu* укрепи́ть(ся)

укроти́ть *v* **1.** кого́-что bändigen, zähmen **2.** что bezähmen, zügeln ‖ *uv* укроща́ть 2a

ft. укрощу́, -оти́шь, -отя́т
imp. укроти́, ~те
pt. укроти́л
g.pt.a. укроти́в
p.pt.a. укроти́вший
p.pt.p. укрощённый; укрощён, -ена́

укроти́ться *v* **1.** gezähmt [gebändigt] werden **2.** *1. u. 2. Pers ungebr* sich besänftigen, sich legen ‖ *uv* укроща́ться

укроща́ть(ся) *uv zu* укроти́ть(ся)

укрупни́ть *v* что vergrößern, erweitern ‖ *uv* укрупня́ть 2a

ft. укрупню́, -ни́шь, -ня́т
imp. укрупни́, ~те
pt. укрупни́л
g.pt.a. укрупни́в
p.pt.a. укрупни́вший
p.pt.p. укрупнённый; укрупнён, -ена́

укрупня́ть *uv zu* укрупни́ть

укрыва́ть(ся) *uv zu* укры́ть(ся)

укры́ть *v* кого́-что́ **1.** bedecken, verhüllen **2.** verbergen, verstecken ‖ *uv* укрыва́ть 2a

ft.	укро́ю, -о́ешь, -о́ют
imp.	укро́й, ~те
pt.	укры́л
g.pt.a.	укры́в
p.pt.a.	укуы́вший
p.pt.p.	укры́тый

укры́ться *v* **1.** sich bedecken, sich verhüllen **2.** sich verbergen, Schutz suchen ‖ *uv* укрыва́ться

уку́поривать *uv zu* уку́порить

уку́порить *v* что verkorken ‖ *uv* уку́поривать 1a

ft.	уку́порю, -ришь, -рят
imp.	уку́пори, ~те *u.* уку́порь, ~те
pt.	уку́порил
g.pt.a.	уку́порив
p.pt.a.	уку́поривший
p.pt.p.	уку́поренный

укуси́ть *v* кого́-что beißen, stechen

ft.	укушу́, уку́сишь, уку́сят
imp.	укуси́, ~те
pt.	укуси́л
g.pt.a.	укуси́в
p.pt.a.	укуси́вший
p.pt.p.	уку́шенный

уку́тать 1 *v* кого́-что einhüllen, einwickeln ‖ *uv* уку́тывать 1a

уку́таться *v* sich einhüllen ‖ *uv* уку́тываться

уку́тывать(ся) *uv zu* уку́тать(ся)

ула́вливать *uv zu* улови́ть

ула́дить *v* что in Ordnung bringen, regeln ‖ *uv* ула́живать 1a

ft.	ула́жу, ула́дишь ула́дят
imp.	ула́дь, ~те
pt.	ула́дил
g.pt.a.	ула́див
p.pt.a.	ула́дивший
p.pt.p.	ула́женный

ула́диться, *1. u. 2. Pers ungebr*, *v* sich regeln, in Ordnung kommen ‖ *uv* ула́живаться

ула́живать(ся) *uv zu* ула́дить(ся)

ула́мывать *uv zu* улома́ть

улежа́ть *v umg eine Zeitlang* ruhig liegen können

ft.	улежу́, -жи́шь, -жа́т
imp.	улежи́, ~те
pt.	улежа́л
g.pt.a.	улежа́в
p.pt.a.	улежа́вший

улепетну́ть *v zu* улепётывать

улепётывать 1a *uv volksspr* ausreißen, türmen ‖ *v* улепетну́ть 7, kein *p.pt.p.*

улести́ть *v* кого́-что *volksspr* durch Schmeichelei und Versprechungen geneigt machen ‖ *uv* улеща́ть 2a *u.* уле́щивать 1a

ft.	улещу́, улести́шь, улестя́т
imp.	улести́, ~те
pt.	улести́л
g.pt.a.	улести́в
p.pt.a.	улести́вший
p.pt.p.	улещённый; улещён, -ена́

улета́ть *uv zu* улете́ть

улете́ть *v* **1.** weg-, abfliegen **2.** verfliegen, vergehen *Zeit* ‖ *uv* улета́ть 2a

ft.	улечу́, улети́шь, улетя́т
imp.	улети́, ~те
pt.	улете́л
g.pt.a.	улете́в
p.pt.a.	улете́вший

улету́чиваться *uv zu* улету́читься

улету́читься *v* **1.** *1. u. 2. Pers ungebr* sich verflüchtigen **2.** *übtr umg* unbemerkt verschwinden ‖ *uv* улету́чиваться 1a

ft.	улету́чусь, -чишься, -чатся
imp.	улету́чься, -чьтесь
pt	улету́чился
g.pt.a.	улету́чившись
p.pt.a.	улету́чившийся

уле́чься *v* **1.** sich (hin)legen **2.** sich einpacken lassen; Platz haben **3.** *1. u. 2. Pers ungebr übtr* sich legen, nachlassen ‖ *uv* укла́дываться 1a *zu* 1, 2

ft.	уля́гусь, уля́жешься, уля́гутся
imp.	уля́гся, -гтесь
pt.	улёгся, улегла́сь
g.pt.a.	улёгшись
p.pt.a.	улёгшийся

улеща́ть *uv zu* улести́ть

уле́щивать *uv zu* улести́ть

улизну́ть 7 *v umg* sich davonmachen, entwischen
kein *p.pt.p.*

улицезре́ть *v zu* лицезре́ть

ft.	улицезрю́, -ри́шь, -ря́т
imp.	улицезри́, ~те
pt.	улицезре́л
g.pt.a.	улицезре́в
p.pt.a.	улицезре́вший
p.pt.p.	улицезрённый

улича́ть *uv zu* уличи́ть

уличи́ть *v* кого́-что в чём überführen ertappen (bei) ‖ *uv* улича́ть 2a

ft. уличу́, -чи́шь, -ча́т
imp. уличи́, ~те
pt. уличи́л
g.pt.a. уличи́в
p.pt.a. уличи́вший
p.pt.p. уличённый; уличён, -ена́

улови́ть *v* что **1.** wahrnehmen; auffangen; erfassen **2.** *umg* abpassen *Zeitpunkt* ‖ *uv* ула́вливать 1a
ft. уловлю́, уло́вишь, уло́вят
imp. улови́, ~те
pt. улови́л
g.pt.a. улови́в
p.pt.a. улови́вший
p.pt.p. уло́вленный

уложи́ть *v* **1.** кого́-что hinlegen, schlafen legen **2.** кого́-что *umg* umbringen, töten **3.** что legen, ordnen **4.** что во что einpacken; unterbringen **5.** что чем auslegen (mit) ‖ *uv* укла́дывать 1a
ft. уложу́, уло́жишь, уло́жат
imp. уложи́, ~те
pt. уложи́л
g.pt.a. уложи́в
p.pt.a. уложи́вший
p.pt.p. уло́женный

уложи́ться *v* **1.** *umg* (seine Sachen) packen **2.** *1. u. 2. Pers ungebr* hineinpassen, sich unterbringen lassen ‖ *uv* укла́дываться

улома́ть 2 *v* кого́-что *umg* überreden, (mit Mühe) überzeugen ‖ *uv* ула́мывать 1a

улуча́ть *uv zu* улучи́ть

улучи́ть *v* что *die Zeit* finden, abpassen ‖ *uv* улуча́ть 2a
ft. улучу́, -чи́шь, -ча́т
imp. улучи́, ~те
pt. улучи́л
g.pt.a. улучи́в
p.pt.a. улучи́вший
p.pt.p. улучённый; улучён, -ена́

улучша́ть(ся) *uv zu* улу́чшить(ся)

улу́чшить *v* что verbessern; veredeln ‖ *uv* улучша́ть 2a
ft. улу́чшу, -шишь, -шат
imp. улу́чши, ~те
pt. улу́чшил
g.pt.a. улу́чшив
p.pt.a. улу́чшивший
p.pt.p. улу́чшенный

улу́чшиться, *1. u. 2. Pers ungebr*, *v* sich (ver)bessern ‖ *uv* улучша́ться

улыба́ться 2a *uv* **1.** lächeln **2.** *1. u. 2. Pers ungebr* кому́-чему́ (j-m) hold sein, (j-m) winken **3.** *1. u. 2. Pers ungebr* кому́-чему́ *übtr umg* (j-m) zusagen, (j-m) gefallen ‖ *v* улыбну́ться 7

улыбну́ться *v zu* улыба́ться

улюлю́кать 1a *uv umg* laut verspotten, verhöhnen

ума́ивать(ся) *uv zu* ума́ять(ся)

ума́ливать *uv zu* умоли́ть

умали́ть *v* что **1.** schmälern, herabsetzen **2.** *alt* verringern, verkleinern ‖ *uv* умаля́ть 2a
ft. умалю́, -ли́шь, -ля́т
imp. умали́, ~те
pt. умали́л
g.pt.a. умали́в
p.pt.a. умали́вший
p.pt.p. умалённый; умалён, -ена́

умали́ться *v* **1.** *alt* sich verringern; abnehmen **2.** Einbuße erleiden, geringer werden ‖ *uv* умаля́ться

ума́лчивать *uv zu* умолча́ть

ума́лчиваться 1a *unpers uv* о ком-чём mit Schweigen übergangen werden

умаля́ть(ся) *uv zu* умали́ть(ся)

ума́сливать *uv zu* ума́слить

ума́слить *v* кого́-что *umg* (j-m) Honig um den Bart schmieren ‖ *uv* ума́сливать 1a
ft. ума́слю, -лишь, -лят
imp. ума́сли, ~те
pt. ума́слил
g.pt.a. ума́слив
p.pt.a. ума́сливший
p.pt.p. ума́сленный

умасти́ть *v* кого́-что *alt* mit wohlriechendem Öl einreiben ‖ *uv* умаща́ть 2a
ft. умащу́, умасти́шь, умастя́т
imp. умасти́, ~те
pt. умасти́л
g.pt.a. умасти́в
p.pt.a. умасти́вший
p.pt.p. умащённый; умащён, -ена́

ума́тывать *uv zu* умота́ть

умаща́ть *uv zu* умасти́ть

ума́ять *v* кого́-что *volksspr* ermüden, abquälen ‖ *uv* ума́ивать 1a
ft. ума́ю, ума́ешь, ума́ют
imp. ума́й, ~те
pt. ума́ял
g.pt.a. ума́яв
p.pt.a. ума́явший
p.pt.p. ума́янный

ума́яться *v volksspr* sich abquälen; von Kräften kommen ‖ *uv* ума́иваться

умéдлить *v* что *umg* verlangsamen || *uv* умедля́ть 2a
ft. умéдлю, -лишь, -лят
imp. умéдли, ~те
pt. умéдлил
g.pt.a. умéдлив
p.pt.a. умéдливший
p.pt.p. умéдленный

умедля́ть *uv zu* умéдлить

умельча́ть *uv zu* умельчи́ть

умельчи́ть *v* что *umg* verkleinern, verfeinern || *uv* умельча́ть 2a
ft. умельчу́, -чи́шь, -ча́т
imp. умельчи́, ~те
pt. умельчи́л
g.pt.a. умельчи́в
p.pt.a. умельчи́вший
p.pt.p. умельчённый; умельчён, -ена́

уменьша́ть(ся) *uv zu* умéньши́ть(ся)

умéньшить *u.* **уменьши́ть** *v* что verkleinern, verringern, vermindern || *uv* уменьша́ть 2a
ft. умéньшу́, умéньши́шь, умéньша́т
imp. умéньши́, ~те
pt. умéньши́л
g.pt.a. умéньши́в
p.pt.a. умéньши́вший
p.pt.p. умéньшенный *u.* уменьшённый; уменьшён, -ена́

умéньшиться *u.* **уменьши́ться** *v* sich verringern; abnehmen, zurückgehen || *uv* уменьша́ться

умерéть *v* **1.** sterben **2.** *übtr* vergehen, schwinden || *uv* умира́ть 2a
ft. умру́, умрёшь, умру́т
imp. умри́, ~те
pt. у́мер, умерла́, у́мерло
g.pt.a. умерéв *u.* умéрши
p.pt.a. умéрший

умéривать *uv zu* умéрить

умéрить *v* что einschränken, mäßigen || *uv* умéривать 1a *u.* умеря́ть 2a
ft. умéрю, -ришь, -рят
imp. умéрь, ~те
pt. умéрил
g.pt.a. умéрив
p.pt.a. умéривший
p.pt.p. умéренный

умертви́ть *v* **1.** когó-что töten, umbringen **2.** что *übtr* abtöten, unterdrücken || *uv* умерщвля́ть 2a
ft. умерщвлю́, умертви́шь, умертвя́т
imp. умертви́, ~те
pt. умертви́л
g.pt.a. умертви́в
p.pt.a. умертви́вший
p.pt.p. умерщвлённый; умерщвлён, -ена́

умерщвля́ть *uv zu* умертви́ть

умеря́ть *uv zu* умéрить

умести́ть *v* когó-что unterbringen || *uv* умеща́ть 2a
ft. умещу́, умести́шь, уместя́т *u.* *volksspr* умéстишь, умéстят
imp. умести́, ~те
pt. умести́л
g.pt.a. умести́в
p.pt.a. умести́вший
p.pt.p. умещённый; умещён, -ена́

умести́ться *v* sich unterbringen lassen; (hinein)passen, Platz finden || *uv* умеща́ться

умéть 3a *uv* können, verstehen

умеща́ть(ся) *uv zu* умести́ть(ся)

умили́ть *v* когó-что rühren, bewegen || *uv* умиля́ть 2a
ft. умилю́, -ли́шь, -ля́т
imp. умили́, ~те
pt. умили́л
g.pt.a. умили́в
p.pt.a. умили́вший
p.pt.p. умилённый; умилён, -ена́

умили́ться *v* gerührt sein, Rührung empfinden || *uv* умиля́ться

уми́лостивить *v* когó-что besänftigen, gnädig [barmherzig] stimmen || *uv* умилостивля́ть 2a
ft. уми́лостивлю, -вишь, -вят
imp. уми́лостивь, ~те
pt. уми́лостивил
g.pt.a. уми́лостивив
p.pt.a. уми́лостививший
p.pt.p. уми́лостивленный

умилостивля́ть *uv zu* уми́лостивить

умиля́ть(ся) *uv zu* умили́ть(ся)

умина́ть(ся) *uv zu* умя́ть(ся)

умира́ть 2a *uv* **1.** *uv zu* умерéть **2.** с чегó *oder* от чегó vergehen, sterben (vor)

умиротвори́ть *v* когó-что befrieden, versöhnen || *uv* умиротворя́ть 2a
ft. умиротворю́, -ри́шь, -ря́т
imp. умиротвори́, ~те
pt. умиротвори́л
g.pt.a. умиротвори́в
p.pt.a. умиротвори́вший
p.pt.p. умиротворённый; умиротворён, -ена́

умиротвори́ться *v* Frieden schließen, sich aussöhnen ‖ *uv* умиротворя́ться

умиротворя́ть(ся) *uv zu* умиротвори́ть(ся)

умне́ть 3a *uv* klug [klüger] werden, vernünftig(er) werden

у́мничать 1a *uv umg* kluge Reden führen; es besser wissen [machen] wollen

умножа́ть(ся) *uv zu* умно́жить(ся)

умно́жить *v* **1.** что vermehren, vergrößern **2.** что на что *math* multiplizieren ‖ *uv* умножа́ть 2a

ft.	умно́жу, -жишь, -жат
imp.	умно́жь, ~те
pt.	умно́жил
g.pt.a.	умно́жив
p.pt.a.	умно́живший
p.pt.p.	умно́женный

умно́житься, *1. u. 2. Pers ungebr, v* sich vermehren, zunehmen ‖ *uv* умножа́ться

умозаключа́ть *uv zu* умозаключи́ть

умозаключи́ть *v* что *u. ohne Objekt buchspr* schlußfolgern, schließen ‖ *uv* умозаключа́ть 2a

ft.	умозаключу́, -чи́шь, -ча́т
imp.	умозаключи́, ~те
pt.	умозаключи́л
g.pt.a.	умозаключи́в
p.pt.a.	умозаключи́вший
p.pt.p.	умозаключённый; умозаключён, -ена́

умоли́ть *v* кого́-что beschwören, anflehen ‖ *uv* ума́ливать 1a *u.* умоля́ть 2a

ft.	умолю́, умо́лишь, умо́лят
imp.	умоли́, ~те
pt.	умоли́л
g.pt.a.	умоли́в
p.pt.a.	умоли́вший
p.pt.p.	умолённый; умолён, -ена́

умолка́ть *uv zu* умо́лкнуть

умо́лкнуть *v* **1.** verstummen **2.** vergehen, verschwinden ‖ *uv* умолка́ть 2a

ft.	умо́лкну, -нешь, -нут
imp.	умо́лкни, ~те
pt.	умо́лк *u. alt* умо́лкнул, умо́лкла
g.pt.a.	умо́лкнув *u.* умо́лкши
p.pt.a.	умо́лкший *u.* умо́лкнувший

умолча́ть *v* о ком-чём verschweigen, für sich behalten ‖ *uv* ума́лчивать 1a

ft.	умолчу́, -чи́шь, -ча́т
imp.	умолчи́, ~те
pt.	умолча́л
g.pt.a.	умолча́в
p.pt.a.	умолча́вший

умоля́ть *uv zu* умоли́ть

умори́ть *v* кого́-что *umg* **1.** umbringen, zu Tode quälen **2.** erschöpfen, entkräften

ft.	уморю́, -ри́шь, -ря́т
imp.	умори́, ~те
pt.	умори́л
g.pt.a.	умори́в
p.pt.a.	умори́вший
p.pt.p.	уморённый; уморён, -ена́

умори́ться *v umg* von Kräften kommen, ermüden

умота́ть 2 *v* что *umg* aufwickeln, aufspulen ‖ *uv* ума́тывать 1a

у́мствовать 4a *uv umg mißb* klügeln, philosophieren

умудри́ть *v* кого́-что belehren ‖ *uv* умудря́ть 2a

ft.	умудрю́, -ри́шь, -ря́т
imp.	умудри́, ~те
pt.	умудри́л
g.pt.a.	умудри́в
p.pt.a.	умудри́вший
p.pt.p.	умудрённый; умудрён, -ена́

умудри́ться *v* **1.** sich belehren lassen, (er)lernen **2.** *umg* es fertigbringen ‖ *uv* умудря́ться

умудря́ть(ся) *uv zu* умудри́ть(ся)

умча́ть *v* кого́-что (in schneller Fahrt) fortbringen, entführen

ft.	умчу́, умчи́шь, умча́т
imp.	умчи́, ~те
pt.	умча́л
g.pt.a.	умча́в
p.pt.a.	умча́вший

умча́ться *v* **1.** davoneilen, -jagen **2.** verfliegen *Zeit*

умыва́ть(ся) *uv zu* умы́ть(ся)

умыка́ть *uv zu* умыкну́ть

умыкну́ть 7 *v* кого́-что *alt* entführen ‖ *uv* умыка́ть 2a

умы́слить *v* что на кого́-что *alt* einen Plan ersinnen, etw. vorhaben ‖ *uv* умышля́ть 2a

ft.	умы́слю, -лишь, -лят
imp.	умы́сли, ~те
pt.	умы́слил
g.pt.a.	умы́слив
p.pt.a.	умы́сливший
p.pt.p.	умы́шленный

умы́ть *v* кого́-что waschen ‖ *uv* умыва́ть 2a

ft.	умо́ю, умо́ешь, умо́ют
imp.	умо́й, ~те
pt.	умы́л

g.pt.a. умы́в
p.pt.a. умы́вший
p.pt.p. умы́тый

умы́ться *v* sich waschen ‖ *uv* умыва́ться

умышля́ть *uv zu* умы́слить

умягча́ть(ся) *uv zu* умягчи́ть(ся)

умягчи́ть *v* кого́-что *alt* **1.** weich machen, enthärten **2.** *übtr* erweichen, milder stimmen ‖ *uv* умягча́ть 2а
ft. умягчу́, -чи́шь, -ча́т
imp. умягчи́, ~те
pt. умягчи́л
g.pt.a. умягчи́в
p.pt.a. умягчи́вший
p.pt.p. умягчённый; умягчён, -ена́

умягчи́ться, *1. u. 2. Pers ungebr*, *v* **1.** weich(er) werden **2.** nachlassen, schwächer werden ‖ *uv* умягча́ться

умя́ть *v* что **1.** *umg* kneten; zusammendrücken; niedertreten **2.** *volksspr* herunterschlingen, gierig essen ‖ *uv* умина́ть 2а
ft. умну́, умнёшь, умну́т
imp. умни́, ~те
pt. умя́л
g.pt.a. умя́в
p.pt.a. умя́вший
p.pt.p. умя́тый

умя́ться, *1. u. 2. Pers ungebr*, *v* zusammengepreßt werden *vom Liegen* ‖ *uv* умина́ться

унава́живать *uv zu* унаво́зить

унаво́зить *v* что *mit Stallmist* düngen ‖ *uv* унава́живать 1а
ft. унаво́жу, -о́зишь, -о́зят
imp. унаво́зь, ~те
pt. унаво́зил
g.pt.a. унаво́зив
p.pt.a. унаво́зивший
p.pt.p. унаво́женный

унасле́довать 4 *v* что erben; *übtr* übernehmen

унести́ *v* кого́-что **1.** davontragen, wegbringen **2.** *umg* stehlen, rauben ‖ *uv* уноси́ть, Formen das.
ft. унесу́, -сёшь, -су́т
imp. унеси́, ~те
pt. унёс, унесла́
g.pt.a. унеся́ *u. alt* унёсши
p.pt.a. унёсший
p.pt.p. унесённый; унесён, -ена́

унести́сь *v* **1.** davoneilen, -jagen **2.** *1. u. 2. Pers ungebr* enteilen, verstreichen **3.** *übtr* sich versetzen; schweifen *Gedanken* ‖ *uv* уноси́ться

унижа́ть(ся) *uv zu* уни́зить(ся)

униза́ть *v* что völlig bedecken [besetzen] *mit Perlen u. ä.* ‖ *uv* уни́зывать 1а
ft. унижу́, уни́жешь, уни́жут
imp. унижи́, ~те
pt. униза́л
g.pt.a. униза́в
p.pt.a. униза́вший
p.pt.p. уни́занный

уни́зить *v* кого́-что erniedrigen, demütigen; herabwürdigen ‖ *uv* унижа́ть 2а
ft. уни́жу, уни́зишь, уни́зят
imp. уни́зь, ~те
pt. уни́зил
g.pt.a. уни́зив
p.pt.a. у́ни́зивший
p.pt.p. уни́женный

уни́зиться *v* sich erniedrigen ‖ *uv* унижа́ться

уни́зывать *uv zu* униза́ть

унима́ть(ся) *uv zu* уня́ть(ся)

унифици́ровать 4 *u.* 4а *v*, *uv* что vereinheitlichen

уничижа́ть 2а *uv* кого́-что *alt* erniedrigen, entwürdigen ‖ *v* уничижи́ть, Formen das.

уничижи́ть *v zu* уничижа́ть
ft. уничижу́, -жи́шь, -жа́т
imp. уничижи́, ~те
pt. уничижи́л
g.pt.a. уничижи́в
p.pt.a. уничижи́вший
p.pt.p. уничижённый; уничижён, -ена́

уничтожа́ть(ся) *uv zu* уничто́жить(ся)

уничто́жить *v* кого́-что vernichten; abschaffen, liquidieren ‖ *uv* уничтожа́ть 2а
ft. уничто́жу, -жишь, -жат
imp. уничто́жь, ~те
pt. уничто́жил
g.pt.a. уничто́жив
p.pt.a. уничто́живший
p.pt.p. уничто́женный

уничто́житься, *1. u. 2. Pers ungebr*, *v* vernichtet [beseitigt] werden ‖ *uv* уничтожа́ться

уноси́ть *uv zu* унести́
pr. уношу́, уно́сишь, уно́сят
imp. уноси́, ~те
pt. уноси́л
g.pr.a. унося́
p.pr.a. уномя́щий
p.pt.a. уноси́вший
p.pr.p. уноси́мый

уноси́ться *uv zu* унести́сь

унывать 2a *uv* verzagen, den Mut sinken lassen

унырнуть 7 *v umg* untertauchen

унюхать 1 *v* кого-что wittern, Geruch wahrnehmen

унять *v* **1.** кого-что beruhigen, beschwichtigen **2.** что hemmen, Einhalt gebieten ‖ *uv* унимать 2a

ft.	уйму, уймёшь, уймут
imp.	уйми, ~те
pt.	унял, уняла, уняло
g.pt.a.	уняв
p.pt.a.	унявший
p.pt.p.	унятый; унят, унята, унято

уняться *v* **1.** sich beruhigen, zur Ruhe kommen **2.** *1. u. 2. Pers ungebr* nachlassen, aufhören ‖ *uv* униматься

pt.	унялся, унялась, унялось

упаивать *uv zu* упоить

упаковать 5 *v* что ein-, verpacken ‖ *uv* упаковывать 1a

упаковаться *v* (seine Sachen) packen, sich reisefertig machen ‖ *uv* упаковываться

упаковывать(ся) *uv zu* упаковать(ся)

упасти *v* кого-что *alt u. volksspr* bewahren

ft.	упасу, -сёшь, -сут
imp.	упаси, ~те
pt.	упас, ~ла
g.pt.a.	упасши
p.pt.a.	упасший
p.pt.p.	упасённый; упасён, -ена

упасть *v zu* падать

ft.	упаду, -дёшь, -дут
imp.	упади, ~те
pt.	упал
g.pt.a.	упав
p.pt.a.	упавший *u. alt* упадший

упекать *uv zu* упечь

упеленать 2 *v* кого-что *umg* in Windeln wickeln ‖ *uv* упелёнывать 1a

p.pt.p.	упелёнатый

упелёнывать *uv zu* упеленать

упереть *v* **1.** что во что stemmen, stützen (auf, gegen) **2.** что *volksspr* klauen ‖ *uv* упирать 2a

ft.	упру, упрёшь, упрут
imp.	упри, ~те
pt.	упёр, ~ла
g.pt.a.	уперев *u.* упёрши
p.pt.a.	упёрший
p.pt.p.	упёртый

упереться *v* **1.** чем во что sich stemmen, sich stützen (mit etw. an [gegen] etw.) **2.** во что stoßen (auf), geraten (an, in) **3.** *übtr umg* sich sträuben, sich weigern ‖ *uv* упираться

g.pt.a.	упершись *u.* упёршись

упестрить *v* что *umg* farbig [bunt] machen ‖ *uv* упестрять 2a

ft.	упестрю, -ришь, -рят
imp.	упестри, ~те
pt.	упестрил
g.pt.a.	упестрив
p.pt.a.	упестривший
p.pt.p.	упестрённый; упестрён, -ена

упестрять *uv zu* упестрить

упечатать 1 *v* что *umg* bedrucken; abdrucken *z. B. auf einer Seite* ‖ *uv* упечатывать 1a

упечатывать *uv zu* упечатать

упечь *v* **1.** что *umg* durchbacken **2.** кого-что *volksspr* (gegen den Willen) verschicken, verfrachten ‖ *uv* упекать 2a

ft.	упеку, упечёшь, упекут
imp.	упеки, ~те
pt.	упёк, упекла
g.pt.a.	упёкши
p.pt.a.	упёкший
p.pt.p.	упечённый; упечён, -ена

упиваться *uv zu* упиться

упирать(ся) *uv zu* упереть(ся)

уписать *v* что **1.** *umg Geschriebenes auf bestimmtem Raum* unterbringen **2.** *umg* ganz beschreiben **3.** *volksspr* hinterschlingen ‖ *uv* уписывать 1a

ft.	упишу, упишешь, упишут
imp.	упиши, ~те
pt.	уписал
g.pt.a.	уписав
p.pt.a.	уписавший
p.pt.p.	уписанный

уписаться, *1. u. 2. Pers ungebr, v umg auf bestimmtem Raum* Platz finden (von Geschriebenem) ‖ *uv* уписываться

уписывать(ся) *uv zu* уписать(ся)

упитать 2 *v* кого-что *meist nur p.pt.p.* mästen ‖ *uv* упитывать 1a

упитывать *uv zu* упитать

упиться *v* **1.** sich einen Rausch antrinken **2.** чем *buchspr* sich berauschen, sich ergötzen (an) ‖ *uv* упиваться 2a

ft.	упьюсь, упьёшься, упьются
imp.	упейся, упейтесь
pt.	упился, упилась, упилось
g.pt.a.	упившись
p.pt.a.	упившийся

уплати́ть *v* что *u. ohne Objekt* (be)zahlen ‖ *uv* упла́чивать 1a

ft.	уплачу́, -а́тишь, -а́тят
imp.	уплати́, ~те
pt.	уплати́л
g.pt.a.	уплати́в
p.pt.a.	уплати́вший
p.pt.p.	упла́ченный

упла́чивать *uv zu* уплати́ть

уплести́ *v* что **1.** *umg* umschlingen **2.** *volksspr* verschlingen, gierig essen ‖ *uv* уплета́ть 2a

ft.	уплету́, -тёшь, -ту́т
imp.	уплети́, ~те
pt.	уплёл, -ела́
g.pt.a.	уплетя́ *u.* уплётши
p.pt.a.	уплётший
p.pt.p.	уплетённый; уплетён, -ена́

уплета́ть *uv zu* уплести́

уплотни́ть *v* кого́-что **1.** dichter machen, verdichten **2.** *umg* stärker belegen *Wohnraum* **3.** (maximal) auslasten, voll ausnützen ‖ *uv* уплотня́ть 2a

ft.	уплотню́, -ни́шь, -ня́т
imp.	уплотни́, ~те
pt.	уплотни́л
g.pt.a.	уплотни́в
p.pt.a.	уплотни́вший
p.pt.p.	уплотнённый; уплотнён, -ена́

уплотни́ться *v* **1.** *1. u. 2. Pers ungebr* dichter [kompakter] werden **2.** zusammenrücken *im Wohnraum* ‖ *uv* уплотня́ться

уплотня́ть(ся) *uv zu* уплотни́ть(ся)

уплыва́ть *uv zu* уплы́ть

уплы́ть *v* **1.** fort-, wegschwimmen; wegrudern, wegsegeln **2.** *1. u. 2. Pers ungebr umg* vergehen, verfließen ‖ *uv* уплыва́ть 2a

ft.	уплыву́, -вёшь, -ву́т
imp.	уплыви́, ~те
pt.	уплы́л, -ыла́, -ы́ло
g.pt.a.	уплы́в
p.pt.a.	уплы́вший

упова́ть 2a *uv* на кого́-что *u. mit Infinitiv alt* vertrauen, bauen (auf)

уподо́бить *v* кого́-что кому́-чему́ (bildlich) vergleichen (mit) ‖ *uv* уподобля́ть 2a

ft.	уподо́блю, -бишь, -бят
imp.	уподо́бь, ~те
pt.	уподо́бил
g.pt.a.	уподо́бив
p.pt.a.	уподо́бивший
p.pt.p.	уподо́бленный

уподо́биться *v* кому́-чему́ **1.** ähnlich werden, gleichen **2.** *ling* sich assimilieren ‖ *uv* уподобля́ться

уподобля́ть(ся) *uv zu* уподо́бить(ся)

упои́ть *v* кого́-что *volksspr* betrunken machen ‖ *uv* упа́ивать 1a

ft.	упою́, упои́шь, упоя́т
imp.	упои́, ~те
pt.	упои́л
g.pt.a.	упои́в
p.pt.a.	упои́вший
p.pt.p.	упоённый; упоён, -ена́

упоко́ить *v* кого́-что *alt* vollkommene Ruhe verschaffen

ft.	упоко́ю, -о́ишь, -о́ят
imp.	упоко́й, ~те
pt.	упоко́ил
g.pt.a.	упоко́ив
p.pt.a.	упоко́ивший
p.pt.p.	упоко́енный

уполза́ть *uv zu* уползти́

уползти́ *v* fort-, wegkriechen ‖ *uv* уполза́ть 2a

ft.	уползу́, -зёшь, -зу́т
imp.	уползи́, ~те
pt.	упо́лз, уползла́
g.pt.a.	упо́лзши
p.pt.a.	упо́лзший

уполномо́чивать *uv zu* уполномо́чить

уполномо́чить *v* кого́-что на что bevollmächtigen, ermächtigen (zu) ‖ *uv* уполномо́чивать 1a

ft.	уполномо́чу, -чишь, -чат
imp.	уполномо́чь, ~те
pt.	уполномо́чил
g.pt.a.	уполномо́чив
p.pt.a.	уполномо́чивший
p.pt.p.	уполномо́ченный

упомина́ть *uv zu* упомяну́ть

упо́мнить *v* кого́-что *umg* sich merken

ft.	упо́мню, -нишь, -нят
imp.	упо́мни, ~те
pt.	упо́мнил
g.pt.a.	упо́мнив
p.pt.a.	упо́мнивший
p.pt.p.	упо́мненный

упомяну́ть 7 *v* о ком-чём *oder* про кого́-что erwähnen, nennen ‖ *uv* упомина́ть 2a

ft.	упомяну́, -я́нешь, -я́нут
p.pt.p.	упомя́нутый

упо́рствовать 4a *uv* в чём beharren, (hartnäckig) bestehen (auf)

упоря́дочивать(ся) *uv zu* упоря́дочить(ся)

упоря́дочить *v* что regeln, in Ordnung bringen ‖ *uv* упоря́дочивать 1a

ft.	упоря́дочу, -чишь, -чат
imp.	упоря́дочи, ~те
pt.	упоря́дочил
g.pt.a.	упоря́дочив
p.pt.a.	упоря́дочивший
p.pt.p.	упоря́доченный

упоря́дочиться, *1. u. 2. Pers ungebr*, *v* in Ordnung kommen ‖ *uv* упоря́дочиваться

употреби́ть *v* кого́-что gebrauchen, benutzen, anwenden ‖ *uv* употребля́ть 2a

ft.	употреблю́, -би́шь, -бя́т
imp.	употреби́, ~те
pt.	употреби́л
g.pt.a.	употреби́в
p.pt.a.	употреби́вший
p.pt.p.	употреблённый; употреблён, -ена́

употреби́ться, *1. u. 2. Pers ungebr*, *v* gebräuchlich [üblich] sein ‖ *uv* употребля́ться

употребля́ть(ся) *uv zu* употреби́ть(ся)

упра́вить *v zu* управля́ть

ft.	упра́влю, -вишь, -вят
imp.	упра́вь, ~те
pt.	упра́вил
g.pt.a.	упра́вив
p.pt.a.	упра́вивший

упра́виться *v umg* с кем-чем fertigwerden (mit), erledigen ‖ *uv* управля́ться 2a

управля́ть 2a *uv* кем-чем **1.** führen, lenken **2.** verwalten, leiten, regieren **3.** *gram* regieren ‖ *uv* упра́вить *zu* 2, Formen das.

управля́ться *uv zu* упра́виться

упражня́ть 2a *uv* что üben, trainieren

упражня́ться *uv* в чём *oder* на чём **1.** (sich) üben (in, auf) **2.** *umg scherz* sich beschäftigen (mit)

упраздни́ть *v* что aufheben, abschaffen, annullieren ‖ *uv* упраздня́ть 2a

ft.	упраздню́, -ни́шь, -ня́т
imp.	упраздни́, ~те
pt.	упраздни́л
g.pt.a.	упраздни́в
p.pt.a.	упраздни́вший
p.pt.p.	упразднённый; упразднён, -ена́

упраздня́ть *uv zu* упраздни́ть

упра́шивать *uv zu* упроси́ть

уперва́ть *uv zu* упре́ть

упреди́ть *v* кого́-что zuvorkommen ‖ *uv* упрежда́ть 2a

ft.	упрежу́, -еди́шь, -едя́т
imp.	упреди́, ~те
pt.	упреди́л
g.pt.a.	упреди́в
p.pt.a.	упреди́вший
p.pt.p.	упреждённый; упреждён, -ена́

упрежда́ть *uv zu* упреди́ть

упрека́ть 2a *uv* кого́-что tadeln, Vorwürfe machen ‖ *v* упрекну́ть 7, *p.pt.p.* упрекну́тый

упрекну́ть *v zu* упрека́ть

упрессова́ть 5 *v* что *umg* feststampfen, zusammenpressen ‖ *uv* упрессо́вывать 1a

упрессо́вывать *uv zu* упрессова́ть

упре́ть 3 *v* **1.** *umg* gar werden **2.** *volksspr* schwitzen ‖ *uv* упрева́ть 2a

упроси́ть *v* кого́-что *mit Infinitiv* (durch Bitten) bewegen ‖ *uv* упра́шивать 1a

ft.	упрошу́, -о́сишь, -о́сят
imp.	упроси́, ~те
pt.	упроси́л
g.pt.a.	упроси́в
p.pt.a.	упроси́вший
p.pt.p.	упро́шенный

упрости́ть *v* что vereinfachen, simplifizieren ‖ *uv* упроща́ть 2a

ft.	упрощу́, -ости́шь, -остя́т
imp.	упрости́, ~те
pt.	упрости́л
g.pt.a.	упрости́в
p.pt.a.	упрости́вший
p.pt.p.	упрощённый; упрощён, -ена́

упрости́ться *v* einfacher werden, sich vereinfachen ‖ *uv* упроща́ться

упро́чивать(ся) *uv zu* упро́чить(ся)

упро́чить *v* что *buchspr* **1.** festigen, stärken **2.** за кем-чем (für immer) verschaffen, sichern ‖ *uv* упро́чивать 1a

ft.	упро́чу, -чишь, -чат
imp.	упро́чь, ~те
pt.	упро́чил
g.pt.a.	упро́чив
p.pt.a.	упро́чивший
p.pt.p.	упро́ченный

упро́читься *v buchspr* **1.** sich stärken, sich festigen; eine dauerhafte Stellung einnehmen **2.** за кем-чем (für immer) zuteil werden, (für immer) erhalten bleiben ‖ *uv* упро́чиваться

упроща́ть(ся) *uv zu* упрости́ть(ся)

упру́жить, *1. u. 2. Pers ungebr*, *uv umg* elastisch sein, federn

pr.	упру́жит, -жат
pt.	упру́жил

g.pr.a. упру́жа
p.pr.a. упру́жащий
p.pt.a. упру́живший

упры́гать 1 *v umg* fortspringen ‖ *uv* упры́гивать 1а

упры́гивать *uv zu* упры́гать

упры́гнуть 6 *v u. mom umg* zurück-, weg-, fortspringen *mit einem Satz*

упря́мствовать 4а *uv* eigensinnig [dickköpfig] sein

упря́тать *v umg* **1.** что sorgfältig verwahren **2.** кого́-что einsperren ‖ *uv* упря́тывать 1а
ft. упря́чу, -я́чешь, -я́чут
imp. упря́чь, ~те
pt. упря́тал
g.pt.a. упря́тав
p.pt.a. упря́тавший
p.pt.p. упря́танный

упря́тывать *uv zu* упря́тать

упуска́ть *uv zu* упусти́ть

упусти́ть *v* **1.** кого́-что loslassen, verlieren; entkommen lassen **2.** что versäumen, verpassen ‖ *uv* упуска́ть 2а
ft. упущу́, упу́стишь, упу́стят
imp. упусти́, ~те
pt. упусти́л
g.pt.a. упусти́в
p.pt.a. упусти́вший
p.pt.p. упу́щенный

упятери́ть *v* что verfünffachen ‖ *uv* упятеря́ть 2а
ft. упятерю́, -ри́шь, -ря́т
imp. упятери́, ~те
pt. упятери́л
g.pt.a. упятери́в
p.pt.a. упятери́вший
p.pt.p. упятерённый; упятерён, -ена́

упятеря́ть *uv zu* упятери́ть

[1]**ура́внивать(ся)** *uv zu* уравня́ть(ся)

[2]**ура́внивать(ся)** *uv zu* уровня́ть(ся)

уравнове́сить *v* что **1.** ins Gleichgewicht bringen **2.** *übtr* ausgleichen **3.** *tech* auswuchten ‖ *uv* уравнове́шивать 1а
ft. уравнове́шу, -е́сишь, -е́сят
imp. уравнове́сь, ~те
pt. уравнове́сил
g.pt.a. уравнове́сив
p.pt.a. уравнове́сивший
p.pt.p. уравнове́шенный

уравнове́ситься, *1. u. 2. Pers ungebr, v* **1.** sich die Waage halten **2.** ins Gleichgewicht kommen, sich ausgleichen ‖ *uv* уравнове́шиваться

уравнове́шивать(ся) *uv zu* уравнове́сить(ся)

уравня́ть 2 *v* что gleichmachen, ausgleichen, gleichstellen ‖ *uv* ура́внивать 1а
p.pt.p. уравнённый; уравнён, -ена́

уравня́ться *v* gleichkommen, auf die gleiche Stufe gestellt werden ‖ *uv* ура́вниваться

уразумева́ть *uv zu* уразуме́ть

уразуме́ть 3 *v* что verstehen, begreifen ‖ *uv* уразумева́ть 2а

урва́ть *v* что **1.** *umg* abreißen; *übtr* an sich reißen, sich verschaffen **2.** *übtr Zeit* erübrigen ‖ *uv* урыва́ть 2а
ft. урву́, урвёшь, урву́т
imp. урви́, ~те
pt. урва́л, -ала́, -а́ло
g.pt.a. урва́в
p.pt.a. урва́вший
p.pt.p. у́рванный

урва́ться *v volksspr* sich *mit Mühe für kurze Zeit* freimachen [entfernen] ‖ *uv* урыва́ться
p.pt.p. урва́лся, -ала́сь, -а́ло́сь

урегули́ровать 4 *v* что regeln, in Ordnung bringen

урегули́роваться, *1. u. 2. Pers ungebr, v* sich regeln, in Ordnung kommen

уре́зать *v* что **1.** abschneiden, kürzen **2.** *übtr* verringern, einschränken ‖ *uv* уреза́ть 2а *u.* уре́зывать 1а
ft. уре́жу, уре́жешь, уре́жут
imp. уре́жь, ~те
pt. уре́зал
g.pt.a. уре́зав
p.pt.a. уре́завший
p.pt.p. уре́занный

уреза́ть *uv zu* уре́зать

урезо́нивать *uv zu* урезо́нить

урезо́нить *v* кого́-что *umg* zur Vernunft bringen, überzeugen ‖ *uv* урезо́нивать 1а
ft. урезо́ню, -нишь, -нят
imp. урезо́нь, ~те
pt. урезо́нил
g.pt.a. урезо́нив
p.pt.a. урезо́нивший
p.pt.p. урезо́ненный

уре́зывать *uv zu* уре́зать

уровня́ть 2 *v* что ebnen, nivellieren ‖ *uv* ура́внивать 1а
p.pt.p. уро́вненный

уровня́ться, *1. u. 2. Pers ungebr, v* ausgeglichen [nivelliert] werden ‖ *uv* ура́вниваться

уроди́ть *v* **1.** что *landw* erzeugen, hervorbringen **2.** кого́-что *volksspr* zur Welt bringen, gebären ‖ *uv* урожда́ть 2a
ft. урожу́, уроди́шь, уродя́т
imp. уроди́, ~те
pt. уроди́л
g.pt.a. уроди́в
p.pt.a. уроди́вший
p.pt.p. урождённый; урождён, -ена́

уроди́ться *v* **1.** *landw* gedeihen, reifen **2.** *umg* geboren werden ‖ *uv* урожда́ться

уро́довать 4a *uv* кого́-что entstellen, verunstalten; (moralisch) verderben

уро́доваться, *1. u. 2. Pers ungebr, uv* sich eine Verstümmelung zufügen, sich selbst verstümmeln

урожда́ть(ся) *uv zu* уроди́ть(ся)

урони́ть *v zu* роня́ть
ft. уроню́, уро́нишь, уро́нят
imp. урони́, ~те
pt. урони́л
g.pt.a. урони́в
p.pt.a. урони́вший
p.pt.p. уро́ненный

урча́ть *uv* knurren; gurren; gluckern, glucksen
pr. урчу́, урчи́шь, урча́т
imp. урчи́, ~те
pt. урча́л
g.pr.a. урча́
p.pr.a. урча́щий
p.pt.a. урча́вший

урыва́ть(ся) *uv zu* урва́ть(ся)

усади́ть *v* **1.** кого́-что Platz nehmen lassen, beim Einsteigen behilflich sein **2.** кого́-что за что an eine bestimmte Beschäftigung setzen, etw. tun lassen **3.** что чем bepflanzen (mit) **4.** что чем bedecken, besetzen (mit) ‖ *uv* уса́живать 1a
ft. усажу́, уса́дишь, уса́дят
imp. усади́, ~те
pt. усади́л
g.pt.a. усади́в
p.pt.a. усади́вший
p.pt.p. уса́женный

уса́живать *uv zu* усади́ть

уса́живаться *uv zu* усе́сться

усва́ивать *uv zu* усво́ить

усво́ить *v* что **1.** sich aneignen **2.** sich einprägen, erlernen **3.** verarbeiten, verdauen ‖ *uv* усва́ивать 1a *u.* усвоя́ть 2a
ft. усво́ю, -о́ишь, -о́ят
imp. усво́й, ~те
pt. усво́ил
g.pt.a. усво́ив
p.pt.a. усво́ивший
p.pt.p. усво́енный

усвоя́ть *uv zu* усво́ить

усева́ть(ся) *uv zu* усе́ять(ся)

усе́ивать(ся) *uv zu* усе́ять(ся)

усека́ть *uv zu* усе́чь

усе́рдствовать 4a *uv* fleißig sein, sich eifrig bemühen

усе́сться *v* **1.** sich (bequem) hinsetzen, Platz nehmen **2.** за что sich an eine bestimmte Beschäftigung setzen ‖ *uv* уса́живаться 1a
ft. უся́дусь, -дешься, -дутся
imp. уся́дься, -дьтесь
pt. усе́лся, -лась
g.pt.a. усе́вшись
p.pt.a. усе́вшийся

усе́чь *v* что *buchspr* abschlagen, abhauen ‖ *uv* усека́ть 2a
ft. усеку́, усечёшь, усеку́т
imp. усеки́, ~те
pt. усе́к, усекла́ *u. alt* усе́кла
g.pt.a. усе́кши
p.pt.a. усе́кший
p.pt.p. усечённый; усечён, -ена́ *u. alt* усе́ченный

усе́ять *v* что besäen, (dicht) bedecken ‖ *uv* усе́ивать 1a *u.* усева́ть 2a
ft. усе́ю, усе́ешь, усе́ют
imp. усе́й, ~те
pt. усе́ял
g.pt.a. усе́яв
p.pt.a. усе́явший
p.pt.p. усе́янный

усе́яться, *1. u. 2. Pers ungebr, v* sich bedecken, sich überziehen ‖ *uv* усе́иваться *u.* усева́ться

усиде́ть *v* **1.** (ruhig) sitzen bleiben **2.** *übtr umg* seinen Platz behaupten ‖ *uv* уси́живать 1a
ft. усижу́, усиди́шь, усидя́т
imp. усиди́, ~те
pt. усиде́л
g.pt.a. усиде́в
p.pt.a. усиде́вший
p.pt.p. уси́женный

уси́живать *uv zu* усиде́ть

уси́ливать *uv zu* уси́лить

уси́ливаться 1a *uv* **1.** *uv zu* уси́литься **2.** *alt* versuchen, sich bemühen

уси́лить *v* что verstärken, verschärfen, steigern ‖ *uv* уси́ливать 1a

ft.	уси́лю, -лишь, -лят
imp.	уси́ль, ~те
pt.	уси́лил
g.pt.a.	уси́лив
p.pt.a.	уси́ливший
p.pt.p.	уси́ленный

уси́литься, *1. u. 2. Pers ungebr*, *v* sich verstärken, stärker werden ‖ *uv* уси́ливаться

ускака́ть *v* **1.** fortspringen, davonhüpfen **2.** davongaloppieren ‖ *uv* уска́кивать 1a

ft.	ускачу́, -а́чешь, -а́чут
imp.	ускачи́, ~те
pt.	ускака́л
g.pt.a.	ускака́в
p.pt.a.	ускака́вший

уска́кивать *uv zu* ускака́ть

ускакну́ть 7 *v volkssspr* fortspringen, davonhüpfen

уска́льзывать *uv zu* ускользну́ть

ускольза́ть *uv zu* ускользну́ть

ускользну́ть 7 *v* **1.** entschlüpfen, entgleiten **2.** sich davonstehlen **3.** verlorengehen **4.** от кого́-чего́ *übtr* ausweichen, sich entziehen ‖ *uv* ускольза́ть 2a *u.* уска́льзывать 1a

уско́рить *v* что beschleunigen ‖ *uv* ускоря́ть 2a

ft.	уско́рю, -ришь, -рят
imp.	уско́рь, ~те
pt.	уско́рил
g.pt.a.	уско́рив
p.pt.a.	уско́ривший
p.pt.p.	уско́ренный

уско́риться, *1. u. 2. Pers ungebr*, *v* **1.** schneller werden **2.** schneller (als erwartet) eintreten ‖ *uv* ускоря́ться

ускоря́ть(ся) *uv zu* уско́рить(ся)

усла́вливаться *s.* усло́вливаться

услади́ть *v* кого́-что **1.** erquicken, laben **2.** angenehmer machen, verschönen ‖ *uv* услажда́ть 2a

ft.	услажу́, -ади́шь, -адя́т
imp.	услади́, ~те
pt.	услади́л
g.pt.a.	услади́в
p.pt.a.	услади́вший
p.pt.p.	услаждённый; услаждён, -ена́

услади́ться *v* кем-чем *buchspr* sich ergötzen (an), genießen ‖ *uv* услажда́ться

услажда́ть(ся) *uv zu* услади́ть(ся)

усла́ть *v* кого́-что fort-, wegschicken ‖ *uv* усыла́ть 2a

ft.	ушлю́, ушлёшь, ушлю́т
imp.	ушли́, ~те
pt.	усла́л
g.pt.a.	усла́в
p.pt.a.	усла́вший
p.pt.p.	у́сланный

уследи́ть *v* **1.** за кем-чем aufpassen (auf), im Auge behalten **2.** *umg* feststellen ‖ *uv* уcле́живать 1a

ft.	услежу́, -еди́шь, -едя́т
imp.	уследи́, ~те
pt.	уследи́л
g.pt.a.	уследи́в
p.pt.a.	уследи́вший
p.pt.p.	усле́женный

усле́живать *uv zu* уследи́ть

усло́виться *v* с кем-чем übereinkommen, eine Vereinbarung treffen ‖ *uv* усла́вливаться 1a *u.* усло́вливаться 1a

ft.	усло́влюсь, -вишься, -вятся
imp.	усло́вься, -о́вьтесь
pt.	усло́вился, -лась
g.pt.a.	усло́вившись
p.pt.a.	усло́вившийся

усло́вливаться *u. umg* **усла́вливаться** *uv zu* усло́виться

усложни́ть *v* что komplizieren, erschweren ‖ *uv* усложня́ть 2a

ft.	усложню́, -ни́шь, -ня́т
imp.	усложни́, ~те
pt.	усложни́л
g.pt.a.	усложни́в
p.pt.a.	усложни́вший
p.pt.p.	усложнённый; усложнён, -ена́

усложни́ться, *1. u. 2. Pers ungebr*, *v* schwierig(er) [kompliziert(er)] werden ‖ *uv* усложня́ться

усложня́ть(ся) *uv zu* усложни́ть(ся)

услу́живать 1a *uv* **1.** *uv zu* услужи́ть **2.** *alt* bedienen

услужи́ть *v* кому́ einen Dienst erweisen, einen Gefallen tun ‖ *uv* услу́живать 1a

ft.	услужу́, -у́жишь, -у́жат
imp.	услужи́, ~те
pt.	услужи́л
g.pt.a.	услужи́в
p.pt.a.	услужи́вший

услыха́ть *v* что **1.** hören, wahrnehmen **2.** erfahren **3.** wittern

ft.	услы́шу, -шишь, -шат
pt.	услыха́л
g.pt.a.	услыха́в
p.pt.a.	услыха́вший
p.pt.p.	услы́шанный

услы́шать *v* что **1.** hören, wahrnehmen **2.** erfahren **3.** wittern

ft.	услы́шу, -шишь, -шат
imp.	услы́шь, ~те
pt.	услы́шал
g.pt.a.	услы́шав *u.* услы́ша*
p.pt.a.	услы́шавший
p.pt.p.	услы́шанный

усма́тривать *uv zu* усмотре́ть

усмеха́ться *uv zu* усмехну́ться

усмехну́ться 7 *v* (spöttisch) lächeln, schmunzeln ‖ *uv* усмеха́ться 2a

усмири́ть *v* кого́-что **1.** bändigen, zähmen **2.** niederwerfen, unterdrücken ‖ *uv* усмиря́ть 2a

ft.	усмирю́, -ри́шь, -ря́т
imp.	усмири́, ~те
pt.	усмири́л
g.pt.a.	усмири́в
p.pt.a.	усмири́вший
p.pt.p.	усмирённый; усмирён, -ена́

усмири́ться *v* gehorsam [ruhig] werden; zahm werden ‖ *uv* усмиря́ться

усмиря́ть(ся) *uv zu* усмири́ть(ся)

усмотре́ть *v* **1.** за кем-чем aufpassen, achtgeben (auf) **2.** что *umg* bemerken, entdecken **3.** что в чём auslegen (als), zu erkennen glauben ‖ *uv* усма́тривать 1a

ft.	усмотрю́, -о́тришь, -о́трят
imp.	усмотри́, ~те
pt.	усмотре́л
g.pt.a.	усмотре́в
p.pt.a.	усмотре́вший
p.pt.p.	усмо́тренный

уснасти́ть *v* что чем **1.** reichlich versehen (mit) **2.** *übtr* ausschmücken (mit) ‖ *uv* уснаща́ть 2a *u.* усна́щивать 1a

ft.	уснащу́, -асти́шь, -астя́т
imp.	уснасти́, ~те
pt.	уснасти́л
g.pt.a.	уснасти́в
p.pt.a.	уснасти́вший
p.pt.p.	уснащённый; уснащён, -ена́

уснаща́ть *uv zu* уснасти́ть

усна́щивать *uv zu* уснасти́ть

усну́ть 7 *v* **1.** einschlafen; *übtr* still werden, ersterben **2.** absterben, krepieren *Fische*

усоверше́нствовать(ся) *v zu* соверше́нствовать(ся)

усо́вестить *v* кого́-что *umg* ins Gewissen reden, ermahnen ‖ *uv* усо́вещивать 1a

ft.	усо́вещу, -естишь, -естят
imp.	усо́вести, ~те
pt.	усо́вестил
g.pt.a.	усо́вестив
p.pt.a.	усо́вестивший
p.pt.p.	усо́вещенный

усо́вещивать *uv zu* усо́вестить

усомни́ться *v* в ком-чём zweifeln, Zweifel hegen (an)

ft.	усомню́сь, -ни́шься, -ня́тся
imp.	усомни́сь, -и́тесь
pt.	усомни́лся, -лась
g.pt.a.	усомни́вшись
p.pt.a.	усомни́вшийся

усо́хнуть *v* **1.** eintrocknen **2.** *umg* vertrocknen ‖ *uv* усыха́ть 2a

ft.	усо́хну, -нешь, -нут
imp.	усо́хни, ~те
pt.	усо́х, ~ла
g.pt.a.	усо́хнув *u.* усо́хши
p.pt.a.	усо́хший

успева́ть *uv zu* успе́ть

успе́ть 3 *v* **1.** к чему́ *oder* на что rechtzeitig kommen, zurechtkommen **2.** в чём *alt* Erfolg haben ‖ *uv* успева́ть 2a

успока́ивать(ся) *uv zu* успоко́ить(ся)

успоко́ить *v* **1.** кого́-что beruhigen, besänftigen **2.** что lindern, mildern ‖ *uv* успока́ивать 1a

ft.	успоко́ю, -о́ишь, -о́ят
imp.	успоко́й, ~те
pt.	успоко́ил
g.pt.a.	успоко́ив
p.pt.a.	успоко́ивший
p.pt.p.	успоко́енный

успоко́иться *v* **1.** sich beruhigen **2.** *1. u. 2. Pers ungebr* sich legen, nachlassen ‖ *uv* успока́иваться

устава́ть *uv zu* уста́ть

pr.	устаю́, -аёшь, -аю́т
imp.	устава́й, ~те
pt.	устава́л
g.pr.a.	устава́я
p.pr.a.	устаю́щий
p.pt.a.	устава́вший

уста́вить *v* **1.** кого́-что aufstellen, unterbringen **2.** что чем besetzen, vollstellen (mit) **3.** что на кого́-что *umg* unverwandt *den Blick* richten (auf) ‖ *uv* уставля́ть 2a

ft.	уста́влю, -вишь, -вят
imp.	уста́вь, ~те
pt.	уста́вил
g.pt.a.	уста́вив
p.pt.a.	уста́вивший
p.pt.p.	уста́вленный

уста́виться *v umg* **1.** Platz finden, sich unterbringen lassen **2.** на кого́-что anstarren ‖ *uv* уставля́ться

уставля́ть(ся) *uv zu* уста́вить(ся)

уста́ивать(ся) *uv zu* устоя́ть(ся)

устана́вливать(ся) *uv zu* установи́ть(ся)

установи́ть *v* что **1.** aufstellen; installieren; montieren; *mil* richten (auf) **2.** herstellen, errichten **3.** bestimmen, einführen **4.** feststellen, konstatieren ‖ *uv* устана́вливать 1a *u. volksspr* установля́ть 2a

ft.	установлю́, -о́вишь, -о́вят
imp.	установи́, ~те
pt.	установи́л
g.pt.a.	установи́в
p.pt.a.	установи́вший
p.pt.p.	устано́вленный

установи́ться, *1. u. 2. Pers ungebr, v* **1.** sich herausbilden, sich festigen **2.** eintreten, in Kraft treten; beständig werden *Wetter* ‖ *uv* устана́вливаться *u. volkssрr* установля́ться

установля́ть(ся) *uv zu* установи́ть(ся)

устарева́ть *uv zu* устаре́ть

устаре́ть 3 *v* veralten, aus der Mode kommen ‖ *uv* устарева́ть 2a

уста́ть *v* müde werden, ermüden; *übtr* überdrüssig werden ‖ *uv* устава́ть, Formen das.

ft.	уста́ну, -нешь, -нут
imp.	уста́нь, ~те
pt.	уста́л
g.pt.a.	уста́в
p.pt.a.	уста́вший

устели́ть *v* что (völlig) bedecken, auslegen ‖ *uv* устила́ть 2a

ft.	устелю́, -е́лешь, -е́лют
imp.	устели́, ~те
pt.	устели́л
g.pt.a.	устели́в
p.pt.a.	устели́вший
p.pt.p.	усте́ленный

устерега́ть(ся) *uv zu* устере́чь(ся)

устере́чь *v* кого́-что bewahren, behüten ‖ *uv* устерега́ть 2a

ft.	устерегу́, -ежёшь, -егу́т
imp.	устереги́, ~те
pt.	устерёг, -егла́
g.pt.a.	устерёгши
p.pt.a.	устерёгший
p.pt.p.	устережённый; устережён, -ена́

устере́чься *v umg* от кого́-чего́ sich hüten, sich in acht nehmen (vor) ‖ *uv* устерега́ться

[1]**устила́ть** *uv zu* устла́ть

[2]**устила́ть** *uv zu* устели́ть

устла́ть *v* что (völlig) bedecken, auslegen ‖ *uv* устила́ть 2a

ft.	устелю́, -е́лешь, -е́лют
imp.	устели́, ~те
pt.	устла́л
g.pt.a.	устла́в
p.pt.a.	устла́вший
p.pt.p.	у́стланный

устоя́ть *v* **1.** stehen bleiben, das Gleichgewicht bewahren **2.** *übtr* standhalten, widerstehen ‖ *uv* усто́ивать 1a

ft.	устою́, -ои́шь, -оя́т
imp.	усто́й, ~те
pt.	устоя́л
g.pt.a.	устоя́в
p.pt.a.	устоя́вший

устоя́ться, *1. u. 2. Pers ungebr, v* **1.** klar werden *Flüssigkeit* **2.** *übtr* beständig werden ‖ *uv* уста́иваться

устра́ивать(ся) *uv zu* устро́ить(ся)

устрани́ть *v* кого́-что **1.** entfernen, beseitigen, beheben **2.** entlassen, des Amtes entheben ‖ *uv* устраня́ть 2a

ft.	устраню́, -ни́шь, -ня́т
imp.	устрани́, ~те
pt.	устрани́л
g.pt.a.	устрани́в
p.pt.a.	устрани́вший
p.pt.p.	устранённый; устранён, -ена́

устрани́ться *v* **1.** sich fernhalten, sich zurückziehen **2.** verschwinden, beseitigt werden ‖ *uv* устраня́ться

устраня́ть(ся) *uv zu* устрани́ть(ся)

устраша́ть(ся) *uv zu* устраши́ть(ся)

устраши́ть *v* кого́-что erschrecken, einschüchtern, in Angst versetzen ‖ *uv* устраша́ть 2a

ft.	устрашу́, -ши́шь, -ша́т
imp.	устраши́, ~те
pt.	устраши́л
g.pt.a.	устраши́в
p.pt.a.	устраши́вший
p.pt.p.	устрашённый; устрашён, -ена́

устраши́ться *v* кого́-чего́ erschrecken, in Angst geraten ‖ *uv* устраша́ться

устреми́ть *v* что richten, lenken ‖ *uv* устремля́ть 2a

ft.	устремлю́, -ми́шь, -мя́т
imp.	устреми́, ~те
pt.	устреми́л
g.pt.a.	устреми́в
p.pt.a.	устреми́вший
p.pt.p.	устремлённый; устремлён, -ена́

устреми́ться *v* **1.** sich richten, sich wenden; *übtr* sich konzentrieren **2.** на кого́-что streben, stürzen (auf) ‖ *uv* устремля́ться

устремля́ть(ся) *uv zu* устреми́ть(ся)

устро́ить *v* **1.** что veranstalten, organisieren **2.** что regeln, ordnen, in Ordnung bringen **3.** кого́-что unterbringen; (eine Stelle) verschaffen **4.** кого́-что *umg* befriedigen, recht sein ‖ *uv* устраивать 1a
ft. устро́ю, -о́ишь, -о́ят
imp. устро́й, ~те
pt. устро́ил
g.pt.a. устро́ив
p.pt.a. устро́ивший
p.pt.p. устро́енный

устро́иться *v* **1.** in Ordnung kommen, sich regeln **2.** sich einrichten **3.** Arbeit finden, (gut) unterkommen ‖ *uv* устра́иваться

уступа́ть *uv zu* уступи́ть

уступи́ть *v* **1.** кого́-что кому́-чему́ abtreten, überlassen **2.** кому́ в чём nachgeben, seinen Widerstand aufgeben **3.** кому́ в чём nachstehen, zurückstehen (hinter) **4.** что *umg* ablassen; billiger verkaufen ‖ *uv* уступа́ть 2a
ft. уступлю́, -у́пишь, -у́пят
imp. уступи́, ~те
pt. уступи́л
g.pt.a. уступи́в
p.pt.a. уступи́вший
p.pt.p. усту́пленный

устыди́ть *v* кого́-что beschämen ‖ *uv* устыжа́ть 2a
ft. устыжу́, -ыди́шь, -ыдя́т
imp. устыди́, ~те
pt. устыди́л
g.pt.a. устыди́в
p.pt.a. устыди́вший
p.pt.p. устыжённый; устыжён, -ена́

устыди́ться *v* кого́-чего́ *u. ohne Objekt* sich schämen (über) ‖ *uv* устыжа́ться

устыжа́ть(ся) *uv zu* устыди́ть(ся)

усугу́бить *u.* **усугуби́ть** *v* что *buchspr* vergrößern, verstärken, verdoppeln ‖ *uv* усугубля́ть 2a
ft. усугу́блю́, -у́би́шь, -у́бя́т
imp. усугуби́, ~те *u.* усугу́бь, ~те
pt. усугу́би́л
g.pt.a. усугу́би́в
p.pt.a. усугу́би́вший
p.pt.p. усугублённый; усугублён, -ена́ *u.* усугу́бленный

усугу́биться *u.* **усугуби́ться,** *1. u. 2. Pers ungebr, v buchspr* sich verstärken, sich verdoppeln, zunehmen ‖ *uv* усугубля́ться

усугубля́ть(ся) *uv zu* усугу́би́ть(ся)

усуша́ть *uv zu* усуши́ть

усуши́ть *v* что *umg* allzu stark eintrocknen lassen ‖ *uv* усуша́ть 2a
ft. усушу́, усу́шишь, усу́шат
imp. усуши́, ~те
pt. усуши́л
g.pt.a. усуши́в
p.pt.a. усуши́вший
p.pt.p. усу́шенный

усыла́ть *uv zu* усла́ть

усынови́ть *v* кого́-что adoptieren, (an Kindes statt) annehmen ‖ *uv* усыновля́ть 2a
ft. усыновлю́, -ви́шь, -вя́т
imp. усынови́, ~те
pt. усынови́л
g.pt.a. усынови́в
p.pt.a. усынови́вший
p.pt.p. усыновлённый; усыновлён, -ена́

усыновля́ть *uv zu* усынови́ть

усы́пать *v* что **1.** bestreuen **2.** *übtr* besäen, überschütten ‖ *uv* усыпа́ть 2a
ft. усы́плю, -лешь, -лют
imp. усы́пь, ~те
pt. усы́пал
g.pt.a. усы́пав
p.pt.a. усы́павший
p.pt.p. усы́панный

усыпа́ть *uv zu* усы́пать

усыпи́ть *v* кого́-что **1.** einschläfern; *med* narkotisieren **2.** *übtr* abschwächen, vermindern **3.** vergiften *Tiere* ‖ *uv* усыпля́ть 2a
ft. усыплю́, -пи́шь, -пя́т
imp. усыпи́, ~те
pt. усыпи́л
g.pt.a. усыпи́в
p.pt.a. усыпи́вший
p.pt.p. усыплённый; усыплён, -ена́

усыпля́ть *uv zu* усыпи́ть

усыха́ть *uv zu* усо́хнуть

у́ськать 1a *uv* кого́-что *u. ohne Objekt umg* (Hunde) hetzen (auf)

ута́ивать *uv zu* утаи́ть

утаи́ть *v* что **1.** verbergen, verheimlichen **2.** sich heimlich aneignen ‖ *uv*ута́ивать 1a
ft. утаю́, утаи́шь, утая́т
imp. утаи́, ~те
pt. утаи́л
g.pt.a. утаи́в
p.pt.a. утаи́вший
p.pt.p. утаённый; утаён, -ена́

ута́птывать *uv zu* утопта́ть

ута́скивать *uv zu* утащи́ть

утача́ть 2 *v* durch Steppen verkürzen ‖ *uv* ута́чивать 1a

[1]**ута́чивать** *uv zu* утача́ть

[2]**ута́чивать** *uv zu* уточи́ть

утащи́ть *v* кого́-что **1.** fort-, davonschleppen **2.** *umg* stehlen ‖ *uv* ута́скивать 1a

ft.	утащу́, ута́щишь, ута́щат
imp.	утащи́, ~те
pt.	утащи́л
g.pt.a.	утащи́в
p.pt.a.	утащи́вший
p.pt.p.	ута́щенный

утверди́ть *v* **1.** что stärken, festigen **2.** кого́-что bestätigen, sanktionieren **3.** кого́-что в чём bestärken (in), überzeugen (von) **4.** за кем-чем (j-m) zuerkennen, zusprechen ‖ *uv* утвержда́ть 2a

ft.	утвержу́, -рди́шь, -рдя́т
imp.	утверди́, ~те
pt.	утверди́л
g.pt.a.	утверди́в
p.pt.a.	утверди́вший
p.pt.p.	утверждённый; утверждён, -ена́

утверди́ться *v* **1.** *übtr umg* festen Fuß fassen **2.** sich einbürgern; sich festigen **3.** в чём bestärkt werden (in) ‖ *uv* утвержда́ться

утвержда́ть 2a *uv* **1.** *uv zu* утверди́ть **2.** что behaupten, versichern

утвержда́ться *uv zu* утверди́ться

утека́ть *uv zu* уте́чь

утепли́ть *v* что (be)heizen, erwärmen; abdichten ‖ *uv* утепля́ть 2a

ft.	утеплю́, -ли́шь, -ля́т
imp.	утепли́, ~те
pt.	утепли́л
g.pt.a.	утепли́в
p.pt.a.	утепли́вший
p.pt.p.	утеплённый; утеплён, -ена́

утепля́ть *uv zu* утепли́ть

утере́ть *v* кого́-что abwischen, abtrocknen ‖ *uv* утира́ть 2a

ft.	утру́, утрёшь, утру́т
imp.	утри́, ~те
pt.	утёр, ~ла
g.pt.a.	утере́в *u.* утёрши
p.pt.a.	утёрший
p.pt.p.	утёртый

утере́ться *v* sich abwischen, sich abtrocknen ‖ *uv* утира́ться

g.pt.a.	утёршись

уте́ривать *uv zu* утеря́ть

утерпе́ть *v* sich enthalten, es aushalten (können)

ft.	утерплю́, уте́рпишь, уте́рпят
imp.	утерпи́, ~те
pt.	утерпе́л
g.pt.a.	утерпе́в
p.pt.a.	утерпе́вший

утеря́ть 2 *v* кого́-что verlieren; einbüßen ‖ *uv* уте́ривать* 1a

утеря́ться, *1. u. 2. Pers ungebr*, *v* verlorengehen

утеса́ть *v* что durch Behauen (mit der Axt) dünner machen ‖ *uv* утёсывать 1a

ft.	утешу́, уте́шешь, уте́шут
imp.	утеши́, ~те
pt.	утеса́л
g.pt.a.	утеса́в
p.pt.a.	утеса́вший
p.pt.p.	утёсанный

утёсывать *uv zu* утеса́ть

уте́чь, *1. u. 2. Pers ungebr*, *v* **1.** auslaufen, ausströmen **2.** *umg* vergehen, verfliegen ‖ *uv* утека́ть 2a

ft.	утечёт, утеку́т
pt.	утёк, утекла́
g.pt.a.	утёкши
p.pt.a.	утёкший

утеша́ть(ся) *uv zu* уте́шить(ся)

уте́шить *v* кого́-что **1.** trösten **2.** *umg* erfreuen ‖ *uv* утеша́ть 2a

ft.	уте́шу, -шишь, -шат
imp.	уте́шь, ~те
pt.	уте́шил
g.pt.a.	уте́шив
p.pt.a.	уте́шивший
p.pt.p.	уте́шенный

уте́шиться *v* sich trösten, sich abfinden ‖ *uv* утеша́ться

утилизи́ровать 4 *u.* 4a *v*, *uv* что verwerten, nutzbar machen

утира́ть(ся) *uv zu* утере́ть(ся)

ути́скать 1 *v* что *volksspr* hineinstopfen, -pressen ‖ *uv* ути́скивать 1a

ути́скивать *uv zu* ути́скать

утиха́ть *uv zu* ути́хнуть

ути́хнуть *v* **1.** verstummen, still werden **2.** sich beruhigen **3.** *1. u. 2. Pers ungebr*, *übtr* sich legen, nachlassen ‖ *uv* утиха́ть 2a

ft.	ути́хну, -нешь, -нут
imp.	ути́хни, ~те
pt.	ути́х *u. alt* ути́хнул, ути́хла
g.pt.a.	ути́хнув *u.* ути́хши
p.pt.a.	ути́хший *u.* ути́хнувший

утихоми́ривать(ся) *uv zu* утихоми́рить(ся)

утихоми́рить *v* кого́-что *umg* beruhigen, besänftigen ‖ *uv* утихоми́ривать 1a
ft. утихоми́рю, -ришь, -рят
imp. утихоми́рь, ~те
pt. утихоми́рил
g.pt.a. утихоми́рив
p.pt.a. утихоми́ривший
p.pt.p. утихоми́ренный

утихоми́риться *v umg* sich beruhigen ‖ *uv* утихоми́риваться

утка́ть *v* что чем *umg* durchweben *mit einem Muster*
ft. утку́, уткёшь, утку́т
imp. утки́, ~те
pt. утка́л
g.pt.a. утка́в
p.pt.a. утка́вший
p.pt.p. у́тканный

уткну́ть 7 *v* что во что (hinein)stecken, verstecken, vergraben ‖ *uv* утыка́ть 2a

уткну́ться *v* чем во что *umg* **1.** vergraben, hineinbohren **2.** *übtr* sich vertiefen, sich vergraben

утоли́ть *v* что stillen, befriedigen; lindern ‖ *uv* утоля́ть 2a
ft. утолю́, -ли́шь, -ля́т
imp. утоли́, ~те
pt. утоли́л
g.pt.a. утоли́в
p.pt.a. утоли́вший
p.pt.p. утолённый; утолён, -ена́

утоли́ться, *1. u. 2. Pers ungebr*, *v* nachlassen, aufhören *Schmerz u. ä.* ‖ *uv* утоля́ться

утолсти́ть *v* что dicker machen, verdicken ‖ *uv* утолща́ть 2a
ft. утолщу́, -лсти́шь, -лстя́т
imp. утолщи́, ~те
pt. утолсти́л
g.pt.a. утолсти́в
p.pt.a. утолсти́вший
p.pt.p. утолщённый; утолщён, -ена́

утолсти́ться, *1. u. 2. Pers ungebr*, *v* sich verdicken, dicker werden ‖ *uv* утолща́ться

утолща́ть(ся) *uv zu* утолсти́ть(ся)

утоля́ть(ся) *uv zu* утоли́ть(ся)

утоми́ть *v* кого́-что ermüden, anstrengen ‖ *uv* утомля́ть 2a
ft. утомлю́, -ми́шь, -мя́т
imp. утоми́, ~те
pt. утоми́л
g.pt.a. утоми́в
p.pt.a. утоми́вший
p.pt.p. утомлённый; утомлён, -ена́

утоми́ться *v* ermüden, sich überanstrengen ‖ *uv* утомля́ться
g.pt.a. утомя́сь *u.* утоми́вшись

утомля́ть(ся) *uv zu* утоми́ть(ся)

утону́ть 7 *v* ertrinken, untergehen ‖ *uv* утопа́ть 2a
ft. утону́, уто́нешь, уто́нут

утонча́ть(ся) *uv zu* утончи́ть(ся)

утончи́ть *v* что **1.** dünner machen; *tech* verjüngen **2.** *übtr* verfeinern ‖ *uv* утонча́ть 2a
ft. утончу́, -чи́шь, -ча́т
imp. утончи́, ~те
pt. утончи́л
g.pt.a. утончи́в
p.pt.a. утончи́вший
p.pt.p. утончённый; утончён, -ена́

утончи́ться *v* **1.** dünner werden **2.** *übtr* sich verfeinern ‖ *uv* утонча́ться

уто́пать 1 *v* что *volksspr* festtreten, -stampfen

утопа́ть *uv zu* утону́ть

утопи́ть *v* кого́-что **1.** ertränken **2.** *übtr umg* ruinieren, zugrunde richten
ft. утоплю́, уто́пишь, уто́пят
imp. утопи́, ~те
pt. утопи́л
g.pt.a. утопи́в
p.pt.a. утопи́вший
p.pt.p. уто́пленный

утопи́ться *v* sich ertränken, ins Wasser gehen

утопта́ть *v* что feststampfen, -treten ‖ *uv* ута́птывать 1a
ft. утопчу́, уто́пчешь, уто́пчут
imp. утопчи́, ~те
pt. утопта́л
g.pt.a. утопта́в
p.pt.a. утопта́вший
p.pt.p. уто́птанный

утора́пливать *uv zu* уторопи́ть

уторопи́ть *v* что *umg* beschleunigen ‖ *uv* утора́пливать 1a
ft. уторoплю́, -о́пишь, -о́пят
imp. уторопи́, ~те
pt. уторопи́л
g.pt.a. уторопи́в
p.pt.a. уторопи́вший
p.pt.p. уторо́пленный

уточи́ть *v* что abschleifen ‖ *uv* ута́чивать 1a
ft. уточу́, уто́чишь, уто́чат
imp. уточи́, ~те
pt. уточи́л

g.pt.a. уточи́в
p.pt.a. уточи́вший
p.pt.p. уто́ченный

уточни́ть *v* что präzisieren, genauer bestimmen ‖ *uv* уточня́ть 2a
ft. уточню́, -ни́шь, -ня́т
imp. уточни́, ~те
pt. уточни́л
g.pt.a. уточни́в
p.pt.a. уточни́вший
p.pt.p. уточнённый; уточнён, -ена́

уточни́ться, *1. u. 2. Pers ungebr, v* präziser [genauer] werden ‖ *uv* уточня́ться

уточня́ть(ся) *uv zu* уточни́ть(ся)

утра́ивать(ся) *uv zu* утро́ить(ся)

утрамбова́ть 5 *v* что feststampfen ‖ *uv* утрамбо́вывать 1a

утрамбова́ться, *1. u. 2. Pers ungebr, v* festgetreten werden ‖ *uv* утрамбо́вываться

утрамбо́вывать(ся) *uv zu* утрамбова́ть(ся)

утра́тить *v* кого́-что verlieren, einbüßen ‖ *uv* утра́чивать 1a
ft. утра́чу, -а́тишь, -а́тят
imp. утра́ть, ~те
pt. утра́тил
g.pt.a. утра́тив
p.pt.a. утра́тивший
p.pt.p. утра́ченный

утра́титься, *1. u. 2. Pers ungebr, v buchspr* verlorengehen ‖ *uv* утра́чиваться

утра́чивать(ся) *uv zu* утра́тить(ся)

утри́ровать 4 *u.* 4a *v, uv* что übertreiben, überbetonen

утро́ить *v* что verdreifachen ‖ *uv* утра́ивать 1a
ft. утро́ю, -о́ишь, -о́ят
imp. утро́й, ~те
pt. утро́ил
g.pt.a. утро́ив
p.pt.a. утро́ивший
p.pt.p. утро́енный

утро́иться, *1. u. 2. Pers ungebr, v* sich verdreifachen ‖ *uv* утра́иваться

утруди́ть *v* кого́-что *alt* belästigen, zur Last fallen ‖ *uv* утружда́ть 2a
ft. утружу́, утруди́шь, утрудя́т
imp. утруди́, ~те
pt. утруди́л
g.pt.a. утруди́в
p.pt.a. утруди́вший
p.pt.p. утруждённый; утруждён, -ена́

утруди́ться *v alt* ermüden ‖ *uv* утружда́ться

утрудни́ть *v* **1.** что schwieriger machen, erschweren **2.** кого́-что Mühe [Umstände] machen ‖ *uv* утрудня́ть 2a
ft. утрудню́, -ни́шь, -ня́т
imp. утрудни́, ~те
pt. утрудни́л
g.pt.a. утрудни́в
p.pt.a. утрудни́вший
p.pt.p. утруднённый; утруднён, -ена́

утрудня́ть *uv zu* утрудни́ть

утружда́ть(ся) *uv zu* утруди́ть(ся)

утряса́ть(ся) *uv zu* утрясти́(сь)

утрясти́ *v* кого́-что **1.** *umg* zusammenschütteln, zusammenstauchen **2.** *volksspr* durchrütteln **3.** *volksspr* regeln, in Ordnung bringen ‖ *uv* утряса́ть 2a
ft. утрясу́, -сёшь, -су́т
imp. утряси́, ~те
pt. утря́с, -ясла́
g.pt.a. утря́сши
p.pt.a. утря́сший
p.pt.p. утрясённый; утрясён, -ена́

утрясти́сь *v* **1.** *umg* sich setzen *durch Schütteln* **2.** *übtr volksspr* in Ordnung kommen ‖ *uv* утряса́ться

утучни́ть *v* что düngen ‖ *uv* утучня́ть 2a
ft. утучню́, -ни́шь, -ня́т
imp. утучни́, ~те
pt. утучни́л
g.pt.a. утучни́в
p.pt.a. утучни́вший
p.pt.p. утучнённый; утучнён, -ена́

утучни́ться, *1. u. 2. Pers ungebr, v* **1.** fett werden **2.** fruchtbarer [ertragreicher] werden *durch Düngen* ‖ *uv* утучня́ться

утучня́ть(ся) *uv zu* утучни́ть(ся)

утуша́ть *uv zu* [1]утуши́ть

[1]**утуши́ть** *v* что *volksspr* **1.** (aus)löschen **2.** besänftigen, beschwichtigen ‖ *uv* утуша́ть 2a
ft. утушу́, уту́шишь, уту́шат
imp. утуши́, ~те
pt. утуши́л
g.pt.a. утуши́в
p.pt.a. утуши́вший
p.pt.p. уту́шенный

[2]**утуши́ть** *v* что *umg* garschmoren
p.pt.p. утушённый; утушён, -ена́
Übrige Formen wie [1]утуши́ть

уты́кать 1 *v* что *umg* bestecken, vollstecken, besetzen ‖ *uv* утыка́ть 2a *u.* уты́кивать 1a

[1]**утыка́ть** *uv zu* уткну́ть

[2]**утыка́ть** *uv zu* уты́кать

уты́кивать *uv zu* уты́кать

утю́жить *uv* что plätten, bügeln. — (вы́-, от-)
pr. утю́жу, -жишь, -жат
imp. утю́жь, ~те
pt. утю́жил
g.pr.a. утю́жа
p.pr.a. утю́жащий
p.pt.a. утю́живший
p.pt.p. утю́женный

утя́гивать *uv zu* утяну́ть

утяжели́ть *v* что schwerer machen ‖ *uv* утяжеля́ть 2а
ft. утяжелю́, -ли́шь, -ля́т
imp. утяжели́, ~те
pt. утяжели́л
g.pt.a. утяжели́в
p.pt.a. утяжели́вший
p.pt.p. утяжелённый; утяжелён, -ена́

утяжели́ться, *1. u. 2. Pers ungebr, v* schwerer werden ‖ *uv* утяжеля́ться

утяжеля́ть(ся) *uv zu* утяжели́ть(ся)

утяну́ть 7 *v* кого́-что **1.** *umg* angestrengt ziehen; hinter sich herziehen **2.** *volksspr* entwenden, stehlen, wegnehmen ‖ *uv* утя́гивать 1а
ft. утяну́, утя́нешь, утя́нут
p.pt.p. утя́нутый

уха́живать 1а *uv* за кем-чем **1.** pflegen, sorgen (für) **2.** (j-m) den Hof machen; sich bemühen (um)

у́харствовать 4а *uv umg mißb* mit der Verwegenheit renommieren

у́хать(ся) *uv zu* у́хнуть(ся)

ухвати́ть *v* кого́-что **1.** (er)greifen, pakken **2.** *übtr umg* erfassen, begreifen ‖ *uv* ухва́тывать 1а
ft. ухвачу́ -а́тишь, -а́тят
imp. ухвати́, ~те
pt. ухвати́л
g.pt.a. ухвати́в
p.pt.a. ухвати́вший
p.pt.p. ухва́ченный

ухвати́ться *v* за кого́-что **1.** sich festhalten, sich klammern (an) **2.** *übtr umg* sich begeben, sich machen (an) ‖ *uv* ухва́тываться

ухва́тывать(ся) *uv zu* ухвати́ть(ся)

ухитри́ться *v mit Infinitiv umg* zuwege bringen, es verstehen, fertigbringen ‖ *uv* ухитря́ться 2а
ft. ухитрю́сь, -ри́шься, -ря́тся
imp. ухитри́сь, -и́тесь
pt. ухитри́лся
g.pt.a. ухитри́вшись
p.pt.a. ухитри́вшийся

ухитря́ться *uv zu* ухитри́ться

ухищря́ться 2а *uv* raffiniert [listig] vorgehen, es schlau anstellen

ухло́пать 1 *v volksspr* **1.** кого́-что umbringen, umlegen **2.** что verschwenden ‖ *uv* ухло́пывать 1а

ухло́пывать *uv zu* ухло́пать

ухмыльну́ться 7 *v umg* grinsen, (spöttisch) lächeln ‖ *uv* ухмыля́ться 2а

ухмыля́ться *uv zu* ухмыльну́ться

у́хнуть 6 *v u. mom volksspr* **1.** hinstürzen, zu Boden stürzen **2.** fallen lassen; verschleudern *Geld* ‖ *uv volksspr* у́хать 1а
p.pt.p. у́хнутый

у́хнуться *v mom volksspr* mit Wucht hinstürzen ‖ *uv* у́хаться

[1]**уходи́ть** *uv* **1.** *uv zu* уйти́ **2.** *1. u. 2. Pers ungebr* sich erstrecken, führen
pr. ухожу́, ухо́дишь, ухо́дят
imp. уходи́, ~те
pt. уходи́л
g.pr.a. уходя́
p.pr.a. уходя́щий
p.pt.a. уходи́вший

[2]**уходи́ть** *v* кого́-что *volksspr* völlig erschöpfen, entkräften
ft. ухожу́, ухо́дишь, ухо́дят
imp. уходи́, ~те
pt. уходи́л
g.pt.a. уходи́в
p.pt.a. уходи́вший
p.pt.p. ухо́женный

уходи́ться *v volksspr* **1.** zur Ruhe kommen **2.** ermüden
Formen nach [2]уходи́ть

ухудша́ть(ся) *uv zu* уху́дшить(ся)

уху́дшить *v* что verschlimmern, verschlechtern, schlechter machen ‖ *uv* ухудша́ть 2а
ft. уху́дшу, -шишь, -шат
imp. уху́дши, ~те
pt. уху́дшил
g.pt.a. уху́дшив
p.pt.a. уху́дшивший
p.pt.p. уху́дшенный

уху́дшиться, *1. u. 2. Pers ungebr, v* schlechter werden, sich verschlimmern ‖ *uv* ухудша́ться

уцеле́ть 3 *v* unversehrt bleiben, am Leben bleiben

уцéнивать *uv zu* уценúть

уценúть *v* что im Preis herabsetzen ‖ *uv* уцéнивать 1a
ft. уценю́, уцéнишь, уцéнят
imp. уценú, ~те
pt. уценúл
g.pt.a. уценúв
p.pt.a. уценúвший
p.pt.p. уценённый; уценён, -енá

уцепúть *v* что *umg* anhaken, mit einem Haken fassen ‖ *uv* уцепля́ть 2a
ft. уцеплю́, уцéпишь, уцéпят
imp. уцепú, ~те
pt. уцепúл
g.pt.a. уцепúв
p.pt.a. уцепúвший
p.pt.p. уцéпленный

уцепúться *v* за когó-что sich klammern, sich festhalten (an) ‖ *uv* уцепля́ться

уцепля́ть(ся) *uv zu* уцепúть(ся)

учáствовать 4a *uv* в чём **1.** sich beteiligen (an) **2.** Anteil haben (an)

участúть *v* что häufiger aufeinander folgen lassen, beschleunigen ‖ *uv* учащáть 2a
ft. учащý, участúшь, участя́т
imp. участú, ~те
pt. участúл
g.pt.a. участúв
p.pt.a. участúвший
p.pt.p. учащённый; учащён, -енá

участúться, *1. u. 2. Pers ungebr*, *v* häufiger werden, sich häufen ‖ *uv* учащáться

учащáть(ся) *uv zu* участúть(ся)

учéсть *v* когó-что **1.** berechnen, registrieren **2.** berücksichtigen, in Betracht ziehen **3.** (einen Wechsel) diskontieren ‖ *uv* учúтывать 1a
ft. учтý, учтёшь, учтýт
imp. учтú, ~те
pt. учёл, учлá
g.pt.a. учтя́
p.pt.p. учтённый; учтён, -енá

учетверúть *v* что vervierfachen ‖ *uv* учетверя́ть 2a
ft. учетверю́, -рúшь, -ря́т
imp. учетверú, ~те
pt. учетверúл
g.pt.a. учетверúв
p.pt.a. учетверúвший
p.pt.p. учетверённый; учетверён, -енá

учетверя́ть *uv zu* учетверúть

учинúть *v* что verüben, vollführen ‖ *uv* учиня́ть 2a
ft. учиню́, -нúшь, -ня́т
imp. учинú, ~те
pt. учинúл
g.pt.a. учинúв
p.pt.a. учинúвший
p.pt.p. учинённый; учинён, -енá

учиня́ть *uv zu* учинúть

учúтельствовать 4a *uv* als Lehrer tätig sein, unterrichten

учúтывать *uv zu* учéсть

учúть *uv* **1.** когó-что чемý lehren, unterrichten, ausbilden **2.** Lehrer sein **3.** что einstudieren, sich einprägen **4.** когó-что *umg* bestrafen. — (вы́-, на-, об- *zu* 1)
pr. учý, ýчишь, ýчат
imp. учú, ~те
pt. учúл
g.pr.a. учá
p.pr.a. учáщий
p.pt.a. учúвший
p.pr.p. учúмый*
p.pt.p. ýченный

учúться *uv* чемý lernen, studieren. — (вы́-, на-, об-)

учредúть *v* что gründen, schaffen, einführen ‖ *uv* учреждáть 2a
ft. учрежý, -едúшь, -едя́т
imp. учредú, ~те
pt. учредúл
g.pt.a. учредúв
p.pt.a. учредúвший
p.pt.p. учреждённый; учреждён, -енá

учреждáть *uv zu* учредúть

учýивать *uv zu* учýять

учýять *v* что *umg* wittern, spüren ‖ *uv* учýивать 1a
ft. учýю, учýешь, учýют
imp. учýй, ~те
pt. учýял
g.pt.a. учýяв
p.pt.a. учýявший
p.pt.p. учýянный

ушестерúть *v* что versechsfachen ‖ *uv* ушестеря́ть 2a
ft. ушестерю́, -рúшь, -ря́т
imp. ушестерú, ~те
pt. ушестерúл
g.pt.a. ушестерúв
p.pt.a. ушестерúвший
p.pt.p. ушестерённый; ушестерён, -енá

ушестеря́ть *uv zu* ушестерúть

ушибáть(ся) *uv zu* ушибúть(ся)

ушиби́ть *v* кого́-что stoßen, schlagen, verletzen ‖ *uv* ушиба́ть 2а
ft. ушибу́, -бёшь, -бу́т
imp. ушиби́, ~те
pt. уши́б, ~ла
g.pt.a. ушиби́в
p.pt.a. уши́бший
p.pt.p. уши́бленный *u. alt* уши́бенный

ушиби́ться *v* sich wundstoßen ‖ *uv* ушиба́ться
g.pt.a. уши́бшись

ушива́ть *uv zu* уши́ть

уши́рить *v* что verbreitern, erweitern ‖ *uv* уширя́ть 2а
ft. уши́рю, -ришь, -рят
imp. уши́рь, ~те
pt. уши́рил
g.pt.a. уши́рив
p.pt.a. уши́ривший
p.pt.p. уши́ренный

уширя́ть *uv zu* уши́рить

уши́ть *v* что **1.** abnähen, enger machen **2.** *med* (ver)nähern **3.** besticken, besetzen ‖ *uv* ушива́ть 2а
ft. ушью́, ушьёшь, ушью́т
imp. уше́й, ~те
pt. уши́л
g.pt.a. уши́в
p.pt.a. уши́вший
p.pt.p. уши́тый

ущеми́ть *v* **1.** что einklemmen **2.** *übtr* кого́-что verletzen, kränken **3.** *übtr* кого́-что schmälern, beengen ‖ *uv* ущемля́ть 2а
ft. ущемлю́, -ми́шь, -мя́т
imp. ущеми́, ~те
pt. ущеми́л
g.pt.a. ущеми́в
p.pt.a. ущеми́вший
p.pt.p. ущемлённый; ущемлён, -ена́

ущемля́ть *uv zu* ущеми́ть

ущипну́ть 7 *v* кого́-что **1.** kneifen, zwicken **2.** *übtr umg* verletzen, kränken

уязви́ть *v* кого́-что verletzen, kränken ‖ *uv* уязвля́ть 2а
ft. уязвлю́, -ви́шь, -вя́т
imp. уязви́, ~те
pt. уязви́л
g.pt.a. уязви́в
p.pt.a. уязви́вший
p.pt.p. уязвлённый; уязвлён, -ена́

уязвля́ть *uv zu* уязви́ть

уясни́ть *v* что *oder mit Nebensatz* erfassen, sich klar werden (über) ‖ уясня́ть 2а
ft. уясню́, -ни́шь, -ня́т
imp. уясни́, ~те
pt. уясни́л
g.pt.a. уясни́в
p.pt.a. уясни́вший
p.pt.p. уяснённый; уяснён, -ена́

уясня́ть *uv zu* уясни́ть

Ф

фабрикова́ть 5а *uv* что **1.** *alt* fabrikmäßig herstellen **2.** *umg iron* fabrizieren, *in großer Menge* herstellen **3.** *übtr* zusammenbrauen ‖ *v* сфабрикова́ть 5
p.pt.p. фабрико́ванный

фа́брить *uv* что *alt* schwärzen *Bart.* — (на-)
pr. фа́брю, -ришь, -рят
imp. фа́бри, ~те
pt. фа́брил
g.pr.a. фа́бря
p.pr.a. фа́брящий
p.pt.a. фа́бривший
p.pt.p. фа́бренный

фа́бриться *uv alt* sich den Bart schwarz färben. — (на-)

фалди́ть, *1. u. 2. Pers ungebr*, *uv umg* Falten bilden *itr*
pr. фалди́т, -дя́т
pt. фалди́л
g.pr.a. фалдя́
p.pr.a. фалдя́щий
p.pt.a. фалди́вший

фальсифици́ровать 4 *u.* 4а *v*, *uv* что (ver)fälschen

фальцева́ть *uv* что falzen ‖ *v* сфальцева́ть, Formen das.
pr. фальцу́ю, -у́ешь, -у́ют
imp. фальцу́й, ~те
pt. фальцева́л
g.pr.a. фальцу́я
p.pr.a. фальцу́ющий
p.pr.p. фальцу́емый
p.pt.p. фальцо́ванный

фальши́вить *uv* **1.** heucheln; unaufrichtig handeln **2.** *mus* unrein singen [spielen] || *v* сфальши́вить, Formen das.

pr.	фальши́влю, -вишь, -вят
imp.	фальши́вь, ~те
pt.	фальши́вил
g.pr.a.	фальши́вя
p.pr.a.	фальши́вящий
p.pt.a.	фальши́вивший

фамилья́рничать 1a *uv* с кем-чем *u. ohne Objekt* vertraulich tun, einen familiären Ton anschlagen

фанерова́ть 5a *uv* что furnieren, mit Furnier überziehen

p.pt.p.	фанеро́ванный

фантази́ровать 4a *uv* **1.** phantasieren **2.** *mus* improvisieren || *v* сфантази́ровать 4

фанфаро́нить *uv umg* angeben, aufschneiden

pr.	фанфаро́ню, -нишь, -нят
imp.	фанфаро́нь, ~те
pt.	фанфаро́нил
g.pr.a.	фанфаро́ня
p.pr.a.	фанфаро́нящий
p.pt.a.	фанфаро́нивший

фарисе́йствовать 4a *uv* heucheln

фарширова́ть 5a *uv* farcieren, füllen. — (за-)

p.pt.p.	фарширо́ванный

фасова́ть 5a *uv* что ab-, verpacken. — (рас-)

p.pt.p.	фасо́ванный

ферменти́ровать 4a *uv* что fermentieren

фетишизи́ровать 4a *uv* что zu einem Fetisch machen

фехтова́ть 5a *uv Sport* fechten

фигля́рить *uv umg* Faxen machen

pr.	фигля́рю, -ришь, -рят
imp.	фигля́рь, ~те
pt.	фигля́рил
g.pr.a.	фигля́ря
p.pr.a.	фигля́рящий
p.pt.a.	фигля́ривший

фигля́рничать 1a *uv umg* Faxen machen

фигля́рствовать 4a *uv* Faxen machen

фигури́ровать 4a *uv* figurieren, erscheinen

фикси́ровать 4 *u.* 4a *v, uv* что **1.** fixieren, festlegen, festsetzen **2.** fixieren, konzentrieren **3.** *phot* fixieren. — (за- *zu* 1)

филосо́фствовать 4a *uv* philosophieren

фильтрова́ть 5a *uv* что filtern, filtrieren. — (про-)

p.pt.p.	фильтро́ванный

финанси́ровать 4 *u.* 4a *v, uv* кого́-что finanzieren

финиши́ровать 4 *u.* 4a *v, uv* **1.** zum Endspurt übergehen **2.** durchs Ziel gehen

финти́ть *uv umg* **1.** sich verstellen; Ausflüchte machen **2.** schmeicheln

pr.	финчу́, финти́шь, финтя́т
imp.	финти́, ~те
pt.	финти́л
g.pr.a.	финтя́
p.pr.a.	финтя́щий
p.pt.a.	финти́вший

фиска́лить *uv umg* denunzieren, verleumden || *v* сфиска́лить, Formen das.

pr.	фиска́лю, -лишь, -лят
imp.	фиска́ль, ~те
pt.	фиска́лил
g.pr.a.	фиска́ля
p.pr.a.	фиска́лящий
p.pt.a.	фиска́ливший

фиска́льничать 1a *uv umg* denunzieren, verleumden

фланёрствовать 4a *uv umg alt* (herum)-bummeln, (umher)schlendern

флани́ровать 4a *uv umg* (herum)bummeln, (umher)schlendern

фланки́ровать 4 *u.* 4a *v, uv mil* flankieren

флиртова́ть 5a *uv* с кем *u. ohne Objekt* flirten

флуоресци́ровать 4a *u.* **флюоресци́ровать** 4a, *1. u. 2. Pers ungebr, uv* fluoreszieren

флюсова́ть 5a *uv tech* mit Flußmitteln versetzen, Flußmittel zuschlagen

p.pt.p.	флюсо́ванный

фокуси́ровать 4a *uv* что den Brennpunkt einstellen, scharf einstellen || *v* сфокуси́ровать 4

фо́кусничать 1a *uv* **1.** *alt* Kunststücke vormachen **2.** *übtr umg* launisch sein || *v* сфо́кусничать **1** *zu* 2

фонди́ровать 4a *uv* что Fonds schaffen

фонтани́ровать 4a, *1. u. 2. Pers ungebr, uv* hervorsprudeln

фордыба́чить *uv volkssрr* frech widersprechen, sich frech benehmen

pr.	фордыба́чу, -чишь, -чат
imp.	фордыба́чь, ~те
pt.	фордыба́чил
g.pr.a.	фордыба́ча
p.pr.a.	фордыба́чащий
p.pt.a.	фордыба́чивший

формирова́ть 5a *uv* что **1.** formen, (aus)bilden **2.** formieren, zusammenstellen. — (c-)

p.pt.p.	формиро́ванный

формирова́ться *uv* **1.** sich herausbilden **2.** sich körperlich entwickeln **3.** sich formieren. — (c-)

формова́ть 5a *uv* что formen, modellieren

p.pt.p.	формо́ванный

формули́ровать 4 *u.* 4a *v*, *uv* formulieren

форси́ровать 4 *u.* 4a *v*, *uv* что **1.** forcieren, beschleunigen **2.** *mil* erzwingen

форси́ть *uv volksspr* **1.** sich herausputzen **2.** wichtig tun, angeben

pr.	форшу́*, форси́шь, форся́т
imp.	форси́, ~те
pt.	форси́л
g.pr.a.	форся́
p.pr.a.	форся́щий
p.pt.a.	форси́вший

фосфоресци́ровать 4a *uv* phosphoreszieren

фотографи́ровать 4a *uv* кого́-что photographieren ‖ *v* сфотографи́ровать 4

фотографи́роваться *uv* **1.** sich photographieren lassen **2.** photographiert werden ‖ *v* сфотографи́роваться *zu* 1

фразёрствовать 4a *uv* Phrasen dreschen

фрази́ровать 4a *uv* что *mus* phrasieren, in sinngemäßer Gliederung vortragen

фракциони́ровать 4 *u.* 4a *v*, *uv* что *chem* fraktionieren

франки́ровать 4 *u.* 4a *v*, *uv* что frankieren

франти́ть *uv umg* sich stutzerhaft kleiden

pr.	франчу́, -нти́шь, -нтя́т
imp.	франти́, ~те
pt.	франти́л
g.pr.a.	франтя́
p.pr.a.	франтя́щий
p.pt.a.	франти́вший

фраппи́ровать 4 *u.* 4a *v*, *uv* кого́-что frappieren

фрахтова́ть 5a *uv* что *naut* chartern. — (за-)

p.pt.p.	фрахто́ванный

фрезерова́ть 5 *u.* 5a *v*, *uv* что **1.** *tech* fräsen **2.** *landw* mit der Fräse bearbeiten. — (от-)

фронди́ровать 4a *uv* frondieren

фугова́ть 5a *uv* что *tech* fugen. — (c-)

p.pt.p.	фуго́ванный

фу́кать *uv zu* фу́кнуть

фу́кнуть 6 *v* что (aus)blasen ‖ *uv* фу́кать 1a

p.pt.p.	фу́кнутый

функциони́ровать 4a *uv* funktionieren

футерова́ть 5a *uv tech* ausfüttern, auskleiden

p.pt.p.	футеро́ванный

фы́ркать 1a *uv* **1.** schnauben, schnaufen **2.** *umg* herausplatzen, prustend lachen | *v mom* фы́ркнуть 6

фы́ркнуть 6 *v* **1.** *mom zu* фы́ркать **2.** unzufrieden [verdrießlich] sein, murren

фырча́ть *uv* **1.** schnauben, schnaufen **2.** *umg* herausplatzen, prustend lachen

pr.	фырчу́, -чи́шь, -ча́т
imp.	фырчи́, ~те
pt.	фырча́л
g.pr.a.	фырча́
p.pr.a.	фырча́щий
p.pt.a.	фырча́вший

Х

ха́живать *uv iterativ zu* ходи́ть

халту́рить *uv umg verächtl* **1.** einen Nebenverdienst haben **2.** pfuschen, liederlich arbeiten

pr.	халту́рю, -ришь, -рят
imp.	халту́рь, ~те
pt.	халту́рил
g.pr.a.	халту́ря
p.pr.a.	халту́рящий
p.pt.a.	халту́ривший

хами́ть *uv volksspr* sich flegelhaft benehmen

pr.	хамлю́, хами́шь, хамя́т
imp.	хами́, ~те
pt.	хами́л
g.pr.a.	хамя́
p.pr.a.	хамя́щий
p.pt.a.	хами́вший

хандри́ть *uv* schwermütig sein, Trübsal blasen

pr.	хандрю́, -ри́шь, -ря́т
imp.	хандри́, ~те
pt.	хандри́л
g.pr.a.	хандря́
p.pr.a.	хандря́щий
p.pt.a.	хандри́вший

ханжи́ть *uv umg* scheinheilig sein; frömmeln

pr.	ханжу́, -жи́шь, -жа́т
imp.	ханжи́, ~те
pr.	ханжи́л
g.pr.a.	ханжа́
p.pr.a.	ханжа́щий
p.pt.a.	ханжи́вший

ха́пать *uv zu* ха́пнуть

ха́пнуть 6 *v* что *u. ohne Objekt volksspr* **1.** ergreifen, packen, zu fassen kriegen **2.** unerlaubt nehmen, stehlen ‖ *uv* ха́пать 1a

p.pt.p.	ха́пнутый

характеризова́ть 5 *u.* 5a *v, uv* кого́-что charakterisieren. — (о-)

характеризова́ться 5a *uv* sich durch bestimmte Eigenschaften auszeichnen

ха́ркать 1a *uv umg* spucken, speien, Schleim auswerfen | *v mom* ха́ркнуть 6

ха́ркнуть *v mom zu* ха́ркать

харчи́ться *uv alt u. volksspr* sich beköstigen; speisen

pr.	харчу́сь, -чи́шься, -ча́тся
imp.	харчи́сь, -и́тесь
pt.	харчи́лся, -лась
g.pr.a.	харча́сь
p.pr.a.	харча́щийся
p.pt.a.	харчи́вшийся

ха́ять *uv* кого́-что *volksspr* schmähen, beschimpfen. — (о-)

pr.	ха́ю, ха́ешь, ха́ют
imp.	хай, ~те
pt.	ха́ял
g.pt.a.	ха́яв
p.pt.a.	ха́явший
p.pt.p.	ха́янный

хва́ливать(ся) *uv iterativ zu* хвали́ть(ся)

хвали́ть *uv* кого́-что loben, belobigen, rühmen ‖ *v* похвали́ть, Formen das. | *uv umg iterativ* хва́ливать 1a, *pr. ungebr*

pr.	хвалю́, хва́лишь, хва́лят
imp.	хвали́, ~те
pt.	хвали́л
g.pr.a.	хваля́
p.pr.a.	хваля́щий
p.pt.a.	хвали́вший
p.pr.p.	хвали́мый

хвали́ться *uv* кем-чем *oder mit Infinitiv* prahlen ‖ *v* похвали́ться | *uv umg iterativ* хва́ливаться, *pr. ungebr*

хва́рывать *uv iterativ zu* хвора́ть

хва́стать 1a *uv* кем-чем *umg* prahlen, sich rühmen ‖ *v* похва́стать 1 | *v mom* хвастну́ть 7, kein *p.pt.p.*

хва́статься *uv umg* **1.** кем-чем prahlen, sich rühmen, großtun **2.** *mit Infinitiv u. Konjunktion* что prahlen (mit), prahlend etw. versprechen ‖ *v* похва́статься

хвастну́ть *v mom zu* хва́стать

хвата́ть 2a *uv* **1.** кого́-что (er)greifen, fassen, packen **2.** кого́-что *umg* einfangen, ergreifen, festnehmen **3.** *unpers* чего́ ausreichen, langen **4.** *unpers* кого́ на что *umg* zu etw. fähig [imstande] sein ‖ *v umg* хвати́ть *zu* 1, Formen das. — (схвати́ть *zu* 1)

хвата́ться *uv* **1.** за кого́-что *umg* greifen (nach), sich festhalten, sich festklammern (an) **2.** за что mit Eifer zu tun beginnen, greifen (zu), sich stürzen (auf) ‖ *v volksspr* хвати́ться. — (схвати́ться *zu* 1)

хвати́ть *v* **1.** *umg v zu* хвата́ть **2.** кого́-что чем *oder* что обо что *oder* чем обо что *volksspr* einen Schlag versetzen, heftig schlagen **3.** кого́-что *umg* plötzlich auftreten *von Naturerscheinungen*; plötzlich befallen *von Krankheiten* **4.** чего́ *umg* erleiden, ertragen **5.** *umg* maßlos übertreiben, zu weit gehen; что *u. ohne Objekt* unbedacht etw. Taktloses sagen **6.** *unpers* чего́ ausreichen, langen **7.** *unpers* кого́ на что *umg* fähig [imstande] sein (zu etw.) **8.** *unpers* хва́тит *umg* genug, es genügt; с меня́ хва́тит ich habe genug davon

ft.	хвачу́, хва́тишь, хва́тят
imp.	хвати́, ~те
pt.	хвати́л
g.pt.a.	хвати́в
p.pt.a.	хвати́вший
p.pt.p.	хва́ченный

хвати́ться *v* **1.** кого́-чего́ *u. ohne Objekt umg* (plötzlich) vermissen, sich plötzlich entsinnen **2.** обо что *volksspr* sich stoßen **3.** *v zu* хвата́ться

хвора́ть 2a *uv umg* krank sein, kränkeln | *uv iterativ* хва́рывать 1a, *pr. ungebr*

хиле́ть 3a *uv umg* schwach werden, kränkeln. — (за-)

химизи́ровать 4 *u.* 4a *v*, *uv* что chemisieren, chemische Verfahren einführen; chemisch behandeln

хире́ть 3a *uv umg* **1.** kränkeln, dahinsiechen; verkümmern *von Pflanzen* **2.** *übtr* verfallen, verkümmern. — (за-)

хитри́ть *uv* **1.** schlau [listig] sein, eine List anwenden, ein falsches Spiel treiben **2.** *umg* klügeln. — (с- *zu* 1)

pr. хитрю́, -ри́шь, -ря́т
imp. хитри́, ~те
pt. хитри́л
g.pr.a. хитря́
p.pr.a. хитря́щий
p.pt.a. хитри́вший

хихи́кать 1a *uv* kichern || *v u. mom* хихи́кнуть 6

хихи́кнуть *v u. mom zu* хихи́кать

хи́щничать 1a *uv* **1.** räubern, wie Räuber handeln; wildern **2.** räubern, reißen *von Raubtieren*

хлеба́ть 2a *uv* что *u. ohne Objekt* **1.** (mit großen Schlucken) trinken, schlürfen **2.** *volksspr* löffeln | *v mom* хлебну́ть 7

p.pt.p. хлёбанный

хлебну́ть 7 *v* **1.** *mom zu* хлеба́ть **2.** что *u.* чего́ *umg* (aus)trinken, *Flüssiges* zu sich nehmen **3.** *übtr* чего́ *umg*: хлебну́ть го́ря viel Unannehmlichkeiten erleben

kein *p.pt.p.*

хлебопа́шествовать 4a *uv* Ackerbau treiben

хлеста́ть *uv* **1.** кого́-что чем *oder* чем по кому́-чему́ peitschen, schlagen **2.** *1. u. 2. Pers ungebr* strömen, sprudeln, sich ergießen **3.** что *volkssрr* (unmäßig) trinken, saufen | *v mom* хлестну́ть 7 *zu* 1, 2, *p.pt.p.* хлёстнутый

pr. хлещу́, хле́щешь, хле́щут
imp. хлещи́, ~те
pt. хлеста́л
g.pr.a. хлеща́
p.pr.a. хле́щущий
p.pt.a. хлеста́вший
p.pt.p. хлёстанный *zu* 1

хлеста́ться *uv* **1.** sich peitschen **2.** *volksspr* (sich) einander schlagen | *v mom* хлестну́ться *zu* 1

хлестну́ть(ся) *v mom zu* хлеста́ть(ся)

хли́пать 1a *uv volkssрr* schluchzen

хлобыста́ть *uv* кого́-что *volkssрr* schlagen, peitschen | *v mom* хлобыстну́ть 7, kein *p.pt.p.*

pr. хлобыщу́, -ы́щешь, -ы́щут
imp. хлобыщи́, ~те
pt. хлобыста́л
g.pr.a. хлобыща́
p.pr.a. хлобы́щущий
p.pt.a. хлобыста́вший

хлобыстну́ть *v mom zu* хлобыста́ть

хло́пать 1a *uv* **1.** кого́-что чем по чему́ *oder* чем по чему́ schlagen *mit der flachen Hand*, klopfen **2.** чем klappen, knallen; zuschlagen *Tür* **3.** klatschen *Beifall*, applaudieren **4.** что *volkssрr* hinter die Binde gießen | *v mom* хло́пнуть 6 *zu* 1, 2, *p.pt.p.* хло́пнутый

хло́паться *uv umg* hinstürzen, hinfallen; hinplumpsen; *volkssрr* sich stoßen | *v mom* хло́пнуться

хло́пнуть(ся) *v mom zu* хло́пать(ся)

хлопота́ть *uv* **1.** geschäftig sein, sich zu schaffen machen **2.** о чём *oder mit Konjunktion* что́бы sich bemühen (um) **3.** о ком *oder* за кого́ ein gutes Wort einlegen, sich einsetzen (für) || *v* похлопота́ть *zu* 2, 3, Formen das.

pr. хлопочу́, -о́чешь, -о́чут
imp. хлопочи́, ~те
pt. хлопота́л
g.pr.a. хлопоча́
p.pr.a. хлопо́чущий
p.pt.a. хлопота́вший

хлори́ровать 4 *u.* 4a *v*, *uv* что chloren, chlorieren

хлороформи́ровать 4 *u.* 4a *v*, *uv* кого́-что chloroformieren. — (за-)

хлы́нуть 6 *v* (hervor)strömen, (hervor)sprudeln, sich ergießen

imp. хлынь, ~те

хлю́пать 1a *uv umg* glucksen *Wasser* | *v mom* хлю́пнуть 6

хлю́паться *uv zu* хлю́пнуться

хлю́пнуть *v mom zu* хлю́пать

хлю́пнуться 6 *v volkssрr* plumpsen *in etw. Flüssiges oder Matschiges* || *uv* хлю́паться 1a

хля́бать 1a, *1. u. 2. Pers ungebr*, *uv volkssрr* locker sitzen, wackeln

хмеле́ть 3a *uv umg* betrunken werden einen Rausch bekommen. — (за-, о-)

хмели́ть, *1. u. 2. Pers ungebr*, *uv* кого́-что *umg* **1.** betrunken machen **2.** *übtr* trunken machen, berauschen

pr. хмели́т, -ля́т
pt. хмели́л
g.pr.a. хмеля́

p.pr.a. хмеля́щий
p.pt.a. хмели́вший

хму́рить *uv* что runzeln *die Stirn*, zusammenziehen *die Brauen*. — (на-)
pr. хму́рю, -ришь, -рят
imp. хмурь, ~те
pt. хму́рил
g.pr.a. хму́ря
p.pr.a. хму́рящий
p.pt.a. хму́ривший

хму́риться *uv* **1.** finster dreinschauen **2.** sich verfinstern, trübe sein *vom Himmel*. — (на-)

хмы́кать 1a *uv umg* «hm» sagen *zum Zeichen der Verwunderung, der Ironie oder des Ärgers* | *v mom* хмы́кнуть 6

хмы́кнуть *v mom zu* хмы́кать

хны́кать *uv umg* flennen, greinen; jammern
pr. хны́чу, хны́чешь, хны́чут *u.* хны́каю, -аешь, -ают
imp. хнычь, ~те *u.* хны́кай, ~те
pt. хны́кал
g.pr.a. хны́ча *u.* хны́кая
p.pr.a. хны́чущий *u.* хны́кающий
p.pt.a. хны́кавший

хода́тайствовать 4a *uv*, *pt. a. v* **1.** о ком-чём ein Gesuch machen, ansuchen (um) **2.** за кого́-что sich verwenden, sich einsetzen (für) ‖ *v* походáтайствовать 4

ходи́ть *uv* **1.** *unbest zu* идти́ **2.** gehen [laufen] können, fähig sein zu gehen [laufen] **3.** (hin)gehen, besuchen **4.** за кем-чем pflegen, beaufsichtigen **5.** verkehren, fahren *Verkehrsmittel* **6.** ausspielen *Karte*; ziehen *Brettspiel* **7.** в чём tragen; ходи́ть в шу́бе einen Pelz tragen **8.** *umg* austreten, seine Notdurft verrichten | *uv umg iterativ* ха́живать 1a *zu* 1, 2, 5, *pr. ungebr.* — (с- *zu* 8)
pr. хожу́, хо́дишь, хо́дят
imp. ходи́, ~те
pt. ходи́л
g.pr.a. хо́дя*
g.pt.a. ходи́в
p.pr.a. ходя́щий
p.pt.a. ходи́вший

хозя́йничать 1a *uv* **1.** wirtschaften, die Wirtschaft führen **2.** schalten und walten, herumwirtschaften

хозя́йствовать 4a *uv* **1.** wirtschaften, die Wirtschaft führen **2.** *umg* schalten und walten, herumwirtschaften

холми́ться, *1. u. 2. Pers ungebr*, *uv* **1.** wellig [hügelig] sein **2.** sich erheben *von Hügeln*
pr. холми́тся, -мя́тся
pt. холми́лся, -лась
g.pr.a. холмя́сь
p.pr.a. холмя́щийся
p.pt.a. холми́вшийся

холода́ть 2a *uv* **1.** *unpers* kälter werden, sich abkühlen **2.** *umg* erkalten *von Toten*. — (по-)

холоде́ть 3a *uv* kalt [kälter] werden, sich abkühlen; erstarren. — (по-)

холоди́ть *uv* **1.** что *umg* kalt werden lassen, abkühlen lassen **2.** kühlen. — (на- *zu* 1)
pr. холожу́, -оди́шь, -одя́т
imp. холоди́, ~те
pt. холоди́л
g.pr.a. холодя́
p.pr.a. холодя́щий
p.pt.a. холоди́вший

холодне́ть 3a *unpers uv umg* kühl(er) werden *Wetter*. — (по-)

холо́пствовать 4a *uv* knechtisch handeln, liebedienern

холости́ть *uv* кого́-что kastrieren. — (вы́-)
pr. холощу́, -ости́шь, -остя́т
imp. холости́, ~те
pt. холости́л
g.pr.a. холостя́
p.pr.a. холостя́щий
p.pt.a. холости́вший
p.pt.p. холощённый; холощён, -ена́

холу́йствовать 4a *uv* liebedienern, schmeicheln

хорово́диться *uv* с кем-чем *volksspr* sich abgeben, zu tun haben, sich bemühen; Umgang pflegen
pr. хорово́жусь, -о́дишься, -о́дятся
imp. хорово́дься, -дьтесь
pt. хорово́дился, -лась
g.pr.a. хорово́дясь
p.pr.a. хорово́дящийся
p.pt.a. хорово́дившийся

[1]**хорони́ть** *uv* кого́-что **1.** begraben, beerdigen, beisetzen **2.** *übtr* begraben, vergessen sein lassen ‖ *v* похорони́ть, Formen das. — (за- *zu* 1, с- *zu* 1)
pr. хороню́, -о́нишь, -о́нят
imp. хорони́, ~те
pt. хорони́л
g.pr.a. хороня́
p.pr.a. хороня́щий
p.pt.a. хорони́вший

[2]**хорони́ть** *uv* кого́-что *alt u. volksspr* verstecken, verbergen; verheimlichen, geheimhalten ‖ *v* [2]схорони́ть, Formen das. Formen wie [1]хорони́ть

хорони́ться *uv* **1.** *volksspr* sich verstecken, verborgen sein; sich in Sicherheit bringen **2.** от кого́ *umg übtr* Versteck spielen (vor) ‖ *v* схорони́ться

хорохо́риться *uv umg* prahlen, den Mutigen markieren

pr.	хорохо́рюсь, -ришься, -рятся
imp.	хорохо́рься, -рьтесь
pt.	хорохо́рился, -лась
g.pr.a.	хорохо́рясь
p.pr.a.	хорохо́рящийся
p.pt.a.	хорохо́рившийся

хороше́ть 3a *uv* hübscher [schöner] werden. — (по-)

хоте́ть *uv* чего́ *oder mit Infinitiv oder mit der Konjunktion* что́бы wollen, mögen, wünschen; streben (nach). — (за-)

pr.	хочу́, хо́чешь, хо́чет, хоти́м, хоти́те, хотя́т
imp.	хоти́, ~те *umg*
pt.	хоте́л
g.pt.a.	хоте́в
p.pr.a.	хотя́щий
p.pt.a.	хоте́вший

хоте́ться *unpers uv* wollen, mögen, wünschen, Lust haben

pr.	хо́чется
pt.	хоте́лось

хо́хлить *uv* что die Federn sträuben *Vögel.* — (на-)

pr.	хо́хлю, -лишь, -лят
imp.	хо́хли, ~те
pt.	хо́хлил
g.pr.a.	хо́хля
p.pr.a.	хо́хлящий
p.pt.a.	хо́хливший

хо́хлиться *uv* **1.** sich aufplustern *Vögel* **2.** *übtr umg* finster dreinschauen, ein finsteres Gesicht machen. — (на-)

хохота́ть *uv* laut schallend lachen, auflachen

pr.	хохочу́, -о́чешь, -о́чут
imp.	хохочи́, ~те
pt.	хохота́л
g.pr.a.	хохоча́
p.pr.a.	хохо́чущий
p.pt.a.	хохота́вший

храбре́ть 3a *uv umg* mutig(er) [kühn(er)] werden. — (по-)

храбри́ться *uv umg* den Tapferen spielen, tapfer tun

pr.	храбрю́сь, -ри́шься, -ря́тся
imp.	храбри́сь, -и́тесь
pt.	храбри́лся, -лась
g.pr.a.	храбря́сь
p.pr.a.	храбря́щийся
p.pt.a.	храбри́вшийся

храни́ть *uv* что **1.** aufbewahren, verwahren, bewahren **2.** wahren, hüten

pr.	храню́, -ни́шь, -ня́т
imp.	храни́, ~те
pt.	храни́л
g.pr.a.	храня́
p.pr.a.	храня́щий
p.pt.a.	храни́вший
p.pr.p.	храни́мый

храни́ться, *1. u. 2. Pers ungebr, uv* **1.** aufbewahrt werden **2.** erhalten bleiben, nicht verlorengehen **3.** geschützt werden

храпе́ть *uv* **1.** schnarchen **2.** schnauben *von Tieren*

pr.	храплю́, -пи́шь, -пя́т
imp.	храпи́, ~те
pt.	храпе́л
g.pr.a.	храпя́
p.pr.a.	храпя́щий
p.pt.a.	храпе́вший

хрипе́ть *uv* **1.** röcheln **2.** *umg* heiser sein

pr.	хриплю́, -пи́шь, -пя́т
imp.	хрипи́, ~те
pt.	хрипе́л
g.pr.a.	хрипя́
p.pr.a.	хрипя́щий
p.pt.a.	хрипе́вший

хри́пнуть *uv* heiser werden. — (о-)

pr.	хри́пну, -нешь, -нут
imp.	хри́пни, ~те
pt.	хрип *u.* хри́пнул, хри́пла
g.pt.a.	хри́пнув
p.pr.a.	хри́пнущий
p.pt.a.	хри́пнувший

христо́соваться 4a *uv rel* sich küssen *beim orthodoxen Osterfest.* — (по-)

хрома́ть 2a *uv* **1.** hinken, lahmen **2.** *übtr umg* zurückbleiben; nicht genügen

хроме́ть 3a *uv umg* lahm werden. — (о-)

хроми́ровать 4 *u.* 4a *v, uv* что verchromen

хронометри́ровать 4 *u.* 4a *v, uv* что Zeit messen, den Zeitaufwand (für einen Arbeitsablauf) festlegen

хру́пать 1a *uv* что *umg* **1.** knirschen, knacken **2.** knirschend zerbeißen | *v mom* хру́пнуть 6

хру́пнуть *v mom zu* хру́пать

хрусте́ть *uv* knirschen, krachen, knistern | *v mom* хру́стнуть 6

pr.	хрущу́, хрусти́шь, хрустя́т
pt.	хрусте́л
g.pr.a.	хрустя́
p.pr.a.	хрустя́щий
p.pt.a.	хрусте́вший

хру́стнуть *v mom zu* хрусте́ть

хрю́кать 1a *uv* grunzen | *v mom* хрю́кнуть 6

хрю́кнуть *v mom zu* хрю́кать

хря́стнуть 6 *v* **1.** *1. u. 2. Pers ungebr gbt* bersten, krachen, platzen **2.** кого́-что *volkssрr* stark schlagen

худе́ть 3a *uv* abmagern, abnehmen. — (по-)

хулига́нить *uv* Unfug treiben, sich wie ein Rowdy benehmen

pr.	хулига́ню, -нишь, -нят
imp.	хулига́нь, ~те
pt.	хулига́нил
g.pr.a.	хулига́ня
p.pr.a.	хулига́нящий
p.pt.a.	хулига́нивший

хули́ть *uv* кого́-что tadeln, kritisieren

pr.	хулю́, хули́шь, хуля́т
imp.	хули́, ~те
pt.	хули́л
g.pr.a.	хуля́
p.pr.a.	хуля́щий
p.pt.a.	хули́вший

Ц

ца́пать 1a *uv* кого́-что *volksspr* ergreifen, packen | *v mom* ца́пнуть 6. — (с-)

ца́пнуть *v mom zu* ца́пать

цара́пать 1a *uv* кого́-что **1.** (zer)kratzen; (ein)ritzen **2.** *umg* kritzeln | *v mom* цара́пнуть 6 *zu* 1. — (на- *zu* 2, о- *zu* 1)

цара́паться *uv* sich oder einander kratzen

цара́пнуть *v mom zu* цара́пать

цари́ть *uv* **1.** *alt* Zar sein, als Zar herrschen **2.** *1. u. 2. Pers ungebr übtr* herrschen

pr.	царю́, цари́шь, царя́т
imp.	цари́, ~те
pt.	цари́л
g.pr.a.	царя́
p.pr.a.	царя́щий
p.pt.a.	цари́вший

ца́рствовать 4a *uv* **1.** *alt* Zar sein, als Zar herrschen **2.** *1. u. 2. Pers ungebr übtr* herrschen

ца́цкаться 1a *uv* с кем *volksspr* verhätscheln, sich allzusehr um j-n bemühen

цвести́ *uv* **1.** *1. u. 2. Pers ungebr* blühen *Blüten* **2.** *übtr* blühen, gedeihen **3.** *gbt* sich mit Pickeln [Ausschlag] bedecken

pr.	цвету́, -тёшь, -ту́т
imp.	цвети́, ~те
pt.	цвёл, цвела́
g.pr.a.	цветя́
p.pr.a.	цвету́щий
p.pt.a.	цве́тший

цвети́ть *uv* что *umg* bunt bemalen; färben; ausmalen

pr.	цвечу́, цвети́шь, цветя́т
imp.	цвети́, ~те
pt.	цвети́л
g.pr.a.	цветя́
p.pr.a.	цветя́щий
p.pt.a.	цвети́вший

цеди́ть *uv* что **1.** durchseihen; durch einen Filter [ein Sieb] gießen, filtrieren **2.** langsam gießen *durch eine enge Öffnung*. — (про- *zu* 1)

pr.	цежу́, це́дишь, це́дят
imp.	цеди́, ~те
pt.	цеди́л
g.pr.a.	цедя́
p.pr.a.	цедя́щий
p.pt.a.	цеди́вший
p.pr.p.	цеди́мый
p.pt.p.	це́женный

це́лить *uv* **1.** во что zielen (auf) **2.** *alt* anspielen, es abgesehen haben (auf). — (на-)

pr.	це́лю, це́лишь, це́лят
imp.	цель, ~те
pt.	це́лил
g.pr.a.	це́ля
p.pr.a.	це́лящий
p.pt.a.	це́ливший

цели́ть *uv* кого́-что *buchspr, alt* heilen, gesund machen

pr.	целю́, цели́шь, целя́т
imp.	цели́, ~те

pt. целúл
g.pr.a. целя́
p.pr.a. целя́щий
p.pt.a. целúвший

цéлиться *uv* во что zielen. — (на-) Formen nach цéлить

целовáть 5a *uv* когó-что küssen ‖ *v* поцеловáть 5
p.pt.p. целóванный

целовáться *uv* sich [einander] küssen ‖ *v* поцеловáться

цементúровать 4 *u.* 4a *v*, *uv* что **1.** *tech* zementieren **2.** *übtr* fest zusammenschweißen, zusammenschmieden

цензуровáть 5a *uv* что *alt* zensieren, einer Zensur unterziehen
p.pt.p. цензурóванный

ценúть *uv* когó-что **1.** *volksspr* schätzen, taxieren **2.** *übtr* schätzen, wertschätzen, zu schätzen wissen
pr. ценю́, цéнишь, цéнят
imp. ценú, ~те
pt. ценúл
g.pr.a. ценя́
p.pr.a. цéнящий
p.pt.a. ценúвший
p.pr.p. ценúмый

ценúться, *1. u. 2. Pers ungebr*, *uv* geschätzt, gewürdigt werden; taxiert werden

централизовáть 5 *u.* 5a *v* ,*uv* что zentralisieren

централизовáться *v*, *uv* zentralisiert [konzentriert] werden

центрúровать 4 *u.* 4a *v*, *uv* что *tech* zentrieren

цепенéть 3a *uv* erstarren, steif [starr] werden. – (о-)

цепля́ться 2a *uv* за когó-что hängenbleiben; sich festklammern (an) *a. übtr*

церемóниться *uv* **1.** *meist mit Negation* sich zieren, Umstände machen **2.** с кем-чем *u. ohne Objekt* übermäßig Rücksicht nehmen (auf), viel Umstände machen (mit) ‖ *v* поцеремóниться, Formen das.
pr. церемóнюсь, -нишься, -нятся
imp. церемóнься, -ньтесь
pt. церемóнился, -лась
g.pr.a. церемóнясь
p.pr.a. церемóнящийся
p.pt.a. церемóнившийся

церемóнничать 1a *uv umg* **1.** sich zieren, Umstände machen **2.** с кем-чем übermäßig Rücksicht nehmen (auf), viel Umstände machen (mit)

цивилизовáть 5 *u.* 5a *v*, *uv* когó-что zivilisieren

цивилизовáться *v*, *uv* zivilisiert werden. Zivilisation annehmen

цинковáть 5a *uv* что verzinken. — (о-)
p.pt.p. цинкóванный

циркулúровать 4a, *1. u. 2. Pers ungebr*, *uv* zirkulieren

цитúровать 4a *uv* когó-что zitieren. — (про-)

цифровáть 5a *uv* что beziffern, mit Ziffern bezeichnen
p.pt.p. цифрóванный

[1]**цóкать** 1a *uv* klappern, klicken *beim Schlagen von Metall auf Stein* | *v mom* цóкнуть 6

[2]**цóкать** 1a *uv ling* bei der Aussprache von ц und ч keinen oder einen unzureichenden Unterschied machen

цóкнуть *v mom zu* [1]цóкать

цокотáть *uv umg* klappern, klicken *beim Schlagen von Metall auf Stein*
pr. цокочý, -óчешь, -óчут
imp. цокочú, ~те
pt. цокотáл
g.pr.a. цокочá
p.pr.a. цокóчущий
p.pt.a. цокотáвший

цы́кать 1a *uv* на когó-что *volksspr* anschreien, anschnauzen | *v mom* цы́кнуть 6

цы́кнуть *v mom zu* цы́кать

Ч

чáвкать 1a *uv* schmatzen | *v mom* чáвкнуть 6

чáвкнуть *v mom zu* чáвкать

чадúть *uv* dunsten, qualmen. — (на-)
pr. чажý, чадúшь, чадя́т
imp. чадú, ~те
pt. чадúл
g.pr.a. чадя́
p.pr.a. чадя́щий
p.pt.a. чадúвший

чаёвничать 1а *uv umg* gemütlich Tee trinken

ча́йничать 1а *uv umg* gemütlich Tee trinken

ча́лить *uv* что *naut* vertäuen
pr. ча́лю, ча́лишь, ча́лят
imp. чаль, ~те
pt. ча́лил
g.pr.a. ча́ля
p.pr.a. ча́лящий
p.pt.a. ча́ливший

чарова́ть 5а *uv* кого́-что **1.** *alt* verzaubern, verhexen **2.** *buchspr* bezaubern, berücken, entzücken

части́ть *uv umg* **1.** etw. zu schnell [zu oft] tun; eilen, hasten **2.** oft besuchen, oft (zu j-m) gehen
pr. чащу́, части́шь, частя́т
imp. части́, ~те
pt. части́л
g.pr.a. частя́
p.pr.a. частя́щий
p.pt.a. части́вший

ча́хнуть *uv* **1.** welken, verkümmern, eingehen **2.** kränklich [schwächlich] werden, dahinsiechen. — (за-)
pr. ча́хну, -нешь, -нут
imp. ча́хни, ~те
pt. чах *u.* ча́хнул, ча́хла
g.pt.a. ча́хнув
p.pr.a. ча́хнущий
p.pt.a. ча́хнувший

ча́ять *uv alt u. volksspr* кого́-что *oder* чего́ *oder mit Infinitiv* erwarten, hoffen (auf)
pr. ча́ю, ча́ешь, ча́ют
pt. ча́ял
g.pr.a. ча́я
p.pr.a. ча́ющий
p.pt.a. ча́явший
p.pr.p. ча́емый
p.pt.p. ча́янный

чва́ниться *uv* чем sich brüsten (mit), hochnäsig sein
pr. чва́нюсь, -нишься, -нятся
imp. чва́нься, -ньтесь
pt. чва́нился, -лась
g.pr.a. чва́нясь
p.pr.a. чва́нящийся
p.pt.a. чва́нившийся

чебура́хнуть 6 *v* кого́-что *volksspr* mit Gewalt zuschlagen; mit Gepolter hinwerfen
p.pt.p. чебура́хнутый

чебура́хнуться *v volksspr* mit Gepolter hinstürzen

чека́нить *uv* что **1.** prägen; чека́нить моне́ту Münzen prägen **2.** *tech* ziselieren, verstemmen **3.**: чека́нить слова́ die Wörter klar und deutlich aussprechen **4.** *landw* beschneiden *Pflanzen.* — (вы́- *zu* 1, от- *zu* 1, 3, рас- *zu* 2)
pr. чека́ню, -нишь, -нят
imp. чека́нь, ~те
pt. чека́нил
g.pr.a. чека́ня
p.pr.a. чека́нящий
p.pt.a. чека́нивший
p.pt.p. чека́ненный

черви́веть 3а, *Betonung bleibt wie im Infinitiv, 1. u. 2. Pers ungebr*, *uv* wurmstichig werden, von Würmern zerfressen werden. — (за-, о-)

чередова́ть 5а *uv* кого́-что с кем-чем abwechseln, aufeinander folgen lassen

чередова́ться *uv* sich abwechseln, miteinander wechseln, aufeinanderfolgen

черенкова́ть 5а *uv* что aufpfropfen; einpflanzen *Ableger.* — (от-)

черка́ть 2а *u.* **чёркать** 1а *uv umg* **1.** *uv zu* черкну́ть **2.** что *u. ohne Objekt* aus-, durchstreichen

черкну́ть 7 *v u. mom* что *umg* **1.** *a.* по чему́, обо что Striche ziehen; kritzeln; kratzen **2.** schnell hinschreiben, hinkritzeln ‖ *uv* черка́ть 2а *zu* 1 *u.* чёркать 1а *zu* 1
kein *p.pt.p.*

черне́ть 3а *uv* **1.** schwarz werden, dunkler werden **2.** *1. u. 2. Pers ungebr* schwarz schimmern, sich schwarz abheben. — (по- *zu* 1)

черне́ться, *1. u. 2. Pers ungebr*, *uv* schwarz schimmern, sich schwarz abheben

черни́ть *uv* кого́-что **1.** *alt* schwärzen, schwarz färben **2.** *übtr* anschwärzen, verleumden, Schlechtes nachsagen. — (за- *zu* 1, на- *zu* 1, о- *zu* 2)
pr. черню́, -ни́шь, -ня́т
imp. черни́, ~те
pt. черни́л
g.pr.a. черня́
p.pr.a. черня́щий
p.pt.a. черни́вший
p.pt.p. чернённый; чернён, -ена́

че́рпать 1а *uv* что **1.** *a.* чего́ schöpfen, baggern **2.** *übtr* schöpfen, erlangen; че́рпать си́лы Kraft schöpfen | *v mom* черпну́ть 7 *zu* 1, kein *p.pt.p.*

черпну́ть *v mom zu* че́рпать

черстве́ть 3 *v* **1.** hart werden, vertrocknen **2.** *übtr* hartherzig [gefühllos] werden. — (за- *zu* 1, о- *zu* 2, по-)

черстви́ть, *1. u. 2. Pers ungebr, uv* кого́-что hartherzig [gefühllos] werden lassen
pr. черстви́т, -вя́т
pt. черстви́л
g.pr.a. черствя́
p.pr.a. черствя́щий
p.pt.a. черстви́вший

черти́ть *uv* что **1.** ziehen, zeichnen *Linie, Strich* **2.** eine technische Zeichnung anfertigen, zeichnen, reißen; entwerfen. — (на-)
pr. черчу́, че́ртишь, че́ртят
imp. черти́, ~те
pt. черти́л
g.pr.a. чертя́
p.pr.a. че́ртящий
p.pt.a. черти́вший
p.pr.p. черти́мый
p.pt.p. че́рченный

чертыха́ться 2a *uv umg* schimpfen, fluchen | *v mom* чертыхну́ться 7

чертыхну́ться *v mom zu* чертыха́ться

чесану́ть *v mom zu* чеса́ть

чеса́ть *uv* **1.** что kratzen *mit den Nägeln* **2.** кого́-что kämmen **3.** что *text* kämmen, hecheln **4.** *volkssрr* etw. schnell und energisch tun ‖ *v* почеса́ть *zu* 1, Formen das. | *v mom* чесану́ть 7 *zu* 1, 2, 4, kein *p.pt.p.*
pr. чешу́, че́шешь, че́шут
imp. чеши́, ~те
pt. чеса́л
g.pr.a. чеша́*
p.pr.a. че́шущий
p.pt.a. чеса́вший
p.pt.p. чёсанный *zu* 1, 2

чеса́ться *uv* **1.** *umg* sich kämmen **2.** sich kratzen **3.** *1. u. 2. Pers ungebr* jucken; у меня́ че́шется нос mir juckt die Nase ‖ *v* почеса́ться *zu* 2
kein *g.pr.a.*

че́ствовать 4a *uv* кого́-что ehren, feiern, Ehre erweisen

чести́ть *uv* кого́-что **1.** *alt* ehren, Ehre erweisen **2.** *umg* schimpfen, beschimpfen
pr. чещу́, чести́шь, честя́т
imp. чести́, ~те
pt. чести́л
g.pr.a. честя́
p.pr.a. честя́щий
p.pt.a. чести́вший

четвертова́ть 5 *u.* 5a *v, uv* кого́-что *hist* vierteilen

чехли́ть *uv* что mit einem Überzug versehen. — (за-)
pr. чехлю́, -ли́шь, -ля́т
imp. чехли́, ~те
pt. чехли́л
g.pr.a. чехля́
p.pr.a. чехля́щий
p.pt.a. чехли́вший

чи́кать 1a *uv* **1.** *umg* kurze, sich rhythmisch wiederholende Geräusche hervorbringen; часы́ чи́кают die Uhr tickt **2.** *umg* что *u. ohne Objekt* schnell, mit einem plötzlichen Geräusch schlagen, (ab)schneiden *u. a.* **3.** кого́-что *volkssрr* umbringen; verwunden | *v mom* чи́кнуть 6 *zu* 1

чи́каться *uv volkssрr* trödeln, mit nutzlosen Sachen die Zeit verschwenden

чи́кнуть *v mom zu* чи́кать

чили́кать 1a *uv umg* zwitschern, tschilpen | *v mom* чили́кнуть 6

чили́кнуть *v mom zu* чили́кать

[1]**чини́ть** *uv* что **1.** ausbessern, flicken, reparieren **2.** (an)spitzen *Bleistift.* — (по- *zu* 1, о- *zu* 2)
pr. чиню́, чи́нишь, чи́нят
imp. чини́, ~те
pt. чини́л
g.pr.a. чиня́
p.pr.a. чи́нящий
p.pt.a. чини́вший
p.pt.p. чи́ненный

[2]**чини́ть** *uv* что *buchspr* machen, begehren, bereiten, durchführen; чини́ть препя́тствия Hindernisse bereiten [in den Weg legen]. — (у-)
pr. чиню́, чини́шь, чиня́т
p.pr.a. чиня́щий
kein *p.pt.p.*
Übrige Formen wie [1]чини́ть

чини́ться *uv alt* sich zieren
Formen nach [2]чини́ть

чири́кать 1a *uv* zwitschern, tschilpen | *v mom* чири́кнуть 6

чири́кнуть *v mom zu* чири́кать

чи́ркать 1a *uv* чем anstreichen *Streichholz* | *v mom* чи́ркнуть 6

чи́ркнуть *v mom zu* чи́ркать

чи́слить *uv* кого́-что кем-чем rechnen, zählen (zu), führen (als)
pr. чи́слю, -лишь, -лят
imp. чи́сли, ~те
pt. чи́слил
g.pr.a. чи́сля

p.pr.a. чи́слящий
p.pt.a. чи́сливший

чи́слиться *uv* (кем-чем) gerechnet werden, gezählt werden (als), gelten (als)

чи́стить *uv* кого́-что **1.** reinigen, säubern, putzen **2.** schälen, putzen *Obst, Gemüse* **3.** *volksspr* schimpfen. — (вы- *zu* 1, о- *zu* 2, по- *zu* 1)

pr. чи́щу, чи́стишь, чи́стят
imp. чи́сти, ~те
pt. чи́стил
g.pr.a. чи́стя
p.pr.a. чи́стящий
p.pt.a. чи́стивший
p.pr.p. чи́стимый
p.pt.p. чи́щенный

чи́ститься *uv* sich putzen

чита́ть 2a *uv* кого́-что **1.** lesen **2.** vortragen, lesen; чита́ть ле́кцию eine Vorlesung halten | *uv iterativ* чи́тывать 1a, *nur pt. gebr.* — (про-)

p.pt.p. чи́танный

чита́ться, *1. u. 2. Pers ungebr, uv* sich lesen lassen, lesbar sein

чи́тывать *uv iterativ zu* чита́ть

чиха́ть 2a *uv* **1.** niesen **2.** *übtr* на кого́-что *volksspr* geringschätzen, pfeifen (auf) | *v mom* чихну́ть 7 *zu* 1, kein *p.pt.p.*

чихну́ть *v mom zu* чиха́ть

члени́ть *uv* что in Teile zerlegen, (zer)gliedern, aufteilen. — (рас-)

pr. членю́, -ни́шь, -ня́т
imp. члени́, ~те
pt. члени́л
g.pr.a. членя́
p.pr.a. членя́щий
p.pt.a. члени́вший

члени́ться, *1. u. 2. Pers ungebr, uv* sich zerlegen [gliedern] lassen. — (рас-)

чмо́кать 1a *uv* **1.** schmatzen, schnalzen **2.** *volksspr scherz* (schmatzend) küssen | *v mom* чмо́кнуть 6

чмо́каться *uv volksspr* sich (schmatzend) küssen | *v mom* чмо́кнуться

чмо́кнуть(ся) *v mom zu* чмо́кать(ся)

чо́каться 1a *uv* чем с кем anstoßen (mit); anstoßen (auf) ‖ *v* чо́кнуться 6

чо́кнуться *v zu* чо́каться

чревовеща́ть 2a *uv* что bauchreden

чтить *uv* кого́-что *buchspr* ehren, hochachten

pr. чту, чтишь, чтят *u.* чтут
imp. чти, ~те
pt. чтил
g.pr.a. чтя
p.pr.a. чтя́щий
p.pt.a. чти́вший
p.pr.p. чти́мый

чу́вствовать [уст] 4a *uv* что **1.** fühlen, empfinden, spüren **2.** in sich aufnehmen können, verstehen ‖ *v* почу́вствовать 4

чу́вствоваться [уст], *1. u. 2. Pers ungebr, uv* zu spüren sein, fühlbar sein ‖ *v* почу́вствоваться

чуда́чествовать 4a *uv* sich sonderbar benehmen

чуда́чить *uv umg* sich sonderbar benehmen Unsinn treiben

pr. чуда́чу, -чишь, чат
imp. чуда́чь, ~те
pt. чуда́чил
g.pr.a. чуда́ча
p.pr.a. чуда́чащий
p.pt.a. чуда́чивший

чуди́ть, *1. Pers ungebr, uv umg* sich wunderlich benehmen, Schrullen haben; dumme Streiche verüben

pr. чуди́шь, чудя́т
imp. чуди́, ~те
pt. чуди́л
g.pr.a. чудя́
p.pr.a. чудя́щий
p.pt.a. чуди́вший

чу́диться, *1. Pers ungebr, meist unpers uv* кому́-чему́(er)scheinen, vorkommen, vorschweben ‖ *v* почу́диться, Formen das. — (при-)

pr. чу́дишься, чу́дятся
imp. чу́дься, чу́дьтесь
pt. чу́дился, -лась
g.pt.a. чу́дившись
p.pr.a. чу́дящийся
p.pt.a. чу́дившийся

чужда́ться 2a *uv* кого́-чего́ **1.** meiden, scheuen, aus dem Weg gehen **2.** frei sein (von), nicht kennen

чура́ться 2a *uv* кого́-чего́ *umg* (ängstlich) meiden, scheuen, aus dem Weg gehen

чу́ять *uv* **1.** кого́-что wittern, riechen **2** *übtr* что *umg* spüren, fühlen, ahnen empfinden ‖ *v* почу́ять, Formen das.

pr. чу́ю, чу́ешь, чу́ют
imp. чуй, ~те
pt. чу́ял
g.pr.a. чу́я
p.pr.a. чу́ющий
p.pt.a. чу́явший

чу́яться, *1. u. 2. Pers ungebr, uv umg* spürbar sein, zu fühlen sein; кому́ *unpers* scheinen, den Eindruck haben ‖ *v* почу́яться

Ш

шаба́шить *uv* что (*alt*) *u. ohne Objekt volksspr* die Arbeit beenden, Feierabend machen ‖ *v* пошаба́шить, Formen das.

pr.	шаба́шу, -шишь, -шат
imp.	шаба́шь, ~те
pt.	шаба́шил
p.pr.a.	шаба́шащий
p.pt.a.	шаба́шивший

шага́ть 2a *uv* **1.** schreiten **2.** че́рез кого́-что überschreiten | *v mom* шагну́ть 7, kein *p.pt.p.*

шагну́ть *v mom zu* шага́ть

шале́ть 3a *uv* verrückt [närrisch] werden. — (о-)

шали́ть *uv* **1.** unartig [ausgelassen] sein **2.** *umg alt* Unwesen treiben, räubern **3.** *1. u. 2. Pers ungebr* nicht richtig funktionieren

pr.	шалю́, шали́шь, шаля́т
imp.	шали́, ~те
pt.	шали́л
g.pr.a.	шаля́
p.pr.a.	шаля́щий
p.pt.a.	шали́вший

шалопа́йничать 1a *uv umg* faulenzen, bummeln

ша́мкать 1a *uv umg* murmeln, undeutlich sprechen

шантажи́ровать 4a *uv* кого́-что erpressen

шара́хать(ся) *uv zu* шара́хнуть(ся)

шара́хнуть 6 *v u. mom* чем *volksspr* stark schlagen ‖ *uv* шара́хать 1a

шара́хнуться *v u. mom* **1.** *umg* zurückschrecken, scheuen **2.** *volksspr* обо что sich stark stoßen (an) ‖ *uv* шара́хаться

шаржи́ровать 4a *uv* кого́-что *u. ohne Objekt* karikieren, übertrieben darstellen

ша́рить *uv* tastend suchen. — (по-)

pr.	ша́рю, ша́ришь, ша́рят
imp.	шарь, ~те
pt.	ша́рил
g.pr.a.	ша́ря
p.pr.a.	ша́рящий
p.pt.a.	ша́ривший

ша́ркать 1a *uv* schlurfen, scharren *mit den Füßen* | *v mom* ша́ркнуть 6

ша́ркнуть *v mom zu* ша́ркать

шарлата́нить *uv umg* ein Scharlatan sein

pr.	шарлата́ню, -нишь, -нят
imp.	шарлата́нь, ~те
pt.	шарлата́нил
g.pr.a.	шарлата́ня
p.pr.a.	шарлата́нящий
p.pt.a.	шарлата́нивший

шаромы́жничать 1a *uv volksspr* betrügen, ein Spitzbube sein

ша́стать 1a *uv volksspr* bummeln, herumschlendern

шата́ть 2a *uv* кого́-что schütteln, rütteln; schaukeln | *v mom* шатну́ть 7, *p.pt.p.* шатну́тый*

шата́ться *uv* **1.** wackeln; schwanken, taumeln **2.** *volksspr* schlendern; bummeln | *v mom* шатну́ться *zu* 1

шатну́ть(ся) *v mom zu* шата́ть(ся)

швартова́ть 5a *uv* что vertäuen, festmachen. — (при-)

швырну́ть(ся) *v mom zu* швыря́ть(ся)

швыря́ть 2a *uv* кого́-что *oder* кем-чем **1.** schleudern, kräftig werfen **2.** verschwenden | *v mom* швырну́ть 7, *p.pt.p.* швырну́тый

швыря́ться *uv* кем-чем **1.** *umg* einander bewerfen **2.** *übtr umg* verschwenden; geringschätzen | *v mom* швырну́ться

шевели́ть *uv* **1.** чем bewegen, rühren **2.** что *landw* wenden | *v mom* шевельну́ть 7, *p.pt.p.* щеве́льнутый. — (по-)

pr.	шевелю́, -е́ли́шь, -е́ля́т
imp.	шевели́, ~те
pt.	шевели́л
g.pr.a.	шевеля́
p.pr.a.	шевеля́щий
p.pt.a.	шевели́вший

шевели́ться *uv* **1.** sich bewegen, sich rühren **2.** *übtr* sich regen | *v mom* шевельну́ться. — (по-)

шевельну́ть(ся) *v mom zu* шевели́ть(ся)

шелесте́ть, *1. Pers ungebr, uv* rauschen, rascheln; säuseln

pr.	шелести́шь, -тя́т
imp.	шелести́, ~те
pt.	шелесте́л
g.pr.a.	шелестя́
p.pr.a.	шелестя́щий
p.pt.a.	шелесте́вший

шелохну́ть 7 *v* что *oder* чем leicht bewegen, leicht rühren

p.pt.p.	шело́хнутый*

шелохну́ться *v* sich leicht rühren

шелуди́веть 3a, *Betonung bleibt wie im Infinitiv, uv* räudig [krätzig] werden. — (за-, о-)

шелуши́ть *uv* что aushülsen
pr. шелушу́, -ши́шь, -ша́т
imp. шелуши́, ~те
pt. шелуши́л
g.pr.a. шелуша́
p.pr.a. шелуша́щий
p.pt.a. шелуши́вший

шелуши́ться, *1. u. 2. Pers ungebr, uv* **1.** sich schuppen, sich schälen *Haut* **2.** abblättern *Farbe*

шельмова́ть 5a *uv* кого́-что **1.** *umg* entehren **2.** *hist* an den Pranger stellen. — (о-)
p.pt.p. шельмо́ванный

шепеля́вить *uv* lispeln
pr. шепеля́влю, -вишь, -вят
imp. шепеля́вь, ~те
pt. шепеля́вил
g.pr.a. шепеля́вя
p.pr.a. шепеля́вящий
p.pt.a. шепеля́вивший

шепну́ть *v mom zu* шепта́ть

шепта́ть *uv* что *u. ohne Objekt* flüstern | *v mom* шепну́ть 7, kein *p.pt.p.*
pr. шепчу́, ше́пчешь, ше́пчут
imp. шепчи́, ~те
pt. шепта́л
g.pr.a. шепча́
p.pr.a. ше́пчущий
p.pt.a. шепта́вший

шепта́ться *uv* miteinander flüstern

шерсти́ть, *1. u. 2. Pers ungebr, uv* что *u. ohne Objekt* kratzen *Wolle*
pr. шерсти́т, -тя́т
pt. шерсти́л
g.pr.a. шерстя́
p.pr.a. шерстя́щий
p.pt.a. шерсти́вший

шерша́веть 3a, *Betonung bleibt wie im Infinitiv, 1. u. 2. Pers ungebr, uv* rauh werden. — (за-)

шерша́вить *uv* что *umg* rauh machen
pr. шерша́влю, -вишь, -вят
imp. шерша́вь, ~те
pt. шерша́вил
g.pr.a. шерша́вя
p.pr.a. шерша́вящий
p.pt.a. шерша́вивший

ше́ствовать 4a *uv buchspr* (einher)schreiten

ше́фствовать 4a *uv* над кем-чем die Patenschaft ausüben

ши́кать 1a *uv umg* **1.** на кого́-что zischen, durch Zischen zur Ruhe ermahnen **2.** кому́-чему́ auszischen | *v mom* ши́кнуть 6

ши́кнуть *v mom zu* ши́кать

шикну́ть *v mom zu* шикова́ть

шикова́ть 5a *uv* чем *u. ohne Objekt, umg* Schick [Eleganz] zeigen | *v mom* шикну́ть 7, kein *p.pt.p.*

шинкова́ть 5a *uv* что schnitzeln, hobeln *Gemüse* ‖ *v* сшинкова́ть 5

шипе́ть *uv* zischen; fauchen
pr. шиплю́, шипи́шь, шипя́т
imp. шипи́, ~те
pt. шипе́л
g.pr.a. шипя́
p.pr.a. шипя́щий
p.pt.a. шипе́вший

ши́рить *uv* что **1.** *umg* breiter machen, erweitern **2.** *übtr* entfalten
pr. ши́рю, ши́ришь, ши́рят
imp. ширь, ~те
pt. ши́рил
g.pr.a. ши́ря
p.pr.a. ши́рящий
p.pt.a. ши́ривший

ши́риться, *1. u. 2. Pers ungebr, uv* sich ausbreiten, anwachsen, sich entfalten

ши́ркать 1a *uv volksspr* schlurfen, scharren

шить *uv* **1.** что nähen **2.** чем *oder* по чему́ sticken. — (с-)
pr. шью, шьёшь, шьют
imp. шей, ~те
pt. шил
g.pt.a. ши́в
p.pr.a. шью́щий
p.pt.a. ши́вший
p.pt.p. ши́тый

шифрова́ть 5a *uv* что chiffrieren, in Geheimschrift schreiben. — (за-)
p.pt.p. шифро́ванный

шко́дить, *1. Pers ungebr, uv volksspr* Schaden verursachen
pr. шко́дишь, шко́дят
pt. шко́дил
g.pr.a. шко́дя
p.pr.a. шко́дящий
p.pt.a. шко́дивший

шко́лить *uv* кого́-что *umg* streng halten; abrichten. — (вы́-)
pr. шко́лю, -лишь, -лят
imp. школь, ~те
pt. шко́лил
g.pr.a. шко́ля
p.pr.a. шко́лящий
p.pt.a. шко́ливший

шлёпать 1a *uv* **1.** кого́-что чем *oder* чем по чему́ klatschen, patschen, einen Klaps geben **2.** *volksspr* schlurfen, latschen **3.** по чему́ *umg* waten; gehen | *v mom* шлёпнуть 6 *zu* 1,2, *p.pt.p.* шлёпнутый

шлёпаться *uv umg* hinplumpsen | *v mom* шлёпнуться

шлёпнуть(ся) *v mom zu* шлёпать(ся)

шлифова́ть 5a *uv* что **1.** *tech* schleifen; feilen **2.** *übtr* feilen, verbessern. — (от-) *p.pt.p.* шлифо́ванный

шлифова́ться, *1. u. 2. Pers ungebr*, *uv* **1.** sich schleifen [feilen] lassen **2.** *übtr* sich verbessern. — (от-)

шлихтова́ть 5a *uv* что schlichten *p.pt.p.* шлихто́ванный

шлюзова́ть 5 *u.* 5a *v*, *uv* что **1.** mit einer Schleuse ausrüsten **2.** durchschleusen

шля́ться 2a *uv volksspr* sich herumtreiben, bummeln

шмы́гать 1a *uv umg* **1.** hin und her huschen **2.** чем schnell bewegen, reiben | *v mom* шмыгну́ть 7, kein *p.pt.p.*

шмыгну́ть *v mom zu* шмы́гать

шмя́кать 1a *uv* что *volksspr* klatschend fallen lassen [hinwerfen] | *v mom* шмя́кнуть 6, *p.pt.p.* шмя́кнутый

шмя́каться *uv* hinfallen | *v mom* шмя́кнуться

шмя́кнуть(ся) *v mom zu* шмя́кать(ся)

шнурова́ть 5a *uv* что zubinden, zuschnüren. — (за-, про-)
p.pt.p. шнуро́ванный

шныря́ть 2a *uv umg* schnell hin und her laufen

шо́рничать 1a *uv* das Sattlerhandwerk ausüben

шосси́ровать 4 *u.* 4a *v*, *uv* что beschottern

шпаклева́ть *u.* **шпатлева́ть** *uv* что spachteln, verkitten, verschmieren. — (за-)

pr.	шпаклю́ю, -лю́ешь, -лю́ют *u.* шпатлю́ю, -лю́ешь, -лю́ют
imp.	шпаклю́й, ~те *u.* шпатлю́й, ~те
pt.	шпаклева́л *u.* шпатлева́л
g.pr.a.	шпаклю́я *u.* шпатлю́я
p.pr.a.	шпаклю́ющий *u.* шпатлю́ющий
p.pt.a.	шпаклева́вший *u.* шпатлева́вший
p.pr.p.	шпаклю́емый *u.* шпатлю́емый
p.pt.p.	шпаклёванный *u.* шпатлёванный

шпа́рить *uv* кого́-что brühen, mit kochendem Wasser übergießen. — (о-)

pr.	шпа́рю, -ришь, -рят
imp.	шпарь, ~те
pt.	шпа́рил
g.pr.a.	шпа́ря
p.pr.a.	шпа́рящий
p.pt.a.	шпа́ривший

шпа́риться *uv umg* sich verbrühen. — (о-)

шпа́тлевать *s.* шпа́клевать

шпигова́ть 5a *uv* кого́-что spicken, mit Speckstreifen durchziehen. — (на-)
p.pt.p. шпиго́ванный

шпио́нить *uv* **1.** spionieren, Spionage treiben **2.** Spitzeldienste leisten

pr.	шпио́ню, -нишь, -нят
imp.	шпио́нь, ~те
pt.	шпио́нил
g.pr.a.	шпио́ня
p.pr.a.	шпио́нящий
p.pt.a.	шпио́нивший

шпо́рить *uv* кого́-что die Sporen geben

pr.	шпо́рю, -ришь, -рят
imp.	шпорь, ~те
pt.	шпо́рил
g.pr.a.	шпо́ря
p.pr.a.	шпо́рящий
p.pt.a.	шпо́ривший

шпунтова́ть 5a *uv* что *tech* spunden
p.pt.p. шпунто́ванный

шпыня́ть 2a *uv* кого́-что *volksspr* bespötteln

штабели́ровать 4 *u.* 4a *v*, *uv* что stapeln

штампова́ть 5a *uv* что **1.** stempeln **2.** *tech* stanzen
p.pt.p. штампо́ванный

штемпелева́ть *uv* что (ab)stempeln. — (за-)

pr.	штемпелю́ю, -ю́ешь, -ю́ют
imp.	штемпелю́й, ~те
pt.	штемпелева́л
g.pr.a.	штемпелю́я
p.pr.a.	штемпелю́ющий
p.pt.a.	штемпелева́вший
p.pt.p.	штемпелёванный

што́пать 1a *uv* что stopfen. — (за-)
p.pt.p. што́панный

што́порить *uv flug* trudeln

pr.	што́порю, -ришь, -рят
imp.	што́порь, ~те *u.* што́пори, ~те
pt.	што́порил
g.pr.a.	што́поря
p.pr.a.	што́порящий
p.pt.a.	што́поривший

шторми́ть, *1. u. 2. Pers ungebr*, *uv* stürmisch sein

pr. шторми́т, -мя́т
pt. шторми́л
g.pr.a. штормя́
p.pr.a. штормя́щий
p.pt.a. шторми́вший

штормова́ть 5a *uv naut* einen Sturm erleben *auf See*

штрафова́ть 5a *uv* кого́-что eine Geldstrafe auferlegen. — (о-)
p.pt.p. штрафо́ванный

штрихова́ть 5a *uv* что schraffieren. — (за-)
p.pt.p. штрихо́ванный

штуди́ровать 4a *uv* что studieren. — (про-)

штука́рить *uv volksspr* Unsinn treiben, Streiche ersinnen
pr. штука́рю, -ришь, -рят
imp. штука́рь, ~те
pt. штука́рил
g.pr.a. штука́ря
p.pr.a. штука́рящий
p.pt.a. штука́ривший

штукату́рить *uv* что verputzen. — (о-, от-)
pr. штукату́рю, -ришь, -рят
imp. штукату́рь, ~те
pt. штукату́рил
g.pr.a. штукату́ря
p.pr.a. штукату́рящий
p.pt.a. штукату́ривший
p.pt.p. штукату́ренный

штукова́ть 5a *uv* что fein stopfen, geschickt zusammennähen. — (за-)
p.pt.p. штуко́ванный

штурмова́ть 5a *uv* что *mil* (er)stürmen

штыкова́ть 5a *uv* что spatentief umgraben
p.pt.p. штыко́ванный

шуме́ть *uv* **1.** lärmen, rauschen **2.** *umg* toben, randalieren **3.** *umg* Aufsehen erregen
pr. шумлю́, шуми́шь, шумя́т
imp. шуми́, ~те
pt. шуме́л
g.pr.a. шумя́
p.pr.a. шумя́щий
p.pt.a. шуме́вший

шурова́ть 5a *uv* что schüren *Feuer*
p.pt.p. шуро́ванный

шурфова́ть 5a *uv* что *u. ohne Objekt*, *berg* schürfen

шурша́ть *uv* rauschen, rascheln; knirschen
pr. шуршу́, -ши́шь, -ша́т
imp. шурши́, ~те
pt. шурша́л
g.pr.a. шурша́
p.pr.a. шурша́щий
p.pt.a. шурша́вший

шути́ть *uv* **1.** scherzen, Spaß machen **2.** над кем-чем sich lustig machen (über)
pr. шучу́, шу́тишь, шу́тят
imp. шути́, ~те
pt. шути́л
g.pr.a. шутя́
p.pr.a. шутя́щий
p.pt.a. шути́вший

шушу́кать 1a *uv* (что) *volksspr* tuscheln, flüstern

шушу́каться *uv umg* tuscheln; geheimnisvoll tun

Щ

щади́ть *uv* кого́-что schonen, nachsichtig sein
pr. щажу́, щади́шь, щадя́т
imp. щади́, ~те
pt. щади́л
g.pr.a. щадя́
p.pr.a. щадя́щий
p.pt.a. щади́вший
p.pr.p. щади́мый

щебета́ть *uv* **1.** *1. u. 2. Pers ungebr* zwitschern **2.** plappern, schwatzen
pr. щебечу́, -е́чешь, -е́чут
imp. щебечи́, ~те
pt. щебета́л
g.pr.a. щебеча́
p.pr.a. щебе́чущий
p.pt.a. щебета́вший

щегольну́ть *v mom zu* щеголя́ть

щеголя́ть 2a *uv* **1.** sich putzen, sich dandyhaft kleiden **2.** *übtr* чем zur Schau stellen | *v mom* щегольну́ть 7, kein *p.pt.p.*

щекота́ть *uv* **1.** кого́-что kitzeln **2.** *unpers* кому́ *oder* у кого́ kitzeln, kratzen *in der Kehle, Nase* **3.** *übtr* что kitzeln, reizen. — (по-)

pr.	щекочу́, -о́чешь, -о́чут
imp.	щекочи́, ~те
pt.	щекота́л
g.pr.a.	щекоча́
p.pr.a	щеко́чущий
p.pt.a.	щекота́вший

щёлкать 1a *uv* **1.** кого́-что einen Schnipser geben **2.** чем knallen, klirren (mit); schnalzen *mit der Zunge* **3.** ein-, zuschnappen *Schloß* **4.** что (auf)knacken *Nüsse* | *v mom* щёлкнуть 6 *zu* 2

щёлкнуть *v mom zu* щёлкать

щеми́ть *uv* **1.** *1. u. 2. Pers ungebr* что drücken, pressen; klemmen **2.** *unpers* что кому́ *oder* у кого́ schmerzen

pr.	щеми́т, щемя́т
pt.	щеми́л
g.pr.a.	щемя́
p.pr.a.	щемя́щий
p.pt.a.	щеми́вший

щени́ться, *1. u. 2. Pers ungebr, uv* Junge werfen *Hunde u. ä.* — (о-)

pr.	щени́тся, -ня́тся
pt.	щени́лась, -лись
g.pr.a.	щеня́сь
p.pr.a.	щеня́щаяся
p.pt.a.	щени́вшаяся

щепа́ть *uv* что spalten; schleißen

pr.	щеплю́, щéплешь, щéплют *u. umg* щéпешь, щéпют *u. umg* щепа́ю, -а́ешь, -а́ют
imp.	щепли́, ~те *u. umg* щепи́, ~те *u. umg* щепа́й, ~те
pt.	щепа́л
g.pr.a.	щепля́ *u. umg* щепя́ *u. umg* щепа́я
g.pt.a.	щепа́в
p.pr.a.	щéплющий *u. umg* щепа́ющий
p.pt.a.	щепа́вший
p.pt.p.	щéпанный

щéрить *uv* что *volksspr* **1.** fletschen *Zähne* **2.** sträuben *Fell.* — (о-)

pr.	щéрю, щéришь, щéрят
imp.	щерь, ~те
pt.	щéрил
g.pr.a.	щéря
p.pr.a.	щéрящий
p.pt.a.	щéривший

щéриться *uv volksspr* **1.** die Zähne fletschen **2.** *1. u. 2. Pers ungebr* sich sträuben *Haare.* — (о-)

щети́нить, *1. u. 2. Pers ungebr, uv* что sträuben *Fell.* — (о-)

pr.	щети́нит, -нят
pt.	щети́нил
g.pr.a.	щети́ня
p.pr.a.	щети́нящий
p.pt.a.	щети́нивший

щети́ниться, *1. u. 2. Pers ungebr, uv* sich sträuben *Fell.* — (о-)

щипа́ть *uv* кого́-что **1.** kneifen, zwicken **2.** *übtr* beißen, brennen **3.** rupfen, zupfen | *v mom* щипну́ть 7, *p.pt.p.* щи́пнутый*. — (об-, о- *zu* 3)

pr.	щиплю́, щи́плешь, щи́плют *u. umg* щи́пешь, щи́пют *u. umg* щипа́ю, -а́ешь, -а́ют
imp.	щипли́, ~те *u. umg* щипи́, ~те *u. umg* щипа́й, ~те
pt.	щипа́л
g.pr.a.	щипля́ *u. umg* щипя́ *u. umg* щипа́я
p.pr.p.	щи́плющий *u. umg* щипа́ющий
p.pt.a.	щипа́вший
p.pt.p.	щи́панный

щипа́ться *uv* **1.** kneifen, zwicken **2.** einander kneifen

щипну́ть *v mom zu* щипа́ть

щуня́ть 2a *uv* кого́-что Vorwürfe machen

щу́пать 1a *uv* кого́-что befühlen, betasten ‖ *v* пощу́пать 1

щу́рить *uv* что zusammenkneifen *Augen.* — (со-)

pr.	щу́рю, щу́ришь, щу́рят
imp.	щурь, ~те
pt.	щу́рил
g.pr.a.	щу́ря
p.pr.a.	щу́рящий
p.pt.a.	щу́ривший

щу́риться *uv* die Augen zusammenkneifen, blinzeln. — (со-)

Э

эвакуи́ровать 4 *u.* 4a *v*, *uv* кого́-что evakuieren; auslagern

эвакуи́роваться *v*, *uv* evakuiert werden

эволюциони́ровать 4 *u.* 4a *v*, *uv buchspr* sich entwickeln

эквилибри́ровать 4a *uv* sich mit Äquilibristik befassen

экзаменова́ть 5a *uv* кого́-что prüfen, examinieren. — (про-)
p.pt.p. экзамено́ванный

экзаменова́ться *uv* sich einer Prüfung unterziehen. — (про-)

экипирова́ть 5 *u.* 5a *v*, *uv* кого́-что ausrüsten; *umg* mit Kleidung und Schuhwerk versehen

экипирова́ться *v*, *uv* sich ausrüsten; *umg* sich mit Kleidung und Schuhwerk versehen

эконо́мить *uv* что *oder* на чём einsparen, sparen (mit) ‖ *v* сэконо́мить, Formen das.

pr.	эконо́млю, -мишь, -мят
imp.	эконо́мь, ~те
pt.	эконо́мил
g.pr.a.	эконо́мя
p.pr.a.	эконо́мящий
p.pt.a.	эконо́мивший

эконо́миться, *1. u. 2. Pers ungebr*, *uv* eingespart werden

эконо́мничать 1a *uv umg* übertrieben sparsam sein, geizen

экранизи́ровать 4 *u.* 4a *v*, *uv* что verfilmen

экрани́ровать 4 *u.* 4a *v*, *uv* что *rad* abschirmen, gegen Störungen schützen

экспатрии́ровать 4 *u.* 4a *v*, *uv* кого́-что expatriieren, ausbürgern

экспеди́ровать 4 *u.* 4a *v*, *uv* что expedieren, absenden

эксперименти́ровать 4a *uv* над кем-чем *oder* с кем-чем experimentieren (mit), Versuche durchführen (an)

эксплуати́ровать 4a *uv* кого́-что **1.** ausbeuten *Menschen* **2.** *wirtsch* ausnutzen, benutzen; betreiben

экспони́ровать 4 *u.* 4a *v*, *uv* кого́-что **1.** ausstellen **2.** *phot* belichten

экспорти́ровать 4 *u.* 4a *v*, *uv* что exportieren

экспроприи́ровать 4 *u.* 4a *v*, *uv* кого́-что enteignen

экстраги́ровать 4 *u.* 4a *v*, *uv* что *chem*, *med* extrahieren

электризова́ть 5 *u.* 5a *v*, *uv* кого́-что **1.** elektrisieren **2.** *übtr* elektrisieren, erregen

электризова́ться, *1. u. 2. Pers ungebr*, *v*, *uv* elektrisiert werden

электрифици́ровать 4 *u.* 4a *v*, *uv* что elektrifizieren

электрифици́роваться, *1. u. 2. Pers ungebr*, *v*, *uv* elektrifiziert werden

элимини́ровать 4 *u.* 4a *v*, *uv* кого́-что *buchspr* eliminieren, ausschalten

эмалирова́ть 5a *uv* что emaillieren
p.pt.p. эмалиро́ванный

эмансипи́ровать 4 *u.* 4a *v*, *uv* кого́-что *buchspr* emanzipieren

эмигри́ровать 4 *u.* 4a *v*, *uv* emigrieren, auswandern

эскарпи́ровать 4 *u.* 4a *v*, *uv* что *mil* eskarpieren, mit Panzerhindernissen versehen

эскорти́ровать 4 *u.* 4a *v*, *uv* кого́-что eskortieren, geleiten

эшелони́ровать 4 *u.* 4a *v*, *uv* что *mil* staffeln, gliedern

Ю

юли́ть *uv umg* **1.** sich wie ein Kreisel drehen **2.** sich drehen und wenden **3.** пе́ред кем-чем *oder* о́коло кого́-чего́ scharwenzeln, sich einschmeicheln (bei)

pr.	юлю́, юли́шь, юля́т
imp.	юли́, ~те
pt.	юли́л
g.pr.a.	юля́
p.pr.a.	юля́щий
p.pt.a.	юли́вший

юне́ть 3a *uv* jünger werden

ю́ркать *uv zu* ю́ркну́ть

ю́ркнуть 6 *u.* **юркну́ть** 7 *v* forthuschen, weghuschen; hineinschlüpfen, sich schnell verbergen ‖ *uv* ю́ркать 1a
kein *p.pt.p.*

юро́дствовать 4a *uv* den Blödsinnigen spielen; sich wie ein Geistesgestörter verhalten

юстирова́ть 5 *u.* 5a *v, uv* что *tech* justieren

юти́ться *uv* untergebracht sein; zusammengepfercht sein, (elend) hausen

pr.	ючу́сь, юти́шься, ютя́тся
imp.	юти́сь, юти́тесь
pt.	юти́лся, -лась
g.pr.a.	ютя́сь
p.pr.a.	ютя́щийся
p.pt.a.	юти́вшийся

Я

я́бедничать 1a на кого́-что *u. ohne Objekt uv umg* verleumden. — (на-)

яви́ть *v* кого́-что offenbaren, zeigen ‖ *uv* явля́ть 2a

ft.	явлю́, я́вишь, я́вят
imp.	яви́, ~те
pt.	яви́л
g.pt.a.	яви́в
p.pt.a.	яви́вший
p.pt.p.	я́вленный

яви́ться *v* **1.** erscheinen, sich einfinden, sich melden **2.** entstehen, aufkommen **3.** кем-чем sein, sich erweisen (als) ‖ *uv* явля́ться

явля́ть(ся) *uv zu* яви́ть(ся)

я́вствовать 4a, *1. u. 2. Pers ungebr, uv buchspr* klar hervorgehen, sich klar ergeben, deutlich ersichtlich sein

ягни́ться, *1. u. 2. Pers ungebr, uv* lammen

pr.	ягни́тся, -ня́тся
pt.	ягни́лась, -лись
g.pr.a.	ягня́сь
p.pr.a.	ягня́щаяся
p.pt.a.	ягни́вшаяся

язви́ть *uv* **1.** кого́-что *alt* verletzen *a. übtr* **2.** höhnisch [gehässig] reden, sticheln. — (съязви́ть)

pr.	язвлю́, язви́шь, язвя́т
imp.	язви́, ~те
pt.	язви́л
g.pr.a.	язвя́
p.pr.a.	язвя́щий
p.pt.a.	язви́вший

якша́ться 2a *uv* с кем-чем *volksspr* verkehren (mit)

я́ловеть 3a, *Betonung bleibt wie im Infinitiv, 1. u. 2. Pers ungebr uv* unfruchtbar sein [werden] *von einer Kuh*

яри́ться *uv* **1.** *alt u. volksspr* wütend werden **2.** *übtr* wüten *Naturgewalten*

pr.	ярю́сь, яри́шься, яря́тся
imp.	яри́сь, яри́тесь
pt.	яри́лся, -лась
g.pr.a.	ярясь
p.pr.a.	ярящийся
p.pt.a.	яри́вшийся

яровизи́ровать 4 *u.* 4a *v, uv* что *landw* jarowisieren

ясне́ть 3a, *1. u. 2. Pers ungebr, uv* klar [hell] werden

Zur Syntax und Semantik der Verben des modernen Russisch

von Prof. Dr. Rudolf Růžička

0. Vorbemerkung

Die Information dieses Wörterbuchs erlaubt eine schnelle und bequeme Verfügung über die Wortformen fast aller Verben des modernen Russisch, sie enthält aber nicht alles, was man über das (jedes) Verb wissen muß, um richtige russische Sätze zu konstruieren. Die Auskünfte über die Morphologie der russischen Verben, in graphischer Wiedergabe oder Repräsentation, sind fast lückenlos. Die syntaktischen und semantischen Angaben sind dagegen — dem Charakter des Nachschlagewerkes entsprechend — zu knapp, um das richtige Umgehen mit russischen Verben zu gewährleisten. Die *semantische* Information beschränkt sich auf deutsche Übersetzungen, die *syntaktische* Information beschränkt sich auf sogenannte Rektionsangaben, müßte aber streng genommen in klaren eindeutigen Regeln ausdrücklich auf eine russische Grammatik (Syntax) bezogen sein. Abgesehen davon, daß der gegenwärtige Forschungsstand eine so ideale Form der syntaktischen Beschreibung nicht zuläßt, würde sie ein praktischen Zwecken dienendes Nachschlagewerk außerordentlich komplizieren. Aber als Ergänzung der Angaben im Verbenverzeichnis erscheint uns eine wenigstens exemplarische Beschreibung tieferer syntaktischer Zusammenhänge einiger Verben sinnvoll, weil sie als Modell einer analogen Betrachtung und Erkenntnis der syntaktischen Gesetzmäßigkeiten aller Verben gelten kann. Es versteht sich, daß in einer so kurzen Abhandlung nur eine kleine Anzahl Verben behandelt werden kann. Vor allem die Zusammenhänge zwischen syntaktischen und semantischen Eigenschaften von Verben sollen gezeigt und erörtert werden.

Ziele der Abhandlung

I. Beschreibung von Zusammenhängen zwischen den syntaktischen Beschränkungen, d. h. Konstruktionsmöglichkeiten *eines* Verbs.
II. Beschreibung von Gemeinsamkeiten, Ähnlichkeiten und Verschiedenheiten der syntaktischen Beschränkungen *verschiedener* Verben; Ansätze zur systematischen syntaktischen Klassifizierung einiger Verben und Verbklassen werden skizziert.
Allgemeinere semantische Eigenschaften von Verben werden im Hinblick auf syntaktische Eigenschaften erörtert. Außerdem kommen einige Aspekte der Bedeutung im Rahmen der hier behandelten Verben zur Sprache, die einen Blick in größere semantische Zusammenhänge eröffnen.

Anlage

Zur Anlage der Abhandlung sei nur bemerkt, daß sie nach der ausführlichen Einleitung (1.) eine Reihe syntaktisch-semantischer Verbalklassen und -unterklassen beschreibt

(2.) und in 3. beispielhaft ausgewählte Beziehungen zwischen der Syntax und der Semantik russischer Verben erörtert, um Prinzipien dieser Beziehungen klar hervortreten zu lassen.[1]

1. Symbolik und syntaktische Kategorien

1.1. Die Verwendung einiger Symbole ist unvermeidlich, wenn die Feststellungen und Regeln bequem und übersichtlich auf einen größeren Geltungsbereich bezogen werden sollen. Die wenigen Symbole vereinfachen die Darstellung und werden genau erklärt:

1.2.1. «NP» ist das Symbol für eine *Nominalgruppe* oder anders *Nominalphrase*; das ist eine syntaktische *Kategorie*, die mehrere syntaktische *Funktionen* im Satz erfüllen kann, z. B. *Subjekt* und *Objekt*, wobei sie dann im Russischen eine entsprechende Kasusform erhält, z. B. Nominativ, Akkusativ, Instrumental. Aber die Nominalphrase als syntaktische Kategorie ist losgelöst von einem Kasus zu verstehen, obwohl sie in russischen Sätzen die Form eines bestimmten Kasus annehmen muß. Nominalphrasen haben ein *Nomen* (*Substantiv*) oder *Pronomen* als ihren unabhängigen *Kern* [ядрó; *engl.* head] und weitere davon abhängige Teile, nämlich *Nomina*; *Pronomina*, *Adjektiva*, *Relativsätze*, *Präpositionalgruppen*, d. h. *Präpositionen* mit *Nomina*. In dieser etwas ungenauen Charakterisierung muß zunächst der Begriff des «unabhängigen» Kerns erläutert werden. Der Kern einer «NP» zeigt durch seine Kasusform, durch Präposition, Wortstellung oder auf andere Weise eine grammatische Relation zu Elementen an, die sich außerhalb der «NP» befinden und also diese Formierung des Kerns determinieren: брат сочýвствовал [дрýгу]$_{NP}$. Die eckige Klammer enthält eine Nominalphrase, die ein Nomen ist, aus einem Nomen im Dativ besteht. Rechts der Klammer steht die (symbolhafte) Bezeichnung der syntaktischen Kategorie, der die Elemente in der Klammer zugeordnet werden. Die syntaktische Gestaltung der *abhängigen* Teile der «NP» bestimmt sich innerhalb ihres Bereichs:

(1) Бáбы и дéвки ... сочýвствовали [безвúнно гонúмому мáльчику]$_{NP}$

(2) Борúс читáет [óчень хорошó извéстную новéллу]$_{NP}$

1.2.2. Wie der Satz

(3) [посещéния рóдственников]$_{NP}$ мóгут быть неприя́тны

zeigt, kann die Nominalgruppe *mehrdeutig* (*polysem*) sein. Sie kann in diesem Satz einmal so verstanden werden, daß zwischen ihren beiden Substantiven dasselbe Verhältnis besteht, wie zwischen Subjekt und Verb in dem Satz:

(3′) Рóдственники посещáют нас

---

[1]Ich habe mich in dem Teil (3.) vor allem der Untersuchungsergebnisse von Ю. Д. Апресян bedienen können: Экспериментальное исследование семантики русского глагола, Moskau, 1967. Diesem bedeutenden Buch habe ich zahlreiche Beispiele entnommen. Vgl. auch R. Růžička, Studien zur Theorie der russischen Syntax, Sitzungsberichte der Deutschen Akademie der Wissenschaften zu Berlin, Klasse für Sprachen, Literatur und Kunst, 1966, Nr. 1, S. 64ff. und ders., Versuch einer Modellierung des genus verbi moderner slawischer Sprachen im Rahmen der generativen Transformationsgrammatik, in: «Zeitschrift für Slawistik», Bd. XIII (1968), Heft 2, S. 137—178, (zum VI. Internationalen Slawistenkongreß, Prag, 1968).
Viele Beispiele sind dem Словарь современного русского литературного языка, Bde. 1—17, der Akademie der Wissenschaften der UdSSR, 1950—1965, entnommen.
Frau Dr. K. V. Archangelskaja (Moskau) hat mich bei der Beurteilung der Grammatikalität und stilistischen Wertigkeit der Beispielsätze beraten, wofür ich ihr meinen herzlichsten Dank ausspreche.

Sie kann auch anders aufzufassen sein, nämlich so, daß man ihr den Satz

(3″) мы посещáем рóдственников

zugrunde legen könnte.

1.2.3. In Nominalphrasen wird die Rektion des Verbs beibehalten:

(4) Йзбранный **в** почётные акадéмики, Чéхов написáл ... [рéзкий **откáз от** э́того почётного звáния]$_{NP}$, когдá узнáл, что Гóрький ... в э́том звáнии не утверждён цáрским правúтельством: Чéхов написáл, что категорúчески **откáзывается от** э́того почётного звáния ...

Die Rektion eines Verbs, *akkusativische Rektion* ausgenommen, geht also auf abgeleitete Verbalnomina über. *Akkusativ*rektion erscheint als Genitiv (des Objekts):

(5) Борúс посещáет Áнну → [посещéние Áнны Борúсом]$_{NP}$

Zu beachten sind Sonderfälle wie:

(6) Борúс лю́бит теáтр → [любóвь Борúса к теáтру]$_{NP}$

1.2.4. Der Kern einer «NP» ist notwendig und meist ausreichend, um eine sprachgerechte «NP» zu konstituieren:

(7) Брат читáет [кнúгу]$_{NP}$
брат читáет [интерéсную кнúгу]$_{NP}$, aber
*брат читáет интерéсную

Grammatisch unkorrekte oder von der Sprachnorm in irgendeiner Weise mehr oder weniger abweichende Sätze werden durch ein Sternchen * (Asteriskus) links am Anfang des Satzes gekennzeichnet. Das eingeklammerte Sternchen (*) vor einem Satz bedeutet, daß korrekte Verwendungen dieses Satzes möglich erscheinen.

Besonders zu beachten sind Fälle, wo eine Determinierung des Kern-Nomens unerläßlich ist:

(8) Весь он был худощáв, [хорóшего рóста]$_{NP}$
(9) Гáля [óчень мáленького рóста]$_{NP}$

Diese genitivischen Nominalphrasen, die Teil des Prädikats sind, würden ohne ihre adjektivische Determinierung ungrammatische Sätze ergeben:

(10) *Весь он был худощáв, рóста; * Гáля рóста

1.2.5. Eine Nominalphrase kann theoretisch unbegrenzt lang sein, d. h. aus unbegrenzt vielen Wörtern bestehen, weil sie z. B. durch Adjektiva oder genitivische Nomina beliebig fortlaufend erweitert werden kann, vgl. z.B.:

(11) [наблюдéния за прохождéнием экзáменов выпускникáми Москóвской фúзико-математúческой шкóлы]$_{NP}$

Diese Wortreihe ist ebenso wie [онú]$_{NP}$ eine Nominalphrase, stellt freilich bereits einen Grenzfall der praktischen *Verwendung* von Nominalphrasen dar. Der Länge der Nominalphrasen sind durch das Fassungsvermögen unseres Kurzzeitgedächtnisses und aus praktischen Gründen der Sprachverwendung Grenzen gesetzt.

1.2.6. Auf eine etwas genauere Erörterung der Nominalphrasen kommt es hier besonders an, weil diese ja die syntaktische Umgebung des Verbs vorwiegend ausmachen. Bevor wir damit fortfahren, muß eine Kategorie eingeführt werden, die mit der «NP» eng verbunden ist, die *Präpositionalphrase*, die wir durch das Symbol «PP» darstellen. Sie besteht aus Präposition und Nominalphrase: $[P + NP]_{PP}$, wobei das Symbol «P» für eine beliebige Präposition steht.

Wir können das auch durch ein sog. *Baumdiagramm* darstellen:

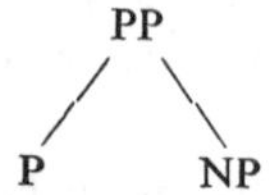

Die engen Beziehungen zwischen «NP» und «PP» zeigen sich z. B. in alternierender Rektion: *auf jem. warten* : *jem. erwarten*. Wenn wir «P» durch eine bestimmte Präposition *ersetzen* (für *ersetzen* verwenden wir das Symbol «→»), geben wir den von der «P» determinierten Kasus nur dann an, wenn mit der Präposition mehrere Kasus vereinbar sind: «P → $в_4$» oder «P → $в_6$» (éхать в гóрод : находи́ться в гóроде), aber «P» → к : éхать к брáту.

1.2.7. Es wird sich jetzt als besonders wichtig herausstellen, daß auch *Sätze* Nominalphrasen sein können, wenn sie syntaktisch in bestimmter Weise formiert werden. Solche Satz-Nominalphrasen sind in der Funktion des Subjekts oder Objekts, als Subjektsatz oder Objektsatz, gut bekannt. Wenn nun Sätze innerhalb von Präpositionalphrasen erscheinen, wird ihr nominaler Charakter besonders transparent und auch äußerlich markiert durch ein Pronomen то, das zusammen mit der Konjunktion что eine der syntaktischen «Bearbeitungen» darstellt, der ein Satz unterzogen wird, wenn er eine Nominalphrase ist. Dieses Pronomen ermöglicht es, daß Satz-Nominalphrasen ebenso wie Substantiva dekliniert werden:

(12) отéц говори́л [$о_6$ { [несправедли́вом распределéнии богáтств $]_{NP}$ / [**том,** (что) [богáтства распределены́ несправедли́во $]_S$ $]_{NP}$ } $]_{PP}$

(13) учи́тель был увéрен [$в_6$ { [откровéнности ученикá $]_{NP}$ / [**том,** (что) [учени́к откровéнен$]_S$$]_{NP}$ } $]_{PP}$

(14) Бори́с Андрéич настоя́л [$на_6$ { [необходи́мости возврати́ться домóй $]_{NP}$ / [**том,** (что) [необходи́мо возврати́ться домóй$]_S$ $]_{NP}$ } $]_{PP}$

In (12), (13) und (14) findet sich je eine Präpositionalphrase, das ist der durch «$[\ ]_{PP}$» umschlossene Teil. Innerhalb der drei Präpositionalphrasen befinden sich je zwei Varianten einer Nominalphrase, das sind die durch «$[\ ]_{NP}$» umrahmten Teile. Es handelt sich genauer gesagt um eine *Disjunktion* zweier Nominalphrasen, die wir alternativ wählen können. Für Disjunktionen verwenden wir das Klammerpaar «{}». Die jeweils untere der beiden «NP» in (12), (13) und (14) enthält einen «Satz», den durch «$[\ ]_S$» eingeschlossenen Teil; dieser «Satz» ist, wie leicht zu sehen ist, durch das Pronomen то(м) und die Konjunktion что syntaktisch modifiziert und erhält den Status einer Nominalphrase. Beide Nominalphrasen, die obere wie die untere, werden in allen drei Beispielen auf die gleiche Weise mit einer Präposition zur Präpositionalphrase verbunden.

Dieses Pronomen то, das mit der Konjunktion einen Satz zur Nominalphrase formiert, tritt nicht nur nach Präpositionen auf:

(15) осóбенно бы́ло стрáшно [то, что [над огнём, в дымý летáли гóлуби]$_{S}$]$_{NP}$

(16) я знáю и [то, что [онá не придёт]$_{S}$]$_{NP}$

(17) оказáлось прáвильным [то, что [он отказáлся от пóмощи Бори́са]$_{S}$]$_{NP}$

«то» ist also ein charakteristisches Element von Satz-Nominalphrasen, so daß es gerechtfertigt erscheint, bei ihrer syntaktischen Beschreibung immer von dieser Verbindung «то + S» auszugehen. Für manche Konstruktionen ist die Verwendung des Pronomens «то» in der theoretischen Beschreibung von Nominalphrasen allerdings nur ein abstrakter Behelf zum Zwecke einer einheitlichen Erklärung und Repräsentation (Darstellung):

(18) я знáю [(то), что [он не прав]$_{S}$]$_{NP}$

Denn in (18) ist «то» nicht am Platze und muß also, wenn man einen korrekten Satz erhalten will, wieder entfernt werden. Aber in dem sehr ähnlichen (19) ist es — nach Präposition — wiederum unentbehrlich:

(19) я знáю [о [том, что [он не прав]$_{S}$]$_{NP}$]$_{PP}$

Wenn wir nun das Pronomen «то» in der Beschreibung *jeder* Nominalphrase, die einen Satz enthält, verwenden, erzielen wir eine größere Verallgemeinerung auch in folgender Hinsicht: Wir wollen annehmen, daß wir in der grammatischen Beschreibung von Satznominalphrasen die *syntaktische Ersetzungsregel*

(a) $NP \rightarrow N + S$

brauchen. «N» repräsentiert ein Nomen oder ein Pronomen. Wir können also unser (abstraktes) Pronomen «то» für die Kategorie «N» einsetzen und für «S» einen beliebigen Satz:

(b)

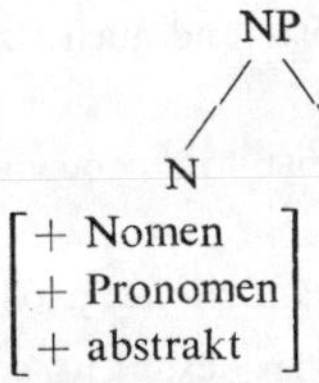

Unter dem Symbol der Kategorie «Nomen» («N») in (b), für das als lexikalisches Element «то» eingesetzt ist, sind zwei weitere Merkmale angegeben, die dieses «Nomen» als abstraktes Pronomen charakterisieren.

Wenn in unseren Beispielen «то» in runde Klammern «(то)» gesetzt ist, bedeutet dies entweder, daß «то» fakultativ, nicht obligatorisch in dem gegebenen Satz anwesend ist, oder daß «то» nur in dem erwähnten abstrakten Sinne eingesetzt ist.

Bei Nominalphrasen mit Relativsatz kann ganz analog verfahren werden:

(20) [кни́га, [кото́рую Бори́с прочита́л]$_S$]$_{NP}$

Dieser Nominalphrase wird nach Regel (a) folgende Struktur zugrunde gelegt:

(c)

«N» ist hier nicht durch ein Pronomen, sondern durch das Nomen (Substantiv) кни́га vertreten. Die Identität der beiden unterstrichenen Nomina erlaubt die Umformung des im Bereich «S» stehenden in das entsprechende Relativpronomen, das unmittelbar an die Spitze des Satzes, des Bereichs «S», zu stellen ist, so daß wir (20) erhalten.

In (c) tauchen zwei neue Symbole auf: «VP» = «Verbalgruppe» oder «Verbalphrase», und «V» = «Verb».

Es gibt Nominalphrasen mit Relativsätzen, die dem durch (15) illustrierten Typ von Satz-Nominalphrasen sehr ähnlich scheinen, aber eine völlig andere Struktur haben:

(21) Одна́ко поро́й [то, [что на пе́рвый взгляд вы́глядело просты́м и случа́йным]$_S$]$_{NP}$ ока́зывалось проду́манным до мелоче́й.

«то» in (21) ist ein Pronomen, auf das sich что als Relativpronomen bezieht (das, was ...), so daß es hier keine Konjunktion sein kann. Deshalb ist auch der Satz «[ ]$_S$» innerhalb der Nominalphrase in (21) anders ausgegliedert, nämlich *mit* dem Relativpronomen «что», analog zu (20) mit dem Relativpronomen «кото́рую».

1.2.8.1. Während das Pronomen то als konstantes, wenn auch nicht immer im konkreten Satz beibehaltenes Element bestimmter Typen von Satz-Nominalphrasen behandelt werden kann, ist die syntaktische Bearbeitung des Satzes innerhalb der Nominalphrase variabel. Außer der Konjunktion «что» kann die Konjunktion «что́бы» und auch «бу́дто(бы)» und «как бу́дто» erscheinen.

(22) По его́ ви́ду нельзя́ бы́ло сказа́ть [(то), что́бы [он осо́бенно волнова́лся]$_S$]$_{NP}$

(23) Я ещё никогда́ не слы́шал [(то), что́бы [он сказа́л ли́шнее сло́во]$_S$]$_{NP}$

(24) Дире́ктор сказа́л [(то), что́бы [ты неме́для в кубовку е́хал]$_S$]$_{NP}$

(25) целесообра́зным оказа́лось [то, что́бы [учёные ста́ли иска́ть но́вое реше́ние]$_S$]$_{NP}$

(26) Ей сни́тся [(то) бу́дто бы [она́ идёт по снегово́й поля́не]$_S$]$_{NP}$ (Пушкин)

(22) bis (25) lassen erkennen, daß die Konjunktion что́бы in die *modale* Interpretation des eingebetteten Satzes eingreift, der in (22) hypothetische, in (23) irreale, in (24) imperativische und in (25) intentionale Nuancen erhält.

1.2.8.2. Fragesätze, die durch Fragewort oder -partikel charakterisiert sind, haben automatisch eine der für Satz-Nominalphrasen erforderlichen Formen; sie bedürfen also, um Nominalphrase zu werden, keiner Konjunktion, überhaupt keiner weiteren syntaktischen «Bearbeitung».

(27) [(то), [почему́ она не пришла́]$_S{}^q$]$_{NP}$ нам оста́лось не изве́стным

Fragesatzformen wollen wir durch ein modifiziertes Satzsymbol «S^q» kennzeichnen.

(28) Но [(то) [пусто́й ли он (блинда́ж), и́ли в нём кто́-нибудь есть]$_S{}^q$]$_{NP}$ бы́ло неизве́стно

(29) До сих пор оконча́тельно не устано́влено [(то) [существу́ет ли на Ма́рсе жизнь]$_S{}^q$]$_{NP}$

(30) Здесь смея́лись ма́ло, и не всегда́ бы́ло я́сно [(то), [над чем смею́тся]$_S{}^q$]$_{NP}$

1.2.8.3. Als Nominalphrasen wollen wir auch die Sätze interpretieren, die zur *Infinitiv-*(gruppe) umgeformt sind. Der Infinitv kann sich mit der Konjunktion **что́бы** verbinden; das Pronomen **то** wird auch hier als strukturbildendes Element angenommen, obwohl es in der Endform des Satzes nur nach einer Präposition erhalten bleibt.

(31) Всё располага́ло [к [тому́ что́бы [окружи́ть таинственностью ... звездочёта]$_S{}^{inf}$]$_{NP}$]$_{PP}$

Sätze, die zur Infinitivgruppe umgeformt sind, wollen wir durch «S^{inf}» symbolisieren:

(32) [(то) [ката́ться на лы́жах]$_S{}^{inf}$]$_{NP}$ прия́тно

Die Symbolisierung durch «S^{inf}» ist nicht ganz korrekt, denn es handelt sich bei Infinitivgruppen wie «ката́ться на лы́жах» nur noch um eine Verbalphrase «VP», da das Subjekt des zur Infinitivgruppe verwandelten und eingebetteten Satzes in der Endform des Satzes grundsätzlich nicht auftritt. Vgl.:

(33) Бори́с не лю́бит ката́ться на лы́жах

1.3.1. Wenn im folgenden für Verben oder Verbklassen syntaktische Kontexte angegeben werden, sollen diese Vereinbarungen gelten: In der Kontextformel ist das Verb, um dessen Kontext es sich handelt, durch einen waagerechten Strich vertreten: z. B. «—[(что)S]$_{NP}$». Das bedeutet, daß ein bestimmtes Verb den Kontext «Satz-Nominalphrase» hat und daß die syntaktische «Gestaltung» des Satzes zur Nominalphrase durch die Konjunktion «что» erfolgt. Wenn auch die Konjunktion «что́бы» dafür verwendet werden kann, dann wird dies durch eine Klammer angezeigt: что́(бы). Wenn eine bestimmte syntaktische Gestaltung des Satzes zur Nominalphrase ausgeschlossen ist, dann wird nach einer Kontextformel, in der z. B. «[... S]$_{NP}$» vorkommt, die Einschränkung wie folgt vorgenommen: $S \neq S^q$; oder $S \neq S^{inf}$. Das bedeutet, daß der Satz nicht als Fragesatz (vgl. 1.2.8.2.) oder als Infinitivsatz (vgl. 1.2.8.3.) die Nominalphrase konstituieren kann. Schließlich soll gelten, daß eine als Kontext angegebene Nominalphrase Teil der «Verbalphrase» ist: «—[...[ ]$_{NP}$...]$_{VP}$». Das bedeutet, daß in der syntaktischen Gliederung, der sogenannten «*Konstituentenstruktur*» des Satzes dem angegebenen Kontext eine bestimmte Stelle in der Gliederung des Satzes zugewiesen ist, die meist als *Objektfunktion* angesehen wird. Für alle anderen Kontextangaben, also für Kontexte außerhalb der Verbalphrase, wird die Konstituentenstruktur besonders vermerkt, so z. B. für Adverbialbestimmungen.

1.3.2. Die Verben wählen Nomina einer bestimmten Klasse oder bestimmter Klassen als Kern der Nominalgruppen aus, die als ihr Subjekt und ihre Objekte funktionieren. Das Verb «beneiden» wählt als Subjekt und Objekt Nomina, die Menschen bezeichnen. Für «bewundern» gibt es diese Einschränkung nur für das Subjekt, während als Objekt auch Nomina eingesetzt werden können, die nicht das Merkmal «Mensch» haben. Wir wollen die Regeln, die diese Gesetzmäßigkeiten beschreiben, *Selektionsregeln* nennen. Wir werden den *selektiven* Kontext für ein Verb in der Weise vermerken, daß wir innerhalb der Nominalphrasenklammer das erforderliche Merkmal angeben, das die semantische Klasse der von diesem Verb determinierten (selektierten) Nomina definiert, z. B.:

(d) $[[+\text{mensch}]]_{NP}$ завúдовать $\left\{\begin{matrix}[[+\text{mensch}]\ [-\text{abstrakt}]]_{NP_3} \\ [[-\text{mensch}]\ [+\text{abstrakt}]]_{NP_3}\end{matrix}\right\}$

(34) он завúдовал Борúсу
он завúдовал успéхам Борúса
придвóрные завúдовали друг дрýгу

Завúдовать (beneiden) hat als Dativobjekt auch Nomina, die nicht das Merkma «mensch» sondern das Merkmal «abstrakt» besitzen. Dies wird durch die disjunktive Klammer symbolisiert. Die Ziffer rechts unten am Symbol «NP» zeigt den Kasus an, den das Kernnomen der Nominalphrase haben muß (2 = Genitiv; 3 = Dativ; 5 = Instrumental; 6 = Präpositiv). Ist keine Ziffer angegeben, soll der Kasus Akkusativ gelten. Wenn Verben Präpositionen regieren (Präpositionalrektion), gilt die unter 1.2.6. getroffene Vereinbarung, z. B.

(e) $[[+\text{mensch}]]_{NP}$—$[\text{на}_6\ [[+\text{abstrakt}]]_{NP}]_{PP}$,

wo der Strich (—) das Verb настáивать/настоя́ть vertritt, das als Subjekt menschliche Lebewesen und als (Präpositional-) Objekt Abstrakta, einschließlich Satz-Nominalphrasen, denen grundsätzlich das Merkmal [+abstrakt] zugewiesen ist, verlangt.

1.3.3. Einige Verben können auch bestimmte Abstrakta, nämlich von Verben oder Adjektiven abgeleitete, als Objekt verlangen, d. h. nur solche Substantiva als Kern der Nominalphrase oder Satz-Nominalphrase, die Objektfunktion einnimmt, zulassen. Die Abstrakta stellen eine Abwandlung, die Komprimierung eines Satzes dar, z. B.:

(35) настáивать нá **прекращéнии** ...
настáивать на том, чтóбы онú прекратúли ...
предполагáть **блúзость** смéрти
предполагáть, что смерть близкá

In solchen Fällen wird das Merkmal [+abstrakt] spezifiziert: $[+\text{abstrakt} \left\{\begin{matrix}V\\A\end{matrix}\right\}]$, wo V= Verb und A = Adjektiv vertreten.

2. Ausgewählte semantische Klassen russischer Verben und ihre syntaktischen Eigenschaften

2.1. Im Mittelpunkt dieses Teils unserer Beschreibung stehen einige Verben, die einer provisorischen Klasse der «verba cogitandi», der Verben intellektueller Tätigkeit angehören. Sie sind ausgewählt worden, weil sie besonders anschaulich demonstrieren, in welcher Weise der syntaktische Aufbau des Satzes und die erwähnte Selektion der Nominalphrasen vom Verb bestimmt wird. Überdies handelt es sich um Verben, die in wissenschaftlichen und publizistischen Texten häufig vorkommen.

Die Angabe eines Verbs erfolgt in der Weise, daß links die Form des imperfektiven, rechts die des perfektiven Aspekts steht. Ein waagerechter Strich links oder rechts des Schrägstriches bedeutet, daß es die entsprechende Aspektform des Verbs nicht gibt. Wo es zweckmäßig schien, ist unter dem Verb in eckiger Klammer ein synonymer analytischer Ausdruck angegeben (vgl. 2.2.5.1., S. 704).

2.2. Verba cogitandi und **communicandi**

2.2.1.1. счита́ть/счесть dt. annehmen, glauben; halten ... für $[[+\text{mensch}]]_{NP}$ — [(то) что $S]_{NP}$; $S \neq S^q, S^{inf}$.

Die Formel bedeutet nach unserer Vereinbarung, daß **счита́ть/счесть** ein transitives Verb ist, daß als sein Objekt *ausschließlich* eine Satz-Nominalphrase auftritt, daß beliebige Sätze[2], aber nicht Fragesätze diese Nominalphrase konstituieren können und daß schließlich eine syntaktische Bearbeitung des Satzes innerhalb der «NP» durch Konjunktion «что», aber nicht durch Formierung des Verbs zum Infinitiv erfolgen kann. «то» ist bei diesem Verb grundsätzlich nicht beizubehalten.

(36) Тогда́ я счёл [(то) что [с мое́й стороны́ долг гостеприи́мства уже́ испо́лнен$]_S]_{NP}$

2.2.1.2. Wenn nun der eingebettete Satz der Objekt-Nominalphrase ein Kopulasatz mit präsentischem Tempus, also sogenannter *Null*-Kopula ist, dann läßt sich die Konstruktion variieren:

(37) мы счита́ли [(то) что [ты арти́ст$]_S]_{NP}$

Solche Sätze können syntaktisch abgewandelt werden, indem das Subjekts des eingebetteten Satzes die Form des Akkusativs, das Prädikatsnomen die Form des Instrumentals erhält, sofern es deklinabel ist. Damit entfällt notwendig die Konjunktion **что**:

(37′) мы счита́ли тебя́ арти́стом

(38) ... я то́тчас же перестаю́ тебя́ сестро́й счита́ть (Достоевский)

(39) мы счита́ем [(то) что [он умён$]_S]_{NP}$

(39′) мы счита́ем его́ у́мным

(40) мы благополу́чно дое́хали до Ки́ева, где счита́ли нас уже́ мёртвыми (Карамзин)

Anstelle des Instrumentals kann das deklinable Prädikatsnomen zur Präpositionalphrase mit $за_4$, d. h. **за** + *Akkusativ* verwandelt werden:

(41) мо́жно быть у́мным челове́ком и не понима́ть поэ́зии,
счита́ть **её за вздор, за побряку́шку** (Белинский)
= счита́ть, что она́ (поэ́зия) вздор

[2]Hier muß folgendes beachtet werden: Imperativsätze wie приезжай завтра! können nicht (Teil einer) Nominalphrase sein; sie können es aber werden, wenn sie zur Infinitivgruppe umgeformt sind. Das bedeutet also, daß man in Sätzen wie командир приказал ему приехать завтра die Infinitivgruppe als Umformung des oben angegebenen Imperativsatzes, genauer: seiner strukturellen Repräsentation, zur Nominalgruppe versteht.
Die Einschränkung «$S \neq S^{inf}$» bezieht sich also auf die syntaktische Form der «bearbeiteten» Satz-Nominalphrase, unabhängig von ihrer ursprünglichen Form, während «$S \neq S^q$» mit dem Symbol «S^q» auch die Struktur des ursprünglichen (Frage-) Satzes betrifft, der ja als Nominalphrase keiner besonderen «Bearbeitung» bedarf. Entscheidungsfragen erhalten als «NP» natürlich nicht die Intonation, die sie als autonome Fragesätze haben.

So gibt es drei Varianten:

(42) Лев Степáнович не считáл [(то), что [сдéрживать себя́ нýжно$]_S]_{NP}$

(42′) Лев Степáнович не считáл нýжным сдéрживать себя́

(42″) Лев Степáнович не считáл за нýжное сдéрживать себя́

Wie (42) am klarsten zeigt, ist die Subjekt-Nominalphrase des eingebetteten Satzes, des Objektsatzes, wiederum durch einen Satz konstituiert, der zur Infinitivgruppe umgeformt ist. Diese theoretisch unbegrenzte *Einbettung* von Sätzen in andere Sätze, deren Teile oder Konstituenten sie dann darstellen, ist eine charakteristische und äußerst bedeutsame Eigenschaft natürlicher Sprachen; man nennt sie ihre *Rekursivität*.

Die Struktur von (42) wird durch folgendes vereinfachte Diagramm (f) anschaulicher und einsichtiger:

(f)

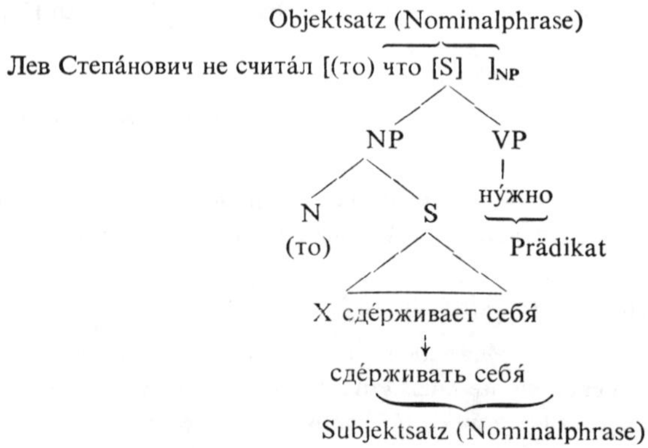

Analog zu (42) und (42″) sind folgende beiden Sätze:

(43) гóсти сочли́, [(то) что [лýчше всегó заночевáть здесь$]_S]_{NP}$

(43′) гóсти сочли́ за лýчшее заночевáть здесь в гости́нице

2.2.1.3. Wenn der mit der Kopula verbundene Prädikatsteil des eingebetteten Objektsatzes nicht deklinabel ist, gibt es eine ganz analoge syntaktische Variante, ohne daß natürlich die Verwandlung zum Instrumental erfolgen kann.

(44) пýблика считáет [(то), что [онá **впрáве** трéбовать отчёта …$]_S]_{NP}$

(44′) пýблика считáет **себя́** впрáве трéбовать …

Bei (44′) ist zu beachten, daß jedes Akkusativobjekt, auch dieses, das in der Ausgangsform (44) des ganzen Satzes Subjekt der Satzeinbettung ist, zum Reflexivpronomen verwandelt wird, wenn es mit dem Subjekt des (einbettenden) Satzes (пýблика) identisch ist. Nicht jede kopulative Konstruktion kann so behandelt werden: zu

(45) мы считáли, что он не такóго высóкого рóста

gibt es kein sprachgerechtes

(45′) *мы считáли егó не такóго высóкого рóста

(46′) wird neben richtigem (46) nicht von allen des Russischen Kundigen als korrekt akzeptiert.

(46) мы считáли, что он в лýчшем настроéнии

(46′) (*)мы считáли егó в лýчшем настроéнии

Wir wollen jetzt die folgenden zwei Sätze, (47) und (48), vergleichen:

(47) ты считáешь [(то), что [ты́ в долгý пéред ним]$_S$]$_{NP}$

(48) мы считáли [(то), что [её брат в Кúеве]$_S$]$_{NP}$

Obwohl beide eingebetteten Sätze syntaktisch einander sehr ähnlich zu sein scheinen, erlaubt nur der in (47) dieselbe syntaktische Variation, wie sie (44′) gegenüber (44) darstellt:

(47′) … ты … в долгý пéред ним себя́ считáешь (Саянов)

Die Wortstellung ist verändert, ohne daß die Grundstruktur angetastet wird. Aber (48′) ist kein sprachgerechter Satz:

(48′) *мы считáли её брáта в Кúеве

Daraus kann geschlossen werden, daß auch die eingebetteten Sätze in (44) und (47) einerseits und in (48) andererseits trotz ihrer Ähnlichkeit im Grunde eine verschiedene Struktur haben. Diese Verschiedenheit läßt sich durch folgende Gegenüberstellung mit den entsprechenden negierten Sätzen ans Licht bringen:

(49) её брат в Кúеве: её брáта нет в Кúеве
ты пéред ним в долгý: *тебя́ нет пéред ним в долгý
пýблика впрáве трéбовать …: *пýблики нет впрáве трéбовать

Die Verwandlung in diese Form der Negation ist nur für den eingebetteten Satz in (48) möglich; wo aber diese genitivische Negierung möglich ist, kann die zur Rede stehende syntaktische Variation [vgl. (44):(44′)] nicht vorgenommen werden. Wo diese möglich ist, ist, wie uns (49) zeigt, die Negation nicht möglich. Wir wollen aus diesem Grunde annehmen, daß wir es in «быть» mit zwei verschiedenen Verben des «Seins» zu tun haben, die beide im Präsens in der Nullform erscheinen. Das Gleiche gilt natürlich für die anderen Tempora:

(50) её брат был в Кúеве: её брáта нé было в Кúеве
пýблика былá впрáве трéбовать …: *пýблики нé было впрáве …

In (44) und (47) handelt es sich um das *Kopula*-Verb «быть» und in (48) um ein *Existential*-Verb «быть».

2.2.1.4. Wenn wir so, wie wir es bisher getan haben, auch Sätze — bei bestimmter syntaktischer Bearbeitung — als Nominalphrasen interpretieren, lassen sich weitere Verallgemeinerungen und Vereinfachungen in der Beschreibung syntaktischer Konstruktionen erzielen, z. B. des Passivs. Wie (51) zeigt, wird der Passivsatz auch durch Verschiebung (*Permutation*) der Nominalphrasen gebildet, die damit eine andere Funktion als Satzglied und andere Kasusformierung erhalten.

(51) [рабóчие]$_{NP}$ стрóили [дом]$_{NP}$ ⟶ [дом]$_{NP}$ стрóился [рабóчими]$_{NP_5}$

Ganz analog können wir nun auch mit Satz-Nominalphrasen verfahren, wenn wir Sätze als Nominalphrasen behandeln.

(52) $[\text{мы}]_{NP}$ счита́ли $[(\text{то})$ что $[\text{ты инжене́р}]_S]_{NP}$ →
$[(\text{то})$ что $[\text{ты инжене́р}]_S]_{NP}$ счита́лось $\left\{\begin{matrix}[\text{на́ми}]_{NP_5}\\ [(\text{у нас})]_{PP}\end{matrix}\right\}$

Die Satz-Nominalphrase stellen wir jetzt an das Ende des Satzes, «то» wird entfernt, und wir erhalten nach Permutation von на́ми (у нас) den korrekten Satz (53) mit den semantisch nicht synonymen Varianten «на́ми» und «у нас».

(53) (на́ми) (у нас) счита́лось $[\text{что ты инжене́р}]_{NP}$

Genau so wie zu (37), (39) und gleichen Satztypen die Varianten (37′) und (39′) gebildet werden können, indem das Subjekt des eingebetteten Satzes aus diesem Satz «herausgenommen» und zum Akkusativobjekt «gehoben» wird, gibt es auch zu (53) und gleichen Satztypen Varianten, die durch «Herausnahme» des Subjekts des eingebetteten Satzes aus diesem Satz entstehen. Im passivischen Satz kann dieses Subjekt natürlich nicht Akkusativobjekt werden, sondern das, was jedes Akkusativobjekt im passivischen Satz wird, nämlich Subjekt. Die Formierung des Prädikatsnomens als Instrumental ist dort (37′), (39′) und hier (53′) gleich.

(53′) ты счита́лся у нас инжене́ром

Da das Verb grundsätzlich mit dem Subjekt kongruent ist, muß bei **ты** (wenn es sich auf eine Person männlichen Geschlechts bezieht) die Form **счита́лся** entstehen. Wenn eine Satz-Nominalphrase Subjektsfunktion erfüllt, hat das Verb grundsätzlich die Kongruenz *Neutrum* (53) oder *3. Person Singular* (счита́ется).

2.2.2.1. полага́ть¹ /—— dt. meinen, glauben, annehmen; halten ... für
$[[+\text{mensch}]]_{NP}$ —— $[(\text{то}), \text{что } S]_{NP}$ $S \neq S^q$, S^{inf}

(54) ... ты ... полага́ешь $[(\text{то}),$ что $[\text{у тебя́ был сам Дубро́вский}]_S]_{NP}$ (Пушкин)

(55) мы полага́ли $[(\text{то}),$ что $[\text{ты арти́ст}]_S]_{NP}$

(56) полага́ю $[(\text{то}),$ что $[\text{вника́ть в настоя́щие причи́ны на́шего столкнове́ния неуме́стно}]_S]_{NP}$

(55) und (56) haben eingebettete Kopulasätze, aber die syntaktische Variation, die wir bei счита́ть/счесть ausführlich an den Paaren (37), (37′), (39), (39′), (42), (42′) erörtert haben, ist bei полага́ть nur möglich, wenn das Prädikatsnomen ein Adjektiv ist, und auch dann nur bei einer kleinen Klasse von Adjektiven, zu der возмо́жный, необходи́мый, поле́зный, неуме́стный, целесообра́зный u. a. gehören. Demnach ergibt die Abwandlung von (55) zu (55′) keinen ganz korrekten Satz:

(55′) *мы полага́ли тебя́ арти́стом

Ebensowenig ließe sich (57) zu völlig sprachgerechtem (57′) umformen.

(57) врач полага́ет, что его́ смерть близка́

(57′) *врач полага́ет его́ смерть бли́зкой

Der semantische Charakter der erwähnten wenigen Adjektiva, für die diese Umwandlung in Betracht kommt, läßt auf den syntaktischen Charakter der Subjekte solcher eingebetteter Kopulasätze schließen: es handelt sich um Satz-Nominalphrasen; sie sind vorwiegend infinitivisch formiert. Satz (56) — mit infinitivischem Subjekt der Einbettung — läßt sich also in (56′) umformen:

(56′) полага́ю та́кже неуме́стным вника́ть в настоя́щие причи́ны на́шего столкнове́ния (Тургенев)

Der folgende Satz (58) von Турге́нев enthält die besprochenen syntaktischen Variationen eingebetteter Kopulasätze sowohl bei счита́ть/счесть wie bei полага́ть:

(58) Ма́рья Дми́триевна не **счита́ла его́ го́стем** и не **полага́ла ну́жным занима́ть ро́дственника, почти́ дома́шнего челове́ка**

In (58) würde der Unterschied in den syntaktischen Konstruktionsmöglichkeiten von счита́ть und полага́ть zu Tage treten, wenn man die beiden Verben vertauschte: ***полага́ла его́ го́стем** wäre falsch, aber … **счита́ла ну́жным занима́ть** … wäre sprachgerecht. Wir sagten, daß die Klasse der Adjektiva (необходи́мый, целесообра́зный usw.) auf den syntaktischen Charakter des Subjekts schließen läßt. Außer der Subjekt-Nominalphrase, die durch einen Satz in Gestalt einer Infinitivgruppe (56) gebildet ist, kann auch ein Verbalabstraktum Subjekt solcher Kopulasätze sein. Ein Verbalabstraktum läßt sich ebenfalls als Abwandlung, als syntaktische Komprimierung eines Satzes begreifen:

(59) Генера́л принадлежа́л к ти́пу учёных вое́нных, полага́ющих, что {примири́ть / **примире́ние**} либера́льност/и/ь и гума́нност/и/ь с его́ профе́ссией возмо́жно

In der bekannten syntaktischen Variation:

(59′) Генера́л принадлежа́л к ти́пу учёных во́енных, полага́ющих **возмо́жным** {примири́ть / **примире́ние**} либера́льност/и/ь и гума́нност/и/ь с свое́ю профе́ссией (Л. Толстой)

2.2.2.2. Eine charakteristische — freilich schon veraltete — Eigenart des Verbs полага́ть besteht darin, daß es die syntaktische Variation eingebetteter Satz-Nominalphrasen (Objektsätze), in denen das Verb быть vorkommt, auch dann zuläßt, wenn dieses Verbum nicht als Kopula interpretiert werden kann.

(60) Фе́денька … полага́л [(то), что [Саха́ра на грани́це Тамбо́вской и Сара́товской губе́рний]$_S$]$_{NP}$

(60′) Фе́денька … полагал **Саха́ру** на грани́це Тамбо́вской и Сара́товской губе́рний (Салтыков-Щедрин)

(61) Полага́ем [(то), что [сча́стье на́шей страны́ в успе́хах морско́й торго́вли]$_S$]$_{NP}$

(61′) Полага́ем сча́стье на́шей страны́ в успе́хах морско́й торго́вли (А. Н. Толстой)

(62) Полага́ли, что он в о́тпуске

(62′) полага́ли его́ в о́тпуске

2.2.2.3. Passivkonstruktionen, wie sie für счита́ть unter 2.2.1.4. behandelt wurden, sind für полага́ть beschränkt zulässig. Wenn die in **2.2.2.2.** behandelte Variation vorgenommen wird, dann ist eine entsprechende Passivkonstruktion, die in ihrer Struktur dem Satz (53′) ähnlich ist, möglich:

(63) полага́лось, что гла́вное значе́ние моли́твы не в серде́чном просветле́нии, а в тех веще́ственных результа́тах, кото́рые она́, по о́бщему коры́стному убежде́нию, приноси́ла за собо́й.

(63′) гла́вное значе́ние моли́твы полага́лось не в серде́чном просветле́нии, а в тех веще́ственных результа́тах, кото́рые она́ … приноси́ла за собо́й (Салтыков-Щедрин)

2.2.3.1. полага́ть² /—— dt. beabsichtigen, (zu tun) gedenken

$[[+\text{mensch}]]_{NP}$ —— $[(\text{то})\ S^{inf}]_{NP}$

Die ausdrückliche Angabe «S^{inf}» bedeutet, daß nur **Infinitivsatzeinbettung** erfolgt.

(64) мы полага́ли [(то) [к четырём часа́м стать на я́корь]$_S$]$_{NP}$ (мы ста́нем к четырём часа́м на я́корь)

2.2.3.2. полага́ть² gehört zu der Klasse der Transitiva mit tilgbarem Objekt:

Vgl. z. B. он чита́ет кни́ги: он чита́ет
он берёт газе́ту: *он берёт

2.2.4. находи́ть/найти́ dt. finden (, daß …)

$[[+\text{mensch}]]_{NP}$ —— $[(\text{то}), \text{что } S]_{NP}$; $S \neq S^q$, S^{inf}

(65) не нахо́дите ли вы …, [(то), что [я́сень по-ру́сски о́чень хорошо́ на́зван]$_S$]$_{NP}$

(66) Ле́вин … нашёл [(то), что [они́ (поко́сы R. R.) сто́ят доро́же]$_S$]$_{NP}$ (Л. Н. Толстой)

(67) Кручинина нахо́дит [(то), что [у вас есть тала́нт]$_S$]$_{NP}$

Die syntaktische Variation eingebetteter Kopulasätze durch die Konstruktion mit Akkusativobjekt und Instrumental des (deklinablen) Prädikatsnomens ist analog der bei счита́ть/счесть beschriebenen:

(68) … до́ктора, кото́рый нахо́дит [(то), что [зде́шний во́здух для меня́ поле́зен]$_S$]$_{NP}$

(68′) … до́ктора, кото́рый нахо́дит для меня́ поле́зным зде́шний во́здух

(69) нача́льство и това́рищи нашли́ [(то), что [брак мой несовмести́м с досто́инством офице́ра]$_S$]$_{NP}$

(69′) нача́льство и това́рищи нашли́ брак мой несовмести́мым с досто́инством офи́цера (Чехов)

(70) кри́тика нахо́дит пя́тый акт … соверше́нно изли́шним

(71) молодёжь была́ в за́дних ко́мнатах, не находя́ ну́жным уча́ствовать в приёме визи́тов (Л. Н. Толстой)

Passivkonstruktionen des Typs, der unter 2.2.1.4. beschrieben wurde, sind für находи́ть/найти́ nicht möglich.

2.2.5.1. предполага́ть¹/предположи́ть dt. annehmen, vermuten (де́лать предположе́ние)

$$\Big[[+\text{mensch}]\Big]_{NP} \text{——} \left[\begin{Bmatrix}(\text{то})\ \text{что (бы) } S\\ +\text{abstrakt (V, A)}\end{Bmatrix}\right]_{NP} \quad S \neq S^q$$

Trotz der Ähnlichkeit in den Bedeutungen unterscheidet sich dieses Verbum beträchtlich von den Verben 2.2.1. bis 2.2.4. Das Objekt, die Satz-Nominalphrase, kann nicht, wenn sie ein Kopulasatz ist, zur Akkusativ-Instrumental-Konstruktion (vgl. 2.2.1.2.) abgewandelt werden. Diese Einschränkung hat предполагáть/предположи́ть gemeinsam mit полагáть[1], und es verfügt auch über gewisse ähnliche Komprimierungen von Satzeinbettungen mit Existentialverb быть (vgl. 2.2.2.2.).

(72) я предполагáл, [(то), что [продолжéние гóрода налéво$]_{S}]_{NP}$

(73) налéво, где я предполагáл продолжéние гóрода, ничегó нé было (Гончаров)

(72) ist in (73) als Relativsatz eingebettet, aber die Umformung ist ebenso deutlich wie in (72′).

(72′) я предполагáл налéво продолжéние гóрода

(74) врач предположи́л [(то), что [у ребёнка скарлати́на$]_{S}]_{NP}$

(74′) врач предположи́л у ребёнка скарлати́ну

2.2.5.2. Im Unterschied aber zu allen bisher beschriebenen Verben kann dieses Nominalphrasen als Objekt haben, deren Kernwort vom Prädikat des Objektsatzes abgeleitet ist. Diese Konstruktion stellt eine besondere komprimierende Umformung der Satz-Nominalphrase dar. Die Umformung unterscheidet sich von den in (72′), (73), (74′) und den durch (60′), (61′) und (62′) illustrierten (vgl. 2.2.2.2. und 2.2.5.1.).

(75) знакóмый дóктор предположи́л [(то), что [смерть близкá$]_{S}]_{NP}$

(75′) знакóмый дóктор предположи́л [бли́зость смéрти$]_{NP}$

Vgl.:

(76) знакóмый дóктор {считáл | полагáл} (то), что смерть близкá

(76′) *знакóмый дóктор {считáл | полагáл} бли́зость смéрти

(77) дóктор предположи́л, что смерть приближáется

(77′) дóктор предположи́л приближéние смéрти

2.2.5.3. Beispiele mit **что (бы)**

(78) ужé по одномý собáчьему лáю ... мóжно бы́ло предположи́ть что деревýшка былá порядочная (Гоголь)

(79) я не могý предположи́ть, чтóбы вы, любя́ свою́ дочь и желáя ей счáстья, отказáли мне (А. Островский)

2.2.5.4. Предполагáть[1] gehört zur Klasse der Verben mit tilgbarem Objekt:

(80) стáли ... разгáдывать, предполагáть. (Пушкин)

2.2.5.5. Die Satznominalphrase erlaubt auch passivisch-reflexivische Konstruktionen, in denen sie anstelle der Objektsfunktion Subjektsfunktion erhält (vgl. 2.2.1.4.).

(81) предполагáется, что делегáция прибýдет сегóдня вéчером

(82) предполага́ется, что чу́вственный аппара́т отраже́ния необходи́м для получе́ния, хране́ния и испо́льзования зна́ний.

(83) всё накопля́лись ме́лкие, почти́ забыва́ющиеся впечатле́ния слов и посту́пков Кирса́нова, ... кото́рые е́ю са́мою (Ве́рой Па́вловной) почти́ не́ были ви́димы, а то́лько **предполага́лись**, подозрева́лись

(Чернышевский)

2.2.6.1. предполага́ть² /— dt. beabsichtigen, vorhaben (zu tun), (име́ть наме́рение, план) gedenken; planen; vorsehen

$$[[+\text{mensch}]]_{NP} \text{ —— } [(\text{то})\ S^{inf}]$$

(84) что предполага́ете де́лать?

(85) Бори́с предполага́ет [(то) [не до́лго отсу́тствовать]$_S$]$_{NP}$
(Бори́с не до́лго бу́дет отсу́тствовать)

2.2.6.2. Passivische Wendung:

(86) на друго́й день предполага́лось встать ра́но

Die folgenden passivischen Sätze (87), (88) zeigen, daß предполага́ть(ся) auch die syntaktische Umgebung «—— [(то) что S]$_{NP}$» und «—— [+abstrakt]$_{NP}$» haben kann:

(87) предполага́лось, что в бою́ команди́р бу́дет находи́ться о́коло дальноме́ра «es wurde (war) vorgesehen (geplant), daß ...»

(88) по́сле обе́да предполага́ется ката́нье на конька́х (Писемский)

2.2.7.1. подозрева́ть¹ /—— dt. vermuten, mutmaßen, ahnen

$$[[+\text{mensch}]]_{NP} \text{ —— } \left\{\begin{array}{l} \left[(\text{то}) \left\{\begin{array}{c}\text{как}\\ \text{что}\end{array}\right\} S\right]_{NP} \\ \left[\text{о}_6 \left[\text{том} \left\{\begin{array}{c}\text{как}\\ \text{что}\end{array}\right\} S\right]_{NP}\right]_{PP} \end{array}\right\}$$

(89) Ага́фья Ка́рповна подозрева́ла $\left\{\begin{array}{c}\text{(то)}\\ \text{о том}\end{array}\right\}$ что [Ли́за несчастли́ва с Ви́ктором]$_S$

(90) вы и не подозрева́ете $\left\{\begin{array}{c}\text{(то)}\\ \text{о том}\end{array}\right\}$ [как бли́зко мы коснёмся де́ла]$_S$

Wenn der eingebettete Satz **быть** als *Existential*verb hat, ist die Transformation, die in 2.2.2.2. beschrieben wurde, möglich:

(91) мы подозрева́ли [(то), что [здесь заса́да и обма́н]$_S$]$_{NP}$

(91′) мы подозрева́ли здесь заса́ду и обма́н (Фурманов

(92) мы подозрева́ли $\left\{\begin{array}{c} \text{в нём тала́нт} \\ \left[\left\{\begin{array}{l}\text{что у него́ есть тала́нт}\\ \text{что в нём есть тала́нт}\end{array}\right\}\right] \end{array}\right\}$

2.2.7.2. Eine besondere Umformung ist bei eingebetteten Kopulasätzen möglich:

(93) ка́ждый подозрева́л в друго́м возмо́жного врага́

das als Abwandlung etwa in Beziehung gesetzt werden kann zu (93′):

(93′) ка́ждый подозрева́л, что $\left\{\begin{array}{l}\text{друго́й (ему́) возмо́жный враг}\\ \text{друго́й мо́жет стать ему́ враго́м}\end{array}\right\}$

Diese Abwandlung unterscheidet sich von der gewohnten, in 2.2.1.2. erörterten: das Prädikatsnomen wird zum Akkusativobjekt, das Subjekt der Kopulakonstruktion zur Präpositionalphrase (vgl. etwa dt. *er sieht in ihm einen Feind*). Die Konstruktion (93) unterscheidet sich also grundsätzlich von der scheinbar sehr ähnlichen in (92). Die Konstruktion des Typs (93) ist einer größeren Klasse von Verben gemeinsam:

(94) я ви́жу в нём прее́мника себе́

Die Bedeutungsähnlichkeit von ви́деть in (94) mit счита́ть/счесть (2.2.) ist deutlich.

2.2.8.1. подозрева́ть² /—— dt. verdächtigen, in Verdacht haben (, *daß*).

$$\left[[+\text{mensch}]\right]_{NP} \text{——} \left[[+\text{mensch}]\right]_{NP} \left(\left[\text{в}_6 \begin{Bmatrix}[+\text{abstrakt (V, A)}]_{NP}\\ [\text{том что S}]_{NP}\end{Bmatrix}\right]_{PP}\right)$$

$$S \neq S^q, S^{inf}$$

Die Einklammerung der Präpositionalphrase bedeutet, daß sie fakultativ anwesend ist: *jemanden verdächtigen* (*einer Sache*), *jemanden in Verdacht haben* (,*daß*).

(95) все подозрева́ли $[\text{друг дру́га}]_{NP}$

(96) ты подозрева́л $[\text{Ки́ршу}]_{NP}$ $[\text{в } [\text{изме́не}]_{NP}]_{PP}$

(97) есть основа́ния подозрева́ть $[\text{её}]_{NP}$ $[\text{в } [\text{знако́мстве с охра́нкой}]_{NP}]_{PP}$ (Горький

(96′) ты подозрева́л $[\text{Ки́ршу}]_{NP}$ $[\text{в } [\text{том, что } [\text{она́ тебе́ измени́ла}]_S]_{NP}]_{PP}$

2.2.8.2. Auch das Personen-Objekt ist eliminierbar, was Nichtanwesenheit des Präpositionalobjekts voraussetzt.

(98) он всегда́ подозрева́ет, ко всем отно́сится недове́рчиво

2.2.8.3. подозрева́ть² erlaubt reflexives Passiv:

(99)	… консерва́тор,	кото́рый … подозрева́лся	в та́йных сноше́ниях с станово́ым при́ставом (Салтыков-Щедрин)
	aktivisch =	кото́рого подозрева́ли	в …

(100) воше́дшая го́рничная, та, что подозрева́лась в кра́же бриллиа́нта …;

2.2.9.1. сомнева́ться/усомни́ться dt. zweifeln
(испы́тывать сомне́ние)

$$\left[[+\text{mensch}]\right]_{NP} \text{——} \left[\text{в}_6 \left[\begin{Bmatrix}[(\text{том}), \text{ что (бы)S}]\\ [+\text{abstrakt}]\\ [+\text{mensch}]\end{Bmatrix}\right]_{NP}\right]_{PP}$$

(101) Бори́с сомнева́ется $[(\text{в } [\text{том}), \text{ что } [\text{его́ расска́з правди́в}]_S]_{NP}]_{PP}$

(101′) Бори́с сомнева́ется в правди́вости его́ расска́за

(101) und (101′) haben gleiche Bedeutung; sie zeigen die in der Formel für das Verb oben angegebenen beiden Möglichkeiten der syntaktischen Konstruktion. (101′) ist eine

Abwandlung von (101): das Adjektiv wird abstraktes Nomen, das Subjekt im Nominativ erhält genitivische Form. «в том» kann — das soll die runde Klammer zeigen — weggelassen werden.

(102) Но все о́чень усомни́лись (в том), что́бы Чи́чиков был капита́н Копе́йкин ... (Гоголь)

«S» kann auch «S^q» sein, so daß die Konjunktion «что(бы)» der Formel in diesem Fall natürlich nicht verwendet wird. Sie ist trotzdem in ihr — nicht ganz korrekt — allein angegeben, weil sie die hauptsächlichste syntaktische «Bearbeitung» des eingebetteten Satzes darstellt:

(103) Корреспонде́нты усомни́лись (в том), [уда́стся ли им найти́ ночле́г]$_{S^q}$ (Гончаров)

2.2.9.2. Kontext «—— [+mensch]$_{NP}$»:

(104) неуже́ли ты сомнева́ешься во мне?
неуже́ли ты сомнева́ешься в само́м себе́?

2.2.9.3. Der Kontext «—— [+abstrakt]$_{NP}$» erstreckt sich auch auf metasprachliche Ausdrücke, auf eine sprachliche Äußerung als Behauptung:

(105) он всё ещё сомнева́ется в
[**слова́х** Матве́я;
том, что говори́л Матве́й о но́вой кни́ге]$_{NP}$

2.2.10.1. признава́ть/призна́ть dt. anerkennen (auch juristisch); zugeben, eingestehen, bekennen; ansehen (als)

$$\left[\begin{Bmatrix}[+\text{mensch}]\\ [+\text{institution}]\end{Bmatrix}\right] \qquad \left[\begin{Bmatrix}(\text{то})\ \text{что}\ S\\ [+\text{abstrakt}]_N\end{Bmatrix}\right]_{NP} \quad S \neq S^q, S^{inf}$$

«[+institution]» bedeutet, daß die Kern-Nomina der (Subjekts-) Nominalphrase Institutionen und/oder juristische Personen bezeichnen.

2.2.10.2. Satzpaare mit Satz-Nominalphrase und abstraktem Nomen: Bedeutung: anerkennen.

(106) призна́ли [(то), что [страна́ нейтра́льна]$_S$]$_{NP}$
призна́ли [нейтралите́т страны́]$_{NP}$

(107) це́рковь не призна́ла брак его́ роди́телей
це́рковь не призна́ла, что его́ роди́тели состоя́т в бра́ке

Entsprechend gibt es je zwei Passivkonstruktionen zu (106) und (107):

(106′) [нейтралите́т]$_{NP}$ страны́ был при́знан
бы́ло при́знано [(то), что [страна́ нейтра́льна]$_S$]$_{NP}$

(107′) брак его́ роди́телей не́ был при́знан церко́вью
церко́вью не́ было при́знано, что его́ роди́тели состоя́т в бра́ке

(108) призна́ть бытие́ каки́х-то та́йных и непознава́емых сил вне себя́, вне свое́й эне́ргии рабо́чий не мо́жет и не до́лжен (Горький)

(108′) призна́ть, что каки́е-то та́йные и непознава́емые си́лы существу́ют вне его́, ... рабо́чий не мо́жет ...

(109) не признáли [(тогó) что [у поэ́та Грибоéдова талáнт]$_S$]$_{NP}$

(109′) не признáли талáнта поэ́та Грибоéдова

(109″) не признáли в поэ́те Грибоéдове талáнта

Passivisch:

(110) нé было при́знано [(то), что [у поэ́та Грибоéдова талáнт]$_S$]$_{NP}$

(110′) талáнт поэ́та Грибоéдова нé был при́знан

(111) ЦИКу Северокавкáзской респу́блики оставáлось тóлько официáльно признáть за ним (Сорóкиным) главéнство в воéнных оперáциях

(А. Толстой)

(111′) … признáть, что главéнство в воéнных оперáциях за Сорóкиным

2.2.10.3. Satzpaare mit Satz-Nominalphrase und Akkusativ-Instrumental-Konstruktion (vgl. 2.2.1.2.);

Bedeutung: eingestehen, zugeben; ansehen (als), halten (für)

(112) он срáзу же признáл, что он винóвен

(112′) он срáзу же признáл себя́ винóвным (bekannte sich schuldig)

(113) он признáл, что кóмната Никóновой настоя́щий тёплый, егó дом

(113′) настоя́щим, тёплым, свои́м дóмом он признáл кóмнату Никóновой

(114) они признáли, что причи́на нея́вки неуважи́тельна

(114′) они признáли причи́ну нея́вки неуважи́тельной

(115) они признáли, что ну́жно поторопи́ться с рабóтой

(115′) они́ признáли ну́жным поторопи́ться с рабóтой

Vgl. die Erörterung von (42′), S. 700

2.2.10.4. Die Parallelität von Satz-Nominalphrasen und Nominalphrasen ist nicht durchgängig. Zu (116) und (117) gibt es keine entsprechenden synonymen Parallelsätze:

(116) $\begin{Bmatrix}\text{было при́знано}\\ \text{признáли}\end{Bmatrix}$ [(то), что [я уби́л защищáясь]$_S$]$_{NP}$

(117) существу́ющую грани́цу мéжду э́тими стрáнами признáли

2.2.11.1. объясня́ть/объясни́ть dt. erklären

$$\left[\begin{Bmatrix}[+\text{mensch}]\\ [+\text{theorie}]\end{Bmatrix}\right]_{NP} — [[+\text{mensch}]]_{NP_3} \left[\begin{Bmatrix}(\text{то})\ S\\ [\pm\text{abstrakt}]\end{Bmatrix}\right]_{NP} \left(\left[\begin{Bmatrix}(\text{то})\ S'\\ [+\text{abstrakt}]\end{Bmatrix}\right]_{NP_3}\right)$$

$S \neq S^{inf}$, wenn $S^{inf} \neq S^{q}$, vgl. Beispiel (120); $S' \neq S^{q}$, S^{inf}

«[+theorie]» bedeutet, daß die Kernnomina der «NP» Theorien, Hypothesen oder ähnliche wissenschaftliche Erklärungssysteme bezeichnen.

(118) Бори́с объясни́л [ей]$_{NP_3}$ $\left[(\text{то}) \left[\begin{Bmatrix}\text{что}\\ \text{почему́}\end{Bmatrix} \text{он переезжáет на дáчу}\right]_S\right]_{NP}$

(119) он не умéл [себé]$_{NP_3}$ объясни́ть [(то) [зачéм лю́ди в гóсти хóдят]$_{S^q}$]$_{NP}$ (Добролюбов)

(120) обрáдованный колхóзник проводи́л её на вокзáл и объясни́л [(то) [как добраться от стáнции до мéста]$_{S^q}$]$_{NP}$

(121) Гончарóв признавал, что ... Добролю́бов вéрно объясни́л [емý]$_{NP_3}$ [значéние его́ сóбственного твóрчества]$_{NP}$ (Короленко)

(122) [совремéнная теóрия поля́рных сия́ний ...]$_{NP}$ объясня́ет [их происхождéние]$_{NP}$ [проникновéн**ием** в вéрхние слои́ гáзовой оболóчки земли́ электри́чески заря́жённых части́чек ...]$_{NP_5}$

2.2.11.2.

(123) он объясня́л [нам]$_{NP_3}$ [э́то]$_{NP}$ [цензу́рными услóвиями]$_{NP_5}$

Die (Objekt-) Nominalphrase, die bei Anwesenheit des Subjekts im Akkusativ steht, kann Subjektsfunktion erhalten; der Satz muß dann reflexivisch gewendet werden (vgl. (123) mit (124):

(124) э́то объясня́лось цензу́рными услóвиями

(125) (мнóгими) э́то объясня́ется объекти́вными тру́дностями

(125) hat — ohne **мнóгими** — die gleichen (zwei) Bedeutungen wie (124): «das erklärt(e) sich durch objektive Schwierigkeiten (die Zensur)» oder «das wird (wurde) mit objektiven Schwierigkeiten (der Zensur) erklärt». Wenn (125) (mit **мнóгими**) passivische Struktur hat, nämlich «das wird von vielen durch objektive Schwierigkeiten erklärt», dann steht es in Beziehung zu dem aktivischen Satz:

(125′) э́то мнóгие объясня́ют объекти́вными тру́дностями

(126) жéнщины бéгают (с кáторги) несравнéнно рéже, чем мужчи́ны, и э́то объясня́ется (erklärt sich) тру́дностями, каки́ми обстáвлен для жéнщины побéг (Чехов)

2.2.11.3. Im perfektiven Aspekt hat reflexives объясни́ться — allerdings leicht archaisch — eine etwas andere Bedeutung: *klar werden, sich (auf)klären*

(127) тогдá тóлько вполнé объясни́лось для меня́ положéние мáтери ... (Аксаков)

2.2.11.4. Perfektives Passiv von объясни́ть:

(128) учи́тель объясни́л студéнту э́то недоразумéние тем, что [S]

(128′) э́то недоразумéние бы́ло объясненó студéнту учи́телем тем, что [S]

2.2.11.5. объясня́ть/объясни́ть hat also vier sogenannte *Aktanten*: wer (1) erklärt wem (2) was (3) wodurch (4).

2.2.12.1. объявля́ть/объяви́ть dt. (auch *offiziell*) erklären, verkünden, mitteilen, bekanntgeben

$$\left[\begin{Bmatrix}[+\text{mensch}]\\ [+\text{institution}]\end{Bmatrix}\right]_{NP} — \left([+\text{mensch}]_{NP_3}\right) \begin{Bmatrix} \left[\begin{Bmatrix}\text{(то) что S}\\ [+\text{abstrakt}]\end{Bmatrix}\right]_{NP} \\ \left[\text{о}_6 \left[\begin{Bmatrix}\text{том, что S}\\ [+\text{abstrakt}]\end{Bmatrix}\right]_{NP}\right]_{PP}\end{Bmatrix}$$

Die äußere Alternativklammer bedeutet, daß entweder Präpositionalphrasen mit Präposition «о» oder bloße Nominalphrasen den «rechten» Kontext abgeben können; vgl. Beispiele.

(129) А́нна Васи́льевна внеза́пно объяви́ла [(то), что [она́ послеза́втра наме́рена е́хать в Цари́цыно]$_S$]$_{NP}$ (Тургенев)

(130) Никола́й объяви́л ма́тери [о [свое́й любви́ к Со́не]$_{NP}$]$_{PP}$ (Л. Н. Толстой)

(131) объяви́ли $\begin{Bmatrix}\text{ко́нкурс на замеще́ние вака́нтной}\\ \text{до́лжности ста́ршего нау́чного сотру́дника}\\ \text{о ко́нкурсе в газе́те}\end{Bmatrix}$

(132) объяви́ли о том, что ко́нкурс не состои́тся

(133) председа́тель объяви́л, что собра́ние откры́то

2.2.12.2. объявля́ть/объяви́ть erlaubt die Umformung nach 2.2.1.2, so daß (133) zu (133′) abgewandelt werden kann:

(133′) председа́тель объяви́л собра́ние открытым

(134) он объявля́ет, что он покло́нник Эпику́ра ⟶

(134′) он объявля́ет себя́ покло́нником Эпику́ра

(135) объяви́ли, что докуме́нты недействи́тельны ⟶

(135′) объяви́ли докуме́нты недействи́тельными

(136) коменда́нт Владивосто́ка уже́ объяви́л [(то), что [кре́пость на вое́нном положе́нии]$_S$]$_{NP}$ ⟶

(136′) он уже́ объяви́л кре́пость на вое́нном положе́нии (Степанов)

2.2.12.3. offiziell erklären, bekanntgeben

(137) объяви́ть войну́, мобилиза́цию, забасто́вку, подпи́ску на газе́ту; объяви́ть пригово́р, прика́з

(138) бы́ло недоста́точно объяви́ть, что ба́нковский капита́л — со́бственность госуда́рства

(138′) бы́ло недоста́точно объяви́ть ба́нковский капита́л со́бственностью госуда́рства (Федин)

vgl. 2.2.12.2.

2.2.12.4. Passivische Konstruktionen:

(139) бы́ло объя́влено переми́рие

(140) был объя́влен ко́нкурс
о ко́нкурсе бы́ло объя́влено (в газе́те)

(141) и о том бы́ло объя́влено, что ко́нкурс не состои́тся

In Konstruktionen, die nach 2.2.12.2. abwandelbar sind, ist die syntaktische Behandlung, die in 2.2.1.4. erörtert wurde, zu beachten:

(142) бы́ло объя́влено, что собра́ние откры́то

(142′) собра́ние бы́ло объя́влено откры́тым

reflexives Passiv:

(143) объявля́лись бойко́ты и забасто́вки (wurden erklärt)

(144) объявля́лось в газе́те $\left\{\begin{matrix}\text{(то)}\\ \text{о том}\end{matrix}\right\}$, что рабо́чие забастова́ли
(wurde bekanntgeben)

2.2.13. Die starken Gemeinsamkeiten des syntaktischen Verhaltens, durch die sich die Verben des Abschnittes 2. auszeichnen, sind unverkennbar. Sie wurden beispielhaft erörtert als Illustration einer analogen Behandlung auch anderer Verbklassen. Wir werden im nächsten Abschnitt (2.3.1.), in dem Verben verschiedener syntaktisch-semantischer Klassen diskutiert werden, sehen, wie sich eine der entscheidenden Einsichten der modernen Grammatik in der Syntax des Verbs reflektiert, die Einsicht nämlich, daß hinter oberflächlich gleichen syntaktischen Konstruktionen fundamentale Unterschiede verborgen sein können.

2.3.1. Wir haben unter 2.2.1.2. die Konstruktion

(37′) мы счита́ли тебя́ арти́стом

als Abwandlung von (37) kennengelernt. Die — oberflächlich — gleiche Konstruktion erlaubt z. B. вы́брать, сде́лать, по́мнить, напра́вить:

(145) мы вы́брали тебя́ председа́телем

(146) он сде́лал тебя́ челове́ком (Паустовский)

(147) мы по́мнили тебя́ арти́стом

(148) мы напра́вили тебя́ учи́телем в дере́вню

Während aber (37′) das gleichbedeutende (37) neben sich hat, gibt es zu (145) kein

(145′) *мы вы́брали, что ты председа́тель

zu (146) kein

(146′) *мы сде́лали, что ты челове́к

Zu (147) wiederum gibt es zwar

(147′) мы по́мнили, что ты арти́ст,

aber der Satz (147′) unterscheidet sich in seiner Bedeutung beträchtlich von (147). Das Verhältnis von (147) zu (147′) ist also ein ganz anderes, als das zwischen (37) und (37′) bestehende. «напра́вить» in (148) hat als Richtungsverb der (Fort-) Bewegung eine ganz besondere Stellung, weil es eine Richtungsangabe wie «в дере́вню» nicht entbehren kann. So scheint es zunächst sinnvoll, wenn вы́брать und сде́лать in eine gemeinsame Verbklasse gestellt würden. Sie könnte als semantisch-syntaktische Klasse *eigenschaftsverlei-*

hender Verben provisorisch bezeichnet werden, denn die Eigenschaft «Vorsitzender zu sein», entsteht erst durch die Handlung, die das Verb bezeichnet.

2.3.2. выбира́ть/вы́брать dt. wählen

$$\left[\begin{bmatrix}+\text{mensch}\\+\text{institution}\end{bmatrix}\right]_{NP} - \left[\begin{bmatrix}+\text{mensch}\end{bmatrix}\right]_{NP} \left[\begin{bmatrix}+\text{Funktion}\\\text{Eigenschaft}\end{bmatrix}\right]_{NP_5}$$

Der Instrumental-Nominalphrase «NP_5» in (145) und (146) liegt ein *Satz* zugrunde:

(149) (ты стал) председа́телем
(ты стал) челове́ком

Die Instrumental-Nominalphrase in (145) kann als Akkusativ erscheinen, und die ursprüngliche Akkusativphrase kann fehlen.

(150) мы вы́брали председа́теля

Zu (150) und (145) gibt es die Passivsätze:

(150′) председа́тель был вы́бран на́ми

(145′) ты был вы́бран на́ми председа́телем

Reflexives Passiv:

(151) он не́сколько раз подря́д выбира́лся председа́телем

Im Unterschied zu (53′), das mit (53) verknüpft ist, gibt es für (151) keine entsprechende bedeutungsgleiche Konstruktion:

(151′) *не́сколько раз подря́д выбира́лось, что он председа́тель

2.3.3.1. де́лать/сде́лать dt. machen (zu)
Dieses Verb hat zunächst eine ähnliche Kontextformel wie 2.3.2. Lediglich das Merkmal [+mensch] erhält an beiden Stellen den Wert [±mensch].

(152) (с)де́лали его́ дурако́м, посме́шищем

(153) она́ (с)де́лала его́ счастли́вым

(154) со́лнце сде́лало шерсть чи́стой, лёгкой и сухо́й
ра́дость сде́лала его́ лицо́ краси́вым

Als Variante zu Typ (152) kann (155) konstruiert werden:

(155) (с)де́лали **из него́** посме́шище

Die akkusativische Nominalphrase wird also in eine Präpositionalphrase mit der Präposition из, die Instrumentalphrase zur akkusativischen verwandelt.

(156) э́тот педаго́г де́лал из отъя́вленных лентя́ев приме́рных и приле́жных ученико́в

(157) де́лать из му́хи слона́

2.3.3.2. (с)де́лать verfügt nicht wie вы́брать über die Konstruktion mit bloßer Akkusativ-Nominalphrase (Objekt) der Person, vgl. (150).

(158) *мы (с)де́лали председа́теля

2.3.3.3. Das reflexive (с)де́латься reduziert sich im Unterschied zu **выбира́ться** auf die Bedeutung «станови́ться» *werden.*

(159) при встре́че со мной он всегда́ де́лался злым
он сде́лался инжене́ром

2.4.1. Eine andere Klasse von Verben, zu der по́мнить (2.4.2.) gehört, könnte als *Verben mentaler Reproduktion* bezeichnet werden. Sie hat ebenfalls gemeinsame syntaktische Eigenschaften. Wir wollen sie provisorisch als *reproduktiv-restriktive* Verben bezeichnen. Die Restriktion (Einschränkung) kann sich auf bestimmte Aspekte, biologische Lebensabschnitte der Ganzheit der Person beziehen.

2.4.2.1. по́мнить dt. sich erinnern, denken an
вспомина́ть/вспо́мнить

$$\big[[+\text{mensch}]\big]_{NP} — \left\{ \begin{matrix} \left[\left\{\begin{matrix}(\text{то})\left(\left\{\begin{matrix}\text{что}\\ \text{как}\end{matrix}\right\}\right)\ S\\ [\pm\text{mensch}]\end{matrix}\right\}\right]_{NP} \\ \left[\text{о}_6\left[\left\{\begin{matrix}\text{том}\left(\left\{\begin{matrix}\text{что}\\ \text{как}\end{matrix}\right\}\right)\ S\\ [\pm\text{mensch}]\end{matrix}\right\}\right]_{NP}\right]_{PP}\end{matrix}\right\} \left(\left[\left\{\begin{matrix}[\pm\text{mensch}]\\ [+\text{Eigenschaft}]\end{matrix}\right\}\right]_{NP_5}\right)$$

Die fakultative Instrumental-Nominalphrase kann nur verwendet werden, wenn in der vorausgehenden (Akkusativ)Nominalphrase die untere Alternative, also $[\pm\text{mensch}]_{NP}$ gewählt wird, vgl. (165)—(168).
Die Charakterisierung der fakultativen Instrumental-Nominalphrase als [+Eigenschaft] bezieht sich auf Adjektiva und Partizipien, die eine Eigenschaft oder einen Zustand ausdrücken. Wir betrachten sie als verkürzte Nominalphrasen im Instrumental, deren Nomen eliminiert ist. Genau genommen handelt es sich um den Sonderfall einer Nominalphrase «$[\pm\text{mensch}]_{NP}$», die ein Adjektiv oder Partizip enthält und deren Kernwort (Nomen) nicht anwesend ist; vgl. Beispiel (170).

(160) я по́мню вас хорошо́

(161) по́мнил как их води́ли к отцу́, с рука́ми, свя́занными за́ спину (Пушкин)

(162) он по́мнил обо мне́ в чужеда́льней стороне́

(163) он не по́мнил (того́) $\left\{\begin{matrix}\text{что}\\ \text{почему́}\end{matrix}\right\}$ он тогда́ при́нял тако́е реше́ние

(164) я не по́мнил о том, что ты мне говори́л

(147) und (147′) haben, wie erwähnt, ganz verschiedene Bedeutung, aber die Ersetzung von по́мнили durch счита́ли ergäbe bedeutungsgleiche Sätze:

(147′) мы по́мнили, что ты арти́ст : мы счита́ли, что ты арти́ст

(147) мы по́мнили тебя́ арти́стом : мы счита́ли тебя́ арти́стом

Die Bedeutung von (147′) kann etwa umschrieben werden mit dem Satz

(147″) мы по́мнили тебя́ таки́м, каки́м ты был, когда́ ты был арти́ст(ом)

(147) ist also eine Komprimierung von (147″).

(165) он пóмнил её ещё дéвочкой

(165′) он пóмнил её такóй, какóй онá былá, когдá онá былá ещё дéвочкой

Das Verbum запóмнить verhält sich syntaktisch ganz ähnlich wie пóмнить. In der Überschrift eines Zeitungsartikels

(166) «Лáндау, **какúм** мы его́ запóмним»

wird das Pronomen какúм erst durch den Text des so überschriebenen Artikels semantisch erfüllt und interpretierbar:

(166′) Лáндау (как) такóй, какúм мы его́ запóмним

Das Bezugspronomen «такóй», das, auch wenn es fehlt, in (166) impliziert wird, ist pronominaler Stellvertreter des Textes, der bestimmte Aspekte und Eigenschaften beschreibt, genau die, an die wir uns bei dieser Persönlichkeit vorzugsweise erinnern, wenn wir an sie denken. Der reproduktiv-restriktive Charakter von (за)пóмнить ist also auch hier ganz deutlich.

(167) Никúта Юрьич с тех пор, с котóрых он был в состоя́нии себя́ пóмнить, пóмнил себя́ (Никúту Юрьича) крýглым сиротóю (Лесков)

(168) я пóмню э́тот гóрод ещё мáленьким местéчком

2.4.2.2. Reflexive Formen

Die akkusativische Nominalphrase erhält dann nach der bekannten generellen Regel Subjektsfunktion und damit nominativische Formierung; die ursprüngliche Subjekt-Nominalphrase erhält dativische Gestalt. Die Instrumental-Nominalphrase bleibt unverändert:

(169) ты нам запóмнился артúстом

vgl. (147).

(170) Лáндау чáсто вспоминáлся мне **окружённым** грýппой молоды́х блестя́щих теорéтиков, вéдших вмéсте с ним борьбý за нóвый подхóд к преподавáнию теоретúческой фúзики.

vgl. (170′)
(170′) я чáсто вспоминáл Лáндау окружённым грýппой ...

2.4.3.1. ресовáть/ —— dt. zeichnen; darstellen

$$\left[\begin{Bmatrix}+\text{mensch}\\+\text{psych}\\+\text{abstrakt}\end{Bmatrix}\right]_{NP} - \left[[\pm\text{mensch}]\right]_{NP} \left(\left[[\pm\text{mensch}]\right]_{NP_5}\right)$$

In dieser Kontextformel ist [+Eigenschaft] nicht besonders vermerkt; vgl. die Erläuterung bei 2.4.2.1. «[+psych]» soll eine Klasse Substantiva als Kernwörter einer «NP» charakterisieren, die psychische Objekte bezeichnen, wie z. B. воображéние, фантáзия, пáмять.

(171) мáльчик рисовáл себé своегó герóя отвáжным лётчиком

(172) ты рису́ешь его́ отъя́вленным негодя́ем
она́ **рисова́ла** себе́ **Же́ню ребёнком,** ху́денькой шу́строй длинноно́гой шко́льницей ..., но ника́к не могла́ **предста́вить её инжене́ром** на огро́мном строи́тельстве

(173) ты рису́ешь её я́ркой и зама́нчивой (Федин)

Anstelle des Instrumentals kann die idiomatische Phrase «в ка́честве + NP_2» stehen oder eine Präpositionalphrase «$в_6$ + NP».

(174) ... глубины́ ана́лиза, кото́рую они́ рисова́ли (себе́) в ка́честве идеа́ла

(175) э́тот слепо́й и я́ростный поры́в ре́вности рису́ет ваш хара́ктер соверше́нно в но́вом для меня́ ви́де

In (175) wird der restriktive Charakter der Reproduktion besonders deutlich. Wenn nicht ein Nomen «[+mensch]» als Kern der Subjekts-Nominalphrase erscheint, dann tritt das Subjekt der psychischen Handlung in anderer Form auf [для меня́ in (175)] oder ein psychisches Objekt wie па́мять, воображе́ние kann als Teil des Subjekts oder als Charakterisierung der psychischen Handlung des Subjekts gelten.

2.4.3.2. Reflexive Formen

(174′) они́ не дости́гли той глубины́ ана́лиза, кото́рая рисова́лась им в ка́честве идеа́ла

(176) цыга́не рисова́лись нам чуть ли не разбойниками

(177) Неви́димый и далёкий, он рисова́лся в воображе́нии необыкнове́нным го́родом

Die Veränderungen gegenüber nichtreflexiven Konstruktionen sind analog denen bei по́мнить, вспомина́ть beschriebenen.

2.4.3.3. Zur Klasse dieser Verben gehören **изобража́ть/изобрази́ть, представля́ть/предста́вить.** Aber es gehört nicht dazu das Verbum вообража́ть/вообрази́ть:

(178) Чи́чиков вообража́л, что он уже́ настоя́щий херсо́нский поме́щик
Tschitschikow malte sich aus, daß ...

(178′) Чи́чиков вообража́л себя́ уже́ настоя́щим херсо́нским поме́щиком (Гоголь)

(179) писа́тель изобража́л его́ херсо́нским поме́щиком
der Schriftsteller stellte ihn als ... Gutsherren dar.

(179′) *писатель изобража́л, что он херсо́нский поме́щик

Den Unterschied zwischen изобража́ть und вообража́ть enthüllen die unterschiedlichen Relationen zwischen (178) und (178′) einerseits und (179) und (179′) andererseits, wobei (179′) kaum ganz sprachgerecht ist.

2.5. Als weitere beispielhafte Illustration der Verbalsyntax und ihrer Zusammenhänge mit der Semantik sollen die Verben ока́зываться/оказа́ться und каза́ться/показа́ться behandelt werden.

2.5.1.1. ока́зываться¹/оказа́ться dt. sich erweisen, sich herausstellen
[+reflexiv]

Das Verb kann weder Akkusativ noch Dativobjekt in seinem Kontext haben, das erstere nicht auf Grund seiner Reflexivität. Die Grundstruktur kann dargestellt werden durch das Schema

$$[(\text{то})\ \text{что}\ S]_{NP} \left[\begin{Bmatrix}\text{ока́зывалось (бы)}\\ \text{бу́дет ока́зываться}\\ \text{ока́зывается}\\ \text{ока́жется}\\ \text{оказа́лось (бы)}\end{Bmatrix}\right]_{VP} \quad S\neq S^{q};\ S^{inf}$$

Die Verbalphrase «VP» erfüllt Prädikatsfunktion, die «NP» Subjektsfunktion. Aber die Reihenfolge der «VP» und «NP» ist grundsätzlich umgekehrt:
«VP NP»:

(180) оказа́лось, что э́та бума́жка запи́ска от дру́га

(181) оказа́лось, что вся э́та исто́рия са́мый глу́пый вздор

(182) оказа́лось, что сре́дства соверше́нно него́дны

(183) оказа́лось, что он не тот, за кого́ мы его́ принима́ли

2.5.1.2.1. Die eingebetteten Sätze sind Kopulasätze. Dann ist eine Umformung möglich, die der bekannten, in 1.1.2. beschriebenen analog ist:

(180′) эта бума́жка оказа́лась запи́ской от дру́га

(181′) вся э́та исто́рия оказа́лась са́мым глу́пым вздо́ром

(182′) сре́дства оказа́лись соверше́нно него́дными

(183′) он оказа́лся не тем, за кого́ мы его́ принима́ли

Eine analoge Umformung darf auch stattfinden, wenn im eingebetteten Kopulasatz das Prädikatsnomen nicht zur Instrumentalgruppe verwandelt werden kann:

(184) оказа́лось, что вино́ не тако́го вку́са

(184′) вино́ оказа́лось не тако́го вку́са

(185) оказа́лось, что здесь э́то не совсе́м кста́ти

(185′) здесь э́то оказа́лось не совсе́м кста́ти

(186) оказа́лось, что сосе́д (был) си́льно навеселе́

(186′) сосе́д оказа́лся си́льно навеселе́

2.5.1.2.2. Weiter gibt es bisweilen die Möglichkeit, auch andere eingebettete Sätze, die also nicht Kopulasätze sind, in ähnlicher Weise umzugestalten, und zwar mit Hilfe des Partizips.

(187) ока́жется, что ка́ждое предложе́ние выража́ет зако́нченную мысль

(187′) ка́ждое предложе́ние ока́жется выража́ющим зако́нченную мысль

(188) че́рез не́которое вре́мя ока́зывается, что глы́ба стои́т на ледяно́й коло́нне

(188′) че́рез не́которое вре́мя глы́ба ока́зывается стоя́щей на ледяно́й коло́нне

Sätze mit **стать** wie (189), dessen Satzeinbettung der «Subjekt-NP» des eingebetteten Satzes in (190′) entspricht, sind nicht auf diese Weise umformbar:

(189) оказáлось, что учёные стáли искáть нóвое решéние

(189′) *учёные оказáлись стáвшими искáть нóвое решéние

Diese Einschränkung gilt auch für manche anderen Verben.

2.5.1.3. Wenn das Subjekt des eingebetteten Satzes selbst ein Satz ist, der mit Hilfe von «что» oder «чтóбы» syntaktisch bearbeitet, d. h. als Konstituente in ein größeres Satzganzes eingefügt ist, dann ergibt die Ausgangsform mit «оказáлось, (то) что S» nur nach der Umkehrung der Reihenfolge «NP + VP» zu «VP + NP» im *eingebetteten Satz* eine richtige Konstruktion.
Dem Satz

(190) оказáлось целесообрáзным, чтóбы учёные стáли искáть другóе решéние

entspricht also nicht der unkorrekte Satz (190′)

(190′) *оказáлось, (что) что/чтóбы учёные стáли искáть нóвое решéние — целесообрáзно

sondern

(190″) оказáлось, что [целесообрáзно, чтó(бы) [учёные стáли искáть нóвое решéние]$_S$]$_S$

2.5.2.1. окáзываться²/оказáться dt. sich befinden; (in eine Lage) geraten (sein)

(191) благодаря́ э́тому сестрá окáзывается в бóлее вы́годном положéнии

(192) окáзывается, что благодаря́ э́тому сестрá в бóлее вы́годном положéнии

(193) брат оказáлся без рабóты

(194) оказáлось, что брат без рабóты

Die Beziehung zwischen den Sätzen (180)—(188) und (180′)—(188′) ist eine ganz andere als die zwischen (191) und (192) und die zwischen (193) und (194) bestehende. Während die Satzpaare (180) und (180′) bis (188) und (188′) jeweils gleiche Bedeutung haben, haben die Satzpaare (191), (192) und (193), (194) unterschiedliche Semantik. In (192) und (194) hat окáз(ыв)áться die Bedeutung, die es auch in (180)—(188) hat. In (191) hat es die Bedeutung «sich befinden», ist also hier ein anderes Verb, in (193) hat es die Bedeutung «geraten in», also «arbeitslos werden» (in eine Situation geraten, wo man ohne Arbeit ist).

2.5.2.2. Etwas komplizierter ist das semantische Verhältnis solcher Satzpaare, wenn der eingebettete Satz nicht das Verb быть als Kopula, sondern als Verb mit der Bedeutung «(wo, dort anwesend) sein» enthält (vgl. 2.2.1.3., S. 700).

(195) оказáлось, что ребёнок (был) дóма

(195′) ребёнок оказáлся дóма

In einer Situation, in der das Kind gesucht wurde und sich herausstellte, daß es zu Hause war, können (195) und (195′) durchaus synonym sein, also gleiche Bedeutung haben. Das gleiche gilt für die beiden Sätze (196) und (196′):

(196) оказа́лось, что в но́вой гости́нице (бы́ли) свобо́дные номера́

(196′) в но́вой гости́нице оказа́лись свобо́дные номера́

Nehmen wir einen anderen Kontext:

(197) весь день он броди́л по незнако́мой ме́стности на гора́х. Вдруг он оказа́лся пе́ред го́рной хи́жиной

(198) вдруг оказа́лось, что он был пе́ред го́рной хи́жиной

(198) ist in seiner Bedeutung nicht identisch mit dem zweiten Satz in (197).
Zu den eingebetteten Sätzen mit nichtkopulativem быть gibt es Negationsformen, die den in 2.2.1.3. (S. 701) erörterten entsprechen. Zu (196′) gibt es (196″):

(196″) в но́вой гости́нице не оказа́лось свобо́дных номеро́в

Vgl. weiter:

(199) кни́ги оказа́лись на дива́не

(199′) оказа́лось, что кни́ги на дива́не

Zu (199) und synonymen (199′) ist (199″) die gemeinsame Negationsform

(199″) книг на дива́не не оказа́лось

2.5.3.1. каза́ться/показа́ться dt. scheinen
[+reflexiv]

Die Ausgangsform kann ähnlich wie bei ока́зываться angesetzt werden:

$$[(\text{то})\ \text{что}\ S]_{NP} \left[\left\{ \begin{array}{l} \text{бу́дет каза́ться} \\ \text{ка́жеться} \\ \text{каза́лось} \end{array} \right\} \right]_{VP}$$

Die Umstellung der Reihenfolge ist auch hier verbindlich:

(200) вам, должно́ быть, ка́жется, что он учёный

Die Umformung erfolgt bei Kopulasatz-Einbettungen nach der bekannten Regel:

(200′) он до́лжен вам каза́ться учёным
каза́лось, что ка́менный бе́рег безлю́ден
ка́менный бе́рег безлю́дным каза́лся

(201) (ему́) показа́лось что всё, что он там встре́тил, знако́мо

(201′) всё, что он там встре́тил, показа́лось ему́ знако́мо

(202) каза́лось, что вино́ не тако́го вку́са

(202′) вино́ каза́лось не тако́го вку́са

(203) каза́лось, что сестра́ в вы́годном положе́нии

(203′) сесртá казáлась в вы́годном положéнии

(204) казáлось, что господá-любúтели сúльно навеселé

(204′) господá-любúтели казáлись сúльно навеселé

2.5.3.2. Die analoge Umformung ist ausgeschlossen, wenn der eingebettete Satz mit *nicht*-kopulativem быть gebildet ist:

(205) казáлось, что кнúги на дивáне

(205′) *кнúги казáлись на дивáне

Vgl. aber das richtige (206):

(206) кнúги оказáлись на дивáне

(207) *книг на дивáне не казáлось

Vgl. (199″).

2.6. Wir wollen ein letztes Beispiel der Verbsyntax bringen, und zwar für den Sachverhalt, daß zwei Sätze mit dem gleichen Verb, dessen Bedeutung auch in beiden Sätzen gleich ist, und mit oberflächlich gleichen Konstruktionen, also scheinbar völlig identische Sätze, unterschiedliche Bedeutung und — bei genauerer Betrachtung — auch verschiedene syntaktische Struktur haben. Schauen wir uns zunächst (208) an:

(208) он обыкновéнно заставля́ет себя́ ждать
er läßt gewöhnlich auf sich warten

Die gleiche Bedeutung und Konstruktion, von Tempus, Aspekt und Adverbialbestimmung abgesehen, hat auch (209):

(209) он застáвил себя́ ждать
er ließ auf sich warten.
d. h. он застáвил когó-то (другóго) ждать егó

Die Konstruktionen (208), (209) sind in dieser Bedeutung leicht idiomatisiert, aber nicht isoliert. Man vergleiche den Anfang von «Евгéний Онéгин»:

(210) «Мой дя́дя сáмых чéстных прáвил,
Когдá не в шýтку занемóг,
Он уважáть себя́ застáвил
И лýчше вы́думать не мог.»

Die dritte Verszeile bedeutet: он застáвил другúх уважáть егó
Aber der Satz (209) hat auch noch eine andere Bedeutung und syntaktische Struktur, in der себя́ das direkte Objekt des Verbs застáвил, nicht wie in (208) und (209) von ждать, bzw. in (210) von уважáть ist:

«er zwang sich zu warten»

«warten» ist in dieser Interpretation ohne Objekt.
In dieser Bedeutung kann der Satz auch die Verbvariante подождáть erhalten:

(211) он застáвил себя́ подождáть дрýга (пятнáдцать минýт)

In der anderen Bedeutung von (209), die mit der von (208) zusammenfällt, kann подождáть nicht ohne weiteres stehen, da mit dieser Bedeutung die zeitliche Spezifizierung von подождáть nicht immer ohne besonderen Kontext vereinbar ist:

(212) (*)он застáвил себя́ подождáть

(213) он обыкновéнно заставля́ет себя́ подождáть, покá не уберёт постéль

Der fundamentale syntaktische und semantische Unterschied drückt sich phonetisch lediglich darin aus, daß (209) in der ersten Bedeutung eine geringe Pause vor dem Reflexivpronomen aufweist, eine Zäsur in der Phrasierung.
Auch diese Konstruktionen lassen erkennen, daß Strukturunterschiede in der «Tiefe» nicht immer direkt beobachtbar sind, daß sie verborgen liegen können und nur durch Hypothesen reflektiert werden, die durch Erfahrungstatsachen bekräftigt werden.

3. Valenz, Rektion und Selektion und ihre Beziehungen zu Transformationen in semantischen Klassen russischer Verben

3.1.1. Wenn wir russische Sätze genauer betrachten, stellen wir leicht fest, daß vieles in ihrer Gestaltung vom Verb bestimmt wird, daß wir also, wenn wir wissen, welches Verb im Satz verwendet ist, die Gestaltung des Satzes voraussagen können, und zwar in dreifacher Hinsicht:

(I) wie viele Nominalgruppen und/oder Präpositionalgruppen «braucht» das Verb in korrekten Satzstrukturen, wie viele «Leerstellen» eröffnet es, die besetzt werden müssen (*Valenz*);
(II) in welchen Kasus und/oder mit welchen Präpositionen und Kasus erscheinen diese Nominal-, bzw. Präpositionalgruppen in russischen Sätzen (*Rektion*);
(III) hinsichtlich der *Selektions*beziehungen (vgl. 1.3.2.).

Auf diese drei Begriffe (Valenz, Rektion, Selektion) werde ich mich im folgenden durch bloße Angabe der römischen Zahl (I), (II) oder (III) beziehen. Wir werden uns hier vorwiegend mit Gesetzmäßigkeiten von (I) und (II) beschäftigen. Es darf dabei nicht übersehen werden, daß zwischen (I) und (II) ein prinzipieller Unterschied besteht: Unter «Rektion» sind *einzelsprachliche* Fakten zu verstehen. Die einzelnen natürlichen Sprachen unterscheiden sich in der Rektion voneinander: благодарю́ вас (Akkusativ): ich danke *Ihnen* (Dativ). Die Gesetzmäßigkeiten der Valenz sind allgemeinerer Natur. Die «Leerstellen» der Valenz sind von der Bedeutung des gegebenen Verbs abhängig, so daß Verben gleicher Bedeutung in verschiedenen Sprachen gleiche Valenz haben:

(1) $$x \begin{Bmatrix} \text{имéет} \\ \text{hat} \end{Bmatrix} y; \quad x \begin{Bmatrix} \text{берёт} \\ \text{nimmt} \end{Bmatrix} y \begin{Bmatrix} \text{у} \\ \text{(bei)} \end{Bmatrix} z;$$

$$x \begin{Bmatrix} \text{даёт} \\ \text{gibt} \end{Bmatrix} y\ z; \quad x \begin{Bmatrix} \text{говори́т} \\ \text{spricht} \end{Bmatrix} \begin{Bmatrix} \text{с} \\ \text{mit} \end{Bmatrix} y \begin{Bmatrix} \text{о} \\ \text{über} \end{Bmatrix} z.$$

Mit anderen Worten: Verben mit den von ihnen determinierten Nominalgruppen und/oder Präpositionalgruppen lassen sich als ein- oder mehrstellige *Prädikate* darstellen, deren Leerstellen durch sogenannte *Individuenvariablen* (... x, y, z) ausgedrückt und in natürlichen Sprachen durch Nominalgruppen und/oder Präpositionalgruppen besetzt werden, wie Beispiele (1) zeigen.[3] «x», «y», «z» stehen also für Nominalgruppen und/oder Präpositionalgruppen, die — mit der Einschränkung (III) — beliebig sind:

(2) Бори́с имéет кни́гу
Бори́с берёт кни́гу у Ивáна
Бори́с даёт Ивáну кни́гу
Бори́с говори́т с Ивáном о кни́ге

Wie wir noch sehen werden, kann ein und dieselbe Leerstelle (Individuenvariable) bei manchen Verben durch Nominalgruppen *oder* durch Präpositionalgruppen besetzt werden.

3.1.2.1. Den Beziehungen zwischen semantischen und syntaktischen Eigenschaften oder Merkmalen kann zunächst im Bereich *eines* Verbs nachgegangen werden, wo *ein* Verb durch seine phonologische bzw. graphische Identität bestimmt sein soll. Die verschiedenen Bedeutungen eines Verbs (seine *Polysemie*) haben jeweils auch einen bestimmten Kontext [(I), (II), (III)], so daß sich eine bestimmte Bedeutung von mehreren Bedeutungen *eines* Verbs (nur) in einer bestimmten syntaktischen Konstruktion realisiert. So ist z.B. die Bedeutung «fallen» des Verbs идти́ (3) durch Valenz und Selektion gebunden:

(3) дождь идёт; снег идёт

In der Bedeutung «passen» ist идти́ wie (4) zeigt, in anderer Weise hinsichtlich (I), (II) und (III) bestimmt:

(4) шля́па идёт ему́

Wir können diese unterschiedlichen syntaktischen und selektiven Umgebungen eines Verbs auch als verschiedene *Distribution* bezeichnen.
Ebenso wie in der Distribution können sich verschiedene Bedeutungen eines Verbs syntaktisch reflektieren in den verschiedenen Möglichkeiten, Sätze mit dem betreffenden Verb in andere Sätze oder Wortgruppen gleicher Bedeutung (synonyme Sätze oder Wortgruppen) umzuformen;
содержáть als *unterhalten*:

(5) отéц содéржит семью́ ⟶ семья́ содéржится отцóм

содержáть als *enthalten*:

(6) письмó содéржит намёк ⟶ в письмé содéржится намёк

Aber unkorrekt sind

(7) *намёк содéржится письмóм

und

(8) *семья́ содéржится в отцé

3.1.2.2.1. Aber die im Einzelwort bestehenden Beziehungen zwischen Semantik und Syntax sind nur der symptomatische Sonderfall von Beziehungen, die sich über den ganzen Verbbestand erstrecken, wie bereits im ersten Teil beispielhaft demonstriert wurde. Ein extremer Fall solcher Beziehungen liegt vor, wenn Verben gleicher oder ähnlicher Bedeutung eine bestimmte syntaktische Konstruktion verlangen und kein einziges anderes Verb diese Konstruktion haben kann:

(9) мне {влетéло / попáло / достáлось} от отцá

[8] Vgl. Wolfgang Segeth, Elementare Logik, 2. Auflage, Berlin 1967, S. 110. ff

3.1.2.2.2. Das Verhältnis zwischen Semantik und Syntax des Verbs darf man sich freilich nicht geradlinig und einfach vorstellen. Die große Klasse der Verben, die z. B. den Dativ «regieren», ist semantisch ganz ungleichartig:

(10) ве́рить дру́гу; возража́ть докла́дчику; подража́ть арти́сту; сочу́вствовать дру́гу, сочу́вствовать чужо́му го́рю; препя́тствовать наме́рениям; содействовать а́рмии; мстить королю́; отвеча́ть отцу́; льсти́ть самолю́бию; соотве́тствовать пра́вде; учи́ться му́зыке ...

Ebenso semantisch vielseitig ist die Klasse der Verben, die die Präpositionalphrase «$в_6$ NP» «regieren»:

(11) сомнева́ться в себе́; ... в его́ слова́х; уча́ствовать в конце́рте; понима́ть в му́зыке; нужда́ться в деньга́х ...

Die Klasse derjenigen Verben aber, die eine Valenz von drei (Subjektsnominalphrase eingeschlossen) Nominalgruppen bzw. Präpositionalgruppen mit der Rektion (10) *und* (11) verbinden, ist semantisch viel einheitlicher: [— NP_3 $в_6$ NP]

(12) испове́даться кому́-л. в свои́х прегреше́ниях; признава́ться дру́гу в свои́х оши́бках; открыва́ться дру́гу во всём; противоре́чить ста́ршим во всём; сле́довать сове́там врача́ во всём; уступа́ть кому́-л. в хра́брости; уступа́ть кому́-л. в спо́ре ...

Wenn man aus der Gesamtmenge der Verben, die diese Konstruktion (12) zulassen, nur diejenigen herausnimmt, die auch eine synonyme Konstruktion mit [— $пе́ред_5$ NP $в_6$ NP] erlauben, erhält man eine Unterklasse von Verben mit weitgehend gemeinsamen semantischen Merkmalen:

(13) испове́даться пе́ред кем-л. в свои́х прегреше́ниях; отчи́тываться пе́ред кем-л. в свои́х де́йствиях; признава́ться пе́ред дру́гом в свои́х оши́бках; вини́ться пе́ред кем-л. во всём.

3.1.2.3. In der neueren Geschichte der russischen Sprache läßt sich gelegentlich beobachten, wie Verben ihre Rektion verändern, und zwar in Analogie zu anderen Verben gleicher oder ähnlicher Bedeutung, die als die häufigsten oder stärksten Vertreter dieser Bedeutung gelten können: дари́ть wird im 19. Jahrhundert noch mit der Rektion [— NP_4 NP_5] gebraucht:

(14) Ба́рыни дари́ли её, та плато́чком, та серёжками (Пушкин)

Im heutigen Russischen wird es entsprechend der Rektion der Verben дава́ть, отдава́ть ... mit dem syntaktischen Kontext [— NP_3 NP_4] verwendet:

(15) он дари́л сестре́ плато́чки

наблюда́ть wird heute in Analogie zu гляде́ть, надзира́ть, следи́ть und смотре́ть mit der Präpositionalphrase [— $за_5$ NP], nicht mehr mit [— над NP] konstruiert. руководи́ть und пра́вить regieren heute den Instrumental wie владе́ть, кома́ндовать, распоряжа́ться und управля́ть, nicht mehr den Akkusativ:

(16) ... руководи́ть жену́

heißt es noch bei Белинский. свидéтельствовать wird mit der Präpositionalgruppe [— o_6 NP] konstruiert, nicht, wie noch im 19. Jahrhundert, mit Akkusativobjekt. Dasselbe gilt für сожалéть.

3.1.3.1. Aufschlußreich für die Beziehungen zwischen verbaler Semantik und Syntax sind auch folgende Sachverhalte. Bei Verben mit dreistelliger Valenz (Subjekt und zwei Objekte) ergibt die Besetzung nur einer (Objekts-) Leerstelle in manchen Fällen korrekte, in anderen unkorrekte Sätze.

(17) он жáлуется мне на сы́на;
он жáлуется мне

Aber:

(18) он дал мне кни́гу;
*он дал мне
(*) он дал кни́гу

3.1.3.2. Ein und dieselbe Leerstelle bei einem Verb kann mehrfach besetzt werden, die einzelnen Belegungen werden dann koordiniert oder/und angereiht. Bei Richtungsverben gehört z. B. eine Richtungsangabe, die meist als Präpositionalgruppe erscheint, zum verbindlichen Kontext. Diese Leerstelle der Richtungsangabe ist im folgenden Satz vierfach besetzt; der Satz ist etwas schwerfällig aber — nach Ю. Д. Апресян — grammatisch korrekt:

(19) от устáлости он вáлится **со стýла нáвзничь в грязь нá землю**

3.1.3.3. Wenn die verschiedenen Bedeutungen *eines* Verbs mit verschiedener Valenz bzw. Rektion (vgl. 3.1.2.1.) verknüpft sind, dann sind diese verschieden formierten Nominalgruppen oder/und Präpositionalgruppen natürlich nicht in einer Verbalgruppe durch Konjunktion oder Anreihung verbindbar:

(20) онá боúтся собáки (... vor dem Hund)
онá боúтся за сы́на (... um ihren Sohn)
*онá боúтся собáки и за сы́на

собáки und за сы́на sind austauschbar (*kommutierbar*) aber nicht kombinierbar.

3.2.1. Zu den bemerkenswertesten Tatsachen im syntaktischen Mechanismus des Russischen und anderer Sprachen gehören die Regelmäßigkeiten, nach denen die Nominalgruppen, die gemäß (I) die Valenz konstituieren, bei ein und demselben Verb in verschiedener Weise auf die Positionen und Funktionen der Satzstruktur verteilt werden können. Die Valenz (I) eines Verbs ist also konstant, ebenso seine Selektion; hingegen sind die syntaktischen Positionen und Funktionen der durch (I) determinierten Nominalgruppen und somit auch die Rektion variabel. Diese Variabilität folgt in gewissem Maße allgemeinen Gesetzmäßigkeiten und kann teilweise als Funktion bestimmter Veränderungen der Verbform angesehen werden. Am bekanntesten ist die Umgruppierung der Nominalphrasen, wenn das Verb passivische Form erhält:

(21) знамени́тый архитéктор постро́ил но́вый университéт

(21′) но́вый университéт был постро́ен знамени́тым архитéктором

(22) мы нéсколько раз возвращáли кни́ги библиотéке

(22′) кни́ги нéсколько раз возвращáлись нáми библиотéке

3.2.2.1.1. Diese strukturellen Umgruppierungen gehen, wie wir noch sehen werden, weit über Passivkonstruktionen hinaus. Ein beträchtlicher Teil von ihnen wird mit dem reflexiven Suffix -ся/-сь verbunden. Anders: wenn die reflexive Form bestimmter Verben auftreten muß, haben die Nominalgruppen eine andere Struktur im Satz, sie sind anders verteilt als bei entsprechender nichtreflexiver Form und daraus folgen andere Kasus für diese Nominalgruppen:

(23) **атеи́зм** здесь **никогó** не удивля́ет

(23′) **никтó** здесь не удивля́ется **атеи́зму**

Allgemein:

$$NP_1' \; V \; NP_4'' \; [+\text{mensch}] \longrightarrow NP_1'' \; [+\text{mensch}] \; V \; \text{-ся} \; NP_3''$$

Unter 3.2.2. werde ich im folgenden syntaktische Konstruktionsvarianten, d. h. Gesetzmäßigkeiten oder Regeln der Umformung behandeln, die den Übergang zur reflexiven Verbform einschließen. In 3.2.3. und den folgenden Abschnitten werden Konstruktionswandlungen erörtert, die ohne Reflexivierung des Verbs vor sich gehen.

3.2.2.1.2. Was die semantische Identität der Varianten, etwa (23) und (23′), betrifft, so muß eine Einschränkung gemacht werden: die Umformung der Reihenfolge und der Kasus bedeutet in jedem Falle eine andere Verteilung des kommunikativen Gewichts der betroffenen Elemente, eine Änderung der sogenannten «aktuellen Gliederung» des Satzes.

3.2.2.1.3. In Satzstrukturen mit reflexivem Verb übernimmt grundsätzlich die Nominalgruppe, die im entsprechenden Satz mit nichtreflexivem Verb die Funktion des Akkusativobjekts hat, die Subjektsfunktion. Beispiel (23), (23′) zeigt das und eine weitere Veränderung: das Subjekt im Satz mit nichtreflexivem Verb wird zum Dativobjekt des reflexiven Verbs. Das reflexive Verb «regiert» den Dativ. Diese letzte Veränderung ist *speziellerer* Natur. Sie gilt nur für eine kleine Klasse von Verben, zu der auch рáдовать/ся gehört:

(24) успéхи сы́на рáдуют отцá

(24′) отéц рáдуется успéхам сы́на

Die Veränderung, die das Akkusativobjekt betrifft, ist dagegen von grundsätzlicher Bedeutung; sie hat allgemeine Geltung. Es gilt die Regel, daß *bei reflexiver Verbform keine Nominalgruppe die Funktion des direkten (Akkusativ-) Objekts erhalten kann.* Weiter gilt die Regel, daß eine Nominalgruppe, die bei nichtreflexiver Form die Funktion des Dativobjekts einnimmt, auch bei entsprechender reflexiver Verbform diese Funktion behält [vgl. (22) und (22′)].

3.2.2.1.4. Speziellere Veränderungen, die der beim Verb рáдовать(ся) in (24), (24′) besprochenen analog sind, also die Funktion betreffen, die das Subjekt des nichtreflexiven Satzes im entsprechenden reflexiven Satz einnimmt, betreffen noch Genitiv- und Instrumentalnominalgruppen: bei einer kleinen Klasse von Verben wird die Subjektsnominalphrase der nichtreflexiven Struktur in die Funktion des Genitiv-Objekts in der reflexiven Struktur versetzt:

(25) **отве́тственность** страши́т **его́**

(25′) **он** страши́тся **отве́тственности**

(26) крутизна́ обры́ва пуга́ет её

(26′) она́ пуга́ется крутизны́ обры́ва

(27) твои́ мы́сли ужаса́ют его́

(27′) он ужаса́ется твои́х мы́слей (archaisch)

In (27′) ist Dativ üblicher.
Also allgemein:

$$NP_1{}'\ V\ NP_4{}''\ [+\text{Lebewesen}] \longrightarrow NP_1{}''\ [+\text{Lebewesen}]\ V\text{-ся}\ NP_2{}'$$

In einer anderen, semantisch ebenfalls recht einheitlichen und etwas größeren Verbklasse findet bei reflexiver Variante des Verbs eine analoge Verwandlung der Subjektsnominalphrase zur Instrumentalgruppe statt. Gleichzeitig wird bei dieser Neuverteilung der syntaktischen Funktionen das Akkusativobjekt der nichtreflexiven Konstruktion automatisch nach der erwähnten generellen Regel in Subjektsfunktion versetzt:

(28) **кни́га** {увлека́ет / увлекла́} **Бори́са**

(28′) **Бори́с** {увлека́ется / увлёкся} **кни́гой**

(29) его́ мане́ры {восхити́ли / восхища́ли} её

(29′) она́ {восхити́лась / восхища́лась} его́ мане́рами

(30) твои́ конце́рты восторга́ли нас

(30′) мы восторга́лись твои́ми конце́ртами

(31) ру́сская литерату́ра вас {интересу́ет / заинтересова́ла}

(31′) вы {интересу́етесь / заинтересова́лись} ру́сской литерату́рой

Also allgemein:

$$NP_1{}'\ V\ NP_4{}''\ [+\text{mensch}] \longrightarrow NP_1{}''\ [+\text{mensch}]\ V\text{-ся}\ NP_5{}'$$

Wenn die Subjektsnominalgruppe der nichtreflexiven Variante einen possessiven Genitiv oder ein Possessivpronomen enthält, gibt es in allen drei Fällen eine weitere Variante mit nichtreflexivem Verb:
zu Typ (24) und (24′):

(24″) сын (об)ра́довал отца́ свои́ми успе́хами

zu (27) und (27′):

(27″) ты ужаса́л его́ свои́ми мы́слями

zu (29) und (29′) sowie (30) und (30′):

(29″) он {восхити́л / восхища́л} её свои́ми мане́рами

(30″) ты восторга́л нас свои́ми конце́ртами

Die Umformungen (Transformationen) (28)—(31) zu (28′)—(31′) ähneln der Passivtransformation (22)—(22′), müssen aber von dieser streng unterschieden werden, weil sie auch bei perfektivem Aspekt des Verbs zulässig sind, der bekanntlich mit reflexivem Passiv nicht vereinbar ist. Die Varianten (28′), (29′) und (31′) sind mit perfektivem Verb nahezu bedeutungsgleich mit den passivischen Konstruktionen

(28″) Бори́с увлечён кни́гой

(29‴) она́ восхищена́ его́ ре́чью

(31″) вы заинтересо́ваны ру́сской литерату́рой

Diese Konstruktionen haben die gleiche Funktionsverteilung der Nominalgruppen wie die reflexiven.

3.2.2.2. Die Umformungsregularitäten, die bei Verwendung der reflexiven Form wirksam werden, sind sehr weitreichend. Ich bringe noch einige dieser Transformationsserien.

$NP_1{}' \ V \ NP_4{}'' \longrightarrow NP_1{}''$ V-ся к NP′

(32) нау́ка влечёт его́ ⟶

(32′) он влечётся к нау́ке

(33) его́ тя́нут к себе́ лю́ди иску́сства ⟶

(33′) он тя́нется к лю́дям иску́сства

(34) магни́т притя́гивает желе́зо ⟶

(34′) желе́зо притя́гивается к магни́ту

In den folgenden zwei Satzpaaren sind die Bedeutungen der beiden Varianten nicht eindeutig äquivalent:

(35) дире́ктор приглаша́ет рабо́тников ⟶

(35′) рабо́тники приглаша́ются к дире́ктору

(36) дире́ктор вызыва́ет ученико́в ⟶

(36′) ученики́ вызыва́ются к дире́ктору

Bedeutungsäquivalent zu (35) und (36) wären (35″) und (36″)

(35″) рабо́тники приглаша́ются дире́ктором

(36″) ученики́ вызыва́ются дире́ктором

3.2.2.3. Passivtransformationen sind gelegentlich auch dann möglich, wenn das Verb im nichtpassivischen Satz nicht Akkusativ- sondern *Genitiv*- oder *Instrumental*-Objekt hat:

$NP_1{}' \ V \ NP_2{}'' \longrightarrow NP_1{}''$ V-ся $NP_5{}'$

(37) он достигáет хорóших результáтов ⟶

(37′) хорóшие результáты достигáются им

(38) они́ избегáли расспрóсов ⟶

(38′) расспрóсы избегáлись ими

(39) он и́щет рабóты ⟶

(39′) рабóта и́щется им

(40) мы ожидáем определённых результáтов ⟶

(40′) нáми ожидáются определённые результáты

$NP_1{}' \ V \ NP_5{}'' \longrightarrow NP_1{}'' \ V\text{-ся} \ NP_5{}'$

Hier findet rein äußerlich außer der Reflexivierung des Verbs nur ein Austausch der Nominalphrasen statt.

(41) он прáвит государством ⟶

(41′) госудáрство прáвится им

(42) он пренебрегáл интерéсными детáлями ⟶

(42′) интерéсные детáли пренебрегáлись им

(43) что управля́ет э́той систéмой ⟶

(43′) чем управля́ется э́та систéма

3.2.2.4. $NP_1{}'$ [+mensch] $V \ NP_4{}'' \longrightarrow NP_1{}'' \ V\text{-ся} \ NP_3{}'$ [+mensch]

(44) он {вспоминáет / пóмнит} э́тот вéчер ⟶

(44′) э́тот вéчер {вспоминáется / пóмнится} ему́

(45) он представля́ет карти́ну бóя ⟶

(45′) карти́на бóя представля́ется ему́

(46) он рису́ет бу́дущее ⟶

(46′) бу́дущее рису́ется ему́

Die gleichen Kasusveränderungen treten in der für «(23) → (23′)» und «(24) → (24′)» gegebenen Umformungsregel (S. 725) ein. Nur die *Selektion* (III) der betroffenen Verben ist in (44)—(46) eine andere als z. B. in (23) und (24) oder in den folgenden zwei Satzpaaren (47), (47′) und (48), (48′):

(47) смéтливость мáльчика изумля́ет его́ ⟶

(47′) он изумля́ется смéтливости мáльчика

(48) чистотá нéба порази́ла меня́ ⟶

(48′) я порази́лся чистотé нéба

3.2.2.5.1. Die Subjektsnominalphrase wird in den folgenden Umformungen zur Präpositionalphrase verwandelt.

3.2.2.5.2. $NP_1{}' \; V \; NP_4{}'' \longrightarrow NP_1{}''$ V-ся $в_6$ NP'

(49) револю́ция воплоща́ет во́лю рабо́чего кла́сса ⟶

(49′) во́ля рабо́чего кла́сса воплоща́ется в револю́ции

(50) произведе́ния (писа́теля) выража́ют его́ хара́ктер ⟶

(50′) хара́ктер писа́теля выража́ется в его́ произведе́ниях

(51) иску́сство отража́ет жизнь ⟶

(51′) жизнь отража́ется в иску́сстве

(52) письмо́ соде́ржит намёк ⟶

(52′) в письме́ соде́ржится намёк

(53) вода́ растворя́ет соль ⟶

(53′) соль растворя́ется в воде́

(54) кише́чник перева́ривает пи́щу ⟶

(54′) пи́ща перева́ривается в кише́чнике

(55) желу́док перераба́тывает пи́щу ⟶

(55′) пи́ща перераба́тывается в желу́дке

Die gemeinsame — auch übertragene — Bedeutung der Lokalbestimmung oder/und des «Behälters» in der (präpositionellen) Nominalphrase ist leicht erkennbar. Aber diese Transformation kann auch idiomatischen Charakter haben:

(56) либерали́зм разочарова́л его́ ⟶

(56′) он разочарова́лся в либерали́зме

3.2.2.5.3. Die Wahl der Präposition ist meist klar durch die Semantik des Verbs bestimmt und kann — wie in den folgenden Beispielen — im Präfix des Verbs vorgegeben sein.

Dabei muß man wissen, daß Präfix вы- und Präfix bzw. Präposition из(-) sich entsprechen: из(-) ist die ins Russische aufgenommene südslawische Variante.

$$NP_1{}' \left(\begin{Bmatrix} \text{из-} \\ \text{вы-} \end{Bmatrix} \right) V \; NP_4{}'' \rightarrow NP_1{}'' \left(\begin{Bmatrix} \text{из-} \\ \text{вы-} \end{Bmatrix} \right) \text{V-ся из } NP'$$

(57) о́бщество изгоня́ет его́ ⟶

(57′) он изгоня́ется из о́бщества

(58) соедине́ние выделя́ет се́ру ⟶

(58′) се́ра выделя́ется из соедине́ния

(59) институ́т выпуска́ет студе́нтов ⟶

(59′) студе́нты выпуска́ются из институ́та

(60) он так и сы́плет цитáты ⟶

(60′) цитáты так и сы́плются из негó

(61) рáна сочи́т кровь ⟶

(61′) кровь сочи́тся из рáны

Bei Verben mit der Bedeutung «bilden, zusammenstellen, formieren aus ...»:

(62) полки́ образу́ют вóльные комáнды ⟶

(62′) вóльные комáнды образу́ются из полкóв

Die Beispiele (57)—(62) zeigen wieder, daß die reflexive Form des Verbs eine Nominalgruppe in der Funktion des Akkusativobjekts in die Funktion des Subjekts transferiert.

3.2.2.5.4. $NP_1{}' \; V \; NP_{\left\{\begin{smallmatrix}4\\5\end{smallmatrix}\right\}}{}'' \longrightarrow NP_1{}'' \; V\text{-ся у } NP'$

Im nichtreflexiven Ausgangssatz bezeichnet der Kern der als Akkusativ- oder Instrumental-Objekt funktionierenden Nominalgruppe Körperteil(e) oder einen physischen, psychischen oder intellektuellen Zustand bzw. Eigenschaften des in der Subjektsnominalphrase genannten Lebewesens.

Mit Akkusativ:

(63) он $\left\{\begin{matrix}\text{клóнит}\\ \text{опускáет}\end{matrix}\right\}$ гóлову ⟶

(63′) головá у негó $\left\{\begin{matrix}\text{клóнится}\\ \text{опускáется}\end{matrix}\right\}$

(64) лóшадь раздувáет нóздри ⟶

(64′) нóздри у лóшади раздувáются

(65) он сдвигáет брóви ⟶

(65′) брóви у негó сдвигвáются

(66) он $\left\{\begin{matrix}\text{сти́скивает}\\ \text{сжимáет}\end{matrix}\right\}$ зу́бы ⟶

(66′) зу́бы у негó $\left\{\begin{matrix}\text{сти́скиваются}\\ \text{сжимáются}\end{matrix}\right\}$

(67) он восстанáвливает здорóвье ⟶

(67′) здорóвье у негó восстанáвливается

(68) он меня́ет при́нципы ⟶

(68′) при́нципы меня́ются у негó

Mit Instrumental:

(69) он качáет ногáми ⟶

(69′) у негó качáются нóги

(70) он болтáет рукáми ⟶

(70′) у него́ болта́ются ру́ки

(71) он дви́гает бровя́ми ⟶

(71′) у него́ дви́гаются бро́ви

(72) он $\left\{\begin{matrix}\text{шеве́ли́т}\\ \text{дёргает}\end{matrix}\right\}$ губа́ми ⟶

(72′) у него́ $\left\{\begin{matrix}\text{шеве́ля́тся}\\ \text{дёргаются}\end{matrix}\right\}$ гу́бы

(73) он $\left\{\begin{matrix}\text{трясёт}\\ \text{кру́тит}\end{matrix}\right\}$ голово́й ⟶

(73′) у него́ $\left\{\begin{matrix}\text{трясётся}\\ \text{кру́тится}\end{matrix}\right\}$ голова́

3.2.2.5.5. Eine semantisch ganz andersartige Klasse von Verben erlaubt die gleiche syntaktische Variation (mit Akkusativ im Ausgangssatz). Es handelt sich um Verben des «Habens», «(Vor)findens», «Existierens».

$NP_1{}'\ V\ NP_4{}'' \longrightarrow NP_1{}''\ V\text{-ся у}\ NP'$

(74) он име́ет дру́зе́й ⟶

(74′) у него́ име́ются друзья́

(75) он нахо́дит свобо́дную мину́ту ⟶

(75′) у него́ нахо́дится свобо́дная мину́та

(76) он обнару́живает спосо́бность писа́ть ⟶

(76′) у него́ обнару́живается спосо́бность писа́ть

(77) он проявля́ет изобрета́тельность ⟶

(77′) у него́ проявля́ется изобрета́тельность

3.2.2.5.6. Die folgende Variation der syntaktischen Struktur findet bei Verben statt, die eine Veränderung des physischen oder psychischen Zustands eines in der akkusativischen Nominalphrase des Ausgangssatzes genannten Objekts bezeichnen. Wenn sich die Bezeichnung des Objekts, das diese Veränderung erfährt, in der Akkusativphrase befindet, ist die Subjektsfunktion für Nominalphrasen offen, die Ursache, Veranlassung, bewirkende physische Kraft oder psychisches Motiv der Veränderung sind. Bei der Umformung rückt die Nominalphrase, die das von der Veränderung betroffene Objekt bezeichnet, in Subjektsfunktion und die Nominalphrase, die ursprünglich diese Funktion innehatte wird zur Präpositionalphrase mit Präposition «от» verwandelt, so daß ihre Stellung zwar syntaktisch peripher aber semantisch durch diese «kausale» Präposition explizit wird. Hier zeigen sich Komplikationen des Valenzbegriffs, auf die ich nicht eingehen kann.

$NP_1{}'\ V\ NP_4{}'' \longrightarrow NP_1{}''\ V\text{-ся от}\ NP'$

(78) ве́тер гнёт дере́вья ⟶

(78′) дере́вья гну́тся от ве́тра

(79) со́лнце нагрева́ет зе́млю ⟶

(79′) земля́ нагрева́ется от со́лнца

(80) дождь меня́ет вид берего́в ⟶

(80′) вид берего́в меня́ется от дождя́

(81) не́нависть искази́ла его́ лицо́ ⟶

(81′) его́ лицо́ искази́лось от не́нависти

(82) ожида́ние томи́т её ⟶

(82′) она́ томи́тся от ожида́ния

(83) гнёт бу́дит самосозна́ние ⟶

(83′) самосозна́ние пробужда́ется от гнёта

(83′) zeigt, zusammen mit der syntaktischen Umformung, eine Variation des Verbalstammes.

3.2.2.6. Bei syntaktischen «Konversionen», wie И. А. Мельчук, А. К. Жолковский[4] und Ю. Д. Апресян die hier unter 3.2. illustrierten Umformungen nennen, sind die semantischen Beziehungen der betroffenen Nominalgruppen zum Verb nicht immer eindeutig. Eine Klasse von Verben — etwa mit dem Merkmal «(Fort-) Bewegung» im weitesten Sinne grob zu charakterisieren — erlaubt zwei syntaktische und semantische Deutungen der reflexiven Konstruktion. Nehmen wir das Verb остана́вливать(ся), das die Beendigumg der «Fortbewegung» bezeichnet, also «anhalten», «stehenbleiben»:

(84) пассажи́ры остана́вливают по́езд ⟶

(84′) по́езд остана́вливается пассажи́рами

der Zug wird von Passagieren angehalten.

(85) по́езд остана́вливался по тре́бованию пассажи́ров

(85) ist syntaktisch — wie В. В. Виноградов bemerkt — zweideutig:

(85′) der Zug wurde auf Verlangen der Passagiere angehalten

(85″) der Zug hielt auf Verlangen der Passagiere an.

Die Möglichkeit zweifacher Interpretation hängt von den semantischen Merkmalen des Nomens «Zug» ab:

[+physisches Objekt], [+selbstbeweglich], [—Lebewesen]

Die angegebenen Werte («+» oder «—») der drei Merkmale erlauben Passivinterpretation (85′). Die Interpretation (85″) ist trotz des negativen Werts [—Lebewesen] möglich, weil das Merkmal [+selbstbeweglich] positiven Wert hat. Ein Zug kann anhalten, aber ein Baum nicht. Wenn bei reflexiver Form der Verben dieser Klasse Nomina mit dem Wert [+Lebewesen] in Subjektsfunktion stehen, ergeben sich folgende syntaktische Interpretationen:

---

[4] Vgl. А. К. Жолковский, И. А. Мельчук, О семантическом синтезе, in: Проблемы кибернетики, выпуск 19, Москва 1967, S. 177 ff.

(86) поли́ция возвраща́ла дете́й роди́телям

(86′) де́ти возвраща́лись роди́телям поли́цией
die Kinder wurden den Eltern von der Polizei zurückgegeben

(87) де́ти возвраща́лись к роди́телям
die Kinder kehrten zu den (ihren) Eltern zurück

Wenn der Kern der Subjektsnominalphrase ein Lebewesen bezeichnet und das Verb reflexive Form hat, ist passivische Interpretation nur bei bestimmten Kontexten wie in (86′) möglich. Schließlich gibt es noch die *kausative* Interpretation für Sätze wie

(88) команди́р {возврати́л / верну́л} ро́ту (= заста́вил верну́ться)

Die Fakten der Selektion (III) erhalten hier starkes syntaktisches Gewicht.

3.2.3.1. Der regelmäßige Wechsel der syntaktischen Funktionen, den die durch die Valenz (I) fixierten Nominalgruppen eines Verbs vornehmen, ist nicht notwendig mit dem Wechsel reflexiver und nichtreflexiver Form verbunden. Es gibt Regelmäßigkeiten des Funktionswechsels, die ohne diese Veränderung, also bei gleichbleibender nichtreflexiver oder reflexiver Form des Verbs gelten. Der Austausch der Nominal- bzw. Präpositionalphrasen, kann *im Bereich der Verbalphrase* stattfinden, wenn die Bedeutung des Verbs eine Relation bezeichnet, die durch ein «Agens» vollzogen oder hergestellt werden kann (vgl. 3.2.3.2.2.2., 3.2.3.2.3., 3.2.3.3.2.).

3.2.3.2.1. Unkompliziert sind die Umformungen, bei denen die Nominalphrasen ihre syntaktischen Plätze einfach tauschen, da die Bedeutung des Verbs eine zweistellige symmetrische Relation einschließt.

3.2.3.2.2.1.

(89) он {бесе́дует / спо́рит} с дру́гом ⟶

(89′) друг {бесе́дует / спо́рит} с ним

(90) он перепи́сывается с друзья́ми ⟶

(90′) друзья́ перепи́сываются с ним

(91) Татья́на расстаётся с Бори́сом ⟶

(91′) Бори́с расстаётся с Татья́ной

(92) Ива́н танцу́ет с Ни́ной ⟶

(92′) Ни́на танцу́ет с Ива́ном

(93) това́рищ меня́ется места́ми с ним ⟶

(93′) он меня́ется места́ми с това́рищем

(94) он обме́нивается о́пытом с инжене́ром ⟶

(94′) инжене́р обме́нивается о́пытом с ним

3.2.3.2.2.2.

(95) он знако́мил коллекти́в с но́вым сотру́дником ⟶

(95′) он знако́мил но́вого сотру́дника с коллекти́вом

(96) меша́ть во́ду с вино́м ⟶

(96′) меша́ть вино́ с водо́й

(97) разводи́ть му́жа с жено́й ⟶

(97′) разводи́ть жену́ с му́жем

(98) соединя́ть тео́рию с пра́ктикой ⟶

(98′) соединя́ть пра́ктику с тео́рией

(99) свя́зывать учёбу с рабо́той ⟶

(99′) свя́зывать рабо́ту с учёбой

3.2.3.2.3.

(100) к двум приба́вить три ⟶

(100′) к трём приба́вить два

(101) прицепля́ть парово́з к соста́ву ⟶

(101′) прицепля́ть соста́в к парово́зу

(102) нельзя́ противопоставля́ть тео́рию пра́ктике ⟶

(102′) нельзя́ противопоставля́ть пра́ктику тео́рии

(103) уподобля́ть мо́лодость весне́ ⟶

(103′) уподобля́ть весну́ мо́лодости

(104) э́то $\left\{\begin{matrix}\text{противоре́чит}\\ \text{соотве́тствует}\end{matrix}\right\}$ фа́ктам ⟶

(104′) фа́кты $\left\{\begin{matrix}\text{противоре́чат}\\ \text{соотве́тствуют}\end{matrix}\right\}$ э́тому

(105) он $\left\{\begin{matrix}\text{похо́дит}\\ \text{сма́хивает}\end{matrix}\right\}$ на бра́та ⟶

(105′) брат $\left\{\begin{matrix}\text{похо́дит}\\ \text{сма́хивает}\end{matrix}\right\}$ на него́

3.2.3.3.1. Wenn die Bedeutung des Verbs keine zweistellige symmetrische Relation einschließt (dabei kann es sich auch um eine dreistellige Relation handeln, innerhalb derer zwischen zwei Objekt(bereich)en eine symmetrische Relation besteht [vgl. 3.2.3.2.2.2.]), kann die «Konversion» «x V(erb) y → y V x» nicht im bloßen Austausch der Nominalphrasen «x» und «y» bei gleichbleibender syntaktischer Struktur bestehen (vgl. 3.2.3.2.).

3.2.3.3.2.

(106) гру́ппа организова́лась из студе́нтов ⟶

(106′) студе́нты организова́лись в гру́ппу

Analog mit voller Belegung der Valenzvariablen, d. h. mit Einbeziehung eines «Agens»:

(107) мы организова́ли втору́ю гру́ппу из мла́дших студе́нтов ⟶

(107′) мы организова́ли мла́дших студе́нтов во втору́ю гру́ппу

Da in (106) bei *reflexivem* Verb die Funktion des direkten (Akkusativ-) Objekts generell blockiert ist, so daß die Nominalphrase «гру́ппа» in *Subjektsfunktion* erscheinen muß, ist diese wiederum für die Nominalphrase, die ein «Agens», die handelnde Person bezeichnet, blockiert. In (107) kann das Agens dann in Subjektsfunktion auftreten.

3.2.3.3.3.1. Zahlreiche Konstruktionsvarianten ergeben sich durch die Relation der beiden Nominalphrasen, die *Teil* und *Ganzes*, vor allem Körperteil und Ganzes bezeichnen:

(108) он блужда́ет взгля́дом ⟶

(108′) взгляд у него́ блужда́ет

(109) соба́ка виля́ет хвосто́м ⟶

(109′) у соба́ки виля́ет хвост

(110) он скрипи́т зуба́ми ⟶

(110′) у него́ скрипя́т зу́бы

bei *Geräuschverben*:

(111) он бряца́ет шпо́рами ⟶

(111′) у него́ бряца́ют шпо́ры

(111″) шпо́ры бряца́ют на нём

(112) он звени́т ордена́ми ⟶

(112′) у него́ звеня́т ордена́

(112″) ордена́ звеня́т на нём

(113) она́ шуми́т пла́тьем ⟶

(113′) у неё шуми́т пла́тье

(113″) пла́тье шуми́т на ней

3.2.3.3.3.2. Auch die Konstruktionsvarianten «Teil und Ganzes» können auf den Bereich der Verbalphrase beschränkt sein:

(114) врач вы́резал ему́ о́пухоль ⟶

(114′) у него́ врач вы́резал о́пухоль

(115) ма́льчик отрыва́л стрекозе́ кры́лья ⟶

(115′) ма́льчик отрыва́л кры́лья стрекозы́

(116) пу́ля проби́ла ему́ плечо́ ⟶

(116′) пу́ля проби́ла у него́ плечо́

(117) они́ свя́зывали ему́ ру́ки ⟶

(117′) у него́ они́ свя́зывали ру́ки

(118) врач дёргал ему́ зу́бы ⟶

(118′) у него́ врач дёргал зу́бы

(119) ребёнку он гла́дит го́лову ⟶

(119′) он гла́дит ребёнка по голове́

(120) скакуну́ он тре́плет ше́ю ⟶

(120′) он тре́плет скакуна́ по ше́е

(121) со́лнце печёт ему́ спи́ну ⟶

(121′) со́лнце печёт его́ в спи́ну

(122) соба́ка укуси́ла ему́ но́гу ⟶

(122′) соба́ка укуси́ла его́ в но́гу

(123) он поцелова́л ба́бушке ру́ку ⟶

(123′) он поцелова́л ба́бушку в ру́ку

(124) пу́ля ра́нила ему́ но́гу ⟶

(124′) пу́ля ра́нила его́ в но́гу

(125) она́ дёргала мне рука́в ⟶

(125′) она́ дёргала меня́ за рука́в

(126) он драл ему́ у́ши ⟶

(126′) он драл его́ за́ уши

3.2.3.3.3.3. Wenn Eigenschaften oder/und Handlungen als Teil und die Person(en) der diese Eigenschaften oder/und Handlungen zukommen, als Ganzes verstanden werden, ergeben sich ähnliche syntaktische Variationen von Nominalgruppen:

(127) он {прости́л / извини́л} нам э́тот посту́пок ⟶

(127′) он {прости́л / извини́л} нас за э́тот посту́пок

3.2.4.1. Wenn die in Subjektsfunktion befindliche Nominalphrase eine elementare Kraft, ein physisches oder psychisches Objekt bezeichnet, durch die Vorgänge oder Sachverhalte ausgelöst oder bewirkt werden, kann eine syntaktische Umformung vorgenommen werden, bei der die Subjektsfunktion überhaupt aufgegeben und die Nominalphrase in eine syntaktisch periphere Stellung mit dem Kasus «Instrumental» gebracht wird. Die Aufgabe der Subjektsfunktion zieht automatisch — nach einer sehr generellen Regel — in präteritalen Verbformen die Endung des Neutrums, in anderen die Endung der dritten Person Singular nach sich:

(128) пу́ля уби́ла его́ ⟶

(128′) его́ уби́ло пу́лей

Satz (128′) ist zu unterscheiden von (129):

(129) его́ уби́ли пу́лей

(129) hat scheinbar ebenso wie (128′) kein Subjekt, ohne aber die neutrale Form des Verbs aufzuweisen. In Wirklichkeit haben wir es hier mit einem «unbestimmt-persönlichen» oder «anonymen» Subjekt («man») zu tun, das in der russischen «*Oberflächen*»-Struktur, also im fertigen Satz, z. B. (129), durch die dritte Person Plural (говоря́т) oder — im Präteritum — durch Plural ausgedrückt wird (говори́ли). Das Subjekt ist also in der sogenannten «*Tiefen*»-Struktur solcher Sätze durchaus vorhanden, und zwar in dem Sinne, daß jeder sprachkundige Hörer dieses unbestimmt-persönliche Subjekt in Sätzen wie (129) (mit)versteht. Dies könnte er nicht, wenn keine wie auch immer beschaffene Bezeichnung dafür im Satz anwesend wäre. Im Deutschen ist es durch «man» in anderer Weise bezeichnet.

3.2.4.2. Weitere Beispiele des Typs (128) → (128′); vgl. dazu auch die Variierung mit reflexivem Verb in 3.2.2.5.6.

(130) ве́тер {ва́лит / гнёт} дере́вья ⟶

(130′) дере́вья {ва́лит / гнёт} ве́тром

(131) сугро́бы зано́сят и́збы ⟶

(131′) и́збы зано́сит сугро́бами

(132) тече́ние {выно́сит / несёт} кора́бль ⟶

(132′) кора́бль {выно́сит / несёт} тече́нием

(133) вода́ выки́дывала брёвна ⟶

(133′) брёвна выки́дывало водо́й

(134) ве́тер гнал ту́чи ⟶

(134′) ту́чи гна́ло ве́тром

(135) ве́тер {крени́л / клони́л} су́дно ⟶

(135′) су́дно {крени́ло / клони́ло} ве́тром

(136) ве́тер надува́л паруса́ ⟶

(136′) паруса́ надува́ло ве́тром

(137) бу́ря снесла́ кры́шу ⟶

(137′) кры́шу снесло́ бу́рей

(138) пла́мя охва́тывает зда́ние ⟶

(138′) зда́ние охва́тывает пла́менем

(139) ту́чи завола́кивают не́бо ⟶

(139′) не́бо завола́кивает ту́чами

(140) сорня́к забива́ет всхо́ды ⟶

(140′) всхо́ды забива́ет сорняко́м

(141) пу́ля проби́ла плечо́ ⟶

(141′) плечо́ про́би́ло пуле́й

3.2.4.3. Die Subjektsnominalphrase wird zur Präpositionalphrase verwandelt, die der Rektion des Verbs hinsichtlich der Richtungsbestimmung entspricht:

(142) нау́ка влекла́ его́ ⟶

(142′) его́ влекло́ к нау́ке

(143) магни́т притя́гивает була́вку ⟶

(143′) була́вку притя́гивает к магни́ту

(144) зе́лень мани́ла его́ ⟶

(144′) его́ мани́ло к зе́лени

3.2.4.4. Die Subjektsnominalphrase wird zur Präpositionalphrase mit kausaler Präposition verwandelt:

(145) его́ слова́ взорва́ли меня́ ⟶

(145′) меня́ взорва́ло от его́ слов

(146) взрыв кача́ет дере́вья ⟶

(146′) дере́вья кача́ет от взры́ва

(147) ве́тер мо́рщит во́ду ⟶

(147′) во́ду мо́рщит от ве́тра

3.2.5. Der syntaktische Austausch der Nominalphrasen bei Verben, deren Bedeutung eine zweistellige Relation impliziert («Konversion»), ergibt sich auch, wenn solche Verben durch synonyme Kombination von Verb und Nomen ersetzt werden können. Der waagerechte Strich steht im folgenden für das Nomen dieser Kombination.

внуша́ть — NP_3

(148) он бои́тся ма́тери ⟶

(148′) мать внуша́ет ему́ боя́знь

(149) он жале́ет сироту́ ⟶

(149′) сирота́ внуша́ет ему́ жа́лость

(150) он лю́бит дете́й ⟶

(150′) де́ти внуша́ют ему́ любо́вь

(151) он благогове́ет пе́ред творе́ниями иску́сства ⟶

(151′) творе́ния иску́сства внуша́ют ему́ благогове́ние

вызыва́ть — у NP

(152) он зави́дует тала́нтливым лю́дям ⟶

(152′) тала́нтливые лю́ди вызыва́ют у него́ за́висть

(153) они́ протесту́ют про́тив ра́бства ⟶

(153′) ра́бство вызыва́ет у них проте́ст

по́льзоваться [—]$_5$

(154) он доверя́ет дру́гу ⟶

(154′) друг по́льзуется его́ дове́рием

(155) он помога́ет дру́гу ⟶

(155′) друг по́льзуется его́ по́мощью

(156) избира́тели $\begin{Bmatrix}\text{подде́рживают}\\ \text{уважа́ют}\end{Bmatrix}$ кандида́та ⟶

(156′) кандида́т по́льзуется $\begin{Bmatrix}\text{подде́ржкой}\\ \text{уваже́нием}\end{Bmatrix}$ избира́телей

испы́тывать — $\begin{Bmatrix}\text{к}\\ \text{от}\end{Bmatrix}$ NP

(157) нау́ка влечёт его́ ⟶

(157′) он испы́тывает влече́ние к нау́ке

(158) те́хника интересу́ет его́ ⟶

(158′) он испы́тывает интере́с к те́хнике

(159) отве́тственность страши́т его́ ⟶

(159′) он испы́тывает страх пе́ред отве́тственностью

(160) вино́ возбужда́ет его́ ⟶

(160′) он испы́тывает возбужде́ние от вина́

(161) неуда́чи потряса́ют его́ ⟶

(161′) он испы́тывает потрясе́ние от неуда́ч

получа́ть — $\begin{Bmatrix}\text{от}\\ \text{в}_6\end{Bmatrix}$ NP

(162) дире́ктор $\begin{Bmatrix}\text{поощря́ет}\\ \text{благодари́т}\end{Bmatrix}$ рабо́тников ⟶

(162′) рабо́тники получа́ют $\begin{Bmatrix}\text{поощре́ние}\\ \text{благода́рность}\end{Bmatrix}$ от дире́ктора

(163) командир награждает бойцов ⟶

(163′) бойцы получают награждение от командира

(164) судья извещает его о дне заседания ⟶

(164′) он получает от судьи извещение о дне заседания

(165) искусство отражает жизнь ⟶

(165′) жизнь получает отражение в искусстве

(166) революция воплощает волю передового класса ⟶

(166′) воля передового класса получает воплощение в революции

(167) музыка утешает его ⟶

(167′) он находит утешение в музыке

быть

(168) он изобрёл новую машину ⟶

(168′) новая машина — его изобретение

быть под —

(169) пулемётный взвод прикрывает наступление ⟶

(169′) наступление — под прикрытием пулемётного взвода

быть $в_6$ — от NP

(170) его поведение возмущает меня ⟶

(170′) я в возмущении от его поведения

(171) похвала смущает её ⟶

(171′) он в смущении от похвалы

быть $[—]_5$ $в_4$ NP

(172) рыба весит три килограмма ⟶

(172′) рыба весом в три килограмма

(173) бассейн вмещает 1000 кубометров ⟶

(173′) бассейн вмещением в 1000 кубометров

3.2.6.1. Die in 3.2.5. gezeigte Auflösung von Verben in Verbindungen von Verb und akkusativischer Nominalphrase oder Präpositionalgruppe (bei быть), also in Ausdrücke, in denen das deverbative Nomen wesentliche semantische Merkmale des entsprechenden Verbs übernimmt, war mit «Konversion» verbunden. In den Konstruktionen mit analytischem Verbalausdruck befindet sich jeweils eine andere Nominalphrase in Subjektsfunktion als in den als Ausgangssatz betrachteten Strukturen (vgl. (148)—(171)). «Konversion» ist aber nicht notwendig mit solchen Paaren von Ausdrücken verbunden. Die Subjektsnominalphrase kann in beiden Ausdrücken dieselbe sein. Es eröffnet sich hier ein weiteres großes Feld syntaktischer Synonymie des Verbs.

3.2.6.2. Ich bringe hier zum Abschluß nur einige Beispiele. Eine größere Darstellung gibt Ю. Д. Апресян in seinem erwähnten Buche S. 140ff.

ока́зывать (NP_4)

(174) он {помога́ет / доверя́ет} дру́гу ⟶

(174′) он ока́зывает {по́мощь / дове́рие} дру́гу

(175) они́ сопротивля́лись на́тиску ⟶

(175′) они́ ока́зывали сопротивле́ние на́тиску

подверга́ть — (NP_3)

(176) она́ анализи́ровала свои́ чу́вства ⟶

(176′) она́ подверга́ла ана́лизу свои́ чу́вства

Die Verbindungen mit подверга́ть sind besonders entwickelt, z. B.:

осужда́ть кого́-л. ⟶ подверга́ть осужде́нию
нака́зывать ребёнка ⟶ подверга́ть ребёнка наказа́нию
разбира́ть предложе́ние ⟶ подверга́ть предложе́ние разбо́ру
экзаменова́ть студе́нтов ⟶ подверга́ть студе́нтов экза́мену
рассле́довать полу́ченные да́нные ⟶ подверга́ть рассле́дованию полу́ченные да́нные
рассма́тривать вопро́с ⟶ подверга́ть вопро́с рассмотре́нию

быть $в_6$ —

(177) зако́н де́йствует ⟶

(177′) зако́н в де́йствии

(178) дере́вья цвету́т ⟶

(178′) дере́вья в цвету́

(179) де́ньги обраща́ются ⟶

(179′) де́ньги в обраще́нии

(180) он дружи́т с Петро́м ⟶

(180′) он в дру́жбе с Петро́м

быть $в_6$ — $с_5$ NP

(181) э́то {противоре́чит / соотве́тствует} фа́ктам ⟶

(181′) э́то в {противоре́чии / соотве́тствии} с фа́ктами

вызыва́ть —

(182) сме́тливость ма́льчика изумля́ет его́ ⟶

(182′) сме́тливость ма́льчика вызыва́ет у него́ изумле́ние

испы́тывать —

(183) люби́ть детей ⟶

(183′) испы́тывать любо́вь к де́тям

дава́ть —

(184) отчи́тываться кому́-л. ⟶

(184′) дава́ть отчёт кому́-л.

брать — в$_4$ —

(185) занима́ть рубль ⟶

(185′) брать рубль взаймы́

(186) окружа́ть проти́вника ⟶

(186′) брать проти́вника в окруже́ние

брать (взять) — под$_4$ —

(187) защища́ть бра́та ⟶

(187′) брать бра́та под защи́ту

(188) покрови́тельствовать кому́-л. ⟶

(188′) взять кого́-л. под своё покрови́тельство

вводи́ть — в$_4$ —

(189) $\left\{\begin{array}{l}\text{искуша́ть}\\ \text{соблазня́ть}\end{array}\right\}$ кого́-л. ⟶

(189′) вводи́ть кого́-л. в $\left\{\begin{array}{l}\text{искуше́ние}\\ \text{собла́зн}\end{array}\right\}$

приводи́ть — в$_4$ —

(190) вода́ враща́ет турби́ну ⟶

(190′) вода́ приво́дит турби́ну во враще́ние

(191) они́ исполня́ют пригово́р ⟶

(191′) они́ приво́дят пригово́р в исполне́ние

вноси́ть — в$_4$ —

(192) дополня́ть конститу́цию ⟶

(192′) вноси́ть дополне́ния в конститу́цию

(193) удобря́ть зе́млю ⟶

(193′) вноси́ть удобре́ния в зе́млю

вселя́ть — в$_4$ —

(149) отсу́тствие пи́сем трево́жит его́ ⟶

(194′) отсу́тствие пи́сем вселя́ет в него́ трево́гу